2012年9月15日，时任中共中央政治局常委、中央书记处书记、国家副主席习近平参加全国科普日北京主场活动

2012年8月21日，时任国家副主席习近平出席国际天文学联合会第28届大会开幕式并致辞

2012年1月13日，中国科协八届全委会第二次会议在北京召开。时任中共中央政治局委员、全国人大常委会副委员长王兆国出席会议并看望中国科协委员

2012年9月15日，时任中共中央政治局委员、中央书记处书记李源潮参加全国科普日北京主场活动

2012年12月11日，时任全国人大常委会副委员长、全国妇联主席陈至立出席第九届中国青年女科学家奖颁奖典礼

2012年11月9日，全国政协副主席、科技部部长万钢到中国科技馆参观第三届艺术与科学国际作品展

2012年1月8日，全国政协副主席、中国环境科学学会名誉理事长阿不来提·阿不都热西提为中国环境科学学会顾问颁发证书

2012年9月13日，全国政协副主席、中国科学院院士王志珍出席苏州市第七届学术年会，并为自然科学优秀学术论文作者颁奖

中共中央政治局委员、全国人大常委会副委员长王兆国出席开幕式并作重要讲话

全国人大常委会副委员长、中国科协主席、大会主席韩启德致开幕词

第十四届中国科协年会在河北省石家庄市召开

中国科协常务副主席、书记处第一书记陈希主持年会开幕式

中共河北省委书记、河北省人大常委会主任张庆黎致欢迎词

中国工程院院长、中国工程院院士周济作特邀报告

河北省委副书记、河北省政府省长张庆伟作特邀报告

美国斯坦福大学物理系冠名教授、清华大学“千人计划”特聘教授张首晟作特邀报告

北京师范大学常务副校长、国家减灾委员会专家委副主任、北京师范大学地表过程与资源生态国家重点实验室主任史培军教授作特邀报告

全国人大常委会副委员长、中国科协主席韩启德与河北大学生见面会

第十四届中国科协年会人才项目对接签约仪式

中国科协常务副主席、书记处第一书记陈希会见出席第十四届中国科协年会的外宾

中国科协常务副主席、书记处第一书记陈希会见出席第十四届中国科协年会的港澳代表

中国科协科技馆发展基金会合展励学金捐赠仪式

第十四届中国科协年会科普嘉年华启动仪式

科学道德和学风建设宣讲教育工作研讨会

科学道德建设论坛

2012中国科技政策论坛

技术创新·企业发展论坛

女科学家高层论坛

全国“讲理想、比贡献”活动总结表彰大会

全国“讲理想、比贡献”活动总结表彰大会颁奖

中国科协常务副主席、书记处第一书记陈希为全国“讲理想、比贡献”活动获奖代表颁奖

中国钢研科技集团有限公司钢铁研究总院副总工程师李卫代表科技标兵发言

出席全国“讲理想、比贡献”活动总结表彰大会的获奖代表

中国科协与贵州省人民政府签署《关于促进贵州经济社会又好又快发展的合作协议》

中国科协与重庆市人民政府签署《关于促进重庆在西部率先全面建成小康社会的合作协议》

中国科协与山东省人民政府签署战略合作协议

中国科协与江苏省人民政府签署《加快推进江苏创新型省份建设合作协议》

中国科协与中国科学院就加强合作进行座谈

中国科协与中华全国供销合作总社进行会谈

中国科协与全国妇联进行会谈

中国科协与中国金属学会就学会工作进行会谈

中国科协常务副主席、书记处第一书记陈希在西安交通大学重点实验室调研

中国科协常务副主席、书记处第一书记陈希一行到华南理工大学考察调研

中国科协常务副主席、书记处第一书记陈希在华为技术有限公司调研

中国科协常务副主席、书记处第一书记陈希在郑州宇通客车股份有限公司调研

中国科协常务副主席、书记处第一书记陈希在江西现代生态农业示范园调研

中国科协常务副主席、书记处第一书记陈希在甘肃三易兰花科普示范基地调研

1	2
3	4
	5

1. 中国科协学术建设发布会
2. 第二十一次中国科技论坛
3. 中国科协热点问题学术报告会
4. 第八届中国科技期刊发展论坛
5. 中国科协第250次青年科学家论坛

1	2
3	4
5	

1. 第二届中国湖泊论坛
2. 第十届全国博士生学术年会
3. 资源高效利用与农业可持续发展论坛
4. 政产学研用结合、促进企业创新与特色产业园区发展研讨会
5. 中国科协第62期新观点新学说学术沙龙

中国科协学会工作会议

2012年地方科协学会学术工作座谈会

中国科协科技期刊国际影响力提升计划签约仪式

精品国际科技期刊建设和发展座谈会

中国科协科技期刊科学道德规范集中宣讲教育活动

中国科协2012年度候选创新研究群体评审会

《中华人民共和国科学技术普及法》颁布实施十周年座谈会

2012年全国科普日北京主场活动

科技点亮生活——全民科学素质文艺汇演主题晚会

全国人大常委会副委员长、中国科协主席韩启德等领导与演出人员合影

大合唱《科普之歌》

中国载人航天工程办公室副主任、航天英雄杨利伟与青少年科技爱好者互动

街舞激光秀·机器人表演《舞动科学》

科技点亮生活——全民科学素质文艺汇演主题晚会

1	2
3	4
	5

1. 表演唱快乐科技行《科普志愿者》
2. 瓷乐演奏《创美家园》
3. 配乐诗朗诵《从这里再次出发》
4. 歌舞《科学的春天》
5. 天琴表演《找专家》

2012年全国青少年高校科学营活动

中国科协书记处书记徐延豪宣布上海科学营开营

全国青少年高校科学营江苏分营开营仪式

全国青少年高校科学营中山大学生命科学营

全国青少年高校科学营吉林大学分营

全国青少年高校科学营上海交通大学分营

2012年全国青少年高校科学营活动

1	2
3	4
5	6
	7

1. 北京交通大学分营活动
2. 北京科技大学分营活动
3. 北京理工大学分营活动
4. 北京师范大学分营活动
5. 中国科学院研究生院分营活动
6. 中国农业大学分营活动
7. 北京航空航天大学分营活动

第27届全国青少年科技创新大赛在宁夏回族自治区银川市开幕

第十二届中国青少年机器人竞赛

第三届艺术与科学国际作品展开幕式

科学家与媒体面对面——诺贝尔奖的远与近

杨凌农高会中国农技协展台

农村中学科技馆公益项目捐赠签约暨启动仪式

全国学会2012年度科普工作交流会

推进高校培养科普专门人才试点工作动员部署会

第五届中国（芜湖）科普产品博览交易会

全国人大常委会副委员长、中国科协主席韩启德访问日本科学技术振兴机构

全国人大常委会副委员长、中国科协主席韩启德在福冈总领馆召开在日华人学者专家座谈会

全国人大常委会副委员长、中国科协主席韩启德会见韩国科技团体总联合会会长朴相大

全国人大常委会副委员长、中国科协主席韩启德访问韩国科技团体总联合会釜山蔚山分会

中国科协常务副主席、书记处第一书记陈希会见英国和澳大利亚工程教育认证联合考察组专家

中国科协副主席、书记处书记程东红会见加拿大安大略省科学中心首席执行官莱斯利•莱维斯（LESLEY LEWIS）和加拿大北方科学馆首席执行官盖伊•莱伯恩（GUY LABINE）等一行

中国科协书记处书记张勤会见伊朗驻华大使萨法里

中国科协书记处书记张勤会见匈牙利国家创新局局长沙洛什•哲尔吉一行

中国科协书记处书记张勤会见英国工程师学会首席执行官一行

中国科协书记处书记张勤会见朝鲜代表团

中国科协书记处书记张勤会见英国工程技术学会代表团

中国科协书记处书记张勤率《华盛顿协议》代表团访问英国工程技术学会

中国科协书记处书记张勤率《华盛顿协议》代表团访问加拿大工程师协会

中国—巴基斯坦青年科学家论坛在北京举办，中国科协书记处书记、中国科技馆馆长徐延豪出席并致辞

中国科协书记处书记、中国科技馆馆长徐延豪率团访问加拿大安大略科学中心

中国科协书记处书记王春法率团访问英国皇家学会

中国青少年代表团赴俄罗斯参加第五届『中俄青少年科技文化交流活动』

中国科协赴港澳工作团与香港新一代文化协会、京港学术交流中心的领导和工作人员合影

中国科协常务副主席、书记处第一书记陈希率中国科协代表团赴台湾地区访问

中国科协副主席、书记处书记程东红与澳门科技协进会会长崔世平、天宫一号首席科学家张柏楠、蛟龙号总指挥刘峰合影

中国科协副主席、书记处书记程东红出席香港二〇一二当代杰出华人科学家公开讲座

中国科协书记处书记张勤与澳门科学技术发展基金行政委员会主席唐志坚一行座谈

中国科协书记处书记张勤率团出席内地与香港信息科技及通讯产业创新创业高峰论坛

中国科协书记处书记张勤会见香港工程师学会二〇一二执委会访京团

中国科协会员日暨第五届“全国优秀科技工作者”颁奖大会在北京召开

“全国优秀科技工作者”代表领奖

第五届“十佳全国优秀科技工作者”

1	2	3
4	5	6
7	8	9
		10

1. 王　岩　2. 王贻芳　3. 杨蓉娅
4. 周建平　5. 赵忠贤　6. 袁隆平
7. 聂海涛　8. 徐　銖　9. 徐芑南
10. 樊　嘉

1. 2012年首都高校科学道德和学风建设宣讲教育报告会

2. 著名肝胆外科专家、2005年度国家最高科学技术奖获得者吴孟超院士作报告

3. 著名钢铁冶金专家徐匡迪院士作报告

4. 著名计算机专家、图灵奖获得者姚期智院士作报告

全国科学道德和学风建设宣讲教育工作会议

中国科协科技工作者代表工作座谈会

探索组建供销合作社、企业科协、企业专家工作站座谈会

全国高校科协工作座谈会在东南大学召开

纪念周培源诞辰110周年座谈会

在中华预防医学会科学技术奖颁奖会上，韩启德、陈竺为获奖者颁奖

中国科协常务副主席、书记处第一书记陈希调研工科学会

在中国电子学会成立五十周年大会上，中国科协常务副主席、书记处第一书记陈希与学会理事长娄勤俭和学会老专家合影

全国学会会员日活动

中国科协党组成员、学会学术部部长沈爱民，中国中文信息学会理事长李生教授为获得“钱伟长中文信息处理科学技术奖”一等奖获奖者董振东教授颁发证书

共和国的脊梁 ——“科学大师名校宣传工程”

1	2
3	4
	5

1. 话剧《钱学森》
2. 话剧《求是魂》（竺可桢）
3. 话剧《马兰花开》（邓稼先）
4. 话剧《大地之光》（李四光）
5. 音乐剧《爱在天际》（郭永怀）

中国科协八届全委会第二次会议

地方科协党组书记年度工作研讨会

中国科协传达学习党的十八大精神党员大会

中国科协党组理论学习中心组学习扩大会

中国科协加强党风廉政建设报告会

中国科协党风廉政建设专题报告会

中国科协常务副主席、书记处第一书记陈希看望国家最高科学技术奖获得者徐光宪

中国科协常务副主席、书记处第一书记陈希看望国家最高科学技术奖获得者李振声

中国科协常务副主席、书记处第一书记陈希看望国家最高科学技术奖获得者吴良镛先生

中国科协常务副主席、书记处第一书记陈希看望国家最高科学技术奖获得者师昌绪先生

中国科协常务副主席、书记处第一书记陈希看望中国科协原书记处书记林渤民

中国科协常务副主席、书记处第一书记陈希看望郭永怀夫人李佩

中国科协常务副主席、书记处第一书记陈希看望杨振宁

中国科协常务副主席、书记处第一书记陈希看望姚期智

中国科协常务副主席、书记处第一书记陈希看望两院院士、清华大学水利系教授张光斗先生

中国科协常务副主席、书记处第一书记陈希看望中国科学院院士张恭庆

中国科协常务副主席、书记处第一书记陈希看望中国科学院院士王大中

中国科协常务副主席、书记处第一书记陈希看望中国工程院院士、中山大学教授林浩然

中国科协常务副主席、书记处第一书记陈希看望中国工程院院士、华南理工大学教授何镜堂

中国科协常务副主席、书记处第一书记陈希在江苏调研慰问中国科学院院士曲钦岳

中国科协常务副主席、书记处第一书记陈希在陕西调研看望中国科学院院士陈学俊

中国科协常务副主席、书记处第一书记陈希看望广西大学教授冯家勛

中国科协常务副主席、书记处第一书记陈希，湖北省副省长郭生练为湖北省科技思想库武汉大学研究中心揭牌

科协系统决策咨询工作培训班

2012年中国科协离退休老同志迎新春团拜会，中国科协常务副主席、书记处第一书记陈希在会上讲话

中国科协2012年全国学会新春联谊会

中国科协机关和直属事业单位创先争优座谈会

中国科协多部门获得中直机关文明单位表彰

中国科协机关和直属单位廉政风险防控工作培训班

中国科协科学文化座谈会

学会党建论坛

老科学家学术成长资料采集工程捐赠仪式
暨二〇一一年度采集小组结项验收会议

中国科学技术协会
年　鉴
2013

中国科学技术出版社
·北　京·

图书在版编目（CIP）数据

中国科学技术协会年鉴．2013 / 中国科学技术协会编．—北京：中国科学技术出版社，2013.12

ISBN 978-7-5046-6501-0

Ⅰ．①中… Ⅱ．①中… Ⅲ．①中国科学技术协会—2013—年鉴 Ⅳ．①G322.25-54

中国版本图书馆CIP数据核字（2013）第303144号

出版人	苏　青
责任编辑	周晓慧　许　慧
责任校对	刘洪岩
责任印制	张建农
装帧设计	中文天地

出　版	中国科学技术出版社
发　行	科学普及出版社发行部
地　址	北京市海淀区中关村南大街16号
邮　编	100081
发行电话	010-62173865
传　真	010-62179148
网　址	http://www.cspbooks.com.cn

开　本	889mm×1194mm　1/16
字　数	1700千字
印　张	58.5
彩　插	38
印　数	1-1600册
版　次	2014年1月第1版
印　次	2014年1月第1次印刷
印　刷	北京盛通印刷股份有限公司
书　号	ISBN 978-7-5046-6501-0/G·634
定　价	120.00元

《中国科学技术协会年鉴（2013）》编辑委员会

《中国科学技术协会年鉴（2013）》编辑部

目　　录

领导同志的讲话

重要文件

专题文章

学习贯彻党的十八大精神专题

罗阳同志事迹专题

中国科协 2012 年主要活动和重要事件

人 物

表彰奖励

科普研究重点课题

中国科协2012年度事业发展统计公报

全国学会、协会、研究会（含受委托管理的学会）简况

省、自治区、直辖市科协，新疆生产建设兵团科协简况

大事记

附　录

索　引

中国科学技术协会章程

（2011 年 5 月 29 日中国科学技术协会第八次全国代表大会通过）

第一章　总　则

第一条　中国科学技术协会是中国科学技术工作者的群众组织，是中国共产党领导下的人民团体，是党和政府联系科学技术工作者的桥梁和纽带，是国家推动科学技术事业发展的重要力量。

第二条　中国科学技术协会的宗旨是：坚持以马克思列宁主义、毛泽东思想、邓小平理论和“三个代表”重要思想为指导，深入贯彻落实科学发展观，团结和动员科学技术工作者以经济建设为中心，坚持科学技术是第一生产力和人才资源是第一资源的思想，推动实施科教兴国战略、人才强国战略和可持续发展战略，建设创新型国家。促进科学技术的繁荣和发展，促进科学技术的普及和推广，促进科学技术人才的成长和提高，促进科学技术与经济的结合。反映科学技术工作者的意见，维护科学技术工作者的合法权益。为经济社会发展服务，为提高全民科学素质服务，为科学技术工作者服务，推动社会主义经济建设、政治建设、文化建设、社会建设以及生态文明建设，构建社会主义和谐社会，为实现中华民族伟大复兴而努力奋斗。

第三条　中国科学技术协会由全国学会、协会、研究会（以下学会、协会、研究会简称学会）和地方科学技术协会组成。

地方科学技术协会由同级学会和下一级科学技术协会及基层组织组成。

第四条　中国科学技术协会贯彻国家科学技术工作自主创新、重点跨越、支撑发展、引领未来的指导方针，弘扬尊重劳动、尊重知识、尊重人才、尊重创造的风尚，倡导献身、创新、求实、协作的精神，坚持独立自主、民主办会的原则和“百花齐放、百家争鸣”的方针。

第五条　中国科学技术协会高举爱国主义旗帜，加强与香港特别行政区、澳门特别行政区和台湾地区的科学技术交流，维护民族团结，促进祖国统一。

第二章　任　务

第六条　开展学术交流，活跃学术思想，促进学科发展，推动自主创新。

第七条　组织科学技术工作者为建立以企业为主体的技术创新体系、全面提升企业的自主创新能力作贡献。

第八条　依照《中华人民共和国科学技术普及法》，弘扬科学精神，普及科学知识，传播科学思想和科学方法。捍卫科学尊严，推广先进技术，开展青少年科学技术教育活动，提高全民科学素质。

第九条　反映科学技术工作者的建议、意见和诉求，维护科学技术工作者的合法权益。

第十条　推动建立和完善科学研究诚信监督机制，促进科学道德建设和学风建设。

第十一条　组织科学技术工作者参与国家科学技术政策、法规制定和国家事务的政治协商、科学决策、民主监督工作。

第十二条　表彰奖励优秀科学技术工作者，举荐科学技术人才。

第十三条　开展科学论证、咨询服务，提出政策建议，促进科学技术成果的转化；接受委托承担项目评估、成果鉴定，参与技术标准制定、专业技术资格评审和认证等任务。

第十四条　开展民间国际科学技术交流活动，促进国际科学技术合作，发展同国外的科学技术团体和科学技术工作者的友好交往。

第十五条　开展继续教育和培训工作。

第十六条　兴办符合中国科学技术协会宗旨的社会公益性事业。

第三章　会　员

第十七条　全国学会是中国科学技术协会的团体会员。各级地方学会是同级地方科学技术协会的团体会员。县级以上科学技术协会发展团体会员。基层组织发展个人会员。

第十八条 团体会员的义务和权利：

团体会员的义务：遵守本章程，执行科学技术协会的决议和决定，开展符合章程规定的各项活动。

团体会员的权利：推选代表参加科学技术协会代表大会，参加科学技术协会的活动，对科学技术协会的工作提出建议和批评并进行监督。

第十九条 基层组织规定个人会员的义务和权利。

第二十条 中国科学技术协会会员日定为每年十二月十五日。

第四章 全国领导机构

第二十一条 全国代表大会和它选举产生的全国委员会是中国科学技术协会全国领导机构。

第二十二条 全国代表大会每五年举行一次，由全国委员会召集。特殊情况下，可以提前或延期举行。

第二十三条 全国代表大会的代表名额和选举办法由常务委员会决定，其代表经全国学会和省、自治区、直辖市科学技术协会及有关方面民主协商，选举产生。

代表大会代表实行任期制。

第二十四条 全国代表大会行使下列职权：

一、决定中国科学技术协会的工作方针和任务；

二、审议和批准全国委员会的工作报告；

三、制定和修改中国科学技术协会章程；

四、选举产生全国委员会；

五、决定其他重大事项。

第二十五条 全国委员会会议每年举行一次，由常务委员会召集。

第二十六条 全国委员会行使下列职权：

一、执行全国代表大会的决议；

二、选举主席、副主席和常务委员；

三、审议中国科学技术协会年度工作报告；

四、决定授予荣誉职务；

五、决定其他重大事项。

第二十七条 全国委员会闭会期间，常务委员会领导中国科学技术协会的工作，实施全国委员会确定的任务，批准全国委员会委员的变更或增补、团体会员的接纳或退出。

常务委员会会议一般每半年举行一次，由主席召集，也可委托副主席召集。

第二十八条 常务委员会下设书记处。书记处由第一书记和书记若干人组成，人选由主席提名，经常务委员会通过。书记处在常务委员会领导下主持中国科学技术协会的日常工作。

第二十九条 常务委员会设置若干工作委员会和专门委员会，协助审议需经常务委员会审定的有关事项。

第三十条 常务委员会根据需要，聘请有关部门的负责人为中国科学技术协会顾问。

第五章 全国学会

第三十一条 本章程所称全国学会是按自然科学、技术科学、工程技术及其相关科学的学科组建或以促进科学技术发展和普及为宗旨的学术性、科普性社会团体。

第三十二条 加入中国科学技术协会的全国学会的基本条件：

一、承认中国科学技术协会章程；

二、按照国务院有关社会团体登记管理规定依法登记；

三、有学术带头人和相当数量的会员；

四、经常开展国内外学术交流活动及科普活动，编辑出版科学技术或科学普及刊物；

五、有健全的办事机构和经费来源。

第三十三条 符合本章程第三十二条规定的全国学会，向中国科学技术协会提出申请，经常务委员会批准，即为中国科学技术协会的团体会员。

第三十四条 全国学会接受中国科学技术协会的领导，执行中国科学技术协会的决议，承担并完成中国科学技术协会委托的任务，选举代表参加中国科学技术协会全国代表大会。

全国学会退出中国科学技术协会，须经中国科学技术协会常务委员会批准。

第三十五条 全国学会会员代表大会每三至五年举行一次，决定学会的工作方针和任务，审议和批准学会理事会的工作报告和财务报告，制定、修改会章，选举新的理事会。

第三十六条 全国学会办事机构在理事会领导下开展工作，接受学会支撑单位的管理。

第三十七条 全国学会凡严重违反中国科学技术协会章程，经中国科学技术协会常务委员会通过，给予警告、限期整顿、除名等处罚。

第六章 地方科学技术协会

第三十八条 省、自治区、直辖市科学技术协会是省、自治区、直辖市党委领导下的人民团体，是中国科学技术协会的地方组织。

第三十九条 省、自治区、直辖市科学技术协会接受中国科学技术协会的业务指导。

省级学会接受省级科学技术协会领导，业务上受相应的全国学会的指导。

第四十条 省、自治区、直辖市科学技术协会由省级学会和市（地）科学技术协会组成。

市（地）科学技术协会由同级学会和县（市）、区科学技术协会组成。

县（市）、区科学技术协会由同级学会和基层组织组成。

第四十一条 地方科学技术协会执行中国科学技术协会的章程和决议，推选代表参加上级科学技术协会代表大会。

第四十二条 地方科学技术协会代表大会每五年举行一次，决定本地区科学技术协会的工作方针和任务，审议地方科学技术协会委员会的工作报告，选举地方科学技术协会委员会。

第七章 基层组织

第四十三条 科学技术工作者集中的企业事业单位和有条件的乡镇、街道社区等建立的科学技术协会（科学技术普及协会）是中国科学技术协会的基层组织，接受地方科学技术协会的业务指导。

乡镇科学技术协会（科学技术普及协会）联系指导农村专业技术协会。

第四十四条 主要任务：

一、开展社会化科学技术普及活动，引导人民群众崇尚科学，抵制迷信，移风易俗，破除陋习，倡导科学健康的生活方式和文明节约的消费模式，促进资源节约型、环境友好型社会建设；

二、组织和动员科学技术工作者积极参加学术交流和科学技术普及活动，促进讲科学、爱科学、学科学、用科学社会风尚的形成与发展；

三、开展农村实用技术培训和推广，引导农民树立科学发展理念，培养有文化、懂技术、会经营的新型农民，提高农民科学文化素质，促进社会主义新农村建设；

四、开展技术咨询、技术服务等科学技术活动，促进技术开发、技术转让，增强企业自主创新能力，促进以企业为主体的技术创新体系的建立；

五、反映基层科学技术工作者的建议、意见和诉求，维护其合法权益，促进其生活和工作条件的改善。

第八章 工作人员

第四十五条 各级科学技术协会机关对其工作人员按照国家有关规定进行管理。

第四十六条 各级科学技术协会所属学会对其工作人员根据其编制性质和管理的需要，执行相应的干部人事管理制度。

第四十七条 各级科学技术协会所属事业单位的工作人员按国家对事业单位的管理规定进行管理。

第四十八条 各级科学技术协会工作人员应热爱科学技术协会的事业，树立为科学技术工作者服务的思想，具有较高的政策水平和较广的专业知识、较强的组织和社会活动能力。

第四十九条 各级科学技术协会要加强对工作人员的培养和教育，有计划有组织地开展培训工作，提高工作人员的政治和业务素质。

第九章 经费及资产管理

第五十条 经费来源：

一、财政拨款；

二、资助；

三、捐赠；

四、会费；

五、企事业收入；

六、其他收入。

第五十一条 建立学术交流、科学技术普及和奖励等专项基金。

第五十二条 建立常务委员会领导下的民主理财管理体制。

第五十三条 各级科学技术协会的经费、资产及国家和地方拨给科学技术协会的不动产受法律保护，任何单位和个人不得侵占、挪用和任意调拨；各级科学技术协会所属企业、事业的资产隶属关系不得随意改变。

第十章 会 徽

第五十四条 中国科学技术协会会徽由古天象仪、航天器、齿轮、麦穗、蛇杖以及中文和英文标出的中国科学技术协会名称组成。

第五十五条 中国科学技术协会会徽可在办公地点、活动场所、会议会场悬挂，在出版物上印制，也可制作成徽章佩戴。

第十一章 附 则

第五十六条

中国科学技术协会简称中国科协。

中国科学技术协会会址设在北京。

中国科学技术协会的英文全称是CHINA ASSOCIATION FOR SCIENCE AND TECHNOLOGY，缩写为CAST。

第五十七条 全国委员会依照本章程制定《全国学会组织通则》。

第五十八条 全国学会可根据国务院有关社会团体登记管理规定、本章程和民政部《社会团体章程示范文本》制定章程。

地方科学技术协会可根据本章程制定实施细则。

第五十九条 本章程解释权属中国科学技术协会。

第六十条 本章程经中国科学技术协会全国代表大会通过实施。

中国科学技术协会会徽

中国科学技术协会会徽由古天象仪、航天器、齿轮、麦穗、蛇杖以及中文和英文标出的中国科学技术协会名称组成。

中国科学技术协会会徽可在办公地点、活动场所、会议会场悬挂，在出版物上印制，也可作为徽章佩戴。

中国科学技术协会标识

中国科学技术协会标识图案为双面拓扑图形，造型富于变化，富有动感。舞动的丝带寓意中国科协是党和政府联系广大科技工作者的桥梁和纽带，象征科协组织具有蓬勃的生命力和创造力。

中国科学技术协会简介

中国科学技术协会是中国科技工作者的群众组织，是中国共产党领导下的人民团体，是党和政府联系科技工作者的桥梁和纽带，是国家推动科技事业发展的重要力量。中国科协成立于1958年9月，由中华全国自然科学专门学会联合会和中华全国科学技术普及协会合并成立，截至2011年底已经发展成为一个拥有199个代表国内自然科学、技术科学和工程技术类最高专业水平的全国学会、覆盖全国3100多个县及县以上地方科协、近20万个各类基层组织的团体。

50多年来，中国科协认真履行党和政府联系科技工作者的桥梁纽带职责，团结带领全国广大科技工作者，凝心聚力、开拓创新，在促进学术交流、普及科学知识、举荐科技人才、开展决策咨询、扩大对外民间科技合作等方面做了大量富有成效的工作，成为推动我国科技事业发展的重要力量，受到党和人民的高度评价，赢得社会的广泛赞誉。展望未来，我国现代化建设的两个百年目标令人振奋、催人奋发，对科技界提出了新的任务和要求，为广大科技工作者发挥作用提供了广阔舞台。中国科协将认真贯彻落实第八次全国代表大会部署，更加广泛、更加紧密地团结带领科技工作者，坚持为经济社会发展服务、为提高全民科学素质服务、为科技工作者服务，努力当好科技工作者之家，为加快建设创新型国家、夺取全面建设小康社会新胜利、实现两个百年的宏伟目标而努力奋斗。

中国科协的历届主席分别是李四光（地质学家，中国科协第一届全国委员会主席），周培源（物理学家、教育家，中国科协第二届全国委员会主席），钱学森（应用力学、工程控制论和系统工程学家，中国科协第三届全国委员会主席），朱光亚（核物理学家，中国科协第四届全国委员会主席），周光召（理论物理学家，中国科协第五、第六届全国委员会主席），韩启德（医学家，中国科协第七、第八届全国委员会主席）。

中国科协的宗旨是：坚持以马克思列宁主义、毛泽东思想、邓小平理论和“三个代表”重要思想为指导，深入贯彻落实科学发展观，团结和动员科学技术工作者以经济建设为中心，坚持科学技术是第一生产力和人才资源是第一资源的思想，推动实施科教兴国战略、人才强国战略和可持续发展战略，建设创新型国家。促进科学技术的繁荣和发展，促进科学技术的普及和推广，促进科学技术人才的成长和提高，促进科学技术与经济的结合。反映科学技术工作者的意见，维护科学技术工作者的合法权益。为经济社会发展服务，为提高全民科学素质服务，为科学技术工作者服务，推动社会主义经济建设、政治建设、文化建设、社会建设以及生态文明建设，构建社会主义和谐社会，为实现中华民族伟大复兴而努力奋斗。

中国科协的基本任务是：开展学术交流，活跃学术思想，促进学科发展，推动自主创新。组织科学技术工作者为建立以企业为主体的技术创新体系、全面提升企业的自主创新能力作贡献。依照《中华人民共和国科学技术普及法》，弘扬科学精神，普及科学知识，传播科学思想和科学方法。捍卫科学尊严，推广先进技术，开展青少年科学技术教育活动，提高全民科学素质。反映科学技术工作者的建议、意见和诉求，维护科学技术工作者的合法权益。推动建立和完善科学研究诚信监督机制，促进科学道德建设和学风建设。组织科学技术工作者参与国家科学技术政策、法规制定和国家事务的政治协商、科学决策、民主监督工作。表彰奖励优秀科学技术工作者，举荐科学技术人才。开展科学论证、咨询服务，提出政策建议，促进科学技术成果的转化；接受委托承担项目评估、成果鉴定，参与技术标准制定、专业技术资格评审和认证等任务。开展民间国际科学技术交流活动，促进国际科学技术合作，发展同国外的科学技术团体和科学技术工作者的友好交往。开展继续教育和培训工作。兴办符合中国科学技术协会宗旨的社会公益性事业。

中国科学技术协会由全国学会、协会、研究会和地方科学技术协会组成。地方科学技术协会由同级学会、协会、研究会和下一级科学技术协会及基层组织组成。截至2011年底，中国科协所属全国学会共有199个，其中作为中国科协团体会员的全国学会181个，还有18个非团体会员全国学会为中国科协业务主管。全国学会拥有个人会员428万人。县级以上科学技术协会发展团体会员。基层组织发展个人会员。全国代表大会和它选举产生的全国委员会是中国科学技术协会全国领导机构。全国委员会闭会期间，常务委员会领导中国科学技术协会的工作。常务委员会下设书记处，设置若干专门委员会。书记处在常务委员会的领导下主持中国科学技术协会的日常工作。

中国科协的主要职能包括：

●为经济社会发展服务

一是促进学术繁荣发展。与地方政府联合举办中国科协年会，为科技工作者开展学术交流、服务经济社会发展搭建平台；组织学科进展研究和发布活动，举办中国科协论坛、青年科学家论坛、新观点新学说学术沙龙、博士生学术年会等小型高端前沿学术交流，帮助科技工作者及时准确了解把握学科前沿动态；培育精品科技期刊，推动科技期刊国际影响力提升，着力培育世界一流精品科技期刊。

二是推进企业技术创新。开展“讲理想、比贡献”活动，推动群众性技术创新活动不断深入；发展专家企业工作站和专家服务中心，引导专家深入企业一线进行合作，开展创新方法培训，引导创新要素向企业集聚。

三是助力社会主义新农村建设。实施“科普惠农兴村计划”，表彰奖励有突出贡献的农村专业技术协会、农村科普先进集体和先进个人，引导农民实现科技致富；推进农村专业技术协会发展和科普惠农服务站建设，实现科技服务农民生活、服务农业发展和服务农村文化建设的综合效果。

四是建设国家级科技思想库。组织科技工作者围绕经济社会发展中的重大问题以及关系人民群众切身利益的突出问题，深入调查研究，积极建言献策，把科技工作者个体智慧凝聚上升为有组织的集体智慧；推动地方科协和学会的决策咨询能力水平不断提高；完善决策咨询信息平台，为科协组织充分发挥服务党和国家事业发展的科技思想库作用提供支撑。

五是促进对外民间科技交流与合作，开展双边和多边民间科技交流，巩固和拓展与国外对口组织的双边合作关系，积极承办重要国际科技会议；参与联合国经济和社会理事会咨商工作，在重要国际科技组织中发挥国家会员作用，支持全国学会和中国科学家积极参与国际科技事务；推动工程教育和工程师资格国际互认；巩固和发展与港澳台地区的民间科技交流，不断提高层次和水平，为维护港澳地区的繁荣稳定和两岸关系和平发展作贡献。

●为提高全民科学素质服务

一是履行科学素质纲要办公室职责。牵头实施全民科学素质行动计划，做好《全民科学素质行动计划纲要》实施工作的综合协调服务和督导检查，推动形成“政府推动、多部门联合协作、社会和公众广泛参与”的全民科学素质工作格局。

二是广泛开展主题科普活动。以未成年人、农民、城镇劳动人口、领导干部和公务员、社区居民为重点，以“节约能源资源、保护生态环境、保障安全健康、促进创新创造”为主题，广泛开展群众性、社会性、经常性科普活动，深入实施“社区科普益民计划”，把优质科普资源更多地引向农村、社区和中小学校，引入基层，以重点人群科学素质行动带动全民科学素质整体提升；组织全国科普日系列活动，组织专家学者围绕社会热点焦点问题向公众解疑释惑，营造讲科学、爱科学、学科学、用科学的社会风尚。

三是推进科普资源共建共享。广泛动员社会力量参与科普资源开发，搭建科普资源共享信息平台。促进科研、教育与科普有机结合，有效集成优质科普资源，使人民群众获得更多的优质科普资源和科普服务。组织应急科普资源开发储备。推动科普出版、科普旅游馆园、科普影视与动漫、商业科普网络等发展，提高科普产品的服务效能。

四是加强科普基础设施建设。积极推动科技馆、专业和产业科技博物馆以及中国数字科技馆建设，为社会化科普活动提供支持；加强流动科技馆建设，共建科普示范县（市、区）和全国科普教育基地，推动基层科普活动站（室）、科普画廊（宣传栏）、科普员建设，构筑覆盖城乡的科普阵地。

●为科技工作者服务

一是表彰奖励举荐优秀科技工作者。开展全国优秀科技工作者、中国青年科技奖、中国青年女科学家奖和中国科协求是杰出青年奖评选表彰活动；发现和举荐各类优秀科技人才，组织两院院士初遴选工作，承担国家科技奖励项目推荐工作，推荐我国科学家担任民间国际科技组织领导职务；实施“海外智力为国服务行动计划”，发挥好“千人计划”窗口单位的作用，引进海外高层次科技人才为国服务。

二是宣传优秀科技工作者。宣传在科技创新和普及方面作出突出贡献的优秀科技工作者和创新团队，重点宣传基层一线科技工作者和青年科技工作者，推动形成有利于人才成长提高的良好社会氛围；实施“老科学家学术成长资料采集工程”，大力宣传老一辈科学家的光辉事迹和崇高精神。

三是开展科技工作者状况调查。以多种形式开展科技工作者状况调查，及时了解科技工作者的基本状况和变动趋势，反映科技工作者的意见和诉求；开展科技人力资源发展研究，为党和政府制定科技人才政策提供依据；建立科学规范的科技工作者状况调查站点体系，进一步密切与科技工作者的情感交流与联系。

四是开展科技人才教育培训。开展继续教育和专门培训，推动完善科技人才评价体系，推动形成不同层次的科技人才培养体系；大力培养急需紧缺的工程技术人才、实用技术人才、农业技术致富能手和科普人才；开展工程教育专业认证和专业技术资格认证，促进科技人才成长和提高。

五是加强科学道德与学风建设。深入开展科学道德和学风宣讲，按照全覆盖、制度化、重实效的要求，广泛宣讲科学精神、科学道德、科研伦理和学术规范，引导科技工作者严谨治学、诚实做人；推动制定预防和惩治学术不端行为的政策法规，推进科学道德规范的实施，在全社会营造严谨求实、诚信守责的良好氛围。

●加强自身建设

一是提升学会服务能力。引导和支持学会开展学术交流和科技成果转化，提高服务科技创新的能力；积极承接政府转移的社会化服务职能，广泛开展科学普及、科技奖励、科技评价和科技人才评价活动，提高服务政府和社会的能力；完善会员服务制度，促进人才成长提高，提升服务科技工作者能力；打造高素质学会专职工作人员队伍，完善内部治理，促进体制机制创新，增强自主发展能力，努力建设适应社会主义市场经济体制，符合科技社团发展规律的现代科技社团。

二是扩大科协组织覆盖面。加强科协组织建设，促进企业、高校、街道、社区、乡镇以及各类开发区的科协基层组织健康发展，大力发展农村专业技术协会，为进一步密切同广大科技工作者的思想沟通、情感交流和工作联系，建立稳固的组织基础。

三是开展建家交友工作。广泛开展“建科技工作者之家，交科技工作者之友”工作，努力实现“哪里有科技工作者，科协工作就做到哪里；哪里科技工作者密集，科协组织就建到哪里；哪里建立起科协组织，建家交友活动就开展到哪里”的目标；加强科协理论研究和文化建设，不断提高信息化水平，加强科协系统队伍建设。

A Brief Introduction to the China Association for Science and Technology

The China Association for Science and Technology (CAST) is a mass organization of Chinese scientific and technological workers, a bridge linking the government with the science and technology community, and an indispensible force in advancing the country's scientific and technological development.

CAST was officially founded in September 1958 by merging the two largest scientific organizations in China-All-China Federation of Scientific Societies and All-China Association for Science Popularization. By the end of 2011, CAST has grown into an organization with 199 national societies representing the top level activities of science and technology in China, a network of branches covering all parts of the country and nearly 200,000 grass-roots organizations.

Over the past 54 years, CAST has been faithfully fulfilling its duty as a bridge linking the government with the science and technology community and has made significant achievements by uniting the country-s science and technology community in promoting academic exchange, science popularization, citation of professional talents, providing policy-making consultancy, and strengthening international exchange and cooperation and has won a high reputation and respect from the public.

The present situation in China's modernization drive has set new tasks and requirement for the country-s science and technology community and at the same time has offered a wider stage for it to better play its role. CAST will conscientiously implement and put in effect the overall plan adopted at its 8th National Congress held in 2011, unite and lead all scientific and technological workers of the country in its endeavor to promote China's economic and social development, enhance science literacy of the whole nation, render a better service to scientific and technological workers and try to make new contributions to the building of an innovation-oriented nation and a well-off society in an all-round way.

Since the founding of CAST, six renowned scientists have successively served as the president of its National Committee, who are Li Siguang (a geologist, President of the first National Committee), Zhou Peiyuan (a physicist and educator, President of the second National Committee), Qian Xuesen (an expert in applied mechanics, engineering cybernetics and systems engineering, President of the third National Committee), Zhu Guangya (a nuclear physicist, President of the fourth National Committee), Zhou Guangzhao (a theoretical physicist, President of the fifth and sixth National Committee), and Han Qide (a medical scientist, President of the seventh and eighth National Committee).

The purposes of CAST

To promoting the prosperous development and popularization of science and technology, promote the upbringing of scientific and technological workers and promote the combination of science and technology with economy; reflect the opinions of scientific and technological workers and safeguard their lawful rights and interests; render service to the economic and social development of the country, to the enhancement of scientific literacy for the whole nation and to the needs of scientific and technological workers.

The basic tasks of CAST

——To develop academic exchange, enliven academic ideas, promote development of all scientific disciplines and encourage innovations;

—— Organize the scientific and technological workers to make contributions to the establishment of a technologically innovative system with the enterprise as its principal part to raise overall capabilities of innovation of enterprises;

—— Uphold scientific spirit, popularize scientific knowledge, and disseminate scientific ideas and methods. Defend the dignity of science, popularize the advanced technology, and develop scientific and educational activities for the young people, so as to improve the scientific literacy of the whole nation;

—— Reflect the opinions and appeals of scientific and technological workers and safeguard their legitimate rights and interests;

—— Work for the establishment and perfection of a mechanism for ensuring honesty and integrity in scientific research, and promote the ethical construction in science.

—— Organize the scientific and technological workers to participate in the making of policies and laws concerning science and technology and in the political consultation and democratic supervision over the state affairs;

—— Award outstanding scientific and technological workers and recommend to the appropriate departments or institutions the talented people in science and technology;

—— Provide advisory and consulting services on science- and technology-related issues, and promote the transfer of scientific and technological achievements;

—— Organize continued education and training programs;

—— Organize international science and technology exchanges, promote international cooperation, and develop friendly relations with overseas scientific and technological organizations and scientists; and

—— Develop undertakings in accordance with the objectives of CAST.

The China Association for Science and Technology is composed of national scientific and technological societies and the branch associations at the provincial level. Hierarchically, the local associations for science and technology are composed of societies at the same local level and associations for science and technology of a lower level, as well as various grass-roots organizations. At present, there are 199 national societies under the jurisdiction of CAST, of which 181 are its corporate members while the remaining 18 are under mandatory administration. The total number of individual members of the national societies under CAST has reached 4.28 million. Branches at the county level or above is composed of corporate members at the corresponding level while the grass-roots organizations are formed by individual members. The National Congress of CAST and the National Committee elected at the National Congress are the highest authority of CAST. When the National Committee is not in session, its Standing Committee oversees the operation of CAST. A Secretariat and a number of specific committees are set up under the Standing Committee. The Secretariat is in charge of the daily administration of CAST under the leadership of the Standing Committee.

Highlights of the current work of CAST:

In the area of academic exchange and serving economic and social development

One of the most important activities in the area of academic exchange is the Annual Meeting of CAST, which aims to boost academic exchange and provide assistance for the country's economic and social development. CAST also sponsors various kinds of conferences, symposia and forums to address issues important to science and economic and social development, and help its members with the publishing of scientific and technological journals to maintain high standards of science and technology of the country;

In industrial enterprises, CAST organizes mass innovation activities such as the campaign of making greater contributions to enterprises' innovation, regular meetings between outside experts and technical personnel of the enterprises, and innovation-related training courses;

To help improve farmers' living and promote the development in rural areas CAST has initialed and organizes the implementation of the project *Science For Farmers*, and helps villagers develop rural special technique associations and science service stations.

As one of China's top think-tanks in science and technology, CAST organizes science and technology professionals to conduct investigations on important issues concerning the country's economic and social development and people's livelihood, and providing advice for decision-making;

CAST develops bilateral and multilateral scientific cooperation and maintains friendly relations with science and technology bodies of various countries. It hosts international science and technology conferences, supports its member societies and scientists to actively engage themselves in international science and technology activities. CAST participates in the consultation the UN Economic and Social Council and facilitates the mutual and international recognition of engineering education accreditation. It also maintains friendly relations with scientific communities in Hong Kong, Macao and Taiwan;

In the area of enhancing science literacy of the whole nation

CAST has been appointed by the State Council the coordinating institution for the implementation of *The Outline of the National Scheme for Scientific Literacy* and is in charge of the coordination of the *The Outline*;

It sponsors and organizes science popularization activities with youth and children, farmers, urban workers, leading cadres and public servants and community residents as targeted people, such as National Science Day and the campaign Science Goes To Urban Communities.

It also emphasizes mobilizing and relying on various social sectors to develop science popularization resources. In the building of science popularization infrastructure, CAST is pushing for the sound development of science and technology museums, specialized and industrial museums throughout the country and is managing the China Digital Science Museum to support the socialized science popularization activities.

In the area of serving science and technological workers

CAST sponsors and organizes rewarding activities such as Outstanding Scientists of China, Chinese Young Scientists Award, Chinese Young Women Scientists Award, and the CAST Qiushi Outstanding Young Scholars Award. It cites outstanding scientific and technological talents as well as nominates candidates for CAS and CAE election. It also proposes to the related government authority projects for National Science and Technology Award. It has initialed and leads the implementation of HOME Program (Help Our Motherland through Elite Intellectual Resources from Overseas) to attract advanced Chinese scientific talents from abroad.

CAST conducts in various forms investigations on the present conditions of the country's science and technology workers so as to keep abreast their basic status and trend of change, and to voice their opinions and demands. It organizes research on the human resources development in the domain of science and technology so as to provide bases for the government in relevant decision-making.

CAST organizes continued education and professional training, implements project on knowledge updating and innovative talents cultivation. It promotes the improvement of the science and technology talent evaluation system and formulation of a talent cultivation system. CAST cultivates talents in urgent need, such as engineers, technicians, agricultural technicians and science popularization talents. It makes engineering education accreditation and specialized technology qualification identification.

CAST carries out science ethics education among science and technology professionals as well as students so as to foster among them a correct attitude towards their career. It promotes the formulation of policies and regulations to curb and punish academic misconduct and pushes for the practice of code of norms in science so as to create an academic environment of integrity.

In the area of its own capacity building

National scientific and technological societies are the basic constituents of CAST, so to strengthen the role of these societies in the advancement of science and technology and economic and social development is of utter importance to the capacity building of CAST itself.

CAST provides guidance and support to its member societies to facilitate the commercialization of scientists' research results and strengthen their ability to serve innovative activities. It encourages member societies to undertake some of the functions transferred from the government, such as organizing science and technology rewarding, evaluation of scientific research projects and achievements, and help them enhancing their ability to serve their members.

CAST encourages science and technology professionals working in industrial enterprises, institutions of higher education, neighborhood communities, rural areas to set up grassroots organizations under the framework of CAST.

As a mass organization of science and technology professionals, CAST has always maintained a close link with them and has defined a goal of building itself a "home for science and technology workers", aiming at "wherever there are science and technology workers, the work of CAST will follow", "wherever science and technology workers are concentrated, there is CAST organizations" and "wherever there is a CAST organization, a home for science and technology workers will be built".

领导同志的讲话

携手探索浩瀚宇宙　共创人类美好未来

——在国际天文学联合会第28届大会开幕式上的致辞

（2012年8月21日）

习 近 平

尊敬的主席先生，女士们、先生们、朋友们：

今天，来自世界各地的2000多名天文学家欢聚北京，参加国际天文学联合会第28届大会开幕式。这是1935年加入国际天文学联合会以来，中国首次承办联合会大会。这次大会是国际天文学界的一件盛事。我谨代表胡锦涛主席和中国政府、中国人民，对本届大会的召开表示热烈的祝贺，向出席大会的各位来宾表示崇高的敬意和诚挚的欢迎！

天文学是人类认识宇宙的科学，是推动自然科学发展和高新技术发展、促进人类社会进步的最重要、最活跃的前沿学科之一，对其他门类的自然科学和技术进步有着巨大推动作用。浩瀚无垠的宇宙空间，让生活在地球上的人类充满好奇、为之神往；博大精深的天文科学，以其独特魅力吸引着世世代代有识之士为之孜孜钻研、不懈探寻。天文学作为一门研究天体和其他宇宙物质的位置、分布、运动、形态、结构、化学组成、物理性质及其起源和演化的学科，在人类认识世界、改造世界的活动中始终占有重要位置。我们看到，天文观测的每一次重大发现，都不断深化着人类对宇宙奥秘的认识；天文科学的每一项重大成就，都极大丰富了人类知识宝库；天文学与其他学科交叉融合实现的每一次重大突破，都对基础科学乃至人类文明进步带来现实的和长远的深刻影响。

中国作为世界文明古国之一，对于天文学的发展作出了重要贡献。我们的祖先很早就在日出而作、日落而息的劳作中，开始观察和探究宇宙的奥秘。早在2300多年前，中国伟大的诗人屈原就发出了“遂古之初，谁传道之？上下未形，何由考之？”的著名“天问”。公元前13世纪甚至更早，中华民族的先人就建立了天文台，中国至今仍保存着世界上历时最长、最完整的天象记录。90多年前，中国现代天文学开始起步，1922年中国天文学会成立，1928年中国第一个现代天文研究所诞生，1934年中国紫金山天文台建成。中华人民共和国成立以来、特别是改革开放以来，中国科学院建成了完整的现代化天文台站运行体系，继建成世界上光谱获取率最高的大视场光谱巡天望远镜之后，目前正在建设五百米口径射电望远镜，并在空间天文和南极天文等重要前沿研究领域取得重要进展。

天文学的发展，是全人类认识宇宙的智慧结晶。天文学的发展历程，给予我们不少宝贵而深刻的启示。

第一，科学技术发展是人类认识世界、改造世界的强大动力。科学技术是经济社会发展中最活跃、最具革命性的因素。人类文明每一次重大进步都与科学技术的革命性突破密切相关。现代科学技术的发展正日益深刻地改变着人类的生产方式、生活方式和生存方式，成为经济社会发展的主要驱动力。实现经济社会可持续发展和人的全面发展，最根本的是要依靠科技的持续进步和创新。

第二，科学技术发展需要不懈探索和长期积累。人类对宇宙奥秘的探求同对其他领域发展规律的探索一样，是永无止境的。科学技术作为人类认识世界、改造世界的智慧结晶，是科学家们不懈探索、长期积累的创造性成果。只有心无旁骛地潜心研究，永不停息探索脚步，在巨人的肩膀上持续不懈前进，才能不断攀登世界科学高峰，推动人类进步。

第三，科学技术发展需要持续重视和加强基础研究。天文学是一门观测科学，包括天文学在内的重要基础研究，要求我们尊重科研活动的内在规律和长远价值，以战略眼光对此进行超前部署，加大投资力度和保障力度，为科学家们的前沿探求提供长期稳定的支持，使他们不断有所发现、有所发明、有所创造、有所前进，取得更多对人类有重大贡献的科学成果。

第四，科学技术发展需要打牢坚实的群众基础。科学技术是一项既造福社会又依赖社会的事业，科学技术发展需要广泛的公众理解和积极的社会参与。应该把科学普及放在与科技创新同等重要的位置，充分发挥教育在科学普及中的重要作用，在全社会、全人类进一步形成讲科学、爱科学、学科学、用科学的浓厚氛围和良好风尚，不断提高民众科学文化素质，不断激发人们创新创造的无穷动力和蓬勃活力。

第五，科学技术发展需要开展广泛务实的国际合作。科学无国界。广袤的宇宙空间，是人类的共同家园；不懈探索浩瀚宇宙，是人类的共同追求；蓬勃发展的天文科学，是人类的共同财富。当今时代，科学技术问题越来越具有全球性，除了天文学等基础研究领域的国际交流合作以外，解决人类共同面临的能源资源、生态环境、气候变化、自然灾害、粮食安全、人口健康等重大问题，也都需要开展多种形式的国际和地区科技交流合作，以共同推进人类科技创新、文明进步和可持续发展，造福于全人类。

当今世界是开放的世界，各国相互依存程度日益加深。改革开放30多年来，中国不但打开国门搞建设，也打开国门开展科技交流合作。特别是进入21世纪以来，世界自然科学界和工程科学界相继在中国召开了包括国际数学家大会、世界工程师大会等在内的一系列重要国际学术交流盛会。这极大开阔了中国科技界的国际视野，加深了国际科技界对中国的了解和认识，促进了中国和国际科技界的相互交流、借鉴与合作，也为中国科技界对世界科技发展作出贡献创造了有利条件。

我相信，国际天文学联合会第28届大会在中国的召开，必将对增进中国天文学家与各国天文学家的友谊、促进中国与国际天文学界的交流合作、推动中国天文学及相关学科发展产生积极影响；同时必将激励包括中国在内的世界各国充满好奇和求知欲望的年轻人，把他们关注的目光投向灿烂星空，激发他们投身天文观察和天文学研究的浓厚兴趣，投身当今世界科学技术的创新实践。

最后，我衷心祝愿本届大会取得圆满成功，衷心祝愿各国天文学家携手探索浩瀚宇宙、共创人类美好未来！

谢谢大家！

在中国科协八届二次全委会议上的讲话

（2012年1月13日）

王 兆 国

各位委员、同志们：

今天，中国科协召开八届二次全委会议，主要任务是，认真学习贯彻党的十七大、十七届三中、四中、五中、六中全会和中央经济工作会议精神，回顾总结2011年工作，研究部署2012年任务。这对于切实做好新形势下的科协工作，更好地履行“三服务一加强”工作职能，充分激发广大科技工作者的创新热情和创造活力，为保持经济平稳较快发展、促进社会和谐稳定而努力奋斗，具有十分重要的意义。

2011年5月，中国科协成功召开了第八次全国代表大会，胡锦涛总书记等党和国家领导人到会祝贺，习近平同志代表党中央作祝词。党中央的祝词思想深刻、内容丰富，对科协组织更好地发挥职能作用提出了明确要求，为推动科协事业创新发展指明了前进方向。大会认真总结了过去5年的工作经验，对未来5年的主要工作进行了重点部署，为开创科协工作新局面奠定了坚实基础。各级科协组织认真贯彻中国科协八大精神，锐意进取、开拓创新，团结带领广大科技工作者深入一线、深入基层，组织学术交流，开展科学普及，促进人才成长，积极建言献策，加强自身建设，为实现“十二五”时期经济社会发展良好开局作出了重要贡献。特别是你们与教育部联合开展科学道德和学风建设宣讲教育，组建了上百人的宣讲专家队伍，到全国31个省（区、市）及有关高校集中宣讲，直接聆听的研究生新生超过30万人，在高校和社会上引起了强烈反响，有力促进了科学精神的弘扬。在这里，我代表党中央，向广大科技工作者和各级科协干部致以亲切的问候和崇高的敬意！

2011年10月召开的党的十七届六中全会，对坚持社会主义文化发展道路、努力建设社会主义文化强国作出重大战略部署；12月召开的中央经济工作会议，明确提出2012年经济工作的总体要求、目标任务和政策举措。前不久，习近平同志主持召开中央书记处办公会议，听取中国科协党组工作汇报，充分肯定中国科协去年各项工作，对做好今年工作提出明确要求。各级科协组织要认真学习、深刻领会中央重要精神，统一思想、坚定信念、团结奋进，扎实做好全年各项工作，为巩固和发展“十二五”时期开局良好势头、奋力开创中国特色社会主义事业新局面作出更大贡献。下面，我讲几点意见。

一、更好地服务于党和国家工作大局，大力促进科学技术繁荣发展

在刚刚过去的一年里，我国社会主义经济建设、政治建设、文化建设、社会建设以及生态文明建设和党的建设都取得了新的显著成就，但我国经济社会发展中不平衡、不协调、不可持续问题依然突出，国际国内经济环境仍然十分复杂。各级科协组织和广大科协干部要坚决贯彻中央要求，牢牢把握科学发展这个主题和加快转变经济发展方式这条主线，充分调动广大科技工作者的积极性主动性创造性，增强科技在经济社会发展中的支撑引领作用，促进战略性新兴产业发展，推进传统产业优化升级，努力推动我国经济社会又好又快发展。

要紧紧围绕影响经济社会发展的重大科技问题，深入开展学术交流。大力探索在国家创新体系中发挥学会重要作用的途径和方式，围绕节能环保、新一代信息技术、生物、高端装备制造、新能源、新材料、新能源汽车等产业发展面临的科技难题，积极搭建形式多样、不同层次的学术交流平台，深入开展学术交流，推动实现科技突破。充分发挥中国科协年会等品牌学术活动的号召力和影响力，着力培育一批具有国际前沿水平的小型、高端专题论坛，帮助科技工作者拓展视野、交流心得，启迪创新思维。努力办好一批精品科技期刊，联合有关部门推动打造若干进入国际先进行列的英文科技期刊，为学术交流提供便捷渠道。切实加大利用国际科技资源的力度，主动引入高端学术资源，积极拓展国际学术交流，促进我国科技工作者科研能力和水平的提升。

要不断提升全民科学素质，为科技发展提供广阔深厚的创新土壤。积极推进全民科学素质行动计划纲要实施，完善社会化科普工作格局，推动各部门切实完成规定的各项任务。以“节约能源资源、保护生态环境、保障安全健康、促进创新创造”为主题，广泛开展群众性、基础性、社会性科普活动，推动科普进社区、进校园、进机关、进军营，让科学精神和科学思想深入植根人民群众。将科普工作作为国家重大科技创新的有机组成部分，加强科普资源开发开放力度，建立健全科研与科普结合机制，开发运用高校、科研机构和高新技术企业的资源和优势，推动国家经费支持的科技场馆和设施向公众开放，鼓励包括高校教师、科研人员在内的广大科技工作者参与科普工作，引导人民群众特别是青少年弘扬科学精神、学习科学知识、坚持科学方法、秉承科学思想，为加快建设创新型国家夯实公民科学素质基础。

要开展多种形式的群众性技术创新活动，把更多创新要素引入企业、引向农村。深入开展“讲理想、比贡献”群众性技术创新活动，不断赋予其新的时代特色。大力发展各种形式的院士专家工作站，推动科技工作者深入基层一线，积极开展技术咨询、技术诊断、技术培训和技术服务，使科技成果得到更加广泛的应用。继续扩大“科普惠农兴村计划”支持范围和资助力度，重点支持一批农村专业技术协会，不断创新科技服务农村农业发展的方式和内容，不断增强农民依靠科技脱贫致富的能力，为建设社会主义新农村提供坚实的科技支撑。

要紧紧围绕大幅度提高自主创新能力，切实发挥好国家级科技思想库的重要作用。围绕推动科技发展、增强自主创新能力等一系列全局性、战略性、前瞻性的重大问题，深入开展调查研究，努力提出更多有价值的意见建议，把广大科技工作者的聪明才智凝聚到建设创新型国家的伟大事业中。畅通党政领导与专家学者的交流渠道，鼓励专家学者积极建言献策，广泛征集科技工作者特别是基层一线科技工作者的意见建议，推动党委和政府更加重视和抓好科技创新能力建设。扎实推进地方科协国家级科技思想库建设试点工作，加大对各级学会开展决策咨询工作的支持力度，大力提高各级科协的决策咨询能力和水平，更加自觉地运用科技力量推进改革开放和社会主义现代化建设事业。

二、切实做好新形势下科技工作者工作，大力促进科技人才队伍建设

广大科技工作者是我国先进生产力的开拓者和先进文化的传播者。目前我国有5800万科技工作者，这是党和人民事业发展最可宝贵的战略资源。加强党和政府同科技工作者的联系，竭诚为科技工作者提供优质高效服务，充分激发科技工作者的创新热情和创造活力，大力促进科技人才成长提高，是科协组织服务党的群众工作的光荣使命和重要职责。

要深入开展科技工作者状况调查研究，推动完善有利于科技工作者成长成才的政策环境。准确把握新形势下科技工作者群体的新变化新趋势，倾听他们的意见和呼声，帮助他们及时了解、准确把握党和国家的方针政策，推动解决他们在工作生活中遇到的实际困难和问题，使他们各展所长、各得其所，为创新型人才成长创造良好环境。广大科协干部要坚持深入实际、深入基层、深入群众，与科技工作者面对面、手拉手、心贴心交流，不断密切与科技工作者的思想沟通、情感交流和工作联系，在党和政府同科技工作者之间建立起畅通稳定的沟通渠道，让科技工作者切身感受到党和政府的关怀和温暖。

要大力表彰奖励举荐优秀科技工作者，推动科技人才脱颖而出。大力表彰奖励优秀科技工作者，发现举荐一批承前启后、堪当重任的青年科学家，推动我国高层次科技领军人才培养工作不断取得新成效。加强对学会设奖评奖的指导和规范，建立完善面向不同领域、不同年龄科技人才的社会奖励体系，充分发挥同行评议在科技评价和科技人才评价中的基础作用。认真做好两院院士初遴选、国家科技奖励项目推荐、优秀科技工作者评选等工作，积极推荐我国科学家担任民间国际科技组织领导职务，大力引进海外高层次科技人才，努力使科协成为发现举荐优秀人才的重要平台。

要大力弘扬科学精神、探索精神、团队精神，努力形成劳动光荣、知识崇高、人才宝贵、创造伟大的时代新风。大力宣传在创新科学技术和普及科学技术方面作出突出贡献的优秀科技工作者和创新团队，宣传老一辈优秀科学家的高尚品德和严谨作风，着力培育一批德学双馨的科技工作者楷模。引导广大科技工作者积极践行社会主义核心价值体系，牢固树立严谨求实、勇于创新的科学精神，不畏艰险、勇攀高峰的探索精神，团结协作、淡泊名利的团队精神，激励广大科技工作者顽强拼搏、争创一流。热情关心基层一线科技工作者，积极宣传在企业科技攻关、农业科技推广和科普工作方面贡献突出的普通科技人员，激励更多的科技工作者把创新要素引入企业、引入农村、引入社区，营造人人崇尚创新、人人都能成才、人人都作贡献的良好社会氛围。

要深入开展科学道德和学风建设宣讲教育，努力培养德才兼优的科技人才。按照“全覆盖、制度化、重实效”的目标要求，深入开展科学道德和学风建设宣讲教育工作，把宣讲教育纳入到研究生教育培养环节，覆盖扩展到广大青年学生、高校教师和科研人员，引导他们做良好学术风气的维护者、严谨治学精神的力行者、优良学术道德的传承者。邀请优秀科学家到高校、科研院所宣讲科学精神、科学道德、科研伦理和科研规范，传承刻苦严谨、甘为人梯的优良传统，推动我国科技队伍健康发展。

三、加强自身建设、提升服务能力，努力建设科技工作者之家

目前，中国科协拥有198个代表国内最高学术水平的自然科学和交叉学科领域的全国学会，以及31个省（区、市）科协、12万多家各类基层科协组织。中国科协通过广泛开展学术交流、科学普及、人才举荐、决策咨询等工作，对科技工作者的吸引力凝聚力不断增强，社会影响不断扩大，已经成为推动科技创新和经济社会发展的一支不可或缺的重要力量。面对新形势新任务，各级科协要按照中央关于哪里有科技工作者科协工作就做到哪里，哪里科技工作者密集科协组织就建到哪里的要求，加强自身建设、提升服务能力，更好发挥党和政府联系科技工作者的桥梁纽带作用，奋力推动我国科技事业又好又快发展。

要切实提升学会服务经济社会发展的能力，努力把学会建设成为充满生机和活力的现代科技团体。积极探索建立科学合理的学会分类指导和评价体系，择优扶强一批具有相当规模和社会影响力的全国学会，努力打造一支国内一流、国际上有影响的骨干学会队伍。支持学会积极参与社会管理，主动承接政府转移的科技评价、科技人员评价、科技奖励、科技培训、继续教育等社会化服务职能。积极探索建立有利于学会自律、自立、自强发展的组织体制、运行机制和活动方式，不断增强会员对学会组织的认同感，使学会在服务经济社会发展、服务会员中焕发出更加勃勃的生机。

要扩大基层组织覆盖面，进一步增强科协组织对科技工作者的凝聚力向心力。准确把握科技工作者规模、层次和分布情况，着力在科技工作者聚集的地区和单位加快建立科协组织，大力推进企业科协特别是高新技术企业科协、高新区科协建设，积极推动高等院校、科研院所建立科协组织，推动解决好与科技工作者切身利益相关的职称评定、收入分配、工作条件等问题，把党和政府的关心及时送到科技工作者心中，凝聚更多的科技工作者加入到科协组织中来。

要继续深入开展创先争优活动，努力推进科协文化建家工作。大力推进学习型党组织建设，充分发挥科协基层党组织的战斗堡垒作用和党员的先锋模范作用，进一步增强为科技工作者提供优质高效服务的使命感和责任感，做广大科技工作者的知心人、贴心人。坚持以文化凝聚人心、以文化促进发展，推动形成科协系统普遍认同的核心理念和行为准则，培育具有鲜明时代特征的科协文化，不断增强科协对学会、学会对科技工作者的吸引力和凝聚力。

科协是科技工作者的群众组织，是党领导下的人民团体。各级党委和政府要从全局和战略的高度，充分认识做好科协工作的重要意义，进一步加强和改进对科协工作的领导，及时研究解决科协工作中遇到的实际问题，为科协组织和广大科技工作者开展工作、发挥作用提供良好条件和有力保障。

各位委员、同志们，推进我国科技事业发展，任务艰巨，责任重大。让我们更加紧密地团结在以胡锦涛同志为总书记的党中央周围，高举中国特色社会主义伟大旗帜，开拓进取、扎实工作，为加快建设创新型国家、夺取全面建设小康社会新胜利努力奋斗，以优异的成绩迎接党的十八大胜利召开！

在第十四届中国科协年会开幕式上的讲话

（2012年9月8日）

王 兆 国

同志们、朋友们：

今天，中国科协以“科技创新与经济结构调整”为主题，在河北省省会城市石家庄举办第十四届年会。这对中国科协、所有科技人员是一次盛会，对河北省是一件大事。这次会议，深入学习贯彻党中央、国务院《关于深化科技体制改革　加快国家创新体系建设的意见》，汇聚科技资源，交流学术新知，深化科学普及，开展决策咨询，团结动员广大科技工作者为加快建设创新型国家、大力推进中国特色社会主义伟大事业作贡献，很有意义。我代表党中央对年会的召开表示热烈祝贺！向与会同志，并通过你们向全国广大科技工作者致以诚挚的问候！

我们党和国家始终高度重视科技事业。进入新世纪新阶段以来，在党中央、国务院的正确领导下，国家中长期科学和技术发展规划纲要、人才发展规划纲要、教育改革和发展规划纲要相继颁布实施，科技投入持续快速增长，自主创新能力逐步增强，创新人才队伍发展壮大，整体科技实力实现新的跃升，科技创新支撑引领经济社会发展的重要作用日益得到充分的发挥。目前，我国科技人力资源总量已居世界第一，国际科技论文总量提升到世界第二，发明专利授权量达到了世界第三，高新技术产业产值占国内生产总值的比重为8.8%。在关系国家战略利益的高技术和前沿科技领域，我国取得了载人航天、卫星导航系统、量子通信、超级计算机、载人深潜器等一系列重大成就，令世界瞩目。这些成就，蕴含着广大科技工作者攻坚克难、开拓创新的辛勤劳动，铭刻着广大科技工作者无私奉献、团结奋进的高尚情操，极大地增强了全国各族人民加快建设社会主义现代化国家的信心。

当今世界，科技创新更加广泛地影响着经济社会发展和人民生活，科技发展水平更加深刻地反映出一个国家的综合国力和核心竞争力。实施创新驱动发展战略，是以胡锦涛同志为总书记的党中央从全面建设小康社会、坚持和发展中国特色社会主义的高度出发，作出的一项重大决策。我们一定要把思想和行动统一到中央决策部署上来，深刻认识实施创新驱动发展战略的重要性和紧迫性，把创新驱动发展战略贯穿到现代化建设进程中，推动实施科教兴国战略和人才强国战略，自觉坚持自主创新、重点跨越、支撑发展、引领未来的指导方针，大幅度提高自主创新能力，使建设创新型国家、迈向科技强国成为全党全社会的共同行动。下面，我讲几点意见。

第一，充分认识实施创新驱动发展战略的重要意义

实施创新驱动发展战略是实现经济平稳较快发展的客观要求。经过30多年的高速发展，我国经济总量已跃居世界第二，但长期形成的结构性矛盾、粗放型增长方式尚未根本改变，发展中的不平衡、不协调、不可持续的问题依然突出，经济发展面临着日益严重的资源环境制约。与此同时，世界经济复苏进程艰难曲折，国际市场需求持续萎缩，我国经济发展的外部环境更加严峻复杂。这就要求我们坚持把科技创新作为经济发展的内生动力，促进科技与经济有机结合，推动传统产业优化升级，加快培育发展战略性新兴产业，着力提高企业技术创新能力，以科技创新支撑引领产业发展，加快转变经济发展方式，进一步提高经济增长质量和效益，开创科学发展的新局面。

实施创新驱动发展战略是推动社会全面进步的重要保证。当前，我国已进入改革发展的关键时期，要解决好促进社会全面进步中存在的突出矛盾和问题，必须依靠创新驱动实现全面发展成为摆在我们面前的紧迫任务。我们必须深刻认识我国发展的阶段性特征，从人民群众最关心、最直接、最现实的利益问题出发，加快推进人口健康、食品药品安全、防灾减灾、安全生产、生态环境和应对气候变化等领域的科技创新，促进公共服务和社会管理水平提高，以科技进步支撑引领民生的改善。更加重视提高全民科学素质，提倡以科学思想观察问题、以科学态度看待问题、以科学方法处理问题，养成健康文明的生活方式和工作方式，促进人与自然和谐相处，努力形成全体人民各尽其能、各得其所而又和谐相处的局面。

实施创新驱动发展战略是应对激烈国际竞争的必然选择。当今时代，知识创造和技术创新的速度明显加快，以新技术突破为基础的产业变革蓄势待发，科技创新已成为经济社会发展的主要驱动力，关键技术、知识产权、创新人才等方面的国际竞争日益激烈，我国参与国际科技竞争的压力不断加大，传统的低成本竞争优势不断减弱，依靠创新驱动发展已刻不容缓。我们必须紧紧抓住新的科技革命和产业变革的机遇，及时谋划、超前部署前沿科技，努力掌握核心关键技术，充实技术储备，增强发展后劲，使我国发展质量越来越高、发展空间越来越大、发展道路越走越宽，在激烈的国际竞争中赢得主动。

第二，大力激发科技工作者推动实施创新驱动发展战略的积极性

要继续深化科技体制改革，为科技工作者充分施展才华创造有利条件。改革开放以来，我国科技工作者队伍日益发展壮大，科技人力资源总量已超过5800万人，成为提高综合国力、建设创新型国家的重要依靠力量。要坚持以改革为动力，切实提高科技管理的科学化水平，为科技工作者充分发挥作用提供宽松环境、搭建更大舞台，鼓励他们干事业、干成事业、干好事业。要坚持以科研能力和创新成果选拔人才，以科技创新质量和实际贡献检验人才，以合理的精神表彰和物质奖励激励人才，使更多德才兼备的优秀创新人才脱颖而出。要完善科技工作者利益表达机制，畅通他们反映意见诉求的渠道，及时全面了解他们的思想、工作和生活状况，帮助他们解决困难，使他们心无旁骛地投身于科技事业发展。

要推动完善人才培养与发展机制，统筹各类科技人才协调发展。科技人才队伍是国家科技事业发展的决定性因素。必须坚持把促进人才成长提高作为科技人才培养与发展的出发点，实施有利于人才成长的政策措施，建设一支规模宏大、结构合理、素质优良的创新人才队伍。要努力造就世界水平的科学家、科技领军人才、卓越工程师和高水平的创新团队，大力引进海外优秀人才，特别是领军人才加入我国自主创新的队伍中，不断增强科技核心竞争能力。要重视培养工程实用人才、紧缺技能人才和农村实用人才，特别是加强科研生产一线高层次专业技术人才和高技能人才培养，不断优化人才结构、提高人才队伍质量。特别要重视培养青年后备人才，增强他们的创新意识和实践能力，引导他们到国家和人民最需要的地方接受锻炼，努力使他们尽快成长。

要加快建设创新文化，营造全社会尊重和鼓励创新创业的良好环境。创新文化助推科技创新，科技创新丰富创新文化。要把科学普及放在更加重要的位置，大力普及科学技术知识、倡导科学方法、传播科学思想、弘扬科学精神，形成讲科学、爱科学、学科学、用科学的浓厚氛围，增强全民族的创新创造意识。要坚持尊重劳动、尊重知识、尊重人才、尊重创造的重大方针，大力宣传老一辈科学家、优秀科技工作者和创新团队的先进事迹，让广大群众特别是青少年牢牢树立创新光荣、创造无价的理念，为弘扬中华民族创新文化积淀深厚土壤。要加强科学道德和学风建设，发扬优良学风，倡导科研诚信，鼓励独立思考，保障学术自由，营造宽松包容、奋发向上的学术氛围，为推动社会主义文化大发展大繁荣发挥示范作用。

第三，积极引导科技工作者坚定地走在科技改革发展的最前列

希望广大科技工作者全力支持和推动科技体制改革，为加快国家创新体系建设多作贡献。面向重点产业转型升级、高技术产业和战略性新兴产业发展、能源结构调整等经济社会发展的迫切需要，找准主攻方向，着力突破共性核心关键技术，加快实现先进科技成果快速有效的转化，促进企业真正成为技术创新的主体。支持配合国家科技基础条件平台建设，推动科技资源开放共享，帮助基层一线解决技术难题和实际困难，促进全社会科技资源高效配置和综合集成，使科技成果更加充分地惠及人民群众。努力探索符合科技创新活动规律的有效途径和方法，积极建言献策，为完善有关政策，建立健全科学合理、富有活力、更有效率的国家创新体系提供智力支撑。

希望广大科技工作者努力地提高自主创新能力，为实施创新驱动发展战略多作贡献。加强基础前沿科学研究，推动完善学科体系建设，力争在生命科学、空间、海洋、地球科学、纳米科技等领域取得原创性科技成果，不断增强原始创新能力，为科技创新提供源源不断的知识积累和技术储备。加强战略性高技术领域研究，注重集成创新和联合攻关，努力在应用研究层面取得重大科技成果，增强集成创新、引进消化吸收再创新能力，为科技创新培育新的增长点和突破点。加强先导技术研究，力争在关系国家安全和利益的空天技术、信息技术、生物技术、能源技术等领域取得先导性科技成果，增强国家核心竞争力，为抢占战略制高点赢得发展先机和主动权。

希望广大科技工作者自觉践行社会主义核心价值体系，为弘扬科学道德和建设创新文化多作贡献。发扬求真务实、勇于创新的科学精神，不畏艰险、勇攀高峰的探索精神，团结协作、淡泊名利的团队精神，报效祖国、服务社会的奉献精神，增强为党和人民事业不懈奋斗的自觉性和坚定性。自觉把科研和科普有机结合起来，主动肩负起提高公民科学素质的社会责任，帮助群众了解科技知识、掌握科学方法、为培育健康和谐的创新文化奠定坚实基础。自觉把科学精神和人文精神有机结合起来，恪守坚持真理、诚实劳动、亲贤爱才、密切合作的职业道德，加强科研诚信建设，自觉抵制学术不端行为和不正之风，努力成为良好学术风气的维护者、严谨治学的力行者、优良学术道德的传承者。

中央关于深化科技体制改革、实现创新驱动发展的战略部署中，对科协工作提出了新目标、新任务、新要求。各级科协组织要深入学习贯彻全国科技创新大会精神，认真履行“三服务一加强”工作职能，在服务党和国家工作大局中发挥独特优势。要充分发挥科技社团在推动全社会创新活动中的作用，积极引导支持科协所属学会承接政府转移的科技评价、人才评价、科技奖励、科技培训、继续教育等社会化服务职能，组织科技工作者建言献策，推动完善国家科学决策的咨询制度，为加快国家创新体系建设作出新的更大贡献。要充分发挥促进人才成长提高的作用，引导科技工作者坚定理想信念，大力举荐、表彰、宣传优秀科技工作者和创新团队，深入开展科学道德和学风建设宣讲教育，进一步畅通反映科技工作者意见诉求的渠道，充分激发科技工作者的创新热情和创造活力。要充分发挥科普工作主要社会力量的作用，广泛深入开展群众性、基础性、社会性科普活动，大力促进科研与科学教育、普及有机结合，动员多方力量参与科普工作，推动形成社会化科普工作格局，确保实现全面提高全民科学素质的目标任务。

科协是党领导下的人民团体，是科技工作者的群众组织。希望各级党委和政府切实加强和改进对科协工作的领导，定期听取科协工作汇报，及时研究解决科协工作的重大问题和实际困难，为科协及所属团体开展工作创造更加有利的条件。重视发挥科协及所属团体在加快建设国家创新体系中的重要作用，逐步提高科普经费的增长速度，确保“十二五”时期我国公民具备基本科学素质的比例超过5%的目标顺利实现。党委和政府应该把联系科技工作者的资源和手段更多地赋予科协，使科协多发挥联系服务科技工作者的作用。要切实加强与科技工作者的联系，倾听他们的意见呼声，协调各方力量为他们多办好事、实事，把广大科技工作者更加紧密地团结凝聚起来。

同志们，朋友们！这些年来，我多次参加年会活动，还经常利用到各地调研的机会与科技工作者进行交流，与科技界许多专家学者共谋国家科技事业发展大计，结下了深厚情谊。科学大师们学为人师、行为世范的人格魅力，基层科技工作者们默默坚守、砥砺奋斗的崇高品行，都给我留下了难以忘怀的深刻印象。在此，我向全国的科学家们、广大科技工作者和科协工作者致以崇高的敬意！我相信，在中央的坚强领导下，在大家的共同努力下，我国科技界一定能够不辱使命、不负重托，为在本世纪上半叶完成两个宏伟目标，创造中华民族美好未来，作出无愧于人民、无愧于时代的光辉业绩！

同志们、朋友们，让我们紧密团结在以胡锦涛同志为总书记的党中央周围，高举中国特色社会主义伟大旗帜，以邓小平理论和“三个代表”重要思想为指导，深入贯彻落实科学发展观，坚定不移沿着中国特色社会主义道路前进，开拓进取，扎实工作，为建设创新型国家作出新的更大的贡献，以优异成绩迎接党的十八大胜利召开！

祝第十四届中国科协年会圆满成功！

谢谢大家！

在中国科协第八届全国委员会第二次会议上的工作报告

（2012 年 1 月 13 日）

韩 启 德

各位委员：

现在，我受常务委员会委托，向中国科协第八届全国委员会第二次会议报告工作，请予审议，并请与会同志提出意见。

关于 2011 年的主要工作

2011 年是全面实施“十二五”规划的开局之年，也是中国科协的换届之年。一年来，在党中央、国务院的正确领导下，在王兆国、刘延东同志的直接指导下，中国科协认真贯彻党的十七大和十七届三中、四中、五中、六中全会精神，高举中国特色社会主义伟大旗帜，以科学发展观为统领，全面落实胡锦涛总书记“七一”讲话和在纪念中国科协成立 50 周年大会上的讲话精神，按照中央对科协工作的指示和要求，以召开中国科协八大为契机，紧紧围绕科学发展主题和加快转变经济发展方式主线，认真履行“三服务一加强”工作职能，各项工作取得新的进展。

一、认真学习贯彻中央重大决策部署，切实把思想和行动统一到中央精神上来

一是隆重召开中国科协八大。5 月 27 日，中国科协第八次全国代表大会在人民大会堂隆重召开，胡锦涛总书记等党和国家领导人集体出席开幕式，温家宝总理作科技发展形势报告，习近平同志代表党中央致祝词，王兆国同志在闭幕式上发表重要讲话，充分体现了党和国家对科技工作者和科协工作的高度重视和殷切期望，与会代表倍感振奋、深受鼓舞，会议开得圆满成功。一是审议通过工作报告、《中国科学技术协会章程（修改草案）》和《中国科学技术协会事业发展“十二五”规划》等重要文件。二是经过民主程序成功选举产生新一届领导机构，主席、副主席均高票当选，实现了科技工作者的共同意愿。三是会议组织务实高效，气氛隆重热烈，起到了统一思想、凝聚人心的作用。代表们普遍反映，中央领导同志讲话高屋建瓴、立意深远，充满了对科技工作、科技工作者以及科协组织的深切期待，是指导我们做好各项工作的纲领性文件。科协八大闭幕后，中国科协党组及时发出通知，要求各级科协组织深刻领会和准确把握中央领导同志重要讲话和科协八大精神。各地党委政府高度重视，省、自治区、直辖市［以下简称省（区、市）］党政主要领导听取了地方科协党组关于贯彻落实中国科协八大精神的工作汇报，明确要求加强和改进对科协工作的领导，为地方科协及所属团体开展工作创造了良好的政策条件。科协系统紧密结合工作实际，采取多种形式深入学习贯彻中国科协八大精神，各项工作取得明显进展。

二是积极贯彻中央重大决策部署。以隆重庆祝中国共产党成立 90 周年为契机，认真组织开展系列学习纪念活动，回顾党的光辉历程，缅怀党的丰功伟绩，进一步坚定科协党员干部的理想信念。7 月 1 日，胡锦涛总书记在庆祝中国共产党成立 90 周年大会上发表重要讲话，中国科协党组立即对学习贯彻讲话精神进行全面部署，7 月 2 日通过全国 504 个科技工作者状况调查站点对科技界学习讲话情况进行深入调查，结果表明科技工作者对我们党 90 年来取得的辉煌成就高度认同，对实现“两个百年”奋斗目标充满信心。结合贯彻十七届五中全会精神，制定实施中国科协事业发展“十二五”规划，天津、福建等 28 个省级科协和中华医学会、中国心理学会、中国石油学会、中国汽车工程学会、中国电机工程学会等 68 个全国学会制定了“十二五”发展规划。党的十七届六中全会刚刚闭幕，中国科协党组立即召开会议传达学习全会精神，印发《关于深入学习贯彻党的十七届六中全会精神的若干意见》，要求科协系统党员干部把学习贯彻六中全会精神作为一项重要政治任务，与学习贯彻中国科协八大精神、深入思考科协文化建设实际紧密结合起来。按照中国科协统一部署，全国学会和地方科协积极响应，切实把思想和行动统一到中央重大决策部署上来。

三是扎实开展创先争优活动。紧密结合业务工作全面推进党的建设，广泛开展专题培训、形势报告会、学习杨善洲同志等宣传教育活动，宣传优秀共产党员的先进事迹，激励广大党员干部学先进、见行动，在推进科协事业发展中创先争优。隆重召开中国科协纪念中国共产党成立 90 周年暨创先争优表彰大会，表彰宣传先进基层党组织、优秀共产党员和党务工作者，激励各级党组织和广大党员扎实工作、奋发进取。加强基层党组织和党员队伍建设，全面部署党员公开承诺，充分发挥基层党组织的政治核心和战斗堡垒作用，推进中心工作、促进事业发展。坚持以党建带学会建设，推进学会党建指导员、党建联络员工作，向办事机构专职人员中还没有党员的23个全国学会选派党建指导员，中国总会计师协会制定《关于建议在地方协会、分会建立基层党组织的意见》，为实现学会党组织全覆盖奠定扎实基础。

二、充分发挥智力优势和专业特色，着力为经济社会又好又快发展提供重要支撑

一是紧紧围绕主题主线广泛开展学术交流。以“科技创新与战略性新兴产业发展”为主题，与天津市人民政府联合成功举办第十三届中国科协年会，7位诺贝尔奖获得者、113位两院院士、194位海外专家学者、3000多名科技工作者参与盛会。年会突出学科交叉、举办地特色和国际化，其中国际分会场比例达41%，22个分会场学术成果丰硕，239个科普活动覆盖了300余万公众，为举办地经济社会发展服务卓有成效。组织近2000名专家学者深入开展学科发展研究，发布22个学科研究进展情况，帮助科技工作者及时了解学科前沿动向。以推动形成原创性学术观点、引领学术热点为核心，成功举办中国首届湖泊论坛、农产品质量安全与现代农业发展专家论坛，举办8期中国科协论坛、12期新观点新学说学术沙龙、15期青年科学家论坛、第九届博士生学术年会等学术交流活动，聚焦经济社会发展热点难点问题，反响良好。深入实施精品科技期刊工程，99种科技期刊纳入精品科技期刊工程示范项目，根据最新《中国科技期刊引证报告（核心版）》统计，有43种科协系统学术期刊总被引频次位居学科第一，35种影响因子位居学科第一，40种综合评价位居学科第一。中国化学会、中国化工学会等成功举办“国际化学年在中国”系列活动，引导社会公众了解化学知识、学习化学课程、支持化学研究，推动形成有利于化学及相关产业创新发展的良好氛围。中国兵工学会等全国学会和陕西省科协等地方科协积极开展不同层次学术活动，为科技工作者开展学术交流提供舞台。截至2011年10月底，中国科协及所属全国学会、地方科协共举办学术会议7600余次，参加会议人数122万余人次，交流论文近33万篇。

二是深入开展群众性技术创新和技术服务活动。组织企业科协广泛深入开展“讲理想、比贡献”（以下简称“讲、比”）活动，截至2011年10月底，各地先后组织129万余人次科技工作者参加“讲、比”活动，采用合理化建议17万余条。着眼于把更多的创新要素引入企业，引导院士专家深入企业一线开展技术合作，全国已建立专家工作站1284个，进站院士专家4790人次。深入开展“知识产权巡讲”活动，组织13个全国学会和15个地方科协开展科技信息服务试点工作，遴选发达国家和地区专利信息350余万条，提取5.6万余项关键技术信息，在2200个企业推广应用。重庆、江苏等省（区、市）加大专项资金支持力度；辽宁、浙江等省（区、市）多部门联合出台实施意见和管理办法，对“讲、比”工作和专家工作站建设予以制度保障，集聚多方力量促进产学研用结合，推动提高企业自主创新能力。

三是继续扩大“科普惠农兴村计划”覆盖面。联合财政部深入实施“科普惠农兴村计划”，中央财政投入资金3亿元，通过“以奖代补、奖补结合”方式，重点奖励在发展低碳农业和现代农业中作出突出贡献的优秀集体和先进个人，特别是建立了党组织的农技协和科普示范基地，评选表彰1797个全国农村科普先进单位和带头人。在“科普惠农兴村计划”的引导示范下，地方财政投入近2亿元，激励支持农村实用技术人才和致富典型辐射带动农户脱贫致富。其中，河南省奖补资金从440万元增加到1000万元，山西省着力打造连接省、市、县、乡、村的科普惠农绿色通道，广东省积极开展“千会服务千村”行动。各地农函大全年举办各类农村实用人才带头人培训班3万多期，累计培训农民1859万人次。“科普惠农兴村计划”的深入实施，有力地推动了社会主义新农村建设。

四是扎实推进国家级科技思想库建设。组织政协科协界委员以及广大科技工作者深入调查研究、积极建言献策，“关于解决退休老科技人员待遇过低问题的几点建议”、“高校毕业生失业问题需要高度关注”、“建立国家科技报告体系势在必行”等一批调研报告得到中央领导的肯定和重视。积极支持地方科协加强决策咨询工作，启动学会决策咨询资助计划，着力提升科协系统决策咨询能力和水平，北京、湖北、广州、浙江等15个省（区、市）及副省级城市科协国家级科技思想库试点建设成绩突出。中国科协年会期间成功举办天津市党政领导与院士专家座谈会，天津市委、市政府办公厅联合发文将院士专家建议印发各有关部门研究采纳、贯彻落实，中国城市规划学会、中国电工技术学会等15个学会为座谈会的成功召开作出重要贡献。中国机械工程学会编写的《中国机械工程技术路线图》为相关技术和产业创新发展提供重要依据，吉林、浙江、湖南、山东、江西等省（区、市）科协报送的决策咨询报告得到省委省政府主要领导重视并部署落实到有关工作中。截至2011年10月底，科协系统共提供决策咨询报告8391篇，2707篇次获得党政领导批示。

五是不断深化对外民间科技交流与合作。积极支持国际科联灾害风险综合研究科学计划国际办公室顺利运行。鼓励支持我国科学家在国际科技组织中担任领导职务，吴国雄院士成功当选国际科学理事会执委，168位科学家在国际科技组织中担任执委以上职务。中国通信学会、中国生物物理学会、中国岩石力学与工程学会等全国学会分别成功举办2011年国际云计算研讨会、第17届国际生物物理大会、第12届国际岩石力学大会等610余个重要国际科技会议，向世界展示中国相关领域科学发展水平和重大成就。配合中央对港澳台工作大局，举办当代杰出华人科学家公开讲座、海峡两岸青年科学家学术活动月等活动，为促进港澳地区繁荣稳定和两岸关系和平发展作贡献。福建省科协打造的海峡科技专家论坛等品牌，已成为我国促进海峡两岸交流合作的重要平台。

三、坚持大联合大协作的工作方式，深入开展全民科学素质工作

一是认真履行科学素质纲要实施工作办公室职责。积极完善常态工作机制，推动形成“政府推动、多部门联合协作、社会和公众广泛参与”的科学素质工作格局。以全民科学素质工作纳入国民经济与社会发展“十二五”规划为契机，会同教育部、科技部等9个部门联合制定、由国务院办公厅正式印发《全民科学素质行动计划纲要实施方案（2011—2015年）》，并牵头组织落实各项工作任务，23个省（区、市）将全民科学素质工作纳入当地“十二五”规划。召开全民科学素质行动实施工作电视电话会议，刘延东同志发表重要讲话，会议全面部署“十二五”时期全民科学素质重点工作，并对2006年以来成绩突出的150个单位及194名个人予以表彰。

二是充分发挥主题科普活动的品牌示范作用。以“坚持科学发展，节约保护水资源”为主题广泛开展全国科普日系列活动，习近平等领导同志出席北京主场活动，对建设节水型社会相关科普工作提出明确要求，极大地激发了广大科技工作者参与科普工作的热情。启动实施“社区科普益民计划”，以社区居民为重点，深入开展科教进社区、社区科普大学等有针对性的社区科普服务，大力倡导和普及节约资源、健康生活、防灾减灾、低碳环保等观念和知识，着力提升社区居民科学素质。成功举办第26届全国青少年科技创新大赛、第四届全民科学素质电视大赛等活动，全国参与青少年累计超过千万人次。与农业部、科技部、国家民委等联合开展科技专家和致富能手进宁夏、西藏科技下乡活动，举办各种实用技术培训150场，实地技术指导280场。围绕食品安全、转基因技术、核能利用与安全等热点问题，举办中国科协论坛、“科学家与媒体面对面”等系列活动，邀请专家学者通过新闻媒体向社会公众解疑释惑，正确引导社会舆论。中国环境科学学会组织开展“千乡万村环保科普行动”，在北京、天津等13个省（区、市）组织60多所高校、400多支小分队和4000多名志愿者，将环保知识、环保理念送进千村万户；中国气象学会、中国铁道学会开展“气象科普上列车”活动，山西省科协实施省城公交、楼宇电视《百万市民科普每一天》科普品牌工程，重庆市科协利用电视台、广播电台制作《科学十分钟》等栏目，也都深受当地群众欢迎。

三是着力推动繁荣科普创作。支持优秀原创科普作品，启动大学生科普作品创意征集活动，加大优秀科普作品推介力度，制作《科普大篷车》广播电视节目近700期、1万余分钟，覆盖全国2580多家电视台，受益人口达8.3亿。围绕“应急科普、民生科普、前沿科普”大力开发集成科普资源，研究制定《食品安全与公众健康科普宣传大纲》，开发电子科普挂图和青少年安全教育及心理健康挂图，为基层科普组织和社会各有关方面提供优质科普资源。中国核学会、中国环境科学学会等组织专家针对日本核事故撰写科普文章；广东省科协组织举办第五届科普创作大赛等，鼓励科技工作者积极参与科普创作；安徽省政府研究制定支持科普产业发展的政策和措施，有力促进科普事业和科普产业协调发展。

四是扎实推进科普资源共建共享。联合科技部、财政部等部门积极推进在国家科技计划项目中增加科普内容，与教育部、中科院等部门和单位合作促进优质科普资源向公众开放，推动中小学科普教育实践基地认定工作，与公安部消防局、中国消防协会共同命名第四批消防科普教育基地70个。组织“中国流动科技馆”等深入青海、四川、新疆、贵州等少数民族地区、革命老区和经济欠发达地区免费巡回展出，服务观众295万人次，其中山东省“流动科技馆县县通”工程完成8市37县（市、区）的巡展。中国数字科技馆成功改版，截至2011年10月底访问人次已逾750万、累计点击率2.8亿次。中国食品科技学会积极建设“中国食品科普网”，努力推动食品安全科普资源向公众开放。

五是加强科普基础设施条件建设。着力消除科技馆建设空白点，西藏、甘肃科技馆已正式立项，全年新建成大中型科技类博物馆12个，其中湖南省科技馆刚一建成即实现多数展厅免费开放，湖北省科技馆新馆、云南省科技馆新馆已经奠基，福建省每年拨款500万元扶持福清市、安溪县等一批基层科技馆。积极推进全国科技馆免费开放工作，对全国353个科技馆进行调研，形成《全国科技馆免费开放工作建议方案（草案）》报送文化部和财政部。中国科技馆发展基金会资助的“科普体验箱”易于掌握，发放到基层受到普遍欢迎。着力提升基层科普工作能力和质量，新配发科普大篷车109辆，命名902个全国科普示范县（市、区），覆盖面达到30%，农村科普工作迈上一个新的台阶。

四、认真履行桥梁纽带职责，努力为科技人才成长提高服务

一是广泛宣传优秀科技工作者。配合召开中国科协八大，与国家邮政局联合发行第五组中国现代科学家纪念邮票，编辑出版《璀璨群星》、《科技工作者纪事》、《大家——80位科技人物合集》等优秀科技人物报道集。以钱学森同志诞辰100周年为契机，与总装备部共同支持西安电影制片厂拍摄电影《钱学森》，在中央电视台重播六集电视专题片《钱学森》，12月1日在北京隆重召开中国科协纪念钱学森同志诞辰100周年大会，号召广大科技工作者继承和弘扬钱学森精神，努力争当先进生产力的开拓者、先进文化的传播者、科学道德和良好学风的维护者。中国力学学会、中国自动化学会等也举办了相关纪念活动。在中宣部等部门支持下，利用报纸、广播、电视等媒体，大力宣传全国优秀科技工作者、中国青年科技奖和中国科协求是杰出青年奖等奖项获得者的先进事迹。全面实施“老科学家学术成长资料采集工程”，累计启动153位老科学家学术成长资料采集工作，系统收集整理反映老科学家学术成长历程的文字、音像和实物资料，切实把党的温暖送到老科学家心里，受到科技界普遍好评，北京、上海市科协积极组织力量承担采集工程相关任务，进展明显。

二是大力表彰举荐优秀科技工作者和创新团队。联合中组部、人社部组织开展第十二届中国青年科技奖评选表彰工作，与人社部联合开展全国科协系统先进集体和先进工作者评选活动，充分调动激发科技工作者的积极性主动性创造性。利用社会资金评选表彰第八届中国青年女科学家奖、中国科协求是杰出青年奖以及科技馆发展奖等，79个全国学会依法设立88个科技奖项。截至2011年10月底，科协系统共表彰奖励科技工作者近8万人次，表彰奖励先进集体2.2万余个。认真组织开展两院院士初遴选工作，17人当选中科院院士、10人当选工程院院士；推荐10个项目参评2011年度国家科技奖，5项获奖；推荐22个候选研究群体参评国家自然科学基金委员会创新研究群体科学基金，入选9个。配合“千人计划”，深入实施“海外智力为国服务行动计划”（以下简称“海智计划”），与79个海外科技团体建立合作关系，同海外华人科技团体和华人科学家的沟通联系进一步密切。

三是深入开展科技工作者状况调查。完善科技工作者状况调查系统，调整优化科技工作者调查站点布局与结构，推动形成布局合理、动态调整、两级联动、规范科学的调查站点体系。扎实开展科技工作者人生观价值观状况调查、科技工作者知识产权意识调查等专项调查，温家宝、李克强、刘延东等中央领导同志对科研人员承担项目状况调查、离退休科技人员状况调查、全国护士状况调查等一批调研报告作出重要批示。按照中央书记处指示精神，中国科协和省市科协领导深入基层开展调研活动，与科技工作者广泛开展面对面、手拉手访谈交流，密切与科技工作者的联系。截至2011年10月底，据不完全统计，31个省（区、市）科协都开展了基层专题调研活动，504个全国科技工作者状况调查站点和131个省级站点共反映情况1700余期。辽宁省科协联合有关部门开展全省科技工作者状况调查，准确把握全省科技工作者队伍的基本情况和产业转型对科技人才的紧迫需求；广西科协调整优化科技工作者状况调查站点，完善管理办法，明确职责任务、奖惩措施等，有效激发站点工作积极性、提高信息报送质量和水平。

四是努力拓展为科技工作者服务的渠道和方式。根据《中国科学技术协会章程》，研究制定《中国科学技术协会全国代表大会代表任期制暂行办法》，鼓励支持代表认真履行职责。以“强化会员意识，弘扬创新文化”为主题，隆重举行中国科协会员日暨第十二届中国青年科技奖颁奖大会，王兆国同志等党和国家领导人出席大会，并为获奖者颁奖。中国老科技工作者协会、中国农业工程学会、中国科普作家协会等全国学会和地方科协在会员日前后开展了形式多样、内容丰富的活动，集中宣传科协和学会《章程》，发展会员，开展表彰活动，走访慰问科技工作者，组织科技工作者联欢联谊和文化活动等，密切与科技工作者的沟通与联系。引导学会完善会员服务机制，全国学会中有96%建立了面向会员的服务沟通渠道，62%开发应用会员管理网络平台，82%设立会员工作机构或岗位。认真做好八大代表建议办理工作，进一步完善代表建议案制度，逐一研究答复。加大继续教育工作力度，实施31个继续教育试点示范项目，支持全国学会承担专业技术人员知识更新工程，帮助科技工作者更新知识、开阔眼界、增长才干。

五是扎实开展科学道德和学风建设宣讲教育。针对社会上对科学道德和学风问题的强烈关注，以重在抓落实为出发点，与教育部合作共同推动在高校研究生新生中开展科学道德和学风建设教育。联合下发《关于开展科学道德和学风建设宣讲教育活动的通知》，成立宣讲教育领导小组，编印宣讲参考大纲，邀请德学双馨的院士专家组成宣讲队伍，按照“全覆盖、制度化、重实效”的目标和要求，推动宣讲教育覆盖到全体研究生，把科学道德和学风建设教育作为一种制度安排，纳入研究生培养环节，扎实推进、确保落实、取得成效，不做表面文章，不走过场。科学道德和学风建设教育采取集中宣讲和各校分散教育相结合方式，鼓励和支持各研究生培养单位采取多种形式开展教育，并努力形成相应的制度。作为此项工作的启动和示范，10月13日，在人民大会堂举办首都高校“科学道德和学风建设宣讲教育报告会”，师昌绪、袁隆平、杨乐三位科学家结合科研实践作报告，32所高校和中科院研究生院共5700名研究生新生参加，拉开全国宣讲教育活动的序幕。迅速组建上百人的宣讲专家队伍，逐省抓好部署和督查，各省（区、市）党委和政府高度重视、大力支持，科协和教育厅积极配合，扎实推进宣讲教育深入开展。截至目前，31个省（区、市）都成立了宣讲教育领导小组和工作机构，并对宣讲教育作出部署，全部完成集中宣讲；同时，教育部直属的75所高校全部自行组织了科学道德和学风建设教育，这项工作在高校和社会都引起了强烈反响。习近平、王兆国、刘延东同志做出重要批示，充分肯定宣讲工作抓得准、抓得及时，要求把宣讲教育继续扩大到研究生、大学教师和科研人员。

五、切实加强自身建设，努力当好科技工作者之家

一是不断深化学会改革发展。进一步加大对学会创新发展项目的支持力度，举办学会创新发展工作经验交流会，除重点扶持全国学会外，继续通过省级科协资助部分省级学会加强组织建设，拓展服务领域，推进学会创新发展。加强学会人才队伍建设，举办理事长研修班、秘书长培训班以及学会新任工作人员培训班，着力推进学会办事机构的职业化。学会承接政府转移职能工作稳步推进，承担不同类型的社会化服务职能或政府转移职能523项，其中开展科技成果评价192项、科技人才评价45项。中国造船工程学会联合业内多家科研、生产和管理单位，共同承担工业与信息化部委托的重大科研项目；中华中医药学会受国家中医药局委托，构建了中医药行业标准化网络服务平台；中国农学会、中国纺织工程学会、中国电子学会等围绕行业关键问题，建立一批产学研技术联盟；中国公路学会、中国茶叶学会等实行以竞争和流动为核心的人事管理办法，实现办事机构队伍建设社会化、规范化；中国力学学会、中国化学会、中国心理学会等逐步探索建立监事会制度，民主办会力度逐步加大、影响力逐步增强。

二是加强对地方科协工作的支持指导。指导省级科协依照章程按期召开代表大会，青海、黑龙江、宁夏、浙江、上海、湖南、河北、吉林8个省（区、市）科协顺利完成换届工作，把加强党的领导与科协组织依照法律和章程独立自主开展活动有机统一起来。加强县级科协工作调研，举办县级科协主席培训班，进一步提升科协干部的理论水平和业务素质，增强履职能力。安徽省科协深入实施省科协常委联系点制度，协调帮助基层科协解决实际困难，受到当地党委政府、联系点及基层科技工作者欢迎。

三是积极推进科协基层组织建设。以“科普惠农兴村计划”为依托，推动农技协持续健康发展，截至2011年10月底，全国23个省（区、市）成立省级农技协联合组织，农技协数量增加到10.3万余个，个人会员1221万。以企业科协为重点，着力在新经济组织比较集中的地区发展科协基层组织，全国15个国家级高新技术产业开发区和17个国家级经济技术开发区建立科协组织，企业科协总量达到1.7万余个，个人会员310万。积极发展高校和科研院所科协组织，已在全国729个高校建立科协组织，发展个人会员54万。上海市积极探索科协组织建设新模式，推动建立企业科技工作者之家，新建园区科协22个，实现张江高新区“一区八园”和杨浦国家创新型试点城区大学科技园科协组织全覆盖。

四是推动完善科技社团发展的政策环境。以贯彻落实中国科协八大精神为契机，推动地方搭建促进科协事业科学发展的政策平台，新疆生产建设兵团党委、青海省委、吉林省委等出台加强新时期科协工作意见。各地积极探索推动科协立法工作，湖北省通过《湖北省科学技术协会条例》，辽宁省颁布《辽宁省科学技术普及办法》，为依法开展科协工作创造了良好的政策和法制环境。与教育部、科技部等部门建立会商制度，就充分发挥学会在国家创新体系中的作用、推动全民科学素质建设等议题达成共识。

需要强调的是，过去五年来，在党中央、国务院的正确领导下，邓楠同志带领七届科协党组书记处扎实工作、开拓创新，科协工作定位更加明确，工作领域不断拓展，服务能力不断提升，为科协事业发展奠定了良好基础。2011年以来，中央作出一系列重大战略部署，对科协组织服务创新型国家建设、参与社会建设和文化建设提出了新的更高要求，科协工作面临的任务更加艰巨、更加繁重，与中央要求和社会期望存在一定差距，主要表现在：科协所属学会自身能力与服务经济社会发展方式转变的要求尚有差距，科协调动组织各方面力量参与科学素质工作的体制机制不够健全，为科技工作者服务的手段和渠道还需要进一步拓展。这些问题都需要我们创造性地开展工作，采取有力措施，切实加以解决。

关于2012年的工作安排

2012年，科协工作的总体要求是：全面贯彻党的十七大和十七届三中、四中、五中、六中全会精神，以邓小平理论和“三个代表”重要思想为指导，深入贯彻落实科学发展观，按照中国科协八大要求，团结带领广大科技工作者，紧紧围绕科学发展主题和加快转变经济发展方式主线，牢牢把握稳中求进的工作总基调，着力培育提升学会能力，着力增强科普惠农益民实效，着力提高决策咨询服务水平，着力密切与科技工作者的联系，切实履行好“三服务一加强”的工作职能，在继承中创新，在创新中发展，狠抓落实、务求实效，努力在做好党的群众工作和国家科技工作方面实现新突破，以优异成绩迎接党的十八大胜利召开。

一、深入贯彻落实十七届六中全会精神，努力把科协组织在促进社会主义文化大发展大繁荣中的独特作用充分发挥出来

一要推动提高公民科学素质，大力培育科学文化。广泛动员学会、高校、科研院所、企业等社会力量，积极开展群众性、社会性主题科普活动，深入实施“社区科普益民计划”，努力把优质科普资源更多地引向农村、社区和中小学校，引入基层，发挥好科技创新作为文化发展重要引擎的作用，推动形成尊重劳动、尊重知识、尊重人才、尊重创造的良好社会氛围。认真组织全国科普日系列活动，以“食品安全与公众健康”为主题，与北京市人民政府及国务院食品安全委员会办公室等有关部门共同主办2012年全国科普日北京主场活动，切实加强社区科普工作，探索推广社区科普大学等有效举措和新鲜经验，促进社会和谐，以重点人群科学素质行动带动全民科学素质的整体提升，为建设创新型国家奠定坚实的科学素质基础。组织专家学者围绕社会热点焦点问题定期开展“科学家与媒体面对面”、科技期刊与媒体见面会、中国科协论坛、中国科技馆“科学讲坛”等活动，帮助公众了解必要的科学技术知识，坚持移风易俗，抵制愚昧迷信活动，努力营造讲科学、爱科学、学科学、用科学的良好社会风尚。

二要广泛宣传优秀科技工作者，大力培育创新文化。实施优秀科技工作者宣传计划，支持鼓励北京大学、清华大学、上海交通大学、浙江大学等重点高校学生剧社排演《钱学森》、《邓稼先》、《王选》、《竺可桢》等话剧作为传统剧目，筹备拍摄文献纪录片《李四光》，用更加鲜活的科学家形象激励青年学生爱国创新、奋发有为。充分利用电视电影、书籍报刊等文化载体，大力宣传以国家最高科学技术奖、中国青年科技奖等重要奖项获奖者为代表的优秀科技工作者和基层一线科技人员，用科技工作者作为先进生产力开拓者和先进文化传播者的精神风貌引领社会文化潮流。深入实施老科学家学术成长资料采集工程，及时对采集形成的珍贵音像资料、实物资料及文字资料进行数字化加工，通过展览展示、出版图书、制作专题文献资料片等形式进行二次开发，用老科学家的光辉事迹和崇高精神激励科技工作者勇攀世界科技高峰。

三要着力加强科学道德与学风建设，大力培育科研诚信文化。联合教育部继续深入开展科学道德与学风建设宣讲教育，使宣讲教育全面覆盖所有研究生培养单位，对全国新入学的40多万硕士研究生、6万多博士研究生进行科学道德与学术规范教育。针对高校学生开学时间比较集中的现实情况，拟于2012年9月在人民大会堂举办首都高校宣讲教育报告会，推动各省（区、市）继续开展好集中宣讲教育，并督促高校、科研院所以及其他研究生培养单位结合实际自主开展相关教育。认真总结经验，抓好各项工作落实，按照“全覆盖、制度化、重实效”的要求，广泛宣讲科学精神、科学道德、科研伦理和学术规范，引导广大研究生、大学教师和科研人员严谨治学、诚实做人，在全社会营造严谨求实、诚信守责的良好氛围，为推动科技事业健康发展、建设创新型国家打下坚实基础。

四要积极推进科协文化建设，不断增强科协组织吸引力凝聚力。研究制定中国科协文化建设纲要，培育具有鲜明时代特征的科协文化，推动形成科技界普遍认同的价值理念和行为准则，努力把科协建设成为温暖的科技工作者之家。坚持把科协业务工作与文化建设有机结合起来，积极搭建活动平台，大力拓展科协文化活动载体。广泛开展“建科技工作者之家，交科技工作者之友”活动，研究探索科协系统建家交友的新方式、新举措，探索建立基层联系点、示范点，不断密切与科技工作者的思想沟通、情感交流和工作联系，深化与科技工作者的友谊，努力做科技工作者的知心人和贴心人，凝心聚力、共促和谐。

二、紧紧抓住能力建设这个关键，努力把科协组织在推动经济发展方式转变中的重要作用充分发挥出来

一要以实施学会能力提升专项为抓手，进一步提高所属学会服务经济社会发展的能力和水平。把服务经济社会发展作为第一要务，切实提升学会服务能力，联合财政部共同实施学会能力提升计划，通过“以奖代补”方式，加大扶持力度，培育一批具有较强学术影响力和自主发展能力的示范性全国学会，建设一批国际知名、国内一流的现代科技社团，积极探索学会发挥国家创新体系重要组成部分作用的体制机制和有效途径，大幅度提高科协所属学会服务科技创新、服务社会建设的能力和水平。着力加强学科建设，组织中国科协所属全国学会编撰出版25本学科发展研究系列报告。紧紧围绕传统产业转型升级、战略性新兴产业培育的前沿问题深入开展学术交流，推动中国科协论坛转型，进一步打造中国科协学术品牌，办好青年科学家论坛、新观点新学说学术沙龙等系列学术活动，积极举办小型、高端、前沿学术交流活动，帮助科技工作者特别是青年科技工作者及时准确了解把握学科前沿动态。按照“大科普、学科交叉、为举办地服务”的年会定位，与河北省共同举办第十四届中国科协年会，为科技工作者开展学术交流、服务经济社会发展搭建平台、创造机会。实施科技期刊国际影响力提升计划，积极增加我国英文科技期刊数量，并着力提升其学术水平和影响力，培育一批世界一流的科技期刊，进一步增强我国科技界和科技期刊在国际上的影响力。

二要以搭建产学研用合作平台为依托，进一步提高科协组织服务企业、服务“三农”的能力和水平。引导科技工作者把个人学术兴趣与国家战略需求有机结合起来，紧紧围绕制约我国产业升级的核心技术、关键技术和共性技术努力攻关。发挥好专家工作站的引领作用，重点在高新技术开发区及产业密集区建设一批示范性专家工作站和专家服务中心，帮助企业解决技术难题，促进产学研用有机结合，提升创新创造能力。深入开展“讲、比”活动，联合相关部门召开总结表彰大会，推动科技工作者把深入基层服务创新与“讲、比”活动有机结合起来，广泛开展创新方法培训，支持引导企业充分利用国内外专利技术信息，增强自主创新能力，促进产业转型升级。加大“科普惠农兴村计划”实施力度，推进基层农技协发展和科普惠农服务站建设，促进先进适用技术推广应用，发挥好受表彰农村科普先进集体和个人的示范作用，不断提高科技服务农民生活、服务农业发展和农村文化建设相互促进的综合效果。

三要以建设国家级科技思想库为目标，进一步提高科协组织为科学决策服务的能力和水平。组织科技工作者围绕增强自主创新能力、加快转变经济发展方式、构建和谐社会等重大问题，广泛开展调查研究，组织政协科协界委员积极建言献策，凝聚科技工作者的智慧力量，努力为党和政府科学决策服务。扎实推进地方科协科技思想库试点工作，实施学会决策咨询资助计划，充分调动地方科协和全国学会参与决策咨询的积极性，探索建立各具特色、行之有效的决策咨询模式，不断增强科协系统的决策咨询能力和水平。加强国家级科技思想库基础设施建设，逐步完善决策咨询选题库、数据库、专家库、成果库，稳步增加国家级调查站点，加大共建共享力度，为科协组织充分发挥服务党和国家事业发展的科技思想库作用提供支撑。

四要以有效利用全球科技资源为导向，进一步提高科协组织为科技工作者对外交流服务的能力和水平。认真实施国际民间科技组织事务专项，引导全国学会积极参与国际学术组织的活动，加强后备队伍建设，努力形成一支能够代表我国科技界参与国际学术组织工作、在国际民间科技交流中发挥骨干作用的专家队伍，塑造和树立我国科技界的良好国际形象，提升我国科学家在国际科技学术组织中的地位和影响，服务国家外交大局。鼓励所属学会积极参与国家工程师制度改革，与人社部、教育部合作，实施好工程教育国际互认专项，为争取2013年以中国科协名义加入《华盛顿协议》做好准备工作。承办好在华举办的国际天文学联合会大会、世界力学家大会等重大国际会议，推动提升我国科技社团的国际影响力。积极拓展同港澳台地区的科技交流合作，办好当代杰出华人科学家公开讲座、海峡科技专家论坛等活动，做好港澳台青少年交流工作，努力为维护港澳地区的繁荣稳定和祖国和平统一作贡献。

三、紧紧抓住务求实效这个核心，努力把科协组织作为科普工作主要社会力量的重要作用充分发挥出来

一要准确把握《科学素质纲要》实施工作主线，认真履行实施工作办公室职责。贯彻落实国务院全民科学素质行动实施工作电视电话会议精神，牵头深入实施全民科学素质行动计划，认真履行办公室职责，做好综合协调服务，加强督导检查，推动建立完善科学素质纲要实施长效机制。组织开展《全民科学素质行动计划纲要实施方案（2011—2015年）》的宣讲和培训工作，充分调动激发社会各界参与全民科学素质工作的积极性和主动性。加强科普理论研究和政策调研，做好中国公民科学素质调查的相关深度研究，为全民科学素质纲要全面落实提供重要依据。

二要重点加强科普条件建设，为社会化科普活动提供有力支撑。继续支持地市级科技馆建设，推动建设一批专业、产业科技博物馆，力争全国科技类博物馆基本展览向社会免费开放，提高展教服务水平，把科技类场馆作为科普工作重要阵地的作用充分发挥出来。加大流动科技馆（科普大篷车）配发力度，丰富展览类型，增加展览数量，扩大受益群众覆盖面，建设好中国数字科技馆，推动科普站栏员建设与发展，深化科普示范县（市、区）建设工作，开展新一批全国科普教育基地认定工作。推广县级青少年学生校外活动场所科普教育试点经验，推动构筑覆盖城乡的科普阵地。

三要着力推动科普资源共建共享，最大限度服务公众。实施科普资源开发与共享工程，联合教育部、农业部等部门建立完善科普资源共建共享的合作机制，利用高校资源广泛开展青少年科普夏（冬）令营活动，鼓励有条件的企业向社会开放科普资源。促进科研与科普相结合，推动国家重大工程项目、科技计划项目和科技重大专项立项时增加相应科普任务，验收时进行科普效果评价，鼓励承担国家科技项目的科研团队、企业、高校和科技工作者率先垂范，在面向公众开展科普活动方面起到模范带头作用。有效集成优质科普资源，加大应急科普资源的开发储备，推动形成集配送、展览以及互联网科普服务于一体的中国科协科普资源共享服务平台，使人民群众特别是老、少、边、穷地区群众获取更多的优质科普资源和科普服务。积极推动建立公益性科普事业和经营性科普产业并举的体制机制，搭建科普出版、科普旅游馆（园）、科普影视动漫、科普展览与教具产品的开发服务平台，组织举办好国际科教影视制作人年会、第五届中国（芜湖）科普产品博览交易会，推动科普事业与科普产业健康协调发展，使科普工作最大程度地惠及广大人民群众。

四、紧紧抓住为科技人才成长服务这个重点，努力把科协组织作为人才成长通道的重要作用充分发挥出来

一要大力表彰奖励举荐优秀科技工作者，帮助更多的科技人才脱颖而出。充分发挥同行认可的基础性作用，组织开展好全国优秀科技工作者评选活动，继续向基层一线和中青年科技人员倾斜，调动激发基层科技工作者的积极性和创造性。建立健全科技社团表彰奖励体系，充分发挥社会力量设奖的重要作用，通过中国青年女科学家奖、中国科协求是杰出青年奖和全国学会主办的88个科技奖项，以及青少年科技创新大赛等活动，发现举荐各类优秀科技人才和后备人才。继续做好国家科技奖励推荐工作，重点加强创新人才培养举荐，建设好中国科协青年科学家活动基地，发现培养一批具有发展潜力的青年科技创新创业人才。充分发挥科技社团对外联系广泛、层次多样、方式灵活、低调务实的独特优势，积极参与“千人计划”实施，做好“海智计划”各项工作，发挥好海外高层次人才联系窗口的作用，大力加强同海外华人科技团体和华人科学家的沟通联系，尽快建立海归人才服务平台，着力引进国家急需的顶尖人才为国服务。

二要深入开展科技工作者状况调查，及时准确反映科技工作者意见建议。把五年一次的面上调查和年度专题调查有机结合起来，根据全国科技工作者规模、层次和岗位分布的新情况，认真组织开展企业科技工作者、海外留学人员状况等专题调查研究，及时准确反映科技工作者在职业发展、思想观念、科研环境、流动趋势等方面出现的新情况新问题。发布中国科技人力资源发展研究报告，准确把握科技工作者规模、分布和结构的变化，为制定科学合理的科技人力资源政策、引导科技人力资源合理配置提供依据。配合科技工作者状况调查，进一步优化科技工作者调查站点结构，鼓励发展省级调查站点，深入基层开展专题调研，与科技工作者开展面对面、手拉手的交流访谈活动，推动解决他们的实际困难和问题，不断提高科技工作者对科协工作的认可度和参与率。

三要切实加大科技人才教育培训力度，促进科技人才成长提高。扎实开展继续教育和专门培训工作，积极配合人社部实施专业技术人才知识更新工程，配合科技部实施创新人才推进计划，推动改革完善科技人才评价体系，扩大继续教育示范基地建设试点，努力构建不同层次的科技人才培养体系。支持高校开设科技传播等与科普相关的课程或专业，培养高端和专门科普人才；充分发挥农技协、企业科协等基层组织特色和优势，大力培养面向农村、企业、社区和青少年的基层一线科普实用人才，着力培养企业急需的工程技术人才、城镇社区急需的实用技术人才和农村急需的农业技术致富能手；发展以老科技工作者、在校大学生为骨干，以学会会员为基础的科普志愿者队伍，培养和造就一支规模适度、结构优化的科普专兼职人才队伍。支持中国机械工程学会等全国学会积极参与工程教育专业认证试点和专业技术资格认证试点工作，完善认证组织和管理程序，修订专业分类和标准，培育专业认证队伍。

五、紧紧抓住组织建设这个基础，努力把科协作为科技工作者之家的重要作用充分发挥出来

一要推动学会创新发展，夯实学会组织基础。联合民政部进一步加强对科协所属学会改革发展的指导，支持学会强化组织建设，拓展服务领域，探寻发展途径。推动学会进一步完善治理结构，加强办事机构人才队伍职业化建设，积极探索新形势下联系和服务会员的方式方法，不断增强会员服务能力。结合举办中国科协会员日活动，鼓励和引导学会积极参与社会管理，承接政府转移社会化服务职能，提高学会的社会服务能力，在加强和创新社会管理方面发挥重要作用。

二要着力扩大基层组织覆盖面，进一步增强科协组织的吸引力凝聚力。按照哪里有科技工作者，科协工作就做到哪里；哪里科技工作者密集，科协组织就建到哪里；哪里建立起科协组织，建家、交友活动就开展到哪里的总要求，切实加强自身建设力度，不断增强科协组织的覆盖面和吸引力。认真研究新时期县级科协工作面临的新情况新任务，制定下发《关于进一步加强县级科协工作的意见》，加强工作指导。大力推进高新区科协和科技型企业科协组织建设，深入开展调查研究，探索科技社团参与科技型企业科技工作者专业技术职务评定和专业技术资格认证的有效途径，努力帮助科技工作者获得同行认可和社会认可。积极推动大专院校建立科协组织，制定下发《高等院校科协组织通则》，充分调动激发高等院校建立科协组织的积极性主动性。发挥好“科普惠农兴村计划”的品牌示范作用，重点支持一批具有一定规模和影响、辐射带动作用较强的农村专业技术协会，推动它们做大做强，在社会主义新农村建设中发挥骨干带头作用。

三要深入开展创先争优活动，不断提高服务能力和水平。以深入开展“为民服务创先争优”活动为契机，推动科协系统窗口单位和公共服务机构发挥示范带头作用，不断完善服务体系，带动科协系统干部职工转变服务态度和工作作风，切实增强服务意识、提高服务能力，争创优质服务品牌，争当优秀服务标兵。深入实施学会党建强会活动，找准学会党建与服务会员的结合点，通过加强党建带动学会建设，调动激发学会党员的积极性主动性创造性，增强学会履职能力和会员服务能力，提高民主办会水平。着力加强反腐倡廉制度建设，严格落实党风廉政建设责任制，全面贯彻党内监督条例，建立健全预防制度，加强党员干部理想信念和党纪法规教育，切实抓好党风廉政建设，进一步营造科协系统团结奋进、真抓实干、风清气正的良好氛围。

各位委员、同志们！

加快建设创新型国家、全面建设小康社会、努力实现“两个百年”的现代化宏伟目标，是时代赋予广大科技工作者和各级科协组织的光荣使命。让我们更加紧密地团结在以胡锦涛同志为总书记的党中央周围，高举中国特色社会主义伟大旗帜，深入贯彻落实科学发展观，按照中国科协八大的总体部署和中国科协事业发展“十二五”规划的具体安排，团结一心，奋力开拓，求真务实，锐意进取，在服务党和国家工作大局中加快科协事业创新发展，以优异成绩迎接党的十八大胜利召开！

在第十四届中国科协年会开幕式上的致辞

（2012年9月8日）

韩启德

尊敬的王兆国副委员长，各位来宾，同志们，朋友们：

今天，我们在华北重镇石家庄，隆重召开第十四届中国科协年会。本届年会以“科技创新与经济结构调整”为主题，按照大科普、学科交叉和为举办地服务的年会定位，开展学术交流，举办科普活动，组织专家建言献策，努力把贯彻落实全国科技创新大会精神的工作进一步引向深入。在这里，我谨代表中国科协，向出席年会的专家学者以及海内外嘉宾表示热烈欢迎，向给予本届年会大力支持的河北省委省政府以及各有关单位表示衷心的感谢！

河北自古以来就是我国经济繁荣、文化发达、科技昌明的省区之一。河北有建于隋代的赵州桥，它享有“坦途箭直千人过，驿使驰驱万国通”的美誉，河北有世界上现存最早的建筑设计蓝图——《兆域图》，从河北这片热土上，走出过《水经注》的作者郦道元、数学成就领先世界千年之久的祖冲之父子、天文学家郭守敬等古代科技大家。近代以来，作为西学东渐的前沿，河北更是中国传统文化和西方现代科学技术碰撞交汇的重镇。詹天佑主持修建的滦河铁路大桥、京张铁路，李兆兰负责的我国最早成立的省级农业试验机构——“直隶农事试验场”，都是现代科学文化影响的成果。今天的河北，继承了重视弘扬科学文化的优良传统，先后走出了师昌绪等近70位两院院士，科技人力资源总量近400万，位于保定的“中国电谷”是国内最大的风电叶片产业基地。河北发展的历史表明，优秀文化是科技创新的活力所在、根基所系。今天，我想围绕科学文化与科学精神问题谈几点看法，与大家交流。

科学文化是一种集体创造，是围绕科学活动所形成的一套价值体系、思维方式、制度约束、行为准则和社会规范。早在16、17世纪，当自然哲学家、博物学家们开始组建学会，将理性探索与经验研究结合在一起形成新的科学方法，并提出科学共同体自己的理想、信念和宗旨之时，科学文化便登上了历史舞台，科学家成为科学文化的引领者和实践者。经过18、19世纪的科学社会化进程，科学技术成为一种与人类前途命运息息相关的建制化社会活动，科学文化也广泛渗透进现代社会和现代文化之中，成为大众文化的一部分，深刻影响着社会上的每一个人。

科学文化的核心是科学精神。一代又一代的科学家，以追求客观真理为目标，自由探索、理性质疑、执着求新，为人类的进步、幸福和自我解放而不懈奋斗，展示了科学精神对塑造人类精神世界和先进文化的引领作用。

科学精神的核心是对真理的执着追求。中国现代科学的先驱者们对此有着透彻的理解。早在1916年，中国科学社的创建人任鸿隽先生就指出，“科学精神者何，求真理是已。”竺可桢先生也曾坦言：“科学精神是什么？科学精神就是‘只问是非，不计利害’。这就是说，只求真理，不管个人的利害，有了这种科学的精神，然后才能够有科学的存在。”金石之言，掷地有声。这样的精神高度，值得我们毕生去追求。追求科学真理，究其根本，是人类求知的本能，是人类对意义的探求。只有保持这种追求，才能产生对科学的激情，才能克服浮躁，心无旁骛地专注于研究，才能不怕失败，百折不挠，在科学的道路上走得远走得好。追求真理就要承认未知、宽容失败。科学研究不是要终结对真理的追求，科学从来都是在不断纠错的基础上向前发展的。承认未知，科学研究才有进步的可能；宽容失败是新思想、新观点萌生的有益土壤。我们要有承认错误的勇气，更要有宽容失败的胸怀，要鼓励多元思考，让那些敢于冒尖、勇于打破常规的“出头鸟”有广阔的舞台。我还认为，坚持追求真理为核心的科学精神，需要克服功利主义的科学观。现代科学发展到今天，与技术的距离越来越近，对经济和社会活动带来越来越大的直接影响，人们对科学的工具性和实用性往往寄予过高的期望，常常过度要求科学获得即时效益，从而妨碍对真理的追求，屏蔽科学的人文精神和文化价值，甚至使科学沦为技术的附庸，带来行政对科学的过度干预和学术自主的丧失。这是我们在强调科技是第一生产力的同时，需要注意的另一方面。

科学精神的精髓是崇尚理性。追求真理的道路曲折复杂，唯有理性才能帮助我们拨云见日，走入自由王国。希腊哲学家发明的形式逻辑体系和文艺复兴时期形成的实证要求和方法，构成了科学理性的主体。崇尚理性最重要的体现在唯实。科学家不唯上、不唯书，只唯实，才能透过表面现象揭示自然界变化发展的内在规律。应当看到，我们现在的社会环境中，一些非理性的行为还在干扰一个健康社会的发展。如在一些媒体和网络上，常常出现只是为了“吸引眼球”而缺乏事实根据的报道，发生着太多缺乏理性的“口水仗”；网络成为发泄情绪的场所，理性观点常常遭受“大字报”式的攻讦和扼杀；在我们的学术批评中，富有实证和逻辑的讨论还没有变成大家乐于参与的习惯和风气；政府部门“拍脑袋”决策还时有发生，下级往往看上级的眼色行事。凡此种种，都是与科学理性相悖的。崇尚理性要求切问近思。勤于思考、善于思考从来是科学家不可或缺的思想气质。爱因斯坦说：“学习知识要善于思考，思考，再思考，我就是靠这个学习方法成为科学家的。”独立提出问题和思考问题的能力与习惯，是原始创新的基础，是弘扬科学精神和创造健康科研环境必须具备的条件。

弘扬科学精神要提倡理性的质疑和批判。毛泽东同志说过，“客观世界的变化运动永远没有完结，人们在实践中对真理的认识就永远没有完结”，从这个意义上说，科学并不代表正确，它的使命就是不断地纠错。质疑是研究的起点，批判是科学的生命，要像赫胥黎所言，“严格地不信任一切没有充分证据的东西”。我们要尊重书本上记述的前人的科学成果，但更要相信自己亲自实践中的发现，要敢于超越前人；我们要承认与西方发达国家科技水平的差距，但没有必要认为一切都是外国的好，一切都要跟着外国人跑；我们要尊重院士，但没有必要认为他们在任何时候对任何问题的看法都完全正确和高明，要敢于和权威开展平权的学术争论；我们要广泛汲取信息，但对没有事实根据的谣传，要敢于质疑，善于识别，更不做谣言的传播者。

这里我还想谈一谈关于现代科学追求确定性的问题。现代科学要求对一定范畴内事物运动的规律得到固定不变的答案，并使用数学模型作出定量表述。我认为对这种确定性的追求，是现代科学的基本思维方式和根本特性，也是现代科学的威力和魅力所在。从牛顿用三大定律描述力与运动的现象，到爱因斯坦用确定性的公式否定经典力学，再到当今用确切的数据证实“上帝粒子”的存在，现代科学就是在追求确定性的道路上不断开拓前进的。神九飞天，交会对接，一定要精确计算，来不得半点模糊，人们为之惊叹、为之沸腾的不仅是国家科技实力的跃升，更是对“精确”科学的由衷认可和肯定。随着科学的不断发展，人们越来越发现在一些复杂情况下要想获得传统意义上的确定性非常困难，众多系统科学的理论和方法应运而生，例如控制论、信息论、集合论、图和网络理论、混沌学、分形学等等。这些理论和方法尽管与传统科学的简单性研究有所区别，但仍然没有放弃对确定性的追求。在复杂系统中是不是可能得到确定性，追求传统意义上的确定性是不是解决复杂系统问题最好的方式，显然是一个需要深入探讨的问题。相比之下，中国传统文化并不追求确定性。中国哲学认为一切事物都存在于关系之中，没有关系就不存在事物，所以中国传统学术重在观察和研究整体以及事物之间的关联，这无疑有其优越性，并为中国文明带来近两千年无与伦比的繁荣和发达。但由于复杂系统中关系的边界难以确定，古人认为“道可道，非常道；名可名，非常名”，只有从“常无”中才能“观其妙”，而从“常有”中只能“观其徼”。因而中国人讲究意会，讲究在模糊中达到平衡，对确定性缺乏追求，对数据存在天然的淡漠，这些又是与现代科学有冲突的。我认为，如果我们中国学术界在坚持传统整体观和辩证观的同时，虚心学习现代科学的长处，努力追求范畴内的确定性，融合中西之长，就一定能促进中国科学技术发展，并为人类的文明作出更大贡献。

同志们，自洋务运动始，现代科学逐渐登陆中国，无数仁人志士抱着科学救国的壮烈胸怀，学习西方，致力在中国发展现代科学和技术。经过一个半多世纪的奋斗，中国已经奠定了现代科学技术的基础，建立起完整的体系，并取得了一系列世人瞩目的成就。但我们应该看到我国的科技实力仍然落后于发达国家，科学精神还没有在全社会得到足够的弘扬，全民科学素质还远远不能适应我国科学发展的要求。我认为，一方面我们要承认差距，继续虚心向西方科学技术发达国家学习，要估计到科学精神的培育将是一个漫长和艰巨的过程；而另一方面，我们也不能妄自菲薄，要看到我国科技赶超先进的有利条件。在中国优秀文化传统中，有“君子以自强不息”的进取精神，有“无信不立”的诚信传统，有“不日新者必日退”的创新意识，也有“学贵知疑，大疑则大进，小疑则小进，不疑则不进”的质疑批判精神。新中国成立之后特别是改革开放以来，我们迎来了“科学的春天”，科技工作者心系国运民运，执着真理探寻，凝成了“热爱祖国、无私奉献，自力更生、艰苦奋斗，大力协同、勇于登攀”的两弹一星精神和“特别能吃苦、特别能战斗、特别能攻关、特别能奉献”的载人航天精神。这些精神蕴含着科学精神的内核，同时又体现了中国的国情、时代特征以及优秀传统文化和民族精神，是培育发展我国现代科学文化的宝贵财富。只要我们认准目标，扬长避短，持之以恒，一点一点地推进，科学精神一定能逐渐融入中华民族的血液之中，并赋予其新的优秀内涵。

同志们，在今年7月召开的全国科技创新大会上，胡锦涛总书记强调，要进一步优化创新环境，在全社会进一步形成讲科学、爱科学、学科学、用科学的浓厚氛围和良好风尚。当今中国的发展要靠科学技术，科学技术的发展和其他各个方面的发展要靠弘扬科学精神，而科学精神的弘扬要靠科技工作者带头，我们每一位科技工作者肩负着太重太重的责任。科技工作者聚在一起时，常常会忧虑当前社会科学精神的不足，常常希望政府能采取这样或那样更加有效的措施，也时时会发一些牢骚，这些都能理解，但光是提出批评意见，光是空谈大道理，其实是一种偷懒和逃避的做法。批评固然重要，但更重要的是，我们每一位科技工作者应该拿出积极建设的态度，从我做起，首先带头践行科学精神，我们自己做好了，尽到了最大的努力，全社会才有希望。顾炎武在《日知录》中说：“保天下者，匹夫之贱，与有责焉耳矣。”后来，梁启超先生把这几句话改成了我们耳熟能详的八个字，即“天下兴亡，匹夫有责”。中国好不好，责任不在那些宏大的概念上，在我们每一个中国人身上；中国的科学昌明不昌明，责任也不在别处，在我们每一位科技工作者身上。推动中国的进步，振兴中国的科技事业，都要靠我们每一个人的努力！这努力也许是微小的、平凡的，却一定是向上的、向着光明的。请大家相信，“功不唐捐”，只要我们无怨无悔地奋斗了，历史就不会忘记！

最后，预祝第十四届中国科协年会取得圆满成功！

谢谢大家！

在全国科学道德与学风建设宣讲教育工作会议上的讲话

（2012年6月5日）

韩启德

同志们、朋友们：

今天，中国科协、教育部、中科院、社科院和工程院联合召开全国科学道德和学风建设宣讲教育工作会议。这是自2011年中国科协和教育部共同组织开展宣讲教育工作以来，按照中央领导指示精神，学术界和教育界更加广泛地联合起来，全面深入开展科学道德和学风建设的一项重要行动。刚才，各单位做了很好的发言，大家在实践中总结出不少好的经验，值得推广。贵仁同志的讲话对2011年科学道德和学风建设宣讲教育工作进行了系统总结，对今年工作进行了周密部署，很全面，也很有针对性，我都同意。下面，我谈三个方面的意见。

一、深刻认识加强科学道德和学风建设的重要意义

加强科学道德和学风建设是促进我国科技事业健康发展、加快创新型国家建设的内在要求，是培养造就优秀创新人才、加快建设人才强国的关键举措，也是培育创新文化、加快构建社会主义核心价值体系的重要内容。科学道德是科学的内在属性，既是科技事业兴旺发达的重要保证，也是科研环境的重要组成部分。科学研究的基础是诚实守信，这是科技工作者应该具有的最基本的道德素养。新中国成立以来，我国科技工作者就以爱国奉献的精神和严谨求实、勇于创新、诚信负责、客观公正的科学道德风范，创造出一个又一个科技奇迹，不仅为国家建设作出了卓越贡献，而且凝练出以“两弹一星”精神、载人航天精神为标志的科技界高度认同的价值理念。我们只有秉持这一价值理念，才有可能实现中央确立的建设创新型国家的战略目标。

近年来，科研领域出现了一些不容忽视的问题，学风浮躁、学术不端行为滋长，违反科研伦理、滥用学术权力、学术失范行为时有发生，这些问题已经损害了学术界、教育界的公信力和良好社会形象，不利于创新人才的健康成长和人才队伍建设。要建设一支能肩负起历史使命的科技人才队伍，加强科学道德和学风建设已经是当前一项刻不容缓的急迫任务。求真务实、勇于创新的科学精神，不畏艰险、勇攀高峰的探索精神，团结协作、淡泊名利的团队精神，报效祖国、服务社会的奉献精神，符合社会主义核心价值的要求，构建社会主义核心价值体系不应该成为一句空话，对学术界和教育界来说，加强科学道德和学风建设应该成为重要内容。

二、勇于担当科学道德和学风建设的历史重任

中央领导高度重视科研诚信和学风建设。胡锦涛总书记在多次讲话中强调，科技界要大力弘扬求真务实、勇于创新的科学精神，恪守坚持真理、诚实劳动、亲贤爱才、密切合作的职业道德。习近平同志代表中央在中国科协八大的祝词中也明确指出，科技工作者要加强品格修养，自觉加强道德自律，坚决遏制科学研究中的浮躁风气和学术不端行为，在全社会树立科技界崇尚真理、求真务实，坚持说真话、办实事、求实效的良好形象。这些重要指示对加强科学道德与学风建设提出了明确要求。学术界、教育界必须担当起历史赋予的重任，自觉成为科学道德的维护者和严守科研规范的倡导者，直面学风道德方面出现的突出问题，始终坚持以弘扬科学精神、维护科学尊严、促进科学发展为己任，不讳言、不推卸、不退缩，大力推进科学道德和学风建设、加快建立防治学术不端行为的长效机制。加强科学道德和学风建设，关键是要抓好教育、自律和监督三个环节。教育是基础，自律是关键，监督是保障，三者相辅相成，缺一不可。

一是要广泛开展科研诚信教育。这是从源头治理学风道德问题的关键环节，更是当下深入推进科学道德与学风建设的紧迫需要。目前，我国大部分高校还没有开设科研诚信、科研行为规范的课程，也缺乏适合的教材和读本，许多年轻人甚至有一定研究经历的科研人员对科研规范不甚了解，不清楚“什么该为”、“什么不该为”，严格遵守科研道德的意识和自觉性也不强，很容易犯错误。我们要一起行动起来，组织开展声势浩大的教育活动，进一步提高广大科技工作者特别是青年科研人员的科研诚信意识，让科研领域成为阳光下最纯洁、最神圣的一方净土。科学家要担当起优良学术道德传承者的责任，通过言传身教引导广大青年学生、教师和科研人员自觉树立“营造优良学风从我做起”的意识，践行优良科学道德、维护良好学术风气，让科学理性、开放包容成为民族精神的应有之义，让科学精神之树枝繁叶茂，“望之蔚然而深秀”。

二是要把严格自律作为理应承当的终身要求。每一项科研工作都有着与科研活动规律相符的规范和准则，学术自律就是要求我们坚持这些规范准则，在科研中自觉践行对真理、道德的统一追求。近年来，许多部门和科研机构都制订了相关道德准则，中国科协也出台了《科技工作者科学道德规范》，我们要充分发挥科学共同体自律机制和自我纠错机制的重要作用，引导科研人员坚决抵制一切违反科学道德与伦理的科研行为，自觉遵守科学家的基本行为准则，努力将诚实守信、信任与质疑、相互尊重和知识共享贯穿到科学研究的全过程。科学家对自己从事的学术事业要保持神圣的敬畏感，始终坚持严肃认真、周密细致、精益求精的工作和学习态度，重操守、重品行、重修养，像爱惜自己的眼睛一样珍惜自己的学术声誉，积极倡导、开展负责任的科学研究，坚决抵制一切违反科学道德与伦理的科研行为，共同维护学术界的良好社会声誉，在建设社会主义核心价值体系中发挥表率作用。

三是要把监督惩处作为治理学术不端行为的必要举措。加强科学道德建设，必须坚持道德约束和监管惩处并重。直面科学道德和学风问题，对学术不端行为“零容忍”，考验的是学术界、教育界的决心。近年来，我国制定发布了针对学术不端行为调查处理的法律法规、政策性文件和学术规范，许多单位和部门成立了专门机构，监管工作取得了一定成效。但从实际情况看，有些规章和要求还停留在文件上，没有完全落实到位，一些问题需要作出严肃处理时却失之于软、失之于轻。我们要切实肩负起规范学术行为的重要职责，抓紧建立完善合理有效、公正公开的学术不端行为查处制度，加大监管力度，对通过合理渠道递交的举报材料要抓紧调查，坚决处理，并及时公布调查和处理结果。要把科研人员自律、单位监管与社会舆论监督有机结合起来，督促科技工作者从社会、伦理和法律的层面规范科学行为。

三、扎实推进科学道德和学风建设宣讲教育工作

去年以来，中国科协、教育部采取联合行动，邀请德学双馨的院士专家组成宣讲队伍，按照“全覆盖、制度化、重实效”的目标和要求，共同推动在高校研究生新生中开展科学道德和学风建设宣讲教育，这是对科学道德和学风建设的一种成功探索，得到了中央领导同志的充分肯定和社会各界的广泛好评。习近平同志明确指出，科学道德和学风建设宣讲工作抓得准、抓得及时，要求我们认真总结经验，广泛开展宣讲教育，引导广大研究生、大学教师和科研人员严谨治学、诚实做人。认真落实中央领导关于科学道德与学风建设工作的指示精神，必须按照两个拓展、两个结合的原则，精心安排、周密部署、狠抓落实，把宣讲教育不断推向深入。

第一，覆盖所有教育和科研单位。2012 年，中科院、工程院和社科院加入了科学道德和学风建设宣讲教育工作领导小组，宣讲教育工作的领导和组织力度进一步加大，要力争今年把参与单位做到更大范围内的全覆盖。首先是宣讲教育单位的拓展。2011 年宣讲教育实现了对教育部直属高校和各省属高校为主的研究生培养单位的全覆盖，2012 年我们要广泛动员社会各界力量，由点到面、稳步推进，争取拓展到对所有高校以及中科院、社科院所属的 188 个科研院所、中心的全覆盖。其次是科研领域的拓展。2011 年宣讲教育主要集中在自然科学领域，今后我们要将宣讲活动进一步扩展到社会科学领域，逐步实现对所有学科领域的全覆盖。三是逐步向其他类型的高校和科研机构拓展。我们要逐步将宣讲教育从高校和中央所属研究机构扩展到地方军队所属研究机构、民营研究机构、企业研究机构，真正实现对全国所有教育和科研单位的全覆盖。

第二，覆盖高校所有学生和科研人员。2011 年宣讲教育实现了对所有研究生培养单位新入学研究生的全覆盖，2012 年必须要完成把宣讲对象拓展到全体研究生的目标。在这个基础上，我们要把宣讲教育对象再逐步扩大到高校新入职教师、高年级本科生、科研院所新入职科研人员、研究生培养单位新上岗的硕士和博士研究生导师，使每一位新入职、新上岗的科技工作者和研究生导师都能普遍感受科学道德与学风建设宣讲教育的心灵震撼。

第三，努力实现宣讲教育与制度建设有机结合。建立宣讲教育工作长效机制，制度是根本。首先，我们要把集中宣讲与日常教育有机结合起来，在每年面向新入学研究生集中开展宣讲教育的同时，积极推动将科学道德列入大学和研究生必修课程，纳入科研人员职业培训体系，真正实现科学道德教育的长期化、常态化。其次，要把宣讲教育与科研活动有机结合起来，高度重视学术期刊等平台的道德规范建设，不断加强科研成果发表、人才评价等关键环节的道德要求，切实把科学道德和学风建设纳入科研人才成长成才的各个环节。

第四，努力实现组织动员与督导检查有机结合。2011 年宣讲教育正式启动后，中国科协和教育部主要领导同志亲自带队，分头深入高校生源集中的重点省市和重点高校进行调研、指导，逐省召集省科协、省教育厅负责同志研究部署宣讲工作，确保了宣讲教育不做表面文章、不走过场，取得扎实成效。做好今年的工作，我们要加强顶层设计，制定好宣讲教育工作方案，组织好宣讲专家队伍，修订好面向宣讲专家的参考大纲，编制好面向青年学生和研究生导师的学习大纲，确保宣讲教育规范有序进行，同时还要狠抓落实，着力做好督导检查工作，完善组织措施、考核措施和激励措施，把宣讲教育工作目标任务分解到基层每个单位、具体到每项活动，逐级抓落实，确保宣讲教育活动的质量。

同志们、朋友们。

科学道德和学风建设宣讲教育是一项长期性、制度性的工作，也是一项艰巨的使命和任务。我坚信，在大家的共同努力下，通过学术界、教育界的通力合作与密切配合，我国的科研诚信和学风必将改善，科学事业必定更加繁荣发展！

谢谢大家。

在2011—2012年度全国“讲理想、比贡献”活动总结表彰大会上的讲话

（2012 年 11 月 26 日）

韩 启 德

同志们：

在党的十八大胜利闭幕不久，全党全国人民凝心聚力，共同为全面建成小康社会努力奋斗之际，中国科协、国家发展改革委、科技部、国资委隆重召开总结表彰大会，表彰奖励过去两年来在“讲理想、比贡献”活动（以下简称“讲、比”活动）中表现突出的先进集体、科技标兵和优秀组织者，总结交流各地的先进经验和成功做法，对于充分激发广大科技工作者的创新热情和创造活力，为全面建成小康社会做出新的更大贡献，具有十分重要的意义。在此，我谨代表“讲、比”活动领导小组向获奖的先进集体和先进个人表示热烈的祝贺！向积极参与活动的广大科技工作者致以亲切的问候和诚挚的敬意！

“讲、比”活动是一项群众性技术创新活动。在中国科协、国家发展改革委、科技部、国资委四部委的共同领导下，“讲、比”活动紧密围绕国家建设需要，结合企业创新需求，不断丰富活动内涵，不断拓展工作领域，不断创新活动形式，建立起了基本覆盖全国、上下联动、内外结合的工作体系，每年参与的企业和科技工作者越来越多，有效地推动了人才、技术和信息等创新要素向企业集聚，调动激发了企业科技工作者的创造热情和创新活力。实践证明，“讲、比”活动是引导我国科技工作者推动科技进步、服务经济社会发展的一项重要举措，是促进科技工作者成长提高的有效载体，是发展中国特色创新文化的一面旗帜，得到了社会和企业的广泛认同和积极参与，取得了非常好的社会和经济效益，受到了党和国家的高度肯定。

刚才，4 位同志分别代表先进集体、专家工作站、科技标兵、优秀组织者发言，介绍了开展“讲、比”活动的成功经验和有效举措，讲得很好，很有启发性，我都同意。下面，我就深入贯彻落实党的十八大精神，进一步开展好“讲、比”活动，谈两点意见。

第一，认真学习党的十八大精神，引导科技工作者切实增强创新创造的自觉性积极性主动性。党的十八大明确提出实施创新驱动发展战略，而实施创新驱动发展战略，关键在于培养造就一支高素质的企业创新人才队伍，这是建设创新型国家、实施创新驱动发展战略的重要基础，是增强企业自主创新能力、全面提升企业竞争力的必然要求，是实现企业科技人才全面发展的关键举措。要把企业科技创新人才工作放到关系国家发展全局的战略地位来谋划、推进，采取有力措施，加快形成有利于创新人才发展的体制机制和社会氛围，努力培养造就一支企业欢迎、社会认可、有真才实学、能解决问题的科技工作者队伍，为加快转变经济发展方式、全面建成小康社会提供强有力的智力支撑和人才保障。要积极引导广大企业科技工作者主动把实现自身价值同企业发展结合起来，更加自觉地围绕企业发展需求开展技术革新、技术攻关、技术协作，弘扬“创新创造、联合协同、诚信奉献”的企业创新精神，积极参与企业科技创新和科普活动，使他们在技术创新一线实现自身价值和理想抱负，释放创新潜能，实现科技工作者和企业共同发展。

第二，不断深化拓展“讲、比”活动内涵，为科技工作者充分发挥作用、展现才干搭建有效平台。要努力搭建接触前沿科技、拓展创新视野的高端平台，以办好企业研发机构、建立专家工作站为依托，帮助了解最新科技成果、把握产业发展趋势；要努力搭建技术对接、产业合作服务平台，以建设专家服务中心和学会科技服务站为抓手，无缝对接经验丰富、研发能力强的专家团队，帮助解决关键共性技术难题；要努力搭建竞技切磋、学习交流的成长平台，广泛开展创新技能竞赛和创新方法培训，激励更多企业科技工作者成长为创新型技术骨干。

同志们！

在实施创新驱动发展战略的进程中，党和国家的事业发展对科技界提出了新的要求，使命和责任之重前所未有。让我们高举中国特色社会主义伟大旗帜，紧密团结在以习近平同志为总书记的党中央周围，按照党的十八大的战略部署，开拓进取、奋发有为，为全面建成小康社会、夺取中国特色社会主义新胜利作出更大贡献！

最后，预祝大会圆满成功。

谢谢大家！

在全国省区市、副省级城市科协组织人事工作会议上的讲话

（2012 年 4 月 24 日）

陈　希

同志们：

今天，我们在羊城广州召开全国科协组织人事工作会议，集中研究如何在推动科协事业发展中做好组织人事工作问题。参加这次会议的，主要是全国各省区市、副省级城市、新疆生产建设兵团科协分管组织人事工作的领导以及负责组织人事工作相关部门的同志。很高兴参加今天的会议。在此，我代表中国科协党组、书记处，对参加会议的同志们表示热烈欢迎和诚挚问候！下面，我就如何做好新时期科协组织人事工作、努力为科协事业发展提供有力保证问题谈几点意见。

一、找准工作定位，明确目标要求，充分发挥科协组织人事工作在“三服务一加强”工作职能中的重要作用

近年来，中国科协和各级科协组织在党中央、国务院以及地方党委、政府的正确领导下，经过广大科协干部职工的共同努力，科协面貌发生了巨大变化，科协组织的社会地位明显提高，特别是在正确理解科协工作在党和国家工作大局中的地位和作用，深入研究和把握科协工作的规律、特点和职能、任务等方面，提出了许多新的思路。其中，“三服务一加强”的工作职能，就是在长期工作实践中，经过不断研究探索作出的重要判断。“三服务一加强”的提出，很好地明确了科协组织的职能和科协工作在党和国家整体工作中的定位，体现了新形势新任务对科协工作的新要求，反映了党和政府、广大人民群众和科技工作者对科协工作的新期待，把科协工作作为国家科技工作的重要组成部分和党的群众工作的重要组成部分有机统一了起来，对于为科协工作营造良好社会环境、统一科协系统干部职工的思想认识、开拓科协工作新境界起到了重要的推动作用。中央书记处也认为“三服务一加强”提得好，对于做好新形势下的科协工作，具有重要的理论意义和现实意义。

实际工作中，我们对“三服务一加强”的理解和把握，需要一个不断深化的过程。实践证明，“三服务”与“一加强”之间的关系不是彼此独立的，而是相互关联、相辅相成、互促互进的。“三服务”是科协的工作目标、工作任务和工作重点，“一加强”是做好科协工作的重要保证。也就是说，要实现“三服务”，就必须搞好“一加强”；要搞好“一加强”，也必须围绕“三服务”去部署、去实施、去检验。只有“一加强”真正做好了，实现“三服务”才有坚强的组织基础、干部保证和人才支持；如果“一加强”工作做不好，或者出现这样那样的问题，“三服务”就无法顺利开展，甚至受到严重冲击和影响。近年来，中国科协和各级科协组织着眼于履行好“三个服务”的职能，按照“搭建平台、资源共享”的工作思路、“大联合、大协作”的工作方式，坚持“围绕中心、服务大局，深入基层、务求实效”的工作要求，在团结带领广大科技工作者增强自主创新能力、建设创新型国家和提高全民科学素质方面做了大量工作，取得了显著成效。事实证明，我们的“三服务”工作之所以取得明显成效，一个重要原因就是“一加强”工作做得好、做得实。当前和以后一个时期，科协组织要继续致力于促进科学技术繁荣和发展，更好地为经济社会发展服务，继续致力于促进科学技术普及和推广，更好地为提高全民科学素质服务，继续致力于促进科技人才成长和提高，更好地为科技工作者服务，就要更加重视并切实做好“一加强”工作，努力为科协事业的创新发展提供坚强有力的组织基础、干部保证和人才支持。

加强科协的自身建设、搞好“一加强”，既是一项基础性、经常性、长期性的工作，也是一项抓根本、把方向、管长远的大事。要搞好“一加强”，基本的任务就是要建好“一个组织、两支队伍”。具体地说，就是把科协的组织建设好，把科协的干部队伍建设好，把科协的人才队伍建设好。邓小平同志说过，做好中国的事情，关键在党，关键在人。做好科协工作同样如此，最终要靠各级组织去做，靠广大干部职工去做，靠广大科技工作者去做。我们只有通过“一加强”，努力把科协的各级组织建设好，把科协的干部队伍建设好，把科技人才的作用发挥好，才能为科协事业蓬勃发展提供坚强有力的组织基础、干部保证和人才支持。建好“一个组织、两支队伍”，需要我们紧密结合科协实际，紧紧围绕提高服务能力这个重点，大力加强思想建设、组织建设、作风建设、制度建设和文化

建设，确保党的路线方针政策在科协的贯彻落实，确保科协事业发展的正确方向，切实维护科协组织的团结和谐和良好形象，切实提高科协队伍的履职能力和服务水平，通过建好科协自身这个小“家”，努力为建好“科技工作者之家”这个大“家”打牢基础、提供保障。这也是科协组织作为党领导下的人民团体，作为党的群众工作重要组成部分所提出的必然要求。

从工作职能上看，科协的自身建设主要是通过组织人事工作来承担、来完成、来实现的，科协组织人事工作的主要内容和任务就是搞好“一加强”，比如科协的组织建设、领导班子和干部队伍建设、人才队伍建设以及科学道德与学风建设等等，都是科协组织人事工作的重要任务，都是做好“一加强”工作的重要方面。科协组织人事工作在整个科协工作中地位十分重要，作用十分明显，责任十分重大。近年来，科协组织人事工作在各级科协党组的直接领导下，紧紧围绕做好“人”的工作，立足本职，开拓进取，在加强领导班子和干部队伍建设、基层组织建设、科技人才队伍建设、科学道德与学风建设以及建设科技工作者之家等方面做了大量卓有成效的工作，有力推动和保证了科协中心工作和重点任务的圆满完成。可以说，科协事业的创新发展，组织人事工作功不可没。在此，对大家的辛勤劳动和为科协事业做出的突出贡献表示衷心的感谢！希望大家在今后的工作中，发扬成绩，总结经验，再接再厉，以更加饱满的政治热情、更加昂扬的精神状态和更高的工作标准，更加扎实有效地做好各项工作，努力为科协事业的繁荣发展提供坚强有力的组织基础、干部保证和人才支持。

二、坚持以人为本，强化服务意识，努力在科协事业创新发展中发挥好组织人事工作的重要作用

坚持以人为本，强化服务意识，为科协事业发展提供坚强有力的组织基础、干部保证和人才支持，是做好科协组织人事工作的核心和关键，需要我们在工作中牢牢把握，贯彻始终，见诸行动。

一是要进一步加强领导班子和干部队伍建设，努力为科协事业发展提供干部保证。实践证明，领导班子和干部队伍团结奋斗、锐意进取、开拓创新，科协事业就能不断发展进步，如果领导班子和干部队伍精神懈怠，固步自封，科协事业就会停滞不前，受到重大影响。科协组织不同于政府部门，不能靠行政手段，资源动员能力有限，同时科协组织又是一个大系统，工作量大面广，要当好党联系科技工作者的桥梁纽带，切实履行好“三服务”的工作职责，就更加需要有一个坚强有力的领导班子和干部队伍。

一支坚强有力的领导班子和干部队伍，必须旗帜鲜明、立场坚定，具备很强的政治意识、宗旨意识和大局意识，做到在政治上、思想上、行动上始终与党中央保持一致，切实把党的路线方针政策，贯彻落实到科协工作中去；必须准确把握科技工作者观点独特、渴望尊重、讲求民主的基本特点，努力具备很强的领导科学发展能力和统筹协调能力，具备很强的民主作风和很强的群众工作本领，善于从全局角度考虑问题、分析问题和解决问题；必须牢牢把握科协组织不同于政府部门以及其他人民团体的职能和特点，真诚与科技工作者交朋友，紧密团结和依靠广大科技工作者，认真履行“三服务一加强”工作职能，坚持深入基层、务求实效，坚持工作的高标准、严要求，积极推动科协事业不断迈上新的台阶。

加强领导班子和干部队伍建设，需要我们在同级科协党组的直接领导下，紧紧抓住思想政治建设不放松，坚持用中国特色社会主义理论武装头脑，牢固树立全局观念，进一步增强党性修养；要注重优化领导班子和干部队伍结构，按照革命化、年轻化、专业化、知识化的要求，合理搭配年龄结构、知识结构和能力结构，激发领导班子和干部队伍内在活力；要注重加强培养锻炼，重视提高干部教育培训的统筹性、针对性和实效性，充分发挥实践锻炼在干部成长中的重要作用，切实提高干部队伍整体素质；要坚持靠教育、靠制度、靠监督抓好领导班子和干部队伍的思想作风建设，严格落实党风廉政建设有关规定，大力弘扬党的良好作风，严格规范自身行为，树立和维护科协干部的良好形象。

二是要进一步做好科技人才工作，努力为科技工作者成长成才提供有效服务。做好科技人才工作，服务科技人才成长，是科协组织的一项重要职能，是党和政府赋予科协组织的一项重要任务。中国科协是中央人才工作协调小组成员单位和引进海外高层次人才工作小组成员单位，各级地方科协大多也是同级人才工作协调小组成员单位，这充分说明党和政府对科协人才工作的高度重视和殷切期待。当前，科技工作者迫切希望有一个科学完善的科技政策体系，一个公平合理的科技人才评价办法，一个通畅的反映诉求的渠道，一个良好的学术道德氛围。科协作为科技工作者的群众组织，我们要积极顺应科技工作者的实际需求和迫切愿望，按照中央的一系列指示要求，牢固树立以科技工作者为本的思想，自觉把加强党和政府同科技工作者的联系作为基本职责，把竭诚为科技工作者服务作为根本任务，把科技工作者是否满意作为衡量科协工作的主要标准，积极帮助和支持科技工作者施展聪明才智、勇攀科技高峰，积极推动制定有利于科技人才脱颖而出的政策措施，热情帮助科技工作者干好事业、干成事业。要牢固树立科学发展人才观，充分发挥科协组织的特点和优势，努力把发现、培养、凝聚、举荐、用好人才贯穿在学术交流、科学普及、决策咨询和组织建设等各个方面，创新工作机制，丰富工作内容，完善工作方式，努力形成具有科协特色的科技人才成长服务体系。要以高层次人才、一线创新人才、科普人才和海外人才建设为重点，着眼培养造就世界一流科学家，进一步加大培养造就青年人才力度，努力为各类英才脱颖而出搭建平台、创造条件。要大力表彰奖励优秀科技工作者，精心打造全国优秀科技工作者、中国青年科技奖等品牌奖项，发现举荐一批承前启后、堪当重任的青年科学家。要充分发挥同行评议的基础作用，认真做好“两院”院士推选和国家科技奖推荐工作，积极支持我国科学家担任民间国际科技组织领导职务，大力引进海外高层次科技人才，高度重视知识更新和专业培训工作，发挥好青少年科技创新大赛等竞赛活动的重要作用，努力使科协成为发现举荐优秀人才的重要通道。

营造人才辈出、人尽其才的生动局面，必须要有一个诚实守信的良好学术生态和科学道德环境。形成风清气正的良好科学道德环境，必须多管齐下，综合治理，一靠教育，二靠制度，三靠监督。近年来，中国科协先后发布实施《科技工作者科学道德规范（试行）》和《学会科学道德规范（试行）》，印发《中国科协致全国广大科技工作者的倡议书》，组织院士专家到一些高校进行科学道德和学风建设宣讲，收到了明显成效。特别是中国科协“八大”以来，为进一步加强和推进科学道德和学风建设工作，我们联合教育部，在全国范围内开展了科学道德和学风建设宣讲教育工作，着重从研究生培养阶段这个科技人才成长的源头营造良好的学术环境和氛围。其间，各级科协组织和教育部门积极配合，严密组织，狠抓落实，做了大量具体工作。从实际效果来看，这项工作指导思想明确，组织实施严密，活动开展广泛，取得了非常好的社会影响。习近平、王兆国、刘延东等中央领导同志作出重要批示，对中国科协与教育部联合开展的这项工作予以充分肯定。2012 年，我们要在巩固已有工作成果的基础上，与教育部、中科院、社科院、工程院共同努力，在拓展教育对象、丰富教育内容、增强教育效果上下功夫，努力将宣讲教育提高到一个新的水平。要继续按照“全覆盖、制度化、重实效”的目标要求，努力使宣讲教育覆盖到每一个研究生培养单位，覆盖到每一位研究生新生。在此基础上，推动宣讲教育向高年级研究生和本科生、新入职的教师、新上岗的研究生导师和青年科技工作者等群体拓展。2012 年 6 月，中国科协拟与教育部、中科院、社科院、工程院联合召开科学道德与学风建设宣讲教育工作会议，部署任务，明确要求。9 月新学年开学后，继续在人民大会堂举办首都高校科学道德和学风建设宣讲教育报告会，发挥引导、示范和带动作用。各省区市也要分别举办一次集中宣讲教育报告会，同时指导各研究生培养单位采取多种形式开展宣讲教育工作，努力推动宣讲教育成为所有研究生培养单位的自觉行动。希望各省区市科协组织人事部门和有关部门，积极搞好协调配合，认真抓好工作落实。

三是要进一步加强科协组织建设，切实建好科技工作者之家。要重视加强县级科协组织建设。县级科协作为中国科协地方组织的重要组成部分，直接面向群众、面向基层，在科协体系中起着连接上下的重要作用，是科协工作的重要基础，是科协贯彻中央要求和国家科技方针的重要环节。抓好县级科协组织建设，在为地方经济发展方式转变提供智力支持、培育造就一线科技人才队伍、提高基层群众科学素质等方面都具有重要意义。目前，县级科协组织相对还比较薄弱，发展不够平衡，其地位作用发挥得还不够充分。我们要认真调查研究新时期县级科协工作面临的新形势、新任务和新要求，切实弄清县级科协究竟应该做什么、怎么做，有针对性地搞好对县级科协组织建设的工作指导，不断开创县级科协工作的新局面。要大力推进县级科协组织体系建设，加强县级学会建设以及支撑体系建设，搭建社会化服务平台，将县级科协组织建设成为富有生机活力，能够为最广大基层科技工作者和基层群众提供优质高效服务的模范组织；要继续加强工作创新，建立横向协作机制和纵向联动机制，建立科技工作者联系机制，拓展县级科协工作空间，增强县级科协凝聚力和向心力，推动县级科协整体工作上水平；要积极争取县级党委、政府对科协工作的支持，强化上级科协对县级科协工作的指导，主动帮助县级科协解决在工作中遇到的矛盾和难题，努力为县级科协开展工作创造良好环境、提供必要条件。

基层科协组织是科协组织体系的基础组成部分。中国科协章程专门有一章对基层科协组织的地位和任务作了阐述，基层科协组织的重要作用不言而喻。加强基层科协组织建设，就是要按照“哪里有科技工作者，科协工作就做到哪里；哪里科技工作者密集，科协组织就建到哪里；哪里建立起科协组织，建家、交友活动就开展到哪里”的要求，既要注重不断扩大基层科协组织的覆盖面，又要注重发挥好现有基层科协组织的职能作用。2012 年，我们要在继续推进企业、高校、街道社区科协组织建设以及农技协组织发展的基础上，进一步拓展基层科协组织的新领域，重点推动在高新技术产业开发区、经济技术开发区、海外留学人员创业园等高科技人才和高技能人才密集的地方建立科协组织。与此同时，要结合各类基层科协组织的不同特点，对其职能任务、工作方式、运行机制、作用发挥等问题开展调查研究，总结工作经验，推动工作开展。各级科协领导机关要坚持重心下移，经常深入基层，关心基层，建立并坚持联系、服务基层的长效机制，及时了解和掌握基层科协组织的现状和需求，主动解决基层科协组织面临的现实困难，切实把工作做到基层，把服务带到基层，使基层科协组织自觉融入到科协系统之中，切实发挥好他们在直接联系服务科技工作者方面的主体作用。

三、转变工作作风，改进工作方法，努力开创科协组织人事工作的新局面

做好新形势下的科协工作，推动科协事业创新发展，任务艰巨，责任重大，对广大科协干部的工作能力、工作方式、工作作风提出了新的更高要求。对于组织人事部门同志来讲，这方面的要求更严、标准更高。当前，大家尤其要注意把握好以下三方面问题。

一是要更加注重调查研究，积极推进科协组织人事工作科学发展。基层出经验，基层出政策。只有深入基层，深入一线，深入实际，才能摸清真情实况、掌握第一手资料，机关提建议、领导做决策才会有的放矢，开展工作才有针对性。所以说，调查研究是机关最基本的工作方法之一，也是机关作风的重要体现。毛主席说过，没有调查就没有发言权。做工作、想问题如果仅从概念出发，从主观出发，不注重调查研究，不注重深入实际，领导作决策、机关提建议就像空中楼阁，缺乏根基和依据。因此，我们要大兴调查研究之风，大兴求真务实之风，提倡领导干部和机关人员走出办公室，走进科技工作者当中，走到基层科协组织第一线，准确把握科技人员的思想动态和现实需求，集中提练基层创造的新鲜经验和成功做法，这样才能增强出台政策的针对性有效性，才能增进领导机关与基层群众的了解和感情，才能不断开创科协工作的新局面新境界。实际工作中，组织人事部门的同志要注重结合工作实际搞调研，针对组织人事工作中的重点、难点问题搞调研，比如：如何加强县级科协组织建设，如何加强和推进企业科协和高新区、经开区科协工作，如何加强高校科协工作，如何为科技工作者提供优质高效服务，如何加大培养和举荐人才力度，如何建好科技工作者之家、当好科技工作者之友，如何做好科协代表任期制工作，如何开展好中国科协会员日活动等等。通过开展专题调研，及时分析科协组织人事工作出现的新情况、新问题，积极探索科协组织人事工作的新思路、新方法，以此推动科协组织人事工作不断创新发展。

二是要更加注重团结协作，合力推动科协组织人事工作有效开展。科协工作量大面广，任务繁重，且掌握资源有限，有些工作仅靠一个部门或科协自身的力量是无法做得更好的。科协工作的自身特点决定了科协组织必须与有关部门保持广泛联系，加强密切合作。以往我们所开展的许多有影响的重大活动，比如，近年来开展的全民科学素质行动计划纲要实施工作，2011 年开展的科学道德与学风建设宣讲教育工作，之所以搞得有声有色，一个重要方面就是与有关部门团结合作搞得好。事实证明，“大联合、大协作”的工作方式，是科协系统多年工作实践的经验总结，有利于发挥科协组织的自身优势，有利于形成齐抓共管、互促互进的工作局面，有利于提高科协工作的综合效益。科协组织人事工作比如科学道德与学风建设宣讲教育、基层科协组织建设、人才的表彰举荐等工作，同样需要加强与各有关部门、单位的联系与合作，需要争取有关部门、单位的理解和支持。对此，我们要牢固树立团结协作的意识，积极借鉴“大联合、大协作”的工作思路，在工作中，既要搞好与科协系统外部有关部门、单位的团结协作，又要搞好与上下各级科协组织、科协各部门和各事业单位的内部团结协作。通过上下联动、内外兼得，努力形成做好科协组织人事工作的良好环境和工作平台。

三是要更加注重能力建设，不断推动科协组织人事工作创新发展。加强学习、提高能力、增强本领，是做好各项工作的基础和前提。科协干部要履行好自身职责，发挥好自身作用，完成好党和人民赋予的各项任务，必须要有良好的素质和过硬的本领。当前，科协组织人事工作头绪多、任务重，对全体干部的能力素质提出了新的更高要求。希望大家紧密结合科协组织人事工作的特点和需要，更加重视自身能力建设，努力掌握新知识，积累新经验，增长新本领，努力使自己的能力素质与做好新形势下科协工作的要求相适应、相匹配。科协干部应该具备的能力素质很多，我体会，当前尤其要重视提高战略谋划能力、抓工作落实能力和协同攻关的能力。提高战略谋划能力，就是善于站在全局角度和战略高度看待问题，搞好谋划，做好工作，善于把本部门、本单位的工作放在战略全局中找准定位、明确目标，认真研究思考在服务党和政府工作大局中推动科协工作创新发展的新举措、新途径。抓工作落实的能力，就是善于把我们研究确定的工作思路、工作部署和目标要求变成行动方案，落实到基层产生实效；就是善于抓住工作中的重点、难点和关键环节，拿出实在管用的具体办法和对策；就是善于在重大工作任务中亲历亲为，有一种锲而不舍、不出成效决不罢休的决心和劲头，及时研究解决实际工作中遇到的突出矛盾和问题；就是善于抓好工作的全过程，做到事前有谋划、有部署，中间有督促、有指导，之后有总结、有提高。搞好协同配合，是科协组织工作格局、工作方式对科协干部能力素质提出的重要要求。实施“大联合、大协作”，搞好各方面的协调配合，凝聚各方面的智慧和力量，不是一件简单的事情，需要组织实施者具备很强的协同攻关能力和非常娴熟的沟通协调能力。提高协同攻关能力，就是要善于找出协作双方的工作共同点，合理确定合作目标和合作方向，做到优势互补、互惠双赢；就要着眼长期合作，善于换位思考，充分兼顾对方的实际需求和关注点，坚持大事讲原则，小事讲风格，做到态度诚恳，讲求方法，充分调动和保护合作方的积极性；就是要善于发挥科协优势，主动进行沟通，经常进行联系，建立必要的会商机制，确保合作顺利进行，合力推动科协工作有效开展。

以上就是我与大家交流探讨的问题，希望大家充分利用好本次会议的难得机会，广泛交流，深入研讨，共同提高，努力为科协事业的创新发展建言献策，贡献力量。

在全国学会参与工程教育专业认证工作研讨会上的讲话

（2012 年 6 月 14 日）

陈　希

为顺应中国科协争取在 2013 年代表我国加入《华盛顿协议》的新形势，进一步提升学会能力，推动中国科协所属学会积极参与做好工程教育专业认证工作，中国科协专门召开工作研讨会，就相关工作的主要进展、取得的成绩和经验、下一步的工作计划等，进行深入交流研讨，以求加快推进这项工作。经过 6 年来的探索和实践，我国工程教育认证体系的主体框架已经基本形成，工作体系不断完善，全国学会参与认证工作的活动模式也探索出一些初步的思路。这进一步坚定了我们加入《华盛顿协议》的信心，也为我们切实做好加入《华盛顿协议》以后的有关工作奠定了很好的基础。

一、深刻认识全国学会参与工程教育专业认证的重要意义

开展工程教育专业认证，是国际通行的工程教育质量的保障性制度，也是工程教育国际互认和工程师资格国际互认的基础性机制。随着我国改革开放的深入发展和整体经济实力的不断提升，积极参与工程教育国际互认和工程师资格国际互认，既符合中国的利益，也符合世界的利益。目前，我国工程教育的总体规模居世界第一，工科本科生占全世界工科学生比例的分量很重，申请加入《华盛顿协议》，实际上是我国提升工程教育质量、推动工程教育改革的一个重要抓手。在开展工程教育专业认证方面，全国学会具有独特的学科专业优势和人才智力优势。我们要把积极参与做好工程教育专业认证工作，作为学会在建设创新型国家进程中及早谋划、更加有所作为的重大机遇，切实抓住用好；作为学会能力提升、不断做大做强自己的重要抓手，切实认真做好。

（一）全国学会参与工程教育专业认证，是建设创新型国家的需要

工程科技是人类文明进步的重要推动力，是人类改善生存状态、提高生活质量的革命性力量。建设创新型国家，需要培养规模宏大的优秀人才。工程教育专业认证体系，是适应创新型国家建设需要、以能力培养为导向、独立于学校和教育主管部门的第三方评价体系，是提升工程专业教育质量的制度保障，是实现工程教育国际互认的通行规则。

学会是科技工作者基于相同或相近的学科、专业和兴趣结成的科技社团，在开展工程教育专业认证方面，具有人才荟萃的优势，可以为相关专业认证活动提供充足的人才智力保证。其次，学会具有不可替代的专业优势，可以组织同行学者开展专业认证，保证认证结论的学术权威性。学会的主体——会员主要来自科技界、教育界和产业界，学会具有沟通教育界和产业界的天然优势，能够更好地反映用户方的需求。另外，学会具有非营利性和非行政性的属性，既不隶属于政府部门，也不受某个单位的利益所牵制，可以保证认证结论的社会公信力。全国学会应当抓住机遇、主动作为，积极参与做好此项工作，在参与国家创新体系建设中发挥应有的作用。

（二）全国学会参与工程教育专业认证，是推动社会管理体系建设的重要基础

随着我国工业化、信息化、城镇化、市场化、国际化的深入发展，社会转型速度进一步加快，社会问题更加突出，人们的思想意识、价值取向、道德观念多元化、多样化、多变化，公平意识、权利意识、法治意识不断增强。

加强社会建设与管理，建立中国特色社会管理体系，是我们党的重要任务。加快政府职能转变，将部分社会化服务职能交由科技社团承担，是建立完善党委领导、政府负责、社会协同、公众参与的社会管理格局的必然要求。

全国学会应把积极参与开展工程教育专业认证，作为学会承接政府转移的社会化服务职能的重要内容，基于同行评价推动社会评价，提高工程教育专业认证结论的科学性和公信力，为推动形成与中国特色社会主义市场经济、民主政治、先进文化相适应的社会管理体系作出新贡献。

（三）全国学会参与工程教育专业认证，是提升学会能力的必要举措

当前，中央正在就深化科技体制改革研究出台相关文件。学会作为国家创新体系的重要组成部分，充分发挥好其在推动全社会创新中的独特作用，是一项重要的任务。要发挥好学会在建设国家创新体系中的作用，就要进一步提升学会的能力。生物学中有一个重要概念叫作“用进废退”，对于学会自身能力而言也是这样。只有积极扎实地参与更多有意义的工作，才能不断强化组织建设、提升工作能力，进而才能提升学会的社会声誉，提高学会在科技工作者中的影响力和凝聚力。否则，提升能力就仅仅是一个抽象的概念。

2012年，在财政部大力支持下，中国科协启动实施“学会能力提升专项”，要通过“以奖促建”的方式，遴选奖励一批优秀学会，进一步提升学会服务创新、服务社会和政府、服务科技工作者的能力和水平。经过若干年的努力，力争打造一批在科技界和社会上信誉良好、发展能力强、学术水平高、服务成效显著、内部管理规范的示范性学会，切实把学会建设成为中国特色的现代科技社团。这个专项是“助强”的项目，目的是让强的学会更加强大起来，作为示范对象来带动学会的整体发展和能力提升。

近年来，有关全国学会积极参与工程教育专业认证工作，并初步形成了基本的工作模式，为推动更多的学会参与做好此项工作、推动完善我国工程教育专业认证体系积累了宝贵的经验。我们要坚持把参与工程教育专业认证工作，作为学会提升服务创新、服务经济社会发展、服务会员和科技工作者能力的重要载体和重要抓手，进一步增强学会的学术权威性和社会公信力，以及对科技工作者的凝聚力和影响力，为中国科协争取明年代表我国加入《华盛顿协议》，为进一步做好今后的相关工作，提供良好基础，为推动实现工程教育国际互认和工程师资格国际互认作出积极贡献。

二、中国科协及所属学会在推进工程教育专业认证方面已做了大量卓有成效的工作

近年来，通过不懈努力，中国科协及所属全国学会在推动和参与工程教育专业认证方面，做了大量卓有成效的工作，集中体现在以下两个方面。

（一）积极促进国内各相关机构进一步形成共识

2005年，为加快我国工程师技术领域职称制度改革步伐，促进我国工程师技术人员的国际交流，按照国务院领导的批示，由人事部牵头、联合17个相关单位共同成立了全国工程师制度改革协调小组，正式启动了工程师制度改革，中国科协作为副组长单位参与其中，并将代表我国加入《华盛顿协议》。2006年，按照全国工程师制度改革协调小组的统一部署，作为推动工程师国际互认的重要环节，由教育部牵头，按照加入《华盛顿协议》的有关要求启动了工程教育专业认证试点工作，但加入《华盛顿协议》的计划一直未能实现。

近一个时期，中国科协主动推进工作，与有关方面积极沟通协调，推动相关机构就加入《华盛顿协议》的相关制度设计和工作运行机制形成了共识。在人力资源和社会保障部的领导下，进一步明确了由中国科协代表中国申请加入《华盛顿协议》，由教育部牵头成立由相关方面共同组成的中国工程教育认证协会主导认证工作的运行，财政部等相关部门提供相应保障。中国科协鼓励和支持具备条件的全国学会积极参与具体的认证评估工作，并争取更多地承担认证协会下属分委员会秘书处的工作。

在形成这一共识的基础上，申请加入《华盛顿协议》的相关工作取得突破性进展，已经确定了2013年正式申请加入的具体目标，相关工作有序开展。

（二）加入《华盛顿协议》的准备工作基本就绪

一是“走出去”，积极开展对外交流活动，争取《华盛顿协议》成员组织对我的了解与支持。自2006年以来，作为我国加入华盛顿协议的代表，我们全面开展与华盛顿协议及其签约成员的双边交流活动，争取相关成员国的指导和支持，按照“请进来，走出去”的要求，扎实开展各项国际交流活动，确定英国和澳大利亚的相关机构作为我国加入《华盛顿协议》的两个介绍组织。2012年3月，中国科协与教育部、人力资源社会保障部的同志专门访问澳大利亚工程师协会、新西兰专业工程师协会和南非工程委员会。通过深入交流沟通，澳大利亚工程师协会正式同意作为中国科协2013年申请加入《华盛顿协议》的推荐组织；新西兰专业工程师协会和南非工程委员会也对我申请加入《华盛顿协议》表示了支持态度。2012年5月，中国科协代表团分别访问了爱尔兰和英国，爱尔兰工程师学会和英国工程理事会均对我国工程教育认证工作所取得的进展表示赞赏，表示支持我国在2013年加入《华盛顿协议》。

二是"请进来"，邀请英国、日本、澳大利亚、中国香港等华盛顿协议成员委派专家现场考查我国的认证活动。英国工程理事会同意作为我国加入《华盛顿协议》的推荐人，与澳大利亚工程师学会共同组成考察组，在今年9月来我国实地观摩工程教育认证。

三是全面了解《华盛顿协议》签约成员的认证与实践情况，积极收集有关资料，开展专题研究。通过这些工作，增进了与《华盛顿协议》各签约成员组织的相互了解，得到了他们的认可和支持，为我国加入《华盛顿协议》创造了良好外部环境。

四是做好加入《华盛顿协议》的申请文件准备。中国科协和人力资源社会保障部、教育部、财政部，联合向外交部报送了《关于申请加入华盛顿的请示》。2012年2月22日，外交部复函对中国科协加入华盛顿协议不持异议。

（三）全国学会参与工程教育认证工作取得明显成效

为了配合加入《华盛顿协议》，中国科协按照"上下一致，内外结合，主动争取，有所作为"的方针，一直大力鼓励和支持全国学会参与工程教育专业认证试点工作，并取得显著成效。

一是在研究《华盛顿协议》组织基础上，参加设计中国工程教育专业认证的组织体系，推荐专家参加专家委员会、试点工作组，参与开展现场考查等。截至目前，已批准成立的6个分专业委员会中，有5个委员会的秘书处挂靠在中国科协所属全国学会。其他7个试点工作组中，2个工作组的办公地点设在全国学会。电气信息类试点工作组的办公室工作，也主要由全国学会承担。

二是在专业认证文件体系建设方面，学会积极推荐专家参与《全国工程教育专业认证（试点）办法》、《工程教育专业认证标准（试行）》、《工程教育专业认证专家遴选与培训办法（试行）》、《工程教育专业认证现场考查专家组工作指南（试行）》、《工程教育专业认证学校准备工作指南（试行）》以及专业工作文件的起草和修订工作，得到有关方面的好评，为扎实推进有关工作发挥了重要作用。

三是在理论研究方面，中国科协积极推动开展专题调研，充分了解和借鉴国外先进的认证理念和办法，包括：《华盛顿协议及其签约成员的系统研究》、《华盛顿协议签约成员开展的工程教育认证专业的情况及分析》、《国内外工程教育专业认证资料汇编》、《APEC工程师计划研究》等等。

四是积极开展交流与培训。2006年，中国机械工程学会和美国机械工程师学会，在北京共同主办"2006国际机械工程教育大会"。2009年10月，由中国科协主办，9个全国学会和4个国外学会共同承办了"2009国际工程教育大会"。2011年9月，中国机械工程学会与美国机械工程师学会、香港理工大学，在香港联合举办"2011机械与多学科工程教育国际峰会"。此外，还组织了7次工程教育专业认证专家赴香港观摩培训活动。通过这些交流与培训活动，与国际同行加强了沟通，密切了联系，为提高我国工程教育专业认证水平发挥了积极作用。

三、乘势而上、主动作为，为进一步提高我国工程教育专业认证水平做出新贡献

一要抓住机遇，积极参与工程教育专业认证体系建设。当前，正是我们全力以赴争取2013年加入《华盛顿协议》的重要时期，也是在6年认证试点阶段转向具体实施阶段、形成专业认证工作格局的重要过渡阶段。我国工程教育认证组织框架已初步形成，具体组建工作正在教育部统一部署下积极筹备。各相关领域的全国学会一定要抓住机遇、乘势而上，积极开展工作，采取多种方式参与其中，努力成为我国工程教育专业认证体系的组成部分，并在其中占有重要地位。

二要主动服务，努力争取相关管理部门的认可和支持。我国工程教育专业认证的整体规划日益清晰，分支机构建设也有了比较完整的设计。各相关领域的全国学会要发挥组织优势，主动作为，积极争取教育部门、行业主管部门的认可和支持，尽力参与到认证工作中去。工程教育专业认证是工程师制度改革和高等工程教育改革的组成部分，与专业认证相关的工作，如专业技术资格认证等，是工程师职业体系的重要组成部分，与工程师终身职业发展密切相关。全国学会在参与工程教育专业认证的同时，还要根据本专业特点，积极争取相关部门支持，积极推进专业认证与工程师职业管理制度的有机衔接，为学会开展工作进一步开拓新空间。

三要领导重视，切实加强相关机构和制度建设，确保认证质量。全国学会要切实加强领导、投入力量，坚持以质量为核心，规范管理、稳步推进。我国大学数量大、工程教育专业点多，认证工作量非常大，没有专门的机构和完善的制度是不可能做好工作的。机构建设要落实到组织和高素质的工作人员，制度建设要形成完善的运行机制和行为规范，从软件和硬件两方面，大力提升认证工作水平和能力，不断增强学会发展后劲。质量是认证工作的生命线，一定要用很高的标准和很强的执行力来切实保证工作质量。同时，希望有更多全国学会争取到更多的专业分委员会秘书处设在学会。

四要重点培育，大力配合有关部门做好专家队伍建设。工程教育认证要靠认证专家来推进工作，认证专家的工程背景、对标准的理解、认证实践经验等因素，会直接影响工程教育认证质量。随着认证工作的不断拓展，认证专家的需求量将会不断扩大。遴选认证专家，需要注意三个条件：一要有工作热情，二要有工作水平，三要有社会责任感和学术素养。学会应该充分发挥组织优势和智力优势，积极做好推荐工作，同时注重发现和培育后备专家队伍，切实提升认证专家素质，为建立适应我国专业认证发展需要的工程教育认证专家队伍作出积极贡献。

五要加强协同，在参与做好认证工作中发挥好科协系统的整体优势。首先要加强中国科协与政府部门和学会之间的协同，发挥桥梁纽带作用，做好沟通、协调和服务；其次要加强中国科协和学会之间的协同，加强沟通和互动，更好地鼓励和支持学会开展相关工作；第三要加强学会之间协同，相同或相近领域的学会要加强联合协作，优势互补，共同做好认证工作。

同志们，开展工程教育专业认证工作，是落实科教兴国战略和人才强国战略的重要举措，是增强自主创新能力、建设创新型国家的重大任务，是教育界、科技界、产业界共同的职责和使命。中国科协将一如既往地积极服从和服务国家工程教育工作大局，鼓励和支持全国学会积极参与工程教育专业认证工作，为建立国际认可、具有中国特色的工程教育专业论证体系，不断作出新的更大贡献！

在2012年首都高校科学道德和学风建设宣讲教育报告会上的讲话

（2012 年 11 月 30 日）

陈　希

尊敬的各位院士专家，老师们、同学们：

在全党全国上下深入学习、宣传、贯彻党的十八大精神之际，今天，我们举行首都高校科学道德和学风建设宣讲教育报告会，邀请三位德学双馨的院士，就加强科学道德修养、严守科研伦理和学术规范问题，为我们作报告。首先，我谨代表各主办单位，向即将为我们作精彩报告的院士专家，表示衷心的感谢！向出席报告会的老师们、同学们，表示热烈的欢迎！

一个有道德的人，才会是一个有作为的人。修齐治平，是中国传统文化对为学为人的价值诉求，也是古往今来圣哲先贤们的真实人生写照。所以，中国人从来就把立德修身，作为开启鸿蒙、迈向精彩人生的第一堂必修课。今天在座的各位同学，朝气蓬勃、英姿勃发，是青年人中的佼佼者，令人憧憬的灿烂前程正展现在大家面前。此时，我们更要清醒地认识到，崇高的道德是安身立命之本，高尚的情操是不流于世俗、不泯然众人的精神引领。道德水平的高度，决定着我们人生的高度。我们要坚信道德的力量，坚持做一个有道德追求、有精神境界的人，这样才能不迷失人生方向，才能真正实现我们为天地立心、为生民立命、为往圣继绝学、为万世开太平的人生理想。

一个有科学道德的人，才会是一个有科学成就的人。科学道德之剑，依于科学成就之旁。自近代科学诞生之日起，科学道德规范便成为支撑科学家甘于寂寞、潜心钻研的强大精神力量，也成为检验科学家精神境界与成就的重要试金石。从布鲁诺的誓守真理，到居里夫人的坚韧执着；从爱因斯坦的创新睿智，到贝尔实验室的精诚合作，一代又一代科学家，不唯权、不唯师、不唯书，只唯实，取得了令人敬仰的科学成就，也酝酿沉淀了代表科学家精神气质、引领科技发展进步的科学道德规范。在座的各位同学，许多将毕生从事科学研究。只有学习科研规范、遵守科学道德，把科学道德内化为终身坚守的人生信仰，我们才能不断取得卓越的科学成就，不断提升自己的学术境界、道德境界和人生境界。

一群有科学道德的人，才能建设一个充满活力的创新型国家。建设创新型国家，是一项宏伟的事业，需要一大批素质优良的创新人才。他们不仅要有丰富的科技知识、创新的思维能力，还要有高尚的科学道德、严谨的治学精神。在座的各位同学，都是国家的栋梁，都将成为建设创新型国家的生力军。你们的科学道德水准和创新潜质，不仅决定你们个人的事业成长，也决定着未来中国科技人才队伍的精神面貌和创新能力，决定着未来中国的道德境界、科技实力和发展高度。少年强，则中国强；少年精神，则中国精神；少年雄于地球，则中国雄于地球。中国的未来，属于在座的青年一代，我们要勇于担当、奋力担当。

正是为了帮助同学们充分认识坚守科学道德的重要意义，在学术生涯的起步阶段，就养成崇尚科学精神、遵循科研伦理、严守学术规范的良好习惯，从去年起，中国科协与教育部达成共识，联合在全国范围，组织开展科学道德和学风建设宣讲教育，按照“全覆盖、制度化、重实效”的目标要求，在高校研究生新生中，采取集中宣讲和各校自行教育相结合的方式，系统宣讲科学精神、科学道德、科研伦理和学术规范，受到老师和同学们的热烈欢迎，也得到中央领导同志的充分肯定，习近平同志、刘延东同志、王兆国同志等分别作出重要批示，要求我们把这项很有意义的工作持续深入开展下去，引导广大研究生、大学教师和科研人员严谨治学、诚实做人。

根据中央领导同志的指示精神，从今年起，我们与中科院、社科院、工程院一道，按照“两个拓展、两个结合”的原则，努力把科学道德和学风建设宣讲教育不断引向深入。我们要把宣讲教育从2011年主要集中在具有研究生培养资格的高校和中央所属研究机构，逐步向所有高校和中科院、社科院所属科研院所，军队系统教育科研单位以及其它研究机构拓展，学科领域也从原来的自然科学拓展到社会科学；我们要把宣讲教育对象进一步拓展到全体研究生、高年级本科生、新上岗的研究生导师、新入职教师和青年科技工作者，通过不懈努力真正实现宣讲教育的全覆盖；我们要把集中宣讲与经常性教育有机结合起来，积极推动将科学道德教育纳入本科生和研究生培养教育环节，成为科研人员经常性教育内容，真正实现科学道德教育的常态化、长效化，不断取得实际成效；我们还要把教育与制度、监管（包括监督和惩处）有机结合起来，既要确保科学道德和学风建设教育有效有序进行，又要把制度建设和监督查处作为治理学术不端行为的必要举措，抓紧健全完善各项相关制度（包括学术规范）和科学有效的学术不端行为查处制度，同时还要严肃认真地针对具体事件实施查处。

我们希望通过这些广泛、深入、持久、务实的宣讲教育活动，宣示学术界、教育界携手倡导优良学风、抵制学术不端行为的鲜明立场，为建设创新型国家和文化强国，筑牢坚实的科学道德基础和人才智力基础。

老师们、同学们！

半个月前胜利闭幕的党的十八大，对全面建成小康社会、加快发展中国特色社会主义作出了全面部署，也再次吹响了建设创新型国家、实现科学技术现代化的嘹亮号角。壮丽的事业在召唤着我们，宏伟的目标在激励着我们！我们要行动起来，更加自觉地加强科学道德修养，更加自觉地砥砺品格、磨练意志，努力做良好学术风气的维护者、严谨治学的力行者、优良学术道德的传承者，为建设创新型国家不断作出无愧于青春、无愧于时代的贡献！

祝同学们在这次报告会上，都有启迪，都有收获！

祝本次报告会圆满成功！

谢谢大家！

在中国科协学会工作会议上的讲话

（2012年3月16日）

陈　希

同志们：

我们这次召开中国科协学会工作会议，主要目的是认真学习贯彻中央重大决策部署，系统回顾近年来学会工作进展，深入分析当前学会发展面临的新形势新任务，以服务科学发展为主题，以提升能力为主线，切实把学会作为国家创新体系重要组成部分的作用充分发挥出来，动员组织广大科技工作者坚定不移地走中国特色自主创新道路，为增强自主创新能力、建设创新型国家作出更大贡献。下面，我讲三点意见。

一、五年来学会工作取得新成绩、新经验

自2007年中国科协召开学会工作会议，提出充分发挥学会在国家创新体系中的重要作用、建设充满生机和活力的现代科技团体以来，各全国学会按照中国科协《关于加强学会工作的若干意见》要求，紧紧围绕党和国家工作大局，不断深化学会改革和创新发展，在促进科学技术的繁荣发展、促进科技人才的成长提高、促进科技与经济的紧密结合方面，做了大量的工作，取得显著成绩，会员满意度持续上升，形成了学会学术工作新格局。

（一）在促进科学技术的繁荣发展方面取得新成绩

五年来，各学会坚持面向世界科技前沿，着眼科技工作者成长需求，积极搭建不同层次、各具特色的学术交流平台，学会学术活动日趋活跃，激荡自主创新的源头活水作用日益凸现。

一是学术交流的频次和实效不断提高。91.1%的全国学会将开展学术交流作为最重要的任务，每年举办学术会议超过3000个，国际会议400多个，全国科协系统每年举办学术活动超过30000场，构建起了综合交叉、前沿高端、学术服务、学术建制、学术生态、学术在线六大学术交流平台，形成中国科协年会、新观点新学说学术沙龙、青年科学家论坛等具有一定影响的学术交流品牌。科协系统每年在境内召开的国际学术会议已超过1000次，境外参会人员超过6万人次，国际学术影响力不断提升。中国科协及所属全国学会共加入约350个国际和区域性科技组织，推荐300多位科学家到国际民间科技组织中任职，我国科技界的国际话语权稳步提升。

二是学科发展研究发布制度初步建立。先后组织95个学会完成了85个学科的进展研究报告，6600多位专家直接参与研究撰稿，1.2万名专家学者参与研讨，出版学科发展报告131册共27万字，先后召开5次学术建设发布会，推动学科建设和发展，培育形成学术传统和不同学派。组织开展学科史研究试点，总结学科进展，分析学科发展趋势，形成比较完善的学科研究体系。

三是科技期刊影响力稳步提升。截至2010年，中国科协所属全国学会主办科技期刊1003种，省级科协及所属学会主办科技期刊近2100种，约占全国科技期刊总量的40%。精品科技期刊工程实施取得显著成效，454种（次）期刊获得支持。在2010年《中国科技期刊引证报告》排行榜中，43种精品科技期刊总被引频次位居第一，30种影响因子位居第一，41种综合评价位居第一。在第二届中国出版政府奖获奖期刊中，中国科协期刊比例最大。SCI收录的中国大陆科技期刊中，54%为中国科协主管期刊。42.5%的中国科协科技期刊实现与印刷版同步上网。与新闻出版总署联合举办的中国科技期刊发展论坛，已成为国内最具权威性和影响力的科技期刊发展研讨平台。《中国科协科技期刊年度发展报告》已成为有一定影响的专业参考工具。

（二）在促进科技与经济结合方面取得新的突破

五年来，按照中国科协“三服务一加强”工作定位，各学会自觉围绕中心、服务大局，大力促进科技与经济的紧密结合，促进科技成果加快向现实生产力转化，在充分发挥科技在经济社会发展中的支撑、引领作用方面取得突出成绩。

一是科技思想库作用进一步凸显。五年来，举办专家论坛7800余次，提交决策咨询报告2.2万余篇，7400余篇获得批示。党政领导与院士专家座谈会成为中国科协年会品牌性活动，中国湖泊论坛等影响力日益广泛，专家季谈会、科技专家咨询委员会、调研月等各具特色的学会决策咨询平台更加丰富多样。

二是科普活动规模进一步扩大。五年来，举办的科普讲座场次增加了47.1%，受众人数增加了5倍，科普展览场次增加了32.8%，设立科普教育基地超过500个。70%以上的全国学会设有科普工作委员会。中国抗癌协会的“4·15”全国肿瘤防治宣传周，已连续举办15届，成为肿瘤防治领域的科普品牌。中华医学会等7个学会联合组织的“心的和谐——心理健康系列宣传活动”、中国环境科学学会举办的“千乡万村环保科普活动”等，得到政府和公众的高度关注和广泛认可。

三是科技服务水平进一步提高。五年来，80.5%的学会开展科技咨询服务，46.6%的学会设立科技咨询机构，26.8%的学会为国有大中型企业提供过科技咨询服务，完成咨询合同从98项增至512项，实现合同额从1164万元增长到3443万元。中国汽车工程学会等通过建立产学研技术联盟，促进行业共性技术的联合攻关和技术成果转化。中国城市科学研究会建立生态技术中心，围绕生态城市规划、管理等提供各种研究咨询。

四是社会化服务能力进一步增强。81个学会主办或联合主办了88个奖项，占国家登记的全部社会力量设奖总数的40.7%，部分奖项成为行业或者学科最高奖。50%以上的学会承接各种培训工作，约20个全国学会筹建了评估机构，组织开展科技成果评价和人才评价工作。中华医学会受卫生部委托，承担医疗事故鉴定工作。中国煤炭学会经最高人民法院批准，设立了煤炭生产开采减少损害委员会，有效解决地方技术争端。在有关部委支持下，将6个新职业纳入国家职业分类体系，制定职业标准11个，批准或设立了25个职业技能鉴定站。

（三）在促进科技人才的成长提高方面取得新进展

五年来，各学会坚持以会员为本，以服务科技人才的成长提高为重要职责，在进一步增强服务意识、丰富服务手段、拓展服务领域、提高服务能力方面做了大量工作，会员对学会的满意度不断提升。

一是服务会员的工作方式日益多样。90%的学会面向会员建立了服务网站或网页，62%的学会开发使用了会员管理网络平台，82%的学会设立了会员工作机构或岗位，建立了40余个会员工作站、会员之家等基层组织。五年来，会员数量稳步提升，团体（单位）会员由5.5万增加到6.7万，缴费会员比例由9%提高至25.8%。通过开展两院院士初遴选等活动，学会已成为创新人才脱颖而出的重要通道。通过成立道德与权益工作机构、建立会员诚信档案、制定会员自律守则等举措，学会在倡导优良学风方面发挥着积极有效的作用。

二是服务会员的组织机制不断健全。学会内部治理结构改革稳步推进，会员代表大会、理事会、常务理事会、监事会相互制衡、相辅相成的内部治理结构逐步建立，民主选举、民主决策、民主监督机制进一步健全。部分学会探索建立多家挂靠或无挂靠体制，部分学会推行“差额竞选制”、“三理事长制”、“司库和监事会制”等，为民主办会提供良好体制机制基础。

三是服务会员的办事能力持续提升。五年来，全国学会专职人员规模增加了15%，拥有10人以上专职人员的学会超过40%，硕士及以上学历人员超过20%，本科学历的超过50%。办事机构和人事制度多元化、职业化、社会化趋势明显，一支具有较高素质的职业化、专业化的学会办事人员队伍正在形成。

四是服务会员的政策环境更加优化。五年来，中国科协在民政部支持下，共同推进学会创新发展试点，取得初步成效；与中科院、农业部签署共建学会协议；与最高人民法院签署协议，为推动学会专家参与司法工作创造条件；与国家科技奖励办沟通，已有10个学会被国家奖励办接纳为国家奖励直接推荐单位；与财政部、税务总局、国家自然科学基金委等进行沟通，为学会享受财税优惠政策、承担科研项目、举荐创新人才积极创造条件；将部分全国学会专业技术试点工作，纳入全国工程师制度改革试点体系和教育认证体系。

这些成绩的取得，是广大会员和科技工作者热情参与、积极投入的结果，是广大学会工作者无私奉献、锐意开拓的结果，是党和政府以及社会各界高度重视、大力支持的结果。今天，财政部、民政部的有关领导也出席会议。在此，我代表中国科协，向所有关心支持学会改革发展创新工作的各有关方面，表示衷心的感谢！

回顾五年来的工作，也有几点经验值得我们长期坚持下去：一要坚持以服务会员为根本宗旨。会员是学会的组织基础，是学会工作的活力之源，坚持以会员为本、会员优先，为会员提供优质高效服务是学会工作最重要的基础，也是使学会工作永葆生机和活力的基础。二要坚持以学术建设为立身之本。专业属性是学会的基本属性，加强学术建设，学会工作才有权威性、公信力；离开学术建设，学会工作就成为无源之水、无本之木。三要坚持以服务社会为重要职责。学会既是学术组织，也是社会组织，只有主动融入社会、服务社会，才能把自身做大做强，为学会事业发展赢得广阔空间。四要坚持以联合协作为基本工作方法。学会自身的资源动员能力有限，只有主动搭建平台，广泛联合协作，推动形成做好学会工作的强大社会合力，学会工作才能做出声势、做出影响、做出成效。五要坚持以改革创新为强大发展动力。积极顺应社会形势的发展变化，以改革创新精神有效推进学会组织体制、工作机制、管理模式、工作方式的健全完善，学会工作就有了有力的制度保证，就能与时俱进、紧跟时代步伐。

二、认清形势，明确任务，切实增强做好学会工作的责任感使命感

党的十七大以来，在以胡锦涛同志为总书记的党中央坚强领导下，全党全国各族人民继续解放思想，坚持改革开放，推动科学发展，促进社会和谐，中国特色社会主义理论体系进一步丰富和发展，中国特色社会主义制度体系进一步健全和完善，中国特色社会主义道路越走越宽广。构建国家创新体系，建设创新型国家，是走中国特色自主创新道路的战略目标。学会是国家创新体系的重要组成部分，学会工作是国家科技工作的重要内容。做好新时期学会工作，必须认清形势，找准定位，明确任务，更加自觉、更加主动地融入党和国家工作大局之中。

一是深化经济体制改革、加快转变经济发展方式，对学会创新发展寄予新期待。改革开放30多年来，我国经济持续快速发展，目前经济总量已跃居世界第2位，成为全球具有重要影响的最大新兴经济体和世界工业与制造业大国，在世界经济格局和全球经济治理中正在发挥越来越重要的作用。同时也要看到，我们的发展也付出了很大代价，产业结构、经济结构不合理的矛盾长期存在、长期积累，发展不平衡、不协调、不可持续的问题日益显现，继续深化经济体制改革，加快转变经济发展方式，推动实现经济转型升级，是今后相当长一个时期的紧迫任务。科学技术是当今经济社会发展最积极、最能动的因素，是调整优化经济结构、加快转变经济发展方式的重要支撑。无论是加快传统产业改造升级，培育发展战略性新兴产业，还是积极发展高新技术产业，都需要着力增强自主创新能力，加快科技成果向现实生产力转化，把科学技术第一生产力的重要作用充分发挥出来。学会是科技工作者基于相同或相近的学科、专业、兴趣而自愿组成的科学共同体，负有孕育创新思想、激发创造活力的重要功能，承担着促进学科发展、推进自主创新、传播科技知识、培育创新文化的重要职责，是国家创新体系不可或缺的重要组成部分。在全面建设小康社会的关键时期和深化改革开放、加快转变经济发展方式的攻坚时期，党和人民对科技界充分发挥作用寄予殷切期待，学会加快创新发展，在服务加快转变经济发展方式、推动实现科学发展的新征程中，也完全可以大有作为。

二是深化社会管理体制改革、构建社会主义和谐社会，为学会发挥独特作用提供新机遇。改革开放以来，随着我国工业化、信息化、城镇化、市场化、国际化的深入发展，社会转型速度进一步加快，长期以来在封闭半封闭环境和计划经济条件下形成的社会结构，发生了全方位、根本性变化，社会公众的思想意识、价值取向、道德观念多元多样多变，与社会主义初级阶段基本国情相适应，与社会主义市场经济体制和我国政治制度相适应，与开放、动态、信息化社会环境相适应的社会管理与服务体系，还没有真正完全建立起来。顺应我国经济社会发展的新形势新要求，切实转变社会管理理念，大力深化社会管理体制改革，为构建社会主义和谐社会夯实体制机制基础，是我们党必须解决的重大时代课题。科技工作者是党和人民的宝贵财富，是推动实现经济发展、民生改善、社会和谐的重要依靠力量，学会是联系服务科技工作者的重要社会组织，在承担好政府转移的有关科技评价、科技人才评价、科技奖励等社会化服务职能方面，具有独特优势。我们要抓住机遇、主动作为，进一步用时代发展的要求审视自己，以改革创新的精神提高和完善自己，着力加强自身创新发展，完善组织会员、引导会员、服务会员、规范会员行为的职能，切实维护科技工作者的合法权益，以科技界的和谐带动实现全社会的和谐稳定，把学会在建立具有中国特色社会管理体系中的独特作用充分发挥出来。

三是深化科技体制改革、建设创新型国家，使学会能力建设面临新挑战。2006年以来，我国先后制定颁布了《国家中长期科技、人才、教育规划纲要》，完成了科教兴国战略和人才强国战略的顶层设计，在以自主创新为战略基点的科技发展方针指引下，我们全面推进原始创新、集成创新和引进消化吸收再创新，加快创新型国家建设步伐，科技在经济社会发展中的支撑引领作用日益突显。同时也要看到，增强自主创新能力，加快建设创新型国家，迫切需要我们继续深化科技体制改革，进一步把广大科技工作者的创新热情和创造活力保护好、发挥好。温家宝总理在中国科协“八大”所作的形势报告中明确指出，当前我国科技体制存在三方面的突出问题：一是科技经济“两张皮”问题没有真正解决，以企业为主体、市场为导向、产学研相结合的技术创新体系建设还存在体制机制障碍；二是宏观科技决策机制和组织结构不合理，有限的科技资源利用和投入产出效率不高；三是广大科技人员的积极性创造性还没有充分调动起来，潜力还没有充分发挥出来。去年以来，国务院已经就继续深化科技体制改革问题进行认真研究，很快将出台专门文件，着力推动解决这些突出问题。学会是发展我国科技事业的重要力量，学会组织开展的高水平学术交流活动，既可以启迪创新思维，有效增加人类的知识积累，又可以推动产学研结合，促进科技知识在全社会的传播和有效应用，同时也是科技工作者融入科学共同体、获得同行认可的重要途径。切实把学会在国家创新体系中的这些独特作用发挥好，是这次科技体制改革的重要关注点。可以预见，随着我国科技体制改革的深入推进，进一步做好学会工作的体制环境和政策条件也将越来越好。

四是深化文化体制改革、建设社会主义文化强国，对学会参与科学文化、创新文化建设提出新要求。党的十七大以来，我国公益性文化事业和经营性文化产业快速发展，人民群众享有越来越健康丰富的文化生活。同时也要看到，我国文化发展同经济社会发展和人民日益增长的精神文化需求还不完全适应，推动文化大发展大繁荣、建设社会主义文化强国还面临许多新情况新问题；另一方面，面对我国综合国力的快速上升，一些国家出现种种疑虑和不适应，有些国家对我国戒心增多、要价提高，推动中华文化走向世界，增强中华文化国际影响力的要求更加紧迫。党的十七届六中全会就深化文化体制改革、推动社会主义文化大发展大繁荣问题进行专题研究，对坚持中国特色社会主义文化发展道路、建设社会主义文化强国作出一系列重大战略部署。胡锦涛总书记在纪念中国科协成立50周年大会上的重要讲话明确指出，我国科技界长期以来形成和发扬的求真务实、勇于创新的科学精神，不畏艰险、勇攀高峰的探索精神，团结协作、淡泊名利的团队精神，报效祖国、服务社会的奉献精神，是符合社会主义核心价值体系要求的价值观念，对建设社会主义核心价值体系具有十分重要的作用。各全国学会要切实按照胡锦涛总书记的讲话要求，团结和带领广大科技工作者，着力加强科学道德和学风建设，积极继承和大力弘扬科技界的优良传统，为建设社会主义核心价值体系发挥独特作用。同时，学会作为科技属性鲜明的社会组织，肩负着弘扬科学精神、普及科学知识、提高公民科学素质的重要社会职责，在培养公众用科学的思想观察问题、用科学的方法处理问题，培育自尊自信、理性平和、积极向上的社会心态方面，工作空间十分广阔。

三、抓住机遇，提升能力，扎实推动学会工作再上新台阶

近年来，我国科技投入持续大幅增加，全社会研发经费占GDP的比重已达1.8%，到“十二五”期末，这一比例还将提升至2.2%，科技创新的条件和环境将持续改善，这也为学会充分发挥作用提供了更加广阔的舞台。2012年，中国科协在财政部的支持下，决定启动实施“学会能力提升专项”，旨在通过以奖促建的方式，遴选奖励一批优秀学会，择优培育一批品牌活动，进一步提升能力，发挥示范带动作用，引领我国科技社团发展。希望各全国学会抓住机遇、主动作为，坚持以服务科学发展为主题，以提升能力为主线，以加强学术建设为重点，以创新管理体制和工作机制为动力，在继承中创新，在创新中发展，努力把我国学会建设成为具有学术影响力、社会公信力、会员凝聚力和自我发展能力的现代科技团体，在推动全社会创新中发挥更大作用。

（一）以加强学术建设为重点，着力提升学会服务创新的能力

加强学术建设，开展高水平的学术交流活动，激荡自主创新的源头活水，是增强自主创新能力、建设创新型国家的必然要求，是广大科技工作者加入学会的基本动机，也是学会创新发展的立身之本。

一要着力打造学术交流精品。现在，中国科协所属全国学会每年举办的学术交流活动数量不少，但总的来看，多报告少互动、多推崇少质疑的情况还有存在，交流活动的质量和实效还需进一步提高。要紧紧围绕学科发展中的战略性、前瞻性、基础性问题和行业共性、关键技术问题，以及复杂科学问题，举办综合交叉、高端前沿论坛，启迪科学思维，创新科学方法，推出原创成果。积极搭建形式多样、层次丰富的学术交流平台，针对不同年龄、不同部门、不同领域科技工作者举办富有实效的学术沙龙、科技论坛等，帮助他们及时了解最新科技信息，提升专业素质和创新能力。精心组织跨学科、跨部门学术研讨，促进专业领域、产业环节科技资源的整合集成，推动产学研协同创新、集成创新。大力加强学科基础建设，及时总结学科进展和重大突破，明确学科发展方向和重点难点问题，预判学科发展的基本趋势和潜在突破口，打造具有学术权威性的学科发展报告。

二要积极推动中国科技期刊走向世界。目前，全世界现有5000多种SCI英文期刊，中国只有119种，属于中国科协主管的只有60多种；日本34%以上的科技期刊为英文期刊，我国却只有4%，而且在相同学科的期刊中绝大多数影响因子的排名都比较靠后。尽管我国科技论文发表数量已位居世界第二，引用率位居第七位，但在世界上，我们还只是科技期刊的小国，这与我国科技事业快速发展的国际形象和第二经济大国的国际地位很不相称。要大力推进我国科技期刊的国际化进程，有条件的学会要积极创办一批优秀英文科技期刊，具有较强发展潜力的现有英文科技期刊，要进一步提升国际影响力，进入国际著名检索系统，较大幅度提升学科排名。要加强科技期刊的人才队伍建设，吸引世界一流的原创性科技论文投稿，主动参与国际出版市场的竞争与合作，推动我国科技期刊走向世界，打造具有民族风格、全球视野、国际一流的中国优秀科技期刊群。

三要统筹利用好国际国内两种科技资源。目前，中国科协所属全国学会只有317位科学家担任民间国际科技组织各类职务，我国科学家在国际科技界的话语权还有很大的提升空间。要主动配合国家总体外交战略，积极开展国际民间科技交流，广泛争取、吸引国际科技经济资源服务创新型国家建设，在参与国际科技合作中切实维护国家利益。要大力举荐我国优秀科学家到重要民间国际科技组织担任领导职务，畅通我国科技工作者参与国际科技交流的渠道，提升我国科学家的国际影响力。要面向国际开放国内学术会议，争取重要国际会议和科技展览在中国举办，邀请国际知名科学家来华讲学，提升学会参与国际学术交流的能力。

四要深入开展科学道德和学风建设。2011年下半年以来，中国科协会同教育部在高校研究生中广泛开展科学道德和学风建设宣讲教育，取得积极成效，得到中央领导同志的充分肯定和高校师生的热烈欢迎。我们将本着“全覆盖、制度化、重实效”的指导原则，把这项工作继续引向深入，扩大受益面，增强实效性，在这方面学会也可以充分发挥作用。要发挥好学会联系广泛的优势，积极利用所办期刊、网站等平台，在科技界大力倡导献身、创新、求实、协作的科学精神和坚持真理、诚实劳动、亲贤爱才、密切合作的职业道德，用科技界的优良学风引领社会风尚。要强化科学共同体的自律机制和自我纠错机制，坚决同弄虚作假、抄袭剽窃等不良现象作斗争，主动揭露学术不端行为，增强学会的学术权威性和公信力，推动形成鼓励创新、宽容失败的和谐学术生态。

（二）以积极承接社会化服务职能为突破口，着力提升学会服务社会和政府的能力

习近平同志在中国科协“八大”开幕式上代表党中央所致的祝词明确要求，学会要积极开展学术交流，学术评价和学术规范等活动，主动承接政府转移的科技评价、科技人员评价、科技奖励、科技培训、继续教育等社会化服务职能。这为我们做好新形势下的学会工作指明了方向，也为学会在社会管理体制创新过程中乘势而上、充分彰显学术权威性和社会公信力提供了舞台。

一要积极参与科技管理体制改革。充分发挥学会人才智力密集的优势，通过参与建立企业专家工作站等形式，积极把创新要素引入企业，促进科技成果尽快向现实生产力转化，提升企业技术创新能力和核心竞争力。顺应世界新科技革命和产业变革深度融合的新特点，引导科技工作者自觉把个人学术兴趣与服务国家战略需求、行业重大关键核心技术突破紧密结合起来，为我国在新一轮技术经济发展变革中赢得先机、占据主动提供强大的科技支撑。积

极参与国家宏观科技决策机制和组织结构改革，充分反映科技工作者对优化科技资源配置、提高科技资源投入产出效率的意见和建议，形成有利于充分调动激发科技工作者积极性的政策和制度环境，在解放和发展科技生产力中发挥好学会的独特作用。

二要广泛开展科学普及活动。认真落实国办关于“十二五”时期《科学素质纲要》实施方案，紧紧围绕“节约能源资源、保护生态环境、保障安全健康、促进创新创造”主题，组织会员广泛开展群众性、基础性、社会性科普活动，为实现“十二五”期末我国公民具备基本科学素养的比例达到5%作出积极贡献。充分发挥学会作为跨界组织的独特优势，打造优质科普资源共建共享新平台，大力开发、有效集成、广泛配送优质科普资源，提高全社会科普服务能力，为推动形成中国特色社会化科普工作新格局作出积极贡献。积极引导科学家主动参与科普活动，开展科普创作，支持会员争当科普志愿者，培训提高大众传媒科技传播能力，为建设规模宏大、素质一流的科普人才队伍作出积极贡献。

三要主动承担政府转移的部分社会化服务职能。积极创办学会奖项，严格评奖程序，主动接受监督，打造学会奖励品牌，扩大学会奖项影响力，打造一批权威性更强、知名度更高的品牌学会奖项。努力增强科技评价的权威性、公信力，推动同行评价向政府评价和社会评价延伸，为建立科学合理、具有中国特色的科技评价体系作贡献。经有关部门批准，中国科协将代表我国于2013年加入《华盛顿协议》，这是我国工程教育领域的一件大事，中国科协也希望以此为契机，支持更多有条件的学会参与到这项工作中来，积极发挥学会在工程教育评估认证中的重要作用。依托人才专业优势和地位超脱优势，主动承接行业技术规范、产业技术标准制定和技术鉴定等职能，推动行业有序竞争，降低技术创新的社会成本，有效化解因技术鉴定结论存在异议而引发的社会矛盾，为推动经济发展、促进社会和谐作贡献。

四要认真开展决策咨询。紧紧围绕科技发展与应用中的重大问题开展决策咨询，及时发布学科进展和重大成果，对科技改变生活的基本趋势和潜在突破作出判断，引领社会思潮，为制定实施符合国情的科技政策提供决策参考。要围绕实现科研经费的优化配置问题开展决策咨询，基于学科和专业特点，就研发投入的总量，来源结构和基础、应用、开发研究的配置比例，主动向政府建言献策。要推动学术会议研讨成果转化为优质的决策咨询资源，有计划、有组织地遴选一批重要学术会议和专题论坛，对专家研讨成果进行集中提炼，转化为高水平、具有较强可操作性的决策咨询报告，放大学术会议成果的社会和政策影响。

（三）以服务创新人才的成长提高为抓手，着力提升学会服务科技工作者的能力

会员是学会工作的活力所在、根基所在，服务会员是学会的使命所系、天职所系。各学会要像爱惜自己的荣誉一样爱惜会员，扩大会员基础，回应会员诉求，通过大力培养、举荐、宣传、服务人才，不断增强学会对会员、对科技工作者的凝聚力、号召力。

一要大力发现培养人才。坚持把举办高水平的学术交流活动作为发现、培养人才的重要方法，通过广泛的学术研讨活动发现一批具有创新潜质的青年人才，在论文发表、著作出版、学术交流、成果展示等方面积极创造有利条件，帮助他们成长成才。采取大联合、大协作方式，积极与科研院所、大专院校、社会教育机构、高新技术企业等合作开展继续教育，不断满足科技工作者知识和技能更新提高的要求。创新继续教育形式，发挥信息技术和网络优势，把学会网站建设成为科技工作者获取最新科技信息的重要平台，面向全国开展远程继续教育工作，服务科技人才成长提高。

二要大力举荐宣传人才。充分发挥同行评议在科技人才评价中的基础作用，积极参与做好两院院士初遴选、中国青年科技奖评选、国家科技奖励项目推荐、候选创新群体推荐等工作，大力举荐优秀创新人才。大力宣传在创新科学技术和普及科学技术方面作出突出贡献的优秀科技工作者和创新团队，认真配合做好老科学家学术成长资料采集工作，用对科技工作者的社会承认来引导和激发全社会的创新热情和创造活力，大力营造尊重劳动、尊重知识、尊重人才、尊重创造的良好社会氛围。充分发挥学会联系广泛的优势，为国家发展、区域竞争、企业创新提供引进人才信息，引导人才合理流动，推动用好用活人才，努力形成人尽其才、才尽其用的生动局面。

三要大力凝聚服务人才。针对市场经济条件下科技工作者在总量、结构、就业、流动、价值观念、思想状况等方面的新特点新变化，及时组织开展本学科、本专业领域科技工作者的状况调查，准确反映他们的意愿和诉求，做好人文关怀和心理疏导，在党委政府和科技工作者之间建立起畅通稳定的沟通渠道。认真开展会员日系列活动，通过发展会员、组织联谊、走访慰问、宣传表彰等手段，扩大学会的知晓度，增强学会的吸引力凝聚力。建立和完善会员代表大会建议案制度和会员评议制度，与会员保持经常性的沟通联系，及时了解和积极处理会员对学会工作的意见和建议，有针对性地改进学会工作，切实维护会员权益。

（四）以体制机制创新为动力，着力提升学会自主发展能力

健全组织体制，完善工作机制，创新活动方式是学会改革发展、提升能力的基础性工程，是学会与时俱进、保持生机和活力的战略性任务，必须高度重视，切实抓紧抓好。

一要着力加强学会党建工作。切实按照中央的要求，积极推进学会党的思想、组织、作风、制度和反腐倡廉建设，实现党的组织和党的工作在学会的全覆盖，切实改变部分学会党组织存在的思想观念落后、能力素质不够、执行力不强、党的先进性体现得还不够充分等突出问题，提升学会党组织的凝聚力战斗力。找准学会党建与服务会员的工作重点，通过加强党建带动学会工作，健全完善会员发展、管理和服务机制，坚持以会员为本，维护会员权益，提高民主办会水平。以提升能力为主线，以开展“十、百、千”活动为载体，深入开展创先争优活动，各学会党组织要主动选择十项符合本学会特点的主流工作融入党建元素；与百名科技工作者交朋友；通过活动惠及数以千计的民众和科技工作者，增强学会党员的宗旨意识、责任意识、服务意识，提高履职能力和工作水平，在学会工作中切实发挥先锋模范作用。

二要积极推进管理体制和工作机制创新。按照尊重会员权利、程序公开民主、运作高效公正的原则，完善学会治理结构，积极建立有利于学会自主、自律、自立、自强发展的组织体制、运行机制和活动方式，提高学会管理水平和运转效率。逐步推行学会理事会、常务理事会成员选举办法的改进，把服务意识强、奉献精神足、学术水平高、社会影响力广泛的优秀会员选拔到学会领导岗位上来，不断提升学会管理队伍的整体素质和业务能力。坚持民主办会、开门办会原则，健全理事会民主议事、民主决策、民主监督规则，有效防止学会非学术化的倾向，理顺学会权力机构、决策机构与办事机构的关系，实现权责明确、权责统一，提高学会决策效率和执行力。

三要切实加强学会办事机构建设。积极推进学会办事机构职业化改革，建立健全办事机构管理规章制度，规范工作流程，细化工作职责，提高工作效率和服务水平。深化用人机制改革，坚持面向社会招聘办事机构人员，健全考核奖励机制，加强对从业人员的培训，提高他们的专业技能和职业素养。坚持因会制宜、因时制宜，妥善处理与支撑单位的关系，把争取外援与自力更生结合起来，充分利用好主管单位、支撑单位提供的政策条件，主动走向市场开拓生存空间，不断改善工作条件，实现办事机构有编制、有人员、有办公场所、有经费收入、有学会活动，真正实现“有家有业有发展”。

同志们！

增强自主创新能力、建设创新型国家的壮丽事业崇高而伟大，推进学会改革创新、建设充满生机和活力的现代科技社团的任务艰巨而繁重。让我们更加紧密地团结在以胡锦涛同志为总书记的党中央周围，高举中国特色社会主义理论伟大旗帜，以邓小平理论和“三个代表”重要思想为指导，全面贯彻落实科学发展观，振奋精神、埋头苦干，锐意开拓、勇于创新，大力推进学会改革发展，全面提升学会能力，把学会作为国家创新体系重要组成部分的作用充分发挥出来，以优异的成绩迎接党的十八大胜利召开！

谢谢大家。

在中国科协机关和直属单位创先争优座谈会上的讲话

（2012年11月6日）

陈 希

同志们：

在党的十八大即将召开之际，我们召开中国科协创先争优座谈会，畅谈开展创先争优活动的主要做法和成效经验，很有意义。刚才，8位基层党支部的同志作了很好的发言，分别从不同的侧面，介绍本单位本部门开展创先争优活动、推动党支部建设的好做法好经验，我都同意，也很受启发。

按照党的十七大和十七届四中全会部署，创先争优活动从2010年4月全面启动，至今已有两年多时间。前不久，胡锦涛总书记在中央创先争优活动领导小组上报的《关于深入开展创先争优活动的总结报告》上批示：“创先争优活动取得显著成效。要认真总结经验，巩固和扩大成果，努力推进创先争优常态化、长效化，不断提高党建科学化水平。”习近平同志在报告上批示：“创先争优活动开展两年多来，基本实现了目标任务，取得显著成效。今后要在建立健全制度机制上下功夫，推动创先争优常态化、长效化。”10月15日，中央召开了全国创先争优活动总结交流会议，要求认真学习贯彻胡锦涛总书记和习近平同志

重要批示精神，认真总结创先争优活动的成效和经验，巩固和扩大成果，推进创先争优常态化、长效化，以优异成绩迎接党的十八大胜利召开。我们今天召开的座谈会，可以说，既是一次科协开展创先争优活动的经验交流会，也是一次落实中央指示精神、推动科协创先争优常态化、长效化的工作动员会。

下面，我讲三点意见，与大家交流。

一、科协创先争优活动是在中央的直接指导下扎实开展、有序推进的

2010年4月，根据中央关于在党的基层组织和党员中深入开展创先争优活动的指示精神，在中直工委的统一领导和具体指导下，中国科协在基层党组织和党员中全面展开了创先争优活动。

根据中央要求，我们及时成立了中国科协创先争优活动领导小组，党组书记作为第一责任人，担任领导小组组长；党组副书记任副组长，是直接责任人。领导小组下设办公室，负责承办日常工作。结合科协工作实际和思想实际，我们确定了以“抓党建、促发展”为活动主题，以“建设科技工作者之家、争当优秀科技工作者之友”为活动载体，先后研究制定了《中国科协深入开展创先争优活动实施方案》、《中国科协机关和事业单位建设学习型党组织实施方案》、《中国科协系统深入开展创先争优活动的指导意见》，明确要求科协的创先争优活动，要充分发挥基层党组织和党员作用，紧密与本单位实际业务工作相结合，确保创先争优活动取得实实在在的成效。

两年多来，在党组的直接领导下，科协机关和直属单位的基层党组织和广大党员积极行动起来，投入创先争优活动之中。23个机关部门、直属单位都成立了创先争优活动领导小组，主要领导同志担任组长，制定创先争优活动方案，先后召开领导小组会议168次，专题研究解决突出问题，推动创先争优活动深入开展。75个基层党组织、1212名党员干部，结合科协实际，坚持把深入学习、提高认识贯穿始终，把解放思想、改革创新贯穿始终，把解决问题、完善体制机制贯穿始终，把依靠群众、发扬民主贯穿始终，以争创“五个好”为目标，把创先争优作为振奋精神、转变作风、提高素质、推动工作的不竭动力，按照中央统一部署，着力在推动科学发展、在窗口单位和公共服务机构开展为民服务、落实基层组织建设年的要求上下功夫，扎实、有序、有效地完成了学习动员、领导点评、党员公开承诺、群众评议等规定环节的各项任务，切实做到了规定动作不走样，自选动作有创新。

中国科协的创先争优活动，始终是在中央有关部门的高度重视和精心指导下扎实开展的。近两年来，中央组织部、中直工委先后5次到中国科协开展专题调研，具体指导我们开展好创先争优活动。在创先争优活动中，中组部把中国科协所属部分全国学会，列为新社会组织党建工作试点单位，使我们深受鼓舞。特别是2010年底，科协党组向中央书记处汇报工作时，中央书记处领导明确指出，中国科协以创先争优活动为动力，推进了科协及其所属学会的学习型党组织建设和科协干部能力建设，提高了“三服务一加强”的工作意识和水平，充分肯定了科协组织开展的建家交友活动和学会党建工作，这为我们深入扎实开展好创先争优活动、进一步加强新时期科协党建工作，指明了努力方向，增添了动力。

二、科协创先争优活动取得了实实在在的成效

创先争优活动，是新形势下以改革创新精神加强党的建设、保持发展党的先进性和纯洁性的成功实践，也为科协党的建设工作和相关业务工作，带来了实实在在的新变化。在23个部门、单位的群众测评中，有16个部门和单位对党支部和党员开展创先争优活动的群众测评满意率达100%，中国科协创先争优活动的群众测评总体满意率达99%。从我们了解的情况来看，至少有这样五个方面的感受：

一是机关面貌明显改观，涌现出一批先进典型。自创先争优活动开展以来，机关各部门和各直属单位的基层党组织和普通党员，坚持立足本职岗位创先争优、忠实履行职责创先争优，在扎实推动工作的同时，也涌现出不少先进典型。我们在2011年中国科协庆祝建党90周年大会上，隆重表彰的22个先进基层党组织，6名优秀共产党员标兵，65名优秀共产党员，29名优秀党务工作者，就是他们中的优秀代表。据不完全统计，创先争优活动开展以来，部分科协机关和直属单位的集体和个人荣获全国性和有关部委表彰43项次，科协表彰182项次，各基层党组织本级表彰861项次。在这些先进典型的示范带动下，广大普通党员干部中掀起了宣传先进、学习先进、争当先进的热潮，大家积极进取、奋力争先，推动了机关工作不断取得新突破，给机关面貌带来新的变化。

二是进一步密切了科协干部与科技工作者的感情联系。按照中央要求，2011年7、8、9三个月，我们集中开展深入基层主题调研活动。党组同志带头，围绕科协重点工作，带队赴基层开展调研；机关各部门、各直属单位依据各自任务、服务对象特点等，确定调研选题和调研地点，深入基层一线科技工作者开展调研。两年多来，23个机关部门、直属单位党组织，还根据工作实际，选择50个基层单位，开展结对联系，先后到联系点开展活动69次，1073人次党员干部参加。比如科普部党支部与河北河间农村技术服务总会结对，开展以“走基层、增感情、强作风”为主题的调研活动。调宣部党支部与大兴区科协结对联系，联合大兴区科协，共同调研大学生村官创业情况，并邀请专家为村官创办的企业提供技术服务。这些活动有效帮助了机关党员干部正确认识国情、民情、科情，增进了与普通群众特别是基层一线科技工作者的感情联系，为进一步做好科协新时期党的群众工作，打下了良好的情感基础。

三是科协组织服务人民群众的能力和水平明显提高。我们坚持把创先争优活动与建设学习型党组织、提高机关干部政治素质和业务能力紧密结合起来，两年多来，机关党委与有关部门每年都组织10余场形势报告会，党员干部1000余人次参加学习；各部门、各单位党组织先后组织集体学习317次，领导讲党课26次，还举办形式多样的处级及中层干部培训班、青年学习小组读书会、主题党日等活动，有效增强了党员干部的思想政治素质和党的宗旨意识。按照党组要求，各部门、各单位党组织紧密结合业务工作开展创先争优，共确定各具特色的争创主题和活动载体69项。比如，学会部围绕提高学术质量、提升学会服务能力、打造具有中国特色的现代科技社团，开展创先争优活动；中国科技馆努力营造创先争优良好氛围，开展“岗位练兵”系列活动；学会服务中心坚持从“落实中央决定，健全党的组织”等四个方面，开展创先争优。这些各具特色的争创活动，既锤炼了科协党员队伍的政治素质，又有效提高了机关干部的业务能力和水平。

四是进一步夯实了党的组织基础。两年多来，结合开展创先争优活动,20多个部门、单位党组织及时换届改选、增补、成立党组织，选强配齐党组织负责人；审批接收新党员68名，探索开展基层党组织“公推直选”活动，取得积极成果。结合创先争优活动，建立学会党建联席会议制度，坚持面向没有党员的学会秘书处，建立选派党建指导员制度，由机关8个部门和学会服务中心党委，分别选派9名局级干部担任负责人，另有13名处级干部担任党建指导员。尝试通过选调党员干部到学会秘书处工作、选派年轻党员到学会秘书处挂职锻炼、优先接收党员大学生等方式，已有10余个全国学会秘书处填补了无党员的空白，在学会服务中心代管的9个直属全国学会和3个无挂靠的全国学会秘书处中，成立了7个独立党支部和1个联合党支部，实现了直属学会秘书处党组织的全覆盖，也为科协组织做好新形势下党的群众工作，奠定了更加坚实的组织基础。

五是扩大了党组织活动的覆盖面。深入实施“党建强会计划”，通过加强党的建设带动学会建设，增强学会的履职能力和会员服务能力，既是中央书记处的明确要求，也是科协在创先争优活动中，坚持党建带群建、党群共建的有益经验。两年多来，通过组织实施“党建强会计划”，先后资助了16个学会秘书处党组织，面向公众开展有特色的支部共建、建言献策、服务会员等社会服务活动；支持8个学会秘书处党组织开展调研，形成一批优秀调研成果；以“十、百、千”活动为载体，不断拓展党员和科技工作者的参与范围，扩大活动的受惠人群，产生良好社会反响；在中国科协年会期间，举办“学会党建专题论坛”，举办“全国学会党建工作经验交流会”和形式多样的全国学会党务干部培训班、座谈会等，交流总结学会党建工作经验，促进学会能力建设进一步提高。实践证明，“党建强会计划”，是科协开展创先争优活动的重要创新成果，是新时期推进学会党建工作、提升学会能力的有效举措，值得长期坚持下去。

三、立足长远，积极推进科协创先争优活动常态化长效化

按照中央统一部署，集中开展的创先争优活动，现在基本告一段落，下一阶段转入基层党组织和广大党员经常性创先争优。科协各级党组织必须牢固树立“抓好党建是本职，不抓党建是失职，抓不好党建是不称职”的理念，把深入开展创先争优活动与学习贯彻党的十八大精神有机结合起来，进一步巩固和扩大创先争优活动成果，更好地把创先争优融入党的工作全过程，着力推进创先争优常态化、长效化。

一要把创先争优作为推动科协工作上台阶上水平的长效载体。科协组织是党和政府联系科技工作者的桥梁纽带，是推动科技事业发展的重要力量；科协工作是国家科技工作的重要组成部分，也是党的群众工作的重要组成部分。科协系统各级党组织要组织广大党员干部，认真学习贯彻胡锦涛总书记、习近平同志的重要批示精神以及全国创先争优活动总结交流会的重要精神，切实增强经常性创先争优的自觉性主动性，保持创先争优活动激发出来的热情和干劲，充分发挥战斗堡垒和先锋模范作用，把追求先进、创造优秀融入科协业务工作、融入岗位职责、融入制度建设，使创先争优理念成为为经济社会发展服务、为提高全民科学素质服务、为科技工作者服务的强大精神力量。

二要把创先争优作为确保科协党员队伍先进性和纯洁性的有效措施。先进性和纯洁性是马克思主义政党的本质属性，它既贯穿于党的性质、宗旨、任务和全部工作中，又体现在各级党组织和全体党员的实际行动上。科协系统各级党组织和广大党员干部，要切实按照中央要求，以创建“五个好”先进基层党组织、争当“五带头”优秀共产党员为目标，积极做好承诺践诺活动，保持创先争优过程中形成的昂扬进取的良好精神状态，把承诺践诺与追求进步的内在需求结合起来，充分激发干事创业的热切和潜能，努力提高承诺践诺水平，不断增强党员队伍的生机活力，保持和发展党的先进性和纯洁性。

三要把建立健全创先争优长效机制作为基层党组织建设的重要任务。创先争优活动中，各部门、各单位制定有关规章制度92项，形成长效机制44种，为创先争优活动的持续蓬勃开展提供了有力保障。各级党组织要结合工作实际，把集中性创先争优活动中形成的行之有效的好做法、好制度，继续坚持下去，建立一套群众认可、党员欢迎、简便易行、务实管用的工作机制，使创先争优成为基层党组织建设的自觉要求和经常行动。

这里，我想着重强调一下反腐倡廉制度建设问题。科协是面向科技工作者的群团组织，保持风清气正的形象和良好公信力，对科协组织而言至关重要。近些年来，有些群团组织和非营利性机构，出现了消极腐败现象，也损害了这些群团组织的形象，产生了恶劣的社会影响，严重损害了党的威信和形象，值得我们高度警惕。我们要严格按照中央要求，进一步加大从源头上防治腐败工作的力度，特别是要把建立和完善廉政风险防控机制，作为科协反腐倡廉制度建设的重要内容，以制约和监督权力运行为核心，以岗位风险防控为基础，以加强制度建设为重点，着重加强对重点岗位、重大事项及实施环节的廉政风险防控，提高科协反腐倡廉工作的科学化、制度化和规范化水平。

四要切实落实基层党建工作责任制。胡锦涛总书记指出，机关党建工作必须适应新形势新任务的要求，走在全党基层组织建设的前头。创先争优活动中，机关党委注意发挥委员和党务干部的作用，建立了机关党委委员分工负责制，不断健全完善党的建设责任制等各项制度，取得了很好的效果。今后，基层党建工作要继续坚持书记抓、抓书记，构建党委统一领导、其他职能部门密切配合、相关部门参与指导的基层党建工作领导体制和运行机制，进一步落实基层党建工作责任制，不断开创科协党建工作新局面。

同志们!

再有两天，党的十八大就要胜利召开了。迎接十八大、学习贯彻好十八大精神，是当前和今后一个时期，科协各级党组织和广大党员干部最重要的政治任务。我们要进一步增强做好科协党建工作的荣誉感责任感使命感，继续保持良好的精神状态，真抓实干，扎实工作，为党的组织永葆生机和活力、为党的事业更加兴旺发达，不断作出新的更大贡献!

充分发挥科普工作主要社会力量的作用
为提高全民科学素质做出新贡献

——在《中华人民共和国科学技术普及法》颁布实施十周年座谈会上的讲话

（2012年6月29日）

陈　希

同志们:

今天是《中华人民共和国科学技术普及法》(以下简称《科普法》)颁布实施十周年纪念日。作为世界上首部促进科普事业发展的专门法律,《科普法》的颁布实施，在我国乃至世界科普发展史上均具有重要的里程碑意义。一是充分体现了党和国家对科普工作的高度重视，明确提出“发展科普事业是国家的长期任务”；二是标志着科普工作正式步入法制轨道，为科普工作提供了明确的法律依据和强有力的法治保障；三是把提高公民科学文化素质作为立法宗旨，强调提高全面科学素质的重要性和紧迫性；四是首次以法律形式规定了各类科普工作主体，其中强调科协组织是科普工作的主要社会力量，赋予科协组织在推动科普事业发展中的重要职责。十年来，在《科普法》的推动下，我国科普事业实现了前所未有的跨越发展，公民科学文化素质显著提高，对经济发展和社会进步产生了极为重要而深远的影响。

在这十年里，国务院还颁布实施了《全民科学素质行动计划纲要（2006—2010—2020年）》，这是贯彻落实《科普法》的最好体现。科学素质纲要不仅明确了实施原则、实施主体、重点人群科学素质行动、主要基础工程和保障措施，还形成了一套行之有效的规范化制度、行动计划和推进机制。中国科协认真履行《科普法》赋予的法定职责，充分发挥科普工作主要社会力量的作用，牵头组织落实科学素质纲要实施各项工作任务，动员和组织广大科技工作者积极参与科普工作，在促进科普事业健康快速发展、提高全民科学素质方面积极探索、务实进取，开展了大量卓有成效的工作。

一是致力于推动建立和完善社会化科普工作格局，努力为提高全民科学素质服务。作为科学素质纲要实施工作的牵头部门，中国科协认真履行科学素质纲要实施工作办公室职责，积极完善常态工作机制，推动形成“政府推动、多部门联合协作、社会和公众广泛参与”的科学素质工作格局。以全民科学素质工作纳入国民经济与社会发展“十二五”规划为契机，中国科协会同教育部、科技部等9个部门联合制定、由国务院办公厅正式印发了《全民科学素质行动计划纲要实施方案（2011—2015年）》。截至目前，全国30个省（区、市）、90%以上的地（市、州）和80%以上的县（市、区）成立科学素质实施工作组织机构，23个省（区、市）将全民科学素质工作纳入当地“十二五”规划，形成党委和政府加强领导、有关部门密切配合、社会各方广泛参与的社会化科普工作格局。经过不懈努力，科学素质纲要实施取得显著成效，我国公民的整体科学素质显著提高。第八次公民科学素质调查显示，2010年中国公民具备基本科学素质比例达到3.27%，比2001年提高了1.87个百分点。

二是广泛开展群众性、基础性、社会性科普活动，不断提升科普公共服务能力。中国科协自2003年起在全国范围内开展了全国科普日活动，2005年起固定在每年9月的第三周举办。中央书记处领导同志连续五年同首都各界群众一起参加全国科普日北京主场活动，有力地推动了各地科普活动的深入开展。2005年以来，科协系统共举办主题科普活动逾100万次，参与公众超过9亿人次。中国科协还积极推动科普基础设施建设，占地面积4.8万平方米、建筑面积10.2万平方米的中国科技馆于2009年9月16日正式对外开放。十年来科技类博物馆新建近200个；中国数字科技馆于2008年建成开通，公众访问量超过1.7亿人次。截至2011年底，全国28个省区市至少拥有一座省级或省会城市科技馆，城区常住人口100万以上的大城市中，58%已至少拥有1座科技类博物馆。为提升基层科普工作能力和质量，中国科协推动开展科普示范县（市、区）工作，目前在全国命名了902个全国科普示范县（市、区），覆盖面达到30%，推动农村科普工作迈上一个新的台阶。2006年起，中国科协与财政部联合实施“科普惠农兴村计划”，截至目前共安排资金13.5亿元，通过“以奖代补、奖补结合”的方式，对全国8253个优秀农村基层科普组织和带头人进行了奖补，激励支持农村实用技术人才和致富典型辐射带动农户依靠科学技术脱贫致富。今年，中国科协与财政部又启动实施了“社区科普益民计划”，安排中央财政资金1个亿对全国500个科普示范社区进行奖补，支持社区开展形式多样的科普活动，着力提升社区居民科学素质。

三是积极参与制定科普事业发展规划和配套政策，动员组织科技工作者建言献策。中国科协积极参与科技部牵头的《实施国家中长期科学和技术发展规划纲要的若干配套政策》制定工作，与科技部等7部委共同印发了《关于科研机构和大学向社会开放开展科普活动的若干意见》，与科技部等8部委共同印发了《关于加强国家科普能力建设的若干意见》，与国家发展改委等4部委共同制定印发了《科普基础设施发展规划（2008—2010—2015）》，不断完善有利于科普事业发展的政策环境。2011年，中国科协会同科技部、教育部、中宣部、财政部等部门认真组织在国家科技计划项目中增加科普任务的调研，完成《关于推进在国家科技计划项目中增加科普任务的报告》上报了国务院。此外，中国科协还积极推进全国科技馆免费开放工作，对全国353个科技馆进行调研，形成《全国科技馆免费开放工作建议方案（草案）》报送文化部和财政部。

加强科学技术的普及与推广、大力提高全民科学素质，是一项崇高的事业，也是一项艰巨而又紧迫的任务。尽管我国科普工作近年来取得了举世瞩目的重大成就，但总体来看，科普基础设施还有待改善，科普服务能力有待提高，科普产业发展相对滞后，公民科学素质同发达国家相比还有很大差距。在加快建设创新型国家、努力使我国在本世纪中叶进入科技强国行列的进程中，我们必须始终把提高全民科学素质作为一项长期的战略任务，始终把科普工作摆在与科技创新同等重要位置，始终把传播科学思想、弘扬科学精神作为社会主义文化大繁荣大发展的重要内容，认真履行《科普法》规定的各项法定义务和职责，落实有关鼓励科普事业发展的扶持优惠政策，推动科普事业快速健康发展，不断夯实公民科学文化素质基础。中国科协将以求真务实、真抓实干的精神，继续认真组织实施好科学素质纲要，进一步加强与有关部门的沟通协作，协调社会多方力量，更好地为提高全民科学素质服务；积极配合有关部门推进《科普法》实施条例研究制定工作，推动制定鼓励科普人才队伍建设的相关政策措施，加快国家应急科普政策法规体系建设，为推动科普工作科学化、规范化和法制化做出新贡献，以优异的成绩迎接党的十八大胜利召开。

谢谢大家。

在中国科协传达学习党的十八大精神动员大会上的讲话

（2012 年 11 月 16 日）

陈　希

同志们：

刚才，延豪[①]和钱岩两位同志结合参加党的十八大的切身感受畅谈了学习体会，我都同意。学习贯彻党的十八大精神是科协系统当前和今后一个时期首要的政治任务。习近平同志在党的十八届一中全会上强调，新一届中央领导集体当前和今后一个时期的首要政治任务，就是全面贯彻落实党的十八大精神，为实现党的十八大大确定的奋斗目标和工作任务而扎实努力。科协作为党领导下的人民团体，必须坚决贯彻落实中央的决策部署，在深入开展学习贯彻十八大精神活动中走在前列。下面，我谈几点意见。

一、充分认识十八大的重大意义，切实增强学习贯彻大会精神的责任感使命感紧迫感

党的十八大是在我国全面建成小康社会决定性阶段召开的一次十分重要的大会。大会形成了三大重要成果：大会听取并通过了胡锦涛同志代表党的十七届中央委员会所作的题为《坚定不移沿着中国特色社会主义道路前进　为全面建成小康社会而奋斗》的报告，审议通过了《党章》修正案和中纪委工作报告，选举产生了新一届中央领导集体，为在新的历史时期继续推动党和国家事业发展指明了前进方向、提供了行动纲领，为我们党继续带领全国人民团结奋斗提供了可靠的组织保证。党的十八大是一次承前启后、继往开来的大会，是一次高举旗帜、坚定信念的大会，是一次解放思想、改革创新的大会，是一次明确目标、全面部署的大会，也是一次凝聚人心、团结奋进的大会，必定作为党的奋斗历程中又一个重要里程碑永载史册。

学习贯彻好十八大精神，关系党和国家工作全局，关系中国特色社会主义事业长远发展，关系中华民族伟大复兴，关系全国各族人民根本利益，对于动员全党全国各族人民，在以习近平同志为总书记的党中央坚强领导下，高举中国特色社会主义伟大旗帜，奋力夺取全面建设小康社会新胜利、开创中国特色社会主义事业新局面，具有重大现实意义和深远历史意义。十八大报告是政治宣言，向党内外、国内外宣示了我们党将举什么旗、走什么路、以什么样的精神状态、朝着什么样的目标继续前进这四个关系党和国家工作全局的重大问题，对我们党团结带领全国各族人民在新的历史征程上继往开来、与时俱进十分紧要；报告是推进马克思主义中国化的重大理论创新成果，科学发展观深刻回答了什么是发展、为什么发展、怎样发展，发展为了谁、发展依靠谁等重大问题，标志着我们党对执政规律、社会主义建设规律和人类社会发展规律的认识更加深化，体现了马克思主义政党先进性的本质要求，必将进一步巩固全国各族人民团结奋斗的共同思想基础，指引全党全国各族人民开创中国特色社会主义事业新局面；报告是行动纲领，明确建设中国特色社会主义，总依据是社会主义初级阶段，总布局是五位一体，总任务是实现社会主义现代化和中华民族伟大复兴，按照中国特色社会主义事业总体布局对社会主义经济、政治、文化、社会、生态文明建设作出了全面部署，必将有力地推进全面建设小康社会进程；报告是强大精神动力，明确了全面建成小康社会和全面深化改革开放的目标，描绘了到 2020 年建成惠及十几亿人口的更高水平的小康社会，到本世纪中叶新中国成立一百年时建成富强民主文明和谐的社会主义现代化国家的宏伟蓝图，体现了时代发展的新要求和人民群众的新期待，必将激发亿万人民建设美好生活的巨大热情和干劲，谱写社会主义现代化建设的壮丽篇章。

在新的历史时期，我们一定要坚定不移地用十八大精神武装思想、统一思想、振奋精神，以更加强烈的使命意识、责任意识、机遇意识，团结带领广大科技工作者顽强拼搏、改革创新、奋勇前进，扎实履行三服务一加强职能，在服务党和人民事业发展中不断开创科协工作新局面。

二、深刻领会十八大精神实质，把思想和行动统一到中央的重大决策和部署上来

党的十八大站在新的历史起点上，对中国特色社会主义事业全局作出总体部署，这对科技工作、对科技工作者、对科协组织提出了新的更高要求。我们必须准确把

① 延豪系指徐延豪同志。和钱岩同志同为党的十八大代表。
——编者注

握、深刻领会十八大精神实质，以十八大精神统一思想、凝聚力量，紧紧围绕党和国家的中心工作、围绕经济社会发展全局，找出着力点、选准突破口，为实现十八大确定的奋斗目标和工作任务而努力奋斗。

一要深刻领会对科技工作提出的新要求，在实施创新驱动发展战略中找准着力点。十八大报告提出要实施创新驱动发展战略，这是党在准确把握科技发展和经济发展规律的基础上，在国家层面对加快转变经济发展方式所作出的顶层设计和战略部署。做好科技工作，必须紧紧抓住“自主创新”这个核心和关键，坚持走中国特色自主创新道路，以全球视野谋划和推动创新，提高原始创新、集成创新和引进消化吸收再创新能力，更加注重协同创新，着力在若干重要领域掌握一批核心技术，拥有一批自主知识产权，为推进经济结构战略性调整、加快转变经济发展方式，提供强大的科技支撑。科协组织作为国家推动科技事业发展的重要力量，要把能力建设作为重要抓手，着力提升科协及所属学会开展学术交流、服务科技创新的能力和水平，最大限度地发挥学术交流在促进原始创新中的源头活水作用，最大程度地激发科技工作者的创新热情和创造活力，最大限度地把创新要素引入基层，为加快转变经济发展方式提供技术支撑和人才保障。

二要深刻领会对科技工作者提出的新要求，引导科技工作者发挥好先进生产力开拓者和先进文化传播者的重要作用。十八大报告强调，要大力普及科学技术，提高全民科学素质。增强自主创新能力、建设创新型国家，建设社会主义核心价值体系，提高公民道德素质，都离不开全民科学素质水平的总体提升。必须动员组织广大科技工作者积极行动起来，在努力开展科研攻关的同时，把普及科学技术、促进广大人民群众深入了解科技知识作为义不容辞的社会责任，把贯彻落实科学技术普及法和全民科学素质行动计划纲要作为科技工作的重要方面，努力成为科学知识的传播者、科学方法的实践者、科学思想的倡导者、科学精神的弘扬者。中国科协作为国务院全民科学素质行动计划纲要牵头实施单位，要着力推动各省（区、市）落实全民科学素质目标责任制，着力打造世界一流科技馆体系，着力促进高校、科研院所和企业的优质科普资源开发开放，确保“十二五”末公民具备科学素质的比例超过5%的目标顺利实现。要深入实施老科学家学术成长资料采集工程，加大宣传力度，大力宣传老一辈科学家、优秀科技工作者和团队，大力弘扬他们严谨求实、勇于创新的科学精神，不畏艰险、勇攀高峰的探索精神，团结协作、淡泊名利的团队精神，用科技界的优良作风引领社会风尚。我们还要深入开展科学道德和学风建设，按照全覆盖、制度化、重实效的原则，扎扎实实地组织开展形式多样的宣讲教育活动，把宣讲教育覆盖到所有学科领域、所有研究生培养单位的研究生、高年级本科生、青年教师和青年科技工作者，努力形成弘扬科学精神、维护科研道德、遵守学术规范、恪守科研伦理的良好氛围。

三要深刻领会对人民团体提出的新要求，在社会主义民主政治建设中增进共识、促进和谐。当前是我国进入全面建成小康社会的决定性阶段，推动科学发展、加快转变经济发展方式，必须着力解决一些事关全局的重大问题，必须认真听取和吸纳社会各界的意见和建议。科技工作者具有科学文化水平较高、逻辑思维严谨、专业知识深厚的优势，应该也完全能够为推进党和国家决策科学化、民主化发挥积极作用。这就要求我们要充分调动广大科技工作者积极投身中国特色社会主义民主政治建设的积极性，紧紧抓住关乎国计民生的重大科技课题，积极建言献策，努力推动形成科学有序的决策咨询体制和机制，促进科学决策民主决策，不断提高改革决策的科学性，增强改革措施的协调性。我们还要发挥努力在广大科技工作者与各级党委和政府之间建立起畅通稳定的沟通渠道，畅通和规范科技工作者利益诉求表达，积极反映科技工作者的意见建议和呼声，切实维护他们的合法权益，促进社会主义协商民主制度下的专题协商、对口协商、界别协商、提案办理协商。

三、扎实做好十八大精神的学习宣传贯彻落实，把学习成果转化为推动工作的强大动力

认真学习党的十八大报告、深入贯彻十八大精神，是当前和今后一个时期全党全国各族人民首要的政治任务，也是各级科协及所属学会的首要政治任务。科协系统党员干部特别是领导干部一定要按照这个总要求，把贯彻落实十八大精神这一首要政治任务切实放到首要位置上，学习好、宣传好、贯彻好、落实好，以学习成果指导实践、推动工作，不断开创科协工作新局面。

一要加强领导，周密部署。各部门、各单位要高度重视十八大精神的学习，要加强领导，周密组织，精心安排，研究提出本部门、本单位学习十八大精神的工作方案，推动科协系统形成学习贯彻党的十七大精神的热潮；领导干部要发挥表率作用，要带头学习十八大报告和《党章》，带头讲体会、讲感想，努力在掌握基本观点和领会精神实质上下功夫，力求多学一点、学深一点，把党的十八大精神学深吃透，不断提高运用科学理论分析问题和解决实际问题的能力。

二要学以致用，真抓实干。学习十八大精神，要坚持理论联系实际，紧密联系本单位的工作实际，紧密联系广大党员的思想实际，紧密联系科协的性质、宗旨、任务，坚持学以致用、用以促学。要通过学习党的十八大精神，更加自觉地坚定走中国特色社会主义道路的政治觉悟，着力转变不适应、不符合科学发展观的思想观念，进一步明确本单位的工作内容和工作重点，认真查找精神状态上存在的差距，进一步提高用党的十八大精神武装头脑、指导实践、推动工作的自觉性和坚定性。要把学习贯彻十八大精神与提高认识、统一思想结合起来，与提高水平、增强能力结合起来，与履行职责、推动工作结合起来，进一步提出改革发展的新思路、新举措，让学习贯彻十八大精神的成效，在统一思想、振奋精神上体现出来，在围绕中心、服务大局上体现出来，在增强履职意识、提高服务水平上体现出来。

三要加强宣传，营造氛围。加强舆论引导，加强组织协调，加大宣传力度，切实抓好党的十八大精神的学习和宣传活动。宣传内容上要侧重对党的十八大的重大意义和历史贡献的宣传，重点宣传十八大对科技工作和科协工作的新要求，宣传广大科技工作者对党的十八大的热烈反响和学习情况，宣传在学习贯彻党的十八大精神过程中解决实际问题的新成效、新进展。要充分发挥互联网的特点和优势，运用网络广泛宣传党的十八大精神。

同志们！

党的十八大掀开了建设中国特色社会主义事业的新篇章，对科协组织和广大科技工作者提出了新的更高要求。让我们高举中国特色社会主义伟大旗帜，更加紧密地团结在党中央周围，认真学习贯彻十八大精神，开拓创新，扎实工作，努力为2020年进入创新型国家行列、全面建成小康社会和新中国成立100周年时成为世界科技强国作出我们应有的贡献。

在第三届中美科学道德诚信案例研讨会上的致辞

（2012年9月21日）

陈　希

尊敬的Frankel博士，女士们，先生们：

在这美好的金秋时节，中国科协与美国科促会组织两国杰出的科学家汇聚中国杭州，召开中美科学道德案例诚信研讨会，共同剖析、挞伐弄虚作假、玷污科学圣洁的科研不端行为，共同研讨科学道德诚信案例，对于加强科学道德建设，推动科技创新、促进中美科技交流，具有重要的意义。在此，我代表中国科协，向远涉重洋莅临本次研讨会的美国朋友和与会的中方专家学者表示热烈的欢迎和诚挚的问候，向给予本次研讨会大力支持的浙江大学师生和浙江科协的同志们表示衷心的感谢！

来到杭州，我们不能不想到享誉海内外的杰出科学家同时也是中国科协卓越领导人的钱学森先生，他人生最初启蒙的三年就是在杭州度过的。他曾经说过这样一段话："一个科学家，他首先必须有一个科学的人生观、宇宙观，必须掌握一个研究科学的科学方法！这样，他才能在任何时候都不致迷失道路；这样，他在科学研究上的一切辛勤劳动，才不会白费，才能真正对人类、对自己的祖国做出有益的贡献。"这段话深刻地阐述了科学方法对科学研究的重要性。这里提到的虽然是科学方法，但也蕴含了科学精神、科研伦理、科学道德。科学道德建设，关键在于教育、制度、监督三个环节，其中教育在科学道德建设中具有基础性作用。科学道德诚信案例以其直观明了、记忆深刻、激发思考的特点，对科研人员尤其是即将接触科研的青年学生和刚走上科研岗位的青年科技工作者无疑具有重要的指导作用。借此机会，我想围绕如何发挥好科学道德诚信案例在推动科学道德教育中的作用谈几点意见，供大家参考。

第一，发挥好科学道德诚信案例的正面感召作用。爱因斯坦在悼念居里夫人时说过："第一流的任务对时代和历史进程的意义，在其道德品质方面，也许比单纯的才智成就方面还要大，即使是后者，他们取决于品格的程度，也远超过通常认为的那样。"在灿若星河的科技成就中，无不闪耀着科学家高尚的品格，正是这种品格在决定了科学家自身成功的同时，引领、激励着一代又一代的科学家献身于充满荆棘坎坷却也乐趣无穷的科学之路。当年，徐迟的一篇《歌德巴赫猜想》曾经感动和激励着一代中国人为"科学的春天"而奋斗，引领了无数青年学子树立了献身科学的理想。榜样的力量是无穷的，我们要挖掘科学历史长河和我们身边更多蕴含科学精神、科学品格的事例，感召科研人员和科研后备力量，让他们自科研生涯的开端便树立崇高的科学理念，养成良好的科学研究道德操守。

第二，发挥好科研诚信案例明辨是非的警示作用。中国著名的物候学家也是浙江大学的老校长竺可桢先生说，“科学家的态度，应该是知之为知之，不知为不知，丝毫不能苟且。”然而在科学研究中往往会有人把“不知”当“知之”，特别是入行较浅的青年科技工作者往往会因“不知”而触碰红线，其原因在于没有系统地了解和学习过科研道德和学术规范知识，对科学道德和学术规范缺乏足够的了解，或是一知半解。每一项科研工作都有着与科研活动规律相符的规范和准则，对于这些规范和准则如果单纯采取机械的说教和学习，很难留下深刻的印象，如能辅以鲜活的案例，特别是在数据获取和保存、论文发表、署名、引用、研究成果公布等关键环节，将前人经历过的不端行为和恪守规范准则的典型案例展示出来，无疑能够指导和帮助广大科研人员更加正确地掌握科研规范、更为严格地遵守各项科研准则。

第三，发挥好科研诚信案例在负责任的科研中的诠释作用。西方有句谚语叫“良好的开端、成功的一半（good began，half done）”，引导科研人员走好科学研究生涯的第一步，是引领其攀登科学高峰的关键。那么如何开启良好的开端呢？我认为是培养他们成为一名负责任的研究人员，做负责任的科学研究。要对科学本身负责，对科学研究怀着敬畏的心理，惟求真求实，如同竺可桢先生所言“只问是非，不计利害”将自己的研究成果予以客观公布；对科研同行负责，完整准确地公开研究成果，诚实严谨地与他人合作，不侵占他人贡献；对社会公众负责，合理使用公共科研资金，尊重试验对象，不受利益驱使作有损公众利益的研究，积极承担向公众普及科学知识的义务；向人类的未来负责，拒绝违背人类伦理准则和破坏生态环境的研究。负责任的科研推动科学事业发展，为人类带来的福祉；不负责任的科研对科学事业造成伤害，甚至为人类带来灾难。经验和教训都历历可数，也可成为最鲜活的科学与责任的案例。

先生们，女士们！

中国科协是中国主要的科学共同体，同时也是世界科学共同体的重要组成部分。繁荣科学发展、推进科技创新、造福人类，自我净化、自我完善是我们光荣的使命。汉字激光照排系统的创始人王选先生生前讲，做科研要“顶天立地”，我们推动科学道德建设也要“顶天立地”。顶天，就是有崇高的目标，立地，就是要脚踏实地，从一项项具体工作入手。2011年起，中国的科技界和教育界联手，由中国科协牵头，联合教育部、中国科学院、中国社会科学院、中国工程院，以研究生为主要对象，按照“全覆盖、制度化、重实效”的目标要求进行科学精神、科学道德、科研伦理和学术规范宣讲教育，取得了明显的进展和成效，并在国际科技界得到了积极响应，《Science》和《Nature》都曾对此予以报道。该项活动还将继续坚持下去，并向新上岗研究生导师、新入职教师和青年科技工作者拓展，这也是中国科技届与教育界以实际行动昭示维护科学道德、反对学术不端的信心和决心。

中国科协和美国科促会从2008年以来，已先后在中国北京和美国圣迭戈召开了两届科学道德研讨会，美国科促会的专家也多次应邀出席中国科协年会科学道德建设论坛。中美两国国情不同，文化也有差异，这样的友好合作为推动中美两国科学道德建设和科技事业发展、深化两国交流与合作做出了积极的贡献。

先生们、女士们，杭州是一座有着悠久历史和灿烂文化的古都，也是景色秀丽、经济文化繁荣的现代化都市，希望中外专家能敞开胸怀、激荡思想，多留下一些经典的科学道德诚信案例。也希望中外专家在杭州度过一段快乐的时光，留下美好的回忆。

预祝本次研讨会圆满成功！

谢谢大家！

重要文件

中国科协第八届全国委员会常务委员会会议纪要

（第 3 次）

2012 年 1 月 12 日，中国科协八届常委会第三次会议在北京中国科技会堂举行。会议由全国人大常委会副委员长、中国科协主席韩启德同志主持。

一、会议传达了中央对科协工作的指示精神，审议了中国科协八届全委会第二次会议日程安排

会议传达了《中央书记处关于科协工作的几点意见》。中央书记处对中国科协一年来的工作给予充分肯定，原则同意中国科协关于 2012 年工作总体思路，同时强调：要团结动员广大科技工作者坚定信心、开拓进取、扎实工作，为巩固和发展“十二五”时期开局良好势头再立新功；要继续发挥科协在科普工作中的优势和作用，为建设社会主义文化强国、提高全民族文明素质多作贡献；要更加自觉有效地服务好科技人才成长提高，为建成创新型国家培育规模宏大、素质一流的科技人才队伍；要继续着力建好“科技工作者之家”、当好“科技工作者之友”，不断增强科协组织吸引力和凝聚力。

会议要求，各级科协组织要深入学习贯彻中央对科协工作的指示精神，围绕中心、服务大局，使各项工作在 2012 年取得新进展。

会议还审议通过了将于 2012 年 1 月 13 日召开的中国科协八届全委会第二次会议日程安排。

二、会议审议并通过了《中国科协常委会工作报告》

会议审议了题为“突出重点、狠抓落实，在服务党和国家工作大局中加快科协事业创新发展”的常委会工作报告。会议认为工作报告内容全面，实事求是地总结了科协 2011 年的工作，对 2012 年的工作部署重点突出、切实可行。

会议原则通过工作报告审议稿，同意将工作报告提交八届全委会第二次会议审议。

三、会议听取了关于科学道德和学风建设宣讲教育情况的汇报

会议认为，科学道德和学风建设宣讲教育工作有创新，在社会上得到很好的反响，取得了很好的效果。2012 年要继续开展好这项工作，覆盖到全体研究生，并向高年级本科生、科研院所研究人员、青年教师和新任导师等延伸。

四、会议审议并通过了《关于变更刘平和、黄明会同志为中国科协第八届全国委员会委员的报告》

会议同意刘平和、黄明会同志担任中国科协第八届全国委员会委员职务，同时为全国代表大会代表；李锦平、李天安同志不再担任中国科协第八届全国委员会委员职务，其全国代表大会代表资格同时终止。

五、会议审议并通过了第十四届中国科协年会框架草案

会议同意第十四届中国科协年会于 2012 年 9 月 8 ~ 10 日在河北省石家庄市举办，由中国科协和河北省人民政府共同主办。年会活动设为五大板块，分别为开幕式暨大会特邀报告会、学术交流活动、科普活动、专题论坛和党政领导与院士专家座谈会以及专项活动等。会议就年会主题进行了讨论，原则同意年会主题。

会议强调，年会要结合举办地实际情况，为举办地服务。根据当地需要，认真组织大会特邀报告和其他相应活动。

会议还听取了关于调整年会举办时间和第十五届中国科协年会相关事宜的汇报和关于中国科协八大代表建议案征集及办理情况的汇报。

中国科协第八届全国委员会常务委员会会议纪要

（第 4 次）

2012 年 9 月 7 日，中国科协八届常委会第四次会议在河北省石家庄市举行。会议由全国人大常委会副委员长、中国科协主席韩启德同志主持。

一、会议听取了中国科协书记处关于贯彻落实全国科技创新大会精神的工作报告

会议认为，全国科技创新大会结束后，中国科协党组立即召开理论学习中心组扩大会议认真传达学习大会精神，向各全国学会、地方科协下发《关于认真学习贯彻全国科技创新大会精神的通知》，使科协系统的思想和行动迅速统一到中央重大决策部署上来。同时，组织全国 504 个科技工作者状况调查站点开展调查，及时了解全国科技工作者对创新大会的反映情况，并上报中央供参考决策。

会议认为，中国科协紧密结合实际，使全国科技创新大会精神得到了有效贯彻落实。一是围绕创新文化建设，深入开展科学道德和学风建设宣讲教育，大力宣传优秀科技工作者和创新团队。二是围绕强化企业技术创新主体地位，大力促进科技与经济社会发展紧密结合。三是围绕增强国家创新体系整体效能，大力提升学会服务能力。四是围绕实现“十二五”全民科学素质工作目标，扎实推进重点人群科学素质工作。各项工作均成效显著。

会议指出，今年下半年，我们党将召开十八大，这是全党全国人民政治生活中的一件大事，认真学习、深刻领会、坚决贯彻党的十八大精神，也是科协组织下半年和今后一个时期最重大的政治任务。一要认真抓好《中共中央国务院关于深化科技体制改革 加快国家创新体系建设的意见》分工任务的贯彻落实；二要扎实推动公民科学素质目标的落实；三要举办好“全国科普日”、“中国科协会员日”、科学道德学风建设、宣讲教育工作等年度重大活动；四要继续扎实做好加入《华盛顿协议》的准备工作，着力提升科技期刊的国际影响力，做好企业科技人员的职称评定服务试点工作，努力打造科协工作新亮点；五要精心准备好年底向中央书记处的工作汇报。

二、会议听取了关于女科技工作者在中国科协所属学会任理事以上职务情况调研报告

会议认为，中国科协八届常委会女科技工作者专门委员会组织开展的“女科技工作者在中国科协所属学会任理事以上职务情况”调研很有特色，体现了求真务实的科学精神与科学方法。会议指出，提高所属学会中女性理事的比例，有利于充分发挥女性高层次科技人才的作用，有利于提高决策的质量和水平，是促进性别平等、推动社会文明进步的重要举措。会议同意报告提出的3条具体建议，要求积极予以落实。

三、会议听取了第十四届中国科协年会筹备情况的汇报和第十五届中国科协年会筹备方案

会议认为，河北省委、省政府高度重视第十四届中国科协年会，在各方面给予大力支持，各项筹备工作进展顺利。会议同意年会的各项议程和安排，要求各部门按照既定工作程序做好落实。会议强调，要齐心协力，努力把第十四届中国科协年会办成一届高水平的科技盛会。

会议同意第十五届中国科协年会由中国科协和贵州省人民政府共同主办，原则同意贵州省关于承办年会的筹备方案。会议指出，贵州地处西部地区，第十五届中国科协年会在贵阳举办意义重大。会议强调，年会定在2013年5月召开，时间紧，任务重，各项工作要超前谋划，办出实效，力争为促进贵州经济社会发展作出贡献。

关于认真学习宣传贯彻党的十八大精神的通知

科协发调字〔2012〕36号

各全国学会、协会、研究会，各省、自治区、直辖市、副省级城市科协，新疆生产建设兵团科协：

为深入学习宣传贯彻党的十八大精神，根据《中共中央关于认真学习宣传贯彻党的十八大精神的通知》（中发〔2012〕10号），现将科协系统全面深入开展学习宣传贯彻党的十八大精神的工作通知如下：

一、深刻认识学习宣传贯彻党的十八大精神的重要意义，切实增强责任感使命感紧迫感

党的十八大是在我国进入全面建成小康社会决定性阶段召开的一次十分重要的大会，是党的奋斗历程中又一次承前启后、继往开来的大会。胡锦涛同志代表十七届中央委员会作的《坚定不移沿着中国特色社会主义道路前进，为全面建成小康社会而奋斗》的报告，描绘了全面建成小康社会、加快推进社会主义现代化的宏伟蓝图，为党和国家事业进一步发展指明了方向，是全党全国各族人民智慧的结晶，是我们党团结带领全国各族人民夺取中国特色社会主义新胜利的政治宣言和行动纲领，是马克思主义的纲领性文献。《中国共产党章程（修正案）》，体现了党的理论创新和实践发展的成果，体现了党的十八大确立的重大理论观点和重大工作部署，对以改革创新精神全面推进党的建设新的伟大工程、提高党的建设科学化水平提出了明确要求。党的十八届一中全会选举产生了以习近平同志为总书记的新一届中央领导集体，顺应党心、合乎民意，是值得全党和全国人民信赖和拥护的领导核心。认真学习宣传贯彻党的十八大精神，关系党和国家工作全局，关系中国特色社会主义事业长远发展，对动员全党全国各族人民在以习近平同志为总书记的党中央领导下，高举中国特色社会主义伟大旗帜，奋力开创中国特色社会主义事业新局面，努力实现全面建成小康社会宏伟目标，具有重大现实意义和深远历史意义。

认真学习宣传贯彻党的十八大精神，是当前和今后一个时期各级科协及所属团体的首要政治任务。科协系统要坚决贯彻落实中央的通知精神，在深入学习宣传贯彻党的十八大精神中走在前列，以更加强烈的使命意识、责任意识、机遇意识，扎实履行“三服务一加强”工作职能，团结带领广大科技工作者顽强拼搏、改革创新，沿着中国特色社会主义道路奋勇前进，为全面建成小康社会而努力奋斗。

二、全面准确学习领会党的十八大精神，把思想和行动统一到中央的重大决策部署上来

一要深刻领会党的十八大的精神实质和丰富内容，自觉用十八大精神武装头脑、统一思想、凝聚力量。科协系统广大党员干部要积极行动起来，认真学习党的十八大报告和党章，认真学习习近平同志在党的十八届一中全会上的重要讲话精神，全面、准确、深刻领会党的十八大精神。深刻领会党的十八大主题，更加坚定走

中国特色社会主义道路的政治自觉性；深刻领会过去5年和10年党和国家事业取得的新的历史性成就，更加珍惜安定团结的大好局面；深刻领会科学发展观的历史地位和指导意义，切实增强深入贯彻落实科学发展观的自觉性主动性；深刻领会中国特色社会主义的深刻内涵和夺取中国特色社会主义新胜利的基本要求，更加坚定社会主义的理想信念；深刻领会中国特色社会主义事业"五位一体"的总要求和总部署，为实现全面建成小康社会和全面深化改革开放的目标作出新贡献；深刻领会提高党的建设科学化水平的重要性，确保党始终成为中国特色社会主义事业的坚强核心。

二要深刻领会党的十八大对科技工作提出的新要求，在实施创新驱动发展战略中找准着力点。充分发挥国家推动科技事业发展重要力量的作用，把能力建设作为重要抓手，着力提升科协及所属学会开展学术交流、服务科技创新的能力和水平，最大程度地发挥学术交流在促进原始创新中的源头活水作用，最大程度地激发科技工作者的创新热情和创造活力，最大程度地把创新要素引入基层，为加快转变经济发展方式提供技术支撑和人才保障。支持学会承担更多的社会服务职能，开展好科技评价工作，办好重要科技奖项，拓宽举荐优秀人才的渠道，参与做好工程教育专业认证工作，帮助学会在服务中不断增强自身发展能力。

三要深刻领会党的十八大对科技工作者提出的新要求，引导科技工作者发挥好先进生产力开拓者和先进文化传播者的重要作用。动员广大科技工作者积极行动起来，在努力开展科研攻关的同时，把普及科学技术、促进广大人民群众深入了解科技知识作为义不容辞的社会责任，把贯彻落实《中华人民共和国科学技术普及法》和《全民科学素质行动计划纲要（2006—2010—2020）》作为科技工作的重要方面，努力成为科学知识的传播者、科学方法的实践者、科学思想的倡导者、科学精神的弘扬者。着力落实全民科学素质目标责任制，着力打造世界一流科技馆体系，着力促进高校、科研院所和企业的优质科普资源开发开放，不断扩大科普受益面，确保"十二五"末公民具备基本科学素质的比例超过5%的目标顺利实现。大力宣传老一辈科学家、优秀科技工作者和创新团队，深入实施老科学家学术成长资料采集工程，大力弘扬严谨求实、勇于创新的科学精神，不畏艰险、勇攀高峰的探索精神，团结协作、淡泊名利的团队精神，用科技界的优良作风引领社会风尚。联合教育部、中科院、社科院、工程院深入开展科学道德和学风建设，按照"全覆盖、制度化、重实效"的原则，坚持"两个拓展、两个结合"，扎扎实实地组织开展形式多样的宣讲教育活动，把宣讲教育覆盖到所有学科领域、所有研究生培养单位的全体研究生，并逐步扩大到高校新入职教师、高年级本科生，科研院所新入职的科研人员、研究生培养单位新上岗硕士和博士生导师，努力形成弘扬科学精神、维护科研道德、遵守学术规范、恪守科研伦理的良好氛围。

四要深刻领会党的十八大对人民团体提出的新要求，在社会主义民主政治建设中增进共识、促进和谐。充分调动广大科技工作者积极投身中国特色社会主义民主政治建设的积极性，紧紧抓住关乎国计民生的重大科技课题，积极建言献策，努力推动形成科学有序的决策咨询体制和机制，促进科学决策民主决策。积极发挥桥梁纽带作用，努力在广大科技工作者与各级党委和政府之间建立起畅通稳定的沟通渠道，畅通和规范科技工作者利益诉求表达机制，积极反映科技工作者的意见建议和呼声，切实维护他们的合法权益，促进社会主义协商民主制度下的专题协商、对口协商、界别协商、提案办理协商。

三、扎实做好党的十八大精神的学习宣传贯彻，把学习成果转化为推动科协工作的强大动力

一要切实加强对党的十八大精神学习的组织和领导。各级科协及所属团体要把学习党的十八大精神作为当前和今后一个时期工作的重点，切实加强对学习宣传贯彻党的十八大精神的领导。要结合科协工作实际，制定系统的学习计划，列出专题进行研讨，及时总结推广经验，推动科协系统形成学习宣传贯彻党的十八大精神的热潮。要积极举办各种形式的研讨班、培训班和学习班，开展主题演讲、知识竞赛等活动，注意抓好离退休人员中党员的学习，把集中学习与个人自学、通读文件与专题研讨结合起来，通过各具特色的学习教育活动，帮助广大党员和群众掌握党的十八大精神的基本内容。领导干部在学习中要发挥表率作用，带头学习文件，带头讲体会、讲感想，努力在掌握基本观点和领会精神实质上下功夫，力求多学一点、学深一点，把党的十八大精神学深学透，不断提高运用科学理论分析和解决实际问题的能力。

二要坚持通过学习推动科协工作。各级科协及所属团体要坚持理论联系实际，紧密联系科协工作实际，紧密联系广大党员的思想实际，紧密联系科协的性质、宗旨、任务，坚持学以致用、用以促学。要通过学习党的十八大精神，更加坚定不移地沿着中国特色社会主义道路前进，着力转变不适应、不符合科学发展观的思想观念，认真查找精神状态上存在的差距，进一步提高用党的十八大精神武装头脑、指导实践、推动工作的自觉性和坚定性。要把学习贯彻党的十八大精神与提高认识、统一思想结合起来，与提高水平、增强能力结合起来，与履行职责、推动工作结合起来，进一步明确各项工作的指导思想和奋斗目标，提出改革发展的新思路、新举措，安排好、部署好今后一段时期的主要工作，着力解决好实际问题，让学习贯彻党的十八大精神的成效，在统一思想、振奋精神上体现出来，在围绕中心、服务大局上体现出来，在增强履职意识、提高服务水平上体现出来。

三要认真组织好党的十八大精神的宣传。要抓紧制定宣传方案，加强组织协调，加大工作力度，切实抓好党的十八大精神的宣传工作。要及时了解科技工作者对党的十八大的反响和思想状况，密切关注科技界舆情，及时回应科技工作者关心关切的热点焦点问题，最大限度地凝聚共识。科协系统所属媒体要精心筹划、周密安排，发挥各自优势和特色，开设一批专栏、专题，大力宣传党的十八大的重大意义和历史贡献，宣传党的十八大报告和党章，宣传广大科技工作者对党的十八大的热烈反响和学习情况，宣传在学习贯彻党的十八大精神的过程中解决实际问题的新成效、新进展。

各全国学会、地方科协要按照中央通知要求，及时全面了解学习情况，切实加强指导，做好组织检查和督促宣传工作，并将有关学习情况及时报送中国科协。

中国科学技术协会

2012年11月21日

关于认真学习贯彻全国科技创新大会会议精神的通知

科协发调字〔2012〕21号

各全国学会、协会、研究会，各省、自治区、直辖市、副省级城市科协，新疆生产建设兵团科协：

2012年7月6～7日，中共中央、国务院隆重召开全国科技创新大会，发布了《中共中央国务院关于深化科技体制改革加快国家创新体系建设的意见》（以下简称《意见》），党和国家领导人出席会议并作了重要讲话，对今后一个时期深化我国科技体制改革和加快国家创新体系建设作出战略部署。现将科协系统深入开展学习贯彻全国科技创新大会精神有关事宜通知如下：

一、充分认识学习贯彻全国科技创新大会精神的重要意义

全国科技创新大会是党中央、国务院在深化改革开放、加快转变经济发展方式、全面建设小康社会的关键时期召开的一次重要会议，是一次深化科技体制改革、加快建设创新型国家的动员大会，是标志着我国科技发展进入一个新的历史阶段的具有里程碑意义的盛会。胡锦涛总书记的重要讲话，站在国家全局发展的战略高度，全面总结了十六大以来中央加快科技改革发展的辉煌成就和经验，深刻分析了当前我国加快社会主义现代化建设所面临的新形势，明确提出了今后一个时期科技改革发展的战略目标和重点任务，对全党全社会加快推进创新型国家建设、使我国经济社会发展转到创新驱动的轨道提出了明确要求，为进一步深化科技体制改革、促进科技事业发展指明了方向。温家宝总理的讲话，抓住了促进科技与经济结合这个核心，突出推动企业成为技术创新主体这个关键，深入阐述了推动产学研协同创新、增强企业创新能力的途径和方法、保障措施，具有很强的指导意义。刘延东同志的大会总结讲话，对贯彻落实好大会精神提出了明确要求，做出了具体部署。大会的成功召开，充分体现了党和国家对科技工作的高度重视和殷切期望，为进一步开创我国科技事业发展新局面指明了方向，并对科协工作提出了新的任务和要求。科协系统全体同志要充分认识学习宣传贯彻大会精神的重大意义，认真学习、准确领会中央领导讲话精神和大会文件精神，切实把思想和行动统一到中央重大决策部署上来，把智慧和力量凝聚到全面落实大会提出的各项工作部署和任务上来，更好地团结动员广大科技工作者把积极性、主动性和创造性凝聚到建设创新型国家的伟大事业中来，为我国在2020年进入创新型国家行列、全面建成小康社会和新中国成立100年时成为世界科技强国作出新的更大贡献。

二、深入学习领会全国科技创新大会会议精神，把思想和行动统一到中央决策部署上来

胡锦涛总书记的重要讲话，从改革开放和现代化建设全局出发，深入分析了国内外经济科技形势，阐明了未来新科技革命与产业变革给我国发展带来的机遇和挑战，对深化科技体制改革、加快创新型国家建设提出“六个进一步”的要求并作出全面部署，要求全党全社会切实增强大局意识、创新意识和责任意识，坚定不移走中国特色自主创新道路，以改革创新精神加快推进创新型国家建设。温家宝总理的重要讲话，围绕推动科技与经济紧密结合、使企业真正成为技术创新主体这一核心，突出强调了增强企业创新能力的重要性和紧迫性，明确了重点任务和途径方法，提出了需要进一步完善和落实的重大政策。胡锦涛总书记和温家宝总理的重要讲话，集中体现了我们党对当代经济社会和科技发展规律的深刻把握，体现了中央关于科技工作的最新要求，对于凝聚全社会共识，实现创新驱动发展，加快推进社会主义现代化具有重大而深远的意义。

《意见》体现了我国现代化建设长远发展的战略需要，反映了党中央、国务院对未来一个时期我国科技改革发展的总体考虑，回应了社会各界特别是科技界的关切，是指导我国科技改革发展、加快创新型国家建设的纲领性文件。一是高举旗帜。坚持中国特色社会主义理论，深入贯彻科学发展观，围绕落实主题主线，实施科教兴国、人才强国和可持续发展战略，强调要全面落实中央关于科技工作的战略思想和方针政策，坚定不移走中国特色自主创新道路。二是继承发展。总结改革开放30多年来科技改革发展的成功经验，强调要立足国情，遵循规律，着眼新科技革命和产业变革的机遇与挑战，继续深入落实中长期科技发展规划纲要，推动科技事业科学发展。三是突出重点。围绕促进科技与经济社会发展紧密结合、强化企业技术创新主体地位、完善科技管理体制机制等各方面最关心、经济科技发展最需要解决的重大问题，提出了管用、急需、便于操作的政策措施。四是改革创新。强调着力打破制约科技创新的体制机制障碍，加快建设科学合理、富有活力、更有效率的国家创新体系，努力以改革的新突破来实现科技发展的新跨越。五是统筹协调。统筹落实中长期科技、教育、人才三个规划纲要，注重科技改革与经济社会其他方面改革的有机衔接，发挥中央、地方和各创新主体的积极性，整体规划、有序推进科技改革发展。

中央领导同志的重要讲话和《意见》对加快科技改革发展进行了系统部署、提出了明确要求。必须深入学习领会中央精神，准确把握总体部署和任务要求，认真贯彻落实。要立足全局，增强优先发展科学技术、加快建设创新型国家的使命感和责任感；要坚定信心，坚持走中国特色自主创新道路；要抓住关键，承担起促进科技经济结合、实现创新驱动发展的重大责任；要把握重点，落实好国家创新体系建设的主要任务和重大政策；要凝聚合力，形成全社会协同推进的生动局面。

三、认真学习、深刻领会中央对科协组织提出的新任务新要求，在服务党和国家工作大局中发挥独特作用

一是对科技社团推动全社会科技创新活动提出了新任务新要求。《意见》强调要统筹技术创新、知识创新、国防创新、区域创新和科技中介服务体系协调发展，充分发挥科技社团在推动全社会创新活动中的作用，提高国家创新体系的整体效能。在推进科技项目管理改革、深化科技评价和奖励制度改革的任务中，明确提出要充分发挥科技社团在科技评价中的作用，积极探索科技奖励的同行提名制，支持和规范社会力量设奖。这些要求为科技社团充分发挥学术团体在推动学术交流，激发创新氛围，改革科技评价，完善科技奖励等方面的作用提供了广阔空间，也对发挥好科技社团作为国家创新体系建设的重要组成部分的作用，具有很强的指导意义。

二是对提高我国公民科学素质目标提出了新任务新要求。胡锦涛总书记在讲话中强调，要切实把科学普及摆在与科技创新同等重要的位置，提高全民族科学素质。《意见》明确提出，到2015年，实现我国公民具备基本科学素质的比例超过5%，达到世界主要发达国家上世纪90年代中期的水平。当前，我国公民具备基本科学素质的比例还只有3.27%，与发达国家差距明显，与建设创新型国家的要求很不相称。中国科协作为国务院《全民科学素质行动计划纲要》的牵头实施单位，在推动形成社会化科普工作格局，动员多方力量参与科普工作，不断提高人民群众科学文化素质方面，肩负着义不容辞的重要职责，要切实提高认识、加强协调，努力把科协作为科普工作主要社会力量的作用充分发挥出来。

三是对推动完善国家科技决策咨询制度提出了新任务新要求。中央在深化科技体制改革的战略部署中，突出强调要完善统筹协调的科技宏观决策体系，建立健全国家科技重大决策机制，同时要求完善国家科技决策咨询制度，重大科技决策要广泛听取意见，将科技咨询纳入国家重大问题的决策程序。科协及所属团体具有学科齐全、人才荟萃的突出优势，又有作为科技工作者群众组织的独特地位，智力密集、地位超脱，在组织开展决策咨询、积极建言献策，畅通反映科技工作者意见诉求的渠道方面，具有不可替代的优势和作用。中央的要求为科协组织在服务党和人民事业发展中充分发挥科技思想库的重要作用进一步指明了方向。

四是对推动科学道德和创新文化建设提出了新任务新要求。大力弘扬创新文化，用创新文化激发创新精神、铸就创新力量、推动创新实践、激励创新事业，在全社会营造人人关注创新、人人支持创新、人人参与创新的浓厚氛围，是走中国特色自主创新道路、加快建设创新型国家的不竭动力。中央明确要求学术团体发挥自律功能，建立健全科研活动行为准则和规范，加强科研诚信和科学伦理教育，大力宣传优秀科技工作者和团队的先进事迹，引导广大科技工作者自觉践行社会主义核心价值体系。各级科协和所属团体都要切实承担起弘扬创新文化生力军的重要作用，为创新型国家建设广泛凝聚智慧和力量。

五是对发挥科协基层组织的作用提出了新任务新要

求。深化科技体制改革的中心任务就是要推动企业成为技术创新主体，增强企业创新能力。中央强调要积极支持企业职工的技术创新活动，大力推进农村科技创业，鼓励创办农业科技企业和技术合作组织，把创新要素引入企业、引向农村。科协组织在促进创新要素向企业集聚、活跃基层创新氛围方面有着独特关键优势，要充分发挥“讲理想、比贡献”活动作为群众性技术创新活动的重要作用，继续办好企业专家工作站，着力扩大企业科协覆盖面，充分调动基层一线广大科技工作者的创新活力和创造热情，切实为改善基层创新微循环、推动企业自主创新能力不断提升注入勃勃生机和活力。

四、把学习贯彻全国科技创新大会精神转化为推动科协工作的强大思想动力

一要认真组织学习有关文件，把大会精神尽快传达到基层和广大科技工作者。要认真组织学习中央领导的重要讲话和大会文件，统一部署，尽快行动，把深入学习贯彻大会精神作为当前和今后一个时期的一项中心工作，努力把思想和行动统一到大会精神上来，使深化科技体制改革、加快国家创新体系建设的各项要求落实到科协工作的各个方面。领导干部要发挥表率作用，把学习全国科技创新大会精神作为一次统一思想认识、提高理论素养的机会，带头学习大会精神，带头讲改革、谈体会，推动科协系统形成学习贯彻全国科技创新大会精神的热潮。

二要以学习贯彻大会精神为契机，推动科协各项工作更好更快发展。要紧密联系科协的工作实际，紧紧围绕如何更好地发挥科技社团在促进全社会创新活动中的作用，发挥科协组织作为科普工作主要社会力量的作用，发挥学会作为国家创新体系重要组成部分作用，发挥科技社团在科技评价、奖励中的作用，发挥科协在推动完善国家科技决策咨询制度中的作用，发挥学术团体在科研诚信自律和建立健全科研活动行为准则和规范中的作用，更好地引导科技工作者自觉践行社会主义核心价值体系，大力加强创新文化建设等重点任务，深入开展工作研讨，提出推动科协事业改革发展的新思路、新举措，推动建立符合社会主义市场经济和科技社团发展规律的新型组织体制机制，努力创新为科技工作者服务的内容和方式，不断取得新的更大成绩，不辜负党和政府对科协工作的殷切期望。

三要加强舆论引导，认真组织好学习大会精神的宣传工作。要抓紧制定宣传方案，以丰富多样、生动鲜活的方式，大力宣传科技发展的重大成就，宣传科技改革的指导思想、目标任务和重大政策，宣传科协组织在建设创新型国家中做出的积极贡献，形成群策群力推进创新型国家建设的良好局面。科协系统所属媒体要精心筹划、周密安排，发挥各自优势和特色，宣传广大科技工作者对全国科技创新大会的热烈反响和学习情况，宣传在学习贯彻全国科技创新大会精神过程中解决实际问题的新成效、新进展。宣传内容要贴近实际、贴近生活、贴近群众，善于用事实说话、用典型说话、用数字说话，做到既全面准确又深入浅出。

各级科协要切实加强对所属组织学习贯彻大会精神的指导，并将学习贯彻全国科技创新大会的情况在8月底前报送中国科协。

中国科学技术协会
2012年7月17日

关于落实2012年科学道德和学风建设宣讲教育工作的通知

科协办发组字〔2012〕39号

各省、自治区、直辖市科学道德和学风建设宣讲教育领导小组，中国科学院、中国社会科学院、中国工程院相关职能部门：

为贯彻中国科协、教育部、中国科学院、中国社会科学院、中国工程院《关于做好2012年科学道德和学风建设宣讲教育有关工作的通知》和全国科学道德和学风建设宣讲教育工作会议精神，按照“全覆盖、制度化、重实效”的总体目标要求，确保宣讲教育覆盖到所有研究生新生，同时将未接受过宣讲教育的高年级研究生纳入宣讲教育范围，并向高年级本科生、新上岗研究生导师、新入职教师和青年科技工作者延伸，现就有关工作通知如下：

一、精心谋划，系统部署本地区宣讲教育工作

各省区市宣讲教育领导小组要根据全国宣讲教育工作的总体部署安排和年度工作目标，精心谋划，系统部署本地区宣讲教育工作，确保2012年各项工作任务的完成。

1. 召开宣讲教育安排部署工作会议。全国宣讲教育领导小组将于8月27日在北京召开全国省区市宣讲教育领导小组负责人工作会议，对2012年宣讲教育工作做出具体部署，提出明确要求。各省区市宣讲教育领导小组要在全国会议后迅速召开本省区市宣讲教育安排部署工作会议，召集辖区内高校、科研院所负责同志，传达会议精神，进行工作部署。各省区市召开宣讲教育工作会议的时间、地点、参会人员范围等信息请提前一周报全国宣讲教育领导小组办公室（设在中国科协组织人事部）。全国宣讲教育领导小组办公室成员将分赴部分省区市出席宣讲教育安排部署工作会议。

2．制定2012年宣讲教育工作实施方案。要重点围绕五项内容制定实施方案：一是召开本省区市宣讲教育安排部署工作会议；二是举办本省区市集中宣讲教育报告会；三是实现研究生新生全覆盖，并将未接受过宣讲教育的高年级研究生纳入宣讲教育范围；四是推动宣讲教育延伸；五是完成宣讲专家队伍组建，包括建立省级层面宣讲专家队伍，并指导青年学生、青年教师、青年科技工作者数量较多的高校、科研院所组建本单位的宣讲专家队伍。已制定实施方案的，要按照上述要求对方案进一步细化。各省区市要在全国省区市宣讲教育领导小组负责人工作会议召开后一周内（即9月3日前）将实施方案报全国宣讲教育领导小组办公室。

3．专门发出通知进行工作部署。宣讲教育的大量工作由高校、科研院所承担。请各省区市收到本通知后，尽快按照通知精神，向辖区内高校、科研院所专门发出通知（可在全国省区市宣讲教育领导小组负责人工作会议后发出），结合工作实际，对高校、科研院所如何落实好宣讲教育工作提出具体、明确的要求。

二、认真组织，举办好本地区集中宣讲教育报告会

各省区市要在10月底前举办一场集中宣讲教育报告会。

1．精心做好报告会筹备组织工作。今年中国科协、教育部、中科院、社科院、工程院联合在人民大会堂举办的“首都高校科学道德和学风建设宣讲教育报告会”拟安排在10月下旬，各省区市的集中宣讲教育报告会请在研究生新生开学后及时举办，并在举办前一周将报告会举办时间报送全国宣讲教育领导小组办公室。

2．加强宣传报道。各省区市要加强对集中宣讲教育报告会的宣传报道工作，努力营造宣讲教育的浓厚氛围，确保报告会有声势、有影响。

3．及时报送有关材料。请各省区市在集中宣讲教育报告会举办后的五个工作日内将报告会有关情况和资料光盘（包括报告会现场图片、影像资料及报告讲稿、演示文稿等）报送全国宣讲教育领导小组办公室。

三、统筹安排，指导研究生培养单位做好普遍性宣讲教育

2012年宣讲教育要确保实现研究生新生全覆盖，同时要将未接受过宣讲教育的高年级研究生纳入宣讲教育范围。各省区市宣讲教育领导小组要统筹指导辖区内各研究生培养单位（含党校、部队院校）制定实施方案，面向研究生（包括在职攻读学位研究生）扎实开展普遍性宣讲教育。

1．开展多种形式的宣讲教育活动。研究生宣讲教育活动，可开展集中宣讲教育，也可作为研究生新生入学教育的一项活动开展，还可通过其他方式开展。请各省区市宣讲教育领导小组及时汇总辖区内研究生培养单位开展研究生宣讲教育的主要活动时间、地点等信息，并报送全国宣讲教育领导小组办公室。如果各单位开展集中教育时间较分散，可分批报送。

2．组织谈话、谈心活动。各研究生培养单位要组织研究生导师与指导的研究生开展一次科学道德和学风教育的主题谈话、谈心活动。

3．发放宣讲教育有关资料。全国宣讲教育领导小组组织编写了《科学道德和学风建设宣讲参考大纲》、《科学道德和学风建设学习参考大纲》，将向各研究生培养单位发放一部分。各研究生培养单位要向入校新生发放自编或自选的科学道德和学风建设有关资料。

四、突出重点，做好宣讲教育延伸工作

2012年宣讲教育要向高年级本科生、新上岗研究生（包括硕士和博士）导师、新入职教师和青年科技工作者延伸。向高年级本科生、新上岗研究生导师和新入职教师延伸工作，重点在“211工程”高校进行；向新入职青年科技工作者延伸工作主要在中科院、社科院所属科研院所和部分产业类重要科研院所进行。其他高校、科研院所可从实际出发做好宣讲教育延伸工作。

1．各省区市宣讲教育领导小组指导辖区内“211工程”高校做好宣讲教育向高年级本科生、新上岗研究生导师和新入职教师延伸工作。宣讲教育向高年级本科生延伸工作可结合毕业设计（论文）动员活动开展，也可采取其他适当的方式开展；宣讲教育向新上岗的研究生导师延伸工作可作为上岗培训的一项内容开展；宣讲教育向新入职教师延伸工作可作为入职培训的一项内容开展。各省区市宣讲教育领导小组要指导辖区内“211工程”高校制定延伸工作实施方案，积极探索实施途径，抓好工作落实。

请各省区市及时汇总辖区内“211工程”高校宣讲教育向高年级本科生、新上岗研究生导师、新入职教师延伸活动的时间、地点等信息，并报送全国宣讲教育领导小组办公室。如果各单位开展宣讲教育延伸活动的时间较分散，可分批报送。

2．中科院、社科院相关职能部门指导院属各科研院所做好宣讲教育向新入职青年科技工作者延伸工作。宣讲教育向新入职青年科技工作者延伸工作可作为入职培训的一项内容开展。中科院、社科院相关职能部门要指导院属各科研院所面向新入职青年科技工作者普遍开展科学道德宣讲教育。

请中科院、社科院相关职能部门分别汇总中科院、社科院所属各科研院所面向新入职青年科技工作者开展宣讲教育活动的时间、地点等信息，并报送全国宣讲教育领导小组办公室。

3. 工程院相关职能部门指导部分产业类重要科研院所做好宣讲教育向新入职青年科技工作者延伸工作。开展宣讲教育向新入职青年科技工作者延伸的产业类重要科研院所名单由工程院相关职能部门确定。

请工程院相关职能部门汇总产业类科研院所面向新入职科技工作者开展宣讲教育延伸活动的时间、地点等信息，并报送全国宣讲教育领导小组办公室。

五、扎实推进，做好督促与检查

为推动宣讲教育各项工作任务的落实，逐步推动宣讲教育工作制度化，各级要注重对宣讲教育工作指导，加强督促与检查，总结工作经验。

1. 全国宣讲教育领导小组重点对各省区市宣讲教育工作情况开展调研和督查。宣讲教育开展后，全国宣讲教育领导小组成员单位将分别牵头，分五个区域对全国宣讲教育工作进行调研和督查，及时掌握有关情况，进行工作指导。全国宣讲教育领导小组办公室将对部分省区市的集中宣讲教育报告会、部分单位的研究生宣讲教育、部分单位的宣讲教育延伸工作进行观摩。

2. 各省区市宣讲教育领导小组要加强对辖区内相关高校、科研院所开展宣讲教育工作的指导与督查。要及时了解高校、科研院所宣讲教育工作开展情况，总结经验，及时解决遇到的问题。各有关部门要切实采取措施，分工负责，相互配合，加强督查，抓好工作落实，确保辖区内宣讲教育各项工作任务的完成。

3. 及时报送宣讲教育工作信息。各省区市宣讲教育领导小组及中科院、社科院、工程院相关职能部门要及时将本省区市（含辖区内高校、科研院所）、本系统宣讲教育工作中重要活动、会议、工作进展等信息报送全国宣讲教育领导小组办公室。全国宣讲教育领导小组办公室将通过《全国科学道德和学风建设宣讲教育简报》、“科学道德和学风建设宣讲教育”网络专栏反映各地、各单位做法，通报工作进展情况。

六、善始善终，做好工作总结

2012年宣讲教育工作在12月底前全面结束。要善始善终，做好2012年宣讲教育工作总结。

1. 指导高校、科研院所做好总结和统计。各省区市宣讲教育领导小组要及时指导、督促辖区内高校、科研院所尽快完成2012年宣讲教育总结和有关数据统计工作，并收集汇总各高校、科研院所开展宣讲教育活动的图片、影像、报告讲稿、报告演示文稿（ppt）等资料。

2. 做好省区市宣讲教育工作总结和统计。各省区市宣讲教育领导小组要在辖区内高校、科研院所总结的基础上完成本省区市宣讲教育工作总结。总结可分为宣讲教育总体情况，举办集中宣讲教育报告会情况，完成宣讲教育研究生新生全覆盖情况，宣讲教育向高年级本科生延伸、向新上岗研究生导师延伸、向新入职教师延伸情况，以及宣讲教育工作的经验和体会等。要突出宣讲教育工作的特点、成效和社会影响。请同时填报《关于做好2012年科学道德和学风建设宣讲教育有关工作的通知》附件中有关统计表，其中附件三“青年教师”一项请按照“新上岗硕士研究生导师”、“新上岗博士研究生导师”、“新入职青年教师”三项分别统计。

请各省区市宣讲教育领导小组于2013年1月15日前，将本省区市2012年宣讲教育工作总结、统计汇总表以及收集汇总的各高校、科研院所开展宣讲教育活动的图片、影像、报告讲稿、报告演示文稿（ppt）等资料刻盘报送全国宣讲教育领导小组办公室，同时报送工作总结和统计汇总表纸质材料。尚未报送省级层面和辖区内高校、科研院所层面宣讲专家队伍名单的，请一并报送。

3. 做好宣讲教育向新入职青年科技工作者延伸的总结和统计工作。请中科院、社科院、工程院相关职能部门分别做好中科院所属科研院所、社科院所属科研院所、部分产业类重要科研院所面向新入职青年科技工作者开展宣讲教育延伸的总结和统计工作，并于2013年1月15日前报送全国宣讲教育领导小组办公室。

新疆生产建设兵团比照各省区市开展好宣讲教育工作。

中国科协办公厅
教育部办公厅
中国科学院办公厅
中国社会科学院办公厅
中国工程院办公厅
2012年8月17日

关于做好2012年科学道德和学风建设宣讲教育有关工作的通知

科协发组字〔2012〕16号

各省、自治区、直辖市科协、教育厅（教委），新疆生产建设兵团科协、教育局，中国科学院、中国社会科学院、中国工程院各有关单位，中国人民解放军学位委员会办公室，中共中央党校学位评定委员会，中国工程物理研究院研究生部，有关高等学校和科研院所：

为贯彻落实中央领导同志关于科学道德和学风建设宣

讲教育工作的重要指示精神，进一步巩固和扩大科学道德和学风建设宣讲教育工作成果，经研究，决定从2012年起，全国科学道德和学风建设宣讲教育工作由中国科协、教育部、中国科学院、中国社会科学院、中国工程院共同组织开展。现就做好2012年科学道德和学风建设宣讲教育（以下简称“宣讲教育”）有关工作通知如下：

一、认真学习贯彻中央领导指示精神

2012年宣讲教育工作要以党的十七届六中全会和即将召开的党的十八大精神为指导，全面贯彻落实习近平、王兆国、刘延东等中央领导同志关于宣讲教育工作的重要指示精神，将宣讲教育作为推动科技事业健康发展、建设创新型国家、践行社会主义核心价值观的重要基础性工作。坚持以科学精神、科学道德、科研伦理和学术规范为主要内容，按照全覆盖、制度化、重实效的要求，将宣讲教育覆盖全体研究生，作为研究生培养环节纳入常态工作，注重实际效果，不做表面文章，扎扎实实抓落实。要认真总结经验，逐步建立起宣讲教育的长效机制。

二、坚持开展集中宣讲教育

作为示范和引导，2012年9月，中国科协、教育部、中国科学院、中国社会科学院、中国工程院将在人民大会堂继续主办“2012年首都高校科学道德和学风建设宣讲报告会”，邀请具有广泛社会影响力的著名科学家为首都高校、科研院所2012年新入学的研究生作宣讲报告。各省区市也要坚持开展集中宣讲教育，要在9月份研究生新生入学后举办一场以上集中宣讲报告会。各省区市还可根据实际情况在所属地市举办集中宣讲巡回报告会。集中宣讲工作要在今年10月底前全面完成。

各省区市要精心、细致地做好集中宣讲报告会的筹备、组织工作，要加强对集中宣讲报告会的宣传报道工作，努力营造宣讲教育的浓厚氛围，确保报告会有声势、有影响。各省区市要在集中宣讲报告会举办后的五个工作日内将有关情况报送全国宣讲教育领导小组办公室，报告的情况应包括报告会时间、地点、规模、出席领导和嘉宾、参会人员构成、报告人及其报告题目和主要内容、报告会效果、媒体报道情况等。请将报告会现场图片、影像资料以及报告讲稿、演示文稿（ppt）等刻成光盘，一并报送。

三、扎实开展普遍性宣讲教育

开展好普遍性宣讲教育是对高校、科研院所等研究生培养单位主体作用的基本要求，也是实现宣讲教育全覆盖的基本保障。各省区市宣讲教育领导小组要统筹协调好辖区内所有研究生培养单位，将面向全体研究生普遍开展宣讲教育的工作落到实处。各省区市宣讲教育领导小组要在上半年完成本地区研究生培养单位和研究生数量的统计工作，并填写《2012年研究生培养单位和研究生人数统计表》（附件1），于6月30日前报送全国宣讲教育领导小组办公室。9月份，新生报到时，各研究生培养单位要发放科学道德和学风建设相关读本或材料；新生开学后，要全面启动宣讲教育。所有研究生导师要与指导的研究生开展一次科学道德和学风教育主题谈话、谈心活动。鼓励开展主题鲜明、注重实效的多种形式的宣讲教育；鼓励探索将科学道德和学风建设纳入研究生培养环节并使之常态化、制度化的具体举措。宣讲教育研究生全覆盖工作要在11月底前完成。

四、逐步扩大宣讲教育对象范围

宣讲教育工作自2011年开展以来，中央领导和社会各界予以广泛好评。2012年，宣讲教育要在实现研究生全覆盖的基础上，向高年级本科生、青年教师、青年科技工作者拓展。各高校要将高年级本科生逐步纳入宣讲教育对象。各相关高校和科研院所要结合本单位实际，在11月底前组织一次面向高校和科研院所新入职的教师、新入职的科技工作者、新上岗的硕士研究生导师、新上岗的博士研究生导师的宣讲教育，并鼓励高校、科研院所面向研究生、高年级本科生、青年教师、青年科技工作者开展多种形式的科学道德和学风建设教育工作。

五、推进宣讲专家队伍建设

推进宣讲专家队伍建设是推动宣讲教育常态化、制度化的重要保障。中国科协、教育部、中国科学院、中国社会科学院、中国工程院组建全国层面的宣讲专家队伍，并大力支持院士、专家投身宣讲教育工作。各省区市要继续做好建立省级层面宣讲专家队伍有关工作，并指导青年学生、青年教师、青年科技工作者数量较多的高校、科研院所组建本单位的宣讲专家队伍。省区市和相关高校、科研院所，已完成宣讲专家队伍组建的，可结合扩大宣讲教育对象范围的要求，进一步充实宣讲教育专家队伍；尚未完成宣讲专家队伍组建的省区市和高校、科研院所，在6月30日前完成组建。各省区市将本省区市宣讲专家队伍名单和辖区内高校、科研院所宣讲专家队伍名单汇总后于7月15日前报送全国宣讲教育领导小组办公室。各相关单位要加强与宣讲专家的联系沟通，及时通报宣讲教育工作进展情况和成效，认真听取他们的意见、建议，不断改进工作。各高校、科研院所要积极支持院士、专家参与到宣讲教育中。

六、加强宣讲教育工作统筹与指导

根据中央领导批示精神和宣讲教育工作发展需要，中国科学院、中国社会科学院、中国工程院有关领导同志充实到全国宣讲教育领导小组。充实后的领导小组及时召开工作会议，谋划2012年工作，提出了2012年全国宣讲教育工作要点。为着力推进宣讲教育工作，中国科协、教育部、中国科学院、中国社会科学院、中国工程院定于2012年6月上旬在北京召开"全国科学道德和学风建设宣讲教育工作会议"，总结2011年工作情况，交流工作经验，部署2012年工作。

各省区市要结合本地区实际，充实本地区宣讲教育领导小组。要及时召开领导小组工作会议，研究、谋划好本地区宣讲教育工作，制定2012年宣讲教育工作实施方案，并于6月30日前报送全国宣讲教育领导小组办公室。有条件的省区市要召开宣讲教育工作会议。

各高校、科研院所的宣讲教育工作在所在省区市宣讲教育领导小组的统一指导下开展，各省区市宣讲教育领导小组要加强工作指导、检查、督促，推动工作落实。全国宣讲教育领导小组及办公室要加强对各省区市和重点高校、科研院所宣讲教育工作的指导、检查与督促，适时派出督查组实地督查。要坚持办好《全国科学道德和学风建设宣讲教育简报》，及时反映各地、各单位做法，及时通报工作进展情况。要加大宣讲教育工作的宣传力度，加强网络平台建设，办好"科学道德和学风建设宣讲教育"专栏，进一步扩大宣讲教育工作的影响力。

宣讲教育年度工作任务完成后，各省区市要认真做好宣讲教育工作总结，要突出本地区宣讲教育的特点、成效和社会影响，同时填写《2012年研究生参加宣讲教育统计表》（附件2）、《2012年宣讲教育工作统计表》（附件3）、《2012年宣讲教育活动汇总表》（附件4），于12月15日前报送全国宣讲教育领导小组办公室。各高校、科研院所举办宣讲教育活动的图片、音像资料、报告讲稿、报告演示文稿（ppt）等相关资料一并报送。

附件：

1. 2012年研究生培养单位和研究生人数统计表（略）
2. 2012年研究生参加宣讲教育统计表（略）
3. 2012年宣讲教育工作统计表（略）
4. 2012年宣讲教育活动汇总表（略）

中国科协

教育部

中国科学院

中国社会科学院

中国工程院

2012年5月18日

关于充实全国科学道德和学风建设宣讲教育领导小组的通知

科协发组字〔2012〕5号

各省（自治区、直辖市）科协、教育厅（教委），新疆生产建设兵团科协、教育局，中国科学院、中国社会科学院、中国工程院各有关单位，中国人民解放军学位评定委员会，中共中央党校学位评定委员会，各部委直属高等学校：

根据中央领导指示精神，结合中国科学院、中国社会科学院、中国工程院共同参与科学道德和学风建设宣讲教育的工作实际，为进一步加强对科学道德和学风建设宣讲教育工作的统筹、指导和协调，决定充实全国科学道德和学风建设宣讲教育领导小组，并对主要职责进行适当调整。现将充实、调整后的有关事项通知如下：

一、组成人员

组　长：	张　勤	中国科协书记处书记、党组成员
副组长：	林蕙青	教育部部长助理、党组成员
	黄伯云	中国科协副主席、常委会科技工作者道德与权益专门委员会主任
	邓　勇	中国科学院副秘书长、研究生院党委书记兼常务副院长
	晋保平	中国社会科学院副秘书长、科研局（学部工作局）局长
	白玉良	中国工程院秘书长、党组成员
成　员：	李　森	中国科协组织人事部部长
	孙也刚	教育部学位管理与研究生教育司副司长（正司级）
	黄宝印	教育部学位管理与研究生教育司副司长
	王延觉	教育部科学技术司司长
	杨　光	教育部社会科学司司长
	周德进	中国科学院院士工作局局长
	刘晖春	中国社会科学院科研局（学部工作局）副局长
	徐　进	中国工程院二局副局长

宣讲教育领导小组办公室设在中国科协，主任由李森同志担任，副主任由孙也刚、黄宝印、王延觉、杨光、周德进、刘晖春、徐进、罗晖（中国科协调研宣传部副部长）、王康友（中国科协发展研究中心主任）同志担任。办公室成员由中国科协组织人事部、教育部学位管理与研究生教育司、教育部科学技术司、教育部社会科学司、中国科学院院士工作局、中国社会科学院科研局、中国工程

院二局、中国科协调研宣传部、中国科协发展研究中心有关同志组成。

二、主要职责

确定开展科学道德和学风建设宣讲教育的总体方案和实施意见；指导各省区市制定宣讲教育的实施方案；指导宣讲教育宣讲专家队伍建设；落实宣讲教育的资金和条件保障；指导宣讲教育的宣传报道工作；领导中国科协、教育部、中国科学院、中国社会科学院、中国工程院直接牵头的宣讲教育；指导各省区市相关单位牵头的宣讲教育；综合协调宣讲教育工作事宜，做好中国科协、教育部、中国科学院、中国社会科学院、中国工程院之间的沟通、协调；检查工作推进情况。

中国科协

教育部

中国科学院

中国社会科学院

中国工程院

2012 年 3 月 12 日

关于组织实施学会能力提升专项的通知

科协发学字〔2012〕14 号

各全国学会、协会、研究会：

科技社团是国家创新体系的重要组成部分，是社会管理创新的重要协同力量。为提升学会综合能力，充分发挥科技社团在推动全社会创新活动中的作用，经财政部批准，中国科协决定自 2012 年起组织实施学会能力提升专项（以下简称“专项”）。专项通过以奖代补和开展重点活动相结合的方式，着力提升学会服务创新能力、服务社会和政府能力、服务科技工作者能力以及自我发展能力，努力打造一批社会信誉好、发展能力强、学术水平高、服务成效显著、内部管理规范的示范性学会，切实把学会建设成为中国特色的现代科技社团。

为保证专项的顺利实施，中国科协制定了专项实施方案（附件 1）和资金管理办法（附件 2），现将组织实施 2012 年度学会能力提升专项有关事项通知如下：

一、表彰奖励名额

设立优秀科技社团奖项，在中国科协所属全国学会、协会、研究会（以下简称全国学会）中评选表彰 5 个一等奖，每个年度奖金 300 万元；15 个二等奖，每个年度奖金 200 万元；25 个三等奖，每个年度奖金 100 万元。

设立优秀国际科技期刊奖项，在中国科协所属全国学会主办的科技期刊中评选表彰 5 个一等奖，每个年度奖金 200 万元；10 个二等奖，每个年度奖金 100 万元；20 个三等奖，每个年度奖金 50 万元。

上述奖项奖补周期均为三年。

二、有关要求

（一）各学会应高度重视学会能力提升专项工作，加强对申报和实施工作的组织领导，项目申报、实施等重大事项要经学会理事会（常务理事会）研究批准。同时，主动向有关支持单位汇报，积极争取重视和支持。

（二）各学会应结合自身特点明确发展方向，梳理工作内容，准备相关申报材料。申报材料应客观真实，不得谎报业绩、编造事迹，对奖补资金的使用应制定整体计划和年度计划。

（三）各学会要结合本单位工作安排，确定一位主要负责同志作为责任人，明确责任部门和具体联系人，人员名单连同申报材料一起报送。

（四）关于申报具体要求详见《2012 年度学会能力提升专项优秀科技社团奖项申报指南》（附件 3）和《2012 年度学会能力提升专项优秀国际科技期刊奖项申报指南》（附件 4），相关申报表格（表样见附件 5、6、7）请在中国科协网站下载使用（http：//www.cast.org.cn）。其中，附件 7 在对学会申报优秀科技社团奖项进行外部评价时使用，将从中随机抽取会员，听取会员对学会的评价意见。

（五）申报材料集中受理时间为 2012 年 6 月 18—22 日。请按照申报指南要求将纸质申报材料及申报书电子版光盘报送至中国科技会堂 B306 会议室。逾期不予受理。

附件：

1. 学会能力提升专项实施方案（试行）
2. 学会能力提升专项资金管理办法（试行）
3. 2012 年度学会能力提升专项优秀科技社团奖项申报指南
4. 2012 年度学会能力提升专项优秀国际科技期刊奖项申报指南
5. 学会能力提升专项优秀科技社团奖项申报书（略）
6. 学会能力提升专项优秀国际科技期刊奖项申报书（略）
7. 学会全部会员信息表（略）

中国科学技术协会

2012 年 5 月 14 日

附件 1

学会能力提升专项实施方案（试行）

科技社团是国家创新体系的重要组成部分，是社会管理创新的重要协同力量。为提升学会综合能力，充分发挥科技社团在推动全社会创新活动中的作用，中国科协决定实施“学会能力提升专项”（以下简称“专项”）。为保证专项顺利实施，制定本方案（试行）。

一、指导思想、目标任务和实施原则

（一）指导思想

高举中国特色社会主义伟大旗帜，以邓小平理论和“三个代表”重要思想为指导，深入贯彻落实科学发展观，围绕党中央、国务院关于建设创新型国家的战略部署，以提升学会能力为主线，强化改革意识，突出发展方向，评价激励和示范带动相结合，进一步调动和激发学会改革发展的主动性、创造性，切实增强学会的学术影响力、会员凝聚力、社会公信力和自主发展能力，引领我国科技社团发展，为实现 2020 年进入创新型国家行列、推动国家创新体系建设和社会管理创新作出应有的贡献。

（二）目标任务

学会是科技工作者自愿组成的科学共同体。根据学会特点和自身发展规律，坚持自我发展和政府支持相结合，着力提升学会服务创新能力、服务社会和政府能力、服务科技工作者能力以及自我发展能力，打造一批社会信誉好、发展能力强、学术水平高、服务成效显著、内部管理规范的示范性学会，切实把学会建设成为中国特色的现代科技社团。

（三）实施原则

1．整体规划，分类实施

根据学会性质、特点和功能定位，对提升学会能力、引领学会创新发展进行统筹规划，坚持因会制宜、点面结合，逐步建立适应社会发展需要、符合不同学科和专业领域特点、具有中国特色的科技社团发展支撑体系。

2．稳定支持，激励进步

通过以奖代补的方式对评选出的优秀学会和优秀科技期刊进行表彰奖励，连续三年稳定支持，为提升服务能力提供更好的条件和保障，激发其创新发展的内在动力，不断形成新的能力增长点。

3．注重实效，动态管理

把提升学会服务创新能力、服务社会和政府能力、服务科技工作者能力、自我发展能力作为评价和考核的重点内容，建立科学规范的考核体系，对取得的实际效果进行绩效评价，并根据评价结果实行动态管理。对考核合格的学会，继续支持；对考核不合格的学会，适时调整或终止资金支持。

4．创新机制，引领发展

采取以奖代补与引导开展重点活动相结合的方式，建立科学规范、注重实效的目标管理体系，形成公开申报、专家评审、公平竞争、绩效考核、动态管理的运行机制，引领带动学会全面提升综合实力和竞争能力。

二、实施内容和方式

（一）实施内容

专项的实施旨在提升学会以下四个方面能力：

1．服务创新方面。激励学会在推动学科发展，举办品牌学术交流活动，实现学术交流成果共享，推广科研技术成果，促进学术生态建设，开展学风道德和学术诚信建设，推进科技期刊质量建设、培育精品科技期刊、打造国际一流科技期刊、提升科技期刊国际学术地位和影响力，以及在国际学术组织中发挥重要作用等方面做出突出业绩，大力提升服务创新能力。

2．服务社会和政府方面。激励学会在承接政府部门有关委托工作、参与科技评价、开展科技奖励、组织政策咨询、提供技术服务、制定行业和技术标准、参与法律法规及行业发展规划编制、促进科学技术教育普及与传播、保障民生等方面做出突出业绩，大力提升服务社会和政府能力。

3．服务科技工作者方面。激励学会在开展会员服务、促进科技工作者成长成才、开展科技工作者宣传表彰、举荐科技人才、开展工程教育专业认证和专业技术资格认证等方面做出突出业绩；支持科技工作者参与国际研究项目，鼓励学会推荐科技专家在国际组织任职并提供相应支持，高度重视后备队伍培养，大力提升服务科技工作者能力。

4．学会自我发展方面。激励学会坚持民主办会，积极探索推动学会体制、机制改革，健全会员发展、管理和服务机制，建设具有良好素质的专兼职工作队伍，大力提升自我发展能力。

（二）实施方式

专项围绕提升以上四个方面能力，按照以奖代补和引导开展重点活动两种方式组织实施。

1．以奖代补。设立“优秀科技社团”和“优秀国际科技期刊”奖项。表彰奖励各项工作全面发展，实施效果显著，综合能力排在前列的学会；表彰奖励已经产生良好国际影响力的科技期刊。

2．引导开展重点活动。中国科协按照提升学会能力的总体规划，在以往学会工作基础上，以引导开展重点活动的方式，加强对学会提升四个方面能力的引导和推动。

（1）围绕科技发展的关键科学问题、制约经济社会发展的瓶颈技术问题、重大工程技术中的核心学术问题开展学术交流活动，培育精品科技期刊、增强核心竞争力，开展学科发展研究和学科史研究等，提升学会服务创新的能力。

（2）承接政府部门有关委托工作、参与科技评价、开展科技奖励、组织政策咨询、提供技术服务、制定行业和技术标准、参与行业发展规划编制、推动社会建设、保障民生等，提升学会服务社会和政府的能力。

（3）开展会员服务、促进会员成长成才、维护会员权益、开展科技工作者宣传表彰、举荐科技人才、开展工程教育专业认证和专业技术资格认证、开展继续教育和培训等，提升学会服务科技工作者的能力。

（4）完善内部治理结构、健全会员服务体系、开展继续教育和培训、推动办事机构队伍职业化等，提升学会自我发展的能力。

根据专项管理要求，学会可按上述两种方式分别申报。

三、申报资格

（一）申报专项资金支持的学会，需符合以下要求：

——申报前连续两年社团年检合格；

——内部管理规范，组织领导有力；

——配备有较强执行力的专职秘书长（或副秘书长）和相应规模的专职工作人员；

——财务资产制度健全、管理规范，有独立的银行账号和财务管理人员。

（二）出现下列情形之一的，对其申请不予受理：

——有违纪违法行为；

——违反国家相关规定，受到相关部门通报批评或处罚；

——未按要求完成中国科协及相关部门委托项目。

四、组织实施

专项实施分为自愿申报、专家评审、组织实施、检查评估四个阶段。

（一）申报阶段

根据学会能力提升和发挥作用的情况，确定奖励名额并发布申报通知。中国科协所属学会可根据自身情况以及通知的要求自愿申报，并提供相应材料。学会申报须经理事会（常务理事会）研究同意。

（二）评审阶段

包括形式审查和专家评审两个环节。形式审查由专项办公室负责。专家评审由相关领域专家组成评审委员会，按照以奖代补和引导开展重点活动两类实施方式分别组织评审。以奖代补方式拟表彰的学会名单在相关媒体公示十天，公示期满无异议的，给予通报表彰和奖励补助；承担重点活动任务的学会按照项目管理要求签订项目任务书。

（三）实施阶段

受到表彰的学会应制定相应的资金管理办法，明确工作思路、发展重点、工作进度安排、年度考核指标以及资金使用方向，报中国科协备案。承担重点活动任务的学会按照项目任务书中明确的项目进度和经费安排组织项目实施。

（四）检查阶段

受到表彰的学会，需接受中期检查和总结验收，并按要求提供相关书面材料。承担重点活动任务的学会，须在任务完成时报送总结材料。

五、保障措施

（一）加强领导，精心组织

各学会要加强对专项的组织领导，将专项实施工作纳入学会重要议事日程，完善工作机制，落实有关方面责任，严格按照专项实施的程序和要求组织项目的申报、评审等，同时加强沟通协调，形成工作合力，保障专项的顺利实施。

（二）客观公正，加强监督

建立监督约束机制，加强专项实施过程中的监督检查，确保专项客观公正的实施。对弄虚作假、虚报业绩等违规行为要严肃查处，撤销相关学会承担专项的资格并收回已拨付的专项资金，同时连续3年取消其申报资格。要建立专项实施信息公开和社会监督机制，广泛接受社会各方面的监督。

（三）专款专用，制度先行

要加强专项资金的使用和管理，建立健全资金管理制度。专项资金主要用于学会提升服务创新能力、服务社会和政府能力、服务科技工作者能力、自我发展能力及科技期刊国际影响力等业务工作支出，专项资金要纳入学会财务统一管理，单独核算，专款专用，不得用于人员、日常办公经费支出，不得用于捐款、赞助、支付罚款、还贷、对外投资、基建等支出，不得用于与本项目无关的其他支出。对专项资金的使用，要追踪问效。

（四）广泛宣传，正确引导

受到表彰的学会是科技社团的优秀代表，要通过广泛宣传其先进事迹，推广先进工作经验和模式，进一步激发学会提升服务创新、服务社会能力的积极性，充分发挥其在推动全社会创新活动中的作用。承担重点活动任务的学会要结合学科特点，加强专项实施成效的宣传，引导激发广大科技社团加强能力建设的积极性和创造性，引导全社会共同关注科技社团工作。

附件 2

学会能力提升专项资金管理办法（试行）

第一条 为规范和加强学会能力提升专项资金管理，根据《学会能力提升专项实施方案（试行）》和国家有关财务规章制度，制定本办法。

第二条 学会能力提升专项资金是由中央财政安排，激励和引导学会积极参与社会管理和科技创新，提高自身发展能力的公共财政资金。

第三条 中国科协是学会能力提升专项资金的管理单位，负责向财政部申请专项资金年度预算，组织学会能力提升专项的申报、评审和资金拨付，对资金使用情况进行检查考核。

第四条 全国学会是学会能力提升专项资金的使用单位，负责按核准的实施内容开展工作，加强资金的核算和管理，建立专项资金使用的内部控制制度，接受监督检查。

第五条 专项资金专门用于学会提升服务创新能力、提升服务社会和政府能力、提升服务科技工作者能力、提升自我发展能力等业务工作。

第六条 专项资金不得用于以下开支：

（一）基本建设；

（二）对外投资；

（三）罚款、还贷；

（四）捐款、赞助。

第七条 专项资金使用中涉及政府采购的，按照政府采购有关规定执行，形成的固定资产按照国家有关资产管理办法进行管理。

第八条 立足学会发展实际，为适应不同发展阶段、不同学科和专业领域的特点，学会能力提升专项通过以奖代补和引导开展重点活动等多种方式组织实施。

第九条 奖补资金实行“以奖代补，稳定支持，适度宽松，目标考核”的原则；引导开展重点活动资金实行“专项申报、专款专用、一年一评、追踪问效”的原则。

第十条 中国科协根据年度预算研究确定奖补资金的奖项设置、奖补标准和奖补名额。

第十一条 以奖代补方式实行“一次评审、补助三年”，年度奖补资金一次性全部拨付。

第十二条 获得奖补资金支持的学会应当明确资金的使用方向和具体内容，编制资金使用预算，报中国科协备案。

第十三条 获得奖补资金支持的学会应当加强财务开支管理，制定具体的资金管理办法，报中国科协备案。

第十四条 获得奖补资金支持的学会应当加强会计核算，单独核算并建立内部控制制度，防范财务风险，提高资金使用效益。

第十五条 引导开展重点活动资金严格执行国家财政经费管理有关规定，按照《中国科协学术交流活动平台项目管理办法（试行）》（科协发学字〔2008〕29 号）、《中国科协精品科技期刊工程项目管理办法（试行）》（科协办发学字〔2008〕30 号）等相关管理办法执行。

第十六条 中国科协对学会能力提升专项资金的使用情况开展定期或不定期的监督检查，实行绩效考评。对考核合格的，继续稳定支持；对考核不合格的，终止资金支持，并追究相关负责人责任。

第十七条 本办法由中国科协负责解释。

第十八条 本办法自公布之日起施行。

附件 3

2012 年度学会能力提升专项优秀科技社团奖项申报指南

为做好学会能力提升专项优秀科技社团奖的申报组织工作，根据《学会能力提升专项实施方案（试行）》，制定本申报指南。

一、奖项设置

优秀科技社团设立三类奖项，奖补周期为三年。

1. 一等奖 5 个，每个年度奖补金额 300 万元；

2. 二等奖 15 个，每个年度奖补金额 200 万元；

3. 三等奖 25 个，每个年度奖补金额 100 万元。

二、申报范围和条件

凡中国科协所属全国学会、协会、研究会，且具备以下基本条件的具备申报资格：

——申报前连续两年社团年检合格；

——内部管理规范，组织领导有力；

——配备有较强执行力的专职秘书长（或副秘书长）和一定规模的秘书处专职工作人员；

——财务资产制度健全、管理规范，有独立的银行账号和财务管理人员；

——有较强的经费筹集能力和一定规模的资产。

申报单位出现下列情形之一的，评审工作组对其申请不予受理：

——有违纪违法行为的；

——违反国家相关规定，受到相关部门通报批评或处罚的；

——未按要求完成中国科协及相关部门委托项目的。

三、申报要求

1. 申报学会对照《实施方案》和本指南要求，结合本单位实际，填写《申报书》和有关材料。学会法定代表人应对申报材料进行审核，确保材料的真实性，如查出申报过程中存在弄虚作假行为的，连续三年取消该单位申报资格。

2. 申报材料包括：①正式报送函（一式一份）；②申报书（见附件5）；③学会全部会员信息表（Excel格式，见附件7）；④其他补充材料，包括学会常务理事会同意申报的会议纪要、盖有两年年检结论合格章的登记证书副本、荣誉证书及其他证明材料的复印件。

材料③对学会申报奖项进行外部评价时使用，从中随机抽取会员，听取会员对学会的评价意见，只需提供电子文本，不需书面文本；材料②、④各提交两份纸质文本，申报内容一律用计算机以A4文本打印，请合订成两套，同时请报送电子版的申报书。

3. 在申报书中应详细说明未来三年（2012—2014）学会对奖补资金的使用方向、重点工作任务、年度考核指标。

附件4

2012年度学会能力提升专项优秀国际科技期刊奖项

申 报 指 南

为加强我国优秀科研成果的对外传播与交流，提升我国科技期刊国际影响力和竞争能力，拟设立优秀国际科技期刊奖。为做好申报组织工作，根据《学会能力提升专项实施方案（试行）》，制定本申报指南。

一、奖项设置

优秀国际科技期刊奖设立三类奖项，奖补周期为三年。

1. 一等奖

奖励规模：奖励5个，每个年度奖补金额200万元。

申报条件：

——在SCI等国际知名检索系统的期刊中本学科排位进入50%；

——在本学科领域国际化程度较高、国际影响力强，有较强发展潜能，有望成为世界一流的科技期刊。

目标要求：促使其在SCI、EI、MedLine等国际知名检索系统的期刊相对排名或位置排名有明显提升，成为世界一流科技期刊。

申报范围：中国科协所属全国学会主办英文科技期刊。

2. 二等奖

奖励规模：奖励10个，每个年度奖补金额100万元。

申报条件：

——被SCI、EI等主要国际检索系统收录，在我国重点学科和优势学科领域具有代表性，在一定范围内被国际同行认可；

——有较高学术影响力，期刊出版质量与国际接轨，有较强发展潜力的，有望成为国际高水平的科技期刊。

目标要求：促使其在SCI、EI、MedLine等国际知名检索系统的期刊相对排名或位置排名不断提升，成为国际高水平科技期刊，为孵化新的“国际一流科技期刊”进行积累。

申报范围：中国科协所属全国学会主办英文科技期刊。

3. 三等奖

奖励规模：奖励20个，每个年度奖补金额50万元。

申报条件：

——属于我国科技发展战略确定的重点学科领域，在本学科领域有较高影响力，服务于高端、前沿、创新需求的科技期刊；

——基于主办优秀科技期刊经验和具有国际化出版人才和办刊基础条件，可以为学科发展填补空白，拟申请创办英文科技期刊的优秀全国学会。

目标要求：促使其大幅度提升期刊学术引证指标，尽快进入SCI、EI、MedLine等国际知名检索系统，成为国际化科技期刊；成功创办英文科技期刊（含网络电子版期刊），尽快提升期刊学术引证指标，进入科学规范的编辑出版运行轨道，提升管理效能，提高科技期刊国际显示度和学术影响力。

申报范围：中国科协所属全国学会主办英文科技期刊；申请创办英文科技期刊的出版单位应为中国科协主管、全国学会主办。

二、奖励方向

1. 获奖励的一等奖、二等奖单位，应制定明确的中长期计划和实施方案，并围绕以下奖励主要方向实现重点突破：

——吸纳国际编委。组建由热心于期刊工作、对国际期刊运作有丰富经验的国际知名科学家担任（合作）主编或副主编的编委会，确保期刊的稿源组织、质量控制、学术营销等得到充分保障。

——吸引国际稿源。通过组约国内外重要研究成果、奖励优秀论文、支付一定数额的稿费和审稿费、降低或取消版面费；通过期刊编辑深入本学科重点高校和科研院所（不限于国内），参加专业国内外学术会议等方式，组约优秀稿件，切实有效地提高期刊的稿源质量和学术影响力。

——引进国际出版人才。加强编辑队伍建设，加大引进国际上有较强科研背景、有较高国际视野的科研人员1—2名从事专职编辑工作，为期刊的可持续发展提供人才保障。

——加强网络传播能力。建设国际一流期刊网站。实施开放获取（Open Access）和在线预出版（Online First）；丰富网站内容，提高网站技术含量，完善网站功能，强化服务功能，及时更新网站内容；使用国际一流期刊稿件处理系统，提供国际化的用户界面，使国内的稿件在线处理系统达到国际先进水平，充分扩大显示度和国际影响力。

——期刊国际宣传推广。采取参加国际学术会议、参展、设计印制宣传品，向国际同领域重点实验室、学科带头人邮寄科技期刊等措施加强期刊宣传，扩大国际发行渠道和国际知名度。

——其他有利于提升科技期刊国际影响力的措施。

2．获奖励的三等奖单位，应制定明确的发展目标和发展规划，并围绕以下奖励主要方向实现重点突破：

——增强国际显示度。采取举办本学科国际期刊学术研讨会、参加国际期刊学术会议及期刊展示等必要措施，加强国际影响力和显示度，提高核心竞争能力。

——吸纳国际编委。组建由热心于期刊工作、对国际化期刊运作有丰富经验的国际知名科学家担任（合作）主编或副主编的编委会，确保期刊的稿源组织、质量控制、学术营销等得到充分保障；

——建立国际稿源渠道。深入国际本学科重点高校和科研院所，组约优秀稿件，广泛听取国际编委、作者、读者对期刊工作的意见和建议。

——提高期刊学术引证指标。提升高影响力论文比率。刊登优秀论文，期刊在现有基础上高影响力论文有所提高，并能被国际知名或国际主要检索系统收录。

——引进国际出版人才。引进对现代编辑技术、数字出版技术及经营管理熟悉或精通的高层次、创新型、复合型的国际编辑出版人才1—2名。

——建设先进数字出版平台。实现文档结构化技术和文献支撑数据库在审稿过程中的充分应用，提供国际化的用户界面，使国内的稿件在线处理系统达到国际先进水平。

——其他有利于提升科技期刊国际影响力的措施。

三、申报要求

（一）中国科协所属全国学会主办期刊出版单位申报各类项目应对照《学会能力提升专项实施方案（试行）》和本申报指南要求，结合本期刊自身情况，填写并提交《申报书》和有关材料。

（二）申报奖项期刊主办单位应对申报材料进行审核，确保材料的真实性，如查出申报过程中存在弄虚作假行为的，连续三年取消该期刊申报资格。所有主办单位均需签署意见并加盖公章。

（三）申报材料包括：

申报各奖项的期刊出版单位或全国学会，需提交以下材料：

1．正式报送函（一式一份）；

2．优秀国际科技期刊奖申报书（一式五份）；

3．2010年和2011年出版的样刊各一本；

4．期刊出版许可证副本复印件；

5．其他有利于申请立项的材料。

申请“新创办英文科技期刊”的学会，需提交以下材料：

1．优秀国际科技期刊奖申报书；

2．新闻出版总署规定的申请创立新刊所需材料；

3．其他有利于申请立项的材料。

（四）以上材料各提交两份纸质文本，申报内容一律用计算机以A4文本打印，请合订成两套。同时请报送电子版的申报书。

（五）在申报书中应详细说明未来三年期刊对奖补资金的使用方向、重点工作任务、年度考核指标。

关于组织实施基层科普行动计划的通知

科协发普字〔2012〕12号

各省（自治区、直辖市）科协、财政厅（局），新疆生产建设兵团科协、财务局：

为贯彻党的十七大和十七届三中、四中、五中、六中全会精神，落实《全民科学素质行动计划纲要（2006—2010—2020年）》，充分调动全社会深入基层、贴近实际、贴近生活、贴近群众开展科普工作的积极性和创造性，引领激发广大群众学科学、用科学的积极性和创造性，中国科协、财政部决定联合实施“基层科普行动计划”，该计划由“科普惠农兴村计划”和“社区科普益民计划”两个子计划构成。为保证计划的顺利实施，特制定《“基层科普行动计划”实施方案（试行）》（附件1）（以下简称《方案》），现印发给你们，请结合本地区实际情况，尽快组织实施。

根据《方案》有关要求，现将2012年“基层科普行动计划”有关事项通知如下：

一、评选名额

2012年，“科普惠农兴村计划”将在全国评比表彰1000个农村专业技术协会，386个农村科普示范基地，406名农村科普带头人，5个少数民族科普工作队；“社区科普益民计划”将在全国评比表彰500个科普示范社区。

中央财政安排专项资金对受表彰的单位和个人按照“以奖代补和奖补结合”的原则给予奖励支持。其中，农村专业技术协会和农村科普示范基地的奖补资金标准为20万元，农村科普带头人的奖补资金标准为5万元，少数民族科普工作队的奖补资金标准为50万元；科普示范社区的奖补资金标准为20万元。

二、有关要求

（一）各地要严格按照《方案》规定的程序做好组织实施工作，加强监管，坚决杜绝推荐程序和推荐条件不符合规定、申报材料弄虚作假等不正当行为。推荐过程中要充分发挥示范引导作用，重点关注在基层科学教育、传播和普及方面作出突出贡献的单位和个人；重点关注在农业产前、产中、产后开展综合农技服务的农村专业技术协会；重点关注以建立科普惠农服务站、技术协作网等形式发挥科普惠农长效机制的农技协和科普示范基地；重点关注积极面向社区居民开展科普工作且成效显著的科普示范社区。

（二）各地要加大宣传力度，把评比筛选过程与普及科技知识、弘扬科学精神、传播科学思想、倡导科学方法有机结合起来，及时发现、广泛培育典型，为深入持久实施“基层科普行动计划”打好基础。

（三）各地要结合本地情况尽快制定实施方案细则，明确责任部门和联系人，于2012年5月25日前报至中国科协和财政部。

（四）各地于2012年5月25日前将推荐申报材料报至中国科协。推荐申报材料以省（自治区、直辖市、兵团）科协、财政（务）厅（局）联合签发的正式函的形式报送，材料内容及报送方式如下：

（1）推荐工作简要总结说明。

（2）推荐名单。对所推荐的单位和个人应根据专家评审委员会、科协和财政部门综合确定的分数，按照从高到低的顺序分类排列。

（3）各申报单位、个人的推荐表和相关资料。其中，“科普惠农兴村计划”推荐单位和带头人的推荐表及有关证明材料（包括获得县级以上科普工作奖励的证明，农村专业技术协会的社团登记证明、年检证明和当地统计局出具的该县农民近三年的年均纯收入证明等），通过“科普惠农兴村计划网上申报评审管理系统”进行报送，登录网址为 http：//kphn.cast.org.cn（“科普惠农兴村计划”专题网）。“社区科普益民计划”推荐单位的推荐表和有关证明材料（包括社区近三年科普工作受表彰证明、品牌科普活动简介、近三年科普工作总结、未来三年社区科普工作计划等，推荐表样见附件4、5），通过“社区科普益民计划网上申报平台”进行报送，登录网址为 http：//www.kpym.org.cn（“社区科普益民计划”专题网）。

（4）所有推荐材料的纸质原件留省（自治区、直辖市、兵团）科协存档，中国科协和财政部组织抽查。纸质材料和电子材料应完全一致。

附件：

1．“基层科普行动计划”实施方案（试行）

2．2012年“科普惠农兴村计划”推荐名额分配表

3．2012年“社区科普益民计划”推荐名额分配表

4．“社区科普益民计划”申报表（略）

5．“社区科普益民计划”用款计划（2012年）（略）

中国科学技术协会

2012年4月19日

附件1

“基层科普行动计划”实施方案（试行）

为贯彻党的十七大和十七届三中、四中、五中、六中全会精神，落实《全民科学素质行动计划纲要（2006—2010—2020年）》，充分调动全社会深入基层、贴近实际、贴近生活、贴近群众开展科普工作的积极性和主动性，引领激发广大群众学科学、用科学的积极性和创造性，中国科协、财政部决定联合实施“基层科普行动计划”（以下简称“计划”），该计划由“科普惠农兴村计划”和“社区科普益民计划”两个子计划构成。为保证“计划”的顺利实施，制定本方案。

一、指导思想、目标任务和实施原则

（一）指导思想

以邓小平理论和“三个代表”重要思想为指导，全面贯彻和落实科学发展观，通过“计划”的实施，把科技要素引入农村和城镇社区，不断促进基层科普活动的广泛开展，提高基层科普服务能力，促进城乡公共服务体系建设，提高基层群众的科学文化素质，助力社会主义文化大发展大繁荣，为社会主义和谐社会建设做出贡献。

（二）目标任务

1．科普惠农兴村计划

（1）在总结多年来基层科普工作，特别是实施“科普惠农兴村计划”经验的基础上，通过抓重点、抓亮点、抓示范，在全国每年评比、筛选、表彰一批科普工作成绩突出、效果显著、群众认可、有较强区域示范作用的、辐射性强的农村专业技术协会、农村科普示范基地、农村科普

带头人和少数民族科普工作队。

（2）在推荐、评比过程中通过农民喜闻乐见的方式开展广泛宣传，以点带面、榜样示范，增强农民学科技、用科技的兴趣和意识，把学习科技知识变成广大农民的自觉行动；提高广大农民的科学意识和依靠科技脱贫致富、发展生产、保护环境、改善生活质量的能力；引导广大农民建立科学、文明、健康的生产和生活方式。

（3）建立动员全社会力量开展农村科普工作的长效机制，开拓创新农村科普工作，提高科普公共服务能力，逐步建立完善适应农村特点、满足农民科技需求的科普工作新体系。

2. 社区科普益民计划

（1）在广泛开展社区科普工作的基础上，“十二五”期间，每年评选、奖励一批科普工作成绩突出、效果显著、居民认可、具有示范引领作用的全国科普示范社区。

（2）发挥全国科普示范社区的示范引领和辐射带动作用，推动社区科普工作开展，带动社区科普基础设施建设，引导社区科普活动广泛开展，加快社区科普队伍建设，提高社区科普工作能力，探索建立引导社会科普资源向社区聚集的长效机制。

（3）以科普示范社区创建为抓手，着力提升居民科学文化素质，增加公众参与科普活动的机会，让科学技术的发展成果惠及广大社区居民，推动社区文化建设，教育和引领居民自觉抵制封建迷信和愚昧落后习俗，在社区形成爱科学、学科学、用科学的良好文化氛围，为社会主义和谐社会建设夯实思想文化基础。

（三）实施原则

1. 面向社会，统一标准。评选范围面向社会各界，符合推荐范围和条件的单位和个人均可申报，统一评审标准。

2. 立足科普，注重公益。评选对象立足于科普工作一线，注重社会公益，不以营利为主要目的。

3. 差额评选，择优支持。各省推荐名额与最终确定获奖名单实行差额评选制，从各省推荐名单中择优支持。

4. 奖补结合，追踪问效。中央财政安排专项资金，通过以奖代补和奖补结合方式对评选出的先进集体和个人开展科普活动进行补助和奖励，为他们更好地发挥示范带动作用创造更好的条件。对中央财政专项资金的使用及其结果实行监督考核和追踪问效。奖补资金主要用于改善科普条件、完善科普功能和开展科普活动等支出。

二、推荐范围和条件

（一）科普惠农兴村计划

1. 农村专业技术协会

推荐范围：经社团管理部门依法登记、在农村科普工作方面作出突出贡献的县级以下（含县级）农村专业技术协会。

推荐条件：

（1）组织机构健全、产权明晰、遵纪守法、管理规范。

（2）获得县级以上（含县级）各部门农村科普工作奖励。

（3）会员农户在100户以上，拥有一项或多项适用技术，在科学普及、技术推广、协会管理方面具有较强的示范带动作用。

（4）成立3年以上，具有较强的持续发展能力，会员年均纯收入高于本县农民年均纯收入20%以上。

（5）致力于农村科普事业，普及科技知识、弘扬科学精神、传播科学思想、倡导科学方法；崇尚科学文明，反对愚昧迷信；在提高农民科学素质和专业技能，建设社会主义新农村方面成效显著，得到当地群众的广泛认可和好评。

2. 农村科普示范基地

推荐范围：建立在农村、直接面向农民和农村青少年，以讲座、展览、培训、示范、咨询、服务等方式普及科技知识、弘扬科学精神、传播科学思想、倡导科学方法，致力于提高农民科学素质，促进社会主义新农村建设，做出突出贡献的场所。

推荐条件：

（1）有明确的科普工作规划和任务目标。

（2）获得县级以上（含县级）农村科普工作奖励。

（3）具有开展科普活动的固定场所和科普设备，定期更新科普内容。

（4）常年开展面向农民和农村青少年的科普讲座、展览、培训、咨询等科普活动。每年开展活动的时间100天以上、受益群众1000人次以上，或推广的实用技术形成产业化优势，在提高农民科学素质和专业技能，建设社会主义新农村方面成效显著，得到当地群众的广泛认可和好评。

3. 农村科普带头人

推荐范围：长期在农村面向广大农民开展科普工作，做出突出贡献的农民专业技术人才和农村科普志愿者。

推荐条件：

（1）努力实践“三个代表”重要思想，坚持宣传和落实科学发展观，模范实践社会主义荣辱观。

（2）获得县级以上（含县级）农村科普工作奖励。

（3）具有奉献精神，热心农村科普事业，普及科技知识、弘扬科学精神、传播科学思想、倡导科学方法；崇尚科学文明、反对愚昧迷信。

（4）在农村开展科普工作连续3年以上。在组织开展农村科普工作和依靠科技带领农民致富，提高农民科学素质和专业技能，促进社会主义新农村建设方面成绩显著，能够发挥模范带头作用，得到当地农民群众的广泛赞誉。

4．少数民族科普工作队

推荐范围：在少数民族地区成立的，面向少数民族群众开展科普宣传，做出突出贡献的少数民族科普工作队。

推荐条件：

（1）认真贯彻“三个代表”重要思想，坚持科学发展观，模范执行党和国家的各项方针、政策和法律、法规，维护和促进少数民族地区团结与稳定。

（2）获得县级以上（含县级）农村科普工作奖励。

（3）经政府有关部门批准成立，成立时间在2年以上。

（4）具备必要的科普宣传设备，具有较好工作基础。

（5）常年面向少数民族群众开展科普讲座、展览、培训、咨询等科普活动。每年到少数民族地区开展科普活动的时间不少于100天，在提高少数民族群众的科学素质，促进社会主义新农村建设方面成效显著，得到当地群众的广泛认可和好评。

5．有下列情况之一的单位和个人，不得申报和推荐：

（1）有违法违纪行为的。

（2）有损害群众利益行为的。

（3）有其他造成不良影响行为的。

（二）社区科普益民计划

推荐范围：积极面向社区居民开展科普工作、已被命名为省级科普示范社区的社区。

推荐条件：

（1）社区科普工作领导小组、科普协会等组织健全，有专兼职干部负责科普活动的策划、组织和实施。

（2）社区科普基础设施设备完善，利用效果好。具备科普宣传设施和相对固定的科普活动场所；科普宣传内容更换频度适当，不少于每季度一次。

（3）社区科普经费有保障，能够主动争取社会资源用于社区科普，多渠道筹措科普活动经费。

（4）社区科普活动贴近居民生活，内容丰富，形式多样，受益面广，时效性强。拥有本社区居民参与性强、参与率高、广泛认同的品牌科普活动，每年在社区开展活动不低于4次。

（5）社区居民热心科普事业，主动承担科普志愿者任务，发挥自身专业特长服务本社区居民；广大居民积极参与社区科普活动，居民对社区科普认同度高。

（6）社区科普效果显著，形成爱科学、学科学、用科学的良好文化氛围，近3年内无造成恶劣影响的愚昧迷信活动。

三、组织实施

（一）每年3月底前，由中国科协、财政部综合各省社区、农村科普工作等情况，确定各省农村专业技术协会、农村科普示范基地、农村科普带头人、少数民族科普工作队和科普示范社区的推荐名额，并下达到各省（区、市）。其中农村专业技术协会、农村科普示范基地、农村科普带头人和科普示范社区的推荐名额按评选名额的120%进行分配；少数民族科普工作队由建有少数民族科普工作队的省（区、市）各推荐1个。农村专业技术协会、农村科普示范基地、农村科普带头人和少数民族科普工作队的申报不得交叉重复，申报单位和个人同时符合多个推荐范围和条件的，只能按其中一项进行申报。

（二）省级科协和省级财政部门根据中国科协、财政部下达的推荐名额和本方案规定的推荐范围和条件，结合本省社区、农村科普工作的实际情况，制定具体的实施细则，下发到各市、县，并通过本省的主要媒体广泛宣传，向政府机构、社会组织、社区和广大农民、社区居民公开发布推荐条件和申报程序。认真组织做好本省的推荐工作。

地（市）科协和地（市）财政部门要积极配合省级科协和财政部门做好推荐工作。

（三）县级科协和县级财政部门根据本方案和本省的实施方案，通过当地媒体开展宣传工作，广泛动员当地社会各界积极参与；组织指导符合条件的单位和个人进行申报；组织相关部门和专家对申报材料进行审核，确定推荐单位和个人名单；县级科协和财政部门应将推荐名单在有关社区和乡村进行公示，时间不少于5天，广泛征求意见；公示期满无异议的，由县级科协和财政部门将正式推荐名单和相关材料上报省级科协和财政部门。

（四）省级科协和省级财政部门汇总各县推荐名单和相关材料，成立评审委员会进行审核，在中国科协和财政部下达的推荐名额内，提出推荐单位和个人名单；推荐单位和个人名单须在本省媒体进行公示，时间不少于5天；公示期满无异议的，由省级科协和财政部门于5月底前，将正式推荐名单和相关材料上报中国科协和财政部。

（五）中国科协和财政部汇总省级科协报送的申报材料，成立评审委员会进行评审。评审结果在媒体进行公示，时间不少于5天，公示期满无异议的，6月底前由中国科协和财政部批准并下达各省级科协和财政部门。对受到表彰的农村专业技术协会、农村科普示范基地和少数民族科普工作队授予“全国科普惠农兴村先进单位”称号，受到表彰的农村科普带头人授予“全国科普惠农兴村带头人”称号，受到表彰的社区授予“全国科普示范社区”称号，并均由中央财政资金给予奖励和补助。

（六）各级科协和财政部门要积极宣传获奖对象的先进事迹，要加强对奖补资金的管理和监督，要加大对获奖对象开展科普工作的指导力度，帮助其在提高城乡居民科学素质，助力社会主义文化大发展大繁荣、推进社会主义和谐社会建设中发挥更大作用。要认真做好工作总结和经验交流。省级科协和财政部门应于12月底前将年度工作总结报中国科协和财政部。

四、保障措施

（一）统一认识，加强领导。实施“基层科普行动计划”是贯彻党的十七届六中全会精神，落实《全民科学素质行动计划纲要》，提高城乡基层群众科学素质，促进依靠科技转变经济发展方式、助力社会和谐发展的重要举措。各级科协和财政部门要高度重视，统一思想，在党委、政府的领导下，加强对计划实施工作的组织领导，纳入相应的工作计划，会同有关部门和人民团体共同组织实施，发挥各自优势，密切配合，形成合力，保证计划顺利实施。

（二）广泛宣传，正确引导。受表彰的“全国科普示范社区”、“全国科普惠农兴村带头人”、“全国科普惠农兴村先进单位”是广大基层社区、科普组织和科普工作者的杰出代表。要把评比筛选过程与普及科技知识、弘扬科学精神、传播科学思想、倡导科学方法有机地结合起来，通过广泛宣传他们的先进事迹，进一步激发广大基层科普组织、科普工作者和全社会开展科普工作的积极性、创造性，引导激发基层群众学科学、讲科学、用科学的积极性、创造性，引导全社会共同关注科普工作。

（三）客观公正，加强监督。评比推荐是实施“计划”的关键环节。各地要保证评比的公平、公正、公开，对推荐对象进行认真筛选，优中选优。要建立信息公开和社会监督机制，广泛接受社会各方面的监督。对申报评比过程中发现谎报业绩、编造事迹、弄虚作假的，将取消或核减该省当年的推荐名额。获奖单位和个人有弄虚作假等行为的，经查证属实，撤销其荣誉称号并收回已发放的资金，同时取消或核减该省下一年度的推荐名额。

（四）注重实效，动态管理。中国科协和财政部对获奖单位和个人实行动态管理。获奖单位和个人，不能继续发挥示范带动作用或有损害群众利益行为的，将取消其荣誉称号。相关主管部门要制定组织和指导受表彰奖励的单位和个人开展科普活动的计划，明确目标任务、工作措施和相应职责，加大政策和经费的支持力度，使其在科普工作中取得更大成效。

附件 2

2012年度“科普惠农兴村计划”各省（区、市）推荐名额分配表

省区市	农村专业技术协会	农村科普示范基地	农村科普带头人	少数民族科普工作队
北　京	3	2	10	0
天　津	1	3	1	0
河　北	53	15	14	0
山　西	73	18	14	0
内蒙古	35	18	17	1
辽　宁	22	14	16	1
吉　林	13	4	19	1
黑龙江	16	6	12	0
上　海	1	1	2	0
江　苏	17	11	15	0
浙　江	12	5	8	0
安　徽	29	13	21	0
福　建	52	12	18	0
江　西	26	17	14	0
山　东	95	26	33	0
河　南	81	26	31	0
湖　北	68	18	16	1
湖　南	39	22	19	1
广　东	14	8	19	0
广　西	64	31	14	1
海　南	5	3	4	0
重　庆	23	13	13	1
四　川	110	47	22	1
贵　州	42	22	21	1
云　南	103	25	29	1
西　藏	9	9	15	1
陕　西	87	24	21	1
甘　肃	44	18	14	1
青　海	14	5	4	1
宁　夏	13	6	5	1
新　疆	32	18	16	1
新疆兵团	4	3	10	0
合　计	1200	463	487	16

附件 3

2012 年度“社区科普益民计划”各省（区、市）推荐名额分配表

省区市	科普示范社区	省区市	科普示范社区
北　京	19	湖　南	30
天　津	12	广　东	39
河　北	22	广　西	11
山　西	11	海　南	7
内蒙古	17	重　庆	18
辽　宁	28	四　川	36
吉　林	16	贵　州	11
黑龙江	19	云　南	11
上　海	25	西　藏	2
江　苏	37	陕　西	14
浙　江	27	甘　肃	8
安　徽	23	青　海	4
福　建	17	宁　夏	4
江　西	22	新　疆	15
山　东	40	新疆兵团	4
河　南	25	推荐名额合计	600
湖　北	26		

关于印发《科普基础设施工程实施方案（2011—2015 年）》的通知

科协办发普字〔2012〕2 号

各省、自治区、直辖市科协、发展改革委、科技厅（委）、财政厅（局），新疆生产建设兵团科协、发展改革委、科技局、财政局：

为落实《国务院办公厅关于印发全民科学素质行动计划纲要实施方案（2011—2015 年）的通知》（国办发〔2011〕29 号），按照任务分工和实施要求，中国科协、国家发展改革委、科技部、财政部制定了《科普基础设施工程实施方案（2011—2015）》，现印发给你们，请结合各地实际情况，认真贯彻落实，进一步推动科普基础设施良好发展。

中国科学技术协会办公厅
国家发展和改革委员会办公厅
科学技术部办公厅
财政部办公厅
2012 年 1 月 6 日

科普基础设施工程实施方案（2011—2015 年）

根据《中华人民共和国国民经济和社会发展第十二个五年规划纲要》和《国务院办公厅关于印发全民科学素质行动计划纲要实施方案（2011—2015 年）的通知》（国办发〔2011〕29 号，以下简称《实施方案》），特制定科普基础设施工程具体实施方案。

一、目的

推动进一步落实《实施方案》以及《科普基础设施发展规划（2008—2010—2015 年）》（发改高技〔2008〕3086 号）的有关任务，明确各部门和各地方职责，合理配置公共资源、引导调控社会资源，完善体制机制、制定政策举措、健全法律法规。

二、组织实施

按照中央和地方事权，在国家层面实施科普基础设施工程工作由中国科协、国家发展改革委、科技部、财政部共同牵头，教育部、人力资源社会保障部、环境保护部、农业部、卫生部、林业局、中科院、气象局、全国总工会、共青团中央、全国妇联等结合工作职责参与。各级地方政府有关部门要明确工作职责，落实有关任务，将科普基础设施建设纳入本级国民经济和社会发展总体规划，在建设和运行支持方面提供保障。

三、主要任务及分工

根据《实施方案》，明确“十二五”期间推动科普基础设施工程的主要任务及分工如下：

（一）加强对科普基础设施发展的宏观指导

1. 研究制定科普基础设施的建设标准、认定办法、管理条例。（中国科协、国家发展改革委、科技部负责）

2. 研究制定监测评估体系，定期开展监测评估工作并发布科普基础设施发展报告。（中国科协、国家发展改革委、科技部负责）

（二）积极发展科技馆，建设各类专业科技博物馆

1. 推动科技馆免费开放工作，提高各级各类科技馆的参观率。（中国科协、科技部、财政部负责）

2. 加强展览和教育活动的设计策划，增强科技馆的教育功能，整体提升科技馆的展教水平和服务能力。实施科技馆展览设计和科学教育活动开发活动，组织“科技馆活动进校园”，深化试点，创新理念，提高试点科技场馆展览和教育活动的设计策划能力。推动科技馆专业人才的培养工作。（中国科协、教育部、人力资源社会保障部负责）

3. 加强对科技馆运行的规范管理，开展科技馆评级

和评价。（中国科协、科技部、国家发展改革委负责）

4. 推动科技类博物馆合理布局。鼓励在市（地）和有条件的县（市）发展主题、专题及其他具有特色的科技馆。鼓励和推动有条件的研究机构、大学、企业和具有重要资源的城市，利用现有设施和资源建设专业或产业科技类博物馆。充分利用国家重大工程项目或企业闲置、淘汰的生产设施，建设工业科技类博物馆。（国家发展改革委、科技部、中国科协负责）

（三）推进科普基地建设

1. 加强全国科普教育基地建设。组织开展新一批全国科普教育基地认定和命名工作。对科普教育基地的建设与运行进行专业咨询和指导，组织全国科普教育基地交流培训，提升科普服务能力。国家级科普教育基地总数达到1000个左右，省级科普教育基地总数达到3000个左右。（中国科协牵头）

2. 进一步推动科研机构和大学面向社会开放、开展科普活动。鼓励有条件的企业向中小学开放研发机构、生产设施（流程）或展览馆，建设专门科普场所。依托高校科研基地，重点推动实验室设立定期开放日，组织专家面向中小学生开展科普宣传、讲座以及交流等科普活动。（科技部、教育部、中科院、全国总工会、中国科协负责）

3. 推动中小学生科普教育社会实践基地建设，设计科技场馆与学校科学课程有机结合的活动项目。依托现有科技教育资源联合建立中小学科普教育社会实践基地。在各省市建设100个以推进中小学素质教育为目的的示范性综合实践基地。（教育部、科技部、中科院、中国科协负责）

4. 推动青少年宫、妇女儿童活动中心、妇女培训基地、文化宫等增加科普教育功能。（教育部、共青团中央、全国妇联负责）

5. 引导海洋馆、野生动物园、主题公园、自然保护区、森林公园、地质公园、动植物园等强化科普教育功能。（环境保护部、林业局、中科院负责）

（四）发展基层科普设施

1. 依托现有社会设施，推动建设具备科普教育、培训和展示等功能的县级综合性科普活动场所。继续总结和推广县级校外场所开展科普教育共建共享试点工作的典型经验，推进全国范围内县级青少年校外活动场所科普教育共建共享工作。（中国科协、科技部、教育部负责）

2. 推动全国城乡科普“站栏员”建设，利用和整合现有资源，积极发展科普活动站（室）、科普画廊（宣传栏）和科普员队伍，制定发布《“十二五”时期推进全国科普活动站、科普宣传栏、科普员工作实施方案》。实现在全国60%的街道（乡镇）、社区（行政村）建有科普活动站（室），60%的社区（行政村）建有科普画廊（宣传栏），宣传内容每年更新10次以上。（中国科协、农业部负责）

3. 加强科普大篷车配发工作力度，优化全国展览资源布局，提高展览服务的质量和水平，增强服务基层能力。实施科普大篷车项目，颁布《科普大篷车项目管理办法》。（中国科协牵头）

4. 鼓励有条件的农村职业学校、成人教育机构、中小学、青少年宫利用现有场所建立青少年科学工作室。加强西部地区青少年科学工作室建设，每年组织实施12～15个西部地区科学工作室建设示范项目。（教育部、农业部、共青团中央、中国科协负责）

四、2012年重点工作

1. 开展全国科普基础设施监测评估工作，撰写年度《中国科普基础设施发展报告》。（中国科协、国家发展改革委、科技部）

2. 研究制定科技馆评级和评价试行办法。（中国科协）

3. 研究全国科技馆免费开放实施工作方案。（中国科协、科技部、财政部）

五、工作要求

（一）各部门、各地方要明确工作职责，纳入工作计划，加强协调与整合，形成工作合力。

（二）各部门、各地方要确定具体责任部门和联系人，负责日常工作的联络和协调。

（三）建立沟通协调制度，由中国科协、国家发展改革委、科技部、财政部牵头，定期召集有关部门通报交流情况。

关于印发《2012年全国高校科普开放日活动实施方案》的通知

科协办发普字〔2012〕40号

各省、自治区、直辖市科协、教育厅（教委），新疆生产建设兵团科协、教育局，各有关高校：

为贯彻落实全国科技创新大会、《全民科学素质行动计划纲要实施方案（2011—2015年）》、《国家中长期教育改革和发展规划纲要（2010—2020年）》和刘延东国务委员2012年1月17日在《全民科学素质行动计划纲要》实施工作汇报会上讲话的精神，充分发挥高校的科技教育资源优势开展科普活动，促进教育科普资源的开发与共享，为提高全民科学素质服务，中国科协与教育部共同发动各地高校在2012年9月全国科普日期间开展高校科普开放日活动。现将《2012年全国高校科普开放日活动实施方案》印发给你们，请结合实际，认真组织实施。

中国科协办公厅
教育部办公厅
2012年8月23日

2012年全国高校科普开放日活动实施方案

为贯彻落实全国科技创新大会、《全民科学素质行动计划纲要实施方案（2011—2015年）》、《国家中长期教育改革和发展规划纲要（2010—2020年）》和刘延东国务委员2012年1月17日在《全民科学素质行动计划纲要》实施工作汇报会上的讲话精神，充分发挥高校服务社会的职责，促进教育科普资源的开发与共享，中国科协、教育部决定由各省级科协、教育厅（教委）联合发动有关高校在2012年9月全国科普日期间开展全国高校科普开放日活动，发挥高校的独特优势，履行社会责任，面向广大公众弘扬科学精神，普及科学知识，传播科学思想和科学方法，为提高全民科学素质服务。

一、活动名称、时间及主题

活动名称：2012年×××大学科普开放日活动。

开放时间：2012年9月15～16日。

活动主题：各高校可根据当地全国科普日主题及本校实际和特点确定科普开放日活动主题。

二、活动安排

有关高校组织的科普开放日活动要结合高校自身学科特点和文化传统，体现高校特色和科技元素。活动安排包括：

（一）结合科普日主题及公众关注的科学热点，开放学校的教学科研设施。开放范围包括实验室、工程中心、技术中心、野外站（台）等研究实验基地；各类仪器中心、分析测试中心、自然科技资源库（馆）、科学数据中心（网）、科技文献中心（网）、科技信息服务中心（网）等科研基础设施；非涉密的科研仪器设施、实验和观测场所；科技类博物馆、标本馆、陈列馆、天文台（馆、站）和植物园等。

（二）结合高校特点，组织师生开展公益性科普活动。内容包括举行科普讲座、科技咨询和资料发放等。开展科普专题科普影视展映。

（三）请进来、走出去，开展内容丰富、形式多样的科普开放日活动。要组织公众走进高校，了解科技发展，感受科学精神和科学魅力。同时，鼓励高校师生走出校园，参与到本地科协组织的全国科普日活动中去，开展具有高校特色的科普活动。

三、活动要求

（一）各省级科协和教育厅（教委）要高度重视此项活动，要成立由省级科协和教育厅（教委）为牵头单位，有关高校参加的领导机构，要制订活动实施方案，认真组织实施。要广泛动员本地高校积极参与此项活动，并通过参与活动全面提升高校科普工作的水平和能力，更好地为提高全民科学素质服务。

（二）有关高校要履行社会服务职责，面向社会公众开展各具特色的科普活动。要制订活动方案，分工负责，责任到人。要做好本校科技教育资源的梳理、整合及科普转化工作。要组织广大师生积极参与活动，并做好公众参与活动的引导、服务工作。

（三）各省级科协要把高校科普开放日活动纳入当地全国科普日活动整体框架，统筹安排。要指导区、县科协为开展活动的高校提供服务和支持，要协助高校做好公众参与活动的组织工作，配合高校做好校外活动组织实施等工作。

（四）要加强对活动的宣传工作，组织本地报刊、广播、电视、网络等各种媒体进行宣传报道、发布活动信息。

四、进度安排

——8月下旬，中国科协、教育部制定实施方案、下发通知。

——8月下旬～9月初，各省级科协、教育厅（教委）结合实际情况，制订科普开放日活动实施方案，有关高校制订本校活动方案，并填报活动登记表。

——9月10日前，各省级科协向中国科协报送本地科普开放日活动方案及活动登记表。

——9月15日前，各地按照实施方案，开展科普开放日活动筹备工作。

——9月15～16日，开展2012年全国高校科普开放日活动。

——9月17日～10月15日，有关高校、省级科协、教育厅（教委）做好工作总结。

——11月前，召开年度工作总结会，进行表彰奖励。

五、材料报送要求

（一）请各省级科协于9月10日前将本地高校科普开放日活动方案及2012年全国高校科普开放日活动登记表（见附件）通过电子邮件报中国科协科普部。

（二）活动结束后，各地要对本地区各高校科普开放日活动情况进行认真总结，内容包括活动开展情况和公众反应、社会反响等。

（三）各地高校科普开放日活动将纳入2012年全国科普日优秀特色活动考核范围，中国科协将对主题突出、特色鲜明、效果显著的高校科普开放日活动进行表彰和奖励。请各省级科协在10月15日前将各高校申报全国科普日优秀特色活动申报表及省级活动总结报中国科协（含电子版文件）。

关于印发《2012年全国青少年高校科学营试点活动实施方案》和《2012年全国青少年高校科学营试点活动实施管理办法》的通知

科协办发青字〔2012〕32号

各省、自治区、直辖市科协、教育厅（教委），新疆生产建设兵团科协、教育局，各有关高校：

为贯彻落实中国科协和教育部联合召开的全国青少年高校科学营试点活动工作会议精神，现将《2012年全国青少年高校科学营试点活动实施方案》和《2012年全国青少年高校科学营试点活动实施管理办法》印发给你们，请按照《实施方案》和《实施管理办法》的要求，精心组织，加强协调，因地制宜，探索经验，把活动做实做好，为提高未成年人的科学素质做出新的贡献。

中国科协办公厅

教育部办公厅

2012年6月1日

2012年全国青少年高校科学营试点活动实施方案

一、活动目的和意义

为了贯彻落实《全民科学素质行动计划纲要实施方案（2011—2015年）》、《国家中长期教育改革和发展规划纲要（2010—2020年）》以及刘延东国务委员2012年1月17日在《全民科学素质行动计划纲要》实施工作汇报会上的讲话精神，充分发挥高等院校在科学普及和提高公众科学素质方面的重要作用，促进高校与普通高中合作，创新人才培养模式，为培养科技创新后备人才和中国特色社会主义合格建设者服务，2012年在部分有条件的重点高校开展青少年高校科学营试点活动（以下简称科学营活动）。该活动旨在探索高校科学营的规律、积累经验，促进科普与教育的紧密结合，促进教育科普资源的开发与共享，充分利用和合理开放重点高校丰富的科技教育资源，进一步发挥高校在传播科学知识、科学思想、科学方法和提高青少年科学素质方面的功能，激发青少年对科学的兴趣，引导青少年崇尚科学，鼓励青少年立志从事科学研究事业，培养青少年的科学精神、创新意识和实践能力，为培养科技创新后备人才打下坚实基础。

二、活动名称

科学营活动总名称为：2012年全国青少年高校科学营。各承办高校设立分营，分营名称由高校结合本校特点自行确定。

三、主办单位

科学营活动由中国科协、教育部共同主办，中国科学院为支持单位，有关高校、各省级科协和教育厅（教委）承办。

四、活动规模

2012年科学营试点活动在暑期开展，组织全国5000名左右高中学生（营员）参加，活动时间为7天左右（含报到和疏散）。分营活动由40所全国重点高校和中国科学院研究生院（名单见附件1）承担，各高校接受营员规模为100～300名。为保障学生安全和活动有序开展，按照10∶1的比例配备约500名带队老师。

五、营员选拔

营员名额由主办单位结合各省和有关高校的实际统一分配到各省、自治区、直辖市和新疆生产建设兵团。营员的选拔工作由省级科协、教育厅（教委）承担，承办高校也可根据需要适当组织推荐。

营员一般应选择全国各地品学兼优、热爱科学的高中生，适当向老少边穷地区，尤其是县级及以下基层学校倾斜。

营员的组织和管理上，可充分发挥学生自主性，鼓励学生自我组织，自我管理。出发前，要求营员自行了解所去高校历史文化和学科特点，进行相关知识准备，增强参与活动效果。活动结束后，将对活动的内容、形式和组织情况进行评估，总结营员和带队教师的经验体会，提出改进建议。

六、活动方式

科学营的活动以校内外结合方式安排，以校内为主（3～4天），校外活动为辅（1～2天）。活动内容的设计既要基本符合统一的要求，又要结合各高校的学科特点和文化传统，因地因校制宜，体现高校特色和科技元素。

校内活动主要由承办高校安排组织，内容包括：

——高校名师科普讲座和对话交流，让学生了解前沿科技进展和名师成长成才经历，感受科学精神和科学魅力。

——参观高校内体现前沿科技进展的国家或省部级重点实验室、创新实践基地等。

——与高校大学生或学生社团进行科技文化交流。

——结合高校特点开展特色科技实践活动。

——在高校内住宿、就餐、参观，体验高校生活，感受大学特有的文化和精神。

校外活动主要由高校所在的省科协统一组织安排，内容包括：

——参观高校所在城市的国家重大科技工程项目。

——参观高校所在城市的科技场馆（如科技馆、自然博物馆、天文馆等）、科研院所、高新技术园区或企业等。

——游览高校所在城市内的著名历史文化景点。

——根据各地特点在高校所在城市内安排有地域特色的活动。

——在同一城市的高校也可以结合实际，组织营员开展校际交流活动。

鼓励高校开展具有主题性、特色性的分营活动。鼓励不同类型高校根据自身办学特色和以往类似工作经验，积极探索活动内容和方式创新，主办单位将及时总结经验，树立典型。

七、组织保障

设立科学营活动全国管理办公室，由中国科协、教育部等有关部门的人员组成，负责研究确定科学营试点工作的总体方案和管理办法，协调解决活动中的重大问题，为活动提供经费和人员保障。科学营活动全国管理办公室设在中国科协，日常工作由中国科协青少年科技中心负责。

省级科协、教育厅（教委）和有关高校联合成立相应的省级管理办公室，负责本省活动的总体协调和组织实施。科学营活动省级管理办公室设在省级科协，日常工作由省级科协青少年科技教育工作机构负责。

省级科协、教育厅（教委）负责按照分配的名额选拔营员，配合高校做好校外活动组织实施及宣传工作，积极为活动开展加强协调服务，创造必要条件。

各承办高校负责科学营分营活动的具体组织实施，组织实施机构由高校自行确定。工作内容包括：结合学校学科特点和文化传统以及营员需求制定各分营具体活动方案；组织校内的国内外著名教授、专家参与科学营各项活动；开放校内的部分科研、教育等设施、场所；为学生活动提供基本的生活条件（食宿等）；为科学营配备适量的志愿者；参与营员选拔组织工作等。

八、活动宣传

为了加强试点活动的宣传，全国管理办公室负责科学营活动总体的形象设计（标识、营旗、T恤、帽子、相关宣传品等）。同时，组织报刊、广播、电视、网络等各种媒体在活动的各个重要阶段（启动仪式、活动期间、总结表彰等）对科学营活动进行重点宣传报道。开设活动专题网站（http：//www.kexueying.xiaoxiaotong.org），及时发布活动信息和各营开展活动情况。

省级管理办公室负责辖区的地方媒体对本地高校科学营活动宣传报道。各高校可结合实际，制作相关宣传品。

九、进度安排

——5月中下旬，成立全国管理办公室，召开由省级科协、教育厅（教委）、承办高校分管领导参加的试点活动工作会。

——6月底前，各省、自治区、直辖市和新疆生产建设兵团成立省级管理办公室。根据本地情况，制定省级、分营具体活动方案和营员组织方案，报全国管理办公室审核后，签订项目任务书，拨付经费。按照审核后的方案，开展营员的选拔组织工作和科学营活动筹备工作。

——8月初，举办2012年全国青少年高校科学营开营仪式。各地高校科学营原则上同时开营。

——9～10月，承办高校、省级管理办公室做好工作总结，并将工作总结报全国管理办公室。

——11月，召开年度工作总结会，总结表彰、经验交流。

十、有关要求

（一）省级科协和教育厅（教委）和有关高校，要高度重视此项活动，安排专人负责，加强合作，做好沟通，充分发挥高校科技教育资源对提高未成年人科学素质的积极作用。活动中要加强安全保障，确保营员安全。

（二）各承办高校要结合自身和所在地科技教育资源特点，认真研究策划活动内容，制定各具特色的活动方案，为活动实施提供各项保障。活动准备和实施过程中要与所在地省级教育厅（教委）、科协保持密切联系，做好营员组织、活动实施及食宿、交通安全等保障工作。

（三）省级科协要会同教育部门做好学生选拔和组织工作，注重选拔品学兼优、爱好科学、有科技特长的学生，适当向老少边穷地区，尤其是县级及以下基层学校倾斜。要配合承办高校做好校外活动组织实施、宣传等事宜。

（四）省级教育厅（教委）要动员有关学校积极参与，配合科协做好学生选拔和组织工作，结合试点活动，促进高中与大学的合作，推进青少年创新人才培养工作健康发展。

（五）省级管理办公室要做好协调服务和日常沟通工作，及时报送工作信息和进展情况。按要求将本省总体活动方案和学生组织方案报全国管理办公室审核，签订任务书。活动结束后，要及时汇总本地区各高校试点活动开展情况，总结工作经验，报送活动总结。做好活动经费的管理和使用工作。

附件：

1．2012 年全国青少年高校科学营试点活动承办高校名单

2．2012 年全国青少年高校科学营试点活动学生名额分配表

附件 1

2012 年全国青少年高校科学营试点活动承办高校名单

（共 41 所）

北　京：北京大学、清华大学、北京师范大学、中国农业大学、北京理工大学、北京航空航天大学、北京科技大学、北京交通大学、中国科学院研究生院

天　津：南开大学、天津大学

辽　宁：大连理工大学、东北大学

吉　林：吉林大学

黑龙江：哈尔滨工业大学

上　海：复旦大学、上海交通大学、同济大学、华东理工大学、华东师范大学

江　苏：南京大学、东南大学

浙　江：浙江大学

安　徽：中国科学技术大学

福　建：厦门大学

山　东：山东大学、中国海洋大学

湖　北：武汉大学、华中科技大学、中国地质大学（武汉）

湖　南：湖南大学、中南大学

广　东：中山大学、华南理工大学

重　庆：重庆大学

四　川：四川大学、电子科技大学

陕　西：西安交通大学、西北工业大学、西安电子科技大学

甘　肃：兰州大学

附件 2

2012 年全国青少年高校科学营试点活动学生名额分配表

（按各省承办高校数量排序）

地　区	高校数量	招　募　名　额		接　收　名　额	
		招募数量	招募学生派出地	接收数量	接受学生来源地
北　京	9	200	本地 200 人	1300	本地 200 人，其余 1100 人（安徽、重庆、浙江、福建各 20 人；新疆维吾尔自治区、海南、宁夏、青海、西藏、新疆生产建设兵团各 30 人；其他 21 个省市各 40 人）
上　海	5	240	本地 200 人，北京 40 人	850	本地 200 人，其余 650 人（山东、四川、河北、广西、江西、云南、贵州各 50 人；浙江、安徽、重庆、福建、新疆维吾尔自治区、海南、宁夏、青海、西藏、新疆生产建设兵团各 30 人）
湖　北	3	240	本地 200 人，北京 40 人	300	本地 200 人，江西 50 人，河南 50 人
陕　西	3	240	本地 200 人，北京 40 人	300	本地 200 人，河北 50 人、内蒙古 50 人
山　东	2	240	本地 150 人，北京 40 人，上海 50 人	250	本地 150 人、山西 50 人、河南 50 人
天　津	2	190	本地 150 人，北京 40 人	200	本地 150 人，山西 50 人
辽　宁	2	190	本地 150 人，北京 40 人	200	本地 150 人，内蒙古 50 人
江　苏	2	190	本地 150 人，北京 40 人	200	本地 150 人，河南 50 人
湖　南	2	190	本地 150 人，北京 40 人	200	本地 150 人，贵州 50 人
广　东	2	190	本地 150 人，北京 40 人	200	本地 150 人，广西 50 人

续表

地区	高校数量	招募名额		接收名额	
		招募数量	招募学生派出地	接收数量	接受学生来源地
四川	2	240	本地150人，北京40人，上海50	200	本地150人，云南50人
吉林	1	240	本地200人，北京40人	200	本地200人
黑龙江	1	140	本地100人，北京40人	100	本地100人
浙江	1	150	本地100人，上海30人，北京20人	100	本地100人
安徽	1	150	本地100人，上海30人，北京20人	100	本地100人
福建	1	150	本地100人，上海30人，北京20人	100	本地100人
重庆	1	150	本地100人，上海30人，北京20人	100	本地100人
甘肃	1	140	本地100人，北京40人	100	本地100人
河南	0	190	北京40人，山东50人，江苏50人、湖北50人	0	
河北	0	140	北京40人，上海50人，陕西50人	0	
广西	0	140	北京40人，上海50人，广东50人	0	
江西	0	140	北京40人，上海50人，湖北50人	0	
云南	0	140	北京40人，上海50人，四川50人	0	
贵州	0	140	北京40人，上海50人，湖南50人	0	
山西	0	140	北京40人，天津50人、山东50人	0	
内蒙古	0	140	北京40人，辽宁50人、陕西50人	0	
新疆维吾尔自治区	0	60	北京30人，上海30人	0	
海南	0	60	北京30人，上海30人	0	
宁夏	0	60	北京30人，上海30人	0	
青海	0	60	北京30人，上海30人	0	
西藏	0	60	北京30人，上海30人	0	
新疆生产建设兵团	0	60	北京30人，上海30人	0	
合计	41	5000		5000	

2012年全国青少年高校科学营试点活动实施管理办法

第一章 总 则

第一条 为做好全国青少年高校科学营试点活动（以下简称“科学营活动”）的管理和组织实施工作，特制定本办法。

第二条 科学营活动旨在贯彻落实《全民科学素质行动计划纲要实施方案（2011—2015年）》和《国家中长期教育改革和发展规划纲要（2010—2020年）》，进一步发挥高校科学普及和创新人才培养的功能，利用重点高校丰富的科技教育资源，组织全国青少年走进高校接受科技教育，让青少年感受高校文化，体验科学技术，开展科学实践活动，激发青少年对科学的热情和兴趣，培养科学思想、创新精神和实践能力，促进我国科技创新后备人才的培养。

第三条 科学营活动总名称为：2012年全国青少年高校科学营。各承办高校设立分营，分营名称由高校结合本校特点自行确定。

第二章 组织机构和职责

第四条 科学营活动主办单位为中国科协、教育部。支持单位为中国科学院。承办单位为各有关高校、各省级科协和教育厅（教委）。

第五条 科学营活动设全国管理办公室，由中国科协、教育部等有关部门人员组成。全国管理办公室设在中国科协，日常工作由中国科协青少年科技中心承担。

第六条 全国管理办公室的职责是：

——制定科学营的总体实施方案。

——拟定承办科学营活动的高校名单、各省（区、市）和新疆生产建设兵团选派和接纳营员的参考名额。

——拟定科学营活动实施管理办法。

——组织召开工作会议，协调解决科学营活动中的重大问题，部署科学营活动的具体实施工作，开展相关人员培训。

——审核批准省级管理办公室报送的分营活动方案和分营营员组织方案，与省级管理办公室签署项目任务书，拨付资助经费。

——对科学营的分营活动情况进行督促和实地检查。

——召开科学营活动年度总结会，对科学营活动情况进行总结表彰。

第七条 由省级科协、教育厅（教委）和有关高校联合成立相应科学营活动省级管理办公室（以下简称省级管理办公室），省级管理办公室设在省级科协，日常工作由省级科协青少年科技工作机构负责。

第八条 省级管理办公室的职责是：

——按照全国科学营活动的总体实施方案要求，制定本辖区科学营活动的实施方案、营员组织方案。

——商定分营活动方案和分营营员组织方案。分营活动方案应包括活动主题、活动内容、实施办法、时间进度、预期效果、经费预算、安全预案等。分营营员组织方案应包括营员的组成原则、条件、产生办法等。

——按要求将分营活动方案和分营营员组织方案报全国管理办公室审核。

——按照全国管理办公室分配名额和要求，开展营员的选拔和组织工作。

——按照全国管理办公室审核的分营活动方案，组织开展分营各项活动，并做好活动期间的组织管理、媒体宣传、资源收集等各项保障工作。

——活动结束后，对本辖区科学营活动进行总结评估，向全国管理办公室提交总结报告。

第三章 营员选拔和组织

第九条 参加科学营活动的营员名额和地区分布由全国管理办公室结合各省和有关高校实际提出参考分配方案，统一下达和分配到各省级管理办公室。

第十条 省级管理办公室按照全国管理办公室分配的名额开展营员选拔和组织工作。营员选拔以省级科协、教育厅（教委）组织推荐为主；承办高校可根据需要适当组织推荐，但须纳入相应省所在辖区的名额分配的总体计划，由省级管理办公室统一协调。

第十一条 营员选拔要注重选取爱好科学、有科技特长的学生，适当向老少边穷地区，尤其是县级及以下基层学校倾斜。带队老师按10：1的比例由选拔辖区配备。为便于管理，营员选拔应适当集中。带队教师要安排熟悉学生、认真负责的科技辅导员担任。

第十二条 接收地省级管理办公室应在科学营开营前14天将外地营员分配给本省各高校的具体数量以及各高校的相关报到信息汇总后通知派出地省级管理办公室，派出地省级管理办公室根据相关信息和营员具体情况分配本地营员至高校。

第十三条 派出地省级管理办公室应在科学营开营前7天将本省所有营员和带队老师的详细信息通知接收地省级管理办公室。同时，以书面形式通知本省营员和带队老师的所在学校，告知营员和带队老师参加科学营活动的有关事项（包括派往的高校、营前培训和高校报到有关事项等）。

第十四条 营员在进入高校参加科学营活动前，派出地省级管理办公室负责组织营员和带队老师的集中营前培训，进行行前安全教育，宣讲有关纪律要求，明确领队老师职责和学生自身安全责任，以及相关注意事项。活动结束后，学生和带队教师每人须填写《活动反馈表》交回派出地省级管理办公室，评价活动内容、形式和组织情况，总结经验体会，提出改进建议。

第四章　活动的组织实施

第十五条　科学营活动以分营活动为基本单元。各高校科学营分营活动内容包括校内活动和校外活动两部分，内容安排上以校内活动为主。校内活动3～4天，校外活动1～2天，总时间为7天。校内外活动可交叉安排。

第十六条　科学营分营的开营时间原则上按照全国管理办公室的要求同期举行，特殊情况可根据高校的实际情况做适当调整。

第十七条　科学营分营活动设计原则是：

——突出科技主题。校内外活动的内容安排围绕自然科学领域学习与实践进行，使青少年了解前沿科学知识，感受科学家成长道路，培养科学精神。

——因地制宜，体现特色。校内活动的设计要结合高校的学科特长和文化传统，展现各高校的科技特色和文化底蕴。校外活动要因地制宜，结合高校所在地的历史文化和科技发展状况，策划开展具有地域特色的活动。

——注重交流，增强实效。根据营员的地区、民族、兴趣、知识水平等实际情况，有针对性地安排活动内容。活动各项环节都要注重营员与专家、志愿者的互动交流，拓展学生视野，满足学习需求，增强实际效果。

第十八条　科学营分营的校内活动一般包括开闭营仪式、科学大师讲座和交流、参观校内科研设施或文化场馆、与大学生交流、体验高校生活。有条件的高校可组织开展科技实践活动。承担科学营活动的高校应为营员和带队老师提供必要的生活条件（如食宿等）和医疗保障，并为科学营活动配备适量的专门志愿者。具体活动要求是：

——开闭营仪式。营员报到后，承办高校组织举行科学营开营仪式，介绍活动日程和具体内容以及人员分工、纪律要求、安全须知等事项。活动结束时举行闭营仪式，总结活动实施情况和效果，评选优秀营员、颁发由高校校长签名的活动证书。

——科学大师讲座和交流。邀请本校知名专家为营员做科普讲座或参与论坛等交流活动，让学生了解前沿科技知识和名师成长经历，感受科学魅力，树立正确的科学观和人生观。专家人选优先选择自然科学领域的专家，也可适当补充人文、社会科学知名专家。

——参观校内科研设施。参观高校内体现前沿科技进展的国家或省部级重点实验室、创新实践基地等。

——与大学生交流。与高校学有所长的优秀大学生或学生社团进行科技文化交流或联谊，可以根据高校现有资源将营员分成若干学科或兴趣小组进行。

——科技实践活动。有条件的高校，可根据本校科研实际情况，设计营员可动手参与和操作的科技专题实践活动，如开展小课题研究、现场试验操作、科技小制作等，并安排相应的专业人员进行指导。

——体验高校生活。在高校内住宿、就餐、参观，体验高校生活，感受大学特有的文化和精神。营员和带队老师一般在高校普通学生宿舍住宿、在高校学生餐厅统一就餐，组织参观具有本校特色的场馆，如校史馆、图书馆、博物馆、体育馆等。

第十九条　校外活动一般包括参观校外的国家重大科技工程项目、科技场馆、游览当地历史文化名胜，有条件的可组织开展具有地域特色主题活动和校际交流活动。具体要求是：

——参观高校所在地的国家重大科技工程项目。

——参观科技场馆（如科技馆、自然博物馆、天文馆等）、科研院所、高科技园区、科普教育基地、大型企业等。

——游览高校所在地的著名历史文化名胜，如名人故居、城市规划馆、爱国主义教育基地、人文景点等。

——根据当地条件在所在城市市区内开展具有地域特色的主题活动。

——同一城市的不同高校可以联合开展校际交流活动。如召开科学营联谊活动、集体科普讲座、主题科技交流等。

——校外活动原则上在高校所在地市区或近郊开展。

第二十条　科学营分营的校内活动主要由各承办高校负责组织实施。校外活动可由高校所在的省科协统一组织安排。省级管理办公室要明确高校和省科协的职责，密切联系，加强沟通。

第二十一条　全国管理办公室负责科学营活动的总体安全管理工作。省级管理办公室负责所辖区科学营各项活动安全管理工作，省级科协、教育厅（教委）和承办高校按照各自的职责，负责科学营活动的相应安全管理工作，要切实提高对科学营活动安全工作的认识，高度负责，周密安排，做好相关安全工作的预案，确保各项科学营活动的顺利实施。

第五章　活动宣传

第二十二条　全国管理办公室的宣传职责：

——负责对科学营活动的总体形象设计（标识、营旗、T恤、帽子、相关宣传品等）。

——组织国家级报刊、广播、电视、网络等在活动的各个重要阶段（启动仪式、活动期间、总结表彰等）对科学营活动进行重点宣传报道。

——开设活动专题网站（http://www.kexueying.xiaoxiaotong.com），发布展示各地活动信息和各营开展活动情况。

——活动结束后，汇集展示各营特色活动。

第二十三条 省级管理办公室的宣传职责：

——负责组织地方媒体在活动的重要阶段（启动仪式、活动期间、闭营式等）对本地高校科学营活动宣传报道。

——及时将本地活动信息上传到活动专题网站。

——编印活动有关宣传资料。活动前，将活动信息、营员管理安排、活动详细日程等制作成活动手册发放给各位营员。活动期间，派人进驻高校收集活动文字和图片、影像资料。活动结束后，选取各高校的活动亮点（文字、图片、影像资料等）汇编成册并刻成光盘。

第二十四条 承担科学营活动的高校可结合实际，制作相关宣传品（书包、笔、徽章等）。宣传品上除活动的统一标识外，可使用各高校的标识。

第六章 总结评估

第二十五条 全国管理办公室对各省级管理办公室和各承办高校的夏令营活动开展情况进行总结评估。

第二十六条 评估主要内容包括科学营活动开展情况、组织管理、安全工作、经费使用等情况，以及参与活动学生和带队老师的反馈、活动效果和媒体报道等情况。

第二十七条 评估形式包括全国管理办公室现场调研、省级管理办公室和承办高校提交自评报告、学生和带队教师填写《活动调查表》等办法。

第二十八条 全国管理办公室组织召开科学营年度总结会，根据年度评估结果，表彰奖励活动开展优异的单位。

第七章 经费管理和使用

第二十九条 科学营活动项目资助经费由中国科协负责筹集。项目经费包括全国办公室管理经费、省级办公室管理经费、科学营分营组织经费和营员交通补贴等四个部分。

第三十条 全国管理办公室管理经费由全国管理办公室（中国科协青少年科技中心）使用。主要用于组织召开会议、人员培训、指导检查、总结表彰、宣传等工作。

第三十一条 省级办公室管理经费、科学营分营活动组织经费和营员交通补贴等三部分经费，由全国管理办公室根据各省承担的任务分别拨付给各省级管理办公室协调使用。省级管理办公室管理经费主要用于省内活动总体协调、营员选拔和培训，宣传、检查、评估等工作。科学营分营组织经费主要用于营员和带队老师等在营期间食宿、交通、专家、场地、活动耗材、保险费用、资料印刷等，根据营员和带队老师的数量，按标准定额补贴到承办高校。营员交通补贴主要用于补贴贫困地区营员和带队教师的往返交通费。

第三十二条 省级管理办公室经费由全国管理办公室与省级管理办公室签定项目协议书，按照协议书确定的经费数额拨付经费。

第三十三条 科学营活动是公益性活动。营员和带队老师在营期间的食宿、活动等相关费用由主办单位承担，除部分贫困地区营员外，其余营员的往返交通费需自行承担。

第三十四条 科学营活动项目所有资助经费使用须遵守财经纪律，严格按预算开支，专款专用。

第九章 附 则

本办法由青少年高校科学营活动全国管理办公室负责解释，自印发之日起实施。

关于命名全国科普教育基地的通知

科协办发普字〔2012〕45 号

各相关全国学会、协会、研究会，各省、自治区、直辖市科协，新疆生产建设兵团科协，各有关单位：

为贯彻落实《全民科学素质行动计划纲要（2006—2010—2020 年）》，推动《科普基础设施发展规划（2008—2010—2015 年）》实施，加强全国科普教育基地建设，鼓励社会各方面参与科普工作的积极性，根据《全国科普教育基地认定办法（试行）》，中国科协组织开展了 2012 年度全国科普教育基地的认定工作。通过各地申报，全国学会、省级科协和国家相关部门初评和推荐，中国科协评审、公示等程序，中国科协决定命名中国古动物馆等 397 个单位为全国科普教育基地，示范期为 2012—2016 年。

各推荐单位要加强对全国科普教育基地的指导和管理，为全国科普教育基地开展科普工作提供便利条件。中国科协将于近期将牌匾和证书发至各推荐单位，请各推荐单位尽快完成全国科普教育基地的授牌和证书发放等工作。此次认定的全国科普教育基地将不参加 2012 年度考核。

获得命名的全国科普教育基地应不断完善科普条件，加大科普活动组织力度，全面提升科普服务能力，充分发挥科普基础设施的功能和作用，为公民科学素质建设作出更大的贡献。

附件：全国科普教育基地（2012—2016 年）名单

中国科协办公厅

2012 年 10 月 15 日

附件

全国科普教育基地（2012—2016年）名单

序号	基地名称	推荐单位	所在区域
1	中国古动物馆	中国科学院	北京市
2	中国科学院国家科学图书馆	中国科学院	北京市
3	大钟寺古钟博物馆	中国博物馆协会	北京市
4	国家动物博物馆	中国动物学会	北京市
5	国家卫星气象中心	中国气象学会	北京市
6	中央气象台	中国气象学会	北京市
7	北京市野生动物救护中心	中国野生动物保护协会	北京市
8	中国科学院地理科学与资源研究所	中国自然资源学会	北京市
9	北京工业大学科技与艺术博物馆	北京市科学技术协会	北京市
10	北京工业设计促进中心	北京市科学技术协会	北京市
11	北京急救医疗培训中心	北京市科学技术协会	北京市
12	北京汽车博物馆	北京市科学技术协会	北京市
13	北京青少年服务中心	北京市科学技术协会	北京市
14	北京市房山世界地质公园	北京市科学技术协会	北京市
15	北京市丰台区东高地青少年科技馆	北京市科学技术协会	北京市
16	北京市海淀科技中心（科技馆）	北京市科学技术协会	北京市
17	北京市石景山区科学技术馆	北京市科学技术协会	北京市
18	北京市西城区青少年科技馆	北京市科学技术协会	北京市
19	北京市西周燕都遗址博物馆	北京市科学技术协会	北京市
20	中国长城博物馆	北京市科学技术协会	北京市
21	中国印刷博物馆	北京市科学技术协会	北京市
22	周口店北京人遗址博物馆	北京市科学技术协会	北京市
23	陈塘庄美术科技馆	中国感光学会	天津市
24	天津海昌极地海洋世界	天津市科学技术协会	天津市
25	天津节水科技馆	天津市科学技术协会	天津市
26	天津青年宫	天津市科学技术协会	天津市
27	天津市规划展览馆	天津市科学技术协会	天津市
28	天津市华泰现代农业开发有限公司	天津市科学技术协会	天津市
29	天津市蓟县地质博物馆（天津市蓟县历史博物馆）	天津市科学技术协会	天津市
30	津城静园	天津市科学技术协会	天津市
31	天津市武清区青少年活动中心	天津市科学技术协会	天津市
32	河北省民俗博物馆	中国博物馆协会	河北省
33	河北省气象台	中国气象学会	河北省
34	磁县磁州窑博物馆	河北省科学技术协会	河北省
35	河北省秦皇岛市海港区青少年活动中心	河北省科学技术协会	河北省

续表

序号	基 地 名 称	推 荐 单 位	所在区域
36	河北省塞罕坝机械林场总场	河北省科学技术协会	河北省
37	河北省图书馆	河北省科学技术协会	河北省
38	黄骅博物馆	河北省科学技术协会	河北省
39	冀州市田园棉文化园	河北省科学技术协会	河北省
40	南大港湿地和鸟类自然保护区	河北省科学技术协会	河北省
41	平泉县中华菌文化博览中心	河北省科学技术协会	河北省
42	迁西县科普惠农中心	河北省科学技术协会	河北省
43	秦皇岛图书馆	河北省科学技术协会	河北省
44	邱县科普漫画教育基地	河北省科学技术协会	河北省
45	武安市东山文化博艺园	河北省科学技术协会	河北省
46	武强县年画博物馆	河北省科学技术协会	河北省
47	元中都博物馆	河北省科学技术协会	河北省
48	张家口市科技馆	河北省科学技术协会	河北省
49	涿州市气象科普教育基地	河北省科学技术协会	河北省
50	大同市示范性综合实践基地	山西省科学技术协会	山西省
51	晋华宫煤都井下探秘游	山西省科学技术协会	山西省
52	太原市图书馆	山西省科学技术协会	山西省
53	太原迎泽公园海底世界	山西省科学技术协会	山西省
54	垣曲县革命老区纪念馆	山西省科学技术协会	山西省
55	北方兵器城	中国兵工学会	内蒙古自治区
56	阿尔山国家森林公园	内蒙古自治区科学技术协会	内蒙古自治区
57	包头市科技少年宫	内蒙古自治区科学技术协会	内蒙古自治区
58	莫旗达斡尔民族博物馆	内蒙古自治区科学技术协会	内蒙古自治区
59	大连现代博物馆	中国博物馆协会	辽宁省
60	旅顺日俄监狱旧址博物馆	中国博物馆协会	辽宁省
61	大连九成测绘信息有限公司	中国测绘学会	辽宁省
62	北镇市大棚蔬菜协会科普示范基地	中国农村专业技术协会	辽宁省
63	大连市青少年宫	中国青少年宫协会	辽宁省
64	朝阳市科技馆	辽宁省科学技术协会	辽宁省
65	大连市西岗区中小学综合素质教育中心	辽宁省科学技术协会	辽宁省
66	抚顺煤精琥珀博物馆	辽宁省科学技术协会	辽宁省
67	建昌县绿源养兔技术协会	辽宁省科学技术协会	辽宁省
68	辽宁古生物博物馆	辽宁省科学技术协会	辽宁省
69	辽宁省大连市甘井子中小学生国防教育中心	辽宁省科学技术协会	辽宁省
70	辽宁医学院附属第一医院糖尿病健康教育科普基地	辽宁省科学技术协会	辽宁省
71	辽宁中医药大学博物馆	辽宁省科学技术协会	辽宁省

续表

序号	基 地 名 称	推 荐 单 位	所在区域
72	沈飞航空博览园	辽宁省科学技术协会	辽宁省
73	沈阳航空航天大学	辽宁省科学技术协会	辽宁省
74	沈阳华夏饮食文化博物馆	辽宁省科学技术协会	辽宁省
75	沈阳科学宫	辽宁省科学技术协会	辽宁省
76	岫岩满族自治县科技馆	辽宁省科学技术协会	辽宁省
77	营口市图书馆	辽宁省科学技术协会	辽宁省
78	珍奥科技馆	辽宁省科学技术协会	辽宁省
79	吉林省林业技师学院	中国林学会	吉林省
80	抚松县人参博物馆	吉林省科学技术协会	吉林省
81	吉林白山板石国家矿山公园	吉林省科学技术协会	吉林省
82	吉林省科技馆	吉林省科学技术协会	吉林省
83	吉林省前郭县郭尔罗斯博物馆	吉林省科学技术协会	吉林省
84	吉林省双辽市职业中专	吉林省科学技术协会	吉林省
85	吉林医药学院生命科学馆	吉林省科学技术协会	吉林省
86	通化县青少年活动中心	吉林省科学技术协会	吉林省
87	延边朝鲜族自治州农业科学院	吉林省科学技术协会	吉林省
88	齐齐哈尔市博物馆	中国博物馆协会	黑龙江省
89	黑龙江加格达奇国家森林公园	中国林学会	黑龙江省
90	黑龙江林口县食用菌科普示范基地	中国农村专业技术协会	黑龙江省
91	大庆石油科技馆	黑龙江省科学技术协会	黑龙江省
92	东北石油大学物理探索演示厅	黑龙江省科学技术协会	黑龙江省
93	哈尔滨菁菁农业科技开发有限公司	黑龙江省科学技术协会	黑龙江省
94	黑龙江省横道河子东北虎林园	黑龙江省科学技术协会	黑龙江省
95	黑龙江省北安市青少年活动中心	黑龙江省科学技术协会	黑龙江省
96	黑龙江测绘地理信息科技馆	黑龙江省科学技术协会	黑龙江省
97	黑龙江省图书馆	黑龙江省科学技术协会	黑龙江省
98	商业文化馆	黑龙江省科学技术协会	黑龙江省
99	上海鲁迅纪念馆	中国博物馆协会	上海市
100	上海国际工业设计中心管理有限公司（中国工业设计博物馆）	中国工业设计协会	上海市
101	上海市气象科普教育基地	中国气象学会	上海市
102	国歌展示馆	上海市科学技术协会	上海市
103	上海市虹口区青少年活动中心（国家“指南针计划”专个青少年基地）	上海市科学技术协会	上海市
104	航海医学科普教育基地	上海市科学技术协会	上海市
105	上海长江河口科技馆	上海市科学技术协会	上海市
106	上海辰山植物园	上海市科学技术协会	上海市
107	上海动漫博物馆	上海市科学技术协会	上海市

续表

序号	基 地 名 称	推 荐 单 位	所在区域
108	上海菇菌科普馆	上海市科学技术协会	上海市
109	上海嘉定区青少年活动中心	上海市科学技术协会	上海市
110	上海健生教育活动中心	上海市科学技术协会	上海市
111	上海交通大学钱学森图书馆	上海市科学技术协会	上海市
112	上海科学节能展示馆	上海市科学技术协会	上海市
113	上海朗诗绿色人居馆	上海市科学技术协会	上海市
114	上海奶牛科普馆（上海牛奶集团有限公司）	上海市科学技术协会	上海市
115	上海农业科普馆金山馆（上海金山农业科技有限公司）	上海市科学技术协会	上海市
116	上海青浦循环农业科普教育基地（上海青浦现代农业园区发展有限公司）	上海市科学技术协会	上海市
117	上海市闵行区青少年活动中心	上海市科学技术协会	上海市
118	上海四季百果园科普基地（上海四季百果园有限公司）	上海市科学技术协会	上海市
119	上海隧道科技馆（上海市路政局）	上海市科学技术协会	上海市
120	上海陶瓷科技艺术馆（上海陶院艺术品投资管理有限公司）	上海市科学技术协会	上海市
121	上海无机材料科普教育基地（中国科学院上海硅酸盐研究所）	上海市科学技术协会	上海市
122	上海五库现代农业园区科普教育基地（上海松江现代农业园区五库示范区管理委员会）	上海市科学技术协会	上海市
123	上海中国航海博物馆	上海市科学技术协会	上海市
124	苏州河梦清园环保主题公园（上海梦清园林管理有限公司）	上海市科学技术协会	上海市
125	徐光启纪念馆	上海市科学技术协会	上海市
126	元祖启蒙乐园（上海元祖启蒙乐园有限公司）	上海市科学技术协会	上海市
127	中华印刷展示馆［上海印刷（集团）有限公司］	上海市科学技术协会	上海市
128	镇江山水湾生态农业科普示范园	中国茶叶学会	江苏省
129	中国人民解放军海军诞生地纪念馆	中国航海学会	江苏省
130	东台蚕业技术交流中心	中国农村专业技术协会	江苏省
131	江苏省农业科学院溧水植物科学基地	中国农学会	江苏省
132	连云港市花果山气象科普馆	中国气象学会	江苏省
133	南通市青年宫	中国青少年宫协会	江苏省
134	苏通大桥展览馆	中国土木工程学会	江苏省
135	常熟市支塘镇蒋巷村	江苏省科学技术协会	江苏省
136	常州嬉戏谷有限公司	江苏省科学技术协会	江苏省
137	常州先进制造技术研究所	江苏省科学技术协会	江苏省
138	大丰市东方 1 号创意产业园	江苏省科学技术协会	江苏省
139	国电联合动力技术（连云港）有限公司	江苏省科学技术协会	江苏省
140	江苏（太仓）LOFT 工业设计园	江苏省科学技术协会	江苏省
141	江苏华西都市农业科技发展有限公司	江苏省科学技术协会	江苏省
142	江苏省东海县青少年科技活动中心	江苏省科学技术协会	江苏省

续表

序号	基 地 名 称	推 荐 单 位	所在区域
143	江苏省苏州市吴江市青少年科技文化活动中心	江苏省科学技术协会	江苏省
144	江苏泗洪洪泽湖湿地国家级自然保护区	江苏省科学技术协会	江苏省
145	江苏现代畜牧科技园	江苏省科学技术协会	江苏省
146	江苏信息服务产业基地（扬州）数字科普馆	江苏省科学技术协会	江苏省
147	江苏淹城野生动物世界有限公司	江苏省科学技术协会	江苏省
148	江苏中润农业发展有限公司	江苏省科学技术协会	江苏省
149	江苏省环保科技展览馆	江苏省科学技术协会	江苏省
150	江阴市申港三鲜养殖有限公司	江苏省科学技术协会	江苏省
151	金坛茅山茶博园	江苏省科学技术协会	江苏省
152	昆山市城市生态森林公园有限公司	江苏省科学技术协会	江苏省
153	南京市红山森林动物园	江苏省科学技术协会	江苏省
154	南通市中小学生素质教育实践基地	江苏省科学技术协会	江苏省
155	苏州工业园区青少年活动中心	江苏省科学技术协会	江苏省
156	苏州市东吴国家森林公园	江苏省科学技术协会	江苏省
157	无锡感知博览园投资开发有限公司	江苏省科学技术协会	江苏省
158	无锡市动物园	江苏省科学技术协会	江苏省
159	无锡太湖学院	江苏省科学技术协会	江苏省
160	盱眙县地质文化博物馆	江苏省科学技术协会	江苏省
161	盐城市科技馆	江苏省科学技术协会	江苏省
162	扬州市三维成像科技博物馆	江苏省科学技术协会	江苏省
163	扬州智谷	江苏省科学技术协会	江苏省
164	张家港市青少年社会实践基地	江苏省科学技术协会	江苏省
165	中国煤炭科技博物馆	江苏省科学技术协会	江苏省
166	中核集团江苏核电有限公司	江苏省科学技术协会	江苏省
167	浙江东阳香榧种植与加工技术交流中心	中国农村专业技术协会	浙江省
168	长兴灰岩国家级地质遗迹保护区	浙江省科学技术协会	浙江省
169	杭州青少年活动中心	浙江省科学技术协会	浙江省
170	嘉兴丝绸博物馆	浙江省科学技术协会	浙江省
171	雁荡山博物馆	浙江省科学技术协会	浙江省
172	浙江长兴扬子鳄省级自然保护区	浙江省科学技术协会	浙江省
173	浙江东方地质博物馆	浙江省科学技术协会	浙江省
174	浙江师范大学科技馆	浙江省科学技术协会	浙江省
175	中国茶叶博物馆	浙江省科学技术协会	浙江省
176	中国湿地博物馆	浙江省科学技术协会	浙江省
177	中国水利博物馆	浙江省科学技术协会	浙江省
178	安徽博物院	中国博物馆协会	安徽省
179	寿县博物馆	中国博物馆协会	安徽省

续表

序号	基 地 名 称	推 荐 单 位	所在区域
180	安徽古生物化石博物馆	安徽省科学技术协会	安徽省
181	安徽省淮南市青少年校外活动中心	安徽省科学技术协会	安徽省
182	安徽省林业高科技开发中心	安徽省科学技术协会	安徽省
183	安徽省林业科学研究院	安徽省科学技术协会	安徽省
184	安徽中医药高等专科学校中医药博物馆（药用植物园）	安徽省科学技术协会	安徽省
185	安庆科学技术馆	安徽省科学技术协会	安徽省
186	阜阳市生态乐园	安徽省科学技术协会	安徽省
187	怀宁县科学技术馆	安徽省科学技术协会	安徽省
188	黄山植物大观园	安徽省科学技术协会	安徽省
189	宁国市自然博物馆	安徽省科学技术协会	安徽省
190	太极洞风景名胜区	安徽省科学技术协会	安徽省
191	铜陵防震减灾科普教育基地	安徽省科学技术协会	安徽省
192	芜湖东源新农村开发股份有限公司大浦现代农业科技园	安徽省科学技术协会	安徽省
193	宣城市气象台	安徽省科学技术协会	安徽省
194	鹞落坪国家级自然保护区	安徽省科学技术协会	安徽省
195	中国科学技术大学博物馆	安徽省科学技术协会	安徽省
196	福建省龙岩市新罗区中小学生社会实践教育基地	国家安全生产监督管理总局	福建省
197	泉州海外交通史博物	中国航海学会	福建省
198	福建省图书馆	中国图书馆学会	福建省
199	福建戴云山国家级自然保护区	福建省科学技术协会	福建省
200	福建闽江源国家级自然保护区	福建省科学技术协会	福建省
201	福建省华安县平溪竹类植物园	福建省科学技术协会	福建省
202	福建省永安天宝岩国家级自然保护区	福建省科学技术协会	福建省
203	福州市动物园	福建省科学技术协会	福建省
204	福州市鼓楼区少年科学艺术宫	福建省科学技术协会	福建省
205	福州左海海底世界	福建省科学技术协会	福建省
206	高鲁天文馆	福建省科学技术协会	福建省
207	龙岩市（长汀县）水土保持科教园	福建省科学技术协会	福建省
208	泉州湾河口湿地自然保护区	福建省科学技术协会	福建省
209	如意情集团股份有限公司	福建省科学技术协会	福建省
210	三明市农业科学研究所	福建省科学技术协会	福建省
211	厦门奥林匹克博物馆	福建省科学技术协会	福建省
212	厦门美格农艺有限公司	福建省科学技术协会	福建省
213	厦门市同安区科学技术馆	福建省科学技术协会	福建省
214	分宜县第一中心小学科技活动中心	江西省科学技术协会	江西省
215	江西（德宇集团）得雨生态园	江西省科学技术协会	江西省

续表

序号	基 地 名 称	推 荐 单 位	所在区域
216	江西环境工程职业学院生态科教馆	江西省科学技术协会	江西省
217	江西省核工业地质局二六一大队核地质科技文化园	江西省科学技术协会	江西省
218	江西省鹰潭市龙虎山博物馆	江西省科学技术协会	江西省
219	景德镇陶瓷馆	江西省科学技术协会	江西省
220	庐山石门涧风景名胜区	江西省科学技术协会	江西省
221	鄱阳湖湿地科学园	江西省科学技术协会	江西省
222	上饶县杨惟义纪念馆（昆虫博物馆）	江西省科学技术协会	江西省
223	余江县血吸虫病地方病防治站	江西省科学技术协会	江西省
224	中国林科院亚热带林业实验中心树木园	江西省科学技术协会	江西省
225	中华苏维埃共和国科普史料陈列馆	江西省科学技术协会	江西省
226	青州市博物馆	中国博物馆协会	山东省
227	山东博物馆	中国博物馆协会	山东省
228	潍坊市博物馆	中国博物馆协会	山东省
229	青岛奥林匹克帆船中心	中国航海学会	山东省
230	中国海军博物馆	中国航海学会	山东省
231	山东省青少年活动中心	中国青少年宫协会	山东省
232	冀鲁豫边区革命纪念馆	中国自然科学博物馆协会	山东省
233	昌乐县远古火山口地质公园	山东省科学技术协会	山东省
234	昌邑潍水风情湿地公园	山东省科学技术协会	山东省
235	德州青少年宫	山东省科学技术协会	山东省
236	高密市科技馆	山东省科学技术协会	山东省
237	光大水务爱水节水科普教育基地	山东省科学技术协会	山东省
238	济南市疾病预防控制中心	山东省科学技术协会	山东省
239	济南植物园	山东省科学技术协会	山东省
240	济宁市农业高新技术示范园管理委员会	山东省科学技术协会	山东省
241	济宁市青少年宫	山东省科学技术协会	山东省
242	莱芜市农业科学研究院	山东省科学技术协会	山东省
243	莱芜雪野航空科技体育公园	山东省科学技术协会	山东省
244	临朐县青少年学生科技创新教育实践基地	山东省科学技术协会	山东省
245	临沂市罗庄区科技馆	山东省科学技术协会	山东省
246	蓬莱八仙过海旅游有限公司海洋科技馆	山东省科学技术协会	山东省
247	青岛纺织博物馆	山东省科学技术协会	山东省
248	青岛极地海洋世界	山东省科学技术协会	山东省
249	青岛市口腔医院	山东省科学技术协会	山东省
250	青岛市李沧区科技馆	山东省科学技术协会	山东省
251	青州市黄楼花卉科普基地	山东省科学技术协会	山东省

续表

序号	基 地 名 称	推 荐 单 位	所在区域
252	青州市中小学生综合实践活动基地	山东省科学技术协会	山东省
253	日照市博物馆	山东省科学技术协会	山东省
254	山东大学威海天文台（暨威海市天文台）	山东省科学技术协会	山东省
255	山东省济南第十二中学科普馆	山东省科学技术协会	山东省
256	山东省青少年科普教育实践基地	山东省科学技术协会	山东省
257	日照海洋科普馆	山东省科学技术协会	山东省
258	山东省潍坊市潍城区乐埠山生态科普园	山东省科学技术协会	山东省
259	山东省诸城市青少年科技创新教育实践基地	山东省科学技术协会	山东省
260	山东省邹城市展览馆	山东省科学技术协会	山东省
261	山东滕州微山湖湿地红荷风景区	山东省科学技术协会	山东省
262	寿光市田苑果菜生产基地	山东省科学技术协会	山东省
263	太阳纸业纸文化博览馆	山东省科学技术协会	山东省
264	滕州国防科技教育基地	山东省科学技术协会	山东省
265	滕州市鲁班纪念馆	山东省科学技术协会	山东省
266	滕州市墨子纪念馆	山东省科学技术协会	山东省
267	潍坊东方新世纪公园	山东省科学技术协会	山东省
268	潍坊市坊子德日式建筑群科普教育基地	山东省科学技术协会	山东省
269	烟台 IT 科技馆	山东省科学技术协会	山东省
270	烟台动漫基地	山东省科学技术协会	山东省
271	兖州市华美科普馆	山东省科学技术协会	山东省
272	沂水县科技馆	山东省科学技术协会	山东省
273	沂水县青少年综合实践基地	山东省科学技术协会	山东省
274	枣庄市青少年宫	山东省科学技术协会	山东省
275	中国科学院紫金山天文台青岛观象台	山东省科学技术协会	山东省
276	山东省青少年培训基地（山青世界）	山东省科学技术协会	山东省
277	河南科技大学中国轴承陈列馆	中国机械工程学会	河南省
278	河南省龙泉集团农业开发有限公司	中国农学会	河南省
279	郑州市动物园	河南省科学技术协会	河南省
280	中国太极拳博物馆	河南省科学技术协会	河南省
281	登封市观星台	河南省科学技术协会	河南省
282	河南省青少年禅武科学健身基地	河南省科学技术协会	河南省
283	河南省宛西制药股份有限公司中华医圣苑	河南省科学技术协会	河南省
284	京华园景区	河南省科学技术协会	河南省
285	嵩山地质博物馆	河南省科学技术协会	河南省
286	新乡凤凰山省级森林公园	河南省科学技术协会	河南省
287	修武县云台山风景名胜区	河南省科学技术协会	河南省
288	郑州市植物园	河南省科学技术协会	河南省

续表

序号	基 地 名 称	推 荐 单 位	所在区域
289	郑州外国语学校科普中心	河南省科学技术协会	河南省
290	郑州自然博物馆	河南省科学技术协会	河南省
291	中国文字博物馆	河南省科学技术协会	河南省
292	武钢博物馆	中国金属学会	湖北省
293	大冶市铜绿山古铜矿遗址保护管理委员会	湖北省科学技术协会	湖北省
294	国家电网公司特高压交流试验基地	湖北省科学技术协会	湖北省
295	黄石市博物馆	湖北省科学技术协会	湖北省
296	神农架自然博物馆	湖北省科学技术协会	湖北省
297	咸宁市规划展览馆	湖北省科学技术协会	湖北省
298	武汉大地测量国家野外科学观测研究站	湖北省科学技术协会	湖北省
299	湖南省博物馆	中国博物馆协会	湖南省
300	长沙市青少年宫	中国青少年宫协会	湖南省
301	湖南省少年儿童图书馆	中国图书馆学会	湖南省
302	株洲千金药业股份有限公司	中国药学会	湖南省
303	湖南科技大学动植物标本馆	湖南省科学技术协会	湖南省
304	湖南省科学技术馆	湖南省科学技术协会	湖南省
305	湖南省两型社会规划展示中心（长株潭两型社会展览馆）	湖南省科学技术协会	湖南省
306	湖南省森林植物园	湖南省科学技术协会	湖南省
307	湖南省沙坪湘绣博物馆	湖南省科学技术协会	湖南省
308	湖南省湘潭市青少年宫	湖南省科学技术协会	湖南省
309	怀化医学高等专科学校人体科学馆	湖南省科学技术协会	湖南省
310	益阳市博物馆	湖南省科学技术协会	湖南省
311	张家界大鲵科技馆	湖南省科学技术协会	湖南省
312	广东飞天马茶叶科普示范园	中国茶叶学会	广东省
313	深圳市气象台	中国气象学会	广东省
314	东莞市青少年活动中心	广东省科学技术协会	广东省
315	东莞科学馆	广东省科学技术协会	广东省
316	东莞市森晖自然博物馆	广东省科学技术协会	广东省
317	佛山市林业科学研究所科普馆	广东省科学技术协会	广东省
318	广东南澎列岛海洋生态省级自然保护区	广东省科学技术协会	广东省
319	广东省惠州科技馆	广东省科学技术协会	广东省
320	广东省土壤科学博物馆（广东省生态环境与土壤研究所）	广东省科学技术协会	广东省
321	广东省湛江市湖光岩风景区	广东省科学技术协会	广东省
322	广州动物园	广东省科学技术协会	广东省
323	广州神农草堂中医药博物馆	广东省科学技术协会	广东省
324	东江树木科技示范园	广东省科学技术协会	广东省
325	汕头科技馆	广东省科学技术协会	广东省

续表

序号	基 地 名 称	推 荐 单 位	所在区域
326	新会（广东）桥梁博物馆	广东省科学技术协会	广东省
327	桂林市农业科学研究所	中国农学会	广西壮族自治区
328	合浦汉代文化博物馆	广西壮族自治区科协	广西壮族自治区
329	柳州科技馆	广西壮族自治区科协	广西壮族自治区
330	南宁市动物园	广西壮族自治区科协	广西壮族自治区
331	课堂内外杂志社	重庆市科学技术协会	重庆市
332	重庆白鹤梁水下博物馆	重庆市科学技术协会	重庆市
333	重庆缙云山国家级自然保护区	重庆市科学技术协会	重庆市
334	重庆科技馆	重庆市科学技术协会	重庆市
335	重庆市南山植物园	重庆市科学技术协会	重庆市
336	重庆市酉阳县青少年科普教育活动中心	重庆市科学技术协会	重庆市
337	重庆消防协会（重庆市消防教育馆）	重庆市科学技术协会	重庆市
338	重庆中国三峡博物馆	重庆市科学技术协会	重庆市
339	海南省地震局三亚地震台	海南省科学技术协会	海南省
340	自贡恐龙博物馆	中国博物馆协会	四川省
341	成都市青少年活动中心	中国青少年宫协会	四川省
342	成都动物园	四川省科学技术协会	四川省
343	成都市植物园	四川省科学技术协会	四川省
344	四川博物院	四川省科学技术协会	四川省
345	贵州省龙里林场	中国林学会	贵州省
346	贵州省黔东南州气象台	中国气象学会	贵州省
347	贵阳野生动物园	贵州省科学技术协会	贵州省
348	贵州茂兰国家级自然保护区	贵州省科学技术协会	贵州省
349	贵州民族大学	贵州省科学技术协会	贵州省
350	遵义动物园	贵州省科学技术协会	贵州省
351	云南省博物馆	中国博物馆协会	云南省
352	云南省大理白族自治州博物馆	中国博物馆协会	云南省
353	腾冲县气象局	中国气象学会	云南省
354	昆明青少年活动中心	中国青少年宫协会	云南省
355	中国石林喀斯特地质博物馆	云南省科学技术协会	云南省
356	拉萨市青少年气象科普教育基地	西藏自治区科协	西藏自治区
357	西藏山南地区职业技术学校	西藏自治区科协	西藏自治区
358	国家测绘局第一大地测量队	中国测绘学会	陕西省
359	西安阎良航空科技馆	中国航空学会	陕西省
360	陕西长青国家级自然保护区	中国林学会	陕西省
361	汉阳陵博物馆	陕西省科学技术协会	陕西省

续表

序号	基 地 名 称	推 荐 单 位	所在区域
362	陕西历史博物馆	陕西省科学技术协会	陕西省
363	陕西牛背梁国家级自然保护区	陕西省科学技术协会	陕西省
364	陕西自然博物馆	陕西省科学技术协会	陕西省
365	西安博物院	陕西省科学技术协会	陕西省
366	延安市科学技术馆	陕西省科学技术协会	陕西省
367	平凉市博物馆	中国博物馆协会	甘肃省
368	天水市博物馆	中国博物馆协会	甘肃省
369	天水市农业高新技术示范区管委会办公室	中国农学会	甘肃省
370	兰州中心气象台	中国气象学会	甘肃省
371	定西市公安消防支队	甘肃省科学技术协会	甘肃省
372	酒泉市肃州区防震减灾科普教育基地	甘肃省科学技术协会	甘肃省
373	武威市雷台汉文化博物馆	甘肃省科学技术协会	甘肃省
374	张掖国家湿地公园	甘肃省科学技术协会	甘肃省
375	青海省青少年活动中心	中国青少年宫协会	青海省
376	青海藏医药文化博物馆	青海省科学技术协会	青海省
377	青海原子城纪念馆	青海省科学技术协会	青海省
378	西宁野生动物园	青海省科学技术协会	青海省
379	宁夏回乡文化实业有限公司（中华回乡文化园）	中国建筑学会	宁夏回族自治区
380	宁夏地质博物馆	宁夏回族自治区科学技术协会	宁夏回族自治区
381	宁夏林业研究所股份有限公司科普教育基地	宁夏回族自治区科学技术协会	宁夏回族自治区
382	新疆艾比湖湿地国家级自然保护区	中国林学会	新疆维吾尔自治区
383	霍城县青少年活动中心	新疆维吾尔自治区科学技术协会	新疆维吾尔自治区
384	霍城县伊犁将军府	新疆维吾尔自治区科学技术协会	新疆维吾尔自治区
385	克拉玛依市白碱滩区文化科技中心	新疆维吾尔自治区科学技术协会	新疆维吾尔自治区
386	玛纳斯县青少年活动中心	新疆维吾尔自治区科学技术协会	新疆维吾尔自治区
387	莎车县青少年活动中心	新疆维吾尔自治区科学技术协会	新疆维吾尔自治区
388	乌鲁木齐市儿童公园	新疆维吾尔自治区科学技术协会	新疆维吾尔自治区
389	新疆巴州且末县博物馆	新疆维吾尔自治区科学技术协会	新疆维吾尔自治区
390	新疆阜康市青少年活动中心	新疆维吾尔自治区科学技术协会	新疆维吾尔自治区
391	新疆西尔丹食品有限公司辣椒文化馆	新疆维吾尔自治区科学技术协会	新疆维吾尔自治区
392	伊犁哈萨克自治州博物馆	新疆维吾尔自治区科学技术协会	新疆维吾尔自治区
393	伊犁州巩留县野核桃沟自然资源重点保护区	新疆维吾尔自治区科学技术协会	新疆维吾尔自治区
394	新疆生产建设兵团农六师青格达湖自然保护区	新疆生产建设兵团科学技术协会	新疆维吾尔自治区
395	新疆生产建设兵团农七师农业科学研究所	新疆生产建设兵团科学技术协会	新疆维吾尔自治区
396	新疆生产建设兵团农业建设第十二师五一农场	新疆生产建设兵团科学技术协会	新疆维吾尔自治区
397	新疆生产建设兵团农业建设第十三师农业科学研究所	新疆生产建设兵团科学技术协会	新疆维吾尔自治区

关于印发《食品安全科普宣传大纲》的通知

科协发普字〔2012〕18号

各省、自治区、直辖市科协、食品安全办，新疆生产建设兵团科协、食品安全办，国务院食品安全委员会各成员单位办公厅（室）：

为贯彻《全民科学素质行动计划纲要（2006—2010—2020年）》和《食品安全宣传教育工作纲要（2011—2015年）》，进一步做好食品安全科普宣传工作，中国科学技术协会和国务院食品安全委员会办公室共同制定了《食品安全科普宣传大纲》，现印发给你们，请结合实际，认真贯彻实施。

中国科学技术协会

2012年6月14日

食品安全科普宣传大纲

为深入贯彻《全民科学素质行动计划纲要（2006—2010—2020年）》和《食品安全宣传教育工作纲要（2011—2015年）》，广泛普及食品安全相关知识，促进公众建立科学的食品消费理念和食品安全观念，提高食品安全意识和预防、应对风险的能力，特制定《食品安全科普宣传大纲》（以下简称《大纲》）。

一、适用范围和目的

《大纲》适用于指导各级科协、食品安全办、相关职能部门及有关社会团体和宣传媒体组织实施食品安全科普和新闻宣传工作。本《大纲》作为开展食品安全科普宣传的指导性文件，其目的是提出现阶段我国食品安全科普宣传的基本内容和要求，加强对各类食品安全科普宣传工作的宏观指导，促进食品安全科普宣传工作的有效实施，推进食品安全诚信文化建设，提高公众利用科学知识指导日常生活的能力，维护公众食品安全，促进社会和谐。

二、指导原则

食品安全科普宣传应注重普遍性、科学性和针对性。要坚持面向全社会普及食品安全知识，促进全社会食品安全基本认知的形成，营造全社会关注食品安全、参与食品安全保障的良好氛围；要坚持内容的科学性，确保宣传普及的食品安全知识科学准确，加强解疑释惑，回应社会关切，消除认识误区；要突出针对性，根据不同受众群体的特点，抓住食品安全热点问题，设计科普宣传形式和内容，增强科普宣传效果。

三、科普宣传内容和要求

（一）食品安全基本知识

通过对食品安全基本知识的了解，使公众形成基本的食品安全科学认知：了解可能危害食品安全的因素，理解食品安全风险的概念，科学认识食品安全；明确食源性疾病是全球范围内最大的食品安全问题，增强对食源性疾病的关注；建立食品安全的全产业链认知，明确食品安全与整个产业链密不可分，明确食品生产经营者是食品安全的责任主体；形成对食品安全标准、食品添加剂的正确认识；了解转基因食品、保健食品、特殊膳食食品、新资源食品等的基本概念及相关法规，形成科学消费、平衡膳食的理念。

1. 食品安全的概念和内涵

了解食品供给与食品安全的关系，理解保障食品质量安全与数量安全同等重要。了解食品安全的定义，即“食品无毒、无害，符合应当有的营养要求，对人体健康不造成任何急性、亚急性或者慢性危害”；认识到食品安全应覆盖从农田到餐桌的整个食物链的所有环节；广义的食品安全包括由营养过剩或营养缺乏而导致的对人体健康的危害。

2. 食品安全与风险

科学认识危害与风险的概念。从风险和受益两个方面对食品中可能存在的危害因素进行科学分析和理解。了解食品安全风险分析框架（包括风险评估、风险管理、风险交流），并能认识到食品安全管理的核心是风险管理。认识到食品安全没有零风险，而是在保证食品营养和最佳品质的同时，力求将风险降低到可接受的程度。

3. 食品安全与健康

了解食品中的三类危害因素（生物性、化学性、物理性）及其可能来源。理解任何物质的有毒有害特性与有益特性一样，都是与摄入量紧密联系在一起的，离开摄入量无法对其有害或者有益做出评价。建立对各类危害因素造成健康损害的量效关系认识，即摄入危害物质的量越大和时间越长，则健康损害的风险越高；正确认识超标和有害健康的关系，建立起对危害的科学认识。

4. 食源性疾病

了解食源性疾病的概念。知晓常见的食源性疾病种类以及预防措施，帮助公众形成良好行为习惯，避免食源性疾病的发生。了解天然毒素的概念，了解常见食品中存在的天然毒素种类，了解随食品传播的病毒和寄生虫危害以及规避风险的相关措施。了解食源性疾病是全世界范围内最大的食品安全问题。

5. 食品安全标准

了解什么是食品安全标准和食品安全标准的作用和意

义；了解我国食品安全标准的分类、框架和体系及制定的原则、依据和过程；了解食品安全国家标准与其他标准之间的关系；了解我国食品安全标准与国际标准的联系和差别；正确认识不符合标准与食品安全之间的关系。

6. 食品添加剂

理解食品添加剂的概念，正确认识食品添加剂在食品工业中的地位和作用。明确食品添加剂和非法添加物的区别，明确食品中使用非法添加物对食品安全的危害。了解超范围或者超量使用食品添加剂对食品安全的影响。

7. 食品产业链

理解“从农田到餐桌”的食品安全全程控制体系。了解食品追溯、食品召回的概念和目的。了解食品安全检测的概念，明确检测在食品安全监管中的作用，认识到合格食品是生产出来的，食品生产经营者是食品安全的责任主体。

8. 转基因食品

了解什么是基因和农业转基因技术。了解转基因食品的概念及转基因技术在食品上应用的目的。了解转基因食品安全性评价的要求以及转基因食品标识的目的是保障公众的知情权，而不是安全问题。了解国内外转基因食品的发展情况，以及国内外在转基因食品方面的相关规定。

9. 保健食品、特殊膳食食品与新资源食品

了解保健食品的概念，能正确区分保健食品、普通食品和药品，了解保健食品的审批原则和审批过程。了解特殊膳食食品（包括特殊医学用途食品）的概念和主要内容。了解新资源食品的概念、审批原则和审批过程。

10. 平衡膳食

了解食物的常见分类，包括谷类，蔬菜和水果类，鱼、禽、肉、蛋类，奶类和豆类，油脂类等。了解不同种类食品中各种营养素分布的不同，理解膳食结构的概念，了解食物搭配的意义。理解中国居民膳食指南的原则和要点，认识到平衡膳食的重要性。

（二）食品产业链与食品安全

通过对从农田到餐桌的食品产业链全过程和相关食品安全知识的了解，加深对食品工业的认识，增强对加工食品的信心，消除对加工食品的不信任；了解不同环节存在的食品安全危害，使公众认识到食品安全与整个产业链各环节密切相关；积累食品安全基本知识，提高公众自我保护能力。

1. 农业生产与食品安全

了解现代种植业的发展情况，了解农产品与食品之间的产业链关系，了解环境污染物及其对农产品质量安全的影响，理解农产品的质量安全对食品安全的基础作用；了解农药的作用和主要类别，了解什么是农药残留及其来源、危害，了解什么是安全采收期及相关农残控制措施，形成对农药的科学认识。

了解和认识现代畜禽、水产养殖生产的特点，了解畜禽产品、水产品安全的主要危害因素及各类危害产生的原因，科学认识兽药及饲料添加剂的作用和使用，了解国际通行的兽药残留、最高残留量与休药期等概念。

了解禁止使用的农药、兽药的情况。特别针对农业生产者加强合理、安全使用农药、兽药知识的科普宣传，促进农业生产者掌握科学的农药、兽药使用方法。

2. 食品加工与食品安全

了解现代食品加工业对保障食品供应的作用，科学看待加工食品；了解基本的食品加工过程，包括食品的分离、干燥、蒸馏、发酵、速冻、调配等加工方法，了解杀菌或抑菌的常用方法。

了解常见的食品添加剂种类，了解食品添加剂限制使用范围和用量的原因。了解零添加或者纯天然食品不一定是安全食品。

了解食品加工过程中可能存在的危害因素，包括物理危害、化学危害和生物危害，了解控制这些危害因素的相关措施；了解食品加工过程中可能产生的新危害及控制措施。

了解食品检验，正确认识食品检验结果，科学认识食品检验对保障食品安全的作用。了解不合格食品与不安全食品之间的差别与联系。

了解常见的食品包装材料，理解包装材料可能存在的食品安全风险，包括纸品、塑料制品、金属制品、橡胶制品等。

了解食品企业食品安全控制体系，包括食品危害分析与关键控制点体系、国际标准ISO9000、通用卫生规范等。

3. 食品流通与食品安全

了解食品及其原材料在贮藏过程中的食品安全，了解食品品质的基础知识，了解食品贮藏保鲜的基本方法；了解鲜活和生鲜食品的特点和常用保鲜方法；了解常见加工食品的特点和基本贮藏知识。针对电冰箱存放食品的特点，了解不同食品的保质期及使用注意事项。使公众能够区分食品保质和保鲜的差别，了解不同食品保鲜和保质的基本知识和方法。

了解食品流通概念、食品流通的形式、食品流通过程和内容等基本知识，了解食品流通中相关仓储、运输和保鲜环节的控制措施，了解不同流通方式的特点，了解不同原材料和不同食品半成品、终产品的运输和流通要求，了解流通过程中的温度控制等食品安全控制措施。使公众了解食品原料、食品半成品、成品在流通过程中控制食品安

全的环节和方法。

4. 食品消费与食品安全

了解什么是食品的腐败变质，了解食品腐败变质的原因和危害。

了解常见家庭食品的贮存方法；正确认识食品的储藏期和保质期。掌握预防食源性疾病的五大要点，包括保持清洁、生熟分开、完全煮熟、安全存放和材料安全。

了解基本的食品营养知识，了解常见营养素的作用；了解不同人群的膳食需求，了解日常的饮食控制和膳食管理，促进公众养成科学饮食的习惯。了解食品烹饪过程，了解食品烹饪过程中可能存在的危害和营养素损失，合理选择食品烹饪原料、烹饪方法。引导公众形成一些基本的健康饮食观念，如保证食物多样、多吃果蔬、控制脂肪等。

（三）食品安全监管

通过对我国食品安全监管情况以及相关法律、法规知识的介绍，使公众知晓当前食品安全监管的工作思路，理解风险监管的核心；了解我国食品安全的法律法规体系已经基本建成，并正在逐步完善；了解我国食品安全监管的程序，形成对我国食品安全监管体系的基本认知；对比国内外食品安全监管体系，认识到食品安全监管体制要适应本国国情；了解我国食品安全存在的问题和取得的成绩；了解生活中基本食品安全事件的应对方法，了解食品安全事件的发布渠道，消除对食品安全事件报道的恐慌，建立起对我国食品安全监管的信心。

1. 我国食品安全的基本状况

了解我国食品安全的总体状况；了解我国食品产业素质不高，食品生产经营主体点多面广、小、散、乱特点突出等；了解食品行业诚信缺失、非法添加等犯罪行为加大了食品安全监管的难度；引导公众理解食品安全工作的长期性、艰巨性和复杂性。

2. 食品安全法律、法规

了解食品安全法等相关法律法规；了解食品安全风险监测和风险评估，了解国家食品安全风险监测计划；了解什么是食品溯源和召回及其相关的管理制度。

3. 我国的食品安全监管体系

了解食品安全监管体系必须基于相关国家的实际情况；了解我国现在的食品安全监管体系；了解国务院食品安全委员会及其办公室的职能；了解地方各级政府及工业和信息化部、农业部、商务部、卫生部、国家工商行政管理总局、国家质量监督检验检疫总局、国家粮食局、国家食品药品监督管理局等部门在食品安全管理中的作用和职责；了解企业、公众、媒体等其他主体在食品安全监管体系中的权利、义务及参与途径。

关于印发《中国科协2012年工作要点》的通知

科协办发调字〔2012〕4号

各全国学会、协会、研究会，各省、自治区、直辖市、副省级城市科协，新疆生产建设兵团科协：

现将《中国科协2012年工作要点》印发给你们，请按照中央书记处对科协工作的要求，结合贯彻中国科协第八届全国委员会第二次会议精神，联系本地区本单位实际情况，认真贯彻落实。

附件：中国科协2012年工作要点

中国科协办公厅

2012年2月3日

附件

中国科协2012年工作要点

2012年，科协工作的总体要求是：全面贯彻党的十七大和十七届三中、四中、五中、六中全会精神，以邓小平理论和“三个代表”重要思想为指导，深入贯彻落实科学发展观，按照中国科协八大要求，团结带领广大科技工作者，紧紧围绕科学发展主题和加快转变经济发展方式主线，牢牢把握稳中求进的工作总基调，着力培育提升学会能力，着力增强科普惠农益民实效，着力提高决策咨询服务水平，着力密切与科技工作者的联系，切实履行好“三服务一加强”的工作职能，在继承中创新，在创新中发展，狠抓落实、务求实效，努力在做好党的群众工作和国家科技工作方面实现新突破，以优异成绩迎接党的十八大胜利召开。

一、深入贯彻落实十七届六中全会精神，努力为党的十八大胜利召开营造良好氛围

1. 牢固树立政治意识、责任意识和大局意识，切实把思想和行动统一到中央重大决策部署上来。按照中央统一部署，以高度的政治责任感，认真做好党的十八大代表选举工作。结合科协实际深入开展“科学发展 成就辉煌”主题宣传教育活动，大力宣传中央决策部署，密切配合党委和政府深入开展形势政策教育，用科学发展的巨大成就和党的建设成功实践激励广大科技工作者，努力营造科技界积极健康、团结奋进的良好氛围。精心组织、广泛开展为党的十八大作贡献主题实践活动，动员组织广大科技工作者紧紧围绕党和国家工作大局，履职尽责，发挥表率作用，努力为实现“十二五”规划目标而奋斗。党的十八大召开后，要精心组织学习贯彻党的十八大精神，通过宣讲报告、专题辅导等多种形式，切实把广大科技工作者的思想认识统一到党的十八大精神上来，把智慧和力量凝聚到实现党的十八大确定的各项目标任务上来。

2. 推动提高公民科学素质，大力培育科学文化。广泛动员学会、高校、科研院所、企业等社会力量，积极开展群众性、社会性主题科普活动，深入实施“社区科普益民计划”，努力把优质科普资源更多地引向农村、社区和中小学校，引入基层，发挥好科技创新作为文化发展重要引擎的作用，推动形成尊重劳动、尊重知识、尊重人才、尊重创造的良好社会氛围。认真组织全国科普日系列活动，以“食品安全与公众健康”为主题，与北京市人民政府及国务院食品安全委员会办公室等有关部门共同主办2012年全国科普日北京主场活动，切实加强社区科普工作，探索推广社区科普大学等有效举措和新鲜经验，促进社会和谐，以重点人群科学素质行动带动全民科学素质的整体提升，为建设创新型国家奠定坚实的科学素质基础。组织专家学者围绕社会热点焦点问题定期开展“科学家与媒体面对面”、科技期刊与媒体见面会、中国科协论坛、中国科技馆“科学讲坛”等活动，帮助公众了解必要的科学技术知识，坚持移风易俗，抵制愚昧迷信活动，努力营造讲科学、爱科学、学科学、用科学的良好社会风尚。

3. 广泛宣传优秀科技工作者，大力培育创新文化。实施优秀科技工作者宣传计划，支持鼓励北京大学、清华大学、上海交通大学、浙江大学等重点高校学生剧社排演《钱学森》、《邓稼先》、《王选》、《竺可桢》等话剧并成为传统剧目，筹备拍摄文献纪录片《李四光》，用更加鲜活的科学家形象激励青年学生爱国创新、奋发有为。充分利用电视电影、书籍报刊等文化载体，大力宣传以国家最高科学技术奖、中国青年科技奖等重要奖项获奖者为代表的优秀科技工作者和基层一线科技人员，用科技工作者作为先进生产力开拓者和先进文化传播者的精神风貌引领社会文化潮流。深入实施老科学家学术成长资料采集工程，及时对采集形成的珍贵音像资料、实物资料及文字资料进行数字化加工，通过展览展示、出版图书、制作专题文献资料片等形式进行二次开发，用老科学家的光辉事迹和崇高精神激励科技工作者勇攀世界科技高峰。

4. 着力加强科学道德与学风建设，大力培育科研诚信文化。联合教育部、中科院、工程院、社科院等部门继续深入开展科学道德与学风建设宣讲教育，使宣讲教育全面覆盖所有研究生培养单位，对全国新入学的40多万硕士研究生、6万多博士研究生进行科学精神、科学道德、科研伦理和学术规范教育。针对高校学生开学时间比较集中的现实情况，于2012年9月在人民大会堂举办首都研究生宣讲教育报告会，推动各省（区、市）继续开展好集中宣讲教育，并督促高校、科研院所以及其他研究生培养单位结合实际自主开展相关教育。认真总结经验，抓好各项工作落实，按照“全覆盖、制度化、重实效”的要求，引导广大研究生、大学教师和科研人员严谨治学、诚实做人，在全社会营造严谨求实、诚信守责的良好氛围，为推动科技事业健康发展、建设创新型国家打下坚实基础。

5. 积极推进科协文化建设，不断增强科协组织吸引力凝聚力。研究制定中国科协文化建设纲要，培育具有鲜明时代特征的科协文化，推动形成科技界普遍认同的价值理念和行为准则，努力把科协建设成为温暖的科技工作者之家。坚持把科协业务工作与文化建设有机结合起来，积极搭建活动平台，大力拓展科协文化活动载体。广泛开展“建科技工作者之家，交科技工作者之友”活动，研究探索科协系统建家交友的新方式、新举措，探索建立基层联系点、示范点，进一步做好联系服务专家学者的工作，不断密切与科技工作者的思想沟通、情感交流和工作联系，深化与科技工作者的友谊，努力做科技工作者的知心人和贴心人，凝心聚力、共促和谐。

二、紧紧抓住能力建设这个关键，努力把科协组织在推动经济发展方式转变中的重要作用充分发挥出来

6. 以实施学会能力提升专项为抓手，进一步提高所属学会服务经济社会发展的能力和水平。把服务经济社会发展作为第一要务，切实提升学会服务能力，联合财政部共同实施学会能力提升计划，通过“以奖代补”方式，加大扶持力度，培育一批具有较强学术影响力和自主发展能力的示范性全国学会，建设一批国际知名、国内一流的现代科技社团，积极探索学会发挥国家创新体系重要组成部分作用的体制机制和有效途径，大幅度提高科协所属学会服务科技创新、服务社会的能力和水平。着力加强学科建设，紧紧围绕传统产业转型升级、战略性新兴产业培育的前沿问题深入开展学术交流，进一步打造中国科协学术品牌，办好青年科学家论坛、新观点新学说学术沙龙等系列学术活动，积极举办小型、高端、前沿学术交流活动，帮助科技工作者特别是青年科技工作者及时准确了解把握学科前沿动态。按照“大科普、学科交叉、为举办地服务”的年会定位，与河北省共同举办第十四届中国科协年会，为科技工作者开展学术交流、服务经济社会发展搭建平台、创造机会。实施科技期刊国际影响力提升计划，积极增加我国英文科技期刊数量，并着力提升其学术水平和影响力，培育一批世界一流的科技期刊，进一步增强我国科技界和科技期刊的国际影响力。

7. 以搭建产学研用合作平台为依托，进一步提高科协组织服务企业、服务“三农”的能力和水平。引导科技工作者把个人学术兴趣与国家战略需求有机结合起来，紧紧围绕制约我国产业升级的核心技术、关键技术和共性技术努力攻关。发挥好专家工作站的引领作用，重点在高新技术开发区及产业密集区建设一批示范性专家工作站和专家服务中心，帮助企业解决技术难题，促进产学研用有机结合，提升创新创造能力。深入开展“讲理想、比贡献”活动，联合相关部门召开总结表彰大会，推动科技工作者把深入基层服务创新与“讲、比”活动有机结合起来，广泛开展创新方法培训，支持引导企业充分利用国内外专利技术信息，增强自主创新能力，促进产业转型升级。加大“科普惠农兴村计划”实施力度，推进基层农技协发展和科普惠农服务站建设，促进先进适用技术推广应用，发挥好受表彰农村科普先进集体和个人的示范作用，不断提高科技服务农民生活、服务农业发展、服务农村文化建设的综合效果。

8. 以建设国家级科技思想库为目标，进一步提高科协组织为科学决策服务的能力和水平。组织科技工作者围绕增强自主创新能力、加快转变经济发展方式、构建和谐社会等重大问题，广泛开展调查研究，组织政协科协界委员积极建言献策，凝聚科技工作者的智慧力量，努力为党和政府科学决策服务。扎实推进地方科协科技思想库试点工作，实施学会决策咨询资助计划，充分调动地方科协和全国学会参与决策咨询的积极性，探索建立各具特色、行之有效的决策咨询模式，不断增强科协系统的决策咨询能力和水平。加强国家级科技思想库基础设施建设，逐步完善决策咨询选题库、数据库、专家库、成果库，进一步扩大科技工作者状况调查站点覆盖面，加大共建共享力度，为科协组织充分发挥服务党和国家事业发展的科技思想库作用提供支撑。

9. 以有效利用全球科技资源为导向，进一步提高科协组织为科技工作者对外交流服务的能力和水平。认真实施国际民间科技组织事务专项，引导全国学会积极参与国际学术组织的活动，加强后备队伍建设，努力形成一支能够代表我国科技界参与国际学术组织工作、在国际民间科技交流中发挥骨干作用的专家队伍，塑造和树立我国科技界的良好国际形象，提升我国科学家在国际科技学术组织中的地位和影响，服务国家外交大局。鼓励所属学会积极参与国家工程师制度改革，与人社部、教育部合作，实施好工程教育国际互认专项，为争取 2013 年以中国科协名义加入《华盛顿协议》做好准备工作。承办好在华举办的国际天文学联合会大会、世界力学家大会等重大国际会议，推动提升我国科技社团的国际影响力。积极拓展同港澳台地区的科技交流合作，办好当代杰出华人科学家公开讲座、海峡科技专家论坛等活动，做好港澳台青少年交流工作，努力为维护港澳地区的繁荣稳定和祖国和平统一作贡献。

三、紧紧抓住务求实效这个核心，努力把科协组织作为科普工作主要社会力量的重要作用充分发挥出来

10. 认真履行《科学素质纲要》实施工作办公室职责。准确把握《科学素质纲要》实施工作主线，贯彻落实国务院全民科学素质行动实施工作电视电话会议精神，牵头深入实施全民科学素质行动计划。认真履行办公室职责，做好综合协调服务，加强督导检查，推动建立完善科学素质纲要实施长效机制。组织开展《全民科学素质行动计划纲要实施方案（2011—2015 年）》的宣讲和培训工作，激发社会各界参与全民科学素质工作的积极性和主动性。加强科普理论研究和政策调研，做好中国公民科学素质调查的相关深度研究，为全民科学素质纲要全面落实提供重要依据。

11. 重点加强科普条件建设。充分发挥已建成科技馆的功能和作用，推动科技馆展教水平和服务能力的进一步提升，推动建设一批高水平的一流科技馆。开展科技馆免费开放试点工作，探索形成科技馆公共服务的机制。深入开展流动科技馆（科普大篷车）巡展活动，探索形成全覆盖、可持续的流动科技馆工作机制。建设完善和充分发挥中国数字科技馆的服务功能，推动科普站、栏、员建设与发展，深化科普示范县（市、区）建设工作，开展新一批全国科普教育基地认定工作。推广县级青少年学生校外活动场所科普教育试点经验，推动构筑覆盖城乡的科普阵地。

12. 着力推动科普资源共建共享。实施科普资源开发与共享工程，联合教育部、农业部等部门建立完善科普资源共建共享的合作机制，利用高校资源广泛开展青少年科普夏（冬）令营活动，鼓励有条件的企业向社会开放科普资源。促进科研与科普相结合，推动国家重大工程项目、科技计划项目和科技重大专项立项时增加相应科普任务，验收时进行科普效果评价，鼓励承担国家科技项目的科研团队、企业、高校和科技工作者率先垂范，在面向公众开展科普活动方面起到模范带头作用。有效集成优质科普资源，加大应急科普资源的开发储备，推动形成集配送、展览以及互联网科普服务于一体的中国科协科普资源共享服务平台，使人民群众特别是老、少、边、穷地区群众获取更多的优质科普资源和科普服务。积极推动建立公益性科普事业和经营性科普产业并举的体制机制，搭建科普出版、科普旅游馆（园）、科普影视动漫、科普展览与教具产品的开发服务平台，举办好国际科教影视制作人年会、第五届中国（芜湖）科普产品博览交易会，推动科普事业与科普产业健康协调发展，使科普工作最大程度地惠及广大人民群众。

四、紧紧抓住为科技人才成长服务这个重点，努力把科协组织作为人才成长通道的重要作用充分发挥出来

13．大力表彰奖励举荐优秀科技工作者。组织开展好全国优秀科技工作者评选活动，继续向基层一线和中青年科技人员倾斜，调动激发基层科技工作者的积极性和创造性。建立健全科技社团表彰奖励体系，充分发挥同行认可的基础性作用，通过中国青年女科学家奖、中国科协求是杰出青年奖和全国学会主办的88个科技奖项，以及青少年科技创新大赛等活动，发现举荐各类优秀科技人才和后备人才。继续做好国家科技奖励推荐工作，加强创新人才培养举荐，建设好中国科协青年科学家活动基地，发现培养一批具有发展潜力的青年科技创新创业人才。积极参与“千人计划”实施，做好“海智计划”各项工作，发挥好海外高层次人才联系窗口的作用，大力加强同海外华人科技团体和华人科学家的沟通联系，尽快建立海归人才服务平台，着力引进国家急需的顶尖人才为国服务。

14．深入开展科技工作者状况调查。把五年一次的面上调查和年度专题调查有机结合起来，根据全国科技工作者规模、层次和岗位分布的新情况，认真组织开展企业科技工作者、海外留学人员状况等专题调查研究，及时准确反映科技工作者在职业发展、思想观念、科研环境、流动趋势等方面出现的新情况新问题。发布中国科技人力资源发展研究报告，准确把握科技工作者规模、分布和结构的变化，为制定科学合理的科技人力资源政策、引导科技人力资源合理配置提供依据。进一步优化科技工作者调查站点结构，鼓励发展省级调查站点。深入基层开展专题调研，与科技工作者开展面对面、手拉手的交流访谈活动，推动解决他们的实际困难和问题，进一步密切与科技工作者的交流联系。

15．切实加大科技人才教育培训力度。扎实开展继续教育和专门培训工作，积极配合人社部实施专业技术人才知识更新工程，配合科技部实施创新人才推进计划，推动改革完善科技人才评价体系，扩大继续教育示范基地建设试点，努力构建不同层次的科技人才培养体系。支持高校开设科技传播等与科普相关的课程或专业，培养高端和专门科普人才；充分发挥农技协、企业科协等基层组织特色和优势，大力培养面向农村、企业、社区和青少年的基层一线科普实用人才，着力培养企业急需的工程技术人才、城镇社区急需的实用技术人才和农村急需的农业技术致富能手；发展以老科技工作者、在校大学生为骨干，以学会会员为基础的科普志愿者队伍，培养和造就一支规模适度、结构优化的科普专兼职人才队伍。支持中国机械工程学会等全国学会积极参与工程教育专业认证试点和专业技术资格认证试点工作，完善认证组织和管理程序，修订专业分类和标准，培育专业认证队伍。

五、紧紧抓住组织建设这个基础，努力把科协作为科技工作者之家的重要作用充分发挥出来

16．切实推动学会创新发展。联合民政部进一步加强对科协所属学会改革发展的指导，支持学会强化组织建设，拓展服务领域，探寻发展途径。推动学会进一步完善治理结构，加强办事机构人才队伍职业化建设，积极探索新形势下联系和服务会员的方式方法，不断增强会员服务能力。结合举办中国科协会员日活动，鼓励和引导学会积极参与社会管理，承接政府转移社会化服务职能，提高学会的社会服务能力，在加强和创新社会管理方面发挥重要作用。

17．着力扩大基层组织覆盖面。按照“哪里有科技工作者，科协工作就做到哪里；哪里科技工作者密集，科协组织就建到哪里；哪里建立起科协组织，建家、交友活动就开展到哪里”的总要求，切实加强自身建设力度，不断增强科协组织的覆盖面和吸引力。认真研究新时期县级科协工作面临的新情况新任务，加强工作指导。大力推进高新区科协和科技型企业科协组织建设，深入开展调查研究，探索科技社团参与科技型企业科技工作者专业技术职务评定和专业技术资格认证的有效途径，努力帮助科技工作者获得同行认可和社会认可。推动大专院校建立科协组织。发挥好“科普惠农兴村计划”的品牌示范作用，重点支持一批具有一定规模和影响、辐射带动作用较强的农村专业技术协会，推动它们做大做强，在社会主义新农村建设中发挥骨干带头作用。

18．深入开展创先争优活动。以深入开展“为民服务创先争优”活动为契机，推动科协系统窗口单位和公共服务机构发挥示范带头作用，不断完善服务体系，带动科协系统干部职工转变服务态度和工作作风，切实增强服务意识、提高服务能力，争创优质服务品牌，争当优秀服务标兵。深入实施学会党建强会活动，找准学会党建与服务会员的结合点，通过加强党建带动学会建设，调动激发学会党员的积极性主动性创造性，增强学会履职能力和会员服务能力，提高民主办会水平。着力加强反腐倡廉制度建设，严格落实党风廉政建设责任制，全面贯彻党内监督条例，建立健全预防制度，加强党员干部理想信念和党纪法规教育，切实抓好党风廉政建设，进一步营造科协系统团结奋进、真抓实干、风清气正的良好氛围。

专 题 文 章

肩负起科技社团的时代使命

陈　希

党的十八大报告站在新的历史起点上，对全面建成小康社会、夺取中国特色社会主义新胜利，发出了总动员，作出了全面部署。科技工作者是先进生产力的开拓者和先进文化的传播者，科技社团是国家创新体系的重要组成部分，在认真学习、深入贯彻党的十八大精神方面，理应率先垂范、主动作为，不辜负党和人民的殷切期待。

深刻理解十八大提出的新要求新期待

一要深刻理解全面建成小康社会对科技工作者提出的新要求新期待。实现党的十八大提出的全面建成小康社会的目标，迫切需要把科学技术作为第一生产力的作用充分发挥出来，迫切需要把科技工作者作为先进生产力开拓者的作用充分发挥出来，这就要求广大科技工作者勇攀世界科技高峰，增强自主创新能力，着力在若干重要领域掌握一批核心技术，拥有一批自主知识产权，为加快转变经济发展方式、促进经济社会又好又快发展作贡献；要求广大科技工作者主动发挥自身独特优势，紧紧围绕经济社会发展中重大战略性、基础性、前瞻性问题，以及科技发展和应用中的苗头性、倾向性问题，加强调查研究，积极建言献策，为推动科学决策、民主决策作贡献；要求广大科技工作者自觉继承奋勇争先、崇尚一流、不甘落后的优良传统，不断增强开拓进取、锐意创新的信心和勇气，始终保持严谨求实、勇于创新的科学精神，不畏艰险、勇攀高峰的探索精神，团结协作、淡泊名利的团队精神，为推动社会主义文化大发展大繁荣、建设文化强国作贡献；要求广大科技工作者自觉履行社会责任，积极参与科普活动，开展科普创作，通过多种渠道和方式主动向公众介绍科研最新发现、展示科技创新成果，普及科学知识，弘扬科学精神，提升全民科学素养，为促进社会和谐作贡献；要求广大科技工作者加强科研攻关，以科技进步保障和促进绿色发展、循环发展、低碳发展，增强全民节约意识、环保意识、生态意识，推动形成合理消费、爱护生态的社会风尚，为发展生态文明、建设美丽中国作贡献。

二要深刻理解发展中国特色社会主义对科技社团提出的新要求新期待。科技社团是科技工作者基于相同或相近的学科、专业、兴趣而结成的科学共同体，在动员组织科技工作者为发展中国特色社会主义而奋斗方面，科技社团既有独特优势，也承担着义不容辞的职责。这就要求科技社团广泛组织开展学术交流活动，着力提高学术交流的质量和实效，帮助广大科技工作者追踪世界科技前沿，提升自主创新能力；要求科技社团以同行评议为基础，认真做好科技评价、科技人员评价、科技奖励、继续教育等工作，积极承接好政府转移的部分社会化服务职能，为深化行政体制改革发挥独特作用；要求科技社团大力加强科学道德和学风建设，积极推进科研诚信、倡导严谨治学，强化自律机制和自我纠错机制，主动规范学术行为，推动形成科学合理的科技评价体系，确保科技成果的正确使用和创新人才的脱颖而出。

三要深刻理解提高党的建设科学化水平对人民团体提出的新要求新期待。党的十八大报告明确要求，以加强党的执政能力建设、先进性和纯洁性建设为主线，以改革创新精神全面推进党的建设新的伟大工程，全面提高党的建设科学化水平。人民团体是党和政府沟通联系特定社会群体的桥梁纽带，是我们党保持同人民群众血肉联系、做好新时期党的群众工作的重要组织保证。这就要求人民团体以深入基层、开展调查研究为抓手，进一步密切与人民群众的情感联系，认真倾听他们的意见和呼声，准确把握新时期新形势下特定社会群体的新变化新趋势新问题，切实推动解决他们在工作学习生活中遇到的实际困难和问题，把党的关怀和温暖带到他们心里；要求人民团体加强基层组织建设，不断拓展与人民群众的沟通联系渠道，增强服务意识、转变活动方式、激发自身活力，为特定社会群体提供有针对性的服务，帮助他们维护合法权益，为促进社会和谐稳定作贡献；要求人民团体加强组织文化建设，以文化凝聚人心、凝聚力量，增强人民团体服务普通群众的责任感、使命感和荣誉感，增强广大人民群众对党的领导核心地位和党的路线方针政策的认同感，为全面建成小康社会、发展中国特色社会主义汇聚起强大力量。

更好地履行“三服务一加强”职能

科协是科技工作者的群众组织，是党领导下的人民团体；科协工作既是国家科技工作的重要组成部分，也是党的群众工作的重要组成部分。2011 年 5 月 27 日，习近平同志在中国科协“八大”开幕式上代表党中央所致的祝词强调，科协组织要继续围绕党和国家工作大局，更好地履行“三服务一加强”的工作职能，努力开创科协工作新局面。我们要坚决按照中央要求，认真学习、深入贯彻党的十八大精神，深刻理解、准确把握党和人民对科技工作者、对科技社团、对人民团体提出的新要求新期待，把广大科技工作者更加紧密地团结起来，把人才资源作为第一资源的作用充分发挥出来，为顺利完成党的十八大确立的目标任务而不懈奋斗。

一要以提升学会能力为导向，着力提高学术交流的层次和质量。组织实施好“学会能力提升专项”，遴选奖励一批优秀全国学会，择优培育一批品牌活动，予以稳定支持，努力打造一批社会信誉好、发展能力强、学术水平高、服务成效显著、内部管理规范的优秀学会，大幅提高学会服务科技创新、服务社会建设的能力和水平。组织实施好“科技期刊国际影响力提升计划”，通过“以奖促建”方式，支持培育一批优秀英文科技期刊，适当增加一批英文科技期刊，使其进入国际检索系统，推动一批期刊较大幅度提升学科排名，打造国际一流水平的科技期刊群。进一步办好中国科协年会，搭建跨学科交流平台，继续举办小型、高端、前沿学术交流活动，着力提高学术交流的质量和实效，激荡自主创新的源头活水。以加入《华盛顿协议》为契机，推动全国学会参与工程教育认证试点工作，切实发挥独立第三方作用，积极承接和参与工程教育专业认证，推动实现工程教育国际互认和工程师资格国际互认，为促进工程技术人员国际流动开辟通道。

二要以大联合大协作的工作方式为立足点，着力推动全民科学素质提升。按照党的十八大提出的完善公共文化服务体系、提高服务效能、促进公共服务均衡化的要求，结合我国幅员辽阔、区域发展不平衡的实际情况，加快构建和完善中国特色、世界一流的现代科技馆体系，在省会城市和重要城市建好用好高水平综合类科技馆和专业科技馆，在县域主要组织开展流动科技馆巡展，在乡镇及边远地区配备科普大篷车、农村中学科技馆，建设基于网络的数字科技馆，促进优质科普资源共建共享，提高全社会科普服务能力。以“节约能源资源、保护生态环境、保障安全健康、促进创新创造”为主题，以不断拓展科普活动的覆盖面和实效性为导向，继续办好“全国科普日”等品牌性科普活动，大力推广“社区科普益民行动计划”，广泛开展群众性、基础性、社会性科普活动，加大科技知识在全社会的传播速度和覆盖广度，为实现到“十二五”期末全民具备科学素质的比例超过5%的目标奠定坚实基础。积极推动建立公益性科普事业与经营性科普产业并举的体制机制，深入开展“全国青少年高校科学营”、“高校开放日”等活动，支持推动高校、企业、科研院所优质科普资源的开发开放，提高全社会优质科普资源的开发、集成、共享水平，努力形成具有中国特色的社会化科普工作新格局。扎实开展基层科普行动，在农村继续实施“科普惠农兴村计划”，在城市社区深入实施“社区科普益民行动”，发挥好受表彰对象的示范带头作用，推动创新要素向基层特别是企业、农村和社区聚集，把科技在经济社会发展中的支撑引领作用充分发挥出来。

三要以优化人才发展环境为着眼点，着力培养举荐优秀科技人才。以“全覆盖、制度化、重实效”为目标要求，按照“两个拓展、两个结合”的原则，在科技工作者中深入扎实开展科学道德和学风建设宣讲教育，将宣讲教育单位拓展到所有高校和各类科研机构，将宣讲教育对象拓展到全体研究生、高年级本科生、新上岗的研究生导师、新入职教师和青年科技工作者，把集中宣讲与经常性教育有机结合起来，积极推动将科学道德教育纳入本科生和研究生培养教育环节，把教育与制度、监管（包括监督和惩处）有机结合起来，在科技工作者中大力倡导科研诚信为本、严谨治学为荣的良好风尚，把科技界自觉践行社会主义核心价值体系的要求落到实处。加快完善优秀科技人才奖励体系，继续做好两院院士增选推荐工作，举科协全系统之力，努力将“全国优秀科技工作者”奖项打造成为具有广泛影响力和公信力的科协奖励品牌，认真做好“中国青年科技奖”、“中国青年女科学家奖”等的评选表彰活动，大力支持学会设奖，基于同行评议奖励创新人才，在科协系统构建起影响力大、权威性强、层次丰富、管理规范的科技人才奖励体系，使科协真正成为优秀人才脱颖而出的重要通道。在企业深入开展“讲理想、比贡献”活动，不断深化、扩展、充实、提高“讲、比”活动内容，支持科研生产一线科技工作者立足本职岗位开展群众性技术创新竞赛，充分调动和激发基层科技工作者的创新活力和创造热情。

四要以建设国家级科技思想库为目标，着力提高决策咨询能力和水平。着眼于在党和政府同科技工作者之间建立起畅通稳定的双向沟通渠道，进一步健全完善科技工作者状况调查制度，加强调查站点建设，深入开展科技工作者状况调查，及时了解、准确把握市场经济条件下科技工作者在就业方式、生活状况、流动趋势、思想观念方面出现的新变化新问题，反映科技工作者的意见、建议和呼声，为党和政府制定实施符合国情、科学有效的科技人才政策提供依据。着眼于服务科学决策，自觉围绕影响和制约科学发展的突出问题、事关经济社会发展全局的重点问题和人民群众反映强烈的热点难点问题，组织科技工作者深入调查研究、积极建言献策。着眼于创新决策咨询工作机制，全面推进地方科协思想库建设试点工作和“学会决策咨询资助计划”，开展优秀科技工作者建议征集、优秀调研成果评选等活动，把广大科技工作者的个体智慧凝聚上升为有组织的集体智慧，用科技知识服务科学决策，引领社会思潮。扎实推进“老科学家学术成长资料采集工程”，大力宣传在创新科学技术和普及科学技术方面作出突出贡献的优秀科技工作者和创新团队，用对科技工作者科研能力和科研成果的社会承认来引导和激励科技工作者，更加充分地激发广大科技工作者的聪明才智。

五要以建设科技工作者之家、当好科技工作者之友为着眼点，更好地加强组织建设。深入实施“党建强会计划”，认真总结推广党建带群建、党群共建的有益经验，不断完善学会党建工作联席会议制度和党建指导员制度，实现党的组织和党的工作在学会的全覆盖，通过加强党的建设带动学会建设，增强学会的履职能力和服务会员能力，为科协组织做好新形势下党的群众工作奠定更加坚实的组织基础。大力发展高校科协、企业科协、农技协和街道社区科普组织，高度重视同新经济组织、新社会组织中科技工作者的沟通联系，积极推动在科技工作者比较集中的经济技术开发区、高技术园区建立科协基层组织，根据各自组织优势和所联系科技工作者的独特需求，为科技工作者提供有针对性、实效性的服务，切实把中央关于“哪里有科技工作者、科协工作就做到哪里，哪里科技工作者密集、科协组织就建到哪里，哪里有科协组织、建家交友活动就开展到哪里”的要求落到实处。各级科协干部要积极主动深入基层开展调查研究，与广大基层一线科技工作者谈心交流，倾听他们的意见建议和呼声，帮助他们解决实际困难和问题，加强人文关怀和心理疏导，帮助维护他们的合法权益，把广大科技工作者更加紧密地团结在党的周围，更加自觉、更加主动地投身到全面建成小康社会、加快发展中国特色社会主义伟大事业之中。

［原刊载于《光明日报》（2012 年 12 月 3 日）］

认真学习贯彻全国科技创新大会精神
在建设创新型国家的新征程中更加奋发有为

陈　希

全国科技创新大会胜利闭幕了。这次大会是中央在全面建设小康社会的关键时期和深化改革开放、加快转变经济发展方式的攻坚时期召开的一次重要会议，是继1956年全国知识分子会议、1978年全国科学大会、1995年和2006年全国科学技术大会之后，又一次高规格、大规模的科技盛会，也是标志着我国科技发展进入一个新的历史阶段的重要里程碑。胡锦涛总书记、温家宝总理的重要讲话，从我国社会主义现代化建设全局出发，明确提出新时期坚持走中国特色自主创新道路、建设创新型国家的战略任务，对深化科技体制改革、加快国家创新体系建设进行了全面部署。《关于深化科技体制改革　加快国家创新体系建设的意见》，是指导和推进科技改革发展的纲领性文件，对于促进经济社会发展更多依靠创新驱动，具有重要意义。刘延东同志在总结讲话中对贯彻落实大会精神提出了明确要求。中国科协将认真学习贯彻大会精神，以中央的要求和部署指导科协工作，开拓创新、务实进取，为我国在2020年进入创新型国家行列、全面建成小康社会和新中国成立100年时成为世界科技强国、进入世界中等发达国家，做出新的更大贡献。

一、认真学习、全面贯彻全国科技创新大会精神，把思想和行动统一到中央决策部署上来

中国科协把学习贯彻大会精神作为各级科协及所属团体当前最重要的政治任务，自觉用中央要求统一思想、凝聚力量、指导实践、推进工作。大会闭幕后，中国科协党组将于近日组织召开理论学习中心组扩大会议，全面学习领会大会精神，研究安排贯彻落实中央部署的具体措施。中国科协还将尽快下发学习贯彻全国科技创新大会精神的通知，要求各级科协组织高度重视，通过组织集中学习、召开座谈会、制定贯彻措施等多种形式，系统传达学习大会精神，紧密结合科协工作实际，更加积极主动地为经济社会发展服务、为提高全民科学素质服务、为科技工作者服务，求真务实、真抓实干，团结带领广大科技工作者在加快建设创新型国家、全面建成小康社会的伟大征程中不断取得崭新业绩。

二、深刻理解、准确把握中央的新要求新任务新期待，切实增强做好科协工作的使命感责任感

党中央、国务院对深化科技体制改革、加快国家创新体系建设的决策部署，既高瞻远瞩，又实事求是，任务明确、措施扎实，对科协工作提出了新的更高要求，我们倍感振奋，也深知责任重大、使命光荣。

第一，对科协组织全面参与国家创新体系建设提出了新要求。科协组织存在并充分发挥作用，是中国特色社会主义发展道路的重要组成部分，也是国家创新体系建设的应有之义。中央明确把科技体制改革的着力点放在强化企业技术创新主体地位、促进科技与经济紧密结合，同时注重提高国家创新体系的整体效能，统筹技术创新、知识创新、国防创新、区域创新和科技中介服务体系协调发展，对充分发挥科技社团在推动全社会创新活动中的作用，促进完善科技决策咨询制度和第三方评估机制，发挥好在科技评价和科技奖励中的作用，提出了明确要求。这为科技社团更好地服务国家科技工作、积极参与国家创新体系建设，指明了努力的方向。

第二，对科协组织促进人才成长提高提出了新任务。科协是党领导下的人民团体，科协工作主要是做人的工作，做科技工作者的工作。我国科技工作者队伍近6000万人，主要分布在基层一线的生产、科研、教学、医疗卫生和农技推广岗位，充分调动广大科技工作者的积极性创造性，帮助支持他们成长提高、发挥才干，是科协的本职工作，也是加快建设创新型国家的客观需要。中央明确提出完善人才发展机制，要求科技社团发挥自律功能，建立健全科研活动行为准则和规范，加强科研诚信和科学伦理教育，切实加强科学道德和创新文化建设，引导科技工作者自觉践行社会主义核心价值体系。这进一步丰富了服务科技工作者的内涵，有利于发挥科协组织优势，畅通人才成长通道，加快培养造就一支规模宏大、结构优化、素质一流、作风过硬的科技人才队伍。

第三，对确保实现我国公民科学素质目标提出了新期待。胡锦涛总书记强调，要切实把科学普及摆在与科技创新同等重要的位置，提高全民族科学素质。《关于深化科技体制改革　加快国家创新体系建设的意见》明确提出，到2015年，实现我国公民具备基本科学素质的比例超过5%，达到世界主要发达国家上世纪90年代中期的水平。当前，我国公民具备基本科学素养的比例还只有3.27%，与发达国家差距明显，与建设创新型国家的要求很不相称。中国科协作为国务院《全民科学素质行动计划纲要》的牵头实施单位，在推动形成社会化科普工作格局，动员多方力量参与科普工作，不断提高人民群众科学文化素质方面，肩负着义不容辞的重要职责。我们一定要按照中央的决策和部署，努力工作，确保目标实现。

三、求真务实、真抓实干，在加快建设创新型国家新征程中更加奋发有为

按照中央的要求和部署，中国科协将努力在做好党的群众工作和国家科技工作中找准着力点、实现新突破，以优异成绩迎接党的十八大胜利召开。

一是以学会能力提升为抓手，不断提高服务创新、服务政府和社会、服务科技工作者的能力和水平。联合财政部共同实施学会能力提升计划，支持一批具有较强学术影响力和自主发展能力的示范性全国学会，培育一批具有国际影响力的优秀科技期刊，打造一批促进原始创新的学术交流精品，建设一批国际知名、国内一流的现代科技社团。支持学会承接政府转移的科技评价、人才评价、科技奖励、科技培训、继续教育等社会化服务职能，积极探索学会发挥国家创新体系重要组成部分作用的体制机制和有效途径。

二是以聚集创新资源引向企业、引入农村为导向，切实增强科普惠农益民实效。深入开展“讲理想、比贡献”等群众性创新活动，发展企业专家工作站，引导科技工作者心无旁骛、努力攻关，支持企业加强产学研结合提升自主创新能力。加大“科普惠农兴村计划”实施力度，发展基层农技协和科普惠农服务站，提高科技服务农民生活、服务农业发展、服务农村文化建设的综合效果。推动建立完善全民科学素质纲要实施长效机制，启动实施“社区科普益民计划”，广泛开展群众性、基础性、社会性科普活动，使科普工作最大程度地惠及广大人民群众。

三是以建设国家级科技思想库为目标，扎实提升服务科学决策的能力和水平。发挥科技社团学科齐全、人才荟萃、地位超脱的独特优势，围绕经济社会发展中的热点难点问题和科技发展重大问题，组织科技工作者开展深入调研、积极建言献策，完善科技工作者状况调查制度，努力把科技工作者的个体智慧凝聚上升为有组织的集体智慧，为党和政府科学决策服务。

四是以促进科技工作者成长提高为重点，进一步密切联系科技工作者。办好全国优秀科技工作者、中国青年科技奖等中国科协品牌奖项，建立健全科技社团表彰奖励体系，做好国家科技奖励推荐和两院院士初遴选工作，举荐我国优秀科学家到重要民间国际科技组织担任领导职务。实施海智计划，加强同海外华人科技团体和华人科学家的沟通联系，着力引进国家急需的顶尖人才为国服务。扩大科协基层组织覆盖面，深入开展“建科技工作者之家、交科技工作者之友”活动，不断密切与广大科技工作者的思想沟通、情感交流和工作联系。

五是以充分激发全社会创造活力为导向，大力弘扬创新文化。联合教育部、中科院、社科院、工程院等单位，按照全覆盖、制度化、重实效的要求，面向广大研究生、高年级本科生、高校教师和科研机构的科研人员深入开展科学道德和学风建设宣讲教育。充分发挥科技社团及其所属期刊在倡导优良学风、抵制学术不端行为方面的自律作用，推动建立教育、制度和监督并重的防治学术不端行为长效机制，努力营造严谨求实、风清气正的良好学术氛围。大力宣传优秀科技工作者和创新团队，以科技工作者作为先进生产力开拓者和先进文化传播者的精神风貌引领社会文化潮流，为创新型国家建设广泛凝聚智慧和力量。

[原刊载于《人明日报》(2012年7月8日)]

学习贯彻党的
十八大精神专题

【中国科协喜迎党的十八大召开】 党的十八大召开前，中国科协党组就高度重视学习贯彻党的十八大精神工作，提前谋划，提早安排，有关部门研究制定了一系列学习贯彻党的十八大精神的活动。

在会前采取多种形式营造喜迎十八大召开的良好氛围。在科技会堂、魏公村、科技馆等三个办公区利用电子显示屏、橱窗、宣传栏等多种形式张贴、悬挂显示庆祝党的十八大召开的宣传标语，营造良好氛围。

大力宣传党的十八大代表一线人物。根据中央宣传部和中组部、中直工委要求，与中组部电教中心策划制作关于钱岩同志先进事迹的专题电视片。中央电视台、中国人民广播电台等中央主流媒体对中直出席党的十八大代表一线代表进行重点宣传，全国105家媒体对钱岩同志进行了报道，中央电视台新闻联播“十八大代表风采录”对钱岩同志进行了专题报道。

开展“科学发展、成就辉煌”主题教育活动。参与大型图片展览工作。根据中央的要求和分工方案，中国科协参与第五部分（推进以改善民生为重点的社会建设展区）第一单元（教育改革发展全面提速）、第九单元（社会管理明显加强）部分的内容编写，10月30日至11月1日，机关党委组织机关、直属单位170名党员干部职工分三批来到北京展览馆，参观由中央宣传部、国家发改委、解放军总政治部、北京市委共同主办“科学发展 成就辉煌”大型图片展览。特别是在科技事业相关展区，中国科技馆新馆建设、促进校外科学教育活动、科普惠农科普益民行动、青少年科技创新大赛等图片、实物纷纷展出，大家看到科协工作取得的新成就，都备受鼓舞，长时间驻足观看并留影。通过观看展览让广大干部职工了解党从十六大以来的科学发展，取得的辉煌成就，激发干部职工对党的十八大召开的强烈关注。

通过召开创先争优座谈会，使广大党员干部的思想统一到学习贯彻党的十八大精神上来。在党的十八大即将召开之际，召开了中国科协机关和直属单位创先争优座谈会。会上，中国科协党组书记、常务副主席、书记处第一书记陈希同志作动员讲话，强调要把深入开展创先争优活动与学习贯彻党的十八大精神有机结合起来，迎接十八大、学习贯彻好十八大精神。

【认真组织收听收看党的十八大活动】 11月8日上午，中国共产党第十八次全国代表大会隆重召开，中国科协组织全体机关干部集中观看大会开幕式电视直播。中国科协党组副书记、副主席、书记处书记程东红，中国科协党组成员、书记处书记、机关党委书记王春法，中国科协老领导高潮、徐善衍等与全体机关干部一起，观看了大会盛况。

此前，十八大代表、中国科协党组书记、常务副主席、书记处第一书记陈希明确要求，及时组织科协系统党员干部、职工认真收听收看党的十八大盛况。中国科协机关党委11月7日下发通知，对中国科技机关和直属单位收听收看党的十八大直播作出安排。8日上午，中国科协机关和直属单位通过电视、网络、广播等多种形式，组织党员干部、职工收听收看了党的十八大开幕式盛况。

上午9点整，中国共产党第十八次全国代表大会开幕，中国科协机关干部认真聆听了胡锦涛总书记代表中国共产党第十七届中央委员会向大会作的报告。收看现场，许多同志为我党我国10年来取得的伟大成就欢欣鼓舞，对党带领广大人民踏上的伟大征程信心倍增。干部职工普遍反映，大会报告有新意、务实，整个报告高屋建瓴，具有深邃的理论性，是指导我党我国建设有中国特色社会主义事业的纲领性文献。

中国科协直属单位认真按照机关党委统一部署，纷纷行动起来，认真组织收看党的十八大盛况。中国科技会堂党委组织党员、干部和入党积极分子70余人观看了开幕式实况直播。观看开幕式的同志与主会场一起高唱国歌，深切缅怀毛泽东等老一辈无产阶级革命家和革命先烈，认真聆听了胡锦涛总书记所做的报告。观看完实况后，大家心情十分激动，备受鼓舞。同志们表示，要更加紧密地团结在党中央周围，在中国科协党组的正确领导下，在日常工作中继续开拓进取、勇于创新，紧紧围绕中国科协的中心工作，作出更加优异的成绩，为实现党中央提出的新的宏伟目标贡献力量。

中国科技馆党委积极组织观看党的十八大开幕式。同志们纷纷表示一定要认真学习好、贯彻好党的十八大精神，自觉把思想和行动统一到中央的决策部署上来，全力以赴做好本职工作，为科普事业发展作出更大贡献。为营造良好氛围，中国科技馆党委发挥窗口优势，在室外大屏幕和馆内21个屏幕上直播开幕式盛况，许多观众驻足观看。

中国科协学会服务中心党委认真组织全体党员干部集中收看党的十八大开幕式直播。为确保集中收看效果，中心党办、综合处等做了大量工作：提前部署，要求各党支部做好开幕式当天集中收听收看的工作安排；认真做好大屏幕以及收看设备的调试安装；采取了各处室领导信息传达与短信平台信息发布相结合的通知模式，保证全员参加；为使网络流量顺畅，采取了学会干部分散收看，处室干部集中收看的形式。

中国科普研究所全体党员干部职工在各自办公室通

过网络收看中国共产党第十八次全国代表大会的开幕式盛况，认真聆听了胡锦涛总书记向大会的报告。

中国科协干部职工纷纷表示，党的十八大为发展中国特色社会主义指明了方向，为夺取全面建设小康社会的新胜利提出了新的任务，对新时期科协工作提出了新的更高要求，同时也提供了十分难得的发展机遇和更加广阔的舞台；要深入学习贯彻党的十八大精神，并作为当前和今后一个时期的一项长期而重大的政治任务，同时，要把学习贯彻党的十八大精神落实到科协的具体工作中。

【学习传达十八大精神，召开党组理论学习中心组学习扩大会】 11月15日下午，党的十八大刚刚闭幕，中国科协党组书记陈希就主持召开党组会议，及时传达了中国共产党第十八次全国代表大会和十八届一中全会的会议情况和精神，学习胡锦涛同志所作的报告，审议通过了《中国科协近期学习贯彻党的十八大精神工作方案》，并就中国科协机关、各直属单位学习贯彻党的十八大精神做了认真研究和部署。

11月17日至21日，党组迅速启动了党组理论学习中心组扩大学习，此次学习活动采取自学和集中学习相结合的形式。参会人员一致认为学习党的十八大精神是近期及今后一个时期的中心任务和首要的政治任务，畅谈了学习体会，并结合工作实际，提出了贯彻落实的具体措施。

【组织召开中国科协传达学习党的十八大精神党员大会】 11月16日上午，中国科协召开机关、直属单位党员大会，传达学习党的十八大精神。新当选中国共产党十八届中央委员的中国科协常务副主席、党组书记、书记处第一书记陈希传达了党的十八大、十八届一中全会精神，并作重要讲话。党的十八大代表、中国科协党组成员、书记处书记徐延豪，党的十八大代表、中国科技馆办公室（党办）主任、第一党支部书记钱岩分别就参加十八大的体会作了大会发言。中国科协党组成员、书记处书记张勤、王春法，党组成员沈爱民，中国科协老领导徐善衍、苑郑民、王麦林等出席会议，机关各部门、各直属单位的党员，党的重点培养对象及非中共党员处级以上干部和离退休干部、职工党员800多人参加会议。会议由中国科协副主席、党组副书记、书记处书记程东红主持。

陈希传达了党的十八大会议精神，介绍了大会盛况、十八大报告主要内容、党章修正案、中纪委工作报告、中央委员会和中央纪律检查委员会选举结果以及中直机关代表团参加分组讨论的情况。徐延豪作为党的十七大、十八代表，介绍了参加大会的新体会、新感受、新收获，以及作为代表认真履职的情况。钱岩作为新当选的十八大代表，介绍了参会的体会。

陈希就贯彻落实中央的决策部署，深入开展学习贯彻十八大精神提出了明确要求。他指出，要充分认识十八大的重大意义，大会所形成的重要成果为在新的历史时期继续推动党和国家事业发展指明了前进方向、提供了行动纲领，为我们党继续带领全国人民团结奋斗提供了可靠的组织保证。学习贯彻好十八大精神，关系党和国家工作全局，关系中国特色社会主义事业长远发展，关系中华民族伟大复兴，关系全国各族人民根本利益，对于动员全党全国各族人民，在以习近平同志为总书记的党中央坚强领导下，高举中国特色社会主义伟大旗帜，奋力夺取全面建成小康社会新胜利、开创中国特色社会主义事业新局面，具有重大现实意义和深远历史意义。

陈希强调，党的十八大站在新的历史起点上，对中国特色社会主义事业全局作出总体部署，这对科技工作、对科技工作者、对科协组织提出了新的更高要求。必须准确把握、深刻领会十八大精神实质，以十八大精神统一思想、凝聚力量，紧紧围绕党和国家的中心工作、围绕经济社会发展全局，找出着力点、选准突破口，为实现十八大确定的奋斗目标和工作任务而努力奋斗。

最后，陈希对扎实做好学习宣传贯彻落实十八大精神提出三点要求。一是要加强领导，周密部署。要高度重视十八大精神的学习，周密组织，精心安排，研究提出本部门、本单位学习十八大精神的工作方案，推动科协系统形成学习贯彻党的十八大精神的热潮。二是要学以致用，真抓实干。坚持理论联系实际，紧密联系本单位的工作实际，紧密联系广大党员的思想实际，紧密联系科协的性质、宗旨、任务，坚持学以致用、用以促学。三是要加强宣传，营造氛围。加强舆论引导，加强组织协调，加大宣传力度，切实抓好党的十八大精神的学习和宣传活动。

程东红在会议总结讲话中指出，学习贯彻好党的十八大精神，是我们今后一个时期最重要的政治任务。要加大学习力度，全面领会十八大精神实质；领导干部要带头学习，同时要组织好各部门各单位的学习活动；广大党员要立足岗位，结合科协实际，积极行动起来，为贯彻落实好十八大精神贡献力量。

【将党员干部的思想统一到十八大精神上来】 中国科协将十八大中央直属机关代表团印发的《中国共产党第十八次全国代表大会精神传达提纲》作为学习党的十八大精神的重要材料，转发到机关各部门、各直属单位党（委）支部。同时面向广大党员发放胡锦涛同志在党的十八大上所作的报告单行本、党章单行本等。

切实将广大党员干部的思想统一到党的十八大精神上来，深入领会党的十八大所作出的重大决策和部署，中国科协机关党委以中国科协党组名义，及时印发了《中国科协系统学习贯彻党的十八大精神的通知》，对科协系统学习宣传贯彻党的十八大精神作出部署，提出明确要求。

按照中组部的部署，围绕党的十八大的学习贯彻活动，确定民主生活会主题，召开2012年度科协党组民主生活会。在此前机关各部门、各直属单位召开完成本单位民主生活会，完成对党组征求意见等有关工作。

党的十八大闭幕后，中国科协立即组织开展全国科技工作者对十八大精神反响情况的调查。在全国范围内发放调查问卷1万份，访谈300名左右有代表性的科技工作者，形成调查报告，上报中央，为中央准确了解科技工作者队伍的思想状况提供决策参考。

【谋划全面推动中国科协党建工作思路】 中国科协邀请党建方面专家做理论辅导，举办解读党的十八大精神专题讲座；开展基层党组织书记研讨贯彻党的十八大精神的举措办法，谋划2013年全面推动党的建设的工作思路。

为深入学习党的十八大精神，加强党风廉政建设，贯彻落实中央政治局提出的改进工作作风、密切联系群众的有关要求，12月6日上午，中国科协举办了加强党风廉政建设报告会。中国科协常务副主席、党组书记、书记处第一书记陈希作了加强党风廉政建设的专题报告，机关纪委委员、机关各部门各直属单位领导班子成员、机关、直属单位处以上、纪检干部120余人参加了会议。

在报告会之后，举办了机关和直属单位廉政风险防控培训班，机关纪委委员和各部门、单位党组织纪检委员参加了培训。中国科协党组成员、书记处书记王春法在开班式上作了《关于科协廉政风险防控的几点思考》报告。培训还邀请了国家发改委监察局副局长金春田为培训班作《国家发展改革委廉政风险防控机制建设的做法和体会》报告，进一步增强了党员干部的廉政风险防控意识。

中国科协机关党委开展了学习贯彻党的十八大精神约稿活动，开展"党在我身边，永远跟党走"主题演讲比赛活动，编印《党的十八大学习资料》字帖等。机关党委面向广大党员发放了十八大报告单行本、党章单行本，将十八大精神及时、全面、准确地传达到每一个党员和干部，并学以致用，在实际工作中得以真正贯彻落实，进一步凝聚力量、推进科协文化建设。

【全国学会认真学习党的十八大精神】 党的十八大召开后，按照中国科协和支撑单位的部署要求，全国学会组织党员干部和职工认真学习党的十八大精神。

2012年11月21日，中国林学会副理事长兼秘书长赵良平主持召开秘书处全体会议，传达学习党的十八大精神和国家林业局贯彻十八大会议的精神。重点学习了胡锦涛同志代表第十七届中央委员所作的报告，以及赵树丛局长在国家林业局贯彻十八大精神会议上的讲话精神。赵良平秘书长要求学会全体党员和群众要把学习党的十八大精神作为当前和今后一个时期的首要政治任务，自觉把思想和行动统一到党的十八大精神上来，把智慧和力量凝聚到落实党的十八大提出的任务上来。按照国家林业局党组的部署，赵良平秘书长就学会秘书处贯彻落实党的十八大精神提出了明确要求。一是要充分发挥学会学科齐全、人才荟萃、智力密集、联系广泛的优势，积极宣传林业在生态文明建设和推动科学发展中的主体作用；二是要大力开展国内外学术交流活动，促进林业学科发展和繁荣，为生态文明建设提供科学支持；三是要积极普及生态知识、传播生态理念、提高全民生态意识，使生态理念转化为全社会的自觉行动；四是要着重围绕生态文明建设开展决策咨询、建言献策，为生态文明建设提供科学参考；五是要进一步培植精品、打造亮点，为生态文明建设搭建更加广阔的平台。

11月24日，中国农业机械学会党支部组织全体党员干部和员工学习了党的十八大报告精神。会上，大家共同学习了胡锦涛同志《坚定不移的沿着中国特色社会主义前进，为全面建成小康社会而奋斗》报告的主要内容，并结合学会工作实际，尤其是农业机械在完成替代劳力、人畜力所不能完成的工作现状之外，更加注重节能技术、减排技术、变量施用技术等环境友好型农机技术的实现，把握好农业机械的发展重点。同时，要认真谋划、精心组织、周密安排、统筹推进，积极发挥党组织的战斗堡垒作用；继续加强学术年会制度化、品牌化，学会专题交流特色化、实效化，在国际农业工程领域、国内各分科学会、地方农机学会间展开广泛交流与合作；继续大力举荐表彰杰出科技人才，推动行业科技进步，并开展专题研究，为政府科学决策提供参考，以实际行动贯彻落实好党的十八大精神。

11月25日，中国国土经济学会结合党的十八大会议精神，组织秘书处全体党员、干部群众开展专题业务学习活动，并组织实施建设美丽中国国土名片工程。胡锦涛总书记在党的十八大报告中讲到大力推进生态文明建设中第一条便提到优化国土空间开发格局。会上，组织学习了《国土经济学会通论》（以下简称《通论》）。《通论》是中国国土经济学会编辑出版的第七本学术著作，也是学会近年来推出的最为系统完整、最接近历史前沿学术著作。该书以国土为研究对象，研究内容涉及国土调查与评价、国土开发与利用、国土保护与整治、国土管理与政策等诸多方面。《通论》是指导学会今后一个时期重要的理论专著，大家结合党的十八大精神，认真学习研究，不断增加自身的专业素养和理论知识。党支部在学习活动中特别邀请学会副秘书长、国务院发展研究中心研究员谷树忠就《通论》向全体党员及群众进行解读。还邀请副秘书长、国家发改委国土开发与区域经济研究所所长肖金成就优化国土空间开发格局进行讲解。通过学习使大家深刻意识到珍惜每寸国土，建设生态文明，永续发展的美丽中国也是今后中国国土经济学会面向社会和会员开展的重要工作，与会人员纷纷表示将以更大的热情投身学会工作，为建设美丽中国贡献一份力量。

11 月 27 日，中国航空学会党支部组织全体党员及职工深入学习领会党的十八大精神。党支部书记吴松同志带领大家认真学习十八大报告。在学习全文的基础上，吴松书记针对部分内容做了重点讲解。大家一致认为，认真学习、深刻领会、全面理解和准确把握大会精神有利于党员与职工的思想统一，有利于凝聚智慧和力量，有利于指导学会未来的工作，更好地为会员服务，为我国航空科技发展助力。十八大报告明确提出，要实施创新驱动发展战略。学会组织应充分认识到自己在未来一个时期所面临的责任与机遇，以党的十八大精神为指导，在未来工作中更加注重为科技创新、基础研究、科技成果转化、重大技术突破、科学普及等关乎提高社会生产力和综合国力的事业提供支撑。同志们针对如何将党的十八大精神贯彻到学会日常工作中的具体举措展开了热烈讨论，并纷纷表示将在工作中求真务实、兢兢业业、努力探索、不断提高业务能力和水平，不断提高学会服务会员与服务社会的能力。同志们为歼 -15 舰载机研制现场总指挥罗阳同志因公殉职表示了沉痛的哀悼，大家纷纷表示要学习罗阳同志攻坚克难、忘我工作、航空报国的优秀品质。学会党支部将另外组织深入学习罗阳同志的先进事迹，感受榜样的力量。

11 月 28 日，中国金属学会党支部组织党员干部职工集体学习十八大精神。学会常务副理事长、党总支书记王天义主持学习会，组织观看了由中国社会科学院副院长李捷教授主讲的“深入学习贯彻十八大精神”专题片。专题片主要讲解了十八大的主题、主线、主体内容，并对报告所蕴含的中国特色社会主义、科学发展观和全面建成小康社会和全面深化改革开放的目标等一系列新观点、新亮点、新定义进行解读。在学习中大家一致认为十八大报告勾画了在新的历史条件下夺取中国特色社会主义新胜利的宏伟蓝图，为今后的工作指明了方向，要以科学发展观指导今后的工作。 最后，王天义要求学会全体党员干部要按照中央要求和上级党委的部署，切实将学会党组织和广大党员干部的思想统一到学习贯彻党的十八大精神上来，把学习贯彻十八大精神作为当前学习工作的首要任务。在学习中要紧密联系思想实际，围绕自身工作特点，把党的十八大精神学得更加深入、领会得更加透彻、贯彻得更加自觉。

11 月 29 日，中国抗癌协会党支部组织全体党员和秘书处全体工作人员集体学习了党的十八大精神。学习分为两个阶段，上午支部全体党员共同讨论制定了《中国抗癌协会机关党支部关于贯彻党的十八大精神学习方案》。《方案》结合协会实际明确了学习贯彻十八大精神的重点、要求和具体活动安排。下午秘书处全体人员集体学习。首先，张静书记传达了中国科协学会服务中心党委《关于组织开展学习贯彻党的十八大精神活动的通知》，协会安排党员干部参加中国科协举办的“学习贯彻党的十八大精神”专题讲座、座谈会和征文活动。办公室主任助理王春城同志传达了支撑单位天津医科大学附属肿瘤医院《关于认真学习宣传贯彻党的十八大精神的安排意见》。办公室刘齐同志传达了根据录音整理的中国科协党组成员、学会学术部部长沈爱民在第 13 期中国科协秘书长沙龙上的讲话中有关十八大精神和学会建设的内容：党的十八大强调社会组织要依法独立自主开展活动的必要性、重要性；提出了“政社分开”更加强调社会组织独立自主的法人地位，要按照法律和章程独立自主的开展活动；一个成熟的现代组织必须在体制、机制、工作方式上进行改革、变革。本次学习的重点是中国抗癌协会理事长助理宣栋生同志对十八大报告从七个方面进行详细解读：1. 高举中国特色社会主义伟大旗帜；2. 回顾总结过去五年、十六大十年以来的奋斗历程；3. 确定科学发展观的历史地位和指导意义，第一次提出以人为本；4. 提出夺取中国特色社会主义基本要求；5. 确定全面建成小康社会；6. 全面部署今后任务；7. 提高党的建设科学化水平。张静书记在总结发言中提出，要把党的十八大精神贯彻落实到提高履职能力，加强自身建设中，在认真学习，深刻入领会的基础上广泛开展“五个一”活动，即：支部办一个十八大学习专栏；围绕十八大热点问题搞一次教育活动；每个人写一篇学习心得；结合本职工作为协会建言献策，提一条合理化建议；做一件有助于提高工作效率，服务水平，有利于协会发展的实事。

【地方科协认真学习党的十八大精神】 党的十八大召开后，按照中国科协和地方党委的部署要求，各省、自治区、直辖市科协认真组织党员干部和职工学习党的十八大精神，并结合实际贯彻落实。

北京市 为贯彻落实北京市委、市直机关工委关于认真学习宣传贯彻党的十八大精神的要求，加深对十八大精神的理解和思考，把学习贯彻十八大精神活动引向深入，推进学习型组织建设，北京市科协组织了系列学习活动。12月20～21日，北京市科协学习贯彻党的十八大精神党员培训班开班，北京市科协机关、事业单位党员70余人参加培训。为了使科协广大党员通过此次活动更好理解领会十八大精神，北京市科协机关党委精心部署学习工作，向每位党员发放了十八大报告及新党章，向每个支部发放了《十八大报告辅导读本》和《十八大党章学习读本》，要求党员个人通读。此外，培训班还专门邀请了北京市社科联党组书记史秋秋作了题为《学习贯彻十八大精神 坚持科学发展观以人为本的核心立场》主题讲座；北京市直机关工委副书记杨公鼎针对机关党组织、党员特点作了《党的基层组织工作条例》解读的专题报告；培训班还进行了《学习贯彻落实十八大精神，全面提高党的建设科学化水平》、《加强以保障和改善民生为重点的社会建设》等专题讲座。各位领导和专家从十八大报告的重要理论突破和坚持科学发展观、以人为本的核心立场等方面系统详细地对十八大报告进行了深入的解读，内涵系统丰富、思路清晰、语言生动，对全体党员学习理解党的十八大精神起到了很好的辅导和帮助，深受学员欢迎。培训班还组织党员进行了学习十八大报告网上知识竞赛，参加了中组部党员教育中心、共产党员网举办的“学习党的十八大报告和党章有奖知识竞赛”和“首都科技界学习十八大精神知识竞赛”两项活动。参加了各种活动后，北京市科协系统的党员、团员们纷纷表示，北京市科协十八大系列学习活动内容新颖、丰富，形式灵活、多样，讲座、讨论、竞赛、看录像等多项环节，形成了一个多效、立体、全方位的学习氛围，效果斐然，深感受益匪浅。他们表示，要以学习十八大精神指导工作，用工作检验学习，紧密联系科协的性质、宗旨、任务，真正把十八大精神落实到各项实际工作中去，不断提高推动科协事业科学发展的能力，为实现党的十八大确定的奋斗目标和工作任务而努力奋斗。

内蒙古自治区 12月24～25日，内蒙古自治区科协党组举办党组中心组（扩大）深入学习贯彻落实党的十八大精神读书会。自治区科协党组书记、副主席白宝玉，科协领导班子成员亢贵厚、陈天保、于平、洪晏、闫伟及科协副巡视员、内蒙古科技馆馆长周纯烈出席。自治区科协各部室、各单位副处级以上干部参加学习。本次读书会内容包括聆听专题辅导讲座、集体学习十八大报告原文、结合工作座谈学习体会等。24日上午，贯彻落实党的十八大精神读书会第一讲——聆听十八大报告专题辅导讲座在内蒙古科协报告厅举行。内蒙古自治区党校校委委员、决策咨询中心主任杨耀教授为内蒙古科协机关及事业单位全体干部职工作十八大报告的专题辅导。杨耀介绍了十八大召开的背景、大会主要内容、十八大的主题和五大贡献，以“三个台阶”、“两个时期”、“一个理论成果”总结了十年的实践历程和历史性成就，深刻分析了科学发展观指导思想的重要地位、精神实质和实践要求。杨耀对十八大报告的透彻理解，深入解读，生动宣讲，使党员干部们进一步深化了对党的十八大的认识。24日下午，白宝玉主持召开专题学习会，机关及事业单位副处级以上干部集中学习党的十八大报告原文。科协领导班子成员带头研读报告，并对重点内容进行剖析、阐释。大家静下心来逐字逐句阅读，原原本本读报告，认认真真做记录，力争学懂弄通、学深学透，用报告精神武装头脑，指导工作。25日，各部室、各单位主要负责人结合党的十八大会议精神、全国科技创新大会精神、中国科协八大会议精神、自治区第九次党代会精神，以及本部门、本单位今年的工作情况，畅谈明年工作思路及创新的工作内容，并对内蒙古科协整体工作提出建设性意见和建议。座谈会上，照本宣科、长篇累牍念稿子的少了，“假、大、空”的废话少了，取而代之的是言简意赅、求真务实、富有新意的发言。工作思路既有建议，更有具体措施。大家结合实际工作，提出了不少真知灼见，积极探索今后工作的方式方法、内容形式，确保提出的工作能落到实处，开展的活动能取得实效，真正做到学以致用。

黑龙江省 为了深入学习领会党的十八大精神，进一步加强学习研讨和广泛交流，12月14日，黑龙江省科协召开学习领会党的十八大精神交流会，党组书记、副主席闫永华主持会议，党组成员、副主席杨铭铎、丛丽出席会议，机关全体干部和所属事业单位班子成员参加了会议。会上，党组成员、部分机关和所属事业单位主要负责人在发言中交流了对党的十八大精神内涵的理解，从科协实际工作出发，畅谈了今后科协工作的新思路。党的十八大提出的政治体制改革、落实科学发展观、生态文明建设、转变经济发展方式、转变工作作风等议题，成为大家广泛关注和重点研讨的内容。大家纷纷表示，要以党的十八大精神为指导，从科协组织的性质、宗旨、任务出发，找准新时期科协工作的着力点和落脚点。闫永华在发言中提出，要从理论和实践的结合上，努力把握好四个方面的精神实质。第一，要牢牢把握党的十八大的主题。只有这样，才能全局在胸、纲举目张，才能高屋建瓴，全面贯彻。第二，要把握党的十八大主题与旗帜、道路的关系，关注党的十八大提出的一系列引人注目的新内容，包括把科学发展观列入党的指导思想；把中国特色社会主义制度同中国特色社会主义道路和中国特色社会主义理论体系一道，并列为党和人民90多年奋斗、创造、积累的根本成就；把生态文明建设纳入中国特色社会主义事业五位一体的总体布局等。第三，要把握党的十八大主题与奋斗目标的关系，深刻认识新形势下“我国发展仍处于可以大有作为的重要战略机遇期”。我国将推进一系列重要领域的改革和发展，如加快经济改革和产业结构调整，加快科技、教育和文化的改革和发展，优化社会治理等。第四，要把握党的十八大主题与党员精神状态的关系，深刻理解“解放思想，改革开放，凝聚力量，攻坚克难”的内涵。同时，他又从科技创新的角度分析了黑龙江省省情，以及黑龙江省面临的机遇和挑战。黑龙江省科协全体人员将在学习和工作中，紧密联系科协工作的实际，紧密联系广大干部职工的思想实际，紧密联系科协组织的性质、宗旨、任务，坚持学以致用、用以促学。着力转变工作中的不适应、不符合科学发展的思想观念、工作方式和工作作风，做到求真务实、真抓实干，努力在“三型”机关创建中提高科协组织的水平。

安徽省　12月19日，安徽省科协学习党的十八大精神主题报告会暨“中国科协会员日”活动大会在合肥召开。安徽省人大常委会副主任朱维芳出席，安徽省科协党组书记、常务副主席周建强主持会议。党的十八大代表、安徽省直工委书记张国富向参加大会的科协工作者和科技工作者作学习贯彻党的十八大精神主题报告。报告会上，张国富重点介绍了党的十八大召开的时代背景、党的十八大主题，深刻阐释了科学发展观的历史地位，系统解读了坚持和发展中国特色社会主义这条贯穿党的十八大报告主线的丰富内涵，详细讲解了全面建成小康社会、深化改革开放的目标和“五位一体”的战略布局，全面论述了提高党的建设科学化水平的任务要求，以及党的十八大报告的一系列新思想、新观点、新论断、新举措。周建强表示，这次主题报告会重点突出，纲举目张，具有较强的吸引力和感染力，进一步加深了对十八大精神理解的高度；实事求是，亲切生动，既有理论分析，又有实践佐证，进一步加深了对十八大精神理解的深度；紧密结合安徽实际和科技工作者的现状，深入分析了科技创新、科技创新机制以及深化科技体制改革等问题，有助于进一步增强学习和领会贯彻十八大精神的自觉性和针对性。周建强强调，安徽省科协系统和广大科技工作者要以这次报告会为契机，进一步掀起学习贯彻党的十八大精神热潮，引导广大党员干部全面把握党的十八大精神，深刻领会党的十八大确立的重大理论观点、重大方针政策、重大工作部署。各级科协组织要开展形式多样的活动，精心组织，确保实效，进一步把广大科技工作者的思想统一到党的十八大精神上来，把力量凝聚到科协“三服务一加强”上来，为全面提高安徽省自主创新能力和科学技术水平提供强有力的人才保证，为建设美好安徽做出新的更大贡献。会上，对潘建伟等22名全国优秀科技工作者代表进行授牌，授予马传喜等50名同志“安徽省优秀科技工作者”荣誉称号，以表彰他们为安徽省总体科技水平提高、经济社会发展和人民生活改善做出的显著成绩和重要贡献。大会还向第三届安徽省百所高校百万大学生科普创新创意大赛获奖作品和先进单位的代表颁发了奖牌和奖品。

湖南省　11月22日，湖南省科协在长沙召开第九届常务委员会第二次会议，传达贯彻党的十八大精神，总结全年工作。中国科协副主席、湖南省科协主席黄伯云院士主持会议。两院院士姚守拙、刘友梅、于起峰，老同志龙国键、卢光琇等出席。湖南省科协党组书记、副主席邹志强表示，已将11月和12月确定为省科协系统“十八大精神集中学习月”，采取党组中心组学习、专家专题辅导、党课集中培训、主题论坛交流等多种形式，组织党员干部深入学习领会十八大精神。同时，进一步开展作风建设和支部联基层活动，通过走基层、转作风、抓服务、促发展等实际举措，推动党的十八大精神在基层的贯彻落实。11月30日，湖南省科协展出学习贯彻宣传十八大精神专刊，大力宣传党的十八大精神，展现广大党员干部在学习贯彻党的十八大精神过程中的新成效新进展，营造浓厚的学习氛围，使十八大精神真正入脑入心。此次专刊包括以下五个主题：党的十八大盛况和报告主要内容、省委省政府学习贯彻十八大精神动员部署情况、全省科协系统掀起学习贯彻十八大精神热潮、十八大知识问答和礼赞十八大诗歌。整个专刊内容丰富，涵盖面广，为科协上下学习、宣传、贯彻党的十八大精神营造了浓厚氛围。专刊展出后，受到湖南省科协广大党员干部的欢迎，进一步增强了党员干部坚决贯彻十八大精神，跟党走，干事创业的热情和积极性。

四川省　党的十八大召开后，四川省科协结合工作实际下发了《关于认真学习宣传贯彻党的十八大精神的通知》，要求各党支部（党委）认真学习贯彻落实好党的十八大精神。《通知》要求各党支部（党委）要充分认识学习宣传贯彻党的十八大精神的重大意义，全面准确学习领会党的十八大精神，认真做好党的十八大精神的宣传，结合工作实际抓好学习贯彻，切实加强组织领导。重点把握好“四个结合”：将学习贯彻党的十八大精神与推进四川省经济社会全面发展紧密结合，与全面提升四川省全民科学素质紧密结合，与服务好科技工作者紧密结合，与加强党的建设特别是先进性建设紧密结合。《通知》下发后，四川省科协系统采取多种形式掀起学习党的十八大精神的热潮。凉山州科协党组针对党的十八大报告提出的“实施创新驱动发展战略”、“提高全民科学素养”、“加强和创新社会管理”、“人才优先发展战略”等确定了四点工作目标：一是充分发挥科协优势，整合科技资源，服务创新驱动发展。二是围绕提升全民科学素质，奋力推进《纲要》的深入实施。三是创新学会管理，切实发挥学术交流在凉山创新型体系建设中的重要作用。四是努力建设“科技工作者之家”，打造人才成长的和谐环境。攀枝花市科协组织单位中层以上领导干部和县区科协负责人前往攀枝花东区的3家企业，就攀枝花市产业发展和企业科技自主创新工作进行了专题调研。通过亲赴基层调研考察，进一步转变科协工作人员的思想观念和工作作风，到一线去了解实际、提供服务，找准学习贯彻党的十八大精神的切入点和着力点，继续发挥好科协组织桥梁纽带作用，在实践中更加奋发有为。南充市科协结合工作实际，对进一步学习领会贯彻落实党十八精神提出了要求。尤其是在学会建设方面，要求全市科协系统要坚持以规范学会建设、创建十强学会为抓手，加强学会能力建设，努力为科技工作者创新、创造、成长、成才营造良好的环境氛围，不断增强科技社团服务创新驱动发展战略的能力和水平，服务全民科学素质提升，服务全市经济社会发展，为南充建成小康社会作出应有贡献。内江市科协要求把学习贯彻党的十八大精神与提高干部的执行力结合起来，进一步完善工作机制，转变机关作风。在科协系统大力倡导敢于担当、敢于创新、敢于承重的精神，努力建设一支奋勇争先、高效履职的干部队伍，为科协事业跨越式发展提供人才保障，为奋力推进“三个加快”、争当川渝合作“桥头堡”、打造成渝经济区重要增长极贡献力量。成都市科协、广安市科协、阿坝州科协、巴中市科协、绵阳市科协等都纷纷召开了学习贯彻落实十八大精神专题会议，结合科协工作实际，提出了相应的工作要求。

贵州省　11月16日上午，贵州省科协党组在认真学习党的十八大精神的基础上，根据省纪委、省委组织部《关于开好2012年度县级以上党员领导干部民主生活会的通知》精神，组织召开了2012年度省科协党员干部民主生活会。贵州省科协党组成员、班子领导及相关部门负责同志参加会议，贵州省科协党组书记任湘生主持会议。会上，任湘生传达了党的十八大精神和贵州省纪委、省委组织部（黔组通〔2012〕73号）通知精神，通报了2011年度民主生活会收集到的意见建议整改落实情况以及2012年度民主生活会征集到的意见建议，并率先在民主生活会上进行了自我剖析。12月21日，贵州省科协机关及直属事业单位全体干部职工参加“贵州省科协学习宣传贯彻党的十八大和省委十一届二次全会精神网上知识竞赛”活动。按照贵州省科协机关党委下发的《关于学习宣传贯彻党的十八大和省委十一届二次全会精神工作方案》的要求，在前期进行了宣讲报告、中心组学习及党支部集中学习的基础上，组织了这次知识竞赛活动，活动中大家积极认真、聚精会神地在十八大报告、《党章》和省委二次全会等资料中寻找正确答案，最后，在正确答案中产生了一、二、三等奖给予奖励。通过这种形式的活动，使大家学习的氛围更浓，进一步加深学习贯彻党的十八大精神的认识，巩固了学习成果。

罗阳同志事迹专题

【胡锦涛、习近平等对罗阳同志逝世表示沉痛哀悼】 歼-15舰载机研制现场总指挥罗阳同志的遗体，29日在沈阳市回龙岗革命公墓火化。

罗阳生前是中航工业沈阳飞机工业（集团）有限公司董事长、总经理，在大连执行国家重点工程任务时，突发心肌梗死、心源性猝死，因病情严重抢救无效，于2012年11月25日12时48分辞世，终年51岁。

胡锦涛、习近平等中央领导同志以不同方式对罗阳同志逝世表示哀悼并向其亲属表示慰问。

罗阳同志殚精竭虑为我国航空事业做贡献的事迹，连日来深深感动了广大群众，人们纷纷以各种方式表达对罗阳的崇敬和哀悼之情。29日，社会各界3000多人前往送别，白花黑纱间，表达对这位航空英雄的不舍之情。

在送别现场，人群肃立，哀乐低回。大厅正中悬挂罗阳同志大幅遗照。罗阳同志的遗体安卧在鲜花翠柏中，覆盖着中国共产党党旗。

10时整，全体现场人员在罗阳同志遗体前肃立默哀。场外，上千名职工群众在寒风中静立，人群中的横幅书写着“深切怀念我们的好经理”“祖国终将选择那些忠诚于祖国的人，祖国终将记住那些奉献于祖国的人”，表达对罗阳的无尽追思和深切缅怀。

罗阳从事航空领域工作30年来，创新技术、强化管理，为中国航空武器装备发展做出了卓越贡献，用生命践行了“航空报国”的铮铮誓言。

（来源：新华网）

【习近平要求广大党员干部学习罗阳优秀品质和可贵精神】 11月25日，歼-15舰载机研制现场总指挥罗阳在大连执行任务时突发疾病逝世。中共中央总书记、中央军委主席习近平26日作出重要指示。

习近平指出，罗阳同志不幸因公殉职，我谨致以沉痛的哀悼，并向他的家人表示深切的慰问。罗阳同志秉持航空报国的志向，为我国航空事业发展作出了突出贡献，他的英年早逝是党和国家的一个重大损失。要很好地总结和宣传罗阳同志的先进事迹，广大党员、干部要学习罗阳同志的优秀品质和可贵精神。习近平还要求有关方面妥善照顾罗阳同志的家人。

遵照习近平的指示精神，中央组织部要求深入总结和宣传罗阳的先进事迹，号召广大党员、干部学习罗阳的优秀品质和可贵精神。中央宣传部要求主要媒体立即对罗阳先进事迹采访宣传，号召广大党员、干部向罗阳学习，为推动党和国家事业提供榜样的力量。中国航空工业集团公司决定授予罗阳“航空报国英模”称号，并在全集团深入开展向罗阳学习活动。

辽宁省、中国航空工业集团公司负责人第一时间向罗阳家属传达了习近平的指示，转达了习近平的慰问。中国航空工业集团公司及所属沈阳飞机工业（集团）有限公司广大干部职工纷纷以各种方式表达对罗阳的崇敬和哀悼之情，并表示一定会以罗阳为榜样，继续为我国航空事业发展贡献力量。

罗阳是歼-15舰载机研制现场总指挥、中航工业沈阳飞机工业（集团）有限公司董事长、总经理。他投身祖国航空事业30年来，秉持航空报国的志向，坚持敬业诚信、创新超越的理念，兢兢业业，攻坚克难，长年超负荷工作，带领工程技术人员完成了多个重点型号研制，直至生命的最后一刻，为我国航空事业发展作出了突出贡献。

（来源：新华网）

【中国科协追授罗阳同志“模范科技工作者”称号】 根据《全国优秀科技工作者评选表彰办法》，中国科协书记处29日研究决定：追授罗阳同志“模范科技工作者”称号，号召全国广大科技工作者向罗阳同志学习。

决定要求，学习他坚定信念、矢志报国的高尚情怀，学习他爱岗敬业、无私奉献的职业操守，学习他严于律己、淡泊名利的优秀品质，学习他刻苦钻研、精益求精的工作态度，学习他攻坚克难、追求卓越的科学精神。

罗阳同志是中航工业沈阳飞机工业（集团）有限公司董事长、总经理、党委副书记、研究员级高级工程师。11月25日，罗阳同志在中国歼-15航母舰载机首次成功完成着舰起降试验仅十几个小时后，突发心脏病，以身殉职，年仅51岁。

决定指出，罗阳同志是我国科技工作者的优秀代表，为我国航空工业的振兴和科技事业的发展无私奉献了一生。30年来，他秉持航空报国志向，坚守一线，忘我工作，将全部精力和智慧都奉献在祖国航空事业的发展上。

在歼-15舰载机研制工作中，罗阳同志带领研制团队攻坚克难，夜以继日地奋战，取得了型号研制的全面成功。作为舰载机起降训练研制现场总指挥，他多次长时间随舰海试，解决了飞行训练中大量的技术难题，直至实现舰载机在航母“辽宁舰”上成功起降。他不懈奋斗的一生，为我国广大科技工作者树立了光辉的榜样。

【慰问罗阳同志亲属并颁发奖牌证书】 2月4日，中国科协副主席、书记处书记程东红来到罗阳同志家中，看望了罗阳同志的妻子王希利，表达中国科协对罗阳同志的崇高敬意，转达了韩启德主席和陈希书记对王希利同志的亲切关怀和问候，向她颁发了中国科协追授罗阳“模范科技工作者”称号的证书和奖牌。

程东红表示，罗阳同志是中国科技工作者的楷模，他的英年早逝对中国航空工业及科技界和家庭都是巨大的损失。她勉励王希利逐渐走出悲痛后，以更加积极的精神状态，面对今后的事业和生活，要把孩子培养好。作为一名科技女性，要多参加学术活动，继续做好科研工作。程东红表示，中国科协将在参与学术交流和学术发展等方面，尽力为王希利及她所在的辽宁中医药大学提供帮助和支持。

王希利是辽宁中医药大学附属医院副院长、主任医师，主管科研工作。她在生活中一方面默默支持罗阳同志投身航空事业，同时兢兢业业地从事中医临床和科研教学管理工作，是一名出色的科技工作者。王希利说，感谢中国科协对罗阳和她本人的关心和慰问，程书记的话说到了自己的心坎里，今后将更加专注地投入到科技事业中去，以更好的工作业绩缅怀罗阳，为国家科技事业作出更大的贡献。辽宁省科协党组书记、副主席康捷，沈飞集团公司总经理袁立和辽宁中医药大学校长杨关林陪同看望。

【罗阳同志简要事迹】 罗阳，生于1961年6月，辽宁沈阳人。1982年从北京航空航天大学高空设计专业毕业后，分配至中航工业沈阳飞机设计研究所。2002年7月起历任中航工业沈阳飞机工业（集团）有限公司党委书记、董事长、总经理，2008年12月兼任中航工业航空装备有限责任公司副总经理、分党组成员。1999年起享受政府特殊津贴，是辽宁省劳动模范、“航空报国金奖”获得者，生前组织实现了多项国家重点工程快速研制成功的杰出成果。

11月25日12时48分，中航工业航空公司副总经理，中航工业沈阳飞机工业（集团）有限公司董事长、总经理罗阳，在辽宁舰完成舰载机起降训练靠岸时，突发急性心肌梗死、心源性猝死，经抢救无效，不幸殉职，年仅51岁。

沈飞党委书记谢根华回忆，歼-15着舰起降成功后，中航工业集团准备25日下午举行庆功会，罗阳理应出席。但是回宾馆的路上，罗阳因为身体难受，请谢根华代替。一回到房间，罗阳便手按胸口横躺在床上，谢根华赶紧让人联系，将罗阳送往仅几公里外的大连市友谊医院。在距离医院大门还有100米左右，罗阳就喘不过气来，医护人员当即在医院大厅就做起了急救，但最终还是没有救回来。

中航工业沈阳黎明航空发动机（集团）有限责任公司董事长孟军说，罗阳是累倒的，只有亲身经历，你才能体验在航母上实验舰载机的巨大压力。作为歼-15的生产者，在一旁观看、记录着舰可以说是提心吊胆；而歼-15起飞时巨大的轰鸣声，震得人心脏难以承受，罗阳坚持记录了每批架次起降，也没有放过任何一批次飞机的触舰、复飞等动作，而他观看点离飞机最近距离不超过20米。

在上舰之前的不到20天内，罗阳连续完成两个重点项目，紧接着参加珠海航展，17日飞回沈阳后，连家都没回就连夜从机场前往基地。算上在舰时间，他已连续在外出差17天。面对罗阳遗体，妻子王希利悲痛地呼喊“罗阳，我知道，这些天来你太累了！”的话语，让身边人不禁落泪。

资料显示，罗阳从2007年起担任公司董事长、总经理、党委副书记职务，上任以来锐意改革、开拓创新，企业营业收入年均增长16%，利润年均增长34%，带领公司迈入了持续发展的快车道。

罗阳的秘书任仲凯对罗阳的离世难以接受。任仲凯说，罗阳生前既不喜欢喝酒也不抽烟，只是人到中年以后血压、血脂有些偏高。担任领导工作后，罗阳很少有时间陪家人，工作忙的时候，他早晨6点多钟就上班，常常到后半夜才回家，平日极少请假。女儿参加高考时，罗阳才罕见地请了半天假陪她。

沈飞总工程师袁立是罗阳的同事，两家住上下楼，一提到罗阳他眼中就泛起泪光，“工作中他兢兢业业，但压力是实实在在的。他多少年来一直性情温和，但这些日子肝火旺盛，有时候说一说话声音就高了。”因为罗阳是研制现场总指挥，很多事情都需要他调度、决断。

在同事的眼中，罗阳性格稍显内向，平日温文尔雅、很少发脾气，但工作起来毫不含糊。罗阳原来的同事，我国首席歼击机设计专家孙聪说，罗阳决策很慎重，但只要一决策就坚持到底，绝不轻易放弃，“我最怕罗阳请我吃饭，他一说吃饭我就知道，这是要我的部门在科研上闯关了，但没有他的强力支持，沈飞的科技水平绝不会进步得这么快。”

沈飞14厂职工赵传印参加工作已近40年了，他说：“罗阳绝对是个好干部，是我们沈飞任务太重，让他受苦了。罗阳对基层干部要求特别严格，车间生产出现问题，他一个集团老总居然第一时间赶到现场、立即解决问题。沈飞在他的率领下，工人特别关心生产质量，团队意识也特别强。”

27日的沈阳寒风阵阵，街上少有行人。而设置在沈飞宾馆内的公祭堂，却源源不断涌来要悼念罗阳的人们，各行各业送来的花圈把偌大的公祭堂围了整整三层，“鞠躬尽瘁为中华复兴，殚精竭虑铸航空大业”两道黑底白字的挽联垂下。

“今年8月辽宁号入列时，海外媒体预计中国舰载机成功应用至少需要1年半，没想到我们仅用2个多月，就成功实现了最为关键的起降试验！”中航工业集团董事长林左鸣说，这一奇迹的背后，是像罗阳这样千千万万航空人的不懈努力。

“‘才见霓虹君已去，英雄谢幕海天间’，航空人要化悲痛为力量，完成罗阳未竟事业，为中国航空工业的伟大战略做出更大贡献。”林左鸣说。

（来源：新华网）

中国科协2012年
主要活动和重要事件

中国科协 2012 年工作概况

一年来，在党中央、国务院的正确领导下，在王兆国、刘延东同志的直接指导下，中国科协高举中国特色社会主义伟大旗帜，深入贯彻落实科学发展观，按照中央书记处对科协工作的指示精神，团结带领广大科技工作者，紧紧围绕科学发展主题和加快转变经济发展方式主线，认真履行“三服务一加强”工作职能，在继承中创新，在创新中发展，各项工作取得新的进展。

一、坚决贯彻中央重大决策部署，迅速掀起学习宣传贯彻十八大精神的热潮

一年来，中国科协按照中央统一部署，紧紧围绕迎接党的十八大、学习贯彻十八大精神这条主线，切实把智慧和力量凝聚到贯彻落实中央提出的各项工作任务上来。认真做好代表推选工作，中国科协机关和直属单位三位同志顺利当选党的十八大代表。按照国办关于贯彻落实《中共中央国务院关于深化科技体制改革加快国家创新体系建设的意见》任务分工要求，扎实做好由中国科协牵头 2 项、参与 11 项任务的落实，以改革创新的实际行动迎接十八大。按照中央统一部署，围绕“科学发展、成就辉煌”主题广泛开展宣传活动，努力为十八大胜利召开营造良好氛围。

11 月 8 日，党的十八大隆重召开，科协系统积极组织广大党员干部收看大会开幕式。十八届一中全会闭幕后，中国科协立即召开党组会议、党组理论学习中心组扩大会和科协机关及直属单位全体党员大会，集中传达学习十八大精神，深刻领会中央对科技发展、科技工作者和科协工作提出的新要求新任务。21 日，中国科协下发《关于认真学习贯彻党的十八大精神的通知》，要求各级科协及所属团体把学习宣传贯彻十八大精神作为当前和今后一个时期的首要政治任务，在深入学习宣传贯彻十八大精神中走在前列、做出表率。各全国学会和地方科协积极响应，结合本地区本单位实际开展了各具特色的学习宣讲系列活动，在科协系统迅速形成学习宣传贯彻十八大精神的热潮。中华医学会、中国自然辩证法研究会等全国学会利用座谈会、报告会等形式组织会员集中学习十八大报告；天津、吉林、山西、贵州、新疆等省（自治区、直辖市）科协及时召开科技界学习十八大精神座谈会。中国科协及时开展科技工作者学习贯彻十八大精神状况调查，调查报告以党组名义上报中央，受到中央书记处领导同志的好评。

二、大力加强能力建设，服务经济社会发展迈出新步伐

一是重点抓好学会能力建设。着眼于培养和扶持一批国内一流、国际上有影响的骨干学会，引领科技社团服务创新型国家和社会建设，在财政部支持下，启动实施学会能力提升计划，中央财政安排 1 亿元专项资金，连续 3 年稳定支持中国力学学会等 45 个成绩突出的科技社团，进一步提升学术影响力、社会公信力、会员凝聚力和自我发展能力。着眼于培育一批优秀英文科技期刊，推动改变我国科技期刊质量水平滞后科技发展总体水平的局面，启动实施科技期刊国际影响力提升计划，通过“以奖促建”的方式，推动创办一批代表我国前沿学科、能填补国家学科空白的全新高水平英文科技期刊，大力支持具有较强发展潜力的现有英文科技期刊，重点支持《细胞研究》等 35 种优秀英文科技期刊，提升我国科技期刊在国际相同学科科技期刊中的影响力。深入实施精品期刊工程，进一步提高中文科技期刊的质量。组织近 3500 名专家学者开展学科发展研究，发布空间科学等 23 个学科发展报告。联合中国长江三峡集团公司实施科技出版资助计划，为科技工作者学术成长提供支持。成功举办第 28 届国际天文学联合会大会，习近平同志出席开幕式并作重要讲话；第十四届中国科协年会品牌效应更加突出，举办各类活动 1500 余项，吸引了 9000 余名科技工作者热情参与，惠及举办地社会公众 800 万人次，王兆国、韩启德出席了大会开幕式并作重要讲话，充分体现了党和国家领导人对学术交流工作的高度重视。成功举办第二届中国湖泊论坛等重要行业性区域性论坛，先后举办 6 期中国科技论坛、12 期新观点新学说学术沙龙、15 期青年科学家论坛、1 期全国博士生学术年会等学术交流活动，举办 2012 中国国际通信大会、第 23 届世界力学家大会、世界医学物理与生物医学工程大会等 600 多个重要国际科技会议，推动学术交流的国际影响力不断提高。截至 2012 年 10 月底，科协系统共举办境内学术会议 8930 场，参加会议人数 140 万余人次，交流论文 37 万篇。

二是着力提升决策咨询能力。围绕中央关注的重大问题，组织广大科技工作者深入调查研究、积极建言献策，“关于科普展教品研发与产业发展的调研报告”、“海外华人科技工作者状况调查”、“科技工作者知识产权意识状况调查”等一批调研报告得到贾庆林、刘延东等中央领导同志的重视。全面推进地方科协思想库建设试点工作，组织实施学会决策咨询资助计划，加强科协系统决策咨询信息系统和工作平台建设，努力把科协系统丰富的学术交流资源转化为决策咨询资源。中国科协年会期间，成功举办河北省党政领导与院士专家座谈会，为科学家与决策者沟通交流搭建平台。浙江、江西、北京、湖北、天津等地方科协的决策咨询工作成果丰硕，党政主要领导同志多次作

出重要批示。截至 2012 年 10 月底，科协系统共提供决策咨询报告 8375 篇，2839 篇次获得批示。

三是广泛开展群众性技术创新和科技服务活动。加大科普惠农兴村工作力度，中央财政投入资金 3 亿元、地方财政投入近 2.14 亿元，通过“以奖代补、奖补结合”方式，在全国评选表彰 16384 个农村科普先进单位和带头人，示范引导广大农民通过掌握新技术新知识，实现科学生产、文明生活。北京市持续开展“科技套餐配送工程”，山西省着力建设“农科 110”服务体系和科普惠农绿色通道，广东省积极开展“千会服务千村”行动，推动了社会主义新农村建设。联合国家发展改革委、科技部和国资委深入推动开展“讲理想、比贡献”活动，表彰奖励了 694 个优秀集体和先进个人，激励科技工作者为增强自主创新能力深入开展技术革新、技术攻关和技术协作。浙江、江西等省多部门联合出台实施意见和管理办法，对“讲、比”工作和专家工作站建设予以制度保障。截至 2012 年 10 月底，全国累计建立企业专家工作站 1747 家，进站院士专家 7000 多人次，参与科技工作者 201 万余人次，25.2 万条合理化建议获得采纳。积极深化同地方政府的合作，先后与贵州、重庆、江苏等省市签署合作协议，发挥科协人才智力优势服务地方经济社会发展。

四是深化对外民间科技交流合作。积极鼓励支持我国科学家在国际科技组织中担任领导职务，377 位科学家在国际民间科技组织中担任各类职务，其中主席、副主席 77 人，执委或相当职务 90 人，我国科学家的国际话语权和影响力不断增强。中国通信学会与日本电子信息通信工程师协会—通信协会签署合作协议，云南省科协与东南亚测绘协会签署双边合作框架协议，积极探索对外科技交流合作新渠道。配合中央对港澳台工作大局，举办第四届海峡论坛 海峡科技专家论坛、海峡两岸青年科学家学术活动月、当代杰出华人科学家公开讲座活动十周年庆典及 2012 年在港澳公开讲座活动等系列活动，努力为促进港澳地区繁荣稳定和两岸关系和平发展作贡献。

三、推动支持科普资源开发开放，全民科学素质工作扎实推进

一是认真履行纲要实施工作办公室职责。组织召开纲要实施工作会议和地方全民科学素质纲要实施工作研讨会，积极开展《全民科学素质行动计划纲要实施方案（2011—2015 年）》的宣讲和培训工作，进一步推动全民科学素质工作长效机制建设。围绕 2015 年实现我国公民具备基本科学素质比例超过 5% 的目标，启动公民科学素质建设共建工作，分解各省（自治区、直辖市）公民科学素质建设目标，明确全国各科学素质纲要实施部门和省级政府的目标和责任，有效调动了中央和地方两方面的积极性。广州市政府提出“十二五”末公民具备基本科学素质比例超过 8%、人均科普经费达到 12 元的工作目标；山东省把科学素质工作融入现代化城市建设进程，大力推进“科学城市”试点创建，有效保障了纲要的顺利实施。

二是广泛开展群众性主题科普活动。围绕“食品与健康”主题，广泛开展全国科普日系列活动，习近平等中央领导同志出席北京主场活动，强调把抓科普工作放在与抓科技创新同等重要的位置，极大激发了广大科技工作者和社会公众关注科普、参与科普的热情。根据中央领导同志指示精神，策划播出《科普就在我们身边》焦点访谈特别节目，精心打造全民科学素质文艺汇演主题晚会，举办“科学家与媒体面对面”系列活动，邀请专家学者及时回应社会关切的科普问题，向公众解疑释惑。针对世界末日流言，中国反邪教协会联合中国科技馆摄制电视科普宣传片《2012 世界末日，科学？荒谬？》，在中央电视台及多个地方电视台播出，获得社会好评。成功举办第 27 届全国青少年科技创新大赛、第 12 届中国青少年机器人竞赛和青少年调查体验等科技教育活动，全国参与青少年累计超过 2843 万人次。中国老科协科学报告团组织院士专家深入北京、河北等 15 个省（自治区、直辖市）开展科普报告，深受听众欢迎。中国科普作家协会评选第二届“优秀科普作品奖”，《变暖的地球》等 112 部作品获得奖励。中国宇航学会举办“科技与生活同行——走近中国大飞机”专题系列科普活动，4 万余人参加。上海市科协构建“云中科普在线”，开设东方明珠移动电视科普专栏，受到社会好评。截至 2012 年 10 月底，科协系统组织开展各类科普活动逾 18 万次，受众 1.7 亿人次。

三是促进高校科普资源开发开放。联合教育部组织首届全国青少年高校科学营活动，北京大学、清华大学等 41 所教育部直属重点高校共同签署《肩负起崇高的社会责任——41 所高校联合倡议书》，全国选拔 5000 多名品学兼优、热爱科学的高中生走进高校，亲身体验前沿科学研究、感受浓厚大学文化。各承办高校结合实际，精心设计开展了丰富多彩的活动，北京大学开放国家重点实验室，清华大学邀请杨振宁先生作成才励志报告，中国科技大学组织与少年班同学对话，进一步激发了青少年对科学的兴趣。在全国科普日期间联合教育部首次启动“高校开放日”活动，中国农业大学等全国 232 家高校面向社会公众开放重点实验室等科研设施，举办高校名师科普讲座等活动近千项。积极推动科研、教育与科普结合，联合科技部、中宣部、财政部组织开展国家科技计划项目中增加科普任务试点工作，在清华大学等 6 所高校和中国科技馆等

7家场馆试点培养科普专门人才。成功举办2012年第五届中国（芜湖）科普产品博览交易会，256家国内外厂商参展，展示科普产品3500多件，交易额3.9亿元，观众12.5万人次。上海市科协启动实施支持科普创作和科普产业发展计划，公益性科普产品和服务资源更加丰富。

四是大力加强科普基础设施条件建设。启动实施“社区科普益民计划”，中央财政安排资金1亿元对全国500个科普示范社区进行奖补，广泛推动开展科教进社区、社区科普大学等活动。联合国家发展改革委、科技部、财政部印发《科普基础设施工程实施方案（2011—2015年）》。进一步拓展数字科技馆的功能，集成了40家地方科协和科技馆的科普资源，开通了数字科技馆手机报，资源总量达2.5TB，日均访问人次6.4万、日均页面浏览量近60万页。充分发挥中国科技馆的综合示范作用，继续支持有条件的地市建设科技馆，新建和改扩建科技馆10座。面向基层科普需求，实施农村中学科技馆项目，新认定397个全国科普教育基地，配发科普大篷车110辆，启动流动科技馆巡展试点，深入少数民族地区、革命老区和经济欠发达地区免费巡回展出，全年巡展41个县域，受益人数174万人次。山东省科协成立科技展教工程中心，广西壮族自治区科协启动实施“科普信息数字传递工程”，努力让更多的社会公众享受优质高效科普服务。

四、营造良好社会氛围，促进科技人才成长提高

一是深入推进科学道德和学风建设宣讲教育工作。认真贯彻落实习近平同志重要指示精神和王兆国、刘延东同志的明确要求，宣讲教育领导小组成员单位扩充至中国科协、教育部、中科院、社科院和工程院5个部门，坚持“全覆盖、制度化、重实效”的目标，按照“两个拓展、两个结合”的原则推进宣讲教育长效机制建设。宣讲教育的机构由具有研究生培养资格的高校拓展到所有高校和中科院、社科院所属科研院所及其他研究机构，学科领域从自然科学领域拓展到人文社科领域；宣讲教育对象由研究生新生进一步拓展到全体研究生、高年级本科生、新上岗的研究生导师、新入职教师和青年科技工作者。探索将集中宣讲教育与经常性教育有机结合，教育与制度、监管有机结合。6月5日，五部门联合召开全国科学道德和学风建设宣讲教育工作会议，就宣讲教育工作进行统一部署、周密安排。9月，分别在石家庄、杭州等地连续召开两次科学道德和学风建设宣讲教育工作研讨会、第十四届中国科协年会科学道德建设论坛、第三届中美科学道德诚信案例研讨会，就科学道德和学风建设宣讲教育理论与实践进行集中研讨。11月30日，五部门联合在北京人民大会堂举办2012年首都高校科学道德和学风建设宣讲教育报告会，吴孟超、徐匡迪、姚期智三位科学家结合科研实践作报告，首都高校和科研院所的近6000名研究生新生参加。年底前，全国31个省（自治区、直辖市）和新疆生产建设兵团全部完成集中宣讲，共举办省级以上集中宣讲50场，102名院士专家作宣讲报告，7万余人参加报告会；各高校、科研院所也普遍开展了宣讲教育。2012年，接受宣讲教育的博士研究生20多万人次，硕士研究生120多万人次，研究生总数达140多万人次，较2011年增加了约60万人次，总体覆盖率接近90%，接受宣讲教育的本科生90多万人次，新上岗研究生导师和新入职教师近9万人次，科技工作者约2万人次，宣讲教育在进一步巩固2011年成果的基础上，又向前迈进了一大步。为充分发挥科协系统主办科技期刊在倡导优良学风、抵制学术不端行为方面的自律作用，4月10日举办中国科协科技期刊科学道德规范集中宣讲教育活动，中国科协千余种科技期刊共同签署《中国科协所属全国学会关于加强科技期刊科学道德规范、营造良好学术氛围的联合声明》，受到国内外科技期刊界广泛关注，国际著名的科技期刊《自然》和《科学》对此作了专门报道。

二是加大对优秀科技工作者的表彰举荐力度。为表彰罗阳同志为我国民族航空工业振兴作出的突出贡献，追授罗阳同志“模范科技工作者”称号，号召广大科技工作者学习罗阳同志矢志报国、无私奉献、追求卓越的高尚情怀和科学精神。组织开展全国优秀科技工作者评选活动，评选产生973名全国优秀科技工作者，并举办隆重颁奖大会，赵忠贤、袁隆平、徐銤等10位同志荣获“十佳全国优秀科技工作者”荣誉称号。继续开展中国科协求是杰出青年奖、中国青年女科学家奖等品牌奖项评选工作，积极鼓励、推动学会设奖，截至2012年10月底，科协系统表彰奖励优秀科技工作者8万人次。其中，中国化学会颁发青年化学奖等6项学术奖励激励青年投身科学事业；中国水力发电工程学会颁发第四届潘家铮奖（个人成就奖）表彰作出重大贡献的科学家，深受科技工作者欢迎。深入实施“海外智力为国服务行动计划”（简称“海智计划”），与85个海外科技团体建立合作关系，新建“海智计划”工作基地12家。

三是广泛宣传优秀科技工作者和创新团队。启动实施“共和国的脊梁——科学大师名校宣传工程”，支持北京大学、清华大学、上海交通大学、浙江大学、中国地质大学（武汉）和中国科技大学通过师生演校友的形式，分别排演以王选、邓稼先、钱学森、竺可桢、李四光和郭永怀为主题的校园戏剧，用老一辈科学家的卓越成就、爱国情怀和道德风范教育青少年，把个人成长成才与国家发展、

人民需要结合起来，树立爱国奉献、勇攀高峰的理想信念。其中，上海交大排演的话剧《钱学森》获得第三届中国校园戏剧节最高奖——“优秀剧目奖”。扎实推进老科学家学术成长资料采集工程，目前已累计启动247位老科学家的学术成长资料采集工作，切实把党的温暖送到老科学家心里，受到科技界普遍好评。与中央电视台、光明日报等主流媒体合作，广泛宣传在科技创新和普及方面作出突出贡献的优秀科技工作者和创新团队。以“十佳全国优秀科技工作者”获得者为题材，制作播放《星河灿烂》宣传片，广泛宣传杰出科技工作者的光荣事迹。各全国学会和地方科协广泛开展形式多样、各具特色的宣传活动，北京市科协与北京电视台合作播出“科学人物”节目，讲述科学家的成长故事；中国力学学会在《中国科学报》等媒体刊登专访，集中展示我国力学领域优秀科技工作者的风采。中国科协全年重点宣传优秀科技工作者1800多人次、创新团队9个，科技工作者的社会形象更加鲜明。

四是推动工程教育国际互认。2005年开始，按照全国工程师制度改革协调小组的部署，在有关部门的支持下开始探索提高工程教育质量和推动工程教育国际互认，由中国科协代表中国申请加入国际化程度较高、体系较为完整的国际工程教育认证互认体系——《华盛顿协议》。2012年走访了主要的协议签约国家和地区，争取到澳大利亚、英国等主要国家有关组织的支持，正式申请的准备工作已基本就绪。积极支持和推动全国学会参与工程教育认证工作，在目前已开展认证工作的17个专业类中，中国科协所属全国学会独立承担12个专业类的认证秘书处工作。

五、做好“建家交友”工作，桥梁纽带作用进一步加强

一是探索学会创新发展新途径。找准学会党建与增强学会履职能力和会员服务能力的结合点，启动实施“党建强会计划”，组织开展“十百千”（即十项具有学会特点的党建活动、与百名科技工作者交朋友、惠及数以千计的社会公众）特色活动，全年资助51个学会，通过加强党建带动学会建设，学会履职能力、会员服务能力进一步提升。在科协系统广泛开展中国科协会员日活动，鼓励全国、省级、市县级学会通过看望慰问基层一线会员、表彰奖励宣传优秀会员、邀请会员参观科技文化场所、张贴会员日海报等形式，促进学会与会员、会员与会员沟通联系，引导学会完善会员服务机制，丰富为会员服务的内容，提升服务品质。中国水产学会、中国植物保护学会、中国动物学会、中国兵工学会等学会结合实际开展了特色鲜明的社会服务和会员服务活动，社会影响逐步扩大。民政部公布的全国社会组织评估结果显示，中国农学会、中国环境科学学会、中国仪器仪表学会3个学会获评为5A级学术社团，占全部5A级学术社团的100%；中国粮油学会等19个全国学会获评为4A级学术社团，占全部4A级学术社团的73.1%；获得3A级以上评估结果的学会达到中国科协参评学会总数的97.3%，充分展现了中国科协所属学会的风采。

二是抓好基层组织建设。按照中央“哪里有科技工作者，科协工作就做到哪里；哪里科技工作者密集，科协组织就建到哪里；哪里有科协组织，建家交友活动就开展到哪里”的要求，重点抓好高新技术产业开发区等科技人才密集地区的基层组织建设工作，企业科协总量达到2万余个，个人会员313万；高新技术产业开发区科协48家，经济技术开发区科协50家，高等院校科协已达815个。以“科普惠农兴村计划”为依托，推动农技协持续健康发展，农技协数量累计增加到10.7万余个，个人会员达1305万。其中，安徽省16个地市全部成立农技协联合会；四川省成立农技协1.1万余个，个人会员232万。

三是探索开展新经济组织科技人员职称评定服务工作。针对近年来非公企业等新经济组织中科技工作者普遍面临的职称评定问题，在劳动人事部门的支持下，引导支持部分地方科协和学会开展新经济组织科技人员职称评定服务工作试点。目前，上海市科协在张江高新技术产业开发区及科技园区设立职称申报受理服务点，提供申报受理服务；广东省科协协助政府有关职能部门，面向全省200多万名新经济组织科技人员开展职称评审工作；吉林省科协已获授权评审从事轻工、化工、机械、电子、纺织、医药工程专业的高级工程师和工程师；海南省科协承担全省科学研究序列初、中级专业技术资格评审；中国消防协会、重庆市工程师协会等也接受政府部门授权开展专业技术资格的考试和注册管理工作，为推动完善我国人才评价体系积累了宝贵经验。

四是深入开展创先争优和党风廉政建设。紧密结合作风建设与业务工作深入开展创先争优活动，召开创先争优座谈会，严格落实党员公开承诺，在推进科协事业发展中涌现出一批先进典型。严格贯彻中央八项规定，研究制定实施细则，加强科协干部队伍作风建设。切实加强党风廉政建设，印发《中国科协开展廉政风险防控工作实施办法》，举办党风廉政报告会和培训班，党组主要领导同志亲自作关于加强党风廉政建设的专题报告，着力打造清正务实、可亲可敬的干部队伍。贯彻实施科协代表任期制，确定中国科协重点联系专家范围，党组书记处同志带头利用出差调研机会看望著名科学家和“八大”代表300多人次。地方科协也积极拓展服务科技工作者的渠道和方式，

河北、重庆、云南等地方科协制定出台加强和创新联系科技工作者的工作办法；广东省科协制定实施维护科技工作者合法权益的暂行办法，聘请法律顾问，开通法律服务热线，切实维护科技工作者合法权益。

综　合

【中国科协第八届全国委员会第二次会议】 1月13日，中国科协八届全委会第二次会议在北京召开。中共中央政治局委员、全国人大常委会副委员长王兆国出席会议开幕式并发表重要讲话，全国人大常委会副委员长、中国科协主席韩启德作工作报告。会议由中国科协常务副主席、书记处第一书记陈希主持。

王兆国对过去一年中国科协各项工作取得的成绩给予肯定。他强调，科协组织要更好地服务于党和国家工作大局，大力促进科学技术繁荣发展；要切实做好新形势下科技工作者工作，大力促进科技人才队伍建设；要加强自身建设、提升服务能力，努力建设科技工作者之家。他要求，各级科协组织认真学习、深刻领会中央重要精神，统一思想、坚定信念、团结奋进，扎实做好全年各项工作。各级党委和政府要进一步加强和改进对科协工作的领导，为科协组织和广大科技工作者开展工作、发挥作用提供良好条件和有力保障。

韩启德在工作报告中回顾总结了2011年工作，提出了2012年的重点任务，要求各级科协组织及所属团体团结带领广大科技工作者，围绕科学发展主题和加快转变经济发展方式主线，把握“稳中求进”的工作基调，着力培育提升学会能力，着力增强科普惠农益民实效，着力提高决策咨询服务水平，着力密切与科技工作者的联系，切实履行好“三服务一加强”的工作职能，努力在做好党的群众工作和国家科技工作方面实现新突破，以优异成绩迎接党的十八大胜利召开。

1月13日下午举行的闭幕式上，中国科协常务副主席、书记处第一书记陈希在总结讲话中指出，今年做好科协工作要进一步树立大局意识、责任意识、机遇意识，抓好落实工作。一要牢牢把握稳中求进的工作总基调，为党的十八大胜利召开营造良好氛围。二要更加突出务求实效的工作原则，努力展示科协组织新形象。三要紧紧围绕打造品牌的工作要求，切实推动科协工作上台阶。四要始终保持锐意创新的工作状态，不断开创科协工作新局面。要尊重历史、尊重规律；要紧紧抓住科技工作者反映强烈的问题；要始终把握为科技工作者提供优质高效服务的总要求。

中国科协副主席、书记处书记程东红对常委会工作报告作了修改说明。经与会委员举手表决，全票通过了《关于中国科协常务委员会工作报告的决议》。

【中国科协党组召开理论学习中心组学习扩大会加强党风廉政建设】 3月13～15日，中国科协党组召开理论学习中心组学习扩大会议，学习贯彻落实十一届全国人大第五次会议、全国政协十一届五次会议精神，胡锦涛同志在中国共产党第十七届中央纪律检查委员会第七次全体会议上的重要讲话和《中共中央办公厅关于深入开展学雷锋活动的意见》。会议由中国科协党组书记陈希主持，党组副书记程东红，党组成员张勤、徐延豪、王春法出席会议，机关各部门、各直属单位主要负责同志参加。

会上，陈希传达了胡锦涛、贺国强同志在第十七届中央纪委检查委员会第七次全体会议上的讲话和李长春同志在全国深入开展学雷锋活动座谈会的讲话；徐延豪传达了两会主要精神；党组成员、各部门、各单位结合会议内容和自身工作，交流学习体会，研究提出加强党风廉政建设的措施与改进意见。

陈希结合会议内容，就近期有关工作谈了三点意见：一是按照“稳中求进”的工作总基调，积极主动扎实做好各项工作，以优异的成绩迎接党的十八大顺利召开。二是按照保持党的纯洁性要求，加强科协系统党员干部队伍建设。三是重视和加强科协机关和直属单位的党风廉政建设。

3月15日下午，会议组织召开了加强科协党风廉政建设专题报告会，中国科协机关全体干部及直属单位处以上干部300余人听取了报告。

【全国“讲理想、比贡献”活动总结表彰大会】 11月26日，中国科协、国家发展改革委、科技部和国务院国有资产监督管理委员会联合在北京召开2011～2012年度全国“讲理想、比贡献”活动总结表彰大会。大会对“讲理想、比贡献”活动中作出突出贡献的246个先进集体、50个先进专家工作站、199名科技标兵、199名优秀组织者进行了表彰奖励。

全国人大常委会副委员长、中国科协主席韩启德出席大会并致辞。全国“讲理想、比贡献”活动领导小组组长、中国科协常务副主席、书记处第一书记、党组书记陈希，全国“讲理想、比贡献”活动领导小组副组长、国务院国资委副主任金阳，科技部党组成员、科技日报社社长王志学，中国科协副主席、中国科协常委会促进企业自主创新专门委员会主任刘玠，全国“讲理想、比贡献”活动领导小组副组长、中国科协书记处书记张勤，全国“讲理想、比贡献”活动领导小组成员、国家发展改革委高技术产业司巡视员刘艳荣等出席会议。全国“讲理想、比贡献”活动领导小组及各省、自治区、直辖市“讲理想、比贡献”活动领导小组成员单位的同志，受表彰的先进集体、科技标兵、优秀组织者等各方代表500多人参加了会议。开幕式由陈希主持。

韩启德在致辞中指出，在党的十八大胜利闭幕不久，全党全国人民凝心聚力，共同为全面建成小康社会努力奋斗之际，中国科协、国家发展改革委、科技部、国资委隆重召开总结表彰大会，表彰奖励过去两年来在“讲理想、比贡献”活动中表现突出的先进集体、科技标兵和优秀组织者，总结交流各地的先进经验和成功做法，对于充分激发广大科技工作者的创新热情和创造活力，为全面建成小康社会做出新的更大贡献，具有十分重要的意义。

韩启德表示，“讲、比”活动是一项群众性技术创新活动，紧密围绕国家建设需要，结合企业创新需求，不断丰富活动内涵，不断拓展工作领域，不断创新活动形式，建立起了基本覆盖全国、上下联动、内外结合的工作体系，每年参与的企业和科技工作者越来越多，有效地推动了人才、技术和信息等创新要素向企业集聚，调动激发了企业科技工作者的创造热情和创新活力。实践证明，“讲、比”活动是引导我国科技工作者推动科技进步、服务经济社会发展的一个创举，是促进科技工作者成长提高的有效载体，是发展中国特色创新文化的一面旗帜，得到了社会和企业的广泛认同和积极参与，取得了非常好的社会和经济效益，受到了党和国家的高度肯定。

韩启德强调，要认真学习党的十八大精神，引导科技工作者切实增强创新创造的自觉性积极性主动性。党的十八大明确提出实施创新驱动发展战略，而实施创新驱动发展战略关键在于培养造就一支高素质的企业创新人才队伍。要把企业科技创新人才工作放到关系国家发展全局的战略地位来谋划、推进，采取有力措施，加快形成有利于创新人才发展的体制机制和社会氛围，努力培养造就一支企业欢迎、社会认可、有真才实学、能解决问题的科技工作者队伍，为加快转变经济发展方式，全面建成小康社会提供强有力的智力支撑和人才保障；要积极引导广大企业科技工作者主动把实现自身价值同企业发展结合起来，更加自觉地围绕企业发展需求开展技术革新、技术攻关、技术协作，弘扬“创新创造、联合协同、诚信奉献”的企业创新精神，积极参与企业科普活动，使他们在技术创新一线实现自身价值和理想抱负，释放创新潜能，实现科技工作者和企业共同发展。

韩启德认为，要不断深化拓展“讲、比”活动内涵，为科技工作者充分发挥作用、展现才干搭建有效平台。努力搭建接触前沿科技、拓展创新视野的高端平台，以办好企业研发机构、建立专家工作站为依托，帮助了解最新科技成果、把握产业发展趋势；努力搭建技术对接、产业合作服务平台，以建设专家服务中心和学会科技服务站为抓手，无缝对接经验丰富、研发能力强的专家团队，帮助解决关键共性技术难题；努力搭建竞技切磋、学习交流的成长平台，广泛开展创新技能竞赛和创新方法培训，激励更多企业科技工作者成长为创新型技术骨干。

这次大会的主要任务是：认真学习贯彻党的十八大精神，对2011 ~ 2012年度在“讲、比”活动中作出突出贡献、有较强示范作用的先进集体、科技标兵、优秀组织者进行表彰奖励，总结交流工作经验，研究部署下一步工作，大力推动企业群众性技术创新活动扎实有效开展，努力开创“讲、比”活动的新局面，为实现全面建成小康社会的奋斗目标做出新的更大贡献。在“讲理想、比贡献”活动总结表彰大会上，本溪钢铁（集团）公司党委副书记董事、天津滨海空间信息公司董事长王健、中国钢研科技集团有限公司钢铁研究总院副总工程师李卫和东方汽轮机有限公司科协秘书长唐华富分别代表先进集体、先进专家工作站、科技标兵、优秀组织者发表了获奖感言。

开幕式后，举行了大会交流和会议总结，刘玠主持了交流总结会。陈希最后做大会总结。他强调，党的十八大提出的实施创新驱动发展战略，充分发挥科技创新在提高社会生产力和综合国力中的战略支撑作用，为进一步深入开展好“讲理想、比贡献”活动提供了新机遇。要认清形势、把握机遇，深入持久地开展“讲、比”活动，在提升国家创新系统运转效能，激发广大科技工作者的创新热情和创造活力，培育勇于变革、锐意进取的创新文化中发挥作用，推动“讲理想、比贡献”活动在实施创新驱动发展战略中更有作为。

陈希指出，认真学习、宣传、贯彻党的十八大精神，关系党和国家工作全局，关系中国特色社会主义事业长远发展，要以党的十八大精神为指引，不断深化“讲、比”活动主题、扩展“讲、比”活动范围、充实“讲、比”活动内容、提高“讲、比”活动实效，把“讲、比”活动不断引向深入，推动“讲、比”活动成为新时期群众性技术创新的一面旗帜，彰显我国国家创新体系的鲜明特色，不断拓展中国特色自主创新道路的丰富内涵。

陈希强调，今后一段时期，要紧密结合国家和地方经济社会发展实际，及时研究提出新时期新形势下“讲理想、比贡献”活动的工作目标、重点任务、实施方案、评价办法和保障措施，着力优化资源配置，充分发挥好各级领导小组的顶层设计和统筹协调作用，建立完善经常性的沟通协调机制，积极宣传优秀人物和团队的先进事迹，为深入开展“讲理想、比贡献”活动创造良好环境，扎实推动这项工作不断取得更大的成效。

据不完全统计，全国每年有近3万家企业开展“讲理想、比贡献”活动，200多万人次科技工作者参与其中，活动立项近100万项，形成科技创新成果和建议近40万条，已建专家工作站1284个，进站院士专家4700多人次，节约成本约80亿元，增加收入金额约170亿元。

【中国科协召开地方科协党组书记年度工作研讨会】 1月14～15日，地方科协党组书记年度工作研讨会在京召开。中国科协常务副主席、书记处第一书记、党组书记陈希主持会议并讲话。副主席、书记处书记、党组副书记程东红，书记处书记、党组成员张勤、徐延豪、王春法，党组成员沈爱民出席会议。各省、自治区、直辖市、副省级城市科协和新疆生产建设兵团科协党组书记出席会议，结合工作交流经验，提出意见和建议。中国科协机关各部门、各直属单位负责同志参加会议。程东红对会议作总结。

陈希在讲话中指出，科协系统要认真贯彻落实中央书记处关于科协工作的指导意见、国务院听取《科学素质纲要》实施情况汇报的会议纪要以及王兆国同志在八届二次全委会议上的重要讲话精神，按照工作报告的安排部署，进一步理清思路，突出重点，以点带面，强化落实。2012年着力抓好的重点工作包括提升学会工作水平，增强科普惠农益民工作实效，表彰举荐宣传优秀创新人才，打造具有科协特色的决策咨询品牌和加强科协基层组织建设。要进一步做好对科技工作者的凝心聚力工作，把最广大科技工作者更加紧密地团结在党的周围，为党的十八大胜利召开营造良好的环境和氛围。

程东红在作会议总结讲话时指出，各地方科协党组书记要切实抓好会议精神的传达和贯彻落实，把科协工作统一到中央的要求上来。同时要注意因地制宜，创造性地开展工作。

【中国科协与贵州省委省政府签订战略合作协议】 7月9～11日，中国科协常务副主席、书记处第一书记陈希，中国科协副主席、书记处书记程东红，书记处书记张勤及中国科协机关有关部门负责同志应贵州省委省政府的邀请，就贯彻落实全国科技创新大会精神和《关于进一步促进贵州经济社会又好又快发展的若干意见》（国务院[2012]2号）文件精神，为进一步支持和助力贵州发展开展了系列活动。

7月10日，中国科协和贵州省人民政府在贵阳联合主办了2012年海外智力为国服务研讨会暨联席会议，程东红、张勤，贵州省副省长谢庆生，以及来自海内外的300余位院士专家出席会议。会议围绕“集聚海外智力，为贵州高端装备制造与高技术产业发展提供智力支持”的主题，来自15个国家的75位海外知名专家就科技创新与产业发展开展深入研讨，15家海外科技团体与贵州省科协签署了合作协议，中国科协向贵州授予了“海智计划贵州工作基地”匾牌，贵州省聘请了18位海外知名专家为贵州海智工作基地首批科技专家。会议还组织了参会代表分赴小河经济技术开发区和毕节市开展调研。

7月11日，在中国科协等国家部委的支持下，贵州省人民政府举办了2012高端装备制造与高技术产业国际合作推进会。陈希、程东红、张勤、赵克志以及贵州省政府领导班子成员谌贻琴、谢庆生出席会议。中国科协安排来自15个国家的75位海外代表参加了此次会议。与会海内外科技专家围绕科技创新与高技术产业发展，与贵州政府职能部门、企业、高校及院所进行了深度对接，初步形成了推动贵州高技术产业发展的数项项目成果。

7月11日，栗战书、赵克志与陈希在贵阳市金阳新区就贯彻落实全国科技创新大会和国发2号文件精神进行会谈，并签署了《中国科协、贵州省人民政府关于促进贵州经济社会又好又快发展合作协议》。《合作协议》由三部分共13项组成，包括共同建设和开展“贵州产业发展科技思想库”、“院士专家援黔行动计划”、“建设院士专家工作站”、“海外科技专家为黔服务活动”、“院士专家‘115计划’”、“加强《全民科学素质纲要》、实现公民科学素质目标”、“加强青少年科技后备人才培养”、“开展新经济组织科技人员职称评定服务试点”，以及在学会学术项目上、在科学普及项目上、在决策咨询项目上、在人才举荐工作上体现对贵州的支持，贵州确保中国科协的工作在黔得到很好落实等内容，建立了长效机制。

【中国科协与山东省签署《战略合作协议》】 12月10日，山东省委书记、省人大常委会主任姜异康，省委副书记、省长姜大明会见了中国科协常务副主席、书记处第一书记陈希一行。陈希和姜大明分别代表中国科协和山东省政府签署了《战略合作协议》，山东省委常委、常务副省长孙伟主持签约仪式。

根据战略合作协议，中国科协将发挥优势，整合人才智力资源，推动实施14个专项工作，引导科技人才向山东流动，科技资源、科学智慧向山东聚焦，助力山东经济社会发展。一是通过组织开展院士专家山东行活动、加强山东工作站建设、建设科技信息服务推广应用平台、支持开展国家级科技思想库试点工作，建立中国科协海智计划山东工作基地，为山东经济文化强省建设提供科技支撑。二是通过加强对《全民科学素质行动计划纲要》实施工作的组织领导、加快科普基础设施建设步伐、加大科普项目实施力度、加强青少年科技实践活动、支持山东科普产业发展等工作，加大全民科学素质工作力度，为山东经济文化强省奠定科学素质基础。三是通过在学会能力建设、基层科协组织发展、人才培养推荐、开展新经济组织科技人员职称评定服务试点等方面给予支持，增强科协组织服务山东发展能力。协议的签署为深化中国科协与山东省政府的合作关系，推进科协事业更好更快发展描绘出美好前景。为了确保战略合作协议的顺利实施，双方还约定，中国科协与山东省政府将建立工作会商制度，双方明确一名领导同志牵头负责合作事宜，每年至少召开一次会议洽谈有关工作，协调解决合作中遇到的难题。

山东省政协主席刘伟，省委常委、组织部部长高晓兵，省委常委、省委秘书长雷建国，中国科协书记处书记张勤，山东省科协党组书记、副主席燕翔，中国科协有关部门的负责同志参加了签署仪式。

【中国科协与中国科学院进行工作会谈】 2月9日，中国科协常务副主席、书记处第一书记、党组书记陈希，副主席、书记处书记、党组副书记程东红，书记处书记、党组成员张勤、徐延豪、王春法，党组成员沈爱民一行拜会中国科学院领导并进行工作会谈。中国科学院院长、党组书记白春礼，党组副书记方新，副秘书长曹效业、谭铁牛、潘教峰出席，中国科学院副院长李静海主持座谈会。

陈希、白春礼回顾了近年来彼此间良好的合作关系，并重点就今后进一步合作的内容进行沟通协商，强调中国科协、中国科学院要保持经常性工作沟通联系，建立合作会商机制。

陈希指出，中国科协和中国科学院在工作中有很多交集和共同点，双方充分发挥各自的特点开展合作，对国家科技事业的发展和科教兴国战略、人才强国战略的实施具有重要意义。他建议，双方在深化全国学会共建、进一步推动科普资源开发与共享、加强科学道德与学风建设、加强科技人物宣传、加强民间对外科技交流、共同推进国际科技期刊建设和专家工作站建设等方面进一步加强合作，建立年度合作会商机制，根据需要对一些工作开展调研，设定目标，有重点、有针对性的合力推动工作，为国家科技事业做出更大贡献。

白春礼指出，双方关系紧密，长期以来有良好的合作基础，下一步要建立定期合作会商机制，总结工作和交流情况，抓重点、重实效，进一步提升工作水平，共同努力推动中国科技事业的发展，提升双方在公众心目中的形象和地位，为双方开展创新工作提供良好的环境和条件。他希望，通过双方的真诚合作，为创新型国家建设做出更大贡献，不辜负党和人民对科技界的殷切希望，以优异的成绩迎接党的十八大胜利召开。

【中国科协与中华全国供销合作总社进行工作会谈】 1月6日，中国科协常务副主席、书记处第一书记、党组书记陈希，书记处书记、党组成员徐延豪在中国科技会堂与到访的中华全国供销合作总社党组书记、理事会主任杨传堂，党组成员、理事会副主任赵显人进行工作会谈。双方就近年来工作开展情况和彼此间良好的合作关系进行了回顾，对双方在开展农村科普工作、推动新型农村科技服务体系建设、加强供销系统企业科协建设等方面的情况进行了交流，并重点就下一步双方开展的相关合作事项和建立合作机制、共同推进一些具体工作初步达成了共识。

陈希在讲话中表示，中国科协愿意在农村科普、“科普惠农兴村计划”实施等方面加强合作，希望进一步商讨，充分发挥双方在“技物结合”、“技销结合”的优势，共同推动新型农村科技服务体系建设。中国科协支持有条件的供销社系统企业建立企业科协，支持有意愿和有条件的企业建立院士专家工作站。

杨传堂希望能和中国科协在支持供销合作社开展科普工作、加强农村科技服务体系建设，以及在供销合作社所属企业建立科协组织、引导科技要素服务“三农”方面开展合作，希望能将供销社科普列入“科普惠农兴村计划”。

会议明确了双方进一步沟通磋商的工作机制。双方一致认为，会议使科协和供销合作社系统对彼此有了进一步的了解和认识，并将在工作层面进一步加强联系，形成共识，积极推进相关具体工作。

【中国科协与教育部召开合作情况沟通交流会】 7月18日，中国科协与教育部合作情况沟通交流会在中国科技会堂召开。会议通报了近期中国科协与教育部合作开展各项工作的进展情况，并就下一步继续深入合作进行了充分沟通交流。中国科协常务副主席、书记处第一书记陈希，中国科协副主席、书记处书记程东红，中国科协书记处书记张勤、徐延豪，中国科协党组成员、学会学术部部长沈爱民，教育部副部长杜占元、刘利民、部长助理林蕙青，以及中国科协和教育部相关部门、司局负责同志参加会议。

中国科协办公厅主任吴海鹰通报了自2011年9月5日中国科协与教育部主要领导在教育部举行会商工作会以来，双方合作开展各项工作的进展情况和成效。在十个多月的时间里，中国科协与教育部围绕双方议定的工作任务，密切合作，优势互补，务求实效，联合开展了一系列工作：成功开展了科学道德、学风建设宣讲教育工作；工程教育认证和加入《华盛顿协议》工作取得突破性进展；

科普专业人才培养和高校科学营工作已完成筹备工作，即将招生和陆续启动。中国科协与教育部相关司局直接开展的合作项目也进展顺利。这些工作在教育界和科技界获得好评，也引起了社会各界很大反响。

杜占元表示，中国科协与教育部联合开展的各项工作意义重大、成果丰硕，并且双方在合作过程中沟通充分，进展十分顺利，希望下一步双方继续加强合作，取得更好的工作成效。

陈希表示，在教育部和中国科协的共同努力下，双方合作开展的工作进展顺利，取得了一定成绩。他建议要把工作会商机制贯彻落实好，加强沟通，促进联合，推动合作工作进一步深入，争取更大成果。

【陈希会见全国妇联书记处第一书记宋秀岩】 2月15日，中国科协常务副主席、书记处第一书记、党组书记陈希会见来中国女科技工作者协会开展实地调研的全国妇联副主席、书记处第一书记、党组书记宋秀岩。中国科协副主席、书记处书记、党组副书记、中国女科技工作者协会常务副会长程东红，全国妇联书记处书记张静、中国女科技工作者协会副会长寿嘉华等陪同调研。

陈希指出，中国科协和全国妇联都是党领导下的人民团体，有着共同的组织宗旨和相近的工作任务，双方在“中国青年女科学家奖”评选活动、女性高层次人才成长状况研究与政策推动项目、提高全民科学素质等方面，已开展了许多卓有成效的合作。今后，中国科协将与全国妇联进一步加强合作，切实从女科技工作者的特点和需要出发，针对她们反映强烈的突出问题，发挥各自组织优势，为她们提供优质高效、有针对性的服务。

宋秀岩指出，中国女科技工作者协会近年来在为女科技工作者提供优质、高效服务方面做了大量富有实效的工作。今后，要紧紧围绕女科技工作者的特点和需求，继续举办好女科学家高层论坛、女科学家进校园等品牌活动；开展好女性科技人才成长状况调研，推动相关政策的出台，为加强和创新社会管理发挥更大作用；继续加强与国外女性科技团体的合作与交流，在国际舞台上展示好中国女科学家的良好形象。

程东红代表中国女科技工作者协会，报告了协会在举办女科学家高层论坛、女科学家进校园等活动，推动出台有利于女科技工作者成长与发展的相关政策，与国外女性科技团体开展交流合作，宣传、表彰、举荐女性科技人才，以及服务会员等方面的工作情况。国土资源部原副部长、中国女科技工作者协会副会长寿嘉华主持了调研座谈会。

中国科学院农业政策研究中心副主任张林秀，军事医学科学院生物工程研究所所长、第八届中国青年女科学家奖获奖者陈薇，北京大学生命科学学院教授、第二届中国青年女科学家奖获奖者吕植，北京大学环境模拟污染控制国家重点实验室主任、第八届中国青年女科学家奖获奖者胡敏、中国女科技工作者协会秘书长刘碧秀等在座谈会上先后发言。

【纪念周培源诞辰110周年座谈会】 9月3日，九三学社中央委员会、中国科学技术协会在京联合召开纪念周培源诞辰110周年座谈会。全国政协副主席、九三学社中央副主席王志珍出席会议并讲话。全国人大常委会副秘书长李连宁，全国政协副秘书长孙怀山，中国科协副主席、书记处书记程东红，中国科协荣誉委员、原党组书记高潮，中国科协荣誉委员、原副主席刘恕，民革中央副主席修福金，民建中央副主席宋海，农工党中央副主席何维，全国工商联原副主席宋北杉，中央统战部一局副局长刘海富及九三学社中央、中国科协等有关单位代表，周培源先生亲属及学生共80余人出席座谈会。座谈会由九三学社中央副主席邵鸿主持。

王志珍在讲话中说，纪念周老，就要学习他热爱祖国、热爱和平的赤子情怀，学习他始终接受共产党领导、为党的事业而奋斗的坚定信念，学习他追求真理、敢于直言的科学精神，学习他无私奉献、严于律己的高尚情操。中共十八大即将召开，在这样一个有着特殊意义的时期，缅怀周老的光辉业绩、追思周老的崇高风范，对于继承老一辈科学家和九三学社、中国科协领导人的优良传统，具有重要的现实意义。要把老一辈的优良传统继承和发扬好，把他所献身的伟大事业继续推向前进。

九三学社中央原常务副主席徐采栋，中国科普作家协会名誉理事长、中国科协科普部原部长章道义，北京大学教授武际可，中科院高能物理研究所研究员黄超光，北京大学教授盛森芝和周培源先生女儿周如雁分别在座谈会上发言。

【做好中国科协“八大”代表服务工作】 2012年2月，中国科协办公厅启动了代表服务工作创新试点项目，确定了北京、辽宁、上海、江苏、安徽、山东、湖北、广西、重庆、新疆10个省（自治区、直辖市）科协为代表服务工作创新试点。

3月29日，为总结科协“七大”以来代表服务工作经验，研究、探索进一步做好代表服务工作的新方式新方法，积极推动代表任期制的贯彻落实，办公厅、组织人事部在厦门市组织召开了首次代表服务工作研讨会。中国科协副主席、书记处书记程东红出席开幕式并作了重要讲话。办公厅主任吴海鹰、组织人事部部长李森分别就科协“七大”以来代表服务工作情况和实行代表任期制的几点考虑作了报告，来自全国各省（自治区、直辖市）科协的分管领导和代表服务相关部门负责同志，以及中国科协机关服务局、学会服务中心、科普出版社等相关事业单位负责同志约 80 人参加会议。会议对于提高各省区市科协对做好代表服务工作重要性的认识，明确下一阶段工作任务，相互沟通、开阔思路起到了重要的推动作用。督促各地初步形成上下联动的网格化代表服务工作格局，实行党组统一领导，分管领导主抓，部门组织实施的领导机制。

2012 年继续组织开展科协“八大”代表走访看望工作，力争在科协“八大”代表任期内，实现 31 个省（自治区、直辖市）科协代表团及解放军、国资委代表团、全国学会代表走访看望工作的全覆盖。2012 年共确定山东、四川、重庆、安徽、湖南、江西等 10 个走访看望的省、自治区、直辖市，受到代表们的广泛欢迎和普遍赞誉。

2012 年，办公厅汇总编辑了《科技工作者的心声——中国科协八大代表建议案选编》一书，由科普出版社于 2012 年 10 月正式出版发行。书稿共甄选了 77 份代表建议案，内容主要包括代表简介、代表建议案和中国科协答复意见等，现已发送至科协“八大”代表、各全国学会、各省区市科协，以及机关各部门、各直属单位。

【中国科协颁发求是杰出青年奖】 9 月 8 日，第十四届中国科协年会在河北石家庄开幕，开幕式上，中共中央政治局委员、全国人大常委会副委员长王兆国为于敦波、白跃宇、华卫琦、杨红雨、张友军、张君、张瑞标、钱志军、徐会军、虞露等第十五届中国科协求是杰出青年成果转化奖获奖者颁奖。

为激励创新人才成长，促进优秀青年科技人才脱颖而出，推动我国科技事业发展，在全国人大常委会原副委员长、中国科协名誉主席周光召先生和香港著名爱国实业家查济民先生提议下，中国科协于 1998 年设立中国科协求是杰出青年奖。该奖每年评选一次，包括中国科协求是杰出青年成果转化奖和中国科协求是杰出青年实用工程奖。其中成果转化奖主要奖励在企业、科研院所、高等院校等工作，在科技成果转化方面取得突出业绩并有一定效益和良好应用前景的青年科技人员，每年奖励名额不超过 10 名。实用工程奖主要奖励在航天、信息、生物医药等工程技术科研和生产一线上作出突出贡献的青年科技人员，每年奖励名额不超过 15 名。截至 2012 年，中国科协求是杰出青年奖共评选十五届，产生 302 名获奖者。其中，成果转化奖共评选产生 78 名获奖者。

【全国政协委员调研科技馆展教资源状况】 7 月 12 日，全国政协委员、教科文卫体委员会副主任邓楠，全国政协常委、中国科协常委会决策咨询委员会主任齐让，中国科协书记处书记、中国科技馆馆长徐延豪，全国政协委员王庭大、宋南平以及全国政协教科文卫体委员会办公室负责同志等一行，来到北京天强创业电气有限公司专题调研科技馆展教资源状况。

在公司管理人员的带领下，调研组先后参观了科普展品陈列室、展品制作车间、组装调试车间、策划和研发中心、电子实验室等，了解展品设计制作的整体流程，并有针对性地提出一些意见和建议。座谈会上，公司负责人介绍了公司的整体情况和企业的发展规划，并就科技馆展教资源开发和生产等方面提出了一些想法和建议。

邓楠在座谈时指出，作为科普产品开发制作的企业，应主动适应市场的发展和变化，打破受制、受限于科技类场馆建设的现状，把拳头产品做大做强的同时，还可以面向学校、面向广大青少年推出小型化、更经济的科普产品，多元化发展和开辟市场。她建议建设一个平台，让全国科技馆和科普产品企业在平台上进行供需信息交互，一些展品可以集中采购和制作，一方面有利于降低成本避免浪费，另一方面也有利于产品水平的提高。

齐让在座谈时谈到，党和政府对科普事业十分关心和重视，当前社区科普益民计划、乡镇中学科技馆等对安全、实用、物美价廉的中小型科普产品有很大需求，科普类企业可以考虑加大研发适应当前市场需求的产品的力度，使科普产品进社区、进学校、进家庭。

徐延豪表示，希望公司能再接再厉，把握契机，开发制作出更多更好的科普产品，把公司越办越强。

中国科协办公厅主任吴海鹰、科普部部长杨文志、办公厅副主任刘阳，全国政协教科文卫体委员会办公室副巡视员赵丽等有关同志陪同调研。

【中国科协部署全国“两会”建议提案办理工作】 4 月 27 日，中国科协召开全国“两会”建议、提案办理工作会，安排部署由中国科协承担的任务。中国科协副主席、书记处书记程东红出席会议并讲话。会议由办公厅主任吴海鹰主持，有关部门、单位的负责同志和相关责任人参加会议。

2012 年由中国科协承办的全国“两会”建议、提案共 37 件，其中人大代表建议 15 件，政协委员提案 22 件，与去年相比增量很大。内容主要涉及学科发展、为科技工作者服务、提高公众科学素质、社会建设等方面。

程东红在讲话中强调，要按照全国人大常委会办公厅和全国政协办公厅的任务安排，认真办理、郑重答复。第一，要统一思想，明确任务，增强做好“两会”建议、提案办理工作的责任感。第二，要把办理建议、提案与推动工作结合起来，进一步增强主动性和针对性。第三，要加强领导，形成机制，不断提高建议、提案办理工作的质量和水平。一是各部门、各单位的领导班子要对办理工作进行专题研究，加强指导、精心组织。二是要加强与人大代表和政协委员的沟通联系，可通过走访、约谈、座谈会等方式直接听取意见，共同研究解决问题的方案。三是要加强调查研究，深入基层、深入实际，摸清真实情况，搞清问题症结，提出切合实际的解决措施；注重同类建议、提案的普遍性研究，深入把握相关问题的根源和实质，科学提出解决对策。四是要加强协调配合，既要做好科协与其他部门、单位之间的沟通协作，也要做好科协内部的主办单位与协办单位之间的沟通协作，共同做好办理工作；对于一些综合性较强、办理难度较大的建议、提案，不推诿、不拖延，及时推动在领导层面上统一协调办理。五是要秉承实事求是的工作作风，建议、提案办理要紧扣代表、委员们关心的问题，不能避实就虚或避重就轻。对一些目前仍难以解决的建议、提案，要耐心地如实说明，以实事求是的作风取得代表、委员的理解和支持。

【全国“讲、比”活动领导小组办公室赴广东调研】 6月25～27日，由全国“讲理想、比贡献”活动领导小组办公室副主任、中国科协计划财务部部长王延祜带队，中国科协调研宣传部副部长罗晖和国家发展改革委、科技部、国务院国有资产监督管理委员会有关负责人，以及《光明日报》等媒体记者15人组成联合调研组，先后到广东省深圳市、东莞市和广州市进行了深入调研，了解和学习广东省、市科协以及学会、企业开展“讲理想、比贡献”活动中好的做法和经验。

调研组在深圳市主要围绕构建人才网络体系服务企业科技工作者、促进产学研结合、推动企业创新文化建设、推进国内外科技合作、建立企业科普基地等工作，与深圳市科协、学会和企业进行了座谈，听取了清华大学深圳研究生院教授曾国屏关于《企业科协工作新模式探讨》的课题汇报，并到中国移动通信集团深圳分公司、深圳市建筑科学研究院、光启高等理工研究院进行了实地考察；在东莞市主要围绕营造“讲理想、比贡献”活动政策环境、健全完善工作机制、培育示范企业等工作，与东莞市科协及东莞市泽龙线缆有限公司等9家企业进行了座谈，并深入东莞生益科技股份有限公司进行了调研；在广州市主要围绕促进企业科技人才成长提高、激发企业创新活力、推动产学研用结合等工作，与广东省科协、省发展改革委、省科技厅等单位及部分省级学会、地市科协和企业负责人进行了座谈，并到广东工程职业技术学院进行了实地考察。

调研中，联合调研组成员对广东省“讲理想、比贡献”活动近年来取得的成绩表示肯定。王延祜在总结中谈到，推动非公企业开展“讲理想、比贡献”活动是中国科协、国家发展改革委、科技部和国务院国资委四部门高度关注的一项工作。让“讲理想、比贡献”活动比较好地覆盖到多数非公企业，尤其是科技型企业，是这次调研活动的主要任务和初衷。在深圳、东莞、广州三天的调研中了解到，深圳市通过组织“深圳市高校校友联合会”、“深港科技社团联盟”等，使科协联系科技人员数量超过150万人，为开展活动和更好地为科技工作者服务奠定了良好的基础；东莞市政策在先，制度保障，围绕开展“讲理想、比贡献”活动形成了8个指导性文件，大力推动全市民企和外企建立企业科协组织；广东省结合地方实际，立足企业生产一线，创造性、扎实地推进“讲理想、比贡献”活动，同时，引入院士专家等高端人才向企业集聚，帮助企业引进、开发了一批关键技术，提升了企业核心竞争力。这些经验为今后深入开展“讲理想、比贡献”活动提供了新的工作定位和工作空间。

在广东调研期间，广东省科协党组书记、常务副主席梁明会见了调研组一行。中国科学技术咨询服务中心总工程师李赤泉，广东省科协党组成员、副主席吴焕泉，深圳市科协党组书记、主席周路明，东莞市科协党组书记连希波等参加了调研。

【全面推进地方科协思想库建设试点工作】 2012年，中国科协有关部门认真贯彻落实《中国科协关于加强决策咨询工作的若干意见》和《国家级科技思想库建设试点管理办法》，研究出台《关于加强国家级科技思想库建设试点工作的指导意见》，进一步明确加强科技思想库建设的发展思路、工作重点、工作方法、条件保障等，全面推进地方科协思想库建设试点工作。

在天津市蓟县召开地方科协思想库试点工作座谈会，针对各试点单位在开展思想库建设工作过程中产生的困惑和遇到的问题，进行深入研讨和剖析，各试点单位在摸索和试错中对思想库建设工作的目标、思路和路径等都有了突破性的认识。在贵州省贵阳市组织召开2012年中国科协决策咨询工作座谈会，认真总结决策咨询工作取得的可喜进展、深入交流开展决策咨询工作的有益经验、全面部署下一步的决策咨询工作，思想库建设工作开始步入新的发展阶段。

根据科协党组、书记处工作部署，在组织首批15个地方科协开展科技思想库建设试点的基础上，2012年进一步扩大试点范围，按照“自愿申报、择优支持、科技导向、科协特色、鼓励创新、积极探索、总体稳定、动态调整”的原则，经综合评审，又确立11个地方科协为第二批科技思想库建设试点单位，形成了涵盖17个省级科协、

6个副省级城市科协和3个地市级科协，以及涵盖12个东部地区、8个中部地区和6个西部地区科协的多层级、跨区域决策咨询体系。

10月底，根据有关管理办法，组织专家对全部26个试点单位的工作绩效进行评估。从评估结果看，各试点都成立了思想库建设试点工作领导小组，政策条件和经费保障到位，湖北、重庆、山西等科协还制定出台了《课题管理办法》等配套文件，浙江、上海、广西等科协报送的多篇成果受到地方党政主要负责同志的高度重视，建设国家级科技思想库的发展目标在科协系统得到广泛认同，科协决策咨询工作的社会影响力和显示度进一步提升。

【进一步提升决策咨询能力】 把中国科协建设成为国家级科技思想库，是科协事业发展新的重要生长点，近两年开展的有关工作正在使这一生长点呈现出旺盛的生机。尤其是2012年以来，有科协特色的决策咨询体系正在日渐形成。

切实抓好课题管理和成果提炼工作。邀请决策咨询专门委员会和中国科协决策咨询专家库的专家，在课题选题征集、评审立项、开题报告、中期评估、结项验收和成果提炼中给予指导，充分发挥决策咨询专家的“智囊团”作用。组织开展了34项结项验收、26项中期评审和44项开题报告会，积极督促检查课题研究进度，确保课题研究质量。把“学术谱系”系列课题作为重点课题加强管理，组织专家编写并下发《学术谱系研究规范手册》，组织召开“中国科协学术谱系专家研讨会”，就学术谱系规范和学术谱系研究中存在的问题进行深入研讨，组织5位专家赴台参加“学术谱系研究考察团”，推动我国科学史专家同台湾同行的学术交流。在加强课题管理的基础上，重点推进课题的成果提炼。截至目前，向中央、国务院有关领导报送《科技工作者建议》13期、《科技界情况》47期，刊发《调研动态》108期、《国外科技人力资源参考》9期、《国外科技人力资源快报》8期，并编印《国外科技人力资源研究》合订本。

充分利用专家资源为经济社会发展建言献策。围绕第十四届中国科协年会“科技创新与经济结构调整”的主题，结合河北省的发展战略确定8个调研主题，推荐19个全国学会作为牵头学会参与第十四届中国科协年会专题论坛的调研组织工作。9月5～8日召开专题论坛会，围绕河北经济社会发展热点难点问题，举办16场特邀报告、组织26次专题发言，来自国内外的200余位院士专家和河北省委省政府10个相关部门的负责同志开展面对面交流，为河北经济社会又好又快发展积极建言献策，许多专家建议得到河北实际工作部门的充分肯定。9月9日召开党政领导与院士专家座谈会，10位院士专家围绕河北发展战略定位以及相关产业的发展问题，先后发言并提出具体意见和建议，河北省委省政府和中国科协有关领导、相关部门主要负责同志百余人出席会议，与会领导对院士专家的发言给予了充分肯定。座谈会还编印了5万余字的《院士专家发言提纲汇编》，更加直接地为河北科学决策、科学发展服务。年会期间，调研宣传部还具体承办了“科技政策论坛”这一专项活动，来自全国高等院校、科研机构和各级科协的近180名代表参加论坛，其中高级职称人员达到65%，与会专家围绕深化科技体制改革问题开展深入研讨，论坛的成效得到参会代表的普遍认可。组织做好立法咨询工作，先后组织学会服务中心和有关全国学会和机关有关部门，对全国人大法工委、国务院法制办等对《中华人民共和国旅游法（征求意见稿）》、《中华人民共和国特种设备安全法》、《中华人民共和国老年人权益保护法（草案）》、《中华人民共和国证券投资法（草案）》、《中华人民共和国劳动合同法》、《中华人民共和国农业技术推广法修正案（草案）》等6部法律法规草案提出修改建议，有力地反映了中国科协和广大科技工作者的意见和建议。

稳步推进学会决策资助计划。按照《学会决策咨询资助计划管理办法》，组织全国学会积极落实学会决策咨询资助计划，开展2049中国科技与社会愿景展望研究和基于学科科研经费投入预算体制机制研究，安排部署学术交流成果提炼工作。目前，《2049年：科技与社会愿景展望》项目完成了工作手册编制工作，并印发7个课题组遵照执行，各课题组正在按计划推进研究工作。中国可持续发展研究会、中华预防医学会和中国机械工程学会等7个学会分别开展了《农业科技发展与新农村建设》、《预防医学与生命质量》、《制造技术与未来工厂》等子项目研究。“基于学科的科技预算体制改革研究”项目，已完成研究方法的设计，正在编制工作手册，将作为统一依据下发后续课题组执行。为督促指导以上两个项目顺利推进，先后两次召开协调会，听取各课题组工作进展情况汇报，进一步明确研究思路和研究重点。认真做好学术会议成果提炼工作，先后组织中国国土经济学会、中国通信学会、中国电子学会等对第十三届中国科协年会有关分会场研讨成果进行提炼，编发《亟需高度重视国土空间利用过程中的碳排放问题》、《亟待尽快提升我国信息安全战略保障能力》、《应高度重视云计算产业推进中的问题》等12个高水平的建言献策报告，遴选2012年中国科协重要学术活动，组织安排会议成果提炼工作，部署对第十四届中国科协年会有关分会场研讨成果的提炼工作，进一步理顺与学会服务中心决策咨询处的工作机制，学会参加国家级科技思想库建设的积极性进一步提高。

着力加强科协系统决策咨询软硬件能力建设。为学习英国思想库在运行中的经验，提升科协组织的决策咨询能力，调研宣传部组织了“科协系统科技思想库能力建设培训班”，赴英国进行了为期21天的培训学习，来自全国学会、地方科协和科协直属事业单位及调研宣传部的19名学员参加了培训活动。培训工作以英国思想库建设状况及特点为主题，重点围绕英国科技决策咨询体制、不同类型思想库的工作机制和活动模式、如何引导公众正确理解科学等，开展实地培训和交流。通过培训，学员们对英国决策咨询体制的总体状况有了较为全面和直观的了解，对科协系统的思想库建设积累了有益经验。举办科协系统决策咨询工作培训班，邀请国务院研究室、中华全国总工会、科技部、中国科学院、清华大学的专家和领导对参加会议的140余名相关人员分别就学习理解全国科技创新大会精神、加快建设国家创新体系以及做好决策咨询工作中的选题拟定、问卷调查、观点形成、专报提炼、报告撰写等问题进行了专题讲授。继续推动思想库工作平台建设，确定国家级科技思想库固定域名，面向全部思想库建设试点单位，开通思想库工作平台的选题库和专家库，指导有关地方科协做好决策咨询信息化工作，稳步推进科协系统决策咨询资源的共建共享。进一步补充选题库数据，录入全部已征集到的2013年选题；新建的成果库、调研数据库、课题管理库等完成初步测试，开始数据录入工作，进一步完善功能设置。先后3次召开会议，研究推进思想库工作平台建设工作，工作平台即将正式投入试运行。

进一步完善科技工作者状况调查站点体系。为防止调查站点样本老化，2012年4月，对2007年度设立的47个设立已满5年的站点进行了调整替换。11月，根据科技工作者队伍在数量、结构、分布等方面出现的新变化，按照科协党组书记处要求，完成新一轮站点建设总体方案，总原则是按照“两级、三类、统筹”的总体架构进行科学布局、管理和使用，维持中国科协直管站点数量不变，加快共建站点布局，引导省级站点规范建设。“两级”指中国科协和省级科协，两级站点合理布局；“三类”指按照直管站点、共建站点和省级站点三类分类管理，其中直管站点和共建站点共同构成全国站点；“统筹”指统筹布局、协调使用三类站点，每年度同一区域内的三类站点可以互相轮替，防止调查样本老化、提高调查数据质量。按照这一思路，2012年新增国家级和省级共建站点150个，中国科协科技工作者调查站点总数增加至654个，调查站点的布局更加合理，分布更加科学。结合2012年科技工作者状况调查的任务安排，于3月22～25日和4月17～20日分别在海南省海口市、江西省南昌市举办两期调查站点培训班，邀请有关专家对调查站点工作人员开展调查和信息编报方法的业务培训，参训人员达600余人次。截至12月18日，调查站点全年报送站点信息共计1628条，刊发《站点信息》153期。

【科学大师名校宣传工程启动实施】 中国科协于2012年启动实施了“科学大师名校宣传工程”。北京大学、清华大学、上海交通大学、浙江大学、中国地质大学（武汉）和中国科技大学作为首批启动的高校，分别排演了以王选、邓稼先、钱学森、竺可桢、李四光和郭永怀为主题的话剧或歌剧，中国科协常务副主席、书记处第一书记陈希亲自指导工程的策划和实施。

截至2012年年底，上海交通大学、中国地质大学（武汉）、浙江大学和中国科学技术大学等4所高校的剧目已经进行公演。4所高校中，上海交通大学排演的话剧《钱学森》已于9月19日在上海公演、中国地质大学（武汉）排演的话剧《大地之光》已于11月26、27日在湖北武汉公演、浙江大学排演的话剧《竺可桢》已于12月8、9日在浙江杭州公演、中国科学技术大学排演的音乐剧《爱在天际》已于12月15、16日在安徽合肥公演，均取得了很好的效果。北京大学排演的歌剧《王选》、清华大学排演的话剧《邓稼先》也将于2013年初进行公演。

上海交通大学排演的原创话剧《钱学森》荣获了2012年中国校园戏剧节最高奖“中国戏剧奖·校园戏剧奖·优秀剧目奖”，使“科学大师名校宣传工程”在科技界和所在高校得到了一致好评，形成了一定的品牌效应。2013年1月14日，该剧在北京交通大学举行专场演出。中共中央政治局委员、国务委员刘延东，中国科协常务副主席、书记处第一书记、党组书记陈希，教育部部长、党组书记袁贵仁，中国人民解放军总装备部政委王洪尧，中央宣传部副部长申维辰，教育部副部长、党组副书记杜玉波，教育部副部长郝平，中国科协副主席、书记处书记、党组副书记程东红，中国科协书记处书记、党组成员王春法，中国人民解放军总装备部政治部主任丁兴农，上海交通大学党委书记马德秀，上海交通大学校长张杰，中国航天科技集团、上海市教卫党委领导，北京高校领导和师生代表，钱学森同志家属，上海交大在京部分校友等近千人观看了演出。演出精彩纷呈，在观众中引起了热烈反响。

【老科学家学术成长资料采集工程扎实推进】 2012年，老科学家学术成长资料采集工程（以下简称“采集工程”）的工作机制不断完善，各项工作进展顺利。截至2012年年底，已经启动247位老科学家的采集工作，取得了比较丰硕的成果。

（一）主要完成以下工作

1. 全部完成 2010 年启动的采集项目资料入藏工作。完成 51 位老科学家资料入藏工作，完成移交资料的整理、分类、编目和保存工作。共获得反映老科学家学术成长过程的实物原件 7237 件、数字化资料 30250 件、视频资料 39637 分钟、音频资料 44666 分钟。

2. 基本完成 2011 年启动的采集项目的中期评审和结项验收。2011 年启动 101 个采集小组，其中 3 个小组虽经多方努力仍无法继续实施，决定予以终止；2 个采集小组纳入 2012 年启动采集工作的管理体系。于 3 月下旬至 4 月下旬共分三批对 2011 年启动的采集小组进行了中期评审，96 个小组参加了中期评审，其中 1 个小组因不具备继续实施采集的条件，决定予以终止。于 2012 年 10 月下旬至 11 月中旬分三个批次对 2011 年度启动的采集小组进行了结项验收。78 个采集小组参加了结项验收，其中 67 个通过验收，11 个未通过验收；另 17 个采集小组因客观原因申请延期验收。对于未通过验收评审及申请延期结项验收的采集小组，拟于 2013 年 2 月底组织结项验收。完成 78 个 2011 年度启动项目的采集资料入库工作，已入库实物原件 14259 件，数字化资料 42060 件、视频资料 56945 分钟、音频资料 59623 分钟、口述整理稿约 370 万字。结项验收会议期间，举行了采集工程捐赠仪式。

3. 顺利完成 2012 年度 101 位老科学家的资料采集启动工作。采集工程领导小组办公室于 2 月 15 ~ 17 日召开了 2012 年采集工作研讨会，明确了采集工程的组织架构及各方任务。

（1）调查意向，遴选采集对象。根据采集工程一期的总体部署，确定 2012 年以 85 岁以上的两院院士为主体。先期对符合初选条件的 180 位老科学家进行了意向调查，在充分尊重老科学家的个人意愿的基础上，由项目办公室拟出初选名单，2012 年 3 月，组织召开采集工程领导小组专家委员会第三次会议，研究确定了 2012 年度开展采集工作的采集对象遴选原则和人员名单。最终确定 2012 年启动 101 个采集小组。其中兼顾部分已去世科学家（如周培源）、非院士科学家（如陈春先）及研究群体（如青蒿素群体）。

（2）确定项目承担单位，组建采集小组。在全国范围内组织高等院校、研究机构和全国学会人员参与采集工作，组织相关领域专家进行资格审查，确定采集小组负责人和项目承担单位，随后，组建采集小组。5 月分两批对采集人员进行了培训，采集小组成员经过培训取得采集资质后，签订项目任务书，拨付项目启动经费，正式启动 101 个采集项目。

（3）推动采集工作不断深入。于 10 月下旬至 11 月中旬，组织举行采集工程 2012 年度小组交流观摩会议，组织采集小组进行阶段工作汇报和经验交流，组织采集小组观摩 2011 年度启动的采集小组的结项验收。于 12 月组织对采集小组的工作进行阶段考核。

4. 推进馆藏基地建设，采集资料的整理、归档、存储及数字化工作成效显著。2012 年，完成了展示区域播控系统的配置，为多媒体、数字化、立体化展示配置了必备的软件及电子设备；为资料存储配置必要的装具和整理工具，针对不同资料的保存特点分别构建存储环境，实现采集资料的精细化保存；规范和完善馆藏基地的管理制度，梳理涉及馆藏基地的工作流程和人员、设备管理等相关方面共 18 个规范，已完成讨论稿的起草或修订。

5. 推进采集成果二次开发和宣传工作。基本完成“采集工程”传记丛书第一批共 10 册的编辑工作，将于 2013 年初正式出版，另有 20 部书稿已经或即将进入编辑程序。在《光明日报》开设“采集工程”专栏，2012 年度发表 3 篇宣传文章；与中央电视台、《科技日报》、《中国科学报》等达成合作意向，拟开设“采集工程”相关专栏；有关项目管理单位与《新闻晚报》合办“问天 问地 问心——老科学家访谈录”，2012 年度已推出 12 期。“采集工程”第一次面向社会公众的大型成果展览已完成初期制作，将于 2013 年上半年在中国科技馆正式展出；在馆藏基地展厅的常设展览，接待有关领导、老科学家家属、社会单位以及采集小组等 10 多批参观。组织开展采集成果的二次开发研究工作，形成初步方案；开展“中国科技名人堂（网络版）”前期调研工作。

（二）取得可喜成果

1. 采集到的资料具有较高的史料价值和学术价值。采集获取了一大批珍贵资料，它们不仅仅是老一代科学家个人成长史的真实记录，更是共和国科技发展历程的具体体现。截至 2012 年底，累计启动了 247 位老科学家的学术成长资料采集工作，移交馆藏基地的实物原件资料 21496 件，数字化资料 72310 件，视频 96582 分钟，音频 104289 分钟。很多鲜活的实物资料和口述资料具有极高的学术价值和历史价值，如在李东英院士捐赠的手稿中，有 20 世纪 40 年代末至 90 年代初的工作笔记近 4 万页，是其个人学术生涯和我国稀土科研事业发展历程的一份较为完整的历史记录。

2. 确保资料整理入库的质量。对采集小组移交的资料进行整理、分类、编目和保存。针对不同资料的载体特点和保存需求，分别配备所需的装具和整理工具，构建相应的存储环境，为资料的存储提供了安全、可靠、科学的环境，实现采集资料的精细化保存。采集的纸质资料装在档案盒或文件袋中，然后保存在资料柜中，音像资料存放在防磁柜中。

馆藏基地设有展览区、存储区、数字化加工区、读者研究区4个区域，共计1000平方米。作为科学家主题资料存储基地，通过对采集获得的实物资料、数字化资料、音视频资料进行分类化存储、精细化管理、数字化处理，保存了丰富的新中国科技发展历史资料；同时通过展厅展示，引导社会公众深入了解新中国科技发展的艰辛历程，了解老一辈科学家对新中国科技进步所作出的卓越贡献，累计接待中国科协领导、采集小组、老科学家家属以及社会单位等10多批参观者，在弘扬科学精神、培育科学文化和创新文化方面发挥了积极作用。

3. 工作体制机制不断完善

（1）建立了科学合理的管理工作机制，完善工作协调机制。以中国科技史学会为依托，成立采集工程项目办公室，形成采集工程领导小组办公室（中国科协调研宣传部）总协调，采集工程项目办公室（中国科技史学会）负责总体学术指导，中国科协发展研究中心负责经费监管，馆藏基地负责采集资料入藏整理，采集小组管理单位协助配合的五方管理工作机制。为提高各管理单位的工作效率，建立了“5+2”的工作例会制度，即采集工程领导小组办公室（中国科协调研宣传部）、中国科协发展研究中心、采集工程项目办公室（中国科学技术史学会）、馆藏基地、中国科学技术出版社5家单位和北京、上海2个采集小组管理单位的定期协商机制。五方管理机制和工作例会制度，使五方各司其职，明确分工，及时沟通，相互监督，提高了采集工程的工作效率和工作质量。

（2）建立完善项目管理流程和管理规章。建立培训、中期评审、结项验收的管理机制，形成包括确定采集名单、初步组建采集小组、采集人员培训、签订项目任务书、工作交流、中期评审、观摩研讨、结项验收等主要环节的管理模式。把培训作为组建采集小组，承担采集项目、签订项目任务书的必要条件；把中期评审作为过程管理的重要抓手；把结项验收作为成果检验有效手段，切实做好采集工作管理。

（3）强化资料的采集、移交和存储。将采集资料的移交入藏作为2011年度启动的采集小组参加结项验收的前提条件，小组移交资料的数量、质量符合要求后，才能够参加结项验收。明确馆藏基地受领导小组办公室委托承担采集资料的保存、整理职责，馆藏基地依照规范程序，实施技术指标审查，把好验收入藏关口。馆藏基地向采集小组出具移交资料清单，并向验收专家组提供审查意见。完善馆藏基地管理制度，理顺管理体制和工作流程，强化审查入藏、安全存储、规范整理。

（三）产生了良好的社会效应

1. 把党和政府对科技工作者的关怀送到了老科学家的身边，得到科学家的热烈响应和大力支持。随着采集工作的不断深入，老科学家及其家属和广大科技工作者进一步感受到这项工程是党和政府关心、关怀老科学家的扎实工作，不仅欣然接受采集、积极配合，而且还主动捐赠各类实物资料。其中，陈士橹、谢毓元两位院士亲笔写信感谢采集工程和采集小组成员等诸方面付出的辛勤劳动，程天民、朱尊权等老科学家专门为采集工程题字留念，盛志勇、谢学锦等老科学家为采集工程捐献出数十年来积累的珍贵手稿、书信、著作、照片、证书等实物资料。而侯仁之、陈梦熊等多位老科学家的子女亲自加入采集小组直接参与采集工作。采集工作充分体现了党和政府对科技事业的高度重视、对科学家的热切关怀。

2. 得到科技界的充分肯定和社会各界的高度关注，社会影响初步显现，为营造尊重知识、尊重人才的良好社会氛围、建立中国特色的科学文化起到了重要的推动作用。越来越多的老科学家主动询问了解采集对象的条件、要求、程序等，学术界的许多著名专家学者积极表示希望组建或参与采集小组工作。在采集工程的带动下，很多参与采集项目的单位更加重视本单位科技工作者历史资料的收集整理。国家档案局、北京市档案馆等机构，认识到采集工程资料的独特性，提出合作意向。《人民日报》、新华社、中央电视台、《光明日报》等多家新闻媒体对采集工程自启动以来的相关活动进行了报道。北京市161中学得知馆藏基地建设情况后，专程到基地了解情况，认为馆藏基地完全可以成为中小学生感受科学大师魅力，感受科学大师情怀，体验科学精神、科学文化的教育基地。经过2010年的试点和2011年、2012年的运行，“采集工程”不仅获得丰富的、有价值的资料，为采集资料的存储、整理、开发建立了设施条件，引起社会各方对相关工作的重视，示范带动了相关工作的开展，同时也形成日趋完善的规章和机制，凝聚、锻炼出一支融合学术、管理各方面人员的队伍。这些都为采集工程的持续、深入推进，奠定了坚实的基础。

下一步将继续拓展采集工作，如期完成一期工程确定的300位老科学家学术成长资料的采集任务。为采集工作转入常态化做准备，形成老科学家学术成长资料采集的长效机制。按照采集工程实施方案的安排，从2013年起，采集工程将逐步转移工作重点，从以抢救性采集为主转为以常态化工作为主，同时以“宣传”和“研究”为主线，对采集成果进行深度开发利用，逐步建立资料采集与加工整理、宣传展示与学术研究并重的工作格局。研究制订采集资料的开发使用方案，充分挖掘采集成果的深层次价值，建设“中国科学家学术成长资料数据库”，供学术界和社会公众使用。组织学术队伍对采集资料进行整理和研究，梳理科学家的个人成长史和共和国的科技发展史，厘清我国科技界学术传承脉络、探究新中国的科学传统，研究老科学家的成长规律和影响因素。加快建设中国科学家博物馆网络版，并就建设实体馆开展可行性研究。加大宣传力度，制作老科学家题材的音像制品、电子出版物，拍摄相关的影视作品，举办以老科学家为主题的展览，开设基于采集工程的媒体专题专栏，向公众展示老科学家的科学与人文情怀、弘扬老科学家的科学精神。创办以老科学家为主题的高端科普刊物，集中宣传老科学家的感人故事。

【科技工作者状况调查】 为及时反映新形势下科技工作者的思想动态、分布状况、流动趋势、价值取向、权益保障等情况，及时反映科技工作者的意见、建议和诉求，2012 年，中国科协在不断完善调查系统的基础上，进一步提高调查的针对性，围绕党和政府关注的重大问题和科技工作者关心的热点问题，以及科技工作者对国家重大事件和科技事件的看法和建议，扎扎实实地开展科技工作者状况调查。

2012 年，针对党和政府关注的重大问题和科技工作者关心的热点问题，扎实开展科技工作者思想状况调查、科技工作者社会公众形象调查、科技工作者专业技术职称状况调查等 12 个专项调查，来自中国科学技术发展战略研究院、中国人事科学研究院、南开大学等单位的课题组承担研究任务。完成“科技工作者知识产权意识状况调查”、“气象科技工作者状况调查”、“海外华人科技工作者状况调查”、“科技工作者人生观价值观调查”、“留学回国人员对国内环境的认知与适应情况调查”、“公众对转基因食品的认知状况调查”等课题研究成果提炼，“海外华人科技工作者状况调查”（6 篇）和“科技工作者知识产权意识状况调查”（12 篇）调研报告获得刘延东、路甬祥等中央领导同志的批示，为推动相关问题的解决发挥积极作用。

在课题管理过程中，注意严把课题质量关口，从加强管理入手，严格按照课题说明的要求，对调查方案、问卷等进行审核，努力确保课题成果符合立项需要。加强课题成果建档和财务规范工作，完成 2006 年以来科技工作者课题的课题任务书、成果整理归档工作，不断规范课题经费管理。

圆满完成应急调查任务。为及时准确了解掌握基层一线科技工作者对国家重大事件和科技事件的看法和建议，2012 年度通过全国科技工作者状况调查站点组织开展了两次应急调查。全国科技创新大会后，7 月 8 ~ 10 日及时组织科技工作者对全国科技创新大会反响情况的调查，以问卷调查方式对 2538 名分布在全国各地各行业的科技工作者进行抽样调查，同时通过专人走访和电话访谈等形式对 100 余名具有代表性的科技工作者进行了深入访谈。党的十八大闭幕后，11 月 14 ~ 19 日，以问卷调查方式对 10905 名各地各行业的科技工作者进行抽样调查，并通过专人走访和电话访谈等形式对 120 余名具有代表性的科技工作者进行深入访谈。应急调查工作得到了各区域责任部门和调查站点的大力支持和积极参与，在时间紧、任务重的情况下，高质量完成调查任务，有效问卷回收率均在 95% 以上。两次应急调查均形成专题调查报告报送相关部门，充分发挥了调查站点在重要事件中了解基层科技工作者舆情，为政府决策服务的重要作用。

2012 年，调研宣传部继续开展中国科技人力资源发展状况研究，推动出版《中国科技人力资源发展研究报告（2012 年）》。截至 2011 年底，我国科技人力资源总量近 6400 万人，科技人力资源在我国经济社会发展中的重要作用日益突显。

【企业院士专家工作站建设】 2012 年，大批院士专家通过工作站深入到企业一线，在促进产学研有机结合、培养企业创新人才等方面发挥了重要作用，受到地方党委政府的高度重视和企业的欢迎。截至 2012 年 10 月，全国已有 29 个省区市（除西藏、青海）建立院士专家工作站 1747 个（新建站 463 个），进站工作院士专家 7045 人次（新进站 2345 人次）。其中，企业专家工作站 1444 个（新建站 399 个），进站院士专家 2300 余人次，其中院士 1599 人次；技术创新项目 586 项，覆盖全国 23 个省、自治区直辖市；有 14 个地方科协或联合当地有关部门出台了相关政策文件。全国 20 个国家级高新区、经开区已建立院士专家工作站 86 个，其中院士专家服务中心 6 个。专家工作站服务企业技术创新的作用日渐明显。中国科协重点在加强建站指导、协调院士专家和工作站开展活动等方面开展了大量工作。

【中国科协第八届常委会青年工作专门委员会第二次会议】 5 月 18 日，中国科协第八届常委会青年工作专门委员会第二次会议在北京召开。中国科协副主席、青年工作专门委员会主任、宁夏回族自治区党委常委、宁东能源化工基地党工委书记、管委会主任袁家军主持会议。中国科协副主席、青年工作专门委员会副主任冯长根，科技部副部长王伟中，中国科协书记处书记张勤，内蒙古科技厅副厅长杨劼，青年工作专门委员会委员、爱国者数码科技有限公司董事长兼总裁冯军，中国水土保持学会常务副秘书长张焱，北京航空航天大学副校长张广军，中国科学院计算技术研究所研究员唐志敏，首都医科大学附属北京朝阳医院泌尿外科主任医师邢念增等出席会议。

中国科协副主席、书记处书记程东红，中国科协书记处书记徐延豪代表中国科协常务副主席、书记处第一书记陈希看望了与会委员。

会议听取了中国科协常委会青年工作专门委员会2011年工作情况汇报，讨论了青年工作专门委员会2012年工作安排，研究了第十届全国博士生学术年会工作，审议了《中国科协青年科学家活动基地建设管理办法（试行）》。

会议认为，经过历届中国科协常委会青年工作专门委员会的努力，青年工作专门委员会已形成了以组织青年科学家联络联谊、举办博士生学术年会、评选中国青年科技奖等为主要内容的工作体系，青年工作专门委员会将进一步围绕青年科技工作者的需求，巩固现有品牌，不断改进创新，切实发挥专委会在促进青年科技工作者成长成才、为青年科技人才成长创造良好环境方面的作用。

青年工作专门委员会经过讨论，提出2012年的重点工作：一是进一步加强与青年科学家的联系，创新方式方法，搞好青年科技工作者调查、座谈和日常联谊工作；二是以博士生学术年会十周年为契机，进一步整合资源，加强细节设计，办好第十届全国博士生年会，进一步扩大博士生年会的规模和影响；三是进一步推进中国科协青年科学家活动基地建设工作，力争在条件成熟的城市先行设立3个基地，以作为服务青年科技工作者、服务地方区域发展的载体。

【中国科协第八届常委会科技工作者道德与权益专门委员会第二次会议】 4月10日，中国科协第八届常委会科技工作者道德与权益专门委员会第二次会议在中国科技会堂召开。会议由中国科协副主席、道德权益专门委员会主任黄伯云院士主持。全国政协副主席、道德权益专门委员会顾问王志珍院士，中国科协荣誉委员、道德权益专门委员会顾问杨乐院士，中国科协副主席、道德权益专门委员会副主任、中国科学院副院长李静海院士，中国科协常委、道德权益专门委员会副主任、浙江大学校长杨卫院士，中国科协常委、道德权益专门委员会副主任、南开大学校长龚克教授，以及道德权益专门委员会委员王兴教授、王乃彦院士、王红阳院士、田静研究员、朱邦芬院士、杨玉芳研究员、吴常信院士、张广军教授、高福研究员出席了会议。中国科协组织人事部部长李森、副部长刘红跃等列席了会议。

会议听取并审议了黄伯云主任所作的2011年道德权益专门委员会工作总结。2011年，道德权益专门委员会的工作主要围绕新一届专门委员会的组建和工作谋划、推动开展科学道德和学风建设宣讲教育、牵头举办第十三届中国科协年会科学道德建设论坛进行。特别是在科学道德和学风建设宣讲教育中，专门委员会为宣讲教育工作提供决策咨询和智力支持，很多委员积极承担宣讲任务，起了很好的表率作用。

会议审议了专门委员会2012年工作要点，李森就工作要点的审议稿进行了说明。会议研究确定，2012年道德权益专门委员会要认真贯彻中央领导同志关于科学道德和学风建设宣讲教育工作的重要批示和中央书记处关于科协工作的指示精神，按照全覆盖、制度化、重实效的工作要求，积极推动科学道德和学风建设宣讲教育工作的开展；继续打造中国科协年会科学道德建设论坛品牌，举办好第十四届中国科协年会科学道德建设论坛；通过中国科协与美国科促会共同举办的中美科学道德研讨会等活动，进一步加强科学道德建设国际交流与合作；坚持以学术期刊科学道德规范为重点，加强科学道德规范体系建设。讨论中，委员们还就切实加强对研究生导师的科学道德教育、努力推动科学道德教育进入思想政治理论课程、将宣讲教育纳入文化建设等问题进行了认真的讨论，并提出了富有建设性的意见。

会议审议了《学术期刊编辑出版工作道德规范（试行）》（审议稿）。委员们结合国际上学术期刊领域的普遍做法，针对学术期刊的投稿、作者署名、送审、审稿回避、编委会与编辑部各自责任等问题进行了深入讨论，提出了意见建议。

【中国科协推荐四位科学家获CCTV 2012年度十大科技创新人物】 由中国科协推荐的颜宁、王岩、王贻芳和温浩4位科技工作者，在“科技盛典——中央电视台2012年度科技创新人物颁奖典礼”上荣获年度十大科技创新人物。中国科协党组成员、书记处书记王春法代表中国科协出席了颁奖典礼活动。活动集中展现了2012年度我国在科技领域取得的重大成果，并以群像的形式反映我国最尖端领域科研人员的风采和精神风貌。颁奖典礼上，新疆维吾尔自治区科协副主席、新疆医科大学第一附属医院院长温浩一展新疆科技工作者的风采，山西省科协科普艺术团还为颁奖典礼演出了《担任梦想》的文艺节目。

该活动是由教育部、科技部、中国科学院、中国工程院、中国科协、国家自然科学基金委、国防科工局、中央电视台8部门联合主办的年度盛典，2012年以“创新改变中国”为主题，评选揭晓“CCTV 2012年度十大科技创新人物”和“CCTV 2012年度科技创新人物特别项目”两项大奖。

人　才

【第五届“全国优秀科技工作者”评选和“十佳全国优秀科技工作者”评选】 9月24日，第五届全国优秀科技工作者评审委员会第一次会议在中国科技会堂召开。中国科协常务副主席、书记处第一书记、评审委员会主任陈希，中国科协副主席、书记处书记、评审委员会副主任程东红，中国科协书记处书记、评审委员会副主任张勤出席会议。会议由陈希主持。

陈希表示，为做好评审工作，保证评审的公正性和权威性，根据《全国优秀科技工作者评选表彰办法》规定，中国科协正式成立评审委员会负责本届的评审工作。本届评审委员会共53人，委员中既有中央国家机关有关部门的领导，也有院士、专家、学者；既有全国学会、地方科协、科协基层组织的同志，也有部队、科研院所、高等院校、企业、农村的同志，具有广泛的代表性。

中国科协组织人事部部长、评审委员会办公室主任李森汇报了第五届全国优秀科技工作者推荐工作情况。截至9月10日，共有207个推荐单位参加全国优秀科技工作者的推荐，分别是174个全国学会、31个省区市科协、新疆生产建设兵团科协和解放军总政干部部科技干部局。各推荐单位共推荐977名“全国优秀科技工作者”有效人选，55名“十佳全国优秀科技工作者”人选。977名全国优秀科技工作者人选中，最小年龄32岁，最大年龄84岁。55名“十佳全国优秀科技工作者”提名人选中，最小年龄34岁，最大年龄82岁。

会议审议并确定第五届全国优秀科技工作者人选，审议并通过了《第五届十佳全国优秀科技工作者评审办法》和第五届“十佳全国优秀科技工作者”提名人选，对提名人选进行初评。

中国科学院副院长、中国科学院院士李静海，中国农业科学院副院长李金祥，国防科技工业局副局长、党组成员胡亚枫，中国科协书记处书记徐延豪、王春法，中国科协党组成员沈爱民，中央组织部人才局巡视员、副局长刘忠群，人力资源社会保障部专业技术人员管理司副巡视员吴童，解放军总政治部干部部科技文职干部局局长陈红岩，中国科协荣誉委员、中国科技馆发展基金会顾问、中国科协常委会组织建设专门委员会副主任齐让等37位委员出席会议。

根据全国优秀科技工作者评审委员会第一次会议精神，9月25、26日，全国优秀科技工作者评审委员会办公室完成了“十佳全国优秀科技工作者”提名人选的事迹简介的核实工作。2012年9月28日起，在有关媒体发布了第五届十佳全国优秀科技工作者评选信息，开展“十佳全国优秀科技工作者”公众投票活动，同时对提名人选进行公示。9月28日起，中国科协在《人民日报》、《科技日报》、《中国科学报》、《光明日报》、《健康报》、《解放军报》，以及中国科协网发布了第五届“十佳全国优秀科技工作者”评选活动信息、提名人选的事迹简介和公众投票规则，请公众投票，投票期为9月29日00:00～10月13日24:00。新华网、中国网、新浪网、搜狐网、网易、互动百科、中国兴农网、中国互联网协会、网络科普联盟等网站对评选活动做了宣传报道。公众投票活动于10月13日24:00结束。公众投票期间，共有602万人次参与投票。经中国科协信息中心和学会服务中心按照投票规则，剔除重复投票和无效选票，共获得有效选票536.5万张。其中，网络选票479.5万张，短信选票45万张，报纸选票12万张。

公众投票结束后，评审委员会办公室根据投票结果，对55名“十佳全国优秀科技工作者”提名人选按照得票多少进行排序。得票最多的277.69万张，得票最少的3449张。得票数在10万张以上的8名，得票数在10万至1万张的18名，得票数在1万张以下的29人。

10月26日，第五届全国优秀科技工作者评审委员会召开第二次会议，审议“十佳全国优秀科技工作者”公众投票结果并评选产生“十佳全国优秀科技工作者”人选。

全国优秀科技工作者评审委员会主任、中国科协常务副主席、书记处第一书记陈希主持会议。评审委员会副主任、中国科协副主席、书记处书记程东红，评审委员会副主任、中国科协书记处书记张勤，农业部副部长、中国科学院院士李家洋，中国科学院副院长、中国科学院院士李静海，国家自然科学基金委员会副主任、中国科学院院士姚建年，国防科技工业局副局长胡亚枫，中国科协荣誉委员齐让，中国科协副主席、中国科学院院士秦大河，中央国家机关有关部门、中国科协书记处和党组的相关负责人、有关院士专家等评审委员会委员，共41人出席了会议。

会议听取了评审委员会办公室主任、中国科协组织人事部部长李森关于“十佳全国优秀科技工作者”评选公众投票、公示情况的汇报以及“十佳全国优秀科技工作者”候选人选建议的说明，审议通过了评审委员会办公室在公众投票结果基础上提出的24人“十佳全国优秀科技工作者”候选人选建议名单。在充分评议的基础上，评审委员会以无记名投票方式，评选产生了“十佳全国优秀科技工作者”人选，分别是王岩、王贻芳、杨蓉娅（女）、周建平、赵忠贤、袁隆平、聂海涛、徐銶、徐岂南、樊嘉。

【中国科协会员日暨第五届“全国优秀科技工作者”颁奖大会】 12月14日，中国科协会员日暨第五届“全国优秀科技工作者”颁奖大会在北京人民大会堂举行。全国人大常委会副委员长、中国科协主席韩启德，中国科协荣誉委员、原常务副主席、书记处第一书记、党组书记邓楠，中央组织部副部长王尔乘，教育部副部长杜占元，人力资源和社会保障部副部长王晓初，中国科学院党组副书记方新，中国工程院副院长谢克昌，解放军总政治部干部部副部长蒋家革少将，以及部分中国科协副主席、常委、荣誉委员、全国政协科协界委员，中央和国家有关部门的领导出席了会议。大会由中国科协副主席、书记处书记程东红主持，中国科协主席韩启德作了重要讲话。

韩启德指出，受到表彰的同志，是全国6000多万科技工作者的杰出代表。他们的共同特点就是对党和人民的事业高度忠诚，在科学研究和探索应用的道路上不畏艰险、勇攀高峰，对真理孜孜以求、成就卓著。党的十八大描绘了全面建成小康社会的美好蓝图，需要我们付出加倍的努力，踏踏实实地勤奋工作。空谈误国，实干兴邦，科技工作者尤其明白这个道理。

韩启德强调，广大科技工作者为实现中华民族复兴肩负着历史使命，我们要更加主动地瞄准世界科技前沿，潜心钻研、奋力开拓，努力创造世界一流的科研成果，促进科技与经济的紧密结合，用科技服务民生，以全球视野谋划和促进技术创新。同时作为科技工作者，我们还要更加自觉地以提高公民科学素养为己任，弘扬科学精神、传播科学思想、倡导科学方法，引导公众主动理解科学、积极参与科学。各级科协组织要切实把竭诚为科技工作者服务作为根本任务，让科协成为名副其实的科技工作者之家，让各级科协干部职工成为名副其实的科技工作者之友。

会上，颁发了第五届“全国优秀科技工作者”奖和2012年度科技馆发展奖。科技工作者代表、“十佳全国优秀科技工作者”获得者、中国载人航天工程总设计师周建平作了发言。

【纪念博士生学术年会十周年暨第十届全国博士生学术年会】 10月29～31日，纪念博士生学术年会十周年暨第十届全国博士生学术年会在山东省济南市举办。中国科协副主席、中国科协常委会青年工作专门委员会主任、宁夏回族自治区党委常委袁家军，国务院学位委员会办公室副主任梁国雄，山东省委常委、组织部部长高晓兵出席开幕式并讲话，全国人大常委、中国科协副主席冯长根主持开幕式。中国科学院院士王乃彦、彭实戈、葛昌纯、高松，中国科协组织人事部部长李森，山东省科协副主席、党组书记燕翔，中国科协学会服务中心主任李桐海，中国科协常委会青年工作专门委员会委员张广军、唐志敏、黄卫东、邢念增，中国科协组织人事部副部长王慧梅，山东省科协副主席、山东师范大学校长赵彦修，山东省科技厅副厅长于书良，山东省科学院副院长贺国平，山东省科协副主席汤少泉等出席会议。来自高等院校、科研院所的200余名博士生参加本届年会，在济南市的高校300余名研究生参加了年会开幕式并旁听了专题学术交流活动。

袁家军在讲话中，对博士生年会10年来的发展历程作了回顾，对青年科技工作者面临的形势任务作了阐述，对中国科协科技人才工作作了介绍，并向参会博士生提出三点希望。袁家军指出，博士生教育是我国学历教育的最高阶段，是教育金字塔的塔尖，博士生是科技界的新生力量和后备人才。希望广大博士生自觉把理想追求融入到党和国家的事业中去，着眼我国科技事业接力推进、薪火相传，勇敢地承担起时代赋予的历史重任，努力在实践中增长才干，争取在人生创造力最旺盛的黄金期作出突出业绩；继承和发扬老一辈科技工作者的优良传统，努力在学术研究的起步阶段养成良好的科学道德和严谨的学术风气，切实迈好科研生涯的第一步，自觉抵制学术不端行为；善于站在全球竞争的战略高度和时代发展前列，拓宽视野，开阔胸怀，立志当大家、担大任、干大事，努力成为具有战略和长远眼光的高端科技人才。

袁家军说，中国科协是中国科技工作者的群众组织，是党领导下的人民团体。今后，中国科协和中国科协常委会青年工作专门委员会将一如既往、满腔热情地为广大科技工作者服务，为科技界的广大青年朋友们服务，努力为大家施展才华和创新创业提供条件。继续高质量地办好博士生学术年会，为广大博士生开拓视野、交流切磋、相互启迪、展现自我搭建平台，营造良好的学术环境和氛围。

国务院学位委员会办公室副主任梁国雄在致辞中，充分肯定了全国博士生学术年会10年来取得的成果。他表示，中国科协常委会青年工作专门委员会、国务院学位委员会办公室、中国科协组织人事部通过举办全国博士生学术年会，积极致力于促进科研成果交流，激发博士生创新热情，拓宽博士生视野，启发博士生思维，增强博士生的责任感、使命感。10年来的实践证明，博士生学术年会在提高博士生培养质量，提升博士生创新创业能力，促进青年科技人才脱颖而出等方面起到了积极的重要作用。他希望广大博士生要广开思路、深入交流、互相启迪，不断提高学术水平和科研创新能力，努力为我国的科技事业创新发展做贡献。

高晓兵代表山东省委、省政府对博士生学术年会的举办表示祝贺，对出席年会的领导、嘉宾和全体与会代表表示欢迎。她说，全国博士生学术年会在鲁举办，是对山东科技事业特别是高校科技创新人才培养工作的有力促进，是对齐鲁青年学子奋发努力早成国家栋梁之才的生动激励，对山东省深入贯彻全国科技创新大会精神，加强科技创新人才培养，促进创新型省份建设必将产生积极而深远的影响。希望更多的专家、学者和博士生来山东创业就业、施展才华。

在大会特邀报告中，中国科学院院士、中国原子能科学研究院研究员、北京师范大学核科学与技术学院教授王乃彦作了题为《科研工作中的诚信》的科学道德和学风建设报告，中国科学院院士、中国科协常委会青年工作专门委员会委员、北京大学教授高松作了题为《单分子磁体的进化》的学术报告。报告之后，两位院士与博士生进行了交流互动。

在学术交流中，200 余名在读博士生围绕“鼓励学术交叉 促进原始创新”主题，在 20 余位院士专家的指导下，按照数学与系统科学、电子信息、纳米化学、材料科学与工程 4 个专题，采取会议发言和壁报交流两种方式进行了深入研讨。

作为全国博士生学术年会十周年的纪念活动，本届年会还邀请了曾参加过年会的优秀博士生代表介绍自己的参会心得和创业体会，并隆重颁发了全国博士生年会优秀组织奖和优秀论文奖。本届年会由中国科协常委会青年工作专门委员会、国务院学位委员会办公室、中国科协组织人事部共同主办，山东省科协、中国科协学会服务中心承办，中国数学会、中国电子学会、中国化学会、中国材料研究学会协办。

【第九届中国青年女科学家奖评选暨颁奖典礼】 12 月 11 日，第九届中国青年女科学家奖颁奖典礼在北京举行，南京大学教授马晶、中国科学院物理研究所研究员马旭村、兰州大学教授勾晓华、中国科学院金属研究所研究员卢磊、北京化工大学教授吴一弦、复旦大学附属华山医院主任医师吴志英、香港中文大学教授赵慧君、东南大学教授梁金玲、清华大学教授颜宁、北京大学教授魏丽萍等 10 人获奖。

全国人大常委会副委员长、全国妇联主席陈至立，全国妇联副主席、书记处第一书记宋秀岩，中国科协常务副主席、书记处第一书记陈希，中国科协荣誉委员、教育部原副部长、中国工程院院士韦钰，中国科协副主席、书记处书记程东红，全国妇联书记处书记范继英，中国联合国教科文组织全国委员会秘书长杜越，中国科协荣誉委员、中国科学院数学与系统科学研究院研究员、中国科学院院士杨乐，欧莱雅（中国）总裁盖保罗、副总裁兰珍珍出席典礼并为获奖者颁奖。程东红主持颁奖典礼。

全国妇联副主席、书记处第一书记宋秀岩代表主办方在颁奖典礼上讲话，她说，10 位获奖青年女科学家是我国女科技工作者的杰出代表，她们立足各自领域，领跑学科前沿，取得了一批令人瞩目的重大科研成就，同时在生活中书写着多姿多彩的美丽人生。在她们身上，集中体现了女科技工作者刻苦钻研的优秀品质、勤奋开拓的创新意识、追求卓越的价值取向。希望广大女科技工作者在党的十八大精神指引下，把个人的前途命运与国家和民族的前途命运紧密联系在一起，在全面建成小康社会的伟大征程上再建新功。

韦钰代表第九届中国青年女科学家奖评审委员会介绍了本届的评选情况。今年共有 113 个单位向中国科协推荐了 188 位候选人，其中 157 人通过资格审查，其他 31 人因研究领域不属于自然科学领域或者涉密没有通过资格审查。本届评审委员会由 34 位院士、专家组成。评审委员会认为，中国青年女科学家奖是面向我国基础研究和应用基础研究领域设立的表彰青年女性的奖项，目的是加速培养我国基础研究领域的女性科技人才，提高我国科学家在国际上的竞争力，所以在学科领域上应突出物理、化学、生物、纳米科学等基础学科，在评价标准上应重点支持能冲击国际水平的青年人才。经过充分酝酿、讨论，评审委员会投票产生了 10 名人选。人选在媒体上公示后，受到科技界和社会各界的广泛关注和认可，最终 10 名人选者全部获奖。

“中国青年女科学家奖”于 2004 年由全国妇联、中国科协、中国联合国教科文组织全国委员会、欧莱雅（中国）共同设立，是欧莱雅集团和联合国教科文组织“为投身于科学的女性”计划在中国的发展和延伸。该奖每年举办一次，每次评选不超过 10 名 45 周岁以下的我国女性科技工作者，其中至少有 1 名来自西部地区。截至目前，已表彰了 9 届共 77 位女性。

【2012 年首都高校科学道德和学风建设宣讲教育报告会】 11 月 30 日，2012 年首都高校科学道德和学风建设宣讲教育报告会在人民大会堂召开。报告会由中国科协、教育部、中国科学院、中国社科院、中国工程院五部委共同主办。中国科协常务副主席、书记处第一书记陈希致辞，教育部部长袁贵仁主持报告会。首都高校和科研院所的近 6000 名研究生新生现场聆听了专家报告。

中央组织部部务委员兼组织二局局长陈向群、中央党校副校长张伯里、国务院国资委党委委员杜渊泉、教育部部长助理林蕙青、中国科学院副院长李静海、中国工程院副院长旭日干、国家自然科学基金委副主任何鸣鸿、解放军总参谋部军训部副部长杨隶鲁，北京市相关负责人，有关部委的领导和嘉宾以及科学道德和学风建设宣讲专家代表、首都新闻媒体记者等出席了报告会。

陈希在致辞中指出，一个有道德的人，才会是一个有作为的人；一个有科学道德的人，才会是一个有科学成就的人；一群有科学道德的人，才能建设一个充满活力的创新型国家。青年一代的科学道德水准和创新潜质，不仅决定个人的事业成长，也决定着未来中国科技人才队伍的精神面貌和创新能力，决定着未来中国的道德境界、科技实力和发展高度。他希望在座的同学们，坚信道德的力量，坚持做一个有道德追求、有精神境界的人，真正实现为天地立心、为生民立命、为往圣继绝学、为万世开太平的人生理想，自觉学习科研规范、遵守科学道德，把科学道德内化为终身坚守的人生信仰，不断提升自己的学术境界、道德境界和人生境界，勇于担当、奋力担当。

陈希表示，从2011年起，中国科协与教育部达成共识，联合在全国范围组织开展科学道德和学风建设宣讲教育，按照“全覆盖、制度化、重实效”的目标要求，在高校研究生新生中，采取集中宣讲和各校自行教育相结合的方式，系统宣讲科学精神、科学道德、科研伦理和学术规范，受到老师和同学们的热烈欢迎，也得到中央领导的充分肯定，习近平、王兆国、刘延东等分别作出重要批示，要求我们把这项很有意义的工作持续深入开展下去，引导广大研究生、大学教师和科研人员严谨治学、诚实做人。从2012年起，中国科协、教育部与中国科学院、社会科学院、中国工程院一道，按照“两个拓展、两个结合”的原则，把科学道德和学风建设宣讲教育不断引向深入。

陈希强调，党的十八大，对全面建成小康社会、加快发展中国特色社会主义作出了全面部署，也再次吹响了建设创新型国家、实现科学技术现代化的嘹亮号角。壮丽的事业在召唤着我们，宏伟的目标在激励着我们！我们要立即行动起来，更加自觉地加强科学道德修养，更加自觉地砥砺品格、磨练意志，努力做良好学术风气的维护者、严谨治学的力行者、优良学术道德的传承者，为建设创新型国家不断作出无愧于青春、无愧于时代的贡献！

报告会上，90岁高龄仍然工作在手术一线的肝胆外科著名专家、2005年度国家最高科学技术奖获得者吴孟超院士，著名钢铁冶金专家、曾担任中国工程院院长的徐匡迪院士，著名计算机专家、计算机界最负盛名的奖项“图灵奖”获得者姚期智院士，3位科学大家为到会的研究生新生作宣讲报告。研究生代表、北京大学王湛林同学在报告会上发言。

报告会是继2011年10月在人民大会堂举办首都高校科学道德和学风建设宣讲教育首场报告会后，连续第二年在人民大会堂举办。来自首都高校、科研院所等30余家研究生培养单位的研究生新生，包括理、工、农、医类学科以及人文社会科学、艺术、体育等各学科的研究生新生参加了报告会。

自2011年科学道德和学风建设宣讲教育活动开展以来社会各界反响强烈。2011年，31个省、自治区、直辖市成立了宣讲教育领导小组，制定了本地区宣讲教育工作方案，举办了本地区集中宣讲报告会。全国有592个研究生培养单位通过集中宣讲、专题讲座、入学教育等多种形式，对2011年研究生新生进行了宣讲教育。据统计，接受宣讲教育的研究生有85.8万人次，其中博士11.1万人次，硕士74.7万人次，基本覆盖了2011年研究生新生，还扩大到了一部分高年级本科生。

2012年科学道德和学风建设宣讲教育活动将把宣讲教育从2011年主要集中在具有研究生培养资格的高校和中央所属研究机构，逐步向所有高校和中科院、社科院所属科研院所及军队系统教育科研单位等其他研究机构拓展，学科领域也从原来的自然科学拓展到社会科学；把宣讲教育对象进一步拓展到全体研究生、高年级本科生、新上岗的研究生导师、新入职教师和青年科技工作者，通过不懈努力真正实现宣讲教育的全覆盖；把集中宣讲与经常性教育有机结合起来，积极推动将科学道德教育纳入本科生和研究生培养教育环节，成为科研人员经常性教育内容，真正实现科学道德教育的常态化、长效化，不断取得实际成效；把教育与制度、监管（包括监督和惩处）有机结合起来，既要确保科学道德和学风建设教育有效有序进行，又要把制度建设和监督查处作为治理学术不端行为的必要举措，抓紧健全完善各项相关制度（包括学术规范）和科学有效的学术不端行为查处制度，同时还要严肃认真地针对具体事件实施查处。

【第十四届中国科协年会科学道德建设论坛】 9月7日，第十四届中国科协年会科学道德建设论坛在河北省石家庄市召开。全国人大常委会副委员长、中国科协主席韩启德，中国科协常务副主席、书记处第一书记陈希，中国科协书记处书记张勤，教育部部长助理、党组成员林蕙青，河北省委副书记赵勇，省人大常委会副主任宋长瑞，近20位两院院士，以及来自美国、日本的专家学者出席论坛。中国科协副主席、常委会科技工作者道德与权益专门委员会主任，中国工程院院士黄伯云主持论坛。

韩启德在致辞中说，在中国科协年会开幕前，我们召开科学道德建设论坛，彰显了中国科协这个科学共同体对科学道德建设的重视，科学道德建设论坛从第十一届年会开始迄今已举办了4次，越来越多的学者开始深入思考科学道德诚信问题的症结所在并求索解决途径，因此，每一次科学道德建设论坛都能得到广泛的关注并产生积极的社会反响。

韩启德表示，科学道德和学风建设取得了很大的成效，首先就是确立规范和制度。近年来，许多部门和科研机构都制订了相关道德准则，中国科协也出台了《科技工作者科学道德规范》，我们要充分发挥科学共同体自律机制和自我纠错机制的重要作用，引导科研人员坚决抵制一切违反科学道德与伦理的科研行为。其次，加强教育。中国的科技界和教育界已经行动起来，2011年开始，中国科协和教育部联合行动。2012年，中国科学院、中国社会科学院、中国工程院也共同参与到这项工作中。宣讲教育也在向高年级本科生、新上岗的研究生导师、新入职的教师和青年科技工作者延伸，按照“全覆盖、制度化、重实效”的目标要求，形成了可喜的局面，取得了明显成效，社会各界反响强烈。再次，严格的监督和惩罚。只有规范、教育，没有对学术不端的惩罚，难以实现学术界的纯净。科学道德不仅仅是一种规范，更是一种文化，是一种精神。要弘扬科学精神，才能在科学道德上走的更远。

韩启德强调，科学道德和学风建设宣讲教育是一项长期性、制度性的工作，也是一项艰巨的使命和任务，弘扬科学精神，就要提倡科学家为追求精神、为追求真理来做真正的科学，这是科学道德建设当前面临的一个重要任务。但“千里之行，始于足下”，只有坚持，一步步推动科学道德和学风建设教育落到实处，才能使科学精神在全社会产生更加深刻的影响，让科学道德建设拥有更加美好的前景。

赵勇在讲话中表示，科学道德是科学精神的集中体现，是社会道德的重要内容，是引领社会风向的风向标。只要旗帜鲜明地抓、坚持不懈地抓、求真务实地抓，科学道德水平就会不断地提高，就会引导整个社会道德风尚的进步。加强科学道德建设，要求广大科技工作者弘扬求真务实之德、回报社会之德、诚信自律之德、包容协作之德，坚持以优秀的学术成果回报国家和社会。要加强科学道德体验，通过道德的体验实践活动，把高尚的道德内化为每一个科技工作者的品格、习惯和行为。要强化科学道德约束，通过强化政策法规、制度管理、监督机制，努力营造健康良好的学术环境。河北将认真吸收利用论坛的成果，全力提升河北科学道德建设水平，为推进科技创新，加快经济发展方式转变，加速经济强省、和谐河北建设进程，提供强有力的支撑。

中国科协荣誉委员、国家自然科学基金委员会原主任、北京大学原校长、中国科学院院士陈佳洱，中国科协常委会科技工作者道德与权益专门委员会委员、北京理工大学校长、中国力学学会理事长、中国科学院院士胡海岩，中国科协荣誉委员、中国地震局地球物理研究所名誉所长、北京大学地球与空间科学学院名誉院长、中国地震学会理事长、中国科学院院士陈运泰，中国科协荣誉委员、常委会科技工作者道德与权益专门委员会顾问、中国工程院原副院长、中国工程院院士杜祥琬，中国科协常委会科技工作者道德与权益专门委员会委员、中国原子能科学研究院副院长、中国科学院院士王乃彦，中国科协荣誉委员、常委会科技工作者道德与权益专门委员会顾问、中国科学院数学与系统科学研究院名誉院长、中国科学院院士杨乐等近20位院士以及来自美国和日本的专家出席论坛。

【全国科学道德和学风建设宣讲教育工作会议】 6月5日，中国科协、教育部、中国科学院、中国社会科学院、中国工程院在北京召开全国科学道德和学风建设宣讲教育工作会议。全国人大常委会副委员长、中国科协主席韩启德作重要讲话，教育部部长、党组书记袁贵仁和中国科协常务副主席、书记处第一书记、党组书记陈希对2011年科学道德和学风建设宣讲教育工作进行了系统总结，并对2012年工作进行了部署。中央组织部、中央宣传部、中央党校、科技部、农业部、国家自然科学基金委员会、解放军学位委员会等有关方面的相关负责人，院士专家，百余位高校的院（校）长和科研院所院（所）长，各省、自治区、直辖市科协、教育厅（教委），新疆生产建设兵团科协、教育局等各有关方面的负责人，以及来自社会各有关方面的代表共计400余人齐聚一堂，共商科学道德和学风建设宣讲教育工作大计。会议气氛隆重热烈，与会代表情绪高涨，向全社会充分展示了科技界、教育界联手加强科学道德和学风建设的坚定信心和坚强决心。

韩启德在讲话中说，加强科学道德和学风建设是促进科技事业健康发展、加快创新型国家建设的内在要求，是培养造就优秀创新人才、加快建设人才强国的关键举措，也是培育创新文化、加快构建社会主义核心价值体系的重要内容。近年来，科研领域出现了一些不容忽视的问题，学风浮躁、学术不端行为滋长，违反科研伦理、滥用学术权力、学术失范行为时有发生，这些问题已经损害了学术界、教育界的公信力和良好社会形象，不利于创新人才的健康成长和人才队伍建设。要建设一支能肩负起历史使命的科技人才队伍，加强科学道德和学风建设已经是当前一项刻不容缓的急迫任务。学术界、教育界必须担当起历史赋予的重任，自觉成为科学道德的维护者和严守科研规范的倡导者，直面学风道德方面出现的突出问题，大力推进科学道德和学风建设。韩启德指出，加强科学道德和学风建设，关键是要抓好教育、自律和监督三个环节，要广泛开展科研诚信教育，从源头治理学风道德问题，把严格自律作为理应承当的终身要求，坚决抵制一切违反科学道德与伦理的科研行为，把监督惩处作为治理学术不端行为的必要举措，坚持道德约束和监管惩处并重，对学术不端行为“零容忍”。韩启德充分肯定中国科协、教育部2011年联合开展科学道德和学风建设取得良好成效，要求认真总结经验，坚持“全覆盖、制度化、重实效”，按照“两个拓展、两个结合”的要求，继续狠抓落实，把宣讲教育不断推向深入。

袁贵仁表示，加强科学道德和学风建设是全面提高高等教育质量的必然要求，必须始终贯穿于高等学校人才培养、科学研究、社会服务和文化传承创新各项工作中。各高校要充分认识加强科学道德和学风建设的重要性，不断增强做好宣讲教育的责任感、紧迫感，从源头、从根本、从思想深处抓起。袁贵仁强调，高校要在认真总结经验的基础上，从围绕宣讲主题、扩大宣讲范围、提高宣讲实效、建立长效机制四个方面着力，全面、扎实、深入地开展宣讲教育活动。要以宣讲教育为契机，全面加强和改进高等学校的学风建设，努力营造积极、健康、向上的校园学术氛围。注重教育引导，强化政策导向，坚持不懈地在师生中加强学术规范和科学精神教育。加大查处力度，强化监督约束，对于学术不端行为一经查实，严肃处理，绝不姑息手软。明确工作职责，强化过程管理，将学风建设工作常规化摆在更加突出的位置。

陈希表示，科学道德和学风建设工作是事关创新型国家建设和科技强国建设的重大工程，也是科技界、教育界落实十七届六中全会精神、践行社会主义核心价值体系的重要内容，事关科技界、教育界的声誉和地位，对这项工作的重要性怎么强调都不过分。做好2012年的宣讲教育工作，必须坚持“全覆盖、制度化、重实效”绝不松懈，进一步全面、深入、扎实推进科学道德和学风建设宣讲教育工作，做到“两个拓展、两个结合”，实现宣讲机构和宣讲对象的全面拓展，覆盖所有高校、中国科学院、社会科学院所属科研院所（中心）并向地方研究机构、军队研究机构、民营研究机构、企业研究机构拓展，覆盖自然科学领域和社会科学领域并逐步扩展到所有学科领域，覆盖全体研究生并逐步扩大到高校新入职教师、高年级本科生、科研院所新入职人员、研究生培养单位新上岗的硕士和博士研究生导师。同时，抓好集中宣讲与多种形式教育相结合，使宣讲教育工作形成常态、形成制度，抓好宣讲教育与监督惩处有机结合，抓紧建立完善合理有效、公正公开的学术不端行为查处制度。

中国科协与教育部自2011年起联合采取措施，共同推动在高校和科研机构的研究生新生中开展科学道德和学风建设宣讲教育。基本覆盖了2011级全部新入学的研究生，31个省（自治区、直辖市）共邀请了包括43位院士在内的68位著名专家学者开展宣讲教育。

【举办两次科学道德和学风建设宣讲教育工作研讨会议】 9月8日，科学道德和学风建设宣讲教育工作研讨会在河北省石家庄市召开。中国科协常务副主席、书记处第一书记陈希，中国科协书记处书记、全国科学道德和学风建设宣讲教育领导小组组长张勤，中国科协副主席、全国科学道德和学风建设宣讲教育领导小组副组长黄伯云，以及来自北京大学、清华大学等11所国内知名高校校长出席了研讨会。教育部部长助理、全国科学道德和学风建设宣讲教育领导小组副组长林蕙青主持研讨会。

陈希在会上强调，做好科学道德和学风建设宣讲教育工作，必须坚持全覆盖、制度化、重实效的目标要求，全面、深入、扎实地推进。今年的宣讲教育工作在全覆盖上有新的突破，努力实现三个延伸，即宣讲教育对象由研究生向高年级本科生延伸，向新上岗的硕士、博士研究生导师延伸，向新入职教师和青年科技工作者延伸。在制度化上，要建立长效工作机制，完善各种标准和规范，使宣讲教育工作不断推进，真正取得实效。

陈希要求，要把抓好宣讲教育与监督惩处有机结合，抓紧建立完善合理有效、公正公开的学术不端行为查处制度，要把集中宣讲与经常性教育相结合，使宣讲教育工作形成常态、形成制度，要探寻科学道德和学风建设宣讲教育有效的工作方法，发挥大学在科学道德和学风建设的示范引领作用。

清华大学校长陈吉宁、南开大学校长龚克、哈尔滨工业大学校长王树国、四川大学校长谢和平作了交流发言，介绍了在科学道德和学风建设宣讲教育工作中的主要做法和取得的成效。北京大学副校长兼教务长王恩哥、天津大学校长李家俊、复旦大学校长杨玉良、武汉大学校长李晓红、西安电子科技大学校长郑晓静、苏州大学校长朱秀林、西北大学校长方光华交流了宣讲教育工作中的经验和成果，对如何推进宣讲教育深入开展，如何构建宣讲教育的长效机制提出了意见和建议。

林蕙青提出，科学道德和学风建设宣讲教育是一个系统工程，希望大家充分认识宣讲教育工作的战略意义，交流和研讨工作中的措施和方法，借鉴其他高校的做法和经验，发挥示范院校的引领作用，鼓励探索将宣讲教育纳入研究生培养环节并使之常态化、制度化的具体措施，推动宣讲教育深入开展。

9月21日，科学道德和学风建设宣讲教育第二次工作研讨会在浙江省杭州市召开。中国科协常务副主席、书记处第一书记陈希出席会议并作重要讲话，中国科协书记处书记、全国科学道德和学风建设宣讲教育领导小组组长张勤，中国科协副主席、常委会科技工作道德与权益专门委员会主任、全国科学道德和学风建设宣讲教育领导小组副组长黄伯云出席研讨会，上海交通大学、浙江大学等10所国内知名高校的校长、副校长与会并作专题发言。教育部部长助理、全国科学道德和学风建设宣讲教育领导小组副组长林蕙青主持研讨会并就落实有关工作提出要求。

陈希指出，科学道德和学风建设工作，是事关创新型国家建设和科技强国建设的重大工程，其重要性怎么强调也不过分。国内10余所重点高校的校长和重要部门负责同志出席会议，充分显示了对这项工作的重视。科学道德和学风建设宣讲教育工作从2011年启动以来，按照“全覆盖、制度化、重实效”的要求扎实开展，取得了显著的成效。但是要深入推进，成为规范性、经常性、制度性的安排，成为高校的一种自觉行动，还有很多工作要做。陈希表示，本次参会的学校都是国内有重要影响力的知名高校，希望这些高校在宣讲教育工作中能够发挥示范引领作用，能够创造性地开展宣讲教育工作，能够为宣讲教育工作创造经验并得到推广。

高校负责人围绕本校开展宣讲教育的具体做法作了发言。黄伯云谈了三点意见：一是宣讲教育工作从2007年以后每年一两场，扩展到从2011年开始在全国全面展开，有了质的变化；二是要达到“全覆盖、制度化、重实效”的目标要求，任务还非常艰巨；三是对宣讲教育工作充满希望，同时希望与会的大学发挥好“领头羊”的作用，带动全国宣讲教育工作更好地开展。林蕙青提出，科学道德和学风建设宣讲教育既是一项教育，也是一种希望。大学是全社会道德的制高点，衷心期望各所大学能够在科学道德和学风建设宣讲教育工作中有所建树，扎扎实实、一步一个脚印地做好宣讲教育工作，不断根据工作推进的阶段性目标要求，实现其全覆盖、制度化、重实效的总体目标要求。

北京师范大学、同济大学、中山大学相关负责人参加了研讨会。中国科协组织人事部部长、全国科学道德和学风建设宣讲教育领导小组成员兼办公室主任李森，教育部高等教育司司长张大良，教育部学位管理与研究生教育司司长郭新立，中国科协组织人事部副部长刘红跃，浙江省科协副主席张海生，浙江省科协秘书长董克军出席研讨会。

【举办第三届中美科学道德不端行为案例研讨会议】

9月21～22日，中国科协和美国科学促进会联合主办的第三届中美科学道德诚信案例研讨会在浙江省杭州市召开。中美两国30余位科学家围绕科学道德诚信案例进行研讨。中国科协常务副主席、书记处第一书记陈希出席论坛开幕式并致辞，美国科促会科学责任、人权与法律项目主任马克·弗兰克博士代表美方致辞。中国科协副主席、常委会科技工作者道德与权益专门委员会主任黄伯云主持开幕式，中国科协书记处书记张勤、教育部部长助理林蕙青、浙江省科协主席杨卫出席开幕式。

陈希在致辞中表示，中国科协与美国科促会组织两国杰出的科学家，召开中美科学道德案例诚信研讨会，共同剖析、挞伐弄虚作假、玷污科学圣洁的科研不端行为，共同撰写科学道德诚信案例，对于加强科学道德建设，推动科技创新、促进中美科技交流，具有重要的意义。他指出，科学道德建设，关键在于教育、制度、监督三个环节，其中教育在科学道德建设中具有基础性作用。科学道德诚信案例以其直观明了、记忆深刻、激发思考的特点，对科研人员尤其是即将接触科研的青年学生和刚走上科研岗位的青年科技工作者无疑具有重要的指导作用。陈希从正面感召作用、明辨是非的警示作用、负责任的科研中的诠释作用三个方面阐述了科学道德诚信案例的重要作用。他提出，要挖掘科学历史长河和我们身边更多蕴含科学精神、科学品格的事例，感召科研人员和科研后备力量，让他们自科研生涯的开端便树立崇高的科学理念，养成良好的科学研究道德操守；要将前人经历过的不端行为和恪守规范准则的典型案例展示出来，指导和帮助广大科研人员更加正确地掌握科研规范、更为严格地遵守各项科研准则；要将负责任的科研推动科学事业发展、为人类带来福祉，不负责任的科研对科学事业造成伤害、甚至为人类带来灾难的经验和教训作为鲜活的科学与责任的案例，引导科研人员走好科学研究生涯的第一步。

陈希表示，中国科协是中国主要的科学共同体，同时也是世界科学共同体的重要组成部分。繁荣科学发展、推进科技创新、造福人类，自我净化、自我完善是中国科协光荣的使命。中美两国国情不同，文化也有差异，中国科协与美国科促会的友好合作，将为推动中美两国科学道德建设和科技事业发展、深化两国交流与合作做出积极的贡献。

弗兰克博士在致辞中充分肯定了教育者在促进学术诚

信的教育中使用特定案例的重要性。他强调，尽管在处理学术不端行为时不能低估规章制度的重要性，但最终仅有规章制度还是不够的。教育才能培养科学研究者端正的学术行为习惯。科学研究者具有良好的科学道德品质，不仅仅是因为社会告诉他们要遵纪守法，更多的是因为端正学术行为对科学和社会是有益的。他表示，他和美国同事们对于能够与中方专家合作、一起参与到推进科学道德的事业中都感到非常荣幸，并非常期待接下来的合作。

本届研讨会的主题是科学道德诚信案例研讨，中美两国科学家在会前经过充分的研究和协商，选取了目前科学道德领域四个热点、难点问题作为议题，分四个单元进行了研讨。四个议题分别是“署名权和名誉”、“利益冲突”、“剽窃和原创作品”、“合作”。在每个单元中，中美两国科学家分别围绕议题，报告近年来发生的典型性、代表性案例，介绍其背景，分析其产生的原因，现场的专家则通过分组讨论、双方辩论、开放式讨论等形式研究其具有的教育和警示意义。本次研讨会中的案例经与会科学家进一步修改完善后，将以中、英文两种语言编辑成册，经中美双方专家审定后，形成科学道德教育读本，供中美乃至世界科技工作者学习和借鉴。

中国科协和美国科促会作为中美两国主要的科学共同体，在科学道德领域合作密切，双方已经于2007年和2009年分别在中国北京和美国圣地亚哥，以“科学家社会责任”和“科学道德教育”为题举办了两届中美科学道德研讨会。美国科促会还多次委派科学家参加中国科协年会科学道德建设论坛。本次中美科学道德诚信案例研讨会由中国科协常委会科技工作者道德与权益专门委员会牵头举办，由中国科协组织人事部和浙江大学承办，中国科协国际联络部和浙江省科协协办。浙江大学部分师生旁听了研讨会。

学术交流与学会建设

【学会能力提升专项】 为落实中央书记处指示精神，努力打造国内一流、国际上有影响的骨干示范学会，在财政部支持下，中国科协启动实施学会能力提升专项，中央财政安排1亿元专项资金，设立“优秀科技社团”和“优秀国际科技期刊”奖项，表彰奖励各项工作全面发展、实施效果显著、综合能力排在前列的学会和具有较高学术影响力及国际影响力的科技期刊，通过以奖促建进一步促进学会和期刊的发展。经申报、评审和公示，中国力学学会等45个学会被评为优秀科技社团，《细胞研究》（英文版）等25个期刊被评为优秀国际科技期刊。

（一）深入调查研究，科学合理进行顶层设计

为深入贯彻落实中国科协“八大”精神和“十二五”事业发展规划，共同探讨推动学会学术工作创新发展的新思路，自2011年5月起，学会学术部联合科协相关部门、全国学会群策群力，共同策划学会学术创新发展新的专项。在2011年6月召开的地方科协学会学术工作会上，对学会学术创新发展新专项征求意见并进一步深入研讨。在深入调查研究和广泛征求意见的基础上，研究编制《学会能力提升专项实施方案（试行）》和《学会能力提升专项资金管理办法（试行）》。对优秀科技社团奖项评审设计，先后6次召开会议广泛征求学会和相关专家意见，按照定量与定性评价相结合、专家与会员评价相结合的思路，形成《学会能力提升专项优秀科技社团奖评审办法》、《学会能力提升专项优秀科技社团奖评审细则》。对优秀国际科技期刊奖项评审设计，结合科协特点，与科技期刊领域的专家共同研究制定评审指标体系，先后召开6次会议研究并广泛征求意见，形成《学会能力提升专项优秀国际科技期刊奖评审细则》及《奖项评审指标体系》。上述工作为专项的组织实施奠定了坚实基础。

（二）召开中国科协学会工作会议及专项工作通气会，动员部署专项工作

2012年3月，组织召开中国科协学会工作会议，对学会能力提升专项工作进行全面部署。中国科协常务副主席、书记处第一书记陈希出席会议并作重要讲话。全国学会、省级科协主要负责同志近400人参加会议。陈希书记在讲话中系统总结了近几年学会改革发展的进展，充分肯定了学会取得的显著成绩，深入分析了现阶段学会工作面临的新形势、新任务，并对进一步做好新时期学会工作提出明确要求。与会代表围绕陈希同志讲话和学会工作的实际问题进行了分组讨论，反响热烈，为专项实施统一了思想，形成了共识。

2012年6月，先后召开学会能力提升专项工作通气会、优秀国际科技期刊申报工作通气会，为提高组织实施工作质量提供了保障。

（三）精心组织评审工作，确保客观公正

组织实施优秀科技社团奖项评审。按照评审办法，对137个学会提交的申报材料进行资格审查、会员评价、定量评价、专家评价。对通过初审的127个全国学会5000余项定量指标数据进行采集和测算，并发出了会员调查信息61240条。7月26～27日，召开专家评审委员会进行集中评审，共遴选出45个候选优秀科技社团，其中一等奖5个、二等奖15个、三等奖25个。

组织实施优秀国际科技期刊奖项评审。按照评审办

法，对94家全国学会和期刊出版单位提交的申报材料进行资格审查和评审。7月20日，召开优秀国际科技期刊奖项评审会，邀请近50位来自各学科领域的专家组成评审专家委员会，对91家通过资格审查的期刊进行评审。评审会分为数理科学组，化学、材料、信息科学组，生命科学组，医学科学组，工程科学组，地球科学组，国际化后备科技期刊项目组及新创办英文科技期刊项目组等8个组进行。专业机构提供数据统计技术保障服务。共遴选出35个候选优秀国际科技期刊，其中一等奖5个、二等奖10个、三等奖20个。

由中国科协常委会科技工作者道德与权益专门委员会委员、中国科协机关纪委联合组成的评审监督小组全程监督。候选名单在中国科协网站公示10天无异议，经学会能力提升专项领导小组审定后正式确定获奖名单。

（四）组织召开获奖单位约谈会，确保专项落实

为达到“以奖促建”的目的，确保专项实施质量，按照书记处领导的指示精神，联合计划财务部与获奖单位进行逐一约谈，对项目2015年应达到的目标，实施计划和奖建资金管理进行指导，明确思路和目标，突出工作重点，规范经费预算，并签订了第一年度的项目合同。

（五）加强宣传引导，扩大学会能力提升专项影响力

广泛宣传获奖学会和期刊的先进事迹，推广先进工作经验和模式，进一步激发学会提升服务创新、服务社会能力的积极性，充分发挥其在推动全社会创新活动中的作用。组织开展《学会能力提升专项——优秀科技社团奖获奖学会典型事例汇编》和《优秀国际科技期刊典型事例汇编》编写工作。

积极策划宣传科技期刊国际影响力提升计划。新华社、《科技日报》、《中国科学报》、《光明日报》等及人民网、中国科技网等，共50余家新闻媒体对中国科协科技期刊国际影响力提升计划进行了宣传报道。《科技日报》在头版刊登了综述文章，在三版刊登了科协领导专访。《中国科学报》连续3天刊登专题宣传中国科协科技期刊国际影响力提升计划的重大意义和战略作用。召开优秀国际科技期刊奖项工作部署会，交流办好国际优秀期刊的经验。举行“中国科协科技期刊国际影响力提升计划签约仪式”，中国科协常务副主席、书记处第一书记陈希出席会议并作重要讲话，党组成员、学会学术部部长沈爱民分别与35家获奖单位代表签署了目标合同。

学会能力提升专项实施以来，在科技界引起了强烈反响。从各学会的反应看，专项的组织实施得到充分认可，发挥了引导作用。科协所属学会高度关注并积极申报奖项，申报学会达全部学会的68.5%。评审规则广泛征求学会意见，评审指标、评审程序公开透明、客观公正，得到多数学会的好评。未获奖的学会纷纷反映，通过奖项申报对照评审指标进行自评价，发现了学会建设中的问题，将按照指标的要求，进一步查缺补漏，向获奖学会看齐。

优秀国际科技期刊奖的设立在期刊界产生了积极反响。裴刚院士、严纯华院士、康乐院士、袁亚湘院士等知名科学家作为期刊主编亲自带队参加陈述答辩，显示了科技界对于优秀国际科技期刊奖的高度重视。美国杜克大学医学中心教授王小凡等17位国内外华人科学家在得知中国科协设立优秀国际科技期刊奖项以后，特地致信中国科协领导，信中说：“中国科协此次设立的优秀国际科技期刊奖，其力度在国内首屈一指，且面向英文期刊，堪称楷模。……也会给其他部委设立有关期刊或奖项起到很好的表率作用，引领一种正确的价值导向，真正促进和推动一批中国科技期刊的发展，从而为打造具有国际影响力和竞争力的我国科技期刊集群打好基础。若此，中国科协将功不可没，必将在中国科技期刊发展史上留下浓墨重彩的一笔！”

优秀科技社团获奖名单

一等奖（5名）

中国力学学会
中国汽车工程学会
中国仪器仪表学会
中国农学会
中华医学会

二等奖（15名）

中国化学会
中国心理学会
中国环境科学学会
中国岩石力学与工程学会
中国机械工程学会
中国电机工程学会
中国计算机学会
中国公路学会
中国航空学会
中华中医药学会
中国药学会
中国营养学会
中国抗癌协会
中华预防医学会
中国流行色协会

三等奖（25名）

中国物理学会
中国气象学会

中国地理学会
中国植物生理与植物分子生物学学会
中国生态学学会
中国自然资源学会
中国农业工程学会
中国电工技术学会
中国水利学会
中国电子学会
中国宇航学会
中国金属学会
中国纺织工程学会
中国食品科学技术学会
中国粮油学会
中国消防协会
中国水土保持学会
中国茶叶学会
中华护理学会
中国生理学会
中国生物医学工程学会
中国药理学会
中国免疫学会
中华口腔医学会
中国城市规划学会

优秀国际科技期刊获奖名单

一等奖（5名）

细胞研究（英文版）
中国有色金属学报（英文版）
中国物理B（英文版）
地质学报（英文版）
中国药理学报（英文版）

二等奖（10名）

分子植物（英文版）
稀土学报（英文版）
中国化学工程学报（英文版）
中华医学杂志（英文版）
植物学报（英文版）
中国物理快报（英文版）
力学学报（英文版）
中国免疫学杂志（英文版）
中国化学快报（英文版）
天文和天体物理学研究（英文版）

三等奖（10名）

数学学报（英文版）
材料科学技术（英文版）
昆虫科学（英文版）
中国结合医学杂志（英文版）
稀有金属（英文版）
中国海洋工程（英文版）
中国病毒学（英文版）
地理学报（英文版）
煤炭学报（英文版）
地震学报（英文版）

【第十四届中国科协年会】 9月8～10日，由中国科协和河北省政府共同举办的第十四届中国科协年会在河北省石家庄市举办。本届年会围绕“科技创新与经济结构调整”的主题，弘扬“在继承中发展，在发展中创新”的理念，亮点突出、特色鲜明、效果显著，得到科技工作者的充分肯定、举办地的高度赞誉和社会各界的广泛关注。河北省委省政府肯定本届年会是一届“圆满、精彩、难忘”的科技盛会。

一、凝聚高层次智力资源，影响力大

年会围绕“大科普、学科交叉、为举办地服务”的定位，搭建了学术交流、科学普及、决策咨询三大平台，举办各类活动1500余项，吸引了9000余名科技工作者热情参与，惠及举办地社会公众800万人次，为历届年会之最。王兆国、韩启德出席了大会开幕式，120多位两院院士、81位省部级领导、15个国家和港澳台地区的110位专家学者出席了年会相关活动。

年会共设立21个分会场，3600余位科技工作者围绕学科前沿领域和产业发展中的关键科学问题进行了深入的交流研讨，323位国内外专家作了专题学术报告，征集论文670篇，交流论文638篇。组织开展了院士专家进校园、全省科普大联动、省会科普嘉年华、全省科普文艺大演出等四大系列1400多场次的科普活动，800万人次普遍受到一次科普教育，帮助40多万人次解决了1～2项生产和生活中的技术难题。42名院士、133位国际及港澳台专家、3100余名科技工作者出席了8个专题论坛和9个专题调研座谈会，组织548位院士专家根据107个子课题开展实地调研173次，提交了301篇调研报告，提出意见建议140条。组织了求是杰出青年奖获奖者与大学生见面会等11项专项活动，2500多位科技工作者参加了活动。

《人民日报》、中央电视台等38家中央媒体和网站、13家河北省媒体、3家香港媒体的300余名记者对年会给予了高度关注和密集报道。人民、新华、新浪、搜狐等网络媒体直播在历届年会报道中规模最大，网上综合搜索量达到400多万条。

二、突出年度特征和地域特色，创新点多

本届年会在贯彻落实全国科技创新大会精神、迎接党的十八大胜利召开的新形势下召开，举办地河北省历史悠久、位置特殊，调结构、转方式的发展需求强烈。年会在总体设计、内容安排、组织形式等方面，紧紧围绕年度特点和地域特征进行策划，突出创新亮点。

大会报告采用试讲等新的遴选机制，选题好、观点新、信息量大，报告人口才好。年会结合落实全国科技创新大会精神，在专项活动中增设中国科技政策论坛，组织技术创新 · 企业发展论坛，设立学会党建论坛，举办中国科协“科技馆基金会合展励学金捐赠仪式”。首次在9个设区市组织召开专题调研座谈会，首次设立10个视频分会场；首次组织引进人才政策发布会和人才项目签约活动，河北省委、省政府出台了50项引才引智特殊优惠政策，创造了良好的政策环境；首次在年会结束后组织召开年会成果发布会；首次创演年会主题歌；首次在年会期间举行全省科普文艺巡演。

三、促进举办地创新发展，实效性强

形成一批重大咨询成果，举办地已确定采纳各种建议和意见215条，实现了“引进一批人才，对接一批项目，承接一批成果，签约一批合作协议，解决一批技术难题”的目标。

围绕河北省钒钛产业、钢铁工业等重点内容，突出服务战略性新兴产业，召开河北省党政领导与院士专家座谈会，突出解决关键技术难题，为加快产业结构调整提供了技术支撑。突出建立长效机制，通过人才项目对接签约，形成了院士专家工作站和研发基地等多种合作形式。

四、注重活动交叉延伸，覆盖面广

在学术活动设置上注重学科交叉，在活动安排上注重向举办地基层延伸，促进了各学科、行业领域的融合，带动了河北全省各方力量积极参与，有效扩大了年会覆盖面，使年会成为“科技的盛会、百姓的节日”。

各设区市党政主要领导、市直部门和县（市、区）主要领导及社会各界人士进行了集体收听收看直播开幕式暨大会特邀报告会，扩大了年会在基层的影响力。年会宣传注意贴近基层百姓生活。

【2012中国科协学术建设发布会】 4月10日，2012中国科协学术建设发布会在北京举行。中国科协副主席、学术与学会工作专门委员会主任、中国科学院副院长、中国科学院院士李静海发布了2011 ~ 2012年度我国空间科学等23个学科近年的发展状况、未来趋势，中国科协荣誉委员、学术与学会工作专门委员会委员、中国科学院院士陈运泰发布了中国科协所属科技期刊2011年的发展状况。本次发布会是中国科协举行的第6次学术建设发布会。发布会由中国科协党组成员、学术与学会工作专门委员会副主任、学会学术部部长沈爱民主持。中国科协学术与学会工作专门委员会有关委员，来自有关部委的领导，参加本次学科发展专题研究的全国学会的首席专家、学科发展研究报告主编及学会负责人，中国科学院有关院所，部分在京重点院校，主要图书馆、出版社，全国学会期刊代表及其他全国学会代表、30余家媒体、网站记者等，共300多人出席了发布会。

中国科协副主席、学术与学会工作专门委员会主任李静海院士介绍了2011 ~ 2012年度学科进展情况。李静海院士表示，从近年学科发展的趋势来看，交叉融合是学科发展的历史必然，国家战略和社会发展需求是学科发展的原始动力，强化基础研究是学科发展的战略关键，创新人才队伍建设是学科发展的智力支撑。针对未来学科发展，李静海院士提出三点思考：一是要重视超前研究学科发展演化规律，二是要以问题为导向促进学科交叉融合，三是对知识体系深入分析以推进学科变革。

这些趋势分析是在对空间科学等23个学科2011—2012年的进展进行研究的基础上形成的。2011年中国科协组织有关全国学会分别对空间科学等相关学科进行学科发展研究，完成23卷学科发展系列报告以及《2011—2012学科发展报告（综合卷）》，共计近800万字。这23个学科中，既有历史悠久的基础学科，也有紧密结合生产的应用技术学科，特别是今年增加了4个发展较快的交叉学科，加大了对交叉学科的支持力度。

中国科协学术与学会工作专门委员会委员陈运泰院士介绍了2011年中国科协科技期刊的发展状况。中国科协及所属全国学会主办的科技期刊在我国科技期刊群体中具有十分重要的地位和影响力，是我国科学技术研究成果的重要展示平台。2011年，中国科协科技期刊注重提升学术质量，提高出版能力，积极发挥主编对期刊质量的主导作用和编委职能，期刊的学术和出版指标在国内处于领先地位，在国际重要数据库的影响力指标进步明显，国际化建设取得重要进展，有力地促进了国内外学术交流。引证报告显示，43种中国科协科技期刊的总被引频次学科排名位居第一，在61个学科分类中占70.5%；35种中国科协科技期刊的影响因子学科排名位居第一，占57.4%；40种中国科协期刊综合评价总分在本学科排名第一，占65.6%；其中有26种三者同时排名第一，占此类期刊的72.2%。在2011年中国科学技术信息研究所发布的“2010年中国百种杰出学术期刊”中，有66种来自中国科协学术期刊。在“2010年中国百篇最具影响国内文章”中，中国科协有

54种学术期刊、68篇论文入选，占总量的三分之二以上。

学科发展是科学发展和技术进步的重要基础，是国家科技竞争力的重要体现，对于推动科技创新至关重要。自2006年起，中国科协建立了年度学术建设发布会制度，旨在凝聚科技共同体的集体智慧，通过研究我国相关学科在发展态势、学术影响、重大成果、国际合作、人才培养、基础建设等方面的最新进展和发展趋势，推进学科交叉、渗透与融合，培养新的学术增长点，服务国家发展战略需求，服务民生和社会需求，促进科技工作者、有关决策部门前瞻思考科技发展大势。这是中国科协为促进自主创新和学科繁荣所实施的一项重大学术建设工程。迄今为止，中国科协先后组织94个全国学会开展了91个相关学科的发展研究，编辑出版系列学科发展报告155卷，发行30余万册；先后有1.3万名专家学者参与了学科发展研讨，有7000余位专家执笔撰写学科发展报告。

经过6年的实践，中国科协学科发展研究及发布已逐步形成一定规模和特色，相关学科的研究成果、趋势分析及其中蕴涵的鲜明学术风格、学科文化，逐渐显现出重要的学术价值，受到科学共同体和政府有关部门的重视，得到国内外相关学术组织的关注，社会影响力日益扩大。

【2011～2012年学科进展研究发布】 学科发展是科学发展和技术进步的重要基础，是国家科技竞争力的重要体现，对于推动科技创新至关重要。为发挥中国科协及所属全国学会作为科学共同体的重要作用，促进学科交叉融合，促进多学科协调发展，促进原始创新，中国科协从2006年起建立了学科发展研究及发布制度。截至2010年，中国科协先后组织87个全国学会开展了84个相关学科的发展研究，编辑出版系列学科发展报告131卷，发行30余万册；先后有1.2万名专家学者参与了学科发展研讨，有6000余位专家执笔撰写学科发展报告，并连续5次召开学术建设发布会，发布学科进展研究成果。

学科发展研究发布从初创到形成规模和特色，力图集成科技共同体的集体智慧，通过研究我国相关学科在研究规模、发展态势、学术影响、重大成果、国际合作等方面的最新进展和发展趋势，服务国家发展战略需求，服务民生和社会需求，促进科技工作者、有关决策部门前瞻思考科技发展大势，统筹谋划学科发展未来，促进相关学科的学术建设，逐步受到科学共同体和政府有关部门的重视，得到国内外相关学术组织的关注，社会影响力日益扩大。

我国空间科学、地理科学、昆虫学、生态学、环境科学技术、资源科学、仪器科学与技术、标准化科学技术、计算机科学与技术、测绘科学与技术、有色金属冶金工程技术、材料腐蚀、水产学、园艺学、作物学、中医药学、生物医学工程、针灸学、公共卫生与预防医学、技术经济学、图书馆学、色彩学、国土经济学等23个学科近年来取得了重大突破和最新进展，以此探讨相关学科的发展趋势，可以把握相关学科的未来发展，推进科学技术进一步发展。

一、交叉融合是学科发展的历史必然

科学技术在人类社会的进步及发展中，发挥着不可估量的作用。人类社会发展面临的重大科技问题愈来愈趋向综合化、复杂化，多学科的联合攻关、跨学科的融合创新成为解决重大科技问题行之有效的方法和途径。学科与学科之间、科学与技术之间、自然科学与人文社会科学之间的交叉、渗透、融合，成为学科发展的必然趋势。

从本次发布的23个学科的进展情况看，许多重大科技新突破均源自于学科之间的综合交叉融合。例如，空间科学涉及天文学、物理学、化学、生命科学、气象学、大气科学、材料科学等众多学科领域。“嫦娥一号”和“嫦娥二号”探测获得重要科技成果、“天宫一号”和“神舟八号”成功实现交会对接，标志着我国掌握了载人天地往返、航天员出舱活动、交会对接等载人航天三大基本技术，载人航天取得跨越式发展，为下一步建造空间站、开展大规模的空间应用奠定了良好基础，这些成果无一不是基于涉及空间天文学、空间物理学、空间生命科学、微重力科学、遥感研究等基础研究和应用研究方面取得的重大进展，得益于众多学科的综合进步。学科交叉融合的趋势进一步加快，也推动着新兴学科、交叉学科不断涌现，呈现新技术革命与新科学革命相伴互动、多点突破的发展态势。例如，近年来快速发展的生物医学工程就是运用现代自然科学和工程技术的原理和方法，从工程学的角度，为防病、治病提供新的技术手段的一门综合性、高技术学科。人文—经济地理学、资源科学与生态学、环境科学、国土经济学等在研究内容和研究方法等方面也相互影响、相互促进，多学科交叉结合的趋势不断增强，与社会科学和经济科学相融合的态势日益显著。近年来信息科学对其他学科显示出越来越强大的渗透力，例如作物遗传育种的重要成果就是通过生命科学与信息科学等相关学科的渗透、交叉和集成而取得的；公共卫生和预防医学等领域通过与信息科学的渗透、交叉和集成，拓展了本研究领域的理论和方法，相关技术迅速发展。同时，这些学科的新突破也促进了信息科学的进一步发展。在相关领域的交叉点上加强前期研究，能够更有效地趋向于学科未来发展的方向，从而及早布局，抓住新机遇，实现学科的跨越式发展。

二、国家战略和社会发展需求是学科发展的原始动力

重大科技研发成果可以产生重大的社会效益和经济效益，对国计民生发挥重要支撑作用；而人类社会和经济发展的强烈需求，又对科技与学科的发展形成强大的推动力量。瞄准国家经济和社会发展的重大需求，重视科学研究与技术开发、产业进步的结合，有助于找准和凝练重大科技课题，在解决诸如国家安全、能源资源、农业生产、医药健康、环境生态、气候变化等重大问题方面发挥重要作用，提高各学科对国家经济和社会发展的支撑能力，以此切实促进学科的快速发展。

例如，作物学领域服务于国家粮食安全的需要，在作物种质资源创新、新品种选育和栽培技术方面取得了一系列高水平的研究成果，为我国粮食实现半个世纪以来首次“八连增”、粮食总产量首次突破5.7亿吨做出了重要贡献。为应对全球气候变化和减少能源消耗，有色金属冶金工程技术领域开展了富氧底吹高效铜冶炼产业化研究与开发，通过对配料、渣型和氧浓度进行系统的研究优化及工业试验，使能耗降至同行业最低，实现了低碳炼铜，相关的技术经济指标达到了世界先进水平。人文—经济地理学领域完成了“全国主体功能区划”、“汶川、玉树、舟曲灾后重建规划——资源环境承载能力评价”等工作，在服务国家重大战略需求中发挥了科技支撑作用。这些注重以国家战略和社会需求为牵引，注重科技与经济的结合，在解决经济社会可持续发展和有关科技惠及民生等重大问题发挥了重要作用的学科，本身也取得了令人瞩目的发展。

三、强化基础研究是学科发展的战略关键

基础研究是科学之本、技术之源，是国家综合国力竞争的重要前沿。加强基础研究对于提升各学科的原始创新能力和长远发展能力具有重要意义。

近年来，我国相关学科基础研究的重要进展对学科创新起到了重要的促进作用。例如，基因组学是进行生物遗传、生理、进化及病理等研究的重要基础。我国在黄瓜、白菜、马铃薯等蔬菜作物，人参、金蝉花等珍稀中药材，鹅、朱鹮、鲤鱼、石斑鱼等动物全基因组测序研究中取得重大进展。在园艺学领域，绘制了黄瓜、白菜、马铃薯等作物的全基因组精细图谱，将全基因组编码基因定位在染色体上，并在此基础上研究解决了葫芦科植物染色体进化的难题，揭示了马铃薯自交衰退的基因组学基础，发现了薯块生长发育和抗性重要基因。作物学科先后选育出了一批具有高产稳产、高抗病性水稻新品种和小麦新品种。把前瞻部署基础研究作为学科长远发展的关键，加大对基础研究的投入，建设基础研究人才队伍，构建有利于促进基础研究的学术评价体系和学术环境，能够更有效地引领我国基础研究方向，更好地发挥基础研究对学科发展的支撑引领作用。

四、创新人才队伍建设是学科发展的智力支撑

人才资源是第一资源。把创新型人才队伍建设作为学科建设的重要内容，优化创新人才的培养体制和机制，营造良好的人才成长环境，造就高水平、高质量的创新型人才团队，能够为学科发展提供强大的支撑。

例如，空间科学领域众多突破性的科学成就都与创新人才团队密切相关。“双星与星簇计划”通过对地球空间形成“六点”探测，获得了多空间层次、多时空尺度的科学数据，取得了重大研究成果，与此相应，空间物理学研究团队因此荣获国际宇航科学院“2010年度杰出团队成就奖”，产生了较大的国际影响。人文—经济地理研究团队承担了全国主体功能区划的科学研究基础工作，为我国构筑合理的国土空间开发模式、形成协调可持续的区域发展格局提供了科学基础。该团队一些政策建议，已成功转变为国家重大计划和重大行动。一个学科或专业领域，只有根据创新人才的成长和发展规律，完善人才制度和保障措施，激发人才的创造激情和创新活力，统筹构建高素质、多层次的人才队伍，才能保证学科的长远发展。

对以上学科发展趋势进行深入分析，我们可以得出以下三点启示：

一要重视超前研究学科发展演化规律。进入21世纪，我国逐年加大科技投入，学科发展进入了快车道，不断取得重要进展，部分学科领域已出现领先的势头。但是也应该看到，和发达国家相比，我国大多数学科的发展水平还有较大的差距，尚处于“跟踪研究”状态。要尽快摆脱“跟踪”，进入“引领”，促进学科自主创新、加速发展，需要更加重视学科发展规律的超前研究，在尊重学科发展演变延续性的基础上，强调学科发展的前瞻性，通过揭示学科发展的内在规律和文化特征，确实明确学科发展的方向和趋势，瞄准前沿，提前部署，提升学科顶层设计、战略谋划的能力，切实做好学科发展统筹规划，促进形成更为科学合理的学科布局，使学科建设的目标更加明确、部署更加清晰，构建与创新型国家相适应的学科发展体系，有效促进学科的快速发展。

二要以问题为导向促进学科交叉融合。多学科交叉融合是现代科技发展的大趋势，但是，学科交叉融合并不是简单地通过将相近学科领域的科研资源进行硬性“捏合”来实现的，在解决科技发展前沿问题以及影响国家经济进步、社会可持续发展的重大问题过程中，相关学科的各类资源会以多种方式实现有机整合，在逐步交叉、渗透与集成的基础上，产生新的生长点，萌芽新学科。同时，解决

问题的过程，也是自主创新的过程。相关学科的交叉融合，能够进一步促进原始创新和集成创新，从而获得更多的科学发现和重大的技术发明，形成更具竞争力的产品和产业，由此不断提高自主创新能力。

三要对知识体系深入分析以推进学科变革。每个学科都经历了不同的形成、整合、体制化过程，形成了具有学科特色的研究内容和知识体系，有内在的演进逻辑和发展规律。近年来，随着科技进步不断加速，学科发展日益加快，交叉融合逐步加强，各门学科都在寻求新的突破点，扩展自身的研究领域和范围。学科核心知识的个性特征不断变化，知识体系的结构、内涵随之复杂化，一些学科出现了界限不清、内容重复的现象。系统、深入的分析和研究现有学科知识体系，明晰相关学科之间的关系，强化交叉性知识的研究和积累，确定学科的对象、范畴和发挥作用的领域，重新构建学科知识体系，使其内部结构更趋合理，文化特征更具特色，发展方向更加清晰，自身优势更加明显，从而推进学科理性发展和变革，强化推动新兴学科萌芽、促进优势学科发展的内在动力，进一步凝聚研究力量，在重点方向和关键领域取得新的突破。

世界已进入前所未有的知识创新密集时代，创新要素和创新资源在全球范围内加速流动，新思维、新理念、新发现、新创造推动着科学技术的迅猛发展，新兴学科、交叉学科不断涌现，新的技术群和新的产业群蓬勃兴起。科学技术从宏观和微观两个尺度上大大提高了人类认识和改造物质世界的能力，反过来促进科学技术孕育新的突破，继而不断推动社会前进。作为国家创新体系的重要组成部分，中国科协及其所属全国学会在我国创新型国家建设及和谐社会建设中，肩负着重要的使命与责任。我们将一如既往地围绕国家经济社会发展需求和战略性新型产业发展要求，瞄准世界科技前沿，立足自主创新发展，发挥科技共同体的组织和人才优势，开展学科发展研究，推动学科建设，促进我国科技整体水平的提升，不断增强我国科技的国际竞争力，让科技更好地造福人类、造福未来。

【2011年度中国科协科技期刊发展状况发布】 中国科协及所属全国学会主办的科技期刊（以下称“中国科协科技期刊”）在我国科技期刊群体中具有十分重要的地位和影响力，是我国科学技术研究成果的重要展示平台。根据《中国科协科技期刊发展报告（2012）》，截至2011年10月底，中国科协科技期刊总数达到1050种（其中包括21种纯电子版期刊），比2010年度增加47种，其中学术类741种、技术类188种、科普类62种、综合类55种、检索类4种，分别占中国科协科技期刊总数的70.57%、17.90%、5.90%、5.24%、0.38%。

2011年，在国家有关部门的大力支持下，在期刊主办单位和广大科技期刊工作者的共同努力下，中国科协科技期刊建设取得重要成绩，学术质量持续提升，出版能力不断增强，精品科技期刊建设取得显著成效，英文科技期刊国际化建设进程进一步加快，科技期刊的数字化网络化建设态势良好，学术水平与传播能力得到有效提升，期刊的国际影响力和核心竞争力进一步增强。中国科协科技期刊在学术交流和科学传播中扮演着越来越重要的角色。

一、中国科协科技期刊学术质量持续提升

2011年，中国科协科技期刊注重提升学术质量，提高出版能力，积极发挥主编对期刊质量的主导作用和编委职能，有序开展专题策划，规范审稿流程，增强网络服务能力，期刊的诸多学术和出版指标在国内处于领先地位，在国际重要数据库的影响力指标进步明显，国际化建设取得重要进展，有力地促进了国内外学术交流。

根据《2011年中国科技期刊引证报告（核心版）》，中国科协期刊表现出显著的优势和影响力。该报告收录了1998种核心期刊，其中中国科协科技期刊为689种，所占比例达34.5%；在61个学科分类中，除了5个“大学学报类”外，在其余的56个学科中，中国科协科技期刊均被收录，其中在力学、物理学、核科学技术、天文、生物学、外科学等16个学科领域表现突出，所占比例均超过了50%，尤其是前4个学科，中国科协科技期刊所占比例均在70%以上。

在学术影响力方面，中国科协科技期刊表现突出，引证报告中的高影响力期刊的学科分布显示，有30个学科领域处于前5%最核心区域的期刊全部来自中国科协科技期刊。43种中国科协科技期刊的总被引频次学科排名位居第一，在61个学科分类中占70.5%；35种中国科协科技期刊的影响因子学科排名位居第一，占57.4%；40种中国科协期刊综合评价总分在本学科排名第一，占65.6%；其中有26种三者同时排名第一，占此类期刊的72.2%。在总被引频次大于1000的期刊中，中国科协期刊为298种，占48.93%。在影响因子≥1的期刊中，中国科协科技期刊的比例为56.09%。这些数据说明中国科协期刊的整体影响力高于国内核心科技期刊的总体水平，在国内主要学科领域发挥着引领作用。

在2011年中国科学技术信息研究所发布的“2010年中国百种杰出学术期刊”中，有66种来自中国科协学术期刊。在“2010年中国百篇最具影响国内文章”中，中国科协有54种学术期刊68篇论文入选，占总量的三分之二以上。

在国际影响力方面，2011年国外重要数据库收录中国科协科技期刊682种，比上年增加158种，占收录中国科技期刊数量（2175种）的31.3%，比上年增加了7%。被SCI收录的中国科协期刊数量比上年增加了8种，达到了70种，3种期刊进入了学科排名前12%，两种进入前7%，在国际上具有较高的学术影响力。同时，中国科协期刊吸引了广泛的国际来稿，中国论文也被不同国家作者引用。在中国科协进入SCI的期刊中，有4种期刊论文来源国家超过40个，有30种期刊的论文来源国家达到了20 ~ 40个，32种期刊的引用国家数量超过20个，13种期刊的引用国家数量超过了30个，7种期刊的论文被国外作者引用的比例超过了中国作者引用的比例，显示了这些期刊在国际交流中的积极作用，也表明中国科协在推进科技期刊国际化战略方面产生了积极效果。

二、中国科协精品科技期刊建设成效显著

中国科协精品科技期刊工程是目前我国科技期刊领域支持力度最大、覆盖面最广的项目。截止到2011年底，中国科协精品科技期刊工程二期已顺利完成，在提高期刊学术质量、扩大期刊影响、加强期刊基础等方面取得显著进展。2009 ~ 2011年，精品科技期刊工程共资助数理科学和化学、生命科学、工程科学、医学等领域的97种科技期刊，累计达236项（次），其中A类示范项目19项（次）、B类示范项目120项（次）、C类示范项目90项（次）、英文版国际推广项目7项（次），三年累计资助金额达2893万元。

据最新出版的《中国科技期刊引证报告（核心版）》（2011年版）统计，中国科协精品科技期刊二期示范项目和英文版科技期刊国际推广项目中有27种期刊的总被引频次位居学科排名首位，16种期刊的影响因子位居学科排名首位，25种期刊的综合评价位居学科排名第一。

据汤森路透2011年公布的《期刊引证报告》（JCR）的数据显示，中国科协精品科技期刊A类期刊影响因子、总被引频次、即年指标都得到提升。其中《分子植物》（英文版）表现尤为突出，影响因子由上年度的2.784增长到4.296，总被引频次由346增长到944，增幅分别54.3%、173%；《植物学报》（英文版）增长迅速，即年指标由2010年的0.248增长为1.020，增幅达311%；《作物学报》所刊登论文的基金论文比达到了100%，篇均基金项目数达2.85项。

为适应科技期刊发展新形势的需要，过去一年中，精品科技期刊注重发挥主编作用，对办刊队伍结构进行了调整和优化，积极提高编辑专业能力，扩大编委队伍，提升了精品科技期刊办刊队伍的整体素质。

2011年，中国科协主办英文科技期刊达到79种，比2010年增加9种，占中国科协科技期刊总量的7.5%，涉及工业技术、航空航天、生物科学、数理科学和化学、天文学和地球科学、医药卫生、自然科学共七大领域。英文科技期刊出版频率呈加快趋势，目前有双月刊36种，占总数的45.6%，出版频率在双月或以下的期刊占英文刊总数的76.0%。稿件发表周期进一步缩短，借助自建网站的在线预发表栏目以及“中国知网”学术期刊优先数字出版平台，稿件平均发表周期缩短为203天。英文期刊积极探索多种发行渠道，通过与国际出版机构合作发行、与国内数字出版平台合作发行以及发行电子版和网络版等多种方式，拓宽发行渠道，扩大了期刊的显示度和学术影响力。

三、中国科协科技期刊数字化建设进展良好

数字出版是科技期刊发展的必然趋势。2011年，69.7%的中国科协科技期刊（732种）建设了网站，比2010年增加5.7个百分点；通过“一刊单独上网”和“数刊联合上网”这两种方式自主申请独立域名、建设网站的期刊比例达到82.8%，比2010年明显增加了7.7个百分点。

在数字化建设中，中国科协科技期刊自建网站总体质量有所提升。据2011年中国科协科技期刊自建网站上提供的信息数据：自建网站的732种期刊有599种发布了期刊目次，452种发布文章摘要，329种进一步发布文章全文；57种中国科协科技期刊实现了“在线预出版”，比2010年增加了26种，占期刊总数的7.8%；62.3%的期刊网站上具有在线投稿、在线审稿、在线查稿和远程编辑功能，所占比例分别为71.3%、64.3%、67.9%、62.3%，比2010年分别增加了7.1、6.9、7.1和8.6个百分点。另外，265种期刊的自建网站主页为中文版，有相对应的英文版；13种主页为英文版，有相对应的中文版；36种期刊建有全英文网站。

中国科协科技期刊以不同形式加入商业数据库和学科期刊网，提高了期刊的影响力。2011年在CNKI、万方和维普全文上网的中国科协科技期刊的比例分别为91.9%、86.6%和83.5%；在3个数据库同时全文上网的期刊达到总数的74.8%。同时，中国科协科技期刊有多种加入了“龙源期刊网”（52种）、“中国科技论文在线”（30种）、“首席医学网”（23种）、“中国科学院科技期刊开放获取平台”（61种）、“中国光学期刊网”（16种）、“中国地学期刊网”（67种）、“台湾华艺中文电子期刊服务平台”（238种）、“读览天下”（12种）等数据库与期刊网，有63种期刊在国外出版商网络出版平台全文上网。其中，“医药卫生”类期刊的平均上网文献数列第1位；“经济”类期刊与学术类期刊“平均总下载频次”和“平均篇均下载频次”均列第1位。

中国科协科技期刊中开放获取的期刊数量明显增加。截止2011年，中国科协科协期刊中有308种开放获取（OA）期刊，占期刊总数的29.3%，比2010年增加了67种。“一刊单独上网”占OA期刊总数的64.9%，成为实现OA的主要方式。

四、中国科协科技期刊进入新的发展机遇期

目前，随着网络信息技术的发展，全球出版业和传媒业正处于调整与整合的关键时期，科技期刊的数字化、国际化、集团化进程进一步加快。同时，我国正处在进一步深化新闻出版领域改革的进程之中，科技期刊出版单位体制机制改革也进入了关键时期。中国科协科技期刊需要探索新的发展路径，稳步、健康地推进改革，实现又好又快发展。

中国科协科技期刊将继续深入贯彻落实国家有关出版体制改革精神，针对科技社团办刊体制的复杂性和期刊种类的多样性，进一步探索促进期刊体制机制创新发展的有效措施，促进学会主办科技期刊的集群化发展，加强数字化建设以支持期刊数字出版转型，加快推进科技期刊的国际化进程。中国科协科技期刊将进一步明确发展方向，加强出版资源建设，推动出版的集群化与规模化，加强办刊队伍建设，提升科技期刊服务学科发展与学术交流的能力，确立科技社团主办科技期刊的体制改革基本原则与目标，强化科技期刊的国家战略与政策导向，同时借鉴国际科技期刊发展经验与模式，进一步加大对科技期刊的支持力度。

中国科协科技期刊将进一步增加责任感与使命感，明确发展目标与任务，稳步推进科技期刊实现转型和跨越式发展，把握好新的发展机遇，依靠得天独厚的学科优势和科技社团的组织优势，大力创新，深化改革，加快发展，努力培育一批在国内以及国际上都具有较强影响力的精品学术期刊，实现中国科协科技期刊的新进步。

【2012中国科协热点问题学术报告会】 12月18日，中国科协在北京中国科技会堂举办了主题为“科学家的社会责任”的2012中国科协热点问题学术报告会。报告会由中国科协党组成员、学会学术部部长沈爱民主持。驻京有关科研院所的专家学者、部分高校师生、全国学会和相关社团负责同志、有关新闻媒体记者共400余人参加了报告会。中国科协办公厅副主任李志刚、学会学术部副部长刘兴平，以及来自科协机关有关部门和单位的同志出席了报告会。

报告会邀请了4位相关领域的知名专家学者，就环境问题、能源问题、信息安全问题和大城市交通问题等科技界和社会公众关注的热点问题，进行了科学分析与评价，深入探讨了其成因与机理，提出了相关应对策略和方法，并就现场听众、新闻媒体和网民关心的部分问题作了解释和回答。

中国环境科学学会副理事长、中国环境科学研究院水资源所所长、国际湖泊环境科学委员会常务理事金相灿教授作了题为《湖泊绿色构建与水污染防治》的报告。他指出，湖泊的水污染与富营养化状态直接反映整个流域社会经济发展状况、环境污染程度和生态水平，建设一个与湖泊水环境保护目标相匹配，社会、经济、环境和谐发展的绿色流域，是湖泊环境保护与水污染防治的关键所在。报告还通过对湖泊治理经验的梳理和凝练，提出湖泊绿色流域建设需要构建流域社会经济布局及产业结构调整控污减排体系，流域污染源工程治理与控制体系，低污染水处理与净化体系，入湖河流污染治理与清水产流机制修复体系，湖泊水体生境改善体系，流域管理与生态文明构建体系等六大体系。

中国电机工程学会热电专委会委员、中国能源网首席信息官韩晓平作《从非常规天然气到“再工业化革命”》的报告。他在报告介绍了一种非常规天然气资源——页岩气。页岩气是从页岩层中开采出来的天然气，存在于富有机质的泥页岩夹层中，以吸附或游离状态为主要存在方式，成分以甲烷为主，是一种清洁、高效的能源资源。美国通过对页岩气的开发提供了大量低廉的清洁能源，促成美国制造业快速回流，推动“再工业化”重振美国经济。报告介绍了页岩气的地质特点、开采方式以及全球页岩气的分布，重点介绍了我国页岩气分布和储量以及有关页岩气开发方面的国家政策。根据中国石油经济技术研究院《2012年国际石油科技发展报告》，全球技术可开采页岩气资源量187万亿立方米，中国占36万亿立方米，达20%，排名世界第一。

中国密码学会理事、北京航空航天大学电子信息工程学院刘建伟教授作题为《从信息战的高度看信息安全》的报告。他在报告指出，从长远利益考虑，国家之间近期不太可能发生大规模战争，但网络的无国界性给长期压抑的人们带来了发泄愤怒的机会。报告通过对“网络导弹”－震网病毒Stuxnet、利比亚战争、伊朗截获美国无人机和“Flame”－火焰病毒等四个美军网电空间对抗经典战例的介绍，描述了最新国内外信息安全方面的现状，并提出在信息安全方面要做到：访问控制机制方面做到进不来、授权机制方面做到拿不走、加密机制方面做到看不懂、数据完整性机制方面做到改不了、审计/监控/签名机制方面做到逃不掉，才能保证信息安全。

中国城市规划学会交通规划学术委员会副秘书长、北京交通发展研究中心主任郭继孚作题为《大城市交通发展战略问题》的报告。报告围绕我国当前最热门的大城市交通拥堵问题，进行了深入的比较、调查和研究。他指出，北京近20年来的人口增长曲线与东京大都市圈45年前的人口增长曲线非常类似。报告通过对东京城市交通问题的研究，借鉴其他特大城市交通问题的解决方法，提出了改善我国大城市交通问题的措施。强调指出，一座充满魅力的城市绝不仅仅属于小汽车，人才是魅力城市的主体。纽约、首尔等城市，通过拆除城市快速路、机动车道，还道路空间于行人，方便和倡导“人”的出行，实现了交通的方便快捷，未来大城市将出现绿色交通“回归浪潮”，由“车本”向“人本”回归。

本次报告会由中国科协主办，中国电机工程学会承办，中国密码学会、中国环境科学学会和中国城市规划学会协办。中国科协网进行了图文直播。

【中国科技论坛】 作为“中国科协论坛”改版项目，中国科技论坛重点围绕国家“十二五”规划中部署的8个关键领域的重大科学问题，组织由产、学、研、政各方面具有代表性的高水平人员参与的系列学术活动，采取主题报告、现场提问的方式组织跨学科、跨部门的学术研讨，梳理学术观点形成学术建议，推动所涉及领域的产学研协同创新、合作创新和集成创新。2012年举办了6期论坛，议题包括中国数字医疗技术与产业、“HIV治愈”、中国种业发展战略、现代化城市暨国际大都市交通管理、储能材料技术与战略性新兴产业发展、智能卡芯片技术和产业发展等。

10月13日，由中国科协主办，中国植物生理与植物分子生物学学会承办，中国细胞生物学学会、中国植物学会、中国遗传学会、中国作物学会协办的第20次中国科技论坛在陕西省西安市召开。本次论坛的主题为“作物基因资源与分子育种技术创新”。由中国植物生理与植物分子生物学学会理事长、中国科学院院士许智宏，中国科学院上海生命科学研究院院长、中国科学院士陈晓亚，农业部副部长、中国农业科学院院长、中国科学院院士李家洋担任学术召集人，来自作物基因及分子育种相关领域的专家学者、企业代表等220余人参加了本次论坛。本次论坛安排了9个专题报告、一场高端座谈会，围绕加快农业生物育种创新和推广应用、开发具有重要应用价值和自主知识产权的生物新品种、构建分子育种技术体系和育种研发整体布局等开展研讨，为进一步促进国内育种技术的创新和相关科技资源的有效利用提出意见建议，并就我国分子育种技术瓶颈、面临的困难与挑战、未来发展机遇等重大问题进行了深入讨论，提出了改革设想。会场提问踊跃，交流热烈，互动充分。本次论坛上产生的新观点、新思想及对国家分子育种发展的相关建议，将形成学术备忘录提交有关部门。

10月18日，由中国科协主办，重庆市科学技术协会、重庆材料研究院承办的第21次中国科技论坛在重庆市召开。本次论坛的主题为“储能材料技术与战略性新兴产业发展”。由中国科学院大连化学物理研究所研究员张华民、华中科技大学材料学院院长黄云辉、中南大学化学电源与材料研究所所长唐有根担任本次论坛的学术召集人。来自相关领域的专家学者、企业家、政府决策部门领导等110余人参加论坛。本次论坛围绕储能材料技术研发进展及其关键科学技术问题，储能材料技术成果转化、产业发展及产学研合作机制，储能材料自主创新的政策支撑等3个专题，邀请相关领域的专家、学者、企业家、政府决策部门相关领导，以主题报告结合自由讨论的形式进行高层次专题学术交流和研讨，力求形成行业政产学研各方基本共识，引导重要储能材料自主创新技术项目、产学研合作机制的发展，并提出发展建议和对策，以促进相关支撑政策及国家战略的形成，推动该领域的自主创新与科学发展。

11月20日，由中国科协主办，中国生物医学工程协会、中国科学院深圳先进技术研究院共同承办的第22次中国科技论坛中国数字医疗与产业高峰论坛在广东省深圳市举行。本次论坛的主题为“中国数字医疗技术与产业”。本次论坛邀请了产、学、研、政各领域的专家，从科研、教学、产业化及政策保障等各个角度，针对数字医疗研发的关键科学问题、难点技术问题、产业发展问题以及政策保障问题等展开研讨，为数字医疗技术和产业发展建言献策。与会专家对近年来一批国家重点科研单位和企业在数字医疗技术和产业发展方面获得的成果进行了点评，提出了发展建议。当前国家医疗制度改革进入攻坚时期，社会公众对健康医疗的要求不断提高，而我国大型医院的高端医疗设备均被国外企业垄断，国内企业只能聚集中低端市场。要实现保障全民低成本健康医疗的目标，数字医疗新技术、新产业的发展至关重要。

12月8日，由中国科协和河南省政府联合主办的第23次中国科技论坛在河南省郑州市开幕。本次论坛的主题为“现代化城市暨国际大都市交通管理”。本届论坛针对社会、科技界、产业界和政府决策部门普遍关心的现代城市交通拥堵问题，重点探讨城市与城市可持续发展、中心城市交通体制改革、国外城市交通战略、未来城市交通发展等。论坛采取主题报告和交流探讨的方式，旨在汇聚我国交通领域的专家学者、国家交通部门领导及国外专家智力优势，广泛深入地探讨和交流现代化城市暨国际大都市交通管理，增强城市决策者和管理者科学规划、科学建设、科学管理城市交通的理念，引导城市居民合理有序参与交通，共同打造畅通城市，实现“城市让生活更美好”的目标。全国人大常委会委员、全国人大环境与资源委员会主任委员、国际欧亚科学院中国科学技术中心常务副主席汪光焘等院士、专家，分别从城市可持续发展的交通问题、可持续城市形态与城市规划及管理、都市可持续发展与都市交通、新加坡模式公共交通引导城市规划、台湾城市交通发展之成功经验与失败教训等方面作了主题报告。与会院士、学者围绕未来城市交通可持续发展战略，低碳交通、智能交通与空间技术，郑州交通问题与对策等议题展开了交流探讨。

12月16～17日，由中国科协主办，中国微生物学会、国际艾滋病协会、美国国立卫生研究院、中国疾病预防控制中心和传染病预防控制国家重点实验室共同承办的第24次中国科技论坛——HIV 治愈高层论坛在北京举行。中国科协副主席冯长根、卫生部科教司司长何维、国家自然科学基金国际合作局副局长邹立尧、美国国立卫生研究院（NIH）国际交流副院长 Jack Whitescarver、美国 NIH 过敏反应与传染病所艾滋病研究部主任 Carl W. Dieffenbach，以及国际艾滋病协会（IAS）代表 Anna Laura Ross 等出席会议。会议名誉主席、诺贝尔奖获得者、法国巴斯德研究所 Françoise Barré-Sinoussi 博士录制了视频在会议开幕式上致词。国际16位和国内10位艾滋病根治领域的权威专家，在会上就 HIV 潜伏感染、病毒储存库治疗、抗病毒治疗、免疫治疗、基因治疗及治疗性疫苗等研究领域的进展进行了广泛的交流。来自国内高校、科研院所、艾滋病诊疗机构代表100多人参加了本次会议。参会专家总结了中外艾滋病治疗的现状，分析存在的问题和应对措施，探讨艾滋病治疗新策略，探讨“HIV 治愈”研究领域的国际合作。会议将促进中国 HIV 治愈研究及国际交流合作，如每两年在中国组织国际 HIV 治愈研讨会，每年组织中国科学家参加国际学术会议，包括 NIH 和 IAS 组织的 HIV 治愈会议等。会议呼吁建立国际 HIV 治愈合作网络，促进中国、美国及欧洲科学家在 HIV 治愈领域的合作。国家自然科学基金委已与 NIH 就联合资助机制达成协议，将在会后向有关部门提交建议书，建议在2014年启动 HIV 治愈基础研究项目，将 HIV 治愈研究作为未来重点资助领域，促进 HIV 治愈研究的政府间合作。美国 NIH 也表示将促进 NIH 的3个 HIV 治愈项目与中国国家抗病毒治疗项目、中国科技部重大专项、国家自然基金项目在 HIV 治愈研究领域的资源共享，包括研究试剂、研究方案、关键技术平台及病人资源等。

【第二届湖泊论坛】 12月4日，第二届中国湖泊论坛开幕式暨主题报告会在湖南省长沙市举行。中国湖泊论坛是中国科协为深入贯彻落实党的十八大精神、《国民经济和社会发展第十二个五年规划》、《中共中央、国务院关于加快水利改革发展的决定》和全国科技创新大会精神设立的重点活动。本届中国湖泊论坛由中国科协和湖南省人民政府主办，湖南省科学技术协会（牵头）、湖南省水利厅、湖南省环境保护厅、岳阳市人民政府、湖南省气象局等单位共同承办，中国环境科学学会、中国水利学会、中国海洋湖沼学会等十几家单位协办。论坛主题为“湖泊流域生态建设与可持续发展”，着重围绕水资源利用与灾害防治、湖泊生物多样性与水产健康养殖和洞庭湖综合治理与生态经济区建设专题，开展跨学科、跨行业、综合性的交流和研讨。国家水利部副部长胡四一，中国科协党组成员、学会学术部部长沈爱民，湖南省委副书记梅克保，国家环境保护部污染防治司司长赵华林，中国科学院院士曹文宣、姚守拙，中国工程院院士张建云、黄伯云，中国环境科学研究院研究员金相灿，国际水协会原主席、美国威斯康星大学密尔沃基分校淡水学院院长戴维 · 卡门博士，以及来自全国从事环境保护和湖泊研究的专家学者约700人参加了开幕式和主论坛报告会。中国科协副主席、湖南省科协主席、中国工程院院士黄伯云主持论坛开幕式，湖南省科协副主席、中国科学院院士姚守拙主持论坛报告会。

中国科协党组成员、学会学术部部长沈爱民代表中国科协致辞。他表示，希望本届论坛站在全局和战略的高度，广泛联合社会各方力量，充分发挥综合交叉优势，共同探讨我国湖泊面临的机遇和挑战，助推湖泊流域可持续发展；与会专家学者要追求实效，切忌浮夸，主动对我国湖泊发展中的重大科学问题作出回应，促进学术思想向决策建议转变，切实增强学术成果服务经济社会发展的能力。

湖南省委副书记梅克保简要介绍了近年来湖南省经济社会发展基本情况和湖南省在洞庭湖综合治理与保护开发方面所做的工作，并表示要认真学习和吸收论坛的优秀成果。

开幕式后，国家水利部副部长胡四一，国家环境保护部污染防治司司长赵华林，南京水利科学研究院院长张建云院士，国际水协会原主席、美国威斯康星大学密尔沃基分校淡水学院院长戴维 · 卡门博士，中国环境科学研究院金相灿研究员分别在主论坛作了题为《加强湖泊管理和保护，促进湖泊生态建设》、《深入推进湖泊环境保护，促进湖泊流域可持续发展》、《河湖水系连通及其影响分析》、《变化中的大湖——教训、问题和管理》和《绿色流域建设与六大体系构建》的主题报告。

本次论坛还设置了水资源利用与灾害防治专题分论坛、湖泊生物多样性与水产健康养殖专题分论坛、洞庭湖综合治理与生态经济区建设专题分论坛等 3 个分论坛。12 月 5 日，中国科协党组成员、学会学术部部长沈爱民出席了在岳阳举行的第二届中国湖泊论坛岳阳分论坛，并在开幕辞中希望与会专家、学者能够为洞庭湖综合治理与生态经济区建设献计献策。论坛共征集论文 405 篇，经专家评审，精选辑录了 121 篇论文汇编成集，由湖南人民出版社公开出版发行。

【青年科学家论坛】 2012 年，青年科学家论坛共举办 15 场，议题集中在固体力学前沿进展、绿色生态公路发展、城市夜景照明光生态干扰、轻型材料连接新技术研究、分子植物病理学的研究热点与发展趋势、早产儿脑发育及其脑损伤的影像学评价等方面。600 余名来自不同学科、地域和行业领域的青年科学家参加交流，拓宽了青年科技工作者的学术视野。青年科学家论坛突出服务 35 岁以下青年人才。论坛以促进优秀青年科技工作者学术成长、培养未来科技领军人才为目标，受到青年科技工作者的广泛关注。

9 月 13 ~ 15 日，由中国科协主办，东北大学承办的第 247 次青年科学家论坛在辽宁省沈阳市东北大学举行。论坛主题为“深部地下矿山灾害分析与预测”。论坛执行主席由东北大学教授朱万成、太原理工大学教授梁卫国，武汉岩土力学研究所研究员周辉、中国矿业大学教授周福宝担任。来自中国矿业大学、中南大学、山东大学、中国矿业大学（北京）、大连理工大学等 16 个单位的 50 余位青年专家、学者参会。本次论坛针对深部煤岩体力学分析、煤与瓦斯突出机理及防治、煤岩渗透性及突水灾害防治、深部矿山灾害监测及预警等 4 个议题展开研讨。论坛就以下问题达成了共识，在建立矿山动力灾害的预测分析理论模型和高效的数值计算方法的同时，结合工程实际开展有针对性的现场监测，并将两者有机地结合起来，发展基于煤岩体损伤诱发灾变机理分析与现场监测相结合的分析预测方法，将有利于把机理研究与工程实践的结合，对于复杂地质条件下开采扰动诱发矿山动力灾害发生的分析与预测具有重要意义。

9 月 15 日，由中国科协主办，东北大学承办的第 247 次青年科学家论坛（续）在辽宁省沈阳市东北大学举行。论坛主题为“地球演化与全球变暖新模型”。本次论坛是在中国科协第 247 次青年科学家论坛讨论基础上延续召开的。论坛执行主席由大连理工大学教授唐春安、东北大学教授朱万成、中国矿业大学教授（北京）陈忠辉和中国矿业大学教授周福宝担任。来自东北大学、大连理工大学、中国矿业大学、中国矿业大学（北京）等 10 余家单位的近 40 位青年专家、学者参会。本次论坛围绕着“地球演化与全球变暖机理”这一主题展开，主要讨论由唐春安教授近期提出的地球演化模型。

9 月 20 ~ 21 日，由中国科协主办、中国科学院长春光学精密机械与物理研究所承办的中国科协第 248 次青年科学家论坛在长春光机所召开。论坛主题为“纳米光子学与相关光子技术发展前沿”。论坛执行主席由中国科学院长春光机所刘雷研究员、东南大学倪振华教授、浙江大学李明宇副教授、吉林大学董文飞副教授担任。中国科学院长春光机所研究员张学军、刘文武、白雨虹等参加了论坛。来自北京大学、浙江大学、上海交通大学、吉林大学、东南大学、南昌大学、西北大学、中国科学院物理所、中国科学院半导体所、中国科学院微电子所等高校和研究所的 40 余位青年专家、学者参会。论坛始终围绕“纳米光子学与相关光子技术发展前沿”这一主题展开，16 位与会青年科学家针对纳米光子学基础研究及其在生物、能源和环境中的应用，纳米光电子学的材料制备及器件设计，纳米尺度光学成像、测试及表征三个主要内容开展学术交流与研讨。

10 月 9 ~ 10 日，由中国科协主办、中国照明学会承办的中国科协第 249 次青年科学家论坛在上海市举行。论坛主题为“照明对生态环境影响的量化观测与评价”。来自照明领域的青年科学家，各高校、科研院所青年学者 50 余人参加了论坛。中国照明学会理事长徐淮教授代表承办单位致欢迎词。北京清华城市规划设计研究院光环境设计研究所研究员荣浩磊、重庆大学建筑城规学院教授严永红、复旦大学环境科学与工程系教授袁樵、复旦大学电光源研究所教授张善端分别主持了论坛。照明对生态环境、农作物生长、动物行为和人类生理健康等的影响近年来引起了社会的广泛关注，尤其是夜景照明对园林生态环境的影响，夜景照明对古建筑的影响，光污染对天文观测的影响，光污染对人类视觉和非视觉效应的影响，LED 照明的光生物安全性，光环境对农作物的影响，光照治疗和健康光环境的研究等。论坛报告充分展示了这些方面的现状与进展，给研究照明对生态环境影响的青年科学家和研究者提供了一个前沿性论坛。

10 月 11 ~ 13 日，由中国科协主办、华东交通大学院承办的中国科协第 250 次青年科学家论坛在江西省南昌市召开。论坛主题为“轻型材料连接新技术研究”。论坛执行主席由华东交通大学黄志超教授、西北工业大学詹梅教授、上海交通大学汽车车身设计与制造技术研究所李永兵副教授、南昌大学刘勇副教授担任。华东交通大学副校长史焕平教授代表承办单位致欢迎词。来自华东交通大学、西北工业大学、上海交通大学、清华大学、南昌大学、武汉理工大学、南昌航空大学的近40名青年专家、学者参会。本次论坛在焊管数控弯曲、多材料对汽车车身连接的技术探索及先进连接工艺的研发、SPR、焊接、胶接、先进高强钢磁控电阻点焊技术、异种材料自冲摩擦铆焊技术、铝型材的挤压焊合、大块非晶/铜合金复合材料的挤压成形技术研究、纤维增强树脂基复合材料径向铆接等议题方面进行了深入探讨和交流。本次论坛在提高板料连接领域学术科研水平的基础上，促进了学科的交叉与融合，并在轻型材料连接新技术研究等方面的技术问题上达成共识。

11月19～22日，由中国科协主办，中国植物病理学会、中国农业大学、华中农业大学承办的第251次青年科学家论坛在湖北省武汉市举行。论坛主题为“分子植物病理学的研究热点与发展趋势”。本次论坛执行主席由中国农业大学孙文献教授、西北农林科技大学单卫星教授、南京农业大学王源超教授、华中农业大学姜道宏教授共同担任。来自中国农业大学、南京农业大学、华中农业大学等22家单位的70余位青年科学家参会。本次论坛围绕“分子植物病理学的研究热点与发展趋势”这一主题，针对功能基因组学与比较基因组学在植物病原致病机理的解析以及致病基因的大规模分离与鉴定中的应用，主要植物病原的效应蛋白在植物中靶标的研究及其在分子设计育种中的潜在价值，PTI与ETI抗性基因调控网络研究的最新进展及其对分子抗病育种的指导意义，特异性药物靶标设计的思路与未来方向，植物病毒致病机理、转基因植物抗病毒研究的进展与发展趋势等5个方面议题进行学术讨论。与会专家一致认为，利用分子生物学的技术手段来研究植物病理学，已经成为防治作物重大病害的主要途径，分子植物病理学已经成为植物病理学研究的主体。

11月29～30日，由中国科协主办，中国科学技术期刊编辑学会承办，中国科技信息研究所、北京万方数据股份有限公司协办的第252次青年科学家论坛在中国科技信息研究所举行。论坛主题是“科技信息传播与学术不端行为”。论坛执行主席由《中国实用内科杂志》编审任延刚、《力学学报》编审杨亚政、《遥感学报》编审阎君、《农业工程学报》编审王应宽担任。80余位来自中国科学院、中华医学会杂志社等科技期刊编辑部和出版社的青年专家、学者，以及Wiley-Blackwell公司、英国牛津大学出版社、查尔斯沃思等国际知名的出版社参加论坛。新闻出版总署报刊司处长董毅敏研究员、《浙江大学学报》（英文版）编审张月红、中国科学技术信息研究所研究员潘云涛、国家自然基金委员会（NSFC）纪检监察审计局研究员方玉东等分别作了题为《完善学术期刊管理、杜绝期刊学术不端行为》、《伦理意识：不以规矩，不成方圆——简介国际学术期刊编辑对剽窃的容忍度》、《中国科技期刊的诚信之路》、《弘扬科学道德 反对学术不端》的报告。与会青年学者还对“科技期刊如何尽可能杜绝学术不端行为”展开讨论，与会者一致认为，科技期刊作为信息媒体的重要载体之一，应真正履行好科学“守门人”的职责，捍卫编辑的独立性，在科学道德和学风建设中发挥不可替代的重要作用。

11月24～25日，由中国科协主办、中国女医师协会眼科学分会承办的中国科协第253次青年科学家论坛在北京大学人民医院举行。论坛主题为“眼科基础临床研究新进展及疑难病例讨论”。论坛执行主席分别由北京大学第一医院教授杨柳、北京大学人民医院副教授陶勇、北京大学人民医院副主任医师陈宜担任。来自全国眼科领域的青年专家、学者参加了论坛。论坛分3部分进行，与会专家、学者介绍与讨论了角膜病、白内障、青光眼、眼底病等眼科基础科研新进展，疾病诊断治疗的新进展，进一步地促进了我国眼科青年科学家学术水平的提高，扩大了该领域青年学者之间的相互交流，促进了相关领域内的科研水平及技术创新。

12月7～9日，由中国科协主办，中国药科大学承办的第254次青年科学家论坛在江苏省南京市举办。论坛主题为“多学科交融的中药与天然药物前沿发展论坛”。论坛执行主席中国药科大学齐炼文教授、中国科学院昆明植物研究所肖伟烈研究员、解放军302医院鄢丹副研究员、中国医学科学院阜外心血管病医院副主任医师唐熠达、南京大学副教授戈惠明共同担任。来自中国科学院昆明植物研究所、中国科学院上海药物研究所、沈阳药科大学、北京大学、南京大学、浙江大学、第二军医大学、浙江中医药大学、解放军302医院等30家单位60余名青年专家、学者齐聚中国药科大学，共话中医药的发展。本次论坛围绕天然产物化学、中药资源与药效物质、中药作用机理与质量评价、中药临床与产业化等4个方面议题做了最新进展论述和总结。与会学者认为，在全球“回归自然”的潮流中，中药与天然药物焕发出强大的生命力，展示出广阔的发展前景。随着生命科学和生物技术等领域日新月异的发展，中医药产业正处在从仿制为主走向创新为主的历史转折期。通过此次交流，与会专家普遍认为中药与天然药物的创新研究和开发需要生命科学、信息科学、复杂科学和系统科学等前沿科学技术以及现代科学理论的支持。现代科技正在成为中医药崛起的重要支撑力量。

12 月 14 ~ 16 日，由中国科协主办，中国睡眠研究会、南昌大学第二附属医院共同承办的第 255 次青年科学家论坛在江西省南昌市举办。论坛主题为“药物联合认知行为疗法治疗失眠的规范化模式研讨”。论坛执行主席由南昌大学第二附属医院副教授、副主任医师刘昊、首都医科大学附属北京宣武医院主任医师詹淑琴、河南中医学院附属医院副主任医师尉飞共同担任。来自首都医科大学宣武医院、河南中医学院附属医院、贵阳医学院附属医院等 20 家单位 70 余名青年专家、学者齐聚南昌大学第二附属医院，共话睡眠的规范化治疗。本次论坛围绕新型抗失眠药物的研究最新进展、认知行为疗法的常见方法及效果分析、中医睡眠疾病治疗方案研究、药物联合认知行为疗法治疗失眠的规范化模式探索、睡眠脑电监测（PSG）在失眠诊断中的地位及作用、药物联合认知行为疗法治疗失眠的案例研讨等 6 个方面的最新进展进行了论述和总结。与会学者认为，目前国内尚未全面展开失眠的防治，失眠引起的损害是多方面的，涉及个体的心身健康以及医疗卫生经济负担等。通过此次交流，大家普遍认为有必要对药物联合认知行为疗法治疗失眠的模式进行合理化、规范化，建立起适合中国实际的规范化模式，指导失眠治疗，提高失眠的治疗效果，解决广大失眠患者长期困扰的难题。

12 月 15 ~ 16 日，由中国科协主办、北京大学肿瘤医院承办的第 256 次青年科学家论坛在北京举办。论坛主题为“中国遗传性胃癌的临床与转化研究”。论坛执行主席由北京大学肿瘤医院教授步召德、北京大学第一医院教授吴涛、首都医科大学北京友谊医院教授王青釭、北京大学肿瘤医院教授张小田共同担任。来自北京大学、首都医科大学、中国医学科学院肿瘤医院、北京协和医院、第二军医大学、中国医科大学、河北医科大学、天津肿瘤医院、华中科技大学附属同济医院、卫生部北京医院、卫生部中日友好医院、浙江省肿瘤医院、解放军总医院等 28 家单位的 50 余名青年专家学者与会。本次论坛围绕遗传性胃癌的风险监控、家系调查与遗传性胃癌的转化研究、病理诊断、共聚焦内镜在早期胃癌诊断中的应用、家族性胃癌手术、遗传性胃癌与胃癌的个体化治疗等 6 个方面的议题进行了讨论和交流。论坛针对目前遗传性胃癌最新研究成果、诊治现状和存在问题等，对遗传性胃癌的发病分子机制及其他可探索的领域进行深入研讨。与会学者一致认为，胃癌是我国高发肿瘤，目前对于遗传性胃癌这一特定胃癌类型的关注和认知程度均有待提高，迫切需要利用我国的病例资源优势，设计和开展国内多中心协作研究，抢占该领域研究制高点。

12 月 14 ~ 15 日，由中国科协主办、北京科技大学承办的中国科协第 257 次青年科学家论坛在北京举办。论坛主题为“纳米材料的应用及环境问题”。本次论坛执行主席由北京科技大学副教授吴俊升、哈尔滨工程大学教授孟国哲、北京科技大学教授董超芳、中国科学院过程工程研究所周娥副研究员共同担任。来自北京航空航天大学、大连理工大学、哈尔滨工程大学、天津大学、浙江师范大学、中国科学院过程工程研究所等单位的近 70 名青年学者参加了本次论坛。会议期间，青年学者围绕纳米材料的应用及展望、纳米材料的环境适应性问题、纳米材料的生物安全性问题等 3 个议题进行介绍与探讨。论坛通过多学科、多领域青年学者间的学术交流和研讨，对纳米材料在能源、环境、生物等领域的研究现状和应用前景进行了梳理，探讨了纳米材料研究领域核心技术及发展瓶颈；对纳米材料的环境稳定性和适应性问题进行总结分析，对开展纳米材料环境稳定性和长期服役行为的研究提出了相关建议；对纳米材料的环境和生态安全性问题进行了探讨，认为纳米材料的环境毒性和毒理方面的研究迫在眉睫，必须引起相关从业人员、研究机构及决策部门的高度重视。

12 月 25 ~ 27 日，由中国科协主办、南京理工大学和中国兵工学会共同承办的中国科协第 258 次青年科学家论坛在江苏省南京市召开。论坛主题为“面向新一代弹药的发射、飞行控制与高效毁伤技术”。论坛执行主席分别由南京理工大学教授张小兵、北方材料科学与工程研究院宁波所研究员赵红梅、海军装备研究院研究员崔东华、南京理工大学副研究员王国平担任。来自南京理工大学、中国兵工学会、兵科院、海军装备研究院、空军装备研究院等 50 家单位的近 200 名青年科技工作者参加本次论坛。论坛涵盖了兵器发射理论与技术、火炮自动武器与弹药工程、武器系统与运用工程、特种能源与火工烟火技术以及材料、测试等技术基础支撑领域等兵器科学与技术的多个领域。本次论坛主要探讨了新一代弹药的发射技术、飞行控制技术、面向新一代弹药的高效与智能毁伤技术、全弹道过程仿真技术以及相关材料、测试等支撑技术等，通过此次论坛向政府有关部门提出相关建议。

12 月 15 ~ 16 日，由中国科协主办、中国公路学会承办、交通运输部规划研究院协办的中国科协第 259 次青年科学家论坛在北京召开。论坛主题是“绿色公路发展”。论坛执行主席由交通运输部规划研究院教授级高工李兴华、云南省交通运输厅教授级高工郭大进、中交公路规划设计院有限公司教授级高工裴岷山、交通运输部公路科学研究院研究员王旭东共同担任。来自公路交通行业相关大专院校、科研院所及建设、营运和养护等单位50余名代表参加了讨论。本次绿色公路发展论坛设置有战略与政策、目标与体系、技术与案例等三个专题，包含行业规划对公路绿色发展的要求，绿色公路的框架体系、发展政策、评价标准等九项议题。与会公路行业青年学者对绿色公路发展的内在要求、外部环境和实现路径等进行了热烈而深入的探讨，提出了很多真知灼见。经过两天紧张讨论、切磋互动，对绿色公路的发展理念、指标体系、评价标准及相关技术探索实践有了更深入的了解，青年专家表示一定要将论坛上讨论形成的新思路、新观点、新技术等贯穿和应用到实践中去，为建设便捷、高效、绿色、安全的综合交通运输体系做出自己的贡献。

12月21～22日，由中国科协主办、中国力学学会和清华大学承办的第260次青年科学家论坛在北京举办。论坛主题为“固体力学前沿学科进展”。论坛执行主席分别由清华大学冯西桥教授、浙江大学陈伟球教授、大连理工大学郭旭教授、西南交通大学康国政教授担任。论坛邀请了来自清华大学、北京大学、中国科学院力学研究所、美国布朗大学等20家单位的近80名青年专家、学者齐聚清华大学，共同探讨固体力学相关问题。本次论坛围绕固体破坏的宏微观本质、材料疲劳破坏的统一理论、多功能材料结构的一体化设计、软物质本构关系建立的一般框架、生命物质的力学行为及其优化、数值模拟验证与确认的基本理论框架等6个议题做了最新进展论述和总结。与会专家、学者认为，尽管固体力学研究目前已经取得了很大的进展，但仍有一些基本理论问题没有得到很好的解决。近年来，新型智能材料、生物材料、仿生结构等的不断涌现给力学工作者提出了新的更具挑战性的科学问题，涉及多场耦合、强非线性、高度不确定性、可控性等重要特征。目前计算已与理论和实验研究一起成为了认识世界、改造世界的三大重要工具之一，但对于具有多场耦合、强非线性、大时间尺度特性的复杂力学现象的科学计算，还没有一套完整的理论对计算模型的有效性进行确认以及对计算结果进行验证，需进一步深入探讨研究。

12月30～31日，由中国科协主办、中华医学会和西安交通大学医学院第一附属医院共同承办的中国科协第261次青年科学家论坛在陕西省西安市召开。论坛主题为“早产儿脑发育及其损伤的影像学评价”。论坛执行主席分别由西安交通大学第一附属医院研究员杨健、四川大学华西医院副教授吕粟、中国科学院自动化研究所副研究员秦承虎、哈尔滨医科大学附属第四医院教授卜丽红担任。来自西安交通大学第一附属医院、四川大学华西医院、中国医科大学附属盛京医院等30家单位的110名青年专家、学者参与本次学术交流活动。论坛对各种影像学检查方法对于评价新生儿脑发育与脑损伤的现状、存在的核心问题，国内外评价早产儿脑发育及其损伤的影像学新技术及其应用前景，各种新生儿脑发育及脑损伤的影像学检查方法的临床价值、以及如何开展行之有效的早产儿纵向研究方案，如何成立协作网，通过多中心研究，建立系统规范的胎儿、新生儿及婴幼儿的脑发育及其脑损伤的影像学数据库进行了研讨。此次论坛为加强青年学者的彼此了解与科研合作搭建了平台，力争实现多中心合作、优势互补，为早产儿脑发育及其脑损伤在影像学评价中存在的核心科学问题的解决提供了草案与思路，并向有关部门提出相关领域方面的学科建议。

【新观点新学说学术沙龙】 新观点新学说学术沙龙聚焦前沿科技问题。2012年共举办12期，议题集中在植物DNA条形码、量子信息技术等科技前沿问题，为萌芽时期尚未获得主流认可的学术观点、理论以及灵感提供交流平台。学术沙龙以会议议题的非共识性、会议组织的自主性、会议氛围的争鸣性等鲜明特点，得到科技工作者的广泛认可，全国学会和地方科协组织了一批类似活动，沙龙的辐射面逐渐扩大。

8月1～2日，由中国科协主办，云南省科协、中国科学院昆明植物研究所、云南省植物学会承办的中国科协第62期新观点新学说学术沙龙在云南省昆明市举行。本期沙龙主题为“植物DNA条形码前沿探讨”，由国际生命条形码委员会中国代表、中国植物条形码委员会副主任、中国科学院昆明植物研究所所长李德铢研究员，中国植物条形码委员会副主任、中国科学院植物研究所系统与进化植物学国家重点实验室主任汪小全研究员，中国医学科学院药物研究院药用植物研究所所长、世界卫生组织传统医学合作中心主任陈世林研究员担任领衔专家。来自中国科学院植物研究所、中国科学院昆明植物研究所、中国科学院华南植物园、中国科学院西双版纳热带植物园、中国医学科学院药用植物研究所、四川大学、兰州大学、西北大学等单位的30余位植物学及相关领域专家参加本期沙龙。沙龙围绕植物DNA条形码研究的现状与发展趋势、植物DNA条形码面临的问题和发展瓶颈、植物DNA条形码的应用前景和领域等几大中心议题展开讨论和交流。我国植物DNA条形码领域的8位专家作了题为《植物DNA条形码筛选现状与核DNA条形码筛选》、《群落系统发育与Meta-barcoding应用》、《DNA条形码技术在中药鉴定领域的应用研究》、《条形码数据在植物系统发育中的应用前景》、《从DNA条形码到新一代植物志iFlora》的主题发言。与会专家普遍认为，植物DNA条形码技术作为传统植物分类学的补充和发展，在物种分类和鉴定方面显示出了强大的生命力，在生物多样性调查与监测、分子系统发育与进化、生态学、食品安全、生物检验检疫、法医学、流行病学等领域具有广阔的应用前景，必将促进我国生物多样性研究、生物资源保护与利用领域向更深层次和更高水平迈进，推动我国植物科学研究的创新与发展。

9月20～21日，由中国科协主办，中国电子学会承办的中国科协第63期新观点新学说学术沙龙在北京举行。本期沙龙的主题为“量子信息技术前沿研究”，由软件开发环境国家重点实验室主任、中国科学院院士李未担任领衔科学家。来自中国科学院物理所、中国科学院数学与系统科学研究院、清华大学、北京大学、中国科学技术大学、南京大学、北京航空航天大学、浙江大学等单位的20余位量子信息技术相关领域专家参加本期沙龙。沙龙围绕量子信息技术中的关键科学与技术问题、量子物理与信息科学与技术交叉学科研究热点、量子信息技术应用领域及实用化过程中的若干问题等几大中心议题展开讨论和交流。北京大学信息学院教授郭弘等10位专家分别围绕沙龙主题作了主题报告，从不同专业角度分析了量子物理与量子计算如何更好地服务和应用于信息技术。与会专家普遍认为，量子信息技术作为量子理论和信息科学交叉结合的产物，为物理、信息等学科的发展开创了新的原理和方法，在信息技术领域具有广阔的应用前景。通过中国电子学会搭建平台，依靠与会专家的学术优势，对促进新观点、新思维、新方法的交流、碰撞、融合，推动我国量子信息技术的创新发展，进一步提升我国在该领域的国际地位，具有十分重要的意义。

10月12～16日，由中国科协主办，中华医学会承办的中国科协第64期新观点新学说学术沙龙在云南省西双版纳州举行。本期沙龙主题为“传染病病原快速鉴定与溯源新技术的探索与挑战”，由军事医学科学院微生物流行病研究室主任杨瑞馥研究员、中国疾病预防控制中心病毒病预防控制所副所长舒跃龙研究员、中国疾病预防控制中心传染病预防控制所副所长阚飙研究员担任领衔科学家。来自中国疾病预防控制中心、军事医学科学院、各省（市）级疾病预防控制中心、北京大学、厦门大学等单位的30余位传染病防控领域专家参加本期沙龙。沙龙围绕近年新发传染病疫情概况、传染病流行特征、传染病病原快速鉴定技术、传染病病原溯源技术、当前传染病鉴定检测面对的挑战等几大中心议题展开讨论和交流。军事医学科学院的杨瑞馥研究员等20余位专家围绕沙龙主题作了主题报告，从不同方面分析了当前传染病防控工作中所面对的问题以及需求的新技术。与会专家一致认为，当前传染病防控形势十分严峻，要时刻注意突发疫情的出现；针对传染病病原的鉴定和溯源方法，需制定统一的可行的标准；要保持多个部门、单位的合作，共享资源，共同发展。中国科协搭建的平台，及与会专家的学术造诣，对促进新观点、新思维、新方法的交流、碰撞、融合，推动我国传染病病原检测溯源技术的创新发展，进一步提升我国在该领域的国际地位，具有十分重要的意义。

10月25～26日，由中国科协主办、由中国造纸学会承办的中国科协第65期新观点新学说学术沙龙在北京举行。本期沙龙的主题为“生物质精炼技术与传统制浆造纸工业”，由中国造纸学会秘书长曹振雷、中国制浆造纸研究院院长曹春昱、北京林业大学材料科学与技术学院院长、华南理工大学制浆造纸国家重点实验室主任孙润仓担任领衔专家。来自国内造纸、林业、能源等领域28位专家、学者就生物质精炼技术与传统制浆造纸工业的关系展开研讨和交流。沙龙围绕现有制浆造纸企业开发生物精炼产业，适合中国国情的中长期制浆造纸工业技术发展方向，木材及非木材生物质高附加值利用设想，制浆前半纤维素提取、利用的技术经济可行性及纤维素在造纸以外的应用，木素产品链及木素利用的产业化展望，生物质乙醇及生物质燃料（汽油）研发的进展及前景，黑液气化与传统碱回收等开展研讨交流。

11月5～6日，由中国科协主办，中国电工技术学会承办的中国科协第66期新观点新学说学术沙龙在中国科学院电工研究所举行。本期沙龙以“大气压放电等离子体关键技术与应用前景”为主题，由中国科学院电工研究所研究员严萍、清华大学教授王新新和华中科技大学教授卢新培担任领衔科学家。来自中国科学院物理研究所、清华大学、西安交通大学、北京理工大学、华中科技大学、山东大学、大连理工大学、大连海事大学、华南理工大学、国防科技大学、空军工程大学、装备指挥学院、南京工业大学等十几所高等院校、科研院所及企业的50余位专家参加本期沙龙。与会专家围绕大气压放电等离子体产生、控制技术及应用方面的问题，充分交流各自的科研成果，并就当前该领域的一些热点问题，包括等离子体流动控制技术、等离子体推进技术、等离子体射流研究、均匀介质阻挡放电研究、气体放电数值模拟、射频放电等离子体以及低温等离子体技术在工业领域的应用等方面展开交流。与会专家认为，本期学术交流对于推动解决大气压气体放电等离子体研究和应用中的关键技术具有重大意义。

12月25～26日，由中国科协主办、中国化学会和提高石油采收率国家重点实验室承办的第67期新观点新学说学术沙龙举办。本期沙龙主题为“纳米技术——智能采油的新出路?”，由中国化学会理事长、国家自然科学基金委员会副主任、中国科学院院士姚建年，中国石油科技部总经理、中国工程院院士袁士义，中国石油勘探开发研究院副院长宋新民教授共同担任领衔科学家。来自纳米化学与采油等相关领域的40多名专家学者，围绕纳米驱油机理和未来发展趋势进行交流，从多角度研讨了纳米技术应用于智能采油领域的可行性。要保持国家石油能源安全、保持原油稳产和增产，需要科学家不断寻求提高采收率的新途径。近年来，国内外越来越多的研究人员开始将纳米材料应用到石油工业中。纳米技术应用于智能采油，是指以纳米级别颗粒材料为载体，将在单分子链上无法承载的多种功能基团在纳米级颗粒状上实现集成，同时发挥作用，使驱油剂可以达到油藏的任意角落，能够在油藏中智能寻找和捕集原油，并智能提高洗油效率，把捕集到原油尽可能驱替出来，实现智能化学驱油。与会专家围绕这一想法，从不同的角度不断提出新思想、新观点。与会专家认为，本期沙龙将对于智能采油的突破和发展产生重要影响，为纳米技术应用在驱油领域起到重要的推动作用，并真诚希望以后该领域的产学研专家学者加强深化合作和广泛交流，为国家石油战略做出新贡献。

12月2～3日，由中国科协主办、中国药学会和《中国天然药物》编委会承办的第68期新观点新学说学术沙龙在天津市举行。本期沙龙的主题为“中药规范化与国际化的关键问题——对现有中药质量评价体系的思考”，由中国药科大学中药学院教授余伯阳、中国科学院上海药物所研究员果德安、国家药典委员会常务副秘书长周福成、天津天士力集团有限公司董事长闫希军共同担任领衔科学家。来自政产学研等相关领域的30多名专家学者，分别结合各自专业领域工作从多角度展开研讨、辩论和交流。本期沙龙主要围绕三方面内容进行探讨，一是中药国际化关键瓶颈与实现路径。由政府部门、知识产权专家、新药注册及新药审评专家、中药国际化联盟企业共同研讨。二是中药现代化规范化关键问题。种质资源、药材种植和养殖、饮片加工和制剂工艺及成药的质量控制体系构建；相关新技术新方法在中药质控过程中的适用性及检测标准完善等。三是中药及国际药品质量标准。适用于中药特点的安全性、有效性质量评价模式构建，对中药毒性物质的监控，“谱”“效”研究及新思路、新方法，毒效物质界定与研究；各国药典如何与中药药品质量标准接轨等。与会专家认为，本期沙龙将对于推动中药国际化和规范化研究及应用领域存在的关键问题将产生重要影响，并真诚希望以后我国政产学研用等领域专家学者加强深化合作和广泛交流，为繁荣和发展我国中药事业、保障公众健康做出新贡献。

11月18～19日，由中国科协主办，中国稀土学会承办的中国科协第69期新观点新学说学术沙龙在北京大学举行。本期沙龙的主题为“稀土资源绿色高效高值化利用”，由北京大学教授、中国科学院院士严纯华担任领衔科学家，中国科学院院士黄春晖应邀参加沙龙会议。来自北京大学、复旦大学、华东理工大学、东北大学、南昌大学、中国科学院长春应化所、中国科学院过程工程研究所、包头稀土研究院、北京有色金属研究总院、钢铁研究总院、五矿（北京）稀土研究院、中科三环等十几所高等院校、科研院所和企业的33位专家参加本期沙龙，专家研究领域涵盖了矿产资源工程、稀土冶金、萃取分离以及稀土永磁、发光、储氢、催化、生物等稀土诸多领域。与会专家围绕我国稀土资源的高效和绿色采选、稀土分离过程的绿色高效和高值化、特殊物性和组成稀土基础材料研发、稀土永磁等功能材料研发现状与发展等内容进行交流与讨论。专家认为，“包头白云鄂博矿有重稀土”、“弱磁铁矿磁化与稀土矿物分解一步法选冶”、“稀土联动萃取分离技术”、“稀土－有机配合物可优先应用于白光OLED照明”、“稀土纳米粒子的毒性对给药途径的依赖性”等具有很强的启发性。此外，专家还提出了一些在稀土研究领域存在的共性问题，如基础研究与应用之间的衔接、如何对待基础研究与前沿研究等。会议认为，在本期学术沙龙中，稀土领域中的新思想、新观点相互碰撞，迸发出新的灵感，与会专家、学者踊跃探讨、交流，学术思想活跃，这将对于推动解决稀土研究及应用领域存在的关键问题产生重要影响，具有重要意义。

11月22～23日，由中国科协主办，中国水产学会和中国水产学会渔业资源与渔业环境专业委员会承办的中国科协第70期新观点新学说学术沙龙在云南省举行。本期沙龙的主题为“海洋牧场的现在和未来”，由上海海洋大学教授黄硕琳、大连海洋大学教授陈勇、中国水产科学研究院黄海水产研究所研究员金显仕和中国水产科学研究院南海水产研究所研究员陈丕茂共同担任领衔科学家。20余位来自海洋渔业领域的专家参加了本期沙龙。近年来，虽然我国水产业取得了举世瞩目的成就，连续20年水产品总产量和水产养殖产量均居世界首位，但也面临着近海渔业资源衰退、环境恶化、生物栖息地退化等资源、生态、环境问题的严峻挑战，建设海洋牧场成为未来渔业发展的重要方向。我国海洋牧场的建设正处于起步阶段，对于海洋牧场如何发展存在着诸多不同的认识、观点和争议。本期围绕海洋牧场的内涵、顶层设计、规划、管理和科技支撑等重点、难点和热点问题进行了宽松、自由、平等的讨论，对海洋牧场系统建设中的诸多问题展开了激烈的质疑辩论，现场气氛十分热烈。与会专家认为，在理论上全面梳理、规划上统筹布局、建设上高效安全是将来海洋牧场开展的重点工作，从而推动实现人海和谐、人鱼和谐、美丽海洋、美丽中国的目标。

12月3～4日，由中国科协主办，海南省科协和海南南海经济技术研究院承办的中国科协第71期新观点新学说学术沙龙在海南省海口市举行。本期沙龙主题为“三沙设施渔业模式”，由中国工程院院士、中国水产科学研究院黄海水产研究所研究员雷霁霖担任领衔科学家，中国水产科学研究院南海水产研究所室主任、研究员郭根喜，海南大学海洋学院名誉院长、教授张本应邀出席了沙龙。60余位专家、学者围绕三沙网箱养殖设施渔业新模式、三沙礁盘增养殖设施渔业新模式、三沙设施渔业技术体系和管理体制新模式等议题，展开讨论。党的十八大报告提出了“提高海洋资源开发能力，发展海洋经济，保护海洋生态环境，坚决维护国家海洋权益，建设海洋强国”的战略任务。三沙建设提出了渔业先行和保护先行的方针。三沙管辖约200万平方千米海域，可持续产鱼潜力约为270万吨，余存捕鱼潜力有限。因此，发展礁盘设施渔业，提高开发能力，对推进三沙渔业经济发展和维护国家海洋权益，都至关重要。如何科学、合理地开发渔业资源，实现海洋强国梦想，维护南海主权，成为本期学术沙龙探讨的重点。雷霁霖提出，发展三沙渔业，要以建设现代渔业为核心，千万不要简单地复制陆沿近海养殖模式，要根据南海海域的实际情况，在科学调查渔业资源的基础上，以工业化养殖理念为指导，高起点、高标准、高水平规划三沙渔业发展，在南海构建管理型的放牧式人工或半人工渔场，开创海陆接力、基地化、岛链化、多元化的南海养殖新模式。海南南海经济技术研究院胡卫东提出设立国家级的三沙设施渔业产业园，采取中央政府和海南省政府共建方式，对三沙设施渔业进行统筹规划，统一管理，实行大企业进入，高科技之撑的发展模式。

12月6～7日，由中国科协主办，江苏省科协与南京理工大学承办的中国科协第72期新观点新学说学术沙龙在南京理工大学举行。沙龙主题为“云计算与江苏新型产业链的机遇与思考”，由东北大学王国仁教授、中国科技大学顾乃杰教授和解放军理工大学刘鹏教授担任领衔科学家。来自北京、上海、辽宁、安徽及江苏等20余所高校和科研机构有关云计算领域的30余位专家参加了本期沙龙。“云计算”与政府、企业界和学术界紧密关联，涉及云安全、云开发、云应用、云成本及管理、云架构，云存储等许多方面，存在许多亟待攻克的关键技术，存在着诸多不同的认识、观点和争议。如何加快我国“云计算”产业的发展，减少概念炒作，防止走简单、重复、浪费的老路，在综合考虑我国消费者的服务共性和特性的基础上按资源整合、相互融合的思路发展云计算产业，都是目前亟待解决的问题。与会专家围绕云安全、云智能、云架构等关键学术问题，以及有效整合IT资源、降低重复建设、创造云计算新产业协同发展战略和江苏云计算上中下产业链的布局与优化等议题，在宽松、自由、平等的交流平台上进行深度探讨。专家认为，在理论与技术层面梳理云计算关键技术、制定云计算行业标准、建立高效云安全运行体系与相关法规、推行绿色计算和产业链统筹规划布局等，是将来云计算发展的重点。

12月8～9日，由中国科协主办、中国环境诱变剂学会承办的中国科协第73期新观点新学说学术沙龙在福建省厦门市召开。本期沙龙的主题为“肿瘤放疗与副作用的差异同心圆效应”，由第四军医大学海春旭教授、美国UC戴维斯分校李健健教授、美国新墨西哥大学刘克建教授担任领衔科学家。中国中医研究院西苑医院李连达院士，以及来自北京、上海、福建、陕西、宁夏、内蒙古、成都、重庆等十几所高等院校、科研院所的23位专家参加了此次学术沙龙。作为全世界最难攻克的疑难病症之一，肿瘤一直是各国医学专家争相研究的主要方向。而作为治疗肿瘤方法之一的放疗，由于存在明显的疗效以及副作用，使之成为医学界日渐关注的问题。与会专家就肿瘤放疗中副作用的产生原因和治疗方法提出了各自的新思想、新观点，会间大家踊跃探讨，交流，现场学术气氛异常活跃。与会专家表示，本期沙龙将对于推动解决肿瘤放疗领域存在的副作用等关键问题产生重要影响，并真诚希望今后仍需进一步加大此项课题的研究，加强各个领域专家间的深度合作和广泛交流，为繁荣和发展我国肿瘤病人的治疗方法、提高肿瘤病人的生存质量做出新贡献。

【海峡两岸青年科学家学术活动月】 2012年，海峡两岸青年科学家学术活动月共设立5个研讨主题，700余位大陆学者和台湾学者进行了深入研讨交流，共享多元化的最新学术信息，推进两岸学术建设，为学科和行业科技发展提供建设性意见，推动大陆与台湾的青年科学家建立合作关系，增进友好情谊。

8月22～25日，由中国科协主办，中国茶叶学会、台湾茶协会、江西茶业联合会承办的海峡两岸青年科学家学术活动月——第七届海峡两岸茶业学术研讨会在江西省南昌市举行。来自大陆的240多位专家、学者，以及台湾的38位专家、学者参加了研讨会。中国工程院院士，中国茶叶学会陈宗懋名誉理事长，江西省人民政府姚木根副省长，中国茶叶学会杨亚军理事长，台湾茶协会张连发理事长，台湾茶学会创会理事长区少梅教授等领导、专家出席了开幕式，开幕式由中国茶叶学会秘书长江用文研究员主持。本次研讨会共收到论文172篇，录用150篇，其中台湾代表27篇，大陆代表123篇。研讨会邀请了中国工程院院士、中国茶叶学会名誉理事长陈宗懋，台湾茶业改良场场长陈右人，安徽农业大学校长、中国茶叶学会副理事长宛晓春，台北医学大学教授何元顺分别作题为《饮茶与健康研究的三十年》、《台湾茶产业发展概况》、《茶叶化学成分研究及其应用的回顾与展望》、《茶成分缓解香烟所引起的疾病之探讨》的大会主题报告。两岸专家、学者围绕茶树资源与育种、茶叶生化与功能成分、茶树栽培与植保、茶叶加工与深加工、茶业经济、茶文化与历史等6个专题进行研讨，共有55位来自两岸的专家、学者在会上发言，交流内容涉及医学、微生物、食品、机械等领域，凸显了多个交叉学科研究成就在茶学中的应用。此外，还有10篇论文采用学术墙报方式进行交流，进一步扩大学术交流范围，丰富了学术交流形式。

9月23～25日，由中国科协主办，中国细胞生物学学会承办2012中国科协海峡两岸青年科学家学术活动月——细胞生物学学术研讨会在云南省丽江市召开。会议由中国细胞生物学学会理事长、同济大学校长裴钢院士和台湾细胞及分子生物学学会理事长、台湾卫生研究院副院长王陆海研究员共同主持。来自大陆和台湾的专家、学者及会议代表逾100余人，其中来自台湾的专家、学者38人。研讨会共邀请41位知名专家、学者和研究人员作特邀报告，围绕干细胞、细胞分化与发育生物学，医学细胞生物学，免疫细胞生物学，细胞信号转导和植物细胞生物学等5个主题进行学术交流。研讨会共收到论文摘要54篇、墙报12篇，其中来自台湾的论文摘要25篇、墙报5篇。本届研讨会首次向非报告人开放，增设列席代表约50位，让更多的科技工作者参与到两岸的学术交流中来。

10月21～24日，2012中国科协海峡两岸青年科学家学术活动月——材料腐蚀与防护学术交流会在台湾高雄举办。此次会议主题“携手共两创岸材料防蚀技术的新世界”。会议由中国钢铁公司刘宏义博士主持，台湾国立中兴大学教授、台湾方面会议主席吴威德致开幕词。中国腐蚀防护学会秘书长、大陆方会议主席李晓刚教授发表了致词。近300名海峡两岸腐蚀与防护同仁齐聚一堂，探讨腐蚀与防护的前沿进展。海峡两岸学者共计发表论文142篇。会议邀请成功大学材料科学及工程学系教授林光隆、武汉大学资源与环境科学院教授林安、台湾工业技术研究院材料与化工研究院罗俊雄博士和中国科学院金属研究所教授王福会分别作了题为The Corrosion Concerns in Electronic Packaging、《水性防腐蚀涂料与涂层应用研究及进展》、《台湾地区金属材料大气腐蚀介绍》和《几种新型高温防护涂层之进展》的特邀报告。大会分别设置腐蚀原理与防蚀新技术、表面钝态与局部腐蚀、应力腐蚀、腐蚀疲劳与氢脆、大气、海洋及土壤腐蚀高温氧化及腐蚀、营建材料的腐蚀与防护、石化及电力设备腐蚀与防护、电子材料腐蚀与防护、生医材料腐蚀与防护、防蚀涂层与表面改质、腐蚀检测与监测技术、腐蚀模拟分析与资料库等专题论文研讨会。通过各项专题研讨会，交流了材料腐蚀与防护基础研究、技术应用及产业发展最新成果，促进了海峡两岸学者在腐蚀与防护领域合作更加深入。

10月24～25日，由中国科协主办、中国公路学会承办的2012中国科协海峡两岸青年科学家学术活动月——首届两岸四地公路交通发展论坛在江苏省苏州市举行。本届论坛由中国公路学会、台湾中华道路协会、香港公路学会、澳门工程师学会联合承办。论坛的主题为“共融·共享·共赢——低碳、安全、环保的公路交通发展模式”。交通运输部副部长冯正霖，中国科协党组成员、学会学术部部长沈爱民，江苏省副省长史和平，中国公路学会理事长胡希捷台港澳主办单位负责人等出席会议并讲话。来自大陆、台湾、香港、澳门公路界的150多名专家学者和科技工作者参加。台港澳公路界分别组团参加了这次学术交流活动。本届论坛已收录中国内地和台港澳学术论文41篇，提交大会交流的学术报告有14场，其中台港澳学术报告8场，这些论文和报告均具有较高的学术价值和学科代表性，代表了中国内地和台港澳目前在公路交通低碳、环保、安全领域的发展水平。

11月9～11日，由中国科协主办，中国力学学会、上海大学上海市应用数学和力学研究所承办，上海市力学学会、同济大学、复旦大学等单位协办的2012中国科协海峡两岸青年科学家学术活动月——2012海峡两岸工程力学研讨会上海市召开。中国力学学会副理事长周哲玮、秘书长冯西桥，以及来自大陆、台湾和香港的专家学者近80人参加了此次研讨会。研讨会邀请了上海大学教授周哲玮、张田忠、清华大学教授刘应华、同济大学教授万永平、台湾大学教授张家欧、周逸儒、台湾成功大学教授黄忠信、王云哲等8位专家作大会报告，分别就电磁材料、压力容器缺陷检测、纳米力学新现象以及海岸流动的复杂计算等诸多方面的工程力学问题进行了报告和交流。大会报告之后，专家们还围绕固体力学、流体力学、电磁材料、疲劳断裂等四个主题分别进行了学术交流。为了进一步推动两岸的交流与合作，组委会决定将“海峡两岸工程力学研讨会”延续下去，由大陆和台湾交替举办，为两岸的工程力学发展提供桥梁和纽带。

【国家自然科学基金委创新研究群体推荐工作】 根据国家自然科学基金委员会计划局《关于通报2012年度国家自然科学基金创新研究群体项目评审结果的函》（国科金计函［2012］123号），国家自然科学基金委员会2012年度创新研究群体评审工作已顺利完成，中国科协所推荐的22个候选创新研究群体中，有9个研究群体获得资助，占本年度全部受资助研究群体的30%。

创新研究群体科学基金由国家自然科学基金委员会于2001年设立，主要用于资助国内以优秀中青年科学家为学术带头人和骨干的研究群体，围绕某一重要研究方向在国内进行基础研究和应用基础研究。候选创新研究群体由中国科协、教育部、中国科学院以及自然科学基金委各学部负责推荐。

作为候选创新研究群体推荐单位之一，中国科协历来重视候选创新研究群体推荐工作，并且取得了较好的成绩。2001年以来，在中国科协推荐的候选创新研究群体中已有49个创新研究群体获得资助。中国科协所推荐的候选创新研究群体由中国科协所属全国学会、省级科协、解放军总政治部干部部推荐产生。

【中国科协三峡科技出版资助计划】 为落实中国科协、中国三峡集团战略合作协议，中国科协正式启动了“中国科协三峡科技出版资助计划”。这是中国科协“八大”以来，与产业部门签订的第一份战略合作协议。“中国科协三峡科技出版资助计划”是战略框架下第一个签署并启动的资助计划。出版资助计划在未来的5年时间里，由中国三峡集团斥资2100万元人民币，用于资助自然科学和技术科学领域的科技工作者出版高水平科技著作。所资助的科技著作，由中国科学技术出版社出版。截至2012年12月，出版资助计划办公室共收到有效作品96部。经过评审，共有36部原创学术著作入选，由中国科学技术出版社陆续出版发行。

出版资助计划面向全国科技工作者，优先资助45岁以下的青年科技工作者、中国青年科技奖获得者和全国百篇优秀博士论文获得者；优先资助科技工作者出版首部科技著作。主要支持4类著作，即在研究成果在理论上有重大发现，或在方法上有重要突破，或在实验上有重要创新的基础研究科技著作；研究成果具有独到见解或构成新颖体系，在生产技术领域应用有重大前景的应用基础研究科技著作；从事技术开发、改造和产品研发的成果已得到实际应用，并取得重大经济效益的技术开发改造和产品研发科技著作；以及对开拓新领域、促进科技创新发展有重要意义，有重要积累价值或有传播价值的综合性科技著作。

中国科协与中国三峡集团战略合作领域主要包括科技合作、人才培养、科学普及、阵地建设等诸多方面。双方重点围绕水电等清洁能源相关领域，联合开展战略研究、科技创新规划、专家咨询、技术诊断等科技合作；围绕科技人才培养、设立科技出版计划，支持创新性科学研究；围绕全民科学素质提高联合开展科学技术普及活动，特别是传播水电等清洁能源和生态环保知识。

【种业科技创新与产业发展专家论坛】 8月11日，由中国科协主办，中国农学会、中国种子协会、黑龙江科协、黑龙江农委、黑龙江农科院承办，13个全国学会协办的种业科技创新与产业发展专家论坛在黑龙江省哈尔滨市举行。中国科协副主席、书记处书记程东红，农业部副部长、中国农学会会长张桃林，黑龙江省人大常委会副主任王东华，副省长程幼东，省科协主席马淑洁出席论坛开幕式。

程东红在讲话中指出，中国科协及其所属学会要发扬学术民主和求真务实的科学精神，探索搭建产学研用结合、高水平、多元化的现代农业科技交流创新平台，针对推动农业发展的核心技术和研发体制机制等问题，充分发挥学术、人才和智力优势，协同创新，积极促进农业科技创新和推动经济发展。

张桃林在讲话中说，我国持续保持农业稳步发展的好形势，农业科技进步贡献巨大，以良种为代表的科技成果推广功不可没。随着全球化进程的加快和现代科技的迅猛发展，科技创新的要素在全球范围内加快流动和整合，我国种业创新正面临日益严峻的挑战，必须切实把农业科技创新摆上重要战略位置，把种业科技创新落实到具体行动中，紧紧围绕农业生产实际，突破关键技术瓶颈，做大做强现代种业。

中国工程院院士戴景瑞、刘旭、喻树迅以及400余位国内外种业产学研相关领域专家、企业家参加论坛，共谋我国种业科技创新与产业发展大计。

戴景瑞院士在报告中说，现代种业是一条完整的产业链，没有贯穿于种业全产业链的科技创新，就没有现代种业，没有现代化的管理思维和观念，也不会有现代种业，必须科技创新和管理创新同步推进；对种业产业链上、中、下游科技创新的支持或扶植，既要找准薄弱环节，更要抓住难点和关键；对企业的扶持政策要以企业自力更生为主，政府财政和政策扶植为辅，重点扶植育繁推一体化、管理完善、遵纪守法、业绩突出的大型种子企业，引导企业实行联合、合并、兼并重组、跨行业投资融资，做大做强；对具有创新优势的大专院校，要充分发挥其现有的优势，保持我国种业的竞争力和对现时农业生产的支撑力，并逐步引导其向种业上游转移，发挥其创造力；推动种业科技创新必须抓好种质创新，走规模化、工程化的路子，加强种质资源、知识产权和专利技术的保护，强化产学研的联合和合作，培养现代种业的科技创新人才和高层管理人才。

中国农业科学院副院长、中国工程院院士刘旭针对粮食安全和可持续发展问题提出，国家扶持粮食生产应纳入公共财政投入，加大政策支持力度，提高种粮积极性；加快科技成果转化，提高综合生产能力的科技支撑；加强国家财政收入，提升国家粮食安全的条件支撑能力；加深体制改革，建立粮食安全预警预测机制。

中国工程院院士喻树迅介绍了通过科技创新做强做大棉花种业，支撑整个国家棉花产业的成功经验。中国农业科学院作物所所长万建民等专家针对我国作物分子育种进展、国内外转基因技术发展、作物优良性状的选育、耕作制度改革对优良品种的需求、国际种业知识产权制度、我国的商业化育种和实践作了精彩报告。

与会专家还分别围绕种质资源保护开发、现代育种技术、种业育繁推一体化的有效机制与模式、建立种业科技创新体系、种子商业化与知识产权保护等专题进行了深入交流和研讨，为黑龙江省种业做大做强提供了意见和建议。会后，代表们参观了黑龙江省国家级农业科技示范园区。

【山地城镇可持续发展专家论坛】 11月28日，由中国科协、重庆市人民政府联合主办的山地城镇可持续发展专家论坛在重庆市举行。本次论坛的主题为“山地城镇可持续发展”。全国人大环境与资源保护委员会主任委员、原建设部部长汪光焘，中国科学技术协会党组成员、学会学术部部长沈爱民，重庆市人民政府副市长凌月明，中国工程院院士、中国城市规划学会名誉理事长邹德慈出席论坛。中国科协学会学术部副部长朱雪芬主持开幕式。中国科学院可持续发展研究中心主任樊杰、中国城市规划设计研究院副院长王凯、香港土力工程处副处长彭沛来、国土部地质灾害应急技术指导中心副主任殷跃平、重庆市规划局局长扈万泰，以及400余位山地城镇发展产学研相关领域的专家、学者参加论坛。

沈爱民在致辞中指出，我国山地城镇地域分布广，地理差别大，发展条件千差万别。山地城镇可持续发展涉及水文地质、地理科学、规划建设、防灾安全、产业经济以及社会管理等多个学科领域。本次论坛以“山地城镇可持续发展”为主题，通过搭建多学科、多部门、产学研相结合的高层次科技创新交流平台，深入交流山地城镇产业发展、规划建设、防灾安全等一系列重大问题的基础理论与科学技术，服务山地城镇可持续发展，为党和政府的科学决策建言献策。他表示，希望与会专家、学者积极参加论坛各项活动，最大程度地发挥学术交流在促进原始创新中的源头活水作用；同时，深入讨论，集思广益，提出促进山地城镇可持续发展的意见和建议，为党和政府的科学决策建言献策，为我国全面实现城镇化健康发展做出贡献。

凌月明代表重庆市人民政府发言，并在大会报告中表示，重庆是典型的山地城市，山地面积超过75%，坡度25度以上的土地占20%。作为大都市附带大农村的直辖市，重庆山地城镇建设具有典型意义。重庆市将加快构建主城、区域性中心城市、一般区县城、中心镇城镇集群，促进大中小城市梯次承接，到2020年基本形成大都市连绵带格局。

汪光焘在大会报告中指出，要依法推进生态城镇建设。他强调，建设生态城镇是可持续发展的客观要求，要遵守法律规定的原则和制度发展生态城镇。他向与会者介绍了国内外一些生态城镇的基本情况，强调要结合城镇的文化传统、创新发展理念，走特色生态城镇发展道路。

邹德慈在大会报告中介绍了我国山地城镇发展所具备的优势和面临的问题。他提出，山地城镇要实现可持续发展，要以科学制订山区经济发展战略为指导，结合当地特点进行规划建设，要重视山地城镇的社会建设，发展山区的文化、教育、医疗、公共服务、通信、科技等，要保护风景资源、民族文化资源，建设美丽的山地城镇。

与会专家、学者分别围绕山地城镇可持续发展宏观战略指引、山地城镇灾害防治与城市安全、山地城镇可持续发展与建设的工程探索、山地城镇可持续发展的地方实践等4个专题进行了深入交流和研讨，为山地城市可持续发展提供意见和建议。

论坛由中国城市规划学会承办，重庆市规划局、国际城市与区域规划师学会、香港规划师学会、重庆市科协、中国地质学会、中国地理学会、中国生态学会、中国地震学会、中国林学会、中国土地学会、中国岩石力学与工程学会、中国公路学会、重庆市规划学会、中国科学院成都山地灾害与环境研究所、重庆大学山地城镇研究中心等十余家单位共同协办。

【第八届中国科技期刊发展论坛】 10月23～24日，由中国科学技术协会、国家新闻出版总署、武汉市人民政府联合主办，武汉市科学技术协会、武汉市新闻出版局和华中科技大学承办的第八届中国科技期刊发展论坛在湖北省武汉市召开。本届论坛的主题为“竞争 · 合作 · 创新——科技期刊未来发展之路”。中国科协副主席、书记处书记程东红，新闻出版总署副署长邬书林，武汉市市长唐良智，中国科协党组成员、学会学术部部长沈爱民，中国科学院院士、中国地震局地球物理研究所名誉所长陈运泰，中国工程院院士、华中科技大学校长李培根，中国科学院院士、华中科技大学原校长杨叔子，中国科学院院士朱作言，中国科学院院士金振民，英国《自然》、德国施普林格、荷兰威科、美国汤森路透等科技期刊和出版集团的负责人等出席会议。国内外科技期刊界的管理人员、编辑人员、科技工作者，有关单位的负责同志等共500余人参加论坛。

中国科协副主席、书记处书记程东红在致辞中指出，科技期刊是我国出版事业的重要组成部分，也是我国科技事业的重要环节。中国科协高度重视科技期刊工作，特别是2012年中国科协启动实施学会能力提升专项，设立了优秀国际科技期刊奖项，专门支持英文版科技期刊的创新发展。近年来，中国科协科技期刊出版能力持续提高，数字化、国际化和集群化建设稳步发展，但与国际著名期刊相比，中国科协科技期刊整体学术影响力偏低。中国科技期刊出版要获得与我国科技发展水平相适应的国际地位，就要顺应世界科技期刊发展潮流，大力实施科技期刊国际影响力提升战略，积极主动参与国际期刊出版竞争与合作，培育一批优秀国际科技期刊。希望通过本次论坛增进中国期刊出版界与国际同行的交流，推动我国科技期刊的发展和改革。

武汉市市长唐良智在致辞中表示，近年来武汉科技期刊发展呈现良好态势，全市现有各类期刊356种，其中自然科学、技术类期刊190种，涌现出《地球科学》、《华中科技大学学报》等一批在全国乃至世界都有学术影响的品牌科技杂志。我们将以论坛举办为契机，充分吸收新理念、新成果、新经验，加快推动全市科技期刊数字化、网络化、国际化、市场化发展，着力培育一批具有世界一流水准的优秀科技期刊，为推动中国科技期刊事业发展作贡献。

国家新闻出版总署副署长邬书林，中国科学院院士朱作言，中国工程院院士、华中科技大学校长李培根，英国《自然》出版集团大中华区总经理Nick Campbell，德国施普林格出版集团全球常务副总裁EVP Hubertus，荷兰威科业务发展副总裁兼医学部欧洲区执行董事Andrew Richardson，汤森路透集团市场发展部总监Nick Stipp分别作题为《文化体制改革与中国科技期刊发展战略》、《办好学术期刊，促进科学研究发展》、《互利双赢，共谋发展——科技期刊与高校学科建设》、Developing Successful International Journals with Nature Publishing Group、The Merging of Media、The Next Frontier in Information Deliver、Journal Selection Process for Web of Science的大会报告。

与会专家、学者通过由高校学科建设与学术期刊发展、国际科技期刊论坛、我国科技期刊转型与发展等3个单元组成的高峰论坛，以及“科技期刊编辑、编委与作者队伍国际化建设”、“论文分析与评价对科技期刊的影响”、“科技期刊的体制改革、模式创新及新技术应用”、“新时期高校科技期刊发展与转型”等4个专题论坛进行深入研讨，为我国科技期刊的创新与发展、推动科技期刊相关政策的制定建言献策。论坛期间还举办了科技期刊暨出版新技术展览和院士专家进院校活动。

据了解，目前我国有科技期刊近5000种，约占我国全部期刊的50%，其中中国科协及所属全国学会主办的科技期刊总数达到1050种。中国科协科技期刊已经发展成为我国学术期刊界一支重要的力量，同时也是促进科学交流、引领学科发展、培养科技人才、反映国家科技实力的重要媒介，为推动我国科技事业乃至国家经济社会发展作出了积极贡献。

中国科技期刊发展论坛是全国科技期刊出版界所举办的最高端、最具影响力的行业论坛之一，也是中国科协科技期刊精品项目之一。论坛自2004年开始举办以来，至今已在北京、上海、杭州、重庆等地成功举办七届，规模与影响日益扩大，对于深化文化体制改革、推动我国科技期刊发展与繁荣发挥了积极的作用。

【“新材料与装备制造”为主题的技术创新 · 企业发展论坛】 2月28～29日，以“新材料与装备制造”为主题的技术创新 · 企业发展论坛在江苏省江阴市举行。论坛由中国科协常委会促进企业自主创新专门委员会（以下简称专委会）主办。中国科协副主席、专委会主任、中国工程院院士刘玠主持论坛开幕式和主题报告会。

中国科协书记处书记、专委会副主任张勤在开幕式上致辞并作了题为《知识产权的基本理论与国家战略》的报告。专委会副主任宋南平和委员张景安主持专题论坛。许振超等11位委员出席论坛。江苏省委常委、副省长、无锡市委书记黄莉新出席论坛并致辞。有关部委及政府部门领导，专家学者、企业家、地方科协代表及来自冶金、机械、航空、船舶、石化等新材料及装备制造行业120余家企业的科技人员等，共400人参加了论坛。

高品质特殊钢是我国战略性新兴产业发展的重要材料基础，也是衡量钢铁强国的重要标志。但与发达国家相比，中国特钢行业的差距在集约化、专业化、高效化等方面，成为长期以来制约我国制造业发展的瓶颈。此次论坛的举办，旨在搭建科学家与企业家、政府与企业交流平台，推进产学研用相结合，为推动特钢行业产业链集成和创新发展献计献策。专委会主任刘玠指出，对于企业而言，创新就是利用科学技术，不断推出产品新的使用价值和降低产品生产成本，获得市场竞争优势。面对日趋激烈的全球市场化竞争，企业必须加快提高认识能力和实践能力，促进整体创新能力提升，获取发展的不竭动力。

张勤在致辞中表示，在创新型国家战略的进程中，科技工作者队伍不断发展壮大，中国科协肩负着党和国家团结、带领广大科技工作者建设创新型国家的神圣使命。作为党和政府联系科技工作者的桥梁纽带，科协将倾心建好科技工作者之家，倾情当好科技工作者之友。中国科协八届二次全委会强调，要着力加强学科建设，紧紧围绕传统产业转型升级、战略性新兴产业培育的前沿问题，以增强自主创新能力为导向，以搭建产学研用合作平台为依托，引导科技工作者围绕制约我国产业升级的核心技术、关键技术和共性技术努力攻关，为加快转变经济发展方式提供坚实的科技支撑。

中国工程院院士翁宇庆以《发展特殊钢 促进装备制造业发展》、王基铭以《石油石化工业发展与材料装备业的需求》、陈蕴博以《微合金非调质钢的研究与应用进展》为题作了论坛主题报告。专家们结合特钢及其产业链发展现状，提出科技创新的关键问题。他们指出，中国装备制造业不断进步，为特钢行业的发展提供了难得的机遇和广阔的平台，促进高品质特殊钢产业与相关制造领域的交流与合作，对推动我国新材料与装备制造业发展有着重要意义。

论坛特邀三一重工股份有限公司执行总裁易小刚，中信泰富特钢集团江阴兴澄特种钢铁有限公司总工程师李国忠，中信泰富特钢集团湖北新冶钢有限公司副总经理王治政，中国汽车工程研究院副总工程师马鸣图、中国船舶重工集团公司第七二五研究所副总工程师张俊旭、国家核电上海核工程研究设计院副总工程师沈秋平、中国商飞上海飞机设计研究院金属材料室主任李红萍等企业家代表作专题报告。

此次论坛由中国金属学会、中信泰富特钢集团承办，江苏省科协、中国科技咨询服务中心、无锡市科协、江阴市科协协办。

【精品科技期刊工程】 中国科协继续实施精品科技期刊工程，促进科技期刊创新发展，增强科技期刊核心竞争力。7月24日，组织进行了2012年度中国科协精品科技期刊工程项目评审会。资助项目分为科技期刊培育计划、科技期刊国际推广计划、科技期刊发展能力建设平台三大板块，包括期刊学术质量提升项目、期刊出版质量提升项目、期刊出版人才培育项目、期刊数字出版建设项目、期刊资源集约建设项目、建立期刊国际培训机制项目、期刊国际出版人才保障项目、科技期刊发展课题研究项目等7类项目。共有268家全国学会、期刊出版单位、有关研究机构申报项目，251家单位通过资格审查。52家全国学会及其主办的81种科技期刊获得85项（次）的项目资助。

进一步优化资助结构，加强专项支持，重视刊群建设，强化项目管理。总结前2期工程资助项目实效的基础上，2012年精品科技期刊工程实施第三周期，从对期刊A\B\C类的支持，调整为对期刊发展专项的支持，3年一周期（2012 ~ 2014）。

【中国科协学会工作会议】 3月16日，中国科协学会工作会议在北京召开。中国科协常务副主席、书记处第一书记、党组书记陈希出席会议并作重要讲话，强调提升学会能力，充分发挥科技社团在推动全社会创新中的作用。中国科协副主席、书记处书记程东红主持会议并作总结讲话，民政部民间组织管理局副局长李勇、财政部教科文司副巡视员宋秋玲致辞，中国科协党组成员、学会学术部部长沈爱民介绍学会能力提升专项相关工作。来自全国学会理事长、副理事长、秘书长，各省、自治区、直辖市科协主席、副主席、学会部部长，中国科协机关各部门、有关事业单位负责人等近400人参加会议。

陈希系统总结了近几年学会改革发展的进展，充分肯定了学会在促进科学技术的繁荣发展、促进科学技术的普及推广、促进科技与经济的紧密结合、促进科技人才的成长提高等方面取得的显著成绩，深入分析了现阶段学会工作面临的新形势、新任务，并对进一步做好新时期学会工作提出明确要求。

陈希指出，近年来，我国科技投入持续大幅增加，科技创新的条件和环境将持续改善，为学会充分发挥作用提供了更加广阔的舞台。2012年，中国科协与财政部决定联合启动实施“学会能力提升专项”，准备遴选奖励一批优秀学会，择优培育一批品牌活动，进一步提升学会能力，发挥示范带动作用，引领我国科技社团发展。陈希希望学会抓住机遇，主动作为，提升能力，努力把我国学会建设成为具有学术影响力、社会公信力、会员凝聚力和自我发展能力的现代科技团体，在推动全社会创新中发挥更大作用。

关于加快学会创新发展，陈希强调，一要以加强学术建设为重点，着力提升学会服务创新的能力。学会要着力打造学术交流精品，开展高水平的学术交流活动，推出原始创新性成果，在推动以企业为主体、市场为导向、产学研结合的技术创新体系的建立和推进原创性创新工作的基础研究上有所作为。积极推动中国科技期刊走向世界，积极创办一批优秀英文科技期刊，进一步提升具有较强发展潜力的现有英文科技期刊的国际影响力，争取打造国际一流的中国优秀科技期刊群。统筹利用好国际国内两种科技资源，大力举荐我国优秀科学家到重要民间国际科技组织担任领导职务，提升我国科学家的国际影响力，同时争取重要的国际会议和科技展览在中国举办。深入开展科学道德和学风建设，把科学道德教育做到全覆盖、制度化、重实效。二要以积极承接社会化服务职能为突破口，着力提升学会服务社会和政府的能力，积极参与科技管理体制改革，广泛开展科学普及活动，主动承担政府转移的部分社会化服务职能，认真开展决策咨询。三要以服务创新人才的成长提高为抓手，着力提升学会服务科技工作者的能力，大力发现培养人才，大力举荐宣传人才，大力凝聚服务人才。四要以体制机制创新为动力，着力提升学会自主发展能力，着力加强学会党建工作，积极推进管理体制和工作机制创新，切实加强学会办事机构建设。

程东红在总结讲话中指出，本次会议对今后一个时期学会工作的主要任务和学会能力提升专项工作作了部署，现在关键是抓好落实。学会要抓住机遇，乘势而上，推动学会工作再上新台阶；要稳中求进，因会制宜，创造性地开展工作；要群策群力，联合协作，广泛争取各方面的支持；要培育品牌，总结经验，发挥示范和引领作用，努力为推动自主创新、建设创新型国家作出新贡献，以优异的成绩迎接党的十八大胜利召开。

全国学会、各省科协学会工作负责人围绕陈希同志讲话和学会工作的实际问题进行了分组讨论，对如何提升学会能力提出了意见和建议。大家纷纷表示，陈希书记的讲话客观分析了学会工作面临的形势，指明了学会创新发展的方向，对提升学会的能力和水平有重要指导作用。会后，大家将及时向学会理事会、支撑单位、省科协负责同志报告会议精神，带头学习贯彻会议精神，引导广大干部职工切实把思想和行动统一到中央要求上来，统一到科协常委会工作部署上来。

【工程教育专业认证工作】 2012年，在相关部门的共同努力下，我国工程教育认证体系主体框架基本形成，工作体系不断完善。中国科协按照“上下一致，内外结合，主动争取，有所作为”的方针，大力鼓励和支持全国学会参与工程教育专业认证试点工作，取得显著成效。

一、贯彻落实科协领导指示精神，推动全国学会参与认证工作取得明显成效

6月14日，召开全国学会参与工程教育专业认证工作研讨会，33个全国学会负责同志和业务骨干参会。陈希书记出席并做重要讲话，全面阐述了全国学会参与工程教育专业认证的重要意义，总结和回顾了中国科协及所属全国学会参与认证工作的情况，并针对申请加入《华盛顿协议》新形势下全国学会如何更好地参与认证工作提出了具体要求。

中国科协和教育部高层领导多次沟通，确定了全国学会参与认证工作的基本框架。在目前已开展或确定开展认证工作的17个专业类中，中国科协所属全国学会独立承担12个专业类的认证秘书处工作，达到总数的71%。

学会学术部、国际联络部与教育部相关部门建立沟通协调机制落实相关工作，召开4次工作协调会议，就全国学会参与工程教育认证工作、增加认证专业、外国专家观摩考查等问题进行沟通、研讨，为全国学会参与认证工作和承担秘书处工作争取良好环境。2012年11月，中国科协学会学术部获教育部高教司邀请作为2012中国工程教育年会的主办单位之一。

二、支持和指导全国学会参与工程教育认证工作

积极落实科协党组书记处领导指示，把参与开展工程教育专业认证作为学会承接政府转移的社会化服务职能的重要内容，指导、推动全国学会落实承担具体任务。按照认证工作总体安排，督促已承担认证工作的全国学会开展工作。同时，指导和帮助中国地质学会、中国食品科学技术学会、中国公路学会、中国金属学会申请组建地质类、食品工程类、材料类（金属材料专业）、交通运输（公路方向）专业认证委员会，相关申请材料已正式提交中国工程教育认证协会。指导和帮助中国纺织学会、中国农业工程学会、中国林学会、中国航空学会、中国宇航学会、中国核学会、中国生物医学工程学会、中国力学会等7个学会进行参与工程教育专业认证的申请和筹备工作。

在科协领导的重视下，专项增加财政支持力度支持全国学会提升承担认证工作的能力。10月25日，结合项目经费安排召开沟通会，通报工程教育认证和工程资格国际互认工作情况、交流经验、安排项目，推动全国学会扎实开展工作。

三、专业技术资格认证试点工作持续稳步开展

继续支持部分全国学会开展专业技术资格认证试点工作。通过项目引导重点支持试点学会完善认证组织和管理程序，修订专业分类和标准，实施认证工作。试点学会工程师资格认证框架性文件已经完成初稿。2012年度共有5880人通过各个试点学会的初级、中级工程师资格考试获得认证。各学会结合自身特点努力推进工作，中国机械工程学会、中国仪器仪表学会主动与英方合作组织开展

研讨，在国际工程师互认工作中深化合作内涵；中国消防协会主动争取主管部门的支持，获得了人力资源社会保障部、公安部关于开展消防工程师的考试和注册管理工作的授权；中国地质学会取得了国土资源部授权，筹备开展注册地质师工作。

配合我国工程师制度改革的整体部署，委托中国人事科学研究院开展《工程师制度改革工作探索——以中国科协专业工程技术资格认证试点工作为例》课题研究，通过借鉴国外工程师资格认可和国际互认制度，结合当前我国专业技术人员对技术资格评价的实际需求，对中国科协开展工程师资格认证试点工作进行总结、梳理和深入研究，对认证试点的具体作法、特点、经验、教训等进行理论归纳，梳理问题与困惑，探讨构建我国具有国际实质等效性工程师制度的思路和政策建议，争取为我国工程师制度改革提供建设方案借鉴和实施路径的参考。

【学会改革发展基础工程】 中国科协实施学会改革发展基础工程资助，学会发展潜力不断增强。中国科协共资助50多个全国学会和地方学会，围绕组织体制改革、办事机构职业化改革、会员服务体系建设等重点内容开展改革创新，通过项目评审形式资助学会改革发展基础工程项目50余个，经费600余万元。

联合民政部民间组织管理局和相关研究机构，对2009年以来确定的9个创新发展示范项目进行了总结验收，梳理项目成果，总结创新经验，示范项目影响不断扩大。验收显示，学会创新发展成效明显。中华中医药学会构建了中医药行业标准化网络服务平台，开拓了学会开展标准化工作的新模式，制定了中医药标准400多项；中国农学会初步建立了农业科技创新与成果推广的科技评价体系，学会成为科技部批准的首批科技成果评价试点机构之一和农业系统唯一开展科技成果评价工作的科技社团；中国纺织工程学会围绕纺织行业人才发展战略，建立人才建设联盟理事会，密切联系产学研用各环节，组织开展专业人才培训和评价，取得可喜效果；中国电子学会通过建立电子信息领域节能减排技术产学研用创新合作服务平台，探索了开展产学研合作创新技术服务的服务方式；中国造船工程学会发挥专家和网络优势，积极开展科技评价、人才评价、科技奖励活动，承担了工业与信息化部、发改委的重大科研项目，为探索科技社团开展科研工作的途径积累了宝贵经验；中国流行色协会积极建立和推广中国应用色彩工作体系，建立了实体性色彩检测与认证机构，为企业提供技术评价服务，得到业内认可。中国力学学会、中国心理学会、中国化学会等积极与国际科技社团接轨，大力加强组织建设，健全内部治理结构，强化办事机构改革，提升学会自主发展能力，学会的学术影响力、会员凝聚力、社会公信力不断提高。

【规范学会内部治理，加强组织建设】 2012年，中国科协以监督管理为手段，加强学会的组织建设，通过年检、换届审批、分支机构管理、调查研究等方式，推动学会规范内部治理，建立民主办会和依法办会的体制机制。

组织系列座谈和调研，了解学会发展现状。座谈会为中国科协掌握学会情况，了解学会需求、加强学会建设打下基础。中国科协主要领导同志听取了参会的32位学会负责人对学会发展的意见和建议。

组织完成学会年检工作。在往年的基础上，继续扎实开展年检数据采集、信息发布、指导监督等工作，177个学会取得了年检合格的结论。

指导中国指挥与控制学会等3个新成立学会进行筹备和登记，受理5个学会的成立申请和2个学会的入会申请，办理1个学会的注销初审工作。

加强全国学会的组织机构审批工作，完成了28次初审报批工作，指导54个学会完成理事会换届的审批及备案，完成负责人届中调整审批24次。

加强全国学会的分支机构管理工作，完成分支机构设立审批78个、更名27个、注销14个，分支机构审批事项备案156次。同时委托中国科协发展研究中心和中国国土经济学会开展全国学会分支机构研究，调研分支机构现状，研究分支机构发展规律，为进一步指导学会加强组织建设创造条件。

【科技期刊科学道德规范集中宣讲活动】 为深入贯彻陈希书记关于科技期刊要在科学道德建设中发挥重要作用的指示精神，4月10日，中国科协科技期刊科学道德规范集中宣讲教育活动在中国科技会堂举办，中国科协副主席、书记处书记程东红出席会议并作重要讲话。中国科协书记处书记、全国科学道德和学风建设宣讲教育活动领导小组组长张勤主持会议。中国科协副主席、学术与学会工作专门委员会副主任、中国工程院副院长、中国工程院院士谢克昌宣读《中国科协所属全国学会关于加强科技期刊科学道德规范、营造良好学术氛围的联合声明》。全国学会秘书长，全国学会主办科技期刊负责人以及科技界有关专家等400余人参加会议。

程东红在讲话中指出，加强科学道德和学风建设是科技界的重要责任，必须以教育、制度、监督为重点，真正做到哪里有科研活动，哪里就有坚守科学道德的要求；哪里有科技工作者，哪里就有倡导优良学风的必要；哪里科技工作者密集，哪里就要深入开展科学道德和学风建设教育。科技期刊是开展学术交流的重要平台、展示最新科研成果的窗口，也是科研人员得到同行认可、接受社会监督的重要途径。因此，在科学道德和学风建设中具有不可替代的重要作用。科协系统主办的科技期刊达2200余种，在全国期刊发展中发挥着示范和引领作用，应该成为科学道德和学风宣讲教育的重要阵地。程东红书记还从办刊导向、编审制度建设、从业人员自律和完善惩处机制等方面对科技期刊切实加强行业自律，维护学术诚信提出具体要求。

中华医学会杂志社社长游苏宁代表中国科协科技期刊界发言。游苏宁表示，随着我国科技的飞速发展，中国科技论文的国际影响力不断提升，强化科技期刊道德规范的重要性日益彰显。信任、公平与责任是社会良性运转的保障，学术诚信是科学研究及其发展的基本保证。加强科技道德规范，促进科研诚信，维护学术活动的严肃性，营造良好的学术氛围，是中国科技期刊义不容辞的责任。中国科协《中国科协所属全国学会关于加强科技期刊科学道德规范、营造良好学术氛围的联合声明》的发布让所有科技期刊人看到了中国科协强化科学道德建设的决心，《声明》目标具体、措施实在，我们坚决拥护，认真理解，并将把声明的精神贯彻落实在实际工作中，把它当成我们各项工作的重中之重。

大会邀请了中国科协常委、浙江大学校长、中国科学院院士杨卫，中国科学院力学研究所研究员、中国科学院力学研究所学术委员会主任、《力学快报》主编、中国科学院院士李家春分别作了题为《科技期刊——科学道德建设的主阵地》和《大力弘扬科学精神、全面提高期刊质量》的大会主题报告。杨卫从科技期刊在科学道德建设方面的重要性、信息技术的发展与科学道德建设、科技期刊的发展与科学道德维护等几个方面，对中国科技期刊存在的问题和未来发展的趋势做了精辟的论述，并从规范投稿信、知识产权转让、稿件处理记录和投稿人规避等几个方面对中国科技期刊的科学道德规范提出了建议。李家春在报告中介绍了中国科技期刊现阶段的基本状况，针对中国科技期刊在科学道德规范方面存在的问题，提出要正本清源，大力弘扬科学精神；要标本兼治，改善期刊学术环境。李家春呼吁科学界、教育界和全社会共同努力，抵制各种学术不端行为，促进科研诚信，维护学术活动的社会尊严和声誉。

中国科协千余种科技期刊参加了《中国科协所属全国学会关于加强科技期刊科学道德规范、营造良好学术氛围的联合声明》签名活动，对加强科学道德规范表示支持并予以联署。各期刊均表示将增强维护科学尊严的自律意识，做高尚道德情操的践行者，努力提高我国科技工作者和科技期刊编辑出版队伍的职业道德水平，在全社会营造良好的学术氛围，共同推动科技事业的健康发展和社会进步。

此次集中宣讲教育活动受到了国内外科技期刊界的广泛关注，不仅国内众多媒体对这次活动进行及时报道并予以好评，而且引起国际科技期刊界的高度关注。4月20日出版的*Science*杂志报道，中国1000多家科技期刊近日联合签名，支持加强科学道德规范的行动。在这场维护科学道德的“保卫战”中，中国科协所属全国学会主办的1000多种科技期刊负责人联合签名，承诺根除科技期刊中的剽窃和造假行为，对滥用职权或故意发表有剽窃行为论文的期刊编辑进行惩罚。报道同时指出，这次集中宣讲教育活动将有助于人们进一步提高对该问题的重视程度。*Nature*以《中国出版机构决心净化学术出版物》为题报道了这次活动，并指出中国科协所属1050种科技期刊联合签署《中国科协所属全国学会科技期刊关于加强科技期刊科学道德规范营造良好学术氛围的联合声明》是全国范围内不断加强科技道德建设、净化学术环境工作的重要组成部分。中国科协在全国出版机构惩治学术不端行为中起到了良好的示范和引导作用。

【开展学会人员培训和交流】 2012年，中国科协积极开展学会人员培训和交流，人才队伍建设不断加强。主要以加强人员队伍建设为抓手，提升学会运营管理水平。进一步加大了学会人才培训，搭建学会人员之间的交流平台，提升学会负责人和工作人员运营学会能力，努力建设一支职业化、专业化、社会化学会工作人才队伍，为学会发展打下人力基础。

积极为学会负责人的培训和交流搭建平台。分别组织学会新任理事长和秘书长培训班1次、学会秘书长专题培训班2次、学会秘书长沙龙2次。邀请国内外专家学者和领导同志，围绕学会贯彻创新大会精神、会员管理、科技奖励、国外学会运营、运营管理、服务企业和社会等进行交流，共有学会理事长、秘书长、副秘书长300余人次参加培训和研讨系列活动。

引进翻译和编辑出版国际先进社团运营管理教材，加强与美国社团管理者协会的联系，组织编译了3本国外社团运营管理书籍，组织力量引进和翻译培训课件。

组织开展学会改革创新试点案例的编写工作，总结多年来学会改革经验，为学会负责人培训工作的国际化、规范化打下理论基础。

【开展学会发展环境调研】 2012年，学会学术部积极开展学会科技奖励工作调研。首次对2001年以来中国科协所属全国学会开展社会科技奖励和推荐国家奖励的情况进行了全面调研，邀请国家奖励办负责同志与部分学会进行座谈，加强沟通，反映意见和建议，同时在充分调查研究基础上，向书记处报送了调研报告，为指导学会科技奖励工作提供了一手资料。

研究制定了学会大奖设计方案。会同中国数学会、中国物理学会、中国化学会等相关学会开展学会科技大奖方案的筹备，邀请来自各相关学会的8位院士和10位专家对科技大奖方案等有关问题进行座谈，在广泛听取意见的基础上制定了部分自然科学类学会大奖设计方案，提交书记处审定。

根据《中共中央国务院关于深入科技体制改革加快建设创新型国家的意见》要求，针对发挥科技社团在科技评价中的作用问题，提出了一系列意见建议。其中，将学会纳入科技评价试点、建立学会科技评价资质标准的建议得到科技部的初步采纳，为推动学会开展科技评价工作打下了基础。

【参与民政部学术类社团评估工作】 为进一步提高学术类社团的公信力，促进学术类社团的规范化建设，推动学会健康有序发展，民政部于2011年正式启动了全国性学术类社会团体的评估工作。2011年6月，民政部正式印发《民政部关于开展2011年度社会组织评估工作的通知》，这是民政部首次开展针对学术类社会团体的评估工作。中国农学会等37个全国学会接受了民政部的评估。

经过半年多紧张的评估，民政部于2012年6月公布了2011年度全国性社会组织评估等级结果，中国农学会、中国环境科学学会、中国仪器仪表学会等3个学会获评为5A级全国性学术类社会团体，中国粮油学会等19个学会获评为4A级全国性学术类社会团体，中国消防学会获评为4A级全国性行业协会商会，另有13个学会被评为3A级，1个学会被评为2A级。

从评估结果看，获得3A级以上评估结果的学会达到中国科协参评学会总数的97.3%。在民政部评出的5A级的学术社团中全部为中国科协所属学会，4A级学术社团中有73.1%是中国科协所属学会，这充分展现了中国科协所属学会的优秀风采。

中国科协将以此次评估工作为契机，进一步规范学会管理工作，加强对学会的指导和监督，促进学会能力的全面提升，更好的发挥学会在国家创新体系中的重要作用。

全民科学素质工作与科普活动

【习近平参加全国科普日北京主场活动】 9月15日上午，中共中央政治局常委、中央书记处书记、国家副主席习近平和王兆国、刘云山、刘延东、李源潮、何勇、令计划、韩启德等领导同志，来到中国农业大学，同首都群众和大学生一起参加全国科普日北京主场活动。习近平强调，要广泛普及食品与健康相关知识，推动全社会更加关注食品安全，坚决遏制各类食品安全违法犯罪行为，提高群众消费安全感和满意度。

2012年全国科普日活动以“节约能源资源、保护生态环境、保障安全健康、促进创新创造”为主题，旨在推动《全民科学素质行动计划纲要》和全国科技创新大会精神的贯彻落实。围绕这一主题，各省、自治区、直辖市组织开展了5200多项主题科普活动。北京主场活动的主题是“食品与健康”。

上午9时30分，习近平等领导同志来到主题展览区，饶有兴趣地观看了“舌尖上的变化”、“神奇的生物技术”、“农业物联网”、“食品安全监测”等与百姓生活息息相关的科普展板和实物，以及孩子们所做的科普实验互动体验活动。

在“现代农业窗口”展区，习近平参观了我国自主选育的抗虫、抗旱玉米，观看了农业物联网现场演示，并详细了解了我国农业高新技术的进展情况。习近平对在场的专家、群众和干部说，中国人多地少、人多水少，确保农产品有效供给，根本出路在科技。希望广大农业科技工作者不断提升我国农业科技自主创新能力和国际竞争力，在科教兴农和确保国家粮食安全方面作出更大贡献；希望广大科技工作者抓住机遇，让物联网更好地促进生产、走进生活、造福百姓。

在青少年互动体验区，孩子们在老师的指导下认真做着“VC哪儿去了”的小实验，当看到孩子们从实验中明白了科学道理，习近平高兴地说，这个科学小实验很有意义，希望同学们把小实验应用到家里，宣传给更多同学，从小养成良好饮食习惯。也希望老师们更多地开展符合青少年特点的科普活动，为青少年健康成长营造良好社会环境。

在“全产业链保障”展区，习近平认真听取了现场专家关于食品安全检测知识的讲解，还和大家一起进行了牛奶三聚氰胺快速检测。他说，“民以食为天”，食品安全是重大的民生问题。对食品安全问题，要在加强监管、严厉打击的同时，动员全社会广泛参与，努力营造人人关心食品安全、人人维护食品安全的良好社会氛围，不断增强公众对食品安全的信心。

参观活动结束时，习近平发表了即席讲话。他说，今年全国科普日活动内容丰富多彩，特别是北京的主场活动，专门组织了高校开放日，效果很好。他说，中国农大作为我国著名高等院校，这些年来不仅培养了大批农业科技人才，而且在服务社会、服务基层方面发挥了重要作用、取得了突出成果。希望把这些成功做法坚持下去，不断拓展科技成果服务“三农”的有效途径，不断探索面向社会公众开展科普活动的成功经验。

习近平指出，高等院校蕴藏着开展科普教育活动最为丰富的人才资源，在面向社会公众开展科普活动方面具有不可替代的优势，要把这一优势进一步发挥好。各级科协组织要进一步突出科普工作的大众性、基层性、基础性，让科普活动更多地走进社区、走进乡村，走进生产、走进生活。各级党委和政府要认真贯彻落实全国科技创新大会精神和《中共中央国务院关于深化科技体制改革加快国家创新体系建设的意见》，坚持把抓科普工作放在与抓科技创新同等重要的位置，支持科协、科研、教育等机构广泛开展科普宣传和教育活动，不断提高我国公民科学素质，为实现到我们党成立100周年时进入创新型国家行列、到新中国成立100周年时建成科技强国的宏伟目标，奠定更为坚实的群众基础、社会基础。

【全民科学素质文艺汇演】 2012年9月15日晚，正值全国科普日隆重开幕的第一天，作为2012年全国科普日北京主场活动五大板块之一的“科技点亮生活——全民科学素质文艺汇演主题晚会”在中国人民大学如论讲堂隆重举行。

全国人大常委会副委员长、中国科协主席韩启德，全国政协科协界委员王曙光，北京市委副秘书长王翔、江西省政协副主席李华栋、河南省人民政府副省长徐济超、宁夏回族自治区人民政府副主席屈冬玉、云南省人民政府副秘书长赵慧侠等分管科学

素质纲要工作的地方领导，国务院食品安全办、教育部、国家自然科学基金委、中国气象局、中国科协、中国人民大学等部委和单位分管科学素质工作的领导出席晚会。中国载人航天工程办公室副主任、航天英雄杨利伟出席晚会并上台与青少年科技爱好者热情互动。各省、自治区、直辖市和新疆生产建设兵团科学素质工作办领导、全民科学素质纲要实施工作办公室成员和联络员、中国科协科普专委会委员、少数民族专委会委员，机关处以上干部、事业单位班子成员、中国人民大学领导、教师、学生；首都高校团委书记、科普志愿者等近800人参加晚会。

晚会上，60个机器人与街舞演员同台表演《舞动科学》，惟妙惟肖；生物学博士和物理学博士从《因为爱情》改编、并自己演唱《因为科学》，科学术语巧妙融入动听歌曲；小品《瞧这一顿饭》专为全国科普日北京主场“食品与健康”主题创作，贴近生活；景德镇瓷乐演奏《创美家园》展现了瓷器在科学技术支撑下的新用途。中科院80多位老科学家意气风发与中青年科学家联袂演出，国家最高科学技术奖获得者师昌绪等院士通过视频传来了谆谆寄语，科技工作者和公众欢聚一堂，用艺术手段展示科技的魅力。所有节目都将科普与文艺进行了完美结合，是科普与文艺相融合的尝试，也是科普工作的探索和创新。

本台晚会是从各省级科学素质工作办公室、全民科学素质纲要实施工作办公室各成员单位推荐的162个节目中遴选，并经过精心编排打造而成，集中展示了全民科学素质文艺汇演活动成果。

【《中华人民共和国科学技术普及法》颁布实施十周年座谈会】 6月29日，由全国人大教科文卫委员会、中国科协和科技部联合举办的《中华人民共和国科学技术普及法》颁布实施十周年座谈会在北京人民大会堂举行。全国人大常委会副委员长路甬祥出席并讲话。中国科协常务副主席、书记处第一书记陈希出席并讲话，中国科协书记处书记徐延豪及中央、国务院有关部门负责人100多人出席了座谈会。座谈会由全国人大科教文卫委员会主任白克明主持。

10年来，在《科普法》的推动下，我国科普事业成效显著。公民科学素质水平明显提高，科普人员数量不断增长。2010年，我国公民具备基本科学素养的比例达到3.27%，比2005年提高了1.67个百分点。科普经费投入持续增加，科普基础设施不断完善。2010年，全社会科普经费筹集额为99.52亿元，比2005年增长112.53%。政府拨款的科普经费中，科普专项经费为35.06亿元，全国人均科普专项经费2.61元。科普传播媒介形式多样，科普活动成为科技惠及公民的重要平台。2010年，全国共出版科普图书0.65亿册，出版科普期刊1.55亿册，共发放科普读物和资料7.25亿份，较2005年分别增长32.46%、16.74%和23.77%。全国广播电台播出科普（技）节目总长19.15万个小时，全国电视台播出科普（技）节目总长26.39万个小时，较2005年分别增长93.05%和132.01%。2011年，全国举办科普（技）讲座81.34万次，听众1.69亿人次，较2005年分别增加12.45%和14.27%。共举办科普（技）专题展览12.73万次，参观人数超过2.01亿人次，较2005年分别增加23.53%和38.08%。共举办科普（技）竞赛5.42万次，参加人数达5406.97万人次，较2005分别增加12.56%和27.98%。

路甬祥说，2002年6月29日，九届全国人大常委会第二十八次会议审议通过了科普法。这部法律的颁布实施，为我国科普工作提供了有力的法律保障。10年来，随着我国经济社会、科教文化各项事业的快速发展，我国科

普领域的法制建设不断加强，促进科普事业繁荣发展的政策措施不断完善，全民科学素质显著提高，科普事业呈现出欣欣向荣的可喜局面。

路甬祥指出，当今世界，科学技术日益成为经济社会发展的主要驱动力，科技竞争在综合国力竞争中的地位更加突显。我国已经进入全面建设小康社会的关键时期和深化改革开放、加快转变经济发展方式的攻坚时期，全面实施科教兴国战略、人才强国战略和可持续发展战略，加快创新型国家建设，为经济发展和社会进步提供坚实的知识和人才支撑，科普事业可以大有作为，也应当大有作为。

路甬祥强调，要认真贯彻落实党和国家关于加强科普工作的一系列方针政策，充分认识新时期做好科普工作的重要意义，切实增强贯彻实施科普法的主动性、积极性和创造性，不断提高科普工作的质量、水平和实效。要认真履行法律赋予的职责。各级政府要依法履行职能，切实加强对科普工作的领导，保证科普法规定的各项保障措施落到实处。科协和各社会团体要通力协同，充分发挥广大科技工作者和干部群众的积极性创造性，大力开展科普活动。要努力增强科普工作实效。坚持正确的价值导向，大力弘扬科学精神；坚持科普工作的群众性、社会性和经常性，采取公众易于理解、接受和自觉参与的方式。要加强法律实施情况的监督检查。各级人大及其常委会要积极发挥监督职能，保障公民参与科普活动的权利，围绕科普法的重点内容和难点问题，加强对科普工作规划制定、科普经费投入、科普场馆设施建设及开放、科普事业税收优惠等制度落实情况的监督检查，为科普事业的发展创造良好的环境和条件。

陈希指出，《科普法》的颁布实施，充分体现了党和国家对科普工作的高度重视，明确提出“发展科普事业是国家的长期任务”，标志着科普工作正式步入法制轨道，为科普工作提供了明确的法律依据和强有力的法治保障；把提高公民科学文化素质作为立法宗旨，强调提高全民科学素质的重要性和紧迫性；首次以法律形式规定了各类科普工作主体，其中强调科协组织是科普工作的主要社会力量，赋予科协组织在推动科普事业发展中的重要职责。

陈希指出，中国科协认真履行《科普法》赋予的法定职责，充分发挥科普工作主要社会力量的作用，牵头组织落实科学素质纲要实施各项工作任务，动员和组织广大科技工作者积极参与科普工作，致力于推动建立和完善社会化科普工作格局，努力为提高全民科学素质服务，广泛开展群众性、基础性、社会性科普活动，不断提升科普公共服务能力，积极参与制定科普事业发展规划和配套政策，动员组织科技工作者建言献策，在促进科普事业健康快速发展、提高全民科学素质方面开展了大量卓有成效的工作。

陈希强调，中国科协要进一步加强与有关部门的沟通协作，协调社会多方力量，更好地为提高全民科学素质服务；积极配合有关部门推进《科普法》实施条例研究制定工作，推动制定鼓励科普人才队伍建设的相关政策措施，加快国家应急科普政策法规体系建设，为推动科普工作科学化、规范化和法制化做出新贡献。

【2012 年全国食品安全科普知识竞赛活动】 2012 年 5 月，中国科协与国务院食品安全委员会办公室决定于 6 月“全国食品安全周”至 9 月“全国科普日”期间联合举行全国食品安全科普知识竞赛。

6 月，竞赛活动在中国科协和国务院食品安全委员会办公室的指导下，邀请中国食品科学技术学会、中国营养学会、中国农学会、中国水产学会、中国粮油学会等的专家组成专家组，专家组专家涵盖了农业生产过程、食品加工过程、食品流通、食品消费、食品安全标准与法律法规等多个食品安全领域。6 月 2 日，专家组召开了全国食品安全科普知识竞赛命题工作会议，围绕《食品安全科普宣传大纲》进行命题，并形成 300 多道题的食品安全科普知识题库。6 月中旬，专家组完成了 50 道竞赛题命题工作，其中包括单选题 20 道、多选题 10 道、判断题 20 道。

6 月 16 日下午，“全国食品安全科普知识竞赛”在中国科技馆举行了启动仪式，中国科协副主席、书记处书记程东红，国务院食品安全委员会办公室副主任王明珠，中粮集团副总裁万早田出席了仪式，并共同启动竞赛。

7 月 5 日，中国科协下发《关于开展全国食品安全科普知识竞赛的通知》(科协普函资字〔2012〕44 号)，号召各全国学会、各省市科协积极组织公众参与竞赛活动。活动在新浪网财经频道开辟了专门的竞赛答题网页，并开通竞赛官方微博，共有 10 万人成为官方微博的稳定受众，参与微博讨论和食品科普知识的网络传播。中国知网广泛发动“三农”网络书屋等下属网站，通过网站鼓励广大知网会员参与竞赛。

本次竞赛，在发布题目的同时，也公布了答案和相关知识解读，并编辑印发了辅导手册，邀请食品专家通过微博对公众提出的问题进行在线解答，使竞赛的过程和平台变成了食品安全知识宣传的过程和平台，更加注重了科普的过程，公众在答题的同时学习了相关知识。

据统计，31 个省、自治区、直辖市有 756 个市（县）级单位（含企业）积极组织了竞赛活动。有 10 个省市参赛人数达 10 万以上，其中 6 个省市参赛人数超过 20 万，山东省和江苏省参赛人数超过 30 万，陕西省渭南市科协组织参赛人数超过 19 万，山东省威海乳山市科协（县级市）组织参赛人数超过10万。

截至8月31日，共有2787813人参与了竞赛答题。其中，961443人通过新浪网和中国知网的网络平台参与答题，1826370人通过邮寄纸质答题卡参与答题。9月10日，主办单位抽出了竞赛一、二、三等奖和纪念奖，并评出了在竞赛组织工作中有突出表现的17个突出贡献奖和53个优秀组织奖获奖单位。

【《全民科学素质行动计划纲要》实施工作会议】 2月14日下午，《全民科学素质行动计划纲要》实施工作会议在北京召开。会议由中国科协常务副主席、书记处第一书记陈希主持，承担全民科学素质纲要实施工作任务的23个成员单位的分管领导和有关同志参加了会议。

中国科协副主席、书记处书记程东红传达了国务院《听取全民科学素质行动计划纲要实施情况汇报的会议纪要》（国阅［2012］11号）精神。全民科学素质纲要实施工作办公室主任、中国科协书记处书记徐延豪对《2012年全民科学素质行动工作要点》（审议稿）作了说明。各成员单位结合各部门工作对《2012年工作要点》进行了审议，对今年全民科学素质重点工作进行了交流发言，提出了具体的意见和建议，并表示将认真履行好本部门在《科学素质纲要》实施工作中的职责。

会议认为，2011年是国家“十二五”规划实施的开局之年，也是《科学素质纲要》实施的第二个五年的起步之年。一年来，在党中央、国务院的正确领导下，各地各部门紧紧围绕党和国家的一系列重要战略部署，以《中华人民共和国国民经济和社会发展第十二个五年规划》发布和《全民科学素质行动计划纲要实施方案（2011—2015年）》印发为契机，认真贯彻去年1月7日刘延东国务委员听取全民科学素质工作汇报的讲话和国办会议纪要精神，以及8月30日刘延东国务委员在全民科学素质行动电视电话会议上的讲话精神，按照2011年初确定的《科学素质纲要》实施工作总体思路和部署，全面启动“十二五”时期全民科学素质开局工作；围绕《科学素质纲要》工作主题，扎实推进各项工作；针对2010年国办督查报告提出的问题，逐步建立完善各种工作机制，通过努力，较好地完成了年度各项工作任务。

会议明确，2012年全民科学素质工作将重点围绕四个方面开展：一是围绕国家战略部署，扎实有序推动科学素质工作，为党的十八大召开营造良好氛围；二是服务主题主线，大力开展“节约能源资源、保护生态环境、保障安全健康、促进创新创造”的主题活动；三是深入基层，贴近公众，推动公民科学素质建设为促进社会和谐发展服务；四是完善机制，加强督导，狠抓落实，广泛动员社会各界参与科学素质工作。

陈希强调，2012年是党和国家发展进程中具有特殊意义的一年，也是“十二五”时期《科学素质纲要》深化实施的关键一年，做好今年全民科学素质工作，对增强公众科学素养和创新能力、促进人的全面发展、建设创新型国家、实现创新驱动发展、促进文化大发展大繁荣，为党的十八大胜利召开创造良好环境具有十分重要的意义。

第一要认真贯彻落实好中央和国务院有关领导同志的讲话精神。党和国家高度重视全民科学素质工作，在“十二五”开局之年，党中央、国务院对做好全民科学素质工作做出了一系列重要战略部署，中央领导同志也在不同时机、不同场合对加强公民科学素质建设做出了重要指示，提出了具体要求，我们一定要认真学习领会、坚决贯彻落实。

第二要突出工作重点。今年我们要做的工作很多，可以分为三类，第一类是属于以前在做的，第二类是今年准备启动的，第三类是今年准备进一步探索的。我们一定要分门别类，要根据实际的需要，根据条件环境的变化，根据可支配资源情况的变化，创新思想，抓住重点，找到抓手，抓好落实。今年要力争在构建科普与科研、教育结合的长效机制上，在科学素质工作服务社会、改善民生的实效上，在形成多方联动、全民参与的工作格局上有所突破。

第三要加强沟通协作。全民科学素质工作需要多部门联合推动 、一起来做。希望各部门切实按照延东国务委员提出的“要在思想上形成合力、要在行动上形成合力、要在保障上形成合力”的要求，各尽其责，加强协作、协调联动，共同做好全民科学素质工作。中国科协将义不容辞，认真履行办公室职责，积极主动做好办公室日常工作，加强与各成员单位间的工作沟通，及时协调解决工作中出现的问题和困难，竭诚为各成员单位做好服务，积极搭建科学素质建设大平台，全力推动全民科学素质行动。

【地方全民科学素质纲要实施工作研讨会】 4月25～26日，地方全民科学素质纲要实施工作研讨会在贵州省贵阳市召开，全民科学素质纲要实施办公室主任、中国科协书记处书记徐延豪出席会议并讲话，贵州省副省长、省全民科学素质工作领导小组组长谢庆生出席会议并致辞。中国科协科普部部长杨文志，全民科学素质纲要实施工作办公室副主任、教育部基础教育一司副司长于长学，贵州省政府副秘书长、省全民科学素质工作领导小组副组长张玉广，中国社会科学院社会学研究所副所长张翼及各级纲要实施工作办公室的工作人员200多人出席了会议。会议由全民科学素质纲要实施工作办公室副主任、科技部政策法规司副司长翟立新主持。

徐延豪在讲话中指出,2011年，各地各部门科学规划、全面启动“十二五”时期《科学素质纲要》实施工作；围绕工作主题，广泛开展系列科学普及和宣传活动；针对广大公众提升科学素质的新需求、新期待，扎实推进重点人群科学素质行动；认真落实国办会议纪要，不断建立和完善工作机制；加大科技传播力度，推进科普资源共建共享，科学素质建设的公共服务能力进一步提升。

徐延豪指出，2012年《科学素质纲要》实施工作将重点围绕牢固树立政治意识、大局意识、责任意识，扎实有序推动全民科学素质工作；深入开展科普主题实践活动，促进科学发展理念在全社会深入贯彻落实；突出重点，贴近需求，切实增强全民科学素质工作的针对性和实效性；加强科普公共服务能力建设，为全社会提供更加丰富的优质科普资源；加强督导，多方联动，合力推动全民科学素质工作创新发展等几个方面开展工作。

徐延豪要求，各级纲要实施工作办公室要以强烈的责任感和使命感，自觉服从服务于党和国家工作大局，认真贯彻落实刘延东国务委员在听取《科学素质纲要》实施情况汇报会上的讲话和国办会议纪要精神，按照《2012年全民科学素质行动工作要点》的要求，牢牢把握稳中求进的工作基调，扎实有序地推动全民科学素质工作，努力完成2012年全民科学素质工作的各项目标和任务，为党的十八大胜利召开创造良好的环境和氛围。

谢庆生在致辞中指出，贵州省委、省政府历来高度重视全民科学素质工作，“十一五”期间，贵州省以《全民科学素质行动计划纲要》为指导，充分调动社会各界力量，稳步推进贵州省科学素质行动实施工作，取得显著成效。全省公民具备基本科学素质的比例从2005年的0.61%大幅上升到2010年的1.54%。

谢庆生指出，贵州省全民科学素质建设任重道远。省委、省政府提出到“十二五”末，将贵州具备基本科学素质公民的比例提高到3%，比“十一五”末接近翻一番。“十二五”期间，贵州省将围绕“加速发展、加快转型、推动跨越”的主基调和基本目标，大力推进《全民科学素质行动计划纲要》和《全民科学素质行动计划纲要实施方案（2011—2015年）》的贯彻落实，明显提升全民科学素质，为全省构建学习型、创新型社会，实现经济社会全面协调可持续发展提供重要支撑力量。

研讨会上，于长学传达了国务院《听取全民科学素质行动计划纲要实施情况汇报的会议纪要》。杨文志、张翼分别作了题为《把握新变化新要求新期待，大力加强公民科学素质建设》和《社会发展与公民科学素质的提升》的主题报告。大会进行了工作交流，来自四川、辽宁、河北、福建和贵州等地方科学素质纲要实施工作办公室的工作人员结合本地工作开展情况进行了工作交流。

【2012年全国青少年高校科学营活动】 2012年8月5日，全国青少年高校科学营活动启动仪式暨北京地区科学营开营仪式在北京大学百年讲堂举行。北京科学营活动由北京市教委、北京市科协和9所高校共同承办。中国科协常务副主席、书记处第一书记陈希，教育部副部长刘利民，中国科协副主席、书记处书记程东红，中国科协书记处书记徐延豪，北京大学党委书记朱善璐，清华大学校长陈吉宁，北京师范大学党委副书记田辉，中国农业大学副校长傅泽田，北京理工大学党委副书记、副校长李和章，北京航空航天大学党委副书记程基伟，北京科技大学党委副书记谢辉，北京交通大学副校长张星臣，中国科学院研究生院副院长马石庄，北京市科协党组书记、常务副主席夏强，北京市教委副主任郑萼，中国科学院院士梅宏、王乃彦、林群、王浚、戴汝为、吴岳良和中国工程院院士江亿、汪懋华、洪涛、胡正寰，以及来自31个省、自治区、直辖市和新疆生产建设兵团的1300名营员和200名带队老师们参加了启动仪式。

启动仪式由教育部党组成员、部长助理林蕙青主持。北京大学党委书记朱善璐代表北京科学营活动9所承办高校向所有来宾、营员和老师们致欢迎词。中国科协副主席、书记处书记程东红代表主办单位致辞。10位院士表达了老一辈科学家对青少年营员的殷切希望，并将象征科学事业的接力棒交给营员代表。来自北京、云南和四川的3名青少年营员代表发言，表达了青少年对科学事业的崇尚和追求。

清华大学校长陈吉宁代表41所承办高校宣读《高校倡议书》，向全国高校发出倡议。倡议书提到，青少年是国家的未来，民族的希望。广大青少年的科学素质，决定着中华民族未来整体科学素质，决定着我国长远的自主创新能力和科技发展水平，决定着国家现代化建设的全局和中华民族的伟大复兴。高校要把培养造就肩负国家科技发展和民族复兴责任的后备科技人才，作为一项重大历史使命，高度重视青少年科学教育与普及，凝聚、吸引广大青少年立志投身建设创新型国家和世界科技强国的宏伟事业。

倡议书指出，高等学校肩负着人才培养、科学研究、社会服务、文化传承创新的重要任务。发挥高校的科技、教育、文化优势，积极、主动、义务地向社会公众特别是青少年开展科学教育普及，促进全民科学素质的提高，是高校履行社会服务职能、践行社会责任的重要途径，是弘扬现代大学精神、引领社会风尚的重要形式，也是学习贯彻全国科技创新大会精神、推动创新型国家建设的重要体现。

41 所承办高校共同向全国所有的高校发出了倡议，并发出践行科普责任、弘扬科学精神、放飞科学梦想、传播科技新知、创新科普形式等承诺。

启动仪式上，教育部副部长刘利民向北京 9 所高校领导授各分营营旗。9 所高校的领导把分营的营旗授给了营员代表。

中国科协常务副主席、书记处第一书记陈希宣布 2012 年全国青少年高校科学营活动启动。

开营仪式结束之后，1300 名营员将走进北京大学、清华大学等 9 所北京高校，参加一系列丰富多彩的科技体验、交流和实践活动、聆听大师教诲、感受科技魅力、交流科研心得，体验高校生活。

【高校科普开放日活动在全国科普日期间正式启动】 9 月 15 日，高校科普开放日活动在全国科普日期间正式启动。北京航空航天大学、天津大学、上海交通大学等全国 197 家高校面向社会公众开展科普活动，开放重点实验室、实践基地等科研设施，组织开展高校名师科普讲座和交流、大学学生社团科普宣传、科研成果专题科普影视展映等科普开放日活动近千项。在全国科普日期间由教育部直属高校和各地高校组织开展开放日活动，这是科普日活动开展 9 年来的第一次。

高校科普开放日活动作为 2012 年全国科普日活动的重要组成部分，旨在贯彻落实全国科技创新大会、《全民科学素质行动计划纲要实施方案（2011—2015 年）》、《国家中长期教育改革和发展规划纲要（2010—2020 年）》精神，充分发挥高校在开展科普教育方面蕴藏着的丰富硬件资源和人力资源优势，引导、推动高校开展科普工作，服务社会大众，进一步实现科普资源共建共享。

中国科协联合教育部于 2012 年 8 月 23 日向全国省级科协、各教育厅局及相关高校下发了《中国科协办公厅教育部办公厅关于印发〈2012 年全国高校科普开放日活动实施方案〉的通知》（科协办发普字［2012］40 号）。各省级科协和教育厅（教委）高度重视此项活动，相应成立了由省级科协和教育厅（教委）为牵头单位，有关高校参加的领导机构，制订了具体的活动实施方案，认真组织实施。如天津市科协联合天津市教委专门下发文件，对本次活动提出了成立由高校领导牵头的领导机构，制定切实可行的活动方案等具体要求。江苏省科协和教育厅第一时间发文通知，江苏省内有 52 所高校积极响应，是各省中高校参与数量最多的省份。截至 14 日，全国共有 197 所高校启动科普开放日活动。

在高校科普开放日活动期间，许多高校向公众开放国家重点实验室、工程中心、技术中心、野外站（台）等研究实验基地，各类仪器中心、分析测试中心、自然科技资源库（馆）、科学数据中心（网）、科技文献中心（网）、科技信息服务中心（网）等科研基础设施，科技类博物馆、标本馆、陈列馆、天文台（馆、站）和植物园等展示场所。其中，复旦大学开放医学神经生物学国家重点实验室、集成电路国家重点实验室，上海交通大学开放海洋工程国家重点实验室、机械系统与振动国家重点实验室，同济大学开放海洋地质国家重点实验室、污染控制与资源化研究国家重点实验室，华东师范大学开放精密光谱科学与技术国家重点实验室、河口海岸学国家重点实验室等。

各高校在组织活动过程中，结合自身特点，组织师生开展科研成果展示、科普讲座、科技咨询、资料发放和科普专题影视展映等活动。许多高校实行“请进来、走出去”的活动方针，组织公众走进高校，了解科技发展，感受科学精神和科学魅力。同时，鼓励高校师生走出校园，参与到本地科协组织的全国科普日活动中去，开展具有高校特色的科普活动。北京理工大学组织学生开展创新作品展示活动，邀请各界群众参观。展示内容丰富多样，有围绕“太阳能与绿色能源”主题的国际一流大学学生科技活动作品，有以减灾防灾和灾害救援为主题的“地震搜救机械蛇”，有以环保为主题的“废旧电池回收机”，有围绕小康生活的“微笑高尔夫”和“十二生肖机械玩具”以及一系列面向未来高科技的作品。观众可以“零距离”体验、感受科学的魅力。

【国家科技计划项目增加科普任务工作调研】 按照 2012 年刘延东国务委员在《全民科学素质行动计划纲要》实施工作汇报会上的讲话中关于“选择一批国家重大科技计划项目开展增加科普任务试点，探索有效的科研成果科普化模式”的指示和国办《听取全民科学素质行动计划纲要实施情况汇报的会议纪要》（国阅［2012］11 号）有关要求，中国科协、科技部、中宣部、财政部联合组织开展国家科技计划项目中增加科普任务试点工作。牵头启动“国家科技计划项目中增加科普任务”认定办法研究；与基金委进行了高层会谈，将科普专项纳入科技计划项目中增加科普任务试点。此外，科技部启动“科技计划项目中增加科普任务管理办法”等政策的研究制定；科技部与文化部“十二五”国家科技支撑计划项目文化科技创新工程项目 2013 年预备项目通知中，将科普任务作为重要任务；国土资源部出台《2013 年度国土资源公益性行业科研专项支持重点》，在其中强调了国土资源科普工作。

5 月 4 日，中国科协科普部组织召开了国家科技计划项目增加科普内容试点工作座谈会。中宣部、财政部、中科院、自然基金委等有关部委的同志，清华大学、北京邮电大学、北京理工大学、中科院计算所、软件所、微生物所、自动化所等承担国家科技计划项目单位的科研管理人员和科研人员以及中国通信学会、中国生物工程学会、中国遗传学会、中国科普期刊研究会等全国学会的同志参加了会议。会议由科普部部长杨文志主持。

科普部副部长纳翔介绍了国家科技计划项目增加科普任务试点工作的背景，发达国家在科研与科普相结合工作中的普遍做法，以及我国相关部门已开展探索工作的情况。并从试点范围、试点工作内容、试点进度、工作保障四个方面，详细阐述了中国科协对国家科技计划项目增加科普任务2012年试点工作的初步设想。

会议代表一致认为，科技创新和科技普及相辅相成，是科技工作的两个重要方面，是增强公众创新能力，建设创新型国家的重要基础；科技成果只有通过科普方式，被公众广泛了解，才能发挥出推动社会发展进步的最大效用，也符合公众对提高科学素质的诉求；承担科普任务是科研人员的社会责任，科研人员有义务将科研成果面相公众普及宣传；在我国重大科技计划项目逐年增多，项目经费逐年增加的背景下，开展国家重大科技计划项目增加科普任务试点工作，是科研成果科普化有效模式的积极探索。与会人员从科技项目管理、科技项目实施等角度，对试点工作的实施提出了很多建设性的意见和建议。

杨文志作了会议总结，指出国家重大科技计划项目增加科普任务试点工作是实施《全民科学素质行动计划纲要实施方案（2011—2015年）》，贯彻刘延东国务委员在《全民科学素质行动计划纲要》实施工作会讲话精神的重要举措。他指出，试点工作涉及多个科技计划管理部门和不同类型的科技计划项目执行单位，是一项复杂的系统工程，要深入研究并尽快完善试点工作方案，在今年启动试点工作。对于试点过程中遇到的问题，要及时发现并研究提出解决办法，逐步形成有效的管理制度。杨文志部长强调各单位要积极协作，形成合力，对资源进行必要的整合，共同推进试点工作。

【组织实施“基层科普行动计划”】 2012年中国科协和财政部联合实施的“基层科普行动计划”是由“科普惠农兴村计划”和“社区科普益民计划”两个子计划构成。通过研究部署、组织申报和项目评审，评选表彰了2297个先进集体和个人。其中包括1000个农村专业技术协会，386个农村科普示范基地，406名农村科普带头人，5个少数民族科普工作队和500个科普示范社区，奖补资金达4亿元。

5月10日，中国科协科普部在北京召开“基层科普行动计划”实施培训会，就“基层科普行动计划”的实施申报和注意事项进行了培训。来自各省、自治区、直辖市科协和新疆生产建设兵团科协的近60名代表参加会议。中国科协科普部副部长纳翔、科普活动中心副主任单长勇等领导同志和财政部教科文司、中国科协计财部的有关同志出席了会议。

培训会上，中国科协科普活动中心科普活动处处长王松光结合全国社区科普工作情况介绍了中国科协、财政部共同实施“社区科普益民计划”项目的由来，对项目实施方案进行解读，并对国家级科普示范社区建设的指导思想、具体标准提出了要求，希望各地要加强对全国科普示范社区的宣传。中国科协农技中心重点项目处李福生处长结合实际案例，从项目储备、申报评审、跟踪服务和宣传总结四个方面强调了“科普惠农兴村计划”实施工作中需要注意的问题。为了提高工作效率，“社区科普益民计划”和“科普惠农兴村计划”的申报均采用网络系统进行网上填报，网络申报平台负责人具体介绍了该计划申报流程和填报中应注意的事项。培训期间，还进行了热烈地集体讨论和问题解答，使与会代表对具体组织实施工作中存在的一些疑惑或不甚清楚之处有了清晰准确的了解。

6月20日，中国科协发出《关于表彰2012年基层科普行动计划先进单位和个人的决定》，北京市昌平区隆盛达利民板栗协会等1000个农村专业技术协会、北京市延庆县前庙葡萄科普示范基地等386个农村科普示范基地、四川省甘孜藏族自治州民族科普工作队等5个少数民族科普工作队、北京市朝阳区来广营地区茉藜园社区等500个科普示范社区被评为全国基层科普行动先进单位，张福良等406名农村科普带头人被评为全国基层科普行动先进个人。

【高校科普创作与传播试点活动】 9月3日，中国科协科普部、教育部科技司发出《关于开展高校科普创作与传播试点活动的通知》，决定在全国选择一批科普创作与传播试点高校，探索开展高校科普创作与传播试点活动，探索教育与科普相结合的有效机制和途径，充分发挥高等院校人才和智力密集的优势，引导和激励高校师生积极践行科普责任，广泛开展科普创作和科普传播活动，面向广大公众普及科学技术知识、倡导科学方法、传播科学思想、弘扬科学精神，促进我国科普创作的繁荣、科普传播活动的蓬勃开展。

10月19日，中国科协科普部、教育部科技司在江苏省南京市东南大学组织召开科普创作与传播试点高校培训会。会议由教育部科技司副司长高润生主持，来自39所试点高校的有关负责同志和各省级科协科普部、教育厅科技处和青少年科技教育机构的106名同志参加会议。

东南大学党委副书记、副校长刘波致辞，对高校践行社会责任，开展科普创作与传播试点活动表示支持和赞同，并介绍了东南大学在开展科普工作方面的一些经验和做法。

中国科协科普部部长杨文志从高校在公民科学素质建设中的责任与使命的角度出发，阐述了高等院校在践行科普责任，弘扬科学精神，放飞科学梦想，传播科技新知，创新科普形式方面的重要作用。科学普及出版社副社长颜实介绍了国内外科普创作与传播实践活动的做法。中国科协科普活动中心副主任单长勇从项目实施与管理的角度出发，说明了试点工作的基本任务、要求，经费使用的原则，以及后期检查验收，成果入库等项目执行过程中的注意事项。中国农业大学科学技术发展研究院常务副院长胡小松介绍了中国农业大学在今年全国科普日期间，组织开展高校科普创作和传播活动的经验。与会高校代表表示，此次培训及时且实际，从理论和工作出发，帮助他们了解了如何开展科普创作和试点工作过程中需要注意的问题，明确了高校在科普工作中应尽的义务和责任。

2012 年是高校科普创作与传播试点活动实施的第一年，通过申报、审查和评选，全国共有 39 所高校被确定为试点高校。通过这次培训，各试点高校将围绕试点任务和要求，开展科普创作和传播活动。中国科协科普部和教育部科技司将指导、帮助试点高校完成试点工作，进行试点成果遴选，并于 2013 年全国科普日期间对高校科普优秀成果进行展示。

【第十二届中国青少年机器人竞赛】 7 月 17 日，第十二届中国青少年机器人竞赛在天津市开幕。中国科协书记处书记徐延豪出席竞赛开幕式并讲话。天津市人大常委会副主任荀利军，中国工程院院士、天津市科协主席王静康，中国科协青少年科技中心主任李晓亮及来自全国的青少年机器人爱好者 1500 人参加了开幕式。开幕式由天津市科协党组书记、常务副主席杨鑫传主持。

第十二届中国青少年机器人竞赛由中国科协和天津市人民政府主办，中国科协青少年科技中心、天津市科协、天津中德职业技术学院共同承办。来自 33 个地区的 519 支参赛队、1500 名学生以及 519 名随队教练员参赛，是近年来参加选手最多的一届。本届竞赛的主题是“激情创造 快乐成长”。

徐延豪在开幕式上致辞中说，中国青少年机器人竞赛活动已经走过了 12 年历程，广大青少年在活动中积累知识，探究科学方法，培养动手实践能力，磨炼意志品质，强化团队合作精神，共同体验科技创新的魅力。他希望青少年机器人爱好者在比赛中充分发挥自己的聪明才智，不怕困难，勇于拼搏，相互交流、广交朋友；通过机器人活动培养思维能力、观察能力、动手能力和创造能力，在实践中体验科技的快乐，不断探寻科学的奥秘，追求科学的梦想，为建设创新型国家贡献自己的力量。

王静康在开幕式上讲话中说，机器人竞赛为广大青少年搭建了创新创造的舞台，提供了展示聪明才智的机会，为我国青少年科技教育事业做出更大的贡献。作为本届大赛的东道主，天津将积极为竞赛活动提供热情、周到、细致的服务，努力为全体参赛选手创造平安、和谐、舒适的良好环境。

本届机器人竞赛为期 3 天，竞赛内容包括机器人综合技能比赛、机器人创意比赛、机器人足球比赛、FLL 机器人工程挑战赛、VEX 机器人工程挑战赛等五个项目。参赛选手由全国各地选拔产生。

7 月 20 日上午，第十二届中国青少年机器人竞赛闭幕。来自全国各地 33 支代表队的青少年选手，勇于创新，敢于拼搏，团结协作，生动地诠释了“激情创造，快乐成长”的主题。

中国科协青少年科技中心主任李晓亮，天津市科协党组书记、常务副主席杨鑫传，中国科协青少年科技中心副主任蒙星，吉林省科协副主席尹军等出席了闭幕式，并为获奖选手颁奖。

经过激烈角逐，各项赛事共决出一、二、三等奖共 513 项，其中一等奖 90 项、二等奖 166 项、三等奖 257 项。与会领导向 5 个赛项一等奖获奖选手颁发了金牌，并为荣获 15 支代表队冠军杯、企业专项奖、优秀企业奖、优秀教练员奖、优秀学校奖、优秀组织工作者奖、优秀组织单位奖、特殊贡献奖的单位和个人颁奖。一些项目的优胜者将再通过选拔比赛，继续参加国际青少年机器人竞赛、FLL 机器人世锦赛和机器人足球世界杯。

中国青少年机器人竞赛，从青少年入手，着眼于普及机器人科技知识，培养创新意识、实践能力和团队精神，提高青少年的科学素质，覆盖面越来越广、影响力越来越大，培养了一大批优秀青少年科技后备人才。竞赛组织工作委员会副主任、天津市科协党组书记、常务副主席杨鑫传在闭幕辞中说，本次竞赛活动密切联系生活实际，聚焦社会热点，突出时代特点，涌现出一批出色的竞赛作品和优秀的创新团队，取得了成果和人才的双丰收，把青少年机器人竞赛提高到了新的水平。

第十二届中国青少年机器人竞赛实现了全电子信息化管理。主要赛场，重要比赛画面被全程、实时地录制并播放在电子大屏幕上。FLL 和 VEX 赛场试行了电子检录。FLL 比赛的所有赛台都采用手持机电子计分，比赛成绩通过现场大型电子显示屏实时公示。全程无纸化计分发布系统的运行增加了比赛的公开、公正、透明、高效。

闭幕式上举行了会旗交接仪式。中国科协青少年科技中心主任李晓亮郑重地将大赛会旗交到了吉林省科协副主席尹军的手中。第十三届中国青少年机器人竞赛将在吉林省长春市举行。

【第二十七届全国青少年科技创新大赛】 8月12日，第二十七届全国青少年科技创新大赛在宁夏回族自治区银川市开幕。大赛开幕式上，播放了全国人大常委会副委员长、中国科协主席韩启德寄语青少年的视频，韩启德希望青少年投身科学事业。全国人大常委会副委员长、民建中央主席陈昌智宣布大赛开幕。中国科协常务副主席、书记处第一书记陈希和宁夏回族自治区党委书记张毅为大赛铭印鉴证。中国科协书记处书记徐延豪主持开幕式。教育部副部长刘利民、宁夏回族自治区人民政府副主席屈冬玉在大赛开幕式上致辞。全国人大内务司法委员会副主任委员陈建国，科技部党组副书记、副部长王志刚，环境保护部总工程师万本太，团中央书记处书记罗梅，全国妇联副主席、书记处书记赵东花，国家自然科学基金委员会副主任孙家广等出席了大赛开幕式。

第二十七届全国青少年科技创新大赛的主题为：创新·体验·成长。来自全国30个省（自治区、直辖市），新疆生产建设兵团，香港特别行政区、澳门特别行政区和军队子女学校的34支代表队、475名学生、200名科技辅导员参加为期4天的大赛活动。本次大赛共有358个学生创新项目、200个科技辅导员创新项目参加评选，157项优秀科技实践活动、140幅少儿科学幻想绘画获奖作品参加展示。来自奥地利、法国、瑞典等10个国家的约50位国际代表也参加展示了和交流。

全国青少年科技创新大赛是由中国科协、教育部、科学技术部、环境保护部、国家体育总局、共青团中央、全国妇联、国家自然科学基金委员会和承办省人民政府共同主办的一项全国性的青少年科技竞赛活动。创新大赛不仅是国内青少年科技爱好者的一项重要赛事，而且与国际上许多青少年科技竞赛活动建立了联系，每年都从大赛中选拔出优秀的科学研究项目参加英特尔国际科学与工程大奖赛、欧盟青少年科学家竞赛等国际青少年科技竞赛活动。

8月14日晚，第二十七届全国青少年科技创新大赛专项奖颁奖晚会在宁夏银川国际会展中心举行。晚会上颁发了茅以升科学技术奖、高士其科普奖、周培源青少年科技创新奖、国际选手参赛奖、国际选手优秀项目奖、清华大学环境友好青少年科技创新奖、科技辅导员创新奖等19个专项奖。第二十七届青少年创新大赛评审委员会主任、中国科学院院士王乃彦，评审监督委员会主任、中国科学院院士黎乐民，评委会副主任、中国科学院院士匡廷云，评委会副主任、中国科学院院士吴岳良，组委会秘书长、中国科协青少年科技中心主任李晓亮，组委会秘书长、执委会副主任、宁夏回族自治区科协主席刘平和，组委会副秘书长、中国科协青少年科技中心副主任蒙星，英特尔中国执行董事戈峻等出席颁奖晚会，专项奖颁奖嘉宾、参赛学生、评委、辅导员、外国代表队队员等参加了颁奖晚会。

辽宁省实验中学潘济安等16名选手会获茅以升科学技术奖，北京市第五中学分校刘旺予等12名选手获高士其科普奖，北京中关村中学王仲祺等12名选手获周培源青少年科技创新奖，山东省寿光市第一中学单鑫杰等16名选手获清华大学环境友好青少年科技创新奖，珠海市第一中等职业学校张正粱等5名辅导员获科技辅导员创新奖。

大赛同时产生国际选手参赛奖获得者32名、国际选手优秀项目奖13项，评委会副主任、中国科学院院士匡廷云为获奖的国际选手颁发了奖品。

8月15日下午，第二十七届全国青少年科技创新大赛在宁夏银川市国际会展中心闭幕。大赛共评出优秀科技辅导员创新项目一等奖27项、二等奖66项、三等奖94项以及10项十佳科技辅导员奖；青少年创新项目一等奖64项、二等奖140项、三等奖182项；评选出由组委会、高校、基金会等单位设立的25类专项奖。

第二十七届全国青少年科技创新大赛在中国科协、教育部、科学技术部、环境保护部、国家体育总局、共青团中央、全国妇联、国家自然科学基金委和宁夏回族自治区政府的共同努力下，经过6天紧张激烈的竞赛、评审、交流和展示，终于迎来了隆重的颁奖时刻。

宁夏回族自治区党委副书记、自治区主席王正伟，中国科协副主席、书记处书记程东红，宁夏回族自治区党委副书记、秘书长崔波，宁夏回族自治区人大常委会副主任冯炯华，江苏省人民政府副省长何权，大赛组委会主任、宁夏回族自治区人民政府副主席屈冬玉，宁夏回族自治区政协副主席安纯人，大赛评审委员会主任、中国科学院院士王乃彦，大赛组委会秘书长、中国科协青少年科技中心主任李晓亮，大赛组委会秘书长、宁夏回族自治区科协主席、党组书记刘平和等出席了大会闭幕式暨颁奖典礼。

本届大赛共收全国各省、自治区、直辖市，新疆生产建设兵团，香港、澳门特别行政区上报的青少年和科技辅导员创新项目1103项、少儿科学幻想绘画1000项、科技实践活动330项。6月5～30日，组委会邀请了145位专家对参赛项目进行了初评，评选出358项青少年创新项目和200项科技辅导员项目入围终评，175项优秀科技实践活动和140幅少儿科学幻想绘画获奖作品参加终评展示。

同时，法国、瑞典、丹麦、印度等10个国家的国际代表也报名参加决赛阶段的展示和交流。

8月10～14日，组委会邀请了97位来自全国各地高校和科研院所的专家组成终评评审委员会。在为期5天的评审工作中，评委会专家分别完成了学生板块和科技辅导员板块的材料审阅、现场问辩、素质测试、技能测试等多个环节的测评。在大赛评审监督委员会全程监督下，经过紧张有序的评审和素质考察，确定了最终获奖名单。

在第二十七届全国青少年科技创新大赛闭幕式上，颁发了“中国科协主席奖”、“宁夏回族自治区主席奖”、“英特尔英才奖”、“优秀志愿者奖”、“组织工作特别贡献奖”。

“中国科协主席奖”是本届大赛设置的最高奖项，用以奖励大赛中最突出、最优秀的青少年科技创新项目，3名学生荣获“中国科协主席奖”，程东红为获奖学生颁奖。“宁夏回族自治区主席奖”是宁夏回族自治区党委、人民政府为了鼓励青少年学生对科技创新活动的热情和用于探索科学奥秘的精神，而在本届大赛中设立的，5名学生获得“宁夏回族自治区主席奖”，王正伟为获奖学生颁奖。

闭幕式上，江苏省人民政府副省长何权从主办单位代表手中接过大赛会旗，第二十八届全国青少年科技创新大赛将于2013年在江苏省南京市举办。

【2012年“科学家与媒体面对面”活动】 2012年“科学家与媒体面对面”活动积极跟踪社会热点和焦点问题，紧密结合面向公众的科技传播需求，成功举办12期。活动邀请了45位相关领域的科学家参与活动，其中包括6位院士一位诺贝尔奖获得者，4位外籍专家。活动话题涉及探秘宇宙、海洋资源、北斗、诺贝尔奖等科技发展前沿的知识，食品安全、洪涝灾害、雾霾天气等与公众生活密切相关的科技知识，科学家与媒体共同的社会责任、科普出版的良性发展等探讨科学家与媒体的社会责任三方面的内容。

在科技发展前沿方面，第18期“探秘宇宙”活动邀请了澳大利亚科学院院士、澳大利亚研究委员会桂冠会员Brian P. Schmidt教授讲解宇宙加速膨胀的发现，邀请中国科学院国家天文台宇宙暗物质暗能量团组首席研究员、星系宇宙学部副主任陈学雷讲解暗能量究竟是什么。第21期“再次走进北斗“活动邀请北斗二号卫星总指挥兼导航卫星项目办公室项目经理李长江和北斗二号卫星总设计师、北斗一号卫星副总设计师杨慧为公众讲解北斗导航卫星建设与管理和“北斗”的发展历程及未来展望等前沿科技知识。

在与公众生活密切相关的科技知识方面，第23期“话说雾霾”活动，则是及时针对公众密切关注的话题，邀请中央气象台首席预报员马学款、中国气象科学院大气成分研究所所长孙俊英，对雾霾、雾霾对百姓生活的影响及预防等科普知识，进行了快速及时的科学解答，以满足广大社会公众的科普需求。第13期“全球视野下的食品安全”和第16期“科学认知食品安全——解读《食品安全科普宣传大纲》”，邀请中国工程院院士、国家食品安全风险评估中心研究员陈君石，中国工程院院士、北京工商大学副校长孙宝国，中国食品科学技术学会副理事长、中国农业大学食品科学与营养工程学院院长罗云波等院士专家积极配合国家《食品安全科普宣传大纲》的发布进行讲解，既满足了国家层面对于科学传播的需求，又及时回应了公众对于食品安全的热切关注。

在科学家与媒体的社会责任方面，第12期“科学普及——科学家与媒体共同的社会责任”、第20期“科学性——科普出版的生命线”等活动，邀请到著名科学家师昌绪院士和林群院士与诸多媒体人士畅谈科普、科学家与媒体的社会责任，探讨了文化大发展大繁荣对于科普出版的新要求、繁荣科普出版的路径和困难，以及如何促进科普出版社的健康发展等问题。

“科学家与媒体面对面活动”不仅为科学共同体提供了一个对发生事件迅速反应的平台，及时地传达来自科学共同体的声音，纠正可能的认识误区，同时也为媒体更好地进行传播提供了一个有效的平台，快速满足媒体在传播过程中所需科学共同体的声音活动从不同的方面向全社会传播科学，包括科学知识的传播与普及（如最新的科技进展和科学前沿）、科学方法、科学思想、科学态度以及科学精神，对社会产生了积极的影响。相关新闻报道量达到近1000篇，其中纸媒170余篇，网媒新闻报道数量超过800篇。活动制作了5期宣传册、1本活动宣传画册、超过32位专家的活动题词、近20万字的速录稿、10期活动视频及图片资料。

【“和谐能源之旅”全国科普巡展】 3月18日，中国科协、中国新闻社及道达尔集团联合主办的“和谐能源之旅”全国科普巡展启动仪式在北京举行。全国政协常委、经济委员会副主任，国家发改委原副主任张国宝，国务院新闻办副主任王国庆，中国科协书记处书记徐延豪，中国新闻社社长刘北宪，道达尔集团全球首席执行官马哲睿等出席启动仪式。

“和谐能源之旅”全国科普巡展全年将分别在北京、上海及广州三地举行，为公众普及能源科学知识，引导公众对能源的关注。巡展内容以“个人”为视角，深入浅出地展示了能源与个人、能源与发展、能源与环境的密切关系，生动地展示了中国多元化能源体系的全景。

张国宝在启动仪式上表示，中国的能源结构和发展体系，依然面临着许多困惑和难题，政府、企业和学界应在能源问题上充分沟通，积极引导能源的发展，及时向公众和市场提供有效的信息。

王国庆表示，实现“和谐能源”这一目标，需要各国携手共担与密切合作，需要社会大众的共同参与。国务院新闻办将一如既往地倡导“和谐能源”这一理念，通过举办相关新闻发布会，发表能源政策白皮书，组织中外记者集体采访等形式，以意识促行动，用传播助转变，推动中国能源的可持续发展。

徐延豪在启动仪式上表示，当前公众迫切需要了解能源科普知识，把普及科学技术作为重要工作之一的中国科协，希望通过“和谐能源之旅”这一新颖的科普展览形式，为公众建立了解能源科学知识的平台，并为配合国家能源战略做出应有的贡献。

刘北宪表示，作为深具社会责任感的新闻机构，中国新闻社近年来为传播低碳发展理念不遗余力。中国新闻社希望通过此次能源科普巡展，使更多的民众近距离地、更深入参与能源议题。

国家发改委、国务院新闻办对此次巡展活动的开展给予了指导，中国石油、中国石化及神华集团等企业作为巡展的支持机构，参与了展览内容的制作及相关活动。

【全国食品安全宣传周主题活动日】 6月16日，全国食品安全宣传周中国科协主题活动在中国科技馆举行。中国科协副主席、书记处书记程东红宣布《食品安全科普宣传大纲》(以下简称《大纲》)发布并讲话，国务院食品安全办副主任王明珠，中粮集团副总裁万早田出席活动。

程东红在讲话中指出，开展食品安全科普宣传是提高公民科学素质的需要。2011年国务院办公厅颁布的《全民科学素质行动计划纲要实施（2011—2015年)》，提出了到2015年我国公民具备基本科学素质的比例超过5%的目标，为实现这一目标，《科学素质纲要》实施工作针对提高公民科学素质的共性问题开展科普工作。“食品安全重于泰山”，食品安全关乎13亿人民身体健康和生命安全，是基本民生问题，是党中央国务院高度重视的安全问题。当前，相当一部分公众对食品安全知识还缺乏科学认知，迫切需要了解和掌握食品安全科普知识，加强食品安全科普宣传是当前和今后一段时期的重点科普内容，是提高公众科学素质的重要切入点。

2011年以来，中国科协将食品安全科普工作作为科普工作的重点，发挥有关全国学会、地方科协的作用，组织广大科技工作者，开展了形式多样、丰富多彩的科普活动，受到公众、科技工作者、媒体的欢迎，也得到国务院食品安全办领导的充分肯定。

2011年国务院食品安全委员会办公室颁布的《食品安全宣传教育工作纲要（2011—2015)》提出，到2015年底使公众食品安全基本知识知晓率达到80%以上。为保障这一目标的完成，国务院食品安全委员会办公室和中国科协组织中国食品科学技术学会、中国农学会、中国粮油学会等全国学会编写了《大纲》。《大纲》以食品产业链为主线，从食品安全基本知识、食品产业链与食品安全、食品安全监管与标准三个方面阐述食品安全基本科学知识。

同时，全国食品安全科普知识竞赛当日在京启动，将于6～9月在全国开展。竞赛以《食品安全法》《食品安全宣传教育工作纲要（2011—2015)》为依据，命题覆盖农产品生产、食品加工、食品储藏流通、食品消费、食品安全标准与法律法规，旨在拉近食品安全科学知识与公众的距离。竞赛活动将在《中国食品安全报》等多家报刊以及新浪网、中国数字科技馆等广泛开展。

【发布《食品安全科普宣传大纲》】 6月16日，中国科协与国务院食品安全办在中国科技馆共同发布了《食品安全科普宣传大纲》。

《食品安全科普宣传大纲》是由中国科协和国务院食品安全办组织中国食品科技学会、中国农学会、中国粮油学会、中国水产学会、中国畜牧兽医学会、中国营养学会等相关学会推荐专家，组成了包括陈君实院士、孙宝国院士在内的16名专家组成的《大纲》编制工作专家指导组和13名专家组成的编制起草组开展编制工作。《大纲》的编制集合了食品安全相关领域专家的集体智慧，并广泛征求食品安全各有关部门的意见。

《大纲》依据《食品安全法》，内容涉及适用范围、指导原则、指导内容与要求三个部分。《大纲》以食品产业链为主线，从“食品安全基本知识、食品产业链与食品安全、食品安全监管与标准”三个方面阐明了食品安全基本科学知识。通过《大纲》，促进公众对于基本食品安全知识的了解，建立科学认知；促进公众对从农田到餐桌的食品产业链过程和相关食品安全知识的了解，建立起食品安全的“产业链”过程认识，并拥有基本的食品安全保护认识；促进公众对我国食品安全监管情况以及相关法律、法规和食品安全标准知识的了解，认识到我国食品安全监管和食品安全工作的进步和成绩，消除对于食品安全事件报道的恐慌，建立起对我国食品安全监管的信心。

《大纲》的发布将进一步明确食品安全科普宣传的基本知识点和宣传内容范围，为各级政府和相关职能部门、社会团体和宣传媒体开展食品安全科普和新闻宣传工作提供指导，为完成2011年国务院食品安全办颁布的《食品安全宣传教育工作纲要（2011—2015年）》提出到2015年底“使公众食品安全基本知识的知晓率达到80%以上”的目标提供了保障。

【推动大众传媒科技传播能力建设】 为了解掌握大众传媒开展科普宣传的情况，以便分类指导和支持，中国科协科普部委托中国人民大学情报中心开展大众传媒科普宣传情况监测分析。通过监测一个季度内报纸、期刊、广播、电视、互联网等大众传媒开展科普宣传的内容、方式、频率、受众群体、覆盖面和宣传效果，为今后有针对性地指导和支持大众传媒提供依据。12月初，中国科协科普部举办了中国科协科普期刊和报纸科技记者培训。为整合中国科协网络科普工作力量，不断增强科普服务能力和水平，更好地服务于公民科学素质建设，中国科协科普部委托清华大学开展了中国科协科普网站布局调整研究。在研究基础上提出了《中国科协科普网站调整方案》，将中国公众科技网与中国数字科技馆整合运行。

推动党员干部现代远程教育资源与科普资源共建共享。为全面指导各地把党员干部现代远程教育工作与科普工作相结合，实现资源共建共享，推动提升党员干部科学素质和综合素质，中国科协科普部与中组部党员教育中心合作，启动问卷调查和实地调研工作，为出台相关指导性文件做准备。

【“中国流动科技馆”试点工作总结会】 5月，2011年“中国流动科技馆”全国巡展试点工作总结会在中国科技馆举行。本次会议由中国科协科普部和中国科技馆联合组织，中国科协书记处书记、中国科技馆馆长徐延豪，中国科协科普部部长杨文志，中国科技馆党委书记殷皓出席会议。参与试点巡展工作的山东、四川、贵州、云南、陕西、甘肃、青海、宁夏、新疆九省区科技馆馆长及所属市、县科协负责同志齐聚一堂，对过去一年的工作进行全面总结，部署安排2012年工作，谋划今后工作思路及发展方向。会议对在试点工作中做出积极贡献的单位予以表彰。总结会由殷皓主持。

流动科技馆项目组对“中国流动科技馆”全国巡展试点工作进行了全面总结与回顾，同时对工作经验和特点进行梳理，规划流动科技馆未来发展走向。作为试点单位的9位省级科技馆馆长分别对本省巡展工作进行了总结，从巡展的成功经验及社会反响、运行中存在问题和不足，以及流动科技馆未来发展的意见和建议等方面进行了交流。9位巡展站点科协负责同志也结合各市县特点，从开展工作的方式、观众组织方法、当地公众的反响、存在问题及意见建议等方面对巡展工作进行总结。展览公司负责人也从展品设计和运行服务中积累的经验和存在问题等方面进行了交流。

自2011年7月，中国流动科技馆全国巡展试点工作启动至今，巡展足迹遍布38个市县，参观人数达到136万人次，受到了当地公众的热烈欢迎，引起了社会各界的强烈反响。这是由中国科协主办，中国科协科普部及中国科技馆承办，山东、四川、贵州、云南、陕西、甘肃、青海、宁夏、新疆九省区科协及科技馆协办，各市县科协及展览制作公司共同参与，普惠老、少、边、穷地区基层公众的一次联合行动。

本次总结会对在2011年中国流动科技馆全国巡展试点工作中做出积极贡献的单位给予表彰和奖励，评选出试点单位“优秀组织奖”5个、“最具特色奖”4个，站点单位“优秀组织奖”9个、“积极参与奖”29个，展览公司“展览制作与运行服务一等奖、二等奖、三等奖”各1个，“积极参与奖”3个。

徐延豪在听取与会者发言后指出，对于流动科技馆项目各省要结合当地实际情况，因地制宜，制定合理的巡展方案，保证展出效果。加强与政府部门，尤其是教育、财政部门等进行广泛合作，扩大科协影响。按照中国科协常务副主席、书记处第一书记陈希同志对“中国流动科技馆”提出的“要实现全覆盖、系列化、可持续”的要求做深入研讨，在流动科技馆可持续发展上进行重点研究。他强调，科技馆人要怀着对科普事业的热爱和对欠发达地区的关爱，把科普资源运送到边远地区，营造科学殿堂，让那里的孩子们欣赏到神奇美妙的科学现象，享受科技馆的教育。徐延豪希望各级科技馆团结协作，联合行动，带着一颗爱心和责任心，把科普事业做强、做大、做精彩，为今后科普事业的繁荣发展而努力奋斗。

【全国科技馆免费开放调研】 科普部在2011年调研353个科技馆基础上，进一步了解到各地科技馆基本信息及免费开放情况，8月初形成《全国科技馆免费开放情况专项调查报告》。组织免费开放财政补贴测算和研究，8月中旬向财政部提交了《关于全国科技馆免费开放项目补助的说明》，建议2013年在建筑面积大于5000平方米的93座科技馆首批实行常设展览免费开放。三是继续对全国科技馆的基础数据进行补充调查和核实，8月下旬印发补充调查通知，重点对科协系统的科技馆进行了调查。

【“农村中学科技馆”大型公益项目启动】 8月26日，农村中学科技馆公益项目捐赠签约暨启动仪式在北京举行，中国科技馆发展基金会和正大环球投资股份有限公司、新时代证券有限责任公司签订捐赠协议，共同建设“农村中学科技馆”公益项目。该项目计划在2015年“十二五”时期末，在全国特别是中西部建设1000所农村中学科技馆。

全国人大常委会副委员长、中国科协主席、中国科技馆发展基金会名誉理事长韩启德，全国政协教科文卫体委员会副主任、中国科技馆发展基金会名誉理事长邓楠，中国科协常务副主席、书记处第一书记陈希，教育部副部长刘利民，正大集团副总裁杨小平，中国科协副主席、中国工程院副院长、中国科技馆发展基金会理事长谢克昌，中国科协副主席、书记处书记程东红，全国政协常委、中国科技馆发展基金会顾问齐让，中国科协常委、中国科技馆发展基金会副理事长屠海令，国家知识产权局副局长、中国科技馆发展基金会顾问鲍红，中国科协书记处书记王春法，以及北京市科协、中国科技馆发展基金会、国务院国资委新闻中心、正大环球、新时代证券等单位的负责人，受助学校的师生代表，北京30余家媒体的新闻记者出席了捐赠签约暨启动仪式。中国科协书记处书记徐延豪主持捐赠签约暨启动仪式。

仪式上，韩启德、邓楠、陈希、刘利民、杨小平、谢克昌共同为“中学科技馆”揭牌。韩启德为中学科技馆题词。仪式结束后，与会嘉宾参观并操作了“中学科技馆”展品。

中国科协书记处书记、机关党委书记王春法主持新闻发布会。中国科协办公厅、科学普及部、中国科技馆发展基金会有关负责同志、捐赠方代表出席新闻发布会并就“农村中学科技馆”大型公益项目做了详细说明。

“农村中学科技馆”项目是为进一步贯彻全国科技创新大会精神，按照胡锦涛总书记在全国科技创新大会上强调指出的“要切实把科学普及摆在与科技创新同等重要的位置”的要求，由中国科技馆发展基金会发起，中国科协和正大集团共同支持，在中西部地区，特别是经济欠发达地区、少数民族地区选择一定数量的农村中学进行试点，充分利用农村中学现有场地条件，结合初中生对科学技术的兴趣和爱好，建设农村中学科技馆。馆内配备科普展品、数字科技馆、科普图书、学生科技创意作品以及多媒体投影设备等，以提升农村青少年的科学素质。到2012年年底，将先期建立10个试点；计划在2015年“十二五”时期末，在全国特别是中西部建设1000所农村中学科技馆。

“农村中学科技馆”公益项目作为一项长期任务，促进了科普事业和科普产业的发展。开展“农村中学科技馆”公益项目，可以进一步培养农村中学生讲科学、爱科学、学科学、用科学的精神，切实提升中西部、经济欠发达地区、少数民族地区的中学生科学素质；利用科普展品、数字科技馆和多媒体设备等进一步促进教育资源均衡化发展，为中西部地区农村青少年体验科技成果，享受科技乐趣提供更好的途径与场所；同时，逐步铺开的农村中学科技馆建设将对科普产品有较大需求，将有力地带动和促进整个科普展品产业发展。

该项目未来将逐步鼓励当地政府采取不同方式增加配套资金，充分发挥社会力量，倡导并鼓励用市场化方式进一步推广实施该公益项目，扩大覆盖面，惠及更多学生和农村居民。

【中国科技馆引入国际管理标准 实现物业保障标准化规范化】 中国科技馆新馆开馆两年来，接待中外观众700余万人次，单日最高接待量达4万人次，赢得了社会各界的广泛赞誉。在运行工作中，全馆始终将提升管理与服务水平作为工作第一要务来抓，着眼于推进科学管理和综合服务能力。物业保障工作作为场馆基础性重点工作，一直致力于以科学化管理方式承担全馆建筑物、构筑物、设施设备及场馆环境的安全、绿色运行任务。

为了在现有硬件平台基础上，实现中国科技馆物业服务标准化、规范化、制度化管理，最大限度地发挥科普基础设施安全、高效、绿色功能，2011年上半年，中国科技馆主动引入ISO9001：2008《质量管理体系要求》、ISO14001：2004《环境管理体系规范使用指南》、GB/T28001—2001《职业健康安全管理体系规范》三个标准，以国际通用的管理标准，促进场馆物业工作再上新台阶。三个国际标准有利于规范物业管理工作、提升物业管理能力和服务水平，为社会公众和全馆职工创造一个安全有序、温馨舒适的参观环境和工作环境。中国科技馆以物业管理工作实际情况为出发点，将质量、环境、职业健康安全三个管理体系整合成一个体系，编制完成了指导物业保障工作的标准化体系文件，包括管理手册、程序文件、工作手册和运行记录四部分。

为了验证标准化体系文件对工作的指导性和适用性，2011年8～11月，体系文件正式进入运行阶段。物业保障部本着“写到做到、做到查到”的原则，按照文件规定进行管理和操作。三个月间，设备设施运行正常，节能降耗措施到位；房屋建筑及公共配套设施完好率达95%以上；污水、噪音排放达标，废弃排放管控措施到位；维修及时率100%，有关服务质量的投诉低于2起/(万平方米·年)，投诉处理率100%；通过满意度调查统计，综合满意率达99.45%；物业作业、设备运行及管理区域内噪音符合国家标准；集中空调空气质量符合GB/T18883—2002《室内空气质量标准》；水、电、空调等能源消耗计划低于计划指标；垃圾分类收集与集中处理符合要求。2011 年上半年中国科技馆物业保障工作共收到观众表扬信 20 余封，标准化体系文件运行后的下半年共收到观众表扬信 50 余封。

2011 年 12 月上旬，中国科技馆一次性通过了国家认证认可监督管理委员会授权的认证机构的认证审核，取得 ISO900：2008、ISO14001：2004、GB/T28001—2001 三个标准的认证证书。

中国科技馆主动引入质量、环境、职业健康安全三个标准并取得认证证书，标志着中国科技馆物业服务保障工作在实施标准化、规范化、制度化管理方面迈上了新台阶。认证不是终点，改进永无止境，为了确保标准化体系文件持续完善和服务质量不断提高，中国科技馆物业保障工作将采取“请进来、走出去”的方式，与科技馆行业、物业服务企业及大型文化场馆不断沟通交流，为标准化体系文件汲取更丰富的建议。与此同时，将按照“以认证促服务”的工作思路，不断提高质量、环境、职业健康安全管理水平，确保场馆设备设施持续高效运行，创造现代、舒适、健康、绿色的参观与工作环境。

【全国科普创作与产品研发示范团队创建活动启动】 为引导和鼓励社会力量参与科普创作与产品研发，培养一批优秀科普创作与产品研发示范团队，引领、带动科普产业源头创新，服务全民科学素质建设，2012 年，中国科协组织开展全国科普创作与产品研发示范团队创建活动，旨在挖掘、培养一批科普创作与产品研发示范团队，提升其在科普创作与产品研发等方面的创新能力和竞争实力，促进其在科普事业和科普产业发展中持续发挥引领和带动作用。

5 月 23 日，科普部在中国科技会堂召开了全国科普创作与产品研发示范团队创建活动座谈会，邀请来自国家相关部委、高校及科研机构、科技场馆、影视制作单位、科普产品研发企业等 17 家单位的资深专家，就创建活动的目标、范围、实施方案和管理办法广泛征求了意见。

会上，各位专家对中国科协开展全国科普创作与产品研发示范团队创建活动表示了充分肯定，并从不同角度、多个层面对推进创建活动高效、健康、可持续开展提出了富有建设性的意见和建议。

8 月 16 日，中国科协下发《关于开展全国科普创作与产品研发示范团队创建活动的通知》，各全国学会、地方科协和有关单位认真组织申报推荐工作，共收到申报材料 149 份。经资格审查、专家评审和公示，最终命名 29 个示范团队，涉及科普展品研发设计、科普编创出版、科普文艺创作、新媒体科普传播等领域。

【培养高层次科普专门人才试点工作启动】 2 月 15 日，教育部、中国科协召开了“推进高校培养科普专门人才试点工作协商会”，就高校培养科普专门人才相关事宜进行协商。会议旨在落实国务委员刘延东在 2012 年 1 月 17 日听取《全民科学素质行动计划纲要》实施工作汇报会的“请教育部会同中国科协探索在高校开设科普相关专业和课程，培养本科或研究生阶段的科普人才”指示精神，实施中国科协与教育部商谈工作会议纪要中提出的“围绕《科学素质纲要》和《教育发展纲要》提出的任务，进一步提高公民科学素质，积极尝试在高校培养本科或研究生阶段的科普人才”工作任务。会议由国务院学位办副主任、教育部学位管理与研究生教育司副司长孙也刚主持。

中国科协书记处书记徐延豪出席会议并讲话。中国科协科普部部长杨文志，副部长辛兵，中国科技馆党委书记、副馆长殷皓，副馆长黄体茂，教育部学位管理与研究生教育司专业学位处处长唐继卫、质量监督处处长徐维清，以及清华大学、北京航空航天大学、北京师范大学、华东师范大学、浙江大学、华中科技大学六所高校的研究生院和人才培养相关院系的负责人出席了会议。

徐延豪在讲话中强调，公民科学素质是国家核心竞争力的关键，也是建设好创新型国家的重要基础。全民科学素质行动工作自 2006 年启动以来，整项工作扎实推进，对专业人员的队伍建设需求日益加大，科普专门人才的建设工作意义深远。

辛兵就科普专门人才培养工作的必要性、可行性和科普专门人才培养试点工作方案向与会专家做了详细介绍。

会议就高校培养科普专门人才培养模式、生源选择、实习基地建设、就业去向等方面的工作进行了协商。

会议商定，教育部与中国科协将围绕启动高校培养科普专门人才工作核心，重点开展符合科技场馆需求的科普教育人才等专门人才培养试点工作，同时支持试点高校、科技场馆共同开展相关课题研究，为试点工作提供理论依据和支撑，完善科普专门人才培养方案，推进科普专门人才培养工作。

3 月 8 日，中国科协科普部在中国科技会堂召开推进高校培养科普专门人才试点工作动员部署会。

来自清华大学、北京航空航天大学、北京师范大学、上海科技馆、广东科学中心、浙江科技馆、湖北科技馆、武汉科技馆、大众科技报社、科学普及出版社、中国科普研究所等试点单位和中国科协和教育部的相关工作负责同志参加了此次会议，共同商讨在高校培养专门人才试点工作的有关情况。会议由中国科协科普部部长杨文志主持。

参会的各个单位代表从不同角度以试点培养的科普教育人才、科普产品创意与设计人才和科普传媒人才的培养为中心，就人才岗位需求、人才培养模式、人才培养方案、人才素质需求等进行了深入的交流和探讨。

中国科协书记处书记徐延豪、教育部学位管理与研究生教育司专业学位处处长唐继卫出席会议并作了重要发言。

在听取了大家的商讨后，教育部学位管理与研究生教育司专业学位处处长唐继卫表示国家已经有了很好的顶层设计，而我们试点工作的组织和推进单位需要有更扎实的中层规划和操作性强的方案。同时各高校和场馆在对接过程中要突出各自的特色，做好专门人才的培养工作。

中国科协书记处书记徐延豪在讲话中强调科普专门人才的培养是科技场馆义不容辞的责任，中国科协将全力支持这项工作，并将设立奖学金，设法解决这些人才的就业问题，把他们的工作与职业发展联系起来。

【中国科协年会科普活动暨河北科普嘉年华启动】 9月9日，第十四届中国科协年会科普活动暨河北科普嘉年华启动仪式在河北省石家庄市启动。中国科协副主席、书记处书记程东红，中国科协书记处书记徐延豪，河北省委常委、宣传部长艾文礼，河北省人大常委会副主任马兰翠，中国科协科普部副部长、青少年科技中心主任李晓亮，中国科协学会部副部长朱雪等出席了启动仪式。启动仪式由河北省政协副主席、党组副书记刘永瑞主持。

河北科普嘉年华活动是第十四届中国科协年会的重要组成部分，共分为全省科普大联动、省会科普嘉年华、全省科普文艺大汇演、专家院士进校园四大序列活动。活动从7月中旬起随着年会筹备工作的进行在各地陆续举办，一直持续到9月中旬，年会期间掀起科普活动的高潮。全省有800万名群众直接或间接地受到一次科普教育。

启动仪式上，与会领导为全省科普大联动先进单位颁发奖牌，为全省科普文艺大汇演优秀科普文艺节目颁发证书，程东红宣布第十四届中国科协年会科普活动暨河北科普嘉年华开幕，徐延豪为专家院士进校园科普报告团授旗。

艾文礼在启动仪式上讲话中表示，科普不仅是年会的重要组成部分，也是年会的一大亮点。河北省委、省政府对举办好年会科普活动高度重视，明确提出要把年会办成一次广普科技知识的盛会。围绕“节约能源资源、保护生态环境、保障安全健康、促进创新创造”的科普主题，全省将组织实施千余场各具特色的群众性科普活动，数百万群众将受到一次科普教育。

【第五届中国（芜湖）科普产品博览交易会】 11月23日，由中国科协和安徽省政府共同主办，安徽省科协和芜湖市政府联合承办的第五届中国（芜湖）科普产品博览交易会（以下简称科博会）在芜湖市国际会展中心开幕。中国科协常务副主席、书记处第一书记陈希出席并讲话，中国科协书记处书记徐延豪出席并参加展会有关活动。

陈希首先代表中国科协对第五届科博会的召开表示祝贺。他指出，科博会的举办是深入学习贯彻党的十八大精神，推动发展科普文化产业，提高全民科学素质的一项具体举措。党中央、国务院历来高度重视全民科学素质工作。全国科技创新大会提出到“十二五”期末我国公民具备基本科学素质的比例要超过5%。如期实现这一目标，需要在充分发挥政府主导作用的同时，进一步发挥市场的基础性作用，建立公益性科普事业与经营性科普产业并举的体制机制。

陈希指出，党的十八大报告把普及科学知识、弘扬科学精神、提升全民族科学素养作为全面建成小康社会的重大内容；把促进文化和科技融合，发展新型文化业态，提高文化产业规模化、集约化、专业化水平，作为建设文化强国的重大举措，这为培育壮大科普文化产业指明了方向，也让我们对科普文化产业的未来更加充满信心。

陈希对安徽发展科普文化产业给予了充分肯定。他指出，科博会在安徽已连续成功举办了四届，社会影响力越来越大，已成为我国科普文化产业发展的重要市场品牌。这充分说明了安徽省委省政府和芜湖市委市政府的长远眼光，充分说明了广大企业界投入科普文化产业，具有广阔的市场前景，充分说明了做好全民科学素质工作，充分发挥政府和市场两方面的积极性，这一思路是完全正确的。

陈希强调，普及科学知识，弘扬科学文化，提高全民族科学精神，是一项长期任务和全社会的共同任务。要大力促进文化与科技的深度融合，积极发展新型文化业态，加快发展科普文化产业，扩大生产规模，优化市场环境，激发科普文化产业活力，为提升全民族科学素养，建设文化强国，全面建成小康社会，不断做出新的更大贡献。

出席开幕式和参观展会现场后，陈希、徐延豪在安徽省副省长倪发科、安徽省科协党组书记、常务副主席周建强和安徽省芜湖市负责同志的陪同下，分别为芜湖市高新区科协、中国科协海智计划芜湖工作基地揭牌，考察了华东光电技术研究院。

徐延豪出席了2012年科普产业高端论坛暨科技馆馆长论坛、安徽省首届科普产业博士论坛开幕式，并与安徽省中国科协“八大”代表进行了座谈。

科博会是我国唯一的国家级、综合性科普文化产业博览交易会。本届科博会以“发展科普文化产业、促进科技服务”为主题，共有国内外256家的高等院校、科研单位、企业和科技团体参展，吸引了包括全国各级科技馆在内的买方团参会，各省（自治区、直辖市）科协和安徽省省辖市组团参会。

本届科博会展示交易内容更加突出科技服务民生、凸显科普事业与科普产业并举发展、着力推动科技创新资源向科普资源转化应用。展品亮点纷呈，既有“神九”航天的返回舱、交会对接模型等代表我国最新科技成果的展品，还有智能机器人等高新技术产品，以及家庭灾害应急设备等贴近百姓生活的展品和大学生科普作品。科博会期间，还举办了丰富的涉会活动，邀请了“神九”航天员、潜航员以及有关院士专家为公众作科普报告，举办了科普产业论坛、科技馆馆长论坛、科普产业博士论坛，开展了科普产品供需对接、优秀科普产品和优秀组织单位评选等活动。

【中国科协向基层科协配发 110 辆科普大篷车】 12 月 6 日，2012 年中国科协科普大篷车交接仪式在北京亦庄经济开发区举行。中国科协常务副主席、书记处第一书记陈希，中国科协书记处书记徐延豪，中国科协科普部部长杨文志，科技部政策法规司司长徐建培及基层科协代表出席了交接仪式，仪式由中国科技馆党委书记、副馆长殷皓主持。交接仪式上，陈希书记把科普大篷车钥匙交给基层科协代表，并宣布“2012 年科普大篷车出发”，新开发的 110 辆科普大篷车将奔赴全国各地乡镇、农村。

“科普大篷车”是通过特制的运输车和车载展品等科普资源，为乡镇、农村等最基层公众开展流动式科普服务的公益性基础设施。2012 年，按照中国科协的总体部署，由中国科技馆负责组织实施科普大篷车项目。为了提高科普大篷车的科普功能，更好地为基层公众服务，采取加大展品研发投入、优化车载展品设计方案、创新研发壁挂展品、加强过程指导和监督等措施，提高了车载展品的制作质量。创新开发的 2088 件壁挂展品，丰富了科普大篷车的车载展品资源，提高了科普大篷车科普服务能力。这些小型互动展品与教育活动资源包相配合，可为基层公众提供参与科学实践的机会。通过观众与展品的互动，达到激发科学兴趣、启迪科学观念、传播科学精神、思想和方法的目的。

2012 年，中国科协共向全国 28 个省、自治区、直辖市及新疆建设兵团的基层科普单位配发 110 辆科普大篷车，并同时为 5 辆科普大篷车更新了车载展品。各配发单位将按照中国科协的总体要求，每年面向基层公众开展丰富多彩的科普活动，并在科技周、科普日、“科技、文化、卫生”三下乡活动期间，开展全国范围的科普大篷车联合行动。

中国科协于 2000 年启动了科普大篷车项目。经过 12 年的发展，目前已成功研制 4 种车型，面向全国 31 个省、自治区、直辖市及新疆建设兵团配发了 607 辆科普大篷车。据统计，科普大篷车累计行驶里程达 1800 多万公里，开展活动 9 万余次，受益人数 1.1 亿人次，各级媒体报道 3 万余次。由于其机动灵活的特点，极大地满足了基层公众的科普需求，被亲切地称为“科普轻骑兵”。

目前，我国公民的基本科学素质与全面建成小康社会的总体目标相比还有一定差距，农村乡镇是科普工作的薄弱环节。科普大篷车将在乡镇、农村等边远地区的科普工作中发挥重要作用，并与大中城市科技馆、流动科技馆、数字科技馆一起构成具有中国特色的科技馆体系，共同实施《科学素质纲要》，为提高全民科学素养发挥重要作用。

【2011 年全国十大科普事件揭晓】 2012 年 1 月 16 日，由中国科协等单位评选的“2011 全国十大科普事件”揭晓。

本次评选出的全国十大科普事件按时间排序为：日本核泄漏事故引发公众对相关科技知识的强烈需求，科学家与媒体积极响应；“国际化学年”活动精彩纷呈，社会公众热心参与；中国科协“八大”成功召开，为科普事业进一步发展指明方向；国家首次举办“全国食品安全宣传周”活动；《全民科学素质行动计划纲要实施方案（2011—2015）》发布，明确未来五年公民科学素质建设重点工作；中国流动科技馆全国巡展启动，科普资源公平普惠迈出新步伐；全国科普日北京主场首次深入社区，受到社会公众广泛欢迎；科学道德和学风建设宣讲教育全面展开，社会各界给予充分肯定和好评；天宫一号、神舟八号相继发射升空并成功对接，掀起新一轮航天科普潮；钱学森诞辰一百周年系列活动开展，科学精神得到进一步弘扬。

【建立公民科学素质共建机制工作沟通会】 2012 年 11 月 2 日，建立公民科学素质共建机制工作沟通会在北京召开。全民科学素质纲要实施工作办公室主任、中国科协书记处书记徐延豪，全民科学素质纲要实施工作办公室副主任、中国科协科普部部长杨文志出席会议，中国科协科普部副部长纳翔主持会议。各省、自治区、直辖市和新疆生产建设兵团科学素质纲要实施工作办公室有关负责同志、科普部部长及有关人员参加会议。

会议包括三方面议题：一是研究部署建立公民科学素质建设共建机制工作；二是研究讨论《关于建设公民科学素质建设共建机制，落实公民科学素质建设目标的工作方案》（讨论稿）、《公民科学素质建设共建协议（一省一册）》（征求意见稿）；三是沟通协调各省、自治区、直辖市和新疆生产建设兵团公民科学素质分解指标。会议旨在贯彻落实全国科技创新大会精神，推动建立公民科学素质建设共建机制，调动各地工作积极性、主动性，扎实有效推进全民科学素质工作，顺利实现“十二五”时期我国公民具备基本科学素质的目标。

徐延豪就建立公民科学素质建设共建机制提出三点意见：一是充分认清全民科学素质工作面临的新形势新要求新期待，增强工作的紧迫感和责任感。二是求真务实，通力合作，努力实现“十二五”时期我国公民科学素质建设目标任务。三是统一思想，联合行动，切实做好公民科学素质建设共建机制的启动实施工作。

徐延豪对各级科协提出要求：一是要以认清本地公民科学素质工作的特点及薄弱环节为首要任务；二是要以加强自身队伍建设为核心，打造一支专业化的科普队伍；三是要以大联合大协作为主要工作机制，加强与各成员单位的沟通与协调；四是要以贯彻落实为根本工作目标，将全民科学素质工作切实落实到基层。

杨文志作了题为《关于建设公民科学素质建设共建机制，落实公民科学素质建设目标的初步设想》工作报告。报告初步确定建立公民科学素质建设共建机制的指导思想，明确指出公民科学素质建设共建机制的基本含义，提出实施公民科学素质建设共建机制的主要措施。

中国科普研究所素质室主任何薇还就公民科学素质建设目标分解作了详细说明。与会人员特别是各地相关负责同志围绕建立公民科学素质共建机制进行了热烈讨论，并提出具体意见与建议。会议达成了推动建立公民科学素质建设共建机制的共识。

【首届科技场馆科学教育项目展评活动】 6月19日，首届科技场馆科学教育项目展评活动在京开幕。3天时间内，全国各地47家科技场馆、科技类博物馆和科普教育基地带来的60个科教项目，在中国科技馆角逐科技场馆科学教育项目奖。

首届科技场馆科学教育项目展评是在中央文明办、教育部和中国科协共同发起的“科技馆活动进校园”工作试点实践6年之后，全国科技场馆科学教育活动成果的一次集中展现和检验。

主办方共收到来自全国88家科技场馆、科技类博物馆、全国科普教育基地的项目申请188个。经过初评，共有60个项目入围，各入围项目在中国科技馆以展览和现场展示的方式进行了展览。中国科协书记处书记、中国科技馆馆长徐延豪，中国自然科学博物馆协会副理事长赵有利，中国科技馆党委书记、副馆长殷皓，副馆长欧建成，中国科协青少年科技中心主任李晓亮、副主任楼伟，以及教育部的有关领导出席了展评活动的展览开幕式和颁奖典礼。

参加本届展评的项目按照“基于展品开展的教育项目”、“科技场馆拓展性教育项目”、“综合利用场馆资源开展的教育项目”分成三大类，包括专题参观导览、互动式科学培训、科学演示、动手做活动、科学考察、科学俱乐部等形式，既有在场馆内开展的活动，也有走出场馆、进入学校的活动。本次展评活动设项目展览和现场展示两个环节。各项目方案设计成展板方式在中国科技馆东大厅展出，各参展单位，中小学科学教研员、科学教师将用手中的选票，“投”出他们心目中理想的科技场馆科学教育项目。本届项目展评也对来科技馆参观的普通观众开放，主办方通过调查问卷了解公众对各个教育项目的欢迎程度。现场展示环节设立了三个分会场，每个项目都派出设计和实施团队代表，自由选择演讲、片段展现或者实物展示各种方式展现自己的项目方案。每个项目展示后，评委还就项目开展、设计的可行性和实施效果等相关问题进行提问。

经过评委会评审，同行互评、教师观察员的投票，最终确定了一等奖4项，二等奖6项，三等奖8项，优秀项目奖12项。展评活动不仅为参加展评的各科技场馆的教育项目团队代表提供了交流和探讨的机会，还专门邀请台湾自然科学博物馆科学教育组有关专家，东南大学学习科学研究中心的叶兆宁副教授举办专题讲座，就“科技场馆如何有效进行公众沟通，如何开展高质量的科学教育活动”等问题与参会者进行研讨和案例分享。

【审定和命名397个全国科普教育基地】 为贯彻落实《全民科学素质行动计划纲要（2006—2010—2020年）》，推动《科普基础设施发展规划（2008—2010—2015年）》实施，加强全国科普教育基地建设，鼓励社会各方面参与科普工作的积极性，根据《全国科普教育基地认定办法（试行）》，中国科协组织开展了2012年度全国科普教育基地的认定工作。通过各地申报，全国学会、省级科协和国家相关部门初评和推荐，中国科协评审、公示等程序，中国科协决定命名中国古动物馆等397个单位为全国科普教育基地，示范期为2012～2016年。

【科普专委会和农村少数民族专委会专题科普工作调研】 7月11～15日，中国科协科普部组织第八届常务委员会促进农村和少数民族地区发展专门委员会、科学技术普及专门委员会部分委员赴甘肃省甘南藏族自治州调研少数民族科普工作情况。

甘南藏族自治州下辖7个县1市，平均海拔3000米。经济以农牧业为主，其中有5个县市为纯牧业县，3个县为半农半牧县。在短短的5天时间里，委员们先后考察了甘南地区5个县市，行程2000多公里。走访了科普惠农先进集体、中草药种植基地、大棚蔬菜种植基地、农产品加工企业和青少年活动中心。考察期间举办了甘南州纲要工作座谈会，听取州党委政府科学素质纲要工作汇报。考察州、县科协科普基础设施建设，与县科协主席座谈，了解基层科协围绕科学素质纲要开展的科普工作情况。走访了农牧民家庭，了解少数民族地区农牧民生产和生活情况。为提高少数民族地区干部群众科学素质，促进当地少数民族地区社会经济发展，促进少数民族地区和谐社会建设，提出了宝贵的意见和建议。

8 月 6 日，农村和少数民族专委会及科学技术普及专门委员会的部分委员赴广西壮族自治区河池市和百色市，进行了为期 5 天的农村妇女科学素质工作调研。

调研组一行先后考察了河池市巴马瑶族自治县香猪开发协会、百色市乐业县猕猴桃基地、百色市右江区林下养鸡科普示范基地、华润百色新农村建设基地，听取巴马瑶族自治县全民科学素质纲要工作汇报，与巴马县甲篆乡坡纳村农民、华润百色希望小镇农民座谈，了解当地实施全民科学素质纲要工作情况、农民生产生活情况和农村妇女科学素质现状及需求。

调研组对河池市巴马瑶族自治县和百色市乐业县的全民科学素质工作给予了充分的肯定，对农村科普示范基地和农技协在提高农民科学素质、特别是提高农村妇女科学素质，促进当地农业产业发展的工作给予了高度评价。调研组还针对县科协开展的科普工作提出建议，指出要围绕当地党委政府中心工作，贯彻落实《科学素质纲要》，做到有所为有所不为，抓关键、抓重点，集中力量切实解决农民的科技需求。

农村和少数民族专委会副主任、中国农村专业技术协会理事长吕飞杰，农村和少数民族专委会委员、国家民委教科司司长田联刚，农村和少数民族专委会委员、国务院扶贫办培训中心副主任任铁民，科普专委会委员、中国青少年科技辅导员协会常务副理事长牛灵江，科普专委会委员、中国科学院大气物理研究所研究员、中国科学探险协会主席高登义，中国科学院自然科学史研究所研究员廖育群参加了调研。中国科协科普部副部长纳翔、广西科协副主席朱东以及有关人员陪同参加了调研活动。

【全国政协教科文卫体委员会、中国科协送科技下乡活动】 12 月 24 ~ 25 日，中国科协书记处书记徐延豪在安徽参加由中宣部、科技部、中国科协等九部委联合举办的全国文化科技卫生“三下乡”集中服务活动。12 月 25 日上午，在安徽省六安市独山镇举行的“三下乡”集中服务活动启动仪式上，徐延豪代表中国科协向独山镇捐赠了 33.5 万元的物资。

启动仪式后，徐延豪一行在安徽省科协党组书记、常务副主席周建强，副主席梁寿南，六安市政协副主席、科协主席司敏等陪同下走访慰问了独山镇常桥村部分老党员和困难群众，并送去了慰问品。

随后，徐延豪一行来到六安市独山中学，为此次活动中国科协资助的青少年科学工作室揭牌。徐延豪详细了解了工作室设计、建设情况，饶有兴趣地体验了先期建好的部分展项（品），并就青少年科学素质教育等与学校负责人和老师进行了交流。

徐延豪一行还考察了 2012 年获得中国科协和财政部表彰的全国科普惠农兴村计划先进集体六安市奥林园艺科普示范基地。徐延豪实地查看了基地的建设及科普惠农服务开展情况，就如何在新时期下推进农技协和农村科普基地建设，发挥其科普示范带动作用，与当地科协和基地负责人进行了深入交流座谈。在听取了基地工作汇报后，徐延豪说，一直以来，党中央、国务院都高度重视农村工作，党的十八大提出了要构建集约化、专业化、组织化、社会化相结合的新型农业经营体系，要紧紧抓住这一有利时机，深入贯彻落实十八大精神，以全民科学素质纲要为统领，积极开展农村科普工作，探索新形势下农技协发展规律，依靠农技协和农村科普基地在农业科技传播和农民技术培训中的独特作用，充分发挥农技协和农村科普示范基地在科普惠农项目中的典型示范带动能力，引进新技术新品种，进行试验、示范和总结推广，为农村发展、农业增效、农民增收做出更大的贡献。

【《公民科学素质指标（CSL）七问》发布】 为加强公民科学素质指标概念本身的普及，2012 年，全民科学素质纲要实施工作办公室研究编制了《公民科学素质指标（CSL）七问》宣传册，对公民科学素质的内涵、公民科学素质指标的作用、测算方式、发展状况以及“十二五”时期我国公民科学素质发展目标等进行全面、通俗的解读。《公民科学素质指标（CSL）七问》宣传册，主要包含：什么是公民科学素质？公民科学素质指标（CSL）的作用是什么？CSL 数据是通过什么方式获得的？CSL 值是如何测算出来的？我国 CSL 发展状况如何？我国 CSL“十二五”发展目标是什么？“十二五”全民科学素质工作重点任务七个方面的内容。

【全民科学素质工作摄影征集活动】 2012 年 8 月 1 日开始，全民科学素质纲要实施工作办公室委托北京科技报社组织举办了举办“提升科学素质 影藏精彩瞬间”——2012 年《全民科学素质工作》月刊摄影征集活动。

截至 2012 年 12 月 31 日，主办方共收到作品 5943 幅。作品来自各省市宣传部门、科协、气象局、医院、学校等多家单位，内容涵盖了重要会议、青少年科技活动、全国科技周和全国科普日等大型活动，以及科技工作进基层、少数民族科普活动等特色工作。

征集活动结束后，主办方组织专门评审委员会，对征集的作品进行评选。经过三轮评选，评审委员会最终评选出一等奖 10 幅、二等奖 19 幅、三等奖 37 幅、优秀奖 74 幅。

【“食品与健康”全国科普巡展活动】 根据韩启德主席关于食品安全科普宣传的指示精神，2012 年，中国科协与国务院食品安全委员会办公室联合编制印发了《2012 年食品安全科普宣传工作方案》和《食品安全科普宣传大纲》。制作了食品安全专题宣传片和主题展览，启动全国食品安全知识竞赛活动，参赛人数近 280 万人。并在全国食品安全周期间，组织开展了食品安全科普系列活动，其中与中国电信合作的短信宣传活动，通过彩信手机报的方式每天向用户免费播发“食品安全科普知识”手机报，预计覆盖公众达 6000 万人次。

【2012 年全国学会科普能力建设高级研修班】 11 月 19 ~ 21 日，为进一步提高全国学会科普管理干部的科普工作能力，全国学会科普能力建设高级研修班在清华大学开班。本期研修班由中国科协科普部、中国科协—清华大学科技传播与普及研究中心联合主办，参加人员包括中国科协所属全国学会、协会、研究会以及分管科普工作的负责人。

研修班培训内容为剖析当前形势下学会在提高公民科学素质中的责任和使命；专家讲解科技传播与科技教育的基本理论和方法；学会科普工作人员交流一线科普实践经验。

国际学术交流

【国际天文学联合会第 28 届大会】 国际天文学联合会第 28 届大会开幕式 8 月 21 日在北京国家会议中心开幕。国家副主席习近平出席开幕式，并发表热情洋溢的致辞。

习近平代表胡锦涛主席和中国政府、中国人民对本届大会召开表示热烈祝贺。他说，这是 1935 年加入国际天文学联合会以来，中国首次承办联合会大会，大会的召开是国际天文学界的一件盛事，他向与会的世界天文学家和友好人士表示诚挚欢迎。

习近平指出，天文学是人类认识宇宙的科学，是推动自然科学发展和高新技术发展、促进人类社会进步的最重要、最活跃的前沿学科之一，对其他门类的自然科学和技术进步有着巨大推动作用。天文观测的每一次重大发现，都不断深化着人类对宇宙奥秘的认识；天文科学的每一项重大成就，都极大丰富了人类知识宝库；天文学与其他学科交叉融合实现的每一次重大突破，都对基础科学乃至人类文明进步带来现实的和长远的深刻影响。

习近平指出，中国作为世界文明古国之一，对天文学的发展作出了重要贡献。早在公元前 13 世纪甚至更早，中华民族的先人就建立了天文台，中国至今仍保存着世界上历时最长、最完整的天象记录。90 多年前，中国现代天文学开始起步。中华人民共和国成立以来、特别是改革开放以来，中国科学院建成了完整的现代化天文台站运行体系，继建成世界上光谱获取率最高的大视场光谱巡天望远镜之后，目前正在建设 500 米口径射电望远镜，并在空间天文和南极天文等重要前沿研究领域取得重要进展。

习近平强调，天文学的发展，是全人类认识宇宙的智慧结晶。天文学的发展历程，给予我们不少宝贵而深刻的启示。这主要有：科学技术发展是人类认识世界、改造世界的强大动力，人类文明每一次重大进步都与科学技术的革命性突破密切相关，实现经济社会可持续发展和人的全面发展，最根本的是要依靠科技的持续进步和创新。科学技术发展需要不懈探索和长期积累，只有心无旁骛地潜心研究，永不停息探索脚步，在巨人的肩膀上持续不懈前进，才能不断攀登世界科学高峰，推动人类进步。科学技术发展需要持续重视和加强包括天文学在内的基础研究，以战略眼光对此进行超前部署，为科学家们的前沿探求提供长期稳定的支持，使他们不断有所发现、有所发明、有所创造、有所前进。科学技术发展需要打牢坚实的群众基础，在全社会、全人类进一步形成讲科学、爱科学、学科学、用科学的浓厚氛围和良好风尚，不断提高民众科学文化素质，激发人们创新创造的无穷动力和蓬勃活力。科学技术发展需要开展广泛务实的国际合作，解决人类共同面临的能源资源、生态环境、气候变化、自然灾害、粮食安全、人口健康等重大问题，以造福于全人类。

习近平指出，改革开放 30 多年来，中国不但打开国门搞建设，也打开国门开展科技交流合作。特别是进入 21 世纪以来，世界自然科学界和工程科学界相继在中国召开了包括国际数学家大会、世界工程师大会等在内的一系列重要国际学术交流盛会。这极大开阔了中国科技界的国际视野，加深了国际科技界对中国的了解和认识，促进了中国和国际科技界的相互交流、借鉴与合作，也为中国科技界对世界科技发展作出贡献创造了有利条件。他表示相信，本届大会在中国的召开，必将对增进中国天文学家与各国天文学家的友谊、促进中国与国际天文学界的交流合作、推动中国天文学及相关学科发展产生积极影响；同时必将激励包括中国在内的世界各国充满好奇和求知欲望的年轻人，把他们关注的目光投向灿烂星空，激发他们投身天文观察和天文学研究的浓厚兴趣，投身当今世界科学技术的创新实践。

国际天文学联合会主席罗伯特·威廉姆斯在开幕式上致辞，祝贺国际天文学联合会第28届大会成功召开，并对中方为本次大会所作的积极努力表示赞赏。

开幕式上颁发了国际天文学联合会格鲁伯宇宙学奖。我国著名天文学家苏定强院士在开幕式上作学术报告，中国天文学会理事长崔向群院士在开幕式上致辞。

开幕式前，习近平还会见了威廉姆斯等与会嘉宾。中国科协常务副主席、书记处第一书记陈希，中国科学院院长白春礼，外交部副部长翟隽，教育部副部长杜占元，中央政策研究室副主任施芝鸿，中国科协副主席、书记处书记程东红，中国科学院副院长詹文龙，国际自然科学基金委员会副主任何鸣鸿等陪同会见并出席开幕式。中国科协书记处书记张勤等出席开幕式。

国际天文学联合会大会每3年举办一次。本次会议由中国科协所属中国天文学会具体承办，会议期间，来自88个国家和地区的2000余名代表，将就天文学领域一系列重要议题展开交流和探讨。

【第23届世界力学家大会】 8月20日，被誉为“力学奥林匹克”的第23届世界力学家大会在北京开幕。中国科协常务副主席、书记处第一书记陈希，国家自然科学基金委数理科学部常务副主任汲培文，中国力学学会理事长胡海岩，国际理论与应用力学联合会（IUTAM）主席Timothy Pedley等出席开幕式并致辞。大会由中国科学院院士白以龙担任主席。来自世界66个国家和地区的1500余名专家、学者参加会议，就力学学科最新发展和前沿问题开展交流研讨。

陈希在开幕词中指出，力学在人类科技知识体系中占有基础性和先导性的地位，并在当今社会生活的各方面都发挥着重要作用。第23届世界力学家大会在北京举办，是国际力学界的一件大事，也是中国力学界的一件喜事。本届大会不仅为中外力学工作者搭建了一个展示创新成果、交流学术心得的平台，还将为推动中国力学快速发展作出积极贡献。他指出，中国科协将继续支持包括中国力学学会在内的科技社团参与国际科技组织并发挥积极作用。

胡海岩表示，能够获得世界力学家大会的举办权，意味着我国力学研究水平得到世界力学界广泛认可，这是中国力学全面走向世界的一个里程碑。

Timothy Pedley表示，世界力学家大会是力学界水平最高、最具影响力的国际盛会，被誉为“力学奥林匹克”。中国能够申办成功此次大会，标志着中国力学界已在国际上占有了重要地位。他坚信本届大会将成为一场力学界史无前例的盛会。

在开幕式上，Timothy Pedley代表IUTAM向陈希、汲培文、胡海岩、白以龙等颁发了IUTAM标志纪念品。

第23届世界力学家大会覆盖力学各分支学科，在为期5天的时间里，大会将举行开幕式、闭幕式、希尔奖、巴彻勒奖4个特邀大会报告。开幕式和闭幕式上，分别由来自我国的陈十一教授就“多尺度流体行为”、来自美国的L. B. Freund教授就“固体热力学”的最新进展进行演讲。希尔奖获奖者高华健教授（美国）和巴彻勒奖获奖者D. Lohse教授（荷兰）也将分别做大会邀请报告。大会还设置了17个特邀专题报告，6个前沿专题研讨会及其26个主旨报告，46个分支学科分会及其1370余个分会报告。与会专家、学者围绕力学各分支学科的最新进展和成果进行了交流与探讨。

本届大会得到了国际力学界的广泛响应，论文征稿截止时共收到2060余篇稿件。经过严格的审稿程序，共录取了1620余篇论文，到会宣讲的论文有1420余篇。

据悉，世界力学家大会由von Kaman等著名力学家在20世纪20年代初发起，并于1924年在荷兰代尔夫特（Delft）举办了第一届会议，已举办22届。举办地以欧、美发达国家为主，迄今仅在土耳其、以色列、日本三个亚洲国家举办过。第23届世界力学家大会在北京举行，是“力学奥林匹克”近百年来首次落户中国。为了争取这一盛会在中国举行，几代中国力学人进行了20余年的不懈努力，终于在2008年取得了第23届“力学奥林匹克”（ICTAM 2012）的举办权。

以“第23届世界力学家大会”在北京举办为契机，中国力学学会推出了主题为“力学·成就·未来”（Mechanics·Achievement·Future）的2012中国力学年活动。中国力学学会各分支机构暨广大力学工作者通过学术会议、力学杂志、报刊网站、科普讲坛、力学竞赛等，普及力学科学知识、宣讲力学科技成果、展望力学发展未来，提升力学在公众中，特别是在青少年中的认知和影响。

【第31届国际生物科学暨生物产业大会】 7月5日~9日，第31届国际生物科学暨生物产业大会在江苏省苏州市举行，这是90多年来该会议首次在中国大陆举行，会议主题为“推进生物科学，使生活更美好”。此次会议由国际生物科学联合会（IUBS）、中国科学院生命科学与生物技术局和国际合作局、中国科学技术协会国际联络部主办。国际生物科学联合会中国国家委员会（CCIUBS）、中国科学院动物研究所、植物所、遗传与发育所、国际动物学会（ISZS）和苏州市吴中区人民政府联合承办。

来自世界40多个国家的400多位科学家、科研人员和学者参加了大会，其中包括国际生物科学联合会主席Giorgio Bernardi、副主席John Jungck、秘书长兼国际动物学会主席Jean-Marc Jallon、执行主任Nathalie Fompromix、挪威皇家科学院院长Nils Chr. Stenseth等。中国科协书记处书记张勤、中国科学院副院长张亚平、天津市政协副主席饶子和、苏州市政府副市长浦荣皋、苏州市吴中区委书记俞杏楠、苏州市吴中区人民政府区长金洁，以及十多位两院院士和来自国家发改委、科技部、国家自然基金委、联合国教科文组织、国际科学联合会等代表出席大会开幕式。国际生物科学联合会副主席、国际动物学会副主席张知彬主持了开幕式。

大会组织了包括气候变化生物学、基因组与进化、生物入侵、生物能源、纳米生物学、生物伦理与教育等十多个专题论坛分会。共有190多位来自世界各国的科学家进行报告发言或海报交流展示。

国际生物科学暨生物产业大会是世界性的生物科学盛会。相当于国际生物科学界的"APEC会议"。大会三年举行一次，期间来自世界各地的顶级生物科学家和国际组织单位负责人出席，带来最新学术、科研、应用技术和管理经验等方面成果；讨论决定未来三年科学发展实施计划，决定相应计划执行人与合作者；换届选举并决定下届大会主办国家与城市。大会致力于整合生物学的发展，倡导学科交叉，促进合作与交流，共同解决地球面对的各种挑战如全球变化、生物多样性保护、疾病控制、能源危机、食品安全、生物伦理与教育等。

近年来，吴中区依托"国家火炬计划医药特色产业基地"，将医药及生物技术产业作为重点培育的战略性支柱产业之一，着力打造"吴中药港"品牌。初步形成了从研发到生产、销售和服务外包一整条产业链，产品覆盖基因药物、化学药物、中药饮片和中成药、OTC营养补充剂、奎诺铜类抗生素关键中间体、原料药以及各种医辅材料、医疗器械等，部分产品在国内外市场具有较大的市场份额和竞争优势。吴中区已成为全国规模最大的OTC营养补充剂生产基地、全国最大的第三代头孢类抗生素及中间体供应基地、全国品种最全并已获得欧洲相关资质认证的肽类系列产品研发生产基地、全球最大的抗艾滋病药物关键原料生产基地等集产学研于一体的生物医药尖端研发产业基地。

截至2011年，吴中区共拥有医药、生物技术及相关企业百余家，其中医药及生物技术企业36家，医疗器械企业56家，服务外包企业8家，打造了中科院吴中生物医药研发园、药明康德安评中心等重要检测平台，并吸引了如诺贝尔医学奖得主穆拉德等世界顶尖科学家进驻。其中，辉瑞公司、药明康德、江苏吴中、东瑞制药、天马精化5家骨干企业已在海内外成功上市。2011年，全区医药和生物技术产业（含生物农业）实现总产值近百亿元。

"十二五"期间，吴中区将进一步确立生物医药产业的优先发展地位，加快创新体系建设，促进创新人才积聚。注重平台建设，切实加强产品研发，开发具有自主知识产权和关键技术的新产品。完善相关产业链，重点发展新型化学合成药、高端基因工程药物、营养补充剂、新型医疗器械以及医药服务外包，加快发展相关配套产业，进一步凸现吴中区生物医药产业的技术优势和产业优势，全面提升"吴中药港"的实力和知名度。

【2012年国际大学生物联网创新创业大赛全球总决赛】 7月7日10时，"2012年国际大学生物联网创新创业大赛全球总决赛"开幕式在中国科技馆隆重举行，来自全球华人微纳米分子系统学会、北京大学、中国科技馆等30多位院士、嘉宾和评委应邀参加了开幕式。中国科技馆副馆长欧建成在开幕式上致词。这是中国科技馆继去年成功举办"2011年国际大学生物联网创新创业大赛"之后，第二次举行这一具有重要国际影响的赛事。

"物联网大赛"是由全球华人微纳米分子系统学会主办，北京大学和中国科技馆承办的教育部质量工程项目，是面向国内外大学生的年度科技创新竞赛，秉承"传递iCAN理念、激发创新热情、点燃创业梦想"的精神，着力引导和激励高校学生勇于挑战，促进产学研结合，推动产业发展。

在开幕式后的"科学讲坛"环节中，我国著名机械工程专家、教育家、中国科学院杨叔子院士做了题为《人生在勤 贵在立志》的讲座。杨叔子院士结合个人从幼到老成长的经历，以亲身的实例畅谈了如何踏平坎坷、成人成才的感悟。他生动而具体地分析了天资、环境、勤奋三因素在成人成才过程中的重要作用，尤其是勤奋在一个人走向成功的过程中所起的非常关键的作用。

今年的总决赛有来自中、美、德、日等20个国家和地区的32支队伍，它们从上千支参赛队伍中脱颖而出，无论是参赛地区、参赛人数，还是作品质量比去年都有了较大提高。作为一项激励大学生创新的年度科技竞赛，该赛事形成了一定的产学研相结合的科技创新氛围，自2007年以来几届比赛的获奖作品已经集锦成《奇思妙想的物联网》一书出版发行。

本着"公平、公正、公开和多元化"的原则，本次大赛的评审委员全部由全球MEMS领域科研专家、商业人士和中国科技馆专家组成，采用现场答辩专家评分和实物展示观众投票两种评判方式相结合。在比赛现场，32支决赛队伍向评委、观众讲述自己的创意和设计。一辆能爬楼梯的轮椅被公众围得水泄不通。郑州大学的席松涛介绍道，轮椅爬楼梯一直是个难题，几经推敲，他们找到了一种通过改变轮子重心，轻松上楼的好办法，并用半年时间将模型变成实物。经过“实战演习”，这种轮椅在公共场所的楼梯上都适用。“水音符”是华中科技大学四名大学生的参赛作品：在一个长方形的水箱中，分两行喷射出8根水柱。你只要用手拨动水柱，就能发出声音，“弹”出美妙的音符。它看着神奇，但实际在后面起作用的是那些看不见的传感器。这个作品受到观众的喜爱，许多来到中国科技馆的观众都会伸伸手指，“弹奏”一番。来自国外的大学生队伍也颇受欢迎，日本福岛郡山北工业高等学校的几位学生设计了一种防盗定位器，将固定在车上的传感器与一只简易手机相连，万一丢失，可通过给手机发信息获取位置信息。

7月8日下午，经过激烈的角逐，最终来自西北工业大学的《拥抱》和郑州大学的《基于偏心距可调的偏心轮的智能轮椅》两个项目共享一等奖；来自德国、新西兰、日本、瑞士、中国香港、美国、新加坡的参赛队伍分获二、三等奖。中国科技馆党委书记殷皓、副馆长欧建成为获得奖项的参赛队颁奖。比赛正值我馆暑期接待高峰期间，来自全国各地的数万名观众参与到这场活动当中来，纷纷投出自己的选票，既享受到了一场传感器应用的“盛宴”，又在与大学生的交流中了解到最前沿的科技和最富有创新性的作品。

赛事的成功举办，进一步提高了中国科技馆在科普教育活动阵地的国际影响力，同时向公众展示了当代大学生积极向上的精神面貌以及活跃的创新思维。该项赛事在充分利用场馆资源、发挥科普优势的同时，也为广大青少年朋友搭建了交流、展示的平台，拓展了国际视野。作为国家科技馆，中国科学技术馆将通过不断提供形式多样、内容丰富的科普活动与展示舞台，提高公众特别是青少年的创新实践能力，并为教育活动的开展增添新的动力，注入新鲜血液。

【中国科学家担任国际IUGG“气候与环境变化”联盟委员会要职】 国际大地测量与地球物理学联合会（IUGG）于6月宣布批准成立了“气候与环境变化”联盟委员会（Union Commission on Climatic and Environmental Changes，CCEC）。IUGG任命了14名专家组成了CCEC的执行委员会，其中IUGG中国委员会秘书长、中国科学院大气物理研究所研究员李建平担任副主席，IUGG中国委员会主席、吴国雄院士代表IAMAS任执委。

对气候变化及其对环境与社会影响的充分科学认知需要一个宽广的跨学科方法和途径。鉴于此，为了促进IUGG目标的实现，即通过对气候与环境变化研究的协调，利用研究所获得的科学知识服务于社会，特成立CCEC联盟委员会。根据气候与气候变化科学认知的进展，包括从基础的物理学、化学到脆弱性、影响、减缓和适应等各层面综合研究方面，CCEC将为IUGG在气候与环境变化方面提供权威的解读。IUGG下属共有8个协会，分别专注于大气科学与气象学、水文学、海洋物理学、大地测量、固体地球科学、火山与地球内部化学、空间与行星以及冰冻圈科学的国际交流和研究。CCEC将协调和整合IUGG内部与气候相关的研究活动和资源，来应对21世纪人类面临的最严重的气候与环境问题的挑战。

CCEC联盟委员会的目标主要为促进对气候和环境变化的科学认知；推动在减少气候与环境模式中不确定性的研究；确定气候与环境变化跨学科合作研究的规范；实现IUGG及其协会的目标；提供IUGG对气候与环境变化的解读视角；把全球变化、脆弱性及影响、潜在响应等科研成果向社会应用及地球可持续发展转化。同时，CCEC将代表IUGG响应国际科联（ICSU）新近发起的“未来地球：全球可持续性发展”战略。

IUGG已有4个联盟委员会，分别是地球物理风险与可持续性联盟委员会（GeoRisk），数学地球物理学联盟委员会（CMG），地球深部研究联盟委员会（SEDI），数据和信息委员会（UCDI）。CCEC将成为IUGG第五个联盟委员会。

中国科学家在推动CCEC的成立过程中付出了大量心血。时任国际气象学和大气科学协会（IAMAS）主席的吴国雄院士和IUGG中国委员会秘书长李建平研究员全程参与了建议书的撰写、修改和论证。CCEC成立大会将于2013年4月在中国召开，目前网站等相关工作也在筹备中。在中国召开成立大会以及中国科学家在其重要岗位的任职，对于我国全球变化研究，以及积极参与国际科联“未来地球”计划，争取国际资源，服务社会可持续性发展，具有深远的意义。

外事活动

【韩启德率中国科协代表团出访日本、韩国】 5月8～17日，应日本文部科学省和韩国科学技术团体总联合会的邀请，全国人大常委会副委员长、中国科协主席韩启德院士率中国科协代表团对日本、韩国进行了友好访问。此次出访坚持以民间科技交流为平台，增进人民友好感情，深化务实合作，取得了丰硕成果。

访日期间，代表团先后访问了札幌医科大学、三菱化学控股集团、日本科学技术振兴机构、科学未来馆、文部科学省和长崎大学，分别与日本文部科学大臣平野博文、长崎县知事中村法道、科学技术振兴机构理事长中村道治、科学未来馆馆长毛利卫、三菱化学控股集团社长小林光喜、札幌医科大学校长岛本和明和长崎大学校长片峰茂等进行了会见和会谈，就加强中日友好合作，推动中国科协与日方在学术交流、人才培养、科学普及等方面的实质性合作深入交换了意见。

在与文部科学大臣平野博文会见时，韩启德指出，中日两国应站在历史的高度，以长远的眼光，不断扩大中日两国之间的人文交流，加强互利合作，实现世代友好。双方应当持之以恒地开展民间交流，为中日友好事业夯实基础。2012 年是中日邦交正常化 40 周年，两国将今年确定为“中日国民交流友好年”，希望通过这次访问，更好地促进中日两国的民间科技合作，尤其是加强青少年科技活动交流和青年科学家的学术交流，通过举办青少年夏令营、青年科学家跨学科学术沙龙等活动，面向未来，增进了解，扩大合作，推动中日关系不断向前发展。

平野博文表示，欢迎韩启德率中国科协代表团访问日本，他本人曾经在松下公司长期从事技术工作，对加强日中两国青少年和青年科学家在科技方面的交流非常赞同。科学技术日新月异，对经济社会发展作用巨大，希望能推动两国青年专家和学生在不同层面开展科技交流，促进青年科学家之间的合作，共同培养青少年学生对科学技术的兴趣，日本文部科学省愿与中国科协加强合作，为中日两国科技事业和友好关系的发展尽最大努力。

在与日本科学技术振兴机构中村道治理事长、川上伸昭理事等会谈时，双方回顾了近年来特别是自 2010 年签署双边合作协议以来的良好合作情况。双方一致认为，为了维护和增强中日友好的民意基础，要着眼于未来，积极推进两国在青少年科技教育方面的交流合作。作为纪念中日邦交正常化 40 周年的一项活动，双方今年暑假期间将先后在日本和中国共同举办中日青年学生科技夏令营。双方还将举办第四届中日青年科学家跨学科学术沙龙，继续互派学生参与中国青少年科技创新大赛和日本超级理科高中研究发表会，邀请日本专家参加中国科协年会，推动在青年科学家学术交流、青少年科技活动、科普研究与展教、科普资源交流等方面进行更加富有实效的合作。双方还就日本科研项目筛选、立项和拨款机制等进行了充分交流。

在东京期间，韩启德率团访问了全球五百强企业之一、世界领先的综合化学公司三菱化学控股集团，与小林光喜社长等集团高层进行了会谈，同意在学术交流和科普教育等领域建立长期的合作伙伴关系。中国科协国际联络部部长张建生与三菱化学控股集团执行董事田中良治当场签署了双边合作谅解备忘录。双方将开展国际民间交流合作，促进知识共享，共同实施“绿色化学合作交流计划”，通过开展学术交流，扩大中日两国科技界、产业界的合作渠道，积极培养青少年科技人才，进行科普展览等资源的共同开发与合作，促进绿色化学理念和新技术的传播。

在日本未来科学馆，日本著名宇航员、科学家，未来馆馆长毛利卫向韩启德介绍了科学未来馆的理念、任务、特点等基本情况，回顾了科学未来馆与中国科技馆之间的馆际交流关系。韩启德还与毛利卫探讨了科学与技术的关系。毛利卫馆长陪同参观了科学未来馆的主要展区，重点介绍了科学未来馆标志性展品 Geo-Cosmos。该展品秉承“与更多的人共同分享从宇宙看到的美丽地球”理念设计制作，是一个大型有机 EL 球形多功能显示器，可以模拟地球表面大气、云层、水流等实时变化。

在访问长崎期间，韩启德会见了长崎县知事中村法道、长崎县议会议长宫内雪夫和长崎市市长田上富久，对长崎县早在 1971 年就在日本地方自治体中率先通过要求日本政府迅速实现对华邦交正常化和支持恢复中国在联合国合法席位的决议表示感谢。韩启德指出，长崎与我国东南沿海一衣带水，友好交流具有悠久传统和新的发展潜力，中国科协愿意通过民间科技交流为加强与包括长崎在内的日本地方友好交流合作贡献力量，相信以此访为开端，促进中国科协与贵县的交流，带动中国科技界与长崎县科技、经济等领域的交流，特别是促进青少年学生、科技人员之间加深了解，建立友谊，为增进互信、深化合作、增进友好作出新的贡献。

中村法道知事、宫内雪夫议长和田上富久市长分别对韩启德率团到访表示衷心的欢迎，对加强长崎县和长崎市与中国科协的交流合作充满期待和信心。中村法道希望与中国科协开展友好交流，在科技与产业结合、青少年科技交流方面加强与长崎县的合作，长崎县愿意在水产、农业等优势技术和产业领域与中国加强合作。

代表团在长崎大学访问了其附属医院、原子弹爆炸后遗症医疗研究设施和热带医学研究所，就今后加强学术和人才的交流交换了意见。长崎大学附属医院是日本最早建立的一所西洋医院，长崎大学在原子能放射线医学研究和热带医学领域处于世界领先水平。

代表团还访问了札幌医科大学，校方表示希望有机会接受中国从事医学研究的青年博士在其实验室从事干细胞治疗糖尿病并发症的共同研究。韩启德表示，中国科协将积极促进在干细胞再生医疗领域的合作，介绍中国青年学者与札幌医科大学进行交流。

5月15～16日，代表团在韩国分别访问了韩国科学技术团体总联合会及其釜山与蔚山分会，会长朴相大、分会会长姜信源对韩启德率团来访表示热烈欢迎。韩启德与韩方进行了深入交流，就通过参加各自年会，进一步深化中韩两国民间科技合作关系、加强女科技工作者和中青年科学家的交流等方面坦诚深入地交换了意见，达成了广泛共识。双方一致认为，2010年签署的双边合作谅解备忘录得到有效落实，双方科技领域交流与合作日益扩大，实质性合作关系不断加深，双边合作关系已进入新的发展阶段。

5月14日和17日，代表团还在驻福冈总领馆和驻韩国使馆（中国文化院）分别举办了与华人学者和留学生的座谈会，介绍了中国科协海智计划和欧美同学会的有关情况，听取华人学者和留学生对为国服务、回国就业创业等方面的意见和建议。韩启德诚挚问候旅日、旅韩华人学者和留学生，勉励他们要放眼世界，心系祖国，不仅要学习国外先进的科学技术，更要与当地人民友好相处，做推进中日、中韩友好关系发展的民间大使，为东亚的和平、友好、合作、发展做出贡献。

此次出访，得到了我国驻日本和韩国各有关使领馆的大力支持，中国驻日本大使程永华、驻韩国大使馆临时代办陈海、驻札幌总领馆总领事许金平、驻长崎总领馆总领事李文亮、驻福冈总领馆总领事李天然和驻釜山总领馆副总领事金燕光，以及驻日本使馆科技处公使衔参赞李缨、驻韩国使馆科技处参赞赫文平等分别前往机场迎接代表团，并参加相关活动。

中国科协常委、北京大学副校长兼教务长王恩哥院士，江苏省科协党组书记、常务副主席徐耀新，中国科协国际联络部部长张建生等陪同出访。

【陈希会见出席中国科协年会的外宾】 9月8日，第十四届中国科协年会期间，中国科协常务副主席、书记处第一书记陈希在河北省石家庄市会见了出席年会的外宾。中国科协书记处书记张勤陪同会见。

陈希首先代表韩启德主席和中国科协，对远道而来的外国科学家和国外科技组织的朋友们表示敬意和问候，并热烈欢迎各位外宾朋友出席中国科协年会。他表示，中国科协非常重视发展与国外科技组织、机构以及科技专家的友好合作关系。中国科协与30多个国家的科技组织签署了80余个双边合作协议，还代表中国科技界加入了国际科学理事会等200余个国际科技组织，2004年获得联合国经社理事会非政府组织咨商地位。希望外国科学家和国外科技组织的朋友们通过此次年会活动进一步增进了解，加深交流，为共同推动和深化中国与国际科技界的友好合作，促进中外科技界的合作和共赢，为人类科技事业的发展做出新的贡献。

清华大学交叉信息研究院院长、美国科学院院士中科院外籍院士、2000年图灵奖获得者姚期智，日本科学技术振兴机构理事川上伸昭代表外国科学家和国外科技组织在会上发言。

本届年会邀请了日本科学技术振兴机构、英国工程技术学会等对口组织的代表出席会议，并邀请日本理化所、俄罗斯科学研究和统计中心、瑞典增长政策分析署、全球出版道德伦理委员会等机构的专家参与了国际分会场及科学道德论坛等活动，来自美国、日本、英国、俄罗斯、德国、加拿大、瑞士、瑞典、韩国、奥地利、荷兰、刚果等国的50位外宾出席了年会。

中国科协办公厅主任吴海鹰，中国科协国际联络部部长张建生、副部长李秀亭等陪同会见。

【陈希会见英国、澳大利亚工程教育认证联合考察组专家】 9月17日，中国科协常务副主席、书记处第一书记陈希在中国科技会堂会见并宴请了前来考察我国工程教育认证情况的英国工程委员会代表皮特·希克思教授（Prof. Peter HICKS）和澳大利亚工程师学会代表戴维·鲁滨逊博士（Dr. David ROBINSON）。中国科协书记处书记张勤、教育部部长助理林蕙青参加会见。

陈希简要介绍了中国科协及开展工程教育认证的基本情况，重点阐述了中国科协代表我国加入《华盛顿协议》的目的、意义和任务，对英国工程委员会和澳大利亚工程师学会应邀作为中国科协加入《华盛顿协议》的推荐组织表示感谢，希望两位专家通过现场考察深入了解我国工程教育认证的实施过程。他表示，欢迎两国专家就中国加入《华盛顿协议》，完善中国工程教育认证体系和运行方式等提出意见和建议。

林蕙青介绍了我国高等教育的总体情况，特别是工程教育的情况，充分肯定了工程教育认证对提高我国工程教育质量的重要作用，高度评价了中国科协开展工程教育认证所取得的成绩。

英澳两国专家表示，中国加入《华盛顿协议》具有重要意义，将认真履行推荐组织的责任和义务，积极促进中国加入《华盛顿协议》。

中国科协国际联络部、教育部和中国工程教育认证协会的有关人员陪同会见。

【陈希会见出席中国科协年会的港澳代表】 9月8

日，中国科协常务副主席、书记处第一书记陈希在河北省石家庄市太行国宾馆会见了前来出席第十四届中国科协年会的港澳代表。中国科协副主席、书记处书记程东红，中国科协书记处书记张勤陪同会见。

陈希代表中国科协对出席中国科协年会的港澳代表表示欢迎，同时对港澳科技界各有关团体对中国科协工作的支持和帮助表示感谢。陈希表示，中国科协在事业发展中得到港澳科技界同仁的大力支持，特别感谢香港工程师学会为中国科协代表我国申请加入《华盛顿协议》提出建设性建议和支持。感谢港澳科技界多年来积极参与内地的科技交流活动，中国科协今年启动了全国青少年高校科学营活动，希望各位同仁今后积极推动港澳中学生参加这项活动，共同促进青少年的健康成长。感谢香港中联办和澳门中联办对两地科技工作者和科技团体之间的科技交流给予的大力支持。最后，陈希感谢香港科技协进会会长李乐诗博士将为获得“中国科协科技馆基金会合展励学金”的河北大学生带来精彩的科普报告，希望港澳科技界的同仁为推动青少年科学传播工作做出更多贡献。

香港工程师学会会长蔡健权代表香港代表团对中国科协年会的细心安排表示感谢。他表示，希望中国科协与香港科技界进一步加强联系，紧密交流，更好的促进双方科技界的合作。

澳门科技协进会会长李怡平代表澳门代表团感谢中国科协年会的邀请。他介绍了前来参加本届年会的澳门代表团的情况。他表示，澳门科技社团对于参加本届年会反应很热烈，上午召开的开幕式和大会报告非常鼓舞人心，希望中国科协年会能在澳门举办一届，促进澳门科技的发展。

香港科技协进会会长李乐诗、中央人民政府驻澳门特别行政区联络办公室经济部部长助理高尚德，以及香港中文大学、香港城市大学、京港学术交流中心、澳门机电工程师学会、澳门营养学会、澳门计算机学会、澳门图书暨信息管理协会、澳门电子商务协会、澳门公职专业人员协会、澳门工程师学会、澳门信息科技协会、澳门化验师公会、澳门科技创新教育学会、澳门电机暨电子工程师学会、澳门大学、澳门科技大学等科技团体和大学的代表出席会见。中国科协办公厅主任吴海鹰，中国科协国际联络部部长张建生、副部长李秀亭，河北省科协副主席杨金深等陪同会见。

【陈希率团赴港澳台进行工作访问】 12月24～27日，应澳门科技协进会和香港京港学术交流中心邀请，以中国科协常务副主席、书记处第一书记陈希为团长的中国科协工作团，赴澳门特别行政区和香港特别行政区进行了工作访问。

在澳门和香港期间，代表团拜会了两地中联办并就邀请和部署港澳中学生参加2013全国高校科学营事等相关工作进行了沟通。两地中联办的领导对此项工作非常支持和高度重视。

全国青少年高校科学营活动是由中国科协和教育部共同主办、中科院协办的一项青少年科普公益活动。2012年首次在内地开始举办，经与港澳方面协商，从2013年开始，拟邀请港澳高中生参加高校科学营活动。具体组织工作分别由香港新一代文化协会和澳门科技协进会承担。

在港澳访问期间，代表团还会见了京港学术交流中心和澳门教育暨青年局的相关领导。港澳各相关部门都高度重视承担此项活动的工作，积极配合，认为高校科学营活动是一项培养青少年热爱科学的公益性活动。港澳学生参加这一活动可以增进港澳学生对科学的追求和社会的了解，进一步加强学生之间的交流与了解。两地的承办机构将做好学生的选拔、组织工作，让学生真正从活动中受益。中国科协国际联络部部长张建生、青少年科技中心主任李晓亮等陪同出访。

应台湾中华青年交流协会的邀请，中国科协常务副主席、书记处第一书记陈希同志率中国科协13人代表团于2012年12月18～24日赴台湾访问。在台湾期间，代表团访问中华青年交流协会、台湾大学、海基会、玉山科技协会、中华工程教育学会、富士康集团、台积电、台湾清华大学、台湾科学园区同业公会、工业技术研究院、中华公共事务管理协会、台湾科学教育馆等单位。12月19日上午与国民党荣誉主席连战先生会面。

此次访问就进一步巩固和拓展与台湾科技团体、机构的交流与合作，密切与台湾科技界高层的联系，推动务实合作等问题与台湾有关科技组织进行交流沟通。代表团与中华青年交流协会、中华公共事务管理学会就组织台湾中学生参加中国科协举办的“青少年高校科学营”等活动达成共识。与台湾玉山科技协会就搭建两岸产学研交流平台，服务于两岸科技创新等问题进行交流。与台湾中华工程教育学会交流，就中国科协加入华盛顿协议有关问题进行沟通。参观了富士康集团、台积电、工业技术研究院等单位。此次访问达到预期目的，取得了实效。

【程东红、徐延豪会见欧洲科普专家】 9月16日晚，中国科协副主席、书记处书记程东红，中国科协书记处书记、中国科技馆馆长徐延豪共同会见了出席北京科学嘉年华活动的欧洲科普组织负责人和专家。

此次来访的外宾有公众理解科学网络组织（PCST）科学委员会成员、前主席Jan Riise，欧洲科学活动协会

（EUSEA）当选主席、意大利佩鲁贾科学节主任 Leonardo Alfonsi，欧洲科技中心与博物馆网络组织（ECSITE）主席、波兰哥白尼科学中心主任 Robert Firmhofer，以及欧洲科学活动协会会员、德国科普专家 Annette Klinkert 女士。

程东红首先对远道而来的客人表示欢迎，并简要介绍了中国科协的有关情况。徐延豪向客人介绍了全国科普日等重大科普活动的情况，就中国科学传播中存在的问题与客人进行了交流。他们都表示，中国科协一直致力于科学传播工作，非常重视发展与国外科技组织、机构以及科技专家的友好合作关系，希望能够同国外同行进行交流、切磋，共同做好科普事业。

外宾们也分别介绍了自己国家科学节的有关情况与做法。他们表示，各国举办的科学节应与本国文化紧密结合，要充分调动科学家参与科学传播工作的热情。通过交流发现，中欧科学节各有侧重，中国科学节侧重于传播科学文化知识，向广大群众普及科学原理和科学方法，而欧洲科学节往往会结合活动利用一些商业元素，在传播科学文化知识的同时，更侧重于向群众展示科技创新成果，促进生产力成果转化。通过深入交流，宾主一致同意今后应在两个层面共同促进中欧科学传播方面的交流与合作：一是促进科学节组织方与科技馆、科学中心相关人员的交流与合作，互相学习借鉴优秀的经验与做法，为提高所在国公民的科学素养服务；二是创造更多深层次的交流思想的机会，可探讨共同举办有关科普活动专题研讨会，邀请全世界从事科普工作的专家学者共聚一堂，探讨各国科普工作的新问题、新形式，共同促进科普工作的创新与发展。

中国科协国际联络部副部长李秀亭、中国科普研究所所长任福君等陪同会见。

【程东红会见美国伊利诺理工大学副校长】 10 月 12 日下午，中国科协副主席、书记处书记程东红在中国科技会堂会见了美国伊利诺理工大学副校长、摩托罗拉冠名终身化学工程教授、《胶体与界面科学》主编瓦桑（Darsh T. Wasan）先生。

程东红首先对瓦桑先生的来访表示欢迎，并简单介绍了中国科协的有关情况。瓦桑先生正式邀请东红书记参加该校于当晚举办的校友会晚宴，并希望中国科协能够帮助该校加强与中国大学的联系与合作。宾主双方还就各自感兴趣的问题交换了看法。

美国伊利诺理工大学（IIT），始创于 1890 年，经百年发展更已成为一所实力雄厚的具有授予博士学位资格的综合性私立大学。该校培养出了多位对世界科技做出杰出贡献的毕业生，校友中有 3 位诺贝尔奖获得者：诺贝尔经济学奖获得者赫伯特 · 西蒙（Herbert Simon）、诺贝尔物理学奖获得者杰克 · 斯坦伯格（Jack Steinberger）和列昂 · 莱德曼（Leon Lederman）。该校毕业生成为公司总裁、副总裁或经理人数比例位居全美前 15 位。

国际联络部部长张建生，伊利诺理工大学计算机系系主任、海智专家孙贤和教授，以及国际联络部相关人员陪同会见。

【程东红会见加拿大来华考察客人】 11 月 2 日，中国科协副主席、书记处书记程东红在中国科技会堂会见并宴请了来访的加拿大安大略省科学中心首席执行官莱斯利 · 莱维斯（Lesley Lewis）和加拿大北方科学馆首席执行官盖伊 · 莱伯恩（Guy Labine）等一行。

程东红对客人访问中国科协表示欢迎。她表示，中国科协一直支持中国科技馆与国外科技馆开展馆际之间的交流与合作，希望通过引进优秀的加拿大科技巡展项目，加强中国科协、中国科技馆与国外对口组织的联系，从而增进彼此友谊，深化相互合作。加方在科普电影创作方面有着丰富的经验，有自己的创作团队，而目前中国科技馆正在筹备组建自己的多媒体中心，她希望中国科技馆能够适时地派遣工作人员前往加拿大进行交流学习，从而创作出高质量的中国制作的科普电影并推向全球。同时她还希望，中国科技馆能够与加拿大安大略省科学中心尽快启动建立"科学画廊"工作，并于 2014 年中国科技馆新馆成立 5 周年之际向公众展出。

会上，莱斯利 · 莱维斯女士和盖伊 · 莱伯恩先生分别就各自科技馆的情况、历史和展出项目做了细致、生动的介绍，他们都表示此行的目的是希望今后扩大与亚洲同行，特别是中国同行的交流与合作。除北京之外，他们还将赴天津、上海、南京、重庆等地考察，与地方科技馆商谈合作。中国科技馆副馆长欧建成参加会见，并就中国科技馆引进加拿大巡展项目等具体问题与加方交换了意见。程东红书记赞同欧馆长的意见，并提议中国科技馆作为与加方合作的资源中心，为地方科技馆与加方的合作提供协助。

中国科协科学普及部副巡视员王春林，国际联络部、办公厅等有关人员陪同会见。

【程东红出席第 12 届公众理解科学技术国际会议并访问波兰】 应国际公众科技传播网络组织（The International Network on Public Communication of Science and Technology，PCST）和波兰工程协会联合会（Polish Federation of Engineering Associations）邀请，中国科协副主席、书记处书记程东红率代表团于 4 月 16 ~ 25 日赴意大利出席了第 12 届公众理解科学技术国际会议，并访问波兰。

会议期间，程东红出席了主题为"泛太平洋地区国家科技传播战略研究”学术研讨会，以及“科学传播的国家战略”和“公众科技传播理论研究发展”两个分论坛。她在上述会议的发言中介绍了中国科协在推动全民科学素质提高方面的有益探索，取得的成绩和积累的经验，得到了与会专家、学者的一致肯定。她还主持了主题为“科学传播活动评估的发展”和“政策、政治与价值”的分论坛。本届公众理解科学技术国际会议主题是“科学技术传播的质量、诚信与美丽”，吸引了来自世界五大洲约670名专家学者与会，报告和发言数超过450个。中国科协所属中国科普研究所亦派出7人代表团参与了8个分论坛的报告交流。

会后，中国科协代表团访问波兰，与波兰工程协会联合会举行会谈。程东红就开展青少年科普、科技期刊交流等与波方交换了意见。她邀请波兰学生参加中国科协于2012年8月在宁夏回族自治区举办的全国青少年科技创新大赛。波兰工程协会联合会主席爱娃·曼凯维奇欣然接受邀请，表示将积极组织本国学生参加大赛展示，或派观察团与会。

【程东红率团赴港澳出席2012当代杰出华人科学家公开讲座】 11月29日～12月1日，由中国科协、香港特区政府康乐文化事务署、京港学术交流中心、澳门科学技术协进会共同主办的2012当代杰出华人科学家公开讲座分别在香港科学馆和澳门科技大学举行。中国科协副主席、书记处书记程东红率团出席了公开讲座在香港举办10周年庆典和2012年在港澳公开讲座的活动。中国科协国际联络部巡视员李秀亭等陪同出访。

代表团主要由中国航天科技集团公司载人飞船总设计师、神舟飞船及天宫一号目标飞行器总设计师张柏楠先生，国家深海基地管理中心主任、“蛟龙号”载人潜水器总指挥、教授级工程师刘峰和中国稀土领域的先驱、中科院院士、中山大学教授苏锵等组成。3位专家分别从中国载人航天科技、深海探索、稀土资源等方面，向港澳学生、老师、市民介绍了2012年内地科技发展的新进展和热点科技问题。在香港的公开讲座上，香港中文大学校长沈祖尧和香港科技大学自动化技术中心主任李泽湘也分别做了题为《肠胃内镜的发展与前瞻》和《以创建产学研为核心，走出象牙塔》的主题报告。

在香港，程东红与香港特区民政事务局副局长许晓晖、京港学术交流中心总裁李乃尧、香港中联办教科部副部长莫锦强和外交部驻香港特派公署国际部副主任周波等出席了10周年庆典和当代杰出华人科学家公开讲座的开幕式并致辞。

程东红在致辞中表示，香港和内地都有不少科研人员默默地为社会各方各面做出贡献，却甚少被人了解，所以才在香港特区首任特首董建华先生和中国科协名誉主席、已故科学家朱光亚院士的倡导和推动下，于2003年开始举办了当代杰出华人科学家公开讲座活动，既让社会知道科学家的贡献，也鼓励青年一代从小热爱科学，为祖国科技发展培养人才贡献力量。此项活动至今已在香港成功举办了10年，取得了很好的成效，希望能继续办得更好。

程东红表示，现今的科学已非牛顿时期那样，单凭好奇心就可以发展，现在的科技发展已是庞大的科学工程，还要有社会的理解和支持，希望将来年轻人亦会加入科技发展工作，贡献社会。许晓晖亦表示，希望可以透过这个科普活动，提高大众对科技的认识。

在澳门，程东红与澳门特区运输公务司司长办公室主任黄振东、澳门中联办部长级助理高尚德、澳门科技协进会会长崔世平、澳门基金会行政委员会委员区荣智、澳门科技发展基金行政委员会委员郑冠伟和澳门科技大学校长许敖敖等出席了2012当代杰出华人科学家公开讲座的开幕式，程东红、崔世平和许敖敖分别代表主办、承办方致辞。

程东红在致辞中强调，科技社团有责任让社会知道科学家的贡献，培养和鼓励青年一代从小热爱科学，为祖国科技发展培养人才贡献力量。崔世平在致辞中也对这次中国科协能够邀请到“上天（天宫一号）、入地（稀土）、下海（蛟龙号）”的顶级专家到澳门讲座是一件非常重要的事，感谢中国科协将这项活动在澳门成功举办9年，明年将做好10周年的庆祝活动。

2012当代杰出华人科学家公开讲座得到港澳广大市民、教师、学生的热烈欢迎和支持，每场活动都座无虚席，演讲专家的讲座受到港澳媒体的高度关注。在港澳公开讲座现场，代表团还赠送给港澳主办方“天宫一号”和“蛟龙号”模型各一套，深受与会听众和主办方的喜爱。

在港澳期间，代表团还访问了香港工程师学会、香港城市大学、香港新一代文化协会、澳门大学和澳门科技大学，还出席了由澳门科技发展基金举办的“中国科协与澳门首届科技奖获奖团队代表座谈会”。中央人民政府驻香港联络办公室副主任殷晓静和驻澳门联络办公室副主任高燕分别会见和宴请的代表团一行。此次赴港澳交流，为进一步做好当代杰出华人科学家公开讲座在港澳的工作打下了基础，为推动了中国科协与港澳科技社团、大学及相关机构间的交流与合作，拓展了今后的合作领域。

【张勤会见英国工程技术学会首席执行官】 4月18日上午，中国科协书记处书记张勤在中国科技会堂会见了英国工程技术学会（IET）首席执行官Nigel Fine一行。陪同 Nigel Fine 来访的有英国工程技术学会国际运营总监 Ian Mercer、英国工程技术学会中国区总监 Eric Ding 等。

张勤首先对 Nigel Fine 一行访问中国科协表示欢迎，并向对方简要介绍了中国科协代表中国加入华盛顿协议的准备情况。

Nigel Fine 也介绍了其开展工程师认证的有关情况。IET 受英国工程理事会（ECUK）授权，颁发特许工程师（CEng）、技术工程师（IEng）、工程技师（EngTech）和信息通信技术技师（ICTTech）4 种资格认证，其认证可在全球 100 多个国家通用。ECUK 在英国共授权 36 个专业学会颁发工程师资格认证，而 IET 是其中颁发数量最大、覆盖面最广的一个。IET 支持并愿意帮助中国科协加入华盛顿协议，并邀请张勤书记赴 IET 访问，深入了解其开展的工程师认证流程。双方同意加强在工程师执业资格认证等方面的合作。中国科协国际联络部部长张建生陪同会见。

【张勤会见英国工程技术学会会员服务高级总监一行】 11 月 15 日上午，中国科协书记处书记张勤在中国科技会堂会见了来华访问的英国工程技术学会会员服务高级总监 Michelle Richmond 女士。

张勤首先对英方的到访表示了欢迎。随后，他就中国科协的有关情况向英方进行了简要介绍，并就中国科协加入华盛顿协议的有关情况进行了沟通。张勤表示，中国科协代表中国加入华盛顿协议对我国工程师“走出去”和外国工程师“请进来”都很有帮助。在加入华盛顿协议的基础上，中国科协将进一步理顺工作关系，建立健全国内工程师认证的相关制度，进而为今后开展工程师国际执业资格认证打好基础。

英国工程技术学会会员服务高级总监 Michelle Richmond 一行表示，愿意尽全力支持中国科协加入华盛顿协议。中国科协国际联络部副部长李秀亭等相关同志陪同会见。

【张勤会见朝鲜科盟代表团】 6 月 20 日，中国科协书记处书记张勤在科技会堂会见了朝鲜科技总联盟中央委员会副委员长桂希男一行。

张勤首先对桂希男副委员长一行访问中国科协表示欢迎。他向客人介绍了中国科协的宗旨、组织机构，以及在学术交流、科学普及、举荐人才等方面所开展的工作。他谈到，中国科协与朝鲜科盟有着长久的合作历史，双方的科技交流与互访取得了很好的成果，对于推动中朝科技交流和人民友好合作关系起到了很好的促进作用。

桂希男简要介绍了朝鲜科技总联盟的组织机构，他围绕人才举荐、人才奖励等方面的工作进行了深入了解与交流。他谈到，朝鲜科技总联盟和中国科协之间的交流与互访，对于加强两国之间科技组织的交流，增进中朝友谊和团体的发展起到了积极作用。中国科协国际联络部副部长李秀亭陪同会见。

【张勤会见伊朗驻华大使】 6 月 26 日下午，中国科协书记处书记张勤在中国科技会堂会见了伊朗驻华大使萨法里（H.E. Dr. MAHDI SAFARI）博士。

张勤书记首先对大使的来访表示欢迎，并简单介绍了中国科协的有关情况，包括中国科协历史、宗旨、组织结构、主要工作等。针对萨法里大使感兴趣的有关中国科协重点工作，张勤书记还介绍了中国科协年会，开展科学普及，决策咨询，在国际组织中发挥作用的有关情况以及正在申请加入华盛顿协议等内容。

萨法里大使对中国科协的整体情况有所了解后，表示希望促进伊朗对口科技组织与中国科协开展双边交流与合作。

国际联络部副部长李秀亭、伊朗驻华大使馆经济处一等秘书拉德包义（Mr. Mahmoud Reza Radboui）等陪同会见。

【张勤会见国际科联执行主任】 7 月 19 日，中国科协书记处书记张勤在友谊宾馆会见并宴请了国际科联新任执行主任 Steven Wilson 博士。Wilson 博士是应中国科协邀请，来北京出席世界气候研究计划会议，并与中国科技界进行广泛交流。

张勤在会见中感谢 Wilson 博士来访，并表达了中国科协领导层对加强和推动中国科技界参与国际科联工作的重视，希望在 Wilson 博士任期内，中国科技界能在国际科联继续发挥更重要的作用。

国际科联是中国科协代表我国科技界加入的影响最大、权威最高的国际民间科技组织。中国科协一直致力于加强中国科学家参与国际科联系统的力度，提升中国科学家在该组织中的地位和影响力。执行主任是国际科联核心职位，负责国际科联的日常事务。瑞典籍华人科学家陈德亮教授自 2009 ~ 2012 年初担任该职务。经过全球招聘，今年初来自英国的环境科学家 Steven Wilson 教授任聘国际科联执行主任，任期至 2017 年。这次访问是 Steven Wilson 教授上任后首次访华，对促进中国科协与国际科联的合作等具有重要意义。

7 月 18 日，Wilson 博士与我国在国际科联任职的专家进行了座谈。国际科联执行局成员吴国雄院士，国际科联数据委员会主席郭华东院士，国际科学史与科学哲学联合会主席刘钝教授，国际心联副主席张侃教授，国际摄影测量与遥感学会秘书长陈军教授，国际科联科学计划与评估委员会吕永龙教授，国际科联城市环境变化与健康福祉计划科学委员会朱永官教授，国际大地测量与地球物理联合会“气候与环境变化”联盟委员会副主席李建平教授，国际科联科学自由和责任委员会委员、中国科协国际联络部部长张建生以及相关人员参加了座谈会。

张建生介绍了中国科协在为经济社会发展服务，为提高全民科学素质服务，为科学技术工作者服务等工作中的具体做法和发挥的独特作用，以及组织科技工作者积极参与国际科联及其联合会和跨学科计划等情况。Wilson博士围绕国际科联的战略规划，介绍了国际科联未来几年的发展思路和规划，以及目前开展的重点活动。各位专家与Wilson博士就国际科联跨学科项目及新计划的构建方式、研究重点、未来可能进行的合作，以及国际科联在促进世界科技发展和学科融合方面的重要作用等方面进行了深入探讨。

在京期间，Steven博士还访问了中国科学院大气物理研究所、对地观测与数字地球科学中心和灾害风险综合研究计划国际项目办公室，与我国科学家进行了深入友好的交流和互动。

通过此次访问，加深了Steven博士对中国科协以及我国参与国际活动范围和水平的了解，加强了国际科联与中国科学界的联系和交流，对提高中国科技人员在国科联系统的地位和未来发挥更加积极的作用奠定了良好基础。

【张勤会见匈牙利国家创新局局长一行】 9月18日，中国科协书记处书记张勤会见匈牙利国家创新局局长沙洛什·哲尔吉一行，对双方在科技创新领域合作的可能性进行了交流。

张勤首先对匈牙利国家创新局局长沙洛什·哲尔吉一行访问中国科协表示欢迎。他向客人介绍了中国科协宗旨、组织机构，以及在学术交流、科普活动、人才奖励等方面开展的主要工作，并对刚刚举办的中国科协年会、全国科普日、中国科协会员日等活动进行了介绍。张勤表示，中国科协在国际学术交流方面具有独特优势，先后与多个国家对口组织合作，共同开展青年学者之间的学术交流；特别是中国科协所属全国学会，与其他国家对口组织共同举办了很多有影响力的国际交流活动。希望双方共同推动中国和匈牙利学者间的学术交流与合作。

沙洛什·哲尔吉对中国科协的悉心安排表示感谢。他简要介绍了匈牙利国家创新局的概况，匈牙利国家创新局是政府机构，从事科技创新与研究方面的工作，主要为政府提供战略发展策略。他表示，匈牙利和中国在一些科研领域方面的研究很接近，希望双方能进行密切合作，为匈牙利学者和中国学者间进行学术交流提供平台，促进两国科技人员互访，推动两国科技领域的交流与合作。他表示，匈牙利高度重视对华关系，希望通过科技领域的合作加强两国之间的联系。中国科协国际联络部副部长李秀亭等相关人员陪同会见。

【张勤会见来华考察的英国、澳大利亚专家】 9月27日上午，中国科协书记处书记张勤再次会见了英国工程委员会代表皮特·希克思教授（Prof. Peter Hicks）和澳大利亚工程师学会代表戴维·鲁滨逊博士（Dr. David Robinson）。

张勤代表中国科协对两位专家不辞辛苦、认真负责地进行实地考察表示钦佩和感谢，真诚地欢迎他们就改进和完善我国工程教育认证提出宝贵意见。

希克思教授和鲁滨逊博士分别介绍了他们的感想、体会和建议，一致认为我国工程教育认证的过程和标准达到了华盛顿协议实质等同的要求，将建议各自组织同意推荐中国科协申请成为华盛顿协议准会员。中国科协国际联络部、学会学术部，中国工程教育认证协会的有关同志参加了上述活动。

9月18日上午，张勤曾同英澳专家进行座谈。此后，英澳专家前往太原理工大学和东北大学实地考察了计算机工程、材料成型及控制工程、自动化三个专业的工程教育认证过程。英澳专家将撰写报告提交英国工程委员会和澳大利亚工程师学会，对我国加入华盛顿协议具有重要作用。

【张勤会见香港工程师学会控制自动化仪器仪表分部代表团】 4月6日，中国科协书记处书记张勤在中国科技会堂会见了香港工程师学会环境分部、控制、自动化及仪器仪表分部专业人士。

上午，中国科协国际联络部副部长李秀亭出席了中国科协与香港工程师学会环境分部、控制、自动化及仪器仪表分部专业人士座谈会。香港工程师学会环境分部主席乐法成，控制、自动化及仪器仪表分部主席李兆林等来自香港工程师学会环境分部，控制、自动化及仪器仪表分部的专业人士参加座谈会。中国自动化学会常务理事吴惕华、中国仪器仪表学会副理事长兼秘书长吴幼华、中国自动化学会副秘书长张楠等参加会议。

中国科协国际联络部副部长李秀亭代表中国科协介绍中国科协2012年部分重点活动。中国仪器仪表学会副理事长兼秘书长吴幼华、中国自动化学会常务理事吴惕华、中国自动化学会副秘书长张楠等分别介绍了2012年学会的重点活动，并邀请香港工程师学会的专家参加学会活动。

香港工程师学会环境分部，控制、自动化及仪器仪表分部的代表与中国自动化学会、中国仪器仪表学会和中国电机工程学会的代表就学术活动等问题进行了广泛交流。

【张勤会见香港工程师学会执委会访京团】 10月29日，中国科协书记处书记张勤在中国科技会堂会见并宴请了来访的香港工程师学会2012执委会访京团和中央人民政府驻香港特别行政区联络办公室教育科技部部长潘永华等一行。

张勤对香港工程师学会执委会访京团访问中国科协表示欢迎。他谈道，长期以来，香港工程师学会在中国科协加入《华盛顿协议》的工作方面给予了大力支持。近期，中国科协与有关机构积极沟通协调，就加入《华盛顿协议》的相关制度设计和工作运行机制形成了共识，并确定了争取于2013年成为《华盛顿协议》预备成员的工作目标。他希望，在加入《华盛顿协议》筹备阶段，香港工程师学会与中国科协进一步加强合作，提供更多的支持和帮助。他邀请香港工程师学会派专家出席2013年5月在贵州召开的第十五届中国科协年会，并建议与中国机械工程学会等在年会期间共同举办学术交流活动。会上还请中国科协国际联络部国际组织处处长秦久怡介绍了中国科协加入《华盛顿协议》的相关进展情况并通报了中国科协将组织有关专家完成相关申请文件的准备工作，按时提交《华盛顿协议》秘书处。

香港工程师学会会长蔡健权表示，学会将继续全力支持中国科协加入《华盛顿协议》，愿与中国机械工程学会等在中国科协年会期间共同举办学术交流活动。有关学术交流活动的具体方案将与科协有关方面进行进一步的接洽和沟通。

中国科协国际联络部部长张建生，中国机械工程学会副秘书长陈超志，中国科协国际联络部、中央人民政府驻香港特别行政区联络办公室和中国机械工程学会的相关人员参加会见。

【张勤会见澳门科学技术发展基金代表团】 2月13日，中国科协书记处书记张勤在中国科技会堂会见了来访的澳门科学技术发展基金行政委员会主席唐志坚一行。唐志坚先生此行的目的是出席国家科学技术奖励大会，并就澳门科学技术发展基金项目评审工作与中国科协、中国科学院、国家自然科学基金委员会交换意见。

中国科协国际联络部部长张建生、副部长李秀亭，中国科学技术咨询服务中心主任盛小列，中国科学院港澳台办主任张兴根、副主任张松林，国家自然科学基金委员会港澳台办副主任王逸，中央人民政府驻澳门联络办公室经济部副部长董志峰等参加会见。

张勤对唐志坚先生一行的来访表示欢迎，简要介绍了2011年11月中国科协常务副主席、书记处第一书记陈希率团访问澳门、香港的有关情况。他谈到，中国科学技术咨询服务中心承担着科技咨询、科技评估、评价、认证及司法鉴定等工作，在科协人才资源、组织网络和客观独立的社会地位等方面具有独特的优势。他相信，由中国科学技术咨询服务中心推荐的专家将会认真负责地完成澳门科学技术发展基金的项目评审工作。

唐志坚对中国科协、中国科学院、国家自然科学基金委员会在澳门科学技术发展基金的项目评审工作中给予的大力支持表示衷心感谢。除科学技术奖励外，澳门科学技术发展基金还特别设立了研究生科技研发奖，两年评选一次，鼓励澳门青年学子从事科研工作。他邀请三家机构负责评审的专家和工作人员访问澳门，就今后的评审工作做进一步的沟通，听取专家意见，改进项目评审工作。

双方还就项目评审会的筹备，项目评审程序、评估方法与标准、奖励资助项目研究成果的反馈与发布等事项进行了讨论。

澳门科学技术发展基金与中国科协一直保持着良好的关系，2005年澳门科学技术发展基金与中国科协就项目评审工作签订合作协议，中国科协委托中国科学技术咨询服务中心具体承担联系专家进行评审工作，主要承担澳门科技发展基金提出的生物医药领域项目的评审工作。

【张勤会见出席中国科协年会的台湾代表】 9月7日下午，中国科协书记处书记张勤在河北省石家庄市会见出席第十四届中国科协年会的台湾代表。台北市农会总干事钱小凤、台湾大学农经系教授李顺成等21位参加第十四届中国科协年会第七分会场"第四届海峡两岸设施农业与园艺研讨会"的台湾代表出席会议。

张勤首先代表中国科协对参加中国科协年会的台湾代表表示欢迎，并对台湾农会等单位参与举办中国科协年会的学术交流活动表示感谢。他向台湾代表介绍了中国科协年会开幕式暨大会特邀报告、学术交流活动、科普活动、专题论坛和专项活动等活动的概况。

张勤表示，海峡两岸的农业科技交流与合作发展迅速，已经成为两岸关系的重要组成部分和最为活跃的领域之一。年会期间举办的"第四届海峡两岸设施农业与园艺研讨会"将成为两岸现代农业交流和农民合作组织间沟通合作的一个重要渠道和平台，希望两岸农业界的朋友通过研讨会进一步加深了解，深化合作。

台北市农会总干事钱小凤对受邀参加中国科协年会表示感谢。她介绍了台北市农会在发展现代农业、休闲农业、园艺产业等方面的经验。台湾大学农经系教授李顺成介绍了台湾农业经济发展的特点，并对大陆农业经济发展提出了建议。

中国科协国际联络部副部长李秀亭、中国科协农技中心主任张晓军、中国农技协副理事长傅泽田、河北省台办副主任赵韶华、河北省科协副主席杨金深等陪同会见。

【张勤出席第四届海峡论坛及2012海峡科技专家论坛】 6月16日，第四届海峡论坛在福建省厦门市开幕，中国科协书记处书记张勤代表中国科协出席了论坛开幕式、大会报告等重要活动。本届论坛由海峡两岸68个相关机构、社团共同主办，中国科协是主办单位之一。作为第四届海峡论坛代表科技界别交流的分论坛，2012海峡科技专家论坛于6月17日在厦门市举行。中国科协书记处书记张勤，福建省委常委、副省长陈桦，台湾工商建设研究会副理事长廖万隆等出席开幕式并致辞。

张勤在致辞中表示，近几年，两岸科技交流与合作发展迅速，已成为两岸关系的重要组成部分和最为活跃的领域之一，主要表现为，科技交流的领域日益广泛，覆盖了理、工、农、医等诸多领域；交流形势日趋多样，由以往的单纯考察访问发展到共同举办学术会议、合作论坛、科技展会等；合作渠道日益拓宽，我国大陆与台湾企业、社团组织等陆续建立了良好的合作关系；合作规模不断扩大，两岸科技交流的人数逐年上升，未来两岸合作潜力巨大，空间广阔，加强两岸科技交流与合作有利于两岸科技的发展，有助于实现两岸互惠双赢，增强中华民族的整体竞争力。

福建省委常委、副省长陈桦介绍福建省科技发展情况，她表示，近年来，福建与台湾在新兴产业合作与承接台湾产业转移等方面进行了定期磋商，两地科技合作空间巨大，完全能够优势互补，希望两地加大合作力度，共同提升科技竞争力和自主创新能力，为两岸共同繁荣发展提供持久动力。并能够共同制定技术标准、加大知识产权保护力度、完善台资企业从事高新技术研究的政策，使两岸企业在新兴战略性产业方面能够有更深入的交流。

台湾工商建设研究会副理事长廖万隆在致辞中表示，希望通过论坛上两岸科技专家的对接，沟通共识、建立共同理念，发展出最好的科技产品，造福两岸同胞。

开幕式上，安全云计算战略合作备忘录、戴云山蝴蝶种类资源专项调查与研究、森林保育经营研讨会、明台影视艺术工作站协议、草莓立体有机栽培技术引进等16个两岸合作项目举行了签约仪式。

大陆首家经商务部正式核准赴台投资的企业——福建新大陆与台湾同行合作研发的第二代二维码“中国芯”对外正式发布，为本届论坛注入了高尖技术元素。据悉，它的诞生，标志着中国在二维码识读核心技术已处国际领先地位，展现了两岸科技合作的美好前景。

本次海峡科技专家论坛由中国科协主办，福建省科协承办，中国地质学会、中华护理学会、中国农学会、中国造船工程学会、中国气象学会、中国心理卫生协会和台湾工商建设研究会等两岸35个社团和组织共同协办，下设气象、地质、海洋、农业、护理、船舶、心理、制造业、物联网、非营利组织10个分会场。本届论坛主题为“创新、合作与两岸永续发展”，是一次多领域、多渠道、多学科和有亮点、有成果、有影响的两岸科技交流盛会。论坛突出了“科技界别”特色，突显了“交流平台”效应。来自两岸科技界、企业界的1000多位专家学者、企业精英和社团领袖齐聚一堂，展开了广泛而深入的研讨，探求两岸合作共赢契机。中国工程院院士徐祥德、王思敬和圣约翰科技大学校长陈金莲等专家学者应邀参会，台湾大同大学校长朱文成和华为副总裁宋柳平应邀作大会主题报告。

经过多年两岸科技交流与合作形成的“海峡科技专家论坛”，在本届海峡论坛上呈现出“层次高”、“规模大”、“项目多”、“形式广”、“成效大”五大特色，有力地推动两岸科技人员大交流，促进两岸科技界大合作，使两岸同胞感情更融洽、合作更深化、未来更美好。

【张勤率华盛顿协议代表团访问英国、爱尔兰】 为实现中国科协代表我国于2013年加入华盛顿协议的目标，争取华盛顿协议各缔约方的支持，同时围绕中国科协在科研诚信和科技期刊国际化方面的工作，2012年5月9～18日，中国科协书记处书记张勤率团访问了英国和爱尔兰有关组织机构。

5月10日上午，代表团访问了爱尔兰工程师学会。爱尔兰工程师学会对中国开展的工程教育认证所取得的进展和成绩表示赞赏，认为目前中国工程教育认证的体系、标准、程序符合华盛顿协议实质等效的原则，希望并支持中国加入华盛顿协议。爱尔兰工程师学会希望进一步加强与中国科协在各个领域的交流与合作。

5月14日上午，代表团访问了英国工程理事会。英国工程理事会执行主任Jon Prichard、副执行主任兼办公室主任Richard Shearman、办公室副主任Deborah Seddon、国际交流部主任Katy Turff，英国帝国理工学院土木和环境工程系主任David Nethercot教授参加了会谈。英国工程理事会对我国工程教育认证的体系和运行表示认可，特别赞赏中国的工程教育认证采取坚持标准、选择认证、稳步推进的政策，从而在中国高等工程教育规模宏大，各地院校教学质量存在一定差异的情况下，保证了认证的国际实质等效，同时也有利于消除其他华盛顿协议成员的担忧。中国下一步的主要任务是严格按照华盛顿协议规定的时间、程序和内容做好申请成为准会员的各项工作。英国工程理事会表示，很高兴看到中国所取得的成绩，愿意作为中国加入华盛顿协议的推荐组织，将接受中国科协的邀请，与澳大利亚工程师学会共同组成考察组在今年9月到中国进行实地考察，并希望尽快确定考察日程。

5月16日上午，中国科协代表团拜访了英国工程技术学会。该会执行主任 Nigel Fine、国际交流部主任 Ian Mercer、职业发展项目主管 Dick Bacon、国际事务项目主管 James Howe、认证和奖励项目主管 Dan Canty、注册和标准项目主管 Mike Bridgefoot 会见了代表团。会谈后，代表团还参观了英国工程技术学会的图书馆和会议设施。

5月14日下午，张勤书记会见了英国出版道德委员会营运主管 Natalie Ridgeway。英国出版道德委员会十分关注中国的情况，报道了自然杂志和科学杂志有关中国科协编辑人员出版道德的声明。双方表示今后应进一步加强交流，增进相互了解，欢迎互派人员参加对方的重要活动，以及双方共同组织国际会议或合作项目。

5月16日下午，张勤书记会见了麦克米兰公司科学出版发行人 Nick Campbell，英国自然杂志出版集团物理科学主编 Karl Ziemelis、团体市场部主任 Jane Macmillan、市场项目主管 Marcus Parker、企业公共关系项目主管 Grace Baynes。我国在自然科学领域发表的英文论文数量已位居世界第二，并且还在增长，英国自然杂志出版集团十分重视中国市场，在上海建立了办事处。应当注意加强同英国自然杂志出版集团的交流，对其进行深入、系统、全面的研究，围绕我国科技期刊国际化的需要，促进双方的实质性合作。张勤书记建议驻英使馆科技处建立关于英国自然杂志出版集团的调研课题，指导和协助国内开展工作。

【张勤率华盛顿协议代表团访问美国、加拿大】

为推进全国工程教育专业认证工作，促进我国于2013年顺利加入《华盛顿协议》，中国科协书记处张勤率领由中国工程教育认证协会副理事长余寿文、人社部专技司付永生、科协学会学术部副部长朱雪芬、科协国际联络部副部长梁英南和科协国际部处长秦久怡组成的6人代表团于2012年11月1～10日访问了美国和加拿大。

11月6日上午，代表团与美国工程技术认证委员会（ABET）执行主任 Michael Miligan 和国际事务主管 Daniela Iacona 举行了会谈。代表团介绍了我国工程教育认证体系的现状以及为加入《华盛顿协议》所做的准备，双方就具体合作进行了交流。交流体会和成果如下：

代表团向美方介绍了中国工程教育认证标准由通用标准和专业补充标准构成，通用标准包括学生、培养目标、毕业要求、持续改进、课程、师资、支持条件等7个要素。其中毕业要求部分涵盖了国际通行的11条毕业生能力要求。ABET 对我近年来在工程教育认证领域取得的进展表示祝贺，对我国工程教育认证的体系和运行表示认可。

ABET 希望与中国科协在今后继续加强合作，并建议将原有的合作意向书升格为合作备忘录。双方可在认证专家培训等方面开展更加深入的合作。张勤书记对 ABET 的建议表示欢迎，并请双方国际部就合作备忘录事宜进一步沟通，并报请各自领导机构批准。

11月7日上午，代表团与加拿大工程师学会（Engineers Canada）执行主任 Kim Allen、教育主任 Gordon Griffith 和国际事务主管 Ken McMartin 举行了会谈。代表团介绍了我国工程教育认证体系的现状以及为加入《华盛顿协议》所做的准备，双方就具体合作进行了交流。

加拿大工程师协会感谢中国科协的正式到访，对中国开展的工程教育认证所取得的进展和成绩表示赞赏，认为目前中国工程教育认证的体系、标准、程序符合华盛顿协议实质等效的原则，希望并支持中国加入华盛顿协议。加拿大工程师协会表示目前加拿大来自中国的移民在加申请注册工程师的人数越来越多，中国加入《华盛顿协议》后将有助于简化对来自中国移民申请注册工程师的教育审查。加拿大工程师协会也请代表团回国后提供我国已通过认证专业的名单，作为其工程师注册的参考。

张勤书记感谢加拿大工程师协会对中国申请加入《华盛顿协议》的支持，并邀请加拿大工程师协会适时访华。

此外，代表团在外期间向驻两国使、领馆汇报了我国工程教育认证工作和加入《华盛顿协议》的进展，以及与两个组织交流的情况。访问期间代表团还与中国科协海智计划联系的美国和加拿大部分专家进行了交流，通报了中国科协近期开展的主要工作，加强了与专家的联系。

【张勤率团出席内地与香港信息科技及通讯产业创新创业高峰论坛】 7月17日，由国家工业和信息化部、国家科学技术部、中国科协、香港特区政府商务及经济发展局联合主办的内地与香港信息科技及通讯产业创新创业高峰论坛在香港特别行政区举行。中国科协书记处书记张勤、国家工信部副部长杨学山、香港特区商务及经济发展局常务秘书长谢曼怡、中央政府驻港联络办副主任殷晓静和香港特区立法会议员、中国科协全委会委员谭伟豪出席会议并致辞。共有约400位来自两地的政府部门、企业以及研究部门的领导和专家出席会议。张勤率领中国科协代表团参加了本次论坛。

张勤在致辞中简要介绍了中国科协组织构架和主要工作职责，并结合学习贯彻全国科技创新大会精神，阐述了科技社团要更好地发挥工作职能，为国家的科技创新贡献力量。张勤表示，香港是一个国际化大都市，资讯的便捷流通扮演着重要的角色。香港背靠内地，面向世界，具有得天独厚的区位优势和信息优势，而内地有丰富的人力和自然资源，实力雄厚的多学科研究体系，规模宏大的企业实体和巨大的市场需求。希望两地的信息科技界和通讯产业界及各科技社团通过本次论坛，进一步加深了解，发挥各自优势，密切交流，深化合作，实现双赢。

论坛的主题演讲分为两部分，第一部分由内地和香港政府官员阐述信息科技及通讯产业的发展趋势及前景。中国科协学会学术部副部长刘兴平结合中国科协主要工作内容从学术交流、科学普及、人才培养、产学研用结合，以及学习贯彻全国科技创新大会精神作了题为《营造全社会科技创新氛围》的主题演讲。国家工信部电子信息司司长丁文武、国家科学技术部高新技术发展及产业化司副司长杨咸武和香港特区商务及经济发展局常务秘书长谢曼怡等作了演讲。第二部分主题演讲由相关业界领袖分析信息科技及通讯产业的创业策略。讲者分别来自两地著名企业，包括联想集团、创科实业、京东方科技集团、网易公司、浪潮集团和腾讯公司。

论坛设有圆桌研讨会，与会专家围绕内地与香港的信息及通讯企业合作，进行深入讨论和交流。

论坛期间举行“粤港云计算服务和标准专家委员会”成立仪式，由香港特区政府信息科技总监赖锡璋和广东省经济和信息化委员会副主任邹生颁发委任状予18位来自两地的云计算专家委员。委员会将推动粤港两地云计算发展及制订有关标准规范，加强在云计算方面的合作。

中国科协代表团在港期间还专程访问香港工程师学会，就中国科协加入华盛顿协议情况进行了沟通，张勤书记代表中国科协与香港工程师学会会长蔡健权、常务秘书长阮高馨续签了双方合作协议。

国际联络部副部长李秀亭、学会学术部副部长刘兴平等有关人员随团出席会议和访问。

【徐延豪率团考察美国、加拿大科普资源开发共享】 应美国科学促进会（The American Association for the Advancement of Science，AAAS）和加拿大安大略省科学中心（Ontario Science Center）邀请，中国科协书记处书记徐延豪率代表团于6月11～20日赴美国、加拿大，对科普资源开发与共享进行考察。

代表团先后访问了安大略省科学中心、麻省理工学院博物馆、美国科学中心协会和美国科学促进会等机构，与上述组织主管科学教育、科学传播和公众参与科学等内容的负责人进行了深入交流，并实地考察了所设展览等。

在会谈中，代表团与加拿大安大略科学中心首席执行官Lesley Lewis女士就科技馆或科学中心如何吸引青少年和社区居民进行了交流。Lesley Lewis介绍，安大略科学中心设有专业的设计和制造团队，致力于展品和展览的创新和品质，开发了基于场馆的科学课教学内容。有许多当地的中、小学校将部分科学课程放置在中心进行讲授。中心每年还会为经济困难家庭提供免费门票，数量约占门票总额的10%。此外，科学中心还举办了各类走进社区的馆外活动，结合社区活动进行科学传播。双方一致同意，日后应加强安大略科学中心与中国科技馆在展品、展览、专业人员培养等方面的交流与合作。

在访问美国科学中心协会和美国科促会时，双方就科学道德、“2061计划”和全民科学素质纲要实施等议题进行了交流。美国科学中心协会首席执行官Bud Rock介绍了美中两国除了科研之外，在教育领域的交流与合作。他建议，以科研人员的互访、出版译著、工作访问和会议等多种形式，进一步加强美国科学中心协会与中国科协的交流与合作。美国科促会国际部执行主任兼科学与外交中心主任Vaughan Turekian博士回顾了美国科促会与中国科协自1978年以来在科学道德、教育和管理等领域的合作与交流。“2061计划”主任Roseman女士详细介绍了“2061计划”的最新进展。双方就“2061计划”和全民科学素质纲要的实施进行了探讨。

本次访问的组织在科普方面的有益经验和尝试，对于中国科协进一步推动实施全民科学素质纲要，加快开展科普资源共建共享具有重要借鉴意义。中国科协科普部部长杨文志、计财部副部长公坤后等参团出访。

【王春法率团考察俄英科技思想库建设】 应俄罗斯科工联（Union of Scientific and Engineering Associations）和英国皇家学会（Royal Society）邀请，中国科协书记处书记王春法率中国科协代表团于6月25日～7月4日赴俄罗斯、英国对科技思想库建设进行了考察。

代表团先后访问了俄罗斯科工联、俄罗斯科学研究与统计中心、剑桥大学丘吉尔学院、伦敦国王学院、英国皇家学会等组织和机构，双方进行了广泛而深入的会谈，就开展决策咨询工作和建设科技思想库交流了经验，并探讨了今后一段时间中国科协与相关组织深入合作的意向。

在先后与俄罗斯科工联、科学研究与统计中心的会谈中，代表团重点考察了俄罗斯科技社团为总统、联邦政府、议会提供决策咨询服务的渠道、方式和效果情况，以及目前遇到的主要困难。俄罗斯科学研究与统计中心主任Alexander Barannik认为中国经验非常值得俄罗斯借鉴，明确表示希望与中国科协在科技人力资源研究、科技评价指标研究等方面加强交流合作。

在英国期间，代表团先后与剑桥大学丘吉尔学院、伦敦国王学院、英国皇家学会的主要负责人交流了思想库发展的历史和一般经验，介绍了中国科协建设国家级科技思想库的总体情况，详细询问了国外科技社团在打造特色品牌、提高决策咨询能力的具体做法和经验。外方对我取得的成绩表示赞赏，对中国科协具体开展的科技人力资源研究、科技工作者状况调查和学会决策咨询活动表现出极大兴趣，希望与我方保持密切联系和合作关系。英国皇家学会执行主席 Julie Maxton 博士、副主席 Martyn Poliakoff 教授，英国皇家学会副主席兼司库、剑桥大学丘吉尔学院院长 David Wallace 爵士等负责人表示愿意与中国科协在决策咨询研究报告翻译出版、数据成果库建设、专业人员培训等方面开展具体合作。

本次访问增进了中国科协与俄英相关组织机构的相互了解，推动了双方进一步的交流合作，对于中国科协加快建设国家级科技思想库、有效服务科学决策具有重要意义。中国科协学会服务中心副主任苏小军、机关服务局副局长白元平等参团出访。

【中国－巴基斯坦青年科学家论坛】 4月17日，由中国科学技术协会和中国人民对外友好协会共同举办的中国－巴基斯坦青年科学家论坛在中国科技会堂举办，中国人民对外友好协会副会长冯佐库、中国科协书记处书记徐延豪、巴基斯坦驻华使馆副馆长泽霍尔·艾赫迈德出席会议并致辞。中国人民对外友好协会亚非部副巡视员栾宇滔主持论坛开幕式。80位中巴青年围绕“共创美好未来——科学、社会与进步”的主题进行了广泛交流。

冯佐库在致辞中表示，中巴两国是山水相连的友好邻邦，两国人民友谊源远流长，今年为我国与巴基斯坦建交60周年。中国人民对外友好协会一直致力于与巴基斯坦开展形式丰富、内容多样民间友好交往。此次举办的中巴未来科学家论坛就是在以实际行动传承中巴传统友谊。希望通过这次论坛，中巴青年科学工作者能相互学习，加深理解，建立友谊，取得积极而富有建设性的成果。

徐延豪代表中国科协欢迎远道而来的巴基斯坦朋友。他在致辞中表示，青年是一个国家的未来和希望，青年科技工作者是提高科技自主创新能力的主力军，也是科学技术发展的未来和希望。希望此次论坛的召开，为中巴两国年轻科学家搭建交流的平台，促进两国青年在IT、智能电网、新能源等领域的交流与探讨，互相取长补短，加深两国青年一代的友谊，实现共同进步，为两国科技事业的发展和经济社会的发展增添动力。

巴基斯坦国家科技大学助教 Zawar Hussain Shah 博士、北京邮电大学副教授王朝炜、华北电力大学副教授刘崇茹、巴基斯坦国家科技大学助教 Zahid Anwar 博士、巴基斯坦国家电力学院高级研究员 Abdul Hadi、北京邮电大学副教授黄小红、巴基斯坦信息技术大学学术研究员 Ghulam Ali、华北电力大学博士陆强、巴基斯坦科学家 Tahir Sarwar 等8位青年专家分别以《计算机无线网络》、《移动通信网》、《新能源》、《智能电网安全》、《计算机工程》、《IPv6》、《太阳能电池与智能电网》、《生物质发电》、《电力》为题作学术演讲。学术演讲后，论坛围绕网络通信、新能源、新电力系统、网络安全等进行了广泛而深入的讨论与交流。

论坛期间，中巴两国与会代表还参观了北京邮电大学的网络与交换技术国家重点实验室和北京邮电大学网络中心，以及华北电力大学的新能源电力系统国家重点实验室和生物质发电成套设备国家工程实验室，并进行现场学术交流。与会代表还赴中国科技馆参观。

巴基斯坦使馆对此次论坛给予高度评价，巴基斯坦驻华使馆副馆长泽霍尔·艾赫迈德评价称，此次论坛是中巴青年交往中的一个创举。来自巴基斯坦的专家表示，论坛是一个好的开端，希望能够继续开展下去，并把议题扩展到农业等其他更广泛的领域，为两国科技人才的成长和科技发展提供支持。

【中俄青少年科技文化交流活动】 7月15～25日，应俄罗斯国际友好城市联合会的邀请，由中国科协、中国对外友好协会和中国宇航学会共同组织的中国青少年代表团一行40人赴俄罗斯参加“中俄青少年科技文化交流活动”。此次活动由中国科协青少年科技中心副主任单长勇带队，旨在中俄两国互办“旅游年”期间，深入推动两国青少年科技文化交流活动，增进中俄两国青少年传统友谊。

在俄罗斯弗拉基米尔州的青少年伊卡鲁斯营地里，绿草茵茵，鲜花锦簇，俄罗斯的青少年们用营地的最高礼节欢迎中国青少年科技文化交流代表团的到来。中国团员在当地营员的簇拥下来到了营地广场举行升旗仪式，五星红旗由营地仪仗队护送，缓缓走入营地广场，在嘹亮的中华人民共和国国歌声中冉冉升起，第五届中俄青少年科技文化交流活动正式拉开序幕。升旗仪式结束后，欢歌响起，数百名俄罗斯青少年载歌载舞地奔向营地广场，为中国青少年科技文化代表团举行了隆重的欢迎仪式。

7月20日晚，伊卡鲁斯营地礼堂灯光璀璨，欢歌笑语，民族风情浓郁。中国青少年科技文化交流代表团与俄罗斯青少年民间艺术团欢聚一堂，共享科技文化之夜盛宴。一首《莫斯科郊外的晚上》，让中俄青少年拉近了距离，找到了音乐的共鸣。一曲《风酥雨忆》让俄罗斯青少年领略了中国东方神韵之美。北京市第166中学的管弦乐队在演奏完欢快热烈的《舒情华尔兹》后，向营地赠送了在国家大剧院录制的演出光盘。弗拉基米尔州舞蹈学院师生共同表演的芭蕾舞，和部分当地营员表演的俄罗斯传统体育项目——搏击，让中国代表团切身感受到俄罗斯深厚的文化底蕴。科技文化之夜的最后一个节目是中国代表团的大合唱《最炫民族风》，所有在场的观众全体起立，在欢快的节奏中，舞动着双手，和着节拍，情不自禁地与旋律与舞。中俄青少年欢呼着、拥抱着，部分俄罗斯青少年冲向舞台与中国团员一起高歌，将晚会推向高潮。

为深入两国科技文化交流，俄罗斯国际友城联合会安排中国代表团参观了星城加加林宇航员培训中心、莫斯科天文馆、俄罗斯宇航飞行控制中心和航天纪念博物馆。宇航员培训中心的“和平”轨道站模型、大型离心机和水下训练设施使大家对宇航员的严格、超常训练有了感性认识。在航天纪念博物馆详细了解了以加加林为代表的前苏联和俄罗斯众多宇航员为人类和平利用宇宙空间所做出的贡献。特别是代表团与苏联英雄、宇航员拉维伊金•A的见面交流，并为中国代表团讲述了俄罗斯航天事业发展史，让中国代表团所有团员对俄罗斯宇航事业的发展啧啧称叹。

了解俄罗斯的民俗文化也是此次交流的重要内容。在民俗村，由当地人员为中国团员讲解俄罗斯的各种风俗习惯，通过人物扮演和互动游戏，让中国青少年初步了解了俄罗斯的风土人情。在当地工作人员的指导下，每位团员都学习了套娃描绘制作全过程，分别按照提供的不同图案绘制了自己喜爱的套娃。

中国青少年科技文化代表团在俄罗斯期间还参观了红场、克里姆林宫、阿芙乐尔号巡洋舰、彼得保罗要塞、艾尔米塔什博物馆，乘船游览了涅瓦河沿岸秀丽的风光景色，感受了俄罗斯古老而灿烂的文化和当地的发展。

10天的交流活动虽然短暂，但中俄青少年之间加深了了解，增进了友谊，结下了深厚的情谊。中国代表团团长单长勇表示，这次中俄科技文化交流活动紧张而充实，活泼而有意义。活动内容丰富，形式多样，让中国青少年从民俗到科技，从历史到现在，从文化到艺术，都进行了全面的参观和深入交流，让中国青少年开阔了视野，增长了知识，促进了对科技的求知。中俄青少年科技文化交流活动为中俄两国青少年的交流与合作搭建了一个很好的平台，对培养中俄两国青少年一代的友好感情，深化两国传统友谊创造了条件，为进一步加深相互之间的友谊奠定了基础。

海智计划

【海智计划开展和谐社区专项调研】 3月14～18日，海智办组织海内外专家一行9人赴重庆、宁波两地开展和谐社区专项调研。此次调研的目的是通过对典型社区进行调研，从微知著，探讨社会发展的普遍规律及同类社区的共同特点，为各地建立和谐社区提供决策参考，同时为海外专家提供深入了解国情民情的机会。

中国科协副主席冯长根参加调研。调研团由中国科协国际联络部部长、海智办主任张建生带队，参加调研的海内外专家有：美国纽约州立大学布法罗分院社会学系终身教授张杰，日本高知工科大学信息学院教授任向实，法国国家健康和医学研究院工程师叶非，美国纽约市立大学布鲁克林学院传播沟通学教授鲁曙明，英国南安普顿大学、清华大学教授吴建平，日本（株）AIA研究部长、主任研究员、日本德岛大学非常勤讲师范莉馨，德国Mandarin Sino Consult公司高级副总裁、汉堡“中国港”项目负责人、德国记者杨莉，瑞典独立设计YAN'S DESIGN创办人严晓燕，中央财经大学讲师尹银。调研考察活动得到重庆市科协和宁波市科协的大力支持。

考察团在重庆、宁波两市各选取一个城区街道居委会和一个农村村委会或城乡结合部作为考察目标，通过实地考察、面对面访谈、座谈交流等形式，对被访社区的社保医保、村官机制、社会保障及养老服务、社区服务、居住环境及治理、村民选举与自治、农村组织建设、农村社区文化等进行了详细的考察调研。考察结束后，专家组将对以上问题进行分析和总结，形成调研报告，并将调研结果和具体建议反馈到基层，为地方政府决策提供参考。

【常州“龙城英才计划”推介会在沈阳召开】 4月7日，由常州市委、市政府主办，常州市人才工作领导小组办公室、常州市科协承办的“龙城英才计划”推介会在沈阳市举办。中国科协副主席冯长根，中国科协国际联络部部长、海智办主任张建生，中国科协海智办副主任方进，江苏省科协副主席冯少东出席了会议。会议由常州市科协党组书记、主席宋平主持。

冯长根副主席在致辞中指出，当前国际科技交流日益频繁，技术革新潮流势不可挡，创新的难题与机遇并存，人才的培育和引进同等重要。近年来，常州市科协配合市委市政府开展引才引智工作，围绕“千名海外人才集聚工程”和“龙城英才计划”积极推动高层次人才向经济发展一线集聚，为海内外人才来常创新创业拓展渠道，取得了可喜成绩。

冯少东副主席介绍了江苏省科协开展海智工作取得的成果，常州市政府副秘书长、科教城管委会主任陈建新介绍了常州市的人文、历史、地理概况和近年来经济科技、社会事业、人才战略实施等方面的基本情况，常州市委组织部人才处处长王文一详细介绍了“龙城英才计划”和常州的人才政策和创业环境。会后，各辖市（区）科协负责人及创业园区的同志分别与参会人员进行了深度的沟通与对接。

此次活动是继北京、上海浦东之后，常州市科协第三次在省外举办“龙城英才计划”推介会。会议得到辽宁省科协、沈阳市科协的大力支持，在沈高校、科研单位，沈阳市学会、协会、研究会以及常州市科协系统相关负责人、海智工作基地和部分留学创业园负责人等100多人参加活动。

【海智计划江苏（扬州）工作基地揭牌】 4月17日，在“2012院士专家扬州行”启动仪式上，中国科协海智计划江苏（扬州）工作基地正式揭牌。中国科协书记处书记张勤、扬州市政府代市长朱民阳为基地揭牌并致辞。中国科技咨询服务中心主任盛小列，江苏省科协副主席张铁恒，中共扬州市委常委、组织部长丁纯，扬州市政府副市长孔令俊等领导出席。中国科学院匡定波院士等14名两院院士与来自中国林业科学院、中国建筑材料科学研究总院、西安交大等10多家高校、科研院所的30名专家，以及市各有关单位和部门的负责同志等200余人共同见证了基地的成立。

张勤书记在致辞中指出，“海智计划”是中国科协事业发展“十二五”规划中明确提出的重要任务，是科协组织引进海外高层次科技人才智力的重要载体。科协组织将按照“联系好、了解好、反映好、服务好”的四好原则，构建海外智力储备库，搭建海外智力为国服务平台，优化海外人才回国服务环境，开展举荐人才、建言献策、基地建设等工作，推动海外人才以科技成果转让、技术入股、回国创业等方式直接参与国内经济活动。他希望扬州市科协能够积极探索、加强创新，将“海智基地”的作用发挥好，集聚国内外高层次科技人才，助推扬州市“绿扬金凤”计划，为推动扬州经济社会又好又快发展做出积极贡献。

扬州工作基地是江苏省第六个中国科协海智工作基地。扬州基地将依托中国科协、省科协的海外资源和信息网络，以扬州八区二园、特色产业基地、公共研发平台、高新企业技术企业等为载体，以关键人才、技术、高新项目引进为重点开展工作。

【海智计划2012年度专家工作会议】 4月20～22日，中国科协海智计划2012年度专家工作会在云南召开。中国科学院院长白春礼，中国科学院院士、中国科协海智专家委员会主席赵忠贤，全国人大常委、中国科协副主席冯长根等领导和海内外专家共18人参加会议。中国科协副主席冯长根和云南省科协副主席、党组书记唐兵分别代表中国科协和云南省科协致辞。

本次会议重点是配合国家“千人计划”，继续推动海智工作深入开展。海智办主任张建生主持会议并做了2011～2012年度海智计划工作汇报。海智办在2011年向中组部推荐海外高层次人才5人，总人数达122人，其中已入选中央“千人计划”7人；新增海外人才数据库条目40条，总数达到1036条；新增签约海外华人科技团体8家，目前已与83个团体建立合作关系；新设立海智计划工作基地10个，工作基地数为16个；收到咨询建议45项，其中1项获中国科协优秀建议奖，咨询建议累计250项；2011年接待海外科技人员509人次；支持地方开展海智项目92项；中组部千人计划网站对海智计划进行了相关报道，国家人社部充分肯定了海智计划工作；中国科协“十二五”规划已把海智计划列为主要任务之一。中央书记处书记、中组部部长李源潮2011年12月10日针对全国政协报送的《关于“海外智力为国服务行动计划”在促进地方经济发展中发挥作用情况的调研报告》做出重要批示指出：“海智计划”实施7年很有成绩。

参加会议的18名专家对各项目承担单位提交的已完成项目、跨年度项目和新申报项目进行评价、评估和评审。中国科学院院长白春礼、中国科协副主席冯长根及与会专家们对海智工作予以充分肯定，并就今后利用科协优势开展海智工作提出建议：海智工作应秉承“不求所有，但求所用”的原则，与海外华人科技团体、专家学者建立感情，与地方科协、全国学会的密切合作，互利多赢增进服务，在现有工作基础上加强宣传，扩大影响。

会议期间专家们还了解了红河州“石屏县泥炭综合利用”、“濒危珍稀物种斑鳖挽救”，合作建立“中国•红河蝴蝶谷”科考基地等项目，达成合作意向。

【海智计划参与贵州省2012高端装备制造与高技术产业国际合作推进会】 7月10～12日，贵州省2012高端装备制造与高技术产业国际合作推进会在贵阳召开。

此次会议得到了各级领导的重视和支持，出席会议的领导和嘉宾有：中国科协常务副主席、书记处第一书记陈希，中国科协副主席、书记处书记程东红，中国科协书记处书记张勤，中国科学院院士、中国科协荣誉委员赵忠贤，贵州省人民政府副省长谢庆生，中共中央组织部人才局副局长胡建华等。中国科协常务副主席、书记处第一书记陈希在推进会上致辞。

2012高端装备制造与高技术产业国际合作推进会上，中国科协书记处书记张勤宣读《关于同意设立中国科协海智计划贵州工作基地的函》，中国科协常务副主席、书记处第一书记陈希为“中国科协海智计划贵州工作基地”授牌；贵州省人民政府副省长谢庆生与18位受聘为“中国科协海智计划贵州工作基地科技专家”进行了座谈并颁发聘书；大会报告会上，海智专家严晋跃教授、马启元教授做专题演讲；18位海智专家参加了“科技转化与高技术产业合作交流”，分“高端装备制造”、“电子信息及软件”、“电力智能装备”三个组参与座谈交流。

【2012年海外智力为国服务研讨会暨联席会议】 7月10日，中国科协2012年海外智力为国服务研讨会暨联席会议在贵阳开幕。本次会议由中国科学技术协会和贵州省人民政府共同主办，中国科协海智办与贵州省科协共同承办，会议主题为“高端装备制造与高技术产业发展”。本次联席会议结合贵州省的发展需求，为贵州发展高端装备制造业和高技术产业提供智力支持。共有来自美国、加拿大、英国、德国、法国、比利时、奥地利、荷兰、丹麦、芬兰、瑞典、新西兰、澳大利亚、日本等14个国家，39个华人科技团体的74位代表参加会议。

中国科协荣誉委员、中科院院士赵忠贤，中国科协副主席、书记处书记程东红，中国科协书记处书记张勤等中国科协领导出席会议。贵州省人民政府副省长谢庆生，中组部人才局副局级巡视员胡建华等中央部委和有关司局负责人莅临会议。会议开幕式由中国科协国际联络部部长、海智办主任张建生主持，谢庆生副省长致欢迎辞，张勤书记致辞。

张勤书记指出，中国经济的制度转型和从要素驱动向效率驱动、创新驱动的动力转变，归根结底要靠人，靠人才。国家间的竞争是人才的竞争、资源的竞争、制度的竞争和话语权的竞争。其中最根本的是人才的竞争。面对经济全球化和人才国际化的趋势，中国将坚定不移的实施人才强国战略，实施更加开放的人才政策。引进高端紧缺人才，满足中国经济发展方式转变和经济结构调整的巨大需求。中国科协海智计划是国家引智工作的重要组成部分，是千人计划的窗口之一。实施海智计划有力地配合了千人计划引进海外高层次人才工作，积极推动海外专家、学者为地方经济社会发展做贡献。

联席会议期间，赵忠贤院士、程东红书记与海外代表进行了座谈，就发挥海外科技人员作用为科技创新服务听取海外代表的意见，希望参加会议的代表带动更多的海外科技人员参与为国服务的活动。

此次会议共收集到海外拟对接项目60个，收集到海外咨询建议26篇，收集到推荐人才信息26项。在会议上发布和讨论生态能源环境、企业自主创新、人文社会科学、海外技术引进、医药卫生健康等5个专题调研情况；海智办副主任方进做了2011年海智计划工作汇报，北京、江苏、安徽、福建等海智工作基地做经验交流。借助联席会议契机，贵州省科协与海智办推荐的14家海外科技团体签订海外智力为黔服务行动合作协议，组织相关单位与海外科技团体负责人和各领域专家学者进行洽谈磋商，项目对接。

经商洽，瑞典皇家理工学院、梅兰德伦大学严晋跃教授表示将协助贵州省引进瑞典有关政府部门资金及技术建立能源研究所；美中创新科技促进会会长、美时医疗公司董事长马启元教授表示美时公司准备把贵州作为在西南地区“普照计划”的合作者（普及中国自主研发大型医疗设备装备县级医院试点，年内启动革命老区和贫困地区“普照计划”项目），同时希望与黔有关企业进行研发和产业化方面战略合作。

【海智计划开展生态能源环境专项调研】 7月12～16日，海智办组织海内外专家、学者先后对贵州省毕节市、大方县、织金县等地进行了生态能源环境专项调研，并针对毕节地区生态和能源发展提出建议。调研团由中国科协荣誉委员、中国科学院院士赵忠贤任团长，中国工程院院士王浩，海外专家严晋跃（瑞典），伍业钢（美国），李百炼（美国），邱顺添（英国），吴建平（英国），潘绪斌（美国）参加调研，中组部人才局副局级调研员胡建华，中国科协国际联络部部长、海智办主任张建生，贵州省科协副主席钱斌，中国科协国际部调研员、海智办副主任邱爱军，海智办副主任方进和贵州省内相关领域专家陪同调研。

调研团在听取当地各部门领导、省内专家介绍的同时，考察了夹岩水利枢纽工程预建地点，参观了大方县羊场镇穿岩村石漠化治理成果，了解了织金县茶店乡洪家渡经济开发区煤磷电一体化工业基地情况，就石漠化治理与生态修复，煤化工与页岩气、煤层气开发利用，夹岩水利枢纽工程综合环境评价等方面进行了重点调研，分别在毕节市和织金县召开现场座谈会，提出意见和建议：（1）治理石漠化总体思路应首先把岩溶环境地质调查作为基础，以治理保护和开发利用水土资源作前提，抢救土地资源扼制土地资源石漠化为目的，以水资源的合理配置和有效利用为主线，以基本农田建设小型水利、水保工程和恢复林草植被为重点，人工的治理和生态自我修复相结合，避免边治理边破坏的现象；（2）加强监督管理，合理布局小水窖，争取中央长期专项资金支持；（3）林地整合要用施法自然的生态修复法，通过少量的人为帮助和干预，加速生态演替过程，在治理过程中要与景观的美化和生态旅游结合起来；（4）适当建立生态补偿机制；（5）化工安全性十分重要，生产废渣、废气的处理应慎重考虑，尽量扶持地方绿色特色产业；（6）做好人才培养工作，积极引进先进技术。

此次调研充分发挥省、地、市、县、乡几级科协的协调作用，积极推动海外智力与地方经济社会发展需求的有效结合，为所到市、县树立科学发展观、促进生态恢复和环境保护带去全新的理念。

【海智计划吉林（吉林）工作基地挂牌成立】 8月11日，中国科协海智计划吉林（吉林）工作基地授牌仪式暨2012年吉林省海智高端人才座谈会、吉林省海智专家与企业对接会在吉林市举行。本次活动是吉林省进一步贯彻落实东北亚区域人才合作战略，搭建人才合作平台，畅通引才渠道，加大人才引进力度的重要举措和途径，得到了中国科协海智办和吉林省委组织部人才处的大力支持。

中国科协副主席冯长根出席座谈会，并为中国科协海智计划吉林（吉林）工作基地授牌。中国科协国际联络部部长、海智办主任张建生，吉林省科协党组书记、副主席李景涛，吉林大学常务副校长、吉林省科协副主席赵继，中国科学院长春分院院长、吉林省科协副主席王利祥，中科院长春分院副院长、党组副书记李冰，吉林市委副书记谢忠岩等领导，长春高新区海外学人创业园，长春市科协，吉林市委组织部、科协、台办、科技局、人社局、工信局、经合局、高新区、经开区、吉林化工学院、中石油吉化的代表，以及吉林大学和中科院长春分院的专家学者共计130余人参加活动。

座谈会上，吉林市委副书记谢忠岩介绍了吉林市的发展情况。吉林省委组织部人才处处长邵波介绍了吉林省的相关人才政策；中科院长春分院院长王利祥、吉林大学常务副校长赵继分别就本单位的海外智力人才情况作了介绍；来自中科院长春分院、吉林大学和延边自治州的部分专家代表在会上介绍了他们的科研情况及海外经历。吉林省科协党组书记、副主席李景涛就吉林省海智计划开展情况和工作设想作了阐述。希望依托长吉图先导区再发展一个海智工作基地，做大做强海智品牌。

吉林奥克新材料有限公司等14家企业及吉化研究院、吉林化工学院代表在对接会上分别介绍了各自的人才与技术需求。来自吉林大学、中科院长春分院的专家们介绍了各自的研究方向、科研成果、转化项目。双方进行了认真沟通，4家企业与专家就企业发展项目达成了初步合作意向。

【张勤出席中国浙江·宁波人才科技周活动】 2012中国浙江·宁波人才周于9月22日在宁波隆重开幕。人力资源和社会保障部副部长王晓初，中国科协书记处书记张勤，浙江省委常委、宁波市委书记、市人大常委会主任王辉忠，省委常委、省委组织部部长蔡奇，市委副书记、市长刘奇出席开幕式并共同为展示馆开馆。

2012中国浙江·宁波人才科技周由教育部、科技部、人力资源和社会保障部、中国科协、浙江省人民政府共同主办，中共浙江省委人才工作领导小组和宁波市人民政府承办。以“人才保障六个加快、创新促进科学发展”为主题，共举办人才智力引进、科技项目合作、高端智力宁波行、人才资本市场对接等4大版块11项分体活动和综合签约授牌仪式。主要活动包括：高层次人才引进洽谈会、海外留学人才创业行和中国科技创业计划大赛；高新技术成果交易洽谈会和中国国际工业设计博览会；国内外院士企业行、“长江学者”宁波行、“海智宁波之旅”和国际人才高层论坛；“千人计划”人才资本洽谈会、人力资源服务产业展示推介会等。包括两院院士在内的300多名国内外高级专家参会，共设立3000余个各类摊位和展位，4000余家企事业单位参加招聘、展示和洽谈，参会总人数超过3万人。海智办组织海外专家参与人才周各项活动。

王晓初、张勤、王辉忠、蔡奇、刘奇等领导先后来到国际会展中心各个主题活动现场，了解人才和项目洽谈、创新产品和成果展示等情况，并祝愿参加洽谈展示活动的各方取得满意成果。张勤书记还出席中国浙江·宁波人才科技周综合签约授牌仪式，为“3315计划”个人资助项目、14个院士工作站、海智基地工作站授牌。

【海智计划开展企业自主创新专项调研】 10月14～20日，海智办组织智专家赴浙江省宁波市、杭州市，福建省宁德市开展海智计划企业自主创新专题调研。调研团由中国科协荣誉委员、中科院院士赵忠贤和中国科协国际联络部部长、海智办主任张建生担任正副团长，海智专家马启元（美国）、周克明（英国）为正副领队，成员包括郑延友（加拿大）、高益槐（新西兰）、胡胜发（美国）、陈忠苏（美国）。调研团队中有2位国家“千人计划”特聘专家。

调研团先后走访了浙江泰来环保科技有限公司、宁波海视智能系统有限公司、贝达药业有限公司、星月生物科技股份有限公司、安发（福建）生物科技有限公司等企业，分别在宁波市、杭州市、宁德市举办9场座谈会，23名海归企业代表参加座谈。座谈围绕海归企业的中长期发展战略、融资渠道、内部管理体系、知识产权保护、战略高技术方面的创新能力和手段、参与全球市场竞争、在国家自主创新中发挥的作用、如何实现产业升级等问题展开，重点考察海归企业在解决了基本生存问题后，企业成长和壮大过程中面临的困难和问题、海归企业在国家创新体系中的位置和作用、海归企业在国家自主创新中的特殊贡献等。

中国科协荣誉委员赵忠贤院士在总结中说，“海智计划”旨在通过中国科协的桥梁和纽带作用，发挥海外人才智力优势，吸引和组织海外科技工作者以多种方式为国服务，从引进海外智力入手，为海外科技人员回国创业、为国服务搭建平台。针对海归企业自主创新的主要问题，海外专家将结合实际提出意见和建议。

【2012 中国 · 扬州国际人才峰会暨首届海外项目洽谈会召开】 11 月 24 日，2012 中国 · 扬州国际人才峰会暨首届海外项目洽谈会在扬州市举办。此次人才峰会以“集聚海外智力资源，助推世界名城建设”为主题，由中国科协海智办、江苏省科协和扬州市政府联合主办，扬州市科协承办。中国科协书记处书记张勤、江苏省科协副主席冯少东、扬州市委副书记赵晓江出席并致辞。中国科协国际联络部部长、海智办主任张建生，海智办副主任方进，扬州市人大副主任孙永如，市政协副主席杨明荣等领导出席开幕式。来自欧洲和亚太地区 13 个国家的 38 名海外科技人才和科技社团负责人，扬州市相关部门、各县（市、区）政府、开发区、化工园区、市重点骨干企业的 200 多名代表参加开幕式。

张勤书记在讲话中强调，中国科协将继续坚持服务地方需求为首要原则，广泛动员和组织海外智力资源向各地集聚，为各地经济社会发展服务，为各地实施创新驱动战略服务，为各地招才引智服务。张勤希望海智计划江苏（扬州）工作基地认真贯彻党的十八大提出的实施创新驱动战略任务，促进海智工作在扬州的开展，助推扬州世界名城的建设。

此次洽谈会发布海外科技项目 1265 个，对接洽谈项目 207 个，促成合作项目 34 个，其中当场签约项目 28 个，涵盖了产业合作、成果转化、人才引进等多种形式，涉及新能源新光源、机械装备等扬州主导产业以及软件与信息服务、现代金融等现代服务业的多个领域，其中海智专家斯航推荐的三个国际合作项目均在大会上成功签约。大会还对中国科协海智计划江苏（扬州）基地宝应工作站等 7 个海智基地工作站进行授牌；扬州市科协与中国留学人员创业协会等 9 个海外科技团体签订了友好合作协议，双方将在未来 5 年内围绕科技项目合作和高层次人才交流、国际学术交流等方面共同开展合作，为海外人才搭建为国服务的平台。在开幕式后的双向推介活动中，扬州市副市长孔令俊向海外专家作扬州城市主题推介；江都区、邗江区、广陵区、开发区的有关负责同志分别围绕区域发展特色作专题推介；中国留学人员创业协会会长林建人、全欧华人专业协会联合会副秘书长蒋林华、中国海外科学技术协力事业协会常务副会长兼秘书长陈亮做社团情况推介。推介活动立足扬州，面向海外，辐射周边，进一步拓宽了扬州市紧密联系海外科技组织的渠道。会后，各位海外代表分头走进扬州市企业、园区，就下一步深度合作进行考察、洽谈。

【海智计划上海（杨浦）工作基地挂牌成立】 2012 年 12 月 7 日上午，中国科协海智计划上海（杨浦）工作基地授牌仪式在上海杨浦区举行。中国科协书记处书记、海智计划领导小组副组长张勤为基地授牌。中国科协国际联络部部长、海智办主任张建生，海智办副主任方进，上海市科协党组书记、副主席、上海市科委副主任、张江高新区管委会常务副主任曹振全，杨浦区区委书记陈寅，区委副书记、区长金兴明，复旦大学常务副校长、杨浦区科协主席陈晓漫等出席授牌仪式。

授牌仪式后，张勤书记实地考察了杨浦海外高层次人才创新创业服务中心及 3310 科技园，参观了国神光电科技（上海）有限公司、上海西锐重工科技有限公司等具有代表性的海归科技人员创业企业，了解杨浦基地的工作开展情况。

在上海（杨浦）工作基地申报筹备过程中，杨浦区科协与杨浦区海创中心紧密合作，依托杨浦海外高层次人才创新创业基地，边筹备边稳步推进海外高层次人才引进工作，在美国硅谷设立上海杨浦美国创新中心，积极探索深度对接。与 3310 科技园暨海外人才创业园无缝衔接、同步发展，不断探索创新合作机制，实现共赢。

海智计划上海（杨浦）工作基地的设立，将为杨浦乃至上海国际人才高地建设增加新的渠道与平台。同时，凭借杨浦区在人才对接、项目评估、资金配套、窗口服务等方面较完善的体系和丰富的经验，基地将为海外科技人员回国创业、为国服务搭建平台，提供灵活多样的服务。

自身建设

【以高度的政治责任感做好迎接党的十八大工作，通过深入学习贯彻党的十八大精神凝心聚力】 2012 年，中国科协机关党委始终把迎接党的十八大和学习贯彻党的十八大精神作为首要工作，结合实际，提前谋划，提早安排。在党的十八大召开之前，为十八大胜利召开营造浓厚氛围，大力宣传党的十八大代表一线人物，开展“科学发展、成就辉煌”主题教育活动。

精心组织中国科协机关、直属单位出席党的十八大代表和中直机关党代表会议代表的推选工作。根据中直工委要求和党组指示，严格按照规定程序，充分发扬民主，经过各党组织和广大党员自下而上、上下结合的反复酝酿，考察、公示，提出陈希、徐延豪、钱岩3名同志为党的十八大代表候选人，确定陈希、程东红、张勤、徐延豪、王春法、王守东、苏青、钱岩等8名同志作为中直机关党代表会议代表。经中直机关党代表会议差额选举，陈希、徐延豪、钱岩3名同志光荣地当选为十八大代表。

深入学习贯彻党的十八大精神。按照党组的要求，机关党委召开会议研究制定了中国科协学习贯彻党的十八大精神工作方案，下发了《中国科协近期学习贯彻党的十八大精神工作方案》，明确了学习活动时间、责任和分工。

会中，认真组织机关和直属单位收听收看十八大开幕式实况及重要会议转播。会后，15日下午，及时向党组汇报，就中国科协机关、各直属单位深入学习贯彻党的十八大精神工作予以安排。

16日上午，组织召开中国科协传达学习党的十八大精神党员大会。陈希同志向中国科协广大党员干部职工传达了党的十八大会议精神，介绍了大会盛况、十八大报告主要内容、党章修正案、中纪委工作报告、中央委员会和中央纪律检查委员会选举结果以及中直机关代表团参加分组讨论的情况。徐延豪作为党的十七大、十八大代表，介绍了参加大会的新体会、新感受、新收获，以及作为代表认真履职的情况。钱岩作为新当选的十八大代表，介绍了参会的体会。中国科协机关、直属单位党员干部共700多人参会。

陈希就贯彻落实中央的决策部署，深入开展学习贯彻十八大精神提出了明确要求。他指出，要充分认识十八大的重大意义，大会所形成的重要成果为在新的历史时期继续推动党和国家事业发展指明了前进方向、提供了行动纲领，为我们党继续带领全国人民团结奋斗提供了可靠的组织保证。学习贯彻好十八大精神，关系党和国家工作全局，关系中国特色社会主义事业长远发展，关系中华民族伟大复兴，关系全国各族人民根本利益，对于动员全党全国各族人民，在以习近平同志为总书记的党中央坚强领导下，高举中国特色社会主义伟大旗帜，奋力夺取全面建成小康社会新胜利、开创中国特色社会主义事业新局面，具有重大现实意义和深远历史意义。

陈希强调，党的十八大站在新的历史起点上，对中国特色社会主义事业全局作出总体部署，这对科技工作、对科技工作者、对科协组织提出了新的更高要求。必须准确把握、深刻领会十八大精神实质，以十八大精神统一思想、凝聚力量，紧紧围绕党和国家的中心工作、围绕经济社会发展全局，找出着力点、选准突破口，为实现十八大确定的奋斗目标和工作任务而努力奋斗。

17～21日，按照党组要求，与有关部门共同完成了党组理论学习中心组扩大学习会相关工作。按照前期部署，机关党委印发了《关于组织中国科协机关和直属单位党员干部深入学习贯彻党的十八大精神的通知》，面向广大党员发放了十八大报告单行本、党章单行本和编印的《党的十八大学习资料》字帖等辅导材料。筹备完成了近期将举办的中国科协机关、直属单位基层党组织书记学习贯彻党的十八大精神学习班、解读党的十八大精神专题讲座等活动。在全国学会、地方科协、机关和直属单位开展学习贯彻党的十八大精神约稿活动。力争通过多渠道、多形式将十八大精神及时、全面、准确地传达到每一个党员和干部，加深广大党员干部对党的十八大精神的理解和把握，推动十八大精神在实际工作中的贯彻落实。

【深入开展创先争优活动和党风廉政建设】 2012年，中国科协机关党委把深入开展创先争优活动作为强化基层组织建设的核心动力常抓不懈，全面加强党风廉政建设，通过做好纪检监察审计工作改进工作作风。

在开展创先争优活动中，深入开展基层组织建设年工作。召开5次机关党委会，督促指导各级党组织换届改选。以党支部为单位，开展了分类定级工作，机关和直属单位67个支部90分以上，8个支部80分以上。开展了群众评议，机关和直属单位共有1501人参加了群众评议。23个部门、单位中，有16个部门和单位对党支部和党员开展创先争优活动的群众测评满意率达到100%。各部门各单位党组织总结取得的成效，也客观分析存在的问题及原因，提出改进措施，积极落实整改。加强党员发展工作，举办入党积极分子培训班。

加强党务干部培训，举办支部书记培训班。为贯彻落实中央基层组织建设年工作部署，6月12～15日，中国科协机关党委在北京举行机关、直属单位党支部书记培训班。中国科协常务副主席、书记处第一书记、党组书记陈希专程到培训班听取了基层党支部的党建工作介绍，并作重要讲话。中国科协党组成员、书记处书记、机关党委书记王春法作开班动员讲话。陈希书记在讲话中强调，做好党的工作，首先要重视对党员干部的政治要求，增强党性观念，提高政治觉悟，执行党纪党规；其次要坚持群众观点、群众路线，群众观点和群众路线是中国共产党区别于很多政党的鲜明特点，也是中国共产党从各种挫折中走出来取得今天伟大成就的必胜法宝；第三，坚持民主集中制，民主集中制是党的干部必须坚持的重要理念和方法。第四，会做群众工作和深入细致的思想工作。来自中国科协机关、直属单位的80位党委书记、党总支书记、党支部书记参加了培训。

继续抓好结对联系工作。23个机关部门、直属单位党组织根据工作实际，选择了50个基层单位结对联系，作为中国科协结对联系点，经中国科协党组同意，中国科协推荐5个具有代表性的结对联系点，被批准列为中直机关结对联系点。各部门各单位到联系点开展活动69次，1073人次参加，为联系点落实帮扶资金821万元。其中，调宣部党支部推进与大兴区科协的结对联系工作，联合大兴区科协，在大兴区北臧村镇共同调研大学生村官创业情况，并邀请专家为村官创办的企业提供技术服务；科普部党支部与河北省河间市国欣农村技术服务总会结对，开展以“走基层、增感情、强作风”为主题的深入基层，走访群众，为民服务，创先争优，传承革命精神的调研活动，中直工委组织部组织处舒家鑫处长莅临指导。

强化宣传工作。逐步建立起了机关与直属单位和全国学会两支通讯员队伍，并开展了培训活动。充分利用“党旗下的科协”网页平台，更好地发挥舆论导向作用。据统计，2012年“党旗下的科协”的网页刊登、转载党建信息共计1089篇，信息来源于科协机关和直属单位、地方科协、各全国学会，以及人民网、新华网等国内主流新闻媒体。数量上升的同时，稿件的质量也在不断提高，已在中直党建网发稿50余篇，使科协党建工作受到中直机关表扬。截至12月底，《党旗下的科协》专栏共有77.8万人次访问，日均访问人次2131人，访问地区前10名为：北京、陕西、广东、河南、上海、江苏、山东、浙江、河北、四川。

做好活动总结工作，探索建立长效机制。11月6日，召开了中国科协机关和直属单位创先争优座谈会，陈希书记出席会议并发表讲话。机关党委委员、机关纪委委员，机关各部门、各直属单位党委、总支、支部书记参加了会议，会议总结了科协开展创先争优活动的主要做法和成效经验。陈希对下一阶段中国科协机关和直属单位党的工作进行了部署。在中国科协创先争优活动中，各部门、各单位制定有关规章制度92项，形成长效机制44种，为创先争优活动的持续开展提供了有力保障。机关党委注意发挥委员和党务干部的作用，建立机关党委委员分工负责制，不断健全完善党的建设责任制等各项制度，切实推进党建工作制度化、规范化，巩固创先争优活动成果，把创先争优活动持续深入地开展。

2012年，中国科协全面加强党风廉政建设，通过做好纪检监察审计工作改进工作作风。一年来，机关党委紧密结合科协实际，围绕科协重点领域、重大项目和重点岗位开展监督工作，在干部选拔任用、重大项目监督、改进工作作风、接待群众来访等方面发挥了积极作用。

召开党风廉政建设报告会。为深入学习党的十八大精神，加强党风廉政建设，贯彻落实中央政治局提出的改进工作作风、密切联系群众的有关要求，12月6日上午，中国科协举办了加强党风廉政建设报告会。中国科协常务副主席、党组书记、书记处第一书记陈希作了加强党风廉政建设的专题报告，机关纪委委员，机关各部门、各直属单位领导班子成员，机关、直属单位处以上干部及纪检干部120余人参加了会议。

开展廉政风险防控培训。举办了机关和直属单位廉政风险防控培训班，机关纪委委员和各部门、单位党组织纪检委员参加了培训。王春法书记在开班式上作了《关于科协廉政风险防控的几点思考》报告。培训还邀请了国家发改委监察局副局长金春田为培训班作《国家发展改革委廉政风险防控机制建设的做法和体会》报告，进一步增强了党员干部的廉政风险防控意识。

强化日常监督。机关党委参与了科协副局级领导干部岗位竞争上岗的出题、笔试、面试、考察谈话以及机关服务局处级、副处级竞争上岗工作的监督，对16名拟提拔干部人选进行廉政考察，提出廉政鉴定意见。参与了学会部、组人部和青少年科技中心等部门组织的奖项、奖章评审监督工作，接收接待群众来信来访19人次，均按照管理层级和内容进行了批转、核查和处理。

完善监管制度。印发了《中国科协开展廉政风险防控工作实施办法》，转发了中央纪委《关于2013年元旦、春节期间加强廉律和厉行节约工作的通知》，印发了《关于印发“5个严禁、17个不准、5个一律”纪律要求的通知》，健全了党风廉政建设、干部作风建设监督管理长效机制。

加强廉政文化建设。组织党员领导干部观看了《仰望星空》、《党的纯洁性建设将是未来五年党建的主题》、《战斗正未有穷期》等教育教学纪录片。邀请了周恩来、邓颖超同志的秘书赵炜同志讲老一辈革命家的光荣传统。在党支部书记培训班上，邀请专家分别讲了主题为《如何当好支部书记》和《当前思想文化领域的几个重大问题》的党课。通过积极开展多种形式的教育和监督活动，进一步增强广大党员干部特别是领导干部廉洁从政和自觉接受监督的意识，使党风廉政教育更具系统性，更具实效性，起到对各种腐败现象的预防作用。

提高审计实施科学化管理水平。按照党组要求，继续认真贯彻实施两办《规定》和六部委《意见》，做好经济责任审计工作。完成了对农技中心、信息中心、科技导报社3家单位的原法定代表人的离任审计工作。同时突出重点审计对象，将办事机构挂靠在中国科协的全国性学会纳入审计范围，审计了中国青少年科技辅导员协会和未来研究会，对提高学会财务管理水平起到积极的促进作用。充分发挥了“审计免疫系统”功能，推进审计规范化建设和审计工作质量的提高。

【启动实施“党建强会计划”】 为贯彻落实中央书记处关于要在中国科协所属学会中大力实施“党建强会计划”要求，机关党委坚持党群共建，与学会服务中心党委紧密围绕学会特点和工作实际，找准切入点，精心设计活动载体，通过党建带动学会建设。

加强基层党组织建设。与学会服务中心研究确定了《2012年中国科协学会党建工作要点》，印发到全国学会党组织，指导全国学会党建工作有序开展，扩大学会党组织和党的工作覆盖面。同时，根据全国学会党组织差异性较大的实际情况，组织编写具有广泛适用性、操作性的《学会党建工作手册》。举办了全国学会党务干部培训班和全国学会党建通讯员培训班。

积极开展特色资助活动。年初，召开了全国学会党建工作座谈会，明确了2012年工作思路，在总结2011年特色资助活动的基础上，确定“十百千”活动以“发挥引领示范作用，加强学会能力建设”为主题，内容涉及“加强学会基层组织建设、提升服务社会的能力、为党和政府科学决策建言献策、发挥学科优势促进地方经济发展”等十个方面，并突出强调各全国学会在活动开展过程中要始终坚持“有党员参加、有党的声音、有党组织的工作”，为学会党组织通过活动的开展提升“两个能力”提供了广阔平台。以“十百千”活动为抓手，深入开展学会党建工作。经过公开申报、专家评审，51个学会党组织获得了项目资助。受资助的学会开展内容形式多样的特色活动200余项，联系专家学者3万余人，惠及会员和群众达170余万人，增强了学会党组织凝聚力和战斗力，有效地推动了学会事业发展。根据特色活动进展情况统计，12月底前各学会党组织特色活动已陆续完成，并分三批召开了结题会。

加强理论研究探索。首次举办学会党建论坛。首届学会党建论坛作为中国科协第十四届年会上X板块新增项目，首届学会党建论坛于9月8日下午在石家庄市召开。中国科协书记处书记、机关党委书记王春法出席论坛并作主题报告，河北省科协党组书记唐树钰致辞。中央组织部干部四局副巡视员刘素利、组织二局四处副处长周勇，中直工委组织部组织处处长舒家鑫，财政部教科文司科学处调研员李文进，民政部民间组织管理局政策法规处处长田维亚，河北省省委组织部人才工作处处长李寿松出席论坛。中国科协计划财务部副部长周文标，中国科协学会服务中心主任、党委书记李桐海等有关部门和单位的领导，部分地方科协分管学会党建工作的领导，全国学会秘书长、党务干部和有关学会党建研究的专家等70余人参加论坛。近年来，中央关于加强新社会组织党的建设，作出了一系列重要战略部署。中央书记处明确要求中国科协要在所属学会中深入实施“党建强会计划”，通过加强党的建设带动学会建设，充分调动各学会党组织和广大党员的积极性主动性创造性，增强学会履职能力和会员服务能力。这既是中央赋予中国科协的新任务，也是对各级科协工作提出的新要求。加强学会党建，是中国科协和地方科协、各级学会肩负的共同责任。此次论坛推动了科协系统对学会党建工作的理论探索、经验总结，同时以中国科协年会为平台，深入交流学会党建工作的好经验、好做法，研究探讨了新形势下学会党建工作的特点和规律。

开展学会党建征文活动。以《学会》杂志“党建专栏”为平台面向社会征文，共收到来自社会各界投稿49篇，其中中国科协4篇、省市级科协10篇、地市级以下科协7篇；全国学会15篇、省级及以下学会7篇、社会投稿6篇。经组织评审出获奖征文18篇，其中一等奖3篇、二等奖6篇、三等奖9篇。获奖作者在学会党建论坛上获得表彰。

加强宣传工作。利用“党旗下的科协”等网站栏目，及时宣传报道学会党建活动情况，共报道各类活动简讯50余篇，有20余篇被中直党建转载。2013年1月9日将召开全国学会党建经验交流会。表彰了“2012年度全国学会‘党建强会’特色活动组织优秀的学会党组织”和“2012年度优秀学会党建通讯员”。

学会党建得到中央有关部门高度关注和支持。7月2～3日，中组部组织二局副局长许鹏、中直工委组织部巡视员、副部长马勇明一行到中国科协进行全国学会党建工作调研。调研组先后到中华医学会、中国水产学会和中国国土经济学会3个学会进行实地考察，并分别召开了3次全国学会党组织负责人参加的座谈会，共有18个学会参加了座谈。

【全国省区市、副省级城市科协组织人事工作会议】 4月24～25日，全国省区市、副省级城市科协组织人事工作会议在广东省广州市召开，中国科协常务副主席、书记处第一书记、党组书记陈希出席会议并做重要讲话。广东省科协常务副主席、党组书记梁明致辞，中国科协组织人事部部长李森主持开幕式。海南省科协副主席、党组书记陈永明，云南省科协副主席、党组书记唐兵，陕西省科协常务副主席、党组书记牟怀岐，青海省科协主席、党组书记石昆明等来自全国31个省区市科协、新疆生产建设兵团科协和14个副省级城市科协分管组织人事工作的领导以及组织人事部门的负责人共79人出席会议。中国科协机关党委常务副书记、机关纪委书记、组织人事部副部长王守东，组织人事部副部长王慧梅、刘红跃，青少年科技中心主任李晓亮，计划财务部副部长周文标，科学技术普及部副部长纳翔出席会议。

陈希在讲话中说，科协组织人事工作的主要职能和任务，就是加强科协的自身建设，要继续发挥积极作用，扎实工作，开拓进取，把科协的组织建设好，把科协的干部队伍建设好，把科技人才队伍建设好，努力为科协事业的创新发展提供坚强有力的组织基础、干部保证和人才支持。组织人事部门要坚持以人为本，强化服务意识，在推动科协重点工作落实中发挥重要作用。要进一步加强领导班子和干部队伍建设，提高领导班子和干部的政治意识、宗旨意识和大局意识，提高科学发展的能力和做好群众工作的本领，在政治上、思想上、行动上始终与党中央保持一致。要注意优化干部队伍结构，合理搭配年龄、知识和能力结构，坚持高标准、严要求，激发领导班子和干部队伍整体活力。要重视加强党风廉政建设，努力树立和维护科协干部的良好形象。要进一步做好科技人才工作，按照中央的指示要求，努力为科技工作者成长成才提供有效服务。要巩固科学道德与学风建设宣讲教育成果，在面向研究生新生开展宣讲教育的基础上，向高年级研究生和本科生、新入职的教师、新上岗的研究生导师和青年科技工作者拓展，逐步实现全覆盖、制度化、重实效的工作要求。要进一步加强科协组织建设，特别是加强县级科协和基层科协组织的建设，搞好调查研究，集中科协智慧和资源，采取切实措施，推动县级科协和基层科协工作。

为集中交流地方科协在推动干部队伍建设、组织建设、人才工作和建设科技工作者之家等重点工作方面的经验，互相学习借鉴，31个省区市科协和15个副省级城市科协结合本单位实际，围绕组织人事重点工作，提供了46份大会交流材料。会议期间，由地方科协主要领导同志自己主持，分"干部队伍建设与建家"、"科技人才队伍建设"和"科协组织建设"3个专题开展了大会交流，15个省区市和副省级城市科协在大会上作了发言交流。其中，安徽省科协《坚持"上挂""下派"，加强交流轮岗，努力培养造就高素质的干部队伍》、陕西省科协《加大竞争性选拔干部力度，加强干部队伍建设》、辽宁省科协《实施"建家创优工程"，彰显科协主体功能》、四川省科协《按照"四个坚持"，打造科协会员日品牌活动》作了大会第一专题的交流；上海市科协《加强领导，注重实效，深化科学道德与学风建设宣讲教育》、湖北省科协《按照要求开展宣讲，注重做法求得实效》、北京市科协《以表彰奖励工作为抓手，培养凝聚青年科技人才》、河北省科协《坚持三个注重，密切与科技工作者的联系》、广东省科协《搭建优化平台，努力为科技工作者提供优质高效服务》作了大会第二专题的交流；山东省科协《着眼新形势新任务，切实加强县级科协组织建设》、江苏省科协《创新高校科协组织建设模式，服务科技社会经济发展》、湖南省科协《因势利导、积极作为，推动科技园区科协组织创新发展》、大连市科协《深化城区科协组织建设，扎实推进"星级科普社区"工作》、福建省科协《制定实施"党建带科建"意见，为科协事业发展增添动力》、新疆维吾尔自治区科协《加强党建带科协建设，全力推动科协组织建设上水平》作了大会第三专题的交流。

中国科协组织人事部副部长王慧梅主持闭幕式，中国科协组织人事部部长李森作了大会总结。全国省区市、副省级城市科协组织人事部长工作会议，是经中国科协党组、书记处领导同意举办的，目的是适应科协面临的新形势、新任务，加强全国科协组织人事工作的沟通与交流，形成工作合力，共同推动工作落实。从2009年起，每年举办1次，已成为科协系统组织人事工作的交流研讨平台。

【开展西部6省区少数民族地区科协系统干部培训】 2012年下半年，中国科协组织人事部组织实施了"2012年度西部少数民族地区科协系统干部培训项目"。指导广西壮族自治区、贵州省、云南省、青海省、宁夏回族自治区和新疆维吾尔自治区6个省区科协开展了少数民族地区科协系统干部培训工作，并给予部分经费支持。

2012年下半年，6省区科协分别开展了少数民族地区科协系统干部培训工作，共培训基层干部1100余人。培训期间，除邀请党校、行政学院的专家讲授政治理论外，还邀请了中国科协组织人事部、学会学术部、科普部等有关部门负责人介绍科协的重点工作。通过培训，提高了少数民族地区科协系统干部的政策理论水平和业务能力，增强了对科协工作的认识，加强了基层科协干部之间的交流。

【2012年举办三期县级科协主席培训班】 3月20～23日，中国科协2012年第一期县级科协主席培训班在广西南宁举办。来自四川省、云南省、陕西省、甘肃省、新疆维吾尔自治区等9省区县级科协主席、新疆生产建设兵团师科协主席和部分省区科协带队的共148人参加了培训。本次培训班经中国科协党组、书记处批准，由中

国科协组织人事部主办，广西壮族自治区科协具体承办。受中国科协常务副主席、书记处第一书记、党组书记陈希委托，中国科协副主席、书记处书记、党组副书记程东红出席20日上午的开班式并讲话。

开班式由中国科协组织人事部部长李森主持。广西壮族自治区科协副主席、党组书记甘向群同志出席开班式并致欢迎词。中国科协农技中心主任张晓军，中国科协组织人事部副部长刘红跃，广西壮族自治区科协副主席方芳、朱东、梁春花出席开班式。

程东红的讲话以《贯彻中央指示和“八大”精神，共同做好科协工作》为题，从“自觉把科协工作融入党和国家工作大局之中，进一步增强做好科协工作的责任感、使命感”、“贯彻八大精神，认真履行职责，充分发挥科协在推动经济社会发展的重要作用”、“讲求方式，把握规律，努力提高科协工作的科学化水平”三个方面，对做好科协工作进行了讲解，提出了要求。程东红说，县级科协是地方科协的重要组成部分，直接面向群众、面向基层，是科协工作的重要基础，是当地发展经济和科学技术事业的一支重要力量，要紧紧围绕当地党委、政府的工作大局，重点做好县域高层次科技人才、科普人才、农村专业技术人才、青少年科技后备人才的成才服务工作；要针对基层科技人员大多集中在企业、农村等一线的实际情况，汇聚各类专业技术人才和实用技术人才，把更多创新要素引向企业和农村，促进县域经济增长逐步向主要依靠科技进步、劳动者素质提高和管理创新转变；要重点围绕县域经济发展重点领域和优势产业，汇聚各类高技术人才，加快建立以企业为主体、市场为导向、产学研相结合的基层创新体系，大力发展各种形式的企业专家工作站，加快技术创新成果的推广应用，服务地方产业结构优化升级；要组织本地科技工作者围绕县域经济社会发展中的全局性、战略性问题，开展调查研究，提出对策建议，当好党委、政府的参谋和助手，促进经济发展方式转变和和谐社会建设；要深入开展科学普及工作，更加自觉地将科普工作纳入全民科学素质工作中去；要高度重视农技协工作，大力支持农技协在依靠科技促进农村经济发展、帮助农民增收致富、普及推广农业新技术中发挥作用。

培训班安排了专题讲座、分组讨论、学员论坛和参观考察。围绕县级科协工作重点，中国科协组织人事部部长李森、科学技术普及部部长杨文志、调研宣传部副部长罗晖分别围绕《关于中国科协组织建设》、《科协科普工作的形势和任务》、《科技工作者调查与科协宣传工作》进行了专题讲座。培训班还邀请中国科协农技中心主任、中国农技协副理事长张晓军和科技部国家科技基础条件平台中心副主任苏靖分别围绕《坚守与创新相结合，推进农技协建设与发展》、《科技政策与科学发展》进行讲座。中国科协组织人事部副部长刘红跃主持各专题讲座。3月22日，培训班举行了结业式，培训班主办单位和承办单位领导为学员代表颁发了结业证书。中国科协组织人事部部长李森作了培训班总结。

5月15～18日，中国科协2012年第二期县级科协主席培训班在安徽省合肥市举办，来自河北省、山西省、河南省、湖北省、湖南省等9个省区市县级科协主席，以及新疆生产建设兵团的师科协主席共132人参加培训。本次培训班经中国科协党组、书记处批准，由中国科协组织人事部主办，安徽省科协具体承办。受中国科协常务副主席、书记处第一书记、党组书记陈希委托，中国科协书记处书记、党组成员徐延豪同志出席开班式并讲话。开班仪式由中国科协组织人事部部长李森主持。安徽省科协党组书记、常务副主席周建强出席开班式并致欢迎辞。中国科协组织人事部副部长刘红跃，安徽省科协副主席孙公民，安徽省科协副巡视员、组织部部长蔡士祥出席开班式。

徐延豪的讲话以《明确责任和使命，共同做好科协工作》为题，重点就当前科协工作面临的形势和任务、发挥科协在“三服务”中的重要作用、如何当好县级科协主席等内容进行了深入讲解，并对做好新时期科协工作提出了明确要求。他说，县级科协是地方科协的重要组成部分，直接面向群众、面向基层，是科协工作的重要基础，是当地发展经济和科学技术事业的一支重要力量，县级科协要组织本地科技工作者围绕县域经济社会发展中的全局性、战略性问题，开展调查研究，提出对策建议，当好当地党委、政府的参谋和助手；要深入开展科学普及工作，更加自觉地将科普工作纳入全民科学素质工作中去；要高度重视农技协工作，大力支持农技协在依靠科技促进农村经济发展、帮助农民增收致富、普及推广农业新技术中发挥作用；要加强协同，借势、借力，注重打造科协工作品牌，注重展示科协形象，通过“大联合、大协作”的工作方式，推动形成做好科协工作的良好环境和工作平台。

培训班安排了专题讲座、分组讨论、学员论坛和参观考察四个环节。专题讲座环节，围绕县级科协工作重点，中国科协组织人事部部长李森、科学技术普及部部长杨文志、安徽省科协党组书记、常务副主席周建强分别围绕《关于中国科协组织建设》、《科协科普工作的形势和任务》、《科普产业发展研究》进行了专题授课。培训班还邀请中国科协农技中心主任、中国农技协副理事长张晓军和科技部农村科技司司长陈传宏分别围绕《坚守与创新相结合，推进农技协建设与发展》、《贯彻落实中央一号文件，推进农村科技创新创业》进行辅导讲座。中国科协组织人事部副部长刘红跃同志主持各专题讲座。5月18日，培训班举行了结业式，培训班主办单位和承办单位领导为学员代表颁发了结业证书。中国科协组织人事部副部长刘红跃作了培训班总结。

12月4～7日，中国科协2012年新任县级科协主席培训班在江西省南昌市举办，来自全国各省（区、市）新任县级科协主席以及新疆生产建设兵团的部分师科协新任主席共180余人参加了培训。本次培训班经中国科协党组、书记处批准，由中国科协组织人事部主办，江西省科协具体承办。中国科协组织人事部部长李森、江西省科协党组书记龚绍林出席开班式并分别讲话。中国科协组织人事部副部长刘红跃主持开班式。江西省科协副主席彭玲华出席开班式。

李森总结了此次培训班的三个特点：一是背景特殊。培训班是在党的十八大刚刚闭幕，全党和全国人民正在认真学习贯彻党的十八大精神的特殊背景下举办的，具有特殊意义。二是时间特殊。举办本次培训班的时间，正值岁末年初，正是各地区、各部门、各单位总结今年工作、谋划和部署明年工作的重要时刻。要充分利用培训机会，认真研究和思考如何总结好工作的成功经验、创新举措和解决问题的有效做法，形成理性的认识。三是对象特殊。从2009年开始，坚持每年举办一两期全国性的县级科协主席培训班，这次是第八期，对象是近两三年到县级科协主席岗位工作且没有参加过培训的新任县级科协主席，有相当一部分主席到科协工作不满半年，使得培训班更突出针对性。

培训班安排了专题讲座、分组讨论、学员论坛和参观考察四个环节。专题讲座环节，围绕县级科协工作重点，中国科协组织人事部部长李森、科学技术普及部部长杨文志、江西省科协党组书记龚绍林分别围绕《关于中国科协组织建设》、《把握新变化新要求新期待 扎实推进公民科学素质建设》、《怎样当好县级科协主席》进行了专题授课。培训班还邀请中国科协农技中心主任、中国农技协副理事长张晓军围绕《坚守与创新相结合，推进农技协建设与发展》进行辅导讲座。中国科协组织人事部副部长刘红跃主持各专题讲座。12月6日，培训班举行了结业式，为学员代表颁发了结业证书。

【全国企业科协秘书长培训班】 6月12～14日，全国企业科协秘书长培训班在新疆维吾尔自治区乌鲁木齐市举行全国企业科协秘书长培训班。培训班邀请有关部委、科研院所、高等院校的专家、学者授课。中国科协常委会促进企业自主创新专委会委员、中国高新技术产业开发区协会理事长张景安围绕《提高自主创新能力 建设创新型国家》、中国科协常委会促进企业自主创新专委会委员、中科院科技政策与管理科学研究所所长穆荣平就《国家自主创新能力建设若干政策思考》内容做主题报告。专题讲座有新疆维吾尔自治区人民政府研究室副主任张鹏程所作的《新疆社会经济与科技创新发展》、东北大学机械工程与自动化学院工业设计研究所所长赵新军所作的《如何应用创新方法（TRIZ理论）提升企业的竞争力》、清华大学科技与社会研究所副所长李正风所作的《科学建制中的文化要素与科技工作者的人文精神》。

中国科协计划财务部部长王延祜、组织人事部部长李森分别围绕《新形势下企业科协工作思考》、《关于企业科协组织建设》进行了专题授课。"全国五一劳动奖章"获得者、重庆顾地公司科协秘书长张峰做了典型经验介绍。

培训班学员围绕"企业科协工作的好点子及思路"主题进行分组讨论。大家结合工作实际，交流工作经验，为推进新形势下企业科协工作建言献策。

中国科协加强推进国家高新区、经开区科协组织建设工作。培训期间，特别安排参观乌鲁木齐经济开发区企业，上海紫竹高新区企业科协、乌鲁木齐经济开发区的新疆特变电工股份有限公司科协交流了工作经验。

为拓展服务企业渠道，发挥科协系统智力优势，培训期间，特别组织了援疆行动——服务企业技术项目启动会。新疆科协收集了当地机械、化工、生物技术、涉农等行业60余项企业技术需求信息，将联合相关学会、行业和企业，进行对口援助，帮助企业破解难题。云南昆明的涉农、生物技术企业有意与新疆企业达成合作意向；内蒙古自治区相关学会已与新疆养殖、乳品企业取得联系，表达援助意愿。

培训班由中国科协计划财务部、中国科协组织人事部主办，新疆维吾尔自治区科协承办，中国科学技术咨询服务中心、新疆科学技术咨询服务中心协办。新疆维吾尔自治区政府副秘书长刘华出席开班式并致辞，中国科协组织人事部部长李森，新疆维吾尔自治区科协副主席魏生贵、陶鹏出席开班式，中国科协计划财务部部长王延祜主持开班式。来自全国28个省（区、市）的90名地方科协代表、企业科协秘书长，新疆60余家企业科协代表参加了培训。

【在东南大学、重庆大学召开高校科协工作座谈会】 10月25日和12月8～9日在重庆市重庆大学、江苏省东南大学分别召开高校科协工作座谈会，邀请全国部分重点高校的分管科协工作的负责人和高校科协负责人，部分省区市科协分管高校科协工作的负责人参加会议，就高校科协职能定位、组织设置、运行机制、主要任务和条件保障等方面，集中听取与会者特别是高校分管领导对高校科协工作的意见建议，总结和交流高校科协工作经验，分析存在问题及其原因，研究探索新时期高校科协工作思路和方法，推进高校科协组织建设和工作开展。

会前，中国科协组织人事部分别对各省高校科协基本情况进行了摸底，着重了解省级科协工作指导情况和本省高校科协组织建设及工作开展情况，全国除海南和青海两省尚无高校科协，各省都发展了高校科协，但高校的层次、成立科协的数量、科协工作条件和活动情况却相差很大。有的省部分重点院校成立了科协，有效带动了其他院校，高校科协覆盖率达到 30% ~ 40%，在省科协联系指导下，高校科协找准了工作定位，与校内有关部门关系融洽，任务明确，经费资源能保证，作用很明显，得到校领导及师生认可。如江苏省、湖北省、福建省、重庆市等省市，有的省则仅有几所专科院校成立了科协，职能定位不清，工作条件有限，组织活力不强，作用发挥不大。全国来看，同一省的高校中，工作开展和作用发挥情况也相差较大。为使参加座谈会的高校具有代表性和示范作用，着重选择了“985”、“211”工程院校科协数量较多、科协组织作用发挥较好、工作取得一定成效的省份和高校参加座谈会。重庆座谈会代表以重庆市的高校为主，辐射到湖北、湖南及西部等 8 省的 21 所高校，江苏座谈会代表以江苏省高校为主，涉及东、中部 13 个省区市的 23 所高校。两次会议共有代表 130 人。

两次会议上，共有 20 位高校分管科协工作的领导（有的兼任校科协领导）和 1 位高校科协秘书长围绕会议内容作了重点交流发言，他们结合工作实际，提出了加强高校科协工作的意见和建议。

陈希在两次座谈会上都作了讲话，他指出，高校科协具有不同于其他部门或群团组织的独特职能和优势职能，强调科协组织要从自身特点出发，找准定位，扎实做好六方面工作。一是繁荣学术交流。科协组织健全，联系广泛，智力密集，地位超脱，在促进跨地域、跨学校、跨院系、跨学科的学术交流方面具有独特的优势。要努力促进交叉学科之间的科研交流与合作，拓宽高校教师的学术视野，特别是要关心青年教师的成长，关注他们的特殊需求，促进学术交叉融合，营造浓厚的学术氛围。二是面向公众开展科普工作。科技创新离不开丰厚的土壤和良好的氛围。面向公众开展科普，提高公众科学素质，是高校重要的社会职能，也是高校服务社会的重要内容。高校拥有雄厚的教师队伍、丰富的教学经验、先进的实验设施，具有得天独厚的传播科学知识的独特优势。高校科协一定要利用这一优势，积极主动地把面向公众，尤其是青少年的科普工作纳入高校的社会服务职能之中，为提高全民科学素质作出应有的贡献。三是传承先进文化，引领社会良好风尚。承担文化的创新与传承，良好社会风尚的引领，其中重要的一项工作就是开展科学道德学风建设，这是高校科协的重要任务。四是积极服务挂靠学会和其他科技组织。服务挂靠高校的学会，指导或协助指导学生科协、老科协工作，办好相关学术期刊，这是高校科协可以做，也应当做并能够做好的工作。五是积极举荐人才。充分利用科协现有的一些渠道，推荐院士候选人，评选表彰各类优秀人才等。六是着力培育高校师生社会主义核心价值观。坚守高校这一道德精神高地，推动开展科学道德和学风建设教育，保持科技工作者的职业尊严，是当前高校亟待也是必须全力以赴的工作。

【到江苏、北京 6 所高校进行高校科协组织建设及工作开展情况调研】 2 ~ 4 月，组织人事部组成调研组到北京市和江苏省的 6 所重点高校科协调研，就高校科协的职能定位、组织设置、运行机制、主要任务、条件保障等情况，与分管科协工作的高校领导和科协负责同志座谈了解，提交了调研报告及有关高校科协组织建设状况。根据调研情况得出了一些初步判断，目前，从高校角度看，各地高校中的科协组织有几种存在形式，独立机构、挂靠科研（技）处、与其他部门合署办公等，大都属于第二种形式。职能和任务也有所不同。由于高校领导的重视程度不同，高校科协组织建设状况及工作开展情况差别较大，有些科协基本工作条件得不到保证，直接影响了科协组织在高校的地位和作用的发挥。从中国科协和部分省级科协看，存在缺乏指导性政策措施，工作力度不强的状况，使高校科协工作在科协基层组织中仍处于薄弱环节。

【了解办事机构挂靠在高校的全国学会党建工作情况】 2月，中国科协组织人事部部长李森带队，分别到挂靠在北京邮电大学的中国人工智能学会和挂靠在北京航空航天大学的中国系统仿真学会进行全国学会党建工作调研。座谈会上，李森介绍了中央书记处关于中国科协学会党建工作的重要指示精神和中国科协深入实施党建强会活动的工作安排，介绍了中国科协有关全国学会党建工作的做法和要求，听取了两个学会的组织建设状况和工作情况汇报，了解学会办事机构党员情况、目前尚未建立党组织的原因、学校和学会对学会办事机构建立党组织的态度，并围绕在两个学会办事机构建立党组织的有关事宜进行了深入研究和探讨。

中国科协组织人事部副部长刘红跃，北京邮电大学副校长杨放春、中国人工智能学会理事长李德毅院士、副理事长韩力群、秘书长王卫宁，中国系统仿真学会秘书长吴云洁以及有关部门负责人分别参加了调研。北京市科协副主席周立军、科普部部长闫仁浩、科普部副部长姚仪鸾陪同调研。

【中国科协服务企业技术创新工作基本状况课题调研】 中国科协计财部对近年来科协系统（学会、地方科协、企业科协和各级科协咨询机构）服务企业创新的工作模式、基本内容、资源优势、成果经验、社会影响以及存在的问题进行比较全面的综合梳理和总结，找准科协工作服务企业技术创新的切入点和着力点，组织开展了"中国科协服务企业技术创新基本状况调研"工作。

4月25日，调研开题会在北京召开，调研领导小组组长、中国科协书记处书记张勤出席会议并讲话，40余人参加会议。7月4日，在科技会堂召开了调研工作中期会议，各组汇报了工作进展情况。本次调研覆盖31个省区市，58家全国学会和部分地方学会、高新区科协、经开区科协和企业科协。实地考察近百家园区、企业，实证分析了科协服务企业创新的典型案例。问卷调查了1500家企业（其中40%有科协，60%无科协），调查范围包括企业高级管理人员、总工程师和科研人员、学会干部、各级科协负责企业工作的干部、企业科协专兼职负责人共4313人，实际回收有效问卷4299份，有效问卷回收率为99.68%，抽样问卷录入准确率高达99.76%，形成一个总报告和5个分报告。

通过本次调研，比较全面系统地了解了科协系统服务企业创新的基础状况。包括组织体系、服务范围和方式、成效分析、科协优势、社会及企业评价、基本经验、存在问题、初步解决方案等。对进一步明确中国科协在推动建设创新型国家、促进企业自主创新方面的地位和作用有重要参考作用，对形成未来工作的基本思路和专项项目构想提供了重要的基础支撑。

【企业科协工作研讨会召开】 11月13～14日，中国科协企业科协工作研讨会在上海市召开。中国科协副主席、促进企业自主创新专委会主任刘玠，全国政协常委、中国科协荣委、决策咨询专委会主任齐让，全国政协委员、中国科协促进企业自主创新专委会副主任宋南平出席会议，并主持了典型经验介绍、专题研讨和互动交流。中国科协计划财务部部长王延祜介绍了本次研讨会的背景、目的和任务。中国科协常委、上海市科协副主席、党组书记曹振全，中国科学技术咨询服务中心主任盛小列、中国科协计划财务部副部长公坤后、上海市科协副主席俞涛、辽宁省科协副主席金太元、浙江省科协副主席章丰等出席会议。来自财政部财科所、中国国际工程咨询公司、北京华盛中天咨询公司的有关专家，以及中国科协、上海市科协、浙江省科协相关人员参加了本次研讨会。

与会专家围绕新形势下企业科协工作如何深入贯彻落实党的十八精神和全国科技创新大会精神进行了专题研讨。

刘玠表示，随着我国企业科技水平与国外先进水平差距的不断缩小，发达国家对我国的技术封锁日益形成，我国企业迫切需要依靠创新驱动发展，迫切需要全社会提供创新服务。中国科协是广大科技工作者的群众组织，肩负着承上启下的重任，在服务企业创新发展的过程中，一方面要把中央关于企业自主创新的精神和相关政策落实到基层；另一方面要发挥企业科协的组织优势，把科技界的专家引入企业。同时，要根据当前企业技术创新呈现出的不同专业、不同领域交叉融合，以及加工工艺性强、系统性强等特点，提供有针对性的服务工作。

齐让在研讨会上谈到，当前，我国企业技术创新的主体地位还没有真正确立，企业科协工作要主动融入国家创新体系大局中，紧紧围绕"三服务一加强"工作定位，重点为企业科技人员提供服务。要在原有工作基础上，借助国家四部门"讲、比"活动平台，谋划助力企业技术创新的目标、任务、措施和机制等方面的相关内容，以此作为深入贯彻落实党的十八大精神的重要内容。

宋南平认为，加强企业科协工作的理论研究和顶层设计十分必要。企业科协工作要注重传统和创新的结合，在基本工作方法、框架不变的情况下吸收国外先进经验，兼顾中国国情的特殊性，从科协的性质和特点出发，提出切实可行的措施。要坚持大联合、大协作的工作方式，坚持工作集成。做好"讲理想、比贡献"活动的规范化、项目化，并做好表彰奖励工作，提高社会影响力。

研讨会上，浙江省科协副主席章丰介绍了本省通过建立驻会领导定点联系企业科协制度、把企业科协服务企业创新成效纳入年度考核重要内容、实施企业科协活动载体提升计划、联合8个厅委出台《关于在企业科技人员"讲、比"活动中实施节能减排行动意见》、深入开展学会助推民营经济转型升级科技服务专项行动和海智计划等做法，充分发挥科协的平台和服务功能，着力于人才资源对接，推动民营企业创新发展的主要做法和经验。辽宁省科协副主席金太元重点围绕科协组织在技术创新体系中的地位，企业群众性技术创新的由来、发展及现状，科协系统服务企业技术创新的设想等问题与大家进行了交流。上海市科协副主席俞涛在介绍了本市推进科协组织网络建设、"讲、比"活动、学术交流、服务企业科技工作者等基本情况的基础上，围绕企业科协组织模式创新、院士专家工作站机制创新、学会第三方科技评价、服务科技人员成长成才等，畅谈了科协组织应当重点围绕企业和科技人员的需求开展服务工作，以及企业科协组织建设要在“做中建、建中做”的几点体会。

【探索组建供销合作社企业科协、专家工作站】 为贯彻落实《供销合作总社与中国科协会谈成果工作方案》，搭建合作平台，将供销合作社基层经营服务网络健全的优势和科协人才资源丰富的优势相结合，促进农业稳定发展和农民持续增收，计划财务部承担了工作方案中“组建企业科协和建设企业专家工作站”的工作。

6月6日，计划财务部、供销合作总社科技教育部和中国科技咨询服务中心在科技会堂召开座谈会，研究探讨组建供销合作社企业科协、专家工作站建设工作。会议讨论研究了探索组建供销合作社企业科协的工作计划，并就加强企业科协调研，开展企业科协试点工作，设立工作机制等达成共识。中国科协计划财务部部长王延祜，供销合作总社科技教育部副部长沈青、苟金萍，中国科技咨询服务中心主任盛小列、副主任王诚等有关人员参加会议。王延祜主持会议。

10月19日，中国科协计划财务部、中华全国供销合作总社科技教育部、北京市科协、中国科学技术咨询服务中心、中国科协农村专业技术服务中心、中国供销集团联合召开第二次座谈会，研究探讨组建供销合作社企业科协、专家工作站和农村专业技术协会等建设工作。与会同志围绕工作计划进行了充分讨论，提出工作意见和建议。大家表示，大力支持中国供销集团以及供销合作社企业建立科协组织和专家工作站，是中国科协和地方科协义不容辞的责任和义务，要尽全力做好相关工作，主动加强联系和沟通，落实好今年的工作计划。在中国科协和北京市科协大力支持下，供销合作集团科协已于2012年12月正式成立。

【探索开展新经济组织科技人员职称评定试点工作】 6月下旬，在中国科技会堂召开了科协系统探索开展新经济组织科技人员职称评定服务工作专题研讨会，中国科协书记处书记张勤出席会议并讲话，来自各省、自治区、直辖市科协、副省级城市科协的主要负责同志或分管领导及具体部门负责人和中国科协机关部门、直属事业单位60余人参加会议。试点单位广东省、湖北省、吉林省科协等单位在会上介绍情况和做法。

会议分析了工作中面临的困难，取得了共识，为开展这项工作奠定了基础。此次会议后，吉林省科协行动快，加强与省人事厅沟通情况，争取到为全省从事轻工、化工、机械、电子、纺织、医药工程专业工作的专业技术人员（已设评委会的除外）的职称评定工作，评审权限是上述6个专业的高级工程师和工程师，拓宽了科协工作的新领域。

【完成中国科协所属事业单位清理规范工作】 2012年，中国科协按照《中共中央国务院关于分类推进事业单位改革的指导意见》精神和中央编办《关于开展事业单位清理规范工作的通知》要求，根据所属事业单位实际情况，在多次与中央编办沟通的基础上，研究起草了中国科协直属单位清理规范意见，经党组会研究确定后，报送中央编办审批。10月，中央编办印发了《中央编办关于中国科学技术协会所属事业单位清理规范意见的函》，批复中国科协所属事业单位由19个减为17个，事业编制由1690名减为1275名。中央编办批复中国科协所属事业单位清理规范意见后，党组领导分别与相关事业单位领导沟通清理规范情况，组织人事部根据党组研究确定的意见对部分事业单位进行了机构和人员编制调整。

【开展中国科协直属单位部分副局级领导岗位竞争上岗工作】 为拓宽选人用人渠道，促进优秀干部脱颖而出，按照《党政领导干部选拔任用工作条例》和《党政机关竞争上岗工作暂行规定》，经党组研究，2012年5月10日印发了《关于对直属单位部分副局级领导岗位实行竞争上岗的通知》，开展直属单位部分副局级领导岗位竞争上岗工作。

组织人事部对报名人员进行资格审查，并将报名和资格审查情况报竞争上岗领导机构审定。此次竞争上岗共有37位机关、直属单位符合条件的人选报名，资格审查均通过。

考试分笔试和面试，均请中组部考试测评中心出题，并对笔试阅卷打分，面试考官组由组织人事部及有关部门、单位领导组成。笔试内容尽可能切合工作实际。在面试中引进了个人陈述和考官追问和两个环节。考生针对自己报考的岗位进行8分钟的个人陈述，讲自己对所报考岗位的认识、自己的优势和劣势、报考成功后的工作思路和打算。考官在面试结束时对考生进行追问，多角度了解和考察考生的情况。

民主测评由组织人事部组织实施，到考生所在部门、单位进行民主测评。组织人事部汇总竞争上岗考试、民主测评、近三年年度考核情况，报党组确定组织考察人选及拟任职位。

提请党组讨论决定任职人选，并进行公示和任职。最终通过竞争上岗，3名同志走上了副局级领导岗位。竞争上岗工作结束后，对在竞争上岗中笔试、面试、民主测评、年度考核综合成绩排名靠前、表现优秀的同志，结合工作需要和岗位要求，选拔了5名同志到直属单位任领导职务。

【青年干部学习党的十八大精神座谈会】 12月19日，中国科协机关和直属单位青年干部学习党的十八大精神座谈会在科技会堂召开。中国科协组织人事部部长李森出席座谈会并讲话，来自机关各部门和各直属事业单位的40多名青年干部参加了座谈会。组织人事部干部处处长邓芳主持会议。

李森谈道，党的十八大报告对广大青年提出的殷切期望："中国特色社会主义事业是面向未来的事业，需要一代又一代有志青年接续奋斗。全党都要关注青年、关心青年、关爱青年，倾听青年心声，鼓励青年成长，支持青年创业。广大青年要积极响应党的号召，树立正确的世界观、人生观、价值观，永远热爱我们伟大的祖国，永远热爱我们伟大的人民，永远热爱我们伟大的中华民族，在投身中国特色社会主义伟大事业中，让青春焕发出绚丽的光彩。"这既是对青年的信任、鼓舞、鞭策，也是对青年提出的新的更高的要求，要认真学习，深刻领会，作为做好今后工作的动力。他对十八大报告中对青年同志提出的殷切期望从五个方面进行了解读，要求青年干部认真学习领会、身体力行：一是要增强将中国特色社会主义推向未来的使命感，将自己的本职工作与建设中国特色社会主义伟大事业连接起来；二是要有干事创业的精神和本领、在事业中成长成才；三是要树立正确的世界观、人生观和价值观；四是要树立正确的祖国观、人民观、民族观，永远植根于人民群众之中；五是要在投身中国特色社会主义的伟大事业中实现个人价值，在追求事业理想中实现个人价值。

与会青年干部就学习十八大报告精神畅谈了自己的心得体会并就如何贯彻落实好党中央对青年人的殷切希望，结合工作实际进行了探讨。

人　　物

2012年新当选的全国学会、协会、研究会理事长

（按中国科协团体会员序列排序）

周炳琨，中国光学学会理事长，中国科学院院士。

1936年3月出生，四川成都人。1956年毕业于清华大学无线电系并留校任教，同时被派往成都电讯工程学院进修微波电子学。1960～1962年在苏联列宁格勒电工学院进修。1983～1984年在美国斯坦福大学应用物理系进修并任访问教授。从1956年至今，历任清华大学电子工程系助教，讲师，副教授，教授。现任国际光学联合会副主席。曾任国家"863"计划"光电子器件与集成技术"专家组组长（1987～1996年）、中国科学院半导体研究所副所长、国家光电子工艺中心主任。1996～2003年任国家自然科学基金委员会副主任，2002～2009年兼任教育部科技委员会副主任，2003～2004年任中国科学院技术科学部主任，2004～2006年任中国科学院信息技术科学部主任。1994～2002年任何梁何利基金评选委员会委员，2003年获得何梁何利科技进步奖。

长期从事激光与光电子学研究与教学工作。1978年获全国科技大会奖。1980年主编《激光原理》，并于1987年获第一届国家优秀教材奖和电子部优秀教材特等奖。在国际上率先研制出高效率、长寿命、窄线宽、频率稳定的"半导体激光泵浦固体激光器"，开辟了固体激光器的新领域。在国内外发表论文百余篇，获得专利10余项，获国家级和部委级奖项11项。

陈颙，中国地球物理学会理事长，中国科学院院士。

1942年12月出生，江苏宿迁人。1965年毕业于中国科学技术大学地球物理系。第三世界科学院院士，中国地震局研究员。曾任国家地震局副局长、地球物理研究所所长，国际地震学和地球内部物理学会（IAPEI）地震预报和地震灾害委员会主席。

长期从事地震学和实验岩石物理学研究及其在环境、能源和减灾方面的潜在应用。20世纪70年代从事高温高压下岩石物理学实验研究。发展了测量岩石变形的激光全息技术。发现的岩石热开裂现象已被应用于核电站的安全性监测。致力于地震预测和地震灾害研究，运用地震学、工程科学和经济学，首次编制了"全球地震危险性图和全球地震灾害预测图"。研究地震雷达和城市地球物理学。代表作有《岩石物理学》和《分形几何学》等。

孙松，中国海洋湖沼学会理事长。

1959年12月出生，山东莱阳人。研究员，博士生导师。中国科学院海洋研究所所长。曾任国际海洋生物普查计划科学指导委员会委员、中国委员会主席，国际浮游动物普查计划科学指导委员会委员，国际海洋研究委员会"115"工作组正式成员、海洋生物观测新技术工作组正式成员、海洋生物自动识别系统工作组（130）成员，国际海洋生态系统动力学研究委员会海洋生态系统动态过程研究工作组正式成员，第四届国际浮游动物大会科学指导委员会委员。现任全球海洋观测科学与技术专家组成员，北太平洋海洋组织生物科学委员会委员、磷虾工作组组长、水母工作组成员，中国海洋研究委员会主席，中国海洋学会副理事长，中国海洋湖沼学会生态学分会理事长等。

长期从事近海和南大洋生态学研究，曾3次赴南极进行科学考察。参加国家重点攻关项目"南大洋磷虾资源考察与开发利用研究"，承担中国科学院重大项目"南大洋生态系统动态变化研究"和国家科委"九五"科技攻关计划"南大洋生态系统动态变化和碳的生物地球化学研究"。"973"项目"黄东海生态系统动力学与生物资源的可持续利用"、"浮游动物功能群在食物生产中的调控作用"课题负责人。国家自然科学基金重点项目"黄东海浮游动物优势种种群动态变化机制"负责人，"973"项目"中国近海水母暴发机理、关键过程与生态效应"首席科学家。

康乐，中国昆虫学会理事长，中国科学院院士。

1959年4月出生，河北唐县人。中国科学院动物研究所所长、研究员。1982年毕业于内蒙古农业大学获学士学位，1987年获中国农业大学硕士学位，1990年毕业于中国科学院动物研究所，获博士学位。

长期从事昆虫生态基因组学研究。将分子生物学与生态学结合，系统研究了昆虫适应性和成灾机理。在蝗虫两型转变的行为遗传学、抗寒性、化学生态学等方面取得系统性创新成果。阐明地理种群变异、抗冻物质、热激蛋白等对抗寒性的作用，揭示植物、昆虫、天敌的化学联系以及植物防御对策间的平衡关系。在国际学术刊物发表论文100余篇，重要成果发表在*Science*，*PNAS*，*PLoS Genetics*，*Annual Review of Entomology*等刊物。曾获中国科学院自然科学一等奖、国家自然科学三等奖、何梁何利生命科学与技术进步奖。

王玉庆，中国环境科学学会理事长。

1945年11月出生，河北肃宁人。第十一届全国政协委员、人口资源环境委员会副主任。1970年毕业于北京大学生物系，1993年获武汉大学法学硕士学位。自1978年起，在国家环境保护部门工作，先后任处长、司长，1994年起任国家环保局副局长，1998 ~ 2006年底任国家环保总局副局长，2004 ~ 2006年兼任国家核安全局局长。现兼任中国野生动物保护协会副会长、中国城市科学研究会副理事长、中国经济社会理事会理事、北京大学环境学院兼职教授。曾任中国生态经济学会、中国鸟类学会常务理事，中国人与生物圈国家委员会第四届委员会副主席等。组织并参与了国家环境保护“七五”计划、“八五”计划和“十一五”规划的编制工作。组织编写了《中国自然保护纲要》、《中国自然保护地图集》、《中国生物多样性国情研究报告》、《中国环境保护行动计划》等，组织起草了一些重要的环境法规，主编《环境经济学》。曾获国家科技进步三等奖、部级环境保护科技进步一等奖、中国科学院科技进步二等奖。

冯夏庭，中国岩石力学与工程学会理事长。

1964年9月出生，安徽潜山人。1982 ~ 1986年在东北工学院采矿工程专业学习，获得学士学位。1986 ~ 1992年在东北工学院（现东北大学）岩石力学专业读研究生，获博士学位。1998至今受聘于中国科学院武汉岩土力学研究所工作，现任中国科学院武汉岩土力学研究所二级研究员、博士生导师，岩土力学与工程国家重点实验室主任。2011年，当选国际岩石力学学会主席。获国家“973”项目首席科学家称号、首批新世纪百千万人才工程国家级人选、首届“教育部高等学校优秀青年教师教学与科研奖励计划”入选者、*International Journal of Rock Mechanics and Mining Sciences*编委。

长期从事岩土工程、智能岩石力学、计算岩土力学研究，致力于岩石力学智能分析方法及其工程应用研究工作，主持国家自然科学基金重大国际合作项目、国家杰出青年科学基金和重点基金各1项，作为第一获奖人获国家科技进步二等奖1项，获省部级科技进步奖一等奖1项、二等奖2项。

钱七虎，中国岩石力学与工程学会理事长，中国工程院院士。

1937 年 10 月出生，江苏昆山人。中国著名防护工程专家、军事工程专家、教育家。1960 年哈尔滨军事工程学院工程兵系毕业，1965 年苏联古比切夫军事工程学院研究生毕业，获副博士学位。历任中国人民解放军工程兵工程学院副教授、教授、院长等职。1990 年，获“全国高校先进科技工作者”、“国家级有突出贡献中青年专家”等称号。第八届全国政协委员。2012 年当选国际岩石力学学会会士。2013 年 1 月，中央军委主席习近平签署通令，给 6 个单位、24 名个人记功，钱七虎院士荣立一等功。

长期致力于防护工程及军事系统工程、岩土工程的教学与科研工作。在防护工程的研究中，解决了孔口防护等多项难点的计算与设计问题，率先将运筹学和系统工程方法运用于防护工程领域。以他为主建立了我国第一套《全军工程兵发展趋势动态模型》和我国确定人防工程防护标准的若干模型，开创了我军工程兵工程保障及我国人防工程领域的软科学研究。他带领的课题组设计了我国跨度最大、抗力最高的地下飞机库防护门，主持了世界最大当量的珠海炮台山大爆破等在国际上有影响的工程实践。在防护工程及有关领域里，有 7 项成果获国家或军队科技进步奖和优秀科技成果奖，1 项获全国科学大会重大科技成果奖。

柯杨，中国环境诱变剂学会理事长。

1955 年 7 月出生，河北满城人。1982 年毕业于北京医科大学，硕士学位。教授、博士生导师。第十一届全国政协委员。现为北京大学党委常委、常务副校长、医学部常务副主任，中华医学会副会长，国务院学位委员会委员，国务院医改专家咨询委员会委员，教育部全国督学。

主要研究专业为肿瘤分子生物学，重点研究 HPV 与食管癌发生的关系及人群的遗传易感。作为第一承担人主持国家“863”高技术重点项目、国际自然科学基金重点及以上项目、科技部重大项目及北京市自然科学基金项目。作为分课题负责人，参加国家“973”计划肿瘤研究项目、北京市高技术实验室项目及市科委研究项目。先后获国家教学成果奖等省部级以上奖项 11 项。2007 年至今，先后获得北京市教育成果一等奖、北京市突出贡献科学技术管理人才奖、美国中华医学基金杰出教授奖、国家级教学成果奖、北京市突出贡献科学技术管理人才奖等。近年来发表中英文论文 80 余篇，其中管理研究论文 20 余篇、学术研究论文 60 余篇。申请国内外专利 11 项。

胡旭东，中国运筹学会理事长。

1962 年 12 月出生，北京人。1985 年 7 月毕业于清华大学应用数学系，获理学学士学位。1989 年 10 月毕业于中国科学院应用数学研究所，获理学博士学位。1991 年 7 月在中国科学院应用数学研究所从事科研工作，1998 年 12 月至今为中国科学院数学与系统科学研究院研究员，现任院长业务助理。

主要从事组合优化和网络博弈等方向的应用基础理论研究。曾先后到美国新泽西州州立大学运筹学研究中心和日本石川县北陆先端科学技术大学院大学做访问工作。与他人合作发表英文专著两部、发表论文 100 余篇。获“全国优秀科技工作者”称号。

高松，中国晶体学会理事长，中国科学院院士。

1964年2月出生，安徽泗县人。1985、1988和1991年先后获北京大学化学系理学学士、硕士和博士学位。1988年7月留校任教至今。1995～1997年初，作为洪堡学者在德国亚琛工业大学访问。2007年当选英国皇家化学会会士。2006～2010年任北京大学化学与分子工程学院院长。现任化学学院长江学者特聘教授（从2002年起），学术委员会主任，北京分子科学国家实验室（筹）副主任。兼任国务院学位委员会第六届学科评议组化学组成员，国家基金委员会第六届全委会委员，教育部化学基础课程指导委员会委员，全国名词委员会化学名词审定委员会委员，中国科协委员，北京市科协委员，中国化学会常务理事等职。兼任 *Chemical Society Reviews*、*Chemical Science*、*Inorganic Chemistry*、《中国科学－化学》、《化学进展》、《无机化学学报》、《中国稀土学报》和 *Inorganic Chemistry Communications* 等杂志顾问编委或编委，《光谱学与光谱分析》主编，*CrystEngComm* 副主编。

主要从事配位化学与分子磁性研究，结合分子设计合成与各种物理方法，系统研究分子固体中磁性离子的相互作用、磁弛豫、磁有序等与分子结构、晶体结构、单离子各向异性等的关系，在发现新的磁现象，发展新类型分子磁体，如单链磁体、单离子磁体方面取得了一些重要进展。1998年以来，高松及其合作者在配位化学和分子磁性领域发表SCI论文350余篇。2006年获国家自然科学二等奖。

付于武，中国汽车工程学会理事长。

1945年2月出生，北京人。1970～1990年任哈尔滨汽车齿轮厂第一副厂长兼总工，1990～1995年任哈尔滨汽车工业总公司副总经理兼副主任，1996～1999年任哈尔滨汽车工业总公司总经理兼党委书记，1999年～2001年9月任中国汽车工程学会代秘书长，2001年9月～2012年12月任中国汽车工程学会第六、七届理事会常务副理事长兼秘书长。

朱明，中国农业工程学会理事长。

1958年1月出生，湖北江陵人。1982年1月毕业于华中农业大学农机设计与制造专业，同年进入中国农业工程研究设计院（现农业部规划设计研究院）工作。现任农业部规划设计研究院院长、研究员，博士生导师，兼任中国农村能源行业协会会长、中国科协委员、国际农业与生物系统工程学会第四分会委员、中国农学会常务理事等职。

长期从事农业工程科技研究及农业工程学科建设领导工作，承担完成多项国家重大战略研究工作。在农作物种子加工与农产品加工技术研发、技术推广与工程集成等方面取得重大成果，在我国农业工程科技创新和发展战略研究、学术组织建设、科技成果推广应用等方面作出了突出贡献，连续三次担任农业工程学科发展研究首席专家。主持研究开发具有自主知识产权的“棉籽泡沫酸脱绒成套设备与技术”，获国家科技进步一等奖。获第二届中国青年科技奖、农业部“有突出贡献中青年专家”称号。1997年入选国家百千万工程（第一、二层次）人选，2004年获国际农业工程大会奖，2008年获中华农业英才奖。在国家一级学报和国内外重要学术会议上发表论文50多篇（其中EI收录15篇），出版专著6部。

田元兰，中国制冷学会理事长。

1943 年 10 月出生，天津人。1962 年 9 月 ~ 1967 年 7 月就读于天津科技大学食品工程系，1968 年 8 月在商业部工作。1972 年，任商业部糖烟酒蔬菜局副处长、处长，期间，负责组织制定了各种调味品酱油、醋、各类酱腌菜的国家标准，并编写了《大豆食品》一书中的发酵豆制品章节。1989 ~ 2004 年，任商业部商办工业司副司长、国内贸易部人事司司长、国内贸易局副局长，国家经贸委、国务院国有资产监督管理委员会党组成员、党委委员、管理局党委书记等职务。2004 年至今担任中国商业联合会副会长。

娄勤俭，中国电子学会理事长。

1956 年 12 月出生，贵州桐梓人。中共中央候补委员，工学博士，教授级高级工程师。曾获部级科技进步特等奖、一等奖，享受国务院政府特殊津贴。中共十六大、十七大、十八大代表。1982 年毕业于华中工学院。曾任电子工业部第十五研究所技术员、助理工程师、工程师、研究室副主任、研究室主任、国家“863”计划 CIMS 主题专家、所长兼太极计算机公司总经理、董事长；电子工业部信息化工程总体研究中心主任，国防科工委计算机专家组组长；信息产业部第十五研究所所长，总装备部科技委兼职委员；信息产业部电子科学研究院副院长、第十五研究所所长；信息产业部副部长、党组成员；工业和信息化部副部长、党组成员。2010 年 8 月 ~ 2010 年 9 月任陕西省委常委，省政府党组副书记，2010 年 9 月 ~ 2012 年 4 月任陕西省委常委，副省长、党组副书记，2012 年 4 月 ~ 2012 年 12 月任陕西省委常委，副省长、党组副书记，预备役 141 师第一政委，2012 年 12 月任陕西省委副书记，副省长、代省长、党组书记，预备役 141 师第一政委。2013 年 1 月以后任陕西省委副书记，省长、党组书记，预备役 141 师第一政委。

尚冰，中国通信学会理事长。

1955 年 12 月出生，辽宁昌图人。1982 年沈阳化工学院高分子化工专业毕业，2002 年获美国纽约州立大学 MBA 学位，2006 年获香港理工大学工商管理博士学位。高级经济师。历任辽宁省经济委员会技术局干部，辽宁省工业技术开发中心副主任、主任，辽宁省经济技术开发公司副总经理、总经理，中国联通辽宁分公司副总经理（主持工作）、总经理、临时党委书记。2001 年 3 月任中国联通副总经理、党组成员，2004 年 10 月任中国联通总经理、党组成员，2008 年 5 月任中国电信党组书记、副总经理。2011 年 7 月任工业和信息化部副部长、党组成员。兼任国家互联网信息办公室副主任、中央对外宣传工作领导小组成员、中央精神文明建设指导委员会委员、国务院三网融合工作协调小组办公室主任等职务。

1994 年获辽宁省科学技术研究成果一等奖，2006 年获中国企业家协会“企业管理现代化创新成果一等奖”，2006 年获中国通信企业协会“通信行业企业管理现代化创新成果一等奖”。

李勇武，中国化工学会理事长。

1944 年 5 月出生，河北新城人。高级工程师。1968 年毕业于清华大学。历任天津市化工局局长、天津市经济委员会主任，化学工业部党组成员、副部长，国家石油和化学工业局党组书记、局长，中央人民政府驻澳门特别行政区联络办公室副主任，中国石油和化学工业协会常务副会长、党委常务副书记。第十届全国政协常委。现任中国石油和化学工业联合会会长、党委书记。

郭允冲，中国土木工程学会理事长。

1953 年 1 月出生，江苏启东人。兰州铁道学院铁路运输专业毕业，大学学历，工学学士学位，工程师。1973 年 7 月参加工作,2007 年任中央纪委驻信息产业部纪检组组长、部党组成员。2008 年任中央纪委驻住房和城乡建设部纪检组组长、部党组成员。现任住房和城乡建设部副部长、党组成员。

李化元，中国文物保护技术协会理事长。

1949 年 2 月出生，1976 年武汉大学化学系毕业。曾任中国文物研究所（原文物保护科学技术研究所）科技部主任、故宫博物院文保科技部主任，中国文物保护技术协会第四届理事会秘书长、第五届理事会理事长，研究馆员。现任中国文物保护技术协会第六届理事会理事长，兼任中国文物学会文物修复委员会副会长。

长期从事文物保护工作。获全国科学大会奖和湖北省科技进步二等奖各 1 项。曾主持北京古钟博物馆永乐大钟的保护等金属文物保护工程 4 项，发表论文 10 余篇。

何宗就，中国电影电视技术学会理事长。

1952年7月出生，广西东兴人，京族。现任中央电视台分党组成员、副台长，教授级高级工程师。1975年中国传媒大学毕业。历任中央电视台播送部主任、技术管理办公室主任、台长助理，2000年1月任中央电视台副台长。曾任中国电影电视技术学会第五届理事会副理事长、第六届理事会理事长。

在中央电视台工作期间，主要从事电视技术和管理工作，参加了我国第一套彩色电视中心系统和计算机控制播出系统的安装、调试、运行工作，组织完成了新彩电中心播出系统工艺设计、安装运行，中央电视台数字付费电视、节目卫星全球覆盖、全台电视节目制作播出系统数字化、网络化和高清化技术创新与改造建设，中央电视台新台址电视工艺系统建设，负责组织了1990年以来历届奥运会、亚运会、香港回归、澳门回归、国庆庆典等重大赛事和宣传活动的电视转播工作。任国家广电总局科技委副主任、广播电视标准化委员会副主任。1996年获“有突出贡献中青年专家”称号，2004年享受国务院政府特殊津贴。

徐淮，中国照明学会理事长。

1947年1月出生，浙江宁波人。1970年毕业于北京轻工业学院，1970 ~ 1981年在呼和浩特市灯泡厂从事技术工作，1981年11月调入轻工业部，随机构改革，先后在轻工总会、国家轻工业局、国家经贸委、国务院国资委从事行业管理、计划、规划工作。2007年12月当选为中国照明学会第五届理事会常务副理事长兼秘书长，2012年6月当选为中国照明学会第六届理事会理事长。

包为民，全国政协委员，中国惯性技术学会理事长，中国科学院院士。

1960年3月出生，浙江宁波人。毕业于西北电讯工程学院，历任航天一院12所室副主任、副所长，航天一院科技委主任，航天一院10所所长，中国航天科技集团公司科技委主任。曾任副主任设计师、主任设计师、航天一院某型号副总设计师、航天一院某重点型号总设计师、国家某重点工程技术总负责人等。

长期从事航天研究和设计工作。作为我国航天领域的学术带头人之一，将理论知识和实践工作相结合，为我国国防现代化建设解决了一系列技术难题。获得国家科技进步奖特等奖1项、一等奖1项，国防科学技术奖一等奖2项，二等奖1项，获“国防科技工业有突出贡献的中青年专家”、“第二届国防科技工业杰出人才”称号。

杜善义，中国复合材料学会理事长，中国工程院院士。

1938年8月出生，辽宁大连人。飞行器结构力学和复合材料专家。哈尔滨工业大学教授、博士生导师，兼任北京航空航天大学教授、博士生导师。国际复合材料委员会执委，国务院学位委员会学科评议组成员。曾任哈尔滨工业大学副校长，第十届、十一届全国人大代表，现任中国航天科技集团高级技术顾问。主要学术兼职有解放军总装备部科技委兼职委员，国家安全重大基础研究计划专家顾问组成员，国家重点基础研究发展计划专家咨询组成员，中国商用飞机有限责任公司专家咨询组成员，国家自然基金委重大研究计划指导专家组组长。

解决了特种环境材料的模拟、表征与设计中的若干关键理论与技术；在先进复合材料的研究与应用中作了较系统工作，提出材料结构一体化、结构功能材料一体化理论；将细观力学理论应用到材料性能预报和设计中，发展了随机夹杂理论；在智能材料的结构健康监测与变形控制以及断裂力学方面获得重要成果。获国家和省部级科技进步奖9项（国家级1项），国家级教学成果奖1项，并获光华科技奖和航天奖。在国内外发表论文260余篇，撰写了《复合材料细观力学》、《智能材料系统及结构》等著作10部。

张桃林，中国科协副主席、中国农学会会长。

1961年5月出生，江苏姜堰人。研究生学历，农学博士学位，研究员。现任九三学社中央副主席、农业部副部长。

1978年10月在南京农学院土壤与农业化学专业学习，1982年8月中国科学院南京土壤研究所土壤学专业硕士研究生，1986年4月联邦德国吉森大学农学专业博士研究生，1989年12月中国科学院南京土壤研究所博士后，1994年10月～1995年1月美国依阿华州立大学访问学者。1991年5月起，历任中国科学院红壤生态开放实验站常务副站长、中国科学院南京土壤研究所所长助理、副所长、中国科学院南京分院副院长、中国科学院南京土壤研究所所长。1999年9月任南京市副市长，2001年10月任江苏省副省长，2007年12月任九三学社中央副主席、江苏省副省长，2008年8月任九三学社中央副主席、农业部副部长。

主要从事土壤与土地资源管理、农业生态与可持续农业等方面的研究。在我国南方干热地区土壤发生学、中国与中欧草原土壤对比研究，尤其是在我国红壤生态系统退化及其恢复重建研究方面，取得了多项成果。先后发表论文150多篇，撰写专著3部，主编论文集5部。1992年享受国务院政府特殊津贴，1995年以来先后获中国科学院科技进步二等奖1项，江西省科技进步二等奖2项，国家科技进步二等奖1项。

沈仁芳，中国土壤学会理事长。

1965年10月出生，浙江萧山人。1986年毕业于浙江农业大学（现浙江大学）土壤农化系，1989年、1993年分获中国科学院南京土壤研究所理学硕士、博士学位，1994～1995年在英国洛桑研究所从事博士后工作，1998～2000年在日本国立农业环境技术研究所任日本科技厅特别研究员，2000～2002年在日本香川大学任日本学术振兴会特别研究员。2002年入选中国科学院“百人计划”，任中国科学院南京土壤研究所研究员，博士生导师。2010年获国家杰出青年基金。国家“跨世纪百千万人才工程”入选专家，现任中国科学院南京土壤研究所所长，中国致公党江苏省副主委。

长期从事土壤－植物营养和环境化学等方面的研究工作，在植物耐逆境（养分胁迫和毒害元素胁迫）的生理机制、作物养分高效吸收利用机制、长江三角洲地区环境污染控制对策等方面取得了显著成绩。发表学术论文80余篇，其中SCI论文40余篇。

贾晓平，中国水产学会理事长。

1949年11月出生，河南获嘉人。1976年7月毕业于华南师范大学化学系。1979年3月至今中国水产科学研究院南海水产研究所副研究员、研究员，1996年4月～2010年2月任中国水产科学研究院南海水产研究所所长，1999年6月上海海洋大学硕士生导师、博士生导师。1993年享受国务院政府特殊津贴，1997年获农业部“有突出贡献中青年专家”称号，1998年获广东省第五届丁颖科技奖，1999年获全国“五一”劳动奖章，2000年获“全国劳动模范”称号，2002年10月中国水产科学研究院首席科学家，2008年11月获中国水产科学研究院功勋科学家称号。

以第一作者和通讯作者在国内外科技期刊发表论文100余篇。以第一作者出版专著9部，合作出版专著5部，获得授权专利5项。获得各级科技成果奖励36项（次），其中国家科技进步二等奖1项、三等奖1项，省部级奖20项次、院局级奖14项次。

江用文，中国茶叶学会理事长。

1965年11月出生，安徽怀宁人。研究员。1986年7月安徽农业大学毕业，同年中国农业科学院茶叶研究所从事茶叶加工研究。现任中国农业科学院茶叶研究所副所长，受聘为农业部农产品加工工作委员会副主任和茶叶专业委员会主任、国家茶叶产业技术体系红茶加工岗位专家、浙江省茶产业重点创新团队首席科学家。获浙江省“有突出贡献中青年科技专家”、浙江省“农业科技先进工作者”称号。

主持和承担省部级以上科技项目20余项，取得科技成果11项，其中国家科技进步二等奖1项，省部级科技奖7项。研究提出扁形和针芽形名优绿茶连续化加工的关键技术、茶叶安全加工技术、茶天然产物绿色制备技术，研制出高香冷溶速溶茶、γ-氨基丁酸绿茶和超微绿茶粉等新产品。通过标准化整理，成功整合5万份无性繁殖作物种质资源，为育种、生物技术研究提供了重要物质基础。出版科技著作8部，在国内外专业期刊上发表论文40余篇。

桑国卫，中国药学会理事长，中国工程院院士。

1941年11月出生，浙江湖州人。临床药理学家，第十一届全国人大常委会副委员长，“十一五”国家“重大新药创制”重大专项技术总师。历任浙江省医学科学院副院长、世界卫生组织（WHO）长效避孕药指导委员会委员（1983～1989）、国际药理联合会理事（IUPHA，1992～2000）、浙江省卫生厅副厅长、浙江省省长助理、国家药品监督管理局副局长、中国药品生物制品检定所所长、国家药典委员会秘书长。

自1999年以来，主持科技部“863”重大专项“创新药物和中药现代化”，2008年起担任“十一五”国家科技重大专项“重大新药创制”技术总师，为建立国家医药创新体系，加强国家创新药物研究能力及研发平台建设作出重要贡献。获全国科技大会奖2项，国家科学技术进步二等奖3项，部委级科技进步奖一等奖1项、二等奖4项。1997年获何梁何利科学技术进步奖（医学药学奖）。2008年获吴阶平医学研究奖——保罗·杨森药学奖特殊贡献奖。曾获国家级“有突出贡献中青年专家”、国家计划生育科技功臣、全国“五一”劳动奖章，浙江省劳动模范、人事部“有突出贡献回国留学人员”等荣誉称号。

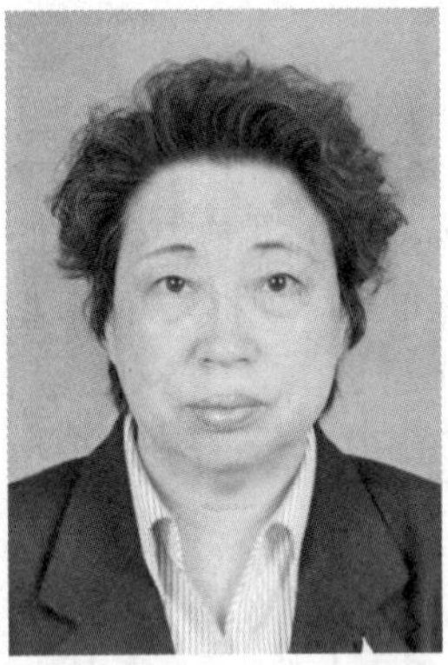

李秀华，全国政协委员，中华护理学会理事长。

1954年11月出生，北京人。中日友好医院护理部主任，健康保健学博士。中华护理学会第25、26届理事会理事长，任职期间，组建灾害护理专委会并加入世界灾害组织，带领中华护理学会加入国际护士会，设立“中华护理学会科技奖”，编写卫生部《我国护士队伍建设发展规划（2010～2020）》，参与制定《医院护士人力配置》行业标准，完善专科护士培训。赴西藏，四川等地开展科普宣传及抗震救灾，获中国科协“抗震救灾先进集体奖”。与美国、日本、韩国等国家和地区开展学术交流，获世界卫生组织和国际护士会项目。出版学会《百年史话》，确定学会会歌、会徽、会旗。促进《护士条例》出台，出版《护士守则》。

樊瑜波，中国生物医学工程学会理事长。

1965年7月出生，重庆人。国家杰出青年基金获得者，长江学者，教育部跨世纪优秀人才计划入选者，教授，博士生导师。1992年毕业于四川大学，获博士学位。现任北京航空航天大学生物与医学工程学院院长，中国医疗器械创新战略联盟副理事长。

主要从事生物力学、植介入医疗器械、康复工程、航空航天医学工程等方面研究。在生物力学及其与生物材料交叉融合的基础和应用研究方面，从交叉学科角度研究疾病与健康相关问题、开展新型医疗器械基础及关键技术研究、解决飞行员损伤机理和防护方法、发展航空航天生命防护与保障技术。承担国家自然科学基金重大项目、仪器专项、重大国际合作、科技部支撑计划、“863”项目等课题30余项，发表论文200余篇，获得国家发明专利20余项，申请发明专利近80项。

杜冠华，中国药理学会理事长。

1956年12月出生，山东滕州人。1982年毕业于山东医科大学药学院，获学士学位，1989年毕业于同济医科大学，获医学硕士学位，1995年毕业于北京协和医学院，获博士学位。1995～1998年在比利时列日大学做博士后，研究神经生物化学。1998年就职于中国医学科学院北京协和医学院药物研究所。现任中国医学科学院北京协和医学院药物研究所副所长，药物筛选中心主任。兼任亚洲西太平洋地区药理学家联合会执行委员会委员、中国晶体学会药物晶体学专业委员会名誉主任委员、国家科技重大专项“重大新药创制”总体专家组专家、中国药典委员会委员、中华医学会中华医学科技奖评审委员等职。

主要从事药物发现、高通量药物筛选、神经药理学和心脑血管药理学研究。近10年发表论文300余篇，出版专著30余（册）部，申请国际国内专利60余件，取得1.1类化学新药临床批件3个。获“全国优秀科技工作者”称号，多次获中华医学科技奖和北京市科学技术奖。

郝希山，中国抗癌协会理事长，中国工程院院士。

1945年9月出生，河北阜城人。主任医师，教授，博士生导师。国家人事部、卫生部突出贡献专家，天津市肿瘤研究所所长、乳腺癌防治国家教育部重点实验室主任，中华医学会副会长，亚洲乳腺癌协会主席及名誉主席，亚太抗癌联盟主席。兼任《中国肿瘤临床》杂志主编，《中国肿瘤临床》（英文版）主编，《天津医科大学学报》主编，《中华医学杂志》副主编，Support Care in Cancer编委，日本昭和大学、久留米医科大学客座教授。

长期致力于肿瘤临床和科研，经治肿瘤患者6000余例，在肿瘤外科、肿瘤免疫治疗及生物治疗方面取得多项创新性成果。先后承担国家科技攻关、国家“863”、国家自然基金及省部级重大科技项目20项。主持完成的“功能性间置空肠代胃术的临床与基础研究”及“恶性肿瘤流行趋势分析及预防的研究”分获国家科技进步二等奖。此外，获省部级科技进步一等奖3项、二等奖5项、三等奖14项。在国内外发表论文250余篇。主编《简明肿瘤学》、《腹部肿瘤学》、《肿瘤手术学》等肿瘤防治书籍。曾获“全国优秀教育工作者”、天津市劳动模范和特等劳动模范、天津市“十佳医务工作者”、天津市“八五”、“九五”、“十五”立功奖章等荣誉。中共十七大代表，第十一届全国政协委员。

刘耀，中国法医学会理事长，中国工程院院士。

1937年11月出生，山西河曲人。现任公安部物证鉴定中心研究员。1963年毕业于内蒙古大学，1980～1982年在美国南加州大学医学院做访问学者，1982年至今在公安部工作。

长期从事法庭科学研究，从事法医毒物分析、科研、案件鉴定和技术管理工作，先后主持并参加完成了16项重大科研项目。“毒物分析质量控制技术研究”、“疑难客体指纹显现提取新技术研究”均获国家科技进步三等奖，“固相萃取技术在药、毒物分析中应用研究”获部级科技进步一等奖，获部级科技进步二等奖2项，三等奖2项，四等奖1项，国家科技大会奖1项。长期担任印－太地区法庭科学会副理事长，是世界毒物学家学会会员和中国地区代表，曾获“优秀留学回国人员”称号，被泛美法庭科学会授予“对中国和世界法庭科学做出突出贡献奖”。

吴启迪，中国自然辩证法研究会理事长。

1947年8月出生，浙江永嘉人。1970年毕业于清华大学通信技术专业，1981年获清华大学自动控制专业硕士学位，1986年获瑞士联邦苏黎世理工学院电子工程博士学位。1986～2003年同济大学教师、副教授、教授，系副主任、研究中心主任、校长助理、副校长、校长。2003～2008年教育部副部长、国务院学位委员会副主任委员兼秘书长。2008年3月任十一届全国人大常委、教育科学文化卫生委员会委员。第十五届全国人大代表，第十六届中共中央候补委员。2011年8月任上海市欧美同学会会长。

长期从事控制理论、控制工程与管理工程专业的教学、科研和管理工作。先后主持完成国家、省部级科研项目30余项，出版专著10余部，发表学术论文200余篇。曾获国家科技进步二等奖2项、教育部科技进步一等奖2项、国家教育成果二等奖2项、中国高校科技进步二等奖3项，先后获得上海市“三八”红旗手、“全国十大女杰”、“全国三八红旗手”、“优秀留学回国人员”、德意志联邦共和国大十字勋章、“新中国成立以来上海百位优秀女教师”等荣誉称号。

吕飞杰，中国农村专业技术协会理事长。

1943年11月出生，福建厦门人。1964年毕业于华南热带作物学院（现海南大学）作物产品加工系。曾任华南热带作物学院系主任、院长。1991年9月任华南热带作物科学研究院华南热带作物学院院长。1993年8月任中国热带农业科学院、华南热带作物学院院长、党委书记。1994年11月~2001年任中国农业科学院院长、党组书记，农产品加工博士生导师。2001~2003年任国务院扶贫开发领导小组副组长兼办公室主任，党组书记。中共十五大代表、第十五届中共中央候补委员，第十届全国政协委员，中国科协第八届常委会促进农村和少数民族地区发展专门委员会副主任委员、中国热带作物学会理事长。

刘嘉麒，中国科普作家协会理事长，中国科学院院士。

1941年5月出生，辽宁北宁人，满族。中国科学院地质和地球物理研究所科学指导委员会委员、研究员，亚洲湖泊钻探科学指导委员会副主席，国际第四纪研究联合会地层学专业委员会副主席，国际第四纪研究联合会火山与火山灰年代学专业委员会常务委员，中国第四纪研究委员会暨中国第四纪科学研究会主任，中国火山学会副理事长。曾任中国科学院地质和地球物理研究所所长。

长期从事火山地质学及第四纪地质学研究，在火山地质与第四纪环境地质等方面做了大量系统创新性工作。著有科普著作数十种。承担的“我国干旱半干旱区十五万年来环境演变的动态过程及发展趋势”项目，获国家自然科学奖二等奖、中国科学院自然科学奖一等奖；“中国南极考察科学研究”项目，获国家科技进步奖二等奖；“遥感技术在地质找矿中的应用研究”项目，获中国科学院科技进步奖一等奖；“中国南极考察科学研究”，获国家海洋局科技进步奖。1986年获“侯德封奖”。曾获“全国优秀科技工作者”、“做出突出贡献的中国博士学位获得者”称号。

宋南平，中国科技新闻学会理事长。

1949年4月出生，安徽定远人。第十一届全国政协委员，中国科协原书记处书记、党组成员。1977年毕业于安徽省淮北煤炭师范学院。1978~1991年任中国科协科学技术普及部副处长、副部长、部长，1991年10月~1993年1月挂职中共承德地委副书记，1993年3月任中国科协党组成员兼机关党委书记，1996年5月起任中国科协书记处书记、党组成员。先后兼任中国科学技术发展基金会秘书长、中国科协办公厅主任、组织人事部部长，中国科协新闻发言人等职。

田力普，全国政协委员，中国知识产权研究会理事长。

1953年10月出生，河北安国人。1981年毕业于中国科技大学研究生院。理学硕士，研究员，德国慕尼黑工业大学名誉博士。先后在欧洲专利局、德国专利局、德国联邦专利法院等机构学习进修，曾作为访问学者在德国马克斯—普朗克专利法研究所从事知识产权研究工作。曾参加中国专利法实施细则的起草，发表过多篇知识产权方面的论著和译著。历任国家知识产权局专利复审委员会副主任，电学审查部副部长，自动化部部长、副局长，2005年6月至今任国家知识产权局局长、党组书记。中国人民大学、武汉大学和华中科技大学兼职教授、同济大学知识产权学院名誉院长和博士生导师。

戴浩，中国指挥与控制学会理事长，中国工程院院士。

1945年8月出生，江苏阜宁人。自动化网专家。毕业于清华大学。曾任某部第六十一研究所总工程师。现任某部第六十一研究所研究员，西安电子科技大学通信工程学院兼职教授。担任某系统二期工程副总设计师，破析了网络软件DECnet的目的代码，发现并修改了程序中的致命错误；逆向编制链路层的专用协议文本，实现了国产微机与DECnet的互通。任该自动化网三期工程总设计师时，统一了该系统网络和应用的技术体制，在网络动态重组等方面有重大创新，建成了网络实体可信、用户行为可控等功能的专用网络。曾获全国计算机应用一等奖、国家科技进步一等奖。在工程实践的基础上，编写了专著，发表论文50余篇。

2012年新当选的省、自治区、直辖市科协主席

顾秉林，中国科学院院士，北京市科协第八届委员会主席。

1945 年 10 月出生，吉林德惠人。清华大学高等研究院院长。1965 年考入清华大学工程物理系学习，大学毕业后留校工作。1982 年获得丹麦 Aarhus 大学博士学位。历任清华大学物理系主任、理学院院长、研究生院院长、副校长等职。2003 年 4 月 ~ 2012 年 1 月任清华大学校长。2012 年 2 月，任清华大学高等研究院院长。2007 年 1 月，当选为北京市科协第七届委员会主席。2012 年 2 月，当选为北京市科协第八届委员会主席。

长期致力于物理学和材料科学的研究和高层次人才培养，在凝聚态物理方向取得许多重要成果，发表 SCI 论文近 300 篇。曾获何梁何利基金科技进步奖、国家自然科学奖二等奖、国家级教学成果一等奖等，并获日本、俄罗斯、英国和法国多所大学荣誉博士学位。

王天然，中国工程院院士，辽宁省科协第八届委员会主席。

1943 年 3 月出生，黑龙江海伦人。毕业于哈尔滨工业大学。美国卡纳基梅隆大学高级访问学者。历任中国科学院沈阳自动化研究所助理研究员、副研究员、副所长、所长、研究员、学术委员会主任，机器人技术国家工程研究中心主任。第九、十、十一届全国人大代表。辽宁省科协第六、第七、第八届委员会主席。辽宁省自动化学会理事长。

长期致力于机器人技术、大型工业自动化系统的研究开发和应用，领导参与创建国家机器人“高技术产业化基地”和中国科学院“先进制造基地”。主持国家攻关、“863”计划以及企业重大技术改造等 20 余项重大项目。主持推广机器人应用工程 180 多项。获省部级二等奖以上科技奖6项，其中，作为第一完成人，获国家科技进步二等奖、中国科学院科技进步特等奖、二等奖各 1 项。曾获何梁何利基金科技进步奖、辽宁省科技功勋奖，获辽宁省优秀专家、“国家有突出贡献中青年专家”，全国杰出专业技术人才、全国优秀科技工作者等称号，享受国家级政府特殊津贴。

郭生练，湖北省科协第八届委员会主席。

1957 年 7 月出生，福建龙岩人。1982 年 6 月参加工作，爱尔兰国家大学工程水文系水文专业毕业，研究生学历，工学博士，教授。2002 年 12 月 ~ 2003 年 1 月，湖北省科技厅副厅长，武汉大学教授、博士生导师。2003 年 1 月 ~ 2003 年 2 月，湖北省政协副主席，湖北省科技厅副厅长。2003 年 2 月 ~ 2005 年 7 月，湖北省政协副主席，湖北省科技厅厅长。2005 年 7 月 ~ 2007 年 5 月，湖北省政府副省长，湖北省科技厅厅长。2007 年 5 月至今，湖北省政府副省长。

1997 年 3 月加入中国民主同盟，2002 年 12 月至今，任民盟中央常委、民盟湖北省主委。

钟志华，中国工程院院士，重庆市科协第四届委员会主席。

1962年7月出生，湖南湘阴人。1982年毕业于湖南大学。1988年获瑞典林雪平大学工学博士学位。1988～1990年在瑞典林雪平大学从事博士后研究。1990～1992年任瑞典林雪平大学助理教授，1992～1995年任瑞典林雪平大学副教授（终身职位）、湖南大学机械与汽车工程学院教师，1995～2004年任湖南大学机械与汽车工程学院副院长、院长，2004～2010年任湖南大学校长助理、副校长、党委常委、校长，2010～2011年任重庆市委科技工委书记，2011年起任重庆市科委主任、市委科技工委副书记、市科协主席、重庆两江新区管委会副主任。第九届全国人大代表，第十一届全国政协委员。

谢和平，中国工程院院士，四川省科协第八届委员会主席。

1956年1月出生，湖南双峰人。工学博士，教授、博士生导师。现任四川大学校长。1987年获中国矿业大学博士学位，长期致力于岩体力学与工程研究和实践，20世纪80年代初在中国最早建立了裂隙岩体宏观损伤力学模型，开拓了裂隙岩体损伤力学研究新领域。1985年起，创造性地引入分形方法对裂隙岩体进行非连续变形、强度和断裂破坏的研究，形成了裂隙岩体非连续行为分形研究的新方向，并与损伤力学相结合在岩爆、地表沉陷、顶煤破碎块度控制等重要矿山工程应用中获得成功。国家“973”项目首席科学家，国家自然科学基金委创新研究群体首席科学家。曾获首届“中国青年科学家奖”，国家自然科学二等奖和国家科技进步二等奖等。

谢庆生，贵州省科协第八届委员会主席。

1954年10月出生，贵州贵阳人。博士，教授。现任中国农工民主党第十五届中央委员会副主席，贵州省政府副省长，教育部现代制造技术重点实验室主任。1970年11月参加工作，历任成都铁路局贵阳铁路分局车辆段工人，贵州工学院基础部教师、计算机中心副主任、CAD研究所所长，贵州工业大学科研处处长兼CAD研究所所长、副校长，农工党贵州省委副主委、主委，贵州大学副校长。

获“国家有突出贡献专家”称号，受聘国家“863”计划专家组成员、享受国务院政府津贴。先后主持和完成国家“863”计划项目、国家自然科学基金项目、国家科技攻关项目、企业重点科技项目等40余项。发表学术论文80余篇，出版专著3部。

田笑明，新疆生产建设兵团科协第三届委员会主席。

1953年6月出生，陕西白水人。大学学历，研究员。1976年3月～1979年3月在新疆塔里木农垦大学农学系学习。1979年3月～1992年12月在新疆塔里木农垦大学农学系遗传育种教研室工作，1988年任农学系副主任。1992年1月～2001年2月，历任新疆农垦科学院作物研究所副所长、所长、科学院科研处处长、科学院副院长。2001年2月～2006年2月任兵团农业局副局长，2006年2月～2012年4月任兵团科技局党组书记、局长、科协主席。

曾主持国家、农业部、兵团10项重点科研课题。获兵团科技进步一等奖2项、三等奖5项，主持选育冬麦新品种和棉花新品种各2个。在国家、省级学术期刊上发表论文50余篇，出版专著1部，参加全国农业高等院校统编教材《作物育种学（各论）》编写组，主编甜菜育种。1995年被农业部授予“有突出贡献中青年专家”称号。2000年享受国务院政府特殊津贴。

中国科协荣誉委员母国光同志生平

中国科学院院士，发展中国家科学院院士，中国科协荣誉委员，著名物理学家、教育家母国光同志，于2012年4月12日16时08分在天津逝世，享年81岁。

母国光同志出生于1931年1月，辽宁锦西人。1952年毕业于南开大学物理系。历任南开大学副教授、教授、物理系副主任、主任、副校长兼光学研究所所长。1986～1995年任南开大学校长、博士生导师、研究生院院长，中国科学院应用光学国家重点实验室主任。中国光学学会常务理事、副理事长、理事长，天津市科协第五、第六届委员会主席。1990年当选美国光学学会会士，兼该会国际顾问。1991年当选国际光学工程学会会士。1993年当选国际光学委员会（ICO）副会长。

长期从事光学和应用光学的科研和教学工作，获发明专利2项，发表著作6部，在国内外核心刊物发表论文70余篇，取得重大成果10余项，主要代表著作《光学》。在白光光学处理、光学模式识别、彩色胶片的档案存贮、黑白片作彩色摄影、假彩色编码及光学神经网络等方面的研究得到国家级奖多项和国际光学界的普遍认可。曾获“国家有突出贡献中青年专家”、“全国高等学校科技先进工作者”称号，国家发明二等奖、三等奖，国家自然科学三等奖，光华科技一等奖，何梁何利基金科学与技术进步奖等。

表彰奖励

关于表彰第五届全国优秀科技工作者的决定

科协发组字〔2012〕43号

各全国学会、协会、研究会，各省、自治区、直辖市科协，新疆生产建设兵团科协：

为贯彻落实党的十八大精神和国家中长期人才发展规划，深入实施科教兴国战略和人才强国战略，大力弘扬尊重劳动、尊重知识、尊重人才、尊重创造的良好风尚，根据《全国优秀科技工作者评选表彰办法》的规定，经推荐单位评选推荐、公众投票、全国优秀科技工作者评审委员会评审、中国科协全国委员会常务委员会批准，决定授予王岩等10名同志“十佳全国优秀科技工作者”称号；经推荐单位评选推荐、全国优秀科技工作者评审委员会评审、中国科协全国委员会常务委员会批准，决定授予丁建生等45名同志“十佳全国优秀科技工作者提名奖”，授予巩馥洲等973名同志“全国优秀科技工作者”称号。

获得“全国优秀科技工作者”称号的同志，是我国广大科技工作者的优秀代表。他们爱岗敬业，勇于创新，模范践行科学道德，自觉把个人的事业追求和人生价值同国家富强、社会进步、人民幸福紧密联系起来，取得了一大批关系经济社会发展全局、具有重大影响的科技成果，为我国科技事业发展作出了重要贡献。“十佳全国优秀科技工作者”称号获得者，成就尤为突出，是广大科技工作者的楷模。

广大科技工作者要向受到表彰的全国优秀科技工作者学习，学习他们严谨求实、勇于创新的科学精神，不畏艰险、勇攀高峰的探索精神，团结协作、淡泊名利的团队精神，报效祖国、服务社会的奉献精神，高举中国特色社会主义伟大旗帜，以邓小平理论、“三个代表”重要思想、科学发展观为指导，求真务实，攻坚克难，以更加旺盛的创新热情和创造活力，积极投身建设创新型国家的伟大实践，为全面建成小康社会、实现中华民族伟大复兴作出新的更大的贡献。

附件：1.“十佳全国优秀科技工作者”名单

2.“十佳全国优秀科技工作者提名奖”名单

3.“全国优秀科技工作者”名单

中国科学技术协会

2012年12月10日

附件1

“十佳全国优秀科技工作者”名单

（按姓氏笔画排序）

姓　名	工作单位
王　岩	解放军总医院外科临床部骨科
王贻芳	中国科学院高能物理研究所
杨蓉娅（女）	解放军北京军区总医院
周建平	中国载人航天工程办公室
赵忠贤	中国科学院物理研究所
袁隆平	国家杂交水稻工程技术研究中心
聂海涛	中航工业集团成都飞机设计研究所
徐　銤	中国核工业集团公司快堆核电站
徐芑南	中国船舶重工集团第七〇二研究所
樊　嘉	复旦大学附属中山医院

附件2

“十佳全国优秀科技工作者提名奖”名单

（按姓氏笔画排序）

姓　名	工作单位
丁建生	山东烟台万华聚氨酯股份有限公司
于　斌	山西大同煤矿集团有限责任公司
于世英（女）	华中科技大学同济医学院附属同济医院
马万杰	河南省农业科学院
王　锐	兰州大学基础医学院
王　頠（土家族）	广西民族博物馆
尤民生	福建农林大学
尤肖虎	东南大学信息科学与工程学院
甘晓华	空军装备研究院
石国庆	新疆农垦科学院畜牧兽医研究所
史玉升	华中科技大学材料科学与工程学院
旦久罗布（藏族）	西藏那曲地区草原站
朱士恩	中国农业大学动物科学技术学院
刘光明	国家超级计算天津中心
刘晓明	宁夏大学生命科学学院
许宁生	中山大学
李　宁	中国农业大学生物学院
李　斌	西安航天动力研究所
李夕兵	中南大学资源与安全工程学院
杨　华	中国石油长庆油田公司

杨培增	重庆医科大学附属第一医院
张中兆	哈尔滨工业大学通信技术研究所
张宗亮	中国水电顾问集团昆明勘测设计研究院
郑树森	浙江大学医学院附属第一医院
郑晓静（女）	西安电子科技大学
胡晓棉（女）	中国工程物理研究院物理与计算数学研究所
钟春燕（女）	海南椰国食品有限公司
贺浩华	江西农业大学
袁慧军（女）	解放军总医院耳鼻咽喉研究所
聂建国	清华大学土木工程系
格日力（蒙古族）	青海大学
贾　平	中国科学院长春光学精密机械与物理研究所
夏庆龙	中海石油（中国）有限公司天津分公司
郭东明	大连理工大学
曹彦忠	秦皇岛出入境检验检疫局检验检疫技术中心
彭永臻	北京工业大学环境工程研究所
彭金辉（彝族）	昆明理工大学
喻　田（女）	贵州省遵义医学院
温　浩	新疆医科大学第一附属医院
谢　军	中国空间技术研究院总体部
奥・乌力吉（蒙古族）	内蒙古民族大学蒙医药学院
廖湘科	国防科学技术大学计算机学院
潘建伟	中国科技大学近代物理系
薛其坤	清华大学理学院
戴世强	上海大学上海市应用数学和力学研究所

附件 3

“全国优秀科技工作者”名单

（按推荐单位、姓氏笔画排序）

中国数学会

巩馥洲　张英伯（女）

中国物理学会

王贻芳　方　忠　龙桂鲁

赵忠贤　薛其坤

中国力学学会

冯西桥　戴世强

中国光学学会

徐至展

中国声学学会

杨士莪

中国化学会

龙　军　安立佳　董孝利

中国天文学会

史生才

中国气象学会

陈云峰　除　多（藏族）　高学杰

中国空间科学学会

孟　新（达斡尔族）

中国地质学会

杨　华　侯增谦　郭旭升

中国地理学会

李　平（回族）　陈发虎　周成虎

中国地球物理学会

丁志峰　田立新

郝天珧（女，满族）

中国矿物岩石地球化学学会

刘文汇

中国古生物学会

杨　群

中国海洋湖沼学会

王　凡　秦启伟

中国海洋学会

林明森　夏登文

中国动物学会

张知彬　魏辅文

中国植物学会

黄宏文　黄善金

中国昆虫学会

戈　峰　乔格侠（女）

中国微生物学会

孙国萍（女）　金　城　梁华平

中国生物化学与分子生物学学会

汤其群

中国细胞生物学学会

丁小燕（女）

中国植物生理与植物分子生物学学会

何祖华

中国生物物理学会

沈钧贤

中国遗传学会

杨崇林　　袁慧军（女）　　熊立仲

中国心理学会

张　侃　　林崇德

中国生态学学会

王克林　　刘世荣

中国环境科学学会

王瑞斌　　田　刚

全　燮（朝鲜族）　　吴舜泽

中国自然资源学会

左其亭　　刘彦随

中国感光学会

穆启道

中国优选法统筹法与经济数学研究会

魏一鸣

中国岩石力学与工程学会

李术才　　杨　强

中国野生动物保护协会

田秀华（女）　　张正旺　　蒋志刚

中国系统工程学会

陈光亚

中国实验动物学会

黄　韧

中国青藏高原研究会

朱立平

中国环境诱变剂学会

曹　佳

中国运筹学会

胡旭东

中国菌物学会

蔡　磊

中国机械工程学会

王继生　　杨海成　　陆大明

陈　鹰

中国汽车工程学会

张文杰（女）　　褚东宁

中国农业机械学会

李树君　　袁寿其

中国农业工程学会

李洪文　　尚书旗

中国电机工程学会

刘吉臻　　李立浧　　汪德志

郭剑波

中国电工技术学会

李盛涛　　陈　平　　姚斯立

中国水力发电工程学会

江小兵　　孙志禹　　张宗亮

中国水利学会

王建华　　杜雷功　　陈生水

中国内燃机学会

王建昕　　尧命发　　杨震寰

中国制冷学会

吴剑峰　　徐　伟

中国真空学会

闫荣鑫

中国自动化学会

李伯虎　　桂卫华　　戴汝为

中国仪器仪表学会

刘　进　　张庆军　　贾　波

谭久彬

中国计量测试学会

王　虎　　雷　民

中国标准化协会

蔡·乌力吉（蒙古族）

中国图学学会

孙林夫　　蔡鸿明

中国电子学会

王厚军　　王晓亮　　王积鹏

娄　宇

中国通信学会

云晓春　　刘　岩（满族）　　刘　多（女）

杨　震

中国中文信息学会

施水才

中国测绘学会

杨伯钢　　张继贤

中国造船工程学会

王　锋　　张　兵　　徐芑南

粟　京（满族）

中国公路学会

王国锋　　王福敏　　李爱民

姜言泉

中国航空学会

刘　峰　欧阳绍修　聂海涛
樊会涛

中国宇航学会

白鹤峰（白族）　李　陟　周建平
谢　军

中国兵工学会

王光华　毛　明　第五旬宁

中国金属学会

王　毅　刘宏民　张建良
祝晓波（女）

中国有色金属学会

刘玉强　李旺兴

中国稀土学会

龚　斌

中国腐蚀与防护学会

王福会

中国化工学会

刘中民　刘长令　张敏华
郑裕国　骆广生

中国核学会

刘庆成　陈日升　徐　銤

中国石油学会

王　峰　孙丽丽（女）　胡　勇
夏庆龙

中国煤炭学会

祁和刚　孙继平　李文博
张瑞玺

中国可再生能源学会

杨德仁

中国能源研究会

董　颖（女）

中国硅酸盐学会

包亦望　温兆银　薛忠民

中国建筑学会

朱小地

中国土木工程学会

朱合华　李引擎　胡　斌
聂建国

中国生物工程学会

高　福

中国纺织工程学会

朱美芳（女）　邵建中（女）　周华堂
施楣梧

中国造纸学会

宋明信　曹春昱

中国文物保护技术协会

万　俐

中国印刷技术协会

杨　斌

中国材料研究学会

卢志超

中国食品科学技术学会

江连洲　金征宇　单　杨

中国粮油学会

何东平　俞学锋

中国系统仿真学会

肖田元

中国电影电视技术学会

黄平刚

中国振动工程学会

李　杰

中国颗粒学会

李春忠

中国照明学会

赵建平　俞安琪

中国惯性技术学会

郑　辛

中国风景园林学会

包满珠　张　浪　赵世伟

中国电源学会

陈成辉

中国复合材料学会

张博明

中国消防协会

王建刚　乔雅平（女）　倪照鹏

中国图象图形学学会

周明全

中国人工智能学会

李德毅

中国体视学学会

王德文

中国工程机械学会

冯培恩

中国农学会

许世卫　李　宁　张显良

罗云波　昝林森　袁隆平
董红敏（女）

中国林学会

李　坚　张金池　岳永德
唐守正

中国土壤学会

沈其荣　张福锁　周健民

中国水产学会

何中央　陈松林　薛长湖

中国园艺学会

黄婷婷（女）

中国畜牧兽医学会

王　蕾（女）　田克恭　朱士恩
邵根伙

中国植物病理学会

彭友良

中国植物保护学会

万方浩　刘　勇

中国作物学会

李少昆

中国热带作物学会

彭　明

中国蚕学会

肖金树

中国水土保持学会

王治国

中国茶叶学会

郑文佳

中国草学会

张英俊

中华医学会

于普林　王　岩　王振常
沈　铿　尚　红（女）

中华中医药学会

王　琦　卢传坚（女）　贾振华
雷　燕（女）

中国中西医结合学会

王硕仁　吕爱平　张亭栋
凌昌全

中国药学会

王　锐　王广基　张　强

中华护理学会

王仙园（女）　成翼娟（女）　刘小明（女）
孙　红（女）

中国解剖学会

柏树令（满族）

中国生物医学工程学会

孙英贤

中国病理生理学会

王建枝（女）

中国营养学会

杨月欣（女）　翟凤英（女）

中国药理学会

张永祥

中国针灸学会

刘保延　许能贵　吴焕淦

中国防痨学会

王黎霞（女）

中国麻风防治协会

张连华　陈树民

中国心理卫生协会

王玉凤（女）　武国城　姚树桥

中国抗癌协会

于世英（女）　刘端祺　赫　捷

中国体育科学学会

吴侔天

中国毒理学会

陈景元（满族）

中国康复医学会

岳寿伟　周谋望　燕铁斌

中华预防医学会

刘起勇　杨蓉娅（女）　胡　志
郭　清

中国法医学会

姜先华

中华口腔医学会

边　专　李铁军

中国医学救援协会

李宗浩

中国女医师协会

蒋立虹（女，彝族）

中国自然辩证法研究会

殷瑞钰

中国技术经济研究会

池仁勇

中国现场统计研究会

程维虎

中国未来研究会

邓寿鹏

中国科学技术史学会

袁江洋

中国科学技术情报学会

贺德方（满族）

中国图书馆学会

张文举（蒙古族）　张晓林

中国城市科学研究会

王有为

中国科学学与科技政策研究会

雷德森（畲族）

中国农村专业技术协会

陈维君　曹国良

中国工业设计协会

吴　剑

中国科普作家协会

尹传红　星　河

中国自然科学博物馆协会

黄体茂

中国可持续发展研究会

何建坤

中国青少年科技辅导员协会

朱朝全　霍益萍（女）

中国科学技术期刊编辑学会

任延刚

中国流行色协会

宋建明

中国国土经济学会

肖金成

中国老科学技术工作者协会

王溪云　李文英（女）　何镜堂

中国科学探险协会

邹　捍

中国城市规划学会

王景慧

中国产学研合作促进会

金秋萍（女）

中国发明协会

吕胜战

北京市科协

王小平　王化勇　王兆华
田青来　吕明治　刘兴鹏
刘国恩　刘　澜（女）　李　卫
李子颖　李云开　杨　松
杨义先　杨东生　杨秉钧
杨　超　吴爱祥　陈寅彪
周又红（女）　郑建秋　孟凡刚
孟庆金　赵玉沛　赵昌平
贺争鸣　黄振俊　彭永臻
蒲忠杰　路　河　詹　扬
蔡亚宁（女）　薛　刚

天津市科协

王　平　师武军　刘　军
刘　育　刘光明　刘旭锴
刘昌孝　刘铁根　许京军
孙开明　孙树礼　李加旺
肖长发　郑书忠　孟凡新
常世平

河北省科协

马玉莲（女）　王玉坤　王桂梅（女）
田洪涛　付亚荣　刘小京
刘保亭　李　琦　李　辉
李国防（回族）　杨淑莲（女）　张　军
张丹参（女）　张书田　张景华（女）
底根顺　赵国青　赵振良
曹彦忠　褚素乔（女）　薛敏捷（女）
戴素英（女）

山西省科协

于　斌　王兴华（女）　王建国
石亚伟　田太平　孙小平（女）
李金梁　李建民　杨秀林（女）
张　勇　张海生　武旭升
赵红梅（女）　赵良启　赵艳红（女）
胡孟卿　韩玉林　雷　晋

内蒙古自治区科协

田永祯　冯益柏　付永礼
吕立峰（女）　苏秀兰（女）　李光鹏
阿拉坦仓（蒙古族）　高聚林
郭世荣　郭晋龙　郭海全
奥·乌力吉（蒙古族）

辽宁省科协

丁福俊　于　东　王继仁

王殿忠　左　良　申　奥
刘　全　刘　跃　刘春时
刘德铸　羊维瓒　许家彦
严欣宁（女）　李占全　杨万志
肖林久　吴维权（满族）　张　涛
张承臣　邵安林　金喜成（朝鲜族）
耿洪臣　郭东明　陶承光（满族）
梅晰凡　韩国跃

吉林省科协

王　龙　王忠存（蒙古族）　王绍先
王相刚　任长忠　纪瑞星
李国庆　冷春生　陈燕洲
赵国臣（满族）　赵明花（女，朝鲜族）
秦贵信　贾　平　崔　田
程　颖（女）　路来金

黑龙江省科协

毛洪顺　邓宗全（满族）　匡　弘
曲海波　朱卫中　乔　钢
杜智敏（女）　李文哲　李学奇
李殿俊　吴群红（女）　佟立君
张中兆　张树权　张清媛（女）
陈德应　周广刚　赵世光
蒋金水　程杰成

上海市科协

丁　健　于建国　王红阳（女）
王明伟　王思伟
扎姆·阿茹娜（女，鄂温克族）
朱为民　严蔚冰　吴　强
张文军　邵海浩　武利民
范先群　林国强　金　方（女）
姜丽萍（女）　贾伟平（女）　夏照帆（女）
唐天林　程浩忠　童小川（回族）
管一晖　樊　嘉　潘跃进

江苏省科协

丁义涛　丁建中　王才林
尤肖虎　毕宇安（女）　曲东升
朱凤才　朱东亚　朱永元
华　军　庄伟东　刘永刚
严金川　李汉周　杨建昌
吴德沛　汪　信　沈晓东
宋爱国　陆　云　陈　和
陈国兴　周　波　胡　震
侯先存　顾海成　殷广德
郭万林　唐洪武　唐家琪
梁维泰　彭聿平（女）　程崇虎
薛　梅（女）

浙江省科协

丁　平　丁钢强　王晓燕（女）
王　强　王　滔　卢王印
叶建荣　叶挺梅（女）　叶健松
乐法文　冯海泓　朱成楚
杜时贵　李浩然　何斌林
陈建辉　罗海忠　金　均
金丽琴（女）　周国忠　郑树森
胡三清　俞小莉（女）　骆华伟
徐　赤　郭卫东　郭杭锋
唐建军　陶春辉　曹明富
葛炳灶　葛根年

安徽省科协

马传喜　王　冰　王　祥
王群京　叶要清　包　玮
乔延利　许建明　孙　维
李立功　李贵闪　吴剑旗
何怡刚　汪天平　胡德云
袁　进　高立新　葛自兵
葛春贵　谢海棠（女）　潘建伟
戴祖云

福建省科协

王启明　尤民生　朱鹏立
严延生　杨玉盛　吴季怀
宋岩峰（女）　张艳璇（女）　张　震
陈四雄　陈军伟　陈建新（女）
陈晓春　林圣彩　林建华
卓传营　周遵光　潘建基

江西省科协

万林生　江祥林　杨　洁（女）
吴晓牧　余　华（女）　陈齐炼
陈祥树　范小雄　罗时文
柯黎明　贺浩华　徐朝梁
黄菊花（女）　谢明勇

山东省科协

丁建生　于良民　于学峰
王　信　王用杰　王钦峰
王振国　王海英（女）　吉中强
刘　弘（女）　刘玉光　孙汉文
李汝忠　李宝生　李明立

李新钢	杨桂朋	张　军
张士华	张善文	陈培敦
庞绪贵	赵　成	赵　斌
赵洪义	赵家军	钟路华
修国林	姜岳忠	徐现刚
徐爱强	董育斌	

河南省科协

马万杰	王冬成	王民湘
方少明	尹　钧	朱志军
刘宝琴（女）	孙莹璞（女）	杨华春
杨清成	吴养洁	沈天民
宋纯鹏	张玉贵	张贵生
张建国	张海洋	张梅月（女）
陈祥恩	苗明三	罗素霞（女）
周志立	赵鸿飞	姚致清
程相文	焦承尧	

湖北省科协

王孝斌	史玉升	朱长江
江正平	许克亮	李永刚
李军堂	杨　波	杨　俊
杨光富	吴高岭	余　英
余龙海	张　云	张联盟
易振明	庞代文	羿国香
袁宗辉	桂学文	陶　娟（女）
蒋扬虎	童金南	谢　伟

湖南省科协

邓正春	邓华凤（苗族）	刘　扬
刘少军	刘建平	孙小武
李夕兵	李乐之（女）	李翠英（女）
吴斌兴	邹应斌	张如强
张忠健（回族）	张振华	罗　安
赵中伟	钟辉煌	夏立秋
唐国金	彭建国	彭砥如
廖端芳		

广东省科协

马隆龙	王小云（女）	王胜年
邢　达	朱根发	刘　超
刘朝东	许宁生	孙　炼
孙达春	孙远明	吴创之
邱卓荣	何宏平	邹宇华
宋尔卫	张长生	张名位
张清华	陆超华	陈伟洲
周　鹏	郑石轩	屈良鹄
徐汉虹	郭　姣（女）	黄　平
蒋宗勇	程良伦	曾　玲（女）
蔡　康	廖进勇	樊小林
瞿金平		

广西壮族自治区科协

王　頠（土家族）	王凯学	邓国富
邓超冰	石德顺	朱方容
刘军义	张师超	张昌龙（回族）
张　健	陈　平	钟　鸣（壮族）
梁华晟	赖永榕（壮族）	

海南省科协

史海涛	孙晓宁（女）	李劲松
何朝族	沈光裕	陈业渊
陈德政	钟春燕（女）	

重庆市科协

王金山	王莉君（女）	王晓鹏
车路长	吕玉奎	杨培增
杨新民	张永兴	钟明全
唐安书	黄振霖（女）	彭东林
谢德体	蔡国学	

四川省科协

王　政	王仁坤	王平华
王红宁（女）	文谟统	刘　进
刘大建	孙海芳	李　嘉（女）
李列平	李跃清	杨玉国
杨仰军	张烈辉	陈　旭
陈洪德	苟　俊（藏族）	范先国
罗先刚	郎锦义	胡晓棉（女）
姜　华	黄　寰	梁繁荣
蒋开锋	戴　亚	

贵州省科协

王世杰	王永林	王永明
冯新斌	任　洪	杜才富（土家族）
何浩明	陈肖虎	金道超
喻　田（女）		

云南省科协

王　文	王树楷	朱兆云（女）
刘吉开	李树清	杨　源（白族）
杨本雷	杨宇明	陈　景
黄必华	彭金辉（彝族）	董　坚（女）

西藏自治区科协

王　静	云　旦（藏族）	巴桑旺堆（藏族）
白　吉（女，藏族）		旦久罗布（藏族）

金剑波　索朗欧珠（藏族）
席永士

陕西省科协

王根宪　王跃进　吕　剑
乔怀玉　李　斌　李英才
李保国　杨永春　张京国
张宝会　张建军　陈欣宇
陈锦屏（女）　苗丹民　苑伟政
屈发科　郝际平　耿国华（女）
郭春喜　谢东钢

甘肃省科协

王洪镇　白生才　刘贤德
李俊明　李维谦　杨克虎
肖国青　张伟文　周永宁
郑晓静（女）　涂永强　潘广勤

青海省科协

王　舰　王建朝　李俊仁
张怀刚　昂青才旦（蒙古族）
格日力（蒙古族）席　浩　路自强

宁夏回族自治区科协

马玉山　刘晓明　李发洲
罗春桃（女）　赵　巍　姜黛珠（女）
徐润邑　曹有龙

新疆维吾尔自治区科协

王　娜（女）　匡立春　刘　谞
杜琳辉（女，土家族）　吴新元
努力古·依明（女，维吾尔族）
阿不力克木·买买提明（维吾尔族）
温　浩　雷加强　熊春珠

新疆生产建设兵团科协

王秀琴（女）　石国庆　李　华（女）
宋晓玲（女）　陈创夫　赵富强

解放军总政治部

马　骋　马开城　王升启
王立祥　尹　浩　甘晓华
冯枧瑞　司光亚　朱金峰
刘　茹（女）　刘泽金　刘清宇
刘福军　孙　鹏　孙宝升
李巧生　李兆申　李俊全
杨丽霞（女，白族）　连　平
何　琳　张　赛　张正强
张金城　陆　林　陆晋荣
陆铭华　陈　林　陈菊梅（女）
尚金锁　罗　新　周光奉
周智敏　郑　辉　封志纯
赵铱民　胡以华　胡昌华
侯　建　姚富强　钱卫平
殷怀堂　高　翔　黄跃生
曹国侯　崔建华　詹隽青
廖湘科　穆希辉

关于追授罗阳同志“模范科技工作者”称号的决定

科协发组字〔2012〕38号

各全国学会、协会、研究会，各省、自治区、直辖市科协，新疆生产建设兵团科协：

罗阳同志生前系沈阳飞机工业（集团）有限公司董事长、总经理、党委副书记、研究员级高级工程师。2012年11月25日，罗阳同志在我国歼-15航母舰载机首次成功完成着舰起降试验仅十几个小时后，突发心脏病，因抢救无效，以身殉职，年仅51岁。

罗阳同志是我国科技工作者的优秀代表，为我国航空工业的振兴和科技事业的发展无私奉献了一生。30年来，他秉持航空报国志向，坚守一线，忘我工作，将全部精力和智慧都奉献在祖国航空事业的发展上。在歼-15舰载机研制工作中，他带领研制团队攻坚克难，夜以继日地奋战，取得了型号研制的全面成功。作为舰载机起降训练研制现场总指挥，他多次长时间随舰海试，解决了飞行训练中大量的技术难题，直至实现舰载机在航母“辽宁舰”上成功起降。他不懈奋斗的一生，为我国广大科技工作者树立了光辉的榜样。

为了表彰罗阳同志为我国民族航空工业振兴、推动我国科技事业发展作出的突出贡献，根据《全国优秀科技工作者评选表彰办法》，经中国科协书记处研究决定，追授罗阳同志“模范科技工作者”称号。

中国科协号召全国广大科技工作者向罗阳同志学习，学习他坚定信念、矢志报国的高尚情怀，学习他爱岗敬业、无私奉献的职业操守，学习他严于律己、淡泊名利的优秀品质，学习他刻苦钻研、精益求精的工作态度，学习他攻坚克难、追求卓越的科学精神。各级科协组织和广大科技工作者要把学习罗阳同志的先进事迹和学习贯彻党的十八大精神结合起来，在党的十八大精神的指引下，高举中国特色社会主义伟大旗帜，以邓小平理论、“三个代表”重要思想、科学发展观为指导，解放思想，改革开放，凝聚力量，攻坚克难，坚定不移沿着中国特色社会主义道路前进，为全面建成小康社会而奋斗！

中国科学技术协会
2012年11月29日

关于表彰全国“讲理想、比贡献”活动先进集体、科技标兵和优秀组织者的决定

科协发计字〔2012〕37号

各省、自治区、直辖市科协、发展改革委、科技厅（局）、国资委，新疆生产建设兵团科协、科委，各中央企业：

为深入贯彻党的十八大精神和全国科技创新大会精神，增强企业自主创新能力，加快经济发展方式转变，进一步推进“讲理想、比贡献”活动的深入开展，营造群众性技术创新活动的良好氛围，中国科协、国家发展改革委、科技部和国务院国资委决定，对2011—2012年度在“讲理想、比贡献”活动中作出突出贡献、有较强示范作用的武汉钢铁集团有限公司等296家企业（含专家工作站50个）授予“全国‘讲理想、比贡献’活动先进集体”称号，对高雄厚等199名同志授予“全国‘讲理想、比贡献’活动科技标兵”称号，对黄晓庆等199名同志授予“全国‘讲理想、比贡献’活动优秀组织者”称号。

“讲理想、比贡献”活动是广大企业科技工作者开展群众性技术创新活动的有效形式和重要载体，在促进创新要素向企业集聚、提高企业技术创新能力、培养创新科技人才、提高企业员工科学素质、弘扬创新文化和建设创新型国家等方面发挥了重要作用。

这次受表彰的先进集体，共同特点是领导高度重视，组织体系健全，企业一线科技人员勇于创新和群众性技术创新活动成果突出；积极引进院士专家高端资源，在生产实践中培养人才，在创新实践中成就人才，培养了优秀的创新团队。受表彰的科技标兵积极参加“讲理想、比贡献”活动，淡泊名利，甘于奉献，与技术团队共同攻克一批技术难题，充分展现了他们迎难而上、攻坚克难的创新激情，为企业作出了重大贡献。受表彰的优秀组织者积极组织广大企业科技工作者参与“讲理想、比贡献”活动，整合各类创新要素服务企业，开展活动有创新、有特色、有成效，为群众性技术创新活动的蓬勃开展营造了良好氛围。希望受到表彰的集体和个人珍惜荣誉，再创佳绩！

希望各级“讲理想、比贡献”活动领导机构、广大企业和企业科技工作者，深入学习贯彻宣传党的十八大精神，不懈探索，勇于实践，锐意进取，自觉肩负起时代赋予的光荣使命，坚定信心，振奋精神，奋勇攀登科技高峰，努力开创“讲理想、比贡献”活动的新局面，为促进企业技术创新、建设创新型国家和实现全面建成小康社会的奋斗目标，作出新的更大的贡献！

附件：全国“讲理想、比贡献”活动先进集体、科技标兵和优秀组织者名单

中国科协
国家发展改革委
科　技　部
国务院国资委
2012年11月22日

附件

全国“讲理想、比贡献”活动先进集体、科技标兵、优秀组织者名单

国务院国资委

先进集体

武汉钢铁（集团）公司
中国航天科工集团公司第二研究院
南方电网科学研究院有限责任公司
中国电子信息产业集团有限公司长城信息产业股份有限公司
中国兵器工业集团公司第二〇三研究所
中国建筑工程总公司中国建筑第八工程局有限公司
中国电力建设集团有限公司中国水利水电第八工程局有限公司
武汉邮电科学研究院烽火通信科技股份有限公司
中国船舶重工集团公司第七〇二研究所
中国海洋石油总公司深水钻井船工程项目组
中国中煤能源集团公司大屯煤电（集团）公司
中国建筑材料集团有限公司北新集团建材股份有限公司
中国医药集团总公司中国医药工业研究总院
中国航天科技集团公司第五研究院第五〇二研究所（专家工作站）
国家电网公司江苏省电力公司许杏桃团队
中国五矿集团公司柿竹园院士工作站
中国石化集团公司胜利石油管理局专家工作站

科技标兵

高雄厚　中国石油天然气集团公司石油化工研究院副总工程师兼兰州中心主任

庞晨希　中国电子信息产业集团有限公司南京熊猫汉达科技有限公司副总工程师
姜　杰（女）　中国航天科技集团公司第一研究院总设计师
程春生（女）　中国中化集团公司沈阳科创化学品有限公司技术总监
康红普　中国煤炭科工集团有限公司天地科技股份有限公司开采设计事业部所长
单忠德　机械科学研究总院先进制造技术研究中心主任
李　卫　中国钢研科技集团有限公司钢铁研究总院副总工程师
饶　宏　南方电网科学研究院院长
王　嵘　中国中材集团有限公司北京玻钢院复合材料有限公司经理
洪开荣　中国铁路工程总公司中铁隧道集团有限公司总工程师

优秀组织者

黄晓庆　中国移动通信研究院院长
王　巍　中国航天科技集团公司九院十三所（时代光电公司）副所长
肖先国　中国兵器工业第二〇三研究所所长
赵　波（满族）　中国石油天然气集团公司东方地球物理勘探有限责任公司主任
郑玉平　国电南瑞科技股份有限公司（国网电力科学研究院）副总经理
王　辉　中国五矿集团公司株洲冶炼集团股份有限公司副总经理、总工程师
蔡仲斌　中国冶金科工集团有限公司中国十九冶集团有限公司总经理、总工程师
刘　辉　中国中铁股份有限公司副总裁、总工程师
苟锐锋　中国西电集团公司副总工程师
霍锁善　东方电气集团东方锅炉股份有限公司副总经理

北京市

先进集体

中石化北京燕山石油化工有限公司
北京青云航空仪表有限公司
北京北重汽轮电机有限责任公司
北京铁路局科协
华北电网有限公司
北京汽车研究总院有限公司
北京市电力公司
北京经济技术开发区院士专家工作站
钢铁研究总院院士专家工作站
中国石油化工股份有限公司催化剂分公司院士专家工作站

科技标兵

马贤好　北京三一电气有限责任公司副总经理
朱永昌　中国建筑材料科学研究总院室主任
唐建城　神华国华国际电力股份有限公司北京热电分公司发电部经理
井江华　北京南郊农业生产经营管理中心副总经理
高　宏　清华紫光股份有限公司技术总监
魏永祥　首都医科大学附属北京安贞医院院长

优秀组织者

冯晓光　中关村科技园区丰台园管理委员会工委书记、管委会常务副主任
张春辉　中国石油化工股份有限公司润滑油公司主任
田德祥　中关村科技园区大兴生物医药产业基地管委会副主任、总经理
任志武　北京十三陵蓄能电厂厂长、科协主席
宋维平　北京大北农科技集团股份有限公司董事、副总裁
袁志宁　中国科学院遥感应用研究所中科院京区科协秘书长
周　炜（女）　北京首都农业集团科协秘书长

天津市

先进集体

天津力神电池股份有限公司
天津钢管集团股份有限公司
天津钢铁集团有限公司
天津港（集团）有限公司
天津市电力公司
中国石化集团第四建设有限公司
创富新盈（天津）网络有限公司院士专家工作站
天津立达海水资源开发有限公司院士专家工作站
天津南开大学蓖麻工程科技有限公司院士专家工作站
天津滨海空间信息工程技术产业有限公司院士专家工作站

科技标兵

陈　杰　天津市特变电工变压器有限公司技术中心主任
杜澎泉　中国建筑第六工程局有限公司工业设备安装有限公司钢结构分公司经理
邵跃兵　天津新河船舶重工有限责任公司科协副主席

崔志平（女） 天津重钢机械装备股份有限公司研发部实验室主任
栾广辰 天津一汽夏利汽车股份有限公司内燃机制造分公司项目负责人
贾启月 国网能源开发有限公司天津大港发电厂锅炉主管

优秀组织者

李耀荣 天津宝成机械制造股份有限公司科协主席
刘立勤（女） 天津大沽化工股份有限公司科协秘书长
张菊英（女） 中国海洋石油渤海公司科协副秘书长
张惠源（女） 天津泰达新水源科技开发有限公司技术部副部长
张德强 天津长芦海晶集团有限公司科协主席
张丽萍（女） 天津经纬电材股份有限公司技术中心副主任
王艳芳（女） 天津市东丽区科协副主席

河北省

先进集体

保定标正机床有限责任公司
风帆股份有限公司
邯郸科而勃紧固件有限公司
河北宏润重工股份有限公司
衡水供电公司
开滦（集团）有限责任公司
南车石家庄车辆有限公司
河北申科电子股份有限公司
邢台钢铁有限责任公司
张家口华诚能源科技有限公司
中铁山桥集团有限公司
秦皇岛开发区院士专家服务中心

科技标兵

陈忠林 秦皇岛开发区前景光电技术有限公司总经理
董久赤 河北天择重型机械有限公司董事长
范振虎 中国人民解放军第六四一一工厂总工程师
黄跃龙 保定天威薄膜光伏有限公司副总经理
廉有利 唐山轨道客车有限责任公司科技管理部部长
王宏斌 河北钢铁集团宣钢公司技术中心主任

优秀组织者

王建楼 河北省科技咨询服务中心主任
刘瑞宁 河北钢铁集团石家庄钢铁有限责任公司技术部部长
孙志英 大唐国际发电股份有限公司陡河发电厂党委书记
王文辉 石家庄市科技创新服务中心主任
徐向军 石家庄双剑工具有限公司总经理
杨逢庆 恒天纤维集团有限公司科协秘书长
郑建人 邯郸县工业和信息化局局长

山西省

先进集体

首钢长治钢铁有限公司
中国重汽集团大同齿轮有限公司
山西省阳泉固庄煤矿
晋西工业集团有限责任公司
经纬机械（集团）有限公司
山西平朔煤矸石发电有限责任公司
山西焦化集团有限公司
太原钢铁（集团）有限公司
太原重型机械集团有限公司院士专家工作站

科技标兵

李子文 大同煤矿集团有限责任公司科协副秘书长
毛丽芳（女） 山西鑫飞能源投资集团有限公司节能员
宋春龙 永济新时速电机电器有限责任公司副总工程师
张向兵 山西绿洲纺织有限公司车间主任
王虎德 山西禹王煤炭气化有限公司总工程师
宋效奇 漳泽发电分公司科协秘书长

优秀组织者

李榆生 山西省经济和信息化委员会副处长
连红萍（女） 山西汾西重工有限责任公司科协秘书长
王德贵 山西省科协副主席
杨文洲 山西西山煤电（集团）有限责任公司科协副主席
张秀亲（女） 阳泉市科协主席
郑志忠 山西省科协科普部副部长

内蒙古自治区

先进集体

内蒙古北方重工业集团有限公司
内蒙古电力科学研究院
鄂尔多斯羊绒集团科协
图里河森工公司（林业局）
包钢（集团）公司
通辽金煤化工有限公司
内蒙古第一机械集团有限公司
内蒙古晨宏力化工有限责任公司院士专家工作站

科技标兵

何银宝　伊泰集团伊泰煤制油有限责任公司副总经理

吴月成　北方重工业集团有限公司科技部部长

杨志武　内蒙古电力（集团）有限责任公司副主任工程师

赵　彬（蒙古族）　包钢技术中心所长

优秀组织者

卜永东　内蒙古国电能源投资公司电力工程技术研究院院长

陈怀森　内蒙古富川饲料科技股份有限公司董事长

宋锦遇　通辽市科协副主席

张　军　乌海市科协副主席

赵宝兰（女）　内蒙古第一机械集团有限公司科协

辽宁省

先进集体

沈阳飞机工业（集团）有限公司

沈阳鼓风机集团股份有限公司

大连港集团有限公司

中国石油天然气股份有限公司大连石化分公司

本钢集团有限公司

锦州锦开电器集团有限责任公司

营口港务集团有限公司

阜新矿业（集团）有限责任公司

盘锦光合蟹业有限公司

锦西天然气化工有限责任公司

凌源钢铁集团有限责任公司

大连大山结晶器有限公司院士专家工作站

辽宁精化科技有限公司院士专家工作站

中国石油辽阳石化分公司院士专家工作站

沈阳何氏眼科医院院士专家工作站

科技标兵

张　英（女）　东北制药集团股份有限公司项目负责人

郈清安（蒙古族）　中航工业沈阳黎明航空发动机（集团）有限责任公司首席技术专家

徐　民　大连船用柴油机有限公司总装车间调试组长

肖成立　辽宁省大连海洋渔业集团公司

王洪新　鞍山宝得钢铁有限公司总工程师

孙新利　中国石油天然气第八建设有限公司工程师

高毓山　本钢集团有限公司南芬露天铁矿技术主管

刚　宏　辽宁省电力有限公司锦州供电公司

孟庆夫　辽宁银珠化纺集团有限公司技术质量部副部长

王德民　铁法能源有限责任公司晓南矿总工程师

韩志凡　朝阳重型机器有限公司铸钢车间主任

优秀组织者

王文革（满族）　沈阳市科协组宣部部长

张　红（女）　北方重工集团有限公司科协秘书长

聂晓玲（女）　大连造船厂集团有限公司科协副主席

杨立群　大连市科协副主席

杨　建　鞍山市科协副主席

徐长富　抚顺市科协组宣部部长

刘振生　本钢集团有限公司科协组宣部部长

佟宏彦（满族）　辽宁省锦州市科协学会学术部部长

周　恒　辽宁省阜新市科协组宣部部长

吉林省

先进集体

中国一汽集团公司

中国吉林森林工业集团有限责任公司

中国石油天然气股份有限公司吉林石化分公司科协

延边林业集团

四平昊融银业有限公司

大唐辽源发电厂

吉林油田分公司勘察设计院

科技标兵

王元兴　吉林森工集团露水河林业局主任

戴大力　中国一汽股份公司技术中心轿车部长

蔡小平　吉林石化公司碳纤维厂厂长、吉林石化公司研究院总工程师

李龙勋（朝鲜族）　吉林烟草工业有限责任公司延吉卷烟厂信息中心主任、科协副主席

王福纯　大唐辽源发电厂设备管理部锅炉专工

董俊华　通化市二建实业有限公司董事长

优秀组织者

杨志刚　吉林省国有资产监督管理委员会规划发展处处长

孙国庆　长春市科协主席

王　岩（女）　吉林市科协组宣部部长

韩一泉　通化石油化工机械制造有限责任公司董事长

赵显文　通化矿业（集团）有限责任公司董事长

梁　海　白城市科协咨询中心主任

黑龙江省

先进集体

哈尔滨电机厂有限责任公司

哈尔滨飞机工业集团有限责任公司
黑河铁路集团有限责任公司
齐齐哈尔轨道交通装备有限责任公司
西林钢铁集团有限公司
中国第一重型机械集团公司
大庆油田有限责任公司第四采油厂
齐齐哈尔市院士专家工作站

科技标兵

韩光鹤　大庆油田有限责任公司第七采油厂副主任
胡　玄（女）　哈尔滨东安发动机（集团）有限公司干事
李应刚　龙煤矿业集团双鸭山分公司铁路运输部总工程师
沈光焰（女）　齐齐哈尔建华机械有限公司高级工程师
王连义　北方华安工业集团有限公司技术部副部长
殷玉英（女）　黑龙江省伊春市带岭区科协主席

优秀组织者

胡志文　大庆油田有限责任公司技术发展部科长
邱希亮　哈尔滨电机厂有限责任公司董事长、科协主席
肖跃军　黑龙江省齐齐哈尔市科协副调研员
于长宝　哈尔滨汽轮机厂有限责任公司科研科协室副主任
张相英（女）　大庆市科协学会学术部部长
张　心（女）　黑河市科协部长

上海市

先进集体

上海城投白龙港污水处理有限公司
宝钢集团有限公司
恒源祥（集团）有限公司
沪东中华造船（集团）有限公司
上海梅山钢铁股份有限公司
人民电器集团上海有限公司
上海荣泰健身科技发展有限公司
上海三思科技发展有限公司
上海索谷电缆集团有限公司
展讯通信（上海）有限公司
上海智定科技发展有限公司
上海外高桥第三发电有限责任公司
上海岩土工程勘察设计研究院有限公司设计咨询公司
上海南天电脑系统有限公司
上海钢之杰钢结构建筑有限公司沈祖炎院士工作站
中国铁路通信信号上海工程集团有限公司院士工作站

科技标兵

范宏武　上海市建筑科学研究院（集团）有限公司主任工程师
宋永琴（女）　上海元一电子有限公司设计课副课长
王　健　上海氯碱化工股份有限公司技术中心新材料研究室主任
王　嶺　上海文广互动电视有限公司研发总监
杨建国　上海嘉乐股份有限公司总工程师
姚丹花（女）　上海锅炉厂有限公司技术部副部长
余　炎（女）　上海电气电站设备有限公司上海汽轮机厂设计处处长助理
周士安　国神光电科技（上海）有限公司总经理、技术总监

优秀组织者

陈惠萍（女）　崇明县科协学会部部长
陈克权　中国石化上海石油化工股份有限公司科协副主席
顾陆忠　上海市房屋建筑设计院有限公司董事长
蒋力俭　上海市政工程设计研究总院（集团）有限公司总公办副主任
李明胜　上海辰山植物园科普部部长
凌昌荣　上海机场（集团）有限公司科技管理
陆国松　上海市虹口区科协副主席
宋小禾（女）　宝钢集团有限公司科协管理师
王淑珍（女）　上海市闵行区科协秘书长

江苏省

先进集体

南车戚墅堰机车有限公司
江苏淮阴发电有限责任公司
江苏精科智能电气股份有限公司
连云港港口集团有限公司
中国石化集团南京化学工业有限公司
中国石化扬子石油化工有限公司
江苏京海禽业集团有限公司
昆山双桥传感器测控技术有限公司
康力电梯股份有限公司
江苏太平洋精锻科技股份有限公司
江阴兴澄特种钢铁有限公司
徐州矿务集团有限公司
江苏东强股份有限公司
江苏扬农化工集团有限公司
诺德轮毂制造有限公司

南京恩瑞特实业有限公司院士工作站
江苏大生集团有限公司院士工作站
泰兴市航联电连接器有限公司院士工作站
江苏华富储能新技术发展有限公司院士工作站
江苏荣昌新材料科技有限公司院士工作站

科技标兵

包卫彬　南通华新环保设备工程有限公司总经理
吴玉霞（女）　江苏恒瑞医药股份有限公司研究院副院长
周　倩（女）　中航工业金城集团机电液压工程研究中心室主任
马　斌　江苏神马电力股份有限公司董事长
陆亚琳　江苏海狮机械集团有限公司总经理助理
刘爱红（女）　江苏明星减震器有限公司总工程师
王宁宁　无锡四棉纺织有限公司董事长
沈晓白　德能电源科技（江苏）有限公司法人、技术总监
邹厚存　江苏扬建集团有限公司副总经理、总工程师
戴网成　镇江市天成畜禽有限公司董事长

优秀组织者

侯润天　淮安市科协学会部部长
乔红杰（女）　南京江宁水务集团有限公司总经理、科协主席
何志明　南通市崇川区科协主席
郁霞秋（女）　长江润发集团有限公司总裁
王百年　姜堰市科协党组书记、主席
华士钟　一汽解放汽车有限公司无锡柴油机厂科协秘书长
陈宝忠　徐州市科协科普部副部长
刘怀平　江苏科行环保科技有限公司董事长
孙红军　江苏东宝农药化工有限公司副总经理
何明根　镇江市扬中市科协党组书记、主席

浙江省

先进集体

杭州前进齿轮箱集团股份有限公司
宁波博一格数码科技有限公司科协
泰昌集团有限公司科协
杭州钢铁集团公司科协
浙江晨光电缆股份有限公司科协
浙江田歌实业有限公司
浙江长广（集团）有限责任公司科协
杭州汽轮动力集团有限公司科协
江山南方水泥有限公司
秦山核电公司科协
巨化集团公司科协
浙江国华浙能发电有限公司科协
卧龙电气集团股份有限公司院士专家工作站
浙江普洛康裕制药有限公司院士专家工作站

科技标兵

刘东方　杭州锅炉集团股份有限公司工程师
徐　刚　杭叉集团股份有限公司结构件研究所所长
周　岗　中石化镇海炼化分公司高级工程师
周熙文　三科电器集团有限公司总裁
徐　立　久盛地板有限公司技术应用部副经理
钱永成　浙江普洛康裕制药有限公司部长
朱浩良　嵊泗县翔远水产有限公司总经理
刘金良　浙江长广集团公司水泥分公司总工程师
余考明　衢州巨化锦纶有限责任公司副厂长、教授级高工

优秀组织者

郭耀明　浙江省台州市科协主席
戴宏长　杭州前进齿轮箱集团股份有限公司副总工程师、科协副主席兼秘书长
陈志兵　台州路桥区科协办公室主任
裘正刚　杭州钢铁集团公司科协秘书长
吕新浩　浙江省新昌县科协秘书长
周永清　巨化集团公司副总工程师、科协常务副主席
陈建亚　浙江省丽水市科协副秘书长
鲁国平　浙江长广（集团）有限责任公司科协秘书长
刘九山　秦山核电有限公司科协秘书长
高雪云（女）　杭州汽轮动力集团有限公司科协秘书长

安徽省

先进集体

安徽古井集团有限责任公司
安徽省琅琊山矿业总公司
安徽鑫龙电器股份有限公司
安徽中鼎密封件股份有限公司
蚌埠玻璃工业设计研究院（中国建材国际工程集团有限公司）
南车长江铜陵车辆有限公司
天威保变（合肥）变压器有限公司
合肥三立自动化工程有限公司企业专家工作站

科技标兵

施长坤　安徽应流机电集团（技术中心）技术总监

夏顺礼　安徽江淮汽车股份有限公司新能源汽车院副院长
张　永　安徽省电力公司宿州供电公司安全监察质量部主任
祁明峰　皖北煤电集团有限责任公司百善煤矿生产矿长
王　炜　安徽文王酿酒股份有限公司技术中心主任
叶新年（女）　芜湖盛力科技股份有限公司副总工程师

优秀组织者

陈学斌　中国石油化工股份有限公司安庆分公司综合计划部部长
陈伟民　安徽省池州市青阳县科协主席
李　兑　蚌埠热电有限公司董事长
刘玉兰（女）　马钢集团科技创新部副经理
时春生　合肥合锻机床股份有限公司总师办主任
孙永法　黄山金马股份有限公司副总经理

福建省

先进集体

福州大通机电有限公司
厦门蒙发利科技（集团）股份有限公司
福建龙溪轴承（集团）股份有限公司
文创太阳能（福建）科技有限公司
福建宏远集团有限公司
三棵树涂料股份有限公司
紫金矿业集团股份有限公司
福建海峡科化股份有限公司
福建闽城光学眼镜有限公司
福建闽威实业有限公司
福州高意光学有限公司院士专家工作站
福建冠兴皮革有限公司院士专家工作站

科技标兵

王　颖　福建省马尾造船股份有限公司轮机设计
陈　进　麦克奥迪实业集团有限公司技术总监
谭玉泉　福建正盛无机材料股份有限公司总工程师
杨伟艺　福建富顺电子有限公司总经理
高晓明　福建铙山纸业集团有限公司董事长
黄族健　福建南纺股份有限公司技术中心主任

优秀组织者

林高欣　福建省科学技术咨询服务中心
陈玲玲（女）　福州市科协副主席
蔡余峰　福建漳州市科协学会部主任
张夏萍（女）　泉州市科技咨询服务中心主任
陈炳煌　莆田市科协主席
蔡光春　厦工（三明）重型机器有限公司科协秘书长
李慧琪　福建大唐国际宁德发电有限责任公司主管

江西省

先进集体

江西铜业集团公司
昌河飞机工业（集团）有限公司
江西气体压缩机有限公司
江西萍钢实业股份公司
新余钢铁集团有限公司
江西洪都航空工业集团有限责任公司
中国石油化工股份有限公司九江分公司

科技标兵

徐朝梁　中国直升机设计研究所副总设计师
徐佩笔　江西萍钢实业股份公司安源轧钢厂厂长
洪建华　江西铜业集团公司德兴铜矿总工程师
严　菡（女）　洪都航空工业集团有限责任公司软件室副主任
周新民　昌河飞机工业（集团）有限公司副总经理、总工程师
余秀琴（女）　江西气体压缩机有限公司标准化主管

优秀组织者

李　峻　江西洪都航空工业集团有限责任公司科协副主席
孙建军　中国林科院亚热带林业实验中心用材林研究室副主任
杨　力　昌河飞机工业（集团）有限公司科技委副主任
夏文勇　新余钢铁集团有限公司副总经理
李国强　江西省科技咨询服务中心主任
袁　健　中石化九江分公司科协副秘书长

山东省

先进集体

山东德建集团有限公司
济钢集团有限公司
青岛捷能汽轮机集团股份有限公司
山钢集团莱芜钢铁集团有限公司
中国联合网络通信有限公司莱州市分公司
山东力创科技有限公司
利华益集团股份有限公司
山东省七五生建煤矿
中国重型汽车集团有限公司
山东新华医药集团有限责任公司

山东中通钢构建筑股份有限公司
中海沥青股份有限公司
临沂市海纳电子有限公司
日照市水产研究所院士专家工作站
山东宏艺科技股份有限公司院士工作站

科技标兵

蔡文军　中石化齐鲁分公司工艺主管
刘　健（女）　青岛海晶化工集团有限公司
刘汝萃　山东禹王集团禹城生态食业有限公司总经理
龙　英（女）　山东钢铁股份有限公司莱芜分公司自动化部副科长
潘　荣　山东兖矿国拓科技工程有限公司部长
任　利　泰山石膏股份有限公司技术中心副经理
孙长军　济宁矿业集团有限公司高级工程师
孙　杰　济南城建集团有限公司副总工程师
张　哲　山东鲁能菏泽煤电开发有限公司郭屯煤矿副矿长
林风华　山东滨州渤海活塞股份有限公司董事长

优秀组织者

冯勤亮　东营市科技服务中心副主任
贾庆升　胜利油田分公司采油工艺研究院院首席专家、院科协秘书长
李智策　中国人民解放军第四八零八工厂威海修船厂党委书记、科协主席
吴　杰（满族）　山东省"讲理想、比贡献"活动领导小组办公室副主任科员
武建堂　泰安市科技咨询中心副主任
杨　春（女）　济南市科协企事业部负责人
曾繁梅（女）　潍坊市财政局科长
赵　成　日照港集团有限公司部长
朱　玮　济南铁路局总工程师室副主任

河南省

先进集体

三门峡戴卡轮毂制造有限公司科协
中国石化集团河南石油勘探局科协
鹤壁煤电股份有限公司第八煤矿生产技术科
华兰生物工程股份有限公司生产部
中国平煤神马集团开封炭素有限公司
濮阳濮耐高温材料（集团）股份有限公司科协
郑州旭飞光电科技有限公司一厂熔配成型部
郑州宇通客车股份有限公司技术中心
中钢集团洛阳耐火材料研究院有限公司
中铝洛阳铜业有限公司科协
河南松川专用汽车有限公司院士专家工作站
郑州飞机装备有限责任公司院士工作站

科技标兵

董华伟　河南省华丰网业股份有限公司董事长
房继忠　平顶山姚孟发电有限责任公司工程师
高　峰　乐凯华光印刷科技有限公司技术部经理
彭　岩　中信重工机械股份有限公司工程院副院长
吴淑琴（女）　郑州威科姆科技股份有限公司卫星中心主任
吴严利　大唐安阳发电厂发电部副部长

优秀组织者

邓武昌　漯河市政协副主席、科协副主席
吴予红（女）　郑州市科协主席
李重阳　开曼铝业（三门峡）有限公司总经理
牟晓军　河南省国资委规划发展处副调研员
张凌天　济源市华宇矿业电器有限公司技术部部长
周晓默　许昌永新电器设备有限公司总经理

湖北省

先进集体

武昌造船厂集团有限责任公司
中国特种飞行器研究所
马应龙药业集团股份有限公司
湖北省齐星汽车车身股份有限公司
三环集团公司
宜昌三峡全通涂镀板有限公司
湖北平安电工材料有限公司
劲牌有限公司
湖北富思特材料科技集团有限公司
万洲电气股份有限公司院士工作站

科技标兵

陈　波　葛洲坝风景园林有限公司董事长
杨　军　东风汽车公司技术中心动力总成部发动机试验室班组长
杨新华　仙桃市强农水产专业合作社
许克亮　中铁第四勘察设计院集团有限公司副总工程师
苏　苇（女）　江汉采油厂地质研究所所长
邹小堤　武汉重型机床集团有限公司副总工程师
蘧　勇　九州通医药集团股份有限公司副总经理
吴俊峰　湖北行星传动设备有限公司总经理
罗　慧（女）　湖北华昌达智能装备股份有限公司总经理

优秀组织者

张其军　湖北省神农架林区科协秘书长、科普部部长
余显河　湖北省鄂州市科协主任科员
邓崎琳　武汉钢铁（集团）公司总经理
唐有运　湖北省黄麦岭磷化工有限责任公司副总经理
刘　琳　湖北省襄阳市科协副调研员
方　宁（女，土家族）　建始县科协副主席
冯俊莲（女）　武桥重工集团股份有限公司技术中心办公室主任、科协秘书长

湖南省

先进集体

大唐华银株洲发电有限公司
长沙矿冶研究院有限责任公司
湖南中烟工业有限责任公司郴州卷烟厂
湖南辰州矿业股份有限公司
中盐湖南株洲化工集团有限公司
中国石化长岭炼化公司
湘电集团有限公司
中联重科股份有限公司
三一重工股份有限公司院士专家工作站

科技标兵

胡辽平　湖南天雁机械有限责任公司副总经理
高新民　湖南湘电长沙水泵有限公司部长助理
马正春　湖南省第三工程有限公司副总工程师
袁节平　湖南柿竹园有色金属有限责任公司技术发展部主任
杨　颖（白族）　南车株洲电力机车有限公司副总工程师
赵国光　大唐华银金竹山火力发电分公司总工程师
左前进　湖南科瑞生物科技有限公司总经理

优秀组织者

彭　英（女）　中国石化长炼科协副秘书长
胡高辉　湘潭市科协副主席
黄文丽（女）　南车长江车辆有限公司株洲分公司科协副秘书长
严　杨　南车株洲电力机车研究所有限公司科协秘书长
赵跃驷　长沙市工业和信息化委员会党委书记、主任
陈红辉　常德力元新材料有限责任公司研发主任
何东会　衡阳市自来水有限公司总经理

广东省

先进集体

佛山市国星光电股份有限公司
广东风华高新科技股份有限公司
中国石油化工股份有限公司广州分公司
江门市植保有限公司
广东金刚玻璃科技股份有限公司
韶关发电厂
深圳市建筑科学研究院有限公司
阳江市宝马利汽车空调设备有限公司
珠海汉胜科技股份有限公司
惠东县奕达农贸有限公司
中国石化集团茂名石油化工公司
广东生益科技股份有限公司
广东电网公司电力科学研究院院士专家工作站
深圳市金证科技股份有限公司院士专家工作站
肇庆大华农生物药品有限公司院士专家工作站

科技标兵

邝少丹　广东百得佳高新农业发展有限公司总经理
林钦河　云浮广业硫铁矿集团有限公司生产技术部部长
温育青　深圳市大百汇技术有限公司董事长
谢春丽（女）　广东三友集团有限公司经理
谢广文　广东格兰仕集团有限公司技术质量管理办总经理
许　憬　广东省广晟资产经营有限公司科技部部长
张延杰　咀香园健康食品（中山）有限公司副总经理

优秀组织者

陈小刚　广东省发展改革委高技术产业处主任科员
洪和平　广州广船国际股份有限公司副总工程师
连希波　东莞市科协党组书记、副主席
龙　东　广东万安科技股份有限公司总经理
罗庆联（女）　广东省清远市质量管理协会副理事长
罗岳雄　广东省养蜂学会理事长
徐　雄　汕尾市科协秘书长
钟　清（女）　广东电网公司电力科学研究院院长

广西壮族自治区

先进集体

广西北部湾国际港务集团有限公司
广西鱼峰集团有限公司
桂林南药股份有限公司
广西玉柴机器集团有限公司
广西灵山县宇峰保健食品有限公司
南宁五菱桂花车辆有限公司
广西南南铝加工有限公司
广西博世科环保科技股份有限公司院士工作站

科技标兵

李卫国　广西田园生化股份有限公司董事长、研发中心总监
罗　维　广西柳工机械股份有限公司总裁助理
黄世武　广西交通投资集团有限公司集团子公司常务副总经理
程　克　广西金源生物化工实业有限公司董事长
韦进明　中橡集团曙光橡胶工业研究设计院教授级高工
王国富　广西百色美联能源科技有限责任公司副总经理、科技总监

优秀组织者

王继燕（女，瑶族）　南宁化工股份有限公司科协秘书长
龙　跃　柳州欧维姆机械股份公司副总经理、总工程师
邓　斌　广西玉柴机器股份有限公司部长
李巧扬（壮族）　梧州市科协党组书记、主席
莫文军（壮族）　广西新凯骅实业集团股份有限公司集团行政管理中心行政总裁
李　荣　广西桂冠大化水力发电总厂副总工程师

海南省

先进集体

海南英利新能源有限公司
海南立昇净水科技实业有限公司

科技标兵

王亮亮　海洋石油富岛有限公司研发工程师
陈良刚　海南立昇净水科技实业有限公司董事长

优秀组织者

刘志强　海南英利新能源有限公司副总经理
韩平元　海南中航特玻材料有限公司总裁

重庆市

先进集体

重庆广怀实业（集团）有限公司
西南铝业（集团）有限责任公司
重庆市轨道交通（集团）有限公司
重庆望江工业有限公司
重庆智飞生物制品股份有限公司
重庆市金泽鑫科技有限公司
重庆大江工业有限责任公司科协
重庆长安汽车股份有限公司院士工作站

科技标兵

秦光泉　长安工业（集团）有限责任公司研发中心主任
胡旭辉　重庆高速公路集团有限公司技术部副主任
仲建华　重庆市轨道交通（集团）有限公司董事、总经理
胡显源　宗申产业集团高级副总裁
刘　波　重庆长安汽车股份有限公司副总裁
朱崇钦　重庆嘉陵益民特种装备有限公司技术中心副主任
刘中利　诗仙太白酒业（集团）有限公司副总工程师

优秀组织者

梅玉军　重庆市科协企事业部部长
余世军　重庆市工商业联合会会员部部长
黄治能　重庆市南岸区科协党组书记
周立新　重庆长安工业（集团）有限责任公司副总工程师、科协副主席
汪祥义　重钢集团公司科协
叶　齐（女）　綦江齿轮传动有限公司科协干事
张　峰　重庆顾地塑胶电器有限公司科协秘书长

四川省

先进集体

中航工业成都飞机工业（集团）有限责任公司
中国第二重型机械集团公司
四川国瑞药业有限责任公司
四川广运集团股份有限公司
昊华鸿鹤化工有限责任公司
隆昌山川精密焊管有限责任公司
泸州老窖股份有限公司
中国石油四川石化南充炼油厂
四川沱牌舍得集团公司
南车资阳机车有限公司
攀钢集团有限公司院士专家工作站

科技标兵

陈光军　雅安市山雅茶业有限公司副总经理
邓全淋　四川里伍铜业股份有限公司科协主席、铜矿副矿长
李剡兵　凉山矿业股份有限公司高级工程师
罗定祥　四川江油长城特殊钢有限公司技术创新部部长
潘树平　南车眉山车辆有限公司副总经理、总工程师
王光辉　四川巴中普瑞制药有限公司生产技术总监
王　丽（女）　华蓥山广能集团嘉华机械有限责任公司总工程师
吴宇韬　中国电信股份有限公司阿坝分公司

杨启平　成都阳光铝制品有限公司总工程师

优秀组织者

曹雪兰（女）　四川省科协企事业部主任科员

陈如剑　宜宾市科协党组书记、副主席

陈素清（女）　四川鑫电电缆有限公司总经理

陈云彬　德阳市科协党组书记、主席

丰宗义　成都印钞有限公司科协秘书长

卢晓东　成都市科协副主席

唐华富　东方汽轮机有限公司科协秘书长

张先树　四川省射洪县科协主席

贵州省

先进集体

南方汇通股份有限公司科协

贵阳铝镁设计研究院有限公司科协

黔东南州院士专家服务中心

科技标兵

邹朝兰（女）　贵州航空发动机研究所副总设计师

吴建颢　贵州黎阳航空动力有限公司叶片分厂技术质量处处长

何忠国　贵州开磷（集团）有限责任公司矿长

杨新伟　贵州乌江水电开发有限责任公司（华电贵州公司）构皮滩发电厂副厂长

优秀组织者

杨茂麟（侗族）　首钢水城钢铁（集团）有限责任公司技术中心副主任

申学乾（仡佬族）　中航贵州飞机有限责任公司科研部长

方　鸣　中国振华（集团）新云电子元器件有限责任公司总经理

云南省

先进集体

蒙自矿冶有限责任公司

云南白药集团股份有限公司

云南北方光学电子集团有限公司科协

云南中科胚胎工程生物技术有限公司院士工作站

科技标兵

安　建　云南大红山管道有限公司执行董事

纪开萍（女）　云南省热带作物科学研究所副研究员

张志全（白族）　云南清逸堂实业有限公司研发室主任

优秀组织者

陈金红　云南省烟草烟叶公司烟草学会秘书长

王晓云　云南瑞宝生物科技有限公司总经理

杨建军（纳西族）　云南铜业（集团）有限公司科技部副主任

西藏自治区

先进集体

西藏自治区藏药厂

科技标兵

徐　静　西藏天鹰公路技术开发有限公司计量监理工程师

优秀组织者

巴　琼（藏族）　西藏自治区科协学会部部长

陕西省

先进集体

延长油田股份有限公司

陕西汽车集团有限责任公司

西安昆仑工业（集团）有限公司

中国兵器工业集团第二〇二研究所

陕西法士特汽车传动集团有限责任公司专家工作站

科技标兵

李才龙　陕西铜变电气股份有限公司副总经理

卢玉新　陕西飞机工业（集团）有限公司设计类二级专家

史淑艳（女）　中铁宝桥集团有限公司工程师

姚建明　陕西省煤田地质局一八五队队长、教授级高工

优秀组织者

时　炜　陕西建工集团总公司科技质量处处长

苏秉哲　华能陕西秦岭发电有限公司科协秘书长

谢晓林　陕西盘龙制药集团有限公司总经理

张　蓓（女）　陕西省科协副主任科员

甘肃省

先进集体

天水长城控制电器有限责任公司

兰州兰石集团有限公司

敦煌西域特种新材股份有限公司

甘肃银光化学工业集团有限公司

金川集团股份有限公司

张掖市农科院院士专家工作站

科技标兵

李明祥　甘肃洛坝有色金属集团有限公司总工程师

徐述华　古浪鑫森精细化工有限公司生产技术部副部长
贾生活　酒泉奥凯种子机械股份有限公司董事长
桂　芳（女）　兰州威立雅水务（集团）有限责任公司科技处处长
马正军　甘肃虹光电子有限责任公司产品设计师
达国祖　兰州西脉记忆合金股份有限公司副董事长

优秀组织者

马朝昕（女）　定西市科协主任
路有成　甘肃省靖远煤业集团公司党委宣传部部长
白鹏飞　酒钢集团公司技术中心科技处科长
孙登军　甘肃省科协主任科员
黄丽霞（女）　兰州石化公司主管

青海省

先进集体

中国水利水电第四工程局有限公司

科技标兵

陈　列　西宁特殊钢股份有限公司总工程师、科协主席
席　浩　中国水利水电第四工程局有限公司副总经理、总工程师

优秀组织者

崔　岩　西宁特殊钢股份有限公司副部长、科协秘书长
阎　瑜　青海省科协办公室主任、科技报社社长

宁夏回族自治区

先进集体

宁夏农垦集团有限公司
宁夏兴平精细化工股份有限公司
银川市艾尼散热器有限公司
宁夏回族自治区装备制造业专家工作总站

科技标兵

潘泰安　宁夏沃福百瑞生物食品工程有限公司董事长
王　义（蒙古族）　宁夏太平洋生物科技有限公司总经理
杨建荣（回族）　宁夏荣昌绒业集团有限公司董事长

优秀组织者

罗　天　宁夏固原清水河工业园区管理委员会副主任
朱　莹（女）　宁夏贺兰县科协副主席
杨作琪　石嘴山市科协部长

新疆维吾尔自治区

先进集体

新疆科力新技术发展有限公司
特变电工股份有限公司
中国石油天然气股份有限公司克拉玛依石化分公司
新疆阿舍勒铜业股份有限公司
新疆德蓝股份有限公司院士工作站

科技标兵

韩　伟　新疆协力纺织股份有限公司主任
于向阳　新疆绿色使者空气环境技术有限公司董事长
赵美刚　中国石油新疆油田分公司采油二厂总工程师
鲁小平　新疆新鑫矿业股份有限公司阜康冶炼厂厂长

优秀组织者

李明华　新疆天山电梯制造有限公司生产部经理
柳　海　新疆油田公司采气一厂厂长
杨玉新　新疆中亚食品研发中心（有限公司）总工艺师
俞春山　新疆笑厨食品有限公司副总经理

新疆生产建设兵团

先进集体

新疆绿原糖业有限公司
新疆屯南煤业有限责任公司
新疆天富热电股份有限公司
新疆天业集团有限公司院士专家工作站

科技标兵

刘新鹏　新疆天富热电股份有限公司红山嘴电厂厂长
吴　彬（女）　新疆天业（集团）有限公司董事长
马新华（女，回族）　新疆中非夏子街膨润土有限责任公司技术总工

优秀组织者

李　新　新疆生产建设兵团农八师科协科技咨询服务中心主任
唐红建　新疆天业（集团）有限公司总经理助理
王旭安　新疆生产建设兵团农九师科协主席

中国科协办公厅
2012年11月23日印发

关于授予王东等15位同志第十五届中国科协求是杰出青年实用工程奖的决定

科协发办字〔2012〕27号

科技工作者是先进生产力的开拓者和先进文化的传播者。青年科技工作者是最具创新热情和创造潜力、推动科技进步的生力军。为鼓励长期奋斗在工程技术科研和生产一线的优秀青年科技人员，根据《中国科协求是杰出青年

奖条例》规定，经中国科协求是杰出青年奖评审委员会审议通过，决定授予王东等15位同志第十五届中国科协求是杰出青年实用工程奖。

荣获本届中国科协求是杰出青年实用工程奖的同志，热爱祖国，甘于奉献，勇攀高峰，在工程技术相关领域作出了突出的贡献。希望获奖同志珍惜荣誉，戒骄戒躁，认清使命，勇于担当，在科技创新的道路上，不断树立新目标、实现新突破、创造新成就。希望广大青年科技工作者向获奖同志学习，大力发扬以改革创新为核心的时代精神，坚定理想信念，增长知识本领，锤炼品德意志，矢志奋斗拼搏，为建设创新型国家努力奋斗。

获奖人员名单如下：

王　东　任　敏　杨　华　杨丽华　吴庆波
邱孟通　汪刘应　陈小伟　郤艳红　唐　淳
章卫平　韩传钊　蔡广研　缪旭弘　魏世丞

中国科学技术协会
2012年9月3日

关于授予于敦波等10位同志第十五届中国科协求是杰出青年成果转化奖的决定

科协发办字〔2012〕28号

科技工作者是先进生产力的开拓者和先进文化的传播者。青年科技工作者是最具创新热情和创造潜力、推动科技进步的生力军。为鼓励在科技成果转化工作中做出优异成绩的青年科技人员，根据《中国科协求是杰出青年奖条例》规定，经中国科协求是杰出青年奖评审委员会审议通过，决定授予于敦波等10位同志第十五届中国科协求是杰出青年成果转化奖。

荣获本届中国科协求是杰出青年成果转化奖的同志，热爱祖国、开拓进取、勇于创新，在科技成果向现实生产力转化等方面作出了突出贡献。希望获奖同志珍惜荣誉，戒骄戒躁，认清使命，勇于担当，在科技创新的道路上，不断树立新目标、实现新突破、创造新成就。希望广大青年科技工作者以他们为榜样，学习他们求是创新的科学精神，敢为人先的开拓精神，百折不挠的探索精神，肩负起时代赋予的历史使命，在人生的广阔舞台上发挥聪明才智、尽情展现人生价值，为建设创新型国家努力奋斗。

获奖人员名单如下：

于敦波　白跃宇　华卫琦　杨红雨　张友军
张　君　张瑞标　钱志军　徐会军　虞　露

中国科学技术协会
2012年9月3日

关于表彰学会能力提升专项优秀科技社团和优秀国际科技期刊的决定

科协发学字〔2012〕25号

各全国学会、协会、研究会：

科技社团是国家创新体系的重要组成部分，是社会管理创新的重要协同力量。为提升学会综合能力，充分发挥科技社团在推动全社会创新活动中的作用，在财政部的大力支持下，中国科协自2012年起组织实施学会能力提升专项（以下简称“专项”）。“专项”设立“优秀科技社团”和“优秀国际科技期刊”奖项，表彰奖励各项工作全面发展、实施效果显著、综合能力排在前列的学会和具有较高学术影响力及国际影响力的科技期刊，通过以奖促建，进一步促进学会和期刊的发展。

经申报、评审和公示，中国力学学会等45个学会被评为优秀科技社团，《细胞研究》（英文版）等25个期刊被评为优秀国际科技期刊。中国科协决定，对获奖单位进行表彰，并对其今后进一步创新发展给予专项经费支持。

受到表彰的先进单位要再接再厉，继续着力提升服务创新能力、服务社会和政府能力、服务科技工作者能力以及自我发展能力。同时，要制定相应的资金管理办法，明确工作思路、发展重点、工作进度安排、年度考核指标以及资金使用方向。

附件：学会能力提升专项优秀科技社团和优秀国际科技期刊获奖名单

中国科学技术协会
2012年8月24日

附件

优秀科技社团获奖名单

一等奖（5名）

中国力学学会　　中国农学会
中国汽车工程学会　　中华医学会
中国仪器仪表学会

二等奖（15名）

中国化学会
中国航空学会
中国心理学会
中华中医药学会
中国环境科学学会
中国药学会
中国岩石力学与工程学会
中国营养学会
中国机械工程学会
中国抗癌协会
中国电机工程学会
中华预防医学会
中国计算机学会
中国流行色协会
中国公路学会

三等奖（25名）

中国物理学会
中国气象学会
中国地理学会
中国粮油学会
中国植物生理与植物分子生物学学会
中国消防协会
中国生态学学会
中国水土保持学会
中国自然资源学会
中国茶叶学会
中国农业工程学会
中华护理学会
中国电工技术学会
中国生理学会
中国水利学会
中国生物医学工程学会
中国电子学会
中国药理学会
中国宇航学会
中国免疫学会
中国金属学会
中华口腔医学会
中国纺织工程学会
中国城市规划学会
中国食品科学技术学会

优秀国际科技期刊获奖名单

一等奖（5名）

细胞研究（英文版）
中国有色金属学报（英文版）
中国物理B（英文版）
地质学报（英文版）
中国药理学报（英文版）

二等奖（10名）

分子植物（英文版）
稀土学报（英文版）
中国化学工程学报（英文版）
中华医学杂志（英文版）
植物学报（英文版）
中国物理快报（英文版）
力学学报（英文版）
中国免疫学杂志（英文版）
中国化学快报（英文版）
天文和天体物理学研究（英文版）

三等奖（10名）

数学学报（英文版）
材料科学技术（英文版）
昆虫科学（英文版）
中国结合医学杂志（英文版）
稀有金属（英文版）
中国海洋工程（英文版）
中国病毒学（英文版）
地理学报（英文版）
煤炭学报（英文版）
地震学报（英文版）

关于表彰全国食品安全科普知识竞赛优秀组织单位的决定

科协发普字〔2012〕29号

各省、自治区、直辖市科协、食品安全办，新疆生产建设兵团科协、食品安全办，国务院食品安全委员会各成员单位办公厅（室）：

为深入贯彻《全民科学素质行动计划纲要（2006—2010—2020年）》和《食品安全宣传教育工作纲要（2011—2015年）》，根据《关于开展2012年全国食品安全宣传周活动的通知》（食安办〔2012〕9号）和《关于印发〈食品安全科普宣传大纲〉的通知》（科协发普字〔2012〕18号）的要求，中国科协和国务院食品安全办于2012年6～8月联合举办了全国食品安全科普知识竞赛，参赛人数共计279万人。

在本次活动中，各地各部门结合自身实际，积极发挥优势，采取多种形式动员公众参赛，并配合竞赛开展了食品安全科普讲座、展览等宣传活动，把组织公众参加知识竞赛的过程深化为面向公众开展食品安全科学普及的过程，努力提高宣传工作实效，对于促进公众建立科学的食品消费理念，提高食品安全意识和预防、应对风险的能力，维护食品安全和公众身体健康起到了积极的作用。

经认真评选，决定对山西省食品安全办等17个单位授予突出贡献奖，对中国地质学会等53个单位授予优秀组织奖（见附件）。希望受到表彰的单位，继续发挥模范表率作用，再接再厉，再创佳绩。各级科协、食安办要以先进单位为榜样，创新形式，讲求实效，不断加大食品安全科普宣传力度，为维护公众食品安全、促进社会和谐做出更大的贡献。

附件：全国食品安全科普知识竞赛优秀组织单位名单

中国科学技术协会
国务院食品安全委员会办公室
2012年9月12日

附件

全国食品安全科普知识竞赛优秀组织单位名单

一、突出贡献奖获奖名单（17个）

山西省食品安全办	山西省科协
辽宁省科协	吉林省科协
江苏省食品安全办	江苏省科协
山东省科协	河南省科协
湖北省科协	湖南省科协
陕西省食品安全办	陕西省科协
山东省乳山市科协	陕西省渭南市科协
中粮集团有限公司	新浪网财经频道
中国知网	

二、优秀组织奖获奖名单（53个）

中国地质学会	中国自动化学会
中国印刷技术学会	中国地球物理学会
北京市密云区科协	河北省唐山市食品安全办
山西省晋中市科协	山西省临汾市科协
内蒙古呼和浩特市工商局	内蒙古海拉尔区科协
辽宁省丹东市科协	辽宁省盘锦市科协
上海市普陀区科协	江苏省南京市科协
江苏省徐州市科协	江苏省宿迁市食安办
江苏省宿迁市科协	江苏省淮安市科协
江苏省盐城市科协	江苏省南通市科协
江苏省仪征市食品药品监管局	
江苏省大丰市科协	浙江省常山县科协
江西省南昌市赣县科协	山东省菏泽市科协
山东省莱州市科协	山东省梁山县科协
河南省郑州市科协	河南省洛阳市科协
河南省焦作市科协	河南省新乡市科协
河南省安阳市科协	河南省开封市科协
河南省商丘市科协	河南省平顶山市科协
河南省南阳市科协	河南省信阳市科协
河南省周口市科协	河南省驻马店市科协
河南省郸城县科协	河南省南乐县科协
湖北省武汉市科协	湖北省襄阳市科协
湖南省常德市工商局	湖南省常德市科协
湖南省湘潭市食品安全办	湖南省邵阳市科协
江南工业集团有限公司科协	辽宁省大连市第十七中学
长安商场	北大荒米业
雀巢公司	健康与营养杂志社

关于表彰2012年基层科普行动计划先进单位和个人的决定

科协发普字〔2012〕19号

各省、自治区、直辖市、计划单列市科协、财政厅（局），新疆生产建设兵团科协、财务局：

为贯彻党的十七大和十七届三中、四中、五中、六中全会精神，落实《全民科学素质行动计划纲要（2006—2010—2020年）》和《全民科学素质行动计划纲要实施方案（2011—2015年）》，充分调动全社会深入基层、贴近实际、贴近生活、贴近群众开展科普工作的积极性和创造性，引领激发广大群众学科学、用科学的积极性和创造性，在认真总结过去六年开展"科普惠农兴村计划"工作成功经验和开展"社区科普益民计划"试点工作的基础上，中国科协、财政部决定联合实施"基层科普行动计划"，该计划由"科普惠农兴村计划"和"社区科普益民计划"两个子计划构成。经过推荐、评选，北京市昌平区隆盛达利民板栗协会等1000个农村专业技术协会、北京市延庆县前庙葡萄科普示范基地等386个农村科普示范基地、四川省甘孜藏族自治州民族科普工作队等5个少数民族科普工作队、北京市朝阳区来广营地区茉藜园社区等500个科普示范社区被评为全国基层科普行动先进单位，张福良等406名农村科普带头人被评为全国基层科普行动先进个人。

中国科协、财政部决定，对以上评选出的2297个全国基层科普行动先进单位和406个全国基层科普行动先进个人进行表彰，并给予奖补资助。

希望受表彰的先进单位和个人再接再厉，继续组织实施好基层科普工作，为广大农民和社区居民提供更及时、有效、周到的科普服务，进一步发挥辐射带动作用，引导和帮助更多的农民和社区居民建立起科学、文明、健康的生产和生活方式，提高广大农民和社区居民的科学文化素质，让科普公共服务持续惠及广大基层群众。

各地科协和财政部门要大力宣传受表彰单位和个人的先进事迹，做好对表彰对象的服务，引导、帮助基层科普组织和个人进一步提高科普工作水平，建立完善基层科普工作长效机制，以"基层科普行动计划"为旗帜，努力开创基层科普工作的新局面，为扎实推进社会主义新农村建设和社会主义和谐社区建设作出更大贡献。

附件：2012 年“基层科普行动计划”先进单位和个人名单

中国科学技术协会
财政部
2012 年 6 月 20 日

附件

2012 年“基层科普行动计划”先进单位和个人名单

一、农村专业技术协会（1000 个）

1 北京市昌平区隆盛达利民板栗协会
2 北京市顺义区食用菌协会
3 天津市东丽区观赏鱼协会
4 河北省石家庄市平山县元坊林果协会
5 河北省承德市丰宁满族自治县奶业经济技术协作联合会
6 河北省张家口市崇礼县石窑子乡小西湾村蔬菜协会
7 河北省秦皇岛市昌黎县毛皮产业协会
8 河北省唐山市迁西县栗花产品开发与利用协会
9 河北省沧州市肃宁县珍稀皮毛动物养殖协会
10 河北省石家庄市赞皇县养鸡协会
11 河北省衡水市武邑县西甜瓜研究会
12 河北省邢台市南宫市农业新技术协会
13 河北省邯郸市大名县肉鸡养殖协会
14 河北省石家庄市无极县养猪协会
15 河北省廊坊市永清县刘街乡棉花协会
16 河北省邯郸市邱县高产棉花专业种植技术协会
17 河北省石家庄市辛集市冬枣协会
18 河北省张家口市张北县白庙滩乡马铃薯产业协会
19 河北省唐山市乐亭县姜各庄镇东南庄村食用菌协会
20 河北省沧州市河间市裕农种植协会
21 河北省唐山市迁安市野鸡坨镇顺元奶牛养殖协会
22 河北省邯郸市成安县众信科技服务协会
23 河北省沧州市泊头市养殖协会
24 河北省石家庄市新乐市协神乡养猪协会
25 河北省承德市围场满族蒙古族自治县广发永乡马铃薯时差菜产业协会
26 河北省邢台市邢台县绿野枣业研究协会
27 河北省石家庄市晋州市北京德农种业协会
28 河北省张家口市怀来县龙腾葡萄种植及葡萄酒科技协会
29 河北省邯郸市曲周县银丰农研会
30 河北省保定市蠡县奶牛养殖专业技术协会
31 河北省衡水市枣强县唐林乡葡萄种植协会
32 河北省承德市隆化县富民中草药开发推广协会
33 河北省保定市安国市霍庄中药材标准化种植协会
34 河北省邢台市广宗县葡萄协会
35 河北省承德市滦平县养蜂协会
36 河北省秦皇岛市抚宁县生猪行业协会
37 河北省承德市平泉县道虎沟乡蔬菜协会
38 河北省张家口市下花园区蔬菜协会
39 河北省唐山市滦南县青坨营镇食用菌生产协会
40 河北省邯郸市肥乡县田丰种植专业协会
41 河北省邢台市任县供销蔬菜种植发展协会
42 河北省廊坊市文安县黄甫甜瓜专业协会
43 河北省沧州市吴桥县大成养鸡协会
44 河北省保定市顺平县新优果品产业协会
45 河北省秦皇岛市青龙满族自治县土门子镇丰果村果品生产技术产销协会
46 河北省廊坊市广阳区奶字房村无公害蔬菜协会
47 河北省沧州市献县裕农种植协会
48 山西省运城市平陆县中药材协会
49 山西省长治市黎城县富民干果协会
50 山西省阳泉市郊区富民畜牧业协会
51 山西省朔州市朔城区绿源农业新技术协会
52 山西省太原市清徐县果树协会
53 山西省晋中市榆次区农村专业技术协会
54 山西省吕梁市离石区核桃专业技术协会
55 山西省朔州市右玉县草业协会
56 山西省太原市尖草坪区伟健养殖协会
57 山西省晋中市寿阳县科普惠农服务协会
58 山西省阳泉市平定县蜂业协会
59 山西省大同市大同县椿林养牛农村技术专业协会
60 山西省大同市灵丘县平型关苦荞协会
61 山西省吕梁市汾阳市小杂粮产业协会
62 山西省忻州市偏关县脱毒马铃薯种植协会
63 山西省大同市左云县肉牛养殖专业技术协会
64 山西省晋中市昔阳县西寨乡任义蔬菜产销协会
65 山西省阳泉市郊区林业协会
66 山西省朔州市平鲁区畜牧养殖协会
67 山西省长治市壶关县五龙山乡养殖业协会

68 山西省朔州市应县臧羊养殖协会
69 山西省长治市襄垣县核桃协会
70 山西省运城市万荣县无公害农产品专业技术协会
71 山西省忻州市宁武县兴宁养殖协会
72 山西省忻州市岢岚县花果山养羊协会
73 山西省太原市晋源区天珍养鸭协会
74 山西省吕梁市孝义市特种养殖协会
75 山西省朔州市怀仁县亲和乡安大庄蔬菜协会
76 山西省临汾市尧都区联宝种养殖协会
77 山西省太原市小店区型农种养协会
78 山西省大同市天镇县顺达种养协会
79 山西省长治市潞城市香洋鸿润食用菌技术协会
80 山西省晋中市平遥县襄垣乡罗鸣后新优特果品协会
81 山西省大同市广灵县狐貉貂科学养殖协会
82 山西省忻州市神池县南瓜种植协会
83 山西省晋中市太谷县苗木花卉协会
84 山西省吕梁市岚县界河口镇畜禽养殖业协会
85 山西省晋中市灵石县中药材种植协会
86 山西省吕梁市离石区苏家村经济林协会
87 山西省忻州市忻府区西瓜协会
88 山西省长治市郊区崔漳中药材种植协会
89 山西省临汾市古县金米协会
90 山西省长治市长子县大青椒种植营销协会
91 山西省朔州市平鲁区红山荞麦协会
92 山西省吕梁市临县玉坪核桃协会
93 山西省运城市临猗县瑞林农资服务协会
94 山西省吕梁市方山县麻地会乡马铃薯协会
95 山西省忻州市保德县康龙果类食品技术协会
96 山西省朔州市右玉县小杂粮协会
97 山西省长治市平顺县核桃协会
98 山西省忻州市代县小兵土豆协会
99 山西省运城市垣曲县核桃种植协会
100 山西省晋中市祁县东观镇蔬菜协会
101 山西省临汾市大宁县惠民特种动物养殖协会
102 山西省大同市大同县野猪养殖协会
103 山西省吕梁市汾阳市金瑞隆土壤肥料科研协会
104 山西省临汾市乡宁县糯玉米协会
105 山西省晋城市阳城县红薯经济协会
106 山西省晋中市和顺县兴科养牛流通协会
107 内蒙古自治区呼和浩特市清水河县呼和浩特市小香米专业技术协会
108 内蒙古自治区呼伦贝尔市额尔古纳市对俄出口绿地蔬菜瓜果种植协会
109 内蒙古自治区兴安盟科尔沁右翼前旗巴拉格歹乡水库村肉羊养殖技术协会
110 内蒙古自治区通辽市奈曼旗八仙筒红干椒专业协会
111 内蒙古自治区呼伦贝尔市扎兰屯市扫帚梅种植产业协会
112 内蒙古自治区呼和浩特市新城区羊业科技养殖协会
113 内蒙古自治区鄂尔多斯市鄂托克旗家家有螺旋藻生产协会
114 内蒙古自治区锡林郭勒盟正蓝旗五一种畜场细毛羊协会
115 内蒙古自治区兴安盟突泉县永安镇食用菌种植协会
116 内蒙古自治区通辽市库伦旗吨谷种植协会
117 内蒙古自治区鄂尔多斯市达拉特旗动物防疫专业技术协会
118 内蒙古自治区巴彦淖尔市磴口县肉苁蓉协会
119 内蒙古自治区通辽市科尔沁左翼中旗东五井子肥尾寒羊养殖协会
120 内蒙古自治区通辽市开鲁县大榆树镇古榆绿茄协会
121 内蒙古自治区赤峰市林西县双赢农机合作马铃薯种植技术协会
122 内蒙古自治区乌兰察布市卓资县绿野蔬菜专业技术协会
123 内蒙古自治区赤峰市阿鲁科尔沁旗粒丰农业科技种植示范推广协会
124 内蒙古自治区乌海市乌达区乌兰淖尔镇果蔬协会
125 内蒙古自治区赤峰市翁牛特旗奶牛养殖协会
126 内蒙古自治区鄂尔多斯市鄂托克前旗城川镇辣椒经纪人协会
127 内蒙古自治区锡林郭勒盟苏尼特左旗巴彦塔拉嘎查良种公畜繁育发展协会
128 内蒙古自治区乌兰察布市察哈尔右翼后旗适用专业技术普及推广协会
129 内蒙古自治区赤峰市敖汉旗四家子塞沃肉牛产销协会
130 内蒙古自治区乌兰察布市商都县大库伦乡养羊专业技术协会
131 内蒙古自治区巴彦淖尔市五原县套海镇顺利蜜瓜协会
132 内蒙古自治区呼和浩特市土默特左旗塔布赛乡口肯板香瓜协会

133 内蒙古自治区赤峰市巴林右旗养鸡协会
134 内蒙古自治区鄂尔多斯市杭锦旗锡尼镇四十里生猪养殖协会
135 辽宁省盘锦市盘山县高升养鸡协会
136 辽宁省鞍山市岫岩满族自治县辽宁绒山羊协会
137 辽宁省丹东市凤城市食用菌协会
138 辽宁省鞍山市台安县高力房镇锅铚村茄子种植协会
139 辽宁省营口市老边区后山养猪协会
140 辽宁省沈阳市辽中县育肥牛协会
141 辽宁省朝阳市凌源市四官营子镇蔬菜协会
142 辽宁省朝阳市建平县沙海香瓜协会
143 辽宁省朝阳市朝阳县羊山镇经济林产业协会
144 辽宁省锦州市凌海市养殖协会
145 辽宁省沈阳市新民市现代生态农业种植协会
146 辽宁省铁岭市清河区葡萄协会
147 辽宁省大连市旅顺口区绿晨果蔬科技专业协会
148 辽宁省抚顺市新宾满族自治县山野菜林下栽培协会
149 辽宁省抚顺市清原满族自治县惠民经济作物科学种植技术协会
150 辽宁省阜新市蒙古族自治县大巴镇养驴协会
151 辽宁省本溪市满族自治县东营坊森澳葡萄种植协会
152 辽宁省葫芦岛市南票区大枣专业技术协会
153 辽宁省辽阳市辽阳县刘二堡镇养猪协会
154 吉林省长春市农安县合隆镇养鸡协会
155 吉林省长春市榆树市新庄镇奶牛协会
156 吉林省吉林市船营区沙河子葡萄协会
157 吉林省四平市公主岭市双城堡西瓜协会
158 吉林省四平市伊通满族自治县育强种业协会
159 吉林省通化市通化鲜食玉米协会（通化县）
160 吉林省松原市前郭尔罗斯蒙古族自治县谷子协会
161 吉林省白城市洮南市万宝乡粉业协会
162 吉林省吉林市桦甸市果树产业协会
163 吉林省延边朝鲜族自治州珲春市板石镇园艺协会
164 吉林省白山市靖宇县农业技术协会
165 吉林省辽源市东辽县禽蛋（养殖）经纪人协会
166 黑龙江省哈尔滨市尚志市浆果产业协会
167 黑龙江省哈尔滨市双城市联谊瓜菜技术协会
168 黑龙江省齐齐哈尔市讷河市新星蛋鸡养殖协会
169 黑龙江省齐齐哈尔市龙沙区大民蔬菜协会
170 黑龙江省佳木斯市郊区莲江口镇万庆村绿色水稻协会
171 黑龙江省佳木斯市桦川县悦来镇敬夫村农业发展科技协会
172 黑龙江省双鸭山市宝清县金果大榛子种植培育专业技术推广协会
173 黑龙江省黑河市爱辉区四嘉子乡大乌斯力村菇茑协会
174 黑龙江省鹤岗市萝北县农联水稻协会
175 黑龙江省伊春市铁力市铁力镇桂林平贝母协会
176 黑龙江省绥化市庆安县王乃珠绿色水稻种植协会
177 黑龙江省绥化市青冈县公平高产蔬菜栽培协会
178 黑龙江省哈尔滨市阿城区汇丰源稻米协会
179 上海市崇明县崇明蔬菜协会
180 江苏省常州市溧阳市青虾养殖协会
181 江苏省无锡市惠山区蔬菜协会
182 江苏省苏州市吴江市七都太湖蟹协会
183 江苏省南通市如皋市花木盆景协会
184 江苏省徐州市邳州市大蒜协会
185 江苏省泰州市兴化市双超鸭田稻米专业协会
186 江苏省徐州市贾汪区江庄镇食用菌协会
187 江苏省盐城市滨海县滨淮镇蔬菜产销协会
188 江苏省连云港市灌云县奶牛协会
189 江苏省淮安市金湖县新河禽业生态养殖专业技术协会
190 江苏省南通市通州区四安双和家禽协会
191 江苏省苏州市太仓市梅山猪保种协会
192 江苏省淮安市涟水县上善果业协会
193 浙江省宁波市奉化市尚田草莓协会
194 浙江省温州市泰顺县茶业协会
195 浙江省嘉兴市海盐县于城镇八字葡萄专业技术协会
196 浙江省绍兴市新昌县名茶协会
197 浙江省金华市浦江县杭坪镇寺坪村高山蔬菜科技协会
198 浙江省衢州市常山县蔬菜瓜果协会
199 浙江省台州市临海市桃渚镇蔬菜培植及深加工专业技术协会
200 浙江省丽水市松阳县茶叶产业协会
201 浙江省杭州市富阳市洞桥粮油生产协会
202 浙江省丽水市缙云县麻鸭养殖技术协会
203 安徽省合肥市长丰县下塘镇富硒农产品技术协会
204 安徽省宣城市郎溪县家庭农场协会
205 安徽省亳州市谯城区富民养鸡协会
206 安徽省滁州市天长市龙岗芡实产业化协会
207 安徽省池州市石台县茶业协会

208 安徽省安庆市桐城市养猪协会
209 安徽省蚌埠市固镇县新马桥镇蔬菜协会
210 安徽省淮南市谢家集区淮南六马科技养猪协会
211 安徽省铜陵市郊区东风葡萄协会
212 安徽省黄山市祁门县丝瓜络协会
213 安徽省六安市舒城县蔬菜协会
214 安徽省合肥市肥东县义昂禽业生态养鸡协会
215 安徽省合肥市肥西县珍稀食用菌协会
216 安徽省阜阳市太和县农产品产销协会
217 安徽省阜阳市阜南县会龙乡蔬菜协会
218 安徽省滁州市明光市明光街道蔬菜协会
219 安徽省宿州市灵璧县畜牧行业协会
220 安徽省芜湖市三山区小洲蔬菜协会
221 安徽省淮北市杜集区石台镇石台村园艺协会
222 安徽省宿松县河蟹协会
223 安徽省安庆市潜山县塔畈蚕桑专业协会
224 安徽省安庆市宜秀区养鸡协会
225 安徽省马鞍山市花山区凤山苗木花卉协会
226 安徽省宣城市旌德县优质稻米产销协会
227 安徽省芜湖市繁昌县代冲果品协会
228 安徽省黄山市黟县五里桃业协会
229 福建省龙岩市新罗区果树协会苏坂蜜柚分会
230 福建省三明市宁化县獭兔养殖协会
231 福建省泉州市南安市养猪协会
232 福建省福州市晋安区日溪乡柑桔专业技术协会
233 福建省漳州市华安县茶叶协会
234 福建省厦门市同安区五显镇布塘蔬菜协会
235 福建省南平市顺昌县竹业协会
236 福建省宁德市福安市穆云乡虎头村水蜜桃协会
237 福建省莆田市秀屿区蔬菜协会
238 福建省三明市清流县溪鱼发展协会
239 福建省宁德市屏南县竹产业协会
240 福建省福州市闽侯县橄榄行业协会
241 福建省南平市浦城县忠信镇养猪协会
242 福建省三明市建宁县畜禽养殖协会
243 福建省福州市长乐市食用菌行业协会
244 福建省厦门市同安区汀溪镇西源蔬菜协会
245 福建省三明市梅列区精品蔬菜实用技术推广协会
246 福建省宁德市寿宁县三望洋食用菌产业协会
247 福建省福州市闽清县雄江水产协会
248 福建省三明市永安市花卉盆景协会
249 福建省宁德市周宁县咸村镇养猪协会
250 福建省漳州市平和县山格镇芭乐专业科学技术协会
251 福建省龙岩市上杭县太拔乡茶叶协会
252 福建省宁德市霞浦县茶业协会
253 福建省三明市沙县长红柑桔协会
254 福建省福州市长乐市潭头镇克凤蔬菜协会
255 福建省漳州市东山县白蚁防治技术研究会
256 福建省泉州市洛江区河市镇南塘村蔬菜协会
257 福建省龙岩市新罗区竹业协会
258 福建省泉州市安溪县茶叶协会
259 福建省三明市大田县桃源镇蔬菜协会
260 福建省龙岩市上杭县官庄畲族乡油茶协会
261 福建省莆田市仙游县蜂业协会
262 福建省宁德市柘荣县茶叶协会
263 福建省龙岩市漳平市水仙茶行业协会
264 福建省漳州市漳浦县沙西榕树协会
265 福建省南平市邵武市养猪协会
266 福建省莆田市城厢区兴化桂元协会
267 福建省南平市建阳市桔柚协会
268 福建省泉州市永春县花卉协会
269 福建省漳州市芗城区天宝镇田寮村种植协会
270 福建省莆田市秀屿区南日鲍协会
271 福建省南平市延平区王台翠冠梨协会
272 江西省萍乡市芦溪县蔬菜瓜果专业技术协会
273 江西省宜春市宜丰县有机葛产业专业技术协会
274 江西省上饶市婺源县荷包红鲤鱼协会
275 江西省景德镇市昌江区利康养牛协会
276 江西省上饶市玉山县特种农产品种植协会
277 江西省萍乡市湘东区萍乡市排上镇养猪协会
278 江西省抚州市黎川县绿源蛙养殖专业技术协会
279 江西省九江市星子县山南鸽养殖协会
280 江西省赣州市大余县青龙镇果业协会
281 江西省赣州市崇义县龙勾乡宝龙脐橙协会
282 江西省上饶市余干县白马桥乡种肉鸽协会
283 江西省宜春市上高县生物有机肥特种水产协会
284 江西省抚州市广昌县富发苗鸭孵化协会
285 江西省景德镇市乐平市十里岗乡中药材种植专业技术协会
286 江西省九江市永修县油茶产业协会
287 江西省赣州市南康市生猪产业协会
288 江西省吉安市新干县生猪养殖技术协会
289 江西省新余市渝水区嘉豪养鸡协会
290 江西省鹰潭市贵溪市仓丰养猪专业技术协会
291 江西省宜春市丰城市鹌鹑养殖专业技术协会
292 江西省吉安市井冈山市坳里村西瓜产销协会

293 江西省赣州市瑞金市烟草专业技术协会
294 山东省威海市文登市蔬菜协会
295 山东省烟台市龙口市绿山源富硒苹果大樱桃协会
296 山东省青岛市莱西市奶业协会
297 山东省淄博市临淄区食用菌技术研究推广协会
298 山东省济南市历城区西营镇藕池板栗（林果）协会
299 山东省枣庄市台儿庄区绿色小麦产销协会
300 山东省东营市垦利县通达海珍品养殖技术协会
301 山东省济宁市任城区长沟镇蔬菜种植协会
302 山东省泰安市东平县旧县乡食用菌协会
303 山东省威海市荣成市果业协会
304 山东省莱芜市赢泰有机樱桃协会
305 山东省德州市庆云县鲁丰生态农产品专业协会
306 山东省聊城市莘县希森马铃薯推广技术协会
307 山东省菏泽市定陶县沃野养兔协会
308 山东省济南市长清区文昌苗木花卉协会
309 山东省临沂市临沭县郑山镇北沟头村金篮柳编协会
310 山东省青岛市胶南市大珠山仙桃协会
311 山东省淄博市博山区金银花产业协会
312 山东省淄博市高青县獭兔养殖协会
313 山东省枣庄市薛城区巧姐柳编协会
314 山东省烟台市莱州市文峰花卉协会
315 山东省潍坊市寒亭区贵茂养殖协会
316 山东省济宁市邹城市中心店镇林果协会
317 山东省济宁市泗水县星村镇大樱桃协会
318 山东省威海市乳山市肉鸡养殖协会
319 山东省临沂市沂南县马牧池乡桑叶茶研发协会
320 山东省临沂市郯城县李庄镇无公害鲜桃协会
321 山东省德州市武城县武城镇辣椒协会
322 山东省滨州市无棣县小泊头镇肉鸭养殖协会
323 山东省济南市历城区润祥渔业养殖协会
324 山东省滨州市邹平县明集镇罗圈村蔬菜协会
325 山东省枣庄市峄城区盆景工艺协会
326 山东省东营市东营区海峰蔬菜科技协会
327 山东省烟台市蓬莱市北沟镇渔业协会
328 山东省潍坊市临朐县大樱桃协会
329 山东省济宁市金乡县棉花研究会
330 山东省泰安市岱岳区大汶口农业科技推广服务协会
331 山东省临沂市蒙阴县桂花协会
332 山东省烟台市栖霞市苹果产业信息与技术协会
333 山东省德州市平原县大蔡牧业畜禽养殖协会
334 山东省德州市夏津县白马湖镇反季节大葱协会
335 山东省聊城市阳谷县饲料养殖科技协会
336 山东省滨州市惠民县皂户李乡食用菌协会
337 山东省菏泽市曹县芦笋协会
338 山东省烟台市招远市毕郭镇甜西瓜协会
339 山东省济南市济阳县新市镇豆腐皮加工协会
340 山东省青岛市平度市明村镇景村生姜协会
341 山东省淄博市沂源县鲁村镇明发家禽养殖协会
342 山东省枣庄市滕州市富硒果菜产销协会
343 山东省菏泽市东明县富硒农产品产业协会
344 山东省潍坊市高密市无公害马铃薯协会
345 山东省济宁市兖州市新驿镇农民星火科技协会
346 山东省潍坊市安丘市柘山镇山货协会
347 山东省泰安市宁阳县磁窑镇大磨庄村生态养猪协会
348 山东省日照市莒县花生协会
349 山东省临沂市沂水县芋头协会
350 山东省菏泽市单县山药协会
351 山东省济南市平阴县孔村镇东天宫村农副产品产销协会
352 山东省聊城市高唐县测土配方科学施肥技术推广协会
353 山东省滨州市沾化县利国乡雨河棉花技术协会
354 山东省聊城市冠县兰沃乡韩路农业科技推广协会
355 山东省淄博市周村区西红柿协会
356 山东省济南市商河县贾庄镇花卉苗木协会
357 山东省东营市广饶县蔬菜协会
358 山东省菏泽市成武县辣椒协会
359 山东省济宁市汶上县军屯乡林果协会
360 山东省泰安市新泰市岳家庄乡维特林果协会
361 山东省滨州市阳信县优质麦种植协会
362 东省菏泽市巨野县优质小麦高产开发协会
363 山东省日照市五莲县优质大蒜推广协会
364 山东省菏泽市鄄城县玉米高产技术推广协会
365 山东省济宁市鱼台县依水养鱼专业技术协会
366 山东省临沂市苍山县朝阳蔬菜产业服务协会
367 山东省德州市禹城市旺硕番茄协会
368 山东省枣庄市峄城区吴林草莓种植协会
369 山东省潍坊市诸城市生猪行业协会
370 山东省烟台市莱阳市良种猪繁育养殖协会
371 山东省东营市利津县刁口渔业协会
372 山东省菏泽市郓城县樱桃谷肉鸭养殖协会

373 河南省郑州市巩义市康店镇群星养殖协会
374 河南省开封市金明区金沃林果协会
375 河南省洛阳市洛宁县肉鸭养殖协会
376 河南省平顶山市汝州市庙下三粉协会
377 河南省安阳市内黄县后河镇红枣协会
378 河南省鹤壁市鹤山区绿色林果种植协会
379 河南省新乡市辉县市特禽养殖协会
380 河南省焦作市武陟县凤祥农机协会
381 河南省濮阳市南乐县特种养殖协会
382 河南省许昌市许昌县烟叶协会
383 河南省漯河市召陵区久寨徐双丰养殖协会
384 河南省三门峡市卢氏县中药材产业协会
385 河南省南阳市南召县小店乡花木协会
386 河南省商丘市开发区益民经纪人协会
387 河南省驻马店市泌阳县夏南牛业协会
388 河南省济源市坡头镇蓼坞核桃协会
389 河南省郑州市惠济区养鱼协会
390 河南省开封市杞县中子龙农业科技协会
391 河南省平顶山市宝丰县蔬菜协会
392 河南省新乡市长垣县食用菌技术协会
393 河南省焦作市沁阳市李大人庄雪蜜瓜协会
394 河南省濮阳市台前县鸿祥养猪协会
395 河南省许昌市襄城县湛北乡养猪专业技术协会
396 河南省漯河市郾城区黑龙潭乡黄赵养殖协会
397 河南省南阳市西峡县猕猴桃协会
398 河南省商丘市柘城县养殖技术发展协会
399 河南省信阳市浉河区十三里桥特色种植协会
400 河南省周口市项城市贾岭镇辣椒种植加工协会
401 河南省驻马店市上蔡县农业科学技术协会
402 河南省郑州市新郑市城南肉牛养殖协会
403 河南省开封市尉氏县门楼乡文家村肉牛养殖协会
404 河南省洛阳市宜阳县永盛养殖协会
405 河南省平顶山市舞钢市金土地林果种植技术协会
406 河南省安阳市汤阴县城关镇养殖协会
407 河南省新乡市原阳县富硒农产品协会
408 河南省焦作市孟州市小白龙兔业协会
409 河南省濮阳市清丰县面业协会
410 河南省许昌市鄢陵县丰洲晚秋黄梨协会
411 河南省三门峡市渑池县养猪协会
412 河南省南阳市桐柏县程湾乡中药材协会
413 河南省商丘市睢县蔬菜协会
414 河南省信阳市商城县土特产行业专业技术协会
415 河南省周口市沈丘县三樱椒生产协会
416 河南省驻马店市确山县岭上甘红薯产业协会
417 河南省郑州市登封市花卉协会
418 河南省开封市通许县养鸡协会
419 河南省洛阳市嵩县宏发红薯协会
420 河南省平顶山市石龙区龙兴街道办事处军营村养猪协会
421 河南省新乡市新乡县特种野猪养殖协会
422 河南省周口市商水县利升养殖协会
423 河南省濮阳市濮阳县玉米协会
424 河南省许昌市禹州市古城薯制品“三粉”加工产业技术协会
425 河南省南阳市方城县辣椒玉米育种协会
426 河南省商丘市宁陵县酥梨协会
427 河南省周口市太康县万亩无公害西瓜种植协会
428 河南省驻马店市正阳县食用菌协会
429 河南省安阳市滑县慈周寨乡无公害蔬菜协会
430 河南省濮阳市华龙区王助乡花卉种植协会
431 河南省商丘市梁园区孙福集乡山药专业协会
432 河南省信阳市罗山县机械化插秧技术示范推广协会
433 河南省周口市扶沟县韭园镇宝乐奶牛养殖协会
434 河南省南阳市邓州市高集乡养羊协会
435 河南省信阳市平桥区东方牧源养殖协会
436 河南省商丘市永城市汉兴甘薯种植加工协会
437 河南省洛阳市新安县瓜果蔬菜种植协会
438 河南省周口市郸城县汲水乡莲藕种植协会
439 河南省驻马店市西平县双龙食用菌科技协会
440 河南省许昌市长葛市农业技术推广协会
441 湖北省黄冈市英山县蚕桑协会
442 湖北省恩施土家族苗族自治州利川市山药专业技术协会
443 湖北省武汉市江夏区养猪业协会
444 湖北省十堰市房县养羊协会
445 湖北省鄂州市梁子湖区珍珠协会
446 湖北省荆州市荆州区八岭山镇瓜果花卉苗木协会
447 湖北省孝感市应城市世外桃源鲜桃种植协会
448 湖北省咸宁市崇阳县沙坪镇水果协会
449 湖北省襄阳市襄州区古驿镇食用菌协会
450 湖北省宜昌市点军区清龙林养鸡协会
451 湖北省荆门市沙洋县养鸡业协会
452 湖北省黄石市大冶市金塘村蔬菜协会
453 湖北省潜江市半夏协会
454 湖北省仙桃市富民泥鳅养殖协会
455 湖北省天门市吴字河鮰鱼养殖协会

456 湖北省随州市广水市食用菌协会
457 湖北省恩施土家族苗族自治州宣恩县贡水白柚协会
458 湖北省十堰市竹溪县茶叶协会
459 湖北省鄂州市鄂城区生态水产养殖协会
460 湖北省咸宁市赤壁市神山镇凤凰村水产养殖协会
461 湖北省宜昌市枝江市果蔬协会
462 湖北省随州市曾都区菇稻栽培协会
463 湖北省荆门市掇刀区荆门市油菜产业协会
464 湖北省黄石市大冶市吴伟花草苗木协会
465 湖北省武汉市蔡甸区禽业协会
466 湖北省十堰市郧县木瓜协会
467 湖北省鄂州市华容区郭垱西甜瓜协会
468 湖北省荆州市监利县程集镇黄鳝养殖营销协会
469 湖北省咸宁市咸安区果业协会
470 湖北省襄阳市宜城市孔湾镇许岗村蔬菜协会
471 湖北省宜昌市五峰土家族自治县巴人牧业专业技术协会
472 湖北省荆门市京山县茶叶协会
473 湖北省黄石市阳新县高粱行业协会
474 湖北省黄冈市武穴市龟山村肉鸭养殖协会
475 湖北省十堰市郧西县马安镇板栗产业协会
476 湖北省鄂州市梁子湖区茭头协会
477 湖北省荆州市江陵县普济镇六旺养鹅协会
478 湖北省孝感市汉川市回龙镇绿野湖养殖加工协会
479 湖北省咸宁市嘉鱼县三湖茶麻专业协会
480 湖北省襄阳市老河口市小龙虾养殖协会
481 湖北省荆门市钟祥市洋梓镇肖山水产养殖协会
482 湖北省黄石市阳新县养猪协会
483 湖北省黄冈市团风县水产协会
484 湖北省恩施土家族苗族自治州咸丰县荣鑫牧业山羊养殖专业技术协会
485 湖北省武汉市新洲区鳝鱼养殖协会
486 湖北省襄阳市保康县野花谷蜜蜂养殖技术协会
487 湖北省荆州市松滋市八宝镇西瓜产销协会
488 湖北省恩施土家族苗族自治州巴东县鼎辉生漆技术协会
489 湖北省神农架林区绿丰金银花专业技术协会
490 湖北省宜昌市秭归县茅坪镇花果园茶叶技术协会
491 湖北省仙桃市沔城回族镇蔬菜协会
492 湖北省宜昌市猇亭区丰源柑桔技术协会
493 湖北省恩施土家族苗族自治州恩施市丰王牧业无公害生猪养殖协会
494 湖北省孝感市安陆市巡店镇蔬菜协会
495 湖北省十堰市竹山县文峰乡塘湾村肚倍协会
496 湖北省襄阳市襄城区卧龙山药专业技术协会
497 湖北省襄阳市枣阳市蜂业协会
498 湖南省岳阳市华容县福香优质稻种植协会
499 湖南省常德市安乡县湘北蔬菜科技协会
500 湖南省永州市祁阳县民康养猪专业技术协会
501 湖南省邵阳市新邵县养猪协会
502 湖南省常德市临澧县油茶产业协会
503 湖南省常德市石门县柑橘协会
504 湖南省邵阳市洞口县优质粮食产业协会
505 湖南省永州市道县柑桔协会
506 湖南省株洲市林果业技术协会（炎陵县）
507 湖南省益阳市安化县富民食用菌技术协会
508 湖南省永州市江永县香姜产销协会
509 湖南省湘西土家族苗族自治州泸溪县八什坪乡柑桔协会
510 湖南省怀化市麻阳苗族自治县富硒刺葡萄协会
511 湖南省郴州市桂东县高山生态农业开发协会
512 湖南省湘潭市韶山市生猪生态养殖技术协会
513 湖南省郴州市宜章县乐水养殖技术协会
514 湖南省湘潭市岳塘区湘潭华奥高科特种水产养殖协会
515 湖南省郴州市嘉禾县神农种植专业技术协会
516 湖南省衡阳市衡山县油菜蔬菜种植协会
517 湖南省岳阳市湘阴县鹤龙湖大闸蟹养殖技术协会
518 湖南省岳阳市临湘市羊楼司镇竹业协会
519 湖南省湘西土家族苗族自治州永顺县长官水产养殖协会
520 湖南省衡阳市衡阳县桃花湖生态农业产业协会
521 湖南省郴州市汝城县大坪镇园林协会
522 湖南省益阳市沅江市黔阳无核椪柑协会
523 湖南省岳阳市云溪区陆城镇洋溪湖特种水产养殖协会
524 湖南省株洲市攸县养鸡业协会
525 湖南省怀化市洪江市蜂业协会
526 湖南省娄底市双峰县湖南阳春优质肉牛养殖专业技术协会
527 湖南省益阳市桃江县浮邱山花果林苗木协会
528 湖南省湘西土家族苗族自治州古丈县罗依溪镇栖凤湖水产养殖协会
529 湖南省岳阳市平江县连云楠竹专业技术协会
530 广东省惠州市惠东县梁化镇辣椒技术协会
531 广东省梅州市平远县脐橙专业协会

532 广东省阳江市阳东县雅韶镇柳西荔枝专业技术推广协会
533 广东省潮州市饶平县浮滨镇茶叶协会
534 广东省肇庆市高要市渔业协会
535 广东省汕头市澄海区莲上镇蔬菜协会
536 广东省汕尾市陆河县养蜂协会
537 广东省河源市和平县椪柑协会
538 广东省湛江市雷州市覃斗芒果协会
539 广东省韶关市浈江区养猪协会
540 广东省茂名市化州市养猪协会
541 广东省云浮市罗定市罗竹业协会
542 广西壮族自治区桂林市全州县桂北三木药材科普种植协会
543 广西壮族自治区百色市平果县旧城镇桑蚕协会
544 广西壮族自治区贵港市平南县石峡龙眼协会
545 广西壮族自治区玉林市容县自良河步村有机沙田柚协会
546 广西壮族自治区防城港市港口区企沙镇对虾养殖协会
547 广西壮族自治区柳州市柳南区柳州市牲猪行业协会
548 广西壮族自治区玉林市陆川县珊罗镇天龙农业示范园协会
549 广西壮族自治区桂林市平乐县宏源粉马蹄种植协会
550 广西壮族自治区玉林市兴业县城隍镇腾村农业合作协会
551 广西壮族自治区桂林市灵川县潭下镇黄柏村柑桔协会
552 广西壮族自治区桂林市资源县养猪协会
553 广西壮族自治区百色市田阳县兴城蔬菜协会
554 广西壮族自治区贵港市港北区庆丰镇高桥村无公害优质谷协会
555 广西壮族自治区玉林市博白县水产行业协会
556 广西壮族自治区柳州市柳江县三都镇香菜技术协会
557 广西壮族自治区河池市宜州市刘三姐乡孟山桑蚕协会
558 广西壮族自治区北海市合浦县家禽协会
559 广西壮族自治区梧州市蒙山县桑蚕产业协会
560 广西壮族自治区南宁市武鸣县太平镇林渌西红柿协会
561 广西壮族自治区钦州市灵山县平南镇桃禾村茶叶协会
562 广西壮族自治区来宾市武宣县黄茆镇根村农民用水协会
563 广西壮族自治区桂林市龙胜各族自治县罗汉果协会
564 广西壮族自治区百色市田东县香米生产协会
565 广西壮族自治区玉林市博白县江宁养鸡协会
566 广西壮族自治区柳州市柳城县沙埔镇水果技术协会
567 广西壮族自治区崇左市天等县龙角天池原生态山鸡养殖协会
568 广西壮族自治区贺州市富川瑶族自治县福利镇无公害蔬菜产销协会
569 广西壮族自治区河池市都安瑶族自治县野生山葡萄协会
570 广西壮族自治区桂林市临桂县食用菌协会
571 广西壮族自治区百色市那坡县城厢镇和平村养猪协会
572 广西壮族自治区玉林市陆川县米场镇五柳村种养协会
573 广西壮族自治区桂林市叠彩区大河乡花卉协会
574 广西壮族自治区百色市田林县林下养鸡协会
575 广西壮族自治区贵港市桂平市社步镇养鸡业协会
576 广西壮族自治区南宁市青秀区南阳镇蔬菜协会
577 广西壮族自治区桂林市永福县龙江乡龙山村罗汉果协会
578 广西壮族自治区玉林市兴业县四新村食用菌协会
579 广西壮族自治区百色市凌云县沙里养牛协会
580 广西壮族自治区防城港市上思县特种水产养殖协会
581 广西壮族自治区北海市铁山港区营盘镇木薯产业化技术协会
582 广西壮族自治区钦州市钦北区青塘镇肉鸭养殖协会
583 广西壮族自治区来宾市忻城县北更乡塘太村桑蚕协会
584 广西壮族自治区南宁市武鸣县新科养牛技术协会
585 广西壮族自治区河池市凤山县长洲乡那烘村八角协会
586 广西壮族自治区柳州市杰农水产科技养殖协会（柳北区）
587 广西壮族自治区柳州市柳江县庭院生态养鳖技术协会
588 广西壮族自治区百色市那坡县八角产业协会

589 广西壮族自治区贵港市平南县养蜂业协会
590 广西壮族自治区玉林市容县千秋村沙田柚协会
591 广西壮族自治区崇左市龙州县上龙乡上龙村香蕉产销协会
592 广西壮族自治区桂林市兴安县宏旺食用菌协会
593 广西壮族自治区梧州市藤县福鼎有机茶协会
594 广西壮族自治区贺州市钟山县东珍养兔协会
595 海南省海口市琼山区三门坡金绿果水果产销协会
596 海南省琼中黎族苗族自治县红毛镇什寒南药栽培技术协会
597 海南省儋州市养猪行业协会
598 海南省万宁市万宁东山羊养殖协会
599 海南省东方市小岭福泽养殖协会
600 重庆市万州区九池乡无公害蔬菜协会
601 重庆市涪陵区龙潭水稻专业技术协会
602 重庆市綦江区永城镇友良蛋鸡养殖专业技术协会
603 重庆市大足区枇杷产业联合会
604 重庆市巴南区养殖技术协会
605 重庆市永川区西南家禽技术服务协会
606 重庆市潼南县七彩山鸡协会
607 重庆市荣昌县蜂业专业技术协会
608 重庆市璧山县养猪协会
609 重庆市梁平县城北养殖协会
610 重庆市城口县岚天乡板栗专业技术协会
611 重庆市垫江县香城蜜柚协会
612 重庆市开县兔业协会
613 重庆市云阳县平湖渔公水产养殖协会
614 重庆市云阳县人和肉牛养殖协会
615 重庆市巫溪县茶叶产业协会
616 重庆市酉阳土家族苗族自治县粮油产业专业技术协会
617 重庆市黔江区济康中药材专业技术协会
618 重庆市秀山土家族苗族自治县红薯产业经济协会
619 四川省自贡市贡井区成佳镇大头菜专业协会
620 四川省德阳市什邡市蔬菜专业技术协会
621 四川省宜宾市翠屏区凉姜乡水果协会
622 四川省宜宾市宜宾县永兴藕业协会
623 四川省宜宾市筠连县腾达镇春风村李子协会
624 四川省成都市金堂县赵家食用菌协会
625 四川省泸州市纳溪区生猪协会
626 四川省成都市龙泉驿区柏合长松水蜜桃专业技术协会
627 四川省成都市双流县白沙镇葡萄种植协会
628 四川省成都市都江堰市水产协会
629 四川省自贡市富顺县万寿镇养兔协会
630 四川省泸州市叙永县中草药发展协会
631 四川省绵阳市游仙区街子乡海龙大闸蟹生态养殖协会
632 四川省广元市苍溪县红猕王猕猴桃协会
633 四川省遂宁市蓬溪县生猪协会
634 四川省乐山市夹江县歇马乡石斛协会
635 四川省南充市西充县辣椒产业协会
636 四川省眉山市青神县竹编协会
637 四川省宜宾市江安县川南黑山羊养殖协会
638 四川省凉山彝族自治州会理县铜矿村石榴产业协会
639 四川省自贡市自流井区仲权镇养鸭协会
640 四川省攀枝花市米易县优质葡萄专业技术协会
641 四川省泸州市古蔺县神龙赶黄草专业技术协会
642 四川省德阳市旌阳区和新镇辣椒协会
643 四川省德阳市中江县手工挂面协会
644 四川省广元市利州区白龙湖水产养殖技术协会
645 四川省广元市青川县关庄长毛兔协会
646 四川省广元市朝天区平溪蔬菜产业协会
647 四川省资阳市雁江区碑记镇柑桔协会
648 四川省遂宁市大英县养鹅协会
649 四川省南充市仪陇县川东北红提葡萄专业协会
650 四川省达州市通川区食用菌专业技术协会
651 四川省巴中市平昌县炳鑫魔芋生产专业技术协会
652 四川省凉山彝族自治州德昌县巴洞乡先锋村甜柿协会
653 四川省德阳市绵竹市汉旺镇食用菌协会
654 四川省绵阳市三台县立新镇蔬菜产业协会
655 四川省内江市威远县竹产业协会
656 四川省乐山市沐川县云雾苦竹笋协会
657 四川省雅安市汉源县皇木镇高山蔬菜专业协会
658 四川省乐山市马边彝族自治县石梁乡有机茶协会
659 四川省成都市青白江区承启猪业协会
660 四川省攀枝花市仁和区草莓协会
661 四川省宜宾市屏山县鸭池乡油花村养兔专业技术协会
662 四川省泸州市合江县密溪真龙柚协会
663 四川省泸州市江阳区江北特种水产养殖专业技术协会
664 四川省德阳市广汉市南兴花木协会
665 四川省绵阳市盐亭县花椒产业协会

666 四川省绵阳市江油市绿水果品产业协会
667 四川省遂宁市射洪县富硒黑花生种植专业技术协会
668 四川省内江市市中区优质水稻生产协会
669 四川省内江市资中县梨园蔬菜协会
670 四川省南充市阆中市三峰川明参协会
671 四川省南充市嘉陵区千年绸都第一坊蚕桑协会
672 四川省南充市蓬安县丝绸蚕茧技术协会
673 四川省眉山市彭山县山林养鸡协会
674 四川省眉山市洪雅县洪生源绿色生猪协会
675 四川省广安市岳池县猪业协会
676 四川省广安市武胜县甜橙协会
677 四川省广安市邻水县花椒专业技术协会
678 四川省达州市宣汉县桃花优质水稻种植协会
679 四川省达州市渠县巨光乡蜜柚协会
680 四川省达州市万源市旧院黑鸡协会
681 四川省雅安市名山县双河乡金鼓药茗协会
682 四川省雅安市荥经县长毛兔养兔协会
683 四川省巴中市南江县万宝山南江黄羊发展协会
684 四川省巴中市巴州区柳林镇玉金村果蔬协会
685 四川省资阳市乐至县青花椒专业技术协会
686 四川省资阳市安岳县罗盘山生姜产销协会
687 四川省资阳市简阳市杨森乳业协会
688 四川省阿坝藏族羌族自治州九寨沟县沼气技术协会
689 四川省阿坝藏族羌族自治州汶川县高丰中药材协会
690 四川省广安市广安区肖溪群力养殖协会
691 四川省阿坝藏族羌族自治州小金县两河乡虹光蔬菜协会
692 四川省甘孜藏族自治州理塘县牦牛协会
693 四川省甘孜藏族自治州九龙县民族民间手工艺研究协会
694 四川省甘孜藏族自治州巴塘县干果协会
695 四川省凉山彝族自治州普格县螺髻山高寒花木科技种植协会
696 四川省凉山彝族自治州盐源县生态鸡养殖协会
697 四川省自贡市荣县双古茶业协会
698 四川省雅安市石棉县江坝蔬菜专业技术协会
699 四川省宜宾市兴文县山地乌骨鸡养殖协会
700 四川省达州市达县安仁柚产业技术协会
701 四川省泸州市泸县太伏龙眼生产专业技术协会
702 四川省自贡市自流井区养鸡协会
703 四川省宜宾市长宁县金土地农业开发协会
704 四川省攀枝花市盐边县和爱乡蔬菜协会
705 四川省宜宾市南溪县大观镇农业机械耕作协会
706 四川省乐山市沙湾区蛋鸡协会
707 四川省阿坝藏族羌族自治州壤塘县高原优质油菜标准化种植协会
708 四川省达州市开江县鑫盛生态养殖协会
709 四川省广元市元坝区紫云猕猴桃协会
710 四川省凉山彝族自治州西昌市葡萄协会
711 贵州省黔南布依族苗族自治州龙里县民乐种养殖协会
712 贵州省贵阳市开阳县双流镇刘育村蔬菜专业协会
713 贵州省遵义市绥阳县小关乡金银花协会
714 贵州省铜仁市松桃苗族自治县黄板乡散水村娃娃鱼养殖协会
715 贵州省黔西南布依族苗族自治州安龙县芭蕉芋粉丝协会
716 贵州省安顺市平坝县马场镇林卡村辣椒种植协会
717 贵州省毕节市纳雍县长沟村蔬菜协会
718 贵州省黔东南苗族侗族自治州黄平县野洞河前胡种植协会
719 贵州省黔东南苗族侗族自治州雷山县望丰乡望丰村茶叶协会
720 贵州省毕节市威宁彝族回族苗族自治县迤那镇中海村种植养殖专业技术协会
721 贵州省安顺市普定马官科学养殖协会
722 贵州省黔西南布依族苗族自治州望谟县平乡果蔬专业经济合作协会
723 贵州省铜仁市印江土家族苗族自治县缠溪镇养猪协会
724 贵州省遵义市余庆县花山苗族乡回龙村苦丁茶产销协会
725 贵州省贵阳市息烽县奶牛养殖协会
726 贵州省黔南布依族苗族自治州平塘县通州镇平里河果蔬协会
727 贵州省黔南布依族苗族自治州瓮安县松坪乡中药材协会
728 贵州省贵阳市修文县新农夫绿色产业协会
729 贵州省遵义市红花岗区忠庄镇勤乐村马兰蔬菜协会
730 贵州省遵义市湄潭县群丰有机茶专业协会
731 贵州省铜仁市石阡县白沙镇柿坪村茶叶协会
732 贵州省黔西南布依族苗族自治州兴义市绿化绿色产业发展协会

733 贵州省黔东南苗族侗族自治州天柱县凤城镇润松养羊协会
734 贵州省黔东南苗族侗族自治州锦屏县油茶协会
735 贵州省黔东南苗族侗族自治州镇远县江古乡牛羊养殖协会
736 贵州省铜仁市碧江区蔬菜协会
737 贵州省遵义市余庆县构皮滩镇畜牧产销协会
738 贵州省遵义市习水县富民禽业协会
739 贵州省黔南布依族苗族自治州惠水县好花红乡崇学村金银花种植协会
740 贵州省黔东南苗族侗族自治州从江县加榜乡香猪协会
741 贵州省遵义市道真仡佬族苗族自治县灰豆腐果产业协会
742 贵州省遵义市正安县庙塘正鑫竹业农民专业技术协会
743 贵州省铜仁市江口县茶业协会
744 贵州省黔东南苗族侗族自治州丹寨县龙泉果蔬协会
745 贵州省安顺市西秀区华西办事处门口村养殖协会
746 贵州省黔南布依族苗族自治州福泉市高坪镇蔬菜生产营销协会
747 云南省昆明市五华区沙朗乡陡坡村委会蔬菜协会
748 云南省昭通市盐津县豆沙镇银厂村农村养牛专业协会
749 云南省楚雄彝族自治州楚雄市大过口乡魔芋种植协会
750 云南省玉溪市红塔区研和镇食用菌生产协会
751 云南省红河哈尼族彝族自治州泸西县午街铺镇山林哨果蔬种植协会
752 云南省文山壮族苗族自治州西畴县莲花塘林果专业技术协会
753 云南省普洱市江城哈尼族彝族自治县整董镇整董村农民茶叶种植协会
754 云南省西双版纳傣族自治州景洪市勐旺乡刺山药协会
755 云南省大理白族自治州祥云县蚕桑协会
756 云南省保山市龙陵县农作物良种推广协会
757 云南省德宏傣族景颇族自治州陇川县户撒乡优质稻精米专业技术协会
758 云南省丽江市宁蒗彝族自治县食用菌产业技术经济合作协会
759 云南省迪庆藏族自治州香格里拉县上江乡良美村种桑养蚕协会
760 云南省临沧市凤庆县中草药种植联合会
761 云南省昆明市富民县养鸡行业协会
762 云南省昆明市禄劝彝族苗族自治县中药材种植协会
763 云南省昭通市鲁甸县茨院回族乡肉牛养殖协会
764 云南省曲靖市宣威市落水镇滴水村养猪协会
765 云南省楚雄彝族自治州牟定县习大河养猪协会
766 云南省玉溪市江川县上头营冬桃产销协会
767 云南省红河哈尼族彝族自治州红河县乐育乡坝美村龙胆草种植协会
768 云南省文山壮族苗族自治州砚山县江那镇秀源种植业协会
769 云南省普洱市镇沅彝族哈尼族拉祜族自治县镇勐大镇文雷村大坝田妇女养鸡协会
770 云南省大理白族自治州洱源县银环养殖专业技术协会
771 云南省保山市昌宁县田园镇茶叶专业协会
772 云南省德宏傣族景颇族自治州盈江县云南坚果协会
773 云南省丽江市华坪县荣将镇膏泽果蔬协会
774 云南省临沧市临翔区博尚镇碗窑村陶艺协会
775 云南省昆明市西山区团结有机食品种植经济技术协会
776 云南省昭通市彝良县新品种技术协会
777 云南省昭通市永善县溪洛渡农产品产销协会
778 云南省曲靖市麒麟区越州镇新田水果协会
779 云南省楚雄彝族自治州禄丰县中村乡板栗产业营销协会
780 云南省玉溪市易门县板栗协会
781 云南省红河哈尼族彝族自治州建水县西庄镇畜禽养殖协会
782 云南省文山壮族苗族自治州马关县马白镇坝尾村鹏程养鸡协会
783 云南省普洱市墨江哈尼族自治县雅邑乡南温田养猪协会
784 云南省大理白族自治州云龙县中药材产业协会
785 云南省保山市隆阳区水果种植发展协会
786 云南省德宏傣族景颇族自治州梁河县水果种植专业技术协会
787 云南省丽江市古城区大东乡核桃产业技术经济合作协会
788 云南省临沧市双江拉祜族佤族布朗族傣族自治县勐勐镇公很社区名特优水果种植专业技术协会

789 云南省昆明市安宁市八街镇食用玫瑰协会
790 云南省昭通市大关县天农蔬菜产销协会
791 云南省曲靖市沾益县德泽乡天骄养鸡协会
792 云南省楚雄彝族自治州南华县核桃产业协会
793 云南省玉溪市新平彝族傣族自治县花腰傣手工艺品开发协会
794 云南省红河哈尼族彝族自治州弥勒县大尖山雪梨种植科学技术协会
795 云南省普洱市景东彝族自治县文井镇竹篷村生态茶叶协会
796 云南省大理白族自治州鹤庆县母屯村铁铜产业协会
797 云南省保山市腾冲县云山板栗协会
798 云南省德宏傣族景颇族自治州芒市轩岗乡果蔬营销协会
799 云南省丽江市玉龙纳西族自治县龙蟠乡绿色农产品技术经济合作协会
800 云南省迪庆藏族自治州德钦县燕门乡巴东村优质核桃产业合作协会
801 云南省临沧市永德县乌木龙彝族乡烤烟协会
802 云南省临沧市镇康县南伞镇南伞村种桑养蚕产业协会
803 云南省昆明市石林彝族自治县枇杷产业协会
804 云南省昭通市威信县长安乡安稳坝村绿色产业协会
805 云南省曲靖市马龙县马过河獭兔养殖协会
806 云南省楚雄彝族自治州永仁县猛虎油菜产业协会
807 云南省玉溪市通海县九街镇养猪协会
808 云南省红河哈尼族彝族自治州屏边苗族自治县玉屏镇半坡村草莓种植农技协
809 云南省红河哈尼族彝族自治州金平苗族瑶族傣族自治县老集寨茶叶协会
810 云南省文山壮族苗族自治州文山市开化镇小石洞石榴协会
811 云南省大理白族自治州南涧彝族自治县宝华镇华亿生猪养殖协会
812 云南省大理白族自治州漾濞彝族自治县苍山西镇淮安村核桃种植推广协会
813 云南省普洱市西盟佤族自治县岳宋乡橡胶协会
814 云南省大理白族自治州永平县曲硐核桃经营协会
815 云南省保山市施甸县糯玉米种植加工技术协会
816 云南省临沧市沧源佤族自治县班洪乡南板村木薯产业协会
817 云南省丽江市永胜县涛源乡蔬菜技术经济合作协会
818 云南省曲靖市罗平县板桥镇养禽协会
819 云南省曲靖市富源县营上镇速助村委会速助梨协会
820 云南省临沧市云县茶房乡大垭口村茶叶协会
821 云南省玉溪市峨山彝族自治县岔河乡核桃协会
822 云南省临沧市耿马傣族佤族自治县勐简乡勐简村香蕉产业协会
823 云南省大理白族自治州剑川县 AA 芸豆研究协会
824 云南省昭通市巧家县农产品开发协会
825 云南省楚雄彝族自治州姚安县魔芋专业协会
826 云南省普洱市思茅区六顺乡炮掌山村咖啡协会
827 云南省昆明市东川区因民镇养羊专业协会
828 云南省昭通市水富县向家坝镇养兔协会
829 云南省昭通市绥江县南岸真武山无公害水果生产经营技术协会
830 云南省曲靖市会泽县田坝乡畜牧业产销协会
831 云南省曲靖市师宗县丹凤镇蔬菜协会
832 西藏自治区日喀则地区白朗县蔬菜种植总协会
833 西藏自治区山南地区琼结县加麻乡特日土豆协会
834 西藏自治区日喀则地区仁布县然巴乡石材加工技术协会
835 西藏自治区拉萨市曲水县茶巴朗天地瓜果蔬菜种植专业协会
836 陕西省西安市阎良区李浩食用菌技术协会
837 陕西省西安市灞桥区蔬菜协会
838 陕西省西安市周至县南淇苗木繁育技术推广协会
839 陕西省西安市高陵县耿镇虎家胡萝卜协会
840 陕西省宝鸡市陈仓区周原镇王家村养猪协会
841 陕西省宝鸡市扶风县蔬菜专业技术协会
842 陕西省咸阳市泾阳县奶业协会
843 陕西省咸阳市兴平市西吴镇来祁寨大棚油桃协会
844 陕西省咸阳市淳化县马家果业协会
845 陕西省渭南市韩城市春丰果业协会
846 陕西省渭南市合阳县科丰果业协会
847 陕西省延安市延川县延水关镇北村枣农协会
848 陕西省延安市志丹县顺宁镇保娃沟门养殖专业技术协会
849 陕西省延安市安塞县真武洞镇陈家洼村山地苹果专业协会
850 陕西省延安市延长县二海散养禽协会
851 陕西省延安市富县寺仙乡太平村果农协会
852 陕西省榆林市榆阳区金海源养猪协会
853 陕西省榆林市神木县富源黑山羊养殖技术协会

854 陕西省榆林市府谷县花生业协会
855 陕西省榆林市米脂县桥河岔乡刘家峁村养殖协会
856 陕西省榆林市吴堡县挂面专业技术协会
857 陕西省汉中市城固县董家营元胡产业技术协会
858 陕西省汉中市勉县盛星果业技术协会
859 陕西省汉中市西乡县中药材协会
860 陕西省安康市岚皋县金松畜牧养殖专业技术协会
861 陕西省安康市紫阳县洞河镇联丰村水产养殖协会
862 陕西省安康市旬阳县铜钱关镇竹产业协会
863 陕西省商洛市山阳县金山食用菌协会
864 陕西省商洛市镇安县东川镇太白庙村香菇协会
865 陕西省商洛市丹凤县棣花镇永记蔬菜协会
866 陕西省宝鸡市金台区王家坡香菇栽培技术协会
867 陕西省宝鸡市麟游县九成宫镇永安村核桃产业协会
868 陕西省咸阳市旬邑县悦丰果农协会
869 陕西省咸阳市礼泉县秦川果业协会
870 陕西省咸阳市长武县果业协会
871 陕西省咸阳市乾县永丰果业协会
872 陕西省铜川市王益区宜古村金凤养鸡协会
873 陕西省渭南市华县微生态良种繁养协会
874 陕西省渭南市潼关县东府民间土织布协会
875 陕西省渭南市澄城县交道镇良种猪养殖协会
876 陕西省渭南市蒲城县龙池镇西甜瓜协会
877 陕西省延安市宝塔区园艺苗木协会
878 陕西省延安市子长县养蜂协会
879 陕西省延安市吴起县治义养殖协会
880 陕西省榆林市横山县高镇绿豆蔬菜种植协会
881 陕西省榆林市靖边县东坑镇养猪专业协会
882 陕西省汉中市洋县谢村镇小池村草莓协会
883 陕西省汉中市略阳县德诺乌鸡生态养殖专业技术协会
884 陕西省汉中市宁强县黄连协会
885 陕西省汉中市留坝县玉皇庙养蜂专业协会
886 陕西省安康市白河县兴农陕南白山羊养殖协会
887 陕西省安康市平利县兴隆镇义学堂村畜牧养殖协会
888 陕西省安康市石泉县熨斗镇先联村茶叶协会
889 陕西省安康市镇坪县洪石乡中药材产业协会
890 陕西省安康市汉滨区南溪乡生态渔业协会
891 陕西省商洛市洛南县洛源镇名贵药材西洋参协会
892 陕西省商洛市柞水县红岩寺镇青岗村猪苓种植协会
893 陕西省宝鸡市岐山县小营村手工空心挂面协会
894 陕西省宝鸡市凤翔县绿丰菜业协会
895 陕西省咸阳市彬县公主川大棚蔬菜协会
896 陕西省渭南市临渭区秦翔肉鸽协会
897 陕西省渭南市大荔县科学种棉技术推广协会
898 陕西省延安市黄陵县桥山红果农协会
899 陕西省延安市宜川县新河养殖协会
900 陕西省榆林市子洲县三丰油脂加工专业技术协会
901 陕西省榆林市靖边县鑫源农业机械专业技术协会
902 陕西省汉中市南郑县现代中药产业协会
903 陕西省汉中市西乡县茶叶协会
904 陕西省商洛市商南县城关镇虫子鸡养殖协会
905 陕西省商洛市商州区陈塬街道办事处上河村核桃产业协会
906 陕西省渭南市华阴市红提葡萄协会
907 陕西省安康市宁陕县四亩地镇中药材协会
908 陕西省汉中市佛坪县西岔河镇银畅大鲵保护与发展专业技术协会
909 甘肃省陇南市宕昌县哈达铺马铃薯良种繁育协会
910 甘肃省张掖市高台县康翠蔬菜专业运销协会
911 甘肃省陇南市文县隆康养猪协会
912 甘肃省平凉市华亭县砚峡兴旺公司养鸡协会
913 甘肃省武威市凉州区食用菌协会
914 甘肃省酒泉市瓜州县锁阳城镇畜产品购销协会
915 甘肃省张掖市临泽县富地甜叶菊种植协会
916 甘肃省庆阳市镇原县南三镇农业科技推广协会
917 甘肃省临夏回族自治州临夏县养猪协会
918 甘肃省庆阳市庆城县驿马镇果业协会
919 甘肃省武威市天祝藏族自治县无公害蔬菜协会
920 甘肃省临夏回族自治州东乡族自治县五家养羊协会
921 甘肃省天水市甘谷县农村能源协会
922 甘肃省平凉市庄浪县农村沼气协会
923 甘肃省兰州市红古区土鸡养殖协会
924 甘肃省临夏回族自治州临夏市折桥镇和谐蔬菜协会
925 甘肃省定西市漳县金钟中药材种植协会
926 甘肃省定西市岷县当归产业协会
927 甘肃省武威市民勤县东湖镇正新村治沙协会
928 甘肃省张掖市甘州区新墩镇无公害韭菜协会
929 甘肃省金昌市永昌县农村妇女养殖协会
930 甘肃省白银市靖远县北湾镇蔬菜协会
931 甘肃省白银市景泰县寺滩乡农业产业化发展协会
932 甘肃省兰州市永登县通远乡农民辣椒产销协会
933 甘肃省兰州市皋兰县长川村西甜瓜协会
934 甘肃省白银市会宁县土门岘乡兴隆养羊协会
935 甘肃省酒泉市金塔县羊井子湾乡大泉湾村葡萄协会
936 甘肃省天水市武山县菜农协会

937 甘肃省天水市秦州区皂郊镇董家坪村果农协会
938 甘肃省定西市通渭县陇川乡菜子村林果协会
939 甘肃省酒泉市敦煌市郭家堡乡养羊协会
940 甘肃省白银市平川区种田乡养殖协会
941 甘肃省平凉市泾川县红河乡杨吕村苗木繁育协会
942 甘肃省定西市安定区内官营镇农产品经销协会
943 甘肃省陇南市礼县金源中药材协会
944 甘肃省武威市古浪县土门镇蔬菜产销协会
945 甘肃省庆阳市宁县瓦斜乡科农协会
946 甘肃省庆阳市合水县新兴有机林果专业协会
947 甘肃省兰州市榆中县清水村蔬菜协会
948 青海省海北藏族自治州刚察县诚信种植养殖业协会
949 青海省海南藏族自治州共和县倒淌河镇哈乙亥村农畜产品经济协会
950 青海省西宁市湟中县伊兴牛羊养殖营销协会
951 青海省海东地区民和回族土族自治县农产品经纪人协会
952 青海省西宁市大通回族土族自治县蚕豆产业协会
953 青海省海东地区乐都县雨润镇大蒜樱桃种植协会
954 青海省海北藏族自治州祁连县康绿牲畜养殖协会
955 青海省海西蒙古族藏族自治州乌兰县柯柯镇北柯柯村绒山羊繁殖协会
956 青海省海东地区互助土族自治县红崖子沟乡小寨村养鸡协会
957 青海省海东地区平安县富硒农产品产销协会
958 青海省海东地区乐都县康泰种养殖专业技术协会
959 宁夏回族自治区银川市西夏区镇北堡镇牛羊肉产销协会
960 宁夏回族自治区银川市永宁县杨和镇红星肉牛养殖协会
961 宁夏回族自治区银川市贺兰县绿荫苗木花卉协会
962 宁夏回族自治区银川市兴庆区科普图书种业协会
963 宁夏回族自治区吴忠市利通区勤海设施经果林协会
964 宁夏回族自治区吴忠市青铜峡市甘城子葡萄协会
965 宁夏回族自治区吴忠市同心县保珍清真牛羊肉营销协会
966 宁夏回族自治区固原市西吉县向阳梅花鹿驯养繁殖专业协会
967 宁夏回族自治区固原市原州区固原圣大养鸡专业技术协会
968 宁夏回族自治区固原市彭阳县红河乡辣椒种植技术协会
969 宁夏回族自治区中卫市沙坡头区永康镇徐庄村生态林果流通协会
970 宁夏回族自治区固原市泾源县六盘山苗木发展协会
971 新疆维吾尔自治区伊犁哈萨克自治州伊宁县多浪农场葡萄协会
972 新疆维吾尔自治区伊犁哈萨克自治州新源县吐尔根乡哈拉苏别里托汗养殖协会
973 新疆维吾尔自治区伊犁哈萨克自治州昭苏县阿克达拉乡优质新疆褐牛养殖协会
974 新疆维吾尔自治区伊犁哈萨克自治州尼勒克县科蒙乡移民生态养殖协会
975 新疆维吾尔自治区阿勒泰地区青河县青格里山羊绒协会
976 新疆维吾尔自治区阿勒泰地区哈巴河县刺绣协会
977 新疆维吾尔自治区博尔塔拉蒙古自治州精河县托托乡古尔图牧业村绒山羊养殖专业技术协会
978 新疆维吾尔自治区昌吉回族自治州奇台县出口蔬菜协会
979 新疆维吾尔自治区乌鲁木齐市达坂城区东沟乡种植业协会
980 新疆维吾尔自治区哈密地区巴里坤哈萨克自治县奎苏镇马铃薯协会
981 新疆维吾尔自治区巴音郭楞蒙古自治州且末县英吾斯塘乡红枣协会
982 新疆维吾尔自治区阿克苏地区库车县牙哈镇阿合布牙葡萄协会
983 新疆维吾尔自治区阿克苏地区柯坪县阿恰乡恰玛古协会
984 新疆维吾尔自治区克孜勒苏柯尔克孜自治州阿合奇县有机畜养殖协会
985 新疆维吾尔自治区喀什地区叶城县玫瑰花专业技术协会
986 新疆维吾尔自治区喀什地区喀什市浩罕乡曲古尔十三村石榴专业技术协会
987 新疆维吾尔自治区和田地区于田县先拜巴扎镇妇女刺绣协会
988 新疆维吾尔自治区和田地区皮山县皮亚勒玛乡石榴协会
989 新疆维吾尔自治区和田地区墨玉县卡尔赛畜牧养殖服务协会
990 新疆维吾尔自治区和田地区民丰县安迪牧场红枣协会
991 新疆维吾尔自治区塔城地区托里县库普乡杰特

窝巴村干酪素协会
992 新疆维吾尔自治区塔城地区额敏县杰勒阿尕什乡民用农机协会
993 新疆维吾尔自治区巴音郭楞蒙古自治州焉耆回族自治县养鸡专业技术协会
994 新疆维吾尔自治区巴音郭楞蒙古自治州轮台县生猪养殖产业协会
995 新疆维吾尔自治区吐鲁番地区鄯善县辟展乡乔克塘村蔬菜协会
996 新疆维吾尔自治区哈密地区哈密市哈密瓜协会
997 新疆维吾尔自治区阿克苏地区乌什县果品协会
998 新疆生产建设兵团农二师二十四蔬菜协会
999 新疆生产建设兵团农八师 143 石河子特色林果产业协会
1000 新疆生产建设兵团农六师 103 团哈密瓜协会

二、农村科普示范基地（386 个）

1 北京市延庆县前庙葡萄科普示范基地
2 北京市密云县上甸子有机板栗栽培技术科普示范基地
3 天津市百姓一兰梓大蒜种植基地（宝坻区）
4 天津市武清区兴华养殖示范基地
5 天津市蓟县罗庄子镇蓟州脆枣示范基地
6 河北省保定市定州市德胜农林科技有限公司科普示范基地
7 河北省石家庄市井陉矿区天苑农牧科普示范基地
8 河北省石家庄市行唐县上滋洋核桃科普示范基地
9 河北省沧州市黄骅市神华（常郭）无公害菌蔬生产基地
10 河北省邢台市南和县大棚蔬菜科普示范基地
11 河北省张家口市宣化县塔儿村乡西甘庄养殖基地
12 河北省唐山市唐海县绿港现代农业产业示范园区
13 河北省廊坊市永清县大辛阁乡和顺蔬菜科普示范基地
14 河北省衡水市故城县众兴奶牛养殖基地
15 河北省唐山市迁西县科普惠农培训基地
16 河北省沧州市沧县富源科普示范基地
17 河北省保定市高阳县香格尔饮业有限公司天泽园种养基地
18 山西省太原市阳曲县富昌种植专业合作社科普示范基地
19 山西省运城市夏县夏乐牌西瓜种植科普示范基地
20 山西省大同市阳高县守信种猪有限公司生态养猪科普示范基地
21 山西省忻州市定襄县东作设施农业园区科普示范基地
22 山西省吕梁市临县山西科普红枣业有限公司科普示范基地
23 山西省临汾市大宁县越奥牧业种羊科普示范基地
24 山西省长治市沁县漳绿园农林开发有限公司科普示范基地
25 山西省朔州市胜茂农业科技发展有限公司科普示范基地（朔城区）
26 山西省太原市古交市明鑫养殖有限公司科普示范基地
27 山西省吕梁市中阳县田园生态养殖有限公司科普示范基地
28 山西省晋中市左权县玉丰园艺科技有限公司草莓科普示范基地
29 山西省阳泉市郊区山西北方现代农业科技有限公司科普示范基地
30 山西省晋中市榆社县金汇食业有限公司种植加工科普示范基地
31 山西省长治市城区卓越养殖科普示范基地
32 山西省临汾市安泽县瑞达养牛科普示范基地
33 内蒙古自治区乌兰察布市察哈尔右翼中旗乌素图镇红萝卜种植科普示范基地
34 内蒙古自治区鄂尔多斯市准格尔旗农乡丰种植加工科普示范基地
35 内蒙古自治区赤峰市喀喇沁旗佳禾园艺有限公司色素万寿菊杂交 F1 代种子繁育示范基地
36 内蒙古自治区呼伦贝尔市新巴尔虎右旗新右旗呼伦贝尔羊扩繁科普示范基地
37 内蒙古自治区乌兰察布市集宁区馨惠源种植科普示范基地
38 内蒙古自治区兴安盟科尔沁右翼前旗索伦镇乌敦嘎查生猪养殖科普示范基地
39 内蒙古自治区呼和浩特市托克托县嘉丰农业科技示范基地
40 内蒙古自治区呼伦贝尔市鄂伦春自治旗中草药科普示范基地
41 内蒙古自治区锡林郭勒盟多伦县大北沟镇平甸沟村育肥牛基地
42 内蒙古自治区鄂尔多斯市伊金霍洛旗博业农林牧科普示范基地
43 内蒙古自治区通辽市科尔沁左翼后旗大寓牧业珍禽养殖基地

44 内蒙古自治区阿拉善盟额济纳旗聚源特色种养综合科普示范基地
45 内蒙古自治区呼和浩特市回民区慧丰生态农业有机种植示范基地
46 内蒙古自治区通辽市霍林郭勒市霍林河社区养殖基地
47 内蒙古自治区赤峰市松山区穆家营子镇全家梁设施农业无公害蔬菜科普示范基地
48 辽宁省鞍山市千山区东鞍山镇双兴火龙果种植基地
49 辽宁省盘锦市双台子区盘锦鑫安源农民专业技能培训基地
50 辽宁省沈阳市法库县树莓科普示范基地
51 辽宁省葫芦岛市建昌县小德营子乡棚菜生产示范基地
52 辽宁省大连市金州区畜牧饲养技术协会科普示范基地
53 辽宁省阜新市彰武县西六乡花生种植基地
54 辽宁省丹东市凤城市树莓协会科普示范基地
55 辽宁省营口市大石桥市千弘园艺场林地科普示范基地
56 辽宁省本溪市桓仁满族自治县“三达”林蛙养殖科普示范基地
57 辽宁省抚顺市北研科普示范基地
58 辽宁省锦州市北镇市万丰生态养殖科普示范基地
59 辽宁省铁岭市调兵山市法国葡萄种植科普示范基地
60 辽宁省辽阳市天天食用菌科普示范基地（太子河区）
61 吉林省通化市梅河口市退伍军人农业科技培训基地
62 吉林省白城市镇赉县东屏镇现代烟草农业示范基地
63 吉林省白山市隆兴牧业科技实验示范基地（抚松县）
64 吉林省世纪阿姆斯生物技术有限公司科普培训基地（长春市双阳区）
65 黑龙江省哈尔滨市五常市养猪协会养殖基地
66 黑龙江省牡丹江市爱民区三道关黑木耳标准化栽培示范基地
67 黑龙江省大兴安岭地区塔河县力禾生态养殖基地
68 黑龙江省绥化市兰西县聚丰亚麻种植示范基地
69 黑龙江省牡丹江市东宁县北河沿国家级黑木耳标准化栽培示范基地
70 上海市青浦区现代农业园区发展有限公司科普示范基地
71 江苏省苏州市相城区阳澄湖现代农业发展有限公司科普示范基地
72 江苏省南京市江宁区谷里现代农业科普示范基地
73 江苏省盐城市大丰市裕华镇海防村大蒜种植基地
74 江苏省淮安市盱眙县仇集镇朱刘蔬菜科普示范基地
75 江苏省徐州市新沂市黄墩村高效设施蔬菜基地
76 江苏省连云港市海州区板浦镇豆丹生态养殖科普示范基地
77 江苏省扬州市邗江区扬州金集花卉有限公司科普示范基地
78 江苏省镇江市丹阳市吟春碧芽茶科普示范基地
79 浙江省宁波市江北区宁波市出口创汇盆景产业基地
80 浙江省金华市东阳市冠绿果品种植场
81 浙江省衢州市柯城区衢州市柯城朱盛生态养殖种植园区
82 安徽省蚌埠市怀远县孔津湖生态泥鳅养殖科普基地
83 安徽省六安市金安区奥林园艺科普示范基地
84 安徽省合肥市桃蹊生态科普示范基地（庐阳区）
85 安徽省池州市贵池区池州升金湖农业循环经济科普示范基地
86 安徽省芜湖市芜湖县绿色果品农村科普示范基地
87 安徽省黄山市屯溪区乌龙茶科普示范基地
88 安徽省阜阳市颍州区民强蔬菜生产科普示范基地
89 安徽省滁州市定远县岱山经果林协会科普示范基地
90 安徽省滁州市凤阳县农业科学研究所科普示范基地
91 安徽省安庆市枞阳县祥龙农业发展有限责任公司科普示范基地
92 安徽省马鞍山市含山县清溪镇巨兴无公害优质“双低”油菜科普示范基地
93 福建省漳州市华安县漳州光照人茶业有限公司科普示范基地
94 福建省泉州市惠安县辋川镇走马埭现代农业生产基地
95 福建省三明市三元区丰宇果蔬技术研究所
96 福建省宁德市奇隆翔农业有限公司茶叶示范基地（蕉城区）

97 福建省厦门市同安区厦门青田农业开发有限公司科普示范基地
98 福建省平潭综合实验区平潭县新辉农牧生态有限公司科普示范基地
99 福建省福州市闽清县丰达生态农业大观园有限公司科普示范基地
100 福建省龙岩市长汀县策武镇树王银杏生态园基地
101 福建省莆田市仙游县龙华金溪茶厂茶叶示范基地
102 福建省漳州市云霄县绿野农业开发有限公司有机种植示范基地
103 江西省萍乡市莲花县黄沙高山洋根（雪莲果）种植科普示范基地
104 江西省赣州市上犹县仙湖优质稻科普示范基地
105 江西省上饶市弋阳县新田源种养示范基地
106 江西省赣州市安远县三排无公害脐橙科普示范基地
107 江西省上饶市德兴市吊瓜科普示范基地
108 江西省九江市九江县现代农业（设施蔬菜）科普示范基地
109 江西省赣州市定南县五丰公司生猪养殖科普示范基地
110 江西省抚州市宜黄县茗盛生猪养殖科普示范基地
111 江西省新余市分宜县高岚乡高产油茶科普示范基地
112 江西省南昌市进贤县金峰茶业有限公司生态农业科普示范基地
113 江西省上饶市信州区丰登杨树种植科普示范基地
114 江西省宜春市铜鼓县三都六顺科普示范基地
115 江西省吉安市遂川县狗牯脑茶厂科普示范基地
116 江西省宜春市樟树市洲上青皮冬瓜种植基地
117 山东省青岛市黄岛区青岛双福源生态养猪科普示范基地
118 山东省威海市乳山市正华农林科技示范园
119 山东省临沂市费县玉山西红柿科普示范基地
120 山东省菏泽市巨野县林下养殖示范推广基地
121 山东省临沂市沂水县桂花科普示范基地
122 山东省淄博市桓台县四色韭黄科普示范基地
123 山东省日照市莒县养鸡协会标准化养殖示范基地
124 山东省聊城市东昌府区禾源水产养殖示范基地
125 山东省济南市历城区济南宅科特种养殖示范基地
126 山东省泰安市新泰市山东瀚景园林植物新品种研发基地
127 山东省临沂市平邑县明源食用菌科技示范基地
128 山东省潍坊市安丘市泥沟特色农业科普示范基地
129 山东省济南市商河县山东省黄河高效农业示范基地
130 山东省德州市庆云县万粮张葡萄种植科普示范基地
131 山东省泰安市泰山四大名药科技示范基地（泰山景区）
132 山东省临沂市郯城县郯园蔬菜种植科普惠农示范基地
133 山东省济南市长清区永丰种业有限公司科普示范基地
134 山东省菏泽市林果科普示范基地（牡丹区）
135 山东省滨州市经济开发区福寿红冬枣标准化生产基地
136 山东省威海市经济技术开发区威海艺苑园林绿化工程有限公司苗圃示范基地
137 山东省烟台市牟平区姜格庄海参育苗养殖科普示范基地
138 山东省淄博市沂源县百草坪中药材种植示范基地
139 山东省东营市河口区绿岛水果种植科普示范基地
140 河南省郑州市中牟县春峰草莓基地
141 河南省开封市开封县聚仙生态农业科普示范基地
142 河南省洛阳市汝阳县双泉蔬菜协会种植基地
143 河南省平顶山市舞钢市金田林果科普示范基地
144 河南省安阳市林州市京鸡养殖基地
145 河南省鹤壁市淇县恒田牧业生态养殖科普基地
146 河南省新乡市长垣县天天发种、养殖科普示范基地
147 河南省焦作市修武县东星综合养殖基地
148 河南省安阳市林州市天池山生态园科普示范基地
149 河南省濮阳市范县濮城镇长江水产养殖基地
150 河南省许昌市魏都区宏腾置业苗木种植基地
151 河南省漯河市临颍县东浩生态农业草莓种植示范基地
152 河南省三门峡市湖滨区向阳人工湖无公害水产品养殖示范基地
153 河南省南阳市淅川县丹水鱼养殖科普示范基地
154 河南省商丘市夏邑县王集乡丁梨园村无公害蔬菜基地
155 河南省周口市淮阳县小麦良种繁育基地
156 河南省驻马店市遂平县阳丰乡碧翠园种植基地
157 河南省南阳市社旗县焦庄沃而康科普示范基地
158 河南省开封市开封县陈留镇红提葡萄种植科普示范基地

159 河南省焦作市武陟县小庄村生猪繁育基地
160 河南省许昌市许昌花中园林生产基地（许昌县）
161 河南省鹤壁市淇滨区新兴肉猪养殖基地
162 湖北省襄阳市谷城县荆山源土鸡养殖巩湾科普示范基地
163 湖北省恩施土家族苗族自治州来凤县油桐科普示范基地
164 湖北省黄冈市黄梅县杨柳湖村鱼猪鸭立体养殖科普示范基地
165 湖北省黄冈市蕲春县畜禽福利养殖科普示范基地
166 湖北省荆州市石首市老河长江四大家鱼苗种科普示范基地
167 湖北省潜江市湖北尝香思食品有限公司辣椒种植科普示范基地
168 湖北省十堰市丹江口市优质花卉苗木科普示范基地
169 湖北省神农架林区板仓中蜂养殖科普示范基地
170 湖北省鄂州市华容区胡铺葡萄种植科普示范基地
171 湖北省随州市随县安居镇王家沙湾村无公害蔬菜科普示范种植基地
172 湖北省襄阳市樊城区莲藕科普示范基地
173 湖北省黄石市下陆区唐禾种养示范与观光农业基地
174 湖北省宜昌市夷陵区萧氏茶叶有机茶科普示范基地
175 湖北省荆门市沙洋县五里镇白虎村速生丰产林基地
176 湖北省咸宁市崇阳县北程生态农业科技示范场
177 湖南省邵阳市隆回县稻蔬轮作基地
178 湖南省张家界市永定区生态旅游农业科普示范基地
179 湖南省湘潭市韶山市湘莲种植科普示范基地
180 湖南省永州市江华瑶族自治县大路铺六月香雪梨科普基地
181 湖南省衡阳市祁东县友吉黄花菜产业科普示范基地
182 湖南省邵阳市大祥区绿翔蔬菜科普示范基地
183 湖南省怀化市辰溪县大鲩繁育科普示范基地
184 湖南省邵阳市绥宁县乐安无核椪柑科普示范基地
185 湖南省岳阳市岳阳县麻塘镇绿丰园林花卉苗木科普示范基地
186 湖南省邵阳市邵阳县七里山蔸头科普示范基地
187 湖南省娄底市新化县博泰农业湘中梅山猪繁育示范基地
188 湖南省娄底市涟源市老山冲生态农庄科普示范基地
189 湖南省湘西土家族苗族自治州保靖县黄金茶科普示范基地
190 湖南省湘西土家族苗族自治州龙山县龙山名正果业开发科技示范园
191 湖南省株洲市醴陵市均楚镇新立红薯种植科普示范基地
192 湖南省长沙市宁乡县回龙铺镇万亩高档优质稻示范基地
193 湖南省常德市鼎城区沧山黑山羊黄牛繁育示范基地
194 湖南省长沙市长沙县曙光山城葡萄科普示范基地
195 广东省茂名市高州市聚丰农业科技服务有限公司科普示范基地
196 广东省惠州市惠城区九龙现代化农业蔬菜科普示范基地
197 广东省肇庆市封开县油栗育苗科普示范基地
198 广东省梅州市梅县益丰农业技术推广有限公司科普示范基地
199 广东省清远市清新县清西万亩水产养殖科普示范基地
200 广东省阳江市江城区明鑫农村科普示范基地
201 广东省揭阳市普宁市宝镜院村花卉苗木科普示范基地
202 广西壮族自治区桂林市三通牲猪养殖有限公司科普繁育基地（象山区）
203 广西壮族自治区百色市右江区芒果品种改良试验示范基地
204 广西壮族自治区玉林市绿美蔬菜基地（玉州区）
205 广西壮族自治区桂林市龙胜各族自治县翠鸭养殖科普示范基地
206 广西壮族自治区玉林市兴业县君林白鸽养殖科普示范基地
207 广西壮族自治区贵港市港南区宏茂养鸡场木格土鸡生态养殖科普示范基地
208 广西壮族自治区玉林市山夏莪术种植科普示范基地（玉州区）
209 广西壮族自治区柳州市融安县岗伟村香油板栗示范基地
210 广西壮族自治区玉林市信森剑麻种植科普示范基地（玉州区）
211 广西壮族自治区柳州市鹿寨县大乐岭有机茶叶科普示范基地

212 广西壮族自治区防城港市上思县念伦养猪基地
213 广西壮族自治区百色市德保县矮马养殖科普示范基地
214 广西壮族自治区崇左市凭祥市百果园珍禽养殖基地
215 广西壮族自治区梧州市万秀区广西梧州市养蜂协会养蜂示范基地
216 广西壮族自治区贺州市昭平县亿健茶业有限公司有机茶基地
217 广西壮族自治区河池市大化瑶族自治县艾格菲生猪养殖科普示范基地
218 广西壮族自治区百色市隆林各族自治县优质油茶开发示范基地
219 广西壮族自治区钦州高丰农业有限公司火龙果科普示范基地（钦州市钦南区）
220 广西壮族自治区南宁市宾阳县古辣镇盈丰剑麻高产示范基地
221 广西壮族自治区玉林市北流市三岳葡萄种植基地
222 广西壮族自治区桂林市阳朔县夏橙示范基地
223 广西壮族自治区贵港市桂平市龙塘淮山科普示范基地
224 广西壮族自治区桂林市资源县车田苗族乡永桦西红柿示范基地
225 广西壮族自治区玉林市天宝桑蚕良种繁育示范基地（玉州区）
226 广西壮族自治区百色市田东县山茶油科普示范基地
227 广西壮族自治区钦州市灵山县园丰牧业有限公司优质种鸡生产基地
228 海南省保亭黎族苗族自治县育鸿低碳高效农业科普示范基地
229 海南省陵水黎族自治县农产品种植科普示范基地
230 重庆市綦江区东溪花生科普示范基地
231 重庆市江津区晚熟柑橘农业科普示范基地
232 重庆市潼南县太安镇特色蔬菜科普示范基地
233 重庆市铜梁县枳壳规范化种植基地
234 重庆市彭水苗族土家族自治县大鲵驯养繁殖科普示范基地
235 重庆市巫山县食用菌科普示范基地
236 重庆市秀山土家族苗族自治县高端猕猴桃示范基地
237 重庆市酉阳土家族苗族自治县荞丰农产品开发有限公司苦荞种植基地
238 重庆市奉节县蜀东门有机脐橙种植科普示范基地
239 重庆市云阳县农坝中药材种植科普示范基地
240 重庆市綦江区重庆万盛名优茶科普示范基地
241 四川省自贡市沿滩区箭口川越水产养殖基地
242 四川省眉山市东坡区乙洮蔬菜种植示范基地
243 四川省内江市东兴区奶牛科普养殖示范基地
244 四川省宜宾市高县九一六茶叶基地
245 四川省甘孜藏族自治州丹巴县藏味轩香猪腿加工示范基地
246 四川省成都市邛崃市现代生物技术农业种植科普示范基地
247 四川省德阳市旌阳区双东镇东美枣科普示范基地
248 四川省雅安市芦山县林下生态养殖科普示范基地
249 四川省阿坝藏族羌族自治州九寨沟县猪苓人工种植标准化示范基地
250 四川省成都市温江区大蒜标准化种植基地
251 四川省攀枝花市盐边县团结优质枇杷种植科普示范基地
252 四川省德阳市罗江县略坪镇无公害蔬菜科普示范基地
253 四川省绵阳市北川羌族自治县金鼓苔子茶科普示范基地
254 四川省成都市崇州市优质蔬菜科普示范基地
255 四川省绵阳市游仙区雪梅生态园科普示范基地
256 四川省绵阳市盐亭县春鹏生猪良繁科普示范基地
257 四川省攀枝花市仁和区标准化养殖科普示范基地
258 四川省南充市顺庆区大林蛋鸡养殖科普示范基地
259 四川省宜宾市珙县龙凤茶花示范基地
260 四川省遂宁市射洪县民泰现代种养科普示范基地
261 四川省雅安市石棉县优质枇杷科普示范基地
262 四川省泸州市龙马潭区乌鸡繁育科普示范基地
263 四川省乐山市市中区肉牛养殖科普示范基地
264 四川省成都市蒲江县同心村茶叶科普示范基地
265 四川省泸州市泸县甜橙留树保鲜新技术科普示范基地
266 四川省眉山市丹棱县老峨山有机茶园区科普示范基地
267 四川省广安市广安区中桥街道办事处内塔村翠冠梨科普示范基地
268 四川省遂宁市大英县鑫燕野鸡养殖科普示范基地
269 四川省巴中市通江县名优水果种植基地
270 四川省广元市旺苍县木门现代农业示范园区
271 四川省广元市剑阁县汉阳现代循环农业科普示范基地

272 四川省凉山彝族自治州布拖县木尔乡呷乌村大棚蔬菜示范基地
273 四川省达州市大竹县黑花生种植示范与种源繁育基地
274 四川省阿坝藏族羌族自治州汶川县水磨现代农业科普示范园
275 四川省宜宾市屏山县锦屏镇茶果科普示范基地
276 四川省达州市渠县政通七彩山鸡科普示范基地
277 四川省巴中市平昌县江水果蔬基地
278 贵州省黔南布依族苗族自治州贵定县岩下娃娃鱼驯养繁殖科普示范基地
279 贵州省贵阳市乌当区百宜乡优质鸡生态养殖科普示范基地
280 贵州省铜仁市碧江区六龙山反季节蔬菜示范基地
281 贵州省黔西南布依族苗族自治州贞丰县龙场镇优质烤烟科普种植基地
282 贵州省安顺市普定县农鑫经果林种植示范基地
283 贵州省毕节市七星关区毕节市周驿生态果园科普示范基地
284 贵州省六盘水市钟山区六盘水宏裕生猪养殖繁育基地
285 贵州省黔东南苗族侗族自治州黔东南州欣园科普示范基地
286 贵州省黔东南苗族侗族自治州麻江县蓝莓科技示范基地
287 贵州省毕节市黔西县中坪镇龙兴生态农业科普示范基地
288 贵州省遵义市余庆县松烟镇二龙村绿茶科普示范基地
289 贵州省遵义市正安县格林镇核桃种植科普示范基地
290 贵州省铜仁市万山区金银花种植科普示范基地
291 贵州省铜仁市沿河土家族自治县枫香蔬菜科普示范基地
292 贵州省安顺市镇宁布依族苗族自治县六马乡烂田经果林种植基地
293 贵州省黔南布依族苗族自治州龙里县醒狮镇醒狮村蔬菜种植科普示范基地
294 贵州省六盘水市六枝特区郎岱镇万亩商品蔬菜基地
295 贵州省贵阳市清镇市红枫湖龙井生态农业科普示范基地
296 云南省昆明市宜良县华仁养殖科普示范基地
297 云南省昭通市鲁甸县樱桃科普示范基地
298 云南省曲靖市宣威市宝山镇马铃薯科普试验示范基地
299 云南省红河哈尼族彝族自治州石屏县特色林果科普示范基地
300 云南省曲靖市陆良县小百户烟草科普示范基地
301 云南省楚雄彝族自治州南华县人工珍稀食用菌示范种植基地
302 云南省保山市龙陵县紫皮石斛标准化栽培示范基地
303 云南省临沧市凤庆县双高蔗园科普示范基地
304 云南省玉溪市澄江县缤纷洋桔梗种植科普示范基地
305 云南省红河哈尼族彝族自治州蒙自市现代农业科普示范基地
306 云南省迪庆藏族自治州维西傈僳族自治县云木香 GAP 种植科普示范基地
307 云南省文山壮族苗族自治州广南县油茶产业科普示范基地
308 云南省普洱市孟连傣族拉祜族佤族自治县景信乡朗勒村小香蒜科普示范基地
309 云南省丽江市宁蒗彝族自治县新营盘乡果药产业协会中药材种植示范基地
310 云南省西双版纳傣族自治州景洪市无公害小粒咖啡标准化种植示范基地
311 云南省丽江市永胜县片角卜甲优质石榴科普示范基地
312 云南省大理白族自治州宾川县“爽馨”石榴科普示范基地
313 云南省普洱市宁洱哈尼族彝族自治县同心乡大凹子茶叶科普示范基地
314 云南省德宏傣族景颇族自治州盈江县勐弄山生态茶园科普示范基地
315 云南省临沧市永德县澳洲坚果科普示范基地
316 云南省德宏傣族景颇族自治州瑞丽市瑞农科普示范基地
317 西藏自治区昌都地区左贡县葡萄种植基地
318 西藏自治区日喀则地区拉孜县乃村优质双底油菜种植示范基地
319 西藏自治区山南地区琼结县兴农种业农资饲料基地
320 西藏自治区日喀则地区拉孜县苏村新农村建设示范基地

321 西藏自治区拉萨市堆龙德庆县岗德林村生猪繁育养殖基地
322 西藏自治区日喀则地区拉孜县下杂村优质马铃薯种植示范基地
323 西藏自治区林芝地区朗县旺热村养羊示范基地
324 西藏自治区阿里地区日土县日土村奶牛养殖基地
325 陕西省宝鸡市千阳县标准化奶牛养殖科普示范基地
326 陕西省榆林市榆阳区兴农科普示范基地
327 陕西省汉中市宁强县有机茶种植加工科普示范基地
328 陕西省汉中市勉县长沟河乡天麻生产示范基地
329 陕西省咸阳市武功县武功镇羊圈村农村科普培训基地
330 陕西省咸阳市泾阳县云阳镇花马村高效设施蔬菜科普示范基地
331 陕西省榆林市佳县果园科普示范基地
332 陕西省西安市灞桥区红旗生态农业观赏示范园科普示范基地
333 陕西省商洛市柞水县盘龙寺脱毒洋芋良种繁育示范基地
334 陕西省杨凌示范区管委会揉谷果蔬科普示范基地
335 陕西省西安市户县杏果研究所科普示范基地
336 陕西省宝鸡市太白县咀头镇北沟村设施农业科普示范基地
337 陕西省宝鸡市陇县东南镇绿强蔬菜标准化种植科普示范基地
338 陕西省延安市富县茶坊镇榆林桥村设施蔬菜科普示范基地
339 陕西省安康市石泉县池河镇明星村良种猪繁育基地
340 陕西省商洛市洛南县城关镇柳林村大棚蔬菜科普示范基地
341 陕西省渭南市富平县嘉润奶牛标准化养殖示范基地
342 陕西省延安市延川县荣泽种苗科普示范基地
343 陕西省汉中市略阳县向杨农副产品深加工科普示范基地
344 陕西省安康市岚皋县官元镇山羊养殖科普示范基地
345 陕西省渭南市澄城县秦裕黄花菜示范基地
346 甘肃省张掖市山丹县设施葡萄栽培示范基地
347 甘肃省平凉市静宁县平凉“金果”全球良好农业规范（GAP）苹果生产基地
348 甘肃省酒泉市玉门市“沁馨”冬韭王科普示范基地
349 甘肃省平凉市灵台县中台镇西川无公害蔬菜科普示范基地
350 甘肃省庆阳市环县许旗村小杂粮生产示范基地
351 甘肃省陇南市武都区裕河乡庙坝农业科普示范基地
352 甘肃省甘南藏族自治州舟曲县江盘乡尖格老林果科普示范基地
353 甘肃省兰州市七里河区西津坪生态农业科普示范基地
354 甘肃省张掖市肃南裕固族自治县皇城镇细毛羊改良及标准化生产培训基地
355 甘肃省临夏回族自治州康乐县绿源苗木种植繁育基地
356 甘肃省天水市张家川回族自治县平安乡马铃薯脱毒种薯繁殖示范基地
357 甘肃省定西市临洮县新添镇潘家庄正大猪养殖基地
358 甘肃省金昌市金川区源达瓜籽科普示范基地
359 甘肃省武威市凉州区百利种苗生产科普示范基地
360 甘肃省临夏回族自治州东乡族自治县关卜药材种植基地
361 青海省海北藏族自治州海晏县金滩乡道阳村科普示范基地
362 青海省西宁市湟中县常青苗圃科普示范基地
363 青海省黄南藏族自治州同仁县金黄果种植育苗科普示范基地
364 青海省海西蒙古族藏族自治州格尔木市农业高新科技示范园
365 宁夏回族自治区中卫市中宁县宁夏杞乡硒砂瓜科普示范基地
366 宁夏回族自治区吴忠市盐池县枣树培育科普示范基地
367 宁夏回族自治区中卫市海原县甘盐池管委会西华山特色绵羊养殖科普示范基地
368 宁夏回族自治区银川市灵武市大海子农林牧科普示范基地
369 宁夏回族自治区石嘴山市平罗县三农科技服务有限公司优质水稻种植科普示范基地
370 新疆维吾尔自治区伊犁哈萨克自治州霍城县兰干乡新农村养殖基地
371 新疆维吾尔自治区伊犁哈萨克自治州巩留县阿尕尔森乡“三香红”林果示范基地

372 新疆维吾尔自治区塔城地区塔城市也门勒万亩玉米吨粮田标准化生产科普示范基地
373 新疆维吾尔自治区阿勒泰地区福海县阿勒泰大尾羊养殖示范基地
374 新疆维吾尔自治区博尔塔拉蒙古自治州温泉县哈日布呼镇玉祖尔村阿尔夏提肉羊基地
375 新疆维吾尔自治区昌吉回族自治州木垒哈萨克自治县安保职业技能培训学校民族刺绣手工艺品培训基地
376 新疆维吾尔自治区吐鲁番地区托克逊县彩色花生示范基地
377 新疆维吾尔自治区巴音郭楞蒙古自治州库尔勒市包头湖农场22000亩良种棉繁育暨1000亩可视智能化滴灌科普示范基地
378 新疆维吾尔自治区阿克苏地区阿克苏市阿克苏河流域特色水产养殖示范基地
379 新疆维吾尔自治区阿克苏地区拜城县惠民西瓜种植科普示范基地
380 新疆维吾尔自治区克孜勒苏柯尔克孜自治州阿克陶县戈壁设施农业示范基地
381 新疆维吾尔自治区喀什地区喀什市荒地乡希望家禽养殖科普示范基地
382 新疆维吾尔自治区和田地区和田县塔瓦库勒乡精品红枣科普示范基地
383 新疆维吾尔自治区和田地区策勒县林木种苗繁育科普示范基地
384 新疆维吾尔自治区博尔塔拉蒙古自治州博乐市绿佳果蔬设施农业生产基地
385 新疆生产建设兵团农九师团结农场熊蜂授粉技术示范基地
386 新疆生产建设兵团农四师70团农业技术推广站薰衣草科普示范基地

三、农村科普带头人（406名）

1 张福良 北京市大兴区礼贤镇东安村
2 杜守贵 北京市顺义区大孙各庄镇小故现村
3 鲁明祥 北京市延庆县康庄镇许家营村
4 朱仲志 北京市房山区青龙湖镇庙耳岗村
5 季　明 北京市昌平区西环路15号
6 李世清 北京市通州区新城东里
7 乔焕顺 北京市平谷区南独乐河镇粮管所路158号
8 果长海 北京市密云县北庄镇抗峪村
9 肖建中 天津市武清区大孟庄镇后幼庄黑马公司
10 高志恩 河北省石家庄市裕华区方村镇方村
11 郭文习 河北省邢台市威县贺钊乡郭牛村
12 王天文 河北省承德市双滦区偏桥子镇偏桥子村
13 张新未 河北省保定市顺平县蒲上镇伍郎村
14 梁玉成 河北省张家口市阳原县揣骨疃村
15 高振久 河北省唐山市迁西县三屯营镇高家庄村
16 刘立强 河北省石家庄市深泽县留村乡刘王庄村
17 甄成林 河北省唐山市丰润区火石营镇霍庄村
18 韩秉村 河北省沧州市海兴县张会亭乡前寨村
19 郑守志 河北省衡水市冀州市门家庄乡西徐家庄村
20 种锡武 河北省衡水市桃城区河沿镇种高村
21 王顺令 河北省邯郸市鸡泽县鸡泽镇
22 周　彦 河北省秦皇岛市抚宁县台营镇王各庄村
23 张建乐 山西省运城市稷山县稷峰镇陶梁村
24 田建国 山西省晋中市太谷县水秀乡大王堡村
25 杨海军 山西省忻州市偏关县窑头乡窑头村
26 高保宝 山西省太原市阳曲县北小店乡六固村
27 白云刚 山西省长治市武乡县故城镇茅庄村
28 王东亲（女） 山西省临汾市浮山县北王乡北茨庄村
29 程春业 山西省朔州市朔城区下团堡乡马营堡村
30 张清元 山西省吕梁市中阳县武家庄镇郝家圪塔
31 王身杰 山西省阳泉市平定县巨城镇上盘石村
32 张　万 山西省大同市新荣区西村乡大小窑山村
33 王海荣 山西省吕梁市离石区信义镇严村
34 卫俊芳（女） 山西省临汾市古县南垣乡祁寨村
35 邢林梅（女） 内蒙古自治区呼和浩特市武川县可可以力更镇三圣太村
36 任海军 内蒙古自治区巴彦淖尔市乌拉特中旗德岭山镇大圣村
37 张　亮 内蒙古自治区乌兰察布市兴和县城关镇城关村
38 巴雅尔图（蒙古族） 内蒙古自治区呼伦贝尔市陈巴尔虎旗呼和诺尔镇巴音布日德嘎查
39 吴占宽 内蒙古自治区鄂尔多斯市准格尔旗纳日松乡大路峁村
40 邢　阔（蒙古族） 内蒙古自治区赤峰市喀喇沁旗锦山镇驼店村
41 马志军（蒙古族） 内蒙古自治区通辽市开鲁县开鲁镇联合村
42 常跃东 内蒙古自治区乌兰察布市化德县长顺镇白音特拉村
43 巴雅斯胡良（蒙古族） 内蒙古自治区鄂尔多斯

市鄂托克前旗敖勒召其镇
44 张彦刚　内蒙古自治区包头市土默特右旗沟门乡后湾村
45 裴向国　内蒙古自治区锡林郭勒盟多伦县大北沟镇十五号村
46 马　凌（女，回族）内蒙古自治区阿拉善盟阿拉善左旗巴彦浩特镇
47 杨万志　内蒙古自治区赤峰市红山区文钟镇东三眼井村
48 张仕玲　内蒙古自治区通辽市库伦旗扣河子镇石灰窑子村
49 巴格那（蒙古族）内蒙古自治区呼伦贝尔市新巴尔虎左旗罕达盖苏木查干诺尔嘎查
50 孔淑玲（女）辽宁省大连市庄河市青堆镇团结村
51 孙仲堂　辽宁省鞍山市海城市望台镇望台村
52 董玉明（满族）辽宁省本溪市本溪满族自治县东营坊
53 谷　军　辽宁省丹东市东港市环城大街
54 孙学斌　辽宁省朝阳市龙城区中山大街五段
55 赵维明（满族）辽宁省沈阳市东陵区桃仙街道马楼子村
56 赵玉国　辽宁省铁岭市铁岭县蔡牛镇靠山村
57 路殿勇　辽宁省沈阳市苏家屯区八一街道来胜堡村
58 吴万祥　辽宁省锦州市凌海市双羊镇新站村
59 高秀武（满族）辽宁省抚顺市清原满族自治县马甸村
60 牛显阳　辽宁省辽阳市宏伟区兰家镇石灰村
61 张立成　辽宁省葫芦岛市南票区暖池塘镇
62 张新舜（满族）辽宁省大连市普兰店市四平镇四平村
63 杨玉满（女）辽宁省营口市老边区柳树镇西大平山村
64 张茹珍（女）吉林省长春市榆树市三太村
65 朱连吉　吉林省吉林市龙潭区汉阳南街
66 佟　人（女，满族）吉林省吉林市磐石市石嘴镇
67 鄂立明（满族）吉林省辽源市东丰县柳河村
68 韩　丽（女）吉林省辽源市东辽县安石镇
69 王贵华（女）吉林省通化市二道江区一心村
70 王恩玲（女）吉林省松原市前郭尔罗斯蒙古族自治县前郭镇
71 李广成　吉林省白山市长白朝鲜族自治县八道沟镇十一道沟村
72 陈占江　吉林省四平市梨树县朝阳北大路 51 号
73 安丰华　吉林省白山市抚松县四季村
74 胥国民　吉林省白城市洮北区平安镇中兴村
75 张海林　吉林省松原市宁江区朝阳村
76 李永镇（朝鲜族）吉林省延边朝鲜族自治州延吉市红旗村
77 王秀英（女）吉林省延边朝鲜族自治州龙井市官船村
78 王继忠　吉林省长白山保护开发区管理委员会池北区胜利村
79 张靖环（满族）吉林省通化市梅河口市乐善村
80 崔殿学　黑龙江省哈尔滨市木兰县吉兴乡红丰村
81 邴春芝（女）黑龙江省哈尔滨市方正县大罗密镇大罗密村
82 刘占河　黑龙江省齐齐哈尔市拜泉县兴农镇进展村
83 司忠利　黑龙江省牡丹江市林口县龙爪镇红林村
84 赵德轩　黑龙江省鸡西市密山市裴德镇青年村
85 张华军　黑龙江省黑河市北安市二井镇自和村
86 杨成甫　黑龙江省鹤岗市绥滨县北岗乡永泰村
87 孙银亮　黑龙江省大兴安岭地区漠河县西林吉镇
88 刘　江　黑龙江省绥化市明水县繁荣乡星火村
89 曹黎明　上海市闵行区北翟路 2901 号
90 周文富　江苏省盐城市响水县农业干部学校
91 项觉生　江苏省南通市启东市老科技工作者协会
92 范荣春　江苏省泰州市海陵区江苏省泰州市公园路北 60 号
93 王阿南　江苏省无锡市滨湖区马山乡万丰村
94 成玉洪　江苏省扬州市宝应县安宜镇北港村
95 曹开芳　江苏省徐州市铜山区棠张镇
96 许文贞　江苏省南京市高淳县固城镇桥头村
97 周惠钟　江苏省苏州市昆山市玉山镇朝阳西路
98 周朝东　江苏省连云港市新浦区高桥乡高桥村
99 刘　强　江苏省宿迁市沭阳县潼阳镇潼南村
100 陈美成　江苏省镇江市丹徒区上党镇五塘村
101 张　勤（女）江苏省南通市如东县掘港镇
102 陈效绘　浙江省杭州市余杭区中泰街道南湖村
103 郑荣希　浙江省宁波市镇海区万市徐村
104 褚富宝（女）浙江省嘉兴市南湖区余新镇金星村
105 沈长明　浙江省湖州市安吉县上墅乡上墅村
106 季伟平　浙江省丽水市云和县赤石乡垟田村
107 翁光裕　浙江省舟山市嵊泗县菜园镇石柱村
108 何兴龙　浙江省绍兴市越城区东湖镇水产村

109 王长明　安徽省黄山市徽州区绿康蜂业协会
110 巩向海　安徽省亳州市涡阳县高炉镇陆杨村
111 方永静　安徽省马鞍山市金家庄区慈湖乡蔡村
112 陈永康　安徽省蚌埠市五河县城关镇崇南村
113 杨健生　安徽省芜湖市鸠江区官陡街道鲁李村
114 古德玉　安徽省铜陵市铜陵县钟鸣镇金龙村
115 夏金仓　安徽省合肥市庐江县冶父山镇罗岗村
116 方玉起　安徽省池州市东至县尧渡镇建德路 25 号
117 汪忠元　安徽省宣城市绩溪县瀛洲镇梧村
118 陈长路　安徽省淮南市潘集区高皇镇民主村
119 刘　强　安徽省阜阳市颍州区程集镇张寨村
120 王宏祥（回族）安徽省滁州市全椒县六镇大张村大张渔场
121 韩辽原　安徽省宿州市埇桥区西寺坡镇西寺坡村
122 柴聪修　安徽省六安市寿县寿春镇
123 丁希文　安徽省安庆市怀宁县高河镇查湾村
124 沈国芳（女）安徽省广德县邱村镇梅泉村
125 陈　霖　安徽省六安市霍邱县城关镇鼓楼街
126 陈清元　福建省泉州市安溪县感德镇槐东村
127 黄道俊　福建省福州市晋安区宦溪镇洲洋村
128 郑科进　福建省三明市永安市青水乡过坑村
129 钟冬季（畲族）福建省宁德市古田县城东食菌加工基地 32 号
130 苏月华（女）福建省厦门市同安区苏厝村
131 苏福来　福建省泉州市南安市康美镇康美村国营南安市龙眼示范场
132 蓝招衍（畲族）福建省龙岩市永定县白岽村
133 曾小福　福建省三明市建宁县里心镇里心村
134 方守龙　福建省宁德市福鼎市太姥山镇方家山村畲家寨
135 伊发钗　福建省福州市永泰县同安镇洋尾村
136 方伟山　福建省漳州市云霄县莆美镇中柱村
137 李春华　福建省莆田市涵江区三江口镇新兴村
138 杨　忠　福建省南平市政和县东平镇护田村
139 陈建生　福建省漳州市东山县陈城镇西崎村
140 周宗胜　福建省龙岩市连城县姑田镇郭坑村
141 谭远新　江西省赣州市赣县王母渡镇
142 曹国军　江西省九江市都昌县都昌镇
143 龚小梅（女）江西省南昌市南昌县塘南镇新联村
144 叶成亮　江西省上饶市上饶县董团乡联星村
145 范爱花（女）江西省南昌市安义县新民乡峤岭村
146 向红军　江西省赣州市信丰县小河镇联群村
147 刘小林　江西省抚州市黎川县日峰镇永兴桥村
148 吴秋邦　江西省鹰潭市余江县平定乡洪万村
149 李思红　江西省景德镇市乐平市接渡镇淇头李家村
150 黄有水　江西省抚州市东乡县黎圩镇铁石分场
151 江习华　江西省上饶市鄱阳县鄱阳县农业科学研究所
152 陈运兴　江西省宜春市铜鼓县永宁镇定江东路
153 朱炼章　江西省上饶市余干县三塘镇后湖村
154 于云政　山东省烟台市栖霞市桃村镇桃村村
155 曲田桂　山东省青岛市城阳区夏庄街道夏庄社区
156 崔丽君（女）山东省烟台市招远市金岭镇大户陈家村
157 王呈彬　山东省德州市宁津县柴胡店镇马厂村
158 张庆春　山东省临沂市郯城县泉源乡西五湖村
159 孙志刚　山东省滨州市博兴县博昌街道办事处伏田村
160 袁承东　山东省烟台市长岛县大钦岛乡东村
161 伊树盈　山东省东营市东营区龙居镇李家村
162 李永国　山东省枣庄市山亭区城头镇西城头村
163 郭佳敏　山东省菏泽市单县李新庄镇黄寺村
164 刘云锋　山东省聊城市东阿县姜楼镇咸集村
165 魏　民　山东省临沂市平邑县郑城镇武城村
166 李丰志　山东省菏泽市牡丹区牡丹办事处国花村
167 李英顺　山东省德州市夏津县新盛店镇西李村
168 张　敏　山东省淄博市博山区池上镇上小峰村
169 孙志安　山东省威海市文登市界石镇旸里后村
170 程龙坤　山东省济宁市汶上县汶上镇林庄村
171 庄庆春　山东省潍坊市坊子区九龙街道庄家庄村
172 肖永旭　山东省青岛市胶南市琅琊镇台西头村
173 韩素莲（女）山东省济宁市泗水县泉林镇韩家村
174 王　锋　山东省临沂市沂南县马牧池乡东柳沟村
175 朱迪学　山东省日照市岚山区巨峰镇西赵庄村
176 张吉和　山东省泰安市肥城市王瓜店街道办事处黄叶村
177 路家月　山东省济宁市梁山县路那里村
178 陈海军　山东省济南市章丘市绣惠镇康陈村
179 李彦儒　山东省德州市陵县陵城镇南李村
180 王怀国　山东省东营市垦利县永安镇五村
181 张传伟　河南省郑州市中牟县官渡镇
182 冯趁义　河南省开封市兰考县谷营乡代寨村
183 赵俊杰　河南省洛阳市伊川县赵庄村
184 梁福海　河南省平顶山市石龙区龙兴街道办事处赵岭村

185 刘志坚　河南省安阳市殷都区北蒙街道办事处
186 王良生　河南省鹤壁市鹤山区九矿广场街道办事处王马庄村
187 杨　梅（女）河南省新乡市凤泉区农林畜牧局
188 孙永利　河南省焦作市博爱县金城乡南庄村
189 魏　涛　河南省濮阳市濮阳县县城南环路
190 张秋红（女）河南省许昌市长葛市市区农林局植保植检站
191 张红波　河南省三门峡市湖滨区崖底街道办岗上村
192 符中立　河南省南阳市内乡县湍东镇北符营村
193 吴建生　河南省商丘市民权县城关镇甘庄村
194 余培军　河南省信阳市淮滨县城关镇金湾大道
195 刘国平　河南省周口市郸城县城郊乡刘双庙村
196 刘东升（回族）河南省驻马店市驿城区文明路北段
197 张建兵　河南省济源市克井镇磨庄村
198 王继东　河南省新乡市辉县市张村乡枣园村
199 赵禄胜　河南省濮阳市清丰县马庄桥镇后赵家村
200 张庆民　河南省安阳市汤阴县白营镇花耳庄村
201 杨红钦　河南省平顶山市汝州市陵头乡陵头村
202 贾登伟　河南省漯河市临颍县陈庄乡贾太石村
203 李武昌　河南省三门峡市陕县大营镇温塘村
204 韩明志　河南省商丘市柘城县春水西路 10 号
205 秦富华　河南省驻马店市泌阳县农业局
206 华克勤　河南省许昌市魏都区光明路
207 许景闻　湖北省随州市随县厉山镇星升居委会
208 丁建虎　湖北省孝感市孝南区东山头原种场东山头村
209 周远春　湖北省黄冈市罗田县白庙河乡跨马墩村
210 谢为中　湖北省荆州市公安县埠河镇天心眼村
211 付召武　湖北省咸宁市通城县沙堆镇石冲村
212 方　铭　湖北省潜江市王场镇东岳街 17 号
213 吴绪芳（女）湖北省十堰市茅箭区大川镇卡子村
214 郑　军　湖北省荆门市掇刀区麻城邓冲村
215 李　平　湖北省宜昌市当阳市玉阳办事处北门村
216 任立荣　湖北省恩施土家族苗族自治州建始县红岩寺镇黄木垭村三组
217 代少波　湖北省仙桃市干河办事处双龙村五组
218 邱福清　湖北省鄂州市梁子湖区金坜村 8 组
219 李飞翔　湖北省襄阳市襄州区古驿镇新庄村
220 颜送贵　湖南省常德市桃源县漳江镇
221 胡文波　湖南省永州市新田县龙泉镇田家岭村
222 王新华（土家族）湖南省张家界市慈利县阳和土家族乡七方峪
223 陈克昌（土家族）湖南省张家界市桑植县四方溪乡响水洞村
224 黄自成　湖南省株洲市荷塘区明照乡桐梓坪村
225 程少良　湖南省永州市蓝山县洪观办事处泉塘村
226 袁任癸（女）湖南省郴州市资兴市黄草镇金腊村
227 丁平贵　湖南省衡阳市雁峰区白沙洲街道塑田村
228 郭益中　湖南省娄底市冷水江市三尖乡粘禾村
229 袁艳艳（女）湖南省郴州市桂阳县太和镇珠塘村
230 张有纪（侗族）湖南省怀化市新晃侗族自治县兴隆乡塘洞村
231 唐红星　湖南省衡阳市衡南县花桥镇杉玉村
232 李天仁　湖南省郴州市嘉禾县广发乡大塘村
233 王国成　湖南省永州市宁远县仁和镇草子塘村
234 吴绍锋（苗族）湖南省湘西土家族苗族自治州花垣县长乐乡团岩坪村
235 王业春　湖南省常德市汉寿县龙阳镇王海坪村
236 卢妃栋　广东省湛江市麻章区太平镇东岸村
237 林桂发　广东省揭阳市揭东县玉湖镇农业站
238 黄海燕（女）广东省江门市恩平市君堂乡中安村
239 林闻潘　广东省汕头市金平区鮀莲街道大场居委会
240 陈炽浩　广东省梅州市五华县水寨镇七都村
241 郑木宣　广东省汕尾市海丰县城东乡
242 赖得雄　广东省韶关市武江区龙归镇龙安村
243 郑晓锋　广东省茂名市信宜市东镇凤岗村
244 周路养　广东省清远市阳山县江英镇大桥村
245 林达贤　广东省湛江市徐闻县南山镇槟榔村
246 何金瑜　广东省肇庆市怀集县闸岗镇共和村
247 吕源根　广东省江门市鹤山市古劳乡新星村
248 陈汉佳　广东省汕头市濠江区礐石街道葛陈社区居委会
249 蓝县优（畲族）广东省韶关市始兴县深渡水瑶族乡坪田村
250 吴培钦　广东省河源市连平县高莞镇徐村
251 汪科元　广东省茂名市电白县沙琅镇人民大道一号
252 李英平　广西壮族自治区玉林市陆川县良田镇文官村
253 黄真才　广西壮族自治区贵港市平南县上渡乡大成村
254 吕小伟　广西壮族自治区桂林市灌阳县灌阳镇排埠江村

255 黄炳帅（女，壮族） 广西壮族自治区崇左市天等县东平乡东平村
256 周业耀（壮族） 广西壮族自治区百色市田阳县那满镇露美村
257 黄坚雄 广西壮族自治区梧州市苍梧县新地镇都梅村
258 潘庆标（壮族） 广西壮族自治区南宁市武鸣县城厢镇平等村
259 赵汝杰 广西壮族自治区钦州市钦南区尖山镇谷仓村
260 何思源 广西壮族自治区防城港市防城区那良镇大村村
261 黄锦福 广西壮族自治区防城港市东兴市江平乡江龙村
262 黄天军 广西壮族自治区桂林市全州县蕉江瑶族乡绕湾村
263 罗幼金（女） 广西壮族自治区南宁市宾阳县新圩镇理道村
264 吴坤春 海南省海口市秀英区西秀镇拔南村
265 王业体（黎族） 海南省五指山市水满乡政府
266 吴开法 海南省乐东黎族自治县黄流镇抱本村
267 彭文清 重庆市万州区钟鼓楼街道办事处大团村
268 王正余 重庆市涪陵区罗云乡铜矿三村
269 张优华 重庆市永川区泸州街110号6-7
270 霍彰敏 重庆市南川区南城街道办事处康家巷10号
271 周 川 重庆市铜梁县安居镇四面村
272 唐泽乾 重庆市荣昌县铜鼓镇共和村
273 赵明贵 重庆市璧山县七塘镇将军村
274 江安术 重庆市开县郭家镇正通街50号
275 林祥山 重庆市云阳县上坝乡龙凤村
276 张家建 重庆市巫山县庙宇镇柏树村7组28号
277 范淑英（女） 重庆市丰都县虎威镇百合村
278 李孝楠 四川省德阳市什邡市皂角街道办农科村三组
279 兰 翼 四川省绵阳市涪城区荷花东街桂园雅居香桂苑小区
280 王 洪 四川省乐山市市中区牟子镇槐子村
281 雷宇刚 四川省泸州市泸县云龙镇杨高村
282 泽郎夺尔基（藏族） 四川省阿坝藏族羌族自治州红原县瓦切乡达峨村
283 田景太 四川省攀枝花市盐边县惠民乡德阳村
284 朱家云 四川省宜宾市翠屏区赵场街道云峰村
285 郭光清 四川省巴中市南江县元潭乡字库村
286 唐忠华 四川省自贡市荣县度佳镇胡家巷村
287 胡南辉 四川省遂宁市船山区开善路42号
288 唐昌华 四川省凉山彝族自治州西昌市大兴乡新民村
289 李世忠 四川省雅安市名山县建山乡飞水村
290 八足赤合（彝族） 四川省甘孜藏族自治州九龙县洪坝乡羊圈门村
291 陈友政 四川省达州市大竹县东柳乡东柳村
292 李国椿（女） 四川省广安市广安区观塘镇八里村
293 谢青明 四川省广元市利州区宝轮镇警民路
294 黄军仁 四川省内江市资中县重龙镇红光路12号
295 陈明玖 四川省眉山市仁寿县曹家乡梨园村
296 吕财永 贵州省黔南布依族苗族自治州惠水县高镇镇首创村
297 苏贵荣 贵州省贵阳市修文县龙场镇城南村
298 潘本启 贵州省遵义市湄潭县湄江镇金花村
299 阮绍奎（侗族） 贵州省铜仁市石阡县石固乡龙塘坳村
300 罗琳杰（苗族） 贵州省黔西南布依族苗族自治州晴隆县沙子镇沙子村
301 周 明（黎族） 贵州省安顺市关岭布依族苗族自治县关索镇太平路
302 杨光明 贵州省毕节市七星关区流仓桥办事处碧玉村
303 施辉俊 贵州省六盘水市钟山区大河镇大桥村
304 田维军（苗族） 贵州省黔东南苗族侗族自治州施秉县城关镇文化街
305 吴秀忠（苗族） 贵州省黔东南苗族侗族自治州雷山县西江镇脚尧村
306 邱继能 贵州省六盘水市水城县发耳乡大寨村
307 徐富军 贵州省毕节市纳雍县厍东关乡陶营
308 何仲俐 贵州省遵义市遵义县南白镇商贸城车站大门左侧3号门面
309 杨秀勇 贵州省遵义市余庆县白泥镇明星社区
310 韦光菊（女） 贵州省贵阳市南明区永乐乡水塘村
311 张庆华 贵州省黔南布依族苗族自治州龙里县谷脚镇谷脚村
312 张 军（土家族） 贵州省铜仁市碧江区滑石乡滑石村
313 朱美华（女） 云南省昆明市官渡区矣六乡五腊村
314 向荣伦 云南省昭通市镇雄县长河村
315 杨照强 云南省楚雄彝族自治州双柏县妥甸镇麦地新村委会大村

316 孙运中　云南省楚雄彝族自治州永仁县永定镇店子村
317 杨兴华（傣族）云南省德宏傣族景颇族自治州梁河县河西乡帮读村
318 杨文昌（傣族）云南省玉溪市新平彝族傣族自治县漠沙镇曼勒村
319 潘老三　云南省玉溪市江川县六十亩花卉协会
320 李祖文（彝族）云南省玉溪市通海县高大乡高大社区
321 王家友　云南省红河哈尼族彝族自治州河口瑶族自治县桥头乡老街子村
322 鲁光亮　云南省文山壮族苗族自治州富宁县田蓬镇龙博村
323 李　超　云南省普洱市江城哈尼族彝族自治县康平乡中平村
324 赵兰花（女，哈尼族）云南省普洱市澜沧拉祜族自治县勐朗镇勐滨村
325 先　资（基诺族）云南省西双版纳傣族自治州景洪市巴亚村
326 马　龙（哈尼族）云南省西双版纳傣族自治州勐腊县勐腊镇回朗村
327 王奇扬（白族）云南省大理白族自治州洱源县茈碧湖镇海口村
328 刘剑华（彝族）云南省大理白族自治州永平县龙街镇羊街村
329 饶长江　云南省保山市施甸县由旺镇王家寨村
330 孔祥高　云南省丽江市宁蒗彝族自治县翠玉乡老街子村
331 和玖山（怒族）云南省怒江傈僳族自治州福贡县架究村
332 张陈庚　云南省迪庆藏族自治州维西傈僳族自治县康普乡盆枝村
333 刘子兵　云南省昭通市盐津县牛寨乡敦厚村新房子社
334 李正强（傣族）云南省临沧市双江拉祜族佤族布朗族傣族自治县沙河乡允俸村忙孝二组
335 熊竹兰（女）云南省丽江市永胜县林业局林业技术推广所
336 濮玉滔　云南省德宏傣族景颇族自治州陇川县陇把镇户岛村
337 搭　杰（藏族）西藏自治区日喀则地区拉孜县曲下村
338 琼　吉（女，藏族）西藏自治区日喀则地区康马县朗达村
339 桑　珠（藏族）西藏自治区山南地区洛扎县拉康镇杜鲁居委会
340 索朗多吉（藏族）西藏自治区山南地区隆子县热荣乡且康村
341 邓巴次成（藏族）西藏自治区昌都地区左贡县旺达镇列达村
342 白玛罗杰（藏族）西藏自治区阿里地区日土县日土镇日土村
343 中　东（藏族）西藏自治区阿里地区札达县托林（镇）托林村
344 桑　吉（女，藏族）西藏自治区拉萨市达孜县邦堆乡邦堆村
345 桑　古（藏族）西藏自治区拉萨市林周县甘曲镇居荣村
346 旺堆巴珠（藏族）西藏自治区拉萨市堆龙德庆县古荣乡加入村
347 多　吉（藏族）西藏自治区山南地区琼结县拉玉乡德庆村
348 仁　青（藏族）西藏自治区林芝地区波密县古乡巴卡村
349 王峥嵘（女）陕西省西安市未央区汉城街办高庙南村
350 李卫国　陕西省咸阳市兴平市丰仪镇水道口村
351 雷孝民　陕西省渭南市合阳县城关镇花园社区
352 蔺治明　陕西省延安市吴起县吴起镇新寨社区齐湾子村
353 李文新　陕西省延安市甘泉县城关镇姚店村
354 王汉文　陕西省商洛市商州区黑龙口镇秦岭铺村
355 王宽厚　陕西省咸阳市长武县地掌乡米家墩村
356 刘承德　陕西省咸阳市秦都区泉北三巷七号楼
357 冯学峰　陕西省榆林市榆阳区榆阳镇红山村
358 刘明财　陕西省榆林市神木县高家堡镇高家堡村
359 李吉申　陕西省汉中市城固县五堵镇五堵村
360 成国峰　陕西省安康市汉滨区新城办事处九里村
361 张宏斌　陕西省宝鸡市麟游县九成宫镇良舍村
362 孙振国　陕西省铜川市宜君县五里镇兴市村
363 白天明　陕西省延安市延长县张家滩镇肖河村
364 王方田　陕西省安康市紫阳县瓦庙镇新房村
365 王中来　陕西省杨凌示范区管委会揉谷镇陵湾村
366 朱茂孩　陕西省渭南市潼关县太要镇欧家城村
367 潘万忠　甘肃省金昌市永昌县城关镇东大街

368 鲁　瑞　甘肃省天水市秦安县王尹乡尹川村
369 何成来　甘肃省定西市陇西县福星镇鹿鹤村
370 李军红　甘肃省庆阳市合水县西华池镇乐蟠东路科技大厦
371 柳旭红　甘肃省平凉市庄浪县柳梁乡乱庄村
372 李富春　甘肃省酒泉市金塔县大庄子乡大庄子村
373 达永红　甘肃省武威市凉州区谢河镇四上村
374 刘红军　甘肃省白银市白银区水川镇顺安村
375 孟亚辉　甘肃省陇南市徽县泥阳镇雷庄村
376 马少荣（东乡族）　甘肃省临夏回族自治州积石山保安族东乡族撒拉族自治县胡林家乡胡林家村
377 宋弘宇　甘肃省天水市甘谷县大像山镇杨赵村
378 哈　兰（哈萨克族）　甘肃省酒泉市阿克塞哈萨克族自治县阿克旗乡东格列克村
379 贾小琦　青海省海南藏族自治州贵德县河阴镇郭拉村
380 扈文财　青海省海北藏族自治州刚察县泉吉乡新泉村
381 韩阳阳　青海省黄南藏族自治州尖扎县坎布垃镇
382 海　买（回族）　青海省海南藏族自治州兴海县曲什安镇才乃亥村
383 马文奎（回族）　宁夏回族自治区固原市泾源县香水镇上桥村
384 赵有和　宁夏回族自治区固原市隆德县联财镇赵楼村
385 张海山　宁夏回族自治区石嘴山市平罗县高仁乡六倾地村
386 魏振兴　新疆维吾尔自治区伊犁哈萨克自治州察布查尔锡伯自治县农业技术推广站
387 吴来国　新疆维吾尔自治区塔城地区裕民县新地乡乌尔吉也克东村
388 李周永　新疆维吾尔自治区阿勒泰地区福海县人民西路
389 尹启宝　新疆维吾尔自治区昌吉回族自治州玛纳斯县中华路97号
390 尤文攻　新疆维吾尔自治区乌鲁木齐市乌鲁木齐县水西沟镇东湾村
391 李风春（女）　新疆维吾尔自治区吐鲁番地区吐鲁番市东环路农业技术推广中心
392 高志华　新疆维吾尔自治区哈密地区哈密市丽园街道办事处
393 牙生·吐尔逊（维吾尔族）　新疆维吾尔自治区巴音郭楞蒙古自治州尉犁县阿克其开村
394 吐逊·吾守尔（维吾尔族）　新疆维吾尔自治区阿克苏地区阿瓦提县城镇多浪东路65号畜牧局院内
395 都力坤·阿不里孜（维吾尔族）　新疆维吾尔自治区克孜勒苏柯尔克孜自治州阿图什市卡依拉克村9队
396 张得丽　新疆维吾尔自治区喀什地区疏附县站敏乡站敏村
397 阿布都外力·托合提（维吾尔族）　新疆维吾尔自治区和田地区于田县奥依托格拉克乡依格孜都外村
398 哈拜提（哈萨克族）　新疆维吾尔自治区昌吉回族自治州呼图壁县大丰镇
399 张光太　新疆生产建设兵团农一师阿拉尔农场林牧站
400 杜　兵　新疆生产建设兵团农三师45团农业技术推广站
401 周　军　新疆生产建设兵团农四师69团二连
402 王云堂　新疆生产建设兵团农七师137团农业技术推广站
403 李海波（女）　新疆生产建设兵团农八师一三三团场
404 阿汗·依曼哈丽（哈萨克族）　新疆生产建设兵团农九师170团4连
405 赵雪娇（女）　新疆生产建设兵团农十二师104团7连
406 党学敏　新疆生产建设兵团农十四师224团科技办

四、少数民族科普工作队（5个）

1 四川省甘孜藏族自治州民族科普工作队
2 贵州省黔东南苗族侗族自治州台江县少数民族科普宣传队
3 西藏自治区日喀则市少数民族科普工作队
4 甘肃省甘南藏族自治州少数民族科普工作队
5 宁夏回族自治区石嘴山市少数民族科普工作队

五、科普示范社区（500个）

1 北京市朝阳区来广营地区茉藜园社区
2 北京市西城区广安门内街道办事处西便门东里社区
3 北京市通州区北苑街道新华联家园北区社区
4 北京市海淀区北下关街道交大嘉园社区
5 北京市密云县鼓楼街道东菜园社区
6 北京市昌平区城南街道秋实家园社区
7 北京市延庆县百泉街道振兴南社区

8 北京市东城区东花市街道花市枣苑社区
9 北京市怀柔区泉河街道开放路社区
10 北京市平谷区兴谷街道园丁社区
11 北京市顺义区旺泉街道宏城花园社区
12 北京市房山区良乡北潞园社区
13 北京市丰台区东高地街道三角地第二社区
14 北京市门头沟区大峪街道新桥西区社区
15 北京市石景山区八角街道八角北路社区
16 北京市大兴区清源街道香海园社区
17 天津市和平区南市街福方里社区
18 天津市河西区下瓦房街富裕广场社区
19 天津市河东区东新街远翠西里社区
20 天津市河北区王串场街艳泉里社区
21 天津市红桥区芥园道街水西园社区
22 天津市东丽区华明示范镇第四社区
23 天津市武清区东蒲洼街亨通社区
24 天津市西青区杨柳青镇英伦名苑社区
25 天津市南开区长虹街盛达园社区
26 天津市滨海新区塘沽新港街北仑里社区
27 河北省石家庄市裕华区槐底街道富强电力社区
28 河北省石家庄市长安区青园街道东安社区
29 河北省承德市双桥区西大街办事处碧园社区
30 河北省张家口市桥东区工业路办事处惠安苑社区
31 河北省邯郸市邯山区百乐苑社区
32 河北省张家口市桥西区黄土场社区
33 河北省秦皇岛市海港区东环路街道燕海里社区
34 河北省秦皇岛市山海关区东街街道东城社区
35 河北省唐山市路北区龙东街道龙泉北里第二社区
36 河北省唐山市丰南区胥各庄街道办事处新华社区
37 河北省廊坊市安次区文苑社区
38 河北省保定市南市区铁路社区
39 河北省沧州市运河区南环街道办事处南新村社区
40 河北省沧州市新华区东环办事处利农社区
41 河北省衡水市桃城区河西街道办事处杨树社区
42 河北省邢台市桥西区团结街道办事处中华北社区
43 河北省邢台市桥东区西大街街道办事处新兴南社区
44 河北省邯郸市峰峰矿区五矿二社区
45 山西省太原市杏花岭区杏花岭区涧河街道锦绣苑社区
46 山西省阳泉市城区小阳泉南社区
47 山西省晋城市城区西街办事处后圪塔社区
48 山西省长治市郊区故县办事处漳村社区
49 山西省朔州市怀仁县二道坡北路社区
50 山西省大同市矿区马脊梁街道腾飞路社区
51 山西省晋中市灵石县北城社区
52 山西省临汾市吉县吉昌镇西关社区
53 山西省吕梁市孝义市新义街道办事处府东社区
54 内蒙古自治区呼和浩特市赛罕区巧报镇税苑社区
55 内蒙古自治区通辽市科尔沁区施介街道平安西社区
56 内蒙古自治区呼和浩特市新城区中山东路街道办事处新华社区
57 内蒙古自治区呼伦贝尔市海拉尔区健康街道办事处松山社区
58 内蒙古自治区巴彦淖尔市临河区车站办事处金穗社区
59 内蒙古自治区满洲里市东山办事处新世纪社区
60 内蒙古自治区包头市青山区自由路办事处光三社区
61 内蒙古自治区乌兰察布市凉城县岱海镇怡海社区
62 内蒙古自治区乌海市乌达区滨海街道办事处滨海社区
63 内蒙古自治区鄂尔多斯市东胜区公园街道通顺社区
64 内蒙古自治区包头市昆区市府东路街道办事处阿尔丁1#社区
65 内蒙古自治区赤峰市克什克腾旗经棚镇东小井社区
66 内蒙古自治区锡林郭勒盟苏尼特右旗赛汉塔拉镇宝拉格社区
67 内蒙古自治区兴安盟扎赉特旗音德尔镇通海路社区
68 辽宁省鞍山市铁东区解放社区
69 辽宁省朝阳市双塔区商行社区
70 辽宁省鞍山市立山区万平社区
71 辽宁省沈阳市皇姑区牡丹社区
72 辽宁省锦州市凌河区关单新村社区
73 辽宁省朝阳市喀喇沁左翼蒙古族自治县健康社区
74 辽宁省本溪市平山区广山社区
75 辽宁省铁岭市银州区富强社区
76 辽宁省盘锦市兴隆台区研究院社区
77 辽宁省盘锦市双台子区双河社区
78 辽宁省沈阳市和平区文安路社区
79 辽宁省大连市中山区医校社区
80 辽宁省抚顺市望花区北厚社区
81 辽宁省大连市西岗区广和社区

82 辽宁省营口市站前区兴华社区
83 辽宁省阜新市新邱区新发社区
84 辽宁省辽阳市白塔区爱民社区
85 辽宁省营口市西市区平安社区
86 辽宁省鞍山市铁西区永乐街道永丰社区
87 辽宁省大连市沙河口区化物所社区
88 辽宁省葫芦岛市兴城市宁远街道老马路社区
89 辽宁省抚顺市新抚区南台社区
90 辽宁省沈阳市大东区莱茵河畔社区
91 吉林省长春市绿园区正阳街道互助社区
92 吉林省吉林市龙谭区遵义街道荒山社区
93 吉林省延边朝鲜族自治州延吉市河南街道白菊社区
94 吉林省通化市梅河口市新华街道金华社区
95 吉林省四平市公主岭市黄龙社区
96 吉林省吉林市昌邑区新地号街道万达社区
97 吉林省四平市铁东区平南社区
98 吉林省长春市朝阳区重庆街道北安社区
99 吉林省延边朝鲜族自治州图们市向上街道兴城社区
100 吉林省辽源市龙山区新兴社区
101 吉林省松原市宁江区文化街商贸社区
102 吉林省白山市抚松县抚松镇东北社区
103 吉林省白城市洮北区长庆街道白鹤社区
104 黑龙江省哈尔滨市南岗区文化家园社区
105 黑龙江省哈尔滨市道里区友谊社区
106 黑龙江省齐齐哈尔市建华区安居社区
107 黑龙江省牡丹江市东安区幸福社区
108 黑龙江省佳木斯市前进区园林社区
109 黑龙江省大庆市龙凤区建安社区
110 黑龙江省黑河市北安市人和社区
111 黑龙江省伊春市伊春区前卫社区
112 黑龙江省大兴安岭地区加格达奇区光明社区
113 黑龙江省双鸭山市尖山区春晖社区
114 黑龙江省绥化市望奎县解放路社区
115 黑龙江省哈尔滨市香坊区铁路社区
116 黑龙江省齐齐哈尔市富拉尔基区繁胜社区
117 黑龙江省佳木斯市富锦市民主社区
118 黑龙江省绥化市安达市天桥社区
119 黑龙江省七台河市新兴区欣源社区
120 上海市闵行区莘庄镇东苑新天地社区
121 上海市徐汇区凌云街道梅陇三村社区
122 上海市闸北区宝山路街道存仁里社区
123 上海市普陀区长征镇泾泰社区
124 上海市宝山区友谊路街道宝山五村社区
125 上海市虹口区曲阳路街道曲一社区
126 上海市杨浦区殷行街道工农三村第二社区
127 上海市浦东新区金杨新村街道金口路第一社区
128 上海市嘉定区真新街道清峪社区
129 上海市静安区石门二路街道恒丰社区
130 上海市长宁区华阳路街道西一里弄社区
131 上海市奉贤区庄行镇社区
132 上海市崇明县新海镇跃进社区
133 上海市黄浦区瑞金二路街道茂名社区
134 上海市金山区石化街道山鑫阳光城社区
135 上海市青浦区盈浦街道西部花苑社区
136 上海市松江区方松街道江虹社区
137 上海市闵行区古美路街道平南新村第二社区
138 上海市徐汇区龙华街道龙南七村社区
139 上海市宝山区庙行镇共康八村第一社区
140 上海市闸北区天目西路街道和泰花园社区
141 江苏省苏州市张家港市东湖苑社区
142 江苏省常州市武进区湖塘镇长安大巷社区
143 江苏省苏州市高新区狮山街道馨泰社区
144 江苏省南京市建邺区滨湖街道福园社区
145 江苏省常州市天宁区青山路社区
146 江苏省苏州市太仓市新城花园社区
147 江苏省苏州市昆山市亭林街道红峰社区
148 江苏省常州市钟楼区南大街街道文亨花园社区
149 江苏省南京市玄武区锁金村街道锁三社区
150 江苏省南京市秦淮区夫子庙街道东水关社区
151 江苏省无锡市滨湖区河埒街道水秀社区
152 江苏省无锡市江阴市申港街道江南社区
153 江苏省南通市崇川区德民社区
154 江苏省南通市港闸区越江社区
155 江苏省南通市通州区刘桥社区
156 江苏省镇江市润州区金山街道迎江路社区
157 江苏省泰州市海陵区城东街道东安社区
158 江苏省南京市鼓楼区凤凰街道华阳佳园社区
159 江苏省扬州市邗江区双桥街道石桥社区
160 江苏省镇江市京口区四牌楼街道江滨新村第一社区
161 江苏省扬州市广陵区文峰街道连福社区
162 江苏省泰州市靖江市滨江新区办事处江阳社区
163 江苏省扬州市高邮市高邮镇琵琶社区
164 江苏省徐州市泉山区湖滨街道滨湖花园社区
165 江苏省徐州市铜山区铜山镇同昌社区
166 江苏省淮安市清浦区富春花园社区

167 江苏省盐城市盐都区新区管委会福才社区
168 江苏省淮安市淮阴区王营镇营东社区
169 江苏省淮安市清河区河堤路社区
170 江苏省连云港市连云区营山社区
171 江苏省宿迁市宿豫区顺河镇陆河社区
172 浙江省杭州市上城区小营街道小营巷社区
173 浙江省杭州市拱墅区小河街道紫荆家园社区
174 浙江省杭州市江干区闸弄口街道万家花园社区
175 浙江省杭州市西湖区转塘街道五云梦湖社区
176 浙江省宁波市余姚市凤山街道酱园街社区
177 浙江省宁波市鄞州区下应街道东兴社区
178 浙江省宁波市海曙区南门街道万安社区
179 浙江省宁波市江东区东柳街道华侨城社区
180 浙江省温州市瓯海区景山街道繁荣社区
181 浙江省温州市鹿城区滨江街道洪殿社区
182 浙江省温州市龙湾区永中街道罗东锦苑社区
183 浙江省嘉兴市南湖区解放街道凌塘社区
184 浙江省嘉兴市桐乡市梧桐街道环南社区
185 浙江省湖州市吴兴区月河街道二里桥社区
186 浙江省绍兴市越城区北海街道西小路社区
187 浙江省金华市婺城区城西街道中山路社区
188 浙江省金华市兰溪市云山街道桃花坞社区
189 浙江省衢州市江山市虎山街道东门社区
190 浙江省舟山市岱山县高亭镇嘉和社区
191 浙江省台州市椒江区岭南社区
192 浙江省台州市路桥区螺洋街道藕池社区
193 浙江省丽水市莲都区白云街道灯塔社区
194 浙江省湖州市长兴县古城街道水木花都社区
195 安徽省安庆市迎江区地质社区
196 安徽省蚌埠市禹会区张公山街道长乐社区
197 安徽省蚌埠市龙子湖区解放街道建新社区
198 安徽省合肥市瑶海区和平路街道当涂路社区
199 安徽省淮南市田家庵区洞山街道新村社区
200 安徽省合肥市包河区包公街道美湖社区
201 安徽省芜湖市鸠江区官陡街道蓝天社区
202 安徽省黄山市黄山区新城街道芙蓉社区
203 安徽省芜湖市镜湖区东门街道大砻坊社区
204 安徽省马鞍山市雨山区一村社区
205 安徽省宣城市宣州区塔影社区
206 安徽省池州市青阳县蓉城镇龙子口社区
207 安徽省滁州市琅琊区东门街道卫民路社区
208 安徽省淮北市相山区西街道安康社区
209 安徽省铜陵市铜官山区鹞山社区
210 安徽省阜阳市界首市颍南办事处新兴社区
211 安徽省亳州市蒙城县城关镇庄子花园社区
212 安徽省六安市霍山县衡山镇荷香社区
213 安徽省宿州市泗县泗城镇花园井社区
214 福建省厦门市湖里区江头街道金尚社区
215 福建省厦门市思明区筼筜街道仙阁社区
216 福建省福州市鼓楼区洪山镇福屿社区
217 福建省厦门市集美区集美街道银亭社区
218 福建省泉州市鲤城区海滨街道金山社区
219 福建省福州市仓山区金山街道金洲社区
220 福建省三明市梅列区列东街道圳尾社区
221 福建省福州市福清市音西街道凤山社区
222 福建省泉州市丰泽区丰泽街道丰泽社区
223 福建省莆田市荔城区镇海街道长寿社区
224 福建省漳州市芗城区东铺头街道县后社区
225 福建省南平市建阳市潭城街道兴建社区
226 福建省宁德市屏南县古峰镇佳洋社区
227 福建省龙岩市新罗区东城街道北龙社区
228 江西省新余市渝水区城南办魁星路社区
229 江西省南昌市西湖区十字街街道建设桥社区
230 江西省南昌市青山湖区塘山镇青山湖社区
231 江西省南昌市青云谱区徐家坊街道玉河社区
232 江西省九江市浔阳区庐峰花园社区
233 江西省萍乡市安源区后埠街后村社区
234 江西省上饶市鄱阳县鄱阳镇城东社区
235 江西省抚州市东乡县孝岗镇凤凰社区
236 江西省九江市武宁县新宁镇白石岭社区
237 江西省抚州市临川区青云街道县学岭社区
238 江西省上饶市广丰县永丰街道北门社区
239 江西省宜春市奉新县冯川镇宫保地社区
240 江西省鹰潭市月湖区梅园街道梅园社区
241 江西省吉安市青原区滨江街道金竹社区
242 江西省景德镇市珠山区新村街道梨树园社区
243 江西省赣州市章贡区东外街道渡口路社区
244 江西省宜春市袁州区秀江街道宜阳社区
245 江西省赣州市南康市蓉江街道泰康西路社区
246 山东省济南市市中区二七新村街道建新社区
247 山东省青岛市市南区江苏路街道龙江路社区
248 山东省济南市槐荫区营市街街道绿园社区
249 山东省青岛市市北区台东街道新华里社区
250 山东省淄博市张店区马尚镇世纪花园社区
251 山东省烟台市芝罘区烟台高新技术产业园区卧龙园北秀苑社区

252 山东省济南市市中区舜耕街道舜华社区
253 山东省威海市环翠区竹岛办事处翠竹社区
254 山东省临沂市兰山区兰山街道后园社区
255 山东省青岛市李沧区楼山街道翠湖社区
256 山东省济南市历下区文化东路街道和平路社区
257 山东省青岛市崂山区中韩街道石老人社区
258 山东省潍坊市奎文区广文街道虞虹桥社区
259 山东省德州市平原县龙门街道金河源社区
260 山东省淄博市淄川区将军路街道慕王社区
261 山东省烟台市福山区清洋街道县府街社区
262 山东省潍坊市潍城区南关街道西市场社区
263 山东省威海市荣成市崖头街道曙光社区
264 山东省枣庄市滕州市龙泉街道滨江花苑社区
265 山东省济宁市曲阜市鲁城街道仓巷社区
266 山东省泰安市泰山区岱庙街道花园社区
267 山东省聊城市临清市先锋街道东兴社区
268 山东省滨州市滨城区北镇街道化工社区
269 山东省菏泽市郓城县郓城镇南城社区
270 山东省临沂市临沂经济技术开发区梅家埠街道月亮湾社区
271 山东省淄博市临淄区闻韶街道闻韶北社区
272 山东省莱芜市钢城区艾山街道张庄社区
273 山东省日照市东港区日照街道昭阳社区
274 山东省烟台市莱州市永安路街道西小区
275 山东省潍坊市青州市益都街道康屯社区
276 山东省东营市河口区河口街道河滨路社区
277 山东省济宁市市中区济阳街道济阳大街社区
278 山东省枣庄市薛城区常庄镇西姚社区
279 河南省郑州市管城回族区城东路办事处商城花园社区
280 河南省开封市金明区城西办事处康乐社区
281 河南省洛阳市西工区金谷园办事处健康东路社区
282 河南省平顶山市舞钢市寺坡街道湖滨社区
283 河南省安阳市殷都区铁西路街道世纪名城社区
284 河南省鹤壁市淇滨区黎阳路办事处福源社区
285 河南省新乡市牧野区天太社区
286 河南省焦作市解放区学生路社区
287 河南省濮阳市华龙区建设路街道办事处站前社区
288 河南省许昌市魏都区南关街道办事处七一社区
289 河南省漯河市召陵区天桥街道办事处漓江路社区
290 河南省三门峡市湖滨区涧河街道文二社区
291 河南省南阳市卧龙区光武街道刘庄社区
292 河南省商丘市梁园区白云街道办事处银苑社区
293 河南省信阳市淮滨县农场田园社区
294 河南省周口市淮阳县城关回族镇西城区社区
295 河南省驻马店市驿城区新华社区
296 河南省济源市沁园街道办事处世纪苑社区
297 河南省驻马店市西平县柏城街道办事处邵庄社区
298 河南省信阳市浉河区五里墩办事处八一社区
299 河南省商丘市柘城县城关镇平等社区
300 湖北省武汉市武昌区南湖街中央花园社区
301 湖北省随州市曾都区城南新区前进社区
302 湖北省黄石市铁山区冶矿路社区
303 湖北省武汉市洪山区珞南街金桥社区
304 湖北省襄阳市樊城区汉江街道莱越社区
305 湖北省咸宁市咸安区永安街道办事处凤凰社区
306 湖北省十堰市张湾区红卫街道办事处王湾社区
307 湖北省随州市广水市应山办事处南关社区
308 湖北省襄樊市襄城区铁佛寺社区
309 湖北省武汉市江岸区百步亭花园社区
310 湖北省荆州市荆州区西城街道办事处通会桥社区
311 湖北省潜江市园林办事处三板桥社区
312 湖北省荆门市东宝区龙泉街道千佛洞社区
313 湖北省荆州市沙市区崇文街道办事处洪垸社区
314 湖北省黄石市黄石港区黄石港街道办事处黄石港社区
315 湖北省仙桃市仙桃工业园纺园社区
316 湖北省恩施土家族苗族自治州恩施市小渡船街道办事处民族路社区
317 湖北省宜昌市西陵区白龙井社区
318 湖北省鄂州市鄂城区凤凰街道办事处莲花山社区
319 湖北省孝感市孝南区书院街道汪窑社区
320 湖北省宜昌市宜都市陆城街道办事处清江社区
321 湖北省黄冈市黄州区赤壁街道办事处江北社区
322 湖南省长沙市开福区四方坪街道科大佳园社区
323 湖南省长沙市天心区城南路街道白沙井社区
324 湖南省长沙市岳麓区咸嘉湖街道咸嘉新村社区
325 湖南省株洲市石峰区响石岭白石港社区
326 湖南省娄底市娄星区乐坪街道童家社区
327 湖南省衡阳市蒸湘区红湘街道联合新村社区
328 湖南省岳阳市岳阳楼区王家河街道枫树新村社区
329 湖南省郴州市苏仙区苏仙岭街道立交桥社区
330 湖南省常德市武陵区体育东路社区
331 湖南省益阳市资阳区大码头街道金花坪社区
332 湖南省湘潭市雨湖区雨湖路街道风车坪社区
333 湖南省邵阳市大祥区百春园社区

334 湖南省张家界市永定区永定街道北正社区
335 湖南省怀化市鹤城区红星街道香洲社区
336 湖南省永州市冷水滩区梧桐街道梧桐路社区
337 湖南省湘西土家族苗族自治州吉首市镇溪街道商业城社区
338 湖南省长沙市芙蓉区东屯渡街道芙蓉社区
339 湖南省株洲市芦淞区曹塘坝社区
340 湖南省长沙市雨花区东塘街道华银园社区
341 湖南省湘潭市岳塘区五里堆街道金耐社区
342 湖南省衡阳市南岳区岳东社区
343 湖南省邵阳市北塔区新滩镇街道资新社区
344 湖南省常德市武陵区紫桥社区
345 湖南省岳阳市君山区柳林洲镇挂口社区
346 湖南省长沙市望城区高塘岭镇雷锋路社区
347 广东省汕头市龙湖区金霞街道金海社区
348 广东省深圳市龙岗区横岗街道怡锦社区
349 广东省广州市海珠区新港街银禧社区
350 广东省深圳市宝安区新安街道宝民社区
351 广东省深圳市宝安区新安街道海裕社区
352 广东省汕头市金平区金厦街道办事处百合园社区
353 广东省深圳市南山区粤海街道海珠社区
354 广东省广州市越秀区广卫街都府社区
355 广东省东莞市万江区办事处大莲塘社区
356 广东省东莞市厚街镇溪头社区
357 广东省潮州市湘桥区凤新街道奎元社区
358 广东省肇庆市四会市贞山街道碧海湾社区
359 广东省揭阳市惠来县惠城镇东安社区
360 广东省惠州市惠城区江北街道水北社区
361 广东省湛江市霞山区新园街道录溪社区
362 广东省广州市萝岗区夏港街道普晖社区
363 广东省惠州市惠东县大岭镇新安社区
364 广东省江门市新会区会城街道北门社区
365 广东省佛山市禅城区祖庙街白燕社区
366 广东省珠海市香洲区拱北街华平社区
367 广东省惠州市惠阳区万顺社区
368 广东省韶关市曲江区马坝镇府前社区
369 广东省韶关市浈江区东河街启明北路社区
370 广东省肇庆市广宁县南街镇护国社区
371 广东省湛江市霞山区海滨街道海宁社区
372 广东省汕尾市陆河县河田镇新城社区
373 广东省河源市源城区新江街龙尾坝社区
374 广东省茂名市信宜市东镇街道解放一社区
375 广东省中山市小榄镇永宁社区
376 广东省清远市清城区洲心街光明社区
377 广东省梅州市五华县歧岭镇双头社区
378 广东省阳江市江城区城东街金湾社区
379 广东省云浮市云城区云城街金龙社区
380 广西壮族自治区南宁市青秀区新竹街道大板二社区
381 广西壮族自治区南宁市西乡塘区街道大学东路社区
382 广西壮族自治区柳州市鱼峰区五里亭街道龙泉山社区
383 广西壮族自治区贵港市港北区贵城街道石羊塘社区
384 广西壮族自治区北海市海城区独树根东社区
385 广西壮族自治区玉林市玉州区名山街道五里桥社区
386 广西壮族自治区桂林市秀峰区榕湖社区
387 广西壮族自治区来宾市合山市岭南镇城中社区
388 广西壮族自治区河池市宜州市庆远镇白龙社区
389 海南省三亚市河西区儋州村社区
390 海南省海口市龙华区中山路街道办事处居仁坊社区
391 海南省澄迈县金江镇城西社区
392 海南省白沙黎族自治县牙叉镇桥南社区
393 海南省文昌市文城镇沿江社区
394 海南省昌江黎族自治县石碌镇东风路社区
395 重庆市渝中区大溪沟街道人和街社区
396 重庆市渝中区解放碑街道临江门社区
397 重庆市大渡口区春晖路街道柏华社区
398 重庆市北碚区朝阳街道新房子社区
399 重庆市南岸区南坪街道后堡社区
400 重庆市江北区华新街街道东方家园社区
401 重庆市渝北区回兴街道双湖路社区
402 重庆市沙坪坝区童家桥街道五灵观社区
403 重庆市巴南区鱼洞街道化龙桥社区
404 重庆市永川区中山路街道卧龙凼社区
405 重庆市万州区周家坝街道周家坝社区
406 重庆市合川区合阳城街道营盘街社区
407 重庆市黔江区城西街道西山社区
408 重庆市涪陵区崇义街道天子殿社区
409 重庆市九龙坡区黄桷坪街道小湾社区
410 四川省德阳市旌阳区城北街道办事处秦宓社区
411 四川省南充市仪陇县新政镇南门社区
412 四川省自贡市自流井区新街富台山社区

413 四川省眉山市青神县青城镇凤阳社区
414 四川省攀枝花市东区枣子坪街道团结社区
415 四川省泸州市龙马潭区红星街道天立社区
416 四川省南充市阆中市普贤街社区
417 四川省达州市通川区西城荷叶街社区
418 四川省绵阳市游仙区中科社区
419 四川省宜宾市翠屏区西城街道文星社区
420 四川省资阳市雁江区人民政府莲花街道办事处雁中社区
421 四川省遂宁市船山区北小区社区
422 四川省成都市新都区三河街道办事处二台子社区
423 四川省阿坝藏族羌族自治州马尔康县马尔康镇达萨社区
424 四川省内江市市中区翔龙社区
425 四川省雅安市雨城区育才路社区
426 四川省甘孜藏族自治州泸定县泸桥镇北段社区
427 四川省成都市武侯区火车南站街道办事处长寿苑社区
428 四川省广安市华蓥市双河街道红星路社区
429 四川省成都市锦江区莲新街道办事处莲花社区
430 四川省成都市金牛区九里堤街道九里堤北路社区
431 四川省绵阳市江油市永丰社区
432 四川省凉山彝族自治州会理县城关镇北街街道办事处民主巷社区
433 四川省成都市郫县德源镇红旗社区
434 四川省广元市旺苍县静乐寺街道第二社区
435 四川省遂宁市射洪县平安街道办事处团结社区
436 四川省乐山市犍为县玉津镇西街社区
437 四川省宜宾市高县文江镇中心社区
438 四川省攀枝花市西区玉泉街道巴关河社区
439 四川省达州市达县南外镇新南社区
440 贵州省贵阳市南明区遵义路办事处铁运巷社区
441 贵州省遵义市仁怀市中枢街道办事处青杠园社区
442 贵州省黔东南苗族侗族自治州施秉县城关镇文化社区
443 贵州省六盘水市钟山区荷城街道花园路社区
444 贵州省铜仁市玉屏侗族自治县平溪镇文水社区
445 贵州省安顺市西秀区南街办事处塔西社区
446 贵州省遵义市余庆县白泥镇子营社区
447 贵州省黔南布依族苗族自治州福泉市金山办事处藜峨社区
448 贵州省贵阳市云岩区北京路街道省府社区
449 云南省玉溪市红塔区金州社区
450 云南省昆明市五华区翠湖社区
451 云南省楚雄彝族自治州楚雄市河前社区
452 云南省临沧市临翔区塘平社区
453 云南省昆明市盘龙区桃源社区
454 云南省曲靖市会泽县翠屏社区
455 云南省德宏傣族景颇族自治州陇川县新城社区
456 云南省大理白族自治州大理市关迤社区
457 云南省昆明市官渡区和平路社区
458 西藏自治区拉萨市城关区统建社区
459 西藏自治区拉萨市城关区仙足岛社区
460 陕西省西安市未央区锦园新世纪花园社区
461 陕西省西安市莲湖区西仪社区
462 陕西省咸阳市渭城区渭阳街道办事处三普社区
463 陕西省铜川市王益区青年路街道办事处史家河社区
464 陕西省渭南市临渭区站南街道办事处朝阳社区
465 陕西省西安市新城区咸东社区
466 陕西省安康市平利县城关镇东城社区
467 陕西省宝鸡市金台区西关街道办事处西关社区
468 陕西省延安市志丹县街道办事处桥南社区
469 陕西省榆林市米脂县银州镇姬家峁社区
470 陕西省西安市雁塔区明德门北社区
471 陕西省汉中市汉台区北关街道办事处人民路社区
472 甘肃省定西市渭源县清源镇清源社区
473 甘肃省白银市白银区武川乡武川新村社区
474 甘肃省平凉市崆峒区人民政府西郊街道办事处西门口社区
475 甘肃省庆阳市西峰区南街办事处育才路社区
476 甘肃省酒泉市肃州区新城街道阳关路社区
477 甘肃省嘉峪关市镜铁区昌盛社区
478 甘肃省兰州市城关区雁南街道天庆嘉园社区
479 青海省西宁市城东区周家泉办事处建国路社区
480 青海省海东地区平安县平安镇湟中路社区
481 青海省海西蒙古族藏族自治州格尔木市东城区昆仑路街道盐湖社区
482 宁夏回族自治区银川市金凤区黄河东路街道办事处银啤苑社区
483 宁夏回族自治区石嘴山市大武口区长城街道健民社区
484 宁夏回族自治区吴忠市利通区胜利镇中华社区
485 新疆维吾尔自治区伊犁哈萨克自治州奎屯市火车站街道办事处居安园社区
486 新疆维吾尔自治区塔城地区乌苏市南苑街道长征路社区

487 新疆维吾尔自治区阿勒泰地区阿勒泰市团结路办事处团结南路社区
488 新疆维吾尔自治区博尔塔拉蒙古自治州博乐市顾里木图街道长江路社区
489 新疆维吾尔自治区昌吉回族自治州昌吉市建国路街道办事处锦绣社区
490 新疆维吾尔自治区乌鲁木齐市天山区幸福路街道办事处宏大社区
491 新疆维吾尔自治区乌鲁木齐经济技术开发区街道办事处迎宾桥社区
492 新疆维吾尔自治区克拉玛依市克拉玛依区昆仑路街道办事处南苑社区
493 新疆维吾尔自治区吐鲁番地区吐鲁番市老城路街道滨湖社区
494 新疆维吾尔自治区巴音郭楞蒙古自治州和静县和静镇建设一路社区
495 新疆维吾尔自治区阿克苏地区阿克苏市兰干街道办事处迎宾社区
496 新疆维吾尔自治区喀什地区叶城县喀格勒克镇蓝桥社区
497 新疆维吾尔自治区和田地区和田市古勒巴格街道办事处木尕买里社区
498 新疆生产建设兵团农八师东城街道40社区
499 新疆生产建设兵团农六师向阳路社区五家渠市向阳路社区
500 新疆生产建设兵团农一师阿拉尔市科协阿拉尔市金银川路街道路胡杨社区

科普研究重点课题

我国科普产业发展研究

中国科普研究所　任福君　任伟宏

摘要：本报告从科普产业的发展现状着手，对科普产业的发展规律进行了较为深入细致的研究，分析了当前影响科普产业发展的亟待解决的问题，并在此基础上提出了促进科普产业发展的政策建议，以期为政府促进科普产业发展的政策决策提供参考意义。

关键词：科普产业；科普政策；科普资源；政策体系

引　言

近年来，我国科普事业不断发展，科普产品品种不断丰富，数量不断增加，并向规模化和工业化方向发展，形成了产业群，催生了科普产业的形成。科普产业作为一种新兴的产业已经蓬勃发展，但是对于科普产业的研究却相对滞后，学界也有学者对科普文化产业、科普与文化产业的结合做过初步的探讨，认识到了科普事业与科普产业协调发展的重要性；也对科普文化产业的发展机制方面进行了一些战略分析及案例研究然而相关研究仍处于初步阶段，相关概念也缺乏明晰界定，这与该问题的重要性并不匹配。在此形势下，中国科普研究所科普产业课题组在任福君所长的带领下，以国家软课题项目“促进科普产业发展的政策体系研究”（项目编号 2011GXS5K099）为依托，突破性地完成了科普产业发展相关问题的研究工作，研究成果针对性、操作性强，对发展科普产业具有较高的决策参考价值。目前由任福君所长主编的《科普产业概论》即将出版，该书是目前国内外系统全面阐述科普产业形成发展规律的第一本专著，开创了科普产业相关问题理论研究的先河。本研究报告是中国科普研究所科普产业课题组研究成果的凝聚。本报告从科普产业的发展现状着手，对科普产业的发展规律进行了较为深入细致的研究，分析了当前影响科普产业发展的亟待解决的问题，并在此基础上提出了促进科普产业发展的政策建议，以期为政府促进科普产业发展的政策决策提供参考意义。

1. 我国科普产业发展概况

科普产业是科普的经济化形态，是科普经济的存在形式，是科普生产分工细化、科普生产方式增加、科普流通销售载体变迁、科普消费需求日益增加的产物，是具有研究开发、生产经营、分配流通和消费性的产业。经过多年的发展，我国的科普产业已经给具备了一定的发展基础。在我国，随着公民科学素养建设的深入，社会和公众对科普的需求日渐兴旺，科普产业也有了一定的发展，科技部发布的《中国科普统计》（2012 年版）显示，2011 年我国科普活动保持了稳定的增长态势，科普经费投入持续增加，2004 ~ 2011 年，8 年间我国的科普经费投入增长了 4 倍多。科普人才队伍不断壮大，科普人才整体素质不断提升。2011 年，全国科普人才总量已达 176194.28 万人，其中专职 2322.42 万人，兼职 15317187 万人（含注册科普志愿者 77 万人）。科普人才队伍为我国科普工作的发展和全民科学素养的提高，作出了巨大贡献。一批新建的科普场馆正式开放，各类形式的科普作品大量涌现，以科技活动周为代表的群众性科普活动产生了广泛的社会影响。

尽管科普产业的发展空前高涨，但是作为一个刚刚兴起的行业，科普产业发展过程中也不可避免地存在一系列的问题，科普产业市场化程度不高，整体上没有形成规模化、集约化、专业化的发展格局；科普产业组织形式还处于“散、缓、小、弱”状态，缺少龙头企业；整个科普产业结构中传统科普展教品业的比重较大，现代新兴科普产业发展不够。制约科普产业发展的深层次问题没有解决。

2. 科普产业的界定和分类

由于国情和科学文化背景的差别，科普产业的内涵在不同国家以及地区有着多种理解和认识，科普产业的内涵界定和统计口径也存在着较大差别，但就其共性来看，科普产业实质上是以科普产品和科普服务的方式促成不同种类产业的集合，并且通过在全社会普及和推广科学技术知识活动的方式促进公众科学素质提高，进而推动社会文化发展与经济发展。对科普产业的理解，由此可以从科普产品的生产和提供科普服务两个维度进行探讨。无论是科普产品生产还是科普服务的提供，其最终目标在于通过市场机制的有效配置，满足公众日益增长的科技文化需求，促进公众科学素质不断提升。

由此，我们可以将科普产业的内涵做如下界定：科普产业是以满足科普市场需求为前提，以市场机制为基础向国家、社会和公众提供科普产品和科普服务的活动，以及与这些活动有关联的活动的集合；它是以一定文化基础的科普内容和科普服务为核心产品，由科普产品的创造，生产，传播和消费四个环节组成，为社会传播科学知识、科学思想、科学精神和科学方法，并创造财富、提供就业机会，促进公民科学素质提升的产业。

按照产品统计法，以中国现阶段的科普发展状况和发展方向为依据，以科普活动的同质性和科普的自身特征为原则，可对科普产业作相应分类。产品分类法认为，科普产业的核心在于通过市场机制向社会提供科普内容产品和科普服务产品，进而促进公民科学素质提升。依据科普产业的核心产品形态将科普产业分为四大类：科普内容产品产业、科普服务产品产业、科普内容产品相关产业、科普服务产品相关产业。可以看出，这一科普产业统计目录基本涵盖了科普产业的各个行业，较为全面反映了科普产业的发展情况。根据分析研究与宏观决策的需要，我们将这4个大类分别进一步归纳为科普产业核心层（科普产品的生产和科普服务的提供）和为科普产业核心层各行业发展起到支撑作用的相关层（与科普产品生产相关的科普内容产品的生产设备，相关产品设计、制造、销售以及与科普服务提供相关的代理、广告、会展服务、科普平台开发、与科普服务产品相关的基础设施开发、建设、维护）。

结合国民经济行业分类，科普产业统计核算的范围包括如下产业，我们编订了科普产业及相关产业的行业分类标准，其主体是《国民经济行业分类》（GB/T4754—2011）中的行业。

3. 科普产业主要业态

科普产业是一个融合了多种产业内容与形式的复杂的产业系统，在与众多的产业融合成长和发展中，科普产品日渐多样，科普服务日益健全完善，科普产业的内容创新和服务创新不断深入，科普产业的业态也随之不断创新。从我国目前的情况来看，逐步形成科普展教品业、科普图书出版业、科普动漫业、科普影视业、科普游戏业、科普玩具业和科普旅游业。这些科普产业业态都有其核心产品，在科普内容创新和科普服务创新中扮演着重要角色。满足公众日益增长和多样化的科普需求，急需解决各个科普产业业态发展存在的问题，采取有力措施促进这些科普产业业态持续快速健康发展。

4. 科普产业发展的动力系统

在我国创新型国家建设中，发展科普产业迎来了难得的政策机遇和市场机遇。科普产业发展不仅有国家相关法律法规的支撑、当前产业政策的鼓励，还有得到国家领导人的高度重视。同时，目前科普产业发展所需人和物等基础条件日渐成熟、市场空间支撑力较强。适当扶持科普产业，着力支持科普研发、推进科普产业的内容创新、服务创新和产业业态创新，构筑科普产业健康发展支撑体系，不仅会对科普产业的持续健康发展，增强国家的软实力起到重大推动作用，而且切实可行，对创新型国家的建设有重要的实践推动意义。

需求是科普产业发展的原动力，科普市场需求及相应的经济利益是科普产业发展的推动动力，是科普产业市场主体的竞争动力之所在，也是科普产业市场主体的利益机制之所在。在创新型国家建设中，科普产业发展要逐步转向创新驱动，知识创新促进科普产业成长和持续发展，服务创新拓展科普产业的领域与发展空间，文化创新提升科普产业发展的软实力，科技创新是科普产业发展的重要引擎。

科普的公益性和科普产业的经营性要求发展科普产业要坚持社会效益与经济效益相统一、科普事业与科普产业相促进、整体推进与重点突破相结合、政府引导与市场调节相协调的原则。

5. 科普产业发展过程中面临的问题和亟待解决的问题

随着公民科学素质建设的深入，我国科普产业发展的思路逐步清晰，科普基础设施不断完善推动了科普产业发展的资源基础得以初步奠定；众多科普项目的广泛深入实施使得科普产业项目基础得到初步培育；科普资源整合和利用初见成效，芜湖科博会连续四届成功举办和芜湖科普产业园区建设等开始构筑了科普产业发展的平台，科普品牌意识逐步增强。但我国科普产业市场化程度不高，整体上没有形成规模化、集约化、专业化的发展格局；科普产业组织形式还处于“散、缓、小、弱”状态，缺少龙头企业；整个科普产业结构中传统科普展教品业的比重较大，现代新兴科普产业发展不够。制约科普产业发展的深层次问题没有解决。

基于上述科普产业发展亟待解决的问题，促进科普产业发展的主要任务如下：（1）扶持骨干科普企业，培育市场主体，增强科普产业发展竞争力。（2）建设科普产业研发中心，增强产业创新能力。（3）扶持新兴科普产业业态发展，增强科普产业的影响力和带动力。（4）实施重大科普项目，增强科普产业发展推动力。（5）加快科普产业园区和科普产业示范基地建设，增强科普产业集群发展力。（6）建立健全市场体系，增强产业要素的合理、顺畅流动的能力。（7）研制、建立科普产业的标准体系，增强科普产业规范有序发展的能力。（8）加强科普产业经营管理人才队伍建设，强化科普产业人才支撑力。

发展科普产业面临的多重问题和主要任务，必须多管齐下，采取有力措施才能得以解决。（1）正确定位、转变理念。强化科普产业服务意识、创新意识。（2）加强组织协调，完善产业发展的统筹机制。（3）规范准入，夯实产业发展制度基础。（4）整合科普资源，建设科普产业发展公共服务平台。（5）盘活科普存量资源，推动科普产业转型升级。（6）加大政府扶持、强化专项支持，积极拓展融资渠道。(7)建设人才兴业基地，夯实产业人力保障基础。(8)加强相关调研与研究，强化科普产业发展的理论支撑。

6. 促进科普产业发展的政策体系

从促进科普产业发展的政策体系来看，要从以下几个方面着手：(1)修订和完善《科普法》，制定《科普法实施细则》。在科普法实施细则中明确规定科普产业的具体扶持和支持制度及相应的保障措施。(2)系统梳理国家文化产业促进的政策体系，推动文化产业政策在科普文化产业发展中的适用。(3)推动地方条例或规章的制定与完善。结合地方实际细化科普法关于社会力量兴办科普事业可以按照市场机制运行的规定。(4)细化《科学素质纲要》中关于发展科普产业的政策措施。(5)研究制定规范明确的科普认定制度，促进科普税收优惠制度的落实。(6)制定操作性强，执行便捷的科普产业税收优惠办法。(7)制定《热点焦点科普应对办法》，推动应急科普产业发展。(8)制定符合科普实际的科普知识产权运用与保护办法，支持科普研发与创新。

结　论

本研究报告用了六个章节的篇幅，重点对科普产业形成发展的原因、动力，以及发展的现状、问题进行了深入的探析，对促进科普产业的持续健康发展提出了思路和政策建议，是我国第一份对科普产业发展相关问题做出全面解读的研究成果。该研究报告具有几个创新性的研究成果：第一，该研究报告首次对科普产业的内涵做了科学界定，类别做了合理划分，建议性地提出了我国科普产业行业分类；并从产业经济学的角度对科普产业的发展动力进行了系统研究分析；第二，首次对我国科普产业的各业态发展情况进行了深入研究分析；第三，提出了具有较高决策参考价值的促进我国科普产业发展的政策意见建议。

参考文献

[1] 任福君，张义忠. 科普产业概论 [M]. 北京：中国科学技术出版社，2012

[2] 任福君，张义忠，尹霖，等. 国家软科学研究计划项目（2011GXS5K099）促进科普产业发展的政策体系研究 [R]. 北京：中国科普研究所，2012，12

[3] 任福君，翟杰全. 科技传播与普及概论 [M]. 北京：中国科学技术出版社，2012

[4] 任福君，张义忠，周建强，等. 中国科普产业发展“十二五”规划研究报告 [R]. 北京：中国科普研究所，2010，12

[5] 任福君，张义忠，刘萱. 科普产业发展若干问题研究 [J]. 科普研究. 2011(3)：5-13(新华文摘摘录)

[6] 任福君，张义忠，刘萱. 科普产业发展若干问题研究 [J]. 科普研究. 2011(3)：5-13(新华文摘摘录)

[7] 任福君，张义忠，周建强，等. 中国科协科普产业发展“十二五”规划研究报告 [R]. 2010

[8] 任福君，谢小军. 发展科普产业的三个“不能忽视” [N]. 学习时报，2011-02-21(7)

[9]《国民经济行业分类》(GB/T4754—2011)

[10] 任福君. 中国科普基础设施发展报告 [M]. 北京：社会科学文献出版社，2010：103

[11] 中国科普研究所. 2008 年中国科普报告 [M]. 北京：科学普及出版社，2009

[12] 任福君，任伟宏，张义忠. 科普产业的界定及统计分类 [J]. 科技导报，2013(3)：67-70

公民科学素质发展目标与建设能力研究

中国科普研究所　何　薇

公民的科学素质对于国家经济发展、社会进步和公民自身的全面发展具有重要影响。2012年，中共中央、国务院在《关于深化科技体制改革加快国家创新体系建设的意见》中明确提出，“十二五”时期我国公民科学素质的发展目标是“提高全民科学素质，我国公民具备基本科学素质的比例超过5%”。为了全面、深入地了解分析我国各地区公民科学素质发展状况及其影响因素的变化规律，配合《全民科学素质行动计划纲要实施方案（2011—2015年）》重点任务的有效落实，为各地区公民科学素质“十二五”发展目标的制定和全民科学素质建设工作提供决策参考依据，中国科普研究所2012年开展了公民科学素质发展目标与建设能力的研究。

本研究基于公民科学素质监测评估的视角，创新性地将公民的评估和工作的评估有机地联系起来。通过对第八次中国公民科学素质调查数据按省级行政区域划分的比较分析，提出了各地区公民科学素质“十二五”发展的分解目标；通过对《中国科普统计》（2011版）指标的分析和应用，构建了公民科学素质建设能力指数，为各地区的公民科学素质建设工作提供了量化的参考依据。基于此研究设计制作的《公民科学素质指标七问》读本，面向全国各地区从事科技管理和科普工作的领导干部，普及公民科学素质指标，为各地区公民科学素质共建机制的建设和落实提供了有力的支撑。

一、公民科学素质指标（CSL指标）

“科学素质”一词译自英文Scientific Literacy，是1952年由美国的教育改革家柯南特（J.B.Conant）首次提出的。历经半个多世纪的演进和发展，目前在我国“科学素质”也称“科学素养”，虽然二者的内涵各有所侧重，但在实际工作中通常被视为同义词。我国2006年颁布的《全民科学素质行动计划纲要（2006—2010—2020年）》中明确了公民科学素质的内涵，即：科学素质是公民素质的重要组成部分。公民具备基本科学素质一般指了解必要的科学技术知识，掌握基本的科学方法，树立科学思想，崇尚科学精神，并具有一定的应用它们处理实际问题、参与公共事务的能力。因此，提高公民科学素质，对于增强公民获取和运用科技知识的能力、改善生活质量、实现全面发展，对于提高国家自主创新能力、建设创新型国家、实现经济社会全面协调可持续发展、构建社会主义和谐社会等，都具有十分重要的意义。

公民科学素质是可以测量的。一直以来，用公民科学素质指标来衡量公民科学素质发展水平，是国际上一些国家和地区的通行做法。公民科学素质指标（Civic Scientific Literacy）简称CSL指标，是反映群体公民科学素质发展水平的综合指标。

CSL指标数据是通过公民科学素质调查获得的。开展公民科学素质调查，是我国和欧洲、美国等科技先行国家和地区，以及印度、巴西等国家普遍采用的测度、分析公民科学素质发展和变化趋势的重要方法和手段。经国家统计局批准，我国先后于1992年、1994年、1996年和2001年、2003年、2005年、2007年、2010年共开展了八次公民科学素质抽样调查。历次的调查均采用调查员入户面访的方式进行，调查范围设计中国大陆（不含香港、澳门和台湾地区）18 ~ 69岁的公民（不含现役军人）。

公民科学素质调查是运用社会学、统计学的原理开展公民科学素质评价的研究方法。公民科学素质调查包括：首先依据研究目的建立指标体系、设计调查问卷，制订抽样方案、选取有代表性的个体进行调查访问；再对调查得到的相当数量的个体数据进行加权调整、数据统计；最终得到研究目标群体的分析结果等一系列紧密联系的过程。

公民科学素质调查指标包括三部分内容，即：公民对科学的理解程度、公民的科技信息来源和公民对科学技术的态度等指标。其中，“公民对科学的理解程度”指标是公民科学素质调查的核心指标，由了解科学知识、理解科学方法、理解科学技术对个人和社会的影响等三部分构成，用于测算公民具备基本科学素质的比例（CSL值）。“公民的科技信息来源”指标包括：公民获得科技发展信息的主要渠道、公民参与科普活动和利用科普设施的情况以及公民参与公共科技事务的程度等内容。“公民对科学技术的态度”指标包括：公民对科学技术的感兴趣程度、公民对科学技术及其发展的看法；公民对科学技术职业及其声望的看法等内容。“公民的科技信息来源”和“公民对科学技术的态度”指标是公民科学素质的影响因素指标，目前还未参与CSL值的测算。

一个具备基本科学素质的公民是指达到“公民对科学的理解程度”判定标准的公民。具体地说，是指在“了解科学知识（包括科学术语和科学观点）”、“理解科学方法”、“理解科学技术对个人和社会的影响”三方面都达到标准的公民。公民具备基本科学素质的比例是指具备基本科学素质的公民数量占总体公民数量的比例值，通常用百分比来表示。

调查显示，从2001年到2010年的十年间，我国公民的科学素质水平稳步提高，特别是2006年《科学素质纲要》颁布实施以来，我国公民的科学素质水平明显提升。我国公民具备基本科学素质的比例从2001年的1.40%和2005年的1.60%提升到2010年的3.27%。

“十一五”期间，我国城乡和地区的公民科学素质发展也呈现不同程度的增长态势。城镇居民和农村居民具备基本科学素质的比例，分别从2005年的3.39%和0.42%提高到2010年的4.86%和1.83%。东部、中部和西部地区公民具备基本科学素质的比例，分别从2005年的2.30%、1.68%和0.77%提高到2010年的4.59%、2.60%和2.33%。

2010年我国各地区的公民科学素质发展状况呈现出不同程度的差异。有8个省份的CSL值明显高于全国水平；有8个省份的CSL值相当于全国平均水平；有15个省份，的CSL值低于全国平均水平，其中7个省份的CSL值仍然低于2005年的全国平均水平。

2010年我国公民科学素质的这种发展状况分布，也呈现出东部地区（CSL值为4.59%）明显高于中部地区（CSL值为2.60%）和西部地区（CSL值为2.33%）的发展趋势。上海（13.7%）、北京（10.0%）、天津（8.5%）、浙江（5.6%）和江苏（4.9%）是CSL值最高的5个省份，均位于我国东部的经济发达地区。虽然中部地区的吉林和黑龙江2个省份的CSL值高于全国水平，但中部地区的安徽（2.5%）、江西（2.3%）、河南（2.3%）、湖南（2.2%）等省份的CSL值低于全国水平，其中广西和海南的CSL值更是低于2005年的全国水平。另外值得关注的是，第六次人口普查排在前四位的人口大省：广东（3.29%）、山东（3.13%）、河南（2.30%）和四川（2.77%）的公民科学素质水平处于中等偏下的位置。

2010年我国公民科学素质的平均水平仍然与世界主要发达国家和地区存在较大差距。究其根源，地区的教育发展水平对该地区的公民科学素质水平是有着决定性影响的。我国地域辽阔、人口众多，各地区的公民科学素质水平发展极不平衡，特别是几个人口大省的公民科学素质水平制约了全国整体公民科学素质水平的提高。如何能够依靠教育的发展不断培养出更多具备基本科学素质的公民，并依靠继续教育和终身教育使已经具备基本科学素质公民的科学素质水平长期保持下去，并使不具备基本科学素质的公民尽快提高科学素质水平，这些不仅是教育部门的责任，更需要科技部门、宣传部门、科普组织乃至全社会的共同努力。

总之，公民的科学素质反映了一个国家或地区的软实力，从根本上制约着自主创新能力的提高和经济、社会的发展。自主创新、科技发展不仅依赖于社会的物质保障，还有赖于能够激发创新的社会文化环境和广大公民具备较高的科学素质。21世纪国家与国家之间的竞争，主要表现为综合国力的竞争，但实质上是科技、人才的竞争。中共中央、国务院在《关于深化科技体制改革加快国家创新体系建设的意见》中为我们描绘了新的蓝图，“到2020年，创新环境更加优化，创新效益大幅提高，创新人才竞相涌现，全民科学素质普遍提高，科技引领经济社会发展的能力大幅提升，进入创新型国家行列。”如果说科学技术是第一生产力、人力资源是第一资源，那么公民科学素质就是第一国力，必须不断提高公民的科学素质，才能为自主创新提供一个不竭的源泉。

二、公民科学素质发展目标

公民科学素质发展的“十二五”目标已经明确，就是到2015年使我国具备基本科学素质公民的比例超过5%。如何将这个目标值分解到各省，并为各省合理预测2015年的分解目标值，是本研究需要解决的难点和重点问题。

1. 公民科学素质发展趋势

虽然我国已经开展了八次全国公民科学素质抽样调查，但只有2010年的第八次调查的样本量足以支撑32个省级行政区域的比较分析，为各省提供预测的分省数据积累不够充分，不足以支撑分省预测。

经相关研究论证，公民科学素质的发展基本遵从“知识增长报酬理论”的发展模式，就是公民科学素质的长期发展也应遵从缓慢增长到迅速提高，发展到一定程度后再趋缓的“S曲线”。考虑到2010年我国各地区公民科学素质状况的区域差异特征，相似于我国、美国、欧洲等国家过去20年的发展状况。因而，我们用美国1988年至2005年的调查数据、中国1992年至2010年的调查数据、2005年欧洲32个国家的研究分析数据与2010年我国32省调查比较数据等，使用SPSS19.0软件进行数据曲线拟合。

美国1998 ~ 2005年的调查数据为：9.4%（1988年）、12.0%（1995年）、14.7%（1997年）、17.3%（1999年）、24.5%（2004年）和27.3%（2005年）。

中国1992年至2010年的调查数据为：0.27%（1992年）、0.30%（1996年）、1.40%（2001年）、1.98%（2003年）、1.60%（2005年）、2.25%（2007年）和3.27%（2010年）。

2005年欧洲32个国家的研究数据分析排序为（%）：

瑞典（35.1）、荷兰（23.9）、挪威（22.3）、芬兰（22.2）、丹麦（22.0）、保加利亚（19.3）、冰岛（18.2）、比利时（18.1）、德国（18.0）、法国（17.0）、瑞士（17.0）、捷克（16.8）、卢森堡（16.7）、匈牙利（15.3）、英国（14.1）、爱沙尼亚（12.1）、意大利（11.9）、克罗地亚（11.7）、斯洛伐克（10.6）、奥地利（10.1）、爱尔兰（9.4）、波兰（9.1）、西班牙（8.6）、希腊（6.5）、葡萄牙（6）、罗马尼亚（5.9）、马耳他（4.8）、立陶宛（3.3）、塞浦路斯（2.8）、斯洛文尼亚（2.3）、拉脱维亚（2.2）和土耳其（1.5）。

2010 年中国 32 省的调查数据排序为（%）：上海（13.74）、北京（10.03）、天津（8.52）、浙江（5.61）、江苏（4.89）、福建（4.40）、吉林（3.90）、辽宁（3.83）、黑龙江（3.35）、广东（3.29）、河北（3.26）、山东（3.13）、湖北（3.11）、内蒙古（3.04）、陕西（2.97）、山西（2.91）、四川（2.77）、云南（2.62）、安徽（2.51）、重庆（2.45）、江西（2.33）、河南（2.30）、湖南（2.18）、新疆兵团（1.85）、宁夏（1.72）、贵州（1.54）、广西（1.39）、青海（1.36）、甘肃（1.27）、新疆（1.20）、海南（0.77）、西藏（0.10）。

数据曲线拟合的结果显示，未来 20 年内，我国各地公民科学素质的发展从缓慢增长、稳步提高到迅速增长的趋势，基本为“S 曲线”的前半段。这样我们则根据各地目前的状况，在曲线中找出五年后的状况，并给予一定的预测区间。

我国各地 2015 年公民科学素质发展分解目标预测参考值为（%）：上海（17.2）、北京（13.0）、天津（11.3）、浙江（7.9）、江苏（7.0）、福建（6.4）、吉林（5.8）、辽宁（5.7）、黑龙江（5.1）、广东（5.0）、河北（5.0）、山东（4.9）、湖北（4.8）、内蒙古（4.7）、陕西（4.6）、山西（4.6）、四川（4.4）、云南（4.2）、安徽（4.1）、重庆（4.0）、江西（3.8）、河南（3.8）、湖南（3.6）、新疆兵团（3.2）、宁夏（3.0）、贵州（2.8）、广西（2.5）、青海（2.5）、甘肃（2.4）、新疆（2.3）、海南（1.6）、西藏（0.5）。

2. 公民科学素质发展分类

我国各地区公民科学素质发展的这种状态，是与各地区的文化、教育以及经济社会的发展息息相关的，各地区公民科学素质的发展模式和发展状态有较大的差别。为满足各地区采取有针对性的措施提高公民科学素质的需求，我们结合各地区的人口、教育及经济社会发展状况等指标，将我国各地区公民科学素质的发展进行了分类。

我们以《中国发展指数（RCDI）》作为分类参考的重要依据。中国发展指数是中国人民大学发布的三大指数之一，是测量我国各地社会发展状况的重要科学方法，为政府提供了评价区域经济发展水平的决策参考。中国发展指数包括健康、教育、生活水平、社会环境等四个单项指数，具体是（1）健康指数：出生预期寿命、婴儿死亡率、每万人平均病床数；（2）教育指数：成人文盲率、大专以上文化程度人口比例；（3）生活水平指数：农村居民年人均纯收入、人均 GDP、城乡居民年人均消费比、城镇居民恩格尔系数；（4）社会环境指数：城镇登记失业率、第三产业增加值占 GDP 比例、人均道路面积、城镇居民人均居住面积、省会城市空气质量达到并好于二级的天数（简称省会城市 API）、人均环境污染治理投资额等。

结合我国区域经济发展水平和各地公民科学素质发展水平，使用 SPSS19.0 软件进行聚类分析，得出我国各地区公民科学素质发展分为以下四类。第一类：北京、上海、天津 3 个直辖市；第二类：浙江、江苏、山东、福建、广东、辽宁、吉林 7 省；第三类：黑龙江、河北、河南、山西、安徽、江西、湖北、湖南、内蒙古、陕西、重庆 11 省市；第四类：广西、海南、四川、贵州、云南、甘肃、宁夏、青海、新疆、兵团、西藏 11 省区和省级行政单位。

三、公民科学素质建设能力

各地区公民科学素质的提高与本地区公民科学素质建设的能力水平是分不开的。我们依据《中国科普统计》构建公民科学素质建设能力指数，用公民科学素质建设能力指数衡量各地区公民科学素质建设的能力水平，并把公民科学素质建设能力水平纳入公民科学素质建设工作的评价体系中，有效地为各地公民科学素质建设工作提供决策参考。

1. 公民科学素质建设工作评价指标

根据《全民科学素质行动计划纲要（2006—2010—2020 年）》和《全民科学素质行动计划纲要实施方案（2011—2015 年）》，构建公民科学素质建设工作评价指标体系。

公民科学素质建设工作评价指标体系包括：3 个一级指标、9 个二级指标和 49 个三级指标。

一级指标“组织领导”包括：领导重视和组织管理 2 个二级指标；一级指标“建设能力”包括：科普人员、科普基础设施、科普经费、大众传媒和科学教育与培训 5 个二级指标；一级指标“保障条件”包括：政策法规和监测评估 2 个二级指标。

2. 公民科学素质建设能力指标

公民科学素质建设能力指标是公民科学素质建设工作评价指标体系的三个重要组成部分之一，是用以衡量各地区公民科学素质建设服务其公民科学素质发展的能力指标，包括：科普人员、科普基础设施、科普经费、大众传媒和科学教育与培训等分项指标。

科普人员指标包括：科普专职人员、中级职称或大学及以上学历专职人员、农村专职科普人员、专职科普创作人员、科普兼职人员、中级职称或大学及以上学历兼职人员、注册科普志愿者和科普兼职人员年度实际投入工作量等。

科普基础设施指标包括：科技馆、科技类博物馆、青少年科技馆站、城市社区科普（技）专用活动室、农村科普（技）活动场地、科普宣传专用车和科普画廊等。

科普经费指标包括：年度科普经费、年度科普专项经费、年度科技活动周经费、年度科普经费使用。

大众传媒指标包括：科普图书、科普期刊、科普（技）音像制品、科技类报纸、电视台播出科普（技）节目、电台播出科普（技）节目、科普网站和科普读物和资料等。

科学教育与培训指标包括：科普（技）讲座、科普（技）展览、科普（技）竞赛、青少年科技兴趣小组、科技夏（冬）令营、科技活动周、大学和科研机构向社会开放、举办实用技术培训和重大科普活动等。

公民科学素质建设能力指标及各分项指标均取自科普统计指标。中国科普统计是中国科技统计中的专项统计，是反映我国科普工作状况的重要指标数据。该项统计从2004年开始，2005年正式成为国家科技统计的重要组成部分，每两年调查统计一次，自2010年起，改为每年一次。《中国科普统计》（2011年版）涵盖了包括：科技管理、科协、教育、国土资源、农业、文化、卫生、计生、环保、广电、林业、旅游、中科院、地震、气象、共青团组织、妇联组织等20个部门，涉及我国31个省、自治区、直辖市，是目前全面反映我国科普事业发展实际情况的权威数据。

公民科学素质能力指标的数据来源和统计口径均与科普统计指标相同。其中，科普人员和科普经费指标与科普统计指标同名，科普基础设施、大众传媒和科学教育与培训指标分别对应科普统计指标中的科普场地、科普传媒和科普活动指标。为了公平、客观地反映各地公民科学素质建设服务于公民科学素质发展的能力，我们对一部分科普统计数据做了人均计算处理。

3. 公民科学素质建设能力指数

公民科学素质建设能力指数是对公民科学素质建设能力指标及数据的标准量化表示，是用以衡量各地区公民科学素质建设能力状况的相对数值，取值范围为［5，100］，5为相对最低值，100为相对最高值。

公民科学素质建设能力指数由科普人员能力指数、科普基础设施能力指数、科普经费能力指数、大众传媒能力指数和科学教育与培训能力指数这五项分指数构成。在分指数构成总指数时，各项分指数权重相等。

公民科学素质建设能力指数既能反映各地区公民科学素质建设能力的综合状况，为区域发展规划服务；也能描述某一地区自身公民科学素质建设不同方面的发展水平，为寻找短板、探索本地区公民科学素质建设努力方向提供政策参考和决策依据。

4. 各地区公民科学素质建设能力分析

基于标准化的数据构建的公民科学素质建设能力指数及各分项指数，既能反映地区之间公民科学素质建设能力及各要素的发展状况，又能反映地区之间公民科学素质建设各要素具体指标的发展状况。

结果显示，各省公民科学素质建设能力发展状况很不均衡。北京、上海的公民科学素质建设能力明显强于其他省份，天津、江苏、浙江的公民科学素质建设能力也处在较为领先的位置，湖北、辽宁、陕西、新疆和云南的公民科学素质建设能力紧随领先省份并且以上10个省份都高于全国平均水平，广东、四川、湖南、河南和宁夏的公民科学素质建设能力虽然略低于全国平均水平但仍处在所有省份的中等偏上水平，安徽、内蒙古、青海、重庆、广西、福建、江西、山西、海南和山东处于公民科学素质建设的中等偏下水平，河北、吉林、甘肃、贵州、黑龙江和西藏的公民科学素质建设能力水平较低。

各地区公民科学素质建设能力水平差异较大。北京、上海的公民科学素质建设能力指数值较高，超过55分；甘肃、贵州、黑龙江和西藏能力指数值较低，在10分左右。还可以看出，地区间的公民科学素质建设能力差异与经济社会发展并不完全对应。中部地区的湖北和西部地区的陕西、新疆、云南的公民科学素质建设能力排名靠前，东部地区的山东、河北和中部地区的吉林、黑龙江的公民科学素质建设能力排名靠后。

由于公民科学素质建设能力指数的构建充分考虑了总量与均值、绝对与相对的关系，从全新的视角反映公民科学素质建设能力发展的不平衡状况。如何缩小这种地区间的能力差距，促进公民科学素质建设均衡发展需要着重考虑。

对于公民科学素质建设能力各分项指数的分析，也显示出与总指数分析相类似的结论。以科普经费能力指数为例。结果显示，上海、北京名列前茅，经费能力指数高于90分，其余各省均在40分以下。全国平均水平不足25分，河北、河南、吉林、黑龙江、山东均在10分以下。总之，地区间科学素质建设经费能力水平极不均衡。

公民科学素质能力指数也可用于本地区公民科学素质建设的“短板”分析。以某中部地区的省份为例，虽然其公民科学素质建设能力指数与全国和中部地区的水平相当，但是该省的科学教育与培训指数明显高于全国和中部地区的水平；大众传媒指数高于全国和中部地区的水平；科普人才指数和基础设施指数均低于全国和中部地区的水平；科普经费指数明显低于中部地区和全国的水平。因而，公民科学素质建设能力指数，同样可以将其内部的公民科学素质建设资源分配的不平衡也能清晰地显现出来，进而为促进地区内部公民科学素质建设能力的均衡发展提供参考。

总之，国家和地区公民科学素质建设资源的公平普惠是全面提升公民科学素质水平的重要前提。基于中国科普统计构建的公民科学素质建设能力指数，能够评价各地区在公民科学素质建设发展的不平衡状况，揭示地区内部公民科学素质建设在科普人员建设能力、科普基础设施建设能力、科普经费能力、大众传媒能力、科学教育与培训能力等方面的不均衡状况。这为找出制约各地公民科学素质发展“短板”，建立有效机制、合理分配资源、促进公平发展，提供定量化的决策参考。

中国科协 2012
年度事业发展统计公报

中国科协2012年度事业发展统计公报

2013 年 7 月

2012 年，在党中央、国务院的正确领导下，中国科协高举中国特色社会主义伟大旗帜，深入贯彻落实科学发展观，认真落实中央书记处对科协工作的指示精神，团结带领广大科技工作者，紧紧围绕科学发展主题和加快转变经济发展方式主线，坚持为经济社会发展服务、为提高全民科学素质服务、为科技工作者服务，在继承中创新，在创新中发展，突出重点、狠抓落实、务求实效，各项工作取得新的成效。

一、组织建设

截止 2012 年底，各级科协组织 3181 个，中国科协所属全国学会 181 个、委托管理学会 17 个，各省级科协所属省级学会 3828 个。

各级科协从业人员 38780 人；全国学会从业人员 3219 人，其中，中国科协所属全国学会从业人员 3041 人；省级学会从业人员 16029 人。

全国学会个人会员 433 万人；省级学会个人会员 644 万人。

全国学会团体会员 52724 个；省级学会团体会员 186065 个。

中国科协基层组织 61004 个。其中，企业科协 20968 个，个人会员 345 万人；高等院校科协 574 个，个人会员 41 万人；街道科协（社区科协）8235 个，个人会员 57 万人；乡镇科协 31227 个，个人会员 211 万人。

高新技术开发区企业科协组织 603 个，占企业科协总数的 3%；技术经济开发区企业科协组织 766 个，占 4%。

农村专业技术协会 113068 个，个人会员 1468 万人。其中，在民政部门注册的农技协 29669 个，占农技协总数的 26%。

截止 2012 年底，在基层直接为公众提供科普服务的专兼职科普工作者 43.6 万人。

二、经费收入和支出

各级科协全年经费收入总额 83.4 亿元。比上年增长 4.58%。全国学会（包括委托管理学会）全年经费收入总额 21.07 亿元，比上年增长 20.26%。省级学会全年经费收入总额 15.72 亿元，比上年增长 22.14%。

各级科协全年经费支出总额 79.91 亿元，其中，科普活动经费支出 33.65 亿元，占支出总额的 42.11%。全国学会（包括委托管理学会）全年经费支出总额 17.45 亿元，其中，学术交流活动经费支出 7.67 亿元，占支出总额的 44.78%。省级学会全年经费支出总额 15.15 亿元，其中，学术交流活动经费支出 7.42 亿元，占支出总额的 48.98%。

三、学术交流活动

各级科协及两级学会共举办学术交流活动 29586 次。其中，高端前沿学术会议 7531 次，综合交叉学术会议 10765 次，学术服务会议 11290 次，所占比例分别为 26%、36% 和 38%；交流学术论文近 100 万篇。其中，高端前沿学术类论文 30 多万篇，综合交叉类论文 37 万多篇，学术服务类论文近 32 万篇；参加学术交流活动人数 442 万人次。其中，企业科技工作者 86 万多人，占 19.5%。

举办国内学术会议 27157 次。其中，高端前沿学术会议 6349 次，综合交叉学术会议 9953 次，学术服务会议 10855 次，分别占国内学术会议总数的 23%、37%、40%；参加人数 396 万人次。其中，企业科技工作者 75.6 万人次，占 19%。交流论文 87 万篇。

举办境内国际学术会议 2026 次。其中，高端前沿学术会议 1026 次，综合交叉学术会议 665 次，学术服务会议 335 次，分别占境内国际学术会议总数的 51%、33%、16%；参加人数 40.6 万人次。其中，企业科技工作者 10 万人次，占总人数的 25%；境外专家学者 3.9 万人次，占 10%。交流论文 11 万余篇。

举办港澳台地区学术会议 403 次，其中，高端前沿学术会议 156 次，综合交叉学术会议 147 次，学术服务会议 100 次，分别占港澳台地区学术会议总数的 39%、36%、25%；参加人数 4.5 万人次。其中，企业科技工作者 0.7 万人次，占总人数的 16%。交流论文 1.1 万篇。

中国科协机关、省级科协 2012 年举办学术年会 118 次；全国学会举办学术年会 923 次。

四、科技期刊

各级科协及两级学会主办科技期刊 2755 种。其中，各级科协主办科技期刊 587 种，占期刊总数的 21%；两级学会主办科技期刊 2168 种，占 79%；科技期刊总印数 13853 万册；发表论文总数 60 万篇。其中，英文期刊发表论文数 1.3 万篇。

各级科协及两级学会主办中文学术期刊 1524 种，占期刊总数的 55%；中文学术期刊总印数 4249 万册；科普期刊 726 种，占 26%；科普期刊总印数 8515 万册；技术期刊 411 种，占 15%；技术期刊总印数 1034 万册；英文学术期刊 94 种，占 4%；英文学术期刊总印数 54 万册。

五、科普活动

各级科协及两级学会全年举办科普宣讲活动 25 万多次，受众人数近 2 亿人次；播放科技广播及影视节目近 14 万小时；举办实用技术培训 24 万多次，3640 万人次接受培训；推广新技术新品种 52678 项；参加各类科普活动的科技人员 374 万人次。

各类科普活动覆盖村 446353 个。其中，科普日进村 91080 个，科技周进村 102407 个，日常科普活动进村 252866 个。

各类科普活动覆盖社区 231781 个。其中，科普日进社区 31328 个，科技周进社区 53961 个，日常科普活动进社区 146492 个。

六、青少年科技教育

各级科协及两级学会全年举办青少年科普宣讲活动 2 万多次，参加活动青少年人数 2000 多万人次；播放青少年广播及影视节目近 2 万小时；举办青少年科技竞赛 1 万多项，参加竞赛活动的青少年 4048 万人次，85 万青少年获各类奖项；组织 2000 多万青少年参加 291 次国际及港澳台科技交流活动；组织 34 万青少年参加 1882 次青少年科学营活动；编印青少年科技教育资料 3904 种，总印数 1707 万册；举办青少年科技教育培训近 2 万次，培训人数近 600 万人次。

七、科普基础设施建设

截止 2012 年底，各级科协拥有所有权或使用权的科技馆 419 个。其中，8000 平方米以上的 59 个；全年参观人数 3000 多万人次。其中，少年儿童参观人数近 2000 万人次；设立科普活动站（中心、室）16 万多个；科普画廊建筑面积（宣传栏、宣传橱窗）207 万平方米，全年展示面积 376 万平方米。

截止 2012 年底，中国科协配发给地方科协用于科普活动的大篷车共 607 辆。其中，2012 年新配发 110 辆；科普大篷车全年下乡行驶里程近 400 万公里。

截止 2012 年底，由中国科协命名的全国科普教育基地（不包括科技馆）995 个；由省级科协命名的省级科普教育基地（不包括科技馆）2383 个；各级科协命名的科普示范县（县级科协不统计）2564 个。其中，中国科协命名的 902 个，省级科协命名的 992 个，副省级、省会城市科协命名的 89 个，地级科协命名的 581 个；科普示范街道和乡镇 15717 个；科普示范社区和村 63257 个；科普示范户 2473298 户。

八、科技传播

各级科协及两级学会编著科技图书 3108 种，总印数 2060 万册；主办科技报纸 204 种，总印数 12553 万份；制作科普挂图 8505 种，总印数 1563 万张。

制作科技广播影视节目 4590 套，总播放时间 8601 小时，平均 1.9 小时 / 套；制作科技光盘 2942 种，光盘总数 137 万张，平均 466 张 / 种；制作科普动漫作品 6451 套，总播放时间 4361 小时，平均 0.7 小时 / 套。

主办科技网站 2182 个，浏览人数 113526 万人次，平均 52 万人次 / 个。

九、科技开放与交流

各级科协及两级学会加入国际民间科技组织 609 个。其中，两级学会加入的组织 592 个，占 97%；在国际民间科技组织中任职专家 781 人。其中，两级学会任职专家 766 人，占 98%。

参加国际科学计划 215 项。其中，两级学会参加的国际科学计划 194 项，占 90%。

促成科技合作项目 453 项。其中，引进优质科技资源 204 项，占合作项目的 45%。

参加国外科技活动 1.21 万人次；接待国外专家学 1.93 万人次；参加港澳台地区科技活动 1.2 万人次；接待港澳台地区专家学者 0.83 万人次。

十、科技服务

各级科协及两级学会全年提供决策咨询报告 1.26 万篇。其中获领导批示 3694 篇；举办决策咨询活动 5986 次，参加活动专家 51848 人次；开展科技评价 6798 项；科技人才评价 12238 人。其中，专业技术职称评定 14395 人。

2012年，中央财政和地方财政投入科普惠农兴村奖补资金4.83亿元。其中，中央财政投入3亿元，地方财政投入1.83亿元；各级科协表彰奖励作出突出贡献的农村基层科普组织和个人共12176个（人）。其中，中国科协表彰奖励1797个（人），地方科协表彰奖励10379个（人）。

各级科协全年组织29210个企业开展讲理想比贡献活动，有187万名科技工作者参与；地方科协指导建设专家工作站2502个，进站专家27081人次，组建专家服务团队2300个，参加服务团队专家36585人次。

十一、为科技工作者服务

各级科协和两级学会引进海外高层次人才439人；反映科技工作者建议32637条。其中，获得上级领导批示的8218条，占25%；答复人大政协代表（委员）提案2677件；走访看望（慰问）科技工作者54391人次。

中国科协机关及直属单位、全国学会、省级科协、副省级城市科协、省会城市科协开展科学道德与学风建设宣讲活动207场次。其中，省级科协开展宣讲活动122场次，占59%；宣讲活动受众人数29万人次；参加宣讲活动专家871人次。

中国科协机关及直属单位、省级科协、副省级城市科协、省会城市科协编写科学道德教育读本21种。其中，省级科协编写读本18种，占总数的86%。

中国科协机关及直属单位、省级科协举办技术创新方法培训班182场次。

中国科协机关及直属单位、省级科协、副省级城市科协、省会城市科协、地级科协、两级学会举办继续教育培训班7111场次，培训结业人数96万人次，结业人数平均135人次/场次；宣传科技工作者37259人。

各级科协及两级学会表彰奖励科技工作者12.6万人次，其中，表彰奖励女性科技工作者3.6万人次，占29%；表彰奖励40岁以下科技工作者4.2万人次，占33%。

注：

1. 各项统计数据均未包括香港特别行政区、澳门特别行政区和台湾省。

2. 本公报中各种范围所表述的含义：

各级科协：指中国科协机关及直属单位、省级科协、副省级省会城市科协、地级科协、县级科协。

地方科协：指省级科协、副省级省会城市科协、地级科协、县级科协。

两级学会：指全国学会、省级学会。

全国学会：指中国科协所属全国学会、中国科协委托管理学会。

3. 学会、协会、研究会简称学会。

4. 统计数据因四舍五入，存在着分项与合计不等的情况。

中国地球物理学会第九届会员代表大会

中国海洋湖沼学会第十次全国会员代表大会

中国昆虫学会第九次全国会员代表大会

中国环境科学学会第七次全国会员代表大会

中国岩石力学与工程学会第七届会员代表大会

中国汽车工程学会第八次全国会员代表大会

中国农业工程学会第九次全国会员代表大会向汪懋华院士（左二）颁发荣誉理事长证书

中国制冷学会第八次全国会员代表大会

中国电子学会第九次全国会员代表大会

中国土木工程学会第九次全国会员代表大会

中国文物保护技术协会第六次全国代表大会

中国电影电视技术学会第七次全国会员代表大会

中国照明学会第六次会员代表大会

中国农学会第十次全国会员代表大会

中国土壤学会全国会员代表大会

中国水产学会第九次全国会员代表大会

中国茶叶学会第九次全国会员代表大会

中国药学会第二十三次全国会员代表大会

中华护理学会第二十六次全国会员代表大会

中国生物医学工程学会第八次全国会员代表大会

中国药理学会第十次全国会员代表大会

中国抗癌协会第七次全国会员代表大会

中国法医学会第五次全国会员代表大会

中国自然辩证法研究会第七次全国会员代表大会

1	2
3	4
	5

1. 中国农村专业技术协会第四次全国会员代表大会

2. 中国科普作家协会第六次全国会员代表大会

3. 中国科技新闻学会第五次全国会员代表大会

4. 中国知识产权研究会第六次全国代表大会

5. 中国指挥与控制学会第一次全国会员代表大会

第二十八届国际天文学联合会大会开幕式

全球华人遗传学大会

第二十三届世界力学家大会开幕式

中国物理学会成立八十周年纪念会暨21世纪物理学前沿学术研讨会

中国天文学会成立九十周年纪念大会

庆祝中国化学会八十华诞和第28届学术年会

中国地质学会成立90周年座谈会

纪念中国微生物学会成立六十周年大会暨2012中国微生物学会学术年会

第十五届全国心理学学术会议

2012年中国机械工程学会年会

纪念中国煤炭学会成立50周年大会暨高层学术论坛

第二十届海峡两岸及香港、澳门地区职业安全健康学术研讨会暨中国职业安全健康协会2012学术年会

中国植物保护学会成立50周年庆祝大会暨农作物重大病虫科学防控高层论坛

中国作物学会2012年学术年会

第七届（2012）中国管理学年会暨复旦管理学贡献奖颁奖典礼

2012年中国未来研究会学术年会

2012中国流行色协会学术年会

2012年中国土地学会学术年会

中国物理学会2012年秋季学术会议张贴报告会

中国地质学会首届找矿突破战略行动青年论坛暨青年工作委员会成立大会

第六届海洋强国论坛主会场

首届中国动物标本大赛及动物标本展开幕式

第四届中国云计算大会

首届陆战武器装备发展论坛

2012中国钢铁技术经济高端论坛

中国纺织科技人才战略发展大会

1	2
3	4
	5

1. 中医常见病诊疗指南系列标准发布会

2. 国际心脏研究会（ISHR）中国分会（第十一届）暨中国病理生理学会心血管专业委员会（第十四届）、受体专业委员会（第九届）学术大会

3. 第七届中国肿瘤学术大会

4. 全国康复治疗专业学生技能大赛

5. 2012年中国慢性病防控论坛

1	2
3	4
5	

1. 2012清洁能源技术竞赛终评活动

2. 反邪教协会工作座谈会

3. 中国科学院声学研究所马大猷院士获得美国声学学会荣誉会士称号，学会理事长田静代马大猷院士接受美国声学学会颁发的“荣誉会士”证书

4. 在德国科隆召开的第32届国际地理大会上，中国地理学会副理事长刘毅接受国际地理大会会旗

5. 第八届世界华人虾蟹养殖研讨会

1	2
3	4
	5

1. 首届中国卫生应急学术论坛
2. 植物 · 文化 · 环境国际论坛
3. 首届世界华人自由基生物学与自由基医学学术大会
4. 2012国际机械工程教育峰会
5. 2012国际云计算大会

1	2
3	4
5	
6	
7	

1. 中国计算机学会与美国电气和电子工程师协会计算机学会签署战略合作协议

2. 中国野生动物保护协会与马来西亚自然资源与环境部野生动物和国家公园司签署大熊猫保护合作研究协议

3. 在国际航行学会联合会大会第14届会议上，中国航海学会常务副理事长刘功臣代表学会接受大会授予的“优秀组织奖”奖牌

4. 中国宇航学会与国际宇航联合会共同签署举办第64届国际宇航大会的最终合同

5. 中国农业机械学会与美国农业与生物工程师学会合作座谈会

6. 在第4届国际陶瓷大会上，中国硅酸盐学会副理事长、中国科学院院士、国际陶瓷联合会候任主席南策文教授就任新一届国际陶瓷联合会主席

7. 美国牙医学会代表团访问中华口腔医学会

1	2
3	4
	5

1. 纪念计成诞辰430周年国际研讨会
2. 第二届森林科学论坛 —— 森林可持续经营国际学术研讨会
3. 第七届世界草莓大会
4. 第四届世界中西医结合大会
5. 第六届纳米毒理学国际大会

2012年中国·国际第10届现代救援医学论坛

中国澳大利亚数字图书馆研讨会

2012科学教育国际论坛

2012年《水土保持法》宣讲活动

“全国图书馆未成年人服务提升计划”启动仪式

中国老科技工作者协会防震减灾系列科普示范活动启动仪式

中国可持续发展研究会理事长邓楠向荣获“全国优秀科技工作者”称号的何建坤教授颁发证书

春节前夕，中国气象局局长、学会名誉理事郑国光（左二），中国气象学会秘书长翟盘茂（左一）和副秘书长冯雪竹（右二）一同看望慰问学会名誉理事长陶诗言院士（右二）

中国医学科学院北京协和医学院顾方舟教授（中）获得第三届中国免疫学会终身成就奖

中国消防协会为“全国优秀科技工作者”获得者颁发奖牌和证书

在中国科协会员日暨“全国优秀科技工作者表彰大会及学术报告会”上，中国毒理学会副理事长兼秘书长周平坤教授代表学会向“全国优秀科技工作者”称号获得者陈景元教授颁奖

中国康复医学会举办全国优秀科技工作者表彰颁奖仪式

2011年度中国电力科学技术奖颁奖仪式

第四届潘家铮水电奖学金颁奖典礼

首届海洋女科学家论坛颁发“海洋女科学家奉献奖”

中国公路学会科学技术奖特等奖“金鹿杯”颁奖

第六届梁思成建筑奖颁奖典礼

第十届中国土木工程詹天佑奖颁奖典礼

1	2
3	4
	5

1. 卫生部部长、中华医学会会长陈竺等领导出席中华医学科技奖（2010-2011）颁奖大会向获奖代表颁奖

2. 中国草学会2011年度王栋奖学金颁奖仪式

3. 中国作物学会第四届科技成就奖颁奖仪式

4. 2011年度“康缘杯”中华中医药学会科技奖励颁奖大会

5. 中国营养学会会员日表彰优秀会员

1	2
3	4
5	

1. 首届中国木雕、石雕艺术大师，艺术家颁证大会

2. 第二届中国科普作家协会优秀科普作品奖颁奖典礼

3. 科技馆发展奖创意奖获得者颁奖活动

4. 第三届全国印刷行业职业技能大赛暨第42届世界技能大赛选拔赛表彰大会

5. “著名科学家程莘农院士针灸传承教育基地”传承工作总结会

全国学会、协会、研究会
（含受委托管理的学会）简况

中国数学会

科技期刊国际影响力提升计划 2012年,《数学学报》的总被引频次和影响因子保持着稳步提升,在国内数学类综合性期刊中排名第一,部分影响力指标在国际排名前列,在国内外有着良好的声誉,吸引了众多国际知名学者的投稿。《数学学报》的发展得到了各方面的大力扶持,自中国科协实施"精品科技期刊项目工程"以来,连续几年获得了A类资助,连续获得中国科学院科学出版基金科技期刊排行榜一等奖,获得国家自然科学基金重点学术期刊专项资助,2012年获得了中国科协"优秀国际科技期刊奖"的资助。2012年连续两度获得"中国国际化精品科技期刊"称号,被评为"中国最具国际影响力学术期刊"。《数学进展》获得中国科协精品期刊C类的资助。

学会建设 2012年,中国数学会共举办学术会议11次,学术会议交流论文2113篇。其中国际会议4次,国内参会人数2234人次。

2012年中国数学会召开了十一届二次理事会,召开三次常务理事会,会议分别讨论了推荐国家自然科学奖人选的事宜、推荐2014国际数学家大会报告邀请人事宜、讨论中国中国数学会2012年学术年会报告及筹备年会召开的具体事宜、修改华罗庚数学奖、陈省身数学奖、钟家庆数学奖的评奖条例和重新审核评奖委员会委员事宜、讨论参加中国科协学会能力提升计划、推荐"全国优秀科技工作者"候选人等事宜。8月30日,学会正副理事长、秘书长第二次会议召开。会议讨论了关于成立中国数学会西部数学发展工作委员会和中国数学会女数学家工作委员会的有关问题,确定了华罗庚数学奖、陈省身数学奖的评奖委员会,及钟家庆数学奖评奖委员会的负责人,确定中国数学会学术年会邀请报告人的遴选程序等。

8月30日,中国数学会十一届四次常务理事会召开。会议讨论通过了正副理事长和秘书长会议中讨论的问题,商讨了配合中国科协在山东省济南市举办的第十届全国博士生学术年会等事宜。8月31日,中国数学会十一届二次理事会召开。学会理事长王诗宬作中国数学会十一届二次理事会工作报告。

科普活动 学会普及工作委员分别举办了中学"我爱数学"夏令营和高中冬令营。10月16日举行了全国高中数学联赛,全国12万高中生参加了比赛,经比赛选拔出200名优胜者参加了数学冬令营决赛。10月,中国数学会数学奥林匹克委员会举行了中国女子奥林匹克数学竞赛,获一等奖的前7名学生直接进入高中联赛冬令营。

8月30日~9月1日,中国科学院院士王诗宬、石钟慈、文兰、田刚,中国工程院院士崔俊芝及四川大学数学科学学院罗懋康教授,中科院数学与系统科学研究院研究员张纪峰、张立群、段海豹,首都师范大学数学科学学院教授崔恒建,分别走进西北工业大学附属中学、西北大学、陕西师范大学、西安交通大学作了10场特邀科普报告。

【中国数学会2012年学术年会】 8月30日~9月1日,中国数学会2012学术年会在陕西省西安市举办。来自高校、科研机构、出版社的200余名专家学者出席会议。学会理事长、中国科学院院士王诗宬,西北大学校长方光华出席大会并致辞。中国科学院院士石钟慈、文兰、田刚、席南华,中国工程院院士崔俊芝,中国数学会前任正副理事长、秘书长,中国数学会十一届理事及各省市数学会和出版单位的专家、学者出席会议。大会开幕式由学会秘书长张立群主持。

中国科学院院士徐宗本、北京大学数学科学学院教授宗传明、复旦大学数学科学学院教授郭坤宇作大会报告。学术年会期间,来自各大院校、研究院所的专家、学者在分析组,应用数学组,代数、数论、拓扑、几何组方向分别作了31场学术报告。

【2012上海代数组合会议】 8月17~22日,2012上海代数组合会议在上海市举行。作为组合数学领域的一次高水平国际会议,会议吸引了来自美国、加拿大、阿根廷、斯洛伐克、俄罗斯、日本、韩国、英国等多个国家和地区的150余位海内外学者参会。

会议提倡学术大家庭的理念,倡导人人都有开展数学研究的权力,主张互相帮助、互相尊重、百花齐放、开展好奇心驱动的数学研究。中国科学院院士万哲先及美国科学院院士、麻省理工学院的Richard Stanley等资深数学家在会上发表演讲。会议共安排32场大会报告及80场分组报告。

【中国数学会第二届全国数学文化论坛】 10月12~14日,第二届全国数学文化论坛在江苏省南京市举行。此次会议由中国数学会主办、江苏省数学会协办、南京信息工程大学承办。来自南京大学、上海交通大学、同济大学、北京师范大学等高校50余名专家、学者出席会议。开幕式上,论坛组委会主席、南京信息工程大学副校长王尧教授致辞,论坛学术委员会主席、中国科学院院士严加安致开幕辞。会议的主要议题是数学文化的本质、特征和功能,数学文化与其他各种文化的相互影响,数学文化的教育、传播策略与方法,数学文化的课程与教材建设,数学文化的国内外研究进展。大会邀请了9位专家作报告。中国科学院院士严加安作了题为《概率破玄机 统计解迷离》的报告，香港浸会大学协理副校长、理学院院长汤涛教授作了题为《如何用互联网推广数学文化》的报告，国家教学名师、苏州大学教授游宏作了题为《线性代数中的数学文化》的报告，东北师范大学原校长、国家督学史宁中教授作了题为《试论周公确定“地中”的道理及其对中国传统文化的影响》的报告，同济大学教授梁进作了题为《应用数学面面观》的报告，华中农业大学教授邹庭荣作了题为《数学文化之艺术欣赏》的报告，深圳大学数学学院院长张文俊教授作了题为《数学中的辩证法》，天津商业大学理学院院长罗蕴玲教授作了题为《让学生喜欢数学 走进数学》的报告，南京信息工程大学王尧教授作了题为《对数学文化的认识》的报告。此外，还有7位专家、学者作了25分钟的学术报告。

会议认为，数学文化的研究、教育和传播，对于加强大学生人文教育、促进科学教育与艺术教育有机融合，提高学生的综合素质，对于引领我国从数学大国向数学强国迈进，对于促进我国的社会主义文化建设都具有重要的意义。

（撰稿人：李 冬）

中国物理学会

学会建设 2012年，学会共发展个人会员96人，完成会员信息录入和信息更新等工作。全年共举办各类学术会议72场，其中，国际会议21场。学会召开十届三次、四次、五次常务理事会，召开一次理事特别会议，任命何伟为副秘书长。经中国科协和民政部审批通过，先后成立中子散射专业委员会、凝聚态计算专业委员会和国际交流工作委员会。召开出版委员会工作会议、咨询委员会工作会议、物理名词委员会工作会议。

完成中国物理学会物理奖基金委员会和各项物理奖评选委员会的换届工作。学会理事长詹文龙任新一届基金会主任，赵忠贤、杨国桢、薛其坤、赵志祥、王乃彦分别担任新一届胡刚复、饶毓泰、叶企孙、吴有训、王淦昌物理奖评选委员会主任，陶瑞宝担任新一届谢希德物理奖评选委员会主任，陈佳洱担任新一届周培源物理奖评审委员会主任。全年共筹得五项物理奖捐赠款96万元。

编辑出版《中国物理学会八十年》，并赠送全体理事和全国各主要物理学院/系以及各物理类科研机构。完成《中国科学技术专家传略·理学编·物理学卷4》的编撰出版工作。2012年11月，组建《中国科学技术专家传略·理学编·物理学卷5》编辑委员会，召开第一次编委会，明确入卷原则，制订工作时间表等。

学会荣获中国科协优秀科技社团三等奖，学会主办期刊 *Chinese Physics B* 和 *Chinese Physics Letters* 分别荣获中国科协优秀国际期刊一等、二等奖。

国际学术会议 9月22日，在广东省广州市举办首届中美物理学会联合科学分会（CPS–APS Joint Scientific Session）。美国物理学会副主席M. Beasley、秘书长K. Kirby、国际部主任A. Flatten等来华出席会议。此次会议的中方召集人是学会常务理事季向东教授。12月7～8日，在北京举办首届中英联合研讨会（Sino–UK Jint Workshop）。研讨会主题为“纳米光子学和特异介质”。英国物理学会国际部主任B. Taylor率团来华参加研讨会。研讨会的中方召集人为学会常务理事龚旗煌。

国内主要学术会议 9月22日，中国物理学会刊物发展研讨暨优秀论文奖励报告会在广东省广州市召开。学会副理事长朱邦芬作主题报告。学会主办刊物 *Chnese Physics B*、*Chynese Phnsic Letters* 和《物理学报》在会上颁发优秀论文奖。

9月20～23日，中国物理学会秋季学术会议在广东省广州市召开。来自全国各地的2000余位专家、学者和学生参加了会议。会议共收到论文1189篇。美国加州大学Irvine分校Wilson Ho、美国俄亥俄州立大学Tin–Lun Ho、中国科学院物理所研究员方忠、高能物理所研究员王贻芳分别作大会邀请报告。会议设16个分会场进行交流。共安排分会邀请报告335个、张贴报告599个。

同期召开的还有中国物理学会秋季会议组委会会议、女物理工作者圆桌讨论会、中美物理学会联合科学分会、中国物理学会刊物发展研讨暨优秀论文奖励报告会、英国物理学会出版社宣介报告会、美国物理联合会专场报告会等专题活动。本次会议由中山大学和广东省物理学会联合承办。

两岸交流 11月24～25日，物理名词委员会组团赴中国台湾地区参加第二届华文物理名词标准化研习会，与台湾同行进行交流和讨论。

国际组织任职 2月5～9日，学会常务理事张泽院士赴澳大利亚参加亚太显微学大会，在会上当选为新一届亚太显微学会主席。

国际交往 全年共接待美国、英国、波兰、意大利、德国、日本等国家的物理类学术组织同行访问逾32人次。2月和10月，学会理事长、国际纯粹与应用物理联合会（IUPAP）副主席詹文龙先后赴南非和巴西出席IUPAP执行委员会及专业委员会主任联席会议。4月25日，学会副理事长兼秘书长王玉鹏研究员应邀赴韩国Daejeon出席韩国物理学会成立60周年纪念活动。6月15～16日，学会常务理事、亚太物理学会联合会（AAPPS）理事会理事龙桂鲁教授赴新加坡出席第27届AAPPS理事会议。9月27～28日，学会常务理事、IUPAP交流工作组成员吕力研究员赴瑞士欧洲核子中心（CERN）出席该小组工作会议。

科普活动 举办主题科普活动2次、科普讲座10余次。与《现代物理知识》杂志社联合开展诺贝尔物理奖110年知识竞答活动。与江苏省无锡市惠山区雨人文化研究所签署合作协议，并在江苏省无锡市堰桥中学成立科普基地，学会副理事长、清华大学朱邦芬教授和中国科学院高能物理所研究员张闯先后在该校做科普报告。在全国选拔5名学生参加第43届国际物理奥林匹克竞赛、8名学生参加第13届亚洲物理奥林匹克竞赛，13名学生在比赛中夺得金牌。

11月3～8日，第29届全国中学生物理竞赛决赛在吉林省吉林市举行。本届竞赛中，全国48.5万余名学生参加预赛，2.8万余名学生参加复赛理论考试、2600余名学生参加复赛实验考试。279名学生（其中女学生22名）参加决赛，决赛评出一等奖47名、二等奖94名、三等奖138名，评出总成绩最佳、理论成绩最佳、实验成绩最佳和女生成绩最佳4项单项奖。本届竞赛决赛由吉林省物理学会、北华大学和吉林市第一中学校联合承办。

表彰举荐优秀科技工作者 经学会推荐，马旭村研究员荣获第九届中国青年女科学家奖，赵忠贤院士和王贻芳研究员荣获全国十佳优秀科技工作者称号。

【中国物理学会成立八十周年纪念会暨21世纪物理学前沿学术研讨会】 8月25日，中国物理学会成立八十周年纪念会暨21世纪物理学前沿学术研讨会在清华大学举行。来自全国各地的专家、学者及学生等400余人参加会议。中国科协常务副主席、书记处第一书记陈希出席会议并致辞，诺贝尔物理奖得主杨振宁等近40位院士，美国物理学会主席Robert L. Byer等9位国际物理组织负责人应邀出席会议。学会理事长詹文龙在会上作主题报告。杨振宁、谢家麟等物理学家代表，以及国际组织负责人代表应邀在会上致辞。会议期间举行了《中国物理学会八十年》和《岁月留痕——〈物理〉四十年集萃》两本书首发式。

在学术研讨会上，杨振宁教授以及清华大学薛其坤教授、中国科学院物理所研究员王楠林、美国麻省理工学院教授文小刚、清华大学教授范守善、中国科学院高能物理所研究员王贻芳、中国科技大学教授郭光灿、北京大学教授龚旗煌应邀作前沿学术报告。同期召开了中外物理学会代表联席会议和国内各高校物理学院/系及研究所负责人圆桌会议。

【首届中美物理学会联合科学分会】 9月22日，由中国物理学会和美国物理学会联合主办、中山大学承办的首届中美物理学会联合科学分会（CPS-APS Joint Scientific Session）在广东省广州市召开。APS副主席M. Beasley、秘书长K. Kirby、国际部主任A. Flatten等7人代表团参加会议，中国物理学会副理事长朱邦芬、常务理事季向东和王牧、副秘书长谷冬梅等参加会议。中国科学院高能物理所研究员王贻芳、物理所丁洪研究员以及斯坦福大学教授M. Beasley、威斯康星大学教授K. Heeger等分别作学术演讲。APS代表团此次访华还顺访了南京大学、上海交通大学、复旦大学、中国科学院物理所、香港科技大学等科研机构。

【诺贝尔物理奖110年知识竞答活动】 7月25日，由中国物理学会科普工作委员会和《现代物理知识》编辑部联合开展的诺贝尔物理学奖110年知识竞答活动在北京市举行了颁奖会。

本次活动历时近两年的时间，参与者近3000人次，活动范围涵盖20余个省、自治区、直辖市。活动共评出优秀集体奖5项、优秀组织奖8项、优秀指导教师奖19人、优秀个人奖142人。

（撰稿人：谷冬梅）

中国力学学会

服务创新型国家和社会建设 学会开展继续教育和专门培训工作，构建不同层次的力学科技人才培养体系。2012年，学会共举办各类学科的讲习班、培训班7次，累计培训学员近600余人。6月2～3日，第三届全国超限建筑结构有限元分析讲习班在上海市举办，40人参加培训。7月9～13日，全国分析力学高级讲习班在辽宁省沈阳市举办，150人参加培训。8月4～7日，第八届全国非线性有限元高级讲习班在山西省太原市举办，100人参加培训。8月6～9日，2012年压电声波器件分析理论与方法暑假讲习班在浙江省宁波市举办，150人参加培训。8月11～14日，全国基础力学实验教学研讨会暨培训班在江苏省南京市举办，30人参加培训。8月21～24日，首届全国低温等离子体数值模拟培训班在辽宁省大连市举办，115人参加培训。8月30日～9月2日，第二届汽车轻量化设计技术高级培训班在北京市举办，31人参加培训。

学会建设 2012年，学会共组织各类学术会议55次，其中国内会议45次，国际会议15次，参加学术会议的人数总计11000余人次，交流论文6800余篇，是历年来参会总人数和交流论文总篇数最多的一年。2012年，学会新增会员670人，会员总数达到22064人。学会组织撰写的汇报材料成为全国科技社团中唯一入选全国科技创新大会的书面交流材料，提升了力学学科和学会在科技界的影响力。学会被中国科协评为“2012年度科普工作优秀学会”。

学会签署《中国科协所属全国学会关于加强科技期刊科学道德规范、营造良好学术氛围的联合声明》。在中国科协举办的中国科协科技期刊科学道德规范集中宣讲教育活动上，学会副理事长杨卫院士和前任理事长李家春院士分别作题为《科技期刊——科学道德建设的主阵地》和《大力弘扬科学精神、全面提高期刊质量》的大会报告。

学会能力提升计划 学会组织申报“中国科协学会能力提升专项”，获得“优秀科技社团”一等奖。依托本专项，学会在提升学会国际影响力、打造学术交流精品、完善办事机构职业化运作等三个方面合理分配资金，实现专项资金效益最大化，推动学会快速发展。第一，打造国际学术交流平台，提升学会国际影响力，发挥学会在亚太地区力学发展的引领作用。第二，加强基础能力建设，打造学术交流精品，服务国家创新体系建设。第三，完善学会办事机构人事管理机制，借鉴国际社团运营模式，实现学会管理和运作完全市场化。

科技期刊国际影响力提升计划 学会主办期刊《力学学报》（*Acta Mechanica Sinica*）获得中国科协科技期刊国际影响力提升计划“优秀国际科技期刊”二等奖。依托本专项，学会进一步建立国际化的办刊理念，推进国际化进程，依托国际出版平台，加大期刊的对外宣传力度，动员并争取国际领军人物和有国际影响力的专家进入编委会。

学术期刊 2012年，配合“2012中国力学年”活动，学会主办期刊开辟专栏、刊载主题论文，出版专刊或专辑，侧重宣传力学学科相关领域的发展现状和成就。*Acta Mechanica Sinica* 以“力学、成就、未来”为主题组织专刊出版，在力学界内反响强烈。*Theoretical and Applied Mechanics Letters* 组织了应用生物力学专题、超高周疲劳专题、动力学与控制专题与多体系统动力学专题等。《力学进展》组织了激波与爆轰物理研究进展专辑、湍流专辑和航天动力学研究进展专刊等。《力学学报》设立“庆祝创刊55周年”专栏。学会组织撰写《IUTAM和ICTAM的起源和历程》和《中国学者参与IUTAM组织和中国申办ICTAM的历程》两篇文章，发表在《力学进展》，向力学科技工作者宣传第23届世界力学家大会。

学会主办期刊结合第23届世界力学家大会积极约稿，在《力学进展》和 *Acta Mechanica Sinica* 分别推出激波与爆轰物理研究进展专辑和“力学·成就·未来”主题专刊，集中发表了一批知名学者的前沿研究论文，大幅提升了国际力学界对学会英文期刊的关注度，如 *Acta Mechanica Sinica* 专刊上 John W. Hutchinson、L. B. Freund、A. Needleman、高华健和锁志刚等多位科学家（均为美国工程院院士）的论文发表后获得高引用率，成为学会推动英文期刊走向国际的重要举措之一。主办期刊《力学进展》获得中国科协“精品科技期刊工程”资助，*Acta Mechanic Sinica* 和 *Acta Mechanic Solida Sinica* 荣获“2012中国最具国际影响力学术期刊”奖，《力学进展》、《工程力学》和《地震工程与工程振动》荣获“2012中国国际影响力优秀学术期刊”奖。

国际学术会议 8月，第23届世界力学家大会在北京举办。来自世界58个国家和地区的1560余名专家、学者参会，本届大会是迄今为止世界力学家大会参会人数最多的一次盛会，会议的学术组织工作和会务组织工作得到了海内外参会者和IUTAM国际组织的高度赞扬。

国内主要学术会议 2012年，学会举办6期中国力学学会青年学术沙龙活动，16位专家围绕力学的多个分支领域作学术报告，并首次邀请了台湾地区学者参加沙龙活动。

国际交往 2012年，由中国力学学会筹建的北京国际力学中心（Beijing International Center for Theoretical and Applied Mechanics，BICTAM）面向亚太地区开展多种形式的国际交流活动。在第23届世界力学家大会召开前夕，举办以“软物质力学与生物力学”为主题的 *BICTAM* 暑期学校，邀请世界知名专家为亚太地区研究生和青年学者授课。此外，*BICTAM* 针对亚太地区环境自然灾害频发的突出问题主办第一届海啸灾害讲习班，旨在通过广泛的交流和协作，提高亚太地区的力学科研水平，进而促进改善亚太地区人民的生活条件。此次讲习班力求形成系列学术活动，聚合来自中国大陆和中国台湾地区，以及新加坡、马来西亚、日本、韩国、土耳其的研究团队，形成一个紧密的推动海啸灾害研究的学术讨论圈。

国际组织任职 经学会向国际理论与应用力学联合会国际组织（IUTAM）推荐，中国科学院院士杨卫入选担任该组织执行局委员（IUTAM执行局是IUTAM各项决策的具体执行机构，仅由8位专家组成，是IUTAM的最高领导层），卢天健教授担任大会委员会委员。杨卫当选为IUTAM执委，是继中国科学院院士王仁、郑哲敏之后第三位担任该职务的中国学者，提升了我国在国际力学界的话语权。

科普活动 2012年被中国力学学会定义为“中国力学年”，旨在借第23届世界力学家大会在中国召开这一重大科技事件，宣传中国力学学者所取得的成就，进一步推进力学学科的发展，促进力学在我国科学发展和国民经济建设中发挥更重要的作用。中国力学学会举办了一系列科普活动，包括第四届全国深空轨道设计竞赛、中国力学学会科技周、2012年海峡两岸力学交流暨中学生力学夏令营、第五届全国中学生趣味力学制作邀请赛等，累计受众人数近千人。出版《音乐中的科学》、《趣味振动力学》两部科普书籍，由高等教育出版社出版。

表彰举荐优秀科技工作者 学会积极向中国科协等国家部委推荐人才参与各类奖项评选，其中由学会推荐的“复杂介质与结构的动态力学行为”候选创新研究群体通过中国科协遴选，推荐到国家自然科学基金委员会并最终获得资助。

学会推荐的清华大学教授冯西桥获得第五届“全国优秀科技工作者”称号，上海大学戴世强教授获得“十佳全国优秀科技工作者提名奖”。

【第23届世界力学家大会】 8月19～24日，第23届世界力学家大会（The 23rd International Congress of Theoretical and Applied Mechanics，ICTAM2012）在北京召开。来自世界58个国家和地区的1560余名专家、学者参会。本届大会是世界力学家大会有史以来参会代表最多的一次。大会主席由中国科学院院士白以龙担任。

大会开幕式于8月20日上午举行。中国科协常务副主席、书记处第一书记陈希，国家自然科学基金委员会数理科学部常务副主任汲培文，中国力学学会理事长胡海岩，国际理论与应用力学联合会（IUTAM）主席 Timothy Pedley 分别在开幕式上致辞。大会主席白以龙致开幕词。Timothy Pedley 代表 IUTAM 向陈希、汲培文、胡海岩、白以龙等颁发了 IUTAM 标志礼物。

世界力学家大会是力学学科覆盖面最广、学术水平最高的国际盛会。本届大会为期5天，学术报告包括4个全体大会特邀报告，即大会开幕式、闭幕式特邀报告，希尔奖、巴彻勒奖特邀报告，16个特邀专题报告，6个前沿专题研讨会，及其26个主旨报告，46个分支学科分会及其1200余个分会报告。

大会开幕式特邀报告和闭幕式特邀报告由中国的陈十一教授就多尺度流体力学与模型、美国的 L. B. Freund 教授就固体热力学分别演讲其学科领域的最新进展。大会获奖特邀报告由本届希尔奖获奖者高华健教授（美国）和巴彻勒奖获奖者 D.Lohse 教授（荷兰）分别演讲他们在纳米技术和湍流方面的获奖成果。

大会共安排有16个特邀专题报告，其中，中国科学院院士杨卫围绕石墨烯和纳米晶体力学报告了最新研究成果。6个前沿专题讨论会主题分别是：能源中的力学挑战，自然灾害的力学问题，生物系统的流固耦合，微流动器件的输运力学，可变体结构的动力学与控制，材料模拟的小尺度效应。46个学科专题分会场，包括流体力学分支学科17个，固体力学分支学科17个，流固耦合分支学科12个。这些学科专题分会场的报告展示了力学各分支学科的最新进展和成果。

世界力学家大会是近百年来首次在中国召开，为了争取这一盛会在中国举行，几代中国力学人进行了20余年的不懈努力。第23届世界力学家大会，是中国力学全面走向世界的新里程碑。本次大会由国际理论与应用力学联合会（International Union of Theoretical and Applied Mechanics，IUTAM）主办，中国力学学会承办，中国科学技术协会、国家自然科学基金委员会以及中国科学院力学研究所、北京大学、清华大学等全国各大专院校、科研院所共计29个单位支持与协办。大会的召开得到了媒体的广泛关注，《中国科学报》、《北京日报》、《科技日报》、《中国青年报》、《人民日报》、《北京晚报》等14家新闻媒体对本次大会进行报道。

【2012中国力学年活动】 利用第23届世界力学家大会在北京举办的良好契机，中国力学学会理事会在2011年底决定在2012年组织开展“中国力学年”系列活动，旨在集中展现我国力学科技工作者取得的研究成果，促进力学学科发展，进一步彰显力学在我国科学发展和国民经济建设中的重要作用。“中国力学年”活动涉及科普教育活动、力学人物专访、研究团队媒体见面会等多种形式，形成系列、贯穿全年，较好地显示了力学这样一门基础学科在科技创新发展新时期所焕发出的勃勃生机，增强了力学的影响。

作为“中国力学年”系列活动之一的“科学讲坛”，由中国科学院院士工作局、中国科协学术学会部、中国科协科普部、中国科技馆四家单位共同承办，从2012年3月开始，学会在中国科技馆连续举办“科学讲坛”系列科普讲座，全年共计举办6期，参与人数超过1000人，多位力学界内知名科普专家与社会公众进行面对面的互动交流，科普报告结合生活实际和社会焦点，展现了力学的趣味性和科学性。

学会举办新闻媒体见面会，邀请多家新闻媒体与力学相关的国家重点实验室、创新研究群体进行访谈和跟踪报道，诠释力学科技工作者如何运用最新科研成果解决国计民生问题。中国科学院力学研究所非线性力学国家重点实验室和清华大学微/纳米尺度力学与智能材料的力学创新研究群体在互动访谈中针对自然灾害的突变分析和预防，以及生物力学在医学上的应用等问题，通过新闻媒体向公众普及了相关的力学知识。

《中国科学报》等媒体对学会现任和前任理事长进行专访，包括《访李家春院士：结合国家需求选择人生》和《胡海岩：注重品味的力学家》等人物报道突出显示了我国优秀力学科技工作者的风采。

【编撰出版《中国力学学科史》】 按照中国科协的指导意见和项目规划，中国力学学会于2010年启动“力学学科史”研究项目，成立以中国科学院院士李家春为主编的编研组，通过大量调研、集中讨论和精心编写，历时两年，最终形成了《中国力学学科史》一书，积累了有关中国力学的珍贵史料，探究了力学学科发展的内在规律，展示了现代力学广阔的应用前景。

在《中国力学学科史》的编写过程中，编研组注意突出学会特点，体现学科特色，按照侧重中国史，侧重现代史，侧重学科史和侧重学术思想的原则，开展中国力学学科史研究工作。一方面积累与力学发展有关的史料，另一方面编研组就隐含在这些史料之中生产方式、人文环境、学科制度对力学学科发展的影响进行分析，梳理我国力学学科发展的主要脉络，分析学科发展的内在规律，促进力学这门既经典又现代的学科在我国建设创新型国家的进程中发挥应有的作用。

（撰稿人：刘　洋）

中国光学学会

学会建设　2012年，中国光学学会和所属各专业委员会举办国内外学术研讨会、论坛等计32次，7274人次参加，交流论文5109篇。

4月15日，学会在北京召开第七次会员代表大会，选举产生了201名理事组成的第七届理事会，七届一次理事会议选举产生了31名常务理事，第六届理事长周炳琨院士当选为第七届理事长，刘旭、郭光灿、郁道银、倪国强、龚旗煌为副理事长，龚旗煌兼任秘书长。学会换届后，组成了以副理事长郭光灿院士为主任委员的期刊与出版工作委员会，9位常务理事组成。7月7日，期刊与出版工作委员会第一次会议在北京大学召开。会议就如何提高学会主办的期刊质量问题进行了讨论，完善期刊评审条例和奖惩措施，引导期刊之间稿源的合理分流。

8月26日，学会在北京召开了七届二次常务理事会议。

2012年，学会新发展个人会员200人，团体会员1个，个人会员总人数达到2220人，团体会员共60个。

学术期刊　2012年8月在北京召开的学会七届二次常务理事会议经过讨论，决定接收2种英文月刊 *High Power Laser Science and Engineering*（《高功率激光科学与工程》）和 *Frontiers of Optoelectronics*（《光电子前沿》），学会主办的学术期刊达到12种（其中英文科技期刊3种）。

8月17～18日，由学会委托、中国光学期刊联盟主办、《光电工程》编辑部承办的第七届光学期刊与发展研讨会在四川省成都市举行。四川省新闻出版局和来自全国近30种光学期刊的近50位代表出席了会议。会议围绕光学期刊数字出版与国际化进程、科技期刊经营模式的探讨和近期国家新闻出版部门关于期刊体制改革的实施方案办法探讨等话题进行了研讨。会议期间，举行了英文月刊《高功率激光科学与工程》加盟中国光学期刊网的签约仪式，中国光学期刊联盟反学术不端行为联合声明及签名活动等活动。自2007年中国光学期刊联盟创办至今，已经由最初的10种期刊发展到2012年的44种期刊。

国际学术会议　在国内举办的国际学术会议8次，2343人次参加交流，其中境外学者423人次，交流论文2359篇。除了举办的国际会议有国外学者参加外，据统计，有超过三分之一的国内学术会议邀请了国外著名专家、学者出席并作特邀报告。

学会与国际光学工程学会共同主办的2012亚洲光电子会议，参会人员880人，其中，国外专家、学者220人，交流论文949篇。会议期间，根据广大会员的要求，学会组织了光学企业小型展览。

国内主要学术会议　国内学术会议23次，4909人次参加交流，交流论文4674篇。随着科学技术的发展，学科之间交叉越来越多，在这些国内外的学术会议中，有超过一半的会议是与中国电子学会、中国仪器仪表学会、中国兵工学会、中国宇航学会、中国光学与光电子行业协会、中华医学会等学会或分支机构共同组织召开的。

激光专委会主办的第二十届全国激光学术会议，参会人员735人，交流论文600篇。

国际交往　学会组团赴俄罗斯参加俄中生物光子学与生物医学光子学双边研讨会1次，成员22人，交流论文18篇。

6月30日～7月6日，学会理事长周炳琨院士，学会副理事长兼秘书长龚旗煌教授，学会理事、华中科技大学骆清铭教授等5人组成的中国光学学会代表团参加了在意大利热那亚举行的2012年生命中的光学大会。会议由国际光学联合会（ICO）举办。会议期间，学会代表团开展了多项重要对外友好交流活动。周炳琨院士作为ICO副主席参加了ICO董事局会议，商讨了ICO有关奖励和未来发展等事宜。在此期间，代表团与ICO主席、美国前总统科学顾问Duncan T. Moore教授会面，就促进中国光学学会在ICO事务中如何发挥更大作用等议题进行了商讨，达成共识。代表团与ICO执行秘书Angela Guzman教授就落实共识的具体事务进行了深入交流。

9月14日，学会与美国光学学会（OSA）交流会在北京大学物理学院举行。学会副理事长兼秘书长龚旗煌，学会副秘书长李炎，北京大学物理学院教授胡宗海，美国光学学会2012年主席Tony Heinz，美国光学学会首席执行官Liz Rogan，美国光学学会继任主席Donna Strickland，美国光学学会2010年主席James Wyant，美国光学学会主任Kristin Miabal参加会议。此次交流会在互相了解学会基本情况的基础上，探讨了在今后工作中增加交流和合作的机会。龚旗煌提出在2013年中国光学学会学术年会上增设与美国光学学会合作的英语分会场。美国光学学会首席执行官Liz Rogan表示，希望在中国合作举办美国光学学会战略研讨会和光子学大会。

11月5日，学会理事长周炳琨院士、副理事长刘旭教授、副理事长兼秘书长龚旗煌教授、副秘书长李淼教授、理事王涌天教授与国际光学工程学会（SPIE）和欧洲光学学会举行会谈。国际光学工程学会的代表为首席执行官Eugene G. Arthurs、2011年度主席Katarina Svanberg、会议经理Brian Thomas，欧洲光学学会的代表为主席Paul Urbach、亚洲区联络官Kimio Tatsuno。

在与国际光学工程学会的会谈中，龚旗煌重点就如何提高与SPIE合办的亚洲光电子会议的会议质量提出了建议，包括邀请热心会议工作的知名学者担任分会主席，挑选高水平的特邀报告，提高会议论文和报告的质量，增加青年学者的报告比例，加大会议宣传力度等。国际光学学会主席Katarina Svanberg表示，希望继续与中国光学学会合作举办2014年亚洲光电子会议，并期待能够进一步完善会务工作，不断提升会议质量。周炳琨院士强调，中国光学学会与国际光学工程学会合作举办会议，积累了丰富经验，今后还要不断提高会议质量，增加会议期间的展览和交流，不断提高会议的知名度。

双方还就其他方面的合作交流进行了探讨，龚旗煌秘书长表示希望鼓励更多的中国光学研究领域的学者加入国际光学工程学会成为会员，参加国际光学工程学会举办的会议，以此增进交流，中国光学学会也希望能够推荐国内学者参加国际光学工程学会举办的国际会议。

在与欧洲光学学会的会谈中，龚旗煌详细介绍了中国光学学会的情况，欧洲光学学会主席Paul Urbach介绍了欧洲光学学会的主要情况。欧洲光学学会亚洲区联络官Kimio Tatsuno建议在合适的情况下中国光学学会可以到海外举办会议，并邀请中国光学学会加入欧洲光学学会项目委员会。

科普活动 学会在2012年举办各种科普活动13场，11650人次参加活动。组织中小学校的师生参观上海神光激光装置科普教育基地，参观中国科学院上海光学精密机械研究所，参观华中科技大学武汉广电国家实验室等。在科普周活动中，设置咨询台发放各种科普宣传材料，邀请专家为现场公众进行咨询，组织科研院所的青年志愿者带着制作的展板和激光生物传感器、虹膜识别仪等展品，进行科普宣传。举办“光的捕手”为主题的科技咖啡馆，邀请国外著名专家和我国专家一起，以光学为主题作互动式科普报告。中国科协会员日期间，邀请中国科学院院士做专题科普报告，同时利用全息薄膜的投影屏幕展示多种三维立体图像。组织中国科学院院士参加中国科协科学家与媒体“面对面”活动和上海市科协组织的“解读科学诺贝尔”科普报告会。组织第三届全国大学生光电设计竞赛，在理论方案竞赛中，70所高校提交了426个方案参赛；实物竞赛中，57所高校的155支代表队参赛。

【中国光学学会第七次会员代表大会】 4月15日，中国光学会第七次会员代表大会在北京召开。学会理事长周炳琨等会员代表200多人出席了会议。会议由学会第六届理事会副理事长刘旭、谢树森主持。中国科协学会部副部长朱学芬代表中国科协向大会的召开表示祝贺。周炳琨作第六届理事会工作报告，倪国强作《中国光学学会章程》修改的报告、《学会个人与团体会员缴纳会费》的报告、《关于第七届理事会授予名誉称号的决定》，以及《换届准备工作的报告》等。大会选举产生了由201名理事组成第七届理事会。周炳琨院士当选为第七届理事会理事长。

【学会原理事长母国光逝世】 2012年4月12日16时08分，中国光学学会原理事长，著名光学家、教育家，中国科学院院士，发展中国家科学院院士，天津市科协原主席，南开大学原校长母国光同志因病医治无效，在天津逝世，享年81岁。母国光先后担任中共十二大代表，第七届、第八届全国人大代表，第十一届、十二届天津市人大代表，第十届天津市政协常委，第五届、第六届天津市科协主席，第四届、第五届中国光学学会理事长，第十六届、第十七届国际光学学会委员会（ICO）副主席，第九届国际大学协会（IAU）常务理事。1990年当选美国光学学会（OSA）Fellow，1991年当选国际光学工程学会（SPIE）

Fellow。1991年当选中国科学院院士，1993年当选第三世界科学院院士。1996～1998年担任中国科学院技术科学部副主任，1998～2000年担任中国科学院学部主席团成员。

【王大珩逝世一周年纪念大会】 7月21日是中国光学学会第一、二、三届理事长，第四、五、六届名誉理事长王大珩先生逝世一周年的日子，由学会主办的隆重纪念王大珩先生逝世一周年大会在北京理工大学举行。纪念大会由北京理工大学校长、中国科学院院士胡海岩主持，中国科协副主席、书记处书记程东红，中国光学学会理事长、中国科学院院士周炳琨等分别就国防科技战略思想、“863”强激光事业、国际学术交流活动和教育与科学技术思想等方面，介绍了王大珩先生平凡伟大的一生和对中国科技事业做出的卓越贡献，深切缅怀王大珩先生的丰功伟绩和高风亮节。来自科研院所、大专院校的院士、专家，王大珩先生生前友好亲属及身边的工作人员130多人出席了纪念大会。

【第十四届国际光电博览会】 9月6日，由学会等单位主办的第十四届国际光电博览会在广东省深圳市开幕。中国科协书记处书记张勤，国务院参事曲维枝出席开幕式。本届展览会展出面积达10万平方米，参展企业3100家，其中境外企业936家，观众达73200人，其中来自61个国家和地区的海外观众18600人参加了展览。展览期间，举办了包括光通信、激光红外等会议105场，参与互动的听众超过6000人次。

【2012年俄中生物光子学与生物医学光学双边研讨会】 9月25～28日，学会光子学专委会秘书长、华中科技大学朱丹教授率22人中国光学学会代表团赴俄参加2012年俄中生物光子学与生物医学光学双边研讨会。国际生物医学光子学领域先驱之一、俄罗斯光生物学会副主席、萨拉托夫国立大学光学系Valery V Tuchin教授、中国光学学会生物医学光子学专业委员会主任委员、华中科技大学教授骆清铭担任本次会议主席。会议包括2个大会报告、11个邀请报告、4个口头报告以及13个张贴报告。中方代表团是由从事生物医学光子学相关研究的22位专家学者组成。应大会主席Valery V Tuchin教授的邀请，朱丹作大会报告，中国光学学会生物医学光子学专业委员会副主任委员、华南师范大学教授邢达、清华大学深圳研究生院教授马辉，上海交通大学教授魏勋斌、重庆大学教授邓林红（加拿大籍）、华南师范大学教授刘承宜，以及专业委员会委员、华中科技大学教授张智红、中国药科大学教授顾月清，天津医科大学教授田心（澳大利亚籍）等作邀请报告。另外，中国光学学会生物医学光子学专业委员会副主任委员、北京大学教授任秋实通过网络视频形式作大会报告。

参会学者还包括美国、德国、意大利、新西兰等国家的专家、学者200余人，收到稿件200余篇。本次会议得到国家自然科学基金委及俄罗斯自然科学基金会的支持。国际期刊*Journal of Innovative Optical Health Sciences*为此次会议的优秀论出专辑EI收录。

（撰稿人：张建萍）

中国声学学会

学会建设 2012年，学会分别召开北京、天津地区理事会，七届四次、五次、六次常务理事会议，七届三次理事会议。对中国科协开展的“学会能力提升实施计划”项目进行了积极的准备，对申报书进行了审议，对学会工作进行全面评估。在学会七届四次常务理事会上，通过了同意授予美国Leo Beranek博士“中国声学学会荣誉会员”称号的决定。这是学会首次授予国外科学家荣誉称号。

10月28日，学会受全国科学技术名词审定委员会委托，成立全国声学名词审定委员会，启动了对我国声学学科领域的科学技术名词和术语进行定义、注释和审定的工作。

2012年，学会组织各类学术会议共19次，其中国际学术会议4次。

学科发展研究 学会与科学出版社合作，继续组织国内外专家学者编写出版《现代声学科学与技术丛书》。该丛书被列为“十二五”国家重点图书出版规划项目，自2007以来已经陆续出版了15本专著。2012年出版的5部为：《汉语语音合成——原理和技术》、《声学原理》、《声表面波材料与器件》、《声呐信号处理引论》、《颗粒介质中的声传播及其应用》。此系列丛书已经在国内外声学界引起关注。

国际学术会议 5月13～18日，学会与美国声学学会、西太平洋声学委员会、香港声学学会在香港特别行政区联合举办2012香港声学会议。5月20日，由南京大学近代声学教育部重点实验室、南京大学声学研究所、中国声学学会、江苏省声学学会、水声信号处理教育部重点实验室联合举办的第九届近代声学国际研讨会在江苏省南京市召开。200多位声学研究工作者共同探讨声学研究的最新进展和近代声学的发展方向。美国声学会主席Lawrence. A. Crum教授及来自澳大利亚、加拿大、法国、德国、日本、韩国、塞尔维亚、英国、美国等国的声学专家参加会议。会议的主题为“近代声学——迎接现代科学技术的挑战”。

5月21～25日，第三届国际海洋声学会议在北京举办。会议得到了中国科学院、国家自然科学基金委、美国海军研究局、美国声学学会、中国海洋学会的支持。第三届国际海洋声学会议不仅局限于浅海声学研究成果交流，也涉及深海声学研究内容。此次会议报告包括了理论及计算声学研究、远距离声传播、浅海波导声场特性、海洋声混响、散射及海底声学特性、海洋生物声学、海洋环境噪声、声学层析及反演方法等海洋声学的各个基础研究领域。来自美国、俄罗斯、加拿大、澳大利亚、比利时、印度、印度尼西亚、韩国、沙特阿拉伯、伊朗，中国大陆和中国台湾地区的专家、学者介绍了最新的研究成果，并展开讨论与交流。

开幕式上，美国海军研究局为中国科学院声学研究所客座研究员周纪浔颁发了荣誉证书，表彰他在中美海洋声学国际合作方面作出的突出贡献。

5月27～31日，由中国声学学会语言、听觉和音乐声学分会联合中国语言学会语音分会、中国中文信息学会语音信息分会在江苏省南京市举行第三届语言声调问题国际研讨会。

国内主要学术会议 2012年召开的国内主要学术会议有水声学分会学术研讨会、检测声学分会学术与技术研讨会、全国物理声学会议、2012年中国西部声学学术交流会、2012年声频工程学术交流年会、第二届超声医学和医学超声论坛、中国语音学学术会议、2012年环境声学学术会议、2012年全国压电和声波理论及器件应用研讨会和音乐声学研讨会。总计参加会议的人数为3815人次，外籍专家519人次，交流论文2172篇。

科普活动 学会全年举办主题科普活动5次。5月19日，学会与中国科学院声学研究所联合举办第八届公众科学日活动，设立了超声展区，制作科普宣传片《声的世界》，让公众更多地了解与日常生活休戚相关的声学知识。学会主办主题科普活动“声音击碎玻璃杯”、“听力保护培训”讲座分别在湖南省长沙市和北京举办。学会还参与中央电视台CCTV-10科教片《听不到的声音》拍摄，组织专家接受电视采访。参加活动的科普工作者196余人次，受众3250多人次。

国际交往 8月18～22日，学会理事长田静率团参加了在美国纽约召开的第41届国际噪声控制工程大会。本届大会的主题是“让全世界的城市安静下来”，来自中国的62名代表参加了会议，发表文章65篇，两位中国青年学者荣获国际噪声控制工程学会（I-INCE）的青年职业奖。

会议期间，田静理事长作为国际噪声控制工程学会分管亚太地区事务的副理事长，参加了两次国际噪声控制工程学会理事会和Inter-Noise后续会议选址委员会等会议，中国科学院声学研究所研究员杨军、程晓斌代表中国声学学会参加了I-INCE会员代表大会。代表团成员还对将于2014年7月13～16日在北京举行的第21届国际声学与振动大会（ICSV21）作了宣传。

【2012香港声学会议】 5月13～18日，由中国声学学会、美国声学学会、香港声学学会和西太平洋声学委员会联合主办的2012香港声学会议在香港国际会展中心召开。这是中国声学学会第9届全国声学学术会议、美国声学学会第163届会议和第11届西太平洋声学会议的联合会议。学会理事长田静为大会主席之一。

此次会议是中国声学学会和美国声学学会的首次联合会议。从2002年11月18日中国声学学会第一次向美国声学学会发出邀请起，经多方努力，历经10年，最终举办了此次盛会。在本次会议的组织和筹备中，学会多次在学会理事会议、国内学术会议上讨论了相关事宜并进行了宣传，并派员担任组织委员会委员、技术委员会主席及委员。为方便中国大陆学者参会，学会承担部分代收费服务等相关工作。

本次会议共收到论文投稿1300余篇，来自世界41个国家，1500多名专家、学者参会，其中中国大陆专家、学者500多人，美国专家、学者200多人，日本专家、学者近200人，韩国专家、学者100多人。

会议期间，中国声学学会和美国声学学会分别举行了颁奖活动。中国科学院院士马大猷获得美国声学学会荣誉会士称号，成为美国声学学会成立100多年来第19个荣誉会士。为表彰美国著名声学家Leo Beranek博士在声学领域的杰出成就和其为中国声学教育和科学研究所作出的贡献，中国声学学会为其颁发了“荣誉会员”证书和奖牌，这是中国声学学会第一次授予“荣誉会员”称号。海军工程大学教授何琳和中国科学院声学研究所研究员王秀明被授予中国声学学会2012年度马大猷声学奖。

本次会议的召开，体现了我国声学研究领域的研究进展受到世界的关注，我国学者国际知名度提高，我国学者与世界一流水平科学家之间的交流与合作的深入。

【全国声学名词审定委员会成立】 学会6月召开七届五次常务理事会，决定接受全国科学技术名词审定委员会的委托，用约3年时间完成声学名词的审定工作。在全国声学名词审定委员会的指导下，成立了由不同分支学科60余位专家组成的全国声学名词审定委员会及十几位院士组成的顾问委员会。

10月28日，全国声学名词审定委员会成立大会在浙江省杭州市召开。学会理事长田静、副理事长杨德森、王小民、程建春、宗健、毛东兴，中国科学院院士张仁和、侯朝焕、吴硕贤和中国工程院院士杨士莪，全国声学名词审定委员会委员及部分中国声学学会常务理事、理事70余人出席了成立大会。全国科技名词审定委员会审定室主任邬江、编辑史金鹏代表全国科技名词审定委员会参加成立大会。

田静理事长表示，声学名词审定是一件非常重要的基础性工作，对于我国声学学科的发展有重要作用，希望受聘的各位专家努力工作，认真按照全国科技名词审定工作的规范和要求，高质量完成声学科技名词的审定工作，为我国的科学技术发展提供科学、准确、完整的声学科技名词术语定义。

（撰稿人：刘　臻）

中国化学会

服务创新型国家和社会建设　2012年，学会承担国家环境保护部“化学品危害诊断、分类、暴露预测及名录研究”社会公益项目，完成了28909种化学物质的标准结构式绘制（其中复杂结构的有机金属络合物826种，含多组分单体的聚合物6187种），完成了适合环境管理要求的化学物质分类技术规范、标识技术规范和《中国现有化学物质名录》的修订程序。

4月13～16日，中国化学会新技术、新产品与新仪器成果展览在四川省成都市举办。参加展览的单位共计52家，其中跨国企业和国外企业15家、国外学会3家（美国、英国和日本）、国外著名出版集团3家、国内出版机构3家。展览设置展位64个，实际展览面积达570余平方米。展会期间首次设置了产学研论坛内容，涉及成果转化、校企和所企合作模式等方面内容，举办专业技术讲座5场，人才招聘9场，发布招聘信息200余条。

学会能力提升计划　自2012年起中国科协实施学会能力提升计划项目。中国化学会获中国科协学会能力提升专项优秀科技社团二等奖。按照项目要求，中国化学会立足理科学会特点，夯实学会组织机制的基础，提升学会专职人员职业素养，加强服务会员及化学工作者能力建设，提升学会信息化服务水平，把学会打造成在国际上具有重要影响，在国内领先的学术团体典范。

学会建设　2012年，学会发展会员3683名，新增团体会员单位7个，分别是：安捷伦科技（中国）有限公司、浙江卫星石化股份有限公司、阿拉丁试剂（上海）有限公司、北京师范大学化学学院、南昌大学化学系、国家煤及煤化工产品质量监督检验中心（济宁）以及辽阳石化分公司研究院，团体会员单位已达74个。

2012年学会奖励工作委员会完成换届，新一届委员会人数扩大至13人。成立学会生物物理化学专业委员会，挂靠单位为北京大学化学与分子工程学学院，主任为北京大学化学与分子工程学院教授赵新生。

作为打造国际一流学会的整体目标的一项内容，本年度共授予6名国际著名学者为中国化学会荣誉会士称号。他们是：Atta-ur-Rahman（巴基斯坦）、Pekka Pyykkö（芬兰）、Thomas P. Russell（美国）、Nongjian Tao（美国）、Yasuhiro Iwasawa（日本）、Enrique Iglesia（美国）。

学术期刊　目前中国化学会主办刊物22种，其中内部刊物一种，英文刊物4种，半月刊1种、月刊15种、双月刊4种、季刊1种。主管单位为中国科协的期刊有10种，占学会期刊总数的47.6%。中国科学院的期刊有9种，占总数的42.8%。教育部主管的期刊有1种，占总数的4.7%。学会主办的刊物被SCI收录11种。根据期刊引用报告（Journal Citation Reports，JCR），2012年公布的数据，《催化学报》影响因子达到1.171，取得突破。7种期刊影响因子获得提升，其中*Chinese J. Polym.* SCI较快。《物理化学学报》、《化学学报》获得期刊学术质量提升项目资助，《无机化学学报》、《色谱》获得期刊出版质量提升项目资助，项目周期为3年。2012年21种学术期刊的总发行量40.14万册，刊出论文5614篇。

科技期刊国际影响力提升　《中国化学快报》（*Chinese Chemical Letters*）是国内外公开发行的化学类英文学术月刊，以“新、快、准”为宗旨，发表化学各领域最新研究成果。1997年被SCI收录，2011年的影响因子为0.978。2007年编辑部与荷兰Elsevier合作出版。《中国化学快报》获得中国科协2012年度学会能力提升专项优秀国际科技期刊奖项二等奖，计划实现编委会国际化，使国际编委比例达到20%，外籍编委和审稿专家的比例达到30%，注重高水平原始性的创作性论文，更加注重国际稿件资源，力争在2104年JCR影响因子达到1.65，海外第一作者的稿件达到50%，在Science Direct平台上文章的使用量每年超过20万次。

国际学术会议　学会全年举办国际学术会议3个，分别为第六届上海国际分析化学研讨会、第七届国际高技术高分子材料学术会议、第四届中德双边化学前沿讨论会。460人次出席会议，其中外籍学者126人次。

4月13日，中国化学会举办化学学会领导人论坛。英国皇家化学会、美国化学会、日本化学会、韩国化学会和中国台湾地区化学会代表团参加。论坛回顾了化学作为中心科学的地位和发展现状，交流了化学教育等有关问题，讨论了化学面临的机遇和挑战。论坛由中国化学会副理事长周其林院士主持。

中国化学会正式申请，主办2019第47届IUPAC Congress申请报告（Proposal for hosting 47th IUPAC World Chemistry Congress by Chinese Chemical Society）已列入2013 IUPAC大会（土耳其）议程，待陈述后表决。

国内主要学术会议 学会主办国内学术会议共计32项，参会人员1.6万余人次，共发表会议论文1.08万余篇。其中人数超过千人会议有4个，分别是：中国化学会第28届学术年会，中国化学会第十六届全国催化学术会议，中国化学会第十七届全国金属有机化学学术研讨会，中国化学会第十一届分析化学年会，第28届学术年会与会者达5500名，交流论文4040篇，是历届年会中参会人数最多、层次最高、规模最大的一届。本年度参加国内会议的外籍专家181人次。

10月29～31日，学会在山东省济南市承办中国科协第十届全国博士生学术年会纳米化学分会。来自30所高校、研究所的54名在读博士生参加年会，进行了纳米化学方面的学术交流。

4月9～11日，首届全国中学化学教育高峰论坛在四川省成都市举行。18个省（市、自治区）的52所中学、13个教研机构、10所大学、1所大专和教育部教学仪器研究所的108位代表参加了论坛。本次高峰论坛包括专家报告、校长报告、校长论坛和交流报告等内容。

两岸交流 第七届海峡两岸分析化学研讨会和第九届海峡两岸高分子学术研讨会分别于9月和11月在台湾地区召开，32位大陆学者赴台交流。8月，两岸三地高分子液晶与超分子有序结构学术研讨会在湖南省湘潭市举行，来自两岸三地的200余名专家、学者参加会议。

国际组织任职 中国化学会是国际纯粹与应用化学联合会（IUPAC）、亚洲化学学会联合会（FACS）等6个国际组织的成员。2012年，在IUPAC组织中，周其凤院士为理事成员（Bureau），赵新生、丁悌平、韩布兴、何嘉松、陈义、江桂斌、王梅祥、黄维、包信和、帅志刚、曹湘洪等分别担任衔称委员、委员和国家代表等不同职务。

国际交往 9月17～21日，第四届化学科学与社会高峰会议（Chemical Sciences and Society Summit，CS3）在美国旧金山市召开，会议的主题是“下一代可持续发展电子学中的化学”。中国化学会由中国科学院院士张希、华东理工大学化学与分子工程学院田禾，中国科学院长春应用化学研究所研究员王利祥、中国科学院化学研究所研究员刘云圻、北京大学化学与分子工程学院教授裴坚、北京大学化学与分子工程学院教授张锦、清华大学化学系教授帅志刚组成代表团出席会议。CS3由中、美、日、德、英五国化学会与基金资助机构联合发起，会议重心是共同研讨如何解决人类所面临的重要问题，提出全球可持续发展的方向，并发表具有指导意见的白皮书。

科普活动 在中国化学会支持下，中国地质大学（武汉）的学生组成“材化之家”科普宣传团队，开展科普宣传活动。活动的主要内容包括调查人们对于化学与生活知识的了解情况，食品安全和化学与生活知识的宣讲，以及对当地土壤、水溶液pH值的测定。

7月21～30日，第44届国际化学奥林匹克竞赛在美国华盛顿举行。73个国家和地区派队参加了本届化学竞赛，中国化学会派出4名学生参加比赛，获得金牌和银牌各2枚。

学会举办了第26届全国高中学生化学竞赛初赛和决赛。竞赛（初赛）于9月11日在全国各地举行，31个省、市、自治区约14.5万学生参加。颁发一等奖1000名、二等奖5568名、三等奖4001名。决赛于12月1～5日在天津市举行，由天津市化学会和南开大学承办，30个省、市、自治区和澳门特别行政区31支代表队参加。决赛参赛名额由2011年的263名扩大到295名。竞赛分为理论和实验两部分。共决出一等奖102名、二等奖126名、三等奖67名。

2012年7～11月，中国化学会与国际化学品制造商协会联合主办“化学：为绿色地球贡献解决方案”2012全国高校化学视频大赛。应征有效作品98部，14个参赛队伍入围决赛，并分获决赛一、二等奖。大赛的特点：一是采用高校团队与化工企业一对一结队参赛，通过与跨国企业的合作，对参赛学生是一次难得的学习机会，这种形式对于推进校企结合、加快创新型化工人才培养有着积极的意义，二是比赛进行现场直播。决赛作品受到了关注，新浪微博收到投票6000多份，被转发5000余次，人人网受到千余名网友关注。

表彰举荐优秀科技工作者 中国化学学会设立奖励13项，本年度颁发奖励7项。颁发“2010年度和2011年度青年化学奖”，2010年度奖授予郑南峰、刘磊、郭雪峰、焦宁、万颖、石峰、王亚韡、彭慧胜、孔德明、王栋和。2011年度授予蒋兴宇、张杰鹏、傅尧、赵永生、周峰、许华平、范杰、张健、狄重安、黄飞。“第六届中国化学会—巴斯夫公司青年知识创新奖”授予杨启华、余志祥、杨小牛、李景虹。“第三届中国化学会—英国皇家化学会青年化学奖”授予王树、王鹏、施章杰、游书力。首届“中国化学会手性化学奖”授予周其林、周永贵，龚流柱获青年手性化学奖。首届“中国化学会—赢创化学创新奖”授予陈学思、胡文平。第二届“中国化学会—阿克苏诺贝尔化学奖”授予谢素原、帅志刚、刘忠范。第三届“中国化学会—中国石油化工股份有限公司化学贡献奖”授予白春礼、王佛松、程津培、方向晨。2012 年度共计 40 人受到表彰，其中 37 名获奖人在《化学通讯》专栏作了介绍。

由学会推荐的 3 人，中国海洋石油总公司教授董孝利，中国科学院长春应化所教授安立佳，中国石化化工研究院教授龙军，荣获第五届“全国优秀科技工作者”的称号。

会员服务 学会提高了为会员服务能力。建立了会费的在线缴纳、信息群发、会费缴纳提醒与延长申请等功能。

【中国化学会成立八十周年】 4 月 13 日，中国化学会成立八十周年庆典在四川省成都市举行。中共中央政治局委员、国务委员刘延东，全国人大常委会副委员长、中国科协主席韩启德，IUPAC 主席 Kazuyuki Tasumi 等发来贺信。

中国科协常务副主席、书记处第一书记陈希，中国科学院院长、党组书记白春礼，中国化学会理事长、国家自然科学基金委副主任姚建年，全国人大教科文卫委员会副主任委员、中国化学会顾问程津培，四川省副省长曲木史哈，四川省科协主席、四川大学校长谢和平等 50 位中国科学院、中国工程院和第三世界科学院院士，参加中国化学会第 28 届学术年会的 5500 名代表共同庆祝学会成立八十周年。英、美、日、韩以及在中国台北的化学会（Chemical Society Located in Taipei，China）主席率团参加了庆典活动。

刘延东国务委员在贺信中说，八十年来，中国化学会以促进化学领域学术交流、宣传普及化学知识、发现培养化学人才为宗旨，不断鼎力奋进、发展壮大。特别是改革开放以来，伴随着化学学科的快速发展，中国化学会与时俱进、开拓创新，在提升学术交流质量和服务水平，加强化学领域国际合作等方面做了大量卓有成效的工作，为推动我国化学事业发展做出了重要贡献。她希望中国化学会以成立八十周年为新的起点，团结动员广大会员和化学工作者，瞄准世界科学前沿，立足国家发展大局，促进化学研究和学科发展，加强化学科普教育，培养造就高素质化学创新人才，深化化学领域的国际交流与合作，大力提升我国化学研究和应用水平，为实施科教兴国战略、建设创新型国家做出新的更大贡献。

陈希在讲话中肯定了中国化学会的工作，强调了在推动我国化学科技自主创新中，中国化学会的重要作用。他说，我国当前处于全面建设小康社会的关键时期和加快转变经济发展方式的攻坚时期，为广大化学科技工作者提供了前所未有的广阔舞台，也为中国化学会的进一步发展创新提供了新的难得机遇。希望学会抓住机遇，增强学术影响力、会员凝聚力、社会公信力和自主发展能力，把学会作为国家创新体系重要组成部分的作用充分发挥出来，团结带领广大化学科技工作者，在促进学术交流、科学普及、决策咨询等方面继续努力，为促进我国化学科学的繁荣发展做出新的贡献。

为庆祝八十华诞，中国化学会编撰了《高速发展的中国化学》，拍摄了《砥砺奋进八十年》宣传片，出版了庆祝八十华诞的纪念册。

【中国化学会第 28 届学术年会】 4 月 13 ~ 16 日，中国化学会第 28 届学术年会在四川大学举行。中国科协常务副主席、书记处第一书记陈希，中国科学院院长白春礼，学会理事长、国家自然科学基金委副主任姚建年，全国人大教科文卫委员会副主任委员程津培等 50 名院士应邀出席年会。与会专家、学者共计 5500 人，其中国外学者 55 人。这次年会是历届中参会人数最多、层次最高、规模最大的一届。

学术年会主题为“化学的使命”。会议设立分会场 19 个，分别是：绿色化学、环境化学、化学生物学、纳米化学、应用化学、有机化学、高分子科学、无机化学、分析化学、电化学、光化学、胶体与界面化学、理论及计算化学、化学信息与化学计量学、超分子组装与软物质材料、轻工与纺织化学、流变学、磷化工与化工和化学教育；设立论坛 9 个（其中中外双边论坛 6 个）分别为：中、美、日、英、德、韩国以及在中国台北的化学会（Chemical Society Located in Taipei，China）领导人论坛、中国化学会－英国皇家化学会论坛、CCS-JACS 论坛、中美高分子论坛、中—日青年论坛、中国—新加坡青年化学家论坛、中—美 10+10 化学生物学论坛、产学研论坛和化学的创新与发展和化学与相关学科的交叉渗透论坛。

年会安排分会邀请报告 571 个、分会口头报告 834 个，墙报展 2631 个。年会共收到论文 4040 篇，涉及研究领域广泛，议题热点集中，研究水平较往届明显提升。

白春礼作了题为《在发现与创造中不断发展化学科学》的报告，2009 年诺贝尔化学奖获得者、以色列化学家 Ada Yonath 教授作了题为 *From basic science to advanced clinical compounds* 的报告，严纯华院士作了题为《稀土纳米功能材料的可控合成、性质及应用探索》的报告，杨学明院士作了题为《分子光化学及光催化过程中的非绝热动力学》的报告，李亚栋院士作了题为《金属纳米催化》的报告，四川大学冯小明教授作了题为《手性氮氧配体—金属络合物催化不对称反应研究》的报告。

【学术论著《高速发展的中国化学》】 为全面梳理改革开放以来中国化学的发展脉络、指引未来中国化学发展方向，借庆祝中国化学会成立80周年的契机，学术论著《高速发展的中国化学（1982 ~ 2012）》由科学出版社出版发行。

《高速发展的中国化学（1982 ~ 2012）》对20世纪80年代以来的30年我国化学研究工作与进展进行了比较广泛、深入的总结，以翔实的资料和评述从多角度概括中国化学所取得成就及其在国际化学界的学术地位和重要的影响，并展望了今后的发展趋势。学会前任理事长、中国科学院院长白春礼为该书作序，现任学会理事长姚建年担任编辑委员会主编。该书各篇章均由该领域的著名化学家担纲筹划，包括49位院士在内的185位学者和专家共同执笔撰写。全书分无机化学、有机化学、分析化学、物理化学、高分子科学、应用化学、新兴交叉学科和化学教育等8篇，参考文献近7000篇，约132万字，近900页。

《高速发展的中国化学（1982 ~ 2012）》是第四次比较全面、系统的总结中国的化学研究成果与进展。第一次是为纪念中国化学会成立10周年而撰“中国化学会十周年纪念刊”；第二次是庆祝新中国成立10周年（《十年来的中国科学》，科学出版社，1959）；第三次则是纪念中国化学会成立50周年《中国化学五十年（1932 ~ 1982）》（科学出版社，1985）。本书作为续集，与《中国化学50年，（1932 ~ 1982）》衔接配套，梳理了中国化学的发展脉络，是一部概括、记载学科发展的参考书和重要的历史文献。

在中国化学会成立80周年庆典上，举行了新书首发仪式。中国科协常务副主席、书记处第一书记陈希，中国科学院院长白春礼，学会理事长、国家自然科学基金委副主任姚建年为本书发布揭幕。这部凝聚了近200余位化学家智慧与心血的学术专著受到了化学工作者的高度评价。

（撰稿人：方　智）

中国天文学会

学会建设 2012年，学会发展个人新会员99名、向国际天文学联合会IAU成功推荐并发展IAU新会员79名。2012年学会共组织召开两次常务理事会议，一次理事会议，一次组织工作会议。

学会组织编辑出版了反映中国天文学会近十年来取得成绩的画册《中国天文学在前进》（第四册），制作完成中国天文学会九十周年纪念活动视频宣传短片《中国现代天文学》和专题片《情系苍穹》。

科技期刊国际影响力提升计划 《天文和天体物理学研究》（*Research in Astronomy and Astrophysics*）是由中国科学院主管，中国科学院国家天文台和中国天文学会联合主办的学术刊物。

由于《天文和天体物理学研究》在实现国际化稿源、国际化编委、国际化审稿、国际化出版等方面取得了一定的进展，经学会积极开展学会能力提升专项的申报活动，2012年荣获中国科协学会能力提升专项“优秀国际科技期刊”二等奖。

国内主要学术会议 2012年，学会共组织召开10次学术活动，参加人数达4000多人，交流论文3000多篇。10月30日，中国天文学会在江苏省南京市举行中国天文学会成立90周年纪念大会。

国际学术会议 8月20 ~ 31日，学会在北京国家会议中心举办第28届国际天文学联合会（IAU）大会，国家副主席习近平出席第28届国际天文学联合会大会开幕式并发表重要讲话。

科普活动 2012年，学会举办了天文科普宣传系列活动新闻发布会、邀请中科院紫金山天文台多位专家和南京金陵图书馆一起开展天文科普讲座，携手天文专家共同打造“金图讲坛”。联合中央电视台新闻频道、腾讯网同时直播“日环食”。在江苏省南京市、盐城市、淮安市、徐州市、泰州市及安徽省蚌埠市等地开展了“路边天文”活动。在广东省广州市举行2012年国际青少年科技实践大赛。

表彰举荐优秀科技工作者 学会组织完成中国天文学会第十一届张钰哲奖、中国天文学会九十周年天文学突出贡献奖评奖工作。2012年中国天文学会表彰先进个人共57位。参与开展第九届中国青年女科学家奖、第五届全国优秀科技工作者等的推荐工作，中国科学院紫金山天文台研究员史生才研究员获第五届“全国优秀科技工作者”称号，中国科学院院士王绶琯、叶叔华、曲钦岳获得中国天文学会九十周年最高荣誉奖。

【第28届国际天文学联合会大会】 8月20 ~ 31日，第28届国际天文学联合会（IAU）大会在北京国家会议中心召开。来自76个国家和地区的3000余名天文学者参加了此次盛会，参会人数为历届之最。开幕式前，国家副主席习近平会见了国际天文学联合会主席罗伯特·威廉姆斯等与会嘉宾。

8月21日，习近平出席第28届国际天文学联合会大会的开幕式，并发表重要讲话。国际天文学联合会主席罗伯特·威廉姆斯，中国天文学会理事长、中国科学院院士崔向群在开幕式上致辞。中国科协常务副主席、书记处第一书记陈希，中国科学院院长白春礼等出席开幕式。开幕式上颁发了国际天文学联合会格鲁伯宇宙学奖。我国著名天文学家、中国科学院院士苏定强在开幕式上作学术报告。

本届大会包括了8个大型专题学术讨论会、7个小型联合研讨会、18个特别分会、4个大型邀请报告，内容涉及天文各分支学科及相关学科发展趋势、前沿热点和最新研究成果。会议期间进行了换届，公布了该机构2012～2015年的新一届的IAU执行委员会组成人员。在此次会议上，多名中国天文学家被分别任命为IAU执行委员会、专业委员会和专门委员会的成员。

中国1935年加入国际天文学联合会，第28届国际天文学联合会大会是中国首次承办的国际天文学联合会大会。大会的召开是中国天文学史上的大事，它为更多的中国天文学者了解国际天文学发展情况及最新进展提供了平台。同时，也为中国天文界提供了一个向国际同行展示自己的机会，对促进和扩大国际交流、提高我国天文学在国际天文学研究中的地位及影响具有重要意义。据不完全统计，来自世界各地的近75名参会媒体记者和中央电视台、新华社、《中国日报》、《中国科学报》、《香港大公报》、《印度时报》、德国公共电台、《科学》杂志、《自然》杂志、《美国国家地理》杂志等媒体，对本次大会进行了约150篇的电视或文字的报道。

【中国天文学会成立九十周年纪念大会】 10月30日，中国天文学会成立九十周年纪念大会在江苏省南京市举行。来自全国各地的200余位专家、学者参会，回顾中国天文学90年的历程，共同庆祝中国天文学会成立九十周年。中国科协副主席、书记处书记程东红，中国科学院副院长李静海，中国天文学会名誉理事长叶叔华，江苏省副省长何权、国家自然科学基金委数理学部常务副主任汲培文、中国天文学会十二届理事会理事长崔向群出席大会并致辞，中国天文学会十二届理事会顾问苏定强出席大会，会议由中国天文学会秘书长杨戟主持。

崔向群在致辞中回顾了过去10年中国天文学取得的成果，描绘了未来10年的发展蓝图，期望已建成和正在研制的大设备投入运行并取得大批成果。希望我国在天文理论研究方面有重要进展，在观测方面有新的发现，在仪器研制方面有新的突破，使我国尽早由天文大国发展为天文强国。大会上宣读了国际天文学联合会主席的贺电及部分单位的贺电、贺信。会上举行颁奖活动，57位天文工作者获奖。

（撰稿人：孟红宇）

中国气象学会

服务创新型国家和社会建设 2012年，学会组织40多名农业气象科技工作者，深入浙江省、江苏省、山东省、天津市等地开展农业气象防灾减灾服务、设施农业气象服务、农业应对气候变化等科技服务工作，围绕生产实际问题，如江苏省水稻低温冷害、浙江省杨梅春季低温、山东省设施农业低温寡照等问题，为当地政府和农民出谋划策，提供有效的气象科技服务。

学会创办了国家人口与健康科学数据共享平台——气象环境与人体健康专题服务网站（http：//www.meaph.com/），该网站以适应气候变化、改善环境质量、促进全民健康为宗旨，介绍气象环境和人体健康相关知识与成果，开展数据共享及预报技术服务，为政府决策、医疗机构资源优化配置、公众防病养生需求提供及时有效的专项服务。

3月18～24日，在上海市举办面向社会的第三届防雷产品测试技术培训班，就防雷产品质量保证和监管体系、防雷产品性能和测试要求等进行培训。组织申报中国科协三峡科技出版资助计划，两个作品获得资助。学会举办培训班13次，参加人数500余人次。

学会建设 全年举办学术会议24场次，有3000余人次参加，交流论文2400余篇。学会创新气象文化，倡导“气象一家人”的理念，举办2012年迎春座谈会、第二届老气象学会工作者座谈会，春节前后，看望慰问了叶笃正、陶诗言等18位院士，接待百名院士参观中国气象局。先后召开了常务理事会第四、第五、第六次会议及理事会第二次全体会议，审定年度工作要点与活动计划、组织实施学会能力提升专项等重要事项，通过了《中国气象学会会员管理暂行条例（修订稿）》、《中国气象学会会员科学道德规范（试行）》等一批制度性文件，调整了部分兼职副秘书长、学科委员会主任委员，审议通过了学会年度财务报告，决定将《气象学报》（英文版）的英文名称更改为Journal of Meteorological Research（简称JMR）。召开全国气象学会秘书长会议、学科（工作）委员会第二次工作会议。至2012年底，学会有注册会员811名、单位会员150个。

申报并接受民政部2011年度全国性行业协会商会、学术类社团、基金会、民办非企业单位的等级评估，获评

4A级。学会作为第八届全国博士生学术年会“气候变化与生态环境”专题交流的承办单位，获得中国科协常委会青年工作专门委员会、国务院学位委员会办公室、中国科协组织人事部共同颁发的优秀组织奖。学会承办的第十四届中国科协年会第14分会场——极端天气事件与公共气象服务论坛获“学术交流优秀分会场”。

4月17～19日，学会在重庆市举办了第二届老气象学会工作者座谈会。来自28个省（区、市）气象学会及学会秘书处的近40位老气象学会工作者参加座谈会。学会原秘书长梁景华、重庆市气象局局长王银民、副局长段相洪、重庆市科协学会部部长黄坤才出席座谈会。与会代表围绕“气象文化传承与学会事业发展”的主题展开讨论，就气象学会事业的发展、加强气象科普宣传、提高全社会气象防灾减灾能力提出意见和建议。

3月27～29日，2012年全国气象学会秘书长会议在浙江省绍兴市召开。会议研讨了学会提升能力专项，表彰了2011年度先进气象学会秘书处。与会人员围绕“共同议程、共同责任、共同发展”的主题，结合中央书记处对科协工作的指示精神，就当前学会工作中的党建强会、能力提升、学术建设、决策咨询、人才培养、科学道德、科普资源共建共享、学会管理的制度化，以及政府购买服务的应对等热点问题展开讨论。学会秘书长翟盘茂、副秘书长冯雪竹，各省（自治区、直辖市、计划单列市）气象学会主持学会秘书处工作的秘书长或副秘书长，学会秘书处各部门负责人等共45人参加会议。

学会能力提升计划 荣获中国科协和财政部联合设立的“学会能力提升专项优秀科技社团”三等奖。

科技期刊国际影响力提升计划 学会创新期刊运作模式，推进刊物出版数字化、网络化建设，2012年，启动了《气象学报》（英文版）的更名工作，《气象学报》（英文版）实行责任学术编委制，国际编委比例达50%，借助德国斯普林格（Springer-Verlag）出版社进行海外发行和国际宣传，期刊的显示度得以提升。超额完成《气象学报》中、英文版编校出版工作，开展了全国高校科技期刊调研工作。在《中国学术期刊国际引证报告（2012版）》公布的2012年度（首届）“中国最具国际影响力学术期刊”和“中国国际影响力优秀学术期刊”名单中，学会主办的《气象学报》中、英文版双双获评“2012中国最具国际影响力学术期刊”。

决策咨询 1月11～12日，学会与中国植物保护学会、中国畜牧兽医学会、中国水产学会、中国林学会共同在北京举办2012年中国科协生物灾害防治研讨会。学会向中国科协提交《应重视中小城镇气象致灾问题》的专题报告，提出必须重视中小城镇气象致灾问题，建议以科技为手段，把气象评估与规划业务纳入到中小城镇规划发展和管理的政策框架之中。加强国土资源、水务、交通、环境、农业、财政等部门与气象部门的合作，加强科研信息和数据共享，建立细致、科学、全面的应急预案并快速有效的执行。

国内主要学术会议 7月4日，在浙江省杭州市举办第二届中国气象学会理事长高层论坛。9月12日，在辽宁省沈阳市召开了第29届中国气象学会年会，近千名气象科技工作者围绕天气、气候的监测、预测以及气象探测技术、现代农业发展和水文地质灾害等当前热点问题展开交流和研讨。7月27日，在贵州省贵阳市举办气候变化论坛，作为2012生态文明贵阳会议分论坛之一，本次论坛的主题是“全球气候变化下的灾害预防与预警”，学会理事长秦大河担任论坛主席。为提升论坛的参与度及宣传效应，与人民网合作开通专用的论坛短信平台，场内场外均可通过该平台与论坛主持人和报告人实时互动。

申报并承办第十四届中国科协年会第14分会场——极端天气事件与公共气象服务论坛。为期3天的会议中，来自中国气象局、农业部、北京大学、南京大学、中国民航飞行学院、中国旅游研究院等单位的127名专家围绕极端天气事件的机理与应对、公共气象服务的发展等内容作相关专题报告。中国工程院院士李泽椿、中国气象局应急减灾与公共服务司司长陈振林、国家气象中心主任端义宏作了题为《气象致灾与人居环境研究》、《十七大以来公共气象服务发展成就与经验总结》以及《登陆台风异常变化机理及预测技术》专题报告。

国际交往 参加4月26～27日在埃塞俄比亚首都亚的斯亚贝巴召开的气候变化与民航业国际研讨会，就气候变化及对社会发展的影响、气候变化对民航业发展影响、航空气象服务及用户需求等方面问题进行研讨。

承办6月12～14日在上海市举行的世界气象组织（WMO）登陆台风示范项目培训研讨会。

7月和10月组团赴美国开展学习交流活动，重点考察美国天气频道整体业务运行模式、日常天气预报、交通天气预报的制作流程和制播技术。

5月，举办农业气象国际培训班，向国际同行展示了先进的农业气象实验平台。8月14～17日，在云南省楚雄彝族自治州举办首届东南亚天气与气候国际学术研讨会。

两岸交流 6月18日，与台湾大学联合在福建省厦门市举办海峡两岸气象防灾减灾研讨会，来自海峡两岸的50余位气象专家、学者围绕“海峡两岸气象防灾减灾、保障民生福祉”的主题，研讨海峡两岸不同行业对气象服务的需求，在台湾海峡交通气象保障服务、海峡渔业气象服务、两岸特色农业气象服务、海峡两岸旅游气象服务等方面达成合作意向。

9月17～23日，学会组团赴台湾地区参加2012年海峡两岸灾害性天气分析与预报研讨会，70余名专家、学者参加会议。

12月17～18日，在北京召开了2012年海峡两岸气象科学技术研讨会，海峡两岸60多位专家、学者就台风、暴雨等强对流天气的监测、分析与预报，卫星气象技术及应用，雷达监测与应用等内容进行研讨和交流。

10月18～22日，台湾大学原副校长陈泰然和台湾地区气象学会理事长周仲岛赴北京参观访问，学会理事长秦大河和学会名誉理事、中国气象局局长郑国光分别与他们进行座谈，希望两岸气象学会间的交往能够更加深入，拓宽交往领域。

9月17～23日，学会名誉理事郑国光率中国气象学会代表团一行15人赴台湾地区参加了2012年海峡两岸灾害性天气分析与预报研讨会。来自海峡两岸气象业务科研单位、有关高校、研究院所的70余名专家、学者，围绕台风动力与季风、数值模拟与同化、暴雨观测与预报、防灾科技与研究四个主题开展了研讨。20位专家作报告。双方认识到，随着两岸气象科技交流的不断深入，今后将涉及科技业务、资料交换等更深层次的合作内容。

科普活动　联合中国气象局等单位召开第四次全国气象科普工作会议，部署未来四年气象科普工作任务。举办第31届全国青少年气象夏令营，来自22个省（自治区、直辖市）的247名营员和辅导员参加了主题为“感悟黄河文化　探究天气气候”的夏令营活动，其中包括5名来自西藏农牧民贫困家庭的子女。参与《气象科普发展规划（2013～2016）》制定工作，提出未来几年气象科普工作的发展思路与实施步骤。

3月18日，与中国科协、北京市海淀区政府等单位在中国气象局举行气象科普进社区启动仪式，倡导居民关注天气、气候和水，践行低碳生活，组织了世界气象日期间面向公众的中国气象局园区开放日活动。

开展以了解公众对气象科普的想法和需求为目的的气象科普问卷调查，向学校、农村和社区赠送了3万份科普展板、挂图、光盘及科普折页。5月12日，在北京市丰台区举办的“2012年防灾减灾日”主会场活动中，气象应急车的现身引起公众浓厚兴趣。

举办热点问题的系列科普报告会，5月12日在中国科技馆“科学讲坛”举办的科普报告会恰逢“科学讲坛”第100期活动，中央电视台天气预报节目主持人宋英杰以聊“天”为主题作科普报告，会场气氛热烈、互动踊跃。

组织气象行业的单位申报中国科协的全国科普教育基地，国家卫星气象中心、中央气象台等12家气象单位成功入选中国科协2012年度全国科普教育基地。学会推荐申报的基地入选率达75%。与中国气象局联合命名了第三批共35个全国气象科普教育基地、26个全国气象科普教育基地——示范校园气象站。

8月6日，承办以“科学应对城市内涝”为主题的中国科协“科学家与媒体面对面”第17期活动。支持3月31日～4月3日在广东省深圳市举办的以“校园气象科普教育的推进与可持续发展”为主题的两岸四地校园气象科普教育论坛。

编写了《全国气象科普教育基地巡礼》画册、《营旗飘飘——纪念全国气象夏令营30周年纪念册》、校园气象站教材《小学气象科学普及教育读本》等科普书籍。

6月7日，联合中国气象局主办的2012年气象科普惠农活动启动仪式在吉林省榆树市刘家镇举行。300多位农民参加了启动仪式。仪式结束后，现场进行了火箭增雨和高炮防雹演示，农民朋友亲身体验到气象科技的威力。随后，农业气象专家走进刘家镇种粮大户的田间，查看苗情，为农民解答农业生产中的气象问题。

在第六届（2011～2012年度）“中国地方政府创新奖”评选中，学会与中国气象局联合申报的“气象防灾减灾宣传志愿者中国行”大型科普活动获特别奖。在全国学会2012年度科普工作交流会上，获得中国科协学会部和科普部的联合表扬，被评为“2011年度科普工作优秀学会”。

7月7日，2012年气象防灾减灾宣传志愿者中国行活动启动仪式在四川省眉山市举办。来自北京大学、南京大学、浙江大学、中国海洋大学、中山大学、兰州大学、中国科技大学、南京信息工程大学、中国地质大学、成都信息工程学院等全国10余所高校的志愿者参加启动仪式。2012年的活动主题是“传播气象文化，科学防灾减灾”。启动仪式现场还设置了气象防灾减灾宣传志愿者中国行大型展览，举行了气象文化走基层文艺晚会。

学会秘书处党支部将本次活动作为2012年中国科协倡导的党建强会特色活动的主要内容，联合成都信息工程学院，成立了专门的党员志愿者小分队，以发挥党组织和党员在活动中的示范作用。

3月23日是“世界气象日”，气象科普进列车活动启动仪式在北京举行。中国气象局、铁道部运输局、中国科协科普活动中心等部门相关负责人出席启动仪式。启动仪式上向列车员代表赠送了《天气、气候和水为未来增添动力》、《气候变化小知识》、《天气预报揭秘》、《气象知识》杂志等气象科普宣传资料。

表彰举荐优秀科技工作者 评选第三届邹竞蒙气象科技人才奖，华风气象传媒集团高级编辑朱定真、北京市气象台研究员级高级工程师孙继松、南京信息工程大学教授闵锦忠，国家气候中心研究员封国林、解放军总参谋部大气环境研究所研究员翟宇梅获奖。组织推荐第五届全国优秀科技工作者，经学会推荐，陈云峰、除多（藏族）、高学杰3人获得第五届“全国优秀科技工作者”称号。推荐3本图书、1部影视作品申报“第二届中国科普作家协会优秀科普作品奖”。学会推荐的4篇论文获2005～2009年度“马塔切纳青年优秀论文奖”，在第29届中国气象学会年会开幕式上，学会理事长秦大河向国家气象中心谌芸，中国科学院大气物理研究所郎咸梅、王林，解放军理工大学袁炳4位获奖者颁发了证书和奖金。

【第29届中国气象学会年会】 9月12日，以“强化科技基础，推进气象现代化”为主题的第29届中国气象学会年会在辽宁省沈阳市召开。年会开幕式由学会理事长秦大河主持，中国气象局副局长宇如聪，辽宁省政府副秘书长何焕秋出席开幕式并致辞，辽宁省气象局局长王江山，中国科学院院士吕达仁、费维扬，香港天文台台长岑智明，学会6位副理事长以及近千名气象科技工作者出席开幕式。开幕式上举行了“马塔切纳青年优秀论文奖”颁奖仪式。

年会特邀报告包括大气探测、气象卫星、气象服务、天气预报4个方面的内容。中国科学院院士吕达仁作大气探测前沿问题的报告，国家卫星气象中心副主任卢乃锰介绍了“风云”系列气象卫星发展面临的新挑战，香港天文台岑智明台长交流了香港开展气象服务的经验和体会，沈阳中心气象台台长陈力强作了关于东北冷涡降水的报告。

本届年会共设18个分会场、1个专题论坛和2个专题讲座。18个分会场围绕天气、气候的监测、预测以及气象探测技术、现代农业发展和水文地质灾害等当前热点问题展开交流和研讨。会议期间举办了沈阳第六届雨雪冰冻（霜冻）灾害论坛、气象期刊工作委员会期刊专题讲座。

【第二届中国气象学会理事长高层论坛】 7月4日，第二届中国气象学会理事长高层论坛在浙江省杭州市举行。本次论坛主题为“气候变化与低碳生活”，旨在通过高层科研工作者对气候变化及相关问题的交流，进一步加强气候变化规律和影响的对策研究，探讨低碳经济模式与低碳生活方式，向广大公众普及气候变化有关知识，促进经济社会可持续发展。开幕式上，学会理事长秦大河、杭州市政府副市长徐文光、杭州市科协副主席姚树列分别致辞。论坛分演讲和互动交流两个环节，分别由学会理事长秦大河和学会秘书长翟盘茂主持。

学会理事长秦大河、中国科学院院士石广玉、浙江大学教授何亚平、国家海洋局第二海洋研究所研究员张海生、国家气候中心主任宋连春、国家发展改革委能源研究所研究员姜克隽分别围绕气候变化科学新进展、低碳经济中的热污染问题、气候变化研究与竺可桢学、海洋与低碳、气候变化和气象灾害、全球升温2摄氏度目标下中国能源与排放策略等问题进行演讲，探讨、剖析气候变化对自然生态系统和社会经济系统产生的影响，提出应对全球气候变化的不同见解和设想，并通过现场及网络互动，解答听众、网友关心的问题。

【第四次全国气象科普工作会议】 10月26日，第四次全国气象科普工作会议在北京召开。会议由学会与中国气象局、科技部、中国科协联合主办。中国气象局局长郑国光，中国科协书记处书记徐延豪，科技部政策法规司副司长王宇出席会议并讲话。中国气象局副局长许小峰作报告。

郑国光在讲话中提出，做好气象科普工作是提高全民科学素质的必然要求，是发展公共气象服务、加强气象防灾减灾的迫切需要，也是气象事业科学发展、实现气象现代化的重要标志。做好新时期的气象科普工作，一是要着力发挥气象科普工作在公共气象服务中的作用，二是要着力提高气象科普的针对性和有效性，三是要着力构建气象科普社会化工作格局，推动气象科普的大众化、常态化和社会化，四是要着力提升气象科普的能力和水平。

徐延豪在讲话中说，气象科学是人民群众身边的科学，加强气象科普工作是提高人们气象防灾减灾意识的重要手段，也是提升全民素质的重要方面。希望各级科协组织与气象部门进一步加强协作，推动气象科普工作再上新台阶。

许小峰所作的报告回顾了过去四年来气象科普工作取得的成就及当前面临的新形势和新要求，强调要坚持做好气象防灾减灾和应对气候变化科普工作，做好面向重点人群、针对性强的气象科普，充分发挥大众传媒的作用，坚持科普教育场馆和基础设施建设与资源共建共享并重，进一步提升气象科普工作水平和服务能力。同时，要进一步加强气象科普工作的组织保障，加强组织领导、顶层设计和人才队伍建设，不断完善激励机制及健全稳定、多渠道的投入机制，促进气象科普可持续发展。

会议期间，举行了第三批全国气象科普教育基地授牌仪式，新疆维吾尔自治区科协、成都信息工程学院、浙江省气象局、青海省气象局交流了各自开展气象科普的做法与经验，中国气象学会秘书处介绍了组织开展气象科普工作的工作重点与思路，即立足一个格局——充分利用行业资源，形成社会化大科普格局，围绕两条主线——气象防灾减灾和应对气候变化的主线，确定三个面向——面向行业、面向社会、面向广大公众。各省（区、市）科技厅（委）、科协、气象局，南京信息工程大学等气象院校，国务院全民素质纲要办公室成员单位相关负责人，以及新闻媒体记者约 200 人参加了会议。

【首届东南亚天气与气候国际学术研讨会】 8 月 14 ~ 17 日，由学会动力气象学委员会与云南省科协联合主办的首届东南亚天气与气候国际学术研讨会在云南省楚雄市召开。会议由中国科学院院士李崇银担任名誉主席，学会副理事长王会军和云南省气象学会常务副理事长琚建华担任联合主席。来自中国、美国、泰国的 73 名代表出席了研讨会，35 位国内外专家作了大会报告。会议围绕东南亚天气与气候，亚洲季风在东南亚的活动特征，东南亚地区极端旱涝的成因，低纬高原天气气候，西南地区近年来异常干旱的气候变化趋势及其成因，延伸期天气预报、预测的理论基础和新方法研究，短期气候预测的新方法，亚洲季风对云南和东南亚的环境与水生态的影响等问题展开讨论。

（撰稿人：张洪萍）

中国空间科学学会

服务创新型国家和社会建设 学会与大连志和科技集团有限公司合作的“航天育种”项目取得成果。2010 年分两批向大连志和科技集团有限公司提供了 144 棵香蕉苗，这批香蕉苗的母体是经神四、神六飞船搭载后繁育出的。提供的香蕉苗中 99 棵属巴西—1 号，44 棵是泰国糯香蕉苗。经过大连志和科技集团有限公司两年来的精心栽培，在简易大棚里 144 棵香蕉苗全部结果，果实口感较好，取得了很好的试种效果。在北方小规模种植香蕉并结果是一个突破，具有很好的经济前景。

学会建设 2012 年学会共举办学术交流会议 13 次，参会专家学者 1374 人次，其中国外科学家 102 人次，港澳台专家学者 20 人次，收录论文 768 篇。与 2011 年相比，学术研讨会增加 6 次，参加人数增加 180 人次，收录论文增加 318 篇。2012 年经中国科协综合考核，学会荣获“2012 年度科普工作优秀学会”称号。部分学术研讨会的学术交流论文直接与期刊合作，会后发表，提升了学术交流影响力。

学术期刊 学会主办的《空间科学学报》，2012 年全年发稿 118 篇，总页码 902 页，在数量上超过了往年。完成了学报网站的技术升级与功能更新，提高了网络安全性，实现了版式及网刊后台系统的升级和优化。

学科发展研究 《空间科学学科发展报告》于 2012 年 1 月 31 日完成了正式出版稿。该报告约 17 万字，分为两部分，第一部分为综述报告（5 万字），主要论述了空间科学近两年来取得的最新进展、成果和国际空间科学的发展态势以及我国空间科学发展趋势。第二部分为专题报告（12 万字），专题报告分别是空间天文进展、空间物理进展、月球科学与比较行星学进展、空间生命科学进展、航天医学进展、微重力科学进展、空间遥感研究进展和空间科学战略性先导科技专项进展。

国内主要学术会议 10 月 24 ~ 27 日，在广西壮族自治区桂林市召开月球科学与行星比较学研讨会。通过探月工程一期、二期的完成，并获得了大量的月球探测的原始数据，促成月球环境、地质、测量等领域取得较多研究成果。

科普活动 充分发挥学会“全国科普教育基地”和“青少年科技育人基地”的优势，举办了 4 次夏令营，其中，在香港特别行政区、台湾地区各举办一次，共接待青少年 200 人次。开展了“大手拉小手”共建科技育人学校活动。全国科技活动周围绕主题“携手建设创新型国家”，突出“科技与文化融合，科技与生活同行”的活动特色，开展了“走近空间科学”系列科普活动。2012 年，学会申请承担了中国科协“空间科学科普资源”项目。

针对我国空间科学与技术的迅速发展，结合我国空间重大工程项目，如载人航天工程、探月工程、子午工程等开展科普活动，学会科普工作委员会主任潘厚任代表学会为机关企业、大中小学、研究机构等做了 30 余场科普报告，听众人数约 1.2 万人次。

3 月 9 日，学会特别邀请“火星 -500”计划中唯一的中国志愿者、中国航天员科研训练中心航天员助理教员王跃为青年科技工作者作专题报告，报告从实验篇、登陆篇、生活篇三个方面，介绍了来自中、俄、法、意等国家的 5 个志愿者 520 天的舱内密闭生活。

9 月 3 日，应中国纪检监察学院邀请，学会常务理事、空间生命专业委员会常务副主任、航天员科研训练中心副总师李莹辉研究员为中纪委高级干部培训班 300 名学员作《载人航天历程回顾与思考》的科普报告。

表彰举荐优秀科技工作者 2012 年学会向中国科协推荐了北京大学地球与空间科学学院空间物理创新研究群体。由学会推荐的国家空间科学中心研究员孟新荣获第五届“全国优秀科技工作者”称号。

【第十届海峡两岸空间/太空科学研讨会暨20周年纪念】 8月20～22日，第十届海峡两岸空间/太空科学研讨会暨20周年纪念会在四川省成都市召开。来自海峡两岸的近百名学者参加了研讨会，其中，台湾地区的专家、学者及海外华人学者约20人。会议收录论文80多篇。

海峡两岸空间/太空科学研讨会为系列学术会议，每两年召开一次，轮流在海峡两岸举办。此次会议为第十届，适逢这个系列会议的20周年纪念。

【亚洲微重力科学会议暨第九届中日韩微重力科学研讨会】 10月29日～11月2日，在广西壮族自治区桂林市召开亚洲微重力科学会议暨第九届中日韩微重力科学研讨会。

本次亚洲微重力多边学术会议参会学者共128人，其中中方学者88人，外方学者40人，除了来自中国、日本、韩国和印度等亚洲国家的学者外，还有美国、法国和欧洲空间局（ESA）的专家学者专程参会。本次会议展示了中国、日本、韩国、欧空局及欧美国家等国际微重力研究机构在空间和地基模拟微重力科学及相关领域研究工作的最新成果和未来规划，为亚洲微重力科学研究领域的专家、学者提供了良好的交流平台和合作机会。

为了更好地宣传会议的交流成果，本次亚洲微重力科学会议组委会与中国《空间科学学报》联合出版英文会议文集。会议期间，学会国际学术交流工作委员会与亚洲国家的参会代表举行了微重力科学委员会联席工作会议，各方代表就进一步加强亚洲国家间微重力科学委员会和科学家之间的交流与合作达成共识。通过本次研讨会加强了中国与亚洲国家科学家的学术交流，由微重力专业委员会主办的中日韩微重力科学研讨会已发展成为亚洲微重力科学研讨会，既引领了微重力科学的发展方向，又促进了与亚洲国家的学术交流与合作。

【中国空间科学学会第八届理事会扩大会议暨学术交流会】 8月16～20日，中国空间科学学会第八届理事会扩大会议暨学术交流会议在黑龙江省哈尔滨市召开，参会理事90人。顾逸东理事长作了题为《创新发展、开拓未来》的报告。报告回顾了第七届理事会工作，提出今后的重点工作分别是：一要努力扩大空间科学学会的影响力，推动我国空间科学发展；二要提升学术交流水平和质量，打造学术交流品牌、推动我国空间科学的持续发展；三要做好科学教育和普及工作，为提高全民科技素质做贡献；四要加强学会组织建设，着力提升学会能力。

8月18日，与会代表分组讨论《第八届理事会工作规划》。

（撰稿人：邱　理）

中国地质学会

服务创新型国家和社会建设　学会编辑《中国地质学会“找矿突破战略行动”建言献策汇编》，集中收录了学会各级组织围绕找矿突破战略行动所采取的行动措施。推荐中国工程院院士卢耀如参加第十四届中国科协年会党政领导与院士专家座谈会，为河北省经济发展过程中的水资源合理开发利用及气象、地质灾害综合防治减灾建言献策。

协调中国科学院院士汪集旸等20位地热方面专家将2011年中国科协第十三届年会第十四分会场——地热能开发利用与低碳经济研讨会成果进行提炼，向国务院有关部门提交《地热开发利用亟待加强》的建议。

学会建设　学会召开了4次常务理事会议、4次常务理事单位秘书长会议和1次省级地质学会与分支机构秘书长会议。重点围绕2012年度学会工作计划的制定和落实、学会发展方向、开辟新的工作领域、为会员和会员单位服务等问题进行交流和讨论，提高为会员和会员单位服务能力，扩旨在大服务领域。

开展分支机构评估工作，按年度工作安排，分三批听取了分支机构五年来的工作汇报，并形成了总结分析报告。在对分支机构工作成绩肯定的同时，对下一步需改进的工作明确提出了整改要求。初步完成学会会员数据库的建立工作。

2012年学会计划内召开的学术会议32个，参加人数7684人次，提交论文3065篇。与上一年度相比，计划内召开的学术会议增加5个，参会人数增加664人次，提交论文数增加187篇。

扩充《学会会讯》、《情况通报》等内部刊物内容，全年编印《会讯》6期、《情况通报》37期，并编印发行《学会年报》，让各级领导、广大会员及时了解学会工作，收到了良好的宣传效果。

科技期刊国际影响力提升计划　2012年，收录《地质学报》（英文版）的国际网站新增2家，达到22家。在SCI数据库中，《地质学报》影响因子位居中国地学科技期刊首位，超过了法国、加拿大、印度、俄罗斯地质学会所办刊物的影响因子，已成为世界中上游水平地学科技刊物。《中国地学期刊网》继续得到完善和加强，在线各期刊网站平均年度点击率达30万次左右。《地质学报》（英文版），荣获“优秀国际科技期刊一等奖”。

国际学术会议　学会组团参加第34届国际地质大会。学会青年工作委员会和意大利地质学会青年分会联合在意大利举办首届中意地球科学论坛。

国内主要学术会议 一是围绕地勘行业中心任务组织召开学术会议。主要会议有：首届找矿突破战略行动青年论坛暨青年工作委员会成立大会，第十一届全国矿床会议，内蒙古找矿突破高峰论坛暨2012首届中国内蒙古矿业国际博览会。二是围绕地质学科建设召开学术会议。主要会议有：第五届构造地质与地球动力学学术研讨会，同位素地质新技术新方法与应用学术讨论会，第三届全国工程物探与应用新技术研讨会。三是围绕服务经济社会发展组织召开学术会议，主要会议有：地质教育科学发展热点问题及对策座谈会，城市地质——城市经济发展的基石学术研讨会。

科普活动 举办2012年全国青少年地学夏令营，参加第五届中国科普产品博览交易会。

4月22日是第43个世界地球日，主题为“珍惜地球资源 转变发展方式”。学会主要开展了4项活动。4月18～22日，学会理事长徐绍史、学会理事关凤峻、姜建军、殷跃平、石建省等5名学会领导和专家在《科技日报》发表署名文章和访谈，向公众全面介绍我国国土资源管理政策和相关地学知识。4月20日，学会在北京地质礼堂举行第43个“世界地球日”科普电影专场，共同呼吁“珍惜地球资源，转变发展方式”。4月21日，会同有关学会在北京紫竹院公园举办第43个“世界地球日”主题宣传活动，介绍我国资源概况、节约集约利用资源以及最新找矿成果等地球科学知识。4月22日，学会组织代表并准备展板参加了“第43个世界地球日”活动。上述活动参与人数达上万人次，多家媒体予以了报道。

7月25～29日，中国地质学会在吉林省举办了2012年全国青少年地学夏令营。来自全国20多个省、区、市的200多名优秀中小学生和工作人员参加了夏令营活动。营员们实地考察和参观了大阳岔寒武——奥陶系界限层型剖面自然保护区、长白山火山国家地质公园、天池、大峡谷地下森林公园、十五道沟玄武岩大峡谷、松花石艺术馆、长春地质宫等。期间，学会组织专家就地学基础知识、古生物等相关内容作了专题科普讲座，辅导营员们撰写了地质小论文。

表彰举荐优秀科技工作者 学会完成第六届黄汲清青年地质科技奖评选工作。经过初评、公示和终评等程序，产生15位教师、野外和科研奖获得者。颁发了第五届黄汲清青年地质科技奖。

学会推荐的中国石油长庆油田公司常务副总经理、教授级高级工程师杨华，中国石油化工股份有限公司勘探南方分公司总经理、教授级高工郭旭升，中国地质科学院地质研究所所长、研究员侯增谦3位科技工作者获得第五届“全国优秀科技工作者”称号。推荐的2012年度国土资源奖项目中，1项获得一等奖，4项获得二等奖。推荐《矿物华藏》获第二届“中国科普作家协会优秀科普作品奖”提名奖。

【中国地质学会成立九十周年座谈会】 12月14日，庆祝中国地质学会成立九十周年座谈会在北京召开。国务院总理温家宝、国务院副总理李克强、中央政法委员会书记周永康分别对中国地质学会90年辉煌成就给予充分肯定，对中国地质学会未来发展寄予殷切期望，强调要继续围绕现代化建设需要，充分发挥专业特长和桥梁纽带作用，不断深化地学研究，着力推动地质科技创新，为实现国内找矿重大突破、增强资源保障能力、支撑我国经济社会可持续发展作出新的贡献。

国土资源部部长、中国地质学会理事长徐绍史出席座谈会并讲话。中国科协党组成员、学会学术部部长沈爱民，国土资源部副部长徐德明，副部长、中国地质调查局局长汪民，副部长张少农，部总工程师钟自然出席座谈会。曾经在原地质矿产部、国土资源部工作的相关负责人宋瑞祥、赛风、夏国治、张宏仁、蒋承菘、董道华，部分在北京的两院院士出席座谈会。

徐绍史全面回顾了中国地质学会90年来的辉煌历程，充分肯定了中国地质学会90年来取得的巨大成就。他指出，90年来中国地质学会得到国内外科技界的高度评价：一是发挥学科的引领作用，推动了我国地质学科体系的建立，二是发挥地质工作的先行作用，推进了我国工业体系的建立，三是传播了地学思想，推动了中国传统文化的发展，形成了独具特色的地学创新文化，四是建立了一个功能齐全、管理规范、在国内外科技界有重要影响的科技社团。学会要以90周年纪念活动为契机，深入学习贯彻党的十八大精神，紧紧围绕地质工作发展大局，找准结合，站好位置，理清思路，发挥优势和作用，做出更大的努力和贡献。一要在“四化”推进和找矿突破战略行动中有所作为。生态文明建设和工业化、信息化、城镇化、农业现代化建设对地质工作提出了新的更高要求。广大地质工作者要积极思考。二是要组织广大会员加快推进地学科技创新。三是要进一步推进地质科普和举荐人才工作。四是要持续加强国际交流与合作。五是要切实重视和加强学会自身建设，更好发挥学会作用。

【中国地质代表团参加第34届国际地质大会】 8月5～10日，第34届国际地质大会在澳大利亚布里斯班举行。全球110个国家和地区的6000多名地质学家出席会议。中国地质代表团的积极参与，成为本次大会引人瞩目的亮点。中国地质代表团团长、国土资源部部长徐绍史在6日上午举行的全体会议上作了题为《可持续发展中的中国地质学家的使命和责任》的主旨发言。

中国803名地质科技工作者出席会议，提交论文摘要800多篇，40余人担任专题研讨会召集人、300人次做大会发言，是历届我国参会人数最多、学术交流最活跃的一次。中国地质学家与各国地学家进行充分交流，了解学科发展动向，同时展示中国地学发展丰硕成果。会间，设立了中国代表团和深部探测两个展台，中国学者还在会议期间参加了多条地质考察路线。

国际地质联合会和国土资源部科技与国际合作司负责人签署协议，明确国际地科联常设秘书处将迁至北京。同时，会议选举产生了新一届国际地质科学执行委员会，中国地质科学院副院长董树文当选为该委员会司库。

国际地质大会是由国际地科联组织的全球地学界最重要的学术会议。始于1878年，跨越三个世纪，此前有20多个国家举办过33届。本届大会由国际地质科学联合会，澳大利亚资源能源与旅游部、澳大利亚地球科学理事会联合举办。1996年在北京举办的第30届国际地质大会曾经在中国地质科学走向世界的历史上扮演了重要的角色。

此届大会的主题是“探求过去、揭示未来——为人类的明天提供资源”。大会设立37个专题，221个研讨会，内容涉及了地球科学的所有领域。议题包括地学为社会服务，地学为低收入国家造福，气候变化：历史教训、未来启示，环境地学，地学信息，能源与碳排放，矿产资源与采矿，矿产勘查地学，矿产与成矿过程，沉积作用与沉积过程，盆地形成和大陆边缘作用，动态的地球，地球深部，早期地球：冥古宙和太古宙发展成为一个适合居住的星球，元古宙时期的地球，岩浆作用：形成环境、组成和过程，变质岩和变质作用，南极和北极地球科学，生物地球科学，地下水/水文地质，地表作用与景观演变，地质灾害，工程地质和地质力学，近地和遥感技术地质信息，主要地质计划、地质调查与地质编图，地质标准，区域、专题和专家研讨会等。

【第十一届全国矿床会议】 10月19～22日，第十一届全国矿床会议在贵州省贵阳市召开。会议主题是“破解资源瓶颈约束，服务找矿突破战略行动”。977名专家学者围绕我国成矿作用、成矿规律和矿产资源潜力，提高资源勘探开采水平等地质找矿理论方法和技术交流了最新研究成果，并对快速实现重大找矿突破，切实增强国内资源保障能力进行了探讨。

中国工程院院士陈毓川、郑绵平、裴荣富、赵文津，中国科学院院士许志琴、刘丛强，以及来自国土资源部、中国地质调查局、中国地质科学院，贵州省国土资源厅、中国科学院贵阳地球化学研究所、中国地质大学、贵州省地矿局等地勘单位、科研院所和高校的近千名专家、学者和学生参加了本次会议。

会议收到论文620篇，会前学术讲座29人，大会宣读13人，小会宣读416人。大会专家、学者就四个方面、21个专题进行了研讨：基础研究方面，重点探讨了区域矿产与成矿规律、内生金属矿床与大陆表生的成矿作用与富集规律、现代与古代海底成矿作用、地质流体与成矿、特提斯—喜马拉雅造山与成矿作用、青藏高原及周边成矿作用与成矿规律等内容。新理论技术方法方面，重点围绕矿产勘查、矿产资源预测评价、现代成矿理论与找矿新技术、深部找矿勘探技术及应用等内容展开；探讨了现代分析测试技术及应用、成矿作用的地球化学示踪及成矿年代学、成矿过程的模拟与实验等。矿业可持续发展方面，重点探讨了我国矿业经济与可持续发展、矿产资源综合利用与矿山环境，并对矿产资源战略、发展矿业重大政策研讨等。典型剖析方面，与会专家重点剖析了金、铀、铁等矿床的成矿过程与背景、找矿评价及勘查技术方法，并对卡林型金矿和密西西比河谷型铅锌矿、大型—超大型矿床发现与勘查、正岩浆型矿床等进行了重点探讨。

与会专家提出，中国矿产资源应立足国内，这是矿产勘查和矿业可持续发展的主导，而面向全球有计划地利用境外矿产是全面发展矿业的重要策略。要遵照新“认知”的理性认识找大型—超大型矿，加强矿产合理勘查、开发和5R循环经济，贯彻矿业可持续发展。基础与应用的紧密结合是找矿突破的重要途径。如，冈底斯俯冲型和碰撞型成矿作用的研究，需要进一步查明俯冲型和碰撞型两类火山岩浆体的范围、规模、岩石地球化学和年代学特征，以及相关成矿作用的类型，从而进一步确定俯冲型斑岩铜金矿是否有巨大前景？在何处寻找？另外，传统的地球科学对于盐类研究，主要集中于古代盐矿和盐湖，目前，盐类科学研究已进入多领域、多学科交叉融合、在广度和深度上大大扩展的崭新时代。对于盐类的研究已冲破盐类矿床学单学科作战，研究领域日益扩大和深入，要重视盐类开发的综合评价、利用和整体开发研究，在古气候和长期观察、盐生物和基因技术、盐湖与健康和盐碱土等“盐湖农业”以及大量盐类沉积等领域进行前沿探索。

本次会议由中国地质学会矿床地质专业委员会、中国矿物岩石地球化学学会矿床地球化学专业委员会、中国矿业联合会等18家单位发起，由中国地质科学院矿产资源研究所、中国科学院贵阳地球化学研究所、贵州地矿局、国土资源部成矿作用与资源评价重点实验室、中国科学院地球化学研究所矿床地球化学国家重点实验室承办。

【首届找矿突破战略行动青年论坛】 5月4日，首届找矿突破战略行动青年论坛暨青年工作委员会成立大会在北京召开。中国科协副主席、书记处书记程东红，国土资源部副部长、中国地质调查局局长汪民出席大会并讲话。

原地质矿产部副部长，国际地质科学联合会原主席张宏仁，国务院参事，国土资源部原总工程师张洪涛，中国科学院院士李廷栋、肖序常、刘嘉麒、杨文采，中国工程院院士裴荣富、郑绵平、马永生和全国地勘行业的专家、学者约300人出席大会。

本届找矿突破战略行动青年论坛包括“紧缺矿产和整装勘查区找矿突破”、“找矿的新理论、新技术、新方法、新装备”、“中国能源资源的未来”等三个主题。来自地勘行业科研与生产一线的科学家、青年地质工作者齐聚一堂，共同围绕我国的“找矿突破战略行动”展开讨论，建言献策。会议邀请了在找矿突破战略行动中有杰出贡献的地质工作者做专题报告，围绕我国地质矿产勘查工作实现新的重大突破，建立重要矿产资源储备体系，为经济平稳较快发展提供有力的资源保障和产业支撑提出自己的想法，并进行找矿新技术、新理论的交流。中国地质学会青年工作委员会在会上向全国青年地质工作者发出了积极投身“找矿突破战略行动”的倡仪，号召青年地质工作者在找矿突破中建功立业，在找矿突破中展示风采，在找矿突破中争做表率。

【2012年海峡两岸地质灾害防治学术研讨会】 6月16～19日，2012年海峡两岸地质灾害防治学术研讨会在福建省厦门市召开。全国政协委员、中国地质学会常务副理事长孟宪来，中国工程院院士王思敬，成都理工大学副校长、地质灾害防治与地质环境保护国家重点实验室主任黄润秋，台湾中央大学应用地质研究所所长李锡堤，福建省国土资源厅副厅长何南飞，福建省科协副主席柯少愚，台湾水土保持技术协会理事长王德镛，国土资源部地质灾害应急技术指导中心副主任、总工程师殷跃平等出席研讨会。

本次研讨会为海峡科技专家论坛主要内容之一，共有来自海峡两岸各高等院校、科研院所、地勘单位的120余名专家、学者参会，其中近20名专家、学者来自台湾地区。

会上，18位来自海峡两岸的专家、学者分别作了主题发言。汶川震后地质灾害、三峡库区地灾防治、台湾集水区崩塌、台湾草岭山崩、台湾小林村山崩等发言主题涵盖了大陆和台湾地区地质灾害热点地区的众多防治案例。从中看到，未来十几年是我国经济社会快速发展时期，东部地区现代都市圈逐渐形成，水资源供需矛盾加剧，地下水超采严重，城市地面塌陷、地面沉降和地裂缝灾害仍呈上升趋势；西部大开发战略实施中人类工程活动引发的地质灾害也在不断增加。一些地震灾区和重点工程地区也是未来一段时期内的防治重点。另外，21世纪前期强降雨和地震引发的滑坡、崩塌、泥石流、地裂缝灾害均趋于活跃期。专家、学者就以上两岸地质灾害的热点、难点问题的成因、演化态势、防治技术等内容进行了深入交流。

与会学者认为，我国地质条件复杂，构造活动频繁，崩塌、滑坡、泥石流、地面塌陷、地面沉降、地裂缝等灾害隐患多、分布广，且隐蔽性、突发性和破坏性强，防范难度大，是世界上地质灾害较为严重、受威胁人口较多的国家之一。未来十几年是我国经济社会快速发展时期，也是地质灾害的高发期。做好地质灾害防治具有十分重要的意义。

（撰稿人：禹启仁）

中国地理学会

学会能力提升专项 学会积极组织申请中国科协“学会能力提升专项”，2012年，荣获学会能力提升专项“优秀科技社团奖”，《地理学报》（英文版）荣获学会能力提升专项“优秀国际科技期刊奖”。

2012年，学会共组织开展国内外学术交流、科学普及、组织建设、培训与继续教育活动、表彰奖励活动等60多项，丰富了学会工作领域，扩大了学会影响，提升了学会能力。

2012年，学会发展个人会员597人，会员总数超过9000人。

科技期刊国际影响力提升计划 《地理学报》（英文版）获得中国科协学会能力提升专项“优秀国际科技期刊奖”，该刊国际影响因子、被引频次分别比2011年提高23.6%和32.6%。

2012年，学会主办的《地理学报》等10种学术期刊质量不断提高、学术影响力不断扩大。学会主办的9种期刊入选“中国最具国际影响力学术期刊”，其中，《地理学报》（中、英文版）、《冰川冻土》、《遥感学报》和《经济地理》等5种期刊入选“2012中国最具国际影响力学术期刊”（TOP5%）；《干旱区地理》、《地理科学进展》、《山地学报》（中文版）和《人文地理》4种期刊入选“2012中国国际影响力优秀学术期刊”（TOP10%）。《地理学报》（中文版）和《遥感学报》还荣获2011年“中国百种杰出学术期刊”称号，并获得中国科协精品科技期刊一等奖资助。由于学会科技期刊影响力的显著提升，一些地理期刊纷纷要求加入学会期刊方阵，2012 年学会接收了《地理研究》和《地球信息科学学报》两种期刊。

学科发展研究 2012 年，学会召开了人文—经济地理学未来发展座谈会，分析了社会发展变化对学科需求指向，探讨了学科发展态势；在组织编写并出版《地理科学学科发展报告》（2007）、《自然地理学学科发展报告》（2009）、《人文—经济地理学学科发展报告》（2012）基础上，启动了地理信息科学学科发展研究；组织开展了当代中国地理学家学术谱系研究，启动了地理学学科体系、地理学学科发展规划研究。

决策咨询 学会推荐院士、专家参加了 2012 中国科协年会专题论坛和地方党政领导与院士专家座谈会；接受国家发展和改革委员会委托，承担了全国主体功能区技术方法与划分方案的系统集成项目研究；2012 年，学会成立了“决策咨询工作委员会（筹）”。

国内主要学术会议 12 月 1 ~ 3 日，第七届全国地图学与地理信息系统大会在广东省广州市举行。大会主题是“数字城市，造福人类”。作为四年一届的学界大会，全国地图学与地理信息系统领域的知名专家、学者及龙头企业代表共同探讨地图学与地理信息系统的科技前沿问题，展望“数字城市”发展的前景。大会设置了 15 场主题报告分别从理论研究、产业推广应用等不同角度探讨地理信息学科与行业发展的热点问题，组织了“地图学、GIS 技术方法与应用”、“数字城市”等分论坛，以“集中主题发言加片区自由讨论”的形式，对地图学与地理信息的技术革新、数字城市建设，面向公众的地理信息服务等话题展开充分的交流和讨论。大会举办的圆桌高峰论坛围绕地图事业的发展、数字城市的未来两个主题进行研讨。

10 月 26 ~ 28 日，2012 年中国人文地理学术年会在湖北省武汉市召开，会议主题为人地关系创新与两型社会建设。410 余位来自全国地理学界的人文地理学者参加了本届专业学术年会，收到学术论文 280 余篇。会议由中国地理学会人文地理专业委员会主办。大会设置了 30 个大会报告，设置了人地系统与资源环境、城市空间与过程格局、人地关系与城乡发展、地理公共政策及应用、人文地理理论与方法创新等 5 个特色分会场，交流论文 50 篇。会议期间专门组织了人地关系与两型社会建设大辩论。在大会闭幕式上，还颁发了“2012 年中国人文地理学术年会青年优秀论文奖”

两岸交流 学会邀请台湾学者来大陆参加学术会议。学会在台湾地区举办了 2 次海峡两岸专业学术会议。

国际组织任职 在第十届国际冻土学大会上，学会副理事长马巍成功竞选连任国际冻土协会（IPA）执委。在第 32 届国际地理大会上，学会名誉理事长秦大河继续担任国际地理联合会（IGU）副主席，学会理事王五一、蔚东英分别连任国际地理联合会（IGU）所属委员会主席，学会理事周成虎、学会副理事长陈发虎分别连任和新当选 IGU 所属委员会副主席。

国际交往 在多边活动方面，学会组团参加了在德国举行的第 32 届国际地理大会、第十届国际冻土学大会和第 33 届亚洲遥感大会。围绕地理学不同专业领域，在中国大陆和香港特别行政区主办了 6 次国际学术会议。在双边活动方面，组团参加了 2012 年美国地理学会年会，签署了双边合作备忘录。组团访问了法国，进行学术交流与地理考察。创建了中欧环境与健康国际学术研讨会系列会议机制，并在爱尔兰举办了第一次会议。学会邀请并接待了国际地理联合会执行委员会成员来华召开工作会议。在区域活动方面，继续巩固东亚地理学区域交流机制，在吉林省长春市举办了第七届中日韩地理学国际学术研讨会。

科普活动 2012 年，学会以科普和决策咨询工作为切入点，服务创新型国家和社会建设。学会积极探索有效的地理科普方式，形成了以《中国国家地理》杂志为龙头，集平面媒体、竞赛活动、网络媒体和科普宣传活动于一体的、多元化的、全方位面向公众的地理科普体系。学会主办的《中国国家地理》杂志年发行量保持在 400 多万册，并且在集团化发展方面成绩突显。该杂志会员部定期组织开展国家地理大讲堂活动，每月举办两次活动；组织了多次野外地理考察等活动，普及了科学知识，推动了期刊发展。2012 年开展的第六届地球小博士地理科技大赛、第三届初中生地理知识竞赛、第十届青少年环境地图大赛等科普活动，吸引了 10 多万人参加，实现了科普活动内容丰富有趣、参与面广的目标。学会新创办的“林超地理博物馆”（网络版）和学会支持建设的“傲世彩虹网”等科普网站，以内容丰富、形式新颖等特点在国内外产生了重要影响。结合每年的科技周、开放日、防灾减灾日等活动，学会定期组织专家以展板、挂图、讲解等形式开展科普活动，2012 年共开展活动 4 次。同时，继续实施“全员科普行动计划”，扩大了科普志愿者队伍，自愿者们结合自身优势，开展了近 10 项形式多样、内容丰富的科普活动。

学会组织中学生代表参加了第九届国际中学生地理奥林匹克赛，取得银牌。

表彰举荐优秀科技工作者 2012 年，经学会推荐，陈发虎等3人荣获中国科协第五届“全国优秀科技工作者”称号。郑度、王颖、童庆禧、魏心镇、夏训诚等5位著名地理学家荣获第三届“中国地理学会成就奖”。评选表彰了“马塔切纳青年优秀论文奖”45篇、“优秀中学地理教研论文课件”500多篇（项）。

学会创新发展 学会在组织开展常规学术活动的基础上，进一步打造学术会议品牌。学会发起并发挥主导作用的中日韩地理学国际学术研讨会已经连续举办了7年，2012年在吉林省长春市召开的第七届中日韩地理学国际学术研讨会实现了规模、层次和水平的跃升。学会根据学科发展需要，创建了地理学与中国全球战略论坛系列论坛机制，并在上海市举办了第一次论坛活动。

学会建立健全了学会全国区域代表处，2012年完成了在全国七大行政区区域代表处的设置，实现会员服务区域全覆盖。代表处将协调整合地方地理学会资源，促进区域联合与协作，为会员和地理学者提供服务。决定从2013年开始，中国地理学会隔年同时在各大区举办区域学术年会。

学会以学术期刊投稿、刊稿为抓手，促进学术生态建设，开展学风道德和诚信建设。学会召开了2012中国地理编辑出版年会，发表了《地理学学术道德规范编辑倡议书》。

2012年，学会新制订了《学会期刊管理办法》和《区域代表处管理办法》。

会员服务 学会开展60项左右学术会议、培训班、出境考察等学术活动，为广大会员和科技工作者搭建了学术交流平台。学会编辑发送《中国地理学会会讯》5期45000多份，直接邮寄到每位会员手中。在编辑过程中，注意收集整理学界各种信息，使《会讯》信息量逐渐增大。学会体现会员权益，继续实行会员优先优惠政策，会员在学会主办学术期刊发表文章，通过等条件下，会员优先、版面费优惠原则；会员参加学会主办的学术活动，会议费实行会员优惠政策，报名参会人数多时，会员优先。学会根据学科特点和科技工作者需要，2012年组织参加国际会议或双边学术活动等各类出访活动10项。

【中国地理学会区域代表处建设】 截至2012年年底，学会已经在全国东北、华北、西北、华中、华东、华南、西南等7大行政区建立了区域代表处，完成了组织机构的重组，使学会组织建设在专业化的基础上，进一步实现了区域化。通过区域代表处的建立，学会在扩大学会影响力和服务能力方面可以充分发挥学会理事、常务理事的作用。从理顺全国学会和地方学会关系上，解决了地方学会与全国学会的松散联系，整合和带动了各省级地理学会开展活动。从服务会员和科技工作者的机制上，实现了专业化和区域化和有机结合。

区域代表处预期目标包括：第一，代表学会组织开展区域性学术年会，在上述七个区域内举办区域性年会，该模式制度化，每两年召开一次。第二，代表学会在各地区举办会员日活动，帮助学会发展个人会员和单位（团体）会员。第三，根据学科及地方经济社会发展需求，联合有关省级地理学会，组织开展学术交流和科技咨询等活动。第四，根据会员工作、学习和发展需要，开展为会员服务活动，包括组织科学考察、科研和教学成果评价表彰等。

为了建立健全区域代表处组织机构和管理办法，学会制订了《中国地理学会区域代表处管理办法（试行）》，规定了中国地理学会区域代表处设主任1人，原则上由在当地的中国地理学会副理事长或常务理事担任；设副主任若干名，原则上由区域内各省级地理学会理事长和特邀专家组成；秘书长由代表处挂靠单位委派，委员由区域内中国地理学会理事、主要地理单位负责人、省级地理学会秘书长组成。

【中国地理学会2012年学术年会】 10月12～14日，中国地理学会2012年学术年会在河南省开封市、郑州市举行。年会主题为“地理学发展：科学与社会”。来自全国各地的地理工作者约1300人出席了会议，共同探讨地理学发展问题，并就地理学自身发展与能力建设、地理学的社会应用和如何与市场紧密结合等问题进行研讨。本届年会由中国地理学会和河南省科协主办，河南大学和河南财经政法大学承办。中国地理学会理事长刘燕华，河南省委常委、副省长刘满仓，河南省政协副主席龚立群，河南省科协名誉主席李润田，中国工程院院士杜祥琬、王家耀，中国科学院院士陶澍、傅伯杰、郭华东，开封市市长吉炳伟，河南大学校长娄源功，河南财经政法大学校长李小建等出席会议。

年会安排了8个大会特邀报告，中国工程院院士杜祥琬、中国科学院院士傅伯杰、中国工程院院士王家耀、中国科学院院士郭华东和刘燕华研究员、李小建教授、英国萨塞克斯大学 Michael Dunford 教授、杜德斌教授分别以《应对气候变化与我国能源发展战略》、《地理学理论发展：格局与过程耦合》、《信息化时代的地图学：数字化、网络化、智能化》、《空间遥感50年及我国的发展展望》、《中国地理学会发展探讨》、《中国经济地理学发展新思考》、《欧盟的区域政策及统一政策》、《世界权力结构重构与中国地理学的新使命》为题作了大会报告。年会还设立了30个专题分会场，分别于10月12日和14日在开封、郑州两地同时进行。与会学者就气候变化与可持续发展、历史流域与流域环境演变、环境变化与文明演化、医学地理与环境健康、实验与模拟空间经济学、经济地理学思维与发展方向、城市社会文化地理学、城市化与城市地理、地图—GIS与可持续发展、“三化”协调与中原经济区建设等专题进行了多场次的学术报告和深入交流。作为本届年会的重要组成部分，第七届全国地理学研究生学术年会和全国省级地理研究所发展论坛同期召开。

本届年会书面交流论文810多篇，其中口头报告560多篇，有20篇青年优秀论文受到表彰。

【第32届国际地理大会和国际地理联合会第23次代表大会】 8月26～30日，第32届国际地理大会在德国科隆举行。来自全球60多个国家和地区的近3000人出席了这次会议。中国地理学会组织了由100多位地理学者组成的中国大陆代表团参加会议。中国科学院院士刘昌明、秦大河，以及刘毅、王涛、杨桂山、陈发虎、周成虎、王五一、周尚意、张国友等随团参加了会议。

大会主题为“全球变化与全球化，社会与环境，风险和冲突，城市化和人口结构变化”，联合国环境规划署前主任Klaus Topfer，国际地理联合会前主席Ann Buttimer，罗马俱乐部前秘书长Martin Lees，印度德里大学教授Surinder Aggarwal，联合国国际星球年发起人暨执行主任Eduardo de Mulder，国际地理联合会前主席Bruno Messerli，世界粮农组织主任助理Alexander J. Muller，加拿大不列颠哥伦比亚大学教授Derek Gregory作大会报告。国际地理联合会（IGU）所属30多个分支机构都在会议期间组织了专题学术交流活动，共举行了400多场次的学术报告与研讨会。中国大陆代表团王五一、蔚东英、陈发虎、顾朝林、周尚意、张捷、贺缠生等分别应邀担任分会场主席。

中国地理学会代表周成虎、王五一、张国友出席了大会期间举行的国际地理联合会第23次代表大会。经审议，中国科学院院士秦大河继续担任副主席，王五一、蔚东英、周成虎分别任国际地理联合会健康与环境委员会主席、地质公园委员会主席和地理信息系统委员会副主席，陈发虎当选为国际地理联合会环境演变委员会副主席。第33届国际地理大会将于2016年在北京召开。中国地理学会代表王五一和孙樱在大会闭幕式上作了2016年（北京）第33届国际地理大会宣传欢迎报告，学会副理事长刘毅接受了国际地理大会旗帜。

8月21～26日，举行了第九届国际中学生地理奥林匹克竞赛活动，中国大陆代表队郑沛倞同学（北京十一学校）荣获1枚银牌。

【第七届中日韩地理学国际学术研讨会】 8月3～6日，第七届中日韩地理学国际学术研讨会在吉林省长春市举行，会议主题为“和谐东亚”。会议由中国地理学会和日本地理学会、韩国地理学会联合主办，东北师范大学、中国科学院东北地理与农业生态研究所、延边大学和吉林省地理学会共同承办。来自中国、日本、韩国，以及美国、泰国和非洲等国家的地理学家、青年地理学者200多人参加了会议。学会副理事长刘毅、秘书长张国友，日本地理学会会长Noritaka Yagasaki、秘书长Yoshio Arai，韩国国立庆北大学Um Jung-Sup，东北师范大学党委书记盛连喜、副校长薛康，吉林省地理学会理事长张平宇等出席开幕式。开幕式由中国地理学会青年工作委员会主任曹广忠主持。

来自日本的Noritaka Yagasaki教授，韩国的Um Jung-Sup教授，中国的张平宇研究员、张洪岩教授、柴彦威教授分别以《亚洲人在全球地理环境的迁移》、《中国东北矿业城市脆弱性》、《东北亚季节性CO_2流量跟踪GOSAT比较评价》、《长白山自然景观及其环境气候背景》和《新地方主义：中国城市未来发展的新概念性框架》为题作了大会学术报告。大会报告后，与会专家围绕城市和基础设施，城市功能和管理，人口和居住地理，旅游建模和规划，区域和社会发展，工业布局和搬迁，文化地理学，农业发展和政策，农业施肥和土壤，气候变化与环境响应，气候变化的水文与植被视角，古气候自然地理和气候变化，空间建模，定量遥感，地理信息系统开发和应用，教育和区域发展等16个专题进行了20场分会场交流，共有88位学者作了口头报告，24位学者作板报交流。为鼓励青年学者积极参加区域性国际学术交流，会议评选表彰了3篇青年优秀论文。

【地理学与中国全球战略高层论坛】 9月22～23日，中国地理学会、华东师范大学、中国科学院地理科学与资源研究所联合在上海市创办了“地理学与中国全球战略高层论坛”，同时纪念李春芬诞辰100周年。学会理事长刘燕华员、副理事长俞立中、宋长青，华东师范大学校长陈群，中国科学院世界地理与资源研究中心主任成升魁，中国工程院院士陈吉余等100多位专家学者出席了会议。学会秘书长张国友主持了开幕式。

本次论坛宗旨是弘扬李春芬先生的学术思想和治学精神，推动我国世界地理研究与学科发展，拓展中国的全球视野，发挥地理学科优势，服务中国全球战略，为中国发展做出更大的贡献。

刘燕华在报告中指出，世界地理的研究要立足国内需求，密切关注国际形势变化，整合国内研究资源，以需求带动学科发展，要定位于在国际问题上的国家级智囊机构，在研究方向上要形成自然科学与人文社会科学交叉融合，围绕世界有形资源与无形资源的争夺、能源及其通道、地理纽带的冲突、跨国水资源分配和流域治理、第三次工业革命的新格局、创新及体制机制的竞争、风险及其可控性和美国因素影响下的世界地理格局等8个焦点问题深入研究，形成突破。

成升魁分析了我国地缘政治所面临的挑战和威胁，介绍了新成立的世界地理与资源研究中心的成立背景、目标任务和研究部署。

南京师范大学教授倪绍祥总结了李春芬教授的学术思想和创新见解，他认为李春芬教授提出的地理环境的整体性和差异性对于资源环境规划与管理、区域可持续发展等研究与实践有着重要的现实指导意义。

上海世界观察研究院副院长于向东结合国家开发银行在非洲的项目经验，阐述了国外规划实践对具有人文关怀和古典精神的世界地理研究的迫切需求。

华东师范大学教育部战略研究基地主任杜德斌从和平地理学的视角，分析了中国崛起所面临的地缘环境和挑战，并相应的提出了中国走向世界强国的地缘战略。

与会专家围绕当前世界热点问题、地缘政治学理论和世界地理学科的发展趋势作了报告。

会议认为，目前国内外形势为世界地理研究提供了重要的战略机遇，世界地理研究应以此为契机，关注焦点问题，完善学科体系，凝练学科方面，加强队伍建设，深化国际合作，鼓励实地调研，注重一手数据，做出高水平的研究和咨询报告，更好地服务国家战略需求。

地理学与中国全球战略高层论坛今后将每年举办一次，分别在上海和北京两地轮流举行。

【2012中欧环境与健康国际学术研讨会】 8月20～25日，2012中欧环境与健康国际学术研讨会在爱尔兰举行，这是由中国地理学会、爱尔兰环境科学协会和爱尔兰国立大学Ryan研究所GIS中心联合发起并主办的国际学术会议。来自28个国家和地区的212名专家、学者出席了会议。香港浸会大学教授Ming-Hung Wong、中国科学院院士陶澍、北京大学教授郑小英、英国雷丁大学教授Derek Clements-Croome、密歇根大学教授Jerome Nriagu、美国麻省理工大学教授William J. Manning 6位著名专家应邀作大会学术报告。

本次会议主要议题包括空气质量，生物利用度，黏土、煤和卫生，环境卫生，环境管理，环境建筑，GIS和定量方法，土地利用和土壤环境，微生物学，持久性有机污染物，沉积物污染，土壤修复，土壤的威胁，智能污水处理和水质等。

国际学术期刊《环境污染》（*Environmental Pollution*）和《环境地球化学与健康》（*Environmental Geochemistry and Health*）出版会议论文专集，会议还奖励了2篇优秀学生口头报告和1篇优秀学生墙报。

中欧环境与健康国际学术研讨会是中国地理学会新创建的双边乃至区域性的系列会议。2014年将在中国北京举办第二次会议，由北京大学承办。

（撰稿人：张国友）

中国地球物理学会

学会建设 2012年，学会召开了第九次会员代表大会，完成学会理事会换届改选工作。陈颙继当选为理事长，常旭、陈晓非、曲寿利、王小牧、吴秋云、熊盛青当选为副理事长，郭建继当选为秘书长。

学会举办中国地球物理学会第28届学术年会等各类学术会议26个，其中计划内会议16个，新增会议10个。

根据民政部、中国科协规定和学会工作的需要，完成了学会科普工作委员会换届改选工作，由国土资源航空遥感中心主任王平同志担任科普工作委员会主任。固体地球物理委员会完成了换届改选，中国地震局地球物理研究所研究员王椿镛担任主任。

2012年学会发展个人会员301人，其中女会员68人；发展单位会员33个，其中普通单位会员10个；理事单位会员14个，常务理事单位会员9个。截至12月31日，个人会员总数为14679人，其中女会员2049人。

学会开展职称资格认证（试行）工作，共有5人晋升工程师专业技术资格。

学科发展研究 学会完成了中国科协《中国地球物理学科发展史研究》项目，并于2012年3月出版了《中国地球物理学学科史》一书。

国际交往 9月，学会代表团一行9人参加了韩国勘探地球物理学会（KSEG）于2012年9月19～21日在韩国济州岛召开的亚太区地球物理研讨会，会上首次设立了中国地球物理学会展台。会议期间，学会秘书长郭建代表中国地球物理学会与韩国勘探地球物理学会（KSEG）签署了的合作协议。与澳大利亚勘探地球物理学会（ASEG）、韩国勘探地球物理学会（KSEG）、美国勘探地球物理学会（SEG）、日本勘探地球物理学会（SEGJ）共同探讨2013年首次联合举办亚太区近地表地球物理研讨会有关事宜，该研讨会将于2013年7月17～19日在北京举办。

科普活动 2012年进行主题科普活动总计为24次，

其中讲座12次，展览12次，组织召开科普委员及科普志愿者大会和科普论坛各1次，召开科普项目研讨会6次。学会开展了食品安全知识竞赛答题活动，共发放宣传材料6800份，参加宣传的专家和志愿者83人，受众15600余人次。学会在中国科协和国务院食品安全办公室联合举办的全国食品安全知识竞赛及宣传活动中，组织并发动广大会员和公众参赛，获“优秀组织奖”。3月，中国科协授予学会“2011年度科普工作优秀学会”称号。12月底，中国科协授予学会“2012年度科普工作优秀学会”称号。

表彰举荐优秀科技工作者 在人才推荐工作中，学会共推荐251名专家进入国家科技奖评审专家库，推荐36名专家进入国家科技奖励评审专家候选名单。经学会推荐，吉林大学教授李舟波荣获2012年“顾功叙地球物理科技发展奖”。中国科学院上海天文台金双根、中国地质大学（北京）李红谊、中石油东方公司钱忠平、中国科学院地质与地球物理研究所王一博等4人荣获2012年“傅承义青年科技奖”。学会推荐的中海石油（中国）有限公司天津分公司勘探开发研究院院长、高级工程师田立新，中国地震局地球物理研究所第八研究室主任、研究员丁志峰，中国科学院地质与地球物理研究所油气资源室主任、研究员郝天珧3位同志荣获中国科协第五届“全国优秀科技工作者”称号。

会员服务 为给广大会员和地球物理工作者提供一个高效、方便的信息服务平台，学会网站增加部分新功能，使其更符合电子办公的要求。2012年，学会网站新增学术年会管理功能，试行在线注册、在线投稿和在线审稿，方便参会会员，逐步实现学术会议的全程信息化管理。

【中国地球物理学会第九次全国会员代表大会】 10月16～17日，中国地球物理学会第九次全国会员代表大会在北京召开，由95个推选点推荐出225名会员代表（包括理事候选人），经换届改选委员会核准，在会员代表大会上进行差额选举，无记名投票选出第九届理事会理事116人，常务理事30。陈颙继任理事长，常旭、陈晓非、曲寿利、王小牧、吴秋云、熊盛青任副理事长，郭建继任秘书长。学会新修订的《中国地球物理学会章程》和《中国地球物理学会会费标准及实施办法》已由中国科协和民政部核准备案。

【中国地球物理学会第28届学术年会】 10月17～20日，中国地球物理学会第28届学术年会在北京召开，700多位专家学者参加会议，其中中国科学院院士和中国工程院院士11人。年刊《中国地球物理－2012》收录了671篇论文摘要。来自中国大陆、台湾地区，以及美国、日本、意大利等国的406位专家在大会上作了学术报告，其中大会报告12个。

会议邀请清华大学教授、中国工程院院士郝吉明，中国卫星导航定位应用管理中心研究员、中国科学院院士杨元喜，中国工程院院士邱中建分别作了题为《中国PM2.5来源、污染特征与控制策略》、《北斗卫星导航系统的发展及其应用》、《我国页岩气的资源潜力与发展前景》的报告。本届年会设分会场9个，进行了26个专题的学术交流会，其中包括一个国际专题。

【第一届中国地球物理学会科学技术进步奖】 经国家科学技术部批准，国家科技奖励办公室授权，中国地球物理学会自2012年起，设立“中国地球物理学会科学技术奖”。

第一届中国地球物理学会科学技术奖共收到各有关单位有效申请34项，其中，中国地球物理学会科技创新奖奖项有效申请11项，中国地球物理学会科学技术进步奖奖项有效申请23项。最终评选出一等奖2个，二等奖6个，三等奖2个。并在中国地球物理学会第九次全国会员代表大会闭幕式上颁发了奖金和荣誉证书。

【陈宗器地球物理基金】 2012年，学会新设立陈宗器地球物理基金项目，主要用于奖励刊登在《地球物理学报》的优秀学术论文，促进地球物理学理论和应用基础研究，促进学科发展。第一届“陈宗器地球物理优秀论文奖”在《地球物理学报》2008～2011年刊登的学术论文中，经国内期刊权威检索机构检索查证，筛选出年度“被引频次”数量高的优秀论文。2012年，《2008年汶川8.0级地震发震断裂的滑动速率、复发周期和构造成因》，作者张培震、徐锡伟、闻学泽、冉勇康（2008年）；《汶川MS8.0地震：地壳上地幔S波速度结构的初步研究》，作者刘启元、李昱、陈九辉、郭飚、李顺成、王峻、张绪奇、齐少华（2009年）；《地震叠前逆时偏移高阶有限差分算法及GPU实现》，作者刘红伟、李博、刘洪、佟小龙、刘钦（2010年）等3篇文章被评为本年度“陈宗器地球物理优秀论文奖”。

（撰稿人：乔忠梅）

中国矿物岩石地球化学学会

学会建设 11月5日，学会在北京召开了第七届理事会第六次常务理事（扩大）会议，拟定于2013年召开第八次全国会员代表大会和第十四届学术年会，会议审议了学会《第八届理事会组建方案以及人员产生原则和办法》和《第八届理事会组成单位和人员的建议方案》。

2012年，学会共发展新会员38人。截至2012年年底，学会会员总数7262人，其中缴纳会费的会员963人（含终身会员918人，其余为年度会员和学生会员）。

学术期刊 学会与有关研究机构共同主办的6种学术期刊共发表文章680余篇，总发行25200册。6种期刊全部被《核心期刊要目总览》收录，成为地学核心期刊，均为我国重要检索数据库CSCD、CSTPCD、CNKI、维普、万方的来源期刊，或被国外知名检索系统CA、AJ等全文收录。其中《岩石学报》进入SCI的核心库，*Chinese Journal of Geochemistry*（《中国地球化学学报》）被EI核心库收录。2012年，《矿物岩石地球化学通报》（以下简称《通报》）改为双月刊。

国内主要学术会议 2012年，学会及专业委员会召开了第四届花岗岩与地壳演化学术研讨会、2012年全国矿物科学与工程学术研讨会、天水火山研讨会、第十二届全国古地理学及沉积学学术会、第三届全国资源环境与生命过程成因矿物学研讨会、中国地质大学60周年校庆暨海洋地质与沉积盆地分析研讨会、第十届全国陨石学与比较行星学学术研讨会、第四届全国应用地球化学学术会议、第十一届全国矿床学大会等9次全国学术交流会议。

国际交往 7月16日，中国矿物岩石地球化学学会与日本地球化学学会达成了合作协议，两会在中国科学院地理资源与环境研究所举行了合作协议签字仪式。双方均表示，今后应加强合作交流，包括参加对方举办的学术会议，联合举办工作会议或者环境会议，增加两会互访，如交换学生、访问学者、进行合作科学研究；交换两个学会主办的学术期刊，相互投稿。

科普活动 学会开展了科技活动周活动、院士科普讲座和专题科普讲座三方面科普活动。5月21日，学会与中国科学院地化所成功举办了主题为“关注资源环境，建设和谐社会”的科普开放日活动，共1600余人参加。

学会举办了院士科普讲座，学会名誉理事长欧阳自远院士作了《2012年绝对不是世界末日！》、《嫦娥的故事》系列科普讲座、科技大讲堂月球科普讲座、《嫦娥工程——中国人的探月梦》主题报告等系列科普讲座，获得公众好评。

学会和中国科学院地球化学研究所共同主办了6个专题科普讲座，主讲人为倪集众研究员。专题分别为陨石、青少年科技大赛组织、观赏石、地球五项，陨石的奥秘，观赏石的“三美”：科学美、自然美、艺术美，怎样组织亲少年的科研工作，观赏石的地质成因，地球：天之骄子。

表彰举荐优秀科技工作者 学会推荐的中石化勘探开发研究院刘文汇研究员被授予中国科协第五届“全国优秀科技工作者”称号。

学会第14届侯德封奖共评选出中国科学院地球化学研究所陈敬安、中国科学院大气物理研究所傅平青、南京大学胡修棉、中国地质大学（武汉）胡兆初、中国科技大学黄方、中国科学院广州地球化学研究所黄小龙、中国地质科学院矿产资源研究所谢桂青、中国科学院地质与地球物理研究所英基丰、南京大学张爱铖、中国石油勘探开发研究院朱光有等10位获奖人。

【欧阳自远院士系列科普讲座】 学会开展了院士科普讲座，学会名誉理事长、中国科学院院士欧阳自远作了系列科普讲座。

5月24日，欧阳自远做客“科学大讲堂”作题为《2012年绝对不是世界末日！》的科普讲座。“2012世界末日说”成为很多人关注的热点。欧阳自远在科普讲座中深入浅出逐一批驳了“2012末日说”中的各种“证据”，并谈及小天体撞击与地球历史上的生物灭绝事件。欧阳自远表示，根据研究，以恐龙灭绝为代表的6500万年前的物种灭绝，一次性地消灭了地球表面上70%的物种，如此严重的撞击也没有造成世界末日，2012年是世界末日的说法是没有任何根据的。

6月20日，7月24日，10月10日，欧阳自远分别在中国科学院沈阳自动化研究所、2012年北京市公务员科学素质大讲堂、中国宇航学会举行的庆祝2012年世界空间周科普报告会上作《嫦娥的故事》系列科普讲座，详细讲述了“嫦娥三号”的情况，包括月球车，原子能电池以及发射的准备等。“嫦娥三号”将于2013年执行“绕、落、回”计划中的第二步。届时，“嫦娥三号”的着陆器和月球车将同时降落在月球，联合执行任务，这在世界上还是首次。“嫦娥三号”落月后的主要任务是精细探测月球局部地区，包括化学成分、矿物组成、地质结构、月球表面环境等。着陆器上将安装一台天文望远镜，将首次实现月基天文观测。“嫦娥五号”计划在2017年完成我国无人月球探测“绕落回”中的第三步也是最后一步——取样返回任务。

5月24日，欧阳自远在江西日报社传媒大厦，走进“社科大讲堂”，围绕着“为何要探测荒凉的月球？”、“43年前（阿波罗登月）人类是否踏上过月球？”、“地球真的会毁灭吗？”、“到底有没有外星人？”问题，为在场的400多名听众上了一堂生动、深刻的“科普课”。

9月17日，欧阳自远在南开大学作题为《嫦娥工程——中国人的探月梦》的主题报告。

（撰稿人：刘　莹）

中国古生物学会

学会建设 2012年，学会发展团体会员1个，个人会员25人。学会组织召开国内学术会议5次，与会专家、学者500余人，交流论文220余篇，组织学术报告150个。

2012年，学会科普工作委员会成立。9月17～22日，在辽宁省古生物博物馆召开了首届全国地质古生物科普工作研讨会，来自全国30多家自然博物馆、科普基地、国家地质公园、网络媒体、书刊杂志等近百名专家、学者参加了研讨会。

学科发展研究 2012年，学会申报的“中国古生物学学科史研究项目”得到中国科协立项批准。10月14日，在江苏省南京市召开的研究项目开题会上，编写组首席科学家穆西南介绍了《中国古生物学学科史》的大纲及编写工作。

国内主要学术会议 7月8～10日，古生态学专业委员会第六次会议暨第六届学术年会在甘肃省兰州市召开。来自各科研院所、高校系统及能源生产勘探等16家单位的50余位专家、学者参加会议。会议围绕生物与环境的互动关系这一近年来国际古生物学研究的热点问题展开讨论。

7月9～12日，孢粉学分会在安徽省合肥市召开了孢粉形态学专题研讨会和八届四次理事会议。来自科研、高校及能源生产勘探等单位的孢粉从业者70余人参加会议。与会专家、学者围绕孢子和花粉形态这一主题，对近年来在孢粉形态学研究及应用等方面的新进展。

8月25～27日，中国古生物学会古脊椎动物学分会第13次年会在内蒙古自治区二连浩特市召开,200余专家、学者参加了会议，会议收到论文33篇，出版了年会论文集。50余位专家、学者作了学术报告。

12月21～25日，微体古生物学分会第九届会员代表大会暨第十四次学术年会、全国化石藻类专业委员会第七届会员代表大会暨第十五次学术云南省腾冲市召开。180位专家、学者参加会议。会议收到110篇论文摘要，进行了50个口头报告。

学术期刊 《古生物学报》入选“2012中国最具国际影响力学术期刊”。

表彰举荐优秀科技工作者 经学会推荐，学会会员杨群研究员荣获中国科协第五届“全国优秀科技工作者”称号。

学会推荐的“华南奥陶—志留纪生物宏演化及其全球意义”研究群体入选国家自然科学基金委员会创新群体项目。

（撰稿人：唐玉刚）

中国海洋湖沼学会

学会建设 2012年，学会召开了第十次全国会员代表大会，以及紫菜研究新进展、全球变化和人类活动影响下的水环境问题及对策、藻类分类及多样性等专题学术交流会6次，参会人数近900人次，交流论文600余篇，260余人次作口头报告。学会协办了第二届中国湖泊论坛。

学会第九届理事会以及学会海洋遥感专业委员会、学会化学分会完成换届选举。组织开展了首届学会先进分支机构和优秀学会工作者评选工作。

举办海洋动力过程与气候变化研究生暑期学校以及技术培训和科技咨询服务33次。

学术期刊 2012年学会主办的4种科技期刊《中国海洋湖沼学报》（英文版）、《海洋与湖沼》、《水生生物学报》和《湖泊科学》，共计出版15700册，发表文章610篇。《海洋与湖沼》获中国科协2012精品科技期刊工程项目资助。《湖泊科学》继2010年之后再次荣获“中国百种杰出学术期刊”称号;《湖泊科学》一篇论文［作者程曦等,《淀山湖氮磷营养物20年变化及其藻类增长响应》，湖泊科学，2008，20（4）：409～419］首度入选2011年中国百篇最具影响国内学术论文。

科普活动 5月19日，由中国海洋湖沼学会、中国科学院海洋研究所，山东省青岛市教育局、科技局联合主办，青岛市少年科学院承办，第五届青岛市中小学生“我心目中的海洋”主题绘画比赛在山东省青岛市举行，100名中小学生参加了比赛。5月，“海洋防灾减灾日”期间，学会潮汐与海平面专业委员会开展了主题为“气候变化与海平面上升——我们的生存环境在日益恶化”的宣传活动。

【中国海洋湖沼学会第十次全国会员代表大会暨学术研讨会】 11月4～6日，中国海洋湖沼学会第十次全国会员代表大会暨学术研讨会在山东省青岛市召开。中国科协副主席、山东省科协主席、中国工程院院士、中国水产科学研究院黄海水产研究所所长唐启升，中国科学院院士秦蕴珊、穆穆、焦念志，山东省科技厅副厅长李乃胜，学会第九届理事会理事长、中国科学院海洋研究所研究员相建海等出席大会。来自全国各分会、专业委员会和地方分会的300余名代表参加了大会。中国海洋湖沼学会第九届理事会秘书长、中国科学院海洋研究所所长孙松主持开幕式。

唐启升院士代表中国科协致贺词。学会理事长相建海代表学会第九届理事会作工作报告，副理事长桂建芳宣读了中国海洋学会等学会发来的贺信，副理事长张长宽作了关于《中国海洋湖沼学会关于章程修改的说明》的报告，副理事长丁平兴作了第九届理事会财务工作报告。

大会通过无记名投票方式选举产生了中国海洋湖沼学会第十届理事会理事120人。第十届理事会第一次会议选举产生了第十届常务理事会40人，选举中国科学院海洋研究所所长孙松为第十届理事会理事长，选举丁平兴、桂建芳、焦念志、马德毅、沈吉、吴德星、杨红生、张海生为第十届理事会副理事长，选举杨红生兼任第十届理事会秘书长。

学术研讨会以“全球变化下的海洋与湖沼”为主题，邀请中国科学院院士、厦门大学教授焦念志，中国科学院南京地理与湖泊所研究员沈吉，中国海洋大学教授吴德星，中国科学院海洋研究所所长孙松等分别作题为《海洋微型生物碳泵与全球变化》、《湖泊生态系统对全球变化的响应》、《我国陆架海海温长期变化及其机制》、《全球变化下的海洋生态系统》的大会特邀主题报告。

研讨会围绕海洋生态系统演变与生态灾害，海洋动力过程及海气相互作用，海洋腐蚀、污损及其控制，全球变化下的河口海岸，中国边缘海及邻近大洋地质过程与演化，全球变化下的水产养殖，生物地球化学循环与生态安全，应对全球变化的海洋生物技术，水体环境遥感监测与预警，湖泊与流域等10个专题组织了146个专题学术报告，36个墙报。研讨会收到论文摘要163篇，与会专家、学者就海洋湖沼科学前沿领域和研究热点进行了大会交流和专题学术研讨。

【鱼类学分会学术年会】 9月15～18日，学会鱼类学分会学术研讨会在甘肃省兰州市召开。会议由甘肃省水产研究所、中国水产科学研究院长江水产研究所（农业部淡水生物多样性保护重点实验室），以及甘肃省冷水性鱼类种质资源与遗传育种重点实验室联合承办。来自全国各地60多家高校和科研单位的320余人参加了会议，其中包括来自香港特别行政区及台湾地区的多位著名学者和渔业工作站的基层工作人员。

学术研讨会共收到会议摘要248篇，墙报18篇。中国工程院院士林浩然等10位专家作了大会主题报告，33位专家作了专题报告。81名研究生进行了学术交流，其中，18名研究生获得“最佳研究生学术报告奖”。大会报告内容涵盖了鱼类学研究的各个领域，包括鱼类形态分类，系统地理学到鱼类生理生化及遗传育种，鱼病、养殖，鱼类生态及生物多样性与资源保护等。与会专家、领导就鱼类学研究的最新成果进行交流和讨论。

【第八届世界华人虾蟹养殖研讨会】 11月17～18日，中国海洋湖沼学会甲壳动物分会与浙江省宁波市科协主办，宁波大学和宁波市海洋与渔业局承办的第八届世界华人虾蟹养殖研讨会在浙江省宁波市举行。参加大会的相关虾蟹养殖技术领域的高校和科研院所共30多家，与会专家、学者200余人，大会收到论文摘要120篇。

大会以健康养殖与食品安全为主题，中国工程院院士、中国海洋大学教授麦康森，中国科学院海洋研究所研究员相建海，台湾大学教授罗竹芳，中山大学教授何建国，美国德州农工大学教授John Kennedy Crockett，香港中文大学教授朱嘉濠，美国佛罗里达理工学院教授林俊达，美国夏威夷海洋研究所教授李正森等20位海内外知名专家分别在大会上作主题报告。大会设有营养与饲料、健康养殖和遗传育种3个分会场。世界各地从事虾、蟹类研究的华人科技专家，虾、蟹养殖业者，以及与虾、蟹养殖相关的管理与企业界人士共同探讨虾、蟹健康养殖的新模式与新技术，维护养殖生态系统的可持续，实现虾、蟹养殖的生态化，确保虾、蟹产品的安全，提高虾、蟹养殖综合经济效益，提升虾、蟹养殖水平。

【第二届曾呈奎海洋科技奖评选】 2012年，第二届“曾呈奎海洋科技奖”评选出突出成就奖2名和青年科技奖3名。中国科学院海洋研究所研究员费修绠、厦门大学教授洪华生获突出成就奖。国家海洋局第三海洋研究所教授陈新华、同济大学教授刘志飞、中国科学院海洋研究所研究员曾志刚获青年科技奖。

11月6日，在中国海洋湖沼学会第十次全国会员代表大会闭幕式上举行了第二届“曾呈奎海洋科技奖”颁奖仪式。山东省科技厅副厅长李乃胜，学会理事长、中国科学院海洋研究所所长孙松，中国海洋大学校长吴德星，中国科学院海洋研究所党委书记王启尧，学会副理事长丁平兴，学会秘书长杨红生为获奖者颁发奖杯和证书。

【刘瑞玉院士逝世，学会举办刘瑞玉院士书籍资料捐赠仪式】 7月16日，中国科学院院士刘瑞玉在山东省青岛市逝世，享年90岁。党和国家领导人胡锦涛、温家宝、李长春、习近平、李克强、刘延东、李源潮、俞正声、朱镕基、韩启德、杜青林通过不同方式对刘瑞玉院士的逝世表示沉痛哀悼。中共中央政治局常委李长春批示，中宣部下发文件要求中央主要媒体对刘瑞玉院士先进事迹进行宣传报道，新华社、《人民日报》、《光明日报》、《经济日报》、中央人民广播电台、中央电视台、《科技日报》、《中国青年报》及所属新闻网站进行了全面事迹宣传，山东省、青岛市地方主要媒体同时进行了重点报道。九三学社中央、山东省委统战部、中国科学院海洋研究所分别以不同形式深入开展向刘瑞玉院士学习活动。

刘瑞玉院士生前曾任中国海洋湖沼学会第二届理事会常务理事，第三届理事会秘书长，第四届理事会副理事长，第五届理事会理事长，第六至第九届理事会名誉理事长，见证了学会从无到有，从弱到强的发展历程，为学会的发展壮大做出了卓越的贡献。

刘瑞玉先生去世后，留下了大批的文献书籍和珍贵学术资料，按照刘瑞玉先生的遗愿，刘先生的家属把这些书籍资料无偿捐赠给学会挂靠单位中国科学院海洋研究所。

11 月 4 日，是刘瑞玉先生 90 岁诞辰。中国海洋湖沼学会第十次全国会员代表大会与会代表共同缅怀刘瑞玉院士崇高的学术精神和高尚道德品格，追忆刘瑞玉院士的先进事迹。11 月 6 日，中国海洋湖沼学会第十次全国会员代表大会闭幕式上，中国科学院海洋研究所研究员宋林生代表中青年科学家发起向刘瑞玉院士学习的倡议，举行了刘瑞玉院士书籍资料捐赠仪式。中国科学院海洋研究所党委书记王启尧代表研究所接受了捐赠。

（撰稿人：李毅萍）

中国海洋学会

服务创新型国家和社会建设 中国海洋学会承担了国家海洋局设立的海洋创新成果奖的组织评审工作。9 月 16 ~ 19 日，2012 年度海洋创新成果奖评审会在安徽省合肥市召开，会议对经初审的 116 项海洋科技成果和 13 本海洋科技图书进行了评审。

学会承担了中国科协“科技与社会 2049 展望系列研究——海洋科技与蓝色经济”“海洋科学史研究”和“社会力量开展海洋科普事业实践及对策研究”等课题。

学会建设 3 月 25 日，学会在福建省宁德市召开了第七届三次常务理事会议。学会理事长王曙光，常务副理长兼秘书长雷波，副理事长孙松、林龙福、周守为、潘德炉出席会议，常务理事及代表 24 人出席了会议，会议由王曙光主持。学会理事会增加了涉及军事、工程、社科等领域的 3 名常务理事和 13 名理事，使学会的理事结构更趋合理。海洋遥感、海洋信息专业委员会完成换届。新成立了热带海洋分会，成立了女科学家工作委员会，更换了科普委员会组成人员，聘任了各工作委员会副主任及委员，修订了全国海洋科普教育基地评估暂行办法。

学术期刊 《中国海洋工程》（英文版）获得中国科协“学会能力提升专项奖励”三等奖。

《海洋学报》获得中国科协精品科技期刊工程项目资助。5 月，中国海洋学会推荐《海洋学报》刊登的 3 篇论文获得马塔切纳青年优秀论文奖。11 月，《海洋学报》召开了创刊 30 周年座谈会，并对获奖人员进行了表彰。

学科发展研究 11 月 15 日，2012 ~ 2013 年度《中国海洋学学科史》研究项目开题会在浙江省杭州市召开。学会常务副理事长兼秘书长雷波、中国科学院院士苏纪兰，以及来自海洋领域的 12 位专家、学者参加了本次会议。

国际学术会议 5 月 30 日，由中国海洋学会（CSO）、韩国海洋学会（KSO）主办，中韩海洋共同研究中心（CKJORC）协办的中韩黄海生态环境保护研讨会暨第三届中韩海洋科学技术学术会议在韩国大邱召开。来自中国海洋学会、国家海洋局第一海洋研究所、国家海洋局第二海洋研究所、国家海洋环境监测中心、中国科学院海洋研究所、韩国海洋学会、韩国海洋研究院、韩国国立渔业研究院、韩国极地研究中心、韩国釜庆国立大学、釜山国立大学、韩国忠南大学等单位的 23 位中韩两国专家、学者出席了本次研讨会。会议旨在为中韩两国的海洋专家与学者提供交流平台，共同关注“黄海海洋生态环境保护”，共同分享中韩两国海洋科学家在该领域的研究成果，推动中韩两国科学家在“黄海海洋生态环境保护”领域的交流与合作，为促进黄海周边环境生态发展、科学发展、可持续发展发挥积极作用。

5 月 21 日，第三届国际海洋声学会议在北京召开。会议由美国佐治亚理工学院、美国华盛顿大学和中国科学院声学研究所共同发起，中国海洋学会、中国声学学会、中国科学院、国家自然科学基金委员会以及美国海军研究办公室、美国声学协会等部门和机构共同主办。在为期 5 天的会议中，来自国内外的百余位海洋声学领域专家从传送与声学层析术、水下传播、海床声学与反向，分散、反射以及噪音、海洋生物声学、信号处理 6 个方面发表近 70 次专题演讲，并就相关国家海洋声学研究发展进程进行了回顾。

国内主要学术会议 2012 年，学会举办第六届海洋强国战略论坛等学术交流会议、首届海洋女科学家论坛等 5 次国内主要学术会议。

表彰举荐优秀科技工作者 学会推荐的林明森、夏登文获中国科协第五届“全国优秀科技工作者”称号。

科普活动 4 月，中国海洋学会全国海洋科普教育基地会议在重庆市召开。11 月 24 日，学会联合中国大洋协会、国家海洋局天津海水淡化与综合利用研究所、国家海洋局极地考察办公室、国家深海基地等多家单位，参加了第五届中国（芜湖）科普产品博览交易会。学会策划举办了“管好用好海洋、造福子孙后代”为主题的海洋科普活动，联合国家科学图书馆，主办了“管好用好海洋、造福子孙后代”——纪念《海域使用管理法》颁布实施十周年普法科普展览活动。承办了“科学家与媒体面对面”活动，以“说资源、话南海”为主题的海洋科普活动，邀请国务院参事张洪涛教授等5位专家参加，与现场30多家新闻单位记者共同研讨南海资源问题，先后有90多家媒体对活动进行了报道。防灾减灾日期间，学会参加了北京市防灾减灾科普展，组织海洋环境预报中心的专家在现场为公众作海洋防灾减灾相关问题的咨询解答，共接待咨询人数达130人次，制作展出了14块以“加强防范，减轻海洋灾害”为主题的科普展板。学会向本次活动赠送了一批关于海洋防灾减灾知识的科普读物，向现场群众发放“加强防范，减轻海洋灾害”的科普宣传册和《海洋世界》杂志600多份。针对当前社会各界广泛关注的海洋权益斗争，5月22日，应中国科协的邀请，学会组织两位相关领域的专家，为中国科协举行了涉及国际海洋热点问题和我国海洋周边环境的海洋法律知识讲座。

学会创新发展 学会联合中国太平洋学会和中国海洋湖沼学会开展了2012年度中国海洋十大科技进展评选活动。评选结果如下：1.“蛟龙”号载人潜水器首次突破7000米。2.中国歼-15战斗机成功着陆、起飞“辽宁”舰。3.国政府向联合国正式提交了中华人民共和国东海200海里以外大陆架外部界限的部分划界案。4.我国近海资源环境综合调查与评价专项通过总验收. 5.“海洋石油981”在南海正式开钻。6.中国极地科考船“雪龙”号首次穿过北极东北航道，由太平洋穿越北冰洋到达大西洋。7.“科学”号调查船正式交付使用。8.“海洋二号”卫星实现在轨交付。9.国家海域动态监视监测管理系统应用无人机实现首航。10.中国大洋第26航次第5航段在南大西洋获取1.2吨多金属热硫化物样品。

【首届海洋女科学家论坛】 11月4日，首届海洋女科学家论坛在福建省厦门市召开，200余名中国女性海洋科技人才汇聚一堂，以“蓝色经济，绿色增长中女性科学家的影响力”为主题进行研讨，为女性如何在促进我国海洋科技创新与海洋经济发展中发挥独特优势与积极作用建言献策。全国政协人口资源环境委员会副主任、中国海洋学会理事长王曙光，中国科协副主席、书记处书记、中国女科技工作者协会常务副会长程东红，国家海洋局党组成员、副局长陈连增，厦门市副市长张灿民等出席论坛开幕式。

王曙光在致辞中表示，中国海洋事业的发展与成绩的取得离不开广大海洋女科技工作者的参与和奉献，更离不开海洋女科学家的智慧、细腻、敏感和责任心。希望海洋女科学家们在工作中继续发扬海洋事业的优良传统，年轻的女海洋工作者要学习老一辈科学家的精神，为国家海洋事业发展贡献青春和热情。

程东红在讲话中表示，中国海洋学会设立女科学家工作委员会是一项重要举措和有益实践，有利于进一步发挥海洋女科学家和科技工作者在促进我国海洋科技创新和海洋经济发展中的独特作用。希望本次论坛把科技女性的成长发展和推动海洋经济发展方式的转变紧密结合起来，提出具有针对性和可操作性的建议。

陈连增在讲话中强调，国家海洋局始终高度重视海洋科技队伍的建设与海洋科技人才的培养，对女科学家和中青年女科技工作者一直采取积极的奖励和激励措施，希望广大女科技工作者奋发有为，拼搏进取，在建设海洋强国的伟大征程中建功立业。

开幕式上，学会向出席会议的有着30年以上海洋工作业绩、具有正高级技术职称、为我国的海洋事业发展做出贡献的海洋女科技工作者代表颁发了海洋女科学家奉献奖。

论坛上，中国工程院院士徐洵、厦门大学教授洪华生等10多位优秀女科学家，结合自身实际工作、研究历程和科研成果，从各个侧面诠释了论坛主题，并就女性如何在海洋事业发展中发挥优势、建立更加有效的工作机制、促进女性科技工作者成长进行了探讨。

【第六届海洋强国战略论坛】 11月22日，由中国海洋学会、中国太平洋学会和河北省海洋局共同主办的第六届海洋强国战略论坛在河北省石家庄市召开。本届论坛以“保护渤海环境，推动海洋生态文明建设”为主题，提出举科学之力、聚专家之智，共同探讨海洋强国的战略内涵，探索决策海洋强国的理论，寻求建设海洋强国的政策，走向海洋强国的路径。全国政协人口资源环境委员会副主任、中国海洋学会理事长王曙光，中国太平洋学会会长张登义，国家海洋局党组成员、副局长王宏等出席了论坛。来自中国工程院、农业部渔业局、河北省海洋局、国家海洋信息中心、国家海洋环境监测中心、大连海事大学、河北工业大学、辽宁师范大学等11个单位的院士、专家和学者，分别从不同角度就渤海环境污染、保护等问题作了报告。来自海洋界有关部门、科研院所、高等院校、企业共330余人参加本次论坛。

【以“蓝色的海洋我们的家”为主题的咨询服务】 2012年，学会举办了以“蓝色的海洋我们的家”为主题的贯穿全年的海洋实践活动。“专家进校讲海洋”活动根据教材和实践活动内容，制定海洋科普大课堂宣讲内容，邀请科学教育专家导师团专家走进课堂，通过“大课”的形式对学生进行讲座，让学生了解专业的海洋知识。结合教材为学生举办了“神秘的海底生物”、“海洋遥感”、“海底资源”、“南北两极”、“船的历史”等方面的专家讲座。

为了让更多的学生了解海洋，亲近海洋，热爱海洋，学校在校园电视台开辟了“海洋视窗精彩时光”栏目，利用中午12:40~13:00向学生播放视频，让学生了解更多海底世界的秘密。活动后，学校下发精心设计的实践作业，优秀作业展出在班内的展板、校内的展牌上，让学生们在交流中分享自己的思考和探索海底世界的美好愿望。2012年播放了《青岛水族馆》、《海底奇葩——美丽的珊瑚花》、《奇异的南极世界》、《雪龙号之行》等4期节目。

（撰稿人：王东亚）

中国地震学会

学会建设 截至2012年年底，中国地震学会发展新会员86名，现有会员1687名。全体会员全部交纳了会费。2012年，中国地震学会在参加民政部首次开展的中国社会组织评估中，被评为4A等级。

2012年，学会及各专业委员会共举办了中国地震学会第14次学术大会，中国地震监测预报论坛暨地震观测与预报新技术新方法学术研讨会，21世纪地震工程研究新挑战——暨纪念刘恢先教授诞辰100周年国际学术研讨会，2012年强震动观测仪器技术发展与应用研讨会，震预警技术建设及社会、经济影响专题研讨会，2012地震预警技术及应用研讨会，地电阻率观测方法与技术专题研讨会，地震电磁扰动专题研讨会等各类学术活动15次，征集交流学术论文799篇，参加人数1260余人次。与2011年相比，学术活动的次数有所减少，但参加学术活动的人数和交流学术论文的篇数分别增加了28.8%及49.8%。

11月11～15日，为提高学会各部门和省学会工作人员的编纂业务水平，在海南省三亚市召开了2012年编纂业务培训暨学会工作交流会。

学术期刊 2012年度，《地震学报》实现了优先出版网络版文章。经编辑加工、排版、校对后的文章，可及时传到本刊网站和中国知网优先出版网络版。据万方数据2012年版中国期刊扩展版引证报告显示：《地震学报》被引频次为1303，影响因子0.801。据中国知网2012年度发行与传播统计报告显示：《地震学报》机构用户总计有2571个（比上年增加了151个），分布在8个国家和地区；个人读者分布在10个国家和地区；读者下载总量32860篇次。

《地震学报》（英文版）在完成了全年的出版任务的前提下，组织了3期专辑，分别为地球内部结构、青藏高原、早期预警专辑。为2013年策划组织了3期专辑。这些专辑不仅约到了国内相关学科领域较为优秀的稿件，同时还收到许多国外来稿，整体质量较高。

《国际地震动态》对2011年日本东北大地震的研究成果进行了重点介绍；翻译、刊登了多篇国内外研究论文，内容涉及地震学、地震预报、地震危险性分析、震害评估、历史地震、地震应急救援、地方地震工作等多个领域；连载了日本的地震科普系列——地震科普之窗；刊载了国外的一些地震研究计划及其进展；刊载了中国地震学会的活动信息和一些著名科学家的杂感。全年共出版杂志12期和1个专集（中国地震学会学术大会专题），字数共计约125万字。全年印数达2.28万册。

国内主要学术会议 6月25～28日，中国地震学会第14次学术大会在新疆维吾尔自治区乌鲁木齐市召开。5月15～20日，中国地震监测预报论坛暨地震观测与预报新技术新方法学术研讨会在河北省石家庄市召开。5月18～21日，21世纪地震工程研究新挑战——暨纪念刘恢先教授诞辰100周年国际学术研讨会在黑龙江省哈尔滨市召开。5月28～31日，2012年强震动观测仪器技术发展与应用研讨会在浙江省淳安县举行。6月25～26日，地震预警技术建设及社会、经济影响专题研讨会在新疆维吾尔自治区乌鲁木齐市召开。9月14～16日，2012地震预警技术及应用研讨会在四川省成都市举办。10月24～27日，地电阻率观测方法与技术专题研讨会在甘肃省平凉市举办。11月4～8日，中国地震学会空间对地观测委员会2012年学术研讨会在云南省西双版纳市举办。12月26～27日，地震电磁扰动专题研讨会在北京市召开。

科普活动 中国地震学会及下属各专业委员会在全国各地分别以各种形式开展了包括科普日、科普周等科普宣传活动9次，分别为“7·28”唐山地震纪念暨首都圈（京津冀地区）防震减灾系列科普示范活动，“弘扬防灾减灾文化、提高防灾减灾意识”地震科普宣传活动。开展防震减灾科普知识进校园、进机关、进社区科普讲座3次，分别是：中国地震学会与中国地震局宣教中心和公安部消防局在中国消防博物馆举办了地震科普宣传活动；应北京市朝阳区亚运村街道办事处邀请，张少泉研究员和董晓光等科普专家作了题为《防震减灾与公共安全专题》的科普报告；董瑞树研究员为北京市翠微小学作了题为《珍爱生命，提高避险能力》的科普报告。在科普活动中，共计赠送书籍、杂志近2050余册、科普挂图4000多套、折页2000余张、光盘200余张。参加科普活动的科技工作者有85人次，受众人数约4400余人次。同时利用网络优势，宣传防震减灾知识，积极营造全民参与防震减灾文化气氛。

为配合地方各级防震减灾部门做好防震减灾知识宣传工作，中国地震学会学会与中国老科技工作者协会地震分会于7月28日和11月25日，分别在黑龙江省哈尔滨市和广西壮族自治区北海市举办了防震减灾知识宣传培训班。

表彰举荐优秀科技工作者 2012年，9位青年工科技作者荣获中国地震学会第八届李善邦青年优秀地震科技论文奖。其中，中国地震局地球物理研究所房立华获二等奖；中国地震局地球物理研究所常利军、吴健、张勇，中国地震局地质研究所张会平，中国地震局地震预测研究所武艳强和付广裕，中国地震局兰州地震研究所沈旭章和中国科学院青藏高原研究所裴顺平获三等奖。中国地震学会第八届李善邦青年优秀地震科技论文奖的获奖者均应邀在中国地震学会第14次学术大会上宣读获奖论文。

【中国地震学会第14次学术大会】 6月25～28日，中国地震学会第十四次学术大会在新疆维吾尔自治区乌鲁木齐市召开。大会收到论文325篇，从中遴选了307篇汇编出版了《中国地震学会第十四次学术大会论文摘要专题》。420余位专家、学者参加会议。

大会的主题是“近期国内外重大地震与防震减灾”。在大会开幕式上，学会理事长、中国科学院院士陈运泰，学会荣誉理事、中国科学院院士马瑾，学会副理事长陈晓非，学会理事高孟潭分别作了题为《2011年日本东北MW 9.0地震与海啸的经验与教训》、《推进地震预测的可能突破口之一——失稳危险阶段的探讨》、《地震临界震级》、《新一代国家地震区划图编制情况介绍》的大会报告。学会理事徐锡伟作了题为《1931年富蕴断层的几何结构、位移分布与破裂分段性》的专题报告。

大会设立了破坏性地震及孕震环境、中国大陆地震构造与深部结构环境、大震预测技术与方法研究、工程震害及其防御技术研究、近期国内外大地震场地震害特征、地震观测仪器及观测资料数据处理技术、大陆及周边地区现今地壳运动学与地震活动性、断层失稳与强震短临前兆的观测实验与模拟、地震预警技术建设及社会经济影响、地震流体观测与地震短期预测技术、天基地基地震电磁观测技术及天地一体化电磁数据分析与应用、强震动观测台站和设备指标及观测与分析技术、地震科技情报研究与信息服务、地震科技创新体系建设、地震重点监视防御区防震减灾对策等15个专题，进行分会场学术交流。

【中国地震监测预报论坛暨地震观测与预报新技术新方法学术研讨会】 5月15～20日，中国地震学会地震预报专业委员会、地震观测技术专业委员会和河北省地震局在河北省石家庄市联合举办了“中国地震监测预报论坛暨地震观测与预报新技术新方法”学术研讨会。会议共收到86篇论文摘要，张贴了12份论文。来自中国地震局及其直属单位以及各省市地震局等30多个单位100多名专家、学者参加会议。

本次研讨会特邀专家作了10个大会报告和23个专题报告。中国科学院院士马瑾介绍了“地震前亚失稳应力状态及识别的可能性”的实验研究进展；李清河研究员介绍了在英国举办的国际地震预报会议情况，重点阐述了会议期间展示的重力观测短临异常、应力触发地震等国际最新进展动态。大会特邀报告涵盖了当前地震监测与预报领域里正在进行的国家重大项目的研究内容与进展，观测技术发展及其存在的问题对地震预报的影响与意义，前兆异常与观测台站环境的特殊关系及其地震预报价值等内容。会议围绕新观测技术在预报中的应用、具有动力学含义的地震预测新方法、数字地震和前兆观测技术问题研讨以及大震预测方法与进展等方面进行了深入研讨。

会议采取口头报告与张贴报告的形式，并对具有特殊意义的报告指定了双重报告的形式。会议还就“寻求数字化时代的观测与预报的有机融合”的主题举行了别开生面的大会讨论。

【21世纪地震工程研究新挑战暨纪念刘恢先教授诞辰100周年国际学术研讨会】 5月18～21日，由中国地震局工程力学研究所主办，中国地震学会地震工程专业委员会、中国地震工程联合会等共同承办的“21世纪地震工程研究新挑战—暨纪念刘恢先教授诞辰100周年国际学术研讨会”在黑龙江省哈尔滨市召开。地震工程专业委员会主任、中国地震局工程力学研究所所长孙柏涛研究员和美国伊利诺大学香槟分校教授Billie F. SPENCER担任大会主席，共有126名国内外专家、学者参加会议。地震工程专业委员会名誉主任、中国工程院院士谢礼立，副主任、中国工程院院士欧进萍等出席了会议。

大会开幕式上，地震工程专业委员会名誉主任谢礼立等来自中、美、日的6位国际知名专家先后发言，纪念地震工程委员会首任主任委员刘恢先教授、美国George W. Housner教授和Joseph Penzien教授等3位世界地震工程界的先驱。

会议期间，孙柏涛研究员、欧进萍院士等13位专家作了主题报告，72名专家和学者在3个分会场作了学术报告，内容涉及震害经验与教训、强震动观测与分析、岩土工程、结构工程、生命线工程等11个方面，反映了近几年来国际地震工程领域学术研究和工程应用的最新进展。

【"7·28"唐山地震纪念暨首都圈（京津冀地区）防震减灾系列科普示范活动】 7月26日，由中国老科技工作者协会、中国地震学会、中国老科协地震分会和中国地震灾害防御中心共同主办了"7·28"唐山地震纪念暨首都圈（京津冀地区）防震减灾系列科普示范活动。活动以"弘扬防震减灾文化，构建和谐安全家园"为主题，目的是建立群众性、经常性组织科普活动的机制，跨省跨区域、同时同步同主题开展防震减灾科普活动，创建有特色、可持续的品牌科普活动。

此次活动共有30多名领导及专家和河北省廊坊市第十四小学200多名学生和部分老师参加。

为了能让同学们把地震防震知识真正学习掌握，并深深刻入他们的心灵，活动还安排了一场"不畏天灾，科学应对"的科普报告，报告由中国地震局研究员徐德诗主讲。启动仪式最后，向小学生赠送了科普图书和DVD光盘。

（撰稿人：顾　玲）

中国动物学会

决策咨询　学会与中国科学院水生生物研究所联合组织专家向中国科协提交了题为《扩大湖北石首天鹅洲故道长江江豚迁地保护区刻不容缓》的科技工作者建议。

国际学术会议　2012年，学会举办了第五届亚洲两栖爬行动物学大会暨中国两栖爬行动物学2012年会、第三届鸟类巢寄生国际学术研讨会，共有369名学者参加，其中港澳台地区学者11位，国外学者72位。交流论文227篇，其中台湾地区学者论文11篇，国外学者论文88篇。

国内主要学术会议　学会和所属学科分会举办学术研讨会、论坛等国内学术交流活动8次，1324人次参加，交流学术论文792篇，平均每次会议参加人数为165.5人次。与2011年相比，举办国内学术会议减少5次，参加会议人数减少901人次，交流学术论文减少445篇，平均每次参加会议人数减少5.6人次。甲壳动物学分会与贝类学分会及与其他学会联合，在中国海洋湖沼学会第十届会员代表大会暨学术报告会上共同承办"海洋下的水产养殖"分会场活动。

国际交往　学会共派出5个代表团、74人次参加国际学术会议。协助国际动物学会组织39人代表团赴以色列参加了第21届国际动物学大会。组织6人代表团赴加拿大温哥华参加了第七届世界两栖爬行动物学大会，申办并获得2016年第八届世界两栖爬行动物学大会的承办权。组织2人代表团赴日本松山市参加第12届国际松鸡科研讨会。组织9人代表团赴加拿大温哥华参加了北美鸟类学大会。组织6人代表团赴泰国普吉岛参加了首届东南亚鸟类学会议。

在国际组织任职　学会加入国际动物学会、国际原生动物学家学会2个国际组织。其中，学会常务理事张知彬研究员担任国际动物学会副主席，解焱（会员）任国际动物学会秘书长。学会副理事长宋微波教授、常务理事余育和研究员分别任国际原生动物学家学会常务执委（5位）、执委。

科普活动　2012年，学会共开展各类科普活动6次，参与的科技工作者179人次，专家58人次，共有61373名公众参与。

3月27日～5月27日，学会联合中国科学院动物研究所、国家动物博物馆、国际动物学会，举办了首届中国动物标本大赛暨动物标本展，共有来自全国各地48家单位和个人参赛，参赛作品195件。7月21日～12月15日，学会联合中国科学院动物研究所、中国生态学学会动物生态专业委员会、北京动物学会共同在国家动物学博物馆主办了"人类亲缘——灵长类多样性与人类起源"特别展，12月17日该展览到浙江省自然博物馆巡展。全国科普日期间，学会与中国科学院动物研究所、国家动物博物馆联合组织以"动物一家亲"为主题的科普宣传活动，活动被中国科协科普部评为"2012年全国科普日活动优秀特色活动"。5月20日，学会联合中国科学院动物研究所在国家动物博物馆展示馆举办了2012年全国科技活动周暨动物研究所科普开放日活动，对北京166中学的50名学生进行了昆虫标本制作培训等活动。学会被中国科协评为"2012年度科普工作优秀学会"。12月9～11日，学会联合中国科学院动物研究所举办了"第二届全国自然科学类场馆（动物学科类）科普培训"活动暨中国动物学会会员日活动。

学会于2月13～15日在北京师范大学生命科学学院举办选拔参加国际生物学奥林赛克竞赛（IBO）选手冬令营，共有15名学生参加，通过理论和实验竞赛、英语口试和相关知识测试，选出4名选手。4名选手于7月8～15日赴新加坡参加第23届国际生物学奥林匹克竞赛。来自59个国家和我国台湾地区的234名选手参加竞赛。经过4门实验和理论考试，最终决出金牌25枚、银牌48枚、铜牌73枚。我国选手取得了3枚金牌、1枚银牌的优异成绩。

中国科协会员日　12月1日，学会与新疆动物学会在新疆大学举行了会员日活动——新疆动物学与医学生物技术学术研讨会及青年学术论坛。12月15日，学会联合河北省动物学会在河北大学开展了会员日活动，举办学术报告会，邀请专家作报告，并组织会员参观了河北大学博物馆。

12月9～11日，第二届全国自然科学类场馆（动物学科类）科普培训班——中国动物学会会员日活动在中国科学院动物研究所召开。该培训班由学会联合中国科学院动物研究所和中国生态学学会动物生态专业委员会共同主办，国家动物博物馆承办。来自全国自然博物馆、科技馆、动物园、大学标本馆、自然保护区和相关期刊的编辑等83名会员和学员参加了培训。培训班以“专题的策划和展览”为主题，共进行了3天培训，邀请徐善衍、李象益、宋向光、王原、李湘涛等专家作了题为《科普事业的时代特征与博物馆科普的社会责任》、《以创新理论和创新方法推进自然科学博物馆展示和教育创新》等报告。黄乘明研究员结合“人类亲缘——灵长类多样性与人类起源”展览的策划和展示，向学员讲述了专题展知识拓展和深化的有效展示方式。学员还参观了国家动物博物馆的“人类亲缘——灵长类多样性与人类起源”展览。

会员服务 学会与河北省动物学会、河北省林业厅印制了2013年年历3300张，邮寄给全国29个省级动物学会及学会所属14个分会、专业委员会，分发给部分会员。

学会重视网站的建设工作，为3个学科分会建立了独立的网站，促使1个省学会完成会员编号的统一工作，并将会员信息录入会员信息管理系统，截至目前，中国动物学会共有10145名会员信息进入此系统。

学术期刊 学会主办或与其他学会、挂靠单位联合主办了8种科技期刊。*Current Zoology*（《动物学报》）2012年发表论文79篇，其中中国稿件10篇，发达国家稿件数量63篇。在《2012年版中国科技期刊引证报告（核心版）》中，《动物学研究》核心期刊被引频次为874，影响因子为0.46；《动物分类学报》核心期刊被引频次620，影响因子0.363；《兽类学报》核心期刊被引频次725，影响因子0.627；《动物学杂志》核心期刊被引频次985，影响因子0.475；《寄生虫与医学昆虫学报》核心期刊被引频次175，影响因子0.33。

中国科学文献计量研究中心、清华大学图书馆以科学引文索引数据库（Web of Science）为统计源，发布了《中国学术期刊国际引证报告》（CAJ-JCR），计算和分析了我国学术期刊的国际总被引频次、国际影响因子的综合指标排序，并按TOP5%、TOP5%～10%遴选，学会主办的*Current Zoology*（《动物学报》）（综合排名第48名）、《动物分类学报》（排名第150名）入选“2012中国最具国际影响力学术期刊”（TOP5%）；《动物学研究》（排名第8名）、《兽类学报》（排名第30名）和《动物学杂志》（排名第156名）入选“2012中国国际影响力优秀学术期刊”。

学会建设 学会重视地方学会组织建设工作。7月12～15日，学会赴青海省就青海省动物学会恢复成立召开了专题座谈会。9月14日，青海省动物学会第六届会员代表大会暨学会恢复成立大会在中国科学院西北高原生物研究所召开。

【第五届亚洲两栖爬行动物学大会暨中国动物学会两栖爬行动物学分会2012年学术研讨会】 6月1～4日，第五届亚洲两栖爬行动物学大会暨中国动物学会两栖爬行动物学分会2012年学术研讨会在四川省成都市召开。309位专家、学者参加会议，其中来自港澳台的专家、学者11人、来自国外的专家、学者40人，分别来自23个国家和地区。中国科学院院士张亚平、赵尔宓，美国科学院院士David M. Hillis、澳大利亚科学院院士Richard Shine、俄罗斯科学院院士Natalia B. Anajeva出席会议。会议收到论文摘要191篇。会议报告108个，包括12个大会报告（分3场报告），96个分组报告（共分9个组报告）。报告内容涉及系统学、生物多样性、生态、保护、行为、生理、遗传、进化、系统发育、生物地理、繁殖生物学、人工繁育。本次会议以“亚洲两栖爬行动物生物多样性及其保护挑战”为中心议题开展学术交流，为亚洲及世界同行提供了交流机会和平台，对推动区域两栖爬行动物生物多样性与保护的研究和实践工作及促进科技进步具有积极意义。

（撰稿人：张永文）

中国植物学会

学会建设 2012年，学会召开学术会议11次，其中国际学术会议4次、海峡两岸学术会议1次，参会总人数2360人次。

学会常务理事会审议通过了民族植物学分会的成立申请。

2012年，学会发展高级会员20余人。

科技期刊影响力提升计划 2012年，学会主办的《植物学报》（*Journal of Integrative Plant Biology*）获得中国科协“优秀国际科技期刊”二等奖，《植物生态学报（英文版）》（*Journal of Plant Ecology*）获得中国科协“优秀国际科技期刊”三等奖。

2012年，《植物学报》（英文版）编委会及编辑部进一步国际化，国外编委来自15个国家，加大了地域覆盖率，总数达到80名，占比上升为66%。为更好地服务于作者和读者，培养年轻学者，该刊创办了“科学论文写作规范”系列培训班，由《植物细胞》(*Plant Cell*)和《植物学报》(英文版)副主编、法国科学院院士、美国加州大学戴维斯分校植物科学系主任Bill Lucas教授领衔主讲，内容涵盖科学论文写作规范和国际顶级期刊运行规则等。期刊不断开拓国际稿源，吸引优秀论文，为快速报道各研究领域的最新进展，2012年增设了新栏目*MINIREVIEW*，组织出版了庆祝学报创刊60周年纪念特刊与主题专刊。作者队伍不断壮大，海外作者地域扩大为17个国家，海外作者由2011年的24%增加到2012年的31%。期刊计量指标上升，SCI影响因子比2011年增长了58%，在植物科学领域的排名已提升为第49位，位居前25.8%。国际全文下载量持续上升，2012年全文下载量达到19.7万次。

《植物生态学报》(*Journal of Plant Ecology*)是学会和中国科学院植物研究所主办的一本反映植物生态学领域及相关交叉学科最新研究进展的新创刊的全英文期刊。根据2011年发布的《期刊引用报告》，《植物生态学报》(英文版)影响因子为1.907，在SCI收录的190种植物学期刊中位列第65位，134种生态学期刊中位列第64位；在中国大陆被SCI收录的154种期刊中位列第12位。

中国植物学会主办的期刊《植物学报》(英文版)、《植物分类学报》(英文版)和《植物分类与资源学报》3种期刊入选“中国最具国际影响力学术期刊”，《生物多样性》入选“2012中国国际影响力优秀学术期刊”。

《植物生态学报》和《生物多样性》获得中国科协精品科技期刊培育计划的“期刊学术质量提升项目”资助。

根据美国科学信息研究所ISI 2012年公布的数据，2011年*Journal of Integrative Plant Biology*(《植物学报》)和《植物分类学报》在ISI和SCIE数据库的影响因子分别为2.534、1.596，被引频次分别为1783、344，在植物科学排名分别为第49和82位(共190个期刊)。*Journal of Plant Ecology*(《植物生态学报》)在JCR发布的影响因子为1.907，被引频次198，在植物科学期刊中位列第65位。在中国大陆被SCI收录的154种期刊中位列第12位。

学科发展研究 学会承担了中国科协2012～2013年度学科发展研究项目“植物学学科发展项目”。9月，学会组织专家在北京召开了植物学学科发展项目开题会。

国际学术会议 9月18～20日，第三届中印喜马拉雅地区生物多样性及其环境变迁国际研讨会在河南省新乡市召开，来自国内外的60余名专家、学者参加了会议。9月22～24日，2012 IOCD天然功能分子国际研讨会在江苏省南京市举办，来自11个国家和地区的100多位专家、学者参加了会议。

国内主要学术会议 8月9～10日，中国植物园建设与发展研讨会在陕西省榆林市召开，共230位专家、学者参加研讨会。8月21～25日，全国苔藓植物学学术研讨会在四川省成都市召开，70余位专家、学者参加了会议。8月25～27日，2012年全国植物细胞生物学学术年会在新疆维吾尔自治区乌鲁木齐市召开，140余位专家、学者参会。10月10～13日，2012全国植物生物学大会在陕西省咸阳市召开，近900名专家、学者参加会议。12月7～10日，全国第十届植物结构与生殖生物学学术研讨会在海南省海口市举行，80名专家、学者参加了研讨会。

科普活动 1月18～29日，由中国植物学会兰花分会参与主办的第八届北京兰花展在北京植物园内举办。2月8～12日，由中国植物学会兰花分会参与主办的第三届中国兰花大会暨中国大理第五届国际兰花茶花博览会在云南省大理市举办。5月，作为2012全国科技周活动的一部分，第六届牡丹科技文化展在北京举办。

5月19～20日，第八届公众科学开放日活动在中国科学院植物研究所举办，活动期间推出了多项特色展览及科普游园项目。“植物科学绘画展览”主要围绕我国珍稀濒危植物，展出了50余种植物的手绘作品。活动期间，邀请专家向游客介绍珍稀濒危植物、物种多样性及迁地保护等方面的科普知识。为了使广大青少年充分了解植物科学的研究内容、感受科研氛围，活动期间还组织青少年参观了植物园实验室、科普实践中心、“植物探宝”、“转基因植物探秘”等科技游园活动。活动期间先后接待了来自北京师范大学、全池博爱语言康复学校等院校的200多名学生及5000余名游客。

5月，学会与中国植物生理与分子生物学学会共同主办了以“植物科学与人类生活”为主题的第一届国际植物日活动，参与人数达数十万人次。

5月13日，2012年全国中学生生物学联赛在全国30个省、自治区、直辖市同时举行，共有68880名中学生参加了此项活动。本届联赛共评出一等奖693名、二等奖2960名、三等奖5880名。

8月17～20日，第21届全国中学生生物学竞赛在安徽省马鞍山市举行，共有30个省、自治区、直辖市的31支代表队共124名选手参加了此次竞赛，参赛选手是从2012年全国中学生生物学联赛各省一等奖获奖选手中选拔产生。竞赛分理论和实验考试，经过激烈的角逐，38名同学获得金牌、38名同学获银牌、48名同学获铜牌。

表彰举荐优秀科技工作者 学会推荐的中国科学院华南植物园研究员黄宏文和中国科学院植物研究所研

究员黄善金荣获中国科协第五届“全国优秀科技工作者”称号。

【植物·文化·环境国际论坛暨中国植物学会古植物学分会第十六届学术年会】 9月20～23日，植物·文化·环境国际论坛暨中国植物学会古植物学分会第十六届学术年会在河南省新乡市召开，来自印度、英国、美国和法国等国家的16位专家、学者以及国内96个单位的176名专家、学者参加了会议。英国皇家学会院士、林奈学会主席、卡迪夫大学 Dianne Edwards 教授参加了会议。会议的主题涉及植物演化、植物文化、木文化、药用植物、园林植物、资源保护等6个方面。会议共收到论文英文摘要125篇。

10位国内外知名学者作了大会特邀报告，内容涉及早期陆地植物、人类与环境的关系、植物考古、世界遗产等方面。会议分为植物演化与资源保护（古植物与孢粉学专题）、植物文化与园林植物两个专题。与会专家、学者围绕植物演化与环境变化的关系、植物与人类在长期选择与被选择过程中形成的共生关系和文化现象等进行了交流和探讨。在古植物与孢粉学专题分会场，共有23位学者作了学术报告，其研究时段主要集中在中生代和新生代，报告内容主要包括硅化木向阳性及其与板块旋转关系探讨、地质时期昆虫与植物的协同进化、晚二叠世异脉羊齿化石、侏罗世和白垩世植物化石和孢粉、华南始新世龙脑香科植物化石、中新世和上新世植物群及生物地理和古气候定量重建等。

【第十届国际克隆植物生态学研讨会】 10月12～16日，第十届国际克隆植物生态学研讨会在北京召开。本届研讨会是首次在欧洲以外的国家举行。来自全球14个国家52所高校和研究机构的115名克隆植物生态学专家、学者参加了研讨会。

会议以全球变化背景下植物克隆性的生态学效应为主题，包括克隆性在植物入侵过程中的作用、克隆性对植物扩散、种群统计及群落动态的影响、克隆性对植物分布、丰度及多样性的影响、克隆性对生态系统功能的影响、克隆性在生态恢复中的作用等5个专题。34位专家、学者作了大会报告，26位专家学者以展板的形式展示了自己的研究工作。与会专家、学者围绕克隆植物生态学研究的热点和前沿问题进行了学术交流。这次会议全面展示和研讨了国际克隆植物生态学研究的最新成果和研究方向。

【第十一届全国药用植物及植物药学术研讨会暨2012年海峡两岸中药材品质安全研讨会】 10月18～20日，第十一届全国药用植物及植物药学术研讨会暨2012年海峡两岸中药材品质安全研讨会在北京召开，120余名专家、学者参会。

会议围绕药用植物可持续利用、第四次全国中药资源普查及中药材品质安全等内容展开。会议内容涉及第四次全国中药资源普查情况，药用植物资源保护与可持续利用，植物次生代谢与合成生物学，植物药与天然药物生物活性物质及作用机制，植物药鉴定新技术、新药开发及临床应用，民族药植物研究、中药材质量控制及品质保证等。交流内容除了植物，还扩展到中药复方等方面的研究进展和结果。

【2012年全国植物园学术年会】 11月1～5日，由中国植物学会植物园分会等单位主办的2012年中国植物园学术年会在重庆市召开。大会以“植物园，让未来更美好”为主题，学会理事长、中国科学院院士洪德元、国际植物园协会主席贺善安等300多位专家、学者参加大会。会议出版了《中国植物园》第十五期，共收录论文35篇。

与会专家、学者作了58场学术报告，就植物资源的保育和利用、植物与人类未来生活、植物园科普与生态宣传、旅游生态经济和植物园发展、植物多样性与城市生态建设、植物园与资源战略保护等话题进行了交流和探讨。

会议向为植物园事业发展做出重大贡献的国际植物园协会主席贺善安先生颁发了“中国植物园终身成就奖”。本次大会倡议建设全国植物园间战略合作组织“中国植物园联盟”。

（撰稿人：蔡瑞娜）

中国昆虫学会

学会建设 2012年，学会举行了中国昆虫学会第九次全国会员代表大会。大会选出161人组成的中国昆虫学会第九届理事会，中国科学院院士、中国科学院动物研究所研究员康乐当选为第九届理事会理事长，黄大卫、乔格侠等14人当选为副理事长，黄大卫当选为秘书长。

科技期刊影响力提升计划 由中国昆虫学会和中国科学院动物研究所共同主办的《昆虫科学》（英文版）于2012年获得中国科协“优秀国际科技期刊奖”三等奖，期刊编辑部为提高刊物的学术水平，加强办刊力量，邀请国际昆虫学家任专业编委，负责本研究领域的组稿审稿，组织出版学术专集和学术专栏。在专业编委的参与下，完成一期专集（昆虫的RNA干扰）和三期专栏的组稿工作。由于专业编委的加盟，使刊物的约稿能力大大加强。在期刊宣传方面，编辑部注重与国际会议的合作，在会议网站上宣传期刊，并在期刊网站上宣传会议，互利互惠。与荷兰期刊《昆虫的实验与应用》达成协议，在双方的网络版、纸版上互登期刊广告，利用各种平台宣传期刊。积极申请进入国际著名数据库 Medline。2012 年收到 Medline 来函确认正式收录 *Insect Science*（《昆虫科学》）。

学会编辑出版《昆虫学报》、《昆虫知识》、《中国昆虫科学》（英文版），与中国动物学会合编《动物分类学报》、《寄生虫与医学昆虫学报》，5 种期刊 2012 年共发行 32000 册，发表文章 748 篇。2012 年，各刊均采取了缩短出版周期、增加页码和加大稿件筛选力度等措施，增加论文刊载量，提高期刊学术质量。

国际学术会议 8 月 19 ~ 26 日，中国昆虫学会组织专家赴韩国参加第 24 届国际昆虫学大会。6 月 10 ~ 14 日，由学会主办的亚洲鳞翅目保护研讨会在天津市举行。来自 11 个国家和地区的近 70 名鳞翅目领域的专家、学者参加会议。本次研讨会的主题是“环境变化中的鳞翅目昆虫”。会议就鳞翅目昆虫对环境压力的响应、珍稀与濒危鳞翅目物种的保护、自然保护区在保护濒危物种方面的作用与重要性、生态旅游方面鳞翅目保护与濒危物种的室内饲养、鳞翅目昆虫的分类及命名问题等议题进行研讨。会议收到来自不同国家的会议发言摘要 51 份，有 28 位学者进行了大会发言。

国内主要学术会议 学会召开了中国昆虫学会第九次全国会员代表大会暨 2012 年学术年会、纪念周尧教授诞辰 100 周年纪念大会暨中国昆虫学会第十二届全国昆虫分类学术研讨会、桃树病虫害防控研讨会、果树病虫害生态调控技术青年论坛等 4 次全国会议，共计 1165 人参加，交流论文 435 篇。

3 月 15 日 ~ 17 日，由北京昆虫学会与桃产业体系病虫害防控研究室共同主办的桃树病虫害防控研讨会在江苏省南京市召开。50 余位一线科技工作者参会，会议邀请张青文教授等 5 名专家作了学术报告。

9 月 22 ~ 23 日，北京昆虫学会、北京植病学会、北京市农林科学院植物保护环境保护研究所和北京市林业保护站联合主办的“果树病虫害生态调控技术”青年论坛在北京举行。60 名从事相关专业的青年工作者围绕果园病虫害发生与生态调控措施、天敌昆虫的保护利用等开展学术交流。

科普活动 学会坚持开展昆虫科普调查与研究，利用博物馆等科普教育基地大力普及昆虫知识，开展科普进校园活动，结合夏令营、冬令营、“大手拉小手”活动开展一系列的科普活动。组织科普大赛，拓宽科普途径，利用报纸、网络优势普及昆虫学知识，在电视台、学校、公园等场合举办昆虫知识讲座。在北京、上海、陕西、广西等地举办了昆虫摄影展。承担《恐龙时代的小精灵》科普书籍的编写任务等。

【中国昆虫学会第九次全国会员代表大会暨 2012 年学术年会】 10 月 11 ~ 13 日，中国昆虫学会第九次全国会员代表大会暨 2012 年学术年会在江西省南昌市召开。来自全国的 550 名代表参加了此次盛会。

会议由西北农林科技大学教授，中国昆虫学会第八届理事会蝴蝶分会主任张雅林主持。学会副理事长兼秘书长张钟宁作第八届理事会工作报告，学会副理事长张青文作章程修改报告，学会副理事长梁广文宣读收费标准草案，张雅林作财务报告。大会审议并通过了上述报告，并按民主程序进行了学会理事会的换届选举。大会选举产生了第九届理事会理事长、副理事长和秘书长。中国科学院院士、中国科学院动物研究所研究员康乐当选为学会第九届理事会理事长，黄大卫、乔格侠、戈峰、王韧、陈生斗、张永安、高希武、吴孔明、黄勇平、张雅林、刘树生、洪晓月、郭明昉、金道超等 14 人当选为副理事长。黄大卫当选为秘书长。大会选举产生了 53 位常务理事。

大会向广东省昆虫学会理事长、华南农业大学教授梁广文，西北农林科技大学教授、中国昆虫学会第八届理事会蝴蝶分会主任张雅林等 11 位“第三届优秀学会工作者”颁奖。

本次年会邀请中国科学院院士、中国科学院动物研究所研究员康乐，浙江大学教授刘树生，首都师范大学教授任东，中国林科院森林生态环境与保护研究所研究员杨忠岐，江西天人生态股份有限公司总裁助理陈晓燕分别作了题为《飞蝗型变的分子调控机制》、《烟粉虱入侵生物学》、《昆虫在中生代陆相生态系统中的作用》、《我国林木重大害虫生物防治研究新进展》、《噻虫啉防治天牛应用研究》的大会报告。大会分设昆虫分类与资源昆虫及医学昆虫、昆虫生理生化、药剂毒理与生物防治、昆虫生态与农业昆虫、林业昆虫 5 个专业组进行学术讨论。大会收到论文摘要 180 余篇。

【第 24 届国际昆虫学大会】 8 月 19 ~ 26 日，学会组织国内专家、学者赴韩国参加第 24 届国际昆虫学大会。会议主题为“昆虫学的新世纪”。会议对世界昆虫学研究新进展进行了交流。我国昆虫学研究近年来取得较大进展，尤其是在与农业生产密切相关的害虫防治及相关基础生态学研究方面，以及随着经济全球化而日益加重的入侵生物发生规律和治理技术、昆虫基因组学研究等方面做出了贡献。大会为课题的国际合作打下基础。

此次大会上，浙江大学教授刘树生当选为新一届国际昆虫学大会理事。刘树生教授在国际昆虫学领域享有较高知名度，曾被邀请在第22届国际昆虫学大会上做大会报告，并被该届大会授予“在昆虫学领域作出杰出贡献奖”。

【周尧教授诞辰100周年纪念大会暨第十二届全国昆虫分类学术研讨会】 7月7～9日，学会在陕西省杨凌市举办了周尧教授诞辰100周年纪念大会暨中国昆虫学会第十二届全国昆虫分类学术研讨会。共有来自全国30个省份的435名昆虫专家、学者参会。

纪念会上，与会各界人士深情回顾了周尧教授“爱国、敬业、惜时、乐群”的人生轨迹，高度赞扬了周尧教授的爱国、敬业、开拓进取精神，对他为我国昆虫学事业发展做出的卓越学术贡献和高尚的人格风范予以了高度评价，并表示将弘扬周尧教授的崇高精神和优秀品质，立足本职，积极进取，为实现国家农业现代化贡献智慧和力量。

周尧教授是国内外享有盛名的昆虫学家。几十年来，周尧教授发表论著200余篇，其编著的《中国蝶类志》堪称中国昆虫学划时代的科学巨著。周尧教授建立了“农业昆虫学”、“昆虫形态学”及“昆虫学史”等学科研究体系，创办了我国第一个、也是目前世界上最大的昆虫博物馆。他捐资设立了周尧昆虫分类学奖励基金，把一生献给了科学，献给了教育，献给了农业，被广大师生誉为“一代师表”。

纪念会上，8位青年科技工作者获得了周尧昆虫分类奖。

来自中科院动物研究所、中国农业大学等单位的6位专家作了大会特邀报告。30余位专家、学者在2个分会场就昆虫区系分类和蝴蝶多样性等方面的研究进展进行了交流。会议征集论文近80篇，61篇研究论文在《昆虫分类学报》2012年第2期上公开发表。

【古昆虫工作取得突破性进展】 据不完全统计，2012年我国学者发表古昆虫学专著1部，研究论文60余篇，其中SCI论文50篇。我国古昆虫学研究的成果和影响力在国际古昆虫学研究中取得令世人瞩目的成绩，成为国际上古昆虫学研究中心之一。2月6日，《美国科学院院报》（PNAS）在线发表了任东教授研究团队的最新研究成果《侏罗纪螽斯翅的摩擦发出低频鸣声吸引雌性昆虫》，（www.pnas.org/cgi/doi/10.1073/pnas.1118372109），创造性的复原了来自1.6亿年前的一种螽斯（悦耳古鸣螽）的鸣叫声。该成果反映了多学科、多手段解决科学问题的重要性和创新性，为研究早期昆虫声学、行为学和生态学等方面取得了突破进展。2012年，“中国中生代晚期昆虫与植物协同演化研究”获2011年度北京市科学技术一等奖。

（撰稿人：孟晓星）

中国微生物学会

学会建设 2012年，学会组织各类学术会议20次，其中国内学术会议18次，国际会议2次，参加学术会议的总人数约5000人次。

科技期刊国际影响力提升计划 *Virologica Sinica* 获得中国科协2012年度学会能力提升专项“优秀国际科技期刊奖”三等奖，资助3年共150万元。《病毒学报》获得2012年度中国科协精品科技期刊工程项目——期刊出版质量提升项目资助，经费共30万元。《微生物学报》被评为“2012中国最具国际影响力学术期刊”。《生物工程学报》被评为“2012中国国际影响力优秀学术期刊”。

学术期刊 学会主办的期刊有《微生物学报》、《生物工程学报》、《病毒学报》、《中国人兽共患病学报》、*Virologca Sinica*［《中国病毒学》（英文版）］、《微生物学通报》、《微生物学杂志》。

国际学术会议 9月24日，由美国哈佛大学医学院教授Kolter博士率领的微生物专业代表团一行15人访问了中国微生物学会。该代表团由“美国人民对人民大使项目”（People to People Ambassador Programs）组织。学会秘书长东秀珠与美国专家就感兴趣的内容进行了交流。双方科学家围绕植物病害的生物防治、抗药性研究、病原微生物、中医在传染病控制方面的作用、食源性致病菌、发酵与生物技术等问题进行了研讨。双方科学家特别对食品安全、抗生素使用、病原微生物快速检测、政府对感染性疾病的监测、不同地区的医疗资源使用进行了充分的讨论。

国内主要学术会议 12月16～17日，第24次中国科技论坛——HIV治愈高层论坛在北京举行，本次论坛由中国科协主办，中国微生物学会、国际艾滋病协会等共同承办。中国科协副主席冯长根、卫生部科教司司长何维、国家自然科学基金国际合作局副局长邹立尧、科技部基础司副处长钱万强、美国国立卫生研究院（NIH）国际交流副院长Jack Whitescarver、美国NIH过敏反应与传染病所艾滋病研究部主任Carl W. Dieffenbach、国际艾滋病协会（IAS）代表Anna Laura Ross等出席会议。会议名誉主席、诺贝尔奖获得者、法国巴斯德研究所Françoise Barré-Sinoussi博士录制了视频在会议开幕式上致词。国外16位和国内10位艾滋病治疗领域的权威专家，在会上就HIV潜伏感染、病毒储存库治疗、抗病毒治疗、免疫治疗、基因治疗及治疗性疫苗等研究领域的进展进行了广泛的交流。来自国内高校、科研院所、艾滋病诊疗机构学者、研究人员100多人参加了会议。与会专家、学者共同总结了中外艾滋病治疗的现状，探讨艾滋病治疗新策略，探讨“HIV 治愈”研究领域的国际合作。会议向中国科协递交“HIV 治愈”研究建议书。

科普活动 在纪念中国微生物学会成立六十周年大会暨 2012 年学术年会期间，学会首次开设了科普分会场——新生入学教育之专业思想教育。南京师范大学生命科学院 2012 年全体新生与来自全国各地的专家约 200 人参加了本次活动。陈代杰研究员、宋存江教授和杨瑞馥研究员分别作了题为《超级细菌是如何炼成的》、《合成生物学与环境微生物》、《生物安全》3 个科普报告，制作了展板展览。

表彰举荐优秀科技工作者 经中国微生物学会推荐，广东省微生物研究所研究员孙国萍、中国科学院微生物研究所研究员金城、第三军医大学第三附属医院研究员梁华平获得中国科协第五届“全国优秀科技工作者”称号。

【纪念中国微生物学会成立六十周年大会暨 2012 年学术年会】 纪念中国微生物学会成立六十周年大会暨 2012 年学术年会于 10 月 26 ~ 30 日在江苏省南京市召开。中国科学院院士、学会名誉理事长、中国科学院上海植物生理生态研究所研究员赵国屏出席大会，中国科学院院士、学会理事长邓子新致开幕词。江苏省副省长曹卫星、中国科学院微生物研究所所长黄力等分别致辞祝贺，学会秘书长东秀珠主持开幕式。年会的主题是“微生物的多彩世界”，饶子和院士、赵国屏院士、邓子新院士、焦念志院士、徐建国院士等 15 位国内著名学者作了大会报告。出席会议的学者约 800 人。

为庆祝中国微生物学会成立六十周年，学会编写了《中国微生物学界先驱者传略》和《中国微生物学会成立 60 周年纪念册》，缅怀先辈，激励后辈投身科学事业。

【首届中国放线菌生物学与产业化研讨会】 由学会分子微生物学及生物工程专业委员会主办的首届中国放线菌生物学与产业化研讨会于 2012 年 12 月 1 ~ 2 日在上海市召开。来自全国科研院所和制药企业的专家学者约 240 人出席了研讨会。

研讨会包括大会报告、青年学者论坛、博士后、博士生论坛 3 个部分。学会理事长邓子新院士在致辞中对中国放线菌生物学的基础研究和产业化提出了建设性意见，希望研讨会能常态化，经常开展相关学术交流，并与“国际放线菌生物学大会”接轨。16 位在我国放线菌不同领域方向做出突出成绩的专家学者做了大会报告，10 位青年学者报告了近年来做出的亮点的工作。11 位年轻的硕士研究生、博士研究生、博士后各自在短短的 10 分钟内展示了最新研究成果。经过 4 位专家评审和打分，评选出一等奖 1 名、二等奖 2 名、三等奖 3 名，并向获奖者颁发了证书和奖金。

（撰稿人：王　旭）

中国生物化学与分子生物学会

学会建设 2012 年学会和各分支机构（分会和专业委员会）共召开学术会议 11 次，国际会议 2 次，交流学术论文 1485 篇，5252 人次参加，其中外国学者 150 人。学会新发展会员 1000 余名，新增分子系统生物学专业委员会和教学工作委员会 2 个分支机构。

按照学会的工作规划和部署，学会的会刊《生命的化学》重新定位办刊宗旨，定位为：回归学会会刊的角色，成为会员交流平台和科普平台。8 月 24 日，组织召开了《生命的化学》通讯员成立大会。

国际学术会议 5 月 5 ~ 7 日，第六届亚太地区人类蛋白质组大会在北京召开。本次大会是该系列会议首次在中国大陆举办，来自 24 个国家 / 地区 156 个研究机构的 1000 多人出席，提交论文摘要 249 篇。会议由亚太地区人类蛋白质组组织和学会蛋白质组学专业委员会共同主办，军事医学科学院、北京蛋白质组研究中心和复旦大学承办。会议针对疾病标志物与个体化医疗，模式生物和其他植物、微生物蛋白质组，化学蛋白质组学与药物发现，翻译后修饰蛋白质组，蛋白质糖基化修饰的结构与功能研究等 10 个专题展开讨论。

7 月 2 ~ 7 日，第三届走向前沿——国际高级生化和分子细胞生物学暑期培训班在上海市举行。本期培训班的主题是：代谢与代谢相关疾病，内容涉及肥胖、糖尿病、脂肪和脂肪因子、慢性炎症、心血管和动脉硬化等 6 个领域。本届培训班由中国生物化学与分子生物学会主办，中国细胞生物学学会和中国科学院上海生命科学研究院生化细胞所共同协办。共有 57 名学员参加，其中 8 名学员来自欧洲，其余学员来自中国大陆和香港特别行政区科研院所和高校。培训班邀请了该领域国际知名专家参与活动，其中包括 6 位主讲人和 6 名辅讲人。

10 月 21 ~ 24 日，第 28 届国际微尺度生物分离分析大会在上海市召开。

国内主要学术会议 6 月 15 ~ 18，全国第二届生物化学与分子生物技术学术研讨会暨 2012 年蓬莱阁生命科学与健康高峰论坛山东省烟台市召开。8 月 4 ~ 7 日，2012 年全国糖生物学学术会议在浙江省温州市召开。8 月 14 ~ 18 日，第三届全国生物化学与分子生物学教学研讨会在山东省烟台市召开。8 月 24 ~ 26 日，2012 年全国生物化学与分子生物学学术大会在四川省成都市召开。9 月

6～11日，全国农业生物化学与分子生物学第十一次学术研讨会在山东省青岛市召开。9月21～24日，第十一届脂质与脂蛋白全国学术会议在山西省太原市召开。10月12～14日，全国第八届海洋生物技术与创新药物学术讨论会在上海市召开。10月16～18日，蛋白质组学与免疫和代谢性疾病专题研讨会在上海市召开。11月7～9日，第七届全国核糖核酸（RNA）学术讨论会在四川省成都市召开。

表彰举荐优秀科技工作者 经学会推荐，北京大学教授魏丽萍荣获第九届中国青年女科学家奖，周金秋等研究组获得2012年度候选创新研究群体，复旦大学汤其群教授荣获中国科协第五届“全国优秀科技工作者”称号。

中国科协会员日 学会联合其他学会于12月21日在上海市举办了会员日活动，同时发放调查问卷，共收回调查问卷95份。

【2012年全国生物化学与分子生物学学术会议】 8月24～26日，2012年全国生物化学与分子生物学学术会议在四川省成都市召开。会议由中国生物化学与分子生物学会主办，四川省生物化学与分子生物学会、中国科学院上海生命科学研究院生物化学与细胞生物学研究所共同承办。会议主题为“生命的分子机器及其调控网络”。来自大陆、澳门特别行政区、台湾地区，以及国外等212个科研院所、高等院校的1800余人参会。本次会议设立10个专题，分别为蛋白质与多肽的结构与功能、疾病及重要生命现象的分子机制与干预、基因表达与基因调控、细胞行为与细胞器功能的分子调控、代谢稳态调控与分子机制、生物化学与分子生物学新技术、非编码RNA、系统生物学、生理与病理活动的表观遗传调控机制、生物化学教育等。90位专家、学者在相关专题做报告。本次会议颁发了青年科学家论坛奖、优秀墙报奖、叶慧兰基金资助青年学生参会奖、郑集－张昌颖奖励基金优秀论文等奖项。

（撰稿人：孙晓丽）

中国细胞生物学学会

学会建设 2012年的主要学术活动侧重于各专业分会的学术交流活动和学会传统的国际学术交流工作。2012年共计参加人数4617人次，其中外籍专家71人次，交流论文数1358篇。

完成了下属12个分支机构的换届工作，进行了章程修改、税务登记，成立了2个分支机构——再生细胞生物学分会、学科发展专项基金管理委员会，申请成立青年工作委员会。学会与台湾地区分子细胞生物学会共同成立了海峡两岸细胞生物学科普工作小组，推进两岸细胞生物学的科普教学工作。

学会共计发展会员300余名，吸收了奥林巴斯（中国）有限公司为学会团体理事会员，审议通过山东景源生物科技有限公司为学会团体普通会员。

学会主办的*Cell Research*荣获中国科协优秀国际期刊一等奖。

国际学术会议 6月10～11日，2012年夏季干细胞会议暨中美干细胞研讨会在上海市召开。本次会议由中国细胞生物学学会干细胞生物学分会、同济大学医学院、同济大学附属同济医院、中国科学院干细胞生物学重点实验室和同济大学附属第十人民医院共同主办。200多位干细胞研究人员、临床医生和研究生参会，探讨与交流当今干细胞领域的前沿进展，并安排中美专家们专门讨论在干细胞转化研究领域的科研合作。

第三届走向前沿——国际高级生化和分子细胞生物学暑期培训班于2012年7月2～7日在上海市举行。本次培训班的主题是：代谢与代谢相关疾病，内容涉及肥胖、糖尿病、脂肪和脂肪因子、慢性炎症、心血管和动脉硬化等6个领域。承袭欧洲“Advanced Summer School”传统，培训班设于远离市中心的大自然环境中，学员与教师集中场所上课、讨论和生活，每天有课堂授课、小组讨论、学员研究项目案例分析和室内外娱乐体育活动等。学员都是由专家委员会从报名者中通过遴选获得参加资格，本届有57名学员参加，其中有来自欧洲学员8名，其余学员来自中国大陆和香港特别行政区的科研院所和高校。活动邀请的6名主讲人和6名辅讲人分别来自国内外实验室。

9月15～17日，学会联合亚洲小鼠突变与资源学会（Asia Mouse Mutagenesis and Resource Association，AMMRA）、亚洲小鼠表型分析联盟（AMPC）在江苏省南京市举办亚洲小鼠资源和表型分析高级培训班，100多名专家、学者参加，其中国外学者60名左右。培训班以邀请国际知名专家、学者做报告和学员讨论、案例分析、实验操作等形式开展。课程内容围绕开展小鼠表型分析，包括：行为学、代谢、心血管、成像技术、病理学、感官、免疫等各方面标准化研究进展和技术培训，撰写小鼠模型研究最新研究进展报告等。培训班邀请了国际小鼠表型分析联盟（IMPC）重要成员机构的领导人参加，培训与“国际小鼠表型分析计划”接轨的小鼠疾病模型评估体系等关键技术研究。

国内主要学术会议 8月10～15日，第四届细胞结构与功能的信号基础研讨会在吉林省长春市召开。本研讨会是学会的品牌系列活动，每两年举办一次。本届会议由细胞精细结构与功能分会和细胞信号转导分会联合主办，东北师范大学和吉林省细胞生物学会共同承办。来自全国各地的150多位科研工作者就细胞结构与功能、植物细胞信号传导、细胞信号与发育、神经与干细胞、细胞信号与代谢、细胞功能的信号基础、细胞信号与疾病等专题交流了各自的最新研究进展，展现了国内细胞生物学领域的最高科研水平。

8月8～10日，第五届全国生物信息学与系统生物学学术大会在黑龙江省哈尔滨市召开，本次会议由学会功能基因组信息学与系统生物学分会主办。本次大会汇集了500余位海内外的专家和青年学生。大会邀请了15位著名生物信息学专家做特邀大会报告，同时从收录的238篇投稿论文中遴选出38位论文作者作专题报告。会议报告以“高通量时代的生物信息学与系统生物学”为主题，涉及生物信息学与系统生物学研究各个领域，并与分子生物学、细胞生物学、医药各学科的交叉。

4月11～13日，第四届杭州干细胞论坛暨2012年春季会议在浙江省杭州市举办。本次会议由中国细胞生物学学会干细胞生物学分会和国家干细胞与再生医学产业技术创新战略联盟联合主办，由浙江大学干细胞与发育研究中承办。参会人员共有500人。

9月17～19日，2012年北京干细胞论坛——干细胞技术和临床转化研讨会在北京举办。本次论坛由中国细胞生物学学会干细胞生物学分会、北京干细胞库、华东干细胞库、南方干细胞库、中国科学院干细胞库联合主办。20余位来自中国科学院、军事医学科学院等单位的干细胞研究领域专家作报告。

10月20～22日，2012年全国发育生物学大会在陕西省西安市举办，由中国细胞生物学会会发育生物学分会、中国遗传学会发育遗传学委员会、中国动物学发育生物学分会共同主办。中国科学院动物所孟安明院士、刘以训院士、中国科学院上海生科院李林院士参加会议并做报告。本次大会共有300余人参会，收到论文摘要200篇。本次会议主题为“发育、生命与健康”。与会专家围绕模式生物发育、哺乳动物与植物发育、干细胞生物学、发育与疾病等发育生物学前沿领域进行探讨与交流。

12月16～18日，第三届中国干细胞研究年会暨第五届广州国际干细胞与再生医学论坛在广东省广州市举行。此次会议由中国细胞生物学学会等几家单位主办，学会干细胞生物学分会承办，学会再生细胞生物学分会、中国科学院广州生物医药与健康研究院协办。

国际交往 4月，学会接待美国细胞生物学会专家来访。

科普活动 积极组织了15次科普培训活动，同比去年，除了保留学会的传统科普项目之外，增加了一些与时事相关、援藏的项目。累计邀请了75位科技工作者参与活动，科普受众人数达到4400人次，制作并发放科普读物10000册，编写和出版科普读物3000册。印制科学道德规范宣传册3000册。

11月29日和12月17日，由学会与上海市档案馆和上海市哲学社会科学联合会共同主办的“2012年诺贝尔生理医学奖解读：生命的逆转”科普讲座在上海市举办。该专题讲座被纳入到上海东方讲坛系列讲座之中，由中国细胞生物学学会的专家对2012年诺贝尔生理医学奖进行解读。学会秘书长丁小燕主持讲座，中国科学院上海生命科学院生物化学与细胞生物学研究所研究员李劲松主讲，300多名观众参加。

学会理事、台州市立医院梁勇教授一行于9月10～20日到西藏自治区那曲地区嘉黎县（县城、荣多乡、错多乡）进行医疗援藏活动。成功完成白内障手术25例，完成学生先天性心脏病筛查269人次，查出可疑心脏病学生4人，并在现场问诊病人48人。

4月18日至5月1日，学会与新疆医科大学开展了新疆哈萨克族消化道肿瘤早期诊治科普活动第二轮巡回活动。活动主要面向哈萨克族聚居的伊宁市、托里县和阿勒泰地区，选择新疆哈萨克族作为防治消化道肿瘤的科普宣传的群体对象，采取宣传板、幻灯、宣传单、科普讲座、义诊，以及和当地医院、乡卫生所的医生进行技术交流等多种形式进行科普宣传，普及医学科普知识，提高当地居民对消化道肿瘤早期诊断、早期治疗意义的认识，增大消化道内窥镜受检数量及人群覆盖面，促进当地医疗诊断技能的提高。活动中，共分发科普宣传资料15540余份，为牧民群众义诊咨询1160余人次。

2012年下半年，学会开展了新疆昌吉回族自治州（以下简称昌吉州）木垒哈萨克族自治县消化道肿瘤和糖尿病早期诊治科普活动。该活动是学会2012年科普重点项目，由学会与新疆医科大学、昌吉州科协共同主办，主要在新疆昌吉州木垒哈萨克族自治县哈萨克族聚集地区实施。本次科普活动团队一行25人于8月1～3日进行了前期准备，8月4～11日先后到昌吉州木垒县西尔镇、东城镇、大石头乡、博斯坦乡、白杨河乡、雀仁乡进行汉、哈双语展板的展示，散发宣传单，进行基本医学知识的答疑、义诊，与当地县医院交流，开展科普讲座、发放调查表填写，进入哈萨克族定居点和牧民毡房进行讲解。共举行8场次的科普活动，直接涉及各族群众2000余人次，提供义诊300

余人次，与木垒县卫生局共同举办县卫生系统参加的健康科普讲座1次。

表彰举荐优秀科技工作者 学会积极向中国科协举荐人才，举荐第九届中国青年女科学家奖候选人、第五届“全国优秀科技工作者”候选人、社会组织评估专家、创新研究群体等。

【第九届海峡两岸细胞生物学学术研讨会】 9月23～25日，第九届海峡两岸细胞生物学学术研讨会在云南省丽江市召开。本次研讨会共有40名海峡两岸的科学家作了精彩的学术报告。参会专家、学者和会议列席人员逾100人，其中来自台湾地区的专家、学者38位。本届研讨会由中国细胞生物学学会主办，围绕干细胞、细胞分化与发育生物学，医学细胞生物学，免疫细胞生物学，细胞信号转导和植物细胞生物学5个主题进行学术交流。研讨会共收到论文摘要54篇，墙报12篇，其中来自中国台湾地区的论文摘要25篇、墙报5篇。

会议期间，海峡两岸细胞学会举行了工作会议，拟定2012年后每3年召开2次研讨会，确定第十届研讨会于2014年在台湾地区召开。成立了两岸科普工作小组，推动开展两岸的细胞生物学科普教学工作。本项目入选了中国科协海峡活动月项目。

【2012全国植物生物学大会暨中国细胞生物学学会会员代表大会】 10月10～13日，学会联合其他4个全国学会主办，学会植物器官发生分会和西北农林科技大学协办的2012全国植物生物学大会在陕西省西安市杨凌召开。此次会议的主题是“从植物科学到农业发展”。来自全国科研院所，大专院校的近900人参加了本次会议。会议邀请了国内外著名植物科学家及近年来涌现的有突出成就的中青年学者共76人做了大会或分会报告，与会人员围绕植物细胞功能、发育生物学、激素作用机理、生物与非生物胁迫、基因组学和表观遗传学、营养代谢、作物分子集合育种及生物能源等8个专题进行了学术交流和讨论。

会议期间，召开了中国细胞生物学学会会员代表大会，共有450名会员代表出席，对学会章程中财产分配等进行了细化。

（撰稿人：杨 瑾）

中国植物生理与植物分子生物学学会

学会建设 2012年，学会共举办全国大型科普活动1次，境内学术交流活动3次，决策咨询论坛2次，教育培训1次，承担学科发展研究项目1项，批准成立分支机构1个。2012年学会获得中国科协学会能力提升专项“优秀科技社团奖”。

学会新增分支机构植物微生物分子互作专业委员会获民政部批准正式成立，并于7月4～6日在辽宁省沈阳市召开学术年会，共计150余人参加。

学术期刊 学会主办期刊取得显著成绩，《分子植物》2011年度影响因子5.546，位居国际植物科学领域研究类期刊第5名，连续两年在亚洲同领域期刊中排名第一，已经进入本领域国际顶级期刊行列。2012年获得中国科协学会能力提升专项“优秀国际科技期刊奖”。《植物生理学报》获中国科协精品科技期刊工程连续3年的项目支持。

国际学术会议 10月27～30日，2012花粉生物学国际研讨会在上海市召开，60余位国内外专家与近200名研究人员参加会议。本次会议主题为“花粉管生物学前沿”，共设6个专题，参会人员来自美国、葡萄牙、阿根廷、加拿大、丹麦、德国和中国等国家。会议期间，国际知名科学家分别就花粉管生长中的离子转运、细胞壁合成和细胞骨架动态平衡、膜泡运输与调控、信号转导以及花粉管和雌蕊之间的互作等方面做了31个专题报告，展示了目前该领域研究的最新成果。

10月15～17日，第三届国际生物能源与生物技术学术会议在华中农业大学召开。此次大会邀请生物质合成与调控、能源植物遗传改良、生物质预处理与降解转化以及生物技术与生物能源利用等领域的专家作了40多场学术报告和交流。来自国内外知名院校的百余名相关研究领域的专家、学者着眼于生物质能开发和利用这一全球性的问题展开了热烈的讨论和交流，分享了他们最新的研究成果和学术心得。与会学者对水稻、小麦、甜高粱、甘蔗、木薯等能源作物，芒草、杨树、柳枝稷、龙舌兰等能源植物，以及藻类、微生物、拟南芥、烟草等模式植物在生物能源开发和利用方面的研究进展进行了详细的阐述，提出了很多新颖的研究方向和前沿的生物技术。

国内主要学术会议 4月20日，受科技部农村中心委托，学会与国家植物基因研究中心（上海）共同举办作物分子育种体系创新高层研讨会，共有包括10名院士在内的30名国内专家参加。农业部副部长、中国农业科学院院长、中国科学院院士李家洋，科技部中国农村技术开发中心主任贾敬敦，中国科学院上海生命科学研究院院长陈晓亚院士，武汉大学朱英国院士，中国农业科学院棉花研究所喻树迅院士，中国农科院作物研究专家万建民，扬州大学刘巧泉，分别围绕作物新种质创制、植物科学新的研究技术、国内育种行业的合作模式与新机制、分子设计育种技术创新、现代生物育种技术应用与产业化等方面作大会报告，分析总结分子育种最新研究进展和存在问题，探讨我国植物分子育种发展战略。

10月10～13日，学会在陕西省咸阳市杨凌区召开2012年全国植物生物学大会。

科普活动 学会品牌培训活动木薯生物技术与功能基因组学研讨班已举办6期，10月25～28日在海南省三亚市召开的第六期研讨班，共有140余人参加。

表彰举荐优秀科技工作者 经学会推荐，何祖华研究员荣获中国科协第五届“全国优秀科技工作者”称号。

【第一届国际植物日中国系列活动】 2012年，学会开展了以“植物与人类”为主题的第一届国际植物日全国大型科普活动，该活动由欧洲植物科学组织（European Plant Science Organization，EPSO）全球发起，中国植物生理与分子生物学学会作为中国协调方，参与组织中国系列活动，旨在向社会公众传播植物科学知识，以进一步提高人们对植物科学与人类生活关系的认识。

第一届国际植物日中国系列活动于5月19日在上海辰山植物园启动，5月27日在北京大学落幕。此次活动得到了上海辰山植物园、中国科学院华南植物园、中国科学院西双版纳热带植物园、中国科学院植物研究所北京植物园、中国科学院植物研究所华西亚高山植物园、中国科学院武汉植物园、北京大学、复旦大学、上海交通大学、湖南农业大学和南京农业大学的大力支持。各承办方通过发放宣传材料、举办科普讲座、开设科普展览、推广公益活动、举行科普比赛等多种形式面向大、中、小学生和市民开展植物科普活动。活动内容涵盖植物科学与餐桌上的安全、植物与食品营养、绿色食品、植物－环境与生物能源、转基因植物与现代农林业等方面。活动期间，学会联合《语文报》社在全国范围内开展了中小学生国际植物日主题征文活动，收到稿件近2000份。系列活动紧贴“植物与人类生活”主题，数万人次通过参加活动走进绿色，获得植物科普知识。

【第二十次中国科技论坛：作物基因资源与分子育种技术创新】 10月13日，由中国科协主办，中国植物生理与植物分子生物学学会承办的第二十次中国科技论坛在陕西省咸阳市杨凌区召开。本次论坛的主题为“作物基因资源与分子育种技术创新”，由学会理事长、中国科学院院士许智宏，学会常务副理事长、中国科学院上海生命科学研究院院长、中国科学院院士陈晓亚，农业部副部长、中国农业科学院院长、中国科学院院士李家洋担任学术召集人，来自作物基因及分子育种相关领域的专家、学者、企业技术人员等220余人参加论坛。本次论坛安排了9个专题报告、一场高端座谈会，围绕加快农业生物育种创新和推广应用、开发具有重要应用价值和自主知识产权的生物新品种、构建分子育种技术体系和育种研发整体布局等开展研讨，为进一步促进国内育种技术的创新和相关科技资源的有效利用提出意见和建议，并就我国分子育种技术瓶颈、面临的困难与挑战、未来发展机遇等重大问题进行深入讨论，提出了改革设想。会后，学会提交了本次论坛所产生的专家建议书。

（撰稿人：周　丽　冷　冰）

中国生物物理学会

学会建设 2012年，学会共主办、协办、承办国际、国内学术会议14个，科学技术培训班1个，同时支持各地方学会举办学术会议3次，共计1902人次参加会议，交流论文1307篇。《生物物理学名词（第二版）》完成了基本词条的确定和初步释义工作。

在学会常务理事会的领导下，参与了中国科协组织的“全国学会能力提升专项”工作。

学术期刊 学会主办的学术期刊 *Protein & Cell* 被SCI收录。《生物化学与生物物理进展》的SCI影响因子和总被引频次显著增长，分别到达上一年度的2.3倍和1.4倍。

国际学术会议 2012年11月1～10日，学会理事长饶子和作为国际纯粹与应用生物物理联合会IUPAB候任主席，率领学会代表团访问了巴西和拉丁美洲生物物理学会。饶子和会见了巴西科学院院长Jacob Palis博士和巴西医学科学院院士Eliete Bouskela博士，巴西生物物理研究所及相关企业领导等。代表团还访问了巴西里约热内卢联邦大学，就今后双边的合作进行了会谈。期间，饶子和与拉丁美洲生物物理学会理事长、IUPAB理事Marcelo Marcos Morales博士就如何加强IUPAB、中国生物物理学会和拉丁美洲生物物理学会的合作进行了探讨。

10月14～18日，学会与美国生物物理学会在北京联合举办了2012蛋白质－配体弱相互作用研究的技术与方法国际研讨会。

2012年7月5日，学会理事长饶子和代表国际纯粹与应用生物物理联合会出席了国际生物科学联合会第31届大会，为两个国际组织之间的交流与合作奠定了基础。

科普活动 2012年，学会在北京、甘肃、安徽、福建、吉林、山东等地组织了15场科普报告。在甘肃省兰州市举办了以“自由基与人类健康”为主题的科普专场报告会及科普展览。在这些科普活动中，27名专家、学者加入到学会科普志愿工作者的行列，受众人数1000余人次。

表彰举荐优秀科技工作者　学会组织完成了2012年度“国家科技奖”、中国科协第五届“全国优秀科技工作者”、第九届“中国青年女科学家奖”、2012年度候选创新研究群体的组织评选和推荐。经学会推荐，中国科学院生物物理研究所研究员沈钧贤荣获2012年度国家自然科学二等奖、中国科协第五届“全国优秀科技工作者”称号。

学会创新发展　经过一年的补充完善，学会网站新版网页基本设计制作完成。新版学会网站加强了学术会议信息化管理功能。实现了专家、学者远程注册、登录、提交相关参会信息及查询，会议组织者对注册审核、论文审核、日程编排、论文集生成、财务收费、资料整理等管理全部数字化、规范化、信息化，提高了会议组织的效率。此外，针对学会会员逐步年轻化的趋势，开通了学会的官方博客，吸引更多年轻会员积极参与学会的各项活动。

会员服务　在学会领导的积极推动下，2012年学会新增2个专业委员会生物超微结构显微成像专业委员会和脂质代谢与生物能学专业委员会。在新疆、河南、浙江、江苏、山东、安徽、江西等省、自治区启动7个地方学会和会员工作站建设。为加强对会员的服务与管理，学会建立了会员数据库和网上会员平台，免费为会员寄送《中国生物物理学会年报》，会员参加学会举办的各类学术会议每次均享受不同程度的注册费减免。

【首届世界华人自由基生物学与自由基医学学术大会】　2012年8月7～9日，首届世界华人自由基生物学与自由基医学学术会议暨第五届海峡两岸三地自由基学术会议及第八届全国自由基生物学与自由基医学学术会议在甘肃省兰州市召开。世界华人自由基生物学与自由基医学学术大会的前身为全国自由基生物学与自由基医学学术会议，每两年召开一次，至今已举办8届。由于会议学术水平高、参会代表影响大，吸引了大批台湾地区、香港特别行政区及海外学者参会，2004年更名为第一届海峡两岸自由基生物学与自由基医学研讨会暨第四届全国自由基生物学与自由基医学研讨会，2008年更名为海峡两岸三地自由基生物学与自由基医学研讨会，2012年再次更名为首届世界华人自由基生物学与自由基医学学术会议暨第五届海峡两岸三地自由基学术会议及第八届全国自由基生物学与自由基医学学术会议。

此次会议由中国生物物理学会自由基生物学与自由基医学专业委员会、兰州大学功能有机分子化学国家重点实验室主办，共有来自内地和海外的141位专家、学者参加会议。

兰州大学教授郑荣梁和北京大学教授程和平分别就《DNA自由基的快速修复是抗癌最前哨》、《超氧炫：线粒体ROS信号传导的基本事件》等题目，介绍了最新的研究进展。此外，大会还围绕自由基与人类健康的主题组织了专题报告43个，学术墙报展讲51份，另有11位来自海内外的年轻华人博士后和博士研究生口头报告了他们的科研工作。

会议通过学术报告、墙报展示、科普宣讲等形式，促进了华人专家、学者在自由基生物学与自由基医学领域的联合研究与合作。

【*Protein & Cell* 被SCI收录】　*Protein & Cell* 是一本综合性生命科学英文学术月刊，2010年由中国生物物理学会、中国科学院北京生命科学院与高等教育出版社联合创办，学会理事长饶子和任主编。该刊旨在打造一个具有全球影响力的生命科学期刊品牌。创刊首年即被国际知名Medline数据检索系统和中国科学引文数据库（CSCD）核心库收录。

Protein & Cell 申请SCI收录是学会2012年的工作重点。*Protein & Cell* 因其定位国际化，栏目设置特色突出，具有较高学术水平，于2012年11月，创刊不到3年时间即正式被SCI及汤森路透旗下其他相关数据库收录。

2012年，*Protein & Cell* 的办刊水平得到了较大提升，国际化的编委会队伍由73位全球知名科学家组成。编委中，海外编委占半数以上，有6位中国科学院院士，多位国内著名科研院所的院长、所长，来自多所世界著名院校——如哈佛大学、冷泉港、牛津大学、东京大学等的专家，其中多位是美国霍华得休斯医学研究所（Howard Hughes Medical Institute，HHMI）的研究员。

该刊发表的稿件基本实现了提前上线出版，每期刊物制作电子刊，向1000多位全世界范围科研人员发送电子刊，邮寄500多份纸质刊物。

（撰稿人：王　悦　马　丽　魏舜仪）

中国遗传学会

学会建设　2012年，学会在国内共主办10次学术交流会议，其中1次国际学术交流会议，会议收到论文1167篇，参加会议人数2709人次。召开常务理事会议和理事会议各一次，审议和安排各项工作。通过申报高端学术会议项目和国际出版人才保障项目获得中国科协资助。学会就如何开展科普工作举办科学家座谈会。组织召开JGG（《遗传学报》）期刊工作会议、《遗传》和《激光生物学报》编委会议各一次。

8月13日，中国遗传学会八届三次理事会暨各省市遗传学会秘书长扩大会议在河南省郑州市召开。中国遗传学会八届理事及省市遗传学会秘书长总计63人出席了会议。学会理事长李家洋主持会议，会议审议通过了学会副理事长兼秘书长薛勇彪所做的学会工作报告，同意薛勇彪副理事长兼秘书长所做的学会第九届全国会员代表大会换届方案，同意八届六次常务理事会理事长李家洋提议的张亚平任第九届理事长以及副理事长名单，同意增加1名常务理事单位名单，通过了第九届理事会名额分配方案。第九届全国委员会代表大会组委会主席傅松滨对大会筹备情况和下一步工作设想作了汇报。

学会期刊 学会主办的JGG(《遗传学报》)、GPB(《基因组蛋白质组与生物信息学报》)、《遗传》和《激光生物学报》期刊的国内外影响力不断提高。JGG影响因子为1.883，争取2～3年内将JGG影响因子提升到3.0左右。GPB和《遗传》获得“2012年中国国际影响力优秀学术期刊”证书。GPB的英文名称为：*Genomics*，*Proteomics & Bioinformatics* 于2012年重新恢复登记为中国遗传学会作为主办单位之一。

决策咨询 在“遗传资源的保护和开发利用”为主题的第二届中国青年遗传学家论坛学术沙龙上，由兰州大学生命科学学院教授谢小冬发起，形成了《关于加强遗传资源管理的建议书》。主要内容是：鉴于国内外形势已经发生较大变化，以前出台的《人类遗传资源管理暂行办法》在某些方面已不完全适合当前发展的要求。而基因资源是一种不可再生的珍贵战略资源，隐含着巨大的经济、军事价值，合理保护、利用我国人类基因资源，制止人类基因资源流失十分重要。因此，呼吁国家尽快立法，一方面保护我国珍贵的人类基因资源，避免人类基因资源流失；另一方面，切实促进正常的国际合作与交流。学会已向国家自然科学基金委员会、中国科协和国家卫生部提交了建议书。

国际学术会议 8月19～22日，由学会植物与基因组学专业委员会主办的第十三届全国植物基因组学大会在山东省泰安市召开。本次大会设6个专题，邀请国内外植物基因组学研究领域知名科学家作学术研究报告，充分展示了植物基因组研究领域的重大进展。来自全国100余个大专院校和科研院所的700余人参加会议，提交论文摘要250余篇，出版了大会论文集。会议表彰优秀学生报告一等奖1名、二等奖2名，评出优秀墙报奖10名。

国内主要学术会议 2月15～16日，在黑龙江省哈尔滨市召开中国遗传学会教育教学委员会暨黑龙江省遗传学会2012年会。会议共收到论文、摘要、综述等共计51篇，参会代表共计79人。

3月29～31日，在浙江省杭州市举办第二届模式生物与人类健康研讨会。来自全国15个省市的200余名专家、学者参加了研讨会。大会收到论文7篇，论文摘要67篇。6名青年学者获得“第二模式生物与人类健康优秀青年科技论文奖”。

6月7～10日，以“遗传资源的保护和开发利用”为主题的第二届中国青年遗传学家论坛在云南省昆明市和腾冲市召开，来自全国近20个省市的130余人参加了会议，与会者共提交摘要43篇。青年委员会以及部分青年遗传学专家在腾冲市召开了遗传资源的保护与利用学术沙龙。

7月6～9日，全球华人遗传学大会在浙江省杭州市召开，由学会与浙江大学和美洲华人遗传学会共同主办。来自国内著名研究单位及高校，美国、澳大利亚、德国、新加坡、日本等国的500余位人出席会议。会议论文集收录论文摘要123篇。

8月13～15日，遗传学进步促进粮食安全和人口健康高峰论坛在河南省郑州市召开。来自全国20个省市的200余名专家、学者参加了会议。大会收到论文摘要76篇，出版了《遗传学进步促进粮食安全与人口健康高峰论坛论文集》。

10月12～15日，第五届全国微生物遗传学学术研讨会暨博士生论坛在重庆市召开。来自大专院校和科研院所的170余名专家、学者参加会议，提交论文摘要99篇，展示了我国微生物遗传学的最新研究成果。会议出版了论文集。博士生论坛评选出优秀博士生报告一等奖2名、二等奖4名、三等奖6名。

10月25～28日，全国第十一次医学遗传学学术会议在福建省武夷山市召开。会议以：“新一代测序技术与医学遗传学进步”为主题，围绕一年来国内外医学遗传学各个领域的新进展进行了广泛的学术交流。参会代表300余人，收到摘要328篇，会议安排10个大会报告、34个分组报告和壁报交流。会议出版了论文集。

11月25～27日，第十一届全国激光生物学学术会议暨《激光生物学报》创刊20周年庆祝会在广东省广州市举行。来自全国13个省、自治区、直辖市的200多人出席了会议，提交论文摘要60篇。本届会议的主题是“激光生物学的创新和发展”。

11月30日至12月1日，在云南省昆明市举办全国生物遗传多样性高峰论坛。来自24个省、自治区、直辖市和香港特别行政区从事遗传多样性相关研究的专家、学者及研究生共230余人参加了本届论坛。本次论坛收到征文 50 余篇，摘要 20 余篇，出版了会议论文摘要集。《遗传》杂志专门出版了专刊。

科普活动 学会举办科普报告会 3 次，座谈会 2 次，参加中国科学院公众科学日活动、科普征文活动，参加人数 380 人次，开发完善科普挂图《耳聋基因诊断有助优生优育》一套。

3 月 16 日，中国科学院北京基因组研究所副研究员张猛为北京一六六中学生物班的 40 多位学生做了关于“基因组与人类健康”报告，启发和引导学生提高学习生物课的兴趣。

北京一六六中学是学会科普教育基地，5 月 20 日，在中国科学院公众科学日活动中，北京一六六中学高中一年级生物班和北京翱翔计划的 30 多名师生到中国科学院动物研究所参加昆虫动物标本制作讲座，并动手制作昆虫标本，学习过程激发了学生对生物科学的兴趣。之后，师生们来到中国科学院微生物研究所参观了真菌世界级菌宝中心和微生物世界的图片标本展，到中国科学院生物物理研究所参观了实验室及蛋白质平台，了解我国在人工合成蛋白质方面的成就和研究进展。当天，在中国科学院遗传发育研究所召开了“探索生命奥秘——专家与中学生座谈会”，北京一六六中学和翱翔计划的 14 位师生与专家互动座谈。学生们根据生物兴趣小组提出的“怎样利用意念发出计算机可识别的指令”、“手机辐射对人体神经系统的影响”和“如何用最廉价的方法制造甲烷菌适合生存的环境的研究”等 27 项科研项目中的问题咨询专家。

12 月 18 日，中国科学院遗传与发育生物学研究所马润林研究员以 2011 年生命科学和自然科学的十大发现和十大进展为背景，为北京一六六中学师生作《中国生物学的进展与展望》的报告，在校高中年级 200 多名学生参加报告会。

为了推动科普宣传，学会联合中国科学院遗传发育研究所开展 2012 科普文章征文活动，青年科学家根据自身研究的领域积极撰写科普论文，共有 10 篇文章入选。入选征文在学会和中国科学院遗传发育研究所网站上发布，以达到传播科技知识的目的。

学会开发完善科普挂图《耳聋基因诊断有助优生优育》一套。用 6 个篇幅、30 多个画面由浅入深地用科学研究的最新成果展示了“耳聋基因诊断有助优生优育”的主题。

11 月 18 日，学会邀请到英国 Queen Mary 大学教授 Frances Balkwill 到北京，在中国科学院遗传发育研究所做有关 Centre of the Cell 的工作报告，介绍英国如何开展科技传播和科学教育工作。

表彰举荐优秀科技工作者 经学会推荐，中国人民解放军总医院研究员袁慧军荣获“全国十佳科技工作者提名奖”和中国科协第五届“全国优秀科技工作者”称号，中国科学院遗传与发育生物学研究所研究员杨崇林和华中农业大学熊立仲教授荣获中国科协第五届“全国优秀科技工作者”称号。

2012 年，学会首届吴旻人类与医学遗传奖、谈家桢遗传教育奖和李振声植物遗传奖评奖申请推荐工作启动，学会第十四届李汝祺动物遗传奖申请工作也同时启动。

【遗传学进步促进粮食安全与人口健康高峰论坛】 8 月 13 ~ 15 日，遗传学进步促进粮食安全和人口健康高峰论坛在河南省郑州市召开。来自全国 20 余个省、自治区、直辖市的 200 余人参加了会议。学会理事长、农业部副部长、中国农业科学院院长李家洋院士，河南省副省长徐济超、河南省科协主席梁留科、河南农业大学校长张琼、广东省政协副主席周天鸿和到会的北方七省二市遗传学会的理事长出席会议。

李家洋院士、复旦大学副校长金力、中国科学院基因组研究所研究员于军、中国科学院北京生命科学研究院研究员孙中生，分别作了题为《我国的粮食安全与生物技术》、《中国大型队列研究的策略和泰州健康队列》、《从基因组到精准医学》、《表观遗传学的发展现状与展望》的报告。张智江教授介绍了多肽纳米材料在人类疾病治疗中发挥的重要作用。中国人民解放军总医院研究员袁慧军报告了耳聋基因的研究进展，详细分析了我国几个耳聋家族的遗传背景及可能的解决措施。河南大学教授宋纯鹏报告了植物气孔调节的遗传基础及与植物水分利用的关系，为解决植物耐干旱提出了新颖的对策。国家玉米改良郑州分中心教授陈彦惠对玉米株型与密植及提高玉米产量进行了详尽的分析，为提高玉米单产提供了科学依据。甘肃农业大学教授王蒂，对我国马铃薯的生产进行了详尽的分析，并提出了发展我国马铃薯生产的策略。

会议出版了《遗传学进步促进粮食安全与人口健康高峰论坛论文集》。

【全球华人遗传学大会】 7 月 6 ~ 9 日，全球华人遗传学大会在浙江省杭州市召开，由中国遗传学会、浙江大学和美洲华人遗传学会共同主办。来自美国、澳大利亚、德国、新加坡、日本，中国大陆和香港特别行政区的著名研究单位及高校的专家、学者 500 余人出席会议。大会主席杨焕明院士，浙江大学吴朝晖副校长，学会副理事长兼秘书长、中科院遗传发育所所长薛勇彪、美洲华人遗传学会首届主席 Andrew Chen（陈达能）发表了致词。北京大学生命科学学院院长饶毅、中国科学院院士邓子新、康乐、贺林等分别以《社会生理学的遗传途径》、《DNA大分子的硫修饰与生物学意义：进展与展望》、*Molecular regulatory mechanism of phase change in locusts* 和《个性化营养与疾病预防关口前移》为题作大会报告。大会报告和分组报告总计72个，大会出版《全球华人遗传学大会》论文集，收录论文摘要123篇。本次大会的主题是"遗传学为人类造福"。会议议题涉及人类和医学遗传学、动物遗传学、植物遗传学、微生物遗传学、表观遗传学、发育遗传学、遗传学与生物产业等方向的前沿热点话题。

【中英科技传播交流报告会】 11月18日，学会主办、中国科学院京区科协协办的中英科技传播交流报告会在中国科学院遗传与发育生物学研究所举办。活动邀请到来自英国Queen Mary大学的Frances Balkwill教授介绍了她所发起和负责的生命科学互动中心"Centre of the Cell"的工作。这是世界上第一个建立在科研机构的科学传播中心，它以"细胞"作为关键词，通过多种形式让公众了解生命科学，向公众尤其是青少年展现了科学家的真实工作状态，让公众真正了解科学家的工作价值及科学家如何改变了人们的生活。报告内容引起了与会者的极大兴趣。

（撰稿人：王长城）

中国心理学会

学会建设 2012年，学会审批吸收会员568人，其中普通会员437人，学生会员近131人，累计有2100余人交纳了十届理事会期间的会费。截至2012年年底，学会共有会员约9700人。

2012年，学会召开了3次常务理事会议。11月29日至12月2日，学会在广东省广州市举办了一系列会议，包括：召开第十届全国理事会第二次全体会议暨各省级学会理事长联席会议，开展分支机构、省级学会工作交流。召开第十届三次全国会员代表大会，选举新一任候任理事长。

学会获得中国科协学会能力提升专项"优秀科技社团奖"二等奖。

国际学术会议 2月18～22日，由国际科学理事会支持、国际心理科学联合会主办、学会和国际科学理事会（ICSU）亚太地区办公室协办的亚太地区灾后心理干预研讨会在北京召开。

国际组织任职 学会"荆其诚国际心理学大会青年学者资助计划"资助20名青年学者参加了在南非开普敦召开的第30届国际心理学大会。在此次会议上，中国心理学会会常务理事张建新当选为新一届国际心联执委。随后，张建新教授作为中国心理学会国际交流工作委员会主任、国际心联新任执委代表学会参加了美国心理学会第120届年会的相关活动。

学会发展研究 2012年，学会组织编写并出版了《中国心理学年鉴（2009—2010）》。组织编写了《中国科学院院刊》心理学理论体系与方法论专辑。

科普活动 在第十二届全国科技活动周期间，学会以"心理学与生活同行"为主题开展了一系列科普活动。心理学普及工作委员会组织委员们在全国各地开展科普活动，本年度举办主题科普活动32次，心理健康科普讲座200次，科普展览50次，其他形式科普宣传30次，参加活动的科技工作者近360人次，活动受众近4万人次。

表彰举荐优秀科技工作者 经学会推荐，北京师范大学教授林崇德、中国科学院心理研究所研究员张侃获得中国科协第五届"全国优秀科技工作者"荣誉称号。

【第十五届全国心理学学术会议】 11月30日至12月2日，第十五届全国心理学学术会议在广东省广州市举行，来自全国各高校和科研机构的学者共2000余人参加了大会。本次大会以"心理学与幸福社会"为主题，通过学术交流，促进心理学更好地解决社会现实问题，为建设幸福和谐社会服务。大会共安排了6个大会特邀报告、40个分组重点报告、63个分组讨论报告、858个分组口头报告。

大会期间，张建新教授、钱铭怡教授、舒华教授、李健教授、周欣悦教授和彭凯平教授分别作了题为《有关"大"健康观的讨论》、《心理治疗与咨询相关的伦理研究——兼论心理学专业伦理的发展》、《汉语阅读障碍的认知神经机制及早期预测》、《强化学习与决策的认知神经科学基础》、《金钱心理学》和《应用文化心理学》的特邀报告。

会议期间，各分会组织了多场专题报告研讨会。知名学者召集开展了"幸福感研究在中国：现状与未来"、"走向具身－生成的认知科学：多学科视角的聚焦"、"箱庭疗法与学校心理健康教育"等14项专题讨论会。7个分会分别就青少年自伤和边缘障碍与正念训练、运动领域脑电波的研究与应用、突发危机事件条件下的判断与决策、异常心理的神经机制、自我意识情绪发展研究等领域做了重点报告。

闭幕式上，为获得本次大会青年论文奖、《心理学报》2011年度优秀论文奖的作者颁发了证书，并宣布南京师范大学为2013年第十六届全国心理学大会承办单位。

【中国心理学会第十届全国会员代表大会第三次会议】 11月30日，中国心理学会第十届全国会员代表大会第三次会议在广东省广州市举行。本届全国会员代表大会代表共计295人，出席本次会议的代表共210人。大会由学会秘书长傅小兰主持。在通过了大会议程后，学会理事长杨玉芳作《学会三年工作报告》。

会员代表大会选举南开大学乐国安教授为中国心理学会新任候任理事长。至此，中国心里学会最终完成了“三理事长制”改革的全部进程，由前任理事长杨玉芳、现任理事长莫雷、候任理事长乐国安共同主持学会工作。

张侃、张建新作《学会参加国际心联30届大会情况报告》。

【亚太地区灾后心理干预研讨会】 2月18～22日，由国际科学理事会（ICSU）支持、国际心理科学联合会（IUPsyS）主办、中国心理学会和ICSU亚太地区办公室协办的亚太地区灾后心理干预研讨会在北京召开。来自10个国家的30多位专家、学者参加了会议，来自亚太地区7个国家的18位心理学工作者接受了培训。

本次会议由IUPsyS副主席、学会前任理事长张侃教授全程指导，IUPsyS现任主席、德国耶纳大学教授Rainer K. Silbereisen全程参加并督导了会议的召开。ICSU亚太地区办公室主任Nordin Hasan教授、ICSU灾害风险综合研究计划国际项目办公室执行主任Jane E. Rovins博士参加了会议。

中国科学院心理所教授李纾、荷兰阿姆斯特丹自由大学医学中心教授Joop T de Jong、荷兰莱顿大学教授Marinus H. van IJzendoorn和美国明尼苏达大学副教授Abigail Gewirtz分别作主题报告。针对每位专家的报告，参会人员进行了热烈的小组讨论，并结合自己的工作经验和各国的实际情况展开了研讨。在2月22日的圆桌讨论中，Nordin Hasan教授、Jane E. Rovins博士、印度尼西亚SurveyMETER研究所所长Bondan Sikoki博士和中国西南大学心理学院副教授赵玉芳分别作特邀报告。

（撰稿人：张　蔓　黄　端）

中国生态学学会

服务创新型国家和社会建设 学会依托学科优势，参与举办了中国山水城市发展论坛。学会理事在生态经济功能区划、生态保护、食品安全、风险监测评估、湿地项目咨询与设计、自然保护区科学考察等方面开展了大量咨询服务工作，撰写了《大合肥生态经济功能区划与生态基础设施建设》、《千岛湖生态保护与建设》、《国家生态旅游示范区管理规程》等，其中《国家生态旅游示范区管理规程》的编写建议，经国家旅游局与环境保护部联合批准实施。开展政产学研交流合作，餐厨垃圾就地处理与资源化利用的示范工程，取得较好的应用效果。学会与安徽省马鞍山市政府签订了战略合作框架协议，通过提供智力和技术支撑，推动马鞍山市经济与生态建设协调发展。双方共同探索多种形式的深层次合作模式，促进生态学领域技术研发成果在马鞍山市的转让与转化。

学会组织专家调研组，以河北省邢台市矿山开采后被破坏地貌的生态修复技术研究为课题，对河北省邢台县、隆尧县的部分典型地区进行了实地考察和调查研究。在调查研究和综合分析的基础上，形成了《邢台市矿山开采后被破坏地貌的生态修复调研报告》。

学会建设 学会及所属分支机构举办各类学术会议、高层论坛、学术培训以及亚太区域和全球性国际会议等活动共计29次，其中国际会议5次，累计参会人数5080人次，交流论文2407篇。

规范学会组织管理，2012年完成了生态工程专业委员会、生态健康与人类生态专业委员会2个分支机构的注册登记工作。参加了民政部2012年全国性学术社团组织评估工作，从基础条件、内部治理、工作绩效和外部评价几方面梳理了学会近几年的资料，经民政部组织的专家组现场考察、集中评审、网上公示等程序，被评为3A等级。评估专家一致认为，中国生态学学会在品牌论坛，地方政府合作、国际合作、学术社团合作等方面取得的成绩比较突出。2012年发展会员272人。

学会能力提升计划 2012年，学会获得中国科协学会能力提升专项“优秀科技社团奖”三等奖，获得连续3年的奖补资金支持。

通过3年能力建设项目实施，力争建立一支覆盖全国和生态学各领域的专家—会员—专职工作人员的技术服务体系，切实提升服务政府、服务社会和服务会员的能力。创建科技决策咨询服务平台，根据国家需求成立生态学重点学科和应急事件专家咨询组，向政府提出应急预案和决策建议。创建人才举荐和培养服务平台，通过学风道德、专业技能、学科前沿动态培训等，形成系统的人才成长服务体系，扩大提高学会能力。基于目前学会与有关政府部门之间建立的良好合作关系，进一步打造服务于政府决策的生态旅游高层论坛、生态文明高层论坛等。扩大中国生态学在国内外的学术影响以及中国生态学工作者在国际上的学术地位，加强东亚生态学会联盟学术交流平台建设，加强中美（欧）生态学家对话与交流机制建立，创建和促进中美生态国际期刊的编辑与出版。建立现代生态学讲座与中美青年生态学者论坛，促进青年生态学者的成长与发展。科学普及方面，集成生态学会各分支学科已有研究成果，重点研发生态科普资源包，满足不同类型社会群体的科普需求。创建生态科普校园行品牌。开展重点调研和决策咨询活动，为国家制定有关政策提出建议。

学术期刊 2012年，中国生态学学会主办期刊继续呈现良好发展态势。据中国科学技术信息研究所发布的《2012年版·中国科技期刊引证报告（核心版）》，《生态学报》影响因子为1.453，总被引频次12604。影响因子在60种生物学类期刊中排名第3位，在5000多种科技期刊中排名第30位；总被引频次在60种生物学类期刊中排名第1位，在全国5000多种科技期刊排名第1位。

《应用生态学报》影响因子为1.468，总被引频次为9482。影响因子在60种生物学类期刊中排名第2位，在全国5000多种科技期刊中排名第28位；总被引频次在60种生物学类期刊中排名第2位，在全国5000多种科技期刊中排名第5位。

《生态学杂志》影响因子为1.032，总被引频次为4220。影响因子在60种生物学类期刊中排名第6位，在全国5000多种科技期刊中排名第96位；总被引频次在60种生物学类期刊中排名第4位，在全国5000多种科技期刊中排名第49位。

在中国科学文献计量评价研究中心、清华大学图书馆和中国学术期刊电子杂志社联合发布的《中国学术期刊国际引证报告（2012版）》中，学会主办的《生态学报》和《应用生态学报》被评为该年度“中国最具国际影响力学术期刊”（自然科学与工程技术类），分别位列第69和第107位。《生态学杂志》被评为该年度“中国国际影响力优秀学术期刊”，名列第11位。

学科发展研究 2012年，学会完成了中国科协2011年学科发展研究与发布——生态学学科发展研究项目。依托专业委员会，组织生态学领域的专家、学者，编写完成了《2011—2012生态学学科发展报告》。

决策咨询 2012年，中国生态学学会积极和地方政府合作，举办决策咨询论坛和开展科技咨询服务，学会理事参与政策建议、生态规划、生态保护、管理规程制定、国家重大项目申请等10余项。

学会向全国人大环境与资源保护委员会，国务院法制办公室提交《中华人民共和国自然遗产保护法（草案修改稿）的建议》，得到有关部门的重视和批复，并于8月提交修改稿。

表彰举荐优秀科技工作者 2012年，学会开展了国家科技进步奖、中国青年女科学家奖、全国优秀科技工作者、中国科协三峡科技出版资助等提名、推荐工作。学会遴选推荐的《全国生态功能区划》获2012年度国家科学技术进步二等奖；刘世荣研究员、王克林研究员获得中国科协第五届“全国优秀科技工作者”称号，《城市生态用地核算与管理》获中国科协三峡科技出版资助计划资助。

科普活动 2012年，中国生态学学会按照《全民科学素质行动计划纲要实施方案（2011—2015年）》要求和中国科协有关会议精神，组织和发动学会分支机构、各省（市）生态学会，相关科研院所及社会力量开展了一系列生态学科学普及活动。开展了绿色社区、绿色物业、垃圾分类等科普宣教活动。全年举办科普讲座21次，举办各类科普展览9次，举办其他形式的科普宣传21次。参加主题科普活动的科技工作者128人次，主题科普活动受众人数近7.2万人次。继2011年后，学会2012年再次获得“中国科协科普工作优秀学会”称号。

学会申报并承担了中国科协科普发展对策研究项目。围绕“节约能源资源、保护生态环境、保障安全健康、促进创新创造”、“携手建设创新型国家”等主题，组织了“科技与文化融合，科技与生活同行——稀有植物认知游园”、“生态旅游始于足下——列车及景区科普宣传”、“校园生态科普行”，“大学生生态营”等重点科普活动。突出生态学专业领域特色，结合全国科普日、国际旅游日、海洋日/海洋宣传日、世界湿地日、中国科学院公众科学日、国际博物馆日和科技节、爱鸟周等开展了动物生态、海洋生态、生态健康、中药资源生态等特色科普宣传活动。

【中国生态学学会2012年学术年会】 9月13～14日，中国生态学学会2012年学术学会在吉林省长春市召开，会议由中国生态学学会主办，中国科学院东北地理与农业生态研究所和东北师范大学承办，来自全国327个单位的800余位生态学工作者参加会议。大会主题为：发展生态科学　建设生态文明。中国科学院院士刘兴土、中国工程院院士王如松、中国科学院院士康乐及北京师范大学教授张大勇、北京大学教授朴世龙分别就《湿地科学发展的若干问题》、《生态整合与生态品质建设》、《飞蝗两型的分子调控机制》、《群落生态学的过去、现在与将来》、《全球陆地生态系统碳循环对气候变化的响应及其反馈》为题作了大会主题报告。大会共收到论文摘要305篇，会前编印了《中国生态学学会2012年学术年会论文摘要集》。年会设置了25个专题分会场，进行了335个分会场报告。与会学者认为，本次学术年会突破以往单纯的学术交流，举办了中国生态文明论坛和生态学科发展与创新性人才培养专题论坛，设置了生态学相关公司、企业、出版单位的展台，不仅为生态学工作者提供了学术交流与研讨的平台，也为中国生态科技工作者展示科研成果提供了舞台，同时为促进高等院校、科研院所、企业、公司、政府部门之间的合作提供了机会。

【第四届中国生态文明论坛】 9月13日，第四届中国生态文明腊子口论坛在吉林省长春市开幕。论坛主题为：推进绿色长征、建设生态文明。来自科研院所、高等院校从事生态文化与生态文明、旅游生态、农业生态、景观生态、民族生态等研究的专家、学者近200人参加了论坛。

中国工程院院士李文华分析了生态文明建设的全球背景和必要性，强调了中国生态文明建设的紧迫性及政策和法制层面的保障措施，并肯定了历届中国生态文明腊子口论坛取得的成效和现实意义。王如松院士从生态和文明两个层面诠释生态文明的内涵，分析了甘南藏族自治州和甘南藏族自治州（以下简称甘南州）迭部县建设生态文明、走可持续发展道路的途径，阐述了甘南州和迭部县建设生态文明的体制机制。从发展生态休闲产业角度，分析了甘南州和迭部县建设生态文明的优势和条件。

国家环保部张惠远研究员针对生态文明建设过程的规划、评价指标、评估体系等作了主题报告。甘肃省甘南州副州长王砚和迭部县县委书记仁青东珠分别就甘南州生态立州发展战略和迭部县举特色旗、打绿色牌、建生态县的工作做了专题报告。

与会专家学者针对如何办好生态文明论坛，以及学会在生态文明建设中的重要作用作了发言。学会理事长刘世荣强调，生态文明建设是当前和未来中国国家发展战略的核心，为生态文明建设服务，是学会的根本宗旨，责无旁贷。

【生态科普行宣传教育活动】 为提高全民素质，普及尊重自然、顺应自然、保护自然的生态文明理念，中国生态学学会在社区、园区、校园等公众场所开展生态科普宣传教育活动，扩展公众的生态科普知识，培养生态环保意识，使人们自觉自愿地从自身与身边做起，参加到保护生态环境的实际行动中来。

园区生态科普宣传 5月19～25日，学会联合中科院西双版纳热带植物园等单位，通过“园主任、专家为您导游”、“第一届萤火虫节”、“亲近我的树”、“世界植物日——稀有濒危植物行”、“开放标本馆、种子库等科研场所”等形式多样、内容丰富的科普活动，为参观游览的游客和学生认识植物、亲近自然提供了多样选择，为推广生态保护和濒危植物保护理念贡献力量。

景区生态科普宣传 学会招募景观生态、旅游生态专业的硕博士研究生做志愿者，在富有文化艺术特点及美学价值的苏州园林和杭州西湖开展了生态旅游始于足下——列车及景区生态科普宣传活动和“关注食品安全 经营健康生活”。通过散发宣传资料，志愿者们细心为旅客（游客）讲解食品安全、生态旅游等科普知识，解答旅（游）客提出的相关问题，向公众普及生态理念。

校园生态科普宣传 自9月17日起至11月中旬，学会分别在中国人民大学附属中学、北京市中关村中学和北京林业大学开展了以“关注植物多样性，爱护植物从我做起”为主题的“生态科普校园行”活动。以科普课堂、互动游戏、网络宣传和大屏幕宣传等形式，向青少年普及植物生态学相关知识。

7～10月，学会分别在福建武夷山、云南老君山和丽江、福建泰宁和江西婺源等地开展了武夷山野趣自然营（7月18～29日）、自然教育移民情况调查（7月25日～8月16日）、峨嵋峰野趣自然营（8月1～11日）和首届婺源少年绿色营活动（10月3～6日），让青少年学生通过野外考察，认识野生动植物的生物多样性。在活动中，挖掘景区的生态科普景点与宣传素材。深入少数民族区域或保护区内，通过民情了解或宣传环保理念，培养了高校学生环保社团的骨干。

（撰稿人：施　茜）

中国环境科学学会

学会建设 2012年，学会举办各类学术交流活动72次，累计参会人数8340多人次，发表各类论文近5400余篇。各分支机构举办了各类专题学术交流活动50多次，与会人员5700余人次，收录论文3000余篇。2012年6月，民政部公布了评估结果，学会被评为最高的5A等级。

根据学会七届一次常务理事会议精神，2012启动了《中国环境科学学会年鉴》编制工作。学会成立了年鉴编委会，制定了编写大纲，各分支机构、地方学会和单位会员按要求编制了各自的内容。

1月7～8日在北京召开了中国环境科学学会第七次全国会员代表大会和第七届理事会第一次全体会议，选举产生了第七届理事会、常务理事会、理事长和副理事长、秘书长，修订了《中国环境科学学会章程》，审议通过了中国环境科学学会第六届理事会工作报告、财务工作报告等重要文件。同期召开了第七届理事会第一次常务理事会，研究了2012年学会主要工作，讨论并原则通过了《中国环境科学学会“十二五”规划纲要》等文件。

3月24日，在北京举办了2012年分支机构工作会议，学会所属38个分支机构的负责人及代表共80余人参加。会议部署了“十二五”期间分支机构工作总体思路和2012年工作安排。

6月25日，在广西壮族自治区南宁市召开了全国环境学会秘书长工作会议，23个省市学会的秘书长及负责人出席了会议，围绕新时期如何做好学会工作进行了研讨。6月25日在广西壮族自治区南宁市召开了单位会员交流会，40多家单位会员参加会议，就会员参与学会工作，促进科技创新与成果转化等议题进行了讨论。8月18日，在北京召开了第二届单位会员交流年会，以“政企对话、产学合作、科技创新、产品升级”为主题，围绕“十二五”环保科技创新、环保产业发展等问题展开了广泛交流和讨论。学会会员单位300余人与会。

学会能力提升计划 学会高度重视学会能力提升专项工作，在七届二次常务理事会上经常务理事会同意，按期开展申报和实施工作。学会秘书处根据申报要求，分别就我会在学科引领方面、构建学术平台、打造一流科技期刊、国际科技交流、科技成果转化推广、科学普及、科技评价、会员服务以及学会自身建设等方面分别进行了总结。学会结合自身特点明确发展方向，准备相关申报材料，对奖补资金的使用制定了详尽的整体计划和年度计划，于2012年6月22日前报送中国科协。7月27日，学会副理事长、秘书长任官平赴中国科协做了《学会能力提升专项优秀科技社团奖项》答辩汇报。最终，学会荣获中国科协学会能力提升项目二等奖，在198个参评学会中排名前8位，将连续3年奖励200万元用于能力建设。

学术期刊 《中国环境科学》质量和影响不断提升，2012年出版正刊12期，增刊3期，共发表论文400余篇。截至2012年年底，该刊在环境科学技术期刊中影响因子排名第一，在被统计的1998种科技期刊中，影响因子排名第18位，获得“百种中国杰出学术期刊”称号，在环境类期刊中排第一名。

服务创新型国家和社会建设 学会开展了典型铅生产过程含铅废物风险控制及环境安全评价集成技术研究、环境铅、镉污染的人群健康危害法律监管研究、噪声环境污染损害鉴定评估技术框架研究。此外，还开展了废铅酸蓄电池收集、处理和处置管理技术研究、环保产业推进政策制度链强化设计与调查指标规范制定等课题研究。完成了《味精工业废水治理工程技术规范》及《电镀工业污染防治最佳可行技术指南》报批稿。完成了《染料工业废水治理工程技术规范》、《发酵类的制药工业废水治理工程技术规范》等征求意见稿。此外，还完成了高耗能行业污染减排自愿协议制度研究等13项科技成果鉴定。

决策咨询 受环境保护部科技标准司委托，承担环境技术部门相关领导批示件专家咨询及处理复函工作，国家环境保护工程技术中心的日常管理等技术支持工作，完成了21个领导批示件的处理咨询意见，编制了《工程技术中心发展指导意见》(初稿)，以及对2个工程中心验收和4个中心立项的审查等工作。组织6个分支机构，开展决策咨询建议的研究工作，完成了《加强环境与健康工作增强可持续发展能力》、《分步骤实施淘汰氰化电镀的建议》、《室内空气质量和健康调查》等决策咨询建议初稿。

国际学术会议 11月17～18日，第三届传统文化与生态文明国际研讨会暨第四届生态文明学术沙龙在北京举办，来自美国、英国、俄罗斯等多名国外专家与会，我国环保及相关领域专家500余人出席会议。

国内主要学术会议 6月25～26日，学会在广西壮族自治区南宁市召开以“环境科技创新与绿色转型”为主题的学术年会，环境保护部副部长吴晓青、中国科协副主席冯长根、学会理事长王玉庆、广西壮族自治区副主席林念修出席并讲话。约200名专家学者在年会期间作了报告，集中介绍相应领域的研究进展，近1000名专家学者参加了本届年会。

5月5～6日，学会与教育部环境科学与工程教学指导委员会在福建省福州市联合举办了首届中国环境院所长论坛。全国各大专院校、中科院研究所、环保部科学研究院的专家120余人参会。

12月22日，学会联合山东省环境科学学会共同主办的第六届绿色财富（中国）论坛暨区域经济转型与环境友好技术产业发展峰会在北京召开，论坛围绕经济绿色转型、环境友好技术产品、环保投融资等主题，交流区域经济绿色发展、转型发展的推进措施及实践成果。

两岸交流 4月22～29日，学会理事长王玉庆率大陆环保访问团一行30人访问台湾地区，与台湾永续发展基金会联合在台北市举办以“加速推动两岸环保交流，共创环境永续发展新世代”为主题的2012两岸环保高层专家论坛。10月4～10日，学会应邀组织10人专家团赴台湾地区出席两岸土壤及地下水环境保护法规制度学术研讨会。同时为落实海协会与海基会第八次会谈提出的关于积极推动两岸业务主管部门就两岸空气品质监测技术交流议题开展交流与研讨的意见，学会组织环境保护部污染防治司、中国环境科学研究院等6个单位组成的代表团，于11月18～23日赴台湾地区进行了两岸大气保护交流、考察活动。

科普活动 中国环境科学学会于2012年3月启动了“心环保，新生活”首届环保科普动漫创意大赛。大赛以“我身边的环保知识和环保行为”为创作主题，共收到动画作品87部，漫画作品844幅。经过专家委员会评审，共评出72项作品获奖：张军军等创作的《果子熟了》获得特等奖；动画组：一等奖1项，二等奖4项，三等奖6项，优秀奖10项；漫画组：一等奖2项，二等奖5项，三等奖8项，优秀奖35项。6月25日，在广西壮族自治区南宁市召开的2012年学术年会开幕式上，环境保护部副部长吴晓青等为环保科普动漫创意大赛获奖者代表颁发了获奖证书和奖金。

受环境保护部科技标准司委托，学会编制完成了《落实国务院〈全民科学素质行动计划纲要〉“十二五”环保科普工作方案》，编写了《“十一五”环保科普事业发展报告》，编印了4期《全民科学素质环保工作动态》，完成了第三批国家环保科普基地的专家评审和实地考察等工作。学会组织6家科普基地利用现有资源开展进农村、进社区、进学校环保科普巡展。

学会举办的大学生志愿者千乡万村环保科普行动作为一项重要措施被写入《全民科学素质行动计划纲要实施方案（2011—2015年）》中。2012年，学会继续坚持“让环保科普走进农村，走进田间，走进农民心间”的宗旨，以农村畜禽养殖污染防治为宣传主题，共有13个省（市）、70余所高校的近500支环保科普小分队、近万名大学生志愿者深入全国1200多个村庄，通过集市宣讲、自编环保短剧、开设小学环保课堂、入户宣传等多种形式，将环保科普知识带到农民身边，取得了良好成效。活动前，学会聘请专家开展了农村环保科普专题培训，针对农村环保问题和农村科普活动技巧与方法对志愿者骨干集中培训，取得了“以一带十，十传一百”的效果。11月底，在海南大学组织召开了交流总结和表彰会。

围绕自然生态保护、农村环境整治、环境与健康等重点热点领域，学会组织各分支机构编制了《“十二五”环保科普图书编写工作方案》，计划开发一套约35册的环保科普图书。2012年，《城市生活垃圾处理知识问答》已由中国环境科学出版社正式出版发行，《水环境保护知识问答》、《土壤污染防治知识问答》等图书正在编写和配图当中，完成了3集科教片《畜禽养殖业污染防治宣传片》摄制工作。

表彰举荐优秀科技工作者 按照国家奖励办的要求，学会推荐国家技术发明奖1项、推荐国家科技进步奖3项。其中《固体废物分质资源化及其二次污染控制关键技术》荣获2012年度国家技术发明二等奖。向国家知识产权局推荐第14届专利奖项目的推荐工作（5个项目），其中《大气成分垂直分布探测的多轴差分吸收光谱方法与装置》和《一种检测农药挥发性的装置》两个项目荣获第14届中国外观设计金奖。

学科发展研究 学会组织22个分支机构，200余位环境领域专家学者，编制完成《“十一五”中国环境学科发展报告》，同时组织汇编了《“十一五”环境保护科学技术奖汇编》（上、下册/套），由中国环境科学出版社出版发行，该书包含“十一五”期间获得“环境保护科学技术奖”的227项成果介绍及综合评述，具有较强的参考价值。

【中国环境科学学会第七次全国会员代表大会】 1月7～8日，学会第七次全国会员代表大会和第七届理事会第一次全体会议在北京召开，全国各省、自治区、直辖市、计划单列市、相关行业会员代表315人参加了会议。全国政协副主席阿不来提·阿不都热西提出席大会开幕式，环境保护部部长周生贤，中国科协副主席、书记处书记程东红到会并讲话。

环境保护保部部长周生贤在开幕式上讲话中期望，“十二五”期间学会在环保科技领域更加大有作为。中国科协副主席、书记处书记程东红在讲话中代表中国科协向大会召开表示热烈祝贺，对学会在建设创新型国家中更好地发挥作用提出了明确的希望和要求。

大会听取并审议了中国环境科学学会第六届理事会工作报告、财务工作报告等文件，修改《中国环境科学学会章程》，并选举产生了第七届理事会理事163名。

随后召开了学会七届一次理事会，选举产生了第七届理事会领导机构。王玉庆当选为第七届理事会理事长，丁仲礼、宁吉喆、任官平、曲久辉等14人当选为副理事长，任官平兼任秘书长。马中等54人当选为常务理事。

大会向谢学锦等院士专家颁发了中国环境科学学会顾问证书，向金相灿等7人颁发了第六届理事会特别贡献奖，向固废分会等10个分会、专业委员会颁发了年度优秀分支机构奖。

【中国环境科学学会2012年学术年会】 6月25～26日，中国环境科学学会2012年学术年会在广西壮族自治区南宁市召开。大会主题为“环境科技创新与绿色转型”。开幕式由学会理事长王玉庆主持，环境保护部副部长吴晓青，全国人大常委、中国科协副主席冯长根，广西壮族自治区副主席林念修到会并讲话。吴晓青在致辞中说，发展绿色经济，不断降低资源能源的消耗和污染物的排放，以绿色、低碳技术为代表的新一轮产业和科技变革正在孕育繁衍，要大力发展绿色经济，就必须进一步加强环境保护工作，实现以环境保护优化经济增长，并建立与新形势相适应的环境管理模式。

中国工程院院士金涌就《企业污染的源头防治与生态产业园区规划》，中国科学院院士吕达仁就《应对气候变化的碳收支认证及相关问题》，学会副理事长杨朝飞就《中国的环境形势与政策措施》，环境保护部科技司司长赵英民就《加快完善环保科技标准体系，积极推进环境管理战略转型》，环境保护部环境规划院副院长王金南就《全国“十一五”污染减排的科技贡献度测算》作了主旨报告。

本次年会设一个高峰论坛和 8 个专题研讨会，分别围绕绿色转型高峰论坛、水污染控制与流域水环境质量改善等领域展开研讨，共有约 200 名专家、学者作了报告，集中介绍了相应领域的技术进展。全国环保领域专家、学者近 1000 人参加了本届年会。年会共收录论文 600 余篇，并出版了论文集。

大会开幕式上还颁发了中国环境科学学会光大国际优秀论文奖、马塔切纳青年优秀论文奖等奖项。

【《环境空气质量标准》解读与 PM2.5 监测及防治技术高级研讨会】 10 月 19 ~ 21 日，由学会主办，福建省厦门市环保局和厦门市环境科学学会承办的《环境空气质量标准》解读与 PM2.5 监测及防治技术高级研讨会在福建省厦门市举办。《环境空气质量标准》的主要编制人，中国环境科学研究院标准所所长武雪芳对我国“十二五”大气污染重点规划和环境污染治理方向做了介绍，并就新标准出台的背景和标准的限值设定在环境监测、环境管理、环境评价中的具体实施等方面做了主旨发言。广东省气象局前首席专家吴兑研究员对国际细粒子气溶胶（PM2.5）防治史与我国大气污染现状和空气质量检测方法对比分析等议题做了主旨发言。大会就 PM2.5 的产生、监测方法、污染现状、对健康的危害以及防治措施等开展了讨论，并就其机理的研究、监测及防治方法提出了意见和建议。

本届研讨会论文集共收录 50 余篇学术交流论文，来自全国 70 多个单位的 130 多名学者参加交流会。

【首届中国环境院所长论坛】 5 月 5 日，首届中国环境院所长论坛在福建省福州市召开。科技部、环境保护部、教育部、中国科协、中国科学院相关领导，境外环境领域知名大学、研究机构和国际组织负责人，以及重点高校与环境相关院系，环保系统科研院所，中国科学院系统相关院所，工业行业环保研究设计单位的院所长或总工程师等共计 110 余人参加了会议。

中国工程院院士郝吉明、中国科学院院士傅伯杰，中国工程院院士曲久辉，中国环境科学研究院研究员郑丙辉、台湾大学环境工程研究所所长蒋本基分别就环境工程创新型高素质人才培养、中国生态系统服务与管理战略、对中国环境科技发展的几点思考、环境科学问题与创新型研究团队建设、台湾地区环境工程科技与教育发展之经验与教训这 5 个专题作了学术报告。

大会设两个分会场，分别围绕“未来三十年中国环境问题与科技发展路线图”和“环境科技创新成果的转化与转移：问题与途径”两个主题进行报告和展开讨论。

【第三届传统文化与生态文明国际研讨会】 11 月 17 ~ 18 日，由学会主办的第三届传统文化与生态文明国际研讨会在北京召开。来自美国、俄罗斯、英国，中国大陆和香港特别行政区、澳门特别行政区、台湾地区的 800 余名国内外专家学者出席了研讨会。与会学者就“努力建设美丽中国，实现中华民族永续发展”主题展开讨论，发表论文 100 余篇，汇编成《传统文化与生态文明》正式出版。

环境保护部副部长李干杰、学会理事长王玉庆、中国工程院院士杜祥琬、中国道教协会副会长黄信阳、英国中华传统文化研究院院长单桂秋林、英国环保工业协会秘书长迈克伦恩等出席大会开幕式。

李干杰作了题为《充分发挥环境保护主阵地和根本措施作用，努力推进生态文明建设不断迈上新的台阶》的主旨报告，杜祥琬院士作题为《转变发展方式，迈向生态文明》的主旨报告，2012 伦敦奥运场馆建设顾问公司英国阿特金斯公司代表伊安米德先生作题为《2012 伦敦奥林匹克公园未来发展计划》的主旨报告。

大会设立了 9 个主题报告。与会专家、学者围绕“生态文明的概念、内涵及哲学思考”、“生态文明的政策、制度建设及实践”、“科学技术、科技创新与生态文明”3 个主要议题进行讨论，与会专家、学者一致认为，生态文明是人类遵循人与自然和谐发展规律，推进社会、经济和文化发展所取得的物质与精神成果的总和，生态文明建设的核心是统筹人与自然和谐发展。建设生态文明要加大对自然生态系统和环境的保护力度，以解决损害群众健康最突出的环境问题为重点，强化污染防治，实施重大生态修复工程，增强生态产品生产能力，良好的生态环境是人和社会持续发展的根本基础。建设生态文明要转变人们生活方式和消费方式，改变一些传统的不合理的生活方式，改变奢侈消费、劣质消费等习惯。建设生态文明要大力借鉴和继承中华优秀传统文化精髓，提高全民的生态素养，为建设美丽中国，实现中华民族永续发展而共同奋斗。

【2012 两岸环保高层专家论坛】 4 月 22 ~ 24 日，2012 两岸环保高层专家论坛在台湾地区台北市举行。学会理事长王玉庆、中国工程院院士杜祥琬、郝吉明和来自中

国工程院、中国环境科学研究院等8个单位的35人出席会议。台湾海峡交流基金会董事长江丙坤，国泰慈善基金会理事长钱复，台湾商业总会理事长张平沼，以及来自台湾地区科研院所、环保企业有关学者、技术人员100余人，旅居海外的华人环境领域的专家、学者20余人，共计150多人参会。

中国环境科学学会理事长王玉庆在大会上作了题为《弘扬中华传统文化 携手共建生态文明》的演讲，从两岸同根共祖的文化渊源，提出弘扬中华传统文化，吸取生态智慧，两岸携手共建中华生态文明的有关建议。中国工程院院士郝吉明、杜祥琬分别作了题为《大气污染防治和节能减排对策及展望》和《环境与发展方式》的主旨报告。

本次会议以"加速推动两岸环保交流，共创环境永续发展新世代"为主题，针对气候变化与空气污染防治、水污染/土壤及地下水污染防治、资源回收及固体废物管理、环境教育与生态保护、噪声污染防治以及低碳及绿色产业发展等6个专题进行交流研讨，并就推动两岸环境可持续发展的策略与合作前景展开了讨论。会议共安排包括主旨发言、专题发言以及点评发言等53人次，《两岸环保高层专家论坛论文集》共收录论文40篇。

（撰稿人：张宏亮）

中国自然资源学会

学会建设 2012年，学会组织各类学术会议20次，参加会议6500人次，交流论文3850篇。截至2012年底，团体会员37个，个人会员5510名。2012年，学会发展会员130人，新成立2个分支机构。建立了5个志愿者工作站，2012年建立的广州大学志愿者工作站，志愿者299人。学会被民政部授予"4A级全国性学术类社会团体"。学会主办的《自然资源学报》、《资源科学》被评为2012年度"中国国际影响力优秀学术期刊"。

学会能力提升计划 获得中国科协学会能力提升专项"优秀科技社团奖"三等奖，通过建立"中国自然资源态势分析与学科发展信息平台"，将整合、集成资源学科领域论文、专著、科普、会员、数据、会议、重大科研项目等大量信息，建立为会员服务的动态信息系统，为资源科技工作者提供数据服务的综合资源数据查询系统，实现高效存储和管理各种资源信息，权威发布综合资源信息和重大研究成果，动态更新会员学术成果。

国内主要学术会议 8月25～26日，第十届中国水论坛在湖北省武汉市召开，本届水论坛的主题是"变化环境下水问题与对策"。论坛由学会水资源专业委员会等单位主办，来自全国80多所高校、科研机构及相关企事业单位的400多位学者参加了会议。本届中国水论坛设立了5个分会场，结合南方洪涝灾害频繁的地域特点，科学解释变化环境对水科学的影响，展望未来水科学发展。从多学科交叉、多学科视野探讨解决水资源短缺、发展经济和保护生态环境的对策与措施，为经济、社会、环境科学发展过程中的水支撑研究提供科学依据。

7月16～20日，2012年中国农村土地整治与城乡协调发展学术研讨会在贵州省贵阳市召开。会议由学会土地资源研究专业委员会等单位主办，150余名专家、学者参加会议。大会共收到交流论文105篇。会议围绕快速工业化、城镇化发展的背景下，我国农村土地整治与城乡协调发展的热点、焦点和关键问题，展开了广泛的交流和讨论。会议设置了4个大会主题报告和40个分会场报告。会议采用了"报告＋提问＋辩论＋评述"的方式进行学术报告，增强了学术交流的灵活性与互动性。为了激励土地资源青年科技人才成长，本次大会设立了"全国土地资源研究优秀论文奖"。正式出版了会议论文集《中国农村土地整治与城乡协调发展研究》。

8月29日，由学会资源生态研究专业委员会等单位主办的香榧文化与香榧产业发展研讨会在浙江省绍兴市举行。50余位专家、学者参加了本次研讨会。

11月26日，中国自然资源学会旅游资源专业委员会年会在海南省召开，主要议题有旅游资源调查方法研究、旅游资源分类标准研究、旅游资源评价指标体系研究、海洋旅游研究、海南海岸带旅游资源开发战略研究、三沙市旅游资源开发战略研究等。

科普活动 开展科普活动、科技下乡活动4次，建立科普活动站1个，宣讲活动受众900余人。

表彰举荐优秀科技工作者 表彰青年优秀论文奖78名。学会推荐刘彦随研究员、左其亭教授获中国科协第五届"全国优秀科技工作者"称号。

中国科协会员日 12月27日，中国科协会员日中国自然资源学会活动在北京举办。根据中国科协关于2012年会员日活动以"'家'的温馨、节日的问候"为活动主题的精神，活动特别邀请了学会老会员、老理事约30余人参加。学会名誉理事长石玉林院士、学会理事长刘纪远、常务副理事长成升魁等参加了会员日活动，秘书长沈镭汇报了学会近年来的工作进展、学科发展等情况。与会人员围绕学会当前的主要工作思路及今后的发展、学会成立30周年纪念活动暨学术研讨会的方案、资源科学学科建设等主题开展了讨论。

【**2012海峡两岸暨中国自然资源学会全国第十届中药及天然药物资源学术研讨会**】 8月14～18日，2012海峡两岸暨中国自然资源学会全国第十届中药及天然药物资源学术研讨会在甘肃省兰州市召开。研讨会由中国自然资源学会天然药物资源专业委员会、中国药材GAP研究促进会（香港）、甘肃省人民政府主办。来自全国31个省、自治区、直辖市及香港、澳门特别行政区、台湾地区和英国的120余家单位，400多人参会。论文集共收录论文228篇。研讨会的主题为“中药及天然药物资源的科学利用与可持续发展——甘肃陇药资源研究及中医药文化产业论坛”，设立了中药及天然药物资源调查研究与保护、中药材规范化生产（GAP）与中药资源科学利用和中药文化产业与中药资源学科建设3个分会场。有14个大会报告和52位个分会场报告。会议围绕陇药资源的调查研究、资源生产与利用过程、中医药文化产业等方面进行交流和讨论。

【**中国自然资源学会2012年学术年会**】 11月23～25日，中国自然资源学会2012年学术年会在广东省广州市召开。年会主题为“建设资源节约与环境友好社会，促进经济转型与资源科学发展”。来自100多个科研院所、大专院校和企业的600多人参加了学术交流。本届年会共进行10个大会报告和180个分会场报告发言，围绕生态文明建设，紧密结合国家战略需求，研讨了水、土、湿地与环境、农业利用、生态、信息、旅游等资源热点问题。年会特别注重学科建设和人才培养问题，38位来自全国高校资源（地理）学院/系的院长、主任出席了年会期间举办的资源学院院长论坛。

本届年会收录论文摘要和全文304篇，内容涉及国家和地方科技需求以及资源科学各学科前沿，展示了高水平的科研成果，提出了独到的学术观点。

学会首次将党组织活动纳入学术年会议程，设立了“党组织活动交流会”。广州大学纪委书记陈少梅、中国科学院地理资源所党委书记成升魁、广州大学地理学院院长吴志峰出席会议并作报告。会议结合党的十八大报告有关资源、环境、科技、教育与文化领域的精神开展了深入研讨。

（撰稿人：叶　苹）

中国感光学会

服务创新型国家和社会建设　学会参加了商务部（2012年第10号公告）反倾销案的调查，学会组织专家论证，出具了合理估价意见及相关材料，为中国乐凯等感光材料企业赢得2010～2012年历时2年的欧美日进口相纸反倾销案件胜诉起到重要作用。在对欧、美、日进口相纸征反倾销税立案调查过程中，对国内相纸与进口相纸是否为同类产品的关键问题上，学会为中国感光工业企业出具了关于国内相纸产品质量和性能的相关说明，为最终反倾销案件的胜诉提供了有力的证据。

学会建设　2012年，中国感光学会及各专业委员会组织各类学术会议11次，其中国际会议1次，国内会议10次，交流论文309篇，与会专家、学者1000余人次。

学会召开3次常务理事会议，2次理事长办公会，审议通过了《中国感光学会科技工作者科学道德规范》、《中国感光学会印章管理规定》等文件。

学会组织了第三届电子束固化技术高级研讨班、影像处理新技术应用培训班、光学检验和特种照相技术提高班等3次继续教育培训班，累计参加培训科技工作者达255人次。

学会成立光催化专业委员会、立体影像技术专业委员会等2个分支机构，学会分支机构增加至11个。光催化专业委员会于12月18日在北京召开成立会议暨第一次主任工作会议，启动专委会工作。

7月30日～8月2日，中国感光学会第八届八次常务理事扩大会议在黑龙江省漠河县召开。学会常务理事，学术委员会委员，各专业委员会主任、副主任、刊物编辑部负责人等近40人参加了会议。

学会主办的《影像科学与光化学》完成了独立网站的建设运行，建成网刊发布平台和在线采编系统。

国际交往　9月9～13日，第28届数字印刷技术国际会议（NIP28）在加拿大魁北克召开。学会理事长蒲嘉陵等4位专家、学者出席了会议，发表学术报告4篇，蒲嘉陵与国际影像科学委员会（ICIS）、美国影像科学与技术学会（IS&T）就学会之间的交流进行了深入的研讨和磋商。

2012北美辐射固化国际会议及展览会于4月30日～5月2日在美国芝加哥举办，学会常务理事施文芳等18名专家、学者参会，会议设立了中国演讲专场，中国专家、学者发表技术报告6篇。

科普活动　学会举办公众科学日等主题科普活动2次，受众人数达8000人次。学会举办科普讲座2次，科普展览5次，其他形式科普宣传6次，制作科普产品2500余个。经学会推荐，天津陈塘庄美术科技馆入选2012～2016年全国科普教育基地，11月21日举办了全国科普教育基地授牌仪式。

表彰举荐优秀科技工作者　经学会推荐，昆山瑞和信息材料科技有限公司教授级高级工程师、学会非银盐专业委员会副主任穆启道获得中国科协第五届“全国优秀科技工作者”。

中国科协会员日 学会围绕“家的温馨，节日的问候”会员日活动主题，在中国科协会员日期间分别在天津市和北京开展了包括学术报告、表彰“全国优秀科技工作者”、慰问老专家、联谊会等内容的会员日活动。学会会员及感光影像领域科技工作者共300余人参加了会员日活动。

【第二届国际辐射固化产业发展论坛】 9月19～22日，学会辐射固化专业委员会和中国科学技术大学在安徽省合肥市共同主办第二届国际辐射固化产业发展论坛。来自世界各地100多家企事业单位的206名专家、学者参加了论坛。学会辐射固化专委会主任施文芳，副主任杨建文、薛中群，论坛副主席David Harbourne、欧洲辐射固化协会前任主席Dawn Skinner、亚洲辐射固化协会副主席Masakazu Washio等出席了论坛。

论坛特别邀请了来自美国、德国、日本、瑞士、法国、韩国等国外知名研究机构和企业的专家作了16篇大会报告，内容涉及辐射固化技术在欧洲、日本等国家的应用及发展，辐射固化高分子材料的制备方法，光引发剂和助剂在紫外光（UV）固化涂料中研究与应用，UV固化在新能源领域中的应用，UV固化设备的技术进展等领域。

国内企业和科研机构的专家、学者介绍了国内辐射固化领域的相关进展，报告内容涵盖新一代光引发剂的分子设计与产业化，UV固化先进功能涂料以及大分子自组装，阳离子光固化技术及应用等。

论坛还举行了辐射固化技术和产业沙龙，与会专家、学者就热点问题展开了讨论。

【第十三届中国辐射固化年会】 5月16～19日，学会辐射固化专业委员会在贵州省贵阳市举办第十三届辐射固化年会。来自国内外162个单位的254名专家、学者出席了会议。年会共收到论文41篇，其中大会报告10篇，出版了会议论文集。38名作者在会上进行了口头报告，2家企业在会上作了新产品信息发布及技术讲座。

会议主题为“创新、增长、竞争力”。会议邀请了北美辐射固化协会的前任主席、美国辐深紫外系统公司总裁David Harbourne作了关于北美UV/EB技术市场综述的报告。学会辐射固化专业委员会施文芳主任作了关于中国辐射固化产业发展现状浅析的报告。国内科研机构和企业的专家、学者作了大会报告。

【“美连接世界”科普作品展】 6月23～30日，学会联合科普教育基地——天津陈塘庄美术科技馆、天津市对外友好协会、天津市文化产业协会等在天津市共同举办“美连接世界”科普作品展。中国感光学会理事长蒲嘉陵、秘书长赵震声、常务副秘书长牛桂萍，以及学会有关专家参加了此次活动。

此次作品展的作者田渕隆三先生是日本著名画家、雕刻家，八王子团体代表、秋留野美术工作室负责人。田渕隆三先生的作品体现了战后日本艺术家对和平、生命、人性的独特思索，著有《美术纪行太阳》、《写真诗集太阳与雨》、《喜马拉雅的风》、《黄鹤楼与瓷器》、《田渕隆三的埃及》等。

此次展览展出了田渕隆三先生的作品130余件，包括油画、雕塑，是田渕隆三先生各个时期的精品。其中大型油画作品8件，大型代表性雕塑2件。通过参观，观众们领略了油画和雕塑艺术作品的魅力，对中日两国的文化有了更深的了解。

（撰稿人：周云霞）

中国优选法统筹法与经济数学研究会

服务创新型国家和社会建设 2012年，研究会先后申报中国科协项目6个，获得批准承担3个项目：前沿高端学术会议项目——统筹优化与协同创新学术交流会议、2012～2013年学科发展研究项目——管理科学与工程学科进展研究及发展报告编制、期刊学术质量提升项目。

2012年，由研究会能源经济与管理研究分会与北京理工大学能源与环境政策研究中心联合对外发布了《我国中长期节能潜力展望》、《2012年国际原油价格分析与趋势预测》和《我国区域能源效率指数分析与展望》3份预测研究报告，近百家网络媒体转载了报告部分内容和观点。

学会建设 2012年，研究会召开理事工作会议1次，常务理事工作会议2次，召开秘书长工作扩大会议9次。研究会加强网站建设工作，新建、扩建网站7个。总会网站经改版升级后，加强了宣传和服务功能。研究会项目管理委员会新增项目管理认证和培训网站，开通网上培训、远程教育等功能。

学术期刊 2012年，研究会出版期刊种类5种，其中学术期刊3种，科普期刊2种，印发总数36.1万册。研究会主办的《中国管理科学》学术期刊，入选中国科协精品科技期刊工程项目。《中国管理科学》获得“2012中国最具国际影响力学术期刊”大奖。

国内主要学术会议 2012年，研究会围绕着本学科中心工作，开展学术项目研究和学术交流等方面工作，举办学术交流会议19次，其中前沿高端学术会议3次，交流论文1611篇，参加会议人数3316人次，其中外籍专家300余人次。

2012年，研究会举办的大型学术会议有：第十四届中国管理科学学术年会、第23届全国灰色系统研讨会暨灰色系统理论创立30周年纪念会议、第六届能源资源开发利用战略研讨会（2012上海）暨社会经济复杂系统建模学术研讨会、第五届中国项目管理应用与实践论坛暨第七届中国IPMP国际项目经理大奖颁奖典礼、第十一届中国项目管理大会暨成立20周年系列庆典活动等。

4月20～22日，由研究会灰色系统专业委员会组织的第23届全国灰色系统学术会议在上海市召开。灰色系统创始人邓聚龙教授出席会议。来自东南大学等30余所高校的80多位教授、青年学者和研究生参加了会议。会议共安排5场大会主题报告，刘思峰、肖新平、谭学瑞等20位专家分别报告了灰色系统建模、灰色关联分析、灰色预测理论、灰色决策方法、灰色控制理论等领域的最新研究成果和未来的发展趋势。

会议还安排了两场专题讨论会，30位青年学者、研究生交流了参会论文。

国际会议 研究会举办国际学术会议7次（含国际组织系列学术会议和双边学术会议），交流论文800余篇，1000多位国内外专家、学者参加了会议。

2012年，研究会举办的多次国际学术会议主要有：第五届计算科学与优化（CSO）国际会议、第五届商务智能与金融工程国际学术研讨会、2012 IEEE International Conference on Systems，Man and Cybernetics国际会议并在该会议上组织灰色系统专题、第七届国际应急管理论坛暨研究会应急管理专业委员会第八届年会。研究会能源经济与管理研究分会与北京理工大学能源与环境政策研究中心、东盟东亚经济研究所联合发起召开能源与环境政策建模联合研讨会。

国际交往 2012年，接待国外学术交流来访团组20多个，专家学者200余人次，接待了来自韩国、德国基尔世界经济研究所、美国加州大学等研究单位、印度管理学院、加拿大渥太华大学等研究院、大学的专家、学者访问学会。同时，研究会组团参加国外会议和派往国外考察学术交流10多次、近百人，研究会组织成员前往美国、韩国、加拿大等国家和地区参加国际会议和考察交流。

科普活动 2012年，研究会举办主题科普讲座56次，受众人数达2420人次。主题科普讲座主要围绕突发事件应急管理、安全生产舆情监测分析与新闻发言人机制建设、食品安全及其风险分析与突发事件应对、应急预案管理、应急管理行政问责制等主题。研究会计算机模拟分会、项目管理研究委员会、营销工程专业委员会、能源经济与管理研究分会，分别围绕着各自专业，开展了科普讲座。

2012年，研究会举办了华罗庚少年数学邀请赛和“希望杯”全国数学邀请赛，参加这两项赛事的青少年人数达178万人次。由“希望杯”组委会选派的15名队员、6名教练员赴美国参加美国高中数学联赛（ARML），夺得国际组团体总分第一名，2名选手分别获得国际组个人冠、亚军。

表彰举荐优秀科技工作者 经研究会推荐魏一鸣获得中国科协第五届“全国优秀科技工作者”称号。

研究会推荐的湖南大学“金融创新与风险管理”创新研究群体获得国家自然科学基金委员会创新研究群体科学基金。

【第十四届中国管理科学学术年会】 11月2～6日，研究会与山东大学、《中国管理科学》编辑部、中科院科技政策与管理科学研究所主办的第十四届中国管理科学学术年会在山东省济南市举行。来自中国科学院科研院所和北京大学、清华大学等80多所高校的300多位专家、学者出席了本届学术年会。

本届年会以“统筹优化与协调创新”为主题，针对当前管理科学领域研究的热点问题和我国经济科技社会发展中所面临的新问题进行交流研讨。整个会议分为大会学术报告、高端学术论坛和专题学术交流3个环节。

本届学术年会会期4天，共收到论文376篇，录用178篇，会议交流论文99篇，其中27篇论文获得优秀论文报告奖。

【第五届中国项目管理应用与实践论坛】 7月6～7日，第五届中国项目管理应用与实践论坛暨第七届中国国际项目管理专业资质认证（IPMP）国际项目经理大奖颁奖典礼在山东省青岛市举行。

来自世界各地的项目管理专家，项目管理专业人士及项目管理爱好者318人参加论坛。论坛开幕式由西北工业大学管理学院院长赵嵩正主持。IPMA Delta认证首席评估师、德国资深IT项目管理专家Dr. Sandra，中国（双法）项目管理研究会副主任委员、西北工业大学教授白思俊，中国石油工程建设公司副总经理、高级工程师李小宁，中工国际工程股份有限公司副总经理、教授级高级工程师陈育芳在主论坛上作演讲报告。

本届论坛共设主论坛和4个分论坛。主论坛以“企业项目管理创新与实践”为主题，4个分论坛以企业项目管理模式创新与发展、企业项目管理体系与信息化建设、项目精细化管理应用与实践、项目管理模式创新与实践论坛为主题，从不同角度展示了中国项目管理的巨大变革，进行了成果经验交流与知识分享。

（撰稿人：张　玲）

中国岩石力学与工程学会

服务创新型国家和社会建设　2012年，学会完成了：旧堡隧道富水破碎围岩施工灾害控制技术研究、高速铁路特大断面黄土隧道施工关键技术、交通隧道围岩稳定性与分级方法研究、隧道围岩与支护结构应力场、变形场快速分析及稳定性评价系统、复杂大型洞室群稳定性快速动态反馈分析与闭环优化设计方法、锦屏二级水电站深埋隧洞群岩爆分析、监测与预警研究等6项成果鉴定。

9月12～15日，学会在湖北省武汉市开办了岩石工程智能动态设计方法高级研修班，来自全国各科研院所、大专院校勘测、设计、施工等单位的技术人员，以及研究生130余人参加了研修，通过宣讲、练习与研讨，使学员们了解和掌握“岩石工程智能动态设计方法”最新研究成果，提高学员们解决实际工程问题的能力，为该方法的进一步推广应用打基础。

学会能力提升计划　2012年，学会获得中国科协学会能力提升专项二等奖。制订了《能力提升项目三年工作计划》，计划在未来的工作中全面提升学会自我发展能力，不断创新活动机制，强化服务意识，逐步形成学会工作特色和精品。

学会建设　10月19日，学会在江苏省南京市召开第七届会员代表大会，完成换届工作。学会首次试行双理事长制，冯夏庭教授、钱七虎院士当选中国岩石力学与工程学会第七届理事会理事长。

2012年，学会先后召开了六届八次常务理事会议、六届九次常务理事会议、六届十次常务理事会议、七届一次常务理事会议及七届一次理事会议。召开秘书长联席会议。

截至2012年底，中国岩石力学与工程学会个人会员由2011年的7770人升至8306人，团体会员37个。国际会员由2011年的554人升至720人，团体会员15个。

2012年，学会修订了《章程》、科技奖励相关条例、会员及团体会员管理条例。学会制定了《奖励办公室工作人员守则》，签定了《科学技术评审专家诚信承诺书》，成立了奖励办公室，从制度上保障评奖工作的有序进行。

学术期刊　2012年，《岩石力学与工程学报》（以下简称《学报》）中文版出版正刊12期、增刊2期，共计发表文章533篇，获得由新闻出版总署颁发的“中国最具国际影响力学术期刊”奖牌。

据2012年科技部信息所（扩展版）首次发布的《岩石力学与岩土工程学报》（英文版）影响因子为0.473，总被引频次为31次，即年指标为0.147，他引率为0.68，引用刊数为7，学科影响指标为0.13，学科扩展指标为0.44，被引半衰期为1.70，h指数为2。2011年，《学报》（英文版）有4篇论文被SCI期刊引用，被引次数为4，2012年有20篇论文被引，被引次数为28次。

《岩石力学与工程学报》进行了网站改版，提供自1988年以来的电子版文档及免费下载（2011年提供自1992年以来的电子文档免费下载）。发行总量由2011年的2300余份增至2012年的2400余份，两期增刊的发行量从2011年的2600份增至2012年的2680份。据中国科学信息研究所2012年12月7日发布的2011年中国科技论文统计结果（核心版），综合评价总分在全国1998种核心源期刊中由第14名提升至第6名。

国际交往　5月28～30日，学会组团参加了在瑞典斯德哥尔摩召开的欧洲岩石力学学术大会，大会主题是“岩石工程与技术，可持续的地下建筑工程”。会议期间，召开了各专业委员会会议及区域理事会议，国际岩石力学学会15个专业委员会中有5个专业委员会主席由学会理事担任，他们分别交流了各自领域的工作成果。

10月15～17日，学会组织33名代表参加了在韩国召开的第七届亚洲岩石力学大会，大会主题是“岩石工程的现在与未来”，来自十几个国家和地区的242位代表参加了会议，大会安排了5个特邀报告，13个专题的20个分会场报告，共有100余位报告人展示研究成果。大会共收到31个国家的论文摘要285篇。中国代表团在会上展示了我国岩石力学领域的最新动态和进展，与国外同行进行了交流和探索。我国青年学者们积极参加了会议组织的各项学术活动。

国际学术会议　5月18～19日，由中国工程院主办，中国岩石力学与工程学会承办的国际工程科技发展战略高端论坛——重大地下工程安全建设与风险管理在湖北省武汉市召开，近200位专家、学者围绕“重大地下工程安全建设与风险管理”的主题，交流了地下工程建设、风险管理以及地下工程科技创新发展等方面的最新研究成果。

9月14～17日，第四届岩石力学与工程新进展学术会议在辽宁省沈阳市召开，来自美国、澳大利亚、韩国、加拿大、南非等国家和地区的80余名学者参加了会议，大会优选50余篇论文并收录并出版论文专集 *New*

Development in Rock Mechanics & Engineering。会议旨在通过交流，进一步探讨岩石力学与工程近年来取得的新成果、新技术及其发展规律和前景。会议议题涉及水利水电、岩土工程、能源矿山、市政城建等行业的岩石力学与工程的新进展。

国内主要学术会议 10月19～22日，第十二次全国岩石力学与工程学术大会在江苏省南京市召开，700余人参加了会议。大会收到196篇学术论文，会议分8个专题对岩石力学与工程当前的热点问题进行了交流和探讨，反映了当前岩石力学领域的研究热点以及新方法、新进展，会议规模创造历史新高。

11月24～25日，由中国工程院主办，学会等单位联合承办的岩爆、突水突泥发生机理与防治技术高端论坛在山东省济南市召开，论坛主题是“岩爆与突水突泥灾害的发生机理、定性定量预测方法、灾害防治与控制技术”，与会专家围绕主题进行了交流研讨。

表彰举荐优秀科技工作者 2012年，经学会推荐，李术才教授、杨强教授荣获中国科协第五届“全国优秀科技工作者”称号。学会名誉常务理事葛修润院士荣获“光华工程科技奖工程奖”，学会名誉理事长潘家铮院士荣获“光华工程科技奖成就奖”。

2012年，学会开展了第四届中国岩石力学与工程学会科学技术奖、第七届中国岩石力学与工程学会青年科技奖、2012年度中国岩石力学与工程学会优秀博士学位论文奖、2012年度中国岩石力学与工程学会先进集体、优秀个人工作奖评选活动，表彰奖励410余人。

会员服务 学会为会员制作具有IC功能会员卡，开通网站交费功能和会员交流服务平台，为会员发送《学会动态》电子版。会员参加学会举办的各类学术会议均有注册费优惠。

中国科协会员日 12月15日，中国岩石力学与工程学会主办的中国科协会员日京区学生会员座谈参观活动在北京举行。

来自中国矿业大学（北京）等大专院校、科研单位及团体会员单位的学生会员120余人参加了此次会员日活动。学会副理事长何满潮教授致开幕词。

学会秘书长刘大安在会上作了《提升学会创新服务能力，打造青年会员温馨之家》的报告。中国科学院地质与地球物理所研究员李晓作了《新型深部地质工程中的岩石力学问题》的学术报告。

活动日当天还举行了向青年会员赠书活动，赠送了由学会出版的8种800多本价值15万元的科技图书及2种245本学会刊物，受到与会人员欢迎。

【中国岩石力学与工程学会第七届会员代表大会】

10月19日，中国岩石力学与工程学会第七届会员代表大会在江苏省南京市召开，321人参会。大会开幕式由学会第六届理事会副理事长冯夏庭教授主持。学会理事长钱七虎院士致开幕词，中国科协党组成员、学会学术部部长沈爱民到会并致辞。

大会审议通过了《第六届理事会工作报告和财务报告》、第七届理事会换届原则及分配方案、中国岩石力学与工程学会第七届理事会支撑单位、中国岩石力学与工程学会章程和奖励条例修改说明、第七届理事会会费标准等。

会议选举产生了261名理事组成的中国岩石力学与工程学会第七届理事会，其中常务理事85人。冯夏庭、钱七虎当选学会理事长，15人当选为副理事长，刘大安当选为秘书长。

学会理事长钱七虎院士在会议总结发言中希望学会在新一届理事会的领导下，借助学会领导在国际组织中的重要地位，能为我国科技创新和国际科技交流合作做更多开拓性的工作，再上新台阶，创造新的辉煌。

【第十二次全国岩石力学与工程学术大会】 10月19～21日，第十二次全国岩石力学与工程学术大会在江苏省南京市召开，会议由学会主办，学会环境岩土工程分会等单位联合承办。来自美国、澳大利亚、韩国和国内的代表743名学者、工程技术人员出席了会议，大会组委会主席、学会环境岩土工程分会理事长刘汉龙主持开幕式，学会理事长钱七虎院士致开幕词。

会议收到论文196篇，出版了论文摘要集，内容涵盖了岩石力学试验与测试方法、岩土工程中的重大科学和技术问题等8个方面的科研成果。大会邀请15名专家作特邀报告和专题报告，介绍了岩石力学与工程领域的最新研究成果。大会组织了6个分会场的专题学术研讨会，50余名学者分别作了报告。本次大会特别设置热点问题讨论环节，由知名专家提出热点问题。

【国际工程科技发展战略高端论坛——重大地下工程安全建设与风险管理】 5月18～19日，由中国工程院主办，中国工程院工程管理学部，土木、水利与建筑工程学部，中国岩石力学与工程学会等单位共同承办的国际工程科技发展战略高端论坛在湖北省武汉市召开。钱七虎院士和英国皇家工程院院士John A.Hudson担任大会主席，中国工程院院长周济和湖北省副省长郭生练出席论坛开幕式并分别致辞。

国内外院士专家围绕“重大地下工程安全建设与风险管理”的主题作了16场学术报告，报告了地下工程建设、风险管理以及地下工程科技创新发展等方面的最新研究成果。

周济院长出席了高端研讨会并发表讲话。他指出，学科间的交叉融合是当今科学技术发展的趋势，在今后科学技术发展的战略研究过程中，要注重多学科、多方面、多方位的研究。

18位中国工程院院士和中国科学院院士，以及加拿大国家工程院院士Peter Kaiser，澳大利亚技术科学与工程院院士、英国皇家工程院院士E T Brown，美国国家工程院院士、瑞典皇家工程科学院院士Charles Fairhurst，国际岩石力学学会最高荣誉Muller奖获得者Nick Barton等8位国外专家受邀出席会议，来自国内地下工程建设研究领域的近200位专家、学者参加了会议。

（撰稿人：周　妍）

中国野生动物保护协会

学会建设　2012年5月29日，中国野生动物保护协会北方地区野生动（植）物保护协会秘书长工作座谈会在河南省洛阳市举行。协会秘书长臧春林、河南省林业厅副厅长王学会出席了座谈会并致辞。来自北方地区15个省级协会和黑龙江省森工林区野生动物保护协会、水生野生动物保护分会的秘书长参加了座谈会。座谈会上，水生野生动物保护分会、辽宁省丹东市野生动物保护协会、北京、河北、吉林、河南、陕西省协会进行了大会交流。会议代表审议了《中国野生动物保护协会会员管理办法》和中国野生动物保护协会会员数据库管理系统。

科普活动　2月28日，主题为“保护大象　建设保护区　有你有我”的科普宣传活动在云南省丽江市玉龙雪山落下帷幕。本次活动由协会与云南省野生动物保护协会、美国海瑞集团、德国美乐时望远镜以及斯巴鲁汽车（中国）有限公司联合主办，活动分别走进了云南野生动物园、西双版纳野象谷、普洱糯扎渡省级保护区勐矿村、拉市海高原湿地省级自然保护区、玉龙雪山省级自然保护区，以及昆明市官渡区关上实验学校、丽江市玉龙县玉龙中学等2所学校。宣传活动在动物表演场开展大象保护知识竞答，在学校及保护区周边等人群密集区域发放大象保护手册和调查问卷，与中小学生们开展大象保护互动活动等。大象保护宣传活动所到之处深受大家欢迎。德国美乐时望远镜和斯巴鲁汽车（中国）有限公司向自然保护区赠送了望远镜和冲锋服。

5月12日，中国·北戴河国际旅游观鸟摄影大展暨全国爱鸟周活动在秦皇岛野生动物救护中心启动。本次活动由协会与河北省野生动物保护协会、秦皇岛市人民政府主办，来自中国大陆部分省市，香港特别行政区、澳门特别行政区，以及英国、德国、瑞典、新加坡、马来西亚等国家的观鸟、拍鸟爱好者近200人参加了活动。活动以增强鸟类保护、环境保护、湿地保护的社会责任为出发点，赢得了爱鸟人、摄影人的积极参与和社会各界的广泛关注。

5月14日，由中国野生动物保护协会、国家动物博物馆、中国生态书画院共同主办举办的2012年全国“爱鸟周”活动暨“与鸟共舞”生态书画展在国家动物博物馆拉开帷幕。全国政协委员、协会会长赵学敏，协会秘书长臧春林，国家动物博物馆馆长黄承明，中国生态书画院副院长张世俊、薛夫彬等出席了开幕式。

6月10日，由世界自然基金会（WWF）与国际野生物贸易委员会（TRAFFIC）共同发起，协会与国家动物博物馆和外语教学与研究出版社儿童发展中心旗下的知名早教品牌布奇乐乐园共同举办的“保护野生虎，拒绝虎制品”公益宣传活动在国家动物博物馆举行。来自北京地区的80名4～6岁儿童的家庭参加了此次公益宣传活动。

8月5日，由协会与河北省秦皇岛市政协、鸟网主办，秦皇岛市观（爱）鸟协会、飞羽视界文化传媒（北京）有限公司、鸟网北戴河联络站、中国生态书画院承办的“百鸟朝凤喜迎十八大——北戴河·中国野生鸟类摄影书画精品展”在河北省秦皇岛鸟类博物馆开幕。全国人大常委会原副委员长许嘉璐，国家林业局局长赵树丛、协会会长赵学敏、协会秘书长臧春林，秦皇岛市委领导，鸟类爱好者、志愿者等出席了开幕式。开幕式由秦皇岛市政协主席杨宏主持。200余幅栩栩如生的野生鸟类摄影精品、酣畅传神的百余幅著名书画家以鸟类题材创作的书画作品，吸引了数以千计的市民和游客前来。

12月7～9日，第七届中国洞庭湖（岳阳）国际观鸟节在湖南省岳阳市举办。本届观鸟节是由国家林业局与湖南省人民政府联合主办，协会与湖南省林业厅、岳阳市人民政府承办的国际性大型生态主题活动。来自世界自然基金会、国际湿地公约局等国际组织与10多个国家的官员和专家，以及国内外30支观鸟队、30多个国家级自然保护区的代表参加爱活动。国家林业局党组副书记、副局长张建龙出席并讲话，湖南省副省长徐明华宣布开幕。

12月3～11日，为进一步丰富未成年人生态道德教育活动，协会与国家林业局宣传中心、中央电视台少儿频道联合开展《绿野寻踪》节目进校园互动活动，分别走进海南省三亚市河东区中心学校、湖南省岳阳市岳阳楼小学、广西壮族自治区南宁市东葛路小学。互动活动以候鸟保护为主题，内容包括“候鸟保护”学生自编情景剧、爱鸟护鸟节目表演、学生宣读“候鸟保护”倡议书、“候鸟保护”有奖互动知识问答、“我心中的候鸟家园”校园儿童绘画比赛、“候鸟保护”倡议签名活动等。主办方还向学校赠送书和文具。

【与马来西亚、新加坡开展大熊猫保护合作研究】 6月15日，中国野生动物保护协会与马来西亚自然资源与环境部野生动物和国家公园司在马来西亚总理府签署了大熊猫保护合作研究协议。根据协议，来自卧龙中国保护大熊猫研究中心的一对大熊猫“福娃”和“凤仪”将赴马来西亚“旅居”，中马双方将在大熊猫保护的科普教育和科研等方面，进行为期10年合作。

11月28日，国家林业局局长赵树丛与中国驻新加坡大使魏苇，新加坡总理公署部长兼内政部及贸工部第二部长易华仁，嘉德希望基金主席、新加坡前总统纳丹，新加坡野生动物保育集团主席张齐娥等嘉宾一同为新加坡河川生态园大熊猫馆开馆剪彩。中国野生动物保护协会与新加坡野生动物保育集团开展的大熊猫10年合作研究项目正式启动。

【野生动物科学保护观研讨会】 7月8日，由中国野生动物保护协会主办，东北林业大学野生动物资源学院承办的野生动物科学保护观研讨会，在东北林业大学举行，来自社会各界及东北林业大学野生动物资源学院的学生100余人出席了会议。在研讨会上，国家林业局野生动植物保护与自然保护区管理司司长张希武，中华人民共和国濒危物种进出口管理办公室常务副主任孟宪林，中国工程院院士、东北林业大学教授马建章分别作题为《中国林业生物多样性保护战略与行动计划》、《野生动物国际贸易管理中如何把握保护与可持续发展》、《从两起管理事件看野生动物保护理念的冲突》的报告并进行了研讨，会议通过了《科学保护野生动物倡议书》。

【第四届中国野生生物卫士行动资助典礼】 11月24日，由中国野生动物保护协会（CWCA）、国际野生生物保护学会（WCS）和中华环境保护基金会（CEPF）共同主办的第四届中国野生生物卫士行动资助典礼在北京举行。15个（名）单位和个人获得中国野生生物卫士称号，其中卓越卫士2个（名）、杰出卫士5个、优秀卫士8个（名）。来自国家林业局、国家濒危物种进出口管理办公室、国家林业局森林公安局、海关总署、中华环境保护基金会、中国野生动物保护协会等相关领导及负责人出席了资助典礼，并向获得“中国野生生物卫士”称号的单位和个人颁发荣誉证书。

（撰稿人：曹丽萍）

中国系统工程学会

服务创新型国家和社会建设 学会草业系统工程专委会组织人员对草原资源破坏问题进行考察并提出管理建议。就新疆昌吉市阿什里哈萨克民族乡辖3个村及庙尔沟乡辖4个村草原被违法转让给外来的老板，进行非法开垦开矿开路，草原植被和湿地生态遭到严重破坏事件，呼吁尽快设立部（局）级草原管理执法机构，管好用好占国土40%以上的草地资源，以保障牧区少数民族经济发展。

学会建设 2012年，学会主要围绕系统科学与系统工程学科、各分支学科的发展并结合国家重大科研项目开展学术交流活动，共组织各类学术活动26场次，其中国际学术会议3场次，国内学术会议23场次。

学会成立了应用与咨询工作委员会。

2012年2月，学会全面启用了中国系统工程学会网站；启用了学会个人会员管理系统，实现了网上发展会员、信息填报、适时批复、号码分配、通知缴费等。2012年，学会会员人数接近4000名。根据发展趋势，学会实施了“电子会员证”制度。定并颁布了《会员管理条例》《分支机构管理条例》和《会员学术道德规范》等条例。

学会期刊编辑出版工作委员会实现工作会议制度化。7个期刊统一部署规划的管理模式逐步替代了过去分散管理的模式。

国内主要学术会议 9月20～21日，中国系统工程学会军事系统工程专业委员会第22届学术年会在江苏省徐州市召开，会议主题是“加快转变战斗力生成模式与军事系统工程”。本届学术年会共收到来自全军的应征论文465篇，编入论文集326篇，由空军蓝天出版社出版。9位专家做了专题学术报告。

10月27日，中国系统工程学会第八届二次全国代表大会暨第17届学术年会在江苏省镇江市召开。本次大会参会专家及会员代表近300人。会议以“社会经济发展转型与系统工程”为主题，从中国经济发展、社会秩序等宏观视角，到运用系统科学思想与系统工程方法指导重大工程管理、解决具体的资源与环境、城市交通流等问题。共组织了6个大会报告、4场分会场交流、3场论坛。其中论坛是首次作为年会的学术交流形式，3个论坛的题目分别是高教改革与人才培养、系统科学与管理科学学科发展、管理科学与系统工程的应用。会议征集论文130篇，通过专家精选，90篇录入了论文集。会议还评选出8篇优秀论文。

11月2～6日，模糊数学与模糊系统第16届学术会议在福建省福州市召开。会议由学会模糊数学与模糊系统专业委员会、国际模糊系统协会中国分会主办。

本次会议共收到投稿论文113篇，经专家评审，其中42篇发表在《模糊系统与数学》杂志2012年第4期和第5期上，18篇论文发表在《数学的实践与认识》杂志上。本次会议设立了优秀学生论文奖。

教育系统工程第十四届学术年会11月24～25日在江西省南昌市华东交通大学召开，年会的主题为“系统工程与信息化条件下的高等教育”。林业系统工程第十届学术年会11月23～24日在浙江省杭州市召开。会议以“提升多种功能，促进绿色增长与林业系统工程”为主题。人—机—环境系统工程第十二届学术年会10月21～25日在上海召开。

年会精选出79篇比较优秀的论文编辑出版了《第十二届人—机—环境系统工程大会论文集》，由美国科研出版社出版发行，大会论文集送ISTP进行检索。农业系统工程第十六届学术年会12月15～12月17日在浙江省杭州市举行。主要议题是“建设现代农业以及农业转方式、调结构”。

国际学术会议 第八届交通运输研究国际会议（ICTTS’2012）于2012年8月1～3日在湖南省长沙市召开。第十届金融系统工程与风险管理国际学术年会10月27～28日在贵州财经大学召开。第五届商务智能与金融工程国际学术研讨会8月18～21日在甘肃省兰州市召开。

国际交往 4月10日，中国系统工程学会第八届理事长汪寿阳、中国系统工程学会前理事长、现顾问委员会成员顾基发、学会常务理事唐锡晋赴奥地利维也纳出席了国际系统研究联合会理事会会议、欧洲控制论和系统研究会议。

学会社会经济系统工程专委会副主任贺昌政应德国明斯特大学数学与计算机科学系的邀请，于2012年8月对该校进行了学术访问。学会社会经济系统工程专委会副主任李军参加了中国社会科学院和意大利环境、领土与海洋部合作项目“生态管理战略与政策”研究，于2012年赴意大利进行了学术访问。

表彰举荐优秀科技工作者 2012年，学会设立了系统科学与系统工程科技成果奖。在学会八届二次会员代表大会上为首届“系统科学与系统工程科技成果奖”获奖者颁发了奖状和奖金。通过专家评审和作者到会交流评选出8篇论文为学术交流年会优秀论文奖。

10月28日，在第八届二次全国代表大会会议上为曾经在本领域做出了突出贡献的6位专家颁发了首届中国系统科学与系统工程科技成果奖。该奖项的终身成就奖授予了刘源张、汪应洛，理论成就奖授予了陈光亚、顾基发，应用成就奖授予了徐玖平、赵庆祯。

（撰稿人：薛新伟）

中国实验动物学会

学会建设 4月13日，中国实验动物学会第五届理事会第四次常务理事会扩大会议在北京召开，学会常务理事及京津冀理事、学会副秘书长等38人出席了会议。

5月11日，学会媒介实验动物专业委员会成立大会在北京召开。媒介实验动物专业委员会第一届委员会由来自25个单位的32名从事媒介实验动物研究、管理和应用，具有较高学术水平的专家组成，涉及的工作基本涵盖了我国各种不同媒介实验动物种类并兼顾了各个学科领域和地区。会议同期召开了媒介实验动物专业委员会第一届委员会第一次会议，选举产生了常务委员。

学会向中国科协、民政部申请成立中国实验动物学会福利伦理专业委员会，并获得批准。福利伦理专业委员会的设立，有利于推动我国实验动物行业福利理论水平的提升，保障我国实验动物科技事业健康和可持续的发展。

学会期刊 2012年，《中国实验动物学报》和《中国比较医学杂志》增加了专家论坛等新栏目，刊载论文的数量和质量都有明显提高。开通《中国实验动物学报》、《中国比较医学杂志》投稿系统，向编辑出版工作的规范化迈出了重要的一步。

国际交往 5月22～27日，学会组织了国内本行业科技工作者17人赴日本参加了第59届日本实验动物学会年会，并参观考察了日本实验动物研究相关单位。来自中国医学科学院医学实验动物研究所的许黎黎博士获得了日本实验动物学会颁发的国际奖，并在会上作了题为《季节性流感H1N1鼠肺适应株的建立及潜在分子免疫机理研究》的学术报告。

10月9～13日，应第5届亚洲实验动物学会联合会大会组委会邀请，学会副理事长、秘书长秦川教授率中国实验动物学会代表团参加了2012年在泰国曼谷举办的第5届亚洲实验动物学会联合会（AFLAS）大会。代表团成员25人来自国内不同地区的11家单位。10月11日，学会副理事长、秘书长秦川应邀参加了在泰国曼谷召开的AFLAS理事会及成员国交流会。

10月8日、12日应国际实验动物科学协会（ICLAS）

主席邀请，学会副理事长、秘书长秦川代表中国实验动物学会（CALAS）分别参加ICLAS会议和ICLAS亚洲地区联盟会议。

国际学术会议 9月27日，实验动物福利与替代技术国际论坛在第十届中国实验动物科学年会期间举办。论坛邀请了实验动物福利与替代技术水平较高国家的专家，以及国际实验动物评估和认可委员会（AAALAC）的专家，就国际及各国实验动物福利与伦理以及实验动物替代技术等内容进行了演讲。

科普活动 2012年，学会开展了“寻找科普使者，感受科学魅力”系列科普活动。该活动面向全国寻找科普使者，动员社会各界力量参与实验动物科普创作，促进实验动物科、教、产资源科普化；挖掘有专业视野、技术优势和热心科普公益事业的单位和人才；评选和推介优秀科普作品和科普使者，让实验动物科技走进公众，让公众有效地获得实验动物科学知识，更多地了解实验动物科技工作者所从事的工作及其社会意义，带动各级实验动物组织的科普工作。

经有关单位、地方学会、专业委员会推荐，共有30项科普作品和5个报告人的申报材料参加评选。经学会组织专家评审出《小动物 大作为》等科普作品获得“寻找科普使者优秀科普作品奖”，田雨光等3个科普报告的作者获“优秀科普报告人奖”。

4月26日，学会组织小学生来到中国医学科院医学实验动物所，举办了“小学生科学实验体验课”活动，培养小学生动手操作能力，协作意识和科学探究的兴趣。

5月，全国科技周期间，学会以“走近实验动物 携手建设创新型国家”为主题，在首都医科大学实验动物学部、中国水产科学研究院珠江水产研究所、中国医学科学院医学实验动物所协办下，开展了系列活动，并连续第3年参加了由北京市东城区科协主办的科技周启动宣传活动，向高校学生和科教人员、中学生、社会公众宣传实验动物科学知识和科技成果。

表彰举荐优秀科技工作者 2012年，学会分别推选黄韧研究员和许黎黎博士参加中国科协第五届“全国优秀科技工作者”和第九届“中国青年女科学家奖”评选活动。

2012年中国实验动物学会共收到17个单位推荐的21项科研项目和4位优秀青年人才候选人。“小型猪在医学研究领域应用的关键技术研究”等项目获得2012年中国实验动物学会“科学技术奖”。扬州大学兽医学院陈兵等3人荣获2012年中国实验动物学会“科学技术奖优秀青年人才奖”。

2012年中国实验动物学会“国际青年科学家奖”授予韩国实验动物学会推荐的Jong Kil Lee博士，泰国实验动物学会推荐的Siripor Tantawet博士，及日本实验动物学会推荐的Kazuto Yoshimi博士。

中国实验动物学会继续组织每四年一次的“突出贡献奖”表彰活动。此次，将奖励名称“中国实验动物行业突出贡献奖”变更为“中国实验动物学会终身贡献奖”。2012年学会组织各地方学会、专业委员会推荐，经审核，白琴华等10位从事实验动物及相关科学研究或教学25年以上，德高望重，有突出贡献和影响力的老科技工作者获此殊荣。

【第十届中国实验动物科学年会】 9月25～28日，由学会主办，扬州大学兽医学院承办，北京龙东海科研设备制造有限公司协办的第十届中国实验动物科学年会在江苏省扬州市召开。来自国内外500余名从事实验动物科学以及与实验动物学的科研、生产、管理、教育的科技人员参加了会议。学会副理事长、秘书长秦川，扬州大学副校长胡效亚，学会副理事长高诚、赵德明，江苏省实验动物协会秘书长陆建玲以及学会特邀嘉宾等出席了开幕式，开幕式由学会副理事长曾林主持。

本届年会上进行了中国实验动物学会科学术奖、中国实验动物学会终身贡献奖、中国实验动物学会国际青年奖、寻找科普使者优秀科普作品奖及寻找科普使者优秀科普报告人、第十届中国实验动物科学年会优秀论文协和奖的颁奖活动。

本届年会邀请了国内外知名专家为与会人员做有关实验动物科学及相关学科的大会报告。9月26日，特邀专家分别就各自的研究内容做了学术报告，报告内容既有目前国内外实验动物学科及相关学科研究热点，也有实验动物研究宏观发展现状及管理等内容。报告涉及内容广泛，具有较高学术水平。

年会根据实验动物学科发展及各分支学科进展以及大家关心的热点话题，共设置了13个分会场进行学术交流活动。本届年会特别设立了“实验动物福利与替代技术”国际论坛。论坛邀请了来自美国、英国、德国以及国际实验动物评估和认可委员会的专家，就国际及各国实验动物福利与伦理以及实验动物替代技术等内容进行了交流。本届年会期间，学会开设了“实验动物科普大讲堂”，邀请珠江水产研究所所长吴淑琴作了题为《水生生物与公共卫生环境》的科普报告。另外，“寻找科普使者优秀科普报告人”获奖者也就实验动物的相关科普内容作了报告。

（撰稿人：赵宏旭）

中国青藏高原研究会

学会建设 2012年，中国青藏高原研究会根据《社会组织评估管理办法》和全国性社会组织评估的相关规定，对照评估指标，完成了《社会组织评估申报书》。11月10日，民政部民间组织服务中心组织评估专家对中国青藏高原研究会进行了实地考察和现场评估。

研究会参加了国际科学理事会和联合国教科文组织共同推动的第三极环境（The Third Pole）国际计划。

国际任职 2012年，中国青藏高原研究会理事长姚檀栋院士担任国际科学理事会（ICSU）和国际社会科学理事会（ISSC）共同成立的“全球可持续性地球系统研究计划”（Earth System Research for Global Sustainability）“过渡小组”成员。

决策咨询 由研究会组织，中国科学院学部支持的《气候变化对青藏高原环境与生态安全屏障功能影响及适应对策》院士咨询项目的调研工作在2012年继续开展。5个课题在吴国雄院士、姚檀栋院士、郑度院士、李文华院士、孙鸿烈院士的领导下分别开展了具体的调研、研讨，项目组于7月25～31日在孙鸿烈院士率领下，在中国科学院青藏所藏东南站、地理所拉萨站、青藏所纳木错站听取了汇报，进行了座谈。

9月，研究会副秘书长、民革中央委员徐柏青主笔，为民革中央起草了《关于西藏环境外交的调研报告》。

科普活动 5月20日，研究会结合挂靠单位中国科学院地理科学与资源所组织的第八届公众科学日活动，组织了以“青藏高原自然环境探秘”为主题的科普报告会，来自大、中、小学学生及社会公众500余人参加了报告会。报告由中国科学院院士郑度主讲，通过介绍中国科学院组织的青藏高原科学考察的历史和取得的一系列创新成果，为同学们揭开青藏高原的神秘面纱，调动了同学们对青藏高原的探索热情。报告会后，同学们在地理资源所所史馆内参观了青藏高原综合科学考察展览。青藏高原综合科学考察展览展示了几代青藏科学人投身科学事业、奉献社会的高尚精神，使观众对我国的青藏高原研究事业有较全面和深入的了解。

8月，研究会依托中国科学院纳木错多圈层综合观测研究站组织西藏当雄中学的30名初中生来站参观，开展“气候变化与我的家乡”科普教育。纳木错站站长康世昌向学生们介绍了纳木错流域的地理、生态植被特征及对气候变化的反应，通过讲解让大家明白其中的科学原理，培养他们从小热爱科学的精神和保护环境的意识。这次的实地科普课是非常直观的科学教育，激发了学生们的好奇心和兴趣，开阔了他们的眼界。

表彰举荐优秀科技工作者 2012年，经研究会推荐，兰州大学教授勾晓华获得第九届“中国女科学家奖”。中国科学院青藏高原研究所研究员朱立平获得中国科协第五届“全国优秀科技工作者”称号。

【中国青藏高原研究会2012年学术年会】 12月20～21日，中国青藏高原研究会2012年学术年会在广西壮族自治区北海市举行，主题为“青藏高原地表圈层相互作用及其环境影响”。来自中国科学院各有关研究所、中国气象局所属研究和管理机构、中国藏学研究中心、高等院校以及西藏、青海、四川等省、自治区科研和管理单位的150多人参加会议。研究会理事长、中国科学院青藏高原研究所所长姚檀栋院士做了题为《青藏高原的地表多圈层相互作用研究》的主题报告。在全体大会上，中国科学院地质与地球物理所研究员王二七、中国气象科学院研究员张人禾、中国科学院遥感所研究员施建成、中国科学院青藏高原所研究员马耀明分别进行了《龙门山及汶川地震研究新进展》、《青藏高原低涡生成频数的日变化气候特征及其成因》、《遥感水文学研究的进展与问题》、《青藏高原气候系统变化及其对东亚区域的影响与机制研究》的学术报告。

还进行了分组学术报告与讨论，以国家自然科学基金重大项目“第三极地球系统中水体的多相态转换及其影响”和国家重大科学研究计划项目“青藏高原气候系统变化及其对东亚区域的影响与机制研究”的内容为重点分别进行了学术报告交流。同时，以“青藏高原生态系统对气候变化和人类活动响应”和“青藏高原湖泊生态系统对全球变化的响应”为主题开展了4组专题报告与讨论。

【香山科学会议第450次学术讨论会】 12月11～13日在北京香山饭店召开以“气候变化与青藏高原生态安全屏障”为主题的学术讨论会，邀请来自科研院所、高等院校和管理部门的40多位专家、学者就青藏高原地表条件变化与极端环境事件，青藏高原冰冻圈过程对区域水循环和生态条件变化的影响，青藏高原地表覆被变化对气候变化的响应以及影响，青藏高原主要生态系统碳源/碳汇功能作用评估与对策等中心议题，进行了广泛交流和深入讨论。

【第八届中德青藏高原研讨会】 11月15～18日，第八届中德青藏高原研讨会在四川省成都市举办。参加此次研讨会的中德双方科研人员共有100余人。中方首席专家、研究会理事长姚檀栋院士汇报了第三级环境（TPE）国际计划进展情况，中德合作计划“青藏高原形成、环境变化与生态系统研究”（TiP）项目协调人、德国图宾根大学教授 Erwin Appel 介绍了 TiP 项目的执行情况，德方首席科学家森肯堡博物馆教授 Volker Mosbrugger 汇报了中德合作计划（Central Asia and Monsoon Environment，CAME）项目的进展。德国布伦维格理工大学教授 Antje Schwalb 和中国科学院青藏高原研究所研究员张凡等介绍了中德双方在青年科技人才培养项目等方面的进展。会议期间，专门召开了 TiP 指导委员会会议，双方一致同意继续扩大双边合作研究，并且在未来研究规划、人员交流、联合发表论文、科研数据共享、青年人才培养、2013 暑期班及合作网站建设等方面达成一系列共识。

会议以学术报告和墙报的形式总结过去 10 年的研究进展。来自中德双方的科学家分别以大会口头报告和墙报的形式，展示了彼此在共同关注的青藏高原各个学科领域所取得的研究成果。30 余个学术报告和 58 个墙报主要涵盖长时间尺度气候变化与地球动力学研究、古气候记录的青藏高原环境变化、大气圈—冰冻圈—水圈—生物圈相互作用等方面。此外，会议还以 4 个典型中德合作研究为范例介绍了最新研究进展。

（撰稿人：朱立平）

中国环境诱变剂学会

学会建设 2012 年 10 月，学会第六届全国会员代表大会在浙江省杭州市举行，大会选举产生了第六届理事会，北京大学教授柯杨当选学会第六届理事长。会后召开了第六届第一次理事会议、常务理事会，对学会的各项工作进行了部署。2012 年，学会共举办重点学术会议 6 次，参会学者 737 人次，交流论文 439 篇。

2012 年 5 月，学会第五届第十次常务理事会议在北京召开。

学会期刊 学会主办的《癌变·畸变·突变》杂志，为“中国科技论文统计源”期刊（中国科技核心期刊），每年发行 5000 册，收录本刊的数据库有 14 种。据中国学术期刊综合引证年度报告：总被引频次 426，影响因子 0.396，他引总引比 0.93，基金论文比 0.711。可发表英文稿件。2010 年网络版实现全文上网并开启稿件远程办公系统。

国内主要学术会议 10 月 23 ~ 26 日，第三届亚洲环境诱变剂学术大会暨第十五届中国环境诱变剂学会学术年会在浙江省杭州市举办，参会 336 人，交流论文 176 篇。

12 月 7 ~ 9 日，学会及活性氧生物学效应专委会承办的中国科协第 73 期新观点新学说学术沙龙会在福建省厦门市召开。本期沙龙主题为“肿瘤放疗与副作用的差异同心圆效应”。

9 月 8 ~ 10 日，学会与中国生物医学工程学会联合举办第十四届中国科协年会第 17 分会场环境健康与健康维护研讨会，参会 162 人，交流论文 108 篇。

6 月 24 ~ 28 日，学会风险评价专委会与出生缺陷防治专委会联合举办的环境健康与药物安全性高端学术会议在新疆维吾尔自治区乌鲁木齐市召开，119 人参会，交流论文 80 篇。

科普活动 2012 年学会充分利用各专业委员会的专业特点开展科普活动，举办论坛、科普讲座、专家咨询，发放科普挂图、宣传册等活动。6 月，学会抗诱变剂抗癌剂专委会在黑龙江省哈尔滨市举办了“植物化学物的肿瘤预防作用”科普专题讲座。9 月，学会活性氧生物学效应专委会在陕西省西安市开展了以“食品安全图片展”为主题的科普活动。共约 87 位科技工作者参加了主题科普活动，科普活动受众千余人，发放宣传册千余份。

【中国环境诱变剂学会第六次全国会员代表大会】 10 月 24 日，中国环境诱变剂学会第六届全国会员代表大会在浙江省杭州市举行，来自全国各地的 200 多位会员代表出席了大会。

学会第五届理事长、中国工程院院士程书钧代表理事会做了工作报告。大会选举产生了 118 名理事组成的第六届理事会，其中常务理事 38 人。北京大学常务副校长、医学部常务副主任柯杨当选为中国环境诱变剂学会第六届理事长，曹佳、石刚刚、孙长颢、郝卫东、浦跃朴、张天宝 6 人当选为副理事长，郝卫东兼任秘书长。通过了学会名誉理事长和副秘书长人选。北京大学医学部继续作为学会的挂靠单位。学会决定授予薛寿征、刘鸿亮、蒋左庶等 13 位同志“学会发展突出贡献奖”，并颁发了证书和奖杯。

【亚洲环境诱变剂联合会第三次学术大会暨第十五届中国环境诱变剂学会学术年会】 10 月 23 ~ 26 日，亚洲环境诱变剂第三次学术大会暨第十五届中国环境诱变剂学会学术年会在浙江省杭州市举行。会议由中国环境诱变剂学会、浙江大学、杭州师范大学和浙江省科技厅共同承办。

会议期间，共有 300 多位来自中国、韩国、日本、美国、加拿大、伊朗、哈萨克斯坦、马来西亚和意大利等国家高校和科研机构的代表参加了学术讨论，组委会邀请了意大利 IRCCS 医学中心教授 Stefano Bonassi，日本爱知县癌症中心研究所（Aichi Cancer Center Research Institute，ACCRI）Kazuo Tajima 教授，南京医科大学教授沈红兵，美国环境健康科学院（National Institute of Environmental Health Sciences，NIEHS）Richard S. Paules 教授和北京大学教授黄薇等就“经济快速发展国家中环境对健康的影响”这一热点问题向大会做了主题报告。会议设置了 2 个分会场，与会学者分别就生命科学、医学、公共卫生、环境科学等专题，结合个人研究进展进行了交流。会议共录用论文 176 篇，全部收集成册。此次参展墙报共 130 余份，分 8 个方面分类展出。

【肿瘤放疗与副作用的差异同心圆效应】 12 月 8 ~ 9 日，由中国科协主办、中国环境诱变剂学会承办的中国科协第 73 期新观点新学说学术沙龙在福建省厦门市召开。

本期沙龙主题为“肿瘤放疗与副作用的差异同心圆效应”。放疗副作用的特点是延迟性周身损伤，学会活性氧生物学效应专委会主任委员海春旭教授提出了“差异同心圆效应”学说。本期沙龙由第四军医大学教授海春旭担任领衔科学家，中国工程院院士李连达受邀参加了本次沙龙。本着“百家争鸣，提倡质疑”的理念，沙龙围绕肿瘤放疗与副作用的差异同心圆效应这个话题展开，各行专家就肿瘤放疗中副作用的产生原因和治疗方法提出了各自的新思想、新观点。

（撰稿人：高苏堤）

中国运筹学会

学术期刊 2012 年，学会新创办 *Journal of Operations Research Society of China* 杂志获得中国科协优秀国际科技期刊三等奖。学会主办的《运筹学学报》2012 年被评为华东地区优秀科技期刊奖。

科普工作 2012 年，学会在全国性的大型学术会议期间，举办公众报告和讲座，向非运筹学专业的大学生和研究生，普及运筹学的基本理论、方法和用途。

10 月 18 日，学会理事长袁亚湘院士在东北大学汉卿会堂做了公众报告《从瞎子爬山到最优化方法》。听众包括东北大学的大学生和研究生，以及全国各地参加中国运筹学会第九次全国会员代表暨 2012 年学术交流年会的部分师生，超过 500 人。

4 月 13 日，西安交通大学副校长、中国科学院院士徐宗本应邀参加第九届全国数学规划学术会议并做了大会报告。会议期间，他应邀做客杭州电子科技大学的“理学文化节——名师讲堂”，为该校 400 余名师生作了题为《漫谈数学与信息科学》的科普报告。

学会与爱迪科森公司的合作，将运筹学的理论知识以通俗的表达方式介绍给大众，特别是针对在校面临选择未来专业的大学生。具体方式是学会组织教师讲课，以现场或进入录音棚等方式记录下来，由爱迪科森公司负责推广到全国各个高校的图书馆去，为将来选择专业方向的学生们提供影视材料。2012 年完成 5 项。

国际任职 中国运筹学会代表中国运筹学工作者在国际运筹学会联合会（IFORS）（学会名誉理事长章祥荪担任副主席，任期 2010—2012）和亚太地区运筹学联合会（APORS）（学会理事长袁亚湘担任主席，任期 2010—2012）中逐渐发挥着重要作用。2012 年，学会在陕西省西安市举办了 APORS 第九届大会，会议选举学会理事长袁亚湘担任 IFORS 副主席（任期 2013—2015）。

会员服务 截至 2012 年底，学会有会员 1580 人，团体会员 29 个。2012 年 5 月学会承接了中国科协会员管理项目，加强对会员的服务与管理。学会建立了会员数据库，正在建设网上会员平台。会员参加学会举办的学术年会减免注册费 200 元。

【中国运筹学会第九次全国会员代表大会暨学术交流会】 10 月 19 ~ 22 日，中国运筹学会第九次全国代表大会暨 2012 年学术交流年会在辽宁省沈阳市召开，来自全国各地及国外的 466 名代表参加了本次会议。学会第八届理事长袁亚湘致开幕词。开幕式上，向章祥荪研究院颁发了中国运筹学会第三届运筹学科学技术奖。学会副理事长张汉勤介绍了章祥荪研究员的学术贡献。国际运筹学会联合会（IFORS）主席 Dominique de Werra 教授作为特邀嘉宾出席了开幕式并做了大会报告。学会邀请了国内 7 位专家就相关方向的最新学术进展作了专题学术报告。会议分 4 个分会场进行了分组学术交流，先后有 50 多位代表作了学术报告。

在全体会员代表大会上，袁亚湘作了工作报告，学会秘书长胡旭东做财务工作报告。会议选举产生了中国运筹学会第九届理事会。第九届理事会由 127 名理事组成，其中常务理事 40 人。会议选举胡旭东为第九届理事会理事长，选举杨新民等 7 人为副理事长，选举刘克为秘书长。学会第九届一次常务理事会议，任命了学会各工作委员会的负责人，确定了学会领导班子的工作分工，就分支机构的管理等做出了决议。学会常务理事会决定，授予袁亚湘院士为学会名誉理事长。

学术年会期间，组织了中国运筹学会“青年科技奖”的评选工作，组织了中国运筹学会“运筹学应用奖”的评选答辩会，组织了学科发展论坛报告会。《运筹与管理》、《运筹学学报》中英文刊分别召开了学报编委会会议，研究探讨了学报发展的重要事项。

【第九届亚太运筹学联合会学术会议】 7 月 28 ~ 30

日，第9届亚太运筹学联合会国际大会（APORS2012）在陕西省西安市召开，本次会议主题为“运筹学在可持续发展中的应用”，8位学者作了特邀大会报告。

会议安排了8个分组报告，有40位教授和研究生报告了他们的研究工作，并开展了学术讨论。会议期间召开了亚太运筹学联合会（APORS）理事会。经APORS理事会一致推举，袁亚湘院士代表亚太运筹学联合会出任下一届国际运筹学联合会（IFORS）副主席，任期为2013～2015年。

（撰稿人：胡　洁）

中国菌物学会

学术期刊　由中国菌物学会与中国科学院微生物研究所共同主办的《菌物学报》被评为“中国国际影响力优秀学术期刊”。

为客观反映我国学术期刊的国际影响力水平，中国科学文献计量研究中心、清华大学图书馆等单位历时2年多，以2011年度Web of Science的《期刊引证报告》JCR来源文献为引文统计源，根据国际总被引频次、影响因子等综合指标排序，研制了CAJ-IJCR，并按TOP5%、TOP5%～10%遴选，结合有关专家的意见，评出“2012中国最具国际影响力学术期刊”、“2012中国国际影响力优秀学术期刊”各209种（科技类各175种，人文社科类各34种）。

2012年，学会与TAYLOR & FRANCIS GROUP出版社合作创刊的菌物学国际杂志（*Mycology – an international journal on fungal biology*）共印刷2400册，出版专刊两期。中文刊物《菌物学报》、《菌物研究》两个科技期刊1～10月印发总数1万册。

国际学术会议　8月9～10日，真菌命名新纪元国际研讨会在北京召开。本次会议由中国科学院微生物研究所真菌学国家重点实验室和中国菌物学会承办，来自美国、加拿大、荷兰、德国、英国、澳大利亚、新西兰、泰国和印度等国的专家学者与来自国内的50位专家，就新命名法规改变将带来的具体影响和保证平稳过渡所需采取的措施进行了深入探讨，并分组讨论了真菌名称注册数据库、植物病原真菌炭疽菌、酵母菌、环境真菌操作分类单元等问题，在真菌名称注册数据库建设和管理等系列关键问题上达成了一致意见。

国内主要学术会议　7月9～13日，由中国检验检疫科学研究院和中国菌物学会主办、深圳出入境检验检疫局承办的第17届黑粉菌和腥黑粉菌国际学术研讨会在广东省深圳市召开，这是国际黑粉菌与腥黑粉菌年会首次在中国举办，也是首次在亚洲举办。来自国内外该领域的知名专家、学者共50余人参加了本次会议。包括上届黑粉菌和腥黑粉菌研讨会主席、加拿大农业与农业食品部Denis A. Gaudet教授，前亚洲真菌学会主席、泰国皇太后大学Kevin D. Hyde教授，现任亚洲真菌学会主席、学会理事长、中国科学院微生物研究所研究员刘杏忠，新西兰资深真菌学专家Eric E.C. McKenzie教授，以及来自叙利亚、加拿大、塔吉克斯坦的专家，中国大陆和香港特别行政区、澳门特别行政区专家参会。刘杏忠作题为《真菌多样性、进化与基因组学》的专题报告。本次会议上，各国专家、学者共进行了5场专题报告和13个学术报告。

2012年8月2～4日，在山东省泰安市山东农业大学召开菌物多样性与系统学研讨会。会议期间，由专家、学者进行了菌物系统分类学学术进展和最新研究技术方法介绍与报告，并且让年轻真菌学者结合介绍自己的科研工作，共同讨论标本采集和分类研究中遇到的一些共同关注的疑难问题。特别是一些系统分析软件的应用方法培训，取得了良好的效果。会议期间，开展了野外标本采集及认识真菌物种活动，提高了与会者对毒菌和野生食用菌的鉴别能力。

表彰举荐优秀科技工作者　经学会推荐，学会副秘书长蔡磊、会员金城研究员获得中国科协第五届“全国优秀科技工作者”称号。

2012年，学会第四届理事会副理事长王泽生主持的“双孢蘑菇育种新技术的建立与新品种As2796等的选育及推广”项目，获国家科技进步奖二等奖。在中国菌物学会2012年学术年会上6名研究生荣获本年度“菌物杯青年学子科技创新奖”。

【2012年中国菌物学会学术年会】　8月10～12日，中国菌物学会2012年学术年会在北京召开。本次年会是学会第五届理事会成立以来的首次学术年会。中国科学院院士、发展中国家科学院院士、中国科学院微生物研究所研究员庄文颖，中国工程院院士、上海第二军医大学附属长征医院廖万清将军，中国科学院微生物研究所副所长东秀珠，海外特邀嘉宾及国内真菌学研究、教育和相关产业工作者约350人出席了会议。

本届学术年会以“真菌与人类生活”为主题，特邀了5名国内外知名学者做大会报告，在分组交流中，年会安排了菌物多样性与系统学研究、医学真菌研究进展、菌物遗传与分子生物学、药用菌与真菌活性代谢产物、植物病原真菌、食用菌、菌根及内生真菌多样性与生态学、裸菌多样性及系统研究等8个专题的97个报告。为在学研究生特别设立了全英文报告分会场，23位研究生报告了研究进展，6名同学荣获本年度“菌物杯”青年学子科技创新奖。

大会开幕前，还举办了真菌命名新纪元北京国际研讨会，重要动植物病原真菌与经济真菌的分子快速检测，真菌基因组和转录组数据分析，无性丝孢真菌分类研究，中国桑黄及其药用价值等5个专题论坛。

学会建设 召开中国菌物学会五届二次理事会，增补上海农科院谭琦研究员为本届理事会的副理事长。

【全国第五届地衣生物学研讨会】 8月22日，第五届全国地衣生物学研讨会在山东省泰安市召开。本次会议由中国菌物学会主办、山东农业大学生命科学学院承办，会议主题为“地衣生物多样性与系统性及其资源研发前景”。会议旨在促进地衣生物学的发展和提高该学科科研队伍水平，加强全国地衣学研究人员的合作与交流。来自中国科学院微生物研究所、山东师范大学、中国科学院昆明植物研究所、山东师范大学，以及新疆、西藏、北京、河北、黑龙江等省、自治区、直辖市的高校和科研院所的60余名从事地衣学研究的专家、学者和研究生参加会议。韩国国立顺天大学地衣专家Jae-Seoun Hur教授专程参加会议。中国科学院院士魏江春在开幕式上致辞，鼓励与会专家教授、研究生加强合作，加强交流，共同努力为中国地衣生物学的发展繁荣贡献力量。

研讨会期间，与会学者听取了各方有关地衣学研究的科研报告，并就如何促进地衣生物学的发展，提高该学科科研队伍水平，加强合作交流等方面问题进行了探讨。此次会议为《中国地衣志》的编研提供了指导，为中国地衣生物学多样性研究及其资源开发和利用拓宽了思路。

（撰稿人：蒋　娜）

中国晶体学会

国际学术会议 2012年11月20～22日，学会在广东省广州市举办第二届中国—印度—新加坡晶体工程研讨会。研讨会由中山大学教授陈小明和苏成勇主持。包括国际晶体学会主席、印度科学研究所G. R. Desiraju教授在内的14名印度学者、6名新加坡学者，以及21位国内学者进行了为期3天的学术交流。

2012年8月24～27日在陕西省西安市举办蛋白质晶体学软件和方法的新进展国际研讨会（International Workshop on New Developments of Methods and Software for Protein Crystallography）。会议由国家晶体学联合会生物大分子专业委员会，中国晶体学会和西北工业大学共同主办。参会人数近百人，其中外宾客23人。

【中国晶体学会第五次全国会员代表大会暨学术会议】 8月20～23日，中国晶体学会第五次全国会员代表大会暨学术会议在陕西省西安市召开，520名会员代表出席了本次大会。大会审议通过了第四届理事会工作报告、财务工作报告和章程修改草案。选举产生了由83位理事组成的中国晶体学会第五届理事会。大会同期召开了中国晶体学会第五届理事会第一次会议，选举产生了由27人组成的中国晶体学会第五届常务理事会，北京大学化学学院长江学者特聘教授、学术委员会主任高松当选中国晶体学会第五届理事长，吴以成、陈小明、牛立文、苏晓东、郑伟涛、吕扬、彭练矛当选副理事长，王哲明当选学会秘书长。学术会议共设一个主会场，6个分会场，收到论文摘要253篇，安排8个特邀报告,66个分会场报告。大会共资助了20位学生代表的旅费，奖励了获得优秀墙报奖19位学生。

（撰稿人：陈　冲）

中国神经科学学会

学会建设 3月24日，学会在北京召开五届二次常务理事会议，讨论制定了中国神经科学学会分支机构负责人换届改选的条件和流程，增补6名常务理事。截至2012年底，学会理事会共有37位常务理事。

2012年，中国神经科学学会共申请了中国科协各种项目7项，批准5项，学术交流项目2项，期刊项目1项，继续教育项目1项，学会自身建设项目1项。

2012年，中国神经科学学会和所属分支机构发挥学科优势，举办学术研讨会、论坛等国内外学术交流活动共12次，在华举办的国际会议占50%，共1400人参加，境外专家学者达300人，交流学术论文421篇。中国神经科学学会创建了小型高端的品牌学术交流会议——海内外华人神经科学家研讨会，并建立神经科学转化医学在线交流平台。

12月8日，学会在江苏省苏州市召开五届二次理事会议，会议重点讨论了中国神经科学学会第十届全国学术年会的有关事宜。12月8日，中国神经科学学会五届三次常务理事会在江苏省苏州市召开，会议讨论了差额选举制度的具体实施方案，并且号召各分会和理事积极参与年会。

2012年，中国神经科学学会个人会员总人数达4786人，比2011年增长了16%；团体会员5个，比2011年增长了25%。

学会期刊 中国科学院上海生命科学研究院和中国神经科学学会主办的 *Neuroscience Bulletin* 入选“2012 中国最具国际影响力学术期刊”名单。

国内主要学术会议 9月14～16日，由中国神经科学学会神经损伤与修复分会主办，第四军医大学西京医院神经外科承办的中国神经科学学会神经创伤与修复大会在陕西省西安市召开。500名临床医师及研究人员参加了本次大会。会议就神经损伤与修复现状与存在的问题、基础医学研究进展、临床医学研究进展、军事医学研究进展等四方面探讨了神经损伤与修复的机制和进展。会议上还回顾了近年来国内外神经损伤与修复领域的新成果。

国际组织任职 学会理事长、中国科学院院士段树民当选为亚大神经科学联会2015年年会的大会主席。中国神经科学学会与欧洲神经科学联会合作，对亚洲和欧洲出国留学的青年神经科学工作者给予一定的经费支持。

会员服务 为了加强会员服务和管理，中国神经科学学会建立会员平台，免费为会员发布各种奖学金评奖信息和中国科协系统等部门的评奖信息、推荐信息，提供理事单位招聘信息及相关平台服务信息等。会员可免费不定期获赠《中国神经科学学会简报》。会员参加中国神经科学学会举办的各类学术活动减免注册费300元。

中国科协会员日 12月14日，学会联合中国植物生理与分子生物学会和中国生物化学与分子生物学会，在上海市组织了2012中国科协会员日活动。活动邀请了西安杨森制药有限公司副总裁谷里虹博士做报告，报告主题为“温馨的家——望‘子’成龙”，讲述新药的开发与社会责任。共200人参加，活动制作了学会会员的问卷调查表，以进一步了解会员的需求，通过整理统计，总结评价学会的各项工作，作为学会今后改进服务工作的指南。

【第七届海内外神经科学家研讨会】 6月26日，第七届海内外华人神经科学家研讨会在陕西省西安市召开。此会议一直采用美国高登会议的模式，会议报告人必须是独立的实验室负责人。会议共分为药物成瘾及精神疾病、神经发育、疼痛等8个专题。每个专题由2名主持人负责召集该专题的国内外专家作报告，最后会议学术委员会再审查确定会议日程。会议邀请到加拿大多伦多大学教授王路阳，美国佐治亚州健康科学大学教授熊文成等5位知名专家做大会主席。美国佐治亚州健康科学大学梅林教授，美国德克萨斯大学陆新云教授等49位海内外著名的神经科学家做大会报告。会议规模350人，收录摘要125篇。

此会议由中国神经科学学会创立，2012年中国神经科学学会申请到中国科协学术交流重点活动项目，在其支持下，现已独具风格，成为学会的小型高端品牌国际学术会议。

【创建在线学术交流平台】 为了达到学术信息的快速流动和资源共享，利用现代化网络即时传播信息的优势，学会申请到中国科协在线学术交流项目。借此项目，学会改变传统的学术交流形式，在对学会网站全面更新的同时建立“神经科学转化医学交流平台”，进行在线学术交流。平台包括简介、新闻动态、交流探讨、会议直播、友情链接共5大板块。同时设立专题性讨论，每期围绕一个主题，将小型专题会议的视频和精彩幻灯分类上传，以便有针对性地深入探讨，弥补学术会议上时间紧缺，机会少的缺陷。第七届海内外华人神经科学家研讨会第一次尝试在线交流方式，前期发布会议通知等资料，会后将会议视频上传至网站，开通网站互动环节，进行在线交流。

（撰稿人：傅　璐　韩　雪）

中国机械工程学会

服务创新型国家和社会建设 2012年，中国机械工程学会为了让政府部门、高等院校、科研院所、企业及广大公众快捷、全面地了解《中国机械工程技术路线图》内容，学会组织专家对原书进行了摘编，重点对原书第三章至第十三章的机械工程11个重要技术领域技术路线图部分进行了提炼和浓缩，将原书的15章改编为6章，形成《中国机械工程技术路线图》（简明本），2012年1月由中国科学技术出版社出版。

2012年，学会部分专业分会组织编写完成了《焊接科学基础——材料焊接科学基础》、《现代机械设计方法》、《超声波检测》（第2版）、《设备维修工程技术及其应用》等专业图书，由机械工业出版社出版。

2012年，中国机械工程学会编辑出版了《机械工程导报》、《学会动态》、《机械工程师资格认证工作通讯》。

学会建设 2012年，中国机械工程学会召开理事会议1次，常务理事会议2次，理事长办公会议1次，全国总干事秘书长工作会议1次，第十届理事会11个工作委员会各召开会议1次。

1月15日，学会召开2012年理事长办公会议。理事长、副理事长11人出席会议，监事会全体成员及3名副秘书长列席会议，会议由学会理事长周济主持，学会副理事长兼秘书长张彦敏报告了2012年学会重点工作安排，《关于制定中国机械工程学会事业发展规划要点（2012—2016）的意见》，“五年规划要点”编写提纲、要点、进度及要求，副理事长分工及各工作委员会主任、副主任人选并介绍了相关情况。到会的副理事长和监事会成员对以上问题进行了讨论，并原则通过了上述文件。

2月16～17日，学会2012年总干事秘书长工作会议在海南省三亚市召开。学会各专业分会总干事、各省区市机械工程学会秘书长以及工作总部相关工作人员共80余人出席了会议。学会监事长宋天虎出席会议。会议对学会系统2011年度最具影响力学术会议、最具影响力综合活动平台和2011年度机械工程师资格认证工作优秀单位、先进单位与先进个人进行了表彰。

3月14日至4月16日，学会第十届理事会11个工作委员会先后召开会议，讨论通过了各自的工作条例和2012—2016年工作重点。

6月21日，学会十届二次常务理事（扩大）会议在山西省太原市举行。学会理事长周济和8名副理事长、39名常务理事出席会议，监事长宋天虎和2名监事，学会部分理事、专业分会总干事、省区市学会秘书长以及工作总部工作人员共40人列席会议。山西省委常委、纪委书记、学会理事李兆前到会致辞。受周济委托，学会副理事长包起帆主持了会议。经审议和表决，原则通过了《中国机械工程学会事业发展规划要点（2012—2016）》、11个工作委员会的工作条例和今后5年的工作重点。学会理事长周济作了总结发言。

11月20日，学会十届三次常务理事（扩大）会议在福建省福州市举行，学会理事长周济和8名副理事长等共42名常务理事出席会议。监事会全体成员列席会议。会议由学会理事长周济主持。会议讨论并通过了包装与食品工程、机械传动2个专业分会换届方案，以及工业炉等7个专业分会委员会人员调整事项。

11月20日，学会十届二次理事（扩大）会议在福建省福州市举行，学会理事长周济和8名副理事长等共125名理事出席会议，监事会全体成员，学会副秘书长、部分专业分会总干事、省区市学会秘书长以及工作总部工作人员共58人列席会议。会议由学会副理事长包起帆主持。周济传达了党的十八大会议精神。学会副理事长兼秘书长张彦敏重点汇报了《〈中国机械工程学会事业发展规划要点（2012—2016）〉实施方案》。根据民政部相关规定要求，张彦敏向理事会作述职报告。学会副秘书长邢梅作学会2012年度财务报告，学会副秘书长左晓卫作关于理事增补事项的说明。经过审议和表决，会议原则通过了《〈中国机械工程学会事业发展规划要点（2012—2016）〉实施方案》。会议决定增补刘维民、黄卫东、秦大同、瞿金平和赵剡水为第十届理事会理事，何清华接替罗志平为第十届理事会理事。

2012年，学会所属4个专业分会完成换届，9个分会委员会做了调整。

2012年，学会编辑出版了《中国机械工程学会年鉴》（2012）和《中国机械工程学会服务指南（2012）》等内部刊物和资料。

2012年，学会共组织各类学术会议99次，14595人次出席，交流论文4842篇。

学术期刊 2012年，中国机械工程学会主办科技期刊36种，2012年刊登论文11095篇，总印数189.6万册。《机械工程学报》获得中国科协精品科技期刊培育计划——期刊学术质量提升项目资助。《机械工程学报》和《中国机械工程》再次入选"百种中国杰出学术期刊"。

12月26日，中国科学文献计量评价研究中心发布《中国学术期刊国际影响力评价报告》。学会主办的《中国机械工程》入选"2012中国最具国际影响力学术期刊"；中国机械工程学会主办的《机械工程学报》、《铸造》、*Chinese Journal of Mechanical Engineering*、《塑性工程学报》、《金属热处理》和《材料热处理学报》入选"2012中国国际影响力优秀学术期刊"。

5月14～15日，学会在安徽省合肥市召开了期刊工作研讨会，学会副秘书长陈超志和来自学会系统科技期刊的负责人共计38人参加了会议。会议围绕科技期刊发展现状及存在的问题、期刊集群化、期刊市场化、期刊网络化与数字出版、期刊质量控制、期刊特色与品牌、期刊学风道德建设等内容展开了交流与研讨。

2012年，《中国机械工程》完成编委会换届，85人组成第四届编委会，中国工程院院士柳百成担任编委会主任。《中国表面工程》完成编委会换届，113人组成第四届编委会，中国工程院院士徐滨士担任编委会主任。

国际学术会议 2012年学会组织召开的较有影响的国际会议有：2012再制造国际论坛、2012年度中国（国际）光整加工技术及表面工程学术会议暨高层论坛、第20届国际热处理及表面工程大会、第十九届工业工程与工程管理国际学术会议和首届物流工程国际会议。

10月22～25日，由国际热处理与表面工程联合会（IFHTSE）发起，学会热处理分会主办、学会表面工程分会协办的第20届国际热处理及表面工程联合会大会在北京举行。来自20多个国家和地区的材料热处理及表面工程领域的专家、学者及各界代表共计300余人参加了大会，其中外国专家学者90余人。会议论文集共收录204篇优秀论文，其中宣读论文103篇，张贴论文65篇。

大会开幕式于23日举行，国际热处理及表面工程联合会秘书长Wood先生主持了开幕式。联合会主席徐可为致开幕辞。学会副理事长兼秘书长张彦敏致欢迎辞。本次大会邀请了9位热处理及表面工程领域专家做大会特邀报告。大会报告汇集了近年来材料热处理及表面工程领域的最新进展，体现了先进材料热处理及表面工程技术的发展方向。

大会分四个分会场分别就材料组织与性能、热处理工艺、热处理设备与应用、表面化学热处理、表面工程、冷却技术、数学模型与模拟和新材料研究等专题进行了进行学术和技术交流。103位论文作者现场汇报了各自的新成果、新技术、新概念和新产品，60余名论文作者进行了论文张贴展示。大会在会场外为参会企业布置了展台。参展企业对自己的产品进行了现场展示。会议还安排了企业技术讲座。

会议期间，召开了第41届国际热处理及表面工程联合会理事会和会刊编辑委员会工作会议。

在闭幕式上颁发了汤姆贝尔青年作者奖（Tom Bell Young Author Award）。来自北京师范大学的金小越获奖，成为首位获得该奖项的中国学者。

12月11～12日，由中国机械工程学会、英国机械工程师学会和美国机械工程师学会联合主办的2012国际机械工程教育峰会在北京举行。峰会主题为：聚焦学生能力培养——机械工程教育专业认证全球视角。峰会由北京工业大学、太原科技大学协办。中国科协副主席程东红、北京工业大学副校长张爱林、中国工程教育认证协会常务副理事长余寿文、美国机械工程师学会理事长 Marc Goldsmith、英国机械工程师学会首席执行官 Stephen Tetlow 出席开幕式并致辞。学会监事长宋天虎主持会议。国内外50余所大学、20余家企事业单位和全国学会的200余名专家、学者参加了峰会。

峰会邀请了17位来自中国、英国、美国、韩国的教育界和工业界的长期关注人才培养的专家、学者，围绕以学生能力为导向的培养体系设计、学生能力达成的评价方法、提升学生工程能力的举措与途径、提升学生创新能力的举措与途径等议题作报告。

国内主要学术会议 2012年，学会举办的国内学术会议中内容形式、参会人员层次范围、组织水平、活动效果等方面表现突出的会议有：2012年中国机械工程学会年会、第九届全国表面工程大会暨第四届全面青年表面工程论坛、第十六届全国机械设计年会暨第十三届全国机械设计教学研讨会议、第七届全国流体传动与控制学术会议暨第五届全国铲土运输机械学术会议、2012年全国高分子材料科学与工程研讨会、第十七次全国焊接学术会议、2012理化测试学术研讨会、2012国际机械工程教育峰会等。

10月28～31日，第九届全国表面工程大会暨第四届全国青年表面工程论坛在浙江省宁波市举办，近400位专家、学者和企业家出席。开幕式由学会表面工程分会主任委员陈建敏主持。中国工程院院士徐滨士、薛群基、丁传贤、周克崧，国际热处理与表面工程联合会主席、表面工程分会第三届主任委员徐可为出席开幕式。大会同期举办第八届海峡两岸薄膜科技研讨会，出席研讨会的台湾地区镀膜科技协会理事长朱瑾及台湾地区学者参加了第九届全国表面工程大会。

会议发表论文近300篇，400余位专家、学者参加会议。大会还表彰了第四届全国青年表面工程论坛优秀论文10篇。本届会议首次由中国机械工程学会表面工程分会与中国表面工程协会合办，也是第一次由全国表面工程学术会议更名为全国表面工程大会。

两岸交流 7月26日，在宁夏回族自治区银川市，海峡两岸机械工程学会共同举办了主题为“高速精密加工技术”的第十五届海峡两岸机械工程技术交流会。

国际交往 2012年，英国工程技术学会（IET）、美国机械工程师学会（ASME）、英国机械工程师学会（IMechE）代表团多次访问了中国机械工程学会，周济、张彦敏等学会领导会见了代表团成员，并就双方合作问题交换了意见。

4月29日至5月8日，中国工程院院长周济率中国工程院代表团访问欧洲，期间，在学会副理事长兼秘书长张彦敏陪同下，周济首次以中国机械工程学会理事长身份，访问了英国机械工程师学会（IMechE）和德国机械设备制造商协会（VDMA）。访问英国机械工程师学会期间双方就进一步加强合作交换了意见，并就2012年共同举办机械工程教育国际峰会、增量制造国际论坛等具体合作项目进行了商谈。

访问德国机械设备制造商协会时，双方回顾了合作的历史和经验，均表示将进一步加强合作，特别是今后将在机器人、智能制造装备等领域开展更加深入的合作。代表团还访问了德国弗朗霍夫研究院、德国科学院和德国工程院，主要了解对方在科学技术领域的研究方向、主要研究内容、运作模式等。在德国期间，学会副理事长兼秘书长张彦敏还访问了埃森展览公司，就2013年在德国埃森市举办的国际焊接展览会项目进行了会谈。

9月20～29日，学会副理事长兼秘书长张彦敏率领中国机械工程学会代表团赴德国、英国访问。期间，参观了访问了宝马汽车工厂生产车间，弗朗霍夫学会激光技术研究所，劳斯莱斯公司，拉夫堡大学机械工程学院增量制造研究所、运动机械研究所、生物工程研究所，剑桥大学机械工程学院制造研究所，英国焊接研究所等。9月26

日，代表团访问了英国机械工程师学会，并就中英机械工程技术的未来发展举行了研讨会，中英与会代表共约50人，分别来自两国高校、研究机构以及企业。张彦敏作题为《中国机械工程技术未来发展趋势》的报告，学会代表团成员、天津大学教授杨玉虎作题为《“十二五”中国装备制造业的发展》的报告，英国机械和物理科学研究委员会 Kedar Pandya 博士代表英方作题为《英国机械工程研究概况》的报告。中国驻英国大使馆科技参赞陈福涛也出席了研讨会。英方代表对中国的产业政策、人才培养模式，以及高校如何与企业协作等领域表现出了浓厚的兴趣。双方表示，未来将继续加强定期交流，促进会员之间的沟通与合作。9月28日，代表团在伦敦拜会了中国机械工程学会荣誉会员、国际摩擦学理事会主席 Peter Jost 教授，张彦敏代表学会向 Jost 教授表达了敬意与感谢，并介绍了学会近些年来的工作进展，向 Jost 教授赠送了中国机械工程学会编写的《中国机械史》。

10月，学会与英国工程技术学会举行了工程师互认合作研讨会，双方从体系互认的角度进行了研讨。

第18届国际摩擦学会议1月10～12日在德国举行，会议的主题为工业和汽车润滑。中国机械工程学会摩擦学分会主任委员刘维民，常务委员、中国科学院院士雒建斌，顾问委员会主任张嗣伟应邀参加了会议。

1月9日举行国际摩擦学理事会会议，中国代表团出席了会议。国际摩擦学理事会副主席雒建斌院士作了申办第六届世界摩擦学大会的申请报告。

第13届国际压力容器技术会议（ICPVT-13）5月20～23日在英国伦敦召开，来自14个国家或地区的100多名代表参加会议，学会压力容器分会常务副主任委员陈学东、荣誉主任委员涂善东等30余人出席了会议。会议主要内容包括：压力容器的设计与分析、材料与制造、检验检测、标准和规范的近期发展趋势、新技术及应用等。大会共收到论文100余篇，收录光盘论文集76篇，其中中国大陆地区论文25篇。会议期间，陈学东和涂善东代表中国出席了国际压力容器理事会（ICPVT）工作会议和亚大地区委员会（AORC）委员会议。涂善东教授当选 AORC 主席，ICPVT-14 由中国主办，将于2015年在上海市举行。

科普活动 学会在2012年开展了多种科普活动，其中包括参加由中国科协主办的科普项目：全国食品安全科普知识竞赛、全国科普日、第五届中国科普产品博览交易会等。学会结合学科领域特点自主开展的科普项目包括：在全国范围内举办多场以“生物制造工程与人类生活”为主题的科普讲座。学会34个专业分会也开展了形式多样的科普活动，其中比较突出的有工业设计分会开展的“镇海杯”国际工业设计大赛暨“杰杰杯”国际工具设计大赛，铸造分会开展的“永冠杯”中国大学生铸造工艺设计大赛，焊接分会开展的“全国大学生焊接创新大赛”，压力容器分会开展的“第四届全国大学生过程装备实践与创新大赛”等。据初步统计有5万余人次参与了上述各类科普活动。

表彰举荐优秀科技工作者 中国机械工业科学技术奖由中国机械工程学会与中国机械工业联合会共同设立，2012年共奖励396项，其中，一等奖19项、二等奖166项、三等奖211项。

2012年，通过中国机械工业科学技术奖项目向国家科学技术奖推荐候选项目13项，其中技术发明奖2项，科技进步奖11项。最终获得国家科学技术奖8项，其中技术发明二等奖1项，科技进步奖特等奖1项，二等奖6项。

2012年进行了第二届上银优秀机械博士论文奖评选，共有30篇论文获奖，其中金奖论文1篇、银奖论文2篇、铜奖论文4篇、优秀奖论文8篇、佳作奖论文15篇。11月19日，在福建省福州市举行了颁奖仪式。上银优秀机械博士论文奖是由台湾上银科技集团每年资助400万元人民币设立的，由中国机械工程学会组织评选,2011年开始，每年一届。

2012年度绿色制造科学技术进步奖共授予6个项目，其中，一等奖1项、二等奖2项、三等奖3项，在2012年11月20日召开的2012年中国机械工程学会年会开幕式上颁奖。该奖由中国机械工程学会荣誉会员、香港安乐工程集团主席潘乐陶先生以个人及其母亲名义捐资、中国机械工程学会设立的奖项，旨在促进中国国内的节能、环保及与绿色制造相关技术的发展，2011年开始评选，每年一届。

2012年，经学会推荐的第五届全国优秀科技工作者候选人4名，全部获奖。

工程教育认证 全国工程教育专业认证专家委员会机械类专业认证分委员会获批成立，秘书处挂靠在中国机械工程学会。作为机械类专业认证分委员会日常办事机构，2012年，秘书处在分委会领导下，组织完成了对重庆大学、燕山大学、东北大学、吉林大学、西北工业大学、浙江工业大学6所学校7个机械类专业点认证考查工作。完成了对清华大学、华中科技大学、合肥工业大学、北京工业大学、华东理工大学、西南交通大学6所学校6个机械类专业点有效期延长审核工作。

2012年，推荐我国加入华盛顿协议的澳大利亚工程师学会和英国工程理事会派出专家对我国工程教育体系及认证工作进行了考察。机械分委会承担了接受国外专家观摩和考察的任务。

中国机械工程学会机械工程师资格认证工作始终坚持实现“国际认可、社会认可和企业认可”的最终目标，通过跟踪服务，不断改进。2012年通过认证的各级各类机械工程师3748人。

11月17日，第九次机械工程师资格全国统考在北京等24个省区市同期举行，共有973名工程技术人员参加考试。

2012年，中国机械工程学会开展了首次高级材料热处理工程师面试试点。遴选10名材料热处理专业的从业人员参加面试，9人通过最终的评定，取得高级材料热处理工程师资格。

为推动工程师资格国际互认，中国机械工程学会与英国营运工程师学会、英国工程技术学会保持合作关系，于4月专程访问了英国营运工程师学会香港分会，就工程师互认工作存在的问题进行了商讨。10月，与英国工程技术学会举行了工程师互认合作研讨会，双方从体系互认的角度进行了研讨。

按照中国机械工程学会机械工程师资格认证工作总体要求，2012年，中国机械工程学会及其工业工程分会举行2次见习工业工程师资格考试。全国共有近50所高校的本科生和部分社会人员共计1068人参加考试，906人获得见习工业工程师证书。截至2012年底，累计3414人参加见习工业工程师资格考试,2894人获得见习工业工程师资格。5名工程硕士毕业生获得工业工程师资格。

【2012年中国机械工程学会年会】 11月19～21日，由中国机械工程学会和福建省人民政府共同举办的2012年中国机械工程学会年会在福建省福州市举办。大会开幕式由学会副理事长杨海成主持，学会副理事长李培根致开幕词，福建省副省长洪捷序致欢迎词。学会理事长、中国工程院院长、中国工程院院士周济出席会议并做主旨报告。学会领导及科技工作者、企业家、政府相关部门负责人近千人出席了会议。年会围绕“加强自主创新，发展高端装备制造产业”展开了交流研讨。

开幕式上，周济向第二届绿色制造科学技术进步奖、第二届上银优秀机械博士论文奖的获奖者代表颁奖。

周济在题为《制造业数字化智能化》的主旨报告中指出，世界经济竞争格局正在发生深刻变化，主要发达国家都提出“再工业化”战略，并推出依靠科技创新重振制造业的重大举措，制造业正面临一场新的革命。制造业数字化智能化是新的工业革命的核心技术。一方面，它是实现机械产品创新的共性使能技术，使机械产品向“数控一代”和“智能一代”发展，从根本上提高产品功能、性能和市场竞争力；另一方面，它也是制造技术创新的共性使能技术，使制造业向数字化智能化集成制造发展，全面提升产品设计、制造和管理服务水平，并延伸发展制造服务业，深刻地改革制造业的生产模式和产业形态。今后20年是我国由“制造大国”到“制造强国”转变的战略机遇期，中国制造业的跨越式发展已经具备良好的条件，在“制造业数字化智能化”方面应该而且可能实现战略性的重点突破、重点跨越，为中国的现代化建设做出历史性的贡献。

中国工程院院士卢秉恒作了题为《增材制造技术》的报告。国家自然科学基金委员会工程与材料科学部教授王国彪作了题为《机械工程学科基础研究新进展》的报告。

年会设立了青年论坛——上银优秀机械博士论文交流会、上银优秀机械博士论文奖颁奖典礼、绿色制造科技成果交流会、微纳制造和特种加工学科进展研讨会、首届物流工程国际会议、2012国际工业设计研讨会暨第十七届全国工业设计学术年会等多项活动。

【2012年增材制造技术国际论坛暨第六届全国增材制造技术学术会议】 12月14～16日，第154场中国工程科技论坛、2012年增材制造技术国际论坛暨第六届全国增材制造技术学术会议在湖北省武汉市举行，由中国机械工程学会和美国机械工程师学会、英国机械工程师学会共同发起与第154场中国工程科技论坛共同主办。中国工程院机械与运载工程学部、工业和信息化部装备工业司、湖北省科技厅、华中科技大学、中国机械工程学会特种加工分会共同承办。来自英国、美国、德国、新加坡等国家和地区的高校、企业、研究单位，以及中国工程院、工业和信息化部的200多位从事增材制造领域研究的专家、学者出席了会议，共同就增材制造技术（3D打印技术）的全球最新发展趋势、我国增材制造技术的研究水平应用现状，以及增材制造技术给传统制造模式带来的新机遇和新挑战等问题进行了讨论。

开幕式由学会副理事长、中国工程院院士卢秉恒主持。工业与信息化部副部长苏波、湖北省副省长许克振，美国机械工程师学会理事长Marc Goldsmith，中国机械工程学会副理事长、中国工程院机械与运载工程学部主任、中国工程院院士、华中科技大学校长李培根出席开幕式并致辞。

大会副主席、学会监事长宋天虎宣读了大会名誉主席、全国人大常委会副委员长、中国机械工程学会荣誉理事长路甬祥发来的贺信。路甬祥希望与会专家、学者坚持科学前瞻、求真务实、创新跨越，深入交流探讨增材制造的意义、特点、难点与挑战，进一步交流探讨增材制造的主要科学基础、关键核心技术与系统创新集成、应用的主要领域，交流探讨增材制造对高端制造、传统制造、创新制造与服务可能带来的变化等，为增材制造技术的绿色、智能、持续发展，促进全球制造业水平新的提升做出积极的贡献。

工业与信息化部副部长苏波在致辞中指出，我国正处于工业化中期阶段，加速推进工业化，仍然是我国的重大战略任务，而增材制造技术作为先进制造技术之一，把握增材制造技术研发及应用趋势，对提升我国制造业的自主创新能力，加快推进工业转型升级和经济发展方式的转变，具有重要意义。为加快推动我国增材制造技术研发和产业化，我国近期需做好三方面工作：一是加强顶层设计和统筹规划；二是加大财税政策引导力度；三是适时筹建增材制造行业组织，推动增材制造技术研发和产业化。

美国机械工程师学会 2012 ~ 2013 年度理事长 Marc Goldsmith 在致辞中表示，希望能够加强和中方的合作，共同研究探讨增材制造技术，为创造一个更加便捷美好的未来而努力。

李培根在致辞中指出，增材制造技术是新的工业革命的关键技术，我国在该技术领域已取得了很大的成绩，基本与发达国家处于同一水平。我们要下定决心，艰苦奋斗，在增材制造技术方面重点突破、重点跨越、争取走在世界前列。

学会常务理事、华中科技大学副校长邵新宇代表学会理事长周济作题为《制造业数字化智能化》的报告。报告指出，今后 20 年是我国制造业实现由大到强、在创新和综合竞争力上进入世界前列的绝佳发展机遇期。“制造业数字化智能化”是产品创新和制造技术创新的共性使能技术，并深刻改革制造业的生产模式和产业形态，是新的工业革命的核心技术。报告指出今后我国制造业要达到以下目标：到 2020 年，我国机械产品全面应用数控技术，总体升级为“数控一代”，中国制造业基本普及数字化技术，并在若干领域实现一定程度的智能化；到 2030 年，我国机械产品总体升级为“智能一代”，中国制造业在主要领域全面推行智能制造模式，整体上走到世界前列，为中国的现代化做出战略性、关键性、基础性的贡献。

卢秉恒做了题为《增材制造技术在中国的发展》报告，他建议从功率源、新材料、工艺创新、大量应用中降低成本，以达到“从产品研发工具走向批量生产模式”的目标。

英国增材制造协会主席 Graham Peter Tromans、中航工业北京航空制造研究所研究员、中国工程院院士关桥、美国德克萨斯大学奥斯汀分校教授 David L. Bourell 等专家就增材技术研究现状，装备研发、基础研究、服务与应用等内容做了特邀研究报告。

论坛还设有增材制造的新原理、新工艺，增材制造装备与材料，金属零件直接增材制造，增材制造技术在典型行业中的应用，模具增材制造，微纳结构增材制造，生物制造，三维测量，数据处理与软件和应用与服务等专题论坛。会议期间，与会专家、学者参观了华中科技大学研究增材制造技术的快速制造中心。

【中国创新论坛之走进山西系列活动】 主题为“发展高端装备制造业，实现转型跨越发展”的中国创新论坛之走进山西系列活动于 6 月 20 日在山西省太原市举行。中国机械工程学会理事长、中国工程院院长、中国工程院院士周济，中共山西省委常委、统战部长聂春玉出席开幕式并致辞。开幕式由山西省政协副主席卫小春主持。中国科协副主席、中国工程院副院长、中国工程院院士谢克昌，学会副理事长兼秘书长张彦敏，学会副理事长、中国工程院院士郭东明、谭建荣，学会副理事长包起帆、蔡惟慈、杨海成，学会监事、中国工程院院士王玉明等 900 余名来自企业、高等学校、研究院所的科技工作者和山西省有关部门负责人出席。

周济在致辞中指出，国际金融危机使世界经济竞争格局发生了深刻变化，实体经济的战略意义再次凸显，新一轮科技革命蓄势待发，全球进入创新密集和经济转型的新时期。世界主要发达国家纷纷实施再工业化战略，强调以高新技术创新为动力，加大科技投入，振兴实体经济，振兴制造业，建设拥有更加强大竞争力的产业。

周济指出，装备制造业是为国民经济各行业和国防建设提供技术装备的基础性、战略性产业，是产业升级和技术进步的重要保障，是国家综合国力和技术水平的集中体现。未来五年乃至相当长一段时间，我国经济发展环境将发生深刻变化，长期积累的深层次矛盾日益突出，使得装备制造业长期依赖规模扩张和低成本优势的粗放增长模式难以为继，必须以转型升级促进其又好又快发展。未来 10 到 20 年是我国制造业由大到强的重要时期。我们既面临其他新兴发展中国家的低中端竞争，又面临美国等发达国家重振先进制造业的压力。我们要进一步增强忧患意识，深刻认识所面临的机遇和挑战，抢抓机遇，乘势而上，把增强自主创新能力作为中心环节，推动装备制造业转型升级，着力构建现代装备制造体系，实现我国由制造大国向制造强国的伟大转变。

在随后举行的院士专家报告会上，学会荣誉理事、机械科学研究总院原副院长屈贤明，中国可再生能源学会副理事长兼风能专业委员会主任、中国空气动力研究与发展中心原总工程师贺德馨，学会副理事长兼生产工程分会主任委员、大连理工大学常务副校长、中国工程院院士郭东明，学会常务理事、华中科技大学副校长邵新宇分别以《对发展高端装备制造业的一些认识》、《中国风电现状与展望》、《面向高性能要求的精密制造技术》和《数控一代机械产品创新应用示范工程》为题做演讲。

20日，与会院士、专家与山西省政府及其有关主管部门领导、山西省部分大型机械企业和高等学校负责人举行了高层对话会，共40余人出席。活动由山西省副省长郭迎光主持，山西省经济和信息化委员会主任胡玉亭介绍了山西省装备制造业现状和“十二五”发展规划的主要内容，与会专家针对山西省装备制造业存在的问题及“十二五”规划进行了讨论并提出了建议和意见。周济、谢克昌、王玉明、谭建荣、郭东明、张彦敏、朱森第、蔡惟慈、包起帆、杨海成和屈贤明等出席对话会。

在太原期间，与会院士、专家考察了太原重型机械有限公司，在部分企业和高等学校举行了多场报告会。

【第十七届北京·埃森焊接与切割展览会】 6月4～7日，由中国机械工程学会及其焊接分会、中国焊接协会、中国电器工业协会电焊机分会、德国焊接学会和德国埃森展览公司共同主办的第十七届北京·埃森焊接与切割展览会在北京举办。

本届展览会有来自中国大陆和香港特别行政区、台湾地区，澳大利亚、奥地利、丹麦、德国、法国、美国、日本、英国等26个国家和地区的近千家公司参展，展览面积106800平方米，展台净面积48249平方米。来自74个国家和地区2万余名观众参观展览。

展会期间，召开了中国焊接协会第六届第五次常务理事会、焊接与再制造国际论坛、2012中国焊接产业论坛、中美焊接标准比较与焊接装备研讨会、国际焊接标准的最新发展及应用报告会、高强钢焊接技术在我国的应用与发展研讨会和国际授权（中国）焊接培训与资格认证委员会（CANB）/国际授权（中国）焊接企业资格认证委员会（CANBCC）北京会议等行业活动。来自国内外焊接行业的120多名专家、学者、企业人士参加了本届论坛。

展会发布了《展会综合技术报告》，报告以我国制造业发展为背景，针对每届展览会展出的具有代表性的展品，分别阐述焊接设备、焊接材料、切割机具三大主题，总结相关各领域的技术发展与现状趋势。报告于2012年9月出版。

（撰稿人：陈超志）

中国汽车工程学会

服务创新型国家和社会建设 学会的三个科技创新联盟2012年开展的主要工作有：轻量化联盟组织行业专家开展课题研究，探索依托产业联盟，集合创新资源，通过组建重点实验室和国汽研究院为联盟长期发展提供可持续的技术创新动力。装备联盟围绕国家“高档数控机床与基础制造装备”科技重大专项征集推荐项目。参与2012中国国际工业博览会数控机床与金属加工展项目中的论坛等各项工作。

电动车联盟申报成功科技部产业技术创新战略联盟试点。组织开展了联盟课题的节点检查和内部交流。筹备启动了联盟共性技术和技术规范研究。上海工博会期间组织召开了电动汽车产业技术发展论坛和安全专题技术研讨。通过了科技部对联盟承担的“863”课题“下一代小型纯电动轿车动力系统技术平台研发”中期检查。

学会与其他单位联合举办了2012（第十二届）北京国际汽车展览会、2012年（第十届）广州国际汽车展、2012上海工业博览会新能源汽车展览会。

学会按期出版《中国汽车产业发展报告》和《中国汽车参考》。为政府汽车管理者和汽车企业负责人提供快速了解行业技术动态的窗口。

承担《节能与新能源汽车示范推广财政补助资金管理暂行办法》《节能与新能源汽车产业发展规划（2012—2020）》等政府部门委托的相关政策和规划研究。

学会能力提升计划 根据七届七次常务理事会审议通过的中国汽车工程学会申报中国科协、财政部联合实施学会能力提升专项的议案。学会秘书处经过申请，2012年7月荣获中国科协“学会能力提升专项——优秀科技社团”一等奖。围绕提高服务创新能力、增强社会和政府服务能力、提升会员服务和科技工作者服务水平，以及加强自主发展能力四个方面能力提升的实际需求，学会统筹规划了今后3年内开展的15项重点工作。

学会建设 2012年学会发展团体会员50个，个人会员357人。经中国科协和民政部批准成立振动噪声技术分会和广州办事处。12月召开了中汽学会第八次全国会员代表大会暨八届一次理事会扩大会议，选举出新一届理事会、常务理事会和正副理事长。召开了七届七次、八次（函）和九次常务理事会议。

4月6日，中国汽车工业科学技术进步奖奖励基金委员会举行了换届会议和六届一次理事会议，选举产生了六届理事会领导，审议了六届理事会规划方案建议。通过召开初评会和终评会，2012 年度共有 49 项项目及 4 人获奖，其中一等奖 3 项、二等奖 14 项、三等奖 32 项，优秀科技人才 2 名，优秀青年科技人才 2 名。

中国汽车工业科学技术进步奖奖励基金委员会六届二次理事会议于 11 月 30 日在北京举行。会议决定 2013 年度增设“优秀归国人才奖”，并启动 2013 年国家科技进步奖及国家技术发明奖申报组织工作。

学科发展研究 学会组织编写的以新能源汽车为主题的《中国汽车产业年度发展报告》出版。完成了中国汽车科技人才发展研究课题。基本完成联合国工业发展组织（UNIDO）中国汽车节能减排战略研究。学会承担的电动汽车充电设施建设和商业推广模式研究课题，形成了 5 万字的报告。完成了美国能源基金会委托的“节能与新能源汽车示范运行效果评价”一期课题的研究任务。完成了 8 个城市混合动力公交车的实车测试工作和数据分析。

组织完成了中国科协“专利信息加工与研究”二期课题，完成 1500 项专利的中文标引工作，并通过中国科协的课题验收。基本完成机械工业出版社委托的《中国战略性新兴产业发展指导——新能源汽车》一书的编写工作。

决策咨询 学会承担国家发展改革委委托的《我国汽车整车开发能力研究报告》、《中国汽车零部件行业发展状况及产品开发能力研究报告》，轻量化节能汽车补贴政策研究；工业和信息化部委托的电动汽车产业调研；教育部委托的我国汽车科技人才现状调查。受政府部门委托组织开展行业共性技术研究。承担国家科技支撑计划“汽车轻量化共性技术平台建设”，“863”计划“下一代高性能纯电动轿车动力系统平台研发”。承担科技部国际合作计划“基于城市工况的电动汽车关键技术国际合作研究”等共性技术课题研究。受财政部、科技部、工信部、国家发改委委托，对节能与新能源汽车示范推广试点工作进行效果评估，完成 10 个城市混合动力公交车技术评价，电动汽车产品技术进步、产业拉动和节能减排效果的总体评估工作已全面展开。

国际学术会议 学会举办了 2012 国际自动变速器技术研讨会、中国（长春）先进车辆与集成国际技术论坛等国际学术会议。

国内主要学术会议 学会举办了中国汽车轻量化技术研讨会、汽车装备创新联盟理事会议研讨会、中国汽车车身工程技术论坛、中国电动车技术研讨会等全国性学术会议。

【中国大学生方程式汽车大赛（FSC）】 FSC 于 10 月 15 ~ 19 日在上海市举办，41 支代表队、38 辆燃油发动机汽车、2 辆电动车观摩车参赛。在 41 支代表队中，有来自德国和我国台湾地区的各 1 支车队。经过 5 天的竞赛，决出了 8 个单项比赛的获奖车。湖北汽车工业学院夺得本届比赛的总冠军，同济大学和广西工学院鹿山学院分获亚军和季军，70 名来自获奖车队且符合条件的学生获得了《汽车工程师专业技术资格证书（见习工程师级别）》。根据惯例，总冠军获得者将代表中国参加 2013 年德国大学生方程式比赛，学会为其提供了 15 万元的参赛经费支持。

本届赛事无论从车队数量、参与比赛人数还是工作人员数量，都创造了大赛自 2011 年举办以来之最，注册学生总数达到 740 人，带队老师 85 人，多家国家级汽车检测机构共派出了 170 名工程师担任裁判，现场工作人员和志愿者达到 200 余人，另有 150 名汽车及相关工业企业、研究机构的领导和人力资源管理部门负责人到会观摩。FSC 比赛不仅搭建了学生展示自身才能的舞台，也为企事业单位选拔优秀人才提供了新的平台。

【中国汽车工程学会第八次全国会员代表大会】 中国汽车工程学会第八次全国会员代表大会于 11 月 30 日至 12 月 1 日在北京召开。

中国机械工业联合会会长王瑞祥、中国科协党组成员、学会学术部部长沈爱民出席会议并讲话。原机械工业部部长何光远、原机械工业局局长邵奇惠等应邀到会。

会议听取了七届理事会常务副理事长兼秘书长付于武代表七届理事会所作的工作报告。大会选举丁宏祥等 267 人为理事会成员，选举马建等 87 人为常务理事会成员，选举付于武为理事长、张进华为常务副理事长兼秘书长，选举吴绍明等 20 人为副理事长。大会表决通过了《关于团体会员会费标准修改的议案》和《中国汽车工程学会会费管理办法》并决定呈报中国科协和民政部备案。大会审议同意聘任邵奇惠、张兴业、张小虞为中汽学会第八届理事会名誉理事长，王明武等 20 人为名誉理事。

会议期间，举办了中国汽车工程学会 50 年庆祝表彰活动。13 人获得杰出成就奖，103 人获得突出贡献奖，97 人获得学会先进工作者称号，11 个专业分会获得先进分会奖，7 个省级学会获得先进地方学会奖，14 人获得优秀秘书长奖。

【FISITA 2012 世界汽车工程年会暨展览会】 11 月 27 ~ 30 日，FISITA2012 世界汽车工程年会暨展览会在北京举办，共有 2179 名代表参会，其中约 800 名来自海外。同期举办的技术展览有近 7000 名专业观众参观。

FISITA 2012 年会作为全球汽车工业最具影响力的一项国际盛会，受到中国政府和领导的高度重视。科技部、工业和信息化部、中国科协、中国工程院和中国机械工业联合会为本届年会的支持单位。

全国政协副主席、科技部部长万钢、工业和信息化部部长苗圩和中国科协常务副主席、书记处第一书记陈希出席年会并讲话。

年会受到国内外知名汽车企业的关注，吸引了包括中国一汽、大众和奥迪、宝马、丰田、北汽、通用、吉利、博世、电装、采埃孚、潍柴等主要整车企业和零部件企业的参与。年会由技术年会、学生和青年工程师活动、专业展览、技术参观、社会文化活动5大板块内容构成。其中，技术年会包括10个技术分会和7场专题分会。10个技术分会场技术交流的内容既有传统汽车的技术创新，又有新型汽车的开发探索。7个专题分会场聚焦全球共同关注的汽车未来发展的挑战及其解决方案。

本届年会收到论文数量为历届FISITA年会之最，共收到投稿论文摘要1521篇。经过国内外240余名专家严格评审，最终录取论文为680篇，其中海外论文约占40%。380篇论文在年会上宣读交流。

年会期间举办了展览会，展区面积达1.6万平方米，展览内容覆盖新能源汽车、动力总成、汽车电子、车身和关键零部件、汽车生产与制造装备等领域，参展企业达128家，来自35个国家近7000名专业观众参观，是历届FISITA年会中规模最大的专业展览会。展览会突出展示汽车新技术、新概念、新产品，是具有汽车未来技术发展风向标特色的专业技术展。

特别值得关注的是，经过学会推荐，2009年9月，一汽集团技术中心主任李骏博士成功当选为FISITA 2012—2014年轮值主席。2012年FISITA世界汽车工程年会期间，李骏博士接任FISITA主席，中国汽车工程专家成为国际汽车联合国的掌门人。

（撰稿人：甘小阳）

中国农业机械学会

学会建设 截至2012年底，学会有个人会员1.2万余人，高级会员158人，团体会员146个，分科学会（委员会）21个。农副产品加工机械分会、能源动力机械分会、畜牧机械分会、农垦农机化分会、教育工作委员会、标准化分会、材料与制造技术分会和基础技术分会等8个分支机构完成换届工作。审核通过《中国农业机械学会分支机构管理办法》。

2012年分别召开了九届三次、九届五次常务理事会议和九届四次常务理事通讯会议，对学会分会换届方案、管理办法、学术年会方案及学会提升能力项目申报等重大事项进行民主协商、集体决策。

2012年，学会网站共发布各类通知、报道等共计40余篇，其中国内学术交流31篇，国际学术交流8篇，党建强会活动2篇。在《中国农机人》刊登学会年会专题报道，在《农业机械学报》11期刊登2012中国农业机械学会国际学术年会的彩页专题宣传报道等。

科技期刊国际影响力提升计划 2012年共出版《国际农业与生物系统工程学会期刊》（CIGR Journal）5期，发表学术论文110篇。国际农业工程学会（CIGR）主席团称赞学会为CIGR期刊做出了里程碑式的贡献。《国际农业工程学报》（IAEJ）出版4期，发表学术论文26篇。

学术期刊 2012年《农业机械学报》采编平台新注册作者2700人，学报网站提供论文免费下载全文功能，2012年刊出的论文全文在2012年被下载13万次。注册作者通过采编平台可了解编辑部投稿要求和刊出流程，实现了网上投稿、网上审稿。注册作者与编辑部实现了网上财务结算。来稿均在当天告知初审结果，50%稿件能够在投稿当天送同行专家审稿，80%稿件能够在1个月内审回，审稿周期平均为30天。

学会标准化分会编辑出版了4期《农业机械、低速汽车标准化信息》。通过全国农机标准情报网，为农机企事业单位提供2000多册标准资料和咨询服务。

国际学术会议 举办国际高层论坛1次，交流论文31篇，有50余人次参加了交流活动。

以“创新·共赢·发展”为主题的2012中国农业机械学会国际学术年会10月28～30日在浙江省杭州市举行。大会由学会主办，来自16个国家的近700位专家和科技人员参加了大会。同期还举行了由15个分科分会联合组织的14个分会场的专题交流。在大会闭幕式上，向10名青年科技工作者颁发了“雷沃杯”中国农业机械学会第三届青年科技奖。

9月12～16日，国际标准化组织（ISO/TC 23/SC 6）第29届植保机械国际标准年会和相关工作组会议在北京举行，学会标准化分会协助承办了本次会议，来自10个国家的46名代表出席了会议。会议围绕ISO/DIS 19932—1《植物保护机械 背负式喷雾器 第1部分：安全和环保要求》、ISO/DIS 19932—2《植物保护机械 背负式喷雾器 第2部分：试验方法》等国际标准的制修进行了讨论和协商，中国代表团成员全程参加了会议，并根据我国标准的实际需要提出修改意见和建议。

10月24～26日，由中国农机学会拖拉机分会主办，东风农机集团有限公司、常发农装股份有限公司、AGCO（常州）农业机械有限公司协办的2012拖拉机、农用车、农用发动机行业发展研讨会在江苏省常州市举办。行业内外近70位专家、学者参加了会议。

分会副主任委员、吉林大学教授刘明树，分会副主任委员、江苏大学教授周孔亢，分会副主任委员、中国农业大学教授宋正河等先后主持了会议及各阶段学术报告。分会常务副主任委员、国家拖拉机检测中心常务副主任李京忠作了《轮式拖拉机认证申证单元划分及试验项目研究》的报告，中国一拖集团有限公司市场研究室刘振德主任作了《我国拖拉机市场态势及预测分析》的报告，德国ZF公司非道路传动系统总经理史蒂芬・瓦格纳作了《国际农业机械用变速箱的现状及发展趋势》的报告，洛阳拖拉机研究所高级工程师徐书雷作了《我国大中型拖拉机行技术发展现状及趋势》的报告，AGCO（常州）农业机械有限公司经理Ratliff Jeffery介绍了AGCO公司在中国的发展现状及发展前景，中国内燃机工业协会单缸多缸机分会秘书长邵仁恩作了《近年来我国小型农用柴油机发展现状及前景》的报告。

国内主要学术会议 2012年，中国农业机械学会及所属各分支机构举办各类学术年会、研讨会、交流会、报告会和学术论坛等共21次，征集交流学术论文559篇，有近1300人次参加了交流活动。17个分支机构举办了2012拖拉机、农用车、农用发动机行业发展研讨会，中国农机学会农机维修分会第十五次全国农机维修学术会议，第三届全国现代物理农业工程技术发展研讨会等学术交流活动。

8月12～14日，中国农机学会农机维修分会第十五次全国农机维修学术会议在内蒙古自治区鄂尔多斯市召开。参加会议的专家、学者82人，特邀嘉宾5人，分别来自21个省、自治区、直辖市农机维修主管部门、科研院所、大专院校及有关单位。会议主题为：农机维修与农机化事业可持续发展。会议共收到论文56篇，经过专家组评审，收录43篇汇编成论文集。会议期间，召开九届三次委员工作会议，经委员不计名投票，评选出优秀论文一等奖2篇、二等奖4篇，在大会上进行了表彰。农业部农机推广总站站长刘宪、内蒙古自治区农牧机械局副局长郭跃到会讲话。农业部农机试验鉴定总站党委副书记国彩同做了题为《加强农机维修管理，充分发挥保障作用，促进“十二五”农机化又好又快发展》主旨发言。

国际交往 2012年，学会共接待来自美国、日本、加拿大、博茨瓦纳等18个国家的访问团组84人。派出研究员、工程师约180余人赴美国、澳大利亚、越南、意大利等21个国家进行学术交流、合作洽谈，共计25个出访团组。共承办援外技术培训项目6期，共有来自40个国家的144名学员参加了培训。

2012年学会组团参加在西班牙举办的2012国际农业工程大会，赴澳大利亚参加第十五届精准农业国际研讨会，赴南非参加第七届CIGR国际专题技术研讨会暨第二届采后技术与质量管理国际大会，赴泰国参加第一届国际水稻机械大会。

10月28日，学会与美国农业生物工程师学会（ASABE）合作座谈会在浙江省杭州市举行。中国工程院院士、学会名誉理事长汪懋华，学会理事长、中国工程院院士罗锡文，学会秘书长李树君，美国农业生物工程师学会（ASABE）当选主席Lalit Verma教授和两学会领导等10余人参加了会议。双方总结了两学会在学术交流、农机标准互认、国际农机标准制（修）订、专家互访、人才培养等多领域开展的积极有效、成果丰硕的科技交流与合作，就今后加强学术研究、资源信息共享、合作办会及会员招募等问题进行了深入讨论，达成了初步共识，形成了会议纪要。

科普活动 普及工作委员会结合挂靠单位实际情况，开展了全国农机科普活动、第5届全国农机用户满意品牌评选活动的前期准备，利用《农业机械》杂志、第一农机网和第一农机短信平台宣传行业政策，服务行业企业及农民。开展农机科技培训、农机科技下乡、现场咨询，以及现场演示观摩等科普活动3534次，受益农民达263万人次，编写教材和宣传资料1639万字，发放宣传资料354万份，推广和新增农机具81.45万台（套），推广新机具新技术作业面积18971万亩，培训师资20337人次，培训机手和机工25.56万人次，培训农民112.25万人次。在科普活动中，还完成多个科技项目，建设了一批科技示范基地和示范户。

普及工作委员会联合中国农机工业协会产品宣传委员会、《农业机械》杂志社，开展了“农机精神”表述语的征集。自3月18日起，经过6个多月的征集，共收集到来自行业专家、企业家、农机经销商、推广服务部门及农民用户等963张表述语回执，共有74种表述语。经专家评审，确定了“责任、创新、合作、实干”作为“农机精神”的表述语。

普及工作委员会依托挂靠单位媒体《农业机械》杂志、《展会快报》、第一农机网和第一农机短信平台，进行科普宣传。第一农机网发布行业信息、科普知识等近1000条，发送手机短信近1万条，宣传科普知识。

表彰举荐优秀科技工作者 2012年，学会开展了“雷沃杯”中国农业机械学会第三届青年科技奖的评选表彰工作，刘天舒、阳绪英、刘燕德、陈全胜、李建启、林亚玲、苑进、郑炫、赵春花、徐惠荣等10名青年科技工作者获奖。与往届青年科技奖评选相比，获奖者具有广泛的代表性，涵盖了农业机械行业的高等院校、科研院所、推广应用和制造企业等各个领域。学会青年科技奖项运作进一步规范和公正。

经过会员单位推荐、评委会评审、常务理事会审定、网上公示等程序，学会推荐的李树君、袁寿其获得中国科协第五届“全国优秀科技工作者”称号。

党建强会 2012年度，学会党支部在全国学会“党建强会”特色活动中获得特色活动组织奖，张亚静获全国学会优秀党建通讯员称号。

【2012中国农业机械国际学术年会】 以“创新·共赢·发展”为主题的2012中国农业机械学会国际学术年会于2012年10月28～30日在浙江省杭州市举行。年会由浙江大学、中国农业机械化科学研究院联合承办，来自16个国家的近700位专家、学者参加了年会。

农业部农机化司司长宗锦耀围绕《我国农业机械化发展形势与对策》，国际农业和生物系统工程委员会（CIGR）主席Fedro Zazueta教授就《信息通讯技术在教育中的应用：改变我们的学习、工作和娱乐方式》，中国工程院院士汪懋华就《创新驱动，服务现代农业装备与机械化持续发展》，中国科学院院士任露泉针对《仿生学与科技可续创新》，美国农业生物工程师学会（ASABE）候任主席Lalit Verma教授就《农业与生物工程：促进地球与人的健康》，中国工程院院士蒋亦元针对《拖拉机变速箱的差距与推进重点》，CIGR候任主席Da-wen Sun教授围绕《高光谱成像技术在农产品和食品质量和安全评估及检测中的应用进展》，陈志研究员就《玉米收获技术的新探索》，李树君研究员围绕《中国农业工程国际化进程》，CIGR前任主席Soren Pedersen教授就《畜禽舍环境——以畜禽产热量为基础的通风设备尺寸设计》，应义斌教授就《浙江大学精准农业技术和智能装备研究进展》分别作主题学术报告。

年会同期举行了由15个分科分会联合组织的14个分会场的专题交流。分别就智能农业装备关键技术创新研究，小麦联合收获机的现状与发展方向，地面机器和农机教育的持续创新，生物质能科技创新促进可再生能源发展”，“科技引领畜牧业装备创新，农用动力与传动、液压高端装备现状及发展，科技创新提升农机化水平，农业全程机械化生产模式探索与创新”，“现代农业装备产业科技发展青年论坛，农机新材料与先进制造技术的应用，创新农机监理机制、保障农机安全生产，绿色、智能、创新、跨越，农业装备信息化和智能化科技创新等展开研讨。

在大会闭幕式上，向刘天舒等10名青年科技工作者颁发了“雷沃杯”中国农业机械学会第三届青年科技奖。

【2012中国农业机械化论坛】 10月29日，2012中国农业机械化论坛在浙江省杭州市召开。论坛由中国农业机械学会农业机械化分会与《中国农机化导报》联合主办，中国农业大学中国农业机械化发展研究中心、浙江省农业机械化管理局承办。来自全国25个省、自治区、直辖市的近150名学者参加了论坛。收录、征集论文30篇，其中2篇被《农业机械学报》（增刊）录用。全国人大常委、农业与农村委员会副主任委员、农业部原常务副部长尹成杰，学会理事长、中国工程院院士罗锡文，国务院研究室农村司巡视员叶兴庆，中央财经领导小组办公室农村二组副局长陈良彪，农业部农业机械化管理司司长宗锦耀，国家发展改革委农经司副司长方言，中国农业工程学会理事长、农业部规划研究设计院院长朱明，学会名誉理事长、中国机械工业集团有限公司副董事长陈志，学会秘书长、亚洲农业工程学会主席、中国农业机械化科学研究院院长李树君，中国农业大学教授、中国农业机械化发展研究中心咨询委员会主任白人朴，浙江省农业厅副厅长赵兴泉等出席大会，并围绕论坛主题展开演讲与讨论。

尹成杰做了题为《走中国特色的农业机械化道路》的主旨演讲，他强调我国农业机械化已进入了跨越式发展的黄金期，概括总结党的十六大以来中国农业农村经济发展取得的重大成就及取得如此成就的几大动因：一是科学的发展方针原则动因，二是强农惠农富农政策动因，三是农村劳动力加快转移的动因，四是农机作业降低成本动因，五是农机应用增产增收动因，六是农机科技创新动因，七是农机抗灾救灾动因，八是农机管理工作动因。他提出了建议，加大扶持力度，大力推进农业生产全程机械化，强化农业机械化的科技支撑和保障，大力发展新型农机服务主体，大力支持农机化的基础设施建设，加大农机化发展的法律保障。

论坛期间，举办了以“农业装备信息化和智能化科技创新”为主题的分会场学术交流会，交流会征集论文40余篇，其中15篇论文被《农业机械学报》录用。90余人参加交流会。交流会主要研讨了农业装备智能化当前的热点问题，涉及的研究领域包括农业装备智能化与农业机器人技术、数字化设计与虚拟仿真技术、农业田间信息获取技术、云计算与物联网技术和农产品品质检测与控制技术等。

【第三届全国现代物理农业工程技术发展研讨会】 6月27～29日，由中国农业机械学会主办，《农业工程》杂志社、学会青年工作委员会、天津市农业机械与农业工程学会和四川省农业机械研究设计院共同承办，佳多科工贸有限责任公司协办的第三届全国现代物理农业工程技术发展研讨会在四川省成都市召开。来自21个省、自治区、直辖市的高等院校、科研院所、管理部门及企业的教学、科研、生产、推广及应用部门的专家学者80余人参加会议。会议征集论文20多篇。学会常务理事、天津市农业机械与农业工程学会理事长、天津市农机局副局长胡伟，学会青年工作委员会主任委员、华中农业大学工学院院长廖庆喜，四川省农业机械研究设计院副院长蒋立茂，佳多科工贸有限责任公司负责人赵树英等分别在开幕式上致辞。

会议围绕现代物理农业工程学科发展和现代物理农业工程技术的应用及产业化主题进行研讨，并分专题进行了专家学术报告。会议期间，共有10余位专家、学者阐述了对现代物理农业的见解及阶段性研究成果。会议期间还召开了中国农业机械学会青年工作委员会四届二次委员会议。

【2012农业与生物系统工程科技创新发展战略国际论坛】 11月9～10日，由中国农业机械学会和中国农业大学联合主办的2012农业与生物系统工程科技创新发展战略国际论坛在北京举行。10多个国家的200余位专家、学者参加了本次论坛。学会理事长罗锡文、秘书长李树君、副理事长张咸胜等出席了会议。

罗锡文致开幕辞，李树君以“中国农机装备发展与展望”为主题，围绕中国农业装备发展现状和趋势、中国农业工程行业国际化及合作交流情况等作大会学术报告。

中国工程院院士、国际欧亚科学院院士、国际农业与生物系统工程学会会士、中国农机学会名誉理事长汪懋华教授结合近60年来有关农业工程科技发展研究和探索实践，作题为《中国农业与生物系统工程科技创新驱动发展的战略思考》的主题学术报告。14位国内外农业工程著名专家受邀做了大会学术报告，论坛还围绕信息、通信和物联网技术在农业中的应用，精细农业实践与未来农业发展，进行了开放性专题讨论。

（撰稿人：袁爱洁）

中国农业工程学会

国内主要学术会议 学会参与协办由中国科协主办的种业科技创新与产业发展专家论坛，与中国畜牧兽医学会合作举办生态环境与畜牧业可持续发展学术研讨会，与中国农业大学、农业部规划设计研究院等单位合作主办业内知名专家汪懋华院士寿辰暨农业与生物系统工程科技创新发展战略国际论坛，与中国农业节水和农村供水技术协会合办第三届北京国际现代农业展览会暨2012中国高效节水灌溉技术与配套设备应用论坛，与青海省合办全国高原有机畜牧业产业发展论坛。

8月16～17日，第十届全国高等院校农业工程及相关学科建设与教学改革学术研讨会在内蒙古农业大学召开。来自全国近48所高等院校及科研单位的200余名专家学者参加了会议，会议理清了农业工程学科未来发展方向，探讨了农业工程学科人才队伍建设存在的问题及建设思路等。

11月2～5日，由中国农业工程学会和中国畜牧兽医学会共同主办的生态环境与畜牧业可持续发展学术研讨会暨中国畜牧兽医学会2012年学术年会和第七届全国畜牧兽医青年科技工作者学术研讨会在北京举行。来自国内外畜牧兽医科研、教学、生产及相关领域的560余名专家、学者、广大青年科技工作者、企业管理者参加会议。学术研讨会以“生态、环境与畜牧业可持续发展”为主题，安排了12个大会报告，并围绕畜舍环境与调控技术、畜牧工程装备技术、环境与动物健康、家畜健康养殖模式、畜牧业减排与废弃物资源化利用、饲料卫生与安全、家畜微生态与健康养殖等专题开展了分会场交流。

学会建设 2012年学会共组织各类学术会议12次，全年共有2800余人次参加学术交流活动，编辑出版论文集6本（册），其中2本被EI或SCI收录。

2012年学术会议交流质量得到提升。12次会议中，有国际组织来华召开国际大会1个、学会大型品牌学术交流活动1个、专业品牌学术交流活动5个，内容涉及农业工程学科水土、设施、特种水产、农业信息化、农产品加工贮藏等分支领域，参会人数均在300人以上，且均有外籍专家与会。

2012年，中国农业工程学会获批中国科协学会能力提升专项。作为学会能力提升专项中推进青年人才队伍建设的一项重要工作，中国农业工程学会“院士专家校园行”活动于2012年12月正式启动。中国工程院院士，中国农业大学汪懋华教授受邀担任首讲嘉宾。

为加强学会民主办会力度，学会首次开展了理事及专委会主任委员评估工作。评估对象包括八届理事及九届新增理事候选人，分为自评及互评两部分，共分称职、基本称职及不称职三个等次。评估工作的开展为九届理事选举提供了民主决策依据，也使得真正热心学会、服务学会的科技工作者的价值得到了具体体现。

2012年，为适应学会发展新形势，学会废止了原有的分支机构管理条例，审议通过了《中国农业工程学会分支机构管理办法》，管理办法对分支机构成立、换届、负责人竞聘等各项工作都做了明确的规定，有效地保证了分支机构管理的规范化和畅通性。

学会加强信息化建设，2012 年全年学会网站发布信息 300 余条。学会网站成为学会开展工作，联系会员的重要平台之一。

学会出版中国农业工程学会会讯，翻译出版《国际农业工程学会会讯》(中文版)。

党建强会 2012 年，学会继续承担中国科协"党建强会"特色活动项目，继续推进党支部建设。

活动围绕"发挥引领示范作用，加强学会能力建设"主题，结合学会 2012 年重点工作，以基层组织建设为基础，以业务工作为抓手，增强学会党组织活力，推进学会党支部建设。

2012 年中国农业工程学会"党建强会"特色活动的思路为"一个中心，两个基本点"。一个中心为"强组织、增活力，加强学会基层组织建设"，两个基本点为"开展科学普及"及"学会第九次全国会员代表大会"。围绕这一活动思路，学会建立了党政联席会议制度，在学会党支部开展了"讲学习、求创新、讲奉献、促发展"活动，号召每位党员在 2012 年要"看三本好书、走三个博物馆"，三本好书包括党务、业务相关著作及心灵激励类书本各一册，三个博物馆涉及历史、地质、农业各个方面，通过这一活动，加强了党员党性修养，增强了党支部的凝聚力。

为进一步推进实施"党建促会建"的工作模式，学会以"农村安全饮水知识"科普系列活动及学会"第九次全国会员代表大会"为抓手，建立学会党组织与专家学者长期、稳定的沟通联系，探索构建了由学会秘书处、理事会专家和广大会员广泛参与的立体式党建工作模式。通过开展科普系列活动，惠及广大会员和公众，将党建工作融入到学会具体业务工作中，做到学会工作必有党员参与，学会改革必有党员建言献策，学会发展必有党组织保驾护航。2012 年，学会被中国科协学会服务中心党委授予特色活动组织奖。

工程教育认证 2012 年 11 月，成立农业工程类专业认证试点工作组。初步确定负责机构及负责人，责成学会教育委员会负责具体推进工作。

学术期刊 2012 年《农业工程学报》全年出版 4 期，再次入选"百种中国杰出学术期刊"，最新影响因子 1.276，总被引频次 7871。2012 年《农业工程学报》获得中国科协科技期刊工程项目支持。按照项目要求，学会面向 2009 年以后发表的论文开展了优秀论文评奖工作并给予奖励，同时加大了论文英文摘要的篇幅以及图表英文信息量，增加参量等的英文标注，使论文成果更有易于在国际范围内传播。贯彻"走出去，请进来"的编辑人才战略规划，选派编辑开展境外中长期高级访学研究、参加本学科国际会议及境外培训，了解国际学科发展动态、学习办刊的模式，出版流程等先进的国际办刊经验，服务于学报自身发展。经过 20 余年的努力，《农业工程学报》已连续 3 年在本学科核心期刊中排名第一。

《国际农业与生物工程学报》(IJABE) 在线出版 4 期。

全年出版《农业工程技术》科普杂志 36 期，内容涉及温室园艺、农产品加工、新能源产业，为基层农业工程技术人员提供服务。

国际学术会议 10 月 13 ~ 14 日，国际田间试验机械化协会（IAMFE）、中国农业工程学会和农业部农业机械化技术开发推广总站联合主办，青岛农业大学和中国农业工程学会田间育种试验机械化专业委员会承办的第 14 届国际田间试验机械化研讨会暨机械装备展览会在青岛农业大学举行。作为国际田间试验机械化协会每 4 年召开一次的全球性国际学术交流会暨田间育种试验机具、种子检测仪器和加工设备展览会，来自世界 11 个国家和地区的育种及田间机械化领域的 300 多位专家、学者参加本次大会。

6 月 28 日，第三届北京国际现代农业展览会在北京国际展览中心召开。本次展览会参展商 200 余家，展出面积近 1 万平方米，达成交易额 9150 万元。

科普活动 2012 年，以中国科协繁荣科普创作资助计划项目为契机，制作完成了时长 20 分钟，内容为精准农业机械的科普动漫片。为贯彻落实中国科协资助实施的"学会重点科普活动"项目，学会以"农村安全饮水知识"为主题，从找水和取水新技术、饮用水的标准、饮用水处理技术、饮用水源保护与农村生活污水处理、农村饮水安全工程技术集成与示范应用等五个方面，面向农村和社区群众展示宣传了用水知识，提高了农村的安全饮水意识和节约保护水资源意识。

表彰举荐优秀科技工作者 农业与生物系统工程科技创新发展战略国际论坛暨汪懋华院士 80 寿辰于 11 月 8 ~ 10 日在北京举行。来自国内外的农业工程专家共贺汪懋华院士 80 寿辰。学会还出版了《献身农业工程，促建学科发展——中国工程院院士汪懋华口述学术生涯》、《汪懋华院士风采录》、《汪懋华文集》、《汪懋华 80 华诞纪念》等 4 本书籍。

【中国农业工程学会第九次全国会员代表大会】 12 月 23 ~ 24 日，中国农业工程学会第九次全国会员代表大会在湖北省武汉市召开。会议由中国农业工程学会主办，湖北省农业工程学会、华中农业大学承办。出席大会的正式代表和列席代表共220余人。

大会学术报告会围绕“农机农艺相结合”这一理念，邀请了邓秀新、傅廷栋、汪懋华、康绍忠院士从各自研究领域出发，提出了未来农业工程学科的发展方向。学会理事长朱明作了题为《增强农业工程科技创新的系统性、整体性和协同性，为现代农业建设提供有力的战略谋划和工程科技支撑》的报告。报告介绍了党的十八大对农业发展提出的新要求，希望农业工程科技工作者继续搭建协同创新的农业科技创新大平台，实现“良田、良种、良法”，建立起“高产、优质、高效、生态、安全”的现代农业产业体系。

代表大会审议通过了由朱明理事长代表八届理事会作的题为《团结奋进　继往开来　推动学会工作迈上新台阶》工作报告及学会财务报告，修改并审议通过了中国农业工程学会章程，选举产生了中国农业工程学会第九届理事会及常务理事会。朱明任九届理事会理事长，罗锡文任常务副理事长，王铁良、刘旭、杜瑞成、李畅游、李树君、李瑞川、佟金、应义斌、汪春、张全国、陆华忠、赵春江、郧文聚、袁寿其、崔明、康绍忠、韩鲁佳等17人任副理事长，管小冬任秘书长，秦京光任常务副秘书长。聘任汪懋华、蒋亦元、李佩成院士为学会荣誉理事长。大会审议通过了中国农业工程学会第九届专业（工作）委员会召集人名单，陈龙健等12人获中国农业工程学会第六届青年科技奖获奖者，张全国等61人获学会先进工作者。李洪文、尚书旗教授获中国科协第五届“全国优秀科技工作者”称号，在大会上予以了表彰。

【第十届全国高等院校农业工程及相关学科建设与教学改革学术研讨会】 8月16～17日，由中国农业工程学会主办的第十届全国高等院校农业工程及相关学科建设与教学改革学术研讨会在内蒙古农业大学召开。来自全国48所高等院校及科研单位的200余名专家学者参加了会议。与会专家围绕“凝练方向，加强建设，创新模式，促进发展”的大会主题，根据农业工程学科二级学科的设置，分为农业机械化与装备工程组、农业电气化与信息化组、农业水土工程组、农业生物环境与能源工程和农业生物系统工程组4个分会场，展开了交流和讨论。

与会专家认为，农业现代化的发展对农业工程学科的设置及教学模式提出了更高的要求，农业工程学科建设与教学需进一步强化，必须能够科学系统的服务于现代农业基础设施和装备条件建设。因此农业工程科技工作者要认真总结过去，深刻分析当前形势和存在的问题，在凝练学科发展方向方面要应对农业工程领域的国际竞争，跟踪国际前沿领域和学科发展科学问题，在创新团队和学术队伍建设方面要应对国际竞争力的提高和我国现代农业发展的需求，在国内外学术交流方面要保持和深化已有的全国性农业工程学科学术交流机制，保持并进一步加强高层次、实质性国际学术交流与合作，积极争取主办大型国际学术会议和研讨会，深化与国际著名或知名大学农业工程学科的合作与交流，把握良好机遇，将落脚点放在提高科技创新能力上，全面提升我国农业工程学科的综合实力。

【中国农业工程学会“院士专家校园行”启动　华中农业大学首讲】 作为学会能力提升专项中推进青年人才队伍建设的一项重要工作，中国农业工程学会“院士专家校园行”活动于2012年12月正式启动。活动计划在2012—2014年，邀请农业工程学科领域知名院士专家，走访全国相关学科高校，面向青年学生开展农业工程学科及自我成长经历系列讲座，引导青年人树立正确的人生观价值观，激励青年人勇攀农业科技高峰，激发青年人投身农业工程学科的热情。

中国农业工程学会“院士专家校园行”首讲12月22日在华中农业大学举行。我国农业工程学科教育事业的开拓者、中国农业电气化与自动化学科的主要创建人之一，中国工程院院士，中国农业大学教授汪懋华受邀担任首讲嘉宾。华中农业大学工学院近百名青年学生聆听了讲座。

汪懋华以“成长的回顾与发展的机遇”为主旨，通过回顾自己50余年的农业工程学科学习研究生涯，在科学研究中遇到的困难，得到的乐趣和取得的成就，给青年人提出指导建议。

汪懋华站在国家发展的高度，提出农业工程科技发展面临的机遇，也对未来的农业工程科技工作者提出了前所未有的挑战。汪懋华希望青年同学能够关注国情，深入农村，以科学严谨、实事求是的精神，虚心向学、脚踏实地的态度，灵活运用所学的专业技术知识，从解决实际问题切入，开展科学研究及工作学习，为社会发展贡献自己的力量。

【第14届国际田间试验机械化研讨会暨机械装备展览会】 10月13～14日，国际田间试验机械化协会（IAMFE）、中国农业工程学会和农业部农业机械化技术开发推广总站联合主办，青岛农业大学和中国农业工程学会田间育种试验机械化专业委员会承办的第14届国际田间试验机械化研讨会暨机械装备展览会在山东省青岛市举行。国际田间试验机械化协会奠基人及资助人埃戈尔·奥约德教授，中国工程院院士汪懋华、罗锡文，协会前任主席约翰·史蒂文斯博士，协会秘书长弗拉季斯拉夫·鲍里索维奇·米宁博士，农业部规划设计研究院院长、学会理事长朱明等出席会议，来自世界11个国家和地区的育种及田间机械化领域的300多位专家学者参加了大会，会议收到120余篇学术论文，18位知名专家、34位专家和学者分别就田间试验设计与管理，育种技术和育种方法，小区及株行播种机械、收获机械装备，种子加工机械装备及相关技术等领域做了主题报告和分会场专题报告。

会议期间，育种及种子机械装备展览会同时举行。来自国内外11家知名企业的田间试验（育种）机械和种子加工装备展出，各育种机械制造商在会议上对本公司的最新产品和技术做了展示和介绍，并与参会的农学家和育种专家进行了交流。

国际田间试验机械化协会会员代表大会同期召开，青岛农业大学尚书旗教授连任协会主席，协会总部由俄罗斯的圣彼得堡国立农业大学迁移到青岛农业大学。

国际田间试验机械化协会研讨会暨机械装备展览会是国际田间试验机械化协会每四年召开一次的全球性国际学术交流会暨田间育种试验机具、种子检测仪器和加工设备展览会，迄今已成功举办13届，中国首次承办该会议。

【农业与生物系统工程科技创新发展战略国际论坛暨汪懋华院士八十寿辰】 农业与生物系统工程科技创新发展战略国际论坛暨汪懋华院士八十寿辰论坛于11月8日～10日在北京举行。论坛由中国农业工程学会、中国农业机械学会、中国农业大学和国家农业信息化工程技术研究中心联合主办，农业部规划设计研究院、中国农业机械化科学研究院等单位联合协办，中国农业大学信息与电气工程学院、工学院、水利与土木工程学院和“现代精细农业系统集成研究”教育部重点实验室共同承办。

来自12个国家的200多位专家、学者参会，大会设2个自由讨论单元，共18个大会报告，探讨了农业发展新阶段对工程科技创新发展的战略需求、农业与生物系统工程科技发展展望、农业工程师职业发展面临的问题与发展对策以及全球化视角的创新驱动发展机制与发展模式四方面的内容。论坛特邀中国工程院院士汪懋华教授作了题为《中国农业与生物系统工程科技创新驱动发展的战略思考》的学术报告。

11月10日，来自国内外的农业工程专家共贺汪懋华院士八十寿辰。与会专家纷纷表示了对汪院士的祝福。

（撰稿人：武　耘）

中国电机工程学会

服务创新型国家和社会建设 2012年，学会完成了国家电网公司委托的“电网新技术应用前景研究——大规模储能和超导技术应用研究”，承担了中国科协委托的“企业创新学会支持平台”项目，国家电力监管委员会委托的《防止电力生产重大事故的二十五项重点要求》的修编工作，承担了企业委托的可再生能源本质安全体系，风电管理、工作、技术三大标准，技术监督体系，科技成果管理平台建设，电力科技成果发展趋势及其科技创新战略影响研究，国外相关专利专业分布及其对企业专利战略影响研究等项目。

学会承担了国家电力监管委员会电力安全专家委员会秘书处的工作，组织完成了《发电企业安全生产标准化规范及考核评级标准》编写。学会控股的电力安全评价公司获得国家电监会授予的电力安全生产标准化一级评审机构资质。学会面向行业开展科技成果评价工作，2012年共完成科技成果的技术评审和鉴定项目104项。

学会出版了“远东杯”诗书画大赛的书画作品集《电力情怀》。

2月29日～3月1日，《中国电力百科全书》（第三版）（简称《电百》三版）组群审稿会议在北京召开。近200位来自电力行业各领域的专家、学者参加了会议。2012年，《电百》（三版）条目初稿试写工作已基本完成，全面进入审稿、修改与加工阶段。

7月31日～8月1日，由中国电机工程学会和中国电工技术学会共同主办的2012电气工程学院院（校）长论坛在广东省广州市召开。论坛围绕电气工程学科专业改革、卓越工程人才培养、产学研合作与创新人才培养等内容进行了讨论。

学会建设 2012年，学会发展团体会员15个，普通会员1098人（含学生会员343人），高级会员139人。

学会向会员提供《动力与电气工程师》、《电信息》、学术活动预报等电子资讯信息服务。开展工程师资格认证和杰出青年工程师的评选工作。为单位会员提供科技咨询、学术交流、科技评价和奖励推荐，组织科技成果申报及科技奖励的培训。

以调查问卷形式征求会士遴选工作的意见，完善会士遴选程序和办法。

召开了学会第九届第五次常务理事会会议和第九届第三次理事会会议，审议通过了学会2012年工作报告、财务报告、预算报告。

学会能源与信息、变电、大电机、电力系统、超导与磁流体、电力信息化、动能经济、用电与节电、输电线路、带电作业、电磁干扰、农电共12个专业委员会完成换届工作。召开了组织、学术、科普、外事、咨询、青年、编辑、名词术语等工作委员会会议。

在国家民政部组织的2011年度全国性学术类社团评

估中被评定为4A级社团。

学会获得中国科协授予的学会能力提升专项“优秀科技社团奖”二等奖和“全国学会财务决算先进单位”等荣誉。

3月和10月，在云南发生自然灾害之际，学会出资委托云南省电机工程学会先后向昆明市禄劝县沿河小学和彝良县洛泽河镇仓盈村中心小学进行了捐赠。6月，学会出资委托甘肃省电机工程学会向舟曲县部分贫困学生进行了捐款和捐助。

学术期刊 2012年，《动力与电气工程师》发行3.5万册，《电信息》发行7.2万份。新创办刊物《电力工程科技文摘》。

2011年，《中国电机工程学报》在40种动力与电力工程类核心期刊中，总被引频次、学科影响指标、综合评价总分均位列第一，已连续9年学科各项指标总排名第一，在全国1998种核心期刊中名列第24位，被评为“2011年中国百种杰出学术期刊”，这是该刊自获得“2002年中国百种杰出学术期刊”称号以来，连续10年获此殊荣。《中国电机工程学报》编委会于2012年底完成换届，新的编委会提出了走向国际化的新目标。

国际学术会议 学会主办了2012年中国国际供电会议（CICED2012）等。

国内主要学术会议 2012年学会举办重点学术会议5次，高端前沿学术会议2次，共计1957人次参加，征集论文5000余篇。

主办了2012年中国电机工程学会年会等综合性学术会议，主办了中国电机工程学会第十二届青年学术会议、清洁高效燃煤发电技术协作网2012年年会、电力行业第十二届无损检测学术会议、2012中国分布式能源国际研讨会暨展览会等专题研讨会，承办了第14届中国科协年会第19分会场——电动汽车充放电技术研讨会，并被评为中国科协年会学术交流优秀分会场。

2012年，学会燃气轮机发电、火力发电、可再生能源发电、电力工程经济、城市供电、继电保护、直流输电与电力电子、热电、电磁干扰、理论电工、能源系统专委会等均开展了学术交流活动。

10月20～22日，由中国电机工程学会和中国电力投资集团公司联合主办的清洁高效燃煤发电技术协作网2012年年会在重庆市召开，本次年会以“高效清洁发电，促进节能减排”为主题。来自协作网成员单位、相关企业、科研院所的专业技术工作者和管理人员和会议论文作者，约230人参会，录用论文335篇。国家发展和改革委员会能源研究所副所长戴彦德，北京大学工学院常务副院长、清洁能源研究院院长张东晓等在会上作主旨报告。

9月23日，以“求实、开拓、创新——我们创造电力的未来”为主题的中国电机工程学会第十二届青年学术会议在浙江省杭州市召开。会议由中国电机工程学会主办、浙江大学承办。会议共收到论文468篇，录取254篇，论文张贴68篇，宣讲交流40篇，并评选出优秀论文22篇，共240多名青年科技人员参加了会议。

中组部人才工作局副局长、中国电机工程学会副理事长宋永华等与会。中国南方电网公司专家委员会秘书长、中国工程院院士李立浧作题为《我国电网技术发展需要关注的几个问题》的报告。会议发表了题为《恪守学术道德 捍卫学术尊严》的倡议书，倡导科技工作者坚守学术诚信，遵守学术规范，完善学术人格，维护学术尊严。

两岸交流 11月26～30日，海峡两岸第七届汽电共生/热电联产学术交流会在台湾地区台北市召开。参加本次会议的专家、学者共113人，其中大陆专家学者53人。

国际组织任职 在2012年斯洛维尼亚会议上，中国成员李若梅当选为世界工程组织联合会（WFEO）能源委员会副主席。

国际交往 2012年，学会组织参加在境外举办的学术会议7次，组织境内国际学术交流活动1次。

学会组团或派代表参加了在马来西亚雪兰莪召开的国际大电网会议亚、大地区委员会（AORC-CIGRE）理事会会议及技术研讨会，在马来西亚吉隆坡召开的国际女科学、工程和技术工作者会议（WISET 2012），在日本金泽召开的国际电机工程会议（ICEE 2012），在法国巴黎召开的国际大电网会议（CIGRE 2012），在斯洛文尼亚的卢布尔雅那召开的世界工程组织联合会（WFEO）2012年会，在新西兰奥克兰召开的2012年电力系统技术国际会议（PowerCon 2012）等国际学术会议。

在国际大电网会议（CIGRE 2012）开幕式上，国家电网公司总经理刘振亚作了题为《洲际输电大通道——优化全球能源资源》的主旨报告。

科普活动 2012年学会共举办科普活动14次，科普讲座14次，科普展览10次，受众4000人次。学会获中国科协科普部、学会学术部联合授予的“2011年度科普工作优秀学会”称号。

2012年学会的科普活动以基层乡镇小学的学生和青少年为主要对象，分别到江西省婺源县詹天佑小学、安徽省金寨县梅山镇龙湾村小学开展送科普下乡活动。

学会和内蒙古电机工程学会共同主办了2012年绿色能源生态夏令营活动，在全国科普日分会场组织了“安全与自救”入校园公益培训和“智能电网在我们身边”主题参观活动。学会组织有关省学会和出版社参加了11月在安徽省芜湖市举办的科普产品博览交易会。

学会主办了科普能力提升培训班，邀请专家开展了关于科普活动的策划与开展、突破科普图书编著的瓶颈等方面的培训。

学会组织编写的《假如没有电》(上、下)和《农村家电科学使用知识读本》获得“第二届中国科普作家协会优秀科普作品奖”提名奖。

表彰举荐优秀科技工作者 2012年中国电力科学技术奖共评选出获奖项目89项。

2012年，学会推荐国家科学技术奖7项。其中由国家电网公司等单位完成的“特高压交流输电关键技术、成套设备及工程应用”项目获得2012年度国家科学技术进步特等奖，由华中科技大学尹项根等人完成的“基于广域电压行波的复杂电网故障精确定位技术及应用”项目获2012年度国家技术发明二等奖。

2012年，学会共登记电力科技成果753项，其中742项通过审核、公示。

学会承担了2011年度国家能源科技进步奖中电力、新能源和可再生能源专业组的评审工作。

于尔铿获得2012年度“顾毓琇电机工程奖”，参加在美国IEEE PES年会期间举行的颁奖仪式。第二届中国电机工程杰出青年工程师奖的获奖者为孙华东、李岩、李海英、郜时旺、曾祥君。

经学会推荐，郭剑波、刘吉臻、李立浧和汪德志获得中国科协第五届“全国优秀科技工作者”称号。

学会获得中国科协授予的学会能力提升专项“优秀科技社团奖”二等奖和“全国学会财务决算工作先进单位”等荣誉。

工程教育认证 2011年12月～2012年4月，学会开展了2011年见习动力工程师、见习电气工程师、动力工程师、电气工程师的专业技术资格认证工作，受理353人申请，其中244人取得证书。

【2012年中国电机工程学会年会】 11月21～24日，2012年中国电机工程学会年会在北京召开。此次会议的主题是“智能电力与高效发展”，目的是研讨当前电力领域的新技术、新热点，促进低碳时代电力技术的发展。来自我国大陆和台湾地区、香港特别行政区、澳门特别行政区和韩国、马来西亚及等地的650余位专家学者参加会议。

大会举行了2012年度中国电机工程杰出青年工程师奖颁奖典礼。

国务院研究室工交贸易研究司副巡视员卫新华，中国广东核电集团高级工程师、中国工程院院士郑健超，韩国电气学会会长Prof. Koo，Jayoon，中国国电集团公司龙源电力集团股份有限公司总工程师杨校生等作主旨报告。

会议组织了主题分别为能源与电力经济、火力发电技术、新一代变电站技术、分布式发电及并网技术的4个专题研讨会，并于11月21日下午首次举办了女工程师论坛。来自马来西亚、中国大陆和台湾地区电机工程界的女性专家、学者共同分享女工程师的成长经验。

会议共征集论文1700余篇，经专家评审，录用728篇。会议评选出优秀学术论文32篇。宣讲论文167篇，张贴论文169篇。

【2012年中国国际供电会议】 9月5日，由学会主办的2012中国国际供电会议在上海市开幕。国际供电会议组织（CIRED）、美国电气电子工程师学会电力与能源分会（IEEE PES）、国际大电网委员会（CIGRE）、英国工程技术学会（IET）的高层代表出席会议。中外600多名供电领域专家、学者和工程技术人员参会。围绕“新技术，新生活——发展中的配电系统”这一主题，探讨如何以新技术促进配电系统发展。

在开幕式主旨报告中，CIRED主席Herbert Haidvogl介绍了CIRED的组织架构以及欧洲配电系统的情况，天津大学教授、中国工程院院士余贻鑫介绍了中国配电网的发展现状，IEEE PES前主席Alan C.Rotz介绍了IEEE PES在标准制订方面的工作；CIGRE主席Klaus Frohlich从输电侧角度提出了可持续发展的技术解决方案。

9月6日，国际电工委员会第57技术委员会第十工作组（IEC TC57 IEC61850 WG10）召集人Christoph Brunner，芬兰阿尔托大学教授、北欧斯堪的纳维亚地区供电会议主席Matti Lehtonen，国际电工委员（IEC）会智能电网战略组的主席Richard Schomberg，日本早稻田大学环境和能源工程研究所教授Ryuichi Yokoyama，中国科学院电工研究所所长肖立业分别作题为《运用IEC61850实现智能配电》、《北欧的智能电网愿景》、《ICE智能电网战略组的状态更新》、《用于智能社区的可自愈可扩展的配电网络》和《用于未来电网的超导技术》的特邀报告。

会议期间，近60位国内外从事供电技术与管理的专家、学者和工程师，就配电系统的可靠性、自动化、全寿命周期资产管理、农村电气化、需求响应机理及其商业运营、储能技术及电动汽车、主动配电网、供电质量监管与控制、分布式电源与微电网等9个议题进行了分析与探讨。会议还设立了6个专题的论文交流和张贴，60余篇论文在会上宣讲，172篇论文在会场张贴交流。

（撰稿人：周　文）

中国电工技术学会

服务创新型国家和社会建设 学会举办了光伏发电领域电力电子应用技术培训等不同层次的培训班。培训人数50余人。2012年，学会与法泰电器公司签署了合作协议，对符合条件的专业技术人员进行专业技术资格认证。法泰电器公司的50多位工程师接受了技术培训，40多位技术人员提出申请，近30人取得相应专业技术资格。

2012年，学会共收到专业委员会、地方分会、会员单位推荐的81份电气工程师资格认证申请表，其中的43位申请人取得相应资格证书。

2012年学会共举办国际展览会4次，展会期间举办技术讲座和论坛20场，内容涉及电磁兼容技术、核电工业装备、新能源电工和新能源汽车、智能电网等。

4月17～18日在北京国际会议中心举办第十七届国际电磁兼容技术交流展览会，中国汽车技术研究中心、航天科技集团公司中国空间技术研究院研究员陈淑凤、国家通信计量站无线通信及安全与电磁兼容实验室主任徐立、副主任王洪出席展会。本届展会面积为3000平方米，70余家参展商，专业观众800余人次。同期举办了中国国际电磁兼容与汽车工业、信息产业、国防工业高新技术发展高峰论坛和相关技术交流研讨会，共计20多场次，参会学者300余人。会议邀请行业知名专家学者、行业知名产品技术供应商代表，围绕最新市场发展导向、技术最新发展方面和最新整体解决方案开展演讲与论述。

受全国科学技术名词审定委员会委托，2012年3月，正式启动《电气工程名词》（原《电工名词》）的审定工作。10月，在北京召开了《电气工程名词》审定二次会议，确定了《电气工程名词》的总体框架及各分支的起草人、审定人，确定了《电气工程名词》的总体完成时间表及收词工作时间表。11月7日和12月4日，在北京分别召开了“电力电子技术”和“电工理论及通用名词”分学科审定小组工作会议，明确了这两个学科各分支的具体负责人和起草人。

学会建设 召开了七届三次常务理事会议、七届三次理事会议以及中国电工技术学会2012年秘书长工作会议。修订了财务、人事、行政、学术等管理办法和制度。

组织完成5个专业委员会的换届工作，对2200多名会员的信息作了更新。通过高级会员会籍的注册登记，掌握高级会员专业知识结构、学术影响、科研成果等信息，为优化学会专家库建设奠定基础。

中国电工技术学会参加中国科协学会能力提升专项优秀科技社团评选活动，经中国科协组织专家评审，中国电工技术学会荣获“优秀科技社团”三等奖。

8月16～17日，中国电工技术学会第七届三次理事会议在北京召开。传达了学会七届三次常务理事会议关于加强学会建设的意见建议。会议邀请清华大学经济管理学院吴贵生教授、北京工业大学管理学院黄鲁成教授分别作了《创新轨道与产业发展》、《战略新兴产业标准与产业技术基础》的专题报告。

学术期刊 《电气技术》编辑部完成了杂志12期及1期增刊的编辑出版工作。共处理在线投稿1066篇，编辑加工刊登了412篇。2012年在线投稿比2011年增加了233篇，增长比为22%。

在108种电气工程类期刊中，《电气技术》影响因子排名第59位，比2011年底的72位上升了13位。

《电工技术学报》全年共完成12期正刊和2期增刊的编辑出版。全年刊登论文总数449篇，比2011年增长18.8%。

国际学术会议 第七届国际电力电子与运动控制会议于6月2～5日在黑龙江省哈尔滨市举行。本届会议共收到30个国家和地区的725篇论文投稿。会议录用论文563篇，其中263篇论文在53个分会场进行口头交流，300篇论文分6个分会场进行了墙报交流。30个国家和地区的560名专家、学者参加了会议，其中海外学者219人。国际电力电子与运动控制会议已经发展成为该领域全球最重要的专业会议之一。

6月19～21日，由中国电工技术学会主办、沈阳工业大学承办的第6届国际电磁场问题与应用学术会议（ICEF’2012）在辽宁省大连市召开。来自12个国家和地区的180名专家、学者参会，其中境外学者55人。会议共有260余篇论文投稿，经评审，录用181篇，其中国外论文45篇，论文通过IEEE Xplore发表。经过第二次评审选出的23篇论文发表在SCI源刊、国际著名计算电磁学刊物《国际电气与电子工程数学与计算学报》（COMPEL）上，其他全部文章收入EI检索。

10月21～24日，由学会与日本电气学会、韩国电气学会联合主办的国际电机与系统会议在日本举办。会议共收到24个国家和地区的440篇投稿，录用23个国家和地区的313篇。

2012中国国际供电会议于9月5日在上海市举行。中外600多名供电领域专家、学者和工程技术人员出席了大会。会议设立6个专题的论文交流和张贴，60余篇论文在会上宣讲，172篇论文在会场张贴交流。展览面积5200平方米，54家国内外供电设备生产企业参展。

9月9～10日在河北省石家庄市举办第十四届中国科协年会“LED灯光艺术科技发展论坛（国际）”分会场。本次论坛共收到49篇论文，经审阅筛选出33篇优秀论文（包括6篇英文论文）报送中国科协出版论文集。本次论坛分会场共有90多位专家、学者参会。

国内主要学术会议 11月5～6日，学会承办了主题为“大气压放电等离子体关键技术与应用前景”的中国科协第66期新观点新学说学术沙龙。来自科研院所、大学及企业的50余位专家参加了学术沙龙。

11月24日，由中国电工技术学会主办、重庆大学承办的2012年无线电能传输技术研讨会在重庆市举办，研讨会主题为“如何推进我国无线电能传输技术的发展与应用”，目的是进一步探讨我国无线电能传输技术研究现状与发展趋势、无线电能传输技术发展所面临的问题。60余位专家、学者参加了研讨会。

两岸交流 10月，与台湾地区电力电子学会举行了双边座谈会，就进一步开展合作，达成了共识。

国际交往 5月6～9日，学会组织国内新能源车企业负责人赴美国参加会议、参观展览。4月，学会组织国内风力发电、输变电企事业单位有关人员赴欧洲进行电器技术和风力发电技术考察并参观德国汉诺威工业博览会。

2012年，学会与美国电气和电子工程师协会电力电子学会（IEEE PELS）、美国电气与电子工程师协会工业应用分会（IEEE IAS）、韩国电气学会、韩国电力电子学会、日本电气学会保持工作交流。与韩国电气学会、日本电气学会、IEEE IAS进行了协商，探讨了合作出版《国际电机与系统会议学报》并进入SCI收录的问题及工作步骤。6月，学会与IEEE PELS、日本电气学会、韩国电力电子学会、在黑龙江省哈尔滨市举行了多边座谈会。

表彰举荐优秀科技工作者 2012年“中国电工技术学会科学技术奖”共收到推荐书42份。中国电工技术学会科学技术奖评审会议于12月10日在北京召开，评审委员会根据《中国电工技术学会科学技术奖奖励办法》的有关规定，对所有推荐项目进行了评议。选出一等奖5项、二等奖8项、三等奖9项，并于12月12日在学会网站予以公告。

工程教育认证 2012年，工程教育专业认证试点工作，学会共入校考查26个专业点、8个专业点认证有效期经审核延长。组建包括教育界、工程界67人组成的认证专家队伍，并进行培训，覆盖《工程教育认证》中电气工程及其自动化、电气工程与自动化、电子信息工程、电子科学与技术、通信工程、光电信息工程、自动化等专业领域。组织修订《专业补充标准》，提出《工程教育专业认证标准》通用部分修改意见。

【第16届国际电磁发射技术会议】 5月15～19日，由中国电工技术学会与美国战略与创新技术研究所共同主办的第16届国际电磁发射技术会议在北京举办。来自中国、美国等15个国家的156名专家、学者参加了会议。会议共收到287篇论文，经审查录用177篇，是历届会议中论文投稿和录用数量最多的一次。会议交流分为论文宣读和张贴两种形式，交替进行，其中宣读论文25篇，张贴论文152篇。中国电工技术学会电磁发射技术专委会主任委员李军博士因在电磁发射技术领域做出突出成绩获颁Peter Mark（彼得·马克）奖章，学会理事王莹因在电磁发射技术领域做出突出贡献获颁首个Harry Fair（哈利·费尔）奖章。国际电磁发射常务委员会与中国电工技术学会签署了《关于中国电工技术学会电磁发射技术专业委员会主任委员为正式委员席位的协议》。这是国际电磁发射技术会议首次在中国举办。

【第26届国际电接触会议（ICEC）暨第4届电工产品可靠性与电接触国际会议（ICREPEC）】 5月14～18日，第26届国际电接触会议暨第4届电工产品可靠性与电接触国际会议在北京举行。此次会议是国际电接触会议首次在中国召开，会议邀请国际电接触与电工产品可靠性领域著名专家参会。本届会议共录用21个国家和地区的98篇论文，249位专家、学者（境外学者105人，国内学者144人）参加会议。

（撰稿人：马佳佳）

中国水力发电工程学会

服务创新型国家和社会建设 学会牵头组织10余家行业单位和40多位水电专家，历时一年多编制完成了《大中型水电工程建设风险管理规范》，已于2012年底上报有关部门审批。同时学会组织编制的《流域梯级水电站集中控制运行标准》历时一年完成了征求意见稿。

学会承担的国家“十一五”科技支撑重点项目“特大型梯级水利水电工程安全及高效运行若干关键技术问题研究咨询”课题，历时3年于2012年结题，完成了技术咨询任务。

完成了“大渡河瀑布沟电站下游泥沙研究和治理”、“乌江梯级水电站优化调度效益评价体系研究及软件开发”、“黑水河、松林河和九龙河梯级水电站优化调度研究”等课题任务。

小水电专委会承担的水利部公益性行业科研专项——全国水能资源利用区划的总体战略及支撑技术研究通过项

目验收。

施工专委会组织编撰的《缆索起重机》、《大体积混凝土预冷技术》和《混凝土骨料料源与骨料生产技术》等专著出版。水电控制设备专委会组织编写了《水轮机控制系统的设计与计算》，小水电专委会完成了《农村水电增效扩容改造项目建设与管理》书稿的编写。

学会环境保护专委会参与国家能源局《关于进一步做好中小河流水电规划与环境保护工作的指导意见》、《长江干流治理开发与保护规划》，环保部《国家环境保护“十二五”规划》、《全国环境功能区划纲要》等的编制修订工作。小水电专委会向水利部提交了《农村水电技术标准需求分析报告》等研究报告。机械疏浚专委会编制了《中国水利疏浚行业分析报告（2012）》。水电监理专委会主持修订了《水电水利工程施工监理规范》。工程造价专委会参与修订了《水电工程投资匡算编制规定》、《水电工程投资估算编制规定》。

举办各类技术培训班 13 班次，参加人数 2038 人。

学会建设 2012 年，学会新增团体会员单位 19 个，团体会员单位数量已发展到 205 个（包括下设的 30 个专委会和 1 个工作委员会），联系指导 22 个省级学会，有 8 个专委会完成了换届工作。召开了各专委会和省级学会秘书长工作会议、理事会议、秘书长办公会，派代表参加省级学会换届大会和北方、南方两大片区省级学会联络会议。

学会与国家开发银行联合举办了 2012 年中国水电新春联谊会，有关部委、水电和电力行业专家学者近 400 人出席了联谊会。

11 月 17 日，由中国水力发电工程学会、湖南省水力发电工程学会、湖南省水利学会和湖南省演讲与口才学会联合主办的“远程杯”《水电人的梦想》演讲大赛落幕。来自大专院校、业主、勘测设计、运行管理等 9 个单位的 25 名选手演绎了老一辈水电专家以及新一代水电专家的光辉事迹。中国水电学会中国水电网对大赛进行了网络直播。大赛是《百年水电》系列宣传活动之一，历时 9 个月。

潘家铮水电科技基金自 2008 年设立，至 2012 年底已有 51 家单位和 4 名个人捐资，基金规模已达 4429.1 万元。12 月 21 日，由中国水力发电工程学会和潘家铮水电科技基金管理委员会主办、四川大学承办的“第四届潘家铮水电奖学金颁奖典礼”在四川省成都市举行。截至 2012 年已有 170 名学子、6 位水电专家和 139 个水电科研项目分别获得上述奖项。

学会与《中国能源报》签署了《战略合作备忘录》，向《中国能源报》推荐了 40 多位有知名水电专家，进行水电人物专题采访和连载报道。与《中国电力报》达成共识，在资源共享、信息沟通、水电宣传等方面开展长期合作。

组织协助有关企业做好国际水电开发的科普宣传和技术服务工作，编制涉外水电站宣传纲要。经请示外交部、能源局及相关企业集团，在国内外通过适当方式组织宣传。

学术期刊 《水力发电学报》2012 年共收到投稿论文 696 篇（比 2011 年增加 195 篇），刊登 275 篇，被 EI 检索收录的论文 273 篇。学报影响因子 0.399（2011 年为 0.349），在全国 1998 种学术刊物中排名第 929（2011 年为 1104）。完成了《中国水力发电年鉴》（2011 年卷）编纂工作，编撰年度《中国水电信息年报》。

学科发展研究 学会牵头组织行业 26 家单位和 160 余名专家，历时 8 个月编撰完成并出版了《中国水力发电科学技术发展报告》。

国内主要学术会议 2012 年，学会共举办大型学术会议活动 25 场次，参加人数 2644 人次（含境外人员 20 人次），交流论文 640 篇（境外 8 篇），编辑出版论文集 18 种，印发 4570 册，发表论文 1042 篇。

学会与中国电力企业联合会联合主办了 2012 全国大中型水电站风险管理标准化（规范）论坛。

学会与国资委主管的《能源》杂志社在四川省成都市联合主办“（西南）水电发展论坛”，进行了为期 10 天的“西南水电行”考察报道活动，在北京召开了西南水电发展调研新闻发布会。

8 月 10 ~ 11 日，变化环境下水利水电前沿问题科技论坛在江苏省南京市召开。中国工程院土木、水利与建筑工程学部主任雷志栋院士主持会议，水利部副部长胡四一，中国水力发电工程学会常务副理事长兼代秘书长李菊根，南京水利科学研究院院长、中国工程院院士张建云出席开幕式。

论坛邀请国内水利水电工程领域的专家、学者和工程科技人员，围绕国家经济社会发展和变化环境下水利水电工程的科技前沿问题开展研讨、交流。5 位院士、11 位特邀专家作学术报告。

两岸交流 由 8 人组成的水电抗震防灾高级专家团，赴台湾地区台北市开展了海峡两岸水利水电工程抗震防灾技术方面的学术交流和现场考察活动。

国际交往 2012 年，国际水电协会（IHA）三次访问学会，学会理事长张基尧在北京会见了国际水电协会主席雷法・阿伯德尔—马莱克一行。双方就加强高层互访、配合开展世界水电统计工作（中国部分）、协办 2013 年世界水电大会、发展 IHA 中国会员单位、共同开展水电可持续发展中国区培训等方面达成了共识和合作意向，签署了会谈备忘录。

学会申请中国科协经费支持，资助 2 名水电专家赴日本参加国际大坝委员会第 80 届年会，赴西班牙参加国际水利与环境工程学会执委会会议。小水电专委会组织专家出席中印小水电合作国际研讨会并做主题报告。

表彰举荐优秀科技工作者 完成“水力发电科学技术奖”评审。2012 年申报的成果达到了 163 项，涵盖水电的设计、制造、施工、运行、管理和科研教育等方面。最终评选出特等奖 2 项、一等奖 4 项、二等奖 9 项、三等奖 42 项。

开展了中国科协第五届“全国优秀科技工作者”推荐评选工作，共评选出 3 名“优秀科技工作者”候选人和 1 名“十佳优秀科技工作者”候选人。1 人获“十佳全国优秀科技工作者提名奖”，3 人获“全国优秀科技工作者”称号。

受张光斗科教基金会委托，组织评审专家开展了“张光斗优秀青年科技奖”（水电行业）代评工作，共评出 3 名候选人和 1 名备选候选人。组织开展了“潘家铮奖”的推荐评审工作。2012 年是“潘家铮奖”（个人成就奖）第二次评奖，着重奖励长期工作在第一线并做出重大成就和贡献的科技专家。中国水利水电建设股份有限公司宗敦峰、中国水电顾问集团中南勘测设计研究院冯树荣、长江水利委员会长江勘测规划设计研究院钮新强等 3 人获奖。2012 年“潘家铮水电奖学金”受奖高校包括新增加的青海大学和新疆农业大学共计 16 家，授奖学生 46 名。12 月，在四川大学举行了颁奖典礼。

学会创新发展 与湖南水电学会联合举办了《水电人的梦想》演讲大赛。组织知名水电老专家进校园与选手进行交流，来自大专院校、勘测设计、运行管理等 9 个单位的 25 名选手参加大赛，中国水电网对大赛进行了网络直播。

与中国能源报社联合主办中国水电手机报，这是国内第一份水电行业权威电子移动出版物，每周一、三、五以手机彩信形式出刊，2012 年播发了 120 多期，服务读者 5000 余人。

【中国水力发电工程学会七届二次理事会】 12 月 17 日，中国水力发电工程学会七届二次理事会在北京召开。学会理事长张基尧作《认真学习全面贯彻党的十八大精神，大力推进水电开发，为全面建成小康社会而奋斗》的工作报告，报告指出，2012 年我国水电开发建设继续保持了平稳较快的发展势头，年底水电总装机容量将接近 2.5 亿千瓦，全年水电发电量将突破 7000 亿千瓦时大关。三峡水电站实现了 32 台单机容量 70 万千瓦机组全部投产；向家坝水电站首批两台机组相继投产发电，标志着当今世界上单机容量最大的 80 万千瓦水轮发电机组的设计、制造、安装取得了巨大成功；小湾水电站蓄水首次达到设计高程 1240 米；流域梯级电站有序开发，水资源综合利用效益进一步发挥，流域梯级调度集控中心建设形成共识；行业科技创新持续加强，技术进步显著。水电开发中的移民环保安全问题得到高度重视。中国水电建设企业积极实施“走出去”战略，业绩遍布亚、非、美、欧等的近百个国家和地区，拥有全球 50% 以上的水利水电建设市场份额，成为全球水利水电建设行业的引领者。我国水电事业正以更加科学的开发理念和更加稳健的发展步伐迈向新辉煌。

会议报告了学会 2012 年度财务收支情况；通过了七届理事会成员变更和增补事项。

【2012 中国水电新春联谊会】 1 月 3 日，由中国水力发电工程学会和国家开发银行共同主办的 2012 中国水电新春联谊会在北京举行。水利部部长陈雷，全国人大财经委副主任汪恕诚，全国政协经济委员会副主任张国宝，全国政协人口资源环境委员会副主任、学会理事长张基尧等出席会议并讲话。有关部委、水电和电力行业的领导和专家以及来自全国各地的水电界新老同仁近 400 人出席了联谊会。

联谊会上举行了 2011 年度水力发电科学技术奖颁奖典礼，43 个项目分获一、二、三等奖，陈雷、汪恕诚、张国宝、张基尧等为获奖代表颁奖。

【《中国水力发电科学技术发展报告》出版发行】 2012 年底，《中国水力发电科学技术发展报告》（2012 年版）编撰完成正式出版发行。《中国水力发电科学技术发展报告》（以下简称《报告》）是一部由中国水力发电工程学会牵头组织，联合中国水电工程顾问集团公司和中国水利水电建设集团公司共同编撰的科技出版物。《报告》对我国水力发电科技事业的重要进展和重大成果进行了全面、系统的回顾，反映了我国水电科技发展所取得的伟大成就。在回顾的基础上，根据国家社会未来发展需求，用未来工程、未来技术的视野，对我国水力发电的科技发展进行展望。结合我国经济社会和科技发展趋势，以国家水电发展规划和重大工程为依托，分析研究未来的重点工程和重点技术的发展需求，提出了水电可持续发展需要解决的重点科技问题，以及需要解决的关键技术和研究方向。

《报告》内容共分我国水力资源开发现状和展望、水力发电科技成就和科技发展重点项目三大部分。《报告》用发展的眼光看问题，研究到2020年乃至今后30～40年更长远的发展，体现科技引领、创新驱动的发展要求。《报告》的编撰充分发挥中国水力发电工程学会的战略决策咨询作用。

【2012全国大中型水电站风险管理标准化论坛】 8月24日，2012全国大中型水电站风险管理标准化（规范）论坛在宁夏回族自治区银川市召开，大会围绕中国水力发电工程学会组织行业企业和专家编制的《大中型水电工程建设风险管理规范》，专题研讨大中型水电项目建设和运营中的风险管理规范化机制。论坛由中国水力发电工程学会、中国电力企业联合会主办，住房和城乡建设部、国家能源局、中国电力企业联合会以及国内主要水力发电企业、流域公司、设计施工、媒体出版等单位近100人参加了论坛。学会理事长张基尧致辞，国家能源局新能源与可再生能源司副司长史立山、住房和城乡建设部标准定额司高级工程师林岚岚分别作讲话。学会常务副理事长兼代秘书长李菊根主持会议。

张基尧在致辞中指出，中国水电开发迈入了更加科学理性和健康有序发展的新阶段，但水电建设面临的社会环境、工程环境、建设环境都发生了很大变化，高度重视大中型水电项目的风险管理问题，加强对水电项目各种风险因素的辨识、评估和管理控制，是关系到水电事业的长远发展和社会安定和谐的百年大计。

史立山在讲话中提出，加强风险管理是水电工作的重点，妥善处理相关利益和矛盾，是产业健康发展的需要，也是具有多项综合效益的社会工程，是社会安全稳定的组成部分。论坛的召开、规范的编制，标志着水电建设和运行管理从思路理念上有了科学化、规范化的趋势，是水电行业落实科学发展观的具体体现。

与会领导和专家分别就水电站风险管理的来源、管控机制、规范化等问题阐述了观点。

【西南水电行考察宣传活动】 4月25日，中国水力发电工程学会与国资委主管的《能源》杂志社联合主办的（西南）水电发展论坛在四川省成都市召开，拉开了2012能源中国行第一站——西南水电行大型实地考察报道的序幕。论坛以“十二五”期间我国西南地区水电发展机遇与挑战为主题，邀请国内水电行业的专家、学者、企业领导、水电项目负责人、能源与环境问题资深评论员等综合各方观点，围绕水电的开发与利用展开深入讨论，凝聚集体智慧，扩大宣传影响，为我国西南地区水电建设出谋划策。

为期15天的“西南水电行”活动，媒体专家考察团考察了大渡河流域的猴子岩水电站、金沙江流域的溪洛渡和阿海水电站、电站周边移民新村、增殖放流项目等，并就西南水电的开发问题与西南水电的主要设计单位昆明勘测设计研究院的水电科技人员进行了交流座谈。

5月16日，学会和《能源》杂志社组织在北京召开了西南水电发展调研新闻发布会，考察人员向媒体、专家和企业介绍了西南水电行活动的调研情况和感受，展示了水电的真实面貌，回答疑问，使公众对水电企业认真执行国家发展规划的行为有了较深刻的理解，也使公众理解我国政府积极发展水电的国策。由于社会各界对金沙江的水电开发存在诸多质疑，本次考察宣传活动也受到了媒体的关注，经过新华网、人民网、搜狐、新浪等各大媒体报道后，在社会上引起强烈反响。本次活动科学地回答了社会关注的热点问题，真正起到了科普宣传为国家发展建设保驾护航的积极作用。

【《流域梯级水电站集中控制运行规程》编制】 10月30～31日，《流域梯级水电站集中控制运行规程》（征求意见稿）审查会在江苏省苏州市召开，主要对《规程》（征求意见稿）作进一步的讨论和修改完善，力争2013年一季度报送有关部门审批和发布。会议由中国水力发电工程学会主办，南京南瑞集团公司水利水电技术分公司承办，国家能源局及国内主要水力发电企业、流域公司、科研机构、高等院校等30多家单位50余人参加了会议。学会常务副理事长兼代秘书长李菊根主持会议。

《规程》由学会牵头组织行业有关单位编制，在总结各大中型流域水电站集控运行经验的基础上，参照国内的行业标准和导则，历时一年完成了征求意见稿，并已于2012年7月在中国电力企业联合会网站上发布征求意见。《规程》主要包括流域梯级水电站集中控制机构、设计要求、集中控制运行水库调度、集中控制发电运行管理、运行维护和检修、效益评价等内容，发布后适用于总装机容量100MW及以上的新建大中型流域梯级水电站集控机构，改建、扩建的流域梯级水电站要进行集中控制运行的可参照执行。

（撰稿人：雷定演）

中国水利学会

服务创新型国家和社会建设 2012年10月，学会配合水利部人事司、职改办，组织完成了2012年度水利部专业技术人员晋升职称考试工作。考试设有计算机知识和专业理论两个科目，共计5164人次报考。学会负责考试报名受理、组织试卷命题、试卷印刷、考务组织、阅卷登分、成绩统计以及合格证制作与发放等考务工作。

9月10～30日，受水利部国际合作与科技司委托，学会组织承办了水利标准化从业干部赴德国培训项目。水利部有关司局和直属单位的20位管理人员和技术人员参加了培训。

3月22～24日，由学会和水利部综合事业局、湖南省水利厅、长沙市人民政府等共同主办的2012中国（国际）水利机械及施工装备展览会在湖南省长沙市举行。展会以促进水利产业发展、推动水利工程建设为目标，以水利机械和水利施工装备与技术展示为主要内容，展现水利机械行业最新的技术、材料和产品，打造水利建设和水利机械行业信息、技术、成果、经验交流合作平台。

10月29～31日，由中国水利学会、中国膜工业协会主办的2012中国水博览会在北京举行。展会设4个展厅，面积22000平方米，来自美国、加拿大、法国、荷兰等20多个国家和地区以的400余家企业参展。共接待了来自36个国家和地区的30000多名专业观众。展会的同期举办了第七届中国（国际）水务高峰论坛。

落实水利部"水利专业技术人才知识更新工程"，学会开展专业技术培训活动。2011年10月以来，学会共举办和承办了各类水利专业培训班18期，培训专业技术人员约2000人次。

2012年，在水利标准化工作主管部门的指导下，学会承担《水利技术标准体系表》修订工作。学会承担了水利部政策研究项目"水利标准化管理体制和运行机制研究"，承担了水利部《喷灌工程项目建设标准》的制定任务。

学会建设 2012年，学会获得中国科协学会能力提升专项"优秀科技社团"三等奖。

2012年，学会在全国范围内布置了个人会员重新登记工作，实现学会对全国会员直接管理，补充个人会员信息，纳入中国科协会员管理系统。

6月12日，学会在宁夏回族自治区银川市召开省级水利学会秘书长工作座谈会。

《中国水利学会通讯》每月1期，2012年印发12期。

学术期刊 学会主办的科技期刊共6种，分别是《水利学报》、《水科学进展》、《岩土工程学报》、《泥沙研究》、《灌溉排水学报》以及《中国防汛抗旱》。《水利学报》在水利学科19种统计源期刊中排名第一位。《岩土工程学报》2012年获得国家自然科学基金重点学术期刊专项基金项目资助。

国内主要学术会议 4月22～24日，学会第五届青年科技论坛在四川省成都市召开，会议由学会青年科技工作委员会主办。论坛的主题是"水利改革发展与科技创新"，论坛围绕水利水电工程关键技术、水环境与水生态等方面的科技进展和成果进行了交流和探讨。论坛收到论文150余篇，经专家评审，95篇论文被收入《中国水利学会第五届青年科技论坛论文集》。经论坛优秀论文评选委员会评审，10篇论文被评为优秀论文。

12月4～5日，学会作为协办单位参与中国科协主办的第二届中国湖泊论坛。水利部副部长胡四一，湖南省委副书记梅克保等出席并讲话。曹文宣、姚守拙、张建云、黄伯云、官春云等院士、专家，以及中外从事环境保护和湖泊研究的专家、学者约700人参加了开幕式和主论坛报告会。中国水利学会参与筹办了水资源利用与灾害防治分论坛。

4月18～20日，学会减灾专委会为了配合和推进全国防汛抗旱信息化建设，在江西省南昌市举办第二届全国防汛抗旱信息化论坛。论坛结合当前全国防汛抗旱信息化工作重点项目开展学术交流，旨在提高防汛抗旱工作的综合能力和信息化水平。

9月24～26日，学会河口专委会2012年会暨"河口与水资源"学术交流会在辽宁省大连市召开。水利部水利水电规划设计总院等23家单位的35名专家、学者参加了会议。《长江口上海城市供水水源地建设综述》、《长江口徐六泾流量与大通流量间关系探讨》等多篇论文在会上进行了交流讨论。

11月23～26日，学会地基与基础工程专业委员会在陕西省西安市举办第十四次全国化学灌浆学术交流会。来自全国21个省和多个境外公司的代表共计190余人参加。会议编辑出版了《复杂地基化学灌浆技术》论文集，收录论文70篇。

国际交往 5月16～20日，学会派出3人代表团赴韩国参加韩国水资源协会2012年会，3位代表的2篇论文在会议上进行了交流并被大会论文集收录。

科普活动 2012年，学会申请了2012年国家财政项目"创新水利科普工作政策制度研究"，规划水利科普工作，制定促进水利科普发展的政策制度，推进水利科普工作发展。为建立水利科普教育基地，发挥其示范带头作用，学会起草了《水利科普教育基地管理办法（草案）》。

2012年，学会及各分支机构结合世界水日、中国水周、全国科普日等主题活动开展形式多样的科普活动。组织小学生到北京节水博物馆做节水讲解员，引领社会公众体会水的形态，了解生活用水状况，掌握节水办法。

表彰举荐优秀科技工作者 2012年，大禹水利科学技术奖奖励委员会按照程序进行了换届。修订了《大禹水利科学技术奖奖励办法》。经评审，2012 年度共有 41 项成果获奖，其中特等奖 1 项、一等奖 7 项、二等奖 14 项、三等奖 19 项。

2012 年，首次评定颁发由中国水利学会、水利部水文局和河海大学为了纪念我国著名水文学家刘光文共同设立的刘光文水文科技教育基金奖励项目。奖项包括“刘光文科技成就奖”、“刘光文青年科技奖”和“刘光文奖学金”。中国工程院院士、南京水利科学研究院院长张建云获首届“刘光文科技成就奖”。4 名青年水文科技工作者获“刘光文青年科技奖”，清华大学等 11 所高校的 29 名学生获“刘光文奖学金”。

5 月，学会开展了中国科协第五届“全国优秀科技工作者”评审推荐工作。经过评审，向中国科协推荐 4 位候选人。王建华、杜雷功、陈生水 3 人获得“十佳全国优秀科技工作者提名奖”。

5 月，受张光斗科技教育基金管理委员会委托，学会开展 2012 年度张光斗优秀青年科技奖候选人推荐工作。授予孙志禹、刘东海、王海政、朴春光、严登华、苏怀智等 6 人 2012 年张光斗科技教育基金——优秀青年科技奖。

6 月，学会开展第九届中国青年女科学家奖候选人推荐工作，经过评审，向中国科协推荐了 3 名候选人。

工程教育认证 全国工程教育专业认证专家委员会水利类专业认证分委员会于 2011 年底正式得到教育部批复同意。至 2012 年 10 月，分委员会共计认证了水利类本科高校的 15 个专业点（分布在 11 所高校的 3 个专业），派遣专家进入 2 所高校进行延长认证期的审查和考核工作，推荐 10 位专家参加了全国工程教育认证秘书处安排的培训班。截至 2012 年底，水利类专业认证分委员会共计有认证专家 43 人，结合水利类专业的特点，完善、修订水利类专业补充标准。

【中国水利学会 2012 学术年会】 11 月 6 ~ 8 日，中国水利学会 2012 学术年会在湖北省武汉市召开。年会的主题为“推进水利跨越式发展新实践”。水利部副部长胡四一作年会主旨报告，会议邀请王浩、张建云等 11 位院士、专家作特邀报告。水利科技工作者以及国外友好学会的代表 500 余人出席了会议。年会设有 5 个专题分会场，其中包括一个国际分会场。大会颁发了 2012 年度大禹水利科技奖和优秀论文奖。

【中澳应对持续干旱高层论坛】 1 月 6 ~ 8 日，学会遥感专委会在北京举办了中澳应对持续干旱高层论坛。通过中澳两国应对持续严重干旱措施的调查与比较分析，结合实地考察和广泛对话交流，总结双方成功的经验，提出改善今后两国有效应对干旱缺水问题的具体建议。

【跨流域调水与区域水资源配置】 9 月 13 日，学会调水专委会在北京举办了跨流域调水与区域水资源配置学术研讨会。会议探讨河湖水系连通理论体系与关键技术，促进新时期跨流域调水与河湖水系连通战略的有关工作。

（撰稿人：王　琼）

中国内燃机学会

学会建设 2012 年，中国内燃机学会活动的重点是筹备 2013 年第 27 届国际内燃机学会大会。围绕这一工作重点，学会召开了二次常务理事会会议和一次理事会会议，承办了国际内燃机学会 2012 年春季常设委员会会议。学术活动的重点是针对内燃机行业共同关注的内燃机节能减排与智能化等热点问题，总会和所属各分会包括编辑委员会开展了形式多样的学术活动 13 次，参加人数 1381 人次，交流学术论文 593 篇，编辑出版论文集 5 种、论文集光盘 4 种。

学术期刊 2012 年，学会编辑出版的《内燃机学报》（双月刊）共刊出学术论文 90 篇，编辑出版的《内燃机工程》（双月刊）共刊出学术论文 94 篇，编辑出版的《内燃机》（双月刊）共刊出学术论文 110 篇。3 种期刊全年共发行 35400 册。

国际交往 5 月 15 ~ 18 日，国际内燃机学会（CIMAC）2012 年春季常设委员会会议在上海市召开。出席本次会议的有来自德国、奥地利、挪威、丹麦、瑞士、日本、中国等国的 CIMAC 常设委员会成员共计 23 名。学会 3 名常设委员会委员：常务副理事长兼秘书长阳树毅教授级高工、副理事长金东寒院士和副理事长黄佐华教授均出席了会议。会议除按预定的议程召开外，与会全体代表还听取了学会关于 2013 年 5 月在上海承办第 27 届 CIMAC 大会各项筹备工作进展情况的汇报，并考察了第 27 届 CIMAC 大会的会址和展馆等设施。

表彰举荐优秀科技工作者 2012 年，根据学会评选李理光、帅石金、居钰生、张俊跃、安军、李金成等 6 位科技人员荣获 2012 年度昆仑“突出贡献奖”，窦慧莉、贾明二位青年科技专家荣获 2012 年度“史绍熙人才奖”。

【2012 年学会学术年会暨测试技术分会、油品与清洁燃料分会和吉林省内燃机学会联合学术年会】 10 月 10 ~ 14 日，中国内燃机学会 2012 年学术年会暨测试技术分会、油品与清洁燃料分会和吉林省内燃机学会联合学术年会在吉林省长春市召开，与会学者和专家共计 230 人。

年会由学会常务副理事长兼秘书长阳树毅和副理事长、中国工程院院士苏万华共同主持。中国北方发动机研究所副所长张树勇、清华大学汽车学院教授帅石金、吉林大学汽车工程学院教授韩永强、天津大学教授尧命发、中国船舶重工集团公司第七一一研究所研究员陈志忠、上海汽车集团股份有限公司技术中心副总工程师平银生、中国石油润滑油公司大连研发中心高级工程师汤仲平、中国一汽无锡油泵油嘴研究所副所长居钰生、德国 IAV 公司高级副总裁马蒂亚斯·克劳奇、辽宁方圆国家标准样品油有限公司高级工程师陈云华等专家分别以《柴油机的“高”与“低”》、《车用燃料的清洁化、多元化与高效利用》、《车用柴油机瞬态性能主动控制》、《满足欧Ⅵ排放商用柴油机燃烧技术开发及优化》、《节能减排对船用发动机系统发展的影响》、《D19TCI 欧Ⅴ轿车柴油机的开发》、《发动机润滑油的研究现状与发展趋势》、《我国柴油机喷油系统技术发展现状与对策》、《TGDI 发动机开发中的挑战》、《标准样品油的科学与发展》为题作大会特邀报告。

本次年会分油品、替代燃料，整机结构、设计与工艺，燃烧性能与排放；测试、控制与零部件等 4 个分会场进行学术论文宣读交流。对录用的 212 篇学术论文出版了论文集和论文集光盘，论文集分上、下两册，上册为企业篇公开出版发行，收录学术论文 126 篇；下册为高校篇，作为内部资料，收录学术论文 86 篇。经论文评审小组评选，评出优秀论文 24 篇，其中一等奖 4 名、二等奖 8 名、三等奖 12 名，在大会闭幕式上进行了颁奖、表彰。

（撰稿人：祝维瑾）

中国工程热物理学会

服务创新型国家和社会建设 学会承担中国科协调研课题“2012 年亚洲推进与动力国际会议”学术成果提炼项目，已完成调研报告；完成了 2012 年 973 计划专家顾问组能源领域战略研究项目“提高热功效率与节能”调研报告；承担中国科协“2012—2013 年工程热物理与能源利用学科发展研究”项目，项目按计划进行；承担中国科学院“工程热物理与能源利用”学科发展战略研究项目，分别就洁净煤技术、分布式供能系统、热声发动机、氢能、生物质、风能与太阳能利用、能源动力系统温室气体控制等开展了战略研究，完成研究报告初稿写作。

组织完成 2012 年创新群体推荐评审工作，“微 / 纳尺度热传递机理、单相与相变换热及传热优化、热物性与热学新理论”通过中国科协答辩。

学会建设 召开第六届理事会第七、八、九次常务理事会和第四次理事会议，就学会的各种事项进行讨论并做出相关决定。召开中国工程热物理学会 2012 年理事长、副秘书长联席会议暨《中国工程热物理学会年鉴》编撰工作会议。

学会传热分会副主任程林教授提出了“太空粒子探测仪运行的周期性冷热交替的传热动态响应特征”和“不稳定分散热源的最优传热方法”，解决了粒子探测仪在国际空间站运行热控制的重要科学问题，获美国宇航局特别嘉奖并荣获 2012 年度山东省科学技术最高奖。

学术期刊 编辑出版技术科学学术性刊物《工程热物理学报》及增刊，2012 年全年共刊登论文 750 篇，其中“973”计划和其他国家重点项目，各类国家、省、部级基金资助项目论文约占发表论文总数 83%。为方便论文作者查阅文献，编辑出版了学术论文全文光盘 7 种，辑入 2000 多篇论文。

国内主要学术会议 全年举办 9 次学术会议，参会人员近 3000 人次，交流论文 2560 篇。主要有 2012 年亚洲推进与动力（AJCPP 2012）会议、2012 年流体机械学术会议暨国家自然科学基金项目进展交流会等。

10 月 26 ~ 29 日，中国工程热物理学会燃烧学学术会议暨国家自然科学基金燃烧项目进展交流会在北京召开。参会学者共计 740 余人，来自 100 余家相关院校、科研机构、企业单位。会议共收到论文 417 篇，经评审后录用宣读论文 369 篇。与会专家、学者展示了 107 项自然科学基金成果，21 个进展突出的基金项目进行口头汇报。

11 月 23 ~ 26 日，传热传质学术会议在广东省东莞市召开，会议开幕式由东莞理工学院校长杨晓西教授主持，中国科学院院士、学会理事长徐建中，学会传热传质分会主任、清华大学教授张兴，国家自然科学基金委工程材料学部工程三处主任纪军，东莞理工学院党委书记成洪波，东莞市副市长张科先后致辞。张兴向参会人员汇报了分会一年来的工作进展。来自全国 80 多所高校、研究所、企业的传热传质研究领域的专家、学者共 800 多人参加会议。会议有 229 篇论文做口头报告，452 篇论文做张贴报告，并通过分区推荐提名 33 篇优秀候选论文。

科普活动 举办大型主题科普讲座 2 次，科普展览 1 次，受众共计 1800 人次。

表彰举荐优秀科技工作者 开展“2012 年吴仲华基金”评选活动，评选出了本年度“吴仲华优秀青年学者奖”4 人，“吴仲华优秀学生奖”获得者 13 人。2012 年，学会共表彰奖励各级各类科技工作者 48 人，优秀学会工作者 3 人。

【2012年亚洲推进与动力会议（AJCPP 2012）】 3月1～3日2012年亚洲推进与动力会议（AJCPP 2012）在陕西省西安市举办，会议交流论文170篇，国内60篇，国外110篇，会议代表260人，其中外宾125人。航空航天工程中的推进与动力领域是衡量一个国家科学和技术发展水平的一项重要指标，以美国为首的发达国家在该领域有较明显的优势，而该领域的相关技术优势又会转化和带动包括军事和民用在内的各项产业的发展，有着很大的经济应用前景。通过此次会议，中方参会人员能够与国外的推进与动力领域的专家、学者进行充分的学习交流，了解国外学者的研究内容及最新进展，学习先进的技术和方法，促进国内相关领域的发展。

【2012年工程热力学与能源利用、热机气动热力学和流体机械学术会议暨国家自然科学基金项目进展交流会议】 9月27日，中国工程热物理学会2012年工程热物理与能源利用、热机气动热力学和流体机械学术会议暨国家自然科学基金项目进展交流会在黑龙江省哈尔滨市召开。作为工程热物理学科在国内最具影响力的学术会议，会议展示了该领域学术研究和工程应用的国内研究前沿水平。学会理事长、中国科学院院士徐建中，中国科学院院士蔡睿贤，中国科学院工程热物理研究所副所长朱俊强，哈尔滨工程大学校长刘志刚出席会议，国家自然科学基金委相关领导，来自中国科学院、清华大学等80多个国内研究院所的700余名专家、学者参会。会议围绕着能源与动力在我国今后工业发展中的战略地位以及因此而产生的科学和技术问题展开了研讨交流。

徐建中在讲话中说，希望从事工程热物理学科的研究人员开阔视野、注重学科交叉、扎实进行基础研究，关注未来需求，将前沿技术与国家重大需求紧密结合，推动行业发展，赶超国际先进水平。

国家自然基金委工程与材料科学部三处处长刘涛应邀作大会特邀报告，介绍了2012年国家自然基金申请及进展情况。华北电力大学教授杨勇平、上海交通大学教授王如竹、清华大学教授顾春伟、哈尔滨工程大学教授郑群先后做了题为《能源动力系统多尺度 、全工况优化集成与能耗控制》、《低品位热驱动制冷循环理论与实践》、《高效清洁燃气轮机若干问题研究》、《燃气轮机湿压缩技术研究》的专题报告。

【2012年中国工程热物理学会多相流学术年会、ISMF 2012及ICCE 2012国际学术会议】 2012年中国工程热物理学会多相流学术年会暨国家自然科学基金进展交流会、第七届多相流、传热传质与能量转化国际学术会议（ISMF 2012）以及第十二届国际清洁能源大学大会（ICCE 2012）10月26～30日在陕西省西安市召开，会议由西安交通大学承办。

会议共收到来自28个国家与地区、近百所大学与研究机构的650余篇论文，其中宣读320篇、张贴330余篇。有来自12个国家和地区的64位相关领域专家、学者接受大会邀请，出席大会并作大会主旨报告或分会和特邀报告。国家自然科学基金进展交流会有31个面上项目通过口头和墙报的方式汇报项目进展。

在会议开幕式上，ISMF系列国际会议名誉主席、中国科学院院士陈学俊及夫人袁旦庆教授，中国科学院院士、南京航空航天大学教授陈达，中国工程院院士林宗虎，国家自然科学基金委工程与材料学部常务副主任黎明授等应邀出席大会开幕式。国际清洁能源大会（ICCE）执行主席、美国迈阿密大学H. T. Liu教授首先宣读了ICCE系列会议名誉主席T. Veziroglu教授的贺信。

开幕式后举行大会主旨报告，西安交通大学教授郭烈锦，俄罗斯科学院院士、俄罗斯科学院海洋研究所Robert Nigmatulin教授，国际多相流杂志副主编、美国Notre Dame大学Gretar Tryggvason教授，台湾理工大学Duu-jong Lee教授，国家自然科学基金海外杰出青年基金获得者、香港科技大学T. S. Zhao教授等做大会主旨报告，展示了国际多相流、清洁与可再生领域的最新研究成果和相关动向。

（撰稿人：柯红缨）

中国空气动力学会

学术期刊 2012年，《空气动力学学报》印刷发行共计6000册，刊登论文130篇，计算空气动力学占95%，实验空气动力学占5%。《实验流体力学》编辑出版6期，刊登论文122篇，其中实验研究88篇，占72%；实验技术34篇，占28%。基金和资助论文比例达到52%，共印刷发行5800册。

国内主要学术会议 2012年，学会紧紧围绕学科发展中的基础性问题和关键技术问题，举办了第十五届全国计算流体力学会议、第四次钱学森讲座、全国环境风工程学术会议、第九届全国流动显示学术会议、第九届风能应用技术年会、第六届全国高超声速前沿问题研讨班等学术活动。

7月27～28日，学会流动显示专委会在云南省昆明市召开了第九届全国流动显示学术会议，104名专家、学者参会。会议收到论文91篇，大会宣讲58篇，经过专家委员会讨论，10篇交流的优秀论文提交和推荐给《实验流体力学》杂志发表。

8月4～7日，由学会主办、北京航空航天大学承办的第十五届全国计算流体力学会议在山东省烟台市召开，200名学者参会。会议安排CFD理论和计算方法、复杂网格技术、流场数值模拟应用研究、优化设计、多学科耦合及其他CFD相关技术等4个专题分会场。会议评选出优秀论文奖15篇，并颁发了荣誉证书。

8月5～8日，学会风能空气动力学专业委员会在内蒙古自治区赤峰市组织召开了第九届风能应用技术年会。会议围绕"十一五"风能开发利用领域最新技术成果，进一步梳理完善"十二五"风电产业发展规划，就海上风电开发与利用的问题、极端环境条件下风力机设计开发与应用等方面进行了研讨。来自国内外高等院校、科研院所等24家单位的60余名专家、学者出席了会议。会议共征集论文30篇，大会报告交流3篇，评选出8篇优秀论文推荐到《空气动力学学报》上发表。

12月5～8日，学会风工程和工业空气动力学专业委员会在福建省厦门市举办了2012年全国环境风工程学术会议，30多家高等院校和科研院所的80余名专家、学者参加会议。风工程与风环境属交叉学科，研究对象的空间尺度变化范围从几米到几十千米，涉及的学科领域包括：天气气候、大气动力学、流体力学、环境工程学、建筑工程学。交通工业动力学、航空航天动力学等。风工程与风环境是应用性很强的学科，直接关系到防灾减灾、清洁能源开发，以及工业、交通、航天、建筑等领域关注的热点问题。此次全国环境风工程学术会议的召开，促进了各学科领域中从事与风工程相关研究的专家、学者和工程技术人员之间的交流。会议成立了优秀论文评委会，评议出10篇优秀论文。

【第九届亚洲计算流体力学大会】 10月10～14日，第九届亚洲计算流体力学大会（ACFD 9）在江苏省南京市举行。会议由中国空气动力学会主办，学会理事长邓小刚担任大会主席。来自美国，英国，俄罗斯，德国，芬兰，新加坡，日本，韩国，印度，中国大陆和香港特别行政区、台湾地区的100多位专家、学者参会。大会特邀美国纽约州立大学石溪分校教授James Glimm、空气动力学国家重点实验室教授邓小刚、日本京都大学教授Taku Ohwada、英国谢菲尔德大学教授覃宁、台湾大学教授杨照彦、香港理工大学教授许进造、新加坡国立大学教授舒昌和韩国西江大学教授Nahmkeon Hur等8位学者作特邀报告。

（撰稿人：刘金合　孟　琳）

中国制冷学会

服务创新性国家和社会建设 2012年，学会组织编写的《易腐食品冷藏链》系列行业标准于11月1日实施，《瓶装、罐装和其他封装饮料自动售货机性能实验方法》（GB/T28493—2012）推荐性国家标准于11月1日实施，《冷库安全规程》（GB28009—2011）强制性国家标准于12月1日实施。学会组织完成了《易腐食品冷藏链温度检测方法》、《冷库空调设备》等6项行业标准报批稿。

4月11～13日，学会与中国制冷空调工业协会、中国国际贸易促进委员会北京市分会共同主办第23届国际制冷、空调、供暖、通风及食品冷冻加工展览会。

学会建设 4月10日，中国制冷学会第八次全国会员代表大会在北京召开，来自全国26个省、自治区、直辖市的141名会员代表出席了会议。与会代表听取并审议了第七届理事会工作报告、财务工作报告及章程修改报告。大会选举产生中国制冷学会第八届理事会理117人，选举产生新一届理事会，田元兰当选中国制冷学会新八届理事会理事长。

7月18日，中国制冷学会八届四次常务理事会在北京召开。会议审议并通过了聘请朱江洪先生为中国制冷学会特聘专家的决议。

10月28日，学会在9个省、自治区、直辖市进行了全国制冷工程师资格考试，45人获得制冷工程师资格，29人获得高级制冷工程师资格。

2012年，学会有资深会员83人，团体会员575家，高级个人会员845人，普通个人会员6595人（重新注册者），学生会员5338人。

5月1日，《制冷学报》网站正式启用，建立了远程稿件处理系统。作者投稿、专家审稿、投稿查询等工作均通过网络进行。

国内主要学术会议 2012年，学会主办或联合主办学术会议10次，参加人数3642人次，提交论文1641篇。10月24～27日，学会召开了第18届全国暖通空调制冷学术年会。11月4～6日，学会召开了第二届国际制冷技术交流会。8月26～29日，学会召开了第六届亚洲制冷空调大会。10月25～26日，学会了召开第八届全国食品冷链大会。

国际交往 2012年，学会组团参加国际及境外学术会议3批，共16人次，分别出席了美国制冷空调采暖工程师学会年会、国际氨制冷学会年会（美国）、第十届国际天然工质大会（荷兰）。

2012 年，学会与中国制冷空调工业协会、中国国际贸易促进委员会北京市分会联合组织中国制冷展代表团参展、参观了美国、印度、意大利、土耳其、德国等国家制冷展。4 月 11 ~ 12 日，学会与韩国、印度、菲律宾等国家相关学会进行了会谈。4 月 12 日，学会与国际氨制冷学会就 IIAR 出版物的翻译工作达成一致意见，双方同意签订合作备忘录，中国制冷学会可根据需求将国际氨制冷学会的标准、手册、培训材料等翻译成中文。5 月 3 日，学会与土耳其空调、制冷设备制造商协会进行了会谈。10 月 11 日，学会与德国制冷学会进行了会谈。

表彰举荐优秀科技工作者 6 月 1 日，学会召开了中国制冷学会科学技术奖励委员会扩大工作会议，评选出 2012 年度中国制冷学会科学技术进步奖二等奖 2 项，三等奖 3 项；科学技术发明二等奖 1 项；评选出 2012 年度中国制冷学会青年奖 2 人，贡献奖 2 人。

【中国制冷学会第八次全国会员代表大会】 4 月 10 日，中国制冷学会第八次全国会员代表大会在北京召开，来自全国 26 个省、自治区、直辖市的 141 名会员代表出席了会议。与会代表听取并审议了第七届理事会工作报告、财务工作报告及章程修改报告。大会选举产生了中国制冷学会第八届理事会理事 117 人，并选举产生了新一届理事会，田元兰当选中国制冷学会新八届理事会理事长。

大会审议通过了学会秘书长金嘉玮所作的第七届理事会工作报告，章程修改报告、财务报告、关于调整会员收费标准的建议等。

【2012 中国制冷展】 4 月 11 ~ 13 日，学会与中国制冷空调工业协会、中国国际贸易促进委员会北京市分会共同主办的第 23 届国际制冷、空调、供暖、通风及食品冷冻加工展览会在北京举行。展会展出面积达到创纪录的 9.27 万平方米。来自美国、德国、韩国、印度等 31 个国家和地区的 1109 家参展厂商，全球 30 余家行业组织，98 个国家和地区的近 5 万名专业观众和用户参加了展会。中国制冷展为我国制冷空调行业搭建了产、学、研、用相结合的综合性交流平台。制冷展规模和展出面积在制冷空调行业展会中名列前茅，已成为公认的全球知名品牌展会。

2012 中国制冷展不仅展出了各类新产品和新技术，还举办了一场主题报告会、6 场专题研讨会和 40 余场高端技术交流会。主题报告会的 4 个主题报告围绕“创新发展，节能减排”这一主题阐明了行业现状面临的挑战和未来的发展方向。

【第八届全国食品冷藏链大会】 10 月 25 ~ 26 日，学会主办的第八届全国食品冷藏链大会在北京举行。来自全国有关冷链行业的高等院校、研究机构、设计院所、设备制造企业、终端用户等 220 余名专家、学者出席会议。学会副理事长孟庆国致开幕词，中国肉类协会理事长李水龙介绍了我国肉类行业现状及冷链需求，商务部市场建设司农产品处副处长肖荣臣就我国冷链政策做了相关政策解读和分析。

与会专家、学者分别就军事冷链物流装备发展特点、冷链流通是保障农产品质量与安全的基础、国际冷藏链发展与研究动向及借鉴、预冷技术是实现果蔬冷链的首要环节和突破口、食品低温物流过程中品质动态监控技术温度对肉类食品保鲜品质的影响研究、多温冷藏车现状与发展趋势、二氧化碳在制冷系统的应用、我国大中型冷库的防火安全环保问题、IT 系统助力全面高效冷链管理、城市共同配送与运营管理、冷链物流运作技术及应用等案例作了大会报告。

全国制冷标准化技术委员会分别就《冷库安全规程》（GB28009—2011）强制性国家标准和（SB/T 10728—2012 ~ SB/T 10732—2012）《易腐食品冷藏链技术要求和操作规范》4 项推荐性行业标准进行了大会宣传。

会议还分别就冷藏运输专题、制冷工艺与食品品质专题、冷藏陈列柜能效标准等议题进行了分会场研讨。研讨内容涉及冷库设计管理运营、食品保鲜贮藏、冷藏运输、制冷装备、信息技术等方面内容。

（撰稿人：杨一凡）

中国真空学会

服务创新型国家和社会建设 学会参加了真空检漏、质谱分析培训班，为国防科工委培训无损检测人员资格认证和培训考试，培训真空检漏专业人才 50 余名。

学会质谱分析和检漏专业委员会联合中国真空网，12 月 14 日在北京举办第二届真空检漏与测量技术培训班。培训人员超过 80 人。

5 月 11 ~ 20 日，由学会真空冶金专业委员会主办、东北大学真空与流体工程研究所承办、国家真空仪器装置工程技术研究中心和真空技术装备国家工程实验室联办的东北大学第九期《真空技术》培训班在东北大学举办。来自全国的 78 名学员参加了培训。

2012 年中国真空网主办了 4 次培训班，共培训 160 余人。

学会建设 中国真空网每年的专业浏览人数达 60 万次。中国真空网创办的电子版《聚焦真空》已发布 99 期，成为真空网友必读刊物。

9月21日，咨询工作委员会2012年工作会议在甘肃省兰州市召开。参加会议的委员汇报、交流了工作，并对如何开展咨询工作和组织相关活动展开了讨论。

3月29日，学会质谱分析和检漏专业委员会与中国计量测试学会真空校准专业委员会在北京召开了京区委员2012年度工作交流会。

学术期刊 2012年，《真空科学与技术》开始试行由双月刊变更为月刊。8月，学会申报中国科协精品期刊工程项目，并获得2012年精品科技期刊培育计划——期刊出版质量提升项目资助。

国家学术会议 5月，学会真空冶金专业委员会召开第十届国际真空冶金与表面工程学术会议、2012年真空工程学术会议、2012年真空咨询工作会议联席会议。

国内主要学术会议 2012年，学会各专业委员会分别开展学术交流活动，举办各类会议、培训10余次，参会人员逾千人。

4月12日，学会薄膜专业委员会在广东省深圳市召开工作会议。近40人参加会议。会议就促进我国薄膜技术与薄膜产业发展进行了研讨。

3月，中国真空网举办第二届真空界高层研讨会：西湖论道——探索真空产业可持续发展，40余位企业人员参会。

6月22日，学会质谱分析和检漏专业委员会在北京举办研讨会，就光学检漏技术进行讨论，参加会议人员约60余人。

国际组织任职 东南大学副校长王保平教授在美国波士顿举行的2012年国际信息显示大会上，当选国际信息显示大会副主席，负责亚洲区事务，TCL集团PDP项目负责人闫晓林博士当选国际信息显示大会北京分会理事长。

国际交往 6月13日，中国真空网组团出访欧洲，参加德国慕尼黑太阳能展，与国外同行进行沟通和交流。

科普活动 2012年1月，学会科普委员会顾问达道安研究员分别在兰州大学附中、甘肃省兰州铁路第四中学、兰州市天庆实验中学的航天科普知识讲座上，为1300余名同学普及了真空航天知识。6月29日，达道安研究员为兰州大学萃英学院的近百位大学生上了航天科普知识课。

2012年甘肃省启动“联村联户、为民富民”活动，中国航天科技集团公司第五研究院第510研究所制定了《510所开展“联村联户、为民富民”行动实施方案》，每年进行2～3次专题培训，开展科普讲座。

9月，中国航天科技集团公司第五研究院第510研究所编制的5本科普丛书《空间真空技术》、《纳米科技基础》、《真空干燥》、《真空镀膜》、《真空技术常用数据》全部出版。

表彰举荐优秀科技工作者 2012年，学会共颁发了中国真空科技成就奖，中国真空科技青年创新奖，中国真空学会真空科学硕士、博士优秀论文奖学金及中国真空学会真空科学与技术硕士生奖学金。9月22日，在甘肃省兰州市举办的中国真空学会2012学会年会上，中国真空科技成就奖授予了中国科学院微电子研究所研究员刘明和中国航天科技集团公司五院510所研究员王先荣。

中国真空科技青年创新奖授予了中国航天科技集团公司五院510所高级工程师成永军和中国科学院物理研究所研究员张广宇。5名博士生和硕士生获得2012年度中国真空学会真空科学硕士、博士优秀论文奖学金。5名硕士生获得年度中国真空学会真空科学与技术硕士生奖学金。

12月17日，中国科协会员日期间，学会理事长侯建国和秘书长张旭为学会获得中国科协“全国优秀科技工作者”的闫荣鑫研究员颁发了奖章、证书。

【中国真空学会2012学术年会】 2012年9月21～24日，中国真空学会2012学术年会在甘肃省兰州市召开。甘肃省副省长郝远，中国工程院院士、神舟系列飞船总设计师戚发轫，中国科学院院士侯建国、高鸿钧、黄润乾，中国工程院院士李言荣等近500人出席年会。

大会共收录论文摘要284篇，其中特邀报告6篇，邀请报告67篇，口头报告48篇，张贴报告163篇。大会评选出了18位优秀张贴报告作者。

（撰稿人：刘　锋）

中国自动化学会

服务创新型国家和社会建设 学会举办自动化学科相关教育等各类暑期学校、讲习班和培训班4次，参加培训的自动化领域科技人员近1000人次。

12月18日，学会主办的第六届ABB杯全国自动化系统工程师论文大赛签约仪式在中国科学院自动化研究所启动，学会副理事长郑南宁、副理事长兼秘书长王飞跃、ABB集团离散自动化与运动控制业务部北亚及中国区负责人顾纯元出席了签约仪式。论文大赛以“自动化创新与产业升级”为主题。王飞跃和顾纯元分别表示，当前，自动化技术和解决方案已成为提高生产效率和资源利用效率，助力国家产业升级的关键因素之一。调动和依靠全国范围内优秀的自动化管理人才和工程技术人才进行持续创新，将为工业领域带来更多可持续性竞争优势。

12 月 28 日，学会主办的自动化领域女科技工作者沙龙在北京举行，来自高校、科研院所、国内外知名企业的 20 余位女科研人员、女经理人出席活动。中国科学院院士、中国自动化学会理事长戴汝为出席活动并致辞。此次沙龙是学会首次面向女性科技工作者搭建沟通交流平台的有益尝试。从事研究工作的女性科研代表讲述了自己奋斗成长的过程，分享科研工作中的苦与乐，分析了女性科技工作者在自动化领域内实现创新的优势与劣势等。

学会建设 2012 年，中国自动化学会及所属分支机构、省级自动化学会共举办境内学术会议 45 次，其中国际学术会议 8 次，参加人数共计 4973 人次，其中境外参会者 282 人次，交流论文 3798 篇。2012 年，学会成功取得 3 个国际自动控制联合会国际系列会议在中国召开的举办权，分别是：第 13 届国际自动控制联合会大系统理论与应用研讨会、第三届国际自动控制联合会智能控制与自动化科学国际会议以及国际自动控制联合会第 17 届系统辨识研讨会。学会 2012 年积极推荐中国科学家共 24 人参选国际自动控制联合会（IFAC）2011 ~ 2014 年度技术委员会委员。

学术期刊 2012 年，《自动化学报》英文刊荣获中国科协优秀国际期刊奖三等奖。《自动化学报》和《模式识别与人工智能》荣获中国科协精品期刊工程项目。根据 2012 年版中国科技期刊引证报告（核心版），《自动化学报》的影响因子为 1.083，历史上首次超过 1。

12 月 26 日，《自动化学报》编委会换届大会暨第十一届编委会第一次工作会议在北京召开。学会理事长戴汝表示，中国自动化学会期望《自动化学报》能够充分发挥科技期刊“传承”和“传播”的作用，尤其在信息技术日益发展的今天，发挥好“传播”的作用，促进学术交流、繁荣学术、推进学科发展。学报创办英文刊是促进学术交流的重要举措，希望广大一线的科研人员能够支持学报，支持学报的英文刊，希望新一届编委们能够强化责任意识，以高度的使命感认真、细致地完成学报的各项工作。

戴汝为代表主办单位向第十一届主编王飞跃、副主编田捷、洪奕光、侍乐媛、张洪华、周东华、刘德荣、宗成庆教授颁发聘书，王飞跃向与会的第十一届编委们颁发聘书，并向获得《自动化学报》2012 年度优秀论文奖的作者代表颁发荣誉证书。

国际交往 2012 年 7 月 23 日，学会理事长戴汝为和副理事长王飞跃会见了应学会邀请前来访问的国际自动控制联合会（IFAC）主席 Ian Craig 教授。

科普活动 2012 年学会制定了《中国自动化学会科普教育基地暂行办法》，并开展了首批学会科普教育基地申报工作。举办“钱学森国际杰出科学家系列讲座”4 期。学会以“传承发扬钱学森爱国主义思想和伟大科学精神，增强会员凝聚力，提高社会公信力”为主题，以“十百千”活动为载体，开展科普活动 6 次，受众人数近 2 万人次。10 月 19 日，学会走进甘肃省陇西裴家湾小学，11 月 20 日来到福建省龙海第二中学，将先进的自动化知识和钱学森的故事带给当地的孩子们，鼓励并号召同学们学习和弘扬钱学森的高贵品质，汲取和发展他的科学思想，传承和振兴他所开创的事业，并赠送了《钱学森故事》、《中国自动化学会通讯》等书籍和影像资料以及文体用品。

表彰举荐优秀科技工作者 学会推荐的上海交通大学教授关新平牵头的“控制理论与方法——网络系统的设计、控制与优化”项目获得国家自然科学基金委的资助。学会推荐的“基于模型的控制系统实时故障诊断方法研究”项目荣获国家自然科学二等奖。学会推荐的戴汝为院士、李伯虎院士、桂卫华教授荣获中国科协第五届“全国优秀科技工作者”称号。

【2012 ~ 2013 年学科发展报告研究项目开题会】
8 月 21 日，中国自动化学会 2012 ~ 2013 年学科发展报告研究项目开题会在北京召开。学会副理事长兼秘书长王飞跃主持会议并简要介绍了此次控制科学与工程学科发展研究项目主要内容。全体与会专家一致同意融合定性和定量分析方法，采用 SciTS（Science of Team Science）方法，通过新媒体监控、社会网络分析、数据映射及可视化、文献计量学等研究方法，利用“面向大数据、基于新媒体的智能运营平台”全方位智能监测与分析科研信息资源，对传统二级学科的新理论、新观点、新方法、新成果等进行梳理，针对前沿性的新兴和交叉学科研究进行探讨，对国内外自动化领域的研究和发展进行比较和分析。

此次学科发展研究项目是学会继 2007 和 2010 年后第三次获得中国科协项目资助。学会组织了百余位专家学者参与研究撰稿工作，以期在学科队伍建设、人才培养、科学研究等诸多方面提出具有建设性的建议，同时，面向国家战略需求，提出我国自动化学科未来的发展趋势和研究方向，为中国赶超以至引领国际自动化科学技术提供对策和指导性意见。

（撰稿人：张　楠）

中国仪器仪表学会

学会能力提升计划 2012 年，学会召开了学会能力提升建设系统工程研讨会。研讨会从系统工程的角度把学会能力提升工作分为18个项目，并分别就18项工作内容进行细化分解，制定工作目标，明确责任分工，逐项安排落实。学会获得中国科协“学会能力提升专项”一等奖。

学会建设 2012年，中国仪器仪表学会被民政部评为5A级科技学术社团，学会历时一年的ISO9000质量体系认证工作已通过内审，具备了外审条件，为学会秘书处的管理规范运行打下了坚实的基础。学会在经营上突破年收入1000万元。

2012年，学会新增会员700余名。学会为会员提供的服务包括：参与各种学术活动、工程教育专业认证、科技奖评审、仪器仪表奖学金、工程师资格认证等。

学会接待了两批香港工程师学会代表团，并签署了双方“战略互惠合作协议”。

为了提高秘书处员工队伍素质，学会在2012年开展了英语高级口语培训活动，聘请长期在中国进行语言教学的外教担任辅导老师，提升了员工的英语口语水平。

国内主要学术会议 2012年，学会共举办学术交流活动122场次，其中国际学术会议22场次，高端前沿学术会议和论坛59场次；参会总人数达1.6万人次，其中外籍专家238人次；总计发表学术交流论文4461篇。学会举办了2012中国仪器仪表学术产业大会、第十四届中国科协年会分会场会议、数字城市论坛、中国国际过程分析与控制学术会议等。

国际交往 2012年，学会先后考察了美国、英国等同行学会。

科普活动 2012年，学会组织了传感器创新大赛，超过1000名高校在校学生、指导教师以及科研人员和工程技术人员参与。参赛队伍来自清华大学、重庆大学等全国66所高校、9家科研院所、22家企业、1所中学和1所英国大学。在全国科普日活动中，学会举办了主题为“食品与健康的安全检测”活动，现场演示便携式三聚氰胺速测仪、血酮体仪等多种家用医学电子产品。现场检测血糖人数400余人。

表彰举荐优秀科技工作者 2012年11月，学会对66名高校的优秀学生颁发了总计15.7万元的中国仪器仪表学会奖学金。学会面向企业与研发人员，评选出科学技术二等奖8项，科技创新奖6项，科技成果奖18项，优秀产品奖23项。

工程教育认证 学会受教育部委托，试点开展测量控制与仪器仪表工程师资格认证，秘书处设在学会。2012年完成了天津大学、合肥工业大学相关专业的认证报告，并正式提交给教育部有关部门。2012年，学会共评议批准工程师、高级工程师百余人。

【2012中国仪器仪表学术、产业大会】 2012年11月26日，学会主办的第二届中国仪器仪表学术、产业大会在北京召开。大会以“测控科技引领智能装备制造业”为主题。学会理事长、中国工程院院士庄松林致开幕辞。学会副理事长兼秘书长吴幼华主持会议。

中国工程院院长周济，学会名誉理事长、中国工程院资深院士金国藩，中国工程院院士刘人怀，中国工程院院士、北京航空航天大学教授姚骏恩，学会副理事长、中国机械工业联合会执行副会长薛一平，学会名誉副理事长陆廷杰，学会名誉副理事长、清华大学教授周兆英，以及来自仪器仪表、测控技术、装备制造等领域的高校、科研院所、企事业单位的专家、学者600余人参加了会议。

会议分“主题报告”和“分论坛”两部分。两个分论坛分别为：产、学、研、用对话会和青年科技论坛。“主题报告会”上，中国工程院院长周济、哈尔滨工业大学超精密光电仪器工程研究所所长谭久彬、北京航空航天大学教授房建成、天津大学教授郗继贵分别作了题为《制造业数字化智能化》、《超精密仪器与高端装备制造》、《高速高能量密度磁悬浮永磁电机技术及其在新一代节能环保装备中的应用》、《先进制造中的数字化测量》的报告。

周济在报告中讲了四方面的内容，一是依靠科技创新，实现由“制造大国”到“制造强国”的历史性跨越，二是制造业数字化智能化是新的工业革命的核心技术，三是仪器仪表的数字化智能化，四是以工程化产业化为主线，推进中国制造业数字化智能化。谭久彬在报告中阐述了超精密装备制造的重要性、我国超精密仪器制造目前的发展状况以及对于产业化的一些探索。房建成着重介绍了目前国内外磁悬浮用永磁电机的发展状况以及高速磁悬浮永磁电机技术在重大科学仪器、国防核心部件、高端工艺装备等领域的应用。在产学研的结合方面，他介绍了以北京航空航天大学为基础的将航空航天、军工行业技术转化为民用技术，由学校牵头与企业进行合作的模式。郗继贵着重介绍了具有非接触、信息量大、易于集成、支撑条件日益成熟的视觉测量方法在数字化测量中的应用。

“产、学、研、用对话会”通过嘉宾对话、听众互动的形式，围绕行业所关注的科研成果的转化、创新的资金筹措方式、加强政府的参与支持、企业是创新的主体、仪器仪表行业人才的培养等热点话题展开研讨。130余名专家、学者参加了论坛。对话会由清华大学精密仪器系教授王雪和中国四联仪器仪表集团有限公司总经理吴朋共同主持。

“青年科技论坛”由浙江大学教授黄志尧、安徽大学教授徐超共同主持。论坛采用专家报告和优秀论文作者口头交流的形式进行。安徽大学教授陈军宁做了题为《集成电路产业发展现状与未来》，东北大学教授马振鹤作了题为《光学相干层析成像技术及其在生物医学工程中的应用》的学术报告。

【2012 中国（国际）传感器创新大赛】 2012 年 8 月 20 日，学会主办、上海大学承办的 2012 中国（国际）传感器创新大赛在上海市举行，超过 1000 名高校在校学生、指导教师以及科研人员和工程技术人员参与。

大赛于 2012 年 1 月启动，共有 315 支队伍参赛，实际提交作品 236 份。参赛队伍来自清华大学、重庆大学等全国 66 所高校、9 家科研院所、22 家企业、一所中学（烟台市第三中学）和一所英国大学（英国贝尔法斯特女王大学）。2012 中国（国际）传感器创新大赛聚焦“创新”，设立了创新设想、创新设计、创新应用三个类别，实际提交作品中，这三个类别分别占总提交作品数的 36%、21% 和 43%。国内外 60 余位院士、专家组成的大赛专家委员会制定评审标准并对参赛作品分别进行了初审、函审、复审，评选出 40 个作品参加。在全部参赛并提交作品中，涉及力学 / 热学的作品有 65 个，涉及电磁学的作品有 29 个，涉及光学 / 声学的作品有 35 个，涉及化学的作品有 19个，涉及生物的作品有 32 个，涉及通信的作品有 28 个，其他学科的作品 28 个。在全部参赛作品中，涉及专利 59 种、基金项目 6 个。

大赛决赛于 8 月 20 日在上海大学举行，进入决赛的 40 支队伍 120 名队员参赛。其中，本科生 27 名，硕士研究生 57 名，博士研究生 32 名，其他 4 名（1 名高级技工，3 名高中生）。

大赛专家委员会决赛评审专家组评出 2012 中国（国际）传感器创新大赛特等奖 1 名、一等奖 5 名、二等奖 9 名、三等奖 25 名。

【第 23 届中国国际测量控制与仪器仪表展览会】 8 月 21 ~ 24 日，学会在上海市主办了第 23 届中国国际测量控制与仪器仪表展览会（MICONEX2012）（原“多国仪器仪表展览会”）。20 多个国家和地区的 500 余家展商参展，展出面积 2.5 万平方米，观众达 2 万人次，来自全国 29 个省、自治区、直辖市及 24 个国家和地区。

本届展会坚持以会促展，举办了 24 场与国计民生和经济发展密切相关的学术会议与论坛，厂商举办 9 场技术交流会。学会在展览会上首次尝试设置了“会员发展注册中心”，吸纳中青年科技工作者加入学会，共办理注册新会员 270 人。

（撰稿人：李　靖）

中国计量测试学会

服务创新型国家和社会建设 全国标准物质管理委员会办公室设在中国计量测试学会，承办标准物质定级鉴定和许可证管理工作。2012 年，学会共召开一级标准物质评审会 4 次，召开二级标准物质评审会 10 次。学会审查并报国家质量检验检疫总局标准物质 102 种，二级标准物质 370 种。2012 年，学会组织标准物质到期复查换证一级标准物质 118 种，二级标准物质 632 种。10 月 23 日，学会在北京召开了标准物质专家座谈会，就提升标准物质管理工作进行研讨。

受国家质量检验检疫总局计量司委托，学会负责国家计量技术法规的审查工作，2012 年，学会审查部共接收各种计量技术法规草案 106 项，审查完毕并上报国家质量检验检疫总局计量司 81 项。

学会下属的中启计量体系认证中心积极开展测量管理体系认证。2012 年，共审定 AAA 认证企业 157 家，AA 认证企业 59 家，A 认证企业 335 家，共计 551 家。目前全国共有 AAA 认证企业 952 家,AA 认证企业 805 家，A 认证企业 907 家，总计 2664 家。中启计量体系认证中心作为培训机构，承担全国测量管理体系审核员培训工作。

2012 年 1 ~ 6 月，学会参与组织了注册计量师命题小组活动。5 月，学会参与组织了注册计量师项目注册规定研讨会。2012 年 9 月，学会组织在全国进行注册计量师资格考试工作，共有 13000 多名考生报名参加了考试。10 月，学会在浙江省杭州市组织进行注册计量师资格考试网络评卷工作。11 月 21 ~ 23 日，学会在北京召开了修改培训教材第 3 版研讨会。11 月 20 ~ 21 日，学会在北京参与组织举办了全国计量知识竞赛。

学术期刊 2012 年,《计量学报》全年共刊登学术论文 122 篇。《计量学报》所刊登的论文被美国 *Elsevier Scopus*、中国核心期刊（遴选）数据库、中国期刊全文数据库等国内外 10 多种知名数据库或检索性期刊收录。

国内主要学术会议 2012 年 5 月，学会在甘肃省兰州市举办了纪念 5·20 世界计量日 13 周年暨计量与安全测试技术交流会。会议邀请解放军空军勤务学院院长张晓钟作了题为《成品油料计量、测量技术发展》的大会专题报告，邀请中国测试技术研究院副院长陈旭东作了题为《深化计量技术机构改革、服务地方经济发展》的大会专题报告。

8 月 30 日至 9 月 2 日，学会组织工作委员会与学术工作委员会在吉林省长春市召开了中国计量测试学会组织工作委员会与学术工作委员会联合会议暨学术交流会，来自全国的委员56人参加了会议。会议出版了论文集。

11月28～30日，学会在广西壮族自治区南宁市召开了2012年度会员大会暨计量技术推广交流会。学会副理事长、哈尔滨工业大学副校长丁雪梅，学会副理事长、天津大学副校长胡小唐，学会组织工作委员会主任委员、国家质检总局计量司副司长宋伟，学会理事、国家国家质量检验检疫总局国际合作司副司长韩建平，学会副理事长杜小平等出席会议。胡小唐、韩建平等作大会专题报告。年会首次采取专题报告与会员单位自主交流报告相结合的形式进行。

两岸交流 9月，国家质量检验检疫总局主办，中国计量测试学会、甘肃省质量技术监督局、陕西省质量技术监督局协办的海峡两岸度量衡制度文化研讨会在甘肃省礼县召开，海峡两岸计量界学者等90多人参加。期间还召开了海峡两岸法制计量名词术语研讨会，大陆和台湾的计量专家对所汇集的539个法制计量相关术语初步达成了一致意见。

11月11～18日，应台湾计量工程学会邀请，学会组团赴台湾地区参加第9届海峡两岸计量学术研讨会、第3次海峡两岸计量研讨会、第3次海峡两岸计量工作组会议、海峡两岸电能表计量检测研讨会等活动，期间，还参观了台湾工业研究院量测技术发展中心。

11月12日，第3届海峡两岸计量研讨会在台湾地区台北市召开，国家质量检验检疫总局副局长蒲长城、海峡两岸经合会台湾方面首席代表卓士昭出席了研讨会开幕式。

11月13日，第9届海峡两岸计量学术研讨会在台湾地区新竹市举办。研讨会共安排了10个专题讲演，研讨内容涉及海峡两岸计量界共同关注的纳米、光学、振动、声学、超声波计量等领域。

国际交往 2012年3月12～17日，学会组团赴日本参加第八次中日韩计量研讨会。中、日、韩3国学者分别就各自国家的计量管理、计量技术研究应用、计量标准体系、测量管理体系认证、国家计量法律法规等方面的内容进行了大会专题报告与交流。会议共交流专题报告6篇，出版了专题报告专刊。

9月9～14日，学会组团赴韩国参加了第20届国际测量技术联合会（IMEKO）世界大会。大会主题为“计量促进绿色经济发展”。来自50多个国家和地区的500多名计量科学家、科研人员、专家学者参加了大会。

（撰稿人：刘　健）

中国标准化协会

服务创新型国家和社会建设 2012年，协会承担并完成了道路交通安全标识之旅科普宣传、国际标准化高级人才国际标准化及IT工具使用培训班、标准化在线学术交流与远程教育平台建设等6项中国科协课题研究。协会申报了天然产物标准样品示范性研究、有色、稀土新材料标准样品的配套研究、定性标准样品溯源性基础理论及技术研究等质检公益性行业科研项目，以及洁净室及相关受控环境节能标准研究与制定公益性课题。完成了中国科协《2011～2012标准化科学技术学科发展报告》的编撰工作。

协会开展了《家用燃气快速热水器》、《洁净室用高效过滤器指南》等6项国家标准的起草工作，《自限温电热片》国家标准的制定和《家用燃气灶具》国家标准的修订工作，以及《洁净室及相关受控环境节能指南》等2项国家标准的立项工作。协会承担了《海洋能资源调查与评估指南第7部分：海洋风能》国家标准研究课题。截至2012年11月，协会共发布《高压气体灯电子镇流器》等14项协会标准，完成了《室内装饰隔断》等14项标准的立项工作，立项总数达134项，批准发布113项。

协会组织召开10项国家标准样品的评审会，组织了标准样品工作导则系列标准的修订工作，组织召开了全国标准样品技术委员会年会和第三届中国能力验证与标准样品论坛，继续加强国际跟踪与项目合作。协会全国雷电防护标准化技术委员会对6个IEC相关标准进行了征求意见和投票，开展了7个防雷标准的制修订工作，翻译转化了7个IEC 62561系列标准。协会全国原产地域产品标准化工作组组织开展了满5年的地理标志产品国家标准的复审工作，完成了《地理标志产品洋河大曲酒》和《地理标志产品　镇江香醋》等3个国家标准的修改报批工作。协会全国项目管理标准化技术委员会完成了《项目后评价实施指南》国家标准审定和报批工作。协会全国洁净室及相关受控环境标准化技术委员会开展了《洁净室及相关受控环境空气过滤器指南》等3项国家标准制定工作。协会纤维分会参与纤维标准体系建设，开展国家标准修订工作，参与棉花比对试验。协会汽车分会组织开展了国家标准宣传贯彻，培训200余人，向会员单位提供了汽车标准资料及技术咨询服务等。

2012年，协会举办《标准化工作导则 第1部分：标准的结构和编写》等5期培训班，共培训300余人，并为企业举办2期标准化知识专项培训班。

学会建设 2012年，协会实施ISO9000质量体系管理，完善基础建设，依照《协会年度培训计划》每月组织开展内部培训工作，提高工作人员的素质。

2012年，协会发起成立了检验技术委员会。旨在健全检验技术标准体系，引导我国检验技术与标准化有机结合，加强行业自律，促进检验技术和方法的不断创新，提高检验技术评鉴能力和科学水平。协会筹划成立了全国消费品安全标准化技术委员会消费品使用说明分技术委员会，旨在开展消费品使用说明标准化工作，加强国际交流与沟通，促进相关领域整体性、系统性、全面性发展。

国内主要学术会议 2012年10月，协会主办了以“质量强国 标准先行”为主题的第九届中国标准化论坛，来自28个省、自治区、直辖市的400多名专家、学者参加。论坛就如何实施标准战略促进产品质量提升等方面内容进行了交流和研讨。论坛评选出优秀论文40篇，表彰了第二届中国标准化杰出人物。

2012年11月5日，协会举办了第三届中国能力验证与标准样品论坛。论坛的主题为“试验结果的有效性评价与保障”，来自国内外的700余名专家、学者参加。论坛与中国工程院主办的中国科学仪器设备与试验技术发展高峰论坛和中国金属学会、中国机械工程学会共同主办的2012国际冶金及材料分析测试学术报告会暨国际检测技术及质量控制展合并举行，形成“科学仪器—试验室—标准方法与结果评价”有机衔接。

2012年11月，协会联合产业技术创新战略联盟试点工作联络组、中国标准化研究院、《中国标准化》杂志社组织了以“加快联盟机制建设 推进联盟标准健康发展”为主题的2012中国产业技术联盟标准论坛，350名专家、学者参会。论坛主要围绕联盟标准对国家产业核心竞争力提升的战略意义、联盟标准的法律地位、联盟标准的社会作用、联盟标准发展的新趋势和新模式等专题进行交流和探讨。

2012年2月，协会举办了全国旅游服务标准化现场经验交流会。会议就旅游服务标准化业务知识，《服务业组织标准化工作指南》系列标准等议题进行了宣讲、解读、交流和研讨。

2012年4月，协会举办了中美标准化与贸易研讨会。与会专家、学者就标准化在国际贸易中的地位和作用、贸易中的技术壁垒、中美标准化政策对中美贸易的影响及评估等方面进行了探讨和交流。

2012年4月，协会协助承办了第十一届东北亚标准合作会议，110余名专家、学者就标准化领域的交流与合作项目进行了探讨。

国际交往 2012年6月，协会参加了第35届太平洋地区标准大会，与来自16个国家和地区的70多名学者就ISO管理制度改革、各国际组织的协同作用、各国际组织最高层战略计划等问题进行了讨论和交流。

中国标准化协会继续开展与日本和韩国的标准互为代理业务，并与瑞典标准化协会（SIS）开展中欧标准互译工作，共完成10余项标准的翻译工作。

会员服务 协会利用会员服务平台，为会员开展标准化信息服务，通过“中国标准化协会会员服务热线”提供标准查询和代购服务。协会主办的《会员通讯》广泛收集行业信息，及时向会员传递，丰富会员的标准化知识，并利用协会网站向会员提供快捷的信息服务。

（撰稿人：高 威）

中国图学学会

服务创型新国家和社会建设 学会获得中国科协学科发展研究项目资助，启动图学学科发展研究项目研究工作。学会为项目的实施组建了由首席科学家、专家组和学术秘书组组成的课题组。首席科学家由学会理事长孙家广院士担任。9月1日，学会召开图学学科发展研究项目开题会，专家组成员30余人出席了会议。

学会联合国际几何与图学学会在全国范围内共同开展“CAD技能等级”培训与考评工作。6月和12月举办了第八、九期“CAD技能等级”考试，4.1万余名学员报名参加了考试。

8月13～16日，中国图学学会第四期全国CAD技能等级考试考评员会议在福建省武夷山市举办。来自全国各报名点、培训点的负责人及高校教师50余人出席了会议。

学会约请专家、学者编写出版了《全国CAD技能等级考试》（三维几何建模与处理）培训系列教材和《Solid Works培训教程》、《Autodesk Lnventor培训教程》两套教材。

学术期刊 2012年，学会主办的《工程图学学报》更名为《图学学报》，同时调整扩充学报栏目。2012年评选出5位作者的5篇论文为优秀奖，两位作者的论文为优秀论文提名奖。学会主办的英文期刊*CADDM*由原来的半年刊变更为季刊。学会主办的《土木建筑工程信息技术》将业界关注研讨的热点——BIM技术与应用方面的文章更多地引入刊物。三种期刊全年发表论文322篇。

学会建设 2012年，学会在原《分支机构工作条例》的基础上，重新修订了《中国图学学会分支机构管理办法》，健全和规范了各分支机构的组织工作程序。

国内主要学术会议 12月2日，学会主办的建筑信息模型（BIM）论坛在江苏省常州市召开。100余位专家、学者出席论坛。论坛邀请了清华大学教授张建平作了题为《建筑信息模型（BIM）的研究应用与发展》的学术报告。

8月6～8日，学会图学教育专业委员会等联合主办的第十八届全国图学教育研讨会在湖南省长沙市召开，184位专家、学者出席会议，会议收到论文57篇。除大会报告外，会议还设4个分会场进行研讨报告。

11月22～23日，学会土木工程图学分会等联合主办的第十六届全国工程设计计算机应用学术会议在广东省广州市举办。180余位专家、学者参会，7位专家作特邀报告，15位学者进行学术交流报告。会议出版了《计算机技术在工程设计中的应用——第十六届全国工程设计计算机应用学术会议文集》，收入论文80余篇。

计算机图学专业委员会组织召开了计算之美学术报告会、图学应用进展研讨会、产品方案设计技术研讨会等活动。

数字媒体专业委会组织了西方艺术100年——从现代艺术到当代艺术的转变及其发展、未来的飞机客舱和设计思想、从潜意识中发掘创造力等学术讲座。

国际学术会议 2012年11月8日，学会联合组织的第二届BIM技术在设计、施工及房地产企业协同工作中的应用国际技术交流会在北京举办，与会专家、学者近400人。会议邀请国内外专家就BIM技术的现状、应用、发展趋势作了报告，会议出版了论文集，优秀论文发表在期刊上。

国际交往 8月1～5日，第15届国际几何与图学会议（ICGG2012）在加拿大召开，会议由国际几何与图学学会主办，来自25个国家和地区的近200位专家、学者参加。中国图学学会代表团15人参加了会议，发表论文17篇，位居所有参会国家第二。

科普活动 12月2日，2012年全国三维数字化创新设计大赛闭幕。大赛吸引了全国30个省、自治区、直辖市的675所大专院校及529家企业参赛，初赛参赛选手超过100万人。11月29日至12月1日举办了由30个赛区参加的全国现场总决赛，同期举办了学术论坛、颁奖典礼等活动。

表彰举荐优秀科技工作者 2012年，经学会推荐，学会常务理事、西南交通大学教授孙林夫，学会理事、上海交通大学副教授蔡鸿明获得第五届“全国优秀科技工作者”称号。

【建筑信息模型（BIM）技能培训、考评工作】 2012年5月19日，全国BIM技能等级考评工作指导委员会成立大会在北京举行。学会理事长孙家广院士当选为全国BIM技能等级考评工作指导委员会主任。各院校骨干教师近80人参加了成立大会。

8月7～9日，全国BIM技能等级考试师资培训班在天津市召开。培训班由学会主办，学会土木工程图学分会和中国建筑科学研究院建研科技股份有限公司承办。来自全国80多所院校的100余名教师参加了培训。培训班上，学会执行秘书长贾焕明为获得“全国BIM技能等级考试培训点”的院校代表颁发了由中国图学学会授予的培训点铜牌。

10月，学会约请相关专家基本完成了BIM考评大纲和样题的编写工作。12月，学会组织完成了第一期全国BIM技能等级考试报名、考试工作，全国7所院校、6个省市共计225人报名参加了考试。

【首届全国BIM（建筑信息模型）大赛】 2012年9～11月，中国图学学会举办了首届全国BIM（建筑信息模型）大赛。全国政协常委、中国科协原副主席齐让，中国航天科技集团总工程师杨海成等为获奖者颁奖。

首届全国BIM（建筑信息模型）大赛评出一等奖1名、二等奖2名、三等奖3名和优秀奖6名。12月2日，全国BIM大赛颁奖典礼在江苏省常州市举办。

（撰稿人：杨 洁）

中国电子学会

服务创新型国家和社会建设 2012年，学会完成了国家科技支撑计划课题《电子信息行业节能减排技术筛选与评估》的验收结题、承担了欧盟委托课题《提高我国电子电气中小企业环节绩效》、科技部国际合作课题《欧洲电子电气中小企业环节绩效研究》。学会在节能产品惠民工程中，进行了LED照明补贴的实施细则、企业审查办法和条件文件的编撰工作。在化工领域开展了数字能源项目试点工作。

学会总部承担了《电子信息制造业发展指导意见》、《国务院4号文件落实税收政策实施方案》、《信息系统集成服务示范合同》、《资格认证与工程教育认证体系建设》等课题。承担中国科协《学会改革创新示范》试点项目、承担《电子信息技术推动传统产业节能减排工作的指导意见》课题，以及节能产品惠民工程实施的政策研究。学会承接了工业和信息化部电子信息司《电子信息制造业发展指导意见》课题、工业和信息化部信息化推进司的《现代信息技术促进产业转型升级》的课题。

学会组织开展洁净工程行业市场研究、2012～2013

年电子信息行业学科发展研究、新一代信息技术促进产业转型升级的调研工作。学会秘书长徐晓兰牵头撰写的《新一代信息技术促进产业转型提升》调研报告得到了全国政协主席贾庆林、国务院副总理李克强、国务委员刘延东、国务院秘书长马凯的批示。

学会洁净技术分会完成了中国洁净技术主体标准体系建立工作，2012 年新颁布了 1 个国际标准。学会消费电子分会举办了消费电子产品信息化指数发布会，并完成《消费电子产品信息化指数和产品智商评价通则》、《彩色电视接收机信息化指数和产品智商评测通用规范》2.0 版的编制，完成了《家用电冰箱信息化指数和产品智商评测通用规范》、《洗衣机信息化指数和产品智商评测通用规范》、《便携式微型机信息化指数和产品智商评测通用规范》的编制工作。

2012 年，学会主办、承办了第十一届中国国际大屏幕系统集成及投影视听产品展览会、中国国际电子设备、电子元器件及光电显示展览、中国国际消费电子博览会、第二届中国国际微特电机及磁性材料展览会、中国洁净技术展等展览。

学会围绕电子信息行业新的热点，在全国范围内举办多次专业电子技术短期培训。学会信息系统集成分会开展的信息系统集成项目经理继续教育工作，承担了 2.8 万人次的项目经理远程继续教育，为全国信息系统集成经理提供了优质便捷高效的继续教育。

2012 年 6 月，学会开展的电子设计工程师认证工作获得美国认证协会的认可。美国认证协会为中国电子学会制定的“电子设计工程师认证体系和标准”颁发了认证证书，获得电子设计工程师认证（含初级、中级、高级）证书的学员可以免试申请美国认证协会颁发的“国际注册电子设计工程师”证书。

学会能力提升计划 学会积极推动学会基础条件及服务体系应用支撑系统项目的建设，通过学会能力提升专项三年实施，建设了学会的“511 工程”，即建设 5 个服务工程，1 个门户网站，1 个技术支撑系统。

学会建设 2012 年 4 月 18 日，学会在北京召开了第九次全国会员代表大会。大会代表以无记名投票的方式选举产生了中国电子学会第九届理事会、监事会，209 名理事、13 名监事当选，娄勤俭当选学会第九届理事会理事长。

学会完成了 2011 年度民政部的年检工作，年检合格。完成了中国科协的统计工作并荣获一等奖。2012 年，学会荣获民政部 4A 级社团称号。中国科协学会能力提升专项“优秀科技社团奖”。

2012 年，学会总部进行了组织框架的调整，设立了业务管理体系和管理支撑体系共 13 个部门。包括会员与组织机构服务中心、培训认证与应用推广中心、科技交流与国际合作中心、咨询与技术评测服务中心、科技评价与成果转化中心、电子学报编辑部、电子世界编辑部。管理支撑体系包括：党委办公室、办公室、财务处、媒体与公共关系发展处、资产后勤处、综合管理与信息处。学会制定了《中国电子学会工作委员会工作办法》、《中国电子学会所属分会财务管理办法》，修订了《中国电子学会所属分会管理办法》。为了完善和加强总部的组织管理工作，学会制定了《中国电子学会 2012—2016 年事业发展规划》、《中国电子学会人力资源五年规划》。学会总部首次进行了中层干部竞争上岗试点工作，加强了学会自身能力的建设。

2012 年学会共举办学术活动 138 项，其中，国内学术交流活动 129 项，国际学术交流活动 9 项，发表论文 7137 篇，总计 34172 人次参加。

2012 年，在第七届亚太医药信息学大会上，学会成功获得了 2017 年第十六届世界医药信息学大会的承办权。

决策咨询 2012 年，学会总部和所属分会提供决策咨询报告共 35 篇，举办决策咨询专家论坛共 11 次。决策咨询报告包括《云计算技术发展报告》、《2012 美国云计算发展概况》、《欧美日韩印云计算发展分析》、《2012 年度云计算技术趋势蓝皮书》、《2012 年度中国云计算产业发展白皮书》、《2012 中国云计算技术发展报告与云服务案例分析》、《新一代信息技术促进产业转型升级》、《2012—2013 年电子信息学科发展规划》、《Cmmi 复评估报告》、《关于加快电子信息制造业转型升级的指导意见》、《电子信息领域工程性人才培养机制的研究》、《物联网工程教育人才培养机制研究》等。

国内主要学术会议 学会召开了中国电子技术年会，再次实现技术前沿报告发布、学科融合交叉、成果展示的服务定位。学会围绕云计算和物联网等行业热门话题和技术前沿开展学术交流活动，充分发挥对产业的引领作用。5 月 23 日，学会在北京举办了第四届中国云计算大会，大会以“发挥示范引领作用，推动云计算创新实践”为主题，以云计算应用与实践经验为主要内容，以“云计算示范应用案例”系列发布为亮点，以行业主管领导和业界精英为主角，以行业专家学者为智库，共 8000 多人次出席。会上发布了《2012 中国云计算技术白皮书》和《云计算应用实践案例集》。

4 月 25 日，学会在北京召开第三届中国物联网大会，近 2000 名学者参加。大会的物联网国际交流合作、全国高等院校物联网专业建设、智慧城市、车联网技术与产业发展等7个论坛，涵盖了物联网人才培养、技术与标准、商业模式、融资对接等热门话题。

学会针对前沿课题，发挥学术团体的作用，举办具有前瞻性的学术会议。以“量子信息技术前沿研究”为主题的中国科协第63期新观点新学说学术沙龙，探讨了量子信息技术的研究进展和发展前景。以“云计算与大数据”为专题的研讨会，为推动我国大数据技术发展与产业变革做出了积极探索。

国际交往 9月，以学会秘书长徐晓兰为团长的中国电子学会代表团访问欧洲，参加世界计算机大会（WCC2012），并参观了国际无线电科学联盟秘书处和欧洲云计算联盟。代表团随后出席了国际信息处理联合会会员国全体会议，在会上介绍了2011年在深圳市召开的国际信息处理联合会全球CIO大会的情况以及2013年在中国上海举办国际信息处理联合会常务理事会议的筹备情况。

10月14日，以学会副理事长刘汝林为团长的中国电子学会代表团访问美国，参观了美国电气和电子工程师学会总部，并与微软公司、美国硅谷从事云计算的中小企业进行交流、座谈。

3月，学会与美国加州伯克利大学实验室开展合作，在广东省深圳市进行了首次数据中心能效管理的培训工作。

科普活动 2012年，学会举办了第八届全国大学生嵌入式物联网设计大赛、第二届全国大学生物联网创新应用设计大赛、第三届全国高校电子信息实践创新作品评选、第八届中国研究生电子设计竞赛。

学会所属的分会积极组织专家，通过研讨会、技术交流和技术报告等形式，推广科普知识。学会广播电视技术分会组织专家赴新疆维吾尔自治区乌鲁木齐市授课，开展“援疆广播技术讲师团”活动，普及科学知识，促进当地广播技术的发展。

表彰举荐优秀科技工作者 2012年，学会开展电子信息科学技术奖的评选工作。共评出一等奖10项、二等奖21项、三等奖32项。2012年，学会推荐的4项优秀项目荣获国家科学技术奖，包括自然科学奖一等奖1项、技术发明奖1项、科技进步奖2项。

【中国电子学会第九次全国会员代表大会】 2012年4月18日，中国电子学会第九次全国会员代表大会在北京开幕。中国科协书记处书记徐延豪、工业和信息化部总经济师周子学分别代表中国科协、工业和信息化部致词。大会选举产生了中国电子学会第九届理事会理事209名和监事会监事13名。娄勤俭当选为学会第九届理事会理事长。

会上，学会第八届理事会理事长吴基传作了《中国电子学会第八届理事会工作报告》，学会第八届理事会副理事长、学会监事会总监俞忠钰作了《中国电子学会第八届理事会监事会工作报告》，学会副秘书长王玉生作了《中国电子学会章程（修改草案）》的说明，学会副秘书长刘明亮作了《中国电子学会2007—2011年财务报告》。与会代表在4月10～15日以通信方式召开的学会九大会议预备会议上对上述报告进行了审议并提出审议意见。

大会通过了《关于中国电子学会第八届理事会工作报告和财务报告的决议》、《关于中国电子学会第八届理事会监事会工作报告的决议》、《关于〈中国电子学会章程（修改草案）〉的决议》。

大会宣读了学会九届一次常务理事会议关于请吴基传担任中国电子学会名誉理事长，韦钰、俞忠钰担任中国电子学会顾问的决定。

大会还宣读了《关于表彰学会工作先进集体、先进工作者和优秀科技工作者的决定》，并向获奖代表颁发奖牌。

【中国电子学会成立50周年庆祝大会】 4月18日，中国电子学会成立50周年庆祝大会在北京举行。学会名誉理事长吴基传，中国科协常务副主席、书记处第一书记陈希，工业和信息化部部长苗圩，学会理事长娄勤俭分别致辞，祝贺学会成立50周年。中国科学院院士吴德馨、王阳元、李未，中国工程院院士李德毅、李伯虎、周寿桓、戴浩、刘永才，学会副理事长刘汝林、学会秘书长徐晓兰等出席了大会。

第十四届中央政治局委员、国务院原副总理邹家华，第十六届中央政治局委员、国务院原副总理曾培炎，第十五届中央政治局委员、原电子工业部部长李铁映等分别为中国电子学会成立50周年题词。

第十一届全国人大常委会副委员长、中国科协主席韩启德为学会发来贺信，热烈祝贺学会成立50周年，希望学会为促进电子信息科技事业的持续健康发展，为推动我国由电子信息产业大国向电子信息产业强国迈进，做出新的更大贡献。

庆典仪式上，播放了反映学会50年发展历程的短片，展示了我国科技发展和进步的50年的飞跃、电子学会50年辉煌业绩，展现了一代又一代科技工作者在科学道路上付出的艰辛努力和求真务实的科学精神。

大会举行了2012年中国电子技术年会院士报告会，特邀中国工程院院士邬贺铨、李德毅，中国科学院院士王阳元作学术报告。

大会举行了2011年度中国电子学会电子信息科学技术奖颁奖仪式，举办了云计算、物联网专题座谈会。

【"大数据"等具有前瞻性的学术会议】 9月11日，中国电子学会主办了云计算与大数据专题研讨会。专家表示，最近几年从事云计算研发的企业数量高速增加，云计算数据中心技术完善并取得新的突破，产业链条出现了雏形，云计算项目进入实施阶段，重点行业领域应用提升，大数据观念和应用服务也开始起步。面对国民经济和经济发展中云计算大数据运用的重大需求，政府部门一要进一步加强规划引导，开展研究，着力推动重大产品的产业化，加快培育新的产品，统筹规划云计算中心、数据储备中心的建设。二要加强光电核心技术研发，推动产业化应用、安全项目发展，形成重点可控需求的安全产品。三要加强云计算大数据推广，发展大型云计算平台建设重要行业。四要加强标准体系建设，坚持政府引导企业为主，产学联合的原则，推动服务标准的制定，逐步完善标准体系。

本次研讨会针对云计算与大数据等重要问题进行探讨研究，为推动国内大数据技术发展与产业变革做出积极探索。

2012年，中国电子学会还承办了中国科协第63期新观点新学说学术沙龙，主题为量子信息技术前沿研究。沙龙由软件开发环境国家重点实验室主任、中国科学院院士李未担任领衔科学家，围绕量子信息技术中的关键科学与技术问题、量子物理与信息科学与技术交叉学科研究热点、量子信息技术应用领域及实用化过程中的若干问题等几大中心议题展开讨论和交流。中国科学院物理所研究员刘伍明、北京大学信息学院教授郭弘、清华大学物理系教授龙桂鲁等10位专家分别围绕沙龙主题作主题报告，从不同专业角度分析了量子物理与量子计算如何更好地服务和应用于信息技术。

与会专家认为，量子信息技术作为量子理论和信息科学交叉结合的产物，为物理、信息等学科的发展开创了新的原理和方法，在信息技术领域具有广阔的应用前景。

（撰稿人：王天虹）

中国计算机学会

服务创新型国家和社会建设 2012年度，学科前沿讲习班共组织了10期课程，每次3～4天，约1500人次参加，主题分别是物联网与嵌入式网络系统、视觉模式识别、城市计算、可视分析、移动互联创新应用、基于Kinect研究与应用、自然语言处理与机器学习、图数据管理与挖掘、大数据时代的存储系统和数据处理等，选题紧扣当前学术前沿热点。

2012年度，学会审议并通过关于成立大数据专家委员会的决议。

6月2～9日，学会组织第二批山西省吕梁市优秀教师到北京进行为期8天的观摩学习与交流活动。根据中国科协的要求，2012年度优秀教师评选的范围，除了石楼县外，扩大到兴县和岚县，共评选出20位优秀教师。学会组织他们到清华附中、清华附小听课、交流，与学会专家就吕梁山区教育现状与发展进行交流和座谈，参观、游览了中国科技馆、奥运场馆、颐和园、天坛、故宫、长城、十三陵等科技和人文景观。

6月24～28日，学会吕梁教育扶贫团来到岚县、兴县和方山县开展扶贫和调研活动，与3个县的教育局领导和科协领导进行了座谈，为当地教师组织了培训，并走访了7所中小学、8个贫困家庭。

学会建设 2012年3月2日，中国计算机学会进行了2011年度专委评估，经十届一次常务理事会通过，专委组织结构中增加资深委员和通信委员两个级别。

11月25日，学会第十届全国会员代表大会在广东省深圳市举行，大会选举产生了第十届理事会。选举郑纬民为理事长，陈左宁、吕建、王恩东为副理事长，杜子德为秘书长。

国内主要学术会议 2012年度，学会及下属专业委员会共组织学术会议及研讨会、论坛等学术活动60余次，参与人数逾13000人次。学会青年计算机科技论坛继续保持犀利和贴近前沿热点的特点，总部和分论坛全年共开展117场活动，其中报告会64场，论坛51场，特别论坛2场，其他类活动2次，逾1500人次参加。

国际交往 4月24～29日，学会出访德国计算机学会。5月，学会与国际知名学术出版机构施普林格出版社（Springer）签署合作协议，在计算机学术出版领域开展合作。10月19日，中国计算机学会和美国电气和电子工程师协会计算机学会继续签署了战略合作备忘录，在合作备忘录框架下，中国计算机学会会员将获得美国电气和电子工程师协会计算机学会准会员资格，并可获得阅读其3种优秀刊物电子版和newsletter的权利，参加美国电气和电子工程师协会计算机学会学术会议注册费优惠，优惠订阅*Computer*及其他纸质版期刊，中国计算机学会每年可翻译出版美国电气和电子工程师协会计算机学会文章12篇，在学术活动及专委互动方面，两学会年初互换学术会议年度计划，鼓励双方专业委员会沟通、合作，包括交换年度计划、合作办会、参加对方组织委员会等。

科普活动 2月5～12日，学会举办的全国青少年信息学奥林匹克冬令营在江苏省常州高级中学举行。5月6～10日，学会举办的第24届国际信息学奥林匹克（IOI2012）中国队选拔赛在清华大学举行。5月10～14日，2012亚洲和太平洋地区信息学奥林匹克中国赛区比赛在清华大学举行。7月28日至8月3日，第29届全国青少年信息学奥林匹克竞赛暨CCF NOI2012夏令营在江苏省常州高级中学举行。9月23～30日，第24届国际信息学奥林匹克竞赛（IOI2012）在意大利米兰举行，来自85个国家的310位选手参加了此次竞赛，代表中国参赛的4名选手全部获得金牌。第18届全国青少年信息学奥林匹克联赛初赛和复赛分别在10月13日和11月10～11日举行，约7.43万名中学生报名参加了竞赛。

表彰举荐优秀科技工作者 2012年，学会评选和颁发中国计算机学会王选奖1人、中国计算机学会海外杰出贡献奖1人、中国计算机学会优秀博士学位论文奖10人、中国计算机学会青年科学家奖3人、中国计算机学会终身成就奖2人、中国计算机学会卓越服务奖2人。首次设立并评选出中国计算机学会科学技术奖2项、中国计算机学会杰出教育奖2人、中国计算机学会优秀大学生奖103人。

工程教育认证 学会完成对西南交通大学和太原理工大学的计算机专业工程教育认证，其中太原理工大学认证承担了华盛顿协议组织观察员考察工作，对同济大学等3所高校的计算机专业有效期到期申请进行审查。

会员服务 2012年，学会新发展个人会员6384人，发展团体会员3个。2012年度学会会员发展和服务两项重点工作是建立高校学生分部和在地方建立会员服务中心。6月9日，学会十届二次常务理事会议审议通过设立中国计算机学会（CCF）优秀大学生奖励计划，从2012年开始，学会每年评选百名优秀在校大学生，全额资助其参加该年的中国计算机大会。10月18～20日，首批百名优秀大学生参加了2012中国计算机大会。

学会从2012年起在一些会员人数较多的城市成立了中国计算机学会会员活动中心。10月12日，中国计算机学会深圳会员活动中心成立，到2012年底，共成立了10个会员活动中心，学会为这些活动中心配备了相应的活动经费和专家资源。

【2012中国计算机大会】 2012年10月18～20日，2012中国计算机大会在辽宁省大连市举行。来自全国的2000余名计算机及相关领域专业工作者参会，学会副理事长陈左宁院士任大会主席，大连市市长李万才出席大会并在开幕式上致辞。大会以“创新平台，引领未来”为主题，由特邀报告、专题论坛以及科技成果展等部分组成，图灵奖获得者Raj Reddy等十几位专家作了大会特邀报告。

专题论坛围绕社会计算、系统软件、信息安全、高性能计算、移动互联网与智能终端等信息领域前沿、热点话题展开研讨。大会还开设了“技术公益”论坛，与会者热议如何通过现有的信息技术进行社会公益活动，为弱势群体服务。大会期间集中展示了国内高校、科研机构和知名IT企业的科研成果和创新产品，展览面积近5000平方米。

大会共收到论文投稿527篇，录用220篇，其中40篇被推荐到《计算机学报》发表。本次大会上还颁发了2012年度中国计算机学会王选奖、中国计算机学会海外杰出贡献奖、首届中国计算机学会科学技术奖。中国计算机学会大数据专家委员会在大会期间成立，并举行了大数据专题论坛。

【2011中国计算机学会颁奖大会】 2012年1月7日，以“责任、创新、奉献”为主题的2011中国计算机学会颁奖大会在北京举行。颁奖大会由学会秘书长杜子德主持，学会理事长李国杰和美国电气和电子工程师协会计算机学会的前任主席Sorel Reisman在会上讲话。300位专家、学者出席会议。

会上颁发了2011年度中国计算机学会优秀博士学位论文奖、中国计算机学会青年科学家奖和中国计算机学会终身成就奖。大会还颁发了2011年度中国计算机学会杰出贡献奖、中国计算机学会卓越服务奖、优秀工作委员会奖及发展会员优秀奖。

（撰稿人：朱征瑜）

中国通信学会

服务创新型国家和社会建设 2012年，学会通信设备制造技术委员会和无线电管理与应用委员会分别承担移动互联网发展引发ICT产业变革研究、智能终端基础软件发展战略研究、我国重大突发事件应急无线电应用频谱需求与管理研究、RFID系统电磁兼容性分析及其监管机制等课题研究。

2012年，学会召开了7次技术咨询会议，1500余人次出席。2月16日，宽带中国战略服务信息化推进大会在北京召开，200余人参加。4月12日，2012（第二届）中国电信业信息与网络安全高层研讨会在北京召开，主题为“面向‘十二五’的重要信息系统安全和云安全策略”，400余人出席会议。5月17日，第一届黑龙江省现代信息服务业创新发展高层论坛在黑龙江省哈尔滨市举行，主题为“云计算助推现代信息服务业创新发展”，500余人出席。5月23～25日，全国中小企业信息化和产业集群两化融合推进大会在广东省深圳市召开，大会同期承办了通信业服务中小企业信息化需求与服务对接专题研讨会，200余人出席。6月20日，2012年应用3G与宽带技术为医疗行业信息化服务初步经验交流座谈会在北京召开，主题为“加快推进3G与宽带应用发展，持续提升医疗信息化水平”。8月17日，学会在北京市举行2012年信息通信业博士生创新能力提升训练营，30多名博士参加，收到高校博士生论文57篇，评出5篇优秀论文，颁发了“中国通信学会年度优秀博士生论文”证书。8月22日，2012中国电信BSS论坛在宁夏回族自治区银川市召开，130余人出席。

学会建设 10月25～26日，中国通信学会第七次全国会员代表大会暨七届一次理事会在北京市召开。会议选举产生第七届理事会理事188人，常务理事62人。工业和信息化部副部长尚冰当选为理事长，张新生兼任秘书长，秘建虎、张英海任副秘书长。

2012年，学会进行了青年工作委员会、信息通信网络技术委员会的换届改选工作，完成学术工作委员会等16个分支机构的登记证书续证。

2012年，学会受理高级会员申请19人，受理团体会员申请5家。核准地方学会发展的高级会员5批共271人，备案地方学会发展的普通会员724人，发展学生会员78人。截至2012年底，中国通信学会现有个人会员66735人，团体会员65家，其中会士340人，高级会员7714人，学生会员1639人。理事会下设4个工作委员会，并按照学科设置19个专业委员会，31个省、自治区、直辖市设有地方通信学会。6月28～29日，为了提升学会分支机构的能力建设，加强学会工作人员科普工作能力培养，学会在北京市举办了现代信息技术教育应用培训班，40余位分支机构的工作人员参加了培训并获得了北京邮电大学继续教育结业证书。

开展了“2010～2011年度普及与教育先进集体和个人”评选工作，评选出先进集体18个，先进个人19名。6月28日召开了表彰大会。

学术期刊 2012年，《通信学报》、《中国通信》（英文刊）、《电信科学》、《现代通信》、《中国电信业》、《中国通信年鉴》共印刷37.5万册。《中国通信年鉴》印刷5000册。《中国通信》出版12期，3.6万册，刊登学术论文180余篇。《通信学报》出版14期，2.8万册，刊登论文350篇。《现代通信》出版8期，刊登文章240篇。《电信科学》出版14期，5万册，刊登文章380篇。《中国电信业》出版12期，9.2万册，发表文章308篇。

2012年，学会为加强学术道德规范，引进了中国知网的“学术不端检测系统”，加强了期刊稿件的初审筛选。

国际学术会议 2012年，学会共举办国际学术会议3次，参会境外学者89人次。11月6～9日，第六届亚太环境电磁学学术会议在上海市召开，来自澳大利亚、中国、德国、日本、波兰、俄罗斯、瑞士、美国等国家学者约130人出席，其中国外专家、学者16人。大会收录论文130多篇，占收到论文总数80%。大会联合主席、日本冈山大学教授R.Koga在会上作报告。大会程序委员会主席、解放军总参谋部通信部原副部长杨千里针对当前科技发展形势及电磁兼容技术作报告。

国内主要学术会议 3月28日，中国移动医疗产业大会在北京召开，主题是“创新、智能、服务、共赢”，300余人出席大会。4月18～19日，2012第四届中国移动支付产业论坛在北京召开，200余人出席。6月20日，第四届中国手机信息安全产业大会在北京召开，200余人参加。7月26～28日，第二届中国智慧城市论坛大会暨中国数字信息应用大会举行，主题是“智能、融合、惠民、安全”。8月15～17日，2012中国国际通信大会在北京召开，工业和信息化部副部长尚冰、IEEE通信学会主席Vijay Bhargava出席会议并致辞。8月17日，第九届中国通信学会学术年会在北京召开，主题是“宽带中国”。8月27～28日，2012运营商终端与应用创新合作大会在北京召开，大会主题是“开放创新，合作共赢”，400余位专家、学者及业界科技人员出席。

9月8～10日，第十四届中国科协年会通信技术板块第二十分会场在河北省石家庄市举行，主题是“转型创新促通信业新发展”，征集论文63篇。9月15～17日，第三届中国云计算大会在浙江省丽水市召开，会议收到论文稿件697篇，录用200篇。9月19～21日，2012中国卫星应用大会召开，主题是“物联网与云时代的卫星应用”，500余名国内外卫星行业的企业、卫星产业人员、研究人员参会。9月21日，2012年度全国无线及移动通信学术会议在内蒙古自治区呼和浩特市召开，主题是“开放协作、创新、共赢未来无线世界”，会议所有录用论文编入会议论文集，并推荐至CNKI数据库检索，其中优秀论文推荐至EI或ISTP检索。11月24日，全国无线电应用与管理学术会议在陕西省西安市召开，300余人参加，会议编辑出版了《2012年全国无线电应用与管理学术会议论文集》，评选出5篇优秀论文。12月3～4日，2012国际云计算大会在北京召开，主题是“云计算应用与实践”。12月6～7日，2012中国移动支付产业年会在北京召开，会议剖析了移动支付产业的发展瓶颈，并为产业快速发展探寻了系统而全面的运营思路。300多位业界人士出席本届年会。

国际交往 2月23日，中国通信学会理事长周德强与日本电子信息通信工程师协会—通信协会（IEICE-CS）会长萩本和男在上海市共同签署了《中国通信学会和日本电子信息通信工程师协会—通信协会合作协议》。

4月26日，希捷公司全球高级副总裁道格·德汉（Doug DeHaan）一行6人在北京拜会工业和信息化部科技司司长闻库和中国通信学会有关负责人。

11月6～9日，第六届亚太环境电磁学学术会议（CEEM' 2012）在上海市召开。来自澳大利亚、中国、德国、日本、波兰、俄罗斯、瑞士、美国等国家约130人出席会议，其中国外专家、学者16人。会议期间，全体人员参观了同期举行的电磁兼容技术国际展览会。

科普活动 2012年，学会开展主题科普活动及展览展示12次，直接受众4150人次，比2011年增加2450人次，发放科普宣传资料近2万份。

2012年，学会发挥《现代通信》杂志社的力量，组织开展青少年及通信爱好者特色科普活动，组织鼓浪屿海岛远征、“中国手键之夜”空中聚会、西藏电台远征等特色活动。

5月17日，由工业和信息化部与全国妇联主办，中国通信学会承办，以“信息通信与女性”为主题的2012年世界电信和信息社会日大会在北京召开。会议内容涉及女性信息服务、信息通信行业技术发展策略、科技最新成果、产业发展和业务应用、女性信息化教育、弥合性别数字鸿沟等诸多方面，350余人参加大会。各省、区、市电信主管部门和通信学会也在电信和信息社会日期间举办了形式多样的宣传纪念活动。

2012年，中国通信学会全国科普日活动——第18届电信新技术新业务高级报告会被评为“2012年全国科普日活动优秀组织单位”。

2012年，学会承担中国科协科普项目共两项，一是通信前沿技术优秀科普资源开发项目，已开发出30个知识元，每个知识元配有相应科普动画节目短片及文字介绍和科普展板设计；二是TD-SCDMA移动通信技术项目，编写一本全面讲述TD-SCDMA移动通信技术基础知识及实际操作的普及型教材。全书共40万字，包括20个章节。

表彰举荐优秀科技工作者 2012年，根据《全国优秀科技工作者评选表彰办法》，经学会推荐，中国科协评审、批准，授予云晓春、刘岩、刘多和杨震第五届“全国优秀科技工作者”称号。

根据中国科协《关于开展第九届中国青年女科学家奖候选人推荐工作》的通知，学会从北京邮电大学和南京邮电大学推荐两名候选人参与中国科协的评审。

学会协助工业和信息化部科技司向国家科学技术奖励工作办公室推荐了5个已经获得中国通信学会一等奖的项目，参加国家科技奖评审，经评审有3项获得2012年度国家科技奖。

2012年度中国通信学会科学技术奖共受理申报项目102项，项目包括科技进步奖、自然科学奖和技术发明奖，内容中关于互联网的安全、业务平台和在移动通信网中的应用项目近50%，申报的技术发明奖项目多于往年。2012年度中国通信学会科学技术奖评选出一等奖7项，二等奖11项，三等奖17项，共计35个项目获奖。

会员服务 2012年，学会组织团体会员单位、高级会员、学生会员等参加总部及分支机构举办的学术及科普教育活动，向高级会员、会士以及团体会员单位寄发4种期刊共5900册。

中国科协会员日 12月12日，在中国科协全国会员日期间，学会在北京举办了2012中国手机产业发展大会，350余位来自产业链的科技人员和学会会员参会。会员日期间，学会组织看望、慰问对本学会发展做出重要贡献、在学术上有着重要影响的老会员和科学家。

【中国通信学会第七次全国会员代表大会暨七届一次理事会】 10月26日，中国通信学会第七次全国会员代表大会暨七届一次理事会会议在北京召开。工业和信息化部副部长尚冰，中国科协党组成员、学会学术部部长沈爱民，解放军总参谋部信息化部副部长黄国勇，工业和信息化部老领导吴基传、王旭东、宋直元、朱高峰，学会第六届理事会理事长周德强，中国工程院院士邬贺铨，工业和信息化部相关司局，中国科协相关部门，电信运营、设备制造、增值电信、网络运营企业，学会团体会员单位、分支机构、地方通信学会代表以及业内专家学者等300余人出席了大会。

会议听取了周德强作的题为《把握通信行业大趋势，探索学会工作新思路 推进通信学会各项事业科学发展》的第六届理事会工作报告，听取了由学会副理事长魏茂洪代表第六届理事会所作的财务报告。会议选举第七届理事会理事188人，常务理事62人。中国通信学会第七届理事会第一次会议选举工业和信息化部副部长尚冰为学会第七届理事会理事长，方滨兴、王效杰、邬贺铨、张钧安、张继平、张新生、李正茂、杨震、谈振辉、黄国勇、魏茂洪为副理事长。张新生兼任秘书长，秘建虎、张英海为副秘书长。七届一次理事会授予吴基传、朱高峰、宋直元、周德强、刘立清为名誉理事长，刘彩、姜少冰、周宝信、迟惠生、陈学道、武士雄为名誉理事。

尚冰对学会下一步的工作提出了四点希望：一是把握行业趋势，做好咨询服务。二是加强科普宣传，扩大交流合作，不断完善科普资源配置，积极开展科普创作、宣传和继续教育活动。三是发挥自身优势，创新工作方式，拓展活动空间，提升学会影响力。此外，要发挥科技期刊、学报等传播科技信息的主渠道作用，大胆创新办刊思路，提升办刊质量。四是完善规章制度，加强组织管理。

【2012 中国国际通信大会】 8 月 15 ~ 17 日，2012 中国国际通信大会在北京召开，来自国际组织、政府主管部门、电信运营商、设备厂商、国际知名院校和研究机构的全球资深专家学者 400 余人参会。工业和信息化部副部长尚冰、IEEE 通信学会主席 Vijay Bhargava 出席会议并致辞，中国工程院院士邬贺铨、中国通信学会理事长周德强担任大会名誉主席。中国电信副总经理张继平、中国移动副总裁李正茂、中国联通副总裁韩志刚为大会致辞。工业和信息化部电信研究院院长曹淑敏、纽约大学教授 Ted Rappaport、华为无线 CTO 童文应邀作专题报告。

尚冰在致辞中指出，在新技术、新业务的强力带动下，宽带网络、移动互联网、新一代移动通信、云计算、物联网等新业态的发展正在推动信息通信业加快转型，行业纵向整合，横向渗透的态势进一步加快。大发展、大变革、大融合正在成为行业发展的主旋律。今后工作中将和相关部门一道重点做好四方面的工作。一是积极推进宽带中国战略，加快建设宽带、融合、安全、泛在的下一代信息通信基础设施，着力缩小数字鸿沟，支撑经济社会信息化发展。二是加快行业转型升级的步伐，鼓励自主创新，以新技术、新业务为依托，推动形成层次高、带动性强的新的信息消费的热点，引导企业加强信息化应用及信息资源的开发、整合以及有效的利用，促进两化深度融合，公共服务模式创新和社会管理能力的提升。三是充分发挥法律法规、社会监督和行业自律的作用，进一步地加强行业管理，营造良好的市场氛围，引导企业践行社会责任，切实保护消费者的合法权益。四是鼓励和引导民间资本进一步地进入电信业，以开放的心态加强与国际的交流和合作，与世界各国一道在互利原则的基础上实现共同发展，进一步发挥信息通信业对于经济社会发展的重要推动作用。

会议还围绕"支撑可持续发展的通信技术"主题，就未来 5G、有线和无线融合、智能绿色通信、新一代互联网及云计算、认知无线电、物联网应用开发及智能电网通讯系统等热点议题进行了探讨。会议同期还设立了展览展示、技术报告、研讨沙龙、专题论坛等环节。

【2012 中国卫星应用大会】 9 月 19 ~ 21 日，2012 中国卫星应用大会在北京举行，来自各级政府相关部门、主要卫星运营商、知名卫星通信设备制造商、省级电信管理局、广播电视局及用户单位、科研院所、高等院校、新闻媒体和美国、德国、以色列、加拿大、阿联酋、俄罗斯、新加坡等国内外 500 名卫星行业企业的专家、学者、产业人员、研究人员参会。本届大会主题是"物联网与云时代的卫星应用"。国家发展改革委员会、工业和信息化部、国家广播电影电视总局、解放军总参谋部、科技部的领导出席了会议开幕式。大会主席杨千里和工业和信息化部无线电管理局局长谢飞波分别致辞。

会议期间，共有 50 多位来自国内外知名公司和国际组织的专家学者做了主题报告。与会专家学者围绕会议主题发表了《强化地面运营　提供天地一体卫星通信广播特色化服务》、《物联网中的卫星应用　空间无限》、《未来的发展需要统一的规范标准》等演讲，同时还就全球宽带卫星解决方案及发展趋势、卫星移动通信、卫星导航、Ka 波段对卫星产业的积极影响等内容展开了讨论。

会议设立了卫星移动通信、卫星遥感和卫星导航 3 个分会场，与会专家、学者针对当前卫星产业发展的机遇、市场、应用、标准化进程、用户解决方案，以及技术创新等多个重要议题展开了深入的讨论。

【第九届中国通信学会学术年会】 8 月 17 日，第九届中国通信学会学术年会在北京召开，会议主题为"宽带中国"。学会理事长周德强以及学会各专业委员会的专家、学者 200 余人参加了会议，学会副理事长、学术工作委员会主任、南京邮电大学校长杨震主持会议。开幕式上，中国通信学会技术专业委会领导向本届年会优秀论文作者颁发了获奖证书。

本届学术年会在首届 IEEE 中国国际通信大会（ICCC 2012）期间召开，邀请了 IEEE 的专家学者参与交流。中国工程院院士刘韵洁、清华大学教授吴建平、北京邮电大学教授林金桐、北京大学教授李红滨、日本庆应大学教授青山友纪、百度技术委员会理事长陈尚义应邀分别作了题为《中国宽带战略的机遇与挑战》、《下一代互联网和宽带中国》、《网络演进和云计算到大数据处理》、《支撑宽带的未来光网络》、《宽带提速惠及业务创新》的专题报告。

在本届学术年会期间，学会特别邀请了香港中文大学教授黄建伟、浙江大学教授张宏纲、Nebraha-Lincohn 大学教授钱毅、美国立加州大学教授乔春明等部分 IEEE 通信学会专业委员会主席，与中国通信学会所属各专业委员会的主任委员举行座谈，就如何办好专业技术会议进行了讨论和交流。

【2012 年度全国无线及移动通信学术会议】 9 月 21 日，由中国通信学会主办，国家无线电监测中心、国家无线电频谱管理中心与中国电信共同承办的 2012 年度全国无线及移动通信学术会在内蒙古自治区呼和浩特市召

开。来自国内外从事网络研究运营、生产设计制造及应用的专家、学者和管理者百余人参加会议。

此次大会的主题为“开放 协作 创新 共赢未来无线世界”。会议邀请中国电信集团科技委主任韦乐平、东南大学教授尤肖虎、中兴通讯股份有限公司执行副总裁谢大雄等分别就移动互联网的内涵、发展与挑战、移动通信技术发展趋势和移动互联网时代无线网特征和挑战等内容作主题演讲。

在大会分论坛，来自各大通信运营商、国家无线电监测中心等机构的专家、学者，分别就移动互联网创新与应用、无线网络优化与技术创新、无线电频谱监测与管理三大主题进行了分组研讨。此次会议录用的论文被编入会议论文集，由人民邮电出版社出版，并推荐至 CNKI 数据库检索，其中优秀论文推荐至 EI 或 ISTP 检索。

【2012 国际云计算大会】 12 月 3 ~ 4 日，2012 国际云计算大会在北京召开。本届大会的主题为：云计算应用与实践。中国科学院、中国工程院院士陈俊亮作为大会主席出席会议并致辞。中国工程院院士张尧学、李国杰，工业和信息化部软件服务业司司长陈伟，学会副理事长兼秘书长张新生等出席大会。张尧学院士在会上做主旨发言。中国电信云计算公司总裁谢朝阳，中国移动研究院院长黄晓庆，中国联通研究院平台云计算中心 IT 与业务研究所主任魏进武，希捷科技、IBM、华为技术有限公司、中兴通讯等企业专家学者到会并发表演讲。

张尧学在主旨发言中认为，透明计算是一种用户控制的云计算，从网络（并行）计算角度出发，把存储、计算、管理进行逻辑或物理分离，在执行上进行有缓存的流式计算，把计算还原成“不知不觉、用户可控”的个性化服务。谢朝阳在报告中认为，做好云计算一要有好的网络覆盖，二要有一个合理的数据中心布局，三要有一个有效的分发系统。黄晓庆表示，存储、运算能力、网络管理、SOA 的建立、安全都属于资源，将这些资源作为可以运营的服务提供给客户是运营商所擅长的。魏进武认为，传统的 IT 和 CT 发展路线是不同的：IT 更多以时间为引导，CT 更多是以标准化驱动的，云计算更多是以实践引领下发展，不断完善标准的过程。

大会征集论文 100 多篇，录用论文 25 篇，其中 9 篇优秀论文入选《中国通信》（英文版）发表。本次会议的成果将编纂成《云计算发展动态》向有关单位呈送。

【2012 中国移动医疗产业大会】 3 月 28 日，2012 中国移动医疗产业大会在北京召开。来自工业和信息化部、卫生部，有关国际组织、行业机构、运营商、医疗机构、国内外企业、科研院校、咨询机构、媒体等 300 余人出席了大会。

会议主题是“创新、智能、服务、共赢”，通过主题演讲、高端对话、圆桌讨论、互动交流、应用展示等多种形式对移动医疗产业进行了探讨和交流。

工业和信息化部信息化推进司司长徐愈指出，近年来移动互联网的蓬勃兴起和移动智能终端的快速创新和日益普及，正在为信息化在经济社会各个领域的应用创新带来新的机遇，移动医疗产业也迎来巨大发展机遇。对于如何促进我国移动医疗产业健康、迅速发展，徐愈提出三点建议，一是充分利用国家在“十二五”时期信息化基础设施加快发展的有利时机，加快医疗信息化建设；二是大力支持移动医疗服务创新；三是积极规范引导移动医疗服务产业的发展。徐愈强调要加强对移动医疗的监督与管理，制定相关发展规范与标准制度，尤其要加强对产业发展方向的引导，提高人们的信息安全意识，规范信息安全管理制度，在充分发挥移动医疗的特点和优势来改善医疗服务的同时，要充分加强对个人隐私和信息安全的保护；同时，要明确移动医疗与医疗服务的功能定位，移动医疗是对医疗技术与服务的延伸和补充，要在充分开发利用信息资源上下工夫，扩大增值服务并不是替代医护人员的专业技能。

中国移动、中国联通、中国电信等单位的专家学者在大会上作了主题发言和展览展示，来自中国联通研究院、中科院、卫生部心血管病防治研究中心、解放军 309 医院等单位的 30 多位专家学者参与了大会的主题报告、高端对话、高层沙龙等活动。

【2012 年宽带中国战略服务信息化推进大会】 2 月 16 日，2012 年宽带中国战略服务信息化推进大会在北京市召开。来自国家发展改革委员会、工业和信息化部、部分省市经贸信息委员会、通信管理局的相关负责人，中国科学院、中国工程院、国务院发展研究中心、工业和信息化部电信研究院、北京邮电大学、南京邮电大学的专家，以及中国电信、华为等来自企业的专家学者及媒体记者约 200 人参加了会议。

会议针对国内外宽带发展的最新动态，我国宽带战略实施的途径及对信息化水平和创新能力的影响，宽带的定义、建设和接入，我国电信资费水平和服务体系等五大核心问题展开交流与探讨。

专家指出，宽带中国战略将会在整个“十二五”期间被强化，政府将通过宽带战略、宽带专项资金、普遍服务基金、投融资政策等推进宽带发展。3G 网络建设、FTTX、三网融合等将成为宽带产业发展主要拉动力。中国工程院院士邬贺铨用大量翔实的数据介绍了国外宽带发展趋势和我国目前宽带的状况。中国科学院院士、中国工程院院士李德仁表示，宽带中国战略的提出对推进城市信息化建设起到至关重要的作用，宽带的发展最终的目标是用得好，用得起，并对推动数字城市、智慧城市等提供有力保障。与会专家一致认为，2012年是步入“十二五”规划的第二年，“宽带提速”必将成为电信业的重点关键词，中国通信业、新兴产业乃至整个国民经济都将迎来大繁荣机遇。

会上，为充分发挥产业联动优势，中国电信等企业专家学者共同发布了宽带中国战略服务信息化社会行动宣言。

【第一届黑龙江省现代信息服务业创新发展高层论坛】 5月17日，第一届黑龙江省现代信息服务业创新发展高层论坛暨世界电信和信息社会日研讨大会在哈尔滨市举行。论坛以“云计算助推现代信息服务业创新发展”为主题，来自国务院有关部委领导、有关行业协会、电信运营企业、互联网及增值服务企业、云计算、物联网企业、服务外包企业、新闻媒体等专家学者500余人出席会议，并就现代信息服务业的技术发展和成果进行研讨。

信息产业部原部长吴基传、黑龙江省政府省长王宪魁、工业和信息化部总经济师周子学、商务部部长助理房爱卿、学会副理事长兼秘书长魏茂洪等出席会议，大会开幕式由黑龙江省人民政府副省长孙尧主持。

王宪魁表示，信息服务业是关系国民经济和社会发展的战略性、先导性产业，对经济社会发展具有重要的支撑和引领作用。近年来，黑龙江加快构建以“十大重点产业”为核心的现代产业体系，着力发展信息服务业，有力地推进了老工业基地潜力和优势的有序释放。吴基传在特邀报告中指出，云计算所产生的影响已经覆盖到了整个电子信息产业，云计算技术同时也催生了新的商业模式，它对于所有信息商的产业结构和运营模式都产生了巨大震动。当下信息技术发展的重心已经从关注PC计算能力、应用软件单机方式逐渐向按需服务的协同方式转变。周子学表示，在“十二五”时期，工业和信息化部将着力推进云计算关键核心技术的研发，加强云计算技术标准和安全管理规范体系的建设，加快云计算服务中心建设，继续开展云计算服务模式创新发展的试点示范工作，营造良好环境，推进产业发展。

（撰稿人：董　义）

中国中文信息学会

学会建设　学会第七届理事会第二次理事长办公扩大会8月11日在北京召开。会议研究和讨论了会员发展、会员服务、工作委员会和专业委员会、钱伟长中文信息处理科学技术奖、2012年学术年会及理事会等工作。

国际学术会议　5月26～29日，第三届语言声调问题国际研讨会（TAL 2012）在江苏省南京市召开。来自五大洲15个国家和地区的130余位专家、学者参会。会议主题为跨越不同语言与学科的声调探索。会议安排了6位国际著名学者做大会主题报告，安排了4场国内外知名学者的会前讲座以及两场专题演讲。此外，会议还安排了5场口头演讲和两场海报交流。报告的主题涉及声调的声学分析与建模、声调的语音学与音系学、声调感知、连读变调、声调与语调、二语习得、声调的脑神经机制等各个领域。

12月17～19日，2012亚洲信息检索学术会议在天津市召开，来自新加坡，马来西亚，英国，澳大利亚，韩国，日本，中国大陆、香港特别行政区、台湾地区的研究人员，来自百度、微软亚洲研究院、腾讯、搜狗、华为等企业单位的研究人员参会，会议由天津大学承办。会议邀请了德国杜伊斯堡—埃森大学教授Norbert Fuhr和百度首席科学家王海峰分别作了题为The Return of the Probability of Relevance 和 Web-based Machine Translation and Cross-Language Information Retrieval的报告，Norbert Fuhr主要介绍了依赖于相关概率模型校准值的3种信息检索应用模型，王海峰主要展示了百度基于Web的机器翻译和跨语言信息检索的相关工作。

12月20～21日，第二届CIPS-SIGHAN中文处理国际会议在天津市举行。来自北京大学、清华大学、中国科学院软件所、澳门大学、布兰迪斯大学、苏州大学、台湾国立交通大学，国立台湾师范大学、元智大学、朝阳大学等26家单位的学者参加了本次会议。本届评测任务共分为微博分词、中文人名消歧、简体中文句法分析、繁体中文句法分析四个子任务。清华大学计算机科学与技术系朱晓燕教授作了题为From Turing Test to Intelligent Information Service的特邀报告，就目前的热门的大数据处理、智能信息挖掘，知识获取等热点问题进行论述。苏州大学自然语言处理实验室主任、计算机科学与技术学院周国栋教授作了题为Linguistic foundation for NLP的特邀报告，对自然语言处理领域语言学的应用做了全面的综述，对语言学的作用阐述了独特的见解。

国内主要学术会议　4月13～15日，中国中文信息学会在江西省上饶市举办了中国中文信息学会战略研讨会。30余位专家、学者围绕我国中文信息处理事业发展的战略机遇进行了深入研讨。研讨主题包括：在新的历史时期如何定义和理解中文信息处理，下一个30年中文信息处理的主要着眼点和着力点，中文信息处理领域的重要原始创新源，中文信息处理相关产业发展的重要方向，如何推动中文信息处理领域“产学研”的战略合作，如何有效推动中文信息处理进入国家重大科研计划。

8月5～8日，第四届中国少数民族青年自然语言处理学术研讨会在青海省西宁市召开，会议由中国中文信息学会主办、青海师范大学承办。来自中国科学院、北京大学、北京理工大学、太原理工大学、解放军外国语大学、西藏大学、内蒙古大学、内蒙古师范大学、新疆大学、新疆师范大学、青海民族大学、青海师范大学等科研院所的62名专家、学者参会。会议共收录论文36篇，安排了5个特邀报告及36个专题讨论。北京大学计算语言研究所所长王厚峰、中国科学院自动化研究所研究员赵军、中国科学院合肥智能机械研究所研究员李淼、中国科学院计算技术研究所博士姜文斌分别作特邀报告。来自各高校、研究机构的院校师生、青年学者围绕藏、蒙、维、傣等少数民族自然语言信息处理方面的问题进行专题报告，内容涵盖机器翻译、语料库处理技术、语言知识库建设、文字输入、编码识别、信息检索、词法分析、句法分析、语义网络等技术和应用领域。

8月16～17日，第九届全国自然语言处理青年学者研讨会在广东省深圳市召开，会议由中国中文信息学会主办，哈尔滨工业大学深圳研究生院承办。来自中国科学院等43家单位的92名专家、学者参会。会议安排了2个特邀报告、14个学术报告，以及专题讨论和海报与演示。中国科学院自动化研究所研究员宗成庆作题为《汉英双语命名实体识别与对齐的联合方法》的特邀报告，华为诺亚方舟实验室首席科学家李航博士作题为 Learning to Match for Natural Language Processing and Information Retrieval 的特邀报告。与会专家、学者就自然语言处理研究工作在大数据、移动互联网以及云计算等新兴环境下所面临的机遇与挑战，以及未来的研究与发展方向展开讨论。

9月20～21日，第八届全国机器翻译研讨会在陕西省西安市召开，会议由中国中文信息学会主办，西安理工大学承办。来自哈尔滨工业大学、清华大学、东北大学、南京大学、苏州大学、厦门大学、内蒙古大学、新疆大学、西北民族大学、北京语言大学、北京交通大学、昆明理工大学等高校，和中国科学院自动化研究所、计算技术研究所、软件研究所，微软亚洲研究院、合肥智能机械研究所、中国民族信息技术研究院、中国电子信息产业发展研究院、中国标准化研究院、中国专利信息中心等研究机构，以及百度、网易有道、华为、思迪、中国软件与技术服务股份有限公司等企业、共计44家单位的87位专家、学者参会。会议邀请专家介绍了当前机器翻译研究和应用的现状、存在的问题及发展前景，对语音翻译领域的技术现状及展望进行了全面介绍。

11月17～18日，第六届青年计算语言学会议在上海市召开，会议由中国中文信息学会主办，上海交通大学计算机科学与工程系承办。来自清华大学、北京大学、中国科学院、哈尔滨工业大学、东北大学、西北民族大学、山西大学、苏州大学、武汉大学、解放军外国语学院、南京师范大学、中国社会科学院、教育部语言文字应用研究所、郑州大学、北京交通大学、同济大学、沈阳航空航天大学、新疆师范大学、中国传媒大学、南京理工大学等高校和研究机构的70余名专家学者参会。会议邀请北京大学教授孙栩、上海交通大学教授俞凯、微软亚洲研究院副研究员韦福如、羽扇智科技公司 CEO 李志飞等作特邀报告。来自各高校、研究机构的青年学者和学生围绕词法、句法与语义分析、知识表示与机器学习、情感分析与问答系统、信息检索、抽取与过滤、机器翻译和语料库语言学等内容进行宣讲。

11月28～30日，第八届全国信息检索学术会议在江西师范大学瑶湖校区召开，会议由中国中文信息学会主办、江西师范大学承办。来自中国科学院、清华大学、北京大学、哈尔滨工业大学等60多个研究机构和高校共200多名专家、学者参会。会议邀请中国科学院院士陆汝钤、中国科学院自动化研究所复杂系统管理与控制国家重点实验室主任王飞跃、搜狗搜索首席科学家张阔、哈尔滨工业大学教授刘挺等4位专家作大会特邀报告，6位青年学者作主题报告，会议录用论文的作者在分组会场上进行了论文报告。会议围绕信息检索、文本分类、聚类及挖掘、多媒体检索等领域的前沿问题展开探讨。

12月7日，中国中文信息学会2012年学术年会暨理事会在北京市举行。年会主题为“大数据与中文信息处理”。会上颁发了2012年度“钱伟长中文信息处理科学技术奖”。大会邀请5位来自国内外的著名专家学者、企业家作主题演讲，从不同角度阐述了中文信息处理领域的前沿动态及未来趋势，包括大数据、智能语音和 Google 的知识图谱等。

12月8日，社会媒体与语言处理研讨会在北京举行，研讨会由中国中文信息学会主办，邀请了来自学术界、产业界共21位主讲嘉宾，分别从计算技术、金融学、语言学、社会学、营销学等多个角度分析社会媒体，并介绍了基于社会媒体的相关分析研究，如社交数据、微博情感分析与热点事件发现、股票走势预测、微博营销等。

表彰举荐优秀科技工作者　12月7日，中国中文信息学会2012年学术年会暨理事会在北京市举行。会上颁发了2012年度“钱伟长中文信息处理科学技术奖”。一等奖1项，授予知网（HowNet）。二等奖3项，授予潍坊北大青鸟华光照排有限公司完成的“中国多民族文字数字出版系统”，北京大学、北大方正集团有限公司完成的“方正智思互联网中文内容智能监测系统”，中国民族语文翻译中心完成的“彝文、壮文电子词典及辅助翻译软件”。

会上还颁发了2012年度“汉王青年创新奖”，分别授予中国科学院计算技术研究所副研究员郭嘉丰和百度高级研究员赵世奇。郭嘉丰任职于中国科学院计算技术研究所网络数据科学与工程研究中心，担任基础研究部“网络搜索与数据挖掘”方向负责人，主要研究方向为Web信息检索和数据挖掘。赵世奇在知识挖掘、语义计算、机器翻译以及复述等领域进行了深入的研究，很多成果应用到百度的语义搜索、知识图谱等产品中。

会上还举行了中国中文信息学会“拓尔思优秀博士论文奖”启动仪式。该奖项由北京拓尔思信息技术股份有限公司捐资100万元设立，旨在鼓励中文信息处理领域的博士生在读博期间面向前沿方向、立足原始创新的研究成果。

（撰稿人：孙　乐）

中国测绘学会

服务创新型国家和社会建设　受国家测绘地理信息局委托，学会参与全国测绘地理信息市场信用信息的管理工作，承担信用信息的征集、整理、查询和信用信息平台的日常管理维护，推进测绘地理信息市场信用体系建设，维护测绘地理信息市场秩序。

组织开展1∶50000国家基础地理信息数据库动态更新评估工作。筹划国家“927”项目海岛礁测绘评估工作。

开展2012年测绘地理信息创新产品认定工作，认定了37项产品为2012年测绘地理信息创新产品。

学会建设　5月8～12日，测绘重大项目报告会暨中国测绘学会2012年团体会员工作会议在广东省广州市召开。会议通报中国测绘学会2012年工作要点及对团体会员发展、管理工作的计划和思路。颁发中国测绘学会第二届全国优秀测绘期刊奖。特邀专家作国家1∶50000基础地理信息数据库更新工程、国家西部1∶50000地形图空白区测图工程项目报告，“资源三号”测绘卫星应用情况的报告。进行了2011年全国注册测绘师资格考试试卷分析与讲解，听取了各团体会员单位对中国测绘学会工作的意见和建议。

7月26～31日，2012年全国学生定向越野锦标赛暨第八届全国测绘地理信息职工定向越野锦标赛在黑龙江省伊春市举行。来自全国测绘地理信息系统的30个代表队、280名运动员参加比赛。

国内主要学术会议　9月12日，学会联合中国工程院土木水利工程学部、国家测绘地理信息局科技与国际合作司在北京共同举办测绘地理信息发展论坛。论坛探讨了现代测绘地理信息科学技术在可持续发展方面的学术、技术、管理以及政策等问题。

11月1～4日，中国测绘学会2012年综合学术年会暨全国测绘地理信息技术装备展览会在陕西省西安市举行。会议期间，举办主题报告会、特邀报告会和专题报告会、全国测绘地理信息新技术新装备展览会、新产品新技术发布会，以及论文评选等活动。

国际组织任职　中国测绘学会副理事长陈军当选国际摄影测量与遥感学会（ISPRS）主席。学会大地测量专业委员会主任委员程鹏飞当选国际测量师联合会（FIG）副主席。

国际交往　4月6日，中国测绘学会与英国皇家特许测量师学会在北京市签署《中国测绘学会与英国皇家特许测量师学会合作备忘录》，推动了两国的会员资格双重认证。建立了高层交流与互访关系。双方还探讨了会员资格培训及认证的工作方案。

表彰举荐优秀科技工作者　学会组织开展了2012年测绘科技进步奖、全国测绘工程奖、全国优秀地图作品裴秀奖和青年优秀论文的评选工作。测绘科技进步奖设置了特等奖、全国优秀测绘工程奖设置了白金奖。评选出测绘科技进步奖获奖项目96项，全国测绘工程奖获奖项目266项，全国优秀地图作品裴秀奖75项，青年优秀论文37篇。

工程教育认证　学会作为全国工程教育测绘地理信息类专业认证试点工作组的办事机构，组织专家参加教育部和中国科协组织开展的认证培训和见习工作。2012年，完成了测绘地理信息类专业认证补充标准（含英文版）的制定，组织开展了对武汉大学和同济大学的测绘工程专业认证工作。

【中国测绘学会2012年综合学术年会】　11月1～4日，中国测绘学会2012年综合学术年会暨全国测绘地理信息技术装备展览会在陕西省西安市举行。会议主题为“创新理念、共谋发展、构建数字中国、探索智慧未来”。国家测绘地理信息局、解放军总参谋部测绘导航局、陕西省政府、陕西省科协、中国测绘学会的有关领导，中国科学院、中国工程院部分院士，学会全体理事、分会和专业工作委员会负责人，各省、自治区、直辖市及计划单列市测绘学会领导及办事机构负责人，学会团体会员单位领导和各界嘉宾共3000多人出席大会。

会前，国土资源部副部长、国家土地副总督察、国家测绘地理信息局局长徐德明在会议批示中指出，学会近年来始终坚持科学发展，坚持科技创新，坚持服务会员的理念，注重理论研究，注重学术交流，注重技术合作，其作用越来越明显，成效越来越好，影响越来越大，极大地推动了测绘地理信息事业的发展。希望中国测绘学会再接再厉，继续坚持以科学发展观为指导，始终把握正确的办会理念，充分利用好学会平台，凝聚测绘界学术精英，发挥他们的引领作用，为加快实现构建数字中国、监测地理国情、发展壮大产业、建设测绘强国的战略目标而努力奋斗，争取作出新的更大的贡献。

国家测绘地理信息局副局长、中国测绘学会理事长李维森在开幕式讲话中对学会工作提出希望和要求，要认真学习贯彻党的十八大精神，积极服务测绘地理信息事业发展，主动服务测绘地理信息科技工作者，努力建设一流科技社团。

会议表彰了2012年测绘科技进步奖、优秀测绘工程奖、优秀地图作品裴秀奖、青年优秀学术论文奖、全国GIS技能大赛奖和夏坚白院士测绘事业创业奖获奖者。举办了大会主题报告会、大会特邀报告会，中国测绘学会十届五次理事会会议，测绘地理信息新技术新产品发布会、2012年测绘科技进步奖部分获奖项目报告会、2012年优秀测绘工程奖部分获奖项目报告会，国际测绘地理信息发展动态与趋势报告会、测绘地理信息行业发展与政策法规报告会，夯实数字基础、探索智慧未来——数字迈向智慧报告会等多场学术报告会。会议期间，举办了第二届全国测绘地理信息技术装备展览会，200多家测绘地理信息企事业单位参展。

（撰稿人：马志勇）

中国造船工程学会

服务创新型国家和社会建设　学会参与精品船型共性设计技术研究项目的开发及项目组织协调工作，该项目列入国家高技术船舶科研项目。参与《海洋工程装备产业创新发展战略（2011—2020）》前期研究工作，形成课题报告的素材和有关政策建议。

国家发展改革委高技术司根据海洋工程装备产业发展战略要求制定了2012年将要实施的海洋工程项目，包括6项主力装备和2项新型装备，学会对项目实施过程进行监督和评估。

受国家海关总署的委托，学会完成了《海关新一代缉私艇项目申报书》的撰写。该项目申报书已上报国家发展改革委。

4月27日，受武汉理工大学、山东硕力机械制造有限公司的委托，由中国造船工程学会组织和主持的船舶三维数控弯板关键技术与装备成果鉴定会在山东省泰安市举行。

8月16～21日，船舶仪器仪表学委会联合有关单位在江西省南昌市举办了水声与导航技术讲座，授课内容包括声呐设备和系统新技术、海洋环境与水声传播特性、水声通信关键技术、微机电系统（MEMS）概述、舰船航迹控制技术、60多名青年科技工作者参加了讲座学习。

受中国船舶工业集团和中国船舶重工集团公司委托，学会启动了《船舶设计实用手册（第三版）》的修订工作。

学会建设　学会秘书处加强了信息化服务平台建设，加快信息更新速度，增加网上工作信息发布量。

学术期刊　2012年，学会加强了科技期刊的管理和监督，所属16种期刊全部按时完成编辑出版计划，有些还出版了增刊。《中国造船》、《船舶工程》继续保持较好的质量和水平，影响因子名列前茅。

根据《中国造船工程学会优秀科技期刊评选办法》，评审出《中国造船》、《热加工工艺》、《船电技术》、《材料开发与应用》、《船舶与海洋工程》、《中国舰船研究》、《船海工程》、《中国修船》、*Journal of Marine Science and Application* 9本期刊为优秀科技期刊。

学会编辑的《中国船型汇编（2010）》入编国内船厂和设计院所提供的185个船型资料，并由上海交通大学出版社出版。

国际学术会议　9月26日，学会主办的大功率柴油机国际技术交流研讨会在上海市召开，来自德国、瑞士、美国、奥地利、西班牙，以及国内高等院校、科研院所、企业等64家单位的120余位专家、学者参会。会议特邀国内外专家围绕“大功率柴油机的可持续发展”主题展开学术交流。会议延续圆桌交流形式，与会专家、学者就“满足中国内河及近海航运对动力的需求——双燃料机还是纯气体机”这一议题各抒己见，从政策与法规、关键技术、经济性、用户等角度进行交流。

学会与英国皇家造船师协会、上海船舶工业行业协会、中国船舶工业行业协会船艇分会等单位在上海市联合主办了2012年中国国际高性能船学术报告会，共有100多人次参加，内容涉及小水线面船、地效翼船、多体船、穿浪船、气垫船等多种高性能船的新进展和船舶新材料、新工艺、新技术等。

国内主要学术会议　学会及各专业学术委员会共开

展学术交流活动58项，参加人员4169人次，交流学术论文1082篇。

3月28日，2012中国船舶甲板及舱室机械技术发展论坛在湖北省武汉市举行，会议由中国船舶信息中心承办，武汉船用机械有限责任公司协办。

7月10日，第十二届全国内河船舶与航运学术会议在江苏省南京市举办，会议由北京、上海、天津、黑龙江、江苏、浙江、安徽、武汉、江西、福建、重庆、广东、广西、云南、深圳等15个省（区）、市造船工程学会共同主办。

9月8日，第十四届中国科协年会第五分会场——绿色船舶及海洋工程装备创新发展高峰论坛在河北省石家庄市召开，论坛由中国造船工程学会、中国船舶工业集团公司和中国船舶重工集团公司承办。

9月22日，以纪念辛一心先生诞辰100周年为重要内容的学术纪念会在浙江省绍兴市举办，来自全国各地造船界老中青学者100余人出席会议。会议举行了《辛一心传》的首发式，并进行了学术交流和研讨活动，近30位专家就船舶和海洋工程的力学问题和设计问题等进行了大会报告。

11月21日，首届中国绿色船舶技术高峰论坛在广东省广州市召开，会议由中国造船工程学会和广东造船工程学会主办。论坛提出以发展绿色船舶和深海装备技术为两个着力点，一方面攻克绿色船型、绿色动力、绿色配套设备技术，另一方面突破关键技术形成深海油气资源开发平台。调整产业结构，改变产能过剩的局面，培育绿色船舶与海洋工程装备产业。

2012年，各学术委员会分别围绕船舶综合电力推进技术、船舶通讯导航、海军装备信息化建设、数字化造船、管理技术创新与造船工业转型升级、海洋工程装备、船舶材料与工程应用、水中兵器应用、海军装备信息化、修船技术、海洋工程技术、舰船装备等领域开展学术交流。

科普活动 2012年开展科普活动16项，受众27000人次。学会以“航海日”活动为依托，开展了全国舰船及航海知识竞赛和中国青少年舰船夏令营等科普活动。

8月27日，由青岛科技大学、中国造船工程学会游艇设计制造学术委员会主办，机电工程学院承办的青岛科技大学第三届“科大英蓝杯”全国帆船游艇设计大赛在山东省青岛市举行，比赛历时半年，全国共有26所高校及企业的138份作品进入初赛，经过初赛、决赛的评选，武汉理工大学、北京工业大学、南京理工大学、青岛理工大学、青岛大学、青岛科技大学、华侨大学、哈尔滨工程大学、山东建筑大学、大连海洋大学、湖南大学、北京服装学院等院校的22件参赛作品在评审中脱颖而出。

8月27日，第一届全国海洋航行器设计与制作大赛在西北工业大学开幕。活动由中国科协、工业和信息化部支持，中国造船工程学会、中国船舶重工集团公司、中国船舶工业集团公司主办，西北工业大学承办。

表彰举荐优秀科技工作者 经学会推荐，中国船舶重工集团公司第七〇二研究所研究员、“蛟龙”号总设计师徐芑南荣获“十佳全国优秀科技工作者”称号，中国船舶工业集团公司船舶系统工程部研究员张兵、中国船舶重工集团公司第七一一研究所研究员王锋、中国海洋石油总公司研究总院高级工程师粟京荣获第五届“全国优秀科技工作者”称号。

根据学会《船舶设计大师评选办法》评选，马运义、徐青、徐绍衡、张锦岚、蔡洙一、费龙6位同志被授予“船舶设计大师”荣誉称号。

根据《中国造船工程学会科学技术奖励办法》，评审出获奖项目24项。其中，一等奖1项、二等奖9项、三等奖14项。

根据《中国造船工程学会优秀学术论文评选办法》，各省（市）造船学会、各专业学术委员会、《中国造船》、《船舶工程》编辑部和会员单位共推荐45篇论文参加评选，评选35篇论文为2012年学会优秀学术论文。

会员服务 利用网站和会刊《会员通讯》与会员进行沟通，定期为高级会员免费赠阅《会员通讯》、《船舶工程》。

邀请哈尔滨工程大学国防教育学院知名教师于凡为学生会员举办中国海军系列讲座2次，培养学生热爱海洋、热爱舰船的情操，树立国防意识、海洋意识。

【以“航海日”为依托培育科普活动品牌】 2012年，学会以“航海日”活动为依托，将全国舰船及航海知识竞赛和中国青少年舰船夏令营等科普活动纳入其中，努力培育成为学会的科普活动品牌。

2012年全国舰船及航海知识竞赛活动于7月11日举行。活动由国家航海日组委会办公室、中国科协科学普及部和造船工程学会主办，《舰船知识》杂志社、中国船舶在线网站承办，多家媒体协办。20多个省、自治区、直辖市的参赛者参加了为期一周的竞赛活动，有60人获奖。学会为获奖者颁发了奖品和证书。

7月31日，2012中国青少年舰船夏令营在江苏省南京市中国船舶重工集团公司第724研究所，清代江南水师学堂所在地开营，该活动是国家航海日系列活动之一，由中国造船工程学会主办，江苏造船工程学会协办。活动主题是“了解舰船、认识航海、探索海洋”，来自全国6个省（区）、市的营员和辅导员老师等近60人参加了为期5天的夏令营生活。夏令营结合青少年特点开展了一系列活动，参观了“蛟龙号”载人深潜器。

8月27日，第一届全国海洋航行器设计与制作大赛在西北工业大学开幕，200余人出席开幕式。中国“蛟龙号”首席潜航员叶聪和西北工业大学学生顾江建分别代表裁判员和参赛队员宣誓。本次大赛吸引了西北工业大学、哈尔滨工程大学、大连海洋大学、哈尔滨工业大学、华中科技大学、武汉理工大学、浙江海洋学院等7所高校组队参赛，有近400名学生的74件作品进入决赛。本次竞赛作品分为新概念创意设计、海洋航行器设计、舰船模型智能航行等三大类型。新概念创意设计参赛作品46项，主要围绕新概念水下航行器或水面舰船主题展开。海洋航行器设计参赛作品18项，涉及水下及水面两类航行器。舰船模型智能航行主要是对水面船模智能导航、机浆配合能力等进行综合考核。大赛组委会最终评出特等奖10项、一等奖15项、二等奖18项。

（撰稿人：金向军）

中国航海学会

服务创新型国家和社会建设 2012年，学会组织开展科技成果评审、鉴定工作31项，首次受理了民营企业科技成果鉴定申请并组织了鉴定。组织推荐申报2012年中国科协学术交流项目及国际民间科技组织事务专项工作项目6项。

首次与社会培训机构合作开办了两期水路运输易液态化固体散装货物安全管理培训班。全年共举办各类培训班11期，培训人员近600人次。

完成2012年度全国海洋船舶系列高级专业技术职务任职资格评审的组织评审工作。146名符合条件人员中有127人通过评审，通过率为近5年来最高。

参与《磁罗经校正人员考试大纲》的修订。举办磁罗经校正师（员）培训班。

2012年学会组织校正船舶15997艘、磁罗经19118台，分别比2011年增加601艘、534台。

学会建设 组织编发了《中国航海学会2012年工作要点》，对全年工作提出总体要求。以学会《章程》为依据，建立完善了理事会工作规则、议事规则、学术活动、科技奖励、会员管理与服务、财务制度以及请示报告等秘书处运行管理规定。制订《中国航海学会学术活动管理办法》。组织制（修）订规章制度23个，包括《秘书处内设机构及职责》、《中国航海学会制度框架体系》等13项内部管理制度。建立了工作规则和月度例会、情况通报等。组织清理了学会2008年以来的档案资料，完成立卷建档任务。

修订《中国航海学会会员管理办法》，制订发布了会员会籍管理实施细则，建立完善了会员管理工作机制。对近2000名个人会员资料进行了清理、重新登记，完成213个单位会员的会籍审核、公示并换发了新证书，初步建立起了“会员库”，为下一步应用中国科协全国学会个人会员管理系统打下基础，加强对学会会员的会籍管理。

制订《中国航海学会会员服务公约》，提出5个方面12项服务产品，为会员提供更周到的服务，接受社会监督。

落实分支机构管理规定，对分支机构联络员进行集中培训。召开年度秘书长工作会议，首次举办2012年秘书长沙龙。对个别分支机构工作进行走访指导，鼓励和支持开展形式多样的活动。督促指导9个分支机构完成换届工作，完成了航海文化与历史研究专业委员会的更名。

与交通运输部水运科学研究院签署了战略合作意向书，与中国公路学会、海洋学会、宇航学会、造船学会和国家“航海日”活动办公室等建立了合作交流机制。

编发《中国航海学会工作简讯》6期（双月）、刊登政务信息52条、学会动态24条、新闻稿件7篇、编发《月度工作动态》12期。学会网站全年发布动态信息370条，网站日均点击量由2011年的40余次上升到130余次。

学术期刊 2012年，《中国航海》（季刊）编发4期，每期3000余份。《航海技术》（双月刊）编发6期，每期9000余份。

《中国航海》、《航海技术》编辑部与中国科协签署了科技期刊学术道德承诺书。组织对《中国航海》、《航海技术》编辑部改制工作的调研，探讨在新的管理要求下继续办好学会学术刊物的思路和办法。

国内主要学术会议 11月2～3日，中国航海学会2012年学术年会在辽宁省大连市举办，78篇入选论文中的24名作者参加交流。会议安排了两场主旨报告及一场学术研究论文写作辅导，会议评出特等奖论文1篇、一等奖论文1篇、二等奖论文2篇、三等奖论文3篇、优秀论文64篇。出版《中国航海学会2011年优秀学术论文文集》。

两岸交流 2012年，中国航海学会船舶防污染专业委员会和中国航海学会救助打捞专业委员会分别组织赴中国台湾地区考察交流。

国际交往 9月30日～10月3日，组团出席了在埃及首都开罗召开的第14届国际航行联合会大会，推荐了6篇学术论文供大会交流，获得大会颁发的唯一优秀组织奖和最佳论文奖。

11月8～10日，组团参加在日本神户市举办的2012年中日韩航海学会学术交流会，11名论文作者参加交流，1篇论文获得优秀论文奖。

科普活动 积极参与2012年“航海日”、“世界海员日”等活动的筹备工作。组织单位会员参加中国科协举办的全国食品安全科普知识竞赛，参加了科普日北京主场活动。开展了首批“航海科普教育基地”推荐工作，从各地推荐的47个候选单位中审批命名了上海中国航海博物馆等首批26个“航海科普教育基地”。参加2012年全国科普教育基地申报工作，推荐的中国人民解放军海军诞生地纪念馆等4个单位入选。开展首批“全国航海科普专家”推荐工作。首次组织了跨地区的2012年全国航海夏令营活动，北京、上海、浙江等地52名青少年学生参加。继续开展公益性的航海奖学金奖励活动，18所航海院校（专业）的101名学生申报，对80名学生符合条件的颁发航海奖学金9.87万元，其中大专以上学生76名（特等奖7名），中专学生4名（特等奖1名）。科普专题宣传片《海誓》，介绍了航标测绘科技发展30年历程，向公众普及了航标、测绘科技知识。

表彰举荐优秀科技工作者 2012年，按照《国家科技奖励条例》和《社会力量设立科学技术奖管理办法》，结合近年来科技奖励情况，对2005年颁布实施的《中国航海学会科学技术奖励办法》组织了修订。2012年4月，在河北省秦皇岛市举办了科技奖励申报工作培训班。

2012年度，受理申报航海科学技术奖项目78个。经审查和评审，共评选出获奖项目47项，其中一等奖项目2项，二等奖项目20项，三等奖项目25项，共涉及77个单位、347人次。由学会推荐申报的《国家高等级航道网通航枢纽及船闸关键技术创新研究与实践》项目获得了2012年度国家科技进步二等奖。

中国航海学会科学技术奖是交通部在2002年3月批准设立的，11年来，中国航海学会已受理全国航海领域送审项目799项，年均73项；受理的申报项目领域涉及交通运输工程、船舶海洋工程、港口航运工程、信息与通信工程、标准与规范、能源、环保、水上交通安全等多个学科的科研成果。截至2012年，已评选出获奖项目482项，年均44项，获奖单位数达977个（次），获奖总人数达3395人（次），其中女科技工作者450人（次）。

【国际航行学会联合会第14届大会】 9月30日至10月3日，国际航行学会联合会第14届大会在埃及首都开罗市召开。学会组织7名专家、学者出席会议。会议主题是：“无缝导航，挑战和机遇”。来自24个国家和地区的百余名专家学者参会。大会由国际航行学会联合会主办，阿拉伯导航协会承办。会议就GNSS全球卫星导航系统、综合导航系统和陆、海、空航行领域的最新研究动态及发展情况等12个专题进行交流。会议期间召开了2场导航技术主旨发言会和12场技术专题研讨会，交流了42篇论文。

会议评选产生了3个最佳论文奖和1个优秀组织奖。中国航海学会代表团在论文征集组织与评选、参会组织及开展交流等方面的工作受到大会主办方的高度认可，大会将优秀组织奖授予了中国代表团，上海海事大学的冉鑫博士的论文《基于计算机视觉的船舶吃水检测》获得最佳论文奖。

【强化磁罗经技术服务工作】 2月和3月，学会在江苏省南通市分别召开2012年度磁罗经技术服务工作研讨会议和磁罗经技术服务工作管理人员培训班。

根据磁罗经培训考试的需要，选派专家参与交通运输部海事局组织的《磁罗经校正人员考试大纲》修订工作。根据新颁布的大纲对培训教材进行重新编印。

7月，为规范、持续开展磁罗经校正人员培训工作，开始建立磁罗经培训师资队伍，共收到13人推荐材料。

8月15日，中国航海学会磁罗经校正师（员）培训班在南通航运职业技术学院开班。来自全国13个地区的62名学员参加培训，其中，磁罗经校正员班培训50人，磁罗经校正师班培训12人。此次培训用书为学会新编印的培训教材。

学会与南通航运职业技术学院合作，研制开发新的磁罗经在线填报系统。目前已基本完成并试运行，2013年将正式启用。

2012年，为15997条船舶校正磁罗经19118台，同比增长601艘、534台。

按照《磁罗经校正人员考试发证办法》换证的要求，配合交通运输部海事局为吴良奇等47人换发磁罗经校正人员证书。

（撰写人：魏小薇）

中国铁道学会

服务创新型国家和社会建设 2012年，学会开展中国国电集团公司黄金埠电厂二期工程项目前期论证和河南荣安能源有限公司项目后续咨询工作。组织铁路运输及相关专业院士、专家考察神华铁路集团运输组织，制订行车组织规章规程。为蒙（内蒙古）吉（吉安）铁路管理模式论证提供技术服务。承接铁道部《铁道行业科技奖励促进科技创新的实践与工作机制》研究。

学会建设 3月22日，中国铁道学会军事运输专业委员会成立揭牌仪式暨第一届理事会会议在北京解放军军事交通学院召开。

《铁道知识》杂志社选送的《宜万铁路建成通车》和《青春在技术创新中闪光》获中国铁路新闻协会好新闻奖。

中国铁道学会荣获中国科协全国优秀科普先进学会。

学会筹备成立铁道文博工作委员会。

《铁道学报》出版12期，刊登论文200余篇。

国内主要学术会议 2012年度学会共安排学术活动计划95项，比2011年增加6项。

4月27日，学会和北京交通大学经济管理学院在北京联合举办铁路投融资改革专家座谈会，30余名专家学者参会。会议从不同角度、不同层面分析了铁路投融资面临的主要问题、产生问题的原因、存在的障碍及其解决对策等，并对铁路投融资改革提出了建议。研讨会形成的专家建议分送铁道部有关领导和单位。

5月28～30日，第三届铁路安全风险管理及技术装备研讨会在四川省峨眉市召开。有关专家、教授，铁路局主管安全技术和管理工作负责人，技术装备企业技术人员120余人参会，18位专家在会上进行交流。会议形成专家建议报铁道部领导和有关部门。

9月8～9日，中国铁道学会和中国公路学会共同承办在河北省石家庄市召开的第十四届中国科协年会第13分会场——软土路基工程技术研讨会。来自设计、施工、运营及高校、研究院等单位的150余名专家、学者和工程技术人员参会。分会场共收到论文70余篇，选出论文51篇，编辑出版了会议论文集。

国际交往 6月15～24日，由中国铁道学会副理事长兼秘书长、国际重载协会理事吕长清任团长的中国铁道学会代表团一行4人赴巴西圣路易斯参加了国际重载协会2012理事会会议。中国、美国、加拿大、南非、澳大利亚、俄罗斯、印度、巴西8个国家会员的理事及相关人员共14人参会。会议讨论了19项议题，通过了理事会2011会议纪要，听取了国际重载协会2011年专家技术研讨会的总结和2013年第十届国际重载运输大会的筹备工作情况的汇报。吕长清报告了中国铁路重载运输的情况。

组织中国铁路专家参与审定《线路建设与维护》、《轮轨关系》两本最佳应用指南，并与国际组织协商无偿使用中英文版权。

两次为国际重载和桥梁协会组织论文，20余篇论文被国际铁路组织选用。

科普活动 2012年，学会组织开展科普活动1000余项，参加活动的工作人员和志愿者共计15500多名，参与人数达750多万人次，均比往年有所增长。

5月20日，组织开展2012年铁路科技活动周，主题为“促进铁路科技创新，大力提升服务质量”。

9月16日，组织开展2012年铁路科普活动日，主题为“确保运输安全稳定，努力服务人民群众”。活动统一印制“铁路科普志愿者”绶带，肩披绶带开展科普志愿服务的工作人员成为活动现场一大亮点。活动期间，学会制作了30块反映高速铁路、客运业务、客运符号、铁路旅行知识、铁路沿线风光等内容的科技周宣传展板和30块反映铁路坚持可持续发展、安全须知、应急安全设施、安全出行、安全无小事、警钟长鸣等内容的科普日宣传展板，并将展板刻录成光盘，分别寄送给全国31个省级铁道学会。

启动实施中国科协资助的铁路站车农民工科普宣传专项活动国家级重点社会公益科普资助项目，制定具体项目实施方案，与北京铁道学会签订项目委托协议书，明确项目组织实施与牵头实施单位的经济、法律合同关系。

在铁路沿线广泛开展防灾减灾科普宣传。2012年防灾减灾日的主题是“弘扬防灾减灾文化，提高防灾减灾意识”，学会向铁道部各单位职工发放了《气象灾害防御指南》、《气候变化小常识》、《气象与健康》3本防灾减灾科普宣传册，张贴“弘扬防灾减灾文化，提高防灾减灾意识——5·12防灾减灾日”宣传画。

表彰举荐优秀科技工作者 经铁道部党组研究，通过了《中国铁道学会科学技术奖奖励办法》，并制定了《中国铁道学会科学技术奖奖励办法》实施细则，规范了铁道行业科技奖励政策。

积极开展科技成果奖励，经学会推荐，104个项目分获铁道科技特等奖、一等奖、二等奖和三等奖。26名科技人员获得铁道环保奖。推荐72名科技人员参选“茅以升铁道工程师奖”。

组织评选2011年度学术活动优秀论文144篇，其中一等优秀论文5篇、二等优秀论文139篇。

（撰稿人：胡　桦）

中国公路学会

服务创新型国家和社会建设 2012年，学会牵头组织开展“长大公路桥梁建设技术系统集成研究”项目，列入交通运输部重点科技研究项目，项目包括5个子课题，计划3年完成。项目将总结梳理30年来我国长大桥梁建设技术发展脉络，系统集成各类型长大桥梁建设成套技术，建立保障我国长大桥梁运营安全的技术体系。

学会与安徽省马鞍山市人民政府签订了《战略合作框架协议》，首开学会与地方政府开展战略合作先河。与广东省交通应急技术研究中心、交通运输部公路科学研究院共同开展“高速公路应急管理模式”课题研究。联合行业力量，开展“服务区汽车维修业发展模式研究”和“生态服务区标准研究”2项课题研究。

2012年，学会组织了近30项科研成果的评审鉴定，为有关科研单位和企业提供技术服务。由学会牵头承担的“公路蓄能型自发光警示标识”交通行业标准编制任务获得交通运输部科技司批准，进一步拓宽学会工作领域。依托养护与管理分会的学科优势和专家优势，建立了“中国公路养护专家免费咨询服务平台”。

5月15～17日，学会与交通运输部科学研究院、中国国际贸易促进委员会北京市分会合作，首次联合承办了2012北京国际道路建设养护技术与机械设备展览会。此次展会展览总面积达6万平方米，参展企业达400余家，为历届展会之最。

10月31日～11月1日，第六届中国高速公路服务区年会在河南省郑州市召开，来自全国25个省市区的430余人参加了会议。会议主题为“政策、标准与发展”。

学会能力提升计划 学会获得中国科协学会能力提升专项“优秀科技社团奖”二等奖。学会首次开展了“公路学科发展研究”工作，形成了涵盖10个学科领域的《公路学科发展报告》。承担了交通运输部《中国交通信息化年度发展报告》的研究和出版工作和《中国公路史》（续编）的资料搜集和编辑工作。举办了2012年度学术年会、第六届中国公路科技创新高层论坛、第十五届全国交通信息化建设研讨会暨成果展示会等一系列学术活动。开展了技术咨询和科技评价工作。创新会员服务方式，建立了会员网络信息服务平台、网上会员服务管理系统、中国公路网站联盟，为公路管理者和科技工作者提供交流平台。

学会建设 学会在民政部首次开展的全国性学术类社会团体评估中获评4A级。

12月13日，全国公路学会秘书长工作会议在重庆市召开，会议要求全国各级公路学会，重视会员工作，反映会员诉求，更好地为会员服务，把会员当成学会发展的核心与基础，切实强化会员管理和服务。会议表彰了“十佳秘书长”、“优秀秘书长”和“优秀会员”。

首次举办中国公路学会外事工作研讨会，加强学会对外事工作的管理能力和服务能力。

国内主要学术会议 2月23～24日，第十四届中国高速公路信息化研讨会在福建省厦门市举行，来自全国各地高速公路主管、建设、运营、设计、集成等单位和部门的1200余名代表参加研讨交流。

9月8～9日，学会承办了在河北省石家庄市举行的第十四届中国科协年会的软土路基工程技术研讨会和全国山区高速公路技术创新论坛2个分会场。

两岸交流 10月24～25日，中国公路学会与台湾“中华道路协会”、香港公路学会、澳门工程师学会在江苏省苏州市举办了两岸四地公路交通发展论坛。会后与台湾“中华道路协会”、香港公路学会、澳门工程师学会联合签署了备忘录，形成了论坛的固定机制。

国际交往 学会代表团一行14人赴加拿大艾德蒙顿市参加中加公路冬季养护技术研讨会，并与加拿大土木工程学会签订了合作备忘录，建立了固定持久的交流合作机制。学会代表团赴美国拜访了TRB、AASHTO、IBTTA等科技组织，就加强双方合作进行了沟通并达成共识。学会代表团赴印度参加了国际道路联合会理事会议，并与印度公路同行进行了学术交流。

科普活动 推荐云南公路馆申报中国科协全国科普教育基地。“桥梁科普素材库开发”获得中国科协优秀科普资源开发项目。向中国科协申报《公路安全保护条例》科普素材开发及宣传贯彻活动和农村公路养护与管理科普素材开发等两项学会重点科普项目。

表彰举荐优秀科技工作者 5月28日，中国公路学会2011年度科学技术奖颁奖大会在陕西省西安市举行，对2011年度中国公路学会科学技术奖获奖单位进行表彰。

2012年度中国公路学会科学技术奖推荐申报数量创新高，申报项目达到472项。向中国科协推荐的4个科技奖获奖项目，有3个项目通过评审，2项获国家科技进步奖二等奖，1项获国家技术发明奖二等奖。

学会推荐王国锋、李爱民、王福敏、姜言泉等4名专家荣获中国科协第五届“全国优秀科技工作者”称号。

中国科协会员日 12月13～15日，中国科协会员日期间，2012年全国公路学会第四届会员日活动在重庆市举办，活动主题为“建设美丽中国，共创美好社会”。活动期间授予赵斌等31名同志“中国公路学会优秀会员”称号。

【《公路学科发展研究报告》首次发布】 2012年7月，学会发布2011年度《公路学科发展研究报告》。报告反映目前公路行业各学科的发展现状，提出促进学科发展的建设性意见和建议。报告涉及道路工程、隧道工程、桥梁工程、公路养护与管理、客车制造技术、公路环境与可持续发展等6个学科。此项工作得到交通运输部和中国科协充分肯定，并获得中国科协资金支持。交通部副部长冯正霖批示指出："中国公路学会做了一件很有意义的工作，这是公路学会发挥自身优势取得的成果。在已有工作的基础上，建议报告中还应对一些未来发展的重大课题研究方向提出深化意见，对一些重要成果的研究人员作为行业的领军人物以点列出"。公路行业学科发展研究和报告发布活动今后将每年发布一次。

【首届两岸四地公路交通发展论坛】 10月24～25日，首届两岸四地公路交通发展论坛在江苏省苏州市举行，来自中国大陆及香港、澳门特别行政区，台湾地区公路界的150多名专家学者和科技工作者参会。本届论坛主题是"共融·共享·共赢——低碳、安全、环保的公路交通发展模式"。此次活动也是2012中国科协海峡两岸青年科学家学术活动月的一项重要内容。交通运输部副部长冯正霖，中国科协党组成员、学会学术部部长沈爱民，江苏省副省长史和平，中国公路学会理事长胡希捷参会。

论坛收录两岸四地专家学者学术论文41篇，提交大会交流的学术报告有14个，其中台港澳学术报告8个。会后与台湾"中华道路协会"、香港公路学会、澳门工程师学会联合签署了备忘录，形成了论坛的固定机制。

两岸四地公路交通发展论坛由中国大陆、台北、香港、澳门轮流主办，今后每年举办一次。

【第十四届中国高速公路信息化研讨会】 2月23～24日，第十四届中国高速公路信息化研讨会在福建省厦门市举行，来自全国各地高速公路主管、建设、运营、设计、集成等单位和部门的1200余名业界同仁参加了研讨和交流。来自全国各地的50余位专家学者在论坛上演讲。

会议共设9个分论坛，内容涉及交通信息化形势分析、高速公路联网收费新技术、信息化管理与综合技术，高速公路视频监控、计重收费、高速公路运营节能、绿色通道检测、机电工程设计创新及新技术新产品应用。

会议同期举办了第十四届中国高速公路信息化技术产品展示会，来自全国各地的130余家企业参展，内容涵盖高速公路信息化应用的主要领域。

（撰稿人：康　茜）

中国航空学会

服务创新型国家和社会建设 2012年，学会承担中国工程院"中国国防科技工业军民融合式发展战略研究"重大咨询项目中"市场经济条件下国防科技工业军民融合运行机制"研究课题的研究组织工作。以第十三届中国科协年会期间举办的中国通用航空发展研讨会的交流成果，提炼形成《关于我国通用航空产业发展的若干建议》，报送有关领导。

学会能力提升计划 学会获得中国科协学会能力提升专项"优秀科技社团奖"二等奖。学会计划在服务创新能力方面加强基础、前沿等方面的研究，以学科发展报告、专题研讨会等引领学科发展。举办前瞻性、趋势性发展领域专题研讨会和沙龙，注重航空关键技术研讨，做好学科建设与发展的基础性工作。争取实现2014年半数分会有相当规模的品牌学术会议，全学会形成20个左右品牌学术活动，每年20%以上会员有机会直接参加学会各级组织举办的学术交流活动的目标。

积极开展对外交流与合作，计划每年举办5次具有重要影响的国际会议，3年内开展3次与港澳台和海外华人的科技交流活动。

服务社会和政府能力方面，完善学术交流活动中学术论文评价等基础评价工作，开展航空科学技术成果鉴定业务，接受委托承担项目评估等工作。

重点开展三类航空科普活动：一是将建设全国航空特色学校作为重要抓手，盘活青少年航空科普工作全局，二是将航空科普活动与企业的文化建设相结合，把航空文化融入社会企业文化中，三是广泛开展航空科普进军营、航空科普进社区活动。到2014年，建设全国航空特色学校50所、航空科普教育基地10个、全国航空科普定点单位5个，与20家媒体单位建立密切联系，组织策划实施10项以上有较大影响力的专题品牌航空科普活动。举办各类航空科技（科普）展览3次，分别为小学、初中、高中的全国特色学校编写一套航空科普教学课件，推出一批优秀的航空科普图书、网络游戏、动画片等。

学会建设 2012年，学会共发展单位会员10家、个人会员3100余人。

制定了《中国航空学会分支机构财务管理办法》及实施细则，召开分支机构交流座谈会，专题研究了实施细则及其落实方案；设立了江西省会员工作站。

学术期刊 2012年，学会主办的《航空学报》影响因子蝉联全国航空航天类学术期刊第一名，总被引频次达到1731。为提高审稿质量与速度，审稿专家扩充到3500名，论文发表周期降至9个月，优秀稿件发表周期降至3个月。《中国航空学报》（英文版）位居全球航空航天期刊第18名，2012年总被引频次增幅为46.9%，该刊增加国外评审专家300余名。《航空动力学报》编辑部对优先数字出版的电子期刊录著工作进行培训。《航空材料学报》网站及网审系统启用，实现当年刊载文章全文上网。《航空知识》首次尝试手机版杂志。

国际学术会议 全年共组织国际会议8个，1120人次参加，其中境外190人次；交流论文537篇，其中境外197篇；编辑论文集3种，论文光盘5种。

3月30日，学会与中国航空研究院在上海市联合主办首届民用飞机航电系统及设备技术国际论坛。6月6～7日，学会与中航工业商用发动机有限责任公司在上海市联合主办2012中国航空动力研制高峰论坛。9月13～14日，在江苏省苏州市举办2012年（第六届）商用飞机复合材料应用国际论坛。

国内主要学术会议 2012年，中国航空学会和分支机构共举办41项国内学术交流活动，5050余人次参加，交流论文3404篇，评选优秀论文210篇，编辑论文集27种，论文光盘10种。

4月11～12日，领先接触——第四届民用飞机制造技术及装备高层论坛在四川省成都市举行。6月6～7日，尖兵之翼——第四届中国无人机大会在北京市召开。8月10～12日，2012中国制导导航与控制学术会议在北京市召开。8月11～14日，直升机分会第28届学术年会在浙江省上虞市召开。9月8日，在河北省石家庄市与中国气象学会联合举办了中国科协年会第14分会场——极端事件与公共气象服务发展论坛。9月21～23日，第四届中国信息融合大会在湖北省武汉市召开。10月8～9日，第五届中国航空学会青年科技论坛在江西省南昌市举行，论坛主题为“航空科技的创新与持续发展”。论坛吸引了600余位全国各地的青年科技工作者及高等院校学生。征集论文181篇，经专家评审收录149篇，编入论文集正式出版。10月13～15日，第17届全国复合材料学术会议在北京市召开。10月18日，2012中国浮空器大会在陕西省西安市召开。11月12日，第六届中国国际航空航天高峰论坛在广东省珠海市举办，与会专家、学者围绕推进我国大交通运输体制建设，深入探讨了支线航空、通用线航空将在大交通方面发挥的作用和影响，国际大交通行政管理体制在航空运输方面的规划和管理现状等问题。

国际交往 2月，与日本、韩国、印度、澳大利亚等航空学术组织共同发起成立亚（澳）洲直升机学会，并在韩国举办了第一届亚（澳）洲直升机年会。9月23～27日，组团参加在澳大利亚举行的第28届国际航空科学大会。11月，组团赴韩国参加2012年亚太航空航天技术学术会议。

科普活动 2012年，学会举办科普活动16次，参加活动人数近8万人，举办科普讲座9次，参加人数近15000人。

4月，中航·国际交流中心航空文化日飞行表演活动在四川省成都市举办，3000余名观众参加了现场活动。6月15日，2012年航空科技活动周在上海市举办，吸引观众近4万人次。8月，2012国际空中机器人大赛（亚洲赛区）在北京航空航天大学举办。10月，2012年北京市青少年模拟飞行比赛在京市举办，200余名中小学生参加。10月，第四届超轻复合材料桥梁/机翼学生竞赛在北京市举办，14所大学院校的55支学生队伍约210名学生参赛。11月16日，举办创新杯——第五届全国未来飞行器设计大赛，5000余人参赛。

9月，组织山东省（莱芜）科技教师进行航空科普培训，共有中小学校的60位教师参加。组织全国青少年航空航天模型教育竞赛绘画比赛，上万名中小学生参加。组织航空科普教育校本教材评选。学会理事长刘高倬为3所大学做励志报告。邀请专家进行科普讲座。资助宁夏回族自治区31名师生开展北京航空科技行活动。在山东省莱芜市举办航空科普展览。2012年学会批准全国航空特色学校1所，另有5所正在考核。

表彰举荐优秀科技工作者 2012年度“中国航空学会科学技术奖”共评选出35个获奖项目。该奖申报项目数量比往年有大幅增加。推荐“QD128燃气轮机研制与应用”项目参与2013年国家科技奖的评审。

学会推荐的聂海涛同志获中国科协“十佳全国优秀科技工作者”称号。

工程教育认证 应教育部邀请，作为中国工程教育认证协会发起单位参与组建工作。牵头承担航空航天技术类的教育专业认证工作，2012年启动了有关工作程序。

党建强会 学会办事机构党支部不断加强组织建设，开展主题为“十百千”的党建强会活动，以党建促会建，成为中国科协15家重点党建强会项目实施学会之一。

【尖兵之翼——第四届中国无人机展览会】 6月5日，中国航空学会主办的尖兵之翼——第四届中国无人机展览会在北京开幕，展览面积5000余平方米，展期3天。来自航空、航天、兵器、船舶、气象、测绘、环保等领域超过70家国内外单位参展，展示了60余架无人机整机及相关技术产品。开展当天约有5000名专业观众参观展览。

展会期间还举办了尖兵之翼——第四届中国无人机大会，300余名专家、学者参会。会议主题为“无人机的创新与发展”。

尖兵之翼——中国无人机大会暨展览会自2006年首次举办，已成功举办3届，是集学术交流、展览展示、商业洽谈于一体的高层次、大规模的综合性专业活动。“尖兵之翼”无人机展览会是目前国内创办最早、规模最大、层次最高的无人机专题展，展示内容包括：无人机整机、无人机系统总体技术、平台总体综合设计技术、动力装置技术、飞行控制与管理、导航技术、测控与数据链技术、武器化技术等。

（撰稿人：聂 荣）

中国宇航学会

服务创新型国家和社会建设 2012年，学会协助国家发展改革委开展《国家卫星导航产业中长期发展规划》的意见征求工作，召集有关卫星导航领域的资深专家针对规划内容展开研讨和交流，提出专业建议。

学会能力提升计划 2012年，学会获得中国科协学会能力提升专项“优秀科技社团奖”三等奖。学会积极开展国际交流，扩大国际影响力，与国际宇航联合会主席、执行主任就促进中国航天与国际宇航界的交流进行探讨，共同推动空间技术的进步和广泛应用。学会积极筹办2013年9月即将在北京召开的第64届国际宇航大会。在提升学会自身发展能力方面，积极举荐航天科技人才，搭建会员交流平台。在承担政府和企业委托工作任务方面，将联合中国航空学会共同开展航空航天类工程教育认证的试点申请工作。

2012年，学会首次获得中国航天科技集团公司考核A类。获得中国科协2011年度“科普工作优秀学会”称号和中国科协“财务决算工作先进单位”称号。

2012年，学会继续支持有发展前景的前沿学科成立分支机构，先后完成了卫星应用专业委员会批准备案和航天科技期刊工作委员会的审查工作，至此，学会专业委员会数量达到33个。学会还在小卫星技术、卫星中继技术等专业领域开展了成立专业委员会前的论证工作。

2012年，学会建设完成内部局域网和第64届国际宇航大会网站建设工作，引入了会议管理系统和论文收集系统。

学术期刊 《宇航学报》在1998种中国核心科技期刊中，综合评价总分排名由第49位上升到第46位，核心影响因子为0.592，被评为“2011年百种中国杰出学术期刊”。

2012年，《太空探索》继续以专题报道方式，加大对中国航天的报道力度，通过回眸与展望、天宫筑巢、天上人间、921工程20周年、定位导航授时系统专题、海洋卫星等8个专题对本年度航天重点新闻进行解读。2012年，《太空探索》年发行量18万余册，文章网络点击量280多万次。

2月29日，由包括《宇航学报》在内的34家航天科技期刊负责人组成的中国宇航学会航天科技期刊联盟筹备委员会在北京成立，联盟的组建得到了国家新闻出版总署、中国科协的肯定和支持，现已报国家民政部审批。

经国家出版总署授权，举办第一期中国宇航学会航天科技期刊编辑业务培训班。

国内主要学术会议 11月12日，在广东省珠海市与国防科技工业局新闻中心联合主办珠海航展第六届中国国际航空航天高峰论坛。

11月21日，与中国空间法学会首次联合举办年会，会议围绕当前航天科技发展的热点难点问题、空间立法的有关问题进行研讨，会议吸引了260多名专家、学者参会，收到学术论文350余篇，交流论文142篇。

两岸交流 2月12～17日，组织5人代表团访问台湾地区，与合作多年的台湾中华航太学会就两会今后交流合作重点项目、青少年科普交流活动以及举办科技研讨会等事宜进行了探讨和磋商。代表团走访了6所学校，与各校进行座谈，了解台湾地区开展航天科普的状况和需求。

国际组织任职 10月1日，第63届国际宇航联大会在意大利召开，学会副理事长袁洁再次高票当选国际宇航联大会副主席。

国际交往 学会组团参加在美国召开的全球空间探索会议和第28届全美航天大会，在意大利召开的第63届国际宇航大会，在日本召开的第十三届环太平洋地区国际空间会议，共有国家航天局、载人航天工程办公室、中国科学院、中国航天科技集团公司、中国航天科工集团公司、中国空间法学会等单位的百余名航天科技工作者参会。

学会与来访的国际宇航联合会主席、执行主任樋口清司就促进中国航天与国际宇航界的交流进行探讨。学会理事长马兴瑞多次与国际宇航科学院秘书长让·米歇尔·康坦会晤，就如何推进国际航天课题研究、发挥研究中心作用交换意见。马兴瑞先后会见来访的瑞典空间公司董事会、乌克兰国立技术大学、欧洲卫星通信公司、玻利维亚参议院、俄罗斯科学院生物化学物理研究所、哈萨克斯坦航天局、美国航天基金会等国外航天机构、企业、国际组织学术代表团，通过交流与洽谈，推进合作。

学会派专人前往国际宇航联总部工作，密切学会与国际宇航联的合作。积极支持国际宇航科学院（中国）中心工作。通过互访、互派代表团与会、互换刊物等方式，密切与美国航空航天学会（AIAA）、美国宇航学会（AAS）、美国航天基金会（SF）、俄罗斯齐奥尔科夫斯基宇航科学院、日本火箭学会、日本宇航学会等社团合作关系。

在国际宇航联成立60周年纪念会旗搭载全球目前在用载人航天器的活动中，学会配合中国载人航天工程办公室和航天科技集团公司圆满完成了搭载任务。

12月16日，学会与国际宇航联新任主席樋口清司先生共同签署了在北京举办第64届国际宇航联大会的最终合同。

科普活动 2012年，围绕世界空间周主题“太空情系人类安全”，以航天科技在线和科普报告会的形式开展科普宣传活动。学会网站开设世界空间周活动专题网页，结合当前世界航天发展现状，进行世界空间周宣传，设置新的宇航组进驻国际空间站、国际空间站如何造福人类等16个栏目，以及探月工程电视新闻集锦、中国航天50周年专题片等9个视频宣传片，活动期间，世界空间周专题点击量达801090次，日最高点击量达到317400次。

举办庆祝2012年世界空间周科普报告会，邀请中国探月工程首席科学家欧阳自远院士作了题为《嫦娥工程——中国人的探月梦》的科普报告，并向青少年代表赠送航天科普图书，400余名师生参加了报告会。

2011年9月至2012年7月，学会和美国海因莱因基金会联合举办了亚洲区第三届“飞向未来——太空探索创新竞赛”，中国、日本、韩国、印度、以色列、新加坡、马来西亚等7国代表参加活动，各国选送作品124件，经评审，20件作品进入答辩终评。

学会承办第五届中俄青少年科技文化交流活动，组织多所中学的30名优秀学生赴俄罗斯参加活动。组织来自港澳台地区以及新加坡、马来西亚华裔学校的192名师生进行了为期5天的“梦想航天、情系中华——航天科技夏令营”航天之旅活动。组织了100多位来自全国各地的师生参加“圆梦‘天宫’——全国青少年航天科技体验营”活动。组织了来自北京、上海、山东、陕西等地的71名师生在美国举办了为期14天的太空营训练夏令营活动。

2012年，学会和中国科协青少中心组织了20余名航天专家、3名院士，先后赴7个省市的130余所中小学校开展了“航天科技连着你和我——院士专家校园行”活动，报告场次达到140余场。

表彰举荐优秀科技工作者 经学会推荐，谢军、李陟、白鹤峰荣获中国科协第五届“全国优秀科技工作者”称号，谢军获得“全国优秀科技工作者”十佳提名。

工程教育认证 2012年，学会配合中国科协和教育部推进工程教育认证工作的要求，发挥学会专家资源优势，联合中国航空学会共同开展了航空航天类工程教育认证的试点申请工作，2012年完成认证专业范围、认证专家委员会人选和秘书处人选确定的相关工作。

【第64届国际宇航联大会中国组委会成立】 8月26日，第64届国际宇航联大会（IAC）中国组委会成立暨第一次会议在北京举行。来自中国科协、工业和信息化部、科技部、中国科学院、解放军总装备部、国家国防科技工业局等单位的有关人员参会。会议宣读了中国组委会人员名单，汇报了筹备工作，并对重点工作进行了讨论和商定。

会议认为，2013年9月在中国举办国际宇航联大会意义重大，是展示中国航天成就，进一步落实全国科技创新大会精神的重要举措。学会理事长马兴瑞要求，要群策群力将第64届国际宇航联大会打造成展示中国航天发展实力和对外合作良好形象，以及负责任大国形象的重要平台。

国际宇航联大会由国际宇航联合会主办，每年举行1次，吸引全球航天界广泛参与，享有“宇航奥林匹克”之誉。1996年，中国曾成功举办第47届国际宇航联大会。

【中国宇航学会2012年学术年会】 11月21～22日，中国宇航学会、中国空间法学会在北京联合召开中国宇航学会2012年学术年会。年会围绕当前航天科技发展的热点难点问题、空间立法的有关问题进行了研讨。相关领域的院士、专家、学者、工程技术人员260多人参会。

年会共安排了5个主报告。中国工程院院士戚发轫在《中国载人航天要面向未来》的报告中提出，中国载人航天在空间站建设完成之后，应将重点转向载人登月。他呼吁国家尽快将载人登月的立项问题提上议事日程。另4个主报告分别为黄惠康作的《空间外交与国际空间法》，韩杰才作的《空间环境地面模拟设施》，中国电信集团公司卫星通信有限公司副总工程师吕子平作的《我国卫星通信现状与展望》，巴日斯作的《国家航天法立法展望》。

年会围绕航天推进、运载系统、空间科学、空间应用、空间电子学、空间能源、空间法律、空间政策、航天器系统、航天动力学、超高声速、空间控制、计量与测试、质量与可靠性等专题设立了5个分会场。年会收到学术论文近350篇，会议宣读142篇。

【亚洲地区“飞向未来——太空探索创新竞赛”】 7月15～19日，中国宇航学会和海因莱因基金会共同主办的2011年9月至2012年7月亚洲地区“飞向未来——太空探索创新竞赛”活动在陕西省西安市举行了答辩终评暨颁奖会，历时一年的竞赛活动圆满结束。竞赛组委会和评委会成员以及来自中国、印度和日本的20件参赛作品的80多位作者、指导教师参加了会议。

截至2012年4月底，活动共收到作品124件。中国区经过初评，送交亚洲区评审作品78件。印度送交亚洲区评审作品3件、日本1件。中国区参加单位增加，2012年有22个院校和单位参加。

竞赛组委会由7个国家组成，包括中国、日本、韩国、印度、新加坡、以色列、巴基斯坦。

（撰稿人：王续伯）

中国兵工学会

服务创新型国家和社会建设 学会启动《我国国防科技工业军民融合式发展战略研究》咨询项目，2012年完成前期调研工作，总报告和分课题报告总体框架基本形成，拟向国家提交的建议重点已经明确。

为了配合兵器行业重大专项的实施和落实，组织近百名专家分别撰写了《新型坦克设计概论》和《高能材料和高效毁伤技术》，现已由化学工业出版社出版。

2012年，兵器工业总公司和中国兵工学会合办的兵器工程师进修大学开设课程54门，其中新开课程26门，招生学员11422人，学员选学21724人次。报学人数较2011年有大幅度增长，同比增长24%。开考课程130科次，学员报考14308人次。承办了人力资源和社会保障部《专业技术人才知识更新工程2012年高级研修项目计划》，举办了3期研修班、6期培训班，参与研修和培训人员共计893名。学会与北京航空航天大学和航天人才开发交流中心联合培养管理信息化工程硕士，有24名学员考取并已入学。

学会建设 2012年，学会新发展个人会员10383人，会士6人，高级会员41人。目前，共有会士43人，高级会员654人，普通会员30183人。

2012年，学会召开了七届五次、六次常务理事会议，七届六次理事会通讯会议，第三十一次工作会议。

学术期刊 《兵器知识》2012年全年销售128万册，是唯一入选2011～2012年度中国期刊年鉴《中国品牌期刊报告》的军事科普杂志，获得了中国科协“全国科普创作与产品研发示范团队”项目连续三年资助。

学科发展研究 学会承担中国科协《2012～2013兵器科学技术学科发展报告》（含能材料技术）编撰工作，由中国工程院院士王泽山任首席专家，覃光明任专家组组长。

决策咨询 2012年，学会相继组织有关专家，策划和承接了解放军总装备部、中国科协、兵器工业集团公司的咨询项目，组织开展学会系统的科技咨询和社会服务工作。内容涉及战略规划、决策支持、市场调查与跟踪、经济运行分析、项目可行性分析、科技跟踪与研究等。

国内主要学术会议 2012年，学会分支机构全年开展学术活动42次，参会人数3961人次，聘请院士、专家423人次，论文投稿数3456篇，收录论文3170篇，评选优秀论文247篇。

8月4～5日，首届陆战武器装备发展论坛在北京召开。论坛以未来战争和战场需求、我国国家安全和国防安全需要、陆战武器装备发展转型建设以及未来陆战形态、陆战武器装备关键技术、陆战装备建设体系、国外陆战武器装备发展研究等作为研讨主题。23名院士、441位专家学者参加论坛。论坛期间举办了陆战武器装备与技术成果展。

10月11～15日，含能材料与高效毁伤前沿技术发展研讨会在陕西省西安市召开，来自含能材料与高效毁伤技术领域的77位专家、学者参会。研讨会围绕含能材料、爆破增强炸药、装药、动能毁伤、炮轰过程机理、固体推进剂等多个基础技术领域展开交流与探讨，从不同的角度论述了高能毁伤技术的发展方向、技术难点、需求分析以及当前发展重点和研究进展。着重论述了含能材料在高效毁伤技术发展中的地位和作用。会议期间，举办了含能材料与高效毁伤培训班。该培训受到国家人力资源与社会保障部《专业技术人才知识更新工程2012年高级研修项目计划》资助。

科普活动 2012年，学会举办了“兵工与国防，兵工与生活”系列科普宣传活动，并在腾讯网录播了“新型人工影响天气系统”和“兵工与国防和国民经济建设”两场访谈节目。

在北京奥林匹克公园和北京军区某部举办了两场展览，以49个展板的内容向民众和官兵介绍了中国兵工行业的成长和发展，宣传中国兵工行业为国防建设做出的贡献，同时展现兵工科技军民融合式发展和在民用领域的应用，以及为公众生活带来的便利。

表彰举荐优秀科技工作者 组织第五届“中国兵工学会科学技术奖”评审工作，17位专家组成的评审专家组评选出一等奖3名、二等奖5名、三等奖14名。经学会推荐，王光华、毛明、第五旬宁3人获得第五届“全国优秀科技工作者”称号。

党建强会 开展主题为“十百千——强组织增活力，加强基层组织建设”的党建强会活动，成为中国科协“党建强会”项目试点学会之一，并被评为优秀组织奖。项目分为7个活动，包括两次学会业务培训班、走访基层组织单位督导党建创新争优团队、陕西省青年学术交流会、优秀会员宣传报道、分支机构调整、学会党委自身建设等内容。项目实施后，新会员数量增加5000多人，通过学术交流活动与百位专家交友，满足会员诉求和与8000多名科技工作者建立联系。

中国科协会员日 学会在中国科协会员日期间，策划组织了学会会员日系列活动，会员日的主题是：以会员为本，提升服务能力。会员日系列活动主要围绕陕西省2012年青年学术交流会、第五届中国兵工学会科学技术奖评审会、2012年中国国防热点问题主题报告会及首届“吴运铎”杯射击赛、2012年中国兵工学会高级会员、会士评审会4项活动开展。

【首届陆战武器装备发展论坛】 8月4～5日，由中国兵工学会、军事科学院军队建设研究部、中国兵器科学研究院、中国兵器装备集团军品部联合主办的首届陆战武器装备发展论坛在北京召开。解放军总参谋部、总装备部，军事科学院、中国兵器工业集团公司、中国兵器装备集团公司、军地各大院校等单位共441位专家、学者参会。论坛共征集论文336篇，收录全文223篇，收录摘要57篇，评出优秀论文37，编辑出版了《首届陆战武器装备发展论坛论文集》。

论坛就未来陆战形态、陆战武器装备关键技术、陆战装备建设体系、国外陆战武器装备发展研究等重大问题进行了研讨。论坛期间，举办了陆战武器装备与技术成果展。

【我国国防科技工业军民融合式发展战略研究咨询项目】 2012年初，《我国国防科技工业军民融合式发展战略研究》咨询项目工作启动。项目由一个总体组和13个分课题组构成，共有约50位院士和包括国防工业各军工集团、军队、政府部门的200多位专家、学者参与项目研究。2012年完成前期调研工作，总体组和各课题组的研究工作进展顺利，总报告和分课题报告总体框架基本形成，拟向国家提交的建议重点已经明确。

2012年9月，咨询项目的阶段成果提交给党的十八大报告起草小组，关于军民融合式发展相关政策和发展战略的主要论点和论述已写入党的十八大报告有关章节。

2011年，学会曾经策划组织召开了中国工程院第123场论坛。根据论坛报告总结提炼的成果，形成《关于加快我国国防科技工业军民融合式发展的建议》，上报党中央、国务院和中央军委。与此同时，学会向中国工程院提出设立我国国防科技工业军民融合式发展战略研究咨询项目的申请报告，获得批准。该项目是机械与运载工程学部唯一获批的重大咨询专项，为期2年。

（撰稿人：孙　岩）

中国金属学会

服务创新型国家和社会建设 2012年，中国金属学会协助工业和信息化部组织了“十二五”国家科技发展支撑计划项目“高炉炼铁CO_2减排与利用关键技术开发”的实施。主要内容包括：1.高炉富氧喷吹焦炉煤气技术。鞍钢4038立方米高炉喷吹试验进展顺利。2.炉顶煤气循环氧气鼓风高炉炼铁技术。完成初步设计工作，并通过专家组评审。3.高炉煤气的资源化利用关键技术。初步确定了高炉煤气净化催化剂的量产工艺参数，拟以具有较强吸附能力的活性炭作为催化剂载体。

为促进炼钢生产工艺优化和炼钢节能减排，实现高效、低成本、低排放清洁炼钢生产，11月5日，学会在北京召开全国高效少渣炼钢新工艺研讨会，推广转炉高效少渣炼钢技术。有关专家作《氧气转炉留渣＋双渣炼钢关键工艺技术研究》的专题报告，北京科技大学教授王新华重点从冶金热力学、冶金动力学和生产工艺过程控制等方面，阐述了氧气转炉“留渣＋双渣”炼钢工艺的终渣快速固化、高效脱磷、炉渣物性控制、吹炼工艺控制模型、干法除尘与煤气回收、“转炉—精炼—连铸”生产组织与周期匹配等存在的问题及解决问题的关键技术思路和措施，特别是结合我国转炉炼钢生产的实际情况分析了取得的创新性进展。

为推广变压吸附技术，10月17～18日，学会组织召开变压吸附制氧技术现场交流会，交流利用变压吸附技术从高炉煤气中提纯一氧化碳的技术。《钢铁企业节能设计规范》中建议高炉富氧要专门配置制氧设备。

为推广高炉长寿与高风温技术，11月21～23日，学会在北京召开高炉长寿技术和高风温热风炉技术研讨会。来自全国炼铁界的250多位学者出席会议。会议对炉缸长寿的限制性环节及如何获得高风温、影响高风温输送的关键限制环节等问题进行了讨论，认为：高风温是当代高炉炼铁技术发展的重要方向，是降低燃料比、提高喷煤量的重要技术保障。在当前条件下，利用低热值高炉煤气实现1250℃以上高风温，是实现低品质能源高效利用和高效能源转换最优化的技术措施。要系统解决高风温的获得、高温热风的稳定输送和高效利用等关键技术问题。

学会建设 中国金属学会现有个人会员9.2万名，单位会员126家。2012年，学会召开了两次理事会议，两次常务理事会议。4月19日，以通讯方式召开第九届第二次理事会议，决定增补干勇为第九届理事会副理事长。9月23日在北京召开第九届第三次理事会议，决定由王青海接替朱继民任学会副理事长；由杨锐接替卢柯任学会副理事长。会议还审议通过了《中国金属学会组织通则》、《中国金属学会常务理事会职权与议事规则》、《中国金属学会工作委员会条例》、《中国金属学会专业分会管理办法》、《中国金属学会资助地方学会开展活动经费管理办法》。

学术期刊 学会主办的期刊《金属学报》获得中国科协期刊学术质量提升项目资助，《材料科学技术》（英文版）获得中国科协2012年度学会能力提升专项“优秀国际科技期刊奖”三等奖，并获得资助。

学会会刊《中国冶金》2012年正式人选“中国科技核心期刊”。

学科发展研究 9月10日，由学会和中国钢铁工业协会组织近百名专家在《2006—2020年中国钢铁工业科学与技术发展指南》基础上修订完成的《2011—2020年中国钢铁工业科学与技术发展指南》出版。修订后的《指南》由七个部分组成，即概论、资源、产品、工艺技术、冶金装备与自动化、节能和低碳发展、环境保护与职业安全健康。

国际学术会议 5月23～27日，在北京举办第九届国际炉渣、熔剂、熔盐会议（Molten2012）。共300余人参加会议，其中国外学者170余人。

7月5日，在河北省唐山市曹妃甸举办中德双边环保研讨会，参会专家90余人，其中德国环保专家10人。会议就钢铁生产中存在的环保问题进行了讨论。

9月24～26日，在北京召开第五届亚洲钢铁大会（Asia Steel 2012）。26个国家及地区的专家、学者和科研人员参加会议。学会理事长徐匡迪作题为《创新发展——不确定年代的钢铁工业应对策略》的报告。

10月22～26日，在北京举行第七届冶金与材料电磁过程国际大会（EPM 2012）。大会共收到来自22个国家的论文摘要投稿317篇，全文投稿257篇。参会学者300余人，其中国外学者136人，宣讲论文154篇，张贴论文97篇，是历届EPM国际大会中参会国家数、参会学者数、论文投稿数和论文宣讲数均为最多的一届。

国内主要学术会议 6月12～15日，在江苏省无锡市召开主题为“节能减排、低碳环保，促进炼铁高效、安全、低成本生产”的全国炼铁生产技术会。来自钢铁企业、科研和设计机构、大专院校、有关设备制造厂家等255个单位的500余人参加会议。会议文集共收录325篇文章。会议围绕着高效、低成本炼铁，高炉长寿技术等热点问题进行了研讨，并组织参观了江苏省张家港市沙钢集团5800立方米高炉，举办了炼铁厂厂长座谈会。

6月26～28日，在山东省青岛市召开主题为“合理用水、科学用水——提高废水利用效率”的全国冶金节水与废水利用技术研讨会。重点围绕脱盐技术在钢铁行业污水回用应用现状及前景，钢铁行业含油废水、电镀废水、焦化废水、轧钢废水等工业废水处理及回用技术进行研讨。共有约40余家单位的150余人参会。

7月18～20日，在重庆市召开主题为“进一步完善高效率、低成本洁净钢生产平台、提高钢的冶金质量，促进炼钢—连铸节能减排”的全国炼钢—连铸生产技术会。来自钢铁企业、科研和设计机构、大专院校，以及有关设备制造厂家等80多个单位265人参加会议。会议文集共收录了200余篇文章。学会名誉理事长、中国工程院院士殷瑞钰作题为《新世纪炼钢科技进步回顾与“十二五”展望》的主题报告，他表示，高效率、低成本的洁净钢生产技术是近10年来研发应用最突出的成果。报告提出了六项今后工作的主要任务：一是以高效恒速连铸引领的高效率、低成本洁净钢生产系统技术的不断优化和推广应用。二是要不断改进产品质量的稳定性，并不断开发具有综合竞争力的高端产品。三是在钢厂流程工艺优化前提下继续关注能源高效转换、充分利用及更大比例的回收利用余能余热。四是加快并完善炼钢厂计算机自动控制系统，推进炼钢厂及其各工序装置的信息化调控和智能化发展。五是高度关注和研究在今后电力、废钢供应条件可能发生改变后，如何提高电炉炼钢的生产比例。六是不断推动钢厂各项前沿技术创新发展。会议设炼钢、连铸、精炼和厂长论坛4个分会场进行了研讨。

8月23～24日，在北京召开主题为“面向市场，面向未来，自主创新，实现节能减排和差异化发展”的第六届中国金属学会青年学术年会。会上举行了第五届中国金属学会冶金青年科技奖及冶金先进青年科技工作者颁奖仪式。

8月31日～9月1日，在北京举办主题为“微利时代，创新发展”的2012中国钢铁技术经济高端论坛。学会理事长徐匡迪作题为《微利时代，创新发展——不确定年代的钢铁工业应对策略》的报告。

9月7～9日，在浙江省宁波市召开主题为“高性能、减量化，优化轧制工艺，促进钢材组织、性能与质量综合控制水平的提高”的全国轧钢生产技术会。会议收到论文投稿近270篇，论文集收录259篇。来自全国各大钢铁企业和设备厂家的200余人参加会议。中国工程院院士王国栋作题为《减量化轧钢技术研究进展》的报告。报告中强调，开发节省资源和能源、减少排放、低成本、减量化的钢铁生产工艺技术、装备和产品，走出一条减量化、节约型、低成本的发展道路，对于钢铁工业的发展和未来，具有极其重大的意义。会议设热轧板带、长材、冷轧和厂长工作论坛4个分会场开展讨论。

9月8～9日，在河北省石家庄市举办钢材深加工研讨会暨第十四届中国科协年会第八分会场。围绕中国科协年会“科技创新与经济结构调整”的主题开展研讨，共收到投稿论文55篇，录用论文40篇。学会名誉理事长、中国工程院院士翁宇庆作题为《我国钢材质量现状及存在的问题》的报告，分析了钢铁行业面临困境的原因，对比了我国钢材质量与国外的差距，指出我国应从普通质量钢向优质质量钢发展，提高特殊质量用钢的技术门槛。170多位来自全国16个省市的钢铁企业、科研院所的专家、学者参加会议。

两岸交流 4月23～30日，由学会理事长徐匡迪带队的80人代表团访问台湾地区，参加在高雄市举办的首届两岸金属产业合作与交流会，约400名参会者就海峡两岸钢铁业的现状、科技发展、研发合作及节能减排等方面进行交流。

国际交往 3月11～15日，学会委派荣誉会员、学会第八届对外交流工作委员会负责人谢锡善和学会材料分会秘书长尚成嘉代表学会参加了美国矿业、冶金和材料学会（TMS）2012年年会，国际矿业，冶金和材料联合会（IOMMMS）理事会和第九届环太平洋先进材料和工艺国际会议（PRICM-9）的筹备会。

10月14～18日，中国金属学会炼铁技术代表团在学会炼铁分会副主任委员沙永志的率领下，参加了在巴西召开的第六届国际炼铁科技大会，会后访问了巴西钢铁企业，并进行技术交流。

11月5～10日，学会副理事长兼秘书长赵沛参加了德国钢铁学会2012年会，并出席在德国钢铁学会总部召开的国际钢铁或金属学会负责人会议，协调有关钢铁技术方面的国际学术系列会议的举办国及地点。

科普活动 5月21～25日，在江西省新余钢铁公司举行2012年全国冶金科技活动周活动，学会理事长徐匡迪发来贺信。本届冶金科技活动周围绕“节约能源资源、保护生态环境、保障安全健康、促进创新创造”的主题，开展了一系列冶金节能减排科学技术宣传活动，包括举办主题报告会、钢铁企业节能减排系列讲座、冶金安全生产讲座、节能减排成果展览、网上科普展览、现场参观交流、技术咨询、发放科普资料等。科技周同期还举办了冶金科技成果展览，集中展示了近几年来我国钢铁企业节能减排新技术、钢铁工业在节能减排方面取得的重大成果以及实用的工业节能减排设备和解决方案等。

会员服务 2012年，学会加强自会员继续教育，开办了钢铁企业节能减排研修班、国际网络虚拟炼钢大赛培训班，举办了2012全国网络虚拟炼钢挑战赛。

4月25～28日，在山东省莱钢集团举办技术创新方法推广示范工作研讨会。邀请韩国教授金昊宗结合经典案例分析、分组讨论以及互动演练等灵活的培训形式，引导学员们根据钢铁行业的特点和自己从生产中带来的实际问题进行实战练习。

学会聘请多位专家收集国外冶金科技发展动态信息，重点跟踪德国、日本、美国、韩国、俄罗斯、印度等国在冶金科技方面的发展信息，在学会网站上登载，供学会会员参考。学会和冶金工业信息标准研究院合作编译《国际钢铁技术内参》，向会员单位提供国外钢铁产品、工艺、技术、设备、能源、环保和自动控制与装备的最新科技发展动态。

表彰举荐优秀科技工作者 8月23日，学会颁发了中国金属学会冶金青年科技奖，授予刘洪涛等13位同志第五届中国金属学会冶金青年科技奖，同时授予丁文红等20位同志第五届中国金属学会冶金先进青年科技工作者称号。学会理事长徐匡迪对获奖的青年冶金科技工作者提出三点意见和希望：1. 青年冶金科技工作者应志存高远，淡泊名利，探求科学需要用一生的精力，要目标明确。2. 冶金及材料科学研究，既需要勤奋和积累，更需要理论上的创新。任何学科的发展都需要创新，需要新的理论思维，一定要抓住科学发展前沿。3. 永远保持谦虚谨慎作风，永远发扬团队协作的科学精神。

学会推荐的王毅、刘宏民、张建良、祝晓波荣获中国科协第五届“全国优秀科技工作者”称号。

冶金科学技术奖励委员会经过评审，决定对76个项目授予2012年中国钢铁工业协会、中国金属学会冶金科学技术奖，“低温高磁感取向硅钢制造技术的开发与产业化”项目授予特等奖、“炭化室高6.25m捣固焦炉炼焦技术”等12个项目授予一等奖、“白云鄂博西矿微细粒铁矿石选矿技术开发及工业实践”等23个项目授予二等奖、“巴基斯坦山达克露天矿开采系统优化及边坡稳定性研究”等40个项目授予三等奖。

【国际网络虚拟炼钢大赛】 2月8日，学会组织选手赴布鲁塞尔参加第六届国际网络虚拟炼钢大赛全球总决赛。首钢迁钢的路飞、于晨赢得全球青年企业组冠军，武汉科技大学栾国庆、宋生强获得全球学生组第3名。

国际网络虚拟炼钢大赛是由国际钢铁协会举办的钢铁冶金行业唯一的世界性模拟生产技能竞赛，内容涵盖高炉炼铁、转炉炼钢、电炉炼钢、炉外精炼、连铸和热轧中的一个或多个模块。参赛者要在规定的时间内完成冶炼任务，经济成本和产品质量是考核选手比赛结果的主要指标。

为更好地备战2012年11月13日举行的第七届国际网络虚拟炼钢大赛，10月24～26日，学会在武汉科技大学举办国际网络虚拟炼钢大赛培训班。来自首钢迁钢、武钢、邯钢、昆钢、首秦、武汉科技大学、河北联合大学、西安建筑科技大学、东北大学秦皇岛分校等20个单位约100名学员参加了培训。培训结束后举办了2012全国网络虚拟炼钢挑战赛。

【2012中国钢铁技术经济高端论坛】 8月31日～9月1日，由中国金属学会和中国金属学会冶金技术经济分会联合主办的2012中国钢铁技术经济高端论坛在北京举行，会议主题为“微利时代，创新发展”。会议从技术经济视角，探寻在微利时代的特殊背景下，钢铁工业如何实现自身转型发展。来自国家发展和改革委员会、工业和信息化部、中国钢铁工业协会和70余家钢铁企业及相关单位的300余人参加了论坛。

学会理事长徐匡迪作题为《微利时代，创新发展——不确定年代的钢铁工业应对策略》的报告，报告详细分析了当前钢铁行业发展所面临的外部环境，指出：钢铁工业要走出当前的困境需要以“节能降耗，做低产品成本”、“减量重组，消化过剩产能”、“上下延伸，建设产业链”、“发现市场，拓展营运空间”为危机应对策略，以创新发展为突破口，加快钢铁行业的转型升级，提升行业整体竞争力，真正实现钢铁工业由大向强的转变。

【海峡两岸金属产业合作与交流会】 4月23～30日，学会理事长徐匡迪带领80人代表团访问台湾地区，参加在高雄市举办的首届“两岸金属产业合作与交流会”，约400名参会学者就海峡两岸钢铁业的现状、科技发展、研发合作及节能减排等方面进行了积极的交流。该会议由台湾钢铁工业同业公会、中国钢铁工业协会联合主办，金属工业研究发展中心和中国金属学会承办、协办。

会议针对两岸钢铁业产业合作环境、两岸绿色炼钢技术研发合作、两岸不锈钢产业合作、两岸特殊钢产业合作及整合两岸钢铁产业链等合作议题进行了讨论，以期能创造两岸钢铁产业共存共荣的契机，牵手迈向国际高端应用市场。

【第九届国际炉渣、熔剂、熔盐会议】 5月23～27日，第九届国际炉渣、熔剂、熔盐会议在北京举办，共300余名学者参加会议，其中国外学者170余人。

该国际会议每4年召开一次，2012年首次在中国召开，是国际化学冶金界公认的最有权威性和最具影响力的学术会议。通过会议的交流和讨论，展示了以冶金物理化学为核心、以冶金熔渣各项相关分支领域为重点的钢铁（包括有色金属）冶金过程研究的进步与发展和当前仍存在的问题。会议还展望了未来可能的方向。

此会议被中国科协列入2012年“学术交流提炼项目”。

【第五届亚洲钢铁大会】 9月24～26日，在北京召开第五届亚洲钢铁大会。来自日本、韩国、印度、德国、美国、澳大利亚、奥地利、意大利等26个国家及地区的著名专家学者和科研人员参加。该会议由中国金属学会、印度金属学会、日本铁钢协会、韩国金属材料学会共同主办，每三年举办一次，学会理事长徐匡迪任大会主席。

徐匡迪在会上作题为《创新发展——不确定年代的钢铁工业应对策略》的报告，他表示，针对当前世界经济危机下，钢铁工业正面临着微利时代，也是一个市场倒逼时期，如何应对，如何转型，这是一个契机，值得认真思考。

大会共设7个分会场，分别是：炼铁、炼钢、轧钢、金属产品及应用、能源和环保、设备与自动化以及分析。

【《2011—2020年中国钢铁工业科学与技术发展指南》】 2012年9月10日，《2011—2020年中国钢铁工业科学与技术发展指南》出版。该《指南》由中国金属学会和中国钢铁工业协会组织近百名专家在《2006—2020年中国钢铁工业科学与技术发展指南》基础上修订完成。

修订后的《指南》由七个部分组成，即概论、资源、产品、工艺技术、冶金装备与自动化、节能和低碳发展、环境保护与职业安全健康。每部分按三个问题进行阐述，即科技发展现状，2011～2020年科技发展的主要目标，为实现这些目标应加快推广应用的关键技术和应积极关注、研发、加快工程化的关键技术。

（撰稿人：李静安）

中国有色金属学会

服务创新型国家和社会建设 2012年，学会秘书处和各学委会积极开展各项服务活动，完成了陕西省的“榆林市铝镁产业发展战略研究”和河北省的“承德市钒钛产业发展调研报告”调研课题。

稀有金属冶金学委会参与《中国的稀土状况与政策》（白皮书）的编修制定工作。同时，参与工业和信息化部、财政部稀土专项资金和清洁生产推广方案的立项工作。完成了《钨钼冶炼工艺与排污现状》报告交环境保护部。

轻金属冶金学委会完成了中国工程院委托的“中国铝工业中长期发展战略研究”项目，并通过了中国工程院组织的验收。

2012年，学会举办技术培训班11期，实际培训2100人次。

10月12～18日，在湖南省长沙市举行由学会和中南大学共同承办的矿物加工前沿技术高级研修班，各地高级专业技术人员或高级管理人员共106人参加。经考核合格后，由人力资源和社会保障部专业技术人员管理司为学员颁发了《专业技术人才知识更新工程高级研修项目证书》。该研修班入选了人力资源和社会保障部2012年度高级研修班项目计划。学会秘书处还组织举办了全国野外地质工作成矿预测与深部找矿方法培训班、难选及低品位金属矿选矿新工艺新设备新技术培训班等，共有400多名生产第一线的技术人员参加了培训。

学会建设　2012年，学会共组织召开和参加国内外学术会议36次，其中国际会议9次，参会人员3425人次，会议收到论文1139篇，编辑出版论文集和会议资料18本，发表论文900余篇。

6月，为满足科技人员对培训工作的需求，学会在中南大学建立了培训基地，今后将以服务基层为着力点，逐步开展多种形式的培训活动。

经中国科协和民政部批准，学会成立了二级机构——中国有色金属学会出版工作委员会，挂靠单位为中南大学。

学术期刊　2012年，学会主管的期刊《中国有色金属学会学报（英文版）》获中国科协“优秀国际科技期刊”一等奖，《稀有金属（英文版）》获三等奖。《稀有金属材料与工程（英文版）》得到中国科协批准，获得了“英文版出版许可”，并获得中国科协的资金支持。

12月26日，在中国科学文献计量研究中心、清华大学图书馆、中国知网的《中国学术期刊国际引证报告》（CAJ-JCR）中，首度评选出“2012中国最具国际影响力学术期刊”（TOP5%），《稀有金属材料与工程》被评为“2012中国最具国际影响力学术期刊”。

12月28日，在中国科学评价研究中心（RCCSE）公布的《中国学术期刊评价研究报告》中，《稀有金属材料与工程》连续3届获权威期刊荣誉。

国际学术会议　10月15～19日，在云南省昆明市召开主题为“铂族金属在现代工业、氢能源及未来生活中的应用”的第五届国际贵金属学术会议。来自中国、俄罗斯、美国、德国、奥地利等国家的专家、学者约120人参加会议。各国学者作了18个大会报告。

10月，学会环保学委会协助环境保护部环境工程评估中心在湖北省武汉市举办金属采掘·冶炼环境影响评价国际研讨会，并提交了10篇论文，4人进行大会演讲和交流。

11月21～22日，在云南省昆明理工大学国际学术交流中心召开第十二届中俄新材料新工艺研讨会组委会会议。中方主席、学会副理事长、中国工程院院士屠海令和俄方主席、俄罗斯科学院院士宋采夫出席并主持了会议。双方代表互相交流了十一届研讨会以后的准备情况，就第十二届研讨会的相关准备工作达成协议。

国内主要学术会议　4月11～14日，在厦门大学召开第十二届全国金属有机化合物化学气相沉淀学术会议。来自两岸三地的90家单位近300位学者参加了会议。中国科学院院士郑有炓出席并主持特邀报告会。21位国内外学者作了会议特邀报告。会议共交流论文110余篇，其中邀请报告25篇，口头报告26篇，张贴报告近50多篇。会议反映了近几年来，我国在这一领域的研究、开发和产业的新进展。

4月26～27日，在江苏省苏州市举行2012有色金属峰会暨有色金属技术与设备发展论坛，300多位专家、学者参加会议。学会理事长康义作题为《我国有色金属工业“十二五”转型升级的几点思考》的主题报告。与会专家围绕设备发展、循环经济等主题作了专题讲座或技术报告。20多家与有色金属行业密切合作的设备制造企业在论坛上宣传展示了他们的新技术、新产品。

5月26～31日，在广东省深圳市举办2012中国高效采矿技术与装备论坛，来自167个单位的282人参加会议。论坛以“引领未来采矿方向、促进高效采矿的创新与实践”为主题，中国工程院院士古德生、中国科学院院士宋振骐等29位专家和企业代表作大会报告，并进行技术研讨与答疑。

8月15～17日，在云南省昆明市举行2012年全国冶金物理化学学术会议暨纪念陈新民院士诞辰100周年论坛。会议共收录论文203篇。会议期间，28位专家作了大会报告与特邀报告，另设5个分会场交流论文92篇。会议的学术交流反映出近年来我国冶金物理化学学科在冶金基础理论、冶金新技术及冶金新材料制备基础理论等方面取得了突出进展，同时冶金产品及冶金领域相关理论研究也得到不断拓展。

10月26～27日，在广西壮族自治区桂林市召开第五届全国有色金属行业地质找矿成果交流会，200余人参加会议。会上为第三届中国有色金属地质找矿成果奖获奖单位颁奖。学会理事长康义作了题为《我国有色金属矿产资源开发与综合利用的战略思考》的报告。35位专家和技术人员作大会发言，交流了新形势下有色地质勘查单位的发展模式和找矿思路。

国际交往　学会重有色金属冶金学术委员会组织由

我国有色金属行业企业家组成的中国重冶技术考察团一行15人完成了对中国在海外最大的铜业基地——中国有色矿业集团赞比亚铜业基地的现场考察任务。

7月，学会环保学术委员会组织了23人参加了在澳大利亚昆士兰州的布里斯班召开的Life of Mine 2012国际研讨会，并受邀作题为Review of Rehabilitation in Metal Mine in China的主题发言。

学会轻金属学术委员会组织国内铝行业科技人员参加2012美国矿物、金属和材料学会年会并提交论文，在2012年的《轻金属》会议论文集中，氧化铝和电解铝生产工艺部分来自中国的论文达到50余篇，占该两部分论文总量的约三分之一。

9月，学会轻金属学术委员会组织国内6位学者参加了在俄罗斯克拉斯诺亚尔斯克举行的2012年国际有色金属会议。学委会委员杨建红应邀在大会上作题为《中国铝工业现状》的主题报告，并获得本次会议铝电解领域唯一的特别贡献奖。

10月，由国际铝土矿、氧化铝及铝工业技术研究委员会主办的第29届学术年会暨展览会在巴西贝伦市举行，学会轻金属学术委员会副主任委员李旺兴出席会议，并在大会上就中国铝工业技术进展、中国铝工业发展对全球的启示等内容作了专题报告。

9月，学会选矿学术委员会组织60余名选矿科技人员参加在印度新德里举办的第26届国际矿物加工大会，主任委员、中国工程院院士孙传尧出席会议。

10月，2012年世界粉末冶金大会在日本横滨召开，学会粉末冶金学术委员会组织我国粉末冶金领域的专家、学者赴会，会前组织有关人员撰写论文，有约20人参会。

表彰举荐优秀科技工作 2012年，经学会推荐的中国铝业公司李旺兴和金川公司的刘玉强获得中国科协第五届“全国优秀科技工作者”称号。

10月12日，学会秘书处和出版工作委员会在湖南省长沙市举办了中国有色金属出版物奖评审会。通过对出版物的学术质量、编辑质量和印制质量等进行综合评价，共评选出中国有色金属出版物奖（期刊奖）一等奖10种、二等奖19种、优秀奖13种，中国有色金属出版物奖（内部出版物奖）一等奖10种、二等奖9种，中国有色金属出版物奖（图书奖）一等奖7种、二等奖8种，中国有色金属出版物奖（学术论文奖）一等奖9篇、二等奖15篇、优秀奖28篇。

【第五届国际贵金属学术会议】 10月15～19日，在云南省昆明市召开主题为“铂族金属在现代工业、氢能源及未来生活中的应用”的第五届国际贵金属学术会议。会议由中国有色金属学会、雷特温E.I教授基金会及贵研铂业股份有限公司主办。来自中国、俄罗斯、美国、德国、奥地利等国的专家、学者约120人参加会议。

学会理事长康义表示，会议将促进中国贵金属界和国际贵金属界的学术交流和科技合作，有利于全球贵金属事业的发展。

会议收到来自中国、美国、俄罗斯、比利时等8个国家的63篇论文。会议围绕主题，从铂族金属的生产、现代工业中的铂族金属、氢能源技术中的铂族金属、日常生活中的铂族金属等4个方面进行了研讨。中国科学院院士、中国科学院金属研究所研究员胡壮麒、俄罗斯RAO诺里尔斯克镍公司理事长Mr. Ju. A. Kotlyar等学者作了18个大会报告。

会议期间，昆明贵金属研究所发布了《贵金属蓝皮书》。

（撰稿人：杨焕文）

中国稀土学会

服务创新型国家和社会建设 中国稀土学会接受中国工程院、工业和信息化部、环境保护部等部委委托，对我国的稀土资源可持续开发利用、生态环境损失评估体系、稀土新材料产业技术发展及稀土产品分类管理方面进行调研。4月，学会向环境保护部申报“稀土资源开发生态环境成本核算技术与环境损失评估”公益性项目，该项目共7个课题，学会承担其中1个课题，参加4个课题。

9月10～13日，在山东省淄博市举办2012年全国蠕墨铸铁研讨会暨机床铸铁件技术交流会议。78个单位的114人参加了会议，会议收到论文28篇，编印论文集1册。会议邀请到Sinter Cast（全球唯一一家成熟掌握蠕墨铸铁的公司）总裁Steve Daosen到会介绍国外蠕铁控制技术。会议还对国内外机床铸铁件的发展、机床铸铁件的应力和变形、高强度低应力灰铸铁技术方案、工程灰铸铁弹性模量等内容进行了交流和探讨，提出了提高数控机床铸件质量的技术措施和发展方向。

12月12日，在福建省长汀市举办第三届中国海西稀土产业技术成果对接会。190多名来自中国大陆稀土企事业单位及台湾地区的专家、学者和企业家参加了会议。中国科学院院士黄春辉等5位专家作大会特邀报告，介绍国家稀土行业管理政策、稀土资源利用、研发与应用、技术突破等产业发展的重点问题。

学会建设 2012年，学会个人会员总数累计3255名，团体会员77个，2012年新增团体会员1个。学会共召开学术会议、专题研讨会12次，交流论文近300篇，2600

多人参加了科技与学术交流及培训。

学会完成个人会员数据库和团体会员数据库的更新与维护。开展了会员服务机构制度建设和会员服务系列活动。

根据《社会组织评估管理办法》和《全国性社会组织评估实施办法》的规定，经全国性社会组织评估委员会审议，学会通过2011年度全国性学术类社会团体的评估，被评为4A等级。

学会获得中国科协常委会青年工作专门委员会、国务院学位委员会办公室和中国科协组织人事部授予的全国博士生学术年会优秀组织奖。

学会编辑出版了《中国稀土学会年鉴》（2011版），展示了2011年稀土学术研究、技术进步、专利、标准与科研成果等方面的新进展。

学术期刊 《中国稀土学报》（英文版）获中国科协学会能力提升专项—“优秀国际科技期刊奖”二等奖。8月，学会组织专家对2010～2011年期间发表在《稀土》杂志的论文进行评选，选出7篇论文作为2012年《稀土》杂志优秀论文。

国际学术会议 8月8日，学会在内蒙古自治区包头市举行第四届中国包头·稀土产业（国际）论坛暨2012中国包头国际稀土产业博览会，来自15个国家、地区和国内500多家单位的上千人参加了论坛，学会理事长干勇致开幕词。论坛围绕“稀土新材料产业的发展与共赢”主题，就全球稀土资源开发现状、最新应用以及市场前景、稀土新技术的研发、稀土产业链的延伸、下游产品的开发应用、全球稀土产业发展的现状及最新动态等问题进行了探讨。

4月开始，学会组织筹备拟定于2013年8月在江西省赣州市召开的第七届国际稀土应用与开发研讨会。完成会议的中英文网站建设，完善国际会议在线注册系统，并在中国稀土学会网站、中国稀土网站和中国稀土在线网站做了会议链接。确定了组织机构、中英文第一轮通知和会标方案设计，明确了工作分工，并已发送国际会议第一轮英文通知。

国内主要学术会议 2012年，学会举办的国内主要学术会议有“稀土资源可持续开发利用战略研究”项目启动会、第十三届全国稀土分析化学学术会议、“江西赣州稀土‘十二五’规划”专家评议会、2012稀土永磁论坛、2012中国稀土玻璃陶瓷学术交流暨产业论坛、2012中国稀土资源综合利用与环境保护暨第五届中国稀土学会地质矿山选矿专业委员会学术研讨会。

4月12日，在云南省昆明市召开的2012稀土永磁论坛，有来自全国各地稀土永磁材料科研、生产、加工、贸易等单位及稀土永磁材料生产设备企业近300人。学会副秘书长张安文作了稀土原材料供应方面的综述报告。

5月24～27日，在贵州省贵阳市召开2012年中国稀土玻璃陶瓷学术交流暨产业论坛。来自稀土科研院所、大专院校以及稀土原料、应用企业29家单位的64人参加了会议，会议收到交流论文30篇。学会副秘书长牛京考应邀作了题为《高效利用稀土资源 科学发展稀土行业》的专题报告，8位学者在会上作了学术交流报告。会议期间，举办了稀土玻璃陶瓷产业论坛，由学会玻璃陶瓷专业委员会主任卢家金主持，代表们就目前稀土产业的形势、国家稀土政策走向及对稀土分离企业的影响，针对玻璃陶瓷行业使用的原料等进行了讨论和交流。

6月8～9日，在江西省九江市召开中国稀土资源综合利用与环境保护暨第五届中国稀土学会地质矿山选矿专业委员会学术研讨会。来自内蒙古、江西、四川、北京、辽宁、湖北、陕西、江苏、海南、云南等省区的科研院所及稀土企业23家单位的60位专家参加了会议。会议共收到论文40余篇，其中28篇收录入《2012年中国稀土资源综合利用与环境保护研讨会论文集》。学术论文的内容反映了我国各主要稀土产地的资源高效开发利用、资源综合开发利用和稀土资源的深加工以及环境保护相关领域的技术现状和发展趋势。

11月18～19日，由中国科协主办，中国稀土学会承办的中国科协第69期新观点新学说学术沙龙在北京大学化学院召开。沙龙主题为“稀土资源绿色高效高值化利用”，来自十几所高等院校、科研院所和企业的专家、学者参加了学术沙龙。

12月，学会火法冶金委员会在黑龙江省哈尔滨市召开高纯稀土金属及合金制备关键技术专题研讨会，东北大学、江西南方稀土高技术股份有限公司、湖南稀土金属材料研究院、北京有色金属研究总院等单位参加会议，会议集中讨论了超高纯稀土金属制备技术、新型节能环保电解槽及电解技术开发、变价稀土合金制备技术等三个方面的问题。

国际交往 2012年，学会先后接待了澳大利亚、加拿大、挪威和日本的5个来访团队近30人。分别就中国稀土行业近期发展动态、2012年中国稀土出口配额情况和出口企业资格、国内外稀土应用的优劣差别、中国稀土产业政策、稀土资源的状况、外方与中国稀土企事业单位在技术和资金等方面的合作的可能性进行了交流。

表彰举荐优秀科技工作者 由学会推荐的龚斌获得中国科协第五届“全国优秀科技工作者”称号。

【第四届中国包头·稀土产业(国际)论坛】8月8日，由中国稀土学会和包头稀土高新区共同举办的第四届中国包头·稀土产业(国际)论坛暨2012中国包头国际稀土产业博览会在内蒙古包头市举行。来自15个国家、地区和国内500多家单位的上千人参加了论坛。中国工程院副院长、学会理事长干勇致开幕词，工业和信息化部、中国社会科学院、内蒙古自治区政府有关负责同志在开幕式上讲话。

干勇表示，资源是基础，技术是关键，加强资源管理与环境保护，开发具有自主知识产权的稀土应用技术，是发展中国稀土产业的首要问题。稀土新材料产业正在面临产能远远大于市场需求的问题，而且有继续扩大的趋势。稀土新材料产业发展的关键是通过突破关键技术、提高装备水平的问题。理性地发展中国稀土新材料产业，提高稀土新材料产业技术与装备水平，协调稀土原材料与稀土新材料产业的关系，已成为当前中国稀土行业需要引起广泛重视的问题。

论坛围绕“稀土新材料产业的发展与共赢”主题，就全球稀土资源开发现状、最新应用以及市场前景、稀土新技术的研发、稀土产业链的延伸、下游产品的开发应用、全球稀土产业发展的现状及最新动态等问题进行了探讨。

【第三届中国海西稀土产业技术成果对接会】12月12日，由中国稀土学会、福建省经济贸易委员会、龙岩市人民政府和厦门钨业股份有限公司共同举办的第三届中国海西稀土产业技术成果对接会在福建省长汀市召开。中国科学院院士黄春辉、中国工程院院士余永富、国家稀土办副主任高云虎、学会秘书长林东鲁，福建省经贸委、龙岩市的负责同志出席开幕式。190多名来自中国大陆稀土企事业单位及台湾地区的专家、学者和企业家参加了会议。

稀土产业是龙岩市的新兴产业，发展潜力大、前景广，力争到“十二五”末，初步形成含矿山开发、冶炼加工、稀土新材料、科研应用等较为完整的产业体系，实现产值300亿元以上。

对接会邀请黄春辉院士等5位专家作大会特邀报告，聚焦国家稀土行业管理政策、稀土资源利用、研发与应用、技术突破等产业发展的重点问题展开交流。

(撰稿人：王　勇)

中国腐蚀与防护学会

服务创新型国家和社会建设　2012年，中国腐蚀与防护学会与河南省长垣县人民政府签订了技术咨询和技术服务合同。学会利用自身的人才优势和技术优势，为腐蚀企业提供服务，建立长垣防腐工程学院为企业培养人才，组织技术推介会，由研究单位的专家介绍新技术新成果，并达成合作意向。在长垣县建设中国防腐蚀博物馆。

学会于3月、6月和9月分别举办了3期防腐蚀工程师专业技术资格认证培训班，8月首次举办了防腐蚀监理工程师专业技术资格认证培训。参加培训的学员总计70人。

学会于4月、5月进行了高级工程师和工程师(中级)的专业技术资格认证，有6人通过了高级工程师认证，37人通过了工程师(中级)认证，对通过认证的科技人员发放了由中国科协统一印制的专业技术资格证书。11月27日，学会对申请中级职称的41人进行了认证，有39人通过了认证，27人取得了防腐蚀工程师技术资格，12人取得了防腐蚀监理工程师技术资格。

学会建设　2012年，学会新发展个人会员186人，团体会员单位1个。个人会员总数达到7469人，团体会员单位179个。学会承压设备专业委员会在重庆市召开了成立大会。学会主办的《中国腐蚀与防护学报》完成了新一届编委会换届工作。

国内主要学术会议　2012年，学会和各专业委员会、工作委员会组织开展学术交流活动21次，参与人数近3000人次，收录学术论文934篇。由学会各专业委员会、工作委员会主办的学术会议有：第十三届全国青年腐蚀与防护科技论文讲评会暨第十一届中国青年腐蚀与防护研讨会、第十一届全国化学镀会议，基于风险的压力管道安全与数字化建设关键技术研讨会，《埋地钢质管道腐蚀防护工程检验》GB/T 19285-20××送审稿审查会议，压力管道安全检验检测评价标准体系制订讨论会，第一届石化设备失效分析年会，2012年全国特种设备安全与节能学术会议、中国腐蚀电化学及测试方法学术交流会，全国高温腐蚀与防护学术会议，2012全国油气田管线及储罐腐蚀与控制技术应用研讨会，2012年航空航天表面处理新技术交流暨专业委员会工作会议、第八届中国腐蚀与防护学会化工过程专业委员会第二次学术交流大会，第十七届全国缓蚀剂学术讨论与应用技术经验交流会，2012材料腐蚀与控制学术研讨会，中国材料土壤腐蚀与防护技术研讨会，美国腐蚀工程师协会(NACE)东亚及太平洋国际腐蚀大会，环境敏感断裂专业委员会—壳牌石油公司学术交流和腐蚀对城市饮用水安全影响学术交流等。

8月24日，学会在浙江省宁波市召开2012年全国绿色新型重防腐涂料与涂装技术研讨会。主要议题有钢结构物重防腐涂料、涂装的设计、使用寿命的合理评估等9个专题。

11月2～5日，由中国力学学会、中国腐蚀与防护学会、中国机械工程学会、中国材料研究学会、中国航空学会、中国金属学会联合主办，中国力学学会断裂与疲劳专业组、厦门大学、同济大学共同承办的第十六届全国疲劳与断裂学术会议在福建省厦门市召开。来自高等院校、科研院所、大型企业共50多个单位的200余名代表参会。全国疲劳与断裂学术会议已召开15届。

两岸交流 10月21～24日，学会在台湾地区高雄市举办主题为“携手共创两岸材料防蚀技术的新世界”的第八届海峡两岸腐蚀与防护研讨会和2012海峡两岸青年科学家材料腐蚀与防护学术交流会，288名专家、学者参加会议，收录论文142篇。大会设置11个专题分会场进行学术交流。

科普活动 4月21～25日，学会联合北京科技大学新材料技术研究院于北京科技大学60周年校庆之际，在北京科技大学举办了第二届“世界腐蚀日”中国区宣传活动。2012年世界腐蚀日科普宣传活动的主题为：材料延寿——绿色防腐蚀产品与先进技术。中国科学院院士肖纪美、中国科协科普部副部长辛兵、北京科技大学副校长谢建新、学会理事长陈光章等出席启动仪式并讲话。

表彰举荐优秀科技工作者 学会推荐的王福会获得中国科协第五届“全国优秀科技工作者”称号。

工程教育认证 2012年学会与美国腐蚀工程师协会（NACE）共同举办了3期国际阴极保护课程培训和认证，从事金属腐蚀与防护技术人员共60人参加了培训。

【2012年全国绿色新型重防腐涂料与涂装技术研讨会】 8月24日，2012年全国绿色新型重防腐涂料与涂装技术研讨会在浙江省宁波市召开。本次研讨会的主要议题有钢结构物重防腐涂料、涂装的设计、使用寿命的合理评估等9个专题。

会议由学会秘书长李晓刚主持，学会理事长陈光章致开幕词。武汉大学教授林安就重防腐涂料的应用现状与发展趋势、环保型水性重防腐涂料的应用与研究现状、常用重防腐涂料的应用现状和新型重防腐涂装技术的研究与应用热点等作大会报告。中国科学院金属研究所教授张立新报告了绿色高性能涂层钢筋的发展现状，介绍了研究背景、普通环氧涂层钢筋（ECR）耐久性存在的问题、涂层脱层的实则和高性能环氧涂层钢筋（SECR）的耐久性。中国船舶重工集团七二五研究所高级工程师叶章基、北京科技大学教授高瑾分别作了主旨报告。

【第八届海峡两岸腐蚀与防护研讨会】 10月21～24日，第八届海峡两岸腐蚀与防护研讨会和2012海峡两岸青年科学家材料腐蚀与防护学术交流会在台湾地区高雄市举办，288名专家学者参加会议。

本届会议主题为“携手共创两岸材料防蚀技术的新世界”，海峡两岸学者共发表论文142篇。大会分别设置11个专题进行学术交流。

大会邀请台湾成功大学材料科学及工程学系教授林光隆、武汉大学资源与环境科学院教授林安、台湾地区工业技术研究院材料与化工研究院罗俊雄博士和中国科学院金属研究所教授王福会，分别作了题为The Corrosion Concerns in Electronic Packaging、《水性防腐蚀涂料与涂层应用研究及进展》、《台湾地区金属材料大气腐蚀介绍》和《几种新型高温防护涂层之进展》的报告。

（撰稿人：张小红）

中国化工学会

学会建设 截至2012年底，中国化工学会有46068名个人会员，119个团体会员。经第38届常务理事会审议通过，中国科协、民政部审定核准，学会新组建了离子液体专业委员会，并于9月16日在北京召开了成立大会暨第一届委员会议。中国科学院过程工程研究所所长张锁江当选主任委员。至此学会分支机构（专业委员会）达到21个。

4月23日，中国化工学会第39届全国会员代表大会暨中国化工学会成立90周年庆祝大会在北京举行。285名代表、210名理事候选人参加大会。中国科协常务副主席、书记处第一书记陈希，中国石油和化学工业联合会常务副会长李寿生出席会议并讲话。学会38届理事长曹湘洪作了题为《加强自身建设 提高服务质量 为推进我国化学工业可持续发展而努力奋斗》的工作报告。会议讨论并审议通过了第38届理事会的工作报告，审议通过了《中国化工学会第38届理事会财务报告》、新修改的《中国化工学会章程》，选举产生了中国化工学会第39届理事会，李勇武当选理事长。

9月13日，学会理事长李勇武主持召开了中国化工学会第39届常务理事会一次会议。会议审议并通过了《关于举办中国化工学会年会的提案》、《关于中国化工学会会员制条例的议案》。

学会经研究和协调，对所属化工安全专业委员会和矿业工程专业委员会的挂靠单位进行了调整，化工安全专委会挂靠单位由原来中国化工信息中心（北京）转到中国石化安全工程研究院（青岛），矿业工程专业委员会由中国矿山协会（北京）转到武汉工程大学。

科技期刊国际影响力提升计划 学会主办的《中国化学工程学报》(英)在国内外的影响力进一步扩大，继续被国内外重要检索系统收录，影响因子和被引频次等期刊评价指标在国内化工类期刊中位于前列，且逐年提高。

根据SCI的统计报告,《中国化学工程学报》(英)2011年总被引频次是1008(2010年为873)，影响因子是0.826(2010年为0.901)，在SCI收录的133种本学科的国际期刊中，被引频次排第61位，影响因子排第78位。

2012年,《中国化学工程学报》(英)获得中国科协“优秀国际科技期刊”二等奖，得到2013—2014年度国家自然科学基金重点学术期刊专项基金的资助。《化工学报》获得2012年度中国科协精品科技期刊工程示范项目资助。

《中国化学工程学报》(英文版)2012第1期刊出了陈家镛先生九十诞辰纪念文集(特刊)，第2期为第六届世界工业过程层析成像会议文选(专栏，11篇文章)，第3期为Special issue to honor Prof. Gordon McKay(特刊)，第6期为中国过程控制会议(CPCC)特刊。

为加强审稿编委的力量,《中国化学工程学报》(英文版)增补了3位编委：杨超(中国科学院过程工程研究所)、魏进家(西安交通大学)、马友光(天津大学)。从10月1日起,《中国化学工程学报》(英)全面取消作者的发表版面费，以吸引更多优秀的稿源。

学术期刊 2012年，学会主办的《化工学报》、《化工进展》、《中国化学工程学报》“三刊”稿源数量均有所提高，通过出版专刊等形式加大了组稿力度。“三刊”参加专业会议30余次，会上积极宣传刊物，联系专家，约组高水平稿件，重点加大了国家重大基础研究项目、应用研究项目及其产业化情况的追踪报道。

各刊不断优化审稿队伍，采用“小同行”审稿，为审稿的准确性、客观性提供保证。加强编辑业务学习和培训，提高稿件鉴别能力，把好初审关。

《化工学报》出版了第二十三届中国过程控制会议专刊，出版了2012年中国过程系统工程年会专栏。《化工进展》和《化工学报》配合有关会议出版了4期增刊。

《化工进展》承办了中国化工学会2012年年会暨第三届全国石油补充与替代能源开发利用技术论坛，组织并参加了2012年日中水处理技术交流会和美国化学工程师协会秋季会议。《化工学报》参与组织了第三届亚太离子液体与绿色过程会议，组织专家参加了第十九届旅英中国学人化学科学与技术学会(CSCST-UK)及化学工业协会联合年会。

2012年，“三刊”完成了对远程采编系统的升级改造。

国际学术会议 学会全年举办国际学术会议3次，参会外国学者420人次。

9月17 ~ 18日，由学会离子液体专业委员会主办，中国科学院过程工程研究所承办的第三届亚太离子液体与绿色过程会议(APCIL’12)在北京召开，会议主题为“离子液体——低碳与可持续发展”。来自中国、美国、英国、澳大利亚等20个国家和地区约400名专家、学者和研究生参加了会议。美国阿拉巴马大学教授Robin D. Rogers、澳大利亚莫纳什大学教授Douglas Macfarlane、美国圣母大学教授Joan F. Brennecke、北京化工大学教授汪文川、中国科学院兰州化学物理研究所研究员邓友全、中国科学院化学所研究员韩布兴等11人作大会特邀报告。与会学者就离子液体的物性与模拟、新材料的合成、分离与传质过程、电化学能源应用、可持续发展与环境保护技术、工业化应用进程等关键科学问题进行了讨论。

国内主要学术会议 2012年，学会及其所属各专业委员会开展各类学术交流活动57次。

5月10 ~ 12日，学会农药专业委员会第十五届年会在浙江省乐清市召开。从事农药研究、开发和生产的专家、学者150多人到会。中化化工科学技术研究总院副院长兼总工程师李钟华向大会报告了国家“十二五”科技攻关农药项目的初步想法。石油和化学工业规划院副总工程师杨光亮在发言中提出了中国农药企业应进一步加大兼并重组的力度，组建和形成大型企业集团的建议。国家农业部农药检定所副所长顾宝根介绍了国内外农药管理动态，表示要着力构建和完善符合中国国情和世界趋势的农药登记管理制度，完善农药管理体制机制。

6月27 ~ 28日，由学会和沈阳市人民政府联合主办的2012中国(沈阳)绿色化工发展高峰论坛在辽宁省沈阳市召开，200余人参加会议。会议就全球绿色化学化工发展趋势、绿色化学化工新技术、我国绿色化工发展面临的机遇与挑战等热点议题进行了学术交流和研讨。

7月20 ~ 23日，中国化工学会2012年年会暨第三届石油补充与替代能源开发利用技术论坛在内蒙古呼和浩特市召开，150余人出席会议。本次会议主题包括生物质、煤、天然气及部分非常规能源的开发利用技术，共有4个大会报告，7个主题报告和12个邀请报告。中国工程院副院长、中国工程院院士谢克昌作了题为《煤炭能源清洁高效可持续开发利用》的大会报告。

8月25 ~ 26日，由学会化工工程专业委员会主办的第九届全国超临界流体技术学术及应用研讨会在贵州省遵义市召开。会议首次引入企业参与承办。80余所高等院校、科研院所的专家、学者及20多家应用型企业代表共计200

余人参加会议。会议以“拓展超临界流体技术研究，促进绿色工艺过程应用”为主题，重点探讨超临界流体技术在绿色工艺领域中的应用、超临界热力学与萃取技术等在其他领域中的应用级装备研发设计制造等内容。会议共收集论文和报告 97 篇，内容涵盖超临界反应、超临界材料加工等方面，涉及医药、食品、化工等领域。

7 月 27 ~ 31 日，由学会主办，学会信息技术应用专业委员会和清华大学联合承办的第四届全国石油和化工生产安全与控制技术交流会在黑龙江省哈尔滨市召开。会议主题为“安全发展、预防为主”，100 多人参加会议，共收到论文近 300 篇。工业和信息化部信息化推进司副司长董宝青围绕国家信息化的方针路线、两化深度融合的政策措施、两化融合促进安全生产的研究、两化融合促进安全生产的工作推动、工控系统安全的政策研究等内容作了题为《两化融合促进安全生产的政策导向》的报告。国家安全生产监督管理总局监管三司副司长刘强从全国危化品安全形势、最新危险化学品安全法规概要、当前危险化学品安全监管重点工作三方面作了题为《危险化学品安全形势与监管任务》的报告。专题会邀请美国化工过程安全中心（CCPS）技术部主任 Louisa A.Naray 介绍了 CCPS 的工作内容，提供了关于促进安全生产工作的新思路。中国石化、中国海油、中国石油的有关专家分别从持续加强隐患排查治理，最大限度提升安全保障水平、利用信息化手段提升 HSE 管理、关于炼化安全生产与信息化的思考等不同的侧重点介绍了三大公司的生产安全与控制技术应用体会。此外，近 10 位国家石油和化工行业安全生产领域的专家和信息化专家分别作了专题报告。

9 月 18 ~ 20 日，由学会石油化工专业委员会主办的中国化工学会 2012 年石油化工学术年会在江西省南昌市召开。200 余人参加会议，会议收录 300 余篇学术论文，论文以墙报的形式展示并进行了评奖。

11 月 6 ~ 8 日，由学会水处理专业委员会和中国石油学会海洋石油分会共同主办，主题为“节水与废水回用并重，开发应用新技术”的 2012 中国水处理技术研讨会暨第 32 届年会在江苏省苏州市召开。来自 118 个单位的 231 位专家、学者和水处理科技工作者出席会议。会议分享了国内水处理技术的最新进展。

12 月 15 ~ 17 日，由学会化肥专业委员会和中国化工情报信息协会联合主办的，主题为“发展化肥工业，提升肥料竞争力”的 2012 中国化肥企业 100 强发布暨第五届化肥大企业高峰论坛在北京举行。本次发布会根据企业提供的 2011 年度经营数据，经过中国化肥企业 100 强工作委员会调查、核实、计算、参照年度销售收入排序，按国际惯例排出了 2012 中国化肥企业 100 强等排行榜。

国际交往 2 月 21 ~ 24 日，学会组团赴新加坡参加由亚太化工联盟主办、新加坡工程师学会、新加坡化学工业协会、新加坡国立大学和南洋理工大学联合承办的第 14 届亚太化工联盟大会。访问了新加坡国立大学化工和生物分子工程系，就化工新材料、生物技术以及化工教育等双方感兴趣的内容进行了交流。

3 月 12 ~ 17 日，学会副理事长曲景平率团赴日本参加日本化学工学会第 77 届春季学术年会暨学会成立 75 周年庆典等活动。学会推荐的“亚洲化工研究奖”获得者、北京化工大学教授张立群应邀作大会报告，团组成员大连理工大学教授贺高红应邀作专题报告。学会与日本化学工学会进一步探讨了今后的双边会议等有关议题。

学会主办的杂志《化工进展》杂志社组团参加了 2012 年日中水处理技术交流会和美国化学工程师协会秋季会议。《化工学报》参与组织了第三届亚太离子液体与绿色过程会议，组织专家参加了第十九届旅英中国学人化学科学与技术学会（CSCST-UK）及化学工业协会联合年会。

表彰举荐优秀科技工作者 学会推荐的刘中民、刘长令、张敏华、郑裕国、骆广生 5 人获得中国科协第五届“全国优秀科技工作者”称号。

【中国化工学会第 39 届全国会员代表大会】 4 月 23 日，中国化工学会第 39 届全国会员代表大会暨中国化工学会成立 90 周年庆祝大会在北京举行。285 名代表，210 名理事候选人参加大会。中国科协常务副主席、书记处第一书记陈希，中国石油和化学工业联合会常务副会长李寿生出席会议并讲话。第 38 届理事会理事长曹湘洪作了题为《加强自身建设 提高服务质量 为推进我国化学工业可持续发展而努力奋斗》的工作报告，专职副理事长龚七一作了《中国化工学会第 38 届理事会财务报告》，秘书长洪定一作了修改《中国化工学会章程》的说明，副秘书长钱鸿元介绍了新一届理事会拟任理事和常务理事的基本条件、产生原则及分配方案。

会议讨论并审议通过了第 38 届理事会的工作报告，审议通过了《中国化工学会第 38 届理事会财务报告》、新修改的《中国化工学会章程》，选举产生了中国化工学会第 39 届理事会。

学会第 39 届理事会第一次会议选举产生了常务理事会及理事长、副理事长和秘书长。李勇武当选理事长，潘连生、阎三忠、曹湘洪为本届理事会名誉理事长，陶涛等 49 名同志为荣誉理事，杨元一任秘书长，同时根据秘书长提名聘任了学会副秘书长、各专业委员会和工作委员会主任委员。

闭幕式上，代表们表决通过了《中国化工学会第39届理事会第一次全体会议决议》、《中国化工学会第39届全国会员代表大会决议》，颁发了第四届“侯德榜化工科学技术奖”，表彰了2007—2012年度学会工作先进集体20个和先进个人36名。

【2012中国（沈阳）绿色化工发展高峰论坛】 6月27～28日，由中国化工学会和沈阳市人民政府联合主办的2012中国（沈阳）绿色化工发展高峰论坛在辽宁省沈阳市召开。学会理事长李勇武出席会议并致辞，来自全国石油和化工科研院所、高等院校和生产企业的200余人参加会议。中国工程院院士曹湘洪、金涌、李俊贤、胡永康、钱旭红，中国科学院院士何鸣元等参加论坛。

会议就全球绿色化学化工发展趋势、绿色化学化工新技术、我国绿色化工发展面临的机遇与挑战等热点议题进行了学术交流和研讨。

（撰稿人：戴国庆）

中国核学会

服务创新型国家和社会建设 4月3～6日，学会主办的以“科技创新、合作共赢、安全发展”为主题的第十二届中国国际核工业展览会在北京召开，来自15个国家的200余家展商参展，展出面积1.3万平方米，为历届核工业展览会之最。

9月20～22日，第九届中国核学会省、自治区、直辖市“核科技、核应用、核经济（三核）”论坛在浙江省杭州市举行。来自全国各地的100多位核科技工作者参加了交流。论坛共收到交流论文116篇，内容涉及核电、核农、核医、核工业应用、核矿冶地质、辐射防护等领域。“三核”论坛实现了集中力量、共享资源、提高效率、扩大影响的目的，受到了核科技工作者的好评。

学会建设 2012年，中国核学会共组织各类学术会议36次。参加学术会议的人数共计3800余人次，交流论文1000余篇。

学会召开了七届五次理事会议。中国核学会2012年全国秘书长工作会7月26～27日在宁夏回族自治区银川市召开。学会理事长李冠兴主持会议，宁夏科协主席刘和平出席会议，学会秘书长王德林在会上作《中国核学会2011—2012年工作报告》，学会21个专业分会和21个地方核学会的理事长、秘书长共60人参会并发言。会议围绕“如何办好中国核学会”主题展开讨论。

10月，学会科普教育咨询委员会工作会议在湖北省武汉市召开，探讨新形势下开展科普教育工作的新方法和途径。

学术期刊 学会主管的学术期刊《核科学与工程》出版正刊4期，以核电站运行、核电站数字仪控技术为主要内容的增刊2期，影响因子居核领域期刊首位。

学科发展研究 10月，学会编著的《中国核科学技术进展报告》（第二卷）由原子能出版社出版，共收录了789篇论文。分为《铀矿地质》、《核能动力》、《核物理》、《脉冲功率技术及其应用》、《核农学》、《核医学》等21个分卷。

国际学术会议 2012年，学会组织国际会议8次，主办和参与主办国际核能峰会——后福岛时代的核能安全与发展，第二十届国际核工程大会等。协办了2012年国际反应堆物理大会、2012年国际水堆燃料性能会议、第三届中国国际核能研讨会等。

7月31日，由美国机械工程师学会、日本机械工程师学会、中国核学会共同主办的第二十届国际核工程大会在美国开幕，来自世界各地的800多名专家与核工程技术人员参加了会议。大会研讨范围涵盖核工程技术所有领域，全面展示近一年来的业界动态和研究成果。

国内主要学术会议 2012年，学会组织国内学术会议28次。8月24～26日，由中国核学会、中国煤炭学会、中国地质学会、中国矿业联合会等联合主办，中国核学会承办的第九届全国采矿学术会议在云南省丽江市举办。大会主题为“中国采矿业科技创新与可持续发展”，200名学者出席会议，会议共征集到论文167篇，其中来自企业50%、高等院校25%、学会工作者25%。

两岸交流 10月22～27日，第十二届海峡两岸核能学术交流研讨会在北京、大连两地举办，约120位学者参加会议，其中台湾地区学者20人。17位专家就核电站建造、核电设备、核电管理、核安全、核技术应用、核专业教育、公众沟通以及新能源开发等议题，进行了交流和研讨。台湾地区学者还参观了中国原子能科学研究院、国家核电技术公司、辽宁红沿河核电站、大唐庄河核电公司等单位。

国际交往 学会接待了美国核学会（ANS）、美国机械工程师学会（ASME）、美国电气与电子工程师学会（IEEE）、法国大使馆商务处、荷兰柯史艾出版公司（KCI）等单位的来访。出访了美国核学会、美国机械工程师学会等单位。

4月，中国核学会秘书长王德林在北京会见了美国核学会国际委员会主席Corey McDaniel一行。双方就中美两国核学会以及核领域的交流与合作等问题交换了意见。8月，中国核学会赴美国芝加哥参观回访美国核学会，拜会了其理事长 Michael Corradini、副理事长唐 Donald Hoffman、前任理事长 Eric Loewen、秘书长罗 Robert Fine 等人。

10 月，中国核学会主要负责人在北京会见了美国核学会理事长 Michael Corradini。通过多次会谈，两国核学会的主要负责人交换了对近期世界核工业发展态势的基本看法，研讨了提高双方交往实效的方式方法，商定通过加强期刊合作、人员互访、举办会议、发挥国际间组织作用等形式，提升两国核学会的合作关系。

科普活动 2012 年，学会举办科普活动 10 次，其中院士讲座 3 次，总受众达 6200 余人次。

学会主办第十二届中国国际核工业展览会期间，邀请普通市民、高校师生参观展览。受辽宁省科协委托，学会为辽宁省委党校副处级以上干部学员讲授核电知识，并向辽宁省科协和党校赠送科普读物《走近核科学技术》。学会组织院士走进广西壮族自治区防城港市，就核电项目向当地党政干部和群众代表 800 人进行核科普知识宣讲。李冠兴、叶奇蓁、王大中、胡思得、陈念念、彭先觉等 6 位院士参与此次活动，与党政干部及群众代表座谈交流。受中国大唐集团公司邀请，学会组织开展了辽宁庄河“院士行”活动。活动由学会理事长李冠兴院士带队，中国工程院院士杜祥琬、叶奇蓁、陈念念、郭东明，中国科学院院士邓起东等参加本次院士行活动。杜祥琬、叶奇蓁、郭东明等 3 位院士分别为来自大连市、庄河市的党政领导，大唐集团相关单位的干部职工作科普报告。

表彰举荐优秀科技工作者 学会推荐的刘庆成、陈日升、徐銶 3 人获得中国科协第五届“全国优秀科技工作者”称号。

【第十二届中国国际核工业展览会】 4 月 3 ~ 6 日，学会主办的以“科技创新、合作共赢、安全发展”为主题的第十二届中国国际核工业展览会在北京召开，来自中国、美国、加拿大、法国等 15 个国家的 200 余家展商参展，展出面积 1.3 万平方米，为历届核工业展览会之最。中共中央政治局常委、全国政协主席贾庆林，全国政协副主席、科技部部长万钢，以及国务院多个部委的主要负责同志参观了本届展览会。

本届展会全面展示了近年来世界核能发展的新技术、新成就和新能力，为全球核能界提供一个展示、交流和合作的平台，也为公众带来生动的核能科普。

展会展示了超大型铀矿床勘查、C F 系列核燃料元件、中国实验快堆等一批中国核技术创新成果。观众可以看到中国自主知识产权的三代核电技术 A C P 1000、多用途模块式小型反应堆等一批站在世界前端的核技术，以及新型爆炸物检测装置、辐照加工技术等与人民生活息息相关的核技术应用产品。

展会期间，特别围绕全球核安全与发展问题，举办核能高峰论坛，国际原子能机构、中国有关部门、核电企业等共同探讨核能安全发展方略，以及如何为核工业健康发展营造良好环境。展会期间还围绕核安全等有关问题举办了 6 场技术交流会。

【第二十届国际核工程大会】 7 月 31 日，由美国机械工程师学会、日本机械工程师学会、中国核学会共同主办的第二十届国际核工程大会在美国召开，来自世界各地的 800 多名专家与核工程技术人员参加了会议。大会为期 4 天，研讨范围涵盖核工程技术所有领域，全面展示近一年来的业界动态和研究成果。来自中国的参会论文共有 140 余篇，居各国论文数量之首。

学会秘书长王德林，中国核工业集团国际部副主任刘长欣代表中国核学会出席会议。王德林代表中国核学会在开幕式致辞，号召各国核能组织及个人加强交流与合作，共同努力，确保核能安全利用。刘长欣代表学会副理事长、中国核工业集团总工程师雷增光作题为《确保核安全，改进核技术：我们的行动》的主旨报告，报告分析了我国核安全自查的情况以及福岛事故后为提升核安全水平所做的努力，报告着重介绍了中国核工业集团 CAP1000 与 CAP100 的研究进展情况。中国核工业集团核动力研究设计院核反应堆热工水力技术重点实验室主任黄彦平在会上作了大会报告，中国核工业集团核动力研究设计院研究员宋丹戎在大会专题讨论会上作了关于核电安全的专题发言。

（撰稿人：马正锋）

中国石油学会

服务创新型国家和社会建设 按照中国石油学会与中国石油天然气股份公司勘探与生产分公司签订的“国内外低渗透油田提高单井产量的技术对策与工作方法”科研项目工作安排，2012 年学会组织大庆、吉林等油田有关负责人、技术专家对项目报告进行了初审，并根据专家意见，把近年出现的新技术、新方法、新措施在报告中予以补充和完善。

11 月 30 日，由学会与教育部学位与研究生教育发展中心、世界石油大会中国国家委员会、中国石油教育学会联合主办的 2013 年全国研究生创新实践系列主题活动暨第三届全国石油工程设计大赛启动仪式在中国石油大学（北京）举行。学会理事长、中国石油教育学会理事长曾玉康表示，全国石油工程设计大赛在提升石油工程在校生整体素质和综合运用专业知识的能力，为培养适应经济、社会发展需要的科技创新型、工程实践型和团队协作型的高素质石油工程师等方面起到了积极作用。

学会建设 截至2012年底，学会在册会员为6.4万人。据不完全统计，2012年学会及各分支机构共组织开展各类重点学术技术交流活动36次，参会人员4772人次，交流论文2171篇。

为系统、全面、真实、准确地反映中国石油学会成立以来的历史沿革和发展演变，2012年，学会编纂了《中国石油学会组织史》。

学会进一步加强学会网站建设和维护工作。购置服务器并改版了学会网站，增加了学会网上办公平台，逐步实现了学会各项工作网络化、信息化。各分支机构和地方石油学会相继建立或积极筹备建立网站。

3月30日～4月1日，中国石油学会2012年度工作会议在福建省厦门市召开。地方石油学会、学会分支机构共45个单位共105人参加会议。学会理事长曾玉康讲话，学会副理事长何庆华传达了中国科协2012年学会工作会议精神，学会秘书长方朝亮作了《坚定信心，开拓奋进，努力开创学会工作新局面》的工作报告，黑龙江等地方石油学会和海洋石油分会等学会分支机构共20家单位作了大会经验交流典型发言。

学术期刊 2012年，《石油学报》发表的学术论文中有93.3%属于国家和省部级基金项目成果，《石油学报》编辑部在发表的论文中评选出影响及引用率较高的优秀论文10篇，优秀审稿专家20名。2012年，《石油学报》发表的论文全部被美国工程索引（核心库）和美国石油文摘数据库收录。《石油学报》总被引频次为3183，影响因子为1.632，影响因子和总被引频次均达到历史最高水平。在全国1998种核心科技期刊中，影响因子排名为第25位，在能源科学技术类期刊中，综合排名为第2位。自2006—2012年连续7年荣获“中国科协精品科技期刊”项目资助及其精品期刊称号。

3月，《石油学报》编辑部正式启动创办《石油学报》英文版。已上报中国科协及国家新闻出版总署审批。

2012年，《石油学报（石油加工）》编辑出版正刊6期，发表研究论文167篇，其中基金项目研究论文128篇，占发表论文总篇数的76.6%。出版了第十六届全国分子筛年会论文专题增刊，发表稿件37篇。

2012年，按照国家新闻出版总署和中国科协的报纸期刊转企改制要求，《石油知识》杂志社作为第一批转企改制单位已按要求上报材料，并经中国科协同意报中央文化体制改革办公室审批。

国际学术会议 8月7～10日，学会与俄罗斯欧亚地球物理学会在俄罗斯伊尔库茨克市联合召开了以“油气井地球物理测井新技术和新方法”为主题的第七届中俄测井国际学术交流会。学会理事长曾玉康，副理事长何庆华，石油测井专业委员会主任陆大卫，陕西省石油学会理事长、中国石油测井有限公司总经理李剑浩，俄罗斯欧亚地球物理学会第一副主席、乌法地球物理科研生产企业测井仪器生产发展部经理拉普捷夫・弗拉基米尔・维克多洛维奇，俄联邦资源利用管理局伊尔库茨克地区副主任萨拉耶夫・安德烈・瓦西里耶维奇，俄罗斯石油天然气地质和地球物理学院院长艾波夫・米哈伊尔・伊万诺维奇等出席会议。学会石油测井专业委员会组织46人赴俄进行学术交流。欧亚地球物理学会组织俄罗斯和哈萨克斯坦等国的73人参加了会议。学会理事长曾玉康在会议开幕式上讲话。会议交流论文47篇，其中中方20篇，俄方27篇，集中展示了中俄两国近年来在测井技术研发领域取得的新进展。会后，学会石油测井专业委员会与俄罗斯欧亚地球物理学会共同签署了会议备忘录。

8月19～22日，学会与中国科协学会学术部、新疆维吾尔自治区科协、克拉玛依市人民政府等单位，在新疆维吾尔自治区克拉玛依市联合举办了第二届信息化创新克拉玛依国际学术论坛。论坛主题为“智慧城市、智能油田”。来自国内外相关单位的350多人参加了论坛。

9月4～5日，学会与日本石油产业活性化中心（JPEC）、韩国石油管理院（K-Petro）在辽宁省大连市联合举办了第五届中日韩炼油技术研讨会。学会副理事长、中国工程院院士曹湘洪，学会副理事长何庆华，学会石油炼制分会主任、中国工程院院士李大东，日本石油产业活性化中心专务理事中野贤行，韩国石油管理院理事长姜昇哲出席大会。中日韩三方共93人参加了本次会议，会议交流报告20篇。中日韩三国炼油技术专家围绕“石油加工、燃料质量与节能技术新进展”会议主题和重油加工、清洁产品、生物燃料、油品质量、节约能源、城市型炼厂前景等内容进行了交流。曹湘洪、日本石油联盟（PAJ）的Sugiyama Masaaki、韩国SK创新能源研究与开发中心的SHIN Jae-Wook分别介绍了中国、日本、韩国的石油石化工业面临的现状与挑战，从不同角度阐述了各国清洁燃料的生产路线、石油政策和应对措施。中国石化石油化工科学研究院副院长聂红在发言中介绍了中国自主开发的以动植物油、餐饮废油和农林废弃物为原料生产生物航空煤油的技术。来自日本石油联盟（PAJ）、新日本石油公司、韩国SK、GS Caltex、S-Oil和现代等公司的专家分别在大会上交流了炼油、环保、节能的新技术。

9月12～13日，学会与国家外国专家局国外人才信息研究中心、克拉玛依市人民政府在新疆维吾尔自治区克拉玛依市联合召开2012中国克拉玛依国际非常规油气论坛。学会理事长曾玉康，中国科学院院士贾承造，中国工程院院士童晓光、胡文瑞，学会副理事长、中国石油副总裁、中国工程院院士孙龙德，克拉玛依市市长、新疆油田公司总经理陈新发，中国石油学会副理事长何庆华等出席论坛，320多人参加论坛。论坛主题为“非常规油气——新疆新契机”。论坛重点围绕国内外开发利用页岩气等非常规油气的有关政策法规、资源条件、关键技术、经验认识等论题，提出意见建议。

国内主要学术会议 7月11～12日，学会在内蒙古自治区呼和浩特市组织召开了中国石油石化健康、安全、环保技术交流大会。学会副理事长何庆华、国家安全生产监督管理总局三司副巡视员牛开建，以及专家、技术人员400人参加了大会。大会共收到投稿论文280多篇。

9月13～14日，学会在新疆维吾尔自治区克拉玛依市组织召开了2012年石油天然气及石化装备管理与技术研讨会。会议就我国石油天然气勘探、开发、炼制、加工等主要仪器设备的研发制造和安全管理、信息化技术及有关政策法规、经验认识、发展动态及发展趋势等进行了专题研讨。中国石油、中国石化、中海石油、延长石油等单位120多人参加了会议。会议收到论文70多篇，30多位专家、技术人员作了报告发言。会议对新型设备适应非常规油气、深海油气、复杂地表条件、高含硫原油炼化等当前十分突出的技术问题进行了交流。

9月18～19日，学会在湖南省长沙市组织召开了2012年天然气学术年会。学会理事长曾玉康，副理事长何庆华，中国工程院院士邱中建、童晓光出席了会议，30余家单位的近300名天然气界专家参加会议，会议共收集论文286篇。会议围绕“加快科技创新，推动成果转化、促进天然气工业可持续发展”主题，邀请院士、专家作了18个主题报告，并按地质勘探、物探测井、地面工程、气藏工程、采气工程、钻井工程、综合等分专题交流论文169篇。

10月19～20日，学会与世界石油大会中国国家委员会、科技部社会发展司在北京联合举办了2012中国油气论坛——地球物理勘探专题研讨会。学会理事长曾玉康，世界石油大会中国国家委员会主任、原石油工业部部长王涛，科技部社会发展司司长马燕合等出席会议并讲话。来自国际著名能源企业和研究单位、中国能源企业、石油高等院校及研究单位的420多名油气领域的专家、学者参加了会议。会议围绕“地球物理勘探：技术、前沿、明天”主题，组织交流报告49篇。论坛还首次设立学生地球物理勘探技术专题论坛，旨在吸引更多年轻人参加学术研讨活动。

科普活动 据不完全统计，2012年，学会组织主题科普活动6次，举办科普讲座22次，举办科普展览13次，举办其他形式科普宣传活动12次，参加主题科普活动的科技工作者和受众人数达12690人次。学会组织专家参与完成了中国石油天然气集团公司“千万图书下基层，百万职工品书香”活动中《石油基础知识读本》的编写工作。

表彰举荐优秀科技工作者 学会推荐的夏庆龙、孙丽丽、王峰、胡勇4人获得中国科协第五届“全国优秀科技工作者”称号。

由学会推荐的中国石油大学（北京）高德利教授“复杂结构井钻完井技术”研究群体，获得国家自然科学基金委员会“创新研究群体”称号。学会连续多年积极向中国科协、国家自然科学基金委员会推荐候选创新研究群体，这是首次获得“创新研究群体”称号，获得国家自然科学基金委员会基金经费资助。

【中国石油石化健康、安全、环保技术交流大会】 7月11～12日，学会在内蒙古自治区呼和浩特市组织召开了中国石油石化健康、安全、环保技术交流大会。学会副理事长何庆华、国家安全生产监督管理总局三司副巡视员牛开建，以及专家、技术人员400人参加了大会。

中国石油、中国石化、神华集团、中化集团和杜邦公司等单位安全环保部门的负责人和代表作了主题发言，大庆油田等30多个石油石化企业及相关单位的代表作了专题技术交流报告。大会共收到投稿论文280多篇，涉及油气地质勘探、钻探工程、开发生产、储运、地面工程、炼油加工和化工生产等各个方面的HSE（健康、安全、环境管理体系）内容，反映了我国石油石化企业HSE建设的最新动态和成果。

【2012中国克拉玛依国际非常规油气论坛】 9月12～13日，中国石油学会与国家外国专家局国外人才信息研究中心、新疆维吾尔自治区克拉玛依市人民政府在新疆维吾尔自治区克拉玛依市联合召开了2012中国克拉玛依国际非常规油气论坛。学会理事长曾玉康，中国科学院院士贾承造，中国工程院院士童晓光、胡文瑞，学会副理事长、中国石油副总裁、中国工程院院士孙龙德，克拉玛依市市长、新疆油田公司总经理陈新发，中国石油学会副理事长何庆华等出席论坛，来自国内外从事和关注非常规油气开发利用的政府和企业高级管理人员，高校、科研院所的教授、专家，以及来自非常规油气勘探开发、科研生产一线的技术人员320多人参加论坛。论坛主题为“非常规油气——新疆新契机”。论坛重点围绕国内外开发利用

页岩气等非常规油气的有关政策法规、资源条件、关键技术、经验认识等议题，提出意见建议。贾承造、童晓光、胡文瑞三位院士作了主题报告，国土资源部油气资源战略研究中心、新疆油田、壳牌石油公司、西南石油大学等20多位中外技术专家作了论坛发言。论坛紧紧抓住页岩气等非常规油气这一直接影响和改变我国能源发展战略的主题，提出必须结合中国实际，走中国式可持续科学发展非常规油气之路。

（撰稿人：康　剑）

中国煤炭学会

服务创新型国家和社会建设　2012年，中国煤炭学会举办专业培训和技术讲座8项，共58期，受众3678人次。

学会联合分支机构举办了企业精细化管理、商业模式创新、财务运营筹划等方面的培训班6期，学员400多人次。开采专业委员会就煤矿巷道快速掘进支护技术进行培训，得到了企业和基层技术人员的好评。计算机通讯专业委员会针对煤矿安全生产与信息技术举办了20期培训，1800余人参加了学习。

学会牵头组织有关分支机构和团体会员单位的专家完成了“DSJ140/350/3×500顺槽带式输送机”、“兖矿集团水资源分析处理利用模式研究”等10项科技成果的技术鉴定工作。

学会开采损害技术鉴定委员会承担了山西省高级人民法院和有关政府部门委托的12项技术鉴定，对煤矿开采引起的地表塌陷原因及责任作出严谨公正的结论，为化解采矿矛盾纠纷，促进社会稳定做了工作。

学会建设　2012年，学会新发展会员585人、资深会员20名、团体会员2个，会员总数达55896人，会员单位总数141个。

学会煤矿开采损害技术鉴定委员会、经济研究专业委员会、史志工作委员会和矿井地质专业委员会等4个分支机构完成换届工作。完成了煤矿土地复垦与生态修复专业委员会的更名，召开了成立大会。

按照学会改革方案，对学会的理事和分支机构委员实施动态管理，调整学会理事2人，调整分支机构主任委员1人、秘书长1人。学会的各级组织机构均已实现数据库管理。

学会开展了煤炭学会2009～2011年度优秀工作者和先进集体的评选活动。

学术期刊　学会主办的《煤炭学报》首次有2篇优秀论文入选“2011年中国百篇最具影响国内学术论文”。《煤炭学报》第5次荣获“中国百种杰出学术期刊”称号，还荣获“2012年中国最具国际影响力学术期刊”，《煤炭学报》英文版获得中国科协“优秀国际科技期刊”三等奖。

《煤炭学报》12期正刊的367篇论文和增刊94篇论文被《工程索引》（The Engineering Index，EI）全部检索，检索率100%。

决策咨询　8月6日，学会理事长濮洪九向国务院提出《关于促进煤炭工业健康发展的若干建议》，建议内容包括科学核定煤炭生产总量，加大推行绿色科学开采，积极应对低碳经济，大型煤炭基地建设等内容，受到国务院领导的重视，得到李克强副总理的批示。

国内主要学术会议　2012年，学会和各专业（工作）委员会共举办学术会议27个、学术论坛1个，共有4038人次参加了学术交流。各类学术会议共收到论文2148篇，编辑论文集16本，正式出版12本。

8月21～22日，学会开采专业委员会主办的纪念中国煤炭学会成立五十周年系列活动暨2012年全国煤矿科学采矿新理论与新技术学术研讨会在新疆乌鲁木齐市召开。17位专家、学者作学术报告，内容涉及复杂地质条件煤层开采理论、技术与工艺方法，冲击地压防治新理论与新技术，采场覆岩、巷道围岩控制理论与技术等方面。会议征集到学术论文80余篇，会议录用的论文由中国矿业大学出版社出版。会议期间，组织了神华新疆能源有限责任公司煤炭开采技术专题研讨会，与会代表围绕该公司的技术难题展开讨论，提出了可操作性建议。

10月21～23日，学会科普工作委员会在平朔煤炭工业公司举办了第七届全国煤炭工业生产一线青年技术创新交流活动，120人参加主会场活动，交流学术论文和技术创新成果300余项，有100篇论文编入会议论文集。学会理事长濮洪九和中国工程院院士王安作讲话。

10月30日～11月1日，全国煤矿安全、高效、洁净开采与支护技术新进展学术会议在湖南省张家界市召开，98人参加会议。20位专家和生产一线技术人员作学术报告，内容主要涉及综采放顶煤开采技术与装备30年的创新发展，充填开采新技术和巷道支护技术新进展。会议共收录101篇论文，收入由煤炭工业出版社出版发行的《综采放顶煤技术理论与实践创新发展——综放开采30周年科技论文集》中。

11月17日，纪念学会成立50周年系列学术活动——2012年全国矿山建设学术年会在广东省广州市召开，138人参加会议。安徽大学校长程桦，中煤矿建集团总工程师、教授级高级工程师王厚良，天地科技建井研究院研究员袁辉，优秀论文获奖作者、安徽理工大学土木建筑学院院长徐颖等就矿井建设技术与装备介绍了最新科技成果和技术攻关思路。年会共收到论文370篇，其中244篇入选《2012全国矿山建设学术年会论文集》(《安徽理工大学学报》增刊)，33篇论文被评为优秀论文。

12月9～10日，纪念中国煤炭学会成立50周年大会暨高层学术论坛在北京举行，490余人参加会议。会议进行了6个主题报告、16个学术报告，交流优秀论文11篇。

科普活动 2012年，学会举办科普展览7次，受众9080人，发放科普宣传材料3500份，组织科普工作志愿者1000余人次参与各项活动。

学会科普工作委员会召开了工作会议交流科普工作经验，表彰了神华集团公司、开滦集团公司科协等10家科普先进单位，6家单位进行了经验交流。会议期间，组织了矿区群众性技术创新活动研讨会。

表彰举荐优秀科技工作者 学会开展了第十二届全国煤炭青年科技奖、第七届全国煤炭工业生产一线优秀青年科技工作者、中国煤炭学会贡献奖的评选活动。

经学会向中国科协推荐，中国矿业大学教授张农获得第九届光华工程科技奖青年奖，祁和刚、孙继平、张瑞玺、李文博等4位技术专家荣获中国科协第五届“全国优秀科技工作者”称号。

学会与中国煤炭工业协会共同开展了中国煤炭工业科学技术奖的评奖工作。各煤炭企事业单位、科研院所、高等院校共申报成果650余项，305项获奖，其中特等奖2项、一等奖27项、二等奖124项、三等奖152项。

学会科普工作委员会表彰了第七届全国煤炭工业生产一线优秀青年科技工作者20人和优秀论文100篇。

【纪念中国煤炭学会成立五十周年大会暨高层学术论坛】 12月9～10日，纪念中国煤炭学会成立五十周年大会暨高层学术论坛在北京举行。第十届全国人大常委会副委员长顾秀莲，原国家计委副主任、中国煤炭学会第二届理事会理事长叶青，全国政协常委、中国煤炭工业协会会长王显政，中国工程院副院长谢克昌，中国科学院院士宋振骐，中国工程院院士钱鸣高、周世宁，国家安全生产监督管理总局副局长付建华，中国安全生产协会会长赵铁锤，中国有色金属学会理事长康义等出席大会。学会理事长濮洪九作了题为《继往开来乘势而上奋力开创煤炭科技事业美好明天》的工作报告。来自全国各省、自治区、直辖市的煤炭学会，各理事单位，各分支机构，各团体会员单位和有关科研院所、大专院校、企事业单位的专家、学者、科技工作者、教师和学生共490余人参加了会议。

12月9日下午举办了高层学术论坛，有6个主题学术报告分别是：学会副理事长、中国工程院院士张玉卓作题为《我国洁净煤转化产业发展展望》的报告，学会副理事长、中国工程院院士袁亮作题为《我国非常规天然气开发利用战略研究》的报告，学会常务理事、中国工程院院士刘炯天作题为《中国选煤技术的现状与发展》的报告，学会副理事长王金华作题为《特厚煤层大采高综放开采成套技术与装备》的报告，学会煤矿自动化专业委员会主任委员、中国矿业大学（北京）副校长孙继平作题为《煤矿井下安全避险六大系统》的报告，学会副秘书长成玉琪作题为《中国煤炭中长期发展战略研究与应对低碳经济》的报告。会上，专家、学者交流分享了目前关注的业内焦点如非常规天然气——页岩气开发、煤基清洁能源发展、井下安全避险等多领域的最新信息和最新技术进展。

12月10日，大会进行了学会各专业学术报告16个，各省（区、市）煤炭学会优秀论文交流11个。会议期间，举办了煤炭科技成果展，展示了中煤能源集团、冀中能源集团、中煤科工集团、山东能源集团、晋城煤业集团等30余家单位的科技成果和新产品。

【煤矿土地复垦与生态修复专业委员会成立大会暨第一届学术研讨会】 11月29～30日，中国煤炭学会煤矿土地复垦与生态修复专业委员会成立大会暨第一届学术研讨会在北京召开。专家、学者和来自政府部门、科研院所、企业、投融资机构、新闻媒体等单位的200多人参加会议。研讨会主题为“矿区污染防治、土地复垦与生态修复”，围绕政策法规与标准的制订、完善，地质灾害、土地损毁及矿区环境污染的监测、风险评估与预警防控，相关理论研究、规划设计与复垦修复技术体系的建立，以及生态修复后的保护与再开发利用等核心问题展开深入研讨。中国工程院院士彭苏萍作了题为《中国煤炭资源开发利用现状及可持续发展战略》的主题报告。

会议达成了《2012关于矿区土地复垦与生态修复行业发展的几点共识》。提出了在煤炭开发利用过程中如何落实党的十八大“生态文明建设”的问题，提出了解决在我国经济快速发展中矿区污染防治、土地复垦与生态修复的重要问题对策，以期共同推进我国矿区污染防治、土地复垦与生态修复事业的发展。

【编印《中国煤炭学会五十周年》纪念画册】 学会策划、编辑了《中国煤炭学会五十周年》纪念画册，由《当代矿工》杂志社制作，11月印刷出版。画册收录重要科技人物、活动、著作刊物和数据等，以图文并茂的形式展示学会50年来的工作成就，宣传煤炭系统的科技领军人才和有突出贡献的科学家；介绍学会主办的期刊，历年开展的国际交流和重要学术活动；介绍学会开展的课题研究和科技咨询项目，以及科学普及、人才培养举荐、会员服务、表彰奖励等工作。画册分 11 个栏目，收录 170 幅照片；另设“资料汇编”，编入煤炭学会简介、历史沿革、组织机构、历届理事会组成人员名单、重要国内外学术交流活动等资料。全书共 203 页，为学会 50 年的历程留下宝贵的资料。

（撰稿人：岳燕京）

中国可再生能源学会

服务创新型国家和社会建设　2012 年，学会及各专业委会开展的专题研究与咨询近 20 项。其中，学会承担了国家能源局《提高生物质能开发利用效率的路线图和政策研究》，与中国科学院科技政策与管理科学研究所共同承担并完成了“青海省能源发展战略与规划研究”等。光伏（电）专业委员会在环保部“新能源产业（太阳能电池板）环境影响与管理研究”环保公益性行业科研项目中承担“太阳能电池高纯多晶硅产业的产排污系数研究”子课题，并承担了《中国能源装备年鉴（2012 卷）》光伏部分的编写工作。风能专业委会配合国家能源局、商务部、工业和信息化部等开展了多项政策研究和建议工作，包括《关于谨慎开展气象收费 / 风火替代交易的政策建议》、《可再生能源电力配额管理办法建议》、《风电并网运行管理办法建议》、《鼓励和引导民间投资新能源和可再生能源实施细则建议》、《风电功率预测考核办法建议》。生物质能专业委员会受“可再生能源及能源效率伙伴关系计划（REEEP）”项目组委托，承担了其“中国生物质固体成型燃料市场分析与激励政策研究”的研究工作。太阳能建筑专业委员会承担“863”计划先进能源技术领域重大项目“大型光伏（并网、微网）系统设计集成技术研究示范及装备研制”课题六“双模式建筑光伏系统集成技术研究及关键设备研制”、课题七“建材型光伏构件制造与测试关键技术及装备”的研究工作。产业工作委员会完成了《中国光伏产业清洁生产研究报告》、《中国风电发展报告（2012）》、《中国可再生能源 2050 创新与发展路线分析报告》的研究工作。

学会组织编写的《中国新能源与可再生能源年鉴（2012）》全面反映了我国新能源和可再生能源技术和产业的发展现状、最新政策信息、发展规划及投资热点等，重点分析、预测未来我国新能源产业的发展趋势，介绍国内外在新能源领域的最新产品和技术，包括太阳能、风能、生物质能、地源热泵、太阳能建筑一体化、氢能、海洋能、天然气水合物、新能源汽车、核能等。

学会参与《中国电力大百科全书·新能源卷·风力发电机组分支》和《中国风电产业发展报告（2012）》的编写，主持编写《风力发电英汉 / 汉英词典》。

11 月 11 ~ 12 日，学会在四川省成都市与成都市政府、新能源商会等单位联合主办了第五届中国（成都）新能源国际峰会暨展览会。峰会暨展览会以“产业升级背景下的机遇与挑战”为主题，主要有成都市新能源产业推介会暨项目签约仪式、2012 中国（成都）核技术应用产业国际论坛、2012 智能电网巡回论坛成都会议、太阳能论坛等活动，并配套举办了太阳能、核技术应用、智能电网等专题展览。峰会参会人数 670 人，参会新能源企业、行业协会、科研院校 305 家，参展企业共计 79 家，展览面积 8000 平方米，峰会签约项目 8 个，其中 4 个项目签正式协议，4 个项目签意向协议，协议总投资 64.5 亿元。

学会建设　学会主办及联合举办的国内、国际研讨会和展览会 40 余次，参与学术交流人数近 20000 人次，发表论文 2000 余篇。

学会对网站进行了重新设计和改版，为会员提供学术会议、报告、咨询等服务信息。

科技期刊国际影响力提升计划　《太阳能学报》获得“第二届中国精品科技期刊”称号。学会推荐两篇 2012 年《太阳能学报》发表的优秀论文参选“领跑者 5000——中国精品科技期刊顶尖论文”项目。一篇是朱冬生等发表在 2012 年第 6 期上的《板翅式热泵相变储热器的实验研究》。另一篇是张全国等发表在 2012 年第 2 期上的《光合产氢混合菌群的碳源代谢实验研究》。

国际学术会议　5 月 15 ~ 18 日，学会牵头主办的 2012 国际太阳能产业及光伏工程上海展览会暨论坛在上海市举行，主题为“发展新能源，造福全人类”。大会主要议题包括光伏产业应如何加强国际交流与合作、加快提升技术、保障产品质量、推进市场应用等。展会展商超过 2200 家，展馆面积 20 多万平方米，观展人数 15 万人次，创全球光伏展会历史之最，已经成为目前全球规模最大的太阳能光伏专业展览会。

8 月 21 ~ 23 日，由学会、中国工程热物理学会及科技部高新技术发展及产业化司联合主办的第六届太阳能热发电技术三亚国际论坛在海南省三亚市召开。来自国内外太阳能开发利用领域的专家、学者、政府官员、投资公司和企业代表共 350 余人参加了论坛。

10 月 22 ~ 24 日，由学会、中国林业科学院以及美国化学工程师学会主办的第三届生物质能源技术国际会议暨美国化学工程师（AIChE）学会生物质能分会研讨会在江苏省南京市召开。科技部农村科技司、国家林业局科技司等单位有关负责同志，中国工程院院士谭天伟、宋湛谦等出席大会。来自美国、英国、日本、韩国、丹麦、新加坡、印度、巴西、新西兰、瑞典等15个国家的能源、生物、材料及化学领域的30多名学者和国内30多家科研院所及高校的260余人参加会议，并作相关学术报告。

11月5～9日，由学会和浙江大学主办的第22届国际光伏科学与工程会议（PVSEC-22）在浙江省杭州市举行，来自亚洲、欧洲、美国等国家的科研人员600余人参加会议，大会交流论文500多篇。

11月26～29日，由学会与韩国新能源和可再生能源学会（KSNRE）、日本可再生能源学会（JCRE）、世界可再生能源学会（WREN）共同主办的第二届亚太可再生能源论坛在韩国济州岛举行。论坛旨在共同促进可再生能源在亚太地区的发展和应用技术交流。韩国知识经济部和韩国科技联盟协会等10多个单位参与协办。

国内主要学术会议 学会光电（伏）专业委员会主办了太阳级硅及光伏发电研讨会等，风能专业委员会主办了海上风电研讨会、风电机组仿真与设计研讨会等，生物质能专业委员会主办了第四届中国国际生物质能展暨研讨会等，热利用专业委员会召开了专委会2012学术年会暨太阳能光热建筑一体化技术交流会，光化学专业委员会举办2012光化学专业委员会会议暨学术研讨会、第十三届全国太阳能光化学与光催化学术会议，氢能专业委员会召开了第十三届全国氢能研讨会，海洋能专业委员会举办了第五届全国海洋能学术讨论会，太阳能建筑专业委员会举办了4次创新沙龙，以及2012专委会年会暨太阳能建筑设计技术研讨会，产业工作委员会召开了海外可再生能源项目开发高端研讨会等。

国际交往 2012年，学会接待国际机构、组织来访近百余人次，包括国际可再生能源机构（IRENA）、国际能源机构（IEA）、德国能源署、瑞典皇家工程学院、澳大利亚太阳能学会、德国弗劳恩霍夫协会、德国电气工程师协会（VDE）、法国电力集团、德国北威州经济部、德国不来梅市经济部和港务局等，并与澳大利亚太阳能学会正式签署了《中澳太阳能战略合作战略协议书》，共同推进两国太阳能产业间的合作及交流。

科普活动 2012年，学会开展科普、培训活动10余项，参加人数1000余人次。

6～9月，受国务院机关事务管理局公共机构节能管理司、中国科协科普部的委托，学会设计组织的“科技助力公共机构节能科普巡展”在北京举行。巡展分3路进行，涉及国务院30多个部委和4所大学。

表彰举荐优秀科技工作者 学会开展了“台达杯”国际太阳能建筑设计竞赛、绿色风能——研究生优秀学位论文奖等评选工作。

【2012国际太阳能产业及光伏工程上海展览会暨论坛】 5月15～18日，由中国可再生能源学会、上海市经济团体联合会、上海科技开发交流中心、上海新能源行业协会、亚洲光伏产业协会、美国太阳能行业协会、日本太阳光发电协会等17个国际行业组织联合主办的2012国际太阳能产业及光伏工程上海展览会暨论坛举行，主题为“发展新能源，造福全人类”。大会主要议题包括光伏产业应如何加强国际交流与合作、加快提升技术、保障产品质量、推进市场应用等。展会展商超过2200家，展馆面积20多万平方米，来自91个国家和地区的相关企业近700家参展，观展人数15万人次，创全球光伏展会历史之最，已经成为目前全球规模最大的太阳能光伏专业展览会。

上海市委常委、副市长艾宝俊，全国政协常委、上海市经团联会长蒋以任，上海市政协副主席、浦东新区区长蒋樑等出席了展会开幕式。此次展会具有展出规模大、参展企业多、国际化程度高、展出技术成果新等特点。光电转换效率从19.2%提高到20.3%单晶硅太阳能电池、全球体积最大的单个重达800千克的多晶硅锭、单炉产量可达1800千克的晶体硅提纯铸锭炉、可替代传统屋面建材使建筑物变成“创能载体”的整装式光电建筑构件等最新科研成果和尖端产品在展会亮相。展会期间还举办了科技应对气候变化产学研合作交流会。

【第22届国际光伏科学与工程会议（PVSEC-22）】 国际光伏科学与工程会议（PVSEC）每年一次，在亚洲不同的国家轮流举行，目前已成功举办了21届，是国际上最重要的太阳能光伏领域的三大专业会议之一。

11月5～9日，由中国可再生能源学会、浙江大学主办，中国可再生能源学会光伏专委会、浙江大学硅材料国家重点实验室承办的第22届国际光伏科学与工程会议在浙江省杭州市举行，来自亚洲、欧洲和美国的科研人员600余人参加会议，大会论文交流500多篇。会议传递了有关新产品研发、行业趋势，创新技术，以及市场动态等方面的最前沿信息等。

在CPVC12展会期间开展“科技助推公共机构节能”科普展活动，广泛宣传公共机构节能工作开展情况和突出成效，同时推广节能减排适用技术成果，开展节能减排科技示范，普及节能环保知识，提高社会公众的节能意识，推进节约型社会的建设。

（撰稿人：梁　媛）

中国能源研究会

服务创新型国家和社会建设 中国能源研究会完成《我国火电企业可持续发展对策研究》、《中国水电发展若干重大问题研究》、《健全与社会主义市场经济相适应的能源市场监管体制研究》等5项委托课题研究。地热专业委员会完成了与澳大利亚的合作研究项目“中国增强型地热系统资源潜力研究”，该项合作研究是我国“干热岩”研究的第一项重要成果。

受国家能源局委托，研究会能源政策研究中心每月开展电力形势分析和电力供需预测预警，为国家能源局做好咨询决策支撑。编制了《电力监管数据分析手册（2012）》、《能源数据分析手册》、《中国能源预警体系研究》、《2012年能源形势分析及2013年展望》等专业报告9份，分别被国家电力监管委员会、国家能源局采用。

受科技部国际合作司委托，研究会作为项目（中方）执行单位，共举办3期赴意大利培训班，培训总人数125人。3期培训班分别是清洁生产能力建设培训班、技术与科技园可持续发展能力建设培训班、可再生能源可持续发展能力建设培训班。

6月29日，研究会在北京组织召开了完善能源管理体制研讨会，由研究会理事长柴松岳主持，第十一届全国政协常委、经济委员会委员张国宝，国务院参事徐锭明、陈全生，研究会副理事长周大地、秘书长于新阳及工业和信息化部、国家安全生产监督管理局、国务院研究室、国务院国有资产监督管理委员会、国家电力监管委员会等单位的有关负责同志、专家28人参加会议，会议介绍了能源研究会有关能源管理体制研究初步成果，围绕如何完善我国能源管理体制进行研讨。

9月23日，研究会在北京组织召开能源管理体制研究课题成果发布会暨改革研讨会。研究会秘书长于新阳主持研讨会，在能源管理体制研究课题成果发布会单元，研究会副秘书长、能源政策研究中心执行主任俞燕山和执行副主任林卫斌分别对课题研究背景和研究成果作了介绍。在能源管理体制改革研讨单元，研究会副理事长冯飞、徐锭明，研究会副秘书长田会、李希宏等分别就成立能源部的必要性、设立能源部的条件，我国行政管理体制改革趋势，对“政监分离”与“政监合一”的思考，国外能源管理体制发展最新趋势，从企业角度看政府煤炭、油气管理职能等方面进行了研讨。

11月6日，研究会与北京国际能源专家俱乐部共同举办了主题为“成功开发中国页岩气资源的政策与监管条件”的高端闭门研讨会，与国内外专家共同讨论中国页岩气政策与监管问题。

学会建设 2012年，研究会在册个人会员1216名，新增26名。团体会员20个，新增2个。经中国科协和民政部主管部门批准，中国能源研究会分布式能源专业委员会成立。

1月7日，研究会召开了六届五次理事会和常务理事会。

11月6日，中国科协组织人事部发文授予中国能源研究会“全国博士生学术年会优秀组织奖”。

学科发展研究 2012年，研究会编辑出版了《中国能源发展报告（2012）》、《中国能源政策评论（2012）》、《“十二五”规划与能源发展报告》、《中国能效投资进展报告（2012）》。

国际学术会议 2012年，研究会支持北京国际能源俱乐部组织召开10次中外双边和多边国际学术交流和活动。

5月2日，研究会与北京国际能源专家俱乐部共同举办美国油气市场变革与全球能源安全专家研讨会，美国国务院特使、国际能源事务协调员、能源资源局局长卡洛斯·巴斯瓜尔作主旨演讲。50余位国内外专家参加会议。

11月6～8日，研究会与美国燃气技术研究院（GTI）共同主办的2012全球非常规天然气峰会在北京召开。此次峰会的主题是“为开发中国的非常规天然气创造条件”，目的是为配合国家落实“十二五”页岩气和煤层气发展规划，及时把握国外在非常规天然气开发方面的政策、监管、技术、投资、环境保护等方面的最新进展并交流我国的初步经验。研究会理事长柴松岳，国家能源局副局长张玉清，美国燃气技术研究院院长戴维·卡洛，国际能源署副署长理查德·琼斯，美国能源部部长助理克里斯托弗·史密斯及中外专家126人出席峰会。会议主旨发言包括：世界各国非常规天然气开发现状，中国页岩气发展规划和前景，亚太地区非常规天然气的机会和活动等。会议就我国近期的非常规天然气勘探开发活动、创造非常规天然气业成长的条件、可持续的政策和法规、解决潜在的环境影响、连接供应与需求，以及适用中国非常规天然气的创新技术、应用和开采技术等展开了研讨。

国内主要学术会议 2012年，中国能源研究会共组织召开各种层次的学术会议和活动15次，交流论文476篇，2000余名科技工作者参加了研究会及专业委员会组织召开的学术交流和学术活动。

3月27日，2012中国煤炭业高峰圆桌会在北京召开。研究会理事长柴松岳、副理事长周大地、中国煤炭工业协会会长王显政、煤炭规划设计研究院副院长李俊峰等业内专家，以及神华集团副总经理王品刚、中煤能源股份公司副总裁祁和刚、中国华能集团、中国华电集团等多家企业的121人出席会议。与会专家、企业界人士就我国煤炭工业发展面临的机遇和挑战、煤炭消费总量控制、煤炭清洁高效利用、煤炭企业的整合兼并以及煤炭产业结构调整等问题进行了讨论。

8月4日，研究会地热专业委员会、国土资源部环境司和西藏国土厅在西藏自治区拉萨市联合主办“推动和加速我国地热发电研讨会”。全国人大环境与资源保护委员会原主任毛如柏，西藏自治区人大常委会副主任、中国工程院院士多吉，国际地热协会理事庞忠和，研究会地热专业委员会主任田廷山，以及来自国土资源部地质环境司、中国地质环境监测院、中国地质调查局水环部、西藏国土资源厅、西藏地质勘查局等全国19个省市41单位的90多人参加了会议。

毛如柏说，地热资源是我们国家可再生能源的重要组成部分，理应得到国家的重视，应充分地去挖掘利用我们国家丰富地热资源，把我国地热资源的开发利用提升到一个新的规模，一个新的水平。

多吉介绍了我国高温地热的发展状况，并希望国家有关部门，继续更加关心和支持我国高温地热资源的勘查开发利用的事业，以科技引领地热产业的科学，快速、持续、健康的发展，早日赶上世界先进水平。

从事地热研究开发利用的11位学者及专家分别从地热发电的前沿进展、世界地热发展的趋势和地热发电新技术、西藏以及其他有地热资源地区的地热发展状况、未来的规划建议等作了研讨报告。

11月10日，研究会在北京组织举办了“中国能源基础信息平台”开通仪式暨《中国能源政策评论（2012）》发布会。发布会对中国能源基础信息平台作了介绍，发布了中国能源政策评论（2012）成果，召开了中国能源政策评论专家研讨会。研究会理事长柴松岳，研究会副理事长、中国科学院副院长李静海，国家能源局总工程师吴贵辉，研究会副理事长、国务院参事徐锭明、郑虎及部分在京的理事和能源领域专家学者70余人出席开通仪式和专家研讨会。

国际交往　6月11日，中美能源交流晚餐会在北京举办，在华访问的美国能源部副部长戴维·桑德罗出席，就美国能源发展、国际能源局势和中美能源合作等议题与国内专家进行交流。北京国际能源专家俱乐部名誉理事会主席、国家发改委原副主任、国家能源局局长张国宝，原驻法国大使、外交学院院长吴建民，北京国际能源专家俱乐部名誉理事会副主席、国家发展改革委能源研究所原所长周大地，以及来自国家发改委、国家能源局、国务院发展研究中心、国内外能源企业和美国驻华使馆的专家86人参加会。桑德罗回顾了自2009年6月以来美国能源发展态势，阐述了对中美能源合作的看法，并回答了中方专家的提问。

科普活动　3月18日，由中国科协、中国新闻社及道达尔集团联合主办，中国能源研究会协的全国科普巡展开幕庆典暨“和谐能源之旅”能源论坛在中国科技馆开幕。展览内容以“个人”为视角，展示了能源与个人、能源与发展、能源与环境的密切关系，生动展示了中国多元化的能源体系全景。同日，主题为“和谐能源：以合促和的道与度”的能源论坛举行，研究会副理事长、国务院参事徐锭明出席开幕式并作为特邀嘉宾在能源论坛上发表了演讲。2012年全年，展览分别在北京、上海及广州举行，为公众普及能源知识。

表彰举荐优秀科技工作者　经研究会推荐，地热专业委员会秘书长董颖获得中国科协第五届“全国优秀科技工作者”称号。

【美国油气市场变革与全球能源安全专家研讨会】　5月2日，中国能源研究会和北京国际能源专家俱乐部共同举办“美国油气市场变革与全球能源安全”专家研讨会，特邀美国国务院特使、国际能源事务协调员、能源资源局局长卡洛斯·巴斯瓜尔作主旨演讲。国务院参事、北京国际能源专家俱乐部名誉理事会副主席石定寰到会致辞。会议由国家发展改革委能源局原巡视员、北京国际能源专家俱乐部创始人之一白荣春主持。来自中央财经领导小组办公室、国务院研究室、国务院法制办、国家发展改革委、国家能源局、国土资源部、中国科学院、国务院发展研究中心、国内各大能源企业与研究机构，以及英国、荷兰与挪威驻华使馆等50余位国内外专家参加会议。

研讨会就页岩气革命而引起的美国油气市场变化、全球能源安全影响、美国能源外交政策等问题展开了讨论。

【成功开发中国页岩气资源的政策与监管条件研讨会】　11月6日，中国能源研究会和北京国际能源专家俱乐部共同举办了主题为“成功开发中国页岩气资源的政策与监管条件”的高端闭门研讨会。研究会顾问、北京国际能源专家俱乐部名誉理事会主席张国宝出席会议并发言。国际能源署副署长理查德·琼斯和中国能源网首席执行官、国务院发展研究中心的冯丽雯为主讲嘉宾，与国内外专家共同讨论中国页岩气政策与监管问题。

美国能源部助理部长帮办克里斯·史密斯和波兰驻华使馆一等秘书尤兰塔·伊瓦尼茨卡分别介绍了美国和波兰在页岩气政策与监管方面的经验。美国自然资源保护委员会高级顾问杨富强从非政府机构角度对中国页岩气开发的环境监管提出建议。

来自国家发展改革委、国土资源部、国家能源局、中国工程院，国内外与页岩气相关的各大能源研究机构、能源企业与非政府组织，以及波兰、英国、美国、欧盟驻华大使馆等80位专家参加会议。

（撰稿人：李　卫）

中国硅酸盐学会

服务创新型国家和社会建设　2012年，中国硅酸盐学会参加国家标准、规范编写、修订工作43项，规划、行业发展战略报告、建议等起草和决策咨询工作21项。完成了中国科协政策调研课题“建材行业科技工作者状况调查”。举办各种培训、讲座活动14场，1065人次参加培训。

5月14～15日，学会玻璃纤维分会与国家玻璃纤维产品质量监督检验中心在江苏省南京市举办岩棉行业质量控制技术培训班。来自40余家岩棉生产企业的近60名学员参加培训。授课专家就《岩棉准入条件暂行管理办法（征求意见稿）》中关于生产规模、工艺与装备，产品质量和能源消耗等具体要求，向学员作了解读和指导。培训期间，玻璃纤维分会还对参加培训企业现有产能、应用状况及其对《岩棉准入条件暂行管理办法（征求意见稿）》的意见以调查问卷的形式进行征集，并将企业反映较为突出的意见向工业和信息化部反馈。

9月24～26日，学会科普工作委员会在河北省石家庄市举办全国水泥助磨剂应用技术培训交流会。会议交流了助磨剂与混凝土外加剂的适应性、对混凝土性能和质量的影响等，旨在帮助水泥生产企业以科学的态度对待水泥助磨剂，正确认识水泥助磨剂应用效用的评价，科学选择和使用水泥助磨剂，85名代表参会。

学会环境保护分会组织专家完成了《水泥工业污染防治最佳可行技术指南》研究报告初稿。完成了《工业大气污染物排放标准》（GB4915-2004）修订工作的调研、可行性研究报告和征求意见稿的编写工作。

学会建设　2012年，学会新发展个人会员47人，个人会员总数达20081人。

学会先后召开八届理事会二次会议，八届理事会二次、三次常务理事会议。

科技期刊国际影响力提升计划　开展第七届《硅酸盐学报》优秀论文奖评审奖励工作，6篇论文获奖。《硅酸盐学报》被评为2011年“百种中国杰出学术期刊”，入选首届“中国最具国际影响力学术期刊”，被列为2012年度“中国科协精品科技期刊工程”项目。学会获中国科协学会能力提升专项——优秀国际科技期刊奖创办英文科技期刊三等奖，经中国科协同意申办 *Journal of the Chinese Ceramic Society*（《硅酸盐学报》英文版）。

国际学术会议　2012年，学会举办了第六届国际耐火材料会议、第三届中日双边晶体生长与技术研讨会、第13届国际非晶态固体物理会议、第一届无机材料测试与评价技术国际研讨会等4个国际学术会议，794人次参会，其中外国学者222人次，交流论文636篇。

9月16～20日，学会与武汉理工大学联合，在湖北省宜昌市举办第十三届国际非晶态固体物理会议。会议得到国际玻璃协会、美国陶瓷学会、日本陶瓷学会、国际玻璃材料研究所、Newport Corporation（美国理波公司）等单位支持。来自中国、美国、日本、法国、韩国、英国、丹麦、澳大利亚、意大利、德国等36个国家的300余名学者（其中国外学者153名）参会，交流论文343篇，30位专家、学者作了专题邀请报告。与会专家、学者就非晶态材料的玻璃转变及弛豫、流变性、非晶态固体的结构及其计算机模拟、多非晶相等基础问题，非晶态材料的电学、光学、机械性能及其应用，非晶态材料的制备及加工新技术等应用型前沿问题在36个分会场和2个展讲会场进行讨论和交流。会议的优秀论文在非晶态材料研究领域权威期刊 *Journal of Non-Crystalline Solids*（《非晶固体杂质》）上发表。

10月15～18日，学会测试技术分会在江西省景德镇市举办第一届无机材料测试与评价技术国际研讨会，来自中国、美国、比利时、英国、法国、印度、瑞士、西班牙、韩国、土耳其等国家的160名学者（其中外国学者14名）参会，交流论文162篇，5位专家、学者作了大会邀请报告。会议期间，组织了英文口头演讲竞赛，来自全国高校、科研院所和企业的34名学生参赛。学会还与Trans Tech Publications（瑞士跨科技出版公司）合作，将会议征集到的186篇论文在其出版的学术期刊 *Key Engineering Materials*（《重点工程材料》）和 *Advanced Materials Research*（《高级材料研究》）上以专辑形式出版。

10月19～21日，学会晶体生长与材料分会在安徽省合肥市举办第三届中日双边晶体生长与技术研讨会，15名中国学者和10余名日本学者参加会议。7名中国学者和6名日本学者分别作了邀请报告，交流了3年多来中日双方在晶体生长及其应用方面取得的学术成就和实用进步，并讨论了双方合作和发展等问题。

10月19～22日，学会在河南省郑州市举办第六届国际耐火材料会议，会议旨在促进耐火材料技术和产品创新、加快耐火材料产业满足低碳经济发展步伐要求。

来自14个国家的309名学者（其中国外学者45名）参会，交流论文118篇（其中国外论文26篇）。会议邀请8位专家作了大会主题报告，并分3个分会场就6个领域进行交流，会议的规模、交流论文数和论文质量均超过了历届会议。

10月19～22日，学会房屋建筑材料分会与武汉理工大学、荷兰代尔夫特理工大学、埃因霍温理工大学、东南大学、美国田纳西大学、美国亚利桑那州立大学等单位联合，在湖北省武汉市举办第二届可持续建筑材料——设计、性能和应用国际学术会议，来自荷兰、美国、埃及、南非、德国、利比亚、苏丹等国家，以及中国大陆和台湾地区的150余名学者参会，会议收录论文69篇。会议围绕建筑材料的低碳生产、节能减排、循环利用，及其在道路工程、房屋建筑、基础设施等方面的应用展开研讨。8位专家、学者作了邀请报告,80余名代学者作了口头报告。

11月19～23日，学会特种玻璃分会与中国科学院上海光学精密机械研究所等单位联合，在广东省广州市举办第六届中国功能玻璃学术会议暨新型光电子材料国际论坛，来自中国、丹麦、法国、德国、美国、日本、新加坡等国家的200余名学者参会，交流论文67篇。本次会议共有邀请报告24篇，来自我国高校的26名研究生用英语作了学术报告，其中多人获“研究生优秀报告奖”。

国内主要学术会议　2012年，学会及其分支机构共举办国内学术会议41个，6788人次参会，其中外国学者38人次，交流论文2135篇。

6月22～24日，学会与同济大学在上海市举办第一届全国建筑材料测试与评价学术研讨会，来自全国27所高校和科研院所的60余人参会。会议主题为“建筑材料测试与评价”。

10月20～21日，学会在北京举办第二届无机新能源材料研讨会，130余名学者参会，交流论文100余篇。会议围绕LED显示与照明技术、锂电材料、热电材料、太阳能电池、固体氧化物燃料电池、智能节能窗和建筑节能镀膜玻璃技术等热点问题进行研讨。会议还特别为35岁以下青年科研人员包括在校博士、硕士研究生举办了科研创意演讲活动。

两岸交流　10月31日～11月2日，由学会混凝土与水泥制品分会、中建商品混凝土有限公司、台湾混凝土学会、台湾海洋大学主办的第三届两岸四地高性能混凝土国际研讨会在湖北省武汉市举办，来自日本、英国、新加坡、马来西亚，以及中国大陆和台湾地区的200余名学者（其中国外学者20余名，台湾地区学者14名）参会，交流论文71篇并正式出版论文集。会议以推动我国高性能混凝土研发与应用、低碳技术的推进为目的，从深度和广度上交流了低碳混凝土技术，交流涵盖混凝土矿物掺合料开发与应用技术、混凝土外加剂制备与应用技术、混凝土力学性能与耐久性研究、特种混凝土技术与性能研究、混凝土工程检测新技术等，反映了混凝土工程技术的新进展和发展趋势。

11月14～16日，学会房屋建筑材料分会与中国建筑学会、台湾“中华轻质骨材协会”在上海市举办第11届全国轻骨料及轻骨料混凝土学术讨论会暨第五届海峡两岸轻骨料混凝土产制与应用技术研讨会，来自海峡两岸58个机构的84人（其中台湾地区15人）参会，53人来自企业，会议交流论文36篇，正式出版论文集《轻骨料工业发展及工程应用》。生物质燃料、新型工艺设备、泡沫混凝土与轻骨料复合砌块是会议的热点议题。会议期间，还分别以“轻骨料实验研究与生产”及“轻骨料混凝土研究与应用”为主题，组织了综合讨论和交流座谈会。

国际组织任职　6月7日，学会副理事长彭寿在荷兰马斯特里赫特市召开的国际玻璃协会（ICG）理事会会议上就任国际玻璃协会主席，这是中国学者在国际玻璃协会首次担任主席。

7月15～19日，学会副理事长、中国科学院院士、国际陶瓷联合会候任主席南策文在第四届国际陶瓷大会上就任新一届国际陶瓷联合会主席，任期至2014年8月。

科普活动　学会开发完成“锂电池及其在电动汽车中的应用”科普资源包，该项目被列为中国科协优秀科普资源项目并获资助，评审组认为“项目成果内容丰富，制作精良，科学性强，涉及了很多最新的前沿科技内容”。

学会举办了国际玻璃协会“功能玻璃”夏令营、中国硅酸盐学会2012年会员日暨“锂电池及其在电动汽车中的应用”科普资源包发布会、“漫谈电池家族的新成员”报告会、“智能电网与钠硫电池”报告会和以在校本科生及研究生为主要受众的有关矿业固体废弃物综合利用等科普活动11场次。

10月，学会工艺岩石学分会以北京科技大学在校本科生和研究生为主要受众，开展有关矿业固体废弃物综合利用方面的知识、技术普及活动，举办了系列学术讲座和科普活动。

表彰举荐优秀科技工作者　开展2011年度中国建筑材料联合会·中国硅酸盐学会建筑材料科学技术奖评审奖励工作，47个项目获奖，其中一等奖9项、二等奖19项、三等奖19项。

经学会推荐，学会常务理事包亦望、温兆银、薛忠民获得中国科协第五届“全国优秀科技工作者”称号。

学会特种陶瓷分会在第17届全国高技术陶瓷学术年会上向对我国特种陶瓷事业作出杰出贡献的7名专家颁发了“中国特种陶瓷事业杰出贡献奖”。

学会创新发展 8月20～24日，学会在上海大学举办国际玻璃协会“功能玻璃”夏令营，该活动针对玻璃专业博士生和玻璃科技领域的青年科技人员，是国际玻璃协会的重要活动之一，2012年首次在中国举办，是学会为青年科技人员服务方式的创新尝试，来自高校、科研机构的34名博士研究生和青年科研人员参加夏令营。本次夏令营以专家授课、营员交流和参观访问学术机构的形式进行，全部用英文授课。来自日本、韩国和中国的14位专家就玻璃的结构、性能与应用作了报告，学员分成6个组就未来通讯玻璃、未来建筑玻璃、未来能源玻璃、未来汽车玻璃、未来生物技术玻璃和未来人类日常生活玻璃等主题进行了讨论，并采用多媒体形式进行了展讲。

【南策文就任国际陶瓷联合会主席】 7月15～19日，第四届国际陶瓷大会在美国芝加哥市召开，来自40个国家的470名学者参加会议。在大会开幕式上，国际陶瓷联合会（ICF）主席Gary Messing教授宣布，中国硅酸盐学会副理事长、中国科学院院士、国际陶瓷联合会候任主席南策文就任新一届国际陶瓷联合会主席，任期至2014年8月。

国际陶瓷联合会是陶瓷领域的国际性学术组织，成立于1989年6月，其宗旨是致力于陶瓷科学技术发展，促进和鼓励各国陶瓷界人士相互了解，增进在陶瓷科技、历史、艺术和教育等领域开展合作。中国作为创始成员，于1994年加入该组织。

南策文院士于2009年6月4日在加拿大温哥华市召开的国际陶瓷联合会理事会会议上当选国际陶瓷联合会候任（2010～2012年）主席。

【彭寿就任国际玻璃协会主席】 6月7日，中国硅酸盐学会副理事长彭寿在荷兰马斯特里赫特市召开的国际玻璃协会（ICG）理事会会议上就任国际玻璃协会主席，是中国人在国际玻璃协会首次担任首要领导，彰显了中国玻璃界在全球范围的地位、影响力和融合力，提升了中国在全球玻璃行业制定国际规则和指引发展方向的话语权。

国际玻璃协会是玻璃行业的国际性学术组织，成立于1933年9月，其宗旨是促进国际玻璃界团体和个人对玻璃科学、技术的进步和生产的相互了解，推动世界玻璃事业的进步。中国于1982年10月由中国硅酸盐学会以团体会员名义被该组织正式接纳，之后每年参加年会，加强了中国与国际学术界的交流与来往，推进了中国玻璃科学技术的发展。

彭寿于2011年4月1日在广东省深圳市召开的国际陶瓷联合会理事会会议上当选国际玻璃协会候任（2011～2012年）主席。

【第一届全国建筑材料测试与评价学术研讨会】 6月22～24日，学会与同济大学在上海市举办第一届全国建筑材料测试与评价学术研讨会，来自全国27所高校和科研院所的60余名学者参会。会议主题为“建筑材料测试与评价”，与会学者围绕建筑材料的微观理论模型、组成和结构的表征、性能的测试和评价等领域的最新进展进行了广泛讨论和交流，交流论文53篇并编印论文集，由瑞士跨科技出版公司（Trans Tech Publications）在 *Key Engineering Materials*（《重点工程材料》）上出版。

【国际玻璃协会“功能玻璃”夏令营】 8月20～24日，学会在上海大学举办的国际玻璃协会“功能玻璃”夏令营，该活动针对玻璃专业博士生和玻璃科技领域的青年科技人员，是国际玻璃协会的重要活动之一，每年在不同国家举办，2012年首次在中国举办，是学会为青年科技人员服务方式的创新尝试，来自高校、科研机构的34名博士研究生和青年科研人员参加夏令营。

本次夏令营以专家授课、营员交流和参观访问学术机构的形式进行，全部用英文授课。来自日本、韩国和中国的14位专家就玻璃的结构、性能与应用，为营员作了报告，学员们参与讨论和交流，每位学员还就自己的研究课题和爱好进行了5分钟英文介绍。

夏令营期间，安排参观了在玻璃陶瓷领域取得重要科研成果的中国科学院上海硅酸盐研究所和上海琉璃工房博物馆。参加夏令营的学员分成6个组分别就未来通讯玻璃、未来建筑玻璃、未来能源玻璃、未来汽车玻璃、未来生物技术玻璃和未来人类日常生活玻璃进行了讨论，并采用多媒体形式进行了展讲。

【第23届中国国际玻璃工业技术展览会】 4月2～5日，中国硅酸盐学会主办的第23届中国国际玻璃工业技术展览会在上海市举办。本届展览会是在欧债危机持续发酵，玻璃行业受房地产调控和原燃材料成本上升的双重影响、亏损面不断扩大等诸多不利因素情况下举办的，规模再创历史新高，展出面积首次超过80000平方米，进一步缩小了与世界第一大玻璃展览会——德国玻璃技术展览会的差距。来自28个国家的854家厂商参展，展会吸引了来自84个国家的24009名专业观众，其中外国观众达2195人。

本届展览会玻璃加工机械设备展出面积占总展出面积的60%以上。本届展览会呈现给观众的展品绝大部分是适应市场需求的新技术、新产品和新装备，涉及建筑节能玻璃的有：在线与离线Low-E、Sun-E等，双银、三银

Low-E 镀膜玻璃新产品和技术；涉及玻璃工业生产节能减排、控制质量的有：节能熔窑设计、全氧燃烧、脱硫及脱硝与发电一体化、在线缺陷检测等；涉及新能源光电转换的主要是太阳能薄膜电池用的 TCO 玻璃；涉及电子信息的是 0.5mm 的 TFT 玻璃和薄玻璃化学增强设备等。

展览会期间，学会举办了 13 场技术讲座，听众 647 人，讲座对玻璃行业最前沿的新技术、新产品和新设备进行了交流。学会还与中国建筑材料科学研究总院、世界著名玻璃深加工企业芬兰格拉司通集团公司共同举办了主题为“用于可持续能源系统的高性能玻璃”和第 10 届中国玻璃深加工研讨会（GPD China 2012）。研讨会共设 8 个技术专场，交流论文 31 篇，来自国内外的 320 人（其中：外国 130 人）参会；德国杜塞尔多夫展览公司和德国机械设备制造业联合会建筑机械与机械分会举办了德国玻璃技术展览会推荐会，德国西门子公司组织了西门子玻璃工业日活动，中国建材集团举办了“中国建材之夜”等活动。

（撰稿人：刘　捷　晋占平）

中国建筑学会

服务创新型国家和社会建设　2012 年，中国建筑学会举办专业科技培训、讲座 53 次，参加人数 5232 人次。

1 月 5 日，学会在北京人民大会堂召开发展和繁荣中国建筑文化座谈会。来自建筑界和新闻媒体的代表共 100 余人参加座谈会。会议倡导贯彻落实节能减排方针，反对建筑实践中过度装饰、追求形式、盲目攀比等浪费资源的倾向，为树立中国建筑文化自信、进一步推进中国建筑文化发展化产生积极影响。

3 月 16 ~ 17 日，学会在北京京西宾馆召开全国甲级建筑设计院建筑创作方向工作会议。来自 28 个省、自治区、直辖市建筑设计单位、建筑类高校，香港、澳门特别行政区建筑界，以及新闻媒体代表 500 余人参加了会议。会议围绕新时期中国建筑创作方向等议题进行了交流。

学会建设　2012 年，学会新增个人会员 657 人，达到 2173 人，新增团体会员 39 个，现达到 198 个。

国内主要学术会议　围绕行业热点、难点问题，2012 年学会及所属分会共开展学术交流活动 35 次，参加人数达 13000 余人次。主要活动有：发展和繁荣中国建筑文化座谈会、全国甲级建筑设计院建筑创作方向工作会、中国建筑学会 2012 年“建设我们的和谐家园”主题年会、《建筑学名词》终审工作会议、APEC 建筑师课题研讨会、华山论剑——建筑创作方法与实践论坛、第十一届全国建筑物理学术会议、中国建筑学会地基基础分会 2012 年学术年会、现代民用建筑电气设计节能技术高峰论坛暨中国建筑学会电气分会 2012 年会等。出版论文集 16 册，收录学术论文 1252 篇。

国际组织任职　在印度尼西亚巴厘岛召开的亚洲建筑师协会第 33 次理事会上，学会副理事长兼秘书长徐宗威当选亚洲建协副主席，分管 C 区建筑交流工作。这是中国学者第一次在亚洲建筑师协会担任副主席一职。

国际交往　2012 年，学会接待了来自美国、日本、韩国、英国、匈牙利、伊朗、西班牙、以色列等国家的相关建筑师学会、协会、设计机构及驻华使馆等临时访问团组。派出团组访问了菲律宾、美国、朝鲜、新西兰、韩国、印度尼西亚等 6 个国家，出席了 5 次国际会议。

10 月，以学会理事长车书剑为团长的中国建筑学会代表团赴韩国光州出席了第九届亚洲建筑国际交流会。亚洲建筑国际交流会由中、日、韩三国建筑学会轮流主办，每两年举行一次。

学会代表团出席了在印度尼西亚巴厘岛召开的亚洲建筑师协会第 15 次建筑师大会和第 33 次理事会。北京市建筑设计研究院有限公司提交的北京奥林匹克下沉花园获得亚洲建筑师协会颁发的金奖。

表彰举荐优秀科技工作者　学会启动了第一届国务院评比办核定的“建筑设计奖”评审工作，完成了第六届梁思成奖、第四届建筑教育奖和第九届青年建筑师奖的评选颁奖工作。

12 月 21 日，第六届梁思成建筑奖颁奖仪式在北京人民大会堂举行，住房和城乡建设部副部长郭允冲，老领导叶如棠，学会理事长车书剑等出席会议，为获奖专家刘力、黄锡璆以及获得提名奖专家孟建民、陶郅、唐玉恩颁发奖章和证书。

学会创新发展　学会加大了会员工作的力度，在会员的管理与服务上有了新的突破。10 月 17 日，学会在北京故宫博物院举行了资深会员颁证仪式。在故宫博物院举行颁证仪式，具有中国建筑文化的浓厚氛围，有特殊和重要的意义，旨在提升中国建筑师对中国建筑文化的热爱，提高中国建筑师的文化自觉和文化自信，激励更多的中国建筑师和工程技术人员研究和弘扬中国建筑文化。

【发展和繁荣中国建筑文化座谈会】 1 月 5 日，中国建筑学会在北京人民大会堂召开发展和繁荣中国建筑文化座谈会。来自建筑界和新闻媒体的 100 余人参加座谈会。

建设部老领导叶如棠、周干峙、宋春华，中国工程院院士张锦秋、马国馨、崔愷等就发展和繁荣中国建筑文化提出了意见和建议。学会理事长车书剑代表学会向全国建筑界工程技术人员发出了《发展和繁荣中国建筑文化倡议书》。学会秘书处整理了《院士专家对发展和繁荣中国建筑文化的建议》并上报住房和城乡建设部。

会议积极倡导贯彻落实节能减排方针，反对建筑实践中过度装饰、追求形式、盲目攀比等浪费资源的倾向，为树立中国建筑文化自信、进一步推进中国建筑文化发展产生积极影响。

【全国甲级建筑设计院建筑创作方向工作会议】 3月16～17日，在北京召开全国甲级建筑设计院建筑创作方向工作会议。住房和城乡建设部副部长齐骥，建设部老领导叶如棠、毛如柏、周干峙等出席了大会开幕式，来自全国28个省、自治区、直辖市建筑设计单位、建筑类高校，香港、澳门特别行政区建筑界，以及新闻媒体500余人参加了会议。学会顾问、两院院士吴良镛先生向大会发来了《寄语青年同行》的贺信。

学会理事长车书剑致开幕词，学会秘书长徐宗威等7位特邀嘉宾作大会发言。会议围绕新时期中国建筑创作方向等议题进行了交流。

住房和城乡建设部办公厅4月18日在《建设工作简报》第34期以专刊形式印发了本次会议的情况报道。本次会议深入研究中国建筑发展方向和创作方针，向世界表达中国建筑的理念和价值观。

【中国建筑学会2012年学术年会】 10月15～18日，学会举办了以“建筑我们的和谐家园”为主题的学术年会，1000余人参加会议，会议交流论文359篇，出版论文集2册，评出优秀论文115篇。

在年会开幕式上，学会顾问、两院院士、国家最高科学技术奖获得者吴良镛作题为《人居环境与审美文化》的主旨报告，业界60多位专家、院士，以及部分优秀论文作者作了发言。

与以往年会不同的是，本届年会不是简单被定义为中国建筑师的年会，而是广大中国建筑科技工作者交流、学习的盛会。本届年会得到了广大建筑科技工作者和社会各界的广泛关注和参与，以“业界广泛重视，学术水平高、综合性强，会议内容丰富、形式多样”等特点受到了各界的赞誉和好评，进一步使发展和繁荣中国建筑文化、建筑和谐家园的观念深入人心。

（撰稿人：魏　巍）

中国土木工程学会

服务创新型国家和社会建设　2012年，学会组织开展“十二五”国家科技支撑计划课题“软土地下空间开发工程安全与环境控制”的研究任务。完成了课题任务书及实施方案的审核论证、子课题任务书的签署，召开了课题启动大会并开展各专题研究工作。学会承担的住房和城乡建设部专项课题“建设工程抗御地震灾害管理条例”相关问题研究，于4月通过由住房和城乡建设部工程质量安全监管司组织的专家验收。

学会承担的住房和城乡建设部专项课题城市轨道交通工程抗震设防研究，课题组已完成《城市地下轨道交通工程抗震设防指南（修改稿）》，并完成了《市政公用设施抗震设防专项论证技术要点（地下工程篇）》的编写任务。

学会完成了行业标准《人工碎卵石复合砂应用技术规程》（公开征求意见稿）。继续开展《土木工程名词》修订工作。

学会建设　2012年，学会新发展团体会员65个，个人会员202人，团体会员共666个，个人会员总人数达35138人。

6月15日，召开学会第九次全国会员代表大会及九届一次理事和常务理事会议。大会选举产生了第九届理事会，郭允冲当选为理事长。

学会审核批复了防护工程分会、工程质量分会换届改选，完成计算机应用分会负责人变更申请和备案工作。

学会桥梁与结构工程分会理事长、中国工程院院士项海帆荣获IABSE国际结构工程终身成就奖。

国内主要学术会议　2012年，学会共举办学术会议72次，参会人数1.1万人次，出版论文集38种，提交论文2782篇。

5月15～17日，主题为“理念、创新、经济、耐久”的第二十届全国桥梁学术会议在湖北省武汉市召开，美国国家工程院院士、中国工程院外籍院士邓文中，中国工程院院士郑皆连、王景全、秦顺全，交通部原总工程师凤懋润出席大会，来自全国各地桥梁界专家、学者近600人参加了会议。大会共录用论文175篇，并由人民交通出版社出版论文集。

会议论文交流分为大会报告、分会场论坛的引导发言和一般发言3种形式。邓文中等3位专家以桥梁美学与经济、世界大桥的未来趋势、多塔缆索承重桥梁等为题作学术报告。分会场论坛分为设计（包括设计与分析）、施工（包括施工与控制），科研及其他（包括抗震、抗风、耐久性、试验、检测、加固与船撞）等三大类主题同时进行，共安排了12篇主题引导性发言，70多位论文作者作了一般发言，交流了近两年来国内桥梁建设和科研中的新进展、新成果、新观点。

学会秘书长张雁结合会议主题总结了我国桥梁建设取

得的成就，指出了存在的问题及与世界先进水平存在的差距，提出要从四个方面加强对桥梁重大问题的研究探讨。会议期间，安排与会代表参观了武汉二七大桥、武汉鹦鹉洲大桥等重点工程。

10月9～12日，中国土木工程学会第十五届年会暨隧道及地下工程分会第十七届年会在云南省昆明市召开。本届年会由中国土木工程学会和中国土木工程学会隧道及地下工程分会共同主办，中国铁建十六局集团有限公司承办。中国工程院院士王梦恕、杨秀敏、周丰峻、郑颖人、马洪琪、王景全，以及来自全国隧道及地下工程领域的专家、学者及工程技术人员约420余人出席了大会。

年会分为大会报告和分组报告两个阶段。马洪琪、王梦恕、郑颖人、周丰峻、杨秀敏5位院士分别以《中国水利水电地下工程安全建设技术、国家需求和前沿技术研究》、《我国高速铁路技术发展现状及未来趋势》、《隧道设计理念与计算方法》、《大跨度岩土工程建设与技术进展》、《数值模拟技术在岩土动力学领域的应用》为题作报告。会议分享了隧道与地下工程学科的研究及应用新成果。与会人员围绕“隧道技术施工、安全风险、产品研发等”、“工程设计、理论研究及其他”等主题进行了分组报告与讨论。

本次年会共收录论文114篇，发表在隧道及地下工程分会会刊《现代隧道技术》（增刊），会上共交流论文40余篇。

科普活动 学会推荐申报的“苏通大桥展览馆”被中国科协认定为全国科普教育基地（2012—2016）。

表彰举荐优秀科技工作者 学会组织完成第十届詹天佑奖（2011年度）评选表彰工作，并组织召开第十届詹天佑奖（包括2010年度、2011年度）颁奖大会。共有55项工程荣获第十届詹天佑奖，近600人参加了颁奖典礼。

学会组织开展百年百项杰出土木工程推评活动。组织完成2012年度中国土木工程学会优秀毕业生评选工作，26人被授予2012年中国土木工程学会高校优秀毕业生称号。开展了中国土木工程学会第十届优秀论文奖的评选工作，共推评出优秀论文一等奖2篇，二等奖5篇，三等奖13篇，鼓励奖16篇。

【中国土木工程学会第九次全国会员代表大会】 6月15日，中国土木工程学会第九次全国会员代表大会暨九届一次理事会议在北京召开。中国科协副主席、书记处书记程东红，住房和城乡建设部副部长郭允冲出席开幕式并讲话。

学会第八届理事长谭庆琏代表第八届理事会作工作报告。

会议审议通过了中国土木工程学会第八届理事会工作报告、财务工作报告以及《中国土木工程学会章程》（修改草案）等报告。选举郭允冲为理事长，张雁为秘书长的中国土木工程学会第九届理事会领导机构。来自学会专业分会、地方学会、单位会员以及行业管理部门等单位共计259名代表当选为中国土木工程学会第九届理事会理事。

会议对八届理事会期间学会工作先进集体和先进工作者进行了表彰，共有50个单位和81名个人分别获得了中国土木工程学会“先进集体”和“先进工作者”荣誉称号。

【第十届中国土木工程詹天佑奖颁奖典礼】 3月27日，第十届中国土木工程詹天佑奖颁奖典礼在北京举行。中国科协副主席、书记处书记程东红，住房和城乡建设部副部长郭允冲，交通运输部副部长冯正霖，国家科技奖励工作办公室主任邹大挺，住房和城乡建设部原副部长、学会理事长谭庆琏，铁道部原副部长、学会副理事长蔡庆华，交通运输部原副部长、学会副理事长胡希捷，学会副理事长徐培福，铁道部原总工程师王麟书，交通运输部原总工程师凤懋润、蒋千，水利部原总工程师朱尔明，荣获第十届詹天佑奖的获奖单位代表，来自全国各省市的土木建筑科技工作者近600人参加了颁奖典礼。

颁奖大会由蔡庆华主持，郭允冲、程东红、邹大挺、谭庆琏分别在大会上讲话，胡希捷宣读了第十届詹天佑奖颁奖决定。向上海环球金融中心等55项获奖工程颁发了詹天佑奖荣誉奖杯。

詹天佑奖评选秉承“公开、公正、公平”的原则，在业界树立了较好口碑，权威性和影响力与日俱增，已成为土木工程领域科技创新的最高奖项。詹天佑奖先后完成了十届评选，共有276项在科技创新与新技术应用方面成绩显著的工程项目和1600多家做出突出贡献的主要参建单位获得表彰（香港和澳门地区先后有7项工程获奖）。

近年来，学会利用自身优势积极搭建平台，拓展延伸詹天佑奖品牌效应，努力提升詹天佑奖社会影响力。2008年，学会经科技部批准成为首家获得国家科学技术奖推荐资格的学会，2009年至2011年，学会从詹天佑奖获奖项目中遴选先后推荐8项工程参加了国家科技奖的评选。经学会推荐，本届詹天佑奖获奖项目“苏通长江公路大桥”获得国家科技进步奖一等奖。

学会充分发挥与多个国际组织建立交流合作的优势，利用这一平台将詹天佑奖获奖项目以及参与建设的科技人员推向国际舞台。国家游泳中心、上海卢浦大桥等获奖项目经学会推荐先后获得国际桥梁及结构工程协会“杰出结构大奖”、国际结构混凝土协会“杰出混凝土结构大奖”等奖项。

（撰稿人：张　君）

中国生物工程学会

学会建设 2012年，中国生物工程学会新增个人会员241名，单位会员9个，个人会员达到1798人，单位会员达到107个。

学科发展研究 学会与国家发展改革委高技术产业司共同编写并出版了《中国生物产业发展报告（2011）》，报告分7个部分介绍了我国生物产业发展现状及态势，阐释了我国生物产业发展战略与政策。

国际学术会议 7月26～27日，学会在北京举办了第五届国际生物医药产业技术研讨会，来自科研院校、企业界160余人出席了会议，其中外籍专家13人。会议围绕着新型生物制品研究开发中的技术、工艺及GMP规范等问题进行了探讨。

国内主要学术会议 6月28～30日，学会牵头并联合19家学会、协会及中国科学报社、江苏省政府，在江苏省泰州市召开了第六届中国生物产业大会。举办了生物产业发展高层论坛、项目签约、生物医药产业发展论坛等7个专业论坛。

8月15～18日，由学会与化学工业出版社联合举办的第六届生物产业技术研讨会在安徽省黄山市举行，来自科研机构、高等院校、企业界共120余人出席会议。

8月31日～9月2日，中国生物工程学会2012年学术年会在内蒙古自治区呼和浩特市召开。开幕式上，中国工程院院士杨胜利、欧阳平凯、旭日干、陈君石、程京，中国科学院院士康乐等作大会主旨报告。年会共设7个分会场，评选出14篇青年优秀论文奖，并出版了会议论文摘要。

10月20～22日，学会与中国科学院生命科学与生物技术局、国家发展改革委高技术产业司、科技部中国生物技术发展中心在四川省成都市共同举办第六届中国工业生物技术发展高峰论坛。论坛邀请相关主管部门、行业龙头企业及金融机构的专家作大会主旨报告，还举办了企业推介和专家座谈等活动。

5月，学会科普工作委员会分别在北京、上海举办了第13、14期蛋白质分离纯化技术专题研讨会，每期约60人参加。

科普活动 12月6日，学会在海南省三亚市举办农业生物技术科普宣传专家座谈会，邀请农业生物技术领域的科学家和一线科研人员、管理专家到会，就转基因技术及其产业化进程中的机遇和挑战、科学传播对于转基因技术发展的重要意义、农业生物技术科学家的社会责任、科学家与媒体的沟通策略等进行座谈研讨。

学会科普工作委员会举办了多次讲座和科普活动。3月13日和21日分别在北京民族小学和中国人民大学附属中学分校举办了“转基因知识进校园”活动。6月27日，与植保（中国）协会生物技术分会在北京教育学院联合主办了“科学家与中学老师的对话”活动。

表彰举荐优秀科技工作者 2012年，经学会推荐，学会副理事长高福获得中国科协第五届“全国优秀科技工作者”称号。

【第六届中国生物产业大会】 6月28～30日，由中国生物工程学会等19家学会/协会及中国科学报社联合江苏省政府共同主办，泰州市政府承办的第六届中国生物产业大会在江苏省泰州市举办，会议以“培育健康产业链”为主题，组织了高层论坛与专业论坛、区域发展与生物产业基地论坛、产业链建设闭门会、企业创新平台建设、科企合作对接和生物产业项目融资推介会等20余个活动。

全国政协副主席、全国工商联主席黄孟复为生物产业发展高层论坛发表书面致辞。卫生部部长陈竺、国家发展改革委副主任连维良、江苏省副省长李云峰、中国科学院副院长张亚平、孟山都全球副总裁杰瑞·叶力及欧盟委员会研究与创新总署生物技术部主任阿尔弗雷多·阿吉拉尔应邀出席大会高层论坛并作报告。

大会举办了生物医药产业发展论坛、生物医药产品的临床研究与市场发展论坛、中药材质量安全保障论坛、医疗器械创新论坛、生物质能源与低碳农业论坛、前沿生物技术论坛等6个专业论坛。

大会展览面积约1.4万平方米，来自美国、日本、德国、英国、瑞士等5个国家，中国大陆27个省市和香港特别行政区、台湾地区的263家企业参展，4200余人次参观展会，参与论坛和会议活动人数达到8000人次。

大会汇集了来自中国科学院、中国医学科学院、中国农业科学院以及教育部下属高等院校的最新科技成果239项，现场签约20个合作协议，内容涵盖金融合作、技术成果转化、科研开发合作、医药生产平台共建、产业化基地共建及国际市场合作等，签约金额达567.5亿元，创历届之最。

【中国生物工程学会2012年学术年会】 8月31日～9月2日，中国生物工程学会2012年学术年会在内蒙古自治区呼和浩特市召开。开幕式上，中国工程院院士杨胜利、欧阳平凯、旭日干、陈君石、程京，中国科学院院士康乐等作大会主旨报告。

年会共有7个分会场，分别是：医药生物技术分会场、农业生物技术分会场、工业及环境生物技术分会场、糖生物工程分会场、海洋生物技术分会场、资源生物技术分会场、营养食品安全分会场。此次学术年会评选出了14篇青年优秀论文奖，并出版了会议论文摘要。

【《中国生物产业发展报告（2011）》】 8月，中国生物工程学会与国家发展改革委高技术产业司共同编写的《中国生物产业发展报告（2011）》由化学工业出版社出版。这是连续公开发行的第10个年度报告，介绍了我国生物产业发展现状及态势，阐释了我国生物产业发展战略与政策。

报告包括7个部分，对生物产业发展宏观政策概述、生物技术发展前沿与热点分析、生物产业发展现状与趋势、生物技术专利分析、生物投资情况、国家生物产业基地概览、重点行业协会研究报告等进行了阐述和说明，从多个角度对中国生物产业状况进行了清楚的透视和实在的分析，对中国生物产业发展战略进行了思考与讨论。通过对2011年国内外生物产业发展系统介绍和分析，为有关部门、地方政府、科技界和企业界提供参考和帮助。

（撰稿人：蒋玉清）

中国纺织工程学会

服务创新型国家和社会建设 2012年，中国纺织工程学会举办了6次工程技术人员继续教育培训班，培训学员约265人次。

学会继续开展《纺织科学名词》编撰工作，该项目获得全国科学技术名词审定委员会批准，计划于2013年12月底完成。学会专家委员会主任、中国工程院院士姚穆担任纺织科学技术名词审定委员会主任，纺织科学技术名词审定委员会聘请了中国工程院院士和权威专家担任顾问，聘请各专业学科专家担任委员，计划3年完成约6000条词目的编撰工作，2012年完成了词条的初选工作。

4月24日，由学会完成的中国古代发明创造国家名录纺织初选条目——丝绸进行了论证。

6月20日，学会和中国纺织服装教育学会共同主办的2012中国纺织科技人才战略发展大会在浙江省宁波市召开，328人参加会议。中国纺织工业联合会会长王天凯致辞，中国科协副主席、书记处书记程东红到会并讲话。学会理事长孙瑞哲作题为《强国目标下中国纺织行业人才的培养》的主旨报告。

11月29日，由学会主办的纺织行业HR俱乐部筹备交流主题沙龙在北京举行。相关行业人力资源专家及知名人士、纺织行业龙头企业人力资源总监、纺织重点专业高等院校就业处领导、英国大使馆文化处和英国高校的驻华机构代表等30余人参加沙龙，探讨纺织行业人力资源的战略发展，就HR俱乐部的筹建等议题进行了协商讨论。本次会议为学会校企联动及人才培养理清了工作思路，并为人才俱乐部的建设奠定了基础。

11月30日，学会主办的中国纺织行业孵化器资本对接研讨会在北京举行。此次会议以“创新、交流、合作、发展”为主题，来自国内10多家资本投资公司代表及相关企业代表共52人出席会议，就建立纺织孵化器方案及相关问题进行了研讨。会议明确了科技、资本结合的思路，为下一步成果孵化奠定了基础。

学会建设 2012年，学会在技术研发中心管理方面不断完善，力求做到规范化、科学化。对《中国纺织工程学会研发中心章程》、《中国纺织工程学会奖励条例》和《中国纺织工程学会学术、技术评估管理办法》等相关文件进行了补充和修订；对已经到服务合同年限的技术研发中心进行复评、复审工作。共组织了对35家技术研发中心的复评、复审和发展工作，对4家研发中心企业进行了调研、咨询服务，为企业解决了生产过程中的技术问题。目前已成立的中国纺织工程学会技术研发中心覆盖了科研院所、大专院校、棉纺和印染生产企业、纺织机械装备制造企业等多个领域。2012年，学会技术研发中心达到51家。

6月20日，2012年中国纺织工程学会第24届常务理事会第一次会议在浙江省宁波市召开。中国纺织工业联合会发布《建设纺织强国纲要（2011—2020年）》。常务理事会议听取审议并表决通过了中国纺织工程学会棉纺织等18个专业委员会负责人人选、《中国纺织工程学会专业委员会管理办法》、《中国纺织学术大奖及学术带头人评选条例》、《陈维稷优秀论文奖评选条例》。

10月22日，中国纺织工程学会第24届理事会第三次会议在上海市召开，学会理事长孙瑞哲从“选择与被选择”和“学术精神”两方面剖析了学会的功能和取向。他表示，随着政府机构职能向社会转移，学会作为“科技工作者之家”，汇聚了高层知识分子、工程师、业界精英，理应在经济建设，科学普及以及承接政府职能转移等方面做贡献。纺织领域应该倡导独立而不孤立、自由而不自闭、领头而不寡头的精神。会议审议并通过了11个办事机构和2个分支机构的设置和负责人安排。

10月17日，学会第24届毛纺专业委员会第一次会议举行，向专业委员会负责人及委员颁发聘任证书，完成换届工作。

学会获得中国科协学会能力提升专项“优秀科技社团奖”三等奖，获得中国科协和国家学位委员会颁发的“全国博士生学术年会优秀组织奖”。

学科发展研究 学会承担中国科协纺织科学技术学科发展研究项目。中国工程院院士姚穆和学会常务理事、江南大学副校长高卫东担任首席科学家，课题组成员包括来自东华大学、江南大学、浙江理工大学、天津工业大学、苏州大学、西安工程大学、中国纺织信息中心、解放军总后勤部军需装备研究所等单位的专家。项目计划于2013年10月底完成。该项目的总体目标是通过持续、深入的纺织科学技术的学科研究，使纺织学科真正对中国纺织科技发展起到引领作用，同时增强纺织学科的影响力。该项目共设9个专题：纤维材料学科的现状与发展、纺纱工程学科的现状与发展、机织工程学科的现状与发展、针织工程学科的现状与发展、纺织化学品学科的现状与发展、染整工程学科的现状与发展、服装设计与工程学科的现状与发展、非织造工程学科的现状与发展、产业用纺织品学科的现状与发展。

国内主要学术会议 2012年，学会举办了15次国内学术会议，参加人数共计2200余人次。

2月26日，学会在北京举办了主题为“阻燃纤维发展方向”的首期纺织科技新见解学术沙龙，相应的9篇特约专栏文章刊登在第6期《纺织学报》上。中国工程院院士季国标、姚穆、周国泰等50余名专家、学者参会。

9月8日，主题为“经编技术的研究与应用”的第二期纺织科技新见解学术沙龙在江苏省无锡市召开，相应的9篇特约专栏文章刊登在第12期《纺织学报》上。中国工程院院士孙晋良、蒋士成、姚穆等60余名来自院校、企业的专家、学者出席。

10月17日，由学会毛纺专业委员会、全国毛纺织产品调研中心、全国毛纺织科技信息中心、《毛纺科技》杂志社共同主办的第32届全国毛纺年会暨“唯尔佳”优秀新产品评比活动在浙江省宁波市举行。学会秘书长龚进礼、学术委员会主任张怀良，以及来自科研院所、高等院校、毛纺面料上下游企业的130余人出席会议。张怀良就纺织行业上半年的经济运行情况进行了分析，并对2012年的趋势进行了展望，11位专家学者作专题报告。181款作品参评“唯尔佳”优秀新产品，经4轮投票评分后，最终评出了优秀设计奖5款，一等奖12款，二等奖43款，三等奖30款。

10月23日，由学会主办、中国纺织服装品牌创业园协办，主题为“学术引领，协同创新”的2012中国纺织学术年会在上海市召开，500多人参加学术年会。大会设置5个分会场，共有25个专题报告在分会场宣讲。

表彰举荐优秀科技工作者 2012年，学会推荐的邵建中、施楣梧、周华堂、朱美芳荣获中国科协第五届“全国优秀科技工作者”称号。

10月23日，在2012中国纺织学术年会上，学会授予徐卫林“2012中国纺织学术大奖”，授予黄翔、李翼、宋西全、孙玉山、王桦、王华平、张兴祥“2012中国纺织学术带头人”荣誉称号，为15篇获得“陈维稷优秀论文奖”的作者颁发证书。

【2012中国纺织科技人才战略发展大会】 6月20日，学会和中国纺织服装教育学会共同主办的2012中国纺织科技人才战略发展大会在浙江省宁波市召开，328人参加会议。

中国纺织工业联合会会长王天凯在致辞中表示，中国要实现纺织大国向纺织强国的转变，人才是基础，要努力改善纺织人才结构，造就一批行业领军人才，培养一批国际国内知名品牌的企业家领军人物和行业卓越的科学家，充分发挥教育功能，造就结构优化、实力雄厚的高素质专业人才队伍。

中国科协副主席、书记处书记程东红结合中国科协与中国纺织工程学会的特点对学会的工作提出期望。她说，中国纺织工程学会作为纺织工程师之家，要积极开展学术交流，普及纺织科学技术知识，推广先进技术，促进纺织学科发展。面对纺织行业当前人才短缺、企业人才流失率较大的问题，中国纺织工程学会要通过政府、行业组织、大专院校和企业共同参与对话，破解目前行业人力资源存在的困局，探寻人才培养创新模式，推动纺织科技进步。

中国纺织工业联合会副会长、中国纺织工程学会理事长孙瑞哲以《强国目标下中国纺织行业人才的培养》为题作了主旨报告，报告提出，中国纺织业正在实现由规模经济到价值经济的转变，其对国家经济发展做出了重大贡献。纺织工业在已经具备硬实力的同时，要注重软实力的建设，其中软实力则要从提升行业形象、实现科技支撑与人才支撑方面着手。目前学会通过职业技能鉴定培训、学术年会、学术带头人评选等多种方式激励纺织人才建设，吸引更多的人才加入到纺织行业的建设队伍中。

大会期间，学会推出了校园精英和企业家面对面等系列活动。

【2012中国纺织学术年会】 10月23日，由中国纺织工程学会主办、中国纺织服装品牌创业园协办，主题为“学术引领，协同创新”的2012中国纺织学术年会在上海市召开。中国纺织工业联合会会长王天凯、学会理事长孙瑞哲等出席会议并分别致辞，中国工程院院士姚穆、周翔、孙晋良、郁铭芳、周国泰、蒋士成出席会议，来自美国，日本，中国大陆、香港特别行政区和台湾地

区的纺织界专家，以及东华大学、江南大学等高等院校的师生，来自海内外的知名纺织企业代表500多人参加学术年会。

孙瑞哲、周翔作了以《加快学术研究的协同创新，重塑学术精神的价值内核》、《纺织工业与降低温室气体排放》为题的报告。大会设置了纤维材料、技术纺织品、现代纺织加工技术、最新科研与高新技术孵化成果发布，以及嘉善县5个分会场。共有25个专题报告在分会场宣讲。在最新科研与高新技术孵化成果发布会场，11个项目进行了现场发布。

（撰稿人：郭建伟）

中国造纸学会

服务创新型国家和社会建设 2012年，中国造纸学会举办2次科技推广活动，推广新技术设备2项。

4月15～16日，全国制浆造纸节能减排国产制浆装备推广会在江苏省镇江市召开，120余人参加会议。会议收到论文及论文摘要14篇，13位专家、学者就造纸工业“十二五”规划的内容作了专题发言。会后，组织参观了华机集团的制浆碱回收苛化、蒸发装备生产车间，参观了金东纸业使用华机碱回收苛化的现场和具有现代化水平的金东3号纸机。

9月1日，圆柱型磨浆机应用技术现场推介研讨会在浙江省平湖市召开，近100人参加会议。与会人员分别听取了设备开发单位关于设备的设计、工作原理、工作特点的介绍和设备使用单位关于设备运行经验的介绍，参观了浙江景兴纸业圆柱磨浆机设备的运行现场，并与研制单位的技术人员进行研讨。该技术项目此前经学会推荐，中国轻工业联合会组织技术鉴定，认为该项目经过试用运行稳定，操作维护方便，提高了打浆效率，节电效果明显，达到了国内同类产品的领先水平。

8月，学会承接国家人力资源和社会保障部和中国轻工业联合会的国家专业技术人才知识更新工程项目。组织了造纸行业清洁生产技术高级研修班，来自国内36家企业一线的高层管理人员和技术人员62人参加了研修学习。该班以行业专家详细解读国家近期出台的企业清洁生产政策、技术规范和法规标准等文件为主，学员与专家研讨互动为辅的形式进行。

由学会编辑出版的《中国造纸年鉴》，是我国造纸行业唯一的年鉴工具书，自1986年第一卷出版发行以来，深受科技工作者和造纸行业内外的欢迎。《中国造纸年鉴（2012）》按计划完成全部编辑工作和出版发行工作，由于整体质量的提升，在第六届全国年鉴编校质量检查评比活动中，《中国造纸年鉴（2011）》获得特等奖。

学会建设 截至2012年底，学会有个人会员17588人，团体会员198个。

9月10日，学会六届十次常务理事会议在上海市召开，会议决定2014年召开学会第七次会员代表大会，届时将同期举行第十六届学术年会及中国造纸学会成立50周年庆祝活动。通过了《关于建立中国造纸学会直接吸收个人会员制度的方案》，决定开展个人会员规范登记和集中发展工作，并与中国科协个人会员管理系统相连接。

12月25～26日，全国造纸学会秘书长工作交流会议在北京召开，各省（区、市）造纸学会及学会各专业委员会的秘书长等40余人参加会议。中国科协党组成员、学会学术部部长沈爱民作《提升学会能力，推动学会发展》的专题报告。会议就建立学会直接吸收个人会员制度的实施方案及个人会员管理系统作了说明，并进行了工作交流和讨论。

国际学术会议 2012年，学会组织了2次国际学术会议，境外学者参加人数10人次，交流论文12篇。

9月11日，China Paper 2012国际造纸技术报告会在上海市召开。来自瑞典、美国、芬兰等国的造纸科技工作者及国内的专家、学者180余人参加会议，12位专家、学者发表专题演讲，针对我国造纸行业的现状、行业普遍关心的问题作了专题报告。会议出版了中英文对照论文集。

国内主要学术会议 2012年，学会共举办国内学术活动8次，交流论文272篇，参加总人数约1500多人次。

5月29～31日，中国造纸学会第十五届学术年会在北京召开，220余人参加会议，会议征集论文122篇。年会邀请了美国纸浆与造纸工业技术协会（TAPPI）总裁兼首席执行官拉里·N·蒙塔古出席并作专题演讲。

9月，学会承办第十四届中国科协年会第10分会场——生物精炼技术研讨会。会议内容涵盖了高温预水解对半纤维素预提取及对制浆的影响，低温碱预提取制备低聚木糖，纳米微晶纤维素的制备及应用，预处理对稻草酶水解性能的影响，酸水解糖化残渣制浆应用，黑液提取不同等级木素的实践与应用，黑液气化技术等方面。会议收到论文19篇，并编纂论文集。该分会场被评为“学术交流优秀分会场”。

10月，学会承办了由中国科协主办的中国科协第65期新观点新学说学术沙龙，沙龙主题为“生物质精炼技术与传统制浆造纸工业”。沙龙邀请国内造纸、林业、能源等相关领域的专家、学者28人，围绕生物质精炼与传统制浆造纸工业，展开研讨、辩论和交流。

国际交往 2012年，学会组团出访1次，参加人数35人，接待来访10次。

5月6～12日，为深入了解加拿大纸浆造纸行业的发展现状和趋势，为转型期的中国制浆造纸行业提供借鉴和发展思路，学会组团赴加拿大参观学习。期间，参观考察了英属哥伦比亚大学（UBC）的制浆造纸中心、加拿大林产创新研究院（FP Innovations Pulp & Paper）温哥华分院和蒙特利尔总院、温莎顿塔（Domtar Windsor）纸厂和多伦多大学的制浆造纸中心等制浆造纸科研机构、院校和企业。国内造纸科研院所、高校、造纸及相关企业的负责人、科技人员等30余人参加了本次活动。学会副理事长兼学术委员会主任邝仕均应邀介绍了有关中国造纸工业的现状、发展趋势及与发达国家相比目前还存在的差距。考察团成员就世界制浆造纸研发前景、生物质综合利用和可再生能源等问题与接待方科研人员进行了交流和探讨。考察团认为，加拿大造纸行业的研发趋势已基本从传统的制浆、造纸和环保等传统领域转向为与制浆造纸结合的生物质精炼，而这些具有良好发展前景与价值的课题正在或将要改变造纸工业的传统面貌。这为转型期的中国造纸工业提供了启示和借鉴。

表彰举荐优秀科技工作者 2012年，学会推荐的中国制浆造纸研究院院长曹春昱、山东泉林纸业有限责任公司总工程师宋明信获得中国科协第五届"全国优秀科技工作者"称号。

【全国制浆造纸节能减排国产制浆装备推广会】 4月15～16日，全国制浆造纸节能减排国产制浆装备推广会在江苏省镇江市召开，来自全国各地的120多人参加了会议。会议收到论文及论文摘要14篇，13位专家、学者在会上就造纸工业"十二五"规划的内容作了专题发言，对国内外造纸制浆装备的现状、存在问题、下一步的发展趋势，当今制浆造纸工业节能新技术的综合应用，废水的深度处理，非木材纤维原料的使用等方面作了交流、探讨和介绍。

江苏华机集团重点介绍了院士工作站、制浆造纸研发中心等科研机构，致力于制浆造纸环保节能新技术、新装备的开发利用，生产出具有自主知识产权的替代进口的国产新型板（管）式蒸发器、板式冷凝器、湿法备料及连蒸设备。特别是该公司生产的苛化系统已成功应用于APP集团的金东纸业等大型造纸企业。

会议认为，我国的制浆造纸行业装备整体水平与国际上的先进国家相比仍有一定的差距，我国造纸行业中的比较落后产能仍要占到约35%，这些企业的物耗、能耗、水耗、污染物的排放，产品的质量与国际先进水平存在相当大的差距，而进口的制浆造纸装备价格昂贵，这导致了企业的投资成本提高，阻碍了落后产能的淘汰，企业的结构调整、新产品的发展和技术水平的提高。推广采用具有知识产权的先进廉价的国产装备，对推动制浆造纸工业的技术进步、节能减排、清洁生产、降低成本是有意义的。

会后，与会的专家、学者一同参观了华机集团的制浆碱回收苛化、蒸发装备生产车间，参观了金东纸业使用华机碱回收苛化的现场和具有现代化水平的金东3号纸机。

【中国造纸学会第十五届学术年会】 5月29～31日，中国造纸学会第十五届学术年会在北京召开，来自全国各地造纸行业的220余人参加了会议。此次年会共征集论文122篇，经专家评审，录用114篇并结集为《中国造纸学报》2012年增刊出版。评选出优秀论文30篇，其中一等奖3篇、二等奖9篇、优秀奖18篇。

学会挂靠单位中国轻工业联合会会长步正发和常务副会长兼中国造纸协会理事长钱桂敬出席开幕式并讲话。年会邀请了美国纸浆与造纸工业技术协会（TAPPI）总裁兼首席执行官 Larry N.Montague（拉里 ·N· 蒙塔古）出席并作专题演讲。学会秘书长曹振雷、国家林业局林产规划设计研究院副总工程师傅光华、陕西科技大学教授张安龙作了专题报告。共有16位学者在大会上宣读了论文，内容涵盖了我国造纸工业现状和可持续发展、制浆造纸用纤维原料、节能减排、环境保护、造纸化学品以及制浆造纸装备技术等领域。同时邀请了造纸相关企业代表进行了技术交流。

会议期间，首次举办了企业技术成果图片展和专业人才引聘活动。

（撰稿人：齐晓东）

中国文物保护技术协会

学会建设 2012年，中国文物保护技术协会召开了协会第六届全国会员代表大会，第五届理事会理事长李化元作题为《完善协会自身建设，搭建优良学术交流平台，促进文物保护技术的科学发展》的第五届理事会的工作报告。第五届理事会秘书长王时伟作了章程修改与财务报告。与会代表们对上述报告进行了充分的审议并提出了一些合理的建议，一致表决通过第五届理事会提请审议的工作报告、财务报告、章程修改报告的决议及新修改后的章程。会议选举产生了中国文物保护技术协会第六届理事会理事、理事会常务理事、理事长、副理事长和秘书长，李化元连任第六届理事会理事长，王时伟连任秘书长。理事会一致同意聘任故宫博物院院长单霁翔担任中国文物保护技术协会名誉理事长。

国际学术会议 10月17～19日，协会在北京举办了第二届文化遗产保护与数字化国际论坛，与会学者近100人。20余位专家、学者分别就历史信息的分层记录与仿真模型、物质与非物质遗产的虚拟复原、遗产分享和公众参与的新途径、遗产保护的技术前景等4个专题进行了大会演讲。与会人员围绕文化遗产保护与数字化的内涵与价值体现，文化遗产保护与数字化的理念、原则与方法等论题进行了交流。

国内主要学术会议 9月12～13日，协会联合南京博物院在江苏省镇江市组织召开了以“传统工艺与现代科技结合的创新研究”为主题的中国文物保护技术协会第七次学术年会，近200名代表参加会议，会议共收到学术论文或论文提要80篇。协会名誉理事长、故宫博物院院长单霁翔以《从故宫到故宫博物院》为题作主题报告。浙江大学教授张秉坚等20位代表在会上发言。

学会创新发展 2012年，协会与南京博物院联合成立了中国文物保护技术协会文物保护修复技术研究基地，并筹建文物保护修复师培训基地。该基地不但具备国内一流的研究设备，而且在文物保护和研究领域已经有了相当的成果。

通过研究基地的联合筹建，以及产、学、研相结合的尝试，协会已经在文物科技研究、砖石类不可移动文物及可移动文物保护修复三个方向上，初步具备了研究、咨询和服务社会的能力，增强了协会自身在文物保护技术层面上的硬实力。通过这种与民间研究机构以及国家级文博单位的合作模式，解决了协会在资金和人员上的不足，合理发挥了协会专家资源的优势，形成了对全国的文物保护工作提供咨询和服务的功能，并以实践带动研究，促进了文物保护专项技术的科学发展。

【中国文物保护技术协会第六次全国代表大会】 2012年9月11日，中国文物保护技术协会第六次全国会员代表大会在江苏省镇江市召开。协会第五届理事会秘书长王时伟主持开幕式，国家文物局科技司副司长罗静出席会议，江苏省文物局副局长刘瑾胜、镇江市政府副秘书长朱金盛、联合国教科文组织北京办事处项目官员杜晓帆与会并致词。

协会第五届理事会理事长李化元受第五届理事会委托向大会作题为《完善协会自身建设，搭建优良学术交流平台，促进文物保护技术的科学发展》的工作报告，从完善协会自身建设、做好文物科技工作者之家，搭建优良学术交流平台、加强文保科技人才培养，与有实力的研究机构联合创办研究基地、促进文物保护技术的科学发展三个方面报告了第五届理事会五年来的工作情况。王时伟向大会作了章程修改与财务报告的说明。

会议审议并通过第五届理事会工作报告、财务报告、章程修改报告的决议及新修改后的章程。

会议改选举产生了中国文物保护技术协会第六届理事会理事、常务理事、理事长、副理事长和秘书长。新一届理事会由77名理事组成，其中常务理事12名，李化元连任理事长，王时伟连任秘书长。会议聘任故宫博物院院长单霁翔担任协会名誉理事长。

【中国文物保护技术协会第七次学术年会】 9月12～13日，中国文物保护技术协会联合南京博物院在江苏省镇江市组织召开了以“传统工艺与现代科技结合的创新研究”为主题的中国文物保护技术协会第七次学术年会，近200名学者参加会议。国家文物局科技司副司长罗静，江苏省文物局局长、南京博物院院长龚良，协会理事长李化元分别致辞。协会名誉理事长、故宫博物院院长单霁翔以《从故宫到故宫博物院》为题作了主题报告，在系统分析故宫博物院资源特色后，重点介绍了该院正在开展的和科技密切相关的10项工作。希望通过加强科技研究，提升文物保护水平和服务公众的质量，进一步彰显故宫文化遗产的尊严和魅力，充分发挥在当代社会中的作用。

会议共收到学术论文或论文提要80篇，内容涉及古建筑、土遗址、摩崖石刻等不可移动文物和纸张、陶瓷、漆木器等可移动文物科技保护，以及保护材料、检测技术、预防性保护等方面。其中既有高等院校、科研院所的前沿研究，也有来自文物保护实践第一线的科研探索。浙江大学教授张秉坚等20位代表在会上发言。

【第二届文化遗产保护与数字化国际论坛】 10月17～19日，为推动尖端数字化技术在我国文化遗产保护方面的应用和发展，在联合国教科文组织的帮助和支持下，协会联合北京清华同衡规划设计研究院有限公司、国际文化遗产记录科学委员会、中国文化遗产研究院、北京海淀区委宣传部、北京市海淀区圆明园管理处等单位，在北京举办了第二届文化遗产保护与数字化国际论坛，与会学者近100人。

国际文化遗产记录科学委员会主席马里奥·桑塔纳、故宫博物院资料信息中心主任宋玲平、韩国传统文化大学张宪德、德国德累斯顿大学媒体中心研究员蒙斯特·桑德斯、清华大学建筑学院教授党安荣、联合国培训与研究所操控卫星应用计划顾问乔尔·迈尔、中国文化遗产研究院主任建筑师永昕群等20余位专家、学者分别就历史信息的分层记录与仿真模型、物质与非物质遗产的虚拟复原、遗产分享和公众参与的新途径、遗产保护的技术前景等4个专题进行了大会演讲。与会人员围绕文化遗产保护与数字化的内涵与价值体现，文化遗产保护与数字化的理念、原则与方法等论题进行了交流，展示了近年取得的文物保护领域最新的科研成果，探讨了文化遗产保护与数字化的发展方向。

（撰稿人：曲　亮）

中国印刷技术协会

服务创新型国家和社会建设　2012年，中国印刷技术协会围绕新闻出版总署带动产业发展战略中确定的“数字印刷和印刷数字化工程”和“绿色环保印刷体系建设工程”，推荐技术先进、对印刷产业发展具有带动作用的科研开发项目，进入新闻出版总署新闻出版改革发展项目库。2012年初，向新闻出版总署出版产业发展司推荐了17个以软件开发和配套科研开发为主的项目。充实和完善协会印刷产业发展项目库，目前入库项目已达100多个。

协会加强与各省（区、市）印刷协会推荐的申请绿色印刷认证企业的联系，会同环境保护部环境认证中心、环境发展中心开展技术服务。2012年，为全国已取得绿色印刷认证的184家印刷企业提供技术服务。为2012年24个省（区、市）实现2012年中小学秋季教科书总量30%实施绿色印刷的任务创造了基础条件。

协会受新闻出版总署和环境保护部委托，与环境保护部环境发展中心共同开展绿色印刷标准宣传和技术培训工作。2012年先后在北京、辽宁、四川、重庆、河北、陕西、湖北、江苏、广东、贵州、上海、浙江、海南等10多个省（区、市）进行绿色印刷标准宣讲、绿色印刷认证知识的培训，共有1350余名企业负责人参与了培训。

协会同北京印刷学院等院校和有关培训基地及相关企业合作，借助社会资源，与校企联合，组织专家根据企业需要开办了6期印刷、制版、印后加工、数字印刷等各类技能培训班和管理人员素质提升培训活动，有近200名企业人员参加了培训。

协会参与环境保护部和新闻出版总署共同实施绿色印刷战略行动计划，组织业内专家参与商业票据印刷等环保标准的编制工作。除调研、验证外，召开多次标准的编制工作会议。11月，协会参与编制的《环境标志产品技术要求》（印刷，第二部分：商业票据印刷标准）由环境保护部正式颁布，于2013年2月1日开始实施。

2月，协会如期完成承担的新闻出版总署课题绿色印刷产业发展研究并在结项评审中获评优秀，10月，课题成果《绿色印刷产业发展研究》第一个被批准正式出版。

与新闻出版总署印刷发行管理司合作共同编制了《中国印刷产业发展概况（2012年）》的产业发展报告，并于2012年底在行业正式发布。

受新闻出版总署印刷发行管理司委托做好“国家印刷示范企业”的评审、挂牌的筹备工作。6月中旬开始，协会组织人员整理、录入了65家企业申报并经10省市推荐的评审资料和登记表，筹备了评审会议文件，承办了7月在北京召开的“国家印刷示范企业”评审会议的会务工作。会议评出首批25家“国家印刷示范企业”。11月完成了首批“国家印刷示范企业”证书和铜牌的制作和颁发。

开展印刷行业企业信用等级评价活动。经商务部和国有资产监督管理委员会批准，于2012年在中国印刷行业开展了首批企业信用等级评价工作，评出首批29家3A级、13家2A级和7家A级信用企业。

参与“十二五”国家科技支撑计划项目“电子信息、造纸和印刷行业典型产品碳足迹评价关键技术研究与示范”课题研究项目。协会课题组完成印刷服务第一类典型产品碳足迹评价产品种类规则——《产品种类规则 书刊印刷服务》、《书刊印刷服务碳足迹评价实施规则》、《书刊印刷服务碳足迹评价验证报告》，开展了印刷服务第二类典型产品塑料软包装印刷服务碳足迹评价产品种类规则的制定工作，并完成初稿。

继续开展中国印刷史的课题研究，筹备举办印刷史国际论坛。支持中华商务、深圳力嘉、天津长荣、上海界龙等企业进行厂史、印刷史的整理、研究和展示活动。

受人力资源和社会保障部、新闻出版总署委托，组织专家完成了修订《国家职业分类大典》中印刷行业类的修订工作，将原1999版《国家职业分类大典》归属职业中印刷人员分类从4个小类、17个细类修订调整为4个小类、37个工种，已报送人力资源和社会保障部审批。继续进行印刷相关工种国家职业标准的制修订工作。

受新闻出版总署人事司委托，开展了工程等系列高级专业技术职务（职称）评定的组织、筹备工作。在行业内下发了新闻出版总署《关于开展2012年度新闻出版单位经济、会计、印刷工程专业高级职称评审材料申报工作的通知》（新出职改〔2012〕112号），已对申报的工程等系列高级专业技术职务（职称）评定的材料进行审核。为会员企业和行业专业技术人员的成长和技术水平的考核、晋升提供服务平台。

建立和逐步充实了印刷行业评审专家库，集中了行业顶级专家81人。为印刷各领域高层次技术和管理人才提供参与各项学术活动和项目评审工作的平台。

学会建设 2012年，协会为会员发放证书295个，新发展会员单位33家，发展高级会员125人。

协会先后召开了七届四次、五次常务理事会议和七届三次理事会议。

国际学术会议 10月19～21日，协会支持中国印刷科学技术研究所、北京印刷学院与中国环境科学学会绿色包装专业委员会举办了2012第二届中国印刷与包装学术会议，会议吸引了来自国内外50多所院校及科研单位的老师、学生及科研人员等250人参加。本次会议共收到来自50多所国内外印刷和包装相关院校的论文212篇，最终优选出121篇论文由EI检索期刊《应用机械材料》（*Applied Mechanicsan Materials*）出版，另有部分优秀论文推荐到SCI源刊。

12月21～22日，由协会、江苏省扬州市委宣传部、北京印刷学院主办，协会印刷史研究委员会等承办的2012中国扬州雕版印刷国际学术研讨会在江苏省扬州市召开。来自国内外印刷界的80余位专家、学者和研究生围绕如何保护、传承、发展雕版印刷技艺，探讨雕版印刷的未来发展之路。

国内主要学术会议 5月，中国（深圳）国际文化产业博览交易会期间，协会举办了第三届绿色印刷技术交流会。全国各地印刷企业及相关企业代表300多人与会，印刷机械、器材和印刷企业在会上开展了绿色印刷技术的演讲和交流。

协会协助河南省政府举办了中国（郑州）印刷包装产品博览会和高峰论坛，协助天津市政府举办了中国国际新闻出版装备博览会。协会网印与制像分会举办了第26届国际网印及制像展和亚太地区交流活动的年会，凹版印刷分会举办了中国凹版印刷精品展，数字印刷分会举办了“科印杯”数码印刷作品大奖赛。

两岸交流 10月18～20日，台湾地区印刷暨机器材料工业同业公会、“中华印刷科技学会”举办台湾印刷机材展、第十二届两岸四地印刷业交流联谊会和印刷传播科技研讨会，协会组团参加了交流联谊活动和研讨会，相关专家发表了技术演讲。会议期间，参观有关印刷企业和印刷技术研究中心，进行了现场技术交流。

国际组织任职 协会向新闻出版总署、国家标准化管理委员会、中国科协国际联络部申请承接国际印刷标准化技术委员会秘书处，并得到批准和认可，协会已在做承接秘书处和派出国际印刷标准化技术委员会主席的准备工作，将于2013年3月做接收工作。

国际交往 5月，协会组成的中国印刷代表团出席了世界印刷及传播论坛秘书处（WPCF）与印刷城联盟（PrintCity Alliance）在德国举办的印刷国际环境会议及WPCF年会和DRUPA（德鲁巴）展会。中国代表团与国际80多位环境方面的专家出席了以“精益与绿色”为主题的印刷国际环境会议，在会上作了题为《中国绿色印刷在行动》的主旨演讲，演讲稿作为WPCF会议文件之一被采纳。协会组织的参观考察团参观了德国DRUPA展会，考察了数字印刷和绿色印刷的新技术、新材料、新设备、新工艺，获得了大量国际印刷业的前沿信息。展会期间，协会和中国印刷科学技术研究所对柯达、富士施乐、惠普、网屏、阿克发、爱色丽、兰达、海德堡、曼罗兰、高宝、小森、三菱、柯尔布斯、杜邦等国际著名参展商进行了专访，并与杜塞尔多夫展览（上海）有限公司共同举办了2014年中国国际全印展的新闻发布会。

9月30日～10月6日，协会承担的国际印刷标准化技术委员会秘书处的工作，组成中国印刷标准化代表团出席在美国芝加哥举行的ISO/TC130第26届年会。

2012年，协会接待了意大利印刷、造纸和纸加工机械制造商协会、大韩印刷文化协会、日本网屏公司、日本三菱公司等的来访。

科普活动 5月，在2012年第十二届全国科技活动周期间，协会在广东省深圳市举办了中国绿色印刷科普活动周的分主题活动，中国绿色印刷展4天展期接待观众2万多人次，被中国科协评为2012年全国科普日优秀特色活动。

6～9月，协会组织会员参加全国食品安全科普知识竞赛，得到中国科协和国务院食品安全委员会办公室的肯定，荣获“优秀组织奖”。

10月上旬，协会数字印刷分会在首届中国出版装备展览会上举办了展览面积达3000平方米的2012数码印刷主题公园展示会，开展现场演示、交流、体验、论坛、咨询、培训等活动，展示挂图、海报600余块，发放资料1万余份，参观者2万余人次，参与企业280余家。被中国科协评为2012年全国科普日优秀特色活动。

表彰举荐优秀科技工作者 4月，协会发布了第十二届毕昇印刷技术奖的评选工作公告，进行了申报推荐材料的审核整理工作。截至2012年底已有243家企业报送了推荐材料，为2013年的评选做好基础工作。

4～9月，协会承办了由新闻出版总署、人力资源和社会保障部主办的第三届全国印刷行业职业技能大赛。协助人力资源和社会保障部培训考核并授予122名国家级裁判员。28个省（区、市）有近百万人参与了大赛，三个工种、七个组别的竞赛经过工厂、地区、省级层层比赛之后，261家企业、112所院校选拔出745名选手参加决赛。最后由人力资源和社会保障部授予“全国技术能手”15名，新闻出版总署奖励二等奖45名、三等奖77名、优秀奖271名。全国参赛选手获省级奖励晋升职业资格超过千人。

学会创新发展 2012年，协会成立了监事会，依规列席理事长办公会议、秘书长办公会议，参加理事会、常务理事会。2012年上半年召开第七次监事会议，下半年召开了第八次监事会议，听取理事会和监事会工作总结和工作安排的汇报，审查财务预算和执行情况，并对协会理事会工作提出建议，促进了协会管理和运行机制的创新发展。

党建强会 2012年，协会党支部开展了创先争优活动，学习贯彻党的十八大精神和新党章活动、开办党课学习班，把党建工作作为队伍建设的重中之重。

【第三届全国印刷行业职业技能大赛暨第42届世界技能大赛选拔赛】 2012年，协会承办了由新闻出版总署、人力资源和社会保障部主办的国家一类竞赛项目之一的第三届全国印刷行业职业技能大赛暨第42届世界技能大赛选拔赛（以下简称“第三届大赛”）。本次大赛在前两届大赛的基础上完善了各项制度，为大赛公平、公正的举行提供了制度保障。大赛组织培训、考核、授予了国家级（平版制版、平版印刷、印品整饰）裁判员122名，同期组织了100名2008年获证裁判员知识更新培训，加上经审核注册的187名2010年的国家级裁判员，全国有409名国家级裁判员执裁本次大赛。共计13家赞助单位对大赛决赛的设备、场地、材料、检测仪器等提供了赞助。从5月起，除西藏、云南、宁夏外，其他各省、自治区、直辖市近百万人参与了第三届全国印刷行业职业技能大赛暨第42届世界技能大赛各项活动。

赛事分为三个工种、七个组别和第42届世界技能大赛选拔赛等八项内容，各赛区经过工厂、地区和省级层层比赛、选拔，印前、印刷、印品整饰工种职工组和学生组的决赛分别在上海、深圳、天津三个决赛场地举办。决赛于9月底全部结束，全国有261家企业、112家院校选送了745名选手参赛，共决出职工组各工种一等奖15名，由人力资源和社会保障部授予了“全国技术能手”称号，二等奖45名，三等奖77名，优秀奖271名。学生组各工种一等奖15名，二等奖50名（含42届世界技能大赛选拔入围前10名选手），三等奖50名（含42届世界技能大赛选拔入围前11～35名选手），优秀奖222名，由新闻出版总署进行了表彰奖励。受到省级奖励和晋升职业资格的超过千人。

【中国绿色环保印刷展和绿色印刷新技术交流会】 5月18～21日，受新闻出版总署委托，协会承办了在深圳会展中心举行的第八届中国（深圳）国际文化产业博览交易会新闻出版馆中中国绿色环保印刷展的展示工作，组织召开了绿色印刷新技术交流会。中国绿色环保印刷展共1450平方米，有21个单位参展。

新闻出版总署署长柳斌杰，副署长蒋建国、孙寿山，财政部有关领导参观展会，企业和社会群众2万多人次参观展会。展会宣传了绿色印刷相关知识和印刷行业近期实施绿色印刷的成果。中国大陆和港澳地区200多采购商与参展商交流洽谈。据统计，有51家采购商与参展商达成10.4亿元的销售意向，签订3.5亿元的销售协议，有6家企业达成入驻印刷产业园区的意向。中国绿色环保印刷展获得了第八届中国（深圳）国际文化产业博览交易会优秀组织奖。

中国（深圳）国际文化产业博览交易会期间，协会和环境保护部环境发展中心承办的第三届绿色印刷技术交流会吸引了全国各地印刷及相关企业代表300多人出席。

【绿色印刷认证】 协会加强与各省、自治区、直辖市印刷技术协会推荐的申请绿色印刷认证企业的联系，对申报资料进行审核、指导，根据企业要求，会同环境保护部环境认证中心下厂进行技术服务。北京市新闻出版局、北京印刷协会与环境保护部环境发展中心签署协议，2012年对北京地区申请绿色印刷认证的70家企业进行资金扶持，统一进行技术服务、培训，企业不需承担费用，提高了企业参与绿色印刷认证的积极性。协会会同环境保护部环境发展中心国寰环境中心抓紧做好申报绿色印刷认证企业的技术服务工作，特别是做好绿色印刷认证空白省、自治区的推动工作。截至2012年底，为全国已取得绿色印刷认证的184家印刷企业提供技术服务，为2012年24个省（区、市）实现2012年中小学秋季教科书总量30%实施绿色印刷的任务创造了基础条件。3月3日，协会与中环联合（北京）认证中心有限公司联合召开已获证印刷企业座谈会，对2011年度已通过绿色印刷认证的71家印刷企业进行了培训。从4月开始，对2011年度已通过绿色印刷认证的印刷企业的年度监督检查工作全面启动。

【中国印刷行业企业信用等级评价】 经商务部和国有资产监督管理委员会批准，2012年协会开展了印刷行业企业信用等级评价工作，12月19～20日召开了首批中国印刷行业企业信用等级评价终审会。

首批申报信用等级评价的企业共81家。47名评审专家委员参加了首批中国印刷行业企业信用等级评价工作，其中函审委员36名，面审委员11名。印刷行业企业信用等级评价委员会根据印刷行业企业信用等级评价标准和评价指标体系，经过地方印刷协会初审、第三方机构北京国富泰企业征信有限公司评审、专家委员评审等程序，最终确定终审企业名单。本着公平、公开、公正和实事求是的原则，面审委员根据第三方机构北京国富泰企业征信有限公司出具的评审报告，结合函审专家委员的意见，经过认真的审核和论证，最终评出29家“AAA”级、13家“AA”级和7家“A”级信用企业。

（撰稿人：张　宣）

中国材料研究学会

服务创新型国家和社会建设　2012年，中国材料研究学会开展为国家发展改革委高技术产业司的新材料产业化决策咨询，先后完成《战略性新兴产业重点产品及服务指导目录编制方案》（新材料）、《战略性新兴产业重点产品和服务统计目录》（新材料）、《战略性新兴产业行业统计目录》（新材料）、《国家工程中心及国家工程实验室专项建议》（新材料）、《中国新材料产业发展报告（2011—2012）》。

学会启动了《材料大辞典》第二版修订工作，词条数增加了约10%，词条更新量达到30%左右。

学会建设　2012年，学会对个人会员进行了系统整理，现有在册个人会员2361名，团体会员152个。全年共举办学术交流会议4场，共有2791人次参加会议。会议交流论文共计913篇，会后发表论文534篇。学会先后召开六届一次、二次常务理事会议以及六届二次理事会议。新成立二级分会中国材料研究学会粉末冶金分会，截至2012年底，学会共有二级分会11个。

学会召开第十三届国际材料研究学会联合会先进材料大会分会筹备会会议。确定会议召开时间为2013年9月22～28日，地点在山东省青岛市。确定大会共分5大领域37个分会场进行交流。

学会申请了中国科协学会改革发展基础工程资助类项目，并获批准，资金主要用于学会办事机构创新能力建设。

科技期刊国际影响力提升计划　学会主办的英文期刊《自然科学进展——国际材料》影响因子由0.832上升到1.035，全年共收到投稿285篇。

国际学术会议　9月13～15日，由中国材料研究学会、苏州纳米科技发展有限公司共同举办的2012年纳米材料和纳米器件国际研讨会在江苏省苏州市举行。16位外国专家，以及北京大学、清华大学、中国科学院等单位的13位中国专家应邀作特邀和邀请报告。大会总注册人数110人，聆听报告人数约有150人次。

国内主要学术会议　7月13～16日，中国材料大会2012在山西省太原市召开，共设23个分会场，2000人参加会议，收到论文摘要1800余篇，论文全文800余篇。会议期间，还举办了材料教育论坛、材料学术期刊论坛，以及2012年中国新材料博览会。

10月29～31日，学会协办的纪念博士生学术年会10周年暨第十届全国博士生学术年会在山东省济南市举办。学会的征文主要面对四个方向：能源环境材料、高性能结构材料、电子材料和生物医用材料，共征集到论文87篇，初审通过83篇，最终入选61篇。材料分会安排了23名博士生作分会报告，全体61名参会博士生均参加壁报交流。评选出3篇优秀论文为大会优秀论文，并在大会的闭幕式中受到表彰。中国科学院院士葛昌纯作题为《先进结构材料发展趋势》的分会大会报告。

两岸交流　4月6日，学会理事长黄伯云和台湾地区“中国材料科学学会”理事长金重勋签署了共建“海峡两岸新材料科技发展中心”的合作协议，该中心成立后由厦门大学材料学院主持运营。

8月15～17日，由中国材料研究学会和台湾地区“中国材料科学学会”主办，厦门大学材料学院承办的第一届海峡两岸先进能源材料专题论坛在福建省厦门市召开。共有20位来自海峡两岸能源材料研究领域的专家、学者参加论坛。论坛围绕节能材料、太阳能、燃料电池、锂电池以及氢能等五个主题作了专题报告。

国际交往　学会副理事长兼秘书长、国际材料研究学会联合会执委和出版委员会主席韩雅芳，学会副秘书长、国际材料研究学会联合会秘书冯强出席了在日本召开的国际材料研究学会联合会的工作例会和电子材料大会。经过国际材料研究学会联合会成员单位投票，一致通过学会承办2014年国际材料研究学会联合会青年科学家大会的申请。

科普活动　学会与化工出版社联合制定并开始实施“新材料科普丛书”出版计划，丛书计划出版20余本，内容包括新能源、生物、电子信息、现代交通、航空航天、节能环保等重要领域内的新材料，目前已有3本完稿。

表彰举荐优秀科技工作者　学会开展2012年中国材料研究学会科学技术奖评选活动，共评选出二等奖2项，向9名科技工作者颁发了证书及奖金。学会推荐的卢志超获得中国科协第五届“全国优秀科技工作者”称号。向中国科协推荐候选创新群体一个，项目名称是“航空航天用超高温复合材料制备的物理化学过程”，项目依托单位为西北工业大学。该群体已获得国家自然科学基金委资助。

9月13～15日，在学会举办的2012年纳米材料和纳米器件国际研讨会上，来自中国科学院、北京大学、北京航空航天大学等9个单位的10名青年学者（35岁以下）获青年优秀论文奖。

【中国材料大会】 7月13～16日，中国材料大会2012在山西省太原市召开。中国材料大会原名中国材料研讨会，每年召开一次。由于近年来规模不断扩大，从2012年开始，更名为中国材料大会。

大会共设23个分会场，涉及能源与环境材料，功能与电子材料，高性能结构材料，材料模拟、试验和评价等领域。会议同期还举办了材料教育论坛和材料学术期刊论坛。近2000人参加会议，收到论文摘要1800余篇，论文全文800余篇。会上评选出11篇“青年优秀论文”和18篇“优秀墙展”，并举行颁奖仪式。经各分会专家多次审稿，优选出650篇质量较好的论文，其中120篇分别在国内4种学术期刊（《稀有金属》、《材料科学与工艺》、《人工晶体学报》、《有色金属学报》）上发表，534篇在*Materials Science Forum*分4卷发表。

大会期间，还举办了2012年中国新材料博览会，国内60多家材料相关企业参展。

【第一届海峡两岸先进能源材料专题论坛】 8月15～17日，由中国材料研究学会和台湾地区“中国材料科学学会”主办，厦门大学材料学院承办的第一届海峡两岸先进能源材料专题论坛在福建省厦门市召开，共有20位来自海峡两岸能源材料研究领域的专家、学者参加论坛。论坛围绕节能材料、太阳能、燃料电池、锂电池以及氢能等五个主题作了专题报告。

开幕式上，论坛主席、厦门大学材料学院院长刘兴军介绍了论坛的由来以及参与论坛的主要来宾。学会副理事长周少雄和台湾地区“中国材料科学学会”秘书长洪健龙分别代表海峡两岸材料学会致词。本次论坛是由海峡两岸材料学会首次共同举办的能源材料领域的专题学术论坛。

2012年4月6日，学会理事长黄伯云和台湾地区“中国材料科学学会”理事长金重勋签署了共建“海峡两岸新材料科技发展中心”的合作协议，该中心成立后由厦门大学材料学院主持运营。本次论坛是海峡两岸新材料科技发展中心举行的一个系列活动，论坛主题重点关注国家和地方社会经济发展需求，以及海峡两岸新材料行业企业所面临的技术难题，通过专题讨论形成国家未来新材料领域发展规划。

论坛期间，与会专家对海峡两岸新材料科技发展中心的运营模式以及论坛举办的模式进行了讨论，达成共识：以共建新材料检测平台为依托，以学生交换和科研人员互访为基础，通过定期举办高水平的专题学术论坛，推动海峡两岸新材料领域产学研全方位的实质合作。

【2012纳米材料和纳米器件国际研讨会】 9月13～15日，由中国材料研究学会、苏州纳米科技发展有限公司共同举办的2012年纳米材料和纳米器件国际研讨会在江苏省苏州市举行。研讨会包括特邀报告、邀请报告、口头报告以及墙报。来自美国、欧洲、澳大利亚和亚太地区的16位外国专家，以及北京大学、清华大学、中国科学院等单位的13位中国专家应邀在大会上作特邀和邀请报告，其中包括院士3名，千人计划专家2人，国际杰出青年科学基金获得者11人。大会总注册人数110人，聆听报告人数约有150人次。

经大会学术委员会评审，来自中国科学院、北京大学、北京航空航天大学等9个单位的10名青年学者（35岁以下）获青年优秀论文奖。本次研讨会共收到论文摘要104篇，其中大会特邀报告5篇，邀请报告24篇，口头报告28篇，墙展48篇。会上和会后收到论文全文26篇，分别在*PNS*：*MI*，*Rare Metals*和*Materials Science Forum*上发表。

（撰稿人：陈　辉）

中国食品科学技术学会

服务创新型国家和社会建设 2012年，学会发挥科技优势，对接政府需求，全年共承接来自中国科协、卫生部、工业和信息化部、中国轻工业联合会、国家质量监督检验检疫总局的项目总计19项。学会完成卫生部委托的《2011年全国食品安全总体状况报告》中四个章节的编写工作。

学会成立咸味香精标准工作组，并先后6次召开会议，针对行业发展的实际情况寻找法规方面的解决途径。同时，学会执着推进速冻面米制品标准的制修订工作，与国家食品安全风险评估中心共同承担了《速冻面米制品生产卫生规范》的编制工作。

学会继续大规模推动校园学生创新活动，与杜邦营养与健康公司、福建盼盼食品集团、康师傅控股有限公司、李锦记（中国）销售有限公司、杭州艾菲曼普香精香料有限公司、诺维信（中国）投资有限公司、美国加州杏仁商会等7家国内外知名企业与机构，联合主办了7项大学生创意大赛。在国内100多所院校的食品专业中开展竞赛，近万名师生参与。

学会举办5个培训班，总计300余名食品界科技工作者参与培训，50余位专家授课。

学会能力提升 2012年，学会新发展高级会员23人，团体会员15个，高级会员总数达490人，团体会员总数达112个。

8月24日，学会荣获2012年中国科协学会能力提升专项“优秀科技社团”三等奖。

学科发展研究 2012年，学会出版了反映中国食品科技现状与趋势的《2012中国食品工业与科技发展报告》，迄今已经是第11年。2012年是第二次与工业和信息化部消费品工业司共同组织编写。报告侧重于产业分析，力求为政府部门提供决策依据，引领行业的创新与发展。

国际学术会议 4月19～20日，学会与国际食品科技联盟（IUFoST）联合主办的，以“全球经验分享，保障食品安全，构建和谐社会”为主题的2012年国际食品安全论坛在北京召开。300余位专家、企业家及政府官员参会。

5月29～31日，为加强国内外乳酸菌领域学术界与企业界的交流，中国食品科学技术学会与亚洲乳酸菌学会联盟（AFSLAB）在江苏省无锡市联合主办了第七届乳酸菌与健康国际研讨会暨第三届亚洲乳酸菌研讨会。会议以“乳酸菌资源及应用”为主题，邀请来自日本，韩国，印度，马来西亚，新加坡，印度尼西亚，中国大陆和台湾地区等10余个亚洲国家和地区的乳酸菌领域专家，会同国内外企业界人士近300人，对人体肠道微生物菌群与健康、乳酸菌功能与疾病预防、乳酸菌在传统食品中的应用、行业相关法规标准以及公众科普等热点问题进行探讨。本次研讨会是近年来在国内召开的规模最大的以乳酸菌研究与应用为主题的专题研讨会。科技部农村科技司副司长王喆出席大会开幕式并致辞，他表示，乳酸菌行业已成为利用现代生物科技挖掘和发展我国食品工业的重要典范。乳酸菌行业作为我国食品产业中的重要组成部分，其科研水平上的不断创新，带动了产业的长足进步，并为公众健康的保障做出了重要的贡献。

8月24日，学会与美国驻华大使馆农业贸易处等单位在北京举办第二届中美健康论坛之干豆在食品工业中的应用研讨会。会议邀请国家杂粮工程研究中心主任张丽萍、中国农业大学食品科学与营养工程学院教授郭顺堂、国家粮食局科学研究院研究员谭斌，以及美国内布拉斯加州大学教授瓦吉拉·拉特纳克、德温·罗斯，美国康尼格拉食品公司研发总监伊丽莎白·阿恩特等业内专家出席，来自中美两国食品科技界和产业界的100余人参加会议。相比上届，此次会议更关注食品工业在干豆类食品开发方面的实际工作和中美之间在此领域的沟通与合作，希望通过中美食品科技界与产业界的合作与互动，关注消费者的膳食结构，引导消费者合理饮食，帮助消费者形成健康的膳食习惯。

10月22～23日，学会与国际食品微生物标准委员会（ICMSF）共同主办的2012年ICMSF—中国食品安全国际研讨会在福建省厦门市召开，来自国内外的300余位专家参会。与会专家围绕着大会主题“控制微生物危害，保障消费者健康”进行研讨。

国内主要学术会议 10月15～16日，中国食品科学技术学会第九届年会在黑龙江省哈尔滨市召开。会议包括大会报告、分会场会议、颁奖仪式、论文张贴等内容，来自国内外的专家、学者500余人参会，本次年会的焦点为产业创新和食品安全。

12月4～6日，学会主办的中国泡菜产业创新及安全研讨会在四川省成都市召开。100余名来自食品行业主管部门的领导，学术界的专家、学者，以及泡菜生产及工业化应用企业代表参加会议，共同研讨如何通过理念创新、工艺创新及设备创新发掘传统泡菜食品的工业价值，以及在传统食品工业化过程中需要面对的诸多问题。学会理事长孟素荷表示，现在食品市场的需求是回归天然、回归自然、回归健康。经过长期的东西方饮食文化的碰触交流之后，传统的民族食品越来越受到人们的喜爱。泡菜行业的出现恰逢其时，需要行业人士小心呵护。现在市场上一些销量很好的产品都是和中国传统文化相关的。如果传统和健康二者能实现统一，其价值的提升也会无法估量。中国传统食品工业化的创新已经成为今后5～10年重要的创新点之一。

12月21日，学会主办的中—印食品用香料与天然风味配料研讨会在北京召开。40余位来自中国和印度两国食品用香精香料行业的行业管理者、科研工作者及生产企业技术人员就该行业在两国食品产业中发展所遇到的问题、发展方向等课题进行了研讨，并希望借此促进两国相关产业之间的交流与合作。

两岸交流 7月11～13日，学会与台湾食品工业发展研究所共同主办的第四届两岸食品产业合作及交流会议在浙江省宁波市召开，来自海峡两岸近200位食品业界人士参会。本次会议上，台湾地区不仅派出了台湾食品工业发展研究所、台湾食品科学技术学会等多个学术单位参会，同时味全食品、台东兴业、台盐实业等几十家台湾企业也参加会议。会议主办方邀请了来自中国农业大学、江南大学、北京工商大学、中国疾病预防控制中心等科研院所的专家参会，来自工业和信息化部、卫生部、国家质量监督检验检疫总局等多个政府部门的官员出席了会议。

国际组织任职 8月3～11日，在巴西举办的第十六届世界食品科技大会上，学会副理事长饶平凡就任国际食品科技联盟主席（2012—2014），学会副理事长陈坚、罗云波当选国际食品科学院院士。

国际交往 8月3～11日，学会组团赴巴西参加第十六届世界食品科技大会，北京红螺食品有限公司的茯苓夹饼、河南白象食品集团的骨汤方便面系列、山东欣和企业的六月香豆瓣酱等3项产品荣获“全球食品工业奖”。

8月27日～9月1日，学会组团赴日本参加日本食品科学工学会第59届年会，并与日本食品科学工学会共同主办中日食品科技与工业论坛。

在10月召开的中国食品科学技术学会第九届年会期间，与韩国食品营养科学学会首次合作，举办了中韩食品业论坛，开启了中韩食品科技界的交流与合作。

科普活动 2012年初，学会召开专门会议，邀请国内外12位权威专家，对2011年国内外的食品安全热点问题进行权威分析和解读。4月、6月和9月，学会与中国科协科普部、调研宣传部共同举办3次“科学家与媒体面对面”活动，媒体与来自国内外多位食品安全专家进行零距离沟通，对促进解决我国食品安全的风险交流问题起到了推动作用。一方面让媒体从科学角度更加全面地了解了食品安全，另一方面也让科学家更深入地思索今后如何与媒体更好地沟通，从而还原食品安全真相。

2012年，学会进一步完善中国食品公众科普网的建设工作，使之成为学会向社会公众传递食品安全信息、食品科普知识的重要平台，分别于6月和9月举办两次消费者课堂。与中国数字科技馆合作，完成并发送50期，共计15万余字的手机报信息。完成4个科普动画的制作。与中央电视台合作，录制5期科普宣传片。编辑出版食品安全科普宣传大纲读本——《食品安全 生活中的科学》及20余种科普宣传册。

6月，学会全面参与了“食品安全宣传周”活动，牵头完成编制《食品安全科普宣传大纲》的工作。

表彰举荐优秀科技工作者 2012年，学会在“公开、公平、公正”和“严谨推进，确保质量，形成品牌”的原则下，历经初评推荐、专业评审、综合评审、入围一等奖答辩、奖励委员会批准、网上公示等一系列程序，评选出中国食品科学技术学会技术发明奖二等奖1项，三等奖1项；中国食品科学技术学会技术进步奖一等奖5项，二等奖12项，三等奖5项；中国食品科学技术学会产品创新奖一等奖1项，二等奖3项，三等奖3项。一项成果被推荐申报2013年国家科学技术进步奖。

【2012年国际食品安全论坛】 4月19～20日，中国食品科学技术学会与国际食品科技联盟（IUFoST）联合主办的，以“全球经验分享，保障食品安全，构建和谐社会”为主题的2012年国际食品安全论坛在北京召开。论坛得到了中国科协、卫生部、农业部、科技部、工信部、中国轻工业联合会及世界卫生组织等政府部门和机构的支持，300余位专家、企业家及政府官员参会。

论坛聚焦关键行业和领域，如对乳制品、农产品等行业的深切关注，以及食品安全快速检测、食品过敏原、纳米技术等新兴行业食品安全的技术支持。同时，关注五大焦点——标准、溯源、过程控制、预防、风险交流，以有效破解我国食品安全的难点。

相比往届，本届论坛对中国食品安全问题的思考也愈加深刻，表明在面对全球挑战的进程中，中国应对食品安全问题已经有了日益明确的思路。

【中国食品科学技术学会第九届年会】 10月15～16日，中国食品科学技术学会第九届年会在黑龙江省哈尔滨市召开。会议包括大会报告、分会场会议、颁奖仪式、论文张贴等内容，来自国内外的专家、学者共500余人参会，本次年会的焦点为产业创新和食品安全。年会设立食品技术论坛、中韩食品业论坛、东北地区农产品加工研讨会，以及食品营养与健康评价、食品安全与检测、新产品新技术、食品化学与生物技术等4个专题会议，特别设立了企业研发总监与食品研究院（所）长论坛、食品企业可持续发展论坛，务实推进企业和学术界的合作交流。

与会专家认为，目前食品科技与产业的有效对接尚未真正到位。中国食品科技厚积薄发的实力已经具备，自主创新的人才梯队、科学积累与物质基础已经基本形成。中国食品工业中最具活力，急待创新的民营中型食品企业，恰恰是政府、学者、专家很少顾及的“空白点”。中国传统食品工业化正是科技与产业对接的最佳载体。

会上，对中国食品科学技术学会科技创新奖、7项大学生创意大赛的百余名获奖者颁奖。

【2012年ICMSF—中国食品安全国际研讨会】 10月22～23日，由中国食品科学技术学会与国际食品微生物标准委员会（ICMSF）共同主办的2012年ICMSF—中国食品安全国际研讨会在福建省厦门市召开。会议得到了国家食品安全风险评估中心、国际食品科技联盟、国际生命科学学会中国部、中华预防医学会卫生检验专业委员会、世界贸易中心协会（香港）、联合国开发计划署等国内外机构的支持。来自国内外的300余位专家参会。

会上，国内外专家一致呼吁：食源性疾病是全球食品安全面临的主要挑战，中国应尽早加大对食源性疾病的监测和预防，对于由微生物污染引起的食品安全问题给予高度关注。

会议围绕着微生物食品安全带来的公共健康挑战、基于微生物的食品安全管理、控制微生物危害的关键环节、食源性致病菌的检测与溯源、共同保障全球食品安全的合作机遇五大主题，邀请了来自国内外的50余名专家作报告。与会专家围绕着大会主题“控制微生物危害，保障消费者健康”进行了研讨。

会议还邀请了来自国际食品微生物标准委员会、国家食品安全风险评估中心以及部分知名企业的食品安全监管相关权威专家连续举办3场专题研讨会和培训班。

【第十二届中国面制品大会、第十一届冷冻冷藏食品大会暨方便食品二十年成果展】 9月5～6日，中国食品科学技术学会主办的第十二届中国面制品大会、第十一届冷冻冷藏食品大会暨方便食品二十年成果展在北京召开。这是中国方便食品高速发展20年后的一次回顾与前瞻。会议得到了国家发展改革委、工业与信息化部、卫生部等政府部门的支持。方便食品企业家及科技界专家参加大会，包括业界代表、渠道经销商、媒体及消费者在内的近万余人次观众参观了方便食品20年成果展。

本次大会回顾并梳理了以方便面和速冻面米制品为代表的中国方便食品产业20余年来的发展历程，分析了中国方便食品产业快速发展的核心原因，并提出了中国方便食品产业在未来所面临的挑战。通过有效凝聚企业界、科技界的力量，为中国方便食品新一轮的发展搭建了一个跨界交流平台，为中国方便食品产业的发展提供了战略思考。

同时，为展示行业创新成果及引导公众科学的消费观，主办方还召开了以“科技改变生活——与媒体面对面”为主题的科普活动，邀请业界权威专家讲解食品背后的科学，点评近期食品安全热点事件，让公众通过科学的解读真正理解食品科技的内涵。

（撰稿人：莫英杰）

中国粮油学会

服务创新型国家和社会建设 2012年，中国粮油学会承担了国土资源部全国国土规划纲要重大专题研究任务，承担了专题13——《粮食安全与土地资源保障能力建设》的子课题1——《粮食安全问题研究（中长期粮食供求趋势预测）》的研究撰写工作。学会组织专家，历时一年多，提出了构建国内粮食安全保障体系的详细建议。

学会油脂分会根据卫生部的要求，组织专家就消费者提出的食用油烟点问题作了相应的答复意见，并上报卫生部监督局。部分专家参加了《玉米油》、《玉米肽》、《花生肽》等国家标准的制修订启动会，以及其他标准的讨论会。一年来，油脂分会针对浙江银河药业有限公司、无锡中粮科技有限公司、上海市金山区食品生产监督所、益海嘉里集团有限公司、山东鲁花集团有限公司、广州泰邦食品添加剂有限公司等企业在生产或工作中碰到的技术问题，组织专家在现场进行了研究讨论，详细回复了解决方案的咨询意见，为企业排忧解难。根据企业反映，针对浙江省多个县级工商管理机关执法检查中对企业产品采取下架、查扣等问题进行了调查了解，起草了《关于食用油TBHQ标注方式合规性有关情况的汇报》上报卫生部，得到的函复标注“抗氧化剂（TBHQ）”的产品是符合当时法律和标准规定的，维护了企业的合法利益。

学会粮油质检分会针对保障粮油食品安全，经过调研撰写了《真菌毒素危害与控制》报告，并举办了真菌毒素危害与控制决策咨询专家论坛报告会。

学会粮食物流分会为实现粮食现代物流“四散化”，调研提出了《黑龙江省和吉林省“北粮南运”散粮火车入关线路调研报告》、《西南粮食物流通道建设调研报告》。

学会粮油营养分会调研撰写了《贵州铜仁地区营养健康产业发展报告》、《山东省永城市营养健康城市发展咨询报告》，举办了江西万载县营养健康产业发展咨询会等5次决策咨询专家论坛。

学会玉米深加工分会通过与卫生部、国家标准化管理委员会等部门沟通，参与了14种变性淀粉食品添加剂产品国家标准的制定工作，并组织行业内的大型玉米深加工企业参与征求意见、检测方法验证等环节的工作，目前各项标准已提交卫生部审定。

学会建设 2012年，学会个人会员增加至8260人，单位会员增加至1320个。学会共组织召开了各类学术会议17次，参会人数3000多人次，发表论文390篇。

学会召开中国粮油学会第六届七次常务理事会议，研究申报中国科协开展学会能力提升专项。8月24日，中国科协授予学会为中国科协学会能力提升专项“优秀科技社团”三等奖。

根据《民政部关于开展2011年度社会组织评估工作的通知》要求，学会领导高度重视，认为是推动学会组织建设、制度建设和能力建设，增强服务社会功能，加强自身建设的极好契机。学会撰写报送了《中国粮油学会全国性学术类社团评估材料》，编辑了《中国粮油学会全国性学术社团评估现场审阅材料》（上、下册）以及24个原始附件材料。民政部评估专家组到学会现场审查后，给予了高度评价。

6月19日，民政部发布关于2011年度全国性社会组织评估等级结果公告（民政部公告第250号），中国粮油学会被评为2011年度全国性社会组织学术类社团4A等级。在99家参评的全国学术类社团中总排名第四，4A等级中排名第一，进入了全国学术类社团的先进行列。

学术期刊 2012年，《中国粮油学报》的复合影响因子提升至0.974，排在轻工、纺织科学技术、食品科学技术类前列。《中国粮油学报》通过出版和发行、稿件的优先数字出版以及版面费和审稿费的收取等工作的改革，使论文的平均发表周期缩短3个月。截至12月，共收稿714篇，刊出12期《中国粮油学报》，共载文311篇，总页数为1536页，238篇是国家科技攻关或省自然科学基金以及各种专项基金攻关项目，基金论文比为76.5%。继续开展单篇稿件的优先数字出版工作，2012年共刊登优先数字出版稿件17篇。

国际学术会议 8月7～9日，学会和国际谷物科技协会（ICC）共同在北京举办了第十四届国际谷物科技与面包大会暨国际油料与油脂科技发展论坛。国内外专家、学者约600人参加会议，大会收到304篇论文摘要。

国际交往 经过近3年的努力，中加杂豆项目合作于2012年进入实质阶段。学会和加拿大杂豆协会签署了《咨询协议》，双方同意把面条、馒头和饼干项目作为第一轮项目启动。

学会参与欧盟食品质量与安全项目（MoniQA），获得超过22万欧元的项目拨款。2012年是MoniQA项目结题总结阶段，学会提交了5年的工作报告和经费使用报告。6月，经欧盟委员会和独立评审组以高分审核通过了MoniQA项目总结报告，认为MoniQA是一个成功的国际合作项目。MoniQA项目是由国际谷物科技协会（ICC）负责组织协调，国际上33个合作单位共同参与的欧盟第六框架下的项目。该项目致力于食品产业链上质量与安全检测分析方法的一致性策略，特别是快速检测方法的应用。

科普活动 2012年，学会共组织主题科普活动42次，举办科普讲座62次，举办科普展览139次，举办其他形式科普宣传17次，参加主题科普活动科技工作者316人次，累计受众人数212800人次。

学会发酵面食分会连续第七年组织科普宣讲团，在湖北等14个省的近30个县开展了发酵面食科普宣传、面点加工职业技能培训、面点技能比武大赛等系列专题活动。1万多名面点师参加专题活动，逾20万农民现场观摩。

表彰举荐优秀科技工作者 2012年，共有51个单位的93个科研项目申报中国粮油学会科学技术奖，比2011年增加了1倍，共评审出5个一等奖、13个二等奖、24个三等奖。

经学会推荐，武汉工业学院教授、博士生导师何东平和安琪酵母股份有限公司高级经济师俞学锋获得中国科协第五届“全国优秀科技工作者”称号。

在学会和国际谷物科技协会（ICC）共同举办的第十四届国际谷物科技与面包大会暨国际油料与油脂科技发展论坛上，中国农业科学院农产品加工研究所副所长王强和国家粮食局科学研究院研究员孙辉获得ICC国际谷物科技成就奖，这是我国粮油科技工作者第一次获此殊荣。

党建强会 2012年，学会开展了“科技文化促党建，党建强会促发展”特色党建活动。开展了“党员图书屋”、“主讲主问学习会”、“党群零距离知心工程”、“争做学会优秀窗口党小组”等系列活动。学会还制定了《中国粮油学会开展廉政风险防控机制工作方案》。

【第十四届国际谷物科技与面包大会暨国际油料与油脂科技发展论坛】 8月7～9日，为共同促进全球谷物和油脂产业的可持续发展，中国粮油学会与国际谷物科技协会（ICC）在北京共同举办了第十四届国际谷物科技与面包大会暨国际油料与油脂科技发展论坛。

大会由开幕式、展示会、大会特邀报告、9场专题报告会和ICC会员专场会，3场小型研讨会，论文张贴，新技术、新成果展示会，大会评选颁奖活动，邀请国外代表技术参观等部分组成。

中国科协党组成员、学会学术部部长沈爱民，国家粮食局局长任正晓等出席会议并讲话。国际谷物科技协会主席玛丽娜、秘书长罗兰德，国家粮食局副局长张桂凤和来自36个国家和地区的130多名专家、学者，450多名国内粮油科技工作者，共约600人参加了会议。大会收到304篇论文摘要，印制了论文摘要集。

这次大会在ICC国际谷物科技与面包大会历史上实现了六个第一，即大会参会代表人数第一，参展面积和单位数量第一，收集论文的质量和数量第一，发言人数第一，张贴论文数第一，奖励数量第一。国际谷物科技协会对这次大会给予了高度评价，并对中国粮油学会的有关领导和工作人员颁发了优秀组织奖励证书。

本次大会上，2名我国粮油科技工作者作特邀报告，51人在分会场演讲，张贴论文67篇，27个企业和单位参加了新技术、新成果展示会，发放了《2011′粮油科学与技术学科发展报告》和《2011年度中国粮油学会科学技术进步奖汇编》等资料。

中国农业科学院农产品加工研究所副所长、研究员王强和国家粮食局科学研究院研究员孙辉获得ICC国际谷物科技成就奖，这是我国粮油科技工作者第一次获此殊荣。我国6名40岁以下的科研人员，包揽了大会青年科学研究奖。

【中加杂豆合作项目进入实质阶段】 经过近3年的努力，中加杂豆项目合作于2012年进入实质阶段。1月31日，加拿大杂豆协会和学会签署了《咨询协议》。双方一致同意在杂豆食品开发应用领域开展合作，同时正式由加方委托学会作为项目协调管理单位，负责组织专家制定项目计划书，研究工作分为杂豆在面条、汉堡、饼干和馒头中的利用四个板块。

2月15日，为确保项目的顺利实施，学会在北京召开了中加杂豆合作项目工作会，邀请国家粮食局科学研究院、河南工业大学、武汉工业学院等单位的专家和相关企业代表，就项目计划书的起草工作进行了讨论，明确了责任和小组分工，组织签订了《实施中加杂豆合作项目责任书》。

3月底，学会按《协议》规定向加拿大杂豆协会提交了项目计划书。加方十分重视与学会的合作，先后3次来华，就计划书的具体内容多次交换意见，双方同意把面条、馒头和饼干项目作为第一轮项目启动。8月，学会将项目计划书正式提交给加拿大项目投资方审议，投资预算44.5万加元。截至2012年底，学会已获得加方项目启动经费4万加元。

（撰稿人：魏　然）

中国职业安全健康协会

服务创新型国家和社会建设 2012年，中国职业安全健康协会通过并命名全国安全社区104个，其中新命名94个，再命名10个。截至10月底，在协会备案、已经启动和建设全国安全社区的单位达1589个（其中，2012年启动195个，完成计划的163%；发展广东、广州、重庆、成都、南京5个地区支持中心）。对陕西、天津、四川、南京、无锡、广州、沈阳、青岛等地社区及长庆油田、华北油田、晋煤集团、平朔集团等企业主导型社区的安全社区创建进行指导、咨询。指导11个街道的国际安全社区建设工作，并全部通过认证。指导12个已建成满5年的国际安全社区全部通过再认证。

完成了《用人单位主要负责人职业卫生培训大纲及考核要求》、《用人单位职业卫生管理人员培训大纲及考核要求》、《职业卫生监督执法人员职业卫生培训大纲及考核要求》3个职业卫生培训大纲的起草工作。完成了职业健康培训规划的起草工作。职业病防治法修订案颁布以后，为全面贯彻职业病防治法关于对职业健康培训的要求，受国家安监总局职业安全健康监督管理司委托，起草并提交了国家安监总局职业安全健康监督管理司职业卫生培训规划。举办了12期培训班，包括2期煤矿职业卫生管理人员培训班、2期煤矿职业卫生培训师资培训班和1期安全社区建设人员培训班、7期安全社区培训班，共培训3100多人。

完成了职业健康“百千万”培训工程培训机构师资的课堂培训近400份试卷的判卷、成绩登记及统计、培训合格率报告，以及证书制作与发放工作。

开展了安全工程专业认证标准与注册安全工程师任职标准衔接研究，向国家安全生产监督管理总局建议，为我国安全工程专业认证建立长效发展机制。

组织开展了煤矿井下救生舱在我国煤炭企业的应用工作。承担在国家安全生产监督管理总局立项的煤矿井下瓦斯事故个体逃生装置项目开发工作，实施试验室和现场试验工作。协助开展了应急救生食品在煤矿的推广应用工作，协助开展了煤矿用聚氨酯供、排水软管产品在煤矿生产和透水事故应急排水中的推广使用。

6月，“安全生产月”期间，协会组织召开贯彻落实《职业病防治法》高层座谈会，加强职业健康工作，促进全国职业病防治形势的稳定与好转。

完成了国家安全生产监督管理总局职业卫生安全许可证发放办法、职业病危害事故调查处理办法、职业卫生技术服务机构发展规划和职业卫生监管标准五年发展规划4个课题的组织协调工作。

开展煤矿粉尘限值调研项目。煤矿粉尘限值调研项目列入2012年神华科技项目。2012年完成了枣矿集团、兖矿集团和开滦集团现场调研工作。

学会建设 2012年，协会发展副理事长单位1家，常务理事单位3家，理事单位3家，单位会员21家，个人会员12名。成立了职业健康办公室，设立安全类专业认证分委会秘书处。

召开了协会五届三次理事会议。会议通过了协会理事长张宝明的工作报告和协会2011年度财务报告，增补白海金、沈浩为副理事长，接纳中国煤炭系统新闻工作者协会为本会分支机构，组建行为安全专业委员会。

3月，在湖南省长沙市召开2012年度分支机构、代表机构工作会议。向安全社区工委会、防火防爆专委会、工业防尘专委会、职业卫生专委会、地质勘探安全分会和高空服务业分会等6家机构授予“先进分支机构”称号。

4月，在上海市召开个体防护专业委员会第四届会员代表会议，选举顾建栋为主任委员。

5月，在浙江省杭州市召开安全生产标准化技术委员会非煤矿山安全分技术委员会会议。

7月，在四川省九寨沟召开噪声与振动专业委员会换届会议，选举张斌为第五届专委会主任委员。

9月，召开职业健康检测与监控技术专业委员会成立大会，选举任树奎为主任委员。

协会网站配合协会重要活动和工作，策划并制作专题网页，对协会重要活动和工作进行了全面报道和宣传。2012年，协会网站上传信息300余篇。开展专家答疑工作，组织专家解答会员提出的各种问题。配合协会科技奖，完善网站科技成果库。2012年，正式实行网站上传信息审批制度。

学术期刊 《中国安全科学学报》根据《中国学术期刊影响因子年报（自然科学工程技术2012版）》统计结果，总被引频次为5579，复合影响因子1.247，学科（安全类）排名第5位。期刊综合影响因子为0.813，学科排名第4位。技术研究类影响因子为0.750，学科排名第2位。

两岸交流 9月12～14日，主题为“安全、健康、交流、合作”的第二十届海峡两岸及香港澳门职业安全健康学术研讨会暨中国职业安全健康协会2012学术年会在在四川省成都市举行。来自中国大陆及港澳台地区的350多名专家、学者参加会议，会议收集论文100余篇。

国际交往 9月28日至10月8日，协会组织出席在新西兰召开的第十一届伤害预防国际会议，并赴斐济考察职业安全健康工作。10月24～26日，协会组织出席在江苏省南京市举办的2012安全科学与技术国际会议。

科普活动 协会举办了全国职业病防治法知识竞赛，840万人参加竞赛答题。

表彰举荐优秀科技工作者 协会科技奖共收到申报项目111项，100多名专家参加了函审，共划分5个专业评审组，各专业评审组评委由7名专家、学者组成。评出一等奖10项、二等奖18项、三等奖32项，在第二十届海峡两岸及香港、澳门地区职业安全健康学术研讨会暨中国职业安全健康协会2012学术年会上举行了颁奖仪式。

11月，协会在陕西省西安市召开全国安全社区工作会议，陕西省副省长李金柱出席会议并讲话。大会命名了104个全国安全社区，表彰了20个全国安全社会建设先进单位、50名全国安全社区建设先进工作者。

【第二十届海峡两岸及香港澳门职业安全健康学术研讨会暨中国职业安全健康协会2012学术年会】 9月12～14日，主题为“安全、健康、交流、合作”的第二十届海峡两岸及香港澳门职业安全健康学术研讨会暨中国职业安全健康协会2012学术年会在四川省成都市举行。会议由中国职业安全健康协会主办，四川省安全监管局（四川煤监局）安全技术中心和四川省安全生产科技研究院协办。

来自中国大陆及港澳台地区的350多名安全生产和职业卫生方面的专家、学者参加会议。会议集中展示并适时共享两岸四地在职业安全健康领域的新技术、新方法、新理论和新经验。本届会议轮值主席、协会理事长张宝明致开幕词，国家安全监管总局副局长杨元元、四川省副省长刘捷出席会议开幕式并讲话。全国人大常委、中国科协副主席、协会副理事长冯长根作学术报告。

年会收集论文100余篇，内容涉及职业健康政策法规、风险辨识与控制、安全文化与安全社区建设、安全科技和风险管理体系等方面，其中，两岸三地职业病目录的比较研究，尾矿库隐患无损诊断、风险分级与监测预警技术研究，人机一体化技术与职业安全和健康，保障化学工业园区生产安全的体系构建与关键技术，特大型企业集团安全管理模式探讨等学术报告，带来了职业安全健康领域的最新成果，反映了职业安全健康事业的发展趋势，为我国解决安全生产领域的重点、难点问题提供了参考方案。本届年会设置了安全科技、安全管理、职业卫生、个体防护等4个分会场。

与会专家、学者认为，职业安全健康没有地域之分，两岸四地安全生产和职业健康工作者有共同的理念和目标：创造一个让所有劳动者和社会成员都享有安全健康的工作环境和生活环境，减少事故和伤害，使其生命安全和健康得到保障，能体面地有尊严地工作和生活，从而实现社会的科学发展、安全发展、和谐发展。

（撰稿人：吴艳华）

中国烟草学会

服务创新型国家和社会建设 2012年3～5月，为落实全国烟草工作会议要求，学会组织对上海烟草集团有限责任公司和广东、江苏、浙江、湖北中烟工业有限责任公司进行调研，了解重点品牌原料特别是优质原料供给现状，总结工业企业保障原料供给基本做法，听取生产企业建议，向国家烟草总局提交了由原料供给现状、企业解决原料问题的措施、品牌发展与优质原料供给面临主要问题及解决重点品牌原料供给矛盾的建议四部分组成的《部分重点品牌发展与优质原料供给调研报告》。

中国烟草学会为规范行业科技人员参加国际烟草共同课题研究工作，按照《关于参加国际烟草科学研究合作中心共同课题研究的试行意见》（国烟办综〔2011〕281号）要求，完成并上报行业科技人员参加共同课题研究年度活动情况总结及2013年初步安排。

学会建设 截至2012年底，学会拥有210家团体会员，9423名个人会员。

5月8～9日，中国烟草学会2012年工作会议及六届理事会四次会议在北京召开。会议总结中国烟草学会2011年工作，安排部署2012年工作任务。审议通过专业委员会主任委员、六届理事会理事、常务理事调整及副理事长增补的提议；审议通过设立中国烟草学会教育培训工作委员会的提议。

学术期刊 2012年，《中国烟草学报》发表行业战略性课题和重大专项学术论文占总刊载量70%以上。继成为中国精品科技期刊、中国百种杰出学术期刊、中国科技核心期刊以及中国科学引文数据库（CSCD）、美国化学文摘（CA）收录期刊之后，2012年，《中国烟草学报》成为中文核心期刊。为保证期刊学术质量，建立行业重大专项跟踪制度，形成重大专项首席科学家目录并建立联系，参加重大专项相关活动并进行约稿，建立稿件敏感事项审核制度。《中国烟草学报》扩大了向云南等重点烟区发行范围。

为增强烟草行业学术论文的严谨性、规范性和科学性，提高论文可读性和编辑出版效率，在烟草标准化研究中心等单位支持下，《中国烟草学报》联合行业主要科技期刊，完成学术论文撰写基本要求标准化项目。12月，该项目通过全国烟草标准化技术委员会企业分技术委员会的审定。

8月7日，《中国烟草学报》2012年编委会会议在云南省昆明市召开，学会理事长张辉及《中国烟草学报》编委、特邀专家、编辑部工作人员出席会议。

国内主要学术会议 9月11～12日，学会在江苏省南京市举行2012年学术年会，听取行业专家和科技人员作学术报告，并围绕“卷烟上水平”主题，就2010～2012年重大科技专项、技术创新及经济管理等方面有代表性的研究成果进行学术交流。学会常务理事，各专业委员会主任委员，各省级烟草学会秘书长，学术年会论文作者等近160人参加了会议。

10月25日，为推动行业多元化企业整合优化工作，学会新产业发展专业委员会在福建省厦门市召开2012年学术年会暨烟草酒店品牌发展策略研讨会。新产业发展专业委员会委员、部分省级单位投资管理部门人员、特邀专家及部分行业酒店高级管理人员30人参加会议。

12月10日，学会经济专业委员会与国家烟草专卖局烟草经济研究所联合召开2012年度学术研讨会，围绕“中外烟草管理体制比较”主题进行学术交流。

国际交往 6月4～7日，学会承办的2012年国际烟草科学研究合作中心（CORESTA）第二次科学委员会会议在河南省郑州市召开。会议主要讨论了CORESTA各分学组及项目组的进展情况，特别是农学与植病学组所涉及分学组的调整，以及9月在日本召开的CORESTA2012大会安排等事项。

9月23～28日，CORESTA2012年大会在日本札幌举行，大会选举产生了新的理事会理事成员和科学委员会成员，中国烟草总公司连任理事成员。因特殊原因，中国烟草学会团组取消，中方推荐的10篇论文作为大会宣读论文，8篇论文作为墙报论文参与大会交流。

科普活动 在烟叶公司支持下，学会完成《烟水工程》科普视频片制作。学会网站及《中国烟草学报》增加安全生产、烤烟品种选育、种子技术、植保、烟叶等级等科普内容。学会推荐的云南陆良县小百户科普示范烟站获2012年全国“农村科普示范基地先进集体”称号。

为进一步宣传科学用水理念，介绍烟草行业近年来在节水和开发水资源过程中的成功做法，学会联合重庆市烟草学会共同制作了《为有源头活水来——科学利用水资源，助推现代农业发展》科普片。该片重点介绍了近年来我国烟草行业针对我国日益严峻的农业干旱缺水问题，在节水利用、烟水配套等方面采取办法和措施，对于干旱地区农田水利建设具有一定的指导性和科普性。

表彰举荐优秀科技工作者 学会开展了年度优秀论文评选，表彰和奖励了29篇获奖论文。

学会专卖管理专业委员会围绕“新形势下的市场监管”主题，组织开展以论文征集为载体的专题学术交流。有31个单位参与活动，共收到论文190篇。经过初审、复审与专家评定，评选出优秀论文一等奖5篇，二等奖10篇，三等奖20篇，优秀组织奖5名。

学会信息化专业委员会围绕“推动信息化与烟草产业深度融合”主题，面向行业信息化管理人员和科技工作者开展学术论文征集活动。8月，在北京召开论文评审会。经专家评审，共评选出优秀论文40篇，6家单位获论文征集活动优秀组织奖。

【中国烟草学会2012年学术年会】 9月11～12日，中国烟草学会在江苏省南京市举行2012年学术年会，听取行业专家和科技人员作学术报告，并围绕“卷烟上水平”主题，就2010～2012年重大科技专项、技术创新及经济管理等方面有代表性的研究成果进行学术交流。学会常务理事，各专业委员会主任委员，各省级烟草学会秘书长，学术年会论文作者等近160人参加了会议。

国家烟草专卖局局长姜成康对年会作出批示，指出：近年来，烟草学会按照国家局的总体部署，围绕行业中心任务开展学术交流，为行业广大科技人员提供了较高层次的学术交流和成果展示平台，对推动学术创新、促进学科发展起到了积极促进作用。各级学会要准确把握行业“1+5”的工作目标任务，坚持围绕中心、突出重点、服务行业的工作定位，通过学术年会跨学科、跨专业、系列性学术交流活动，推动学术活动与科技创新相结合，努力搭建高质量、高水平的学术交流平台，激发广大科技人员创造创新热情，发挥学会促进科技发展、培养科技人才、传播科学思想、弘扬科学精神的积极作用，为行业持续健康发展作出新的贡献。

学会理事长张辉在讲话中表示，这次年会由过去单一专题、单一学科的形式，向多专题、多学科转型，体现了学术交流跨学科、综合性的特点。交流的论文展现了行业各专业领域围绕“卷烟上水平”主题技术创新、管理创新的学术成果，提升了行业学术交流平台的质量和水平。年会从形式上、内容上为大家提供了借鉴，将带动和影响各省学会、专业委员会学术交流的开展，会起到引导和辐射的效果。

会上，14 位行业专家和科技人员作了学术报告。

（撰稿人：刘新华）

中国系统仿真学会

服务创新型国家和社会建设　学会从 2011 年 10 月起，开始接受 2011 年中国社会科学院优秀博士学位参评论文的申报。至申报截止之日，共收到 6 篇博士学位论文。论文初评采用匿名函评方式。2012 年 6 月 9 日在北京召开了中国系统仿真学会优秀博士论文评奖会，与会专家审阅了参评的 6 篇博士论文及所有专家的 30 份函评意见，并进行了无记名投票。3 篇论文获得 2011 年中国社会科学院优秀博士学位论文奖。

启动了 2012 年中国社会科学院优秀博士论文评选工作，从 2012 年 6 月 9 日起受理本年度申请，截止日期是 2013 年 8 月 31 日。

根据 2011 年常务理事会议的精神，组织工作委员会起草《仿真科学技术奖的评选条件和实施办法（草案）》。10 月 13 日，学会理事长办公会议决定成立学术委员会，主要职责是负责优秀博士学位论文评选和仿真科学技术奖的评选，科学道德和学风建设宣讲教育及学科发展等工作。

2012 年，由李伯虎院士领衔，陈宗基教授负责组织编写的《汉英—英汉建模与仿真术语集》出版。全书共分两大部分；第一部分：汉英建模与仿真术语集，共收集 6000 余条汉英对照词汇；第二部分：英汉建模与仿真术语集，收集 9000 余条词汇，基本覆盖了国际建模与仿真学术界和工程领域的常用名词术语。

学会组织 13 个专业委员会编写《仿真科学技术词典》，编写工作已经进入复审阶段。

学会建设　6 月 9 日，学会召开第六届第五次常务理事会。会议深入讨论了申报 2012 年度优秀科技社团、分支机构考评办法和分支机构工作条例、学会会员发展建议。

10 月 27 日，学会召开第六届第六次常务理事会议。会议介绍 2012 年亚洲仿真会议情况，通报发展个人会员数，增加分支机构和团体会员情况，申报优秀科技社团情况，2011、2012 年优秀博士生学位论文评选组织工作等学会组织建设方面的情况和《仿真技术词典》工作情况，以及 2013 年学会工作计划。讨论并表决了增补 2012 年第六届理事会理事及常务理事、聘任青年工作委员会主任、副主任委员名单。10 月 28 日，学会召开第六届第三次理事会议。2012 年，《学会通讯》改版工作已完成并出版 4 期。

学术期刊　2012 年，《系统仿真学报》计划刊发 488 篇论文，实际刊发 502 篇，其中刊发基金项目论文 310 篇。

国内主要学术会议　5 月 29 日，航天工程与仿真技术论坛在广西壮族自治区桂林市召开，此次论坛由中国工程院主办，中国工程院信息与电子工程学部、中国系统仿真学会及桂林航天工业学院共同承办。此次航天工程与仿真技术论坛是中国工程院第 138 场工程科技论坛。

论坛以“未来二十年航天工程与仿真技术的机遇与挑战”为主题，深入分析了我国航天事业大发展对仿真技术的巨大需求，探讨了航天工程与仿真技术面临的重大机遇和主要挑战以及应对挑战的主要对策；研讨了未来二十年航天工程与仿真技术发展的总体框架、主要方向以及与相关学科技术领域的互动关系。

中国工程院常务副院长潘云鹤院士出席论坛并致开幕词，学会理事长赵沁平在开幕式上讲话，中国工程院院士王子才主持开幕式，8 位院士专出席了此次论坛。参加论坛的人数达 230 余人。

国际组织任职　6 月 2 日，国际建模仿真学会（SCS）在其官方网站上公布了新一届的 SCS 主席及理事的选举结果，中国系统仿真学会副理事长、北京航空航天大学张霖教授当选为理事（Board of Directors），任期 3 年。本次理事选举，经 SCS 提名委员会提名 8 位候选人，由全体会员在线投票，最终有包括张霖教授在内的 3 名候选人当选。目前 SCS 理事会共由 13 名成员组成，张霖是其中唯一一位亚洲人。

国际交往　3月25日，国际建模仿真学会决定授予中国系统仿真学会前任理事长、中国工程院院士李伯虎终身成就奖。包括李伯虎院士在内，在 SCS 60 年历史上，该奖项共授予 8 位对国际建模仿真技术的发展产生过重要影响的大师级科学家，李伯虎是其中唯一一位亚洲人。

12 月 14 日，波兰仿真学会与中国系统仿真学会（中国社会科学院）于 2011 年 12 月起草的关于加强中波双方在学术交流、人员来往、技术开发等方面的双边合作协议正式生效。

【2012 亚洲仿真会议暨 2012 系统仿真与科学计算国际会议】 10 月 28 日，2012 亚洲仿真会议暨 2012 系统仿真与科学计算国际会议（Asiasim & ICSC 2012）在上海市召开，此次会议由亚洲仿真联盟主办，中国系统仿真学会和上海大学联合承办，日本仿真技术学会（JSST）、韩国仿真学会（KSS）、国际建模与仿真学会（SCS）、国际数学与计算机仿真协会（IMACS）、欧洲仿真联合会（EUROSIM）、IEEE 上海分会联合协办。亚洲仿真联盟主席、中国系统仿真学会前任理事长、中国工程院院士李伯虎，中国科协副主席、中国系统仿真学会现任理事长赵沁平，上海市科委副主任陈杰，上海大学副校长吴松，以及多位国际著名专家，其中包括日本仿真技术学会主席 Satoshi Tanaka 教授、韩国仿真学会副主席 Yoon Bae Kim 教授、国际建模与仿真学会前主席 Bernard P. Zeigler 教授（IEEE Fellow）、国际建模与仿真学会前主席 Axel Lehmann 教授、国际建模与仿真学会前主席及现任副主席 Ralph Huntsinger 教授等国际仿真学术界权威人士参加会议。

本次会议共收到了 906 篇学术论文。通过严格的评审程序，最终录用 298 篇论文提交大会交流，其中 267 篇论文在国际著名出版社 Springer 旗下的 EI 检索学术刊物 CCIS 上发表，这些论文反映了国内外在仿真理论及应用相关领域的最新进展。

来自中国、日本、韩国、新加坡、马来西亚等 8 个国家的 450 余名会议代表、学会理事、高校师生们加会议，针对系统建模与仿真、虚拟样机、嵌入式计算和仿真技术、并行与分布式软件，建模与仿真技术在工程、能源与环境、经济管理、教育、生命科学等领域的应用研究展开了研讨。

（撰稿人：赵　罡）

中国电影电视技术学会

服务创新型国家和社会建设 3 月 26 日，学会联合会员单位杜比实验室国际技术服务（北京）有限公司、浙江电视台及德国 Junger Audio 音频工作室科技有限公司中国办事处，在浙江省杭州市共同举办杜比认证环绕声制作工程师（二级）培训班，旨在提高广电领域音频专业技术人才的技术业务素质和能力，提高大型综艺节目录制水平。培训班聘请德国 NDR 电视台著名录音师 Askan Siegfried 担任主讲讲师，学员通过理论学习和对浙江电视台一档综艺节目的实地环绕声录制和后期制作，了解综艺节目环绕声制作的理论和技巧，提高实际动手制作能力。来自全国各电视台音频技术人员 30 人参加，通过认证考试，全部获得杜比（二级）认证证书。

受北京市广播电视局委托，学会承担了北京市广播电视局系统的广播电视节目技术质量评审工作，来自北京各区县台 100 个节目参加评比。6 月，学会在北京举办高清电视技术培训班，来自北京市各区县电视台 51 名技术人员参加培训，培训从环绕声制作到高清摄像机使用以及节目生产系统等方面进行授课，国家广播电视总局科技司副司长孙苏川给学员作了题为《广播电视数字化发展与科技管理》的报告。为配合 2012 年全国广播电视（发射系统）技术能手竞赛的选拔推荐工作，学会于 8 月 15 日在北京举办了 2012 年北京市广播电视（发射系统）技术能手培训班。来自北京市各区县广播电台、电视台等相关单位的技术骨干 30 名参加培训，培训班从基础知识到专业知识以及专业技能都做了系统的讲解，通过考试评选出了北京市的技术能手参加全国比赛。

为宣传贯彻国家广播电视总局《广播电视安全播出管理规定及实施细则》，《广播电视相关信息系统安全等级保护基本要求》，交流安全播出管理经验，为党的十八大期间的播出安全服务，学会于 9 月在山东省青岛市举办了电视安全播出培训班，聘请中央电视台、国家广播电视总局检测中心等专家做中心发言，全国各电视台 30 名专家、学者参加了培训。

为交流和提高电视台大型电视转播的技术组织水平，摸索大型电视转播的规律，总结创新经验，9 月学会结合“大型电视转播综合技术奖”评奖在宁夏召开第四期大型电视转播技术研修班。来自 22 个单位的 60 名技术人员参加交流学习，内容以中央电视台和北京电视台完成的转播任务为案例，从转播技术方案的确立和实施、虚拟制作的应用、3D 与 2D 的兼容制作、多媒体足球转播在线包装应用及 2012 伦敦奥运会的转播等方面，围绕“如何建设高素质转播队伍——从基础环节做起”的主题进行了互动。

学会建设 至 2012 年底，学会秘书处整理个人会员资料 1050 人。其中在网站申请加入的 732 人中，已经审核通过 350 人。

通过专家座谈，问卷调查，确定了网站改版风格和栏目设置。为配合 3D 影视发展和国际交流的需要，学会网站增加了 CI3DS 栏目。为扩大学会影响，增加为会员服务的手段，2012 年学会注册了官方微博 www.weibo.com/csmpte。

学会秘书处认真阅读了各专业委员会的报送材料，并结合 2012 年日常工作中对各专业委员会的了解，按照考核指标进行了综合比较和初步评审，学会常务理事会最终审议认为：1.2012 年度学会大部分专业委员会重视自身建设，围绕影视技术发展热点，积极开展了学术研讨、科技评价等学术活动，有较强的行业影响力，大力促进了学会的发展。2. 声音专业委员会委员队伍比较健全，定期召开全体委员工作会议，积极开展了各项业务研讨和竞赛评比等学术活动，网站内容及时更新，在行业内有较强的影响力，工作成绩相对突出，评为 2012 年度考核优秀专业委员会。3. 学会各专业委员会的工作发展很不平衡，这其中有行业发展不平衡的客观原因，也有专业委员会自身努力不够的问题。2013 年学会将在常务理事会领导下进一步加大对各专业委员会的工作协调和支持力度，为专业委员会工作创造更好的外部环境，促进各专业委员会的发展。4. 对于考核优秀的专业委员会在今后举办的学术活动中给予项目经费支持，以资鼓励。

国内主要学术会议 4 月 10 日，学会照明专业委员会联合中国电影电视技术学会声音专业委员会、中国广播电视协会制作艺术工作委员会在贵州省贵阳市召开 2012 年全国电视灯光美术音视频设备展示暨技术交流会，部分电视台及中外厂商会员近 300 人出席了会议，针对新技术、新设备的艺术效果应用进行了交流。5 月 18 日，学会与中央电视台在北京共同举办国际电视技术研讨会。7 月 8 日，学会与松下电器（中国）有限公司在甘肃省敦煌市合办高清技术应用研讨会。8 月 23 日，学会秘书处配合学会图像专业委员会举办第五届中国视觉效果高峰论坛。12 月 6 日，学会与北京捷成世纪科技发展股份有限公司联合举办融合创新 · 共赢未来——2012 全媒体技术研讨会。12 月 7 日，学会举办中国影视技术高峰论坛。3 月 23 日，学会与会员单位苏州舒尔贸易有限公司在北京联合举办 2012 音频 技术沙龙，邀请国内外音频技术专家，介绍广播电视台音频发展前沿动态，分享国内外系统应用成功案例。部分电视台音频技术专家、工程师 50 人参加。活期期间组团参观了中国国际广播电视信息网络展览会（CCBN2012）。

表彰举荐优秀科技工作者 2012 年，学会首次举办中国电影电视青年科技奖、中国立体（3D）影视作品奖以及第九届电视美术、灯光设计工程奖、声音制作优秀作品奖、高清晰度电视节目优秀制作奖、中国化装金像奖等 6 个奖项，表彰获奖单位 148 个次，表彰奖励个人 723 人次，奖金发放 6 万元。

【第十五届电视美术交流会】 6 月 6 日，学会影视美术专业委员会在青海省西宁市举办第十五届电视美术交流会。来自中央电视台，以及上海、北京、重庆、河南、广东、陕西、湖北、海南、贵州、武汉、南京、青岛、福州、深圳、山西晋城等 16 个电视台和 9 个制作单位共 69 人参会。特邀美国耶鲁大学戏曲学院教授王如骏介绍了美国舞台美术从业人员以及美国行业协会的情况。会议介绍了与中国戏曲学院联合撰写《中国电影电视美术戏剧舞台美术设计与制作规范》的情况。讨论了《中国电影电视技术学会美术委员会工作条例》、《中国电影电视技术学会美术委员会评奖办法》、《中国电影电视美术工程企业资质评定办法》。

【中国电影电视技术学会节目制作与传输专业委员会西部年会】 8 月 31 日至 9 月 5 日，学会节目制作与传输专业委员会在四川省成都市举行第 24 届西部年会，年会主题是高标清技术制作与播出。西部省份 14 个理事台及四川传媒学院和广电行业 46 家公司参加本次年会 160 人。本届年会经过理事台初评和年会分组评审，按照年会理事会确定的奖项评比的标准，经理事会通过，评出节目质量一等奖 62 个，二等奖 75 个，三等奖 69 个。

【首届国际 3D 协会中国区提名作品颁奖典礼】 10 月 29 日，学会与中央电视台、北京电影学院在北京共同承办了中国电影电视技术学会 3D 工作组第二届工作会，并进行了首届国际 3D 协会中国区提名作品颁奖典礼。研讨会特别邀请了美国著名野生动物电影制片人、导演、摄影师 Adam Ravetch 等三位外国专家，分别作了题为《3D 内容创建，分发以及 2013 年的机遇与挑战》、《2D 转 3D 技术》、《3D 拍摄北极熊纪录片的挑战》的讲座。50 名专家学者参加。

（撰稿人：刘国庆）

中国振动工程学会

学会建设 2012 年，学会正式启用中国科协会员管理系统，对老会员进行了重新登记，发展新会员近百名，团体会员 3 个。

12 月，学会在江苏省南京市召开七届二次常务理事扩大会议，讨论确定了 2013 年工作计划，讨论聘任了《振动工程学报》第七届编委会名单，评审了学会 2012 年度青年科技奖。会议就会员发展途径、专业委员会换届、学术会议申办程序，加强专业委员会管理等工作进行了讨论。

2012 年，根据学会章程和《中国振动工程学会分支机构 / 编委会管理办法》，非线性振动专业委员会、动态测试专业委员会、转子动力学专业委员会、振动与噪声控制专业委员会完成了换届。

学术期刊 2012 年,《振动工程学报》出版 7 期，共发表学术论文 202 篇；其中出版增刊 1 期，发表论文 94 篇。《振动工程学报》2011 年总被引频次为 1749 篇，影响因子为 0.50，在力学类 16 种期刊中位居第 6 名。

2012 年,《振动与冲击》半月刊出版 26 期，其中出版增刊 2 期；共发表论文 1080 篇，其中增刊发表论文 215 篇。《振动与冲击》2011 年总被引频次为 1988 篇，影响因子为 0.614，综合总分 59.1，核心期刊综合评价总分排名 192 名，在机械工程类 64 种期刊中位居第 4 名。

国内主要学术会议 2012 年，学会作为支持单位和协办单位，开展了多种形式学术交流。14 个专业委员会中有 9 个专业委员会召开了学术会议，参加会议人数 1200 余人，交流学术论文近千篇。

6 月，学会作为协办单位，参与协办中日先进设备管理与维修技术大会暨展览会。中国振动工程学会顾问、原副理事长、中国工程院院士高金吉担任大会技术委员会主任。

9 月 7 日，学会作为支持单位之一，参加了在河北省石家庄市举办的第十四届中国科协年会装备制造业发展论坛，学会副理事长、石家庄铁道大学教授杨绍普担任论坛秘书长，120 余人出席论坛。

7 月 11 ~ 16 日，机械动力学专业委员会在新疆维吾尔自治区石河子市召开了学术讨论会和九届三次专业委员会委员扩大会议。与会学者 90 余人，会议安排专题学术报告 12 篇。

7 月 23 ~ 27 日，动态测试专业委员会在辽宁科技大学召开 2012 年代表大会暨学术年会，来自全国各地的 100 余名学者参加了会议，有 53 人宣读交流了学术论文。

8 月 1 ~ 3 日，转子动力学专业委员会在云南省昆明市召开了学术讨论会。与会学者 80 余人，会议印制了全国第十届转子动力学学术讨论会论文集，该论文集以《振动与冲击》增刊方式出版，收录学术论文 73 篇。

8 月 17 ~ 18 日，故障诊断专业委员会和振动与噪声控制专业委员会在河南省郑州市联合召开了振动工程及应用学术会议（即第 13 届故障诊断学术会议和第 25 届振动与噪声控制高技术及应用学术会议），与会学者 300 余人。会议论文集收录 215 篇学术论文，论文集分别由《振动与冲击》增刊和航空工业出版社出版。高金吉院士、学会副理事长何正嘉教授、学会名誉理事应怀樵教授等作了专题报告。

8 月，模态分析与试验专业委员会在福建省厦门市召开第十四届全国模态分析与试验学术交流会。与会学者 80 余人，交流学术论文 70 余篇，会议印制了论文摘要集和该论文全文光盘。

10 月 13 ~ 14 日，由振动利用工程专业委员会和南京航空航天大学机械结构力学及控制国家重点实验室联合主办、南京航空航天大学精密驱动研究所承办的第五届振动利用工程学术会议暨第四次全国超声电机技术研讨会在江苏省南京市举行。与会学者 236 人，参会单位 90 多个，交流学术论文 198 篇。

10 月 26 ~ 28 日，由包装动力学专业委员会主办的第十四届全国包装工程学术会议暨 2012 国际包装科学与技术大会在浙江省宁波市举行。与会学者 160 余名，录用论文 200 余篇。

11 月 8 ~ 9 日，学会随机振动专业委员会和中国力学学会动力学与控制专业委员会在西南交通大学共同举办了第八届全国随机振动理论与应用学术会议暨第一届全国随机动力学学术会议。与会学者 150 余名，交流论文近 120 篇。

国际交往 9 月，学会与国际声学和振动学会（IIAV）签订合作协议，双方将在科技信息交流和学术会议组织方面加强合作。该合作协议的签订，有助于提升我国振动工程学科在国际交流中的影响力。按照合作协议的要求，学会积极组织会员参加将于 2013 年 7 月 7 ~ 11 日在泰国曼谷举行的第 20 届国际声学与振动学术会议，学会提交了学会理事、上海交通大学教授饶柱石题为 Bionic Design of Acoustic Localization System Based on the Auditory Orientation Mechanisms 的大会报告，并组织结构振动与振动控制（Structural Vibration and Vibration Control）分会场，分会场主席由学会理事、南京航空航天大学教授夏品奇担任。

5 月，学会随机振动专业委员会在第五届亚太结构可靠性及其应用学术会议上组织 Uncertainty Propagation in Structural and Engineering Systems 分会场。

表彰举荐优秀科技工作者 2012 年，学会推荐的同济大学教授李杰荣获第五届“全国优秀科技工作者”称号。开展中国振动工程学会 2012 年度青年科技奖候选人推荐与评选工作。评选西安交通大学李兵、大连理工大学伊廷华、清华大学张嘎、河海大学丁选明为中国振动工程学会 2012 年度青年科技奖获得者。

（撰稿人：刘　红）

中国颗粒学会

服务创新型国家和社会建设 为促进粉体行业产、学、研、投的对接，学会在第八届年会同期举办了粉体加工设备、颗粒测试仪器及科技成果展、新技术、新产品、新设备推介会等活动，共吸引20家企业参展。

10月17～19日，第十届中国（上海）国际粉体工业/散装技术展览会暨会议在上海市举行。此次展会由中国颗粒学会、纽伦堡会展服务（上海）有限公司、上海环球展览有限公司主办，展会面积4000多平方米，展品范围涉及面广，专业性高，展商总数162个，其中包括来自德国、日本、英国、意大利、美国等10个国家的国际展商27个，来自18个国家和地区的中外观众近7000人次。

3月1日，由学会气溶胶专业委员会、国际空气与废物管理学会中国分会、中国科学院地球环境研究所联合主办的第六届大气细与超细粒子研讨会暨PM2.5专题高级讲习班在陕西省西安市召开。9月5日，由学会气溶胶专业委员会、国际空气与废物管理学会中国分会、中国科学院地球环境研究所联合主办的大气PM2.5专业课程培训班在浙江省杭州市召开。

9月5日，学会在浙江省杭州市举办能源颗粒材料专业课程培训。清华大学教授魏飞、厦门大学教授陈晓东、中国科学院物理研究所研究员李泓分别作了讲座，共有90人参加了此次培训。

10月18日，学会在上海市举办2012年颗粒测试与表征技术培训班，共有130多人参加培训。专家分别就粒度测试结果的影响因素解析、粉体流动性分析技术、基于ISO13322-2标准的最新粒度粒形动态图像分析技术、纳米颗粒zeta电位测定以及应用、粉体表面吸附技术以及在线粒度粒形测试技术等目前国际领先的粒度测试进行广泛而深入的介绍。

学术期刊 学会现有2种刊物：英文版的*PARTICUOLOGY*《颗粒学报》和中文版的《中国粉体技术》，前者定位为国际化的学术期刊，后者为应用技术研究的行业性期刊。

*PARTICUOLOGY*刊登的学术论文已分别被SCI-E，(Compendex)，CA，CSA，AJ，Scopus，以及中国科学引文数据库、中国科技论文与引文分析数据库等多家国内外重要检索刊物和机构收录。2012年发布的*PARTICUOLOGY*的SCI影响因子为1.423。

科普活动 2012年，学会结合国家“十二五”重点发展的共性技术和公众普遍关注的PM2.5问题，向中国科协提交相关科普项目申请3份，获得中国科协和中国科技馆共同支持“认识细颗粒物PM2.5科普资源”开发项目。

表彰奖励优秀科技工作者 9月，学会在学术年会期间，颁发了第七届中国颗粒学会青年颗粒学会奖，香港中文大学教授何建辉、厦门大学教授姚军、军事医学科学院研究员孙振海3人获奖。9月7日，首届中国颗粒学会—赢创颗粒学创新奖颁予国家纳米科学中心研究员唐智勇、中国科学院过程工程研究所研究员苏发兵；优秀青年科学家奖获奖人为宁波工程学院教授杨为佑、清华大学副教授徐建鸿。9月7日，首届中国颗粒学会麦克—《颗粒学报》优秀论文奖颁奖典礼在浙江省杭州市举行。

【“除尘及脱硫脱汞设备、技术发展及应用研讨会”暨第十四届中国科协年会第15分会场举办】 9月8～9日，“除尘及脱硫脱汞设备、技术发展及应用研讨会”暨第十四届中国科协年会第15分会场在河北省石家庄市举办。此次会议由中国颗粒学会、河北省环境科学研究院、中国科学院过程工程研究所和中国石油大学（北京）共同承办，并由河北钢铁集团石家庄钢铁有限责任公司协办。来自企业、高校及研究机构近130名专家、学者参加了会议。

学会副理事长李洪钟担任会议主席，中国科协副主席、中国科学院副院长、中国颗粒学会理事长李静海，河北钢铁集团石家庄钢铁有限责任公司总经理王立平，河北省环境科学研究院院长冯海波在开幕式上致辞。会议邀请10位除尘技术与设备相关领域的专家、学者到会作专题报告。

与会专家、学者，工程技术人员、企业界代表围绕先进除尘及脱硫、脱氮、脱汞技术和设备的发展方向等内容，详细分析了除尘技术在钢铁、电力、石油化工等行业的设计与应用，重点讨论了多污染物协同治理技术。

【首届中国颗粒学会——赢创颗粒学创新奖颁奖】 9月，首届中国颗粒学会——赢创颗粒学创新奖共评选出4位获奖人，其中，优秀科学家奖获奖人为国家纳米科学中心研究员唐智勇、中国科学院过程工程研究所研究员苏发兵；优秀青年科学家奖获奖人为宁波工程学院教授杨为佑、清华大学副教授徐建鸿。

赢创颗粒学创新奖为赢创工业集团与中国颗粒学会于2012年起开始共同设立，以奖励在无机颗粒设计、合成及相应的应用研究领域做出具有开拓性、创新性研究成果的中国颗粒学科研工作者。该奖项的评选及颁奖每两年组织一次，与两年一届的中国颗粒学会年会同步进行。奖项的颁发仪式在当届的中国颗粒学会年会上举行。

【首届中国颗粒学会麦克—《颗粒学报》优秀论文奖颁奖】 9月7日，首届中国颗粒学会麦克—《颗粒学报》优秀论文奖颁奖典礼于在浙江省杭州市举行。麦克—《颗粒学报》优秀论文奖为中国颗粒学会与美国麦克仪器公司共同设立，旨在以《颗粒学报》为平台，增强颗粒学领域内的广泛交流，促进学科发展。该奖项每两年颁发一次，与中国颗粒学会学术年会同步组织。每次根据评奖年前4年发表在《颗粒学报》上的所有文章在SCI数据库中的年均被引用次数，选出优秀论文1～2篇。首届获奖的两篇文章的通讯作者分别为英国伦敦大学玛丽皇后学院教授文东升和中国科学院过程工程研究所研究员王维。

【中国颗粒学会第八届学术年会暨海峡两岸颗粒技术研讨会】 9月5～8日，中国颗粒学会第八届学术年会暨海峡两岸颗粒技术研讨会在浙江省杭州市召开。本次会议的参会及参展人数超过500人，其中台湾地区学者35人，是历届年会中规模最大的一次。此次会议共收到论文及摘要329篇，除8个大会特邀报告外，学会各专委会均在年会上设立了分会场。安排分会场报告259个，有76篇论文以墙报形式进行了交流，成果展示14个，均为历届之最。年会期间，举办大气PM2.5专业课程培训、能源颗粒材料专业课程培训。

年会闭幕式上，颁发了会议"优秀论文奖"和"优秀墙报奖"，主要面向参会交流的青年学者及在读研究生。本次共评选出"优秀论文奖"20名，"优秀墙报奖"8名。

（撰稿人：韩秀芝）

中国照明学会

服务创新型国家和社会建设 2012年，由国家人力资源和社会保障部批准的照明设计师职业资格培训规模不断扩大，社会影响日益增强。在北京、上海、广州、青岛、天津共举办初、中、高级培训班10期，培训学员342人，培训地域为历年最广，培训人数为历年最多。

2012年，学会承接国家发展改革委"中国逐步淘汰白炽灯，加快推广节能灯项目"的子项目4项。2011年照明产品市场的调查分析专家会议于7月12日在北京召开。会议对2011年我国生产的白炽灯、卤钨灯、节能灯和普通用半导体照明产品市场的调研数据进行了分析论证和探讨。

2月29日，学会主办的2012年中国（北京）国际照明展览会暨LED照明技术与应用展览会在北京开幕。展览规模达3万平方米，汇聚中外展商200家，展期3天，吸引25000名观众到场参观。

学会建设 2012年，学会共发展团体会员76家，清理团体会员160多家，发展高级会员29人。截至2012年底，学会团体会员总数755家，高级会员总数460人。

6月3～5日，学会召开第六次会员代表大会，通过第五届理事会工作报告等文件，会议选举产生了新一届理事会。会议期间，召开了六届一次理事会议、常务理事会议，选举产生中国照明学会第六届理事会领导机构。

2012年，学会所属分支机构换届改选工作陆续展开，截至2012年底，基本完成二级机构的换届工作。

学术期刊 2012年，学会主办刊物《照明工程学报》的影响力稳步提高，最新公布的2011年期刊影响因子已由2010年的0.779提高到0.836，在108种电工类期刊中列第23位。2012年印刷总数为22000册。

学科发展研究 2012年，学会承接了中国科协《2012—2013照明科学与技术学科发展报告》项目，这是学会继2011年后再次承接此项目。

国际学术会议 8月23～24日，由中国照明学会、日本照明学会和韩国照明电气设备学会共同举办的第五届中日韩照明大会在日本东京东海大学举办。此次会议的主题是照明环境与节能"。来自中日韩三国的照明专家、学者192人出席了会议，其中，来自大专院校的青年学生61名，充分体现了大会为年青学者提供交流平台的宗旨。我国出席会议的学者26人，其中学生学者4人。大会征集论文118篇，其中专题报告30篇，张贴报告88篇。我国学者提交了专题报告12篇，张贴报告14篇。会议征集的论文涵盖照明的光源、灯具、材料和电气、视觉特性、测量技术、室内照明、照明与光生物效应、照明设计等方面。

国内主要学术会议 10月9～10日，由中国科协主办、中国照明学会承办的中国科协第249次青年科学家论坛——照明对生态环境影响的量化观测与评价在上海市召开。本次论坛邀请了高校、照明研究所和管理机构的50余位青年专家、学者参会。

两岸交流 11月18～20日，学会与台湾地区照明灯具输出业同业公会在湖南省长沙市共同举办了海峡两岸第十九届照明科技与营销研讨会。本次会议以"高效照明系统与固态照明技术的新挑战"为主题。来自大陆以及台湾地区照明界的专家、企业代表约130人参加，会议共征集论文74篇。

科普活动 2012年，学会举办科普活动2次，主题科普讲座1次，科普展览2次，受众人数约1000人次。5月，学会于北京市昌平区宏福创业园建成中国照明学会照明科普教育基地。

表彰举荐优秀科技工作者 中国照明学会主办第七届中照照明奖评选活动，评出中照照明教育与学术贡献奖一等奖2项、二等奖4项、三等奖5项，中照照明工程设计奖一等奖6项、二等奖16项、三等奖22项、优秀提名奖20项，并于10月举行了颁奖仪式。

【中国照明学会第六次会员代表大会】 6月3～5日，中国照明学会第六次会员代表大会在北京召开。中国轻工业联合会会长步正发、中国科协书记书记处王春法出席开幕式并讲话。学会第五届理事会理事长王锦燧致开幕词。学会第五届理事会常务副理事长兼秘书长徐淮主持开幕式。开幕式上，颁发了中国照明学会突出贡献奖、中国照明学会先进工作者、中国照明学会优秀团体会员等奖项，并为3位专家颁发了国际照明委员会（CIE）的荣誉证书。会议审议通过了题为《团结进取 改革创新 为加快建设创新型国家做贡献》的中国照明学会第五届理事会工作报告，关于修改《中国照明学会章程》的决议、关于中国照明学会第五届理事会《财务工作报告》，并讨论通过《中国照明学会所属分支机构、代表机构管理办法》、《中国照明学会会员管理条例》、《中国照明学会会员会费收取标准和使用规定》、《中国照明学会学术自律及职业道德规范》等有关文件。选举产生了由152名理事组成的新一届理事会。会议同期召开六届一次理事会议、常务理事会议，选举出中国照明学会第六届理事会理事152名、常务理事48名，选举徐淮为新一届理事会理事长，选举窦林平为秘书长。

【2012照明质量能效大会】 9月19～21日，中国照明学会承办的国际照明委员会（CIE）2012照明质量能效大会在浙江省杭州市召开，来自40多个国家和地区的300多名专家、学者、企业家参加了会议，大会主席、学会名誉理事长王锦燧，国际照明委员会（CIE）主席Ann Webb，杭州市市长邵占雄出席大会并致辞。会议就照明科学的前沿、热点以及照明产业的发展趋势进行了研讨。其中，对固态照明的测试技术、方法、设备的研究，以及中间视觉适应性研究都得到与会代表的高度重视。会议通过了4个新的研究报告。会议在收集国际领先技术信息的同时，也为CIE各工作委员会今后的发展和方向建言献策。

（撰稿人：王海霞）

中国动力工程学会

服务创新型国家和社会建设 2012年，学会充分发挥人才荟萃的优势，开展科技成果与研发项目的评审工作，主要有：1. 东方锅炉控制有限公司自主研发的W形火焰煤粉锅炉EOBS型微油点火系统；2. 上海望特能源科技有限公司研发的大型电站锅炉高温管壁温在线监测系统及超临界锅炉管屏超温防治技术；3. 东方锅炉有限公司研发的600MW超临界“W”型火焰锅炉。

学会建设 2012年，学会接纳团体会员单位1个。学会分别召开年度秘书长工作会议、京沪两地迎春团拜会，以及第十二次团体会员工作会议。

2012年，学会组织了各类学术活动近10次，交流论文300多篇，参加人数达到700多人次。

7月，学会组织编写中国重大技术装备史话《中国火力发电设备制造》，对我国成功引进30万千瓦、60万千瓦火电机组制造技术的情况进行回顾。

学术期刊 截至2012年12月，学会所属期刊《动力工程学报》编辑部共收到投稿近540篇，发表论文近180篇，录用率为33%。由国家自然科学基金及国家重点项目基金等资助的论文占发表论文总数的41%，由国家其他基金项和省、市级重要基金项目资助的论文占发表论文总数的86%。

根据中国科学技术信息研究所和北京万方数据股份有限公司出版的《2011年版中国高被引指数分析》报告统计，2011年《动力工程学报》在能源与动力工程类48种核心期刊中排名第3，基金论文比为0.68，总引频次为841，近5年影响因子为0.829，被引率为44.77%，扩散因子为30.33，学科影响指标为4.44，被列为中文工程类核心期刊。

国际学术会议 12月5日，学会在浙江省杭州市召开中美电站高温材料研讨会。学会与中国电工技术学会等共同承办了2012中国国际核电装备展览会和2012核电可持续发展高峰论坛。学会参加2012中国国际工业博览会——能源和能源装备发展战略论坛，学会常务理事程钧培在会上作了题为《我国能源装备未来十年的发展展望》的报告。

国内主要学术会议 9月6～9日，学会在新疆维吾尔自治区昌吉回族自治州举行锅炉年会暨锅炉行业总师研讨会，会议就准东煤燃烧出现的沾污、结焦、掺烧问题进行研讨，并提出建议。9月20～21日，学会在江苏省无锡市举办透平年会。9月20～22日，学会在江苏省无锡市召开火电厂污染物净化与节能技术研讨会。11月13～15日，学会在江苏省南京市召开2012电站自动化信息化学术与技术交流会议。11月15日，学会在陕西省西安市召开2012年核电学术交流会。12月6～8日，学会在浙江省宁波市召开超超临界机组技术交流2012年会。

国际交往 5月27日，学会材料专委会主任林富生率9人代表团赴日本京都参加第12届工程材料与结构的蠕变与断裂国际会议。华中科技大学教授李仁府代表学会参加了在美国阿那海姆举行的ASME POWER 2012会议，与美方沟通了2013年在湖北省武汉市召开国际动力工程会议的相关工作。

（撰稿人：朱月祥）

中国惯性技术学会

学会建设 2012年，学会发展团体会员3个，发展个人会员136人。学会会员数据库与中国科协个人会员管理系统实现对接。

2012年，学会召开4次常务理事会会议，研究召开第六次全国会员代表大会事宜，成立了会议领导小组和工作小组。12月5日，学会第六次全国会员代表大会在北京召开。包为民当选学会第六届理事会理事长。召开2012年度秘书长和京津地区联络员工作会议。总结了2011年学会工作，布置了第六次全国会员代表大会和各项筹备工作，表彰了2011年度京津地区优秀联络员。2012年，学会组织开展了5次学术交流活动，征集论文160余篇，300余人次参加了交流活动。在国际学术交流方面，征集了15篇论文，参加了德国陀螺会议，在会上做了2篇典型报告。

科普活动 2012年，学会举办第19届惯性技术青少年科普夏令营活动。先后举办4次惯性技术科普讲座。学会积极参加全国科技周和全国科普日活动，利用"惯性技术科普展厅"宣传和普及惯性技术。积极参加"科技列车青海行"大型科普活动，以及"传递科学之心——让科学的爱启迪智慧"大型公益活动，捐赠《海陆空天惯性世界》科普杂志，受到主办单位的嘉奖。组织编写科普读物《陆海空天惯性技术》。

学术期刊 学会所属期刊《中国惯性技术学报》2011年入编荷兰《文摘与引文数据库》（SCOPUS），且被评为2011年度"中国精品科技期刊"。

学会所属科普杂志《海陆空天惯性世界》发行范围和发行量逐步扩大，2012年全年发行19万余册，发行范围扩大到香港特别行政区和新加坡。

会员服务 2012年，学会采集老科学家陆元九院士学术成长资料。

2012年中国科协会员日期间，学会举办2012年新春联谊会、"走健康之路"长走比赛，以及"金秋观光"活动，增加会员之间的沟通和联系，增进友谊。

表彰举荐优秀科技工作者 学会推荐的中国航天科工集团三十三所郑辛研究员获得中国科协第五届"全国优秀科技工作者"称号。

2012年学会第六次全国会员代表大会，授予第一、二、三、四届理事长丁衡高院士"创建学会成就奖"，授予徐强研究员和宋有山研究员"学会工作突出贡献奖"，表彰了7个第五届学会工作先进集体和50名先进工作者。

【中国惯性技术学会第六次全国会员代表大会】 12月5日，中国惯性技术学会第六次全国会员代表大会在北京召开，中国航天科技集团公司科技委主任包为民出席大会并当选学会第六届理事会理事长。

此次大会选举产生中国惯性技术学会第六届理事会理事116名、常务理事37名、理事长1名、副理事长8名、秘书长1名。

会上，学会第五届理事会作了工作报告，对五年来学会在学术交流、技术咨询、科学普及、打造精品科技期刊、建设会员之家、大力发展会员等方面的工作进行了回顾总结。

大会通过了五届理事会工作报告、学会《章程》修改报告、五届理事会财务工作报告、会费收取及财务管理办法等决议。大会授予丁衡高院士"创建学会成就奖"，授予徐强、宋有山研究员"学会工作突出贡献奖"，并对学会第五届先进集体和先进工作者进行了表彰。

（撰稿人：励小妹）

中国风景园林学会

服务创新型国家和社会建设 2012年，学会继续推荐国内优秀项目参加"国际风景园林师联合会（IFLA）亚太区风景园林奖"评选，在总共9个获奖项目中，我国占得8个，较2011年又增加2个，是参加此项评奖以来，成绩最好的一次。阜新玉龙新城核心区风景园林规划与设计、深圳水土保持公园分获规划类和土地管理类一等奖。

为配合在上海市举办的IFLA亚太区会议，学会举办了IFLA亚太区大学生设计竞赛，收到参赛作品108份。评出获奖作品13份，其中一、二、三等奖各1份，评委奖10份。所有奖项均由中国大学生获得。

2012年，学会继续协助住房和城乡建设部推动建立风景园林师职业制度。学会继续配合住房和城乡建设部进行《国家职业分类大典》修订工作，多次修订相关职业的《修订建议表》。受住房和城乡建设部委托，学会园林工程分会着手编制园林绿化工程施工现场专业人员职业标准（部标）。学会申报了《中日城市绿地防灾减灾功能评价和优化技术合作研究》，作为科技部"2012年国际科技合作项目建议"。

学会继续开展2013年举办的第十一届中国（北京）菊花展览会的筹备工作，全面参与展出方案、招展计划、展会标识的审核工作。配合菊花展览办公室，组建了专家委员会，编印了《邀请手册》，开展了全国招展。学会落实住房和城乡建设部交办的第九届中国（北京）园林博览会的相关筹备任务，开展高层论坛和展园评奖方案拟定等工作。

学会建设 3月，学会四届六次常务理事会议在北京召开。会议讨论并通过《中国风景园林学会2011年工作总结和2012年工作计划》、《中国风景园林终身成就奖评选办法（试行）》和《中国风景园林学会先进集体和先进个人评选办法（试行）》。10月，学会第四届第五次理事会议暨四届七次常务理事会议在上海市召开。会议讨论通过了《中国风景园林学会理事会换届方案》和《中国风景园林学会第四届理事会关于延期换届的意见》，将换届时间拟定为2013年10月。学会积极开展理事会换届筹备工作。成立了由学会理事长陈晓丽任主任的换届工作领导小组和工作班子，制定了《理事会换届方案》，启动了理事候选人和会员代表的推荐工作。

10月，学会在上海市召开了全国各省风景园林学（协）会理事长交流会。12月，在广西壮族自治区南宁市召开了全国风景园林学（协）会秘书长工作会议。会上，讨论建立中国风景园林学会信息员网络，并原则通过了《中国风景园林学会信息员工作制度》。

2012年，学会向中国科协和民政部申报成立科技工作委员会、文化景观专业委员会、历史理论与文化遗产保护专业委员会、园林公共艺术专业委员会4个分支机构。其中。园林公共艺术专业委员会已获批准并正式组建成立。园林植物与古树名木专业委员会进行了换届改选。

2012年，学会吸收单位会员61个，个人会员505人。截至2012年底，已经完成中国科协统一换证登记的单位会员达522个，个人会员3291人。

学术期刊 《中国园林》入选2012版《中文核心期刊要目总览》（中文核心期刊），是“中国科技论文统计源期刊”（中国科技核心期刊）。期刊影响因子为0.344，被引频次为734。较上一年度分别上升39%和1.6%。

国际学术会议 9月，由学会、日本造园学会和韩国造景学会共同主办的“第十三届中日韩风景园林学术研讨会”在韩国召开。学会组织会员代表参会，并选送论文15篇，其中3篇在会上作了宣读。会议商定，第十四届中日韩风景园林学术研讨会于2014年在中国举办。在韩国期间，中韩双方召开了纪念中韩风景园林界交流20周年纪念会议。

10月22～24日，IFLA亚太区学会、上海市绿化和市容管理局共同主办，在上海举办了IFLA亚太区会议，中国风景园林学会2012年会同期举行。会议主题为：风景园林让生活更好。会议被中国科协选定为2012年度“前沿高端学术会议活动”之一，共进行7个主旨报告、84个分会场报告。

11月23～24日，学会与武汉大学共同主办，在武汉大学召开了纪念计成诞辰430周年国际研讨会，主要围绕我国明代造园家计成的造园思想及其《园冶》著作进行了研讨。会议进行了8个主旨演讲和24个专题报告，旨在以《园冶》研究为出发点，推动作为一级学科的风景园林学的理论和历史研究。

国内主要学术会议 5月，学会在江苏省南京市举办2012年中国风景园林教育大会暨风景园林院系负责人联席会议。8月，学会在在新疆维吾尔自治区乌鲁木齐市举办第十三届中国风景园林规划设计交流会。10月，学会在浙江省杭州市举办菊花研究专业委员会第21届学术年会。

国际交往 学会组团参加在南非召开的第49届IFLA世界大会并对南非、肯尼亚等地的风景园林进行了考察。会议期间，学会代表团对将于2013年举办的第九届中国（北京）国际园林博览会和第十一届中国（北京）菊花展进行了推介。

2012年，学会接待了IFLA秘书长伊利亚·莫查洛夫（Ilya Mochalov，俄罗斯）、IFLA副主席、欧洲风景园林协会主席奈吉尔·索恩（Nigel Throne，英国）等专家、学者的来访。

科普活动 11月，学会菊花研究专业委员会与浙江省杭州市人民政府共同举办了第五届中国菊花精品展暨杭州市第三届菊花艺术节，主题为菊花与文化。展会包括中国菊花精品篇、室外景点篇、艺菊篇、菊科作物篇、科普篇、插花篇、群众篇等七大内容。展区总面积5万余平方米，用花70余万盆。展出菊花品种约800个，菊科植物100余种。

表彰举荐优秀科技工作者 经学会推荐，赵世伟、张浪和包满珠3位科技工作人员，获“第五届全国优秀科技工作者”称号。

2012年，学会启动并完成了首届中国风景园林学会科技奖和中国风景园林学会优秀管理奖评选。中国风景园林学会科技奖评出获奖科技成果8项，包括一、二等奖各2项和三等奖4项。获一等奖的项目为杨柳飞絮控制技术的研究与示范和上海世博会绿地建设创新技术与集成应用。中国风景园林学会优秀管理奖评出获奖单位46个，优秀管理工作者9人。2012年度中国风景园林学会优秀园林工程奖评出获奖工程项目195项，包括大金奖4项，金奖114项，银奖62项，铜奖15项。

【2012国际风景园林师联合会（IFLA）亚太区会议暨中国风景园林学会2012年会】 10月22～24日，IFLA亚太区会议在上海举办，会议由国际风景园林师联合会（IFLA）亚太区、中国风景园林学会、上海市绿化和市容管理局共同主办，上海市风景园林学会承办。中国风景园林学会学会2012年会同期举行。会议被中国科协选定为2012年度“前沿高端学术会议活动”之一。

会议主题为：风景园林让生活更好，约820位国内外专家、学者、在校学生参会。IFLA副主席（亚太区负责人）拿督伊斯麦（Dato Ismail Ngah），国际古迹遗址理事会（ICOMOS）、IFLA文化景观科学委员会主席莫妮卡·芦恩格（Mónica Luengo），中国教科文组织全国委员会副秘书长秦昌威、住房和城乡建设部城市建设司副司长李如生、上海绿化和市容管理局局长马云安等出席会议并致辞。学会理事长陈晓丽主持开幕式并宣读了住房和城乡建设部副部长仇保兴的书面致辞。

会议进行7个主旨报告，上海市绿化和市容管理局副总工程师张浪、拿督伊斯麦、李如生、澳大利亚著名风景园林师格莱米·霍普金斯（Graeme Hopkins）、同济大学副校长吴志强、新西兰风景园林师内尔·查林杰（Neil Challenger）、中外园林建设总公司教授级高级工程师吴肇钊，分别作了题为《基于有机进化论的上海市生态网络系统构建》、《国家风景园林政策：提升风景园林行业——马来西亚的经验》、《中国世界遗产保护战略的探讨》、《宜居建筑的策略：营造微气候以提高人体舒适度》、《本草纲目2.0》、《失与得：文化景观是灾后城市设计之必需》、《“园冶图释”发扬传统文化》的报告。报告内容涉及国家风景园林和遗产保护政策、城市绿地系统构建、文化景观保护、屋顶绿化改善小气候等，从不同方面诠释了会议主题，展示了风景园林对生态和人居环境改善的作用和前景，富有启发性。

会议设6个分会场，交流了84个学术报告，涉及风景园林遗产与文化景观保护、风景园林的规划与设计、工程管理与技术、风景园林植物研究、风景园林管理和教育等。

会议收录英文论文67篇，编制了《2012IFLA亚太区会议论文集》（光盘版），收录中文论文198篇，出版了《中国风景园林学会2012年会论文集》，并评出年会优秀论文17篇。

会议同期举办了IFLA亚太区大学生营活动，来自国内外20余所高校的30余名师生，围绕“风景园林让生活更美好——2019年上海国际园林博览会规划设计”，进行了为期3天的设计训练和交流。

【纪念计成诞辰430周年国际研讨会】 11月23～24日，学会与武汉大学共同主办纪念计成诞辰430周年国际研讨会，会议主要围绕我国明代杰出造园家计成的造园思想及其《园冶》著作进行了研讨。来自国内外相关领域的100余位专家、学者参会。

学会理事长陈晓丽、湖北省住房和城乡建设厅副厅长张学锋、武汉大学副校长谈广鸣、华中农业大学副校长高翅、武汉市园林局局长苏霓斌等参会并致辞。

中国工程院院士孟兆祯、英国《园冶》研究专家爱丽森·海迪（Alison Hardie）、天津大学教授王其亨、风景园林美学专家金学智等8位国内外知名专家、学者作了主旨演讲，内容包括《园冶》理论在国外的传播和影响，“借景”、“入境式设计”等《园冶》理论探析，《园冶》美学思想，计成作品“影园”的剖析等。

会议设3个分会场，围绕《园冶》综合研究、《园冶》与古典园林艺术和《园冶》的哲学观及造园技术3个专题，进行了24个专题报告交流。会议认为，进一步开展《园冶》理论和计成造园实践的研究和研讨，对继承和发扬以《园冶》为代表的中国园林传统文化精华，具有重要现实意义。

会议收到学术论文50余篇，编印了会议论文集。此次会议是近年来围绕计成造园思想和《园冶》论著的一次高层次、国际性专题研讨会，旨在推动作为一级学科的风景园林学的理论和历史研究，促进学科理论体系的不断完善。

会议期间，就组建中国风景园林学会理论与历史专业委员会进行了商讨，初步议定了委员会的主要任务、组织构成、工作办法等。

（撰稿人：付彦荣）

中国电源学会

服务创新型国家和社会建设 2012年，学会开展继续教育，围绕当前的技术热点和难点举办了4个专业培训班，培训科技人员200多人。

12月14～16日，LED照明及电源技术高级培训班在上海举办，来自企事业单位的代表40多人参加。此次培训班旨在提高工程师们LED照明系统及驱动电源设计技术，培训班特请专家全方位讲解了LED照明产品的发展现状、发展趋势及LED驱动电源设计方法和技术要点。对于国内外LED产品的安全法规做了详细的分析。

6月20～22日，由学会主办的第十七届中国国际电源展览会在广东省深圳市举办，国内外70多家企业和媒体参展。

2012年，在工信部制定的2011年第三批行业标准制修订计划中，学会与广东志成冠军集团公司合作共同制定了《储能电站用双向变流设备》、《模块式交流不间断电源》两项国家标准。

学会建设 2012年，学会发展个人会员350人，团体会员27个，理事单位15个。完善了会员数据库的建设，建立了会员信息发布系统，定期发送电子版《中国电源学会通讯》和其他信息，增强学会对会员的凝聚力。

2012年，学会第一次完成编撰《中国电源行业年鉴》，并印刷2000本。

2012年，学会先后召开了六届六次、七次常务理事会议和六届四次全体理事会议。

2012年，学会积极筹备2013年学会换届工作，组织工作委员会和秘书处起草了《中国电源学会理事会换届/改选工作实施方案》和《关于中国电源学会理事、常务理事和学会领导产生和管理的补充规定》，并经常务理事会讨论通过，已推选出下届理事长和秘书长的候选人。

2012年，学会向中国科协申请成立新能源电能变换技术专业委员会，已获批准。

2012年，学会首次编撰《中国电源行业年鉴》。

决策咨询 2012年，学会为广东省佛山市禅城区政府提供了决策咨询。2012年，佛山市禅城区要设立专业的电源产业园，学会为产业园的名称和发展思路提出了建议。禅城区政府采纳学会的建议，并将产业园定名为“华南电源创新科技园”。

国内主要学术会议 2012年，学会召开各类学术交流和技术交流会议共10个，参会人数3100多人次，内容涉及电源领域的各个方面。举办的主要会议有第三届中国电源技术年会、2012变频电源与电力传动学术年会、2012电源创新技术论坛等。

【2012电源创新技术论坛】 为了发挥学会技术和人才优势，提高以企业为主体的技术创新能力，学会举办2012电源创新技术论坛，针对目前的技术热点和技术难点，划分不同的主体在不同地点召开。电源磁技术、电磁兼容技术专题交流会于9月8日在北京举办；新能源、新器件、新应用专题交流会11月7日在上海举办；新能源、LED电源技术专题交流会11月24日在陕西省西安市举办。3个会议共有报告26场，累计参加人数900多人次。

交流会为电源工程师提供了深入学习、相互交流的平台，有助于解决广大电源工程师在开发中遇到的难题，提高产品开发能力。

【首次编撰《中国电源行业年鉴》】 2012年，学会首次编撰《中国电源行业年鉴》，由机械工业出版社出版发行，全书138万字，全面介绍了2011年度我国电源行业的发展状况。年鉴全书共分十一部类，前三部分为“十二五”规划、政策法规、宏观经济动态，主要介绍与电源行业相关的宏观政策环境和经济环境，为行业发展和各单位的决策提供指导和参考；后八部分为电源行业发展报告、电源行业要闻、科研与成果、电源发明专利、电源标准、高等院校和科研机构简介、会员企业简介和附录。

【2012 UPS企业座谈会】 12月9日，2012 UPS企业座谈会在广东省东莞市召开，有40多家企业的代表，以及中国电源学会的专家学者参加了会议。此次会议由学会、协会和6家企业共同发起，旨在促进产学研相结合。

会议围绕讨论分析行业的目前现状和问题、提升国内UPS企业竞争力的对策和措施、如何加强产学研合作，促进企业的创新等三个方面进行讨论。

与会代表认为，国外品牌仍然占据UPS产品大部分的高端市场，在技术、品牌、利润等方面占有一定的优势。国内中小企业普遍关注价格竞争，缺乏创新能力，这是阻碍国内UPS企业发展的主要原因。与会的企业代表认为，面对目前的市场格局，提升国内企业的竞争力，必须改变目前价格竞争，甚至恶性竞争的局面，增强企业的研发力量和创新能力。

（撰稿人：李占师）

中国复合材料学会

服务创新型国家和社会建设 2012年，学会编纂了《复合材料信息与学科进展》、《复合材料“十一五”创新成果荟萃》两本行业专著。学会为中国科协征集“企业创新平台”专家400名，遴选200名作为支持平台咨询专家。翻译遴选欧美近十年复合材料专业专利3000条，发动理事和会员翻译1500条，近900万字。

学会建设 2012年，学会发展个人会员500人。截至2012年底，个人会员总人数3101人，团体会员44个。

10月12日，学会在北京召开了第六次全国会员代表大会，大会选举产生了第六届理事会，中国工程院院士杜善义任理事长。学会由一部管理制变为三部门各司其职，同时又互相配合。

国际学术会议 9月，学会在四川省成都市举办第十届中日复合材料学术会议，中日专家、学者共计80余人参加了会议。会议编辑了题为Innovation of high performance composites for low-carbon and energy saving的论文集，收录100余篇论文。

国内主要学术会议 9月8～10日，学会承办第十四届中国科协年会第11分会场——低成本高性能复合材料发展论坛，并被评为优秀分会场。80多位专家、学者参加会议，论文集收录60余篇论文。

会员服务 2012年，学会重新整理了各类人员数据库，总人数达到8553人，建立了针对个人姓名的群发邮件系统，使学会与会员及相关人员的联系更加密切，为进一步发展会员奠定了基础。完善会员管理制度，建立专家咨询服务机制，为团体会员单位提供专家咨询服务。

【中国复合材料学会第六次全国会员代表大会】 10月12日，中国复合材料学会第六次全国会员代表大会在北京召开，来自全国各地的289名代表出席了会议。

会议主要议程为审议第五届理事会工作报告、财务报告，《复合材料学报》第六届编委会工作总结报告，研究制定今后四年学会工作的目标、思路和主要任务；修改学会《章程》，选举产生中国复合材料学会第六届理事会成员，授予荣誉称号等。

第五届理事会理事长、中国工程院院士杜善义作了题为《抓准机遇，发展创新，提升能力，服务会员》的工作报告。工作报告从把握学科发展方向，面向学科前沿和重大需求、开展国内外学术交流，扩大学术影响、推广科技成果转化，促进产学研结合、加强学会改革，做好会员服务和展望未来，提升学会能力等五个方面对第五届理事会的工作做了总结，提出了下一届理事会的工作目标。

第五届理事会副理事长朱建勋对《中国复合材料学会章程》修改做了详尽说明。中国复合材料学会常务理事益小苏做了《复合材料学报》第六届编委会工作总结报告。《复合材料学报》2009年度影响因子为0.955，在材料类期刊中排名第1位，总被引频次呈上升趋势，由上届的平均每年1000次上升到平均每年1400多次。

大会表决通过了《中国复合材料学会第五届理事会工作报告》、《中国复合材料学会第五届理事会财务工作报告及会费缴纳办法和使用管理规定》和《中国复合材料学会章程》修改说明、《中国复合材料学会章程》，以及《复合材料学报》第六届编委会工作总结报告。

大会以无记名投票的方式选举产生了由193位理事、66位常务理事组成的中国复合材料学会六届理事会。杜善义当选新一届理事长。

（撰稿人：苏　志）

中国消防协会

服务创新型国家和社会建设 2012年，协会进行了全国消防行业第二批信用等级评价工作。经企业自愿申报、第三方评价机构测评、专家组评审、初评结果公示、信评委终审等程序，最终评出57家A级以上信用企业，其中AAA级企业36家、AA级企业15家、A级企业6家。10月23日，协会在北京举行了消防行业首批信用等级评价A级以上企业发布会并向获信企业发证授牌。协会全年举行了4次消防行业特有工种职业技能鉴定理论知识全国统考。

学会建设 4月，经民政部第八届全国性社会组织评估委员会评审，协会被评为4A级社会组织，获颁“中国社会组织评估”AAAA级证书和牌匾。当月，协会被中国科协评为“科普工作优秀学会”。8月，协会荣获中国科协“优秀科技社团奖”。9月，学会获得中国科协“学会能力提升专项三等奖”。按照该奖《项目合同书》的要求，2012年下半年，中国消防协会一是启动筹备“汽车消防安全产学研技术联盟”工作，联合一汽集团和公安部上海消防研究所等生产龙头企业、科研单位，开展了汽车防火零部件及内饰材料、疏散逃生技术等调研工作，为起草相关研究报告作前期准备工作。二是启动成立中国消防协会继续教育部筹备工作，并开展继续教育大纲的编制工作；三是启动消防科普微电影的创作、评选活动。11月，由中国消防协会科普教育工作委员会与中央电视台电影频道共同承办消防科普微电影活动。

2012年，协会召开了3次常务理事会和1次理事会。发展单位会员93家，个人会员29人，召开2次共140人参加的新入会单位会员座谈会。9月19日，协会在广东省广州市召开省级消防协会和协会分支机构负责人座谈会，围绕当前形势和协会工作特点，共同研讨进一步加强协会建设相互沟通，强化示范引导，推进协作互动的措施。

国内主要学术会议 2012年，协会及所属分支机构共举办国内消防学术会议7次，征集论文1730篇，入选论文集880篇，910人参加了学术会议，共有124篇论文进行了交流，出版了《2012中国消防协会科学技术年会论文集》等8本消防学术论文集。与2011年相比，论文增加了174篇，参加人数增加了140人次。其中，2012中国消防协会科学技术年会共征集论文754篇，其中有306篇论文获奖。

国际交往 2月28日至3月13日，协会派出5人代表团赴日本就地铁、地下建筑火灾处置和救援进行专题研修。11月12～14，协会组团赴日本东京出席了中日韩三国消防协会第四次协商会议。11月19～24日，协会组团前往吉隆坡参加马来西亚国际消防展览会及学术会议，以及同期召开国际消防协会联盟执委会、亚洲分会年度会议等。

6月18日，中日两国消防协会第28次协议会在北京举行。5月8～10日，国际消防协会联盟主席、联盟亚洲分会司库黄荣贵（马来西亚人），以及联盟亚洲分会主席罗伯·莱文理（澳大利亚）、马来西亚消防协会会长谢金光等访问了中国消防协会。10月19日、11月12日，国际消防协会联盟欧洲分会研究委员会主任埃里克·约翰逊和来华参加电动车辆安全学术研讨会活动的美国消防协会专家约翰·坎诺，分别访问了中国消防协会并进行了业务交流。

科普活动 5月19～24日，协会组织开展了以“全民消防、生命至上”为主题的全国“科技活动周”消防科普活动。5月19日，协会在全国消防科普教育基地中国消防博物馆举行了活动启动仪式，公安部消防局、中国科协科普部、北京市公安消防总队和中国消防协会等领导出席了启动仪式，来自北京市企事业单位职工代表和学校学生代表300多人参加了启动仪式。期间，协会组织了230场消防科普讲座，举办了规模不同的消防科普展览200次，举办了消防器材、逃生演示及体验，组织中小学生走进消防部队体验红门风采，宣传英雄事迹等科普宣传活动300余次，活动中展出的各种科普挂图30余种，发出科普挂图50万张。据不完全统计，参加本次科普活动的科技工作者达700余人次，直接受众人数达100万余人次。

表彰举荐优秀科技工作者 7月18日，协会召开第三届中国消防协会科学技术创新奖评审会议。本届创新奖共收到17个第一完成单位申报项目20项，经第三届中国消防协会科学技术创新奖评审委员会评审，评出获奖项目13项，获奖率为65%。其中，一等奖3项、二等奖4项、三等奖6项，特等奖空缺。9月18日，在2012中国消防协会科技年会开幕式上举行了颁奖活动。

5月，经中国消防协会全国优秀科技工作者推荐人选评审委员会评审推荐，天津市消防研究所倪照鹏、河南省公安消防总队王建刚、新疆维吾尔自治区公安消防总队乔雅平三位同志获得“全国优秀科技工作者”光荣称号。12月18日，在协会五届六次理事会上，公安部消防局和中国消防协会领导向3名同志颁发了奖牌和证书。

工程教育认证 协会完成2012年度消防行业特有工种职业技能鉴定考评员资格培训任务。8月23～28日，协会与人力资源和社会保障部职业技能鉴定中心共同在江苏省消防总队培训基地举办了第五期全国消防行业特有工种职业技能鉴定考评员资格培训班，共有来自全国26个已经完成消防行业特有工种职业技能鉴定站建站任务的省级站选派的148名消防管理和专业技术干部参加了考评员资格培训。其中有106人参加建（构）筑物消防员考评员资格培训，42人参加灭火救援员考评员资格培训。目前，全国消防行业特有工种职业技能鉴定考评员已达到757人。

学会创新发展 2月，学会正式开通了中国消防协会官方微博，其功能是：传播消防科普知识，报道国内外消防行业发展与科技进步信息，通报协会重要工作以及各分支机构和各省、自治区、直辖市消防协会主要工作情况。协会官方微博开通以来，向社会介绍了协会的各项工作和职能，开辟了《华威讲堂》栏目，系统介绍消防常识。

11月，由中国消防协会科普教育工作委员会与中央电视台电影频道共同承办的为期一年的消防科普微电影活动在北京开幕。

【2012中国消防协会科学技术年会】 9月18～19日，由中国消防协会、广东省公安消防总队主办，广东省消防协会承办的2012中国消防协会科学技术年会在广东省广州市举办。本次年会的主题是“科技发展与消防现代化和社会化”。广东省政府、省公安厅，公安部消防局、中国科协学会学术部、人力资源和社会保障部等领导，以及来自各省、自治区、直辖市消防协会、部分消防总队的领导，中国香港消防协会、台湾地区“中华消防协会”负责人、新加坡国立大学消防专家，论文获奖作者代表，以及20余家中央、广东省新闻单位记者共400余人参加了会议。公安部消防局政委杨建民，广东省公安消防总队总队长牛跃光，中国消防协会副会长、清华大学公共安全研究院院长、中国工程院院士范维澄，分别以《目前消防工作形势和任务》、《消防事业现代化的战略思考和路径选择》、《公共安全科技发展的思考》为题做了特邀报告。与会领导向获奖306篇论文作者代表颁发了优秀论文奖证书，向公安部上海消防研究所等6个单位颁发了优秀组织奖；向广东省消防协会颁发了特别贡献奖。向13个获得第三届中国消防协会科技创新奖单位颁发了科技创新奖获奖证书。会议期间，分别举办了外墙保温及材料阻燃技术、科技创新与企业发展和消防职业技能鉴定的理论与实践3个专题研讨会。本次年会共征集论文754篇，306篇论文获奖，其中，一等奖41篇，二等奖90篇，三等奖175篇。获奖论文编入了由中国科学技术出版社出版的《2012中国消防协会科学技术年会论文集》（上、下册）。

【消防行业特有工种职业技能鉴定】 1～10月，协会共举行4次消防行业特有工种职业技能鉴定理论知识全国统考，共有全国20个省、自治区、直辖市的132585名社会消防从业人员报名参加了初、中级建（构）筑物消防员职业技能鉴定，其中126800人报名参加初级鉴定，5785人报名参加中级鉴定。54000余人取得了建（构）筑物消防员国家职业资格证书，其中有1009人取得中级资格证书。

组织对新建消防鉴定站和鉴定点的资格条件审查验收。1～9月，协会先后组织了对江西等4个省级消防协会所承建的消防行业特有工种职业技能鉴定站的条件审查，还组织了对北京等3个省市消防行业特有工种职业技能鉴定站的5个鉴定点的验收。

组织对全国已正式开展鉴定工作的20个鉴定站进行年检工作。按照公安部消防局、中国消防协会有关规定，协会从全国各有关消防总队、消防协会和消防鉴定站选聘了16名质量督导员，与公安部消防局社会工作指导处有关人员组成7个工作小组，于5月下旬至6月上旬，对各地鉴定站在年检自查的基础上进行历时10天的实地检查。

根据公安部消防局的要求，2012年完成了第二版《建（构）筑物消防员职业技能培训与鉴定系列统编教材（基础知识）、（初级技能）》和配套《职业技能鉴定考试指导手册》修改和出版工作。组织有关专家完成了《灭火救援员职业技能培训与鉴定系列统编教材（基础知识）、（初级技能）》两本教材的编写工作。启动了公共安全行业标准《建（构）筑物消防员职业技能培训鉴定设备要求》和《建（构）筑物消防员职业技能培训与鉴定系列统编教材（高级技能）》的编制工作。

（撰稿人：贺德华）

中国图象图形学学会

服务创新型国家和社会建设　4月10～12日，第二届中国国际三维成像技术与应用展览会在北京举行。会议由中国电子学会、中国图象图形学学会主办，中国电影发行放映协会、中国城市影院发展协会、中国电子视像行业协会立体视像分会、中国图象图形学学会立体图象技术专业委员会共同协办。此次会议的主要内容是产品展示和学术交流。参会人员达300人，参展商50家。

10月16～18日，第九届中国国际机器视觉展览会暨机器视觉技术及工业应用研讨会（Vision China 2012）在北京举办。这是学会和中展集团北京华港展览有限公司联合打造专业的机器视觉品牌展会，以全新的面貌和独特的视角展示最新的技术和前沿的科技。

学会建设　2012年，学会发展个人会员30名、团体会员2个，新增副理事长1名。

学会先后召开六届二次、三次、四次和五次常务理事会议，以及六届三次理事会议。

学会全年共举办学术会议15场，参加会议2867人次，论文发表627篇，向期刊推荐优秀论文300余篇。

国内主要学术会议　7月19～21日，第十七届全国计算机辅助设计与图形学学术会议（CAD/CG'2012）暨第九届智能CAD与数字娱乐学术会议（CIDE2012）联合会，在山东省青岛市举行。同期举行了第三届中法虚拟现实研讨会。来自国内外的300多名从事计算机辅助设计、图形学、计算机动画和数字娱乐的专家、学者、专业技术人员和青年学生参加会议。大会主题包括几何造型与处理，图形学，可视化、图像与视频处理，计算机动画，数字娱乐中的人工智能，EDA及VLSI设计与测试，CAD/CAM/CAE等7个专题，以及其他与计算机辅助设计、图形学、计算机动画和数字娱乐相关的内容。大会举行特邀报告6场、各领域方向的专题报告140场、电子行业专题报告2场、数字油田专题报告2场，以及优秀学生论文评选等活动。大会共收到各类论文316篇，经过专家严格评审，最终评选出优秀论文146篇。会议推荐50篇优秀论文至《计算机辅助设计与图形学学报》（EI检索），并选择优秀论文推荐至《中国科学》、《计算机学报》、《软件学报》等核心刊物。

9月14～15日，第十二届中国虚拟现实大会（ChinaVR2012）暨2012年虚拟现实与可视化国际会议在河北省秦皇岛市举行。会议由学会虚拟现实专委会主办，中国计算机学会虚拟现实与可视化专业委员会、中国系统仿真学会虚拟现实技术及应用专业委员会和IEEE Computer Society协办，燕山大学承办。来自国内外的120余名专家、学者参加会议，会议分为4个特邀报告、8个专题报告、4场专题研讨。大会共收稿件236篇，录用95篇，其中推荐到《计算机辅助设计及图形学学报》5篇、《系统仿真学报》正刊65篇（其中2012年第24卷第9期发表62篇）、《计算机仿真》正刊25篇。2012年虚拟现实与可视化国际会议共收稿件57篇，最后录用10篇，连同3D-camera Workshop 5篇，以及邀请论文5篇形成2012年虚拟现实与可视化国际会议论文集，于10月中旬由IEEE的CPS出版发行。

11月22～24日，第八届和谐人机环境联合学术会议暨第21届全国多媒体技术学术会议在广东省广州市召开，此次会议由中国计算机学会多媒体技术专业委员会、中国图像图形学会多媒体委员会、中国计算机学会普适计算委员会、ACM人机交互学会中国分会、中国自动化学会主办，中山大学、复旦大学承办。中国科学院软件研究所研究员戴国忠与中山大学教授黄继武担任联合学术会议的大会主席并在会上致辞。国内高校、研究所的专家、学者120余人参加了会议。本次大会共收到论文投稿130篇，其中40篇论文被录用为口头报告论文、42篇被录用为张贴论文。

6月26～28日，中国国际机器视觉展览会暨机器视觉技术及工业应用研讨会（Vision China 2012）在深圳举办，国际机器视觉品牌达100多家，中国自己的机器视觉品牌超过60家，机器视觉产品代理商超过200家，专业的机器视觉系统集成商超过50家，涵盖从光源、工业相机、工业镜头、图像采集卡以及智能相机等所有机器视觉产业链产品。据国际权威统计资料显示，2007年全球机器视觉市场总量约为90亿美元，并且以每年10.9%左右的速度迅速增长，到2012年将超过150亿美元。

7月7日，由上海交通大学承办的中国图象图形学学会第八届青年科学家论坛在浙江省温州市召开，周越作为论坛主席主持了会议，27位青年科学家参加了论坛。会前有16位青年科学家得到了图像图形界知名专家的书面推荐，并书面提出了加入青年委员会的申请，大会一致通过接纳16位青年科学家成为第三届青年委员会委员，其中有10位青年科学家参会，并在会上作了研究报告和个人情况介绍。

5月11～13日，第六届全国教育游戏与虚拟现实学术会议（EGVR2012）在北京举行。会议由学会虚拟现实专业委员会、中国教育技术协会信息技术教育专业委员会联合主办，北京工商大学承办，北京信息科技大学协办。EGVR2012是虚拟现实、教育与游戏产业最新研究成果与产品的交流平台，参加此次会议的专家、学者150多人，会议发表论文80篇。

7月29～31日，第十六届全国图象图形学学术会议在在吉林省长春市召开，同期举办第六届立体图象技术学术研讨会。本次会议旨在为从事图象图形相关领域的基础研究和应用推广的广大专家学者和工程技术人员提供一个相互交流的平台。参会专家、学者300余人。本届学术会议共收到论文稿件280篇，本次会议采用网络在线式投稿和在线式评审，经过专家评审，实际收录205篇论文，录用率为73.21%。大会组委会邀请中国工程院院士高文等多名专家为大会作学术报告，大会分成立体图像处理、图像理解与计算机视觉、图像处理与编码、多媒体处理与通信和医学图像处理、生物识别与其他5个分会场。

科普活动　2012年，学会科普部为大学生、中学生举办图象图形科普讲座8次，开展虚拟现实技术、动画仿真技术等图象图形研讨会和培训班2次，出版科系列图象图形科普教材、丛书2套。

【Vision china 2012上海机器视觉展览会暨机器视觉技术及工业应用研讨会】　3月20～22日，由学会主办，学会机器视觉专业委员会、慕尼黑（上海）展览公司承办的Vision china 2012上海机器视觉展览会暨机器视觉技术及工业应用研讨会在上海市举行。本届展会吸引了加拿大TELEDYNEDALSA、IMAGINGSOURCE、堡盟、CCS、施耐德、Pleora、大恒、微视凌志、凌云光视、微视新纪元、嘉恒中自等70多家国际知名视觉企业参展，纷纷展示出最新的产品及技术。本次展会的亮点依然以相机、板卡、软件包、镜头、光源等核心部件为主导，参展企业派出了资深的工程师现场解答参观人员提出的问题。同期举办的研讨会吸引了来自世界各地的专家、学者500多人参加。

近100个参展厂家，展览面积达3500平方米；共举办专题研讨会22场，专业参会代表500多人。为期3天的展会吸引了来自26个省、市、自治区、香港特别行政区、台湾地区，以及美国、韩国、日本、泰国、澳大利亚、新加坡、以色列、黎巴嫩、印度、德国等国家的12629名参观者，参观者拥有地域上的广泛性、行业上的代表性以及知识上的专业性。

（撰稿人：王福美）

中国人工智能学会

学会建设　2012年，学会共召开境内学术会议50次，其中国际学术会议13次，高端前沿学术会议（论坛）28次，参加人数3751人。交流学术论文1421篇。

表彰奖励优秀科技工作者　2012年，学会主办的第二届吴文俊人工智能科学技术奖完成评审工作，此次评审共邀请10位院士和专家参与，经过网络初评、征询意见、现场答辩和终审会议表决，评出成就奖、创新奖、进步奖共8项获奖成果。

根据《中国人工智能学会优秀博士学位论文评选条例》，2012年中国人工智能学会优秀博士学位论文终评评选出优秀博士学位论文5篇，优秀博士学位论文提名5篇。

【第二届中国智能产业高峰论坛暨第二届云计算与智能系统国际会议】　10月31日～11月2日，第二届中国智能产业高峰论坛暨第二届云计算与智能系统国际会议在浙江省杭州市召开。此次活动以一会一主论坛辅以10个专题论坛，为政府、高校、科研院所及智能行业的企业及行业人员提供了“产、学、研”交流展示平台。

全国人大常委会第九届、十届副委员长许嘉璐，中国工程院院士、中国人工智能学会理事长李德毅，国家发展改革委智库基金会秘书长刘峰，浙江省科协党组书记、副主席鲁善增出席此次活动并致辞。会议由学会副理事长、中国科学院副秘书长、中国科学院自动化研究所所长谭铁牛和学会副理事长任福继主持。

此次中国智能产业高峰论坛由主论坛和专题论坛组成，主论坛大会报告邀请到了国家相关部委领导，国内外著名专家、学者，以及知名公司高管同台对话。IEEE Fellow、美国明尼苏达大学教授 David Hung-Chang Du，德国萨尔州大学、德国人工智能研究中心主任 Hans Uszkoreit，中国科协书记处书记张勤，学会理事长、中国工程院李德毅院士，微软亚洲研究院首席研究员 Junichi Tsujii，汉王科技董事长刘迎建，中兴通讯副总裁陆平以及阿里巴巴集团首席技术官、阿里云总裁王坚等针对云计算的应用、智能驾驶、智慧业务创新、智能产业等主题作了大会报告。

专题论坛邀请到了近 100 位云计算与智能系统领域的专家、企业高管，内容涵盖了物联网、未来网、智能无线通信、云安全、智能搜索、大数据与商业智能、智能系统工程、生物识别，以及智能视频监控等 10 个当前的热点话题。此次高峰论坛还组织了一个青年专题论坛，旨在增强年轻科研人员之间的交流研讨。

【第二届中国智能博览会】 11 月 1 ~ 3 日，第二届中国智能博览会在浙江省世贸国际展览中心召开。此次活动由中国人工智能学会和浙江省杭州市人民政府共同主办。此次博览会以“智能体验、智慧生活”为主题，展示了当前智能产业领域的优秀成果和智能产品，给观众带来更立体丰富的互动体验。

全国人大常委会第九届、十届副委员长许嘉璐在开幕式上讲话并宣布展览会开幕，学会理事长李德毅院士和杭州市副市长徐文光分别致辞，杭州市科协主席邬丽娜介绍展会情况，中国科协副主席赵沁平，国家发展改革委智库基金会秘书长刘峰，杭州市人大常委会副主任徐苏宾等出席开幕式。

第二届中国智能博览会在展会规模及参展商数量上均较上届有所提升，展出面积超过 10000 平方米，设智能生活体验、智能机器人、智慧城市、智能技术设备四大版块，为相关企业提供展示平台，促进云计算产业基地、物联网、智慧医疗、网络游戏、3D 动漫相关产业和项目的投资签约，整体推动浙江省乃至全国智能科技产业的发展。中国航天工业集团航天 16 所、浙江元亨通信技术股份有限公司、银江股份有限公司、杭州赫瓦机器人技术开发有限公司等智能行业中具有代表性的企业均参加博览会，展示各自最新的科研成果。

同期举行的仿人机器人奥林匹克大赛中，来自全国各地的机器人选手们，进行舞蹈类（单人舞、双人舞、芭蕾舞、八人舞）、对抗类（拳击、击剑、摔跤、跆拳道）、服务类（端盘子、捡垃圾、拉车子、哄孩子）等不同类别的竞赛，吸引了参观者的关注。

在全国缩微智能车竞赛中获奖的车队现场表演了缩微车避障、全程、信号识别、自主泊车等项目，吸引了大批缩微车爱好者。

（撰稿人：邹亚茹）

中国体视学学会

国内主要学术会议 7 月 10 ~ 11 日，学会主办的 2012 年全国工业射线成像和 CT 应用技术研讨会在四川省绵阳市举行。来自全国各地相关学科领域的专家、学者约 80 人参加会议。会议交流内容涉及 CT 理论算法以及这些理论在工业检测、医学、地学、考古、图像质量评价方法和标准化的研究等多方面的应用内容。

8 月 5 ~ 8 日，学会主办的全国金相与显微分析研讨会在云南省昆明市召开。学会秘书长王忠、金相与显微分析分会主任左良，以及来自体视学、图像分析、金相与显微分析等领域的高校、科研机构、企业的科研人员等近 60 人出席了此次会议。研讨会特别邀请了 9 名材料显微分析领域的企业科研人员与会，增强了产学研之间的沟通和了解，搭建了校企间合作创新的平台。

8 月 7 ~ 9 日，由学会生物医学分会联合全军病理学专业委员会军事病理学专业组和定量病理学专业组举办的第八届全国生物医学体视学、第十一届全军军事病理学和第七届全军定量病理学学术会议在云南省昆明市召开，学会理事长康克军到会致辞。来自全国的体视学和图像领域专家、学者，以及全军各大军区、海军、空军、总装备部、总参谋部、武警及总后所属医学院校的百余名专家、学者出席了会议。会议期间，王德文等 3 位专家作了《反恐应急救援》等科普讲座和培训活动。会议论文集共收录论文和论文摘要 123 篇。专家认为，随着分子生物学、神经生物学、分子免疫学、分子遗传学、生物化学、形态计量学等学科新技术手段的相互交叉、渗透和广泛应用，加速了生物医学体视学、军事病理学和定量病理学发展，把揭示有关伤病本质的研究提高到新水平。

表彰举荐优秀科技工作者 2012 年，学会开展首届中国体视学学会科学技术奖评审工作。中国体视学学会科学技术奖经国家科学技术奖励工作办公室批准设立，每两年评选一次。2012 年学会开展了首届评奖工作。为规范评奖工作，学会第五届理事会第六次会议审核通过了《中国体视学学会科学技术奖奖励条例》。经学会各分会推荐，奖励工作办公室审查，专家初评，会议评审和答辩，在学会网站和学会会刊《中国体视学与图像分析》上公示，最后经奖励委员会审核，有4项成果获得2012年中国体视学学会科学技术奖奖励，其中一等奖2项，二等奖2项。

会员服务 为推动体视学学科发展，鼓励体视学基础理论研究和应用研究，学会出资两万多元资助会员出版体视学专著——《生物组织形态定量研究基本工具——实用体视学方法》。该书已于2012年6月由科学出版社出版发行。

【首届全国大学生金相技能大赛】 12月，学会与中国腐蚀与防护学会、北京科技大学、清华大学联合举办了首届全国大学生金相技能大赛。来自全国22所大学的冶金、材料、机械、化学与生物专业的近120名学生参加了大赛。参赛同学要在规定时间内完成试样的磨、抛、浸蚀、金相摄影全过程。经过专家评审，本届大赛共有18名学生获得一等奖，31名学生获得二等奖。

（撰稿人：刘克音）

中国工程机械学会

服务创新型国家和社会建设 2012年，学会协助行业内单位准备新型装备和关键技术申报省部级及国家奖相关材料。

工程起重机分会针对会员单位和企业的工程师举办技术培训5次：包括三维吊装仿真应用技术专题培训、液压系统故障诊断及仿真技术在工程机械中的应用专题培训、机械结构设计有限元分析专题培训、塔式起重机安全设计及变频技术应用专题培训、工程机械典型机构设计办理应用与创新专题培训。

学会建设 2012年，学会根据第一届理事会的建议，筹建桩工机械分会、桥隧施工机械分会、环卫与环保机械分会3个分会，桩工机械分会已获得批准。

7月6～8日，学会在广东省珠海市召开了常务理事会议，30人出席了会议，包括各分会理事长、秘书长和部分常务理事，会议对本会设立监事会、筹建新的分会以及2012年至2013年总会的安排进行了讨论，并作出了相应的建议，提交理事会讨论通过。

12月1～3日，学会召开了第四届第二次理事会议，出席会议的理事85人，确认了常务理事会关于成立总会监事会和新成立3个分会的建议，推选名誉理事长石来德为监事长，着手组织监事会。

学术期刊 根据中国知网《中国工程机械学报》发行与传播统计报告，2011年国内外用户机构为2827家，比2010年2436家增加了391家，增加16%。其中，境外的用户机构（包括港澳台地区）由2010年的75家增加到191家，欧洲增长最多，由原来的3家增加到96家，北美由原来15家增加到23家。

党建强会 2012年，学会积极支持党支部参加科协组织的党组织活动，包括参观革命老区和支部书记的西部考察活动，并支持党支部召开青年学者党建工作座谈会。学会承担中国科协“党建强会”特色活动资助项目，并获得2012年度全国学会“党建强会”特色活动组织奖。

国内主要学术会议 4月2～22日，压实与养护机械施工技术交流会暨新产品展示会在江苏省徐州市召开。此次会议由学会路面与压实机械分会主办，徐州工程机械股份有限公司科技分公司和徐州徐工筑路机械有限公司承办。共85位专家、学者出席了会议。

8月7～11日，学会铲土运输机械分会2012年理事会年会暨中国机械工程学会流体传动与控制分会会议在吉林省长春市召开。参会人员约220人，学会名誉理事长石来德出席会议，并作相关专题报告。

9月11日，2012全国混凝土机械行业年会暨学术交流会在河南省洛阳市召开。此次行业年会由中国工程机械工业协会混凝土机械分会与学会混凝土机械分会联合主办，中联重科与廊坊中建机械联合会协办，119名专家、学者就企业个体、行业总体、经济整体面临的困难以及混凝土机械行业在转型升级过程中遇到的困惑展开讨论。中国工程机械工业协会秘书长苏子孟、学会监事长石来德、中国工程机械工业协会混凝土机械分会名誉会长陈润余等出席会议并作专题报告。

10月26日，学会液压技术分会年度会议暨路面机械液压技术发展研讨会在湖南省长沙市召开。来自20余家高校及科研院所的专家、国内外液压件著名制造企业的代表，以及行业媒体记者近100人参会，共同讨论路面机械液压技术方面的热点问题，探讨市场调整时期企业的应对之道。会议由学会液压技术分会和中国工程机械工业协会路面与压实机械分会联合举办。学会名誉理事长石来德作了题为《工程机械10年发展回顾》的报告。

10月28～30日，学会挖掘机械分会在上海市召开年会，会议的主题是挖掘机械智能化和绿色化，学会副理事长冯培恩主持会议，学会名誉理事长石来德出席了会议，会议邀请了11位专家、学者围绕上述议题作了相关的报告。

11月6～8日，学会港口机械分会在安徽省马鞍山市召开2012年年会，与会专家、学者120多人，学会副理事长陶德馨汇报了港口机械分会2012年的工作，并就港口机械的设计选型、失效分析、港口机械回转支承选型等进行了学术交流。

12 月 11 ~ 13 日，学会起重机械分会在广东省广州市召开第 14 次年会，出席会议的学者 130 人。会议由学会副理事长高顺德主持，共收到论文 94 篇，内容涉及起重机行业技术发展趋势、产品设计和研发、计算分析技术、测试与试验技术、液压与电控技术等 5 个方面。会议还举行《汉葡葡汉双向辞典》的发行式。学会名誉理事长石来德出席会议并作了相关的报告。

【全国机械工程博士生党建座谈会】 10 月 13 日，学会党支部在党的十八大即将召开之际，为更好地培养工程机械博士生党员意识和党性修养，围绕“如何促进高层次科技人才的专业修养和党性修养的有机结合”、“如何搭建平台激发高校博士生的创新能力”等主题，在湖南省长沙市召开了全国机械工程博士生党建座谈会。学会名誉理事长石来德，十八大代表、中联重科股份有限公司研究院院长付玲参加了座谈会。来自同济大学、湖南大学、浙江大学等全国 34 所高校的博士生代表出席此次会议。

【第四届工程机械博士论坛】 10 月 12 ~ 14 日，学会在长沙中联重科股份有限公司召开第四届工程机械博士论坛，提交的论文经初审，选取了 62 篇在会上宣讲交流。实际到会 34 所高校在读博士生 58 人，于 10 月 13 ~ 14 日分 3 个会场宣读、演讲。宣读后，根据提交论文的质量，表述的能力，演讲的水平，进行了评奖。共评出一等奖 3 名、二等奖 6 名、三等奖 9 名，并颁发证书和奖金。

中联重科股份有限公司前监事长、湖南省政协原副主席龙国键致欢迎词，中联重科中央研究院院长付玲介绍了中联重科发展历史和企业创新理念。会议邀请中国工程院院士、装甲兵学院教授徐滨士将军作了题为《机械再制造技术》的学术报告。邀请国家自然科学基金委员会工程与材料科学部 机械与制造科学处主任王国彪作了题为《科学基金与创新思考》的学术报告，鼓励年轻人为科学进步在基础研究上狠下功夫。学会名誉理事长石来德介绍了中国工程机械近 10 年取得的进展、存在的问题，并指出今后发展趋势，热切希望在读的博士生为创新我国的装备制造业、我国的工程机械行业而奋发国强。

（撰稿人：周小珍）

中国农学会

服务创新性国家和社会建设 2012 年，学会完成或参与完成了农业部、中国科协等有关部门委托的农业行政体制改革调研、农村人才输入机制研究、农业外事外经人才队伍建设战略研究、基层农业技术推广特设岗位调研、少数民族地区农业技术推广体系建设研究、全国县域科技工作者状况调查、当代中国农学家学术谱系研究、农业重点学科发展经费规模研究等课题工作。

学会完成了 2011 年度专业技术职务任职资格评审工作，经专家评审委员会评审，279 人获得专业技术职务晋升。学会完成了第十届全国农业技术推广研究员评审工作，开展了农技推广人才队伍建设情况专题调研，举办了评审工作培训班，经评审委员会评审、审定委员会审定，共有 1108 人获得全国农技推广研究员任职资格。

2012 年，学会对受委托评价的 34 项成果，先后聘请了 210 位高层次专家进行评价，其中 30 项成果由该专业领域的 1 ~ 4 名院士领衔进行，一些重大成果聘请 3 ~ 4 位院士领衔评价，参加评价活动的院士达 65 人次。

学会完成了国家外国专家局下达农业部的引进国外智力项目和出国（境）培训项目任务，全年共请进外国专家 97 人次，培训相关技术人员 1 万多人次，派出出国（境）培训团组 31 个，派遣赴美农业研修生 20 多名。

学会举办了农业科研杰出人才及其创新团队建设高级研修班、农产品质量安全检测技术高级研修班和基层农业技术推广人员高级研修班，来自全国各地的 296 位专业技术人员参加了研修。学会承担并完成了农产品质量安全专项工作，举办了县级农产品质检站负责人培训班、食品检验机构资质认定培训班、农产品质检体系追加投资项目实施管理培训班，共培训农产品质量安全相关人员 391 名。学会面向市场需求开展教育培训活动，组织了农业系统财务人员、办公室人员、信息管理人员、新闻写作人员等培训班 9 期，培训学员 1000 余人次。

在农业部主管部门、中国科协有关单位指导下，2012 年 6 月和 12 月，中国农学会分别为北京中地种畜有限公司院士专家农业企业工作站、甘肃天水国家农业科技园区院士专家农业企业工作站（天水神舟绿鹏农业科技有限公司、天水众兴菌业科技股份有限公司）举办了授牌启动仪式。2012 年 12 月批准河南华丰种业科技有限公司、浙江百龙农业有限公司设立院士专家农业企业工作站。此项工作列为农业部 2012 年人才工作要点。

2012 年，学会在河南华丰种业科技有限公司和浙江百龙农业有限公司设立了院士专家农业企业工作站，协调院士、专家对已设站企业开展技术咨询服务。

自 2010 年 9 月以来，中国农学会在中国科学技术咨询服务中心支持下成立了院士专家农业企业服务中心，分别推荐方智远、李宁、赵法箴、陈剑平、戚发轫、李玉等院士担任工作站首席科学家或顾问，组织100多位专家进园入企开展技术创新、人才培养工作。

学会能力提升计划 2012年，学会获得中国科协学会能力提升专项“优秀科技社团奖”一等奖。学会专门成立了项目实施领导小组，将专项实施工作纳入学会重要议事日程，紧紧围绕服务创新、服务社会和政府、服务科技工作者、学会自我发展四个方面能力建设确定了工作思路、发展重点和资金使用方向。根据各分支机构和各处室职能，细化了任务分工，明确了工作进度安排和年度考核指标。制定了能力提升专项资金管理办法，确保专款专用，充分发挥项目资金的引领带动作用。

决策咨询 2012年，学会组织了南繁种业科技孵化器项目可行性调研、县域经济发展论坛暨全国生猪大县发展模式研讨会、大邱庄可持续发展研讨会等活动，提出的《关于中央财政持续支持基础性公益性农业科研的建议》(《农业科学家建议》第33期)，得到了国务院总理温家宝的批示。

国内主要学术会议 2012年，学会举办了种业科技创新与产业发展专家论坛、农业资源环境保护与可持续发展研讨会、休闲农业创意理论与实践学术研讨会等多次综合性学术活动，邀请近50位专家做大会报告，近千名专业技术人员参加了研讨交流，提出了相关的对策建议。学会指导所属分会以促进学科发展为重点，组织召开了棉花学术年会、耕作制度学术年会、葡萄学术年会、农业产业化年会等60余次学术研讨会，8000多名专家学者参加了研讨交流。

1月16～19日，由中国农学会、中国农业科学院联合主办的第十二届中国农业园区论坛在河北省、天津市召开。会议以“科技促进产业发展，人才支撑企业经营，休闲增加园区效益”为主题，中国农业科学院副院长、中国工程院院士刘旭，中国农业科学院副院长王韧，学会副秘书长向朝阳，以及农业部现代农业示范区管理办公室、科技部农村中心领导、专家、农业园区负责人共200多人出席会议。

8月11日，由中国科协主办，中国农学会等单位承办，全国13个全国学会协办的种业科技创新与产业发展专家论坛在黑龙江省哈尔滨市举行。中国科协副主席、书记处书记程东红，农业部副部长、中国农学会会长张桃林，黑龙江省人大常委会副主任王东华，副省长程幼东，省科协主席马淑洁出席论坛开幕式。农业部种子管理局局长张延秋，中国工程院院士刘旭、戴景瑞、喻树迅等领导、专家作大会报告。400余位国内外种业产学研相关领域专家、企业家参加论坛，分别围绕种质资源保护开发、现代育种技术、种业育繁推一体化的有效机制与模式、建立种业科技创新体系、种子商业化与知识产权保护等专题进行交流和研讨，为黑龙江省种业做大做强提供意见和建议。

9月6～9日，学会主办的2012中国农业产业化年会暨中国农业企业家论坛在广东省广州市召开。论坛以“科技、人才与企业做强做大”为主题，朱新礼、温鹏程、邵根伙等农业企业家、专家、领导及150多人出席会议。与会企业家、学者深入海大集团、李锦记集团、温氏集团等农业产业化龙头企业，考察交流了企业跨越发展、持续发展、科学发展的做法，回顾了百年民族企业发展历程，学习了依靠科技、人才支撑企业做强做大的经验，参观了企业科技园、研究院、院士专家农业企业工作站。

4月14～17日，科技情报分会主办的全国农业信息监测预警方法与技术学术研讨会在福建省福州市召开，180多位专家、学者出席。6月25～28日，葡萄分会与中国果品流通协会主办的第18届全国葡萄学术研讨会在云南省大理白族自治州宾川县召开，529人出席，期间还举行了2012全国首届早熟、设施优质葡萄产品评选活动。8月8～9日，棉花分会2012年年会暨第八次会员代表大会在山西省运城市召开，534人出席。10月12～14日，耕作制度分会2012年学术年会在四川省成都市举行，300余人出席。11月6～8日，华东六省一市农学会在上海举办农业科技与现代农业发展论坛，150余人参加。

科普活动 2012年，学会召开农民科学素质行动协调小组联络员工作会议，制定了2012年农民科学素质行动工作计划。开展农村妇女科学素质现状调研，提出了8条重点建议。组织农民科学素质行动进毕节活动，举办了科学知识讲座、实用技术培训、科普资料捐赠等活动，受到了农民群众的热烈欢迎。学会编制并发放了《东北地区“玉米双增二百”技术》挂图、《强农惠农政策宣传》科普扑克、《2012年农业主导品种和主推技术》图书、《农村致富新技术》科普刊物等一系列科普制品，为提高农民科学素质做出了贡献。学会开展了循环农业科普新疆行、玉米“双增二百”技术大培训活动，参加了农业部、中国科协等有关部门组织的科技下乡、食品安全宣传周、食品与健康科普日等活动，向农民和城市居民普及农业科学知识。学会配合农业部和共青团中央开展了全国青少年农业科普示范基地的评审活动，举办了首届全国农业青少年科普示范基地建设研讨会。

2012年，学会参加了“食品安全宣传周”和“全国科普日”活动。6月16日，学会组织团体会员南宁市蔬菜研究所在中国科技馆积极参与以“共建诚信家园，同铸食品安全”为主题的食品安全科普宣传活动，利用其科研成果蔬果农药残留速测仪，在现场由专家对事先准备的蔬菜样本进行现场检测，通过直观易懂、喜闻乐见的方式，向广大群众开展食品安全科普知识宣传和技术普及，帮助公众了解我国的食品安全监管现状和检测手段。

9月14～16日，受中国科协委托，学会与11个全国学会在中国科技馆共同举办了以“食品与健康”为主题的全国科普日学会专家科普活动。学会精心策划，从食品营养和食品安全两个方面进行科普宣传，学会组织团体会员北京农学院利用该校的教学优势和科研成果，主要围绕野菜营养、识别与安全食用科普知识和水果、蔬菜农药残留安全检测技术等，向前来参观的广大群众和青少年学生开展了科普宣传、操作演示和有奖竞猜等活动，受到了广大市民和青少年的欢迎，前来学会展台参加科普活动的观众络绎不绝。

9月24日，由农业部和中国科协主办，农民科学素质协调小组协办，学会等单位承办的“农民科学素质行动进毕节”活动在国家级贫困县——贵州省毕节市大方县举行。该活动旨在通过科学普及和技术培训，进一步引导西部贫困地区广大农民树立科学发展意识，提高自身科学素质。学会在捐赠电脑、电视机和DVD机各8台的基础上，又与中国科普出版社、中国环境科学学会、中国农业出版社等联系，共同捐赠了科普图书3000册、挂图300套、光盘500张，总价值达17万元。同时，还邀请了20名种植、养殖、环保、气象、卫生等领域有丰富理论知识和实践经验的专家，组成5个专家小分队直接进入5个山村，向500余名当地农民讲授了农业农村环境保护、疾病防治与身心保健、气象与防灾减灾、蔬菜种植和畜牧养殖等方面的科学知识和技术，受到了农民朋友的热烈欢迎。

5月16日，学会与新疆农学会、新疆农科院、巴州农业局三级联动，共同开展“循环农业科普新疆行”活动。活动组织20余位农业专家就大田农作物、林果栽培技术、设施农业、土壤肥料、种子农药、农业机械、病虫害防治技术等循环农业知识进行了现场解答，并发放双语科普资料。本次活动分别针对农业干部、科技人员、农民特别是农村劳动力等不同对象，通过举办循环农业学术论坛、双语科普画廊展、现场咨询、田间现场观摩与培训指导等系列科技、科普活动。本次活动共发放双语科普资料、实用手册3000余份，展出双语科普挂图500余幅，现场咨询500余人次。来自管理及技术岗位的150余名干部参加了学术论坛，200余人次农民参加了田间现场观摩与培训指导。

5～6月，学会组织中国农业大学、中国科普研究所、北京农学院、北京农业职业教育研究所的10位专家，先后深入河北省沧县、青县，福建省顺昌县、建阳县，陕西省南郑县、泾县，通过实地调研、举办座谈会、填写问卷、现场访谈等形式，从科学发展、科学生产、科学经营、科学生活四个方面，对目前农村妇女的科学素质实际情况和提高自身科学素质的需求进行调查。本次调研得出了目前我国农村妇女科学素质普遍偏低、年龄和文化程度是影响农村妇女科学素质的两个重要因素等主要结论，提出了今后提高农村妇女科学素质的8条重点建议。

表彰举荐优秀科技工作者 2012年，学会完成了第四届中华农业英才奖评选工作，评选产生了10名获奖建议人选。完成了享受政府特殊津贴人员选拔、全国新闻出版行业第三批领军人才人选推荐、“国家特支计划”百千万工程领军人才推荐、留学人员科技活动项目择优资助推荐、高层次留学人才回国资助人选推荐等人才举荐工作。组织完成了2012—2013年度中华农业科技奖申报推荐和评审前期准备工作，共收到申报材料534项，完成了申报成果的资格审查、科普成果和创新团队初审、科研成果网评分组等工作。完成了国家科技奖有关成果遴选推荐工作，向国家奖励办推荐4项科技类参评成果，3项获奖。

学术期刊 《中国农学通报》总被引频次在1998种期刊中列第19位，《农学学报》首次进入《2012年版中国科技期刊引证报告（扩展板）》。学会举办了“2012年中国农业期刊学术年会暨农业期刊创新与发展论坛”，100多家农口期刊派人参加了会议，共同就期刊体制改革、精品期刊建设、提高期刊影响力等问题进行了研讨交流。

【中国农学会第十次全国会员代表大会】 12月11～12日，中国农学会第十次全国会员代表大会在北京举行。中国科协常务副主席、书记处第一书记陈希，农业部部长韩长赋出席会议并讲话。会议听取并通过了学会会长张桃林代表第九届理事会作的题为《围绕中心 服务大局 推动学会工作迈上新台阶》的工作报告，审议通过了《中国农学会章程（修改草案）》，选举产生了中国农学会新一届领导机构。农业部副部长张桃林再次当选中国农学会会长，旭日干等14人当选副会长，赵方田当选秘书长。会议同期举行了专题学术报告会，来自全国行政、科研、教学、推广单位和企业的近300名农业科技工作者代表出席此次会议。

陈希在讲话中充分肯定了中国农学会在促进农业农村经济社会发展、提高农民科学素质和为农业科技工作者服务方面作出的重要贡献。他指出，目前全面建成小康社会的重点和难点在农村，中国农学会和广大农业科技工作者要深入贯彻党的十八大精神，紧紧抓住农业科技发展的关键环节和核心技术，围绕粮食安全、种业发展、生物安全、生态环境保护等重点和热点问题组织开展国内外学术交流和科技攻关，不断提升自主创新能力，更好地为政府科学决策提供咨询和建议，用先进、实用的科技成果更好地造福广大人民。

韩长赋在讲话中指出，多年来，中国农学会广泛开展国际国内学术交流，积极向政府及有关部门建言献策，大力培养举荐农业科技人才，为推动农业科技创新、加快农业农村人才队伍建设、促进农业农村经济又好又快发展发挥了重要作用。面对新形势新任务，中国农学会要继承和发扬优良传统，发挥联系广泛、专家荟萃、人才济济的优势，强化为农业产业发展服务，为农业科技创新服务，为政府决策服务，为农业农村人才成长服务，为农业科技工作者服务。

张桃林在闭幕式讲话中要求，中国农学会要认真学习贯彻党的十八大精神，努力提升服务经济社会发展的能力；要紧紧围绕"三农"中心工作，努力提升服务农业科技创新的能力；要不断创新工作思路和方法，努力提升服务社会和政府的能力；要继续办好"农业科技工作者之家"，努力提升服务农业科技工作者的能力；要积极推进管理体制机制创新，努力提升自我发展能力。

【推进农业职业技能鉴定工作】 在推进农业职业技能鉴定工作方面，学会加强职业技能开发基础建设，完成了国家职业分类大典农业行业职业分类修订第一阶段工作，向人力资源和社会保障部上报102项修订建议书，25项新职业建议书。完成了18项职业技能标准、培训教材、鉴定试题库的编制开发工作。学会强化鉴定工作人员队伍建设，举办质量督导员资格认证培训班，指导完成了3000多人次考评员的培训和再培训，召开了鉴定管理人员工作座谈会，提高鉴定工作人员质量意识和业务水平。学会完成了鉴定站标准化建设项目，为35家鉴定站和10个行业指导站配备173种679台（套）仪器设备，基层鉴定站鉴定条件进一步改善。学会狠抓鉴定质量管理，首次把鉴定工作站纳入管理范畴，严格鉴定范围，规范鉴定流程，推进体系认证，签订质量管理责任书，实现了近3年核发证书的全国联网查询。学会开展职业技能竞赛活动，组织了第三届农业院校职业技能大赛理论知识考试，协助完成了全国第三届割胶工技能大赛和第二届全国沼气技工技能大赛，指导地方开展了农艺工、农村实用人才等技能大赛活动。

【全国休闲农业创意理论与实践学术研讨会】 10月11日，学会联合农业部乡镇企业局、江苏省农委、南京市农委等单位共同主办的全国休闲农业创意理论与实践学术研讨会在江苏省南京市召开，来自全国休闲农业经营单位、科研教学单位等领域的120多人参加了本次会议。学会副会长舒惠国，农业部乡镇企业局、江苏省农委、南京市农委等单位的有关领导出席大会。

舒惠国在讲话时谈到，休闲农业是我国经济社会发展的客观需要，是新时期加快解决"三农"问题的必然选择。加强休闲农业创意是促进休闲农业持续健康发展的重要着力点。要在挖掘各地自然资源、人文历史、民俗文化和乡土特色的基础上，通过理念创新、模式创新、机制创新和管理创新，拓展产业链条，着力推进休闲农业创意产业发展。要进一步加强休闲农业的理论建设、科技支撑和人才培养，培育休闲农业品牌，使休闲农业的特色更突出、内涵更丰富、产业化更高、竞争力更强、形式更新颖、市场更欢迎、效益更明显。

中国工程院院士、中国农业科学院副院长刘旭，农业部乡镇企业局、南京市农委、中国热带农业科学院、台湾地区中华农学会、中国农业大学、上海交通大学等单位的专家，围绕休闲农业创意的理论和实践，从休闲农业文化建设、产业升级、创意设计以及台湾休闲农业发展经验等方面作报告。与会专家还就休闲农业的功能定位、发展方向、经营机制以及学科建设、人才培养等问题开展了研讨。

与会专家建议，要进一步加强休闲农业发展的顶层设计、宏观规划、行业指导和标准制定，推动休闲农业提升质量、扩大规模。休闲农业发展应坚持以农为本的原则，遵循农业自身发展规律，尊重农民意愿，立足于现代农业发展和社会主义新农村建设大局，促进产业升级和农民增收。要更加注重对农村文化和农耕文明的保护和挖掘，充分依靠科技创新和文化创意提高产业附加值，提升休闲农业内涵与品质。要进一步加强学科建设和理论研究；要不断提高休闲农业行业从业人员素质。

（撰稿人：顾珏红）

中国林学会

学会建设 2012年，学会及各分会共举办综合性和专题性学术活动40余项，参与人数达7000余人次，交流论文3000余篇。学会加强了对分支机构的管理与服务，召开了竹藤加工利用分会的成立大会，组建了竹藤利用分会第一届委员会。竹子、木材工业、林业机械、森林水文及流域治理等分会按时完成了换届。

学科发展研究 学会召开了第二届林学名词审定委员会第四次全体扩大会议，初步编写完成《林学名词》（第二版）修订稿。

决策咨询 2012年学会提供决策咨询报告24篇，5篇获得上级批示，举办决策咨询专家论坛15次。组织编写完成了《2011年生物灾害状况和2012年预防与控制生物灾害的报告》中林业有害生物防控专题报告。编写完成《2011年全国主要林业有害生物成灾情况及2012年发生趋势与防控对策建议》，提出了建立松材线虫病国家部委级协调机制、加速推进社会化防治等5条建议。《迅速遏制"植物杀手"薇甘菊刻不容缓》建议通过中国科协上报中央书记处。组织开展了林改后集体林经营现状、增收潜力及政策需求调研，分别对辽宁、江西、湖北、广西、安徽、陕西六省（区）的18个典型村和90个典型农户进行调查，比较了不同经营模式效果，分析了林农增收潜力，形成了《当前集体林经营现状及政策需求调研报告》，提出了《关于提高集体林经营水平的政策建议》。组织专家召开了多次座谈会，在前期调研的基础上，编写完成了《我国东北地区森林经营与森林质量调研报告》。受全国绿化委员会办公室的委托，开展了全国古树名木保护情况调研考察，组织专家调研组，深入北京、山西、新疆、湖北等地进行了实地调研。组织开展了林业科技成果转化优化模式调研活动，组织专家赴浙江省有关市县调研，深入了解从生产培育到产品加工各环节的林业科技成果转化状况。

国内主要学术会议 学会举办了第十届中国林业青年学术年会、第14届中国科协年会林业分会场——林业新兴产业科技创新研讨会、第四届中国森林保护学术大会、第八届中国竹业学术大会等综合性重点学术活动。组织开展了森林培育、森林生态、木材工业、林业机械、森林工程、森林食品、竹子、桉树、杨树等20余项重点学科和重点领域专题学术交流活动。

8月3～5日，第四届中国森林保护学术大会在黑龙江省哈尔滨市召开。大会由中国林学会主办，东北林业大学、黑龙江省林学会和中国林学会森林病理分会、森林昆虫分会联合承办，中国林业科学院、北京林业大学、南京林业大学、国家林业局森林病虫害防治总站协办。大会主题是：绿色森保——实现森林有害生物的可持续控制。大会设立两个分会场，学术报告包括7个大会主题报告、55个专题报告、22个青年学术沙龙学术报告。学术报告包括森林有害生物的基础生物学、有害生物流行成灾现状及机理、可持续控制措施、林业外来有害生物等。与会学者近400人，其中60%是年轻学者。这是参会人员最多的一次森林保护学术大会。

11月23～24日，第八届中国竹业学术大会在浙江省诸暨市召开。来自国家林业局、国际竹藤组织、有关大专院校、科研机构和西班牙马德里自治大学的专家、学者和特邀嘉宾340余人参加了会议。

中国林学会竹子分会副主任委员、中国工程院张齐生院士和浙江省林业厅蓝晓光总工程师分别作了"用现代信息制造业技术改造传统产业，再现竹材加工业的生机与活力"和"卫女行而思归咏 楚客放而防露作"的专家报告。

会议表彰了萧江华等5名竹子分会工作"突出贡献奖"获得者和陈其兵等35名优秀会员，评选出优秀论文21篇。

国际学术会议 学会举办了第二届森林科学论坛——森林可持续经营国际学术研讨会，召开了2012年全国桉树论坛暨中澳合作东门项目30周年成就展示会。

11月15～17日，2012年全国桉树论坛暨中澳合作东门项目30周年成就展示会在广西壮族自治区南宁市召开。论坛由中国林学会、广西壮族自治区林业厅主办。此次论坛的主题为"注重生态经营，提高林分质量，促进产业升级"。原林业部副部长、中国绿色碳汇基金会主席刘于鹤，东门项目经理Richard Pegg，中科院上海植生所研究员李来庚等3位专家作了主题报告。中国林学会桉树专业委员会主任委员谢耀坚研究员、广西林科院副院长项东云、墨尔本大学研究员汤姆贝克等40多位专家分别就桉树遗传育种、桉树栽培、经营管理、可持续经营及产品、市场开发等各个层面中的重点、热点和难点进行交流与研讨。会上还颁发了2012祁述雄桉树基金奖。来自国内外桉树产业技术领域的专家、学者和企业界的代表共500余人参加会议。

11月1～2日，由中国林学会、浙江省林业厅主办的"森林食品安全标准与技术培训班"在浙江省义乌市召开。来自全国21个省（市）森林食品行业的130多名科研、管理及企业人员参加了培训班。培训班特邀中国工程院院士、浙江省农科院院长陈剑平，国家林业局科技司产业处处长冉东亚以及中国林科院研究员王贵禧等专家分别就《农业科技与森林食品》、《森林食品标准和质量监督管理》、《科技促进中国榛子产业发展》、《四轮启动，双翼起飞——康大香榧的发展之路》、《森林食品质量安全现状与潜在风险》等进行了专题讲授。通过授课、研讨和现场考察相结合的方式，学员们对我国森林食品的发展现状、森林食品标准、森林食品的科技应用及森林食品的潜在风险有了进一步的了解。

国际交往 学会组团参加了国际林联第十二届木材干燥国际会议、世界自然保护联盟第五届世界保护大会和第24届国际杨树大会。

两岸交流 应台湾地区中华科技大学的邀请，以中国林学会常务副秘书长李岩泉为团长的中国林学会代表团一行8人，于2012年6月14～20日赴台湾地区进行了交流考察。

科技服务 举办了森林食品安全标准与技术培训班，搭建桉树、竹子、木材加工、生物质材料等重点领域的产学研交流平台，促进林业产业发展。

科普活动 2012年学会举办主题科普活动25次，科普讲座18次，科普展览17次，受众人数近20000人。

在全民义务植树日宣传活动中，举办了《森林为民》科普展览、插花技艺展示，免费发放了《森林防火知识》等科普资料，开展了绿化美化专家咨询等活动，系统介绍森林的功能和作用，宣传植树造林、养花护草的意义。

配合国家林业局科技司等单位在浙江省举办了2012年全国林业科技活动周暨浙江省第九届林业科技周活动。与北京林学会共同举办了大众环湖行走活动，宣传林业知识，弘扬绿色发展理念。

联合北京植物园，以食品安全与公众健康为主题，举办了“舌尖上的植物园——植物饮食文化”科普展览。展览通过90余块图文并茂的精美展板，展示森林食品与健康等方面的科普知识，普及植物饮食文化。

协助中国科协举办了2012年“弘扬防灾减灾文化，提高防灾减灾意识”防灾减灾日主题科普活动，普及防灾减灾知识，吸引了近2000人次的参与。

制定了浙江龙泉、陕西蓝田、辽宁宽甸3个试点县（市）科普服务林改年度工作计划，先后4次深入试点县调研，总结经验，指导工作，稳步推进科普服务林改试点行动。

举办了全国林业科普工作经验交流会。组织开展了全国科普教育基地推荐工作，由学会推荐的吉林省林业技师学院等5个全国林业科普基地获“全国科普教育基地”称号。截至2012年，由中国林学会推荐、被中国科协命名的全国科普教育基地达到了14家。

开展了林业科普基地审验与第三批全国林业科普基地评选工作。北京八达岭森林公园等31个全国林业科普基地通过审验，安徽上窑国家森林公园等35个单位被命名为第三批全国林业科普基地，由中国林学会命名的全国林业科普基地达到了113家。召开了标准审定会议，完成了《全国林业科普基地规范》报批稿。

学术期刊 2012年，学会主办期刊《林业科学》入选中国国际影响力优秀学术期刊，再次入选中国科协精品科技期刊工程项目，被列为精品科技期刊培育计划中期刊学术质量提升项目。据中国科学技术信息研究所公布的数据显示，《林业科学》综合评价指标居全国近5000种科技期刊第9位，连续4年进入前10位，位列林业类核心期刊第1位。《林业科学》刊载的论文20篇获“领跑者5000——中国精品科技期刊顶尖论文”提名，占林学类论文比例近50%。2012年，学会《林业科学》编辑部荣获“全国生态建设突出贡献奖先进集体”称号。

表彰举荐优秀科技工作者 2012年学会表彰奖励先进科技工作者44人、优秀项目24项，评选优秀论文314篇。表彰奖励先进集体16个，推荐表彰优秀科技工作者10人。学会推荐的国际竹藤中心岳永德、东北林业大学李坚、南京林业大学张金池、中国林科院唐守正当选中国科协第五届“全国优秀科技工作者”。

组织完成了第三届梁希科普奖评选工作，共评选出优秀科普作品16项，典型科普活动8项，科普工作突出个人3人。组织开展了第三届梁希优秀学子奖的评选工作，评选出41名优秀学子。开展了第四届梁希青年论文奖的评选，共收到推荐论文314篇，评选出获奖论文201篇（其中一等奖15篇，二等奖48篇，三等奖138篇）。

【第十届中国林业青年学术年会】 9月2～3日，第十届中国林业青年学术年会在江苏省南京市召开。年会主题为“锐意创新 改善生态 造福民生”。学会理事长江泽慧致开幕词，中国科协副主席冯长根、国家林业局副局长孙扎根、江苏省人民政府副省长徐鸣出席会议并讲话。

会议由中国林学会、南京林业大学主办，来自全国各地的913名林业青年科技工作者参加了年会，南京林业大学1000多名研究生参加听会。

在年会主会场上，中国工程院院士、南京林业大学教授张齐生，中国林学会副理事长、中国工程院院士、原北京林业大学校长尹伟伦，中国科学院院士、北京大学教授、中国科学院植物研究所所长方精云，国家林业局科技司司长彭有冬，浙江丽水学院教授金爱武分别作了题为《科学研究选题与创新》、《杨树复合农林业的经营理念与技术》、《全球森林的碳收支》、《科技支撑，驱动创新，全面推进创新性林业建设》和《林业技术创新与成果推广的实践》的大会特邀学术报告。

年会为期2天，共设10个专题分会场，分别就林木遗传育种、绿色增长与森林培育等专题展开研讨。会议共收到学术论文900余篇，229人作了专题学术报告。会上还颁发了第十一届中国林业青年科技奖、第四届梁希青年论文奖、第三届梁希科普奖、第三届梁希优秀学子奖，共有273名林业科技工作者受到表彰。

【第二届森林科学论坛——森林可持续经营国际学术研讨会】 10月14～16日，第二届森林科学论坛——

森林可持续经营国际学术研讨会在北京召开。学会理事长江泽慧致开幕词，中国科协书记处书记王春法、国家林业局副局长孙扎根出席会议并讲话。国际林联主席尼尔森·科克教授，中国工程院院士、北京林业大学教授尹伟伦等国内外知名学者专家作大会学术报告。来自世界20多个国家约300名林业专家、学者参加会议。

论坛共设立1个主会场及4个分会场。与会学者围绕“气候变化下的森林可持续经营”主题，交流了森林可持续经营的先进理念与技术措施，探讨了森林可持续经营的途径、方法。

森林科学论坛——森林可持续经营国际学术研讨会是中国林学会确定的“森林科学论坛”第二次国际学术会议，由中国林学会、国际林联、世界自然保护联盟共同发起。本届论坛由中国林学会、北京林业大学共同主办。

【林业新兴产业科技创新与绿色增长学术研讨会】 9月8～10日，林业新兴产业科技创新与绿色增长学术研讨会在河北省石家庄市召开，本次会议也是第十四届中国科协年会的第6分会场。会议由中国林学会、河北省林业厅、河北农业大学共同主办，中国生态学学会、中国环境科学学会、中国气象学会联办。

学会理事长江泽慧，河北省副省长杨汭，学会副理事长、中国工程院院士尹伟伦，学会副理事长兼秘书长赵良平等出席会议。尹伟伦院士、国际竹藤中心副主任费本华、中国林科院副院长储富祥、河北省林业厅副厅长葛会波、北京林业大学教授马履一、河北农业大学教授李保国等6位专家作大会特邀报告。会议开幕式由赵良平秘书长主持。

研讨会围绕“林业新兴产业科技创新与绿色增长”主题，总结交流林业产业科技创新思想、新成果，展示林业新兴产业自主创新、产业转型升级的新技术，探讨加快林业新兴产业发展的政策措施与技术，促进林业新兴产业及林果业、木竹产业的科技创新，提升林业产业的科技水平，推进我国现代林业和绿色经济发展。本次会议共征集到学术论文100余篇，吸引了全国各地相关领域的近200位专家、学者参加会议。

【全国林业科普工作经验交流会】 11月27～28日，由中国林学会主办，国家林业局桉树研究开发中心协办的全国林业科普工作经验交流会在广东省湛江市举行。学会常务副秘书长李岩泉、中国林业科学院副院长黄坚、广东省林业厅副巡视员兼省林学会副理事长丘国栋、国家林业局桉树研究开发中心党委书记谢耀坚出席会议。来自全国26个省（区、市）林学会的代表，第三届梁希科普作品奖、人物奖和活动奖的获奖代表，全国林业科普基地的代表和中国林学会“科普服务林改试点”县（市）的代表共110余人参加了会议。会议开幕式由学会副秘书长沈贵主持。

中国科学院教授李大光、《科技日报》原副总编辑王直华分别作了题为《世界科学传播发展趋势与中国的问题》和《科普创作：基础五论》的特邀报告。

会议期间，颁发了第三届梁希科普奖、第三批全国林业科普基地证书和全国林业科普基地命名活动优秀组织奖。第三届梁希科普人物奖获得者、梁希科普作品奖一等奖获得者和梁希科普活动奖获得者分别就科普工作的经验、体会和建议作了发言。全国林业科普基地代表和中国林学会科普服务林改试点县代表在会上作了典型经验交流。

（撰稿人：郭丽萍）

中国土壤学会

学会建设 学会8月22日在四川省成都市召开第十二次全国会员代表大会，大会选举产生了学会第十二届理事会，中国科学院南京土壤研究所所长沈仁芳研究员当选为学会理事长。

国内主要学术会议 2012年，学会举办22次学术活动，参会人数4580人次，报告人数430多人次，收录论文480多篇。主要学术会议有“面向未来的土壤科学”学术研讨会等。

两岸交流 8月21日，中国土壤学会和台湾地区中华土壤肥料学会在四川省成都市联合召开了第九届海峡两岸土壤肥料学术交流研讨会，来自海峡两岸的200多名专家、学者参加了会议。会议开幕式由学会常务副理事长沈仁芳主持，学会理事长周健民致欢迎辞。中华土壤肥料学会理事长申雍教授发表讲话，并代表中华土壤肥料学会向中国土壤学会赠送礼物。

中国土壤学会骆永明研究员等7位专家和中华土壤肥料学会的李达源教授等6位专家分别作了精彩的报告。

国际交往 6月，学会派出4人代表团参加了在韩国召开的国际土壤科学联合会理事工作会议（届中会议），南京农业大学赵方杰教授代表学会作了申办第22届世界土壤学大会的报告。

学术期刊 学会主办或合办《土壤通报》、《土壤学报》、《土壤圈》（英文版）、《水土保持学报》和《干旱区研究》5种期刊，2012年刊出文章共计1028篇。《土壤学报》、《土壤圈》（英文版）被评为“2012中国最具国际影响力学术期刊”，《水土保持学报》被评为“2012中国国际影响力优秀学术期刊”。《干旱区研究》主管单位由中国科学院新疆生态与地理研究所变更为中国科学院。学会与国际钾肥研究所合作，每年定期翻译4期由国际钾肥研究所编辑的《国际肥料通讯》。

精品科技期刊工程 《土壤学报》2012年获得了中国科协“精品科技期刊工程项目”，在中国科协资助的3年期间,《土壤学报》将着力打造国内一流的土壤科学研究学术期刊，针对国家重大重点项目进行有计划地选题、组稿、约稿，建立和完善动态的前沿研究课题库、知名作者库，形成核心作者群，保证优质稿件来源；建设高水平的编委队伍，邀请编委撰写、推荐优秀论文和综述性论文；优化审稿专家队伍，实行审稿专家库的动态管理；实现文章信息提前online和目录推送，扩大期刊影响力。

表彰举荐优秀科技工作者 学会开展了第三届中国土壤学会奖、第七届中国土壤学会科技奖、第三届中国硫肥研究杰出贡献奖、第三届中国土壤学会优秀青年学者奖以及中国土壤学会2008—2012年度优秀团体和先进工作者的表彰奖励活动，表彰奖励74人次、单位28家。开展了中国科协第五届“全国优秀科技工作者”的推荐工作，中国科学院南京分院研究员周健民、南京农业大学教授沈其荣、中国农业大学教授张福锁三人荣获“全国优秀科技工作者”称号。

科普活动 向公众开放中国科学院南京土壤研究所土壤标本馆、中国水稻田和水稻土起源陈列馆、中国农业博物馆土壤标本陈列馆等科普基地，共接待16000多人次。面向南京市大中小学生举办了十几场以“中国土壤资源、土壤与人类健康”、“走近土壤，认知生命”为主题的科普讲座。在以“土壤质量与人类健康”为主题的全国科普周、全国科普日活动期间，展出了土壤与生态环境保护、土壤与农业生产、食品安全的关系等方面的展板，还展示了土壤微生物、土壤酸碱度等方面的科普小实验，吸引公众参与。

【中国土壤学会第十二次全国会员代表大会】 8月22日，学会第十二次全国会员代表大会在四川省成都市召开，300多名会员代表出席了会议。大会审议并通过了第十一届理事会工作报告、财务报告和《中国土壤学会章程》修改说明，选举产生了178位理事，其中台湾地区理事2位、香港特别行政区理事1位。在随后召开的学会第十二届一次理事会上，选举产生了56名常务理事，选举产生以沈仁芳为理事长，邓良基、吴金水、张兴昌、张旭东、李保国、胡锋、徐建明、徐明岗、谢建华为副理事长，蒋新为秘书长的新一届理事会领导班子。学会第十二届一次常务理事会决定聘请周健民研究员为名誉理事长，确定了13个专业（分）委员会、5个工作委员会主任以及5个编辑部主编。会议还评选了第三届中国土壤学会奖、第七届中国土壤学会科技奖、第三届中国硫肥研究杰出贡献奖、第三届中国土壤学会优秀青年学者奖和2008—2012年中国土壤学会优秀集体和先进工作者等奖项，并为获奖者颁发了证书。

【“面向未来的土壤科学”学术研讨会】 8月20～22日，学会主办的“面向未来的土壤科学”学术研讨会在四川省成都市召开。参加会议的有来自科研、生产、教学等单位的专家、学者共计1700多人。中国科学院院士赵其国、朱兆良出席了本次会议。

开幕式由学会常务副理事长、中国科学院南京土壤研究所所长沈仁芳主持。学会理事长、江苏省政协副主席、中国科学院南京分院院长周健民致开幕辞，农业部副部长张桃林，四川省省委常委、副省长钟勉，中国科协党组成员、学会学术部部长沈爱民，四川农业大学党委书记邓良基出席会议并讲话。

中国科学院院士赵其国、中国农业大学资源与环境学院教授张福锁、台湾大学农业化学系教授王明光、四川农业大学教授邓良基、中国科学院亚热带农业生态研究所研究员吴金水围绕会议主题分别作了题为《国际土壤科学的新进展》、《高产高效现代农业发展道路探索与实践》、《以自动压力过滤装置分离环境纳米粒子并以传统及同步辐射X–光衍射仪鉴定之》、《四川土壤质量时空演变研究》、《若干土壤瓶颈性科学问题与突破机遇》的大会报告。在22个专题学术报告会上，来自全国各地的260多位专家、学者分别作了相关专题报告。本次会议会前还正式出版了《面向未来的土壤科学》会议论文集，收录论文（摘要）344篇。内容涉及土壤物理、土壤化学、植物营养、土壤微生物、土壤肥力与施肥、土壤与环境、土壤侵蚀与水土保持、土地资源等合理利用等八个方面。

（撰稿人：蒋宇霞）

中国水产学会

服务创新型国家和社会建设 2012年，学会紧紧围绕渔业中心工作，在着力抓好渔业统计工作、加强水产品市场信息工作、加强水产贸易跟踪研究工作等方面，认真实施调查、精心组织培训、深入开展分析、切实强化服务，为渔业经济良好、稳健发展提供了优质保障。

着力抓好渔业统计工作。2012年，学会编制了《2011年全国渔业统计数据手册》，印刷出版了《2012年中国渔业统计年鉴》。同时，为方便查询使用统计数据，学会编辑制作了两种规格的《全国渔业主要统计数据卡片》。

3月，学会在浙江省温州市召开了2011年度全国渔业统计年报汇总会。来自30个省（区、市）的渔业统计人员、主要省（区、市）分管渔业统计工作的60多位代表参加了会议。会议对2011年全国渔业统计数据进行集中汇总，同时对当前渔业统计的制度与方法进行研讨，并对2012年渔业统计工作进行了总体部署。学会分别在海南省海口市、辽宁省大连市举办了两期渔业统计人员培训班，北京、天津等20余个省（区、市）渔业统计人员参加了培训。在广西壮族自治区桂林市举办了全国渔业重点县渔业主管部门负责人统计培训班，来自26个省（区、市）渔业重点县渔业主管部门的90名负责人参加了培训。

5月，学会邀请相关专家在北京召开了渔民家庭收支情况调查样本户轮换工作研讨会。会上，国家统计局有关专家对新一轮样本户轮换初步方案进行介绍，与会专家进行了研讨并提出修改建议。为进一步做好渔民家庭收支情况调查工作，学会在辽宁省大连市组织召开了新一轮渔民家庭收支调查工作培训会议。与会代表针对开展新一轮渔民家庭收支调查工作方案进行了充分讨论，统一了认识。

为进一步提高渔业统计月报、季报、半年报和年报的数据质量和真实度，学会根据海洋捕捞动态信息网和淡水池塘养殖动态信息网的上报结果，及时组织专家对信息数据进行汇总、评估，与通过全面统计渠道报送的月报、半年报等资料进行比较分析，校验采集网报送的月报、半年报数据的准确性，做出符合我国渔业生产基本形势的分析判断。

10月底，配合农业部渔业局在广东省惠州市组织召开了广东、江西两省抽样调查项目总结会。会上，项目验收专家组评估了两省抽样调查工作的组织管理情况、数据报送情况及数据质量，认为项目方案的技术路线合理，操作过程规范、组织实施严密，抽样误差控制在规定范围内，完成了项目任务指标要求。验收专家一致同意项目通过验收。

加强水产品市场信息工作，及时准确反映价格波动情况。学会于5月中旬在湖南省岳阳市召开全国水产品批发市场信息员培训班，来自全国各地水产品信息采集定点批发市场的信息员和部分水产品市场信息分析专家组成员近70位代表参加。培训会首次邀请优秀信息员进行汇报交流。

截至2012年底，学会共收集水产品市场价格信息22720次，比上年同期增加25%；价格信息条目346743条，比上年同期增加23%；品种日成交量条目353409条，比上年同期增加31%；月成交额和成交量信息761次，与上年同期持平；市场月度分析文章997篇，比上年同期增加60%；省级分析文章216篇，比上年同期增加25%。通过对以上信息的汇总、整理、分析，及时掌握了全国水产品批发市场运行情况，了解了影响价格波动的因素。2012年，学会每月定期向农业部渔业局上报全国水产品市场运行情况简报一篇、水产品批发市场月度数据报表一份；报送季度分析分章一篇。

加强水产贸易跟踪研究工作。学会每月下载水产品进出口海关数据，撰写水产品进出口研究报告，分析水产品国际贸易形势，研判水产品进出口贸易变动原因和趋势，并将研究报告及时提交给农业部渔业局。

3月，学会召开了渔业国际贸易跟踪研究专家座谈会，交流当前渔业国际贸易重点问题和渔业国际贸易研究进展情况，讨论2012年度渔业国际贸易重点研究内容和研究计划。设立水产品国际贸易及产业政策研究、日本金枪鱼养殖业发展进展及对我国金枪鱼产业的影响、溢油后海产品质量安全问题及渔业管理、大地震后日本渔业及水产品市场动向跟踪研究、鳗鱼产品跟踪研究、渔业走出去战略研究等6个课题，并与专家签订课题研究合同。

5月，学会完成了《水产品贸易发展现状与展望》以及《WTO渔业补贴谈判现状与趋势》两个报告，对2011年水产品国际贸易和渔业补贴谈判进展进行了回顾、总结和展望。

8月下旬，学会与农业部渔业局在贵州省贵阳市召开水产品对外贸易形势分析座谈会，水产品贸易研究专家、部分水产品出口大省渔业主管部门和行业协会代表共20多人参加了会议。与会专家对2012年以来欧债危机持续发酵，主权信用危机恶化，发达经济体市场需求持续低迷的市场现状进行了分析，认为2012年水产品出口贸易将是2008年金融危机以来形势较为复杂、严峻的一年。专家们结合现状及趋势提出了进一步促进水产品贸易发展的有效建议。

3月23～25日，学会水产生态健康养殖与设施化养殖培训班在广西壮族自治区北海市举办，来自全国12个省（区、市）的近70名渔业行政主管部门、水产科研院校、水产技术推广机构以及水产企业的有关管理和技术人员参加了培训。培训班分别就水产养殖新品种开发与市场前景、水产生态养殖发展方向、水产设施化养殖及废水处理、水生生物重大疫病的防治等一系列重大技术进行了培训。

4月11～14日，学会与云南省渔业技术推广站共同主办的重大水生动物疫病防治及应急监测技术培训班在云南省昆明市举办。来自17个省市的150名多基层水产管理人员、技术推广人员和企业技术人员参加了培训。

5月底，学会在河北省海兴县举行“水产科技扶贫——盐碱地水产养殖项目”苗种赠送投放仪式，来自全国有关单位的400余人参加。“水产科技扶贫——盐碱地水产养殖项目”是经民政部民间组织管理局立项，获得2012年中央财政专项资金支持，是学会积极参与社会服务，履行社会责任，主动长入地方经济建设主战场承接的一项水产科技扶贫工作。在本次活动中，学会授予海兴县瑞澄科技水产养殖合作社“盐碱地水产养殖示范基地”牌匾，并向当地渔民赠送了罗非鱼鱼种20万尾、凡纳滨对虾300万尾、水质改良剂一批、《盐碱地水产养殖百问百答》和《渔药手册》等技术图书1000余册。海兴县直接受益者达600多人，在沧州市达1100多人。

4月，学会组织水产科技专家与山西省水产技术推广站技术人员赴革命老区吕梁地区有关县市进行实地考察，主要对沿黄河渔业资源丰富的岚县、兴县、临县的水产养殖和拟可开发的项目进行了现场考察和技术咨询服务。期间，学会还在吕梁市举办了“水产科技扶贫实用技术讲座”，开展技术服务，帮助当地农民解决生产中遇到的相关技术问题，并发放《渔业科技入户主推品种和主推技术》等科普资料200余册，受到了当地县市渔民的欢迎和好评。

学会建设 2012年，学会新发展个人会员640人，单位会员34个，个人会员总数达19130人，单位会员达182个。学会着力为会员搭建学术交流与合作平台，一年来共举办各种学术会议、研讨会、沙龙20多场，参加各种学术交流活动的会员2000多人次。

国际学术会议 5月22～24日，学会和中国海洋大学联合举办的食品生物技术与海参精深加工国际研讨会在山东省青岛市召开。来自联合国粮农组织及美国、韩国、日本等国家，国内相关院校、研究所及企业的专家学者200多名专家、学者参会，共议海洋食品加工技术开发，就加强国际海洋食品加工和质量安全控制技术方面的交流与合作，促进世界各国渔业的共同发展等议题展开有益的探讨。

9月27～28日，学会和中国动物学会鱼类学分会联合主办、中国水产科学研究院东海水产研究所承办的动物行为及其在水产中的应用研讨会在上海市召开。来自中国、英国和美国等国内外的专家、学者共50多人出席了会议。这是我国第一次举办水产动物行为方面的专题研讨会。

国内主要学术会议 8月下旬，在辽宁省大连市召开第十二届全国水产青年学术年会。大连海洋大学副校长陈勇、食品工程学院院长汪秋宽，国家海洋局环境监测中心研究员樊景凤在大会上分别作题为《现代海洋牧场技术研究与集成》、《褐藻可持续高效利用探讨》、《海洋环境中致病性微生物的监测与评价研究进展》的主题报告。来自全国16个高校、科研院所的237位青年专家、学者参加了会议，共有136位青年专家、学者就生物技术、遗传育种、水产养殖、营养饲料、病害与防治、渔业资源与生态环境、渔业经济与管理等方面在各自专题分会场上作学术报告。

4月13～14日，学会与重庆市农委、科委、科协等单位共同主办的三峡地区特色渔业发展论坛在重庆市万州区召开，近300位渔业行政、高校、科研院所、推广机构及养殖企业等相关单位的专家、学者参加了论坛。论坛主题是“汇八方之力，助推三峡地区特色渔业大发展”，特邀了20余名专家作专题报告，内容涉及三峡地区特色渔业和资源保护、设施渔业、营养饲料、品种繁育、苗种培育、疾病防治、养殖技术等方面的研究成果、发展动态和最新技术。论坛期间，举办了三峡地区冷水鱼及山区流水养殖座谈会、高产池塘水质调控措施研讨会，编印了《三峡地区特色渔业发展论坛论文集》，收录相关论文89篇。

6月26日，学会与中国优质农产品开发服务协会等7家协会（学会）联合在北京举行2012中国农业品牌发展推进会。会议分析了当前农业品牌发展面临的新形势和新要求，探讨了进一步推动我国农业品牌持续健康发展的有关问题。会议期间还举行了“2011最具影响力中国农产品区域公用品牌”授牌和“2012中国农产品区域公用品牌影响力调查”启动仪式。威海刺参、盘锦河蟹等荣膺“2011最具影响力中国农产品区域公用品牌”。

国际交往 5月底至6月初，学会组织专家出访澳大利亚和新西兰，参加在澳大利亚举办的中澳人工渔礁合作项目研讨会，考察两国海洋渔业发展的有关情况。研讨会上，专家就各自人工鱼礁建设情况，特别是建设人工鱼礁的科学依据、现代技术和管理作了介绍，指定了合作项目专家，并就下一步合作草案进行了协商。

学会与中国国际农业交流协会合作，组织国内19家涉渔企事业单位的有关专家、学者赴智利、厄瓜多尔、巴西进行考察访问，开展技术交流和水产经贸洽谈。访问期间，代表团分别拜会了智利农业部、厄瓜多尔渔业协会、巴西农业部，与相关的渔业主管部门进行了专题会谈，并与3国有关的企业进行了广泛的接触或交流。

6月，学会与韩国水产学会共同签署了《学会与韩国水产学会学术交流协议》。双方希望通过共同举办小型、高端、跨学科的学术交流活动，加深两国水产科研学术领域的交流，提出加强两国水产领域科技合作的意见和建议。

10月中下旬，学会组织17人的代表团参加在美国东部城市坦帕举办的美国第六届沿海和河口水生生物栖息地恢复大会，随后访问了美国国家海洋大气局和加拿大安大略省自然与资源部。学会代表团与美国沿海和河口水生生物栖息地保护协会举行了两会合作会谈。在会谈中，双方认为两会应该建立合作交流机制，在渔业科研、资源保护等方面加强交流与合作。

科普活动 3月18日，主题为“科技进塘入场到户、助推健康安全增收”的全国渔业科技促进年活动启动仪式在浙江省三门县举行。学会认真筹备并积极组织《科学养鱼》杂志社等单位的专家开展现场咨询服务，为当地水产养殖户解答养殖中遇到的难题，并向渔民群众赠送了以“水产病害防治”和“健康养殖”为主要内容的水产养殖技术图书、资料3000多册（份），受到渔民朋友的欢迎。

5月中旬，学会在辽宁省盘锦市举行2012年水产科技活动周暨“863”计划“主要养殖甲壳类良种培育”项目启动仪式，来自全国有关单位的200余人参加。水产科技活动周是学会主办的品牌科技下乡活动之一，与中国水产科学研究院黄海水产研究所合作已经连续举办5届。本次活动的主题是“水产科技创新推动产业发展”，活动包括启动仪式、科技讲座、现场参观、科技服务等。活动期间，向当地渔民赠送了《渔业科技成果应用指导手册》《甲壳类病害防治及健康养殖》书籍、手册、光盘等技术资料近万份（册）。

6月16日，作为2012年全国食品安全宣传周重要活动之一，中国科协主题活动在中国科技馆举行。学会围绕“吃鱼健康 科学选用”这一主题，从水产品营养与健康、科学认识有毒鱼贝和科学挑选烹饪三个方面向群众普及水产品质量安全方面的知识，开展了专家咨询、有奖答卷、标本展示、免费赠书、现场药残快速检测演示等活动。活动中，学会展示水产加工品、活体及标本20余种，免费发放了1000余册科普图书。

8～9月，学会主办主题为“关注水产品质量安全，我们在行动！”的水产科普进社区、进学校活动，分别在北京市华威西里社区、东铁营街道等6个社区和多家学校开展了科普宣传活动。向社区居民、学校师生普及水产科普知识，学会累计发放科普图书6000余册，赠送相关单位24套《食品安全宣传挂图》，接待科普咨询近千人次，发放并回收问卷1000份。

9月15～16日，2012年全国科普日活动全国学会专家咨询活动在中国科技馆举办。学会围绕“食品健康”的主题，展出知识展板6块、展品30多件，累计发放《水产品营养与健康》等各种宣传资料800余份，奖品2000多件，接待科普咨询600余人次，回收问卷近700份。

2012年，学会组织专家进行科普资源集成开发，努力扩大科普资源的共享范围，推动科普创作的繁荣。2012年，学会编写科普图书有《渔业科技成果渔民指导手册》（一）、（二），《盐碱地水产养殖技术汇编》《节能减排宣传手册》，制作3套科普展板共80多块，制作《水生生物病害防治挂图》一套等。学会还组织编写、出版《水产健康养殖新技术丛书》、《水产养殖病害防治丛书》、《水产健康养殖问答丛书》等三个系列丛书近20本，制作科普展板3套共80个。

表彰举荐优秀科技工作者 经学会推荐，陈松林、薛长湖和何中央获得中国科协第五届“全国优秀科技工作者”称号。在推荐第九届中国女科学家奖候选人工作中，学会按照推荐程序和要求，最终上报了2名中国女科学家奖候选人。

党建强会 2012年，学会主要围绕“比学习、比创新、比工作、比作风，争做学习先进、思想先进、工作先进、行为先进的表率”开展创先争优工作。结合开展系列党性教育活动外，2012年上半年还结合支部和党员个人对前期所做的公开承诺，开展“回头看”工作，确保承诺落实。

继2011年在湖北省散花镇开展“让党旗在塘边地头高高飘扬”党建强会活动之后，2012年7月，学会党支部在河南省延津县东屯镇开展了“走基层、接地气，送技术进村入户”党建强会活动，本次参加现场活动的渔民100余人。活动主要围绕水产产业发展中心工作，认真开展水产科普宣传工作和科技下乡活动，向广大农（渔）民群众宣传科学的生产理念，普及科学的养殖知识，推广先进的健康养殖技术，介绍优良的养殖新品种。活动现场，学会向渔民赠送了水产养殖科技资料等指导用书近千册，并进行专家座谈和技术咨询，解决渔民生产中遇到的技术问题。学会还在延津县东屯镇设立学会党支部“党建强会”特色活动“先锋示范岗”，全年聘请学会会员单位的党员专家为当地渔民做技术指导。

【中国水产学会第九次全国会员代表大会】 9月28日，中国水产学会第九次全国会员代表大会在江西省南昌市召开。来自全国30个省（区、市）水产学会、有关科研教育及企事业单位的159名代表出席了会议。中国农学会以及美、英、韩等10家国内外学会致信祝贺。

学会第八届理事长、中国工程院院士唐启升做了题为《发挥优势 开拓奋进 为构建创新型和谐渔业作出新贡献》的工作报告。会议选举产生了由170人组成的学会第九届理事会，其中常务理事61人。贾晓平当选为学会新一届理事长，司徒建通、孙松、吴厚刚、张显良、麦康森、赵进东、潘迎捷、魏宝振等8人当选为副理事长，司徒建通当选为秘书长。大会决定了学会名誉职务人选：张延喜、唐启升担任名誉理事长，王衍亮、刘身利、刘筠、朱作言、张合成、张铭羽、卓友瞻、周应祺、相建海、钱志林担任名誉副理事长，林浩然、赵法箴、徐洵、曹文宣、雷霁霖、管华诗担任顾问。大会期间，颁发了首届中国水产学会范蠡奖，共颁发一等奖2个、二等奖6个。

【2012年中国水产学会学术年会】 11月7日，学会以“强化科技支撑 促进成果转化”为主题，在河南省郑州市召开2012年学会学术年会，来自全国的430余名水产科技工作者参会。会上，颁发了2011年学会学术年会优秀论文，30篇优秀论文受到表彰。中国科学院院士朱作言，中国水产科学研究院副院长刘晴，台湾海洋大学教授、台湾地区水产学会秘书长廖正信分别做了题为《我国科学发展状况分析》、《渔业科技进展与“十二五”发展重点》、《台湾远洋渔业产业链之挑战与发展》的大会主题学术报告。两天的会议共进行了5个专题学术报告，口头报告交流152余篇。

（撰稿人：李利冬）

中国园艺学会

学会建设 2012年1月和6月分别召开了两次常务理事扩大会议，商讨理事会有关事宜。

2012年，由学会和专业委员会等举办的国内学术交流活动40余次，召开国际学术会议4次，组织专题论坛2次；出版论文集2部。国内参会代表累计5824人次，参会外籍专家236人次，交流论文1402篇。

通过举办各类会议，2012年学会编辑出版会议论文集和论文汇编6册，收集论文1402篇。

国际学术会议 2月18～22日，由国际园艺学会、中国园艺学会和北京市政府等单位共同主办的第七届世界草莓大会在北京召开。国务院副总理回良玉、北京市委书记刘淇、全国人大常委会副委员长陈至立、全国政协副主席罗富和、国际园艺学会主席安东尼奥·蒙泰罗等出席开幕式并为第七届世界草莓大会和草莓博览园揭幕。大会以“健康、发展、共享”为主题，共吸引66个国家和地区的1100多人及200余家企业参会参展。会议共收到论文摘要368篇，其中国内108篇、国外260篇，出版了会议论文摘要集。来自美国、加拿大、英国、意大利、日本和中国的14位专家，就育种、种质资源、栽培生理与技术、育苗技术与种业、生物技术、病虫害与重茬防治等方面作特邀报告。会议设立3个分会场和1个展板浏览区，展出展板187个，内容涉及育苗、遗传育种、野生资源保存与利用、生物技术、有机生产等，有118位中外学者在分会场进行专题交流。

5月21～23日，由国际园艺学会和中国园艺学会主办，上海市农业科学院等单位承办的2012年现代无土栽培国际研讨会在上海市召开。来自16个国家的近120名无土栽培研究领域专家参会。大会学术委员会专家和近30位科研人员分别就各自关注的要点，进行了大会专题报告和交流发言。

7月17～20日，2012国际观赏植物种质资源学术研讨会在北京召开。我国著名植物学家、中国科学院院士洪德元为研讨会作了特邀报告，30余位国内外专家作报告。国际园艺学会种质资源分会主席Hannah Jaenicke参加会议并为优秀报告者颁奖。

10月20～26日，第五届国际柿学术研讨会在湖北省武汉市召开。国际园艺学会柿工作组主席、意大利佛罗伦萨大学教授Edgardo Giordani出席了开幕式。来自12个国家的200余名专家、学者围绕“历史、多样性和产业”的会议主题展开报告与讨论。此次会议议题包括：柿的起源、进化和栽培历史，资源的多样性以及遗传研究和育种应用，标准化安全优质生产等内容。会议邀请13位专家作特邀报告，此外还有26个大会报告，48个墙报展示。

国内主要学术会议 4月13～16日，由学会主办、西南大学园艺园林学院承办的2012年全国园艺植物染色体倍性操作与遗传改良学术研讨会在重庆市召开。会议共收到论文和摘要46篇，充分反映了近期园艺植物染色体倍性操作与遗传改良领域研究的最新成果与前沿水平。会议以“展开学术交流、加强合作研究、促进科学发展”为宗旨，特邀陈佩度、相建海、陈瑞阳、康向阳、王坤波5位专家从不同视角讨论剖析了该领域相关的问题。会议期间，180余位专家、学者就多倍体与单倍体新种质创制、多倍体植物特征特性、杂交后代的遗传特性分析、染色体行为研究等主题进行了交流。

9月23～26日，学会果树专业委员会举办了第五届全国落叶果树病虫害防控技术研讨会，全国有关农业院校、科研院所、国家农业产业技术体系、公益性行业（农业）科研专项有关专家以及农技推广和农药企业负责人135人参加。从事落叶果树病虫害防控的10多位专家进行了专题发言，介绍了目前我国苹果、梨、葡萄、核果类、大枣、蓝莓等果树的病虫害和病毒病发生种类、特点、危害和发生趋势，重大病、虫的基础研究和防控技术研究新进展，气候变化对病虫的影响及相关研究方法，我国果树资源的抗性多样性及资源抗性研究进展、栽培措施对抗性的影响，并对苹果炭疽叶枯病和印度小裂棉蚜等新发果树病虫害提出了预防警报及防控措施。会议期间，35位学者围绕落叶果树病虫害和病毒病害发生及其动态变化、基础及应用基础研究进展、防控技术研究进展及应用、气候变化给落叶果树生产带来的植保问题和新发病虫害情况、栽培体系变化对落叶果树病虫发生的影响、现代果业对植保技术的需求等内容进行了学术和技术交流。

8月16～18日，学会观赏园艺专业委员会在广东省广州市召开面向市场需求发展科技创新型观赏园艺学术研讨会。来自全国各地的109家教学、科研和企业单位的400人参加会议。大会共收到论文稿件160余篇，经评审录用138篇，编撰并出版了《中国观赏园艺研究进展（2012）》论文集。大会围绕花卉种质资源评价与利用、新品种选育、新花卉开发、产业化生产和花卉应用等方面展开了研讨和交流，有50位学者在会上作学术交流发言。

表彰举荐优秀科技工作者　学会于6月22日召开专家评审会议，对各专业委员会、分支机构推荐的“全国优秀科技工作者”候选人进行评审。由学会推荐的青岛市农业科学院黄婷婷荣获中国科协第五届“全国优秀科技工作者”称号。

学术期刊　学会主办的科技期刊《园艺学报》，全年编辑出版6期，发表文章369篇，全年发行1.8万册。

【中国园艺学会2012年学术年会】　10月19～22日，中国园艺学会2012年学术年会在陕西省杨凌农业高新技术产业示范区召开，来自农业科研院所、高等院校的专家、学者及企业技术人员，陕西省相关厅局的有关人员近700余人参加会议。围绕本次年会的主题“贯彻科技创新大会精神，提高园艺科技创新能力”，特邀邓秀新、杜永臣、万建民、张福锁、单卫星等分别作了题为《果树产业与研究》、《强化蔬菜科研创新，支撑蔬菜产业发展》、《水稻籼粳交杂种优势利用的分子育种研究》、《高产高效现代农业之路探索与实践》、《基于病菌毒性蛋白识别及转运的作物抗病性探索》专题报告。会议期间，分别按照果树、蔬菜、西甜瓜和观赏园艺4个专业进行分组交流，探讨如何提升园艺科学研究的水平及产业可持续发展的能力。

大会共收录论文摘要181篇，编印出版了《园艺学报》会议论文摘要集。大会颁发了首届中国园艺学会“华耐园艺科技奖”，对近5年来在国内园艺科技领域作出突出贡献的7个团队和1个个人进行了表彰。会议期间，召开了《园艺学报》创刊50周年座谈会，编辑出版了纪念专刊。

【首届中国园艺学会“华耐园艺科技奖”评审表彰】　1月14日，中国园艺学会第十一届三次常务理事扩大会议召开。会议讨论并决定设立中国园艺学会“华耐园艺科技奖”，以奖励在国内园艺科技领域作出突出贡献的科技人员，包括研究团队（主要指单位内科研课题组）和个人。该奖每年评选一次，每次评选8个，每个奖金5万元。首届“华耐园艺科技奖”最终评选出8个获奖者，果树专业3个、蔬菜专业3个、西甜瓜专业1个、观赏园艺植物专业1个，其中研究团队7个、个人1名。中国园艺学会年会期间，颁发了首届“华耐园艺科技奖”。

（撰稿人：张　彦）

中国畜牧兽医学会

学会建设　2012年，学会及所属各分支机构举办各类学术年会、研讨会、交流会、报告会和学术论坛（含国际会议）等48次，征集交流论文4465篇，12105人次参加了交流活动。与2011年相比，学术交流的次数虽然没有增加，但交流论文增加了561篇，参加人数增加了521人次。

学会于5月在江苏省扬州市召开了十三届二次理事会议，12月在北京召开了十三届二次常务理事会议，研究讨论增补理事、团体会员单位及审批年度活动计划等有关事宜。学会还调整了学科分会的组织机构，兽医公共卫生学、养羊学、动物繁殖学、兽医病理学、动物营养学、动物遗传育种学、畜禽遗传标记学、动物解剖与组织胚胎学分会、家畜生态学、家畜环境卫生学等10个学科分会完成了换届工作。

服务创新型国家和社会建设　2012年，学会继续与中国植保学会等4个学会合作，组织专家调研、撰写一年一度的《预防与控制生物灾害咨询报告》。5月17～18日，学会与中华预防医学会合作联合召开了2012年中国狂犬病年会，期间还召开了狂犬病防控策略专家座谈会，形成的《狂犬病防控科技工作者建议书》，提交卫生部、农业部、公安部、中国科协等部门，为制定狂犬病防控政策提供科学依据。

国际交流　2012年，学会组织会员参加了在韩国召开的第22届国际猪病大会（6月）、在巴西萨尔瓦多召开的第24届世界家禽大会（8月）、在斯洛伐克举办的第63届欧洲畜牧学会年会（8月）、在西班牙召开的国际山羊大会。在这几次国际会议上，除学术交流外，学会代表还对2013年在中国召开的第十一届世界畜产大会（WCAP2013），2016年在中国召开的第25届世界家禽大会进行了宣传。

国内主要学术会议 8月17～19日，学会在兽医产科、内科、外科、小动物医学、影像技术、中兽医等相关分会积极参与配合及甘肃农业大学、中国农科院兰州兽医研究所、兰州畜牧兽药研究所等单位的大力支持下，在甘肃省兰州市举办了第三届中国兽医临床大会。来自国内相关科研院所、大中专院校、企事业单位、基层兽医工作者以及来自匈牙利、英国、法国、美国等国家的专家500多人参会。大会以“重视临床实践，加强协同创新，提升诊疗水平，保障人畜健康”为主题，围绕大小动物疾病、中兽医技术与应用、兽医影像技术与应用、兽医临床用药与食品安全、其他动物疾病等7个专题，切磋交流了兽医临床学科的最新发展，探讨了我国兽医临床工作中存在的主要问题及对策。

学会还举办了高端前沿学术论坛——中国养殖业可持续发展战略高层论坛，举办了贴近生产实践的2012中国氨基酸与饲料原料应用研讨会、第二届动物早期营养与健康应用技术研讨会、2012年中国畜牧与水产产业价值链建设高峰论坛、2012中国维生素产业发展高层论坛、首届北京（国际）种猪产业发展研讨会等技术交流活动。

科普活动 2012年11月起，学会科普部在农民日报社、中国动物疫病预防控制中心、全国畜牧总站的支持下，开展为期一年的“健康养猪增效行动中国行大讲堂”活动，每月一次在各地举行，培训对象为基础母猪100头以上的养猪场管理者及技术总监等。11月济南站、12月嘉兴站共培训700余人。

学会动物药品学分会在四川省遂宁市组织开展了以“合理使用兽药，保障食品安全”为主题的2012年科技下乡活动。来自遂宁市的部分规模养殖场负责人、驻场兽医，兽药生产企业质检部门人员及售后技术服务人员等200余人参加了活动。

表彰举荐优秀科技工作者 学会推荐的朱士恩、邵根伙、田克恭、王蕾4名专家，获得中国科协第五届“全国优秀科技工作者”称号。

科技期刊 学会共主办期刊5种，合作主办期刊2种。2012年，《畜牧兽医学报》连续第7次获得中国科协精品科技期刊项目资助。英文期刊*Journal of Animal Science and Biotechnology*（JASB）与德国斯普林格（Springer-Verlag）出版社签订合作协议，以Open Access（开放获取）出版形式出版发行，已被全球最大的生物医学数据库PubMed及EBSCO、CABI、中国知网（CNKI）、万方数据等检索数据库收录，大大提升了JASB的国内外知名度。

【生态环境与畜牧业可持续发展学术研讨会暨中国畜牧兽医学会2012年学术年会】 11月2～5日，由中国畜牧兽医学会、中国农业工程学会共同主办的生态环境与畜牧业可持续发展学术研讨会暨中国畜牧兽医学会2012年学术年会和第七届全国畜牧兽医青年科技工作者学术研讨会在北京举行，来自国内外的专家、学者560余人参会。中国科协副主席冯长根、农业部首席兽医师于康震等出席大会并讲话。

大会以“生态、环境与畜牧业可持续发展”为主题，融合当前畜牧兽医和农业工程领域中广受关注的热点、难点问题，特邀12位中外知名专家（国外7位）作大会报告。会议期间，48位国内专家及青年学者在两个分会场，围绕7个专题展开了内容丰富的研讨交流。会上，89篇论文以壁报形式参与了交流。

会议共征集论文215篇，录用207篇，编辑出版了论文集。论文集还特别收录了14位专家（国外4位）的特邀报告或摘要。学会首次与中国知网合作，将论文及摘要刻录成检索光盘，以供学习交流。研讨会采用现场评委打分方式，评选出优秀论文20篇，其中10篇荣获中国畜牧兽医学会“优秀论文奖”，10篇获优秀论文提名奖，向作者颁发了证书和奖金。

本次研讨会作为学会的第七届全国畜牧兽医青年科技工作者学术研讨会，参会青年学者占会议参会人员的60%以上。学会秉承关爱、支持青年学者的传统，继续资助了100余名农业高等院校、科研单位的在读博士（硕士）研究生免费（免注册费、食宿费）参会交流。会议期间设置的“付出与回报、才能与财富——谈做人之道”专家、企业家与青年学者、科技工作者互动论坛，为青年人才成长提供了切磋交流、开阔视野的平台。

在大会闭幕式上，由学会相关负责人及本次大会4个协办分会的理事长、秘书长组成的专家团，集中解答了参会代表在科研、生产等方面遇到的技术难题。

【中国养殖业可持续发展战略高层论坛】 5月28～30日，由学会与中国工程院农业学部共同主办，江苏省扬州市人民政府、江苏省农业委员会和中国农业科学院家禽研究所联合承办的中国养殖业可持续发展战略高层论坛在江苏省扬州市举行。旭日干、陈焕春、唐启升、向仲怀、夏咸柱、金鉴明、赵法箴、刘守仁、刘秀梵、雷霁霖、李宁、庞国芳、黄路生等13位院士，农业部、科技部、中国工程院有关负责人，各省（自治区、直辖市）农业（农牧、农林）、畜牧兽医、水产等主管部门负责人及中国畜牧兽医学会理事、分会和省学会秘书长等230余人参加了论坛。

本次论坛是中国工程院重大咨询项目“中国养殖业可

持续发展战略研究”的发布活动，旨在共享这一重要战略研究成果，加快中国养殖业可持续发展战略研究项目成果的实施、推广，促进养殖业科技创新和产业发展。

论坛上，中国工程院副院长旭日干及7位院士、专家、相关部门领导，就如何实现中国养殖业可持续发展作了专题报告。旭日干院士介绍了项目情况及我国养殖业面临的重大问题。项目综合组组长李宁院士作了题为《中国养殖业可持续发展战略研究》报告，详细介绍了项目的综合研究成果。“畜禽养殖业”课题组组长、农业部畜牧业司巡视员陈伟生，“水产养殖业”课题组组长唐启升院士，“动物疫病防控”课题组组长夏咸柱院士，“特种养殖业”课题组成员、浙江大学教授李建琴，“养殖产品加工与食品安全”课题组成员、南京农业大学教授徐幸莲，“环境污染防治”课题组组长金鉴明院士分别作了专题报告。专题报告详细阐述了我国畜禽、水产养殖业发展历程和取得的巨大成就，分析了我国养殖业的发展形势和动物疫病防控现状，剖析了我国特种养殖业发展历程、成就和面临的挑战，介绍了畜产品加工业和动物源食品安全所取得的成就、存在的问题和可借鉴的国际经验，重点分析了结构与布局的调整、生产方式的转变和产业规模增长对养殖业环境控制构成的压力，同时结合国内外经验，提出了我国养殖业的可持续发展战略方向。

【“健康养猪增效行动中国行大讲堂”公益科普活动】 2012年11月9日，“健康养猪增效行动中国行大讲堂”启动仪式及首场活动在山东省济南市举行。来自山东、河南、福建等养猪大省的400多家猪场场长、技术员参加了培训。农业部国家首席兽医师于康震发来贺信表示祝贺，学会常务副理事长阎汉平、农民日报社副社长季林、全国畜牧总站总畜牧师石有龙、山东省畜牧兽医局副巡视员张洪本等出席开幕式并讲话。

12月12日，第二场“健康养猪增效行动大讲堂”在浙江省嘉兴市举办。参加培训的学员300余人，均为基础母猪100头以上的规模猪场负责人及技术人员。

为贯彻落实2012中央一号文件和农业部全国农业促进年活动精神，服务于农业部“两个千方百计、两个努力确保”的工作重点，推进先进科技在养猪业的广泛应用和养猪场（户）职业技能培训，促进养猪增效增收，学会与农民日报社、中国动物疫病预防控制中心、全国畜牧总站联合发起组织了“健康养猪增效行动中国行大讲堂”大型科技公益活动。活动历时一年，特邀院士、一线养猪专家、企业家授课，推广养猪新技术、普及健康养猪知识，帮助解决生产实际问题。

（撰稿人：石　娟）

中国植物病理学会

学会建设　1月8日，学会在北京召开常务理事会议，会议审议了学会秘书长韩成贵报告的学会2011年工作总结及2012年学会工作计划。会议就有关第十届国际植物病理学大会、学术年会、学会专业委员会工作等进行了讨论。

7月21日，学会在山东省青岛市召开第九届三次全体理事会议，会议对2012年学术年会会议议程及筹备和实施情况进行了审议。第十届国际植物病理学会大会筹备工作是本次理事会讨论的主要议题，学会常务理事、国际植物病理学会副主席彭友良、学会常务理事李健强分别就有关第十届国际植物病理学大会筹备情况进行了汇报，与会理事就有关会议组织及经费筹备等工作进行了讨论和协商，进一步明确每位理事都有义务积极筹措经费，确保大会按期召开。

国际学术会议　学会于2008年获得2013年第十届国际植物病理学大会的举办权，2012年确定了大会科学日程，包括：开幕式中的开场报告，闭幕式中的获奖者报告，22个大会报告，65场分会报告，7个晚间会议，9个会前或会后的专题研讨会以及一个会后病害野外考察。确定了150个会议召集人和近300个邀请报告人。2012年对大会网站进行了全面改版，将已确定的大会信息及时在网上公布。印制了信息丰富的大会第一轮通知手册，通过电子邮件向所有会议召集人和邀请报告人发送了大会第一轮通知，并委托一些国际兄弟学会在其网站发布大会信息。借出席国际会议等机会将大会第一轮通知手册带至在美国罗德岛召开的2012美国植物病理学年会、在日本东京召开的第十五届植物—病原物分子互作大会、在土耳其召开的欧洲线虫家学会第31届国际论坛分发和宣传，以吸引更多国际同行来华参会。测试并开通网上注册系统和论文摘要递交系统。按往届大会惯例设立发展中国家代表参会资助奖项，启动征集报名并进行评选。

中国植物病理学会、南京农业大学和中国菌物学会共同承办的第十二届国际卵菌分子遗传学年会于5月26～28日在江苏省南京市召开，学会副理事长郑小波担任本次大会组委会主席。5月，学会植物病害检疫专业委员会在广东省深圳市组织召开了黑粉菌国际学术会议，20多个国家的150余名专家参加了会议。

国内主要学术会议　7月20～26日，由学会主办，青岛农业大学承办的中国植物病理学会2012年学术年会在山东省青岛市召开，1400多位专家、学者参加了会议。会议围绕“植物病理学与农作物安全生产”主题，进行了学术交流探讨。年会邀请10位专家作大会特邀报告，共设8个专题组，有200多位学者分别作专题报告，60多位学者的研究成果进行了墙报展示。年会期间，举办了中美专题研讨会，近千名植物病理学科技工作者及学生参加。会前正式编辑出版了由郭泽建教授和李宝笃教授主编的《中国植物病理学会2012年学术年会论文集》，共收入论文及论文摘要460余篇。

11月19～22日，由中国科协主办，中国植物病理学会承办的第251次青年科学家论坛在湖北省武汉市举行。论坛主题为“分子植物病理学的研究热点与发展趋势”。

11月28～30日，由学会种子病理专业委员会主办，云南农业大学等单位承办的全国第七届种子病理学学术研讨会在云南农业大学召开。会议主题为“种传病害防控与作物安全生产”，国内外同行就近年来种传病害发生发展规律、外来植物种传有害生物入侵与防控、种子健康检测技术研究与服务、种子处理新技术推广应用、种子生产与贸易中的病害防控、种子病理学教学与人才培养等内容进行交流。

由中国植物病理学会和中国植物生理与分子生物学学会主办、沈阳农业大学承办的中国植物病理学会植物病毒专业委员会、生物技术专业委员会学术年会于7月4～6日在辽宁省沈阳市召开，150余位专家和研究生参加了会议。本次学术年会不仅为参会代表提供了植物病毒学、植物生理与分子生物学领域最新研究进展的交流平台，也为学会今后的会议积累了宝贵经验，为提高我国植物病理学的学术水平和技术创新能力作了有益探索。

8月20～24日，由学会化学防治专业委员会主办的第八届中国植物病害化学防治学术研讨会在陕西省西安市召开。出席会议的有来自教学、科研、推广和从事农药生产、经营管理等部门的代表161名，有19名代表在会议上作了学术报告。

7月26～30日，由学会植物病原线虫专业委员会主办的第11届全国植物线虫学术研讨会在江苏省南京市举办，来自全面各地的240位代表参会。会前由中国农业科技出版社出版了《中国线虫学研究（第四卷）》。

由中国科协主办，中国植物病理学会、中国农业大学、华中农业大学承办的第251次青年科学家论坛于11月19～22日在湖北省武汉市举行。论坛主题为“分子植物病理学的研究热点与发展趋势”。

论坛邀请了中国农业大学、南京农业大学、华中农业大学、西北农林科技大学、华南农业大学、四川农业大学、山东农业大学、吉林大学、上海交通大学、青岛农业大学、吉林农业大学、西南大学、浙江师范大学、中国科学院遗传与发育研究所、中国科学院微生物研究所、中国科学院植物逆境生物学研究中心、中国农业科学院植物保护研究所、中国农业科学院棉花研究所、江苏省农业科学院、浙江省农业科学院、福建省农业科学院、河北省农林科学院等22个单位的70余位青年科学家参会。本次论坛执行主席由中国农业大学教授孙文献、西北农林科技大学教授单卫星、南京农业大学教授王源超、华中农业大学教授姜道宏共同担任。

本次论坛针对“功能基因组学与比较基因组学在植物病原致病机理的解析以及致病基因的大规模分离与鉴定中的应用”、“主要植物病原的效应蛋白在植物中靶标的研究及其在分子设计育种中的潜在价值”、“PTI与ETI抗性基因调控网络研究的最新进展及其对分子抗病育种的指导意义”、“特异性药物靶标设计的思路与未来方向”、“植物病毒致病机理、转基因植物抗病毒研究的进展与发展趋势”等五个方面议题进行了学术讨论。通过交流，大家普遍认为利用分子生物学的技术手段来研究植物病理学，已经成为防治作物重大病害的主要途径，分子植物病理学已经成为植物病理学研究的主体。

学术期刊 《植物病理学报》全年收稿210篇，出版6期，每期增加16个页码，刊载全英文文章3篇，印刷数量呈上升态势。论文作者呈多元化发展趋势，其中海内外联合来稿3篇。丰富了外审专家库，吸纳年轻学者以及3名海外志愿审稿专家参与学报审稿工作，目前外审专家库达521人，较2011年增加83人。分别为主编、副主编、中国植物病理学会理事、高级会员配置了免费下载期刊文章PDF的密码、账号。扩大向海外著名科研院所、高校图书馆以及数据库的赠刊范围与数量，提高刊物国际影响力。《植物病理学报》影响因子0.836，比2011年提高0.058，位居农学类期刊第8名（2011年为第10名）。

完善《植物病理学报》中英文网站的服务功能。完善了网上审稿编辑平台功能，利用网站，科学客观地评价期刊，吸引优秀稿源，扩大期刊影响。开发了网站点击率统计功能，实时公布论文的点击量与下载量，为评价论文提供依据。网站设置了优秀论文评述版块。申报2012年度中国科协“精品科技期刊培育计划——期刊学术质量提高”，经评审，获得中国科协“精品科技期刊培育计划——期刊出版人才培育项目”资助。

科普活动 2012年学会共举办科普宣传活动10次，参加活动科技人员数161人次，受众人数4765人次，活动覆盖76个村镇。

【全国第七届种子病理学学术研讨会】 11月28～30日，由中国植物病理学会种子病理专业委员会主办，云南农业大学植物保护学院、种苗健康北京市工程研究中心、种子病害检验与防控北京市重点实验室、云南省农业科学院粮食作物研究所和云南省主要农作物种子加工工程技术研究中心联合承办的全国第七届种子病理学学术研讨会在云南农业大学召开。

会议主题为“种传病害防控与作物安全生产”。中国工程院院士、云南农业大学校长朱有勇，云南农科院副院长李学林、学会种子病理专业委员会主任委员李健强等出席开幕式并致辞。丹麦种子健康中心常务副主任、丹麦哥本哈根大学植物和环境科学系教授、中国农业大学讲座教授 Carmen A. Mortensen 博士和美国佐治亚大学农业和环境科学学院院长助理、植物病理学系教授 Ron R. Walcott 博士出席开幕式。开幕式由学会种子病理专业委员会副主任委员、中国农业大学教授刘西莉主持。

研讨会安排了三个特邀主题报告。朱有勇院士以《作物多样性控制病害研究》为题，介绍了利用生物多样性防控病害的案例，详细阐述了异质效应、稀释阻隔等在病害防控中的作用。Ron R. Walcott 博士全面介绍了果斑病菌的侵染和传播机制、致病因子、病害防治等内容。丹麦种子健康中心常务副主任 Carmen A. Mortensen 博士以从传统植物病理学的角度介绍了种传病原菌的分离、鉴定和病害系统的相关研究等内容。

在为期 2 天的专题研讨和交流中，来自中国农业大学、云南农业大学、兰州大学、南京农业大学、中国农业科学院植物保护研究所、云南省农业科学院、北京出入境检验检疫局等单位的专家、学者及研究生代表等围绕植物病理学和种子病理学范畴进行了 17 个学术报告。

此次研讨会共有来自全国各高校、科研事业单位、国内外种子公司等共 46 名正式代表参加，云南农业大学植保学院等相关专业的老师和研究生共计 100 余人参加了为其两天的会议和学术交流。赵廷昌、胡白石、李春杰、杨艳丽、朱书生、Olivo Mtunge、蒋娜、黄娅蓝等代表分别获得优秀报告、优秀论文和优秀墙报奖。闭幕式上，种子病理专业委员会为参会代表颁发了获奖证书。

【中国植物病理学会 2012 年学术年会】 中国植物病理学会 2012 年学术年会 2012 年 7 月 20 ~ 26 日在山东省青岛市召开，来自国内外的植物病理学专家、学者及研究生共计 1400 多人参加。会议围绕“植物病理学与农作物安全生产”这一主题，进行了学术交流探讨。

开幕式上，学会理事长郭泽建介绍了本次会议的筹备情况，学会副理事长、青岛农业大学校长李宝笃出席大会并致辞。开幕式由学会副理事长、北京农学院院长王慧敏主持。

中国工程院院士、浙江省农业科学院院长陈剑平，国际植物病理学会副主席、中国农业大学教授彭友良，学会理事长郭泽建，学会副理事长王慧敏、于嘉林、王宗华、王锡锋、陈保善、侯明生、许金荣，学会秘书长韩成贵出席大会。

会议共收到论文 460 篇，出版会议论文摘要集一册。会议以大会专题报告与分领域小组交流相结合的方式进行，大会报告 10 个，分组报告 201 个，内容体现了国内植物病理学领域最高研究水平和趋势以及国际研究的发展动态。

7 月 22 日上午，举办了中美专题研讨会。3 位中方专家和 3 位美方专家就本学科的发展现状、存在的问题以及国际研究的前沿动态作专题报告。

本次年会共设 8 个专题组，分别为真菌及真菌病害、病毒及病毒病害、病害流行与综合防治、细菌及细菌病害、线虫及线虫病害、植物病害生物防治、种子病理与化学防治和抗病性与分子互作。真菌及真菌病害组由张修国、姜子德、王源超、鲁国东、姜道宏和李洪连主持，有 40 位专家报告了自己的研究工作，参会专家超过 250 人。病毒及病毒病害组由王锡锋、李华平、李向东、吴云峰和吴祖建主持，共有 33 位专家报告了自己的研究成果，参会专家超过 300 人。病害流行与综合防治组由马占鸿和丁克坚主持，共有 17 位专家报告了各自的研究，参会人员超过 100 人。细菌及细菌病害组由冯洁和陈功友主持，共有 17 位专家做报告，参会专家超过 100 人。线虫及线虫病害由彭德良、段玉玺、廖金铃和简恒主持，共有 9 位专家交流行各自的研究进展，参会专家超过 100 人。植物病害生物防治组由王琦、马平、何月秋和陈捷主持，28 位专家交流了各自的研究进展，参会专家超过 200 人。种子病理与化学防治组由周明国、刘西莉、马忠华和刘勇主持，22 位专家交流了各自的研究进展，超过 80 位专家参加本组的交流。抗病性与分子互作组孙文献、宋凤鸣、王文明、储昭辉和董汉松主持，共有 30 位专家报告了各自的研究进展，超过 300 位专家参加了本组的交流。

本次学术年会为了与国际植物病理学会接轨，迎接 2013 年国际植物病理学会在我国顺利召开，实行网上注册，提前编制了学术报告详细安排日程表并在网上提前公布。

（撰稿人：邹菊华）

中国植物保护学会

服务创新型国家和社会建设 2 月 24 ~ 26 日，由学会植保产品推广工作委员会、中国农业科学院植物保护研究所、《农药市场信息》编辑部共同举办的杀菌剂发展与推广应用交流会在山东省济南市召开，来自科研院所、农药企业、农技推广部门的250位专家参加了交流会。会议从政策与发展、研究与开发、推广与应用、营销与推荐四个方面进行研讨。专家们就《我国杀菌剂行业现状与发展》、《我国杀菌剂产品登记方向》和《我国农作物病害发生及杀菌剂应用概况》等作了专题报告，有关专家就《重要农作物病原菌的抗药性及防治对策》、《施乐健植物健康新科技》、《甲氧基丙烯酸酯类杀菌剂发展与应用》和《杀菌剂对助剂的要求及机型发展趋势》等作了学术报告。会议还就水稻、果树、蔬菜等作物的病害发生与杀菌剂应用，创制杀菌剂—毒氟磷、杀菌剂产品附加值、杀菌剂推广与营销等进行了交流。

7月6～9日，学会生物防治专业委员会、病虫害生物学国家重点实验室、生物农药与生物防治产业技术创新战略联盟联合在内蒙古自治区满洲里市召开生物防治技术与产品应用交流会。会议充分展示了"十二五"杀菌剂研究与产品创新和生物农药新剂型关键技术研究与产品创制取得的重大进展，同时交流了近年来以生物防治为主的病虫害绿色防控技术。通过研讨，进一步明确了今后应将生物防治融入综合防治技术体系中，才可能逐步向农作物病虫害可持续控制的方向发展，达到绿色防控和农产品质量安全的要求。

12月8～9日，由学会园林病虫害防治专业委员会、国家葡萄产业技术体系病虫害防控研究室、中国农业科学院植物保护研究所等10家单位联合主办的第八届全国葡萄病虫害防治技术与经验研讨会在湖南省长沙市举行，相关科研院所、大专院校、技术推广部门和葡萄生产单位，国家葡萄产业技术体系的岗位科学家、部分综合试验站站长及各综合试验站的植保人员共400多人参加了会议。会议以"跟踪病虫变化，探索演替规律，推介绿色防控技术"为主题，以特约报告、专题报告、技术报告、经验介绍与互动交流等形式进行。中国植物保护学会秘书长陈万权致开幕词。湖南农业大学副校长符少辉、湖南省植物保护学会理事长刘勇分别致贺词。大会邀请专家分别就《转基因育种发展与生物安全》《湖南葡萄产业发展现状与病虫害防治》《我国葡萄发展和应注意的问题》等作特约报告。国家葡萄产业技术体系的各岗位科学家或团队成员，针对我国葡萄产业的状况和遇到的植保问题作专题报告，介绍葡萄病虫害监测和防控新技术。大会还进行了专家、学者、科研人员与生产一线的技术员、职业经理人、葡萄生产的管理者、葡萄种植户等的互动交流。会议期间，邀请有关植保机械企业介绍和展览了适合于葡萄园喷药的器械，引起与会人员的兴趣。会议同时召开了小型卫星会议，针对贵州三都县的葡萄产业发展进行了研讨，为该县正确引导和更好地服务于葡萄产业健康发展提出建议和对策。

学会建设　2012年，学会新发展个人会员600人，团体会员2个，个人会员总人数达到20400人，团体会员达到158个。会员数据库得到了更新和维护。组织开展会员活动日1次。先后召开了常务理事会议3次，理事会议和全国理事长、秘书长工作会议，分支机构和期刊负责人会议各1次。

学科发展研究　2012年学会申请承担了中国科协"2012～2013年植物保护学学科发展研究项目"，于5月18日在北京召开了项目开题会议，成立了研究课题组，由学会名誉副理事长、中国工程院院士郭予元任首席科学家，学会理事长、中国工程院院士吴孔明任课题组组长，有20多位院士、专家参加编著《2012～2013年植物保护学科发展研究报告》。

学会组织全国植物保护领域的500多位著名专家学者参加《中国农作物病虫害》（第三版）的编撰工作。该书是中国植物保护领域的一部经典巨著，全书分上、中、下三册，24个单元收录1775种有害生物，字数超过600万字。

决策咨询　中国植物保护学会作为《预防与生物灾害决策咨询报告》课题牵头学会，与中国林学会、中国畜牧兽医学会、中国水产学会和中国气象学会协作，在组织专家开展生物灾害调查研究的基础上，于1月10～12日在北京召开了2012年中国科协生物灾害防治研讨会。通过研讨2011年生物灾害发生现状和分析2012年生物灾害防控的严峻形势及发生趋势，编写了《2011年生物灾害状况和2012年预防与控制生物灾害的报告》，由中国科协报送国务院办公厅。

为贯彻落实2012年中央一号文件精神，加快推进农作物病虫害专业化统防统治，完善重大病虫疫情防控政策，学会于2月18日在北京组织召开了关于推进农作物病虫害专业化统防统治专家座谈会，就目前全国农作物病虫害测报与防治工作总体情况、专业化统防统治存在的困难与问题、进一步发展专业化统防统治的对策等进行研讨。会后形成了《关于加大农作物病虫害专业化统防统治扶持力度的建议》上报国务院。回良玉副总理批示指出，统防统治是转变农业发展方式，提高病虫害防治效果的有效途径，应该不断总结经验予以大力推广。

国际学术会议　6月17～21日，在浙江省杭州市召开第6届国际杂草科学大会。8月28日～9月1日，在北京召开第13届国际禾谷类锈病和白粉病会议。10月

25～26日在北京召开第一届国际水稻病虫害综合治理新策略研讨会。

国内主要学术会议 2012年，学会和所属分支机构举办学术年会、高层论坛、前沿高端学术研讨会、青年植保科技创新学术研讨会等学术交流活动25次，共有5417人次参加，交流论文1978篇，评选优秀论文43篇。

5月3～6日，由学会青年工作委员会、植物病虫害生物学国家重点实验室主办，贵州大学绿色农药与农业生物工程国家重点实验室培育基地承办的第七届全国青年植保创新科技学术研讨会在贵州省贵阳市举行，来自科研院所、高等院校、技术推广等31个单位的125人以及贵州大学植物保护相关专业的110位研究生参加研讨会。与会人员围绕"青年、创新、发展"的大会主题，进行了大会专题报告和学术交流，共收到论文摘要64篇。研讨会分别邀请学会副理事长、中国工程院院士朱有勇，中国科学院动物研究所农业虫害鼠害综合治理研究国家重点实验室主任戈峰，贵州大学副校长宋宝安，西北农林科技大学教授单卫星，浙江大学教授叶恭银，华东理工大学教授徐晓勇，江苏省农业科学院植保所研究员周益军，南京农业大学教授张正光，吉林农业大学教授臧连生，中国农业科学院植物保护研究所副研究员刘文德和浙江大学副教授朱金文作大会报告，30多位青年学者作分组报告。研讨会针对植物保护研究领域的新理论、新技术和新进展进行了广泛深入的交流与研讨。经研讨会学术委员会评审，共有10位青年骨干获得"优秀报告奖"。

国际交往 8月19～25日，学会理事长吴孔明一行12人赴韩国大邱参加第24届国际昆虫大会。9月16～20日，学会生物安全专业委员会主任委员彭于发一行18人参加了在美国圣路易斯召开的第十二届国际转基因生物安全研讨会。

学术期刊 《植物保护学报》和《植物保护》编辑部2012年完善和更新了网站及编辑部远程稿件处理系统，实现了在线免费开放存取等，加快了稿件处理速度，提高了期刊的时效性。两刊的各项期刊评价指标均有所提高，根据2012版《中国科技期刊引证报告（核心版）》数据，《植物保护》2011年总被引频次1564，在44种农学类期刊中排名第13；影响因子0.581，在44种农学类期刊中排名第17，比2011年上升了3位；《植物保护学报》总被引频次、影响因子等较上年有所提高，分别为1132、0.564。为加强《植物保护学报》办刊投入和管理，2012年增加中国农业大学为第二主办单位。

科普活动 全年开展科普活动12次，受众5032人次，参与科普活动的科技工作者350人次。分别于4～8月在小麦生长季节组织专家赴四川、湖北、陕西、新疆等地开展病害发生流行调查和防控技术指导，并先后在全国各地举办农作物病虫测报技术培训班、鼠害监测与防治技术培训班、番茄黄化曲叶病毒快速检测培训班和综合防治示范现场培训会、蔬菜病害显微镜诊断培训班、外来杂草检疫监测培训班等培训活动。学会有关专家编写和出版了《图说小麦病虫草鼠害防治关键技术》、《中国外来入侵 植物图鉴》科普读物13000册，编印《生态工程治理水稻害虫技术挂图》、《农药的故事》等7种科普挂图，并向生产第一线发放科普挂图58000份。

5月21～23日，学会科普工作委员会与浙江大学等单位联合，结合国际水稻有害生物治理生态工程启动仪式，在浙江省三门县举办科技活动周，现场介绍生态工程治理有害生物的原理、实例和操作技术，并发放治理水稻有害生物的科普材料200余份，基层植保技术人员和种粮大户100余人参加活动。

表彰举荐优秀科技工作者 经学会推荐，万方浩、刘勇、郑建秋荣获中国科协"第五届全国优秀科技工作者"荣誉称号。学会开展了中国植物保护学会终身成就奖评选活动，授予江苏省农业科学院植物保护研究所研究员杜正文、中国工程院院士郭予元、中国科学院院士谢联辉、中国工程院院士曾士迈、中国农业科学院研究员张泽溥5位科学家"中国植物保护学会终身成就奖"。这5位科学家长期以来，脚踏实地、不断创新、辛勤耕耘，在科研、教育和生产工作中，为提高我国农作物病虫害防控策略与防御技术取得重大成就，是我国知名的农业昆虫学家、植物病理学家、农业教育家、杂草科学家，也是我国农作物病虫害综合防治体系的创始人，并为我国培养了大批植保科技人才，桃李满天下，深受全国植保科技工作者和广大会员的爱戴。

2012年度中国植物保护学会科学技术奖，经各省级植保学会、分支机构和有关单位推荐，共评出21项获奖成果，其中一等奖3项，二等奖7项，三等奖10项，优秀科普奖1项。在中国植物保护学会50周年庆祝大会上，举行了2012年度中国植物保护学会科学技术奖颁奖典礼。

会员服务 11月21～24日，学会第三届会员活动日在四川省绵阳市举办。活动主题为"加强学术生态建设、提升会员服务能力"，来自科研、教学、推广、基层技术推广部门和企业的会员260人参加活动。会议特邀专家就科技论文写作的理论与实践、写作格式和技巧以及科学道德、学术不端行为和学风建设作大会报告。6位专家结合当地生产中的热点、难点问题，分别作了《农作物重大病虫害监测预警》、《蔬菜害虫治理技术》、《橘园害虫生态调控与发展》、《农作物病虫害的综合防治技术与农药的科学使用》、《柑橘病害的防控技术》、《农药残留检测与控制技术》等专题报告。会议组织与基层会员和植保工作者座谈，发放调查问卷征集对学会工作的意见和建议，并对基层会员和植保工作者的优秀论文进行了表彰。当场吸纳了92名新会员入会。

【中国植物保护学会成立50周年庆祝大会暨全国农作物重大病虫科学防控高层论坛】 10月25～26日，中国植物保护学会成立50周年庆祝大会暨全国农作物重大病虫科学防控高层论坛在北京举行。大会由中国植物保护学会和农业部种植业管理司联合主办。来自科研院所、高等院校、技术推广部门和植保相关企业的1000多名植保专家、学者参加了庆典和论坛。大会主题为“科学防控病虫，持续减轻危害，保障粮食安全”。农业部部长韩长赋为庆祝中国植物保护学会成立50周年作了批示，肯定了学会50年来，长期坚持“献身、创新、求实、协作”的精神，团结带领广大植物保护科技工作者，紧紧围绕农作物重大病虫害防控，开展学术交流、决策咨询、科学普及等活动，为实现我国粮食生产“九产增”发挥了重要作用。他提出，面对全球气候变化、种植结构调整给我国植保工作带来的新挑战，希望植保学会充分发挥桥梁纽带作用和人才智力优势，以科学求实的态度、开拓创新的精神，积极推进植保科技创新，大力开展农作物病虫害科学绿色防控，为推进现代农业建设、保障国家粮食安全作出新的贡献。

农业部党组副书记、常务副部长余欣荣出席大会开幕式，并作了题为《建设现代植保，服务现代农业》的主题报告。大会开幕式由中国农业科学院党组书记陈萌山主持，学会理事长吴孔明致欢迎词，中国科协副主席赵沁平致贺词，国际植物保护科学协会理事长Geoff Norton教授应邀出席大会开幕式并致辞。

开幕式后，由吴孔明、陈剑平、朱有勇、钱旭红、康乐5位院士以及Geoff Norton（澳大利亚昆士兰大学）、Laurence Madden（美国俄亥俄州立大学）、Noriharu Ken Umetsu（日本东京农业与科技大学）3位国外专家应邀作了大会主题报告。大会6个分会场学术交流中，有96位国内外专家学者作专题学术报告。

大会收录论文全文和摘要280篇，其中英文摘要21篇。内容涉及病、虫、草、鼠害和农药等多个植物保护分支学科领域。正式出版论文集1部，编印英文论文摘要集1部。

中国植物保护学会50周年庆祝大会开幕式上，举行了2012年度中国植物保护学会科学技术奖颁奖典礼。学会副理事长马祁宣读了《关于2012年度中国植物保护学会科学技术奖获奖项目的奖励决定》。农业部党组副书记、副部长余欣荣，中国科协副主席赵沁平，中国农业科学院党组书记陈萌山，国际植保科协理事长Geoff Norton，农业部种植业司副司长周普国，学会理事长吴孔明院士等为获奖人员颁发了奖励证书。有79个科研、教学、推广单位的203名科技工作者获得表彰。

【第六届国际杂草科学大会】 6月17～21日，由中国植物保护学会、中国农业科学院植物保护研究所和国际杂草学会共同主办的第六届国际杂草科学大会在浙江省杭州市召开。来自全球51个国家、地区和国际组织的561名专家学者出席大会，其中国外专家学者285名。大会主题为“动态杂草与多样化治理策略”。大会开幕式由大会执行副主席、学会杂草学分会主任委员张朝贤主持。大会主席、国际杂草学会理事长Baruch Rubin教授，中国农业科学院副院长王韧，中国农业科学院国际合作局局长张陆彪，大会副主席、学会理事长吴孔明，科技部农村科技司副司长郭志伟，以及农业部种植业司副司长周普国，浙江省农业科学院院长陈剑平，浙江省农业厅副厅长叶新才，浙江省科协副主席隗斌贤，国际杂草学会副理事长、候任理事长Albert Fischer，大会科学委员会主席Per Kudsk，中国植物保护学会杂草学分会荣誉主任委员张泽溥出席了开幕式。

大会由主题报告、分组交流、会议展览和田间观摩考察四部分组成。大会收到论文摘要475篇，邀请了4名国内外杂草研究领域的知名、专家学者作大会主题报告，分19个专题进行了246项分组报告和221项墙报展示。针对抗药性杂草、分子生物学技术、未来农业挑战对杂草科学的影响等热点问题开展了深入的研讨。这次会议是国际杂草科学大会史上规模空前的大会。会议颁发了国际杂草学会“终身成就奖”，中国植物保护学会杂草学分会荣誉主任委员张泽溥荣获该奖项。大会评选出华南农业大学李颖慧和南京农业大学陈国奇为优秀学生论文奖。

【第一届国际水稻病虫害综合治理新策略研讨会】 10月26日，由中国植物保护学会和国际植物保护科学协会共同主办的第一届国际水稻病虫害综合治理新策略研讨会在北京召开。来自国内外高等院校、研究院所的专家、学者和研究生100余人参加了大会，其中有来自美国、菲律宾、日本、韩国等国的专家18人。

会议围绕“水稻病虫害综合治理新策略”主题进行了18场学术报告。美国德州农工大学的Martin Dickman教授、菲律宾国际水稻研究所的K.L. Heong院士等分别报告了最新研究进展，澳大利亚查尔斯特大学的Geoff Gurr教授和中国浙江大学祝增荣教授等专家学者在会上的报告引起了与会人员的极大兴趣。

【2012年全国植保高层论坛】 8月30日～9月6日，由中国植物保护学会主办的2012年全国植保高层论坛在黑龙江省哈尔滨市召开。出席会议的有农业部、药检所、黑龙江省农委、中国农科院植保所以及来自全国29个省、自治区、直辖市的32个农科院植保所的100余位专家。会议开幕式由学会秘书长陈万权主持，学会副理事长喻大昭致开幕词。会议邀请学会副理事长、国家"973"项目首席专家万方浩，黑龙江省农委副主任、省农业科学院党组书记、院长韩贵清作主题报告。与会学者围绕现代植保与粮食安全主题，针对我国植保研究的新进展、新成果、新经验和新问题进行了交流和研讨。面临病虫害频繁发生的严峻形势，为确保粮食安全生产，保障粮食持续增产增收，与会专家、学者研讨了今后研究重点与方向，以及合作计划。

（撰稿人：文丽萍　倪汉祥）

中国作物学会

学会建设 2012年，学会（含专业委员会）共组织召开学术会议36次，其中，国际学术会议2次，组团参加境外学术会议2次，境内学术会议32次。参加学术会议的人数达8810人次，会议共交流论文1255篇，分别比上年度的学术会议次数提高140%，参会人数提高46%，会议交流论文数提高35%。

2012年，学会推动了省级学会及所属分会建设。在学会的沟通指导下，宁夏作物学会、辽宁省作物学会两个原为二级的学会（省农学会下属）成立了省级一级学会（省科协直属），安徽省级学会进行了换届。

9月23～25日和12月26～27日，大麦专业委员会在安徽省合肥市召开了第七次全国会员代表大会暨大麦产业发展研讨会，燕麦荞麦分会在四川省成都市召开了第四届全国燕麦荞麦学术研讨会暨中国作物学会燕麦荞麦分会第二次全国会员代表大会。会议审议了上一届的工作报告，选举产生了新一届专业委员会（分会）主任委员、副主任委员和秘书长和委员，组建了新一届常务委员会及工作机构，研究提出了新一届委员会工作计划。

2012年，学会指导各专业委员会（分会）开展学科学术会议。各专业委员会（分会）组织本学科的学术交流会议共32次，较上年度提高了128%。

服务创新型国家和社会建设 学会大麦专业委员会的委员们分别于大麦、青稞生产的关键时节，针对基层生产管理人员和种植大户，组织开展了不同规模的技术培训，累计6000多人次。通过担任科技特派员和24小时电话热线，向农场、农户、麦芽和啤酒企业提供有关大麦种植技术和原料信息咨询20000多人次。

粟类作物专业委员会结合承担的各类计划和推广项目，组织全国粟类作物科技力量，重点在西北、东北、华北谷子主产区开展技术普及、示范推广、科技扶贫等工作，取得了显著成效。初步统计，2012年组织大规模现场观摩会6次，技术培训会121次，培训技术骨干、农民1200人次，发放技术资料15000份、光盘1000余张。

玉米专业委员会主办的第五期竞雄玉米育种学校于11月25日在北京开班，培训内容包括现代玉米育种理论与方法、种质资源利用、分子育种、转基因技术、单倍体育种技术、商业育种体系与区域试验等。

7月9～12日，甘薯专业委员会召开了甘薯病虫害识别与防治技术培训会，80余位相关专家和种植大户参加了培训。培训会还印发了图文并茂的甘薯病虫害防治技术手册。承办方为参会者准备了大量甘薯主要病虫害的病症植株、昆虫标本、显微镜下病原物等实物、图片展板和文献资料，使与会种植大户更直观、全面了解和认识甘薯主要病虫害及危害症状。

学会马铃薯专业委员会和甘薯专业委员会积极配合农业部农业贸易促进中心，协助举办了7月24～26日在内蒙古自治区呼和浩特市举行的中国国际薯业博览会。

国际学术会议 6月20～23日，学会燕麦荞麦分会在北京组织召开了第九届国际燕麦大会，来自23个国家从事燕麦研究和开发的280位科学家和企业家出席。会议围绕生物技术、基因组学、遗传育种、生产、营养和加工等领域开展学术交流，45名国内外燕麦知名专家在大会和相关分会上作报告。大会展示了50多份墙报，700多个燕麦品种。

8月12～15日，学会小麦产业分会主办的第11届国际谷蛋白学术研讨会在北京召开，来自16个国家和国际组织的150人参会。会议围绕基因组学与蛋白质组学的最新进展、储藏蛋白质的生物合成和功能分析、改良作物品质的遗传方法、小麦籽粒保健功能、淀粉与色素，以及谷蛋白的非食品用途等6个议题进行了深入讨论。与历次会议相比，这次会议突出新技术的应用，首次增设了大会特邀发言，共有8位国内外专家作特邀发言，会议的组织工作得到了与会专家的充分肯定。

学会组团参加了8月5～10日在巴西本图贡萨尔维斯市召开的第六届国际作物科学大会。会议期间，学会代表积极与国际知名科学家及在外国工作学习的华人科学家进行交流。特别是在闭幕式中，学会代表团副团长赵明代表中国作物学会进行的下一届邀请报告，博得了与会者的一致赞赏，成功地接过第七届国际作物科学大会的举办旗帜。

12月8日，美国密苏里大学教授Jerry Nelson来到北京，与中国作物学会的部分专家座谈第七届国际作物科学大会的筹备工作。学会秘书长张保明详细介绍了筹备第七届国际作物科学大会的相关情况，Jerry Nelson就会议的网站建设、中期会议、资金募集、日程安排、会议内容等方面提出了建议。

国内主要学术会议 8月18～19日，由中国作物学会主办，9个国家与部门重点实验室（中心）协办，山东农业大学承办的第三届全国小麦基因组学及分子育种学会议在山东省泰安市召开，320多位专家和学生参会。会议安排了27场学术报告，充分展示了我国小麦基因组及其相关研究领域的重要进展。大会报告突出了基因组学和小麦育种的结合，展示了基因组学在小麦育种技术创新中的美好前景。

10月11日，由中国作物学会等5个学会联合主办的2012全国植物生物学大会在陕西省杨凌农业高新技术产业示范区召开。会议主题为“从植物科学到农业发展”，近900人参会。会议邀请到76位国内外著名植物科学家及近年来涌现的有突出成就的中青年学者作大会或分会报告，与会人员围绕植物细胞功能、作物分子集合育种等8个专题进行了学术交流和讨论。大会组委会对参展的墙报进行了评审，评出一等奖1名、二等奖2名、三等奖3名。

国际交往 9月16～19日，学会甘薯专业委员会组团参加了在韩国济州岛举行的第五届韩中日甘薯学术研讨会，甘薯专业委员会主任委员马代夫任组委会副主席及中国组织委员会主席。本届会议参会学者共计118人。27人作了大会口头报告，中国代表团有11人先后就甘薯不同研究领域作了学术报告。在最终评选出的10名最佳大会报告奖中，中国学者有4人获奖。会议还强化了双边和多边的合作关系，中、日、韩成立非官方组织“中日韩甘薯研究协作委员会”。甘薯专业委员会主任委员马代夫任主席。

科普活动 9月15～16日，学会参加了在中国科技馆举办的以“食品与健康”为主题的全国科普日活动，学会开展了大豆知识传播、大豆如何制作成食物、豆制品与健康等相关系列活动。开办“豆腐作坊”，制作大豆科普知识展板，展示大豆标本。设计了大豆营养价值和相关科学知识问答，活动现场气氛活跃，参与人数达到800余人，发放大豆相关资料2000余份。豆腐工坊互动活动被评为“2012年全国科普日活动优秀特色活动”。

表彰举荐优秀科技工作者 2012年，学会开展了第四届中国作物学会科学技术成就奖的评审工作。学会本着公平、公正、公开的原则，经过严谨有序的评选，最终评选出程式华、张新友、张洪程3位科学家获得该奖项。在中国作物学会2012学术年会上举行了颁奖典礼，向获奖者颁发了获奖证书、奖杯和奖金。

12月5日，在北京中国农业科学研究院举行了捐赠仪式，王连铮研究员和万建民教授将其所获的2012年度何梁何利基金奖金捐赠给中国作物学会。学会理事长翟虎渠代表中国作物学会接受王连铮研究员和万建民教授捐赠的何梁何利基金奖金各20万元港币。这两项奖金被分别设立“王连铮大豆科技发展基金”和“作物科学发展基金”。

何中虎研究员将获得的2012年“中华英才奖”奖金20万元人民币捐赠给学会，作为“庄巧生小麦研究特殊贡献奖”奖励基金。

由学会推荐，李少昆研究员获得中国科协第五届“全国优秀科技工作者”称号。

学术期刊 2012年，《作物学报》全年刊登的270篇文章中有研究论文224篇（占83.0%），研究简报40篇（占14.5%），综述文章6篇。在实行严格同行评议的前提下，2012年《作物学报》印刷版本出版周期为7.70个月，平均审稿周期为3.76个月，网上出版周期为5.35个月，比印刷版本提前2.35个月。

1月5日，《作物学报》编委会会议在北京召开，54位编委参加会议。与会的编委一致认为，《作物学报》应采取多种措施争取优秀稿源，进一步实行严格的同行评议制度，提升内容质量，缩短审稿周期和出版周期，继续保持和提高期刊的学术影响力。

在12月7日发布的《中国科技期刊引证报告》（核心版）中，《作物学报》的总被引频次为5508，影响因子为1.559，比2011年的5093和1.431分别增加了7.5%和8.9%。综合评价总分达97.4分，继续位列中国科技核心期刊的第3名。《作物学报》的网上学术影响力也稳步提高。据CNKI“中国引文数据库”12月的在线统计结果显示，《作物学报》在中国知网的“总上网文献数”为5359篇、“总下载频次”为654647次、“篇均下载频次”为122次。

据2012年北京大学图书馆编著出版的《中文核心期刊要目总览》（2011年版）登载，《作物学报》名列“农学、农作物”类核心期刊的首位。2012年12月，《作物学报》第11次被中国科技信息研究所评为“百种中国杰出学术期刊”。

2012年，《作物学报》成功申办英文版。《作物学报》是我国作物科学研究领域的领衔期刊，出版英文版，使用国际通用的科学交流语言，使我国作物科学的研究成果进入国际主流交流渠道是《作物学报》努力的目标。2011年，《作物学报》向新闻出版总署递交了创办英文版的申请，2012年11月22日收到了新闻出版总署《关于同意创办 *The Crop Journal* [《作物学报（英文版）》] 的批复》。

2012年，作为技术类期刊的《作物杂志》，2000年的影响因子仅有0.086，2011年达到0.687（清华版）。基金论文比稳步提高，2012年达0.89。《作物杂志》电子版发行量连年增长。2011年海外机构用户为151，比上年度增长196%。机构用户总数为1944，比上年度增长7.88%。中国知网WEB下载量达5.63万次，比上年度增加11.68%（清华数据）。

【2012年中国作物学会年会】 10月17～18日，中国作物学会2012年学术年会在江西省南昌市召开，共800多人出席会议。学术年会围绕“现代农业与农业科技创新及传播”主题，深入探讨了现代农业产业、农业科技创新等前沿问题。

开幕式上，为程式华、张新友、张洪程3位科学家颁发了第四届中国作物学会科学技术成就奖。中国工程院院士盖钧镒、刘旭，中国科学院院士陈晓亚分别以《中国农业与种业科学》、《作物种质资源》、《棉酚与植物抗虫》为题作主题报告。18日，大会设立重要基因发掘鉴定与分子育种、种质资源与新品种培育、作物栽培与耕作三个分会场及研究生论坛，来自全国的作物学专家、学者进行了73场学术演讲。

闭幕式上，大会为研究生李爱霞、谭冰、何虎颁发了优秀青年学术报告奖，为龚金龙、孙惠敏颁发了优秀青年墙报奖。

（撰稿人：杜　娟）

中国热带作物学会

服务创新型国家和社会建设 2012年，为应对入冬低温及台风影响，学会联合各省、区热带作物学会积极配合各地政府开展科技救灾服务。参加了我国南方各省（云南、广西、贵州等）的科技抗寒工作调研，指导橡胶越冬抗寒及各类热带作物的抗寒保丰收工作，组织专家队伍奔赴广东、广西风灾救灾一线，开展救灾抗灾技术服务。

2012年，学会联合各省、区热带作物学会在农业部发展南亚热带作物办公室的领导下，积极配合做好我国热区各监测站及固定观测点的建设工作，及时做好热作主要病虫害监测、预报、防控和应急处置工作。

各省学会、专业委员会在广东、海南、广西等各省区，开展橡胶、甘蔗、剑麻、木薯、香蕉等热带作物技术、植保培训班40次，开展科技服务活动200多次，共培训农技人员上万人次，发放相关资料2万多册。

2012年，学会热带牧草与饲料作物专业委员会开展了橡胶林间作热带牧草技术培训、干热河谷地区草畜生产利用技术培训班等，培训农户200余人，发放资料2000多册。组织并参加了“百名专家兴百村”科技行动。重点在海南儋州地区挑选示范村，在海南省范围内，开展持续、有效的“一对一”科技入户服务、示范和帮扶行动，通过以点带面，达到做好一村、带动一镇、辐射全市的示范推广作用。学会热带牧草与饲料作物专业委员会专家还赴海南三牧牧业有限公司、海南岭门农场、爱倔农牧集团等多个单位进行牧草、柱花草以及养殖技术进行指导。

学会割胶生理专业委员会配合中国热带农业科学院科技支撑海南中部六市县农民增收计划行动，利用开割前胶工培训的良好时机，到中部六市县进行割胶技术巡回辅导培训。

5月23日，学会科普工作委员会参加了中国热带农业科学院与儋州市政府在王五镇联合举办的“百名专家兴百村，千项成果富万家”大型科技下乡活动。联合组织培训班、到试验生产示范基地现场培训等方式，共计开展技术培训班（活动）21次，培训670人，主要培训内容为木薯高产栽培技术、试验技术及写作技能等，累计免费发放《木薯丰产栽培技术》、《中国木薯食谱》等各种木薯科普资料2500册，《甘薯丰产栽培技术》300册，提供电话、电邮等咨询380次。

学会坚果专业委员会（筹）结合农业科技成果转化项目，组织包括栽培、植物营养、加工、遗传育种等方面的专家在广西岑溪市、扶绥、合山，广东省和平、云浮等地开展科技培训工作，共培训技术指导员和科技示范户200多人次，发放各类实用技术资料和图册300余册。专家组还多次深入到田间地头，开展现场指导，与农户互动，解决农民在生产上遇到的实际问题。

学会剑麻专业委员会组织开展了剑麻种植业发展形势分析、剑麻育种进展与优良种苗培育、剑麻病虫害监测与防控、剑麻组培苗和抗性种苗的大田培育技术及组培苗大田种植配套技术，以及剑麻高产高效种植技术及麻渣综合利用等多种技术培训班，培训人员200多人次。

学会棕榈作物专业委员会利用海南省农业科技110椰子服务站信息化平台，为农民服务。2012年解决电话求助140次，利用户外电子显示屏向椰子种植户发布市场需求、椰子新品种、丰产栽培和病虫害防治等信息，指导农民生产。该专业委员会全年组织科技下乡100多人次，发放技术资料1500多册，举办槟榔黄化病防控技术、椰子丰产栽培技术等技术培训班6期，培训农民2000多人次，受益农民大约4000多人。

学会农业经济专业委员会与海南大学经管学院农经系合作举办了第四届热带农林经济管理案例分析大赛，大赛以“探索出真知，创新求发展”为主题，通过案例分析大赛，让大学生提高运用专业知识发现问题、分析问题、解决问题的能力。7月，农经专委会与海南大学经管学院农经系合作举办了第二届热带农林经济管理学术论文大赛。

学会建设 中国热带作物学会2012年秘书长会议于4月12～15日在广西壮族自治区北海市召开。学会八届八次常务理事会议10月15日在宁夏回族自治区银川市召开。会议审议通过了学会副理事长、常务理事、理事、副秘书长增补人员名单，同意提请理事会审议表决；审议通过国际合作与台湾事务工作委员会机构人员名单。

2012年，学会办公地址正式获民政部批准由海南省儋州市变更至海南省海口市。学会热带薯类专业委员会和热带香料饮料作物专业委员会分别于2012年10月20日和11月25日获民政部正式批准成立并登记。根据《中国热带作物学会章程》相关规定及要求，学会棕榈作物专业委员会完成换届工作。

决策咨询 广西热带作物学会开展了广西热作生产专题调研，特别是针对木薯为主的热带作物生产调研。到木薯主产区武鸣县进行实地调查，向木薯种植大户了解木薯的种植情况，向淀粉厂了解木薯加工的情况，初步掌握广西木薯的生产加工情况，在此基础上，形成了《提高广西热作综合生产能力的几点思考》、《广西提高木薯综合生产能力的实践剖析》、《武鸣县木薯废弃物综合利用的调查与建议》3篇调研报告，为相关部门提供决策咨询。

云南热带作物学会完成了云南省国资委2012年重大项目“云南天然橡胶产业发展战略与行动”，云南省科技厅软科学研究计划项目“科技支撑云南高原特色农业发展研究（天然橡胶产业专题）”等重大科技项目。同时，根据农业部农垦局的安排和要求，组织有关人员对云南天然橡胶科技发展情况进行了调研，在调研的基础上撰写了《云南天然橡胶科技发展情况调研报告》，编制了《云南省德宏州芒市勐嘎镇12000亩现代设施农业科技示范基地建设项目可行性研究报告》、《普洱市咖啡良种繁育基地建设项目可行性研究报告》。此外，还制定了《天然生胶标准橡胶产品规范》企业标准。

国内主要学术会议 4月12～15日，学会在广西壮族自治区北海市召开热带作物产业化学术研讨会。会议围绕热带作物产业化经营的条件与元素、各种热带作物推进产业化经营的措施与对策和产业化经营对科技的需求等进行学术交流和研讨。

9月9日，海峡两岸现代设施农业与园艺产业发展研讨会在河北省石家庄市召开。农业部全国农技推广中心首席专家张真和、台湾大学农业经济系名誉教授李顺成分别作题为《中国大陆设施园艺产业现状与发展重点》和《促进两岸农业科技创新与经济结构调整策略》的主题报告，十几位来自海峡两岸的农业专家作专题报告。与会代表围绕园艺产品在新形势下持续安全发展，满足城乡居民对园艺产品的需求，加快推进区域化布局、标准化生产、规模化用地，大力发展设施农业等展开互动交流。

2012年中国热带作物学会理事年会暨学术论坛于10月15～18日在宁夏回族自治区银川市召开。来自热区科研院所、高校、企事业单位的近200多代表参加会议。大会主题为“提高热作综合生产能力”，会议围绕热带作物科技创新、热带农业科技人才培养等内容展开学术研讨。中国热带农业科学院副院长郭安平、海南大学副校长胡新文、中国植物营养与肥料学会秘书长白由路、学会遗传育种专业委员会主任彭明、学会农产品质量安全专业委员会（筹）主任罗金辉等分别作大会特邀报告。

国际交流 3月8～9日，学会牧草与饲料作物专业委员会主任刘国道与美国兰德雷公司来访人员进行饲用型玉米以及苜蓿等牧草在海南热区种植的前期研究意向洽谈，并陪同考察了农业部牧草种质资源圃与国家草品种区域试验站。

3月19～20日，应学会牧草与饲料作物专业委员会主任刘国道的邀请，泰国牧草专家Michael D. Hare教授来华访问。期间就热带牧草种子生产技术和热带牧草全球生产情况进行了交流。

2012年，学会遗传育种专委会邀请美国亚利桑那大学、伊利诺伊州立大学、罗格斯大学、华盛顿州立大学、康奈尔大学，德国埃朗根—纽伦堡大学、杜塞尔多夫大学，马来西亚科学院等国外高校、研究单位专家、学者来华进行学术交流合作，累计组织国外专家学术交流报告会7次。

10月，学会天然橡胶生产工作者专业委员会派员参加了在印度尼西亚召开的2012年国际天然橡胶产业发展大会，对印度尼西亚、柬埔寨天然橡胶产业进行了实地考察。

科普活动 2012年，举办科普宣讲活动315次，宣讲活动受众人数13802人次。举办实用技术培训196次，培训1484人次；推广新技术、新品种50项。参加活动科技人员总数936人次，其中专家360人次。活动覆盖自然村659个。

【2012年中国热带作物学会理事会年会暨学术论坛】 中国热带作物学会2012年理事年会（八届四次理事会）暨学术论坛于2012年10月15～18日在宁夏回族自治区银川市召开。会议由学会理事长吕飞杰主持。宁夏回族自治区人民政府副主席屈冬玉致辞，农业部农垦局副局长胡建锋讲话。会议审议通过了学会2012年度工作报告、财务报告和增补理事会成员名单，表彰了2012年度优秀论文、农业科技示范基地、热带农业十大适用技术。会议还安排两个分会场进行了学会工作交流。

学会理事长吕飞杰作总结报告。在报告中，吕飞杰剖析了当前热带作物产业的发展形势和特征以及热带作物产业发展的道路选择。他指出，把握热作发展方向关键在于三个方面，一是准确理解党中央提出的走中国特色农业现代化道路的决策。二是深刻认识热带作物发展现阶段特征。三是调整发展思路与方式。

（撰稿人：董志国　杨礼富）

中国蚕学会

学会建设 中国蚕学会第九届二次常务理事会议3月22日，在江西省南昌市召开，会议研究落实了年度学术交流活动，讨论通过了学会办公室制定的3个管理文件。

10月12日，中国蚕学会第九届理事会教育与科普工作委员会工作会议在浙江省杭州市召开。会议研讨了我国现阶段蚕业教育和科普工作存在的困难和问题，提出了教育与科普工作委员会本届任期内的重点工作。

学术期刊 学会主办的专业学术期刊《蚕业科学》为双月刊，2012年刊登文稿167篇，科研信息23条。发表获国家、省部级重点科研计划项目资助并代表学科前沿的论文占期刊载文总数的65%以上。

国内主要学术会议 2012年学会举办全国学术交流活动6次，630人次参会，60多人次做专题报告和交流，制作论文集3种，共收录论文54篇。

7月19～22日，中国蚕学会第九届家（柞）蚕遗传育种学术研讨会在贵州省贵阳市召开。27家从事蚕业教学、科研、生产及管理单位的60多位专家、学者参会，进行大会交流的30人次。会议研讨了家（柞）蚕遗传育种素材创新、新技术应用、蚕品种审定标准、区域合作等方面内容。

8月18～21日，全国生态桑及桑树生态产业学术研讨会在陕西杨凌举行。来自20个省、自治区、直辖市46个单位的110名代表参加了会议。会议就我国生态桑及桑树生态产业现状和发展趋势，以及新形势下加强科技创新，推动桑树生态产业发展进行了研讨和交流。

9月18～19日，全国现代蚕业创意创新创造跨越发展现场会在广西壮族自治区宜州市召开。来自全国各蚕桑主产省的220人参加了会议。会议总结了广西蚕业取得的成绩和经验，并就全国产业发展和有关工作提出了具体要求。与会专家考察了广西蚕桑茧丝绸循环经济（宜州）示范基地。

9月23～26日，全国小蚕人工饲料育实用技术研讨会及大蚕省力化饲养技术现场观摩会在山东省日照市召开，来自各科研、教学和生产单位的70多人与会。研讨会交流、探讨了小蚕人工饲料育实用化技术，总结交流“省力高效蚕、桑生产技术研发与试验示范”的实施情况。

11月9～10日，中国蚕业经济管理学术研讨会在浙江省杭州市召开，50多位专家、学者参加了会议。会议收到专题报告和论文9篇，并编印成册。会议就我国蚕桑产业发展现状、存在问题和发展趋势，以及蚕桑产业转移、蚕业组织模式创新、蚕桑生产经营效益提升、蚕种业改革与发展等专题进行了研讨，为应对我国蚕桑产业发展存在的问题与面临的挑战献计献策。

12月3日，全国桑树资源食药用和蚕业省力化机械设备开发研讨会在四川省南充市举行。来自蚕业科研机构、院校及部分省、市管理单位的80多人与会，会议收到学术论文24篇。会议就桑树资源食药用和蚕业省力化机械设备开发研究成果进行了交流。

【全国生态桑及桑树生态产业学术研讨会】 8月18～21日，全国生态桑及桑树生态产业学术研讨会在山西杨凌西北农林科技大学举行。来自全国20个省、自治区、直辖市46个单位的蚕桑行业的110名学者参加了会议。会议就我国生态桑及桑树生态产业现状和发展趋势，新形势下加强科技创新，推动桑树生态产业发展进行了研讨。会议认为，目前生态桑产业在我国逐渐发展起来，除了桑树果枝叶被多级利用外，桑树在众多省区还成为石漠化治理、沙漠化治理、干旱和半干旱地区植被恢复、盐碱地治理、矿山修复、消落带治理的主要树种。随着新的产业链建立，形成了养蚕业、饲料业、果桑产业、桑茶业、林业多元化发展的态势。会议收到会议交流论文21篇，并编印成册。20多人次在会上作专题报告和大会交流。

（撰稿人：刘　挺）

中国水土保持学会

服务创新型国家和社会建设 2012年学会完成48家水土保持方案编制资格证书持证单位的日常变更审核及证书换发工作。加强指导审核各省级水土保持学会对本省乙丙级资质单位编制人员培训，教材组织、课程设置和考试要求等，2012年有7个省级水土保持学会完成了乙丙级资质单位编制人员培训工作。截至2012年底，在26个省级水土保持学会中，23个省级水保学会先后举办了乙丙级资质单位编制人员培训班。

学会小流域综合治理专委会承接3项政府转移职能，分别是重点工程管理、农发项目管理和监理资质管理。科技协作工作委员会承接3项政府转移职能，分别是水土保持生态文明工程评审、国家水土保持科技示范园区评审和中小学生水土保持社会实践教育基地评审。

10月22日，印发了《关于准予水土保持方案编制甲级资格证书延续的通知》，27家单位的甲级资格证书获延续。组织完成甲级资质单位2期上岗人员培训班，受训600余人。3期继续教育培训班，受训780余人。

7～8月，学会与中国水利水电勘测设计协会共同完成2期注册土木工程师水利水电工程（水土保持）考前培训班，培训学员200余人。

8月，在内蒙古呼和浩特市举办省级水土保持方案编制师资人员培训班，110人参加培训。

3月28～29日，学会沙棘专委会在内蒙古鄂尔多斯市举办砒砂岩沙棘种植培训。

4月25日，学会防护林专委会在浙江省嘉兴市举办全国平原绿化工作座谈会，有关省市区林业部门主管造林负责人参加了座谈。会议主要讨论了农田防护林建设在确保粮食稳产增产方面的作用、高标准农田防护林网建设标准等相关议题。

4月25～26日，学会黄河专委会在陕西省西安市召开黄河流域（片）水土保持普查工作座谈会，黄河流域所属各地、各单位40多人参加了会议。

5～9月，学会小流域综合治理专委会召开陕西、四川和全国北方片水土保持工程施工监理单位座谈会，围绕当前监理工作中存在的一些突出问题进行讨论，并对新形势下如何进一步做好水土保持监理工作提出意见和建议。

8月10～15日，学会风蚀防治专委会在内蒙古呼和浩特市举办青海省防沙治沙高级研修班。

9月26日，学会城市水土保持专委会在广东省深圳市举办深圳市生产建设项目水土保持方案编制资质单位业务骨干培训班。

学会能力提升计划 经中国科协的评审和公示，学会获中国科协“学会能力提升计划优秀科技社团”三等奖，得到了300万元的资金支持。

学会重点开展并完成了以下几项工作：1.召开2012年中国水土保持学会年会暨学术研讨会。2.改善期刊排版印刷水平。3.编辑出版《水土保持读本》（小学版）。4.培训生产建设项目水土保持方案编制技术人员200人。5.开展第四届中国水土保持学会科学技术奖和第八届中国水土保持学会青年科技奖评选表彰活动。6.召开两岸洽谈会，商讨学会加入世界水土保持学会事宜。7.完善个人会员管理系统，增加会员800余人。8.2012年12月6～8日，在海南省三亚市举办《生产建设项目水土保持方案编制》评审专家培训班。9.聘用秘书处工作人员2名。

学会建设 2012年，学会召开四届四次、四届五次常务理事会通讯会议，召开四届六次常务理事会议、四届三次理事会议。学会获中国社会组织评估4A等级奖牌和荣誉证书。

湖南省、浙江省、海南省新成立了水土保持学会。截至2012年底，已有27个省（自治区、直辖市）成立了地方水土保持学会。

4月12日，学会在江苏省苏州市召开秘书长工作会，学会下属14个专委会、26个省级学会的秘书长，尚未成立地方水土保持学会的5个省份主管水土保持工作领导与会。会议授予《中国水土保持科学》主编王礼先中国水土保持学会特殊贡献奖。

7月23日，生态修复专委会在宁夏回族自治区银川市召开第五届全国水土保持生态修复学术研讨会暨第二届专业委员会换届会，大会选举产生了新一届主任委员会。

新建中国水土保持科学网站，截至2012年底，点击率4000余人次。

两岸交流 6月14～23日，学会协办第十三届海峡两岸三地环境资源与生态保育学术研讨会。来自全国12个省市区的水土保持主管部门、高等院校和研究机构的42人的学会代表团参加了会议，会后，学会代表团先后拜访了东华大学、中兴大学和台湾“中华水土保持学会”等有关单位，并考察了瑞穗舞鹤水土保持户外教室。

国内主要学术会议 12月3～5日，中国水土保持学会年会暨学术研讨会在海南省三亚市召开。研讨会主题为：新时期水土保持生态建设的理论与实践。

5月27～29日，学会监测专业委员会在陕西省杨凌举办水土保持监测设施设备交流研讨会，来自全国各流域机构水土保持监测中心站、各省市区水土保持监测总站，黄土高原土壤侵蚀与旱地农业国家重点实验室，部分水土保持监测资质持证单位和水土保持设施设备生产或研制单位，有关高校和科研单位的专家、学者 170 余人与会。与会者参观了黄土高原土壤侵蚀与旱地农业国家重点实验室和部分水土保持监测设施设备的现场演示，听取了有关专家关于水土保持监测设施设备的介绍，并进行现场交流。

8 月 20 日，学会工程绿化专委会在北京市召开 5·12 汶川地震灾后植被恢复重建理论与技术研讨会，来自于国内高等院校和科研院所等 26 家单位的 60 余名专家、学者参加了会议，专家就汶川地震灾后重建进行了学术交流。

9 月 15 日，由学会工程绿化专业委员会主办，河南农业大学、河南欣安生态建设有限公司承办的 2012 年矿山废弃地生态修复学术研讨会在河南省郑州市召开，来自全国各地 120 余位专家、学者参加了会议。会议就矿山地质环境监测、矿区生态恢复的机遇与挑战、河南省地质环境恢复治理工作进展、废弃采石矿山岩质边坡植被恢复技术实验研究、固体废弃物在矿山修复中的应用、自燃煤矸石山的生态修复、煤矸石山生态修复技术实践、废弃矿山治理与边坡复绿工程案例等内容进行了交流。

10 月 31 日 ~ 11 月 2 日，学会规划设计专委会在江苏省扬州市召开 2012 年年会暨学术研讨会。来自全国 82 家会员单位的 120 多名委员参加了会议，组织交流了 29 篇学术论文，印制论文集，收录论文 60 篇的，表彰奖励了 12 个会员单位、10 名先进个人和 10 篇优秀论文。

学术期刊 2012 年出版《中国水土保持科学》6 期正刊，刊出文章约 120 篇，沙棘专委会出版 4 期《国际沙棘研究与开发》，两刊总印刷 2000 册。

科普活动 学会所属各专委会积极开展科普活动，黄河专委会通过召开座谈会、印发宣传单、张贴宣传条幅宣传画、出版宣传画册等多种形式，开展新水土保持法学习宣传贯彻活动。崩岗专委会于暑期组织大学生深入到江西省余干县开展主题为“科技兴农、文化强农”的科普活动。

5 月 12 日，学会参加由中国科协在北京举办的 2012 年“防灾减灾日”主题科普活动启动仪式。

7 月 1 日，学会在北京回龙观社区公园举行 2012 年《水土保持法》宣讲活动。现场展出了水土保持 60 年成就展以及与水土保持相关的展板，发放了新法宣传手册上万册，并通过咨询、讲解、游戏、答题、唱歌、调查问卷等多种形式与观众互动，现场教唱《一滴水 一方土》。

8 月，组织编写的全国水土保持科普宣传教育系列丛书之一《水土保持科普读本》（小学版）由中国水利水电出版社正式出版。

表彰举荐优秀科技工作者 学会推荐的王治国同志被评为中国科协第五届“全国优秀科技工作者”。

评选第四届中国水土保持学会科学技术奖 17 项，其中一等奖 2 项、二等奖 6 项、三等奖 9 项。评选第八届中国水土保持学会青年科技奖 9 名。评选 2012 年学会年会暨学术研讨会优秀论文 15 篇。评选《中国水土保持科学》第四届优秀论文 5 篇。

【2012 年中国水土保持学会年会暨学术研讨会】 12 月 3 ~ 5 日，2012 年中国水土保持学会年会暨学术研讨会在海南省三亚市召开。学术研讨会主题为：新时期水土保持生态建设的理论与实践。有关专家学者分别作了题为《扎实推进水土保持工作促进生态文明建设》、《水土保持与生态文明建设》等 10 个特邀报告。水土保持监测专委会、生态修复专委会、科技协作工作委员会，以及工程绿化、泥石流滑坡防治和规划设计专委会联合主办了 4 个分会场，就新形势下的热点和焦点问题进行了交流研讨。会后全体与会者考察了三亚市水土保持科技示范园。

（撰稿人：郑　慧）

中国茶叶学会

服务创新型国家和社会建设 2012 年，学会举办茶艺师、评茶员职业技能培训班 27 期，培训学员 1511 名。面向茶业专业技术人员举办知识更新研修班 4 期，学员 177 名。与 2011 年相比，培训期数增加 7 期，学员增加 487 名。为浙江旅游职业学院大学生举办 2 期中级茶艺师考核，109 名学生经考核合格获国家职业资格证书。协助举办青川县茶叶加工培训班，开展了中级评茶员及中级茶叶加工的考核，34 名学员参加了考核。

2 月 17 ~ 23 日，学会与浙江省新昌县人力资源和社会保障局联合举办了中级评茶员培训班。新昌县及上虞市茶叶企业的 90 名学员参加了培训，培训班讲授了茶叶栽培、加工、审评的理论知识，绿茶的加工特色与关键工艺技术。

4 月 9 ~ 11 日，举办了首届龙井茶品质评鉴研修班。来自浙江、江苏、上海、福建、湖南、湖北、广东、山东、陕西、河北、辽宁、吉林等省市及台湾地区的 48 名学员参加了研修。研修班对不同产区、不同品种的龙井茶进行了评鉴，并作了系统的对比分析。

5 月 3 ~ 9 日，学会与浙江省嵊州市质量监督检验所、嵊州市茶叶产业行业协会联合举办了中级评茶员培训班，88 人参加了培训。

7 月 25 ~ 30 日，学会在湖北省宜昌市举办中级评茶员培训班，114 名学员参加了培训。

8 月 16 ~ 18 日，学会举办首期优质绿茶、红茶评鉴与品质提升研修班。来自广东、广西、贵州、江苏、江西、山东、陕西、上海、浙江等地的茶叶科研单位、茶叶主管部门及企业的 39 名学员参加了研修班。

9 月 13 ~ 19 日，学会举办科技创新与茶产业转型升级高级研修班，来自 19 个省市从事茶叶科研、推广、教学工作的高级专业技术人员及政府相关机构的管理人员、大型茶叶企业高级研发骨干等 60 名学员参加了研修。

10 月 29 ~ 30 日，学会举办武义县茶产业发展研修班，针对武义县茶产业发展现状提出可行性建议。

10 月 26 日 ~ 11 月 1 日，学会承办的民政部项目“武陵山区茶叶产业化和标准化援助试点项目”内容之一——初中级评茶员培训班在湖北省恩施市开班，来自恩施市茶叶行业的 74 位学员参加了培训。

11 月，在广西梧州市、陕西省紫阳县举办初中级评茶员培训班，为西部边远地区提供技术服务，153 名学员参加了培训。

6 月 5 日，中央财政支持社会组织示范项目——中国茶叶学会武陵山区茶叶产业化和专业化援助试点项目在湖北省恩施市启动。学会向恩施市芭蕉侗族乡捐赠价值近 40 万元的信息素色板、太阳能杀虫灯、单人修剪机等物资。该项目由中国茶叶学会、中国农业科学院茶叶研究所组织实施，专家团队由中国农业科学院茶叶研究所、国家茶叶产业技术体系、中国茶叶学会有关专家组成。实施区域为地处武陵山区的恩施州，重点区域为恩施市芭蕉乡。项目主要内容为茶园病虫害绿色防控技术推广，包括色板、诱虫灯等生产资料赠送和技术培训。6 月 5 ~ 7 日在恩施市开展了为期 3 天的茶园病虫害绿色防控技术培训和标准化与机械化茶叶生产技术培训，273 人参加了培训。

学会能力提升计划 学会在 2011 年度社会组织评估中被评为 4A 等级。在中国科协“能力提升专项——优秀科技社团”评选活动中，中国茶叶学会获优秀科技社团三等奖。

学会能力专项以提升“四个能力”为主线，重点在提升自我发展能力和为茶产业服务能力方面有所突破。2012 年学会以换届改选为契机，加强管理、吸引优秀人才，充实到办事机构队伍中，提升办事机构专业化队伍的层次。加强基础平台建设，开发设计一个独立网站，功能包括：科技信息动态，网上学术交流、茶叶科技普及、会员发展和服务、职业技能培训远程教育等。

学会建设 2012 年，学会新发展团体会员 32 家，个人会员 53 人，截至 2012 年底，学会团体会员 579 家，个人会员 7167 人，科技示范基地 49 个，分支机构 9 个，办事机构专职工作人员 10 名。

9 月 24 ~ 26 日，学会在江苏省句容市召开第九次全国会员代表大会，大会选举产生了第九届理事会，中国农业科学院茶叶研究所副所长江用文当选为理事长。

国内主要学术会议 6 月 22 ~ 23 日，全国茶与健康学术沙龙在安徽省合肥市召开。沙龙由学会学术工作委员会和安徽农业大学承办，收到论文 28 篇，来自国内外 21 家从事茶叶健康功能研究的高等学校、科研院所及相关企业的 105 位专家、学者参加了学术沙龙。沙龙以深入探索茶的健康功能及其作用机理为主题，展示了近年来国内外茶与健康领域内的最新研究成果和进展，探讨与交流了茶的健康功能研究方法、思路和对茶产业的影响作用。本届沙龙就茯砖茶、普洱茶、富 γ－氨基丁酸茶、茶及其提取物、茶多糖、茶多酚和茶黄素等的保健功能与作用机理、儿茶素乙酰化、硒与表没食子儿茶素没食子酸酯的相互作用等方面研究工作做了交流。

9 月 25 日，全国茶业科技创新与产业发展学术研讨会在江苏省句容市召开，200 多人参加了会议，收到论文 20 篇。

10 月 21 ~ 23 日，全国茶机创新与茶产业升级学术研讨会在湖南省长沙市召开。会议由湖南省长沙县人民政府、学会茶叶机械专业委员会、国家农产品加工技术研发体系茶叶加工专业委员会和国家茶产业工程技术研究中心承办。来自中国农业科学院农产品加工研究所、中国农业科学院茶叶研究所、农业部南京农业机械化研究所等科研院所和湖南农业大学和安徽农业大学等大专院校的专家、学者，以及来自全国茶区的农业管理部门、茶机加工企业、茶叶生产和经营企业、茶叶专业合作社的 300 余人参加了研讨会。研讨会针对我国制茶机械和茶园机械的标准化、清洁化、自动化、连续化、智能化、网络化，以及高效节能、节茶，先进制造技术的应用等内容开展了研讨交流。

11 月 7 ~ 10 日，中国茶叶学会团体会员会议暨科学饮茶与健康学术研讨会在广西壮族自治区梧州市举行，会议以“茶·品质·健康”为主题。来自 19 个省市的科研院所、高等院校、茶业管理部门、茶叶企业等 1200 余人与会。研讨会设置茶园绿色防控、缙云黄茶等最新科技成果展示，还进行了 2013 年茶学毕业生信息、第三届“中国名茶之乡”展、第二届“国饮杯”全国茶叶评比特等奖茶样展示等。

12 月 4 ~ 6 日，由中国茶叶学会、四川省雅安市人民政府主办的第六届茶学青年科学家论坛在四川省雅安市举办，来自全国各地的150余名茶学科技工作者参加了论坛。论坛以“传承、弘扬、创新、发展”为主题，内容涵盖茶产业相关方向及涉及的医学、经济、历史等领域。中国工程院院士、中国茶叶学会名誉理事长陈宗懋院士作了题为《改变茶产业的八项创新理念》的报告。论坛设5项学术活动，交流论文321篇，与会专家学者970名。与2011年相比，参加人数增加470人次，交流学术论文增加134篇。

两岸交流 3月23日～4月1日，台湾善濡茶文化讲堂组织18位学员，到浙江省杭州市参加由学会、中国农业科学院茶叶研究所培训中心举办的高级评茶员培训班。中国农业科学院茶叶研究所副所长江用文作题为《中国大陆茶产品加工现状与发展趋势》的专题报告，介绍了世界产茶国的生产加工、销售消费现状及中国大陆茶产品生产情况、新世纪茶产品生产发展特点，茶产品加工科技水平。学习了茶业基本知识、绿茶、乌龙茶、红茶加工及审评等课程，考察了余杭径山茶、梅家坞茶文化村，实地观摩了西湖龙井茶的手工及机械加工工艺流程，并赴浙江省安吉县考察安吉白茶基地。

8月22～25日，中国茶叶学会与台湾茶协会联合主办的第七届海峡两岸茶业学术研讨会，在江西省南昌市举行。来自中国大陆及台湾地区的280位专家、学者参加了研讨会。

期刊出版 2012年，学会出版6期《茶叶科学》，收录稿件327篇，约82万字。与2011年相比，收录稿件增加14篇。

科普活动 4月20日，第四届全民饮茶日暨万人品茶活动在浙江省杭州市举行，设立200余个活动点，向市民和游客开展免费赠茶、说茶、学茶等活动。杭州市13个区县市结合各地特色，以举办茶文化展演、健康饮茶知识讲座及邀请民众参与制茶等形式开展“全民饮茶日”活动。腾讯微博和新浪微博发起“微茶楼”活动，据统计，全国50多个城市开展了“全民饮茶日”活动。

【中国茶叶学会第九次全国会员代表大会】 9月24～26日，中国茶叶学会第九次全国会员代表大会在江苏省句容市召开。来自中国科协、农业部等相关部门的领导出席开幕式。学会第八届理事会理事长杨亚军作了第八届理事会工作报告，会议选举产生了102位理事组成的第九届理事会，其中常务理事34名。中国农业科学院茶叶研究所副所长江用文当选理事长，聘请中国工程院院士陈宗懋、中国农业科学院茶叶研究所所长杨亚军为名誉理事长。

【第七届海峡两岸茶业学术研讨会】 8月22～25日，学会与台湾茶协会联合主办的第七届海峡两岸茶业学术研讨会在江西省南昌市举行。来自中国大陆及台湾地区的280位专家、学者参加了研讨会。中国工程院院士、中国茶叶学会名誉理事长陈宗懋，江西省人民政府副省长姚木根，中国茶叶学会理事长杨亚军，台湾茶协会理事长张连发，台湾茶协会创会理事长区少梅等出席了开幕式，开幕式由学会秘书长江用文主持。研讨会收到论文172篇，录用150篇，其中台湾地区27篇，大陆123篇。中国工程院院士陈宗懋、台湾茶业改良场场长陈右人、安徽农业大学校长宛晓春、台北医学大学教授何元顺分别作了题为《饮茶与健康研究的三十年》、《台湾茶产业发展概况》、《茶叶化学成分研究及其应用的回顾与展望》、《茶成分缓解香烟所引起的疾病之探讨》的主题报告。两岸专家、学者围绕茶树资源与育种、茶叶生化与功能成分、茶树栽培与植保、茶叶加工与深加工、茶业经济、茶文化与历史6个专题，在3个分会场分别进行研讨，55位专家、学者在会上进行了交流。研讨会研讨内容涉及医学、微生物、食品、机械等领域，凸显了多个交叉学科研究成果在茶学中的应用。10篇论文采用学术墙报方式进行交流。

【全国茶业科技创新与产业发展学术研讨会】 9月25日，全国茶业科技创新与产业发展学术研讨会在江苏省句容市召开，200多人参加了会议，收到论文20篇。中国农业科学院农产品加工研究所所长戴小枫、湖南农业大学教授刘仲华、中国农科院茶叶研究所研究员陈亮、中国农业科学院茶叶研究所助理研究员陈富桥、中国计量学院生命科学学院教授韩宝瑜分别作了题为《农产品加工业与中国之现代化》、《主要产茶国茶树资源与育种研究进展》、《我国茶叶市场营销策略：基于9大城市调研数据的分析》、《几种互利素对于茶园天敌昆虫的诱集效应及差异》的主题学术报告。

（撰稿人：段文华）

中国草学会

学会建设 2012年，学会完善《中国草学会分支机构管理办法》、《中国草学会会员管理办法》，启用个人会员管理系统，规范会员及分支机构管理。

依据《中国草学会草业科技奖奖励办法》，完成草业科学技术奖的初审工作。

草业教育专业委员会、草坪专业委员会及草地植保专业委员会完成换届工作，选举产生了新一届领导班子。草业生物技术专业委员会获中国科协和民政部批准成立。

学术期刊 学会会刊《草地学报》2012年刊载篇数

由2011年的170篇增至180篇，据中国学术期刊影响因子年报（2012）统计数据，2011年复合影响因子由2010年的1.833提升至1.905，在所有畜牧兽医学科期刊中排名第2位，总被引频次达2712次。网页数据年下载量达到5.16万次，比2010年增长了18.62%。

国内主要学术会议 6月22日，学会草地生态专业委员会在甘肃省兰州市举办了我国草地的生态保障与食物安全专家论坛。参加人数100人，交流论文40篇。8月13～16日，草地生态专业委员会组织了由草地农业生态系统国家重点实验室和兰州大学承办的第八届国际禾草内生真菌大会。参加人数150人，交流论文90篇。

8月21～22日，学会草原火专业委员会在吉林省长春市组织召开了草原防火减灾与风险管理论坛。来自农业部草原监理中心、全国各个省区草原总站、大院院校、科研院所的管理人员、科研人员、学生等80多人参加了会议，交流论文20篇。10月27～28日，草原火专业委员会举行了中国灾害防御协会风险分析专业委员会第五届年会。参加人数200人，交流论文135篇。

10月，草业教育委员会在河南农业大学召开了学术会议，就草业科学上升为一级学科后草业教育的发展方向进行了充分的讨论和交流，与会人员约200余人。

11月7日，学会青年工作委员会联合共青团广西区委、广西壮族自治区畜牧水产局在广西壮族自治区南宁市召开中国草学会青年工作委员会2012年大会。学会秘书长王堃、广西共青团区委副书记严霜、广西畜牧局副局长梁师、学会青年工作委员会主任委员张英俊、广西畜牧兽医研究所闭正辉、赖志强以及来自高校、科研院所及企业的270余人参加了会议。

科普活动 学会围绕饲草饲料安全、草地植物保护、草原防火减灾等开展各项科普宣传活动和培训班，举办主题科普活动17次，科普讲座15次，举办青少年科技奖赛1次，科普展览3次，专题技术培训19次。

【“全国草原保护日”倡议座谈暨新闻发布会】 6月18日，学会在北京组织召开了“全国草原保护日”倡议座谈暨新闻发布会。全国人大农委和民族委、中国科学院、中国农业科学院、北京市园林局等单位的领导，中国农学会、中国生态学会及草学相关领域的院士、专家、学者70余人出席了会议。全国人大民族委员会主任委员、学会理事长马启智致开幕辞。会议由学会秘书长王堃主持。与会专家、学者和基层科技工作者就草原的功能、现状及目前存在的问题进行了讨论，肯定了草原的生态、经济、社会和文化功能和设立“草原保护日”对保护好草原资源和生态环境的必要性，号召全世界关注、关心、关爱草原。会议宣读了设立“全国草原保护日”倡议书，将审议通过《中华人民共和国草原法》的日期6月18日拟定为“全国草原保护日”。

【中国草学会牧草机械扶贫试点项目】 8月27日，中国草学会牧草机械扶贫试点项目捐赠仪式在内蒙古自治区太仆寺旗举行。仪式上赠送的40台牧草机械是由中国农业大学工学院自主研发的。中国草学会、太仆寺旗、正镶白旗、锡林郭勒盟农牧业局等部门和单位负责人及牧民代表近200余人出席了捐赠仪式。学会还发放了牧草种植及草原保护的各类书籍200余册。

【中国草学会青年工作委员会】 11月7日，学会青年工作委员会联合共青团广西区委、广西壮族自治区畜牧水产局在广西壮族自治区南宁市召开中国草学会青年工作委员会2012年大会。学会秘书长王堃、广西共青团区委副书记严霜、广西畜牧局副局长梁师、学会青年工作委员会主任委员张英俊、广西畜牧兽医研究所闭正辉、赖志强以及来自高校、科研院所及企业的270余人参加了会议。会议以“草业国际化与草业科技创新”为主题，邀请国内外专家就美国、加拿大、新西兰、澳大利亚、日本等国家草业科技创新现状与发展趋势，草业及相关领域国际期刊介绍与论文撰写等内容作报告。

会议期间还举行了广西草业青年创新创业论坛启动仪式和2011年度中国草学会“王栋奖学金”颁奖仪式。共青团广西区委与学会青年工作委员会签署了《广西草业创新创业青年行动合作框架协议》，聘请首批10名创业导师，为首批10名广西草业创业青年学员代表赠送草种，颁发学员证书。

（撰稿人：李红利　邓　波）

中国植物营养与肥料学会

学会建设 2012年，学会召开两次常务理事会议。

7月5日，中国植物营养与肥料学会七届七次常务理事会暨各委员会工作会议在北京召开。学会常务理事、顾问48人与会，学会名誉理事长朱兆良、林葆列席了会议。会议由学会理事长金继运主持。会议通报了第八次会员代表大会筹备情况，通过了关于成立“中国植物营养与肥料学会第八届理事会筹备领导小组”的决定及第八届理事产生办法，讨论了学会分支机构调整的情况。11月12日，中国植物营养与肥料学会七届八次常务理事会在广东省广州市召开。学会常务理事、顾问38人与会。会议由学会理事长金继运主持，会议讨论通过了八届理事、常务理事产生办法及第八次会员代表大会会议日程，讨论了新一届理事会理事、常务理事、理事长、副理事长、秘书长选举办法。

11月13日，中国植物营养与肥料学会第八次会员代表大会在广东省广州市召开。学会第七届秘书长白由路做了学会第七届理事会工作报告，会议选出162名理事组成第八届理事会，常务理事50名。白由路当选为新一届理事会理事长。

3月27日，在北京召开学会与全国各省植物营养与肥料领域相关学会之间的交流会议。

学术期刊 学会主办了《植物营养与肥料学报》和《中国土壤与肥料》。

2012年，《植物营养与肥料学报》出刊6期，刊发论文181篇。据中国科技论文与引文数据库（CSTPCD）统计，《植物营养与肥料学报》年度文献计量学指标结果与排名如下：影响因子：1.293，在农学类期刊（44种）中排名第1位，在中国科技论文统计源期刊（1998种核心期刊）中列50位。总被引频次3291，在农学类期刊中列第4位，在中国科技论文统计源期刊中列第92位。综合评分：72.6，在农学类期刊（44种）中排名第3位。

2012年《中国土壤与肥料》收稿407篇，出刊6期，刊发论文122篇，约125万字。《中国科技期刊引证报告（核心版）》统计该刊影响因子为0.747，在农学类期刊中的排第12位。《中国学术期刊影响因子年报》统计复合影响因子1.377，学科排名8/21，综合影响因子0.974，学科排名7/21，基础研究类影响因子0.921，学科排名8/13。

国际学术会议 7月21～24日，第三届农业土壤固碳减排与气候变化国际学术研讨会在北京召开。来自中国、美国、英国、澳大利亚、日本、韩国、土耳其、巴基斯坦的160余名专家、学者参加了研讨会。30余名专家、学者做了专题报告，会议讨论和交流了农田系统碳氮循环与转化过程、温室气体减排、碳氮循环模型应用与验证及干旱地区无机碳固定等科研热点问题。

3月25～27日，学会根际营养专业委员会在北京联合主办“调控植物—土壤互作关系促进粮食安全生产”国际专题学术讨论会，来自中国、英国、澳大利亚、丹麦的40余名专家、学者与会，大会有19个特邀报告，内容涵盖了植物—土壤系统中土壤养分、水分资源的高效利用与分子机制、土壤物理障碍因子及管理、氮磷养分缺乏与管理、植物—土壤相互作用等多个方面。

国内主要学术会议 2012年，学会组织大型会议8次，参加会议2次，参与人数1683人次，交流论文82篇。

11月12～17日，由学会主办的中国植物营养与肥料学会第八次代表大会暨2012年学术年会在广东省广州市召开。来自全国各地的教学、科研、推广、管理和企业的代表近600人参加了会议。大会收到论文82篇，交流98个学术报告，其中大会报告10个，4个分会场交流了88个学术报告。

7月27～29日，由学会新型肥料专业技术委员会主办、山东泉林嘉有肥料有限责任公司承办的第四届全国新型肥料学术研讨会在山东省济南市召开。新型肥料技术专业委员会委员以及来自科研院所、大专院校、新型肥料生产与销售企业、农技推广部门的500余人与会。学会理事长金继运、秘书长白由路，中国农科院农业资源区划所产业技术中心主任张树清，中国腐殖酸工业协会理事长曾宪成，山东省农业厅土肥站站长高瑞杰出席了会议。

5月12～13日，学会青年工作委员会在陕西省杨凌县召开 黄土高原雨养农田水分高效利用技术学术讨论会。

8月3～5日，学会青年工作委员在陕西省延安市召开第二届西北旱地作物高产高效施肥与栽培学术研讨会，50余人参会，18人进行了大会报告交流。

【中国植物营养与肥料学会第八次会员代表大会暨2012年学术年会】 11月12～17日，中国植物营养与肥料学会第八次代表大会暨2012年学术年会在广东省广州市召开。来自全国各地的教学、科研、推广、管理和企业的代表近600人参加了会议。在本次会员代表大会上，与会代表采用无记名投票方式选举了中国植物营养与肥料学会第八届理事会理事162名，新当选的理事采用无记名投票的方式选举了第八届理事会理事长1名，副理事长7名，秘书长1名，常务理事50名。白由路当选学会第八届理事会理事长。

大会收到论文82篇，交流98个学术报告，其中大会报告10个，4个分会场交流了88个学术报告。中国科学院院士朱兆良做了题为《保障我国粮食安全的肥料问题》的大会报告，报告分析了化肥对我国粮食增产贡献的演变过程，提出了未来肥料在保障我国粮食安全中的发展策略。中国农业科学院农业资源与农业区划研究所白由路研究员做了题为《我国肥料发展现状与趋势分析》的报告，明晰了我国肥料发展的趋势，广东省农科院土肥所所长杨少海做了题为《广东省植物营养与肥料研究新进展》的报告，介绍了广东省植物营养研究的进展情况，全国农业推广技术中心高祥照做了题为《中国植物营养和肥料问题与对策》的报告，分析了肥料施用对环境的影响。

【第三届农业土壤固碳减排与气候变化国际学术研讨会】 7月21～24日，由中国农科院和中国植物营养与肥料学会联合主办，中国农业科学院农业资源与农业区划研究所和学会土壤肥力专业委员会承办的第三届农业土壤固碳减排与气候变化国际学术研讨会在北京召开。来自美国、英国、澳大利亚、日本、韩国、土耳其、巴基斯坦，我国相关院所、大学的160余名专家、学者参加了研讨会。会议开幕式由学会常务理事、土壤肥力专业委员会主任徐明岗主持，中国农业科学院国际合作局副局长贡锡峰、学会理事长金继运出席大会开幕式并讲话。30余名专家、学者做了专题报告，内容涉及长期试验与土壤有机碳循环、土壤碳氮相互作用、土壤无机碳变化及其在全球陆地碳循环中的作用及陆地生态系统碳氮循环的模型模拟等多个方面。会议讨论和交流了农田系统碳氮循环与转化过程、温室气体减排、碳氮循环模型应用与验证及干旱地区无机碳固定等当前的科研热点问题。

（撰稿人：左红娟　宋永林）

中华医学会

服务创新型国家和社会建设　2012年，学会认真履行全国继续医学教育委员会办公室职能，组织专家评审并公布了2012年国家级继续医学教育申报项目，征集和受理了2013年国家级继续医学教育的项目申报。受卫生部委托，学会对2011年医用设备使用人员业务能力考评合格人员核发了证书，并协助卫生部人才交流服务中心完成2012年医用设备使用人员业务能力考评工作。在继续教育工作创新方面，组织开展了“中华医学会肿瘤消融规范化治疗培训班项目”等多个继续医学教育项目，其中，重症医学专科资质培训和专科会员建设项目分别在昆明、大连、南京等城市举办10期学员班，对2000名学员进行了培训。

2012年，学会共对各地委托的151个医疗事故技术鉴定案例进行论证，组织鉴定27例，鉴定结论属医疗事故的占89%以上。学会与卫生部疾病预防控制局、中国疾病预防控制中心合作邀请相关领域专家，在甘肃省兰州市对包括省内鉴定专家委员会在内的160多名成员进行了集中培训，并到江苏、上海、陕西、重庆等地调研、走访，对预防接种异常反应鉴定工作进行指导。

学会与强生（中国）有限公司合作，开展了中华医学会—强生西部学术讲座，先后组织专家赴广西壮族自治区北海市、四川省西昌市、云南省玉溪市等9个西部地区开展培训、讲学活动。与卫生部临床检验中心联合推进“中国糖化血红蛋白教育计划”，近9000名全科、内科、内分泌科和检验科的基层医务人员接受了培训。

受卫生部委托，学会在承担2012年国家临床重点专科建设项目评估工作中，顺利完成涵盖9个专科以及重点实验和民营医院的项目评估工作。先后完成了卫生部等部委的咨询类任务10余项，其中包括多项技术的论证以及多个规范性文件的制订和修订任务。受卫生部委托，学会承担的县市级医疗机构20种病诊疗规范的制订取得了阶段性成果。

学会能力提升计划　2012年，学会荣获中国科协学会能力提升专项“优秀科技社团奖”一等奖，获得奖补资金支持。学会对各部门报送的项目梳理后确定对其中32个项目按四个能力进行归类，作为学会未来3年的资金使用方向。

为使所获得项目资金切实对提升学会的四个能力建设发挥出应有作用，按照《学会能力提升专项实施方案（试行）》的要求，学会制定了《中华医学会能力提升专项资金管理办法（讨论稿）》。根据奖补资金额度，本着科学性、引领性，以及突出发展重点等原则，对学会能力建设提升专项中的32个子项目做适当调整，保留了20个子项目，其余子项目不再纳入此次中国科协的专项资助项目，并对20个子项目按照提升四方面能力进行了归类，以方便资金的使用管理和业绩考核。

学会建设　1月7日，学会召开全体理事会议，中华医学会第二十四届理事会学术年会同期召开。2012年，学会召开的5次常务理事会会议，对学会工作的重要事项进行研究、审批，对重要文件进行了审议。分别召开组织工作委员会、学术工作委员会、医学名词审定委员会等专业工作委员会会议，对相关工作事项进行审议。学会继续实行副秘书长工作全覆盖和常务副秘书长定期轮换制，召开党政联席会议对学会工作的重要议题、重大事项进行集体研究、民主决策。

2012年，学会全年发展专科会员4436人，累计达到7474人；发展专家会员30人，累计达到230人。3月，学会在北京召开了2012专科分会主任委员、秘书长工作会议，对分会的工作提出了具体要求。专科分会建设方面，学会在继续坚持“前任、现任和候任主任委员”组织架构，对任期届满的36个专科分会按期进行换届，有25个分会完成青年委员会的换届或组建，14个分会完成107个专业学组的换届或组建。

学会制定实施了《中华医学会关于鼓励民营医院参加学会活动的指导意见》，与贵州省医学会拟定了有关对口支援的合作方案。卫生部颁布《医疗机构从业人员行为规范》后，学会及时向专科分会征集意见、建议，对医务人员自觉规范行医加以引导。

2月8日，中华医学会召开全体党员大会，选举产生了学会新一届党委、纪委。4月，学会在广东省广州市召开了 2012 年全国地方医学会秘书长工作研讨会，会议围绕学会工作展开研讨。

科技期刊国际影响力提升计划 《中华医学杂志》（英文版）被评为中国科协 2012 年优秀国际科技期刊奖二等奖，获得连续 3 年奖补资金支持。

杂志编辑部拟定了一系列措施，通过内容质量的提升，逐步提高期刊的国际影响力。具体做法包括：加强向国内外知名专家的组稿工作，通过缩短出版时滞、改进投稿系统功能等措施，吸引更多国际来稿，争取发表的国际来稿比例占 8% 左右，国际审稿人比例达 13% 左右；继续推动开放获取出版，读者免费阅读，增加论文的国际显示度；对杂志网站和审稿系统进行升级，增加功能，逐步做到在线投稿、在线审稿、在线编校和在线数据发布一体化；增加国际数据发布平台，提供最近几年的过期期刊下载。

学术期刊 2012 年学会共出版约 1400 期的纸质杂志，93 个版号的电子音像出版物，压制光盘 22.3 万张。系列杂志共有 13 种入选 2012 年中国科协精品科技期刊工程项目。音像出版物《2010 版心肺复苏指南的解读与示范（基层版）》获得北京市出版基金资助。中华医学电子音像出版社有限责任公司被评为“2012 年度北京市新闻出版和版权工作先进集体”。

中华医学会系列杂志荣获多项中国科协精品期刊项目资助，获得资助的期刊及项目分别为：1.《中华结核和呼吸杂志》、《中华医学杂志》、《中华心血管病杂志》、《中华眼科杂志》、《中华儿科杂志》、《中华耳鼻咽喉头颈外科杂志》、《中华肿瘤杂志》获得科技期刊培育计划期刊学术质量提升项目，每年获经费资助 15 万元 / 年（连续资助 3 年）。2.《中华口腔医学杂志》、《中华内科杂志》、《中华放射学杂志》、《中华实用儿科临床杂志》、《中华消化外科杂志》获得科技期刊培育计划期刊出版质量提升项目，每年获得经费资助 10 万元 / 年（连续资助 3 年）。3. 获得科技期刊培育计划科技期刊数字建设项目（10 万元 / 年）、科技期刊培育计划期刊资源集约建设项目（10 万元 / 年）、科技期刊发展能力建设平台各 1 项（15 万元 / 年）。4.《中华神经医学杂志》获得科技期刊培育计划期刊出版人才培育项目（30 万元 / 年）。

2012 年，学会信息化建设的系统验收工作全面完成，学会出版系列杂志的发行、广告管理系统、文献数据系统、办公档案、在线会议信息发布及会议进程管理系统得到进一步完善。68 个系列杂志网站已实现在线信息服务，105 个编辑部使用了在线审稿系统。

国内主要学术会议 2012 年，学会共举办各类学术会议 434 个，其中学术年会或全国性学术大会 58 个，中青年学术会议 20 个，专题学术会议 182 个，各类学习班、培训班、组稿会议 165 个。学会直接组织的 92 个学术会议统计参会人数达到 11.6 万人，收到论文 8.36 万篇，会议交流 15720 篇，编印了 88 种论文集。在举办的 58 个学术年会或全国性学术大会中，有 30 多个会议的规模在千人以上。

学会与香港特别行政区、澳门特别行政区共同举办了第 14 届京港医学交流会议、2012 年香港医院管理局研讨大会等会议。

国际交往 2012 年，学会先后组织出访 22 批 54 次，分别参加了世界医学会 191 次、192 次理事会及欧洲介入心脏病学年会等国际会议，出席了美国医学会、英国医学会年会及第 32 届中法医学日等双边会议。接待应邀来访的境外代表团 3 批 21 人次。

学会生殖医学、皮肤病学等 5 个专科分会完成了加入对口国际组织的申报工作。

2012 年学会举办国际、地区或双边学术会议 9 个。

科普活动 2012 年，学会组织参与了 2012 年全国科普日暨第十届中国科协 · 吕梁市科普活动月和知名专家进社区——关爱眼部健康等科普宣传活动。组织多家医院的 22 名专家参加“振兴高原 服务三农 科技列车青海行”活动，赴西宁等市、县针对常见病、多发病进行了义诊、会诊、专业培训和科普讲座。

表彰举荐优秀科技工作者 2012 年，“中华医学科技奖”增设了“卫生政策奖”项。经过形式审查、初审、公示、终审等程序，共评出“中华医学科技奖”2012 年获奖项目 85 项，其中一等奖 8 项，二等奖 25 项，三等奖 47 项，卫生管理奖 2 项，医学科普奖 2 项，卫生政策奖 1 项。学会向国家科学技术奖励办公室择优推荐了 8 个 2011 年“中华医学科技奖”一、二等奖获奖项目，有 2 项获得国家科学技术进步奖二等奖。9 月，中华医学会与扬子江药业集团签署了合作协议，由扬子江药业集团继续独家支持未来 5 年中华医学科技奖的评选奖励。

学会创新发展 学会开展了“医疗行业核心价值观”的专题研究，先后在上海市举办了卫生系统核心价值观与医院文化建设研讨会、在北京举办了医疗卫生职业精神座谈会和中华医学会医疗卫生职业精神专家研讨会，并将专题研究取得的成果报送卫生部。

【中华医学会第 24 届理事会 2012 年学术年会、中华医学科技奖（2010 ~ 2011）颁奖大会暨中华医学会 2012 年新春专家座谈会】 1 月 7 日，中华医学会第 24 届理事会 2012 年学术年会、中华医学科技奖

（2010 ~ 2011）颁奖大会暨中华医学会2012年新春专家座谈会在北京召开。中华医学会第24届理事会全体理事，中华医学会各专科分会、中华医学会系列杂志、中华医学科技奖获奖者、地方医学会代表，以及来自国际组织和外国医学会的嘉宾共计1500余人参会。会议的主题为“学会在我国医药卫生体制改革中的作用”。

卫生部部长、中华医学会会长陈竺就我国医药卫生体制改革的重点与展望作专题演讲。中国科学院院士赵玉沛、曾益新，中国工程院院士王陇德、樊代明等4位专家分别就我国慢性病的现状及防控策略、转化医学、全科医师制度、精品战略与学科建设等作主题演讲。为弘扬科学精神，促进文化建设，会议还专门安排了关于医师职业精神与和谐医患关系的专题研讨，内容包括医学核心价值观的思考、国内外医师职业精神的研究、我国医患关系现状的调查。

全国政协副主席王志珍，全国人大常委会原副委员长何鲁丽，卫生部部长、中华医学会会长陈竺等出席中华医学科技奖（2010 ~ 2011）颁奖大会并为获奖代表颁奖。中国科协常务副主席、书记处第一书记陈希，卫生部副部长刘谦，解放军总后勤部卫生部部长张雁灵，解放军总后勤部卫生部副部长王玉民，武警总队卫生部副部长刘福东等出席颁奖大会。

【2012 中华医学会专科分会主任委员、秘书长工作会议】 3月23日，2012 中华医学会专科分会主任委员、秘书长工作会议在北京召开。中华医学会办事机构主要负责人、中华医学会所属的86个专科分会的主任委员或秘书长200余人参加了本次会议。

会议由中华医学会副会长兼秘书长刘雁飞主持。卫生部部长、中华医学会会长陈竺在讲话中肯定了中华医学会2011年以来取得的成绩，对各专科分会今后的工作提出了“加强学风建设和道德建设”、“加强会员管理和学会组织建设”等10项要求。陈竺对过去几年我国医疗制度改革领域取得的成绩以及目前所面临的困境进行了阐述，他希望中华医学会及其各专科分会在医疗制度改革中发挥出应有的作用。学会副秘书长罗玲对2012年度临床重点专科评审工作做了简要汇报，介绍了医学名词工作的进展情况。学会肾脏病学分会、骨科学分会、糖尿病学分会及重症医学分会的主任委员分别向大会作工作报告。

86个专科分会及相关学会部门在分组讨论中，对如何提升中华医学会的社会影响力、社会公信力和会员凝聚力，如何发挥专科分会青年委员会委员的作用以培养学科人才，以及如何做好各专科分会对外交流工作等9个方面的内容进行了交流和讨论。

【中华医学会第十四届骨科学术会议暨第七届 COA 国际学术大会】 11月15 ~ 18日，由中华医学会、中华医学会骨科学分会（COA）主办的中华医学会第十四届骨科学术会议暨第七届 COA 国际学术大会在北京举行。本次会议境内注册代表12063人，港澳台地区及境外注册代表522人，参展企业代表3000人，参会人数共计15585人。

本届大会主题为“同一个骨科，同一个使命”，致力于联合全世界骨科精英的力量，开创世界骨科发展的新天地。来自137个国家和地区的骨科学会主席及代表，170位骨科学术团体主席及代表在开幕式上正式启动以提高发展中国家骨科医疗水平为目的的世界骨科联盟（WOA），为亚洲骨科医生在骨科手术、临床研究、研究基金、研发技术等方面的合作提供交流平台。

本届 COA 大会举办国内会场18个场次，国际会场13个场次。大会共收到中文论文投稿14714篇，英文论文投稿638篇，嘉宾发言527人次，电子壁报展示2425篇，82人在大会上进行了现场病例讨论交流。大会设立的国际骨科继续教育讲座（ICL）有111人次授课。

本届 COA 大会充分利用当今先进的多媒体技术，增加了创伤、关节等手术技术规范化教育内容，包括国内外顶级专家手术演示录像和讲座，同时在会场外设置数个交互式屏幕供医师点阅自己感兴趣的手术录像。

经过6年的发展，COA 国际学术大会已经成为当今世界规模最大的骨科学术会议之一。

【中华医学会重症医学专科资质培训和专科会员队伍建设项目（5C 项目）】 2012年中华医学会分别在昆明、大连、南京、南昌、南通、拉萨、青岛、济南、武汉和太原等地举办了10期学员班，约2000名学员参加了培训，约1500人取得了培训合格证书。

3月，在云南省昆明市举办的培训班修订了培训教材，技能培训增加了连续性肾脏替代治疗模块。4月在辽宁省大连市举办的培训班修订了与新教材配套的演示文稿（PPT）。在2011年试点的基础上，南京、南昌、南通、青岛、济南、武汉、太原等地的6期培训采用分会场高清音视频实时转播主会场理论授课。技能培训分别单独组织的形式，提高了工作效率。培训期间，开通了学员提问的短信平台，提高了每节课后和专门时段的答疑解惑效率。

9月，在西藏自治区拉萨市举办的培训班是中华医学会为无偿支援西藏地区重症医学的发展而作的公益性学术活动，免除了学员的所有培训及食宿费用。共有131名学员参加了培训，其中来自西藏自治区学员115名，青海省学员5名，几乎覆盖了西藏全部ICU学科的医生。培训班免收该地区各级医院ICU及相关学科医生的费用。通过这一领域权威专家的现场授课和解疑释惑，有力地推动了西藏重症医学的学科发展和人才建设。

自2009年起，学会和重症医学分会合作开展重症医学专科资质培训和专科会员队伍建设试点工作，尝试将系统性、规范化的培训活动与专科会员的发展结合起来。截至2012年底，中华医学会重症医学专科资质培训和专科会员队伍建设项目共举办了师资班4期，普通学员班30期，共有189人次参加了师资班培训，约6000人次参加了学员班培训。

【糖尿病防治干预活动——中国糖化血红蛋白教育计划】 为更好地普及糖化血红蛋白相关知识，提高我国糖尿病的诊断、治疗和管理水平，更好地服务于患者，卫生部、科技部、中国科协联合开展了“中国糖化血红蛋白教育计划”，在全国范围开展针对医务工作者和患者的系统培训及患者教育活动。通过多形式、多渠道普及糖化血红蛋白知识，促进糖化血红蛋白在临床诊疗中的应用，推动国内糖化血红蛋白检测标准化进程。本项目活动由学会承办。截至2012年底，学会在全国24个城市开展了培训工作，培训全科、内科、内分泌科和检验科医务工作者8976人，培训围绕糖化血红蛋白与糖尿病管理、糖尿病诊断和筛查、糖化血红蛋白检测等内容开展，提升了基层医务工作者的业务水平。该计划同时参加了2012年北大糖尿病论坛、第七届全国检验与临床学术年会等糖尿病和检验领域的全国大型学术会议中有关糖化血红蛋白的专场活动，有效利用全国性的学术交流平台与来自全国相关专业的医务工作者5000余人进行了广泛的学术交流。同时利用新媒体渠道，开设了项目微博，与广大医务工作者和患者进行互动。

（撰稿人：杨　凯）

中华中医药学会

服务创新型国家和社会建设　2012年，学会发布了《中医外科常见病诊疗指南》、《中医古籍整理规范》、《中医整脊常见病诊疗指南》等标准264项。

完成了中国科协创新发展示范项目——中医药标准化工作机制创新研究项目。其中，完成《国外标准化概况调研报告》、《中医药标准化创新发展模式研究》等7个研究报告，制定了《全国中医标准化技术委员会章程》、《全国中医标准化技术委员会草案》、《中医标准研制规范框架》、《中华中医药学会标准体系表》。组织专家编制了《中医药期刊编辑出版规范》。建设完成了中医药行业标准化网络服务平台，建立标准化专家库，签订了《中医药标准化工作手册》出版合同。

学会在河北省保定市易县组织实施了科技扶贫项目——中医药下乡“济康”扶贫试点项目，开展了下乡义诊、健康培训、建设中草药示范园、中草药种植培训等活动。

学会继续与国际防痨和肺部疾病联合会合作，开展促进政府出台中医无烟医院政策，推动中医医院100%无烟环境建设项目。7月，学会举办了控烟知识与能力培训班，召开研讨会并形成了控烟政策建议文本。向国家中医药管理局上报了《政策推动中医院控烟的建议书》，有关无烟中医院的相关规定被纳入国家中医药管理局《三级中医医院评审标准实施细则（2012年版）》。

学会与山西省卫生厅等联合启动了“拜名医大师、弘国医精粹、育传承新人”活动。

学会承办的第四届全国中医药优秀期刊评选活动，共收到符合评选要求的期刊79种，4476本，确定最终获奖35种期刊名单，上报国家中医药管理局新闻办公室。完成2012年度国家中医药管理局局主管中医药期刊、报纸集中审读工作。

学会能力提升计划　学会获得中国科协学会能力提升专项“优秀科技社团奖”二等奖，获得三年奖补资金支持。未来3年，学会将依据《中国科学技术协会事业发展“十二五”规划》、《中医药事业发展“十二五”规划》，结合《中华中医药学会“十二五”规划》，从中医药学科特点出发，围绕“继承、创新、发展”的主线，着力提升中华中医药学会服务创新能力、服务社会和政府能力、服务科技工作者能力以及自我发展能力。

一是发挥学术引领作用，着力提升服务创新能力：举办岐黄论坛、国医大师学术传承高层论坛等精品学术会议，促进学术思想和学出成果传播；召开国际扶阳论坛等中医药品牌国际会议，推动国际组织后备队伍建设；探索建立中医药学科发展报告发布制度，树立中医药学科发展报告的权威性和影响力；实现学会期刊集约化发展模式，提升期刊管理水平。二是推动科技成果转化，建立中医药科普宣教基地，切实加强服务政府和社会的能力：开展中医药科技成果转化现状调研，为政府决策提供咨询服务；打造科技成果推广、转化工程，促进科技成果推广和转化；制修订并发布中医药技术标准；建立中医药科普宣教基地；建立革命老区教育基地。三是拓宽发展、服务会员渠道，建立中医药继续教育网络平台，实施人才发展“六个一”工程，建立中医药专科技术继续教育基地不断提高服务会员和科技工作者能力。四是建立健全学会管理机制，充分发挥学会理事会作用，建立中华中医药学会综合信息服务平台，加强学会机关建设，显著提升学会自我发展能力。

学会按照项目要求，制定了主要工作任务、考核指标、进度安排、阶段目标以及经费支出预算明细，并根据《中国科协项目管理办法》中的项目经费管理及政府采购的有关规定制定了相应的资金管理办法。

学会建设 2012 年，学会共发展个人会员 1225 名，团体会员 10 个。

完成脾胃病分会、护理分会、老年病分会、民间传统诊疗技术与验方整理分会、脑病分会、社会办医管理分会、肾病分会、亚健康分会、眼科分会、药房管理分会、中药分析分会、中药化学分会、中药制剂分会、中医基础理论整理分会、肿瘤分会、中药基础理论分会等 16 个分会的换届工作。经中国科协、民政部批准，将微量元素分会更名为量效研究分会。《光明中医》等 4 家学会主办期刊杂志社进行了体制改革。

学会先后召开第五届常务理事会第四次、第五次会议。召开 2012 年全国中医药学会秘书长工作会议暨 2011 年度“康缘杯”中华中医药学会科技奖励颁奖大会。

完成继续教育项目 45 项，受训人员 7100 余人次。与中医药继续教育网联合开展网上继续教育培训活动，内容涉及经典，内科、外科、妇科、儿科等学科，共 5000 多人参加网上继续教育培训。先后 3 次召开全国膏方标准研究及人才培训高级研修班，共计 1000 人次参加培训。

由学会推荐的 50 位评审专家入选国家科学技术奖励评审专家数据库。

在国家中医药管理局的支持下，建成了中华中医药学会期刊平台管理系统，该系统已进入试运行阶段。该系统遵循统一管理、资源共享、适应需求、运营高效的原则，实现了学会系列期刊的信息化管理，整合了信息发布和业务处理流程，搭建了学会与中医药期刊杂志社、中医药专家及作者之间沟通的平台。

学科发展研究 经中国科协批准，学会承担《中国中医药学学科史》研究项目。组织专家、学者组成项目组。先后在北京、南京等地召开专家研讨会、论证会，邀请相关专家探讨研究目的、内容与方法。2012 年 11 月 27 日在北京召开项目开题会，邀请专家对初拟的编写大纲及样稿提出建议。按照专家意见，初步确定了编写大纲和项目组织架构，明确了分工，完成了部分初稿。

国际学术会议 2012 年，学会举办国际学术活动 6 次，参会人员 3420 人次，交流论文 1236 篇。11 月，第二届国际扶阳论坛暨第五届扶阳论坛在四川省成都市召开。4 月，国际中医原创思维与扁鹊脉法论坛暨中医药文化寻根之旅活动在山东省济南市召开，来自俄罗斯及全国各地的专家、学者 200 余人参会。9 月，与韩国大韩韩医师协会在韩国共同举办了第十六届中韩中医药学术大会。5 月，学会举办了第二届国际（中日韩）经方学术会议。8 月，举办了第三届国际五运六气学术研讨会暨首届龙砂医学论坛等会议。

国内主要学术会议 2012 年，学会共举办全国性学术活动 97 次，参会人员 17004 人次，交流论文 8340 篇，参会人员比 2012 年增长 21.5%。

学会各专科分会分别围绕各自的学科特点，召开了学术年会。举办了第三次方药量效关系与合理应用交流会，成立了中华中医药学会方药量效研究分会。学会与中日友好医院共同主办了焦树德诞辰 90 周年纪念暨焦树德学术经验研讨会。

两岸交流 2012 年，学会举办了第四届海峡两岸中医药合作发展论坛、海峡两岸中医药与易经文化研讨会，参会人员 600 人次，交流论文 98 篇。

科普活动 学会联合企业及社会各界，举办“同心·共铸中国心走进青海——情暖三江源”活动，该活动以改善当地人民群众的健康状况、提升医疗救治水平为宗旨，帮助人们掌握健康知识，建立健康行为，并为其提供医疗支持。本活动获中国科协 2012 年全国学会重点科普活动项目支持。

继续与广东省深圳市精神文明建设委员会办公室、深圳市关爱行动组委会办公室等多家单位共同举办“幸福人生大讲堂”大型科普公益活动，邀请学会首席健康科普专家傅杰英、刘东莉、刘更生、王宜等与深圳市民分享健康养生智慧。在北京市三艾堂国医馆开设“中华中医药学会科普大讲堂”，并邀请学会首席健康科普专家，以及各学科领域优秀科普专家进行有关防病治病及养生保健知识的科普讲座。

表彰举荐优秀科技工作者 完成了 2012 年度“中华中医药学会科学技术奖”、“李时珍医药创新奖”的评审工作。经学会推荐，由杨明会等完成的《补肾活血理论在治疗帕金森病中的应用》和李友林等完成的《肺病咳喘异病同治方法的研究与应用》等 2 项成果获得了国家科学技术奖二等奖。至此，从学会科技奖获奖项目中择优推荐并获得国家科学技术奖的总数已达到 30 项。

在郭春园中医发展基金会的支持下，经学会专家委员会评审，学会共推选出 97 位“郭春园式的好医生”。经学会推荐，王琦、卢传坚、雷燕、贾振华等 4 位专家获得中国科协第五届“全国优秀科技工作者”荣誉称号。

党建强会　学会开展了争先创优活动和读书活动，学会党支部荣获“国家中医药管理局直属机关创先争优活动先进基层党组织”称号。学会党支部副书记曹正逵获“国家中医药管理局直属机关创先争优活动优秀党务工作者”称号。学会党支部副书记谢钟、纪检委员庄乾竹获“国家中医药管理局直属机关创先争优活动优秀共产党员”称号。

【《中华中医药学会“十二五”规划》发布】　4月，由中华中医药学会制定的《中华中医药学会“十二五”规划》(以下简称《规划》)正式发布。《规划》是根据《国民经济和社会发展第十二个五年规划纲要》和《国务院关于扶持和促进中医药事业发展的若干意见》、国家中医药管理局有关“十二五”发展规划的要求以及《中国科学技术协会事业发展“十二五”规划》，结合我国中医药事业的发展情况和学会工作的实际制定的。《规划》内容涉及中医药学术发展、人才培养、继续教育、科学普及、文化建设、国际交流、组织建设等方面。对推动学会工作科学发展、全面提升学会工作水平具有十分重要的意义。

《规划》在任务与措施中提出，坚持学术特色，发挥中医优势，继承学术特色，加快传承创新重点项目。5年内，建立10～20个中医药学术流派代表医家研究工作室，系统整理、发掘、总结各学术流派思想，培养中医药学术流派传人；全面开展以“读经典、跟名师、做临床”为主题的读书活动；5年内，依托学会现有网站，建成覆盖广泛的远程网络继续教育平台；5年内，开展300场次的“百名中医科普专家讲科普”活动，推出100名中华中医药科普专家；围绕国际重大医疗卫生事件及重大中医药前沿学术问题，组织中医药国际学术交流会，提高中医药学术的国际影响力；充分利用学会的组织优势，投身到国家创新体系建设中，通过自身力量或寻求合作，选择10家中医医院、10家中医药企业，采取提供技术支持的方法，开展合作共建，加强厂会合作，促进企业的创新体系建设。

【第二届国际扶阳论坛暨第五届扶阳论坛】　11月27日，由中华中医药学会和四川省中医药管理局主办的第二届国际扶阳论坛暨第五届扶阳论坛在四川省成都市召开。卫生部副部长、国家中医药管理局局长、中华中医药学会会长王国强，四川省副省长陈文华、安徽省政府副秘书长沈干，中华中医药学会副会长兼秘书长李俊德等出席了论坛。

来自世界各地的近500名中医专家、中医从业人员以及中医爱好者参加了会议。本届论坛秉承“上承经旨，中启百家，下契当代，力倡扶阳”的宗旨，邀请海内外名家、学者出席会议并作专场学术报告，探讨扶阳学术。扶阳学派第四代传人卢崇汉教授阐释了钦安卢氏医学在当代的重要性，并对钦安卢氏医学的内涵作了深入讲解。广西中医药大学校长唐农从平人气化之体相用（本质、形态、功能）论中医辨证治疗的指导思想，谈了扶阳在中医治疗过程中的主导意义。广西中医药大学教授刘力红介绍跟师学习仲景钦安卢氏医学的感悟。英国学者诺娜·弗兰格林对五行针灸机理及应用作了深入讲解。加拿大极康中医院院长卓同年从临床的角度介绍了扶阳法的应用。辽宁中医药大学附属医院原内科主任张存悌认为阴阳辨诀在临床上意义重大，并结合经验阐述在临床上如何辨别阴阳。

（撰稿人：庄乾竹　康　宁）

中国中西医结合学会

服务创新型国家和社会建设　2012年度，中国中西医结合学会的中西医结合标准化工作取得一定进展。消化系统疾病专业委员会制定并发布了两种中西医结合诊疗指南。自2001年起，已完成了肝硬化、慢性胃炎、功能性消化不良等15种消化系统常见病的中西医结合诊疗指南。《中国中西医结合杂志》在2012年共发表《消化性溃疡中西医结合诊疗共识意见》、《慢性胃炎中西医结合诊疗共识意见》、《胆囊炎中医诊疗共识意见》和《肝硬化腹水中医诊疗规范专家共识意见》等4个中医和中西医结合诊疗标准化文件。

2012年，学会制订了中西医结合国家标准的工作计划，并上报国家中医药管理局。计划制定15个中西医结合专科的临床诊疗术语，19个系统、101种临床常见病的中西医结合诊疗指南和疗效评价标准。

2012年学会按计划举办继续教育项目28项，参加学习和培训达6800余人次。培训内容涉及心脑血管疾病、呼吸、肿瘤、肾病、急救、皮肤病、骨科、眼科、烧伤、围手术期、消化、肝病、风湿病、影像学、妇产科、血液病、周围血管病、传染病、循证医学、时间生物医学等。

学会建设　2012年，学会举办学术交流活动51个，其中国际学术会议2个，国内学术会议、研讨会49个。参会专家、学者3万余人次，编印学术论文集51种，交流学术论文14000余篇。

学会向中国科协和民政部申报成立麻醉、神经外科等专业委员会。其中血管脉络病专业委员会的申请获得批准，学会的分支机构已达51个。

根据《中国中西医结合学会专业委员会管理规定》和《关于规范专业委员会换届工作的意见》，2012年组织任期届满的活血化瘀、肿瘤、微循环、围手术期、泌尿外科、血液病，妇产科、儿科、老年医学、脊柱医学、呼吸病、耳鼻咽喉科、内分泌等专业委员会及青年工作委员会进行了换届改选。

按照民政部社团局的要求，学会在2012年参加了社会团体年度检查，并按规定进行了财务审计。2011年度学会各项活动符合章程规定的宗旨和业务范围，以全部合格的成绩通过年检。部分省、市中西医结合学会完成了会员调查、换发会员证等工作。

2012年，学会网站年度访问量达3.7万人次，发布信息300余条。

11月2日，学会编辑工作委员会在江西省南昌市召开了第七届编辑工作委员会第四次工作会议。中西医结合学术期刊编辑部的负责人和编辑人员40余人出席。全体人员就提高科技期刊质量、2013年度的学术安排和期刊改企转制工作等问题进行了讨论，达成了多项共识。

学会主办的《中国中西医结合杂志》参加了2012年度中国科协精品科技期刊工程项目评审工作，获得中国科协精品科技期刊培育计划资助。

科技期刊国际影响力提升计划　2012年，《中国结合医学杂志》（英文版）荣获中国科协优秀国际科技期刊三等奖。《中国结合医学杂志》（英文版）设定的目标为：国际编委比例达到40%以上，国际审稿比例进一步增加15%～20%；国际来稿年增长率达到15%以上，基金资助项目来稿增加10%以上，网络下载量每年增加15%～20%；国际知名度大幅提高。杂志社计划通过扩大国际编委的地域分布、做好栏目和选题策划、加强与国外学术机构的合作、建立国际作者数据库、建立年度优秀论文奖励制度等举措实现上述目标，为世界“结合医学”的发展做出更大的贡献。

国际学术会议　10月20～22日，学会主办的第四届世界中西医结合大会在天津市召开，来自世界各地的专家、学者850人出席会议。会议总结了近5年来世界结合医学发展的新成就、新经验和新趋势，分别交流了肾病专业、皮肤性病与变态反应疾病专业、普通外科专业、妇产科专业、管理专业和药学专业等6个学科的中西医结合进展和成就。

国内主要学术会议　4月，由学会肿瘤专业委员会组织召开的第四届中医、中西医结合肿瘤学术大会在江苏省南京市举办，500余名国内外学者出席会议。会议以“中西并重，多学科融合，建立肿瘤治疗新模式”为主题，交流了国内外防治肿瘤的最新进展和成果。

5月，学会脑心同治专业委员会在海南省海口市召开第二届全国中西医结合脑心同治学术交流会，450余人参加会议，并先后在河南、湖北、山东、黑龙江、内蒙古等多个省市举办学术交流活动，累计7300余名从事心脑血管疾病工作的专家、学者出席会议。

表彰举荐优秀科技工作者　4月，中国中西医结合学会科学技术奖在江苏省南京市举行颁奖大会。2011年度中国中西医结合学会科学技术奖共有36个项目获奖，评选出一等奖6项、二等奖9项、三等奖20项，科普奖1项。学会会长陈凯先向获奖者颁发了奖杯、证书和奖金。

【第四届世界中西医结合大会】　10月20～22日，第四届世界中西医结合大会在天津市举行。世界中西医结合大会每5年举办一届，已举办3届。中国工程院院士、学会名誉会长、天津市中西医结合学会会长吴咸中担任大会主席。国家中医药管理局副局长于文明，天津市委常委、市委教育工作委员会书记朱丽萍，中国科学院院士、学会会长陈凯先，中国工程院院士、中国中医科学院院长张伯礼等出席开幕式。中国科学院院士陈可冀，中国工程院院士陈香美、孙燕、郝希山、陈洪铎、吴以岭等出席会议。

大会主题是结合创新、持续发展。来自世界各地的专家、学者850人出席会议。来自美国、德国、荷兰、日本、马来西亚等国家，以及祖国大陆和香港特别行政区、台湾地区的33位专家、学者在会上作特邀报告和大会发言。内容涉及世界结合医学的学术进展和科研成果，结合医学的理论探讨和发展研究等内容。其中，大陆学者的报告反映了近年来承担国家重大科技项目，包括国家863项目、“973”项目、科技部支撑项目、自然科学基金项目等的最新研究进展。大会期间，举办了肾病专业、皮肤性病与变态反应疾病专业、普通外科专业、妇产科专业、管理专业和药学专业等6个分会场报告，交流了各学科的中西医结合进展和成就。

大会还举办了分会场报告与研讨、卫星会议及展览会等。大会共收到论文1300余篇，出版了《第四届世界中西医结合大会大会报告论文集》、《第四届中西医结合大会论文汇编》。

本次大会总结了2007年第三届世界中西医结合大会以后5年来，世界结合医学发展的新成就、新经验和新趋，扩大了中西医结合在国内外的影响。

（撰稿人：穆大伟　孔令青）

中国药学会

服务创新型国家和社会建设　2012年，学会承担并完成了世界卫生组织（WHO）研究课题“国家药品应急体系建设研究”项目，人力资源和社会保障部《国家职业分类大典》中“药学研究人员”职业信息调研任务，北京市药监局“北京市药品应急储备体系建设研究”，中国科学院学部《关于加强国家药品应急信息化建设的建议》，工业和信息化部委托的面向2020的医药产业政策研究任务——我国医药产业政策研究，国家食品药品监督管理局应急平台建设需求研究，2012年度企业科技信息服务——企业创新学会支持平台建设任务等多个课题项目。

学会完成药学继续教育项目12项共33场，培训药学专业人员近4000人次。为满足基层医疗卫生机构医务人员参加继续药学教育的需求，学会将培训地区向地市级城市拓展，培训重心向基层医院药学人员转移，并结合当前医改形势，增加了药学建设与发展培训内容。

学会为国家发展改革委价格司提供了药品信息标准库，为卫生部提供了基层医疗机构用药数据采集和分析系统，为国家食品药品监督管理局制作了铂类抗癌药奥沙利铂等产品的检索和排名。学会完成的《我国抗肿瘤药使用情况报告》、《我国抗菌药市场报告》等研究成果，对我国医疗管理、药事管理和医药市场提供了现状和趋势分析，为政府有关部门的决策提供了支持。

1～7月，学会派出6位优秀青年临床药师赴美国伊利诺伊大学芝加哥分校参加培训。为了更好地利用培训成果，6位参加培训的青年药师在广东省广州市等地向药学科技工作者介绍了美国的临床药学服务理念、模式和实践经验等。

学会能力提升计划 7月，学会获得中国科协学会能力提升专项“优秀科技社团奖”二等奖。学会积极探索建立符合科技团体发展规律的组织体制、运行机制和活动方式。计划把全面配合与参与“重大新药创制”国家重大科技专项作为一项重要任务。围绕加快国家创新体系建设，紧密结合国家“重大新药创制”科技重大专项实施，针对制约我国新药研发链和产业链中的瓶颈问题，积极组织各种专题学术交流，为解决技术难题和专项任务的完成做出实质贡献；重视转化医学研究领域学术交流，有效促进学科交叉学术交流与合作研究；通过专项的实施，促进学会与医药产学研各界的协作，为把民族医药产业真正建设成为我国战略性新兴产业做出贡献。

学会建设 8月，中国药学会第23次全国会员代表大会召开。大会审议通过了《中国药学会第22届理事会工作报告》、《中国药学会第22届理事会财务报告》和《中国药学会章程》。选举产生了第23届理事会理事、常务理事，聘请了一批著名专家、学者担任学会名誉理事。

全国医药经济信息网入网医院近千家，医院药品信息源年度增长10%，已经覆盖了除港澳台地区之外的全国各省、自治区、直辖市，形成了药品研发、原料加工、生产环节、流通渠道、终端使用等多节点、多角度、全方位的数据分析模式，实现了数据分析模型的多元化、推断过程的模糊化、分析结果的可视化、药品数据的门类化，保证了数据的准确性、时间的连续性、来源的稳定性、样的本代表性。

学术期刊 2012年，在中国科协精品科技期刊工程项目期刊学术质量提升、期刊出版人才培育等五个“以奖代补”的专项中，学会主办期刊《药学学报》和《中国中药杂志》获得精品科技期刊培育计划——期刊学术质量提升项目3年资助。《中国药学杂志》获得精品科技期刊培育计划——期刊出版人才培育项目3年资助。《药物分析杂志》和《中国天然药物杂志》获得科技期刊国际推广计划——期刊国际出版人才保障项目1年资助。

《中国天然药物》杂志于2012年3月被SCI（扩展版）收录，实现了学会主办期刊SCI收录零的突破，对主办期刊国际化探索起到引领示范作用。积极接纳《中国医药工业杂志》、《世界临床药物》等优秀期刊加入学会主办刊群，主办中英文期刊增至25种。

国际学术会议 学会和专业委员会先后主办了第四届亚洲阿登制药技术研讨会、第12届亚洲临床药学年会。9月份，学会和世界药学联合会军事与急救药学委员会（MEPS）共同主办了医学救援药学保障国际研讨会。

国内主要学术会议 学会和专业委员会先后主办了第十一届全国青年药学工作者最新科研成果交流会和2012年中国药物制剂大会、2012年全国医院药学学术年会暨第72届世界药学大会卫星会、第二届中国药物毒理学年会、中药与天然药物高峰论坛暨第十二届全国中药和天然药物学术研讨会、2012年中国药学会药事管理专业委员会年会暨“十二五”医药科学发展学术研讨会、2012全国药物流行病学学术年会、中国药学会医药知识产权研究专业委员会2012年学术年会等学术会议。联合主办了第三届中国医院药学论坛、2012年老年相关性疾病防治及合理用药研讨会等会议。

国际交往 5月，3位中国药学会专家参加了美国药学会生物技术年会。9月，组织学会医院药学专业委员会专家参加了第一届欧洲肿瘤药学年会。12月，学会组团参加了美国卫生系统药师协会2012年年会。

10月3～8日，学会组团出席了2012年世界药学大会暨国际药学联合会百年纪念大会。学会3位专家作大会发言，主持分会场3场次，壁报交流34份。

科普活动 学会组织全国科普宣传活动6项，发放科普宣传材料约9000份，视频光盘3400张，各种科普纪念品6600份，开展各类咨询、讲座4场（天）次，建立药学科普微博1个。

6月1日～7月31日，学会承办了食品药品安全网络知识竞赛活动。来自11家三级甲等医院和3个科研单位的35位专家参与了竞赛题库的建设，共有3000道题目入库。竞赛网页点击率为913.7万次，共有60.4万人次参与答题，覆盖面遍及31个省、自治区、直辖市及港澳台地区。举办活动的目的是为了增强公众饮食用药安全意识，实现“一个选手影响一个家庭，一个家庭影响一个社区”的科普宣传效果。

国家食品药品监督管理局将每年9月定为“全国安全用药月”。学会推荐专家参加了2012年“全国安全用药月”主题为“谨慎使用抗生素”的在线咨询活动，参与了《细菌耐药性与抗菌药物》讲座。来自20余家北京三级甲等医院的32位药学专家志愿者参与了学会开设的“安全用药”专家咨询热线。本次活动共接到30个省、自治区、直辖市的316个咨询电话，解答问题279个，咨询问题中自我药疗的问题占86%。

6月18日，学会在新浪微博上开通了学会官方微博“药葫芦娃”（微博地址：http://weibo.com/u/2754957895），为公众接受药学科普知识提供了新渠道。微博内容主要为原创的安全合理用药科普知识。

为配合国家食品药品监督管理局“食品药品安全知识大讲堂”活动，学会编制了统一的教材。教材通过宝葫芦网（www.drughuloo.com）发布，供免费下载使用。学会创作了视频教材片《科学度过更年期》1部。为2012年青少年科学调查体验活动设计了供中学生参与的科学管理小药箱拓展活动，编入《科学饮食，健康生活——2012年青少年科学调查体验活动手册》。

表彰举荐优秀科技工作者 学会完成了2012年中国药学会科学技术奖获奖项目20项评审工作，其中一等奖1项，二等奖3项，三等奖16项。

经学会评审，5名青年学者荣获第15届中国药学会—施维雅青年药物化学奖，6名青年学者荣获2012年中国药学会—石药青年药剂学奖，8名青年学者荣获2012年中国药学会—赛诺菲青年生物药物奖，72名药学工作者获得中国药学会优秀药师荣誉称号。

【中国药学会第23次全国会员代表大会】 8月7～8日，学会第23次全国会员代表大会在北京举行。全国人大常委会副委员长、中国药学会理事长、中国工程院院士桑国卫，卫生部部长、中国科学院院士陈竺，中国科协副主席、书记处书记程东红，卫生部副部长、国家食品药品监督管理局局长尹力，解放军总后勤部卫生部副部长方国恩，以及国家中医药管理局、国家食品药品监督管理局、人力资源和社会保障部、工业和信息化部、国家知识产权局等有关部委的负责人出席大会开幕式。桑国卫致开幕词，陈竺、程东红、尹力和方国恩讲话。来自学会各专业委员会、主办期刊、各地药学会及全国药品研究、生产、流通、使用、教育及监管等领域的代表、各界人士近400人出席了会议。

桑国卫代表第22届理事会作了《凝心聚力 开拓创新 为全面推动我国药学事业科学发展做出新贡献》的工作报告。

陈竺在讲话中表示，“十二五”期间，国家将继续完善医药产业发展政策，推进生产、流通领域改革，加强药品质量安全监管，使药品质量管理规范与国际接轨；继续实施重大新药创制等国家科技重大专项，积极推广科技成果，提高药品创新能力和水平，更加重视被临床实践证明安全有效的仿制药的研发，重视来自于传统中医药的创新；强调临床药学的重要性，建立合理用药的价值观、激励政策和监督管理制度；加强药品监督管理评价体系建设，努力打造强大的中国食品药品检定研究院和地方各级药检所，改变监管能力滞后于药物创新能力的状况。

会议审议通过了中国药学会22届理事会工作报告、财务报告和《中国药学会章程》（修改草案），并原则通过了中国药学会第23届理事会工作要点。会议选举产生了中国药学会第23届理事会、常务理事会。桑国卫当选学会第23届理事会理事长。会议期间还召开了第23届理事会第一次常务理事会议，聘任了工作委员会和专业委员会主任委员、副主任委员。

【2012年中国药学大会暨第十二届中国药师周】 11月19～21日，2012年中国药学大会暨第十二届中国药师周在江苏省南京市举行，大会主题是“创新型生物医药产业发展与临床合理用药”。本次大会由中国药学会和江苏省人民政府共同主办。来自卫生部、解放军总后勤部卫生部、工业和信息化部、中国科协、国家食品药品监督管理局等有关部门领导及学会理事、医药科研领域的药学专家学者共计2500余人参加大会。

全国人大常委会副委员长、中国药学会理事长、中国工程院院士桑国卫作了题为《我国生物医药产业和创新药物发展战略》的大会学术报告。中国科学院院士、中国药学会副理事长陈凯先作了题为《转化医学和新药研究》的报告。中国工程院院士、中国药学会副理事长、第四军医大学教授陈志南作了题为《当代抗体药物的发展与趋向》的报告。中国工程院院士、中国科学院上海药物研究所所长丁健作了题为《靶向抗肿瘤药物——分子生物标志物》的报告。中国工程院院士、河北省中西医结合医药研究院院长吴以岭作了题为《中医理论创新提高中药原创水平》的报告。中国科学院院士、武汉大学教授张俐娜作了《菌类多糖的二级结构及生物活性》的报告。中国食品药品检定研究院副院长王军志研究员和兰州大学基础医学院院长王锐教授分别以《生物制品质量及标准化研究进展》、《多肽新药创制中的关键科学问题研究进展》为题作了大会报告。

学会所属20个专业委员会的专家、学者分别在分会场作特邀主题报告和分会场论文交流。经过专家评审，44篇论文被评为优秀论文，其中一等奖3名，二等奖16名，三等奖25名。

在大会开幕式上，颁发了2012年中国药学会优秀药师奖、2012年中国药学会—赛诺菲青年生物药物奖、2012年中国药学会—石药青年药剂学奖、2012年中国药学会科学技术奖。南京绿叶思科药业有限公司、江苏省药物研究所有限公司联合申报的抗肿瘤药物新剂型“注射用紫杉醇脂质体”关键技术研究及产业化项目获得2012年中国药学会科学技术奖一等奖。

大会期间还召开了生物医药产业创新与发展高层对话论坛、中国药学会生物药品与质量研究专业委员会成立大会暨生物制品质量评价创新研究与发展趋势论坛、2012年全国医药经济信息网工作会议、药物信息研究与利用学术交流会、我国医药产业政策研究中期讨论会。会议期间还举办了中国药学会科普公益活动走进中国药科大学，召开了中国药学会23届理事会第二次全体会议。

（撰稿人：梁　毅）

中华护理学会

服务创新型国家和社会建设　2012年，学会理事长李秀华在全国政协会议上提交了《调整医疗服务价格，完善补偿机制》的提案。提案得到多名全国政协委员的联名签字。该提案作为有效提案已转发给国家相关部委处理。

在卫生部卫生行业标准的制定中，学会参与制定了《医院护士人力配置标准》，参与制定《护理分级标准》、《静脉治疗护理技术操作规范》的国家标准。第一次明确了《医院护士人力配置标准》的配置原则、岗位设置、岗位职责和任职条件、岗位管理等内容。确立了医院护理管理岗位（护理部主任、科护士长、护士长）、临床岗位（含专科护士、护理教学）及其他护理岗位，为医疗机构护士定编定岗提供了依据。

根据护理继续教育职业发展专科化趋势，学会继续教育部重点培养专科护理人才。2012年共开设培训班7个，包括危重症、手术室、肿瘤、助产、血液净化、急诊专业护士培训班，开设两期外周中心静脉导管（PICC）专业技能培训班，全年培训1061人次。7个专科护士培训项目均确立了临床教学医院，北京已有29家综合和专科医院接收专科护士实习。

为全面贯彻卫生部“优质护理服务示范工程”活动的有关精神，充分发挥临床重点专科医院及三级医院的示范作用，学会在年初举办了百名护理领导者培训项目，组织学员赴德国、新加坡、美国、日本等国家和我国台湾地区开展培训。

学会能力提升计划　2012年，学会获得了中国科协学会能力提升专项“优秀科技社团奖”三等奖，获得连续3年奖补资金支持。自2012～2014年中华护理学会将连续3年获得中央财政拨款共300万元。借助获奖资金支持，学会计划利用社团组织民间外交的平台，继续推进加入国际护士会的各项准备工作，初步建立国际合作中长期战略合作关系，力争2013年加入国际护士会。逐步完善我国护理顶层设计，促进国家级专科护士培训基地建设；打造国内精品学术平台；开展百名护理管理者、千名专科护士、千名县级医院专科护士培训项目等，促进护理人才培养与学科发展。完善学会组织建设，建立健全各项规章制度、公开招聘制度和专业委员会主任委员、副主任委员选拔与考核制度。初步建立科学规范、目标明确的会员培训制度。建立和完善学会各学科专家库，进一步扩大资深会员队伍建设。

学会建设　7月，学会正式向中国科协国际联络部及卫生部国际合作司提交了学会恢复加入国际护士会的申请报告。9月5日，学会得到外交部《关于同意中华护理学会加入国际护士会申请》的正式批复。学会邀请国际护士会首席执行官到中国对学会申请加入国际护士会进行实地考察和评估。

国际交往　5月，世界灾害护理学会批准中华护理学会灾害专业委员会加入该组织。8月22～23日，学会理事长、灾害护理专业委员会主任委员李秀华及学会副理事长刘华平赴英国威尔士出席了世界灾害护理大会，领取了中华护理学会加入世界灾害护理学会的证书。中华护理学会成为世界灾害护理学会组织的正式成员。同时，中华护理学会获得2014年第三届国际灾害护理大会的主办权。

科普活动　6月1日，学会专家参加了全国政协开展的到云南省丽江孤儿院慰问公益活动，专家们利用休息时间在云南进行了科普宣传。学会理事长李秀华代表学会向孤儿院捐赠了文具等学习用品。

表彰举荐优秀科技工作者 6月20日，由学会推荐的北京医院主任护师孙红、四川大学华西医院主任护师成翼娟、第三军医大学护理学院教授王仙园和湖南省人民医院主任护师刘小明获得中国科协第五届“全国优秀科技工作者”称号。

【中华护理学会第26次全国会员代表大会】 10月31日，中华护理学会第26次全国会员代表大会在北京召开。来自全国各省、自治区、直辖市及解放军的代表，以及香港特别行政区、澳门特别行政区的会员代表共357人出席了大会。中国科协副主席、书记处书记程东红，卫生部医政司、解放军总后勤部、民政部的有关领导出席开幕式。

程东红在讲话中希望中华护理学会在新一届理事会的带领下，抓住机遇，乘势而上，充分利用“奖建”经费的支持，大力提升服务创新能力、服务社会和政府事务的能力、服务会员及科技工作者的能力和自我发展能力，把学会建设成为社会信誉好、发展能力强、学术水平高、服务成效显著、内部管理规范的示范性学会。

学会理事长李秀华受学会第25届理事会委托作了《第25届理事会工作报告》。大会审议并通过了学会第25届理事会的财务报告、章程修改报告。审议并通过了学会第26届理事会理事、常务理事、秘书长、副理事长、理事长选举办法。选举产生了中华护理学会第26届理事会，其中理事205名，常务理事66名，副理事长10名，秘书长1名。李秀华当选为学会第26届理事会理事长。

【中华护理学会名誉理事长致谢及聘请仪式】 第九届全国人大常委会副委员长、中华护理学会名誉理事长彭珮云十分关心护理事业的发展，特别是在推动《护士条例》出台，保护护士的合法权益，提高护士待遇，改善工作环境等方面给予关心和帮助。在学会筹备第26次全国会员代表大会期间，彭珮云提出，鉴于自己年事已高，希望不再担任中华护理学会名誉理事长一职，并向学会推荐由第十届、第十一届全国政协副主席张梅颖担任学会第26届理事会名誉理事长。

12月5日，学会在北京人民大会堂举行了中华护理学会名誉理事长答谢及聘请仪式。中国科协副主席、书记处书记程东红，国家卫生部医政司司长王羽、副司长郭燕红，以及中华护理学会第26届理事会领导参加了致谢及聘请仪式。程东红和王羽分别向第24届和25届中华护理学会名誉理事长彭珮云颁发致谢证书，向第26届中华护理学会名誉理事长张梅颖颁发聘任证书。与会人员对两位领导长期以来对中国护理事业发展的关注和中华护理学会进步的关心表示深深的感谢。

【万名护理人才培训项目——县级医院专科护士培训】 受卫生部委托，由卫生部医院管理研究所、中国医院协会、中华护理学会共同实施的“万名护理人才培训项目”自2011年12月8日启动后，2012年进入了培训正式开展阶段。

7月25日～11月10日，学会相继完成了重症监护、肿瘤、血液净化、手术室、急诊急救等5个专业领域的“万名护理人才培训——县级医院专科护士培训”第一年的培训工作。全年共培训县级医院专科护士875人次。培训分为理论学习阶段（7天集中理论学习）、临床实践阶段（3周的临床实习）、考核与授予证书阶段（临床实践结束后7天内）。

项目实施由学会继续教育部负责，项目评估由中华护理学会负责。培训内容由学会邀请相应专业委员会的专家撰写完成，组织专科护士在全国省级三甲医院进行临床实习。

（撰稿人：韩江红）

中国生理学会

服务创新型国家和社会建设 2012年，学会共举办各类学术会议16个，参会人数2160人次，收到论文1139篇，会议交流642篇。学会举办了物质跨膜转运及机制应用培训、新型生理学实验技术平台讲座、中医四诊合参数字化、量化方法与技术培训等各类不同层次的培训班5个，受众达300余人次。

学会能力提升计划 学会荣获中国科协学会能力提升专项“优秀科技社团奖”三等奖，获得连续3年奖补资金支持。学会计划用3年的时间，将学会打造成国内一流、国际知名的学会。

通过举办2012年11月份在苏州的十三个国家和地区的国际生理学联合会议，推进转化医学理念。为2013年7月在英国伦敦举办的国际生理科学联合会（International Union of Physiological Sciences，IUPS）世界大会（IUPS 2013），积极组织并提交具有竞争力的专题报告，推荐并参与杰出中国生理学家作大会报告的遴选，扩大中国生理学家在国际上的影响力。组团参加2013年7月在英国伦敦举办的国际生理科学联合大会（IUPS），学会资助20名年轻生理学工作者每人1万元补助赴英国参会。学会邀请院士、近三届理事长、全体常务理事和专家集思广益，准备了申报2021年IUPS世界大会的主办权的陈述报告。为配合上述活动，完善学会中英文网站，建设互动功能，实现学会办公网络化和信息化，编撰学会中英文宣传画册和宣传片，不断提升学会工作的执行能力。

学会建设 2012年，学会发展会员69人，学会个人会员总人数为2227人。3月，学会召开常务理事会议，重点讨论了国际会议特邀专家名单和会议日程及报告数量级分类。11月召开的常务理事会议和理事会议，重点商议了2013年由学会组团赴英参加国际生理科学联合会（IUPS）第37届大会及撰写争办2021年国际生理科学联合会第39届大会的陈述报告等事项。

学会网站进行了改版，增加了英文网站。学会向会员免费赠阅《生理通讯》6期。

学术期刊 《生理学报》被中国学术期刊电子杂志社、中国科学文献计量评价研究中心和清华大学图书馆共同发布的《中国学术期刊影响因子年报（2012版）》,《中国学术期刊国际引证报告（2012版）》评为“2012年度中国最具国际影响力学术期刊”。

科普活动 学会在北京市、河北省和江西省举办了科技活动周和全国科普日活动，通过科普咨询、科普讲座、展板宣传、发放宣传单等形式进行科普宣传。开展了世界急救日社区宣传、世界急救日之“快闪”活动、全国科普日食品安全宣传、安全用药常识等活动，活动受众6000余人次。

【2012苏州国际生理学学术大会】 11月1～4日，2012苏州国际生理学学术大会在江苏省苏州市召开，744人出席会议。其中，来自美国、英国、澳大利亚、加拿大、日本、巴西、丹麦、芬兰、冰岛、挪威和瑞典等17个国家和地区的生理学会代表共96人参加了会议。

本次大会主席由学会理事长王晓民担任，大会秘书长由学会秘书长王韵担任。大会名誉主席由全国人大常委会副委员长、中国科协主席韩启德，学会名誉会员、中国科学院外籍院士、美国加州大学圣地亚哥分校教授钱煦，国际生理科学联合会主席、英国皇家科学院院士、英国牛津大学教授Denis Noble共同担任。

6个特邀大会报告从不同的角度对生理学研究的最新进展进行了报告。国际生理科学联合会主席Denis Noble教授在报告中探讨了以“基因”和“中心法则”为核心的生物进化理论所面临的挑战和困境。中国科学院院士、北京大学教授韩济生介绍了近40年来中国传统医学中的针灸技术在基础生理学和临床医学中的发展和应用。美国科学院院士钱煦教授介绍了利用建立的体外培养的血管内皮细胞培养模型来模拟体内血液流变学对血管内皮细胞的机械性刺激，进而研究血液流变学导致的机械性牵拉和剪切力对血管内皮细胞功能的影响及其信号转导机制。该报告对于理解血液流变学改变所引发的血管内皮细胞增殖和活性的变化，以及动脉粥样硬化的发生机制具有重要指导意义。中国科学院院士、同济大学教授裴钢介绍了G蛋白偶联受体（GPCR）调节表观遗传学修饰对基因转录和细胞功能的调节作用。研究发现，GPCR可通过促进β-arrestin1入核传递信号，揭示了β-arrestin1在细胞核内调节表观遗传修饰的新功能，也揭示了受体信息由细胞膜到细胞核内传递和药物作用的一条新途径。同时强调了GPCR蛋白信号通路在生理学、病理生理学和药理学研究中的重要价值和意义。国际生理科学联合会秘书长Walter Boron详细介绍了气体通道的发现历程、种类、结构和生理学功能。研究发现，在暴露于二氧化碳环境中的早蟾卵细胞中表达异源性AQP1基因能够加速胞内pH值的下降。亚大地区生理学会联合会（FAOPS）主席华瑜教授重点讲述了氧化应激反应在高血压形成过程中的生理学及分子机制。研究发现，自发性高血压可引发NADPH氧化酶转录水平和活性的增加，从而导致线粒体电子转运环路（ETC）功能的异常。另一方面，超氧化物歧化酶（SOD）和线粒体非偶联蛋白MuTCP2的表达和酶活性显著下降。脑源性神经营养因子（BDNF）可通过调节MuTCP2的活性影响一系列活性氧簇（ROS）的产生，从而影响高血压的发生。华瑜提出，针对氧化应激为靶点的药物设计将是未来治疗原发性高血压疾病的一个方向和思路。

本次会议设22个分会场，共105个专题报告人，内容涵盖了细胞生理学、血液和循环生理学、内分泌和生殖生理学、神经生理学、呼吸生理学、肾脏泌尿和稳态等多个生理学研究领域。会议共收到论文摘要475篇，为了促进青年生理学者的成长，会议还专设了两场青年生理工作者报告会。会议评出优秀青年生理工作者报告者6人，其中一等奖1名，二等奖3名，三等奖2名。经专家评审，在3天内展出的345份墙报中评出了36份优秀墙报。

（撰稿人：肖　玲）

中国解剖学会

服务创新型国家和社会建设 2012年，中国解剖学会干细胞基地参与承担了国家高技术研究发展计划（“863”计划）生物和医药技术领域“干细胞治疗技术临床转化及应用研究”主题项目中“干细胞临床应用及产业化关键工艺技术开发”子项目，负责其中有关干细胞产业化平台相关技术标准和行业标准的技术调研、分析，协助课题承担单位制订了相关临床研究方案、技术操作规程（SOP）和管理规章制度。该子项目针对心血管疾病、肝脏疾病、血液疾病、神经系统损伤与疾病、糖尿病等重大疾病，开展治疗性干细胞技术与产品研发，重点突破支撑临床应用产品开发的干细胞多能性标记物发掘、临床级干细胞分离鉴定、培养扩增、保存复苏等关键技术。

学会承担第二次人体解剖与组织胚胎学科的专业名词审定工作。审查校对阶段的审定和释义工作，分人体解剖学组、神经解剖学组、人体组织学和人体胚胎学组等4组进行。审定工作完成后，整合为人体解剖学、人体组织学和人体胚胎学3个独立的三级学科名词，合订为人体解剖学、人体组织胚胎学2册，由全国科技名词审定委员会公布并出版。经过几十名本学科专家多次审查、讨论、修改，已完成两本书的撰写及审查确定工作任务，并与全国名词审定委员会协同进入学科名词的最后审查校对阶段。

学会承接了中国科学院院士薛社普的学术成长资料采集任务。2012年，在学会副理事长陈克铨的带领下，采集小组撰写的15万余字的调研报告经反复修改，已上交采集工程办公室。至此，学会承担的老科学家学术成长资料采集工程项目中薛社普院士的资料采集工作基本完成。

制定解剖学教学模型标准项目。在学会科技开发与咨询工作委员会主任丁文龙的带领下，目前已制定20个中华人民共和国教育行业解剖学模型标准目录（征求意见稿），8个人体解剖学模型教育行业标准，已在全国教学仪器标准化技术委员会生物学仪器分技术委员会工作暨标准审查会上审定通过，经全国教学仪器标准化技术委员会审批公布后即可执行。学会制定的解剖学教学模型质量标准进入国家标准的范畴，填补了中国人体解剖学模型标准的空白。

12月4～5日，第二届动物行为学实验方法和常用技术高级培训班在陕西省西安市举办。来自北京大学、首都医科大学、复旦大学、上海交通大学、第四军医大学等院校及相关企业的解剖学领域工作者，共计130多人参加了培训。本次培训班介绍了动物行为学常用实验方法、技术和该领域研究的新进展。

学会建设 2012年，学会发展会员94名，学会会员的总数达到了3306名。根据学科发展的需要，学会常务理事会决定成立脑网络组分会，学会已进行了申报。

为使学会在2014年理事会换届选举后各项工作顺利开展，学会常务理事会会议决定启动了理事长候选人的选举工作。

学术期刊 学会所属期刊2012年共发表论文1580篇，发行总量47610册。根据重庆市解剖学会提交的申请，《局解手术学杂志》主办单位由重庆市解剖学会变更为中国解剖学会。

学科发展研究 学会获得中国科协2012～2013年度学科史系列研究项目支持。承担了2012～2013年人体解剖学与组织胚胎学学科发展研究项目。经任务分工和多次各种形式的交流,2012年，各个分支学科的初稿已形成。

国内主要学术会议 12月6～7日，学会与中国神经科学学会、南通大学共同主办的转化医学峰会在江苏省南通市举行。中国工程院院士杨胜利、程京、刘德培出席了会议。会议期间，杨胜利院士作了题为《转化医学与健康管理》的报告，程京院士作了题为《生物芯片的临床转化和应用》的报告，刘德培院士作了题为《心血管转化医学》的报告。围绕转化医学这一主题，3位院士现场与师生进行了互动交流。南通大学医学院、南通大学江苏省神经再生重点实验室的教师和研究生、南通大学附属医院临床医护人员共600多人出席峰会。

12月14～16日，第15届中国解剖学会教学改革研讨会在海南省海口市举行。会议由学会教育工作委员会主办。会议内容涵盖了如何在解剖教学中加强基础与临床的结合问题，如何发挥实验教学中心的能力培养问题，如何开展好断层解剖学教学问题，如何开展对8年制学生进行解剖学精英教育问题，如何拓展解剖学课程教学以解决学时数不足的问题，以及如何开展诸如虚拟解剖新教学方法等问题。

12月7日，第一届显微科学前沿技术基本原理及其在医学中的应用研讨会在陕西省西安市召开。会议介绍了显微科学前沿技术的基本原理及其在医学研究中的实际应用。报告交流的内容主要涉及显微光学切片断层成像、现代电子显微镜技术的进展及应用、活细胞动态观察技术在神经科学的应用、结构光照明和超分辨的光切片技术、钙成像术及其在神经科学中的应用、多光子显微镜原理及应用等内容。

国际交往 应美国解剖学会（AAA）的邀请，由学会理事长李云庆教授率领的中国解剖学会代表团一行11人于4月21～25日出席了在美国加利福尼亚州圣地亚哥市举办的美国2012年实验生物学大会（2012EB），参加了由美国解剖学会举办的全部学术活动。大会期间，中国解剖学会与美国解剖学会联合主办了数字影像解剖学、干细胞生物学和神经系统疾病等3场专题报告会。刘树伟教授、周长满教授和李云庆教授分别代表中国解剖学会主持了3场报告会。大会闭幕式上，美国解剖学会向中国解剖学会的周长满教授颁发了“促进科学交流与构建国际友好纽带”特别奖。

学会代表团出席亚洲临床解剖学会预备会议及首届年会。亚洲临床解剖学会（Asian Association of Clinical

Anatomist, AsACA）预备会议于4月7日在韩国首尔召开，亚洲临床解剖学会在预备会议上正式成立。预备会议起草并通过了亚洲临床解剖学会章程。学术会议分为骨关节临床解剖学、肝胰临床解剖学、头颈部临床解剖学等3个专题，分别邀请了来自中国、日本和韩国的3位专家作专题演讲。会议同意中国工程院院士钟世镇、日本的Tatsuo Sato教授和韩国的In-Hynk Chung教授担任亚洲临床解剖学会的名誉主席。

8月26～29日，由学会组织胚胎学专业委员会组织的32人代表团参加了在日本京都召开的第14届国际组织化学与细胞化学大会（ICHC2012）。学会向会议投稿36篇，10人在会上作专题报告，22人进行了墙报展示。学会组织学与胚胎学专业委员会主任、华中科技大学同济医学院教授李和主持了“神经损伤与修复”的专题报告会。国内的5位学者参加了该专题的口头交流。华中科技大学同济医学院牛犁博士的报告获得国际组织化学与细胞化学学会联盟的“青年组织化学工作者奖”。

科普活动 2012年，由学会主办，大连金石滩生命奥秘博物馆承办的“生命奥秘科普资源开发”入选中国科协“2012年优秀科普资源开发项目”，该开发项目涉及科普展览（包括固定展览和巡回展览）、科普宣传音像、多媒体触控系统、自助语音导览系统、趣味展板和科普活动（路演、科普进课堂）等。这些资源的开发改变了博物馆固定的传播模式，生命奥秘主题展览受到社会的广泛关注和好评。截至2012年10月31日，大连金石滩生命奥秘博物馆共接待青少年113042人次，其中节假日及科技周期间免费接待12218人次，日均免费接待2700人次。

【中国解剖学会2012年学术年会】 10月19～22日，中国解剖学会2012年学术年会在重庆市召开。学会理事长李云庆、名誉理事长蔡文琴，中国人民解放军第三军医大学校长罗长坤、政委高占虎，重庆市副市长吴刚等出席年会开幕式。来自美国、加拿大、荷兰、新西兰、日本等国家以及国内的代表共520余人出席了本次年会。

来自国内外的专家们在为期2天的会议上，共作大会报告19场。加拿大曼尼托巴大学孔吉明教授作了题为《神经元凋亡的BNIP3通路的分子调控机制研究》的报告。荷兰Wout Lamers教授围绕女性尿失禁这一临床问题，分别用中国和美国的数字人数据集，探讨女性盆底随着年龄增加发生的结构变化，并对尿失禁的发生提出了新的假说。新西兰奥塔哥大学的Gareth Jones教授则从解剖学历史视角，探讨了解剖中尸体应用的伦理问题。张铭教授和George Dias教授分别作了题为《高等脊椎动物器官形成中的细胞群动力学研究》和《食物对下颌骨髁突生长和形态影响》的研究报告。香港中文大学教授王平安和陈活彝分别就虚拟手术的研究进展和对骨骼肌发育正性调节作用阐述了各自的观点。日本理化脑科学研究所教授永雄总一就小脑依赖的运动学习记忆的建立和强化机制进行介绍。美国肯塔基大学教授郦国英介绍了帕金森病感染机制的研究，提出阿司匹林对预防帕金森病有一定作用。

中国科学院自动化研究所教授蒋田仔和上海交通大学教授王成焘分别介绍了脑网络组学及临床应用和中国力学虚拟人。学会副理事长、第三军医大学副校长张绍祥作了题为《数字解剖学及其临床应用》的大会报告。在大会报告中，南通大学教授顾晓松《关于组织工程化神经研制与应用》的报告引起了参会专家、学者的关注。

年会设立了10个分会场，国内137位解剖学工作者就神经发育、损伤和再生，神经通路、神经递质（调质）、受体、神经胶质、干细胞，神经系统疾病，断层影像解剖学、临床解剖学、人体解剖学，肿瘤细胞生物学、生殖生物学、发育生物学，组织胚胎学、组织工程，人类学，教学研究及技术方法等进行了学术交流。

会议期间，召开了北美医学教育专场报告会，特别邀请加拿大马尼托巴大学的Patrick Choy教授、李新民教授和孔吉明教授介绍了北美基础医学课程设置、医学本科教育的临床课程、临床型科学家在医学教育和医学科研中的地位等内容。通过与国内医学教育的比较，对国内医学教育改革提出了建议。

根据分会场报告的实际情况，年会评选出了10篇作者年龄在35岁以下的青年优秀论文。会议期间还召开了2012～2013年人体解剖学与组织胚胎学学科发展研究项目第二次工作会议、中国解剖学会14届5次常务理事会议和14届3次理事会议。

【第16届国际生物塑化学会（ISP）大会】 学会受国际生物塑化学会的委托，于7月23～27日在北京举办了第16届国际生物塑化学会大会。本次大会是ISP成立以来首次在发展中国家、首次在亚洲、首次在中国举办的两年一度的大会，共吸引了来自美国、俄罗斯、日本、韩国、英国、澳大利亚、新西兰、巴西、南非、奥地利、西班牙、以色列、瑞士、丹麦、印度等27个国家和地区，以及国内的专家、学者共134人出席会议，其中外国学者68人。

大会于7月25日上午举行开幕式，分别由国际生物塑化学会主席Carlos Baptista教授及主办单位中国解剖学会理事长李云庆、首都医科大学副校长王晓民致欢迎词。

大会特别邀请了新西兰Otago大学副校长、医学伦理研究中心主任Garth Jones教授，英国Brighton and Sussex

医学院院长 Darrell Evans 教授，奥地利 Graz 医科大学 Andreas Weiglein 教授和瑞士 Lausanne 大学 Beat Riederer 教授进行了主题演讲。

共有 51 位学者分别就他们提交的论文进行了大会交流，内容涉及解剖学教学，科研和伦理问题，生物保存技术研究进展，塑化技术在现代解剖教学和科研中应用，塑化技术在临床解剖、功能解剖和数字解剖中的应用，塑化技术的基本原则及塑化实验室的建立等内容。

大会同期举办了生物塑化技术培训班，54 人参加培训。培训的重点内容是环氧树脂薄层塑化技术。该技术的特点是可制备薄至 2 ~ 3 毫米生物切片，可永久保存，切片透明度高，各类组织分辨清晰，可用于巨 - 微观察与研究。

【首届颈椎临床解剖与临床培训班】 11 月 24 ~ 25 日，学会临床解剖学培训中心举办的首届颈椎临床解剖与临床培训班在河南省漯河市举办，来自河南省各地级市中心医院 100 多位骨外科主任参加。

在培训班上，学会临床解剖学分会主任委员、南方医科大学临床解剖研究所所长徐达传作了《下颈椎手术入路的应用解剖》的报告，温州医学院第二附属医院骨外科主任池永龙，上海市长征医院骨科专家卢旭华，河南省人民医院脊柱外科主任高延征分别作了题为《颈椎后路手术技巧》、《颈椎侧块螺钉与椎弓根螺钉技术》、《颈前路减压融合与非融合手术技术》的报告。

与会专家与参加培训的学员们进行了讨论和交流。池永龙和高延征等专家指导参加培训的学员分组在尸体标本上进行实际解剖和手术操作，对几种常见颈部手术的入路和技巧进行了演练和探讨。

（撰稿人：房桂珍）

中国生物医学工程学会

服务创新型国家和社会建设 2012 年，学会主办或联合主办各种学术交流 30 次，其中国际会议 3 次，高端前沿学术会议 5 次，参会学者 8362 人次，交流论文 3396 篇，论文数量比 2011 年增加 1200 余篇。

学会举办了全国介入超声诊断学习班 3 期，全国人工关节临床技术与新进展学习班 3 期，全国口腔修复新技术、新材料专家讲座学习班 1 期，全国 CT 技术新进展及维修方案学习班 3 期，呼吸机麻醉机最新技术进展及应用培训班 1 期，放疗设备质量管理学习班 3 期。学会还举办了各类学习班、培训班共计 13 期次，参加培训人数约 610 人次。

学会能力提升计划 8 月，学会获得中国科协学会能力提升专项“优秀科技社团”三等奖，获得连续 3 年奖补资金支持。学会计划以全面提升学会能力为目标，大力推进学会体制改革创新，改善学会基础条件，加强队伍建设，做好“中国生物医学工程学会”品牌建设，发挥生物医学工程学科交叉特点，积极参与社会管理，科技创新，开拓服务领域。

学会建设 截至 2012 年底，学会个人会员 5609 人，单位会员 16 个，分支机构 21 个，地方学会 20 个。

12 月 2 ~ 3 日，中国生物医学工程学会第八次全国会员代表大会在北京召开。来自全国各地的会员代表近 200 人参会。会议听取、审议并通过了学会第七届理事会工作报告、《中国生物医学工程学会章程》修改报告、第七届理事会财务报告、会费管理等各项决议。

作为民政部、中国科协科技社团组织管理体制改革试点单位，2012 年学会实现所属分支机构的总部化管理制度、三主任委员制度以及财务由总会统一管理制度。2012 年，先后有 10 个学会分会建立了网站。

国际学术会议 5 月 26 ~ 31 日，由国际医学物理与医学工程科学联合会（IUPESM）、国际医学物理组织（IOMP）、国际医学与生物工程联合会（IFMBE）共同主办，中国生物医学工程学会（CSBME）及其医学物理分会（CSMP）承办的 2012 年世界医学物理与生物医学工程大会（WC2012）在北京召开。此次大会主题是“科技促进健康”。来自 82 个国家的近 2000 名学者参加会议，大会共收到 700 余篇论文全文及 1500 余篇论文摘要。现场交流口头报告近 1200 篇，张贴壁报约 800 张。会议为活跃在科研一线的海内外中青年学者搭建了学术交流平台。

国内主要学术会议 学会举办了第十届全国生物力学学术会议、第 18 届临床医学工程学术大会、第四届医院医疗器械管理论坛、中国生物医学工程高层论坛、2012 超声学术大会、第一届全国体外循环青年学术论坛暨 2012- 环渤海体外循环学术会议、2012 血液疗法第六届全国学术会议，2012 年超声医学和医学超声论坛、第四届中国肿瘤分子靶向治疗大会、军事医学工程与卫生装备研究军事分会 2012 年度学术大会、第二届北京脑—机接口研讨会等学术会议。

3 月 23 日，学会与第 24 届国际医疗仪器设备展览会共同主办的第四届生物医学工程与医疗器械论坛在北京召开。论坛主题为“个体健康的社会化管理”。来自高校、科研院所以及相关企业界代表共计 100 余人出席会议。中国工程院院士俞梦孙从背景、概念、灵魂及框架几个角度对健康物联网工程做了系统的阐述。

11 月 20 日，第 22 次中国科技论坛中国数字医疗与产业高峰论坛在广东省深圳市举行，本次论坛由中国科协主办，中国生物医学工程学会、中国科学院深圳先进技术研究院共同承办。本次论坛邀请了产、学、研、政各领域的专家，从科研、教学、产业化及政策保障等各个角度，针对数字医疗研发的关键科学问题、难点技术问题、产业发展问题以及政策保障问题等展开研讨，为数字医疗技术和产业发展建言献策。与会专家对近年来一批国家重点科研单位和企业在数字医疗技术和产业发展方面获得的成果进行了点评，提出了发展建议。深圳先进技术研究院开展的低成本健康海云工程、高端医学影像国际先进水平实验室建设等得到了肯定。

国际组织任职 学会第六届理事长、中国工程院院士刘德培经国际医学物理与医学工程科学联合会（IUPESM）主席提名，当选IUPESM执委（2012—2015）。学会秘书长胡逸民教授作为国际医学物理组织（IOMP）代表连任IUPESM执委（2012—2015）。学会理事长樊瑜波代表亚太地区入选国际医学与生物工程联合会（IFMBE）执委（2012—2015或2015—2018），并将同期兼任IFMBE亚太工作委员会主席。

科普活动 学会共举办科普活动2次，科普讲座4次，科普展览2次，受众人数达2000余人次。

5月19～25日，学会联合北京工业大学生物医学工程中心在全国科技活动周期间，举办了“关注科技，关注健康”科普游园活动。本次活动通过展板展示、现场解说、实物展示、观众互动等多种形式，向公众宣传生物医学工程领域的研究成果。学会联合北京航空航天大学生物与医学工程学院，结合自身学科及基地优势，面向青少年，以展板和实验室开放参观的形式，开展了生物医学工程创新成果的科普展示活动，活动受众达1000余人次，其中约20%为中学生，40%为在校本科生，20%为高校教工，20%为公众。

【中国生物医学工程学会第八次全国会员代表大会】 12月2～3日，中国生物医学工程学会第八次全国会员代表大会在北京召开。来自全国各地的会员代表近200人参会。中国科协、国家知识产权局、科技部、国家食品药品监督管理局等有关领导应邀出席会议。

会议听取、审议并通过了学会第七届理事会工作报告、《中国生物医学工程学会章程》修改报告、第七届理事会财务报告、会费管理等各项决议。

会议选举产生99名理事，2名候任理事。樊瑜波任第八届理事会理事长、曹雪涛当选侯任理事长，李兰娟、顾汉卿、奚廷斐、姜宗来、曹谊林、陈武凡、王智彪、赵大哲等8人当选副理事长，李德玉当选学会秘书长。

会议表彰了学会生物力学分会、体外循环分会、天津生物医学工程学会等3个先进学会。表彰了山东生物医学工程学会苗华、浙江生物医学工程学会杜敏芳、上海生物医学工程学会王秀珍等3名先进工作者。东软集团股份有限公司、乐普（北京）医疗器械股份有限公司、新乡市驼人医疗器械有限公司、北京纳通科技集团有限公司等8家企业被学会授予理事单位。

国家食品药品监督管理局医疗器械监管司司长王兰明作题为《医疗器械监管进展》的报告，学会理事长樊瑜波教授作了题为《医疗器械战略新兴产业给生物医学工程带来的机遇和挑战》的报告，学会名誉理事长、中国工程院院士俞梦孙作了题为《一次人类健康工程的实践》的报告，学会会员代表委员会主任、中国科学院力学所教授陶祖莱作《生物医学工程学科发展报告》。

老一辈生物医学工程专家蒋大宗、宋继昌、徐家境、卜绮成、席葆树、方祖祥、杨国忠、陶祖莱等参加了老会员座谈会。与会老专家们就产、学、研结合，高校生物医学工程教学大纲等提出了建议。

【2012年世界医学物理与生物医学工程大会】 5月26～31日，由国际医学物理与医学工程科学联合会（IUPESM）、国际医学物理组织（IOMP）、国际医学与生物工程联合会（IFMBE）共同主办，中国生物医学工程学会（CSBME）及其医学物理分会（CSMP）承办的2012年世界医学物理与生物医学工程大会（WC2012）在北京召开。大会主题是“科技促进健康”。世界医学物理与生物医学工程大会被誉为生物医学工程领域的“奥林匹克”盛会，每3年召开一次，2012年首次在中国召开。来自82个国家的近2000名专家、学者参加了会议。

全国人大常委会副委员长、中国科协主席韩启德，中国科协书记处书记徐延豪，以及来自国家发展改革委、科技部、工业和信息化部、国家食品药品监督管理局、国家自然科学基金委员会等单位的有关领导出席开幕式。

本届大会主席、中国生物医学工程学会前任理事长、中国工程院院士刘德培宣布大会开幕。国际医学物理与医学工程科学联合会主席Barry J Allen教授，国际医学与生物工程联合会主席Herbert F Voigt教授、国际医学物理组织主席Fridtjof Nüsslin教授、国际科学联合会理事会的代表Dov Jaron教授分别在大会开幕式上致辞。

1991年诺贝尔生理学或医学奖获得者埃尔文·内尔（Erwin Neher）应邀在开幕式上作主旨报告。报告从生物物理、医学和工程多学科交叉融合的角度精彩地诠释了生物医学工程这个新兴交叉领域的创新理念。大会每天的学术日程都安排有一个大会特邀报告以及2～3个专题特邀报告。

本次大会所涉及的领域涵盖了生物医学工程学、医学物理学的所有分支领域，共设 19 个会议主题，180 个专业分题，均比上届增加。大会共收到 700 余篇论文全文和 1500 余篇论文摘要。经 500 多位专家审稿后，录用全文 608 篇，在国际医学与生物工程联合会会报（IFMBE proceedings）上发表并被 EI 检索。大会共安排口头报告交流 200 余次，现场交流口头报告近 1200 篇，安排壁报交流 80 余次，张贴壁报约 800 张。

本次大会举办了 24 个小型研讨会和 9 个主题讨论会，内容涵盖了医学物理学和生物医学工程学的热点问题。来自各领域的 130 位专家、学者应邀与参会人员分享了他们的学术思想和最新研究成果。小型研讨会和讨论会的听众人数累计超过 1200 人次。

大会还举行了 IFMBE 青年奖（YIC）的颁奖仪式。

（撰稿人：康亚文）

中国病理生理学会

学会建设 2012 年，中国病理生理学会各专业委员会共举办各类学术交流活动 9 次，参会人数 2925 人次，交流论文 864 篇，评选出青年优秀论文和优秀壁报获奖者 91 人。

2012 年，学会新增会员 435 人，会员总数为 4663 人，其中，终身会员 121 人。按照中国科协的要求，学会对全国会员进行了统一编号、登记和收取会费，发放了新的会员证，目前正在逐步完善学会的网上会员会籍管理等项目。

2012 年，学会动物生理专业委员会、受体专业委员会、心血管专业委员会、缺氧和呼吸专业委员会进行了换届。

经申请，学会获得中国科协学会改革发展基础工程资助类项目 B 类——会员工作体系建设类的经费资助。学会召开了会员服务提升调查研讨会，对会员服务提升工作做了研讨与布置。完善了会员信息网上更新，完善了会议及期刊网上投稿系统，改进了会费收费系统，购买了用于开通学会专用网上论坛的服务器及设备。

2012 年，学会网站、动脉硬化专业委员会网站、心血管专业委员会网站在工业和信息化部重新进行了备案登记。

学术期刊 学会主办的 3 种科技期刊全年共发行 78000 册，发表论文 958 篇。《中国病理生理杂志》在《中文核心期刊要目总览：2011 版》基础医学类排名第一。《中国动脉硬化杂志》论文影响因子和总被引频次较 2011 年有所上升，被编入《中文核心期刊要目总览：2011 版》。12 月 24 日，中国科协正式批准《糖尿病新世界》杂志变更主办单位和主管单位。主办单位由中国病理生理学会变更为中国卫生产业学会，主管单位由中国科学技术协会变更为卫生部。

国际学术会议 11 月 20 ~ 24 日，由国际心脏研究会（ISHR）中国分会、学会心血管和受体专业委员会共同举办的国际心脏研究会（ISHR）中国分会（第十一届）暨中国病理生理学会心血管专业委员会（第十四届）、受体与信号转导专业委员会（第九届）学术大会在广东省广州市举行。来自英国、美国、日本、澳大利亚，以及香港特别行政区和内地的 400 多位专家、学者参加会议。

国内主要学术会议 2012 年，学会举办了中国病理生理学会危重病专业委员会 2012 年年会，中国病理生理学会第十三届肿瘤专业委员会、第十四届免疫专业委员会学术会议，中国病理生理学会动物病理生理专业委员会第六届会员代表大会暨 2012 年学术研讨会等学术会议。

6 月 14 ~ 17 日，中国病理生理学会第十三届肿瘤专业委员会、第十四届免疫专业委员会学术会议在河南省郑州市召开。来自 22 个省市、30 余所高等院校、科研院所的 117 位相关领域的专家、学者参加了会议。大会收到论文摘要 77 篇。4 位专家在大会上作主题报告，28 位学者作大会报告。

11 月 23 ~ 26 日，学会炎症发热感染低温专业委员会、中医专业委员会第 13 届联合学术交流会在广东省韶关市召开，98 人参会。会议共收到摘要 36 篇，内容涉及脑及神经系统疾病、心血管疾病、肝脾肾的疾病、感染性疾病、中药药物研究、肿瘤等方面。

科普活动 9 月 13 日，学会危重病医学专业委员会在北京国际会议中心召开了“危重病日”科普讲座，讲座共分 4 个场次，设计宣传挂图 3 个系列，共发放 5000 份宣传册，出版发行“危重病日”的培训教材 3000 余册，受众在 5000 人左右。

【国际心脏研究会（ISHR）中国分会（第十一届）暨中国病理生理学会心血管专业委员会（第十四届）、受体专业委员会（第九届）学术大会】 11 月 20 ~ 24 日，由国际心脏研究会（ISHR）中国分会、学会心血管和受体专业委员会共同举办的国际心脏研究会（ISHR）中国分会（第十一届）暨中国病理生理学会心血管专业委员会（第十四届）、受体与信号转导专业委员会（第九届）学术大会在广东省广州市举行。来自英国、美国、日本、澳大利亚，以及中国香港特别行政区和内地的 400 多位专家、学者参加会议。这次大会共接受论文摘要274篇，进行特邀报告8场、专题报告会14场、口头报告会6场、临床卫星会5场，内容涵盖了近年来心血管基础医学与临床医学等多方面的最新研究成果。会议期间，举办了1场青年优秀论文评比和3天的壁报展示比赛，最终11人荣获“卢杨基金”青年优秀论文奖，30位代表获优秀壁报奖。会议同期进行了换届选举，产生了中国病理生理学会心血管专业委员会第八届委员会、受体专业委员会第四届委员会，国际心脏研究会第六届执委会。

【第八次全国缺氧和呼吸病理生理学术会议】 11月29日～12月2日，第八次全国缺氧和呼吸病理生理学术会议在云南省昆明市举行，本次会议由中国病理生理学会缺氧和呼吸专业委员会主办。会议收到论文摘要89篇，87位学者从基础和临床的角度就缺氧信号感知、缺氧性肺动脉高压的发生机制及防治、肺纤维化、急性肺栓塞、高原缺氧习服—适应的机制和促习服措施、高原病发病机制和防治等方面进行了交流和探讨。会议进行了青年优秀论文的报告和评选，13位青年学者获奖。

会议同期进行了换届选举，产生了中国病理生理学会缺氧和呼吸专业委员会第五届委员会。

（撰稿人：吴立玲）

中国营养学会

服务创新型国家和社会建设 中国营养学会围绕《中国居民膳食营养素摄入量（DRIs）》的修订举办了6次专家委员会议，交流学术信息，讨论并审定了膳食营养素摄入量（DRIs）的相关内容。

中国营养学会与帝斯曼（中国）有限公司合作，设立中国营养学会营养科研基金——DSM专项科研基金，以婴幼儿研究为主要资助方向。2012年，该项目共收到标书28份，经基金专家委员会主持评审，并经无记名投票，评选出优秀课题11项，资助总金额增至128.5万元。

学会申请的由科技部、中国科协“十二五”国家科技支撑重点项目“公众健康普及技术筛选与评价研究”中《平衡膳食体育健身预防慢性病技术研究与应用》课题，已经通过专家论证和立项答辩，并已完成了可行性研究论证报告。

2月17～19日在北京召开了营养立法专家研讨会，会议就如何促进营养立法工作及需要采取的措施等议题进行了探讨。

学会举办了第21期营养知识更新班等4个项目的继续教育培训班，培训学员577人次，编辑培训教材4种。

学会能力提升计划 学会获得中国科协学会能力提升专项“优秀科技社团奖”二等奖，获得连续3年奖补资金支持。

学会计划将能力提升的工作重点放在学术创新和为社会、政府服务方面，同时在服务科技工作者和会员，以及自我发展方面也力求达到显著的能力提升。1.提升学术创新能力方面：建立营养学科发展报告制度，完成《中国居民膳食营养素参考摄入量（DRIs）》的修订出版，科技期刊《营养学报》的发展与提升，与欧、美、亚等有关国家的营养学会建立长期合作关系，成立“学科发展与学术道德工作委员会”，促进成立“营养学基础与代谢专业分会”，建立产学研联盟。2.提升为社会和政府服务能力的建设方面：推动营养立法，积极参与国家营养标准的制定与宣贯工作，开展科技评价，完善《中国营养学会科学技术奖》的表彰奖励制度，修订出版《中国居民膳食指南》，并以此为中心推动营养科普工作的发展。3.提升服务科技工作者和会员能力方面：推动会之家建设、大力发展营养相关专业的新会员，拓宽服务会员的渠道、完成所有会员信息的采集录入工作，并争取提供全部会员的信息。4.加强学会自身发展方面：制定《专职人员聘用/培训/考核制度》，通过派出进修、专家讲座、经验交流等措施提升办事机构人员的工作能力。加强成果转让等科技服务，增加经费自筹的比例。

学会建设 2012年，学会新增个人会员600余人，会员总人数已达15300人，单位会员28家。

学会召开了七届五次理事会议、七届七次常务理事会议、七届八次常务理事会（通讯）会议、七届九次常务理事会议。妇幼营养分会、营养与保健食品分会、特殊营养分会完成换届选举，产生了新一届委员会。经民政部和中国科协批准，学会成立了学科发展与学术道德工作委员会、教育工作委员会。

4月，民政部公布了对130家全国学会近3年工作的评估结果，中国营养学会被评为4A级。

学会2012年共举办26次学术会议，共1882人次参会，交流论文336篇。《营养学报》的年度发行总量为10500册，发表论文154篇。

国际学术会议 第二届中韩植物化学物国际学术研讨会于10月26日在北京召开。来自韩国、加拿大、日本及国内的近300余位专家、学者，企业代表出席了此次研讨会，就植物化学物领域最新科研成果进行了研讨。

11月16日，2012国际脂肪酸会议在北京召开。会议的主题是“脂肪酸功能与应用”，200余人参加会议。在本届研讨会上，中国营养学会、全球EPA和DHA ω-3脂肪酸组织（GOED）等机构的11位专家进行了专题演讲。与会专家呼吁，应该让脂肪酸平衡理念更为深入人心，号召食用油生产企业有责任和义务让消费者更深入了解调和油的营养价值，学会科学的挑选食用油，更好的实现机体的脂肪酸平衡。

2012年，学会向国际营养科学联合会（IUNS）提交了《中国承办第22届国际营养大会的申请意向书》，成立了申办工作组，准备了竞标材料，并于9月将竞标材料递交国际营养科学联合会，得到国际营养科学联合会秘书处的确认函。国际营养大会（International Congress of Nutrition，ICN）是由国际营养科学联合会（IUNS）主办的营养学领域的国际会议，每4年举办一次。

6月6～8日，第二届全球ω-3脂肪酸学术大会在美国波士顿召开，共计22个国家的225位专家、学者和企业界人士参加会议。学会理事长程义勇、副理事长苏宜香代表中国营养学会出席了大会。

国内主要学术会议 中国营养学会与上海市营养学会于4月11日在上海共同举办了人类生命健康贡献——维生素百年纪念会。有来自全国各地的220位专家、学者参会。

在国际营养科学联合会（IUNS）发起的减盐项目（salt intake reduction workshop）中，中国是第二批入选的6个国家之一。中国营养学会作为IUNS成员，2011年起开始承担其在中国的组织工作。6月15～16日，在山东省济南市召开了减盐控油措施高端圆桌会议。卫生部、中国疾病预防控制中心、中国营养学会、中国健康教育中心、山东省卫生厅等主要领导和联合利华（中国）有限公司代表出席会议，就“减盐控油”达成了一致目标。

国际交往 5月19～21日，“CNS-DSM微量营养素研讨”在瑞士巴萨尔召开，学会理事长程义勇、学会常务副理事长翟凤英代表中国营养学会出席会议并作报告。会议期间，程义勇、翟凤英访问了瑞士营养学会和世界卫生组织总部，交流了开展营养工作的有关经验。

科普活动 2012年，学会共举办科普宣讲活动29次，科技进村活动3次，科教进社区活动26次，发放科普宣传资料22000张，宣讲活动受众人数达221200人。学会在山西省吕梁市开展了小学生“送营养工程”，承担了中国科协“宝塔进小学”项目。6月4日，中国营养学会扶贫小组一行4人，到吕梁市高家塔小学、蔡家崖小学，开展膳食营养调查及宣传教育活动。学会担了卫生部健康生活方式活动——追求健康别停步项目，在全国13个城市开展了营养宣传教育活动，每个城市覆盖2个社区、2家医院。设计制作7类科普宣传材料及宣传挂图和动漫光盘。

表彰举荐优秀科技工作者 11月15日，学会召开了第四届中国营养学会科学技术奖颁奖大会。共有8个项目获得奖项，其中二等奖2项，三等奖6项。

会员服务 学会全年编辑《会员通讯》6期，免费发放纸质版1万余册，提供《会员通讯》电子版供会员下载并通过电子邮件发出2.6万份。

中国科协会员日活动 中国营养学会积极响应中国科协号召让全国营养科技工作者充分体会到来自科技工作者之“家”的温馨和节日的问候，于11～12月在全国开展了会员日活动。为提高会员日活动的针对性、服务性，依据会员的不同需求分别举办了单位会员日活动和个人会员日活动。

单位会员交流座谈会于11月28日在北京召开，来自各地的20家单位会员代表共计40人参加了会议。鉴于单位会员多数为食品生产领域相关企业，学会特别安排了对国家新近颁发的食品安全法规政策学习辅导，重点介绍了2013年1月1日起强制执行的《预包装食品营养标签通则》和《食品营养强化剂使用标准》的主要内容。

会员之家经验交流会于12月18日在福建省厦门市举办。学会理事长程义勇，副理事长郭俊生、杨月欣共同主持了会议。来自23个会员之家38位代表参加了会议。中国科协“全国优秀科技工作者”称号获得者、中国营养学会优秀会员奖获得者、优秀会员代表发表获奖感言。

【减盐控油措施高端圆桌会议】 学会与中国疾病预防控制中心（CDC）营养与食品安全所联合主办，国际营养科学联合会（IUNS）、联合利华（中国）有限公司支持的减盐控油措施高端圆桌会议于6月15～16日在山东省济南市召开。

学会名誉理事长、中国科学院院士王陇德，学会理事长程义勇，中国疾病预防控制中心副主任梁晓峰等专家、学者出席会议。

王陇德院士在讲话中谈到，慢病问题已成为21世纪人类面临的主要考验之一。慢病对国民健康的影响非常严重，减盐控油对于预防慢病是个非常重要的措施，如何把科学知识传授给人民群众是慢病的干预的一项重点。他建议从家庭、食堂或餐饮业、预包装食品3个不同饮食环节上下功夫，使减盐控油的措施真正落实到各个层面。

经过两天的讨论，与会专家、学者对全民减盐控油达成如下共识：

1.多部门联手，推进减盐控油行动。建议有关部委联合规划，建立营养—健康生活方式行动的平台。营养学界、卫生医疗部门、教育部门、餐饮业/烹饪协会、食品协会等多部门联手，促进社会联动；省级卫生部门在全国整体规划下根据本地实际情况建立分阶段减盐控油目标，逐步推动循序渐进地推进。

2. 倡导健康理念，营造减盐控油环境。控制学校周围零食的销售。强化健康家庭、名厨示范、健康食堂/餐饮评选和推广，依靠社会资源，营造减盐、控油环境，利用社会的志愿者资源，发动更多的非政府组织倡导健康理念，引导减盐控油的健康潮流。

3. 开展持续广泛的宣传教育。通过关键人物重点教育影响群体。家庭、餐饮、食堂是宣教的重点，通过对主要烹饪人员的教育实现周围人群的关注。对不同人群进行有针对性的宣教：针对儿童、青少年、老年人等不同群体特点制定不同宣教手段，加大监测和调查研究，提高项目推进的科学性。加强不同职业人群的再教育和再培训，包括医生、厨师、老师等。在充分考虑饮食习惯、可接受性基础上，通过循序渐进的模式逐步实现控制盐摄入量6克/天，油摄入量25克/天的目标。

4. 加强对食品企业的指导。按照《国家食品安全标准预包装食品营养标签通则》要求，要求企业在预包装食品标签上标示钠含量。省级部门可以进一步通过产品备案制度，建立和推行地方分级制度，以此提高食品工业界对减盐的认识，推动并普及减盐行动。

5. 深化开展相关科学研究。结合当前食品加工现状以及企业的利益增长点，鼓励企业加大减盐控油科研投入。研发低盐少油菜肴和包装食品的制作方法。加强食物营养监测，建立相应食物数据库，对盐和油的重点食品来源进行严格管理。开展减盐控油社会效益评估，根据调查结果调整工作重点。

【贫困地区儿童营养改善项目】 学会和汤臣倍健股份有限公司合作研制应用于农村学龄儿童营养改善的“学龄儿童营养包”。2012年，学会制订现场计划，完成广东省怀集县和阳西县干预学校学生膳食营养状况基线调查工作，开始实施现场营养干预。

2012年，学会与全球儿童营养基金会联合汤臣倍健股份有限公司，启动了贫困地区儿童营养改善项目。由学会负责营养包配方研制和设计总体实施方案等，全球儿童营养基金会对项目实施的各项重要环节给予指导，汤臣倍健股份有限负责营养包的生产并承担全部费用，预计3年内总投入近1000万元。

学会针对贫困地区儿童营养缺乏状况，组织专家对学龄儿童营养包配方进行了多次讨论，确定了营养包配方，完成了产品申报手续。

该项目从贫困地区学龄儿童的主要营养问题着手，以适合日常食物的“学龄儿童营养包”为切入点，配合营养知识教育，建立因地制宜、实用可行的营养改善模式。计划在3年内惠及18所学校的近万名小学生，计划通过追踪研究营养包在我国贫困地区用于改善儿童营养不良的适宜性，探索建立符合贫困地区的科学有效、方便适用的儿童营养改善模式。

（撰稿人：李耕华）

中国药理学会

服务创新型国家和社会建设 2012年，在中国工程院《实验动物科学技术与产业发展战略咨询综合报告》项目中，中国药理学会承担并完成了《实验动物科学技术在药物创新研究中的应用战略咨询专题报告》部分。

学会网站会议注册系统全面优化，由学会主办的各种学术会议均已实现网上服务。2012年底，学会网站开始全面改版。新版网站突出中国药理学会“公益性”的特点，为会员、临床工作者和科研人员提供药理学术交流平台。

学会参与了国家自然科学基金委员会、“重大新药创制”国家科技重大专项、“千人计划”等的评审工作。

学会能力提升计划 2012年，学会获得中国科协学会能力提升专项“优秀科技社团奖”三等奖。学会制定了专项资金管理办法、明确工作思路、工作进度安排等。在本项目奖补资金支持下，学会各项能力进一步提升。主要体现于四方面：1. 提升服务创新能力：学会建立了学科及行业技术发展报告制度，编制了2012年度报告，在澳门特别行政区举办了第二届世界天然药物和传统药物药理学学术会议，先后举办了基础与临床药理专题学术研讨会、药理学专家与制药企业药物创新能力建设研讨和对接会，举办学科“新观点、新思路、新技术”研讨班，筹建学会与企业联合组建的产学研联盟，组织和参与编写药理学相关专著等。2. 提升服务社会和政府能力。承担政府部门委托的新药药效研究指导原则制定、新药技术审评、“重大新药创制”重大专项已立项课题阶段评估及新立项课题评审、国家“973”及支撑计划等课题评审、中组部“千人计划”评审等，参与科技部“重大新药创制”重大专项实施管理系列办法及细则等政府科技部门政策、规章或战略性咨询和建议，举行专题科普活动“世界老年痴呆日”宣传，筹编科普著作《合理用药》，继续推进学会承担的院士专家工作站建设活动。3. 提升服务科技工作者能力. 编制问卷开展学会改革、发展和建设建议调查，开展学会网站知识化建设工作，增加学科相关研究、新药研发、新技术、合理用药等科技信息，与英国药理学会合作建立网络化药理从业人员资格认证培训等。4. 提升自我发展能力。筹备成立中国药理学会青年委员会，制定学会分支机构管理制定和协调机制，完善和规范学会工作制度，完成学会“十二五”事业发展规划编制，向国际药理学联盟（IUPHAR）推荐2014年新一届执委会委员，落实海外会员制度，发展并确定了第一批海外会员，并着手筹建海外分会。

学会建设　截至2012年底，学会正式个人会员7101人，团体会员8个，会员人数与2008年相比增加近100%。为配合换届工作，全体会员于2012年进行重新登记，资料全部录入中国科协会员管理系统，实现会员的信息化管理。

7月，中国药理学会第十次全国会员代表大会在北京召开。会议选举产生了中国药理学会第十届理事会、第十届常务理事会和学会领导，杜冠华连任中国药理学会理事长。

2012年，经中国科协批准，中国药理学会药物临床试验专业委员会成立。化疗药理专业委员会、生化与分子药理专业委员会进行了换届选举。麻醉药理专业委员会、治疗药物监测研究专业委员会进行了委员增补。截至2012年底，中国药理学会的专业委员会已达22个，各专业委员会研究内容基本覆盖了药理学的主要领域。

2012年，中国药理学会及所属各专业委员会共举办各类学术活动30次，包括学术大会、年会、研讨会、论坛、培训班以及国际会议等，参会人数达到5230人次，会议收录学术论文2454篇。

科技期刊国际影响力提升计划　《中国药理学报》为全英文国际期刊，期刊评价指标SCI影响因子持续提高，2012年达1.953，获中国科协学会能力提升专项“优秀国际科技期刊奖”一等奖。该刊在中国科协项目资金的支持下，通过增设1名海外常务副主编和9名分科副主编，建立科学家办刊制度和国际同行评审制度，组织高水平的专题，国际发行进入Nature出版集团的网络平台等措施，显著提高了办刊质量和刊物的国际化程度。《中国药理学报》对国内200多个图书馆机构用户提供免费浏览，国际订阅机构用户达500多家。

学术期刊　2012年，学会主办的学术期刊8种，年发行量总计14.54万册，发表论文共计2548篇。《中国药理学通报》获得2012年度中国科协精品科技期刊工程项目资助。

国际学术会议　学会举办了第二届世界天然药物和传统药物药理学学术会议、2012年中美临床和转化医学国际论坛心脑血管病分会论坛（延吉）暨第十二届全国心血管药理学术会议、中俄药理国际研讨会、中日治疗药物监测学术交流会等国际学术会议。总计参会400余人次，接受并刊登论文摘要292篇。

国内主要学术会议　学会举办的主要国内学术会议包括第十三次全国临床药理学学术会议、第二届中国药物毒理学年会、第二届全国治疗药物监测学术年会、第九届中国药理学会药检药理专业委员会学术研讨会、全国第一届麻醉药理专业委员会第三次学术会议、第15届全国神经精神药理学学术会议、中国药理学会第十一届全国化疗药理学术研讨会、中国药理学会抗炎免疫药理专业委员会成立30周年纪念大会暨2012年抗炎免疫药理学术年会、第二届中国药理学会补益药专业委员会学术大会、网络药理学研讨会等。

为加强学科交叉，学会积极与有关学会联合主办学术活动。由中国晶体学会和中国药理学会共同主办的第四届全国晶型药物研发技术学术研讨会于8月在陕西省西安市召开，会议结合我国晶型药物研究现状，进行了学术交流和讨论，为多学科晶型药物研究搭建了学术交流平台。

科普活动　3月，学会副秘书长、北京大学教授张永鹤做客中国科学技术馆“科学讲坛”活动，以“睡眠与健康”为主题作了演讲，听众300多人。本次讲座也是中国药理学会“十二五”科普规划系列活动之一。

9月，学会抗衰老及老年痴呆专业委员会主办的科普活动“2012年世界老年痴呆日”在北京举行，15位具有丰富临床诊治经验的医疗专家进行了义诊，并在北京宣武医院开设了健康科普教育大课堂，共有300余名患者前来咨询和就诊。

表彰举荐优秀科技工作者　2012年，学会组织了国家科学技术奖、全国优秀科技工作者推荐工作。经学会推荐，学会副理事长兼秘书长张永祥荣获中国科协第五届“全国优秀科技工作者”称号。

经评审，8位青年药理学工作者获得中国药理学会与法国SERVIER研究院联合设立的“中国药理学会SERVIER青年药理学工作者奖”。8位工作成绩突出的青年药理学家获得了“中国药理学会青年药理学工作者奖”。

【中国药理学会第十届全国会员代表大会】　中国药理学会第十届全国会员代表大会于7月6日在北京召开，出席大会的全国会员代表共有613人。会议选举产生了中国药理学会十届理事会、十届常务理事会。

大会由第九届理事会秘书长张永祥主持。全国人大常委会副委员长、中国工程院院士桑国卫在大会上作了《我国生物医药产业及创新药物的发展战略》的特邀报告，中国工程院院士秦伯益作了《中国的控烟形势》的报告。

学会第九届理事长杜冠华代表学会第九届理事会向大会作了《中国药理学会第九届理事会工作报告》。报告系统地回顾了九届理事会期间学会的各项工作和取得的成绩。

学会副理事长兼司库李学军向大会作了学会财务情况报告，副秘书长张永鹤作了学会章程修改报告。名誉理事长林志彬作了会员代表及理事候选人资格审查及第十届理事会换届工作报告，向全体代表汇报了会员代表产生办法及审查结果，报告了理事候选人产生办法和名额分配办法，对第十届理事会和常务理事会候选人产生的过程进行了报告。

会议采取无记名投票方式，选举产生了183名中国药理学会第十届理事会理事，并举行了中国药理学会第十届第一次全体理事会议，选举产生了中国药理学会常务理事、理事长、副理事长和秘书长。杜冠华任学会第十届理事会理事长，张永祥任学会第十届理事会秘书长。

在随后召开的中国药理学会第十届第一次常务理事会会议上，第十届理事会成员对新一届理事会的工作进行了规划和讨论。会议号召全国药理学会工作者共同努力，为中国药理学会的发展和中国药理学事业的发展，努力奋斗，创造辉煌。

【第二届世界天然药物和传统药物药理学学术会议】 11月，由国际药理学联合会（IUPHAR）天然药物药理学分会主办，中国药理学会、国际中医药学会、澳门大学承办的第二届世界天然药物和传统药物药理学学术会议在澳门特别行政区召开。

本次会议主题是“以新思路和新技术推进天然药物和传统药物研究”。来自美国、法国、日本、韩国、南非、巴基斯坦、印度、新加坡，以及中国内地、香港特别行政区和澳门特别行政区的160位从事天然药物和传统药物药理学研究的专家、学者参加了本次会议。会议围绕天然药物、传统药物和民族药物的基础药理学、临床药理学和毒理学、新药研究与开发，以及基于现代生物医药科学的新概念、新策略和新技术的药理学研究等议题进行了学术交流和讨论。

会议期间，共有4位专家作大会报告，20位专家作了专题报告，内容涉及天然药物及传统药物活性部位及成分、中药复方、安全性评价、药物作用靶点，以及新药发现，天然药物和传统药物的心血管药理、老年病防治、精神神经药理等。

来自中国、埃塞俄比亚、喀麦隆共和国的16位青年学者参加了青年英文口头报告比赛，决出了7名优秀者，同时评出了15份优秀壁报。本次会议反映了当前国际天然药物和传统药物药理学研究的最新进展和发展前沿，展示了该研究领域的新思路、新技术和新方法。

（撰稿人：赵　颖）

中国针灸学会

服务创新型国家和社会建设　中国针灸学会及各分支机构共组织召开全国性和国际性学术会议14次，参会总人数2171人次，编印论文集10种。举办专题学术报告224人次，会议交流学术论文841篇，境外参会学者71人次。

2012年，学会承担了2012年度中国科协学会改革发展基础工程项目——会员工作体系建设类等6个项目，完成3项，即2012年度中国科协继续教育试点项目——著名科学家程莘农院士针灸传承教育基地、2012年度中国科协学术交流项目——前沿高端学术交流会议、中国科协国际民间科技组织事务专项。完成中国中医科学院自主选题——我国针灸服务收费合理性研究与对策分析项目。

学会组织编写的《2011—2012针灸学学科发展报告》已于4月由中国科学技术出版社出版发行。

10月26～27日，学会在福建中医药大学举办了全国中医药院校技能大赛——2012′华佗杯针灸推拿临床技能大赛。来自全国的165名选手参加了比赛。大赛产生了学生组个人单项奖、临床教师组个人单项奖、学生组全能奖、临床教师组全能奖以及团体奖。

学会标准化工作委员会启动了中国针灸学会标准项目《针刀技术操作规范》的研究与制订工作。承担了国家中医药管理局下达的针灸行业标准项目《针灸技术操作规范：通则》的制订工作。启动了两项针灸国家标准《针灸门诊服务规范》与《针灸临床实践指南制定及评估规范》的研究与制订工作。

学会推动国际标准项目“针灸针”进入国际标准化组织（ISO）的国际标准制定的CD阶段（Committee Dreft委员会阶段），提出了《灸具》与《电针仪》两项ISO新工作项目提案，完成了国际标准化组织中医药技术委员会（ISO/TC29）第三工作组（WG3）、第四工作组（WG4）6位中方专家的国内注册工作，召开了ISO/TC249/WG3、WG4中方近期工作部署研讨会。

学会申报并完成2012年度国家级继续教育项目10项，举办学习、研修等各类培训班79期，培训学员1902人次。

学会发展研究　学会于2011年承担了中国科协学科发展研究项目——《2011—2012针灸学学科发展报告》一书的编写工作。该项目由中国工程院院士、著名针灸学家石学敏教授担任首席科学家，中国针灸学会副秘书长、《中国针灸》杂志主编刘炜宏教授担任编写组组长。在收集资料、调研、征求意见、专家审修的基础上，2012年项目组完成了研究任务，编撰了《2011—2012针灸学学科发展报告》，于4月由中国科学技术出版社正式出版发行。

《2011—2012针灸学学科发展报告》详细梳理了2006～2011年针灸学学科科研、临床、教学和学术交流等方面的最新成果和进展，总结了针灸学学科建设中取得的突出成绩，清晰展示了针灸学科知识体系的发展状况，比较了国内外针灸发展状况和差异，对学科未来的研究方向进行科学预测，从而进一步明确本学科的发展方向和战略需求。报告的具体内容以针灸学科各个学术领域为框架，分成16个专题，分别为针灸理论、经络、腧穴、针灸作用机制、针灸标准化、循证针灸学、针灸临床治疗病症、针刺麻醉、刺法灸法、针灸治疗技术、针灸诊疗仪器、耳穴诊疗、针灸康复医学、针刀医学、针灸文献及学术史和文博研究、针灸教育及教学。报告突出了近年来针灸新兴学科如循证针灸学、针灸康复医学、针刀医学、针灸标准化的发展，汇总了社区、基层适宜技术，较为全面地展示了"十一五"期间针灸学发展状况。

学会建设 2012年，学会新发展个人会员470人，完成了标准化工作委员会等7个分支机构的换届选举，修订并发布了《中国针灸学会分支机构管理办法》。

3月26日，学会和上海绿谷集团在北京正式签署了全面战略合作协议。绿谷集团出资100万元人民币连续支持三届中国针灸学会科学技术奖评奖活动。双方约定，在中医针灸学术交流等方面开展进一步的合作。

11月，中国针灸学会被国家中医药管理局评为《中国中医药年鉴》工作优秀单位，贾晓健被评为《中国中医药年鉴》工作先进个人。

学术期刊 《中国针灸》杂志荣获国家中医药管理局第四届全国中医药优秀期刊评刊活动一等奖，获得2012年度中国科协精品科技期刊出版质量提升项目资助。《世界针灸杂志》荣获国家中医药管理局组织评选的第四届全国中医药优秀期刊三等奖。《针刺研究》被列为的"中国精品科技期刊"。《针刺研究》杂志网站于6月正式开通，网上采编系统同期使用。

国内主要学术会议 12月26～29日，学会在广东省广州市召开了中国针灸学会中医针灸临床特色疗法交流暨第十届全国中青年针灸推拿学术研讨会——"973"计划中医理论专题2012年度交流会针灸分论坛。

8月6～8日，学会在甘肃省平凉市灵台县举行了以"缅怀针灸先祖，弘扬中医针灸文化遗产，推进中华文化大繁荣"为主题的首届皇甫谧故里拜祖大典暨《针灸甲乙经》学术思想国际研讨会。来自国内外中医针灸界的专家、学者，以及甘肃省平凉市灵台县民众5000余人出席会议，上万人参加了首届皇甫谧故里拜祖大典。

科普活动 2012年，学会成立了两个科普志愿者医师宣讲团。6月9日，中国针灸学会科普志愿者医师宣讲团第一团在湖北郧县成立。8月8日，中国针灸学会科普志愿者医师宣讲团第二团在甘肃灵台成立。

2012年，学会共举办大型义诊、讲座活动3次，开展科普宣传10余次。11月21日，举办了中医针灸科普讲座，全国各地80余名基层医务工作者参加了科普讲座培训。学会秘书长杨金生、副秘书长刘炜宏为学员授课。培训班免费向学员赠送了国家中医药管理局编写的针灸科普书籍《中医针灸健康指南》。

学会与新浪网健康频道联合举办了养生坛——针灸专家访谈系列节目3期，分别为"追寻针灸历史 走近针灸大家"、"针灸的神奇功效和适应证"和"冬病夏治'三伏灸'治百病"。

科普工作委员会编辑出版了3期《科普简讯》(电子版)，制作完成了由解放军音像出版社拍摄的《国家标准针灸技术操作规范应用指导》系列光盘下集——《腕踝针》、《火针》。

表彰举荐优秀科技工作者 2012年中国针灸学会科学技术奖评奖活动4月正式启动，截至6月共收到申报项目30项。8月至11月，经初评会、网上公示、终评会、常务理事会审议等程序，最终评选出11个项目获得2012年中国针灸学会科学技术奖，其中一等奖2项，二等奖5项，三等奖4项。

12月，经学会推荐，刘保延、吴焕淦、许能贵3人获得中国科协第五届"全国优秀科技工作者"荣誉称号。

【著名科学家程莘农院士针灸传承教育基地建设】
学会承担了2012年度中国科协继续教育试点项目——"著名科学家程莘农院士针灸传承教育基地"项目建设，并圆满地完成了基地建设6项工作任务：1. 围绕中国工程院院士程莘农的学术成长经历，采集整理了12个主题，完成了6个小时的视频资料的采集和制作。2. 编撰了"程氏针灸"传承培训教材，为"程氏针灸"传承教育的长期化，可持续开展提供保障。3. 面向国内外举办了国医大师程莘农院士针灸临床经验高级传承班和研修班等。4. 以程莘农院士学术思想为主导，开展面对广大群众的经络养生保健科普宣传活动，普及保健知识，推广中医保健技术。5. 组织开展国医大师程莘农院士学术思想及临床经验传承会，以进一步的推广程莘农院士的学术思想和临床经验。6. 组织开展学术交流会，探讨“程氏针灸”高层次传承人才培养的有效模式。

8月，学会与北京市非物质文化遗产“程氏针灸”传承基地——大诚中医针灸医院联合举办了国医大师程莘农院士针灸临床经验高级传承班。传承班邀请了程莘农院士的弟子、传承人等15位专家、学者授课，向35名基层针灸医师传授国医大师程莘农院士针灸临床经验。学员们在培训中系统地学习了国医大师程莘农院士的学术思想、经络辨证、临证思辨及选穴制方的规律等。

（撰稿人：董晓佳）

中国防痨协会

服务创新型国家和社会建设 2012年，协会承担了中国疾病预防控制中心全球基金艾滋病（捐赠）项目——“规范强制戒毒场所HIV/AIDS患者结核病的症状筛查”，执行期限为2012年8月1日～2013年5月30日。2012年，协会已完成《强制戒毒所艾滋病病毒感染者/患者结核病筛查方案》、《强制戒毒所艾滋病病毒感染者/患者结核病项目健康教育材料大纲及细则》的编写，并进行了一次培训。在四川省资阳县的强制戒毒所完成了项目预实验。协会还承担了中国全球基金结核病防治项目——“促进耐药结核病理论及少数民族地区耐药结核病防治的提高二期”，执行期限为2012年8月1日～2013年5月30日。

受杭州优思达公司委托，协会对“结核分支杆菌核酸检测试剂盒”（恒温扩增核酸试纸条检测法）的临床应用进行评估，2012年底完成了评估报告。

6月，接受湖南省天骑医学新技术有限公司委托，进行“夹层杯结核病诊断新技术进行现场应用可行性”评估，在江苏省、湖南省、河北省进行了现场应用可行性评估工作。

10月，接受上海仁度生物科技有限公司委托，对其研发的结核病分枝杆菌TB-SAT结核病诊断新技术进行现场应用可行性评估工作。10月28日在北京举办了TB-SAT结核病诊断新技术培训班，在江苏省南通市，辽宁省大连市、丹东市进行了现场应用可行性评估工作。

5月14～18日，现代结核病控制知识培训研讨班在北京举办。来自19个省、自治区、直辖市的146名学员参加了本期培训和研讨。协会理事长王撷秀亲自授课，介绍了世界卫生组织结核病控制策略。我国著名结核病专家王黎霞、马玙、朱莉贞、屠德华、周新华、成诗明、赵雁林、周林等为学员授课。协会对参加本次培训研讨班的西部地区学员继续实施优惠政策，除了交通费外，食宿费及资料费均由协会承担。保证了西部贫困地区结核病防治人员获得学习机会。

8月9～14日，协会临床专业委员会在吉林省长春市举办了结核外科新进展学习班。21个省、自治区、直辖市的156名学员参加了培训和研讨。这是协会第一次举办结核外科领域新进展学习和研讨班。

12月21～26日，协会基础细菌免疫专业委员会举办结核病新诊断技术培训班，全国102名实验室工作专业人员参加了培训。培训内容包括结核病基础研究，免疫学研究进展，结核病分子流行病学，结核病新诊断技术，实验室生物安全及个人安全防护，菌种保藏及运输，分枝杆菌的实验室检测等。

学会承担并完成2012年度中国科协继续教育试点项目——继续教育精品课程开发项目：继续医学教育教材《现代结核病控制理论和实践》的修改、补充和再版。该教材是协会2009年为培训班编写的专用教材，经全国高校素质教育教材研究编审委员会审定，被列为“中国防痨协会继续医学教育教材”，已试用3年。本次修订进一步提升教材的内容质量。

6月，协会编印科普宣传耐药结核病防治知识手册《控制结核 健康生活》，并免费发送。

学会建设 2012年，中国防痨协会个人会员增加80人，个人会员总数为2366人。协会单位会员52个，与2011年相比减少4个，减少的均为企业单位会员。

2月，根据《中国防痨协会章程》相关规定，协会制定了《中国防痨协会结核病科技咨询评估管理办法（试行）》。

8月，协会制定了《中国防痨协会关于金牌会员单位的规定》，在单位会员中设白金会员单位、金牌会员单位、银牌会员单位。

8月6日，协会举办的2012年全国秘书长工作研讨会议在山西省太原市召开。来自全国各省、自治区、直辖市、新疆生产建设兵团和计划单列市的防痨协会秘书长出席会议。部分秘书长在会上交流了工作经验。

3月17日，临床专业委员会在上海召开主任委员会议，讨论了《中国防痨协会临床专业委员会专业学组管理办法》，审阅了《结核病临床诊治进展年度报告（2011年）》初稿。10月，临床专业委员会完成结核外科学组、影像学组、颅内结核学组、内镜介入与重症学组的组建工作。

4月9～12日，协会科普工作委员会在湖南省长沙市召开全体委员工作会议，讨论了2012年科普工作工作计划，参观考察了当地结核病健康促进工作。

4月11～13日，协会学术工作委员会在广西壮族自治区北海市召开了2012年第一次工作会议，总结2011年工作，讨论2012年学术工作委员会工作计划。

2012年，协会完成了《中国防痨协会80年历程》纪念画册的编撰工作。

学术期刊 根据《2011年中国科技期刊引证报告（核心版）》显示，《中国防痨杂志》综合评价总分44.7，在68种预防医学与卫生类期刊排名第20位，核心影响因子列18位，总被引频次列26位。与2010年的排名为第25位、核心影响因子列19位和总被引频次列21位相比，2011年的排位均有提高。

经新闻出版总署批准，《国际结核病与肺部疾病杂志》（中文版）从2012年起更名为《结核病与肺部健康杂志》（季刊）。5月，《结核病与肺部健康杂志》编委会成立，编委会在浙江省杭州市召开了第一次全体会议。7月，《结核病与肺部健康杂志》第一期出刊。

国内主要学术会议 2012年协会是以分支机构为主召开相关专业会议之年。

4月23～26日，基础细菌免疫专业委员会在北京召开全体委员会议。委员们围绕结核病新诊断技术及耐药结核病的流行传播规律，讨论了结核病新诊断技术筛选、评估、结核病新诊断技术经济学评估、结核病分子流行病学新进展等专题。

7月10～14日，协会结核病控制专业委员会召开学术研讨会。来自全国29个省、自治区、直辖市防痨协会，疾病预防控制中心和结核病防治所的专家、学者共240人参加了会议。协会理事长王撷秀作题为《人与结核》的大会报告。世界卫生组织驻华代表处结核病专家Fabio Scano博士、复旦大学教授徐飚等7位专家进行了大会交流。共有46篇文章入选学术研讨会《论文选编》，其中2篇述评、8篇论著、2篇短文和2篇综述在《中国防痨杂志》上发表。

7月17～20日，协会科普工作委员会学术年会举行。来自中国防痨协会、中国疾病预防控制中心，29个省、自治区、直辖市的防痨协会、疾病预防控制中心、结核病预防控制所，以及香港特别行政区防痨协会的专家、学者共270余人参加了会议。香港防痨心脏及胸病协会主席蓝义方介绍了香港特别行政区近几年来在结核病防治和科普方面所做的努力和取得的成果。6名专家作大会学术报告，70篇文章入选本次学术年会《论文选编》。

11月9～11日，《中国防痨杂志》和《结核病与肺部健康杂志》编委会召开骨关节结核临床诊断与治疗进展及其规范化专题研讨会，来自全国各地的130余位专家、学者参会。会议组织专家撰写骨关节结核诊疗共识1篇，收到论文投稿58篇，17篇论文作大会报告。

12月21～26日，基础细菌免疫专业委员会在福建省武夷山市举办科学研究与结核病防治高峰论坛，中国工程院院士程金、国家重大传染病防治项目组长金奇教授、中国协和医科大学教授刘晓清等出席会议并作专题报告。

【《中国防痨史》正式出版】 由协会组织编写的我国首部《中国防痨史》编写工作历时3年。在收集、回忆、记述并查阅大量历史文献基础上，经过反复核实和修改，于2012年4月完成，12月由人民卫生出版社正式出版发行。

全国人大常委会副委员长、中国科协主席韩启德，卫生部原部长张文康、原副部长殷大奎为本书题词。卫生部部长陈竺为本书作序。

《中国防痨史》全书共16章96万字，收录140幅珍贵历史照片，记载了中国防治结核病的历史。本书适合全国预防医学工作者、临床医师、医学史研究者、卫生管理人员及广大医学院校学生阅读和参考，也可作为结核病防治工作者上岗培训的参考教材。

【《结核病临床诊治进展年度报告（2011）》】 《结核病临床诊治进展年度报告（2011）》是协会首次发布结核病学科领域的年度报告，由临床专业委员会于2012年初完成，在《中国防痨杂志》2012年第6、7期发表。2012年6月由人民卫生出版社出版发行。

本年度报告主要内容参考了2011年国内外公开出版的近百种医学期刊刊载的200余篇文献，全面、系统地反映2011年国内外结核病学科临床诊治方面的研究进展。简明扼要地介绍并分析了2011年度结核病临床技术最新研发进展情况，重点介绍了一年来结核病在诊断、治疗及预防技术手段等方面的动态变化，展示了最新的有关标准与规范，探讨了业内所关心的部分热点学术问题。

本书分诊断与治疗两大部分，诊断部分重点介绍了结核病的细菌学诊断、影像学诊断、免疫学诊断和分子生物学诊断等新进展。治疗部分重点介绍了抗结核新药、结核病免疫治疗及治疗性疫苗、结核病介入治疗、结核病外科治疗以及耐药结核病治疗等方面的新成就。

10月14日，在浙江省杭州市召开了编撰《结核病临床诊治进展年度报告（2012年）》会议，根据与会专家意见对该报告的具体内容进行了适当调整，增加艾滋病病毒（HIV）合并结核双重感染等部分内容，计划以后持续编撰和出版。

【结核病感染者预防性治疗研讨会】 8月15日，协会在北京召开了结核病感染者预防性治疗研讨会，协会副理事长兼秘书长万利亚，中国结核病预防控制中心主任王黎霞、副主任赵雁林，以及马玙、屠德华、李琦、朱莉贞、高微微等专家20余人参加了会议。

与会专家一致认为，感染者预防性治疗能降低结核病的发病率，作为控制结核病的三大措施之一，其重要性应给予充分的肯定，在我国开展此项工作很重要，很有意义。但是，由于以前对预防性治疗的重要性认识不足，强调不够，而目前从理论到实践迫切需要解决的问题较多，所以需要加强研究。专家建议，协会应组织专家，起草关于结核病感染者预防性治疗的指导意见，为国家制定预防性治疗的相关政策提供参考。

（撰稿人：朱桂林）

中国麻风防治协会

服务创新型国家和社会建设 2012年，协会承担了国家艾滋病防治社会动员项目，与四川省成都市同乐健康咨询服务中心合作，开展了同伴教育培训师培训项目，为西南地区培训了16位成年男性性接触者（MSM）同伴教育培训师。与天津深蓝水木感染者互助工作室合作开展了HIV感染者积极自我管理“促进及早治疗”关怀项目，举办前置性同伴教育、渗透式同伴教育、抗逆转录病毒治疗（ART）治疗陪诊、ART治疗导入期辅导等项活动累计服务101人，共计503人次受益。

2012年，协会举办了麻风病理、麻风畸残预防等国家级继续医学教育培训班6个，累计培训学员511人次。

由协会副秘书长唐辛率领的协会麻风眼病流动医疗队，2012年行程5万多千米，在云南、贵州、四川、广东等省7个县的37个麻风院（村），免费为1030例麻风患者开展了眼病检查，进行白内障手术及人工晶体植入手术203例，外眼手术142例，眼病防护345例，提供了防护眼镜、眼药膏、药水等药品和器材。为广东省的40多位麻风残老者开展了安装义齿的工作。近70万元项目经费由澳门特别行政区利玛窦社会服务提供。

2012年，协会社区康复队共收到社会捐助42万元。分布在云南省昆明市、玉溪市、文山、大理和保山等地的康复村和自然村的800名康复者从综合康复项目中直接或间接受益。社区康复队队员累计下乡80多次，开展了生理康复项目：为495名康复者开展了自我保护教育；为440人发放了溃护药品和特制保护鞋；开展社区康复员培训项目，15名康复员已基本掌握了生理、心理、社会、经济等综合康复的知识和技能，在他们各自的村子里持续地为220多名有需要的康复者们服务。此外，社区康复队还开展了心理康复，共组织各类康复者小组活动15次，有200人次在各类的小组活动中获得同伴的心理支持、鼓励、安慰，并帮助其他的康复者。社区康复队的特长在于发掘康复者潜能，培养社区领袖，鼓励和支持康复者自助，自力更生。

2012年，协会派遣协会联络部工作人员戴静在四川省越西县大营盘学校协助工作。戴静负责寄宿在那里的麻风病人子女的学习、生活。4月，成都电视台第五套“真实人生”栏目组专门到大营盘学校采访了戴静。

协会承担了中央财政转移支付麻风防治专项经费专家技术督导项目。

学会建设 截至2012年底，协会共有个人会员5129人，比2011年增加1386人，团体会员共62个。协会召开常务理事会议3次，增补严丽英、秦环龙、姜辉为理事和常务理事，增补杨荣德为常务理事。

决策咨询 协会组织专家撰写决策咨询报告5篇。向卫生部疾病预防控制司提交了《全国消除麻风病危害规划》、《消除麻风病危害实施指南》、《重点省市区麻风督导》及《全国麻风病监测方案暨LEPMIS标准病历》等4篇报告，前3篇已经卫生部批复并下发至全国。

为了制定《皮肤病医院等级评定标准》，协会分别于2月13～20日、3月17～24日到湖北省、重庆市、湖南省三省交界地区和陕西省、甘肃省、四川省三省交界地区现场调研，向卫生部医政司提交了《皮肤病医院等级评定标准》的报告。

国际学术会议 9月2～5日，协会在江苏省南京市召开在中国的国内外麻风非政府组织工作协调会议暨经验交流会。来自比利时、日本、韩国、英国、阿根廷、荷兰、美国等国家的12位专家、学者，以及国内学者共53人参加会议。各国学者交流了在中国开展麻风救助工作的体会与经验，共同签署了《消除麻风歧视倡议书》。

国内主要学术会议 为了撰写《皮肤病医院等级评定标准》的报告，协会共举办决策咨询专家论坛4次，于1月14～18日在上海市召开了全国麻风病监测方案暨LEPMIS标准病历研讨会，6月5～7日在四川省成都市召开了《全国消除麻风病危害规划》实施工作指南研讨会，9月13～16日在江苏省姜堰市举办了全国消除麻风病危害规划研讨。

6月27日～7月2日，协会在内蒙古自治区呼和浩特市举办了全国麻风皮肤病学术年会。与2011年相比，基层论文增多，评选出5篇优秀论文进行大会交流。

开展了麻风皮肤病艾滋病在线视频讲座与交流，制作学术交流课件11个，涵盖了麻风防治、皮肤病防治和性病艾滋病防治领域，丰富了中国麻风防治协会网站的内容，增加了浏览量，使网站在普及学科知识、开展继续医学教育方面发挥了更大的作用。

12月19～20日，协会在江苏省南京市举办了重大药物不良反应预防研究和转化应用研讨会，邀请遗传学界、药学界、临床医生及转化工程的专家、学者25人，探讨重大药物不良反应的预防研究和临床转化问题。

两岸交流 11月27日～12月4日，协会在台湾地区乐生疗养院举办了海峡两岸麻风病防治一体化学术研讨会，两岸学者50余人出席了会议。

科普活动 协会全年共举办科普讲座14次。开发科普挂图6种，免费发放283000张。共计近50位麻风皮肤病科技工作者参与科普活动，受众达28余万人次。

1月29日，第59届世界防治麻风病日暨第25届中国麻风节期间，协会与卫生部、中国红十字会、中国残疾人联合会及中国医学科学院皮肤病研究所的有关人员，到海南省海口秀英麻风院看望了患者及基层麻风防治工作者，开展了麻风可防可治不可怕的科普活动。

在3月11日的国际尊严尊敬日，协会参与了由广东省汉达康福协会、广州扬爱特殊孩子家长俱乐部、广州慧灵智障人士服务机构、广州市越秀区启智学校等公益、慈善机构联合主办的"我们都一样"公益倡导活动。

5月19，协会参加了北京市东城区科协在龙潭湖公园举办的全国科技活动周启动仪式，开展了科普宣传活动。向游人发放了麻风防治知识"科普资源包"光盘，现场播放了电视片《麻风病科普知识》及麻风公益大使祖海演唱的歌曲——《好运来》。

5月23～24日，协会与团体会员单位河北省望都皮肤病院在河北望都县寺庄乡白岳村，利用赶集日举办了以"携手建设创新型国家——科技引领，健康生活，和谐发展"为主题的科技进农村科技周科普宣传活动。

9月15～16日，协会与北京市热带医学研究所共同组织有关专家参加了2012全国科普日活动。

表彰举荐优秀科技工作者 经协会推荐，张连华、陈树民荣获得中国科协第五届"全国优秀科技工作者"称号。

协会开展了李桓英学术成长资料采集工作，合计实物移交总数821件，完成研究报告初稿21万字。

【"爱之声"麻风防治公益歌词、歌曲征集评选】 在中国科协科学技术普及部的支持下，协会举办了"爱之声"麻风防治公益歌曲、歌词征集活动。协会与中国音乐家协会、腾讯网协作，共收到歌曲53首，歌词42篇，有万余人次网民参与推荐评选。

1月15日，协会与中国音乐家协会组织有关专家在北京召开"爱之声"麻风防治公益歌曲、歌词评审会议。中国音乐家协会邀请中央歌剧院原院长、中国音乐家协会原副主席、中国音乐家协会顾问王世光，海政文工团艺术指导、海政歌舞团原副团长、国家一级作曲、著名词曲作家付林，中国音乐家协会党组成员、副秘书长田晓耕，中国音乐家协会《词刊》原主编虞文琴，诗词作家言武等知名专家参加了评审。

经评审，评选出歌曲一等奖5首、二等奖5首、三等奖6首，优秀作品5首。《让爱大起来》、《爱心接力》、《爱满天地间》、《风雨后的爱》、《因为路上有了你》等5首歌曲荣获一等奖。

来自北京、上海、云南、河南等15个省、自治区、直辖市的29位词作者提交歌词42首。来自北京、上海、江苏等19个省、自治区、直辖市的32位词作者和43位曲作者分别为53首歌曲作词作曲。

协会授予中国医学科学院皮肤病研究所、浙江省皮肤病防治研究所、安徽省皮肤病防治研究所、江西省皮肤病专科医院"爱之声"麻风防治公益歌曲、歌词征集活动"优秀组织奖"。

【中国麻风防治协会麻风治愈残老者扶贫试点项目获中央财政支持】 2012年，中央财政给予麻风治愈残老者扶贫试点项目（B007号）100万元的财政支持，用于支持云南省红河哈尼族彝族自治州皮肤病防治所龙潭田麻风村、江西省丰城市铁路镇麻风村、安徽省庐江县麻风村开展蓝孔雀养殖。项目共募集社会资金52.97万元，地方配套经费37.92万元，834名麻风残老者受益。

江西省丰城市科协同意成立丰城市麻风康复村蓝孔雀养殖基地，该基地作为当地科普惠农项目的示范项目。

麻风病人及其治愈者是弱势群体中最困难的人群，他们中的多数人仍然过着贫困的生活。该项目的实施，能够使病人增加部分收入，改善生活环境，提高生存质量，更重要的是使他们在力所能及的劳动中真正体会到自己不是社会的负担，而是社会财富的创造者。有助于促进麻防防治事业的持续发展，确保社会的稳定。

【福利彩票公积金麻风畸残矫治手术项目】 2012年，为协助中国残疾人联合会完成福利彩票公积金麻风畸残矫治手术项目，协会组织了由10名专家组成的手术队，协会会长张国成亲自担任手术队队长。5月21～31日分别在湖北省恩施土家族苗族自治州麻风病防治中心、孝感市麻风病防治中心和武汉市麻风病防治中心等3个手术点，免费为鹤峰等24个县（市）的麻风患者实施畸残矫治手术118例。10月15～23日，在陕西省汉中疗养院和商洛疗养院完成畸残矫治手术100例。8月15～20日在四川省甘孜藏族自治州皮肤病防治院，10月24～27日在凉山州西昌市中医院，10 月 29 日 ~ 11 月 5 日在德阳市什邡市马祖医院，共完成兔眼、下睑外翻、上睑内翻倒睫、垂足、爪形手、鞍鼻、面瘫、溃疡植皮等矫形术 116 例。

手术队专家还对当地医院医生进行了麻风康复手术技术培训。

在四川省，手术队专家在手术过程中遇到了两次停电，只能在几只手电筒的照明下坚持手术的情况，专家组以高度的责任心，使各项手术顺利完成。不仅使麻风畸残者在身体上摆脱了痛苦，改善了生理功能，提高了生活质量，同时精神上也得到解放，产生了“康复一人，解放一家，影响一片”的良好社会效益。

（撰稿人：潘春枝）

中国心理卫生协会

服务创新型国家和社会建设 2012 年，协会申报科技部国家科技支撑计划课题公众健康知识及技术筛选与评价研究中的子课题——社区公众健康教育适宜技术和科普技术研究及应用，经过前期准备，此项目已获批准，2013 年正式启动。

协会理事长马辛作为党的十八大代表出席了中国共产党第十八次全国代表大会。会议期间，马辛宣传了中国心理卫生协会 2010 年出台的《中国人心理健康标准》，提出要注重人文关怀、心理疏导、营造积极向上的社会心态。到 2020 年全面建成小康社会，不仅要关注经济指标，还要关注人文指标、文化指标和心理素质指标等，要营造积极向上的、健康的心理环境，让群众早日享受到专业的心理健康服务。

学会建设 2012 年，协会召开了六届二次常务理事会议，六届二次全国理事会暨全国地方协会理事长、秘书长和专业委员会（分会）主任委员（理事长）工作会议，六届三次常务理事会议。

在六届三次常务理事会议上，协会理事长马辛代表六届理事会就 2011 年换届以来的工作进行了汇报。广西壮族自治区心理卫生协会、浙江省心理卫生协会、心理治疗与心理咨询专委会、交通分会分别介绍了各自的工作经验，以及心理卫生活动在服务社会主义和谐社会建设、造福广大民众方面的体会。

2012 年，协会被评为中国科协科普工作先进学会。

学术期刊 《中国健康心理学杂志》全年刊登科研论文及综述等 700 余篇，其中基金资助和国家级、部级攻关项目与重点科研项目的论文占 30% 左右。

《中国心理卫生杂志》获得中国科协“精品科技期刊工程项目”资助，以“精品科技期刊培育计划”立项。全年发表各类论文 200 篇约 160 万字，年发行约 10 万册。出版增刊《非典型抗精神病药物长效针剂——预防精神分裂症复发的新手段》一期，并重印 1 次。

《心理与健康》在传统的内插评刊表基础上，推进网站评刊，全年统计读者反馈意见超过 800 人次。2012 年初，《心理与健康》杂志荣获中南大学湘雅二医院颁发的“杨德森优秀精神医学刊物奖”。

国内主要学术会议 8 月 10 ~ 12 日，协会召开了第三届中青年心理卫生学者学术研讨会。本次会议以“维护心理健康，实现和谐发展”为主题，共收到参会论文近 100 篇，来自全国各地的近 150 名专家、学者参加了会议。

6 月 11 ~ 12 日，协会与福建省心理卫生协会共同承办了由中国科协主办的第四届海峡科技专家论坛暨海峡两岸之心理健康研讨会。来自海峡两岸的 300 余位专家、学者围绕心理健康这一主题进行了研讨。

科普活动 2012 年，协会举办的各类科普活动合计受众近 3 万人次。

协会参加了由中国科协科学技术普及部、北京市科协、丰台区政府主办的防灾减灾科普宣传活动。响应全国科技活动周的号召，分 3 次在宋庆龄故居开展了以“做时代小先生”为主题的活动。与中国医学论坛报社、北京医学奖励基金会、中国医疗手牵手工程委员会共同主办了“心晴环保”大型公益活动。

2012 年，协会将科普的重点受众人群定位为武警官兵。4 月 20 日，中国心理卫生协会科普讲师团由武国城教授出任讲师，为驻京武警部队进行了心理压力管理的讲座，1500 余名武警官兵聆听了讲座。讲座采取主会场和视频会议的方式同时进行，赢得了官兵们的一致好评。

【中国心理卫生协会第三届中青年心理卫生学者学术研讨会】 8 月 10 ~ 12 日，中国心理卫生协会第三届中青年心理卫生学者学术研讨会在江苏省南通市举办。

本次会议以“维护心理健康，实现和谐发展”为主题，旨在更好地传播国内外心理卫生发展动态，为广大中青年心理卫生学者提供学习和交流的机会，以促进我国心理卫生事业的发展。

来自全国各地的 150 多名学者参加了研讨会，会议收到交流论文 100 余篇，本届学术研讨会共安排主题报告 8 个、工作坊 4 个、学术沙龙 2 个、论文交流 8 人。

会议邀请了国内心理卫生学界著名专家参加。协会理事长、首都医科大附属安定医院马辛教授，上海同济大学教授赵旭东，上海市精神卫生中心教授谢斌，空军医学研究所教授武国城，清华大学教授樊富珉，首都医科大学教授杨凤池、郭延庆，海军总医院教授郭勇，上海交通大学教授仇剑荃等，就社会阶层与心理卫生、中国精神卫生立法的解读、中国心理咨询师及心理治疗师的职业发展、影响心理治疗的核心要素、认知治疗在临床心理咨询中的应用、艺术方法在灾区心理干预中的应用、幻想技术在心理咨询与心理治疗中的应用、生活分析的咨询方法、动力性团体治疗等内容进行了讲解。会议期间，举办了“精神科与心理科合作医疗模式”高层论坛。

本次会议打破了以往只安排学术报告和工作坊的传统，将学术论坛穿插进会议中。主题为“精神科与心理的协作医疗模式”的论坛，邀请了来自精神科和心理科的6位专家，围绕在对精神病人进行治疗时，精神科与心理治疗如何协作更有利于病人这一主题，共同对出席会议的精神科和心理治疗工作者进行指导。

【2012第三届中国精神分析大会】 9月20～22日，2012第三届中国精神分析大会在上海市召开。本次会议由中国心理卫生协会精神分析专业委员会和上海交通大学医学院附属精神卫生中心共同主办，会议的主题为“精神分析在当今中国的临床应用”。

来自国际精神分析协会，加拿大、德国、美国、英国等国家和国内精神分析与心理治疗领域的20多位专家、学者，400名国内从事心理咨询与心理治疗及相关专业的工作者参会。会议通过大会演讲、工作坊、讨论等形式共同探讨如何在新的历史条件和社会背景之下，深化和促进精神分析的临床运用，探讨心理治疗工作者职业化的进程，让精神分析在躯体疾病的临床治疗和心理治疗中发挥更大的作用。

此次大会通过临床实证研究和个案分析传达的理念是：每个个体都是一个完整的人，不可以简单割裂为心理和生理两部分。

大会还向公众传达了这样一个信息：就像人人都应该知道一些营养学知识一样，每个人都还应该学点心理健康知识。精神分析是心理治疗的工具之一，可以帮助我们更好地调整心理，在快速变化、压力倍增的现代社会中获取或保持心理健康以及内心的和谐。

（撰稿人：姜婧怡）

中国抗癌协会

服务创新型国家和社会建设 2012年，协会完成了国家重大公共卫生服务项目——农村妇女乳腺癌检查项目，整理相关数据，为开展乳腺癌筛查方案多中心队列研究做准备。

协会对第13届中国科协年会第18分会场研讨的主要观点进行汇总，形成了《应加强恶性肿瘤防治医疗机构的准入管理和专业医师资质认证工作的建议》，通过中国科协调研宣传部上报中央和有关部门。肿瘤营养与支持治疗专委会向广东省提出的营养药物品种已全部列入广东省基本医疗保险目录。协会提出的《降低功夫茶温度、预防食管癌的建议》引起了社会的关注。

协会举办国家级继续教育项目22项，培训8048人次。协会专业委员会加强了规范化诊治培训，胆道肿瘤专委会举办7期规范化治疗培训班，鼻咽癌规范化诊疗培训达300人次，胃癌、肿瘤营养、妇科肿瘤等专业委员会开展了规范化诊治巡讲活动，大肠癌诊治规范宣讲团在浙江省、上海市等地巡讲21次。

学会能力提升计划 协会获得中国科协学会能力提升专项“优秀科技社团奖”二等奖，获得连续3年奖补资金的支持。

协会结合自身发展情况，制定了项目实施内容及资金使用方案，以实现学会服务创新能力、社会和政府能力、科技工作者能力以及自我发展能力得到实质性提升。为此制定6项任务目标：1. 编辑出版中国常见癌症诊治系列丛书——《大众版》与《专业版》，精选适合我国国情的最新诊疗技术，对我国常见癌症诊治起到指南性作用。2. 开展中国肿瘤防控资源现状调研和肿瘤专科医师资质标准认证和肿瘤专科准入制度草案的制定工作，为向政府建言献策提供依据。3. 办好第22届亚太抗癌大会。促进国际科技交流及提高影响力。4. 提升肿瘤系列期刊学术影响力及办刊质量，打造1～2本（外文）品牌期刊，使之成为能够代表我国肿瘤防治领域水平，国内、外同行认可的国际一流期刊。5. 做好中国抗癌协会科技奖的评选工作，向国家推荐更多优秀成果，提高该科技奖项的影响力。6. 开展我国女性乳腺癌筛查方案的多中心队列研究。

协会成立了奖补资金使用领导小组，组织相关项目的专家团队具体负责项目的实施，对奖补资金进行合理分配，对各个项目进行实施论证、规范管理、定期监察，确保项目按期、高标准完成。

学会建设 2012年，协会新发展会员3954名，进入全国学会个人会员管理系统数据库的达34219人。召开了第七次全国会员代表大会，2次全体理事会议、2次常务理事会议和2次理事长办公会议。按照组织程序，放射治疗、生物治疗、肿瘤标志、神经肿瘤、小儿肿瘤等5个专业委员会完成换届。肿瘤营养与支持治疗专业委员会、纳米肿瘤学专业委员会成立。协会专业委员会达40个，省市抗癌协会30个，事业、企业会员单位46个。协会开展了先进团体评选，12个团体被评为先进，6个团体被评为专业委员会之星和省市抗癌协会之星。

2012年，协会被民政部评为4A级社会组织。

协会各专业委员会举办国际学术会议18次，参会国外专家229人次。

协会完成了第二届中国抗癌协会科技奖的评选工作，评出一等奖4项、二等奖11项、三等奖15项，在第七届中国肿瘤学术大会上举行了颁奖仪式。

协会召开了第四次系列期刊编辑部主任工作会议，表彰了一批优秀期刊。

协会网站2012年共发布信息439篇，其中英文信息8篇。围绕协会中心工作制作网站专题8个，全年访问量达71万次。

协会共编辑出版《中国抗癌协会通讯》3期，刊登文章100余篇。

学术期刊 协会主办或合办的7种期刊全年共出版68期，发行177500册，刊登论文1622篇，平均刊登率为31%。32种加盟的系列期刊中有9种入选北京大学图书馆《中文核心期刊要目总览》，14种期刊被中国科学技术信息研究所遴选入《中国科技论文统计源期刊》，多家期刊被国外数据库收录。

国内主要学术会议 协会及专业委员会举办各类学术会议103次，参会28630人次，交流论文3267篇。举办高端前沿学术论坛25次。大型国内学术会议包括第一届全国肿瘤标志学术大会、第二届全国肝癌中青年专家论坛、第四届全国乳腺癌论坛、第八届全国癌症康复与姑息医学大会、肺癌新进展高峰论坛、第十五届全国临床肿瘤学大会等。

科普活动 2月4日，由协会主办，协会肿瘤病理专业委员会与四川大学华西医院承办的世界癌症日全国性主题科普宣教活动在四川省成都市启动。科普宣教活动分别举行了肿瘤防控座谈会、青稞沙龙、大型义诊咨询、科普知识宣传和科普实践活动。来自四川省成都市3个社区的数百名居民、肿瘤患者和非医学专业大学生参加了大型义诊咨询及科普知识宣传活动。

表彰举荐优秀科技工作者 经协会推荐，中国抗癌协会科技奖一等奖——卞修武教授等完成的“肿瘤血管生成机制及其在抗血管生成治疗中的应用”，获得2012年度国家科技进步一等奖。

党建强会 协会组织党员和机关工作人员学习党的十八大文件，积极发展党员，发挥党员先锋模范作用。协会开展党建特色活动，把党建工作和学会业务工作紧密结合，在中国科协全国学会党建工作会议上介绍经验，被中国科协学会服务中心党委评为先进党支部。

【中国抗癌协会第七次全国会员代表大会】 9月6日，中国抗癌协会第七次全国会员代表大会在北京举行。来自各专业委员会、省、自治区、直辖市抗癌协会、肿瘤专科医院、肿瘤研究所、肿瘤中心及相关医药企业的230名代表参加大会。中国科协书记处书记徐延豪到会祝贺。中国科学院院士姚开泰，中国工程院院士孙燕、陆道培、邱蔚六等专家应邀出席会议。

大会审议通过了《第六届理事会工作报告》、《关于修改章程的报告》和《第六届理事会财务工作报告》。选举出由195名理事组成的第七届理事会和65名常务理事组成的常务理事会。中国工程院院士郝希山再次当选为协会理事长，樊代明、曾益新、唐步坚、蒋国梁、高国兰、于金明、詹启敏、张岂凡、季家孚当选为副理事长，王瑛当选为秘书长。会议授予中国工程院院士程书钧等3人为名誉副理事长，万德森教授等14人为荣誉理事，表彰了一批中国抗癌协会先进工作者。

【第七届中国肿瘤学术大会】 9月7～9日，第七届中国肿瘤学术大会暨第11届海峡两岸肿瘤学术会议在北京举行。本届会议的主题是“聚焦肿瘤转化医学，推动健康科学发展”。全国人大常委会副委员长、中国科协主席韩启德致信祝贺。协会理事长郝希山、国际抗癌联盟主席爱德华多·卡加普，以及来自美国、英国、德国的肿瘤学专家，我国著名专家樊代明院士、陈志南院士、詹启敏院士、于金明院士及我国大陆和港澳台地区的肿瘤科技工作者近5800人参加了会议。

会上，11位专家作大会报告，45位专家作专题报告，300多位专家作分会场报告，就临床肿瘤诊疗、肿瘤个体化医学、肿瘤预防干预、转化医学模式、肿瘤诊疗的医疗设备和药物研发、产学研结合的有效模式等进行了交流。会议收到论文近2000篇，其中60篇获得中青年论文奖，40篇被评为优秀壁报交流论文。

会议颁发了第二届中国抗癌协会科技奖。

【第22届世界抗癌大会】 8月27～30日，协会组织由60人组成的中国医学专家代表团，赴加拿大蒙特利尔出席了第22届世界抗癌大会。团员中有10篇论文被遴选为发言篇目，20篇论文被遴选为壁报交流。大会特设中国专场，协会理事长郝希山院士，副理事长蒋国良主持专场活动，国际抗癌联盟主席爱德华多·卡赞普教授、联盟前任主席弗兰克·卡瓦利教授等专家参加中国专场活动。有5位专家在会上介绍了我国高发癌症的诊疗进展情况。会议期间，协会设立展台，播放宣传片，发放宣传资料，扩大了团体的影响。会后中国医学专家代表团参观访问了加拿大的肿瘤医疗机构。

【第18届肿瘤防治宣传周】 第18届全国肿瘤防治

宣传周活动于4月15～21日在全国范围内展开，本届宣传周的主题是“科学抗癌，关爱生命——饮食与癌症”，旨在引导公众关注癌症和癌症患者，正确认识癌症的成因、预防和治疗，倡导健康的生活方式，合理膳食，推动规范化治疗，提高癌症患者的生存质量，树立战胜癌症的信心，动员社会各界人士为癌症患者提供信息、情感、归属和物质等全方位支持，形成全社会共同关注肿瘤防控事业的态势。

4月15日上午，第18届全国肿瘤防治宣传周在中国医学科学院肿瘤医院启动。中国科协常务副主席、书记处第一书记陈希出席启动仪式。来自北京市抗癌乐园的80位抗癌明星表演健康操，孙燕院士、郝希山院士、曾益新院士等参加了媒体见面会。

参与本届宣传周活动的协会专业委员会、省市抗癌协会、医学院校及医院、相关学术团体共254个，举办科普讲座177场、图片展览53场、知识问答68场、学术研讨70场、义诊咨询138场，发放科普资料17万份，减免各类费用27.18万元，参与活动的专家和医护工作者3540名次，直接受益25万人次，各种媒体、网络报道500余次。

（撰稿人：刘　齐）

中国体育科学学会

服务创新型国家和社会建设　2012年，学会承担了4项政府转移职能。承担国家运动队运动营养食品集中采购工作，全年为55个国家队集中采购了近1600万元的运动营养食品。承担国家体育总局科教司体育科技成果数据收集和信息统计工作，向科技部上报了2012年179项体育科技成果的统计表和统计分析报告。承担国家体育总局国外体育科技译著资助出版工作，编印了《教练员的运动心理学》，约20万字。承担了国家体育总局代表团参加伦敦奥运会科学大会的部分组织、联络工作。

接受中国科协委托，学会组织专家撰写《加强游泳安全管理，防止溺水事故发生》专报，被中国科协学会决策咨询计划学术成果提炼项目采纳，刊登于中国科协第37期《调研动态》。申报科技部中国科协“十二五”国家科技支撑计划社会发展科技领域项目“公众健康知识及技术筛选与评价研究”的子课题“平衡膳食体育健身预防慢性病技术与应用的研究”，并获得批准。申报中国科协学会改革发展基础工程资助项目“中国体育科学学会会员服务体系建设与机制创新”，获得批准。

学会“体育科技工作者建议平台”专栏全年刊载5条专家建议，分别上报给国家体育总局相关司局供决策参考。

全年举办继续教育培训班2次。6月6～9日，学会在广东省广州市举办第14期全国体育场馆建设、维护与经营讲习班，全国体育场馆建设、施工、咨询、维护与经营领域的管理人员，企业单位代表共80多人参加了讲习班。学会邀请体育建筑界专家分别以《竞技体育与群众体育田径面层的选择与分析》、《体育建筑多功能联体设计思路及实例》、《如何破解大型体育场馆赛后运营的难题》、《场地照明系统配置内容定位标准及设计中综合问题的处理》、《现代体育场馆看台座椅运用及发展趋势》、《长混响状态下体育场馆电声系统语言清晰度设计》、《游泳池水处理设计要点》为题作了专题讲座。10月24～26日，受国家体育总局科教司委托，学会在湖南省长沙市举办了国家体育总局科研课题管理暨体育科技成果登记与统计培训班，来自国家体育总局各类课题承担单位的50多人参加了培训班。学会各分会全年共开展培训活动28次。

学会建设　2012年，学会发展个人会员430人，新增单位会员4个。学会会员总数为3180名，其中个人会员3076人，单位会员104个。

学会先后召开了七届三次常务理事会议、七届四次常务理事会和七届二次理事会议，制定了《中国体育科学学会会员服务办法（试行）》。学会召开了2012年中国体育科学学会分会和地方学会秘书长会议。

完成了第五届中国体育科学学会科学技术奖的评审工作，在67个申报项目中评选出获奖项目25项，其中一等奖1项，二等奖8项，三等奖16项。

2012年，学会建立了集信息发布、会员管理服务、会议投稿与注册、重点工作专项平台于一体的信息化综合平台。

学会中文网站全年刊登新闻168条，公告通知40条。学会英文网站刊登新闻46条，学会简介12条。

学术期刊　学会会刊《体育科学》全年印刷45000册，发表论文180篇，在中文体育类学术期刊影响因子排名中名列第一。学会主办的《中国运动医学杂志》全年印刷24000册，发表论文240篇，在国内25种特种医学期刊影响因子排名中名列第二。

国际学术会议　6月14日，由中国体育科学学会和芬兰体育科学学会共同主办的第三届中芬体育学术论坛在天津开幕。学会各分会全年共举办国际会议6次。

国内主要学术会议　学会全年共举办3次国内学术会议：第十二届全国冬运会科学大会、2012年中国体育产业与体育用品业发展论坛、第四届中国体育博士高层论坛。参会人数总计约700人次，交流论文372篇。各分会共举办学术会议41次，参加人数总计约4700人次，交流论文3397篇。各分会与香港特别行政区、澳门特别行政区开展学术交流2次活动。

两岸交流 2012年，学会各分会与台湾地区开展学会交流2次。

国际交往 学会全年共开展国际交往活动2次，各分会参加国际会议7次。3月14～17日，学会代表团赴美国参加了2012年美国健康、体育、娱乐和舞蹈联合会（AAHPERD）年会，与联合会负责人就双方合作事宜进行了磋商，续签了双边交流协议。8月22～25日，学会代表团赴日本参加日本体育学会第63届学术年会，与日本体育学会的专家进行了学术研讨，张漓博士作了题为《低氧耐力训练可降低肥胖大鼠胰岛素耐受性》的专题报告。

科普活动 学会全年开展科普活动32次，受众总计约14000人次，比2011年的4000人次有了大幅度的增长。各分会开展科普活动17次，受众总计约10000人次。

在北京市、宁夏回族自治区银川市、山东省海阳市、云南省昆明市开展了“科学健身大讲堂”全国巡讲活动，邀请专家作题为《科学运动 强身祛病——送你一把健康保护伞》的讲座，传授科学健身知识和方法，受众总计约3000人次。

学会组织北京、内蒙古、江苏、安徽等8个省、自治区、直辖市的体育科学学会在全国科技周、全民健身日和全国科普日期间开展了“科学健身志愿服务神州行”活动，在26个城市开展主题活动27次，以科学健身讲座、国民体质检测、健康咨询为主要内容，受众共计约11000人次。学会参加2012年全国科普日北京主场活动，利用2台国家国民体质检测车为200名群众提供了体质检测服务和健身指导。

【第十二届全国冬运会科学大会】 1月4～6日，由国家体育总局、第十二届全国冬运会组委会和中国体育科学学会联合主办，吉林体育学院承办的第十二届全国冬运会科学大会在吉林省长春市召开，大会主题为“冬季运动：创新与发展”。来自全国的200余名专家、学者参加了本届大会。国家体育总局局长刘鹏发来贺信，学会理事长、国家体育总局副局长段世杰，吉林省副省长陈伟根出席大会并致辞。

国家体育总局冬季运动管理中心主任赵英刚作了题为《发挥科技创新作用 推动冬季运动项目新发展》的大会报告，从多角度、多层面分析了当前我国冬季运动项目科研领域的现状、问题和发展对策，提出了“理论前沿、应用实践、勇于创新、服务奥运”的冬季运动项目科研工作的新要求。吉林省体育局局长宋继新作了题为《文化十二冬的探索》大会报告，深入诠释了第十二届冬运会“人本、节俭、和谐、共赢”的办会理念。沈阳体育学院副院长马义作了题为《以科技攻关和服务为冬季项目保驾护航》的大会报告，提出了“团队协作、资源整合、统筹协调、组织分工”的科研攻关与服务模式。哈尔滨体育学院院长朱志强作了题为《我国冬奥会优势项目陆冰（雪）衔接训练的进展——原则、方法与未来展望》的大会报告。

与会专家、学者围绕冬季运动项目的训练理论研究、冬季运动项目的专项训练与技战术分析、冬季运动项目的人体科学研究和冬季运动项目的文化与产业研究等专题作了专题报告和墙报交流。

【第四届中国体育博士高层论坛】 11月9～11日，学会主办的第四届中国体育博士高层论坛在上海市举行。论坛主题为“体育改革：攻坚与突破”。与会专家围绕体育改革主题，设立了体制改革与体育发展方式转变、群众健身需求与体育组织支撑缺失、竞技体育结构失衡与后备人才培养、体育人才培养目标与社会需求对接等4个专题论坛。国家体育总局有关司局和直属单位的有关负责人，全国各高校和体育科研单位的专家、青年学者和博士研究生共100余人参加了本次论坛。

学会副理事长、国家体育总局科教司司长蒋志学作了题为《从奥运会体育科学大会看体育科学研究的现状与趋势》大会报告。蒋志学以中国代表团参加历届奥运会体育科学大会的历程为线索，总结和展望了国际体育科学研究的现状和发展趋势，指出了我国体育科研的进步和不足。学会体育社会科学分会副主任委员、北京体育大学教授任海作了题为《论我国体育文化发展方式的转变》的大会报告。他以体育文化的概念为切入点，深入分析了我国目前体育文化发展方式的成因、模式、特征和不足，提出了体育文化发展方式转变的方向，并从“魂”、“识”、“体”、“用”四个层次作了论述。

专题论坛以学术沙龙形式进行，国家体育总局相关司局和直属单位，以及各高校和体育科研单位的专家、青年学者和博士研究生，共同交流了国内外体育科研的最新成果与体育实践领域的先进经验，就我国体育改革发展的重点、难点问题进行了研讨。

【体育产业与体育用品业发展论坛】 5月17～20日，由学会和中国体育用品业联合会主办的2012年中国体育产业与体育用品业发展论坛在第30届中国国际体育用品博览会期间在北京举行。来自全国各高校、体育局、科研机构和企业单位的200余名专家、学者、管理人员和企业家参加了论坛。

世界体育用品联合会（WFSGI）主席尾山基作了《中国体育用品业对全球和国内的重要性》主题报告，介绍了

WFSGI的组成情况和发展历史，从WFSGI的视角对中国体育用品业的发展状况和前景进行了讨论，重点对中国体育用品零售市场和体育用品出口作了分析和预测。中国体育用品业联合会副主席兼秘书长马继龙发布了《中国体育用品行业2010—2011发展报告》，报告对我国体育用品行业的发展现状作了概括，对我国体育用品行业的发展趋势进行了预测。国家体育总局科研所社科中心主任鲍明晓作了《中国体育产业前景展望》的主题报告，结合我国经济转型、体育发展方式转变和国民生活方式变革的时代背景，展望了我国体育产业的发展前景，认为体育产业将在未来的国民经济中实现超预期增长。报告通过对国外体育产业发展范例的讲解，提出了我国体育产业发展需要解决的关键问题。

在学术沙龙环节，国家体育总局群众体育司副司长刘国永、国家体育总局体育科学研究所体育社会科学研究中心主任鲍明晓、上海体育学院经济管理学院院长张林等专家、学者分别作了题为《发展全民健身服务业，推动体育产业健康发展》、《体育用品的品牌战略》、《体育赛事与城市发展》、《建设技术联盟，推动产业升级》、《站在未来，活在当下——关于产业和行业的思考》的主题发言，与参会人员共同探讨了我国体育产业和体育用品业的重点、难点和热点问题。

【第三届中芬体育学术论坛】 6月14日，由中国体育科学学会和芬兰体育科学学会共同主办的第三届中芬体育学术论坛在天津市开幕，论坛的主题为“学校体育教育与青少年体质健康”。中国体育科学学会、芬兰体育科学学会的专家，国家体育总局体育科学研究所、北京体育大学、天津体育学院、北京大学、清华大学、芬兰于韦斯屈来大学的学者，以及天津体育学院的师生共200余人参加了论坛。

两国学者围绕论坛主题分别作了报告。芬兰体育科学学会教育与交流部主任Jari Kanerva教授，于韦斯屈来大学Mirja Hirvensalo教授和Terhi Huovinen博士分别就芬兰的滑雪教学历史、芬兰促进学生增加体力活动的举措、芬兰体育教育取得的成果和面临的挑战等内容作了报告。北京体育大学教授黄亚玲，国家体育总局科研所研究员王梅，清华大学副教授马新东，北京大学王东敏博士，天津体育学院教授王慧琳、王旭光分别就中国大学生体育社团、北京学生的健康行为研究、儿童青少年体质健康与中国大学体育、现代大教育视野下的普通高校体育改革与发展、我国“阳光体育运动”效能分析、我国青少年儿童体质健康干预体系和实施策略等内容作了报告。

两国学者还就青少年体质健康、学校体育课程设置、学校体育社团发展、高校高水平运动队建设等问题进行了探讨。

6月15日，芬兰体育科学学会代表团前往北京大学，围绕体育教学的课程设置、体育教学过程中的挑战、运动员成才之路等问题与北京大学体育部教师进行了交流。

（撰稿人：甘小虎）

中国毒理学会

服务创新型国家和社会建设 7月7～12日，学会在北京举办了第四期“现代毒理学基础与进展”继续教育高级研修班，来自内地和香港特别行政区的84位专业人士参加。本次研修班首次使用新出版的《现代毒理学简明教程》为基本教材，邀请了中国工程院院士、国家食品安全风险评估中心研究员陈君石，卫生部国家医学考试中心教授周宗灿作为主讲教授，国家环境保护部化学品登记中心、国家食品药品监督管理局、农业部农药鉴定所的专家作了专题讲座。

11月25日，学会在北京举办了第四次毒理学家资格认证考试。自北京、上海、四川、江苏、广东等地的高校、科研院所、企业的45名考生参加了考试。

学会建设 2012年，学会发展个人会员790人，个人会员总数达到6876人。发展团体会员单位11个，团体会员单位总数达到85个。

4月6日，纳米毒理学专业委员会成立大会暨第一届全国会员代表大会在北京召开。学会兽医毒理专业委员会、生殖毒理专业委员会、食品毒理学专业委员会、放射毒理专业委员会和临床毒理专业委员会完成了换届改选工作。

2012年，学会和所属各专业委员会共开展学术活动17次，其中国际会议5次。参加人数为1706人次，收到论文880篇。

为了奖励在毒理学科学技术领域中做出突出贡献的个人和集体，充分调动广大毒理学科学工作者的积极性和创造性，推进我国毒理学科的科学发展，提高人类健康水平，促进和保障环境安全，中国毒理学会奖励基金理事会根据《国家科学技术奖励条例》、《国家科学技术奖励条例实施细则》、《中国毒理学会奖励条例》，制定了《中国毒理学科学技术奖奖励办法》和《中国毒理学会科学技术奖奖励条例实施细则》，并在5月召开的第五届六次常务理事会审议通过。学会在10月向国家科学奖励工作办公室提交了申请文件。

2月23日，中国毒理学会第二届毒理学资格认证委员会首次工作会议在北京举行。学会名誉理事长陈君石院士、理事长庄志雄、副理事长兼秘书长周平坤、副理事长付立杰，学会及各专业委员会推荐的30位委员出席会议。会议认为，毒理学资格认证有着重要而深远的意义，中国已成为推动毒理学资格国际互认的主要国家之一，学会首先要进入国际毒理学家名录，进入名录后再实施资格互认。

学术期刊 2012年，学会筹备并完成了创办《中国毒理学报》期刊的请示报告。

截至2012年底，学会与英国皇家化学会（RSC）合作创办 *Toxicology Research* 已出版3期，杂志刊登毒理学的基础和应用研究论文，涵盖如环境污染物、药物、各类化学物、食品、新型材料等的毒性和毒性反应、毒作用机理、安全/风险评定等内容。2012年，有5位中国毒理学工作者的文章在该刊上发表。

国际学术会议 9月5～8日，中国毒理学会主办的第六届纳米毒理学国际大会在北京召开。本次大会是首次在亚洲召开的纳米毒理学领域的大型国际会议。

国内主要学术会议 学会举办了2012年全国药物毒理学会议、全国放射毒理学第九次学术会议、第七次全国分析毒理学大会等学术会议。

12月1～2日，第三届海峡两岸四地免疫学研讨会暨第三届CMI免疫学研讨会在安徽省合肥市召开。会议由中国免疫学会和中国科技大学主办。中国科技大学生命学院院长田志刚教授担任大会主席，台湾阳明大学谢世良教授担任共同主席。

大会共邀请了15位来自大陆的免疫学专家、11位台湾免疫学专家及3位香港免疫学专家参加会议，围绕国际免疫学前沿问题进行了29场精彩的学术报告。200多位临床免疫学、基础免疫学的专家、学者和在校研究生等参加了会议。

会议围绕肿瘤免疫，免疫调节与自身免疫病，免疫信号传导与信号通路，哮喘与过敏性疾病反应，炎症与糖尿病等10个专题进行了学术报告和交流。

国际交往 3月，学会派代表参加国际毒理学联合会（IUTOX）在美国旧金山举行的专题会议，讨论国际毒理学资格互认。此次会议同意国际毒理学联合会领导下的国际互认工作，将本着积极、自愿和充分交流的原则，在充分考虑各国认证体系（美国DABT、欧洲ERT、日本DJST和我国DCST等）特点的基础上，最大限度地达成国际完全互任（harmonization）或者多边原则互认（acceptance）。

2月1～3日，学会邀请国际毒理学联合会（International Union of Toxicology，IUTOX）会长、美国印第安纳大学药学院院长Daniel Acosta教授来华访问。Daniel Acosta教授在北京期间先后访问了北京大学临床药理研究所、军事医学科学院药理毒理研究所，举办了学术讲座，与两个单位的专家、学者进行了交流讨论。访问期间，学会名誉理事长陈君石院士、学会副理事长兼秘书长周平坤、学会副理事长付立杰共同会见了Daniel Acosta教授，并就寻求国际毒理学联合会的进一步支持、加强学会与国际毒理学联合会的合作进行了探讨，还就毒理学家资质认证的国际间互认等交换了意见。

3月11～15日，学会副理事长兼秘书长周平坤率由28位学者组成的中国毒理学会代表团，赴美国加利福尼亚州旧金山参加了第51届美国毒理学年会（2012-SOT Meeting）。8位中国优秀中青年毒理学专家获得了美国毒理学年会大会组织及国际毒理学联合会颁发的学术奖励或会议旅行奖。

7月17～20日，学会副理事长兼秘书长周平坤率中国毒理学科技工作者代表团一行12人参加了在日本举办的第六届亚洲毒理学国际会议。大会主题是有机化合物、药物、金属离子和自然界产物的危害和益处评价。周平坤应邀作了题为《放射性基因毒性：人类危险性评估的DNA损伤信号通路和生物标志物》的大会报告。

9月10～13日，中国毒理学会代表团赴泰国曼谷参加第八届发展中国家毒理学大会（8CTDC）。大会主题是“共享环境健康毒理学知识”，目的是促进发展中国家毒理学的发展与进步。学会副理事长付立杰博士、中国科学院高能物理研究所汪冰博士、军事医学科学院毒物药物研究所王全军博士分别就中国化合物风险评估发展、纳米材料神经毒理研究和中药注射剂的安全性问题作专题报告。中国科学院生态环境研究中心的赵斌博士做了口头报告。军事医学科学院毒物药物研究所王全军博士和上海市计划生育科学研究所药理毒理学研究室的吴建辉博士获得了“高级研究员旅游奖”，上海市计划生育科学研究所药理毒理学研究室的孟祥博士获得了“青年学者旅游奖”。

科普活动 2012年，学会共举办科普活动9场次，参加人数约5000人次，发放科普宣传册5000份，现场咨询约300人次。学会兽医毒理学专业委员会举办了主题为“发展食品安全检测技术，保障我国动物食品安全”的科普宣传活动，参加人数约300多人。

学会与中国人民解放军军事医学博物馆在北京海淀区太平路27号院居民生活区联合举办了“防止毒害与健康生活”之核事故医学防护系列科普活动，受众约2000人次。5月19日，在军事医学博物馆内举办了一场由核辐射医学防护专家毛秉智研究员主讲的科普知识报告会，约50人参加。会后播出了由王晓民、毛秉智等拍摄的科普电视片《日本福岛核电站事故医学防护启示录》，并将电视片的光盘免费发放给参观观众。

学会药物依赖性毒理专业委员会组织开展了“健康生活，远离成瘾”的主题宣传活动，分别在北京大学医学部和北京市海淀区塔院社区举行。1000多人参加活动，发放各种宣传手册、纪念品3000多份。

5月25日，学会临床毒理专业委员会举办的“关爱骨骼健康，构建幸福生活”活动在北京市西城区德胜街道办事处举行。近百人听取了报告，现场发放宣传手册200份。同期在北京市德胜社区卫生服务中心7个辖区向各站辖区内骨质疏松患者人群发放宣传手册达3000份。

学会毒理学史专业委员会以“关注公众健康，保障食品安全”为主题的“食品安全图片展”在陕西省西安市太白北路西大社区举办，参与人数约600人次。

学会纳米毒理专业委员会参与了中国科学院公众科学日活动，举办主题为“对话纳米科技”的科学对话活动，近300位大中学生和社会各界人士参加。

中国毒理学会被中国科协评为“2012年科普工作优秀学会”。

表彰举荐优秀科技工作者 学会向中国科协推荐的由陆林教授领衔的北京大学“精神疾病的神经可塑性机制”团队，获得2012国家自然科学基金委创新研究群体科学基金资助。这是学会首次推荐成功的创新研究群体。

经学会推荐，第四军医大学教授陈景元荣获中国科协第五届“全国优秀科技工作者”称号。

中国科协会员日 中国科协会员日期间，学会围绕“家的温馨，节日的问候”会员日活动主题，开展了包括表彰“全国优秀科技工作者”、参观科技馆、慰问老专家、观看宣传片、寄送贺卡在内的系列活动。

12月24日，2012年中国毒理学会会员日暨“全国优秀科技工作者”表彰大会及学术报告会在陕西省西安市举行。学会副理事长兼秘书长周平坤教授代表中国毒理学会向陈景元教授颁奖。

12月，学会办公室工作人员通过电子邮件与北京市的1345名会员进行了沟通联系，传达了中国科协《关于举办2012年中国科协会员日活动的通知》的精神，邀请会员参观中国科技馆。12月22日，来自中国疾病预防控制中心、首都医科大学、军事医学科学院、北京大学医学部等单位的毒理学工作者参观了中国科技馆。

12月28日，学会副理事长兼秘书长周平坤、副理事长廖明阳带领学会办公室人员，看望了学会老一辈的科技工作者叶常青、宋书元。

12月21日，中国毒理学会副理事长兼秘书长周平坤、副理事长廖明阳带领学会办公室人员以及挂靠单位会员约50余人一起观看“十佳全国优秀科技工作者”事迹短片。大家一致认为“十佳全国优秀科技工作者”是广大科技工作者的优秀代表，要学习他们爱岗敬业，勇于创新，模范践行科学道德，在以后的工作中要自觉把个人的事业追求和人生价值同国家富强、社会进步、人民幸福紧密联系起来，努力为科技事业发展作贡献。

【第六届纳米毒理学国际大会】 9月5～8日，由中国毒理学会主办的第六届纳米毒理学国际大会在北京召开。这是首次在亚洲召开的纳米毒理学领域的大型国际会议。来自美国、英国、德国、法国、丹麦、瑞典、意大利、加拿大、澳大利亚、南非、印度、韩国、日本等30多个国家和地区，以及国内的600余名纳米领域的专家、学者参加会议。本次大会旨在针对纳米技术的快速发展和广泛应用，交流和讨论纳米材料生物效应和安全性研究进展，是一次纳米毒理学研究领域的综合性大会。会议主题包括纳米毒理学、纳米生物学、纳米医学、生物纳米材料、纳米生物分析、纳米环境毒理学、纳米标准化、纳米社会伦理等，共有66个大会与分会场邀请报告，145个口头报告，以及为期3天的208个墙报交流。

10位国际纳米科技界知名专家应邀作了大会特邀报告。来自国内外相关研究机构与大学的56名专家学者在纳米毒理、药物、生物技术、环境和健康等不同领域作了分会场邀请报告。

大会创新性地设立了“主编论坛”。从国际著名学术刊物主编的角度，讨论如何开展一流的学术研究，如何优先发表高质量的科学研究成果。给与会年轻学者创造了直接与美国、英国、德国著名学术刊物的主编和副主编交流与沟通的机会。

本次大会举办了《自然》杂志子刊 *Nature Nanotechnology* 专场，由该杂志副主编 Ai Lin Chun 主持，邀请从学术和国际标准制定层面的专家讨论国际上纳米毒理学的发展方向、纳米毒理学的基础研究、如何保障纳米科技相关产业的可持续发展等受到高度关注的问题。

为培养年轻学者的创新能力，会议开设“青年学者创新论坛”，150余人参加论坛讨论。大会评选出6名“杰出青年学者奖”和10名“最佳墙报奖”，获奖者分别获得了美国化学会《纳米快报》（*Nano Letters*）和《ACS纳米》（ACS *Nano*）的冠名奖励。

【第十二届全国药物依赖性学术会议】 9月19～22日，第十二届全国药物依赖性学术会议在山东省青岛市召开。会议由中国毒理学会、北京大学中国药物依赖性研究所主办。来自美国贝勒医学院 Thomas Kosten 教授，美国加利福尼亚大学洛杉矶分校的 Walter Ling 教授，以及大陆和台湾地区多所大学、科研院所、戒毒中心等机构的药物依赖领域的专家、学者共 200 余人参加了会议。

北京大学中国药物依赖性研究所所长陆林教授在开幕词中从我国毒品滥用的严峻形势及药物依赖的研究现状等角度阐述了召开此次大会的重要意义，希望通过本次会议加强国内外药物依赖研究的深入交流和长远合作，进一步推动我国药物依赖事业的发展。

本次会议设立了大会报告和分会场专题报告。美国贝勒医学院教授 Thomas Kosten、台湾中正大学教授杨士隆、北京大学中国药物依赖性研究所教授时杰、中国科学院心理研究所教授隋南、美国加利福尼亚大学洛杉矶分校教授 Walter Ling、云南省药物依赖防治研究所李建华教授、北京大学中国药物依赖性研究所沈昊伟博士、台湾成瘾协会理事长束连文、北京大学中国药物依赖性研究所教授刘志民分别作了题为《可卡因疫苗：治疗应答的基因预测》、《台湾的司法药瘾戒治模式成效评估》、《药物成瘾治疗的研究进展》、《胚胎期吗啡暴露对日龄小鸡成瘾易感性的神经生物学机制》、《阿片类药物和苯丙胺类兴奋剂依赖治疗的异同》、《我国美沙酮维持治疗人力资源发展研究》、《海洛因自身给药模型中神经可塑性的损害》、《台湾药物滥用现状》、《合成毒品与策划药》等大会报告。

大会设基础研究、临床研究及流行病学与社会学研究等 3 个分会场专题，来自海内外的 60 余名专家、学者和研究生进行了专题发言。会议吸引了学者以论文摘要的形式展示了他们最新的研究成果，共收录会议摘要 114 篇。

【举办“发展食品安全检测技术；保障我国动物食品安全”的宣传活动】 9 月 15 日，在中国农业大学全国科普日北京主场活动中，中国毒理学会兽医毒理学专业委员会举办了主题为“发展食品安全检测技术，保障我国动物食品安全”的科普宣传活动，参加人数约 300 多人。

中央领导同志参观了“全产业链保障”展区，认真听取了学会兽医毒理学专业委员会主任委员沈建忠关于食品安全检测知识的讲解，详细了解了兽药残留检测、保障食品安全的科学进展，还和大家一起进行了牛奶三聚氰胺快速检测。

（撰稿人：沈向学　关　华）

中国康复医学会

服务创新型国家和社会建设 2012 年，学会承担政府职能委托项目 6 个，组织完成了《康复治疗师培训大纲》、《综合医院康复医疗服务质量控制标准》、《康复医院建设与管理指南》、《康复医院质量控制标准》、《常见伤病早期康复诊疗原则》、《综合医院双向转诊标准》的编制。承担了“中央财政支持基础薄弱学科——康复医学项目规划方案”的制定，人力资源和社会保障部《劳动能力鉴定管理办法（修改稿）》、《工伤保险康复辅助器具配置管理办法（送审稿）》的修订和专家论证等工作。

2012 年，学会获得 2014 年发展中国家康复大会举办权。

与香港复康会继续组织实施 2010 ~ 2012 年康复医学继续教育合作项目，全年完成 6 个班次的康复治疗技术培训班。

先后与丹麦健康之路基金会、美国世界健康基金会、挪威协力会合作，分别举办了神经源性膀胱康复护理技术培训班、骨与关节疾病康复技术培训班、双向转诊标准与流程培训班、物理治疗和作业治疗的国际化教育课程培训班。

11 月 30 日 ~ 12 月 6 日，由学会儿童康复专业委员会、美国 CPN 国际有限公司、爱德基金会主办的 2012-CPN 国际儿童康复进展学习班在四川省成都市举办。美国 CPN 组织的 9 位儿童康复专家讲解了脑瘫康复的基本理论、基本技术、康复理念、矫形外科、步态分析等内容，并进行了技术示范。来自 17 个省、自治区、直辖市的 82 名学员参加了本次培训。

国际学术会议 4 月 14 ~ 16 日，学会作为支持单位，上海市残疾人联合会主办的 2012 国际康复无障碍学术大会暨国际康复无障碍生活博览会在上海市举行。

国内主要学术会议 2012 年，学会全年共完成学术交流活动 31 次，参加会议人员总计 8450 人次，交流论文 50188 篇，印制论文集 21 种共 9200 册，制作学术会议光盘 2000 余张，达成学科建设专业共识 2 项。

2012 年，学会与江苏天瑞康复医疗器械有限公司在天津市、山东省济南市和重庆市联合举办了 3 次康复运动训练创新思维论坛。共邀请境外专家 11 人来华讲座，总计 700 余名康复医学专业人员参加了三地的论坛。

9 月 1 ~ 2 日，首届晋冀鲁豫康复医学论坛在河南省郑州市举办。来自河北省、河南省、山东省和山西省，以及部分其他省市的 300 余名专家、学者参加了会议。大会期间还召开了晋冀鲁豫四省工作会议，签署了《晋冀鲁豫康复医学论坛合作协议》。

科普活动 2012 年，学会先后组织了春风行动：康复专家西藏行、有爱无碍——康复辅具改变您的生存质量、儿童听力康复家长大课堂等 3 项社会公益活动。

4 月 14 ~ 16 日，在 2012 国际康复无障碍学术大会暨国际康复无障碍生活博览会上，学会借助展会平台，开展了有爱无碍——康复辅具改变您的生存质量大型公益科普活动。30多位康复专家分别就康复辅助器具的适配和应用指导、技巧示范、家庭无障碍环境改造、残疾的预防，以及常见伤病的康复知识等内容，与现场的800余名老年人、残疾人及其家属进行了教学互动，为34名残疾人进行了康复功能评估和个案指导，并向有康复需求的参观者发放了科普读物和脊髓损伤康复光盘。

4月21日～7月15日，学会听力康复专业委员会先后在四川省成都市和天津市举办了儿童听觉言语康复家长培训公益活动，来自四川、重庆、贵州、天津、河北等地的近200名听力障碍儿童的家长参加。学会专家分别就如何正确使用助听器、什么是人工耳蜗及其植入适应证、如何选择人工耳蜗、家长在儿童听觉言语康复中的作用和儿童听觉言语康复基本技巧等家长们非常关心的问题进行了详细讲解和示范。

表彰举荐优秀科技工作者　经学会推荐，学会常务理事岳寿伟、周谋望、燕铁斌等3位专家荣获中国科协第五届“全国优秀科技工作者”称号。

【康复医学在西藏自治区的普及和推广】　西藏自治区是我国康复医学事业尚未开垦的处女地，启动康复医学在西藏的普及和推广，促进全国康复医学事业全面、快速和协调发展，是几代康复医学工作者的共同心愿。

9月24日～10月7日，学会常务副会长励建安率领由14位康复医学专家组成的调研宣讲团，先后走访了西藏自治区林芝、日喀则和拉萨等地医疗机构和社区卫生服务中心，宣讲康复医学知识，举办专业咨询和技术指导。与西藏自治区卫生厅、自治区人民医院等部门和机构的负责人进行了交流。

经过交流，双方形成重要共识：**西藏医疗事业发展离**不开康复医疗，全藏区要填补康复医学空白，康复科普工作和人才队伍建设十分重要，希望在中国康复医学会的帮助下，尽快缩短西藏与内地康复医学的差距，动员全社会包括媒体、企业等以公益参与的方式加快康复医疗机构建设，满足西藏自治区人民对康复医疗的需要。

【首次全国康复治疗专业学生技能大赛】　8月12～15日，全国康复医学教育大会在云南省昆明市召开。会议在总结交流国内外康复治疗教育经验，探索适合中国国情和未来学科发展需求的专业人才培养模式的同时，为检验各院校康复治疗专业教学水平和质量，提升在校生的临床康复操作技能，促进康复治疗专业的壮大和发展，于大会期间举办了首次全国院校康复治疗专业学生技能大赛。

来自32所高等医学院校、体育院校和职业技术学院的近200名师生组团参加了比赛。为保证比赛的公正、公平和权威，大赛组委会聘请了由4名境外专家和5名国内康复治疗专家组成的评委会。

大赛分为专业理论考试和临床技能展示两个比赛单元，由评委在笔试成绩的基础上，根据参赛单位的团队合作、仪容风采、表达能力、创新思维、治疗方案和技术操作的规范性、科学性、准确性，逐人逐项打分，按总分数排出最后名次。经过为期两天比赛，大会分别评出各专业方向的一、二、三等奖和参赛荣誉奖，颁发了获奖证书和奖杯。

【2012第二届国际神经再生高峰论坛】　学会与辽宁省科协主办的2012第二届国际神经再生高峰论坛于9月21～25日在辽宁省沈阳市召开。

来自16个国家，我国内地20个省、自治区、直辖市，以及香港特别行政区和台湾省的1100名从事神经再生基础和临床转化医学研究的科技工作者出席会议。

辽宁省副省长滕卫平以及辽宁省卫生厅、省科协等有关部门负责人，《科学》杂志主编布鲁斯·艾伯茨教授（Dr. Bruce Alberts）及夫人，论坛主席、中国科学院院士、香港大学教授苏国辉，中国科学院院士、中国医学科学院教授强伯勤，学会常务副会长励建安等出席会议。

布鲁斯·艾伯茨教授作为特邀嘉宾作了题为《生物学的过去与未来》的主题报告，来自美国、日本、澳大利亚、中国的学者围绕生物学过去与现在、中枢神经及周围神经损伤后的再生、干细胞移植促进神经再生、内源性与外源性的神经修复机制、神经创伤与再生的新兴技术、转化医学与神经再生的临床试验等前沿内容进行了研讨和交流。

论坛还举行了中国神经科学领域杰出专家报告会、国际优秀专家技术讲座、博士论坛、中青年专家论坛等活动。

【《康复治疗师培训大纲》】　为尽快改变康复治疗专业技术人员严重缺乏的现状，卫生部把康复治疗师培训纳入2011～2020医药卫生重大人才工程，并于7月开始在全国各省、自治区、直辖市相继启动，计划在“十二五”期间完成2万名康复治疗技术人员的培训任务。

为确保培训工作的质量，卫生部委托学会制定全国统一的《康复治疗师培训大纲》。学会在广泛调研的基础上，借鉴国际上康复治疗师培训的先进经验和方法，结合我国康复治疗专业人员队伍的现状和康复医疗工作的时机需要，提出了“分层分级培训、突出技能实践”的工作思路，经过多次专家讨论修订，于8月完成了培训大纲的定稿并协助卫生部在全国范围内组织实施和培训督导。

【《综合医院康复医疗服务质量控制标准》和《康复医院质量控制标准》】 为规范各级医疗机构的康复医疗服务行为，提升康复医疗服务能力，卫生部委托学会起草《综合医院康复医疗服务质量控制标准》和《康复医院质量控制标准》两个指导性文件。

学会组织专家就两个《标准》的思路、定位、指标和措施等进行了反复讨论，并选择了部分地区进行实地考察和调研，确定了两个标准的基本框架，分别在7月和9月先后完成《标准》（草案）的起草、论证和定稿。《标准》对综合医院康复医学科和康复医院的康复医疗服务流程、诊疗范围、业务指标、专业人员结构、早期康复介入能力要求、转诊程序以及监督保障措施等做了明确和具体的规定，为未来全国康复医疗服务工作的质量控制和规范康复医疗服务行为奠定了基础。

【《康复医院建设基本标准》】 康复医院是我国现阶段康复医疗服务体系的短板，服务能力较差，水平参差不齐，建设与管理缺乏统一规范和标准。为提高康复医院的建设、管理水平和服务能力，推进综合医院—康复医院—社区卫生机构一体化的康复医疗服务体系，建立不同层级康复服务机构之间的转会诊流程，疏通大型综合医院康复医学科出口不畅的瓶颈，卫生部委托学会组织起草了《康复医院基本标准》。《标准》对不同层级的康复医院场地标准、人员设施配备，专业设置、诊疗科目等提出了具体指标和要求，为规范康复医院的建设和管理、提升康复医院服务能力、完善康复医疗服务体系提供了专业建设标准和政策指南。

【《常见伤病早期康复诊疗原则》和《综合医院双向转诊标准》】 为提高早期临床康复介入能力，建立和完善医院相关科室之间和不同层级医疗机构之间的康复医疗服务流程，提高医疗资源利用率和患者对医疗服务的满意度，卫生部把早期临床康复介入和建立双向转诊流程作为2012年康复工作的重点任务，委托学会和中华医学会物理医学与康复学分会联合制定《常见伤病早期康复诊疗原则》和《综合医院双向转诊标准》。学会组织60余名专家参与了上述两个标准的起草，先后召开4次专家论证会反复讨论修订，于11月初如期完成《诊疗原则》和《转诊标准》定稿。上述两个文件对于常见脑外伤、脑出血、脊髓损伤、骨折、关节置换术后、手外伤等常见病种的临床康复介入指征、时机、原则和方法以及转诊标准等做了具体的规定，为指导和规范医疗机构康复医疗服务流程、提高康复医疗效果提供了专业指南。

（撰稿人：王跃进）

中国免疫学会

服务创新型国家和社会建设 7月14～23日，中国免疫学会在北京协和医学院护理学院举办了感染与肿瘤免疫学进展博士研究生暑期学校。19位感染和肿瘤免疫相关领域的专家介绍了研究进展以及我国免疫学相关领域的工作，来自大专院校的50名博士生参加了学习。本期暑期学校不收取任何费用并提供免费食宿。

学会能力提升计划 学会获得了中国科协学会能力提升专项“优秀科技社团奖”三等奖。

学会计划围绕开拓思路、深化服务、创新工作，参与服务社会和政府事务工作，全面服务科技工作者，加强学会自身建设等四个主要方面进行工作，将学会各方面工作带上一个新的台阶。

一是强化免疫学科发展的引领能力，促进免疫学科各领域的发展。包括参与“973”基础研究重大课题、“863”应用研究课题的组织、申请和实施，组织撰写免疫学科重大技术发展报告和制定疾病诊断标准，强化免疫学科发展的引领能力。

二是提升学术会议品牌效应，形成学术影响力与学会建设之间的相互促进。包括召开每两年一次的全国免疫学学术大会，为年轻的免疫学者提供学习与交流的良好平台，继续主办中国免疫学会免疫学新进展高级研讨班、两岸四地免疫学高层研讨会、中国免疫学会青年学者论坛、中国免疫学会博士生论坛、中国免疫学会博士生暑期学校，保持精品期刊发展势头，以点带面促进其他学术期刊建设稳步跟进，保持良好的学术生态环境，严防各类学术腐败现象。

三是以提高学术影响力为核心，扩大中国免疫学的国际影响力。包括积极参与国际组织的组织领导工作，积极参与国际合作研究，主办、参加高水平国际学术会议，与著名专业杂志合作撰文宣传中国免疫学科。

四是加强中国免疫学会自身建设。包括在秘书处职业化改革基础上进一步完善职能，提高秘书处服务能力，进一步加强分支机构管理工作、中国免疫学会网站建设等。

学会建设 2012年，学会发展会员1258人，会员人数增至5443人。学会会员增加幅度比2011年有了明显增长。

2012年，学会血液、兽医、临床和生殖免疫专业分会完成了换届选举工作。

8月18日，湖南省免疫学会正式成立。目前已经建立的省和直辖市免疫学会达到了23个。

国家民政部根据《社会组织评估管理办法》以及全国性社会组织评估实施办法的规定，在经过材料审议，专家团现场检查和终审评议过程，中国免疫学会顺利通过了民政部全国性社会组织评估。4月，民政部全国性社会组织评估委员会发布的评估结果确定中国免疫学会为3A等级。

科技期刊国际影响力提升计划 2012年，《中国免疫学杂志》（CMI）荣获中国科协优秀国际科技期刊二等奖。期刊下一步的首要任务实现出版内容扩大和CSI影响因子增长。

CMI将在今后继续强化和NPG出版集团的合作出版策略，强调优势互补的出版方针。2013年，CMI计划更多、更大范围的吸引国外优秀稿件投到国内期刊上，借助国外科技论文的质量，提升期刊的学术质量。当CMI期刊初步具备国际影响力的时候，要动员更多国内作者将自己一流的科研成果发表到国内期刊上来，利用国内期刊平台，将文章推介至国际同行。CMI结合自身优势，适应信息时代的要求，把握互联网推动期刊发展的机遇。CMI本着服务作者、服务读者的前提，制定严格的审稿制度，把握学科动态精心组稿，提高编校质量。

国际学术会议 9月3～7日，由学会理事长、中国工程院院士曹雪涛，美国耶鲁大学医学院教授Richard Flavell、日本东京大学医学研究生院教授Tada Taniguchi联合组织的第二届健康与疾病免疫学前沿论坛在江苏省苏州市召开。本次研讨会的议题包括了固有免疫应答及感染、适应性免疫系统的发展和功能、黏膜免疫、免疫调节和耐受、自身免疫和过敏等内容。

9月6～7日，学会感染免疫分会与美国国立卫生研究院酒精中毒和酒精性成瘾研究所（NIH/NIAAA）在北京共同举办了第七届酒精性肝病、胰腺疾病和病毒性肝炎国际研讨会（简称ALPD）。来自美国、英国、法国、德国、印度等国家以及国内相关领域的专家、学者共300多人出席会议。

国内主要学术会议 7月27～29日，第二届中国青年免疫学者论坛在北京举办。本次论坛以第一、二届中国免疫学青年学者奖获得者为主要参加者，适当吸收了部分优秀青年免疫学者参加。论坛聘请了吴励教授、王福生教授、赵勇教授和张毓教授作专题报告。与会人员围绕免疫调节这一主题，报告了各自的最新研究结果。

两岸交流 12月1～2日，第三届海峡两岸四地免疫学研讨会暨第三届CMI免疫学研讨会在安徽省合肥市召开。会议由中国免疫学会和中国科技大学主办。大会邀请了15位来自大陆的免疫学专家、11位台湾地区的免疫学专家及3位香港特别行政区免疫学专家参加会议，围肿瘤免疫，免疫调节与自身免疫病，免疫信号传导与信号通路，哮喘与过敏性疾病反应，炎症与糖尿病等10个专题进行了29场学术报告。200多位临床免疫学、基础免疫学的专家、学者和在校研究生等参加了会议。

国际组织任职 3月15日，学会理事长曹雪涛在印度新德里召开的第五届亚洲大洋洲免疫学联盟（FIMSA）国际学术大会上当选为亚洲大洋洲免疫学联盟新一届主席，标志着中国免疫学界的国际地位上升到了一个新的高度。

8月10～14日，学会临床免疫分会主任委员栗占国在约旦召开的第十五届亚太抗风湿病联盟（APLAR）学术大会上当选为第十五届亚太抗风湿病联盟主席。栗占国是继陈胜乐之后第二个获此殊荣的中国科学家。

国际交往 5月4～8日，学会理事长曹雪涛率代表团参加了在美国波士顿举行的第99届美国免疫学大会（AAI）。在大会上举办了主题为“移植免疫学：从基础到临床”的中国分会场。曹雪涛教授、田志刚教授、张学光教授、刘海燕教授、吴玉章教授等5位中国学者在分会场作专题报告，中国学者与到会的各国免疫学家进行了交流和讨论。

【中国免疫学会第八届全国免疫学学术大会】 10月18～21日，中国免疫学会第八届全国免疫学学术大会在重庆市召开，共有1600余人参会，收到论文摘要950篇。

大会邀请了美国科学院院士Tak W Mak教授、美国科学院院士Mark Davis教授、英国皇家学会院士Eddy F Y Liew教授、亚洲大洋洲免疫学联盟（FIMSA）前主席Nicholas J.C. King教授等15位国外著名免疫学家。学会理事长、中国工程院院士曹雪涛等13位学者代表国内免疫学专家作大会报告。

大会设立了免疫应答的分子机制、免疫细胞的分化发育、天然免疫应答的识别和调控、免疫调节、免疫耐受、免疫移植、自身免疫病与免疫缺陷病、肿瘤免疫与治疗、畜牧兽医领域的免疫学问题、中医中药与免疫调节、精神—神经—内分泌—免疫调节、血液免疫、重大新药创新研究专项论坛、感染免疫与新型疫苗、免疫学新技术、新方法等19个分会场。

会议期间，颁发了第三届中国免疫学会学术奖。中国医学科学院北京协和医学院教授顾方舟获得第三届中国免疫学会终身成就奖。河北医科大学教授王润田和上海交通大学医学院教授周光炎获得第三届中国免疫学会杰出贡献奖。元少春等24位青年免疫学工作者因其在各自的领域中突出的研究工作获得第三届中国免疫学青年学者奖。顾方舟在获奖感言中讲述了老一辈免疫学家的对学术研究的执著精神，引起与会者共鸣。

【《聚焦中国：免疫学》特刊】 2012年，学会与国际著名的细胞出版社（Cell Press）合作出版了一期以“中国免疫学研究”为主题的特刊《聚焦中国：免疫学》。这是细胞出版社继发布中国癌症研究特刊之后，第二次出版与中国有关的特刊。

特刊介绍了近年来中国免疫学基础及临床研究的飞速发展。在增刊的前言中，学会理事长、中国工程院院士、中国医学科学院院长曹雪涛不仅提到了中国的“阴阳”哲学理念以及传统医药对西方医学的发展和现代免疫学的诞生所做出的贡献与产生的影响，还进一步阐述了免疫学研究在中国的现状，提出了免疫学领域未来发展前景和研究方向的一些构想。

《聚焦中国：免疫学》重点向全世界读者介绍中国免疫学家在天然免疫（非特异性免疫）、特异性免疫应答、免疫调节、自身免疫性疾病、肿瘤免疫及干细胞免疫特性等领域所做出的成绩，目前的研究动态以及未来的研究方向。特刊还专门介绍了中国免疫学会，以及包括上海第二军医大学、中国科技大学、中国科学院生物物理研究所、中国医学科学院、北京大学等单位在内的国内领先的免疫学研究机构与团体。

（撰稿人：魏　薇）

中华预防医学会

服务创新型国家和社会建设 2012年，学会完成国家级继续医学教育项目32项，学会级继续医学教育项目125项，参加培训人员71551人次，培训人数比2011年增长13.6%。

学会对2010年设立的科研资金支持项目进行了结题验收，评审了新的科研资金支持项目。通过结题验收的13个项目共发表论文47篇，申报成果奖4项。

中盖艾滋病项目是学会承担的最大的国际艾滋病项目，2012年是中盖艾滋病项目实施的最后一年，学会围绕加强项目管理、项目总结和评估、可持续发展等内容开展工作。先后召开了中盖艾滋病项目年会、阳性病例管理培训、中盖项目省市级能力建设活动、中盖艾滋病项目一次性委托性活动交流评审，组织了中盖艾滋病项目社区组织能力建设活动。8月29日～9月1日，学会在浙江省杭州市召开了在线教育面对面结业培训暨老学员评估研讨会，来自全国各地的30名学员进行了面对面培训。

为提升公众对健康信息的鉴别能力，为评估科普活动提供科学可行的评估标准与方法，学会针对“常见传染病预防普及技术研究和应用”课题，成功申报了“十二五”国家科技支撑重点项目“公众健康知识及技术筛选与评价研究”项目子课题“常见传染病预防普及技术研究和应用”项目。项目将探索适合我国国情的、行之有效的传染病防治知识传播体系、模式和策略，使公众能快捷、高效地接收健康信息。

学会从2012年1月开始，组织20余位疾病预防控制和儿科临床专家，联合制定了《肺炎链球菌性疾病相关疫苗应用技术指南（2012版）》，并于11月在《中华流行病学》杂志发布。该指南在2009年发布的《儿童肺炎链球菌性疾病防治技术指南》基础上，将防治对象扩大到成人和老人，更新了肺炎链球菌性疾病的流行病学和疫苗安全性、有效性的证据。

4月6日，在中华预防医学会倡议下，国内有关医院的心内科、内分泌科、神经内科著名专家在北京成立了跨学科的“预防心脑血管疾病——抗栓专家协作组”，开展了“活力中国”培训项目，在全国范围内举办20场学术研讨会，心内科、内分泌科、神经内科临床医师和全科医生3000余人参加。

2012年，学会针对预防接种人员和儿科临床医生，开展预防肺炎链球菌性疾病认知和技能方面的继续医学教育活动95次，培训11000人次。

围绕脊髓灰质炎、百白破、b性流感嗜血杆菌感染性疾病的防控，针对一线预防接种医护人员的工作需求，学会在25个城市举办了44期培训班，培训基层人员7000人次。围绕麻疹、风疹、腮腺炎、水痘、季节性流感等多种呼吸道感染性疾病，以及甲型肝炎、轮状病毒腹泻、伤寒等消化道疾病的防控，分别在四川省成都市，湖南省长沙市、株洲市，江苏省南京市、苏州市、泰州市，贵州省贵阳市举办了7期培训研讨会，900多人参加了培训。

学会向“中国全球基金艾滋病项目支持开展艾滋病防治重点问题研究项目”申请的“社会组织艾滋病防治综合能力在线培训”和“新形势下政府购买艾滋病防治领域社会组织服务的策略研究”两个项目获批。

受卫生部疾病预防控制局委托，学会自2011年11月至2012年5月，在19个单位开展了《医疗机构传染病管理规范与考核评价标准》项目试点工作，试点工作实施过程中共收集到104条修改意见和建议。经修改和完善，学会于9月《医疗机构传染病管理规范与考核评价标准》及项目结题报告上报卫生部。报告建议国务院深化医药卫生体制改革工作领导小组办公室在医疗机构加强传染病管理、开展相关培训工作。有关内容已被列入中国医疗体制改革大方案中。

2012年，学会在全国部分相关城市的300个接种单位先后两次进行了针对预防肺炎链球菌疾病疫苗和其他预防肺炎疾病相关疫苗（Hib）的接种情况调查，对31800例样本进行了调研。在北京、辽宁省沈阳市等7个城市，开展了“脊髓灰质炎防控能力建设基层调研项目”。通过客观的数据分析和分析报告，为政府管理部门更加科学、合理地制定和调整我国脊髓灰质炎中长期控制策略，提供了理论支持。

学会能力提升计划 2012年，医学会获得中国科协学会能力提升专项“优秀科技社团奖”二等奖，项目周期为3年。围绕我国卫生事业和预防医学科学技术发展的重点工作，结合中国科协学会能力提升项目要求和学会自身发展需求，学会计划未来3年（2012～2014年）将通过学会能力建设，更广泛地团结全国预防医学工作者，充分发挥学会的桥梁、纽带作用，树立良好的社会形象，提高学会在本专业领域的精品学术活动、科技创新优势，巩固发展学会在国内的学术地位和影响力，成为公共卫生与预防医学领域具影响力的学术团体。将预防医学、公共卫生领域的发展纳入国家“十二五”规划的重点工作，不断推进该领域的科技创新，利用专业技术队伍的优势，促进产、学、研、用相结合的科技创新体系建设，继续支持科技研究、成果评审和奖励，开展更多的科技咨询、评价和服务工作，促进社会经济发展。全面配合医药卫生体制改革，加强专业技术人员的培训和能力建设，推动基本公共卫生服务均等化的进程。根据近期公共卫生服务和疾病预防控制的战略重点，抓好新时期慢病防控工作，为实现“健康中国2020”做出努力。积极参加国际公共卫生和预防医学领域重要活动，参与重大问题的研讨，发出我国专家学者的声音，巩固和发展在国际社会的影响力和地位。发扬开拓创新的精神，顺应国家经济体制、社会体制、医药卫生体制改革的宏观趋势，打造学会的学术会议、社会服务等品牌，发挥学术团体在服务经济社会发展中的作用，力求为学会提升社会形象、创造经济效益等方面做出更大的贡献，为更好地服务政府、服务社会、服务科技工作奠定扎实的基础。

学会建设 2012年，学会完成了农村改水改厕专业委员会、放射卫生专业委员会和消毒分会的换届改选工作。成立了出生缺陷预防与控制专委会、卫生应急分会。经民政部批准，预防医学情报专业委员会更名为预防医学信息专业委员会。在健康风险评估与控制专业委员会、卒中预防与控制分会开展专科会员试点工作的基础上，医学寄生虫分会、慢性病预防与控制分会对专科会员进行了重新登记。

2012年，学会举办学术会议91个，参会学者17793人次，交流论文2994篇。学会47个分支机构有50%以上建立了自己的网站或网页。学会网站通过中国科协网站，建立了“2012年中国狂犬病年会——会议服务平台”，为会员提供服务。

学术期刊 中华预防医学会系列杂志共有期刊69种，报纸1种。2012年学会在全面推进期刊的品牌化、国际化、数字化建设中，入选《中国科技论文统计源期刊》的43种杂志总被引数和影响因子平均值高于全国平均值。《中国公共卫生》、《中国寄生虫学与寄生虫病杂志》、《中华医院感染学杂志》获“百种杰出期刊”。2012年，《中国预防医学杂志》、《中国病毒病杂志》、《中华肿瘤防治杂志》、《医药论坛杂志》、《慢性病学杂志》、《中国误诊学杂志》、《中国农村卫生事业管理》、《保健时报》参加了报刊的转企改制的工作。

学科发展研究 3月，学会完成了《公共卫生与预防医学学科发展报告（2011—2012）》的编写工作，包括“综合报告”1篇、“专题报告”12篇，约14万余字。

受中国科协调研宣传部委托，开展了《2049科技与社会展望——预防医学与生命质量》课题研究，先后召开5次专家会议讨论确定研究框架、结构和内容。2012年基本完成9个章节的研究和撰写工作。

国内主要学术会议 2月14～15日，2012年中国慢性病防控论坛在北京召开。论坛以“创建健康工作场所，关注员工健康”为主题，设置了健康体检与健康管理、糖尿病、心脑血管、肿瘤、控烟、健康生产力、心理健康等8个分论坛，近50位专家在分论坛作了学术报告。来自全国医疗、体检、康复、疾控、社区卫生服务等领域和慢性病相关企业的代表400余人参加了会议。

学会围绕控烟主题开展了一系列学术交流活动。1月，召开由控烟领域和法学界专家近20人参加的“烟草控制政策建议专家研讨会”。2月，召开由人大代表、政协委员和控烟专家50余人参与的2012年人大代表、政协委员控烟座谈会。5月，在北京召开“生命与烟草的对抗——揭穿并抵制中国烟草业对控烟的干扰”2012年世界无烟日控烟报告发布会。

两岸交流 6月，学会组织10家学会和11所医科大学以及美国中华医学基金会（CMB）项目官员共25人赴台湾地区考察了当地的控烟工作，参加了两岸烟害防控专题研讨会。

国际交往 2012年学会共办理13批、56人次的出国（境）及赴港澳台团组的报批手续。接待了来访的世界公共卫生联盟、加拿大公共卫生学会、美国艾滋病健康基金会、比尔及梅林达·盖茨基金会等机构的专家、学者 15 人。

学会承担了中国科协联合国咨商工作生命科学与人类健康专业委员会（CCLH）办公室工作，承担了世界公共卫生联盟西太区联络办公室秘书处工作。

学会协助越南公共卫生协会筹备第 4 届世界公共卫生联盟亚太区公共卫生大会。受世界公共卫生联盟委托，向成员国发放了各学会专业能力的调查问卷。

科普活动 为保护婴幼儿、儿童和青少年的健康，学会组织专家编写制作了《预防流脑知识不可少》、《您了解吗？——关于流脑》等预防流脑宣传海报和折页，在全国范围内向社区预防免疫接种点免费发放 20 万份。

为了向公众宣传预防肺炎链球菌性疾病的有关知识，学会设立了专门网站和咨询热线。网站全年浏览量近 78 万次，咨询热线接听电话平均每月 1200 多个，发送咨询短信平均每月 4000 多条。学会还在全国 9 个城市对 1100 位儿童的家长进行了“肺炎链球菌性疾病危害性”认知情况的调查。

9 月 9 ~ 10 日，在河北省石家庄市召开的第十四届中国科协年会期间，学会主办了中国科协年会科普展：科普嘉年华活动——“预防疾病·科学生活”。展览展出 200 多块宣传疾病预防知识的展板，并组织疾病控制、卫生监督、应急救援等专业医护人员，在现场设置咨询台，以演示、宣教、发放宣传品、健康咨询服务及义诊等形式，向公众倡导健康的生活方式。

9 月 15 ~ 16 日，中华预防医学会食品卫生分会在中国科技馆参加了以“食品安全与公众健康”为主题的 2012 年全国科普日北京主场活动。现场向参观者介绍并演示食品安全快速检测技术，发放食品安全科普知识宣传材料，现场指导参观者亲自实践食品安全快速检测。

表彰举荐优秀科技工作者 7 月 12 日，2011 年度中华预防医学会科学技术奖在京颁发。全国人大常委会副委员长、中国科协主席韩启德，卫生部部长陈竺等为获奖者颁奖。此次评选共收到 94 个单位推荐的科技项目 134 项。共有 49 个科技项目获奖。经形式审查、初审、终审、公示，最后由中华预防医学会常务理事会第 21 次会议审定，“甲型 H1N1 流感病原学研究及其在流感大流行防控中的应用”等 4 项科研成果获一等奖，“三峡库区以生物媒介传播疾病为重点的人群健康监测与评估（1997—2009）”等 16 项科研成果获二等奖，“我国艾滋病早期感染检测策略及应用研究”等 29 项科研成果获三等奖。中华预防医学会科学技术奖设立于 2006 年，两年评选一次，迄今已进行了三届评选。

1 月 10 日，“中华预防医学会公共卫生与预防医学发展贡献奖颁奖大会暨 2012 年新春联谊会”在北京举行。卫生部、中国科协、农业部、解放军总后勤部卫生部的有关领导，获奖者代表及在京的预防医学专家、科技工作者代表约 300 余人参加了大会。经民主推荐、评审、公示、审议，决定授予中国工程院院士夏咸柱等 108 人“2010 年度中华预防医学会公共卫生与预防医学发展贡献奖”。

【世界公共卫生联盟第十三届世界公共卫生大会】 世界公共卫生联盟第十三届世界公共卫生大会于 4 月 22 ~ 29 日在埃塞俄比亚首都亚的斯亚贝巴召开。学会秘书长蔡纪明、外联部主任王芃、综合协调部主任王国芳，以及中国科协联合国咨商工作生命科学与人类健康专业委员会（CCLH）主席李世绰，北京大学公共卫生学院教授郭岩作为中国科协联合国咨商工作生命科学与人类健康专业委员会代表团成员，出席了大会。

共有来自 160 国家的高级官员、各合作组织的领导和公共卫生专家共计 2400 人参加了会议。会议的主题是“实现全球健康公——机遇与挑战”。在这一主题下，会议包括了 4 个模块，千年发展目标、健康社会决定因素与健康公平、卫生系统发展、应对双重疾病负担带来的挑战。本次大会共有 40 篇大会会议文章、134 篇分会报告和 550 篇海报展示。

李世绰在大会上作了题为《中国千年目标进程》的报告，他谈到，中国政府认真履行千年发展目标的承诺，并将千年发展目标与国家社会发展目标结合起来，经过坚持不懈的努力，中国在实施千年发展目标方面取得了巨大成就，已提前完成了消除贫困、饥饿、降低婴儿和五岁以下儿童死亡率、防治疟疾等目标，并在降低孕产妇死亡率、防治艾滋病和肺结核病等方面也取得了显著进展。与此同时，中国作为一个负责任的发展中大国，尽管并不富裕，但已兑现对《千年宣言》的承诺，为世界上一些最不发达国家也作出了力所能及的贡献。他介绍了中国卫生改革的进程和初步成就。

蔡纪明在区域卫生合作分会场作了题为《亚太区域公共卫生合作》的报告。报告重点围绕公共卫生在全球的走向、社会和政府的责任和职责、学会目前已经开展的工作及今后该如何如何开展工作等内容和与参会代表进行了交流。蔡纪明在报告中还就世界公共卫生协会联盟 2010 年在中华预防医学会建立联盟亚太地区联络办公室后，在建立区域交流机制、工作网络建设及促进区域各国公共卫生交流与合作方面的经验，向与会代表做了介绍。

大会期间，世界公共卫生联盟召开了联盟执委会及联盟第 46 届年会。蔡纪明代表联盟亚太地区联络办公室主任在亚的斯亚贝巴召集并主持召开了世界公共卫生联盟亚太地区第四次工作会议。会上，王芃作为亚太地区联络办公室副主任介绍了北京办公室为促进与加强本地区内各国公共卫生学会所开展的合作交流活动。

【首届中国卫生应急学术论坛】 11月28～29日，由学会与中华医学会、中国医学救援协会共同主办的首届中国卫生应急学术论坛在北京召开。卫生部副部长徐科出席开幕式并讲话。国务院应急管理办公室、卫生部有关领导，相关部委，解放军武警部队，相关省、自治区、直辖市卫生厅的相关负责人，卫生部突发事件卫生应急咨询委员会，以及各地卫生应急专家和专业技术人员约800余人参加了论坛。

学会会长王陇德在致辞中说，这些年来，卫生应急工作为保障人民群众的身体健康和生命安全，国家的安定，社会的稳定和经济的持续发展做出了应有的贡献。希望通过本次论坛，研究、学习和借鉴国外卫生应急发展的理论与实践，结合我国的实际，总结近年来我们应对突发事件取得的成绩和不足，为卫生应急体系建设提出更多的科学合理建议，促进卫生应急科学的发展。

论坛围绕突发公共卫生事件防控、突发事件紧急医学救援及重大活动卫生保障等卫生应急工作的重点领域所取得的成就、经验和工作实践等内容进行了交流和研讨。来自世界卫生组织、美国疾病预防控制中心的专家，卫生部有关领导，中国工程院院士，以及中国疾病预防控制中心、军事医学科学院等机构的专家应邀作大会主题报告。在卫生应急管理与卫生应急保障、传染病卫生应急、中毒事件与核和辐射事件卫生应急和突发事件医学救援等4个分论坛上，相关领域的65位专家、学者作了专题报告，并和与会者进行了学术交流。论坛共录用论文236篇。

在开幕式上，中华预防医学会卫生应急分会宣布成立，标志着卫生应急这一预防医学领域的新学科有了一个为相关专业工作者共同研究、相互交流的平台。

论坛期间，主办方以“我国卫生应急工作的挑战和对策”为议题举办了嘉宾圆桌访谈。中国疾病预防控制中心、武警部队后勤部卫生部、北京市卫生局及国内相关科研、企业等单位在同期举办的卫生应急装备展览展示上，展示了最新的卫生应急及后勤保障装备，以及近10年来卫生应急建设项目的科技成果。

【2012年中国狂犬病年会】 为加强狂犬病防控工作，促进世界卫生组织“2020年消除狂犬病”倡议的实现，中华预防医学会、中国畜牧兽医学会和中国工作犬管理协会在专家的建议和支持下，决定将两年一度的“中国狂犬病防控高层论坛”更名为“中国狂犬病年会”，每年举办一次。

5月17～18日，2012年中国狂犬病年会在北京召开，来自公共卫生、畜牧兽医、工作犬管理等领域的专业技术人员200余人参加了会议。

来自世界卫生组织、联合国粮农组织、世界动物保护协会的官员和技术专家，加拿大、法国、泰国、日本、菲律宾等国家，以及祖国大陆、澳门特别行政区和台湾地区的专家、学者，从狂犬病防控的全球经验、中国狂犬病监测、狂犬病发病机理研究、疫苗研究、犬类管理研究与实践等方面作了42个大会报告。

年会期间，召开了狂犬病防控专家座谈会，讨论修改了提交有关政府部门的《狂犬病防控科技工作者建议书》。

【2012年中国控烟论坛】 7月12日，2012年中国控烟论坛在北京召开。全国人大常委会副委员长、中国科协主席韩启德，卫生部部长陈竺、副部长徐科，学会会长王陇德院士，世界卫生组织驻华代表兰睿明博士，中国健康促进联盟和“卫生工作者控烟双十行动”成员单位的领导，以及卫生、教育、体育、广电、文化等领域专家、学者150余人出席了论坛。

韩启德在开幕式上讲话中指出，烟草危害是当今世界最严重的公共卫生问题之一，吸烟对我国人民群众健康影响特别严重。我国吸烟人群3.5亿，被动吸烟的人超过7亿，每年死于烟草相关疾病的人数超过100万。但同时，烟草危害也是最大的可以控制和可以预防的危险因素。中国政府高度重视控烟工作，成立了履约的协调机制，财政部门安排了经费，加强了控烟网络能力建设，《国民经济和社会发展第十二个五年规划纲要》当中也明确地要求全面推行公共场所戒烟。6年多来，我国控烟履约工作得到一定的进展。全国人大常委会也很重视，2012年派出了调研组到几个发达国家了解控烟经验；同时也在国内进行调研，为控烟立法在做积极准备。控烟工作是一项综合系统的工程，需要采取控烟立法、提高烟税、禁止烟草广告、烟盒包装上的图形警示、提高烟草有害健康的认识等等综合措施，需要政府、卫生部门、社会各界和家庭个人的共同努力。

陈竺在讲话中强调，我国是受烟草危害最严重的国家。我国政府高度重视控烟履约工作，卫生部门按照履约职责，做了大量工作，取得了积极进展。特别是2012年5月30日，卫生部首次发布《中国吸烟危害健康报告》，广泛传播烟草危害健康的科学知识，动员社会各界参与控烟活动。但我国控烟工作仍面临严峻挑战，社会上对烟草问题还存在许多片面和错误的认识。烟草税收在国家财政收入中虽然占有一定比例，但同时烟草也带来了沉重的疾病负担和社会负担。更为严重的是，烟草危害后果一般在

20～30年后显现，很容易被短期内经济指标所掩盖。因此，我们要向全社会呼吁：降低烟草使用，减轻疾病负担，促进社会和谐发展。

本届论坛以“控制烟草使用 减少疾病负担”为主题，围绕烟草使用对人类健康的危害、对经济和社会发展的影响等，分别从控烟与中国健康发展、烟草危害的疾病负担与经济负担、抵制烟草业对控烟的干扰、吸烟对健康的危害与医学界责任、中医药与控烟等方面做大会报告。论坛倡议全国人民“关爱你我健康，远离烟草危害”。中国健康促进联盟在此次论坛上发布了健康生活行为系列的第1号建议——关于烟草使用，呼吁“公共场所不吸烟，青少年拒绝吸烟，吸烟者争取尽早戒烟。”

【联合反对“烟草院士”当选和中式卷烟技术参评国家科学技术奖】 5月，学会与中华医学会、中国医师协会、中国医院协会、中国健康促进与教育协会、中国防痨协会、新探健康发展研究中心等7家科学社团与民间组织在致函中国工程院，恳请重新审议“烟草院士”谢剑平的院士资格。

函件内容为，谢剑平进行的“卷烟危害性评价体系”和“减害降焦技术”研究，其研究方向、方法与结论都存在诸多错误，无法提供任何有关卷烟“减低危害”的证据。关于其院士资格的争议，已不仅是单纯的学术水平之争，而是一场科学方向与科学伦理之争、控烟和反控烟之争、要烟草还是要健康之争、要履行《烟草控制框架公约》还是要违背公约的原则之争。8月，中国工程院来函答复将进一步研究。

同期，学会联合中华医学会等8家国家级医学社团和北京大学医学部、北京协和医学院等14所医学院校共计22家医学组织和机构向国家科技奖励办公室提交了《关于“中式卷烟体系”参加国家科技进步奖评选的国家科学技术奖项目异议书》。

异议书的内容为，“中式卷烟特征理论体系构建及应用”项目通过添加香料、提高口感，来诱惑人们吸烟，其本质就是通过技术手段提高卷烟吸引力，从而达到促进烟草消费的目的。烟草制品的使用对人体健康的严重危害已经是国际科学界的共识，而“中式卷烟特征理论体系构建及应用”利用“技术进步”的幌子目的是增加烟草制品吸引力，扩大烟草制品的消费，将导致更多人的健康问题，损害更多人的生命质量。该项目参选国家科学技术进步奖，违反了《国家科学技术奖励条例实施细则》第九十六条规定：“获奖成果的应用不得损害国家利益、社会安全和人民健康。”，违背了我国政府签署并经全国人大常委会批准在国内生效的世界卫生组织《烟草控制框架公约》第四条第二款规定：“在国家、区域和国际层面需要强有力的政治承诺以制定和支持多部门的综合措施和协调一致的应对行动，考虑：……采取措施防止初吸，促进和支持戒烟以及减少任何形式的烟草制品消费……。”

（撰稿人：于　杰）

中国法医学会

服务创新型国家和社会建设　中学会推出了规范标准告知、档案管理、司法鉴定协议书、司法鉴定意见（报告）书、临床鉴定规范补充意见等6项学会管理新举措。

学会严格遵守《司法鉴定程序通则》的规定和其他相关的规章制度，全年共完成司法鉴定案件796起。其中法医临床鉴定371起，法医病理鉴定8起，法医精神病鉴定289起，法医物证鉴定45起，文书鉴定83件。学会坚持实行有效的内部监督质量控制，工作职责明确，年内受理委托鉴定的案件没有出现错案。

学会秘书处培训部先后在江西省南昌市连续举办了4期全国疑难命案高级侦办培训班，邀请了国内29位著名专家授课。在湖南省张家界市连续举办了3期刑事诉讼法及命案侦办规范化高级培训班，培训各省、自治区、直辖市业务骨干近2000人。

学会建设　中国法医学会第五次全国会员代表大会于2月9～10日在北京召开。来自31个省、自治区、直辖市的公安、检察、法院、司法、教育、卫生、部队系统，以及香港特别行政区的会员代表共262人出席了会议。公安部副部长张新枫出席会议并讲话。会议通过了中国法医学会第四届全委会工作报告、修改后的学会章程和学会事业发展中长期发展规划纲要，选举产生了新一届理事会及所属领导机构。

2012年度内，学会参加了司法部司法鉴定科学技术研究所组织的能力验证活动，在9个项目中，有6个项目获得了“满意”结果。

3月，学会开展了“审计整改年”回头看活动，成立了以会长刘耀为组长，学会副会长兼秘书长翟恒利为副组长，办公室主任、会计、出纳、审计人员为成员的中国法医学会审计整改年回头看活动领导小组，制定了相应的工作方案。对学会审计中发现整改尚未到位的问题，逐一分析原因，探讨切实可行的整改措施，认真进行了整改。

学会对有关财务制度及其执行情况再次进行了完善，会计、出纳、审计、印章、支票使用等方面，重新进行了明确分工，加大了内部制约与监督机制。对学会固定资产进行了清理和登记对在用固定资产明确责任人并加强管理。

学术期刊 《中国法医学杂志》2012年全年共出正刊6期，增刊1期，共刊发稿件260余篇。

国内主要学术会议 为了更好地研讨我国法医临床学司法鉴定实践中遇到的诸如现行鉴定标准（损伤程度、伤残程度）、现行司法鉴定体系、人体损伤程度鉴定中存在的难点和医疗损害司法鉴定中存在的问题，学会法医临床学专业委员会于8月20～22日在辽宁省大连市召开了全国第十五次法医临床学学术研讨会暨中国法医学会第五届法医临床专业委员会工作会议。

9月26～28日，学会医疗损害鉴定专业委员会在河南省焦作市组织召开了首届医疗损害鉴定学术研讨会。来自全国政法、医药、高校、地方医学会、医学会医疗鉴定机构、司法鉴定机构的80余位专家、学者参加会议，就医疗损害鉴定体制改革、域外医疗损害鉴定经验、医疗损害鉴定标准化、医疗损害鉴定方法、医疗损害鉴定文书规范等多个方面，进行了探讨和交流。

国际交往 应第50届世界毒物学家学会年会组委全主席、日本滨松医科大学副校长铃木修教授的邀请，中国法医学会代表团参加了6月3～8日在日本滨松举办的第50届世界毒物学家学会学术交流会。代表团与参会的40多个国家代表团的500多名学者，就毒物学术方面的问题进行了交流。

应日本医科大学法医学教研室教授大野耀吉的邀请，代表团在出席50届世界毒物学家学会学术交流会期间访问了日本医科大学法医学教研室。

党建强会 按照中国科协关于学会党建工作的要求，学会于7月21日在北京市平谷区举办了主题为“让科学证据接地生根，为百姓谋福，为党旗添彩——百名党员法医走基层、解难题、面向诉讼、针对实战、为社会服务”的党建强会活动。最高人民法院司法行政装备管理局副局长吴少军，学会会长刘耀院士、副会长丛斌院士，副会长兼秘书长翟恒利等，以及来自北京市、天津市和河北省的140余名会员参加了活动。

活动邀请公安部物证鉴定中心、华中科技大学和同济医院法医系的3位专家，分别就法医DNA检验鉴定、法医人类学检验鉴定、法医病理学检验鉴定等方面的内容进行专题讲座，全面介绍了目前我国法医学的新进展及其法医学应用方面的相关知识，向北京市平谷区公安、检察、法院系统的执法和司法工作者普及了法医知识。

法医学专家与基层的执法、司法部门的同志面对面沟通、座谈，让专业技术人员了解到了执法、司法实践中存在的难点、热点问题，为法医学研究提供了新的内容、新的方向。

学会党支部注意学会党组织建设，加强对入党积极分子的培养。3月，1名预备党员按期转正，8月，1名入党积极分子被批准为中共预备党员。

【中国法医学会第五次全国会员代表大会】 2月9～10日，中国法医学会第五次全国会员代表大会在北京召开。来自31个省、自治区、直辖市的公安、检察、法院、司法、教育、卫生、部队等系统，以及香港特别行政区的会员代表共262人参加了会议。

公安部副部长张新枫出席会议并讲话。他在讲话中谈到，近年来，全国法医队伍不断壮大，法医学术水平不断提高，法医工作取得长足发展，为打击犯罪、保护人民、维护社会治安稳定做出了重要贡献。在“命案侦破”、“网上追逃”、“打击拐卖儿童妇女”等公安机关历次重大专项行动中，在重大疑难复杂案（事）件侦办处置过程中，广大法医工作者提供了重要的技术支持。中国法医学会通过不断加强组织建设和管理工作，积极开展学术交流和业务培训，深入推进司法鉴定、行业标准规范制定等工作，全面提高和展现了我国法医技术和学术水平，拓宽了与国外法医界的沟通交流，提升了我国法医工作的国际地位。

大会审议通过了中国法医学会第四届全委会工作报告。选举产生了新一届理事会及所属机构。中国工程院院士，公安部物证鉴定中心研究员刘耀当选为新一届理事会会长，翟恒利当选为副会长兼秘书长。

同期召开的中国法医学会五届一次理事会审议通过了《关于〈中国法医学会章程〉的决议》、《关于〈中国法医学会事业发展中长期规划纲要（2012—2021）〉的决议》、《关于〈中国法医学会分支机构管理办法〉的决议》、《关于〈中国法医学会试行代表机构管理办法〉的决议》、《关于〈中国法医学会会员管理办法〉的决议》、《关于增设中国法医学会医疗损害鉴定专业委员会的建议案》、《关于增设中国法医学会赔偿法庭科学工作委员会的建议案》和《关于增设中国法医学会法医学工作指导委员会的建议案》。

【中外法庭科学新技术研讨培训班】 9月10～14日，学会联合广东省公安厅刑侦局和广州市公安局在广东省广州市举办了中外法庭科学新技术研讨培训班。来自全国各省、自治区、直辖市相关部门的法医、痕迹理化检验爆炸案现场勘验人员约300人参加。

培训班聘请俄罗斯联邦政府卫生部联邦法医鉴定中心副主任、法医DNA室主任帕维·伊凡诺夫科学博士，俄罗斯联邦政府卫生部联邦法医鉴定中心DNA案件鉴定中心主任伊莲娜·兹姆斯考娃医学博士，以色列国家警察局爆炸处置处警察长、排爆工作顾问乍得·莱伯纳，以色列耶路撒冷希伯来大学应用化学研究所所长、化学专家约瑟夫·阿尔姆博士为培训班授课，重点讲解了爆炸现场的处置、勘验，爆炸物及化学成分分析，爆炸案件侦察和法医技术人员对现场的处置程序和技术方法，爆炸伤的检验，个体识别等内容。

【组织专家组复核“李旺阳死亡案”】 6月19日，湖南省公安厅致函中国法医学会称：湖南省邵阳市刑满释放人员李旺阳6月6日在医院上吊死亡。因其身份特殊，省委省政府高度重视，要求公安机关对外委托司法鉴定。某社会鉴定机构对李旺阳死亡原因初步鉴定意见为“生前缢死”。李旺阳死亡事件发生后，境外及香港媒体反响强烈。为了妥善处理此事，湖南省公安厅特邀请中国法医学会组织专家组对李旺阳死因进行复查，以正视听。

6月20日下午，学会副会长兼秘书长翟恒利报告刘耀会长后连夜组成以学会副会长、中国工程院院士丛斌为组长，法医学损伤专业委员会主任万立华和病理学专家法医唐承汉教授为成员的专家组。赴湖南对李旺阳死因进行复查。

经过依法定程序全面系统、勘查检验鉴定，得出科学、合法、客观、公正的鉴定结论为：李旺阳死亡系自缢所致。

7月13日，中国法医学会副会长、赴湖南专家组组长丛斌院士在北京就赴湖南复查李旺阳死亡原因和死亡性质接受了亚洲电视、无线电视、《大公报》、《文汇报》4家香港媒体记者的采访。

（撰稿人：徐镇川）

中华口腔医学会

服务创新型国家和社会建设 2012年，学会受卫生部委托，承担并完成了国家口腔临床重点专科的评审组织工作，包括：儿童口腔专业、口腔病理专业、口腔颌面影像专业、口腔麻醉专业、口腔黏膜病专业、口腔预防专业、口腔正畸专业、口腔种植专业。

作为卫生部第三类医疗技术口腔医学类的唯一审核机构，2012年，学会成立口腔医疗事业部，在审核数量、审核程序、审核质量方面进一步优化，受到卫生部表扬并列为范例。2012年，学会组织第三类医疗技术答辩审核4场次，邀请审核专家52人次，审核单位34家；对23家单位进行了现场审核，邀请审核专家110人次。

2012年，学会承担卫生部口腔专科医师准入试点和医疗质量管理与控制工作。受卫生部、教育部委托，学会制定了多项口腔医学学科专业标准，包括：《口腔医学二级临床专科执业范围及准入标准》、《口腔全科执业范围及准入标准》等。

学会受卫生部委托，参与了《健康中国2020规划研究报告》、《口腔卫生“十二五”规划研究报告》、《2011—2020中国口腔卫生规划》等多项行业发展规划的编制工作。

2012年学会举办口腔专业学术会议33次，其中国际学术会议5次，高端前沿学术会议（论坛）4次，参加人数1万多人次，学术会议交流论文近4000篇，其中国际学术会议参会人数4272人次，交流论文1251篇。

学会能力提升计划 学会荣获中国科协学会能力提升计划专项“优秀科技社团奖”三等奖，获得连续3年奖补资金的支持。学会计划以启动实施中国科协学会能力提升专项为契机，全面提升学会综合能力，紧紧围绕学会服务创新、服务社会和政府、服务科技工作者和自我发展四个方面，落实专项奖补资金资助项目，进一步提高学会的学术影响力、会员凝聚力、社会公信力和资助发展能力，打造具有国际水准的学术交流平台，竭诚为口腔医学工作者服务。

学会建设 2012年，学会发展会员5874人，会员总人数已超过15000人。

学会召开全体理事会议1次，常务理事会议4次，审议并通过议题30项，通报学会工作9项。

2012年，学会完善办事机构，设立财务部和独立银行账户，配备专职财务人员，完善了财务管理制度。

2012年，学会口腔药学专业委员会成立，学会的二级专业委员会/分会增至25个。口腔医学教育、口腔麻醉学、老年口腔医学、全科口腔医学、口腔颌面外科、口腔种植、口腔颌面放射、口腔黏膜病、中西医结合、口腔修复专委会和民营口腔医疗分会完成换届工作。

7月，学会在山西省太原市召开第四次专委会/分会工作会议，对学会工作进行部署，采取一系列举措完善管理、加强监督、促进自身建设：实行了大委员会制及专科会员发展联系制，前任、现任和候任主任委员制，候任主任委员答辩竞聘产生、副主任委员差额选举制，常委无记名投票选举制，定期召开专委会/分会工作会议等。

2012年，中华口腔医学会信息网络平台实现了中华口腔医学网、中华口腔医学会博客、中华口腔医学会官方微博、手机报和口腔临床技术远程教育网的密切结合，发挥信息平台影响力大、覆盖面广的优势，密切结合学会工作的重点，推动学会各项工作的开展。

中华口腔医学网改版后于4月发布上线。网站增设了地方学会、专委会、会员服务、科普专栏、学术道德与学风建设等栏目，截至2012年底，学会新版网站已经发布信息462篇，浏览量达到2018829人次，比2011年增加了130000人次，提高了6.5%。

学术期刊 《中国牙科研究杂志》荣获中国科协优秀国际科技期刊三等奖——新创办英文科技期刊奖。2012年，学会主办的《中国牙科研究杂志》邀请了23位世界知名外籍专家担任编委，严格审稿，保证期刊的学术引领地位和学术权威性，打造具有国际水准的学术交流平台。

决策咨询 2012年，学会受卫生部等政府部门委托，撰写了重大专业技术咨询报告5篇。分别为《手术分级目录》口腔颌面外科部分、《口腔医学领域新技术应用情况统计》、《口腔种植技术临床应用管理规范》(修订稿2)、《"按病种"收费口腔科疾病病种及相关标准》、《科技惠民计划医疗卫生技术先进科技成果遴选》。

国际交往 中华口腔医学会是世界牙科联盟（FDI）、国际牙科研究会（IADR）和国际牙医师学院（ICD）等国际三大口腔医学国际组织的会员。6月，中华口腔医学会参加在巴西举办的2012国际牙科研究会年会并首次举办中国之夜（China Night）国际招待会，提高中国口腔界的国际影响力。8月，学会作为协办单位，参加了在香港特别行政区举办的世界牙科联盟（FDI）第100届年会，并在年会期间举办了国际招待会。

6月20～23日，第90届国际牙科研究会（International Association for Dental Research，IADR）年会在巴西召开。学会第一次在国际牙科研究会年会上举办了"中国之夜"（China Night）招待会。国际牙科研究会主席Diane Rekow教授，执行主任Christofer Fox博士，国际牙科研究会多位前任主席，理事会成员，《牙科研究杂志》(JDR) 主编以及来自世界各地多所牙医学院院长，著名学者、部分国内参会专家，国际牙科器材和口腔保健品行业的高层管理者等共计200余人应邀出席招待会。在本次年会上，中国学者提交了166份会议口头报告或壁报报告。北京大学口腔医院第二门诊部毋育伟医师获得"科学研究参会赞助奖"，广西医科大学郑晓娟医师获得"John Clarkson学者奖"。

学会和美国、日本、韩国、马来西亚等国家的口腔医学界实现了定期互访，互派专家参加学术年会，进行学术演讲和学术交流。

科普活动 2012年，学会科普部共举办主题科普活动6次，举办科普讲座8次，科普展览1场，拍摄科普宣传片1部，编写科普读物2种，科普工作者参与人数524人次，科普活动受众人数达1万余人次。

学会开展"健康口腔微笑中国"口腔健康教育系列活动，获得中国科协科学技术普及部全国学会科普活动专项的资助，在全国30个省、600个县市开展，面向基层，针对不同人群的口腔卫生需要，提供科普知识。

学会还开展了学龄前儿童乳牙龋病综合干预试点项目，9·20全国爱牙日"健康口腔，幸福家庭"科普活动，以"健康口腔，科学生活"为主题的第14届中国科协年会科学普及活动，"爱牙科技馆"和"爱牙实验室"大型科普活动，"口腔健康促进与口腔医学发展西部行"大型公益项目的口腔健康大讲堂活动，全国科普日北京主场——"每周一天糖果日，我是小小爱牙控"活动等。

学会荣获中国科协2012年度科普工作优秀学会称号，2012年全国科普日活动优秀组织单位奖，荣获北京市科协授予的2012年北京市全国科普日活动特色活动奖。

表彰举荐优秀科技工作者 经学会推荐，边专教授、李铁军教授获得中国科协第五届"全国优秀科技工作者"称号。

2012年，学会评审中华口腔医学会级奖项3项：中华口腔医学会—登士柏口腔医学青年人才奖、中华口腔医学会—口腔医学益达奖学金、中华口腔医学会—登士柏口腔医学生研究论文英文壁报比赛。评审中华口腔医学会专项奖励基金2项：邱蔚六口腔颌面外科发展基金、傅民魁口腔正畸发展基金。学会举办了登士柏杯全国根管治疗竞赛根管治疗中国10强赛、中华口腔医学会口腔护理技能大赛（3M杯）、2012年第十届"日进杯"全国口腔工艺技术展评等。学会表彰奖励共473人次，先进集体44个，获奖者涵盖了口腔临床医学、口腔基础医学、技工、护理、文体等领域的医师、学者及青年人才等。在中华口腔医学会第14次全国口腔医学学术年会上对上述奖项的获奖者进行了表彰。

会员服务 学会以服务会员基层组织的远程工作网络为依托，提供10余项会员服务，包括免费赠阅3本专业杂志、免费开放学术期刊网络阅读下载、学术会议和继续教育费用减免等。

【中华口腔医学会第14次全国口腔医学学术会议】 9月13～16日，中华口腔医学会第14次全国口腔医学学术会议在陕西省西安市召开。

从2012年开始，中华口腔医学会第14次全国口腔医学学术会议将连续3年以"中国口腔种植年"为主题，全力打造品牌性学术会议，推动和促进中国口腔种植技术的发展。

学会邀请世界著名刑事鉴识专家李昌钰博士，中国工程院院士张锦秋，美国牙科学院、国际牙科学院院士、著名口腔修复与种植专家Baldwin W.Marchack博士在大会上作特别演讲。

在为期3天的年会活动中，共举办各类学术会议、讲座、论坛、继续教育学习班等共102场次，1万余名口腔医学界从业人员参加。

本届年会上，学会结合口腔特色，将会议与展览相结合，创新性地通过现场操作演示和现场操作课的形式进行学术交流。现场操作演示分为种植操作专场、诊室操作专场和技工操作专场，采用高清视频多画面转播，画面清晰，讲解同步，为不同需求的口腔医务工作者进行有针对性的操作演示。现场操作课分为牙周治疗和根管治疗，专家讲课结合设备器械操作，使参与者获得真实、生动的体验，在专家的指导下提高治疗操作技术。

【2012年全国科普日北京主场活动——“每周一天糖果日，我是小小爱牙控”活动】 9月16日，在全国科普日活动北京主场活动期间，中华口腔医学会与宝洁（中国）有限公司佳洁士品牌联合在中国儿童活动中心主办了“每周一天糖果日，我是小小爱牙控”活动。学会科学普及部部长荣文笙教授、佳洁士口腔护理院院长张克博士、佳洁士品牌代言人窦骁，50多名儿童及其家长，以及40多家媒体参加了活动。

窦骁首先与家长和孩子们分享了自己爱牙护齿的故事。通过互动游戏和现场展示，荣文笙教授与张克博士详细讲解了科学食糖，保护牙齿的理念、科学原理以及实际生活中的应用。在互动和分享中，家长和孩子们了解了只要科学吃糖，一样可以拥有健康牙齿。相对于每日一颗糖，每周选择一天作为糖果日尽情享用糖果带给牙齿的伤害更小。吃糖后及时漱口或刷牙则能有效防止糖对牙齿的伤害。

该活动以其寓教于乐的特色，家长与孩子互动、嘉宾与家长互动的模式，被北京市科协评为“2012年北京市全国科普日活动特色活动”。

【“健康口腔微笑中国”口腔健康教育系列活动】 5月30日～6月1日，“健康口腔微笑中国”口腔健康教育系列活动之一，由卫生部疾病预防控制局主办，中华口腔医学会、中国健康教育中心、甘肃省卫生厅联合承办的“迎六一儿童口腔健康甘肃行”暨第二期全国口腔健康教育师资培训班在甘肃省兰州市举办。

来自全国30个省、自治区、直辖市的84名学员参加了培训。嘉宾从健康教育科普如何做到科学、通俗、易操作，怎样进行口腔健康教育的宣传才能使其融入大众生活，口腔健康教育的重要性，健康传播的方法和技巧，健康科普资料的编写分析，以及口腔健康演讲、口腔健康与全身健康的关系等相关方面进行了讲授。

“健康口腔微笑中国”口腔健康教育系列活动，已在北京、上海、湖北、云南、四川等5个试点省份开展了口腔健康教育模式创建活动，此次甘肃成为第6个试点省份。“健康口腔微笑中国”包括针对学龄前儿童的“阳光宝贝”活动，针对儿童青少年的“微笑少年”活动，针对在校大学生的“美丽笑容，从齿绽放”活动，针对孕妇的“孕妇学校”活动，针对老年人的“健康夕阳红”活动，以及针对医务人员的口腔保健知识普及推广活动。学会科普部在社会各界尤其是企业界合作的基础上，提供启动经费支持试点地区的创建活动。在创建过程中，同时提供针对不同人群和不同口腔问题或保健需求的健康教育材料。

【中华口腔医学会代表团出席世界牙科联盟大会】 8月29日～9月1日，第100次世界牙科联盟大会（Annual World Dental Congress）在香港特别行政区举办。本次大会由香港牙医学会主办，中华口腔医学会协办。中华口腔医学会为支持本次大会，提前一年在内地进行了宣传和动员。本次大会内地注册参会人数超过1500人，是我国口腔医学工作者有史以来参加国际学术会议人数最多的一次。卫生部部长陈竺率团出席了此次年会，并获得世界牙科联盟（FDI）颁发的首次授予个人的最高荣誉奖——世界口腔健康卓越成就大奖。

为了进一步提高中国在国际口腔医学领域的影响力，学会与世界牙科联盟于8月29日联合举办了午餐招待会，欢迎来自世界各个国家和地区的口腔医学学术团体及专家、学者。来自学会、世界牙科联盟、国际牙科研究学会、美国牙医学会（ADA）和香港牙医学会及内地参会的专家、学者共计100余人出席招待会。

FDI主席Dr. Silva在致辞中对FDI百年盛会在香港特别行政区举办感到十分高兴，对所有到会嘉宾的支持表示感谢，对中华口腔医学会对大会的鼎力支持表示感谢，并对中国口腔卫生事业的蓬勃发展表示了赞赏。学会副会长徐韬教授代表中华口腔医学会致辞，他在祝贺大会取得圆满成功的同时，也表达了中国作为发展中的大国，将积极参与国际合作，大力推动全球口腔事业发展进步的愿望。

世界牙科联盟是国际口腔组织，全球拥有超过100万的牙医会员。中华口腔医学会于1995年9月加入该组织，成为国家会员。世界牙科联盟的中国个人会员已达12000余人。学会副会长赵铱民任世界牙科联盟军事牙科委员会主席，学会副会长徐韬教授任继续教育委员会委员。

【民政部中央财政支持社会组织参与社会服务试点项目——口福行动】 “口福行动”在2012年获得民政部中央财政支持社会组织参与社会服务试点项目支持，内容是委托西部省份项目执行医院为西部贫困无牙颌老人免费实施医疗救助镶复全口义齿。同时企业捐助义齿材料、义齿清洁剂等作为配套支持项目。学会设立的“西部口腔医学发展基金”作为配套资金，支持交通、通讯、技术培训、设备购置、专家咨询等费用。旨在通过项目的实施让更多的西部贫困老人拥有“口福”。

截至2012年底，“口福行动”项目已在内蒙古、陕西、广西、宁夏、云南、青海、贵州、甘肃、四川、重庆、新疆、西藏等西部12个省、自治区、直辖市为820名贫困无牙颌老人免费镶复了全口义齿。通过项目的实施，极大改善了受益对象的生活质量，提高了健康水平。西部地区30余家媒体通过电视、广播、报纸、网络等广泛进行了报道。

在项目实施的同时，“口福行动”还通过举办口腔修复技术培训等形式，积极促进西部基层医生、护士、技师的医疗技术水平提高，受到当地医院的欢迎。

以往的口腔公益项目多是面向儿童预防龋齿，“口福行动”项目则是口腔专业领域第一次面向贫困老人实施的医疗救助项目，受益群体为西部贫困老人。

“老掉牙”对老年人的饮食、消化系统、发音、面部形象等一系列全身健康产生极大影响。世界牙科联盟建议世界卫生组织将无牙颌人群列入残疾人范畴。我国西部地区由于饮食习惯和地域特点，全口无牙颌的问题尤其明显，而其中约10%为孤寡或低收入贫困老人。“口福行动”任重道远，具有很强的可持续性和可推广性。

本项目由学会项目管理办公室实施监管、省级口腔医学会支持协助、项目执行医院具体实施的三级管理机制，从而确保项目保质保量完成。在项目实施的同时，组织国内口腔医学知名专家赴项目执行省份举办全口义齿修复的技术培训。

（撰稿人：王　瞳）

中国医学救援协会

学会建设　2012年，经教育部批准，我国成立了“开放大学”。北京开放大学与协会联系，要求帮助开设具有科学普及性质并有学历教育的急救课程。协会在9～11月集中力量，完成了教学讲授、现场操作拍摄等基础性工作，受到了学校的好评。

5月9～12日，首届汉旺论坛——2012全球防灾、救灾与可持续发展国际论坛在北京举行。

10月10日，由上海市和四川省都江堰市人民政府联合主办，协会协办的第四届上海国际减灾与安全博览会暨第二届上海国际低空救援论坛在上海市举行。协会分别在南宁、北海、厦门、贵阳、开封等地，开设紧急医学救援能力提高（升）班、突发事件应对中领导力提升班、培训班等课程。得到各地政府及卫生局、医院的认可。

4月28日，广西医学救援协会在广西壮族自治区南宁市成立。协会明确要求广西医学救援协会要加强科普工作，建立科普委员会。

1月7日，协会主办，联合了徐州医学院救援医学研究所在北京举行了欢迎海军总医院赴拉美四国执行“和谐使命——2011”任务医疗队载誉归来暨海上（水系）救援医学研讨会。国务院应急办及有关单位的领导、专家、学者出席。由于这是我国医学界首次以医疗舰船形式、远距离多国的访问医疗活动，引起了该领域专家学者的关注与重视。

学会主办期刊《中国急救复苏与灾害医学杂志》2006年创刊，2008年获得“中国科技核心期刊”，在国内外灾害医学救援上产生一定影响，是我国内唯一以灾害医学为重点的学术期刊。2011年影响因子为0.295。

科普活动　“5·12”中国防灾减灾日期间，协会常务副会长李宗浩在四川省德阳市作了关于灾害救援的科普报告。北京“7·21”暴雨后，协会应媒体要求，配合有关报刊进行相应的科普宣传。8月6日，中国科协科普部、调宣部在中国消防博物馆共同主办了第17期“科学家与媒体面对面”活动。本次活动主题为“科学应对洪涝灾害”，近40家报纸、广播、网络等新闻媒体参与报道。协会常务副会长李宗浩主持了该项活动。协会副秘书长、海军总医院院长钱阳明应邀作了《北京的暴雨灾害》主题报告。

11月7日，李宗浩常务副理事长就我国城市社区保护公众生命健康的医学救援在北京作报告，首创提出了“第三支力量——城市社区保护公众生命健康的医学救援”的演讲。国家行政学院领导及学员200余人参加此次大课堂并进行讨论。

表彰举荐优秀科技工作者　经协会推荐，协会常务副会长、首席急救专家李宗浩教授荣获中国科协第五届“全国优秀科技工作者”称号。

中国科协会员日　协会以做“协会人”，体验“家”的温暖为主题，于12月7～14日期间组织开展了一系列相关活动。12月8日，在北京举办了中国医学救援协会会员日联谊活动。12月13日，与北京市朝阳急救中心在北京市朝阳区八里庄社区卫生服务中心举办了中国医学救援协会“送知识，进社区”主题活动。

【第10届现代救援医学论坛】　8月18～20日，协会、中国灾害防御协会共同举办了2012年中国·国际第10届现代救援医学论坛。来自国家卫生部、中国科协、解放军总后勤部卫生部、武警卫生部、中国灾害防御协会的领导，国内外医学救援领域的专家、学者500余人参加了论坛和展会。50多位专家做了演讲、发言。美国匹斯堡大学彼得·沙法国际心肺复苏灾害医学中心领导人Nicholas G.Bricher教授专程从美国赶来参会，介绍心肺复苏的经验。

论坛分主会场及急危重症与心肺复苏、医学救援与院外急救、灾害护理与学科发展3个分会场进行演讲、报告和讨论。力图从卫生应急与医学救援的发展方向、灾害救援的组织和指挥、地震灾害救援、机场应急救护、水系灾害救援、矿山灾害救援、石油石化灾害救援、空中急救、城市常态救援、群体中毒急救、灾害护理、院外急救、急危重症、心肺复苏、AED的推广等不同行业、不同领域出发，结合其各自的优势与特点，完善学科建设。同时，完成与其他行业和领域的对接及整合，从而为医学救援事业提供更多的理论依据和实践基础，促进医学救援学科的整体发展。

【首届中国卫生应急学术论坛】 11月28～29日，由中华预防医学会、中华医学会、中国医学救援协会共同主办的首届中国卫生应急学术论坛在北京会议中心举行。这次论坛是卫生应急工作全面开展以来首次高水平、较大规模的全国性学术交流会议。

论坛围绕突发公共卫生事件防控、突发事件紧急医学救援、重大活动卫生保障等卫生应急工作的重点领域所取得的成就、经验和工作实践等内容进行交流。卫生部、中国疾病预防控制中心、军事医学科学院、世界卫生组织、美国疾病预防控制中心、中国医学救援协会的国内外专家作了大会主题报告。论坛以突发事件医学救援、卫生应急管理与卫生应急保障、传染病卫生应急和中毒事件与核和辐射事件卫生应急为题组织了4个分论坛，相关领域的65位专家、学者作了专题报告。论坛共录用论文236篇。

（撰稿人：吴　慧）

中国女医师协会

服务创新型国家和社会建设 2012年，协会举办继续教育学习班4期，参加培训人数800人。开展学术交流24场，参会人数19700人次，交流论文212篇。

编写《走近中医·历史文化》、《中老年女性四季养生》科普挂图方案，编写《女性健康问对》、《婚前孕前优生导读》、《孕期保健优生导读》、《孕前优生风险评估》、《眼睛的健康密码》科普图书等。

12月7～9日，西部地区基层卫生人员“21世纪医疗新模式”培训在云南省昆明市举办，培训基层女医务工作者103名，培训内容包括：营养、健康与疾病，心理健康与疾病，医患沟通、沟通的含义与技巧，经典中医教会你如何养生。

学会建设 2012年协会发展个人会员237名，团体会员1个（香港女医生协会），截至2012年12月31日，中国女医师协会个人会员数为100087人，团体会员13个，建立了会员数据库。召开了协会四届二次、三次常务理事会议。

5月13日，举行了中国女医师协会肾脏病及血液净化专家委员会成立仪式，中国工程院院士陈香美当选主任委员，所从事专业涵盖了肾脏病及血液净化临床、科研、教学、管理等各个领域的82名女医师组成肾脏病及血液净化专家委员会，来自全国的200余名女医师参加了成立仪式。

国内主要学术会议 8月10日，心脏与血管专委会在北京举办女性冠心病论坛，200人参加了论坛。论坛围绕严重三支血管病变合并心衰是否要血运重建、青年女性严重冠脉病变PCI、甲状腺功能亢进冠心病的治疗、老年女性复杂病变的介入治疗等临床常见问题，进行了研讨。

10月13日，第二届生命物理学论坛在北京召开，论坛主题为：生命物理学和波动医学。会议提出，生命物理学要立足于现代物理学和医疗保健科学，注重对古典文献的研究，注重“整体论”思想，尤其是对古典中医中的整体论思想的科学化，定量化的研究，注重对复杂系统和高度动态系统的研究，注重对“场”和“波”的研究，注重对主客体相互作用的研究，并从主客体相互作用的角度，重新审视整个医疗保健科学和现代物理学。

11月24日，协会眼科学分会承办的中国科协第253次青年科学家论坛在北京召开，论坛主题为“眼科基础临床研究新进展及疑难病例讨论”。全国40余名40岁以下的青年眼科医生参加了论坛。执行主席由北京大学第一医院教授杨柳、北京大学人民医院副教授陶勇、北京大学人民医院副主任医师陈宜担任。论坛对常见眼免疫性疾病及全身疾病眼相关疾病、眼科手术方法优化和改进、眼科应用性基础研究、眼底病药物、手术治疗方式的和眼底和视神经疾患的新型辅助检查方法进行研讨。参会的29人做了专题报告。

科普活动 2012年协会举办科普活动41次，咨询服务80514人次。举办“迎三八”、“庆六一”、“庆八一”、“预防出生缺陷日”和“灾害心理援助”等科普宣传活动，参与乳腺癌、宫颈癌“两癌”普查宣传活动。

2月22日，协会参与组织了全国妇联在北京郊区张家场村的“送岗位”“送法律”“送健康”活动，全国人大常委会副委员长陈至立，全国妇联书记处第一书记宋秀岩，北京市委常委、市人大常委会副主任、市总工会主席梁伟等参加了活动。协会妇产科专委会副主任委员廖秦平作了题为《女性肿瘤预防》的知识讲座。心脏科专家、外科专家、妇科专家、内分泌专家、营养专家、儿科专家进行了义诊，500人参与活动。

9月8～13日，广东省、河北省、云南省、湖北省、湖南省女医师协会围绕“中国预防出生缺陷日”活动的重点，利用女医师协会网站、新浪微博、腾讯微博等发布婚前保健和婚前检查的医学知识及“中国预防出生缺陷日”的相关知识，组织产前诊断、儿科、健康教育的专家义诊和举办有奖竞猜宣传等活动。5万多人参加了各地活动，发放宣传单5万余份，发放《为了家庭幸福和民族兴旺实施出生缺陷干预》宣传手册5000余册。

11月，协会与共青团北京市委员会对北京语言大学、吉利大学、北京理工大学、北京科技大学、北京城市学院5所大学，开展了“自知、自爱、自尊、自律、自保”的女大学生“五自关爱”校园行活动。活动由性道德、性疾病、性法律与性知识4堂课组成。对550名学生进行了有关性取向、性活动、性常识、性疾病的无记名问卷调查。调查显示：大学生中性常识缺乏，性传播疾病知识缺乏，应该重视普及教育。

协会与北京耀华康业科技发展有限公司合作落实北京市贫困家庭健康管理项目，为1万个家庭发放了健康管理知识手册，为1000个家庭进行健康知识培训，为100多个家庭进行强化健康管理。北京门头沟区、花园路街道等地102个患高血压病、糖尿病的贫困家庭，通过改变行为习惯，使高血压病人收缩压平均下降19.6毫米汞柱，舒张压平均下降15毫米汞柱，血压控制达标率从39.7%上升到97%。糖尿病人空腹血糖平均值下降1.2摩尔/升，空腹血糖控制率由45.5%上升到51.5%。冠心病、脑卒中等心脑血管疾病10年发病危险度平均下降43.78%。该项目获得北京市社会工委优秀项目奖。

表彰举荐优秀科技工作者 协会完成第三届中国女医师协会“五洲女子科技奖”的评选活动，评出基础奖5名、管理奖5名、临床奖15名。

【第二届中国女医师大会】 5月11日，第二届中国女医师大会在北京举办。1000多位女医疗工作者参加了会议。全国人大常委会副委员长陈至立，中国女医师协会名誉会长林佳楣，卫生部副部长刘谦，全国妇联副主席陈秀榕，解放军总后勤部卫生部副部长王玉民，中国疾病预防控制中心副主任梁东明，中国科协党组成员、学术部部长沈爱民等出席了开幕式并致贺词。会议围绕“关注女性健康”主题，举办了疾病控制创一流、公卫巾帼展风采，提高慢性肾脏病诊疗水平、关爱女性肾脏病患者，事业、压力与人生，推进眼科疾病临床路径工作的开展，儿科女医生——儿童健康的守护神、妇幼卫生服务、现实与创新，健康肌肤、完美体态、靓丽人生，中医药服务女性养生与健康，女性疾病的诊断与防治8个专业的学术交流论坛，12个专家委员会推荐交流论文159篇。专委会评出了优秀论文一、二、三等奖。大会期间，举办了中国女医师“风采杯”摄影比赛，展出了218幅摄影作品，评出了一、二、三等奖。

陈至立在致辞中希望女医师协会充分发挥人才优势、专业优势和资源优势，进一步调动广大女医师的积极性和创造性，在推动医学学术创新，弘扬医德医风，构建和谐医患关系，提高人民健康水平方面做出更大贡献。她希望女医师协会更加关注女医师的发展，维护女医师的权益，维护女医师的尊严，及时反映女医师的要求和心声，推动更多的女医师参政议政，获得更高的学术地位。

围绕女性健康，世界卫生组织（WHO）驻华代表处温春博士作了题为《全球妇女健康：现状、挑战、机遇》的报告，北京大学医学院副校长柯杨作了题为《生活事业可否两全》的报告，中医皮外科教授陈彤云作了题为《美容寓于养生》的报告，妇产科教授魏丽慧作了题为《女医师笑对人生压力》的报告，心血管病教授李一石作了题为《女性高血压的临床特点与药物治疗》的报告，皮肤科教授杨蓉娅作了题为《健康肌肤、美丽人生，您在乎您的面子吗？》的报告，中国疾病预防控制中心主任金银龙作了题为《中国环境与健康：现状、挑战、对策》的报告。王临虹教授在大会上报告了2012年5468名中国女医务工作者健康状况调查情况，调查显示：在我国女医师的工作中，存在高风险、压力大、负荷重和医患矛盾大的情况。

【第二届生命物理学论坛】 10月13日，由协会主办的第二届生命物理学论坛在北京召开，论坛主题为：生命物理学和波动医学。论坛探讨了人体的电磁场的耗散结构与经络系统、丹田、光轮、内气、天人相应、子午流住、气血循行和脉象的关系，讨论了从中医的眼光看人体解剖、生命节律和动态养生等。会议提出，生命物理学要立足于现代物理学和医疗保健科学，注重对古典文献的研究，注重“整体论”思想，尤其是对古典中医中的整体论思想的科学化、定量化的研究，注重对复杂系统和高度动态系统的研究，注重对“场”和“波”的研究，注重对主客体相互作用的研究，并从主客体相互作用的角度，重新审视整个医疗保健科学和现代物理学。

（撰稿人：任在晋）

中国自然辩证法研究会

学会建设 4月22日，研究会第七次全国会员代表大会在北京召开，选举产生了第七届理事会和常务理事会。8个工作委员会和部分专业委员会、省市区研究会相继完成了改选换届。秘书处部门调整为办公室、《自然辩证法研究》编辑部、学术会务部、会务服务部。研究会全年发展会员100余人。

配合中国科协积极开展科学道德和学风建设宣讲教育活动，在全国高校开展活动6次，2000余名研究生参加活动。

学术期刊 完成了《自然辩证法研究》杂志编辑委员会及主编、副主编的人员换届工作，申请并使用《中国知网》“学术不端文献检索系统”，建立了网络投稿、审稿系统。

学科发展研究 筹划编撰《自然辩证法学科史》和《自然辩证法学科发展报告》，推进《科学伦理、工程伦理、医学伦理》课程开设。

决策咨询 研究会完成的《应建立和完善公众参与转基因食品安全性社会评价的机制》，被编入中国科协《科技工作者建议》2012年第12期。

国际学术会议 5月5日，研究会科技创新专业委员会与美国克莱蒙研究生大学中美后现代研究院联合主办的全球视野中的绿色发展与创新国际论坛在美国洛杉矶克莱蒙林肯大学召开。中美学者就“绿色发展与创新”的主题，探讨了绿色发展的理念及实施的策略。

11月5～7日，研究会与俄罗斯科学院自然科学史研究所圣彼得堡分所、中国科学技术史学会技术史专业委员会和湖南省自然辩证法研究会联合主办的第三届中外技术交流史国际学术研讨会在湖南省长沙市召开。来自中国、俄罗斯、美国的70余名专家围绕近现代中国与世界各国和地区技术交流与转移等问题，进行了交流和研讨。

国内主要学术会议 3月26～27日，由研究会技术哲学专业委员会、东北大学、辽宁省自然辩证法研究会联合主办，东北大学科学技术哲学研究中心承办的第14届全国技术哲学学术年会在东北大学召开。来自科研机构、高等院校、企业界的技术哲学研究领域的专家、学者120余人出席会议。会议主题为“当代技术哲学发展与中国语境的技术哲学”。会议按照技术哲学基础理论研究、不同学派的技术哲学思想研究、当代技术发展中的重大哲学问题研究、中国语境的技术哲学研究等4个议题进行了研讨。会议收到论文80余篇。

6月30日～7月1日，研究会医学哲学专业委员会与北京大学医学人文研究院联合举办医学人文社会科学实证研究研讨会。来自全国24所高校的近40位工作在教学和科研一线的医学人文学者参加会议。会议就当前我国医学人文社会科学实证研究的发展现状等问题进行了讨论。

6月29日～7月1日，由研究会军事技术哲学专业委员会和湖北省自然辩证法研究会联合主办的第三届全国军事技术哲学学术研讨会在湖北省荆州市召开。来自全国20多所高校和科研院所的80余名专家、学者参加会议。会议主题为“文化视野中的军事技术”。会议内容涉及军事技术与文化、社会、战争、伦理，国防科技创新体系，当代中国大学生军事技术教育等。会议共收到学术论文60多篇。

8月18～19日，由研究会科技文化专业委员会和福建省自然辩证法研究会联合举办的第九届全国科技文化与社会现代化学术研讨会暨福建省科协第十二届学术年会自然辩证法分会在福建省福州市召开。来自全国各地高校、科研院所的60多位专家、学者出席会议。会议收到论文50余篇。

8月14～22日，由研究会与河南省自然辩证法研究会、黑龙江省自然辩证法研究会联合主办的全国科技哲学与区域发展战略学术研讨会在黑龙江省哈尔滨市召开。来自全国各地的40多名专家、学者出席会议。会议主题为“科技哲学与区域发展战略”。会议就创新型人才培养、河南省新型农村社区建设研究、新型城镇化引领“三化”协调发展的政策分析和理论创新等议题进行讨论和交流。会议收到论文30余篇。

8月20～24日，由研究会复杂性与系统科学哲学专业委员会与黑龙江省自然辩证法研究会联合主办的复杂性与系统科学哲学专业委员会第七次年会暨科技进步与当代世界发展全国中青年学术年会第十四届会议在黑龙江省哈尔滨市召开。来自全国35所高校的43位专家、学者出席会议。会议主题是“复杂性视域下的科学、技术、工程与社会”。会议收到论文及论文摘要40余篇。

11月27～30日，由研究会休闲哲学专业委员会与中国艺术研究院休闲研究中心、重庆市黔江区人民政府联合主办的休闲与社会进步学术年会暨重庆黔江区休闲文化发展战略论坛在重庆市黔江区召开。本届年会主题为：“生活方式与闲暇时间分配”。68篇论文或论文摘要进行会议交流。

12月8～9日，全国科技创新驱动发展战略学术研讨会在东北大学举行。会议由研究会技术哲学专业委员会、科技与社会（STS）专业委员会等单位联合举办。会议主题为“科技创新驱动 转变发展方式”。会议围绕学习贯彻党的十八大精神，就如何提高自主创新能力和协同创新能力，如何建立以企业为主体、市场为导向、产学研相结合的技术创新体系，如何加快科技与文化融合、推进文化的创新发展，如何建立创新型国家等问题进行研讨。

国际交往 5月5日，研究会学术代表团在美国洛杉矶参加全球视野中的绿色发展与创新国际论坛期间，访问了位于硅谷的爱特梅尔半导体公司，位于华盛顿的卡内基国际和平研究院，位于费城的陶氏化学有限公司，并与3家机构的有关人员进行座谈。

表彰举荐优秀科技工作者 研究会推荐的研究会常务理事、中国工程院院士殷瑞钰被评为中国科协第五届“全国优秀科技工作者”。

【中国自然辩证法研究会第七次全国会员代表大会】 4月22日，研究会第七次全国会员代表大会在北京召开。中国科协书记处书记徐延豪出席大会并致辞。研究会第五、第六届理事会理事长朱训在开幕式上讲话。中国能源研究会、中国科技新闻学会、中国未来研究会向大会发来贺信。全国自然辩证法学界的近300名代表和嘉宾参加大会。

研究会第六届理事会副理事长吴启迪代表第六届理事会作了题为《创新驱动，提升能力》的工作报告。会议审议通过了第六届理事会工作报告、财务工作报告和研究会章程修改草案，选举产生了新一届理事会和常务理事会。吴启迪当选为研究会第七届理事会理事长，瞿振元、王基铭、邓勇、冯俊、张彦英、郭贵春、刘大椿、颜泽贤、张体勤、陈凡、吴彤、张大庆、刘孝廷等13人当选为副理事长，尚智丛当选秘书长。

大会表彰了第六届理事会期间（2006～2012年）的46家先进单位，向为自然辩证法事业作出突出贡献的于光远和朱训同志，颁发了荣誉理事长证书。

【科学道德和学风建设宣讲教育活动】 为贯彻中国科协等五部委《关于做好2012年科学道德和学风建设宣讲教育工作有关工作的通知》精神，研究会聘请专家、学者组建了宣讲活动专家组，制定了宣讲活动方案。6～12月，在全国6所重点高校开展6次活动，2000余名研究生参加活动。

6月13日，首场报告会在江西财经大学举办，主题为“弘扬科学精神 坚守科学道德规范”，300名研究生及青年教师参加。9月15日，第二场报告会在西安建筑科技大学举行，主题为“科学的精神气质”，300余名新入学的研究生现场聆听。11月12日，第三场报告会在黑龙江中医药大学举行，主题为“博物与实践——关于当代科技道德基础与规范的反思”,400余名研究生参加。11月29日，第四场报告会在福州大学举行，主题为“国内外科研诚信建设——比较与反思”，300余名研究生参加活动。12月13日，第五场报告会在华南师范大学举行，主题为“科技伦理道德建设与知识分子的文化自觉”，300余名研究生参加。12月30日，第六场报告会在北京科技大学举行，主题为“科学的精神气质与规范”，300余名研究生及青年教师参加。

（撰稿人：赵月刚）

中国管理现代化研究会

服务创新型国家和社会建设 研究会技术与创新管理专业委员会主任委员李垣承担教育部哲学社会科学研究课题“中国国家创新竞争力战略研究”，承担了国家自然基金重点项目“企业研发网络化技术创新能力演进及其相互促进机制的研究”。

7月，技术与创新管理专业委员会副主任委员穆荣平一行考察了甘肃省兰州市高新技术开发区彭家坪园区、榆中园区和雁滩园区，并与兰州市高新技术开发区管理委员会进行座谈。

中小企业管理专业委员会副主任委员张玉利参与论证的《普通本科学校创业教育教学基本要求（试行）》，由教育部办公厅正式下发。

决策模拟专业委员会举办全国MBA培养院校企业竞争模拟大赛，1000余人参赛。决策模拟专业委员会举办全国高校企业竞争模拟大赛，6000余人参赛。

国际商务谈判专业委员会于10月18～20日首次面向全国高校（含高职、高专）举办国际商务谈判实践教学讲座暨模拟比赛研讨会。

学会建设 2012年，研究会召开2次理事会议，其中一次以通讯方式进行。10月22日，研究会五届三次理事会议在天津市召开。会议总结了研究会2012年的工作，并对2013年的工作作了安排部署。会议决定免去3位理事，增补3位常务理事；决定成立管理案例研究专业委员会，苏敬勤担任主任委员；决定张维担任金融管理专业委员会主任委员，薛澜担任公共管理专业委员会主任委员。会议还决定设立“中国管理学青年奖”。

8月18日，公司治理专业委员会在山东省威海市召开了第五次主任委员会议和第三次运作管理委员会会议。

会议增补北京大学为副主任理事单位，并针对公司治理专业委员会未来两年工作计划、期刊发展、网站建设、会员制度与管理制度、国际化合作交流等相关议题进行商讨。

4月28日，国际商务谈判专业委员会召开换届大会，会议选举产生了专业委员会新一届领导成员。

国际商务谈判专业委员会聘请了一些高级顾问，重新制作了网站，增加了英文版，重点介绍商务谈判实践教学活动和商务谈判人才培养。

学术期刊 《管理现代化》进行了栏目调整，突出了综合性经济管理核心期刊的特色。对刊物进行扩版，由原来的16开64页增加到128页。

国际学术会议 6月，管理与决策科学专业委员会主办的第五届计算科学与优化国际大会（CSO2012）在黑龙江省哈尔滨市举行。来自美国、英国、日本等国家的约200名专家、学者参加会议。

8月，管理与决策科学专业委员会主办的第五届商务智能与金融工程国际学术研讨会（BIFE2012）在甘肃省兰州市召开。150名专家、学者出席会议。

6月24～27日，由运作管理专业委员会和清华大学经济管理学院承办的2012年运筹学和管理科学研究协会（INFORMS）国际大会在北京举行。此次大会是INFORMS国际大会首次在中国大陆召开。大会主题为“低碳时代的管理科学”。来自国内外的1000余名专家、学者参加会议。会议邀请国内外企业界和学术界多位专家作大会报告。会议分19个分会场288个主题进行，作了1100余场报告，内容涵盖能源经济、绿色供应链、决策优化、运输物流、生产运作、营销科学和服务管理等相关学科。

国内主要学术会议 5月26～27日，由组织行为与人力资源管理专业委员会、南开大学商学院、南开大学公司治理研究中心、《管理学报》杂志社联合主办的首届中国人力资源管理论坛（2012）：组织创新与人力资源管理变革学术研讨会在南开大学举行。30多所高校的60余名专家、学者参加会议。会议商定，将由组织行为与人力资源管理专业委员会牵头，与《管理学报》杂志社合作，将中国人力资源管理论坛打造为每年一次、定期召开的专业学术会议。2013年将由南京大学承办。

6月，组织行为与人力资源管理专业委员会与教育部高等院校工商管理类学科专业教育指导委员会、全国MBA教育指导委员会、南京大学商学院联合主办的第十三届全国人力资源管理课程师资研讨会在南京大学举行。40多所高等院校的64名专家、学者参加会议。

7月，由运作管理专业委员会和全国MBA教育指导委员会生产运作管理教学指导小组，新疆大学经济与管理学院联合举办的第十四届全国MBA生产运作管理教学和学术研讨会在新疆大学举办。会议主题为“基于可持续发展的运营管理研究”。来自全国各高校的130多位专家、学者参加会议。

8月，决策模拟专业委员会与教育部高等学校国家级实验教学示范中心联席会联合主办的企业竞争模拟与实验教学研讨会在安徽大学召开。来自高等院校和企业的80余名专家出席会议。会议围绕企业竞争模拟教学和比赛的相关问题，以及实验教学的经验进行交流。

8月，由公司治理专业委员会主办的中国公司治理高层论坛在山东大学举行。会议主题是“后转轨时期公司治理创新”。20余家高校和企事业单位的60余名专家、学者和企业家参加会议。

8月1～2日，组织与战略管理专业委员会联合教育部科学技术委员会管理学部、西安交通大学中国管理问题研究中心、西安交通大学管理学院、华中科技大学管理学院、上海交通大学安泰经济与管理学院主办的第五届“管理学在中国”学术研讨会在上海交通大学召开。研讨会的主题是“经济转型与管理创新”。来自清华大学、北京大学、西安交通大学等40多所高校与研究机构的100多位专家、学者参加会议。会议征集论文80余篇。

10月，技术与创新管理专业委员会在江苏省苏州市召开2012创新、创业与创投发展论坛。300余位专家、学者、企业家参会，共同探讨我国“三创”发展战略等相关问题。

国际组织任职 6月3日，国际信息技术与数量化管理学会在美国奥马哈举行了成立大会。来自13个国家和地区的50余位学者出席会议。大会推选研究会副理事长兼秘书长石勇担任学会主席，选举商务智能专业委员会副主任委员李建平为学会秘书长。

【2012年复旦管理学奖励基金会颁奖典礼暨第七届中国管理学年会】 10月22～23日，由中国管理现代化研究会、复旦管理学奖励基金会主办，天津大学承办的2012年复旦管理学奖励基金会颁奖典礼暨第七届中国管理学年会在天津市召开。

中共中央政治局原常委、国务院原副总理、复旦管理学奖励基金会名誉会长李岚清为“复旦管理学终身成就奖”首位获得者、中国工程院院士、中国科学院数学与系统科学研究院研究员刘源张颁奖。复旦管理学奖励基金会理事长、第十届全国政协副主席徐匡迪，复旦管理学奖励基金会副理事长、中国管理现代化研究会名誉理事长、第九届、第十届全国人大常委会副委员长成思危为获得2012年“复旦管理学杰出贡献奖”的北京航空航天大学教授黄海军和中国科技大学教授梁樑颁奖。

中共中央政治局委员、天津市委书记张高丽，中国科协常务副主席、书记处第一书记陈希，天津市人大常委会主任肖怀远，天津市政协主席邢元敏，天津市委副书记何立峰，中国科学院党组副书记方新等出席开幕式。

天津大学校长李家俊、中国管理现代化研究会理事长赵纯均分别在中国管理学年会开幕式上致辞。清华大学公共管理学院院长、2011 年“复旦管理学杰出贡献奖”获得者薛澜以《公共管理现代化：中国的挑战与危机》为题作主旨演讲。

本届年会以“新经济环境下中国管理变革与范式探索”为主题，设有运作管理、组织与战略管理、金融管理、商务智能、公司治理、财务与会计管理等 15 个议题。年会设立校长论坛、院长论坛，分别就新经济环境下大学发展之路、新经济环境下管理学科发展与管理人才培养等主题进行交流，探索中国管理学教育中遇到的问题。本届年会开始设立青年论坛，为青年学者成长搭建舞台；组织期刊论坛，探讨中国管理学领域期刊的发展。16 篇论文获得年会优秀论文。

【全球化与营销战略会议暨第八届皇家银行国际研究论坛】 6月8日，由营销管理专业委员会、上海交通大学安泰经济与管理学院和 *Journal of Business Research*（《商业研究杂志》）共同主办，加拿大圭尔夫大学管理与经济学院（CME）、加拿大肯考迪亚大学（Concordia University）约翰·莫森（John Molson）商学院等单位协办的全球化与营销战略会议暨第八届皇家银行国际研究论坛在上海交通大学召开。来自加拿大、美国、澳大利亚、法国、德国、伊朗、日本，以及中国大陆和中国香港特别行政区等国家和地区的 105 名专家、学者参加会议。会议收到论文近 100 篇，录用论文 50 篇。

会议的主题是“跨文化消费者行为研究”，特别关注奢侈品的全球化及营销战略。会议设立了全球背景下的跨文化品牌管理、跨文化关系营销、跨文化消费者行为、文化适应与种族认同、全球市场环境中的创新、跨文化社会媒体/社会行为、跨文化电子商务、跨文化品质感知、跨文化市场营销、文化之于营销战略的影响、跨文化定价策略等多个分论坛主题。

（撰稿人：石谷山）

中国技术经济学会

学会建设 2012 年，学会编制《中国技术经济学会发展规划（2013—2020）》，明确了未来 8 年学会发展的指导思想、战略目标和重点任务。

全年召开常务理事会 2 次，理事会 1 次。根据学会发展需要，增补理事 1 名，常务理事 2 名。全年发展新会员 93 名，其中高级会员 51 名。

2012 年，学会举办中国技术经济学会第二十届学术年会、第九届中国技术管理（MOT）学术年会、第十四届西湖国际中小企业研讨会、中国技术经济论坛暨浙江省社会科学界首届学术年会等重要学术活动 18 次，参加人员 1500 余人次，提交学术交流论文 950 余篇，出版会议论文集 5 种。与 2011 年相比，参加人次增加 7%，其中外宾人数增加 87%，提交论文数增加 14%。

开展科学道德与学风建设宣讲教育，在学术年会上向参会学者发放《致全国科技工作者倡议书》，呼吁坚守学术诚信，维护学术道德。在《中国技术经济学会会员管理办法》中，设置学术道德自律和他律的条款。学会主办的期刊启用学术不端检测系统进行检测，加强对学术不端问题稿件的审查力度。

学术期刊 全年共编辑出版学术期刊 60 期，刊文 2885 篇。学会主办的 3 种期刊的质量均有较大提高，其中，《技术经济》荣获“2012 中国国际影响力优秀学术期刊”，在入选的 34 种人文社科类期刊中排名第 6 位。《科技和产业》入选“RCCSE 中国核心学术期刊（扩展板）”。

学科发展研究 4 月，《技术经济学学科发展报告（2011—2012）》（简称《报告》）正式出版。《报告》介绍了当前技术经济学的发展现状和趋势，提出了发展我国技术经济学的对策建议。《报告》还重点对技术经济分析、项目评价、创新管理、创业、技术经济政策等 5 个领域近年来的研究进展进行了阐释。

国际学术会议 12 月 6 ~ 7 日，2012 年国际价值工程管理会议在香港理工大学举行。会议由中国技术经济学会、中国管理科学与工程学会、中国价值工程学会、香港价值管理学会等单位共同主办，香港理工大学和浙江大学共同承办。来自中国大陆和香港特别行政区，美国、澳大利亚等 10 个国家和地区的专家、学者出席会议。

会议的主题是“价值技术创新”（Innovation in the Value Methodology），共举行了 15 场相关主题的学术报告，内容包括价值工程的方法创新，价值工程方法在建筑、公共设施设计、产品工业设计等领域的应用，价值工程在澳大利亚、伊朗应用的成功案例。

宾夕法尼亚大学教授 Chimay J.Anumba 作了题为《价值工程在建筑领域的应用》的主题报告。澳大利亚价值工程协会会长 Henry John Gough 在主题报告中介绍了价值工程管理在房地产行业的应用。马来西亚公共事务部助理主任 Rohanis A B Ghani 通过列举马来西亚 4 个桥梁设计案例，介绍了价值工程管理在桥梁等公共设施设计方面的应用。

中国技术经济学会价值工程专业委员会会长、本次大会联合主席马庆国率团出席会议。马庆国在大会致辞中阐述了本次会议在价值工程研究方法方面的意义。黄玉晶博士、付辉建博士代表浙江大学神经管理学研究团队分别作主题报告，报告创新性地将神经分析方法引入价值工程管理领域，提出神经价值工程、神经价值分析等概念。传统价值工程中的功能分析采用的是主观评分，具有一定的主观性和偏向性，受到评分的环境等因素影响。神经价值分析基于认知神经科学，直接探测消费者对产品的神经响应，并以此作为功能分析的依据。此方法相对传统价值工程功能分析更加客观与准确，是价值工程功能分析研究范式的改革和突破。

10 月 26 ~ 27 日，第三届复杂科学管理暨系统工程风险管理国际会议在加拿大多伦多大学召开。会议由中国技术经济学会、多伦多大学中国风险管理研究中心、华北电力大学经济与管理学院、华北电力大学中国电力经济与管理研究中心、武汉大学复杂科学管理研究中心、海外华人学者博士后管理与经济联谊会联合主办。会议围绕复杂科学管理的基本理论、研究方法及其在经济管理领域的应用进行交流。

华北电力大学教授牛东晓就我国电力工业低碳绿色增长问题作主旨报告，分析了我国电力工业发展及其节能减排情况，预测了低碳背景下我国的电力需求，提出了节能减排的实施路径和评价指标体系，并对我国电力工业实现低碳绿色发展提出了建议。

华北电力大学副教授刘力纬就我国可再生能源并网支撑技术的技术经济评价及方案优选进行了详细的介绍。

武汉大学教授徐绪松对复杂科学管理的相关理论作了介绍，阐述了复杂科学管理的涵义及理解复杂科学管理的 8 项基本原则，探讨了复杂科学管理理论研究及应用的发展趋势。

多伦多大学教授 Roy H. Kwon 的报告主题为《凸风险测度——一种自由分布的优化方法》。Roy H. Kwon 认为，由于难以预测相关的变量，资产投资的价值充满不确定性，当没有完全了解资产的价格分布时，如何量化金融工具的风险，是一个值得研究的问题。风险测度需要有关损失、利润和资产定价的分布，若无法确定分布的确切形式，可以考虑采用凸风险测度。

美国罗格斯大学教授 Michael Greenberg 报告的主题是《为风险分析构建有效的仿真工具》。他提出，应为决策支持模型建立相互承认的标准。Michael Greenberg 以铁路安全运营为例，建立了工业系统模型、柱模型和经济模型，旨在模拟铁路运营的正常以及非正常活动，并以此估算铁路中断的经济影响以及对其他运输系统和区域经济的影响。Michael Greenberg 认为，仿真模型及模拟工具有助于提高对现实项目的预测性，强化对项目的监督控制，并增强对现实风险的分析及规避。

会上，颁发了“徐绪松复杂科学管理论文奖”。来自武汉大学的郑小京、多伦多大学的 Dexter Wu 和华北电力大学的刘吉成等荣获该奖项。

表彰举荐优秀科技工作者 开展中国技术经济学会优秀学术论文评选活动，表彰奖励 37 位优秀论文作者。学会推荐的池仁勇教授荣获中国科协第五届“全国优秀科技工作者”称号。择优推荐会员科技著作 2 部，其中 1 部入选“中国科协三峡科技出版资助计划”。

会员服务 向会员赠送学术期刊、学科发展报告、会讯等资料 3 万余册。制定《中国技术经济学会会员管理办法》，规范会员管理与服务工作。

【中国技术经济学会第二十届学术年会】 7 月 31 日 ~ 8 月 1 日，中国技术经济学会第二十届学术年会在湖南省张家界市召开。来自高等院校、科研院所、政府部门、企业界的专家、学者、管理者共计 182 人出席会议。学会副理事长李志军致开幕词并介绍了大会的选题背景。

本届年会的主题为“全球再平衡视野下的技术创新与中国内生发展”，会议围绕主题安排了大会报告和分组讨论两种形式进行研讨。年会共收到学术交流论文 65 篇。

中国社会科学院数量经济与技术经济研究所研究员李平，学会常务副理事长、清华大学教授吴贵生，浙江大学教授马庆国，中国国际工程咨询公司研究员李开孟，华中科技大学教授王宗军，华北电力大学教授牛东晓，大连理工大学教授张米尔，清华大学副教授王毅，中山大学兼职研究员陈培雄分别作了题为《从全要素生产率角度看转变经济发展方式》、《创新轨道和产业发展》、《云计算、智慧计算与仿脑计算》、《重大项目社会稳定风险评估机制研究》、《我国省级低碳发展的评价分析》、《基于低碳经济的发电行业节能减排路径研究兼谈电力技术经济人才培养》、《专利产业化的瓶颈与商业模式创新》、《我国复杂技术产业追赶研究》、《现代技术市场研究》的大会报告。

在分组讨论环节，与会专家、学者围绕技术创新与结构调整、内生经济增长、转变发展方式、绿色经济发展、战略性新兴产业发展 5 个专题进行了交流。

【第九届中国技术管理（MOT）学术年会】 5 月 12 ~ 13 日，第九届中国技术管理（MOT）学术年会在江苏省镇江市召开。江苏大学副校长许化溪，学会常务副理事长、清华大学教授吴贵生致开幕辞。江苏大学中小企业学院院长梅强主持会议。153名专家、学者参加会议。

会议由中国技术经济学会主办，江苏大学管理学院承办。会议聚焦技术管理的发展趋势，就技术管理的新理论、新方法及其在应用中的现实问题进行研讨。与会专家针对自主创新、产业升级、知识产权作了重点讨论，并对中小企业发展面临的热点问题展开交流。

学会常务副理事长、清华大学教授吴贵生，中国科学院科技政策与管理科学研究所研究员余江，东北大学教授樊治平，北京工业大学教授黄鲁成，江苏大学教授梅强，大连理工大学教授张米尔，陕西师范大学教授张治河，浙江工商大学教授盛亚，金东纸业有限公司技术总监秦昀昌，上海交通大学教授谢富纪分别作了题为《市场轨道理论初探》、《全球产业变革与我国创新战略》、《协同网络运作管理中的决策问题研究》、《战略性新兴产业研究思考》、《我国中小企业划型标准调整及其创业扶持政策优化》、《专利陷阱的演进及类型分析》、《创新理论的演化及其学科发展探析》、《网络结构、利益相关者行为与创新风险生成》、《创新思维引领金东纸业的发展》、《创新型国家建设与R&D资源配置》的主题报告。

【第十四届西湖国际中小企业研讨会】 10月13～15日，第十四届西湖国际中小企业研讨会在浙江省杭州市召开。会议由中国技术经济学会、杭州市人民政府、浙江省经济和信息化委员会（浙江省中小企业局）、浙江工业大学、浙江省工商业联合会、浙江省社会科学界联合会、世界工业技术研究组织协会共同主办。来自美国、英国、澳大利亚等近20个国家和地区的50多位专家、学者，以及国内的180名专家、学者、企业家参加会议。

与会专家和企业家围绕“中小企业转型升级”的会议主题，结合全球经济、科技和社会发展形势，就国内外中小企业的生存和发展问题展开交流。德国弗朗霍夫技术研究院发布了来自德国工业技术研究院的研究报告《新技术转移的机遇与协作》。无锡矽鼎科技有限公司董事长吴薇介绍了科技型小企业创业及面临的挑战。清华大学教授雷家骕讲述了创业机会识别。来自英国伯明翰大学的Robert教授以法国为例，探讨了信贷配给和企业生存质量之间的关系。美国乔治亚理工学院战略合作研究院的Carl教授分析了韩国中小企业和美国主要研究型大学共同开发美国市场的联合创新问题。北京航空航天大学教授陈向东在专利调查的基础上，介绍了中国产学研合作的情况。巴西南卡西亚斯大学的Eric教授以巴西为例，分析了清洁生产和环境可持续发展的关系。印度金融研究所Aman教授提出了经济衰退时期中小微企业的增长和融资模型。中国中小企业研究院教授陈衍泰介绍了中国风机制造产业合作创新网络的演化。

会议首次向全球发布了《2012年中国中小企业景气指数报告》（以下简称《报告》），《报告》公布了2012年中国主要城市中小企业景气指数排名。《报告》提出，中国省际中小企业综合景气指数差异较大，排名靠前的广东、浙江、江苏等东部省份是中国中小企业发展最具活力的区域。

【中国技术经济论坛暨浙江省社会科学界首届学术年会】 11月10～11日，中国技术经济论坛暨浙江省社会科学界首届学术年会在浙江省杭州市召开。来自全国各地高等院校和科研机构从事技术经济研究与教学工作的专家、学者以及企业家约100余人出席论坛。会议收到学术交流论文60余篇。论坛由中国技术经济学会、中国社会科学院数量经济与技术经济研究所、浙江省社会科学界联合会、浙江电子科技大学、清华大学经济管理学院、重庆大学经济与工商管理学院、北京交通大学管理学院联合主办。

中国工程院院士、中国社会科学院学部委员李京文，中国社会科学院数量经济与技术经济研究所研究员李平，国务院发展研究中心研究员李志军，清华大学教授雷家骕，重庆大学教授杨俊，科技部调研室研究员胥和平，南开大学教授戚安邦，浙江大学教授陆文聪分别以《绿色发展问题及对策研究》、《创新型国家理论与测度方法研究》、《国家知识产权战略纲要》实施情况评估、《基于科学的产业创新》、《中国地区碳排放强度差异成因分析》、《科技支撑引领经济社会发展》、《创新型国家的经济增长与项目导向型管理范式》、《全球化背景下中国农业政策分析模型》为题作大会主题报告。

在分组讨论环节，与会学者围绕技术经济学理论体系的完善与创新研究、加快转变经济发展方式的技术经济分析、创新型国家建设与科技战略研究3个专题进行研讨。

（撰稿人：张小珍）

中国现场统计研究会

服务创新型国家和社会建设 7月28日，由国家自然科学基金委数学天元基金和研究会主办，云南大学承办的西部地区2012年暑期统计学师资队伍培训班在云南大学开班。来自西部地区10个省、自治区、直辖市近30所高校的105名学员参加培训。培训班为期14天，11位专家为学员授课。

学会建设 研究会召开了八届七次常务理事会议和八届八次常务理事扩大会议。会议讨论了研究会换届工作事宜，通过了换届方案等文件。

10月25日，生存分析分会举行换届大会。朱力行当选为新一届理事会理事长，北京工业大学教授薛留根等当选为副理事长，中国人民大学教授田茂再当选为秘书长。

7月19日，研究会工程概率统计学会第八届全国代表大会召开。第七届理事会理事长刘再明作第七届理事会工作报告，会议选举产生第八届理事会理事64名。

2012年度，学会及所属分会、专业委员会共举办国内学术会议8次，交流论文共计1033篇，与会专家、学者人数1360余人次。

国际学术会议 7月22～25日，由全国工业统计教学研究会和中国现场统计研究会资源与环境专业委员会联合主办、中国科技大学承办的全国工业统计教学研究会第七届会员大会和2012统计与管理科学国际学术会议在安徽省黄山市召开。来自国内外的170余名专家、学者参加会议。中国人民大学统计学院院长赵彦云和美国宾夕法尼亚大学教授林共进分别作了题为《经济统计及发展》和《统计学的定位》的学术报告。在2012统计与管理科学国际学术会议上，南开大学教授刘民千、对外经济贸易大学教授张浩、上海财经大学教授黄坚等作了主题学术报告。

7月8～9日，由中国人民大学、世界中医药学会联合会主办，中国人民大学统计学院、世界中医药学会联合会临床疗效评价专业委员会、中国中医科学院临床评价中心、国家中医药管理局中医临床研究方法重点研究室、中国现场统计研究会生物医学统计学会、美国华盛顿大学生物统计系等单位承办的第二届生物统计国际研讨会在中国人民大学举行。来自英国、美国、法国、德国，瑞士、比利时、印度、新加坡、日本、韩国、澳大利亚、加拿大、丹麦，以及中国大陆、台湾地区、香港特别行政区、澳门特别行政区等国家和地区的450余名专家、学者参加会议。会议开幕式由中国人民大学原常务副校长袁卫主持。开幕式上，颁发了第二届生物统计国际研讨会“最佳论文奖”。6篇论文获得“最佳论文奖”，其中，理论方法组“研究生最佳论文奖”、“青年学者最佳论文奖”各1篇，应用组“研究生最佳论文奖”、“青年学者最佳论文奖”各2篇。

会议由特邀报告和分会场报告两部分组成。4位专家作了特邀报告，从不同角度论述了生物统计学的前沿问题。在43个学术分会场的专题研讨中，交流分享了200余篇学术论文，内容涉及医学与公共卫生研究中与统计相关的问题，临床试验、生物信息学、医学研究中的统计方法，中医药学研究中的统计方法、疾病预防控制的统计方法、全基因组关联研究、生物统计教育等。

国内主要学术会议 7月19～22日，由研究会工程概率统计学会主办、四川省现场统计研究会和西南交通大学联合承办的中国现场统计研究会工程概率统计学会第八届全国代表大会及2012年学术年会在西南交通大学举行。来自全国各地的150余名专家、学者参加会议。学术年会特邀上海交通大学教授叶中行、美国佐治亚大学教授秦更生、西南财经大学教授林华珍、加拿大曼尼托巴大学教授王熙逵、西南交通大学教授郑海涛作了专题报告。35位学者在分组讨论中报告了自己的学术论文和研究成果。

10月18～21日，由中国数学会均匀设计分会、中国现场统计研究会试验设计分会主办，华中师范大学数学与统计学学院承办的2012试验设计及其应用研讨会暨中国数学会均匀设计分会第十一届学术年会在华中师范大学举行。来至中国航天科工集团、南开大学、北京大学、中国科学院、香港大学等单位的专家、学者80余人参加会议。30余名学者在大会报告和分组报告中介绍了自己的研究成果。

两岸交流 8月15～16日由中国统计学会、中国统计教育学会、中国现场统计研究会、中国数学会概率统计学会和台湾地区“中华机率统计学会”联合主办，黑龙江大学承办的第八届海峡两岸统计与概率研讨会在黑龙江省哈尔滨市召开。中国科学院院士、中国数学会概率统计学会理事长马志明，台湾地区“中华机率统计学会”理事长黄景祥，黑龙江大学副校长闫鹏飞出席并致辞。中国科学院院士、北京师范大学教授陈木法，中国科学院院士、山东大学教授彭实戈，以及30位来自台湾地区的专家和150余位大陆的专家、学者参加会议。会议征集论文150余篇，内容涉及概率论、随机微分方程、数理统计、生物统计、社会经济统计等。

【第五届（2012）管理工程与统计技术国际学术研讨会】 7月20～25日，由工业和信息化部信息中心、美国电气和电子工程师协会（IEEE）北京分会、中国现场统计研究会统计综合评价研究分会、济南大学联合主办的第五届（2012）管理工程与统计技术国际学术研讨会在山东省青岛市召开。来自中国大陆、台湾地区、香港特别行政区，以及日本等国家和地区的学者共170人参加会议。

本届会议主题是“当今世界管理工程与统计技术的创新与应用”。会议围绕管理工程、管理科学、统计技术理论和方法，以及在经济、社会、资源、环境、生态等领域的应用进行研讨。会议分为大会主题报告和专题发言报告两部分，专题发言报告分为管理工程、决策技术与统计技术及其应用、社会经济系统及管理等3个分会场。会议共收到论文1093篇，大会组委会组织专家评选出部分优秀论文分别提交EI和CPCI-S检索，并有800多篇论文作为本届学术研讨会交流论文。

（撰稿人：程维虎）

中国未来研究会

服务创新型国家和社会建设 2012年，研究会完成了《2012中国及各国影响力评价报告》。承担“学会培训课程体系建设”项目。通过与高校、研究机构及国外社团组织的合作研究，按照理论与实际相结合、前沿与现实相结合、讲授与讨论相结合的模式，建立学会培训课程体系，加强学会干部队伍的职业化建设。

学会建设 2月14日，研究会六届三次常务理事会议在北京召开，传达了中国科协八届二次全委会会议精神。

6月4日，研究会六届四次常务理事会议在北京召开。会议推选了中国科协第五届“全国优秀科技工作者”候选人。会议就研究会2012年学术年会事项作出决定。会议决定中国未来研究会大战略分会改名为中国未来研究会综合国力应用研究分会。

8月18日，研究会六届二次理事会议在北京举行。会议学习了全国科技创新大会精神，并传达了《中国科协关于认真学习贯彻全国科技创新大会精神的通知》。会议增选林贤光、庞景安为研究会第六届理事会理事。

2012年，研究会发展会员31人，其中学生会员23人。

配合中国科协的重点工作，开展了科研诚信自律和学风道德建设工作。4月11日，研究会参加了《中国科协所属全国学会关于加强科技期刊科学道德规范、营造良好学术氛围的联合声明》签名活动。在研究会承办的第九期中国科协直属学会秘书长沙龙上，研究会提议并起草了《中国科协直属全国学会关于加强科学道德规范营造良好学术氛围联合承诺书》，在中国科协会员日活动中，举行了签字仪式。

11月15日，研究会承办的中国科协直属学会加强科学道德和学风建设工作座谈会召开，会议探讨了学会进一步加强科学道德与学风建设工作的具体措施。

围绕经济社会科技发展中的任务和热点问题，举办2012中国未来研究会学术年会、第九届中国科学家论坛、第九届中国教育家大会等重要学术活动13次，共2000多人次参加会议。

出版《百年中国》文集，编辑出版学术年会论文集《2012—2015转型期的中国》。

学术期刊 2012年，《未来与发展》影响因子不断提升，学科排名比2011年提升5名。《未来与发展》被评为RCCSE核心期刊，所刊发文章被知网、万方等核心数据库全文转载。2012年出版12期，收到稿件1120篇，发表283篇，用稿率25%。

学科发展研究 承接了中国科协“学科发展综合研究及成果发布（2012—2013）”项目，学科发展综合研究主要包括学科发展综合评述和学科发展概览两部分内容，研究、总结、评述近两年来我国自然科学技术领域学科发展的总体情况、发展特点和规律，评析发展最突出学科的进展状况，提出未来5年我国学科发展的重点方向和主要趋势。

国内主要学术会议 11月2～3日，中国旅游未来发展——结构转型与服务创新研讨会在上海市举行，100余名专家、学者和研究会理事参加会议，会议收到学术论文40余篇。研究会理事长张文范在讲话中针对当前我国旅游业的发展情况，提出了“愉悦健康，体验文化”的思想。专家们分析了当前旅游发展中存在的问题，并对政府和有关部门提出了建议。会议期间，举办了首届青年旅游科技工作者论坛。

国际交往 6月8日，新加坡国家安全协调中心SANDEA、吴姗姗一行访问研究会。研究会副理事长阎耀军、副秘书长华军等参加会见。SANDEA先生介绍了该机构所从事的针对风险的评估与侦测方面的工作。阎耀军就社会风险预警、监测、评估与危机控制、模拟反馈、社会矛盾预防等作了介绍。

6月9日，研究会理事长张文范等会见世界未来学会主席Kenneth W.Hunter，就双方加强合作交换意见。Hunter介绍了世界未来学会近年来开展的工作，以及如何为会员提供服务，如何发挥会员的能力为社会服务。张文范介绍了研究会的发展状况和工作重点，希望通过双方的交流进一步增强合作。

3月27日，评估与预测分会接待俄罗斯科学院院士布尔什科夫访问，就社会预警与公共危机管理问题进行交流。

6月，教育分会组团参加了在爱尔兰利默里克大学召开的世界管理协会联盟年会。30多个国家的专家、学者出席会议。

科普活动 举办科普活动3次，受众500余人次。

表彰举荐优秀科技工作者 研究会积极举荐和表彰人才，推荐的研究会常务理事邓寿鹏荣获中国科协第五届“全国优秀科技工作者”称号。

党建强会 研究会党支部于8月18日在北京召开了以“中国共产党人核心价值观”为主题的理论研讨会。研究会秘书处党员、研究会常务理事、理事、分支机构工作人员以及会员中的党员共28人参加会议。研究会党支部向与会党员发放了《中国共产党历史日志》、《历史的轨迹——中国共产党为什么能》学习资料。

11月29日，研究会党支部召开了学习贯彻党的十八大精神座谈会。会议传达了《中国科协学会服务中心党委关于开展学习贯彻党的十八大精神系列活动的通知》、《关于组织开展学习贯彻党的十八大精神活动的通知》、《中国共产党第十八次全国代表大会精神传达提纲》等文件精神。

12月12日，研究会党支部组织全体党员集体学习中国共产党新党章。

会员服务 加强研究会网络平台建设，对研究会网站进行改版，增加网站信息量，加强与会员的网络互动交流。完成4294名会员中国科协个人会员管理系统的录入工作，使会员管理和服务更加规范化。

中国科协会员日 12月18日，研究会与15家中国科协直属全国学会在北京共同举办全国学会会员日活动，400余人出席活动。

在研究会举办的报告会上，研究会顾问高恒作了题为《从钓鱼岛问题看中美关系走向》的报告，从钓鱼岛的历史问题、现在面临的形势，以及应对办法等方面进行了阐述。

报告会后，举行了“全国优秀科技工作者”颁奖仪式。研究会理事长张文范为研究会常务理事邓寿鹏颁发了中国科协第五届“全国优秀科技工作者”证书和奖章。

【2012中国未来研究会学术年会】 8月15～16日，2012中国未来研究会学术年会在北京召开。会议的主题是“2012—2015转型期的中国”。年会就经济社会管理、国际关系、科技发展、民生改善、灾变应对、预警机制建立等有关国家发展的重大问题进行了探讨和交流。

学术研究工作委员会主任委员邓寿鹏作了题为《认知物质的未来路径》的报告，从物质的质量从何而来，某些物质为何不含质量等问题展开分析，介绍了希格斯玻色子以及质子对撞过程等重大科学发现的启示，分析了尖端科学的巨大潜力与价值。

国际交流工作委员会主任委员罗肇鸿作了题为《引领世界潮流，走绿色发展道路》的报告，从中国发展的现状与问题、世界将进入第三次工业革命时代和中国要走绿色发展道路三方面作了剖析，提出中国要抓紧关键技术的创新，建立有竞争力的产业，完善立法，构建诚信体系，高举绿色发展的旗帜。

研究会顾问高恒作了题为《当前美对华战略新特点与新趋势》的报告，通过对美国战略部署、现代战争新趋势、南海问题、钓鱼岛问题等问题的梳理，分析了当前我国国际关系面临的新局势和新问题。

研究会副理事长阎耀军作了题为《我国社会预警体系建设的纠结及其破解》的报告，从“预警”和“应急”的关系、“预警”和“应急”的轻重、社会预警的四重障碍、社会预警科学化的三个瓶颈、开发“社会风险模拟器”的初步设想等五个方面作了阐释。

会议交流讨论中，旅游分会的张跃西教授分析了我国旅游未来的前景、发展本质和模式问题。电业分会秘书长王建东介绍了我国能源的未来发展前景以及送电系统、电力能源利用和内部组织建设等问题。上海未来研究会秘书长刘新民谈了全国的外贸和进口现状和外贸风险等问题。研究会理事林贤光提出人口问题和高层建筑的问题。研究会常务理事韦锡新就未来研究会的发展、自身具备的优势和钱学森对中国未来研究会的关心提出自己的想法和建议。吉林省未来研究会秘书长陈守东介绍了为政府服务的调研课题，以及省级研究会的发展和研究会人才培养的问题。

【第九届中国科学家论坛】 11月25日，中国未来研究会、中国高科技产业化研究会、《科技导报》社、《发现》杂志社联合主办的第九届中国科学家论坛在北京人民大会堂开幕。论坛以“深化科技体制改革，助推经济转型与科技成果转化”为主题。全国政协副主席李金华，科技部原部长朱丽兰，致公党中央常务副主席、国际欧亚科学院院士王钦敏，全国政协常委、中国科协决策咨询专门委员会主任齐让，全国政协常委、经济委员会副主任、中国工程院院士孙永福，中国老科学技术工作者协会会长、世界生产力科学院院士程连昌，中国工程院院士栾恩杰，中国未来研究会副理事长、中国工程院院士侯立安等，以及来自全国的科技工作者、企业家、媒体记者共400余人出席论坛。研究会理事长张文范、中国高科技产业化研究会名誉理事长、国际宇航科学院院士刘纪原在开幕式上致辞。

齐让作了题为《创新体系的几点思考》的主题报告。他在报告中指出，加快创新体系建设，离不开创新资源、创新主体、创新机制和创新环境的协同发展和完善。创新主体的定位必须明确，才能各司其职，发挥最大的创新效能。

侯立安作了题为《生态城市水资源可持续开发利用的思考》的主题报告。他在介绍生态城市概念的基础上，阐述了生态城市建设与水资源的关系，并提出我国水资源短缺、污染、安全以及建设等方面的问题，针对水资源开发利用存在的问题，从水资源管理、持续开发利用，以及应急体系建设等方面提出了建议。

论坛为多年来对“中国科学家论坛”作出特别贡献的企事业单位颁发了“特别贡献奖”，并举办了科技成果展览展示活动、科技成果转化与投资项目发布会、投融资项目洽谈对接会、科技成果发布交流对话会等。

【第九届中国教育家大会】 11月30日，第九届中国教育家大会在北京开幕。大会由中国未来研究会教育分会、《现代教育报》社、《教育家》杂志社共同主办。会议以“总结教育事业科学发展十年成就，探索未来十年教育改革之路”为主题，对当前教育改革、公平教育、均衡教育资源、新课程改革、教育思想转变、素质教育推广等教育热点、难点及发展趋势展开探讨。

全国政协副主席张梅颖，教育部原副部长张天保，中国科学院院士、北京大学原校长陈佳洱，全国人大教科文卫委员会副主任委员王佐书，全国人大常委索丽生，全国政协常委何丕洁，中华全国总工会副主席、书记处书记张世平等出席会议。十届全国人大常委会副委员长顾秀莲在开幕式上致辞。配合第九届中国教育家大会的召开，研究会教育分会在全国范围内开展了2012年中国教育创新理论与实践的征文评选活动。共收到100多个单位推荐的300多篇优秀论文，评出一等奖论文20篇，二等奖论文30篇，三等奖论文60篇，优秀奖论文80篇。组委会推荐了6篇获奖论文在大会上作了交流。

（撰稿人：夏　震）

中国科学技术史学会

服务创新型国家和社会建设　学会承担了中国科协“老科学家学术成长资料采集工程”项目。学会常务理事、学会天文学史专业委员会主任、中国科学院自然科学史研究所副所长孙小淳主持完成“苏颂水运仪象台科学复原”项目。地学史专业委员会主任委员汪前进承担了中国海洋大学课题《中国海洋科学技术史》（两卷本）。学会承担了中国天文学会“中国天文学：传承与创新”展览项目。

3月9日，上海交通大学科学史与科学文化研究院揭牌仪式举行。学会副理事长关增建、学会常务理事钮卫星担任研究院的博士生导师。

学会建设　9月22～23日，学会八届四次理事会议在北京召开。会议就学会换届相关工作进行讨论，对第八届理事会工作报告、学会“十二五”发展规划、学会章程修改的说明、增设学会分支机构提案等内容进行讨论。

学术期刊　学会与中国科学院自然科学史研究所联合主办的《中国科技史杂志》和《自然科学史研究》入选《中文核心期刊要目总览》2011年版（第6版）之自然科学总论类核心期刊。

国际学术会议　8月20～31日，第28届国际天文学联合会大会在北京召开。中国科学技术史学会天文学史专业委员会积极参与大会的筹备工作，组织了“中国天文学：传承与创新”专题展览，展示了苏颂水运仪象台复原模型，邀请专家作了中国古代天文学特邀报告，组织专家参与国际天文学联合会天文学史、天文仪器等专业委员会活动。

国内主要学术会议　6月16～17日，学会科技史教学专业委员会与西南财经大学通识教育学院联合主办的科技史与通识教育学术会议暨第四届全国科技史教学研讨会在四川省成都市举行。来自中国科学院、北京大学、清华大学、中国人民大学、南开大学、南京大学等高等院校和科研院所的专家、学者，围绕科学史与通识教育、大学本科生科学史教学、科学通史与专业学科的结合、科技史专业研究生教学等议题展开讨论，展望了科学技术史学科的发展方向、科学史进入大学通识课堂的前景，分析了当前通识课程和科学技术史课程教学中存在的问题和困难。

国际组织任职　在第28届国际天文学联合会大会召开期间，国际天文学联合会天文学史专业委员会召开了工作会议和学术研讨会。在工作会议上，学会常务理事、学会天文学史专业委员会主任、中国科学院自然科学史研究所副所长孙小淳当选为国际天文学联合会天文学史专业委员会副主席，该专业委员会理事会共有8名成员组成，包括主席、副主席和6名理事。孙小淳此前任该专业委员会理事。学会理事、中国科学技术大学科学史与科技考古系主任石云里当选为天文仪器组主席。

国际交往　7月28～31日，学会代表团赴法国巴黎访问联合国教科文组织自然科学部科技政策与能力建设处、执行办公室，巴黎天文台、中国驻法国大使馆科技处。

表彰举荐优秀科技工作者　6月25日，学会推荐的学会理事、科学文化专业委员会（筹）主任袁江洋被授予中国科协第五届“全国优秀科技工作者”称号。袁江洋参与了中国科协“十二五”规划（科协文化部分）的制订，参与中国科协“学科史”项目立项论证及其研究规范制定，合作承担“中国化学学科史”课题，参与“中国当代科学家学术谱系研究”项目规范制定，承担“中国当代化学家学术谱系研究”课题，承担中国科学院“重大原始科学创新的哲学基础”、“科学技术制度化进程研究”等项目，提出“元科学理论”、“实验的精致化进程”等哲学概念，阐述科学理论的建构过程。

【第13届国际中国科学史会议暨中国科技史及其与希腊文明的相互影响国际会议】 7月22～27日，由中国科学技术史学会主办、希腊开放大学承办的第十三届国际中国科学史会议暨中国科技史及其与希腊文明的相互影响国际会议在希腊雅典举行。来自希腊、美国、英国、瑞士，以及中国大陆、台湾地区、香港特别行政区等国家和地区的近100名专家、学者出席会议。会议共收到论文68篇，其中，国外学者论文15篇。会议论文结集出版。

会议的主题是“文明交汇视野下的中国科技史研究”。议题包括文明交汇和科学技术比较研究、中国古代科学技术医学研究、传统技术与世界非物质文化遗产研究、中国老科学家成长资料采集、中国与希腊文明：科学技术与哲学领域的相似性与比较研究等。会议得到中国科协、中国科学院、中国驻希腊大使馆、中国科学院自然科学史研究所、联合国教科文组织自然科学部科技政策与能力建设处、联合国教科文组织希腊国家委员会等单位的资助和支持。

会议安排了9个大会特邀报告和12个场次的专题研讨，内容涉及中国近现代科技史、科学哲学、科学思想、科学社会学、科技政策、天文学史、物理学史、技术史、农学史、金属学史、工程学史、中西文化交流与传播等领域。香港大学副教授冯锦荣作了题为《史密斯与香港大学工程学院的建立》的大会特邀报告，学会常务副理事长、北京大学教授吴国盛作了题为《中国与希腊时间观的比较》的特邀报告，中国科学院自然科学史研究所研究员张藜作了题为《当代中国老科学家学术成长资料采集工程》的特邀报告，雅典大学教授莫萨斯（Xenophon Moussas）作了题为《安提卡希拉装置研究的最新成果：天文钟，月亮轨道与阿基米德》的特邀报告，学会常务理事、天文学史专业委员会主任委员、中国科学院自然科学史研究所副所长孙小淳作了题为《为什么中国的北宋没有产生一个开普勒》的特邀报告，美国加利福尼亚州立大学教授阿莫格斯（Spyros Amourgis）作了题为《古希腊城市规划与建筑：当代民主式城市设计的基础》的特邀报告，希腊国立技术大学教授卡拉斯曼尼斯（Vassileios Karasmanis）作了题为《古希腊数学的公理化》的特邀报告，北京科技大学教授梅建军作了题为《古代中国青铜技术的社会维度》的特邀报告，瑞士苏黎世大学教授杰鲁兰诺斯（Stefanos Geroulanos）作了题为《希波克拉底医学》的特邀报告。古希腊技术研究协会（Society for the Study of Ancient Greek Technology）学者Natalia Papapetrou作了题为《古希腊技术模型》的报告。会议特别设置了“安提卡希拉装置展览”。

【第三届青年技术史研讨会】 11月10～12日，学会技术史专业委员会主办的第三届青年技术史研讨会在北京举行。来自中国科学院自然科学史研究所、北京航空航天大学、清华大学等20余家高等院校、科研院所的60多名专家、学者参加会议。会议的主题为“中国技术史研究的回顾与前瞻”，重点梳理了20世纪以来中国学者研究技术史的学术历程，展望了技术史研究的未来。6名专家围绕纺织史、金属史、文化遗产、航空航天史、西方技术史等学科作了学术报告。

中国军事科学院研究员钟少异作了题为《中国古代科技史上的停滞、退化现象——以军事技术为例的几点思考》的报告。报告以中国古代弩和火器的演变史为例，提出技术史研究不仅应关注发展和进步，同时应重视技术停滞和退化现象的个案与宏观研究，从文明史的角度加以分析。

中国丝绸博物馆教授赵丰作了题为《纺织科技史研究的回顾与前瞻：文献、实物与工艺》的报告。报告综述了20世纪几代纺织史学者在历史文献、出土文物、传统工艺等方面关注的学术问题及取得的研究成果。对于未来的研究，赵丰认为，应当重视古丝绸之路出土的各种语言的文书和国内外传统工艺的调查，应关注染料、皮革等相关领域以及新的技术分析手段。

北京航空航天大学教授李成智作了题为《中国航空航天史研究回顾》的报告。报告回顾了20世纪各研究机构及业余爱好者研究航空航天史的曲折历程，提出在目前研究中存在文献来源受保密限制、各机构合力较弱、建制还有待完善等问题，今后应着力培养学术人才，完善建制，内史与外史协同发展。

清华大学教授冯立昇作了题为《技术史与文化遗产——视界与应用的拓展》的报告。报告梳理了文化遗产概念拓展和文化观念转变的历程，讨论了技术史与物质文化遗产、传统工艺和非物质文化遗产的关系，强调工业遗产研究的重要意义，认为文化遗产保护是技术史应用研究的一个方向，未来技术史学家应积极参与“指南针计划”和“非物质文化遗产保护”等国家项目。

哈尔滨工业大学教授姜振寰作了题为《国外技术史研究概况》的报告。报告综述了英国、法国、德国、美国、俄罗斯、日本等国家的技术史研究学派、代表学者、主要著作和研究特点。

中国科学院自然科学史研究所研究员苏荣誉作了题为《中国金属史研究：回顾与前瞻》的报告。报告在明确金属史的概念、范畴与关联的基础上，回顾了金属史在西方、日本和中国的兴起历程，概括了金属史研究的参与者和研究方法，综述了从不同角度切入金属史研究的前辈学者及其学术贡献。在对未来研究的前瞻中，提出了尚待解决的冶金术起源、泥范传统、商代青铜来源、艺术表达与技术互动、块范法的消失等16个重要问题。

【苏颂水运仪象台科学复原】 学会常务理事、学会天文学史专业委员会主任、中国科学院自然科学史研究所副所长孙小淳主持完成"苏颂水运仪象台科学复原"项目。

北宋元祐年间（1092年），由苏颂、韩公廉建造的水运仪象台，作为世界上最早的天文钟，是中国古代科技成就的巅峰之作，是中国古代天文仪器、机械制造和冶金技术等多方面成就的代表。多年来，许多学者围绕水运仪象台的复原结构进行了大量的研究工作，但是对于其关键部件枢轮的"擒纵机构"，却基本都采用20世纪60年代英国人坎布里奇的"翻斗"模型。

2009年，学会常务理事、学会天文学史专业委员会主任、中国科学院自然科学史研究所副所长孙小淳和清华大学精密机械系教授唐晓强建立了项目组，主持研究"苏颂水运仪象台科学复原"项目。2012年7月完成了苏颂水运仪象台1∶3复原模型。新模型的最大突破在于舍弃了以往的"翻斗"方案，将受水壶固定于枢轮上。这种机械设计比"翻斗"方案更简单，也更符合原始文献的记载，同时大幅度提高了整个机械系统的稳定性与精度。整个复杂的结构只要调整"天权"部分，就可以实现系统的平衡和正常运行。

苏颂水运仪象台1∶3复原模型将长期在国家天文台进行展示。项目组正在为下一步进行苏颂水运仪象台1∶1复原进行准备。

（撰稿人：韩天琪）

中国科学技术情报学会

服务创新型国家和社会建设 5月16～17日，学会合作交流工作委员会和湖南省科技信息研究所在湖南省长沙市联合举办科技情报知识培训班。50余名科技情报机构业务骨干参加培训。培训的主要内容是科技查新、文献检索、科技咨询等科技情报主要业务知识。培训班组织了结业考试，颁发了结业证书。

4月，学会竞争情报分会在北京举办了为期3天的竞争情报应用技能高级研修班。研修班围绕网络检索能力、信息分析能力和竞争情报体系的构建与实际运作三方面内容讲授，特别增加了计算机搜索能力和大型企业竞争情报实践经验的内容。授课专家特别讲述了如何做好《情报工作问卷》、如何拓展企业内外部人际网络、如何利用人机结合提高分析质量，传授了如何将情报发展成企业特殊工作流程的经验。

8月，学会竞争情报分会与群山管理咨询（北京）有限公司在江西省九江市联合举办了竞争情报应用技能与综合实践高级研修班。

学会普及工作委员会组织了宝钢情报管理体系及技术情报企业服务实践、国内外钢厂情报研究分析、竞争情报主要研究方法及宝钢案例、企业专利情报的知与行等4场专题讲座。组织了专利地图与专利预警分析高级培训班、专利查新与侵权分析及专利检索方法高级培训班。特别为专利地图进修学者举办了8期小型培训班。

学会建设 6月，学会在广西壮族自治区南宁市召开第十五届全国科技情报学会秘书长及专职干部工作研讨会。来自省级科技情报学会以及中国科技情报学会分会和团体会员单位的近60名专家参加会议。会议交流了各地科技情报学会近年来的工作情况和工作经验，研讨科技情报学会工作重点和发展方向。会议评选出15家先进学会和34名优秀学会干部。

8月，学会声像专业委员会在吉林省长春市召开了2012年度中国科技情报学会声像专业委员会工作研讨会。来自中国科学技术信息研究所、上海科学技术情报研究所、广东科技信息中心、吉林省农业科学院信息中心等18个机构的专家参加会议。

学术期刊 《情报学报》推出了论文电子版推送服务，进一步优化编辑部工作流程与内部管理，加强与情报学界的交流与合作。11月，举办了纪念《情报学报》创刊30周年学术研讨会。《情报学报》编委会主任、学会常务副理事长贺德方在开幕式上致词。《情报学报》主编武夷山主持会议。《情报学报》编委会委员、论文审稿专家、情报领域的专家、学者120余人参加会议。与会专家围绕情报学科前沿热点及发展方向、情报学基础理论与方法体系、情报技术系统与软件工具、情报研究实践与传递服务、情报学学术期刊发展等问题展开了研讨。

国际学术会议 11月6日，由学会合作交流工作委员会举办的中法竞争情报研讨会在湖南省长沙市举行。研讨会的主题是"利用产业和区域竞争情报，推动地区经济发展"。会议邀请杜亨利、菲利普·克莱尔、谢新洲、缪其浩等中法竞争情报界的专家作了主题演讲。来自企业、大学的专家，以及图书情报专业的研究生等200余人参加会议。研讨会期间，举办了小型中法竞争情报座谈会，来自法国的9位竞争情报专家与湖南省企业代表进行了交流，分享了法国企业开展竞争情报工作的经验。

国内主要学术会议 11月，学会信息技术专业委员会组织召开了第26届全国计算机信息管理学术交流会。会议以“关联数据与知识服务研究”为主题，来自全国各地从事信息技术研究、应用和信息服务的50余名专家、学者出席会议。与会专家围绕会议主题，探讨了关联数据理论与技术的研究现状及其对知识组织与知识服务相关技术与模式的影响，并围绕大数据为信息服务行业带来的机遇与挑战进行了讨论。

9月12～15日，由学会竞争情报分会和北方科技信息研究所（NISTI）共同主办的第18届中国竞争情报年会在贵州省贵阳市举行。全国企业界、咨询界、学术界的专家、学者和从事情报工作的竞争情报实践者共120余人参加会议。年会以推动竞争情报发展为核心，设立了主题报告、专题讲座、互动论坛、学术论坛、论文宣讲论坛、成果工具展示、论文颁奖等内容。18位专家、学者作了报告，从多角度探讨了中国竞争情报业的未来发展。

11月25日，学会情报研究与咨询专业委员会、中国人民大学信息资源管理学院联合主办的2012信息资源管理论坛在北京召开。论坛的主题为“信息分析与品牌评价”。来自全国各地的专家、学者，以及中国人民大学信息资源管理学院的师生共180余人参加会议。大会学术报告阶段，共作了7个主题学术报告。

9月，学会情报理论方法与教育培训专业委员会与吉林大学管理学院、《情报科学》杂志社联合主办的信息生态理论与应用研讨会在山东省青岛市召开。40多名专家、学者出席会议。

9月10～11日，学会信息资源专业委员会在北京举办了2012年全国知识组织与知识链接学术交流会。国内外图书情报、计算机领域的专家、学者130余人参加会议。来自不同机构的专家、学者对关联数据、词表、元数据等知识组织与知识链接领域的重要议题进行了探讨。

8月30日，学会知识组织专业委员会在北京召开了知识组织学术交流会。来自国内外相关高校、科研院所、企业，涉及计算机科学、管理学、信息处理、计算机语言学等多个学科领域的专家、学者参加会议。与会专家就各自关于知识组织的研究成果进行了介绍和交流。

7月5～8日，学会竞争情报分会与北京科技情报学会知识管理与竞争情报专业委员会联合召开了主题为“竞争情报工作与决策科学化”的研讨会。来自国内情报研究机构、相关企业的专家、学者30余人参加会议。与会专家围绕如何在情报中加强国家竞争情报的应用，探索我国国家竞争情报与决策科学化的策略和技术支撑方案等问题展开研讨。

6月17～20日，学会竞争情报分会与北京万方数据股份有限公司在浙江省杭州市联合举办了面向企业自主创新的情报服务发展论坛。来自全国各地的企业、科研机构、开发区管委会的信息部门负责人、情报工作人员100余人参加会议。论坛围绕竞争情报理论研究和专利情报分析应用、企业竞争情报重点资源与服务平台建设、竞争情报系统应用等内容进行交流，分析了搭建企业竞争情报服务平台时应注意的问题，介绍了企业信息化情报服务体系建设实例经验。

3月21日，学会竞争情报分会举办了以“新兴技术产业与竞争情报”为主题的2012“春之声”沙龙活动。沙龙的主要议题有：竞争情报如何促进新兴产业的发展，如何创新产业竞争情报的服务模式，高校及科研院所、图书馆如何对企业开展产业竞争情报服务，如何做一个精通产业的竞争情报人员等。

9月，学会主办的2012年度全国科技情报工作研讨会在浙江省温州市召开。科技部副秘书长郑国安出席并讲话。浙江省科技厅厅长周蓝民、温州市副市长仇杨均出席并致辞。学会常务副理事长贺德方、副理事长袁海波、马费成、陈超等，以及来自全国各省、自治区、直辖市、地市科技情报（信息）机构的专家200余人参加会议。研讨会的主题为“科技情报工作创新发展”。主要议题包括科技情报机构与事业单位改革、管理创新与业务发展交流、科技情报机构合作、情报研究理论与实践等涉及科技情报工作以及科技情报事业发展的问题。

6月，学会科技查新专业委员会联合安徽省科学技术情报研究所联合举办2012年全国科技查新工作交流会。来自全国28个省、自治区、直辖市的70家科技查新机构的150余名专家参加会议。会议讨论了新时期科技查新工作的探索实践与发展方向，提出了科技查新工作的业务发展思路和解决方案。

国际交往 5月，学会合作交流工作委员会组团参加了在法国巴黎举行的第四届中法竞争情报及创新研讨会。会上，代表团专家作了题为《区域竞争情报工作的新探索》的主题演讲。10多位法国和比利时的竞争情报专家介绍了他们开展竞争情报工作的做法和经验，并与代表团专家进行了交流。在法国图尔市，代表团访问了ESCEM高等商学院，双方交流了在竞争情报教育方面的合作意向。

5月14～17日，学会竞争情报分会组团参加了在美国宾夕法尼亚州费城市举办的第27届战略与竞争情报专业人员协会（SCIP）国际年会。在专门为代表团成员所设的分组会议中，代表团与战略与竞争情报专业人员协会、美国苯宁公司、安永会计事务所等机构的专家，围绕美国竞争情报发展动态、职业伦理、相关法律规则、行业发展空间展开了讨论。

（撰稿人：赵珍谊）

中国图书馆学会

服务创新型国家和社会建设 2012年，学会实施“中美图书馆员专业交流项目”，分别在江苏省苏州市和吉林省长春市举办了相关报告和研讨，共计240人参加培训。

组织业内专家开展相关法律法规的研究和决策咨询工作。《关于〈中华人民共和国公共图书馆法（送审稿）〉的意见》报送国务院法制办公室，《关于〈中华人民共和国著作权法〉（修改草案）的意见》报送文化部。

学会建设 在民政部组织的2011年度全国社会组织评估中，中国图书馆学会荣获4A级全国性学术类社会团体。

2012年，发展个人会员1228名、团体会员56个。召开3次常务理事会议、1次理事会议。举办中国图书馆学会2012年秘书长联席会议暨《中国图书馆年鉴》编纂工作会议。编辑、出版《中国图书馆年鉴》（2012卷）、《中国图书馆学会年会论文集》（2012卷）。

学科发展研究 申请并承担中国科协2012年学科史研究项目“图书馆学学科史研究”。

国内主要学术会议 围绕“全国十五城市公共图书馆工作”、“中国社区乡镇图书馆发展”、“全国中小型公共图书馆发展”、“地方文献研究与工作”、“全国图书馆未成年人服务提升”等主题举办中国图书馆学会年会等各类学术活动28场，参会人数共计10687人次，征集论文3806篇。

7月12～13日，中国图书馆学会第四届百县馆长论坛在陕西省神木县举办。论坛的主题为“免费开放环境下县级图书馆的建设与服务创新”。来自全国各地150多位基层公共图书馆馆长参加论坛。各馆馆长展示了本馆免费开放环境下图书馆服务创新的举措和典型案例，并对案例进行了现场评选，论坛最后形成了《中国图书馆学会第四届百县馆长论坛神木共识》。

国际交往 2012年，接待美国、德国、韩国和新加坡等国图书馆界同行28人来访。

8月7～15日，2012年世界图书馆与信息大会暨第78届国际图书馆协会联合会大会在芬兰赫尔辛基召开。学会代表团一行76人参加大会。

6月6日，学会代表团一行10人赴美国执行中美图书馆员专业交流项目·图书馆服务专题交流项目。

2012年是澳大利亚中国文化年，为增加文化年的人文色彩，4月10～20日，学会组织代表团一行35人赴新西兰和澳大利亚参加中国新西兰数字图书馆研讨会和中国澳大利亚数字图书馆研讨会，在国家图书馆、公共图书馆和高校图书馆等多个层面开展了交流。

科普活动 协调、指导和支持全国各级各类图书馆举办各类主题科普活动11次，科普讲座3场，科普展览9次，共计受众46760人次。开发科普挂图9种，发放科普挂图1115张。

举办“我是90后，我爱阅读”演讲比赛、“绘出心中的童谣”——全国少年儿童童谣绘画创作征集大赛、“和平杯”第三届全国读书漫画大赛、国家图书馆“文津图书奖”系列宣传推广活动等。

表彰举荐优秀科技工作者 学会推荐的张文举和张晓林荣获中国科协第五届“全国优秀科技工作者”称号。

会员服务 完成会员数据库和“会员论坛”的更新与维护。开展了“会员论坛”征稿及“会员论坛之星”评选活动，全年共评出“会员论坛之星”20人。

组织召开2012年韦棣华奖学金评审会，23名学生获得韦棣华奖学金。授予16个单位“全民阅读示范基地”称号，7个单位“全民阅读优秀组织奖”，46个单位“全民阅读先进单位奖”。

【2012年中国图书馆年会——中国图书馆学会年会·中国图书馆展览会】 11月22～23日，2012年中国图书馆年会——中国图书馆学会年会·中国图书馆展览会在广东省东莞市举办。年会由文化部和广东省人民政府主办，文化部公共文化司、中国图书馆学会、广东省东莞市人民政府、国家图书馆、文化部全国文化信息资源建设管理中心、广东省文化厅共同承办。年会以“文化强国——图书馆的责任与使命”为主题。

文化部副部长杨志今，广东省副省长林少春，学会名誉理事长、国家图书馆馆长周和平，学会理事长、国家图书馆常务副馆长詹福瑞等出席大会。来自全国各省（自治区、直辖市）文化行政主管部门的负责人、国内外图书馆领域的管理者、专家、学者、图书馆工作者、媒体记者等近3000人参加会议，共同谋划我国图书馆事业未来发展大计。

中国图书馆学会年会共征集论文1617篇，与2011年相比，征集论文数量增加35%，获奖论文共计789篇，占征集论文总数的48.8%，其中，一等奖论文120篇，已结集出版。

年会开幕式上，学会副理事长、上海图书馆馆长吴建中作了题为《新常态 新指标 新方向》的大会学术报告。年会首次设立4个主题论坛，与会专家、学者共谋数字图书馆发展，共议图书馆人的时代担当，共迎数字图书馆建设与服务中的知识产权挑战，共话图书馆的光荣与梦想，理论与实践交融，前沿与实用并重。年会共设27个分会场，比2011年度增加了59%。

年会举行2场图书馆行业、图书馆企业信息发布会，搭建图书馆界与企业界沟通的桥梁。

【"全国图书馆未成年人服务提升计划"实施】 为发展与繁荣我国少年儿童图书馆事业，引导全国图书馆未成年人服务积极健康有序地开展，学会自2012年开始在全国范围内实施"全国图书馆未成年人服务提升计划"，向图书馆未成年人服务工作者宣扬新理念，介绍新方法，推广好经验，进而推动全国图书馆未成年人服务水平整体提升。

4月22日，"全国图书馆未成年人服务提升计划"启动仪式在天津市少年儿童图书馆举行。9月中旬，举办了2012年"全国图书馆未成年人服务提升计划"天津站和湖南站巡讲活动，并组织了活动问卷调查。

【全国数字图书馆建设与服务联席会议第十三次会议】 3月30～31日，学会组织的全国数字图书馆建设与服务联席会议第十三次会议在北京召开。联席会议成员单位代表27人出席会议。会议由中国科学院国家科学图书馆轮值主办，以"数字图书馆服务若干著作权热点问题及其权益管理"为主题。与会成员单位代表分别介绍了本单位对数字图书馆建设中图书数字化、馆际互借与文献传递、机构知识库内容存缴与服务、数字资源教学资料包合理使用等方面的著作权问题的研究和实践，并展开讨论和交流。

会议认为，著作权问题涉及数字图书馆建设与服务的众多方面，包括信息资源数字化、数字信息网络传播授权、文献传递服务、教学资料包数字化与网络传播、机构知识库保存与利用等方面。为了积极保护社会传播信息和获取信息的权利，同时谨慎规避可能的侵权风险，需要在《著作权法》指导下，通过细致的最佳实践指南等形式来说明图书馆在相关服务中的权利和原则，梳理并规范在履行权利时应满足的条件和应尽的注意义务。

会议决定，相关报告单位进一步研究整理各自的报告，形成"数字图书馆服务中著作权问题的最佳实践系列案例"，逐步形成可供图书馆界参考借鉴的操作指南。

会议建议，围绕《著作权法》的修订工作，积极参与立法咨询活动，包括提出具体的修改条款，争取通过《著作权法》修订来更好地保护公共利益、加强对图书馆等公共知识机构的著作权限制与例外保护。

会议建议，由中国图书馆学会组织关于网络环境下开展图书馆服务所面临的著作权挑战与应对的面向图书馆馆长的专题培训，提高图书馆馆长的著作权意识，提高图书馆界合法维护公共图书馆权利、规避侵权风险的能力。

（撰稿人：马　骏）

中国城市科学研究会

服务创新型国家和社会建设 研究会配合住房和城乡建设部低碳生态城市领导小组工作，参与对天津市、河北省唐山市、江苏省无锡市、广东省深圳市、重庆市、湖南省长沙市、安徽省池州市、贵州省贵阳市、云南省昆明市等9个城市的10个低碳生态试点城镇进行实地调研，撰写了调研报告。牵头组织相关单位修订《绿色生态城区评价标准》。完成河北省生态宜居城市建设研究项目。从战略目标体系、建设技术体系、政策鼓励体系、示范应用体系4个方面，为河北省确立生态宜居城市发展目标提供理论基础、技术支持与示范指导。组织开展湖南株洲云龙示范区生态城市规划体系创新研究项目，组织开展海南省城镇化发展战略规划课题研究。编制《康定全域发展战略规划》，针对藏区特色的城镇发展、产业定位、空间布局、社会管理等内容开展研究，提出发展策略。编制《河北省邯郸冀南新区发展战略规划》，探索邯郸冀南新区的发展定位、产业方向、空间布局和城镇化发展方向。与武汉大学合作编制《武穴市总体规划》，完成城镇化与人口发展、资源与环境保护、产业发展、空间发展等4个专题的研究。完成《深圳低碳生态城指标体系研究》和《深圳低碳生态城国外经验借鉴》项目。

研究会绿色建筑研究中心召开16次绿色建筑设计标识评审会议、2次绿色工业建筑设计标识评审会议、6次运营标识绿色建筑评审会议，累计完成156个绿色建筑项目，包括7个运营项目的评审组织工作。研究会绿色建筑研究中心率先开展绿色工业建筑评价工作，完成2批共8个项目的评审工作。受住房和城乡建设部科技司委托，开展绿色施工科技示范工程评价工作。参与《绿色建筑评价标准》的修订，参与完成了《绿色铁路客站评价标准》、《绿色建筑检测技术标准》的编制工作。

2012年，研究会共编制完成6本年度报告。《绿色建筑2012》系统总结了我国绿色建筑的研究成果与实践经验，指导我国绿色建筑的规划、设计、建设、评价、使用及维护，在更大范围内推动绿色建筑发展与实践。

《中国城市规划发展报告（2011—2012）》，梳理了

2011 ~ 2012 年度城乡规划的重要事件、行业发展概况、学术动态等。针对业界有较大影响的规划实践，新增了“实例篇”，从不同侧面反映城市规划事业的年度发展情况。

《中国低碳生态城市发展报告（2012）》，在梳理中国低碳生态城市建设最新进展、认识与思考、方法与技术、实践与探索、城市生态宜居发展指数的基础上，将 2011 年低碳生态城市研究和实践方面的新发展与重建微循环体系相融合，尝试更关注低碳生态城市建设的实效与定量化。

《中国数字城市年度发展报告（2011—2012）》，以构建“宜居、安全、便捷”的健康城市、积极稳妥地推进城镇化为主线，提出了对数字城市的深层次理解，在客观分析评价国内外数字城市建设经验的基础上，提炼出我国数字城市总体框架和技术支撑、业务应用、资本产业、政策标准、评价指标五大体系，探讨了“政府引导、企业运营、公众实践”的数字城市建设和运营模式，强调了网络基础设施建设的重要性，探讨并初步建立了中国数字城市推进评价指标体系。

《中国城市交通规划发展报告（2010）》，总结了我国各城市在交通规划方面丰富的经验，内容包括中国城市交通规划的发展、城市交通与空间布局、高速铁路与城际铁路、公共交通规划、城市非机动交通规划、交通需求管理与交通信息化、大型活动的交通规划、教育和科研与社会参与等。

《中国小城镇和村庄建设发展报告（2011）》，系统总结 2011 年全国小城镇和村庄的建设情况和经验，涵盖了村镇规划、农村住房建设、小城镇建设、农村人居环境建设、特色景观旅游名镇（村）、村镇建设节能减排和可再生能源利用等内容。

举办了国际绿色建筑与建筑节能大会暨新技术与产品博览会、城市发展与规划国际论坛、中国城镇水务发展国际研讨会与技术设备博览会、第 18 届海峡两岸城市发展论坛研讨会等重要学术会议。四次会议与会人数共计 3500 余人次，交流论文总计约 400 篇，参与演讲的专家、学者约 400 人次。

学会建设 启动换届筹备工作。成立水环境技术中心、空气动力交通技术中心，筹备成立绿色建材研究院。补充和完善科技工作者专家库，扩大专家准入范围。为加强专家库的管理和应用，制定并实施了《专家库管理办法》。

调整个人会员准入条件和方式，面向分支机构和地方城市科学研究会补充和增加会员，面向全国相关高等院校和科研院所吸收会员。继续进行注册会员发展工作，对会员进行重新登记，实现会员的信息化管理。

决策咨询 组织开展国家科技重大专项“城镇供水安全保障管理支撑体系研究”、“绿色建筑评价体系与标准规范技术研发”、“智慧城市管理公共信息平台关键技术研究与应用示范”等项目的研究。

组织完成中国科协 2011 年度政策研究类课题“适合中国国情的人居环境评价机制研究”。在调研国内外人居环境评价理论方法的基础上，结合实证分析与规范分析，针对目前人居环境建设中的薄弱环节和主要问题进行剖析，提出改善中国人居环境的对策建议。

组织开展中国科协“科技与社会 2049 展望系列研究——城市科学与未来城市”项目研究。以情景模拟作为基本分析方法，深入分析城市科学技术引领和未来城市建设的基本路径，揭示城市科学在 21 世纪上半期对未来城市发展的重大影响，展现未来城市蓝图。

国内主要学术会议 7 月 5 日，由研究会主办，生态城市研究专业委员会承办的“生态城市中国行”活动走进江苏省昆山市花桥国际商务城。江苏省 13 个市、19 个示范区的约 400 名专家，就“绿色让城市更幸福”的活动主题进行交流。研究会理事长、住房和城乡建设部副部长仇保兴出席活动并作主题演讲。与会专家提出，生态城市建设不仅需要政策的引导，科学技术的应用，还应该努力成为改变人们行为意识的尝试。

12 月 6 日，由中国科协学术交流项目专项资助、研究会主办，北京城市系统工程研究中心、北京大学首都发展研究院等单位承办的面向世界城市低碳发展高级研讨会召开。研究会秘书长李迅、北京大学政府管理学院副院长李国平、清华大学建筑学院教授顾朝林、北京城市规划设计研究院何永分别作了主旨发言。

两岸交流 9 月 1 ~ 7 日，由研究会副理事长李兵弟任团长的代表团一行 21 人赴台湾地区参加了第十九届海峡两岸城市发展研讨会。本届研讨会由台湾地区都市计划学会、中国城市科学研究会和台湾地区新竹县政府联合主办。研讨会的主题为“智能城市 & 精明增长”。海峡两岸学者围绕城镇精明增长、智慧城市策略、宏观城镇转型、智慧城市规划 4 方面展开研讨。

代表团就台湾地区智慧城市建设的战略思路、重点内容、实施进展以及相关的城市规划及管理情况进行了实地考察，并与台湾交通大学智慧生活科技中心、威达云瑞电讯公司等单位进行了交流。

国际交往 完成与德国国际合作机构（GIZ）合作开展的《中国低碳生态城市发展指南》的编制工作。

组织参与中美清洁能源联合研究中心相关课题项目。完成《西方各国绿色建筑激励机制与政策比较研究及对中国的启示》、《绿色建筑标识体系的推广机制研究》2项课题，承担了新型照明系统设计及控制方法研究项目。

完成促进生态城市政策在主流实践中的实施项目。该项目是中国和英国就生态城市、绿色建筑、低碳技术等领域开展的国际合作项目。开展了中英生态城市的案例城市考察，分别考察了浙江省安吉县、湖北省武汉市、湖南省株洲市等案例城市，赴英国考察了伦敦、剑桥、米尔顿·凯恩斯等城市的生态化建设，撰写了项目考察报告。

与美国联合技术公司（UTC）合作，继续开展生态城市指标体系构建与生态城市示范评价项目研究工作，完善低碳生态城市指标体系，出版专著《兼顾理想与现实》，编制并公开发布了《中国城市低碳生态度》。

由英孚（EF）资助，对河北省唐山市曹妃甸新区、云南省昆明市呈贡新城等生态城市规划和建设进行咨询和跟踪研究。

【第八届国际绿色建筑与建筑节能大会暨新技术与产品博览会】 3月28～30日，研究会主办的第八届国际绿色建筑与建筑节能大会暨新技术与产品博览会在北京召开。大会的主题是“推广绿色建筑，营造低碳宜居环境”。大会设置1个综合论坛和25个分论坛。来自国内外的近200名专家、学者、企业家，围绕绿色建筑设计理论、技术和实践，绿色建筑智慧化与数字技术，既有建筑节能改造技术及工程实践，太阳能在建筑中的应用等内容发表了演讲。

来自国内外的100余家企业展示了绿色建筑规划设计方案及工程实例、建筑智能技术与产品、建筑生态环保新技术新产品、绿色建材技术与产品、既有建筑节能改造的工程实践、可再生能源在建筑上的应用与工程实践、大型公共建筑节能的运行监管与节能服务市场、供热体制改革方案及工程实例、新型外墙保温材料与技术、低碳社区与绿色建筑等方面的新技术与新产品。参观人数达6000余人次。

【2012城市发展与规划大会】 6月12～13日，研究会主办的2012城市发展与规划大会在广西壮族自治区桂林市召开。与会专家围绕“宜居、低碳与可持续发展”的会议主题，交流了我国各地在城市规划研究、规划管理、规划设计和规划教育等领域的最新成就，探讨了当前城市规划建设管理工作中面临的一系列热点、难点问题。大会设置了绿色建筑、低碳生态城市的规划与设计、绿色交通规划和公交优先策略、历史文化名城保护30周年、城市生态化改造和可持续发展、低碳生态城市——现状与未来、中外生态城市理论与范例、城市生态细胞——立体城市模式探索、城市低碳经济与产业发展、低碳生态城市的规划与实践等13个分论坛。

【2012中国城镇水务发展国际研讨会与新技术设备博览会】 11月29日，研究会与中国城镇供水排水协会联合举办的2012中国城镇水务发展大会与新技术设备博览会在浙江省宁波市召开。大会的主题是“治理水污染、保障水安全”。会议围绕国内外水务发展现状、目标、相关政策及实施问题和国家重大科技专项——水体污染处理技术最新进展等进行探讨，分析存在的突出问题及面临的挑战，探寻解决问题的策略、途径和方法。

100余家企业展示了国内外先进实用的水处理技术设备、给排水管网技术设备、膜与分离技术设备、净水器材等。博览会设置了水专项展览，展示了“城市水污染控制”和“饮用水安全保障”2个主题的内容。参观人数达4000余人次。

（撰稿人：周兰兰）

中国科学学与科技政策研究会

服务创新型国家和社会建设 研究会科学计量学与信息计量学专业委员会、中国科学技术信息研究所、爱思唯尔（Elsevier）公司于3月28日在北京联合举办循证科技政策研究研讨班。来自北京大学、清华大学、南京大学、上海交通大学、武汉大学、华中科技大学、中国科学院、中国农业科学院、中国社会科学院等38家高等院校、科研院所的109位科研管理人员和科研人员参加培训。

6月20日，中国科学学与科技政策研究会副理事长、技术创新专业委员会主任委员李新男主持召开中国创新型企业发展报告专家媒体座谈会。会上，正式发布了《中国创新型企业发展报告（2011）》和“创新型企业TOP100榜”。

学会建设 2012年是中国科学学与科技政策研究会成立30周年。研究会利用网站平台，做好会员管理、会员发展、会员服务等工作，完善会员信息数据库。2012年，研究会发展5家团体会员，发展个人会员700余人。

11月，研究会召开第六届第三次理事会议，会议增补研究会常务理事6名，理事15名，向9家团体会员单位颁发“会员之家”牌匾。批准筹建科学社会学专业委员会，批准技术创新专业委员会、科学计量学和信息计量学专业委员会、科学学理论与学科建设专业委员会申报下属独立分支机构。

国内主要学术会议 2012年，研究会共举办主要学术交流活动15次，学术会议参加人数达1600多人次，交流论文800余篇。与2011年相比，参会人数增加700人，交流论文增加200余篇。

8月25～26日，由研究会科学学理论与学科建设专业委员会和中国自然辩证法研究会科学技术学专业委员会联合主办的全国科学学理论与学科建设年会在辽宁省大连市举行，120余人参加会议。会议共收到论文101篇。天津大学教授陈士俊，中国自然辩证法研究会科学技术学专业委员会主任委员、清华大学教授李正风，大连理工大学教授刘则渊，大连理工大学讲座教授、“长江学者”陈超美等15位学者在大会上作了主题报告。

9月7日，由中国科协常委会决策咨询专门委员会主办，中国科协调研宣传部和中国科学学与科技政策研究会共同承办的第十四届中国科协年会中国科技政策论坛在河北省石家庄市召开，150余名专家、学者参加论坛。论坛以“深化科技体制改革，加快国家创新体系建设”为主题。国家自然科学基金委员会副主任孙家广，研究会理事长方新，中国科协书记处书记王春法分别作了题为《深化科技体制改革，加快建设中国特色自然科学基金体制》、《中国科技体制改革——三十年的变与不变》、《科技社团在国家创新体系中的地位再思考》的主旨报告。研究会常务副理事长、中国科学院科技政策与管理科学研究所所长穆荣平，科技部创新体系建设办公室主任徐建国等与会专家共同探讨了科技体制改革与政策前沿问题。

9月18～21日，在研究会的支持下，第七届全国技术预见学术研讨会在河南省郑州市召开。来自全国各类情报研究机构的100余人参加会议。中国科技发展战略研究院等单位的11名专家、学者作专题报告或学术报告。

9月22～23日，由研究会、南开大学、《科学与社会》编辑部等单位主办的第四届全国科学社会学学术会议在天津市召开。来自全国30多所高校、研究机构的120余名专家、学者参加会议。本次大会的主题是“科学社会学与中国科学技术的社会研究”。南开大学社会学系主任赵万里、中国社会科学院社会学研究所研究员苏国勋等12名专家、学者作大会报告。会议围绕科学社会学的理论与方法、社会学与中国科学实践、技术的社会研究等3个议题进行交流。

10月20～21日，第十二届全国科技评价学术研讨会在北京召开。会议由研究会、《科研管理》杂志社和中国科学院科技政策与管理科学研究所主办，中国科学院管理创新与评估研究中心承办。80余名专家、学者参加会议。会议的主题是“科技影响与创新评价”。研讨会围绕科技评价理论与方法、科技政策方法论，大学评估与学科评估，科研机构评价、科研项目与计划评价、科技人才及科技团队评价，企业评价与区域创新能力评价等4项内容进行交流。

10月27日，第一届网络信用理论、技术和政策研讨会在浙江省杭州市召开。会议由研究会、中国科学院科技政策与管理科学研究所、杭州师范大学、阿里研究中心共同主办。来自全国学术界、教育界、企业界和政府部门信用相关领域的专家、学者、企业家、管理者，共同探讨网络信用管理的前沿理论、核心技术和支持政策。

10月27日，由研究会、复旦大学、中国科学院科技政策与管理科学研究所联合主办的2012政策模拟理论与技术学术研讨会在上海市召开。会议的主题为“政策模拟技术、理论与实践”。65名专家、学者参加会议，28人作了主题发言。

12月5～6日，在中国科协的支持下，由技术创新专业委员会组织的“我国工业领域产业技术创新支撑体系建设研究”项目启动会暨学术沙龙在北京召开。80余人出席会议。

两岸交流 3月30日～4月7日，应台湾东海大学邀请，以研究会副理事长、南京信息工程大学校长李廉水为团长的代表团一行18人访问台湾地区。代表团参加了2012第三届海峡两岸区域发展论坛，访问了台湾东海大学、台湾中山大学、台湾交通大学、中部科学园区、长泓科技公司等机构，与台湾地区学者就两岸科技、教育和产业交流合作发展，以及科技政策与管理研究领域的交流合作等问题展开研讨。

表彰举荐优秀科技工作者 经研究会推荐，研究会常务理事、福州大学软科学研究所名誉所长雷德森获得中国科协第五届“全国优秀科技工作者”称号。

【中国科学学与科技政策研究会成立30周年纪念报告会】 12月22日，中国科学学与科技政策研究会成立30周年纪念报告会在北京召开，250余名专家出席报告会。

研究会理事长方新作了题为《学习贯彻十八大精神，建设学习型、创新型研究会》的主题报告。面对党的十八大报告中两个百年发展目标，以及加快转变经济发展方式的挑战，科技界需要承担更多责任，引领中国的可持续发展。研究会要建设成为学习型、创新型的研究会，不仅要促进科学学与科技政策的学科建设，更要切实推进决策的科学化，针对国家发展需求，提出建设性的、有分量的、具有可行性的政策建议，真正发挥思想库的作用。

国务院参事，中国科学院科技政策与管理科学研究所研究员牛文元作了题为《生态文明与美丽中国》的专题报告。从社会发展的现状和问题出发，分析了人类呼唤生态文明的急迫性，并从历史维度描绘了原始文明——农业文明——工业文明——生态文明的演化路径，论证了生态文明的目标和内涵。面对我国现实发展中的问题，牛文元提出，用“四安（食品安全、药品安全、环境安全、就业安全）、两信（社会诚信、政府公信）和五大空间（集约高效的生产空间、宜居舒心的生活空间、山明水秀的生态空间、公平正义的社会空间、乐观从容的心灵空间）来概括美丽中国的基本内容。为建设生态文明，实现美丽中国，牛文元建议培育智慧产业作为生态文明建设的支撑，同时通过创新社会管理来适应生态文明的建设。

研究会副理事长穆荣平回顾了研究会30年的发展历程，从研究会引领科学学与科技政策研究、组织学术活动、加强自身建设、从事决策咨询、开展国际交流等角度回顾了过去30年研究会的重大历史事件。

方新向获得中国科协第五届“全国优秀科技工作者”称号的研究会常务理事雷德森颁发了证书和奖牌。

【第七届科学计量学与大学评价国际研讨会】 10月27～30日，第七届科学计量学与大学评价国际研讨会（ICSUE 2012）暨第二届全国情报学博士生学术论坛在湖北省武汉市召开。来自美国、英国、俄罗斯、喀麦隆等国家，中国大陆、香港特别行政区、台湾地区等10多个国家和地区的100多所高校和科研机构的专家、学者200余人参加会议。

研讨会的主题是“科学计量学、大学评价与社会发展”，由研究会、武汉大学、华中师范大学主办，国际科学计量学与信息计量学学会（ISSI）、国际排名专家委员会（IREG）、《美国新闻与世界报道》（US NEWS）、英国《泰晤士报》（The Times）合办，华中师范大学信息管理系、武汉大学中国科学评价研究中心、中国科教评价网（www.nseac.com）承办。会议得到了汤森路透科技信息集团（Thomson Reuters）的支持。

国际科学计量学与信息计量学学会（ISSI）主席、比利时工业科技学院罗纳德·鲁索教授，英国《泰晤士报》高等教育副刊主编费尔巴蒂，《美国新闻与世界报道》数据调查中心主任罗伯特·莫尔斯研究员，英国QS调研公司主任马丁·因斯，英国肯特大学商学院教授刘文斌，台湾大学教授黄慕萱、陈达仁，华中师范大学教授王伟军，武汉大学中国科学评价研究中心教授赵蓉英等作了大会学术报告。与会专家共同探讨了科学计量学和大学评价领域的最新进展和研究成果，并就各国大学评价的理论、方法、指标等情况进行交流。

会议收到来自10多个国家和地区的200多篇论文。出版英文论文集一部（上下册）。论文内容涉及科学计量学与大学评价在社会发展中的地位和作用，科学计量学在大学评价、科研评价、期刊评价中的应用研究，国际科学计量学的新进展和趋势，科学计量学的理论方法创新和发展，信息计量学和知识计量学的新进展和趋势，大学评价在科学教育发展中的地位和作用，我国评价事业的发展与管理工作的科学化和规范化，国内外大学评价、科研评价和期刊评价的新进展与发展趋势等。

【第八届中国科技政策与管理学术研讨会】 11月24～25日，第八届中国科技政策与管理学术研讨会暨海峡两岸合作发展论坛在广东省广州市举行。来自国务院发展研究中心、科技部、中国科学院、清华大学、北京大学、浙江大学、台湾交通大学、台湾东海大学、香港浸会大学等高等院校、科研院所的200余位专家、学者，共同交流和探讨未来中国科技政策和创新战略发展。会议设5个论坛，围绕科技体制改革与中国科技战略，协同创新与国家创新体系建设，企业、产业创新和区域创新，科学学基本理论与学科建设，海峡两岸合作发展等5个主题展开讨论。共有60余位学者在分论坛上宣读了论文。会议共评出9篇优秀论文，并向优秀论文作者颁发了证书。

（撰稿人：韩海波）

中国农村专业技术协会

服务创新型国家和社会建设 协会开展基层农技协领办人和骨干科技培训班162次，培训人数14375人次。编印并下发《工作手册》、《农技协画册》1万余册。在中国农技协和各省级农技协的带动和指导下，全国各地农技协共培训农技协会员200多万人次。

4～10月，中国科协农村专业技术服务中心、中国农技协联合中国知网共同实施“三农网络书屋”建设与全国农村信息技术科普培训项目。17个省、自治区、直辖市的44个地市的农民致富带头人、农技协领办人、科普惠农获奖单位技术骨干等2800余人参加培训。每位学员配发了《“三农”网络书屋培训教材》。

按照中央农村工作领导小组办公室部署，就农技协工作进行专题研究，并上报了《关于进一步发挥农村专业技术协会在社会主义新农村建设中作用的调查报告》。承担并完成了中国科协调研课题“农村专业技术协会与合作社的关系研究”。

学会建设 2012年，协会召开第四次全国会员代表大会，召开3次常务理事会议和1次理事会议。发展个人会员503名、团体会员105个。协会网站正式上线运行。

协会加强对已成立的19家技术交流中心和16个科普示范基地的管理和指导，并根据新修订的《中国农技协技术交流中心管理办法》和《中国农技协科普示范基地管理办法》，经协会常务理事会批准，成立了辽宁西丰蔬菜技术交流中心、安徽灵璧养鸡技术交流中心等6家技术交流中心，技术交流中心由2011年的19家增至25家。

以“科普惠农兴村计划”获奖单位为主，成立了养鸡技术协作网和蔬菜种植技术协作网，技术协作网总数达到4个。养鸡技术协作网和蔬菜种植技术协作网先后在媒体刊登《关于提倡科学安全生态养鸡的倡议书》和《关于提倡科学安全生产蔬菜的倡议书》，在全社会倡导科学种养，安全生产的规范化经营理念。

辽宁省农技协联合会、福建省农技协联合会成立。截至2012年底，全国已有25个省、自治区、直辖市成立了省级农技协联合会，近三分之一地级市成立农技协联合会。湖南省农技协联合会、安徽省农技协联合会、宁夏回族自治区农技协联合会分别召开换届大会。

实施全国基层协会“规范化创建及表彰”工作。5月，全国省级农技协秘书长会议暨基层农技协规范化创建现场会在辽宁省西丰县召开。会议总结并交流了基层农技协规范化建设典型经验，印发了《关于开展全国基层农村专业技术协会规范化建设活动的意见》，指导和推进各地基层农技协组织建设。11月，协会开展了省、市农村专业技术协会联合会规范化建设督查及评优工作。通过逐级申报和最终评审，决定对全国6个省级农技协联合会和10个市级农技协联合会进行表彰。

协会组织技术交流中心、科普示范基地申报“全国科普教育基地”。2012年，中国农技协东台蚕业技术交流中心等4家单位被评为“全国科普教育基地”。

【中国农村专业技术协会第四次全国会员代表大会】 3月25日，中国农村专业技术协会第四次全国会员代表大会在北京召开。来自全国31个省、自治区、直辖市和新疆生产建设兵团农技协的245名代表，肩负着全国13.3万个基层农技协和1130万户会员的重托出席会议。中国科协书记处书记徐延豪出席开幕式并讲话。协会副理事长苑郑民，中央农村工作领导小组办公室局长张建军、民政部民间组织管理局副局长李勇等出席开幕式。中国农学会、中国未来研究会等全国学会向大会发来贺信。开幕式由协会第三届理事会理事长吕飞杰主持。

徐延豪在讲话中说，5年来，协会充分发挥自身独特优势，组织开展了一系列卓有成效的科普活动和科技推广服务，在健全协会组织网络体系、创新发展管理机制、拓宽服务领域、增强科技推广服务能力等方面取得显著成效。

徐延豪就农村科普工作和农技协工作提出5点意见：第一，农技协要为社会主义新农村建设服务；第二，农技协要成为开展农村科普和提高农民科学素质的服务主体；第三，农技协要切实加强自身建设，不断提高服务能力；第四，农技协要不断完善联合协作、资源共享的工作机制；第五，各级科协要继续大力推动和支持农技协组织建设和发展。

协会第三届理事会常务副理事长翟晓斌作了题为《坚持科学发展，开创农技协事业的新局面》的工作报告。报告围绕为现代农业发展提供多元化服务，提高农民科学文化素质，为建设社会主义新农村发挥作用，加强队伍建设，开展国内外合作与宣传等5方面，总结了协会5年来的主要工作。针对今后5年的工作，提出了大力提高经营服务水平，扎实推进组织建设，进一步健全创新机制，把文化思想建设摆在重要位置，进一步做好科普惠农兴村计划实施等5项建议。

会议听取并审议通过了第三届理事会工作报告、财务工作报告、《中国农村专业技术协会章程（修订草案）》、《中国农村专业技术协会会员会费管理办法》。会议选举产生了协会第四届理事会和常务理事会，202位代表当选为理事，其中，67位理事当选为常务理事。吕飞杰当选为第四届理事会理事长，张晓军当选为常务副理事长，苑郑民等14人当选为副理事长，李彦捷当选秘书长。

会议表彰了23个优秀省级农技协联合会、793个优秀农技协、209名优秀农技协工作者、15名科技下乡优秀工作者，以及2010年参加全国农民科学素质网络竞赛的8个省级优秀组织单位，并向多年来支持农技协工作的华硕集团、中国知网授予锦旗。

宁夏回族自治区、广东省、湖北省、山东省、辽宁省、黑龙江省等6个省级农技协代表作大会经验交流发言。

【第十九届中国杨凌农业高新科技成果博览会】 第十九届中国杨凌农业高新科技成果博览会11月在陕西省杨凌示范区举办期间，中国科协主办，中国科协农村专业技术服务中心、中国农技协、陕西省科协、陕西省农技协共同承办了全国基层农技协农产品专题展。全国68个优秀基层农技协，以及300多名基层会员组成的代表团参加展览。

各参展农技协通过专题展平台，宣传推介技术、产品、供给、需求等相关信息，现场展示优质产品，进行技术咨询和交易洽谈。专题展共发放技术资料18.74万份，接受项目咨询9.23万人次，开展交易洽谈3643个，签订意向性交易定单 273 份。

协会推荐的 2 名农业科技致富带头人在中外农民创业论坛上作了致富专题报告。

展团获得了由博览会组委会颁发的“优秀组织奖”、“优秀展示奖”和“优秀成交奖”。

【海峡两岸现代设施农业与园艺产业发展研讨会】 9 月 8 ~ 9 日，协会与中国热带作物学会、台湾地区台北市农会联合承办的第十四届中国科协年会第七分会场——海峡两岸现代设施农业与园艺产业发展研讨会在河北省石家庄市召开。协会常务副理事长张晓军，台北市农会总干事钱小凤，协会副理事长、农村合作组织发展研究专委会主任委员、中国农业大学副校长傅泽田，中国热带作物学会副理事长、中国热带农业科学院副院长王文壮等出席会议。来自 12 个省、自治区、直辖市的近 100 名专家，以及台湾地区的 21 名专家参加会议。

农业部全国农技推广中心首席专家张真和作了题为《中国大陆设施园艺产业现状与发展重点》的主题报告。台湾大学农业经济系名誉教授李顺成作了题为《促进两岸农业科技创新与经济结构调整策略》的主题报告。

张真和在报告中对园艺产业现状、主要贡献、突出问题和发展重点作了阐述。他认为，未来几年，大陆设施园艺产业发展的主要目标是：适度扩大规模，提高生产效率，提升产品质量，均衡市场供应，增加农民收入，高效利用资源。因此，应该大力推进科学规划布局，大力发展集约化育苗产业，大力发展轻简增效设施园艺，大力推进设施园艺标准化生产，加快研发现代设施资材，综合防治设施连作障碍，科学防控低温高湿病害。

李顺成在报告中与参会专家分享了台湾地区经济发展管理成果和经验。他表示，台湾地区农业经济发展枢纽主要是资源、组织、科技和环境，它们之间相辅相成、密不可分，是实现农村富裕、农业发展、农民富足的秘诀。他认为，通过管理科技创新与经济结构调整策略，大陆可以直接使用跳跃式模式推动经济发展。未来两岸农业受到国外产品竞争压力大，当务之急是要大力提升两岸产业生产技术与管理技术，应对市场变动能迅速正确地作出产业结构调整，确保产品市场经济效益。

中国农业科学院、中国农业大学、台湾地区台北市农会等机构的 12 位专家、学者在大会上作了专题报告。会议共收到 52 篇论文，内容涉及栽培技术、植物营养、病害防治、农业经济、资源与环境、设施农业、果蔬和综合等。30 篇论文收入会议论文集。9 篇优秀论文获得《优秀论文证书》，21 篇论文获得《参会论文证书》。

会议期间，举办了以“健康生活的源头——农产品安全”为主题的园艺设施科普知识展，以实物展示、发放技术资料和专家现场咨询等形式，让公众了解园艺设施以及农产品安全等相关知识。受众达 2000 余人次。

【“华硕科普图书室”项目进展】 协会承担了中国科协和华硕集团实施的“华硕科普图书室”项目。2012 年，在 18 个省、自治区、直辖市共建 200 个华硕科普图书室。作为“华硕科普图书室”项目的延伸，“华硕 IT 科普志愿者行动”面向全国 28 个省、自治区、直辖市，选拔 2500 名大学生进行免费培训，配备必要的科普宣传资料，利用暑假返乡期间，向农民开展电脑实用技术培训实践活动。“华硕科普图书室”项目历时 5 年，2012 年底已完成该项目的一期工作，在全国 31 个省、自治区、直辖市的 536 个市（县、区）创建了 1000 个华硕科普图书室，华硕集团共捐赠了 1000 台电脑、1000 台打印机及 300 万册图书，直接受益人数 663.2 万人次。

（撰稿人：张冠宇）

中国工业设计协会

服务创新型国家和社会建设 协会向工业和信息化部报送了《关于进一步发挥行业协会作用的建议函》，并在工业和信息化部制订《产业转移指导目录》时，提出了“将工业设计列入各省市（各经济区域）优先发展的产业目录中”的建议。工业和信息化部于 7 月底发布了《产业转移指导目录（2012 年本）》，工业设计被列为国家战略性新兴产业聚集区域优先发展的产业。

承办了由工业和信息化部主办的信息化与工业化融合成果展览会综合创新展区“工业设计促进两化融合、推动产业转型升级”主题展。

作为协办单位和评奖工作委员会成员单位，参与了工业和信息化部主办的首届“中国优秀工业设计奖”评奖办法、评审标准、评审规则、专家遴选办法等的拟定工作，并推荐专家库的专家担任评委。

协助工业和信息化部开展制订《国家级工业设计中心认定管理办法》、《工业设计产业分类标准和统计指数》专题研究、实地考察调研和专家评审论证工作。

协助工业和信息化部、人力资源和社会保障部开展工业设计培训工作，与工业和信息化部人才交流中心共同承办了首届工业设计行业创新能力建设高级研修班。

承担“国家企业经营管理人才素质提升工程之中小企业经营管理领军人才培训项目”工业设计高级研修班的全程计划和前期组织工作。

向国家发展改革委、科技部、教育部、文化部、商务部、人力资源和社会保障部等部委建言重视工业设计。国家发展改革委将“骨干工业设计企业条件能力建设”列为《2012年高技术服务业研发及产业化专项》重点支持项目，在全国范围内选择10家左右骨干工业设计企业，支持其研发开发产品数字化建模技术、人机工程设计辅助建模等关键技术，提升设计水平，并创新服务模式，从产品外观和功能设计向产品发展策略咨询等综合性服务转变。商务部在中国进出口商品交易会（简称“广交会”）和中国（北京）国际服务贸易交易大会上，设立了设计主题板块。

协会与北京市、上海市、重庆市、辽宁省大连市、广东省广州市、广东省深圳市、江苏省、浙江省、福建省、四川省等地方政府有关机构、行业组织合作，主办、支持、承办或协办活动40余项，主要包括北京国际服务贸易交易大会、重庆国际设计周、大连设计节、广州国际设计周、深圳设计节、无锡工业设计博览会等综合性活动，以及“长江杯”、“东莞杯”、“醒狮杯”、“和丰杯”、“河姆渡杯”、“昆山杯”、“慈溪杯”、“潘天寿杯”、“金勾奖”、“太湖奖”等10余项设计大赛和20多场工业设计论坛和讲座。此外，协会与海南省政府合作举办了首届“阳光杯”旅游商品工业设计大赛，与江苏省连云港市政府联合举办了首届中国节能环保设计大赛，与海尔集团和浙江大学共同主办的2013年海尔白色家电产品创新设计大赛于12月底正式启动。

协会与地方政府、企业共建的8个项目均有不同程度的进展。中国义乌工业设计中心获得浙江省“11+1”省级基地重点支持，并于2012年开始招商入驻，正式成为中国小商品工业设计公共服务平台。中国卫浴产品工业设计中心开展了针对国人生理特点、生活方式和居住环境的厨卫产品基础研究，举办了第二届W3世界卫浴设计大奖赛，兴建的中国卫浴创新馆基本完工。中国鞋业研发设计中心联合20余家高校、科研院所和企业为足部残障人士研发设计的特制功能鞋投入使用。北京（大兴）DDC国际创意港动工建设。天津市滨海新区中国智造e谷工业设计园一期工程主体已完工。

协会与江苏省连云港市政府签订了《关于合作推进国家东中西区域合作示范区建设框架协议》，与连云港徐圩新区管理委员会共建中国节能环保产业基地，并共同组建节能环保产业设计促进中心，作为实施连云港市、徐圩新区共建基地项目的实体工作机构。

与江苏省常州市政府签订了共建中国（常州）智能制造装备工业设计中心的协议，拟共同筹备成立协会装备设计专业委员会。

与重庆市江北区政府合作共建西部工业设计研究院。

与中国网络电视台（CNTV）达成长期战略合作意向，在中国网络电视台“中国网络展览馆”栏目中，长期开设中国工业设计网络博览会，打造全方位展现工业设计的高端网络媒体平台。

与中国标准化研究院签订了战略合作协议，共同开展中国成年人工效学基础参数统计分析，推进标准化基础数据和技术在工业设计领域的应用，开发和建立工业设计领域的国家级相关标准等。

与北京大学工学院共建工业设计研究所，探索培养综合、高端工业设计人才和科研成果有效转化的新机制，共同建设世界一流的工业设计教育、研发中心。

与工业和信息化部人才交流中心、北京航空航天大学共同签署了《国家工业设计急需紧缺人才培训框架协议》，启动以提高工业设计专业人才综合素质、专业水平和创新能力的长期培训计划，开展多层次、多渠道、多类别、多形式的专业培训工作。

与德稻投资开发集团公司合作开展工业设计人才培训，以“汇聚世界大师、采集全球智慧、培育行业精英、助力企业发展”为教育理念，推进行业精英教育，为企业培养高端设计人才。

与杭州聚宝盆电子商务公司共同打造中国工业设计云服务平台，计划在3～5年内，建立以互联网、物联网为载体的大型公共服务平台，逐步实现工业设计全行业的信息化、智能化、系统化服务，促进工业设计向高端综合设计服务转化。

学会建设　协会发起设立的全国工业设计园区联盟，成员扩展到31家。园区联盟编印了《中国工业设计园区联盟》宣传手册，与广东工业设计培训学院合作举办首期工业设计园区综合服务能力高级研修班，来自联盟成员单位、协会、企业负责人等50余人参加培训。

协会增设了资深会员、学生会员和外籍会员等会员类型。2012年，新入会会员的层次有所提升，行业领域有所拓展。协会展示设计委员会不仅发展了60余个会展领域的团体会员，还举办了多次论坛和研讨会。

协会在全国范围内征选专家，建立中国工业设计专家库，制订专家库的各项管理细则和办法，明确了专家库入选标准。截至2012年底，推荐与自荐的专家共有254人。

协会秘书处建立了新的工作机制。试行能力提升和绩效激励机制，服务平台和业务运营实行“中心”运行机制，明确职责与绩效考核挂钩，增强了工作人员的积极性和责任意识。

由中国工业设计协会2006年发起设立的“红星奖”，2012年正式更名为“中国设计红星奖”。2012年，有包括美国、荷兰、日本、英国等25个国家和地区的1279家企业的5348件产品角逐“中国设计红星奖”，其中包括世界五百强企业17家、外资企业84家，首次出现非洲企业参评，参评产品数量超过德国“红点奖”的全球征集量。共有154家企业获奖。

中国设计博物馆被中国科协命名为全国科普教育基地，增设了国际创新新材料馆。

5月25日，新华社对协会会长朱焘就中国工业设计发展进行了专访。《中国工业报》全文登载了《从包豪斯到乔布斯——工业设计发展史上的两座丰碑及我们的思考》、《推动工业设计向高端综合设计服务转型》、《中华民族的复兴和中国设计的崛起》等多篇中国工业设计协会会长朱焘的署名文章。

协会加强网络宣传和信息发布工作。“新浪微博@中国工业设计协会-CIDA”发布的行业动态、新闻资讯、优秀产品展示及协会各项工作进展等内容已有近8000人持续关注。协会建立了微信账号，打造移动互联网交流平台。

国际交往 协会与全国工业设计园区联盟成员南京紫东国际创意园共同组团出访了日本、韩国，与日本设计振兴院、日本工业设计协会、GK设计集团以及韩国设计振兴院等机构，就中日韩设计组织的战略合作、日韩设计机构在中国的业务发展及设计师职业水平评价等进行交流。

表彰举荐优秀科技工作者 协会通过中国轻工业联合会向教育部推荐24位专家进入高等学校教学指导委员会、行业职业教育教学指导委员会和艺术设计教学指导委员会。推荐10位专家进入“轻工行业专家库”。

协会对中国工业设计周、中国工业设计十佳大奖、中国创新设计“红星奖”等品牌活动，在活动内容、方式、奖项设置等方面做了一些调整。在中国工业设计周中举办了首届中国工业设计创新大会，在2012年中国工业设计十佳大奖评选中增设了“十佳杰出设计师”奖项。

由《设计》杂志社和协会专家工作委员会共同主办“中国工业设计发展十年优秀学术论文”评选活动，其中《设计是人类的未来不被毁灭的“第三种智慧”》和《返回居住的起点看农民住宅的标准》2篇论文荣获“会长奖”。

【第七届中国工业设计周】 9月11～15日，第七届中国工业设计周在上海市举行。协会会长朱焘等出席活动。

设计周期间，举办了一系列活动，包括2012年度中国工业设计十佳大奖颁奖典礼、首届中国工业设计创新大会、首届中国国际家居设计周、中国工业设计网络博览会启动仪式、中国国际设计师作品展示交易展、设计师之夜等。

在2012年度中国工业设计十佳大奖颁奖典礼上，颁发了十佳创新型企业、十佳设计公司、十佳杰出设计师、十佳推广杰出人物、十佳教育工作者等5项大奖。

协会主办的首届中国工业设计创新大会以“工业设计和企业管理融合助推转型升级”为主题。大会特邀主管工业设计的政府部门负责人、相关协会负责人、专家、学者、企业家等，共同探讨企业如何成为创新主体，工业设计如何真正成为企业设计创新竞争力。清华大学美术学院设计战略与原型创新研究所所长柳冠中，浙江大学管理学院院长吴晓波出席会议并作演讲。

在中国国际设计师作品展示交易展上，来自全球12个国家和地区的近100名知名设计师的作品进行了集中展示。

（撰稿人：田文苗）

中国工艺美术学会

服务创新型国家和社会建设 学会受中国轻工业联合会委托，在第七届中国（莆田）海峡工艺品博览会期间，组织了2012年中国工艺美术“百花奖”评比工作，对当前工艺美术行业各领域的工艺美术精品进行综合评价。

开展了“首届中国玉（石）雕艺术大师”、“首届中国木雕艺术大师”、“首届中国刺绣艺术大师”评选工作。

学会举办了大连国际文化产业博览会、2012中国（东阳）木雕精品博览会、第二届深圳工艺美术精品博览会、首届中国台山玉“融合杯”雕刻创作大赛及作品展览等中国工艺美术精品展示和评比活动。

学会在清华大学美术学院举办了2期全国工艺美术创新高级研修班，全国170余名具有国家级或省级工艺美术大师荣誉称号或高级工艺美术师等专业技术资格的工艺美术工作者参加研修班学习。研修内容包括：工艺美术运动与新艺术运动，设计艺术与文化，版画艺术，书法与篆刻艺术，影视艺术赏析，工艺美术投资法律风险防范，东西方现代艺术与文化影响，设计思维与设计创新，从经济学看奢侈品和艺术，国学与传统文化等。研修班采取脱产集中面授的教学方式，由教授和专家共同完成教学任务。学员研修完成规定课程并考核通过后，获得学会颁发的中国工艺美术高级研修班结业证书。

学会为取得中级工艺美术师、高级工艺美术师资格的350名会员举办了继续教育培训。

学会建设 2012年，学会发展个人会员800人，个人会员总数达7732人，新增团体会员2个，团体会员总数达42个。织锦专业委员会进行换届选举，王宝林任理事长。

国际学术会议 11月8日，学会纤维艺术专业委员会、清华大学美术学院、江苏省南通市人民政府主办的“从洛桑到北京”第七届国际纤维艺术双年展暨学术研讨会在江苏省南通市开幕。本届双年展的主题是“回归与超越”，共有来自37个国家和地区的300多位艺术家的301件作品参加展览，其中，国外参评作品127件，国内参评作品139件（评委和评审工作人员的作品不参加评选），经评审委员会的评选，评选出金奖1件、银奖2件、铜奖3件、优秀奖68件。

11月16日，由学会雕塑艺术专业委员会主办、陕西科技大学承办的第18届中国雕塑论坛暨首届中国当代抽象雕塑展在陕西省西安市举办。美国、澳大利亚、韩国，中国大陆、香港特别行政区、澳门特别行政区、台湾地区的专家、学者100余人参加论坛。论坛首次对中国抽象雕塑的发展进行了系统的梳理和总结。

国内主要学术会议 11月29日，学会与江苏省江阴市人民政府、江阴市华士镇华西新市村村民委员会共同主办的当代中国工艺美术的创新与发展学术论坛在江苏省江阴市华西村举行。中国工艺美术行业的专家、学者、工艺美术大师100余人参加论坛。学会副理事长唐克美、张春雷，清华大学美术学院教授王建中，学会副秘书长马佩、张淑荣，中国工艺美术馆副馆长王辉，中国工艺美术大师杨根连，中国工艺品进出口公司副总经理陈烈汉在会上发言，从发展的角度，对当代中国工艺美术的状况进行分析，寻找中国工艺美术作品创新的方向。

学会在福建省福州市举办了寿山石雕刻艺术与收藏价值研讨会，在浙江省杭州市举办了唐代金银平脱镜制作工艺研究研讨会，在上海市举办了传承民族创新精神、繁荣当代工艺美术创作专题座谈会，在天津市举办了中国古代茶文化及茶空间的家具与陈设研讨会，在云南省昆明市举办了“印象根艺”发展论坛，在山东省淄博市举办了中青年内画艺术作品的发展研讨会，在北京举办了高校毕业生雕塑艺术研讨会，在中国民族艺术珍品馆举办了“中国玉器百花奖”论坛，在江苏省苏州市举办了重振苏州丝绸——太湖雪品牌文化鉴赏会，在湖北省武汉市举办了武石书画作品研讨会，在浙江省台州市举办了一代刺绣艺术宗师沈寿学术研讨会。

【首届中国工艺美术专业艺术大师评选】 10月，学会在全国范围内开展的“首届中国石雕艺术大师”、“首届中国木雕艺术大师”、“首届中国刺绣艺术大师”评选工作结束。此项评选工作是根据国务院颁布的《传统工艺美术保护条例》（国务院令217号）的精神进行的，旨在表彰石雕、木雕、刺绣类技艺人员在继承传统、发展创新、学术研究等方面取得的成就。

评选工作于2011年下半年开始，历经一年多时间。各省、自治区、直辖市的工艺美术学会、协会及学会相关专业委员会，按照评选工作的统一要求，组织申报和推荐工作。经过评审专家组初评、复评，领导小组最终审定，评定“首届中国石雕艺术大师”49人、“首届中国木雕艺术大师”60人、“首届中国刺绣艺术大师”49人、“首届中国刺绣艺术理论家”1人。根据开展评选工作的情况和推动工艺美术行业人才发展的需求，授予18人“中国石雕艺术家”称号、22人“中国木雕艺术家”称号、15人“中国刺绣艺术家”称号、11人“中国青年石雕艺术家”称号、7人“中国青年木雕艺术家”称号、9人“中国青年刺绣艺术家”称号。

评选结束后，学会在石雕、木雕、刺绣艺术门类的主产区召开了表彰大会。学会副理事长兼秘书长赵之硕、副理事长兼副秘书长岳芙蓉、马佩为获奖者颁发了证书和奖牌。

【首届中国台山玉“融合杯”雕刻创作大赛】 11月30日，学会与广东省江门市人民政府、广东省江门市手工业合作社共同主办的首届中国台山玉“融合杯”雕刻创作大赛开幕。中国轻工业联合会会长步正发、副会长杜同和，学会副理事长兼秘书长赵之硕，广东省江门市有关党政领导出席开幕式。

大赛主题是“侨乡瑰宝、荣耀绽放”，共有1000余件作品报名参赛。学会主持大赛评审工作。经初评，有305件作品入围参加对外展览和复评。大赛共评选出特别金奖1件、金奖30件，130件作品获得了其他奖项。

开幕式后，主办单位对初评入围的305件艺术作品组织了为期5天的对外展示。国家非物质文化遗产玉雕传承人顾永骏创作的《枫桥夜泊》、中国工艺美术大师林飞修改的“石后”《荷花仙子》给参观者留下了深刻印象。

【一代刺绣艺术宗师沈寿学术研讨会】 11月4日，学会与浙江省台州市人民政府共同主办的一代刺绣艺术宗师沈寿学术研讨会在浙江省台州市举行。学会副理事长唐克美、副理事长兼副秘书长岳芙蓉，中国艺术研究院民间美术研究中心主任王海霞，学会刺绣艺术专业委员会会长张美芳、副会长兼秘书长杨坚平，中国工艺美术大师郝淑萍、陈水琴，以及来自全国28个绣种的刺绣艺术家、工艺美术专家70余人参加研讨会。

沈寿大师生于清朝光绪年间，创造了具有独特风格的“仿真绣”，开办了刺绣学校，是近代闻名世界的刺绣艺术家和富有经验的刺绣教育家，其光辉的艺术生涯和对刺绣艺术不懈追求的精神，为后人留下了无穷的启迪和思考。与会专家共同回忆沈寿大师的艺术成就，研究沈寿大师刺绣作品的风格和特点，探讨当今刺绣艺术发展的前景。

工艺美术家朱培初从现实主义的创作方法、继承传统基础上的创新理念、艺术家不仅要有卓绝的技艺还要有广泛的理论知识和深厚的文化艺术修养等方面畅谈了感受。故宫博物院的殷安妮对故宫收藏的沈寿绣“柳燕图”进行解读。中国工艺美术大师、台州市台绣刺绣研究所所长陈克从创新的角度对台绣技术进行讲解。

（撰稿人：孙金瑞）

中国科普作家协会

科普活动 5月10日，协会举行《当代中国科普精品书系》（14套，139册）新闻发布会。该书系由中国科普作家协会编创，院士担任主编，著名科学家、科普作家主笔。书系坚持原创，推陈出新，力求反映当代科学发展的最新信息，传播科学思想，弘扬科学精神，倡导科学道德，普及科学知识和科学方法。该书系题材广泛、内容丰富，涵盖了自然科学和技术工程的方方面面。

9月22日～10月20日，协会联合中国科普研究所、北京天文馆联合举办了“科学美术之光——全国科普美术作品展”画展。

协会举办了第二届“中国科普作家协会优秀科普作品奖”评选。

5月26日，协会联合中国科普研究所、国家科学图书馆共同举办了“科学的星空”诗歌朗诵演唱会。来自社会各界的300余位观众参与活动。曾获得播音主持最高奖“金话筒”奖以及中国新闻工作者最高成就奖“范长江奖”的著名播音指导于芳、著名话剧表演艺术家冯福生等参加活动。老一辈艺术家以真挚炙热的感情朗诵了赞美科技发展和歌颂科学家的散文诗，每首诗歌都凝聚着一位科学家的感人事迹。

7～8月，第19届全国中学生爱科学夏令营活动在北京举办。活动由中国科普作家协会和北京燕园华夏英才教育科技发展中心联合主办。活动的宗旨是引导青少年树立“以崇尚科学为荣”的价值观，帮助中学生丰富暑期生活、拓宽知识视野、提高学习兴趣、树立远大理想，促进中学教育与高等教育、课堂教学与校外教育更好衔接。活动的主要内容包括：聆听大师教诲、畅游科学海洋、增长人文见识、陶冶爱国情操、了解首都北京、体验大学生活、锻炼综合素质、享受快乐假期等。活动期间还举行了以“身边的低碳生活”为主题的全国中学生科普创作大赛。

由全国大学生联盟策划，协会联合中国科普研究所共同主办的首届全国大学生“科联奖”科幻征文活动，共收到征文133篇，其中39篇作品获得优秀作品奖。评委会在评选优秀作品的基础上分别评出了短篇个人创作奖、中长篇个人创作奖。获奖作品已由福建少年儿童出版社出版。

学会建设 2012年，协会召开了第六次全国会员代表大会，选举产生了新一届理事会。刘嘉麒当选为第六届理事会理事长，石顺科当选秘书长。

学术期刊 《科技与企业》和《生物技术世界》均与中国知网合作，进行期刊出版数字化准备工作。《科技与企业》全年出刊24期，发表文章4500余篇，总字数约1200万字；《生物技术世界》全年出刊12期，发表文章1800余篇，总字数约400万字。

《科普创作通讯》全年出刊4期，发表文章60多篇，动态图片和消息30多条。

【中国科普作家协会第六次全国会员代表大会】 10月9～10日，中国科普作家协会第六次全国会员代表大会在北京召开。中国科协副主席、中国科学院副院长李静海，中国科协书记处书记徐延豪，国家新闻出版总署副署长孙寿山出席开幕式并讲话。

协会第五届理事会理事长刘嘉麒在工作报告中总结说，5年来，协会理事会不断创新思路，积极开展科普创作、科普活动，加强科普队伍建设和人才的培养，为繁荣我国科普事业，提高公众科学素养做了大量工作。理事会着力打造当代中国科普精品书系，创作科普精品，推出了《当代中国科普精品书系》14套，共139册。理事会还与湖北少年儿童出版社共同组织编辑了《少儿科普名人名著书系》，该书系被誉为“中国第一套少儿科普经典文库”和“青少年课外阅读权威科学读本”。

大会审议并通过了协会第五届理事会工作报告、财务工作报告和修改后的协会章程，选举产生了第六届理事会。中国科学院院士刘嘉麒当选为协会第六届理事会理事长，卞毓麟、居云峰、李欣、刘泽林、任福君、孙云晓、王树国、禹光、周立军当选为副理事长，石顺科当选为秘书长。

会议期间，举办了科普作品展览、繁荣科普创作高层论坛、第二届“中国科普作家协会优秀科普作品奖”颁奖大会。在繁荣科普创作高层论坛上，中国科学院院士欧阳自远、林群、刘嘉麒和作家叶永烈分别作了题为《科普与我国的航天事业》、《如何进行科普创作》、《极地和海洋》、《从我的经历看科普作家的培养》的科普报告。

【第二届中国科普作家协会优秀科普作品奖评选】 第二届中国科普作家协会优秀科普作品奖向全国各出版社（含音像出版社）、各省市科协、各省市科普作协、中国科协所属的全国性学会以及各影视制作机构等500多家单位，以及中国科普作家协会会员征集参评作品，共收到符合申报要求的科普图书作品361种1182册，数量超过上届（308种），收到科普影视动画类作品272件，其中，科普影视类作品206件，科普动画类作品66件。

经评委会的评选，科学出版社出版的《贪玩的人类》、科学普及出版社出版的“奇妙的大自然丛书”（8册）等27种科普图书作品获科普图书类优秀奖，知识出版社出版的《分子共和国》、中国少年儿童出版社出版的“学生科学技术百科丛书”等48种科普图书获提名奖。北京科影音像出版社出版的《变暖的地球》等12种影视动画作品获科普影视动画类优秀奖（影视类10件，动画类2件），中国农业电影电视中心制作的《保护湿地生态屏障》、福建电子音像出版社出版的《蟾童》等25部作品获科普影视动画类提名奖（影视类19件，动画类6件）。10月10日，举行了第二届中国科普作家协会优秀科普作品奖颁奖大会。

（撰稿人：孟　雄）

中国自然科学博物馆协会

服务创新型国家和社会建设　2012年，协会承担中国科协科技馆分级评估项目研究。制定了工作方案，多次派出工作人员赴黑龙江省、辽宁省、宁夏回族自治区、安徽省等地开展实地调研，邀请业内专家多次召开研讨会。

6月27～29日，由协会科技馆专业委员会主办、湖南省科技馆承办的第二届全国科技馆馆长培训班在湖南省长沙市举行。中国科协书记处书记、科技馆专业委员会主任委员、中国科技馆馆长徐延豪出席开班仪式并讲话。徐延豪在讲话中介绍了中国科协开展的与科技馆工作相关的科普活动项目，包括青少年高校科学营活动、流动科技馆建设、“英才计划”的制订与参与等方面的工作。他希望各位馆长借培训之机，理清思路，创新体制机制，积极应对当下科技馆事业发展面临的机遇与挑战，努力提高自身业务素养，集科学与文化之大成，培养发展的战略眼光，努力将科技馆做大做强。培训班采取专家讲座与集体研讨相结合的方式，取得良好的培训效果。

学会建设　7月7日，协会在北京召开第十三次常务理事会议。增补赵有利、贾跃明、陈博君为协会常务理事和副理事长。肖显清当选为秘书长。

5月18～20日，协会国土资源博物馆专业委员会成立大会在山东省烟台市召开。来自全国各地的47个国土资源博物馆单位会员代表共计120人参加会议。贾跃明任国土资源博物馆专业委员会主任委员，程荣欣等任副主任委员，彭健任秘书长。

协会对现有分支机构进行重新分工与协调。成立展项研发及环境设计工作委员会。

9月18日，协会湿地博物馆专业委员会第二次全体大会召开。会议审议通过了湿地博物馆专业委员会《工作章程》，选举产生了湿地博物馆专业委员会主任委员、副主任委员，讨论吸收新会员单位。会议就如何凝聚、整合国内湿地保护力量和资源，促进全国湿地类博物馆之间的交流与合作进行交流。

10月24日，协会在安徽省宁国市召开首届部分省级自然科学博物馆协会（联合会）工作座谈会。协会理事长徐善衍、副理事长赵有利出席座谈会。安徽、四川、山东、广东、江苏、浙江、河北、新疆、广西等9家省级自然科学博物馆协会（联合会）负责人30余人参加会议。

4月18～20日，由协会秘书处主办、大连自然博物馆承办的2012年联络员工作会议在辽宁省大连市召开。来自协会近百家会员单位的联络员和嘉宾共120余人参加会议。会议就联络员工作制度及如何及时、有效地向协会网站、《通讯》报送宣传稿件等问题作了介绍，与会者就如何做好信息宣传工作进行了交流和研讨。在联络员工作会议的推动下，会员单位信息报送数量大幅增加。在中国科协信息中心的支持下，对协会网站进行了改版与更新，对栏目内容进行调整和充实。

《协会通讯》信息量更加丰富，增加了彩页，提高了排版印刷质量。《协会通讯》全年共制作印发6期，印制约8000册。策划制作了通讯年度学术增刊，活跃协会范围内的学术交流，增刊收录论文25篇，向会员发放3000册。

开展了协会会员单位主办刊物情况摸底普查，了解会员单位刊物的基本情况。协会秘书处开展了省级科技场馆协会调查。

国内主要学术会议　11月23～24日，在第五届中国（芜湖）科普产品博览交易会期间，由协会科技馆专业委员会主办、安徽省科技馆和芜湖市科协承办的2012年全国科技馆馆长论坛在安徽省芜湖市举行。来自全国72家科技馆、30家国内外科普企业的专家、学者240余人参加论坛，针对科技馆事业与科普产业共同发展的方向与对策展开研讨。

论坛征集的论文内容涉及科技馆教育的发展研究、加强产学研馆合作、推动科普展品创新、展品设计如何适应科普场馆的发展需求、展示教育最新技术的应用与实践等。共有170篇优秀论文（146万字）被收入《2012安徽·芜湖中国科普产品博览交易会科技馆馆长论坛论文集》。

协会水族馆专业委员会在庆祝我国历史最悠久的水族馆——青岛水族馆建馆80周年期间举办学术论坛，邀请国内外水族馆界专家共同探讨行业发展大计。

国际交往 9月9～14日，第八届国际水族馆大会在南非开普敦举行。大会围绕科普教育、新馆建设、水生物技术、繁殖和保护、商业管理、新技术应用、游客体验、环境保护等内容作了67个报告和3场专题交流，发布了50余份简报。协会水族馆专业委员会组织会员参加了本届大会。

12月，协会水族馆专业委员会组织会员参加了在中国香港特别行政区召开的国际海洋动物训练员协会年会。

表彰举荐优秀科技工作者 协会推荐的中国科技馆副馆长黄体茂获得中国科协第五届“全国优秀科技工作者”称号。

根据《中国自然科学博物馆协会优秀集体及优秀个人评选表彰办法》，由各专业委员会提名推荐优秀集体，各单位会员推荐优秀工作者。经过评选，并经协会五届十四次常务理事会审批，协会公布了2012年度优秀集体和优秀工作者。

会员服务 2012年初，协会在北京举办了企业会员新春联谊会，30余家会员单位和科普场馆的80余人出席联谊会。

8月3日，协会秘书处在中国消防博物馆组织召开了企业会员工作会议。

（撰稿人：王　青）

中国可持续发展研究会

服务创新型国家和社会建设 研究会和各专业委员会发挥专家优势，共举办决策咨询专家论坛18次，建立3家院士工作站，开展技术创新方法培训班2次，知识产权巡讲10次。

8月28～30日，在科技部、国家工业和信息化部的大力支持下，由研究会、深圳市发展和改革委员会、深圳市经济和信息化委员会等单位共同主办的2012中国（深圳）国际节能减排和新能源科技成果产业化博览会在广东省深圳市举行。国内展商293家，国际展商66家。总展览面积达15000平方米。来自30个省、自治区、直辖市和28个国家的18000名海内外专业买家到会采购。30多个采购团共计3458人次的专业买家，采购订单达百亿以上，现场成交额共计26.5亿元人民币。展会期间，组委会向市民免费发放10000个节能灯泡。

11月18～20日，由江苏省盐城市政府和江苏省环境保护厅共同主办、研究会支持的盐城国际环保产业博览会在盐城环保产业园会展交易中心举行。共有148家国内企业，芬兰、美国、德国等9个国家和地区的24家国际参展商参展，集中展示了国内外先进的节能环保科学技术成果和产业化理念，吸引了3万余人参观。会展期间，组织了40家采购企业与50家环保产品制造商进行现场对接交易，采购交易额达68亿元。

学会建设 2012年，发展单位会员4个，共计61个。召开单位会员全体会议1次，理事会议2次。

5月20日，研究会在北京举办主题为“纪念小平同志视察首钢二十周年”理事活动日。30多位理事参加活动。举行座谈会，学习邓小平同志视察首钢时的重要讲话，共同回忆当年邓小平同志到首钢视察时的情景。沿着邓小平同志视察首钢所走过的路线进行参观。

研究会官方网站进行了升级改版。各专业委员会分别建立网站，其中，人居环境专业委员会根据不同工作内容设立了官方网站、人居产业联盟、人居实验室3个网站。研究会设立新浪官方微博，发布工作动态，宣传科普知识，针对热点问题发布信息，征集意见等。

举办学术会议27次，参加人数约4010人，征集论文530篇，其中国际学术会议9次，外籍专家约50人。举办了联合国可持续发展大会专题研讨会。在联合国可持续发展大会期间，召开了3场边会和1场高端论坛。举办了中国节能减排和新能源科技成果产业化高峰论坛，“863”计划资源、环境与海洋技术成果转化交流会及企业创新发展论坛，2012盐城国际环保产业高峰论坛等主要学术交流活动。

学术期刊 《中国人口·资源与环境》（中文版）共受理稿件4000多篇，出版12期，刊发文章360篇。《中国人口·资源与环境》（英文版）共受理稿件137篇，其中境外来稿23篇，占来稿比例为16.8%，出版4期，刊发文章66篇，其中境外作者稿件14篇，占21.2%。《中国人口·资源与环境》（中文版）出版增刊2期，刊发文章100多篇，共发刊5万多册。

《中国人口·资源与环境》连续被收录为“中国科技核心期刊”（中国科技论文统计源期刊）。根据《2012年版中国科技期刊引证报告（核心版）》，《中国人口·资源与环境》的影响因子为 0.807，在环境科学技术、安全科学技术类 37 种期刊中列第 12 位，在全部 1998 种期刊中列第 203 位；他引率 0.83；基金论文比 0.83；综合评价总分 48.8，在环境科学技术、安全科学技术类 37 种期刊中列第 13 位，在全部 1998 种期刊中列第 413 位。在《2012 年版中国科技期刊引证报告（扩展版）》中，《中国人口·资源与环境》的影响因子为 2.11，在环境科学技术、安全科学技术类期刊中居第 1 位。

10 月，《中国人口·资源与环境》与英国泰勒弗朗西斯（Taylor & Francis）出版集团达成协议，由其负责该刊的国外在线出版、发行及排版印刷工作，自 2013 年 1 月 1 日起执行。

决策咨询 研究会借助理事、专家资源，向政府及有关部门提交了 38 篇决策咨询报告。

研究会副理事长、科技部副部长王伟中，研究会常务理事、国家发展改革委地区司司长范恒山、研究会秘书长郭日生等 11 位专家参与编写的《中华人民共和国可持续发展国家报告》，于 6 月在巴西里约热内卢举办的联合国可持续发展大会上颁布。研究会名誉理事长冯之浚、常务理事刘燕华通过国务院参事室，共同向国务院报送了《关于重视美国新一轮创新模式的转变在我国开展创新模式转型试点的建议》。研究会副理事长、国家气候变化专家委员会副主任何建坤向国务院秘书局提交了《"十二五"及以后我国 GDP 的二氧化碳强度下降目标选择、能源消费总量的合理控制等问题》的报告。研究会常务理事、国土资源部咨询研究中心土地部主任潘文灿向国务院秘书局提交了《加强耕地补占平衡工作的建议》。研究会常务理事、安徽省人大常委会原副主任季昆森提交的《坚持四者并举，大力推动循环经济》的报告，得到批复。

研究会组织专家在河北省、贵州省、湖北省、安徽省、江苏省、广东省等地方政府召开咨询座谈会 8 次。研究会理事潘家华在第十四届中国科协年会河北省党政领导与院士专家座谈会上提交了《河北临港工业区与环渤海发展战略建议》的报告。

研究会承担了中国科协"2049 科技与社会展望"系列项目《农业科技发展与现代农业》课题。召开 5 次课题研讨会，对 2049 年农业发展程度，农业生产方式，农民生活方式等进行探讨和展望，为国家制定长远计划提供依据。在党的十八大召开前夕，研究会向国务院秘书局提交了一份《加快转型、绿色发展》的政策建议。

国内主要学术会议 9 月 6 日，研究会承办的第十四届中国科协年会资源高效利用与农业可持续发展论坛在河北省石家庄市举行。来自中国农业科学院、中国农业大学、中国地质科学院、农业部规划设计研究院等科研院所和高校的专家、学者近 200 人参加论坛。中国工程院院士、中国农业科学院副院长刘旭作了题为《优化资源利用，发展现代农业》的主旨报告。河北农业大学副校长马峙英以《深入实施粮食丰产科技工程，引领粮食可持续发展》为题、中国地质科学院水文地质环境地质研究所总工程师张光辉以《华北农灌用水强度与水资源承载力适应性研究》为题、农业部规划设计研究院能源环保所所长赵立欣以《农村秸秆沼气工程技术研究与应用》为题、河北省畜牧站副站长刘建辉以《河北省畜禽养殖业污染调查及防治对策》为题分别作了专题报告。从不同侧面分析了河北省农业资源综合、高效利用的现状和存在的问题，结合河北省实际提出了促进农业可持续发展的意见和建议。

科普活动 研究会与各分支机构共举办主题科普活动 12 次，参加活动科技工作者 172 人次，活动受众 84050 人次。举办科普讲座 10 次，科普展览 4 次，青少年科技竞赛 3 次，青年科技竞赛参赛人数 11150 人次，编写和出版科普读物 1 种。

研究会将科普工作与学术研究相结合，在完成中国科协 2011 繁荣科普创作资助计划项目课题的同时，将课题研究内容用通俗易懂的语言，编写成《中国自然灾害与防灾减灾知识读本》，于 2012 年初正式出版。

11 月 11 日，由研究会与中国建筑学会主办，中国建筑学会室内设计分会（CIID）承办，以"节能减排与环境保护"为主题的第二届"设计再造"创意大赛落下帷幕。活动于 4 月启动。大赛共收到参赛作品 228 件。评选出一等奖 1 名、二等奖 4 名、三等奖 8 名、入围奖 59 名。

12 月 7 日，由研究会与共青团北京市委、北京市科学技术委员会、北京市教育委员会、市委宣传部等单位联合主办，北京青少年科技文化交流服务中心承办的第十二届北京青少年科普短剧汇演落幕。活动以"生态文明我的低碳生活"为主题，共有近 200 所中小学的万余名青少年参与优秀科普短剧征集活动，征集到 400 多个科普短剧作品，评选出 9 部优秀剧目参加了汇演。

研究会将科普工作与公益活动相结合，在北京台京打工子弟学校开展"学习雷锋、好榜样，关爱农民工子女"科普宣传服务活动。与中国关心下一代工作委员会公益文化中心在北京启动"爱护家园环境、共享绿色成长"全国青少年环保公益夏令营教育实践活动等，向青少年、中小学生讲解与可持续发展、节能减排等相关的知识、生活技巧，并赠送由研究会编写出版的《低碳漫画》、《低碳三字经》等科普读物。

表彰举荐优秀科技工作者 研究会推荐的何建坤获

得中国科协第五届“全国优秀科技工作者”荣誉称号。何建坤是研究会副理事长、清华大学校务委员会副主任、低碳经济研究院院长、管理科学与工程专业教授、博士生导师、中国气候变化专家委员会副主任。主要学术研究领域为能源系统工程、全球应对气候变化战略与政策。承担多项国家科技攻关及重大国际合作项目，为“十一五”科技支撑计划相关重大项目专家组组长，“973”项目首席专家。研究成果曾获国家和省部级科技进步奖多项，发表学术论文百余篇。

推荐海外高层次人才1人次。

党建强会 7月27日，中共中央组织部调研组到研究会进行党建工作调研，听取了研究会党建工作汇报。

会员服务 2月22日，研究会召开2012年加强会员管理与服务工作座谈会。18位单位会员代表、《中国人口·资源与环境》编辑部负责人、5个专业委员会代表进行交流。研究会专门设计了会员服务调查问卷，涉及20多项内容，了解会员的需求，拉近研究会与会员的距离。

研究会为全体理事和单位会员服务，订阅了6种学习资料，其中《部委政策动态报告》49期、《财经分析预测》49期、《能源与低碳经济》29期、《能源产业发展报告》17期、《中国能源产业》双周研究报告13期、《社会管理参考》12期，共500余万字。

【联合国可持续发展大会之中国非政府组织系列学术会议】 6月15～23日，研究会首次以中国非政府组织名义组团，参加在巴西里约热内卢召开的联合国可持续发展大会（简称“里约+20”峰会）。研究会联合中国民间组织国际交流促进会、中国联合国协会等相关单位，共同主办了资源环境与可持续发展论坛、绿色商机企业家论坛、减贫与可持续发展——中国NGO在行动3场主题边会和中巴清洁能源与可持续发展高层论坛。

在资源环境与可持续发展论坛上，研究会副理事长何建坤、清华大学能源环境经济研究所所长张希良、上海社会科学院教授李正图、美国WRI可持续交通项目首席长官Clayton Lane等发言。会议从专家学者、企业和中方国际合作伙伴等角度，解读了中国“十二五”规划中关于低碳发展的相关内容，介绍了中国实现减贫和绿色增长、建设低碳城市、发展生态农业等方面的实践经验和取得的成效。

包括研究会在内的15家中国非政府组织联合向大会网站提交了《中国非政府组织推动减贫和可持续发展倡议书》。该《倡议书》建议，各国政府、非政府组织以及国际组织间应进一步加强交流合作、互相支持，共同推动全球扶贫与可持续发展事业。

6月19日，研究会与清华大学、巴西里约热内卢联邦大学等联合主办的中巴清洁能源与可持续发展论坛在巴西里约热内卢联邦大学举行。论坛由巴西里约热内卢联邦大学COPPE学院院长、巴西科学院院士、巴西国家气候变化论坛秘书长Luiz Pingguelli Rosa和研究会副理事长、清华大学低碳研究院院长何建坤共同主持。科技部副部长王伟中和巴西科技部副部长Antonio Elias到会并发言，并共同为清华大学与巴西里约热内卢联邦大学合作的酶法制备生物柴油中试装置竣工揭牌。清华大学与巴西里约热内卢联邦大学自2010年开始生物柴油技术合作，采用清华大学获取的全球专利技术——酶法制备生物柴油技术，在巴西里约热内卢联邦大学建立了一套中试示范装置，生物柴油合作项目有力地促进我国的生物酶法生物柴油技术在巴西乃至拉美地区的产业化应用，促进两国的科技合作。

在联合国可持续发展大会上，研究会以多种形式介绍了中国NGO在推动中国可持续发展方面所做的贡献，表达了中国民间社会对可持续发展大会的期待。

“里约+20”峰会结束后，研究会组织召开了国际可持续发展新格局、新问题、新对策学术研讨会，并出版了24.6万字的《里约之新》一书。

【推动油污染防治及资源回用关键技术产业化专家咨询座谈会】 3月4日，研究会主办，交通运输部水运科学研究院、南京碧盾环保科技有限公司协办的推动油污染防治及资源回用关键技术产业化专家咨询座谈会在北京召开。国务院参事刘燕华、冯之浚、郑虎、徐锭明等20多位专家、学者出席会议。研究会名誉理事长甘师俊主持会议。

交通运输部水运科学研究院副院长费维军作了题为《我国溢油应急处置技术现状与发展趋势》的报告。南京碧盾环保科技有限公司董事长甘宪作了题为《论三大溢油污染的科学治理及绿色修复》的报告。国务院发展研究中心产业经济研究部副部长杨建龙作了题为《新型溢油污染绿色治理新技术产业化发展战略研究》的报告。与会专家就报告中所涉及的问题进行了讨论。专家一致认为，国内外都面临着日益严重的溢油污染的威胁，而传统技术已经难以应对当前溢油污染对人类可持续发展提出的严峻挑战。我国科技术人员开发出了阻截除油、船用双臂架收油系统、重型围油栏快速布放等溢油污染应急治理关键技术。阻截除油技术具有完全的自主知识产权，能将油污染治理与油资源回收一步完成。但这些关键技术虽然取得了突破性的进展，但产业化进程遇到各方面的困难。

为集成先进的溢油污染治理相关技术、形成合力，大幅提升我国溢油污染应急技术及装备水平，与会专家就技术产业化发展提出10项咨询建议，旨在推进我国具有自主知识产权的科技成果产业化。

（撰稿人：姜　艺）

中国青少年科技辅导员协会

服务创新型国家和社会建设　协会依托东南大学、天津师范大学、华东师范大学和上海市科技艺术教育中心等4个培训基地，围绕科教活动策划与组织能力培养，开展了5期骨干科技教师培训，共培训科技辅导员2138人。

在协会的支持下，贵州省、重庆市、新疆维吾尔自治区、内蒙古自治区、广东省、山东省、青海省、山西省、广西壮族自治区等10余个省、自治区、直辖市结合当地实际需求，举办了“送培训到基层”活动。

开展青少年科技辅导员培训工作体系课题研究，出版了“青少年科技辅导员培训工作体系”系列丛书第二部——《科技辅导员培训指南》。

协会根据科学教育发展特点，引进了美国英特尔公司开发的“设计与发现”课程（教师指南）教材，通过组织专家改编和试点培训，完成了教材的改进工作，并举办2期科技教师培训。

学会建设　召开1次理事会议、1次常务理事会议和1次常务理事会通讯会议。

利用会员日、科普志愿者培训、全国青少年科技创新大赛、国际交流等科技教师参与人数较多的活动，加强协会工作宣传，并发展会员。全年共发展个人会员337人，学生会员285人，单位会员31个，截至2012年底，共有注册个人会员6446人，单位会员454个。

为加强协会正规化建设，协会秘书处修订了《中国青少年科技辅导员协会网站管理办法》、《中国青少年科技辅导员协会会员发展与会籍管理办法实施细则》、《中国青少年科技辅导员协会财务管理办法》、《中国青少年科技辅导员协会财务工作制度》和《中国青少年科技辅导员协会聘用人员管理办法》等一系列规章制度。

国际交往　3月28日～4月1日，协会组团参加美国科学教师协会年会，加强与美国科学教师协会的联系和合作，开拓国际资源共享渠道，引入优质教育资源。代表团参加了科学教育全球对话、新一代美国科学教育标准等分会场活动，参观了美国科学教师协会年会展会，观看了来自世界各地的科学教育器材厂商、科研机构、科技教育组织的科教展览和科学教育活动。

科普活动　9月15～16日，协会组织了12个全国学会参加全国科普日北京主场学会专场活动。

5～8月，协会承担了第27届全国青少年科技创新大赛科技辅导员竞赛板块的评审和相关科学教育活动的组织工作。大赛最终评选出科技辅导员创新项目一等奖27项、二等奖66项、三等奖94项，十佳优秀科技辅导员获奖人10名和3项为科技辅导员设立的专项奖。

承担中国科协青少年科技中心的“青少年科学工作室”资助项目和“大手拉小手——科普报告希望行”项目。“青少年科学工作室”资助项目，全年共资助青海省、内蒙古自治区、新疆生产建设兵团和云南省临沧市、陕西省延安市等地建设科学工作室12个，挑选、汇集各地活动案例和资源包23项。协会对青海省、宁夏回族自治区、重庆市、贵州省等地工作室的发展思路、资源开发、开放情况、运行状况等进行检查和调研。2012年，“大手拉小手——科普报告希望行”重点在西部偏远地区和少数民族地区开展。全年共组织专家70人次在内蒙古自治区、青海省、西藏自治区、河北省、安徽省和海南省等6个省、自治区、直辖市，举办科普报告229场，听众6.5万人。

协会与国杰老教授科技咨询开发研究院联合组建的“老教授科普报告团”，在中国科协年会“院士专家科普报告燕赵行”活动中，为青少年学生作了多场科普报告。

表彰举荐优秀科技工作者　协会推荐的上海华东师范大学教育科学学院教授霍益萍、重庆市巴南区鱼洞第四小学高级教师朱朝全获得中国科协第五届“全国优秀科技工作者”称号。

会员服务　4～6月，协会组织开展了第20届主题为“科学教育的实践与探索”的论文征集活动。24个理事单位会员、8个单位会员共推荐论文634篇。协会理论工作委员会组织评委会进行评审，13篇论文获一等奖、187篇论文获二等奖、239篇论文获三等奖。本届论文评审过程首次正式引入论文查询机制。

【2012科学教育国际论坛】　11月12～13日，由中国科协青少年科学教育专门委员会、中国青少年科技辅导员协会、江苏省科协和英特尔（中国）有限公司共同主办的2012科学教育国际论坛在江苏省南京市举行。来自美国、英国，中国大陆、香港特别行政区、台湾地区等国家和地区的科学教育专家、学者、科技教师共约160人参加论坛。论坛共邀请发言人21名，其中大会主旨报告人6名，分论坛引导发言及案例发言人15名。会议论文集共收录大会发言摘要22篇、协会评选的优秀论文摘要20篇。

论坛的主题是“科学教育新探索”，与会专家、学者分析了科学教育的现状和未来的发展方向。华东师范大学副校长任友群的主旨报告以其承担的教育部人文社会科学重点研究基地重大项目《学习与课程的关系研究》为基础，揭示了究竟是什么因素影响了学生的数学和问题解决能力。中国科普研究所所长任福君作了关于中国青少年创造性想象发展研究的主旨报告。报告提出，受学校教育环境等不同因素的影响，我国青少年创造性想象的发展和创造性想象呈不同水平。来自美国史密森尼学会（SI）的政策与分析总监 Carole Neves 博士以《跨学科融合》为题作了主旨报告，介绍了史密森尼学会基于博物馆、科技馆和科学研究机构的科学教育资源优势，综合利用历史、艺术、文化和科学知识开展学生研究项目，在推动跨领域和跨学科融合的科学教育方面做的大量创新实践。英特尔公司全球 K-12 课程与教学内容经理 Anne Batey 女士介绍了她对科学教育发展大趋势的思考和科学课程资源开发的经验，重点介绍了美国新一代科学教育标准更加强调工程教育和科学教育的深度融合，鼓励从幼儿园到高中的教育工作者围绕科学和工程，以及与科学和工程相关联的重要概念，开发提高学生科学素质和工程技术能力的实践活动和课程资源。美国探究学习辅导员协会主席 Russ Fisher-Ives 先生讲授了教师如何带领学生有效地开展科学探究。东亚科学教育协会主席连启瑞在主旨报告中宏观探讨了科学教育未来的发展动向，特别是对于亚洲国家的影响。

在分论坛讨论中，专家、学者围绕科学教育的内容、科学教育方法与实践、科学教育中学习效果的评测及运用等问题展开讨论。与会专家从实际出发，提出了在实施科技教育活动中遇到的问题和实践经验。

【首届清洁能源技术竞赛】 3 月 17 日，由中国青少年科技辅导员协会、美国科学教师协会、美国应用材料公司和中国科协青少年科技中心共同主办的首届清洁能源技术竞赛中国赛区终评活动暨颁奖典礼在陕西省西安市举行。来自西安交通大学附属中学的刘一锋、杨帆同学以《太阳能救灾板房（供电取暖照明系统）》设计方案，最终获得了本届竞赛的一等奖。

清洁能源技术竞赛是一项面向 13 ~ 18 岁青少年的新型工程技术类竞赛项目，旨在鼓励青少年利用与清洁能源相关的科学技术知识与方法解决现实中的问题，促使青少年更好的理解科学技术在解决全球性问题时所起的重要作用。首届清洁能源技术竞赛的主题是“太阳能救灾方案”。本届竞赛的终评活动，分别在美国旧金山市和中国陕西省西安市举办。美国赛区的终评活动于 3 月 10 日举行。

首届清洁能源技术竞赛于 2011 年 5 月启动。中国赛区共有 144 支来自西安各中学的代表队报名参加竞赛，经过 8 个月的方案设计和准备，共有 83 支代表队提交了有效参赛方案。组委会邀请国内清洁能源领域的科研和工程技术专家，评选出入围终评的 10 支参赛代表队。

终评活动中，10 支入围代表队的 33 名参赛选手分别向评委和观摩比赛的 230 名西安各中学的师生展示了他们改进后的设计方案和实物模型。经现场展示和选手答辩，评委会最终评选出一等奖代表队 1 个、二等奖 2 个、三等奖 3 个、优秀奖 4 个。

【“再回大学”全国优秀化学教师培训】 6 月 11 ~ 21 日，“再回大学”全国优秀化学教师培训班在中国科学院研究生院举办。活动由中国科协青少年科技中心和中国青少年科技辅导员协会主办，中国科学院研究生院和华东师范大学科教合作研究中心承办。共有来自全国 14 所高中的 33 名化学教师参加培训。

协会在“科教合作”实践的基础上，为进一步落实《国家中长期教育改革和发展规划纲要》的精神，于 2012 年与中国科学院研究生院合作，以提高优秀高中科学教师的学科素养、跨学科知识、学科前沿知识、实验技能和科研能力为主题，利用中国科学院研究生院丰富的课程资源，共同组织了面向优秀高中科学教师的“再回大学”教师培训项目。

本次培训，从培训课程与教师专业发展的切实需要等方面出发，为学员专门举办了 10 场专家讲座，并从研究生课程中挑选 8 场专家讲座作为培训的必修课程。培训班还要求学员从研究生选修课程中至少选择 5 场专家讲座作为个人选修课程。

（撰稿人：郑浩然）

中国科教电影电视协会

服务创新型国家和社会建设 协会与北京科学教育电影制片厂联合创办了中国科普影视资源共建共享平台，平台已汇集了 2000 多小时的优质科普影视资源。北京华风气象影视信息集团、中央电化教育馆、农业教育声像出版社、解放军总装备部国防科技声像中心等多家专业科教影视节目制作单位与平台达成了资源提供合作意向，部分单位已向平台提供了近千小时的节目资源。截至 2012 年 12 月底，平台向内蒙古、广西、重庆、四川、贵州、云南、陕西、山西、甘肃、青海、宁夏、新疆、浙江、江苏等 10 余个省、自治区、直辖市的 100 多个县提供了优质的科教影视节目资源。由中国科协科普部资助，平台向西部地区 50 家电视台各提供 52 期优质科教影视节目，由地方电视台自选播出。

协会受中国科协科普部委托，承办《全民科学素质纲要》文艺汇演评选活动。7 个部委、29 个省（自治区、直辖市）科学素质办推荐节目 162 个，经评选，河北省科学素质办等4个单位获优秀组织奖，上海市科学素质办推荐的科学实验表演《水之密语》等47个节目获优秀节目奖，其中，一等奖7个、二等奖10个，三等奖14个，优秀奖16个。

学会建设 截至2012年底，协会个人会员共420人、团体会员44个。

科普活动 协会从“科蕾奖”获奖影片中挑选出符合全国科技周主题的科普作品19部，与制作单位协商播出权后，在全国科技周期间进行展播。协会将科普作品复制100套光盘，发放到中国教育电视台、天津电视台、贵州广播电视台、广东电视台等多家电视台和省地县级科协及相关播出单位在科技周期间进行展播。

【2012年中国国际科教影视展评会暨制作人年会】 10月12～15日，2012年中国国际科教影视展评会暨制作人年会在浙江省余姚市举行。年会由协会和余姚市政府主办，中国教育电视台、北京科学教育电影制片厂、浙江科普教育广播影视制作中心、北京华风气象影视信息集团公司、中国农业影视中心和中国传媒大学协办。

年会以“科教影视节目的市场与创作”为主题。来自世界各地的200余位嘉宾参加会议，其中，国外嘉宾20余位。中国科协常务副主席，书记处第一书记陈希出席第七届国际科教影视“中国龙奖”颁奖典礼。

本届“中国龙奖”共收到美国、加拿大、澳大利亚、新加坡、韩国、日本、新西兰、卡塔尔、印度、法国、英国、荷兰、罗马、波兰、南非等20多个国家的112部参评作品。会上颁发“中国龙奖”金、银、铜三个级别38个奖项。北京科学教育电影制片厂《变暖的地球》，美国探索频道《摩根·费里曼之穿越虫洞：暗物质与暗能量》获得评委会大奖。中国科技馆选送的《昆虫的口器》等8部作品获金奖（含2个评委会大奖），五洲传播中心摄制的《南水北调》等12部作品获银奖，南非非洲自然历史有限公司摄制的《与龙的亲密接触》等18部作品获铜奖，另有46部入围作品获得优秀作品奖。

年会设置了预售单元及制片人论坛暨科蕾奖获奖节目评析主题报告会、制片人论坛暨中国科普影视平台推介洽谈等2个专题分会场、6个论坛。围绕科教影视节目市场与创作、影视繁荣的时代特征与国家政策支持、新视听语境下的中国科教影视发展战略与路径、3D技术与科教节目传播的趋势、国际科教节目的创作特点与发展趋势、如何实现科教影视节目的三品统一、如何购买节目、如何办科教栏目、科教节目魅力何在等议题展开了研讨。

（撰稿人：刘　畅）

中国科学技术期刊编辑学会

服务创新型国家和社会建设 学会承担国家新闻出版总署编辑72学时继续教育培训工作，承担中国科协主管期刊的审读工作。针对不同编辑岗位的不同需要，学会举办全国科技期刊编辑业务培训班3期，全国科技期刊英文编辑研修班1期，科技期刊数字出版培训班2期，科技期刊编辑手段现代化研修班1期。学会承办中国科协主管科技期刊主编岗位培训班1期。参加培训的人员共计1422人次。

6月16～22日，学会与陕西省新闻出版局联合主办的2012年第1期科技期刊数字出版培训班在陕西省西安市举办。来自全国28个省、自治区、直辖市的500余名学员参加培训，其中陕西省学员340人。授课内容涉及中国数字出版的现状和未来发展趋势，网络出版与科研环境建设，科技期刊出版的数字化转型模式，文献计量学与期刊评价，数字化时代期刊走出去之路，数字对象唯一标识符（DOI）助力科技期刊数字出版与影响力提升，稿件编校和网络/DOI元数据抽取自动化探索，数字出版的版权，网络资源开放集成共享环境下科技期刊的功能位变，国际知名期刊的数字化加工及运作，传播学和期刊创新，学术期刊的复合出版，百度文库和学术传播，期刊数字传播新趋势和数字出版实务等。

学会建设 截至2012年底，学会团体会员达到991个，个人会员达到6937人。

学会举办第12届中国科技期刊青年编辑学术研讨会暨转型中的科技期刊青年编辑论坛，第4届科技期刊发展创新研讨会，第10届全国核心期刊与期刊国际化、网络化研讨会等主要学术会议4个，承办论坛1个。参会人数达1100多人次，会议交流论文224篇，出版论文集3种。

学术期刊 《编辑学报》连续5次入选《中文核心期刊要目总览》。2012年，《编辑学报》来稿数为925篇，比2011年多15篇；发稿数为234篇，比2011年多8篇。期刊影响因子从2011年的1.160提升至1.221，总引频次从2011年的2392上升到2454。

会员服务 学会国际交流工作委员会向10余种国际数据库推荐中国期刊近100种次。协助近30个期刊编辑部申请或更新美国《乌利希期刊指南（网络版）》数据。协助期刊编辑部申请国际刊名代码（CODEN）。查询国际数据库收录中国期刊名单，译成中文，在学会网站上公布。

中国科协会员日 12月18日，中国科学技术期刊编辑学会2012年会员日金牛奖、银牛奖颁奖大会暨学术报告会在北京举行。来自全国各地190余位会员代表参加会议。大会为64名第四届金牛奖获得者、129名银牛奖获得者进行颁奖。

《中国科学》和《科学通报》总编辑、国家自然科学基金委员会副主任、中国科学院院士朱作言以《中国的基础研究与学术期刊状况的分析》为题作了报告。中华全国新闻工作者协会党组书记、常务副主席、书记处书记翟惠生以《十八大精神与科技报刊的发展》为题作了报告。国家自然科学基金委员会纪检监察审计局副局长陈越作了题为《弘扬科学道德反对学术不端》的报告。

【第252次青年科学家论坛】 11月29日，学会承办的中国科协第252次青年科学家论坛在中国科技信息研究所举行。论坛的主题是“科技信息传播与学术不端行为”。80余位编辑出席论坛。参加论坛的还有Wiley-Blackwell公司、英国牛津大学出版社、查尔斯沃思公司等出版机构的专家。

新闻出版总署报刊司报刊业务处处长董毅敏作了题为《完善学术期刊管理、杜绝期刊学术不端行为》的报告,《浙江大学学报》英文版编审张月红作了题为《伦理意识：不以规矩，不成方圆——简介国际学术期刊编辑对剽窃的容忍度》的报告，中国科学技术信息研究所主任潘云涛作了题为《中国科技期刊的诚信之路》的报告，国家自然科学基金委员会纪检监察审计局处长方玉东作了题为《弘扬科学道德 反对学术不端》的报告，万方数据股份有限公司总工程师王胜海作了题为《多元数字出版服务助力科研学术诚信》的报告，Wiley-Blackwell公司经理胡昌杰作了题为《出版道德规范最佳实践指南》的报告，英国牛津大学出版社经理苗晨霞介绍了全球出版道德委员会（COPE）的情况以及牛津大学出版社在学术出版管理方面的工作，查尔斯沃思公司经理初晓英介绍了查尔斯沃思公司在版权保护领域所做的工作。

【第12届中国科技期刊青年编辑学术研讨会暨转型中的科技期刊青年编辑论坛】 7月21～24日，学会主办的第12届中国科技期刊青年编辑学术研讨会暨转型中的科技期刊青年编辑论坛在安徽省合肥市召开。会议的主题为“转型中的科技期刊青年编辑”。180余位专家、学者参加会议。大会共收到学术论文近70篇，论文内容包括国内外科技期刊最新发展趋势及启示，科技期刊转制以及工作创新的经验、体会与展望，转型期青年编辑的使命、机遇与挑战，转型期科技期刊的经营管理，科技期刊青年编辑的培养、编辑部管理、质量管理、选题策划、新技术应用等方面的经验，科技期刊品牌建设与学术诚信建设等。

与会专家作了题为《数字化，还是数字化》、《关于科技期刊改革与发展的战略思考》、《科技期刊的竞争与合作》、《转型中的中国科学杂志社》、《他山之石可以攻玉——优秀科技期刊是如何造就的》、《转型期多刊编辑部管理模式的探索》、《国际化办刊与国际交流实践》、《科技期刊选题策划实例分享》、《如何提高同行评审的质量与效率——一份来自汤森路透的分析报告》、《打造品牌活动，实现转型期专业媒体的社会及商业价值》和《科技期刊几个热点问题的思考》等报告。

【第4届科技期刊发展创新研讨会】 8月18～23日，学会主办的第4届科技期刊发展创新研讨会在黑龙江省哈尔滨市召开，140余位专家、学者参加会议，会议收到论文45篇。

5位专家应邀作了大会报告，分别就近年来中国科协精品科技期刊项目实施成效、科技期刊国际化的必要性和迫切性、中外科技期刊的传播模式、如何通过体制改革形成科技期刊的规模经营、科技期刊和如何产生巨大的社会效益和经济效益等问题进行了探讨和分析。

适值国家新闻出版总署颁布《关于报刊编辑部体制改革的实施办法》，与会专家、学者就期刊改革、数字出版等大家共同关心的议题进行交流和讨论，认为，实现报刊业集约化经营，推动传统报刊业向数字化、网络化和现代传媒业转型是改革的大方向，但改革应符合科技期刊目前的状况和发展规律，从实际出发，循序渐进。

【第10届全国核心期刊与期刊国际化、网络化研讨会】 9月14～19日，学会与中国科学技术信息研究所、北京万方数据股份有限公司、万方数据电子出版社联合主办的第10届全国核心期刊与期刊国际化、网络化研讨会在湖南省长沙市举行。会议的主题为“乘繁荣文化产业东风 创期刊数字出版辉煌”。来自全国326个杂志社、编辑部近500名专家、学者参加会议。会议收到学术论文109篇，评出一等奖15篇，二等奖26篇，三等奖37篇。8位获奖论文作者作了大会演讲。

学会副理事长李军代表各主办单位作了题为《期刊大会10周年回顾和展望》的总结报告，反映了各期刊编辑部、杂志社和国内期刊界10年来的发展和成绩。

中国人民大学新闻学院副院长、中国人民大学舆论研究所所长喻国明作了题为《“关系革命”背景下传媒发展的关键词》的报告。北京万方数据股份有限公司总工程师王胜海作了题为《数媒时代期刊数字出版浅论》的报告。北京卓众期刊出版集团副总编谢艳丽作了题为《科技期刊经营管理、转企改制经验报告》的报告。中国科学技术信息研究所情报方法研究中心主任潘云涛作了题为《中国科技期刊学术评价体系主题报告》的报告。北京万方数据股份有限公司数字出版事业部总经理于晓松作了题为《万方数据期刊产品合作与发展报告》的专题报告。

（撰稿人：姚希彤）

中国流行色协会

服务创新型国家和社会建设 协会起草编写了“色彩搭配师”国家职业技能考评教材大纲、基础知识部分，以及职业四级部分教材，完成初稿40余万字。完善“色彩搭配师”国家职业技能考评员队伍建设工作，为协会下一步开展“色彩搭配师”国家技能考评奠定了基础。

在北京市、上海市、江苏省常州市、陕西省西安市、江苏省南通市举办色彩搭配设计专业能力三级培训班18期，二级培训班5期。在北京市、广东省深圳市、辽宁省大连市举办5批次色彩搭配技术企业内训活动。培训包含纺织服装、工业设计、广告设计、建筑环境设计、形象设计、汽车设计、文具设计、涂料设计、照明设计、花艺设计、室内设计、蛋糕设计以及媒体、财务、婚礼策划、塑料、摄影、企划、教育、礼仪、导购等社会各界人士共计630余人。学习色彩搭配设计技能的人员结构与2011年相比，汽车设计、室内软装设计、涂料设计、蛋糕设计等4个领域的人员迅速增多。

完成色彩检测与认证创新示范项目。建立了中国应用色彩体系CNCSCOLOR 1000标准色的龙盛分散染料和活性染料的配色和色牢度数据库、900标准色的亨斯迈活性染料的配色和色牢度数据库。开发了适用于色彩应用和管理人员的色彩配色工具《玩转色彩》，该配色工具选用了CNCSCOLOR标准色中常用的225个颜色，通过各种组合能搭配出10万余种配色方案，为设计师搭配和应用色彩提供了丰富的参考。建立了色彩检测实验室，搭建了完整的色彩评估与认证体系，该实验室已经通过了中国合格评定国家认可委员会的资质认证，具备了可以作为第三方公立机构提供色彩检测社会服务的资格，并已承担了一些企业色彩体系管理服务和企业染色定制、测配色服务。积极研发工业用标准色卡，拓展色彩工具的应用领域。

协会开展色彩中国各类奖项申报评审工作，举行了第七届色彩中国颁奖典礼。

学会能力提升计划 协会获得中国科协学会能力提升专项“优秀科技社团”二等奖。协会成立了学会能力提升专项专家领导小组，多次召开研讨会，部署相关工作。

学会建设 举办了协会成立30周年纪念大会，召开常务理事会议2次，理事会议1次。2012年，发展个人会员316人，个人会员总数达6950人；发展团体会员30个，团体会员总数达669个。

国内主要学术会议 2012年共举办国内学术会议6次，收到论文174篇，参会总人数达1049人次，与2011年相比，国内会议次数增加了4次，参加人数增加了879人次，交流论文增加了134篇。

11月30日，2012年中国流行色协会学术年会在北京开幕。协会副会长、中国美术学院副院长宋建明，协会技术总监、浙江大学教授叶关荣，中央美术学院设计学院教授吕越等出席年会。年会以“色彩设计与产品创新”为主题，来自全国各地的会员、理事、专业委员会委员、大专院校和企业的专家、学者共计204人参加会议。年会共征集学术论文89篇，内容涉及色彩研究、色彩科技、产品色彩设计应用、建筑与环境色彩等领域。

国际交往 协会两次派代表参加国际流行色委员会会议，提交了2014春中国色彩提案和2014～2015秋冬中国色彩提案，并带回了法国、意大利、英国、土耳其、葡萄牙、泰国、匈牙利、芬兰、瑞士、德国、日本、韩国等12个国家的色彩提案和国际定案。

协会接待了日本流行色协会、韩国纺织设计协会、瑞典NCS公司、德国RAL公司、荷兰设计协会、泰国时尚研究院等色彩公司和机构的专家、学者的来访，就色彩应用、设计等相关专业领域的内容开展交流和会谈，并与部分机构和公司达成了合作意向。

7月，协会代表团访问日本流行色协会，共同探讨双方合作以及亚洲色彩联合会未来发展事宜。

8月底，组织25名会员和相关设计人员对瑞典等4国进行以建筑与环境色彩研究为主题的专业考察、培训与交流活动。考察团与瑞典NCS色彩研究所进行色彩文化交流，在NCS色彩研究所专家的带领下，对斯德哥尔摩市政府廉租房色彩改造项目、斯德哥尔摩市地铁色彩设计项目进行考察，共同探讨不同国家、地区的色彩差异及特色。通过本次考察，协会与NCS色彩研究所建立了专业联系，并达成了合作意向。

3月，在第十八届中国国际纺织面料及辅料博览会上，协会正式推出中国应用色彩体系CNCSCOLOR第二版时尚色卡系列，新版色卡由原来900个标准色增加到1000个标准色。CNCSCOLOR分别与国际流行趋势咨询网站STYLESIGHT和WGSN合作，在其网站实行色彩趋势的标色标准，即在其所刊登的所有流行色上标注CNCSCOLOR的色彩编号。

科普活动 协会针对会员和会员企业，开展不同形式的色彩知识普及工作，针对4家会员企业360余人开展了企业定制的色彩科普活动。协会在湖南工艺美术职业学院、复旦大学上海视觉艺术学院、重庆工商大学、重庆工商职业学院、西安育才学院、南开大学滨海学院、大连鲁迅美术学院、大连理工大学城市学院、大连民族学院、北京汇佳职业学院等10所院校，在大连服装行业协会，以及在深圳工业设计周期间，举办色彩知识公益讲座，听众人数共计2620人次。

以“色彩照亮心灵、色彩和谐生活”为主题申报并承担了中国科协科普部“2012年优秀科普资源开发项目”。针对大学生的心理特点，提取色彩心理学中的色彩性格、色彩功效、色彩控制、色彩能力、色彩测试、色彩嗜好、色彩感觉、色彩印象、色彩沟通等方面色彩科学知识，制作成以插画、flash、视频、展板等多种表现形式为主体的科普资源包，其中，设计制作的展板在国内部分大学展出。

表彰举荐优秀科技工作者 协会推荐的中国美术学院副院长、协会副会长宋建明获得中国科协第五届“全国优秀科技工作者”称号。

在协会成立30周年纪念大会上，向19位为中国色彩事业作出贡献的代表人物授予中国色彩事业推动奖。

会员服务 组织会员参加2012中国国际纺织面料辅料博览会期间举办的多场色彩趋势讲座。

协会加强对色彩研发基地和应用示范基地的服务水平，推出点对点的针对性服务。基于不同基地单位对色彩的不同需求，整理出涵盖色彩基础知识、色彩搭配原理、色彩设计方法、色彩趋势等内容的一系列课程，与企业的设计师或产品开发相关人员进行点对点沟通交流。面向18家服装、面料、家居、建材企业，以及相关产业集群，提供34次色彩课程服务。委派专家担任企业色彩顾问，为企业提供色彩技术、产品色彩设计咨询、研发指导、公司形象色彩规划等咨询服务。

协会网站进行了调整，通过网站平台宣传协会的各项服务内容和专业活动，介绍协会的专业出版报告，推广和展示会员企业的风采和优秀的设计产品。经过调研，收集信息，同时结合协会会员特点以及会员需求，在“会员频道”中，专门设置了“品牌会员推荐”、“精品秀”、“会员展示”等栏目。在“会员频道”专门开设了“时尚书刊”和“展会信息”栏目，通过各种渠道，收集各类与色彩、设计、时尚、产品相关的书刊介绍和各地的专业展会信息，使会员通过协会平台掌握更多专业信息，提供多元化服务。印发了《关于通过协会网站平台开展会员服务的通知》，收集会员单位提交的文稿和图片，进行编辑和处理，上传到协会网站的各个栏目，通过协会平台推广和宣传会员单位，以及他们的色彩产品、色彩设计理念等。

【中国流行色协会成立三十周年纪念大会】 11月30日，中国流行色协会成立三十周年纪念大会在北京人民大会堂举行。来自全国各地的会员、理事、基地企业、专业委员会、相关机构的代表300人出席大会。

中国纺织工业联合会名誉会长、中国流行色协会会长杜钰洲，中国科协党组成员、学会学术部部长沈爱民，原纺织工业部副部长、中国流行色协会原会长王曾敬，中国流行色协会顾问、中央工艺美术学院原院长常沙娜，台湾地区“中华色彩学会”理事长李天任，日本流行色协会事务局长角田徹，韩国纺织设计协会秘书长金美京，德国色彩研究所副主席阿克塞尔·维恩，德国劳尔公司董事会主席兼首席执行官卡尔博士等出席会议。

杜钰洲在讲话中回顾和总结了30年来中国色彩事业发展的历史进程。他要求，协会要将学习贯彻党的十八大精神与推动中国色彩事业建设相结合，加强流行色研究、预测和发布，丰富色彩理论和实践，提高色彩行业的科研水平，为中国色彩事业贡献力量。

沈爱民在讲话中希望协会发挥科技社团作为国家推动科技事业发展重要力量的作用，调动广大色彩工作者的积极性，发挥好先进生产力开拓者和先进文化传播者的重要作用。

大会现场播放了《中国色彩三十年》纪录短片。老专家陈工凡，协会副会长、中国美术学院副院长宋建明分别发言，介绍早期的流行色研究工作以及现阶段色彩学科的发展情况，并对未来中国色彩事业的发展作了展望。

会上，宣读了《中国流行色协会关于表彰协会成立三十周年代表人物的决议》。向第一个作为观察员身份列席国际流行色委员会会议的中国代表徐英，第一个组织色彩培训班的王蕴强教授，第一个加入国际色彩科学组织的中国科学家、浙江大学教授叶关荣，持续开展敦煌色彩研究和保护的中央工艺美术学院原院长常沙娜教授等19位在中国流行色协会成立三十年中为中国色彩事业作出贡献的代表人物，授予中国色彩事业推动奖。

【第七届色彩中国颁奖典礼】 11月30日，第七届色彩中国颁奖典礼在北京人民大会堂举行。现场揭晓了2011～2012年度中国色彩应用奖、色彩教育奖、色彩文化奖、色彩科技奖和色彩贡献奖等5大类共计25个奖项。

华孚色纺股份有限公司等21家企业、机构及院校申报的作品获得色彩应用奖，常州纺织服装职业技术学院凭借在色彩搭配师职业教育上取得的成绩获得色彩教育奖，北京国染馆传统草木染恢复与应用项目荣获色彩文化奖，色彩科技奖由赢彩（上海）贸易有限公司报送的中国涂料革新方案荣获，色彩贡献奖由爱慕集团的东西方文化精粹与内衣色彩项目捧得。

本届色彩中国参评作品涵盖了服装服饰、童装童鞋、家居家纺、家装家电、工业设计、建筑设计、城市规划、高等教育、文化传播等领域。

（撰稿人：秦爱梅）

中国档案学会

学会建设 2012年，学会召开1次理事会议、2次常务理事会议。听取常务理事会工作报告，议决学会重要事项。全年，学会发展个人会员20人，团体会员13个，个人会员总数达7805人，团体会员总数达127个。

接受了民政部对学会的评估，学会获得了AAA等级。

4月16日，学会在湖北省武汉市召开全国档案学会秘书长会议。全国各省、自治区、直辖市和计划单列市、副省级市档案学会秘书长及分管档案学会的领导80余人参加会议，会议以“增强档案学会影响力”为主题、邀请中央党校科学社会主义教研部教授向春玲作了题为《社会组织发展与改革问题》的报告，就中国社会转型推动社会组织的发展、社会组织发展状况与存在的问题、社会组织发展与改革的思路与对策作了分析。

2月，学会在北京召开分支机构负责人会议，讨论了《中国档案学会分支机构管理办法》、2012年全国档案工作者年会等事宜，确定了各委员会全年工作要点以及年度学术报告的主题和基本思想。

组织专家对90余家定点企业进行考察，经专家评选，完成了2012 ~ 2014年中国档案学会定点企业评审工作。

组织开展学术研讨和交流会26个，参加学术交流活动人数3000余人次，提交论文2183篇，出版论文集3种。举办了2012年全国档案工作者年会、档案云服务高峰论坛等主要学术会议，参加了2012年海峡两岸档案暨缩微学术交流会等。

启用了《档案学研究》在线编辑系统，完成6期《档案学研究》编辑出版工作。

国内主要学术会议 8月6日，学会档案学基础理论学术委员会以“信息时代的档案学术研究”为主题在湖南省湘潭市召开学术年会。

9月18 ~ 21日，学会档案整理鉴定技术委员会以“档案开放中的信息管控”为主题在上海市召开会议，围绕档案的真伪鉴定、价值鉴定、保管期限鉴定、数字化前整理鉴定、政府信息公开与档案开放鉴定等议题进行探讨。

5月19 ~ 21日，学会档案自动化管理技术委员会以“档案信息化的前沿理念、技术与标准探索”为主题在湖南省常德市召开学术年会。

学会影像技术委员会于3月16日组织召开了“让时间为你作证——可信时间戳在档案部门的应用”研讨会；5月9日，召开了档案信息安全的保障——数模整合影像技术应用研讨会；8月12 ~ 15日，召开了以“发挥文献影像技术优势促进社会主义文化繁荣发展”为主题的年会。

9月26日，学会档案保护技术委员会与陕西省档案局共同举办了档案文献保护论坛。11月26日，档案保护技术委员会在安徽省合肥市围绕档案保护的新技术、新方法、新观点召开学术年会。

9月14 ~ 16日，学会企业档案学术委员会和国家档案局经济科技档案业务指导司在江苏省南京市联合举办以“企业档案工作与企业文化建设”为主题的学术年会。

【2012年全国档案工作者年会】 10月30日 ~ 11月1日，学会在四川省成都市召开2012年全国档案工作者年会。国家档案局局长、中央档案馆馆长杨冬权，四川省委常委、副省长钟勉，四川省政府副秘书长赵学谦等出席开幕式。大会开幕式由学会理事长、国家档案局副局长、中央档案馆副馆长李和平主持。

杨冬权以《谈档案与文化建设》为题，南京师范大学文学院教授郦波以《孔子的文献整理与教育改革》为题，北京社会科学院研究员阎崇年以《档案资料与历史研究》为题，海军信息化专家委员会主任尹卓少将以《美国战略重点东移与南海问题》为题，中国人民大学常务副校长冯惠玲以《社交媒体与档案社会化》为题，国家档案局正局级巡视员王良城以《档案服务能力提升的新探索》为题进行演讲。

年会共征集论文2300余篇。327篇被评为优秀论文，1800余篇被评为入选论文。《档案与文化建设——2012年全国档案工作者年会论文选集》，以及围绕档案事业发展的重大问题起草的《档案与文化建设——2012年全国档案工作者年会研究报告》出版发行。

年会对北京市档案学会等20家年会优秀组织单位进行表彰。举办了全国档案信息化建设论坛。与会学者在7个分会场上围绕档案工作的热点问题进行研讨。

【2012年海峡两岸档案暨缩微学术交流会】 5月9 ~ 18日，学会组成以学会理事长李和平为团长，四川省档案局局长胡金玉为副团长的18人代表团，赴台湾地区

台北市参加2012年海峡两岸档案暨缩微学术交流会。中国档案学会理事长李和平、中国文献影像技术协会理事长魏大威、台湾地区“中华档案暨资讯微缩管理学会”名誉理事长曹尔忠、副理事长宋惠云出席会议开幕式并致词。海峡两岸档案、缩微及文献影像界的专家、学者约120余人参加会议。学会代表团共组织撰写论文15篇，并编印论文集。

李和平在致词中强调，本次交流会是1992年海峡两岸档案学会恢复交流以来的第21次学术交流会议。海峡两岸档案工作者要总结过去20年两岸档案学术的成功经验，进一步加强两岸档案工作者之间的友谊，提升档案学术交流的质量。海峡两岸档案学会要作出更多的努力，作出更加精细的安排，研究更多的业务工作，继往开来，把海峡两岸档案缩微学术交流推向更加美好的未来。

会议以“档案文献的数字化与应用”为主题，围绕档案文献数字化的安全保障、数字档案文献的应用、档案文献数字化标准、数字时代缩微技术的生命力等议题进行了6场讨论。

18位报告人（其中大陆学者12位，台湾地区学者6位）发表演讲，6位评论人对18位报告人的报告进行了点评。

学会代表团参观考察了“中央研究院近代史研究所”档案馆、“中央研究院历史语言研究所”历史文物陈列馆、台湾艺术大学图书馆及文物维护研究中心、台湾博物馆、台北故宫博物院、逢甲大学等单位，通过座谈等形式与台湾地区同行就共同关心的议题进行了交流。

【档案云服务高峰论坛】 5月8日，档案云服务高峰论坛在北京举办。学会理事长、国家档案局副局长、中央档案馆副馆长李和平，北京市档案局党组书记、北京市档案学会理事长陈乐人出席论坛并讲话。中国工程院院士周立伟出席论坛。北京航空航天大学副校长魏志敏致欢迎辞。论坛由学会副理事长兼秘书长、国家档案局技术部主任付华，北京市档案局副局长马素萍主持。400余人参加论坛。

论坛由中国档案学会和北京市档案学会等单位共同主办。论坛主要内容包括宣传与研讨档案云服务理念，展示云计算技术在数字档案馆云平台、档案智能移动终端、档案中心、电子政务查询中心、档案安全中心、智能三维档案库房建设方面的应用，探讨先进、实用的IT新技术在档案管理与服务中的应用前景。

国家信息中心专家委员会主任宁家骏、国家档案局巡视员王良城分别以《抓住机遇，推进云服务，促进资源优化配置和电子政务建设转型升级》和《档案服务能力的新探索——中国档案云的构建与应用》为题作了主题报告。国家档案局技术部副主任蔡学美，国家档案局经济科技司副司长王岚等9位专家、学者就档案云技术应用与档案信息化建设、档案管理与业务流程协同的必然之路——企业档案管理云计算应用探讨、云技术及应用分析等内容作专题报告。

大会设立了档案云计算信息技术展示体验区，与会学者与软件研发、设计技术专家针对档案云技术的探索、研究、应用、建设、推进，以及档案新技术的教育等问题进行了探讨和交流。

【中国·浦江档案文化节】 12月5～12日，学会与浙江省档案学会、浙江省浦江县人民政府在浙江省浦江县共同主办“中国·浦江档案文化节”。文化节期间，举办了档案与文化建设座谈会、《浦江宗谱文献集成》出版发行新闻发布会、“历史记忆”藏品展示暨爱国主义教育基地授牌仪式、《浦江方言内涵探究》出版座谈会、浦江“兰台杯”中小学师生档案作文大赛颁奖、书画作品展销会、“档案浦江”系列报道刊播仪式、兰台玉石一条街等活动。

在档案与文化建设座谈会上，学会常务理事、河南省档案局局长王国振，学会常务理事、甘肃省档案局局长张蕊兰，学会理事、浙江省档案局副局长韩李敏，山东省档案局局长唐传喜等分别发表演讲，从档案工作体制、档案工作内容等方面探讨了档案与文化建设的关系，并对档案部门参加文化建设的方法、路径进行了探讨。

（撰稿人：付　华　霍力华）

中国国土经济学会

服务创新型国家和社会建设 学会强化服务功能，推动全国中小城市生态环境建设实验区和低碳国土实验区共建工程持续发展。组织召开了实验区工作会议暨部委信息对话会。组织专家对实验区进行考察调研60多次，在了解各实验区实际需求的基础上，搭建6个服务平台，为实验区提供全方位服务。

学术期刊 为提高《今日国土》的编辑水平和质量，学会加强对编辑人员的培训，建立和培养稳定、可靠的作者队伍，充分发挥编委会的指导作用，加强稿件的审查编校。把宣传科技人物、介绍实验区的工作经验以及学术研究成果作为主要宣传内容。2012年，《今日国土》刊发宣传科技人物文章12篇，实验区先进工作经验文章10余篇，学术研究成果20余篇。

6月24日，学会举办了以“国土”为主题的庆祝第22个土地日暨《今日国土》杂志创刊10周年笔会活动。

学科发展研究 3月，学会组织编撰的《国土经济学通论》由中国高等教育出版社出版。6月18日，召开《国土经济学通论》出版座谈会。

4月，在中国科协支持下，学会组织编写《国土经济学学科发展报告》，由中国科学技术出版社出版。

11月28日，学会邀请有关专家、学者，回顾总结学会近年来高效利用国土空间方面的研究工作，并就进一步做好优化国土空间开发格局的研究和实践作出部署。

国内主要学术会议 3月3日，以“优化国土空间开发格局”为主题的第五届中国国土区域城市经济学家新春联谊会在北京召开。联谊会由中国国土经济学会、中国区域经济学会、中国城市经济学会共同主办。60余名专家、学者出席会议，共同为优化国土空间开发格局建言献策。

国际交往 11月30日，中国国土经济学会推荐的全国低碳国土实验区代表、重庆市黔江区区长吴忠，在多哈联合国气候变化框架公约第18次缔约方会议暨京都议定书第8次缔约方会议上，发表了《立足生态优势，探索低碳发展之路》的主题演讲。这是全国低碳国土实验区自2010年创建以来，首次走向国际讲台。

吴忠在演讲中介绍了中国创建全国低碳国土实验区的有关情况，从确立低碳发展战略、退耕还林增加森林碳汇、为农村提供清洁低碳能源、发展生态产业增加居民收入、规划建设低碳城市等方面阐述了重庆市黔江区低碳发展之道。

全国低碳国土实验区是在中国科协领导下，由中国国土经济学会组织实施的一项旨在倡导低碳生活，创新低碳技术，发展低碳产业，并通过政策制度保障减缓温室气体排放，走中国特色低碳经济发展道路的全国性、持久性共建工程。截至2012年底，全国低碳国土实验区已涵盖全国11个省、自治区、直辖市的19个市、县（区），受众1000多万人。

科普活动 学会设立科学普及部，配备专职工作人员，坚持专人、专岗、专门负责科普工作。编写宣传手册《低碳生活百件小事》、《低碳产业百项技术》等科普读物。

9月2日，由中国科协支持、学会主办的全国绿色国土行暨低碳国土绿色国土公益科普活动启动仪式在湖南省安乡县低碳国土实验区启动，第十届全国政协副主席、学会理事长张怀西出席启动仪式。启动仪式上，发布了致全国人民《建设绿色国土、践行低碳生活——全国绿色国土行倡议书》，向安乡县机关和学校赠送了千条“绿手帕”及1000册科普读物《环保科普百问百答》、《低碳生活百件小事》。

党建强会 学会秘书处党支部分别在6个省、市的全国中小城市生态环境建设实验区、全国低碳国土实验区中，选择具有代表性的6个村级党支部开展党支部共建工程。以党支部共建工程，推动学会中心工作。

7月3日，中共中央组织部、中央直属机关工委、中国科协调研组一行15人在中国国土经济学会召开调研座谈会，就社会组织党建工作基本情况、存在的问题及解决方法等进行调研。学会副理事长兼秘书长、秘书处党支部书记柳忠勤以“认真实施‘两个工程’，努力推动党建强会”为主题作重点发言。中国城市科学研究会、中国兵工学会、中国科技新闻学会、中国航空学会、中国力学学会的党组织负责人分别介绍了各自学会党建工作情况。

【《国土经济学通论》出版座谈会】 6月16日，学会主办的《国土经济学通论》出版座谈会在北京召开。第十届全国政协副主席、学会理事长张怀西，以及来自中央党校、国务院发展研究中心、中国人民大学、中国农业大学、中国地质大学、北京师范大学、北京林业大学、中国高等教育出版社等单位的20余位专家、学者出席座谈会。会议由《国土经济学通论》编委会副主任、学会副理事长兼秘书长柳忠勤主持。

《国土经济学通论》是中国国土经济学会编辑出版的第7本学术著作，也是学会近年来推出的最为系统、完整的学术著作。该书以国土为研究对象，研究内容涉及国土调查与评价、国土开发与利用、国土保护与整治、国土管理与政策等方面。该书由学会学术团队共同编写，张怀西任编委会主任，国务院发展研究中心资源环境政策研究所副所长、学会副秘书长谷树忠任主编，由中国高等教育出版社出版发行。

张怀西在讲话中说，近年来，党和国家为确保粮食安全，坚持实行最严格的耕地保护制度，要求坚守18亿亩耕地红线。而随着我国人口的持续增长、工业化城镇化的快速发展，由此而引发的用地需求也快速增长，经济社会发展中的资源瓶颈日益突出。而国土经济学正是研究国土开发、利用、保护、整治、改造中的经济因素、经济现象和经济问题，探求其经济规律、经济机制与经济手段的学科，具有为现实服务、为应用服务、为发展服务的学科特性，因此，建议广大干部、尤其是领导干部，要学一些国土经济学，了解必要的国土经济学知识，能够帮助领导班子及个人丰富知识、开阔视野，树立科学的大国土观、科学的国土经济观，增强发展理论修养、增益经济管理智慧，提高统筹、规划、决策能力，善于系统解决经济发展中的现实问题，在实际工作中更好地推进人与自然、经济与国土、建设与资源环境的和谐发展。

专家就《国土经济学通论》的使用，尤其是如何将国土经济学作为一门学科进入大专院校，如何将国土经济学应用到干部培训中，如何普及和使用国土经济学，如何进一步充实《国土经济学通论》的内容展开讨论，提出了建议。

【第七次全国实验区工作会议暨2012部委政策信息对话会】 3月24～25日，以“绿色国土、高效国土、安全国土”为主题的第七次全国实验区工作会议暨2012部委政策信息对话会在北京人民大会堂举办。第十届全国政协副主席、学会理事长张怀西，全国政协人口资源委员会副主任、学会第一副理事长江泽慧，学会副理事长兼秘书长柳忠勤，以及来自全国15个省、自治区的28个市、县、区主要领导、相关业务部门负责人，中央主要媒体记者共150余人出席会议。

学会邀请国家发展改革委、国土资源部、农业部、水利部、科技部、交通部、环境保护部、工业和信息化部、国家林业局、国家旅游局等10个委、部、局的10位相关负责人，与来自14个省的28个中小城市的100多位实验区代表，就2012年国家部委的最新政策信息进行沟通、交流与对话。

柳忠勤作了第六次实验区工作会议以来的工作报告。张怀西以《绿色国土、高效国土、安全国土》为题发表讲话。会上，向各实验区赠送了《中国应对气候变化的政策与行动》白皮书、《低碳生活百件小事》绿皮书。

（撰稿人：杨巧英）

中国土地学会

服务创新型国家和社会建设 学会配合国土资源部科技与国际合作司完成了土地科技成果推广工作方案，承担了33个机构申报的150多项土地科技成果的收集、整理、分类、派发等工作。完成土地规划甲级资质日常管理和年度核证工作。配合中国土地勘测规划院土地遥感所，举办“资源一号”02C星土地应用培训班1期。配合中国土地勘测规划院土地规划评审中心，举办规划甲级资质培训班1期。

承担国土资源部《国土资源年鉴》“土地科学研究”词条撰写工作。2012年“土地科学研究”词条共2.7万多字，从土地调查与评价研究、土地利用与规划研究、土地经济与土地资产管理研究、土地信息与遥感技术研究和土地科学基础研究等方面，对2011年土地科学研究取得的成果进行系统的梳理和总结。

学会建设 6月1日，学会六届五次常务理事会议在北京召开。学会理事长王世元在讲话中要求，学会要继续围绕中心、服务大局，积极发挥科学引领和建言献策作用，力促2012年各项工作迈上新台阶。副理事长、常务理事等42人出席会议。部分分支机构副主任委员列席会议。会议审议了2011年学会工作总结、财务工作报告、学会发展“十二五”规划、部分组织机构人员调整方案、土地规划机构评选推荐管理办法等，并就学术年会主题进行讨论。

9月26日，学会在陕西省西安市召开2012年全国土地学会秘书长会议。会议就学会能力提升、资质管理、外事管理、网站平台建设等问题进行研讨。

召开《中国土地科学》外审标准专家研讨会，专题讨论了《中国土地科学》外审工作的要求、标准和专家库建设等问题。

学会组团赴意大利参加国际测量师协会（FIG）第35届全体大会暨2012年度工作周会议。组团赴台湾地区参加2012年海峡两岸土地学术交流会。召开2012年中国土地学会学术年会。

学术期刊 《中国土地科学》全年编辑出版正刊12期，发表论文180篇。根据中国科学文献计量研究中心、清华大学图书馆按照2011年度中国学术期刊被SCI、SSCI期刊引用的总被引频次排序，《中国土地科学》达到了TOP5%～10%。《中国土地科学》被评为“中国国际影响力优秀学术期刊”。《中国土地科学》影响因子2.675，在农业经济类53种核心期刊中上升到第2位。

《土地科学动态》全年编辑出版6期，发表论文122篇，完成重点选题12个，主要包括健全农村土地承包经营权退出机制、2012年国土资源形势判断、铜陵城乡一体化改革讨论、后农村集体土地确权登记发证的形势与挑战、上半年土地市场运行情况和宏观调控面临的压力、广东三旧改造政策分析、如何破解耕地保护与城市发展的矛盾、省级土地学会负责人谈土地管理制度改革、十年土地管理制度改革成就与展望等。

学科发展研究 学会与中国土地勘测规划院等单位合作开展年度土地科学学科发展专题研究，对土地科学在2011年的最新进展情况，包括研究内容、主要结论，重要的理论创新和技术创新，重要成果的应用等进行系统总结，并最终完成《土地科学学科发展蓝皮书（2012年）》的编写工作。

国内主要学术会议 10月，学会与有关单位在江苏省南京市联合举办2012年中国土地科学论坛。论坛的主题为“社会管理创新与土地资源管理方式转变”。近百所高校和科研院所的100余位专家、学者出席会议。会议征集论文130余篇，会上交流30余篇。会议论文集结集出版。会后，编辑出版一期《中国土地科学》专刊。

9月，学会在广西壮族自治区北海市召开土地管理制度改革成就与主要方向座谈会。23个省级土地学会负责人出席会议。

为纪念第22个“全国土地日”，学会于6月举办了“6·25”专家研讨会，主题是“建设高标准基本农田，保障国家粮食安全”。中国科学院院士、中国农业大学教授汪懋华，全国政协委员、国务院参事、国土资源监察专员、中国地质大学教授蔡克勤，国土资源监察专员、农业部农垦局巡视员何子阳，国土资源部土地整治中心主任吴海洋等作专题发言，从不同角度论述了建设高标准基本农田、保障国家粮食安全的意义，并提出了建议。

根据《国土资源部办公厅关于开展第22个全国“土地日”主题宣传周活动的通知》精神，学会联合中国土地勘测规划院等单位，在中国土地学会网、中国土地规划网、中国地籍网、中国土地整理网和国土资源网同时举办第11期“6·25”土地日网上论坛。论坛主题为“建设高标准基本农田，保障国家粮食安全”。论坛发布了48篇书面发言，共12万字，为国土资源管理提出了建议。

表彰举荐优秀科技工作者 学会按照《国土资源科学技术奖奖励范围与评审标准及有关规定》，向国土资源部科技与国际合作司推荐了7个项目，其中3个项目获得国土资源科学技术奖。

5月5～11日，国际测量师协会（FIG）第35届全体大会暨2012年度工作周会议在意大利罗马举行，主题是“土地管理、环境保护与文化遗产评估”。来自100多个国家和地区的2000余人出席会议。学会首次组织9人代表团参加会议。大会举行了新会员入会仪式，正式接收中国土地学会为国家会员。学会理事长王世元代表学会接受会员证书。王世元在致辞中向大会介绍了中国土地学会几十年来开展的主要活动和取得的业绩，表达了共同履行会员义务和职责、开展广泛务实合作、推动FIG各项事业进步和发展的愿望。

【中国土地学会成为国际测量师协会正式国家会员】 国际测量师协会（FIG）是土地管理领域的国际非政府组织，成立于1878年，下设10个分技术专业委员会，目前拥有120多个国家会员。FIG的最高决策机构是全体大会，每四年召开一次，每年召开年度工作周会议，不定期召开分技术委员会会议以及地区性会议。中国土地学会向FIG选派了7名专家分别担任空间信息管理委员会、定位与测量委员会、地籍和土地管理委员会、空间规划与开发委员会等分技术委员会委员。

大会举办了100多场学术论坛、专题报告会和专题研讨会，来自世界各地的专家、学者400余人发言，内容涉及10个分技术委员会。按照专业相关性原则，学会代表团成员重点关注了空间信息管理委员会、地籍和土地管理委员会、空间规划与开发委员会和房地产评估与管理委员会的学术交流活动，并参加研讨。学会派出的3名专家蔡玉梅、黄志凌、柴志春在专题研讨会上发言，题目分别为《基于国际经验的中国空间规划体系研究》、《中国地籍基础业务发展》和《近年中国城市各业用地价格研究》。

大会交流内容涵盖了土地管理信息化、地籍管理、遥感监测、市场管理等专业领域，基本上反映了当前国际上土地管理相关业务现状和未来趋势。地籍管理方面产权问题仍是各国关注的重点，三维地籍开始成为很多国家关注的焦点，志愿者地理信息对传统土地管理理念形成的冲击，不动产评估方面出现的新理论新实践等，为我国进一步完善最严格的土地管理制度提供了借鉴。

【2012年中国土地学会学术年会】 12月14～15日，2012年中国土地学会学术年会在浙江省杭州市召开，学会理事长王世元出席会议并讲话。浙江省副省长王建满出席并致辞。会议由学会副理事长兼秘书长郑凌志主持。

会议共收到论文200余篇，120篇入选年会论文集，18篇获“2012年中国土地学会学术年会优秀论文奖”，22人在大会或分会场作了交流。王世元、王建满等为“2012年中国土地学会学术年会优秀论文”作者颁奖。

年会的主题为“完善土地产权制度与促进和谐社会建设”。北京大学教授林坚、成都大学研究员吴建瓴应邀作大会主题报告。

会议提出，要以加强土地产权制度建设为基础，完善以土地用途管制制度、土地有偿使用制度、土地征收制度为核心的土地管理制度，推动城乡一体化发展。

会议指出，要把握新形势、新要求，深刻认识完善土地产权制度在经济社会发展和社会管理中的重要作用。新时期以加快推进城镇化为引擎，推进“四化”同步发展，亟待加强土地产权制度建设，不断完善土地制度和土地管理制度，研究解决“人往哪去，钱从哪来”的问题。一要明晰土地产权界限，发挥土地用途管制效力。二要明晰土地权益，深化土地有偿使用制度。三要拓展土地权益实现途径，完善土地征收和收益分配制度。四要加强土地权属管理，打造土地整治统筹城乡发展平台。多年来，土地整治已经成为推动城乡统筹发展和新农村建设的重要平台和抓手，催生了一系列制度性探索，既为增加耕地数量、提高耕地质量、改善农村生产生活条件提供了支撑，又为城乡用地良性互动、以城带乡、破解城乡二元结构提供了新经验，如何规范有序推进土地整治，需要不断总结地方实践经验，不断完善土地产权制度，特别是农村集体土地使用权的确权、流转、抵押权利的改革与完善。

会议强调，加强土地产权制度建设要把握好正确研究方向。要坚持“立足国情、尊重历史、维护稳定、统筹兼顾、突出重点、有序推进”的原则，遵循自然和经济社会发展规律，确保土地产权制度建设的连续性、稳定性；要善于总结提升各地经验，在实践中不断完善土地产权制度；要加大宣传引导，营造良好舆论氛围。要扎实做好学会工作，为土地管理决策咨询提供强有力支撑。

【2012 年海峡两岸土地学术交流会】 8 月下旬，学会与台湾地区“中国地政研究所”共同组织的 2012 年海峡两岸土地学术交流会在台湾逢甲大学举行。学会副秘书长周建春率代表团一行 19 人赴台湾地区参加会议。台湾逢甲大学副校长杨龙士、学会副秘书长周建春在开幕式上致辞。华中农业大学土地管理学院院长张安录作大会学术交流，并代表大陆方作会议总结。台湾逢甲大学教授张梅英代表台湾地区方作会议总结。交流会的主题是“农村发展与农地节约集约利用”，海峡两岸专家、学者 100 余人出席。大会共收到论文 35 篇。大陆学者的 12 篇论文、台湾地区学者的 14 篇论文在会上进行交流。

海峡两岸土地学术交流活动始于 1992 年，采取一年在大陆举办、一年在台湾地区举办的形式，每年召开一次学术交流会。2012 海峡两岸土地学术交流会，特别针对农村居民点节约集约利用与集体建设用地管理、农地集约节约利用与土地整治、农地保护与征地补偿、新农村建设与农村活化与土地规划及管理等问题提出建议。会后，学会以交流会综述形式，提出了多条土地管理政策建议，上报国土资源部。

（撰稿人：许　坚）

中国科技新闻学会

服务创新型国家和社会建设 学会承接了中国科协所属期刊年检工作，4 月完成了中国科协主管的近 300 本期刊的年度核验工作，并初步建立中国科协期刊数字管理系统。

5 月，学会在福建省泉州市举办第二十五届（2011 年度）科技报系统优秀作品评选活动。收到 32 家科技报社报送的 321 篇参评作品，评选出一等奖 27 篇，二等奖 33 篇，三等奖 44 篇，好标题奖 4 篇。

6 月 28 ~ 30 日，由学会承办的中国科协学会服务中心第八届直属全国学会秘书长工作沙龙在山西省太原市召开。各直属全国学会秘书长、中国科协学会服务中心领导和学会秘书处联合办公室工作人员参加了会议。沙龙围绕如何加强学会服务社会能力建设进行了探讨，尤其对期刊的经营、管理、运作、改制的问题进行了重点的讨论。

8 月 21 日，由学会承办的 2012 年中国科协宣传干部培训班在中国科协绿化基地举行。来自 26 个全国学会、30 个省市科协和副省级城市科协的近 70 位宣传干部参加了培训。中国科协书记处书记王春法出席并做特邀报告，讲授了科协为什么要做宣传工作、科协宣传干部应具备哪些基本素质、怎么做一个合格的科协宣传干部三个问题。中华全国新闻工作者协会党组书记翟惠生作了题为《科技报道应注意三个契合》主题报告。翟惠生提出，科技报道第一要和政治契合，第二要和科学契合，第三要和文化契合。山东省科协党组书记燕翔作了题为《着力构建省级科协大宣传工作格局》报告，中国科协调宣部副部长罗晖作了题为《如何组织记者到基层采访》报告，学会副理事长徐九武做题为《新闻选题的策划和新闻主题的凝练》报告。

2012 年，科学家与媒体面对面活动举办 10 期，学会除每期参与策划设计活动方案，邀请媒体主持人、媒体代表、媒体记者并搜集报道形成媒体分析报告外，独立策划组织了两期活动，与《北京科技报》和中国航天科技集团公司第五研究院合作，举办了“科学应对洪涝灾害”、“再次走近‘北斗’”的面对面活动，让专家带领媒体记者，到消防博物馆、航天城现场，围绕活动中心话题开展对话探讨。2012 年，活动形成原创报道 182 篇，其中，通讯社消息 16 条，广播报道 12 条，视频报道 12 条，新闻报道 142 篇。

学会建设 12月1日，学会四届十三次常务理事（扩大）会议在北京召开，学会理事长焦洪波主持会议。学会副理事长徐九武、赵立凡、赵致真、李新彦、王友恭，顾问杨时光，秘书长杨艺参加了会议，常务理事和部分在京理事等共 45 人参会。会议审议、讨论通过了提交第五次全国会员代表大会的相关文件，并确定年内完成学会换届工作。

12 月 9 日，中国科技新闻学会第五次全国会员代表大会在北京召开。学会第四届理事会理事长焦洪波主持大会。会议审议通过了四届理事会的工作报告、修改章程报告、财务报告等，通过了修改后的学会章程，选举出新一届理事会，宋南平任理事长。

学会将 2000 ~ 2009 年科技报优秀作品评选获奖的一、二等奖作品，遴选出 419 篇整理编辑《全国科技报系统优秀作品选》出版发行。

国内主要学术会议 1月18日，由学会主办的欢乐与智慧同行——2012龙年科技春节晚会观摩研讨会在北京举行。会议邀请了中国科协、北京市科委、各大媒体等百余位专家、学者、记者参会。

6月26日，由学会主办的北京科技视频网上线发布暨研讨会在北京召开。中华全国新闻工作者协会党组书记翟惠生、中央人民广播电台副台长赵铁骑、科技部政策法规司副巡视员王宇、北京市科学技术委员会副主任朱世龙等出席会议，来自科技界、科普界、媒体界的专家50余人参加了会议。研讨会由学会副理事长徐九武主持。武汉电视台原台长赵致真介绍了北京科技视频网的总体情况。

12月10日，学会第十一届学术年会在北京召开。学会学术委员会主任梁沂滨主持了会议。年会收到学术论文50余篇，评选出一等奖9篇、二等奖13篇、优秀奖19篇。

党建强会 3月，学会党支部改选换届。中国科技新闻学会、中国能源研究会、中国光学学会合并成立联合党支部。

9月，学会党支部与中国能源研究会合作组织党员开展新能源进老区技术推广活动，到湖南省安乡县参加农业部组织的农村新能源技术培训。

中国科协会员日 12月18日，中国科协直属学会会员日活动在北京举办，学会向会员发放了学会主办的期刊和纪念品。与中国科技期刊编辑学会合作，邀请中华全国新闻工作者协会党组书记翟惠生作学习党的十八大精神主题报告。

【中国科技新闻学会第五次全国会员代表大会】 12月9日，中国科技新闻学会第五次全国会员代表大会在北京举行。来自全国的各会员单位、各媒体、各地方科协、大专院校等150人参加了会议。学会第四届理事会理事长焦洪波主持会议。中国科协书记处书记王春法出席会议并致词。

第四届理事会副理事长徐九武在会上做工作报告，报告总结了第四届理事会在学术建设、科学普及、人才培养、自身能力建设等方面的成就及取得的工作经验。学会副理事长李新彦做了关于修改学会章程的报告。大会审议通过了工作报告、学会章程、财务报告。

会议选举出144名理事组成第五届理事会，其中，常务理事56名。中国科协书记处原书记宋南平当选第五届理事会理事长，马利、江巨源、李挺、李立波、苏志武、陈鹏、周建强、周锡生、赵忠颖、郝建新、徐九武当选为副理事长，许英当选为秘书长。

【中国科技新闻学会第十一届学术年会】 12月10日，中国科技新闻学会第十一次学术年会在北京举办。年会主题为：坚持创新发展与科技传播能力建设。来自全国各媒体、高校、科研院所的近70余人与会。会议由学会学术委员会主任梁沂滨主持。年会收到学术论文50余篇，入选年会论文43篇。经评选评出一等奖9篇，二等奖13篇，优秀作品奖19篇。

中国记协党组书记翟惠生在学术年会上就如何领会学习党的十八大报告做了主题报告，15位论文作者分别宣讲了自己的论文观点。

（撰稿人：杜 梦）

中国老科学技术工作者协会

决策咨询 2012年，协会的4个调研报告获国家领导人批示。协会“三农”与扶贫委员会所做的《关于大力推进特大型沼气工程建设的建议》，6月4日李克强副总理批示国家发改委阅研，6月7日温家宝总理批示国家发改委、农业部研究。协会副会长刘于鹤所做的《关于努力提升森林经营水平的建议》，获温家宝总理、回良玉副总理批复，国家林业局原局长贾治邦等也做了批示。协会所做的《关于加强防治煤矿死亡人数最多的顶板事故的建议》，张德江副总理批转国务委员兼国务院秘书长马凯，马凯批示转给国家安全监管总局负责人。协会资源与环境委员会所做的《关于提高煤质，实现煤炭高效清洁利用的建议》，获国务委员兼国务院秘书长马凯批示，转给国家能源局和国家安全监管总局负责人。

学会建设 4月，协会召开第五届六次常务理事会议，6月，以通讯方式召开第五届七次常务理事会。吸收黑龙江农垦总局老科协为中国老科协团体会员单位。

4月14日，在北京召开第五届理事会议。115位理事出席会议，荣誉理事高潮、韩南鹏、郑淑涓出席会议，会议审议通过了题为《发挥优势，积极主动，为国民经济社会发展再做贡献》的理事会工作报告、《中国老科协2011年度财务工作报告》、《关于变更中国老科协理事的决定》。

11月27～28日，中国老科协决策咨询建言献策经验交流会在广西壮族自治区桂林市召开。协会会长程连昌、常务副会长张春园、副会长袁正中，江西省老科协会长张逢雨、桂林市人大常委会副主任石春莲、桂林市老科协会长林观华，协会秘书长陈秀保、副秘书长彭希等出席会议。来自全国45个（省、自治区、直辖市）老科协，中国老科协所属分会和企事业单位老科协，及市、县等基层单位老科协的代表170多人参加了会议。来自广西、江西、陕西、黑龙江、四川、福建、安徽、辽宁、甘肃、云南、湖北、江苏、上海、河北、重庆、新疆、山东等省（直辖市、自治区）林业分会的18位代表做了大会发言。会议就如何充分发挥老科技工作者的人才优势，围绕各级党和政府的中心工作开展决策咨询、建言献策活动，以及本单位在决策咨询建言献策方面取得的成绩和经验等问题作了介绍与交流。

学术期刊 2012年，《中国老科协通讯》完成了黑白版改彩色版的改版工作，2012年出版12期，科普简报1期。策划了3期专题栏目，2012年新增订阅单位46家。

《今日科苑》是中国科协主管，中国老科协技术工作者协会主办的综合类科普期刊。2012年，《今日科苑》发行24期。

科普工作 2012年，协会组织30余名专家在15个省市作科普报告91场，报告对象有大中学生、党校学员、公务员、企事业单位以及老科技工作者。

8月，协会组织专家评选2011年度"万名科技专家讲科普活动"优秀老专家科普报告团35个，其中一等奖6个，二等奖9个，三等奖20个。

8月，在山西省岚县开展健康养生、医疗义诊活动，协会组织了来自北京的9名医疗专家在当地医院开展医疗义诊，为当地医务工作者和老干部做了8场科学报告和专题讲座。义诊活动中，专家们为610人做了诊治，做了6场专业知识讲座，培训医务工作者300人次，健康科普讲座2场，听众200多人。

9月，在吉林省伊通满族自治县开展健康养生、医疗义诊活动，组织9位来自北京三甲医院的医疗专家开展义诊活动，并为当地医务工作者和干部群众做专业知识讲座和健康养生科普报告。诊治病人642人，临床指导7次，33人。为当地医院组织培训讲学7场，当地医务工作者1210人次参加了活动。组织健康讲座2场，听众570多人次，接受群众医疗咨询170多人次。

协会和地震分会联合申报的首都圈防震减灾系列科普活动项目获中国科协科普部资助。7月26日，在河北省廊坊市举行7·28唐山地震纪念暨首都圈（京津冀地区）防震减灾系列科普示范活动项目启动仪式，并陆续在天津市和河北省石家庄市、唐山市等地开展防震减灾科普活动。组织中小学生参观了唐山地震遗址纪念公园、唐山地震博物馆、抗震纪念馆等科普场所，系统学习防灾知识，开展应急避震演练，让中小学生进一步了解地震常识，掌握避震避险技能。举办了家庭防震减灾知识竞赛、防震减灾卡通形象网络设计大赛等活动。

（撰稿人：胡　末）

中国科学探险协会

服务创新型国家和社会建设 3月，协会香格里拉基地应邀参加了云南省丽江市政府组织的丽江老君山国家公园开发建设专家研讨会，为世界自然遗产丽江老君山国家公园户外项目与常规旅游项目融合发展提出了建设性意见。与丽江老君山国家公园管理局达成在丽江老君山国家公园建设中国科学探险协会香格里拉基地大本营的合作意向。

4月，应邀与丽江玉龙雪山管委会、玉龙股份有限公司合作就国家5A级景区玉龙雪山开展户外活动进行了实地考察和路线勘测，合作拟定景区户外运动体验式旅游发展初步规划。

2012年，奇异珍稀动物探险考察专业委员会的王方辰等3人，为神农架保护区设计布置科考馆，参加负责设计、主体创意、解说词、总体布局等。7月、12月，王方辰等7人进入秦巴山区对大型猫科动物进行调查研究，并布置红外相机拍摄猫科和人形动物。7月，王方辰应邀参加中国科学院植物所雅鲁藏布江大拐弯地区植物考察，开展了珍稀物种调查。3月，王方辰参加了台湾与大陆生态对比考察。8月，应邀参加肯尼亚野生动物科学考察，开展了野生动物考察活动。11月，王方辰等3人应邀参加好莱坞影业公司《大脚印》故事片的拍摄工作，担任顾问，负责咨询工作。

协会常务秘书长李杰带领协会相关部门人员分别于5月、10月对河南太行山南缘地区、新疆天山东部奇台县段、北京西北部地区等进行实地探察，取得了开展会员科普活动的可行性成果。

国际交往 9月，协会与华商传媒集团、西藏传媒集团和海马汽车联合主办了"环越珠峰"大型自驾科学考察及新闻采访活动。考察团在尼泊尔期间与尼泊尔全国记者协会、尼泊尔国家旅游局以及尼泊尔登山协会举行了3次座谈会，讨论交流了喜马拉雅山气候环境变化、冰川退缩、登山户外探险旅游、媒体采访等相关话题，协会主席高登义做了题为《知天知己享受自然》的报告，尼泊尔登山协会主席藏布夏尔巴也作了报告。

科普活动 9月，协会与华商传媒集团、西藏传媒集团和海马汽车联合主办了"环越珠峰"大型自驾科学考察及新闻采访活动，协会秘书长王维参加了活动。考察采访团行程近9000公里，考察队员和记者考察了中国科学院建在西藏纳木错湖、珠穆朗玛峰的两座综合观测考察研究站，并就当地的环境保护以及环境变化等科学问题与站内的科学家进行了采访咨询与交流。考察采访途中，进行了公益助学活动，为两所中小学捐赠了价值万元的图书、学习用品和文体用品。

10月，协会作为指导单位参与了由中国人民对外友好协会和澳大利亚中国友好交流协会主办的"2012中澳沙漠大穿越”活动，常务理事夏训诚参与了野外探险活动。

协会先后6次组织会员和中学生开展南北极科普活动，组织中学生到美国夏威夷、西部洛杉矶等地开展科普教育考察交流活动，参与活动人数达140余人。2012年，协会常务理事张继民、高登义、陆龙骅、张树义等在全国作科学普及报告140余场。

协会参与拍摄的《中国探险》电视系列片6月18日在塔克拉玛干沙漠开机拍摄，协会常务副秘书长李杰带领摄制组于6～10月，分别赴塔克拉玛干沙漠、巴丹吉林沙漠及腾格里沙漠等地进行了艰苦的外景拍摄工作，截至2012年底完成20集的制作。

协会组织会员在贵州、河南、甘肃及北京等地分别开展了民俗摄影采风、野外摄影采风及科普考察等主题活动。

2012年，常务理事张文静、王维撰写的《挺进地球无人区》、《走进多彩的冰川世界》、《探秘大香格里拉》、《说不尽的北极故事》4本科普读物，获中国科普作家协会颁发的优秀科普读物奖。常务理事金雷撰写出版了《邮品上的地球三极》。

（撰稿人：霍翠萍）

中国城市规划学会

服务创新型国家和社会建设 2012年，学会组织开展12项专题学术研究，为有关部门提供决策咨询和政策建议。

2012年，学会与联合国人居署、国际规划学会、《凤凰周刊》、香港规划师学会、澳门规划学会等分别联合主办了大都市区规划与社会包容：国际趋势与经验、城市文化与城市活力、凤凰城市论坛等特别论坛。

学会与澳门运输工务司联合举办澳门新城区总体规划专家论证会等。与世界银行学院、国家行政学院联合开发了可持续城市土地利用规划的网络课程，该课程于11月5日～12月3日进行试验性教学。

学会建设 2012年，学会新增单位会员11个，普通会员364人。2012年，举办国内学术会议30次（90场），国际学术会议13次，总参加人数达8740人，发表会议论文2040篇，编辑论文集9套，印刷7650册。派往国外团组10个54人次。提供技术咨询9项。学会主办期刊《城市规划》、*China City Planning Review*（城市规划）、《凤凰城市》、《城市交通》总发行量503600册。

组织召开理事会议、常务理事会议、全国规划学会工作会议，推动地方学会建设。分别到浙江、江苏、上海、湖北、北京等地进行学会工作专题调研。梳理学会平台建设思路。参与民政部组织的社团评估，申报星级社团，获4A级学术社团。

10月17～19日，学会在云南省昆明市举办2012年中国城市规划年会期间，举行了学会四届八次常务理事会扩大会议，审议通过学会秘书处所做的《工作报告》，增补李春梅为学会第四届理事会理事，批准了新技术应用学术委员会新一届领导班子名单，同意成立中国城市规划学会城市影像学术委员会。批准2012中国城市规划年会优秀组织奖名单、中国城市规划学会2012年度“杰出学会工作者奖”名单。

学会能力提升计划 学会获中国科协学会能力提升计划“优秀科技社团奖”，以低碳城市建设为主线，通过建设知识传播平台、大学联盟——低碳生态城市产学研用平台、公益平台等以及人才队伍建设，建立低碳城市相关的技术标准，对我国生态城市规划建设进行技术咨询和指导，提高规划技术工作者的技术水平和加强国际合作能力，提升我国低碳生态城市建设能力，促进低碳生态城市规划的事业。

对学会网站（www.planning.org.cn）进行全面改版，将知识传播平台建设作为能力提升的重要工程。

10月，低碳生态城市学术研讨会上，学会与清华大学、同济大学、西安建筑科技大学、重庆大学、深圳大学、山东大学、哈尔滨工业大学等7所大学签订《低碳生态城市大学联盟合作备忘录》，大学联盟正式成立。

学术期刊 8月16日，中国城市规划学会编辑出版工作委员会2012年会在甘肃省敦煌市召开，20家期刊参会。会议围绕“转型期城市规划行业期刊的机遇与挑战”主题，在数字网络出版发行、各期刊联合行动与共同发展等方面形成了共识。与会期刊共同签署了抵制学术不端行为的联合声明。本次年会完成了编辑出版工作委员会改选换届工作。

国际学术会议 5月11～13日，学会与重庆大学建筑城规学院、中国科学院成都山地灾害与环境研究所等共同主办的第三届山地人居科学国际论坛在重庆市召开。来自英国、美国、法国、日本等国家和国内的200位专家、学者参加了会议。中国科学院院士、中国工程院院士吴良镛在发言中指出，快速城镇化进程中山地人居环境建设暴露出生态、资源、文化等多方面的问题，面临严峻的挑战。与此同时，山地人居环境建设又因地形起伏、气候多变、生态敏感、文化差异、工程技术复杂等综合因素而具备很强的特殊性。美国宾夕法尼亚大学教授盖里·海克、东南大学建筑学院教授王建国、重庆大学建筑城规学院教授赵万民等50余位专家、学者分别作了大会报告。学会副秘书长曲长虹出席会议并在开幕式上致辞。

6月18～19日，由学会和国际中国规划学会、武汉大学、武汉市国土资源与规划局联合主办的第六届国际中国规划学会年会在湖北省武汉市举行。来自国内和世界各地的200余名专家、学者，围绕“转型中的中国城市化：挑战和机遇”的主题，交流了城市规划理论基础与历史研究、城市经济学、住房和社区发展、环境规划、土地使用政策、交通规划、城市设计、国际经验和创新、城市研究的分析方法以及区域发展等问题。

国内主要学术会议 5月19日，第一届金经昌中国青年规划师创新论坛在上海市举行。论坛由金经昌城市规划教育基金会、同济大学建筑与城市规划学院、上海同济城市规划设计研究院、《城市规划学刊》编辑部、中国城市规划学会学术工作委员会、中国城市规划学会青年工作委员会联合主办。同济大学副校长伍江、吴志强，学会副秘书长耿宏兵，同济大学建筑与城市规划学院党委书记彭震伟分别在开幕式上致辞，300余人参加了论坛。论坛以搭建规划实践的交流平台，彰显青年规划师的社会责任、倡导规划创新的前沿探索为宗旨。

5月22～23日，2012年全国城市安全防灾与工程规划年会在福建省厦门市召开。年会以解决城市规划与建设中的安全减灾和基础设施问题为重点，交流了近年来我国城市安全与工程领域的最新研究成果，探讨了当前面临的一系列热点和难点问题。会议由中国城市规划学会城市工程规划学术委员会、学会城市安全与防灾规划学术委员会与中国勘测设计协会抗震防灾分会主办，厦门市城市规划设计研究院承办。年会征集论文71篇，出版论文集《安全减灾与工程规划的新发展》。来自全国各地相关领域的近百名专家、学者、科研人员和工程技术人员参加了本次会议。

6月18日，2012年内地与香港建筑业论坛在重庆市召开，论坛由住房和城乡建设部与香港特别行政区政府发展局合办。住房与城乡建设部总工程师陈重、重庆市副市长凌月明、香港特别行政区政府发展局常任秘书长韦志成，来自大陆与香港特别行政区的300多名专家、学者出席了会议。重庆市市长黄奇帆会见了出席论坛的部分嘉宾。中国城市规划学会作为协办单位负责推荐内地专家到会演讲。本次会议的主题是“可持续城市形态：城市土地利用与城市规划”，学会推荐的林坚、俞斯佳、刘奇志、徐忠平4位专家作了报告。

8月4日，由学会主办、中国城市规划设计研究院深圳分院协办的山地城市规划与坡地发展研讨会在广东省深圳市召开。会议邀请香港特别行政区有关专家作学术报告，介绍香港在山地城市规划和坡地发展方面的经验教训，为有关山地城市规划建设的研究课题提供具体的案例支撑。

10月23日，学会与中国城市规划协会、泸州市人民政府和广州市规划局主办的2012年中国城市规划信息化年会在四川省泸州市召开。来自全国57个城市和地区的规划局、规划信息中心、规划院、高等院校的300余人参加了会议。

10月28日，由学会和中国灾害防御协会风险分析专业委员会联合举办的“规划，让城市更安全”专题研讨会在江苏省南京市召开。研讨会10个专题报告分别介绍了化工园区布局、城市应急避难、城市灾害风险评估、灾后临时住区安全管理、城市防灾规划等领域的最新研究成果，30多位专家参加了交流和讨论。

11月7日，学会与国际城市与区域规划师学会、汉诺威博览会“大都市解决方案”项目部联合在上海市举办了2012大都市解决方案研讨会。研讨会围绕精明城市持续稳定的供水、废水和污水处理、精明城市高效的交通管理和机动化理念两个主要议题展开。10位来自研究机构、高校和企业的专家在研讨会上发言。

两岸交流 8月13日，两岸主要城市运输发展趋势论坛在台北市召开。论坛由交通部运输研究所、台湾地区财团法人国家政策研究基金会、中国城市规划学会、台湾开南大学共同主办，参加会议的大陆代表除以学会副理事长王静霞为团长的中国城市规划学会代表团一行16人外，还有来自交通运输部和西安交通局的两个代表团。

国际交往 7月15日，应爱尔兰政府首席科学顾问帕特里克·坎宁安邀请，学会副理事长兼秘书长石楠随中国科协代表团赴爱尔兰参加第五届欧洲科学开放论坛，并在该论坛的中欧未来城市发展研讨会上演讲，介绍中国的城市化问题。

4月23～28日，应德国汉诺威展览公司邀请，以学会副秘书长曲长虹为团长的中国城市规划学会代表团一行6人参加了汉诺威工业博览会。4月25日，在博览会的大都市区解决方案展区举办了“聚焦中国”研讨会，研讨会由国际城市与区域规划师学会和中国城市规划学会共同主办，交流了中国在高铁建设、生态城建设、低碳城市、废弃物循环利用等方面的实践和经验，并对中德城市建设方面的合作进行了探讨。

表彰举荐优秀科技工作者 经学会推荐，学会历史文化名城规划学术委员会主任委员王景慧获中国科协第五届“全国优秀科技工作者”称号，秘书长石楠获新闻出版总署“全国新闻出版领军人物”称号。

【2012中国城市规划年会】 10月17～19日，2012中国城市规划年会在云南省昆明市举办。来自中国大陆各地规划建设主管部门、规划编制单位、大专院校以及联合国人居署、国际城市与区域规划师学会、韩国大韩国土·规划学会、新加坡李光耀世界城市奖秘书处的专家学者等4200人参加了会议。

昆明市市长张祖林、国际城市与区域规划师学会前主席伊斯梅尔·梅霍（Ismael Fernandez Mejia）在开幕式上致辞。会上，向获第二届“全国优秀城市规划科技工作者”的代表、中国城市规划学会2012年度“杰出学会工作者奖”代表、第五届“中国城市规划学会求是理论论文奖”的代表颁奖，向为年会做出杰出贡献的单位和个人颁发了中国城市规划年会建议奖和优秀组织奖。

年会以“多元与包容”为主题，设置37个平行会议，15个专题会议、9个自由论坛、4个高端论坛、6个特别论坛和3个工作会议。从2286篇征文来稿当中，挑选出100多篇学术论文，分别在相应的专题会场交流。在各专题会场有40余篇特别邀请的主题发言，阐述领域中重大课题背景、进展情况，讨论学科前沿问题、发展方向和未来规划实践的走向。会上还举办了2012“影城相间”摄影巡展和摄影作品义卖活动，全部拍卖所得专款用于“规划西部行”公益活动。

【“规划西部行”活动】 3月6～10日，学会“规划西部行”活动在广西壮族自治区贵港市举行。专家们通过了解背景资料、座谈、现场踏勘、专家内部交流等方式，从战略高度系统梳理了贵港市目前面临的机遇和挑战，分析贵港市自身的优势，指出了贵港城市规划建设中存在的问题。

12月5～9日，“规划西部行”专家赴贵州省黔东南州调研。在贵州省住房和城乡建设厅、黔东南州人民政府和州规划局带领下，专家们重点调研了凯里市、凯里经济开发区、炉碧经济开发区、麻江县等地。专家组围绕4个方面议题进行了义务咨询。

【第一届泛珠三角省（区）规划院院长论坛】 6月8～9日，第一届泛珠三角省（区）规划院院长论坛在广东省广州市召开。来自学会、广东省住房和城乡建设厅和福建、江西、广西、湖南、广东、广西、海南、贵州、云南等省区的规划院院长和规划学会会长、理事长出席了论坛。中国城市规划学会、泛珠三角9省（区）规划院、香港规划师学会、澳门城市规划学会代表共同签署了《泛珠三角省（区）规划院院长论坛章程》，约定每年举办一届院长论坛。本届论坛的主题：加强规划合作，促进区域协调。

【两岸主要城市运输发展趋势论坛】 8月13日，两岸主要城市运输发展趋势论坛在台北市召开。由交通部运输研究所、台湾地区财团法人国家政策研究基金会、中国城市规划学会、台湾开南大学共同主办，参加会议的大陆代表除以学会副理事长王静霞为团长的中国城市规划学会代表团一行16人外，还有来自交通运输部和西安交通局的两个代表团。

论坛开幕式上，财团法人国家政策研究基金会永续发展组召集人陈世圯、学会副理事长王静霞分别致辞，海峡两岸学者就城市交通发展问题进行了交流和互动讨论，代表团中来自北京、上海、重庆、广州、武汉、深圳、厦门的团员分别介绍了本城市交通发展趋势、对策以及采取的行动，来自交通运输部代表团的代表介绍了大陆公交都市的发展思路和建设情况。台北市、高雄市、新北市、台中市、台南市、桃园县的交通局局长介绍了各城市的基本情况，以及城市交通运输的发展目标和采取的具体措施。

8月14日，学会代表团前往财团法人国家政策研究基金会，拜会了基金会董事长连战。

（撰稿人：曲长虹　刘静静）

中国产学研合作促进会

服务创新型国家和社会建设　2012年，促进会承接科技部创新体系办公室关于我国产学研合作模式分析的研究和中国产学研合作年度态势分析报告课题，针对我国产学研合作的总体态势、发展模式、存在问题与成功经验等重大问题开展调查研究，取得阶段性成果。

完成了2012年度何梁何利基金获奖科学技术工作者《科技成就与创新业绩》评价报告。

促进会与人力资源和社会保障部教育培训中心联合举办了3期科技创新项目管理师岗位能力培训和1期科技（研）经费管理师岗位能力培训。500余人获得了人力资源和社会保障部颁发的岗位资格证书。

截至2012年底，促进会认定不同类型的全国产学研合作创新示范基地50余家。

学会建设　截至2012年底，促进会吸收了中国肿瘤微创技术创新战略联盟、中国低碳高端智慧园区产业技术创新战略联盟、中国转化医学与生物技术创新战略联盟等在内的近40家产业技术创新战略联盟作为促进会的团体会员，在12个城市和地区建立了协同创新网络平台。

12月22日，促进会在江苏省常州市召开了一届六次理事会会议。部分副会长、常务理事、理事、新增理事及会员代表等200余人出席了会议。会议审议通过了促进会常务副会长石定环所作的《2012年促进会工作总结和2013年工作要点》报告，讨论通过了增补常务理事、理事名单及促进会组织建设等有关事项。

国内主要学术会议 12月23日，促进会与江苏省人民政府在江苏省常州市举办第六届中国产学研合作创新大会暨2012年中国产学研合作促进会年会。

8月17日，促进会和武汉大学共同主办的中国特色产学研用结合学术研讨会在江苏省苏州市举行。研讨会围绕产学研用有机结合的新途径、新方法进行了深入探讨。武汉大学党委书记李健、苏州市副市长王鸿声等出席研讨会。

9月8日，第十四届中国科协年会第十二分会场政产学研用结合促进企业创新与特色产业园区发展研讨会在河北省石家庄市举行。研讨会由中国产学研合作促进会承办，21位政产学研界专家、学者围绕"政产学研用结合，促进企业创新与特色产业园区发展"主题进行了演讲。

国际交往 促进会应邀赴韩国首尔参加第三届韩国产学研大会，中、韩、日三国产学研协会的负责人就东北亚产学研同盟体的构筑进行了商讨，对加强国际产学研协同创新达成共识。促进会与韩国产学研协会签署了《中国产学研合作促进会与韩国产学研协会谅解备忘录》。

表彰举荐优秀科技工作者 2012年度中国产学研合作创新与促进奖评出305项，其中突出贡献奖10名，产学研合作创新奖100项，产学研合作促进奖98项，产学研合作创新成果奖97项。

【第六届中国产学研合作创新大会暨2012年中国产学研合作促进会年会】 12月23日，促进会与江苏省人民政府在江苏省常州市举办第六届中国产学研合作创新大会暨2012年中国产学研合作促进会年会。全国人大常委会副委员长路甬祥、江苏省省长李学勇、科技部副部长曹健林、中国工程院副院长干勇出席会议，来自全国产学研界800余名专家、学者与会。

路甬祥在讲话中指出，近年来我国科技实力不断增强，产学研用合作创新已经成为推进企业创新、区域创新和经济转型发展的重要途径。但必须意识到，当前我国高校、科研机构和国有企业科技成果转化的激励机制还有待进一步完善，基础、共性、公共技术平台不健全致使企业与高校、科研机构之间的信息交流渠道不畅，企业的创新意识、创新能力有待进一步增强。要解决这些问题，必须运用多种政策鼓励科技成果转化，调整对高校和科研机构的分类评价考核体系，着力发现培育、吸引支持创新创业人才，大力发展面向产学研结合的开放共享的公共技术平台，形成一批特色鲜明的产学研结合基地和网络。

大会以"创新驱动、经济转型、产业升级"为主题，16位专家围绕汇集创新资源、提升企业自主创新能力，产学研协同创新促进产业升级，创新驱动、创新人才、创新联盟、创新基地，产学研合作与生态文明建设等热点问题分4个分会场进行了研讨，50位产学研界嘉宾在分论坛上进行了演讲和交流。

大会颁发了2012年度中国产学研合作创新与促进奖，为产学研创新示范基地和产业技术创新战略联盟授牌。大会发布了《江苏宣言》，提出：进一步突出企业在产学研合作中的主体地位，强化产学研合作的市场导向，提升高校院所开展产学研合作的积极性，营造产学研紧密结合的创新环境，拓展产学研合作的全球视野。科研院所和高等学校应进一步改革科研人员考评办法，鼓励科技人员离岗创业或兼职服务企业。政府应进一步转变管理职能，加强知识产权创造、运用、保护和管理，推动财政资金购置的大型科学仪器设备、科技文献、种质资源、科学数据等向企业和社会开放共享。产学研界应积极开展跨国技术研发合作和转移，建立联合研发机构或海外研发机构，鼓励跨国公司在我国设立全球性或区域性研发中心，支持企业开展商标国际注册，实现以品牌经营为主的经营方式转变。

（撰稿人：施　勇）

中国知识产权研究会

学会建设 2012年，研究会发展团体会员125家，发展个人会员24人，团体会员总数达364家，个人会员共373人。

5月17日，研究会在北京召开第六次全国代表大会，会议选举产生323名第六届理事会理事。全国人大常委会副委员长路甬祥当选名誉理事长，国家知识产权局局长田力普当选理事长，国家知识产权局副局长甘绍宁当选常务副理事长。会议期间，研究会第六届一次常务理事会举行，80余名常务理事出席会议，120余名理事列席会议。

7月3日，全国人大常委会副委员长、中国知识产权研究会名誉理事长路甬祥在北京会见了研究会理事长、国家知识产权局局长田力普，研究会常务副理事长、国家知识产权局副局长甘绍宁和研究会秘书长张云才一行。

路甬祥希望知识产权工作为企业做好三件事：一是与工业和信息化部一起，帮助企业搞好专利系统策划。我国从事重大专项和新兴产业的企业，专利数量多，在国际市场上很有竞争力，要帮助他们再创新，选择几个典型单位，既要有企业，也要有研究机构，帮助他们切实搞好专利集群和专利战略策划。二是针对企业遇到的专利壁垒，把搞技术创新的，搞战略研究的，以及搞商务、法律服务和宣传的力量联合到一起，专门列一些项目，帮助像华为那样“走出去”碰到很多官司的企业赢得主动权。三是中国科学院的专利申请有了非常快速的增长，下一步要积极帮助他们搞好专利转化工作，让这些专利尽快变为现实生产力。

9月12～14日，研究会在吉林省延吉市组织举办了全国知识产权研究会秘书长沙龙。来自全国各省区市、计划单列市、副省级城市知识产权研究会的理事长、秘书长等50余人参加了沙龙活动。研究会秘书长张云才、吉林省知识产权研究会理事长郭振兴出席沙龙并致辞。

学术期刊 12月26日，2012年《中国学术期刊影响因子年报（人文社会科学）》在北京发布，《年报》精选了93种法学类期刊，研究会主办的《知识产权》杂志的排名由2011年的第10位上升到第9位，复合影响因子指数由2011年的1.914上升至2.511。

2012年，《知识产权》杂志刊登的5篇论文被《人大复印资料》全文转载，1篇被《中国社会科学文摘》收录。《知识产权》杂志结合知识产权领域重大事件和法律修改等热点问题，策划组织了聚焦《中华人民共和国著作权法》第三次修改、纪念《中华人民共和国商标法》颁布30周年、评广药与加多宝知识产权纠纷等3个专题。

2012年1月起，《知识产权》杂志刊登英文提要。杂志理事单位从2011年39家发展至55家。

2月10日，中文社会科学引文索引指导委员会第九次会议审定了535种中文社会科学引言索引（CSSCI）来源期刊，研究会主办的《知识产权》杂志再次入选中文社会科学引文索引（CSSCI）来源期刊，位居法学类期刊中居第14位。

3月10日，《知识产权》杂志再次入选由北京大学图书馆组织的“中国中文法律类核心期刊”2011年版之法律类核心期刊。

决策咨询 研究会完成了国际知识产权热点问题研究、各行业专利技术现状及其发展趋势研究、重点技术领域专利分析、战略性新兴产业技术动向研究等4个课题项目，18篇研究报告。12月，研究会编著的《各行业专利技术现状及其发展趋势报告》出版。

国际学术会议 5月25日，研究会与美国化学会、华美化学会、中国药学会医药知识产权研究专业委员会、江苏省知识产权研究会和泰州市人民政府共同主办的第三届中国（泰州）国际医药化工知识产权高峰论坛在江苏省泰州市召开。开幕式由研究会常务副理事长、国家知识产权局副局长甘绍宁主持。

12月2日，由英国《知识产权资产管理》杂志、知识产权媒体集团主办、研究会协办的首届中国知识产权商业论坛在北京举行。来自中外企业、政界、咨询和金融等领域的500余人参加了论坛，40余名研究会团体会员参加了论坛，论坛旨在帮助企业深入理解知识产权价值动态。演讲嘉宾围绕知识产权交易和价值创造的最佳实践、首席知识产权官角色的重要性及其给企业带来的广阔收益等主题，与参会者进行了交流与探讨。

国内主要学术会议 7月25日，由国家知识产权局主办、研究会承办的新兴市场国家知识产权环境论坛在北京举办。研究会常务副理事长、国家知识产权局副局长甘绍宁出席论坛并致辞。来自全国各地的企业、科研单位、高校、知识产权代理机构及地方知识产权局的专家、学者200余人参加了论坛。

12月13日，研究会与学术顾问委员会在北京组织召开了国际经济形势与外交工作研讨会。研究会学术顾问委员会委员、副理事长、常务理事以及国家知识产权局有关部门领导、《知识产权》杂志理事单位、研究会团体会员代表等80余人参加了研讨会。中国科协书记处书记、研究会学术顾问委员会主任、副理事长张勤出席会议并致辞。会议邀请外交部国际经济司司长张军就国际经济形势与外交工作做了专题报告。张军在报告中围绕当前国际经济力量发展格局、全球治理结构调整、中国面临的挑战与机遇以及当前的外交工作等作了深入分析，同时阐述了中国如何看世界、世界如何看中国等重大问题。

两岸交流 11月12～17日，研究会秘书长张云才率中国知识产权研究会代表团访问台湾地区。代表团访问了台湾地区“中华保护智慧财产权协会”、财团法人两岸交流发展基金会、联诚国标商标专利事务所和城市科技大学等。

国际交往 5月31日～6月6日，研究会接待美国知识产权法律协会（AIPLA）主席威廉·巴伯率领的访华代表团。代表团走访了北京、上海、南京地区的10余个知识产权有关部门。

6月22～26日，由研究会常务副理事长甘绍宁为团长、秘书长张云才为副团长的中国知识产权研究会代表团一行7人赴日本东京对日本财协会进行友好访问，并参加6月22～26日，在日本东京举办的中日韩知识产权制度现状和未来国际研讨会。甘绍宁应邀做了题为《中国知识产权制度发展现状和未来》的演讲，介绍了中国在知识产权创造、管理、保护和运用以及专利审查、知识产权宣传、知识产权战略实施等方面取得的成绩，并对未来进一步加强国内知识产权工作和国际知识产权交流合作提出设想。代表团成员还就中国企业及高校知识产权工作发表演讲。在中日韩三国知识产权民间团体合作交流磋商会议上，达成三国社团合作具体意向。

10月15～20日，以研究会副秘书长马秀山为团长的中国知识产权研究会代表团一行6人赴韩国首尔进行访问。在访问韩国产业财产权法学会期间，马秀山与韩国产业财产权法学会会长尹宣熙分别介绍了各自近期发展动态，双方就各自开展的教育培训、理论研究、课题立项等问题进行了深入探讨。代表团访问了韩国特许厅首尔专利受理处，详细了解韩国专利受理处的规模建制和工作流程。

7月，研究会与英国《知识产权资产管理》杂志社联合举办知识产权国际研讨交流活动，共同举荐全球50位最具影响力知识产权人物。研究会理事长田力普，副理事长张勤、吕国强入选全球知识产权界50位最具影响力人物。此次评选的50位人物中，来自中国的占据6席，另外3位是：通用电器（中国）有限公司亚洲地区高级知识产权法律顾问张为安、北京市第一中级人民法院知识产权庭庭长姜颖、中国最高人民法院副院长奚晓明。

研究会14家会员单位入选“中国知识产权倡导者”名列。“中国知识产权倡导者”是英国《知识产权资产管理》在中国大陆开展的一个研究项目，研究工作从7月下旬至10月上旬，确定33家企业为“中国知识产权倡导者”，其中，14家是研究会团体会员。12月3日，英国《知识产权资产管理》、知识产权媒体集团在北京联合举行“中国知识产权倡导者”颁奖典礼。

表彰举荐优秀科技工作者　12月25日，全国知识产权领军人才评选出4类首批知识产权领军人才81名，其中有8名是由研究会推荐的。研究会副理事长黄峰、王宏祥等27人入选。

服务创新型国家和社会建设　研究会为会员单位开展知识产权专题实务培训班12期，参加培训人数近2000人次。

会员服务　研究会每年为会员提供10次免费的知识产权培训活动。向会员赠送《知识产权》杂志、《知识产权竞争动态》和《中国知识产权研究会通讯》。

【中国知识产权研究会第六次全国代表大会】　5月17日，中国知识产权研究会第六次全国代表大会在北京召开。会议选举产生了研究会第六届理事会，全国人大常委会副委员长路甬祥当选名誉理事长，国家知识产权局局长田力普当选理事长，副局长甘绍宁当选常务副理事长。路甬祥为会议召开致贺信，世界知识产权组织总干事高锐致电祝贺田力普当选研究会理事长。国家知识产权局局长田力普、工商总局副局长付双建、新闻出版总署副署长阎晓宏、最高人民法院副院长奚晓明、公安部经侦局局长孟庆丰、研究会名誉理事长姜颖出席开幕式。田力普、付双建、阎晓宏、奚晓明在开幕式上致辞。240余名知识产权各领域及社会各界代表参加了会议。会议审议通过了研究会第五届理事会工作报告、财务报告、研究会章程修改草案的说明、研究会换届改选的说明。会议选举产生了由323名理事组成的研究会第六届理事会。

【第三届中国（泰州）国际医药化工知识产权高峰论坛】　5月25日，由中国知识产权研究会、美国化学会、华美化学会、中国药学会医药知识产权研究专业委员会、江苏省知识产权研究会和泰州市人民政府共同主办的第三届中国（泰州）国际医药化工知识产权高峰论坛在江苏省泰州市中国医药城召开。开幕式由研究会常务副理事长、国家知识产权局副局长甘绍宁主持。中国科学院党组成员、秘书长邓麦村，美国化学会当选主席马林达·吴，江苏省副省长曹卫星，泰州市委书记张雷出席会议致辞词。来自中国、美国、欧洲、日本等国知识产权领域的政府官员、法官、中外医药化工企业代表、知名知识产权代理机构资深专利律师等400余人参加了论坛。

研究会理事长、国家知识产权局局长田力普，美国商务部副部长、专利商标局局长大卫·卡波斯分别作了题为《服务创新促进发展——中国专利制度运行概况》、《美国专利改革以及在全球化中的作用》的主旨演讲。来自中国、美国、欧洲、日本等国知识产权领域的专家、中介机构代表以及医药企业负责人，围绕发明和专利战略，专利申请和知识产权保护，发明、专利转让及商业化，外部化与CRO外包的知识产权保护，生物医药发展和专利保护等热点话题，发表了专题演讲并进行了交流和讨论。本届高峰论坛还举办了医药化工专利技术产品发布会，发布会邀请了国际医药及化工跨国公司、国内医药及化工行业的企业、科研单位及研发公司等参加。

【新兴市场国家知识产权环境论坛】　7月25日，由国家知识产权局主办、研究会承办的新兴市场国家知识产权环境论坛在北京举办。研究会常务副理事长、国家知识产权局副局长甘绍宁出席论坛并致辞。来自全国各地的企业、科研单位、高校、知识产权代理机构及地方知识产权局的专家、学者200余人参加了论坛。甘绍宁在致辞中强调，在新的国际形势下，知识产权管理部门要积极采取措施，帮助企业了解国外相关知识产权法律和相关情况，引导企业开展海外并在尊重他人权利的同时维护好自己的权益。企业要通过拥有更多的自主知识产权去应对日益激烈的国际竞争环境，真正使知识产权工作融入国家经济建设主战场。

来自中国、俄罗斯、印度的6位专家从不同视角对全球化背景下的新兴市场国家知识产权环境问题进行了分析和解读，并就对外贸易中的知识产权诉讼实务及国内企业开拓国际市场的经验发表了演讲。论坛发布了国外知识产权环境专题研究的第三批成果，内容涉及俄罗斯、印度、巴西知识产权相关的法律政策、司法制度、执法情况、知识产权典型案例和服务机构等。

（撰稿人：杨　丹）

中国发明协会

服务创新型国家和社会建设　2012年4月，协会与芜湖发明协会、芜湖高新区及高智发明合作，搭建的筛选优秀发明项目、提供样品试制资助、为成果转化提供早期孵化服务的创新平台——芜湖发明创业工场揭牌，并面向社会征集优秀项目。截至2012年底，收到112个报名项目，经专家评审选出15个入围项目，7个项目通过专家复审，在中国发明协会网站上公示。

9月26日，协会与中科招商投资管理集团有限公司签订战略合作协议书。以解决发明人创业资金不足问题，帮助优秀项目的成果转化，促进发明成果产业化。共同建设“中国发明创新创业中心”，并逐步在上海市、广州市等条件成熟的地区与地方政府合作，建立多个发明创新创业中心，形成全国发明创业网络。

2012年，协会举行6次项目合作对接洽谈会——北京发明家论坛、昆山国际发明展、上海港湾集团、北京启迪俱乐部、山西省九三学社、北京21世纪创业影院，参与人次超过1200人次。

协会在宜昌市、哈尔滨市、北京市、潍坊市、芜湖市等地举办了6期企业创新与发明成果转化培训班，600多名会员和发明人参加了培训，培训班邀请在行业中有影响的教员，分别讲解国家科技计划管理、风险投资、专利情报、成果转化和企业与高校科研结合等主题。

7月8日，协会在四川省成都市举办了科技创新和知识产权培训班。培训班邀请中国科技馆原馆长王渝生、北京航空航天大学知识产权学院副院长孙国瑞、航天研究院副院长张厚英、山西省科协副主席关原成等专家授课，近2000名青少年参加了培训活动。

协会与中国教育协会、中国教育科学研究院、中国宋庆龄基金会、教育部关心下一代工作委员会共同举办了全国中小学劳技教育创新作品邀请赛、全国高职高专发明杯大学生创新创业大赛、全国中小学信息技术与实践活动、宋庆龄少年儿童发明奖评选活动。

协会承接了解放军总装备部两个研究课题“民用专利技术在国防领域应用研究”、“军民融合式发明专利技术信息交流机制研究”，探讨如何更好地为国防领域筛选、推荐先进、适用民用技术，对军民技术融合发展进行探索。承接了国家知识产权局“非职务发明评价工作体系建设指南研究”课题，探讨建立全国统一、科学高效的非职务发明评价工作体系，以及为民间发明成果的投资转化、推广应用搭建平台的体制、机制问题。

学会建设　4月25日，学会在北京召开六届二次理事会议，听取了2012年工作报告、增补理事和常务理事的说明、下设机构和干部任职的说明，通过了题为《大力提高自主创新能力，推动我国由“中国制造”向“中国创造”转变，为建设创新型国家而努力奋斗！》倡议书。

6月、9月召开了2次常务理事会议，围绕向中国科协申报“学会能力提升专项优秀科技社团奖项”、第七届国际发明展、企业创新、吸纳企业会员、与中科招商合作等工作，进行了研究讨论。

国际交往　11月1～4日，协会组团参加2012年在德国举行的纽伦堡国际发明展览会，14人36个项目参展，展出面积42平方米，36个项目中8项获金奖、7项银奖、5项铜奖和2个专项奖。参展的4个青少年项目，获3项金奖、1项银奖。本届展会，协会参展项目获奖率达到56%。

4月29日至5月10日、11月1～4日，协会分别组团参加了巴黎、纽伦堡国际发明展，参展67个项目，获金奖17项，银奖20项，铜奖14项，专项奖2项。

6月28日，组织8个通讯领域项目参加了澳门通讯展，参加了澳门特别行政区创新发明协会换届仪式、澳门国际创新发明展颁奖活动。

【第七届“发明创业奖”颁奖典礼暨第六届中国发明家论坛】　4月26～27日，协会在北京举办第七届“发明创业奖”颁奖典礼暨第六届中国发明家论坛，全国人大常委会副委员长路甬祥、科技部副部长王伟中，中国科协副主席、书记处书记程东红，国家知识产权局副局长鲍红等出席会议。

路甬祥作题为《发明改变世界，创造美好未来》的报告，他希望获奖的发明人发挥示范带头作用，在全社形成人人立志发明创造、人人可以创新创业、人人能够成功成才的风气，共建创新型国家，为人类文明作出中华民族更大的贡献。王伟中作题为《关注民生改善和农业科技创新，为科技惠民做出更大贡献》的报告，他说，中国发明协会是推动发明创造活动的社团组织，自成立以后积极投身创新创业事业，在激发全社会创新创业活力，促进发明成果推广应用，发现创新人才方面都起到了重要作用。他提出以下建议：一是更加关注民生改善，用先进技术保障老百姓吃得更健康，住得更舒适出行更便捷，生活更幸福，这是科技工作者义不容辞的责任。二是更加关注农业科技创新，农业问题始终是治国安邦的头等大事，农业的根本在科技。三是更加关注成果的转化，一项发明能够带来经济社会效益才算得上合格的成果，国家近期也出台了一系列鼓励创新，支持小型微型企业发展的政策措施，支持科技型中小企业的创业、创新和发展。

第七届“发明创业奖”特等奖获得者欧珠（藏族）、齐嵩宇（工人）和赵涛（民营企业家）在颁奖典礼上发言。14位获奖者在论坛上做了经验交流，专家、学者围绕科技创新与社会发展、全球化与知识产权战略、成果转化与专利商业化等主题作了报告。论坛期间，举行了发明成果发布和中国发明创业工场揭牌仪式。本届论坛设立了青少年创新教育分论坛，研讨、交流在青少年中开展创新活动和普及知识产权知识的做法和经验。

【中国发明协会与中科招商投资管理集团有限公司签订战略合作协议】 9月26日，中国发明协会与中科招商投资管理集团有限公司签订战略合作协议书，以解决发明人创业资金不足问题，帮助优秀项目的成果转化，促进发明成果产业化。双方共同建设“中国发明创新创业中心”，并逐步在上海市、广州市等条件成熟的省市地区，与地方政府合作建立多个发明创新创业中心，形成全国发明创业网络。协会负责筛选推荐优秀的发明项目，中科招商投资管理集团有限公司每年出资1亿~10亿元“天使基金”，共同支持和引导发明人、科技工作者走上自主创新创业的道路。中科招商投资管理集团有限公司每年出资10亿~100亿元设立风险投资、股权投资基金，支持已成功的创业企业做大做强以至成功上市，努力培育一批具有国际竞争力的大型企业。中科招商投资管理集团有限公司每两年出资500万元支持“发明创业奖”，以更好地引导发明人通过创新创业为我国经济社会发展做出贡献。

11月9日，在第七届国际发明展览会开幕式上，举行了“中国发明创新创业中心”揭牌仪式，科技部、教育部、国家知识产权局、解放军总装备部、江苏省、苏州市和昆山市有关领导及发明者协会国际联合会（IFIA）、世界教具联合会、国内外展团代表和嘉宾800余人出席。中科招商投资管理集团有限公司在第七届国际发明展览会上设立了专项奖，并向获奖项目颁发奖金。

【第七届国际发明展览会暨国际教学新仪器新设备展览会】 11月9~12日，在江苏省昆山市举办第七届国际发明展览会暨国际教学新仪器新设备展览会，近30个国家的近200名外宾、近5000项发明项目参展，科技部、教育部、国家知识产权局、解放军总装备部、江苏省、苏州市和昆山市有关领导及发明者协会国际联合会（IFIA）、世界教具联合会、国内外展团800多人出席了开幕式。展会期间举行了IFIA全会、青少年创新论坛、优秀项目投资合作对接会、“中国发明创新创业中心”揭牌仪式、教育国际化发展论坛、教育装备发展论坛、发明展览会奖专项奖颁奖仪式等活动。来自7所中小学的400多名学生在青少年创新论坛听取了3位创新教育专家的报告，13家企业或机构在对接会上签署了合作意向协议。展会评出金奖591项，在金奖的基础上评出119项专项奖，发明者协会国际联合会（IFIA）、世界知识产权组织（WIPO）、宝钢集团有限公司、中科招商投资管理集团有限公司、澳门基金会、日内瓦国际发明、新技术、新产品展览会组委会及中国仪器仪表学会均单独设立了专项奖，中科招商、澳门基金会、宝钢向获奖项目颁发了奖金。

（撰稿人：滕绵震）

中国指挥与控制学会

学会建设 北方自动控制技术研究所成立了指挥与控制软科学研究课题组，完成了《关于指挥与控制学科建设的研究报告》。首次将指挥与控制学科纳入国家标准，学科名称为：指挥与控制系统工程。代码为：4131015，为学会申请成立奠定了基础。

3月16日，民政部以民函［2012］77号《关于中国指挥与控制学会筹备成立的批复》，同意筹备成立中国指挥与控制学会。学会筹备成立工作启动，成立了由主要发起人中国工程院院士李德毅为顾问、中国工程院院士戴浩为主任的筹备工作委员会。召开了两次由发起人和发起单位代表以及特邀专家参加的筹备工作会，讨论通过了学会筹备方案、学会章程、会费收缴办法、会徽的设计、理事及常务理事组成、组织机构设置及学会发展建设等事宜。发展个人会员1120余人，单位会员56个，推荐大会正式代表121人，理事候选人85名，特邀支持学会申请筹备工作的院士、专家28人作为学会专家委委员成员。

8月，中国科协《关于同意中国指挥与控制学会召开第一次全国会员代表大会的批复》(科协函学会［2012］115号)，同意召开第一次全国会员代表大会。中国兵器工业集团公司作为学会的支持挂靠单位，成立了学会筹备领导组，组织筹备工作人员开展工作。

【中国指挥与控制学会成立大会暨第一次全国会员代表大会】 9月16日，中国指挥与控制学会成立大会暨第一次全国会员代表大会在北京召开。中国科协常务副主席、书记处第一书记陈希，中国兵器工业集团公司党组书记尹家绪，工业与信息化部副部长刘利华，军队战略规划咨询委员会副主任、军事科学院原副院长刘继贤中将，解放军总装备部陆军装备科研订购部代部长姬建民，科技部政策法规司副司长翟立新出席成立大会并致辞。解放军总参谋部信息化部副部长董尤心、电子信息基础部副部长王国玉，武警部队后勤部副部长郑静晨，海军装备部电子部副部长唐宗礼，空军司令部航空管制部副部长、空军空管系统工程办公室主任王治方，民政部民间组织管理局副局长杨岳，学会主要发起人李德毅、戴浩等出席大会。陈希、尹家绪为学会成立揭牌。中国兵器工业集团公司副总经理曾毅主持大会。

陈希代表中国科协对学会的成立表示祝贺。陈希指出，指挥与控制在推动经济发展、社会进步、民生改善和保障国家安全中发挥了不可或缺的重要作用。在全面建设小康社会，发展中国特色社会主义的历史新时期，为加快转变经济发展方式，加强和创新社会管理，保障国家安全提供更加有力的科技支撑，对加快指挥与控制领域的自主创新能力提出了新的更高的要求。中国指挥与控制学会的成立，有助于把相关领域的科技工作者紧密团结组织起来，为加快提升我国指挥与控制领域的自主创新能力，为加快建设创新型国家发挥积极作用。陈希希望学会在即将成立的第一届理事会的领导下，认真学习，深入贯彻全国科技创新大会精神，积极参加各种形式、各种层次的学术交流，广泛开展生动活泼、富有实效的科技创新活动，大力培养优秀创新人才和团队，主动围绕党和政府关心的相关热点、难点问题，开展学术支持，努力为广大会员提供优质高效的服务，把指挥与控制领域广大科技工作者的积极性、主动性和创造性充分调动与发挥出来，把学会作为国家创新体系重要组成部分的作用充分发挥出来。陈希表示，中国科协作为学会业务主管单位，将积极支持学会不断提升能力，创新发展，与大家共同努力，把学会早日建成具有广泛学术影响力、社会凝聚力和会员凝聚力的现代科技学会。

尹家绪在致辞中指出，指挥与控制科学技术的发展对国家安全和经济建设具有重要意义。从装备发展大趋势看，欧美大型防务公司已经不是把自己看成装备提供商而是作战能力提供商。这是一个很大的转变，其中信息化是“倍增器”，不论什么装备，都要突破信息化这个环节。指挥与控制是信息化的“大脑”和“神经中枢”，其发展水平在一定程度上决定着装备信息化的整体发展水平。中国指挥与控制学会在这一背景下应运而生，充分体现了党和国家对指挥与控制科学发展的高度重视，必将凝聚力量、加快追赶国际先进水平的步伐。尹家绪指出，作为学会的支持挂靠单位，近年来，兵器工业的指挥与控制科技取得长足发展，初步建成了面向军民两个市场的技术研发体系，不仅圆满完成了我军多项指挥与控制系统研制生产任务，而且在公共安全、应急指挥、国防动员、边海防监控等方面形成了一批典型产品，在我国指挥与控制领域的技术地位、市场地位和战略地位不断提升。尹家绪表示，在今后的工作中，兵器工业将积极履行好支持挂靠单位的职责，为学会发展繁荣提供人、财、物等资源保障，与国家和军队有关部门、各会员单位一起，努力把学会建设成为我国指挥与控制领域的学术交流之桥、科技创新之窗和科技人才之家。尹家绪希望学会坚持民主办会、服务办会、开放办会，办成我国科技社团的示范学会、现代学会，为推动我国指挥与控制科学技术的持续发展，为加快国防现代化建设和创新型国家建设做出新的更大的贡献。

中国指挥与控制学会第一次全国会员代表大会通过了学会章程，选举理事85人。选举产生常务理事29人，选举戴浩为第一届理事会理事长，选举丁全心、李定主、李恒劭、宋跃进、张有建、杨树兴为副理事长，秦继荣为秘书长，聘任李德毅、曾毅为名誉理事长。

学会由葛振峰担任专家委员会名誉主任委员，刘继贤担任主任委员，于全、方滨兴、冯长根、包为民、陈志杰、郑静晨、胡晓峰、赵晓哲、徐小岩为副主任委员。

（撰稿人：齐 浩）

中国创造学会

服务创新型国家和社会建设 11月至12月，学会举办中小学生创造力开发研修班，来自上海市近50所中小学的教研室主任和科技教师参加了研修班的学习。研修班课程主要包含：中小学生创造思维培养、中小学生创造精神培养、中小学生创造人格培养、美国创造教育情况介绍、德育工作中的创造教育等，通过理论学习、课程观摩、专家点评、讨论交流等，学员们对如何在基础教育阶段开展创造教育，培养青少年的创造性思维与创造性实践能力，有了理念的更新、理论的加强和能力的提高。

学会建设 截至2012年底，学会个人会员1877个、团体会员343家。学会召开第四届理事会第四次理事会议，制定下发《中国创造学会分支机构管理办法》，对分支机构的管理进行了适度调整，完成学会企业创新专业委员会的换届。

国内主要学术会议 8月15～17日，由学会主办，绵阳师范学院承办的2012年交叉融合·协同创新研讨会在四川省绵阳市召开，来自全国的58位专家、学者参加了会议。研讨会收到创造学交流论文34篇。

科普活动 8月17～18日，由学会作为主办单位之一的第三届青少年机器人活动暨2012亚洲机器人锦标赛中国区选拔赛在四川省绵阳市举行，来自16个省、4个直辖市的330支代表队800余名选手参与了比赛，比赛分为小学、中学、大学三组，选手进行了VEX机器人、BDS机器人、人形机器人、迷宫机器人和模拟机器人等5种机器人竞技。获得VEX机器人工程挑战赛总决赛冠军的上海市三新学校、上海市复兴高级中学、福建省平潭一中和大学组冠军绵阳师范学院将代表中国参加第三届亚洲机器人锦标赛。

表彰举荐优秀科技工作者 6～7月，经11位评委评审，第八届中国创造学会“创造成果奖”评出一等奖3个，二等奖6个，三等奖13个（其中团体3个）。

【2012年交叉融合·协同创新研讨会】 8月15～17日，由学会主办，绵阳师范学院承办的2012年交叉融合·协同创新研讨会在四川省绵阳市召开,58位专家、学者参加了会议。研讨会收到创造学交流论文34篇。

学会副理事长周耀烈、唐殿强出席研讨会并主持了开幕式和学术交流。唐殿强作了题为《战略导向下的创新管理体系》的主题报告，绵阳师范学院创新学院院长傅之屏作了题为《“专业＋综合实践”主辅修培养模式》的主题报告，安徽工业大学教授冷护基作了题为《中外创新教育比较研究》的主题报告，石油化工管理干部学院原院长唐登志、教授李全起作了题为《如何使企业成为创新的主体》的主题报告，上海电信培训中心教授张梅毅作了题为《创新与企业创新培训交流》的主题报告，大连理工大学创新实验学院教授冯林作了题为《理工科大学生创新教育体系的构建与实践》的主题报告。

10名专家、学者在大会上发言，就创造力的异化遏制对策、创新教育的模式和实践、创新方法的推广、企业创新培训等进行了讨论。研讨会期间，组织参观考察了绵阳师范学院的创新学院和中国工程院科学城科技馆。

（撰稿人：张　琼）

中国密码学会

服务创新型国家和社会建设 2012年，学会承接政府部门交办科技评价项目3个，面向社会开展教育培训活动4次，参加人数约360人次。

10月10～12日，学会与北京市密码管理局联合举办北京市商用密码学习讲堂培训活动，来自北京市104家商密企业和部分京外商密企业205人参加了培训，活动以“提升商密从业人员业务技能和综合素质，加快首都商密产品研发和应用进程”为目的。

12月10～14日，学会与信息安全国家重点实验室在北京联合举办密码学高端系列培训——可证明安全、表达密码学培训，来自国内高校、科研院所和企事业单位的技术人员及在校学生84人参加了培训。培训邀请国内外知名的密码专家Xavier Boyen教授、Phong Nguyen教授、陈克非教授和薛锐研究员等进行授课，从不同方面对可证明安全、表达密码学等进行了系统、详细的讲解。

7月1～21日，密码数学理论专委会在北京举办了编码密码中的数学理论全国研究生暑期班，来自高校、科研院所50人参加了培训。出版《2010—2011密码学科发展报告》等论文集2种。

学会建设 2012年，学会主办、承办国内外密码学术会议23次，比2011年增长1倍，其中举办或联合举办国际密码学术会议3次，特别是承办了国际密码协会2012亚太密码年会。2012年累计参加学术活动人数约2390人次，交流论文248篇，均较2011年增长60%。召开2次常务理事会议、2次理事会议和1次理事长会议。完成学会学术、组织、教育工作委员会的换届工作，组织开展了学会首批会士的评选及颁发证书活动，专题召开学会2012制度研讨会，制定完善学会11个工作制度并提交常务理事会审定。密码数学理论、密码算法、量子密码、密码芯片专委会按计划召开了工作会议并开展了相关学术活动。

2012年新增个人会员228人，单位会员12家，分别增加了13%、15%。对《中国密码学会通讯》进行改版，增加了栏目。

科普活动 举办密码科普活动8次，参加人数2300多人次，制作了一批密码科普挂图和展板，出版科普图书《古今密码学趣谈》，制作发行《密码学发展与应用》科普光盘。

5月30日，中国密码学会杭州科普活动在杭州电子科技大学举行。学会教育工作委员会委员、杭州电子科技大学通信工程学院教授游林作了题为《现代密码技术及应用》的科普报告，来自杭州电子科技大学的师生120余人参加了活动。

7月6日，学会在贵州大学举办了主题为“保密通信和信息安全”的密码科普活动。贵州大学教授彭长根作了题为《密码学与数学》的科普讲座，150余名师生参加了讲座。

10月20日，中国工程院院士蔡吉人、江苏省宿迁市教育局局长李公平分别代表中国密码学会和沭阳高级中学在江苏省沭阳高级中学建校90周年庆典上为“中国密码学会密码科普基地”揭牌。10月21日，学会党支部、沭阳中学党委在沭阳高级中学报告厅举办密码科普讲座，500名沭阳高中师生参加了讲座。学会捐赠了《古今密码学趣谈》等图书。

国际学术会议 11月28～30日，学会与信息安全国家重点实验室在北京主办第八届信息安全与密码学国际会议（INSCRYPT 2012）。来自12个国家和地区的60余人参加了会议。会议邀请韩国、日本的2名国际知名专家作特邀报告，会议介绍了离散对数求解相关问题的最新进展和研究结果，总结了ElGamal型公钥加密方案的历史发展，并提出有效的构造手段使得方案具有短密文结构。会议安排了侧信道、数字认证方面的2场专题培训，23位论文作者作了专题报告，内容涉及对称密码、公钥密码、密码学基础、安全协议、密码分析、视觉密码等多个领域。会议收到24个国家论文稿件73篇，录用23篇。

国内主要学术会议 5月19日，量子密码专委会主办、上海交通大学承办的量子密码与传统密码融合性研讨会在上海市举办，来自国内高校、科研院所24人参加了会议。

6月2日，密码算法专委会2012年流密码研讨会在北京召开，来自国内科研院校专家、学者200余人参加。会议安排5个特邀报告并特设自由报告时段，报告围绕当前流密码研究中的热点难点问题展开讨论。在自由报告时段，来自国防科技大学等6所院校的6位老师和学生分别介绍了自己的研究成果。

6月22日，学会江苏省工作站举办学术研讨会，会议邀请美国Texas A & M大学顾国飞博士作了题为Can We Go Ahead of Attackers? Rethinking Proactive Cyber Defense的报告，江苏地区部分高校密码领域的专家、学者及在校学生80余人参加了报告会。

6月28～30日，密码数学理论专委会在中国科学院数学与系统科学研究院组织召开第五届有限域及其应用国际研讨会，来自国内高校、科研院所80余人参加了会议。

7月13～15日，密码算法专委会主办、淮北师范大学和淮北职业技术学院承办的中国密码学会2012年密码算法学术会议在安徽省淮北市召开。来自国内近30个科研院所的100余名专家、学者参加了会议。2位专家做特邀学术报告，11位优秀论文作者作大会报告，内容涉及布尔函数、分组密码、格公钥密码、侧信道分析、密码协议、演化密码、密码算法的应用等问题。

8月2～4日，学会教育工作委员会主办、河南理工大学计算机学院承办的2012年第四届全国密码学与信息安全教学研讨会在河南省焦作市召开。来自国内科研院校的专家、学者60余人参加了会议，会议围绕当前密码学和信息安全教育方面的最新成果展开探讨。

8月9～12日，中国密码学会2012年会在安徽省合肥市召开，来自国内科研院所、大专院校的专家学者、在校学生及密码领域企业界代表350余人参加了会议。开幕式上向中国密码学会首批会士肖国镇、王育民、裴定一、冯登国、杨义先、徐茂智、王小云等7人颁发证书。

8月26～28日，密码芯片专委会主办、清华大学微电所承办的中国密码学会2012年密码芯片学术会议在北京举行。来自国内高等院校、科研院所、检测机构及商用密码企业的专家、学者，技术研发人员等180余人参加了会议。会议安排10个特邀报告和5个专题报告。

10月13日，量子密码专委会主办、北京邮电大学网络与交换技术国家重点实验室网络安全研究中心承办的量子密码与传统密码融合性研讨会（二）——量子密码的安全性证明在北京召开，40余位国内高等院校、科研院所的专家、学者参加了会议。研讨会以“量子密码的安全性证明”为主题安排了量子密码安全性的物理基础与BB84协议、QKD安全与纠缠、基于BELL不等式的量子密码安全性等3场报告。与会的7位专家从不同角度阐述和分析了量子密码的安全性和实用性。

11月24～25日，密码数学理论专委会主办、四川大学数学学院承办的中国密码学会密码数学理论专委会2012年学术研讨会在四川省成都市召开，国家密码管理局商密办主任赵丹出席会议并致辞，90余位国内高等院校、科研院所的专家学者参加了会议。10位国内外专家就密码数学领域的热点问题进行专题报告。

会员服务 4月25日，中国密码学会山西会员活动日暨学术交流会在山西省太原市举办。山西省密码管理局、山西大学和学会的有关领导以及来自山西大学等院校和商密企业的师生约300人参加了活动。学会制作展出15块密码科普展板，分发200多本密码学书籍和学会通讯。活动列入山西大学110周年校庆系列学术活动。

6月9日，2012年中国密码学会上海会员活动日暨学术交流会在上海市举办，上海交通大学党委副书记、纪委书记潘国礼，上海密码局局长刘林出席开幕式并致辞，来自上海6所院校及5家商密企业60多人参加了活动。会议就上海会员发展、上海密码学及相关学科之间的交流融合，产学研结合等问题进行了研讨。

8月29日，2012年中国密码学会新疆会员活动日暨学术交流会在新疆维吾尔自治区乌鲁木齐市召开。国家自然科学基金委副主任王杰、新疆密码管理局局长王梅利，新疆师范大学党委书记梁超，学会副理事长冯登国、徐茂智，秘书长强志军和来自新疆师范大学等10余所院校和部分商密企业的120余名密码科技工作者和在校学生参加了活动。会后，学会组织密码产学研用管各单位参加的座谈会，重点就新疆高校密码学科建设和人才培养、新疆商密发展及产学研结合、密码学创新等问题进行了研讨和交流。活动中，学会向承办单位和参会者赠送了《密码学发展报告》、《中国密码学会通讯》等书籍，以及《密码学发展与应用》科普光盘，现场布置了20多块密码科普知识展板。

【中国密码学会2012年会】 8月9～12日，学会主办、中国科学技术大学承办的中国密码学会2012年会在安徽省合肥市召开，来自国内科研院所、大专院校的专家学者、在校学生及密码领域企业界代表350余人参加了会议。中国科技大学副校长朱长飞、安徽省委办公厅副主任、安徽省密码管理局局长徐飞、中国科学院院士郭光灿出席开幕式并分别致辞。开幕式上，向中国密码学会首批会士肖国镇、王育民、裴定一、冯登国、杨义先、徐茂智、王小云等7人颁发了会士证书。

会议特邀6位国内外知名密码学家演讲并回答现场提问。图灵奖获得者，以色列魏茨曼科学研究所教授、著名RSA算法创始人之一Adi Shamir作了题为Improved Attacks on Multiple Encryption的报告，报告介绍了一种新的针对多重加密的攻击方法。中国科学院软件所研究员张振峰做了题为Proxy Re-encryption：Strong Security，Efficient Construction and Non-interactive Opening的报告，中国科学技术大学博士李宏伟介绍了量子密码安全性相关研究的思路和最新进展，丹麦工业大学教授Christian Rechberger作了题为Cryptanalytic ideas applied to AES and SHA的报告，美国威斯康星大学（密尔沃基）教授许光午讨论了数论和代数中许多优美的思想和构造在密码设计、分析和算法中的应用，清华大学教授白国强介绍了当前利用集成电路技术实现密码算法时所面临的挑战和主要问题，并对新技术突破性的发展将如何影响密码学发展提出自己的看法。

会议首次增设了自由讨论环节，年会协办单位：国网电力科学研究院通信与用电技术分公司、北京中电华大电子设计有限责任公司在会上介绍和展示了密码学在产业和市场应用方面的经验、成果。

【国际密码协会2012亚洲年会】 12月3～6日，由国际密码协会主办，中国密码学会承办，上海交通大学、清华大学、信息安全国家重点实验室协办的亚洲密码年会在北京举办。来自31个国家和地区的325人参会。会议由著名密码学专家来学嘉担任大会主席，学会副理事长王小云和日本Sako教授担任程序委员会主席，学会办公室主任陈灏担任组织委员会主席。

会议收到国内外的论文投稿241篇，43篇论文入选论文集，学会资助36名在读博士生免费参会。

会议安排特邀报告2个、专题报告43个以及Rump Session专场，内容涉及密码公钥、基础理论、对称密码、可证明安全、基于格的密码学与数论、哈希函数、密码协议及实现等专题。

（撰稿人：陈　灏）

中国睡眠研究会

服务创新型国家和社会建设 12月19～24日，中国睡眠研究会睡眠与心理卫生专业委员会在广东省人民医院惠福分院举办中港合作高级睡眠技师规范化培训班。60名学员参加了国际注册多导睡眠技师认证（RPSGT）的英文原题结业考试，内地与香港特别行政区的睡眠专家在培训班上讲授了睡眠检查的技术，包括夜间多导睡眠图测试及双水平呼吸机使用技术、儿童睡眠疾病等。

会员服务 研究会在首都医科大学附属北京同仁医院睡眠监测中心开展6期全国睡眠监测技师临床培训，14名学员参加了培训。

组织专家对中国睡眠研究会常务理事单位会员紫罗兰家纺科技股份有限公司的“功能性洁菌家纺产品后整理技术研究与应用”项目进行论证。

学会建设 2012年，中国睡眠研究会发展个人会员179人，发展企业类单位会员11个。截至2012年底研究会个人会员总计2024人，企业单位会员总计31个。研究会召开四届常务理事会议3次，理事会议1次。

10月15日，中国睡眠研究会青年工作委员会经中国科协同意报请民政部批准注册。中国睡眠研究会第一届青年工作委员会组成。主任委员由研究会理事长韩芳兼任。

6月10日，中医睡眠医学专业委员会在上海召开换届会议，会议听取了第一届主任委员徐建作的工作报告，通告了中医睡眠医学专业委员会工作条例。选举出59名第二届专业委员会委员。召开了第二届第一次全体委员会议，选举出23名常委，徐建当选为第二届主任委员。

10月19日，睡眠与心理卫生专业委员会在江苏省南京市召开第一届第三次全体会员大会，会议听取并审议通过了第一届主任委员贾福军所做的工作报告，会议选举产生了77名中国睡眠研究会睡眠与心理卫生专业委员会第二届委员会委员，24名常务委员和负责人，贾福军当选为第二届主任委员。

12月15日，江西省睡眠医学会成立大会在江西饭店举行。大会选举邓丽影为第一届江西省睡眠医学会会长。

研究会恢复《中国睡眠研究会通讯》刊物。

国内主要学术会议 3月24日，中国睡眠研究会睡眠障碍专业委员会在北京举办2012年北京地区睡眠疾病诊断及规范化治疗学术研讨会，来自京津冀地区的400余名医务人员参会，研究会前任理事长陈彦方、现任理事长韩芳、副理事长王玉平，常务理事、四川大学华西医院教授唐向东，研究会理事、第四军医大学唐都医院教授宿长军、暨南大学教授潘集阳、著名精神病学专家孙学礼、著名神经病学专家李舜伟等12位专家作了专题讲座。研讨会介绍了睡眠医学研究最新成果、常见睡眠疾病的诊断与鉴别诊断，最新研究进展等。会议特别设置两场专题讨论：情绪与睡眠专场、失眠及安眠药应用专场。

3月20日，2012世界睡眠日暨全球健康睡眠高峰论坛在北京举行，论坛发布了《全球健康睡眠北京倡议书》。来自睡眠学界专家、学者，媒体记者近200人出席了论坛。

6月8～10日，中医睡眠医学专业委员会主办的神志病与睡眠疾病临床防治研究及科研新进展学术研讨会暨继续教育培训班在上海市举办。来自全国各地18个省市的从事睡眠疾病及相关学科的中医、中西医结合和基础研究专家学者等110余人与会。大会邀请了6名国内著名专家教授作专题讲课，专家分别从基础理论、科研设计与方法、动物模型的研究与应用等多角度、多学科作了报告。收到学术论文70篇，有20余位专家学者交流了临床研究和诊治体会，临诊随师心得和经验介绍。

12月14～16日，研究会承办的中国科协第255次青年科学家论坛——药物联合认知行为疗法治疗失眠的规范化模式研讨会在江西省南昌市举行。全国各地20个单位60余名青年医学专家、学者与会。

两岸交流 11月2～4日，由中国睡眠研究会睡眠与心理卫生专业委员会主办的两岸四地睡眠医学高峰论坛在广东省广州市举办，来自全国的70余名睡眠医学工作者参会。中国睡眠研究会理事长韩芳和第三届理事长陈彦方与会并做主题演讲。

国际交往 11月30日～12月2日，第七届亚洲睡眠研究会学术会议在中国台湾地区台北市召开。来自18个国家和地区的700多名睡眠研究专家、学者与会，交流总结睡眠科学基础与临床研究新技术和新成就。会议安排了3个大会报告、21个专题报告，3个工作坊（讨论），28个自由口头报告和123个墙报展示。中国睡眠研究会30多名学者参加会议。理事长韩芳、副理事长黄志力等分别组织了大会专题报告，理事长韩芳、副理事长黄志力、叶京英、张希龙，常务理事罗远明，理事陈宝元等分别在专题报告上介绍了各自的研究进展，理事李庆云等在两岸三地华人睡眠论坛分会场就“亚洲睡眠医学现状和未来”作专题演讲并参加了讨论，青年学者王晶玉、李彦如等报告了研究论文。

科普活动 3·21世界睡眠日期间，全国各地的理事、会员以及会员单位，围绕世界睡眠日中国主题“健康睡眠，幸福中国”，结合当地睡眠医学及科普发展，开展科普讲座、沙龙、大型义诊、咨询，科普展览、专题网页、举办健康睡眠大讲堂，电视访谈节目，发放科普宣传材料等各种形式宣传健康睡眠理念、普及睡眠科普知识。

3月21日，关注睡眠健康从重视睡眠开始——走进北大校园讲座在北京大学举办，中国睡眠研究会理事长、北京大学人民医院呼吸内科主任医师、博士生导师韩芳到北京大学讲授睡眠健康问题，200多名学生参与了讲座互动。

3月～4月，研究会与太原伦嘉生态健康家居科技有限公司合作在北京市、太原市、呼和浩特市、郑州市、西安市、宝鸡市等地举办“健康睡眠、幸福中国——好环境好睡眠”全国巡讲活动。

5月23日，研究会与中国麻风防治协会、中国生理学会联合在河北望都县寺庄乡白岳村开展“科技与文化融合、科技与生活同行”的科技周下乡宣传活动。研究会展台接待现场咨询150余人次，发放宣传资料1800余份。

【中国睡眠研究会第七届学术年会暨2012金陵国际睡眠医学论坛】 10月18～20日，中国睡眠研究会第七届学术年会暨2012金陵国际睡眠医学论坛在江苏省南京市召开，会议由中国睡眠研究会主办。来自全国各地睡眠领域的医务工作者、医学专家、科研人员、学生近400人参加了会议，交流论文139篇。江苏省人民医院院长王虹，中国睡眠医学前辈王雨若教授，中国睡眠研究会第二届理事长张景行、第三届理事长陈彦方等出席会议。中国睡眠研究会理事长韩芳致开幕词，会议特邀来自美国、法国、日本和中国台湾地区等10位著名睡眠医学专家到会演讲和学术交流。韩芳为来自美国的世界睡眠医学联合会（WASM）前任主席 Chokroverty 和现任主席、美国斯坦福大学 Guilleminault 教授颁发了奖牌，表彰他们对中国睡眠医学的发展和人才培养所作的突出贡献。

大会设立主会场和分论坛，主会场特邀专家做学术报告，设立了睡眠障碍、睡眠呼吸障碍、睡眠卫生与心理、睡眠生理与药理、中医睡眠医学等分论坛，7 位国内外专家做了学术报告。4 位获中国睡眠研究会“瑞思迈”优秀青年论文奖的青年学者报告了研究论文。青年论坛围绕青年关心的睡眠医学相关问题请 11 位专家进行会前培训。会议还开展了工作坊和病例讨论，设立了睡眠产业新技术发布卫星会议和睡眠科技产品演示。

世界睡眠医学联合会前任主席 Chokroverty、现任主席 Guilleminault，宾夕法尼亚大学 Vgontzas 教授，加利福尼亚大学的 Lai 教授、密西根大学 Baghdoyan 教授和 Lydic 教授，法国 Dauvilliers 教授，日本 Urade 教授等睡眠专家就国际睡眠医学领域的最新科研成果进行了演讲。世界睡眠联盟秘书长、亚洲睡眠研究会副主席、台湾睡眠研究会理事长陈泞宏及中国大陆睡眠研究领域的知名专家就近年来国内外睡眠疾病的诊断、治疗和研究的最新进展作了专题报告，介绍了睡眠科学的最新研究进展和学科前沿动态。

会议期间，举行了中国睡眠研究会青年工作委员会成立大会。

【2012 年世界睡眠日暨全球健康睡眠高峰论坛】 3 月 20 日，由中国健康教育中心、卫生部新闻宣传中心联合中国睡眠研究会、中国医师协会主办的 2012 世界睡眠日暨全球健康睡眠高峰论坛在北京举行。2012 年世界睡眠日中国主题为“健康睡眠，幸福中国”，论坛发布了《全球健康睡眠北京倡议书》。来自睡眠学界著名专家、学者，媒体记者近 200 人出席了论坛。

卫生部副部长、国家中医药管理局局长王国强、中国科协书记处书记徐延豪出席论坛并讲话。上海交通大学儿童医学中心教授、上海市副市长沈晓明，著名睡眠专家韩德民教授分别从儿童睡眠和睡眠医学角度指出睡眠时间保障的重要性。慕思寝具总裁姚吉庆作为睡眠产业界代表，呼吁政府要大力发展健康睡眠科技和产业，世界睡眠医学联合会主席、美国斯坦福大学 Christian Guilleminault 教授从经济学、社会学角度阐释了睡眠障碍对全球几大国家的危害与影响。大会宣读了《全球健康睡眠北京倡议书（英文版）》，积极倡导健康生活方式，呼吁公众关爱睡眠。倡议书提出：睡眠关系身心健康，关系和谐幸福，是生命重要的健康资源，应从医学和社会层面予以重点关注。

【两岸四地睡眠医学高峰论坛】 11 月 2～4 日，2012 年中国科协继续教育支持项目两岸四地睡眠医学高峰论坛在广东省广州市举办，70 余名专家、学者参加了论坛。论坛由中国睡眠研究会睡眠与心理卫生专业委员会主办，研究会理事长韩芳、研究会第三届理事长陈彦方在论坛上做主题演讲。

与会专家根据《睡眠障碍国际分类（第二版）》（ICSD-2），初步落实了中国两岸四地睡眠障碍的分类，包括失眠、睡眠相关呼吸障碍、中枢源性睡眠过度、昼夜节律性睡眠障碍、异态睡眠状态、睡眠相关运动障碍、其他睡眠障碍和孤立的症状等 8 个子类目和 2 个附加分类。

专家认为，建立两岸四地华人睡眠医学的常设机构，为华人睡眠学者搭建相互交流的平台非常有必要。

与会专家展示了两岸四地的睡眠实验室和睡眠中心建设实况，并就实验室建设标准进行了探讨。与会专家认为，实验室建设标准和技师认证标准均要贴近美国睡眠医学学会（AASM）标准，以便实现华人互认的睡眠评价体系。与会论坛专家拟在以下几个方面进行合作：在华人地区开展睡眠相关流行病调查，研究失眠与睡眠不足的关系及与躯体疾病的关系，认知行为治疗标准化。

（撰稿人：姜　革）

中国高科技产业化研究会

服务创新型国家和社会建设 2012 年，研究会开展科技项目评价、创新科技的论证会、项目对接、技术咨询等项工作，组织 90 多次专项活动。

研究会协助淮北生物能源技术有限公司建立院士、专家工作站。协助大连理工大学申请建立高性能树脂国家工程技术研究中心，协助北京中外建设信息有限公司申请建立北京市城市一卡通工程技术研究中心。帮助柳工集团建立国家土方机械工程技术研究中心，帮助江苏牧羊集团建立饲料加工装备工程技术研究中心。

研究会帮助企业申报科技部“973”计划 1 个，“863”项目 3 个，国家火炬计划 15 项，创新基金 15 项，惠民工程 11 项，工业和信息化部中小企业发展专项资金 2 项。

在地方政府支持下建立技术推广应用固定式的平台。在桂林高新区内建立航天科技民用化产业园，成立公司负责建设运作，聘请院士、专家高端技术人才，开展项目孵化、技术推广、成果转化。

在北京市通州区建立国家遥感卫星应用综合试验场，在北京、广西建立北斗卫星导航应用产业化示范项目及国产遥感卫星应用综合试验场。

参与中国工程院破坏性创新理论探讨与实践、移动互联网发展引发ICT产业变革课题研究。

学会建设 2012年，研究会两个新分支机构：智能信息处理产业化分会和光电科技产业化分会获民政部批准登记。

研究会开展学术交流与技术交流27次，比2011年增加了28%，参会人数2163人次，比2011年增加了66%，交流论文516篇，比2011年增加了30%。

国际学术会议 9月，在河北省石家庄市举办了数字文化与技术创新国际研讨会。来自瑞典、日本、韩国及全国各地从事数字文化产业的院士、专家、企业家、艺术家出席了会议。会议研讨了数字文化产业发展中面临的机遇与挑战，重点针对虚拟现实技术，数字动漫、数字影视、网络、数字出版、云计算等领域中的科技和艺术创新、产业结合，探讨政策和未来发展对策等。

中国工程院院士、中国科学院计算所研究员倪光南，日本动漫产业协会会长池田慎一郎任会议主席。池田慎一郎作为日本数字文化产业界的代表对中国发展数字文化产业提出了建设性意见。会议邀请安徽大学原副校长韦穗、瑞典专家Jan Staël von Holstein（缘诗道）等20位中外专家作了学术报告。

12月3日，研究会与中国科技教育基金会在新加坡联合举办了2012亚洲创新产业投资峰会，18个国家和地区的88家银行、188家金融机构支持论坛、300人与会。国际著名投资大师罗杰斯到会作了主题发言。

6月12～14日，2012第四届中国（北京）国际光电展览会和第十届全国光电技术学术交流会在北京举办。展会全面展示包括激光、红外、光学、光通信与光传感、航天航空、仪器设备等光电应用领域的新产品新技术。

科普活动 2012年，研究会制作20集航天科普动画片《九天特训营》，总片长360分钟，在中央电视台播出。举办飞向太空——航天科普展，在济南市、南宁市、常州市、宁波市、舟山市展出，总计展出107天，参观人数累计13.5万人次。

【2012第四届中国（北京）国际光电展览会和第十届全国光电技术学术交流会】 6月12～14日，2012第四届中国（北京）国际光电展览会和第十届全国光电技术学术交流会在北京国际会议中心举办。本届活动由中国航天科工集团公司、中国高科技产业化研究会共同主办。展会全面展示包括激光、红外、光学、光通信与光传感、航天航空、仪器设备等光电应用领域的新产品新技术，吸引了来自13个国家和地区的220余家展商，展会汇集了众多采购商、行业精英、专家智囊团和科研学者，吸引10000余名专业观众参观。

展会按专业划分，吸引了国内外著名厂商参展。航天展区，集中以民用光电产品、智慧城市等主题进行展示，红外激光展区的高德红外、华中数控、飒特红外、北方夜视集团、美国大通激光、北京凯普林等，光学展区的成都光明、利达光电、施耐德光学、北京玻璃研究院等，光通讯与光传感展区的航天时代、世维通、武汉虹拓、长飞光纤等。

（撰稿人：凌 芸）

中国基本建设优化研究会

学会建设 2012年，研究会个人会员总数为2493人，团体会员221个，召开了1次理事会议，召开第十七次、十八次常务理事会议。

7月17日，研究会在广东省广州市举办广东省基本建设优化研究会第一届会员大会暨成立大会。会议围绕广东经济和社会发展总体规划和部署、城乡建设发展战略和重大项目规划布局、城市圈道路交通基础建设、城乡环境建设等议题进行了研究。

中共中央政治局委员、广东省委书记汪洋向论坛发来贺信。民建中央副主席、广东省委主委、广东省原副省长宋海，科技部原副部长韩德乾，新华社原副总编闵凡路，中国科学院广州分院院长陈勇，广东省科技厅厅长李兴华等出席会议并讲话，来自广东省科技厅、民政厅等相关部门同志，高校和企业的100余名代表参了会议。

国内主要学术会议 研究会总会及二级机构在2012年召开国内学术会议6次，参加人数760人次，交流论文252篇。

9月9日，研究会承办的第十四届中国科协年会第一分会场水资源保护与水处理技术国际学术研讨会在河北省石家庄市召开。来自政府部门、高等院校、科研院所、社团协会、公司企业以及外国机构的专家、学者近100人参加了会议，征集论文54篇。录用了44篇，评选出优秀论文18篇。中外7位优秀论文作者作了专题报告。

9月20日，研究会在河南省三门峡市卢氏县召开三农优化与企业家责任学术研讨会。农业部信息专家组组长梅方权作了主题报告，会议围绕农业产业化、农业创意产业发展、农村公共服务建设等议题进行了研讨。

10月30日，研究会在北京针对安徽省亳州市三农问题举行决策专家论坛。论坛围绕土地撂荒、粮食安全、土壤改良、新农村建设等议题进行了研究。农业部原部长陈耀邦、国家林业局原局长王志宝、安徽省亳州市副市长彭家法，亳州市政府秘书长侯化等出席了论坛。

10月15日，研究会在北京召开三农优化十八谈学术研讨会。科技部原副部长韩德乾、国务院经济发展研究中心农村部部长徐小青、北京工商大学校长谭向勇、新华社原副总编闵凡路、人民网原总裁何加正、《半月谈》副总编辑张正宪分别作主题报告。会议围绕工业反哺农业的时代机遇、企业下乡助力“三农”等议题进行了研究。

12月1～4日，由研究会主办的第十八届全国现代结构工程与环境优化技术交流会在广东省广州市召开，150余人参加了交流会。会议邀请中国工程院院士容柏生、缪昌文作学术报告。

【第十八届全国现代结构与环境优化技术交流会】 12月1～4日，由研究会主办的第十八届全国现代结构工程与环境优化技术交流会在广东省广州市召开。研究会重点工程专业委员会常务副会长高广通、研究会建设工程与环境优化技术专业委员会主任韩选江、广东省空间结构学会理事长王仕统、广东省土木建筑学会副理事长兼秘书长王离、研究会建设工程与环境优化技术专业委员会副主任陈德文、周云，江苏省土木建筑学会工程鉴定与加固专业委员会主任顾瑞南，来自广东省各地从事结构工程与环境优化技术方面的专家、设计院所、施工单位及政府相关职能部门150人参加了交流会。会议邀请中国工程院院士容柏生、缪昌文作学术报告。大会围绕绿色建筑与现代结构工程的主题，从新结构与新体系、绿色建筑工程体系优化方案与结构优化技术、地下空间的开发利用技术研究与应用等8个方面展开研讨，展示了现代结构工程与环境优化技术取得的成绩和前沿性成果。

（撰稿人：穆　扬）

中国科技馆发展基金会

服务创新型国家和社会建设　2012年，中国科技馆发展基金会联合中国科学技术馆、上海科技馆、清华大学新闻与传播学院等单位共同申请中国科协“全国科技馆展教人员基本状况调查”课题。该课题通过对全国科技馆展教人员的现状及发展前景进行调查研究，初步掌握全国科技馆展教人员的基本情况和发展态势，为工作在科技场馆的辅导员队伍解决职称与职业发展、社会地位与认可度寻求解决的办法与途径。

由中国科技馆联合中国科技馆发展基金会、中国创新方法研究会、河北工业大学共同申请科技部项目“基于科技馆平台的创新方法培训研究与实践项目”，该项目是科技馆联合科技馆行业就如何将创新方法由企业引入到社会、如何将对成人的培训引导到对青少年的培训，进行的新探索。项目以创新方法培训为契机，通过中国科技馆在行业内的引领示范作用和中国科技馆发展基金会的传播渠道，结合创新方法研究会的专业师资力量，将创新方法培训辐射至全国科技馆行业乃至其他教育领域，吸引更多的具有创新意识、掌握创新思维、应用创新工具的人，形成基于科技馆平台“在做中学，在做中创新”的具有中国特色的独特的教育培训体系。

学会建设　2012年，中国科技馆发展基金会建立相关制度和管理办法19项，编发简报36期、重要会议纪要20余期，建档立卷46宗。基金会网站浏览量达8万余人次，比2011年同期增长6万人次。

2月22日，中国科技馆发展基金会召开第四届理事会第5次会议，会议通过《中国科技馆发展基金会2011年度工作报告及财务报告》、《2012年度工作计划及预算》、《科技馆发展奖奖励实施细则》，确定2012年度科技馆发展奖颁发“贡献奖”“创意奖”。会议明确了2012年重点工作。

6月，民政部发布2011年基金会年检公告，基金会为第一批年检合格单位。

11月28日，中国科技馆发展基金会召开第四届理事会第6次会议，会议通过《2012年度科技馆发展奖获奖候选人名单》、《颁奖活动方案》、《农村中学科技馆公益项目管理办法》、《2012年受助10所试点中学名单》、《基金会信息管理办法》。会议强调，农村中学科技馆公益项目要争取社会捐助、政府和相关组织的参与支持，共同实现预期目标。会议要求修改完善《合展励学金管理办法》。

2012年12月，《中国科技馆发展基金会合展励学金实施办法（试行）》对外颁布实施。中国科技馆发展基金会分别在天津南开大学和河北科技大学举行“合展励学金”捐赠仪式。基金会自2011年起，连续4年在中国科协年会举办地向当地两所大学贫困学生进行资助，每省捐赠400万元。

表彰举荐优秀科技工作者　基金会3月29日，召开2012年度奖励提名委员会第1次会议，落实理事会会议精神及《奖励实施细则（试行）》，制定年度奖励工作方针。9月，奖励提名委员会委员开始推荐提名，并形成“贡献奖”、“创意奖”提名候选人名单。10月25日～11月3日，奖励提名候选人公示和公众投票活动在中国科技馆、上海、浙江、重庆、广西、宁夏、山东、河北、黑龙江等省、自治区、直辖市馆举行，近万人参与了投票活动。11月4日，召开2012年度奖励提名委员会第2次会议，推出“贡献奖”和“创意奖”两个奖项候选人报基金会理事会终审。11月28日，基金会召开四届理事会第6次会议对“贡献奖”和“创意奖”奖项候选人终审。

12月14日，在北京人民大会堂举行的“中国科协会员日主场活动暨第五届全国优秀科技工作者颁奖大会”上，全国人大常委会副委员长、中国科协主席、基金会名誉理事长韩启德等为中国科技馆发展基金会科技馆发展奖3个“贡献奖”获奖个人、6个“创意奖”获奖项目、2个“贡献奖提名奖”获奖团体、6个“创意奖提名奖”团体和个人颁发了奖章、证书。

【农村中学科技馆公益项目】 8月26日，农村中学科技馆公益项目捐赠签约暨启动仪式在北京举行。基金会名誉理事长韩启德、邓楠，中国科协常务副主席、书记处第一书记陈希，教育部副部长刘利民，正大集团副总裁杨小平，基金会理事长谢克昌，副理事长屠海令，中国科协副主席、书记处书记程东红，中国科协书记处书记徐延豪、王春法，基金会顾问齐让、鲍红，北京市科协、中国科技馆发展基金会、国务院国资委新闻中心、正大环球、新时代证券等单位的负责人，受助学校的师生代表，北京30余家媒体的新闻记者出席了捐赠签约暨启动仪式。

正大集团向中国科技馆发展基金会捐资人民币2000万元分4年实施，每年资助500万元，用于建设农村中学科技馆。2012年率先在中西部10余所农村中学进行试点。项目内容包括：科普展品、数字科技馆、科普图书、学生科技创意作品、多媒体投影设备等。

6月，基金会启动科普展品、图书征集工作。9月，农村中学科技馆展品深化设计方案审查会在北京召开，专家审阅5家中标单位方案。11月，设立农村中学科技馆项目样板间，先后接待了全国政协副主席、科技部部长万钢，中国科协副主席、书记处书记程东红，基金会奖励提名委员会的委员，中国光华科技基金会等领导及嘉宾。

11～12月，中国科技馆与基金会共同组织对企业展品制作品质和企业服务进行5次不同形式的抽查。

农村中学科技馆公益项目的宗旨是贯彻全国科技创新大会在“十二五”末实现公民具备基本科学素质的比例超过5%目标的重要举措。2012年试点揭牌仪式在北京市密云县高岭中学举行。

（撰稿人：田　英　饶荣亮　吴冬梅）

中国生物多样性保护与绿色发展基金会

服务创新型国家和社会建设 11月2日，由基金会、安徽省铜陵市人民政府共同举办、铜陵淡水豚国家级自然保护区管理局承办的教师专题培训班在安徽省铜陵市委党校举办。开班仪式上，铜陵市人民政府副市长崔玉奇致辞，基金会秘书长方运河讲话，北京麋鹿生态实验中心副主任郭耕、北京师范大学生命学院教授刘定震、中国环境科学研究院生态所王伟博士、铜陵淡水豚国家级自然保护区管理局局长郑邦友分别做了专题讲座。

12月9日，基金会主办的第一届中国绿色发展培训班在河北石家庄市举行，来自政府、企业和大专院校的200多名专业人员参加了学习。开班仪式上，河北省环保厅副厅长轩友林致辞，执行理事长胡昭广作了题为《推动绿色发展建设生态文明》的讲话。中国工程院院士金鉴明作了题为《绿色发展，可持续发展的新模式、新举措》的主旨报告。中国工程院院士段宁以“我国清洁生产现状与发展重点”为主题，介绍了我国清洁生产发展现状，乔琦研究员以“工业园区绿色发展”为主题，对我国工业园区建设现状以及目前存在的问题进行了介绍，重点对生态工业园区的理论基础、建设现状以及管理体系进行详细讲解；张春霞研究员作了“钢铁行业的清洁生产”的专题报告，于宏兵教授作了题为《制药行业清洁生产》的报告，刘景洋副研究员作了题为《静脉产业：现状与未来》的专题报告。

12月10日，基金会举办示范基地工作交流会，来自全国20余个示范基地的50余人参加了交流会。

学会建设 2012年，基金会有理事24名，常务理事4名，监事4名，示范基地31个，专项基金6个，内设专家委员会、绿色企业工作委员会、植物园工作委员会。

2月29日，基金会第四届理事会第五次会议在北京召开。会议由执行理事长胡昭广主持。会议听取并审议秘书长方运河做的《2011年工作总结及2012年工作计划报告》，听取并审议了监事长田小平做的《2011年财务工作报告》。提交理事会通过新增刘代文为学会理事，筹备设立绿色企业工作委员会。

11月6日，基金会召开第四届理事会第六次会议。会议讨论了绿色企业工作委员会的定位与职能及绿色企业的标准，提议成立绿色企业工作委员会。

国内主要学术会议 1月9～11日由基金会、中国生态学会共同主办的首届海南绿色论坛暨沙产业促进专项基金管委会学术研讨会在海南省海口市举办。来自北京、内蒙古、甘肃、海南等地的专家学者、企业家300余人出席了大会，提交论文80篇。中国工程院院士金鉴明、中国科学院院士匡廷云等5位专家在大会上做主旨报告，论坛围绕“贯彻绿色理念、促进沙产业发展”进行研讨。

6月21日，由基金会、安徽省铜陵市人民政府等共同主办的“携手同行合力拯救——呼吁保护长江江豚活动”新闻发布会在北京举行。基金会理事长胡德平、铜陵市市长侯浙珉代表主办单位讲话。在发布会上共同发布保护长江江豚倡议书。

11月1～5日，基金会参与主办的2012年中国植物园学术年会在重庆市南山植物园召开，年会以“植物园，让未来更美好”为主题，来自国内外植物园系统的107家单位300余名专家、学者、科技管理人员参加了会议。年会设立了3个分会场，来自全国各地植物园和有关单位的专家学者作了58场学术报告。与会专家学者就植物资源的保育和利用、植物与人类未来生活、植物园科普与生态性宣传、旅游生态经济和植物园发展、植物多样性与城市生态建设、植物园与资源战略保护等话题，进行了交流和探讨。

科普活动　5月19日，由基金会参与主办的第五届中国生物多样性保护与利用数码摄影赛展览在北京麋鹿苑科普馆、北京动物园科普馆、北京颐和园、深圳仙湖植物园展出，1.8万人次观看了展览。

7月14日，由基金会、北京市科协、北京市朝阳区科协共同主办的第十四届北京夏季大型科普活动——北京科普之夏在北京市朝阳区太阳宫公园举行，基金会名誉理事长刘恕、副理事长张佐双和副秘书长胡京仁出席了开幕式。科普活动围绕绿色发展、节能减排、食品安全的主题，开展科普展览、节能科技展示、与群众互动等几个板块，5万余人参与了科普活动。

基金会主办的春、夏、秋三季观鸟活动在北京延庆野鸭湖自然保护区举办，来自北京师范大学，北京林业大学以及社会各界爱鸟人士600人参加了观鸟活动。

世界生物多样性日期间，在北京科技活动中心、北京麋鹿实验中心、北京动物园、深圳仙湖植物园、北京颐和园举办了科普咨询活动5场，参加活动专家80人。

（撰稿人：张春芳）

中国反邪教协会

学会建设　协会以各种媒体为依托，做好反邪教宣传。中国反邪教网2012年发布文章2200篇，年点击率达1000万人次。形成了以中国反邪教网为首，14个省级反邪教协会网站和40个地、市、企业、大学反邪教协会网站共同构成的反邪教网站群。

以资源包建设为抓手，推进反邪教宣传资源共建共享。2012年启动宣传资源包建设方案，并实施第一阶段的资料收集工作。2012年收到来自14个单位报送的宣传材料70份。

开展理论和实践研究。2012年立项课题43项，并赴广东、天津、上海、北京开展基层基础调研。

协会积极支持地方协会开展区域间工作交流，7月，由协会支持的西部反邪教论坛在新疆维吾尔自治区召开，会议就西部地区反邪教工作的发展与创新进行了研讨。

12月21～22日，协会在上海市召开反邪教协会工作座谈会，学习贯彻落实党的十八大精神，对进一步做好反邪教工作进行了座谈和讨论。3月28～29日，第九届全国反邪教协会秘书长联席会议在山东省济南市召开，会议对2012年重点工作和专项工作做了部署。

《中国反邪教通讯》2012年出刊12期，印刷量达3.96万册，赠阅范围为全国28个省、自治区、直辖市的反邪教协会。与《科学与无神论》杂志、《科学世界》杂志和《大众科技报》合办专栏3个。2012年发表文章30多篇，发行总量40多万册，实现对不同层次人群的反邪教宣传。

协会组织各地反邪教协会依托“全国科技周”、“全国科普日”、“三下乡”等活动，开展反邪教科普宣传和“家庭拒绝邪教”等活动。

针对“2012世界末日”的流言，协会与中国科技馆合作拍摄《2012年世界末日科学？荒谬？》科普片，揭露“世界末日”论的荒谬。该片分别在中央电视台一套和十套黄金时间播出3次，在多家省、市电视台播出，协会向各地分发放1.6万盘录像用于科普宣传。针对邪教组织“全能神”活动的状况，协会发行了《识破邪教“全能神”》的警示片。该片通过翔实的资料，通俗的形式，揭露了“全能神”邪教组织的丑恶面目。

（撰稿人：李　静）

国际粉体检测与控制联合会

学会建设　截至2012年底，联合会个人会员153人，其中国际会员32人，团体会员21个，国际会员有美国、日本、澳大利亚、德国、英国、韩国、意大利、荷兰、尼日利亚、突尼斯、阿塞拜疆等国的学者、专家。联合会理事会由20人组成，联合会在中国设有一个分支机构：工业应用委员会。

12月20～21日，通过电子通讯举办常务理事会会议。商讨和确定2013年11月举办第四届国际粉体检测与控制联合会会员代表大会，开展理事会换届选举工作。确定2013年11月10～13日在福建省厦门大学由厦门大学、清华大学、英国Leeds大学联合举办第三届工业应用委员会粉体检测与控制高端学术会议（国内）和第十届国际粉体检测与控制学术会议。联合会常务副秘书长金智贤通报了秘书处的工作和2013年的计划。

12月20～30日，联合会分支机构工业应用委员会挂靠单位由东北大学仪表研究所变更为清华大学粉体工程研究室，负责人更名为盖国胜。上报中国科协和民政部社会团体管理局审批。

2012年，联合会举办两次国际学术交流会议和两次粉体检测与控制前沿高端学术会议。

学术期刊 3～4月，在瑞士由Trans Tech Publications Ltd.出版了*Measurement and Control of Granular materials*文集，精选第九届国际粉体检测与控制学术会议上发表的论文，以*Advanced Materials Research*第Vol.508期正式发行。全部论文得到EI国际论文检索。

国际学术会议 11月24～25日，第二届国际粉体检测与控制前沿高端学术会议在辽宁省沈阳市东北大学举办，会议交流了粉体检测与控制学科在中国的发展成果和技术进步及企业发展现状，确定中国在该领域未来10年的研究方向。会议分特邀报告和3个专题小组，对我国粉体技术领域科技和产业发展做了探讨和交流。

8月23～24日，联合会工业应用委员会主办了合肥国际粉体技术与应用论坛，280人与会，论坛邀请国内外专家和国内企业工程技术人员讨论当前粉体技术领域发展现状和粉体技术标准。特别是讨论确定了粉体颗粒检测技术，决定编制中国颗粒技术标准，规定粉体材料生产的检测规范，用以监督国内粉体物料生产工艺和产品质量。会议委托清华大学粉体技术研究所起草标准草案。

11月23～25日，由联合会工业应用委员会在辽宁省沈阳市举办了国际安全科学与技术学术会议，国内外学者70多人参加了会议。会议就安全技术和理论，安全技术和生产，安全管理和教育，火焰和爆炸防止和减缓方法，火灾的模型、数字仿真和可视化，突发事件管理等发表85篇论文。

国内主要学术会议 11月27日，联合会副理事长、国际资深粉尘爆炸和系统防护专家、德国FSA总裁S.Radandt来中国访问，学会邀请辽宁地区企业和研究所的部分专家和工程技术人员举办了安全生产前沿技术研讨会，会议邀请S.Radandt作了题为《粉尘爆炸及生产系统的安全防护技术》的学术报告。在报告中，为我国生产过程的爆炸事故的预测、防护、人员和设备安全做了理论和实践阐述，给我国学者研究煤矿爆炸的环境的预测、排险和防护等提出了新的课题。东北大学仪表研究所的20多名博士研究生参加了研讨会。

【第二届国际粉体检测与控制前沿高端学术会】

11月24～25日，第二届国际粉体检测与控制前沿高端学术会议在辽宁省沈阳市举办。会议交流和总结粉体检测与控制学科在中国的发展成果和技术进步及企业发展现状，确定中国在该领域未来10年的研究方向。会议邀请了国内部分高校、研究部门和德国及英国利兹大学的学者、教授，组织国内专家、学者介绍当今我国粉体检测与控制领域科研和产业应用的最新成果。与会者对联合会国内分支机构工业应用委员会的组织建设、技术交流和产业发展提出了具体建议。会议分特邀报告和3个专题小组，对我国粉体技术领域科技和产业发展做了探讨和交流。清华大学粉体技术研究室主任、我国粉体技术领域知名专家盖国胜介绍了我国近十年来的粉体加工技术发展成果，新型先进设备、粉体颗粒标准制定、纳米加工流程、超细颗粒加工在中药制造业中的应用，粉体科学技术在我国现状和未来发展前景等。联合会理事长、东北大学仪表研究所所长、国际知名温度检测专家谢植介绍了温度检测技术在粉体加工过程和节约能源中的重要意义。他认为，精确检测和控制加工温度会大大提高制造材料的质量，有效降低能源消耗和原料成本，对企业提高经济效益产生重要影响。英国利兹大学粒子科学与工程研究院首席教授、过程工业数据挖掘研究的创始人Xue Z.Wang博士的特邀报告介绍了生产过程的数据收集和挖掘技术研究和应用、在线测量和过程计量学，信号和图像分析处理，以及多尺度模拟和先进智能控制，为我国学者研究粉体检测控制过程开阔了思路。

（撰稿人：金智贤）

国际数字地球学会

学会建设 9月，学会第七次执委会会议召开。会议通过了学会章程的修订意见稿，经讨论更新了《国际数字地球学报》投稿领域，商讨了2014数字地球峰会的承办等问题。

学术期刊 2012年《国际数字地球学报》接到投稿252篇，比2011年度增加62篇。2012年发行5期正刊，1期专刊，发表文章31篇。汤森路透期刊引证报告公布的2011年度影响因子为1.083，在全球23种遥感类期刊中名列第12位。

国际学术会议 9月2～4日，学会在新西兰惠灵顿组织召开了第四届数字地球高峰会议。本届会议以“科技驱动的数字地球”为主题，来自20余个国家的200多名专家、学者就数字环境、活力城市和发展中的数字化等3个主题展开交流和研讨。中国科学院院士、学会秘书长郭华东应邀作了题为《面向未来地球的数字地球》的大会特邀报告。

9月20～22日，干旱半干旱环境对地观测国际研讨会（ISEO）在新疆维吾尔自治区喀什市召开。会议以“对地观测照亮中亚”为主题，来自20多个国家和地区的150余位专家、学者参加了开幕式。中国科学院院士郭华东任大会主席并主持开幕式，科技部副部长陈小娅、新疆维吾尔自治区党委常委尔肯江·吐拉洪等出席了会议。会议通过了《喀什宣言》并签署协议。

4月6～7日，国际欧亚科学院高层学术论坛在北京举行。论坛以“21世纪科技促进绿色经济和可持续发展”为主题。会议邀请数字地球领域的专家就数字地球概念、技术发展、实际应用等多方向开展学术研讨和交流。与会专家认为，数字地球不单是获取信息的重要科学手段，而且将会在社会经济、政治等方面发挥重要的战略性作用。

10月28日～11月2日，第23届国际科技数据委员会（CODATA）大会暨第28届CODATA全会在台湾地区台北市召开。会议以“开放数据与信息：变化中的地球”为主题，来自30多个国家和地区的300余名专家、学者出席了会议。由研究会承办的数据密集时代的数字地球分会进行了5个分会报告。

国际交往 学会参加了在巴西伊瓜苏市召开的地球观测组织（Group on Earth Observations，GEO）第9次全会。

【第四届数字地球高峰会议】 9月2～4日，学会在新西兰惠灵顿市组织召开了第四届数字地球高峰会议。本届会议由惠灵顿市政府和新西兰国土信息部承办，以“科技驱动的数字地球”为主题，来自20多个国家的200多名专家、学者出席了会议。与会人员就数字环境、活力城市和发展中的数字化等3个主题展开交流和研讨。

学会主席John Richards、惠灵顿市长Celia Wade-Brown在开幕式上致欢迎辞。他们认为数字地球技术对于城市智慧发展、灾害监测预防等方面发挥重要的支撑作用，并对数字地球未来的发展寄予厚望。中国科学院院士、学会秘书长郭华东应邀作了题为Digital Earth for Future Earth的大会特邀报告，介绍了国际科学理事会（ICSU）的“未来地球”计划，指出面向2020数字地球理念将为“未来地球”计划提供有力的理论基础，数字地球的关键技术将为“未来地球”计划的实施提供可靠的技术支撑，使得地球信息能够实时有效地获取、存储、分发、处理及可视化。

本次峰会的报告重点关注如何利用数字地球技术实现灾后的环境可持续发展的适应性方法，如何提供科学的城市建设和发展方案规划未来城市生活，以及持续探索不断发展和完善的数字地球理念。

【干旱半干旱环境对地观测国际研讨会】 9月20～22日，干旱半干旱环境对地观测国际研讨会（ISEO）在新疆维吾尔自治区喀什市召开。会议以“对地观测照亮中亚”为主题，来自国内外20多个国家和地区的150余位专家、学者参加了开幕式。中国科学院院士郭华东任大会主席并主持开幕式，科技部副部长陈小娅、新疆维吾尔自治区党委常委尔肯江·吐拉洪等出席了会议。

研讨会设7个大会特邀报告。科技部国家遥感中心主任廖小罕作题为《遥感与对地观测：能力建设、可行性分析和准备工作》的特邀报告。美国马里兰大学教授Stephen D. Prince作题为《对地观测监测土地荒漠化》的特邀报告，巴基斯坦航天与大气上层委员会Imran Iqbal作题为《巴基斯坦的对地观测》的特邀报告，哈萨克斯坦科学院院士Khalel Bespayev作题为《准格尔阿拉泰矿产资源》的特邀报告，中国科学院对地观测中心研究员付碧宏作题为《对地观测应用在中亚构造地质》的特邀报告，中国科学院对地观测中心副研究员李新武作题为《建立对地观测系统，开展综合应用的思考》的特邀报告，荷兰国际地理信息科学与对地观测学院（ITC）教授John van Genderen作题为《对地观测数据的连续性，是否需要关注》的特邀报告。

研讨会组织了对地观测与全球变化、对地观测在自然与文化遗产研究中的应用、对地观测与生态保护、对地观测与矿产资源开发、对地观测与地质灾害、对地观测与科学减灾、对地观测与水资源管理、对地观测与干旱半干旱环境变化的8个分会场的56个报告。会议通过《喀什宣言》并签署协议。《喀什宣言》建议，汇集政府、学术界、企业和非政府组织的力量，特别是努力争取上海合作组织及其成员国的支持，联合中亚及其邻国开展对地观测科学研究，提升中亚对地观测在地球观测组织（GEO）中的影响，并实施中亚地区对地观测能力建设、打造国际学术交流平台、培养相关人才等，并建议将ISEO建设成两年一次的系列会议。

【国际欧亚科学院高层学术论坛——数字地球专题会议】 4月6～7日，以“21世纪科技促进绿色经济和可持续发展”为主题的国际欧亚科学院高层学术论坛在北京举行。本次论坛由国际欧亚科学院（IEAS）和联合国教科文组织（UNESCO）共同主办，研究会承办了论坛的数字地球专题会议。

数字地球专题会议由学会秘书长、中国科学院院士、国际欧亚科学院院士郭华东主持。会议的学术交流，以国际欧亚科学院院士为主，特别邀请数字地球领域的专家就数字地球概念、技术发展、实际应用等多方向开展学术研讨和交流。学会副主席 Milan Konecny 作题为《21世纪数字地球：概念、挑战及应用》专题报告，报告介绍和分析了面向 2020 数字地球新理念，以欧洲为案例，解读了数字地球理念，展望了数字地球的未来发展。香港中文大学教授林珲作题为《空间综合方法与人文学和社会科学研究》专题报告，中国科学院地理科学与资源研究所副所长周成虎作了题为《面向全球化研究的全球空间信息之窗》专题报告，北京超图软件股份有限公司董事长钟耳顺作题为《GIS 技术新进展及在数字城市中的应用》的专题报告，保加利亚索菲亚土木建筑及大地测量大学教授 Temenoujka Bandrova 作题为《数字地球应用的 3D 地图》的专题报告。

与会专家认为，数字地球不单是获取信息的重要科学手段，而且将会在社会经济、政治等方面发挥重要的战略性作用。作为数字地球理念的倡导者和推动者，国际数字地球学会愿意与国际欧亚科学院及其他国际组织一道，创建全球国际合作关系，使数字地球在应对全球气候变化、解决城市发展突出问题上做出贡献。

（撰稿人：王长林）

国际动物学会

服务创新型国家和社会建设 2012 年，由学会承担的全球变化生物学效应（BCGC）项目，被国际生物科学联合会（IUBS）列 IUBS 核心项目并延期 3 年（2013 ~ 2015）。该项目专家撰写的《应加强对全球变化生物学效应研究的支持》报告，被中国科协调研宣传部《调研动态》总第 488 期发表。

学会建设 截至 2012 年 12 月底，学会团体会员 103 个，覆盖各类科技人员 3 万多人，个人会员 1002 个，分别比 2011 年同期增加 13% 和 44%。从地区分布上看，学会目前各类会员已覆盖世界六大洲 72 个国家和地区。

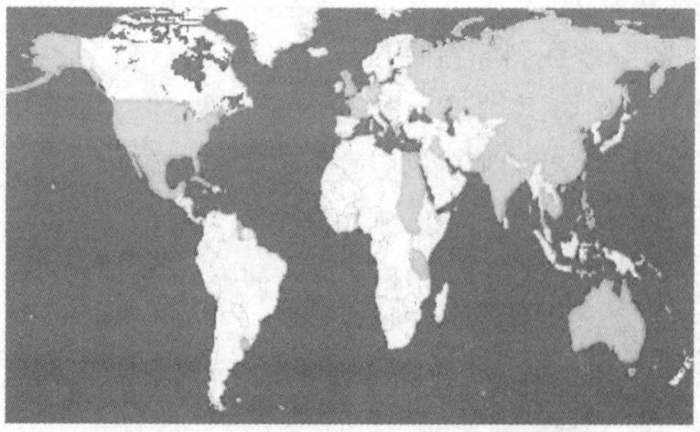

团体会员的国家分布示意图

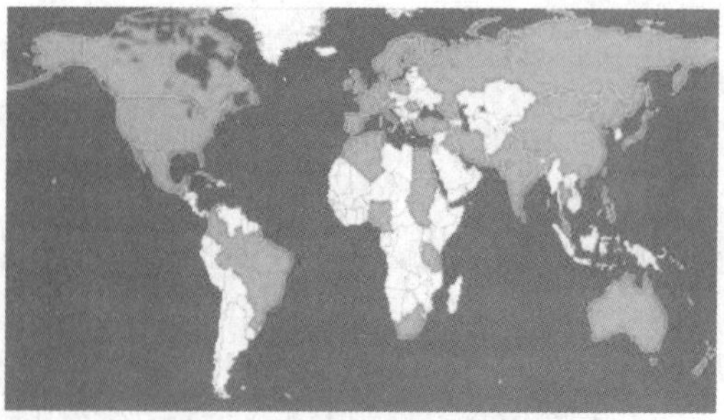

个人会员的国家分布示意图

2012 年，学会建设和维护了 4 个网站，包括：学会门户网站、学会英文期刊《整合动物学》网站、全球变化生物学效应（BCGC）国际研究计划项目网站、第 31 届国际生物科学暨生物产业大会网站。

2012 年学会门户网站访问量总计达 36 万人次，比 2011 年同期增长 64%。

9 月 2 ~ 7 日，第 21 届国际动物学大会在以色列海法召开。大会期间，举行了国际动物学会会员代表大会。学会秘书处向大会作了 2008 ~ 2012 学会工作和财务报告。大会对学会章程中不完善内容，进行了修改与补充。通过民主选举，选出了新一届学会领导层和执行委员会成员。学会执行委员会成员由过去的 7 人增加为 9 人，国家也有过去的 7 个增加为 9 个，其中新委员 3 人。中国科学院动物研究所研究员张知彬当选国际动物学会主席，任期 4 年。

学术期刊 学会编辑出版的学术期刊 *Integrative Zoology*（《整合动物学》）是学会与中国科学院动物研究所和 Wiley-Blackwell 出版社合作，共同出版的英文科技期刊。

2012 年，国际知名数据库 ISI《2010 年期刊引证报告》（Journal Citation Report 2010）发布的影响因子为 1.208，比 2011 年提高 20%。据出版商 Wiley-Blackwell 发布的学会期刊 2011 年年报显示，目前世界上 3077 家单位机构可以看到该期刊，文章下载量从 2010 年的 15894 篇 / 次上升为 2011 年的 17838 篇 / 次，上升幅度为 12%。学会期刊文章下载前 6 名的国家和地区分别为：欧洲（40%）、美国（22%）、澳洲（9%）、加拿大（7%）、中国（3%）和日本（2%）。

浏览期刊文章前 10 名的国家和地区为：美国（24%）、中国（13%）、英国（8%）、澳洲（5%）、印度（5%）、加拿大（4%）、德国（3%）、巴西（3%）、法国（2%）、日本（2%）。

2012 年，期刊编辑委员会成员进行了新的调整，新的期刊委员会成员由来自 19 个国家的 59 位科学家组成。

国际学术会议 7月5～9日，第31届国际生物科学暨生物产业大会在江苏省苏州市召开。会议主题为：推进生物科学，使生活更美好。大会重点讨论世界范围内生物科学已取得的最新研究成果、目前发展状况和未来发展趋势等。

9月2～7日，第21届国际动物学大会在以色列海法举行。来自世界18个国家的250多位科学家、研究人员和学生参加了大会。大会主题为：变化世界中的动物学——动物如何应对人类活动。大会由国际动物学会与以色列海法大学共同主办，以色列海法大学承办。

【第31届国际生物科学暨生物产业大会】 7月5～9日，第31届国际生物科学暨生物产业大会在江苏省苏州市召开。

国际生物科学联合会副主席、国际动物学会副主席张知彬（中国）主持了开幕式。会议由国际生物科学联合会（IUBS）、中国科学院生命科学与生物技术局和国际合作局、中国科协国际联络部主办。国际生物科学联合会中国国家委员会（CCIUBS）、中国科学院动物研究所、中国科学院植物所、中国科学院遗传与发育所、国际动物学会和苏州市吴中区政府承办。

来自世界40多个国家的300多位科学家、科研人员和学者参加了大会，国际生物科学联合会主席 Giorgio Bernardi（意大利）、副主席 John Jungck（美国）、秘书长兼国际动物学会主席 Jean-Marc Jallon（法国）、执行主任 Nathalie Fompromix（法国）、挪威皇家科学院院长 Nils Chr. Stenseth 等参加大会。

中国科协书记处书记张勤、中国科学院副院长张亚平、天津市政协副主席饶子和、苏州市副市长浦荣皋，10多位中国科学院、中国工程院院士，来自国家科技部、国家自然基金委、联合国教科文组织、国际科学联合会等专家、学者出席了大会开幕式。会议主题为：推进生物科学，使生活更美好。

第31届国际生物科学暨生物产业大会，是IUBS自成立90多年来在中国大陆举行的首次会议。

大会组织了包括气候变化生物学、生物多样性与保护生物学、基因组与进化、野生动物疫病、生物入侵、生物产业、生物能源、遗传资源获取与共享、合成生物学、纳米生物学、生物计算、生物伦理与教育、保护地管理与保护等10多个专题论坛分会。190多位世界各国的科学家进行了报告发言或海报交流展示。大会重点讨论研究世界范围内生物科学已取得的最新研究成果、目前发展状况和未来发展趋势等。

国际生物科学联合会成立于1919年，是目前唯一覆盖生物科学所有学科的国际组织。国际生物科学暨生物产业大会每三年举行一次，期间来自世界各地的顶级生物科学家和国际组织单位负责人出席，带来最新学术、科研、应用技术和管理经验等方面成果，讨论决定未来三年科学发展实施计划，决定相应计划执行人与合作者，换届选举并决定下届大会主办国家与城市。

【第21届国际动物学大会】 9月2～7日，第21届国际动物学大会在以色列海法举行。来自世界18个国家的250多位科学家、研究人员和学生参加了大会。大会主题为：变化世界中的动物学——动物如何应对人类活动。大会由学会与以色列海法大学共同主办，以色列海法大学承办。以色列国家自然公园管理局、耶路撒冷希伯来大学、以色列动物学会、以色列威兹曼科学研究所和奥里曼教育学院为支持单位。

大会由15个分会和5个大会报告组成。大会为出席会议人员设立了学术海报专场。15个学术分会分别为：社会行为形式的内分泌基础、生态生理学、分子生态学、动物对人类对栖息地改变与管理的反应、季节过程中的日节律、人类与野生动物冲突、全球变化生物学效应、生理与行为生活史、哺乳动物行为与生态学、未来动物学培训与高等教育、城市化后啮齿类动物生存方式的多样性与结构变化、农业与生物入侵、族群内部关系互动、选择水平与进化动物学、水生动物对人类活动的反应、光污染及其生物学效应、东地中海的赤道化、不利环境下的有限适应等。

中国科学院动物研究所研究员张知彬以国际动物学会及国际生物科学联合会国际科学研究项目——全球变化生物学效应领导人身份组织了“全球变化生物学效应”专题研讨会并作学术报告。中国科学院动物研究所研究员张知彬当选国际动物学会主席，任期4年。

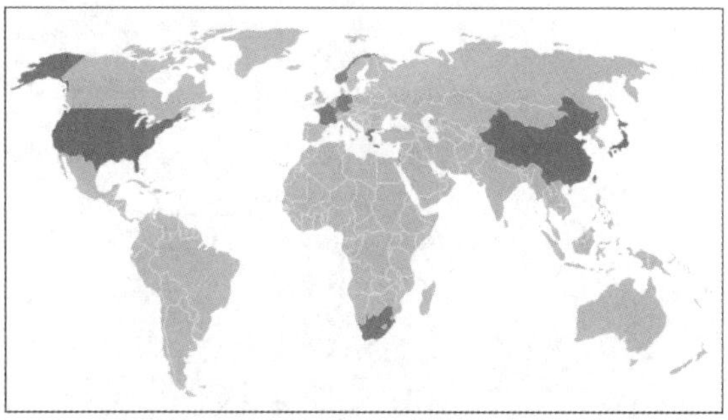

国际动物学会执行委员会成员国家分布图

【全球变化生物学效应（BCGC）项目被国际生物科学联合会延期3年】 由学会承担的全球变化生物学效应项目，经过4年多努力工作，2012年研究效果开始显现。项目所研究的主要内容包括：全球变化对生物多样性格局、关键珍稀物种和生物灾害的影响。项目研究初步结果表明：全球变化对生物多样性格局、珍稀物种和生物灾害均有影响，气候变化对物种栖息地和生态环境的影响比较明显。与目前所流行的主流观点不同，气候变化对生物的影响对有些物种可能是负面的，但对有些物种则有可能是正面的。与气候变化相比较，人口和人类活动的增加，可能对生物所造成的负面影响更大。

通过项目，全球气候变化生物学效应研究网络平台及相关信息数据库初步建成。在 *Integrative Zoology* 期刊上出版“全球气候变化生物学效应成果”专辑 2 期，发表科技文章 15 篇。举办气候变化生物学效应的国际研讨会 3 次，举办各种与项目有关的学术培训班 2 次。

2012 年，由项目部分专家集体撰写的《应加强对全球变化生物学效应研究的支持》报告，作为中国科协调研宣传部《调研动态》总第 488 期发表。经评估，项目被国际生物科学联合会列为该国际组织核心项目，并继续将该项目列为该联合会 2013 ~ 2015 年期间国际合作科学研究项目。

（撰稿人：韩春绪）

北京市科学技术协会第八次代表大会

辽宁省科学技术协会第八次代表大会

湖北省科学技术协会第八次代表大会

重庆市科学技术协会第四次代表大会

贵州省科学技术协会第八次代表大会

新疆生产建设兵团科学技术协会第三次代表大会

黑龙江省科协系统学习贯彻党的十八大精神会议

山西省科技界学习贯彻党的十八大精神座谈会

安徽省科协学习党的十八大精神主题报告会暨“中国科协会员日”活动大会

新疆维吾尔自治区科技界学习贯彻党的十八大精神座谈会

内蒙古科协系统学习贯彻十八大精神干部培训班

河北省科技界代表学习贯彻党的十八大精神座谈会

北京科学道德和学风建设宣讲报告会

黑龙江省在哈高校科学道德和学风建设宣讲教育报告会

四川省科学道德与学风建设宣讲教教育报告会

福州大学研究生科学道德与学风建设宣讲教育报告会

河南省科学道德与学风建设宣讲教育报告会

湖北省科学道德和学风建设宣讲教育报告会

2012年青海省科学技术协会年会

宁夏科协2012年学术年会

吉林省第七届科学技术学术年会

第二届新疆生产建设兵团青年科技论坛

第三届江苏省自然科学学术活动月报告会

第七届内蒙古自治区自然科学学术年会

首届重庆青年科学家论坛

第四届江苏省青年科学家年会

“农药与环境安全”国际学术研讨会

第二届皖台科技论坛

新疆资源环境与发展高端学术研讨会

内蒙古草原可持续利用论坛

1	
2	3
4	

1. 2012北京科学嘉年华开幕式

2. 2012年湖北省暨武汉市“全国科普日”活动启动仪式

3. 2012年海南省“全国科普日”海口主会场活动启动

4. 2012“全国科普日”新疆系列科普活动启动仪式

福建省科技馆新馆开工仪式

2012黑龙江省·哈尔滨科普月暨科普益民行动启动仪式

新疆维吾尔自治区第二届青少年科技节

2012全国科技活动周暨第24届江苏省科普宣传周“学雷锋，科普志愿者行动”

2012年中国科协“大手拉小手——科普报告内蒙古草原希望行”启动仪式

1	2
3	4
5	

1. 2012年青海省科协"科普与新青海建设同行"系列科普活动启动仪式

2. 2012年广东省科技周暨防灾减灾日科普宣传周

3. 第二十七届甘肃省青少年科技创新大赛暨第十二届中国青少年机器人（甘肃赛区）竞赛开幕式

4. 2012年宁夏科技活动周暨千名科技专家走进生态移民村启动仪式

5. 新疆生产建设兵团2012年科技活动周领导干部和公务员科普报告会

院士专家援黔行动计划 —— 遵义革命老区行启动仪式

“天山南北院士行”阿克苏河流域水资源情况座谈会

江苏省万名科技专家兴农富民工程现场总结推进会

中国创新论坛之走进山西高端对话

第九届长三角科技论坛院士专家建言献策座谈会

青海省科协决策咨询专家委员会座谈会

二〇一二年山东省百名专家企业行活动

山西省科协与中国科学院山西煤炭化学研究所签署战略合作协议

第十九期重庆科技沙龙

江苏省科协与南京市政府签署共同推进中国人才与创业创新名城建设合作协议

四川省科协与巴中市人民政府签订合作协议

中国科协会员日山西省科协提升学会服务能力座谈会

甘肃省2012年中国科协会员日暨“全国优秀科技工作者”、“讲理想、比贡献”活动表彰大会

2009 — 2010年度青海省自然科学优秀学术论文奖总结颁奖大会

重庆港城工业园区科学技术协会成立大会

二〇一二海外赤子为国服务行动计划暨百名海外博士重庆行签约及成果发布会

中国科协海智计划吉林（吉林）工作基地授牌仪式

二〇一二中国·扬州国际人才峰会暨首届海外项目洽谈会

省、自治区、直辖市科协，新疆生产建设兵团科协简况

北京市科学技术协会

组织召开首都科技工作者学习贯彻党的十八大精神座谈会。与北京市委讲师团联合举办首都科技工作者学习贯彻党的十八大精神辅导报告会，200余位科技工作者参加。印发《北京市科协关于学习贯彻党的十八大精神活动的通知》，制定《北京市科协关于贯彻落实科技创新大会的意见》。依托25个科技工作者状况调查站点开展首都科技工作者对党的十八大的舆情搜集工作。

加强科技思想库工作平台建设。结合首都经济社会重大科技需求，推出科协调研、科技工作者建议、政协提案人大议案、科技工作者状况调查站点信息、科技参考、科技人力资源快报6种科技思想库产品。2012年完成重点课题调研15项，开展建议类专项课题研究7项，报送科技工作者建议120余项，《“7·21洪灾”的启示与建议》等建议得到北京市主要领导批示。加快推进科技思想库技术支撑平台建设，通过2个平台、8个基础数据库的研建，实现决策咨询工作的信息化。承担院士专家学术成长资料采集工程、科技人力资源地理信息系统建设等重点任务，国家级科技思想库建设试点工作在中国科协年度考核评估中获优秀。召开2012年老科学家学术成长资料采集工程工作会，中国科协、教育部有关部门，北京、江苏等省市科协的领导出席会议。

推进“院士专家工作站”建设。与中关村管理委员会联合下发《关于加强院士专家工作站建设的意见》，启动院士专家工作站课题调研，推动4家园区内企业建站，新建院士专家工作站13个，累计建站38个，进站院士91位，开展科研攻关项目85个。开展“讲理想、比贡献”评选表彰，10家单位获全国“讲理想、比贡献”活动先进集体、6人获科技标兵。

搭建科技创新企业与高校、科研院所的交流平台。与多家单位合作举办中关村论坛年会专场分论坛、第四届首都创新论坛、中国科学院老专家服务企业自主创新座谈会等活动，推动专家智力、技术项目、高校科研成果与企业需求实现对接。举办首届首都大学生科技创新作品与专利成果博览会，35所高校展示172件专利成果、118件实物发明、47件创新创意作品，并为企业和投资机构牵线搭桥。

增强科技支农实效。深入开展科技套餐配送工程、乡土人才培训、会社合作计划等多种形式的科技支农活动，在密云县和大兴区分别建立都市型现代农业示范基站，面向郊区县开展科技服务“三农”活动300余次，示范推广科技项目40余项，为88个农村扶贫助残基地提供技术指导，推动20余个涉农学会与农民合作组织实现对接，带动3万余名农民依靠新技术、新产品增收致富。“科技套餐配送工程”被列入北京市“三下乡”工作重要示范活动。

认真履行全民科学素质纲要实施工作办公室职责。北京市政府印发《北京市全民科学素质纲要实施方案（2011—2015年）》，抓好5个行动计划和5项基础工程落实。完成71项“折子工程”任务。北京市政府与中国科协签署《加强公民科学素质建设共建协议》，建立公民科学素质建设共建机制。

大力实施重点人群科学素质行动。加强科普惠农兴村计划、社区科普益民计划规范管理，实行差额评审，强化检查验收。面向16个区县重点选择16个社区，与北京市财政局联合投入400万元开展科普示范社区创建工作。与北京市人力资源和社会保障局共同组建由8名院士、12名专家组成的讲师团队伍，举办公务员科学素质大讲堂和公务员科学素质竞赛。2012年，首都科学讲堂举办70余场，听众2万多人次，网络视频听众累计2500万人次。开通公务员科学素质在线培训，7万余人上线学习，拓宽公务员接受科技教育的网络渠道。30万中小学生参加第32届北京青少年科技创新大赛。开展全市无邪教创建活动。

科普活动社会影响力逐步增强。5月19日，全国科技活动周暨北京科技周开幕。中共中央政治局委员、国务委员刘延东出席开幕式。中国科协常务副主席、书记处第一书记陈希宣布科技周开幕。本届科技周以“携手建设创新型国家——科技与文化融合，科技与生活同行”为主题，开展大型活动12项、重点活动66项、基层活动600多项，520万人次参加了活动。举办第18届北京科技周开展大型活动12项，基层活动600多项，520余万人次参与活动。组织全国科普日北京主场群众系列活动、高校开放日等活动，第二届北京科学嘉年华，12个国家、地区的百余家科普机构的204项科普互动项目，全市开展193项基层活动。开展北京百万家庭数字生活技能大赛、科普之春、科普之夏等科普活。科普资源共建共享机制不断完善。联合29家单位，成立北京科普资源联盟。北京科普资源共享服务平台上线运行，累计集成科普资源11万余项。科普超市运用市场化手段集散科普资源，吸收特色店铺50余家。科普创作出版专项资金资助11个图书项目和3个音像项目，《科学的真相》等获第二届中国科普作协优秀科普作品提名奖。7·21自然灾害发生后，迅速成立科技社团医疗服务专家组与农业生产专家组深入灾区，开展义诊咨询、调研论证、防灾减灾知识普及等活动。

科普基础设施建设水平进一步提升。北京科学中心按照“世界眼光、时代特征、北京特色、创新发展”的建设理念，完成建筑设计方案，可行性报告和能源、交通、环保3个评估报告。在150个社区建成并投入使用数字科普视窗，与西单、中山公园共建科普画廊等基础设施，共同为公众提供科普教育条件。搭建1831流动科技馆、诺贝尔奖获得者北京论坛主题展等平台，促进优秀科普资源的展示与交流。完成第五批北京市科普基地命名，全市科普基地达到212家，14家科普教育基地被命名为全国科普教育基地，与北京市71家全国科普教育基地共同承担开展公益性科普活动的责任和义务。开设北京数字电视科普栏目，运用微博、微信、公益广告等方式，面向公众宣传普及科技知识。蝌蚪五线谱网站不断丰富5大板块、7大栏目内容，展示科普资源数千项，累计发布内容资源约10GB。

打造首都高端学术交流平台。2012年开展学术交流1000余项，开展第15届北京科技交流学术月、院士专家报告会、首都巨灾应对高峰论坛等百余项学术交流活动。举办第三届首都先进制造应用技术研讨会、第二届首都科技创新与成果转化论坛等学术活动。举办以“科技创新、文化创新——双轮驱动战略”为主题的两界联席会议高峰论坛、城市公共安全与综合治理论坛、京津冀晋蒙区域协作论坛等一系列研讨活动。搭建国际交流合作平台。举办意大利——北京科技经贸周活动，200余家中外企业参与，签署合作协议9项，被科技部列为促进中意科技创新合作的重要活动之一。与法国综合科学中心等45个国外及台湾地区科技组织新建友好关系，签订5份合作意向书。开展阿根廷——北京企业洽谈会等国际交流活动、第二届吴宪吴瑞国际学术研讨会等国际学术会议、第二届北京科学嘉年华等大型国际化科普活动。深化与香港工程师学会、台湾“中华文经发展协会”、台湾农训协会等港澳台科技组织的交流合作，邀请97名台湾青年科学家参加京台青年科学家论坛。2012年组织出访团组19个，接待国外及台湾科技组织来访团组41个。

科技人才工作系统化推进。实施四个人才工作计划，联合市政协科技委举办科技论坛，研讨推进创新型人才培养的模式、路径。举办第13届北京青年学术演讲比赛。完善青年人才工作制度，2012年资助青年学术活动109项，青年学者出版专著8本，18名青年科技人员参加19项大型国际学术会议。305名中学生进入133个国家级、市级实验室进行科研实践，1400余名青少年参加全国青少年高校科学营北京科学营活动，北京科技创新市长奖及提名奖分别奖励5名科技创新新星。发挥海智网、海智工作基地和服务平台的作用，2012年新开辟海外合作渠道15个，举办交流对接活动10次，促成合作意向50余项。开展“四技”服务活动260余项，举办老年科普活动300余场，组织撰写科普文章153篇。

全面展开科学道德和学风建设宣讲教育工作。市科协牵头，建立由市委教育工委、市教委等6个部门组成的宣讲教育领导小组并组织报告会，邀请国家科学技术奖获得者、中国科学院院士吴孟超，中国工程院原院长、中国工程院院士徐匡迪、图灵奖获得者、中国科学院外籍院士姚期智，为6000名研究生新生作报告。面向在北京的50余家高校、70余家科研院所及160余家学术团体，推动宣讲教育在新入学研究生、新入职教师和科研工作者、新上岗研究生导师中实现全覆盖。聘任市级宣讲专家72人，中国科学院院士陈佳洱、中国工程院院士钱易做首场宣讲报告。编发《科学道德和学风建设简明读本》10万册。建立宣讲教育示范项目评选等工作制度。

大力宣传、表彰优秀科技人才。举办首届科学传播人颁奖活动，14位院士参加了活动，全国人大常委会副委员长、中国科协主席韩启德等领导为科技工作者颁奖。开展第21届北京优秀青年工程师评选活动，评出优秀青年工程师212名，其中标兵20人。《北京科技报》2012年宣传50名优秀人才的事迹。与北京电视台合作，每周播出“科学人物”节目，讲述科学家的成长故事。《科技生活》推出青少年市长奖10周年纪念专刊。举荐5人参评中国女科学家奖、32人参评全国优秀科技工作者，茅以升北京青年科技奖奖励15名优秀青年科技人员。努力为科技工作者服务。科技工作者状况调查站点2012年报送信息近百篇，编发《站点信息》4期。深入亦庄、中关村，调查了解新经济组织科技人员在职称评审等方面的需求和困难，完成相关调研报告。组织提交两项市政协团体提案。加强对常委、委员等科技专家的服务，组织代表、委员、常委、荣委考察新农村建设和文化创意产业发展。

进一步加强自身建设。2月，北京市科协八大召开，八大期间收到代表建议案67项，组织专家全部办结。制定《北京市科协科技工作者建议工作实施细则》、《北京市科协关于进一步加强学术交流工作意见》等，完善科协工作规则和制度。建立常委会领导下9个工作委员会分工负责的工作机制，62名常委、125名委员作为各工作委员会委员。9月21～22日，京津沪渝直辖市科协党组书记联席会议在北京召开，结合全国科技创新大会精神，围绕发挥科协组织作用、服务科技创新进行了交流研讨。

推进社会组织党建试点工作。2012年新批准成立社会组织党建工作小组48个，建立党的工作机构的科技社团累计82个。制定《北京市科协社会组织党建工作专项经费管理办法》等文件，完善党建工作制度。组织市科协社会组织党建领导小组、基层学会党支部，赴山东省科协调研学习。支持、引导所属团体参与社会管理和服务，12家学会申报的13项社会组织服务项目获政府112万元资助。协调推动使用市社会建设专项资金购买社团专职管理岗位28个。“枢纽型”社会组织服务管理平台上线运行。推进“百强社团”建设，制定社团评估标准。建立学会联络员制度，实地走访所属社团148个。2012年新成立市学会、基金会2个，指导37家学会、基金会完成换届，162家学会完成年检。推动8家企业成立科协。北京大北农科技集团股份有限公司科协等8家企业科协荣获先进科技工作者之家称号。

【北京市科协第八次代表大会】 2月9～10日，北京市科协第八次代表大会召开。中共中央政治局委员、北京市委书记刘淇，全国政协副主席、北京市科协七届委员会副主席王志珍，中国科协常务副主席、书记处第一书记陈希，北京市委副书记、市政协主席王安顺，市委常委、常务副市长吉林，市委常委、市委秘书长李士祥，市委常委、市人大常委会副主任、市总工会主席梁伟，市委常委赵凤桐，副市长苟仲文等领导出席大会开幕式。大会围绕“高举中国特色社会主义伟大旗帜，团结带领首都广大科技工作者，为提高自主创新能力、率先实现创新驱动发展而努力奋斗”的主题，审议通过了北京市科学技术协会第七届委员会工作报告《北京市科学技术协会实施〈中国科学技术协会章程〉细则》，选举产生了北京市科学技术协会新一届领导机构。参加大会的正式代表600人，特邀代表49人，列席代表50人。

【安捷伦北京青少年科技创新大赛】 3月23～25日，安捷伦北京青少年科技创新大赛举办。大赛以“创新·飞翔”为主题，1642项优秀学生竞赛作品参加市级初评，199个项目进入终评答辩，10项青少年科技实践活动，30幅少年儿童科学幻想绘画入选终评展示活动，参赛学生总数达30余万人。中国科协副主席、书记处书记程东红为中国科学院院士陈佳洱颁发“特别贡献奖”。北京市副市长洪峰为第十届“北京青少年科技创新市长奖”、“提名奖”获奖者颁奖。市委常委梁伟出席闭幕式并讲话。

【北京科学营】 8月5日，全国青少年高校科学营活动启动暨北京科学营开营。中国科协副主席、书记处书记程东红，书记处书记徐延豪，北京市科协党组书记、常务副主席夏强，副主席周立军，市教委副主任郑萼以及首都9所承办高校负责人出席活动。北京大学党委书记朱善璐代表高校致辞，清华大学校长陈吉宁宣读《高校倡议书》。教育部副部长刘利民向承办高校校长授营旗，来自中国科学院、中国工程院的10位院士将象征科学事业的接力棒交给营员代表。中国科协常务副主席、书记处第一书记陈希宣布活动启动。来自全国31个省市的1300名营员，130名带队老师及40余家媒体记者参加了启动仪式。诺贝尔物理学奖获得者、清华大学高等研究院名誉院长杨振宁为开营仪式做了题为《我的中学与大学经历1933—1942》的报告。

【第二届北京科学嘉年华】 9月13日，第二届北京科学嘉年华在奥林匹克公园国家体育馆东广场举行。中国科协副主席、书记处书记程东红，北京市委常委陈刚，副市长苟仲文参加开幕式。北京科学嘉年华包含主场活动、北京国际科技电影展、第十届北京科学传播创新与发展论坛暨2012北京科学节国际论坛及全市基层活动。来自世界12个国家和港澳地区的20个国际科普组织与来自中国的82家机构的204个互动科普项目参与现场活动，受益公众5.6万人次。电影展期间有40部科技影片在中国科技馆、中国电影博物馆、北京天文馆进行展映、一个月的影展中总计放映500余场，吸引10万余人观影。第十届北京科学传播创新与发展论坛暨2012北京科学节国际论坛邀请来自中国、美国、德国、法国、新加坡等5国的科学传播领域专家进行主旨演讲。北京市基层活动有63家单位举办了193项活动，相比2011年的145项活动，增长了逾33%。

【北京市科学道德和学风建设宣讲教育工作会】 8月29日，北京市科学道德和学风建设宣讲教育工作会议召开。会议由市科协、市委教育工委、市教委联合主办，市科学道德和学风建设宣讲教育工作领导小组组长、市科协党组书记、常务副主席夏强主持。中国科协组织人事部部长李森，国务院学位办副主任、教育部学位管理与研究生教育司副司长黄宝印，市教委副主任付志峰出席会议。全国科学道德和学风建设宣讲教育工作领导小组组长、中国科协书记处书记张勤，市科协主席、中国科学院院士顾秉林，市科学道德和学风建设宣讲教育工作领导小组副组长、市委教育工委副书记唐立军讲话。北京交通大学、北京工业大学、中国空间技术研究院作了典型发言。夏强宣读了新一批北京科学道德和学风建设宣讲专家名单，会议为新聘任专家颁发聘书。在北京的55所高校和28个研究生培养单位的相关负责人，部分北京科学道德和学风建设宣讲专家150余人出席会议。

【第十五届北京科技交流学术月】 9月15日～10月31日，第十五届北京科技交流学术月举办。本届学术月以“北京精神与科学文化”为主题，举办各类活动101项，由市科协主办的综合活动7项，针对首都经济社会发展中的关键问题举办13项综合性论坛，5项大型国际会议，76项专业性活动，专业性活动围绕能源、水资源和土地资源，人口、医学和生物技术，交通运输、城市管理和建设，低碳经济、环境保护和垃圾处理，防灾减灾和公共安全，信息产业和现代制造业，都市型现代农业，基础和应用基础研究，交叉学科和新兴学科等不同领域开展。

【2012京津冀晋蒙区域协作论坛】 9月27日，2012京津冀晋蒙区域协作论坛在北京召开。论坛由北京、天津、河北、山西、内蒙古五地科协、社会科学界联合会共同主办，北京市社会科学界联合会、市科协承办。市科协党组书记、常务副主席夏强出席论坛并致辞，北京市委副秘书长傅华参加了会议总结并讲话，北京市社会科学界联合会党组书记、常务副主席史秋秋作会议总结。本届论坛以“首都经济圈：内涵与路径”为主题，来自5地两界的12位专家在会上做了大会发言。与会百余位学者，围绕着理论内涵、发展规划、发展路径、城市群发展、生态环保、能源建设、区域协作等诸多问题进行了探讨和交流。

【第四届创新论坛】 8月16日，北京开发区驻区企业院士专家工作站授牌仪式暨第四届创新论坛举行活动。论坛由市科协与北京经济技术开发区管理委员会共同举办，北京经济技术开发区管理委员会主任张伯旭、中国工程院院士侯云德讲话。市科协副主席周立军为北京亦庄国际生物医药投资管理有限公司等3家公司授院士专家工作站站牌。科技部调研室副主任刘琦岩，中国工程院院士李京文、李幼平分别作主题演讲。来自媒体及开发区企业代表、科研人员近300人参加活动。

【第三届中意创新论坛暨第六届北京—意大利科技经贸周】 11月19日，第三届中意创新论坛暨第六届北京—意大利科技经贸周开幕，主会场设在意大利那不勒斯。科技部国际合作司副司长陈霖豪、意大利外交部代表萨尔菲德、意大利坎帕尼亚大区主席卡尔德罗等出席开幕式并致辞。北京市市委常委陈刚出席开幕式并讲话，他希望以本次活动为载体，促进中意双方在创新领域的合作不断深入，实现优势互补、合作共赢、共同发展的目标。北京市科协党组书记、常务副主席夏强做主题演讲，表示北京市科协将进一步将科技经贸周打造成为创新型、高端化、国际化的综合性科技经济发展服务体系。科技部与意大利教育大学等中意机构与企业签署了7份合作协议。中国驻意使馆大使丁伟、意大利教育大学与科研部部长普罗夫莫以及中方代表团46家机构、企事业单位100余人参加了活动。

（撰稿人：王　佳）

天津市科学技术协会

2012年天津市科协紧紧围绕全市工作大局，创新思路招法，狠抓工作落实，各项工作取得了新的成绩。

推进科技思想库建设。完成重点调研课题15项，支持市级学会开展课题研究数十项，提出调研报告和科技咨询建议数百项。研究成果通过《科技工作者建议》报送市领导，受到张高丽、黄兴国、何立峰等天津市主要领导同志的批示和重视，一些建议被采纳。目前，全市已有14个部门参加天津科技思想库建设工作领导小组，15名院士参加决策咨询专家委员会，260名专家学者入选专家库。

推动企业技术创新。深入开展“百名专家进百企”活动，征集技术难题和需求数百项，90个项目实现协作对接，4个项目分别被列入“天津市科技支撑计划”和“2012年国家重大科技成果转化项目”目录。新建院士专家工作站5个、院士专家服务中心1个，12名院士专家及研发团队进站工作。截至2012年底，全市共建院士专家工作站（中心）24个，引进院士专家162人，开展项目研究101项，为企业创造经济效益2亿多元。广泛开展“讲、比”活动，实施创新项目4000多项，实现经济效益16亿元。中海油能源发展公司科协的“海上石油设施溢油卫星遥感监测系统”，为企业创造经济效益700余万元。

推进学术交流活动。建立学术交流活动“一十百千万工程”体系，完善评估指标，集中有限资金，对市级学会100余项活动进行支持。举办第八届天津青年科技论坛、第十届天津科技交流学术月，带动全市学术沙龙、座谈交流、研讨会议、网络微博等近千项活动蓬勃开展，100多位国内外院士专家和6万多名科技工作者参加活动。举办第4届世界中西医结合大会、第19届国际工业结晶研讨会、全国纳米生物与医药技术高峰论坛等一批重大学术活动，众多院士专家汇聚津门交流研讨，推动了学科发展。资助学会主办的8种科技期刊，助力提高办刊水平。与俄、美、日及港澳台多个科技组织建立了联系，合作渠道不断拓宽。

突出科协科普主力军作用。举办第26届天津科技周、2012天津科普日活动，承办第十二届中国青少年机器人竞赛。全面启动科普资源开发和共享工程，研发“科学饮食健康生活”等科普资源包，进入中国科协的科普资源配送系统，发送全国32个省（含新疆建设兵团）190个地区4000套。7月6日，在南开大学举办的机器人特色科学营在全国率先开营。全年超过25万人次参加青少年科普活动。实施“科普惠农兴村计划”，开展科技下乡活动，推广新技术、新品种150余项。实施“社区科普益民计划”，开展“百名专家进社区活动”，成功组织首届全国科普漫画大赛，举办科普讲座232场，25000多名社区居民参加。完成天津科技馆综合改造。9个单位被认定为第三批全国科普教育基地，10个社区获得“华硕科普图书室”项目资助。以全国科普示范基地为依托，共组织各类科普活动1401场，165万人次参加。

营造科技人才成长环境。召开第十一届天津青年科技奖颁奖大会，表彰了22名青年才俊。天津市16名科技工作者荣获“第五届全国优秀科技工作者”称号，1名荣获“全国十佳优秀科技工作者”提名奖，评选出50名“第五届天津市优秀科技工作者”。对7名老科学家学术成长资料进行采集。在天津主要媒体开设专栏，宣传10名科技工作者和10名农村科普带头人的先进事迹。将“21世纪中英创业计划大赛”引入天津，为大学生创新、创业搭建国际交流合作平台，一批参赛项目与企业达成合作意向。促成中国科协“海智计划”工作基地在津建立，拓宽了海外高端科技人才的引进通道。实施“科技拔尖人才早期培养工程”，135名初中特长生进入高中科技示范校学习。开展科技工作者科学道德和学风建设宣讲教育活动，举办报告会、座谈会120场次，数万名研究生、高年级本科生、青年教师参加。

畅通与科技工作者的联系渠道。初步建立“科技工作者状况暨民意收集网上即时调查反馈系统”、“院士专家与党政部门网上对话平台”和科技人才信息库系统。加强科技工作者状况调查站点分级建设，报送科技工作者建议40条。

科协事业不断发展。天津海运职业学院（科技进修学院）、天津科技馆、青少年科技中心、科普发展中心等直属单位着力改革创新，开展科学传播的能力、服务科技工作者的实力显著提高。市科协社会组织党委被评为天津市党建工作先进单位。积极参与社会建设工作，疏通了市、区县两级学会联系渠道，市科协被市社会管理综合治理委员会等单位认定为首批市级枢纽型社会组织。9家企业成立科协组织，开发区科协完成换届工作。完成市科协机关档案工作评估，成为天津市档案工作一级单位。改版《天津科协》杂志和《天津市科学技术协会》官方网站，向中国科协报送工作信息近200条，5条入选《中国科协网》“大字头条”新闻，17条被作为“要闻”刊载。

【第十二届中国青少年机器人竞赛】 7月17～20日，由中国科协和天津市人民政府联合主办，中国科协青少年科技中心、天津市科协共同承办的、以“激情创造·快乐成长”为主题的第十二届中国青少年机器人竞赛在天津市举办。天津市人大常委会副主任苟利军，中国科协书记处书记徐延豪，中国工程院院士、天津市科协主席王静康等出席开幕式。来自33个地区和单位的519支代表队参加角逐，活动总规模超过3000人。

活动期间，组织完成了机器人基本技能比赛、机器人创意比赛、机器人足球比赛、FLL机器人工程挑战赛、VEX机器人工程挑战赛，成功举办了开幕式、教练员论坛和闭幕式暨颁奖典礼等活动。经过激烈角逐，各项赛事共决出一、二、三等奖共513项，其中一等奖90项，二等奖166项，三等奖257项；单项冠军杯15个。其中，天津代表团各代表队争得各项奖励38个。包括一等奖2项，二等奖9项，三等奖20项。在5个企业专项奖中，天津市在每一奖项上均榜上有名。天津市青少年科技中心荣获优秀组织单位奖。此次天津市获奖数量和级别均达到近年最高水平。

【科技工作者学习贯彻党的十八大精神座谈会】 11月27日，市科协组织召开天津市科技工作者学习贯彻党的十八大精神座谈会。市委常委、市委教育工委书记朱丽萍出席会议并讲话。市科协主席王静康，市科协副主席葛墨林、郝希山，南开大学教授李正名、宋礼成，部分天津市科技界党的十八大代表、市政协科协界委员及我市各领域科技工作者代表40余人参加座谈。座谈会由天津市科协党组书记、常务副主席杨鑫传主持。市委办公厅副主任孙学瑞、市科协副主席白景美出席会议。

座谈会上，5位院士、3位十八大代表及与会科技工作者结合各自工作畅谈学习体会和收获。

【天津市第二十六届科技周】 5月19～25日，以“科技惠民生 创新促发展”为主题，举办了天津市第二十六届科技周。在全市范围内广泛开展促进创新创造和科学普及，节约能源资源和保护生态环境，保障安全与健康，崇尚科学、反对迷信、移风易俗4大系列活动。分为市级重点活动，区县局（集团公司）及社会团体组织的活动，街道、乡镇、企业、学校、部队等单位组织的基层科普宣传活动3个层次展开。

5月19日，举办了科技周开幕式。天津市市委书记张高丽，全国政协副主席、科技部部长万钢等11位党政领导同志出席。市长黄兴国为“天津科技周标识”揭牌。

经统计，科技周期间，全市16个区县、20余个部委办，以及驻津机构、新闻媒体、企事业单位和基层组织等数百个部门、单位共组织6000余项活动。其中，“津港科普论坛”、“天津工业遗产科普展”、“天津百万青少年科学调查体验”等市级重点活动6项，区县局级活动534项。全市约97万人次直接参与活动，辐射约380万人次。

【2012天津科普日活动】 9月15日，市科协、市财政局、市教委、市卫生局、市食药监局、市文广局在天津市文化中心广场共同主办了以“食品安全与公众健康”为主题的2012年全国科普日天津活动启动仪式。市人大常委会副主任王宝弟，市政协副主席曹小红、田惠光等市领导同志及300余名各界群众参加活动。中国工程院院士、天津市科协主席王静康讲话，市科协党组书记、常务副主席杨鑫传主持了启动仪式。举办“首届全国科普漫画大赛优秀作品展”、“2012年天津高校科普开放日”、“全国食品安全知识竞赛”等全市重点活动。2000余项基层科普活动形式多样，内容不断推陈出新，营造了科学发展和谐发展创新发展的浓厚氛围。据统计，科普日期间全市共举办大型科普宣传、广场咨询活动26次，科普报告会278场，科普知识展览296场，举办各种培训班103期，科普影视放映231场，发放科普资料43.3万份、参与群众15.4万人次，形成了2012年下半年科普宣传活动的高潮。

【第十一届天津青年科技奖颁奖大会】 11月1日，第十一届天津青年科技奖颁奖大会在天津市召开。市委常委、市委组织部部长尹德明，市委常委、市委教育工委书记朱丽萍，市人大常委会副主任苟利军，市政协副主席高玉葆，中国工程院院士、市科协主席王静康，中国工程院院士、市科协副主席郝希山出席并为第十一届青年科技奖获奖者颁奖。尹德明就加强青年科技人才队伍建设讲话，市委组织部副部长、市人才领导小组办公室主任韩远达宣读表彰决定。大会由市科协党组书记、常务副主席杨鑫传主持。

天津青年科技奖由市委组织部、市人力资源和社会保障局、市科协联合设立，每两年评选一次。该奖自1989年创设以来，先后有250名青年科技工作者获此殊荣。经全市各单位、各系统选拔推荐，专家评审委员会评审，社会公示，天津青年科技奖领导工作委员会审批，丁阳、祝凌燕等22名同志荣获第十一届天津青年科技奖。

【首届全国科普漫画大赛】 5～10月，天津市科协、中国新闻漫画研究会、今晚传媒集团联合举办了首届全国科普漫画大赛。

大赛分为作品征集评审、优秀作品展览和作品集出版三个阶段。5月19日大赛正式启动，95岁高龄的著名漫画家方成为大赛题字。大赛共收到来自全国24个省、自治区、直辖市的820幅参赛作品，参赛作者年龄最小的只有7岁，最大的97岁，经大赛专家评审委员会评审和大赛组委会审核，共评出一等奖1名，二等奖2名，三等奖5名，入围奖150名。9月15日～10月15日，“首届全国科普漫画大赛优秀作品展”在天津图书馆文化中心馆举办，展出了170幅优秀参赛作品和24幅全国著名漫画家为大赛创作的特邀作品，共接待市民游客18万人次。《首届全国科普漫画大赛作品集》由天津科学技术出版社编辑出版，共收录了161幅优秀参赛作品和19幅特邀作品，中国科协书记处书记徐延豪、方成老先生为作品集作序。“首届全国科普漫画大赛优秀作品展”在天津科技馆长期展出，成为天津各区县社区科普画廊的宣传内容。大赛为科普漫画爱好者提供了展示才华的平台，初步建立一支以京津为中心、以鲁沪为重点、辐射全国的科普漫画创作团队，推动了科普漫画人才队伍建设。

【天津市科技周标识正式启用】 5月19日，在第二十六届天津市科技周开幕式上，天津市科技周标识——“绿色原子树”正式启用。天津市市长黄兴国为标识揭牌。

“天津市科技周标识”征集活动自2012年3月启动，由市科协与今晚报社面向社会联合开展。截至4月5日，主办单位共收到来自全国的86件设计作品。经主办单位组织的专家组评审、市有关领导批准，“原子树”被选定为天津市科技周标识。

“原子树”的图案以绿色为主色，以树为主体，大树枝干的连接，仿佛原子核的电子排列图形。这个由“原子核”和“树”构成的图案作为科技周标识，意在表达天津的科学普及工作犹如常青之树，永远繁荣。

（撰稿人：沈天桔）

河北省科学技术协会

2012年，河北省科协积极开展建言献策活动。围绕节能减排、产业转型升级、首都经济圈建设、城市水环境建设与管理、山区农业发展、发展循环经济等事关河北省经济社会发展中的重大课题，组织省级学会和专家积极深入调研，形成了一批决策咨询成果。编印《科技工作者建议》、《专家建议》120多期。提出科技建议1500余条，被各级领导批示和有关部门采纳300余条。

深入实施科普惠农兴村计划。河北省44个农技协、12个农村科普示范基地、13名农村科普带头人和18个城市社区受到中国科协和财政部表彰奖励，得到奖励资金1545万元。继续实施省级“科普惠农兴村计划”和“社区科普益民行动计划”，对37个农村科普工作先进集体、10名科普带头人和40个街道、社区进行了表彰，奖补资金600万元。

为企业创新发展服务。一是深入开展“讲理想、比贡献”活动，全省6000多家企业、20余万科技工作者参加。

保定市科协完成“讲比”立项300多项，百万元以上的市级重点项目14项，实现经济效益达6600万元。召开了全省“讲理想、比贡献”总结表彰大会。二是加强企业院士专家工作站和科技专家企业工作站建设。目前已创建4个院士专家服务中心，85家院士工作站，49家科技专家企业工作站，建立了院士库、科技专家库、项目库、企业技术难题需求库等，联系院士专家2000多名，已有85名院士、305位专家进站工作，促成产学研合作项目600余项。三是在企业开展了“创新方法进百企”、“企业科协科技信息服务项目”活动。在120家企业开展创新方法培训，培训科技人员8000多名。为河北省300多家企业引入国外专利信息，指导企业应用专利信息开发新产品62个，解决技术难题200多项。

开展基层建设年活动。按照省委统一部署，省科协组成3人工作组进驻永清县东和顺营村开展帮扶工作。经过10个月的艰苦努力，多渠道筹资130.5万元，为该村完成了自来水入户工程、主街道硬化、农田电力设施改造、村容村貌环境整治、村庄建设规划、村卫生室建设等一批重点项目，提升了“一村一品”产业，成立了农民专业合作社，超额完成了省委规定的工作任务。工作组的成绩得到各级领导和当地群众高度评价和普遍赞扬，中央人民广播电台、中央电视台等媒体给予宣传报道。省科协工作组被评为优秀工作组，受到省委省政府表彰。

推进全民科学素质工作。一是充分发挥全民科学素质领导小组办公室的作用，努力做好组织协调和服务，引导推动石家庄、秦皇岛、唐山、邯郸以及部分县（市、区）制定出台了考核办法，科学素质工作列入地方党委政府考核内容。二是实施了第八批科普社会化资助项目，开发科普资源31项。河北省有16个单位（场所）被中国科协命名为全国科普教育基地。推动国家级和省级科普教育基地面向公众开放。三是开展了科学素质示范单位和典型案例的评选工作，有25家单位和25项科学素质行动被评为“河北省科学素质教育示范单位”和“河北省科学素质教育典型案例”。

提升科普能力。一是启动和实施了科普示范县特色科普项目。资助20个全国科普示范县（市、区）开展了特色科普项目示范建设。二是进一步加大了对民族县、贫困县和环首都县（市、区）科普活动的支持力度。召开了民族县科普工作经验交流会，为15个贫困县配备了办公电脑。对蔬菜园区建设进行了调研，召开了蔬菜园区观摩大会，组织24个重点蔬菜示范县和环首都县（市、区）科协主席到寿光参观学习。三是基层科普手段进一步改善。新增科普大篷车4辆，全省总数达到13辆。建立三农科普网络书屋80个，新增科普画廊63座。争取中国科协资金50万元，用于受灾地区科普设施的恢复建设。

加强科普队伍和科普组织建设。开展了大学生科普志愿者试点工作，争取经费160万元，在唐山、沧州、石家庄、邯郸4市65个乡镇开展试点工作。开展了农技协标准化建设。推动河北省5980个基层农技协组织提高办会水平和服务能力，河北省农技协标准化建设工作被评为全国先进单位。

开展多种形式的群众性科普活动。围绕“节约能源资源、保护生态环境、保障安全健康、促进创新创造”主题，开展了全省科普大联动、百名专家院士进百校、食品安全宣传、科技助力公共机构节能巡展、暑期大学生科普志愿者农村环保科普行和河北省第十七届文化科技卫生“三下乡”等活动。举办了第27届河北省青少年科技创新大赛。开展了社区青少年科普活动示范室创建活动。参加了第21届全国中学生生物学竞赛，河北省4名选手全部获得金牌，位居全国第一。科技馆全年接待观众20万人次，展品完好率在95%以上。数字科技馆点击率73万人次。在省财政厅支持下，争取财政部资金390万元，用于常设展览更新改造。

贴近实际服务“三农”。《河北科技报》开设了“走乡村、访民生”、“咱与乡亲们心连心”、“燕赵气象新，新春走基层”等专栏，推出了“特色农业发展之路”系列报道，宣传了党的农村政策。为满足广大农民对信息和技术的需求，开通了农科110网站和科技新闻网站。组织“科技110专家服务团”赴藁城、井陉、新河等地为农民进行技术指导。举办了第六届河北种子肥料信息交流和产品订货会，有300多个涉农厂家参加，交流展示农业新品种、新技术800余项，签定技术合作协议60项。科普大篷车深入农村、社区、学校开展科普活动33次，行程1万公里，发放宣传资料3万份，受众25万人次。

繁荣学术交流，促进科学发展。举办了建立水资源三条红线指标体系实施最严格水资源管理学术交流会、新民居建设节能减排技术推广应用专题研讨会、燕赵中医与健康学术研讨会、河北省建设果品产业强省高层论坛等学术活动，产生了一批学术成果。联合主办了2012京津冀晋蒙区域协作论坛，努力推动京津冀经济一体化进程，加强区域间学术交流与合作。

实施项目引导，打造学术品牌。根据《河北省科协学会项目资助管理办法》，面向省级学会和设区市科协开展了项目申报评审工作，按照突出重点领域、重点行业、重点学科的原则，评选出2012年度省科协资助项目86项，其中重点学术交流项目5项，学会创新发展项目8项，学术交流平台项目39项，对评选出的项目实施全程跟踪，加强指导，重点资助，保证活动质量和效果。燕赵科技论坛、河北省超声医学学术年会、河北省肿瘤学术年会、河北省钢铁高峰论坛等，主题突出，特色鲜明，在学术界有较大影响，形成了学术活动品牌。

开展国际民间科技交流，促进对外开放与合作。全年派出4个团组共27人次出国和赴台执行交流任务。接待国外考察团组2批32人交流来访。主办了第三届中国（河北）·东南亚中医药国际学术研讨会，会议交流论文166篇，出版了论文专辑。促成了保定大正光伏设备有限公司与罗马尼亚阿夫里格市达成LED产品购销协议，完成了两批350万元人民币LED灯具的出口贸易，并为罗方免费提供200套LED产品设立常设展览，建立起河北省面向东欧的新能源产品出口贸易桥头堡，标志着河北省国际民间科技交流与合作迈出了新步伐，中国科协对此批示给予肯定。

深入开展科学道德和学风建设宣讲教育活动。一是印发了《关于做好2012—2013学年度科学道德和学风建设宣讲教育有关工作的通知》，对河北省省属高校宣讲教育活动进行了安排部署。二是举办了河北省研究生导师培训班，对全省20余所研究生培养单位的180多名导师代表进行了培训。三是召开了全省高校科学道德和学风建设宣讲活动报告会，组成宣讲团，在全省22所高校进行了巡讲。四是建立了宣讲的长效机制，把科学道德和学风建设宣讲教育活动纳入研究生教育的重要内容，实现制度化、常态化、全覆盖。

组织开展了密切联系科技工作者的“六个一”活动。在全省科协系统组织开展了“六个一”活动，进一步密切了同科技工作者的联系。为确保“六个一”活动落到实处，建立了专家联系制度、联系台账和长效机制。这一做法得到中国科协肯定，在全国科协组织工作会上介绍经验。开展了中国科协会员日系列活动。

组织开展了优秀科技工作者宣传表彰活动。组织完成了中国科协第五届“全国优秀科技工作者”和第七届河北省优秀科技工作者评选推荐表彰工作，河北省有22名科技工作者受到全国表彰，86名受到了省级表彰。组织召开了河北省优秀科技工作者表彰大会。

围绕科协自身发展重大问题开展调研活动。按照省委领导的指示，省科协组成专门调研组，分别对河北省沙河玻璃技术研究院的体制机制和典型意义、非公有制企业科技人员职称评定、乡镇科协组织建设、秦皇岛经济技术开发区科协做法与经验进行了深入调研，4个调研报告已上报省委副书记赵勇。关于秦皇岛经济技术开发区科协的调研报告，赵勇作出批示，要求省科协代省委、省政府两办起草加强园区科协建设的意见。

加强学会管理，提升服务能力。帮助123个学会顺利完成了年检，指导16个学会进行了改选换届，完成了15个学会负责人、学会分支机构审查变更。组织学会积极参加全省社会团体“夺取百面优胜红旗”和“争做百名模范之星”评选活动，有5个学会党支部荣获“优胜红旗单位”。组织省级学会积极参加社会组织评估暨诚信建设评比活动，有36个学会被评为诚信建设先进单位。省科协被评为社会组织创先争优先进组织单位。

加强自身建设。通过学习、举办培训班和重大活动实践锻炼，不断提高科协领导班子的凝聚力和干部队伍的战斗力。在第十四届中国科协年会筹备工作中，科协干部高质量、高标准完成年会筹备的各项任务，经受了锻炼和考验，领导班子凝聚力和战斗力得到增强，干部队伍的整体素质有所提高。严格执行党风廉政建设责任制，认真落实中央“八项规定”和省委的实施办法，不断改进会风、文风和工作作风，自觉做到廉洁从政，为广大科技工作者服务。组织参加了省直机关第四届运动会，举办了省科协春季运动会，省科协“职工之家”被省直工会评为省直场馆建设先进单位，省科协被评为省直2012年度全民健身先进单位。关心干部职工生活，开展了为老党员、老干部、困难职工送温暖活动和为干部职工过双生日活动。

【第十四届中国科协年会在石家庄市举办】 9月8～10日，第十四届中国科协年会在省会石家庄举行，实现了省委、省政府提出的“最有特色、最有影响、最有实效”的目标，做到了大事小事都没出，方方面面都满意。年会规模大、规格高，效果突出、影响广泛。王兆国、韩启德等党和国家领导同志，张庆黎、张庆伟、赵勇等22位省领导，120多位两院院士，81位省部级领导，110位海外及港澳台专家学者，共计9000多名嘉宾和代表出席了年会活动。王兆国、韩启德、陈希、张庆黎、张庆伟、赵勇等领导同志在年会上讲话。

围绕“科技创新与经济结构调整”主题，年会组织开展了开幕式暨大会特邀报告会、河北省党政领导与院士专家座谈会、人才项目对接签约仪式、专题论坛、专题调研座谈会和科普嘉年华等重点活动60多项，实现了“引进一批人才、对接一批项目、承接一批成果、签约一批合作协议、解决一批技术难题”的目标任务。大会交流论文670篇，323位中外著名专家学者作了学术报告，形成专家意见和建议216条，征集人才技术项目633项，签约项目115项，协议投资总额843亿元，有800多万名社会公众参与了各项科普活动。

为了确保年会圆满成功，按照中国科协和省委、省政府的要求，省科协科学谋划，精心组织，周密安排，认真筹备，石家庄市和各市科协及有关省级学会协调联动，全力以赴做好年会各项筹办工作。一是协助中国科协制定工作方案，搞好年会顶层设计。制定了《第十四届中国科协年会河北省工作方案》、《年会重点活动方案》以及安保、接待、宣传、专项活动等各种方案120多个。二是起草印发了省委、省政府关于做好年会筹办工作的通知，完成了省委、省政府领导在年会期间各种活动中的讲话、报告、致辞等起草工作。三是完成了年会筹备工作动员大会、协调会、新闻发布会、成果发布会、总结表彰大会等筹备服务工作。四是谋划组织了8个专题论坛、9个专题调研座谈会、4大系列科普活动、11个专项活动和人才项目对接签约仪式等年会重点活动。五是协助中国科协认真做好年会组委会和执委会办公室的日常工作，省直有关部门和11个设区市的协调服务工作。六是在有部门的大力支持下，完成了年会与会领导、院士专家、参会代表的接待服务和安保工作。本届年会首次实现了向下延伸全覆盖；首次实现了在全省11个设区市设立视频分会场；首次召开了年会成果发布会；首次在年会开幕式上使用LED电子大屏幕；首次举行了人才项目对接签约仪式和成果展。真正把本届年会办成了科技的盛会，百姓的节日。

（撰稿人：郭晓勇）

山西省科学技术协会

2012年，山西省科协在省委、省政府的领导下，在服务经济社会发展、繁荣学术交流、提高公众科学素质、促进科技人才成长、加强自身建设等方面，开展了大量工作，全面超额完成省委、省政府目标责任考核任务，为“再造一个新山西”作出了应有的贡献。

围绕一个中心，为经济社会发展服务。省科协紧扣转型发展主题，组织实施了科普惠农、益民、强企和助教“四大科普计划”。在“科普惠农计划”方面，“农科110”、“健康365”热线电话全年服务群众5万余人次，组织科普惠农服务队、科普大篷车巡回服务队深入基层238场次。会同省委统战部、省工商联开展科普惠“三老”活动，为全省1万多名“三老”人员提供10项科普服务，并发放了专用手机。在全省建设农村科普示范基地50个、优质农产品示范基地31个，建设科普惠农绿色通道优质农产品直营店5个，为农民提供农资产品下乡、优质农产品返城双向服务，受益农民5万余人次。建立科普惠农兴村计划项目库，吸纳项目近500项，对全省111个先进农技协、农村科普示范基地和农村科普带头人进行表彰和扶持，给予奖补资金1769万元。评选表彰山西省优秀农技协50个，省农技协和40个基层农技协受到中国农技协表彰。实施实用技术培训“1111”工程，建立大学生村官数字图书馆1万个，组织培训1448场，培训农民10.9万人次。举办山西省首届科普惠农特色优质农产品展销会，60多个基地200多种产品进行了集中展示，40余万省城市民参加了展销会。扎实开展“下乡住村”和科技扶贫工作，帮助方山县郝家庄村实施脱毒马铃薯种植、西门达尔牛养殖等5个帮扶项目，帮助建设科普惠农服务站、青少年科学工作室等，为农民提供实用技术培训和义诊，引进社会扶贫资金100余万元。其中，实施的103亩脱毒马铃薯种植项目，平均亩产达7000斤，创该地区马铃薯亩产最高纪录。在“科普益民计划”方面，山西省科协制定了山西省科普示范社区标准，评定省级科普示范社区50个，有9个社区被中国科协、财政部评为首批全国社区科普益民计划先进单位。科普教育基地建设快速推进，评定省级科普教育基地20个，5个基地获评“全国科普教育基地”。实施科普节目走进省城公交楼宇电视工程，每天受众200余万人次，全年播放科普宣传片52期。在“科普强企计划”方面，实施完成“金桥工程”40项，为国家创利税2.2亿元，节约资金7.5亿元。在太重、同煤、汾机等企业举办创新方法培训10场次，为企业培养了一批创新方法推广应用初级人才。组织实施院士专家企业协作行动，联合有关单位征集企业技术需求76项，发布科技项目127项，与中科院、中国矿大等单位进行“点对点”对接服务。完成技术创新、改造立项1000项，组织开展了第12届山西省“讲比”活动评比表彰工作，山西有9个单位和12名个人获全国“讲比”活动表彰。在“科普助教计划”方面，省科协组织举办了青少年科技创新大赛、青少年机器人竞赛、宋庆龄少年儿童发明奖等赛事，活动覆盖面不断扩大，全省参加活动的中小学生有48万人，学校750多所。在各类全国竞赛中，山西省青少年选手共获得一等奖3项，二等奖11项，三等奖57项。组织实施“太原市中小学科普双百工程”，在大、中、小学校举行科普报告107场，受众10万余人次。深入开展了农村非正规教育项目、中小学科学教师培训、青少年科学调查体验、院士专家校园行等一系列活动，为提高教师的科学教育水平、激发青少年创造活力，发挥了积极作用。山西省科协是中国科协确定的国家级科技思想库建设试点单位。通过增聘决策咨询专家、征集决策咨询调研选题、举办决策咨询项目研讨会、选定省级试点单位等举措持续加强科技思想库建设，全年共组织完成10项决策咨询调研课题。

搭建学术交流平台，提升学会服务能力。省科协积极搭建大型学术论坛、院士专家讲坛、学术茶座、星期日知识讲座等平台，举办高层次、高质量的学术交流活动。6月，组织承办“中国创新论坛之走进山西”系列活动，中国工程院院长周济携全国装备制造领域的80多位（后面条目中是60多位，需核实）院士专家来晋开展服务活动。论坛围绕“发展高端装备制造、实现转型跨越发展”主题，先后举办了主题报告、高端对话、决策咨询、企业服务等一系列活动，为省委、省政府加快推进全省工业新型化提供决策参考。省科协先后主办、合办了院士专家讲坛、2012京津冀晋蒙区域协作论坛和山西省综改试验区专题讲座，扶持省级学会推出了“中国第一届肾脏病黄河论坛暨第二届肾脏病太原国际论坛”、“第九届华东偏微分实验暨山西偏微分方程国际会议”、“全国煤矿采空区地球物理勘察技术研讨会”、“精神疾病临床路径的制定与管理策略暨山西省2012年精神心理年会”等十多项高端、精品学术活动，全年举办“学术茶座”14场、“星期日知识讲座”45期。

加强全民科学素质工作，推动形成社会化科普工作新格局。省科协认真履行省纲要办职责，安排部署和督导推进全省科学素质工作。会同各成员单位在全省开展了山西省“全国科普日”暨“科普三晋”系列活动，策划开展了首届中国科普摄影大赛、食品安全与健康知识竞赛、山西省公众科学素质电视大赛等多项专题活动，受众人数达120万余人次。山西省科协被中国科协评为“全国科普日”活动优秀组织单位，被中国科协、国务院食品安全委员会办公室授予“突出贡献奖”。积极组织开展公众科学素质文艺汇演活动，2个节目获全国二等奖，1个节目获全国优秀奖，省纲要办被国家纲要办评为优秀组织单位。实施科普基础设施工程，推动全省科技馆建设和合理布局。山西省科技馆新馆的展品、展项和布展的深化设计工作已完成，新馆定于2013年10月1日正式开馆。针对多年来山西省市县科技馆建设相对薄弱，基层科普公共服务能力不足的现状，经省科协努力争取，省政府将加强全省市县科技馆建设写入2012年政府工作报告并列入重点考核工作，全省市县科技馆建设进入“黄金发展期”。截至年底，忻州科技馆已开工建设，运城、太原、阳泉三市科技馆已正式立项，其他各市科技馆也在规划筹建中。推进科技传媒建设，山西科技报刊总社转企改制工作全部完成，山西科技新闻出版传媒集团在省工商局登记注册。在《山西科技报》、《今日农业》开办新型农民远程培训专栏，依托“农科110”热线对农民进行答疑解惑，在电视台开办《农科110》、《科普大篷车》栏目，利用山西科技手机报群向重点人群发送科普知识短信，通过多个科普网站平台开展科学技术普及，全年共为55.4万人次提供了科普服务。省科协还结合各类科普活动主题，编辑、制作和印发科普报刊、图书、挂图、光盘等，总计242.39万件。

深入开展科技人才工作，为推动人才强省与社会和谐服务。省科协组织开展了第五届“山西省十佳中青年优秀科技工作者”评选工作，评选出10名长期工作在科技一线，作出显著成绩的优秀科技人才。会同省人社厅等单位联合开展了山西省“科技奉献奖”评选活动，评出先进集体97个，先进个人196名。组织开展了“山西省十佳科普志愿者”评选表彰活动，评选出11名热爱科普、甘于奉献、成绩突出的优秀科普志愿者。山西省有18位同志荣获“全国优秀科技工作者”，1位同志荣获“十佳全国优秀科技工作者提名奖”。组织开展山西省第十六届优秀学术论文评选工作，评选出特等奖论文1篇、一等奖论文54篇、二等奖论文245篇、三等奖论文294篇，加大了优秀学术论文的奖励力度。组织开展第八届山西省宋庆龄少年儿童发明奖。山西省科协联合省政府妇儿工委共同下发了《关于举办第八届山西省宋庆龄少年儿童发明奖的通知》文件，共收到来自全省8个市近3000名学生的作品703项（幅）。经过初评和终评，评出发明类一等奖28项、二等奖38项、三等奖24项；创意类一等奖17项，二等奖27项，三等奖54项；科技绘画类一等奖11幅，二等奖35幅，三等奖122幅；优秀组织奖15家，优秀园丁奖20名。山西省有4个项目入选全国宋庆龄少年儿童发明奖终评大赛，最终获银奖1项，铜奖2项。深入开展科学道德和学风建设宣讲教育活动，特邀院士专家言传身教，共举办宣讲报告会7场。积极利用“海智”平台，实施了海外科技团体、专家学者来晋服务和山西省科技人才出国培训两个项目。通过报纸、期刊、网络等传媒，广泛宣传优秀科技工作者和重大科技成果，展示广大科技工作者的科学精神、骄人业绩和时代风采。

加强自身建设，推动科协事业科学发展。加强学会组织建设，支持成立新学会3个，对98家学会进行了年检，推动19家学会完成换届。深入开展党的纯洁性学习教育活动、创先争优活动、文明和谐单位创建活动、“喜迎十八大、岗位做贡献”等活动，推进学习型、创新型、服务型机关建设。党组对科协所有工作全部实施项目管理、过程管理，进一步激发了各部门、各单位的工作活力和创新能力。加强科协信息化建设，建成新版山西省科协门户网站，全面推广办公自动化系统。党的十八大召开后，省科协迅速组织召开山西省科技界学习贯彻十八大精神座谈会，推动在全省科技界兴起学习贯彻十八大精神的热潮。省科协还通过举办“山西省科技工作者之家新春联欢会”、“中国科协会员日”活动、走访慰问一线科技工作者等，进一步密切科协与科技工作者之间的联系，努力把科协建设成为温馨和谐的“科技工作者之家”。

【“中国创新论坛之走进山西”系列活动】 6月20～21日，“中国创新论坛之走进山西”系列活动在山西省太原市举行。活动以“发展高端装备制造，实现转型跨越发展”为主题，由山西省人民政府和中国工程院、中国机械工程学会联合主办，山西省科协承办。中国工程院院长、中国机械工程学会理事长周济携全国装备制造领域的60多位院士专家来晋开展服务活动。山西省委书记、省人大常委会主任袁纯清，省委副书记、省长王君分别会见了周济及院士专家一行。省委常委、纪委书记李兆前，省委常委、统战部长聂春玉，副省长郭迎光，省政协副主席卫小春分别出席了论坛相关活动。期间，举办了主题报告、高端对话、决策咨询等一系列活动，有关院士专家还分赴太重集团、太原理工大学、中北大学等企业、高校进行实地考察，开展专题座谈，实施技术支援。活动结束后，省科协整理形成了专家建议上报省委、省政府，为加快全省工业新型化提供决策参考。

【首届山西省公众科学素质电视大赛】 9月8～10日，首届山西省公众科学素质电视大赛在山西省太原市举行。大赛由山西省全民科学素质工作领导小组办公室联合山西省广播电影电视局共同举办，来自太原、大同、运城等全省11个市，省国防系统、省电力系统、太钢集团公司、山西焦煤集团公司、太重集团公司共16支代表队参赛。山西省副省长、省全民科学素质领导小组组长张平，省全民科学素质领导小组成员单位领导出席决赛并颁奖。大赛分预赛、决赛两个阶段进行。经过三天的激烈角逐，太重集团公司代表队夺得冠军，太钢集团公司代表队荣获亚军，省国防系统代表队荣获季军，太原、长治、大同、临汾、山西焦煤等5支代表队获得优胜奖。山西电视台将大赛录制成专题节目，于“全国科普日”活动期间在山西教育频道进行了播出。

【首届中国科普摄影大赛】 4月～9月，在中国科协的支持下，山西省科协联合山西省摄影家协会、中国平遥国际摄影大展组委会共同主办了首届中国科普摄影大赛。大赛以“绿色·健康”为主题，作品设节约能源资源类、保护生态环境类、保障安全健康类、促进创新创造类、科学与科普活动类五大类。截至6月底，共收到全国27个省、自治区、直辖市摄影家和摄影爱好者的投稿2152幅（组）。经评审组评选，共评出一等奖5个，二等奖10个，三等奖15个，优秀奖100个。9月～25日，首届中国科普摄影大赛获奖作品展在“中国平遥国际摄影展”上举办。活动结束后，山西省科协还制作了多套中国科普摄影大赛优秀作品展板，在各地巡回展出。

【科普惠农实用技术“1111”培训工程】 为引深“科普惠农计划”，山西省科协围绕“一村一品”、“一县一业”战略部署，在全省范围内启动实施了科普惠农实用技术“1111”培训工程。工程主要内容为：为全省1万名大学生村官建立科普惠农数字图书馆；省科协为全省每个县进行1场培训；市级科协为所辖每个县进行1场培训；县级科协为所辖每个乡镇进行1场培训。培训采取课堂讲授与现场指导相结合的方式，从4～12月，围绕农业增效、农民增收的目标，开展了与无公害优质农副产品、绿色产品的生产、加工相配套的动植物种养、防治技术以及储存、保鲜等相关的技能培训；围绕农业产业结构调整，开展了与农村劳动力转移、劳务输出相关的职业技能培训。截至12月底，为1万名大学生村官建立了科普惠农数字图书馆，省、市、县三级共组织实用技术培训1448场次，培训109508人。

【太原市中小学科普双百工程】 为深入推进“科普助教计划”，山西省科协联合太原市教育局组织实施了“太原市中小学科普双百工程”，主要内容为：通过专家走进学校，普及科学知识，提高青少年科学素质；开展实用性教师培训，提高教师的指导和辅导能力；注重校园科普文化建设，推助学校教育教学改革。5月，特邀中科院老科学家科普演讲团，为太原市57所大、中、小学校作科普报告77场，师生受众7万多人。10～12月，组织山西省科普专家报告团以“菜单”选择方式，面向太原市中小学生进行科普宣讲，共作科普报告33场，受众2万余人次。9月，组织太原市120多名教师参加“中小学科学教师培训”活动，共开展讲座6场。组织2012年“五小”竞赛（小小科学家、小小发明家、小小设计师、小小工程师、小小科普演讲家），共收到1600多件学生作品，最终评选出：小小设计师一等奖9名，二等奖30名，三等奖164名；小小工程师一等奖12名，二等奖36名，三等奖56名；小小发明家一等奖17名，二等奖50名，三等奖105名；小小科学家一等奖22名，二等奖48名，三等奖110名；小小科普演讲家一等奖52名，二等奖69名，三等奖79名。截至年底，“科普双百工程”基地校共创建51所，其中小学28所，中学23所，覆盖太原市所辖县（区、市）70%。

（撰稿人：王继龙）

内蒙古自治区科学技术协会

2012年，内蒙古科协把握稳中求进的工作总基调，认真贯彻落实工作安排和部署，各项工作取得了新进展。

凝聚专家智慧，开展决策咨询。组织申报国家第二批决策咨询思想库建设试点。2012年建言献策及提出合理化建议186条,90余条被内蒙古自治区及当地有关部门采纳，比2011年增加20多条。（与下面重复）针对鄂尔多斯地区国家及内蒙古“能源金三角发展战略研究”项目，组织中国工程院副院长谢克昌一行40名专家、学者建言献策。举办蒙药进入国家基本药物目录专家建言沙龙活动。

实施“科普惠农兴村计划”。建成并完善了三级“基层科普行动计划”项目库。贯彻实施2012“全国基层科普行动计划”，获奖补资金1215万元。实施“自治区基层科普行动计划”，投入奖补资金329万元。在实施“科普惠农兴村计划”和“社区科普益民计划”项目中，部分盟市和旗县都有不同程度的奖补资金投入。开展“全区科普示范社区”创建评选活动，命名148个社区（居委会）为“全区科普示范社区”。

开展“讲理想、比贡献”活动。2012年自治区参与“讲理想、比贡献”活动人数达2万余人次，提出合理化建议1万余条，增收节支近亿元。新建成院士专家工作站18个，比2011年增加了3倍多。努力做好为企业提供科技信息服务工作。实施国家知识产权创新战略，积极为企业创新驱动提供技术支持与服务，为全区100多家大中型企业安装了国际专利信息数据库。承办了中国知识产权巡讲内蒙古活动。发挥内蒙古科技交易所的作用开展各项服务，举办大型拍卖会，实现部分科技软件和相关设备的现场交易。

加强知识产权宣传和保护工作。内蒙古自治区科协与内蒙古自治区高院合作建立优化全区知识产权保护环境长效机制。4月24日，内蒙古自治区高级人民法院与内蒙古自治区科协签署知识产权司法保护合作备忘录，向哈斯巴根博士等25位科技专家颁发内蒙古自治区高级人民法院特邀科学技术咨询专家聘书。8月，自治区高院和自治区科协在呼和浩特市共同举办优化自治区知识产权保护环境、建立知识产权多元化纠纷解决机制研讨会。国家知识产权局专利管理司巡视员陆毅应邀出席并作报告。来自自治区知识产权局等相关行政执法机关的代表，全区知识产权审判法官代表，自治区科协所属学会的代表，伊利等科技名牌企业的代表，及自治区知识产权试点企业的代表近200人参加了会议。

开展科普品牌活动。开展三级 文化科技卫生三下乡、科技活动周、全国科普日、院士大讲堂和食品安全宣传周等活动。内蒙古2012年“全国科普日”活动被中国科协评为全国科普日优秀特色活动。推进全民科普行动，先后与内蒙古地震局、党委宣传部等五部门联合命名了“2012年度全区防震减灾科普示范学校”17所，与内蒙古自治区人大教科文卫委员会、农牧业厅等13个部门、8个新闻媒体开展了2012年内蒙古环保世纪行科普宣传活动。与内蒙古自治区团委、教育厅组织开展了“2012年全国大学生科普作品创作大赛”作品征集、推荐工作。组织实施基层科普阵地建设项目，建成旗县科协科技活动中心26个，总投资550万元。以内蒙古自治区政府办公厅和领导小组办公室名义分别印发《内蒙古自治区全民科学素质行动“十二五”规划》和纲要工作考核指标。编撰《科普之光照亮内蒙古大地》画册。在全国全民科学素质文艺汇演优秀科普节目评选活动中，内蒙古自治区选送的《传奇正蓝旗》获二等奖。

开展青少年科技教育工作。召开全区科协系统青少年科技教育工作研讨会和内蒙古青少年科技教育协会第五次代表大会。举办第二十七届全区青少年科技创新大赛。组团参加第二十七届全国青少年科技创新大赛，内蒙古青少中心被评为优秀组织单位。组织开展2012年全国青少年高校科学营、大手拉小手——科普报告内蒙古草原希望行、航天科技连着你和我——院士专家内蒙古校园行、科学饮食、健康生活——2012年青少年科学调查体验和第20届全区青少年科技辅导员论文征集等系列活动。新建省级科协“物联网创新教育基地比特实验室”和“航空航天青少年创新工作室”等教育示范基地。筹建内蒙古青少年科学工作室。引进和建设物联网青少年创新教育基地——“比特实验室”和“航空航天工作室”。11月中旬，“比特实验室”开始试运行。“比特实验室”和“航空航天工作室”总面积700平方米，总投资400多万元。筹建期间邀请了比特实验室创始人曹伟勋到工作室演讲授课，对工作室教师进行培训指导。邀请教育厅、科技厅、宣传部、科协有关领导和专家观摩指导，组织中小学生开展了体验活动。

加强科技场馆建设。内蒙古科技馆新馆在2011年成立6个工作组的基础上又增设了预算测算工作组和临时展览工作组，制定了《内蒙古科技馆新馆常设展览策划方案》、《内蒙古科技馆新馆常设展览展品大纲》、《内蒙古科技馆新馆智能化建设方案》、《内蒙古科技馆新馆特效影院设计联络会规范流程》、《内蒙古自治区新馆短期专题展览策划方案》和《关于内蒙古自治区科学技术馆增加内设机构和人员编制的报告》等文件资料。截至2012年底，内蒙古科技馆新馆内外装修工程基本完成，内容建设稳步推进。与内蒙古地震局、气象局、环保厅、包头钢铁（集团）公司就科技馆临时展览项目事宜进行接洽，并在相关领域拟定合作方案。举办华北地区科技馆协会六届三次理事工作会议暨内蒙古地区科技馆建设研讨会。2012年，自治区科协启动实施了旗县科协科技活动中心建设项目。自治区科协首批确定了26个项目旗县，投入资金550万元。开通内蒙古科普之窗网站，OA办公平台投入使用。内蒙古科普之窗的宗旨是：为公众提供最新的科技资讯，展示与生活息息相关的科普知识，满足全民科学素质纲要“五大人群”必备的科技知识。内蒙古科普之窗网站内容包括：科学万象、身边科学、五大人群、科普资源库、科学史料、地方特色6大板块。与内蒙古电台合办蒙语《身边科学》栏目，向牧民传播科技、科普知识。实施“科普报刊村村通”项目。组织“科普报刊进社区”试点和“科普之光耀北疆”全国科普示范县区大型采访活动。建立蒙汉文数字报刊平台。内蒙古自治区党委宣传部在第4、5期《新闻出版阅评》中撰文，对《内蒙古科技报》、蒙文《身边科学》给予了肯定。

开展学术交流，提升学术水平。2012年，自治区科协开展学术报告活动13次，参加人数5000多人，实施学术会议资助类项目53项，开展各类学术交流近200项，资助15个学会出版自然科学学术论文丛书15册，安排资助总金额200多万元。自治区科协所属学会、协会、研究会累计开展各类学术活动、报告会、讲座等551场次。举办高层次专业技术创新创业研修班、内蒙古自然科学学术年会、全国生物技术大会暨中国生物工程学会2012年学术年会、五月学术交流月等活动。组织开展自治区部分农作物产品卖难问题专家研讨会、加强三农三牧信息资源开发、整合、共享工作座谈会、蒙古族科学家明安图科学精神研究与继承学术沙龙等品牌特色活动，推出了一批有价值的学术成果。

组织对外学术交流与合作。“走出去”进行交流与合作。在香港特别行政区、台湾地区举办培训班，以学习考察及参加特色农业产业化论坛等形式，增进交流、开拓视野。“引进来”借鉴先进技术和经验。先后邀请美国国际华人科技工商协会主席、美国耶鲁大学教授、日本技术士协会专家和台湾农产物流协会理事长来自治区作学术报告、进行项目合作。向国外申报旱生资源灌木柠条锦鸡儿高抗新种质创制、寒旱区植物生物质能源化利用关键技术项目，引进4位美国、我国台湾地区专家与自治区生物工程学会共同承担项目的实施与执行。与内蒙古农业大学食品学院等联合举办了《食品安全国际论坛》。联合台湾蒙藏基金会共同主办第九届海峡两岸沙尘与环境治理学术研讨会，出版《第九届海峡两岸沙尘与环境治理学术研讨会论文专集》。

竭诚为科技工作者服务。表彰奖励和调查站点工作。组织开展自治区第九届中国青年女科学家奖候选人推荐工作。联合自治区人力资源社会保障厅组织全区优秀科技工作者评选活动，评选出优秀科技工作者40名，女性科技工作者6名，40岁以下青年科技工作者1名。做好中国科协设在自治区的14个科技工作者状况调查站点工作。组织站点调查员培训工作，对8篇优秀科技文章、站点工作先进单位和个人进行表彰奖励。

2012年，自治区科协被中国科协常委会、青年工作专门委员会、国务院学位委员会办公室、中国科协组人部授予“全国博士生学术年会优秀组织奖”。建好科技工作者之家工作。通过各种平台及时反映广大科技工作者的意见、建议和诉求。举办内蒙古高校科学道德和学风建设宣讲教育报告会。定期走访、考察交流、节日慰问、会员日、新春音乐会、“八大”代表座谈会等活动。

切实加强自身建设。开展“创建学习型党组织、争当学习型干部”活动。完成各党总支、党支部分类定级工作。召开中国共产党内蒙古自治区科协机关委员会党员大会，选举产生了新一届机关党委。开展“走进大草原、走进新牧区、了解新变化、感受新生活”的主题党日活动。做好兴安盟索伦镇乌敦嘎查帮扶工作。为乌敦嘎查赠送科普读物，争取科普惠农兴村项目，建设华硕科普图书室，配备电脑及打印机等设备。做好内蒙古科协党员执政为民教育基地新华社区的共建工作，向中国科协申请科普益民项目，建立老年科普大学。加强党风廉政教育，举办党风廉政建设报告会。召开内蒙古科协六届五次全委会，表彰全区青年科技奖获得者。组织4个工作组分赴全区各盟市、旗县、企业、学校开展了“万名党员干部下基层”活动调研工作。组织召开全区科协系统办公室主任暨宣传工作会议。举办全区盟市科协学会工作暨企业科协工作研讨会以及学会学术工作座谈会。督促指导内蒙古心理咨询师协会等13家学会召开会员代表大会，实现新老交替。

【第七届内蒙古自治区自然科学学术年会】 9月5日，以“科技创新与经济结构调整”为主题的第七届内蒙古自治区自然科学学术年会在呼和浩特市开幕。全国人大常委、中国工程院副院长、煤化学工程专家谢克昌，中国工程院院士、武汉大学测绘学院院长李建成及各主办单位领导出席开幕式。自治区党委常委、组织部部长李鹏新出席开幕式并致辞。邀请全国专家、学者及内蒙古科协所属自然科学学会、协会、研究会科技工作者近600人参加开幕式。年会由自治区党委组织部、科协、教育厅、科技厅、人力资源和社会保障厅、呼和浩特市人民政府共同举办。谢克昌应邀作了题为《加强工程科技战略研究支撑创新驱动科学发展》的报告。报告介绍了我国煤化工的发展现状、发展趋势、发展战略，并对内蒙古自治区煤炭和煤化工产业发展提出建议。他提出，能源资源禀赋特点决定了煤炭在我国国民经济中的战略主导地位，实现煤炭清洁高效可持续开发利用是建成资源节约型和环境友好型社会的必经之路。科学控制煤炭开采总量和能源的消耗总量，实现煤炭与其他传统化石能源、可再生能源和清洁能源的协调发展，是经济结构调整的重要表现，但必须要通过科技创新来驱动。年会征集论文 561 篇，经专家评审，评选出优秀论文 386 篇，其中一等奖 23 篇，二等奖 76 篇，三等奖 282 篇，编辑出版了《科技创新与经济结构调整——第七届内蒙古自治区自然科学学术年会优秀论文集》。年会期间还举办了草地畜牧业、西医与传统医学、能源化工等 21 个分会场专题学术交流活动，邀请全国专家、学者近 200 人，参加分会场活动的科技人员达 2000 余人。

【全国生物技术大会暨中国生物工程学会 2012 年学术年会】 9 月 1 日，全国生物技术大会暨中国生物工程学会 2012 年学术年会在呼和浩特市召开。中国工程院院士、副院长旭日干等 10 位院士应邀出席大会并分别作报告。自治区党委副书记李佳出席开幕式并致辞。全国生物技术领域 600 多位专家、学者参加会议。会议颁发了 2012 年中国生物工程学会青年优秀论文奖。8 个分会场举行了 105 场学术报告。年会由中国生物工程学会、内蒙古科协、自治区党委组织部、自治区科技厅共同主办。开幕式上中国工程院院士、副院长旭日干作了题为《中国养殖业可持续发展战略研究》的专题报告，报告分析了畜牧业发展的形势和存在的问题，提出了我国养殖业可持续发展的战略思考、战略重点以及保障措施，涉及科技进步、饲料资源、食品安全、环境生态、疫病防控等领域，并倡导要走一条具有中国特色的高效、安全、健康、绿色的养殖业可持续发展道路。

（撰稿人：刘卫江）

辽宁省科学技术协会

2012 年，辽宁省科协发挥科协团体特色优势，为经济社会科学发展服务。率先开展“讲理想、比贡献”三级联创竞赛，奖金总额为 45 万元，共有 50 个项目获奖。组织科技工作者开展行业科技发展报告与软科学课题研究，编写 8 期《科技专家建议》上报辽宁省委、省政府。开展了“院士专家工作站”状况调查，全省共建 74 个院士专家工作站（见表 1），引进院士专家 296 人次，引进并研发高端科技项目 30 多个，引进 2 家国家级重点科研机构参与辽宁科研项目，举办学术报告 25 次，完成 51 名在辽宁省工作的院士和 58 名在省外工作的辽宁籍院士的信息采集工作。实施“专家走基层”服务民企活动，组织专家赴全省 10 余家民营科技企业进行技术对接服务。举办“中国专用汽车技术发展论坛暨辽宁省第六届学术年会”，国内外专用车领域的院士、专家、企业界的代表共 400 多人参会，同比增长 5%。举办第三届辽宁现代农业发展论坛，出版《第三届辽宁现代农业发展论坛论文集》，收录 41 篇论文。联合中国康复医学会举办 2012 第二届国际神经再生高峰论坛，美国《科学》杂志主编布鲁斯·罗伯茨教授，中国科学院院士苏国辉、强伯勤，以及国内外近千名专家、学者参会。召开 2012 年辽宁省自然科学学术成果奖终评会议，共有 2093 项成果获奖，同比增长 11%，其中，13 篇论文获特等奖，12 部著作获一等奖。

表 1　辽宁院士专家工作站数量表（个）

市别	沈阳	大连	抚顺	本溪	丹东	锦州	阜新	辽阳	朝阳	盘锦
数量	42	4	1	1	2	2	7	12	2	1

完善科普服务体系，为提升全民科学素质服务。启动主题为“食品安全与公众健康”的 2012 年全国科普日暨辽宁省首届科普日活动，举办展览展示等活动 100 余场次。启动“辽宁基层科普行动计划”，资金总额 880 万元，46 个项目获国家表彰，18 个项目获得辽宁省表彰。启动“基层科普行动计划”，资金总额为 630 万元，23 个项目获国家表彰，17 个项目获辽宁省表彰。举办 2012 年辽宁省暨营口市“科普之冬”，12 家农技协与兴隆集团签署合作协议达 100 余项，金额达 5000 万元，科普示范基地相关负责人等共 500 余人参加活动。举办第 27 届辽宁省青少年科技创新大赛和第九届辽宁省青少年机器人大赛，1100 多名学生参赛，同比增长 14%。举办奥林匹克五学科竞赛、“大手拉小手——辽宁科普报告团”科普报告巡讲。联合省直机关工委等 7 家单位举办 6 场辽宁“名家讲科普”系列报告会，近 5000 人次出席。开展农村科普信息化（科普视频）择优推广工作，确定 4 市 7 县为首批择优扶持试点单位，投入资金 105 万元。成立辽宁省农村专业技术协会。全国基层农技协规范化创建现场会在铁

岭市西丰县召开，中国科协书记处书记徐延豪出席会议并讲话。省科技馆在建设过程中完成了展教工程创意设计大纲，完成了展教工程创意设计国际招标工作。办辽宁电视台“科普与生活”栏目，全年制作播出52期。为省文化资源共享工程平台提供“科技致富”节目，全年制作播出52期。制作《身边有科学》电视节目24期共192个内容，在沈阳市1800多台公交车上每天滚动播出10次，日受众超过100万人次，接听节目热线电话1600多个。

建好“科技工作者之家”，为广大科技工作者服务。召开辽宁省科协第八次代表大会，中国科协常务副主席、书记处第一书记陈希，辽宁省委书记、省人大常委会主任王珉，省委副书记夏德仁出席会议并讲话，省、市领导，省政府有关部门负责人及507名科技工作者代表参会。制定了《深入实施“建家创优工程”工作意见（讨论稿）》，4个市科协、1个县科协成立了科技工作者服务中心。完成2012年辽宁省科协资助出版优秀自然科学专著评选工作，21部著作获得资助（见图1）。完成第八届辽宁省优秀科技工作者评选工作，评选出辽宁省优秀科技工作者140人，经推荐26人荣获中国科协第五届全国优秀科技工作者称号。制定并颁布实施《辽宁省科协团体会员管理办法》，120家省级学会成为省科协团体会员。在锦州、沈阳、大连举办科学道德和学风建设宣讲报告会，分别邀请杜祥琬、沈岩、温邦椿、杨卫等5位院士作报告。重点推动东北大学等3家省级科学道德和学风建设宣讲教育示范基地建设和专家宣讲团组建工作。召开辽宁省科学道德和学风建设宣讲教育工作会议。编印《学术不端行为警示录》。

图1　辽宁省科协资助出版著作实例照片

加强机关自身建设，提高科协服务能力和水平。召开中国共产党辽宁省科协机关党员大会，听取并审议省科协机关党委书记康捷所作的9年来党委、纪委工作报告，选举产生新一届中共辽宁省科协委员会、纪律检查委员会，康捷当选党委书记，方春晟当选纪委书记。制定《科技馆建设领导小组议事规则》，开展创先争优群众评议工作，党支部（总支）非常满意率、满意率分别达到50%，党员非常满意率、满意率分别达到47%和53%。组织机关全体党员干部到省科协扶贫点建昌县小德营子乡开展系列扶贫帮困和科普需求调研活动。

【辽宁省科协第八次代表大会】　12月12日，辽宁省科协第八次代表大会在辽宁人民会堂举行，中国科协常务副主席、书记处第一书记陈希，辽宁省委书记、省人大常委会主任王珉，省长陈政高、省政协主席岳洪福等领导，辽宁省科协历届党组书记、副主席，中国科协和省委、省政府有关部门，人民团体，辽宁省各市分管科协工作的党政领导，以及从辽宁省百万科技工作者中推选产生的507名代表参加了开幕式。

陈希开幕式讲话中肯定了辽宁省科协5年来取得的成绩。他强调，各级科协组织和广大科技工作者要深入贯彻落实科学发展观，在实现创新驱动发展、提高公民科学素质、促进人才成长、提高决策咨询能力和水平、建好科技工作者之家方面多作贡献。王珉代表省委、省政府对大会召开表示祝贺。他强调，全省各级科协要积极推动科技创新，开展建言献策和科学普及活动，为加快全面振兴夯实坚实的公民科学素质基础。他要求，全省广大科技工作者要在提高自主创新能力、提高全民科学文化素质、加强诚信社会建设上提供更多的智力支持。

辽宁省科协副主席、党组书记康捷主持开幕式，省总工会常务副主席娄彦莉代表人民团体向大会致贺词，省科协七届委员会主席王天然院士作工作报告。大会选举产生了省科协第八届全省委员会主席、副主席、常委、委员（见图2），王天然当选为第八届省科协主席。大会对全省科协系统60个先进集体，100名先进工作者进行了表彰，授予16人“全省科协系统先进工作者标兵”荣誉称号。

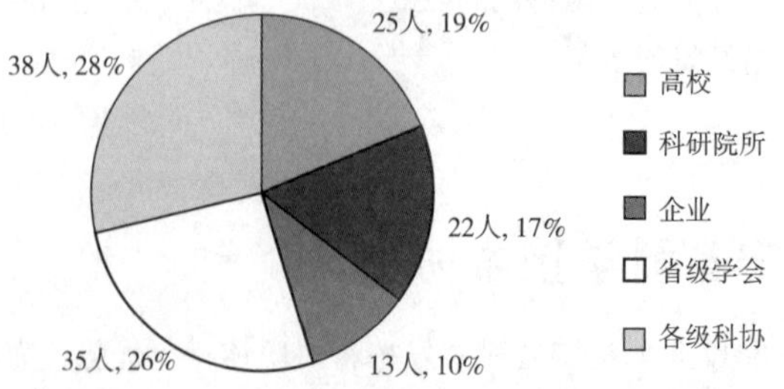

图2　辽宁科协八届委员会委员数量比例

【辽宁省科技馆建设】　2012年，辽宁省科技馆在建设过程中完成了展教工程创意设计大纲，完成了展教工程创意设计国际招标工作。收集展项近8000个，优选出2000个，制定了科技生活、儿童乐园、公共空间、创造实践、工业摇篮和探索发现等5个展区初步设计大纲并完成验收。先后与美国西屋展览设计公司等6家公司签订了展区设计方案及相关服务合同。

中国科协常务副主席、书记处第一书记陈希，中国科协副主席、书记处书记程东红，书记处书记徐延豪分别听取了省科技馆展教工程创意设计招标等工作情况汇报。辽宁省省长陈政高、省委副书记夏德仁、省人大常委会副主任李文科分别视察了省科技馆建设。

8～9月，省科协先后赴黑龙江省、俄罗斯等国内外科技馆学习考察。省科技馆分别与加拿大IMAX公司、宁波新文三维股份有限公司、合昊机电科技有限公司、北京神州四达科技有限公司签订了IMAX影院、数字球幕影院、动感飞行影院、4D影院系统采购合同（见表2），总投资9000万元。

表2　辽宁省科技馆科普特效影院概况表

院别	巨幕影院	球幕影院	动感影院	4D影院
制作	加拿大IMAX公司	德国蔡司公司	德国SIMTEC公司	台湾耀狮公司
数据	高22米、宽29米	内径23米	高9米、宽12米	高8米、宽14.5米
座数	632座	280座	16座	196座

2月，省科技馆室内装饰设计方案通过省政府的审核。6月，省科技馆主体建筑封顶。邀请东软集团股份有限公司、清华同方股份有限公司、荣科科技股份有限公司为省科技馆信息化建设进行初步方案设计。8月，召开辽宁省科技馆信息化建设专家研讨会，与辽宁省信息化中心签署了咨询服务协议。10月，分别与创造实践、工业摇篮、科技生活、探索发现展厅设计单位进行了第二次中期交流。11月，验收了荷兰北极光展览设计公司承担的工业摇篮展厅设计方案，以及德国贺廷根展会工程公司承担的创造实践展厅设计方案。邀请北京科技咨询中心专家对省科技馆全体员工进行了展品设计和制作规范培训。

【辽宁省第六届学术年会】 8月27日，由省科协、中国汽车工程学会、铁岭市政府共同主办中国专用汽车技术发展论坛暨辽宁省第六届学术年会在铁岭市召开。年会的主题为“汇聚高端智力，创新引领未来，共促辽宁（铁岭）专用车产业发展”。辽宁省副省长滕卫平，原机械工业部部长何光远，辽宁省科协主席、中国工程院院士王天然，中国工程院院士徐滨士，中国汽车工程学会常务副理事长兼秘书长付于武，以及来自国内外专用车领域的院士、专家、企业界的代表共400多人参加了会议。

中国工程院院士徐滨士作了题为《再制造工程循环经济和战略性新兴产业》的报告，阐述了国际先进的技术发展理念，建议辽宁专用车产业基地以“绿色、节能、超常、融合、服务”为理念大力发展循环经济。学术年会通过特邀报告、专题研讨、高峰论坛、企业对接等活动，探讨了我国专用汽车技术的发展趋势，为推动铁岭专用车产业基地建设提供了参考和借鉴。

开幕式上，省科协主席王天然、铁岭市市长吴野松为辽宁专用车产业院士工作站揭牌，这是铁岭市建立的首家院士工作站，铁岭市政府聘任徐滨士担任院士工作站进站院士。铁岭市政府与中国汽车工业学会签署战略合作协议。辽宁专用车基地管委会与北京一祺科技有限公司，辽宁天信专用汽车制造有限公司与长安大学工程机械学院分别签署了合作协议。会后，徐滨士院士向辽宁省委、省政府提交了《关于加快辽宁（铁岭）汽车专用车产业发展的建议》。

【启动全国科普日暨辽宁省首届科普日】 9月17日，根据中国科协的总体部署，省科协以《科学素质纲要》领导小组名义，以“食品安全与公众健康”为主题，举办了2012年全国科普日暨辽宁省首届科普日启动仪式，组织全省广大科技工作者、科普志愿者，面向公众举办了讲座、展览展示、场馆开放、科普宣传、咨询服务、技术培训、文艺演出和知识竞赛等近百场次的科普活动，倡导科学饮食、推动食品安全、关注健康生活，超过百万群众受益。此次科普日活动场所，从大专院校、科研机构搬进街道、社区、广场、公园，公众在家门口就能获得科技知识，市民还可通过登录辽宁省人民政府网站，检索所感兴趣的活动。

【开展“讲理想、比贡献”三级联创竞赛】 2012年，省科协在全国率先制定了“讲理想、比贡献”项目竞赛实施细则及考核指标体系，加强了省、市与企业科协三级组织联合协作，实现了由活动型向效益型转变。经过各市科协、企业科协二级评比，省科协复评，有50个项目获奖，其中一等奖5项，二等奖15项，三等奖30项，奖金为45万元，主要用于奖励项目主要完成人和工作经费，有效地提升了企业科协的工作质量与水平，激发了基层科技人员群众性技术创新的活力与热情。

（撰稿人：刘传彬）

吉林省科学技术协会

2012年，吉林省科协深入开展决策咨询和科技思想库建设工作。吉林省科学技术与工程咨询委员会承担省政府2012年度调研课题3项，完成省科学技术与工程咨询委员会自选课题10项。省科协围绕吉林省十大重点产业和战略性新兴产业，首次面向全省科技工作者征集决策咨询课题，评选出《推进吉林省农业科技创新问题研究》等16项课题。围绕省领导关注的科技成果转化价值取向、加快农业科技创新、建设大科学工程、碳纤维产业发展等重大问题开展研究，省委书记孙政才对研究成果《关于贯彻落实中央一号文件促进我省农业科技创新对策建议》作出批示。省政协科协界委员还开展了有关吉林省硅藻土开发利用对策的研究。2012年，吉林省科学技术与工程咨询委员会6位委员被省政府办公厅评为2011年度优秀决策咨询委员，两篇咨询报告被评为优秀决策咨询成果，省科学技术与工程咨询委员会秘书处被评为先进决策咨询秘书处。

全面部署科学道德和学风建设宣讲教育工作。举办2012年吉林省科学道德和学风建设宣讲报告会，省委副书记竺延风出席会议并讲话，中国科学院院士冯守华、王家骐，长春理工大学校长于化东作报告。截至12月，全省高校、科研院所结合实际自主开展宣讲教育活动190场，158名专家做宣讲报告，近4.3万人次参加。

深入实施科普惠农、益民、兴边三大工程。省财政拨付“科普惠农兴村计划”专项资金60万元对全省71个先进典型进行资金支持。经推荐，其中32个先进典型受到国家科普惠农兴村计划表彰，获得国家奖补资金400万元。首次在全省组织实施“社区科普益民计划”，13个先进典型受到国家表彰，获得国家奖补资金260万元。稳步推进“科普富民兴边计划”，试点县和龙市再获国家资金支持。

认真履行科学素质纲要实施工作办公室职责，加强科普资源共建共享。吉林省政府办公厅下发《吉林省“十二五”科学素质纲要实施方案》，推动纲要工作全面实施。吉林省科普资源共建共享联盟成立，发展盟员单位51家，建立“全省科普创作示范基地”5个。利用盟员单位的场馆、设施、实验室等资源开展免费开放活动100余次。联合盟员单位，集成开发科普图书、科普挂图、科普动漫、科普影像制品等社会热点科普资料20万份。

开展形式多样的科普活动。全省科协系统全年共举办各类科普活动1500多场次，受众近130万人次。举办2012年全国科普日暨吉林省第十届科普周活动，全省各地以“食品安全与公众健康”为主题共开展活动150多项。全年举办了科普大集、全省反邪教警示教育、健康生活方式系列活动、科普大篷车进校园、老科协医疗服务行动、第27届全省青少年科技创新大赛等各类主题的科普活动。开展吉林省“科学饮食、健康生活”—— 2012年青少年科学调查体验等四项主题科技实践活动，8名学生荣获吉林省第二届科技创新省长奖。选拔200名学生参加了吉林省首届青少年高校科学营活动。

继续加强科普基础设施条件建设。进一步拓宽科普画廊建设投资渠道，新建和维修科普画廊3500延长米，带动社会各界投资近150万元。新建电子画廊240个，全省电子画廊播放点实现全省覆盖，达到1200个。多渠道筹集资金、争取项目，吉林省科技馆获得长春市政府200万元资金支持展馆内容建设，并与吉林省图书馆就图书与场地等事宜签订合作协议。省科协向基层科协配发科普大篷车8辆，建设华硕科普图书室5个，联合社会力量无偿建设农民科技书屋46个、捐赠科普图书8万多册。9家单位被评为全国科普教育基地，34家单位成为第三批省级科普教育基地。

广泛开展学术交流活动。举办吉林省第七届科学技术学术年会、吉林省第六届青年科学家论坛等学术会议。参与承办2012年先进车辆与集成技术国际学术会议，加强了与世界汽车同行的交流合作。全省科协系统全年共举办各类学术活动450次，参会人数达6.67万人次，交流论文1.5万篇。

加大对科技人才成长服务力度。2012年，吉林省人力资源和社会保障厅授权吉林省科协评审工程系列专业技术资格。参与承办了东北亚高端人才峰会，围绕“人才服务区域经济发展”会议主题，举办了人才论坛、高端人才、重大项目、投资基金洽谈对接等活动。会同省委组织部等部门制定了《吉林省青年科技奖实施办法》。授予吉林大学纳米孔材料创新团队省青年科技奖创新团队奖，王贵宾等3人省青年科技奖特别奖，马东阁等30人省青年科技奖。经推荐评选，吉林省16人获得全国优秀科技工作者称号。承办省人力资源和社会保障厅专业技术人员高级研修班4个次，完成培训任务300人次。

积极引进海外智力服务吉林。成立吉林省海智工作协调小组，进一步加强对海智工作的领导和支持力度。参与承办东北亚高端人才峰会暨吉林省第七届海外华侨华人专业人士恳谈及项目对接会。举办了中国科协海智计划吉林（吉林）工作基地授牌仪式暨2012年吉林省海智高端人才座谈会、吉林省海智专家与企业对接会，吉林市成为吉林省第二个国家级海智基地。依托白城市农业科学院建立了首个省级海智计划工作基地——吉林西部农业科技海智工作基地。在吉林科技网开辟海智空间专栏，全年发布美国、日本等10多个国家科技团体或者个人的海智项目536项，发布省内企业、院校和地区海智需求290项。组织团组赴日本、韩国等国家进行科技考察交流，签署了多个海智计划和科技交流互惠协议。

建好科技工作者之家。召开省科协八届一次、二次常委会议。举办中国科协会员日、全省科技界新春联谊会、海智高端人才中秋联谊会等活动，开展科协、学会干部走基层、转作风调研活动，采取走访慰问等多种形式与科技工作者保持沟通。吉林科技网全年编发科协工作信息1252篇，科技新闻4100篇。吉林电视台等省内主流媒体累计报道省科协工作107篇。

抓好基层组织建设，夯实发展基础。成立长春高新技术企业科协联合会暨科技专家工作站，全省企事业科协达到267个。指导市县两级全部完成农技协联合会建设任务，全年建立基层农技协科普惠农服务站62个。建立省级学会电子档案，实现了对学会的动态管理。全年新成立省级学会2个，省级学会总数达到119个，13个省级学会完成换届工作。与省公务员局联合开展了全省科协系统先进集体和先进工作者评选工作，评出10个先进集体、20名先进个人。

进一步加强省科协机关建设。树立“奉献、创新、求实、协作”的科协核心价值观，以“三基工程”（省科协基础性工作、基础设施建设和全面提高职工基本素质三项基础工程）为重点，深入开展“创先争优”活动，打造“四型”（学习型、服务型、务实型、创新型）“四风”（求真务实、开拓创新、艰苦奋斗和廉洁自律）机关。紧紧抓住事业单位清理规范机遇，经过努力争取，确立了“一馆一报六中心”（吉林省科技馆、吉林科技报刊社、吉林省青少年科技中心、吉林省科普服务中心、吉林省科技咨询服务中心、吉林省科协信息中心、吉林省科协学会服务中心、吉林省科技交流服务中心）的事业单位组织框架，改革后的省科协事业单位将与机关部室职能有机衔接，机关部门侧重宏观规划，事业单位侧重微观实施，为科协事业良性发展打下基础。

开展吉林省自然科学学术成果奖评选工作，收到学术成果523项，涉及论文2000多篇，评出优秀成果430项。

【学习宣传贯彻党的十八大精神】 11月8～15日，党的十八大召开期间，省科协组织干部职工集中收看了党的十八大开幕式和新一届政治局常委记者见面会。11月19日，省科协召开了学习贯彻党的十八大精神大会，省科协党组书记、副主席李景涛作动员报告，就学习贯彻落实党的十八大精神、加快推动科协工作创新发展进行了部署。11月29日，省科协组织召开了全省科技界学习贯彻党的十八大精神座谈会。会议围绕中央对科技发展、科技工作者和科协工作提出的新要求新任务，与会科技工作者代表深入交流学习体会，探讨科技和科协事业创新发展思路。全省科协系统和广大干部职工，按照中央和省委的要求，紧密联系实际学习贯彻党的十八大精神。

【印发《吉林省青年科技奖实施办法》】 省科协会同省委组织部、省人力资源和社会保障厅、省财政厅、省地税局共同制定印发了《吉林省青年科技奖实施办法》，设立了团队奖、特别奖、科技奖三个奖项设置，从原来奖励20名个人扩大到奖励1个团队、33名个人。设立专项奖励资金，团队奖励20万元、特别奖奖励10万元、科技奖奖励3万元。《吉林省青年科技奖实施办法》规定，青年科技奖将作为任用、晋级、评定专业技术资格（职务）和推荐评选全国杰出专业技术人才、“新世纪百千万人才工程”国家级人选、享受国务院特殊津贴专家、省有突出贡献的中青年专业技术人才、省高级专家等各类高层次人才的依据。

【吉林省科协工程系列专业技术职称评审】 吉林省人力资源和社会保障厅授权批准组建吉林省科协工程系列专业技术资格评审委员会，这是科协积极探索参与社会管理与公共服务新途径取得的突破性进展。评审范围是吉林全省从事轻工、化工、机械、电子、纺织、医药工程专业工作的专业技术人员（已设评委会的除外），评审权限是上述六个专业的高级工程师和工程师。评委会坚持标准，规范申报、推荐、审核、例会、评审、审批程序，2012年共有397名专业技术人员申报，286人通过评审，获得相应专业技术职称。

【吉林省第七届科学技术学术年会】 年会以“创新驱动，加快战略性新兴产业发展”为主题，设1个主旨报告会、2个分论坛和11个分会场。10月26日，主旨报告会在吉林省宾馆举办。中国科学院院长白春礼院士作了题为《把握新科技革命机遇，支撑创新驱动发展》的主旨报告。吉林省委副书记竺延风主持主场报告会。在吉部分高校及科研院所的领导和专家学者，省直机关干部，以及来自科研、生产、教学一线的科技工作者近千人参加了报告会。

年会各分论坛和分会场分别于9月、10月陆续举办，共有70多位专家作学术报告，参会人员累计近3000人次。本届年会论文集共收录学术论文346篇。

【“全国青少年高校科学营——走进吉大分营”活动】 7月29日～8月4日，“全国青少年高校科学营——

走进吉大分营”活动在长春举办，从全省各市（州）重点高中选拔200名优秀高中生走进吉林大学开展活动。在为期7天的科学营活动中，同学们参观了吉林大学无机合成与制备化学国家重点实验室、地学基础实验教学中心、吉林省地质博物馆、吉林省科技馆，与邹广田院士等知名院士、专家学者座谈，与大学生互动交流开展文体活动，充分感知科学魅力和大学文化。活动还组织营员们前往农民工子弟小学举行捐书仪式并与小学生联谊等活动，培养营员们对公益事业的热忱之情。营员们纷纷表示，此次活动给自己留下了深刻美好的记忆，收获非常大。吉林省还选派20名同学分别参加了北京大学分营活动和北京理工大学分营活动。

（撰稿人：刘晓宇）

黑龙江省科学技术协会

2012年，黑龙江省科协及所属团体在中国科协的指导下，在省委、省政府的领导和社会各界的大力支持下，团结动员广大科技工作者，深入贯彻党的十八大精神及黑龙江省委关于进一步加强新时期科协工作的指示精神，充分发挥科协组织的桥梁纽带作用，在学术交流、科学普及、人才举荐、决策咨询等方面取得了新成绩，为促进科技进步与繁荣，促进全民科学素质提高，促进经济社会又好又快发展做出了积极的贡献。

推进思想库建设，为经济社会发展服务。2012年是省科协国家级科技思想库试点单位建设的第三年，也是《科技思想库建设实施方案》确定的成果之年。按照中国科协的要求，省科协开展开展各类科技论坛、研讨会、专家建议征集活动30余次，形成调研报告25篇，提炼上报《专家建议》15篇，选题库入选课题已达105项。其中，《关于创办出版〈大美龙江〉特刊的建议》获省委书记吉炳轩同志批示，《关于发展黑龙江省光伏产业的建议》、《关于推进黑龙江省休闲农业的建议》、《关于黑龙江科技工作者状况的调查报告》获省政府副省长批示，《关于建立黑龙江箐林业碳汇交易平台的建议》被中国科协《调研动态》转载。与东北网合作，制作了食品科学知识、药品与保健等12期《龙江科普网谈》视频。

推进企业科协建设，创新要素进一步聚集。把促进企业科协工作作为推动全省企业创新主体地位的突破口。7月17日，“黑龙江省企业科协技术创新联盟”宣布成立。联盟打破了在单一企业建立企业科协的模式，以联盟为平台，加强了企业与企业之间、企业科协与企业科协之间、企业科协技术创新联盟与高校科协科技联盟之间的密切联系，推进了联盟成员的技术、信息交流和研讨，促进了创新要素向联盟企业汇集。8月26日，以色列外交部国际合作中心培训司司长Mattanya Cohen和以色列驻华使馆农业科技参赞Eitan Neubauer到黑龙江省实地考察了以色列马沙夫的培训效果，两位以色列奶牛专家在铁力市为150名奶牛技术人员和奶牛养殖户进行了为期3天的技术培训和现场咨询。由黑龙江省农科院、省科协、台湾神农发展协会共同创建的黑龙江省海峡两岸农业科技合作中心，经国务院台湾事务办公室批准正式成立。

推进社会化科普格局建设，为提高全民科学素质服务。认真履行省纲要联席会议办公室职责，切实加强协调与合作，积极构建社会化科普工作格局。深入开展了全国科普日、科普之冬、青少年系列科普竞赛等科普活动。实施了“农业科技致富套餐配套工程”，根据农民、农业、农村的生产和生活不同时节的需要，制订特色“菜单”，按需配餐，制作、配送农业科技致富“特色套餐”，先后组织22名农业专家深入农村传播农业专业技术，编辑出版了一套6册的《新型农民系列丛书》12万册，向农民免费发放《黑龙江科技报》科普配餐专版2.5万份。加强科普基础设施建设，推进“站栏员”项目的整体实施，投入20万元配发了12类农村科普挂图。截至2012年12月，省科协在40个县（市、区）建设标准科普宣传栏4360个，累计投入资金300万元。

发挥学术交流对科技创新的重要作用，积极搭建不同形式、不同层次的学术交流平台。省科协系统全年共开展学术交流活动110余次，交流论文3000余篇，参会人员近万人。省科协以“农业科技创新与现代农业建设”为主题举办了多层次、多学科、多场次学术年会，围绕针对农业科技创新的方向及重点、完善农业科技推广机制、种业科技创新、农业社会化服务建设、农产品流通与农产品安全、培养新型农民等6大专题进行研讨，征集相关论文200余篇，向省委、省政府报送7篇《专家建议》。

推进人才建设，为创新型科技人才队伍建设服务。组织开展了黑龙江省优秀科技工作者评选工作，经严格履行评选程序，共评选出56名省优秀科技工作者获奖者，并从中产生20名全国优秀科技工作者候选人和1名全国十佳优秀科技工作者提名人选。完成黑龙江省各级科协组织建设状况调查，启动了高校科协组织建设调查工作。开展了5年一次的全省科技工作者状况调查，调查对象为国有企业、事业单位，集体所有制企业以及非公有制企业、民办非企业单位的科技工作者，下发调查问卷3000份，通过实地走访、组织科技工作者座谈等方式，形成了《2012年黑龙江省科技工作者状况调查报告》。

推进科学道德和学风建设，良好氛围进一步展现。宣讲教育活动实现了“两拓展、两结合”的基本目标。在哈尔滨工程大学召开了2012年度科学道德和学风建设集中宣讲教育活动，《科学道德与学风建设》专题展板在各研究生培养单位巡展近3个月。开展了科技工作者科学道德专项调查，进一步掌握科技工作者科学道德的基本情况。在东北网推出《龙江科学道德网谈》栏目，在省科协网站、《科协工作》设立专栏，宣传科学道德和学风建设宣讲教育活动。在《黑龙江日报》撰写文章宣传科学精神。

推进自身建设，不断提高科协工作的能力和水平。开展“学习型、服务型、创新型”科协组织创建活动，在学习型组织建设方面，建立了学习型科协组织创建的目标体系，完善了干部培养体系，出台了《黑龙江省科协机关干部培养规划》，建立了干部教育培训网络。在服务型组织建设方面，重点提高了服务经济社会发展大局、服务全民科学素质、服务科技工作者等能力。在创新型组织建设方面，围绕创新观念、创新方法、创新服务逐步转变工作作风，形成了以学习促服务、以服务促创新、以创新促发展的氛围，全面提升了科协机关的学习力、服务力和创新力。

加大联合协作、协同创新力度，成立高校科协联盟、企业科协技术创新联盟、科普教育基地联盟。5月15日，在省科协学术年会上，哈尔滨工业大学、哈尔滨工程大学、东北农业大学、东北林业大学等九所高校科协负责人发起了成立全省高校科协联盟的倡议，省科协成立了全省高校科协联盟。

【2012年黑龙江省暨绥化市海伦科普大集】 3月28日，以“农业科技创新与现代农业建设同行”为主题的黑龙江省绥化市海伦科普大集暨省农业科技致富套餐配送工程启动仪式在海伦市举行。本次活动由黑龙江省委宣传部、省科协、省科技厅、省财政厅，绥化市委宣传部，海伦市科协、市科技局、市财政局共同主办。黑龙江省政协副主席陶夏新等有关领导出席开幕仪式。来自省农业部门的科技专家、全省各地的“科普惠农兴村计划”先进单位和个人代表，农村科技致富带头人，农业科技大王及绥化市农技协代表和农民群众共3万余人参与了现场活动。出席启动仪式的省、市领导向绥化市科普大篷车“走乡村、进社区、入校园”科技万里行服务队授旗，向24名全国和省“科普惠农兴村计划”获奖单位、个人颁发了奖牌。黑龙江省农业科技致富套餐配送工程服务团专家代表宣读了倡议书。

启动仪式现场设立了科普宣传咨询、科普专题展览、科普大篷车展教、科普互动剧场表演、农民工招聘咨询、义诊和健康咨询、农业生产资料展销区、绥化市优秀农技协产品展示区、海伦市农技协科技助残“农技农资一卡通”发放区、海伦科普文化产品展区、海伦经济社会发展成果展示区等11个展区。举行了千名农业科技大王进万家携手致富、科技专家服务团送科技下乡、科普专题报告会等活动。省电台乡村广播开通科普大集直通车，在现场向全省进行了直播。

【黑龙江省科学素质纲要实施工作联席会议】 4月13日，黑龙江省科学素质纲要实施工作联席会议在省政府会议室召开，黑龙江省副省长、联席会议总召集人孙尧出席会议并讲话，省科协党组书记、副主席、联席会议召集人闫永华主持会议，联席会议17个成员单位50余人参加了会议。会上，黑龙江省科协党组成员、副主席、联席会议办公室主任杨铭铎汇报了黑龙江省2011年贯彻实施《科学素质纲要》的工作情况，安排部署了下一步工作任务。省农委、省科技厅、省教育厅、省财政厅、省委组织部等成员单位分别汇报了《科学素质纲要》实施情况。孙尧对各部门在落实《科学素质纲要》工作中所取得的成绩给予了充分肯定，并对做好2012年黑龙江省的全民科学素质工作提出了指导意见。

【2012年黑龙江省科协学术年会】 5月15日，以“农业科技创新与现代农业建设”为主题的2012年黑龙江省科协学术年会在哈尔滨市召开。年会上，中国农科院副院长王韧教授、东北农业大学党委副书记郭翔宇教授分别作了主题学术报告。报告结合黑龙江省实际和其自身实践经验，围绕农业科技创新与现代农业建设，从高效农业、能源农业、都市农业、信息农业、以及后备农业资源与新的主产区、金融资本与农业产业化等内容，阐述了科技创新与现代农业发展的关系。

年会共设立6个专题分会场，针对农业科技创新的方向及重点、完善农业科技推广机制、种业科技创新、农业社会化服务建设、农产品流通与农产品安全、培养新型农民等邀请了省科技创新协会、省科学消费研究会等6个省级学会的有关专家和科技工作者进行研讨，研讨内容所形成专家建议为省委省政府指导黑龙江省农业科研和生产提供了决策参考。

【2012年全国青少年高校科学营黑龙江分营活动】 7月28日，在中国科协和教育部的支持下，由黑龙江省科协和省教育厅共同主办的2012年全国青少年高校科学营黑龙江分营开营仪式在哈尔滨工业大学举行。中国工程院院士、哈尔滨工业大学机电控制及自动化系教授、博士生导师、机器人及机电一体化技术专家蔡鹤皋，黑龙江省科协党组成员、副主席杨铭铎，省教育厅副厅长牧童，哈

尔滨工业大学副校长张洪涛等领导出席了开营仪式。110名来自全省各地的高中生和教师齐聚冰城，参加为期5天的2012年全国青少年高校科学营黑龙江分营活动，近距离体验哈尔滨工业大学的魅力。科学营活动以校内4天活动为主，校外1天活动为辅。校内活动内容设计上以符合全国高校科学营统一要求为基础原则，结合哈尔滨工业大学的实际特点，充分展示哈尔滨工业大学在航空航天、机器人科学、计算机技术等方面的独有特色，融入最新的科技元素，体现工科名校独有的文化和特色。校外活动包括参观黑龙江省科技馆、博物馆和动漫文化产业基地。活动期间，中国工程院院士蔡鹤皋做了以“机器人正加快脚步走进人类社会”为题的精彩科普报告会。

【2012黑龙江省暨哈尔滨市科普月活动】 8月31日，黑龙江省委宣传部、省科协等部门联合举办了2012年黑龙江·哈尔滨科普月暨科普益民行动启动仪式。黑龙江省人大常委会副主任申立国、省科协主席马淑洁出席启动仪式。本次活动以“节约能源资源，保护生态环境，保障安全健康，促进创新创造”为主题，把宣传科技成就、学习科技典范、传播科学知识、弘扬科学精神与宣讲党的光辉历程及成就结合起来，从形式、内容和载体上实现了“三个创新”。在连续成功举办9届“全国科普日”活动的基础上，黑龙江省将今年的全国科普日拓展为科普月活动，力求以集中、持续、有力地科普宣传，让社会公众更好地参与到科普活动中来。启动仪式现场分八大活动板块开展了内容丰富的广场主题科普活动。据统计，广场活动期间共发放科普图书2万册、科普宣传小折页3万份、科普宣传单5万份、科普宣传手册2万份、环保袋1万个，展出展板300块，参加活动群众达2万余人次。在科普月期间，全省各级科协组织将以科普直通车为载体，通过开展科普活动进社区、进企业、进学校、进农村、进军营的“五进”活动，围绕科普月主题，拓展科普活动覆盖面，引导动员更多的公众参与到科普活动中来，努力在全社会营造讲科学、爱科学、学科学、用科学的良好氛围，推动黑龙江省科普工作向深度和广度发展。

【科学道德和学风建设宣讲教育活动】 黑龙江省科协联合省教育厅、省科学院、省社科院、省农科院组织开展了科学道德和学风建设宣讲活动。开发制作的《科学道德与学风建设》专题展板，以图文并茂的形式宣传科学精神，在各研究生培养单位开展了近3个月的巡展活动。

10月9日，2012年黑龙江省在哈高校科学道德和学风建设宣讲教育报告会在哈尔滨工程大学举行。黑龙江省科协、哈尔滨工程大学及各研究生培养单位的有关负责人出席报告会。黑龙江省宣讲教育领导小组全体成员，新上岗研究生（包括硕士和博士）导师、新入职教师和青年科技工作者，在职攻读学位研究生，在哈高校的高年级本科生、研究生以及省级学会的代表等1500余人参加了活动。中国工程院院士、哈尔滨工业大学杜善义教授，哈尔滨工程大学副校长杨德森教授作了专题报告。

为进一步掌握科技工作者科学道德基本情况，省科协开展了科技工作者科学道德专项调查。在东北网推出《龙江科学道德网谈》栏目，邀请5位黑龙江科学道德模范宣讲科学道德。在省科协网站、省科协内部刊物《科协工作》上设立专栏，宣传科学道德和学风建设宣讲教育活动。

2013年，黑龙江省26所研究生培养单位全部开展了多种形式宣讲教育活动212场，覆盖了哈尔滨、齐齐哈尔、牡丹江、佳木斯、大庆等城市。参加人数累计64696人，其中研究生42238人（占在校研究生73%），本科生19441人。在实现研究生全覆盖的基础上，向高年级本科生、青年教师、青年科技工作者拓展。

【第五届“黑龙江省优秀科技工作者”评选、表彰】 经黑龙江省优秀科技工作者评审委员会评审通过，第五届“黑龙江省优秀科技工作者”评选结果于6月21日产生。黑龙江省环境保护科学研究院马云等56人获奖，黑龙江生物科技职业学院毛洪顺等20人被推荐为全国优秀科技工作者候选人，其中哈尔滨工业大学张中兆被推荐为“十佳全国优秀科技工作者”提名人选，张中兆多年一直从事数据通信、移动通信和卫星通信方面的教学科研工作，在导弹地面站数据传输技术、集群移动通信和卫星通信等多项研究领域做出贡献。本届评选工作拓宽了评选范围，增加了推荐单位和推荐名额，提高了差额评选的比例，保证了奖项的公信力。

12月15日，省科协在哈尔滨市召开2012年中国科协会员日暨第五届黑龙江省优秀科技工作者表彰大会。黑龙江省科协主席马淑洁，省科协党组书记、副主席闫永华出席会议。各省级学会、科协系统代表，第五届黑龙江省优秀科技工作者代表，在哈尔滨的部分黑龙江省中国科协八大代表及省科协七大代表参加了大会。会议表彰了第五届黑龙江省优秀科技工作者获奖者，并为黑龙江省第五届全国优秀科技工作者获奖者颁发证书、奖章。

【黑龙江省科协系统学习贯彻党的十八大精神】 11月22日，黑龙江省科协系统举行学习贯彻十八大精神谋划科协工作会议。会议由黑龙江省科协党组书记、副主席闫永华主持，全省各市（地）科协主席、系统科协负责人、机关全体干部、事业单位班子成员60余人参加会议。

黑龙江省科协主席马淑洁作了辅导报告。闫永华在总结发言中结合深入学习贯彻党的十八大精神对全省科协系统2013年工作作了安排部署。哈尔滨市科协、大庆市科协、鸡西市科协、伊春市科协、绥化市科协、大兴安岭地区科协作为市（地）科协代表，分别结合学习十八大体会及各自的工作特点和独特优势，围绕省会引领作用、科协服务企业、发挥赶超意识、服务城市转型、农业科技创新、边远地区科普等方面作了典型发言。省科协机关学会学术部、科学技术普及部、组织人事部、调研宣传部分别针对党的十八大对科协提出的新任务、新要求，围绕服务学术交流、服务科学普及、服务人才培养、服务建言献策方面提出了创新性的服务理念及工作方法。

（撰稿人：吴建国）

上海市科学技术协会

2012年，上海市科协深入开展决策咨询研究。组织开展“世界科技发展新趋势及对上海产业升级的影响”、“上海中小学科技教育状况调研”等重点课题研究，支持学会围绕科技和产业发展、公共安全、公共健康等开展19项决策咨询课题研究。市科协系统提供决策咨询报告323份，反映科技工作者建议427项。其中关于组建航运中心信息化协会和促进中小学科技教育等专报获得市领导的重要批示。组织开展的“世博会科技成果与未来科技革命发展趋势研究”获上海市决策咨询研究成果奖二等奖。组织开展科技评价机构资格认定及复审工作，市服饰学会等6家单位通过认定。至今已有29家单位取得了科技评价机构资格，共完成评价项目433项，科技评价工作的适用性进一步增强。

积极组织上海市政协科协界委员参政议政。开展了“上海科技园区人才现状与发展对策研究”等专题调研。在上海市政协十一届五次会议上，提交了《关于上海向“绿色城市”迈进的若干建议》等10件团体提案。《关于上海应制定引导体制内高层次科技人才到各类企业创业创新激励政策的建议》被列为市政协领导重点督办提案。在市政协十一届五次会议上，市科协提交了《上海转型发展要更加注重人才创业创新环境建设》的大会书面发言，为营造良好的创业创新环境建言献策。

开展科技思想库试点工作。在地方科协国家级科技思想库建设试点工作中，以“整合、联合”为工作原则，制订了上海市科协《关于加强科技思想库建设的指导意见》及试点方案。建立了党政部门研究机构专家指导决策咨询的工作机制，加强了决策咨询平台建设，健全了科技工作者建议征集制度，开展了优秀调研报告评选，以及决策咨询核心专家、专家团队和信息员队伍建设。在地方科协科技思想库建设试点工作年度考核被中国科协评为A类。

主动服务上海市张江国家自主创新示范区建设。协调示范区各园区科协举办技术交流会、科技成果展示和技术培训等主题活动。联合市知识产权宣传周组委会办公室，以举办论坛、讲座培训、知识产权巡展等形式，开展知识产权培训宣传。组织开展“星期日工程师进园区”活动。引导工程师深入园区，根据企业的实际需求，举办新能源、新材料、智能化、节能减排等科技专题讲座，并为园区企业开展技术咨询服务。支持浦东新区科协开展“I-TALK”自主创新沙龙，汇集社会精英智慧为企业技术创新服务。联合上海财经大学、上海大学科技园科协，推动高校开展针对企业的金融服务和技术合作。

引导更多智力资源服务企业。与上海市区县科协、园区科协联合联动，组织开展了20余次院士专家企业行活动。与相关区、县政府共同推动建立了中国商用飞机有限公司等13家院士专家工作站。目前，已建工作站39家。近4000人次参与研发、技术交流及培训，与院士专家团队签订合作项目72项，解决企业技术难题118项，取得科技成果58项。在全市近5000家企业中，以“讲理想、比贡献”活动为抓手，深入开展群众性技术创新活动。企业采纳合理化建议2万条，共有96家单位和117位同志荣获上海先进称号，16家单位和8位同志荣获全国先进称号。

举办好示范性科普活动。与市科委等单位联合举办主题为“携手建设创新型国家”的科技周活动。以“食品安全与公众健康”为主题，组织全国科普日上海地区活动，积极发动各区县科协、基层科协、学会，调动社会力量参与，策划组织560余项活动。举办了科普开放日活动，让居民就近走入场馆，走进高校、科研院所。市科协被中国科协评为科普日活动优秀组织单位。科普开放日等七项活动被评为科普日优秀特色活动。主要新闻媒体集中报道了科普日活动。举办第九届国际科学与艺术展，来自9个国家和地区的近600件互动作品，集中展示了科学与艺术的融合之美和发展前景。针对社会热点问题，举办了19期新民科学咖啡馆、18期名家科普讲坛。针对“世界末日”传言等具有社会影响的事件，加强应急科普宣教工作。一年来，市科协系统共举办科普宣传活动2.1万场次，宣传活动受众人数482.1万人次。

构建青少年科学教育平台。加强青少年科学社建设，把普惠教育和精英教育结合起来。首次组织未成年人科学教育推广日活动，举办“解读科学类诺贝尔奖”科普报告会、“院士一课”活动；联合复旦大学、上海交通大学等沪上五所知名高校，主办高校科学营和高校开放日活动，积极培养青少年科学兴趣。《人民日报》科普日专版宣传了上海高校科普开放日活动。在此基础上，实施上海中学生拔尖人才培养计划，着力培养拔尖人才。组队参加第63届英特尔国际科学与工程大奖赛等国际赛事，上海队获奖总数和等第均为全国第一。

推进科普“四项计划”的实施。实施“社区科普益民计划”和“科普惠农兴村计划”。将优质科普资源引入社区，举行了108场科学生活宣讲社区行活动。加强科普惠农兴村示范基地建设，评选和表彰了一批农村科普带头人。推进“科普创作支撑计划”和“科普产业跃升计划”的实施。组织相关学会专家和高校学生进行科普创作。与科学松鼠会、高校科幻联盟等民间科普力量，合作开发项目和举办活动。支持基层和公众积极参与的“凌云杯”科普剧本创作、科普剧巡演、科普创作PPS大赛等活动，组织开展全民科学素质文艺汇演活动。建设科普产品e联盟平台，推进“科普智慧墙”、“科普新干线”等科普展品和项目进社区、进校园。21个社区被中国科协和财政部命名为全国科普示范社区，入选数量位列直辖市科协之首。2012年，上海新增26家全国科普教育基地，全国科普教育基地达97家。上海市科协推荐的《水之密语》获中国科协全民科学素质文艺汇演一等奖。

扩大国际及对港澳台地区科技交流与合作。市科协全年举办国际及港澳台地区学术会议227场次，约4.7万中外科技人员参会，交流论文7500多篇。与英国驻上海总领事馆合作举办“绿色生活行动”上海赛区活动。与北欧工程师协会签署合作交流备忘录。举办了主题为“科技创新与城市可持续发展”的中日科技合作研讨会。组织参加了第20届海峡两岸都市交通学术研讨会等对台科技交流活动。支持市级学会开展了国际桥梁与隧道技术大会、中德地下空间防灾技术研讨会、人类基因组变异学会会议等学术交流活动，成立科学诠释者学院，开展核心培训周活动，集聚和培养了科学诠释者队伍。开展上海海归人员工作和生活状况调查，启动市区两级海智工作资源库建设，设立中国科协“海智计划”上海杨浦工作基地，使海智工作更好地服务于人才引进与经济建设。

发挥学术交流推动自主创新的重要作用。围绕“创新转型与战略性新兴产业”等主题，办好2012中国国际工业博览会科技论坛和市科协学术年会等综合性学术交流活动。市科协系统全年开展各类学术交流活动2907场次，参加人次约29.6万，交流论文近3.9万篇。采取闭门会议的形式，举办主题为“第三次工业革命的影响与上海的选择”的院士圆桌会议等小型、高端、前沿学术活动。在与文汇报共同发起“创新的障碍在哪里”大讨论的基础上，举办“科汇观点”学术沙龙。支持和引导基础研究类学会发展，开展29个基础研究类和应用技术类学科的产业技术与社会事业发展研究项目，发布“上海装备制造业信息技术应用发展报告”等10部学科发展报告。探索建设上海城市科学联盟等学会联盟，促进不同学科、科技与经济社会融合发展。

实施科学道德和学风建设工作。与市教育委员会合作，深入开展市级、大学园区和校级三个层面的宣讲教育活动，在同济大学举办上海市科学道德和学风建设宣讲教育报告会，上海市各高校和科研院所在读研究生约3000人参加了报告会。起草了《上海科技工作者科学道德准则》。上海市化学化工学会等10个试点学会在科学道德宣讲、科学道德规范及制度建设等方面进行了尝试。上海市科协与文汇报合作开设了科研道德和学风建设专栏，积极弘扬社会主义核心价值观。

及时了解和反映科技工作者的现实需求。新建市船舶与海洋工程学会等科技工作者状况调查站点11个，调查站点已达32个。开展“科协组织密切与科技工作者联系的体制机制”、“深化、拓展、充实、提高科协组织服务企业技术创新能力”等重点课题研究。了解科技工作者学习、工作、生活上的需求，尤其是对于获取法律政策信息、开展有针对性的学术交流、接受继续教育、评定专业技术职称等方面的服务需求。

开展继续教育和职称申报、评定工作。实施了第六、七期上海市干部选学高级研修班——科学素质与管理培训和10期公务员科学讲座，参训的公务员达3000余人。深入推进继续教育和创新方法培训，市科协系统全年举办培训班390余场。积极配合市人力资源和社会保障局、市科学技术委员会、张江高新技术产业开发区管理委员会等相关职能部门，开展科技型企业科技人员职称申报和评定的试点工作。目前，在市科协本部设立申报受理中心，在园区和区科协设立9个受理点，拟定了12个重点服务范围，举办培训会10余场，接待咨询人数逾3000人次。

加大举荐、表彰、宣传优秀科技工作者的力度。经上海市科协推荐，复旦大学附属中山医院副院长樊嘉获得“第五届十佳全国优秀科技工作者”称号，复旦大学附属华山医院主任医师吴志英获得“第九届中国青年女科学家奖”。完成第六届上海青年科技英才评选工作，10人获奖。“上海市科协青年科技人才飞翔计划”和“上海市科协资助青年学者出版科技著作晨光计划”资助了22位青年科技人才参加国际会议和出版书籍。组织力量实施了27位老科学家学术成长资料采集工程。与文汇报、新闻晚报联合推出专栏宣传优秀科技工作者和团队。

加强科技工作者之家建设。完成了上海市科学会堂1号楼修缮改造项目。推进上海科技工作者公共服务平台等数字化平台建设，开设了科技政策宣传、科技法律维权、心理健康咨询等栏目及网上办事功能。在市科协系统弘扬“和（谐）合（作）文化”，实施了中国科协代表服务工作创新试点项目，通过绿洲新视野科技会所等服务载体举办的多场主题活动，与科技工作者沟通思想、交流情感、加强联系，增强上海市科协对广大科技工作者的吸引力和凝聚力。

加强科协自身建设。上海市科协首次编制了《上海市科协学会发展报告》。据不完全统计，截至2012年12月，上海市科协所属学会个人会员人数达21.62万，比上年增长4.37%；团体会员近1.47万家，比上年增长4.25%。目前，市科协共有星级学会103家，占现有185个学会的55.7%。6家科技社团被评为上海市先进社会组织。在中国科协会员日活中，市科协共开展47项活动，市各级科协和学会看望慰问了学会会员，举办座谈会和联谊会，表彰并宣传了优秀科技工作者。2012年，上海市科协印发了《市科协关于加强区县科协工作的若干意见》。组织召开了基层科协工作会议，举办了基层科协负责人培训班，进一步加强了对区县科协、基层科协的工作指导和联合联动。深入上海市长宁区、虹口区、松江区、徐汇区等地的科协组织，就科技园区科协组织的建设工作进行了调研。

2012年，上海市科协党组召开会议，对市科协系统学习宣传贯彻党的十八大精神做出部署。举办学习报告会，组织党员干部群众学习党的十八大报告和新修订的党章。印发《关于认真学习宣传贯彻党的十八大精神的通知》，各市级学会、区县科协和基层科协采取宣讲报告会、专题学习会、专题辅导等形式开展学习贯彻活动。上海市科协发放调查问卷对科技工作者学习党的十八大精神进行了解，向上海市委、市政府反映科技工作者的意见和建议。通过报刊和网络，对上海科技界以党的十八大精神指导工作，解决实际问题的新成效、新进展进行宣传。

持续开展创先争优和创建学习型党组织活动。成立上海市科协科技社团党委，推进党的组织和党的工作双覆盖。围绕“创新驱动谋发展、服务群众促和谐”的主题，举办专题培训、形势报告会、宣传教育活动，激励广大党员干部在推进科协事业发展中创先争优。一批先进基层党组织、优秀党员和优秀党务工作者受到表彰。完成了市科协机关和直属单位党委、纪委的换届工作。召开市科协党风廉政建设工作会议、研究部署党风廉政建设任务。重点落实党风廉政建设责任制，有力推动科协工作和党风廉政建设的制度化、规范化发展。

【全国青少年高校科学营上海科学营活动】 7月14～20日，由上海市科协和上海市教育委员会主办的全国青少年高校科学营上海科学营活动在复旦大学、上海交通大学、同济大学、华东师范大学和华东理工大学等5所高等院校举行。来自全国18个省、自治区、直辖市和新疆生产建设兵团的近千名高中生参加了上海科学营活动。上海选拔的200名本地营员参加了活动。

开营式在上海交通大学举行，中国科协书记处书记徐延豪，上海市科协党组书记、副主席曹振全，上海交通大学校长张杰、上海市教育委员会副主任李骏修、钱学森先生之子钱永刚教授等，各相关单位负责人，以及来自全国各地的800多名师生参加了开营式。

上海科学营在上海市科协和上海市教委的联合推动下，得到了承办高校的支持与配合。活动内容设计紧密结合各高校的学科特点和文化传统，因地、因校制宜，充分利用了重点高校开放的科技教育资源。营员们在体验科学、体验科研、体验高校生活的同时，走进重大科技工程、感受当地社会民俗。

科学营邀请中国科学院院士张杰等5位院士作报告，10余位知名教授开设专题讲座。14个国家级重点实验室，上海科技馆、上海光源等科普场馆向营员们全面开放。上海科学营活动全景展示了上海市的科技创新成果，充分发挥了高校在提高青少年科学素质方面的功能，引导青少年崇尚科学，鼓励青少年立志从事科学研究事业，为培养科技创新后备人才打下了坚实基础。

【上海市人大常委会调研市科协工作】 8月2日，上海市人大常委会主任刘云耕、副主任郑惠强与部分常委会组成人员赴上海市科协，就学习贯彻全国科技创新大会精神、深化科技体制机制改革、提升企业自主创新能力、破解产学研合作瓶颈等进行调研。上海市科学技术委员会主任寿子琪介绍了上海科技创新优势，以及在集成应用、企业主体作用、创新环境、管理方式、聚焦突破等方面遇到的瓶颈和对策。上海市科协党组书记、副主席曹振全就科协为上海经济社会发展服务、为提升公民科学素质服务和为广大科技工作者服务等工作进行了介绍。

刘云耕指出，创新驱动的核心是科技创新，要进一步统一认识，认真贯彻全国科技创新大会精神，增强推进科技创新工作的紧迫感、使命感、责任感。要聚焦重点，凝聚广大科技工作者的智慧和力量，为推动上海创新驱动、转型发展作贡献。上海市人大常委会也要通过立法、监督等途径，为形成崇尚科学的社会氛围和营造有利于科技创新的良好环境提供法制保障。

部分上海市人大常委会组成人员参观了科普智慧墙、科普驿站和科学工作室。上海市目前已有21个社区被命名为科普示范社区，14个区县创建全国科普示范区（县）。第八次中国公民科学素养调查结果显示，上海公民具备基本科学素养的比例位列全国第一。与会人员认为，应发挥科技政策整体效能，使政策切实落地。要充分发挥科协的科技发展智库作用，从青少年科普和社区科普两方面入手，全面提升上海市民的科学素养。上海市人大应对《上海市科学技术进步条例》进行立法后评估，为上海科技创新在法律上提供有力的保障。

（撰稿人：陶艺音）

江苏省科学技术协会

推动战略合作，促进经济社会发展。在江苏省科协的推动下，中国科协与江苏省政府签订了合作协议。省科协与南京市政府签署了共同推进中国人才与创业创新名城建设合作协议。8月8日，省科协与宿迁市政府签署了推动宿迁发展实现更大突破合作共建协议，决定在科普惠民、科普项目建设、国内外高端人才引进、企业院士工作站建设等方面深化合作，共同开创宿迁科协事业发展的新局面。

开展科技服务活动。完成新一轮“万名科技专家兴农富民工程”三年计划，700个省、市、县三级学会的5900名专家与4954个村对接，实施农业科技致富项目4155个，直接带动49.8万个农户，辐射带动309.5万户，实现户均年收入增长20%以上。召开兴农富民工程现场总结推进会，表彰了50名优秀科技专家、50个优秀组织单位、100个优秀示范项目。广泛开展“讲理想、比贡献”活动，20个单位、20名个人受到中国科协等单位联合表彰。

打造科技服务、成果转化平台。围绕企业科技创新需求，协调新建18家院士专家工作站，取得显著效益。建设科技信息服务推广应用平台，向400多家企业推送专利，申报发明专利10件以上。省级学会开展科技咨询1750项，推广科技项目332项。

引导科技工作者参与科技思想库建设。《关于江苏率先发展日全盲紫外技术产业的建议》等3份《江苏省科技工作者建议》，受到江苏省委省政府高度重视，省主要领导作出批示，省有关部门采纳，分别出台了相关政策措施，促进了江苏省相关产业的科技创新和转型升级。第三届江苏省自然科学学术活动月期间，省水产学会、省营养学会、省护理学会分别提交了《发挥传统优势，振兴江苏观赏鱼产业的建议》、《江苏省五城市居民饮水与健康研究总结报告》、《关于创建居家护理服务模式的建议》。

创新学术交流活动。举办第四届江苏省青年科学家年会，发出《江苏省青年科学家倡议书》，促成海内外10个科技团队与相关企业、园区签订成果转化协议。第三届江苏省自然科学学术活动月期间举办各类学术活动284项。与连云港市合作举办的第九届长三角科技论坛，促成21个省级学会与29个企业成功对接。引导支持省级学会开展学术交流活动740多次，参会人员达到8万多人次，交流论文2.2万多篇，其中开展国际学术活动254次。

基层科普行动计划深入开展。30个农村专业技术协会、26个农村科普示范基地和30名农村科普带头人受到国家和省表彰；31个社区被评为国家级科普示范社区，总数居全国第二。新命名86家省级科普惠农服务站。

深入实施《科学素质纲要》。在全国率先出台并实施“十二五”全民科学素质行动计划纲要9个专项工作方案，13个省辖市和91个县（市、区）印发“十二五”科学素质工作实施方案。

开展主题科普活动。省科协与省委宣传部、省科技厅联合举办了全国科技活动周暨江苏省第24届科普宣传周活动，活动以“节约能源资源、保护生态环境、保障安全健康、促进创新创造”为主要内容，科普宣传周期间，全省104个县市区共举办科普进社区、入学校、到机关、下农村等活动数千项。全国科普日活动中，江苏省各地精心组织策划科普活动数千项，其中市、县重点科普活动800多项，省级重点科普活动30余项，江苏省科协被中国科协评为全国科普日活动优秀组织单位。上千万人次参加全国科技活动周暨江苏省第24届科普宣传周和全国科普日活动。组织实施“关爱留守流动儿童，快乐科技行”系列活动。评选出110所省科学教育特色学校、100名省优秀中小学科技辅导员和100名省青少年科技创新标兵。承办第29届全国青少年信息学奥林匹克竞赛，江苏省获团体总分、金牌总数、奖牌总数、入选国家队选手数四项全国第一。组织开展高校开放日活动，54所高校积极参与。组织220名优秀高中生参加高校科学营活动。组织实施“金钥匙”青少年科技竞赛，参赛人数突破130万。组织开展国家和江苏省食品安全知识竞赛，江苏省科协获得“全国食品安全知识竞赛突出贡献奖”。

科普设施建设和科普公共服务能力不断提升。江苏科学中心进入选址筹备阶段，泰州市、宿迁市、扬州市、连云港市等地科技场馆建设实现新突破。成立江苏省科普场馆协会，编辑《江苏省科普场馆巡礼》画册，集中展示全省科普场馆服务功能。开展国家和省级科普教育基地创建活动，新命名国家级科普教育基地39家、省级科普教育基地6家、省青少年科普教育基地2家。启动省级科普示范乡镇（街道）、村（社区）创建工作。徐州市科协开发的科普形象卡通片在车载电视播出，盐城等科协结合文艺形式进行科普宣传，科普宣传渠道、手段日益丰富。依靠社会力量发展科普志愿者20万人。

宣传表彰举荐科技工作者。举荐创新人才，评选表彰10名江苏省十大青年科技之星、10名江苏青年科技奖、100名江苏优秀科技工作者。省科协推荐的34人获得第五届“全国优秀科技工作者”称号，2人获中国青年女科学家奖，1人获中国科协求是杰出青年奖。通过电视台、报纸等媒体在全社会广泛宣传获奖者事迹，激发科技工作者创新创业热情。

深入实施“海智计划”。支持举办中国扬州国际人才峰会暨海外项目洽谈会。新建中国科协海智工作基地2家，目前总数达8家，位居全国第一，成功申报中国科协“海智计划”年度项目31个。与欧洲商业与创新中心联盟建立战略合作关系，与芬兰赫德米亚商业公司联合打造中国（江苏）国际人才资源转移网。建设海外华人智力库信息平台并充分发挥效能，向海外132个科技社团发布江苏省招才引智信息，引进海外科技项目1700多个，协助各地引进58名创新创业领军人才，引进8名国家“千人计划”人才。

加强国际及港澳台地区民间科技交流合作。组团出国访问10批40人次、赴台湾地区交流10批169人次，接待国际及港澳台来访科技团组42批117人次。承办了2012科学教育国际论坛。与英国驻沪总领馆合作举办3场科技咖啡馆，与美国自由科技馆合作举办中美科普国际连线活动。

多渠道服务科技工作者。组织开展科学道德和学风建设宣讲活动，11万名新入学硕士生、2万名新入学博士生以及211院校高年级本科生、新入职教师和研究人员接受教育。科技工作者状况调查站点上报有效信息83篇。开展对刘大钧、陈清如、黎介寿、李星学等4名院士的老科学家学术成长资料采集工作。

学习贯彻中央、江苏省委重大部署。迅速掀起学习贯彻党的十八大精神热潮。研究制定了《关于学习宣传贯彻党的十八大精神的意见》，对科协系统学习宣传贯彻十八大精神作出安排并抓好落实。积极贯彻全国、全省科技创新大会精神。召开省科协八届六次常委会，结合科协实际就学习贯彻大会精神展开研讨，制定下发《关于学习贯彻全国科技创新大会精神的意见》，对推动科协事业发展提出新思路。认真贯彻省委重大决策部署。深入学习领会省委十二届三次、四次全会和经济工作会议等一系列重要会议精神，及时召开常委工作座谈会和“三服务一加强”工作现场会，提出加强全省科协系统思想作风建设的要求，并就提升学会服务科技创新能力、繁荣科普事业加快发展科普文化产业、加强海智工作促进人才国际化、加强全省科协系统组织建设等工作提出贯彻意见。召开省科协系统创先争优活动总结表彰大会，对创先争优活动中涌现出来的江苏省电机工程学会党支部等10个先进集体、郘萱等19名优秀个人进行表彰。

加强制度机制建设。制定并实施《加强领导班子思想政治建设的意见》《建立创先争优活动长效机制的意见》，扎实开展“三解三促”（了解民情民意、破解发展难题、化解社会矛盾，促进干群关系融洽、促进基层发展稳定、促进机关作风转变）活动，研究制定了《江苏省科协系统机关领导干部深入开展“三解三促”活动实施方案》，并印发至县级科协，在全省科协系统，联动推进“三解三促”活动。建立健全对省辖市科协、省级学会和机关部门、直属单位工作的绩效考核机制，研究制定《加快省科协直属单位事业发展的意见》，激发干事创业的动力和活力。

组织网络建设不断完善。南京等4个省辖市科协和17个省级学会成功换届。与省教育厅联合下发《关于进一步加强江苏省高校科协组织建设工作的意见》，推动南京大学等一批高校成立科协。印发《关于加强以党建带动科协组织建设的意见》，新成立省市级高新区、开发区（园区）科协30家，组建率达到80%，新成立乡镇、街道科协60家，新成立行政村、社区科协、科普组织近1000家，镇村基本实现了全覆盖，新成立企业科协约60家、高校科协约30家，省级学会新增会员5520人。组建省科协科技社团党委，建设学会党的工作小组119个，学会党组织建设进一步加强。

【中国科协与江苏省政府签订合作协议】 12月8日，在江苏省科协的推动下，中国科协、江苏省人民政府加快推进江苏创新型省份建设合作协议签字仪式在南京市举行。中国科协常务副主席、书记处第一书记陈希，江苏省省长李学勇签署了合作协议，并在签字仪式上讲话。中国科协副主席、书记处书记程东红出席签字仪式。签字仪式由江苏省副省长何权主持。

合作的内容主要包括：推进公民科学素质建设、完善区域科技创新服务体系、提升科技社团服务能力、促进对外科技交流与合作、强化青少年科技教育、建立健全合作工作机制等六个方面。决定推动创新资源向江苏集聚，支持江苏加强科普教育能力建设，引导科技社团与江苏开展交流合作，助推江苏提升自主创新水平，促进科技与经济社会发展紧密结合，更好地发挥科技在转变经济发展方式和调整经济结构中的支撑引领作用。

【江苏省科协与南京市政府签署合作协议】 10月23日，为加快南京中国人才与创业创新名城打造，更好地服务江苏创新型省份建设，江苏省科协与南京市政府签署了共同推进中国人才与创业创新名城建设合作协议。江苏省委常委、南京市委书记杨卫泽出席签约仪式并讲话。南京市委副书记、市长季建业与江苏省科协党组副书记、副主席陈惠娟代表合作双方签署协议。签约仪式由南京市委常委、副市长郑泽光主持。江苏省科协及南京市有关领导出席签约仪式。

【第四届江苏省青年科学家年会】 12月8日，以"转型升级与青年科学家的使命"为主题的第四届江苏省青年科学家年会在南京市开幕。中国科协常务副主席、书记处第一书记陈希，江苏省委副书记、省长李学勇出席开幕式并讲话。江苏省政协主席张连珍，中国科协副主席、书记处书记程东红，江苏省委常委、宣传部部长王燕文，江苏省副省长何权，江苏省政协原副主席、中国科学院院士闵乃本，中国工程院院士、江苏省科协主席欧阳平凯等出席开幕式。江苏省科协党组副书记、副主席陈惠娟主持开幕式。1000余名专家、学者、企业家出席开幕式。

开幕式上，表彰了2011—2012年度"江苏省十大青年科技之星"、第十三届江苏省青年科技奖获得者、第十届江苏省优秀科技工作者。闵乃本作寄语讲话。美国科学院院士、北京生命科学研究所所长王晓东，美国斯坦福大学物理系讲座教授、清华大学高等研究院教授张首晟分别作了题为《一个青年科学家的成长》和《创新在中国》的特邀报告。年会发布了《江苏省青年科学家倡议书》。

年会期间，有5个海外科技团队和5个国内科技团队与江苏省工业园区、高新区企业和相关企业签订成果转化协议。

年会由江苏省科协主办，南京大学、东南大学等21所高校联办。本届年会共设16个分论坛，围绕科研成果服务国家战略需求及产业化应用、农业科技与产业创新、光伏创新制造技术及产业联盟发展等论题进行研讨。

【第九届长三角科技论坛】 11月18日，以"科技创新促进港产城一体化协调发展"为主题的第九届长三角科技论坛在江苏省连云港市举行。中国科协书记处书记王春法，上海中医药大学校长、上海市科协主席、中国科学院院士陈凯先，连云港市市长杨省世分别在开幕式上致辞。江苏省科协党组副书记、副主席陈惠娟主持开幕式。来自江苏省、浙江省、上海市的3000多名科技工作者参加论坛活动。

中国工程院院士、江苏省科协主席欧阳平凯，同济大学副校长、瑞典皇家工程科学院院士吴志强分别作了题为《生态经济与绿色生物制造产业》、《城市化和工业现代化双轮驱动》的主题报告。

第九届长三角科技论坛设主论坛1个、分论坛18个，涉及城市规划、港口经济、能源、生物产业、纺织、植物、水产、航运、船舶等多个领域。举办了院士专家建言献策座谈会，与会的院士专家结合各自的专业领域，分别从产业布局、城市规划、区域协调发展等方面，为连云港市的港口、产业和城市发展提出了意见和建议。举办了科技成果发布暨科企战略合作对接签约仪式，4家科研院所、2家省级学会共发布120多项科研成果，9家省级学会、1所高校和12家企业签订科企战略合作框架协议，促成21个省级学会与29个企业成功对接。

【技术创新·企业发展论坛】 2月28日，以"新材料与装备制造"为主题的技术创新·企业发展论坛在江苏省江阴市举行。论坛由中国科协常委会促进企业自主创新专门委员会主办，中国金属学会、中信泰富特钢集团承办，江苏省科协、中国科技咨询服务中心、无锡市科协、江阴市科协协办。中国科协副主席、促进企业自主创新专委会主任、中国工程院院士刘玠主持论坛开幕式和主题报告会。

中国科协书记处书记、促进企业自主创新专委会副主任张勤在开幕式上致辞并作了题为《知识产权的基本理论与国家战略》的报告。专委会副主任宋南平和委员张景安主持专题论坛。许振超等11位委员出席论坛。江苏省委常委、副省长、无锡市委书记黄莉新出席论坛并致辞。

中国工程院院士翁宇庆、王基铭、陈蕴博分别作了题为《发展特殊钢 促进装备制造业发展》、《石油和石化工程的最新发展》、《非调质钢的发展及其应用》的主题报告。论坛围绕实施国家"十二五"规划，推进战略性新兴产业发展、加快经济结构战略性调整等重点问题进行研讨。专家们结合特钢及其产业链发展现状，提出科技创新的关键问题，并指出中国装备制造业的不断进步，为特钢行业的发展提供了难得的机遇和广阔的平台，对促进高品质特殊钢产业与相关制造领域的交流与合作、推动我国新材料与装备制造业的发展有着重要的意义。

（撰稿人：唐釜金）

浙江省科学技术协会

2012 年，浙江省科协在省委省政府的正确领导和中国科协的有力指导下，团结带领广大科技工作者，围绕主题主线，突出工作重点，各项工作取得新的亮点。

认真学习贯彻党的十八大和省第十三次党代会精神。党的十八大召开后，浙江省科协及时向全省科协系统下发学习通知，通过理论学习中心组会议、科技界座谈会、邀请科技界党代表韩喜球研究员作专题报告等形式，组织广大科技人员和干部职工进行认真学习，领会精神实质，统领科协工作，推进创新发展。将学习宣传十八大精神与贯彻落实全国科技创新大会、省第十三次党代会精神结合起来，围绕干好“一三五”、实现“四翻番”，建设“两富”现代化浙江的工作部署，谋划科协事业新发展，掀起学习宣传贯彻党的十八大精神热潮。

服务科技创新实现新突破。扎实推进院士专家工作站建设，全年共建站 88 家，引进院士 46 名，评定省级工作站 27 家，共签约合作项目 761 项，入驻团队 1874 人次，一批合作成果得到有效利用，投入项目资金 38 亿元，实现经济效益 200 亿元以上。浙江省“两办”下发《关于加快推进院士专家工作站建设与发展的意见》，省院士专家工作站服务中心正式成立，工作站建设专项经费列入财政预算。开展联系指导服务舟山船舶产业省级特色工业设计基地示范建设工作，围绕船舶产业转型升级和海洋经济发展等课题，邀请何友声院士开展院士专家舟山行活动。中国工程院冶金与材料工程学部十多位院士专家赴湖州，与市领导对话共商产业聚集区的转型升级。组织 40 余位专家赴基层开展现场帮扶。丰富“讲、比”活动内涵，深入开展科技文化卫生“三下乡”活动，扎实推进金桥工程、厂会协作、村会协作。企业科协工作得到加强，有力推进企业科技创新。省科协领导带队走访了 20 余个行政村（社区）、20 余户农户和近 40 家企业，帮助解决技术难题 50 余项。开展了“架科技金桥、破创新难题”专项行动，服务民营经济发展与提升，组建和调整了省级学会服务民营及中小企业科技创新等 8 个专家组，深入全省开展了 30 余项科企对接帮扶活动。《纲要》实施工作呈现新亮点。浙江省“两办”印发《全民科学素质行动计划纲要》实施年度工作要点，公民科学素质水平被纳入文化强省的“文化发展指数”和“两富浙江”建设的重要指标。自 2010 年以来，时任省委书记赵洪祝同志连续六次对我省《科学素质纲要》实施工作进行批示肯定。

配合浙江省舟山群岛新区建设这一重大国家战略举措，首次将科技（科普）周活动主会场移师舟山，围绕发展海洋经济主题，全省共组织开展活动 3000 余项，参与科技人员达 5 万人次，受益人数达 180 万人次。全国科普日浙江主会场活动与浙江科协年会合并在温州市举行，邀请世界著名的粒子物理学家、诺贝尔物理学奖获得者卡洛·鲁比亚作主题科普报告，全省共组织各类科普活动 818 项，发放资料 30 余万份（册），播出科普宣传视频 4800 余分钟，参与人数达 215 万余人次。科普场馆建设得到加强，省科技馆全年接待观众 50 万人次。杭州、湖州科技馆相继建成开放，绍兴等地科技馆加快建设。举办 93 场次“中科院老科学专家”科普巡回报告，第 29 届全国信息学奥林匹克竞赛我省团体总分名列全国第三。《科技通报》、《科学 24 小时》及《浙江科协》、《大众科技网》等办刊（网）质量不断提升。

认真开展“智慧浙江”科普宣传活动，组织了“智慧浙江”巡回宣讲、“智慧浙江”科学会客厅、“城市的明天”专题展览、“智慧浙江”资源建设等四大重点活动，启动“智慧浙江”专题宣传片、特辑期刊和科普挂图等 3 项专题资源建设与开发工作。与浙江日报集团合作创建“科学 +”科学传播品牌。组建浙江科普微博方阵，与果壳网联合创办“菠萝科学奖”。与浙江大学联合开发全日制科普方向教育硕士培养项目。

学会改革创新迈出新步伐。成功举办浙江科协年会，著名经济学家吴敬琏应邀作主题报告，年会共设 14 个分论坛和 7 个科技帮扶项目，首次举办“院士、市长和企业家面对面”活动，10 位院士与温州市长、企业家共商科技创新助推民营经济发展。立项资助 100 项重点学术活动，资助开展“东部科技沙龙”35 期。对外学术交流与合作不断深化，全年共派遣 20 批次、81 人次科技工作者出国考察交流、专业进修或参加国际会议；共接待 26 批次、91 人次海外科学家、工程技术人员来浙交流或专业实习；举办 21 场次国际会议；推进德国心脏中心与浙江大学附属第二医院、浙江医院分别签订合作框架协议。积极推进中国科协海智计划（浙江）基地建设，开展 6 场海外智力为国服务活动，主动开展多形式的两岸科技合作与交流。

启动省级学会能力提升工程试点工作，确定省航海学会等 10 个学会为试点单位。省医学会等 25 个省级学会承接了医疗事故鉴定、科技人才评价、科技评价等社会化管理职能。全省取得机械工程师资格认证人数达 333 人，其中 5 人获得英国 IET 工程技术学会证书。

国家级科技思想库建设试点工作有序推进，继续被中国科协列为年度考核 A 类等次。省科协组建了“三库一组”（即资料库、专家库、成果库、联络组）信息管理平台，启动6个省级科技思想库建设试点工作，新建21个科技工作者省级调查站点，择优立项资助38项（39个课题组）软课题研究项目和5个省级学会能力提升工程配套项目，重点资助10个省级学会开展决策咨询研究。全年共编报《科技工作者建议》9期，其中7期得到省领导12人次批示，《增加全社会研发投入促进创新发展问题研究》调研成果获全省党政系统优秀调研成果一等奖。

服务科技人才取得新成效。经浙江省科协推荐，中国青年女科学家奖获得者韩喜球研究员当选为党的十八大代表，郑树森院士获“十佳全国优秀科技工作者”提名奖，金均等32名科技人员获“全国优秀科技工作者”称号，虞露教授获第十五届中国科协“求是杰出青年成果转化奖”，5名科技人员入选省“151人才”。联合浙江省科技厅、省人力社保厅开展第二届浙江省自然科学学术奖，评出一等奖20项、二等奖98项，三等奖300项。“浙江省民营科技企业创新奖”“省航海学会科学技术奖”等8个由省级学会主办的奖项获准登记，并有效开展。

“育才工程”全年资助青年科技人才65名，实施“2510”计划项目23个，举办“希望之光”欠发达地区大学生村官培训班。制定出台《浙江省科协人才培训工作意见（2012—2016年）》。组织新闻媒体对郑树森、罗海忠等全国优秀科技工作者进行集中宣传报道。举办第二届全省高校研究生科学道德与学风建设宣讲教育报告会，在全省研究生培养单位全面启动宣讲教育活动，截至目前，全省共有53000余人次参与了教育活动。围绕“服务会员、服务创新”主题，开展形式多样的中国科协会员日活动。浙江省科协表彰了浙江省第五届“全国优秀科技工作者”和2012年浙江省自然科学学术奖，开展了6项专题活动。

【浙江省院士专家工作站服务中心成立】 2012年6月，浙江省院士专家工作站服务中心正式成立，负责全省工作站的建设管理和服务工作。同期，省委办公厅、省政府办公厅联合下发《关于加快推进院士专家工作站建设与发展的意见》，并将此项工作列入了国家技术创新试点省、创新型省份建设和人才发展目标考评中。省财政厅、省科协联合下发了《浙江省院士专家工作站建设专项资金管理办法》，以奖代补把工作站建设经费列入预算。全省11个地市全部落实工作站的经费补助，全年共建站88家，引进院士46名，评定省级工作站27家，共签约合作项目761项，入驻团队1874人次，投入项目资金38亿元，实现经济效益200亿元以上。目前全省已建站252家，其中省级工作站53家，引进院士190名。时任浙江省委书记赵洪祝就省科协《关于我省院士专家工作站建设的调研报告》作出重要批示，予以充分肯定。时任浙江省省长夏宝龙、副书记李强、副省长毛光烈也对省科协推动工作站建设给予肯定或指示。中国科协常务副主席、书记处第一书记陈希赴浙江进行专题调研，提出了明确要求。央视4频道和光明网报道了浙江省杭州市院士专家工作站建设成果。

【公民科学素质列入“两富”现代化浙江建设评价体系】 全面实施《科学素质纲要》、提高公民科学素质，是建设创新型省份、全面建成小康社会的重要基础工程。2012年12月，浙江省委十三届二次全会将公民科学素质水平指标，列为“两富”现代化浙江建设的32个重点评价指标之一，成为衡量经济社会发展水平的重要标杆，标志着我省公民科学素质建设步入了新的发展阶段。

2012年，浙江省《科学素质纲要》实施工作整体水平居于全国前列，受到国家纲要办、中国科协和省委、省政府领导的充分肯定。成功举办科技（科普）周活动，围绕发展海洋经济主题，全省共组织开展活动3000余项，参与科技人员达5万人次，受益人数达180万人次。全国科普日浙江主会场活动邀请诺贝尔物理学奖获得者卡洛·鲁比亚作主题科普报告，全省共组织各类科普活动818项，发放资料30余万份（册），播出科普宣传视频4800余分钟，参与人数达215万余人次。实施科普资源建设项目，资助出版《中医药科普大讲堂》、《科学生活方式》、《海洋经济丛书》等科普读物10余种。省委宣传部等修订浙江省文明城市（县城、城区）创建测评体系，把科普工作列为创建内容。省委组织部、省委党校将参观科技馆、体验科学活动等纳入领导干部培训内容。省农办以“千万农民素质提升工程”为抓手，培训农民86.5万人次。省卫生厅举办全省性医疗卫生主题科普活动20余个，普及医学健康知识。省气象局着力推进气象科普纳入党政工作目标考核体系、干部培训体系、中小学校课程教育体系。省环保厅组织开展浙江生态日、世界环境日宣传、大学生农村环保科普行等活动。

【创建“科学+”科学传播品牌】 为顺应科学传播形式多元化、内容多样化、受众广泛化的新形势，浙江省科协联合浙江日报集团精心策划并推出了具有先锋性和探索性的“科学+”科学传播新品牌。在浙江日报“人文·好奇”科学新闻版上，每周定期推出“科学+”的新闻专栏，以较大篇幅报道科学活动，并可通过网络和微博进行访问和关注。

“科学+”由六个子活动组成，分别是：“科学+”ASTalk、“科学+”会客厅、科学+EFTlink、“科学+”咖啡馆、“科学+”在现场、“科学+”百日谭。“科学+”ASTalk：新科学脱口秀，邀请新锐科学家登上舞台，展开关于科学前沿的奇思妙想，让公众在一个较为时尚的科普舞台下聆听科学家的演讲、进行互动。“科学+”会客厅：科学家面对面，邀请院士和知名科学家，与公众分享成就与光环背后的人生感悟，品味科学研究的冷热酸甜。“科学+”EFT-link：中外科普连线，以远程视频连线世界各国科学现场和科学场馆的形式，通过连线把科学课程推送到校园和公众中间。“科学+”咖啡馆：跨界科学沙龙，活动让公众在品尝咖啡的同时，跟科学家面对面探讨最新科学和技术发展的自由学术聚会，也是一个讨论科学技术课题的论坛。“科学+”在现场：科学行走计划，摒弃传统的以结论去说教的模式，让科学家带着公众走进科学现场，在工厂田野、科学场馆和实验室边走边看，零距离体验科学的真实质感，解答公众对科学的疑惑。“科学+”百日谭：学会科学日历，将在全国爱眼日等科学纪念日、专题日里，邀请相关省级学会专家，为公众开展科学知识讲座和咨询。全年共举办“科学+”系列活动21场次，在公众中产生强烈反响，群众参与面不断扩大。

【开展“智慧浙江”科普宣传】 根据浙江省委省政府的统一部署，省科协联合省政协科教委、省经信委，以“立足现实把握未来，携手共建智慧浙江”为主题，精心组织系列科普宣传活动。3月15日，“智慧浙江”全省巡回宣讲活动启动，副省长毛光烈，省政协副主席王永昌，中国工程院院士邬贺铨、杨胜利、李兰娟，省863专家组首席专家严晓浪等出席启动仪式，邬贺铨院士受邀作题为《智慧城市的服务与建设》的科普报告。4月28日，“春回燕归·智慧浙江”科学会客厅暨“城市的明天”主题展览揭幕，省委书记赵洪祝专门发来贺信，毛光烈副省长、王永昌副主席为主题展览揭幕。浙江省政协“智慧浙江”课题组胡祖光副主任，中国工程院院士李兰娟、毕奇及浙江大学严晓浪教授等坐客“春回燕归·智慧浙江”科学会客厅，与城市管理者、企业家和社会公众代表等进行对话。展览集中了10多家智慧产业领军企业，向公众展示物联网、云计算、移动互联网等新一代信息技术在城市生活中的应用，2万余名公众前来参观体验。与英国驻上海领事馆合作，邀请比利时生物技术专家，在杭州、宁波、嘉兴等地开展“智慧作物”专题科普巡回报告。全面启动了“智慧浙江”专题宣传片、特辑期刊和科普挂图等3项专题资源建设与开发工作。全省11个市结合当地实际，创新工作载体，也积极开展“智慧浙江”科普宣传活动。全省共邀请30余位院士专家，组织开展各类宣传活动40余场次，参与群众达8万余人。

【组建科普微博方阵】 浙江省科协发挥新媒体优势，积极打造科普宣传新平台，于3月5日正式开通浙江科普微博方阵。首批上线的百家微博，涵盖市县科协、省级学会、企业科协、科技馆（科普教育基地）、大专院校、科研院所等各级各类科普机构，以及一批科技人员、科普工作者和科学爱好者等科普达人。目前，浙江科普微博方阵组成人员108个，其中机构微博83个，科普达人微博25个，主微博开通了“科技新闻”、“科技趣闻”、“科普资源介绍”、“活动报道”等日常栏目，粉丝达2万余人。同时，在《科学素质纲要》工作会议、科技（科普）活动周、三下乡活动、智慧浙江高峰论坛、菠萝科学奖等省科协重要会议和重点科普活动中进行现场微直播、微报道、微博上墙，与网民微博互动，增强活动的影响力和传播力。浙江科普微博方阵作为基于腾讯微博的全国首家省级科普微博方阵，已成为全省科普数字化共建共享平台的重要组成部分。

【积极服务舟山船舶产业省级特色工业设计基地建设】 根据省政府《关于推进特色工业基地建设、加快块状经济转型升级的若干意见》的任务分工，省科协负责联系指导服务舟山船舶产业省级特色工业设计基地建设工作。浙江省科协领导多次赴浙江省舟山市船舶设计研发一线以及宁波市等地研究院所开展调研，深入探讨基地运行与管理主体、研发设计机构集聚及信息、人才、交易、认证等平台建设等问题，制定三年试点工作方案。围绕省级特色工业设计基地建设以及船舶产业转型升级等主题与浙江大学等高校院所进行衔接，充分借助高校院所的科技和人才优势，提升浙江省船舶工业设计与研发水平。邀请了何友声等5位船舶设计制造方面的院士及10位浙江大学相关领域的专家开展院士专家舟山行活动，就舟山新区建设、船舶制造业的发展等相关问题进行深入探讨和对接交流，沈闻孙、阮雪榆院士分别与浙江欣海船舶设计研究院、浙江海洋开发研究院就船体设计与新型渔轮研发、船舶仿真设计平台建设等方面达成合作意向。组织由中国工程院化工冶金与材料工程学部主任曹湘洪院士带队的考察团赴舟山考察船舶及海洋产业。与浙江大学合作，开展关于浙江省船舶产业发展的“涉海”课题研究，为省委省政府制定浙江省船舶产业发展规划提供科学依据。

【2012浙江科协年会】 9月21日，2012浙江科协年会暨浙江全国科普日活动在浙江省温州市启动。中国科协副主席、书记处书记程东红，省人大常委会副主任吴国华，温州市委副书记、市长陈金彪出席年会开幕式。近10位中国科学院、中国工程院院士及1000余位科技工作者代表参加了开幕式。国务院发展研究中心常务干事、市场经济研究所名誉所长、国务院经济体制改革方案研讨组办公室副主任、中国社会科学院研究员吴敬琏应邀作首场主

题报告。

年会以“科技创新助推民营经济大发展”为主题，设置学术板块、科普板块、“院士市长和企业家面对面”、“架科技金桥、破创新难题”专项行动和院士专家温州行等活动，共组织开展968项学术和科普活动。

（撰稿人：涂旭明）

安徽省科学技术协会

2012年，省科协发挥自身优势，努力服务经济发展方式转变。安徽海智工作取得新的进展，新成立中国科协海智计划安徽芜湖和蚌埠两个工作基地。开展“2012华商安徽行・海智项目推介对接活动”，29名海外高层次人才携带高科技项目来皖进行项目推介对接。成立“安徽省海智专家科技创新协会”，举办“海智工作与科技创新论坛”和“海智博士论坛”。全年共引进20个高科技项目（其中15个已落户实施，5个已签订合作意向）和22名高层次科技人才（其中1名中组部“千人计划”专家，1名诺贝尔生理医学奖得主）；集成“海智计划”、“金桥工程”、“厂会协作”、“院士专家服务中心”、“企业创新服务培训”等5大工作载体，深入实施“5612”工程，全年共组织百余个省、市级学会的近万名科技工作者，为近千个企业提供了各种形式的科技服务千余项，合计新增利润13.3亿元、节约成本5.8亿元；继续加大科普惠农工作力度，全年落实国家、安徽省“基层科普行动计划”奖励资金1305万元。

发展科普文化产业，促进科技与文化融合。大力推进科普文化产业的理论研究、产品研发、产业集聚、市场培育、标准制定工作，形成比较完善的产业发展格局。中国科协常务副主席、书记处第一书记陈希，书记处书记徐延豪、王春法，全国政协科协界别委员调研组及江苏、新疆、湖南等省科协先后来皖，调研安徽省科普文化产业发展情况；11月19日，省科协党组书记、常务副主席周建强和芜湖市政府副市长冯克金作客《人民网》，就科普文化产业发展和第五届科博会接受访谈，新华社对安徽省科普文化产业发展作了专题报道；11月23～25日，以“发展科普文化产业、促进科技服务民生”为主题的第五届中国（芜湖）科普产品博览交易会在安徽芜湖举办，来自美、英等国和我国台湾地区、香港特别行政区及北京、上海、广东、江苏、浙江等海内外256家单位参展，12.5万观众现场参观体验、现场交易额3.9亿元。科博会期间举办了中国科普产业发展高端论坛、院士报告会、航天员事迹报告会等9项公益性科普活动，促进经营性科普产业与公益性科普事业并举发展；为拓宽科普产品和技术的创新源头，培养大学生创新创业人才，联合省教育厅、团省委举办“第三届安徽省百所高校百万大学生科普创意创新大赛”，全省82所高校和研究生培养单位的6000余名大学生参赛，征集各类作品3420件，评出各类奖项234项；科普产品研发能力增强，省科普产品工程研究中心自主研发的“社区科普之家”数字化展教平台，入选科技部国家科技支撑计划。在中国科协首次组织开展的创建“全国科普创作与产品研发示范团队”活动中，安徽省3家单位入选。合肥探奥自动化有限公司、合肥安达电子有限责任公司、合肥通用机械研究院3家单位中标2013年“中国流动科技馆”展览研制项目，中标资金共5400万元。

加大科普工作力度，提高全民科学素质。印发《安徽省全民科学素质行动计划纲要实施方案（2011—2015年）》，开展“十一五”安徽省《科学素质纲要》工作总结表彰工作，59个集体，101名个人受到表彰；基层科普服务能力加强，40个全国科普示范县、30个全国科普教育基地、9个省级科普示范县、70个省级科普教育基地、84个安徽省农村科普示范基地、38所“安徽省防震减灾科普示范学校”被命名；制订《安徽省社区科普益民计划》，实施“三个五”社区科普益民工程（即“50平方米室内场所、50万元投资、5大科普服务功能平台”），探索建立高标准的“社区科普数字化之家”；品牌科普活动影响力增强，围绕“节约能源资源，保护生态环境，保障安全健康，促进创新创造”主题，组织开展全国科普日活动，全省共开展重点活动213项、科普报告会109场、科普知识展览152场、培训班140场，参与群众40万人次。继续联合省九三学社开展“百名专家乡村学堂讲科普”活动，组织100余位专家深入全省98个县区举办科普讲座118场次，受益学生4.5万余人。联合省教育厅、团省委等单位，举办以“科学饮食，健康生活”为主题的2012年青少年科学调查体验活动，全省近80所中小学的3万余名学生参加；按照“安徽省科普惠农兴村‘百・万工程’”在“十二五”期间推广百项先进实用技术，培训万名农技协带头人的目标任务，举办农技协骨干培训班145个，1.8万余名基层农技协骨干参加培训，完成28项农业先进实用技术和新品种的普及推广工作。全国科普惠农养鸡技术协作网、中国农村专业技术协会怀远泥鳅养殖技术交流中心等“国字号”的科普惠农品牌先后在安徽省建立。

搭建学术交流平台，推进科技思想库建设。2012年，省科协被中国科协列为第二批国家级科技思想库建设试点单位，全年共举办“2012年安徽省科协年会”、“安徽省首届科普产业博士论坛”、“第二届皖台科技论坛”等学术交流活动44场次，6000余名科技工作者参与，交流论文2000余篇，搭建海内外科技工作者建言献策平台，提升自主创新能力；安徽省循环经济研究会提出的《关于加快发展现代循环农业的意见》得到了国务院副总理回良玉和省委书记张宝顺，省长李斌，省委副书记孙金龙的批示，省科协关于《发展科普文化产业、推动文化科技创新》的建议被《中共安徽省委关于贯彻落实党的十七届六中全会精神进一步加快文化强省建设的实施意见》及配套政策采纳，受到省委办公厅表彰；开展省级学会、市级科协科技思想库试点示范工作，与马鞍山市科协共同组织16家全国学会为该市加快转变经济发展方式开展科学论证，提出对策建议。

加强自身建设，建好科技工作者之家。深入开展“保持党的纯洁性、迎接党的十八大”主题教育实践活动，组织举办“省科协学习党的十八大精神主题报告会暨‘中国科协会员日’活动大会”，邀请党的十八大代表、省直工委书记张国富为省科协全体党员和科技工作者代表作专题辅导报告；组织开展“安徽省科学道德和学风建设宣讲活动”，在中国科技大学举办2012年启动仪式和首场报告会，中国科学院院士李曙光和安徽大学校长程桦分别作主题报告，2000余名研究生和青年教师代表参加了报告会；组织开展首届安徽优秀科技工作者评选表彰活动，50名科技工作者获此殊荣，其中22人被授予“全国优秀科技工作者”称号。与省委组织部、省人社厅联合开展第十四届安徽青年科技奖评审活动，20名优秀青年科技工作者获得表彰；深入实施《安徽省科协常委联系点制度》，先后有省政协副主席、省科协主席田唯谦和15名常委深入联系点，调研指导科协工作，为基层提供帮助和支持。继续实施《省科协关于干部上挂下派、交流轮岗制度》，5名同志分别挂任常委副区长、市科协副主席、镇党委副书记、村第一书记，培养科协干部能力和素质；27个省级学会依法按章完成改选换届工作，32个省级学会调整充实了理事会，合肥、蚌埠、亳州、六安、宣城等市先后召开科协代表大会。

【陈希与安徽省委书记张宝顺、省长李斌会谈】 7月25～27日，中国科协常务副主席、书记处第一书记陈希，全国政协常委、中国科协决策咨询专委会主任齐让一行到安徽调研科技创新和科普产业发展情况，安徽省委书记张宝顺，省长李斌，省委副书记孙金龙，省委常委、省委秘书长唐承沛，省委常委、宣传部长曹征海先后会见陈希一行。省政协副主席赵韩陪同调研。

张宝顺代表安徽省委、省政府对陈希一行来皖表示欢迎，对中国科协长期以来给予安徽的关心支持表示感谢，并简要介绍了全省科技工作情况。他希望中国科协充分发挥科技人才资源优势，一如既往地关心关注安徽发展，尤其是在推动科技成果转化、培育和引进创新人才等方面，给予更多的指导和帮助。安徽省委、省政府将大力支持全省各级科协组织依照法律和章程独立自主地开展工作，切实解决科协工作中的实际问题，为广大科技工作者创新创业提供服务、营造环境，不断推动全省科技创新工作迈上新台阶。陈希对安徽经济社会发展取得的成就表示祝贺。他说，近年来，安徽科技创新工作取得很大进步，涌现出一批自主创新的先进典型。中国科协将继续加大支持力度，进一步发挥好科协的桥梁纽带作用，积极促进安徽科技创新能力建设，为推动科学发展、加速安徽崛起作出新的贡献。

在安徽省科普产品工程研究中心，陈希一行听取省科协党组书记、常务副主席周建强关于近年来科协工作和科普产业发展的情况汇报，考察体验专门为服务社区科普益民计划研发的“社区科普之家”数字化展教平台。他充分肯定安徽省科协在推动科普文化产业发展上“卓有成效，很有开创性”。他指出，只要有科普事业就一定存在科普产业，科普事业的发展需要有科普产业的有力支撑，希望安徽省科协在建立公益性科普事业与经营性科普产业并举机制方面“继续探索下去”，中国科协支持安徽建设国家级的科普产品工程研究中心和研究制定科普产品标准体系。在中国科技大学，陈希一行在中国科大校长侯建国院士、省科协和省教育厅主要负责同志等陪同下，考察了中科院量子信息重点实验室、合肥微尺度物质科学国家实验室量子物理和量子信息研究部，与青年科技工作者进行了交流，亲切看望慰问了郭光灿院士。

陈希一行还先后深入中科院合肥物质科学研究院、中国（芜湖）科普产业园和芜湖奇瑞汽车股份有限公司调研。

【第五届中国（芜湖）科普产品博览交易会】 11月23～25日，为贯彻党的十八大和全国科技创新大会精神，促进文化和科技融合，以“发展科普文化产业，促进科技服务民生”为主题的第五届中国（芜湖）科普产品博览交易会（以下简称科博会）在安徽省芜湖市举办。中国科协常务副主席、书记处第一书记陈希，书记处书记徐延豪，中国科学院院士简水生、何祚庥，中国人民解放军总装备部科技委顾问唐贤明少将、曹保榆少将，“神九”英雄航天员景海鹏、刘旺、刘洋，“蛟龙号”潜航员叶聪、付文韬、唐嘉陵，30个省、自治区、直辖市科协的负责人，230名全国科技馆馆长，85名安徽省科普产业博士论坛代表，中国科协有关部门和直属单位负责人，科博会组委会成员单位和安徽省省直有关单位负责人，安徽省16个省辖市负责人出席了开幕式。

本届科博会以“国际化、精品化、规范化”为目标，共设立了1000个标准展位，包括科普出版类，科普展览、展品开发制作类，科学艺术、玩具类，科普教育类，科普网站、科普游戏软件类，科普旅游及综合类、科普创新创意类等内容，其中特装展位77个。来自美国、英国等国和台湾地区、香港地区及北京、上海、广东、江苏、浙江等海内外256家单位参展。国内外参观科博会的观众达12.5万人次，展会交易及协议交易额3.9亿元。央视、人民网等100多家主流媒体报道了科博会盛况。

展会期间，除了举办展品、展项的展示、交易外，还举办了九大项公益性科普活动，包括中国科普产业发展高端论坛、全国科技馆馆长论坛、安徽省首届科普产业博士论坛、院士报告会、英雄航天员事迹报告会、潜航员科普报告会、芜湖科普产业投资环境推介会、优秀科普产品和优秀组织单位评选、芜湖高新区科协成立暨中国科协海智计划芜湖工作基地揭牌仪式等活动。

【第二届皖台科技论坛】 5月23～30日，由安徽省科协、台湾科技产业协会、台湾“中华公共事务管理学会”、中国科技大学、台湾铭传大学共同主办的第二届皖台科技论坛在台湾地区举办。59家单位、98人组成的安徽代表团赴台参加论坛。海峡两岸共有137家单位、608位专家、学者参加论坛活动。

本届论坛以“区域科技经济合作与发展”为主题，开展了包括签约仪式、论坛主旨报告会、企业技术创新、农业科技等5个分论坛和科技社团圆桌会议共11项活动。皖台两地的高等院校、专业学会、协会、研究中心、科研院所、科普场馆及高科技重点企业的专家学者、企业家和管理工作者进行了交流，136篇论文入选《第二届皖台科技论坛论文集》。安徽省与台湾地区签署了13个合作协议，其中科技、教育方面的合作意向书10个，经贸合同3个，金额达1.275亿美元。

论坛举办期间，6个分团分别进行了考察学习。先后走访了台湾地区的台北、桃园、新竹、台中、高雄、屏东、台南、南投、嘉义、金门等10个市县，访问了台湾铭传大学、台湾中山大学等10余所大学和科研院所，考察了太平洋集团室内水耕蔬菜、新竹市农会精致农业项目、走马濑农场、内湖科技园区发展协会、大亿企业集团等特色农业项目和高科技企业共36个单位。第三届皖台科技论坛将于2013年在安徽黄山举办。

（撰稿人：谈跃明）

福建省科学技术协会

积极开展科技咨询，服务科学决策。福建省科协整理提交福建省政协提案27件，《关于福建省推进“三网”融合策略建议》等22项提议被福建省直相关厅局采纳。福建省农林大学《关于发展我省休闲农业的建议》被列入省政协十届五次会议重要提案，得到福建省长苏树林等省市领导重要批示和相关部门的答复和办理。福建省科协提交的《关于促进泉州民营经济发展优化环境的对策建议》等2份科技工作者建议，以及《关于科普场馆建设情况的调研报告》得到福建省长苏树林、副省长洪捷序的批示。贯彻福建省委、省政府关于水土保持和对口帮扶的决策部署，落实福建省水土保持项目18项，扶持经费527.6万元；落实对口帮扶福建省柘荣县项目11项，扶持经费115万元。组织福建省水土保持生态建设的现状与对策专题调研，组织海峡两岸专家为水土保持建言献策，举办海峡两岸红壤区水土保持研讨会。开展对福建省水土保持决策咨询、学术交流、科普巡展、技术培训、专题讲座、扶贫慰问等专项活动。

组织实施“科普惠农兴村计划”。2012年，全省43个农技协、10个农村科普示范基地和15名科普带头人得到中国科协和财政部表彰奖励，奖补经费1135万元。30个农技协、24个农村科普示范基地和25名科普带头人受到福建省科协与福建省财政厅表彰奖励，奖补资金320万元。14个科普示范社区得到中国科协、财政部表彰，奖补经费280万元。福建省科协和福建省财政厅配套150万元，奖补30个科普示范社区。

持续打造院士专家牌，着力为福建发展招才引智。省科协邀请51位院士、70位专家参加福建省委、福建省政府组织的第十届中国海峡项目成果交易会（简称“6·18”）。征集参展项目892个，重点推介项目108个。中国科协常务副主席、书记处第一书记陈希，中国工程院副院长樊代明，中国自然科学基金委副主任姚建年，福建省委常委、组织部部长姜信治等领导和23位院士出席第十届“6·18”院士项目签约仪式。促成34个院士专家项目对接成功，现场签订项目12个，合同金额5.5亿元。新建院士专家工作站31个，进站工作院士22名。全省已建96个，进站工作院士104名，引入院士团队专家225名，开展合作项目151项，230名企业科技人员骨干参与站点项目研发；新建企业科协157家，全省企业科协达1757家，数量居全国前茅。组织5万多人次企业科技人员参与以技术创新为主要内容的“讲、比”活动。福建省10个企业科协、2个专家工作站、6名科技标兵、7名组织者被评为2011—2012年度全国“讲理想、比贡献”活动先进单位和个人，受到中国科协、国家发改委、科技部和国资委联合表彰。26批65人次海外专家和创新团队来闽开展科技交流，1个项目（日本活性益生菌制剂开发）落地对接并在第十届“6·18”上正式签约，入选福建省高层次人才创业创新团队1个（周盛宗创新团队）。引进的活性益生菌制剂开发项目和互动式多功能电子黑板被福建省外专局列为2012～2013年重点引智项目并获得引智经费支持。新西兰皇家科学院首席科学家高益槐教授被第十届“6·18”组委会授予“6·18”十年突出贡献奖荣誉称号。

持续打造科普创新牌，着力提升全民科学素质。4月，省科协协助省政府召开全民科学素质工作电视电话会议，提出到2015年福建省公民具备基本科学素质比例达到6%的目标，制定《福建省全民科学素质行动计划纲要实施方案（2011—2015）》和《2012年福建省全民科学素质工作要点》。12月，省全民科学素质工作领导小组印发了《福建省重点人群科学素质行动实施工作方案（2012—2015年）》等文件。9月15～21日，省科协举办了以“节约能源资源、保护生态环境、保障安全健康、促进创新创造”为主题的全国科普日活动，福建省副省长洪捷序，以及科技人员3200多人参加了活动。省科技馆开展科普巡展海西行活动，历时4个多月，受众14.6万余人，福建省科协驻会领导以及中国工程院院士卢耀如、中国科学院院士宋振琪、谢华安，俄罗斯工程院院士沈照理先后参加各地巡展仪式。省科技馆2012年举办“海西科普大讲坛”52场，受众8500多人次。推进福建数字科普教育基地网站建设，28个基地的科普资源入网。推进科普兴村“三个一”工程（在省定贫困村，每年举办一期农村先进适用技术培训班、培养一名在职大学生村干部、资助一名初中毕业的贫困学生接受中等职业教育并推荐就业）。依托省农函大和省科技职业技术学校，开展农村实用人才（技术）培训20783人次，累计培训农民48760人次。举办乡村管理大专班，培养大学生村官865名。举办中等职业教育，培养企业技能型人才2928名。省科技职业技术学院培养的1733名毕业生，100%就业。

组织实施“社区科普益民计划”。2012年，省科协联合省财政厅把社区科普栏建设融入福建省政府科普为民办实事创新工程，利用省级财政经费和社会资金5600多万元，在全省建制村建成科普惠农宣传栏12462个，覆盖率达86.3%。福建省省长苏树林在福建省科协报送的《为民办实事项目科普栏超额完成报告》上批示：很好，感谢科协同志们的努力。省科协共评定出58个科普先进县市区，占总数的68%。全省239个社区被评为2012～2014年度福建省科普示范社区。

持续打造重点群体牌，培育创新和实用人才。开展青少年创新实践活动，组织福建省代表队参加全国青少年科技创新大赛，总成绩居全国第五。参加全国青少年机器人大赛，总成绩居全国第二。参加全国明天小小科学家奖励活动，获5个奖项。参加全国青少年科学影像节，获奖总数居全国第一。参加全国学科奥赛，获8金17银16铜，3名选手入选国家集训队。参加FLL机器人世锦赛，获冠亚军各1项。参加VEX机器人世界锦标赛，1个项目获得第三名。参加亚洲青少年机器人锦标赛，获金银牌各1枚，夺得英特尔国际科学与工程学大奖赛三等奖1项。暑期，在永安、晋江、连江等地举办中学生科普、英语夏令营，中美英语科普视频连线等。在全省组织开展了科学道德和学风建设宣讲教育工作，覆盖全省11个研究生培养单位1400名研究生。

推进科普场馆建设。1月9日，省科技馆新馆开工典礼在福州东部新城隆重举行，福建省省长苏树林，全国人大环境与资源保护委员会副主任委员黄小晶等出席开工仪式。省科技馆新馆9月开始基础施工，预计2013年年底可封顶。截至2012年底，全省建成综合性或专业性科技馆13个，在建（或规划建设）综合性科技馆15个、行业科技馆10个。创建全国科普教育基地15个，省级科普教育基地37个，已建和在建县级科普活动中心有11个，新建青少年科学工作室19个。截至2012年底，全省共有国家级各类科普基地147个，省级各类科普基地341个，青少年科学工作室103个，科普惠农服务站6761个。

持续打造海峡特色牌，深化闽台科技交流。举办第五届海峡两岸科普论坛、第四届海峡论坛·2012海峡科技专家论坛、第十一届海峡两岸大学生辩论赛、第七届海峡两岸管理科学论坛，多层次、多渠道开展海峡两岸民间科技交流与合作。共来自台湾地区的专家、大学生等约950人参加，近70篇台湾地区高质量论文入编《海峡科学》杂志。

持续打造强势学会牌，增强自主创新能力。2012年，省科协扶持20个省级学会发展资金60万元，用于提升服务能力，开展社会化运作、基础能力建设、承接政府职能、为会员服务等。资助50个省级学会发展资金41万元，用于开展重点学术活动，增强学会自身能力。全省各级学会开展学术交流活动825次，参加人员9.97万人次，交流论文21638篇。发布了2011年度学科发展研究报告17篇，开展2012年福建省自然科学学科发展研究，共有19个学会和高校科协开展21项学科发展研究。有44个省级学会和高校科协承担了决策咨询研究任务。省技术经济与管理现代化研究会等20家单位承担了福建农业科技创新体系建设研究等20个重点研究课题。省测绘学会等24家单位承担了福建省地理国情监测相关问题研究等24个一般研究课题。省科协等单位申请国家民政部部级研究课题两岸社会组织分类管理比较研究，得到立项并获三等奖。

举荐表彰奖励优秀科技人才。省科协推荐的18名科技人员获第五届全国优秀科技工作者称号。评选第十九届运盛青年科技奖，省农业科学院研究员朱育菁等10人获奖。评选第四届紫金科技创新奖，厦门钨业股份有限公司技术中心主任吴冲浒等10人获奖。评选第十届自然科学优秀论文奖441篇（一等奖28篇，二等奖146篇，三等奖237篇）。福建省电机工程学会等21个学会获评省级学会之星，省家具协会等20个学会获评学会工作先进集体，省电子学会、省水产学会获评学会精品项目奖，省卫生厅等3个单位和个人获评学会发展贡献奖。

加强自身建设，建好科技工作者之家。省科协申报创建第12届省级文明单位。组织做好省科协第七届机关党委、纪委换届党员大会工作。选举产生省科协新一届党的机关委员会和机关纪律检查委员会。省科协扶持上南村科普惠农服务站建设经费25万元。党员干部捐款19600元，慰问永定县上南村党员特困户15户和柘荣县挂钩帮扶贫困户20户。经第十届中国海峡项目成果交易会组委会评选，省科协荣获第十届中国海峡项目成果交易会优秀组织奖，侯晓尉等5人获先进个人奖，福建省科技馆获优秀布展三等奖。邀请十八大代表、中国工程院院士谢华安与会作学习贯彻践行党的十八大精神讲座、省科协党组书记叶顺煌与会作题为《中共历次代表大会人事布局》的党史报告。省科协组队参加福建省直机关喜迎十八大合唱获优秀组织奖。举办福建省科技界春节团拜会，福建省委副书记陈文清等，以及全省1200多位科技界人士参加会议。省科协联合省青年科学家协会共同主办福建省青年科技奖20周年联谊会，叶顺煌代表主办单位之一发表讲话，包括全省历届青年科技奖获得者在内的220多人参加会议。2012年，省科协领导带队慰问省科协常委、驻榕院士专家146人次。省科协组织参与福建省委、省政府在北京召开福建省在京院士专家座谈会。福建省科协丰富建家内容，定期开展委员之家活动，组织科协委员参观考察，拓展委员视野。成功申报中国科协继续教育中心福建培训基地网点建设试点项目，并完成前后台相关技术的开发。做好福建科技报社改制期间的人员分流工作，维护队伍稳定。福建省科协购置56亩土地和2万多平方米教学场所，解决了福建省农函大及福建科技职业技术学校办学场所问题，加快自身发展步伐。

【全国科普日·福建活动】 9月15～21日，以“节约能源资源、保护生态环境、保障安全健康、促进创新创造”为主题的全国科普日活动在福建各地展开。9月16日，福建省全民科学素质工作领导小组联合福州市政府在福州市福屿社区举办以“食品安全与公众健康”为主题的主会场活动。福建省政府副省长洪捷序、福建省政协副主席李祖可及全省省直单位、福州市有关领导出席了主会场活动。科普日期间，全省共动员2200多个单位、32000多人次科普志愿者参与活动，开展科技咨询、科技培训、科普讲座、科普宣传、科普竞赛、科普展示等近千场科普活动，其中举办科普报告会523场、科普培训班542期、科普知识竞赛220场、科普知识展览610场，播放科普录像（电影）120场，使用科普展板6200多块，科普挂图81240张，发放科普资料120多万份，参与群众达120多万人次。

【福建省科协第十二届学术年会】 9月18日，由福建省科协、福州市政府等联合主办的以“转变方式调结构，科学发展促跨越”为主题的福建省科协第十二届学术年会在福建中医药大学开幕，福建省副省长洪捷序、福建省科协主席吴新涛、中国科学院院士谢联辉、汪忠镐、陈凯先，以及500多名科技人员参加年会开幕式。年会还举办了“陈凯先、汪忠镐院士”报告会、“科学利用海洋，建设海上福州”座谈会、台湾水土保持专家长汀行、“食品安全与大众健康”和“健康生活”科普活动。年会为期40天，分会场50个，8000多名科技人员参加年会学术交流活动，交流论文4200多篇。年会期间，举办了第九届福建省青年学术年会，200多名青年科技人员参加会议，交流论文80多篇，特邀青年专家作《科学管理的创新与政策》等专题报告，评选、编辑并出版了年会优秀论文集。

【福建省科技馆新馆】 福建省科技馆新馆是省“十二五”重大社会建设项目之一，由世纪金源集团董事局主席黄如论捐资9亿元兴建，占地109亩，建筑面积9万平方米。1月9日，省科技馆新馆在福州市东部新城举行开工奠基典礼，福建省省长苏树林、全国人大环境与资源保护委员会副主任委员黄小晶等出席开工奠基仪式，并为省科技馆新馆奠基培土。

【海峡两岸“一赛三论坛”】 5月11～15日，第五届海峡两岸科普论坛在宁德市举行。来自福建省、北京等

8省市和台湾地区的近200位专家参加会议。本届论坛有100多篇论文参加交流，其中有近70篇高质量论文收录《海峡科学》杂志。

6月16～20日，2012海峡科技专家论坛在厦门市举办。海峡两岸共有30多个社团、机构和高校共同参与主办和协办。1000多名代表参加会议，其中来自中国大陆的北京、上海等20多个省区市代表700余人，来自台湾地区的代表320人。中国科协书记处书记张勤、福建省政府副省长陈桦、台湾工商建设研究会副理事长廖万隆出席会议并致辞。论坛分为1个主会场和10个分会场同时举办。

7月21～24日，第十一届海峡两岸大学生辩论赛在福州市举办。海峡两岸各有8所大学代表队的100多名大学生参赛，经过3天的角逐，江苏省的河海大学代表队、台湾地区的世新大学代表队分获冠亚军，浙江工业大学李光和台湾政治大学杨琦获得最佳辩手奖。

12月15～16日，第七届海峡两岸管理科学论坛在福州市举办。本次论坛采用“互动管理（IM）”新型的会议操作模式，邀请两岸管理界的专家学者、智库人士50多人就“如何促进高雄中小企业、民间团体和创业青年与平潭共同发展”专题进行研讨交流，形成若干共识。

【福建省农函大办学场所解决】 福建省科协与台湾福升公司达成公司协议，台湾福升公司受让厂房给福建省农函大及福建科技职业技术学校办学。福建省发改委、省教育厅、省财政厅出资支持，省科协自筹资金共7500万元，买下56亩土地和2万多平方米厂房，转为教学场所，并于5月30日在福州市正式签订房地产转让合同，解决了福建省农函大和福建省科技进修学院33年来靠租用场所办学的难题。

（撰稿人：邱雪如）

江西省科学技术协会

发挥科技引领作用，服务江西经济发展。省科协围绕江西实施重大发展战略、发展十大战略性新兴产业和特色产业等问题开展的一批决策咨询成果进入决策层。截至2012年底，共建立12家省级院士工作站，实施科技创新合作项目53项，部分项目已获得科技创新成果。围绕发展现代农业、推进农业产业化、促进农民增收致富，大力开展农村实用技术培训，全省各级农函大共培训学员28.8万人次，比去年增加4.3万人次。围绕服务县域经济发展，依托省级学会智力优势，全年共举办10期“江西科协学术沙龙”，研讨主题包括德安葡萄产业、赣县甜叶菊产业、余江油菜产业、吉水芦笋产业、临川西瓜产业、月湖蔬菜产业、吉安县横江葡萄产业、庐山区聚乙烯项目产业化等。

搭建学术交流平台，促进学会能力建设。成功举办以“科技创新与富裕和谐秀美江西建设”为主题的第二届江西省科协学术年会。年会共设有51个分会场，各省级学会全年共开展各类学术活动600多次，邀请两院院士60余人次来江西进行讲学和技术指导。开展全省“百会千名专家下基层”活动。成功举办2012年“沧海论坛——稻米产业绿色安全可持续发展国际学术研讨会”。

深入贯彻实施《科学素质纲要》，完善科普工作格局。一是深入实施科普惠农计划。实施国家“科普惠农兴村计划”，获中国科协奖补资金785万元。与省委组织部合作，扎实推进全省农村党员科普致富“十百千”示范工程建设。二是开展科普进社区活动。实施国家“社区科普益民计划”，获中国科协奖补资金360万元。4～5月，全省科协系统省市县三级联动，集中开展为期一个月的“科学，让生活更美好”——全省科协科普进社区活动，产生了良好的社会影响。三是广泛开展青少年科技教育活动。组织举办“魅力金秋”科学营、科普大篷车进校园宣传巡展、2012年“炎黄大家园”——江西城乡儿童手拉手友爱同行科普夏令营活动、青少年心理健康知识讲座等活动。争取省财政“省青少年科技活动中心科普场所改造经费和设备购置资金”700万元，为将省青少年科技活动中心（省科技活动中心）打造成特色鲜明、辐射全省的省级青少年科技教育基地创造良好条件。四是整合开发科普资源，搭建社会化科普工作平台。顺利完成江西科普期刊社转企改制工作。组织开展“江西数字科技馆”建设。

积极宣传大力培养，促进科技人才成长。围绕培养高层次青年科技人才深入开展“远航工程”。积极宣传举荐科技人才，由省科协推荐，万林生等14名同志被评为“全国优秀科技工作者”，贺浩华同志获“十佳全国优秀科技工作者”提名。大力开展科学道德和学风建设宣讲教育活动。9月16日，在江西省南昌大学举办江西省科学道德与学风建设宣讲教育活动首场报告会。分红角洲、瑶湖、昌北、赣州和景德镇等五个片区，共举办集中宣讲报告活动179场（次），实现全省15所高校研究生培养单位全覆盖。

加强科协自身建设，提高科协工作水平。一是组织全体干部职工学习宣传贯彻党的十八大精神，扎实推进学习型党组织、学习型机关建设。二是开辟科协组织建设新领域，专题研究部署推进我省园区科协组织建设工作，计划到2013年底，江西省国家级园区全部建立科协组织；

到2015年底，全省省级以上园区全部建立科协组织。三是严格执行“八项规定”。深入开展干部作风整治活动、创先争优活动和以“抓住机遇，推动科协事业科学发展”为主题的专题调研活动，不断提升服务质量，提高办事效率。省科协机关和四个直属单位被评为省直机关第九届文明单位。省科协进入江西省第十三届文明单位公示名单。

【决策咨询工作成果显著】 省科协围绕江西实施重大发展战略、发展十大战略性新兴产业和特色产业等问题开展决策咨询工作，一批决策咨询成果进入决策层。2012年，省委书记苏荣、省长鹿心社、省委副书记尚勇等省领导先后12人次在9篇《决策咨询专报》上作出重要批示。江西省科协进入中国科协建设国家科技思想库试点单位，是年度考核获评优秀的5个单位之一（试点单位共26个）。

【推进省级院士工作站建设】 截至2012年底，省科协共建立12家省级院士工作站，2012年新增3家，共引进两院院士33名，新增引进院士9名。建站单位与院士正在实施的科技创新合作项目53项，部分项目已获得科技创新成果。九江市率先建立5家市级院士工作站，引进两院院士6名。

【2012年“沧海论坛——稻米产业绿色安全可持续发展国际学术研讨会”】 省科协成功举办了2012年“沧海论坛——稻米产业绿色安全可持续发展国际学术研讨会”，袁隆平、谢华安、颜龙安、陈温福等专家、学者出席会议，省政协主席黄跃金出席会议开幕式。这次研讨会为促进万年县稻米产业发展发挥了积极作用。

【“远航工程”】 2012年省委组织部给予100万元的资金支持，省科协配套资金40万元共同围绕培养高层次青年科技人才开展“远航工程”，组织专家评审选拔了20名优秀中青年科技人才赴国外培训进修。培训的人数、资助金额都比上年有较大提高。省委常委、组织部部长莫建成出席2012年“远航工程”启航仪式并讲话，对实施“远航工程”给予充分肯定。“远航工程”已成为省级培养优秀中青年科技人才的品牌工程。

【省委出台2号文件，推动科协事业发展】 1月18日，江西省委以2号文件颁发《中共江西省委 江西省人民政府关于加强新时期科协工作的意见》，这充分体现了江西省委省政府对全省科协工作的亲切关怀和高度重视，为推动全省科协事业发展提供了重大机遇和强大动力。省委2号文件出台后，省科协迅速组织学习贯彻落实。全省各级科协组织快速跟进，成效显著：一是各级党委政府领导更加重视科协工作，有6个设区市和部分县（市、区）跟进出台了关于加强新时期科协工作的相应文件；二是进一步落实了经费保障，省科协增加专项经费320万元，7个设区市科协增加了科普专项经费，其中，吉安市、宜春市科协的科普专项经费翻了一番，50%的县（市、区）科协科普专项经费有了新的增加；三是进一步增强了科协工作者的责任心和自信心，激发了广大科协工作者做好科协工作的积极性和主动性。

（撰稿人：刘　平）

山东省科学技术协会

2012年，山东省各级科协组织认真贯彻落实中央和省委的决策部署，扎实履行“三服务一加强”工作职能，各项工作取得了新的成效。

贯彻落实山东省第十次党代会和全国科技创新大会精神，服务自主创新和科学发展。12月10日，中国科协与山东省政府在山东省济南市举行了战略合作协议签署仪式。中国科协整合人才智力资源，推动实施14个专项工作，助力山东省经济社会发展。加快院士专家工作站和专家服务中心建设，新建院士专家工作站11家、专家服务中心10家，总数分别达到37家和19家。与九三学社山东省委合作，在山东省菏泽市开展“百名专家企业行”活动，270名专家与企业达成合作意向20多项，为企业提供了有力支持。继续开展院士专项考察活动，组织了2批院士到莱芜等地指导企业和农业发展。济南市科协开展了“小微企业专家行”，青岛的院士专家工作站建设列入了全市的人才计划，淄博市科协开展了“四·一”技术创新工作，泰安市科协在企业试点应用科技信息服务平台，日照市科协成立了民办非企业机构科技咨询服务中心，威海市科协的“人才支撑深蓝战略行动”成为市委的工作要点，临沂市科协开展了“百名专家兴百业”活动，科协服务企业创新、推动科学发展的能力显著增强。

构建人才工作体系，服务人才强省战略。加强决策咨询工作，山东省科协创建的“院士直通车制度”，畅通了院士的建言渠道，被评为省人才工作出色项目，承担起向中组部提交专家建言的任务。枣庄市科协编发《建言献策》，济宁市科协建立“科技专家建议直通车”，威海市科协创办《专家建议》，为党委政府决策提供了参考。深入开展“引进海智为鲁服务”工作，组织5批海智专家到山东考察，达成了博士生赴新西兰皇家科学院进修的合作意向。大力表彰举荐科技人才，评选表彰了第四届山东省十大杰出工程师，首届十大杰出护士长、百佳护士，举荐了32名全国优秀科技工作者，并推荐山东省科技项目参加了国家科技项目遴选，向省法院推荐了28名保护知识产权咨询专家。2012 年，山东省科协与 17 个市科协签订了人才工作目标责任书，开展了科学道德与学风建设宣讲教育和青少年高校科学营活动，实施了老科学家学术成长资料采集工程。济南市科协被中国科协确定为国家级科技思想库试点单位，东营市科协创办了新型农民学校和博士生协会，聊城市科协设立了护士奖，泰安市科协开展了农村专业技术职称评审工作，淄博市科协举办了新型农民创业和金蓝领培训，枣庄市科协与法院签署了《知识产权司法保护合作备忘录》，烟台市科协被中国科协评为全国科技工作者状况调查优秀站点。

履行科学素质工作办公室职责，为经济文化强省建设奠定科学素质基础。大力推进“科学城市”创建，对章丘和曲阜两个创建试点城市的工作进行认真总结，进一步完善了创建指标体系和措施要求，并在此基础上实施扩大创建试点的工作计划，于 2012 年初全面启动滕州、荣成、肥城等 3 个市的创建工作，有效调动了创建单位在当地党委政府的领导下，各部门联合协作的积极性，推动科学素质工作实现整体提升。山东省“科学城市”创建经验被中国科协呈报给中央书记处。全年各级组织举办“弘扬科学文化，共建和谐家园”巡展、“食品安全周”等主题活动 1654 次，受众 374.2 万人次；潍坊、滨州等市印发了素质纲要“十二五”实施方案，基层科技场馆建设有序推进；省科协与省农科院建立了全省科普联盟，与省委党校签署了科学素质教育合作协议，持续举办了大学生科技节和科技外语大赛；组织了科普微电影动漫大赛，拍摄了百集科普动画片《我要长大》；为 5 个县级科协配发了科普大篷车，为 10 个单位配建了“华硕科普图书室”，新增 4 家市级《科普大篷车》电视栏目单位；组织 28 万人参加了全国食品安全科普知识竞赛，参赛人数居全国首位，被国务院有关部门授予突出贡献奖；山东省在第 27 届全国青少年科技创新大赛中，取得了 7 金、11 银、4 铜的优异成绩，名列全国前茅。

创新科普方式，为公众提供优质科普服务。探索新媒体科普方式，投入 900 万元，在 7 个市试点“数字科普村村通工程”，形成由 1700 个播放终端构成的科普工作新平台。同时，建立省级数字科技馆地方工作站 100 个，济南市科协推出官方微博，烟台市科协建立市县乡三级飞信科普网络，莱芜市科协实现科技信息村村通，菏泽市科协建成农业科技信息系统，便民高效的数字科普服务网络初具规模。以流动科技馆经验在全国推广为契机，成立山东科技展教工程中心，推进“流动科技馆县县通工程”，年内在 35 个县巡展，惠及公众百万人次。推进科普资源共建共享，实施“科普双百工程”，奖补资金 542 万元，表彰支持了一批“科普村村通百强乡镇”和“星级科普教育基地”，并面向公众出版了科普教育基地导览册，使更多社会科普资源惠及人民群众。统筹“科普惠农”和“社区益民”工作，启动了“基层科普行动”，争取省级以上财政奖补资金 3065 万元，表彰支持了 135 个科普基地、科普社区、农技协和 27 名科普工作者，社区表彰数量和争取资金数量居全国第一位和第二位，引导城乡科普实现快速发展，人民日报等中央媒体对此进行了集中报道。“基层科普行动”带动了基层科普的发展，淄博市科协成立了科普产品研发中心，潍坊市科协建立了耐盐碱白杨树苗科普示范基地，东营市科协开展了“双百联动，典型创建”活动，莱芜市科协实施了农技协与专业合作社融合发展的创新工程，临沂市科协成立了科普惠农联盟，聊城市科协实施了“科普工作联系点重点培育工程”，菏泽市科协开展了“菏泽市农业科技推广年活动”，全省地方配套科普惠农资金达到 560 万元。

培育现代科技社团，服务社会管理与创新。巩固全国唯一的省级学会党组织全覆盖成果，召开全省学会工作会议，促进学会发展。以学会为主体，创设山东省自然科学最高奖，首次评选出山东物理学奖、化学奖、生物学奖、医学奖、农学奖，加强了学会科技评价、举荐人才的职能。着力提高学会服务科技创新、服务社会的能力，承办“第十届全国博士生学术年会”，联合济宁市举办“山东省科协学术年会”，与台湾、香港的学术团体共同举办“海峡两岸三地自动化和先进制造技术论坛”，编制完成《山东省行业科技发展报告》，青岛等市科协组织了国际脱盐大会等高端学术活动，为地方发展提供了智力支持。在全省社会组织创先争优活动表彰大会上，省科协作为唯一省直部门作典型发言，省科协社会组织党委、省医学会党支部、金属学会党支部、汽车工程学会秘书长史乃生、抗癌协会副秘书长王家林等单位和个人受到表彰，名列省直部门前茅。

推进海智计划服务经济转型升级。为贯彻落实山东省实施引进海外创新创业人才“万人计划”，2012 年 1 月，山东省科协印发《山东省科协关于进一步加强和推进“海智计划”工作的意见》，依托中国科协及所联系的海外 80 多个科技团体以及在鲁高等院校、科研院所，筹备成立了“海智人才为鲁服务联谊会”，充分发挥海智专家的智力和技术优势，促进学术交流与经济项目合作。特邀联谊会副会长、海智专家高益槐教授两次来鲁做现场技术指导、学术报告和进行项目合作洽谈。在乐陵枣产业发展研讨会上作了题为《红枣的现代研究》学术报告，从分子生物学的层面分析了小枣各种有效成分的含量，指出乐陵金丝小枣在我国众多枣品种中的独特优势，对乐陵金丝小枣产业发展方向进行了预测和指导；与山东省科学院就天然药物化学分析项目合作进行了深入洽谈，达成了省科学院选派优秀博士生赴新西兰皇家科学院进修和进行科研项目合作的意向；深入山东省食用菌基地考察并现场指导授课，解决了基地的科研和生产中的难题。邀请联谊会的理事、全日本中国人博士协会副会长刘震教授、先后到山东交通学院等单位考察交流，就福祉示范园区建设、福祉工学研发等项目进行交流对接，达成初步合作意向。组织开展了“海智山东之旅”活动和项目对接，邀请知名海智专家到山东省企业实地考察指导，与企业进行产学研用有效对接。结合中国科协主办“2012高端装备制造与高新技术产业国际合作推进会”的契机，邀请了参加此次会议的海外科技团体负责人、科技领军人物和创新创业人才等海外高层次人才来山东参加了“海智山东之旅”活动，进行了考察交流、项目对接。此项活动中成功聘请了3位为“海智专家为山东服务联谊会”理事，在与海智专家深入交流的基础上，与3位海智专家签订了合作协议。

加强自身建设，增强组织凝聚力。学习贯彻党的十八大精神，以十八大精神统一思想、凝聚力量。组织了山东省科技界庆祝省十次党代会、喜迎十八大书画摄影展，营造喜迎党的十八大胜利召开的良好氛围。十八大召开后，按照山东省委部署，迅速行动，面向科技界传达学习党的十八大精神，形成了学习热潮。把握推动县域科学发展的有利时机，开展了县级科协30强评选和市级科协考核工作，调研起草了《高校科协组织通则》和《加强高新技术开发区等园区及所属企业科协组织建设的意见》，推动基层组织建设实现新突破。济宁市委、市政府出台了加强园区科协建设的意见，日照市科协推进企业科协建设的做法被《山东信息》专题刊发，滨州、德州等市科协着力推进了开发区科协和老科协的建设。全省老科协组织达到770个，会员12万多人，农技协总数达到14976个，会员399.9万人，山东农技协获得全国省级组织建设先进单位称号。大力加强宣传工作，对200多名科技人员进行了宣传，大众日报宣传了全国优秀科技工作者袁洪刚的事迹。12月31日，省机构编制委员会办公室批复同意设立省科协调研宣传部。17个市出台了科协宣传工作意见，德州等6个市科协设立了宣传部门。一年来，山东省科技馆研发成功全国首个流动4D科普影院，展教活动惠及300万人次；《山东科技报》发行16万份，《科技致富向导》杂志发行3.6万份；科技培训中心全年招收学员1400余人；科技咨询中心认定登记技术合同1126项，完成鉴定委托14项；青少中心的基地建设稳步推进，青辅协单位会员达到100个；老科技工作者服务中心开展了“四级联动创先争优”活动，服务能力不断增强；农函大承担了“农民科技素质提升星火培训工程”；服务中心为重大活动提供了有力保障。山东省科协被中国科协确定为代表服务工作和国家级科技思想库试点单位。

【山东省政府与中国科协签署战略合作协议】 12月10日，中国科协与山东省政府在济南市举行了战略合作协议签署仪式。山东省委书记、省人大常委会主任姜异康会见了中国科协常务副主席、书记处第一书记陈希，省委副书记、省长姜大明与陈希书记签署了《中国科学技术协会、山东省人民政府战略合作协议》。中国科协书记处书记、党组成员张勤，省委常委、常务副省长孙伟，省委常委、组织部部长高晓兵，省委常委、秘书长雷建国等领导出席了仪式，省政府秘书长蒿峰，省委副秘书长倪明元，省委宣传部副部长刘为民，省科协党组书记、副主席燕翔，省科协有关部门负责同志等20余人参加了仪式。省委常委、常务副省长孙伟同志主持仪式。根据战略合作协议，中国科协将发挥优势，整合人才智力资源，推动实施14个专项工作，引导科技人才向山东流动，科技资源、科学智慧向山东聚集，助力山东省经济社会发展。协议的签署为深化中国科协与山东省政府的合作关系，推进科协事业更好更快发展描绘出美好前景。为了确保战略合作协议的顺利实施，双方还约定：中国科协与山东省政府建立工作会商制度，双方明确1名领导同志牵头负责合作事宜，每年至少召开一次会议洽谈有关工作，协调解决合作中遇到的问题。

【纪念博士生学术年会十周年暨第十届全国博士生学术年会】 10月29日，以“鼓励学术交叉，促进原始创新”为主题的纪念博士生学术年会十周年暨第十届全国博士生学术年会在山东省济南市开幕。中国科协副主席袁家军，全国人大常委、中国科协副主席冯长根，山东省委常委、组织部部长高晓兵，国务院学位委员会办公室副主任黄宝印，中科院院士王乃彦、高松、葛昌纯等出席会议。来自全国高校的500余名博士生参加了开幕式。袁家军代表主办单位致辞。他指出，博士生教育是我国学历教育的最高阶段，是教育金字塔的塔尖，博士生是科技界的新生力量和后备人才。他希望广大博士生自觉地把理想追求融入到党和国家的事业中去，培养高尚的科学道德，立志成为具有战略和长远眼光的高端科技人才，努力为建设创新型国家做贡献。高晓兵代表山东省委、省政府对年会的举办表示热烈祝贺。她指出，山东省委、省政府历来高度重视科技教育人才工作，她希望与会的各位领导、院士专家和青年才俊们，对山东经济社会发展和人才培养工作多指导，多提宝贵意见，真诚欢迎各位专家和广大博士生来山东施展才华、成就事业。开幕式总结了十年来博士生学术年会在加强人才培养、促进人才创新创业方面的情况，邀请了优秀博士生代表发言，颁发了全国博士生学术年会优秀组织奖。本届全国博士生学术年会历时3天，围绕年会主题，对数学与系统科学、电子信息、纳米化学、材料科学与工程等专题进行深入交流与研讨，并与院士、专家进行互动交流。围绕博士生科学道德与学风建设、学科发展趋势，举行院士专家报告会，邀请成就突出的青年科技企业家作创新创业报告。年会期间，来自数学与系统科学等四个专业领域的近200名博士生围绕自身研究领域进行了深入交流研讨。他们分别在四个分会场向该领域的院士、专家以及同行报告自己的研究成果，接受在场院士专家和同学的提问，进行面对面的交流。之后，院士专家们对演讲者的研究成果进行点评，给出指导性意见和建议。

【首届山东省自然科学最高奖】 5月，山东省科协组织开展了“首届山东省自然科学学术创新奖单项最高奖”（以下简称“山东省自然科学最高奖”）评选。首届设立山东物理学奖、山东化学奖、山东生命科学奖、山东医学奖、山东农学奖等5个奖项。该奖项面向山东省5个学科领域内两年来在基础研究或应用研究取得突出成绩的科学家，每个学科领域奖励1人，代表山东省本学科领域内最高成就和水平。采用学会推荐的方式初选候选人，每人限推荐1人；评奖最重要的原则就是公平，对学术不端行为，实行“一票否决”，以激励广大科技工作者坚守科学道德，遵守学术规范，勇攀科技高峰，进一步倡导“尊重劳动、尊重知识、尊重人才、尊重创造”的社会风尚，为科技创新和人才成长创造更加良好的社会氛围。经过专家推荐、学会初评、评委会评审、社会公示等一系列环节，9月28日，山东省科协在济南举行了首届山东省自然科学最高奖颁奖大会。山东省人大常委会副主任、省总工会主席刘玉功出席会议并为获奖者颁奖。中国科学院院士李曙光及省高校工委、省教育厅、省医科院、山东师范大学负责人出席会议。主办单位及省级学会代表、各高校青年教师及研究生、媒体记者，共约1700人参会。陈子江教授代表5位获奖者宣读了倡议书。大会还通报表彰了在自然科学领域取得重要成就和具有科学创见的23名“山东省突出贡献科学家”。首届山东省自然科学最高奖受到社会广泛关注。山东省科协于2006年设立了“山东省自然科学学术创新奖”。2012年，为更加紧密配合省委人才工作计划安排，根据形势发展的需要和科技人才的愿望，充分体现科技团体的学术权威性，省科协在“山东省自然科学学术创新奖”的框架内设立了单项最高奖，每两年评选一次，力争打造山东的“诺贝尔奖”。

【首届山东省十大杰出护士和百佳护士评选活动】 2012年，山东省科协与省卫生厅、大众报业集团联合，成功开展了首届山东省十大杰出护士和百佳护士评选活动。评选活动3月份启动，得到了全省广大护理工作者和社会各界的广泛关注，17市和相关省级学会踊跃参与。经层层筛选，全省共有235人入围，经过评审委员会初评、终评和社会公示等环节，最终，济宁市精神病防治院于青、青岛市海慈医疗集团王莉等100人获山东省百佳护士荣誉称号。8月30日，山东省科协、卫生厅、大众报业集团隆重召开了首届山东省十大杰出护士和百佳护士表彰大会，省委常委、组织部部长高晓兵出席会议并为山东省十大杰出护士颁奖。通过评选活动，树立了当代山东护理工作者的良好形象，优化了护理工作者成长、成才的环境，取得了预期效果，产生了很好的社会影响力。

【山东省数字科普村村通工程】 由山东省科协、省财政厅、省文化厅共同实施的“山东省数字科普村村通工程”，以整合社会科技文化资源，增强基层科普服务能力与手段，实现资源的优化配置与共建共享为宗旨，依托城镇现有的科普文化等公共服务场所，安装42英寸LED数字播放终端，利用播控中心的控制系统，通过网络向数字播放终端传输科普节目，用直观的音像、图文组合形式，开展科普服务。“山东省数字科普村村通工程”于2011年10月份启动试点工作，在济南、淄博、日照3个市的乡镇社区、农村科普惠农站点、文化大院等公共服务场所，安装了500个数字播放终端，建立了省总控中心、播控系统平台与数字科普资源库，集成了一批数字科普资源。第一批试点工作于2012年5月通过验收，系统开始运行。为进一步摸索经验，在总结先期试点工作的基础上，工程又扩大了试点范围，在潍坊、临沂、威海、济宁4市，安排了1200个数字播放终端采购安装任务，同时，同步推进系统设备功能、技术标准和市级分控中心建设，以统筹兼顾全省与地方个性科普资源的协同播控管理，为构建全省数字科普网络明确方向、奠定基础。为保证试点工作的成功，省科协在项目的联合实施、合作管理、管护措施、保障机制以及系统设备日常使用、功能技术、资源需求等方面，开展了广泛调研，多次举办专家论证会，召开项目市县座谈会等，充分听取各方面意见和建议，不断优化试点方案，强化工作措施，推进试点工作。通过版权购买、合作、活动等形式，先后与中国知网、方正集团、省图书馆、省委组织部远程教育中心等合作，征集了大量数字资源，搭建起了省数字科普音像资源库。入库科普节目总量达到2945个，12.17万分钟时长，种类、数量均初具规模，内容涉及技术技能、健康知识、低碳生活、节能减排、经营管理、精神文化、科普常识、应急科普等。通过举办“山东省科协星”杯科普微电影（动漫）大赛等，面向社会征集数字科普作品近300部。在二期试点工作中，进一步强化了项目规范管理，扩大公开招投标力度，引入第三方对项目进行全程监管服务，开展绩效评审。系统运行平稳为后续建设打下了基础。截至2012年底，建成了覆盖全省7市、由1700台播放终端构成的数字科普网络，试点工作取得了初步成效。

【山东省科技界庆祝省十次党代会、喜迎十八大书画摄影展览】 9月12日，山东省科协组织举办的“山东省科技界庆祝省十次党代会、喜迎十八大书画摄影展览”开幕式在济南举行。中国科协副主席、书记处书记、党组副书记程东红出席开幕式并为获奖代表颁奖。山东省科协党组书记、副主席燕翔致辞，省科协副主席、省科技厅副厅长徐茂波宣读表彰获奖作品和单位通报。中国科协办公厅、省科协班子成员出席开幕式并为展览剪彩。省科协机关、直属单位的干部职工及部分参展作品作者300余人参加开幕式。省科协党组成员、纪检组长赵宣生主持开幕式。这次展览活动得到全省广大科技工作者的大力支持和欢迎。省老领导、省科协名誉主席陆懋曾，中国科协副主席、中国工程院院士、省科协主席唐启升，中国工程院院士、省科协副主席谢立信，中国科学院院士、省科协常委宋振骐等领导同志和科技泰斗为展览题词。本次活动共收到书法、绘画、摄影等作品675件，经专家评审评选出获奖作品283件，展览展出了部分优秀获奖作品。

（撰稿人：王国晖）

河南省科学技术协会

2012年，河南省科协推进决策咨询、学术交流、科技普及、服务科技工作者等各项工作，在服务创新驱动中原经济区建设方面取得了显著成效。

深入开展决策咨询活动。发挥专业优势，主办了中原经济区“三化”协调与科学发展研讨会、河南省医药产业发展研讨会等高端论坛，承办了现代化城市暨国际大都市交通管理高端论坛等活动，出席活动的院士专家为河南省经济社会发展重点决策项目出谋划策。组成高水平研究团队，开展了中原经济区现代产业体系发展、产业集聚区研发平台建设等18个重点课题研究。编印了《河南省科协2011—2012年度决策研究报告暨建议集》，向省委省政府呈报科技专家建议。科协系统媒体围绕科技发展转型、改造提升传统优势行业、粮食生产与现代农业发展等问题，邀请院士专家做访谈，为党政部门科学决策提供智力支撑。

推动“三创一带”（创建先进科普示范县、先进农村专业技术协会、先进农村科普示范基地，带动农民依靠科技致富奔小康）活动规范发展。加强对活动整体规划和管理，完善活动管理制度，召开了全省“三创一带”活动现场观摩暨提升推进工作会议，开发并试运行网上申报管理系统，联合制定《河南省“三创一带”活动奖补项目绩效目标情况表》，加强对奖补资金使用绩效的考核与监督管理，完成奖补资金使用情况专项审计。全省86个县（市、区）、5200多个农技协、5100多个农村科普示范基地参与活动，10个先进科普示范县、123个先进农技协、67个科普示范基地和66名科普带头人受到国家、省级表彰，获奖补资金2930万元。

深化“三讲一比”（讲科学、讲创新、讲道德、比贡献）活动。制定下发了活动年度工作要点，引导创新要素向企业集聚，促成高等院校、科研院所、学会与相关企业签约。承担中国科协技术创新方法推广应用项目、企业科技信息服务项目，以及科技部中小企业公共技术服务项目等任务。全省参与“三讲一比”活动的企业达1350家，参与科技人员近40万人次，21万人次参加创新方法培训，完成活动项目7700多项，提出合理化建议2.7万余条，实现经济效益近15亿元。联合省人力资源和社会保障厅等部门，评比表彰了28个科技贡献奖、30名科技创新奖、25名科技管理奖先进单位和个人。推荐的12个单位、12名个人获得全国“讲理想、比贡献”活动先进集体、科技标兵和优秀组织者。

积极落实河南省政府与中国科协战略合作协议。加快院士专家工作站建设，指导筹建枣科学、微纳米结构与应用、分子治疗技术研究与临床应用、转化医学等4家院士专家工作站，引进沈国舫、尹伟伦、褚君浩、盛志勇、付小兵、韩济生等9名院士及其研究团队，带动相关领域技术创新。依托河南省制冷院士专家工作站，引进中国科学院“太阳能行动计划”——光电转化污泥处理利用中试项目落地河南。依托河南省转化医学院士专家工作站，就建设科研、生产和销售一体的转化医学生产基地达成合作意向。依托河南省生物治疗技术院士专家工作站，支持省抗癌协会、郑州人民医院举办了2012肿瘤转化医学高端论坛。依托河南省制冷院士专家工作站，举办了中国冷谷（民权）院士专家论坛，邀请中国科学院院士周远等专家，为推进民权制冷产业发展出谋划策。组织院士专家校园行、企业行活动，邀请中国科学院院士叶嘉安，中国工程院院士杜祥琬、余永富，俄罗斯航天研究院外籍院士臧家亮等，深入南阳市、郑州大学、郑州市郑东新区等地调研交流，作科普报告。

加强学术交流活动。组织实施了河南省食品科学技术学会年会、水利科技前沿问题等19项河南省重点学术活动项目，参与人数超过1.2万人，发表交流论文1100余篇。第十三届学术活动月集中开展了25项重点学术交流活动，省内外科技工作者2.2万余人参与，交流论文2000多篇。联合主办了中国地理学会2012年学术年会、遗传学进步促进粮食安全与人口健康高峰论坛等全国性学科领域交流活动，省内外院士、专家和1500多名科技工作者开展参与研讨交流。指导协调全省学会，积极举办和承办各种形式的学术研讨活动。

加强民间国际科技交流与合作。举办了国际科技交流沙龙系列活动，美国、德国、澳大利亚等国家专家与省内学者进行了深入交流。组织代表团赴国外进行科技考察交流活动。接待了朝鲜、中国香港特别行政区、台湾地区等科技代表团的来访，签订了科技教育培训等意向合作协议。组织农业、水利等代表团赴台湾地区考察，促进豫台休闲农业园区合作，积极规划启动两岸农民科技合作创业园建设，研究探讨建立豫台农产品物流配发中心。

积极开展主题科普活动。在全省范围内开展了以“食品安全与公众健康”为主题的全国科普日活动2000余项，重点活动800多项。组织了以“共建诚信家园、同铸食品安全”为主题的食品安全科普知识竞赛，近20万人参与答题。开展了形式多样的全国食品安全宣传周河南省科协系列主题活动。联合其他单位组织近万名科技人员开展科技活动周科普宣传，参与群众超过300万人次。深化反邪教网络宣传、警示教育和理论研究，开设邪教受害者关爱热线，积极参与涉外网宣工作，荣获河南省反邪教涉外宣传工作重大贡献奖。

深化重点人群科学素质行动。组织实施青少年科技创新大赛、中学生学科奥林匹克竞赛、青少年机器人竞赛活动，参与人数超过100万。第六届河南省青少年科学素质网络知识竞赛参与人数达26万，科学调查体验活动吸引60万名青少年参与。组队参加第27届全国青少年科技创新大赛。启动实施青少年科学健身“雄鹰计划”，组织举办了青少年科学健身夏令营。完成了“英特尔求知计划”培训、青少年学生联合国儿童基金会非正规教育项目培训、全国青少年科学影像节骨干辅导教师培训。组织实施第三届全国青少年科学影像节活动，征集科学DV和科普动漫作品897项，推动了新媒体科普活动的开展。特邀10位院士专家到省委党校和焦作、开封、商丘等市举办科普报告会，3.5万余名领导干部、公务员及高校师生聆听报告。摄制完成了省委组织部远程教育电视课件。

推动形成社会化科普工作格局。启动实施“社区科普益民计划”，命名省级科普示范社区89个，21个科普社区受到中国科协、财政部表彰。开展了首届河南省科普成果奖评选，表彰了322项获奖成果。健全科普惠农服务站、科普宣传栏、科普活动室等科普服务体系，开通1200个“三农”科普网络书屋。命名81个河南省科普教育基地，省博物院、郑州外国语中学等15个单位被命名为全国科普教育基地。组织参加全国青少年高校科学营活动，发挥高校、企业在科普工作中的作用。在中国数字科技馆开设二级子站，展示优秀科普作品并尝试将其转化为可共享的科普资源。

积极培育科技人才成长环境。深化科学道德和学风建设宣讲教育活动，调整充实宣讲教育领导小组，扩大了宣讲机构和宣讲对象的范围，举办了科学道德和学风建设宣讲教育报告会。协调、指导、督促各高校通过报告会、座谈会、征文、承诺签名等形式，开展常态化、长效化的宣讲教育活动。加大对优秀科技工作者、青年科技工作者、基层科技工作者和创新团队的宣传，营造尊重人才、崇尚创新的社会氛围。推荐省科技工作者参评第五届“全国优秀科技工作者”。清理规范评比表彰项目，健全表彰奖励体系。召开科协会员日科技专家座谈会，组织全国优秀科技工作者、中国科协八大代表等专家，围绕建设科技工作者之家等议题进行交流。改进科技工作者状况调查站点考核管理，组织开展科技工作者状况调查。

提高科协组织自身建设能力。认真落实分类推进事业单位改革，完成所属事业单位清理规范工作。稳步推进非时政类报刊出版单位体制改革。

【陈希到河南考察调研科协工作】 6月25～27日，中国科协常务副主席、书记处第一书记陈希到河南调研科协工作。河南省委书记、省人大常委会主任卢展工，省委常委、省委秘书长刘春良，省人大常委会副主任蒋笃运，副省长徐济超等会见陈希一行。

卢展工表示，河南要加强同中国科协的联系，从推进新型城镇化、新型工业化、新型农业现代化的角度，加强双方的交流合作，推动科技创新，进一步调动广大科技工作者的积极性、主动性和创造性。希望中国科协对河南发展多关心、多支持，使科技创新在转变经济发展方式中发挥重要作用，使科技人员在转变发展方式中有更大作为。

陈希表示，河南省委、省政府高度重视科技事业发展，充分发挥科协组织的桥梁纽带作用，河南科技事业发展取得显著成效，农业科技在全国处于领先地位。他希望河南省委、省政府更加关心支持科协工作、关心支持科技事业发展。中国科协将更好地组织和服务广大科技工作者，为河南经济社会发展作出应有贡献。

调研期间，陈希听取了河南省科协主席、党组书记李建中对河南省科协工作的汇报，赴郑州宇通客车股份有限公司、新郑市红枣管理协会、河南大学等企业、农村和院校，实地了解企业科技创新、科普惠农兴村与科技示范推广、高校人才培养和参与科普工作等情况，看望慰问科研人员。陈希要求河南省科协准确把握科协组织的特点，继续发挥优势，调动更多社会资源开展科普工作，特别是要发挥好高等院校、科研院所、企业科技工作者的作用，更好地服务社会公众；要积极提升学会服务能力；要全面、扎实、深入地推进科学道德与学风建设工作，更好地动员和组织广大科技工作者，为中原经济区建设作出更大贡献。

【河南省科技协作会议】 3月29～30日，省科协在郑州市召开河南省科技协作会议。副省长徐济超出席会议并讲话。省科协主席、党组书记李建中作了题为《加强科技协作，形成科技合力，为中原经济区建设提供科技支撑》的讲话。

会议要求，全省各级科协组织要自觉把科协工作置于全省经济社会发展全局思考、谋划和推进，把加强科技协作作为科协服务发展的重要方式，把打造品牌载体作为加强科技协作的重要途径，把整合资源力量作为加强科技协作的重要抓手，拓展思路，创新举措，搭建平台，丰富途径，切实把全省科技力量汇聚起来，推动科协工作不断迈上新台阶。

【河南省科学道德和学风建设宣讲教育报告会】 9月26日，河南省科学道德和学风建设宣讲教育报告会在河南农业大学举办。中国科学院院士、农业部科学技术委员会常务委员、中国农业大学教授吴常信，中国科学院院士、中国科学院西安光学精密机械研究所研究员、西安交通大学电子与信息工程学院院长侯洵，中国工程院院士、河南省农业科学院副院长、农业部动物免疫学重点实验室主任张改平作了宣讲报告。报告会由河南省科学道德和学风建设宣讲教育领导小组组长、省科协副主席冯琦主持。

吴常信作了题为《科研诚信与学术规范》的报告，结合国内外科研失信事件，介绍了学术不端行为的界定及表现，详细讲解了科技工作者应遵守的学术规范，阐述了科研诚信在社会诚信中所起的重要导向作用，勉励同学们珍惜学习机遇，坚决抵制学术上的不正之风，树立正确的世界观、人生观和价值观，全面提高自身的综合素质与创新能力。

侯洵作了题为《献身科学求真务实》的报告，对科学道德方面的规则进行了解读，分析了学风浮躁、学风不良、学术腐败等现象的危害，介绍了科研过程中应当遵循的科学道德和学术规范，寄语青年科技工作者坚持严肃、严密、严格、严谨的治学态度，发扬科学精神，自觉遵守科研规范、科学道德与科学伦理，形成诚信守法、献身科学、追求卓越的氛围。

张改平作了题为《让科学精神照亮征程》的报告，结合自身求学与科研历程，讲解了科学精神所包含的求真、实证、进取、协作、包容、民主、献身、理性怀疑和开放精神，阐释了科学思想、严谨学风、宽阔胸怀、服务大局、脚踏实地是科学人生的成功秘诀，寄语广大学子努力成才，为经济社会发展贡献智慧和力量。

报告会由省科协、省教育厅、省科学院、省农业科学院、省社会科学院联合主办。全省高校新入学研究生代表、在校高年级本科生代表，新上岗的研究生导师代表，新入职的教师和青年科技工作者代表等1200余人现场聆听报告。

【现代化城市暨国际大都市城市交通管理高端论坛】 12月8日，由中国科协和河南省人民政府联合主办、河南省科协等单位承办的第二十三次中国科技论坛——现代化城市暨国际大都市交通管理高端论坛在郑州市举办。全国人大环境与资源保护委员会主任委员、国际欧亚科学院中国科学中心常务副主席、国际欧亚科学院院士汪光焘，省政协副主席龚立群，中国科学院院士叶嘉安等出席开幕式。开幕式由省科协主席、党组书记李建中主持。

专题报告会上，汪光焘作了题为《关于城市可持续发展的交通问题》的报告，中国科学院院士、香港大学城市规划及设计系主任、亚洲规划学院协会秘书长叶嘉安作了题为《可持续城市形态与城市规划及管理》的报告，中国技术经济学会副理事长、瑞典皇家工程科学院外籍院士、北京航空航天大学中国循环经济研究中心主任吴季松作了题为《都市可持续发展与都市交通》的报告，郑州市委常委、副市长、注册城市规划师张建慧作了题为《郑州市交通情况介绍》的报告，新加坡建筑咨询设计公司——新工咨询有限公司执行总裁、执行董事陈萃菁作了题为《新加坡模式公共交通引导城市规划》的报告，台湾交通大学交通运输研究所教授、东亚运输学会理事长冯正民作了题为《台湾城市交通发展之成功经验与失败教训》的报告。

研讨交流会上，台湾鼎汉国际工程顾问股份有限公司副董事长、台北市交通工程技师公会理事长李俊贤作了题为《郑州交通问题探讨与想法》的报告，河南省交通规划勘察设计院副总工程师、教授级高工马炅代表论坛课题组作了题为《现代城市交通管理的战略与对策》的报告。与会专家围绕两个报告和“未来城市交通可持续发展战略”、“低碳交通、智能交通与空间技术”、“郑州交通问题与对策”等主题进行交流研讨。

院士专家深入郑州市区、高铁枢纽、河南省城市规划设计研究院等地进行考察调研，了解郑州交通规划、建设与管理情况。叶嘉安院士与河南大学师生围绕“GIS学科建设服务城市规划”进行交流和座谈。

（撰稿人：万伏牛　马玉宝）

湖北省科学技术协会

2012年，湖北省科协紧紧围绕全省经济和科技领域的重大问题，组织开展学术交流活动270场次，3万人次参加，交流学术论文1万多篇，组织各类学术交流考察团29个，接待境外考察团12个。实施“晨光计划”，资助一批青年博士参加国际学术交流与合作。与湖北省人社厅、省科技厅联合开展第十四届湖北省自然科学优秀学术论文评审活动。为了充分发挥学会作为自主创新体系重要组成部分的作用，省科协继续实施“科技创新源泉工程”，评选表彰奖励了一批创新示范学会、优秀科技期刊和创新创业人才。

努力为经济社会发展服务。大力实施“科普惠农兴村计划”，全省57个农村专业技术协会、15个农村科普示范基地、13个农村科普带头人获国家表彰奖励。与湖北省财政厅共同实施“科普示范助力新农村行动计划”，全省60个农村科普示范基地项目获得立项及资金支持。在武陵山少数民族地区经济社会发展实验区启动实施“双十百会”计划，安排科普项目17个。开展马铃薯产业发展情况调研，提出了恩施州科学发展马铃薯产业的方案。各级科协以成果转化为重点，面向企业深入开展技术咨询、技术攻关和技术服务活动，共完成“金桥工程”项目334项。组织动员379家企业科协的9.4万名科技工作者积极开展“讲理想、比贡献”活动，共实现经济效益6.75亿元。

配合湖北省“百人计划”，为海外科技工作者回国服务搭建平台。成功邀请国家“千人计划”专家、加拿大国家航天局科学家、中国科学院国家空间科学中心“夸父”计划首席科学家刘维宁来鄂考察交流。举办第三届国际太阳能热气流塔发电技术会议，与德国、美国、希腊、法国、日本、加拿大、澳大利亚、意大利、南非、伊朗、巴西、泰国等国家和地区的学者共商这一领域的技术发展，助推湖北太阳能产业发展。联合湖北省微生物学会成功承办第二届中法新发传染病控制研讨会，卫生部部长陈竺，省委副书记、省长王国生，法国驻华大使白林以及80多位“两院”院士、外国专家出席会议。

深入推进《全民科学素质行动计划纲要》贯彻实施。广泛开展主题鲜明、内容丰富、形式多样的科普活动，推动全省公民科学素质建设工作创新发展。与湖北省科技厅、省委宣传部联合举办以“科技进基层、科技惠民生”为主题的2012年科技活动周活动，积极参加全省“科技、文化、卫生三下乡”集中示范行动，开展科普大篷车“声、光、电、磁”科普展示和专家现场咨询活动，赠送科普挂图、科普读书、科普环保袋，得到社会好评。联合省财政厅大力实施“社区科普益民计划”，创建命名了50个“湖北省科普示范社区”，其中22个社区上报参加全国评先，获得了国家表彰奖励。中国科协在湖北进行社区科普工作调研将首届全国城市社区科普工作现场会定在湖北省武汉市召开。加快推进省科技新馆建设，按照“国内一流、中部领先、创新发展”的建设目标，积极开展立项审批和项目建设总体方案的全面优化、按基建程序抓紧办理立项审批手续等工作，积极争取征地资金，办理征地手续，使新馆建设有了很大进展。在湖北省科技新馆建设项目的带动下，全省有5个市已纳入新建科技馆立项。武汉市科技馆新馆被列为市“十二五”规划及重大建设工程项目，基建工程已开始全面施工。此外，还有20多个县市区投入2000多万元对科技馆进行改扩建。深入开展科学道德和学风建设。在武汉大学举办科学道德和学风建设宣讲教育调研座谈会，中国科协常务副主席、书记处第一书记陈希出席会议并作重要讲话。与湖北省教育厅联合主办科学道德和学风建设宣讲报告会，著名数学家杨乐院士和著名植物遗传育种专家朱英国院士为在鄂高校、科研院所数千名师生作报告。

竭诚为科技工作者服务。大力宣传优秀科技工作者的先进事迹，全年在省内各主流媒体发表文稿、音视频材料320余篇。在《湖北日报》推出《对话院士》专栏，组编出版报告文学集《楚天科技新星》。启动“老科学家学术成长资料采集工程”，目前已顺利采集了刘健康、谢鉴衡、文伏波、方秦汉等4位资深院士的学术成长资料。联合湖北省委组织部、省人社厅开展第五届“湖北省优秀科技工作者”评选表彰活动。认真贯彻落实湖北省委书记李鸿忠、中国科协常务副主席、书记处第一书记陈希先后在湖北省武汉市东湖新技术开发区调研时提出要做好非公企业科技人员职称评定工作的要求，组织专班对武汉、宜昌、荆门、黄石、襄阳、孝感6市开发区以及28家非公企业进行了调研，了解湖北省非公企业科技人员职称评定的基本情况，并对上海等省市进行了专题考察，总结和学习其做法与经验，提出了进一步畅通渠道、完善政策、做好非公企业科技人员职称评定工作的建议，专报省委、省政府，获得省委副书记张昌尔的批示，得到了充分肯定。

【湖北省科协第八次代表大会】 2012年4月18～20日，湖北省科协第八次代表大会在武汉市召开。来自全省各学科、各部门、各单位共25个代表团的1200多名科技工作者出席大会。中国科协常务副主席、书记处第一书记陈希，湖北省委副书记、省长王国生出席大会并作重要讲话，省委副书记张昌尔和省委常委、省人大、省政府、省政协领导同志出席大会。大会审议通过了樊明武主席代表省科协第七届委员会作的题为《团结动员广大科技工作者 为增强科技支撑能力 服务跨越式发展贡献力量》的工作报告，选举产生了湖北省科协新一届领导班子，进一步明确了今后五年的工作指导思想，提出了全面加强科技支撑经济发展的能力建设、公民科学素质建设、科技人才队伍建设和科协自身建设的四大工作任务，对于团结动员广大科技工作者围绕科学发展主题和加快转变经济发展方式主线，深入实施科教兴鄂和人才强省战略，为增强自主创新能力、促进湖北跨越式发展作出新贡献，具有重要意义。

【2012年湖北生物产业发展高端论坛】 2012年9月，由湖北省科协和武汉国家生物产业基地建设管理办公室联合主办的“2012年湖北生物产业发展高端论坛”隆重举行。侯云德、强伯勤、赵进东、邓子新、朱英国和卓仁禧等多位院士和来自省内外的知名专家学者、企业界代表、科技工作者共300多人围绕“发展生物产业 推动跨越发展”的主题，广泛开展学术交流和决策咨询，共商湖北生物产业发展大计。共交流学术论文100多篇，形成了《关于加快推进湖北生物医药产业发展的建议》专报省委、省政府，对促进湖北省生物技术进步、生物产业融合与提升产生了重要影响。

【湖北省科技思想库建设】 湖北省科协积极开展国家级科技思想库湖北分库建设，充分发挥高层次科技人才的作用，重点围绕实施湖北省“一元多层次”战略、战略性新兴产业发展，开展课题研究、决策咨询活动，自办《科技工作者建议》、《湖北省科技思想库决策参考》，与湖北省委人才办联合主办《专家建言》等内刊，一大批课题成果专送中国科协、省级主要领导，获得省领导批示7篇，中国科协《调研动态》刊用3篇。大力探索多样化的决策咨询形式，成立了“湖北省科技思想库武汉大学研究中心”，陈希书记为“中心”揭牌。加强信息化建设，开展了专家库、选题库、成果库、数据库及科技思想库湖北科协决策咨询工作平台的开发工作。湖北省科技思想库建设取得的成绩得到了中国科协充分肯定，在全国科技思想库建设试点工作考评会上，被作为“范本”向全国推荐，获得A类最高得分等次。

【全国科普日湖北活动】 围绕“关注食品安全·促进公众健康·共建诚信家园”主题，全省各市县科协隆重举行了2012年“全国科普日”湖北活动。以食品安全科普知识集中宣传、健康和安全食品实物集中展示、食品安全科普知识文艺表演、食品安全展览咨询与检测等为重点内容，开展了科普宣传与互动活动。这项活动受到中国科协、国务院食安办的通报表彰，湖北省科协荣获“全国食品安全科普知识竞赛突出贡献奖”。据统计，科普日期间，全省各级科协举办重点科普活动450多项。

【院士专家企业工作站】 湖北省科协全面贯彻全国科技创新大会精神，积极参与省委人才重点工程建设，充分发挥院士专家等高端科技人才的引领作用，已在武汉、襄阳、黄石、孝感、黄冈、荆州、荆门、随州、恩施等9个市州建立了39家院士专家企业工作站、4家院士专家企业服务中心，组织各类技术攻关100多项，开发研制新产品60多个，深受企业和社会好评。湖北省委人才工作简报、中国科协网和湖北日报都突出报道了湖北省院士专家工作站的工作成绩。

（撰稿人：罗功松）

湖南省科学技术协会

2012年，湖南省科协以科学发展观为指导，将“保持党的纯洁性”内化为工作中的动力，自觉服务于“四化两型”和“四个湖南”建设大局，以学术交流、“科普惠农”、决策咨询、科普活动等为手段，大力开展“三服务”活动，稳步推进自身建设，为湖南省科学发展、富民强省作出了新贡献。

服务经济社会发展再建新功。咨询服务扎实有效，针对湖南经济社会发展中迫切关心的农村问题、环境问题等，依托科协组织智力密集的优势，大力开展决策咨询服务，受省水利厅委托，承担了《东洞庭湖水文、气象及湿地植被变化对钉螺生态的影响研究》课题，提出对钉螺进行有效防控和调整血吸虫病防治的对策意见，完成省科技厅委托的《湖南省农村经济可持续发展与农民科技培训》研究课题，向政府和相关部门提供了切实有效的决策建议。“科普惠农”深入发展，2012年，全省32个农村专业技术协会、18个农村科普示范基地、16个科普带头人和25个科普示范社区获得国家表彰；72个科普惠农兴村先进集体和带头人获得省级表彰，国家、省级奖补总金额达到2230万元，普惠全省各个县市区。在科普惠农项目管理上，科普惠农兴村计划信息管理系统初步开发完成，为项目的长期跟踪和精细化管理奠定了基础。服务企业创新再显成效，继续大力推进院士专家工作站的建设，新建立了3家“院士专家工作站”。在国外科技信息推广应用方面，会同长沙、株洲等7市科协，联合开展了9场信息推广应用培训会议，对478家企业的576名企业科技人员进行了培训。9月中旬，承办了中国科协“2012实施知识产权战略巡讲”活动，89家企业共计800多名科技人员参加了报告会。

科普主要社会力量作用持续发挥。大力推动《湖南省全民科学素质行动计划纲要实施方案（2011—2015）》的宣传贯彻，印发《实施方案》单行本至各地各部门，推动全省6个市州出台了本地的纲要实施方案。青少年科技教育保持佳绩，主办了第33届湖南省青少年科技创新大赛和2012年湖南省中小学机器人竞赛，在全国性的重大赛事上，参加了第27届全国青少年科技创新大赛，金牌榜再列全国第三位。在第12届中国青少年机器人竞赛上，湖南省代表团夺得6金9银6铜，总成绩列全国第三。主题科普活动继续贯彻“贴近社会、贴近群众、贴近生活”原则，关注民生、关心热点。以“食品安全和公众健康”为题，举行了2012年“全国科普日”长沙主场活动启动式。组织参加了全国食品安全科普知识竞赛，荣获突出贡献奖，湘潭市科协、邵阳市科协、湘西自治州科协获得二等奖。组织参加了农民科学素质网络竞赛，嘉禾、慈利等县科协获二等奖。科技馆的科普主阵地作用初步显现,2012年的全国科普日湖南主场活动放在省科技馆举办，利用了省科技馆完备的科普资源，充分展现了省科技馆的科普优势。湖南省科技馆全年还开展了“水·生命·生产·生态”主题展、“TCL互动艺术展”、“人与健康”等多项科普展教活动，充分发挥了省科技馆的科普主阵地作用，省科技馆还荣获了“湖南省优秀科普基地”称号。

学术交流持续加强。大力支持、指导学会承办和参加学术交流活动。湖南省医学会承办了第八届全国小儿骨科学术会议；省地球物理学会承办了“第五届工程与环境地球物理国际学术会议”等。举办了2012年湖南科技论坛暨第二届全国湖泊论坛，围绕“水资源利用与灾害防治”、“湖泊生物多样性与水产健康养殖”和“洞庭湖综合治理与生态经济区建设”专题，开展跨学科、跨行业、综合性的交流和研讨，促进了社会各界对湖泊的关注和重视。这些高水平学术交流活动，对提升湖南省相关领域的科技水平，促进湖南省经济社会发展提供了平台支撑。据不完全统计，省级学会共举办国内学术会议200多场次，国际学术会议20多场次。

为科技工作者服务再添新举。科学道德和学风建设扎实推进。成立了湖南省宣讲教育活动领导小组；制定了该项工作的具体实施方案；邀请袁隆平、黄伯云、何继善等在湘院士和卢光琇、邹学校等知名专家，组建了省科学道德和学风建设宣讲团；10月26日、28日，分别在国防科大和湘潭大学举办了两场宣讲教育报告会。举荐宣传优秀科技工作者。开展了第五届“全国优秀科技工作者”湖南省候选人评选，组织所属学会、市州科协、企业科协以自下而上的方式推荐参评人员73名，评选出22名“全国优秀科技工作者”湖南省候选人，并提出了“十佳全国优秀科技工作者”提名人选，推荐的22名候选人全部获中国科协表彰。发挥省青年科技奖获奖者联谊会作用，开展“体验科技·激励创新——青年科学家走进科技馆”活动，邀请20余名历届湖南省青年科技奖获奖者及其家属参观了省科技馆，受到他们的热烈欢迎和肯定；加强了对全国科技工作者调查站点的管理与监督，7月召开了调查站点现场会，公开表彰奖励了3家站点单位，有效地提高了站点单位的工作积极性，并通过调查站点加强了与科技工作者的联系。

自身建设稳步推进。组织建设取得突破，以县市科协和科技园区科协为重点，着力推进了基层科协组织建设，在全国率先制定并出台了《关于加强科技园区科协工作的意见》、《湖南省科技园区科协组织建设参考指南》、《湖南省县级科协和科技园区科协开办经费项目管理办法》等文件和政策办。组织建设也取得实质性突破，湖南环保科技产业园科协于2012年7月正式成立，湘潭高新区科协组织的成立也在积极筹备当中。绩效考核工作正式启动，召开了绩效评估指标申报工作会议，成立了考核领导小组，印发了实施方案，召开了省科协绩效评估实施动员会，对全年的绩效评估工作进行了部署分工，全年绩效考核工作得到了省绩效办的高度评价。信息与财务工作进一步加强，全年省科协网站发布信息3200多条，比上年增长130%，信息工作2012年首次进入全国科协系统先进行列，荣获“中国科协网信息采编合作先进单位”称号，财务工作荣获中国科协“地方科协财务决算工作先进单位”称号。

【第二届中国湖泊论坛】 12月3～5日，第二届中国湖泊论坛在湖南省长沙市、岳阳市举行。国家水利部副部长胡四一，湖南省委副书记梅克保，中国科协党组成员、学会学术部部长沈爱民，中国科学院院士曹文宣、姚守拙，中国工程院院士张建云、黄伯云，国际水协会原主席、美国威斯康星大学密尔沃基分校淡水学院院长戴维.卡门博士等出席开幕式，省会科技界代表约700人参加了开幕式和主论坛报告会。论坛以“湖泊流域生态建设与可持续发展”为主题，围绕“水资源利用与灾害防治”、“湖泊生物多样性与水产健康养殖”和“洞庭湖综合治理与生态经济区建设”专题，开展跨学科、跨行业、综合性的交流和研讨。论坛共征集论文405篇，经专家评审，精选了121篇论文汇编成集，由湖南人民出版社公开出版发行。

【2012年实施知识产权战略巡讲活动湖南分场活动】 9月11～12日，中国科技咨询服务中心、国家知识产权局办公室、湖南省科协、长沙市人民政府等单位在长沙联合举办“2012年实施知识产权战略巡讲活动”湖南启动仪式和主题报告会。中国科协书记处书记张勤，中国科协咨询服务中心主任盛小列，省科协党组书记、副主席邹志强等出席启动仪式。来自长沙高新技术企业、专利优势企业及相关企业的管理人员、技术人员，知识产权服务机构、科协所属学会、协会的800多名代表听取了张勤作了题为《科技创新与国家知识产权战略》的主题报告。12日下午，主办方在长沙高新区举行了两场专家讲座，北京工业大学教授林耕和科技部知识产权事务中心主任、研究员、北京大学知识产权学院兼职教授杨林村分别作了题为《技术交易与风险防范》和《商业秘密构成要件中“不为公众所知悉”技术信息的判断》的专题报告。

【2012年“全国科普日·湖南”活动】 9月15日，2012年“全国科普日”湖南长沙主场活动启动式在湖南省科技馆举行。中共湖南省委副书记梅克保，省人大常委会副主任肖雅瑜，省政协副主席武吉海，中国科协副主席、中国工程院院士、省科协主席黄伯云出席了活动仪式。湖南省科协党组书记、副主席邹志强主持仪式，省领导点击激光球正式启动活动。本次活动由省科协、长沙市人民政府主办，以“食品安全与公众健康”为主题开展了食品安全系列科普展览、科普报告会、现场咨询服务，启动式上还颁发了中国科协、财政部“社区科普益民计划”奖牌和省委宣传部、省科协等单位组织评选的第三届“湖南省优秀科普作品奖”，参与开幕式活动人数达1000余人。

【湖南省科学道德和学风建设宣讲教育报告会】 10月26日、28日，由湖南省科协、省教育厅主办的湖南省科学道德和学风建设宣讲教育报告会分别在长沙、湘潭两地举行。在湘院士袁隆平、金展鹏、于起峰和知名专家卢光琇、李圣怡、罗和安亲自登台，围绕“弘扬科学精神，坚守科学道德，维护科学伦理，遵守科学规范”主题，为2000余名湖南高校师生代表作了精彩的宣讲报告，引起了听众们的强烈共鸣。

【第33届湖南省青少年科技创新大赛】 4月20～23日，由湖南省科协、湖南省教育厅、湖南省科技厅、湖南省环保厅、共青团湖南省委、湖南省自然科学基金委和娄底市人民政府主办的第33届湖南省青少年科技创新大赛在娄底市第一中学成功举行。中共湖南省委常委、省人民政府副省长陈肇雄，中国科协副主席、省科协主席黄伯云，省科协党组书记、副主席邹志强等出席了大赛。陈肇雄副省长代表省委、省政府在开幕式上作重要讲话，黄伯云院士代表省科协等七家大赛主办单位致开幕词。本届大赛以“创新·体验·成长”为主题，共收到14个市（州）选送的作品535件，最终评出优秀创新项目一等奖45项，二等奖108项，三等奖116项以及多个单项奖。

【2012年青年科学家进校园活动】 5月8日，2012年“激情五月、青春飞扬——青年科学家进校园”巡回演讲启动式暨首场报告会在湖南交通职业技术学院举行。来自湖南交通规划勘察设计院的3位“湖南青年科技奖”获得者彭立、向建军和黄向京，为前来听讲的1000余名学校师生作了精彩的励志报告。湖南省科协党组成员、副主席刘秋惠，省交通厅副巡视员徐建出席启动式。启动式上，省科协代表主办单位向湖南交通职院赠送了叙述湖南优秀科学家成长历程的系列书籍——《三湘院士风采录》和《三湘院士科学人生自述集》。启动仪式后，彭立、向建军和黄向京分别作了演讲报告。

（撰稿人：陈光明）

广东省科学技术协会

2012年，省科协围绕省委、省政府“快转型升级、建设幸福广东”的中心工作，全面履行“三服务一加强”职能，在科技评价、人才评价和科技服务方面实现突破。

服务经济社会发展。省科协进一步做好各级领导听取高层次专家意见“直通车”工作，中国工程院院士刘人怀提交的《关于科学开展餐厨废弃物变废为宝的建议》获省委领导批示。

开展面向企业的创新方法培训和TRIZ理论（发明问题解决理论）推广等工作。根据企业的实际需求，在珠海市举办技术创新方法培训班4场，格力电器集团、伟创力集团、蓉胜超微线材、方正科技、光联通讯等120多家知名高新技术企业参加，培训企业科技人员2000多人。举办“广东省科技创新与QC小组优秀成果发表活动”，万和、美的集团、立白集团、志高空调、创维集团等60多个高新企业的代表参加了活动，发布科技创新及质量管理重大成果65项。新建院士专家企业工作站15家，学会科技服务站13个，引进科技成果和推广新技术62项。开展美国专利资源应用试点工作，40多家企业使用吸收了110项专利，产生60多项科技成果。开展2012年全国“基层科普行动计划”、省级“科普惠农兴村计划”申报、推荐评审工作，30个先进集体、27名带头人获全国和广东省表彰，奖补资金680万元。33个科普示范社区获全国表彰，奖补资金660万元。开展“千会服务千村”行动，推广先进实用技术480多项，培训农村劳动力30000多人次。

广泛开展科普工作，提升公民科学素质。推动广东省科普示范社区“五个一”创建活动，新命名广东省科普示范社区150个。组织创作和选送优秀作品参加中国科协全民科学素质文艺汇演，荣获一、二、三等奖各1个。举办第五届广东省科普作品创作大赛，评出37个优秀作品。科普日活动项目被评为2012年全国科普日活动“优秀特色活动”项目。7月，在天津市举行的第十二届全国青少年机器人竞赛中，广东代表队获金牌总数全国第一。8月，在宁夏银川市举行的第27届全国青少年科技创新大赛中，广东代表队总成绩位居全国前列。2012年编印《食品安全大家讲》等20多种科普挂图、科普喷绘、科普折页80万多张，免费下发基层。“科普漂流书屋”是“十二五”时期广东省纲要实施的工作任务之一，截至2012年底，省科协已在社区、学校试点建立“科普漂流书屋”130座，漂流书籍4.2万册。广东省委副书记朱明国、省政府副省长陈云贤先后考察“科普漂流书屋”，要求在全省推广“科普漂流书屋”。积极搭建学术交流平台。举办“广东科协论坛”8场，“广东院士讲坛”5场。开展省级学会重大学术交流项目申报评审工作，资助广东省物理学会“中国物理学会秋季年会”等13个项目。开展第三届南粤科技创新优秀学术论文评选活动。实施省级学会国际学术活动专项资助计划，资助广东省植物学会“第13届国际植物园协会大会”等8个项目。东莞市科协承担科技东莞项目专家库管理工作，省科协组织全省各级学会为东莞市提供了3000名项目评审专家。

切实加强自身建设。省科协牵头《中共广东省委、广东省人民政府关于加强新时期科协工作的意见》起草工作并正式出台。8月，向广东省委报送《关于召开广东省科协第八次全省代表大会的请示》获批准，筹备组起草了广东省科协第八次代表大会《工作报告》等文件，编辑《科技文化在广东》、《南粤新星》、《星光灿烂》等资料，推选了大会代表和委员候选人。9月，获省政府批准协助政府有关职能部门开展新经济组织科技人员职称评审工作。省科协重点培育和扶持一批国内一流的骨干学会。组织学会承接政府转移或委托的科技服务项目，16个学会入选具备承接资质条件的第一批目录。

做好理论创新发展的工作。完成《枢纽型科技社团组织建设研究》课题，编著《科协宝鉴》。加强直属事业单位建设，广东工程职业技术学院引进高职称高技能人才，推进校园扩建二期工程建设，组建全国高校第一个股份制的职业教育集团，跻身全国高校就业50强，应届毕业生就业率达99%以上。

【出台《中共广东省委、广东省人民政府关于加强新时期科协工作的意见》】 2012年，按照广东省委的要求，省科协牵头做好《中共广东省委、广东省人民政府关于加强新时期科协工作的意见》(以下简称《意见》)起草工作。会同广东省委政研室、省政府办公厅等对《意见》进行反复修改完善，广泛征求、吸纳了各方面的意见建议，并正式出台《意见》。《意见》从7个方面提出加强新时期科协工作的18条意见，对广东省科协组织的主要任务、职能和加强组织领导、确保工作经费等作了明确规定。

【新经济组织科技人员职称评定】 7月，省科协拟订了《关于协助政府有关职能部门开展新经济组织科技人员职称评审工作方案》，提请省政府同意科协协助政府有关职能部门开展新经济组织科技人员职称评审工作。9月20日获广东省政府批准。省科协与政府有关职能部门进一步研究制定评审方案及相关操作细则。将从2013年开始，在条件成熟的领域开展新经济组织科技人员的职称评定工作。

【学会科技服务站】 省科协组织引导省级学会，在中小企业、专业镇、基层医院和农村新建学会建立“学会科技服务站”，为企业的技术创新、专业镇的产业调整升级、医院及农村先进技术推广应用、专业技术人才培养助力。2012年，全省新建省级“学会科技服务站”13个，截至2012年12月底，建立省级“学会科技服务站”50个。

【“靶向疗法”科技扶贫】 2012年，省科协积极实施《广东省科协“规划到户、责任到人”扶贫开发工作方案》，实行“靶向疗法”，开展定单位、定人、定点、定责帮扶。在东源县樟溪村继续实施蜜蜂养殖、绿竹加工和生态养鱼项目，培育科技示范户，帮助修缮村委会大楼，改善村容村貌，解决村民干净饮水问题。省科协的科技扶贫工作被评为优秀等级。

（撰稿人：刘泽周）

广西壮族自治区科学技术协会

2012年，广西壮族自治区科协系统围绕科学发展的主题和加快转变经济发展方式的主线，认真履行“三服务一加强”工作职能，深入开展决策咨询、学术交流、科学普及、人才举荐、组织建设等工作，并取得积极进展。

积极引导创新要素向企业聚集。组织实施“创新方法进百企行动计划”，先后在柳州市、梧州市、玉林市、贵港市等地举办7场创新方法萃智理论宣讲报告会，培训工程技术人员和科技管理人员1200余人。在玉柴集团建立了院士专家企业工作站，聘请中国工程院两名院士及其团队作为进站专家。联合自治区发展改革委、科技厅、国资委等部门在有关企业深入开展“讲理想、比贡献”活动。组织专家深入企业开展科技咨询服务活动，完成50多个技术项目攻关，帮助16家企业申报国家级高新技术企业认定，7家企业申报企业创新基金。

推动科普惠民惠农工作开展。100个先进单位和个人获全国“基层科普行动计划”表彰奖励，奖补资金1820万元；67个先进单位和带头人获广西“科普惠农兴村计划”表彰，奖补资金500万元。9个社区被中国科协、财政部命名为“全国科普示范社区”；26个社区被广西科协命名为“广西科普示范社区”。广西科协与财政厅联合举办广西“科普惠农兴村计划”优质农产品迎新春“农超对接”洽谈展销会，自治区副主席陈章良、自治区政协副主席李彬等出席活动。300多个农技协、科普基地，携1000多种优质农产品到现场展示，并与10家大型超市洽谈对接。

加强国际科技交流。在第九届中国—东盟博览会期间，广西科协与中国—东盟博览会秘书处、东盟工程科技院联合举办2012年中国—东盟工程项目合作与发展论坛。来自新加坡、马来西亚、柬埔寨等国家，以及中国大陆、香港特别行政区、澳门特别行政区等国家和地区的工程界专家、学者100余人参加论坛。与澳门工程师学会、京港学术交流中心签订加强学术交流、构建双方交流互动常态机制的合作协议。

充分发挥纲要办职能。印发了《广西壮族自治区全民科学素质行动计划纲要实施方案（2011—2015年）》。组织征集全民科学素质工作创新案例和调研论文，参与中国科协举办的全民科学素质文艺汇演，共获得一等奖、二等奖、三等奖、优秀奖节目各1个，广西纲要办荣获优秀组织奖。桂林、梧州、钦州、防城港、贺州、百色、来宾、崇左等市制定了全民科学素质行动计划实施方案（2011～2015年），贺州市将全民科学素质工作纳入对县区政府和市直机关绩效考评体系。

完善科普基础设施建设。广西天文馆项目批复立项。南宁市科技馆建设完成总投资超过50%，防城港、梧州、柳州、崇左等市的科技馆项目建设逐步推进。

开展主题科普活动。截至2012年10月底，自治区各级科协组织共开展主题科普活动880次，举办科普讲座966次，举办科普展览609场。组织开展全国科普日、科技活动周等活动。联合自治区党委组织部、宣传部、科技厅等单位举办广西十月科普大行动，活动历时3个多月，主题活动达600多项，受益群众400多万人次。联合自治区商务厅、科技厅等单位，在贵港市举办主题为“科普惠农惠民生、家电下乡促流通”的第21届广西科技大集暨2012广西家电下乡大型巡回宣传活动，在南宁市举办第22届广西科技大集蛇文化科普展暨蛇养殖场技术交流会。联合自治区气象局、地震局举办揭露“世界末日论”大型科普图片展，该展览共分9部分，设展板200多块，内容包括玛雅预言的来由和演变、专家对“世界末日”的解读、媒体对“世界末日论”的批判、各国打击散布“世界末日”谣言者的实例等。举办2012广西城市科普行——畅享健康生活广场舞大赛，每场比赛均吸引2000多人参与。

深化科普资源开发整合。启动“科普信息数字传递工程”建设，在南宁、北海、河池等地建设80多个科普LED数字屏，并投入试运行。出版《农博士答疑一万个为什么》丛书（第二套），获2012年全国优秀科普作品奖和农函大优秀教材奖。广西科技馆实施常设科普展厅更新改造，全年累计接待观众超过100万人次，较上年同期增长约43%。青少年科技教育活动蓬勃开展，全自治区参与人数超过100万人次，其中，联合教育厅等部门举办2012年广西青少年科技创新大赛、青少年机器人大赛，80多万青少年参与活动；组织开展“快乐科普校园行”活动、青少年科学工作室活动500多场次，参与人数超过30万人次。

组织实施科技工作者状况调查站点工作。广西区域16个全国站点中有9个被中国科协评为优秀站点，其中3A级站点3个，2A级站点2个，1A级站点4个，广西科协被中国科协评为优秀区域责任部门。中国科协在广西新增7个两级共建科技工作者状况调查站点。广西科协在全自治区设立54个自治区级调查站点，全年共编发《科技工作者状况调查站点信息摘报》31期，反映科技工作者呼声和建议，并依托站点开展《广西科技工作者继续教育、职称评定等专项课题研究》。

举荐表彰服务科技工作者。截至2012年10月底，广西科协系统累计表彰科技工作者973人次，表彰先进集体724个。向中国科协推荐第五届“全国优秀科技工作者”人选，有14名科技工作者荣获第五届“全国优秀科技工作者”荣誉称号，1名科技工作者荣获“十佳全国优秀科技工作者”提名奖。组织开展了广西自然科学优秀论文评选活动，共收到来自18个学科的803篇论文，评出优秀论文一、二、三等奖共165篇。举办了首府科技界中秋、国庆联欢会等活动，密切与科技工作者的联系。广西科协作为中国科协“八大”代表服务工作创新试点单位，积极做好在广西的中国科协“八大”代表的联系和服务工作。

推进科学道德和学风建设宣讲教育活动。2012年11月，联合自治区教育厅、科学院等单位举行2012年广西科学道德和学风建设宣讲教育活动。

加强科协组织自身建设。新批复成立广西绿色建筑技术学会、广西保健养生学会、百色学院科协、桂林航天工业学院科协。协助自治区民政厅编制了《广西自然科学类社团评估评分细则》，进一步完善和规范学会管理。组织34家所属学会参加广西第一批社会组织评估工作，16家学会被评为5A级、15家被评为4A级、3家被评为3A级。支持广西数学学会等24家学会换届选举或召开学术会议。

组织自治区科协系统37名副处级以上干部赴清华大学继续教育学院参加领导能力提升高级研修班学习。举办广西县级科协主席培训班，广西少数民族地区科协系统干部培训，承办中国科协县级科协主席培训班，94名基层科协负责人参加培训。截至2012年10月，广西科协系统举办专职干部培训班15次，培训干部超过600名。

举办第四届广西科协系统运动会，组织开展“解放思想、赶超跨越”大讨论活动和“学用政策抓落实、强化执行促发展”活动，增强科协系统的凝聚力。

【陈希到广西调研科协工作】 7月2～5日，中国科协常务副主席、书记处第一书记陈希，中国科协副主席、书记处书记程东红一行赴广西调研考察科协工作。广西壮族自治区党委书记、自治区人大常委会主任郭声琨，自治区党委副书记危朝安会见陈希一行，自治区有关领导陪同调研。

郭声琨感谢中国科协对广西经济社会发展，特别是科技事业和科协工作给予的大力支持。郭声琨表示，广西是后发展欠发达地区，高层次人才匮乏，迫切需要引进和培养更多高层次创新创业人才。希望中国科协继续加大对广西工作的支持力度，特别是帮助广西培养、吸收、引进优秀专家人才，进一步解决广西科技发展创新的“瓶颈”问题，运用科技的力量推动广西加快实现富民强桂新跨越。

陈希说，广西壮族自治区党委、政府高度重视科技事业发展，充分发挥科协组织的桥梁纽带作用，广西科技事业发展取得了显著成绩，特别是农业科技发展十分迅速，用先进科学技术改造提升传统产业取得了明显成效。中国科协将一如既往地支持广西科技发展、创新，帮助引进和培育人才，更好地组织和服务广大科技工作者，为广西加快发展贡献力量。

陈希一行深入南宁市、贵港市、玉林市、北海市等地的企业、高校、社区和科普阵地，就强化企业的技术创新主体地位，推动科技与经济结合，加强科学道德与学风建设，科普惠农惠民等工作进行调研。

【广西天文馆项目正式立项建设】 12月28日，广西天文馆项目在南宁市良庆区南晓镇正式启动。该项目于10月10日由自治区发展改革委批复立项。该项目占地250亩，项目建设总规模约2.15万平方米，项目总投资约3亿元。项目主要规划建设包括室内场馆、天文观测台和室外科普功能区等，三者之间有机结合、相辅相成，共同构成广西天文馆集天文、航天、气象“三位一体”进行科普、教育、展览的功能组合，同时在空间上与周边规划建设的自然博物园、海洋馆、低碳生活展示馆等形成集群效益，满足人民群众的科普文化需求；在功能内容上与广西科技馆实现资源优势互补，是对自治区现有科普场馆功能体系进一步的完善和拓展。

【推进国家级科技思想库建设试点工作】 7月13日，广西科协被中国科协正式批复同意列为第二批国家级科技思想库建设试点单位，试点期为2012～2015年。8月13日，召开了广西科协开展国家级科技思想库试点建设动员大会，启动了试点建设工作。10月30～31日，在中国科协召开的2012年度国家级科技思想库建设试点工作年度考核评审会上，广西科协试点被评为全国10个优良等级试点之一。

2012年，广西科协国家级科技思想库试点建设共开展10项工作：出台《广西科协关于加强决策咨询工作，推进做好国家级科技思想库建设试点工作的意见》，加强对自治区科协系统开展思想库建设试点工作的指导；细化《广西科协开展国家级科技思想库建设试点工作方案》，加强顶层设计；成立广西科协国家级科技思想库试点建设工作领导小组及办公室，加强组织领导，建立完善工作体系；面向自治区科协系统征集“2013年广西科协调查研究课题选题”，明确决策咨询方向；组织开展2011～2012年自治区科协系统决策咨询工作状况调查，摸清自治区科协系统决策咨询工作基本情况；完成《调研课题管理办法》、《科技工作者建议征集管理办法》、《调研成果出版资助管理办法》等多项管理制度草案的编制；出版“广西科协建设国家级科技思想库丛书之科技工作者状况调查系列”——《广西首次科技工作者状况调查研究成果报告》；整合一批工作资源，形成多部门共同参与试点建设的工作格局；创办《广西科协国家级科技思想库建设试点工作简报》，加强与中国科协的联系反馈和对地方科协参与试点工作的指导推动；筹划制定思想库试点建设专家库、项目库、成果库、调查站点工作平台、公共信息服务平台等“三库两平台”的设计方案。

国家级科技思想库建设试点工作启动以来，广西科协分别向自治区党委、政府、政协上报了《广西首次科技工作者状况调查研究成果报告》、《广西科技工作者反映和关注的十个问题及建议》、《广西减轻自然灾害白皮书（2012）》、《关于推进我区特色林产化工产业发展的建议》、《关于建立和完善生态补偿机制的建议》等13件（篇）调研和决策咨询成果，获得自治区8位党政领导批示。有2篇提案被评为自治区政协重点提案，其中1篇入选政协《重要提案摘报》；1篇提案荣获2012年优秀提案表彰；1篇提案被自治区发展和改革委员会在制定《广西“十二五”再制造产业发展规划》时吸收和采纳。广西首次科技工作者状况调查及研究成果荣获广西第十二次社科优秀成果三等奖。截至2012年10月底，广西科协系统提供决策咨询报告、建议175篇，获得批示80篇。

【广西科协“2012学术活动月”】 12月5日，广西科协“2012学术活动月”启动仪式在广西科技馆举行。自治区政协副主席黄日波出席仪式并宣布活动启动。部分自治区级学会秘书长及来自各相关学会的青年学者和科技工作者共300余人出席启动仪式。

本次“学术活动月”是首次举办。“学术活动月”是以项目资助的形式，择优支持所属自治区级学会承办学术活动。通过项目资助，培育和扶持一批富有活力的骨干学会不断增强桥梁意识、纽带意识和社会责任意识，不断提高学会服务会员、服务社会的能力和社会公信力、会员凝聚力。“学术活动月”期间，举办了2场专家论坛、9场学术报告会。学术交流的主题包括化学化工与可持续发展、防灾减灾与可持续发展、地理信息产业发展战略、机械工业可持续发展、食品工业发展现状及未来方向、现代光电技术发展与应用、水资源管理制度、土地整治与规划编制、亚健康与健康长寿、科技论文常用国家标准与常见结构格式、地质地学等。有近200名学科带头人、中青年学者作学术报告，2000余名科技工作者参与学术交流。

【广西科学道德和学风建设宣讲教育活动】 11月3～4日，由广西科协、教育厅、广西社会科学院、广西科学院和广西农业科学院联合举办的2012年科学道德和学风建设宣讲教育活动分别在南宁市和桂林市举行。自治区人大常委会副主任荣仕星，自治区政协副主席黄日波等出席南宁报告会。桂林市委书记、市人大常委会主任刘君出席桂林报告会。中国科学院院士杨乐、杨文采为2600余名研究生和青年科技工作者作了2场报告。杨乐院士报告的题目是《刻苦钻研，树立优良学风，做好学位论文》。他结合自身的成长经历，告诉年轻学子和青年科技人员，科研需要新鲜的血液，年轻是出成果、搞科研的好时机。杨文采院士在报告中从三个方面谈了自己学习科学精神与知识创新的体会。两位院士勉励青年科技人员养成良好的学风，树立远大的理想，传承科学思想和科学道德，努力做知识社会的精英。

【广西未成年人科普演讲团成立五周年】 5月22日，“科普成就梦想、爱心播撒希望”广西未成年人科普演讲团成立五周年回顾活动在广西科技馆举行。广西未成年人科普演讲团成立于2007年，成立5年来，演讲团在自治区开展科普演讲报告活动600余场，惠及20多万名未成年人。本次活动全面回顾并展示了科普演讲团深入自治区各地巡回开展科普演讲报告的生动事迹。自治区政协副主席、广西科学院院长黄日波等出席本次活动。中国科学院老科学家科普演讲团的3名专家和6名航天科技专家，广西未成年人科普演讲团的36名专家，以及南宁市中山路小学300多名师生参加本次活动。活动仪式上，自治区文明办、教育厅、科技厅、科协等单位向蒋应时等18位优秀专家颁发广西未成年人科普演讲团五周年“科普爱心奖”和“突出贡献奖”，向中国科学院老科学家科普演讲团颁发广西未成年人科普演讲团五周年“春蚕奖”。随后，自治区领导与各主办单位领导共同启动“航天科技连着你和我——科技专家校园行”、2012广西“快乐科普校园行”活动。

（撰稿人：陈启浩）

海南省科学技术协会

2012年，海南省科协在省委省政府的领导下，坚持科学发展，以服务于海南绿色崛起为主线，各项工作取得了新的进展。

加强决策咨询，积极建言献策。7月，省科协制定下发《关于加强决策咨询工作推进省级科技思想库建设的意见》，围绕省委省政府的中心工作、科技工作者队伍建设、科技创新和科研攻关等方向，拟定10个调研选题，面向全省招标。

开展“讲理想、比贡献”活动。省科协以“节能、减排、降耗、增效”为目标，在全省开展了以发展“绿色经济”为主题的“讲理想、比贡献”科技创新活动，开展“讲理想、比贡献”活动93项，参与科技工作者3306人次，提出合理化建议172条，企业采纳172条，采纳合理化建议实现经济效益2.05亿元。表彰“讲理想、比贡献”先进集体10个、科技标兵10名、优秀组织者10名。

实施“基层科普行动计划”。1月，省科协和省财政厅联合制定了《海南省“基层科普行动计划”实施细则》。6月，省科协、省财政厅联合组成了“基层科普行动计划”项目检查评审小组，对海口等16个市县开展活动情况进行检查和评审。获表彰的25个集体和个人带动农户26779户，辐射5672个村，推广技术27项，推广品种44个，获注册商标11个，获中国科协项目经费资助275万元。在琼中市等11个市县（省农函大）开展了16 ~ 20岁农村青年农村适用技术培训，使他们掌握1 ~ 2门适用技术。全年举办培训班122期、培训4万人次。

实施《科学素质纲要》，提升公民科学素质。省科协组织各成员单位，听取意见，制定下发《海南省全民科学素质行动计划纲要实施方案（2011—2015年）》，部署安排“十二五”期间海南省全民科学素质工作的阶段目标、重点任务和保障措施等。全国科普日活动期间，海南省科协重点开展了“科技下乡”等13项群众性、社会性的科普活动，全省各市县区科协结合活动主题举办69项科普活动，参与活动人数达200多万人次。

组织开展形式多样的青少年科技教育和科普活动。6 ~ 9月，开展了“饮食健康从我做起——2012年海南省青少年科学调查体验活动”，在海南省10多个市县组织中小学生围绕《活动手册》，以班级、小组、家庭为单位，开展科学调查体验活动，发放资源包40个，提供数据1300余份。10月，组织开展海南省“大手拉小手青少年科技传播行动”和“科普报告海南行”活动，邀请中国科学院科普演讲团的7位老科学家，深入海口等15个市县的42所学校开展科普讲座。

开展主题科普活动。9月15日，以“节约能源资源、保护生态环境、保障安全健康、促进创新创造”为主题的2012年海南省“全国科普日”活动在海南大学开幕，1000多名海南大学师生和群众参加了海口主会场科普大集市活动。海南省“全国科普日”活动省科协重点开展“科技下乡”、“第十四届‘飞向北京—飞向太空’全国青少年航空航天模型教育竞赛”等科普活动。全省各市县区科协和省级学会按照统一部署，围绕活动主题，举办“食品安全与健康”活动，以及科普进社区、入学校、到机关、下农村等各类活动，参与活动100多万人次。5月9日，主题为“普及科学知识，促进和谐发展”的第七届科技活动月在文昌市启动。活动展出科学预防核辐射科普知识展板60块、三维立体（3D）科普展板72块、青少年科技创新大赛作品60件、发放各类科普小册子5000册。

加强科普教育基地建设。成立“海口市120急救中心”省级科普教育基地，组织“海南省规划展览馆”和“海南呀诺达雨林文化旅游区”等5家申报国家级科普教育基地，新建科普宣传栏65个。截至2012年底，全省国家级科普教育基地有7个，省级科普教育基地有6个。制作两套170块科普展板，编印《家庭食品安全科普知识》折页12000册、《常见传染病预防科普知识》口袋书10000册，在全省各市展览和发放。

加强国内外学术交流。省科协引进美国、德国、英国、日本等发达国家高层次专家15人次，在生物制药、临床遗传学、医疗卫生及休闲农业等领域开展学术交流及项目合作。省科协支持3个国际性学术会议、11个学会学术会议、1个市县科协学术会议、1个科技沙龙、2个专家论坛、7个学会科普项目和2个企业科普项目。参加学术人数达到1092人次，交流论文1798余篇，受众6300人次，发放资料3000册份,2012年申报学术交流项目32项，学会科普项目15项，有14个学术交流项目，9个学会科普项目被确定为海南省科协学术和学会科普项目，省级学会举办学术交流会议15次，参加会议的专家学者1875人次，交流论文572篇。

努力科技工作者服务。6月，开展第五届海南省优秀科技工作者评选及全国优秀科技工作者推荐评选工作。105名科技工作者参加评选，马燕琳等30名同志被评为第五届海南省优秀科技工作者，史海涛等8名同志为全国优秀科技工作者候选人，钟春燕同志为十佳全国优秀科技工作者提名人选。

切实加强自身建设。制定学习型党组织建设计划，党组理论学习中心组做到每月集中一次学习讨论。机关党委举办2次党课讲座、7次组织机关党员干部参加省直机关工委组织的专题辅导报告会和大特区讲坛讲座。继续开展创先争优活动，建立领导点评、党员评议、督查制度，定期督查创先争优活动开展的进度和落实情况等。6月，根据海南省委省政府的统一部署，省科协开展了集中整治“庸懒散贪”问题专项工作，传达学习海南省委有关文件精神，对省科协开展集中整治“庸懒散贪”问题专项工作进行动员部署。成立海南省科协集中治理“庸懒散贪”问题专项工作领导小组，制定和印发《省科协集中整治“庸懒散贪”问题专项工作实施方案》，设立投诉举报电话和信箱。

【海南省委副书记李宪生看望省科协干部职工】 1月16日，海南省委副书记李宪生一行到海南省科协机关，看望省科协干部职工，并对省科协工作提出了具体要求和希望。

李宪生强调，科协工作要突出重点，一是要把科协的学会工作抓好，充分发挥学会的作用，为海南省经济建设服务。二是科协要把科技工作者的队伍建立好，组织科技工作者围绕全省的重大活动做一些实事。省科协要脚踏实地，围绕全省经济社会发展，每年扎扎实实办好一、二件实事。三是要抓好海南省科技馆的建设。

海南省人大常委会副主任、省科协主席康耀红，省科协党组书记、副主席陈永明等陪同。

【《海南省全民科学素质行动计划纲要实施方案（2011—2015年）》】 1月5日，海南省人民政府办公厅印发《海南省全民科学素质行动计划纲要实施方案（2011—2015年）》（以下简称《方案》），部署安排“十二五”期间海南省全民科学素质工作的阶段目标、重点任务和保障措施等。

《方案》明确了海南省全民科学素质工作“十二五”时期发展目标。“十二五”时期是建设海南国际旅游岛的关键时期，是全面建设小康社会的关键时期，是深化改革开放、加快转变经济发展方式的攻坚时期。制订“十二五”时期海南省全民科学素质行动计划纲要实施方案，进一步加强公民科学素质建设，对于增强自主创新能力，转变经济发展方式，保障和改善民生，坚持以人为本，促进经济社会长期平稳较快发展，助力国际旅游岛建设具有重要战略意义。

【陈希考察调研海南省科协工作】 8月13～15日，中国科协常务副主席、书记处第一书记陈希到海南省考察调研。海南省委书记、省人大常委会主任罗保铭会见了陈希一行，海南省委常委、秘书长孙新阳参加了会见。海南省人大常委会副主任、海南省科协主席康耀红陪同考察调研。

在海南省委常委、三亚市委书记姜斯宪陪同下，陈希先后考察了三亚国际数学论坛会址、三亚市南繁科学技术研究院。实地察看了会址建设情况，并听取了三亚国际数学论坛情况汇报。在三亚南繁研究院考察期间，陈希听取了研究院负责人对公共服务创新平台、南繁博物馆、南繁种业科技孵化器等建设情况的汇报。陈希希望南繁研究院进一步加强与企业合作，积极推进科研成果转化为现实生产力。

8月15日，陈希一行考察了中国热带农业科学院热带生物技术研究所和海南大学。在中国热带农业科学院热带生物技术研究所，参观了农业部转基因植物及植物用微生物环境安全监督检验测试中心及能源作物分子育种、甘蔗基因工程、热带生物资源与生物质能源、大型综合仪器室等多个实验室，并了解了由中国科学技术协会批复建立的热带药用植物研究与利用国际联合实验室的发展情况。在海南大学，参观考察了信息学院海洋通讯实验室、农科群楼、理科实验楼、大学生活动中心等，观看了海洋通讯实验，并就学校的科研、建设、发展情况与相关专家进行座谈。

中国科协计划财务部部长王延祜、国际联络部部长张建生参加考察调研活动。海南省科协党组书记、副主席陈永明，海南大学校长李建保，海南省科协党组成员、副主席陈民等陪同考察调研。

【海南省科协四届五次全委会】 4月27日，海南省科协第四届委员会第五次全体（扩大）会议在海口市召开。海南省人大常委会副主任、省科协主席康耀红作工作报告，省科协委员，省科协机关干部和直属单位负责人及各市县（区）科协主席、各省级学会主要负责人200余人参加会议。会议由海南省科协党组书记、副主席陈永明主持。

康耀红代表海南省科协第四届常委会，向大会作了题为《勇于进取，开拓创新，全力为国际旅游岛建设服务》的工作报告。会议审议通过了海南省科协四届五次全委会工作报告，并向18名获第九届海南省青年科技奖的优秀科技工作者颁发了奖章、证书和奖金。

【2012年海南省科学道德和学风建设集中宣讲教育报告会开幕式暨首场报告会】 10月30日，2012年海南省科学道德和学风建设集中宣讲教育报告会开幕式暨首场报告会在海南大学举办，中国科学院院士杨乐以《培育优良学风 做好学位论文》为题，为1000多名海南大学青年学子和青年科技工作者做宣讲。海南省人大常委会副主任、省科协主席康耀红出席开幕式并讲话。海南省科协党组书记、副主席陈永明代表活动主办方对2012年海南省科学道德和学风建设宣讲教育工作进行了部署。

【第24届海南省青少年科技创新大赛】 4月16～18日，由海南省科协和海南省教育厅共同主办的第24届海南省青少年科技创新大赛在海口市举行。海南省人大常委会副主任、省科协主席康耀红，省科协党组书记、副主席陈永明，省科协巡视员刘智慧，省科协副主席陈民，省教育厅副厅长廖青林等有关单位领导出席了大赛闭幕式。陈永明在闭幕式上作总结讲话。各参赛学生代表、老师及嘉宾近1000人参加了闭幕式。

大赛自2011年9月开始启动，有18个市县的27支代表队上报作品，10000多名师生参与活动。活动评出优秀青少年科技创新成果364项，其中一等奖65项、二等奖128项、三等奖171项，优秀科技辅导员科教创新成果奖一等奖20项、二等奖14项，优秀科技辅导员10名，优秀科技实践活动一等奖10项、二等奖13项、三等奖23项，优秀少儿科幻绘画168幅，其中一等奖30幅、二等奖53幅、三等奖85幅，优秀组织奖22个，海南省科协主席奖6项，《科学时代》杂志励志奖20项。从中推荐12项青少年科技创新项目、20项科技辅导员创新项目、10项青少年科技实践活动项目和30幅少儿科学幻想绘画作品参加第27届全国青少年科技创新大赛。

（撰稿人：刘红军）

重庆市科学技术协会

2012年，重庆市科协认真贯彻落实中央和市委的重大决策部署，按照“三服务一加强”工作定位，围绕年度目标任务，各项工作取得新的成效。

加强决策咨询，推进国家级科技思想库建设。中国科协与重庆市政府签订《关于促进重庆在西部率先全面建成小康社会的合作协议》。市科协报送的2011年《重庆市农村供水问题研究》等5个重点课题专家意见建议得到市领导批示，推进市级科技思想库建设试点工作；组建科技工作者调查站点25个，上报有效信息40余条。

服务自主创新，促进企业发展。开展“讲理想、比贡献”活动，完成项目5600余项，合理化建议被采纳1.2万条。新建立院士专家工作站7家、柔性引进院士专家30余名。推动产学研合作，促成5所高校与8家企业院所达成合作协议，重庆科技咨询中心进入中国创新驿站试点单位，承办全国企业科协科技信息服务项目工作经验交流会。

坚持科普惠民，实施基层科普行动计划。2012年落实专项资金1265万元，中国科协配发科普大篷车1辆、科普展品2套，与潼南县签署战略合作协议，组织民生工程专家服务团赴潼南县、南川区等地开展“服务民生，助推发展”五进活动。举办重庆市农技协工作培训交流会，重庆市农技协联合会被评为全国先进农技协。强化基层科普工作。举办全国科普日、科技活动周、防灾减灾日、食品安全宣传周等科普宣传活动，20万人次群众参加。开展大篷车渝州行活动，进驻学校60所，受益师生、群众超过100万人次。在重庆市19个区县的87个社区开设科普大学教学班114个，招收学员6000余名。围绕重点产业开展科普活动，深入重庆两路寸滩保税港区、重庆西永微电园区为IT企业员工送去科技馆门票、科普书籍、科普文艺演出等“科技大餐”，10万人受益。

开展青少年科技教育活动。承办全国青少年科学工作室科技辅导员培训班，完成首届重庆市青少年科技创新市长奖评选，重庆市长黄奇帆出席颁奖仪式并为获奖学生颁奖。4月28日起，重庆科技馆免费向中小学生开放，2012年免费接待中小学生约97万名。邀请中国科学院院士、高能天体物理学家李惕碚等6名院士专家举办航天科技连着你和我——院士专家校园行百场科普报告会，受益青少年达9万余名。组织151名学生参加北京、上海、重庆三地高校科学营活动。开展“长大要当科学家”青少年植绿护绿特别行动，举办第27届青少年科技创新大赛、第23届青少年科技模型大赛、2012年青少年机器人大赛等赛事。组团参加第27届全国青少年科技创新大赛、明天小小科学家、第八届宋庆龄少年儿童发明奖评选活动，重庆代表团共获奖51项。

强化科普资源共建共享。三峡博物馆、重庆科技馆、重庆白鹤梁水下博物馆等8个科普场馆被中国科协命名为2012年全国科普教育基地；联合公交广告公司建设公交车座椅科普宣传栏，在重庆市近200条线路的3000余辆公交车上投放科普公益广告近30万幅。编印《营养学基础》等社区科普大学教材3本，印发《食品安全》、《防灾减灾》等科普资料5种18万册，在民心佳园等5个公租房社区建设科普宣传栏110余米。加强科普宣传工作，完成“区县领导谈科普”专访、“全国科普示范区县”系列宣传，制作播出“科普惠农兴村”系列专题片，举办《科技·人文大讲坛》3期。2012年，在省市级以上媒体累计报道1200余篇次。

搭建学术交流平台，促进学术繁荣。承办第21次中国科技论坛、山地城镇可持续发展专家论坛、中西南学会学研究第30届年会、中国解剖学会年会、2012年国际护理学术会议等学术会议，举办首届重庆青年科学家论坛、第七届亚太汽车电子技术论坛、亚太昆虫生理学大会、中国（重庆）国际表面工程大会、重庆科技沙龙等200余次学术活动，参加人员达10万余人次。主办科技期刊12种、刊发学术论文近1500篇，编辑出版论文集56部、收录论文2000余篇。出资110万元资助市级学会重点学术项目50个，其中品牌学术活动15个，在重庆医药高等专科学校等10个单位建立“青艾小屋”站点10个。

深化对外交流与合作。设立中国科协海智计划重庆工作基地，举办2012创新型经济国际论坛、第十届海峡两岸休闲农业研讨会、21世纪中英创业计划大赛2012中国赛区决赛等科技交流活动。开展2012海外赤子为国服务行动计划暨百名海外博士重庆行活动，与会专家、学者与重庆市50余家企业和科研单位签订合作协议89项。

努力为科技工作者服务。举荐表彰优秀人才，推荐14名科技工作者获“第五届全国优秀科技工作者”荣誉。推荐8个集体、14名个人获得全国“讲理想、比贡献”活动先进表彰；重庆市望江公司在全国“讲理想、比贡献”活动总结表彰大会上作经验交流发言；完成市级“讲理想、比贡献”活动考核评选工作，评选出重庆市“讲理想、比贡献”先进集体和个人90名。评选并表彰第七届重庆青年科技奖获得者10名。推进科学道德和学风建设宣讲教育工作，新增31名专家教授为市宣讲团成员，确定了重庆大学、西南大学等9所高校为在本科生中开展宣讲教育的试点高校，邀请中国科学院院士杨福家、严纯华等专家作集中宣讲，2012年举办各种宣讲报告会270余场，受教育师生超过12万人次。

加强自身建设。召开重庆市科学技术协会第四次代表大会，选举产生了新一届委员会。开展创先争优、读书月等系列活动，组织两批科协系统干部赴深圳综合开发研究院参加“创新能力提升”专题培训。召开区县科协创新发展工作座谈会，推动基层科协发展，新成立企事业科协100余家，其中园区科协11家，新成立基层农技协417个。新成立重庆市青少年性健康教育研究会等学术类社团2个，接收重庆市护理学会等9个学会为市科协团体会员。新成立重庆市科普发展基金会。出台《领导干部联系制度》、《会议制度》、《财务制度》、《机关纪律管理办法》等工作制度。支持学会承接社会职能，重庆市兵工学会获准成为2012年度学会改革发展基础工程项目13个试点省级学会之一，重庆市工程师协会、重庆市风景园林学会、重庆市消防协会等30余个市级学会获批承接了科技评价、设立科技奖项等社会化职能。指导北碚区科协将心理辅导融入社会管理，组建心理咨询服务队伍，开设社区心理咨询室28个。参与社会服务，举办《学会理事长谈科技促民生》栏目9期，平均每期在线网民2万余人。

【重庆市科协第四次代表大会】 12月3～5日，重庆市科协第四次代表大会在重庆市委礼堂召开。中国科协常务副主席、书记处第一书记陈希，重庆市委副书记、市长黄奇帆出席大会开幕式。700余名科技工作者和各界人士参加了大会。大会听取并审议通过了重庆市科协三届委员会主席、中国工程院院士钟志华作的题为《凝心聚力，乘势而上，团结带领全市科技工作者，为推进科学发展富民兴渝而努力奋斗》的工作报告，表彰了重庆市科协系统30个先进集体和61名先进个人，选举钟志华为重庆市科协四届委员会主席，黄明会、王勇等23名同志为副主席，张白杨、刘德瑜等58名同志为常务委员。大会期间，陈希与黄奇帆分别代表中国科协和重庆市政府签定了《关于促进重庆在西部率先全面建成小康社会的合作协议》。

【首届重庆青年科学家论坛】 9月15日，以“科技创新与科技道德”为主题的首届重庆青年科学家论坛举行。重庆市委副书记张轩，市委常委、组织部长徐松南，市级有关部门，高校负责人，部分在重庆的中国科学院、中国工程院院士，长江学者，国家“青年千人计划”特聘专家及一线科技工作者550余人出席论坛。美国《科学》杂志主编布鲁斯·艾伯茨和中国科学院院士、北京大学教授严纯华先后作了题为《科学与世界的未来》、《创新研究中的学规和伦理问题》的学术报告。来自重庆市内高校、企业的3位青年科技专家，围绕我国非常规天然气开发利用、器官再生研究和物联网技术在高速公路的创新应用等课题作了交流。论坛还设立了新能源汽车的机遇与挑战、现代生物技术与临床转化医学、新一代信息技术及安全、科技创新与现代农业、新材料科学多尺度研究等6个分论坛。

【科学道德和学风建设宣讲教育活动】 联合重庆市教委、重庆社会科学院开展科学道德和学风建设宣讲教育活动，调整充实了领导小组，新聘了13名专家为宣讲团成员，总数44名，在重庆大学、西南大学等9所高校本科生中开展宣讲教育试点工作，向重庆市内各高校印发了《关于做好2012年重庆市科学道德和学风建设宣讲教育有关工作的通知》。9月27日，邀请中国科学院院士、复旦大学原校长杨福家，重庆大学原党委书记祝家麟等专家、学者为2000余名在校研究生作了题为《做一个诚信的人——与研究生交流》和《学术道德与诚信》的报告。举办各种宣讲报告会270余场，受教育师生达19.5万人次，覆盖了重庆绝大部分在校研究生和6.6万余名本科生。

【2012海外赤子为国服务行动计划暨百名海外博士重庆行活动】 12月14～15日，由国家人力社保部、中国科协和重庆市政府共同主办，重庆市委组织部、重庆市人力资源和社社会保障局、重庆市科协共同承办的2012海外赤子为国服务行动计划暨百名海外博士重庆行活动举行。重庆市委常委、常务副市长马正其，市委常委、组织部部长徐松南和国家人力资源和社会保障部、中国科协有关部门负责人出席活动。来自美国、英国、法国、德国、澳大利亚等17个国家和地区的145名专家、学者、企业

高管和海外博士参观了两江新区规划展览馆、重庆海扶技术有限公司、重庆科学技术研究院，听取了两江新区管委会、北部新区管委会等单位的引才、引智推介，与市内50余家企业和科研单位进行了面对面洽谈交流，签订《健康体检云平台及个人健康管理平台项目建设》等合作协议29项、《智能化交通信号控制器研究及产业化项目建设》等意向合作协议60项。

【全市区县科协创新发展工作座谈会】 8月11～14日，重庆市科协在酉阳县组织召开全市区县科协创新发展工作座谈会。会议传达学习了全国科技创新大会会议精神，邀请中国科协科普部部长杨文志作了题为《把握新变化新要求新期待 充分发挥科协的独特作用——公民科学素质建设的形势和任务》的专题报告，并对全市各级科协组织提出了“让科协组织更加‘动’起来，不断树立科协组织新形象；让科协工作更加‘活’起来，不断实现科协工作新跨越；让科协品牌更加‘亮’起来，不断开创科协事业新局面”的新要求，重庆市科协全体驻会领导、机关部室负责人和各区县科协主席、党组书记、办公室主任参加了会议。

（撰稿人：秦定龙）

四川省科学技术协会

2012年，四川省科协团结带领全省广大科技工作者，在服务经济社会发展、提高全民科学素质和加强科技人才队伍建设等方面发挥了积极作用。

广泛开展学术交流活动。联合相关单位共同举办了川台建筑抗震加固学术研讨会、水稻遗传育种学术报告会等8场学术会议。着力打造高端学术品牌，举办了“探讨和展望人体基因遗传学检测”、“探讨家庭参与式常见慢病管理模式”等4场天府创新论坛。

深入开展企业技术创新服务活动。大力开展“讲理想、比贡献”活动，各地提出合理化建议7.48万条，实现经济效益33.56亿元。努力推进院士（专家）工作站建设，首批10家省级院士（专家）工作站在成都市授牌。截至2012年底，全省共建院士（专家）工作站96家（其中省级站20家），进站院士53位、高级科技人才330名，培训一线技术人员1000余人次，研发新技术130余项，服务企业400余家。

大力实施“基层科普行动计划”。争取到中国科协、财政部“基层科普行动计划”奖补资金3320万元，对92个农技协、37个农村科普示范基地、18个农村科普带头人、1个少数民族科普工作队和30个科普示范社区进行奖补；省级配套奖补资金1500万元，对100个农技协、40个农村科普示范基地和50个农村科普带头人进行奖补。

大力开展科技咨询技术服务。省科协科技咨询服务中心被省科技厅认定为全省第一批“科技服务示范单位”。科技成果转化服务能力进一步增强，企业科技信息服务推广运用取得新成效，完成230个企事业单位的270余名技术人员专利应用工程师和专利信息技术应用培训，推送专利信息数据库330余套，其中全信息数据库90套。

推动全民科学素质提高。完善《科学素质纲要》工作领导体制和工作机制，扎实推进《全科学素质纲要》工作实施。积极开展农函大农村科普人才培训和科普网络书屋建设，全省新建科普网络书屋120个。推进四川省第五批科普示范县（市、区）创建活动，充分发挥典型的示范带动作用。积极开展“社区科普益民行动”，提升城市社区科普工作水平，命名武侯区长寿苑社区等100个社区为省级科普示范社区。联合省文明办、省教育厅、省科技厅等单位共同举办以“保护生态环境与食品安全”为主题的首届四川省青少年科普文化节，重点为全省中小学生开展科普电影展映、科普图书优惠展销及赠书活动、青少年科普知识竞赛、小学生科幻绘画展及小学生科学观察日记征文比赛等5个系列的活动。“天府科普大讲堂”全年开讲35场，有38个省级学会参与，35名专家主讲，听众达2.8万余人。举办第27届四川省青少年科技创新大赛和全省青少年机器人创新实践活动。拓展《科普大篷车》电视节目的播出范围，全省播出单位达193家，播出次数达18528次。

为培养造就优秀科技人才服务。积极开展四川省科协系统先进集体和先进工作者评选表彰工作，全省40个集体和99名个人获得表彰。依托农技协、科普示范基地，广泛开展对农民工、农村党员干部、农技协负责人和技术骨干的实用技术培训。打造科技工作者活动品牌，举办“中国科协会员日”活动，各级科协、学会和会员之间的联系进一步加强。

加强科协自身建设，切实增强服务能力。积极争取省委办公厅、省政府办公厅出台了《关于进一步加强新时期科协工作的意见》，为科协事业发展进一步营造良好的政策环境。召开省科协第八次代表大会，选举产生了省科协新一届领导机构。加强科协基层组织建设，全省新成立企事业科协45家、全省企事业科协总数达到478家，新成立老科协5家。

【四川省科学技术协会第八次代表大会】 12月21日，四川省科协第八次代表大会在成都市召开。四川省委书记王东明，中国科协副主席、书记处书记程东红出席并讲话。四川省委副书记、省长蒋巨峰，省政协主席陶武先等省领导，以及四川省科协名誉主席、中国科学院院士刘宝珺，四川省科协名誉主席卢铁城，四川省科协主席、中国工程院院士、四川大学校长谢和平，四川省科协副主席、中国科学院院士刘应明等出席开幕式。700多名来自全省各战线的科技工作者代表出席会议。

谢和平代表省科协第七届委员会向大会作工作报告，省科协副主席侯水平代表省科协致开幕词，团省委书记张彤代表人民团体致祝词，重庆市科协党组书记、副主席黄明会代表兄弟省科协致祝词。四川省科协党组书记、副主席吴凯主持开幕式。

王东明在讲话中要求，四川省科协系统要充分发挥组织、联系、协调作用，围绕四川省重点产业，组织科技协作、科技攻关，推进科技与经济结合、产学研结合，推动科技成果转化，为经济社会发展服务。要围绕四川省重大科技题目，组织研究，建言献策。要加强科普工作，深入宣传科技知识，大力推广实用技术，努力提升全民科学文化素养。要加强自身建设，努力建设“科技工作者之家”，服务广大科技工作者。

程东红在讲话中强调，科协要凝聚科技工作者智慧力量，在推动创新驱动发展中更加奋发有为；要在提高全民科学素质、推进社会主义和谐社会建设中更加奋发有为；要切实履行桥梁纽带职责，在为科技工作者服务方面更加奋发有为；要在加强科协自身建设，建好科技工作者之家、当好科技工作者之友中更加奋发有为。

大会审议了《四川省科学技术协会第七届委员会工作报告》和《四川省科学技术协会实施〈中国科学技术协会章程〉细则》，选举产生了四川省科学技术协会新一届领导机构。谢和平当选为四川省科协第八届委员会主席。大会对四川省科协系统40个先进集体和99名先进个人进行表彰。

【四川省科协与巴中市人民政府签订合作协议】 6月12日，四川省科协与巴中市人民政府签订合作协议。协议明确了合作双方的重点任务。

省科协的重点任务：一是促进巴中着力提高全民科学素质。包括逐步配备科普大篷车，推动巴中建设科技馆，支持巴中农村综合科普示范区建设，支持创建全国科普示范县（区）等。二是支持基层科普能力建设。指导巴中抓好社区科协、农技协的建设和发展，支持巴中建设农村综合科普示范区。三是助推企业科技进步。支持开展“金桥工程”、“厂会协作”、科技咨询等服务活动，支持加大高端人才引进，争取在5年内帮助巴中建立1家院士工作站和4家各具特色的专家工作站。四是帮助巴中科技人才成长。强化对巴中各类科技学会专兼职工作人员和会员的培训，支持巴中承办重要的学术会议。五是探索基层科普工作的路子。省科协将通过与巴中市的合作，在助推经济社会发展、创新科协工作模式和有效发挥专家人才的作用等方面进行试点，积极探索基层科普之路。

巴中市政府的重点任务：一是加强对科协工作的领导。充实和完善《科学素质纲要》领导小组，将科学素质纲要工作纳入市政府目标考核内容，把科协工作纳入全市经济社会发展规划，同部署、同落实。二是建立健全科协组织网络。支持建设好县（区）、乡镇（街道）、社区、企事业等基层科协组织，配齐配强各级科协领导班子，逐步改善科协工作条件等。三是切实加强科普能力建设。优先解决市科技馆建设中的具体问题，支持城镇、社区科普画廊等科普基础设施建设，支持农村科普“站、栏、员”建设，努力增强科普服务能力。四是全力做好保障工作。按照《中华人民共和国科学技术普及法》及科普示范县创建标准，足额预算科普工作经费，并随着财力增长逐年增加；切实解决好科协机构、编制等工作中的实际困难。设立巴中市青少年科技创新大赛奖励，充分调动青少年科技创新热情。

此次合作期限为5年，合作双方明确了合作机制。一是加强组织领导。成立四川省科协与巴中市人民政府战略合作推进领导小组，双方分别确定一个牵头责任部门，并将其主要负责人作为联络员，保持密切联系与磋商，指导和协调合作工作有效开展。二是定期召开联席会议，共同制定年度工作计划，确定合作重点等工作。三是密切信息沟通。通过不定期制发简报、交流调研等多种形式，建立全方位、多层次的合作信息通报交流渠道，促进不断拓展双方合作范围、深化合作内容、提高合作层次，更好地服务巴中经济社会发展。

【建立多媒体科普信息平台——“赛先生的背影”】 12月15日，省科协举行新闻发布会，发布了利用现代新兴媒体建成的科普平台“赛先生的背影”。“赛先生”是从科学的英文单词“Science”演变而来。“赛先生的背影”以移动互联网络为基础，以智能手机为终端，集资讯、图片、视频和增值服务于一体，为社会公众提供科普信息服务和科普资源服务的双向互动式科普平台。“赛先生的背影”开设有“今日看点”、“科学进展”、“科学生活”、“科普惠农”、“科学幻想”、“科学美图”、“科学博客”、“科学名词”等栏目，还将陆续增加社会公众关心的热点栏目。“赛先生的背影”作为现代新兴媒体科普平台，以“关注生产、生活和生存，理解科学法则和科学精神”为理念，着力打造集科普信息传播中心、科普资源集成中心、科普网络互动中心为一体的科普信息网络平台。

【“走近在川院士”大型专题宣传报道活动】 11月9日，“走近在川院士”大型专题宣传报道活动推出第一期《最懂人生味道的智者——中国工程院院士李乐民》，截至2012年底，宣传报道活动共推出4期。

四川省现有院士59人，他们作为科技战线的领军人物，为全国、全省科技进步和经济社会发展以及国防建设作出了突出贡献。为了宣传在川院士的学术成长历程，弘扬在川院士求真务实、锐意创新、勇攀高峰、无私奉献的科学精神，营造有利于创新创业、创造创优的良好氛围，激励广大科技工作者为建设创新型四川，加快建设西部经济发展高地努力奋斗，省委组织部、省科技厅、省科协联合主办了“走近在川院士”大型专题宣传报道活动。活动由四川科技报社、科幻世界杂志社承办。《四川科技报》开辟专版、专栏，以报告文学、人物通讯和专访等形式重点展示在川院士的学术成长经历、重大科技成就，学习、工作及生活经历，全面展示在川院士的人生风采。

【第六届四川省博士专家论坛】 11月15日，由省科协、南充市人民政府主办，南充市科协承办的第六届四川省博士专家论坛在南充市召开。特邀专家、论文作者及省级学会，各市州科协推荐代表共300人参加论坛。

本次论坛围绕“城镇化与工业化互动——嘉陵江流域发展与成渝经济区建设”的主题，共同探讨嘉陵江流域城镇发展与产业科学发展、科学布局，城镇发展与生态、环保、人居等民生问题，为嘉陵江流域与成渝经济区产业科学发展和布局提出建议。

中国社会科学院学部委员，经济学部副主任吕政作了题为《经济增长面临的困境与出路》的特邀报告。吕政从经济增长预期与经济增速必然趋缓的矛盾、应对经济增长速度趋缓的措施、城乡统筹与协调发展问题等七个方面进行了阐述。四川省社会科学院副院长盛毅研究员作了题为《两化互动，统筹城乡背景下的城乡产业发展》的特邀报告。

与会专家还作了题为《嘉陵江流域：成渝经济区北部正在崛起的新兴经济带和增长极》、《城镇化与农村产业结构的协调发展》、《嘉陵江流域城郊丘陵区“生态农业旅游”垂直景观模式研究》等7个专题报告。报告从多角度分析了当前四川以及南充市在城镇化与工业化互动发展中面临的难题，并为四川的经济社会健康发展提出了建议。

论坛还对优秀论文和优秀组织单位进行了表彰。评出优秀论文一等奖7篇，二等奖13篇，三等奖17篇，优秀组织单位7个。编辑出版了《城镇化与工业化互动》论文集。

（撰稿人：关豪杰）

云南省科学技术协会

2012年，云南省科协围绕建设省级科技思想库，扎实推进和谐云南献智献策活动。以项目资助形式支持省级学会开展调研咨询项目6项，向省委、省政府和有关部门报送省科协《专家建议》6期。省级学会上报的关于云南省农技队伍建设、高原特色蔗糖产业、橡胶产业、茶叶产业等方面的研究报告，得到了省委、省政府领导的批示。举办了以“高原特色农业培育和发展”为主题的第二届省科协学术年会暨高原特色农业发展论坛，论坛围绕“高原粮仓、特色经作、山地牧业、淡水渔业、高效林业、开放农业”等内容，提出了云南高原特色农业发展的方法途径和对策措施，形成了《云南高原特色农业发展院士专家咨询报告》，上报省委、省政府。举办了以“城乡统筹发展中的新农村建设”为主题的云岭新农村建设研讨会，研讨会围绕云南省“三大战役”和“三化进程”的理论与实践进行了交流和讨论，形成的专家咨询报告以省科协《专家建议》形式上报省委、省政府。

持续开展群众性技术创新活动。召开了云南省“讲、比”活动领导小组会议和省企业科协工作会议，评选表彰了60个省级“讲、比”活动先进集体和优秀个人。在相关企业开展了2期创新理论和知识产权巡讲活动。截至2012年底，云南全省共组建6个科技专家服务站，建立企业科协组织153个。累计有1000多个企业的15000余名科技人员参加“讲、比”活动，提出合理化建议11000多条，推动了企业科技进步和自主创新。

实施科普惠农兴村计划。云南省共实施了139个科普惠农兴村计划项目，获奖补资金2420万元。与省财政厅联合，实施了120个省级科普惠农兴村计划试点项目，安排项目资金600万元。举办了云南省第一届科普惠农兴村计划成果展示会，中国农村专业技术协会在大理市成立了核桃种植与加工技术交流中心。云南省科协在楚雄彝族自治州成立了第一个农村专业技术协会技术交流中心，为推动农技协创新发展探索了新路。2012年，全省各级农函大共培训一年制学员12.1万人，培训人数位居全国第一。继续推进科普富民兴边工作，截至2012年，省级已投入科普富民兴边试点工作资金339.3万元，带动相关州（市）投入40万元，试点县投入71.3万元。

切实履行省科学素质工作联席会议办公室职责，加强与各地、各相关单位的联络协调。云南省政府办公厅印发了《云南省全民科学素质行动计划纲要实施方案（2011—2015）》，明确了“十二五”全省全民科学素质工作的目标任务和具体措施。召开了全省《全民科学素质行动计划纲要》实施工作会议，对云南省《全民科学素质行动计划纲要》“十二五”实施方案进行了分解、细化和落实。

开展主题科普活动。主办了以“珍惜资源环境、保障安全健康、加强防灾减灾、促进科学发展”为主题的全国科普日活动。围绕科学生活、健康生活，举办了15期云南科普大讲坛活动。在迪庆藏区启动“天文科普入寺院、医疗健康进藏区”主题科普宣传活动。《奥秘》画报全年发行12期、100多万册，继续保持了在全国青少年科普期刊中的领先地位。印发《云南科坛》12期共4.8万册，《云南农村科普》24期共96万份。举办了第27届全省青少年科技创新大赛和机器人竞赛，开展了全国高校科学营活动。建成并启动了云南省科技馆“科学的探索”大型科普展览。继续推进科普大篷车联合行动、科技馆活动进校园、全国流动科技馆巡展等专题科普活动。

加强社区科普工作。召开了全省“村转居”社区科普益民现场会，提炼并形成了曲靖市麒麟区、楚雄彝族自治州、昆明市盘龙区、玉溪市红塔区、大理市、临沧市临翔区等地各具特色的“村转居”工作新模式。启动实施了全省社区科普益民计划项目，共评选出50个省级示范社区，其中有13个社区被评为全国科普示范社区。

重点推进省科技馆新馆建设。2012年云南省科技馆新馆建设项目共投资1.8亿元，完成地下建筑施工13995平方米，并开始地上主体建筑的施工。截至2012年，全省已建有州（市）科技馆2个，县（市、区）科技馆（科普活动中心）20个，全国科普示范县（市、区）28个，科普教育（示范）基地663个，科普活动站（室）7065个，科普画廊（栏）7224个，配备了1.03万名科普宣传员。

实施民间国际科技交流与合作。全面深化“海智计划”云南行动，举办了5场国际科技前沿学术报告会和2场“海智”计划专家咨询座谈会，组织了3次“海智”计划生物医药合作项目推介会，引进并实施了医学新技术项目2个。出访团组就现代农业、生态文明、高层次人才引进等内容进行了交流，与国外相关高校和机构签署了合作协议10个。建立了省科协北美、欧洲人才培训基地和云南“海智”计划欧洲工作站。承办了第45届东南亚测绘协会理事会会议暨第一届东盟测绘界技术研讨会。与东南亚测绘协会签署了双边合作框架协议。

加强科技人才工作。继续加强全国科技工作者云南调查站点建设，开展了2次专题调研。积极推进省科协专家人才库建设，并举办了1期信息采集培训。加强科学道德和学风建设，召开全省科学道德和学风建设宣讲教育工作会议，与省教育厅等单位制定并出台了关于加强全省科学道德和学风建设宣讲教育工作的相关文件。举办了1期全省科学道德和学风建设宣讲教育报告会，3500多名研究生和青年教师参加了报告会。

着力实施学会能力提升行动。组建学会联合办公室2个，实现了联合联动、资源共享。2012年共评选表彰了20个优秀学会奖、10个学术交流奖、10个科学普及奖和10名优秀学会工作者奖。开展省级学会评价工作，并命名了首批等级学会。2012年，云南省科协共资助省级学会学术交流类项目14个，调研类项目6个，科普类项目11个，创新发展类项目2个，科技期刊类项目1个，项目资金总额达131.5万元。

【第二届云南省科协学术年会暨高原特色农业发展论坛】 9月18～19日，第二届云南省科协学术年会暨高原特色农业发展论坛云南省临沧市召开。云南省政协副主席曾华，中国科协党组成员、学会学术部部长沈爱民，中国工程院院士、省科协名誉主席苏君红，云南省科协党组书记、副主席唐兵，中共临沧市委书记杨洪波等领导、专家出席了开幕式。

本届学术年会以“高原特色农业的培育和发展”为主题，围绕“夯实高原粮仓，发展特色经作物，发展山地牧业，发展淡水渔业，推进高效林业，打造开放农业”等内容，深入研讨云南省发展高原特色农业，实现农业组织化、规模化、产业化、现代化的对策措施、方法途径和实践经验。发展高原特色农业是云南省委、省政府从云南农业发展实际和需要出发作出的一项重大战略决策，是破解“三化同步”农业现代化“短板”的根本出路。

本届年会围绕云南省发展高原特色农业的若干重点领域，设主会场1个、专题分会场2个、专题报告会场3个，召开了院士专家咨询座谈会。主会场邀请中国工程院院士、四川农业大学玉米研究所所长荣廷昭，中国工程院院士、云南农业大学校长朱有勇和中国农业科学院茶叶研究所副所长江用文分别作了题为《发展西南玉米产业的几点思考》、《云南高原特色产业的思考》和《我国茶产业现状和发展对策》的专题报告。与会专家、学者围绕专题分会场的“现代农业发展趋势与展望”、“临沧高原特色农业产业发展”、“云南省高效林业发展展望”、“西南生态安全屏障构建”等主题进行了交流和讨论。

年会所形成的《云南省高原特色农业发展院士、专家咨询报告》和《临沧市高原特色农业发展专家建议》，为云南省委、省政府和临沧市委、市政府及相关部门提供决策依据和政策咨询。

（撰稿人：武绍华）

贵州省科学技术协会

2012年，贵州省科协实施“院士专家援黔行动计划”，为促进贵州经济社会又好又快发展服务。6月30日，为加强与贵州工业强省科技思想库中在京院士专家的联系对接、沟通交流，并为他们赴黔开展工作提供良好服务，省科协与北京勤邦生物技术有限公司合作，在北京贵州大厦建立了“贵州工业强省科技思想库暨贵州工业强省院士专家行动北京工作站”。7月10日，中国科协和贵州省人民政府在贵阳联合主办了2012年海外智力为国服务研讨会暨联席会议，来自15个国家的75位海外知名专家就科技创新与产业发展开展深入研讨。会上，有15家海外科技团体与贵州省科协签署了合作协议，积极搭建了海外科技专家为贵州服务的平台；中国科协向贵州授予了“海智计划贵州工作基地”匾牌，贵州省聘请了18位海外知名专家为贵州海智工作基地首批科技专家，为贵州吸引海外科技人才搭建了良好平台。7月11日，中国科协与贵州省人民政府在贵阳签署了《关于促进贵州经济社会又好又快发展的合作协议》，为中国科协支持贵州跨越发展奠定了制度性基础。8月8日，成功举办“院士专家援黔行动计划——遵义老区行活动”。推动签约合作项目11项；8名院士专家与6家企业签署了科技帮扶合作协议。积极促成两家院士工作站挂牌成立。

组织开展2012年“基层科普行动计划”项目申报推荐工作。有36个农村专业技术协会、18个农村科普示范基地、17名农村科普带头人、1个少数民族科普工作队、9个科普示范社区入选，共获奖补资金1395万元。继续组织实施科技致富“二传手”培训工程，投入资金160万元，共培训科技致富“二传手”1600名，通过“二传手”培训农民群众8万余人。组织实施科技扶贫项目49项，投入资金103万元。组织实施“华硕科普图书室”建设项目12个。全省开展“讲、比”活动的企业达122家，参与活动科技人员共5509人次。

实施《科学素质纲要》，组织开展全国科普日、科技活动周、科技下乡等科普活动。贵州省科协系统共举办科普宣讲活动14391次，受众人数227万人次。实施“百万公众网络学习工程”活动，共引导和推动2300万人次通过网络进行学习，对于提高公众科学文化素质，构建学习型社会发挥了重要作用。启动实施贵州省优秀科普作品资助计划，对21本科普书籍，5套科普挂图，5个科普影视动漫作品给予资助，投入资金100万元。在帮扶联系点组建“科普轻骑兵”流动宣传队，及时向农民群众送政策、送技术、送知识，深受广大群众欢迎。组织开展2012年科普大篷车申报工作，获Ⅱ型科普大篷车1辆，Ⅳ科普大篷车7辆，全省科普大篷车总数达到28辆。组织开展科普教育基地创建工作，贵州省龙里林场、黔东南州气象台、贵阳野生动物园、茂兰国家级自然保护区、贵州民族大学和遵义动物园共6家单位被命名为2012～2016年度全国科普教育基地。拍摄制作了《贵州生姜无公害栽培技术》、《科学抗旱，救灾减灾》、《且兰古国种药王——记贵州省科协科技致富二传手梅发荣》等农村远教课件，通过“贵州希望网”在线播放。5月，创办了以“公益·惠民·科普”为定位，面向社会公众的公益性科普讲座“贵州科技馆科普大讲堂”。为提高贵州省基层科技辅导员队伍的科学素质和技能，引导更多中小学生参与科技创新活动，5月，启动了“2012年科技教育专家送培训到基层活动”，共组织培训十余次，培训科技辅导员2000余人次。6月29日～7月1日，组织开展了贵州省首届青少年科学DV骨干辅导员培训，来自全省9个市（州）的35名骨干教师参加了此次培训。贵州省青少年科学工作室实行全年免费开放，为青少年开展陶艺、蜡染等科技实践活动提供了平台，共接待青少年参与活动1000余人次。为落实省委、省政府的有关要求，按计划于7月1日和11月1日起先后将省科技馆主题展区及少儿科技乐园向社会免费开放。

组织开展青少年科技竞赛。3月23～25日，第27届贵州省青少年科技创新大赛在贵阳市举行，280余名选手参加大赛。8月10～16日，组织由9个学生创新项目、8个科技辅导员创新项目组成的代表队参加了在宁夏银川市举行的第27届全国青少年科技创新大赛，获学生科技创新成果竞赛二等奖4名、三等奖6名；科技辅导员科技创新成果竞赛科教制作类一等奖1名、二等奖1名、三等奖4名，方案类二等奖1名、三等奖1名；优秀科技实践活动一等奖2名、二等奖3名、三等奖5名；少年儿童科学幻想绘画一等奖5名、二等奖14名、三等奖9名。7月16～20日，选派12支代表队参加了在天津中德职业技术学院举办的第十二届中国青少年机器人竞赛，获二等奖1个、三等奖11个。10月28日，组队参加了第三届全国青少年科学影像节活动，获一等奖5个、二等奖4个、三等奖8个，贵州省遵义市参赛师生拿到了组委会设置的与学校有关的所有奖项，成为获奖等级高、数量多的地区，位居全国之首。全省科协系统共举办青少年科技竞赛310次，参赛人数66.9万人。

搭建学术交流平台，促进学术繁荣和科技进步。省科协围绕贵州发展中的难点热点问题，共举办学术讲坛5

期、学术沙龙2期。资助36个省级学会和地市科协开展重点学术活动，共计经费39万元。2012年，省级学会共开展重点学术活动231次，参加人员5.12万人次，其中外籍专家210人次；举办国际及港澳台地区双边或多边学术会议7个；编辑出版学术论文67本，收录学术论文近4000篇；主办科技期刊41种，刊发论文8100篇，共印发52万册。全省科协系统共举办学术交流活动369次，受众5.8万人次，交流学术论文9453篇。组织了6个科技、科普团组共计125人次出访国（境）外进行学术交流考察。

竭诚为全省科技工作者服务。开展了第三届贵州省科普工作先进集体、先进个人评选表彰工作，授予贵州省委宣传部等60个单位“贵州省科普工作先进集体”称号，授予景仲平等100名同志“科普工作先进个人”称号。开展了第四届贵州省自然科学优秀学术论文评选表彰工作，共评选出58篇获奖论文，其中一等奖论文5篇，二等奖论文10篇，三等奖论文20篇，鼓励奖论文23篇。开展了第五届全国暨贵州省优秀科技工作者评选推荐表彰工作，共评选出30名贵州省优秀科技工作者，其中，10位获“全国优秀科技工作者”称号，1位获“十佳全国优秀科技工作者”提名奖。开展了五年一度的贵州省科协系统先进集体、先进个人评选表彰工作，共评选出先进集体25个、先进个人80名。2012年，全省科协系统共表彰奖励优秀科技工作者1560人次，其中女科技工作者409人次。为宣传荣获“贵州省青年科技奖”的科技带头人，以及在贵州经济发展、社会进步和科技创新中作出突出贡献并取得显著业绩的青年科技人才，编制出版了《贵州省青年科技人才风采录》画册专刊，收录了历届共173名“贵州省青年科技奖”获得者的事迹。继续开展贵州省科学道德和学风建设宣讲教育活动，12月18～28日，在贵州省内各高等院校开展集中宣讲教育巡讲活动，约6000名研究生和青年导师接受宣讲教育。全省科协系统共反映科技工作者建议291条，其中80条获各级领导的批示。

切实加强自身建设。8月27～29日，贵州省科协第八次代表大会在贵阳市召开，中国科协常务副主席、书记处第一书记陈希，省委书记赵克志出席开幕式并讲话，会议审议通过了省科协第七届委员会工作报告和《贵州省科协关于〈中国科协章程〉实施细则》，选举产生了贵州省科协新一届领导机构，贵州省人民政府副省长谢庆生当选为新一届主席。以推动省级学会党组织建设为抓手，加强对省级学会联络指导，共有51个省级学会建立了党支部，占省科协所属省级学会的45.6%。进一步推进“贵州工业强省十大产业科技思想库”建设，2012年新聘任56位院士专家为思想库专家，截至年底，入库专家达244位。深入开展创先争优活动，省科协党组被省委党的建设工作领导小组授予省直机关“十佳领导班子”称号，1名处级干部被授予“百名优秀干部”称号；省科协被中国科协表彰为2012年全国科普日活动优秀组织奖，省科协流动科技馆在“中国流动科技馆全国巡展试点工作”中获优秀组织奖，省科协国际部被中国科协国际部表彰为地方科协外事工作先进单位。7月1日，评选表彰2010～2012年度创先争优先进基层党组织3个，优秀共产党员20名。8月，在省科协“八大”上表彰了1个先进集体、4名先进工作者。省科协党组中心组集中学习4次，共13天，处级以上干部撰写心得体会75篇。在遵义干部学院举办了党组中心组暨全省科协系统领导干部读书（培训）班，新任科协主席和机关副处级以上干部153人参加读书班活动。选派6名干部分别到省直工委、党建扶贫点、挂帮联系点挂职锻炼。3名处级干部晋升为副厅级干部。在机关和事业单位开展了7名处级领导职位竞争上岗工作和处级干部集中述职测评工作。

【中国科协与贵州省政府签署合作协议】 7月11日，为贯彻落实全国科技创新大会和国务院《关于进一步促进贵州经济社会又好又快发展的若干意见》（国发〔2012〕2号）文件精神，经省科协的积极推动，中国科协与贵州省人民政府在贵阳市签署了《关于促进贵州经济社会又好又快发展的合作协议》，中国科协常务副主席、书记处第一书记陈希，贵州省委书记栗战书，省政府省长赵克志，以及中国科协副主席、书记处书记程东红，书记处书记张勤等出席签署仪式。《合作协议》由三部分共13项组成，包括共同建设和开展“贵州产业发展科技思想库”，“院士专家援黔行动计划”，“建设院士专家工作站”，“海外科技专家为黔服务活动”，“院士专家‘115计划’”，“加强《全民科学素质纲要》，实现公民科学素质目标”，“加强青少年科技后备人才培养”，“开展新经济组织科技人员职称评定服务试点”，以及在学会学术项目上、在科学普及项目上、在决策咨询项目上、在人才举荐工作上体现对贵州的支持，贵州确保中国科协的工作在黔得到很好落实等内容，为中国科协支持贵州跨越发展奠定了制度性基础。

【贵州省科协第八次代表大会】 8月27～29日，贵州省科协第八次代表大会在贵阳市召开。中国科协常务副主席、书记处第一书记陈希，贵州省委书记赵克志出席开幕式并讲话。贵州省政协主席王正福，省委副书记陈敏尔，省委常委谌贻琴、宋璇涛、孙永春、喻红秋、秦如培，省人大常委会副主任顾久，副省长谢庆生出席开幕式。省科协七届委员会主席、中国科学院院士欧阳自远致开幕词。

省科协党组书记、副主席任湘生作了题为《创新发展担当奉献团结带领广大科技工作者为与全国同步实现全面小康而奋斗》的工作报告。会议审议通过了七届委员会工作报告和《贵州省科学技术协会关于〈中国科学技术协会章程〉实施细则》，选举产生了新一届贵州省科协委员会和领导班子，大会选举产生了由139名委员组成的贵州省科协第八届委员会和由54名常委组成的常务委员会，选举产生了贵州省科协第八届委员会主席、副主席。谢庆生当选为新一届贵州省科协主席，欧阳自远为贵州省科协名誉主席，孔令中等11人为贵州省科协荣誉委员。

会议表彰了贵州省第三届（2010 ~ 2011年度）科普工作先进集体和先进个人，第五届“贵州省优秀科技工作者”，全省科协系统先进集体、先进个人。大会还发出倡议书，倡议全省科技工作者把自己的聪明才智与中国特色社会主义伟大事业紧密结合起来，把自己的事业追求与贵州省坚持科学发展，奋力后发赶超，与全国同步实现全面建设小康社会而奋斗的宏伟目标紧密结合起来，努力创造一流的科研成就和工作业绩，在为人民奉献、为贵州奋斗的过程中谱写更加瑰丽灿烂的人生乐章。新当选的贵州省科协主席谢庆生致闭幕词。

【贵州科技馆向社会免费开放】 为贯彻落实中央和中共贵州省委、省政府的有关精神。贵州省科协党组制定了《贵州科技馆免费开放任务分解及其细化实施方案》（以下简称《方案》）。

为确保科技馆免费开放的有序进行，贵州科技馆按照《方案》中确定的工作进度开展了积极的准备工作。一是为确保主题展厅免费开放的安全措施保障，在《方案》的基础上，先后制定了《贵州科技馆展厅免费开放实施方案》、《贵州科技馆免费开放场馆突发事件应急预案》等几个制度；二是为增强自身服务能力，招聘了24位人员充实到展览部、技术保障部、物业管理部等一线部门，并对40余件（套）损坏严重的展品进行维护维修；三是为保证免费开放后场馆的运营安全，对展厅监控系统、广播系统进行了改造，对场馆消防设备设施进行了增加完善。贵州科技馆按照《方案》工作进度完成了省委、省政府关于贵州科技馆2012年免费开放的要求。

【组织实施全省优秀科普作品资助计划】 为贯彻落实《全民科学素质行动计划纲要》，充分调动社会力量参与科普创作的热情，繁荣科普创作事业，省科协制定了《贵州省科协优秀科普作品项目资助管理办法（试行）》，并于3月31日印发了《关于组织实施全省优秀科普作品资助计划的通知》，决定从2012年起，在全省范围内组织实施优秀科普作品资助计划项目，对科普创作团队和科技人员已完成的原创性优秀科普作品进行奖励性资助。通过征集作品，并组织专家评审，经贵州省科协主席办公会审定，贵州省科普作协推荐的《月球100问》等21本科普书籍，贵州省科技摄影协会推荐的《独特而神奇的贵州喀斯特》等5套科普挂图，安顺市科协推荐的《石龙绝恋》等5个科普影视动漫作品脱颖而出获得资助，共资助项目资金100万元。

（撰稿人：刘　军）

西藏自治区科学技术协会

积极开展决策咨询。结合自治区科协工作现状和“十二五”时期发展要求，经过调研，征求各地市科协、各学会及自治区有关单位意见，编制《西藏自治区科学技术协会事业发展“十二五”规划（2011—2015）》，1月，经自治区人民政府审批并发布实施。落实自治区政府与四川省政府签订的《战略合作框架协议》，2012年5月，自治区科协主要领导赴四川科协就两省区科协合作事宜进行协商，达成了初步合作意向。

扎实开展创先争优强基础惠民生活动。驻拉孜县芒普乡乃村和扎西岗乡苏村两个工作队按照“五大任务”扎实开展工作，驻村工作队落实资金739.79万元（其中，乃村456.79万元、苏村283万元），先后实施农田改造、良种工程、道路桥梁修建、人畜安全饮水工程、防洪设施建设、电站维修、林业建设、村级科普活动站创建、村委会取暖工程等基础设施项目24个。

开展2011 ~ 2012年度全国“讲理想、比贡献”活动科技标兵、优秀组织奖、先进集体奖等评选工作，自治区获全国科技标兵1名、优秀组织奖1个、先进集体1个。

认真贯彻落实《全民科学素质行动计划纲要》。7月23日，自治区科协、广东科协《全民科学素质纲要》工作交流座谈会在拉萨市召开。西藏科协党组成员、副主席冯继谦，广东省科协党组成员、副主席吴焕泉出席座谈会。广东省科协、广东省科普志愿者协会向自治区普玛江塘乡完小捐赠了价值10000元的“有声图书及科学体验箱”。2012年给7个地市配备9辆科普大篷车，计180万元。大力开展科普宣传活动。2012年，自治区各级科协组织开展科技活动周、科普一条街、防灾减灾、环境保护、安全生产、节约能源、卫生健康等各类科普宣传活动68场次，发放科普图书、挂图、宣传单等科普资料1.2万余册，展出宣传展板1000余幅，受益公众突破5万人次。开展科技文化卫生法律“四下乡”“四进寺”活动。在日喀则拉孜县举办科技文化卫生法律“四下乡”活动，分别为拉孜县扎西岗乡、苏村和芒普乡乃村科普活动站创建授牌，投入资金 11 万元，解决拉孜县 7 个村创建科普活动站资金。“四下乡”活动中，投入资金 47 万元，活动受益人数 2600 余人。2 月 5 日，自治区科协在桑耶寺举办了科技、文化、卫生、法律“四进寺”活动。开展科普展览、藏文科普书籍发放以及科普知识、法律知识、卫生保健知识讲座及义诊活动，对桑耶寺 10 名困难僧人进行慰问，赠送 6000 元慰问金，向桑耶寺管委会赠送 1500 册藏文科普书籍。编译印刷出版《低碳 99》、《西藏常用蔬菜栽培技术》、《绒山羊养殖技术》、《生活小常识》、《生活百事通》等科普图书 35 万册，并发放到各地区。实施西部电视台科普资源资助项目，科教影视节目在那曲、山南地区电视台开播。

深入开展主题科普活动。承办中国科协“大手拉小手——科普报告西藏行”活动，特邀中国科学院老科学家科普演讲团 4 位科普专家分别在拉萨、山南、日喀则、林芝 4 个地市和西藏农牧学院、西藏大学等 16 所大、中、小学校作了 16 场科普报告，受众人数 5000 余人。联合自治区党委老干局分别在拉萨市老干部活动中心、山南地区驻拉萨办事处举办 2012 年全国“科普日”系列活动科普进社区—老年健康科普知识讲座活动，邀请自治区第二人民医院、藏医院的科普专家进行健康保健知识讲座。科普日活动参与公众 1.8 万人次，发放科普宣传资料 5000 万份、科普图书 1630 本，制作宣传横幅和标语 50 条、展板 70 块，义务就诊 2000 余人次、健康咨询 9600 余人次，免费发放各类药品 50 种，价值 7 万余元。

开展青少年科普教育活动。组织自治区青少年参加第 27 届全国青少年科技创新大赛。组织自治区内企业家、学者、青年创业典型等有关专家成立评审委员会，联合团区委、教育厅等部门开展第八届“挑战杯”大学生创业计划竞赛活动评审工作。组织自治区 68 名师生分赴北京、上海参加 2012 年全国青少年高校营活动。

加强科普基础和资源共享建设。认真实施全国基层科普行动计划，2012 年自治区“科普惠农兴村计划”有 4 个专业技术协会、8 个科普示范基地、12 个科普带头人、2 个科普示范社区和自治区少数民族科普队受到中国科协表彰，获奖补资金 390 万元，完成自治区级“科普惠农兴村计划”申报和评审工作，落实 2012 年度科普专项经费 300 万元，开展自治区科普大篷车需求调查工作，为加查、朗县、左贡、普兰、那曲、康马和拉萨市城关区 7 县区争取配发科普大篷车，编制并通过“十二五”创建边境科普活动站实施规划，与自治区财政厅、文化厅协商，从 2012 年起每年在全区范围内创建 100 个以上活动站（文化中心），2012 年创建了 149 个科乡镇普活动站（文化中心），向中国科协申报落实科普资源开发及共建共享平台建设、西藏科技工作者之家、农牧区中小学藏文软件推广 3 个重点项目。

开展各类学术活动。指导西藏化学学会、气象学会、畜牧兽医学会等开展全国性学术报告会。支持自治区气象学会组织 17 名中学生赴山西参加以“感悟黄河文化，探究天气气候”为主题的全国第三十一届青少年气象夏令营。委托自治区园艺学会举办 3 期蔬菜种植技术培训班，对自治区各地市 82 名农牧民进行蔬菜育苗、栽培管理、病虫害防治、果实采收管理等方面的理论和实践培训，组织拉孜县 3 个乡、7 个村的村级班子成员、科技致富带头人、致富能手 30 人，对拉萨、山南、日喀则等地设施农业园区、专业协会、种养殖基地、农牧业合作组织、村组织建设等开展学习考察。

组织开展全国优秀科技工作者推荐评选工作。完成第五届全国优秀科技工作者推荐评选、第九届中国青年女科学家奖候选人和弘扬“老西藏精神”先进个人推荐工作，自治区 8 名科技工作者获“全国优秀科技工作者”荣誉称号。

深入开展高校科学道德和学风建设宣讲教育活动。自治区科协联合教育厅在西藏大学、西藏农牧学院举行 3 期科学道德和学风建设宣讲教育活动，邀请中国科学院院士陈贺能、中国工程院院士李佩成、自治区农业科学院尼玛扎西、西藏大学农牧学院赵垦田主讲。在西藏大学、西藏藏医学院和西藏大学农牧学院的研究生（包括 2012 年新入学研究生）、高年级本科生代表和青年教师中做了科学道德和学风建设报告，做到了研究生全覆盖，青年教师代表覆盖到每个学科，高年级本科生覆盖到每个班级。累计举行报告会 11 场次，2800 多人听取报告。

对外交流与合作不断扩大。继续做好人才援藏、智力援藏、技术援藏，落实 960 万元的援藏资金和物资。自治区科协先后接待辽宁、四川、广东、山东、浙江等省科协考察团，就科普工作、学会管理、实施全民科学素质行动计划纲要等工作进行了深入的研讨，并与部分省区科协开展项目合作，促成山东省科协援助日喀则地区 200 余万元的项目资金。

应邀选派两人赴台湾参加第三届海峡两岸特色农业产业化论坛。2012 年 4 月 8 ～ 20 日举办培训班，组织自治区科协系统基层干部 19 人分赴北京、陕西、青海、四川省市进行交流学习。

宣传工作效果显著。利用科协网站、《西藏科技报》、科协信息等平台和渠道宣传科技领域发展变化和成就、科技工作者先进事迹以及创先争优强基惠民活动和科协各项工作开展情况，及时发布自治区重大科技新闻、科普信息和工作动态，系列宣传农牧民科技致富带头人突出事迹，宣传环保、防辐射、防震等一系列科普知识。举办自治区科协系统信息工作培训班，各地市、部分高校、企业科协信息员及西藏科协信息工作人员 20 人参加培训，自治区科协系统信息员队伍初步建立。

加强科协自身建设。2012年结合基层组织建设年活动，加强组织建设和机关作风建设，强化机关管理，健全和完善各项制度。

【西藏科协五届三次常委扩大会议】 2月10日，西藏科协五届三次全委（扩大）会议在拉萨市召开。自治区人民政府副主席孟德利出席会议。西藏科协五届常委、部分委员出席会议。西藏科协党组书记、副主席群增主持会议，党组副书记、主席仓珍代表五届常委会向大会作了题为《充分发挥优势 切实履行职能 为推进跨越式发展和长治久安作出新贡献》的工作报告。

【"科普惠农兴村"表彰大会】 2月10日，自治区荣获中国科协"科普惠农兴村计划"先进集体和先进个人表彰大会召开，表彰奖励了 4 个农村专业技术协会先进集体、8 个农村科普示范基地先进集体、12 名农村科普带头人。每个先进集体奖励 20 万元，先进个人每人奖励 5 万元，共计 300 万元。

【基层干部培训班欢送座谈会】 4月7日，全区科协系统基层干部培训班欢送座谈会在拉萨召开。自治区副主席孟德利出席并讲话。培训以全区基层负责科协工作的主要领导和一线工作者为重点，来自自治区的 19 名科协系统基层干部赴北京、陕西、青海、四川等地学习考察。

（撰稿人：谭　云）

陕西省科学技术协会

2012 年，陕西省科协围绕全省发展大局，动员和组织广大科技工作者立足科学发展，着眼科技创新，扎实推进《科学素质纲要》实施，在开展学术交流、深化科学技术普及、竭诚为科技工作者服务和加强自身建设等方面取得了新的进展和明显成效，被评为 2012 年度全省目标责任考核优秀单位，受到省委、省政府表彰。

积极动员和组织科技工作者为陕西省加快转变经济发展方式建言献策。先后举办了全省科协系统贯彻落实全省科技创新大会精神座谈会、应急管理与科技研讨会、提升陕西农技推广能力研讨会、陕西省水利现代化论坛等学术交流活动，及时向省委、省政府报送《关于大力发展新兴能源与可再生能源的建议》等报告。

组织实施"基层科普行动计划"成效显著。全省共有 73 个农村专业技术协会、21 个科普示范基地和 18 名科普带头人、12 个科普示范社区受到中国科协和财政部"基层科普行动计划"表彰，争取中央奖补资金 2210 万元。

着眼科技创新，促进科技与经济紧密结合。会同陕西省国资委、省发改委在全省企业开展以技术攻关和技术创新为主要内容的"讲理想、比贡献"活动，参加活动企业 69 个，完成活动项目 2741 项，提出合理化建议 3605 条，实现经济效益 3.17 亿元。积极搭建平台，组织专家深入企业一线开展技术攻关。指导榆林市府谷县金川鸿泰镁合金有限公司成立省科协首家企业专家工作站。

积极开展民间对外科技交流，为陕西发展服务。充分发挥民间科技交流主渠道作用，积极邀请加拿大、台湾、澳大利亚等代表团来陕进行学术交流、科技合作和科技项目洽谈。主办"第三届海峡两岸特色农业产业化论坛"并组织陕西科技工作者代表赴台参会。组织考察团组 3 批 65 人赴台湾开展科技交流活动。

创新方式，学术交流水平和学会发展能力进一步提升。积极搭建平台，组织开展多种形式学术交流活动。开展了第 12 届陕西省自然科学优秀学术论文评选工作，共评选出一、二、三等奖论文 182 篇，受到广大科技工作者的高度关注和好评。实施陕西省"学会服务能力提升计划"，按照"以奖代补"方式，投入 200 万元共评选资助 45 个优秀科技社团，提升学会服务创新和自我发展能力。加强学会组织建设，召开学会秘书长会、学会科普工作座谈会等会议，推动学会创新发展。

举荐、表彰和宣传优秀科技工作者和科技成果成效明显。开展第五届全国优秀科技工作者、第十五届中国科协求是杰出青年成果转化奖、第九届陕西青年科技奖、陕西省"三八红旗手"等优秀科技人才和科技成果的评选推荐工作。广泛开展会员日系列活动，隆重表彰全国优秀科技工作者。在报纸、期刊、杂志上开辟专栏，加大宣传优秀科技工作者和科协亮点工作，扩大科协组织的社会影响。开展科技工作者状况调查，荣获中国科协"2011 年度全国科技工作者状况调查优秀区域责任部门"荣誉称号。联合省教育厅、省社科联、省科学院等单位开展科学道德和学风建设宣讲教育活动。

认真履行省全民科学素质领导小组办公室职责。起草陕西省未成年人、农民、社区居民、领导干部和公务员及科普资源共建共享工程和科学教育与培训基础工程等六个专项方案；实施西部电视台科普资源资助项目，获得了中国科普影视资源共建共享平台提供的52期优质科普影视节目资源；参与编写《陕西省"十二五"科教事业发展若干问题简要解读》。

围绕主题，精心组织开展各类科普宣传活动。认真组织开展了陕西省第20届科技之春宣传月、全国科普日、减灾防灾科普宣传、文化科技卫生三下乡、科技活动周等大型科普活动，并捐赠科普图书、科普挂图，捐建科普活动站和科普惠农服务总站。组织开展全国食品安全科普知识竞赛陕西区活动，被中国科协和国务院食品安全办公室授予"全国食品安全科普知识竞赛突出贡献奖"。

科普资源共建共享取得新进展。陕西科技馆常设展厅接待观众7.3万人次；开展科普大篷车下市县行和中国流动科技馆巡展72次，接待观众25.3万人次；编印配发科普挂图1.62万套9.72万余张；编印《陕西科技报》96期，印刷发行480万份；省农函大招生1.38万名，短期培训11万人次。此外，积极开展全国科普示范县、科普教育基地等创建工作，大力提升基层科普能力。

青少年科普工作有声有色。成功举办陕西省第27届青少年科技创新大赛、第12届中国青少年机器人（陕西赛区）竞赛、全国中学生学科联赛陕西赛区竞赛、第十七届陕西省少年儿童科学幻想绘画比赛等赛事，并组织参加全国竞赛，取得好成绩，获得1枚金牌、9枚银牌、15枚铜牌，3个一等奖、13个二等奖、11个三等奖，1个全国科技示范十佳学校。举办2012年全国青少年高校科学营陕西分营活动，并组织陕西省营员参加北京分营活动。组织开展中国科协与联合国儿基会非正规教育合作项目。承办"中美青少年2012清洁能源技术竞赛"中国赛区比赛。

自身建设进一步加强。认真贯彻党的十八大精神和省党代会精神，精心安排部署有关工作。指导西安、汉中、铜川等市科协换届，在渭南师范学院等高校建立科协组织。扎实开展党的建设和反腐倡廉建设，开展"三问三解"、创先争优等活动，机关和直属单位的精神文明建设展现新的风貌。

【陕西省科协学习贯彻党的十八大精神暨七届七次常委会议】 11月28日，陕西省科协学习贯彻党的十八大精神暨七届七次常委会议在陕西省西安市举行，陕西省委副书记孙清云出席会议，并结合本人参加十八大的体会，学习总结了十八大报告关于科技工作的重要论述和重大部署，要求全省各级科协组织充分发挥在推动科技创新、促进产学研结合、提高全民科学素质中的重要作用，不断提高服务创新驱动发展战略的能力和水平，组织和引导广大科技工作者在全面建设西部强省实践中找准工作定位，发挥更大作用。十八大代表郑南宁院士、舒德干院士也传达了十八大精神。陕西省科协常委、在陕中国科协八大代表、各市（区）科协主要负责人、省科协机关和直属单位全体干部160余人参加了会议。省科协主席郑南宁院士和省科协党组书记呼燕分别主持会议。

【陈希到陕西调研】 5月29～31日，中国科协常务副主席、书记处第一书记陈希一行到陕西开展工作调研。调研期间，时任省委书记赵乐际会见了陈希一行，省委副书记孙清云、副省长朱静芝、西安交通大学校长、省科协主席郑南宁院士等领导分别陪同调研。5月31日，组织省科协领导班子、部门负责人召开科协工作汇报会，受到陈希书记充分肯定。

【陕西省科协系统贯彻全省科技创新大会精神座谈会】 9月26日，陕西省科协召开了以"提高全民科学素质、增强科技创新能力"为主题的陕西省科协系统贯彻全省科技创新大会精神座谈会。陕西省人大常委会副主任张迈曾出席会议并讲话，郑南宁主席主持会议并讲话，来自科技领域的院士、专家和基层代表70余人参加了会议。会议深入学习领会全省科技创新大会精神，进一步动员全省广大科技工作者把积极性、主动性和创造性凝聚到服务经济社会发展、建设创新型陕西上来，取得了良好的社会影响。

【陕西省科普惠农富民计划】 实施陕西省科普惠农富民计划和"陕西省社区科普益民计划"，共投入1100万元，支持农民科技致富，提升社区居民科技素质，共有110个农技协、35个农村科普示范基地、25名农村科普带头人和60个先进社区得到资助。承办全国基层农技协农产品专题展，组织全国68个优秀农技协、基层农业协会和陕西省56个基层科协参加第十九届中国杨凌农业高新科技成果博览会，获组委会颁发的"优秀组织奖"和"优秀展示奖"。

【陕西省第二十届"科技之春"宣传月】 积极争取省委、省政府两办下发陕西省第二十届"科技之春"宣传月活动通知，围绕"弘扬科学文化、科普惠民强省"的主题，于3月15日至4月5日在全省范围内开展了"科普惠农（益民）、提升素质"系列科普示范活动。陕西省科协所属省级学会、大专院校、科研院所、企事业单位600多家参与；省、市、县（区）共开展重点活动684项；组织各类科技报告会、专题研讨会、座谈会350多场次；举办各类培训班7856期；放映科教电影（录像）2000多场次；展出科普展板22800块；发放宣传资料、图书520万份（册）；援建科普活动场所（站、点）30多个；开放科普考察学习点150个；各级宣传部门、新闻媒体组织宣传报道2000多条（次）；各级机关干部和有关科技专家共19万多人参与。

【2012年全国科普日陕西活动】 按照中国科协统一部署，组织全省科协系统围绕“节约能源资源、保护生态环境、保障安全健康、促进创新创造”主题开展活动。活动期间全省参与公众达百万人次，共开展省、市重点科普宣传活动311项，其中陕西省暨西安市2012年全国科普日科普示范活动，“科技与健康、你我同关注”系列科普活动，科普益民与科普惠农系列培训活动等省级重点活动8项，省人大常委会、省政协等领导出席活动。

【陕西省“学术金秋”活动】 围绕“提升科技创新能力、服务经济结构调整”主题，在全省开展学术交流活动105项，包括第八届中国植物病害化学防治学术研讨会、中国中西部地区土木建筑学术年会、提升陕西农技推广能力研讨会、第六届国际骨质疏松及骨矿盐疾病学术会议、陕西省青年科技论坛——如何培养创新型人才、陕西省水利现代化论坛等7项重点活动。

【第十二届自然科学优秀学术论文】 会同省人社厅开展陕西省第十二届自然科学优秀学术论文评选工作。对学会、高等院校等66个单位和院士推荐的300多篇论文，按照基础科学、农口与交叉学科、医口学科、工科等专业分组，根据《陕西省自然科学优秀学术论文评选办法》和《陕西省自然科学优秀学术论文评选办法实施细则》要求，评出一、二、三等奖候选论文各15篇、53篇、111篇。

【科学道德和学风建设宣讲教育活动】 举办陕西省2012年科学道德和学风建设宣讲教育报告会。邀请全国科学道德和学风建设宣讲教育院士报告团来陕为高校师生作报告。联合省教育厅组织全省56个研究生培养单位认真开展宣讲教育活动，共有405名专家举办报告会410多场，参加活动博士研究生13578人次，硕士生53678人次。

【科普示范创建】 命名100个“陕西省科普示范社区”。命名陕西自然博物馆等45个单位为“陕西省科普教育基地”。推荐陕西历史博物馆等6个单位被命名为“全国科普教育基地”。组织承办全国科普示范县科协主席培训班，来自全国14个省（直辖市、自治区）的150余人参加了培训。

【全国青少年高校科学营陕西分营活动】 根据统一部署，陕西省科协于7月23～29日组织开展了全国青少年高校科学营陕西分营活动。来自江西、河北、内蒙古和陕西的500名营员参加了科学营。共邀请1位院士，17位教授、博士生导师、专家和学者等举办科普讲座、报告会9场，指导科技活动26次，开放并组织参观重点实验室8个，举办各类科技实践活动16次，组织参观科技场馆、科技工程项目等15次，开展科技文化座谈、专题科技交流等活动12次。活动涉及省级组织机构5个，相关执行单位和部门等92个。中央电视台、陕西电视台、陕西日报、华商报、新浪网、西部网等媒体先后报道200余次，参与报道的各类新闻媒体超过30家，产生了广泛的影响。

（撰稿人：王晓利）

甘肃省科学技术协会

2012年，甘肃省科协突出特色，发挥优势，努力为经济社会发展服务。以服务农民增收为目的，实施中国科协、财政部“科普惠农兴村计划”项目，为74个科普组织和12名科普带头人争取奖补资金1330万元；与省财政厅联合实施省级科普惠农项目，投入资金100万元，扶持农村基层科普组织20个。以开展联村联户为民富民行动为契机，在制定发展规划、实施项目培育、开展科技培训、加强文化建设、建设科技信息网站等方面，对夏河县科才乡进行立足地方特色，走产业脱贫之路的帮扶行动，共投入资金50余万元，派出72名干部分20批次轮换进村入户开展帮扶。

在企业深入开展“讲理想、比贡献”活动。推荐6家企事业单位和11名科技人员分别获得全国讲比活动先进集体、科技标兵及优秀组织者称号。召开全省讲比活动表彰大会，共表彰先进集体11个，科技标兵和优秀组织者30名。新建甘肃省心脏外科院士专家站等3个工作站。实施“企业科技信息推广应用”项目，争取中央财政资金立项支持18万元。与中国科技咨询服务中心和白银高新技术产业区管委会合作共建了“白银高新技术产业开发区院士专家服务中心”。与省科技厅联合开辟了企业申报资金绿色通道，帮助两家企业成功申报了创新基金，获得中央立项资金120万元。

由省科协牵头协调，整合资源，为提高公众科学素质奠定社会基础。组织召开了全民科学素质纲要实施工作研讨会，传达了全国纲要办“建立公民科学素质建设共建机制工作沟通会”精神，并通报了2011年全省贯彻落实《科学素质纲要》工作情况及下一步工作打算。

重点人群科学素质行动扎实推进。广泛开展面向农民、城镇劳动人口、领导干部和公务员的科技培训，共培训农民50.9万人次，城镇劳动者60多万人次，为领导干部和公务员举办科普报告300多场次。联合企业开展的“四送一训”活动，覆盖6个县区，57个乡镇，共组织培训班260场次，培训5.2万人次。

主题科普活动蓬勃开展。成功举办青少年科技创新大赛、机器人竞赛和五学科奥赛，在全国和国际科技竞赛活动中获奖 91 项。认真组织开展"科技馆活动进校园"、"大手拉小手"、"青少年科学调查体验"等活动，受益青少年 100 多万人次。继续组织开展全国科普日、科技活动周等综合性科普活动，开展科普大篷车陇上行、科普之冬（春）等特色科普活动，积极承办流动科技馆、"节能在身边"等全省巡展。开展了城市社区科普工作状况调查，进一步摸清城市社区科普工作现状。组织完成华硕科普图书室建设项目 12 个；支持县区科协和站栏员建设资金 40 万元。命名省级科普教育基地 63 家，农村科普示范基地 61 家，科普示范社区 28 家；推荐 16 个县区获得全国科普示范县命名，正在创建省级科普示范县 6 个。成功申报平凉市博物馆、兰州中心气象台等 8 家全国科普教育基地。

科普基础设施建设取得重大进展。甘肃科技馆建设进展顺利，初步设计已经得到省发展改革委批复，建设规模 50075 平方米，总投资 9.8 亿元，基坑开挖已完成。建成后的科技馆将成为甘肃省最大的科技展教中心和重要的文化传播场所。基层科普基础设施建设呈现良好势头，已建成或正在建设的中小型科技馆、科技类博物馆 14 个，青少年科学工作室 54 个，科普图书室 60 个，科普服务站 310 个，配备科普大篷车 21 辆。

学术交流进一步活跃。省科协共举办各类学术活动 1030 场次，参与科技工作者 7.5 万人次，交流学术论文 5853 篇。以"食品安全与健康生活"为主题，组织召开了 2012 年甘肃省学术年会；以"航天科技与新能源材料"和"生命环境与健康"为主题，联合航天 510 所、兰州大学等单位共同组织召开了第四次、第五次甘肃青年科学家论坛，多位专家学者做了精彩的学术报告，内容涵盖了最前沿学科动态和优秀科技成果，并对关系甘肃经济社会发展的科技问题进行了深层次的交流；设立并召开了"兰州生命科学论坛"，以"生命与环境"为主题，开展了深入的学术讨论和交流。组织了赴希腊学习油橄榄树种植及果实提炼和加工技术培训班。开展了与以色列、新西兰和港澳台地区的民间科技交流与合作。成立了甘肃陇台交流促进会。联合省高院、省科技厅、省工信委等六家单位启动了 2012 年知识产权实施战略巡讲活动。组织召开了全省科协系统学会能力建设培训班，来自天水、金昌、酒泉、嘉峪关等 12 个市、州科协主席、学会负责人和参会代表 30 余人调研了兰州医学会和兰州防震减灾协会工作，听取了两个学会介绍的目前学会现状，业务工作开展情况和如何推动学会改革与发展的措施、经验，与会代表围绕推动学会学术工作创新发展进行了交流和研讨。

创新载体，搭建平台，为科技工作者提供优质高效服务。大力举荐表彰科技人才。组织了首届甘肃省优秀科技工作者的评选工作，评出 50 名甘肃省优秀科技工作者和 11 名"十佳甘肃省优秀科技工作者"。评选推荐郑晓静等 12 名全国优秀科技工作者候选人。推荐 1 人获"中国青年女科学家奖"。与兰州威立雅水务集团联合表彰企业科技创新人才 146 名。不断创新服务形式和手段。与省委宣传部等 13 家厅局、大专院校、科研院联合举办举办了第四届科技界书画摄影展，组织了科技工作者考察休养、艺术采风、体育健身；坚持开展面向院士和知名专家的生日祝贺、节日祝福、探视慰问；成立了科技界书画协会、摄影协会。扎实推进科学道德和学风建设。与省教育厅联合，按照"全覆盖、制度化、重实效"的要求，广泛开展科学道德和学风建设宣讲教育活动，充实中国科学院兰州分院、省社会科学院两家单位为领导小组成员单位，召开了宣讲教育工作会议和报告会，为推行科学道德规范打下了良好的思想基础。

【陈希到甘肃调研 与省委书记王三运等座谈】 5 月 3 ~ 4 日，中国科协常务副主席、书记处第一书记陈希到甘肃调研科协工作。调研期间，甘肃省委书记、省人大常委会主任王三运，省委副书记、省长刘伟平，省委副书记、省委党校校长欧阳坚，省委常委、省委组织部部长吴德刚，省委秘书长刘立军等分别会见了陈希一行，省政协主席冯健身，省委常委、省委宣传部部长连辑，副省长郝远分别陪同陈希到兰州大学、中国科学院近代物理所、兰州化学物理所和甘肃三易兰花科普示范基地考察调研。

王三运代表省委、省政府对陈希一行来甘肃调研指导工作表示欢迎，对中国科协长期以来给予甘肃经济社会发展的关注和支持表示感谢。希望中国科协在政策、资金、项目、人才等方面，进一步加大对甘肃的倾斜力度，一如既往地关心和支持甘肃经济社会发展。

调研期间，陈希书记还看望了中国科协"八大"委员和甘肃省科协干部职工并合影留念。

【"镍都杯"第 27 届甘肃省青少年科技创新大赛】 4 月 21 日，"镍都杯"第 27 届甘肃省青少年科技创新大赛暨第 12 届中国青少年机器人（甘肃赛区）竞赛在金昌市开幕。省委常委、省委宣传部部长连辑，中国工程院院士、中国科学院兰州化学物理所教授薛群基，中国科协青少年科技中心分别发来贺信。省政府副秘书长张翀出席开幕式并宣布大赛开幕。大赛组委会主任、省科协党组书记、第一副主席史振业，省体育局巡视员李发昌，省科协副主席贺琴，省科技厅副巡视员何维华出席。大赛组委会副主任、省科协副主席杨新科主持开幕式。

本届青少年科技创新大赛的主题为“创新、体验、成长——精彩镍都和谐金昌”，参赛作品的质量和数量比上届大赛都有所提高。入围大赛终评展示活动项目共计368项，有来自全省各市、州及东风基地、省直中学等17支代表队约365名选手参加比赛。中国青少年机器人（甘肃赛区）竞赛活动的主题为“快乐、成长”，来自全省各市州32个代表队的297名青少年选手参赛，竞赛内容有机器人基本技能比赛、机器人创意比赛、机器人足球比赛、FLL机器人工程挑战赛、VEX机器人工程挑战赛、校园机器人文化展示活动等7项。

【甘肃省心脏外科院士专家工作站成立】 10月25日，甘肃省心脏外科院士专家工作站授牌仪式在兰州大学第二医院举行。中国科学院院士朱晓东，兰州大学党委书记王寒松，省科协党组书记、第一副主席史振业，省科协副主席贺琴及省直有关部门负责人、兰州大学第二医院合作单位代表和员工共300余人出席授牌仪式。授牌仪式上，省科协党组书记、第一副主席史振业向兰大二院心脏外科授牌。

甘肃心脏外科院士专家工作站是甘肃省第一家在卫生医疗单位建立的院士专家工作站。以医院为平台建立院士专家工作站，是甘肃省建站工作一个新的探索与尝试。截至2012年底，该院士专家工作站已与中国科学院院士朱晓东、中国科学院院士吴天一达成合作协议。

【甘肃首家院士专家服务中心挂牌成立】 8月3日，由中国科学技术咨询服务中心、甘肃省科学技术咨询服务中心、白银高新技术产业开发区管理委员会合作共建的“白银高新技术产业开发区院士专家服务中心”在白银市高新技术产业开发区创业大厦揭牌成立，这是甘肃省首家在国家级高新区成立的院士专家服务中心。白银市委书记张智全，中国科技咨询服务中心副主任王诚共同为院士专家服务中心揭牌；白银市委副书记、市长汪海洲出席仪式并致辞；甘肃省科协副主席贺琴出席仪式并讲话。白银市委副书记、市委组织部部长宋奋吉主持仪式。

揭牌仪式结束后，王诚、贺琴一行在白银高新区管委会主任李嘉岩的陪同下考察参观了白银市高新技术产业园区和部分企业，并对园区今后的定位和发展提出建议。

【2012年甘肃省科学道德和学风建设宣讲教育报告会】 10月24日，由甘肃省科协、省教育厅、中国科学院兰州分院和省社科院共同主办的2012年甘肃省科学道德和学风建设宣讲报告会在兰州市举行。“科学与中国”院士专家巡讲团成员、中国科学院院士严陆光，“科学与中国”院士专家巡讲团成员、中国工程院院士金涌应邀出席大会并作报告。省科协主席李膺，中国科学院院士、中国科学院寒区旱区环境与工程研究所副所长赖远明，中国科学院兰州分院党委书记谢铭，省科协副主席贺琴等出席报告会。报告会由省教育厅党组成员、纪检组长陈保平主持，省科协主席李膺在报告会上致辞。甘肃省各研究生培养单位、有关高校负责人及新入职青年教师、研究生新生代表近千人聆听了报告会。

金涌和严陆光分别作主题报告。两位院士结合自身多年科学研究的工作经历，用生动的事例和深入浅出的道理阐释了科学精神的真谛和加强科学道德和学风建设的重要意义。报告会上还向参会研究生培养单位发放了《全国科学道德和学风建设宣讲教育材料汇编》和《科学道德和学风建设学习参考大纲》。

（撰稿人：张昕音）

青海省科学技术协会

2012年，青海省科协认真学习贯彻党的十八大精神，开展了学习十八大精神“大家谈”活动，邀请省委党校教授为全体干部职工作了2场专题辅导。

围绕经济社会发展中的重点、难点问题和重大科研、建设项目积极开展学术研讨，提供决策咨询和技术服务。各省级学会（56个学会的统计数据）全年共举办国际国内级别的大型学术会议30余次，交流论文420篇。成立了由33名学科带头人组成的省科协决策咨询专家委员会，并召开了首次座谈会。完善了省科协决策咨询专家库，确定了110名第二批入库专家名单。加强了决策咨询调研课题的申报立项工作，从申报的40个决策咨询调研课题中确定决策咨询调研课题10个。完成了《创新和加快青海小城镇发展的思考》、《青海省科技创新信息服务体系建设及对策研究》等14期有关青海省经济社会发展的科技工作者建言。积极开展“讲理想、比贡献”活动，为促进企业技术进步服务。经青海省科协推荐，中国水利水电第四工程局有限公司获得全国“讲理想、比贡献”活动先进集体。西宁特殊钢股份有限公司总工程师、科协主席陈列，中国水利水电第四工程局有限公司副总经理、总工程师席浩获得科技标兵称号。西宁特殊钢股份有限公司副部长、科协秘书长崔岩，青海省科协办公室主任、科技报社社长阎瑜获得优秀组织者称号。

认真贯彻《青海省全民科学素质行动计划纲要实施方案（2011—2015年）》精神，制订并印发了《青海省2012年全民科学素质工作要点》。组织召开了2012年青海省全民科学素质纲要实施工作协调会，青海省副省长高云龙出席会议并讲话。青海省全民科学素质纲要实施工作19个成员单位的分管领导、联络员共80余人参加了会议。8月8日至10日，青海省基层科协科普工作经验交流会在海北州祁连县召开。青海省委常委、省总工会主席苏宁出席会议并讲话，全省各州、地、市、县（区）科协主席及省科协相关部室、事业单位负责人等出席会议。

开展主题科普活动。青海省科协在农村牧区开展了以“科普服务民生，科技助力发展”为主题的“科普之冬（春）”活动，举办各类先进实用技术培训班、讲座956期（场），受训人数达41583人（次）。开展大型科普宣传活动155次，科普大篷车进校园活动40余次，文艺演出40余场，接待义诊、咨询人数近38345人次。发放科普资料150余种约35.51万份（册），发放科普挂历、春联2000份，展出展板2770余块，挂图1500余幅，播放科教片50余场，免费发放药品和计生用品5000多盒，活动受益群众总数达53.25万余人（次）。11月7日，在党的十八大召开之际，由省科协在互助土族自治县举办了以“喜迎十八大·科普基层行——下基层、接地气、办实事”为主题的省科协2012～2013年度“科普之冬”活动，青海省委常委、省总工会主席苏宁出席活动。活动共发放科普资料3000余份，举办了《女性两癌的预防保健知识》培训，为当地300多名当地中小学生和农民群众放映了4D科普影片。省科技馆职工演示了“液氮”、“淘气跳跳糖”等科学实验，表演了《欢乐的跳吧》、《俏花旦》等歌舞。加强科技场馆等科普设施建设。2012年，青海省科技馆新馆全年接待观众近100万人次。6月，中国流动科技馆全国巡展青海活动正式启动，相继在海东市、海西蒙古族藏族自治州、海北藏族自治州、果洛藏族自治州的11个县相继开展了11站的活动，接待群众10余万人（次）。投资90万元研发的流动4D车载平台，将流动4D影院与巡展活动相结合，在全省各地巡展。5月31日上午，青海省委书记强卫在出席青海科技馆举办的“红领巾心向党——学雷锋、找榜样、争四好”全省少年儿童庆“六一”活动时指出：“省科协近年来的工作非常不错。在科技馆建设上费了心思、花了力气。在开馆后，管理得也很好。科技馆是我省主要科普阵地，肩负着提高我省公众科学素养的重任，希望科协、科技馆工作人员多出去看，多出去学，多出去交流，把全国、世界前沿的科技展品带到青海科技馆来，要常开常新，不断有新的理念和展品展示给大家，从而吸引更多的社会公众特别是青少年走进科技殿堂，推动青海省科技教育和科普事业蓬勃健康发展。”

认真贯彻落实青海省委《关于进一步加强科协工作的意见》。从5月开始，省科协会同省委督查室，通过实地调研、召开座谈会等形式，开展了全省贯彻省委《关于进一步加强科协工作的意见》（青发〔2011〕26号文）的专项督查工作。目前，全省8个州（地市）已制定出台了相关文件。部分县结合省委及州、地委的文件精神，制定出台了贯彻意见。各相关部（院、厅、局、委、办）按照《意见》要求落实了职责，省内各高校已筹备成立科协组织。

开展科学道德和学风建设宣讲教育活动。省科协联合教育部门制定下发《青海省科协、教育厅关于开展科学道德和学风建设宣讲教育活动实施方案》，在省研究生、青年教师以及青年科技工作者中开展了丰富多彩、形式多样具有地域特色的科学道德和学风建设宣讲教育活动。召开科学道德与学风建设宣讲教育工作会议，传达了学习全国科学道德与学风建设宣讲教育工作会议精神。通过报刊、广播、网络、手机报等媒体，宣传报道典型模范和先进团体，营造健康向上的舆论氛围。举办2012年青海省科学道德和学风建设报告会，来自省内各高校的研究生、本科生、导师以及科研院所、学会的青年科技工作者共千余名参加会议。

加强科协自身建设。3月21日，召开了2012年学会工作会议，各省级学会（协会、研究会）理事长（秘书长或副秘书长）、企业科协秘书长、省高校科技处负责同志以及市州科协主席等60余人参加了会议。2012年青海省9个省级学会进行了为期一年的限期整改。青海省风景园林学会、省太阳能学会、省特色果品（蔬）科学种植协会已恢复开展工作。青海省动物学会召开了第六届会员代表大会，重新恢复了活动。青海回医药研究会正式成立并成为省科协团体成员。9月，在清华大学举办了省科协领导干部能力提升研修班，来自基层科协、企业科协、学会的秘书长和省科协部分干部职工计46人参加培训。12月15日“科协会员日”期间，青海省科协副主席刘青领业务部室和相关学会负责人，走访慰问了拉西瓦水电站、城市放射性废物库、黑泉水库等单位的20余位一线科技工作者。

【首届青海省科协年会】 首届青海省科协年会于9月8日在西宁召开。年会以“科技创新——连接发展现代生态农牧业与建设新青海创造新生活的桥梁”为主题，近千名科技工作者参加。

本届年会设有主会场特邀报告、分会场学术交流、科普活动三大板块，设立了“现代生态种植业”、“生态建设与现代畜牧业”、“科技创新与农村信息化”、“信息通信技术与新农村建设”等4个专题分会场。

在青海省科技馆分会场，举办了2012年青海省“全国科普日”活动启动仪式暨省科协年会科普活动。青海省委常委、省总工会主席苏宁出席开幕式并讲话。中国农科院副院长、中国工程院院士刘旭应邀作了题为《中国农业发展与粮食安全》的报告。

年会期间，青海省科协与省教育厅联合举办了科学道德与学风建设报告会，全国人大常委、中国科协副主席、北京理工大学副校长冯长根作了题为《从做学问谈科学道德》的报告。

与会专家、学者积极参与了年会期间的科学普及活动，他们深入西宁市大通县等地开展调研，为青海省生态农牧业发展和新农村建设建言献策。

【“2009—2010 年度青海省自然科学优秀学术论文奖”颁奖大会】 1月5日，青海省自然科学优秀学术论文奖总结颁奖大会在省科技馆新馆举行。青海省副省长、青海省自然科学优秀学术论文奖评奖委员会主任高云龙，青海省政协副主席鲍义志，以及省人大、省政府、省科协等单位的有关领导出席颁奖大会并为获奖者颁发了获奖证书及奖金。

近 90 家学会和单位的 400 余篇学术论文参与了评选活动，80 篇论文入围专家评审阶段。最终在专家评审的基础上评选出 35 篇获奖论文。从评奖结果看，本次所申报的论文涵盖了青海省理、工、农、医、综合等所有学科大类，涉及二、三级学科的论文也很广泛，水平较上届有大幅度提升。作者几乎涵盖了本省科技工作者所在的领域，且获奖论文第一作者层次较高，女性比例不低，平均年龄 40.5 岁。这些亮点，表明青海省青年人才已成为科学研究的中坚力量，女性科技工作者已成为科研的重要力量，有些已成为学科领域的领军人物。

【“科普与新青海建设同行”大型科普系列活动】 青海省在海西蒙古族藏族自治州启动并实施了“科普与新青海建设同行”大型科普系列活动。在海西蒙古族藏族自治州格尔木市和都兰县等地相继开展了中国流动科技馆巡展、科普大篷车联合行动、专家科普报告会、科普进校园（进社区）系列青少年活动、科技培训进基层活动、医疗服务进社区（进农村）等科普活动。

活动期间，中国科协专家科普报告团 4 名成员和省内部分知名专家累计作科普报告会 25 场，3000 余名青少年、公务员、科技工作者参加。青海省科协为活动提供了流动 4D 影院车 1 辆、Ⅲ型科普大篷车 1 辆、流动医疗车 1 辆，展演了科普剧 1 台，演示了 10 余个科学实验，配发了主题科普资源包 30 套，演示流动科技馆展品 40 余件。青海省科协 90 余名干部职工和近百名科普工作者参与了系列活动的筹备和实施。

各类新闻媒体就本次活动播发新闻和专题采访稿件 20 余篇，网络转载 20 余次，摄制“科普与新青海建设同行”专题片 1 集。

（撰稿人：才让南杰）

宁夏回族自治区科学技术协会

开展决策咨询工作。充分发挥自治区科协系统人才荟萃、智力密集的优势，积极引导和组织广大科技工作者开展建言献策活动。2012 年，编发《科技决策咨询》8 期、《老专家建言》12 篇，供自治区领导及相关厅局参考。完成有较高价值的建言献策近 60 项。

实施“科普惠农兴村计划”。发挥自治区科协在促进农村经济社会发展中的优势和作用。争取中国科协、财政部“基层科普行动计划”的支持，全区有 21 个单位和 3 名个人获全国基层科普行动计划先进荣誉，获得奖补资金达 465 万元。争取中国科协科普大篷车 3 辆。推进农技协组织的规范、健康发展，进一步强化了全区各级农技协的组织建设、制度建设、基础建设和能力建设。通过举办“2012 年宁夏名、特、优农产品评选活动”，促进了先进种植技术的推广应用，扩大了全区农产品的品牌优势。发挥科普网络优势，由“三农呼叫中心”进行专家视频授课 350 余场，由宁夏大众科技网发布 500 余条科技服务信息，为农村经济发展提供了有力的科技指导和帮助。自治区各级科协组织利用科技活动周、全国科普日、文化科技卫生三下乡、举办技术培训班等多种途径，向广大农民传播科学技术，组织开展科技培训讲座 200 余场次，培训农民 30 万人次。4 月 21 日，宁夏农技协第三次会员代表大会在银川召开。会议听取并审议通过了宁夏农技协第二届理事会工作报告、审议通过了《宁夏农村专业技术协会章程（修订草案）》，选举产生了宁夏农技协第三届理事会和常务理事会。宁夏科协副主席王冰当选为第三届理事会理事长，宁夏科技咨询中心主任万韧为秘书长。会上表彰了 17 个全区优秀农村专业技术协会，14 个全区优秀农村科普示范基地，17 个全区优秀农村科普带头人以及 5 个“2011 年全区优秀农产品评选活动”获奖单位。

加强企业科协工作。印发了《关于加强企业科协组织建设的意见》、《关于开展自治区科普示范企业认定工作的通知》等指导性文件。在自治区成立企业科协组织 77 家，审核设立专家工作站 12 个，进一步提升了企业技术创新能力，促进了科技成果引进和转化。继续深入开展“讲理想、比贡献”活动，不断激发企业广大科技工作者的创新热情，推动企业成为技术创新主体。

开展大科普协作工程。制定并提请自治区政府印发了《自治区全民科学素质行动计划纲要实施方案（2011～2015年）》，对“十二五”时期宁夏全民科学素质工作进行了全面部署，推动全区《纲要》工作的深入实施。印发了《关于在各类科技周（日）和主要纪念日开展主题科普活动推动“科普日”常态化的通知》，要求自治区全民科学素质行动计划纲要办公室各成员单位、各全区学会、各级科协在各类科技周（日）和主要纪念日结合各自业务工作，精心设计，开展经常性、社会性、群众性的科普活动，推动科普周（日）常态化。全方位、多角度、多层面进行宣传，全面反映全区《纲要》实施工作的新进展、新经验，推动全民科学素质建设深入健康发展。4月，宁夏科协被自治区全民科学素质行动计划纲要办公室评为信息工作先进单位，给予通报表彰。

开展重点科普活动。结合自治区生态移民工程，举办了以“科技惠及民生、科技引领未来”为主题的2012年宁夏科技活动周活动，组织近千名科技专家走进生态移民新村，通过举办科技讲座、技术培训、现场指导等科技服务活动，指导移民群众引进和利用先进实用技术、倡导健康文明生活方式，为生态移民群众“搬得出、稳得住、逐步能致富”提供科普服务。举办了以“食品与健康”为主题的2012年全国科普日宁夏活动，并以科普日为契机，在全区范围内全面开展“科普六进”活动（进学校、进社区、进乡村、进军营、进企业、进机关），带动了群众性科普活动的广泛开展。宁夏科协、银川市科协、贺兰县科协、中宁县科协被中国科协评为“2012年全国科普日活动优秀组织单位”，全区有四项活动被中国科协评为“2012年全国科普日活动优秀特色活动”。

开展特色科普活动。把对青少年人群作为重点科普对象，积极开展青少年科技教育活动。通过举办第12届中国青少年机器人（宁夏赛区）竞赛、组织开展中学生走进国家和自治区重点实验室、举办“全区青少年科技书画作品展”等活动，促进了课外科技活动与课堂教育的有机结合。发挥科普大篷车“流动科技馆”这一有效宣传手段，开展区、市、县三级联合行动，分别在偏远贫困地区开展各种形式的大型科普宣传活动共计150余场（次），受益群众达60万人（次）。发挥宁夏科技馆科普宣传主阵地作用，全年接待社会各界群众15万余人次，并被批准为国家4A级旅游景区，成为区内唯一一处科普旅游场所。承办了第27届全国青少年科技创新大赛。8月10～16日，以“创新·体验·成长”为主题的第27届全国青少年科技创新大赛在银川市举行。宁夏科协履行大赛筹备工作领导小组办公室职责，按照“热烈、顺畅、节俭、安全”的原则，协调相关部门，从奖项设置、场馆布置、人员安排、活动组织、后勤保障等各个方面进行部署，确保了大赛成功举办。来自全国34支代表队、475名学生、200名科技辅导员以及来自全国各省、自治区、直辖市观摩团近2万人，参赛学生家长和老师近2.5万人参加或观摩了大赛活动。本届大赛在活动规模、参赛人数、领导规格、比赛效果等方面均超过往届，成为宣传宁夏、展示宁夏，扩大宁夏影响力的有效平台。

加强科普基础设施建设，推动科普资源共建共享。新建科普惠农服务站17个，新建科普站23个，城乡科普宣传栏（画廊）100个。与自治区科技厅、党委宣传部联合认定了12个单位（基地）自治区级科普教育基地。指导宁夏林业研究所股份有限公司科普教育基地和宁夏回乡风情园申报为2012年全国科普教育基地。与自治区30家科普、科技场馆联合成立了宁夏自然科学博物馆协会，并召开了首届会员大会。继续与宁夏电视台合作开办《塞上乡村》，与宁夏广播电台合办《宁夏科普》，与宁夏日报合办《塞上新农村》。定期在各电视台播放《科普大篷车》栏目。组织编印《农业技术轻松学》等各类农村实用技术图书、挂图、手册近30万册（张），为全区各市、县（区）科普画廊喷绘各类科普知识挂图近4300平方米，提高了科普资源制作的服务能力建设。在全区范围内开展了自治区级科普示范社区创建和认定工作，经基层社区申报、各级科协逐级推荐和最终评定，命名兴庆区胜利街康馨社区等30个社区为第一批自治区级科普示范社区。与自治区教育厅、团委联合在全区各大中专院校中组建了科普志愿者队伍，积极组织开展形式多样的科普志愿服务活动和社会实践。2012年登记注册大学生科普志愿者达到1000余人。

搭建学术交流平台，着力提高学术交流的质量和水平。举办了以“科技创新与宁夏‘两型社会’建设”为主题的2012年宁夏科协学术年会，以“青年科技人才成长与创新”为主题的第八届宁夏青年科学家论坛，召开了第七届宁夏资深专家论坛等。2012年，自治区学会举办的各类学术活动近800场，近10万人次科技工作者参加，交流论文近2000篇。

增强服务学会的能力和水平。2012年，自治区科协立足于推动学会改革创新和服务经济社会发展，采取了以奖代补的方式对工作突出的学会给予表彰奖励；立足于提升学会工作水平，举办了全区学会秘书长培训班，定期召开科技期刊工作座谈会，组织期刊负责人和采编人员交流办刊思路和办刊经验，不断提高科技期刊的办刊水平；立足于深化民间科技交流，开启了区内外科技人员交流的新渠道，搭建了新的信息及学术交流平台；立足于深入实施学会党建强会活动，有效实现了以党建促科建的良好成效。宁夏科协社会组织党委被评为“2012年全区社会组织创先争优活动优秀指导单位”。

开展科技人才表彰奖励和举荐。自治区科协联合自治区党委组织部、人社厅开展了第三届全区优秀科技工作者、第十三届宁夏青年科技奖的评选表彰活动，对30名全区优秀科技工作者、13名宁夏青年科技奖获得者进行了表彰。自治区科协将全国优秀科技工作者、全国青年科技奖、全国科协系统标兵作为举荐的重点，推荐8人为全国优秀科技工作者，1人为“十佳全国优秀科技工作者”。鼓励和支持全区各学会结合学科、行业发展实际，设立了“宁夏水利科技进步奖”、“宁夏医学科技奖”等各类社会奖项。2012年，自治区科协系统共表彰奖励科技工作者近2000人次，先进集体近200个，激励了大批具有发展潜力的科技创新创业人才参与评选，促使各行各业的优秀科技人才脱颖而出。

努力为科技工作者服务。自治区科协深入开展科技工作者状况调查，加强全国科技工作者状况调查站点建设。结合“科协会员日”等活动，从关心会员的工作、生活、健康入手，广泛开展了以“家的温馨、节日的问候”为主题的系列活动，表彰奖励全区先进学会11个、全区学会优秀会员18名，并通过走访慰问、交流座谈、文体活动、健康讲座等多种形式，切实为广大科技工作者办实事、办好事，并努力形成长效机制。

开展科学道德和学风建设宣讲教育活动。自治区科协联合自治区教育厅先后在宁夏大学和宁夏人民会堂举办了两场科学道德和学风建设宣讲教育报告会，邀请著名核物理学家、中国科学院院士王乃彦作题为《科学工作中的诚信》的主题教育报告，并组织宣讲团深入自治区各地进行主题宣讲。

切实加强自身建设。自治区科协制定和完善了党组中心组学习制度，积极推进学习型党组织建设。集中开展党课教育活动，实行领导轮流讲党课制度，由党组书记带头开讲，邀请十八大代表、宁夏科协不驻会副主席李健为科协系统党员干部职工作了十八大专题报告。落实党风廉政建设责任制，召开专题民主生活会，贯彻党组书记坚持双向述职制度，党组成员参加双重组织生活。召开了宁夏科协七届二次全委会及科协常委会。出台了《市县科协年度工作评价办法》，按照实事求是、客观公正、科学评价、注重实效的原则，坚持平时工作与年终评价相结合，坚持全面工作推进与重点工作突破相结合，主要从市县科协工作条件和工作绩效两个方面进行考评，并将考评结果作为全区科协系统年度工作评价和表彰奖励的主要依据。出台了《宁夏科技社团工作评估办法》，对学会建设与开展工作的标准、方法和程序进行了明确和规范。为加强科协系统领导干部的沟通交流和能力提升，举办了全区科协系统领导干部培训班。

加强党风廉政建设。开展“争先创优”、“风清气正”、“勤政警示教育”等活动。制定了党风廉政风险防范等级，自治区科协机关每个人和直属单位副科以上的工作人员都填写《自治区科协廉政岗位风险防控机制责任书》，并建档监督。

【自治区党委书记张毅对做好科协工作提出要求】 2月10日，自治区党委书记张毅主持召开常委会议，听取了宁夏科协关于中国科协八届二次全委会议精神及贯彻意见的汇报。

张毅代表宁夏回族自治区党委对宁夏科协一年来的工作给予了肯定。张毅强调，在充分肯定取得成绩的同时，2012年要从三个方面做好科协工作：一是要鼓励创新。创新不足是阻碍和制约宁夏经济社会发展的重要因素。各级科协组织要在鼓励创新工作方面有所作为，在“产、学、研”结合方面有所作为，发挥作用。二是要重视科普宣传。要充分发挥科协科普主力军作用，特别是科技馆在青少年科普宣传方面的作用，不断提高公民科学素质，发挥科技文化教育作用，促进全民科学素质。三是要优化服务。各级科协组织要积极主动发挥联系广大科技工作者的职责，履行好服务科技工作者的职责，不断提高服务水平和能力，努力建设好名副其实的科技工作者之家。

【第二十七届全国青少年科技创新大赛】 8月10～16日，由中国科协、教育部、科学技术部、环境保护部、国家体育总局、共青团中央、全国妇联、国家自然科学基金委员会和宁夏回族自治区人民政府联合主办，宁夏科协承办，以“体验·创新·成长”为主题的第二十七届全国青少年科技创新大赛在宁夏银川国际会展中心举办。来自34个省、自治区、直辖市，新疆生产建设兵团、香港特别行政区、澳门特别行政区的675名代表参赛，其中包括475名学生、200名科技辅导员以及来自奥地利、法国、德国、丹麦、印度、日本、韩国、挪威、瑞典、泰国等10个国家的51名国际代表，5万余名自治区内外社会公众观摩大赛。

8月12日上午，举行了大赛开幕式，全国人大常委会副委员长、中国科协主席韩启德通过视频寄语青少年。全国人大常委会副委员长、民建中央主席陈昌智宣布大赛开幕。中国科协常务副主席、书记处第一书记陈希和宁夏回族自治区党委书记张毅为大赛铭印鉴证。中国科协书记处书记徐延豪主持开幕式。教育部副部长刘利民、自治区人民政府副主席屈冬玉在大赛开幕式上致辞。全国人大内务司法委员会副主任委员陈建国，科技部党组副书记、副部长王志刚，环境保护部总工程师万本太，团中央书记处书记罗梅，全国妇联副主席、书记处书记赵东花，国家自然科学基金委员会副主任孙家广等出席了大赛开幕式。

8 月 15 日下午，举行了大赛闭幕式暨颁奖典礼，中国科协青少年科技中心副主任蒙星主持闭幕式暨颁奖典礼。自治区党委副书记、主席王正伟，中国科协副主席、书记处书记程东红，自治区党委副书记、秘书长崔波，自治区人大常委会副主任冯炯华，大赛组委会主任、自治区副主席屈冬玉，自治区政协副主席安纯人，江苏省人民政府副省长何权等出席闭幕式并为获奖选手颁奖。本届大赛共评出优秀科技辅导员创新项目一等奖 27 项、二等奖 66 项、三等奖 94 项以及 10 项十佳科技辅导员奖；青少年创新项目一等奖 64 项、二等奖 140 项、三等奖 182 项；评选出由组委会、高校、基金会等单位设立的 25 类专项奖。作为本次大赛的东道主，宁夏回族自治区人民政府为大赛特别设立了宁夏回族自治区人民政府主席奖。大赛评审工作报告认为，本届大赛参赛作品整体水平较高，充分展示了我国青少年和科技辅导员在科学探究和创新实践中取得的进步和收获。

【2012 年宁夏科技活动周】 5 月 19 日，2012 年宁夏科技活动周在宁夏银川市贺兰县洪广镇欣荣生态移民村启动。活动周结合自治区生态移民工程，以“科技惠及民生、科技引领未来”为主题，面向社会公众，开展一系列内容丰富、形式多样的群众性科普活动，突出“科技与文化融合，科技与生活同行”的特色。宁夏回族自治区党委副书记崔波、自治区人大副主任冯炯华、自治区副主席屈冬玉、自治区政协副主席安纯人出席启动仪式，自治区副主席屈冬玉讲话并宣布仪式启动。启动仪式由宁夏科协党组书记、主席刘平和主持。

活动周期间，自治区科协组织了近千名科技专家走进生态移民新村，通过举办科技讲座、技术培训、现场指导等科技服务活动，指导移民群众引进和利用先进实用技术、倡导健康文明生活方式，为生态移民群众“搬得出、稳得住、逐步能致富”提供科普服务。

【2012 年宁夏科普日活动】 9 月 15 日，2012 年全国科普日宁夏“食品与健康”主题活动在银川市西夏区共享家园启动。宁夏回族自治区党委副书记、秘书长崔波，自治区人大常委会副主任冯炯华，宁夏科协党组书记、主席刘平和等出席启动仪式，并参加了“食品与健康”集中展示和宣传活动。宁夏科协副主席王冰主持启动仪式。启动仪式上，表彰了宁夏获得“基层科普行动计划”的先进集体和先进个人。

2012 年全国科普日宁夏系列宣传活动从 9 月 15 日开始到 9 月 21 日结束，安排重点科普活动 30 项，围绕食品安全与公众健康等积极开展“食品与健康”、“做好疾病防控 打造健康生活”、“生态移民村科技服务培训讲座”、“地头田间科技咨询服务”、“科普大讲堂”、“科技进军营”、“环境噪声对健康的影响”、“科普村村行”等一系列内容丰富、形式多样的科普活动。活动期间，在全区范围内开展了“科普六进”活动（进学校、进社区、进乡村、进军营、进企业、进机关），带动了群众性科普活动的广泛开展。

【宁夏科协 2012 年学术年会】 10 月 24 日，宁夏科协 2012 年学术年会开幕式暨主题报告会在银川市召开，年会的主题为：科技创新与宁夏“两型社会”建设。宁夏回族自治区人大副主任冯炯华、自治区副主席姚爱兴，中国工程院院士康绍忠，中国科学院生态环境研究中心研究员、中国生态学会秘书长陈利顶、宁夏科协党组书记、主席刘平和等出席会议，全区学会、高校、科研院所、企业及有关单位 300 余名代表参加了会议。学术年会开幕式由宁夏科协副主席王冰主持。

开幕式结束后，康绍忠院士、陈利顶研究员分别作题为《水与粮食安全》和《生态建设与区域生态安全》的专题报告，对宁夏水资源利用、粮食安全、生态建设等相关问题提出对策建议。

【宁夏科协 2012 年会员日暨表彰活动】 12 月 14 日，宁夏科协 2012 年会员日活动暨表彰奖励大会在银川市举行。自治区党委副书记、秘书长崔波，自治区政府副主席屈冬玉，自治区政协副主席安纯人，宁夏科协党组书记、主席刘平和等出席会议。宁夏科协副主席王冰主持会议。宁夏获得第五届全国优秀科技工作者、第十三届宁夏青年科技奖获奖者、第三届自治区优秀科技工作者、自治区先进学会、学会优秀会员代表以及自治区学会代表 200 余人参加会员日暨表彰活动。

宁夏科协 2012 年会员日活动围绕“‘家’的温馨 节日的问候”主题，表彰奖励了 8 名第五届全国优秀科技工作者、10 名十佳全国优秀科技工作者提名奖人员、13 名第十三届宁夏青年科技奖获奖者、30 名第三届自治区优秀科技工作者、11 个自治区先进学会、18 名自治区学会优秀会员，并为获奖先进集体和个人颁发奖牌和证书。青年科技奖获奖者、优秀科技工作者、先进学会代表并在大会上作了交流发言。

宁夏全区各有关部门、高校、区级学会和市县科协分别围绕会员日主题，安排了一系列活动，包括走访慰问科技工作者、召开会员座谈会、深入社区开展公益活动、免费开放科普场馆、评选优秀学术论文、表彰奖励优秀会员、开展科普咨询等活动。

（撰稿人：龙腾军）

新疆维吾尔自治区科学技术协会

2012年，自治区科协认真学习宣传贯彻党的十八大精神，坚持以落实科技民生工作为抓手，认真履行“三服务一加强”工作职能，不断提升服务经济社会发展的能力，以工作实效推动科协事业发展。

打造决策咨询服务平台。持续深入开展“天山南北院士行”主题科技活动。以“资源开发可持续、生态环境可持续”为主题，先后组织79位院士和90余名专家，组成多个专题调研组，赴伊犁、阿勒泰、哈密、阿克苏、巴州、石河子、克拉玛依等地州市，针对绿洲现代农业发展、矿产资源开发与环境保护、新疆资源环境与发展、水资源可持续利用、生态旅游、畜牧业和医药卫生事业发展、信息化建设与创新等方面开展专题调研，形成4个专题调研报告。组织院士专家与自治区党政领导和相关厅局、部门领导进行座谈。自治区党委常委尔肯江·吐拉洪、自治区副主席靳诺等与院士专家进行座谈交流。自治区科协以《科协工作专报》的形式将调研成果报送自治区领导和相关部门，引起自治区主要领导的高度关注。张春贤书记高度重视，在《科协工作专报》上作了批示。积极推动国家级科技思想库试点建设。建立自治区科协决策咨询专家库，出台了管理办法，首批入选决策咨询专家222名。成立了自治区科协决策咨询专家委员会，开展了自治区科协决策咨询2批8个课题的研究。拓展思想库建设内容，将地州市科协、自治区学会开展决策咨询工作纳入思想库建设。新增自治区级科技工作者状况调查站点10个。上报科技工作者建议16份，其中4份得到自治区领导批示。

努力加强企业科技创新工作。组织开展企业创新方法宣讲，深入开展“讲理想、比贡献”活动。自治区有5家企业获得全国“讲理想、比贡献”活动先进集体，8名科技工作者获得国家科技标兵和优秀组织者。承办全国企业科协秘书长培训班，进一步提升企业科协专兼职干部素质，促进与内地省市企业科协的交流与合作，组织收集新疆企业60项15大类企业技术信息，与云南、内蒙古等地企业、学会达成合作意向。

深入开展“百会万人下基层”系列科技服务活动。安排90余万元专项资金，对获得2011年“百会万人下基层”系列科技服务活动先进集体的20个自治区学会（协会、研究会）、31家地州市、县（市、区）科协及有关单位以及101名先进个人进行奖励。在总结2011年工作经验的基础上，提出强化联合协作、做实事少形式、整合资源、建立共享平台等新措施，推动活动在自治区深入开展。2012年，先后有241个自治区、地州市学会（协会、研究会）的一万余人次科技工作者深入基层一线开展科技宣传、咨询、服务等工作。全年累计开展活动890余项，技术咨询1500余次，科技培训35万余人次。不断扩大“新疆科学大讲堂”影响力。成立了由14个学科、36名专家组成的“新疆科学大讲堂”专家讲师团，正式启用了“新疆科学大讲堂”统一标识，启动了“新疆科学大讲堂”进学校、进机关、进社区、进企业、进军营系列活动。中国工程院院士李佩成、中国科学院院士侯建国、中国科学院院士欧阳自远等专家先后做客“新疆科学大讲堂”，为新疆各族群众作科普报告。自治区各基层科协组织举办了各具特色的科学讲堂。

深入实施“基层科普行动计划”。自治区共有27个农村专业技术协会、15个农村科普示范基地、13名农村科普带头人、13个科普示范社区获得全国“基层科普行动计划”表彰，奖补资金1165万元。自治区科协、财政厅制定印发了《新疆维吾尔自治区“基层科普行动计划”实施办法（试行）》，并评选表彰了24个农村专业技术协会、14个农村科普示范基地、2个少数民族科普工作队，6个科普惠农服务站、52个科普示范社区、9名农村科普带头人，奖补资金637万元。为建立长效机制，自治区科协出台了《科普服务站建设工作方案（试行）》，新建科普惠农服务站105个，科普惠民服务站94个，各类农村科普组织103个。

深入开展“科技之冬”活动。对第23届“科技之冬”活动进行督查总结，表彰了38个“科技之冬”活动实效显著的县（市），奖补资金38万元。自治区各级科协联合有关单位共举办各类培训班2.5万余期，培训各族农牧民463万人次。启动了第24届“科技之冬”活动。进一步完善“科普大篷车”区、地、县“三级联动”宣传机制，积极开展农村科普行动，覆盖9个地州20多个县市、乡镇，行程7000余公里，服务群众10万余人次。积极编译《科普大篷车》电视栏目，与自治区党员干部现代远程教育中心联合开展了远程教育“每周科普园地”学用活动，推动栏目在地县电视台全覆盖。用维吾尔语、汉族、哈萨克语3种语言编印了10万册科普大篷车车载宣传册《农村科普》。

深入实施对口扶贫工作。探索形成了“智力援助、科技引领、提升素质、项目扶贫、慰问补助”五项对口扶贫措施，全年安排帮困资金30余万元，赠送科普图书2000余册，开展科普宣传、科技培训10余次。

繁荣学术交流。安排100万元专项资金，资助重点学术交流和科技期刊项目65个。搭建高端交流平台，举办第二届信息化创新克拉玛依国际论坛、第三届喀纳斯科学与艺术论坛。支持民营科技型企业举办新疆中药民族药新药创制高峰论坛，2012年干细胞与再生医学、绿洲现代农业发展战略等系列高峰论坛。举办了“陈嘉庚科学奖”学术报告会和“科学与中国”院士专家巡讲团10周年纪念报告会。组团赴中国台湾地区、中国香港特别行政区、中国澳门特别行政区，澳大利亚开展科技交流。

积极培养举荐宣传优秀科技人才。加大农村实用人才培养力度。与自治区党委组织部、人力资源和社会保障厅探索开展农牧民高级技师认定工作，共同组织认定并授予300名农村优秀实用人才高级技师职称，每人发放农业科普资助经费2万元。加强农村专业技术协会建设，评选表彰24个自治区农技协先进集体、14名先进农技协工作者。推荐自治区科协副主席、新疆医科大学第一附属医院院长温浩等10人获得第五届“全国优秀科技工作者”称号，温浩获得“十佳全国优秀科技工作者”提名，推荐中国青年女科学家奖候选人4名。认真承办自治区政府科技奖项，组织开展第六届新疆青年科技奖评选，20名青年科技工作者获奖；组织开展第十二届自治区自然科学优秀学术论文评选，评选310篇优秀学术论文。与自治区政协文史资料委员会合作，编写完成50余万字的《口述新疆——在新疆的科学事业》，弘扬新疆老科学家无私奉献精神。与《新疆科技报》合作，以“把论文写在大地上”为主题，重点宣传生产一线科技、科协工作者。在各类媒体开展优秀科技工作者和科技创新团队的宣传报道，共刊发各类新闻、信息3200余篇。

深入实施《科学素质纲要》。认真履行自治区全民科学素质领导小组办公室职责，组织召开自治区全民科学素质领导小组2012年工作会议。根据自治区人民政府安排，成立6个督查组对自治区14个地州市“十二五”全民科学素质工作启动实施情况进行督查。自治区级人均科普经费由人均0.5元提高到1元。组织参与全民科学素质文艺汇演，选送的作品在汇演中获得一等奖。成立11个“十二五”全民科学素质重点任务协调工作小组，加强沟通协调，努力推动大联合、大协作，促进全民科学素质各项工作的落实。

发挥科普主力军作用，全面提升自治区全民科学素质。深入开展科普示范创建活动。启动新一轮自治区科普示范县（市、区）创建，评定命名新源县等20个自治区科普示范县（市、区），给予各1万元资助。为23个2011 ~ 2015年度全国科普示范县（市、区）发放奖励资金46万元。评定命名自治区科普教育基地（2011 ~ 2015年）45个，其中12个被推荐评为全国科普教育基地。“科普富民兴边”试点工作稳步推进。深入开展各类科普活动。联合自治区党委宣传部、卫生厅等七个部门在自治区开展了以“倡导绿色生产消费，科学保障健康生活”为主题的百日科普宣传教育活动，营造了“人人关心食品安全、人人维护食品安全”的社会氛围。举办全国科普日、科技活动周、青少年科学调查体验活动、“防灾减灾日”等系列科普活动，累计开展活动300余项。引进科普展教资源，在阿勒泰地区和昌吉州组织开展《聪明的植物》大型科普巡展活动。组织开展全国高校科普开放日活动，自治区10所高校开展活动11项。举办自治区第三届优秀科普作品评选，评选优秀科普作品49件。新疆科技馆累计接待参观人数41万余人次。在5个县市开展“体验科学”——中国流动科技馆巡展活动，行程6000余千米，参观人数8万余人次。积极开展面向统战人员、宗教人士、流浪回家儿童等特殊人群的科普教育实践活动。举办首届新疆自然博物馆协会辅导员大赛，组织开展与广东省十大科普场馆联合援疆系列活动。承办2012年西部反邪教论坛暨新疆反邪教协会年会，扎实做好“法轮功”等邪教劳教人员技能培训工作，近200名劳教人员取得岗位技能资格证书。

不断加强自身建设。不断强化学会管理与服务，指导6个自治区学会完成换届，新建新疆大学科协，吸纳新疆旅游协会、软件协会为自治区科协团体会员，注销新疆粮油储备销售协会团体会员资格。党建带科协建设工作在自治区全面铺开，试点县市创新工作模式，发挥典型带动作用。科协基层组织和队伍建设不断加强，自治区各级少数民族科普工作队达60个。以争创全国精神文明单位为目标，深入开展精神文明建设和创先争优活动、“热爱伟大祖国、建设美好家园”等各类主题宣传教育活动，继续保持了自治区“最佳文明单位”称号。不断加强学习型机关建设，大力进行形势政策和理想信念教育，表彰宣传先进典型。深化干部队伍建设，实行内部竞聘上岗，推进事业单位人事制度改革，干部队伍不断优化。

【第二届自治区青少年科技节】 4月21日，以“创新、体验、成长”为主题的第二届新疆维吾尔自治区青少年科技节在克拉玛依市开幕。来自全自治区15支代表队的440余名各族青少年、科技辅导员在为期两天的科技节主场科技竞赛和活动中展示科技成果、交流学习经验。

开幕式上，对首届自治区青少年科技节先进集体及先进个人进行表彰。科技节期间，举行了第26届自治区青少年科技创新大赛、第12届全国青少年机器人竞赛新疆赛区联赛、第13届全国中小学电脑制作活动新疆赛区选拔赛、2012年全国青少年模拟遥控飞行竞赛新疆赛区竞赛，优秀青少年科学实践活动、优秀少年儿童科学幻想绘画、克拉玛依市教育信息化成果及科普活动器材新技术展示及青少年科技创新教育论坛、青少年与专家学者面对面科学沙龙等主场活动。新疆500多名各族青少年、科技辅导员观摩了本届科技节主场活动。本届青少年科技节期间还举办了"挑战杯"全国大学生课外学术科技作品竞赛新疆赛区竞赛、第十四届"飞向北京—飞向太空"全国青少年航空模型竞赛新疆赛区比赛、全国青少年信息学奥林匹克联赛（NOIP）新疆赛区竞赛、"驾驭未来"全国青少年车辆模型竞赛、"探梦天宫"——全国青少年载人航天科普系列活动、新疆青少年航空航天模型锦标赛等20余项青少年科技竞赛和主题科技教育活动。

【新疆科学道德和学风建设宣讲教育报告会】 9月3日，自治区科协、自治区教育厅、中国科学院新疆分院、新疆社会科学院联合召开了科学道德和学风建设宣讲教育工作会议，对2012年自治区宣讲教育工作进行部署，决定宣讲教育对象覆盖全体研究生的同时，向本科生、新上岗硕士生导师、博士生导师、新入职教师和青年科技工作者延伸。9月24日，自治区科协、自治区教育厅、中国科学院新疆分院、新疆社会科学院联合主办的新疆科学道德和学风建设集中宣讲教育报告会在新疆农业大学举行。来自自治区各高校的高年级本科生、2012年新入学研究生、新上岗研究生导师、新入职教师和青年科技工作者共2000余人参加报告会。中国科协副主席、中国科学院院士沈岩，中国科协常委、南开大学校长龚克分别作了题为《坚守科研诚信，主动防范学术不端》、《真实与责任——学术道德与规范的真谛》的主旨报告。

【新疆科技界学习贯彻党的十八精神座谈会】 11月21日，自治区科技界学习贯彻党的十八精神座谈会召开。自治区党委常委尔肯江·吐拉洪、自治区副主席靳诺等出席会议。来自高校、科研院所、科技企业、不同学科领域的专家、学者100余人参加座谈会。

尔肯江·吐拉洪向与会科技工作者代表传达了党的十八大精神。他要求，新疆各级科协组织要把认真学习贯彻党的十八大精神作为当前和今后一个时期的首要政治任务，紧密联系自治区广大科技工作者思想实际和工作实际，精心组织、周密安排，通过学习培训、集中宣讲等形式，组织自治区广大科技工作者深入系统学习党的十八大精神。

与会各族科技工作者代表深刻领会了党的十八大对科技工作提出的新要求，联系自身工作实际，提出许多贯彻党的十八大精神、推动科技创新发展的新思路和新举措。大家纷纷表示，要以十八大精神为指引，在实施创新驱动发展战略中找准着力点，紧紧抓住"自主创新"这个核心和关键，奋发图强，加倍努力，加大对自治区新型工业化、农牧业现代化、新型城镇化进程中战略性、基础性、关键性的重大课题研究，力争取得一批具有重大影响的创新成果，不断提高科技进步对经济社会发展的贡献率。

（撰稿人：石本兵　许晓丽）

新疆生产建设兵团科学技术协会

深入推进"讲理想、比贡献"活动。充分发挥"讲、比"活动领导小组办公室职能，推动兵团团场、企业"讲、比"活动全面开展。印发《2012年"讲、比"活动工作要点》，组织"讲、比"活动先进的评选推荐工作。兵团科协推荐的4个单位获得全国"讲、比"活动先进集体，3人获得科技标兵，3人获得优秀组织工作者。

组织实施"科普惠农兴村计划"。5个集体和8名个人荣获全国科普惠农兴村先进集体和先进个人，共获中国科协、财政部奖补资金140万元；实施兵团"科普惠农兴村计划"，对6个集体和4名个人进行表彰，奖补资金22万元。对6个基层农技协进行调研和指导，为基层提供科技服务。兵团四师、八师、九师等单位也分别筹集资金对本师"科普惠农兴村计划"先进集体和先进个人进行表彰奖励。

开展"科普富民兴边"试点工作。共获得中国科协补助资金20万元，兵团科协配套资助四师、九师等边境师团"科普富民兴边"试点项目经费35万元。协调四师、九师科协与苏州市科协和北京科普发展中心签订了"科普富民兴边"东西部科普互助对接共建协议，获得北京市科普中心和苏州市科协捐赠科普图书、科普设备与资金共计50万元，并在九师163团、四师62团和九师小白杨中学、四师一中分别建立了职工科普活动中心和青少年科普图书室。

深化"科技之冬"活动。起草了《兵团职工科技学习培训活动实施方案》，协调科技局、农业局加强对"科技之冬"活动的指导，深入一师、七师、八师、十四师等单位对"科技之冬"活动进行调研。据不完全统计，"科技之冬”活动共举办各类培训班10855期，放映科普电教片7429场次，举办交流会984场，培训干部职工110万人次。

积极落实全民科学素质纲要工作。兵团科协发挥全民科学素质纲要领导小组办公室牵头、组织、协调、服务职能，组织召开了第六次兵团全民科学素质工作领导小组会议，审议印发了《2012年兵团贯彻落实全民科学素质工作要点》，根据人员变动情况，调整了全民科学素质工作领导小组组成，领导小组成员单位由原来的18个增加到23个。完成了公民科学素质工作调查，组织开展了公民科学素质文艺汇演申报工作和公民科学素质影视创作征集工作，制定2015年兵团公民科学素质拟定目标值。

科普活动蓬勃开展。在科技周、科普日活动中，兵团各级科协及所属学会独立或联合开展重点科普活动50余项，30多万人次参与主题科普活动。共发放各类科普资料10万册（份），展出展板2000余块，科技咨询40余场次，有1000多名科技工作者为主题科普活动服务。5月19～25日，兵团2012年科技活动周主场活动，举办了“食品安全”科普展，“食品安全与公众健康”科普报告会，发放食品安全、公众健康科普图书500册，1000余人受益。2012年全国科普日兵团主场系列活动在石河子市开幕，在3个社区举办了“食品安全与公众健康”科普报告会，展出“食品安全与公众健康”科普展板200余块，开展青少年科学调查体验活动，发放环保手提袋1500个、宣传折页1500册。向中国科协申请科普大篷车3辆，兵团科普大篷车总数达20辆。广泛开展科普大篷车巡展宣传活动，深入120多个团场、连队（社区）、学校和军营进行巡展，约有16万名学生、干部和群众参与活动。

大力实施“社区科普益民行动计划”。印发《兵团科普示范社区创建办法（试行）》。在中国科协的资助下，新建科普画廊30个。兵团科协出资10万元为各师、团场近300个科普画廊订制配发了科普挂图。全年共订购科普挂图12种，每种挂图300份，共计4万余张，挂图内容涵盖农业生产、文明生活、低碳生活、环保教育等。新建科普活动室5个，在中国科协和华硕集团的支持下，为兵团团场建设华硕科普图书室10个。评选出兵团首批科普示范社区21个。积极申报全国科普示范社区，3家社区获得国家科普示范社区称号，获中国科协奖补资金60万元。十三师农业科学研究所等4个单位被批准成为全国科普教育基地。协助中国科协开展兵团城市社区科普工作状况调查。

积极开展学术交流活动。支持和指导所属学会开展学术交流、决策咨询和举办行业培训等活动。支持开展了海峡两岸三地植物分子生物学与生物技术研讨会、绿洲现代农业发展战略高峰论坛等10场大型学术交流活动，支持经费40余万元。在中国科协的支持下，举办第二届兵团青年科技论坛，加强兵团科普教育网络平台建设。

积极组织青少年科教活动。4月7日，兵团科协联合兵团教育局、兵团团委举办了第十届兵团青少年科技创新大赛。参加观摩学习的学生、老师和社会各界人士共约万余人次，共评出一、二、三等奖897项，优秀组织单位15个，特别贡献奖单位1个。大赛期间，举办了科技工作者、科技辅导员“双十佳”表彰会和青少年科技创新论坛，邀请青少年科教专家周又红作了专题报告。兵团组队参加第27届全国青少年科技创新大赛，共获一、二、三等奖42项，大赛专项奖5项，基层赛事优秀单位组织奖5项。联合体育局、教育局举办第四届兵团青少年航空航天模型竞标赛，兵团各师的14支代表队共400余名青少年参加比赛，共评出航空、航天、航海模型冠军84项、优秀表演奖12个、优秀组织奖14个、优秀辅导员奖84名，五家渠高级中学荣获特别贡献奖。组队参加了第十四届“飞向北京—飞向太空”全国青少年航空航天模型比赛总决赛，兵团队获得各类奖项19项，并获优秀组织单位奖。组织开展“明天小小科学家”申报活动。组织兵团66名师生参加了在北京和上海举办的2012年高校科学营活动，并在乌鲁木齐市分别举行了高校科学营兵团启动仪式。举办了600余名学生参加的2012年兵团青少年科学调查体验活动启动仪式。组织参加了第三届全国青少年科学影像节活动，获得全国二等奖3项、三等奖7项。与自治区科协举办了第十七届全国青少年信息学（计算机）奥林匹克联赛。

大力表彰服务科技工作者。组织开展第五届全国优秀科技工作者评选推荐工作。兵团科协推荐的石国庆荣获“十佳全国优秀科技工作者”提名，石国庆等6名同志荣获第五届“全国优秀科技工作者”荣誉称号。在《兵团日报》、《兵团建设》整版宣传9名第三届兵团青年科技奖获奖者。首次启动了兵团科技工作者状况调查工作，先后召开3次协调会议，制定了工作计划，安排了项目经费，编制了科技工作者状况调查表。

做好科学道德和学风建设宣讲教育工作。按照中国科协和教育部等五部委《关于做好2012年科学道德和学风建设宣讲教育有关工作的通知》精神，兵团科协与教育局联合成立了兵团科学道德和学风建设宣讲教育领导小组，制定了宣讲教育工作实施方案，下发了《关于开展科学道德和学风建设宣讲教育工作的通知》，安排部署了具体工作。举办了2012年兵团科学道德与学风建设宣讲教育主场报告会。在第二届兵团青年科技论坛上，中国科协副主席冯长根和中国科学院院士赵国屏为兵团青年科技工作者和塔里木大学在校研究生作了 2 场学风建设报告。

努力加强自身建设。召开了兵团科协第三次代表大会。组织 15 名基层科协主席和秘书长参加了中国科协举办的县级科协主席培训班。举办了兵团青少年航空航模辅导员培训班和兵团青少年科技竞赛活动组织工作者培训班，共培训各类人员 150 余名。在中国科协会员日期间，兵团科协组织召开了兵团所属学会、协会秘书长工作座谈会。共编印《兵团科协信息》17 期，与《兵团日报》联办《科普苑》栏目，在兵团有关媒体、兵团科技信息网站刊登各类信息 300 余条，加强对科协工作的宣传。

【兵团科协第三次代表大会】 2 月 20 日，兵团科学技术协会第三次代表大会在乌鲁木齐市开幕。中国科协常务副主席、书记处第一书记陈希，自治区党委副书记、兵团党委书记、政委车俊，兵团党委副书记、司令员刘新齐，兵团党委常委、副司令员于秀栋，兵团党委常委、副司令员宋建业，兵团党委常委、副司令员孔星隆出席开幕式。

陈希在讲话中强调，兵团各级科协组织要认清肩负的历史责任，团结动员兵团广大科技工作者坚定信心、开拓进取，为加快建设创新型兵团作出新的更大的贡献；要充分发挥科普工作主要社会力量的作用，为提高兵团全民科学素质作出新的更大的贡献；要大力促进科技人才成长，为培养造就一支高素质的兵团人才队伍作出新的更大的贡献；要着力加强自身建设，努力建好科技工作者之家，当好科技工作者之友。

刘新齐在讲话中要求，兵团各级党委政府要充分认识做好新形势下科协工作的重要性，进一步加强对科协工作的领导，为科协工作创造良好的工作环境和条件，支持科协组织依照法律和章程，独立自主地开展工作，支持科协组织加强干部队伍建设、基层组织建设和科普阵地建设，重视关心科协干部进步成长，研究解决他们工作、生活当中的重大问题，引导和支持科技团体承担好相关的社会责任。他希望兵团科协在促进科学技术繁荣与发展、促进科学技术的普及和推广、促进科技人才成长、当好科技工作者之友等方面奋发有为。

会议选举了第三届兵团科协主席、副主席、常委和第三届委员会委员 63 名。田笑明当选为兵团科协第三届委员会主席。会议学习贯彻了《兵团党委、兵团关于加强新时期科协工作的意见》，增加了兵团本级科普经费，由人均 0.46 元增加至 1.00 元。会议还审议通过了《兵团科学技术协会事业发展十二五规划（2011—2015）》。

【第二届兵团青年科技论坛】 9 月 26 日，由新疆生产建设兵团科协主办、新疆塔里木大学承办、新疆石河子大学与新疆农垦科学院协办的第二届兵团青年科技论坛在塔里木大学召开。本届论坛的主题是“以科技创新引领支撑兵团‘三化’建设”。中国科协副主席冯长根，兵团党委常委、兵团副司令员宋建业，中国科学院院士、分子生物学家赵国屏，以及兵团科协、兵团科技局、兵团“博士大讲堂”成员、新疆塔里木大学、新疆石河子大学、新疆农垦科学院、新疆兵团各师科协的 173 名青年科技工作者参加论坛开幕式。论坛共收到论文 88 篇，并结集成册。

冯长根在讲话中提出，要充分认识青年科技论坛的文化推动作用，积极调动青年科技人才的主动性和创造性，为促进兵团科技成果转化、推动兵团产业结构调整，提供强有力的智力支持和服务。

宋建业在讲话中强调，青年科技工作者是建设创新型兵团的主力军。兵团各市局及科研院所要通过多种途径搭建平台，加强对青年科技人才的教育和培养，提升青年科技人才的团队协作与科技创新能力。他希望兵团青年科技工作者要树立远大理想信念，肩负历史重任，脚踏实地、开拓进取、刻苦钻研，为实现兵团“三化”建设贡献自己的力量。

本届论坛共设“自主创新与新兴产业化”、“民生发展与城镇化”、“产业转型升级与农业现代化”等 3 个分论坛。

赵国屏、冯长根分别作了题为《学海无涯从头越——为了生命科学的人生》和《从做学问谈科学伦理和科学道德》的特邀报告。

【兵团科学道德与学风建设宣讲教育报告会】 11 月 5 日，由兵团科协、兵团教育局联合石河子大学和新疆农垦科学院举办的 2012 年兵团科学道德与学风建设宣讲教育报告会在石河子大学召开。兵团党委常委、副司令员宋建业出席会议并讲话，兵团党委、兵团副秘书长陈宏曲以及兵团宣讲教育领导小组成员出席会议。报告会由兵团宣讲教育领导小组组长、兵团科协主席田笑明主持。

宋建业在讲话中提出，举办此次报告会，目的是帮助广大研究生和青年科技工作者迈好科研生涯的第一步，从源头上防止学术不端行为，树立科研诚信意识，提高科学道德素养，在社会上形成弘扬科学精神、维护科学尊严的风尚。

中国科学院院士、中国地震局地球物理研究所研究员陈运泰，中国科学院院士、中国农业大学动物科技学院教授吴常信分别作了题为《肯坐冷板凳，敢为天下先》和《科研诚信与学术规范》的报告。1000 余名研究生和青年科技工作者聆听报告。

【兵团科协所属学会、协会工作座谈会】 12月18日，兵团科协所属学会、协会工作座谈会在乌鲁木齐市召开。兵团所属20多个学会、协会的秘书长共计30余人参加座谈会。

兵团科协专职副主席王红德介绍了兵团所属学会近年开展的主要工作，魏杰副处长代表兵团民政局介绍了兵团社团工作基本情况和当前社团工作面临的问题和难得的历史发展机遇。兵团护理学会、兵团医学会、兵团药学会等8个学会作了典型发言，交流了近年来各自开展学会工作的经验。

兵团科协主席田笑明从“会员日”的提出和意义，坚持“三服务一加强”工作定位和搭建平台、资源共享的基本思路，要把实现公民科学素质目标作为重要任务3个方面作了讲话。

（撰稿人：赵廷杰　罗昌欧）

大 事 记

大 事 记

1月

1月4日

中国科协第八届常委会学术与学会工作专门委员会第一次工作会议在北京召开。中国科协副主席、专委会主任李静海，中国科协副主席、专委会副主任冯长根、沈岩，中国科协党组成员、学会学术部部长、专委会副主任沈爱民出席会议。

1月4～6日

中国科协党组理论学习中心组召开学习扩大会议，重点传达和学习中央经济工作会议精神和中央书记处对科协工作的指示精神，研究部署2012年工作。中国科协党组书记陈希，党组副书记程东红，党组成员徐延豪、王春法、沈爱民出席会议，机关各部门、各单位主要负责同志参加。

1月5日

2012年度在京中国青年科技奖获奖者新春联谊会举办。中国科协常务副主席、书记处第一书记、党组书记陈希出席联谊会并讲话。

中国科协常务副主席、书记处第一书记陈希走访看望中国科协荣委李振声院士，中国科协荣委、农业部原部长何康，中国科协书记处原书记林渤民。

中国科协常务副主席、书记处第一书记陈希会见中国工程院领导一行。

1月6日

中国科协常务副主席、书记处第一书记、党组书记陈希，书记处书记、党组成员徐延豪与中华全国供销合作总社党组书记、理事会主任杨传堂，党组成员、理事会副主任赵显人进行工作会谈。

全国学会外事工作会议在北京召开。中国科协书记处书记张勤出席并讲话。

1月8日

中国环境科学学会第七次全国会员代表大会在北京召开。全国政协副主席、中国环境科学学会名誉会长阿不来提·阿不都热西提出席大会开幕式。环境保护部部长周生贤，中国科协副主席、书记处书记程东红出席并致辞。王玉庆当选为中国环境科学学会第七届理事会理事长。

1月9日

福建省科技馆新馆开工仪式举行。福建省省长苏树林，全国人大环境与资源保护委员会副主任委员黄小晶，福建省委常委、福州市委书记杨岳，福建省人大常委会副主任张广敏、副省长洪捷序等出席仪式。

1月10日

中国科协2012年全国学会新春联谊会在北京举行。

中国科协常务副主席、书记处第一书记陈希出席院士专家新春联谊会。

1月11日

2012中国科协离退休老同志迎新春团拜会举行。中国科协常务副主席、书记处第一书记陈希出席团拜会并致辞。中国科协副主席、书记处书记程东红主持团拜会。中国科协党组成员沈爱民出席会议。

中国科协常务副主席、书记处第一书记陈希看望中国科学院院士张恭庆先生和中国科学院院士徐光宪先生。

1月12日

中国科协八届常委会第三次会议在北京召开。会议由全国人大常委会副委员长、中国科协主席韩启德主持。中国科协常务副主席、书记处第一书记陈希传达了中央书记处对科协工作的指示精神。

中国科协常务副主席、书记处第一书记陈希，中国科协副主席、书记处书记程东红，书记处书记张勤、徐延豪，党组成员、学会学术部部长沈爱民等与中国金属学会理事长徐匡迪一行就学会工作进行会谈。

1 月 13 日　中国科协八届全委会第二次会议在北京召开。中共中央政治局委员、全国人大常委会副委员长王兆国出席会议开幕式并讲话。全国人大常委会副委员长、中国科协主席韩启德作了题为《突出重点、狠抓落实，在服务党和国家工作大局中加快科协事业创新发展》的工作报告。会议由中国科协常务副主席、书记处第一书记陈希主持。

1 月 14 ~ 15 日　地方科协党组书记年度工作研讨会在北京召开。中国科协党组书记陈希主持会议并讲话，中国科协党组副书记程东红，党组成员张勤、徐延豪、王春法、沈爱民出席会议。程东红作会议总结。

1 月 16 日　中国科协常务副主席、书记处第一书记陈希出席 2012 年院士新春音乐会。

1 月 17 日　中共中央政治局委员、国务委员刘延东主持会议，听取《全民科学素质行动计划纲要》实施情况汇报并作出重要指示。中国科协常务副主席、书记处第一书记陈希作了汇报。

中国科协工作总结暨新春联欢会在北京召开。中国科协常务副主席、书记处第一书记陈希出席并讲话，中国科协副主席、书记处书记程东红主持会议。

1 月 18 日　江西省委、省政府出台关于加强新时期科协工作的意见。

1 月 19 ~ 20 日　中国科协常务副主席、书记处第一书记陈希一行到江苏省昆山市和上海市考察调研。

1 月 21 日　中国科协常务副主席、书记处第一书记陈希看望了著名材料科学家师昌绪院士、著名科学家郭永怀的遗孀李佩教授和著名学者杨绛先生。

2 月

2 月 6 日　中国科协常务副主席、书记处第一书记陈希到中星微电子公司调研，并代表中国科协向节日期间奋战在科研生产一线的高新技术企业科技工作者致以节日的慰问，并与中国科协副主席、中国工程院院士、中星微电子有限公司董事长邓中翰深入交换意见。

中国航海学会理事长徐祖远一行到中国科协商谈学会工作。

2 月 7 日　中国科协召开系列学会工作座谈会。中国科协常务副主席、书记处第一书记陈希听取了 32 位学会负责人对学会发展的意见和建议。

2 月 9 日　北京市科协第八次代表大会在北京开幕。中共中央政治局委员、北京市委书记刘淇，全国政协副主席、北京市科协七届委员会副主席王志珍，中国科协常务副主席、书记处第一书记陈希等出席大会开幕式。顾秉林当选为北京市科协第八届委员会主席。

中国科协常务副主席、书记处第一书记陈希，中国科协副主席、书记处书记程东红，书记处书记张勤、徐延豪、王春法，党组成员沈爱民一行拜会中国科学院领导并进行工作会谈，中国科学院院长、党组书记白春礼，党组副书记方新等出席，中国科学院副院长李静海主持座谈会。

中国法医学会第五次全国会员代表大会在北京召开。刘耀当选为中国法医学会第五届理事会理事长。

2月13日 中国科协书记处书记张勤会见来访的澳门科学技术发展基金行政委员会主席唐志坚一行，就澳门科学技术发展基金项目评审工作交换意见。

2月14日 《全民科学素质行动计划纲要》实施工作会议在北京召开。会议由中国科协常务副主席、书记处第一书记陈希主持。

中国科协第八届常委会促进国际合作专门委员会和促进港澳台交流专门委员会会议在北京召开。中国科协常委、专委会主任龚克，中国科协书记处书记、专委会副主任张勤，专委会副主任吴国雄出席会议。

2月15日 中国科协常务副主席、书记处第一书记陈希会见全国妇联副主席、书记处第一书记宋秀岩一行。

推进高校培养科普专门人才试点工作协商会在北京召开。中国科协书记处书记徐延豪出席会议并讲话。

2月15～16日 2012年老科学家学术成长资料采集工程工作会议在北京召开。中国科协书记处书记王春法出席会议并讲话。

2月20日 中国科协常务副主席、书记处第一书记陈希一行赴新疆维吾尔自治区调研，新疆维吾尔自治区党委书记张春贤会见陈希一行。

新疆生产建设兵团科协第三次代表大会在乌鲁木齐市开幕。中国科协常务副主席、书记处第一书记陈希，新疆维吾尔自治区党委副书记、兵团党委书记、政委车俊，兵团党委副书记、司令员刘新齐出席开幕式。田笑明当选为新疆生产建设兵团科协第三届委员会主席。

2月20～21日 中国科协常务副主席、书记处第一书记陈希对新疆维吾尔自治区社区科普工作、科研院所及高校科普工作、企业科协工作进行调研，并看望了在新疆的中国科协常委哈木拉提·吾甫尔和中国科协委员海米提·依米提。

2月26日 中国科协书记处书记王春法出席中国工程物理研究院“朱光亚同志逝世一周年纪念活动”。

2月27日 中国科协常务副主席、书记处第一书记陈希到清华大学核能与新能源技术研究院和中核能源科技有限公司调研，听取了新一代核能技术及其产业发展情况的专题汇报。

2月28～29日 中国科协常务副主席、书记处第一书记陈希赴浙江省考察调研，到浙江大学调研了高校科协工作，看望岑可法院士和“千人计划”学者彭笑刚教授。

中国科协第八届常委会促进企业自主创新专门委员会主办的技术创新·企业发展论坛在江苏省江阴市举行。中国科协副主席、专委会主任、中国工程院院士刘玠主持论坛开幕式和主题报告会，中国科协书记处书记、专委会副主任张勤在开幕式上致辞并作报告。

2月29日～3月1日 中国科协书记处书记、中国科技馆馆长徐延豪到云南省调研科技馆新馆建设、昆明市社区和石林彝族自治县的科普工作。

3月

3月2日　中国科协常务副主席、书记处第一书记陈希到中国钢研科技集团有限公司考察调研。

3月5日　全国政协科协界委员联谊座谈会在北京举行。全国人大常委会副委员长、中国科协主席韩启德，中国科协常务副主席、书记处第一书记陈希，全国政协教科文卫体委员会副主任邓楠等出席联谊座谈会。

3月5～6日　2012年中国科协宣传部长会议在山东省济南市召开。中国科协书记处书记、调研宣传部部长王春法出席并讲话。

3月6日　中国科协常务副主席、书记处第一书记陈希到清华大学看望诺贝尔物理学奖获得者、清华大学教授杨振宁先生。

3月7日　中国科协常务副主席、书记处第一书记陈希参加全国政协十一届五次会议科协界委员联组会。

中国科协常务副主席、书记处第一书记陈希到清华大学看望世界著名计算机学家、中国科学院外籍院士姚期智教授。

中国科协副主席、书记处书记程东红出席第三届“科学与艺术——相约国际劳动妇女节”晚会。

3月8日　中国科协副主席、书记处书记程东红出席“科协事业与女干部成长发展——立足岗位展风采，创先争优做贡献”座谈会。

3月12日　全国科学道德和学风建设宣讲教育领导小组2012年第一次工作会议在北京召开。中国科协常务副主席、书记处第一书记陈希出席会议并讲话。中国科协书记处书记、全国科学道德和学风建设宣讲教育领导小组组长张勤主持会议。

3月12～15日　中国科协副主席李静海，中国科协党组成员、学会学术部部长沈爱民带领调研组赴上海市、云南省开展科技期刊专题调研。

3月13～15日　中国科协党组召开理论学习中心组学习扩大会议，学习贯彻落实胡锦涛同志在中央纪律检查委员会第七次全体会议上的重要讲话。会议由中国科协党组书记陈希主持，党组副书记程东红，党组成员张勤、徐延豪、王春法出席会议，机关各部门、各直属单位主要负责同志参加。

3月14～18日　中国科协副主席冯长根带领“海智计划”课题组赴重庆市、浙江省宁波市调研和谐社区建设。

3月16日　中国科协学会工作会议在北京召开。中国科协常务副主席、书记处第一书记陈希，中国科协副主席、书记处书记程东红，中国科协党组成员、学会学术部部长沈爱民出席。

3月18日　由中国科协、中国新闻社及道达尔集团联合主办的“和谐能源之旅”全国科普巡展开幕庆典在中国科技馆举行。中国科协书记处书记、中国科技馆馆长徐延豪出席开幕庆典。

3月18～20日　中国科协副主席、书记处书记程东红到广西壮族自治区贵港市调研。广西壮族自治区党委副书记危朝安、自治区副主席陈章良会见了程东红一行。

3月19日　老科学家学术成长资料采集工程领导小组专家委员会第三次会议召开。中国科协书记处书记王春法、采集工程领导小组专家委员会主任杜祥琬等出席会议。

3月19～31日　中国科协常务副主席、书记处第一书记陈希出访澳大利亚、新西兰、南非。

3月25日　中国农村专业技术协会第四次全国会员代表大会在北京召开。中国科协书记处书记徐延豪出席开幕式并讲话。吕飞杰当选为中国农村专业技术协会第四届理事会理事长。

3月26～28日　地方科协国家级科技思想库试点工作座谈会在天津市召开。中国科协书记处书记王春法出席座谈会并讲话。

3月27日　第十届“中国土木工程詹天佑奖”颁奖大会在北京举行。中国科协副主席、书记处书记程东红出席大会。中国科技馆新馆工程项目荣获“中国土木工程詹天佑奖”。

3月29日　中国科协八大代表服务工作研讨会在福建省厦门市召开。中国科协副主席、书记处书记程东红出席会议并讲话。

3月30日　全国学会2012年度科普工作交流会在北京召开。中国科协书记处书记徐延豪出席会议。

3月31日　中国科协副主席冯长根出席第二次全国环保科技大会。

4月

4月6日　全国“讲理想、比贡献”活动领导小组会议在北京召开。全国“讲理想、比贡献”活动领导小组组长、中国科协常务副主席、书记处第一书记陈希主持会议并讲话。

中国生物材料学会第一次全国会员代表大会召开。中国科协党组成员、学会学术部部长沈爱民出席大会。张兴栋当选为中国生物材料学会第一届理事会理事长。师昌绪任名誉理事长。

4月10日　2012中国科协学术建设发布会在北京举行，中国科协副主席、学术与学会工作专委会主任李静海发布了2011～2012年度我国空间科学等23个学科近年的发展状况、未来趋势，中国科协荣誉委员、学术与学会工作专委会委员陈运泰发布了中国科协所属科技期刊2011年的发展状况。发布会由中国科协党组成员、学会学术部部长沈爱民主持。

中国科协科技期刊科学道德规范集中宣讲教育活动举办。中国科协副主席、书记处书记程东红出席会议并讲话。中国科协副主席李静海、黄伯云、谢克昌等出席会议。会议发表了《中国科协所属全国学会关于加强科技期刊科学道德规范、营造良好学术氛围的联合声明》。

中国科协第八届常委会科技工作者道德与权益专门委员会第二次会议召开。中国科协副主席、专委会主任黄伯云主持会议。全国政协副主席、专委会委员王志珍，中国科协副主席、专委会副主任李静海出席会议。

中国制冷学会第八次全国会员代表大会在北京召开。田元兰当选为中国制冷学会第八届理事会理事长。

4月11日　中国科协全国代表大会代表服务工作创新试点评审会在北京召开。中国科协荣誉委员齐让、中国科协副主席冯长根出席评审会。

4月11～13日　2012年地方科协对台工作会议在海南省海口市召开。中国科协书记处书记张勤出席会议并讲话。

4月12日　西安交通大学纪念钱学森百年诞辰图书出版发布会在北京举行，中国科协副主席冯长根，中国科学院院士、中国工程院院士郑哲敏等出席会议。

2012年首届中国科普摄影大赛启动。

4月13日　中国化学会第28届学术年会暨中国化学会八十华诞庆典在四川大学举行。中国科协常务副主席、书记处第一书记陈希出席开幕式并致辞。

4月15日　第十八届全国肿瘤防治宣传周在北京启动。中国科协常务副主席、书记处第一书记陈希出席启动仪式。

中国光学学会第七次全国会员代表大会在北京召开。周炳琨当选为中国光学学会第七届理事会理事长。

4月16～18日　中国科协常务副主席、书记处第一书记陈希一行到湖北省科协、武汉大学、武汉东湖新技术开发区、华中科技大学，就湖北省科技馆新馆建设、高校科学道德和学风建设、企业科技创新、公众科普教育等工作进行调研，并看望院士专家。

4月16～25日　中国科协副主席、书记处书记程东红率代表团赴意大利出席第12届公众理解科学技术国际会议，并访问波兰。

4月17日　2012“院士专家扬州行”活动启动仪式举行。中国科协书记处书记张勤出席启动仪式，并为中国科协“海智计划”扬州工作基地揭牌。

中国—巴基斯坦青年科学家论坛在北京举办。中国人民对外友好协会副会长冯佐库、中国科协书记处书记徐延豪、巴基斯坦驻华使馆副馆长泽霍尔·艾赫迈德出席会议并致辞。

4月17～20日　2012年全国科技工作者状况调查站点培训班在江西省南昌市举办，中国科协书记处书记王春法出席并讲话。

4月18日　湖北省科协第八次代表大会召开。中国科协常务副主席、书记处第一书记陈希，湖北省委副书记、省长王国生出席大会开幕式并讲话。郭生练当选为湖北省科协第八届委员会主席。

中国电子学会第九次全国会员代表大会在北京召开。中国科协书记处书记徐延豪出席大会。娄勤俭当选为中国电子学会第九届理事会理事长。

中国电子学会成立50周年庆祝大会在北京举行。

中国科协书记处书记张勤会见了英国工程技术学会（IET）首席执行官尼格尔·法恩（Nigel Fine）一行。

4月19日　中国科协、财政部联合实施的“基层科普行动计划”正式启动。

中国科协名誉主席、中国科学院院士周光召当选为英国皇家学会外籍会士。

4月20日　中国科协海智计划专家工作会议在云南省昆明市召开，中国科协副主席冯长根出席会议。

4月22日　中国自然辩证法研究会第七次全国会员代表大会在北京召开。中国科协书记处书记徐延豪出席开幕式并致辞。吴启迪当选为中国自然辩证法研究会第七届理事会理事长。

4月23日　中国化工学会第39届全国会员代表大会暨学会成立90周年庆祝大会在北京召开。中国科协常务副主席、书记处第一书记陈希出席大会并致辞。李勇武当选为中国化工学会第39届理事会理事长。

4月23～26日　中国科协常务副主席、书记处第一书记陈希到广东省考察调研科协工作。广东省委副书记、省长朱小丹，广东省委常委、深圳市委书记王荣，广东省副省长陈云贤分别会见陈希一行。

4月24～25日　省、自治区、直辖市、副省级城市科协组织人事工作会议在广东省广州市召开。中国科协常务副主席、书记处第一书记陈希出席会议并讲话。

4月25～26日　地方全民科学素质行动计划纲要实施工作研讨会在贵州省贵阳市召开。全民科学素质行动计划纲要实施办公室主任、中国科协书记处书记徐延豪出席会议并讲话。

4月27日　中国科协召开全国“两会”建议、提案办理工作会，中国科协副主席、书记处书记程东红出席。

4月28日　首届中国科协“科技馆基金会合展励学金”捐赠仪式在南开大学举行。全国政协常委、中国科协荣誉委员、中国科技馆发展基金会顾问齐让，中国科协党组成员、学会学术部长沈爱民等出席仪式。

5月

5月3～4日　中国科协常务副主席、书记处第一书记陈希到甘肃省调研科协工作。甘肃省委书记、省人大常委会主任王三运，省委副书记、省长刘伟平，省委副书记、省委党校校长欧阳坚分别会见陈希一行。

5月7日　中国科协常务副主席、书记处第一书记陈希出席2012年中国科协80周岁老同志生日祝寿活动。

5月8～17日　应日本文部科学省和韩国科学技术团体总联合会的邀请，全国人大常委会副委员长、中国科协主席韩启德院士率中国科协代表团对日本、韩国进行友好访问。

5月9～11日　老科学家学术成长资料采集工程2012年第一期采集人员培训班在湖北省武汉市举办。中国科协书记处书记王春法出席会议并讲话。

5月9～18日　中国科协书记处书记张勤率中国科协代表团访问了爱尔兰工程师学会、英国工程理事会、英国工程技术学会、科学出版伦理委员会和《自然》杂志出版集团。

5月15日　中国电影电视技术学会第七次全国会员代表大会在北京召开。何宗就当选为中国电影电视技术学会第七届理事会理事长。

5月15～17日　中国科协常务副主席、书记处第一书记陈希，中国科协副主席、书记处书记程东红，全国政协常委、中国科协决策咨询专门委员会主任齐让到山西调研。山西省委书记、省人大常委会主任袁纯清，山西省委副书记、省长王君会见了陈希一行。

5月17日　中国知识产权研究会第六次全国会员代表大会在北京召开。田力普当选为中国知识产权研究会第六届理事会理事长。

5月18日　中国科协、教育部、中国科学院、中国社会科学院、中国工程院就做好2012年科学道德和学风建设宣讲教育工作联合发出通知，全面部署2012年全国科学道德和学风建设宣讲教育工作。

中国科协第八届常委会青年工作专门委员会第二次会议召开。中国科协副主席、专委会主任袁家军，中国科协副主席、专委会副主任冯长根，专委会副主任王伟中，中国科协书记处书记、专委会副主任张勤，专委会副主任杨劼等出席会议。

5月19日　第一届国际植物日启动仪式暨全国中小学生“第一届国际植物日”征文大赛颁奖仪式在上海市举行。中国科协副主席李静海出席启动仪式。

5月23～30日　应中华青年交流协会的邀请，中国科协书记处书记王春法率团赴台与台湾学术界就学术谱系相关领域的研究成果和进展等开展深入交流。

5月26日　2012年世界医学物理与生物医学工程大会在北京开幕。全国人大常委会副委员长、中国科协主席韩启德院士出席开幕式并致辞。

5月27～29日　2012年全国省级农技协秘书长会议暨基层农技协规范化创建现场会在辽宁省铁岭市西丰县召开。中国科协书记处书记徐延豪出席会议。

5月28日　中国科协常务副主席、书记处第一书记陈希，中国科协副主席、书记处书记程东红，书记处书记徐延豪会见国家自然科学基金委员会主任陈宜瑜一行，就国家科技计划项目增加科普任务试点工作进行商谈。

中国科协副主席冯长根出席“严济慈星”命名仪式暨严济慈科学教育思想座谈会。

5月28～6月1日　以全国政协委员、中国科协原书记处书记宋南平为组长的全国政协科协界委员调研组，赴四川省、重庆市专题调研科技馆展教资源。

5月29～31日　中国科协常务副主席、书记处第一书记陈希，全国政协常委，中国科协常委会决策咨询专委会主任齐让到陕西省进行工作调研。

6月

6月1日　中国科协常务副主席、书记处第一书记陈希出席在四川省成都市举办的第九次世界生物材料大会，并赴电子科技大学调研。

6月3～5日　中国照明学会第六次全国会员代表大会在北京召开。中国科协书记处书记王春法出席会议并讲话。徐淮当选为中国照明学会第六届理事会理事长。

6月4～8日　以全国政协常委、中国科协决策咨询专门委员会主任齐让为组长的全国政协科协界委员调研组，赴安徽省和上海市就加快推动科技馆展教资源研发，促进科普产业发展进行调研。

6月5日　中国科协、教育部、中国科学院、中国社会科学院、中国工程院在北京召开全国科学道德和学风建设宣讲教育工作会议。全国人大常委会副委员长、中国科协主席韩启德出席会议并作重要讲话。中国科协常务副主席、书记处第一书记陈希主持会议并讲话。中国科协副主席程东红、黄伯云，书记处书记张勤及有关部委领导出席会议。

6月11～20日　应美国科学促进会和加拿大安大略省科学中心邀请，中国科协书记处书记徐延豪率代表团访问美国、加拿大，对科普资源开发与共享进行考察。

6月12～15日　中国科协举办机关、直属单位党支部书记培训班。中国科协常务副主席、书记处第一书记、党组书记陈希专程到培训班听取了基层党支部的党建工作介绍，并作重要讲话。中国科协书记处书记、机关党委书记王春法作开班动员讲话。

6月14日　中国科协在北京召开全国学会参与工程教育认证工作研讨会。中国科协常务副主席、书记处第一书记陈希，中国科协党组成员、学会学术部部长沈爱民出席会议。

6月15日　中直机关文明单位表彰暨精神文明创建活动现场观摩会在北京召开。中国科技馆荣获全国文明单位称号，计划财务部、组织人事部、学会服务中心、科普研究所、青少年科技中心荣获中直文明单位称号，中国科技会堂荣获首都文明单位称号，办公厅、中国科技馆荣获首都文明单位标兵称号。

中国土木工程学会第九次全国会员代表大会在北京召开。中国科协副主席、书记处书记程东红出席大会并讲话。郭允冲当选为中国土木工程学会第九届理事会理事长。

6月16日　全国食品安全宣传周中国科协主题活动日在中国科技馆举行。中国科协副主席、书记处书记程东红宣布《食品安全科普宣传大纲》发布并讲话。

6月17日　2012海峡科技专家论坛在福建省厦门市举行。中国科协书记处书记张勤，福建省委常委、副省长陈桦出席开幕式并致辞。

6月18～21日　中国科协常务副主席、书记处第一书记陈希在福建省和江西省围绕进一步做好新时期科协工作开展实地调研。

6月19日　民政部首次开展的学术类社会团体评估等级结果公布。中国农学会、中国环境科学学会、中国仪器仪表学会等3家学会被评为5A级全国性学术类社会团体。

6月19～21日　首届科技场馆科学教育项目展评活动举办。中国科协书记处书记、中国科技馆馆长徐延豪出席展评活动的展览开幕式和颁奖典礼。

6月20日　2012中国纺织科技人才战略大会在浙江省宁波市开幕。中国科协副主席、书记处书记程东红出席开幕式并致辞。

中国科协书记处书记张勤在中国科技会堂会见了朝鲜科技总联盟中央委员会副委员长桂希男一行。

6月25～27日　中国科协常务副主席、书记处第一书记陈希赴河南省调研科协工作。河南省委书记、省人大常委会主任卢展工等会见了陈希一行。

6月25日～7月4日　应俄罗斯科工联和英国皇家学会的邀请，中国科协书记处书记王春法率中国科协代表团赴俄罗斯、英国对科技思想库建设进行考察。

6月26日　中国科协书记处书记张勤在中国科技会堂会见了伊朗驻华大使萨法里（H.E. Dr. Mahdi Safari）博士。

6月29日　《中华人民共和国科学技术普及法》颁布实施10周年座谈会在北京人民大会堂举行。全国人大常委会副委员长路甬祥，中国科协常务副主席、书记处第一书记陈希出席并讲话。

7月

7月2～5日　中国科协常务副主席、书记处第一书记陈希，中国科协副主席、书记处书记程东红一行赴广西调研考察科协工作。广西壮族自治区党委书记、自治区人大常委会主任郭声琨，自治区党委副书记危朝安会见了陈希一行。

7月4日　中国科协科技工作者代表工作座谈会在湖北省武汉市召开。全国政协常委、中国科协决策咨询专门委员会主任齐让出席会议并讲话。

7月5日　东北亚高端人才峰会暨吉林省第七届海外华侨华人专业人士恳谈及项目对接会在吉林省长春市召开。吉林省委书记孙政才、中国科协书记处书记徐延豪、国务院侨务办公室主任李海峰、中国工程院院士袁隆平等出席会议并致辞。

7月5～9日　第31届国际生物科学暨生物产业大会在江苏省苏州市举行。中国科协书记处书记张勤出席大会。

7月6日　中国药理学会第十次全国会员代表大会在北京召开。杜冠华当选为中国药理学会第十届理事会理事长。

7月9日　中国科协党组理论学习中心组学习扩大会召开，传达学习全国科技创新大会精神。中国科协党组书记陈希主持会议，机关各部门、各单位主要负责同志参加。

中国科协常务副主席、书记处第一书记陈希，中国科协党组成员、学会部部长沈爱民会见中国草学会理事长马启智一行。

7月10日　中国科协、贵州省政府在贵阳市联合举办2012年海外智力为国服务研讨会暨联席会议。中国科协副主席、书记处书记程东红，书记处书记张勤，中国科学院院士、中国科协荣誉委员赵忠贤，贵州省副省长谢庆生出席会议。中国科协正式设立中国科协海智计划贵州工作基地。

7月11日　中国科协与贵州省政府签署《关于促进贵州经济社会又好又快发展合作协议》。贵州省委书记栗战书、省长赵克志，中国科协常务副主席、书记处第一书记陈希，中国科协副主席、书记处书记程东红，书记处书记张勤出席签约仪式。

2012 高端装备制造与高新技术产业国际合作推进会在贵州省贵阳市举行。中国科协常务副主席、书记处第一书记陈希，贵州省委副书记、省长赵克志，中国科协副主席、书记处书记程东红，中国科协书记处书记张勤，中国科学院院士、贵州省科协主席欧阳自远等出席开幕式。

7 月 12 日

2012 年中国控烟论坛在北京召开。全国人大常委会副委员长、中国科协主席韩启德，卫生部部长陈竺，全国人大常委会委员、中华预防医学会会长王陇德，世界卫生组织驻华代表兰睿明博士等出席论坛。

全国政协委员、教科文卫体委员会副主任邓楠，全国政协常委、中国科协决策咨询专门委员会主任齐让，全国政协委员、中国科协书记处书记徐延豪，全国政协委员王庭大、宋南平等一行，到北京天强创业电气有限公司专题调研科技馆展教资源状况。

7 月 15 ~ 25 日

应俄罗斯国际友好城市联合会的邀请，由中国科协、中国对外友好协会和中国宇航学会共同组织的中国青少年代表团一行 40 人赴俄罗斯参加了中俄青少年科技文化交流活动。

7 月 16 日

中国科协常务副主席、书记处第一书记陈希一行到神华集团北京低碳清洁能源研究所就企业科技创新工作进行调研。

7 月 17 日

第十二届中国青少年机器人竞赛在天津市开幕。中国科协书记处书记徐延豪出席开幕式并讲话。

由工业和信息化部、科技部、中国科协、香港特别行政区政府商务及经济发展局联合主办的内地与香港信息科技及通讯产业创新创业高峰论坛在香港举行。中国科协书记处书记张勤等出席会议并致辞。

7 月 18 日

中国科协和教育部在北京召开合作情况沟通交流会。中国科协常务副主席、书记处第一书记陈希，中国科协副主席、书记处书记程东红、中国科协书记处书记张勤、徐延豪，中国科协党组成员沈爱民，教育部副部长杜占元、刘利民，教育部部长助理林蕙青出席会议。

7 月 19 日

中国科协书记处书记张勤会见国际科联新任执行主任史蒂文・威尔逊（Steven Wilson）博士。

7 月 19 ~ 20 日

中国科协常务副主席、书记处第一书记陈希在吉林省考察调研。吉林省委书记孙政才，省委副书记、省长王儒林会见了陈希一行。

全国政协常委、中国科协决策咨询专门委员会主任齐让，中国科协书记处书记王春法在吉林省长春市开展实地调研。

7 月 21 日

中国光学学会在北京举办纪念王大珩逝世一周年大会。中国科协副主席、书记处书记程东红出席会议。

7 月 23 日

中国科协副主席冯长根在福建省福州市出席第十一届海峡两岸大学生辩论赛闭幕式，并为获奖代表队颁奖。

7 月 24 日

2012 中日青少年科技夏令营在中国科技馆举办开营仪式。中国科协书记处书记张勤、日本科学技术振兴机构副理事长川上伸昭、日本驻华大使馆参赞岩本桂一出席开营仪式并致辞。

7 月 25 ~ 27 日

中国科协常务副主席、书记处第一书记陈希，全国政协常委、中国科协决策咨询专门委员会主任齐让一行到安徽，调研科技创新和科普产业发展相关工作。安徽省委书记张宝顺，省委副书记、省长李斌会见陈希一行。

7 月 30 日

中国科协党组召开会议，集体学习胡锦涛总书记在省部级主要领导干部专题研讨班开班式上的重要讲话。中国科协党组书记陈希主持会议，党组副书记程东红，党组成员张勤、徐延豪、王春法、沈爱民出席会议。

8 月

8 月 1 ~ 10 日

国际科技组织任职科学家公开讲座在西藏自治区举行。中国科协第八届常委会促进国际合作专门委员会、促进港澳台交流专门委员会主任龚克等 6 位专家作了 7 场报告。

8 月 3 日

全国科学道德和学风建设宣讲教育领导小组 2012 年第二次工作会议召开。中国科协书记处书记、全国科学道德和学风建设宣讲教育领导小组组长张勤主持会议。

8 月 5 日

全国青少年高校科学营活动启动仪式暨北京地区科学营开营仪式在北京大学举行。中国科协常务副主席、书记处第一书记陈希，教育部副部长刘利民，中国科协副主席、书记处书记程东红，中国科协书记处书记徐延豪参加启动仪式。清华大学等 41 所高校发出倡议书，希望更多的全国高校发挥高校的科技、教育、文化优势，参与青少年高校科学营活动。

8 月 7 ~ 8 日

中国药学会第二十三次全国会员代表大会在北京召开。全国人大常委会副委员长、中国药学会理事长、中国工程院院士桑国卫，卫生部部长陈竺，中国科协副主席、书记处书记程东红，卫生部副部长、国家食品药品监督管理局局长尹力等出席大会开幕式。桑国卫当选为中国药学会第二十三届理事会理事长。

8 月 11 日

中国科协副主席、书记处书记程东红参观考察了黑龙江省级科普示范社区、哈尔滨市“十星”科普社区示范点——道里区抚顺街道办事处抚顺社区。

中国科协海智计划吉林（吉林）工作基地授牌仪式暨 2012 年吉林省海智高端人才座谈会举行，中国科协副主席冯长根出席座谈会。

8 月 11 ~ 12 日

由中国科协主办的种业科技创新与产业发展专家论坛在黑龙江省哈尔滨市举行。中国科协副主席、书记处书记程东红，农业部副部长、中国农学会会长张桃林，黑龙江省人大常委会副主任王东华，副省长程幼东等出席论坛开幕式，400 余位国内外种业专家参加论坛。

8 月 12 ~ 15 日

第二十七届全国青少年科技创新大赛在宁夏回族自治区银川市举行。全国人大常委会副委员长、民建中央主席陈昌智宣布大赛开幕。全国人大常委会副委员长、中国科协主席韩启德通过视频表示祝贺。中国科协常务副主席、书记处第一书记陈希和宁夏回族自治区党委书记张毅为大赛铭印鉴证。科技部、团中央、全国妇联、国家自然科学基金会等有关部门的领导出席开幕式。

8 月 14 ~ 15 日

中国科协常务副主席、书记处第一书记陈希到海南省考察调研。海南省委书记、省人大常委会主任罗保铭会见了陈希一行。

8月17日 中国科协常务副主席、书记处第一书记陈希，中国科协书记处书记、全国科学道德和学风建设宣讲教育领导小组组长张勤，教育部部长助理、全国科学道德和学风建设宣讲教育领导小组副组长林蕙青赴清华大学就宣讲教育工作开展调研并召开座谈会。

8月17～19日 第十九届全国科普理论研讨会暨2012亚太地区科技传播国际论坛在北京举行。中国科协副主席、书记处书记程东红出席会议并致开幕词。

8月20日 第23届世界力学家大会在北京开幕。中国科协常务副主席、书记处第一书记陈希出席开幕式。

上海市科协科技社团党委成立。新成立的上海市科协科技社团党委将全面负责上海市科协所属科技社团和民办非企业的党建工作。

8月20～22日 中国土壤学会第十二次全国会员代表大会暨第九届海峡两岸土壤肥料学术交流研讨会在四川省成都市召开。沈仁芳当选为中国土壤学会第十二届理事会理事长。

8月21日 国际天文学联合会第28届大会在北京开幕。中共中央政治局常委、中央书记处书记、国家副主席习近平出席开幕式并致辞。开幕式前，习近平会见了国际天文学联合会主席罗伯特·威廉姆斯等与会嘉宾。

全民科学素质纲要实施工作办公室会议在北京召开。中国科协书记处书记、全民科学素质纲要实施工作办公室主任徐延豪出席并主持会议。

中国晶体学会第五次全国会员代表大会在陕西省西安市召开。高松当选为中国晶体学会第五届理事会理事长。

8月23日 2012中国科协海峡两岸青年科学家学术活动月启动仪式在江西省南昌市举行。中国科协党组成员、学会学术部部长沈爱民出席启动仪式并致辞。

8月24日 中国科协发布《关于表彰学会能力提升专项优秀科技社团和优秀国际科技期刊的决定》，对中国力学学会等45个优秀科技社团，《细胞研究》（英文版）等25个优秀国际科技期刊，进行表彰。

8月25日 纪念周培源诞辰110周年——周培源生平展开幕。中国科协书记处书记王春法出席开幕式。

8月26日 农村中学科技馆公益项目捐赠签约暨启动仪式在北京举行。全国人大常委会副委员长、中国科协主席、中国科技馆发展基金会名誉理事长韩启德，全国政协教科文卫体委员会副主任、中国科技馆发展基金会名誉理事长邓楠，中国科协常务副主席、书记处第一书记陈希等出席捐赠签约暨启动仪式。

8月27日 贵州省科协第八次代表大会在贵州省贵阳市开幕。中国科协常务副主席、书记处第一书记陈希，贵州省委书记赵克志出席开幕式并讲话。谢庆生当选为贵州省科协第八届委员会主席。

省、自治区、直辖市科学道德和学风建设宣讲教育负责人工作会议在北京召开。中国科协书记处书记、全国科学道德和学风建设宣讲教育领导小组组长张勤主持会议。

8月27～28日 中国科协副主席、书记处书记程东红赴江苏省南通市如皋市调研科协工作。

8月29日 江苏省南京市科协第九次代表大会召开。中国科协副主席、书记处书记程东红，江苏省委常委、南京市委书记杨卫泽出席会议并讲话。

中国科协书记处书记张勤出席北京市科学道德和学风建设宣讲教育工作会议。

9月

9月3日

纪念周培源诞辰110周年座谈会在北京召开。全国政协副主席、九三学社中央副主席王志珍出席会议并讲话。中国科协副主席、书记处书记程东红出席座谈会。

9月6日

中国抗癌协会第七次全国会员代表大会在北京召开。中国科协书记处书记徐延豪出席大会并讲话。郝希山当选为中国抗癌协会第七届理事会理事长。

9月7日

中国科协第八届全国委员会常务委员会第四次会议在河北省石家庄市召开。会议由全国人大常委会副委员长、中国科协主席韩启德主持。

第十四届中国科协年会科学道德建设论坛在河北省石家庄市召开。全国人大常委会副委员长、中国科协主席韩启德，中国科协常务副主席、书记处第一书记陈希，中国科协书记处书记张勤出席论坛。中国科协副主席、中国工程院院士黄伯云主持论坛。

中国科协常务副主席、书记处第一书记陈希，中国科协书记处书记张勤会见出席第十四届中国科协年会的46位港澳代表。

9月8日

第十四届中国科协年会开幕式暨大会特邀报告会在河北省石家庄市举行。中共中央政治局委员、全国人大常委会副委员长王兆国出席开幕式并作重要讲话，全国人大常委会副委员长、中国科协主席韩启德致开幕词，河北省委书记、河北省人大常委会主任张庆黎致欢迎词。开幕式由中国科协常务副主席、书记处第一书记陈希主持。在大会特邀报告会上，中国工程院院长、中国工程院院士周济，河北省委副书记、河北省省长张庆伟，斯坦福大学物理系冠名教授、清华大学“千人计划”特聘教授张首晟，北京师范大学常务副校长、国家减灾委员会专家委员会副主任史培军分别作大会特邀报告。

科学道德和学风建设宣讲教育工作研讨会在河北省石家庄市召开。中国科协常务副主席、书记处第一书记陈希出席研讨会并讲话，中国科协书记处书记、全国科学道德和学风建设宣讲教育领导小组组长张勤，中国科协副主席、全国科学道德和学风建设宣讲教育领导小组副组长黄伯云出席研讨会。教育部部长助理、全国科学道德和学风建设宣讲教育领导小组副组长林蕙青主持研讨会。

第十四届中国科协年会女科学家高层论坛举行。中国科协副主席、书记处书记程东红出席论坛并致辞。

第十四届中国科协年会第十二分会场——政产学研用结合，促进企业创新与特色产业园区发展研讨会举行。中国科协书记处书记张勤出席会议并讲话。

首届学会党建论坛召开。中国科协书记处书记、机关党委书记王春法出席论坛并作报告。

9月8～10日

第四届科技摄影展在河北省科技馆广场举办。中国科协副主席、书记处书记程东红，中国科协书记处书记徐延豪，中国科协党组成员、学会学术部部长沈爱民分别参观展览。

9月9日

第十四届中国科协年会河北省党政领导与院士专家座谈会举行。全国人大常委会副委员长、中国科协主席韩启德，中国科协常务副主席、书记处第一书记陈希，河北省委书记、省人大常委会主任张庆黎，河北省委副书记、省长张庆伟等出席座谈会。

中国科协科技馆发展基金会合展励学金捐赠仪式在河北科技大学举行。中国科协常务副主席、书记处第一书记陈希，河北省委副书记、省长张庆伟等出席。

第十四届中国科协年会科普活动暨河北科普嘉年华启动仪式启动。中国科协副主席、书记处书记程东红，中国科协书记处书记徐延豪，河北省委常委、宣传部长艾文礼，河北省人大常委会副主任马兰翠出席启动仪式。

第十四届中国科协年会技术创新·企业发展论坛举办。中国科协书记处书记张勤出席开幕式并致辞。

9月10日　第十四届中国科协年会人才项目对接签约仪式在河北省石家庄市举行。中国科协常务副主席、书记处第一书记陈希，河北省委书记、省人大常委会主任张庆黎，河北省委副书记、省长张庆伟出席签约仪式。

9月11日　山东省青岛市科协第八次代表大会在青岛市召开。中国科协副主席、书记处书记程东红，山东省委常委、青岛市委书记李群出席大会。

中国文物保护技术协会第六次全国会员代表大会在江苏省镇江市召开。李化元当选为中国文物保护技术协会第六届理事会理事长。

9月12日　中国科协副主席、书记处书记程东红走访看望了在山东的中国科协“八大”代表，并出席中国科协“八大”代表（山东）座谈会。

9月13日　苏州市第七届学术年会开幕。全国政协副主席、中国科学院院士王志珍，中国科协副主席、中国工程院院士卢锡城出席开幕式。

“食品与健康”主题展览开幕式暨全国食品安全科普知识竞赛颁奖仪式在中国科技馆举行。中国科协书记处书记、中国科技馆馆长徐延豪出席开幕式。

9月15日　中共中央政治局常委、中央书记处书记、国家副主席习近平和王兆国、刘云山、刘延东、李源潮、何勇、令计划、韩启德等领导同志来到中国农业大学，同首都群众和大学生一起参加2012年全国科普日北京主场活动。

科技点亮生活——全民科学素质文艺汇演主题晚会在中国人民大学举行。全国人大常委会副委员长、中国科协主席韩启德出席晚会。

中国科协发布声明，代表全国广大科技工作者，强烈谴责日本政府悍然宣布“购买”钓鱼岛及其附属岛屿，实施所谓“国有化”的恶劣行径。

9月16日　中国指挥与控制学会第一次全国会员代表大会在北京召开。中国科协常务副主席、书记处第一书记陈希出席大会。戴浩当选为中国指挥与控制学会第一届理事会理事长。

中国科协副主席、书记处书记程东红，中国科协书记处书记徐延豪会见出席北京科学嘉年华活动的欧洲科普组织负责人。

9月17日　中国科协常务副主席、书记处第一书记陈希会见了前来考察我国工程教育认证情况的英国工程委员会代表皮特·希克思教授（Prof. Peter Hicks）和澳大利亚工程师学会代表戴维·鲁滨逊博士（Dr. David Robinson）。

9月18日　中国科协书记处书记张勤会见匈牙利国家创新局局长沙洛什·哲尔吉一行，对双方在科技创新领域合作的可能性进行了交流。

9月19日　中国科协倡导实施的“科学大师名校宣传工程”项目之一、上海交通大学原创话剧《钱学森》在上海市首演。中国科协书记处书记王春法观看演出。

9 月 21 日　科学道德和学风建设宣讲教育第二次工作研讨会在浙江省杭州市召开。中国科协常务副主席、书记处第一书记陈希出席研讨会并讲话。中国科协书记处书记、全国科学道德和学风建设宣讲教育领导小组组长张勤，中国科协副主席、全国科学道德和学风建设宣讲教育领导小组副组长黄伯云出席研讨会。教育部部长助理、全国科学道德和学风建设宣讲教育领导小组副组长林蕙青主持研讨会。

9 月 21 ~ 22 日　第三届中美科学道德诚信案例研讨会在浙江省杭州市召开。中国科协常务副主席、书记处第一书记陈希出席论坛开幕式并致辞，美国科促会科学责任、人权与法律项目主任马克・弗兰克博士代表美方致辞。中国科协副主席、常委会科技工作者道德与权益专委会主任黄伯云主持开幕式。中国科协书记处书记张勤主持第一单元研讨。

9 月 24 ~ 26 日　中国茶叶学会第九次全国会员代表大会暨全国茶业科技创新与产业发展学术研讨会在江苏省句容市举行。中国科协党组成员、学会学术部部长沈爱民出席并讲话。江用文当选为中国茶叶学会第九届理事会理事长。

9 月 25 日　第十四届中国科协年会成果发布暨总结表彰大会召开。中国科协副主席、书记处书记程东红，河北省委副书记赵勇出席会议并讲话。

9 月 25 ~ 26 日　中国科协常务副主席、书记处第一书记陈希赴湖北省襄阳市调研，并出席"隆中对・创新与人才"活动。

9 月 27 日　中国科协书记处书记张勤会见英国工程委员会代表皮特・希克思教授（Prof. Peter Hicks）和澳大利亚工程师学会代表戴维・鲁滨逊博士（Dr. David Robinson）。

9 月 28 日　中国水产学会第九次全国会员代表大会在江西省南昌市召开。贾晓平当选为中国水产学会第九届理事会理事长。

10 月

10 月 9 日　中国科普作家协会第六次全国会员代表大会在北京召开。中国科协副主席李静海，中国科协书记处书记徐延豪出席会议并讲话。刘嘉麒当选为中国科普作家协会第六届理事会理事长。

10 月 11 日　中国科协创办英文科技期刊工作部署会议召开。中国科协党组成员、学会学术部部长沈爱民出席会议。

10 月 12 日　中国科协副主席、书记处书记程东红会见了美国伊利诺理工大学副校长、摩托罗拉冠名终身化学工程教授、《胶体与界面科学》主编瓦桑（Darsh T. Wasan）先生。

女性健康高峰论坛在北京举行。中国工程院院士、中国科协荣誉委员胡启恒、韦钰，中国科协副主席、书记处书记程东红出席会议。

中国昆虫学会第九次全国会员代表大会在江西省南昌市召开。康乐当选为中国昆虫学会第九届理事会理事长。

中国复合材料学会第六次全国会员代表大会在北京召开。杜善义当选为中国复合材料学会第六届理事会理事长。

10 月 14 日　中国科协常务副主席、书记处第一书记陈希到浙江省省级院士专家工作站宁波江丰电子材料有限公司进行考察。

10月14～16日　第二届森林科学论坛——森林可持续经营国际学术研讨会在北京召开。国家林业局副局长孙扎根，全国政协人口资源环境委员会副主任、中国林学会理事长江泽慧，中国科协书记处书记王春法出席会议。

10月14～20日　以中国科学院院士赵忠贤为团长的中国科协“海智计划”企业自主创新调研组一行到浙江、福建两省调研海归企业自主创新情况。

10月16日　第四届北京青少年翱翔科学论坛化学与生命科学领域分论坛在北京开幕。中国科协书记处书记、中国科技馆馆长徐延豪出席论坛。

中国地球物理学会学会第九次全国会员代表大会在北京召开。陈颙当选为中国地球物理学会第九届理事会理事长。

10月18日　第二十一次中国科技论坛在重庆市召开。中国科协党组成员、学会学术部部长沈爱民，重庆市副市长吴刚，中国工程院院士涂铭旌出席开幕式。

10月19日　中国岩石力学与工程学会第七届会员代表大会在江苏省南京市召开。中国科协党组成员、学会学术部部长沈爱民出席大会。冯夏庭、钱七虎当选为中国岩石力学与工程学会第七届理事会理事长。

中国运筹学会第九次全国会员代表大会在辽宁省沈阳市召开。胡旭东当选为中国运筹学会第九届理事会理事长。

10月21日　2012信息和通信技术教育创新研讨会在北京举办。中国科协书记处书记张勤出席开幕式并致辞。世界工程组织联合会（WFEO）副主席、中国科协常委、南开大学校长龚克作为大会主席主持研讨会并作大会主旨演讲。

10月23～24日　第八届中国科技期刊发展论坛在湖北省武汉市召开。中国科协副主席、书记处书记程东红，国家新闻出版总署副署长邬书林，中国科协党组成员、学会学术部部长沈爱民出席会议。

10月24日　中国环境诱变剂学会第六次全国会员代表大会在浙江省杭州市召开。柯杨当选为中国环境诱变剂学会第六届理事会理事长。

10月24～25日　首届两岸四地公路交通发展论坛在江苏省苏州市举行。中国科协党组成员、学会学术部部长沈爱民出席会议并致辞。

10月25日　高校科协工作座谈会在重庆大学召开。中国科协常务副主席、书记处第一书记陈希出席会议并讲话。

中国植物保护学会成立五十周年庆祝大会在北京举行。中国科协副主席赵沁平出席并致辞。

中国科协书记处书记、全国科学道德和学风建设宣讲教育领导小组组长张勤赴社科院研究生院出席加强科学道德和学风建设宣讲大会，发表讲话并开展调研。

10月26日　第四次全国气象科普工作会议在北京召开。中国科协书记处书记徐延豪出席会议并讲话。

中国通信学会第七次全国会员代表大会在北京召开。工业和信息化部副部长尚冰，中国科协党组成员、学会学术部部长沈爱民出席并讲话。尚冰当选为中国通信学会第七届理事会理事长。

10月27～29日 2012年地方科协外事工作座谈会在四川省乐山市召开。中国科协书记处书记张勤出席并讲话。

10月29日 中国科协书记处书记张勤会见了来访的香港工程师学会2012执委会访京团和中央人民政府驻香港特别行政区联络办公室教育科技部部长潘永华等一行。

10月29～31日 纪念博士生学术年会十周年暨第十届全国博士生学术年会在山东省济南市举办，年会主题为：鼓励学科交叉，促进原始创新。中国科协副主席冯长根、袁家军出席会议，200余名博士参加年会。

10月30日 中国天文学会成立90周年纪念大会在江苏省南京市举行。中国科学院副院长、中国科协副主席李静海院士，中国科协副主席、书记处书记程东红，江苏省副省长何权出席并致辞。

10月31日 中华护理学会第26次全国会员代表大会在北京召开。中国科协副主席、书记处书记程东红出席大会并讲话。李秀华当选为中华护理学会第26届理事会理事长。

10月31～11月9日 中国科协书记处书记张勤率中国科协《华盛顿协议》代表团访问美国和加拿大。

11月

11月1日 第三届艺术与科学国际作品展在中国科学技术馆开幕。中国科协书记处书记、中国科技馆馆长徐延豪出席开幕式。

11月2日 中国科协副主席、书记处书记程东红会见来访的加拿大安大略省科学中心首席执行官莱斯利·莱维斯（Lesley Lewis）和加拿大北方科学馆首席执行官盖伊·莱伯恩（Guy Labine）等一行。

11月4日 2012厦门国际海洋周主要活动之一、首届海洋女科学家论坛开幕。中国科协副主席、书记处书记程东红出席论坛开幕式。

中国海洋湖沼学会第十次全国会员代表大会在山东省青岛市召开。中国科协副主席唐启升出席并致辞。孙松当选为中国海洋湖沼学会第十届理事会理事长。

11月6日 中国科协召开机关和直属单位创先争优座谈会。中国科协常务副主席、书记处第一书记、党组书记陈希出席会议并讲话。

《联合国教科文组织科学报告》中文版首发式在北京召开。中国科协书记处书记王春法，联合国教科文组织助理总干事卡隆基女士出席首发式。

11月7～11日 中国科协常务副主席、书记处第一书记、党组书记陈希，中国科协书记处书记、党组成员徐延豪，中国科技馆党委办公室主任钱岩，作为中国科协代表参加中国共产党第十八次全国代表大会。

11月8日 中国科协机关全体干部集中观看中国共产党第十八次全国代表大会开幕式电视直播。

11月9日 全国政协副主席、科技部部长万钢参观在中国科技馆举办的第三届艺术与科学国际作品展。

11月12日 2012科学教育国际论坛在江苏省南京市开幕。中国科协副主席、中国科协青少年科学教育专门委员会主任、中国工程院院士陈赛娟出席论坛并致欢迎辞。

11 月 13 ~ 14 日

中国科协企业科协工作研讨会在上海市召开。中国科协副主席、中国科协促进企业自主创新专门委员会主任刘玠，全国政协常委、中国科协决策咨询专门委员会主任齐让，全国政协委员、中国科协促进企业自主创新专门委员会副主任宋南平出席会议。

11 月 15 日

当选为中国共产党第十八届中央委员会委员的中国科协党组书记陈希主持召开中国科协党组会议，传达中国共产党第十八次全国代表大会和十八届一中全会会议精神，学习胡锦涛同志所作的《坚定不移沿着中国特色社会主义道路前进为全面建成小康社会而奋斗》等有关报告、讲话和文件，并就中国科协机关、各直属单位学习贯彻党的十八大精神作了部署。中国科协党组副书记程东红，党组成员张勤、徐延豪、王春法、沈爱民出席会议。

中国科协书记处书记张勤会见了来华访问的英国工程技术学会会员服务高级总监迈克尔·理查蒙德（Michelle Richmond）女士。

11 月 16 日

中国科协召开机关、直属单位党员大会，传达学习党的十八大精神。当选为中国共产党第十八届中央委员会委员的中国科协常务副主席、书记处第一书记、党组书记陈希传达了党的十八大、十八届一中全会精神并讲话。党的十八大代表、中国科协书记处书记、党组成员徐延豪，党的十八大代表、中国科技馆办公室（党办）主任、第一党支部书记钱岩分别就参加十八大的体会作了大会发言。中国科协书记处书记、党组成员张勤、王春法，党组成员沈爱民等出席会议。

11 月 18 日

第九届长三角科技论坛在江苏省连云港市开幕。中国科协书记处书记王春法在开幕式上致辞。

11 月 19 日

第十二届“明天小小科学家”奖励活动颁奖典礼在北京举行。中国科协常务副主席、书记处第一书记陈希为获奖学生颁奖。中国科协书记处书记徐延豪，教育部副部长刘利民，组委会名誉顾问韦钰，香港周凯旋基金会董事张培薇等出席颁奖典礼。

11 月 19 ~ 21 日

中国科协党组理论学习中心组学习贯彻党的十八大精神扩大会议召开。中国科协党组书记陈希，党组副书记程东红，党组成员张勤、徐延豪、王春法、沈爱民出席会议，机关各部门、各直属单位主要负责同志参加会议。

11 月 20 日

2012 年中国药学大会暨第十二届中国药师周在江苏省南京市开幕。全国人大常委会副委员长、中国药学会理事长桑国卫，卫生部部长陈竺，江苏省省长李学勇出席并致辞。中国科协副主席、书记处书记程东红出席开幕式。

中国科协书记处书记、全国科学道德和学风建设宣讲教育领导小组组长张勤，中国科协副主席、全国科学道德和学风建设宣讲教育领导小组副组长黄伯云赴上海商定吴孟超院士在 2012 年首都高校科学道德和学风建设宣讲教育报告会上作报告事宜。

11 月 22 日

2012 年首都高校科学道德和学风建设宣讲教育报告会协调会召开。中国科协书记处书记、全国科学道德和学风建设宣讲教育领导小组组长张勤主持会议。

11 月 23 日

第五届中国（芜湖）科普产品博览交易会在安徽省芜湖市开幕。中国科协常务副主席、书记处第一书记陈希出席开幕式并讲话。

科技界学习贯彻党的十八大精神座谈会在北京举行。中国科协副主席、党组副书记、书记处书记程东红出席会议并发言。

11 月 24 日

2012 中国 · 扬州国际人才峰会暨首届海外项目洽谈会举行。中国科协书记处书记张勤出席并致辞。

11 月 26 日

2011~2012 年度全国“讲理想、比贡献”活动总结表彰大会在北京召开。全国人大常委会副委员长、中国科协主席韩启德出席大会并致辞。中国科协常务副主席、书记处第一书记、全国“讲理想、比贡献”活动领导小组组长陈希主持大会开幕式并作总结讲话，中国科协书记处书记、领导小组副组长张勤出席会议。

中国科协书记处书记张勤会见香港科技协进会会长李乐诗率领的访京团。

11 月 26 ~ 27 日

中国科协倡导实施的“科学大师名校宣传工程”项目之一，反映我国地质学家李四光生平的原创话剧《大地之光》在中国地质大学（武汉）上演。中国科协书记处书记王春法观看演出。

11 月 28 ~ 29 日

由中国科协和重庆市人民政府主办的“山地城镇可持续发展专家论坛”在重庆举办。全国人大环境与资源保护委员会主任、原建设部部长汪光焘，中国科协党组成员、学会学术部部长沈爱民，重庆市人民政府副市长凌明月等出席论坛。400 多名专家学者参加论坛。

11 月 29 日

中国科协科技期刊国际影响力提升计划签约仪式在北京举行。中国科协常务副主席、书记处第一书记陈希出席签约仪式并讲话，中国科协党组成员、学会学术部部长沈爱民出席签约仪式并代表中国科协与 35 家获奖励单位签署了项目任务书。

中国科协追授罗阳同志“模范科技工作者”称号。

11 月 29 日 ~ 12 月 1 日

2012 当代杰出华人科学家公开讲座分别在香港科学馆和澳门科技大学举行。中国科协副主席、书记处书记程东红率团出席相关活动。

11 月 30 日

2012 年首都高校科学道德和学风建设宣讲教育报告会在北京人民大会堂召开。中国科协常务副主席、书记处第一书记陈希出席并致辞，教育部部长袁贵仁主持报告会。吴孟超、徐匡迪、姚期智三位院士作宣讲报告。首都高校和科研院所的近 6000 名研究生新生现场聆听了专家报告。中国科协副主席李静海、黄伯云，书记处书记张勤、徐延豪、王春法，党组成员沈爱民出席报告会。

中国流行色协会成立三十周年纪念大会在北京举办。

11 月 30 日 ~ 12 月 1 日

中国汽车工程学会第八次全国会员代表大会在北京召开。中国科协党组成员、学会学术部部长沈爱民出席并讲话。付于武当选为中国汽车工程学会第八届理事会理事长。

12 月

12 月 1 日

中国微循环学会第四次全国会员代表大会在北京召开。詹启敏当选为中国微循环学会第四届理事会理事长。

12 月 2 日

中国生物医学工程学会第八次全国会员代表大会在北京召开。樊瑜波当选中国生物医学工程学会第八届理事会理事长。

12 月 4 日

中国科协与重庆市政府签订了《关于促进重庆在西部率先全面建成小康社会的合作协议》。中国科协常务副主席、书记处第一书记陈希，重庆市委副书记、市长黄奇帆在合作协议上签字并发表讲话。中国科协书记处书记张勤出席签字仪式。

第二届中国湖泊论坛开幕式暨主题报告会在湖南省长沙市举行。国家水利部副部长胡四一，中国科协党组成员、学会学术部部长沈爱民等出席开幕式。

12月4～5日

重庆市科协第四次代表大会召开。中国科协常务副主席、书记处第一书记陈希，重庆市委副书记、市长黄奇帆出席开幕式。钟志华当选为重庆市科协第四届委员会主席。

由中国科协和湖南省人民政府共同主办的"第二届中国湖泊论坛"在长沙举办。国家水利部副部长胡四一，中国科协党组成员、学会学术部部长沈爱民，湖南省委副书记梅克保等出席论坛。700多名专家学者参加论坛。

12月5日

中国惯性技术学会第六次全国会员代表大会在北京召开。包为民当选为中国惯性技术学会第六届理事会理事长。

12月6日

2012年中国科协科普大篷车交接仪式在北京举行。中国科协常务副主席、书记处第一书记陈希，中国科协书记处书记徐延豪出席交接仪式。

中国科协举办加强党风廉政建设报告会。中国科协常务副主席、书记处第一书记、党组书记陈希作了加强党风廉政建设专题报告，中国科协副主席、党组副书记、书记处书记程东红，党组成员、书记处书记张勤、徐延豪、王春法出席报告会。

12月7日

中国科协常务副主席、书记处第一书记陈希出席南京大学科协成立大会，并为南京大学科协揭牌。

中国科协"海智计划"上海（杨浦）工作基地授牌仪式在上海市举行。中国科协书记处书记张勤为基地授牌。

12月8日

中国科协、江苏省人民政府《加快推进江苏创新型省份建设合作协议》签字仪式在南京市举行。中国科协常务副主席、书记处第一书记陈希，江苏省省长李学勇签署了合作协议。中国科协副主席、书记处书记程东红出席签字仪式。

第四届江苏省青年科学家年会在南京市开幕。中国科协常务副主席、书记处第一书记陈希，江苏省委副书记、省长李学勇出席开幕式并讲话。

12月8～9日

高校科协工作座谈会（江苏）在东南大学召开。中国科协常务副主席、书记处第一书记陈希出席会议并讲话。中国科协副主席、书记处书记程东红出席会议。

12月9日

中国科技新闻学会第五次全国会员代表大会在北京召开。中国科协书记处书记王春法出席大会并致辞。宋南平当选为中国科技新闻学会第五届理事会理事长。

中国科协倡导实施的"科学大师名校宣传工程"项目之一、反映我国著名气象学家、教育家竺可桢的卓越贡献和高尚情怀的原创大型话剧《求是魂》由浙江大学排练完成。

12月10日

中国科协与山东省政府在济南市签署《战略合作协议》。山东省委书记、省人大常委会主任姜异康，省委副书记、省长姜大明会见了中国科协常务副主席、书记处第一书记陈希一行，并共同出席协议签署仪式。中国科协书记处书记张勤出席签字仪式。

12月11日

第九届中国青年女科学家奖颁奖典礼在北京举行。全国人大常委会副委员长、全国妇联主席陈至立，全国妇联副主席、书记处第一书记宋秀岩，中国科协常务副主席、书记处第一书记陈希出席典礼并为获奖者颁奖。

2012 国际机械工程教育峰会在北京开幕。中国科协副主席、书记处书记程东红出席开幕式。

12 月 11 ~ 12 日 中国农学会第十次全国会员代表大会在北京举行。中国科协常务副主席、书记处第一书记陈希，农业部部长、中国农学会名誉会长韩长赋出席会议并讲话。张桃林当选为中国农学会第十届理事会会长。

12 月 12 日 辽宁省科协第八次代表大会召开。中国科协常务副主席、书记处第一书记陈希，辽宁省委书记、省人大常委会主任王珉出席大会并讲话。王天然当选为辽宁省科协第八届委员会主席。

2012 年地方科协学会学术工作座谈会在山东省临沂市召开。中国科协副主席、书记处书记程东红，中国科协党组成员、学会学术部部长沈爱民出席会议并讲话。来自 40 多个省市科协学会学术工作的相关负责同志参加会议。

12 月 14 日 中国科协会员日暨第五届“全国优秀科技工作者”颁奖大会在北京人民大会堂举行。全国人大常委会副委员长、中国科协主席韩启德出席会议并讲话，中组部、教育部、人力资源和社会保障部、中国科学院、中国工程院、解放军总政治部等有关部门领导出席会议。

中国地质学会成立九十周年座谈会在北京召开。国土资源部部长、中国地质学会理事长徐绍史，中国科协党组成员、学会学术部部长沈爱民出席座谈会并讲话。

12 月 15 日 中国科协倡导实施的“科学大师名校宣传工程”项目之一、中国科学技术大学组织排演的反映爱国科学家郭永怀事迹的大型多媒体原创音乐剧《爱在天际》首演。中国科协书记处书记王春法观看演出。

12 月 16 日 中国科协副主席冯长根出席在北京举行的第二十四次中国科技论坛——HIV 治愈高层论坛开幕式。

12 月 18 日 2012 中国科协热点问题学术报告会举行。报告会由中国科协党组成员、学会学术部部长沈爱民主持。

12 月 18 ~ 27 日 中国科协常务副主席、书记处第一书记陈希率中国科协代表团赴台湾、澳门、香港访问。

12 月 21 日 四川省科协第八次代表大会在成都市召开。四川省委书记王东明，中国科协副主席、书记处书记程东红出席并讲话。谢和平当选为四川省科协第八届委员会主席。

12 月 22 日 中国科协副主席冯长根出席《绿竹神气——中国一百首咏竹古诗词精选（中英文版）》首发式。

12 月 23 ~ 24 日 中国农业工程学会第九次全国会员代表大会在湖北省武汉市召开。朱明当选为中国农业工程学会第九届理事会理事长。

12 月 24 ~ 25 日 中国科协书记处书记徐延豪一行到安徽省参加全国文化科技卫生“三下乡”集中服务活动。

12 月 25 日 中国科协八大代表（江西）座谈会在江西省南昌市召开。全国政协常委、中国科协决策咨询专门委员会主任齐让，中国科协书记处书记王春法出席座谈会并讲话。

附　　录

中国科学技术协会组织体系框图

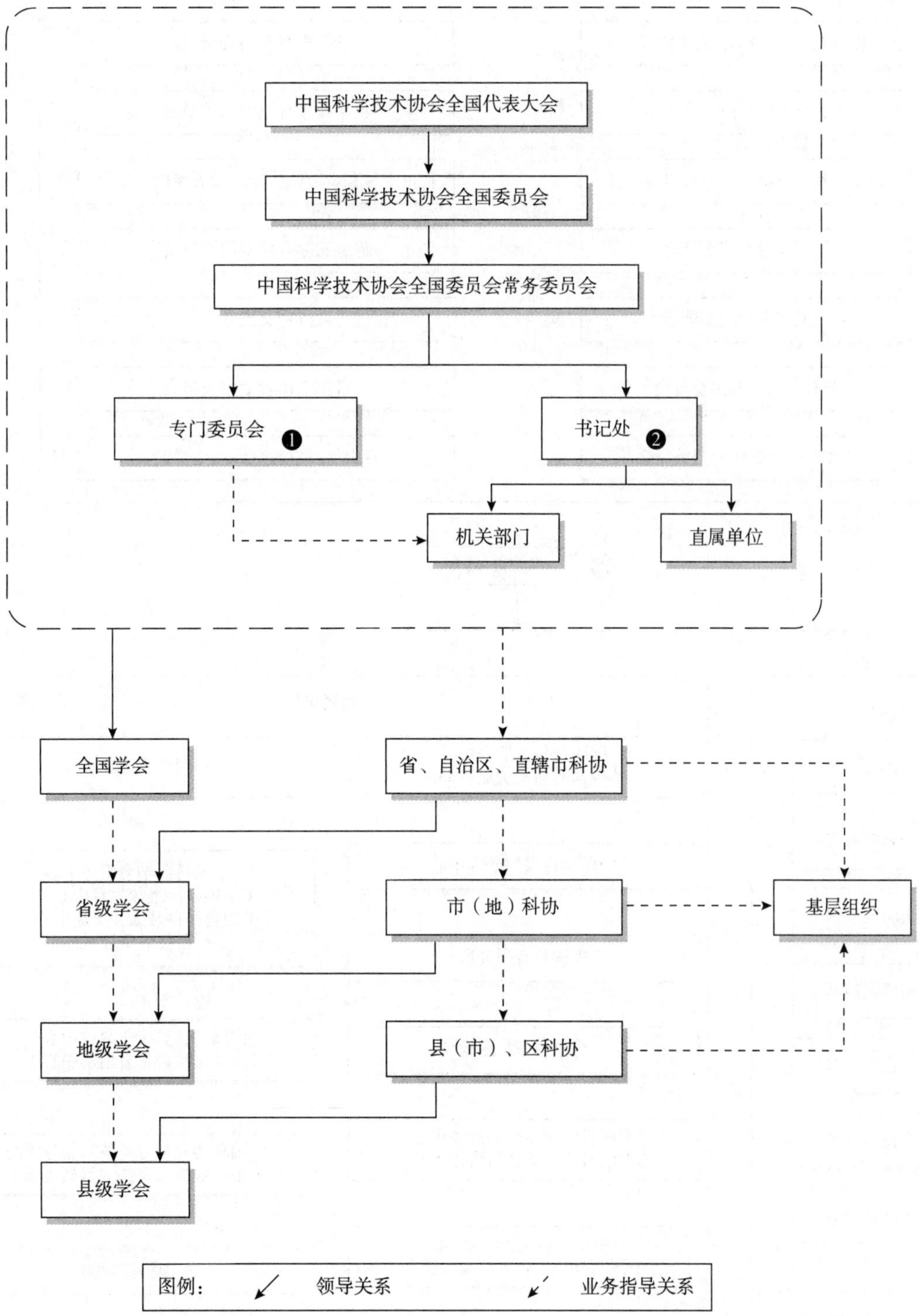

❶ 专门委员会

- 促进企业自主创新专门委员会
- 继续教育专门委员会
- 青年工作专门委员会
- 科学技术普及专门委员会
- 科技工作者道德与权益专门委员会
- 促进农村和少数民族地区发展专门委员会
- 组织建设专门委员会
- 促进国际合作专门委员会
- 决策咨询专门委员会
- 促进与港澳台交流专门委员会
- 科技与人文专门委员会
- 女科技工作者专门委员会
- 学术与学会工作专门委员会
- 青少年科学教育专门委员会

❷ 书记处

机关部门

- 办公厅
- 计划财务部
- 组织人事部
- 调研宣传部
- 学会学术部
- 科学技术普及部
- 国际联络部
- 机关党委
- 机关离退休干部办公室

直属单位

- 中国科协机关服务中心（中国科协机关服务局）
- 中国科协信息中心
- 中国科协发展研究中心
- 中国科协学会服务中心（中国科协继续教育中心）、中国科协科技人才交流中心、科技导报社）
- 中国科普研究所
- 中国科学技术馆
- 中国科协青少年科技中心（中国科协科普活动中心）
- 中国科学技术咨询服务中心（中国科协厂矿科协协作中心）
- 中国科协农村专业技术服务中心（中国农村致富技术函授大学）
- 中国国际科技会议中心（中国对外应用技术交流促进会）
- 中国科技会堂
- 科学普及出版社（中国科学技术出版社）
- 中国科协新技术开发中心

中国科学技术协会名誉主席、荣誉委员

1986年6月27日中国科协三届一次全委会议通过

名誉主席　周培源　严济慈　茅以升

荣誉委员　（以姓氏笔画为序）

王顺桐　王淦昌　许　杰　苏步青　汪德昭　沈　鸿　陈世骧　杨显东　金善宝

高士其　谈家桢　黄汲清　董纯才　裴丽生

1987年3月中国科学技术协会三届二次全委会议通过

荣誉委员　袁翰青　沈其益

1991年5月27日中国科学技术协会四届一次全委会议通过

名誉主席　钱学森　钱三强

荣誉委员　（以姓氏笔画为序）

王大珩　卢嘉锡　刘东生　李国豪　吴仲华　沈　元　张　维　陆　达

唐敖庆　曹天钦　裘维蕃

1996年5月31日中国科学技术协会五届一次全委会议通过

名誉主席　朱光亚　卢嘉锡　吴阶平

荣誉委员　何　康　林兰英（女）　强巴赤列（藏族）　胡亚美（女）　高景德

2001年6月24日中国科学技术协会六届一次全委会议通过

荣誉委员　干福熹　王连铮　石元春　叶叔华（女）　母国光　朱高峰　庄逢甘　孙大涌

李振声　杨　乐　闵桂荣　张存浩　陈可冀　陈佳洱　施莫邦　聂　力（女）

顾方舟　高　潮　龚育之

2006年5月25日中国科学技术协会七届一次全委会议通过

名誉主席　周光召

荣誉委员　左铁镛　旭日干（蒙古族）　刘　恕（女）　江泽慧（女）　苏纪兰　李依依（女）

张玉台　国　林　胡启恒（女）　钱　易（女）　徐善衍　郭孔辉　曾庆存

2011年5月29日中国科学技术协会八届一次全委会议通过

荣誉委员 马国馨 王永炎 王震西 韦 钰（女，壮族） 邓 楠（女） 艾国祥 白春礼（满族） 齐 让 杜祥琬 杨福家 张开逊 张启发 陆延昌 陈运泰 赵忠贤 栾恩杰（满族） 高润霖 郭桂蓉 符淙斌 管华诗

已去世的名誉主席（8名）

卢嘉锡 朱光亚 吴阶平 周培源 严济慈 茅以升 钱三强 钱学森

已去世的荣誉委员（34名，以姓氏笔画为序）

王大珩 王顺桐 王淦昌 卢嘉锡 毋国光 庄逢甘 刘东生 苏步青 许 杰 李国豪 杨显东 汪德昭 吴仲华 沈 元 沈 鸿 沈其益 张 维 陆 达 陈世骧 林兰英 金善宝 施奠邦 唐敖庆 谈家桢 袁翰青 高士其 高景德 龚育之 黄汲清 曹天钦 董纯才 强巴赤列 裘维蕃 裴丽生 毋国光

中国科学技术协会顾问（41名）

1993年5月31日中国科协五届一次常委会议通过

王春正 李荣融 韦 钰 惠永正 陈达植 范宝俊 谢旭人 徐颂陶

2001年6月24日中国科学技术协会六届一次常委会议通过

王春正 王万宾 赵沁平 马颂德 张华祝 张佑才 舒惠国 陈宜瑜 江蓝生 朱高峰 陈佳洱

2006年5月25日中国科学技术协会七届一次常委会议通过

张晓强 赵沁平 刘燕华 孙来燕 张少春 王晓初 邵 宁 李静海 朱佳木 杜祥琬 陈宜瑜

2011年5月29日中国科学技术协会八届一次常委会议通过

张晓强 杜占元 王志刚 杨学山 张少春 王晓初 黄丹华 李家洋 朱佳木 潘云鹤 陈宜瑜

中国科学技术协会所属全国学会、协会、研究会及受委托管理的学会

序码	学会名称	理事长	秘书长
A-01	中国数学会	王诗宬	张立群
A-02	中国物理学会	詹文龙	王玉鹏
A-03	中国力学学会	胡海岩	冯西桥
A-04	中国光学学会	周炳琨	龚旗煌
A-05	中国声学学会	田　静	张春华
A-06	中国化学会	姚建年	杨振忠
A-07	中国天文学会	崔向群	杨　戟
A-08	中国气象学会	秦大河	翟盘茂
A-09	中国空间科学学会	顾逸东	邱　理
A-10	中国地质学会	徐绍史	朱立新
A-11	中国地理学会	刘燕华	张国友
A-12	中国地球物理学会	陈　颙	郭　建
A-13	中国矿物岩石地球化学学会	刘丛强	李世杰
A-14	中国古生物学会	杨　群	王永栋
A-15	中国海洋湖沼学会	孙　松	杨红生
A-16	中国海洋学会	王曙光	雷　波
A-17	中国地震学会	陈运泰	郝记川
A-18	中国动物学会	陈宜瑜	魏辅文
A-19	中国植物学会	洪德元	葛　颂
A-20	中国昆虫学会	康　乐	黄大卫
A-21	中国微生物学会	邓子新	东秀珠
A-22	中国生物化学与分子生物学会	王志新	景乃禾
A-23	中国细胞生物学学会	裴　钢	丁小燕
A-24	中国植物生理与植物分子生物学学会	许智宏	何祖华
A-25	中国生物物理学会	饶子和	阎锡蕴
A-26	中国遗传学会	李家洋	薛勇彪
A-27	中国心理学会	莫　雷	傅小兰
A-28	中国生态学学会	刘世荣	陈利顶
A-29	中国环境科学学会	王玉庆	任官平
A-30	中国自然资源学会	刘纪远	沈　镭
A-31	中国感光学会	蒲嘉陵	赵震声
A-32	中国优选法统筹法与经济数学研究会	蔡　晨	池　宏
A-33	中国岩石力学与工程学会	冯夏庭	刘大安
A-34	中国野生动物保护协会	赵学敏	臧春林
A-35	中国系统工程学会	汪寿阳	薛新伟

A-36	中国实验动物学会	刘　谦	秦　川
A-37	中国青藏高原研究会	姚檀栋	朱立平
A-38	中国环境诱变剂学会	柯　杨	郝卫东
A-39	中国运筹学会	胡旭东	刘　克
A-40	中国菌物学会	刘杏忠	文华安
A-41	中国晶体学会	高　松	王哲明
A-42	中国神经科学学会	段树民	何士刚
B-01	中国机械工程学会	周　济	张彦敏
B-02	中国汽车工程学会	付于武	张进华
B-03	中国农业机械学会	罗锡文	李树君
B-04	中国农业工程学会	朱　明	管小冬
B-05	中国电机工程学会	陆延昌	李若梅
B-06	中国电工技术学会	孙昌基	裴相精
B-07	中国水力发电工程学会	张基尧	李菊根
B-08	中国水利学会	敬正书	李赞堂
B-09	中国内燃机学会	张小虞	阳树毅
B-10	中国工程热物理学会	徐建中	金红光
B-11	中国空气动力学会	邓小刚	范召林
B-12	中国制冷学会	田元兰	金嘉玮
B-13	中国真空学会	侯建国	陈　旭
B-14	中国自动化学会	戴汝为　孙优贤	王飞跃
B-15	中国仪器仪表学会	庄松林	吴幼华
B-16	中国计量测试学会	王秦平	王顺安
B-17	中国标准化协会	纪正昆	高建忠
B-18	中国图学学会	孙家广	李　华
B-19	中国电子学会	娄勤俭	徐晓兰
B-20	中国计算机学会	郑纬民	杜子德
B-21	中国通信学会	尚　冰	张新生
B-22	中国中文信息学会	李　生	孙　乐
B-23	中国测绘地理信息学会	李维森	彭震中
B-24	中国造船工程学会	黄平涛	罗季燕
B-25	中国航海学会	徐祖远	赵东野
B-26	中国铁道学会	孙永福	瞿建明
B-27	中国公路学会	胡希捷	刘文杰
B-28	中国航空学会	刘高倬	吴　松
B-29	中国宇航学会	马兴瑞	杨俊华
B-30	中国兵工学会	马之庚	邓少生
B-31	中国金属学会	徐匡迪	赵　沛
B-32	中国有色金属学会	康　义	张洪国
B-33	中国稀土学会	干　勇	林东鲁
B-34	中国腐蚀与防护学会	陈光章	李晓刚
B-35	中国化工学会	李勇武	杨元一

B-36	中国核学会	李冠兴	王德林
B-37	中国石油学会	曾玉康	方朝亮
B-38	中国煤炭学会	濮洪九	刘 峰
B-39	中国可再生能源学会	石定环	李宝山
B-40	中国能源研究会	柴松岳	周大地
B-41	中国硅酸盐学会	徐永模	晋占平
B-42	中国建筑学会	车书剑	徐宗威
B-43	中国土木工程学会	郭允冲	张 雁
B-44	中国生物工程学会	欧阳平凯	马树恒
B-45	中国纺织工程学会	孙瑞哲	龚进礼
B-46	中国造纸学会	陈学忠	曹振雷
B-47	中国文物保护技术协会	李化元	王时伟
B-48	中国印刷技术协会	于永湛	曲德森
B-49	中国材料研究学会	黄伯云	韩雅芳
B-50	中国食品科学技术学会	孟素荷	邵 薇
B-51	中国粮油学会	朱长国	胡承淼
B-52	中国职业安全健康协会	张宝明	肖克源
B-53	中国烟草学会	张 辉	董国智
B-54	中国系统仿真学会	赵沁平	吴云洁
B-55	中国电影电视技术学会	何宗就	黄平刚
B-56	中国振动工程学会	欧进萍	陈国平
B-57	中国颗粒学会	陈运法	马光辉
B-58	中国照明学会	徐 淮	窦林平
B-59	中国动力工程学会	蒋以任	严宏强
B-60	中国惯性技术学会	包为民	王 岩
B-61	中国风景园林学会	陈晓丽	刘秀晨
B-62	中国电源学会	王兆安	韩家新
B-63	中国复合材料学会	杜善义	张博明
B-64	中国消防协会	孙 伦	高 伟
B-65	中国图象图形学学会	徐冠华	刘凯龙
B-66	中国人工智能学会	李德毅	王万森
B-67	中国体视学学会	康克军	王 忠
B-68	中国工程机械学会	郑惠强	刘 钊
C-01	中国农学会	张桃林	赵方田
C-02	中国林学会	江泽慧	赵良平
C-03	中国土壤学会	沈仁芳	蒋 新
C-04	中国水产学会	贾晓平	司徒建通
C-05	中国园艺学会	方智远	杜永臣
C-06	中国畜牧兽医学会	陈焕春	杨汉春
C-07	中国植物病理学会	郭泽建	韩成贵
C-08	中国植物保护学会	吴孔明	陈万权
C-09	中国作物学会	翟虎渠	张保明

C-10	中国热带作物学会	吕飞杰	吴金玉
C-11	中国蚕学会	鲁 成	李 龙
C-12	中国水土保持学会	刘 宁	吴 斌
C-13	中国茶叶学会	江用文	阮建云
C-14	中国草学会	马启智	王 堃
C-15	中国植物营养与肥料学会	金继运	白由路
D-01	中华医学会	陈 竺	刘雁飞
D-02	中华中医药学会	王国强	李俊德
D-03	中国中西医结合学会	陈凯先	穆大伟
D-04	中国药学会	桑国卫	丁丽霞
D-05	中华护理学会	李秀华	应 岚
D-06	中国生理学会	王晓民	王 韵
D-07	中国解剖学会	李云庆	周长满
D-08	中国生物医学工程学会	樊瑜波	李德玉
D-09	中国病理生理学会	吴立玲	张幼怡
D-10	中国营养学会	程义勇	贾健斌
D-11	中国药理学会	杜冠华	张永祥
D-12	中国针灸学会	刘保延	杨金生
D-13	中国防痨协会	王撷秀	万利亚
D-14	中国麻风防治协会	张国成	潘春枝
D-15	中国心理卫生协会	马 辛	王 刚
D-16	中国抗癌协会	郝希山	王 瑛
D-17	中国体育科学学会	段世杰	田 野
D-18	中国毒理学会	庄志雄	周平坤
D-19	中国康复医学会	马晓伟	励建安
D-20	中国免疫学会	曹雪涛	何 维
D-21	中华预防医学会	王陇德	蔡纪明
D-22	中国法医学会	刘 耀	翟恒利
D-23	中华口腔医学会	王 兴	王 渤
D-24	中国医学救援协会	马晓伟	李宗浩
D-25	中国女医师协会	何界生	于 冬
E-01	中国自然辩证法研究会	吴启迪	尚智丛
E-02	中国管理现代化研究会	赵纯均	石 勇
E-03	中国技术经济学会	孙晓郁	郑 琦
E-04	中国现场统计研究会	耿 直	程维虎
E-05	中国未来研究会	张文范	夏 震
E-06	中国科学技术史学会	廖育群	鲁大龙
E-07	中国科学技术情报学会	石定环	郑彦宁
E-08	中国图书馆学会	詹福瑞	严向东
E-09	中国城市科学研究会	仇保兴	李 迅
E-10	中国科学学与科技政策研究会	方 新	吕敬华
E-11	中国农村专业技术协会	吕飞杰	李彦捷

E-12	中国工业设计协会	朱 焘	黄武秀
E-13	中国工艺美术学会	杨自鹏	赵之硕
E-14	中国科普作家协会	刘嘉麒	石顺科
E-15	中国自然科学博物馆协会	徐善衍	肖显清
E-16	中国可持续发展研究会	邓 楠	郭日生
E-17	中国青少年科技辅导员协会	陈赛娟	赵建龙
E-18	中国科教电影电视协会	刘建中	张国平
E-19	中国科学技术期刊编辑学会	丁乃刚	姚希彤
E-20	中国流行色协会	杜钰洲	朱 莎
E-21	中国档案学会	李和平	付 华
E-22	中国国土经济学会	张怀西	柳忠勤
E-23	中国土地学会	王世元	郑凌志
E-24	中国科技新闻学会	宋南平	许 英
E-25	中国老科技工作者协会	程连昌	陈秀保
E-26	中国科学探险协会	高登义	王 维
E-27	中国城市规划学会	仇保兴	石 楠
E-28	中国产学研合作促进会	徐志坚	王建华
E-29	中国知识产权研究会	杨正午	张云才
E-30	中国发明协会	朱丽兰	鹿大汉
E-31	中国高新技术产业开发区协会	张景安	张序国
W-01	中国认知科学学会	陈 霖	马原野
W-02	中国农业历史学会	滕久明	胡泽学
W-03	中国生物材料学会	张兴栋	艾 华
W-04	中国指挥与控制学会	戴 浩	秦继荣
W-05	中国微循环学会	詹启敏	刘乃丰
W-06	中国创造学会	裴 钢	蒋昌俊
W-07	中国密码学会	裴定一	强志军
W-08	中国经济科技开发国际交流协会	李振声	周 杨
W-09	中国睡眠研究会	韩 芳	晋小虎
W-10	中国高科技产业化研究会	许达哲	巴 蕉
W-11	中国微量元素科学研究会	陈祥友	陈 岳
W-12	中国国际经济技术合作促进会	郑树山	田来福
W-13	中国基本建设优化研究会	王文元	付文军
W-14	中国科技馆发展基金会	谢克昌	田 英
W-15	中国生物多样性保护与绿色发展基金会	胡德平	方运河
W-16	中国反邪教协会	庄逢甘	王渝生
W-18	国际粉体检测与控制联合会	谢 植	李新光
W-20	国际数字地球协会	约翰·理查德斯	郭华东
W-21	国际动物学会	Jean-Marc Jallon	解 焱

中国科学技术协会机关各部门及主要负责人

办公厅

主　任　吴海鹰　**副主任**　李志刚　刘　阳　**副巡视员**　孟　波

下设：综合处、常委秘书一处、常委秘书二处、专委会秘书处、秘书处

计划财务部

部　长　王延祜　**副部长**　公坤后　周文标

下设：综合处、计划统计处、预算管理处、企业科协工作处、财务处

组织人事部

部　长　李　森　**副部长**　王守东（兼）　朱雪芬　王进展

副巡视员　祝怀清

下设：综合处（干部监督处）、干部处（干部教育培训处）、事业单位人事管理处、人才工作处、组织处

调研宣传部

部　长　王春法（兼）　**副部长**　罗　晖　王康友（兼）　章　丰

下设：综合处、宣传处、调查研究处、政策研究处

学会学术部

副部长　宋　军　刘兴平　范　唯　**副巡视员**　孙公民　王晓彬

下设：综合处、学术交流处、学会管理处、期刊出版处

科学技术普及部

部　长　杨文志　**副部长**　纳　翔　辛　兵　李晓亮（兼）

副巡视员　王春林

下设：综合处、资源办（联络处）、条件处、基层处、传播处

国际联络部

部　长　张建生　**副部长**　梁英南　陈　剑

下设：综合处、国际组织处、双边合作处、港澳台交流处

机关党委

常务副书记、机关纪委书记　王守东　**机关纪委副书记**　孙　铭

副书记　刘红跃　**巡视员**　牛政斌　**副巡视员**　李云芝

下设：党委办公室、纪委办公室（监察室）、审计室

机关离退办

主　任　张小林　**副巡视员**　林　立

中国科学技术协会直属单位及主要负责人

中国科协机关服务局	**局　长**　王志舜　**副局长**　白元平　张丽莎 **局长助理**　赵新川
中国科协信息中心	**主　任**　高　勘　**副主任**　杨秀萍　于小晗
中国科协发展研究中心	**主　任**　王康友　**副主任**　朱文辉
中国科协学会服务中心 **（中国科协继续教育中心、** **中国科协科技人才交流中心、** **科技导报社）**	**主任、党委书记**　李桐海　**副主任**　王玉平　王江宏 **党委副书记**　吴晓琦　**副主任**　苏小军
中国科普研究所	**所　长**　任福君　**副所长**　姚义贤　赵立新
中国科协青少年科技中心 **（中国科协科普活动中心）**	**主　任**　李晓亮　**科普资源办主任**　牛灵江 **副主任**　蒙　星　单长勇　楼　伟　刘会强
中国科学技术馆	**馆长、党委副书记**　束　为　**党委书记、副馆长**　殷　皓 **副馆长**　黄体茂　欧建成　郑浩峻　**馆长助理**　冯继谦
中国科协农村专业技术服务中心 **（中国农村致富技术函授大学）**	**主　任**　张晓军　**副主任**　刘亚东　李彦捷　郭　昊
中国科学技术咨询服务中心 **（中国科协厂矿科协协作中心）**	**主　任**　盛小列　**副主任**　王　诚　刘　莉
中国国际科技会议中心 **（中国对外应用技术交流促进会）**	**主　任**　何　健　**副主任**　王晓涛　张晓林　王　挺
中国科技会堂	**总经理、党委书记**　余建坤　**副总经理、党委副书记**　李世军 **副总经理**　杨　亮　杨绍丽
科学普及出版社	**社长、党委书记**　苏　青　**副社长、总编辑**　颜　实 **副社长、党委副书记**　吕建华　**副社长**　顾　斌 **社长助理兼主任**　董素民
中国科协新技术开发中心	**主　任**　王　军　**副主任**　李小明

中国科协主管科技期刊目录

截至 2013 年 4 月（共 441 种）

A– 理科（80）

序号	期 刊 名 称	期刊社电话	主 办 单 位
1	数学进展	010–62751805	中国数学会
2	数学学报（英文版）	010–62551910	中国数学会
3	数学通报	010–58807753	中国数学会、北京师范大学
4	应用概率统计	021–54345267	中国数学会概率统计学会
5	中学生数学	010–68902486	中国数学会、北京数学会、首都师范大学
6	大学物理	010–58808024，58805411	中国物理学会
7	电子显微学报	010–82671519	中国物理学会
8	化学物理学报（英文版）	0551–3601122	中国物理学会
9	技术物理教学	010–68515225	中国物理学会
10	物理教学	021–62603067	中国物理学会
11	物理学进展	025–83592484	中国物理学会
12	工程力学	010–62788648	中国力学学会
13	固体力学学报	027–87543737	中国力学学会
14	固体力学学报（英文版）	027–87543737	中国力学学会
15	力学学报（英文版）	010–82543905	中国力学学会、中国科学院力学研究所
16	实验力学	0551–3601246	中国力学学会、中国科学技术大学
17	光谱学与光谱分析	010–62181070	中国光学学会
18	中国激光医学杂志	010–66937194	中国光学学会
19	光学学报	021–69918416	中国科学院上海光学精密机械研究所、中国光学学会
20	噪声与振动控制	021–62932221–813	中国声学学会
21	高分子通报	010–62588926	中国化学会、中国科学院化学研究所
22	化学教育	010–58807875	中国化学会
23	物理化学学报	010–62751724	中国化学会、北京大学
24	中国化学快报（英文版）	010–63165638	中国化学会
25	高分子科学（英文版）	010–82625102	中国化学会、中国科学院化学研究所
26	中国化学（英文版）	021–54925243–13	中国化学会、中科院上海有机化学研究所
27	电化学	0592–2181469，2180367	中国化学会
28	色谱	0411–84379021	中国化学会
29	无机化学学报	025–83592307	中国化学会
30	天文爱好者	010–51583027	中国天文学会、北京天文馆

续表

序号	期刊名称	期刊社电话	主办单位
31	气象学报（英文版）	010-68407634	中国气象学会
32	地质论评	010-68999804	中国地质学会
33	地质学报	010-68312410	中国地质学会
34	地质学报（英文版）	010-68999023	中国地质学会
35	矿床地质	010-68327284	中国地质学会矿床地质专业委员会，中国地质科学院矿产资源研究所
36	岩石矿物学杂志	010-68328475	中国地质学会矿床地质专业委员会、中国地质科学院矿产资源研究所
37	岩矿测试	010-68999562	中国地质学会岩矿测试专业委员会和国家地质实验测试中心
38	地理学报（英文版）	010-64889295	中国地理学会
39	经济地理	0731-85584716	中国地理学会
40	世界地理研究	021-62233749	中国地理学会
41	应用地球物理（英文版）	010-64266649	中国地球物理学会
42	海洋与湖沼	0532-82898753	中国海洋湖沼学会
43	中国海洋湖沼学报（英）	0532-82898754	中国海洋湖沼学会
44	海洋世界	010-62100092	中国海洋学会
45	海洋学报	010-62179976	中国海洋学会
46	海洋学报（英文版）	010-62179976	中国海洋学会
47	中国海洋工程（英文版）	025-85829388	中国海洋学会
48	海洋工程	025-85829332	中国海洋学会、南京水利科学研究院
49	地震学报	010-68729330	中国地震学会
50	地震学报（英文版）	010-68729344	中国地震学会
51	国际地震动态	010-68729339	中国地震学会、中国地震局地球物理研究所
52	生物学通报	010-58807645	中国动物学会、中国植物学会、北京师范大学
53	昆虫科学（英文版）	010-64807095	中国昆虫学会、中国科学院动物研究所
54	病毒学报	010-63536460	中国微生物学会
55	中国人兽共患病学报	0591-87552018	中国微生物学会
56	中国生物化学与分子生物学报	010-82801416	中国生物化学与分子生物学会
57	生命的化学	021-54921091	中国生物化学与分子生物学会
58	植物生理学报	021-54922837	中国植物生理与植物分子生物学学会、中国科学院上海生命科学研究院植物生理生态研究所
59	生物物理学报	010-64888458	中国生物物理学会、中国科学院生物物理研究所
60	激光生物学报	0731-88872208	中国遗传学会
61	心理科学	021-62232236	中国心理学会
62	生态学报	010-62941099	中国生态学学会、中国科学院生态环境研究中心
63	生态学杂志	024-83970394	中国生态学学会

续表

序号	期刊名称	期刊社电话	主办单位
64	环境与生活	010-82211006	中国环境科学学会
65	中国花卉盆景	010-84041134	中国环境科学学会
66	中国环境科学	010-62215145	中国环境科学学会
67	应用基础与工程科学学报	010-62753153	中国自然资源学会
68	自然资源学报	010-64889774	中国自然资源学会、中国科学院地理科学与资源研究所
69	数理天地（初中版）	010-69795937-6	中国优选法统筹法与经济数学研究会
70	数理天地（高中版）	010-69795937	中国优选法统筹法与经济数学研究会
71	岩石力学与工程学报	027-87199250	中国岩石力学与工程学会
72	交通运输系统工程与信息	010-51684836	中国系统工程学会
73	系统工程理论与实践	010-62541828	中国系统工程学会
74	系统科学与系统工程学报（英文版）	010-62789928	中国系统工程学会
75	系统工程学报	022-27407743	中国系统工程学会
76	中国实验动物学报	010-67779337	中国实验动物学会、中国医学科学院实验动物研究所
77	中国比较医学杂志	010-67779337	中国实验动物学会、中国医学科学院实验动物研究所
78	癌变·畸变·突变	0754-88900267	中国环境诱变剂学会
79	运筹学学报	021-66137605	中国运筹学会
80	运筹与管理	0551-2901503	中国运筹学会

B—工科（141）

序号	期刊名称	期刊社电话	主办单位
81	材料热处理学报	010-82415080	中国机械工程学会
82	机械工程学报	010-88379907	中国机械工程学会
83	中国机械工程学报	010-88379909	中国机械工程学会
84	设备管理与维修	010-64882825	中国机械工程学会、北京卓众出版有限公司
85	塑性工程学报	010-62912592	中国机械工程学会
86	制造技术与机床	010-64739693	中国机械工程学会北京机床研究所
87	中国表面工程	010-66719325	中国机械工程学会
88	汽车知识	010-64936949	中国机械工程学会、中国汽车工业经济技术信息研究所
89	粉末冶金技术	010-67621317	中国机械工程学会、中国金属学会、中国有色金属学会、北京科技大学
90	中国机械工程	027-88011893	中国机械工程学会
91	中国铸造装备与技术	010-87979297	中国机械工程学会、济南铸造锻压机械研究所有限公司

续表

序号	期刊名称	期刊社电话	主办单位
92	润滑与密封	020-32385313	中国机械工程学会、广州机械科学研究院有限公司
93	无损检测	021-65556775-22	中国机械工程学会、上海材料研究所
94	机械设计	022-27343427	中国机械工程学会、天津市机械工程学会、天津市机电工业科技信息研究所
95	焊接学报	0451-86353779	中国机械工程学会、中国机械工程学会焊接分会、机械科学研究院哈尔滨焊接研究所
96	流体机械	0551-5335505	中国机械工程学会
97	组合机床与自动化加工技术	0411-86658407	中国机械工程学会、大连组合机床研究所
98	机床与液压	020-32385312	中国机械工程学会、广州机械科学研究院有限公司
99	压力容器	0551-5335515	中国机械工程学会压力容器分会
100	特种铸造及有色合金	027-85358206-82	中国机械工程学会铸造分会
101	汽车工程	010-63287786	中国汽车工程学会
102	农业机械学报	010-64882610	中国农业机械学会、中国农业机械化科学研究院
103	农业工程学报	010-65929451	中国农业工程学会
104	电气（英文版）	010-63416475	中国电机工程学会
105	农村电气化	010-63123088	中国电机工程学会
106	农电管理	010-63123088	中国电机工程学会
107	中国电机工程学报	010-82812533	中国电机工程学会
108	电工技术学报	010-88379838	中国电工技术学会
109	电气技术	010-68595026	中国电工技术学会
110	水力发电学报	010-62783813	中国水力发电工程学会
111	泥沙研究	010-68786628	中国水利学会
112	水利学报	010-68786238	中国水利学会
113	中国防汛抗旱	010-68532207	中国水利学会
114	岩土工程学报	025-85829553	中国水利学会
115	内燃机工程	021-25079820	中国内燃机学会
116	内燃机学报	022-27406812	中国内燃机学会
117	实验流体力学	010-82317341	中国空气动力学会
118	制冷学报	010-68711412	中国制冷学会
119	真空科学与技术学报	010-58206280	中国真空学会
120	自动化博览	010-57116299	中国自动化学会
121	模式识别与人工智能	0551-5595020	中国自动化学会、国家智能计算机研究开发中心、中国科学院合肥智能机械研究所
122	办公自动化	010-65947653	中国仪器仪表学会
123	仪器仪表学报	010-84050563	中国仪器仪表学会

续表

序号	期 刊 名 称	期刊社电话	主 办 单 位
124	光学仪器	021-55270110	中国仪器仪表学会、上海光学仪器研究所、中国光学学会工程光学专业委员会
125	化学传感器	0523-88819706	中国仪器仪表学会
126	气象水文海洋仪器	0431-85515135	中国仪器仪表学会气象水文海洋仪器分会、长春气象仪器研究所
127	自动化仪表	021-64368984	中国仪器仪表学会、上海工业自动化仪表研究所
128	图学学报	010-82317091	中国图学学会
129	计算机辅助绘图设计与制造（英文版）	010-82317091	中国图学学会
130	土木建筑工程信息技术	010-64517910	中国图学学会
131	电子测量与仪器学报	010-64007711	中国电子学会、北京思得易咨询中心
132	电子商务	010-83221751	中国电子学会、中国信息产业商会、北京思得易咨询中心
133	电子世界	010-68278179	中国电子协会、北京思得易咨询中心
134	电子学报	010-68285082	中国电子学会
135	电子技术与软件工程	010-64472175	中国电子学会
136	网友世界	010-82616677	中国电子学会、北京思得易咨询中心
137	信号处理	010-64010656	中国电子学会、北京思得易咨询中心
138	微波学报	025-51821067	中国电子学会
139	电波科学学报	0373-3712411	中国电子学会
140	软件	022-23352257	中国电子学会、天津电子学会
141	数据采集与处理	025-84892071	南京航空航天大学、中国电子学会、仪器仪表学会、信号处理学会、中国仪器仪表学会、中国物理学会
142	计算机辅助设计与图形学学报	010-62600342	中国计算机学会
143	通信学报	010-67110006	中国通信学会
144	现代通信	010-67191770	中国通信学会、人民邮电出版社
145	中国通信（英文版）	010-88400388	中国通信学会
146	中国电信业	010-64962969	中国通信学会 人民邮电报社
147	电信科学	010-67110006-890	中国通信学会、人民邮电出版社
148	中文信息学报	010-6252916	中国中文信息学会、中国科学院软件研究所
149	测绘学报	010-68531322	中国测绘学会
150	航海技术	021-65953318、65190842	中国航海学会、中国海运（集团）总公司
151	中国航海	021-58522151	中国航海学会
152	铁道学报	010-51845521	中国铁道学会
153	铁道知识	010-51845811	中国铁道学会

续表

序号	期 刊 名 称	期刊社电话	主 办 单 位
154	铁道工程学报	010-51878353	中国铁道学会、中国铁路工程总公司、中国中铁股份有限公司
155	中国公路学报	029-82334536	中国公路学会
156	航空材料学报	010-62496277-5228	中国航空学会
157	航空学报	010-82318016	中国航空学会、北京航空航天大学
158	航空知识	010-82317057	中国航空学会
159	航空模型	010-82317057	中国航空学会、中国航空运动协会
160	中国航空学报（英文版）	010-82318016	中国航空学会、北京航空航天大学
161	太空探索	010-68767130	中国宇航学会
162	宇航学报	010-68767751	中国宇航学会
163	兵工学报	010-68963060	中国兵工学会
164	兵工学报（英文版）	010-68963060	中国兵工学会
165	兵器知识	010-68962716	中国兵工学会
166	车辆与动力技术	010-68911172	中国兵工学会
167	爆破器材	025-84315530	中国兵工学会
168	兵器材料科学与工程	0574-87902254	中国兵工学会、中国兵器工业集团第五二研究所
169	弹道学报	025-84315487	中国兵工学会
170	弹箭与制导学报	029-88293167	中国兵工学会
171	火炮发射与控制学报	029-33787828	中国兵工学会
172	火炸药学报	029-88291297	中国兵工学会、中国兵器第二〇四研究所
173	钢铁	010-62182345	中国金属学会、钢铁研究总院
174	连铸	010-83587696	中国金属学会
175	中国冶金	010-65133322-1623	中国金属学会
176	金属世界	010-62332773	中国金属学会、中国有色金属学会
177	金属学报	024-23971286	中国金属学会
178	金属学报（英文版）	024-23971286	中国金属学会
179	材料科学技术（英文版）	024-83978208	中国金属学会、中国材料研究学会、中国科学院金属研究所
180	中国有色金属学报	0731-88830410	中国有色金属学会、中南大学
181	中国有色金属学报（英文版）	0731-88830410	中国有色金属学会、中南大学
182	稀土学报（英文版）	010-62014832	中国稀土学会、北京有色金属研究总院
183	中国稀土学报	010-62014832	中国稀土学会、北京有色金属研究总院
184	中国腐蚀与防护学报	024-23971318	中国腐蚀与防护学会、中国科学院金属研究所
185	化工进展	010-64519466	中国化工学会、化学工业出版社
186	化工学报	010-64519451	中国化工学会、化学工业出版社
187	中国化学工程学报（英文版）	010-64519484	中国化工学会、化学工业出版社

续表

序号	期 刊 名 称	期刊社电话	主 办 单 位
188	核科学与工程	010–68462973	中国核学会
189	计算物理	010–59872547	中国核学会
190	石油学报	010–62067130	中国石油学会
191	石油学报（石油加工）	010–62310752	中国石油学会
192	石油知识	010–62388380	中国石油学会
193	当代矿工	010–84657942	中国煤炭学会、煤炭信息研究院
194	煤炭学报	010–84262930	中国煤炭学会
195	煤炭学报（英文版）	010–84262930	中国煤炭学会
196	太阳能	010–62001037	中国可再生能源学会
197	太阳能学报	010–62001037	中国可再生能源学会
198	中外能源	010–64294988	中国能源研究会
199	硅酸盐通报	010–65492968	中国硅酸盐学会、中材人工晶体研究院
200	硅酸盐学报	010–57811254	中国硅酸盐学会
201	建筑结构学报	010–58933734	中国建筑学会
202	建筑学报	010–58933628	中国建筑学会
203	建筑热能通风空调	027–87899907	中国建筑学会
204	城市公共交通	010–68726366	中国土木工程学会、北京公共交通控股（集团）有限公司
205	纺织学报	010–65016539	中国纺织工程学会
206	纸和造纸	010–65812880	中国造纸学会
207	中国造纸学报	010–65812880	中国造纸学会
208	自然科学进展（英文版）	010–68722032	中国材料研究学会
209	中国食品学报	010–65223596	中国食品科学技术学会
210	中国粮油学报	010–68357510	中国粮油学会
211	中国安全科学学报	010–64464782	中国职业安全健康协会
212	中国烟草学报	010–63606237	中国烟草学会
213	振动工程学报	025–84895885	中国振动工程学会
214	振动与冲击	021–62821366	中国振动工程学会、上海交通大学、上海市振动工程学会
215	颗粒学报（英文版）	010–82629146	中国颗粒学会、中国科学院过程工程研究所
216	照明工程学报	010–65830997	中国照明学会
217	海陆空天惯性世界	010–68768090	中国惯性技术学会
218	中国惯性技术学报	022–26032791	中国惯性技术学会
219	中国园林	010–68339217	中国风景园林学会
220	中国体视学与图像分析	010–62776336	中国体视学学会
221	中国工程机械学报	021–65985015	中国工程机械学会

C—农科（28）

序号	期刊名称	期刊社电话	主办单位
222	农业科研经济管理	010-82109637	中国农学会
223	农学学报	010-59194705	中国农学会
224	中国农学通报	010-59194705	中国农学会
225	棉花学报	0372-2525369	中国农学会
226	林业科学	010-62889820	中国林学会
227	土壤通报	024-88488610	中国土壤学会
228	海洋渔业	021-65680116	中国水产学会、中国水产科学研究院东海水产研究所
229	科学养鱼	0510-85551377	中国水产学会、中国水产科学研究院淡水渔业研究中心、全国水产技术推广总站
230	水产学报	021-61900227	中国水产学会
231	园艺学报	010-62192388	中国园艺学会、中国农业科学院蔬菜花卉研究所
232	中国葡萄酒	010-64455742-815	中国园艺学会、中国农业大学
233	动物营养学报	010-62817823	中国畜牧兽医学会
234	畜牧兽医学报	010-62815987	中国畜牧兽医学会
235	中国兽医杂志	010-62733040	中国畜牧兽医学会
236	中国畜牧杂志	010-62732723	中国畜牧兽医学会
237	畜牧与生物技术杂志（英文版）	010-82894055	中国畜牧兽医学会
238	植物病理学报	010-62732364	中国植物病理学会
239	植物保护	010-62819059	中国植物保护学会、中国农业科学院植物保护研究所
240	植物保护学报	010-62732528	中国植物保护学会、中国农业大学
241	作物学报	010-82108548	中国作物学会、中国农业科学院作物科学研究所
242	作物杂志	010-82108790	中国作物学会、中国农业科学院作物科学研究所
243	作物学报（英文版）	010-82108548	中国作物学会、中国农业科学院作物科学研究院、中国科技出版传媒股份有限公司
244	热带作物学报	0898-66988986	中国热带作物学会
245	蚕业科学	0511-85616835	中国蚕学会、中国农业科学院蚕业研究所
246	中国水土保持科学	010-62338031	中国水土保持学会
247	茶叶科学	0571-86651482	中国茶叶学会
248	草地学报	010-62733894	中国草学会
249	草业科学	0931-8912486	中国草学会、兰州大学草地农业科技学院

D—医科（144）

序号	期刊名称	期刊社电话	主办单位
250	中华耳鼻咽喉头颈外科杂志	010-85158191	中华医学会
251	中华神经科杂志	010-85158266	中华医学会
252	中华创伤骨科杂志	010-85158180	中华医学会
253	中华现代护理杂志	010-83191170	中华医学会
254	中华普通外科杂志	010-66162070	中华医学会
255	中华神经外科杂志	010-65113169	中华医学会
256	中华心律失常学杂志	010-68330771	中华医学会
257	中华医院管理杂志	010-65257767	中华医学会
258	中华肿瘤杂志	010-67788231	中华医学会
259	中华泌尿外科杂志	010-65223499	中华医学会
260	中华临床感染病杂志	010-85158174	中华医学会
261	健康世界	010-88324245	中华医学会
262	中华健康管理学杂志	010-85158817	中华医学会
263	中华急诊医学杂志	0571-87783951	中华医学会
264	中华眼视光学与视觉科学杂志	0577-86699366	中华医学会
265	中华神经医学杂志	010-85158180	中华医学会
266	中华医学教育杂志	010-82801579	中华医学会
267	中华实验眼科杂志	010-85158180	中华医学会
268	中华口腔正畸学杂志	010-82195350	中华医学会
269	中华围产医学杂志	010-66513519-806	中华医学会
270	中华放射医学与防护杂志	010-62389620	中华医学会
271	中华放射肿瘤学杂志	010-87788294	中华医学会
272	中华消化外科杂志	010-85158174	中华医学会
273	中华胸心血管外科杂志	010-64413769	中华医学会
274	中华医学美学美容杂志	010-62361505	中华医学会
275	中华老年医学杂志	010-58115072	中华医学会
276	中华医学科研管理杂志	010-82802696	中华医学会
277	中华微生物学和免疫学杂志	010-65756595	中华医学会
278	中华内分泌外科杂志	010-85158180	中华医学会
279	中华实验和临床病毒学杂志	010-63540009	中华医学会
280	中华医史杂志	010-64014411-3217	中华医学会
281	中华胰腺病杂志	010-85158180	中华医学会
282	中华医学教育探索杂志	010-85158174	中华医学会
283	中华肝胆外科杂志	010-66936223	中华医学会
284	中华流行病学杂志	010-58900730	中华医学会

续表

序号	期 刊 名 称	期刊社电话	主 办 单 位
285	中华整形外科杂志	010-88960006	中华医学会
286	中华眼外伤职业眼病杂志	010-85158174	中华医学会
287	中华心血管病杂志	010-85158286	中华医学会
288	中华儿科杂志	010-85158216	中华医学会
289	中华妇产科杂志	010-85158211	中华医学会
290	中华内科杂志	010-85158279	中华医学会
291	中华检验医学杂志	010-85158269	中华医学会
292	中华结核和呼吸杂志	010-85158252	中华医学会
293	中华糖尿病杂志	010-85158316	中华医学会
294	中华精神科杂志	010-85158210	中华医学会
295	中华眼科杂志	010-85158241	中华医学会
296	英国医学杂志（中文版）	010-85158396	中华医学会
297	中华放射学杂志	010-85158384	中华医学会
298	中华外科杂志	010-85158224	中华医学会
299	中华医学信息导报	010-85158609	中华医学会
300	中华口腔医学杂志	010-85158254	中华医学会
301	中华预防医学杂志	010-85158377	中华医学会
302	中华全科医师杂志	010-85158309	中华医学会
303	中华病理学杂志	010-85158244	中华医学会
304	中华医学杂志	010-85158201	中华医学会
305	中华医学杂志（英文版）	010-85158326	中华医学会
306	中华航空航天医学杂志	010-52737182	中华医学会
307	中华临床营养杂志	010-65105895	中华医学会、中国医学科学院
308	中华实用儿科临床杂志	010-85158180	中华医学会
309	中华生物医学工程杂志	020-81340157	中华医学会、广州医学院
310	中华血液学杂志	022-23909421	中华医学会
311	中华劳动卫生职业病杂志	022-24333581	中华医学会
312	中华骨科杂志	022-28334734	中华医学会
313	中华麻醉学杂志	0311-85989623	中华医学会
314	中华超声影像学杂志	0311-86266994	中华医学会
315	中华风湿病学杂志	0351-5271198	中华医学会
316	中华传染病杂志	021-62565939-1405	中华医学会
317	中华航海医学与高气压医学杂志	021-81883318	中华医学会
318	中华核医学杂志	0510-82721344	中华医学会

续表

序号	期 刊 名 称	期刊社电话	主 办 单 位
319	中华皮肤科杂志	025-85478124	中华医学会
320	中华消化内镜杂志	025-83472831	中华医学会
321	中华小儿外科杂志	027-82846835	中华医学会
322	中华器官移植杂志	027-82806143	中华医学会
323	中华实验外科杂志	027-87893475	中华医学会
324	中华显微外科杂志	020-87330683	中华医学会
325	中华肾脏病杂志	020-87331532	中华医学会
326	中华创伤杂志	023-68757482	中华医学会
327	中华肝脏病杂志	023-63727251	中华医学会
328	中华创伤杂志（英文版）	023-68757483	中华医学会
329	中华烧伤杂志	023-65460398	中华医学会
330	中华医学遗传学杂志	028-85501165	中华医学会
331	中华眼底病杂志	028-85422535	中华医学会
332	中华内分泌代谢杂志	021-64315587	中华医学会
333	中华消化杂志	021-62531885	中华医学会
334	中华手外科杂志	021-52888215	中华医学会
335	中华物理医学与康复杂志	027-83662874	中华医学会、华中科技大学同济医学院
336	中华胃肠外科杂志	020-38254094	中华医学会、中山大学
337	中华中医药杂志	010-64216650	中华中医药学会
338	糖尿病天地	010-64274797	中华中医药学会
339	世界中西医结合杂志	010-64822253	中华中医药学会
340	中医临床研究	010-85463620	中华中医药学会
341	风湿病与关节炎	010-64274797	中华中医药学会
342	中国中医骨伤科杂志	027-87409653	中华中医药学会、湖北省中医药研究所
343	中国中西医结合杂志	010-62876547	中国中西医结合学会、中国中医科学院
344	中国中西医结合影像学杂志	010-64010688	中国中西医结合学会、山东中医药大学附属医院
345	中国中西医结合肾病杂志	0351-7965258	中国中西医结合学会
346	中国中西医结合耳鼻咽喉科杂志	0556-5866225	中国中西医结合学会
347	中国中西医结合急救杂志	022-23306917	中国中西医结合学会
348	中国中西医结合皮肤性病学杂志	022-27283090	中国中西医结合学会、天津市中西结合皮肤病研究所
349	中国中西医结合外科杂志	022-27420471	中国中西医结合学会、天津市中西医结合急腹症研究所
350	中国药学杂志	010-58699275	中国药学会
351	药物分析杂志	010-67095698	中国药学会

续表

序号	期 刊 名 称	期刊社电话	主 办 单 位
352	中国临床药理学杂志	010-82802540	中国药学会
353	中国药学（英文版）	010-82801713	中国药学会
354	中国中药杂志	010-64058556	中国药学会
355	药学学报	010-63035116	中国药学会、中国医学科学院研究所
356	中国临床药学杂志	021-54237418	中国药学会
357	中国现代应用药学	0571-87297398	中国药学会
358	中国海洋药物	0532-88083130	中国药学会
359	中国医院药学杂志	027-82836596	中国药学会
360	中国新药与临床杂志	021-61673780	中国药学会、上海市食品药品监督管理局科技情报研究所
361	中华护理教育	010-65589546	中华护理学会
362	中华护理杂志	010-65561480	中华护理学会
363	生理科学进展	010-82802443	中国生理学会、北京大学
364	解剖学报	010-82802969	中国解剖学会
365	解剖科学进展	024-23252582	中国解剖学会
366	解剖学杂志	021-81870950	中国解剖学会
367	中国临床解剖学杂志	020-61648203	中国解剖学会
368	中国组织化学与细胞化学杂志	027-83692949	中国解剖学会、华中科技大学同济医学院
369	中国生物医学工程学报	010-65248786	中国生物医学工程学会
370	中国生物医学工程学报（英文版）	010-65296448	中国生物医学工程学会
371	中国血液流变学杂志	0512-67780961	中国生物医学工程学会、苏州大学
372	中国心脏起搏与心电生理杂志	027-88075495	中国生物医学工程学会、武汉大学人民医院
373	糖尿病新世界	010-59679390	中国病理生理学会
374	中国实验血液学杂志	010-88228982	中国病理生理学会
375	中国病理生理杂志	020-85220269	中国病理生理学会
376	中国动脉硬化杂志	0734-8160765	中国病理生理学会、南华大学
377	中国临床药理学与治疗学	0553-5738350	中国药理学会
378	中国药理学报（英文版）	021-54922822	中国药理学会、中国科学院上海药物研究所
379	中国药理学通报	0551-5161222	中国药理学会
380	中国针灸	010-84014607	中国针灸学会、中国中医科学院针灸研究所
381	结核病与肺部健康杂志	010-62215207	中国防痨协会
382	中国防痨杂志	010-62257257	中国防痨协会
383	心理与健康	010-62389483	中国心理卫生协会
384	中国健康心理学杂志	010-62389483	中国心理卫生协会

续表

序号	期 刊 名 称	期刊社电话	主 办 单 位
385	中国心理卫生杂志	010-62010890	中国心理卫生协会
386	中国癌症研究（英文版）	010-88196612	中国抗癌协会
387	中国肺癌杂志	022-27219052	中国抗癌协会、中国防痨协会、天津医科大学总医院
388	中国肿瘤临床	022-23527053	中国抗癌协会
389	癌症生物学与医学（英文版）	022-23522919	中国抗癌协会
390	癌症康复	010-88127938	中国抗癌协会、北京市肿瘤防治办公室、北京大学临床肿瘤学院
391	中国免疫学杂志（英文版）	010-65296451	中国免疫学会、中国科学技术大学
392	中国免疫学杂志	0431-88925027	中国免疫学会、吉林省医学期刊社
393	中国肿瘤生物治疗杂志	021-55620605	中国免疫学会、中国抗癌学会

E—交叉学科（36）

序号	期 刊 名 称	期刊社电话	主 办 单 位
394	自然辩证法研究	010-68598475	中国自然辩证法研究会
395	医学与哲学	0411-86110142	中国自然辩证法研究会
396	管理现代化	010-64249510	中国管理现代化研究会
397	中外管理	010-88232780	中国管理现代化研究会、中国中小企业国际合作协会、北京中外企业管理培训中心
398	技术经济	010-62174221	中国技术经济研究会
399	科技和产业	010-62174221	中国技术经济研究会
400	科学技术与工程	010-62118920	中国技术经济研究会
401	数理统计与管理	010-67392433	中国现场统计研究会
402	发现	010-84024966	中国未来研究会、北京国际交流协会
403	未来与发展	010-62103296	中国未来研究会
404	中国科技史杂志	010-57552528	中国科学技术史学会、中国科学院自然科学史研究所
405	大众软件	010-88118588-1202	中国科学技术情报学会
406	情报学报	010-68598273	中国科学技术情报学会、中国科学技术信息研究所
407	城市发展研究	010-58933931	中国城市科学研究会
408	设计	010-65816771	中国工业设计协会
409	生物技术世界	010-62103259	中国科普作家协会
410	科技与企业	010-62103259	中国科普作家协会
411	大自然	010-67020595	中国自然科学博物馆协会、北京自然博物馆、中国野生动物保护协会
412	中国科技教育	010-62178764	中国青少年科技辅导员协会
413	摄影与摄像	010-64097589	中国科教电影电视协会

续表

序号	期 刊 名 称	期刊社电话	主 办 单 位
414	科技尚品	010-64097589	中国科教电影电视协会、摄影与摄像杂志社
415	编辑学报	010-63577685	中国科学技术期刊编辑学会
416	档案学研究	010-63018706	中国档案学会
417	今日国土	010-57957674	中国国土经济学会
418	中国土地科学	010-66562683	中国土地学会、中国土地勘测规划院
419	科幻画报	010-85015226	中国科技新闻学会
420	中国科技信息	010-68003059	中国科技新闻学会
421	科学中国人	010-51601954	中国科技新闻学会
422	科技与生活	010-65681316	中国科技新闻学会
423	科技创新与品牌	010-68457597	中国科技新闻学会
424	科技传播	010-65681316	中国科技新闻学会
425	硅谷	010-65681316	中国科技新闻学会
426	环球科学	010-51003598	中国科技新闻学会
427	电子竞技	010-65681316	中国科技新闻学会
428	今日科苑	010-62170582	中国老科学技术工作者协会
429	中国科学探险	010-65545136	中国科学探险协会、北京《电脑爱好者》杂志社

其他主办单位（12）

序号	期 刊 名 称	期刊社电话	主 办 单 位
430	知识就是力量	010-62103103	中国科学技术协会、共青团中央、中华全国总工会
431	科技导报	010-62175871	中国科学技术协会
432	中国总会计师	010-63381767	中国总会计师协会
433	科普研究	010-62103307	中国科普研究所
434	家用电脑与游戏	010-88146001	科学普及出版社
435	科学大观园	010-62103350	科学普及出版社
436	科协论坛	027-87710149	湖北省科协
437	中国学术期刊文摘（英文版）	010-62172600	科技导报社
438	中国学术期刊文摘	010-62172009	科技导报社
439	科技创业家	010-56249081	大众科技报社
440	数码影像时代	010-58032172	中国科学技术投资有限公司
441	中国动物保健	010-62899836	中国乡镇企业协会、北京中美欧畜牧科学研究院有限公司、中国动物保健品协会

全国学会、协会、研究会简介

中国数学会

Chinese Mathematical Society（CMS）

地　　址　北京市中关村东路55号中国科学院数学与系统科学研究院内
邮政编码　100190
电子信箱　cms@math.ac.cn
主页网址　http://www.cms.org.cn
电　　话　010-62551022
传　　真　010-62618463
理 事 长　王诗宬
副理事长　席南华　陈　敏　高小山　陈大岳　陈永川　程　晋　罗懋康　杨新民　李　星
秘 书 长　张立群

中国物理学会

Chinese Physical Society（CPS）

地　　址　北京市海淀区中关村南三街8号中国科学院物理研究所内
邮政编码　100190
电子信箱　cps@iphy.ac.cn
主页网址　http://www.cps-net.org.cn
电话/传真　010-82649019
理 事 长　詹文龙
副理事长　王玉鹏　王恩哥　朱少平　朱邦芬　张　闯
秘 书 长　王玉鹏（兼）

中国力学学会

The Chinese Society of Theoretical and Applied Mechanics（CSTAM）

地　　址　北京市北四环西路15号
邮政编码　100190
电子信箱　office@cstam.org.cn
主页网址　http://www.cstam.org.cn
电　　话　010-62559588/62559209
传　　真　010-62559588
理 事 长　胡海岩
副理事长　洪友士　刘人怀　龙　勉　卢天健　佘振苏　杨　卫　张洪武　郑泉水　周哲玮
秘 书 长　冯西桥

中国光学学会

The Chinese Optical Society（COS）

地　　址　北京市西城区三里河路54号482室
邮政编码　100045
电子信箱　nigq@bita.org.cn
主页网址　http//www.cncos.org
电　　话　010-68598482/68598467
传　　真　010-68598482
理 事 长　周炳琨
副理事长　刘　旭　郭光灿　郁道银　倪国强　龚旗煌
秘 书 长　龚旗煌（兼）

中国声学学会

Acoustical Society of China（ASC）

地　　址　北京市海淀区北四环西路21号
邮政编码　100190
电子信箱　asc@mail.ioa.ac.cn
主页网址　http://www.aschina.org
电　　话　010-82547910
传　　真　010-82547909
理 事 长　田　静
副理事长　宗　健　杨德森　程建春　王小民　毛东兴
秘 书 长　张春华

中国化学会

Chinese Chemical Society（CCS）

地 址 北京市中关村北一街 2 号中国科学院化学研究所内
邮政编码 100190
电子信箱 spzheng@iccas.ac.cn
主页网址 http://www.ccs.ac.cn
http://www.chemsoc.org.cn
电 话 010-62568157/62625584
传 真 010-62568157
理 事 长 姚建年
副理事长 包信和 戴厚良 董孝利 洪茂椿 江桂斌 李新华 万立骏 张 希 周其凤 周其林
秘 书 长 杨振忠

中国天文学会

Chinese Astronomical Society（CAS）

地 址 江苏省南京市北京西路 2 号
邮政编码 210008
电子信箱 cas.nj@pmo.ac.cn
主页网址 http://astronomy.pmo.cas.cn
电 话 025-83332133
传 真 025-83332133
理 事 长 崔向群
副理事长 王 娜 郑晓年 洪晓瑜 韩占文 戴子高
秘 书 长 杨 戟

中国气象学会

Chinese Meteorological Society（CMS）

地 址 北京市中关村南大街 46 号
邮政编码 100081
电子信箱 zhp@cms1924.org
主页网址 http://www.cms1924.org
电 话 010-68409840
传 真 010-68406821
理 事 长 秦大河
副理事长 李福林 谈哲敏 张人禾 王会军 费建芳 胡永云 李廉水
秘 书 长 翟盘茂

中国空间科学学会

Chinese Society of Space Research（CSSR）

地 址 北京市海淀区中关村南二条一号
邮政编码 100190
电子信箱 cssr@cssar.ac.cn
主页网址 http://cssr.org.cn
电 话 010-62559882
传 真 010-62582691
理 事 长 顾逸东
副理事长 吴 季 叶培建 王家骐 廖小罕 陈善广 王建宇 李春来
秘 书 长 邱 理

中国地质学会

Geological Society of China（GSC）

地 址 北京市西城区百万庄大街 26 号
邮政编码 100037
电子信箱 cgdzxh@163bj.com
主页网址 http://www.geosociety.org.cn
电 话 010-68311539/68999021/68999018
68999020/68312410/68999605
传 真 010-68995305
理 事 长 徐绍史
副理事长 孟宪来（常务） 王京彬 马永生 邓 军 刘玉辰 朱伟林 李丕龙 李金发 杜金虎 邱建刚 范蔚茗 徐水师 琚宜太
秘 书 长 朱立新

中国地理学会

The Geographical Society of China（GSC）

地 址 北京市朝阳区大屯路甲 11 号

邮 政 编 码 100101
电 子 信 箱 gsc@igsnrr.ac.cn
主 页 网 址 http://www.gsc.org.cn
电 话 010-64870663/64889598
传 真 010-64889598
理 事 长 刘燕华
副 理 事 长 刘 毅 陶 澍 傅伯杰 保继刚
陈发虎 崔 鹏 宫辉力 史培军
宋长青 王 涛 杨桂山 俞立中
秘 书 长 张国友

中国地球物理学会

Chinese Geophysical Society（CGS）

地 址 北京市海淀区民族学院南路5号
邮 政 编 码 100081
电 子 信 箱 cgs@cgs.org.cn
主 页 网 址 http://cgs.org.cn
电 话 010-68729347/82998257
传 真 010-82998257
理 事 长 陈 颙
副 理 事 长 常 旭 陈晓非 曲寿利 王小牧
吴秋云 熊盛青
秘 书 长 郭 建

中国矿物岩石地球化学学会

Chinese Society for Mineralogy, Petrology and Geochemistry（CSMPG）

地 址 贵州省贵阳市观水路46号
邮 政 编 码 550002
电 子 信 箱 csmpg@vip.skleg.cn
主 页 网 址 http://www.csmpg.org.cn
http://csmpg.gyig.cas.cn
电 话 0851-5895823
传 真 0851-5895823
理 事 长 刘丛强
副 理 事 长 王成善 刘嘉麒 朱立新 陈 骏
郑永飞 胡瑞忠 徐义刚 邹才能
高 山 刘家铎
秘 书 长 李世杰

中国古生物学会

Palaeontological Society of China（PSC）

地 址 江苏省南京市北京东路39号
邮 政 编 码 210008
电 子 信 箱 a14@cast.org.cn
主 页 网 址 http://www.china-psc.org.cn
电 话 025-83282138
传 真 025-83357026
理 事 长 杨 群
副 理 事 长 周忠和 季 强 童金南 孙 革
秘 书 长 王永栋

中国海洋湖沼学会

Chinese Society for Oceanology and Limnology（CSOL）

地 址 山东省青岛市南海路7号
邮 政 编 码 266071
电 子 信 箱 ypli@ms.qdio.ac.cn
主 页 网 址 http://www.csol-org.cn
电 话 0532-82898636
传 真 0532-82868636
理 事 长 孙 松
副 理 事 长 丁平兴 桂建芳 焦念志 马德毅
沈 吉 吴德星 杨红生 张海生
秘 书 长 杨红生（兼）

中国海洋学会

Chinaese Society for Oceanography（CSO）

地 址 北京市复兴门外大街1号
邮 政 编 码 100860
电 子 信 箱 wangdongyalove@163.com
主 页 网 址 http://www.cso.org.cn
电 话 010-68047626
传 真 010-68047626
理 事 长 王曙光
副 理 事 长 雷 波（常务） 左其华 周守为 潘德炉
林龙福 孙 松 吴德星 张 颖
秘 书 长 雷 波（兼）

中国地震学会

Seismological Society of China（SSC）

地　　址　北京市海淀区民族大学南路 5 号
邮政编码　100081
电子信箱　zgdzxh@sina.com
主页网址　http://www.ssoc.org.cn
电　　话　010-68729352
传　　真　010-68417858
理 事 长　陈运泰
副理事长　陈　颙　张国民　张培震　陈晓非
秘 书 长　郝记川

中国动物学会

China Zoological Society（CZS）

地　　址　北京市朝阳区北辰西路 1 号院 5 号
邮政编码　100101
电子信箱　czs@ioz.ac.cn
主页网址　http://www.czs.ioz.ac.cn
电　　话　010-64807051
传　　真　010-64807051
理 事 长　陈宜瑜
副理事长　王小明　王德华　刘迺发　许崇任
　　　　　孙青原　宋微波　张亚平　孟安明
　　　　　徐存拴
秘 书 长　魏辅文

中国植物学会

Botanical Society of China（BSC）

地　　址　北京市海淀区香山南辛村 20 号
邮政编码　100093
电子信箱　bsc@ibcas.ac.cn
主页网址　http://www.botany.org.cn/
电　　话　010-82599636 / 62836505
传　　真　010-82599636
理 事 长　洪德元
副理事长　安黎哲　李德铢　马克平　武维华
　　　　　朱玉贤
秘 书 长　葛　颂

中国昆虫学会

The Entomological Society of China（ESC）

地　　址　北京市朝阳区北辰西路 1 号院 5 号中国科学院动物研究所内
邮政编码　100101
电子信箱　entsoc@ioz.ac.cn
主面网址　http://entsoc.ioz.ac.cn/
电　　话　010-64807135
传　　真　010-64807198
理 事 长　康　乐
副理事长　黄大卫　乔格侠　戈　峰　王　韧
　　　　　陈生斗　张永安　高希武　吴孔明
　　　　　黄勇平　张雅林　刘树生　洪晓月
　　　　　郭明昉　金道超
秘 书 长　黄大卫（兼）

中国微生物学会

Chinese Society for Microbiology（CSM）

地　　址　北京市朝阳区北辰西路 1 号院 3 号
邮政编码　100101
电子信箱　csm@im.ac.cn
主页网址　http://csm.im.ac.cn
电　　话　010-64807200
传　　真　010-64807950
理 事 长　邓子新
副理事长　黄　力　曲音波　陈焕春　张先恩
　　　　　盛　军　邵一鸣　徐志凯　杨瑞馥
秘 书 长　东秀珠

中国生物化学与分子生物学会

The Chinese Society of Biochemistry and Molecular Biology　（CSBMB）

地　　址　上海市岳阳路 320 号
邮政编码　200031
电子信箱　csbmb@sibs.ac.cn
主页网址　http://www.csbmb.org.cn
电　　话　021-54921088

传　　　真　021-54921090
理　事　长　王志新
副理事长　赫荣乔　焦炳华　景乃禾　尚永丰
　　　　　沈　岩　孙志贤　王红阳　吴家睿
秘　书　长　景乃禾（兼）

中国细胞生物学学会
Chinese Society for Cell Biology（CSCB）

地　　　址　上海市岳阳路 320 号
邮政编码　200031
电子信箱　cscb@sibs.ac.cn
主页网址　http://www.cscb.org.cn
电　　　话　021-54922856
传　　　真　021-54922891
理　事　长　裴　钢
副理事长　陈志南　陈晔光　高　翔　刘春明
　　　　　舒红兵　曾益新　朱学良
秘　书　长　丁小燕

中国植物生理与植物分子生物学学会
Chinese Society for Plant Biology（CSPB）

地　　　址　上海市徐汇区岳阳路 319 号 31 楼 A211
邮政编码　200031
电子信箱　cspb@sibs.ac.cn
主页网址　http:// www.cspb.org.cn
电　　　话　021-54922859
传　　　真　021-54922857
理　事　长　许智宏
副理事长　陈晓亚（常务）　赵进东　宋纯鹏
　　　　　蒋跃明
秘　书　长　何祖华

中国生物物理学会
The Biophysical Society of China（BSC）

地　　　址　北京市朝阳区大屯路 15 号
邮政编码　100101
电子信箱　wangyue@ibp.ac.cn
主页网址　http://www.bsc.org.cn
电　　　话　010-64889894
传　　　真　010-64889892
理　事　长　饶子和
副理事长　丁建平　张先恩　沈钧贤　周　专
　　　　　贺福初　徐　涛　程　京　阎锡蕴
秘　书　长　阎锡蕴（兼）

中国遗传学会
Genetics Society of China（GSC）

地　　　址　北京市朝阳区北辰西路 1 号院 2 号中国遗传学会
邮政编码　100101
电子信箱　geneticssociety@163.com
主页网址　http://www.geneticssociety.cn
电　　　话　010-64806635
传　　　真　010-64806636
理　事　长　李家洋
副理事长　张启发　贺福初　张亚平　贺　林
　　　　　余　龙　薛勇彪　杨　晓
秘　书　长　薛勇彪（兼）

中国心理学会
Chinese Psychological Society（CPS）

地　　　址　北京市朝阳区林萃路 16 号院中国科学院心理研究所内
邮政编码　100101
电子信箱　cps@psych.ac.cn
主页网址　http://www.cpsbeijing.org
电　　　话　010-64888946
传　　　真　010-64855830
理　事　长　莫　雷　乐国安（候任）
副理事长　王登峰　刘华山　李其维　叶浩生
　　　　　沈模卫　张文新　游旭群
秘　书　长　傅小兰

中国生态学学会

Ecological Society of China（ESC）

地　　址　北京市海淀区双清路 18 号
邮政编码　100085
电子信箱　esc@rcees.ac.cn
主页网址　http://www.esc.org.cn
电　　话　010-62849101
传　　真　010-62849113
理 事 长　刘世荣
副理事长　董　鸣　傅伯杰　何兴元　欧阳志云　彭少麟　苏智先　王　刚　魏辅文　薛建辉　于贵瑞
秘 书 长　陈利顶

中国环境科学学会

Chinese Society for Environmental Sciences（CSES）

地　　址　北京市海淀区红联南村 54 号
邮政编码　100082
电子信箱　hybcses@163.com
主页网址　http://www.chinacses.org
电　　话　010-62210708
传　　真　010-62210728
理 事 长　王玉庆
副理事长　丁仲礼　王灿发　宁吉喆　任官平　任南琪　曲久辉　张远航　杨朝飞　陆新元　陈吉宁　孟　伟　赵英民　郝吉明
秘 书 长　任官平（兼）

中国自然资源学会

China Society of Natural Resources（CSNR）

地　　址　北京市朝阳区大屯路甲 11 号
邮政编码　100101
电子信箱　csnr@igsnrr.ac.cn
主页网址　http://www.csnr.org
电　　话　010-64861455
传　　真　010-64861455
理 事 长　刘纪远
副理事长　成升魁　王　浩　李善同　张福锁　陈　曦　郑凌志　李晓兵
秘 书 长　沈　镭

中国感光学会

Chinese Society for Imaging Science and Technology（CSIST）

地　　址　北京市海淀区中关村东路 29 号
邮政编码　100190
电子信箱　xh@csist.org.cn
主页网址　http:// www.csist.org.cn
电　　话　010-82543686/82543687
传　　真　010-82543687
理 事 长　蒲嘉陵
副理事长　张丽萍（常务）　马礼谦　杨万泰　晏　磊　薛　唯　邱　勇　杨　斌
秘 书 长　赵震声

中国优选法统筹法与经济数学研究会

Chinese Society of Optimization, Overall Planning and Economic Mathematics（CSOOPEM）

地　　址　北京海淀区中关村东路 55 号中科院思源楼 1201 室（北京 8712 信箱）
邮政编码　100190
电子信箱　shuangfa@mail.casipm.ac.cn
主页网址　http://www.scope.org.cn
电　　话　010-62542629
传　　真　010-62542629
理 事 长　蔡　晨
副理事长　陈　剑　池　宏　范　英　梁　樑　刘思峰　刘祥官　高自友　魏一鸣　徐玖平　张金隆
秘 书 长　池　宏（兼）

中国岩石力学与工程学会

Chinese Society for Rock Mechanics and Engineering（CSRME）

地　　址　北京市朝阳区北土城西部 19 号中国科学院地质与地球物理研究所内
邮政编码　100029
电子信箱　csrme@vip.sina.com
主页网址　http://www.csrme.com
电　　话　010-62007351/82998528/82998163/82998164
传　　真　010-62007351/82998163
理 事 长　冯夏庭　钱七虎
副理事长　蔡美峰　樊启祥　龚晓南　郭熙灵　何满潮　李　宁　李术才　潘一山　宋胜武　王明洋　王金华　朱合华　杨　强　袁　亮　郑炳旭
秘 书 长　刘大安

中国野生动物保护协会

China Wildlife Conservation Association（CWCA）

地　　址　北京市东城区和平里东街 18 号
邮政编码　100714
电子信箱　cwca@cwca.org.cn
主页网址　http://www.cwca.org.cn
电　　话　010-84239015/84239556
传　　真　010-64238030
理 事 长　赵学敏
副理事长　白景富　牛　盾　王玉庆　刘燕华　龚　正　李家洋　陈建功　孙冰川　卓榕生　姚昌恬　陈建伟　陈润生
秘 书 长　臧春林

中国系统工程学会

Systems Engineering Society of China'（SESC）

地　　址　北京市海淀中关村东路 55 号
邮政编码　100190
电子信箱　sesc@iss.ac.cn
主页网址　http://www.sesc.org.cn/htm/index.htm
电　　话　010-62541827/ 62651415
传　　真　010-82626697
理 事 长　汪寿阳
副理事长　陈　剑　高自友　高小山　黄海军　李一军　孙宏才　王先甲　徐玖平　许晓鸣　杨新民　张纪峰　张　维　朱桂龙
秘 书 长　薛新伟

中国实验动物学会

Chinese Association for Laboratory Animal Sciences（CALAS）

地　　址　北京市朝阳区潘家园南里 5 号
邮政编码　100021
电子信箱　calas@calas.org.cn
主页网址　http://www.calas.org.cn
电　　话　010-67781534
传　　真　010-67776816
理 事 长　刘　谦
副理事长　高　诚　王禄增　秦　川　王军志　赵德明　李根平　曾　林
秘 书 长　秦　川

中国青藏高原研究会

The China Society on Tibetan Plateau（CSTP）

地　　址　北京市安外大屯路甲 11 号
邮政编码　100101
电子信箱　qingzang@igsnrr.ac.cn
主页网址　http://www.cstp.org.cn
电　　话　010-64889819
传　　真　010-64889769
理 事 长　姚檀栋
副理事长　成升魁　格　勒（藏）　侯增谦　马胜杰　潘保田　解　源　张人禾
秘 书 长　朱立平

中国环境诱变剂学会
Chinese Environmental Mutagen Society
（CEMS）

地　　址　北京大学医学部公共卫生学院 236 室
邮政编码　100191
电子信箱　iaems_cn@163.com
主页网址　http://www.cems.org.cn
电　　话　010-82335754
传　　真　010-82335754
理 事 长　柯　扬
副理事长　曹　佳　石刚刚　孙长颢　郝卫东　浦跃朴　张天宝
秘 书 长　郝卫东

中国运筹学会
Operations Research Society of China
（ORSC）

地　　址　北京市中关村东路 55 号
邮政编码　100190
电子信箱　orsc@amt.ac.cn
主页网址　http://www.orsc.org.cn
电　　话　010-62541695
传　　真　010-62620394
理 事 长　胡旭东
副理事长　张汉勤　杨新民　杨晓光　修乃华　陈国庆　孙晓玲　李　勇
秘 书 长　刘　克

中国菌物学会
Mycological Society of China（MSC）

地　　址　北京朝阳区北辰西路 1 号院 3 号中国科学院微生物所 B410
邮政编码　100101
电子信箱　msc93@im.ac.cn
主页网址　http:// www.mscfungi.org
电　　话　010-64807455
传　　真　010-64807455
理 事 长　刘杏忠
副理事长　王成树（常务）　车永胜　陈双林　戴玉成　李泰辉　杨祝良　谭　琦
秘 书 长　文华安

中国晶体学会
Chinese Crystallographic Society（CCrS）

地　　址　北京大学陈守仁国际研究中心伟利楼 207 室
邮政编码　100871
电子信箱　ccrs@pku.edu.cn
主页网址　http://www.ccrs.net.cn
电　　话　010-62757857
传　　真　010-62767969
荣誉理事长　林建华
理 事 长　高　松
副理事长　陈小明　吕　扬　牛立文　彭练矛　苏晓东　吴以成　郑伟涛
秘 书 长　王哲明

中国神经科学学会
The Chinese Society for Neuroscience
（CSN）

地　　址　上海市岳阳路 320 号
邮政编码　200031
电子信箱　cns@sibs.ac.cn
主页网址　http:// www.cns.org.cn
电　　话　021-54922854/54922893
传　　真　021-54922857
理 事 长　段树民
副理事长　陈生弟　吉永华　饶　毅　王建军　徐如祥　于常海　张　旭
秘 书 长　何士刚

中国机械工程学会
Chinese Mechanical Engineering Society
（CMES）

地　　址　北京市海淀区首体南路 9 号主语国际 4 号楼 11 层

邮 政 编 码 100048
电 子 信 箱 headquarters@cmes.org
主 页 网 址 http://www.cmes.org
http://www.cmes.org.cn
电 话 010-68799009
传 真 010-68799050
理 事 长 周 济
副 理 事 长 卢秉恒 包起帆 任洪斌 李培根 李新亚 杨海成 张彦敏 陈 钢 林忠钦 钟志华 郭东明 蔡惟慈 谭建荣
秘 书 长 张彦敏（兼）

中国汽车工程学会

Society of Automotive Engineering of China (SAM-China)

地 址 北京市西城区莲花池东路102号天莲大厦4层
邮 政 编 码 100055
电 子 信 箱 Sae810@sae-china.org
主 页 网 址 http://www.sae-china.org
电 话 010-63345599
传 真 010-63345466
理 事 长 付于武
副 理 事 长 张进华 丁宏祥 乔亚东 任晓常 刘卫东 孙逢春 朱华荣 严 刚 余卓平 吴绍明 李书福 李立忠 李庆文 陈志鑫 欧阳明高 范 仲 赵 航 钟志华 高卫民 董 扬 管 欣
秘 书 长 张进华（兼）

中国农业机械学会

Chinese Society for Agricultural Machinery (CSAM)

地 址 北京德胜门外北沙滩1号
邮 政 编 码 100083
电 子 信 箱 csam@caams.org.cn
主 页 网 址 http://www.agro-csam.org
电 话 010-64882291/64882232
传 真 010-64882291
理 事 长 罗锡文
副 理 事 长 丁翔文 王桂民 母世杰 刘 宪 刘 敏 应义斌 张咸胜 李萍萍 姜卫东 赵 继 郭志强 贾敬敦 韩鲁佳
秘 书 长 李树君（兼）

中国农业工程学会

Chinese Society of Agricultural Engineering (CSAE)

地 址 北京市朝阳区麦子店街41号
邮 政 编 码 100125
电 子 信 箱 hqcsae@agri.gov.cn
主 页 网 址 http://www.csae.org.cn
电 话 010-65910066 转 2502/3502
传 真 010-65929450
理 事 长 朱 明
副 理 事 长 罗锡文（常务） 王铁良 刘 旭 杜瑞成 李畅游 李树君 李瑞川 佟 金 应义斌 汪 春 张全国 陆华忠 赵春江 郧文聚 袁寿其 崔 明 康绍忠 韩鲁佳
秘 书 长 管小冬

中国电机工程学会

Chinese Society for Electrical Engineering (CSEE)

地 址 北京市西城区白广路二条一号
邮 政 编 码 100761
电 子 信 箱 csee@csee.org.cn
主 页 网 址 http://www.csee.org.cn
电 话 010-63414320
传 真 010-63414319
理 事 长 陆延昌
副 理 事 长 陈 峰（常务） 舒印彪 王良友 那希志 刘顺达 任书辉 于崇德 苏 力 秦定国 郑健超 宋永华 蔡惟慈
秘 书 长 李若梅

中国电工技术学会

China Electrotechnical Society（CES）

地　　址　北京市西城区三里河路 46 号
邮政编码　100823
电子信箱　esintl@public.bta.net.cn
主页网址　http://www.ces.org.cn
电　　话　010-68595357
传　　真　010-68511242
理 事 长　孙昌基
副理事长　王建华　朱元巢　杨庆新　杨　清　肖立业　沈小宇　陆仁琪　苗立杰　郝玉成　段瑞春　唐春潮　黄迪南　裴相精　裴振江
秘 书 长　裴相精（兼）

中国水力发电工程学会

China Society for Hydropower Engineering（CSHE）

地　　址　北京市海淀区车公庄西路 22 号院 A 座 11 层
邮政编码　100041
电子信箱　b07@cast.org.cn
主页网址　http://www.hydropower.org.cn
电　　话　010- 58381747
传　　真　010- 63547632
理 事 长　张基尧
副理事长　李菊根（常务）　丁焰章　王　琳　王光谦　匡尚富　孙玉才　朱跃龙　祁达才　那希志　吴贵辉　张建云　张晓鲁　陈　飞　邱希亮　周创兵　岳　曦　范集湘　郑宝森　施洪祥　贺建华　晏志勇　高　嵩　曹广晶　程念高　樊海斌
秘 书 长　李菊根（兼）

中国水利学会

Chinese Hydraulic Engineering Society（CHEC）

地　　址　北京市西城区白广路二条 2 号
邮政编码　100053
电子信箱　ches@ches.org.cn
主页网址　http://www.ches.org.cn
电　　话　010-63204555/63204551
传　　真　010-63202154
理 事 长　敬正书
副理事长　顾　浩　匡尚富　张建云　沈凤生　曹广晶　马建华　薛松贵　王　乘　雷志栋　殷保合　晏志勇
秘 书 长　李赞堂

中国内燃机学会

Chinese Society for Internal Combustion Engines（CSICE）

地　　址　上海市军工路 2500 号
邮政编码　200438
电子信箱　zhuwj66@yahoo.cn
主页网址　http://www.csice.org.cn
电　　话　021-65745323/25079801
传　　真　021-65745323
理 事 长　张小虞
副理事长　阳树毅（常务）　马童立　孙少军　李　骏　李树生　张树勇　沈　捷　苏万华　金东寒　欧阳明高　黄　松　黄佐华
秘 书 长　阳树毅（兼）

中国工程热物理学会

Society of Engineering Thermophysics（CSET）

地　　址　北京北四环西路 11 号
邮政编码　100190
电子信箱　cset@iet.cn
主页网址　http://www.cset.org.cn
电　　话　010-82543040/82543037
传　　真　010-82543037
理 事 长　徐建中
副理事长　马重芳　朱俊强　范维澄　金红光　黄其励　黄　震　蒋洪德

秘　书　长　金红光（兼）

中国空气动力学会

Chinese Aerodynamics Research Society（CARS）

地　　　址　北京市海淀区学院路 37 号国家计算流体力学实验室
邮政编码　100191
电子信箱　carsqdxh@gmail.com
主页网址　http://www.cars.org.cn
电　　　话　010-82317341
传　　　真　010-82317341
理　事　长　邓小刚
副理事长　施岳定　任玉新　桂业伟　孙　茂　高正红　姜宗林　赵　宁　唐志共　赵　波
秘　书　长　范召林

中国制冷学会

Chinese Association of Refrigeration（CAR）

地　　　址　北京市海淀区阜成路 67 号银都大厦 10 层
邮政编码　100142
电子信箱　car@car.org.cn
主页网址　http://www.car.org.cn
电　　　话　010-68719985/68719984/68715724
传　　　真　010-68434679
理　事　长　田元兰
副理事长　孟庆国　吴剑峰　陈学东　肖大海　王祥雨　徐　伟　刘　挺　穆传江　李增群　黄　辉　王如竹　李先庭
秘　书　长　金嘉玮（兼）

中国真空学会

Chinese Vacuum Society（CVS）

地　　　址　北京市朝阳区建国路 93 号万达广场 9 号楼 6 层 612 室
邮政编码　100022
电子信箱　cvs@chinesevacuum.com
主页网址　http:// www.Chinesevacuum.com
电　　　话　010-58208908/58208985
传　　　真　010-58207735
理　事　长　侯建国
副理事长　许宁生　潘　峰　高鸿钧　陶　梦　苏　原　邱家稳　雷震霖　巴德纯　王西龙　于天化
秘　书　长　陈　旭

中国自动化学会

Chinese Association of Automation（CAA）

地　　　址　北京市海淀区中关村东路 95 号
邮政编码　100190
电子信箱　caa@ia.ac.cn
主页网址　http://www.caa.org.cn
电　　　话　010-62544415
传　　　真　010-62522248
理　事　长　戴汝为　孙优贤
副理事长　郑南宁　王天然　吴宏鑫　席裕庚　郭　雷　周　康　王常力　王飞跃
秘　书　长　王飞跃（兼）

中国仪器仪表学会

China Instrument & Control Society（CIS）

地　　　址　北京市海淀区知春路 6 号锦秋国际大厦 A 座 23 层
邮　　　编　100088
电子信箱　info@cis.org.cn
主页网址　http://www.cis.org.cn
电　　　话　010-82800755
传　　　真　010-82800879
名誉理事长　王大珩　包叙定　金国藩
名誉副理事长　毋国光　陆廷杰　孙优贤　龚惠兴　王雨生　周兆英　张开逊
理　事　长　庄松林

副理事长 张钟华 薛一平 向晓波 褚 健
胡小唐 王 岩 范幼林 尤 政
吴幼华
秘书长 吴幼华（兼）

中国计量测试学会
Chinese Society for Measurement（CSM）

地址 北京市朝阳区育慧南路3号
邮政编码 100029
电子信箱 wangsa6@126.com
主页网址 http://www.china-csm.org
电话 010-84639822
传真 010-84639822
理事长 王秦平
副理事长 丁雪梅 于化东 王顺安 刘新民
张广军 张玉宽 张钟华 林建忠
胡小唐 曹英杰 谭和平 杜小平
秘书长 王顺安（兼）

中国标准化协会
China Association for Standardization（CAS）

地址 北京市海淀区增光路33号中国标协写字楼
邮政编码 100048
电子信箱 cas@china-cas.org
主页网址 http://www.china-cas.org
电话 010-68482988
传真 010-68486228
名誉理事长 袁宝华 李忠海
理事长 纪正昆
副理事长 孙晓康 从大鸣 王忠敏 张健全
杜一力 周 平 朱 恺 喻子达
李为民 吴江徽 陈建明 马林聪
高建忠
秘书长 高建忠（兼）

中国图学学会
China Graphics Society（CGS）

地址 北京市海淀区知春路1号学院国际大厦1006室
邮政编码 100191
电子信箱 cgs@cgn.net.cn
主页网址 http://www.cgn.net.cn
电话 010-62165983
传真 010-62165987
理事长 孙家广
副理事长 李 华 谭建荣 魏小鹏
秘书长 李 华（兼）

中国电子学会
Chinese Institute of Electronics（CIE）

地址 北京海淀区玉渊潭南路普惠南里13号楼
邮政编码 100036
电话 010-68277281
传真 010-68233917
电子信箱 xuxiaolan@cie-info.org.cn
主页网址 http://www.cie-info.org.cn
理事长 娄勤俭
副理事长 刘汝林 郇贺铨 李 未 芮晓武
邱 勇 周子学 熊群力
秘书长 徐晓兰

中国计算机学会
China Computer Federation（CCF）

地址 北京市海淀区中关村科学院南路6号
邮政编码 100190
电子邮箱 ccf@ccf.org.cn
主页网址 http://www.ccf.org.cn
电话 010-62562503
传真 010-62527485
理事长 郑纬民
副理事长 陈左宁 吕 建 王恩东
秘书长 杜子德

中国通信学会

China Institute of Communications（CIC）

地　　址　北京市西长安街13号
邮政编码　100804
电子邮箱　webmaster@china-cic.org
主页网址　http://www.china-cic.org.cn/
电　　话　010-66051385/66051266
传　　真　010-66069587
理 事 长　尚　冰
副理事长　方滨兴　王效杰　邬贺铨　张钧安
　　　　　张继平　张新生　李正茂　杨　震
　　　　　谈振辉　黄国勇　魏茂洪
秘 书 长　张新生（兼）

中国中文信息学会

Chinese Information Processing Society of China（CIPSC）

地　　址　北京市海淀区中关村南四街4号中科院软件园7号楼201房间
邮政编码　100190
电子信箱　cips@iscas.ac.cn
主页网址　http://www.cipsc.org.cn
电　　话　010-62562916
传　　真　010-62562916
理 事 长　李　生
副理事长　黄河燕　刘庆峰　刘迎建　施水才
　　　　　孙　乐　孙茂松　吾守尔　斯拉木
　　　　　徐　波　张桂平
秘 书 长　孙　乐

中国测绘地理信息学会

Chinese Society for Geodesy Photogrammetry and Cartography（CSGPC）

地　　址　北京市海淀区紫竹院百胜村1号
邮政编码　100048
电子信箱　csgpc@sina.com
主页网址　http://www.csgpc.org/
电　　话　010-88586458/88586472
传　　真　010-88585404
理 事 长　李维森
副理事长　孙　刚　李德仁　陈俊勇　赵晓明
　　　　　陈　军　张卫强　孙和平　申慧群
　　　　　吴劲风　张继贤　张文若　邹熹光
　　　　　李寿兵　刘耀林　彭震中
秘 书 长　彭震中（兼）

中国造船工程学会

The Chinese Society of Naval Architects and Marine Engineers（CSNAME）

地　　址　北京市西城区月坛北街五号
邮政编码　100861
电子信箱　msc@csname.org.cn
主页网址　http://www.csname.org.cn
电　　话　010-59517926
传　　真　010-59517928
理 事 长　黄平涛
副理事长　李国安　金才宽　张相木　李科浚
　　　　　李长江　李建红　林建清　周守为
　　　　　刘海胜　何生厚　苏　明　刘志刚
　　　　　方书甲　刘郑国　吴永杰
秘 书 长　罗季燕

中国航海学会

China Institute of Navigation（CIN）

地　　址　北京市东城区和平里东街10号院1-401
邮　　编　100013
电子邮箱　cinnet@163.com
主页网址　http://www.cinnet.cn
电　　话　010-65299798
传　　真　010-65299796
理 事 长　徐祖远
副理事长　刘功臣（常务）　王祖温　刘锡汉
　　　　　孙立成　宋家慧　宋德星　张宏声
　　　　　张　良　李汉军　李绍德　李铁桥
　　　　　苏新刚　陈爱平　於世成　赵兴武
秘 书 长　赵东野

中国铁道学会

China Railway Society（CRS）

地　　　址　北京市海淀区复兴路10号
邮政编码　100844
电子信箱　crstdxh@sohu.com
主页网址　http://www.crs.org.cn
电　　　话　010-51842891
传　　　真　010-51848021
理　事　长　孙永福
副理事长　徐啸明　余邦利　何华武　杨建兴
　　　　　康维韬　吕长清　耿志修　瞿建明
　　　　　赵占平
秘　书　长　瞿建明（兼）

中国公路学会

China highway and transportation Society（CHTS）

地　　　址　北京市朝阳区和平街11区37号楼2层
邮政编码　100013
电子信箱　glxh@chinahighway.com
主页网址　http://www. chts.chinahighway.com
电　　　话　010-64951487
传　　　真　010-64951487
理　事　长　胡希捷
副理事长　周海涛　周纪昌　周　伟　李作敏
　　　　　李兴华　王　玉　刘家镇　马　建
　　　　　董学博
秘　书　长　刘文杰

中国航空学会

Chinese Society of Aeronautics and Astronautics（CSAA）

地　　　址　北京市朝阳区安外北苑2号院
邮政编码　100012
电子信箱　office@csaa.org.cn
主页网址　http://www.csaa.org.cn
电　　　话　010-84924375
传　　　真　010-84923942
理　事　长　刘高倬
副理事长　左群声　朱　荻　张彦仲　张新国
　　　　　怀进鹏　李春宏　杨国庆　罗荣怀
　　　　　姜澄宇　胡海岩　魏　钢
秘　书　长　吴　松

中国宇航学会

Chinese Society of Astronautics（CSA）

地　　　址　北京市海淀区阜成路8号院内
邮政编码　100048
电子信箱　csa@spacechina.com
主页网址　http://www.csaspace.org.cn
电　　　话　010- 68767281
传　　　真　010- 68768617
理　事　长　马兴瑞
副理事长　王兆耀　王树国　阴和俊　李　跃
　　　　　怀进鹏　杨长风　杨俊华　吴燕生
　　　　　胡海岩　姜澄宇　袁　洁　袁家军
　　　　　高红卫　曹建国　曹健林　谢良贵
　　　　　雷凡培
秘　书　长　杨俊华（兼）

中国兵工学会

China Ordnance Society

地　　　址　北京市海淀区车道沟10号院2431信箱
邮政编码　100089
电子信箱　suggest@cos.org.cn
主页网址　http://www.cos.org.cn
电　　　话　010- 68962717/68962962
传　　　真　010-68962962
理　事　长　马之庚
副理事长　才鸿年　胡海岩　王晓锋　姜会林
　　　　　张文栋　焦开河　龚艳德　聂晓夫
　　　　　贾锁堂　杨　卓　邓少生
秘　书　长　邓少生（兼）

中国金属学会
The Chinese Society for Metals（CSM）

地　　　址　北京市东城区东四西大街46号
邮政编码　100711
电子信箱　csmoffice@csm.org.cn
主页网址　http:// www.csm.org.cn
电　　　话　010-65133322-1612/3612
010-65270210
传　　　真　010-65124122
名誉理事长　蒲海清　殷瑞钰　翁宇庆
理　事　长　徐匡迪
副理事长　王天义（常务）　徐乐江　张晓刚
邓崎琳　王青海　才　让　杨　锐
徐金梧　丁烈云　王义芳　沈文荣
刘　玠　干　勇　赵　沛
秘　书　长　赵　沛

中国有色金属学会
The Nonferrous Metals Society of China（NFsoc）

地　　　址　北京市复兴路乙12号
邮政编码　100814
电子信箱　nfsoc@163.com
主页网址　http://www.nfsoc.org.cn
电　　　话　010-63971451
传　　　真　010-63965399
理　事　长　康　义
副理事长　李静海　屠海令　熊维平　周中枢
余德辉　罗　涛　杨志强　李贻煌
何季麟　孙兆学　周　荣　张洪国
秘　书　长　张洪国（兼）

中国稀土学会
The Chinese Society of Rare Earths（CSRE）

地　　　址　北京市海淀区学院南路76号
邮政编码　100081
电子信箱　csre@cs-re.org.cn
主页网址　http://www.cs-re.org.cn
电　　　话　010-62182748/62173497
传　　　真　010-62173501
理　事　长　干　勇
副理事长　屠海令　张洪杰　丁海燕　张少明
任　福　李春龙　杨文浩　李　波
杨占峰　黄　康　魏　娜　龚　斌
秘　书　长　林东鲁

中国腐蚀与防护学会
Chinese society for Corrosion and Protection（CSCP）

地　　　址　北京市海淀区学院路30号
邮政编码　100083
电子信箱　mail@cscp.org.cn
主页网址　http://www.cscp.org.cn
电　　　话　010-62320080
传　　　真　010-82372305
理　事　长　陈光章
副理事长　田志凌　乔利杰　刘坐镇　齐慧滨
陆　峰　林昌建　顾卡丽　郭兴蓬
韩恩厚
秘　书　长　李晓刚

中国化工学会
The Chemical Industry and Engineering Society of China（CIESC）

地　　　址　北京市安外小关街53号
邮政编码　100029
电子信箱　yyangyh@ciesc.cn
主页网址　http://www.ciesc.cn
电　　　话　010-64441885
传　　　真　010-64411194
理　事　长　李勇武
副理事长　李新华（常务）　戴厚良（常务）
李静海（常务）　杨元一（专职）
曲景平　刘良炎　李　彬　吴秀章

张　勇　张积耀　范小森　周伟斌
郑长波　钱旭红　徐大刚　谭天伟
秘　书　长　杨元一（兼）

中国核学会
Chinese Nuclear Society（CNS）

地　　址　北京市2125信箱
邮政编码　100822
电子信箱　cns@ns.org.cn
主页网址　http://www.ns.org.cn
电　　话　010-68555584/68555559
传　　真　010-68527188
理　事　长　李冠兴
副理事长　丁中智　孙汉虹　雷增光　邱爱慈
贺　禹　康克军　彭先觉　穆占英
秘　书　长　王德林

中国石油学会
Chinese Petroleum Society（CPS）

地　　址　北京市西城区六铺炕街6号
邮政编码　100724
电子信箱　kj1969vip@sina.com　syxhqn@126.com
主页网址　http://www.cps.org.cn/
电　　话　010-62067135/62094082
传　　真　010-62067135/62014787
理　事　长　曾玉康
副理事长　孙龙德　王道富　周扶生　王志纲
曹湘洪　周守为　朱伟林　李静海
彭齐鸣　柴育诚
秘　书　长　方朝亮

中国煤炭学会
China Coal Society（CCS）

地　　址　北京市朝阳区青年沟路5号
邮政编码　100013
电子信箱　b38tj@cast.org.cn
主页网址　http://www.ccszs.org.cn
电　　话　010-84262776/84262778
传　　真　010-84262778
理　事　长　濮洪九
副理事长　王　信　王金华　田　会　孙茂远
张玉卓　张铁岗　袁　亮　姜智敏
谢和平　葛世荣
秘　书　长　刘　峰

中国可再生能源学会
Chinese Renewable Energy Society
（CRES）

地　　址　北京市海淀区中关村北二条6号
邮政编码　100190
电子邮箱　cres@mail.iee.ac.cn
主页网址　http:// www.cres.org.cn/
电　　话　010-82547225
传　　真　010-82547220
理　事　长　石定环
副理事长　李宝山　孔　力　毛宗强　仲继寿
朱俊生　许洪华　吴创之　李俊峰
孟宪淦　武　钢　施正荣　赵玉文
柳　地　黄　鸣　江　连　喜文华
韩建功
秘　书　长　李宝山（兼）

中国能源研究会
China Energy Research Society（CERS）

地　　址　北京市西城区三里河路54号
邮政编码　100045
电子信箱　cers@mx.cei.gov.cn
主页网址　http://www.cers.org.cn
电　　话　010-56034651/52/53
传　　真　010-68513097
理　事　长　柴松岳
副理事长　王显政　冯　飞　何建坤　张玉卓
李静海　周大地　周小谦　郑　虎
郑健超　赵立欣　徐锭明　曹湘洪
翟若愚　毕亚雄
秘　书　长　周大地（兼）

中国硅酸盐学会

The Chinese Ceramic Society

（CCS）

地　　址　北京市海淀区三里河路 11 号
邮政编码　100831
电子信箱　cersoc@public3.bta.net.cn
主页网址　http://www.ceramsoc.com
电　　话　010–57811248
传　　真　010–57811249
理 事 长　徐永樑
副理事长　张联盟　李建保　李新华　陈立泉　周　玉　罗宏杰　南策文　姚　燕　徐德龙　晋占平　彭　寿
秘 书 长　晋占平（兼）

中国建筑学会

Architectural Society of China（ASC）

地　　址　北京市海淀区三里河路 9 号
邮政编码　100835
电子信箱　zgjzxhzhb@126.com
主页网址　http://www.chinaasc.org
电　　话　010–88082227
传　　真　010–88082223
理 事 长　车书剑
副理事长　丁　建　朱小地　朱文一　李建飞　张　桦　杨焕彩　官　庆　欧进萍　周　岚　周　畅　林坚飞　修　龙　徐宗威　程志毅　王　俊　刘　军
秘 书 长　徐宗威（兼）

中国土木工程学会

China Civil Engineering Socety

（CCES）

地　　址　北京市海淀区三里河路 9 号建设部内
邮政编码　100835
电子信箱　ccesZhb@163.com
主页网址　http://www.cces.net.cn
电　　话　010– 68311313
传　　真　010–58933953
理 事 长　郭允冲
副理事长　卢春房　冯正霖　杨忠诚　袁　驷　李永盛　易　军　李长进　孟凤朝　刘起涛　王　俊
秘 书 长　张　雁

中国生物工程学会

Chinese Society of Biotechnology

（CSBT）

地　　址　北京市朝阳区北辰西路 1 号院 3 号中科院微生物所 B 座 411 室
邮政编码　100101
电子信箱　csbt@im.ac.cn
主页网址　http://www.biotechchina.org
电　　话　010–64807678
传　　真　010–64807678
理 事 长　欧阳平凯
副理事长　高　福　陈惠鹏　金　城　林　敏　刘双江　马树恒　马延和　麦康森　应汉杰　赵贵英　张宏翔　朱　祯
秘 书 长　马树恒（兼）

中国纺织工程学会

China Textile Engineering Society

（CTES）

地　　址　北京市朝阳区延静里中街 3 号
邮政编码　100025
电子信箱　ctes@public.bta.net.cn
主页网址　http://www.ctes.com.cn
电　　话　010–65016537
传　　真　010–65016538
理 事 长　孙瑞哲
副理事长　王竹林　王启明　刘元凤　朱　勇　伏广伟　李金宝　肖长发　陈建勇　周华堂　赵　强　俞建勇　徐卫林　潘跃进　潘雪平
秘 书 长　龚进礼

中国造纸学会

China Technical Association
of the Paper Industry
（CTAPI）

地　　　址　北京市朝阳区望京启阳路4号院1号楼（中轻大厦B座）10层
邮 政 编 码　100102
电 子 信 箱　qxd@ctapi.org.cn
主 页 网 址　http:// www.ctapi.org.cn
电　　　话　010-64778756
传　　　真　010-64778757
理 事 长　陈学忠
副 理 事 长　曹朴芳　邝仕均　陈鄂生　孙树建
　　　　　　刘焕彬　张金声　庄义汉　吴佳林
　　　　　　李建华
秘 书 长　曹振雷

中国文物保护技术协会

China Association for Preservation
Technology of Cultural Relics
（CACTCH）

地　　　址　北京市东城区景山前街4号故宫博物院内
邮 政 编 码　100009
电 子 信 箱　zgwwbhjsxh@gmail.com
电　　　话　010-85007412
传　　　真　010-85007412
理 事 长　李化元
副 理 事 长　付清远　潘　路　马清林　龚　良
　　　　　　王旭东　王立平　王时伟
秘 书 长　王时伟（兼）

中国印刷技术协会

The Printing Technology Association of
China（PTAC）

地　　　址　北京市西城区太平街6号富力摩根中心E座818室
邮 政 编 码　100050
电 子 信 箱　ptac_zhx@163.com
主 页 网 址　http://www.chinaprint.org
电　　　话　010-59361480
传　　　真　010-59361489
理 事 长　于永湛
副 理 事 长　万　捷　王岩镔　文宏武　印德明
　　　　　　冯广源　曲德森　任玉成　刘学智
　　　　　　刘晓昆　肖建国　张双儒　张良晓
　　　　　　陈　均　陈向东　郝振省　俞志康
　　　　　　郭　全　滕方迁
秘 书 长　曲德森（兼）

中国材料研究学会

Chinese Materials Research Society
（C-MRS）

地　　　址　北京市海淀区紫竹院路62号赛迪大厦4101室
邮 政 编 码　100048
电 子 信 箱　c-mrs@163.com
主 页 网 址　http://www.c-mrs.org.cn
电　　　话　010-68710443
传　　　真　010-68722033
理 事 长　黄伯云
副 理 事 长　高瑞平　韩高荣　韩雅芳　李光宪
　　　　　　李元元　罗宏杰　邱　勇　屠海令
　　　　　　魏炳波　谢建新　徐　坚　杨　锐
　　　　　　姚　燕　周少雄　周　玉
秘 书 长　韩雅芳（兼）

中国食品科学技术学会

Chinese Institute of Food Science
and Technology
（CIFST）

地　　　址　北京海淀区阜成路北三街6号轻苑大厦三层
邮 政 编 码　100048
电 子 信 箱　cifst@126.com
主 页 网 址　http://www.cifst.org.cn

电　　话　010-65265375
传　　真　010-65264731
理 事 长　孟素荷
副理事长　陈　坚　潘迎捷　曹小红　李　琳
　　　　　罗云波　胡小松　饶平凡　贾志忍
　　　　　王延才　蔡木易　刘秀梅　蔡永峰
　　　　　孙宝国　周光宏
秘 书 长　邵　薇

中国粮油学会

Chinese Cereals and Oils Association
（CCOA）

地　　址　北京市西城区百万庄大街 11 号粮科大厦
邮政编码　100037
电子信箱　Cathy913@sina.com
主页网址　http:// www.ccoaonline.com
电　　话　010-68357522
传　　真　010-68357522
理 事 长　朱长国
副理事长　王瑞元　刘新江　尚强民　杜　政
　　　　　栗　明　王常俊　胡新民　金征宇
　　　　　吴子丹　王录民　曾其林　胡承淼
　　　　　于小冬
秘 书 长　胡承淼（兼）

中国职业安全健康协会

China Occupational Safety and Health Association
（COSHA）

地　　址　北京市东城区和平里北街 21 号
邮政编码　100713
电子信箱　cosha@cosha.org.cn
主页网址　http://www.cosha.org.cn/
电　　话　010-64463609
传　　真　010-64463609
理 事 长　张宝明
副理事长　冯长根　鲍培德　纪明波　闪淳昌
　　　　　刘根元　周国泰　吴宗之　丁　辉
秘 书 长　肖克源

中国烟草学会

China Tobacco Society（CTS）

地　　址　北京市西城区月坛南街 55 号
邮政编码　100045
电子信箱　liuxinhua@tobacco.gov.cn
电　　话　010-63605021
传　　真　010-63605760
理 事 长　张　辉
副理事长　潘家华　金忠理　董国智　杨　俊
　　　　　刘建福　王元英　刘国顺
秘 书 长　董国智（兼）

中国系统仿真学会

Chinese Association for System Simulation（CASS）

地　　址　北京市海淀区学院路 37 号
邮政编码　100191
电子信箱　cassimul@vip.sina.com
主页网址　http://cass-sim.buaa.edu.cn
电　　话　010-82310612
传　　真　010-82317098
理 事 长　赵沁平
副理事长　费敏锐　胡晓峰　康凤举　刘　金
　　　　　刘藻珍　潘旭东　邱晓刚　肖田元
　　　　　杨　明　张　霖　赵　民
秘 书 长　吴云洁

中国电影电视技术学会

China Society of Motion Picture and Television Enginnees（CSMPTE）

地　　址　北京市海淀区西三环中路莲花小区华宝大厦 1619 室
邮政编码　100036
电子信箱　csmpte@sina.com
主页网址　http://www.csmpte.com
电　　话　010-63983646
传　　真　010-63958027

理 事 长 何宗就

副 理 事 长 丁文华 宋宜纯 田 方 王文堂 张建平 汪建强 陈 飞 王鸿海 谢锦辉 高少君 林长海 高福安 姚 威 吴会森 姚 平 周茂年 李金荣 周 迈

秘 书 长 黄平刚

中国振动工程学会

Chinese Society for Vibration Engineering（CSVE）

地 址 江苏省南京市御道街 29 号

邮 政 编 码 210016

电 子 信 箱 csve@nuaa.edu.cn

主 页 网 址 http://www.csve.net.cn

电 话 025-84892135

传 真 025-84892135

名誉理事长 黄文虎 闻邦椿 刘人怀

理 事 长 欧进萍

副 理 事 长 陈国平 何正嘉 孟 光 苏义脑 王永亮 邢誉峰 杨绍普

秘 书 长 陈国平（兼）

中国颗粒学会

Chinese Society of Particuology（CSP）

地 址 北京市中关村北二条 1 号中科院过程大厦 1003 室

邮 政 编 码 100190

电 子 信 箱 klxh@home.ipe.ac.cn

主 页 网 址 http://www.csp.org.cn

电 话 010-62647657/47

传 真 010-82629146

理 事 长 李静海 陈运法

副 理 事 长 李洪钟 徐德龙 陈建峰 马光辉 宋延林 魏 飞 张福根 张仁健 张 忠 郑水林

秘 书 长 马光辉（兼）

中国照明学会

China Illuminating Engineering Society（CIES）

地 址 北京市朝阳区大北窑厂坡村甲 3 号南楼二层

邮 政 编 码 100022

电 子 信 箱 zgzmxh@yahoo.com.cn

主 页 网 址 http://www.lightingchina.com.cn

电 话 010-65815905/65836525

传 真 010-65812194

理 事 长 徐 淮

副 理 事 长 王立雄 刘世平 刘醒明 华树明 李志君 汪 猛 官 勇 赵建平 郝洛西 姚梦明 徐 华 梁 毅 梁荣庆 崔一平

秘 书 长 窦林平

中国动力工程学会

Chinese Society of Power Engineering（CSPE）

地 址 上海市闵行剑川路 1115 号

邮 政 编 码 200240

电 子 信 箱 cspe@speri.com.cn

主 页 网 址 http://www.cpeweb.com.cn

电 话 021-54705106

传 真 021-54705106

理 事 长 蒋以任

副 理 事 长 刘吉臻 严宏强 张丽英 朱元巢 倪明江 商中福 黄 瓯 舒世安 蒋洪德

秘 书 长 严宏强（兼）

中国惯性技术学会

Chinese Society of Inertial Technology（CSIT）

地 址 北京市海淀区阜成路 8 号

邮 政 编 码 100830

电子信箱 Postmaster70341@sina.com
主页网址 http://www.csit.org.cn
电话 010-68370341/68386627
传真 010-68370341/68386627
理事长 包为民
副理事长 谢良贵 任德民 夏 刚 郑 辛 刘 飞 付梦印 宋科璞 万彦辉
秘书长 王 岩

中国风景园林学会

Chinese Society of Landscape Architecture
（CHSLA）

地址 北京市三里河路9号
邮政编码 100835
电子信箱 chsla@vip.sina.com
主页网址 http://www.chsla.org.cn
电话 010-58933918/88082568
传真 010-58933918
理事长 陈晓丽
副理事长 马连勇 王天锡 王向荣 刘秀晨 任春秀 杨洪波 陈 敏 董瑞龙 郑西平
秘书长 刘秀晨（兼）

中国电源学会

China Power Supply Society
（CPSS）

地址 天津市咸阳路60号
邮政编码 300111
电子信箱 cpss@cpss.org.cn
主页网址 http://www.cpss.org.cn
电话 022-27634742/27680796
传真 022-27687886
理事长 王兆安
副理事长 阮新波 周雒维 倪本来 徐殿国 章进法 康 勇 韩家新
秘书长 韩家新（兼）

中国复合材料学会

Chinese Society for Composite Materials
（CSCM）

地址 北京市海淀区学院路37号
邮政编码 100191
电子信箱 fhclxh@buaa.edu.cn
主页网址 http://cscm.buaa.edu.cn
电话 010-82317092/82338581
传真 010-82317092
理事长 杜善义
副理事长 成来飞 方岱宁 孙晋良 徐 坚 陈祥宝 徐惠彬 韩克岑 朱建勋 杨 旭 刘连元
秘书长 张博明

中国消防协会

China Fire Protection Association
（CFPA）

地址 北京市朝阳区华威西里甲19号
邮政编码 100021
电子信箱 hdhxiaofang@yahoo.com.cn
主页网址 http:// www.cfpa.cn
电话 010-87789256/87792378
传真 010-87789252
会长 孙 伦
副会长 王铁民（常务） 李向华 李世雄 郑玉海 范维澄 冯凯文
秘书长 高 伟

中国图象图形学学会

China Society of Image & Graphics
（CSIG）

地址 北京市海淀区中关村东路95号
邮政编码 100190
电子信箱 W9215@126.com
主页网址 http://www.csig.org.cn

电　　　话　010-82614486
传　　　真　010-82614486
名誉理事长　潘云鹤
理　事　长　徐冠华
副理事长　吴一戎　余　轮　陈武凡　庄越挺
周明全　丁国辉　杨红雨　潘志庚
秘　书　长　刘凯龙

中国人工智能学会

Chinese Association for Artificial Intelligence
（CAAI）

地　　　址　北京市海淀区西土城路10号北京邮电大学院内
邮政编码　100876
电子信箱　caai@bupt.edu.cn
主页网址　http://www.caai.cn
电　　　话　010-62281360
传　　　真　010-62282983
理　事　长　李德毅
副理事长　何新贵　赵沁平　杨放春　谭铁牛
李祖枢　韩力群　任福继　焦李成
黄河燕　马少平
秘　书　长　王万森

中国体视学学会

Chinese Society for Stereology
（CSS）

地　　　址　清华大学工物系刘卿楼211室
邮政编码　100084
电子信箱　tscss@mail.tsinghua.edu.cn
主页网址　http://www.tscss.org/
电　　　话　010-62776336
传　　　真　010-62784659
理　事　长　康克军
副理事长　刘国权　赵忠明　唐　勇　申　洪
秘　书　长　王　忠

中国工程机械学会

China Construction Machinery Society（CCMS）

地　　　址　上海市四平路1239号同济大学机械学院机械南馆303-305室
邮政编码　200092
电子信箱　zxz@tongji.edu.cn
主页网址　http://ccms.tongji.edu.cn
电　　　话　021-65985015
传　　　真　021-65985015
理　事　长　郑惠强
副理事长　冯培恩　葛世荣　陶德馨　王安麟
马世宁　赵丁选　龙国键　焦生杰
高顺德　易小刚　陈　玲　何清华
李锁云
秘　书　长　刘　钊

中国农学会

China Association of Agricultural Science Societies（CAASS）

地　　　址　北京市朝阳区麦子店街22号楼
邮政编码　100125
电子信箱　59194203@163.com
主页网址　http://www.caass.org.cn
电　　　话　010-59194203/59194204
传　　　真　010-59194204
会　　　长　张桃林
副　会　长　邓秀新　旭日干　刘　旭　孙其信
李　宁　吴孔明　张亚平　周光宏
赵方田　柯炳生　唐启升　唐　珂
喻树迅　曾一春
秘　书　长　赵方田（兼）

中国林学会

Chinese Society of Forestry（CSF）

地　　　址　北京市海淀区东小府2号
邮政编码　100091
电　　　话　010-62889975/62889815

传　　　真　010-62888312
电子信箱　glp8312@126.com
主页网址　http://www.csf.org.cn
名誉理事长　曲格平　高德占
理　事　长　江泽慧
副理事长　王　涛　尹伟伦　张建龙　张守攻
　　　　　杨雍哲　舒惠国　李文华　李东升
　　　　　赵良平　张樟德
秘　书　长　赵良平（兼）

中国土壤学会

Soil Science Society of China
（SSSC）

地　　　址　江苏省南京市北京东路 71 号
邮政编码　210008
电子信箱　sssc@issas.ac.cn
主页网址　http://www.csss.org.cn
电　　　话　025-86881532
传　　　真　025-86881538
理　事　长　沈仁芳
副理事长　邓良基　吴金水　张兴昌　张旭东
　　　　　李保国　胡　锋　徐建明　徐明岗
　　　　　谢建华
秘　书　长　蒋　新

中国水产学会

China Society of Fisheries
（CSF）

地　　　址　北京市朝阳区东三环南路 96 号农丰大厦
邮政编码　100122
电子信箱　LLD1987@yahoo.cn
主页网址　http://www.csfish.org.cn
电　　　话　010- 59199605
传　　　真　010- 59199604
理　事　长　贾晓平
副理事长　赵进东　麦康森　司徒建通　张显良
　　　　　孙　松　潘迎捷　魏宝振　吴厚刚
秘　书　长　司徒建通（兼）

中国园艺学会

Chinese Society for Horticultural Science（CSHS）

地　　　址　北京市中关村南大街 12 号
邮政编码　100081
电子信箱　cshs@mail.caas.net.cn
主页网址　http://www.cshs.org.cn
电　　　话　010-82109528
传　　　真　010-82109528
理　事　长　方智远
副理事长　邓秀新　王有年　杜永臣　侯喜林
　　　　　赵梁军　包满珠　许　勇　孙小武
秘　书　长　杜永臣（兼）

中国畜牧兽医学会

Chinese Association of Animal Science and Veterinary Medicine（CAAV）

地　　　址　北京朝阳区农展馆南路 9 号博雅园 1-106
邮政编码　100125
电子信箱　c06@cast.org.cn　caav001@163.com
主页网址　http://www.caav.org.cn
电　　　话　010-85959009/85959010/85959006
传　　　真　010-85959010
理　事　长　陈焕春
副理事长　阎汉平（常务）　于康震　张仲秋
　　　　　陈伟生　才学鹏　冯忠武　孔宪刚
　　　　　时建忠　张春新　邵根伙　秦贞奎
　　　　　黄路生　李德发　汪　明　李　英
　　　　　文心田　董常生　王金洛　秦贵信
　　　　　王金宝　廖　明
秘　书　长　杨汉春

中国植物病理学会

Chinese Society for Plant Pathology
（CSPP）

地　　　址　北京市海淀区圆明园西路二号
邮政编码　100094
电子信箱　office@cspp.org.cn

主页网址　http://www.cspp.org.cn
电　　话　010-62731025
传　　真　010-62813785
理 事 长　郭泽建
副理事长　陈保善　李宝笃　王慧敏　王锡锋
　　　　　王宗华　郑小波　于嘉林　刘大群
　　　　　侯明生　周雪平
秘 书 长　韩成贵

中国植物保护学会

China Society of Plant Protection
（CSPP）

地　　址　北京市海淀区圆明园西路2号中国农业科学院植物保护研究所
邮政编码　100193
电子信箱　cspp62@163.com
主页网址　http://www.ipmchina.net/cspp
电　　话　010-62815913/62811917
传　　真　010-62815913/62811917
理 事 长　吴孔明
副理事长　万方浩　马　祁　马万杰　朱有勇
　　　　　张青文　张　立　陈剑平　周常勇
　　　　　夏敬源　顾宝根　喻大昭
秘 书 长　陈万权

中国作物学会

The Crop Science Society of China
（CSSC）

地　　址　北京市海淀区中关村南大街12号中国农业科学院作物科学研究所育种楼304
邮政编码　100081
电子信箱　cssc304@163.com
主页网址　http://www.chinacrops.org/
电　　话　010-82108616
传　　真　010-82108785
理 事 长　翟虎渠
副理事长　万建民（常务）　叶贞琴　刘　旭
　　　　　李云伏　李登海　李召虎　曹卫星
　　　　　谢华安　薛勇彪
秘 书 长　张保明

中国热带作物学会

China Society of Tropical Crops（CSTC）

地　　址　海南省海口市龙华区城西学院路4号
邮政编码　571101
电子信箱　rzxh2006@163.com
主页网址　http://www.cstcs.org.cn
电　　话　0898-66962928
传　　真　0898-66962927
理 事 长　吕飞杰
副理事长　张凤桐　龚菊芳　吴金玉　雷勇健
　　　　　郭奕秋　何天喜　王宏良　高咸周
　　　　　王文壮　刘康德　杨伟林　符月华
　　　　　郭安平
秘 书 长　吴金玉（兼）

中国蚕学会

Chinese Sociecy of Sericulture Science（CSSS）

地　　址　江苏省镇江市四摆渡中国农业科学院蚕业研究所
邮政编码　212018
电子邮箱　liuting68@163.com
主页网址　http://www.sricaas.com
电　　话　0511-85616595/85616661
传　　真　0511-85622507
理 事 长　鲁　成
副理事长　张国政（常务）　楼程富　陶文瑞
　　　　　张道文　肖更生　宋国柱　刘文安
　　　　　曾华明　祁广军　钱有清
秘 书 长　李　龙

中国水土保持学会

Chinese Society of Soil and Water Conservation（CSSWC）

地　　址　北京市海淀区清华东路35号北京林业大学东办公楼北楼303

邮政编码　100083
电子信箱　zgsbxh@263.net
主页网址　http://www.sbxh.org
电　　话　010-62338045
传　　真　010-62338045
理 事 长　刘　宁
副理事长　刘　震　王祝雄　何才文　刘国彬　朱金兆
秘 书 长　吴　斌

中国茶叶学会
China Tea Science Society（CTSS）

地　　址　浙江省杭州市梅灵南路9号
邮政编码　310008
电子信箱　chinatss@mailtricaas.com
主页网址　http://www.chinatss.cn
电　　话　0571-86650477/876653170
传　　真　0571-86653176/86775235
理 事 长　江用文
副理事长　王　云　毛祖法　刘仲华　张　定　夏　涛　黄　政　梁月荣
秘 书 长　阮建云

中国草学会
Chinese Grassland Society（CGS）

地　　址　北京市海淀区圆明园西路2号中国农业大学新动科楼0118室
邮政编码　100193
电子信箱　cgsoffice@163.com
主页网址　http://www.chinagrass.org.cn
电　　话　010-62732799/62731666
传　　真　010-62732799
理 事 长　马启智
副理事长　周　禾（常务）　马有祥　王明玫　王德利　师尚礼　朱进忠　刘永志　刘国道　李凌浩　沈益新　呼天明　侯向阳　侯扶江　高洪文　韩烈保
秘 书 长　王　堃

中国植物营养与肥料学会
Chinese Society of Plant Nutrition and Fertilizer Science（CSPNF）

地　　址　北京市中关村南大街12号
邮政编码　100081
电子信箱　ylsong@caas.net.cn
主页网址　http://www.cspnf.org.cn
电　　话　010-82109093
传　　真　010-82109093
理 事 长　金继运
副理事长　张维理　罗奇祥　陈明昌　张福锁　施卫明　高祥照　徐　茂
秘 书 长　白由路

中华医学会
Chinese Medical Association（CMA）

地　　址　北京市东城区东四西大街42号
邮政编码　100710
电子信箱　cma@cma.org.cn
主页网址　http://www.cma.org.cn
电　　话　010-85158114
传　　真　010-85158028
会　　长　陈　竺
副 会 长　刘雁飞　买买提　牙　森　刘德培　祁国明　吴明江　张雁灵　李兰娟　杨宝峰　柯　杨　贺福初　赵玉沛　郝希山　顾玉东　戴建平　魏于全
秘 书 长　刘雁飞（兼）

中华中医药学会
China Association of Chinese Medicine（CACM）

地　　址　北京市朝阳区樱花园东街甲4号
邮政编码　100029
电子信箱　cacmbgs@163.com

主页网址　http://www.cacm.org.cn
电　　话　010-64218316
传　　真　010-64297983
会　　长　王国强
副 会 长　马建中　王新陆　吕玉波　孙树椿
　　　　　严世芸　吴以岭　吴　滇　张大宁
　　　　　张伯礼　李大鹏　李俊德　李清杰
　　　　　杨明会　陈传宏　徐镜人　高思华
　　　　　曹洪欣　谢阳谷
秘 书 长　李俊德（兼）

中国中西医结合学会

Chinese Association of Integrative Medicine（CAIM）

地　　址　北京市东直门内南小街 16 号
邮政编码　100700
电子信箱　caim@caim.org.cn
主页网址　http://www.caim.org.cn
电　　话　010-64010688/64025672
传　　真　010-64010688/84035154
会　　长　陈凯先
副 会 长　陈香美（常务）　王　阶　王文健
　　　　　吕爱平　许树强　吴　刚　吴以岭
　　　　　吴伟康　张伯礼　李显筑　凌昌全
　　　　　高思华　曹洪欣　黄光英
秘 书 长　穆大伟

中国药学会

Chinese Pharmaceutical Association（CPA）

地　　址　北京市朝阳区建外大街四号建外 SOHO 九号楼 18 层
邮政编码　100022
电子信箱　cpalyi@163.com
主页网址　http://www.cpa.org.cn
电　　话　010-58699293
传　　真　010-58699293
理 事 长　桑国卫
副理事长　陈凯先　陈志南　方国恩　边振甲
　　　　　王晓良　吴晓明　李少丽　吴春福
　　　　　黄璐琦　丁丽霞
秘 书 长　丁丽霞（兼）

中华护理学会

Chinese Nursing Association（CNA）

地　　址　北京市东城区东四西大街 42 号
邮政编码　100710
电子信箱　chnu@263.net
主页网址　http://www.cna-cast.org.cn
电　　话　010-65265331
传　　真　010-65265331
理 事 长　李秀华
副理事长　刘华平（常务）　吴欣娟　姜小鹰
　　　　　孙　红　郑一宁　张洪君　成守珍
　　　　　李继平　皮红英　张利岩
秘 书 长　应　岚

中国生理学会

Chinese Association for Physiological Sciences（CAPS）

地　　址　北京市东城区东四西大街 42 号
邮政编码　100710
电子信箱　xiaoling3535@126.com
主页网址　http://www.caps - china.org
电　　话　010-65278802/85158602
传　　真　010-65278802
理 事 长　王晓民
副理事长　王　宪　王建军　李葆明　陈应城
　　　　　夏　强　谢俊霞　马　兰
秘 书 长　王　韵

中国解剖学会

Chinese Society for Anatomical Sciences（CSAS）

地　　址　北京市东单三条九号
邮政编码　100005

电子信箱 d07@cast.org.cn
主页网址 http://www.csas.org.cn
电　　话 010-65273712/65296459
传　　真 010-65273712/65296459
理 事 长 李云庆
副理事长 席焕久　顾晓松　周国民　李　和　张绍祥
秘 书 长 周长满

中国生物医学工程学会

Chinese Society of Biomedical Engineering（CSBME）

地　　址 北京市东城区东单三条5号
邮政编码 100005
电子信箱 swyxgch@126.com　yxgch@sina.com
主页网址 http://www.csbme.org
电　　话 010-65136537/65296448
传　　真 010-65265035
名誉理事长 俞梦孙
理 事 长 樊瑜波
候任理事长 曹雪涛
副理事长 李兰娟　姜宗来　顾汉卿　奚廷斐　曹谊林　陈武凡　王智彪　赵大哲
秘 书 长 李德玉

中国病理生理学会

Chinese Association of Pathophysiology（CAP）

地　　址 北京市海淀区学院路38号北京大学医学部病理生理教研室
邮政编码 100191
电子信箱 pathophy@bjmu.edu.cn
主页网址 http://www.caop.ac.cn
电　　话 010-82802403
传　　真 010-82802403
理 事 长 吴立玲
副理事长 朱广瑾　王建枝　高钰琪　陈　琪　王华东
秘 书 长 张幼怡

中国营养学会

Chinese Nutrition Society（CNS）

地　　址 北京市西城区广安门内大街6号枫桦豪景A座5单元1601、1602室
邮政编码 100053
电子信箱 cns@cnsoc.org
主页网址 http://www.cnsoc.org
电　　话 010-83554781
传　　真 010-83554780
理 事 长 程义勇
副理事长 翟凤英（常务）　郭俊生　杨月欣　苏宜香　严卫星
秘 书 长 贾健斌

中国药理学会

Chinese Pharmacological Society（CNPHARS）

地　　址 北京市西城区先农坛街1号
邮政编码 100050
电子信箱 ylxh@cnphars.org
主页网址 http://www.cnphars.org
电　　话 010-63165211
传　　真 010-63165211
理 事 长 杜冠华
副理事长 陈建国　丁　健　李学军　刘俊田　魏　伟　杨宝峰　张岫美　张永祥
秘 书 长 张永祥（兼）

中国针灸学会

China Association of Acupuncture and Moxibustion（CAAM）

地　　址 北京市东城区东直门内南小街16号
邮政编码 100700
电子信箱 d12@cast.org.cn
主页网址 http://www.caam.cn

电　　话　010-64030959/64030611
010-64014411 转 2274/3065/3063/3062
传　　真　010-64030959
理 事 长　刘保延
副理事长　方剑乔　王　华　王麟鹏　王　舒
王之虹　刘智斌　朱　兵　许能贵
吴富东　张　仁　沈志祥　陈立典
梁繁荣
秘 书 长　杨金生

中国防痨协会

Chinese Anti-Tuberculosis Association
（CATA）

地　　址　北京市东城区东四西大街 42 号 210 室
邮政编码　100710
电子信箱　zglnxyx@163.com
主页网址　http://www.cata1933.cn
电　　话　010-65257475
传　　真　010-65257475/65257409
理 事 长　王撷秀
副理事长　万利亚　刘剑君　刘志敏　许绍发
洪　峰　梅　建
秘 书 长　万利亚

中国麻风防治协会

China Leprosy Association
（CLA）

地　　址　北京市丰台区角门北路甲 8 号 1 号楼 1107 室
邮政编码　100068
电子信箱　clabj@vip.163.com
主页网址　http://www.chinalep.org
http://www.skinstd.com
电　　话　010-67522205
传　　真　010-67522206
会　　长　张国成
副 会 长　宋顺鹏　张福仁　汪　华　熊俊浩
尤卫平　杨　斌　胡守敬　徐伟民
秘 书 长　潘春枝

中国心理卫生协会

Chinese Association for Mental Health
（CAMH）

地　　址　北京市西城区德外安康胡同 5 号
邮政编码　100088
电子信箱　camh2006@sina.com
主页网址　http://www.camh.org.cn
电　　话　010-58303238/58303239/58303248
传　　真　010-82029354
理 事 长　马　辛
副理事长　王　刚　王向群　赵国秋　张建新
张金钟　武国城　谢　斌　杨甫德
秘 书 长　王　刚（兼）

中国抗癌协会

Chinese Anti-Cancer Association
（CACA）

地　　址　天津市新技术产业园区兰苑路 5 号 A 座 10 楼
邮政编码　300384
电子信箱　bgs@caca.sina.net
主页网址　http://www.caca.org.cn
电　　话　022-23359958
传　　真　022-23526512
理 事 长　郝希山
副理事长　樊代明　曾益新　唐步坚　蒋国梁
高国兰　詹启敏　于金明　张岂凡
季加孚
秘 书 长　王　瑛

中国体育科学学会

China Sport Science Society
（CSSS）

地　　址　北京市东城区体育馆路 11 号
邮政编码　100061
电子信箱　csssbgs@126.com
主页网址　http://www.csss.cn
电　　话　010-87182594/87182593

传　　　真　010- 87182586
理　　事　长　段世杰
副 理 事 长　田　野　王　清　祝　莉　张　剑
蒋志学　杨贵仁　李国平　吴侪天
杨　桦　赵　黎　敖英芳　高　岱
李　强　李晓西
秘　书　长　田　野（兼）

中国毒理学会

Chinese Society of Toxicology
（CST）

地　　　址　北京市海淀区太平路 27 号
邮 政 编 码　100850
电 子 信 箱　chntox@yahoo.com.cn
主 页 网 址　http://www.chntox.org
电　　　话　010–66932387
传　　　真　010–68183899
理　　事　长　庄志雄
副 理 事 长　付立杰　江桂斌　廖明阳　王　捷
王心如　郑玉新　周平坤
秘　书　长　周平坤（兼）

中国康复医学会

Chinese Association of Rehabilitation Medicine（CARM）

地　　　址　北京市朝阳区樱花园东街 2 号
邮 政 编 码　100029
电 子 信 箱　carm510@126.com
主 页 网 址　http://www.carm.org.cn
电　　　话　010–84205450/64222985
传　　　真　010–64222985
理　　事　长　马晓伟
副 理 事 长　许树强（常务）　励建安　邓开叔
王茂斌　侯树勋　李建军
秘　书　长　励建安（兼）

中国免疫学会

Chinese Society for Immunology（CSI）

地　　　址　北京市东城区东单三条 5 号
邮 政 编 码　100005
电 子 信 箱　65296451@163.com
主 页 网 址　http://www.csi–cams.org.cn
电　　　话　010–65296451/85113258
传　　　真　010–65296451
理　　事　长　曹雪涛
副 理 事 长　沈倍奋　马大龙　龚非力　田志刚
何　维
秘　书　长　何　维

中华预防医学会

Chinese Preventive Medicine
Association
（CPMA）

地　　　址　北京市西城区鼓楼西大街 154 号
邮 政 编 码　100009
电 子 信 箱　cpma_zhxt@126.com
主 页 网 址　http://www.cpma.org.cn
电　　　话　010–84039879
传　　　真　010–84039873
会　　　长　王陇德
副　会　长　王　宇　王贺祥　王撷秀　庄　辉
李德雪　姜庆五　蔡纪明　阚学贵
秘　书　长　蔡纪明（兼）

中国法医学会

Chinese Forensic Medicine
Association
（CFMA）

地　　　址　北京市西城区木樨地南里 17 号
邮 政 编 码　100038
电 子 信 箱　fyxh6626@sina.com
主 页 网 址　http://www.fyxh.org
电　　　话　010–63495531
传　　　真　010–63495531
理　　事　长　刘　耀
副 理 事 长　王　羽　王雪梅　丛　斌　石鹏建
吴少军　胡占山　翟恒利
秘　书　长　翟恒利（兼）

中华口腔医学会

Chinese Stomatological Association
（CSA）

地　址　北京市海淀区中关村南大街甲18号北京国际大厦C座四层
邮政编码　100081
电子信箱　csa@cndent.com
主页网址　http://www.cndent.com/
电　话　010-62116665
传　真　010-62110880
会　长　王　兴
副会长　边　专　刘洪臣　孙　正　张　斌
张志愿　周　诺　周学东　赵铱民
俞光岩　徐　韬　黄洪章　章锦才
路振富
秘书长　王　渤

中国医学救援协会

China Association for Disaster
& Emergency Rescue Medicine
（CADERM）

地　址　北京市海淀区永定路69号武警总医院行政楼6层613室
邮政编码　100039
电子信箱　caderm@163.com
主页网址　http://www.caderm.org
电　话　010-57976109
传　真　010-57976104
理事长　马晓伟
副理事长　李宗浩　王发强　马胜荣　郑静晨
许树强　韦　波　王明晓　张　愈
夏祖昌
秘书长　李宗浩（兼）

中国女医师协会

China Medical Women's Association（CMWA）

地　址　北京市西城区新华里16号院9号楼2单元102号
邮政编码　100044
电子信箱　nysh120@126.com
主页网址　http://www.cmwa.org.cn/
电　话　010-88129685
会　长　何界生
副会长　丁　洁　于　冬　王香平　王捍峰
孙　斌　朱凤珍　朴顺子　李一石
李紫阳　杜克琳　尚　红　陈晓枫
杨蓉娅　周绍明　郭明华　魏丽惠
秘书长　于　冬（兼）

中国自然辩证法研究会

The Chinese Society for Dialetics of Nature，Philosophy of Nature，Science and Technology
（CSDN，PNST）

地　址　北京市西城区三里河路54号
邮政编码　100045
电子信箱　zrbzhf@vip.sina.com
主页网址　http://www.chinasdn.org.cn
电　话　010-62149306
传　真　010-68598476
理事长　吴启迪
副理事长　瞿振元　王基铭　邓　勇　冯　俊
张彦英　郭贵春　刘大椿　颜泽贤
张体勤　陈　凡　吴　彤　张大庆
刘孝廷　尚智丛
秘书长　尚智丛（兼）

中国管理现代化研究会

Chinese Society for Management Modernization（CSMM）

地　址　北京市海淀区中关村东路80号青年公寓7号楼
邮政编码　100190
电子邮箱　csmm2011@163.com
主页网址　http:// www.csmm.org.cn
电　话　010-82680396
传　真　010-82680396
理事长　赵纯均

副 理 事 长　石　勇　李维安　吴世农　汪寿阳
陈国青　陈晓红　张　维　张维迎
陆雄文　周子康　席酉民　赵曙明
秘　书　长　石　勇（兼）

中国技术经济学会

Chinese Society Technology Economics
（CSTE）

地　　址　北京市海淀区学院南路 86 号
邮政编码　100081
电子信箱　jishujingjixuehui@vip.163.com
主页网址　http://www.cste.org.cn
电　　话　010-62128485
传　　真　010-62128485
理　事　长　孙晓郁
副 理 事 长　罗冰生　吴贵生（常务）　蔡　莉
张宗益　王祥明　吴季松　李志军
李　平　郑　琦
秘　书　长　郑　琦（兼）

中国现场统计研究会

Chinese Association for Applied Statistics（CAAS）

地　　址　北京市朝阳区平乐园 100 号北京工业大学应用数理学院（数理楼 2417 室）
邮政编码　100124
电子信箱　e04@cast.org.cn
主页网址　http://www.caas.org.cn
电　　话　010-67392433
传　　真　010-67392433
荣誉理事长　张里千　林少宫
理　事　长　耿　直
副 理 事 长　于　丹（常务）　黄　权　李　纲
缪柏其　濮晓龙　任露泉　杨　虎
张忠占　郑卫华
秘　书　长　程维虎

中国未来研究会

China Society for Futures Studies
（CSFA）

地　　址　北京市海淀区学院南路 86 号
邮政编码　100081
电子信箱　e05@cast.org.cn　csfs3636@sina.com
主页网址　http://www.csfs.org.cn
电　　话　010-62103295/62103296/62103216
传　　真　010-62103294
理　事　长　张文范
副 理 事 长　侯立安　顾朝林　阎耀军
秘　书　长　夏　震

中国科学技术史学会

Chinese Society for the History of Science and Technology
（CSHST）

地　　址　北京市海淀区中关村东路 55 号
邮政编码　100190
电子信箱　zgkjs_xuehui@163.com
主页网址　http://www.cshst.org.cn
电　　话　010-57552527
传　　真　010-57552567
理　事　长　廖育群
副 理 事 长　吴国盛　胡化凯　关增建　梅建军
张大庆
秘　书　长　鲁大龙

中国科学技术情报学会

China Society for Scientific and Technical Information（CSSTI）

地　　址　北京市复兴路 15 号
邮政编码　100038
电子信箱　Zhaozy@istic.ac.cn
主页网址　http://www.cssti.org.cn
电　　话　010-58882540

传　　　真　010–58882550
理　事　长　石定环
副 理 事 长　贺德方　马费城　王文斌　闫　巍
　　　　　　陈　超　袁海波　梁战平
秘　书　长　郑彦宁

中国图书馆学会

Library Society of China
（LSC）

地　　　址　北京市中关村南大街 33 号
邮 政 编 码　100081
电 子 信 箱　ztxhmsc@nlc.gov.cn
主 页 网 址　http://www.lsc.org.cn
　　　　　　http://www.csls.org.cn
电　　　话　010–88545563/88545091
传　　　真　010–68417815
名誉理事长　周和平
理　事　长　詹福瑞
副 理 事 长　陈　力　陈传夫　倪晓建　王余光
　　　　　　吴建中　杨沛超　张晓林　朱　强
秘　书　长　严向东

中国城市科学研究会

Chinese Society For Urban Studies
（CSUS）

地　　　址　北京市海淀区三里河路 9 号
邮 政 编 码　100835
电 子 信 箱　csus@263.net
主 页 网 址　http://www.chinasus.org
电　　　话　010–58933149/68317852
传　　　真　010–68313149
理　事　长　仇保兴
副 理 事 长　王玉庆　王德惠　史善新　江　亿
　　　　　　李　兵　李家洋　陈　刚　张鸿铭
　　　　　　武　寅　赵宝江　谭荣尧　潘云鹤
　　　　　　李兵弟
秘　书　长　李　迅

中国科学学与科技政策研究会

The Chinese Association of Science of Science and S&T Policy Res（CASSSP）

地　　　址　北京市海淀区中关村东路 55 号北京 8712 信箱
邮 政 编 码　100190
电 子 信 箱　Cassssp@mail.casipm.ac.cn
主 页 网 址　http://www.casssp.org.cn
电　　　话　010–62542615
传　　　真　010–62542615
理　事　长　方　新
副 理 事 长　李健民　李廉水　李新男　陈　劲
　　　　　　穆荣平
秘　书　长　吕薇华

中国农村专业技术协会

China Rural Special Technology Association（CRSTA）

地　　　址　北京市朝阳区白家庄东里 13 号楼 7 层
邮 政 编 码　100026
电 子 邮 箱　china_njx@sina.com
主 页 网 址　http:// www.crsta.org
电　　　话　010–62016372/82031105
传　　　真　010–82031105
理　事　长　吕飞杰
副 理 事 长　张晓军（常务）　苑郑民　杨雄年
　　　　　　王　喆　边　境　徐小青　王　韧
　　　　　　傅泽田　翟晓斌　纳　翔　谢华安
　　　　　　王有年　傅雪柳　王乐义　卢怀玉
　　　　　　丁志用
秘　书　长　李彦捷

中国工业设计协会

China Industry Design Association
（CIDA）

地　　　址　北京市朝阳区工人体育场 3 看台 3012 室
邮 政 编 码　100027

电子信箱 cida@vip.163.com
主页网址 http://www.chinadesign.cn
电　　话 010-64163104/64174928
传　　真 010-64177996
会　　长 朱焘
副 会 长 赵卫国（常务） 陈冬亮 程建新 何人可 李北 刘宁 鲁晓波 马春东 任克雷 汤重熹 巫英坚 冼燃 徐剑光 姚映佳
秘 书 长 黄武秀

中国工艺美术学会

China National Arts & Crafts Society（CNACS）

地　　址 北京市西城区阜外大街乙 22 号
邮政编码 100833
电子信箱 xuehuiwangzhan@126.com
主页网址 http://www.cnacs.org
电　　话 010-68396408
传　　真 010-68396408
理 事 长 杨自鹏
副理事长 赵之硕 唐克美 李玉坤 朱乐耕 张玉蟲 秦锡麟 黄宝庆 潘鲁生 李当岐 张春雷 李红光 岳芙蓉 周锦云 范大政 马达 范伟民
秘 书 长 赵之硕

中国科普作家协会

China Science Writers Association（CSWA）

地　　址 北京市海淀区学院南路 86 号
邮政编码 100081
电子信箱 mengxiong@vip.sina.com
电　　话 010-62187884/62103258
传　　真 010-62187884
理 事 长 刘嘉麒
副理事长 卞毓麟 居云峰 李欣 刘泽林 任福君 孙云晓 王树国 禹光 周立军
秘 书 长 石顺科

中国自然科学博物馆协会

Chinese Association of Natural Science Museums（CANSM）

地　　址 北京市朝阳区北辰东路 5 号
邮政编码 100012
电子信箱 cansm@vip.sina.com
主页网址 http://www.cansm.org
电　　话 010-59041302
传　　真 010-59041331
理 事 长 徐善衍
副理事长 王小明 朱进 齐贤德 齐继光 孟庆金 陈博君 赵有利 贾跃明 徐延豪 康熙民
秘 书 长 肖显清

中国可持续发展研究会

Chinese Society for Sustainable Development（CSSD）

地　　址 北京市海淀区玉渊潭南路 8 号
邮政编码 100038
电子信箱 CSSD@acca21.org.cn
主页网址 http://www.kcxfz.org
电　　话 010-58884808/58884807
传　　真 010-58884804
名誉理事长 孙鸿烈 洪绂曾 冯之浚 张坤民 甘师俊
理 事 长 邓楠
副理事长 王伟中 王浩 何建坤 曲久辉
秘 书 长 郭日生

中国青少年科技辅导员协会

China Association of Science Instructors for Youth and Children（CACSI）

地　　址 北京市海淀区复兴路 3 号中国科技会堂 C 座 303

邮政编码 100863
电子信箱 cacsi@cacsi.org.cn
主页网址 http://www.cacsi.org.cn
电话 010-68516005/68518719/68580512
传真 010-68518719
理事长 陈赛娟
副理事长 牛灵江(常务) 丁鹏 王路 王延祜 于长学 王海波 王渝生 邓丽 赵有利 钱景林 李晓亮 任林
秘书长 赵建龙

中国科教电影电视协会

China Science Film and Video Association(CSFVA)

地址 北京市海淀区学院南路86号
邮政编码 100081
电子信箱 csfva@yahoo.com.cn
主页网址 http://www.csfva.org.cn
电话 010-62186304/62113038
传真 010-62186304
理事长 刘建中
副理事长 顾希峰 王珠珠 邱国立 赵致真 薛继军 童刚 齐建新 张长明 张国平
秘书长 张国平

中国科学技术期刊编辑学会

China Editology Society of Science Periodicals(CESSP)

地址 北京市海淀区学院南路86号
邮政编码 100081
电子信箱 Kxcessp@tom.com
主页网址 http://www.cessp.org.cn
电话 010-62147743
传真 010-62147743
理事长 丁乃刚
副理事长 陈浩元 李军 刘学东 刘泽林 齐志英 苏青 王亨君 游苏宁
秘书长 姚希彤

中国流行色协会

China Fashion & Color Association (CFCA)

地址 北京市东长安街12号522室
邮政编码 100742
电子信箱 fashioncolor@fashioncolor.org.cn
主页网址 http://www.fashioncolor.org.cn
电话 010-85229522/85229531
传真 010-85229531
会长 杜钰洲
副会长 梁勇(常务) 于西蔓 王启明 王蕴强 孙伟挺 宋建明 张志峰 张宝全 张荣明 李小白 邱栋 陈建忠 陈勇斌 陈新民 周少明 周成建 林平 罗建凡 金耀 姚映佳 胡松 倪振年 夏国新 席时平 徐剑光 钱金波 高德康 蔡明 颜志超
秘书长 朱莎

中国档案学会

The Society of Chinese Archives(SCA)

地址 北京市西城区永安路106号
邮政编码 100050
电子信箱 daxyj@263.net
主页网址 http://www.idangan.com
电话 010-63020081
传真 010-63018703
理事长 李和平
副理事长 于薇 付华 朱纪华 陈乐人 邹爱莲 赵国俊
秘书长 付华(兼)

中国国土经济学会

China Society of Territorial Economists (CSOTE)

地址 北京市丰台区紫芳园六区2号楼1单元213室

邮政编码　100078
电子信箱　Jrgt_bj@yahoo.com.cn
主页网址　http://www.csote.org
电　　话　010-87692301
传　　真　010-87699631
理 事 长　张怀西
副理事长　江泽慧　柳忠勤
秘 书 长　柳忠勤（兼）

中国土地学会

China Land Science Society（CLSS）

地　　址　北京西城区冠英园西区 37 号
邮政编码　100035
电子信箱　zgtdxh@vip.sina.com
主页网址　http://www.zgtdxh.org.cn
电　　话　010-66562607/66562609/ 66562613
　　　　　010-66562671/66562610/66562651
传　　真　010-66562563
理 事 长　王世元
副理事长　王广华　曲福田　朱留华　安家盛
　　　　　吴海洋　张凤荣　陈　军　郑凌志
　　　　　胡存智　高向军　唐华俊　黄小虎
　　　　　蒋亚平　韩海青　蔡运龙
秘 书 长　郑凌志（兼）

中国科技新闻学会

Chinese Society for Science and Technology Journalism（CSSTJ）

地　　址　北京市西城区三里河路 54 号
邮政编码　100045
电子信箱　kjxw@sina.com
主页网址　http://www.csstj.org.cn
电　　话　010-68598030/68598032
传　　真　010-68598473
理 事 长　宋南平
副理事长　马　利　江巨源　李　挺　李立波
　　　　　苏志武　陈　鹏　周建强　周锡生
　　　　　赵忠颖　郝建新　徐九武
秘 书 长　许　英

中国老科学技术工作者协会

China Association of Senior Scientists and Technicians（CASST）

地　　址　北京海淀学院南路 86 号
邮政编码　100081
电　　话　010-62177879
传　　真　010-62172825
理 事 长　程连昌
副理事长　张春园　乌　杰　叶文虎　白玉龙
　　　　　刘于鹤　何永年　宋南平　宋树友
　　　　　李天文　肖作福　徐滨士　袁正中
　　　　　甄永苏　蔡庆华
秘 书 长　陈秀保

中国科学探险协会

China Association for Scientific Expeditions（CASE）

地　　址　北京市海淀区西小关中国科学院大气物理所铁塔分部内
邮政编码　100083
电子邮箱　E26@cast.org.cn
主页网址　http://www.case.org.cn
电　　话　010-62378038
传　　真　010-62379818
名誉主席　宋　健　刘东生
主　　席　高登义
副 主 席　秦大河　王会军　张树义　邹　捍
　　　　　张　波　吕茅利　张江援
秘 书 长　王　维

中国城市规划学会

Urban Planning Society of China（UPSC）

地　　址　北京市三里河路 9 号
邮政编码　100037
电子信箱　planning@planning.gov.cn
主页网址　http://www.planning.org.cn
电　　话　010-58323862/63/66
传　　真　010-58323850

理　事　长　仇保兴
副理事长　尹　稚　王静霞　石　楠　朱嘉广
吴志强　张　泉　李晓江　唐　凯
樊　杰
秘　书　长　石　楠（兼）

中国产学研合作促进会

China Industry-University-Research Institute Collaboration Association (CIUR)

地　　址　北京市海淀区阜成路北3街6号轻苑大厦10层11信箱
邮政编码　100048
电子信箱　cxy@360cxy.cn　zgcxy06@163.com
主页网址　http://www.360cxy.cn
电　　话　010-68987182/68987183
传　　真　010-68986913
名誉会长　路甬祥　徐匡迪　万　钢　周　济
会　　长　徐志坚
副　会　长　段瑞春　石定环　王建华
秘　书　长　王建华（兼）

中国知识产权研究会

China Intellectual Property Society (CIPS)

地　　址　北京市北三环中路乙6号伦洋大厦603
邮政编码　100120
主页网址　http://www.cnips.org/index.asp
电　　话　010-58515222
传　　真　010-58515222
名誉理事长　任建新　周光召　姜　颖
理　事　长　杨正午
副理事长　甘绍宁（常务）　张　勤（常务）
王　涛　王玉庆　王自强　刘春田
孙欣夫　许瑞表　吴大建　吴汉东
吴伯明　张　辉　张秀平　李　勇
李建昌　李顺德　陈志兴　陈美章
单晓光　周渝波　尚　明　武爱民
段瑞春　贺志辉　赵永吉　须一平
徐志武　郭庆存　梅永红

秘　书　长　张云才

中国发明协会

China Association of Inventions

地　　址　北京西城区北三环中路乙6号伦洋大厦604
邮政编码　100120
电子信箱　fmxhzlb@163.com
主页网址　http://www.cainet.org.cn
电　　话　010-58515116
传　　真　010-58515116
理　事　长　朱丽兰
副理事长　邢胜才（常务）　王　峰　王子纯
王永民　王瑞生　包起帆　刘彭芝
张　泽　李维德　汪金德　沈福昌
邹远东　徐士龙　贺军科　曹凤国
秘　书　长　鹿大汉

中国高新技术产业开发区协会

地　　址　北京市三里河路54号
邮政编码　100045
电子信箱　gaoxqxh@ctp.gov.cn
主页网址　http://www.chinaastip.org/
电　　话　010-68511866/68511563
传　　真　010-68520204
理　事　长　张景安
副理事长　王　荣　刘传铁　朱克江　佘春明
张序国　张志宏　李兴华　郭　洪
梁　桂　董志敏　韩春林　蔡文沁
翟鲁宁
秘　书　长　张序国（兼）

中国指挥与控制学会

Chinese Institute of Command and Control (CICC)

地　　址　北京市海淀区车道沟10号院1号科技楼10层
邮政编码　100089

电　　　　话　010-68964096/68964721
传　　　　真　010-68964756
理　事　长　戴　浩
副 理 事 长　丁全心　李定主　李恒邵　宋跃进
　　　　　　张有建　杨树兴
秘　书　长　秦继荣

中国创造学会

China Creative Studies Institute
（CCSI）

地　　　　址　上海市四平路1239号同济大学255信箱
邮 政 编 码　200092
电 子 信 箱　ccsis@ccsis.org
主 页 网 址　http://www.ccsis.org
电　　　　话　021-65983933
传　　　　真　021-65983933
理　事　长　裴　钢
副 理 事 长　蒋昌俊（常务）　颜吾佴　岳增瑞
　　　　　　林大泽　侯自新　王玉英　夏昌祥
　　　　　　周耀烈　唐殿强　张晓平
秘　书　长　蒋昌俊（兼）

中国密码学会

Chinese Association for
Cryptologic Research
（CACR）

地　　　　址　北京市丰台区靛厂路7号
邮 政 编 码　100036
电 子 信 箱　cacr@cacrnet.org.cn
主 页 网 址　http://www.cacrnet.org.cn
电　　　　话　010-59703621
传　　　　真　010-59703621
理　事　长　裴定一
副 理 事 长　冯登国　杨义先　徐茂智　王小云
秘　书　长　强志军

中国睡眠研究会

Chinese Sleep Research Society

地　　　　址　北京市西城区北礼士路8号1005室
邮 政 编 码　100044
电 子 信 箱　sleepcn@163.com
主 页 网 址　www.csrs.bj.cn
电　　　　话　010-65230156
传　　　　真　010-65230156
理　事　长　韩　芳
副 理 事 长　王玉平　黄志力　贾福军　叶京英
　　　　　　徐　建　张希龙　陈贵海　汪卫东
秘　书　长　晋小虎

中国高科技产业化研究会

China High-Tech Industrialization
Association

地　　　　址　北京市海淀区阜成路8号档案馆楼315室北京849信箱62分箱
邮 政 编 码　100830
电 子 信 箱　zghw10@163.com
主 页 网 址　http://www.chia.org.cn
电　　　　话　010-68370413/68370784
传　　　　真　010-68370884
名誉理事长　王大珩　刘纪原
理　事　长　许达哲
副 理 事 长　巴　蕉　方向明　王礼恒　吕新奎
　　　　　　季恒宽　邬贺铨　张新国　李国安
　　　　　　李临西　贺东风　真才基　强伯勤
秘　书　长　巴　蕉（兼）

中国国际经济技术合作促进会

China Association for International Economic and
Technical Cooperation

地　　　　址　北京市海淀区学院南路32号
邮 政 编 码　100082
电 子 信 箱　Capc2008@yahoo.com.cn
主 页 网 址　http://www.capc.com.cn

电　　话　010-62259379/62221917/62273260
传　　真　010-62259379
理 事 长　郑树山
副理事长　毛　武　李雨时　海　闻　陈凯慧　汪超涌
秘 书 长　田来福

中国基本建设优化研究会

China Optimization Society of Capital Construction

地　　址　北京市海淀区阜成路 73 号
邮政编码　100142
电子信箱　cosocc@yahoo.cn
主页网址　http://www.cosocc.org.cn
电　　话　010-62809310
传　　真　010-62809310
理 事 长　王文元
副理事长　陈耀邦　于　珍　王郁昭　王志宝　周干峙　朱家甄　洪善祥　韩德乾　张人为　周文智　张　塞　王明达　朱新均　江泽慧　刘立清　王扬祖　杨志海　萧灼基　厉以宁　闵凡路　龙致贤　傅西路　付文军　林建平　解思忠　尤　仁
秘 书 长　付文军

中国科技馆发展基金会

Foundation for the Development of Science and Technology Museums in China

地　　址　北京市朝阳区北辰东路 5 号
邮政编码　100012
电子信箱　fdstmc@cstm.org.cn
主页网址　http://www.fdstmc.org.cn
电　　话　010-59041575/77
传　　真　010-59041576
名誉理事长　韩启德　邓　楠
理 事 长　谢克昌
副理事长　屠海令
秘 书 长　田　英

中国生物多样性保护与绿色发展基金会

China Biodiversity Conservation and Green Development Foundation

地　　址　北京市海淀区西三环北路 27 号北科大厦
邮政编码　100089
电子信箱　CBCGDF@126.com
主页网址　http://www.cbcgdf.org
电　　话　010-68485952　010-68484230
传　　真　010-68485952
理 事 长　胡德平
执行理事长　胡昭广
副理事长　王礼嫱　张佐双　吴稼祥　金亦石
秘 书 长　方运河

中国反邪教协会

China Anti-Cult Association (CACA)

地　　址　北京市海淀区复兴路乙 12 号
邮政编码　100814
电子信箱　fxjxh@sina.com
主页网址　http://www.cnfxj.org
电　　话　010-63950398
传　　真　010-63950398
理 事 长　庄逢甘
副理事长　龚育之　潘家铮　傅铁山　王家福　圣　辉　何祚庥　郭正谊　王渝生
秘 书 长　王渝生（兼）

国际粉体检测与控制联合会

IFMCGM

International Federation of Measurement & Control of Granular Materials (IFMCGM)

地　　址　辽宁省沈阳市和平区文化路 3 号巷 11 号东北大学信息科学与工程学院科技楼 209 室
邮政编码　110004
电子信箱　mcgm2012@126.com

电　　话　024-83689395
传　　真　024-23891977
理 事 长　谢　植
副理事长　Mark Jones (Australia)
Shuji Matsusaka (Japan)
Siegfried Ranandt (Germany)
秘 书 长　李新光

国际数字地球学会

International Society for Digital Earth
(ISDE)

地　　址　北京市海淀区邓庄南路9号
邮政编码　100094
电子信箱　isde@ceode.ac.cn
主页网址　http://www.digitalearth-isde.org
电　　话　010-82178912
传　　真　010-82178916
主　　席　John RICHARDS
副 主 席　Michael Frank GOODCHILDMilan Konecny
秘 书 长　郭华东

国际动物学会

International Society of Zoological Sciences
(ISZS)

地　　址　北京市朝阳区北辰西路1号院5号中国科学院动物研究所C506室
邮政编码　100101
电子信箱　iszs@ioz.ac.cn
主页网址　http://www.globalzoology.org/
电　　话　010-64807295
传　　真　010-64807295
理 事 长　Jean-Marc Jallon
副理事长　张知彬　Abraham Haim
秘 书 长　解　焱

省、自治区、直辖市科协，新疆生产建设兵团科协简介

北京市科学技术协会

地　　址　北京市朝阳区育慧里4号
邮政编码　100101
电子信箱　bastbgsh@126.com
主页网址　http://www.bast.net.cn
电　　话　010-84635008 84635009
传　　真　010-84655007
主　　席　顾秉林
副 主 席　王志珍　王恩哥　尹伟伦　田　文
任福君　华　炜　刘德培　许达哲
许健民　李彦宏　沈　岩　周立军
贺福初　赵继林　夏　强　景晓东

天津市科学技术协会

地　　址　天津市和平区和平路287号
邮政编码　300041
电子信箱　tastbgs@163.com
主页网址　http://www.tast.org.cn/
电　　话　022-27120933
传　　真　022-27112792
主　　席　王静康
副 主 席　杨鑫传（常务）　王运洪　邓中翰
白景美　龙以明　刘惠通　何志敏
李朝兴　姚建铨　姜　沂　郝希山
葛墨林

河北省科学技术协会

地　　址　河北省石家庄市西大街73号
邮政编码　050011
电子信箱　gxy7421@126.com
主页网址　http://www.hbast.org.cn
电　　话　0311-86049311
传　　真　0311-86049311
主　　席　段惠军
副 主 席　李宗民（常务）　杨金深　许顺斗
郑丽萍　王慧军　刘尚合　杨绍普
李连平　李春岩　吴以岭　张德强
庞国芳

山西省科学技术协会

地　　址　山西省太原市迎泽大街366号
邮政编码　030001
电子信箱　sxskx@163.com
主页网址　http://www.sxast.cn/
电　　话　0351-4041510
传　　真　0351-4041510
主　　席　侯晋川
副 主 席　杨伟民（常务）　王德贵　崔　忠
郝建新　申瑞涛　刘四龙　刘惠民
张文栋　张卓玉　金智新　段志光
胡玉亭　赵世卫　高步文

内蒙古自治区科学技术协会

地　　址　内蒙古自治区呼和浩特市回民区新华大街70号
邮政编码　010020
电子信箱　nmgkxbgs@126.com
主页网址　http://www.nmgzkj.com
电　　话　0471-6290014
传　　真　0471-6939371
主　　席　牛广明
副 主 席　马　强　闫　伟　乌力吉特古斯
亚　新　邢永明　安玉麟　李春龙
杨　泓　杨　劼

辽宁省科学技术协会

地　　址　辽宁省沈阳市皇姑区北陵大街49号—

119栋省军区招待二所（省科协）
邮政编码 110032
电子信箱 kx06@cast.org.cn
主页网址 http://www.lnast.net
电　　话 024-23221693/23947260
传　　真 024-23221693
主　　席 王天然
副 主 席 丁烈云 王元立 包信和 孙 丹
孙铁珩 张沈立 张晓芳 陈温福
孟 军 金太元 胡永康 郭东明
康 捷 黄其励 鲍振东

吉林省科学技术协会

地　　址 吉林省长春市人民大街6255号
邮政编码 130021
电子信箱 jlskxbgs@163.com
主页网址 http://www.jlstnet.net
电　　话 0431-85682405
传　　真 0431-85685244
主　　席 冯守华
副 主 席 李景涛 尹 军 刘东华 曹 军
于化东 王之虹 王利祥 王家骐
李 玉 李殿军 吴绍明 邹广田
张德江 岳德荣 赵 继 秦贵信
夏咸柱 戴 昕

黑龙江省科学技术协会

地　　址 黑龙江省哈尔滨市南岗区中山路204号
邮政编码 150001
电子信箱 hljkx@sina.com
主页网址 http://www.hljkx.cn
电　　话 0451-82624293
传　　真 0451-82626403
主　　席 马淑洁
副 主 席 王树国 王德民 丛 丽 刘志刚
闫永华 李己华 杨传平 杨宝峰
杨铭铎 张政文 徐 梅 陶 然
陶福胜 韩贵清 潘 忠

上海市科学技术协会

地　　址 上海市南昌路47号
邮政编码 200020
电子信箱 sast@sast.gov.cn
主页网址 http://www.sast.gov.cn
电　　话 021-53822040
传　　真 021-53826013
主　　席 陈凯先
副 主 席 曹振全 高小玫 王智勇 陆 樑
李虹鸣 丁文江 王小明 王建宇
包起帆 孙晋良 孙颖浩 朱芝松
何积丰 张维华 金东寒 钮晓鸣
桂永浩 蒋昌俊 褚君浩

江苏省科学技术协会

地　　址 南京市北京西路30号宁海大厦23—24层
邮政编码 210024
电子信箱 jskx2412@163.com
主页网址 http://www.jskx.org.cn
电　　话 025-83323435
传　　真 025-83303700
主　　席 欧阳平凯
副 主 席 陈惠娟 施正荣 戎嘉余 刘志红
祝世宁 尤肖虎 严少华 陈 琪
宋永忠 肖云汉 杨 辉 孙飘扬
孙力斌 郁霞秋 任晋生 张铁恒
阮仁良 冯少东

浙江省科学技术协会

地　　址 浙江省杭州市武林广场8号省科协大楼
邮政编码 310003
电子信箱 info@zast.org.cn
主页网址 http://www.zast.org.cn
电　　话 0571-85106947
传　　真 0571-85106947
主　　席 杨 卫
副 主 席 鲁善增 隗斌贤 罗建红 章 丰

朱　军　严晓浪　吴金坤　邱飞章
张立彬　张海生　陈剑平　周海梦
聂秋华　高从堦　薛安克

安徽省科学技术协会

地　　　址　安徽省合肥市花园街4号科技大厦
邮 政 编 码　230001
电 子 信 箱　aast@mail.hf.ah.cn
主 页 网 址　http://www.ahpst.net.cn
电　　　话　0551-2661725
传　　　真　0551-2655031
主　　　席　田唯谦
副　主　席　王东进　王英俭　王海彦　王群京
孙公民　刘光复　安　进　余焰炉
宋礼华　张学军　陆建辉　周建强
宛晓春　赵　韩　施雄梁　袁　亮
凌永顺　梁寿南　樊高定

福建省科学技术协会

地　　　址　福建省福州市鼓楼区东大路73号省直机关东湖大院二号楼
邮 政 编 码　350001
电 子 信 箱　kx3031@qq.com
主 页 网 址　http://www.fjkx.org
电　　　话　0591-87557137/87532651
传　　　真　0591-87532632/87557137
主　　　席　吴新涛
副　主　席　叶顺煌　柯少愚　赵榜生　谢联辉
郑兰荪　洪茂椿　谢华安　付贤智
王钦敏　赖爱光　杜　建　陈元仲
孙世刚　郑金贵　李建平　陈绍军

江西省科学技术协会

地　　　址　江西省南昌市江西省政府大院北一路14号
邮 政 编 码　330046
电 子 信 箱　634456872@qq.com
主 页 网 址　http://www.jxkx.com.cn
电　　　话　0791-86224288
传　　　真　0791-86224288
主　　　席　李华栋
党 组 书 记　龚绍林
副　主　席　李雪南　彭玲华　梁纯平　毛祖逊
石　屏　刘三秋　杨贵平　扶名福
张文海　张忠平　张建华　周世健
胡世忠　洪三国　谢金水　廖维林
颜龙安

山东省科学技术协会

地　　　址　山东省济南市杆南东街8号
邮 政 编 码　250001
电 子 信 箱　bgs@sdast.org.cn
主 页 网 址　http://www.sdast.org.cn
电　　　话　0531-82073209
传　　　真　0531-82073208
主　　　席　唐启升
副　主　席　燕　翔　林兆谦　李云云　汤少泉
王金宝　庄文忠　赵彦修　徐茂波
谢立信　韩圣浩　韩金祥　薛庆国

河南省科学技术协会

地　　　址　河南省郑州市花园路53号
邮 政 编 码　450008
电 子 信 箱　hnskxnba@163.com
主 页 网 址　http://www.hast.net.cn
电　　　话　0371-65707511
传　　　真　0371-65707512
主　　　席　李建中
副　主　席　梁留科　李宝红　谈朗玉　冯　琦
肖新生　马万杰　申长雨　王艳玲
陈建生　李会林　张全民　李官奇

湖北省科学技术协会

地　　　址　湖北省武汉市武昌区八一路9号

邮政编码 430071
电子邮箱 hubeikexie@163.com
主页网址 http://www.hbkx.org.cn
电　　话 027-87823704
传　　真 027-87823704
主　　席 郭生练
副 主 席 曲　颖（常务） 马伟明 邓秀新
邓崎琳 田玉科 冯　芊 朱耀仲
刘经南 李晓红 李培根 秦顺全
夏　航 徐菊明 曾宪计

湖南省科学技术协会

地　　址 湖南省长沙市东风路17号
邮政编码 410005
电子信箱 hnkxbgs@163.com
主页网址 http://www.hnast.org.cn
电　　话 0731-84884371
传　　真 0731-84884374
主　　席 黄伯云
副 主 席 于起峰 方先知 尹泽勇 龙国键
卢光琇 刘友梅 刘年喜 刘秋惠
李　华 邹志强 张　健 张尧学
易小刚 周宏灏 官春云 赵跃宇
荣　诚 姚守拙 彭国甫 廖任强

广东省科学技术协会

地　　址 广东省广州市连新路171号
邮政编码 510040
电子信箱 stainfo@sta.gd.cn
主页地址 http://www.sta.gd.cn
电　　话 020-83550424
传　　真 020-83549085
主　　席 卢钟鹤
副 主 席 刘人怀 刘焕彬 汤世华 吴焕泉
张湘伟 李元元 李兴华 陈　勇
陈晓阳 罗富和 钟南山 梁　明
黄达人 曾益新

广西壮族自治区科学技术协会

地　　址 广西壮族自治区南宁市古城路31号
邮政编码 530022
电子信箱 gxkx123@126.com
主页网址 http://www.gxast.org.cn
电　　话 0771-2630589/2630595
传　　真 0771-2617248
主　　席 郑皆连
副 主 席 甘向群 方　芳 朱　东 梁春花
钟夏平 李杨瑞 陈大克

海南省科学技术协会

地　　址 海南省海口市国兴大道69号海南广场人大楼7层
邮政编码 570203
电子信箱 hnkxxcb@163.com
主页网址 http://www.hainanast.org
电　　话 0898-65393360
传　　真 0898-65332244
主　　席 康耀红
副 主 席 陈永明 陈　民 景　柱 陈国华

重庆市科学技术协会

地　　址 重庆市渝中区双钢路3号科协大厦16楼
邮政编码 400013
电子信箱 cqkxbgs@yahoo.cn
主页网址 http://www.cqast.cn
电　　话 023-63003916
传　　真 023-63003916
主　　席 钟志华
副 主 席 王　勇 方振东 付子堂 朱华荣
仲建华 李志高 李银国 李儒冠
张卫国 张基荣 陈卫东 林建华
罗长坤 周泽扬 赵世庆 袁家虎
唐伯明 唐洪军 黄明会 蒋　平
雷　寒 雷晓风 潘复生

四川省科学技术协会

地　　址　四川省成都市武侯区人民南路4段11号
邮政编码　610041
电子信箱　bgs@sckx.org.cn
主页网址　http://www.sckx.org.cn
电　　话　028-85221933
传　　真　028-85222804
主　　席　谢和平
副 主 席　王为民　石　碧　刘　进　李言荣
朱　颖　范昕建　吴　凯　侯水平
吴显奎　黄润秋　张维岩　黄竞跃
李元峰　赖　静　李安民　翟婉明

贵州省科学技术协会

地　　址　贵州省贵阳市瑞金南路2号
邮政编码　550002
电子信箱　office@gzast.org
主页网址　http://www.gzast.org
电　　话　0851-5832225/5832528
传　　真　0851-5832225
主　　席　谢庆生
副 主 席　任湘生　路　贵　钱　斌　朱洪波
伍鹏程　陈厚义　刘丛强　马克俭
陈　训　胡瑞忠　高贵龙　刘作易
王凤友　宋宝安　何志旭　何浩明
潘继录　季　泳　马建华

云南省科学技术协会

地　　址　云南省昆明市护国路26号
邮政编码　650021
电子信箱　ynast@163.com
主页网址　http://www.yunast.cn
电　　话　0871-3138614
传　　真　0871-3155032
主　　席　张亚平
副 主 席　唐　兵　赖永良　牟双江　李　仁

西藏自治区科学技术协会

地　　址　西藏自治区拉萨市北京中路93号
邮政编码　850000
电子信箱　xzkx-006@163.com
主页网址　http://www.xzast.org.cn
电　　话　0891-6825679
传　　真　0891-6828576
主　　席　仓　珍
副 主 席　群　增　冯继谦　普布仓决　晋美多吉
陈　锦　张永泽　杜建功　次　真
孙金玲　李路平　假　拉
强俄巴·次央

陕西省科学技术协会

地　　址　陕西省西安市新城省政府大院内
邮政编码　710006
主页网址　http://www.snast.org.cn
电　　话　029-87291531/ 87291507
传　　真　029-87291496
主　　席　郑南宁
副 主 席　呼　燕（常务）　方光华　王前进
王跃进　刘少明　安芷生　闫宏涛
张　炜　李　跃　周　杰　周为民
房　喻　郝　跃　党广录　徐德龙
翁志黔　韩开兴　谭永华　樊代明

甘肃省科学技术协会

地　　址　甘肃省兰州市城关区东岗西路486号兰州饭店迎宾楼
邮政编码　730000
电子邮箱　gsskxbgs@126.com
主页网址　http://www.gsast.org.cn
电　　话　0931-8821975
传　　真　0931-8881617
主　　席　李　膺
副 主 席　史振业　贺　琴　杨新科　陈富荣
陈炳东

青海省科学技术协会

地　　址　青海省西宁市新宁路22号
邮政编码　810008
电子信箱　qhkxbjb@vip.163.com
主页网址　http://www.qhast.org.cn/web/office
电　　话　0971-6302839
传　　真　0971-6302839
主　　席　石昆明
副 主 席　朱春云　刘　青　李　华　李小松
　　　　　陈永祥　周启发　赵念农　格日力
　　　　　徐东向　潘　彤

宁夏回族自治区科学技术协会

地　　址　宁夏回族自治区银川市金凤区人民广场西侧
邮政编码　750011
电子信箱　kx30@cast.org.cn
主页网址　http://www.nxdzkj.com
电　　话　0951-5085100/5085127
传　　真　0951-5043588
主　　席　刘平和
副 主 席　王　冰　李晓波　何季麟　孙　涛
　　　　　李　星　李　健　宿文军　彭　凡

新疆维吾尔自治区科学技术协会

地　　址　新疆乌鲁木齐市新医路686号
邮政编码　830054
电子信箱　xjqkxbgs@126.com
主页网址　http://www.xast.org.cn
电　　话　0991-6386012/6386038
传　　真　0991-6386012
主　　席　张国梁
副 主 席　魏生贵　阿布都艾尼·依干拜尔迪
　　　　　陶　鹏　恰汗·合孜尔　肖作敏
　　　　　谢国政

新疆生产建设兵团科学技术协会

地　　址　新疆乌鲁木齐市光明路196号
邮政编码　830002
电子信箱　xjbtkx@126.com
电　　话　0991-2896193/2896127
传　　真　0991-2896163
主　　席　田笑明
副 主 席　黄　斌　王红德　李保成　代　斌
　　　　　马春晖

索　引

主题索引

编制说明

本索引为主题索引，以年鉴内容述及的主题为索引对象，包括收入书名、机构名、会议名等专有名词。主题选取力求概括全面，突出重点，揭示特色内容，提供多方位检索。

1. 索引范围为全书正文及附录中的部分相关内容。

2. 索引排序按先汉语拼音音序，再阿拉伯数字、拉丁字母的次序排列。

3. 索引以“见”的形式，将非标引词指向标引词，例如：表彰举荐优秀科技工作者　见　优秀科技工作者表彰举荐；以“参见”，揭示相关条目之间的联系，例如：科技馆　参见　中国科技馆；再如：服务创新型国家和社会建设　参见　各全国学会、省级科协。后一例指可参看年鉴中全国学会、省级科协条目下的相关内容。

4. 检索页码后的“a”为文献左栏，“b”为文献右栏。检索数字“d1. 1”中“d”表示“大事记”，“1. 01”表示为1月1日的记录。连续页码只记录起始页。二级标题在主标题下以缩格方式显示，以“—”表示主标题的区分；以“,”表示主标题的补充说明。文中图表，均于文后以“图”、“表”注明，以便识别。

C

D

E

F

G

H

J

K

L

M

N

O

P

Q

R

S

W

X

Y

Z

人名索引

本索引收入年鉴中的人名，按先汉语拼音音序，再按西文字母的次序排列。

M

N

O

P

Y

Z

国际组织机构名称索引

本索引收入年鉴中出现的国际组织和机构的名称，按中文译名的拼音排列。